Dicionário Escolar
Silveira Bueno

Francisco da Silveira Bueno

*Catedrático de Língua e Filologia Portuguesa
da Faculdade de Filosofia, Ciências e Letras
da Universidade de São Paulo*

Dicionário Escolar
Silveira Bueno

Adotado e indicado por milhares de professores
de todo o país, por ser prático, de preço
acessível, e o que abrange maior número
de vocábulos criteriosamente selecionados,
com definições claras, precisas e breves.

23ª Edição

Luso-Brazilian Books
Box 170286
Brooklyn, NY 11217
718-624-4000

Projeto Gráfico
Ediouro S.A.

CIP-Brasil. Catalogação-na-fonte
Sindicato Nacional dos Editores de Livros, RJ

B941d
23ª ed.
	Bueno, Francisco da Silveira, 1898-
	    Dicionário escolar Silveira Bueno / Franciso da Silveira
	Bueno. — 23ª ed. — Rio de Janeiro: Ediouro, 1996.
	
	    ISBN 85-00-31069-3
	
	    1. Língua portuguesa — Dicionários. I. Título.

96-0102	CDD - 469.3 CDU - 806.90(03)

EDIOURO S.A.
(SUCESSORA DA EDITORA TECNOPRINT S.A.)
SEDE: DEP.ᵀᴼ DE VENDAS E EXPEDIÇÃO
RUA NOVA JERUSALÉM, 345 — RJ
CORRESPONDÊNCIA: CAIXA POSTAL 1880
CEP 20001-970 — RIO DE JANEIRO — RJ
TEL.: (021) 260-6122 — FAX: (021) 280-2438

Apresentação

Apresentamos, aos estudantes brasileiros, este DI-
CIONÁRIO ESCOLAR SILVEIRA BUENO. Tivemos por
objetivo principal oferecer aos alunos das nossas escolas um instrumento de consulta para os seus casos mais
comuns de dificuldade vocabular. Procuramos ser sinté-
ticos, mas claros; resumidos, porém suficientes. Demos
atenção especial àquelas palavras de ocorrência diária,
sem pormenorizadas explicações, sem numerosa sinonímia a fim de não engrandecermos o tomo da obra nem
sobrecarregarmos a inteligência do consulente, na
idade em que a maioria se encontra. Limitados pelo
nosso objetivo e pelo número de páginas imposto pelo
editor, o DICIONÁRIO ESCOLAR SILVEIRA BUENO
parece-nos adequado e suficiente às necessidades de
consulta do grau intelectual em que se encontra o contingente maior dos estudantes. Tais limitações foram
procuradas de propósito: poderíamos estender-nos por
centenas de páginas, com maior riqueza de verbetes e de
explicações. Ser-nos-ia fácil esse trabalho, porém não
estaria dentro do escopo que nos foi proposto. Quando o
desenvolvimento intelectual dos consulentes estiver em
esfera maior, poderão recorrer a outros dicionários da
nossa autoria, de modo especial ao Grande Dicionário
Etimológico e Prosódico, em oito volumes. Que este DI-
CIONÁRIO ESCOLAR SILVEIRA BUENO ajude a despertar, em cada aluno de nossas escolas, o amor ao
sonoro idioma de nossa Pátria, eis o nosso maior e mais
sincero desejo!

Prof. Dr. Silveira Bueno

Apêndices

A

A, s.m. Vogal oral, primeira do alfabeto. Corresponde ao **alfa** grego.

A, art.def.fem. de **o**. Deriva-se do demonstrativo latino **illam**. Nos primeiros tempos da língua fora **la**, reduzindo-se depois a **a**.

A, pron.pess. da 3.ª pessoa do sing., fem., caso oblíquo; pron. dem., equivalente a **aquela**. É a mesma forma articular mas com função de pronome pessoal ou substantivo.

A, prep. Indica numerosas relações.

Ã, s.m. Vogal nasal, final. Exs.: Irmã, vã, imã.

À, contração da prep. **a** com o art. ou pron. **a**, vulgarmente, **à** craseado. Ex.: Vou à cidade (vou a a cidade).

ABA, s.f. Parte extrema, inferior, de vestes e móveis, chapéus, do nariz, encosta da montanha, costa do bovino, de portos, baías, etc.

ABABADADO, adj. Em forma de babado, cheio de babados.

ABABADAR, v.t. Dar forma de babado, enfeitar com folhas.

ABABOSAR-SE, v.p. Encher-se de baba; tomar ares de bobo; alegrar-se exageradamente.

ABACALHOADAMENTE, adv. De modo grosseiro, mal cuidado.

ABACALHOADO, adj. Que tem a forma, o cheiro, o gosto do bacalhau; malfeito, **deselegante**..

ABACALHOAR, v.t. Dar a forma ou o gosto de bacalhau; fazer alguma coisa sem cuidado nem gosto; degradar-se moralmente.

ABAÇANADO, adj. De cor baça, moreno-escuro.

ABAÇANAR, v.t. Dar a cor baça, amorenar, escurecer.

ABACATE, s.m. Fruta de polpa amanteigada, saborosa, muito estimada.

ABACATEIRO, s.m. Árvore da América tropical (do México ao Brasil), da família das Lauráceas.

ABACAXI, s.m. Fruto espinhoso, de cheiro acre e sabor delicioso, produzido por uma planta da família das Bromeliáceas. (fig.) Ação difícil, de resultado nulo.

ABACELAR, v.t. Plantar bacelos em. Chegar terra ao redor de (as plantas). Soterrar provisoriamente as mudas.

ABACHARELADO, adj. À maneira de bacharel, palavroso, falante, afetado.

ABACHARELAR-SE, v.p. Colar grau de bacharel; ter maneiras afetadas; ser bom falante.

ABACIAL, adj. De abade; relativo a abade; (fig.) confortável, bem nutrido: refeição abacial; cadeira abacial; aspecto abacial.

ABACINADO, adj. Escurecido, arroxeado; abaçanado.

ABACINAR, v.t. Cegar por meio de ferro em brasa; queimar; escurecer.

ABACISTA, s.m. Pessoa hábil em calcular com o ábaco; matemático; entalhador, embutidor.

ÁBACO, s.m. Tábua emoldurada e cheia de areia para cálculos; aparelho munido de várias fileiras de bolinhas para o ensino primário de cálculo; aparador.

ABADA, s.f. A porção de coisas contida numa aba. Rinoceronte macho ou fêmea (neste significado tem a variante bada).

ABADALADO, adj. Que tem a forma de badalo.

ABADE, s.m. Superior de ordem religiosa. Pároco de certas freguesias; o que governa na abadia. (fig.) Homem muito gordo. (Fem.: abadessa.)

ABADECÍDIO, s.m. Assassínio de abade.

ABADEJO, s.m. Badejo. Peixe semelhante ao bacalhau.

ABADENGO, adj. Do abade ou relativo à sua jurisdição.

ABADESCO, adj. Próprio de abade. O mesmo que abadengo.

ABADESSA, s.f. Prelada ou superiora do convento ou da comunidade religiosa.

ABADESSAR, v.t. Ser abadessa. (Pres. indic.: abadesso, abadessas, abadessa, etc.)

ABADIA, s.f. Igreja e paróquia em que tem jurisdição o abade; rendimentos e residência paroquial do abade; mosteiro governado por abade ou abadessa: dignidade, cargo de abade.

ABAFAÇÃO, s.f. Ato ou efeito de abafar. O mesmo que abafamento ou abafadura.

ABAFADAMENTE, adv. De modo abafado, sem fazer ruído, sem falar alto, sem ser pressentido ou descoberto.

ABAFADELA, s.f. Ato ou ação de abafar. O mesmo que abafarete, abafação, abafamento, abafadura.

ABAFADIÇO, adj. Sufocante; que dificulta a respiração.

ABAFADO, adj. Quente e sem ar. Pessoa atarefada, que não tem tempo de respirar, tantas são as ocupações.

ABAFADOR (ô), adj. Que abafa, abafante; s.m. peça para suspender a vibração dos sons em certos instrumentos. Capuz de lã para conservar quente o conteúdo de uma vasilha.

ABAFADOURO, s.m. Lugar que abafa, que sufoca. Objeto qualquer que amortece os sons, que conserva o calor.

ABAFADURA, s.f. O mesmo que abafadela, abafamento, abafação.

ABAFAMENTO, s.m. Ato de abafar; falta de ar; o mesmo que abafadela e abafadura.

ABAFANTE, adj. Que abafa; sufocante.

ABAFAR, v.t. Sufocar; asfixiar; dissimular; sonegar; suspender ou amortecer (o som); ocultar; agasalhar; matar por asfixia; cobrir, para conservar o calor; (gir.) Apropriar-se indebitamente de (alguma coisa); furtar; int. não poder respirar, sufocar, perder o ânimo; sucumbir. (Bras.) (gir.) Dominar, ficar em situação acima de todos; p. agasalhar-se; enroupar-se.

ABAFÁVEL, adj. Que pode ser abafado, ocultado, dissimulado, roubado.

ABAFO, s.m. Agasalho; suadouro; estufa.

ABAGAÇADO, adj. Feito bagaço moído, reduzido a extrema penúria moral. Sem caráter.

ABAGAÇAR, v.t. Reduzir a bagaço; moer, triturar. (fig.) Abagaçar-se: desmandar, decair moralmente.

ABAGACEIRAR, v.t. Reduzir a bagaço, desmandar-se; desmazelar-se.

ABAGOADO, adj. Que tem bagos ou bágoa.

ABAGOAR, v.int. Criar; deitar; ter bagos, bágoas, grãos.

ABAIANADO, adj. Semelhante ao baiano, nos modos de falar; amulatado.

ABAIANAR-SE, v.p. Assemelhar-se aos naturais da Bahia em seus usos e costumes.

ABAINHADO, adj. Que tem a forma de bainha; que possui bainha.

ABAINHAR (a-i), v.t. Dar forma de bainha a; fazer bainha em (V. Embainhar).

ABAIONETADO, adj. Que tem a forma, a semelhança de baioneta; que está armado de baionetas; que recebeu um golpe dessa arma.

ABAIONETAR, v.t. Ferir ou traspassar com baioneta; munir com baioneta; dar a forma de tal arma.

ABAIXADELA, s.f. Abaixamento, diminuição; abaixadura.

ABAIXADO, adj. Curvado; diminuído de altura, de posto, de estado social; humilhado.

ABAIXADOR (ô), adj. Que abaixa; s.m. o que abaixa.

ABAIXA-LUZ, s.m. Aparelho que diminui a intensidade da luz das lâmpadas.

ABAIXAMENTO, s.m. Ato de abaixar-se, deprimir, diminuir; curvatura; depressão; depreciação; desvalorização.

ABAIXANTE, adj. Que abaixa; s.m. o que abaixa, diminui, deprime .

ABAIXAR, v.t. Tornar baixo; fazer descer; reprimir, abater; deprimir; aviltar; int. abater-se; pôr-se em lugar inferior ao em que estava.

ABAIXO, adv. Inferioridade de posição; em nível menor; em escala hierárquica mais modesta; em tonalidade inferior.

ABAIXO-ASSINADO, s.m. Requerimento, petição subscrita por várias pessoas; subscrição.

ABAJUR, s.m. Quebra-luz; pantalha; lucivelo.

ABALADA, s.f. Sacudidela; partida; saída rápida; fuga precipitada.

ABALADAMENTE, adv. Sacudida, agitadamente.

ABALADELA, s.f. Abalação; abalamento, sacudidela; comoção; partida; retirada.

ABALADIÇO, adj. Abalável; sujeito a abalar; impressionável.

ABALADO, adj. Sacudido; aluído; movido; emocionado; enfraquecido.

ABALADOR (ô), adj. Que abala, que comove, que impressiona.

ABALADORAMENTE, adj. De modo, maneira, forma abaladora, impressionante.

ABALADURA, s.f. ou **ABALAMENTO**, s.m. Ato ou efeito de abalar, impressionar, comover.

ABALAIAR, v.t. Dar forma de balaio.

ABALAMENTO, s.m. O mesmo que abalo, comoção.

ABALANÇADO, adj. Aluído, sacudido; o mesmo que balançado; estimado a peso; ousado, atrevido.

ABALANÇAMENTO, s.m. Ato de abalançar, pesar, ousar, atrever-se.

ABALANÇAR, v.t. Dar balanço a; fazer librar; impelir; int. mover-se para um e outro lado; balançar; t.-rel. impelir; arrojar; p. arrojar-se, atrever-se.

ABALAR, v.t. Diminuir a solidez de (alguma coisa), sacudindo-a; sacudir, aluir; fazer tremer; comover; enternecer; enfraquecer.

ABALAUSTRADO, adj. Ornado de balaústres, que tem a forma de balaústre.

ABALAUSTRAMENTO, s.m. Ato ou operação de abalaustrar.

ABALAUSTRAR, v.t. Colocar balaústres, guarnecer com balaústres.

ABALAUSTRÁVEL, adj. Que pode ser guarnecido de balaústres.

ABALÁVEL, adj. Que pode ser abalado, dissuadido de suas convicções.

ABALIENAÇÃO, s.f. Cessão legal de venda, transmissão de.

ABALIENADO, adj. Cedido legalmente. Privado dos direitos civis.

ABALIENAR, v.t. Transferir por abalienação.

ABALIENÁVEL, adj. Que pode ser abalienado.

ABALIZADAMENTE, adv. Seriamente, refletidamente.

ABALIZADO, adj. Marcado; limitado com balizas. Ajuizado; merecedor de crédito, de reputação.

ABALIZADOR (ô), adj. Que abaliza; s.m. o que abaliza; vara para medir terrenos.

ABALIZAMENTO, s.m. Demarcação com baliza; avaliação de bens.

ABALIZANTE, adj. O mesmo que abalizador.

ABALIZAR, v.t. Demarcar com balizas; mostrar; assinalar.

ABALO, s.m. Abalada; abalamento; comoção; estremeção; tremor (de terra).

ABALOFADO, adj. Enfatuado, gordo; flácido.

ABALOFAR, v.t. Tornar balofo, afobar; p. envaidecer-se; enfatuar-se.

ABALOSO (ô), adj. Que abala muito; incômodo, desagradável.

ABALROAÇÃO, **ABALROADA**, s.f. ou **ABALROAMENTO**, s.m. Investida impetuosa; choque violento de uma coisa (principalmente navio) com outra; ataque imprevisto.

ABALROADOR, adj. Que abalroa; que aborda; que ataca.

ABALROAR, v.t. Ir de encontro a; chocar violentamente (um navio ou veículo com outro); int. chocar-se; ir de encontro; atacar imprevistamente.

ABALROÁVEL, adj. Que pode ser abalroado, abordado.

ABALSAMADO, adj. Perfumado, cheiroso.

ABALSAMAR, v.t. Perfumar, odorizar com bálsamo. Dar aparência de bálsamo. Embalsamar.

ABALUARTAMENTO, s.m. Fortificação, defesa com baluartes.

ABALUARTAR, v.t. Guarnecer de baluartes; fazer semelhante a baluarte; fortificar; p. entrincheirar-se.

ABAMBALHAR, v.t. Tornar bambo, enfraquecer.

ABANAÇÃO, s.f. Ação de abanar; o mesmo que abanamento.

ABANADOR, s.m. Aquele que abana; o mesmo que abano.

ABANANADO, adj. Semelhante à banana. Mole; brando. (fig.) Apalermado; aturdido; diz-se de pessoa sem energia.

ABANAR, v.t. Refrescar, movendo abano ou leque; agitar; avivar (abanar o fogo).

ABANCAR, v.t. Dispor em volta da banca; sentar em banco; int. e p. sentar-se à banca ou à mesa; sentar-se; guarnecer com bancos.

ABANDADO, adj. Que vive em bando. Amarrado, ornado, vendado, protegido com banda, tira de pano.

ABANDALHAÇÃO, s.f. Ato de abandalhar-se; procedimento imoral, degradante. Sinôn.: abandalhamento.

ABANDALHAR, v.t. Tornar bandalho, despudoralizado, acanalhado, despudorado, vil, indigno, depravado; despudorar-se, acanalhar-se, envilecer, rebaixar, aviltar-se.

ABANDAR, v.t. Reunir em bando; p. unir-se (a um bando ou partido). Abandar-se: passar de um bando para outro; filiar-se num bando, num partido político.

ABANDEIRADO, adj. Embandeirado; ornado com bandeira, festivo, alegre: ter o coração embandeirado.

ABANDONAR, v.t. Deixar; desamparar; desprezar; renunciar a; p. entregar-se.

ABANDONO, s.m. Desamparo, desprezo, ato de abandonar.

ABANO, s.m. Objeto em forma de leque que serve para agitar o ar, refrescar, espertar o fogo.

ABANQUETAR-SE, v.p. Comer como se fora num banquete: jantar abanquetado.

ABANTESMA (ê), s.m. e fem. Fantasma, assombração, pessoa muito feia.

ABARÁ, s.m. Iguaria feita com massa de feijão cozido, adubada com pimenta e azeite-de-dendê.

ABARATEAR, v.t. Baratear, diminuir o custo, fazer menos caro.

ABARBAR, v.t. Dar, chegar até a barba, ao queixo; preocupar-se, estar sobrecarregado de serviço, de obrigações.

ABARBARAR-SE, v.p. Adquirir maneiras ou hábitos de bárbaro; tornar-se abarbarado, asselvajar-se, tornar-se rude, estúpido.

ABARBARIZAR, v.t. O mesmo que abarbarar-se.

ABARCAR, v.t. Abranger, agarrar com os braços, mãos. Monopolizar.

ABARÉ, s.m. Padre, sacerdote. Nome que os índios davam aos missionários.

ABARGANTAR-SE, v.t. Aviltar-se, desmandar-se, tornar-se crápula, velhaco.

ABARITONAR, v.t. Tornar (a voz) semelhante à do barítono; p. tornar-se barítono.

ABARRACAR, v.t. Armar barracas em; instalar em barracas; fazer semelhante a barraca; int. e p. recolher-se em barracas.

ABARRANCAR, v.t. Encher de barrancos; obstruir, opor dificuldades.

ABARREIRAR, v.t. Cercar de barreiras; entrincheirar.

ABARRICAR, v.t. Dar forma de barrica, acondicionar em barrica.

ABARROCADO, adj. Cheio de barroca.

ABARROCAR, v.t. Abrir barroca.

ABARROTAR, v.t. Encher de barrotes; encher em demasia; tomar carga.

ABASTAR, v.t. Abastecer, prover do necessário; rel. bastar; ser bastante ou suficiente; p. abastecer-se.

ABASTARDAR, v.t. Tornar ilegítimo; falsificar; alterar, pejorativamente; degenerar; envilecer; corromper.

ABASTARDEAR, v.t. O mesmo que abastardar.

ABASTECEDOR, adj. e s.m. Que abastece; fornecedor.

ABASTECER, v.t. Prover, provisionar, fornecer, ministrar, adensar.

ABASTECIMENTO, s.m. Fornecimento; provimento.

ABASTONAR, v.t. Dar forma de bastão; bater com bastão; arrimar-se.

ABATATAR, v.t. Dar forma de batata; achatar e engrossar; vencer por argumentos.

ABATE, s.m. Ato ou efeito de abater.

ABATER, v.t. Fazer descer, diminuir, pôr mais em baixo, vergar, inclinar, desanimar, desencorajar, enfraquecer, debilitar.

ABATIMENTO, s.m. Ato de abater, físico ou moral; desânimo, debilidade, depressão, diminuição de preço, abate.

ABATINADO, adj. Embatinado, revestido de batina, que tem semelhança de batina.

ABATINAR, v.t. e p. Vestir com batina, dar a forma de batina.

ABATIS, s.m. Tronco de galho cortado, estaca, trincheira, corte de madeira. Usado no plural, abatises.

ABATOCADO, adj. Fechado ou tapado com batoque. Emudecido, calado, vencido em discussão.

ABATOCAR, v.t. Tapar, fechar, arrolhar com batoque. O mesmo que embatocar, embatucar, emudecer, calar.

ABATUMADO, adj. Calafetado, tapado com betume, alcatroado. O mesmo que betumado.

ABATUMAR, v.t. Calafetar, tapar com betumes, alcatroar; v. int. ficar espesso (o bolo), pesado; entristecer, aturdir-se. Var.: abetumar, betumar.

ABAULADAMENTE, adv. Feito à moda de baú, convexamente.

ABAULADO (a-u), adj. Convexo, em forma de baú.

ABAULAMENTO, s.m. Ato ou efeito de abaular; convexidade que se dá ao calçamento das ruas e das estradas para a queda das águas de chuvas.

ABAULAR, v.t. Dar forma de baú a; tornar convexo; arquear.

ABCESSÃO, s.f. Formação de abcesso; apostemação.

ABCESSO, s.f. Tumor, leicenço, apostema. O mesmo que abscesso.

ABCIDIR, ABCINDIR ou **ABSCINDIR**, v.t. Separar, amputar, cortar.

ABCISÃO, s.f. Corte, ablação, amputação.

ABCISO, adj. Cortado, amputado, separado. F. paral.: absciso.

ABCISSA, ou **ABSCISSA**, s.f. Distância entre um ponto e um plano fixo entre os quais se traça uma linha (abscissa).

ABDICAÇÃO, s.f. Renúncia voluntária de direitos, títulos, cargos, etc.

ABDICADOR, adj. Que abdica, renuncia, abre mão de direito, etc. (Fem.: abdicatriz.)

ABDICANTE, adj. e s. Abdicador.

ABDICAR, v.t. Renunciar voluntariamente (cargo, dignidade); desistir de; deixar; abandonar; int. renunciar ao poder soberano; renunciar a cargo ou dignidade de que se achava investido; rel. renunciar; desistir; t.-rel. renunciar a alguma coisa; desistir, abrir mão.

ABDICATÁRIO, s.m. Aquele que abdicou, que renunciou ao cargo, função ou direito.

ABDICATIVAMENTE, adv. Em forma de abdicação, renúncia.

ABDICATIVO, adj. Relativo a abdicação; que envolve abdicação, que motiva, causa renúncia, desistência. O mesmo que abdicatório.

ABDICATRIZ, s.f. e adj. Pessoa que abdica (rainha, imperatriz, etc.) Fem. de abdicador.

ABDICÁVEL, adj. Que pode ser renunciado, abdicado, desistido.

ABDOME, s.m. Parte do tronco do homem e de outros animais situada entre o tórax e a bacia; barriga, pança, pandulha, ventrulho, panturra. (Também se usa a forma abdômen.)

ABDOMINAL, adj. Relativo ao abdome, ventre.

ABDOMINOPATIA, s.f. Enfermidade abdominal.

ABDOMINOSCOPIA, s.f. (Med.) Exame instrumental do abdome; laparoscopia.

ABDOMINOSCÓPICO, adj. Que se prende à abdominoscopia, ao exame do abdome.

ABDOMINOSCÓPIO, s.m. Instrumento, aparelho próprio para a inspeção abdominal.

ABDUZIR, v.t. Afastar (um membro ou parte dele) do plano médio, eixo mediano; separar, segregar, tirar violentamente.

ABEATADAMENTE, adv. De modo beato; excessivamente religioso, hipócrita e falsamente.

ABEATADO, adj. Ao modo de beato; com aparência religiosa, mas falsa; devoto hipócrita, não sincero.

ABEATAR, v.t. e p. Tornar ou tornar-se beato. Tomar ares de religiosidade falsa; adotar aparências de devoção exagerada e insincera.

ABEBERAÇÃO, s.f. Ato de abeberar, dessedentação, ato de embeber, saturar; impregnação.

ABEBERADO, adj. Impregnado, embebido, saturado, dessedentado, embevecido.

ABEBERAR, v.t. Dar de beber, dessedentar, impregnar, embeber, levar a beber, etc.

ABECÊ (a-b-c), s.m. Nome das três primeiras letras do alfabeto; designa a série toda das letras, o conjunto dos princípios básicos de qualquer conhecimento.

ABECEDADO, adj. Disposto em ordem alfabética.

ABECEDAR, v.t. Dispor em ordem alfabética.

ABECEDARIAMENTE, adv. Em ordem alfabética, de modo elementar.

ABECEDÁRIO, s.m. Alfabeto; livro de ensinar o alfabeto.

ABEGÃO, s.m. Besouro, abelhão; feitor de serviço, administrador de propriedade agrícola. Fem.: abegoa.

ABEGOA, s.f. Feminino de abegão; feitora, administradora, mandona.

ABEGOARIA, s.f. Lugar onde se recolhe gado ou se guardam utensílios de lavoura, carros, etc.

ABEIRADO, adj. Próximo, perto, rente à beira.

ABEIRAMENTO, s.m. Ato de abeirar, de fazer beirado, de aproximar-se da beira.

ABEIRANTE, adj. Que está próximo da beira; que está beirando, nas proximidades.

ABEIRAR, v.t. Avizinhar-se, aproximar-se de; t.-rel. aproximar, chegar à beira; p. aproximar-se; acercar-se; avizinhar-se.

ABELHA, s.f. Designação genérica de várias espécies de insetos himenópteros, particularmente da Apis mellifica L., a conhecida abelha doméstica, produtora de mel e cera. Pessoa diligente, trabalhadora.

ABELHAL, s.m. Colmeia, cortiço, enxame de abelhas; espécie de uva; lugar onde há muita gente, aglomeração.

ABELHÃO, s.m. Zangão; abelha-macho.

ABELHEIRA, s.f. Cortiço, colmeia; orifícios que aparecem nas pedras; certo tipo de bordado.

ABELHEIRO, s.m. Homem que trata das abelhas. Buraco que aparece nas pedras, semelhante ao que as abelhas fazem no tronco das árvores.

ABELHUDAMENTE, adv. Intrometidamente, inoportunamente, indiscretamente.

ABELHUDICE, s.f. Ato ou qualidade de abelhudo; intervenção indiscreta, ato de ser intruso, metediço.

ABELHUDO, adj. Curioso; metediço; cheireta.

ABELIDADO, adj. Com bem belidas nos olhos.

ABELIDAR-SE, v.p. Criar belidas nos olhos, névoas na vista, início de catarata.

A-BEL-PRAZER, loc.adv. A gosto, à vontade, segundo os seus caprichos.

ABEMOLADO, adj. Em tom bemol, suave, melancólico, triste, afetado, afeminado.

ABEMOLAR, v.t. Baixar (uma nota) meio-tom; assinalar com bemol; suavizar, abrandar; p. amenizar-se, suavizar-se, adoçar a voz, afeminar-se.

ABENÇOADOR, adj. Que abençoa: o mesmo que abençoante, abençoadeiro, benzedor.

ABENÇOAMENTO, s.m. Ato de abençoar, de benzer. Sin. de benzimento, benzição.

ABENÇOAR, v.t. Dar ou lançar a bênção a; bendizer; proteger, fazer feliz, tornar próspero.

9

ABENÇOÁVEL, adj. Que pode receber bênção, ser benzido, abençoado.

ABENDIÇOADOR, adj. O mesmo que abençoador, benzedor.

ABENDIÇOAR, v.t. Abençoar, felicitar.

ABERRAÇÃO, s.f. Erro, engano, desvio, afastamento, monstruosidade, deformação física ou moral; (Ópt.) qualquer anomalia na formação perfeita da imagem, por uma lente; (TV) distorção de imagem de televisão; — cromática: (Ópt.) falta de coincidência das imagens das cores componentes formadas por uma lente, em conseqüência de dispersão.

ABERRÂNCIA, s.f. Aberração, ato ou efeito de aberrar, afastamento, irregularidade, curvatura.

ABERRANTE, adj. Que aberra; que se desvia das normas.

ABERRAR, v.int. Afastar-se da norma física ou moral; errar, desviar-se, tornar-se anormal.

ABERRATIVO, adj. Diz-se daquilo em que se dá um desvio, afastamento do normal, alguma anormalidade ou teratologia. O mesmo que aberratório.

ABERTA, s.f. Abertura, passagem, clareira, fresta, fenda, greta, frincha, picada, rasgão.

ABERTEIRA, s.f. O mesmo que aberta, abertura, passagem, clareira.

ABERTO, adj. Não fechado nem cerrado; descoberto, franco, sincero, desanuviado, exposto, patente; adj. subst. o mesmo que aberta, rego, buraco, intervalo.

ABERTURA, s.f. Fenda, greta, passagem, fresta, frincha, sinceridade, franqueza, lealdade; (Mús.) protofonia, introdução.

ABESOURADO, adj. Amolado, incomodado, molestado, aturdido, atarantado.

ABESPINHAÇÃO, s.f. Ato de irritação, de zanga, de melindre. Abespinhamento.

ABESPINHADIÇO, adj. Irritadiço, agastadiço, zangadiço.

ABESPINHADO, adj. Irritado, agastado, importunado, espinhado, facilmente encolerizável.

ABESPINHAMENTO, s.m. O mesmo que abespinhação.

ABESPINHAR (-se), v.t. e p. Encolerizar, irritar, zangar, enfurecer, agastar.

ABESPINHÁVEL, adj. Facilmente abespinhado; irritável, zangadiço, agastadiço.

ABESSIM, adj. Abissínio; abexino; abissínico; etíope; abasseno; abassino.

ABESTALHAR-SE, v.p. Embrutecer-se, idiotizar-se, apatetar-se, imbecilizar-se, estupidificar-se.

ABESTAMENTO, s.m. Imbecilização, embrutecimento, apalermação.

ABESTIADO, adj. Imbecilizado, estupidificado, apalermado.

ABESTIALIZAR-SE, v.pron. O mesmo que abestiar-se.

ABETO (ê), s.m. Árvore européia, conífera, da família das Abietíneas. Var.: Abete.

ABETUMADO, adj. Coberto, ligado, misturado, calafetado com betume. Grave, pensativo, solitário, triste.

ABETUMAR, v.t. Dar consistência, aspecto, semelhança de betume; calafetar, pichar, tapar com pez.

ABEXIGADO, adj. Que tem vestígios de bexiga, varíola: rosto abexigado.

ABEXIM, adj. Abissínio; da Abissínia ou relativo à Abissínia. O mesmo que abessim.

ABEZERRADO, adj. Semelhante a bezerro; amuado; cabeçudo; renitente; embezerrado.

ABEZERRAR, v.t. Calar-se, amuar-se, enfezar-se.

ABICADO, adj. Com a proa voltada para terra, em direção ao porto.

ABICADOURO, s.m. Porto, lugar propício a que o barco se fixa. Var.: Abicadoiro.

ABICAR, v.t. Dirigir-se à praia, aproximar-se do abicadouro.

ABICHAR, v.t. Conseguir, obter posição, lucro fácil.

ABIEIRO, s.m. Árvore frutífera da família das Sapotáceas.

ABINTESTADO, adj. Que faleceu sem testamento ou com testamento nulo.

ABISCOITADO, adj. Que tem forma de biscoito. (Pop.) Conseguido, apanhado. Forma paral.: Abiscoutado.

ABISCOITAR, s.f. Abichar, conseguir. Ganhar, lu-crar, arranjar. Secar no forno até a consistência do biscoito. Forma paral.: Abiscoutar.

ABISMAL, adj. Que tem a qualidade ou natureza do abismo.

ABISMAMENTO, s.m. Ato de abismar-se; formação de grandes abismos.

ABISMAR, v.t.-rel. Lançar, precipitar no (abismo); t. causar assombro a; p. lançar-se, precipitar-se no abismo. Transviar-se (o espírito).

ABISMO, s.m. Precipício escancarado. Tudo o que é imenso. O mesmo que abisso; lugar muito fundo.

ABISMOSO, adj. Em que há abismos; cercado de abismos.

ABISSAL, adj. Relativo a abismo; que vive nas profundezas; que diz respeito às profundidades dos oceanos; sedimento abissal: (Geol.) é o sedimento marinho que se forma a profundidades superiores a mil metros.

ABISSÍNIO, adj. Da Abissínia (África); s.m. o natural ou habitante da Abissínia; o mesmo que abexim.

ABITOLAR, v.t. Medir com bitola; sujeitar à bitola.

ABIU, s.m. Fruto do abieiro.

ABIZANTINADO, adj. Tornado bizantino, frívolo, fútil, sutil.

ABJEÇÃO, s.f. Baixeza; aviltamento; infâmia.

ABJETO, adj. Imundo, desprezível, vil.

ABJURAÇÃO, s.f. Ato de abjurar, renunciar.

ABJURADOR, adj. e s.m. ou **ABJURANTE**, adj. Que, ou pessoa que abjura.

ABJURAR, v.t. Renunciar solenemente a (uma religião ou crença); renunciar a (opinião, doutrina); retratar-se; int. desertar da religião que antes professava.

ABJURATÓRIO, adj. Relativo à abjuração.

ABLAÇÃO, s.f. Ação de tirar por força. (Cir.) Ação de cortar uma parte do corpo. (Gram.) Aférese.

ABLATIVO, adj. Que pode tirar, cortar, etc.; s.m. é, na língua latina, o caso dos nomes, porque exprime circunstância.

ABLATOR, adj. Que extrai; s.m. o que extrai; instrumento próprio para castração.

ABLÉFARO, adj. Que não tem pálpebras.

ABLEGAÇÃO (ab-le), s.f. Ação ou efeito de able-gar.

ABLEGAR (ab-le), v.t. Enviar para longe; afastar; exilar, desterrar.

ABLUÇÃO, s.f. Lavagem; banho de todo o corpo ou de parte dele; batismo pela água.

ABLUENTE, adj. Que é próprio para abluir; s.m. o que ablui.

ABLUIR, v.t. Lavar, purificar lavando; p. limpar-se; purificar-se.

ABLUTOR, s.m. O que purifica pela lavagem.

ABNEGAÇÃO, s.f. Desinteresse, renúncia, desprendimento.

ABNEGADO, adj. e s.m. Que, ou que revela abnegação; devotado, sacrificado.

ABNEGAR, v.t. Renunciar a; abster-se de.

ABNEGATIVO, adj. Que envolve abnegação; desinteressado.

ABÓBADA, s.f. (Arquit.) Cobertura encurvada de alvenaria, formando em geral o teto. (Constr.) Elemento encurvado das pontes, destinado a suportar o tabuleiro; — celeste: o céu; — palatina: o céu da boca.

ABOBADADO, adj. Feito em forma de abóbada.

ABOBADAR, v.t. Cobrir com abóbada; dar forma abobadada.

ABOBADO, **ABOBALHADO** ou **ABOBARRADO**, adj. Amalucado, atoleimado, aparvalhado, pateta. V. Tolo.

ABOBAR-SE, v.p. Fazer-se bobo; fingir-se de tolo.

ABÓBORA, s.f. Fruto da aboboreira; o mesmo que jerimum. (Fig.) s.m. Homem irresoluto, preguiçoso, fraco, covarde; mulher gorda.

ABÓBORA-D'ÁGUA, s.f. Nome de uma variedade de abóbora, também conhecida por abobrinha. (Pl.: abóboras-d'água.)

ABOBORAL, s.m. Lugar onde se cultivam abóboras.

ABOBOREIRA, s.f. Planta rasteira da família das Cucurbitáceas.

ABOBRINHA, s.f. Abóbora-d'água.

ABOCAMENTO, s.m. Ato de abocar; encontro de bocas. Colóquio. Inosculação; anastomose.

ABOCANHAR, v.t. Morder; cortar com os dentes; difamar; o mesmo que aboquejar. Apanhar com a boca; o mesmo que abocar. Apoderar-se de, por meio de esperteza ou velhacaria. t.-rel. Difamar.

ABOCAR, v.t. Apanhar com a boca; ir até a entrada de; comunicar ou fazer comunicar um conduto ou vaso com outro da mesma natureza ou não; inoscular; anastomosar; rel. desembocar; entrar; t.-rel. apontar, dirigir.

ABOCHORNADO, adj. Quente; abafadiço; mormacento; calmoso e úmido.

ABOIADO, s.m. Aboio.

ABOIAR, v.int. Cantar aos bois; guiar uma boiada com canto monótono e triste; trabalhar com bois. Amarrar uma bóia; flutuar (como as bóias); boiar; prender a bóia; v.t. atirar para longe.

ABOIO, s.m. Canto plangente com que os vaqueiros guiam as boiadas. O mesmo que aboiado. Ouvir a melancolia do aboio; canto melancólico do aboio.

ABOIZ (o-i), s.m. Armadilha para pássaros e coelhos. (Pl.: aboízes.) O mesmo que boiz.

ABOJAR, v.t. Agarrar. Meter no bojo; dar forma de bojo.

ABOLACHADO, adj. Que tem forma de bolacha.

ABOLACHAR, v.t. Dar forma de bolacha a; achatar, comprimir.

ABOLADO, adj. Amarrotado, amassado, machucado; reduzido à forma de bolo; em forma de bola; amolgado.

ABOLADURA, s.f. Ação ou efeito de abolar, amassar; amolgar; amolgadela.

ABOLAR, v.t. Dar a forma de bolo ou bola a; amassar; amachucar. Amolgar.

ABOLEIMADO, adj. Grosseiro; aparvalhado. Em forma de boleima; achatado. (Fig.) Atoleimado.

ABOLETADO, adj. Alojado por meio de boleto; soldados aboletados.

ABOLETAMENTO, s.m. Ato de aboletar.

ABOLETAR, v.t. Dar boleto a; aquartelar (soldados) em casas particulares; p. alojar-se; instalar-se.

ABOLHAR, v.int. e p. Cobrir-se, encher-se de bolhas.

ABOLIÇÃO, s.f. Ação de abolir; extinção. O mesmo que abolimento.

ABOLICIONISMO, s.m. Doutrina da abolição da escravatura.

ABOLICIONISTA, s.m. Pessoa partidária da abolição da escravatura; relativo a abolicionismo.

ABOLIDO, adj. Revogado; suprimido, retirado.

ABOLIMENTO, s.m. Abolição, abolir.

ABOLINAR, v.int. Ir pela bolina; meter a bolina.

ABOLIR, v.t. Acabar; extinguir; revogar; pôr fora de uso; suprimir. (Não se conjuga nas pessoas em que ao l da raiz se seguiria a ou o.)

ABOLITIVO, adj. Capaz de abolir; com força ou qualidade suficiente para abolição.

ABOLITÓRIO, adj. O mesmo que abolitivo.

ABOLORECER, v.t. Cobrir de bolor; int. criar bolor.

ABOLORECIMENTO, s.m. Ato de abolorecer.

ABOLORENTAR, v.i. Criar bolor. O mesmo que abolorecer.

ABOMASO, s.m. O quarto estômago dos ruminantes.

ABOMBACHADO, adj. Aplica-se às calças largas com formas de bombachas.

ABOMBADO, adj. Cansado e ofegante por efeito do trabalho em dia de calor; esfalfado; arquejante. Diz-se dos animais e, por extensão, das pessoas.

ABOMBADOR, s.m. O que cansa o cavalo, por não saber tratá-lo.

ABOMBAMENTO, s.m. Estado do animal que abomba.

ABOMBAR, v.int. e p. Ficar o cavalo incapaz de continuar a jornada por efeito do calor.

ABOMINAÇÃO, s.f. Ação de abominar; repulsão; tudo o que é abominável. Coisa, ação execrável.

ABOMINADO, adj. Caído em abominação, detestado: sangue abominado.

ABOMINADOR, adj. e s.m. Que, ou o que abomina, detesta.

ABOMINANDO, adj. Abominável.

ABOMINAR, v.t. Sentir horror a; detestar; odiar; p. detestar-se, ter horror a si próprio.

ABOMINÁVEL, ou ABOMINOSO, adj. Que se deve abominar; detestável, execrável. O mesmo que abominando.

ABOMÍNIO, s.m. O mesmo que abominação; ato ou efeito de abominar, etc.

ABONAÇÃO, s.f. Ato de abonar; garantia. O mes-

mo que abonamento.

ABONADAMENTE, adv. Garantidamente; afiançadamente; com abono.

ABONADO, adj. Rico, endinheirado; afiançado.

ABONADOR, adj. e s.m. Que, ou o que abona, afiançador; fiador do fiador.

ABONAMENTO, s.m. Abonação. Ação ou efeito de abonar; caução, garantia.

ABONANÇADO, adj. Em bonança, calmo, serenado.

ABONANÇADOR, adj. Que abonança; que acalma; tranqüilizador.

ABONANÇAR, v.t. Tranqüilizar, sossegar, aplacar; tornar bonançoso; int. tranqüilizar-se, serenar; cessar, moderar-se; p. tranqüilizar-se, serenar-se.

ABONAR, v.t. Declarar bom ou verdadeiro; afiançar; ficar por fiador de; garantir; autorizar; t.-rel. adiantar dinheiro a; p. gabar-se; apadrinhar-se.

ABONATIVO, adj. O mesmo que abonador, abonatório.

ABONATÓRIO, adj. Próprio para abonar, ou afiançar, para confirmar.

ABONÁVEL, adj. Que se pode abonar.

ABONECADO, adj. Aperaltado, casquilho. O mesmo que embonecado.

ABONECAR, v.t. O mesmo que embonecar, tornar semelhante a boneca; enfeitar, ataviar.

ABONO, s.m. Abonação; quantia adiantada por outrem. Acréscimo ao peso ou medida justa. Pagamento de (vencimentos, etc.); defesa ou reforço (de opinião, etc.)

ABOQUEJAR, v.t. (V. Abocanhar.)

ABORBULHADO, adj. Com borbulhas; cheio de borbulhas.

ABORBULHAR, v.int. e p. Encher-se de borbulhas; cobrir-se de borbulhas.

ABORDA, s.f. Abordagem.

ABORDADOR, adj. e s.m. Que, ou o que aborda.

ABORDAGEM, s.f. Ato ou efeito de abordar. O mesmo que aborda. Assalto dado de um navio a outro.

ABORDANTE, adj. Que aborda; s.m. assaltante na abordada; o mesmo que abordador.

ABORDAR, v.t. Abalroar (um navio) para o acometer e tomar; aproximar-se de; rel. chegar (ao bordo, à praia). t.-rel. chegar, encostar.

ABORDÁVEL, adj. Que se pode abordar.

ABORDO, s.m. Ação de abordar; entrada.

ABORDOADO, adj. Arrimado ao bordão, ou ao cajado, à bengala; firmado, apoiado, amarrado.

ABORDOAR, v.t. Bater com o bordão em; p. arrimar-se; apoiar-se; firmar-se.

ABORÍGENE, adj. Oriundo do país em que vive; nativo de uma região; indígenas.

ABORRASCADO, adj. Com aspecto de borrasca, tempestuoso.

ABORRASCAR, v.t. Tornar borrascoso; p. tornar-se borrascoso; ameaçar borrasca.

ABORRECEDOR, adj. e s.m. Que, ou o que aborrece.

ABORRECER, v.t. Sentir horror a; causar aborrecimento a; int. causar aversão; p. enfastiar-se; anojar-se.

ABORRECIDAMENTE, adv. Com aborrecimento.

ABORRECIDO, adj. Aborrecível; tedioso; enfadonho.

ABORRECIMENTO, s.m. Ato de aborrecer; ódio; repugnância, tédio.

ABORRECÍVEL, adj. Que causa aborrecimento; aborrecido; detestável.

ABORRECIVELMENTE, adv. Aborrecidamente.

ABORRIDAMENTE, adv. De modo aborrido.

ABORRIDO, adj. Cheio de aborrecimento; melancólico; zangado.

ABORRIMENTO, s.m. O mesmo que aborrecimento.

ABORRIR, v.t. e p. Aborrecer. (Verbo defectivo. Conjuga-se como abolir, faltando-lhe as mesmas formas que a este verbo.)

ABORRÍVEL, adj. Que causa horror, aborrecimento.

ABORTADEIRA, s.f. Mulher que provoca abortos.

ABORTADO, adj. Que abortou; que não vingou; que nasceu antes do tempo.

ABORTAMENTO, s.m. (V. Aborto.) Ação de abortar. Malogro, atrofia.

ABORTAR, v.int. (Med.) Dar à luz antes da viabilidade do nascituro; ter mau sucesso; não ser bem sucedido; malograr-se; t. desviar o bom sucesso de; fazer malograr.

11

ABORTÍCIO, adj. Nascido por aborto.

ABORTÍFERO, adj. Que provoca aborto; que faz abortar.

ABORTIVO, adj. Que faz abortar; mal desenvolvido; s.m. substância que faz abortar.

ABORTO, s.m. (Med.) Ação ou efeito de abortar; o mesmo que abortamento; (pop.) produção imperfeita; monstro; coisa fora do comum.

ABOTOAÇÃO, s.f. Formação de botões (na planta).

ABOTOADEIRA, s.f. Instrumento para abotoar. O mesmo que abotoador.

ABOTOADOR, s.m. O que abotoa; abotoadeira.

ABOTOADURA, s.f. Conjunto dos botões para um vestuário; botões removíveis, próprios para os punhos, o peito ou o colarinho das camisas.

ABOTOAR, v.t. Meter os botões nas casas de (veste); (V. Abecar); p. apropriar-se indebitamente; (pop.) dar surra, bater; v.int. deitar botões (diz-se da planta); aparecer, surgir.

ABOTOCADO, adj. Var. de abotocado.

ABOTOCADURA, s.f. Nome genérico das cadeias, chapas e cavilhas, que seguram as mesas das enxárcias reais contra o costado do navio.

ABOTOCAR, v.t. Var. de abatocar.

ABOUBADO, adj. Cheio, coberto de boubas.

ABOUBAGEM, s.f. Ação de aboubar-se; aparecimento de boubas.

ABOUBAR-SE, v.p. Encher-se de boubas; ser atacado de boubas.

ABOUCADELA, s.f. Ato de aboucar; pancada; equimose.

ABOUCAR, v.t. Bater; espancar; esmocar.

ABRA, s.f. Baía; ancoradouro.

ABRACADABRA, s.m. Palavra mágica, a que se atribuía a virtude de curar várias moléstias; crença supersticiosa.

ABRACADABRANTE, ou **ABRACADÁBRICO**, adj. Excêntrico; singular; extraordinário.

ABRAÇADOR, adj. e s.m. Que, ou aquele que abraça.

ABRAÇAMENTO, s.m. Ato de abraçar.

ABRAÇANTE, adj. e s. Que ou pessoa que abraça.

ABRAÇAR, v.t. Cingir com os braços, circundar; cingir; abranger; adotar; admitir sem repugnância; t.-pred. adotar; p. abraçar-se a, com ou em alguém ou alguma coisa; entrelaçar-se.

ABRAÇAR, v.t. Abraçar.

ABRAÇO, s.m. Ato de abraçar; amplexo; gavinha; entrelaçamento de folhagens lavradas à volta de uma coluna: — de tamanduá: traição, deslealdade.

ABRANCAÇADO, adj. Tirante a branco.

ABRANDAMENTO, s.m. Ato de abrandar; (Gram.) transformação de uma consoante surda em uma sonora ou branda; p. ex.: o **p** em **b**, o **t** em **d**, c (q) em **g** (gu).

ABRANDAR, v.t. Tornar brando; amolecer, suavizar, aplacar, serenar; int. serenar-se; abonançar-se; p. fazer-se brando; comover-se, enternecer-se.

ABRANDECER, v.t. O mesmo que embrandecer, abrandar.

ABRANDECIMENTO, s.m. O mesmo que embrandecimento.

ABRANGEDOR, adj. Que abrange.

ABRANGER, v.t. Abarcar, cingir; conter na sua área; compreender; perceber; rel. bastar, ser suficiente.

ABRANGIMENTO, s.m. Ação ou efeito de abranger; abarcamento; inclusão, compreensão.

ABRASADAMENTE, adv. Ardentemente, calorificamente.

ABRASADO, adj. Requeimado; ardente; cor de brasa, vermelho, corado.

ABRASADOR, adj. Que abrasa; muito quente. O mesmo que abrasante; fulgurante, ardente; s.m. instrumento com que se raspa o periósteo.

ABRASADURA, s.f. (V. Abrasamento.)

ABRASAMENTO, s.m. Ato ou efeito de abrasar, veemência, entusiasmo.

ABRASANTE, adj. Abrasador; que abrasa, que queima.

ABRASÃO, s.f. Raspagem, rasura. Desgastamento do litoral pela ação do mar.

ABRASAR, v.t. Tornar em brasas; queimar; aquecer muito; devastar; transportar; entusiasmar; int. queimar p. arder, queimar-se entusiasmar-se.

ABRASEADO, adj. Vermelho como brasa. Esbraseado.

ABRASEAR, v.t. Esbrasear, continuar a abrasar; fazer vermelho como brasa. (Pres. ind.: abraseio, abraseias, abraseia, abraseamos, etc.; pres. subj.: abraseie, abraseies, etc.)

ABRASIDO, adj. Escaldante; quente como brasa; candente; vermelho como brasa.

ABRASILEIRADO, adj. Que tem modo ou feição brasileira; que dá idéia de brasileiro; que imita o sotaque brasileiro.

ABRASILEIRAMENTO, s.m. Ato ou efeito de abrasileirar.

ABRASILEIRAR, v.t. Adaptar ao gênio, maneira ou estilo brasileiro; tornar brasileiro; p. tornar-se brasileiro; adotar costumes brasileiros. O mesmo que abrasilianar.

ABRASIVO, s.m. Designação genérica de substâncias muito duras, usadas para desgastar e polir.

ÁBREGO, s.m. O vento do sudoeste; o lado sul nas antigas demarcações.

ABREJAR, v.t. Transformar em pântano, em brejo; int. abundar, haver com fartura.

ABREJEIRADO, adj. Dado à brejeirice; com aspecto brejeiro, agaiatado.

ABREJEIRAR, v.t. e p. Tornar brejeiro; malicioso; agarotar.

ABRE-LATAS, s.m. 2 núm. Instrumento com que se abrem latas de conservas de doces. (V. Abridor.)

ABRENUNCIAÇÃO, s.f. O ato de abrenunciar, renunciar, rejeitar, negar, repelir, reprovar.

ABRENUNCIAR, v.t. Rejeitar, reprovando; arrenegar, repelir. (Pres. indic.: abrenuncio, abrenuncias, abrenunciamos, etc.; pres. subj.: abrenuncie, abrenuncies, etc.)

ABREUGRAFIA, s.f. Roentgenfotografia. (Nome dado em honra de Manuel de Abreu, cientista brasileiro. (São Paulo, 4-1-1892 — Rio de Janeiro, 30-1-1962), autor do método universal de recenseamento torácico.)

ABREVIAÇÃO, s.f. Ação ou efeito de abreviar, resumir; breve notícia de alguma coisa.

ABREVIADAMENTE, adv. De modo abreviado; em resumo.

ABREVIADO, adj. Tornado breve; reduzido, resumido.

ABREVIADOR, adj. e s.m. Que, ou aquele que abrevia.

ABREVIADURA, s.f. O mesmo que abreviatura.

ABREVIAMENTO, s.m. Ato de abreviar, resumir; abreviação.

ABREVIAR, v.t. Tornar breve; encurtar, reduzir; resumir; antecipar; precipitar. (Pres. ind.: abrevio, abrevias, abrevia, abreviamos, etc.; pres. subj.: abrevie, abrevies, etc.)

ABREVIATIVO, adj. Que serve para abreviar.

ABREVIATURA, s.f. Representação de uma palavra por meio de alguma ou algumas de suas sílabas ou letras.

ABRIÇÃO, s.f. Ação de abrir. O mesmo que abrimento ou abertura.

ABRICÓ, s.m. Fruto do abricoteiro (é semelhante ao damasco, porém maior que ele); abricoteiro. O mesmo que abricote, abricó-do-pará, abricó-de-são-domingos; abricó-selvagem.

ABRICOTEIRO, s.m. Árvore da família das Gutíferas, que produz o abricó (ou abricote); abricozeiro.

ABRIDEIRA, s.f. Máquina usada na indústria de fiação; (pop.) (V. cachaça); bebida alcoólica, em geral aguardente, que se toma antes da refeição, em pequena quantidade, como aperitivo.

ABRIDELA, s.f. O ato de abrir (a boca, os olhos, etc.)

ABRIDOR, s.m. O que abre; gravador; burilador; instrumento para abrir.

ABRIDURA, s.f. Ação ou efeito de abrir. O mesmo que abertura.

ABRIGADA, s.f. Lugar que abriga; abrigo; refúgio. O mesmo que abrigadouro.

ABRIGADO, adj. Que recebe abrigo; resguardado; protegido.

ABRIGADOIRO, s.m. O mesmo que abrigadouro.

ABRIGADOR, adj. e s.m. Que, ou o que abriga.

ABRIGADOURO, s.m. Abrigada. Var.: abrigadoiro.

ABRIGAR, v.t. Dar abrigo a; resguardar do rigor do tempo; acoitar; proteger; isentar; pôr a salvo.

ABRIGO, s.m. Agasalho; resguardo; proteção; cobertura; asilo.

ABRIGOSO, adj. Que fornece abrigo.

ABRIGUEIRO, s.m. Lugar abrigado.

ABRIL, s.m. Quarto mês do ano civil gregoriano. (Fig.) Idade da inocência e da alegria; juventude.

ABRILADA, s.f. Acontecimento ocorrido em abril; revolta portuguesa de abril de 1824. Revolução restauradora de abril de 1832, em Pernambuco.

ABRILHANTADO, adj. Tornar brilhante, reluzente; ornado, enfeitado, aformoseado.

ABRILHANTADOR, adj. e s.m. Que, ou o que abrilhanta.

ABRILHANTAR, v.t. Tornar brilhante; realçar, ornar, dar maior realce a; polir por modo que produza luzimento.

ABRIMENTO, s.m. Ação ou efeito de abrir. O mesmo que abertura.

ABRIR, v.t. Desunir, descerrar, desimpedir, rasgar, cortar, cavar. Romper o invólucro de; fundar, instalar, dar princípio a; inaugurar. Int. desabrochar, desabotoar; ir-se embora, fugir. Rel. Dar acesso; começar. P. Rasgar-se, fender-se; ir embora, sair, partir, viajar; — -se com alguém: ser-lhe franco, revelar-lhe tudo que sente. (Part. pass. irreg.: aberto. Abrido não se usa na linguagem moderna.)

ABROCADADO, adj. Semelhante ao brocado.

ABROCADO, adj. Parecido com brocado. O mesmo que abrocadado.

ABROCHADO, adj. Atarefado, abarbado, apertado, acolchetado, abotoado, afivelado, atado, unido.

ABROCHADOR, s.m. O que abrocha.

ABROCHADURA, s.f. Ato de abrochar, ligação, união.

ABROCHAR, v.t. Unir com broche; afivelar; abotoar.

ABROCHILHO, s.m. Fivela ou botão que abrocha; abotoador. Lugar onde se abrocha, se afivela.

ABROEIRADO, adj. Semelhante à broa; (fig.) que come broa; rústico; rude. (Fig.) Broa.

AB-ROGAÇÃO, s.f. Ato de ab-rogar; ato pelo qual se revoga ou anula uma lei.

AB-ROGADO, adj. Anulado, suprimido totalmente.

AB-ROGADOR, adj. e s.m. Que, ou o que ab-roga.

AB-ROGAR, v.t. Anular, suprimir, pôr em desuso, derrogar.

AB-ROGATIVO, adj. Ab-rogatório; que tem a faculdade de ab-rogar.

AB-ROGATÓRIO, adj. Que tem a faculdade de ab-rogar. O mesmo que ab-rogativo.

ABROLHADA, s.f. Desabrochamento.

ABROLHADO, adj. Coberto de abrolhos, de botões, de espinhos.

ABROLHAL, s.m. Lugar onde crescem muitos abrolhos.

ABROLHAMENTO, s.m. Ato ou efeito de abrolhar.

ABROLHAR, v.t. Dar, produzir (abrolhos); produzir, fazer nascer, causar, originar; int. lançar gomos ou rebentos (plantas); germinar, desabrochar, aparecer, surgir.

ABROLHO, s.m. Nome comum a várias plantas rasteiras e espinhosas; a ponta ou pua do fruto destas plantas; pl.: estrepe; rochedos ou cachopos ocultos no mar; (fig.) dificuldades, desgostos. (Pl.: abrolhos.)

ABROLHOSO, adj. Cheio de obrolhos; espinhoso. (Fig.) Eriçado de contrariedades.

ABRONCADO, adj. Um tanto quanto bronco; de modos grosseiros; rude, brutal, aparvalhado, estúpido.

ABRONZADO, adj. Fundido em bronze; folhado de bronze. Pintado cor de bronze; de cor semelhante a bronze.

ABRONZAR, v.t. Fundir o cobre geralmente com estanho, para produzir o bronze; bronzear.

ABRONZEADO, adj. O mesmo que abronzado.

ABRONZEAR, v.t. Tornar imitante ao bronze; dar a cor de bronze; bronzear.

ABROQUELADO, adj. Em forma de broquel.

ABROQUELAR, v.t. Resguardar com broquel; proteger; defender; t.-rel. resguardar, defender; p. resguardar-se, defender-se.

ABRUMADO, adj. Cheio de bruma, coberto de bruma.

ABRUMAR, v.t. Encher de bruma; tornar escuro; tornar apreensivo, triste.

ABRUNHEIRO, s.m. Planta rosácea, do mesmo gênero da ameixeira. (Prunus spinosa.)

ABRUNHO, s.m. Fruto do abrunheiro, semelhante a uma pequena ameixa.

ABRUPÇÃO (ab-ru), s.f. Fratura transversal do osso. Supressão das partículas de transição para dar ao estilo mais vivacidade.

ABRUPTELA (ab-ru), s.f. Terra desbravada.

ABRUPTO (ab-ru), adj. Escarpado; íngreme; quase a pique; (fig.) áspero, rude, inopinado, súbito.

ABRUTADAMENTE, adv. De modo abrutado, brutalmente, rudemente.

ABRUTADO, adj. Abrutalhado, rude, vilão, grosseiro, bruto.

ABRUTALHADO, adj. Que tem modos de bruto; grosseiro, rude, brutal. O mesmo que abrutado.

ABRUTALHAR, v.t. e p. Tornar, ou tornar-se brutal, grosseiro, rude. O mesmo que abrutar.

ABRUTAMENTO, s.m. Brutalidade, rudeza, vilania.

ABRUTAR, v.t. e p. Abrutalhar, tornar-se rude.

ABRUTECER, v.t. Abrutar; embrutecer.

ABRUTECIMENTO, s.m. O mesmo que embrutecimento.

ABSCESSO, s.m. (Med.) Ajuntamento de pus numa cavidade acidental ou natural do corpo. O mesmo que abcesso.

ABSCINDIR, v.t. Cortar violentamente; separar, interromper. F. paral.: abcindir, abcidir.

ABSCISÃO, s.f. Excisão; corte feito na parte mole do corpo. F. paral.: Abcisão.

ABSCISSA, s.f. (Mat.) Coordenada que define a posição de um ponto sobre uma linha; primeira das coordenadas que definem, no sistema cartesiano, a posição de um ponto no plano e no espaço. F. paral.: Abcissa.

ABSCISSÃO, s.f. Separação, corte, perda, interrupção.

ABSCISSO, adj. Partido, rasgado, fendido, desconexo.

ABSCONSO, adj. Esconso, oculto, escondido; s.m. segredo, o que é secreto.

ABSENTEÍSMO, s.m. Abstenção do exercício do voto; abstencionismo. Var. de absentismo.

ABSENTEÍSTA, adj. e s. Diz-se de, ou pessoa que pratica o absenteísmo.

ABSENTISMO, s.m. Sistema de exploração agrícola em que há um feitor intermediário ao cultivador e ao proprietário ausente; (por ext.) hábito de não comparecer, de estar ausente.

ABSENTISTA, adj. Relativo ao absenteísmo; que está ausente.

ABSIDAL, adj. Relativo a abside; que tem forma de abside.

ABSÍNTIO, s.m. O mesmo que absinto.

ABSINTIOSO, adj. Que tem absinto; misturado com absinto.

ABSINTISMO, s.m. Doença produzida pelo abuso do absinto. Vício do absinto.

ABSINTITE, s.m. Vinho absintado, vinho de losna ou absinto.

ABSINTO, s.m. Losna; planta herbácea, aromática e amarga da família das Compostas; bebida alcoólica aromatizada com essa planta. Var. de absíntio.

ABSINTOSO, s.m. Aquele que se entrega ao vício do absinto.

ABSOLTO, adj. Perdoado.

ABSOLUÇÃO, s.f. Absolvição.

ABSOLUTAMENTE, adv. De modo absoluto; completamente, ilimitadamente, inteiramente.

ABSOLUTISMO, s.m. Sistema de governo em que o poder do chefe é absoluto.

ABSOLUTISTA, adj. Relativo ao absolutismo; diz-se de pessoa partidária do absolutismo; s. partidário do absolutismo.

ABSOLUTO, adj. Independente; que não reconhece superioridade; sem restrições; ilimitado, incondicional, soberano, único; abstrato; incontestável; cabal; puro; imperioso; absolvido.

ABSOLUTORIO, adj. Que absolve, que contém absolvição com a justiça.

ABSOLVEDOR, adj. Que absolve; aquele que dá a absolvição.

ABSOLVENTE, adj. Que absolve.

ABSOLVER, v.t. Declarar inocente; perdoar pecados a; t.-rel. desobrigar; isentar; desonerar; p. desculpar-se; desonerar-se.

ABSOLVIÇÃO, s.f. Ação ou efeito de absolver; perdão de pecados ou culpas.

ABSOLVIDO, adj. Que foi julgado inocente ou elevado de pena.

13

ABSOLVIMENTO, s.m. O mesmo que absolvição.

ABSORÇÃO, s.f. Ação de absorver; penetração de uma substância nos interstícios do corpo de outra; absorvimento; — atmosférica: (Acúst.) diminuição que a onda sonora sofre ao atravessar uma camada de ar.

ABSORTO, adj. Concentrado em seus pensamentos; extasiado.

ABSORVEDOR, adj. Que absorve; o mesmo que absorvente; s.m. o que absorve; absorvente.

ABSORVEDOURO, s.m. Sorvedouro. Var.: absorvedoiro.

ABSORVÊNCIA, s.f. Faculdade de absorver.

ABSORVENTE, adj. Absorvedor; muito atraente; dominador; s.m. qualquer substância que tem a propriedade de absorver.

ABSORVER, v.t. Embeber, sorver, consumir, esgotar; preocupar inteiramente; aspirar; engolir; entusiasmar; t.-rel. concentrar, aplicar; p. concentrar-se, aplicar-se.

ABSORVIMENTO, s.m. Absorção.

ABSORVÍVEL, adj. Que pode ser absorvido.

ABSTÊMIO, adj. Sóbrio; que não toma bebidas alcoólicas.

ABSTENÇÃO, s.f. Ação ou efeito de se abster.

ABSTENCIONISMO, s.m. Absenteísmo.

ABSTENCIONISTA, adj. e s. Que, ou pessoa que se abstém do voto político.

ABSTER, v.t.-rel. Privar; p. conter-se; refrear-se; deixar de intervir; ser sóbrio ou moderado. (Irregular. Conjuga-se como o verbo ter.)

ABSTERGÊNCIA, s.f. Qualidade do que é abstergente; limpeza de uma ferida.

ABSTERGENTE, adj. Que absterge; s.m. Purificante.

ABSTERGER, v.t. limpar, lavar (feridas); desobstruir; purificar.

ABSTERSÃO, s.f. Ação ou efeito de absterger.

ABSTERSIVO, s.m. Substância que absterge; adj. próprio para a abstersão.

ABSTERSO, adj. Expurgado, limpo.

ABSTINÊNCIA, s.f. Qualidade do que se abstém; privação voluntária; jejum.

ABSTINENTE, adj. Que pratica a abstinência; frugal, continente, parco, sóbrio, moderado.

ABSTRAÇÃO, s.f. Ato ou efeito de abstrair; alheamento; abstraimento.

ABSTRAIDAMENTE, adv. De modo abstraído, com abstração.

ABSTRAIDO, adj. Abstrato, absorto, concentrado; alheado.

ABSTRAIMENTO (a-i), s.m. Ato ou efeito de abstrair; abstração.

ABSTRAIR, v.t.-rel. Separar, apartar; t. considerar isoladamente coisas que se acham unidas; rel. alhear-se; p. alhear-se; concentrar-se; distrair-se. (Conjuga-se como sair. O part. pass. irreg. abstrato é empregado como mero adjetivo.)

ABSTRATAMENTE, adv. De modo abstrato; distraidamente, com distração.

ABSTRATIVAMENTE, adv. De modo abstrativo.

ABSTRATIVO, adj. Que abstrai.

ABSTRATO, adj. Que designa uma qualidade separada do objeto a que pertence; distraído; absorto, abstraído; s.m. o que se considera existente só no domínio das idéias e sem base material.

ABSTRATOR, s.m. Aquele cujo espírito tende para a abstração.

ABSTRUIR, v.t. Ocultar, tornar incompreensível. (Conjuga-se como o verbo atribuir.)

ABSTRUSO, adj. Confuso; obscuro; difícil de compreender.

ABSURDEZ, ABSURDEZA ou **ABSURDIDADE,** s.f. Absurdo.

ABSURDO, adj. Contrário à razão, ao bom senso; s.m. coisa absurda. O mesmo que absurdez; absurdeza e obscuridade.

ABUGALHADO, adj. Diz-se dos olhos muito abertos.

ABUGALHAR, v.t. Esbugalhar; abrir muito (os olhos).

ABUGRADO, adj. Que descende de bugre.

ABULIA, s.f. (Med.) Ausência de vontade; perda total ou parcial da vontade, por doença.

ABÚLICO, adj. Sem vontade. (Antôn.: volitivo.)

ABUNDÂNCIA, s.f. Fartura; grande quantidade.

ABUNDANCIAR, v.t. Tornar abundante (alguma coisa).

ABUNDANTE, adj. Que abunda; que existe ou produz em grande quantidade; o mesmo que abundoso; (Gram.) diz-se do verbo que apresenta mais de uma forma para um ou mais tempos ou pessoas; ex.: tinto, tingido; entregue, entregado.

ABUNDAR, v.int. e rel. Ter ou existir em grande quantidade; afluir; estar de acordo.

ABUNDOSAMENTE, adv. De modo abundoso;abundantemente.

ABUNDOSO, adj. O mesmo que abundante.

ABURACADO, adj. Esburacado.

ABURACAR, v.t. Encher de buracos; esburacar.

ABURGUESADO, adj. Próprio de burguês, que tem modos de burguês.

ABURGUESAR, v.t. Dar modos de burguês a; p. tornar-se burguês; adquirir hábitos ou modos de burguês.

ABUSADO, adj. Aborrecido, entediado; enfadonho; confiado, intrometido.

ABUSADOR, adj. e s.m. Que, ou o que abusa.

ABUSAMENTO, s.m. O mesmo que abuso.

ABUSÃO, s.f. Abuso; erro; engano; superstição.

ABUSAR, v.t. Usar mal de (alguma coisa); rel. usar mal; exorbitar; faltar à confiança; causar dano.

ABUSIVAMENTE, adv. Com abuso.

ABUSIVO, adj. Em que há abuso.

ABUSO, s.m. Uso errado, excessivo ou injusto; exorbitância de atribuições; ultraje ao pudor; canalhice; aborrecimento; nojo; maçada.

ABUTRE, s.m. Nome dado a algumas aves de rapina de grande envergadura, que se alimentam principalmente de carniça. (Fig.) Homem de maus instintos.

ACA, s.m. Mau cheiro; fedor.

AÇA, adj. e s. Diz-se de ou pessoa ou animal albino.

ACABAÇADO, adj. Que tem forma ou sabor de cabaça.

ACABADIÇO, adj. Doentio; enfermiço; acanaveado.

ACABADO, adj. Levado a cabo, concluído; completo; excelente, primoroso, perfeito; usado, arruinado; abatido; axausto; envelhecido.

ACABADOR, s.m. Que, ou o que acaba.

ACABADOTE, adj. (fam.) Um tanto acabado; avelhentado.

ACABAMENTO, s.m. Ato de acabar; conclusão; perfeição.

ACABANADO, adj. De animais com chifres pouco afastados entre si; que tem forma de cabana.

ACABANAR, v.t. Dar forma de cabana a.

ACABAR, v.t. Concluir; pôr termo a; dar fim a; levar a cabo; aperfeiçoar; completar; int. chegar ao fim cessar; morrer; pred. tornar-se; p. ter fim; chegar ao seu termo.

ACABOCLADO, adj. Que é de origem, ou de raça de caboclo; semelhante a caboclo; rústico; acaipirado.

ACABOCLAR, v.int. Dar feição ou modo de caboclo a; p. tomar feições ou a cor do caboclo; tornar-se rústico, atrigueirado.

ACABRUNHADO, adj. Abatido, enfraquecido, prostrado; melancólico; envergonhado, humilhado, oprimido, atormentado, quebrado.

ACABRUNHADOR, adj. Que acabrunha. O mesmo que acabrunhante.

ACABRUNHAMENTO, s.m. Ato ou efeito de acabrunhar; abatimento, desânimo.

ACABRUNHANTE, adj. Que acabrunha.

ACABRUNHAR, v.t. Abater, enfraquecer, quebrantar; oprimir; afligir; contristar; humilhar; magoar; int. causar acabrunhamento; p. desanimar-se; abater-se.

AÇACALADO, adj. Polido; brunido; luzente, reluzente, brilhante, resplandecente.

AÇACALADOR, s.m. O que tem ofício de polir, brunir as armas brancas. Espadeiro.

AÇACALAR, v.t. Polir, brunir.

AÇAÇAPADO, adj. Semelhante a caçapo; encolhido; abaixado.

AÇAÇAPADOR, adj. e s.m. Que, ou aquele que acaçapa.

AÇAÇAPAR, v.t. Tornar semelhante ao caçapo; abater, achatar; p. agachar-se; encolher-se.

ACACHAPAR, v.t. O mesmo que açaçapar.

ACACHAR, v.t. Ocultar, esconder; acaçapar.

ACACHOAR, v.int. e p. Formar cachão; borbu-

14

lhar; marulhar; espumar.

ACÁCIA, s.f. Árvore ornamental da família das Leguminosas; mimosa.

ACACIANISMO, s.m. Dito ridiculamente sentencioso à maneira do Conselheiro Acácio, personagem do romance "O Primo Basílio", de Eça de Queirós.

ACACIANO, adj. Sentencioso; ridículo, enfatuado.

ACÁCIO, s.m. Indivíduo ridículo, enfatuado, sentencioso.

ACADEIRAR-SE, v.p. Sentar-se em cadeira.

ACADEMIA, s.f. Lugar onde se ministra instrução; escola de ensino superior; sociedade de sábios, artistas ou literatos.

ACADÊMIA, s.f. Modelo (de gesso) para o ensino de formas humanas.

ACADEMIAL, adj. O mesmo que acadêmico.

ACADEMICISMO, s.m. O modo de proceder ou ministrar de uma academia.

ACADÊMICO, adj. Pertencente ou relativo à academia; s.m. membro de academia; estudante de uma universidade ou qualquer escola superior.

ACADEMISMO, s.m. Cópia inexpressiva e servil de obras de arte das antigas escolas; obediência estrita, nas letras ou nas artes, aos preceitos acadêmicos; academicismo.

ACADEMISTA, s. Estudante de uma academia; pessoa que freqüenta especialmente uma academia recreativa.

ACADIANO, adj. Da Acádia (Nova Escócia); s.m. o natural ou habitante da Acádia; canadense.

ACADIMADO, adj. Afeito, habituado.

ACAFAJESTADO, adj. Que tem modos de cafajeste; acanalhado.

ACAFAJESTAR-SE, v.p. Tornar-se cafajeste; acanalhar-se; rebaixar-se.

AÇAFATE, s.m. Cesto pequeno de vime; canistrel; canastrinha.

ACAFELADO, adj. Rebocado. (Fig.) Dissimulado; encoberto.

ACAFELADOR, s.m. O que acafela.

ACAFELADURA, s.f. ou **ACAFELAMENTO**, s.m. Ato de acafelar.

ACAFELAR, v.t. Tapar com cal e areia ou com asfalto; reboçar; encobrir; calafetar.

ACAFETADO, adj. Tirante a cor do café.

ACAFETAR, v.t. Dar a cor do café a.

AÇAFLOR, s.m. Açafrão.

AÇAFRÃO, s.m. Planta bulbosa da família das Irídáceas. Substância orgânica extraída do Crocus. O mesmo que açaflor.

AÇAFROADO, adj. Da cor do açafrão.

AÇAFROAR, v.t. Tingir com açafrão, temperar com açafrão.

AÇAFROEIRA, s.f. Árvore que dá o açafrão.

AÇAÍ, s.m. Fruta do açaizeiro; calda escura extraída dessa planta.

ACAIÇARADO, adj. Que tem maneiras de caiçara, de caipira ou matuto.

ACAIÇARAR-SE, v.p. Tornar-se caiçara; adquirir modos de caipira; amatutar-se.

AÇAIMAR, v.t. Pôr açaimo.

AÇAIMO, s.m. Cabrestilho que se aplica ao focinho dos animais para não morderem ou não comerem; focinheira; mordaça. Var.: Açamo.

ACAIPIRADO, adj. Feito caipira; de maneiras acanhadas; amatutado, tímido, acanhado.

ACAIPIRAR-SE, v.p. Tornar-se caipira; tomar hábito e o modo de falar dos roceiros; amatutar-se, mostrar-se acanhado.

ACAIRELADO, adj. Cercado de cairel.

ACAIRELADOR, adj. e s.m. Que, ou aquele que acairela.

ACAIRELAR, v.t. Guarnecer de cairel.

AÇAÍZEIRO, s.m. Espécie de palmeira do norte do Brasil.

ACAJÁ, s.m. O mesmo que cajá.

ACAJADADO, adj. Espancado com cajado; que tem forma de cajado; recurvo como cajado.

ACAJADAR, v.t. Bater com cajado; espancar, dar forma de cajado a.

ACAJU, s.m. Mogno; nome dado a várias madeiras parecidas com a do mogno verdadeiro; planta da família das Meliáceas.

ACALANTAR, v.t. Var. de acalentar.

ACALANTO, s.m. Var. de acalento.

ACALCADO, adj. Calcado.

ACALCANHADO, adj. Pisado com o calcanhar; calcado; vexado; humilhado; diz-se do calçado cujo tacão está entortado com o uso do andar; cambado.

ACALCANHAR, v.t. Pisar com o calcanhar; entortar, com o andar, o tacão de (o calçado); int. ficar (o calçado) com o tacão entortado.

ACALENTAR, v.t. Embalar, aconchegando ao peito; aquecer nos braços; animar; lisonjear; sossegar, tranqüilizar.

ACALENTO, s.m. Expressão para acalentar; ato de acalentar. Var.: acalanto.

ACALMAÇÃO, s.f. Ato ou efeito de acalmar; sossego; tranqüilidade, acalmamento.

ACALMADO, adj. Calmo; sossegado, tranqüilo; moderado, quieto.

ACALMAR, v.t. Tornar calmo; pacificar; int. sossegar; abrandar-se; p. tranqüilizar-se; sossegar-se.

ACALMIA, s.f. Período de repouso momentâneo que se segue a outro de agitação ou crise.

ACALORADO, adj. Cheio de calor ou vivacidade; vivo; veemente; apaixonado, excitado; entusiasmado.

ACALORAR, v.t. Dar calor a; animar; aquecer; excitar; p. excitar-se.

ACAMADO, adj. Deitado na cama; s.m. (por ext.) pasto seco que se deita sobre o solo.

ACAMAR, v.t. Dispor em camadas; deitar no chão ou em outra superfície; int. cair doente, de cama; inclinarem-se numa direção até se deitarem (as searas) com o peso das espigas ou por efeito do vento; abater-se; p. abater-se.

ACAMARADAR, v.int. Andar de camaradagem; tornar-se camarada; p. tornar-se camarada; bandear-se.

AÇAMBARCAÇÃO, s.f. Ação ou efeito de açambarcar; açambarcamento.

AÇAMBARCADOR, adj. e s.m. Que, ou aquele que açambarca; monopolizador.

AÇAMBARCAMENTO, s.m. Ato ou efeito de açambarcar. O mesmo que açambarcação.

AÇAMBARCAR, v.t. Chamar exclusivamente a si (qualquer coisa), privando os outros da respectiva vantagem; monopolizar.

ACAMBETADO, adj. Torto das pernas. O mesmo que cambeta, cambaio e cambembe.

ACAMBETAR, v.int. Andar com as pernas tortas; cambetar.

ACAMBULHADO, adj. Deitado de cambulhada; inclinado.

ACAMBULHAR, v.t. Deitar de cambulhada; acamar (o pão nas searas) um sobre outro.

AÇAMO, s.m. (V. Açaimo.)

AÇAMOUCADO, adj. Mau emprego de materiais de construção, sem arte, sem gosto ou segurança.

ACAMPADO, adj. Alojado em acampamento.

ACAMPAINHADO (a-i), adj. Em forma de campainha, campanudo.

ACAMPAMENTO, s.m. Ato de acampar; lugar onde a tropa acampa.

ACAMPAR, v.t. Instalar no campo; int. assentar arraial; p. estabelecer-se no campo.

ACAMURÇADO, adj. Que tem aspecto de camurça, na cor e preparo.

ACAMURÇAR, v.t. Preparar como camurça; dar aspecto de camurça a.

AÇANÁ, s.f. Ave da família dos Ralídeos. Nome de várias espécies de frangos-d'água; ave pernalta.

ACANALADO, adj. Em forma de canal.

ACANALADOR, adj. Que, ou aquele que acanala.

ACANALADURA, s.f. Concavidade em forma de canal ou rego.

ACANALAR, v.t. Abrir acanaladuras em; estriar.

ACANALHADO, adj. Que se tornou canalha; que se acanalhou.

ACANALHADOR, adj. e s.m. Que, ou aquele que acanalha.

ACANALHAR, v.t. Dar modos de canalha a; tornar canalha; p. tornar-se canalha.

ACANASTRAR, v.t. Pôr em canastra; dar forma de canastra a.

ACANAVEADO, adj. Supliciado com puas de cana; emagrecido, abatido, doente; mortificado, angustiado.

ACANAVEAR, v.t. Supliciar com puas de cana metidas entre as unhas e a carne; tornar magro, abatido.

ACANELAR, v.t. Dar cor de canela a; cobrir com canela.

ACANGATARA, s.m. Penacho; enfeite de penas;

adorno para a cabeça, que os índios usavam nas suas solenidades. O mesmo que canitar.

ACANGUÇU, s.m. Animal carniceiro da família dos Felídeos, também chamado onça pintada ou jaguar; o mesmo que canguçu.

ACANHADO, adj. Tímido; sem desembaraço; de tamanho menor que o normal; apertado; encolhido; pouco generoso; mesquinho.

ACANHADOR, adj. e s.m. Que, ou o que causa timidez.

ACANHAMENTO, s.m. Ato de acanhar; estreiteza; falta de desembaraço; timidez.

ACANHAR, v.t. Impedir o desenvolvimento de; tornar menor; envergonhar; restringir; p. envergonhar-se; vexar-se; tornar-se tímido; acovardar-se.

ACANHO, s.m. Acanhamento.

ACANHOAR, v.t. Acanhonear. Bater com tiros de canhão.

ACANHONEAR, v.t. Disparar canhões contra; bombardear. O mesmo que acanhoar.

ACANTO, s.m. Planta espinhosa de folhas largas e recortadas, conhecida também por erva gigante e melafólio; ornato arquitetônico que representa folhas daquela planta, e que caracteriza a ordem coríntia.

ACANTOADO, adj. Posto ao canto; oculto; separado; apartado.

ACANTOAR, v.t. Pôr a um canto; ocultar, separar; desprezar; p. fugir da convivência; procurar a solidão.

ACANTONADO, adj. Distribuído por cantões ou aldeias.

ACANTONAMENTO, s.m. Ato de acantonar; lugar onde se acantonam tropas.

ACANTONAR, v.t. Dispor ou distribuir (tropas) por cantões; int. distribuir-se (a tropa) por diferentes cantões, para descanso; estacionar (tropa).

ACANULAR, v.t. Dar forma de cano ou de cânula a.

AÇÃO, s.f. Movimento; modo de atuar; resultado de uma força; energia; acontecimento; batalha; título representativo de capital e que se passa aos que fazem parte de companhia ou sociedade comercial ou industrial; gesto; elocução; tema geral de um quadro ou de uma obra literária; (Jur.) recurso de direito em que se pede a um juiz que mande outrem fazer aquilo que é de sua obrigação perfeita; (Gram.) expressão de certos verbos e substantivos abstratos.

ACAPACHAR, v.t. Reduzir a capacho; esmagar; humilhar; desmoralizar; p. humilhar-se; tornar-se subserviente.

ACAPANGAR-SE, v.p. Tomar feição de capanga; agir como capanga.

ACAPELAR, v.t. Dar forma de capelo a; cobrir com capelo; submergir; soçobrar; p. encapelar-se.

ACAPOEIRAR-SE, v.p. Tornar-se capoeira; acanalhar-se.

ACARÁ, s.m. Iguaria de massa de feijão cozido, frita em azeite-de-dendê; o mesmo que acarajé; designação vulgar de várias espécies de peixes: o mesmo que cará.

ACARAJÉ, s.m. Iguaria feita de massa de feijão cozido, frito em azeite-de-dendê; o mesmo que acará.

ACARAMELAR, v.t. Tornar semelhante a caramelo.

ACARAPINHAR, v.t. e p. Encarapinhar.

ACARDIA, s.f. Ausência de coração.

ACARDÍACO, adj. Sem coração.

ACARDUMAR-SE, v.p. Reunir-se em cardumes.

ACAREAÇÃO, s.f. ou **ACAREAMENTO,** s.m. Ação de acarear. O mesmo que careação.

ACAREAR, v.t. Pôr em presença umas das outras (testemunhas), cujos depoimentos ou declarações não são concordes; t.-rel. confrontar; cotejar. (Pres. indic.: acareio, acareias, acareia, acareamos, etc.; pres. subj.: acareie, acareies, etc.)

ACARÍASE, s.f. Doença produzida por ácaros.

ACARICIADOR, adj. e s.m. Que, ou aquele que acaricia.

ACARICIAR, v.t. Fazer carícias a; acarinhar; amimar; afagar; alimentar. (Pres. indic.: acaricio, acaricias, etc.; pres. subj.: acaricie, acaricies, etc.)

ACARICIATIVO, adj. Acariciador.

ACARÍDEO, s.m. O mesmo que acarino. Inseto parasita que pertence à ordem dos aracnídeos: o ácaro. (A sarna é provocada por um acarídeo.)

ACARINHAR, v.t. Tratar com carinho; acariciar; alisar; afagar.

ACARINO, s.m. Espécime dos Acarinos, ordem de aracnídeos de corpo não dividido em regiões. Exs.: Os carrapatos, o agente da sarna, etc.

ACARNEIRAR, v.t. Tornar semelhante a carneiro, tornar dócil, submeter.

ÁCARO, s.m. Nome comum a todos os pequenos acarinos.

ACAROADO, adj. Chegado cara a cara, posto em frente, em contato.

ACARRANCAR-SE, v.p. Fazer carranca; ficar mal-humorado, zangado.

ACARRAPATADO, adj. Semelhante ao carrapato.

ACARRAPATAR, v.t. Tornar semelhante ao carrapato.

ACARREAR, v.t. Carrear; acarretar; t. e t-rel. causar. (Conjuga-se como o v. acarear.)

ACARREIO, s.m. Ação de carrear.

ACARRETADO, adj. Colocado em carreta (peça de artilharia).

ACARRETADOR, s.m. O que acarreta.

ACARRETADURA, s.f. Acarretamento.

ACARRETAMENTO, s.m. Ação de acarretar. O mesmo que acarretadura.

ACARRETAR, v.t. Transportar em carreta ou carro; conduzir; t.-rel. ocasionar; causar; produzir; provocar.

ACARTOLADO, adj. Em forma de cartola.

ACARTONADO, adj. Que tem aspecto ou forma de cartão.

ACARTONAR, v.t. Tornar semelhante ao cartão. O mesmo que cartonar.

ACARTUCHAR, v.t. Prover de cartuchos; dar forma de cartuchos.

ACASALAMENTO, s.m. Ato ou efeito de acasalar.

ACASALAR, v.t. Reunir (macho e fêmea) para criação; reunir; emparelhar.

ACASEAR, v.t. Abrir casas; casear.

ACASO, s.m. Sucesso imprevisto; casualidade; sorte, fortuna; adv. talvez, porventura.

ACASTANHADO, adj. Que tem cor quase castanha.

ACASTANHAR, v.t. Tornar quase castanho.

ACASTELADO, adj. Feito à imitação de castelo.

ACASTELAR, v.t. Fortificar com castelo; construir a modo de castelo; fortificar; p. fortificar-se; prevenir-se; precaver-se; encastelar-se.

ACASTELHANADO, adj. À imitação de castelhano; afeiçoado aos castelhanos.

ACASTELHANAR, v.t. Dar feição castelhana a; tornar castelhano.

ACASULADO, adj. Que tem aparência de casulo.

ACASULAR, v.t. Dar a forma de casulo a.

ACATADO, adj. Venerado; respeitado.

ACATADOR; adj. e s.m. Que, ou aquele que acata.

ACATADURA, s.f. Observar com atenção, consideração, acatamento.

ACATALEPSIA, s.f. Impossibilidade de compreender; dúvida, negação de qualquer certeza.

ACATALÉPTICO, adj. Referente à acatalepsia.

ACATAMENTO, s.m. Ato de acatar; veneração; respeito, reverência, atenções, consideração.

ACATAR, v.t. Respeitar; venerar; seguir (opinião, etc.); cumprir; observar; honrar.

ACATARROADO ou **ACATARROADO,** adj. Cheio de catarro.

ACATARROAR-SE, v.p. Ser atacado de catarro; encatarrar-se, encatarroar-se.

ACATÁVEL, adj. Digno de acatamento.

ACATINGADO, adj. Que tem mau cheiro ou catinga.

ACATITADO, adj. Que tem modos catitos; ajanotado.

ACATÓLICO, adj. e s.m. Que, ou aquele que não pertence à religião católica.

ACAUÃ, s.m. e f. Ave da família dos Falconídeos; espécie de gavião. O mesmo que acanã.

ACAUDATAR, v.t. e i. Seguir na cauda de.

ACAUDILHAR, v.t. Comandar; capitanear; dirigir.

ACAUTELADO, adj. Que se acautela; astuto; manhoso.

ACAUTELADOR, adj. Que acautela.

ACAUTELAR, v.t. Prevenir; precaver; pôr (alguém) de prevenção; evitar; t-rel. vigiar; resguardar; defender; int. usar de cautela; pôr-se de prevenção; p. precaver-se; resguardar-se.

ACAVALADO, adj. Diz-se das coisas que estão sobrepostas umas às outras.

ACAVALAR, v.t. Pôr sobre, amontoar umas coisas sobre as outras.

ACAVALEIRADO, adj. Posto a cavaleiro.

ACAVALEIRAR, v.t. Pôr a cavaleiro; amontoar; t-rel. pôr a cavaleiro.

ACAVALETADO, adj. Com cavalete; diz-se do nariz aquilino ou curvado.

ACEDÊNCIA, s.f. O ato de aceder.

ACEDENTE, adj. e s. Que, ou pessoa que acede, que se conforma.

ACEDER, v.rel. Conformar-se; aquiescer; anuir; t-rel. acrescentar; ajuntar.

ACÉDIA, s.f. Acídia; indiferença, abatimento, torpor.

ACEFALIA, s.f. Ausência total da cabeça.

ACEFÁLICO ou **ACÉFALO,** adj. Sem cabeça; sem chefe.

ACEIRAMENTO, s.m. Ato ou operação de aceirar. O mesmo que aceiração.

ACEIRAR, v.t. Temperar com aço; cortar (a vegetação) em volta da mata; cortar (o mato) nos extremos das herdades para as demarcar e evitar propagação de incêndios.

ACEIRO, s.m. Trabalhador em aço; terreno arroteado ou desbastado em volta das herdades, das matas e coivaras, para evitar propagação de incêndios.

ACEITAÇÃO, s.f. Ato de aceitar; acolhimento; aprovação.

ACEITADOR, adj. e s.m. Que, ou o que aceita.

ACEITAMENTO, s.m. Ato de aceitar.

ACEITANTE, adj. Que aceita; s. pessoa que assina o aceite numa letra de câmbio.

ACEITAR, v.t. Receber coisa oferecida; admitir; aprovar; assumir, por escrito, a obrigação de pagar (uma letra de câmbio); t.pred. admitir; reconhecer.

ACEITÁVEL, adj. Que se pode aceitar; digno de aceitação.

ACEITE, s.m. Ato de aceitar uma letra de câmbio.

ACEITO, adj. Admitido; recebido.

ACELEIRAR, v.t. Meter em celeiro.

ACELERAÇÃO, s.f. Ação de acelerar; (Mec.) aumento ou diminuição de velocidade; pressa, rapidez; — da gravidade: (Mec.) variação da velocidade com que um corpo cai no vácuo, sob a ação da gravidade; seu valor médio é de 980 centímetros por segundo.

ACELERADO, adj. Apressado, rápido, veloz, ligeiro.

ACELERADOR, adj. Que acelera; s.m. o que acelera.

ACELERAMENTO, s.m. Aceleração.

ACELERAR, v.t. Tornar célere; aumentar a velocidade de; instigar; apressar; precipitar-se; ganhar em celeridade.

ACELGA, s.f. Planta hortense da família das Quenopodiáceas.

ACÉM, s.m. Carne do lombo do boi, entre a pá e o cachaço.

ACENAMENTO, s.m. O mesmo que aceno.

ACENAR, v.int. e rel. Fazer acenos; provocar; chamar a atenção.

ACENDALHA, s.f. Folhas, gravetos, cascas, tudo o que for fácil de queimar.

ACENDEDOR, s.f. O que acende, isqueiro.

ACENDER, v.t. Pôr fogo a; fazer arder; atear; entusiasmar; animar; transportar; enlevar; provocar; irritar; int. arder; crescer; ativar-se; p. tomar fogo; inflamar-se; assanhar-se; fazer-se mais rude; transportar-se; elevar-se.

ACENDIMENTO, s.m. Ato ou efeito de acender; excitar, irritar.

ACENDÍVEL, adj. É o que tem a propriedade de irritar, acender, excitar.

ACENDRADO, adj. Purificado, acrisolado, apurado.

ACENDRAR, v.t. Limpar com cinza, purificar; apurar.

ACENO, s.m. Gesto; chamamento; convite.

ACENSÃO, s.f. Acendimento, ardor.

ACENTO, s.m. Inflexão de voz; sinal diacrítico para marcar a pronúncia das vogais; tom de voz; intensidade na pronúncia.

ACENTUAÇÃO, s.f. Ato, modo ou sistema de acentuar na fala ou na escrita.

ACENTUADO, adj. Que tem acento; evidente, saliente; definido, preciso.

ACENTUAR, v.t. Empregar acento em, pronunciar com clareza, distinção.

ACEPÇÃO, s.f. Sentido em que se emprega um termo; significação, significado.

ACEPILHADO, adj. Alisado; polido; aperfeiçoado, apurado, aplainado.

ACEPILHADOR, s.m. O que acepilha.

ACEPILHADURA, s.f. Ato de acepilhar.

ACEPILHAR, v.t. Alisar com cepilho; desbastar; polir; aperfeiçoar; apurar.

ACEPIPE, s.m. Guisado; guloseima, pitéu.

ACEPIPEIRO, adj. e s.m. Que, ou o que gosta de acepipes.

ACÉQUIA, s.f. Regueira; açude; azenha; aqueduto.

ACERAÇÃO, s.f. Ato ou operação de acerar.

ACERADO, adj. Que tem a têmpera do aço.

ACERADOR, adj.s.m. Que, ou o que acera.

ACERAGEM, s.f. Operação de acerar; aceração.

ACERANTE, adj. Que serve para acerar.

ACERAR, v.t. Dar têmpera de aço a; transformar em aço; tornar pontiagudo.

ACERBAR, v.t. Tornar acerbo; angustiar; exacerbar.

ACERBIDADE, s.f. Qualidade do que é acerbo; aspereza, agrura.

ACERBO, adj. Azedo; áspero; severo; cruel; desabrido; amargo.

ACERCA, adv. Perto, vizinho; próximo em tempo; quase; — de, loc. prep. a respeito de, quanto a, com referência a; relativamente a; sobre.

ACERCAR-SE, v.p. Abeirar-se; aproximar-se; avizinhar-se.

ACEREJADO, adj. Que tem a cor da cereja.

ACEREJAR, v.t. Dar a cor da cereja a.

ACERTADO, adj. Judicioso, sensato.

ACERTADOR, s.m. O que acerta; regulador.

ACERTAMENTO, s.m. Efeito ou ação de acertar.

ACERTAR, v.t. Descobrir; por certo; igualar; ajustar; harmonizar; rel. dar; bater; atingir; int. pensar bem; agir com acerto; acontecer; suceder; dar no alvo.

ACERTO, s.m. Ato de acertar; ajuste; tino; perícia.

ACERVEJADO, adj. Que sabe a cerveja, amante da cerveja.

ACERVO, s.m. Montão; cúmulo; grande quantidade.

ACÉRVULO, s.m. Pequeno acervo.

ACESCÊNCIA, s.f. Disposição para se azedar.

ACESCENTO, adj. Que principia a azedar-se.

ACESO, adj. Inflamado; excitado.

ACESSÃO, s.f. Ato de aceder, consentir.

ACESSIBILIDADE, s.f. Facilidade na aproximação, no trato ou na obtenção.

ACESSIONAL, adj. Que tem acesso, que se junta.

ACESSÍVEL, adj. A que se pode chegar; que se pode obter, possuir; tratável, comunicativo.

ACESSIVO, adj. Tratável.

ACESSO, s.m. Ingresso; chegado; aproximação; trato; promoção; comoção; fenômeno fisiológico ou patológico que aparece e desaparece com certa rapidez.

ACESSÓRIO, adj. Que não é fundamental; junto a uma coisa, sem fazer parte integrante dela; s.m. aquilo que se junta ao objeto principal, ou é dependente deste; complemento; atributo.

ACESSUAL, adj. Que surge por acesso.

ACETÁBULO, s.m. Cavidade em forma de taça; antigo vaso para vinagre; cálice das flores com a forma desse vaso; (Anat.) cavidade hemisférica situada na face externa do esqueleto da bacia, em que se articula a cabeça do fêmur.

ACETATO, s.m. Designação genérica dos sais e ésteres do ácido acético.

ACÉTICO, adj. Pertencente ou relativo ao vinagre; diz-se do ácido, também chamado etanóico.

ACETIFICAÇÃO, s.f. É a transformação do vinho em vinagre.

ACETIFICAR, v.t. Transformar em ácido acético.

ACETILENO, s.m. Substância orgânica, inflamável, obtida pela ação da água sobre o carboneto de cálcio; primeiro termo dos hidrocarbonetos acetilênicos.

ACETÍMETRO, s.m. Instrumento para avaliar a porcentagem de ácido acético numa solução.

ACETINADO, adj. Macio e lustroso como cetim.

ACETINAR, v.t. Tornar macio e lustroso como o

cetim; calandrar; amaciar.

ACETONA, s.m. Substância orgânica, líquida, volátil e inflamável, muito usada como solvente; nome vulgar da propanona.

ACETONEMIA, s.f. (Med.) Presença de acetona no sangue.

ACETONÊMICO, adj. Que tem acetona no sangue.

ACETONÚRIA ou **ACETONURIA**, s.f. (Med.) Presença de acetona na urina.

ACETONÚRICO, adj. Relativo à acetonúria.

ACETOSO, adj. Que tem qualidades acéticas, sabor de vinagre.

ACHA, s.f. Pedaço de madeira tosca, para o lume; arma antiga, com feitio feito de machada; o mesmo que acha-de-armas.

ACHACADIÇO, adj. Dado a achaques; enfermiço.

ACHACAR, v.t. Tomar dinheiro de outrem, desgostar; maltratar; roubar a alguém, intimidando-o; int. adoecer; enfermar.

ACHACOSO, adj. Sujeito a achaques.

ACHADA, s.f. Ação ou efeito de achar; planície chapada do alto de uma montanha.

ACHADIÇO, adj. e s.m. Que, ou o que se acha com facilidade.

ACHADO, s.m. Ação de achar; o mesmo que achadão; coisa achada; invento.

ACHADOR, adj. e s.m. Inventor; descobridor.

ACHADOURO, s.m. Lugar onde se achou alguma coisa. Var.: achadoiro.

ACHAGADO, adj. Com chagas. O mesmo que chagado.

ACHAMALOTADO, adj. Semelhante ao chamalote.

ACHAMBOADO, adj. Grosseiro; tosco; malfeito.

ACHANADO, adj. Plano; nivelado.

ACHANAR, v.t. Aplanar.

ACHAQUE, s.m. Padecimento habitual; vício, defeito moral, imputação infundada; imperfeição.

ACHAQUILHO, s.m. Pequeno achaque.

ACHAR, v.t. Encontrar por acaso ou procurando; descobrir; inventar; verificar; supor; reconhecer; t. pred. julgar; considerar; sentir; p. estar; encontrar-se; sentir; julgar-se.

ACHATADELA, s.f. Pequeno achatamento.

ACHATADO, adj. Que tem forma chata; aplanado.

ACHATADURA, s.f. Achatamento.

ACHATAMENTO, s.m. Ato ou efeito de achatar. O mesmo que achatadura.

ACHATAR, v.t. Tornar chato; abater; humilhar; vencer; derrotar; aniquilar; p. fazer-se chato; abater.

ACHAVASCADO, adj. Grosseiro, tosco.

ACHAVASCAR, v.t. Dar forma tosca, achamboada a; int. fazer uma coisa toscamente; p. tornar-se bronco, rude; adotar costumes grosseiros.

ACHEGA, s.f. Adiantamento; acréscimo; ajuda; subsídio; o mesmo que achego.

ACHEGAMENTO, s.m. Ação ou efeito de achegar; aproximação.

ACHEGAR, v.t. Ajustar; ajeitar; t.-rel. aproximar; conchegar; p. aproximar-se; apropinquar-se; acolher-se.

ACHEGO, s.m. Ato de achegar-se. O mesmo que achega, auxílio, recurso, proteção, amparo.

ACHICAR, v.t. Apequenar, diminuir.

ACHICHELAR, v.t. Dobrar o chinelo nos calcanhares.

ACHINCALHAÇÃO, s.f. Ofensa. O mesmo que achincalhamento e achincalhe.

ACHINCALHADOR, adj. Ofensor

ACHINCALHAMENTO, s.m. Ofensa.

ACHINCALHAR, v.t. Ridicularizar; chacotear; rebaixar; escarnecer; ofender.

ACHINCALHE, s.m. Ofensa.

ACHINELAR, v.t. Dar forma de chinelo ou de chinela a; acalcanhar (o sapato).

ACHINESADO, adj. Que tem maneiras de chinês.

ACHINESAR, v.t. Dar forma chinesa a; p. tomar modos ou hábitos de chinês. O mesmo que achinar.

ACHOCALHADO, adj. Munido de chocalho.

ACICALADO, adj. Açacalado, pontiagudo.

ACICALAR, v.t. Açacalar; aguçar a ponta.

ACICATAR, v.t. Estimular com acicate, esporear (o cavalo); (fig.) estimular, incentivar, excitar.

ACICATE, s.m. Espora. (fig.) Incentivo.

ACÍCLICO, adj. Que não tem ciclo; diz-se dos compostos da química orgânica que não possuem em sua fórmula o anel benzênico, e portanto têm cadeia fechada.

ACICULADO, ou **ACICULAR**, adj. Em forma de

---

agulha, de grampo.

ACIDAÇÃO, s.f. Ato de acidar.

ACIDADE, s.f. (V. Acidez.)

ACIDAR, v.t. e p. Tornar, ou tornar-se ácido.

ACIDÁVEL, adj. Que tem a propriedade de se converter em ácido.

ACIDÊNCIA, s.f. O que caracteriza o acidente.

ACIDENTAÇÃO, s.f. Qualidade do terreno acidentado; ato de acidentar (notas musicais).

ACIDENTADO, adj. Que tem altos e baixos (terreno); em que houve acidentes (viagem), etc.; alterado com acidentes (musicais); s.m. desigualdade, variedade.

ACIDENTAL, adj. Casual; fortuito; imprevisto.

ACIDENTAR, v.t. Produzir acidente em; alterar, variar, modificar; alterar (o tom das notas musicais) com acidente; p. sofrer modificação ou alteração; tornar-se irregular.

ACIDENTE, s.m. Acontecimento casual; desgraça; variação do terreno; acesso repentino de doença; variada distribuição de luz; sinal indicativo de alteração de tom das notas.

ACIDEZ, s.f. Qualidade do que é ácido; acidade, azedume.

ACÍDIA, s.f. Abatimento do corpo e do espírito, preguiça; frouxidão.

ACIDÍFERO, adj. Que encerra ou produz ácido.

ACIDIFICAÇÃO, s.f. Ação ou efeito de acidificar.

ACIDIFICANTE, adj. Que acidifica.

ACIDIFICAR, v.t. Tornar ácido. O mesmo que acidular.

ACIDIFICÁVEL, adj. Que se pode acidificar.

ACIDIMETRIA, s.f. Processo volumétrico de análise que permite avaliar a quantidade de ácidos contida em um soluto.

ACIDÍMETRO, s.m. Instrumento para medir o grau de acidez de um líqüido.

ÁCIDO, s.m. Designação genérica de substâncias capazes de libertar íons de hidrogênio quando em solução; adj. azedo.

ACIDULAÇÃO, s.f. Ato ou operação de acidular.

ACIDULADO, adj. Tornado levemente ácido.

ACIDULANTE, adj. Que tem a propriedade de acidular.

ACIDULAR, v.t. Tornar acídulo ou ácido; acidificar.

ACÍDULO, adj. Pouco ácido.

ACIGANADO, adj. Semelhante a cigano; com modos de cigano.

ACIGANAR-SE, v.p. Adquirir modos de cigano; tornar-se trapaceiro ou manhoso.

ACIMA, adv. Em lugar mais alto; em lugar precedente; sobre; parte superior.

ACINTE, s.m. Ação premeditada para desgostar alguém, provocação; adv. de propósito; adrede.

ACINTOSO, adj. Em que há acinte; feito com acinte.

ACINZENTADO, adj. Que é tirante a cinzento.

ACINZENTAR, v.t. Dar cor um tanto cinzenta a.

ACIONADO, s.m. Que é objeto de uma ação judiciária; movimentado.

ACIONADOR, adj. e s.m. Que, ou o que aciona, que movimenta.

ACIONAL, adj. Relativo à ação.

ACIONAR, v.t. Pôr em ação; demandar em juízo; incorporar (companhia ou sociedade) por ações.

ACIONÁRIO, s.m. Acionista.

ACIONÁVEL, adj. Que pode ser acionado.

ACIONISTA, s. Pessoa que tem ações de companhia industrial ou comercial. O mesmo que acionário.

ACIRRADO, adj. Intransigente; cabeçudo; obstinado; irritado; rezingueiro.

ACIRRAMENTO, s.m. Ato ou efeito de acirrar.

ACIRRANTE, adj. Que acirra; picante, aperitivo.

ACIRRAR, v.t. Incitar; açular (cães); irritar, estimular.

ACITRINADO, adj. Da cor da cidra.

ACLAMAÇÃO, s.f. Ovação.

ACLAMADO, adj. Ovacionado.

ACLAMADOR, adj. Ovacionador.

ACLAMAR, v.t. Aplaudir ou aprovar por meio de brados; saudar, proclamar; eleger por aclamação, isto é, sem que seja necessário escrutínio; int. levantar clamor em sinal de aprovação; ovacionar.

ACLAMATIVO ou **ACLAMATÓRIO**, adj. Relativo à aclamação; que encerra aclamação.

ACLARAÇÃO, s.f. Esclarecimento; explicação.

ACLARADO, adj. Esclarecido.

ACLARADOR, adj. e s.m. Que, ou o que aclara, elucida.

ACLARAMENTO, s.m. Esclarecimento; aclaração.

ACLARAR, v.t. Tornar claro; esclarecer; elucidar; explicar; purificar.

ACLIMAÇÃO, s.f. Ato ou efeito de aclimar.

ACLIMADO, adj. Adaptado a certo clima; (fig.) adaptado; acostumado.

ACLIMADOR, adj. e s.m. Que, ou o que aclima.

ACLIMAMENTO, s.m. Aclimação.

ACLIMAR, v.t.-rel. Afazer-se a um clima; habituar; p. identificar-se com as condições vitais de um novo clima.

ACLIMATAÇÃO, s. f. (V. Aclimação.)

ACLIMATAR, v.t. rel. e p. (V. Aclimar.)

ACLIMATIZAÇÃO, s.f. (V. Aclimação.)

ACLIMATIZAR, v.t.-rel. e p. (V. Aclimar.)

ACLIMÁVEL, adj. Que pode ser aclimado, fácil de se adaptar.

ACLIVE, adj. Íngreme; s.m. ladeira.

ACME, s.m. O ponto mais alto; culminância; perfeição; clímax; período mais grave de uma doença.

ACNE, s.f. Doença das glândulas sebáceas do rosto, caracterizada por espinhas da pele, mais comum entre os jovens, e daí o nome de acne juvenil.

AÇO, s.m. Liga de ferro com menos de 2% de carbono, endurecido pela têmpera; arma branca; força; rigeza; amálgama de estanho que se aplica ao vidro formando o espelho; albino.

ACOBARDAMENTO, s.m. Ato de acobardar. Forma paral.: acovardamento.

ACOBARDAR, v.t. Tornar covarde; amedrontar; perder o ânimo; entibiar; p. intimidar-se, perder o ânimo. Forma paral.: acovardar.

ACOBERTAR, v.t. Tapar com coberta; encobrir; defender; dissimular; p. cobrir-se.

ACOBREAR, v.t. Dar cor ou aspecto de cobre a.

ACOCAÇÃO, s.f. Carinho; mimo.

ACOCAR, v.t. e int. Amimar, acariciar.

ACOCHADO, adj. Acamado; apertado.

ACOCHAR, v.t. Acamar, apertando; conchegar, calcando e torcendo; comprimir; apressar; torcer a corda a; p. acocorar-se; agachar-se.

ACOCORADO, adj. Agachado; de cócoras.

ACOCORAMENTO, s.m. Posição de cócoras.

ACOCORAR, v.t. e p. Pôr ou pôr-se de cócoras.

AÇODADO, adj. Apressado, diligente, precipitado.

AÇODAMENTO, s.m. Ato de açodar; pressa; precipitação.

AÇODAR, v.t. Apressar; incitar; instigar; acelerar; p. apressar-se; correr.

ACOGULAR, v.t. Encher demasiadamente; fazer cogulo; t.-rel. encher a transbordar.

ACOIMADOR, adj. e s.m. Que, ou aquele que acoima.

ACOIMAMENTO, s.m. Ato ou efeito de censurar ou repreender.

ACOIMAR, v. pred. Censurar; tachar; int. vingar-se de dano recebido; p. acusar-se, reconhecer-se culpado.

AÇOITADOR, adj. e s.m. Que, ou o que açoita.

AÇOITAMENTO, s.m. Ato de açoitar.

ACOITAR, v.t. Recolher em coito; dar coito ou guarida a; acolher; p. acolher-se; abrigar-se. Var.: Acoutar.

AÇOITAR, v.t. Dar açoites em; fustigar; bater; varejar; devastar.

AÇOITE, s.m. Instrumento de tiras de couro para punir; látego.

ACOLÁ, adv. Além; naquele lugar (ao longe).

ACOLCHETADO, adj. Apertado ou seguro com colchetes.

ACOLCHETAR, v.t. Apertar com colchetes; p. ligar-se, prender-se.

ACOLCHOADINHO, s.m. Fazenda de algodão tecida em quadrinhos; tecido que imita estofo acolchoado.

ACOLCHOADO, adj. Cheio ou forrado como colchão; tecido como colcha; s.m. pano lavrado ou tecido como colcha.

ACOLCHOADOR, adj. e s.m. Que, ou aquele que acolchoa.

ACOLCHOAMENTO, s.m. Ato ou efeito de forrar ou acolchoar.

ACOLCHOAR, v.t. Encher ou forrar como o colchão.

ACOLHEDOR, adj. e s.m. Que, ou o que acolhe; agasalhador.

ACOLHER, v.t. Receber, dar acolhida; agasalhar; hospedar; admitir; ter em consideração; p. abrigar-se; recolher-se; refugiar-se; amparar-se.

ACOLHIDA, s.f. ou **ACOLHIMENTO**, s.m. Modo e ato de acolher; recepção; refúgio; agasalho, proteção.

ACOLITAR, v.t. Servir de acólito a; acompanhar; ajudar; seguir; int. servir de acólito.

ACÓLITO, s.m. O que tem o quarto grau das ordens eclesiásticas menores; o que acompanha; o que ajuda.

ACOMADRAR-SE, v.p. Fazer-se comadre.

ACOMETEDOR, adj. e s.m. Que, ou o que acomete.

ACOMETER, v.t. Investir; atacar; assaltar; hostilizar; provocar; empreender.

ACOMETIDA, s.f. ou **ACOMETIMENTO**, s.m. Ataque, investida.

ACOMETÍVEL, adj. Que se pode acometer.

ACOMODAÇÃO, s.f. Ato de acomodar, arrumação; cômodo; adaptação; disposição, arranjo.

ACOMODADIÇO, adj. Acomodatício.

ACOMODADO, adj. Quieto; sossegado; bem instalado; oportuno, próprio, conveniente, adaptado.

ACOMODAMENTO, s.m. Acomodação; transação, ajuste, acordo.

ACOMODAR, v.t. Pôr em ordem; arrumar; tornar cômodo; hospedar; harmonizar, conciliar; t.rel. adequar; adaptar; p. retirar-se para os seus aposentos; adaptar-se; estar quieto; condizer; reconciliar-se.

ACOMODATÍCIO, adj. Que se acomoda facilmente; amoldável; transigente. O mesmo que acomodação.

ACOMODÁVEL, adj. Que se pode acomodar.

ACOMPADRAR, v.t. Tornar compadre, ou amigo; t.-rel. familiarizar; p. acamaradar-se; familiarizar-se.

ACOMPANHADEIRA, s.f. Mulher que acompanha.

ACOMPANHADOR, adj. e s.m. Que, ou o que acompanha.

ACOMPANHAMENTO, s.m. Cortejo formado por várias pessoas; comitiva, séquito; parte da música destinada a acompanhar vozes ou instrumentos.

ACOMPANHANTE, adj. e s. Que, ou pessoa que acompanha.

ACOMPANHAR, v.t. Ir em companhia de; seguir; seguir a mesma direção; observar a marcha, a evolução de; ser da mesma política, da mesma opinião que; participar dos mesmos sentimentos; (Mús.) executar (o acompanhamento); t.-rel. aliar, unir; dotar; ilustrar, adornar; p. rodear-se; cercar-se; cantar, fazendo o acompanhamento ao mesmo tempo; fazer-se acompanhar.

ACOMPLEICIONADO, adj. De boa ou má compleição.

ACONCHEAR, v.t. Dar forma de concha a.

ACONCHEGAR, v.t. Aproximar; unir; agasalhar; conchegar.

ACONCHEGO, s.m. Agasalho; comodidade; amparo, conchego.

ACONDICIONAÇÃO, s.f. Acondicionamento.

ACONDICIONAMENTO, s.m. Ato de acondicionar.

ACONDICIONAR, v.t. Dar certa condição ou qualidade a; guardar em sítio conveniente; preservar de deterioração; t.-rel. adaptar; acomodar.

ACONFEITADO, adj. Que tem forma de confeito.

ACONFEITAR, v.t. Dar forma de confeito a.

ACÔNITO, s.m. Planta da família das Ranunculáceas, venenosa.

ACONSELHADO, adj. Que recebeu conselho, prudente.

ACONSELHADOR, adj. e s.m. Que, ou aquele que aconselha, conselheiro.

ACONSELHAR, v.t. Dar conselho a; t.-rel. persuadir, dar conselho; int. dar conselho; p. pedir ou tomar conselho.

ACONSELHÁVEL, adj. Que se pode ou deve aconselhar.

ACONTECER, v. int. Realizar-se inopinadamente; suceder; sobrevir; rel. suceder. (Verbo defectivo. Normalmente só é usado nas terceiras pess. do sing. e do plural. Não tem imperativo.)

ACONTECIDO, adj. Que aconteceu; s.m. sucesso, ocorrência, acontecimento.

ACONTECIMENTO, s.m. Aquilo que acontece; fato sucedido; ocorrência que produz sensação.

AÇOR, s.m. Ave de rapina. (Pl.: açores.)

AÇORADO, adj. Ávido, sôfrego.

AÇORAR, v.t. Despertar grande desejo em; mostrar avidez por; provocar com tentações.

AÇORCUNDADO, adj. Que é um pouco corcunda.

AÇORDA, s.f. Migas de pão, ensopadas e temperadas com azeite e alhos; adj. e s.f. diz-se de, ou pessoa fraca ou medrosa; covarde; sem energia.

ACORDADO, adj. Desperto do sono; atento; resolvido por acordo; que se recorda; afinado; vigilante.

ACORDAMENTO, s.m. Ato de acordar, despertar.

ACORDANTE, adj. Harmônico; acorde, conforme, concorde.

ACÓRDÃO, s.m. Sentença, resolução de recursos em tribunais. (Pl.: acórdãos.)

ACORDAR, v.t. Despertar; tirar do sono; resolver de comum acordo; concordar; lembrar; recordar; pôr em atividade; pred. encontrar-se; int. sair do sono; despertar; rel. concordar; chegar a um acordo; t.-rel. conciliar; acomodar; concordar; convir em; p. estar de acordo; combinar-se.

ACORDE, s.m. Um ou mais sons que se unem formando harmonia; adj. concorde, harmônico.

ACORDEÃO, s.m. Instrumento musical composto de teclas metálicas que são postas em vibração por um fole; harmônica, sanfona.

ACORDO, s.m. Combinação, conformidade; conciliação; convenção; ajuste; cuidado; uso dos sentidos.

ACORDOAR, v.t. Guarnecer de cordas; encordoar.

AÇORIANO, adj. Das ilhas dos Açores; o mesmo que açórico; s.m. o natural ou habitante dos Açores.

AÇÓRICO, adj. Açoriano.

ACOROÇOAR, v.t. Encorajar; animar; t.-rel. animar, induzir. (Pres. indic.: acoroçôo, acoroças, etc.; pres. subj.: acoroçoe, acoroçoes, etc.)

ACORRENTAR, v.t. Prender com corrente; encadear; escravizar; p. pôr na dependência forçada (de alguém).

ACORRER, v. int. Acudir, ir ou vir em socorro de alguém: rel. acudir, socorrer; prevenir; remediar; p. acolher-se; refugiar-se; recorrer.

ACOSSADOR, adj. e s.m. Instigador; perseguidor.

ACOSSAMENTO, s.m. Instigação, perseguição.

ACOSSAR, v.t. Correr ao encalço de; perseguir; estafar; castigar.

ACOSTADO, adj. Encostado; s.m. aderente.

ACOSTAR, v.t.-rel. Encostar, juntar, arrimar; adossar, acolar; rel. aproximar-se até tocar; p. navegar junto à costa; procurar amparo.

ACOSTÁVEL, adj. Diz-se do cais a que as embarcações podem acostar.

ACOSTO, s.m. Ato de acostar.

ACOSTUMAR, v.t. Fazer contrair hábito, costume; t.-rel. afazer; habituar; p. habituar-se.

AÇOTÉIA, s.f. Eirado ou terraço por cima das casas ou torres.

ACOTILÉDONE ou ACOTILEDÔNEO, adj. Que não tem cotilédones.

ACOTOVELADOR, adj. e s.m. Que, ou o que acotovela.

ACOTOVELAMENTO, s.m. Ato de acotovelar.

ACOTOVELAR, v.t. Dar ou tocar com o cotovelo; provocar; empurrar, dar encontrões em; p. tocar--se; encontrar-se.

AÇOUGUE, s.m. Matadouro; lugar onde se vende carne.

AÇOUGUEIRO, s.m. Proprietário de açougue; carniceiro.

ACOVARDAMENTO, s.m. Pusilanimidade; falta de coragem.

ACOVARDAR, v.t. e p. Fraquejar; ficar com medo.

ACRE, adj. Azedo, picante; (fig.) desabrido. var.: agre. (Superl. abs. sint.: acríssimo e acérrimo); medida agrária usada em alguns países, equivalente a 4 047 m².

ACREANO, adj. Do Estado do Acre; s.m. o natural ou habitante do Acre.

ACREDITADO, adj. Que tem crédito; que merece confiança; reconhecido.

ACREDITADOR, adj. e s.m. Crédulo.

ACREDITAR, v.t. Crer; dar ou estabelecer crédito; abonar; conferir poderes a (alguém) para representar uma nação perante um país estrangeiro; ter fé em; rel. confiar; p. adquirir crédito.

ACREDITÁVEL, adj. Crível; que se pode acreditar.

ACREDOR, s.m. (V. Credor.)

ACRESCÊNCIA, s.f. Acrescimento.

ACRESCENTADOR, adj. Que acrescenta, ou faz acrescentar.

ACRESCENTAMENTO, s.m. Junção; adição; aumento.

ACRESCENTAR, v.t. Aumentar, tornar maior; dizer em aditamento (ao que já se disse); t.-rel. ajuntar; adicionar; p. aumentar-se, crescer.

ACRESCENTÁVEL, adj. Que se pode acrescentar.

ACRESCER, v.t. Juntar; aumentar; rel. juntar-se, adicionar; int. crescer; sobrevir.

ACRESCIDOS, s.m. pl. Terrenos de aluvião que se juntam a outros.

ACRESCIMENTO, s.m. Ação ou efeito de acrescer. O mesmo que acrescência.

ACRÉSCIMO, s.m. Acrescimento; febre intermitente; aumento.

ACRIANÇADO, adj. Com modos de criança, leviano.

ACRIANÇAR-SE, v.p. Mostrar-se criança; ter modos infantis.

ACRIDÃO, s.f. Acridez.

ACRIDEZ, s.f. Qualidade do que é acre.

ACRIDIANO ou ACRÍDIO, adj. Referente ou semelhante ao gafanhoto.

ACRIDOFAGIA, s.f. Hábito de comer gafanhotos.

ACRIDÓFAGO, s.m. Aquele que come gafanhotos.

ACRIMÔNIA, s.f. Acridez, acridão; sabor amargo; azedume; aspereza.

ACRIMONIOSO, adj. Intempestivo; rude.

ACRISOLADO, adj. Purificado no crisol; purificado, puro; acendrado.

ACRISOLADOR, adj. e s.m. Purificado.

ACRISOLAR, v.t. Purificar no crisol; depurar; experimentar; acendrar; p purificar-se, submeten-do-se a provas.

ACRITUDE, s.f. Acridão, acridez.

ACROBACIA, s.f. Arte de acrobata; qualquer manobra de avião, não pertencente ao vôo normal; peripécia.

ACROBATA, s. Dançarino de corda; saltimbanco; ginasta.

ACROBÁTICO, adj. Relativo a acrobata; próprio de acrobata.

ACROBATISMO, s.m. Profissão ou arte de acrobata; exercícios de acrobata.

ACROCÉFALO, adj. e s.m. Diz-se de, ou indivíduo de crânio alto e pontudo.

ACROCERÁUNIO, adj. Alto e exposto aos raios.

ACROCIANOSE, s.f. Cor azulada das extremidades do corpo.

ACROMANIA, s.f. Loucura total, incurável.

ACROMÁTICO, adj. Que destrói as irradiações produzidas por certas lentes; que não se colore pelos corantes usuais de laboratório.

ACROMATISMO, s.m. Qualidade de objeto acromático.

ACROMATIZAÇÃO, s.f. Ação de acromatizar.

ACROMATIZADO, adj. Desprovido de cores irisadas.

ACROMATIZAR, v.t. Tornar acromático; fazer desaparecer as cores irisadas de um objeto.

ACROMATOPSIA, s.f. Impossibilidade de distinguir as cores.

ACROMEGALIA, s.f. (Med.) Moléstia caracterizada pelo desenvolvimento anormalmente grande das extremidades, ocasionada por hiperatividade da hipófise.

ACROMIA, s.f. Diminuição ou ausência de pigmentos da pele.

ACROMIAL, adj. Relativo ao acrômio.

ACROMO, adj. Que não tem cor; incolor.

ACROPATIA, s.f. Doença nas extremidades do corpo.

ACRÓPOLE, s.f. Cidadela.

ACRÓSTICO, s.m. Composição poética na qual o conjunto das letras iniciais (e às vezes do meio ou do fim dos versos) forma um nome de pessoa ou coisa.

ACROTISMO, s.m. Ausência de pulsações; investigação filosófica, transcendente; o mesmo que acrologia.

ACROTOMIA, s.f. Amputação das extremidades do corpo.

ACROTÔMICO, adj. Relativo à acrotomia; diz-se da orquídea que tem o ápice da antera perto do rostelo.

ACTÍNIO, s.m. Elemento químico radiativo. Símbolo Ac; peso atômico 227; n.º atôm. 89.

AÇU, adj. e s.m. Grande, considerável. (É pouco justificável esta grafia; tradicionalmente, e parece mais correto, é grafada assu.)

ACUAÇÃO, s.f. Ato de acuar; de perseguir a caça.

ACUADO, adj. Perseguido por cães.

ACUADOR, adj. Cão perseguidor.

ACUAMENTO, s.m. Perseguição da caça pelos cães.

ACUAR, v.t. Perseguir a caça.

AÇÚCAR, s.m. Nome vulgar de sacarose; (fig.) doçura, brandura, suavidade, lisonja.

AÇUCARADO, adj. Que tem açúcar; doce.

AÇUCARAR, v.t. Adoçar com açúcar; tornar melíflua (a voz); int. tomar a consistência do açúcar.

AÇÚCAR-CANDE, s.m. Açúcar refinado, cristalizado.

AÇUCAREIRO, s.m. Vaso em que se serve o açúcar; fabricante de açúcar, negociante de açúcar ou de cana-de-açúcar; que se ocupa com a indústria e comércio do açúcar; adj. que se refere a açúcar.

AÇUCENA, s.f. Lírio branco da família das Amarilidáceas.

AÇUDAGEM, s.f. ou **AÇUDAMENTO**, s.m. Ação de açudar, de represar águas.

AÇUDAR, v.t. Represar (água) no açude; int. construir açudes.

AÇUDE, s.m. Represa; dique.

ACUDIR, v.rel. Acorrer, ir em socorro; atender, apresentar-se; recorrer; obedecer; dirigir-se (a algum lugar); vir; sobrevir; ocorrer; vir à lembrança; int. ir ou vir em socorro de alguém, sobrevir; t. retorquir, responder logo; prestar socorro a. V. irreg. Muda o u da raiz em o nas 2.ª e 3.ª pess. do sing. e 3.ª do pl. do pres. do indic. e na 2.ª pess. do sing. do imperat.: acodes, acode, acodem; acode tu.)

ACUIDADE (u-i), s.f. Qualidade do que é agudo; perspicácia; finura.

AÇULADOR, adj. e s.m. Instigador.

AÇULAMENTO, s.m. Instigação; incitação.

AÇULAR, v.t. Incitar a morder (cães); provocar, excitar; t.-rel. incitar a morder; incitar; provocar.

ACULEADO, adj. Que tem aguilhão ou ferrão.

ACULEAR, v.t. Ferir com o ferrão.

ACULEIFORME, adj. Semelhante a uma ponta, espinho.

ACÚLEO, s.m. Espinho.

ACULTURAÇÃO, s.f. Influência recíproca de elementos culturais entre grupos de indivíduos.

ACUME, s.m. Cume; agudeza.

ACÚMEN, s.m. O mesmo que o precedente.

ACUMINADO, adj. Agudo; aguçado.

ACUMINAR, v.t. Aguçar; p. tornar-se acuminado.

ACUMPLICIAR, v.t. e p. Tornar ou tornar-se cúmplice.

ACUMULAÇÃO, s.f. Amontoamento; junção de cargos. Formação de cúmulos; reunião dos poderes econômicos nas mãos de um número cada vez menor de capitalistas.

ACUMULADO, adj. Aumentado, acrescido.

ACUMULADOR, adj. e s.m. Que, ou aquele que acumula; s.m. aparelho que armazena eletricidade por ação química.

ACUMULAR, v.t. Amontoar, ajuntar. O mesmo que cumular; p. suceder-se, sobrevir; amontoar-se; encher-se, transbordar.

ACUMULATIVO, adj. ou **ACUMULÁVEL**, adj. Que se pode acumular.

ACÚMULO, s.m. Aglomeração.

ACUNHADO, adj. Fixado por meio de cunhas.

ACUNHAR, v.t. Meter cunhas em; cunhar, proteger com empenhos. Bater moedas.

ACUNHEAR, v.t. Dar forma de cunha.

ACUÔMETRO, s.m. Instrumento para medir a capacidade auditiva do homem; o mesmo que audiômetro.

ACUPUNTURA, s.f. Picada feita com agulha.

ACUPUNTURAR, v.t. Fazer acupuntura.

ACURADO, adj. Feito com muito cuidado e apuro, esmerado, exato.

ACURAR, v.t. Aperfeiçoar; apurar; tratar com cuidado, com desvelo.

ACURRALAR, v.t. Meter em curral; encurralar.

ACURVADO, adj. Curvo.

ACURVAR, v.t. Curvar; avergar; fazer curvo; int. ceder; sucumbir; p. abaixar-se; ceder.

ACUSABILIDADE, s.f. Caráter ou qualidade do que merece acusação.

ACUSAÇÃO, s.f. Imputação.

ACUSADO, adj. Imputado; notificado; réu.

ACUSADOR, adj. Imputador.

ACUSAMENTO, s.m. Imputação.

ACUSANTE, s. Imputante.

ACUSAR, v.t.-rel. Culpar, declarar culpado; indicar; patentear; int. fazer acusações.

ACUSATIVO, adj. Acusador, o mesmo que acusatório; s.m. caso de declinação latina, grega, etc., que indica o complemento direto.

ACUSATÓRIO, adj. Que envolve ou contém acusação; acusativo.

ACUSÁVEL, adj. Que pode ou deve ser acusado.

ACÚSTICA, s.f. Parte da Física que trata do som; propagação do som em um local.

ACÚSTICO, adj. Relativo à acústica e aos sons.

ACUTÂNGULO, adj. De ângulos todos agudos.

ACUTELADO, adj. Em forma de cutelo.

ACUTILADOR, adj. Que dá pontaços.

ACUTILAMENTO, s.m. Esfaqueamento.

ACUTILAR, v.t. Dar cutiladas em; golpear; p. golpear-se; esfaquear.

ADACTILIA, s.f. Ausência de dedos.

ADACTILO, adj. Sem dedos.

ADAGA, s.f. Arma branca, larga, curta, com 1 ou 2 gumes e terminada em ponta.

ADAGADA, s.f. Golpe de adaga; adj. referente a adágio.

ADAGIAL, adj. (Mús.) Que tem o andamento denominado adágio.

ADAGIAR, v.int. Fazer provérbios; citar adágios.

ADAGIÁRIO, s.m. Coleção de adágio ou provérbios populares.

ADÁGIO, s.m. Rifão; sentença moral; anexim; ditado; trecho musical de andamento vagaroso, sem pressa.

ADAMADO, adj. Efeminado.

ADAMANTINO, adj. Que tem dureza ou brilho de diamante; diamantino.

ADAMAR-SE, v.p. Efeminar-se.

ADAMASCADO, adj. Parecido com o damasco na cor ou no lavor (tecido), ou no gosto (fruto).

ADAMASCAR, v.t. Dar cor ou lavor de damasco a.

ADAMASQUINADO, adj. Que tem lavores damasquinos.

ADÂMICO, adj. Relativo a Adão; primitivo, antigo.

ADAMITA, s. Membro de uma seita religiosa do século II, cujos adeptos compareciam nus às assembléias para imitar a inocência de Adão antes do pecado.

ADAMÍTICO, adj. Relativo aos adamitas.

ADAPTABILIDADE, s.f. Possibilidade de adaptar-se.

ADAPTAÇÃO, s.f. Ação de adaptar.

ADAPTADOR, adj. e s.m. Que, ou aquele que adapta.

ADAPTAR, v.t.-rel. Ajustar uma coisa a outra; amoldar; apropriar; p. acomodar-se; ajustar-se.

ADAPTÁVEL, adj. Que pode ser adaptado; apropriável.

ADARGA, s.f. Escudo oval, ou formado de coração, feito de couro.

ADARGUEIRO, s.m. Fabricante de adargas; o que se servia habitualmente da adarga.

ADARVE, s.m. Muro ameado de fortaleza; ruela sobre o muro da fortaleza.

ADEGA, s.f. Lugar geralmente subterrâneo, onde se guardam o vinho, outras bebidas e outras provisões.

ADEJAR, v.int. Esvoaçar; voejar; pairar; librar as asas; t. agitar.

ADEJO, s.m. Ato de adejar, vôo; que ou que vagueia sem cavaleiro nem carga (diz-se do cavalo).

ADELEIRO, s.m. Aquele que compra e vende trastes usados. O mesmo que adelo, ferro-velho e merca-tudo.

ADELGAÇADO, adj. Delgado; fino.

ADELGAÇADOR, adj. Que afina, emagrece.

ADELGAÇAMENTO, s.m. Emagrecimento; afinamento.

ADELGAÇAR, v.t. Fazer fino; aguçar; tornar agudo; diminuir; rarefazer; desgastar; desbastar; int. e p. fazer-se delgado; fino; emagrecer.

ADELGADAR, v.t. e int. e p. Adelgaçar.

ADELO, s.m. Comerciante de objetos usados; adeleiro.

ADEMAIS, adv. Além disso.

ADEMANES, s.m. pl. Gestos; trejeitos; acenos; sinais.

ADENDA, s.f. O que se ajunta a uma obra para completá-la.

ADENITE, s.f. Inflamação de gânglio linfático.

ADENÓIDE, adj. Que tem forma de glândula; (Med.) excrescência linfática que se desenvolve no segmento nasal da faringe; o mesmo que vegetação adenóide e tonsila faríngea.

ADENOMA, s.m. (Patol.) Tumor glandular de caráter benigno.

ADENOPATIA, s.f. Termo genérico para as afecções dos gânglios linfáticos.

ADENSAMENTO, s:m. Espessamento; concentração.

ADENSAR, v.t. Condensar; p. fazer-se denso, compacto, espesso.

ADENTRAR, v.t. Entrar, penetrar.

ADENTRO, adv. Para a parte interior.

ADEPTO, s.m. Partidário, sequaz.

ADEQUAÇÃO, s.f. Ação de adequar; conformidade.

ADEQUADO, adj. Apropriado, acomodado, conforme.

ADEQUAR, v.t.-rel. Amoldar; acomodar; proporcionar; apropriar; igualar (uma coisa a outra); p. acomodar-se; conformar. (Conjuga-se como o v. desaguar, só admitindo, porém, o 1.º tipo de flexão; adequo, adequas, etc.; adeque, etc.)

ADEREÇAMENTO, s.m. Enfeite, adorno.

ADEREÇAR, v.t. Adornar, enfeitar; p. enfeitar-se.

ADERECISTA, s. Pessoa encarregada dos adereços de um teatro.

ADEREÇO, s.m. Adorno; enfeite; pl.: utensílios de cena em teatro; arreios.

ADERÊNCIA, s.f. Ligação íntima de superfícies; qualidade do que é aderente; (fig.) assentimento; adesão.

ADERENTE, adj. e s. Que gruda; partidário.

ADERIR, v.int. Estar ou ficar intimamente ligado, unido, colado; dar adesão a; conformar-se, aprovando; rel. unir-se, colar-se; t.-rel. aplicar; p. untar-se, unir-se. (Verbo irreg. Muda o e da raiz em i na 1.ª pess. do sing. e do pres. do indic. e em todas as pess. do pres. do subj.: adiro, adira, adiras, etc.)

ADERNADO, adj. Inclinado, com submersão parcial (navio).

ADERNAR, v.int. Inclinar-se, submergindo de um lado (o navio).

ADESÃO, s.f. Acordo; ligação; aprovação; consentimento.

ADESISMO, s.m. Prática de aderir, em política, às situações novas.

ADESISTA, adj. e s. Que, ou pessoa que pratica o adesismo.

ADESIVO, adj. Que adere, que cola; s.m. emplasto que adere; esparadrapo.

ADESTRAÇÃO, s.f. Treinado; experimentado.

ADESTRADO, adj. Destro; ensinado; treinado.

ADESTRADOR, adj. e s.m. Treinador.

ADESTRAMENTO, s.m. Treinamento, exercício.

ADESTRAR, v.t. Tornar destro; habilitar; ensinar; p. tornar-se destro; treina.

ADESTRO, adj. Que vai ao lado direito para preencher falta; diz-se em geral do cavalo que se conduz para muda no caminho.

ADEUS, Interj. que se usa como cumprimento de despedida; saudação dirigida a quem parte ou a quem fica; s.m. despedida, renúncia. (Dim.: adeusinho.)

ADIÁFANO, adj. Não diáfano; opaco; não transparente.

ADIAMANTADO, adj. Semelhante ao diamante, no brilho e na dureza.

ADIAMANTAR, v.t. Tornar brilhante, luminoso, duro, como o diamante.

ADIAMANTADO, adj. (V. Adamantino.)

ADIAMENTO, s.m. Ato ou efeito de adiar; transferência para outro dia; delonga; procrastinação.

ADIANTADO, adj. Progressista.

ADIANTAMENTO, s.m. Pagamento antecipado; progresso; avanço.

ADIANTAR, v.t. Ir à frente; progredir; apressar; antecipar; t.-rel. dizer, afirmar com antecipação; pagar antecipadamente; levar adiante; rel. avantajar-se; p. avançar, marchar para a frente.

ADIANTE, adj. À frente; para a frente; em primeiro lugar.

ADIAR, v.t. Transferir para outro dia; procrastinar; delongar.

ADIÁVEL, adj. Que se pode ou deve adiar.

ADIÇÃO, s.f. Soma; adicionamento; aditamento; aceitação de herança, aumento; a primeira das operações fundamentais da Aritmética.

ADICIONAÇÃO, s.f. Ato de adicionar; adicionamento; adição; soma; acrescentação.

ADICIONADO, adj. Juntado; acrescentado; somado.

ADICIONADOR, adj. e s.m. Acrescentador.

ADICIONAL, adj. O que se acrescenta.

ADICIONAMENTO, s.m. Acrescentamento.

ADICIONAR, v.t. Juntar; acrescentar; aumentar em número; somar; adir.

ADIDO, s.m. Funcionário agregado a outro, à corporação ou ao quadro, para auxiliar.

ADIMPLEMENTO, s.m. Ato de preencher, completar.

ADIMPLIR, v.t. Preencher, cumprir.

ADINAMIA, s.f. Prostração física ou geral; debilidade geral.

ADINÂMICO, adj. Prostrado; debilitado.

ADÍNAMO, adj. Débil; enfraquecido; sem força.

ADINHEIRADO, adj. Que tem dinheiro; endinheirado.

ÁDIPE, s.f. ou **ÁDIPO,** s.m. Gordura animal.

ADIPOSIDADE, s.f. Obesidade; gordura.

ADIPOSO, adj. Gorduroso, gordo.

ADIR, v.t.-rel. Acrescentar; agregar; p. juntar-se; ligar-se; (verbo defectivo. Conjuga-se como o verbo falir); somar; adicionar.

ADITAMENTO, s.m. Adicionamento; suplemento.

ADITAR, v.t.-rel. Adicionar; acrescentar; int. fazer aditamentos. Tornar ditoso, feliz.

ADITÍCIO, adj. Acrescentado; que se juntou ao texto; adicional.

ADITIVO, adj. Acrescentado; s.m. acrescentamento, acréscimo.

ÁDITO, s.m. Entrada; aproximação; acesso; câmara secreta nos tempos antigos.

ADIVINHA, s.f. Adivinhação; charada; mulher que pretende ou finge adivinhar; adivinhadeira.

ADIVINHAÇÃO, s.f. Saber o futuro; bruxaria.

ADIVINHADEIRO, s.m. Profeta.

ADIVINHADOR, s.m. Profeta; bruxo; aquele que adivinha.

ADIVINHÃO, s.m. Adivinho; bruxo.

ADIVINHAR, v.t. Prever e predizer o futuro por meio de sortilégios; decifrar; acertar com; atinar; conjeturar; interpretar; t.-rel. predizer.

ADIVINHO, s.m. O mesmo que adivinhador.

ADJACÊNCIA, s.f. Situação contígua; vizinhança; proximidade.

ADJACENTE, adj. Contíguo ou junto a.

ADJAZER, v.int. Estar ou permanecer junto a.

ADJETIVAÇÃO, s.f. Aplicação de adjetivos; qualificação.

ADJETIVADO, adj. Tornado adjetivo; tomado como adjetivo; acompanhado de adjetivo.

ADJETIVAL, adj. Referente ao adjetivo ou que tem a natureza dele.

ADJETIVAMENTO, s.m. Adjetivação.

ADJETIVAR, v.t. Qualificar; acompanhar de adjetivo.

ADJETIVO, s.m. Palavra que acompanha o substantivo ou a ele se refere, determinando-o ou qualificando-o; adj. que se junta; adjeto; referente ao adjetivo.

ADJETO, adj. Unido; acrescentado.

ADJUDICAÇÃO, s.f. Ação de adjudicar.

ADJUDICADOR, adj. e s.m. Que, ou aquele que adjudica.

ADJUDICAR, v.t. e t.-rel. Entregar, por deliberação ou sentença de corporação; dar em hasta pública; declarar judicialmente que uma coisa pertence a alguém.

ADJUDICATÁRIO, s.m. A pessoa a quem se adjudica alguma coisa.

ADJUDICATIVO ou **ADJUDICATÓRIO,** adj. Diz-se do ato ou sentença de que deriva a adjudicação.

ADJUNÇÃO, s.f. Ato ou efeito de juntar ou associar.

ADJUNGIR, v.t. Associar, reunir. (Conjuga-se como o verbo jungir.)

ADJUNTAR, v.t. O mesmo que ajuntar.

ADJUNTO, adj. Unido; contíguo; associado; s.m. agregado; auxiliar; associado (Gram.) termo acessório, que modifica outro, principal ou acessório.

ADJURAÇÃO, s.f. Ação de adjurar.

ADJURADOR, adj. e s.m. Que, ou aquele que adjura.

ADJURAR, v.t. Invocar por meio de juramento; esconjurar; exorcismar; t.-rel. rogar instantemente.

ADJUTOR, s.m. Auxiliador.

ADJUTORAR, v.t. Dar adjutório a; ajudar, auxiliar.

ADJUTÓRIO, s.m. Ajuda; auxílio, socorro.

ADJUVANTE, adj. Auxiliar.

ADMINÍCULO, s.m. Auxílio, subsídio; pl.: ornatos em volta de medalhas antigas.

ADMINISTRAÇÃO, s.f. Gerência de negócios; pessoal que administra; local onde se administra; secretaria ou repartição de que é chefe o administrador; ato de ministrar (sacramento); dar a tomar (medicamentos); aplicação.

ADMINISTRADOR, adj. Gerente; capataz.

ADMINISTRANTE, adj. O mesmo que o precedente.

ADMINISTRAR, v.t. Gerir (negócios públicos ou particulares); governar; dirigir; t.-rel. ministrar, dar a tomar; conferir; aplicar; int. governar, exercer as funções de administrador.

ADMINISTRATIVO, adj. Relativo à administração.

ADMIRABILIDADE, s.f. Qualidade do que é admirável.

ADMIRAÇÃO, s.f. Ação de admirar; estranheza; espanto, assombro.

ADMIRADOR, adj. e s.m. Que, ou aquele que admira.

ADMIRANDO, adj. Digno de admiração.

ADMIRAR, v.t. Ver ou considerar com estranheza ou com espanto; extasiar-se diante de; experimentar sentimento de admiração a; causar admiração a; int. causar admiração, ser admirável; p. sentir espanto, admiração.

ADMIRATIVO, adj. Que envolve admiração, pasmo, surpresa.

ADMIRÁVEL, adj. Que causa admiração; digno de admiração.

ADMISSÃO, s.f. Aceitação; entrada.

ADMISSIBILIDADE, s.f. Qualidade do que é admissível. Aceitabilidade.

ADMISSÍVEL, adj. Que se pode aceitar.

ADMISTÃO, s.f. Ato de ajuntar; misturação.

ADMITÂNCIA, s.f. (Eletr.) Propriedade pela qual um circuito elétrico é percorrido por uma corrente elétrica sob a ação de uma diferença de potencial.

ADMITIDO, adj. Aceito; acolhido, recebido.

ADMITIR, v.t.-rel Receber; deixar entrar; t. adotar, aceitar como bom; aceitar, receber, concordar com; permitir, tolerar.

ADMOESTAÇÃO, s.f. Repreensão; reprimenda; censura.

ADMOESTADOR, adj. Repreendedor, censurador.

ADMOESTAR, v.t. Advertir de falta; repreender; t.-rel. advertir; lembrar, avisar.

ADMOESTATÓRIO, adj. Que envolve admoestação; próprio para admoestar.

ADMONITOR, adj. Que admoesta; s.m. admoestador; noviço entre os jesuítas.

ADMONITÓRIO, adj. Que serve para admoestar; s.m. admoestação.

ADNOMINAÇÃO, s.f. Semelhança entre palavras de idiomas diferentes e que indica origem comum.

ADNOMINAL, adj. (Gram.) Diz-se do adjunto, sempre representado por um adjetivo, palavra ou expressão equivalente, que modifica um substantivo, esclarecendo e precisando melhor a sua significação. (Nota: A nova N.G.B. adotou a expressão adjunto adnominal para substituir as denominações: atributo, adjunto adjetivo, atributivo ou restritivo, que figuravam nas nomenclaturas tradicionais.)

ADNOTAÇÃO, s.f. Aposição de assinatura.

ADOBAR, v.int. Fazer adobes.

ADOBE, s.m. Tijolo seco ao sol e empregado cru.

ADOBO, s.m. Tijolo cru; o mesmo que adobe.

ADOÇAMENTO, s.m. Ato de adoçar; moldura côncava que liga o plinto à cornija; canelura que liga uma parede à saliência de uma moldura.

ADOÇANTE, adj. Que adoça; s.m. medicamento adoçante.

ADOÇÃO, s.f. Ação ou efeito de adotar.

ADOÇAR, v.t. Tornar doce; abrandar; suavizar; aplanar; atenuar.

ADOCICADO, adj. Um tanto doce.

ADOCICAR, v.t. Tornar um pouco doce; atenuar, abrandar; p. mostrar-se melífluo; mostrar afetação.

ADOECER, v.int. Enfermar, tornar-se doente.

ADOECIMENTO, s.m. Enfermidade; doença.

ADOENTADO, adj. Enfermo.

ADOENTAR, v.t. Enfermar.

ADOIDADO, adj. Um tanto desatinado; estouvado; imprudente, amalucado. Var.: adoudado.

ADOIDAR, v.t. Tornar doido, praticar leviandades; p. ficar doido. Var.: adoudar.

ADOIDARRADO, adj. Estouvado, adoidado. Var.: adoudarrado.

ADOLESCÊNCIA, s.f. O período da vida do homem entre a puberdade e a virilidade (dos 14 aos 25 anos).

ADOLESCENTE, adj. e s. Que está na adolescência.

ADOLESCER, v.int. Atingir a adolescência; crescer; desenvolver-se.

ADOMINGADO, adj. Bem vestido.

ADOMINGAR-SE, v.p. Vestir-se com o fato domingueiro.

ADONDE, adv. Aonde; para onde.

ADONISMO, s.m. O mesmo que narcisismo.

ADORAÇÃO, s.f. Ato de adorar; culto a Deus; amor excessivo.

ADORADO, adj. Cultuado; venerado; muito querido.

ADORADOR, adj. Venerador da divindade.

ADORAR, v.t. Render culto a (divindade); venerar; amar extremosamente.

ADORATIVO, adj. Que tem caráter de adoração.

ADORÁVEL, adj. Digno de adoração; encantador.

ADORMECEDOR, adj. Insensibilizador; entorpecedor.

ADORMECER, v.t. Fazer dormir; entorpecer; acalentar; int. pegar no sono; parar; cessar os movimentos; p. pegar no sono.

ADORMECIMENTO, s.m. Entorpecimento.

ADORMENTADO, adj. Acalmado; insensibilizado; adormecido.

ADORMENTADOR, adj. Adormecedor.

ADORMENTAR, v.t. Adormecer; provocar o sono a; suavizar; acalmar; insensibilizar.

ADORNAMENTO, s.m. Enfeite; adorno.

ADORNAR, v.t. Enfeitar; ornar.

ADORNAR-SE, v.p. Enfeitar-se.

ADORNO, s.m. Ornato; atavio; enfeite; pl.: adornos (ó).

ADOTANTE, adj. Que adota.

ADOTAR, v.t. Tomar; assumir; aceitar; usar; resolver; seguir; receber como filho.

ADOTÁVEL, adj. Que pode ser adotado.

ADOTIVO, adj. Que se adotou; relativo à adoção.

ADOUTRINAR, v.t. Doutrinar; ensinar.

ADQUIRENTE, adj. e s. Que, ou pessoa que adquire, que compra.

ADQUIRIÇÃO, s.f. Ação de adquirir; aquisição.

ADQUIRIDO, adj. Obtido; comprado.

ADQUIRIDOR, adj. Comprador; aquisidor.

ADQUIRIR, v.t. Obter; comprar; aquisitar.

ADQUIRÍVEL, adj. De que se pode fazer aquisição.

ADQUISIÇÃO, s.f. Obtenção; compra.

ADREDE, adv. De propósito; por acinte.

ADRENALINA, s.f. Hormônio da camada medular da glândula supra-renal.

ADRIÁTICO, adj. Do mar deste nome ou das suas imediações.

ADRO, s.m. Pátio.

AD-ROGAÇÃO, s.f. Ato de ad-rogar ou adotar.

AD-ROGAR, v.t. Adotar, ou tomar por adoção.

ADSCREVER, v.t.-rel. Acrescentar ao que está escrito; registrar; inscrever. (Part. pass. irreg. adscrito.)

ADSCRIÇÃO, s.f. Aditamento ao que está escrito.

ADSCRITÍCIO, adj. Dizia-se do colono obrigado a viver e a trabalhar em determinada terra.

ADSCRITO, adj. Inscrito; aditado; arrolado.

ADSORÇÃO, s.f. Incorporação de uma substância à superfície de outra.

ADSTRIÇÃO, s.f. Constrição.

ADSTRINGÊNCIA, s.f. Qualidade do que é adstringente.

ADSTRINGENTE, adj. Que adstringe. O mesmo que adstringitivo, adstringivo, adstritivo; que aperta a mucosa da boca.

ADSTRINGIR, v.t. Apertar; unir. t.-rel. obrigar; constranger; p. restringir-se; limitar-se.

ADSTRINGIVO, ADSTRINGITIVO ou **ADSTRITIVO**, adj. e s.m. (V. Adstringente.)

ADSTRITO, adj. Unido; apertado; ligado; contraído.

ADUANA, s.f. Alfândega.

ADUANADO, adj. Despachado ou registrado na aduana.

ADUANEIRO, adj. Relativo à aduana; alfandegário.

ADUBAÇÃO, s.f. Ação de adubar; estrumação. O mesmo que adubagem.

ADUBADOR, adj. e s.m. Aquele que se encarrega de adubar um campo.

ADUBAGEM, s.f. Adubação.

ADUBAR, v.t. Temperar; condimentar; fertilizar; estrumar.

ADUBO, s.m. Tempero; estrume; fertilizante.

ADUÇÃO, s.f. Ação de aduzir; trazer. (Antôn.: abdução.)

ADUELA, s.f. Tábua encurvada que concorre para formar o corpo de tonéis, pipas, etc.; pedra em forma de cunha, que entra na composição dos arcos e abóbadas de cantaria; ripa que forra o vão das ombreiras das portas.

ADUELAGEM, s.f. Operação de executar e colocar aduelas.

ADUFE, s.m. Pandeiro. Var.: adufo.

ADUFEIRO, s.m. Tocador de adufe; fabricante de adufes ou adufas.

ADULAÇÃO, s.f. Bajulação; lisonja.

ADULADOR, adj. Bajulador; lisonjeador.

ADULÃO, adj. Bajulador.

ADULAR, v.t. Bajular, sabujar; lisonjear servilmente.

ADULATIVO, ADULATÓRIO, adj. Que encerra adulação; lisonjeiro.

ADULÇORAR, v.t. Adoçar; mitigar; suavizar.

ADULOSO, adj. e s.m. Adulador.

ADÚLTERA, s.f. Mulher que pratica adultério.

ADULTERAÇÃO, s.f. Ato de adulterar; falsificação.

ADULTERADO, adj. Falsificado; contrafeito.

ADULTERADOR, adj. Falsificador; alterador.

ADULTERAR, v.t. Falsificar; corromper; contrafazer; int. cometer adultério.

ADULTERINIDADE, s.f. Condição de adulterino.

ADULTERINO, adj. Proveniente de adultério; que sofreu adulteração.

ADULTÉRIO, s.m. Infidelidade conjugal.

ADULTERIOSO, adj. Que tem o caráter de adultério.

ADÚLTERO, adj. Alterado, corrompido, falsificado; que violou ou viola a fidelidade conjugal.

ADULTEROSO, adj. Em que há adultério; inclinado ao adultério.

ADULTO, adj. Que chegou ao uso da razão ou à idade vigorosa; s.m. homem crescido e chegado à adolescência ou virilidade.

ADUNAÇÃO, s.f. ou **ADUNAMENTO,** s.m. Ato de adunar; união de várias coisas numa só. Reunião.

ADUNAR, v.t. Reunir num só; incorporar; congregar.

ADUNCO, adj. Curvo em forma de garra ou gancho; recurvado.

ADURÊNCIA, s.f. Qualidade de adurente; causticidade; queimor.

ADURENTE, adj. Que queima; o mesmo que adustivo; s.m. medicamento cáustico.

ADURIR, v.t. Queimar; causticar.

ADUSTÃO, s.f. Cauterização pelo fogo; abrasamento.

ADUSTÍVEL, adj. Combustível.

ADUSTIVO, adj. Adurente.

ADUSTO, adj. Queimado, abrasado, ardente.

ADUTOR, adj. e s.m. Que, ou o que traz ou aduz. (Ant.: abdutor.)

ADUZIR, v.t. Expor, apresentar (razões); t.-rel. trazer, conduzir. (Perde o e final da 3.ª pess. do sing. do pres. do indic.: aduz.)

ÁDVENA, s. Adventício; forasteiro; estranho.

ADVENIENTE, adj. Vindo depois; sucedido; acrescido.

ADVENTÍCIA, s.f. (Anat.) Camada externa dos vasos sangüíneos.

ADVENTÍCIO, adj. Chegado de fora; estrangeiro; casual; que se forma em região diversa da normal.

ADVENTISTA, adj. Que diz respeito a uma seita protestante, que espera o próximo advento de Cristo à Terra.

ADVENTO, s.m. Vinda; chegada; instituição; começo; período das quatro semanas que antecedem o Natal.

ADVERBIAL, adj. Referente ao advérbio; que tem valor de advérbio.

ADVERBIALIDADE, s.f. Qualidade ou caráter de adverbial.

ADVERBIALIZAR, v.t. Transformar em advérbio.

ADVERBIAR, v.t. Empregar com função ou terminação de advérbios.

ADVÉRBIO, s.m. Palavra que modifica um verbo,

um adjetivo ou outro advérbio, exprimindo circunstância de tempo, lugar, etc.

ADVERSÃO, s.f. Oposição; advertência; ato de adversar.

ADVERSAR, v.t. Contrariar; opor; combater.

ADVERSÁRIO, s.m. Inimigo; opositor; contrário; adj. que luta contra.

ADVERSATIVO, adj. Oposto; que indica contrariedade, impugnação, oposição entre o que precede e o que segue.

ADVERSIDADE, s.f. Contrariedade; infelicidade, má sorte.

ADVERSO, adj. Oposto, contrário; infeliz.

ADVERTÊNCIA, s.f. Aviso; admoestação; observação.

ADVERTIDO, adj. Atento; prudente; discreto; avisado, admoestado.

ADVERTIMENTO, s.m. Admoestação.

ADVERTIR, v.t. Notar, atentar em; considerar; refletir em; t.-rel. admoestar; p. dar fé; reparar. (Verbo irreg. Conjuga-se como aderir.)

ADVINDO, adj. Que adveio ou sobreveio; acrescido.

ADVIR, v.rel. Suceder, sobrevir; chegar depois; int. suceder. (Verbo irregular. Pres. indic.: advenho, advéns, advém, advimos, advindes, advêm; perf.: advim, advieste, adveio, adviemos, adviestes, advieram; mais-que-perfeito: adviera, etc.; subj. pres.: advenha, advenhas, etc.)

ADVOCACIA, s.f. Profissão de advogado. O mesmo que advocatura e advogacia, formas estas, pouco usadas.

ADVOCATÓRIO, adj. Que serve para avocar ou advogar.

ADVOCATURA ou **ADVOGACIA,** s.f. (V. Advocacia.)

ADVOGADO, s.m. O que advoga em juízo; patrono; defensor; protetor; formado em leis; bacharel em Direito.

ADVOGAR, v.t. Defender; patrocinar; v.int. exercer a advocacia; rel. interceder.

AERAÇÃO ou **AERAGEM,** s.f. Ato ou efeito de arejar; ventilação.

AEREMOTO, s.m. Var. de aeromoto.

AÉREO, adj. Do ar; que vive no ar; semelhante ao ar; suspenso no ar; imaginário; vão; fútil; efetuado pela aviação.

AERÍCOLA, adj. Que vive no ar.

AERÍFERO, adj. Que conduz o ar.

AERIFICAÇÃO, s.f. Ação de aerificar introdução de ar.

AERIFICAR, v.t. Reduzir ao estado gasoso. O mesmo que aerizar.

AERIFORME, adj. Semelhante ao ar.

AERÍVORO, adj. Que se alimenta de ar.

AERIZAÇÃO, s.f. Ato ou efeito de aerizar ou aerificar.

AERIZAR, v.t. Aerificar.

AEROBATA, s. Pessoa que anda pelo ar; pessoa que faz acrobacias aéreas.

AERÓBIO, adj. Que utiliza diretamente o oxigênio do ar.

AERODINÂMICA, s.f. Parte da Física que estuda as leis reguladoras do movimento dos fluidos elásticos e da pressão do ar exterior; estudo do movimento dos fluidos gasosos e da ação de sua força sobre os sólidos em movimento.

AERODINÂMICO, adj. Relativo à aerodinâmica.

AERÓDROMO, s.m. Recinto com instalações próprias para o serviço dos aeroplanos, com campo de pouso, etc.

AERODUTO, s.m. Conduto de ar nas instalações de ventilação.

AEROFAGIA, s.f. Deglutição de ar em certos estados doentios.

AERÓFAGO, s.m. O que deglute ar.

AEROFOBIA, s.f. Horror ao ar.

AERÓFOBO, s.m. O que tem medo do ar.

AEROFOTOGRAMETRIA, s.f. Levantamento fotográfico e geodésico por meio de fotografia aérea.

AEROFOTOGRAMÉTRICO, adj. Relativo à aerofototogrametria.

AEROGNOSIA, s.f. Parte da Física que trata das propriedades do ar.

AEROGNÓSTICO, adj. Relativo à aerognosia.

AEROGRAFIA, s.f. Descrição do ar; ciência que trata do ar atmosférico.

AEROGRÁFICO, adj. Relativo à aerografia.

AERÓGRAFO, s.m. Aquele que descreve o ar e suas propriedades.

AEROGRAMA, s.m. Mensagem enviada pelo telégrafo sem fio. O mesmo que radiograma.

AERÓIDE, adj. Que é da natureza do ar ou semelhante a ele.

AERÓLITO, s.m. Pedra do ar, material rochoso ou mineral que, provindo dos espaços siderais, se precipita sobre a Terra, tornando-se incandescente ao atravessar a atmosfera; meteorito; estrela-cadente. O mesmo que meteorólito.

AEROLOGIA, s.f. Tratado do ar.

AEROLÓGICO, adj. Relativo à aerologia.

AEROMANCIA, s.f. Arte de adivinhar por meio de observação do ar.

AEROMANTE, s. Pessoa que se entrega à aeromancia.

AEROMÂNTICO, adj. Relativo à aeromancia.

AEROMETRIA, s.f. Ciência da medição da densidade dos elementos do ar.

AEROMÉTRICO, adj. Relativo ou destinado à aerometria.

AERÔMETRO, s.m. Instrumento próprio para indicar o grau de condensação ou rarefação do ar.

AEROMOÇO, s.m. Tripulante que, nos aviões, serve as refeições aos passageiros e lhes presta outros serviços. (Fem.: aeromoça; pl.: aeromoços.)

AEROMODELISMO, s.m. Modalidade esportiva praticada com aviões minúsculos (miniaturas de aviões, sem objetivo comercial).

AEROMOTO, s.m. Tremor violento do ar; tempestade. Var.: aeremoto.

AERONAUTA, s. Navegador aéreo; pessoa que sobe ao ar em balão; aviador.

AERONÁUTICA, s.f. Ciência da navegação aérea; aviação.

AERONÁUTICO, adj. Que diz respeito à aeronáutica.

AERONAVE, s.f. Designação genérica dos aparelhos por meio dos quais se navega no ar.

AEROPLANO, s.m. Aparelho de voar.

AEROPORTO, s.m. Campo especialmente destinado a pouso e partida de aviões, com todas as instalações modernas.

AEROSCÓPIO, s.m. Instrumento físico destinado a observações no ar.

AEROSFERA, s.f. Atmosfera.

AEROSTAÇÃO, s.f. Arte de construir e dirigir aeróstatos.

AERÓSTATA, s. Pessoa que governa ou dirige um aeróstato.

AEROSTÁTICA, s.f. Parte da Física que estuda as leis do equilíbrio do ar.

AEROSTÁTICO, adj. Relativo à aerostação ou aos aeróstatos.

AERÓSTATO, s.m. Balão que, contendo gás mais leve que o ar ou de ar aquecido, se eleva e sustenta na atmosfera.

AEROTECNIA, s.f. Ciência que se ocupa das aplicações do ar à indústria.

AEROTÉCNICO, adj. Relativo à aerotecnia.

AEROTERAPÊUTICA, s.f. Aplicação do ar à cura de moléstias.

AEROTERAPÊUTICO, adj. Relativo à aeroterapêutica.

AEROTROPISMO, s.m. Influência do ar sobre o crescimento ou orientação das plantas.

AEROVIÁRIO, s.m. Empregado em empresas de transporte por meio de aeroplanos; adj. referente ao transporte aéreo.

AFÃ, s.f. Ânsia; cuidado diligente; trabalho muito ativo.

AFABILIDADE, s.f. Qualidade de afável; facilidade e agrado no trato; delicadeza.

AFADIGADOR, adj. e s.m. Que, ou o que afadiga.

AFADIGAR, v.t. Causar fadiga a; fatigar; cansar; perseguir, acossar; p. cansar-se; afligir-se; apressar-se; trabalhar com afã.

AFADIGOSO, adj. Que afadiga, que cansa.

AFADISTADO, adj. Que tem ou toma os costumes de fadista.

AFADISTAR-SE, v.p. Tomar hábitos e modos de fadista.

AFAGADOR, adj. e s.m. Que, ou aquele que afaga.

AFAGAMENTO, s.m. Ato de afagar.

AFAGANTE, adj. Que afaga; afagador; acarinhador.

AFAGAR, v.t. Acariciar; amimar.

AFAGO, s.m. Carícia; meiguice; mimo; bom agasalho.

AFAGOSO, adj. Fagueiro; afagador.

AFAIMADO, adj. Esfomeado.

AFAIMAR, v.t. Causar fome a.

AFAMADO, adj. Notável; insigne; celebrado.

AFAMAR, v.t. Dar fama a; tornar célebre; p. adquirir fama; tornar-se célebre.

AFANAR, v.t. Buscar; adquirir com afã; p. trabalhar com afã; cansar-se; afadigar-se; (gir.) furtar.

AFANO, s.m. Ato de afanar; afã.

AFANOSO, adj. cheio de afã; trabalhoso; laborioso.

AFASIA, s.f. Estado psicopatológico em que o doente, sem perturbação da inteligência, perde a capacidade de falar. O mesmo que afemia.

AFÁSICO, adj. Que sofre de afasia; relativo à afasia.

AFASTADO, adj. Remoto; longínquo; distante.

AFASTADOR, adj. e s.m. Que, ou o que afasta.

AFASTAMENTO, s.m. Ato de afastar; apartamento; distância.

AFASTAR, v.t. Arredar; pôr distante; t.rel. apartar, desviar, separar; p. retirar-se, alongar-se.

AFÁVEL, adj. Benévolo; delicado no trato; fácil e cortês nas relações. (Superl. abs. sint.: afabilíssimo.)

AFAZENADADO, adj. Possuidor de fazendas (propriedades).

AFAZENDAR-SE, v.p. Adquirir fazendas, bens de raiz; enriquecer.

AFAZER, t.rel. Habituar; acostumar; p. acostumar-se; dar-se bem numa terra estranha. (Irregular. Conjuga-se como fazer.)

AFAZERES, s.m.pl. Quefazer, quefazeres; ocupações.

AFEAMENTO, s.m. Ação ou efeito de afear.

AFEAR, v.t. Tornar feio; exagerar a gravidade de (uma coisa); o mesmo que desfear e enfear. (Pres. indic.: afeio, afeias, afeia, afeamos, afeais, afeiam; pres. subj. afeie; afeie, afeemos, afeeis, afeiem.)

AFECÇÃO, s.f. Processo mórbido considerado nas suas manifestações atuais, abstraindo-se de sua causa primordial; doença.

AFEGÃ ou **AFEGANE**, adj. Do Afeganistão; s. pessoa natural ou habitante do Afeganistão. O mesmo que afegão.

AFEGÂNICO, ad. Relativo ao Afeganistão.

AFEGÃO, adj. e s.m. (V. Afegão ou Afegane.)

AFEIÇÃO, s.f. Afeto, amizade; amor.

AFEIÇOADO, adj. Amigo; dedicado; que tomou as feições de.

AFEIÇOADOR, adj. e s.m. Que, ou o que afeiçoa.

AFEIÇOAMENTO, s.m. Ato de afeiçoar; afeição; conformação com.

AFEIÇOAR, v.t. Dar feição a; amoldar; formar; t.rel. acomodar, adaptar, apropriar; tomar afeição, conciliar o afeto de; v.p. tomar afeição a.

AFEITO, adj. Acostumado; habituado; contente em terra estranha.

AFÉLIO, s.m. Ponto da órbita de um planeta em que a distância do Sol é a maior possível. (Antôn.: periélio.)

AFEMIA, s.f. Afasia.

AFEMINAÇÃO, s.f. Efeminação.

AFEMINADO, adj. Efeminado.

AFEMINAR, v.t. e p. Efeminar.

AFERENTE, adj. Que conduz; que traz (de fora para dentro). (Antôn.: eferente.)

AFÉRESE, s.f. (Gram.) Supressão de letras no princípio da palavra: té por até, namorar por enamorar.

AFERÉTICO, adj. Resultante de aférese.

AFERIÇÃO, s.f. Ação de aferir; marca posta nas coisas aferidas; conferição de pesos e medidas.

AFERIDO, adj. Cotejado e harmonizado com os padrões; marcado com reflexão.

AFERIDOR, s.m. Aquele que afere; instrumento para aferir; adj. que afere.

AFERIMENTO, s.m. Ato ou operação de aferir ou de cotejar.

AFERIR, v.t. Conferir (pesos, medidas, etc.) com os respectivos padrões; pôr a marca da aferição em; cotejar; avaliar; comparar; t.rel. cotejar, comparar. (Verbo irregular. Conjuga-se como ferir.)

AFERÍVEL, adj. Que pode ser aferido.

AFERRADO, adj. Insistente; pertinaz; teimoso.

AFERRAR, v.t. Prender com ferro; segurar; ancorar (o navio); agarrar; prender, segurar com força; p. entregar-se com afinco, teimar; obstinar-se; agarrar-se; int. lançar âncora, arpão.

AFERRETADO ou **AFERRETEADO**, adj. Tisnado

25

com ferretes; (fig.) estigmatizado.

AFERRETOADOR, adj. e s.m. Que, ou o que aferretoa. O mesmo que aferroador.

AFERRETOAR, v.t. Picar com ferrão; aguilhoar; espicaçar. O mesmo que aferroar.

AFERRO, s.m. Ação de aferrar-se; afinco; obstinação; teima.

AFERROADOR, adj. e s.m. Aferretoador.

AFERROAR, v.t. Picar com o ferrão.

AFERROLHADOR, adj. Fechador.

AFERROLHAR, v.t. Fechar com ferrolho; prender; encarcerar; guardar muito fechado; int. guardar dinheiro. O mesmo que ferrolhar.

AFERVENTAÇÃO, s.f. Ato ou efeito de aferventar.

AFERVENTADO, adj. Muito fervido.

AFERVENTAR, v.t. Submeter à fervura; entrecozer; o mesmo que ferventar.

AFERVORAR, v.t. Excitar fervor em; comunicar ardor a; estimular; pôr em fervura; p. encher-se de zelo e atividade; incitar-se.

AFERVORIZAR, v.t. Inspirar ou causar fervor a.

AFESTOADO, adj. Ornado com festões.

AFESTOAR, v.t. Guarnecer, ornamentar com festões; p. engrinaldar-se, ornar-se com festões. O mesmo que enfestoar.

AFETAÇÃO, s.f. Ato ou efeito de afetar; amaneiramento; falta de naturalidade; pedantismo; presunção; vaidade; fingimento.

AFETADO, adj. Fingido, simulado; que mostra afetação; presunçoso; vaidoso.

AFETANTE, adj. Que afeta; relacionado com (neste sentido é galic.)

AFETAR, v.t. Fingir, simular; imitar (a forma de); p. apurar-se ridiculamente. (Part. pass.: afetado e afeto.)

AFETIVIDADE, s.f. Qualidade do que é afetivo.

AFETIVO, adj. Relativo a afeto; dado a afetos; delicado; afeiçoado.

AFETO, s.m. Afeição; amizade, simpatia; paixão; adj. amigo; afeiçoado; atacado, atingido por enfermidade.

AFETUOSO, adj. Que tem afeto; carinhoso; afável.

AFIAÇÃO, s.f. Ação de afiar, aguçamento.

AFIADO, adj. De gume bem cortante; aguçado; amolado.

AFIADOR, s.m. Amolador.

AFIAMENTO, s.m. Afiação.

AFIANÇADO, adj. Garantido; abonado.

AFIANÇADOR, adj. e s.m. Que, ou aquele que afiança.

AFIANÇAR, v.t. Ser fiador de; pagar a fiança de; abonar; responsabilizar-se por; apresentar ou inculcar como digno de confiança; garantir; t.-rel. asseverar; p. prestar fiança.

AFIAR, v.t. Dar fio ou gume a; amolar; aguçar; preparar para o assalto (dentes, garras); irritar; aperfeiçoar; — com alguém: avançar para ele, atacá-lo.

AFICIONADO, s.m. Pessoa que se interessa ou pratica modalidade de esporte. É castelhanismo: cumpre evitá-lo, substituindo-o por adepto, simpatizante, torcedor.

AFIDALGADO, adj. Tornado fidalgo com modos de fidalgo.

AFIDALGAMENTO, s.m. Ato de afidalgar ou afidalgar-se; fidalguia; nobreza.

AFIDALGAR, v.t. Tornar fidalgo; dar parecenças de fidalgo a; p. fazer-se fidalgo.

AFIGURAÇÃO, s.f. Suposição; imaginação; fantasia.

AFIGURAR, v.t. Representar; imaginar; dar figura ou forma a; p. representar-se na mente; parecer.

AFIGURATIVO, adj. Que encerra figura ou parábola; que se afigura.

AFILADO, adj. Adelgaçado; tornado fino.

AFILADOR, adj. Adelgaçador, afinador.

AFILAMENTO, s.m. Adelgaçamento.

AFILAR, v.t. Adelgaçar; afiar; int. adelgaçar-se; diz-se do navio quando aproa à linha do vento; açular (cão) para que file. Var.: afilhar.

AFILHADA, s.f. A mulher em relação a seu padrinho e sua madrinha.

AFILHADAGEM, s.f. Ato ou efeito de proteger.

AFILHADISMO, s.m. Nepotismo; proteção dada aos afilhados.

AFILHADO, s.m. O homem em relação a seus padrinhos; o protegido em relação ao protetor.

AFILIAÇÃO, s.f. Tornar-se filho, associado de.

AFILIAR, v.t. Agregar, juntar a uma corporação ou sociedade; inscrever como membro ou sócio.

AFIM, adj. e s.m. Parente por afinidade; adj. igual; semelhante.

AFINAÇÃO, s.f. Ato de afinar; tempero (de instrumentos); qualidade de afinado; harmonia de vozes ou instrumentos.

AFINADO, adj. Temperado (instrumento), concorde com os outros (instrumentos); bem acabado.

AFINAGEM, s.f. Purificação dos metais.

AFINAL, adv. Por fim. Na locução adverbial: afinal de contas.

AFINAMENTO, s.m. (V. Afinação.)

AFINAR, v.t. Tornar fino; temperar ou harmonizar com os outros (instrumentos); apurar (metais); pôr no devido tom; int. fazer-se fino, delgado.

AFINCADO, adj. Pertinaz; perseverante.

AFINCAMENTO, s.m. Aferro; insistência; teima.

AFINCAR, v.t. Plantar de estaca; p. aferrar-se; insistir; teimar; obstinar-se; t.-rel. espetar, cravar, fincar.

AFINCO, s.m. Aferro; assiduidade; pertinácia.

AFINIDADE, s.f. Qualidade de afim; parentesco contraído com a família do marido ou da mulher em virtude do casamento; relação; conformidade; grau de semelhança e relação; tendência combinatória; atração entre as energias químicas dos corpos; força de atração entre os átomos.

AFIRMAÇÃO, s.f. Ação de afirmar; o que se afirma; asseveração; declaração peremptória.

AFIRMADOR ou AFIRMANTE, adj. e s. Que, ou indivíduo que afirma.

AFIRMAR, v. t.-rel. Asseverar, declarar com firmeza; tornar firme.

AFIRMATIVA, s.f. Declaração que assevera; afirmação; confirmação.

AFIRMATIVO, adj. Que afirma ou confirma; positivo.

AFIRMÁVEL, adj. Que pode ser afirmado.

AFISTULADO, adj. Convertido em fístula.

AFISTULAR, v.t. Converter em fístula; encher de fístulas.

AFIVELADO, adj. Apertado ou seguro com fivela.

AFIVELAR, v.t. Prender com fivela; preparar-se para partir.

AFIXAÇÃO (cs), s.f. Ato de afixar; emprego dos afixos.

AFIXAR (cs), v.t. Tornar fixo; segurar; pregar em lugar público (avisos, editais, etc.); t.-rel. pregar, fixar.

AFIXO (cs), s.m. Designação comum dos prefixos, infixos e sufixos.

AFLAR, v.t. Bafejar; soprar; inspirar; int. mover-se ao vento.

AFLATO, s.m. Sopro; bafejo; hálito.

AFLAUTADO, adj. Melífluo, efeminado.

AFLAUTAR, v.t. Abemolar a voz.

AFLEUMAR, v.t. Tornar fleumático, pachorrento; int. inflamar; inchar.

AFLIÇÃO, s.f. Agonia; atribuição; angústia; ansiedade; tormento.

AFLIGENTE, adj. (V. Aflitivo.)

AFLIGIDOR, adj. (V. Aflitivo); s.m. aquele que aflige.

AFLIGIMENTO, s.m. Ação de afligir.

AFLIGIR, v.t. Causar aflição a; angustiar; atormentar; assolar; devastar; p. entrar em aflição, agoniar-se; contristar-se.

AFLITIVO, adj. Que causa aflição. O mesmo que afligente e afligidor.

AFLITO, adj. Cheio de ansiedade; agoniado; em apuro; angustiado.

AFLORAÇÃO, s. f. Ação de aflorar; nivelamento; emergência de um filão à superfície da terra; extremidade de tal filão.

AFLORAMENTO, s.m. (Geol.) Qualquer exposição de camada, veio ou rocha na superfície do terreno; afloração.

AFLORAR, v.t. Nivelar (uma superfície) com outra; nivelar; rel. assomar, emergir à superfície.

AFLUÊNCIA, s.f. Corrente copiosa; abundância; grande concorrência (de pessoas ou coisas); convergência.

AFLUENTE, adj. Que aflui; s.m. rio que vai desaguar noutro.

AFLUIR, v.rel. Correr para; convergir; concorrer; vir em grande quantidade.

26

AFLUXO (cs), s.m. Ato de afluir; fluxo.
AFOBAÇÃO, s.f. Azáfama; pressa; atrapalhação; cansaço. O mesmo que afobamento.
AFOBADO, adj. Azafamado; apressado; atrapalhado.
AFOBAMENTO, s.m. Ato ou efeito de afobar.
AFOBAR, v.t. Apressar-se; atrapalhar-se.
AFOCINHAMENTO, s.m. Queda, tombo.
AFOCINHAR, v.t. Arremeter com o focinho; forçar; int. ir de focinho ao chão; cair; mergulhar; abater-se; sucumbir. O mesmo que focinhar.
AFOFADO, adj. Tornado fofo.
AFOFAMENTO, s.m. Ato ou efeito de afofar.
AFOFAR, v.t. Tornar fofo, mole; tornar vaidoso.
AFOGADELA, s.f. Ação de afogar; afogadilho.
AFOGADIÇO, adj. Que com facilidade se afoga; que promove sufocação; abafadiço.
AFOGADILHO, s.m. Pressa; precipitação; de — (loc. adv.): apressadamente; sem muito cuidado.
AFOGADO, adj. Asfixiado; banhado; cobrindo o pescoço (vestido); s.m. pessoa asfixiada por imersão.
AFOGADOR, adj. Que afoga; s.m. o que afoga; colar, gargantilha.
AFOGADURA, s.f. ou AFOGAMENTO, s.m. Ato de afogar ou afogar-se; sufocação; asfixia por imersão.
AFOGAR, v.t. Sufocar; asfixiar; t.-rel. submergir; mergulhar; embeber; int. asfixiar-se; sufocar-se; p. matar-se ou morrer por asfixia.
AFOGUEADO, adj. Abraseado, vermelho, calmoso, ardente, quente.
AFOGUEAMENTO, s.m. Ato ou efeito de afoguear.
AFOGUEAR, v.t. Submeter a muito fogo; queimar; enrubescer; entusiasmar-se. (Pres. indic.: afogueio, afogueias, afogueia, afogueamos, afogueais, afogueiam; pres. subj.: afogueie, afogueies, afogueie, afogueemos, afogueeis, afogueiem.)
AFOITAR, v.t. Tornar afoito; encorajar; animar; t.-rel. induzir, incitar; p. animar-se, atrever-se. Forma paral.: afoutar.
AFOITEZA, s.f. Coragem; ânimo; arrojo. Formε paral.: afouteza.
AFOITO, adj. Sem medo; corajoso; audaz; animoso; ousado.
AFONIA, s.f. Perda da voz, parcial ou total; rouquidão.
AFÔNICO, ÁFONO ou AFONO, adj. Sem voz, rouco.
AFORA, adv. Exceto; salvo; com exclusão de; além de; à exceção de.
AFORAÇÃO, s.f. Aforamento.
AFORADOR, s.m. O que afora.
AFORAMENTO, s.m. Ato ou efeito de aforar. O mesmo que aforação; enfiteuse.
AFORAR, t. e t.-rel. Dar ou tomar por aforamento; p. arrogar-se, atribuir-se certas qualidades.
AFORÇURADO, adj. Apressado; forte.
AFORÇURAMENTO, s.m. Ato ou efeito de aforçurar-se; pressa.
AFORÇURAR-SE, v.p. Apressar-se, apressurar-se, fatigar-se.
AFORISMO, s.m. Sentença, máxima, proposição.
AFORISTA, s. Pessoa que faz ou cita freqüentemente aforismos.
AFORÍSTICO, adj. Que encerra aforismo: da natureza do aforismo.
AFORMOSEADOR, adj. e s.m. Que, ou aquele que aformoseia.
AFORMOSEAMENTO, s.m. Ato ou efeito de aformosear; embelezamento.
AFORMOSEAR, v.t. Tornar formoso; embelezar; adornar; ornamentar; p. enfeitar-se, adornar-se, embelezar-se. O mesmo que formosear.
AFORQUILHADO, adj. Em forquilha; bifurcado, dividido.
AFORQUILHAR, v.t. Segurar com forquilha; dar forma de forquilha a.
AFORTALEZADO, adj. Fortificado, defendido com fortaleza.
AFORTALEZAMENTO, s.m. Ato de afortalezar.
AFORTALEZAR, v.t. Guarnecer de fortalezas; dar forma de fortaleza a; fortificar, confirmar; p. fortificar-se; defender-se.
AFORTUNADO, adj. Feliz; ditoso. O mesmo que afortunoso.
AFORTUNAR, v.t. Dar fortuna a; tornar ditoso; tornar feliz.
AFORTUNOSO (ô), adj. Feliz; de sorte.
AFRACADO, adj. O mesmo que enfraquecido.

AFRANCESADO, adj. Com maneiras francesas.
AFRANCESAR, v.t. Dar feição francesa a; tornar semelhante a francês; p. adquirir os costumes franceses.
AFREGUESADO, adj. Que tem fregueses; concorrido; freqüentado.
AFREGUESAR, v.t. Tornar freguês ou cliente; adquirir freguesia ou clientela; p. fazer-se freguês.
AFRESCAR, v.t. Refrescar.
AFRESCO, s.m. Pintura a fresco, o mesmo que fresco.
AFRETAMENTO, s.m. Aluguel de veículos para transporte.
ÁFRICA, s.f. Façanha; proeza, habilidade; (Geog.) um dos cinco continentes.
AFRICANISMO, s.m. O estudo das coisas da África; o problema africano; vício, costume ou modo da África; vocábulo de origem africana.
AFRICANISTA, s. e adj. Pessoa dada ao estudo das coisas da África; viajante ou explorador de regiões da África.
AFRICANIZAR, v.t. Tornar africano.
AFRICANO, adj. Da África; s.m. o natural ou habitante da África.
ÁFRICO, adj. Africano; s.m. habitante da África; vento do sudoeste.
AFRO, adj. Africano.
AFRODISIA, s.f. Excitação sexual.
AFRODISÍACO, adj. Que restaura as forças geradoras; excitante do apetite sexual.
AFRODITE, s.f. A deusa do mar e do amor.
AFRONTA, s.f. Desprezo ou injúria lançada em rosto; ultraje; assalto; violência; desonra, infâmia.
AFRONTAÇÃO, s.f. Ato ou efeito de afrontar.
AFRONTADO, adj. Que recebeu afronta; sufocado; importunado; cansado, arquejante, aflito.
AFRONTADOR, adj. Desprezador, ofensor.
AFRONTAMENTO, s.m. Injúria, ofensa.
AFRONTAR, v.t. Infligir afronta a; arrostar com; importunar.
AFRONTOSO, adj. Ignominioso; injurioso.
AFROUXAMENTO, s.m. Relaxamento dos músculos, relaxamento; lassidão.
AFROUXAR, v.t. Desapertar; retardar o movimento de; int. alargar-se, soltar-se; diminuir de rapidez; entibiar; moderar a animação ou o empenho por p. perder em vigor.
AFROUXELADO, adj. Macio, mole como o frouxel.
AFROUXELAR, v.t. Dar a maciez do frouxel a; cobrir de frouxel.
AFTA, s.f. (Med.) Pequena vesícula esbranquiçada que logo se ulcera, tornando-se dolorosa. Aparece nas mucosas sobretudo nas da boca, e vulgarmente se confunde com o sapinho.
AFTOSO, adj. Que tem aftas; febre aftosa: comum no gado leiteiro, atacando a boca e a teta.
AFUGENTADOR, adj. Que afugenta.
AFUGENTAR, v.t. Fazer fugir; afastar; repelir.
AFUNDAMENTO, s.m. Depressão, naufrágio.
AFUNDAR, v.t. Fazer ir ao fundo; tornar fundo; aprofundar; escavar; p. ir a pique, submergir; desaparecer; perder-se; naufragar.
AFUNDIR, v.t. Afundar.
AFUNILADO, adj. Em forma de funil, aguçado.
AFUNILAR, v.t. Dar forma de funil a; estreitar; p. tomar a forma de funil, adelgaçar.
AFUROADO, adj. Procurado com o furão; (fig.) indagado, esmiuçado.
AFUROADOR, s.m. O que emprega o furão na caça; esquadrinhador; esmiuçador.
AFUROAR, v.t. Caçar com furão; indagar com empenho; descobrir; esmiuçar.
AFUSADO, adj. Fusiforme, pontiagudo, aguçado.
AFUSAR, v.t. Dar forma de fuso a; adelgaçar; afilar.
AGÁ, s.m. Nome da letra h, 8.ª letra do nosso alfabeto. (Pl.: agás ou hh.)
AGACHADO, adj. Que se agachou, humilhado, abaixado.
AGACHAMENTO, s.m. Abaixamento; humilhação.
AGACHAR-SE, v.p. Abaixar-se; acaçapar-se; humilhar-se.
AGADANHADO, adj. Ferido com o gadanho ou com as unhas; agatanhado; em forma de gadanho.
AGADANHADOR, s.m. O que agadanha.
AGADANHAR, v.t. Lançar o gadanho a; ferir com as unhas; agatanhar; roubar.
AGAIATADO, adj. Que tem ares ou modo de gaiato.
AGAIATAR-SE, v.p. Fazer-se gaiato; tomar modos

27

de gaiato; agarotar-se.

AGAITADO, adj. Que tem forma de gaita, que tem voz ou som de gaita.

AGALANADO, adj. Engalanado.

AGALANAR, v.t. e p. Engalanar.

AGALEGADO, adj. Que tem modos grosseiros; malcriado, estúpido.

AGALEGAR, v.t. Tornar grosseiro e incivil; p. tornar-se indelicado, grosseiro.

AGALGAR, v.int. Tomar proporções, configuração e natureza de galgo (o cão).

AGALHADO, adj. Que tem galhos; que já deitou galhos (boi, árvore, tubérculo ou bolbo).

AGALHAR, v. int. Deitar galhos.

AGALINHAR-SE, v.p. Humilhar-se; baixar a crista; acovardar-se.

AGALOADO, adj. Guarnecido com galões; s.m. guarnição de galões.

AGALOADURA, s.f. Distinção, honra, promoção militar.

AGALOAR, v.t. Guarnecer de galões. Distinguir, honrar.

ÁGAPE, s.m. Refeição que os antigos cristãos tomavam em comum; banquete, almoço, amizade espiritual.

AGARENO, adj. e s.m. Descendente de Agar; ismaelita; árabe maometano.

AGAROTADO, adj. Travesso; traquinas; que tem modos de garoto.

AGAROTAR-SE, v.p. Tornar-se garoto.

AGARRAÇÃO, s.f. Afeição exagerada.

AGARRADIÇO, adj. Que se agarra freqüentemente; costumado a agarrar-se.

AGARRADO, adj. Avarento, obstinado, teimoso; preso, grudado.

AGARRADOR, adj. Prendedor; pegador.

AGARRAMENTO, s.m. Afeição exagerada.

AGARRANTE, adj. Que agarra.

AGARRAR, v.t. Prender com garra; segurar; apanhar; valer-se de; pegar em; tomar; rel. segurar; t.-rel. segurar, prender, p. segurar-se.

AGARROCHAR, v.t. Ferir com garrocha; incitar; estimular; atormentar, afligir.

AGARROTAR, v.t. Matar com garrote, forca.

AGARRUCHADO, adj. Apertado com garrucha.

AGARRUCHAR, v.t. Apertar ou atar com garrucha.

AGASALHADEIRO, adj. Hospitaleiro.

AGASALHADO, adj. Coberto; abrigado; quente; abafado.

AGASALHADOR, adj. Hospitaleiro..

AGASALHAR, v.t. Dar agasalho a; hospedar; aquecer; abrigar; receber com bom modo; p. recolher-se; abafar-se; abrigar-se. O mesmo que gasalhar.

AGASALHO, s.m. Ação de agasalhar; bom acolhimento; hospedagem; abrigo; abafo.

AGASTADIÇO, adj. Que facilmente se agasta; dado a agastamento; irascível.

AGASTADO, adj. Que se agastou; enfadado; pesaroso; irritado.

AGASTAMENTO, s.m. Ato de agastar-se; irritação.

AGASTAR, v.t. Irar, irritar; p. enfadar-se; zangar-se; pôr-se de mal; encolerizar-se.

ÁGATA, s.f. Variedade de calcedônia com camadas distintas e diversamente coloridas.

AGATANHADO, adj. Ferido com as unhas; arranhado.

AGATANHADURA, s.f. ou **AGATANHAMENTO**, s.m. Arranhadura; ato de agatanhar.

AGATANHAR, v.t. Arranhar, ferir com as unhas; p. arranhar-se.

AGATEADO, adj. Agatanhado. Semelhante aos olhos dos gatos.

AGATUNADO, adj. Meio gatuno; tornado gatuno.

AGATURRAR, v.t. Agarrar, segurar; prender; capturar.

AGAUCHADO (a-u), adj. Que toma ou tem modos ou hábitos de gaúcho.

AGAUCHAR-SE (a-u), v.p. Tomar modos ou hábitos de gaúcho.

AGAZUADO, adj. Em forma de gazua.

AGÊNCIA, s.f. Escritório onde se trata de negócios; filial de repartição pública, banco ou casa comercial ou de companhia de transportes.

AGENCIAÇÃO, s.f. Ação de agenciar; diligência ou indústria de agenciar.

AGENCIADEIRA, adj. Propagandista.

AGENCIADOR, adj. e s.m. Propagandista.

AGENCIAR, v.t. Negociar; fazer por adquirir; tratar de negócios (como representante ou agente); promover; diligenciar; solicitar; t.-rel. procurar; fazer por encontrar. (Pres. indic.: agencio, agencias, agencia; agenciamos, agenciais, agenciam; pres. subj.: agencie, agencies, agencie, etc. Conjuga-se também com flexões rizotônicas: pres. indic.: agenceio, agenceias, agenceia, agenciamos, etc.; sub. pres.: agenceie, agenceies, agenceie, agenciemos, etc.)

AGENDA, s.f. Livrinho onde se escreve dia a dia o que se tem que fazer.

AGENTE, s.m. Tudo o que opera; o que trata de negócio por conta alheia; causa; o promotor; o que pratica a ação.

AGERASIA, s.f. Qualidade e estado da pessoa que não envelhece; vigor na velhice.

AGERMANAR, v.t. Tornar irmão; igualar; associar.

AGEUSIA ou **AGEUSTIA**, s.f. Ausência ou enfraquecimento do sentido do paladar.

AGIGANTADO, adj. Com proporções de gigante; hercúleo; engrandecido.

AGIGANTAMENTO, s.m. Ato de agigantar.

AGIGANTAR, v.t. Tornar gigante; engrandecer muito; p. fazer-se grande, aumentar, crescer muito.

ÁGIL, adj. Ligeiro; leve; presto de movimento. (Pl.: ágeis.)

AGILIDADE, s.f. Ligeireza; leveza; desembaraço; presteza de movimentos.

AGINHA, adv. (ant.) Asinha; depressa.

ÁGIO, s.m. Prêmio de agência; lucro sobre a diferença de valor da moeda; juros de dinheiro emprestado; câmbio de letras; desconto; rebate; usura.

AGIOTA, adj. e s. Diz-se de, ou pessoa que se entrega à agiotagem; usurário.

AGIOTAGEM, s.f. Usura; especulação exagerada sobre fundos ou mercadorias e em vista dos respectivos lucros.

AGIOTAR, v.int. Entregar-se à agiotagem; especular.

AGIR, v.int. Obrar; praticar na qualidade de agente; atuar.

AGIRAFADO, adj. Esguio como girafa.

AGITAÇÃO, s.f. Movimento; perturbação; ação de agitar; conflito; sublevação.

AGITADIÇO, adj. Que se agita facilmente.

AGITADO, adj. Inquieto, perturbado, desvairado.

AGITADOR, adj. e s.m. Que, ou o que agita; promotor de perturbações da ordem; revolucionário.

AGITAMENTO, s.m. Agitação.

AGITANTE, adj. Que agita.

AGITAR, v.t. Mover com freqüência; abalar; comover; discutir (uma questão) com veemência; perturbar; sublevar; suscitar; ventilar; excitar; p. preocupar-se, inquietar-se.

AGITÁVEL, adj. Que pode ser agitado.

AGLOMERAÇÃO, s.f. Ajuntamento; agrupamento; montão; afluência.

AGLOMERADO, s.m. Conjunto de cimento e pedras imitando mármore; argamassa hidráulica de cimento e pedra britada; aglomeração.

AGLOMERANTE, adj. Que aglomera.

AGLOMERAR, v.t. Juntar; reunir; acumular; p. ajuntar-se, amontoar-se.

AGLUTIÇÃO, s.f. Impossibilidade de engolir.

AGLUTINAÇÃO, s.f. Ação de aglutinar. O mesmo que aglutinamento.

AGLUTINADO, adj. Reunido, juntado; assimilado.

AGLUTINAMENTO, s.m. Aglutinação.

AGLUTINANTE, adj. Que aglutina; que pega como grude; diz-se da língua na qual muito freqüentemente ocorre a composição de elementos vocabulares em que os componentes guardam a significação, embora percam a individualidade fonética.

AGLUTINAR, v.t. Colar; unir; reunir; assimilar.

AGLUTINATIVO, adj. Próprio para aglutinar; aglutinante.

AGLUTINÁVEL, adj. Que se pode aglutinar; que tem caráter de aglutinação.

AGLUTINIDADE, s.f. Qualidade ou caráter de aglutinável.

AGNADO, s.m. Parente por agnação. Var.: de ágnato.

AGNATIA, s.f. Ausência do maxilar inferior.

AGNATÍCIO, adj. Que pertence aos agnatos.

AGNÁTICO, adj. Relativo aos agnados.

ÁGNATO, s.m. Agnado; que apresenta agnatia.

ÁGNATOS, s.m.pl. Descendentes de um mesmo pai em linha masculina.

AGNOME, s.m. Apelido que entre os romanos se acrescentava ao cognome.

AGNOMINAÇÃO, s.f. Repetição de uma palavra cujo sentido varia com a simples mudança de uma letra ou letras. (V. Paronomásia e Adnominação.)

AGNOSTICISMO, s.m. Doutrina que declara o absoluto inacessível ao espírito humano.

AGNÓSTICO, adj. Relativo ao agnosticismo.

AGOGÔ, s.m. Instrumento musical constituído por dupla campânula de ferro, que se percute com um pedaço de ferro, produzindo dois sons.

AGOMAR, v.int. Deitar goma; germinar; p. cobrir-se de gomos ou rebentos.

AGONIA, s.f. Fenômenos mórbidos que surgem na fase final de doenças agudas ou crônicas e prenunciam a morte próxima; ânsia de morte; angústia; aflição; náusea; derradeiro grau de decadência.

AGONIAÇÃO, s.f. Agonia; estado agônico.

AGONIADO, adj. Que sente agonia; ansiado; ansioso; muito penalizado; aflito moralmente.

AGONIADOR, adj. Torturante.

AGONIAR, v.t. Causar agonia, aflição, náusea a; afligir; p. afligir-se; apoquentar-se.

AGÔNICO, adj. Relativo a agonia; morte agônica.

AGONIZAR, v.int. Estar moribundo; estar morrendo, ou a acabar; padecer agonias.

AGORA, adv. Nesta hora, no presente; neste instante, já.

ÁGORA, s.f. Principal praça pública nas cidades da Grécia antiga; assembléia pública entre os gregos.

AGORAFOBIA, s.f. Estado psicopatológico, caracterizado pelo medo de atravessar praças, largos, ruas, etc.

AGORÁFOBO, s.m. Aquele que sofre de agorafobia.

AGORINHA, adv. Há poucos instantes; agora mesmo.

AGOSTINIANO, adj. Relativo ou pertencente à ordem de S. Agostinho. O mesmo que augustiniano.

AGOSTO, s.m. Oitavo mês do ano civil.

AGOURAL, adj. Relativo a agouros. Var. de agoiral.

AGOURAR, v.t.-rel. Fazer agouro de; ter mau agouro de; predizer; conjeturar; antever. Var. de agoirar. Pressagiar.

AGOUREIRO, adj. Azarento; pressagiador.

AGOURENTAR, v.t. Agourar; fazer mau agouro.

AGOURENTO, adj. Agoureiro. Var. de agoirento.

AGOURO, s.m. Vaticínio; presságio; predição.

AGRACIAÇÃO, s.f. Ação de agraciar.

AGRACIADO, adj. Que recebeu graça, mercê; condecorado.

AGRACIADOR, adj. Que confere graça ou comenda.

AGRACIAR, v.t. Condecorar; galardoar; dotar.

AGRADAR, v.rel. Aprazer; contentar; satisfazer.

AGRADÁVEL, adj. Aprazível.

AGRADECER, v.t. e t-rel. Mostrar, demonstrar gratidão (a alguém) por alguma coisa; int. dar agradecimentos.

AGRADECIDO, adj. Grato; reconhecido.

AGRADECIMENTO, s.m. Ato de agradecer; gratidão; reconhecimento.

AGRADECÍVEL, adj. Que merece ser agradecido.

AGRADO, s.m. Satisfação; delicadeza; afabilidade; cortesia.

AGRAFIA, s.f. Impossibilidade de exprimir o pensamento por meio da escrita.

AGRÁFICO, adj. Relativo à agrafia.

AGRAFO, s.m. Colchete metálico, com que se unem os lábios das feridas; o mesmo que agrafe, sendo mais corrente esta forma, embora menos correta.

AGRAMATISMO, s.f. Perda da faculdade de escrever com correção gramatical.

AGRÁRIO, adj. Relativo aos campos e à agricultura.

AGRAUDAR, v.intr. Tornar-se graúdo ou importante.

AGRAVAÇÃO, s.f. Pioração.

AGRAVADO, adj. Irritado, piorado, que sofreu agravo ou injustiça.

AGRAVADOR, adj. Que piora a situação.

AGRAVAMENTO, s.m. Agravação; inflamação nas patas dos cães e porcos.

AGRAVANTE, adj. Que agrava; s.f. culpabilidade.

AGRAVAR, v.t. Tornar mais grave; tornar pior; oprimir; molestar; ofender; recorrer a instância superior para que seja reformado um despacho judicial que a parte considera injusto.

AGRAVATIVO, adj. Que agrava.

AGRAVÁVEL, adj. Que pode ser agravado.

AGRAVO, s.m. Ofensa; dano; injúria; recurso judicial contra uma pretensa ou real injustiça; motivo grave de queixa.

AGRAZ, s.m. Qualquer fruta (especialmente uva) muito acre de verde.

AGRE, adj. Acre; azedo.

AGREDIDO, s.m. Ofendido, atacado.

AGREDIR, v.t. Ofender; acometer; provocar; assaltar; atacar.

AGREGAÇÃO, s.f. Reunião em grupo; associação; aglomeração; adjudicação.

AGREGADO, adj. e s.m. Adjunto, anexo, reunido; conjunto; reunião.

AGREGAR, v.t.-rel. Ajuntar; anexar; associar; acrescentar; t. amontoar; acumular; p. reunir-se, associar-se.

AGREGATIVO, adj. Que agrega.

AGREMIAÇÃO, s.f. Reunião de indivíduos em grêmio; ajuntamento em assembléia; associação.

AGREMIAR, v.t. Reunir (indivíduos) em grêmio ou em assembléia; associar.

AGRESSÃO, s.f. Ferimento; pancada; acometimento; provocação; insulto; ofensa.

AGRESSIVIDADE, s.f. Qualidade de agressivo; capacidade para agredir.

AGRESSIVO, adj. Ofensivo.

AGRESSOR, adj. Ofensor, agravador.

AGRESTE, adj. Relativo ao campo (agro); silvestre; rústico; áspero; desabrido; indelicado.

AGRESTIA ou **AGRESTIDADE**, s.f. Qualidade do que é agreste; rudeza; rusticidade; grosseria.

AGRIÃO, s.m. Planta aquática hortense da família das Crucíferas. Tumor duro e sem dor, no curvilhão das cavalgaduras.

AGRÍCOLA, adj. Relativo à agricultura.

AGRICULTADO, adj. Cultivado; diz-se do terreno em que se aplicaram os processos agrícolas.

AGRICULTAR, v.t. Cultivar (terras); int. entregar-se à agricultura.

AGRICULTÁVEL, adj. Que se pode agricultar; arável.

AGRICULTOR, s.m. Lavrador, fazendeiro.

AGRICULTURA, s.f. Arte de cultivar os campos, cultivo da terra; lavoura; cultura.

AGRIDOCE, adj. Agro e doce ao mesmo tempo. O mesmo que agro-doce e acre-doce.

AGRILHOAMENTO, s.m. Aprisionamento, acorrentamento.

AGRILHOAR, v.t. Prender com grilhões; acorrentar; (fig.) constranger; comprimir; t.-rel. prender, ligar.

AGRIMENSOR, s.m. Medidor de terras. Gamela.

AGRIMENSÓRIO, adj. Relativo à agrimensura.

AGRIMENSURA, s.f. Arte de medir os campos; medida das terras.

AGRINALDAR, v.t. Ornar com grinaldas.

AGRISALHADO, adj. Que tem cabelos brancos.

AGRISALHAR, v.t. e p. Tornar ou tornar-se grisalho.

AGRO, s.m. Campo; terra cultivada ou cultivável; adj. acre, agre; escabroso; azedo, ácido.

AGROMANIA, s.f. Mania da agricultura; paixão por ela.

AGROMANÍACO, adj. e s.m. Maníaco pela agricultura.

AGRONOMANDO, s.m. O que se forma ou se gradua em agronomia.

AGRONOMETRIA, s.f. Cálculo do que pode produzir um terreno cultivado.

AGRONOMÉTRICO, adj. Relativo à agronometria.

AGRONOMIA, s.f. Ciência da agricultura.

AGRONÔMICO, adj. Que diz respeito à agronomia.

AGRÔNOMO, s.m. Indivíduo diplomado em agronomia; o que professa a agronomia ou nela é versado.

AGRUMAR-SE, v.p. Tomar a forma de grumos.

AGRUMELAR, v.t. Fazer coagular em grúmulos; p. coagular-se.

AGRUPAÇÃO, s.f. Reunião em grupos.

AGRUPAMENTO, s.m. Reunião.

AGRUPAR, v.t. Reunir em grupos; dispor em grupos; p. juntar-se em grupo; formar grupo.

AGRURA, s.f. Qualidade de agro; escabrosidade;

aspereza; dissabor; amargura.

ÁGUA, s.f. Líquido incolor e inodoro, composto de hidrogênio e oxigênio; — dura (Quím.): água que contém sais de cálcio e magnésio em solução e por isso oferece dificuldade à formação de espuma quando se lhe adiciona sabão.

AGUAÇA, s.f. Enxurrada.

AGUAÇAL, s.m. Pântano; charco, local onde existe água estagnada.

AGUACEIRA, s.f. Água ou saliva, que se expele da boca, por indisposição de estômago.

AGUACEIRADA, s.f. Grande aguaceiro.

AGUACEIRO, s.m. Chuva forte, repentina e de pouca duração.

AGUACENTO, adj. Semelhante à água; impregnado de água; aquoso.

AGUACHADO, adj. Saturado de água; diz-se do cavalo que, por muito tempo de descanso, fica tão gordo, que não pode fazer uma longa marcha.

AGUADA, s.f. Abastecimento de água doce para viagens marítimas; lugar onde se faz tal abastecimento; nascente ou córrego.

ÁGUA-DE-CHEIRO, s.f. Perfume.

AGUADEIRO, s.m. Distribuidor de água. Capote para resistir à água da chuva.

AGUADILHA, s.f. Linfa; serosidade; humor semelhante à água.

AGUADO, adj. Misturado com água; frustrado; sem gosto; insípido.

AGUADOR, s.m. Regador, borrifador.

ÁGUA-FORTISTA, s. Aquafortista. (Pl.: água-fortistas.)

ÁGUA-FURTADA, s.f. Último andar de uma casa, quando as suas janelas deitam sobre um telhado. (Pl. águas-furtadas.)

AGUAGEM, s.f. Ação de aguar; movimentos de águas que obrigam o navio a jogar; rega; corrente de água impetuosa.

ÁGUA-MÃE, s.f. Solução aquosa na qual se depositaram cristais.

ÁGUA-MARINHA, s.f. Variedade de berilo, pedra semipreciosa. (Pl.: águas-marinhas.)

AGUAMENTO, s.m. Doença de animais de carga ou de tração, por excesso de trabalho ou resfriamento.

ÁGUA-MORNA, s. Indivíduo pacato, inofensivo, mole, indeciso, sem vida. (Pl.. águas-mornas.)

AGUAPÉ, s.f. Bebida preparada com água que se deita no resíduo ou pé das uvas, depois de feito o vinho; planta aquática do Brasil.

ÁGUA-PESADA, s.f. (Quím.) Óxido de deutério.

AGUAPEZAL, s.m. Local onde há grande extensão de água coberta de aguapés.

AGUAR, v.t. Misturar com água; regar; borrifar; frustrar, interromper o gosto ou a alegria de; int. apanhar aguamento; (pop.) sentir um grande desejo. (Pres. do indic.: águo, águas, etc.; pret. perf.: águei, etc.; pres. do subj.: águe, águes, etc. ou então na forma literária: pres. indic.: aguo (ú), aguas (ú), etc.; pres. subj.: águe, águes, etc.) (V. Desaguar e enxaguar.)

AGUARDAMENTO, s.m. Espera.

AGUARDAR, v.t. Esperar; vigiar, acatar, cortejar, observar; espreitar.

AGUARDENTAR, v.t. Misturar com aguardente.

AGUARDENTE, s.f. Álcool, pinga, cachaça.

AGUARDENTEIRO, s.m. O que faz ou vende aguardente em abundância.

ÁGUA-RÉGIA, s.f. Reagente enérgico, proveniente da mistura dos ácidos azótico e clorídrico, e assim chamado por dissolver o ouro. (Pl.: águas-régias.)

AGUARELA, s.f. Tinta diluída em água, que se usa pintando sobre marfim, cartão, papel ou pano. O mesmo que aquarela.

AGUARELISTA, s. Pintor ou pintora de aguarelas O mesmo que aquarelista.

AGUARRÁS, s.f. Essência de terebintina que se emprega como dissolvente em pintura e esmaltação.

ÁGUA-TOFANA, s.f. Veneno italiano.

ÁGUA-VIVA, s.f. Nome vulgar das grandes medusas.

AGUAZIL, s.m. Antigo funcionário administrativo e judicial; designação genérica de qualquer empregado inferior de justiça.

AGUÇADEIRA, s.f. e adj. Diz-se das pedras que servem para amolar; pedra de aguçar.

AGUÇADO, adj. Afiado, com gume; pontudo.

AGUÇADOR, adj. Amolador, estimulante.

AGUÇADURA, s.f. Ação de aguçar; gume dado a instrumento de corte.

AGUÇAR, v.t. Tornar agudo; adelgaçar na ponta, afiar, excitar, estimular.

AGUDEZ ou **AGUDEZA,** s.f. Qualidade do que é agudo ou cortante; sutileza, perspicácia; intensidade.

AGUDO, adj. Terminado em ponta, afiado, fino. perspicaz, sutil, intenso; (ant.) exasperado; (Med.) de curso rápido e intenso.

AGÜEIRA, s.f. Sulco que conduz as águas de rega. O mesmo que agüeiro.

AGÜEIRO, s.m. Agüeira; cano em que se reúnem as águas dos telhados.

AGÜENTADOR, adj. Suportador, sustentador.

AGÜENTAR, v.t. Suster, sustentar, equilibrar, manter, suportar, resistir a.

AGUERREAR, v.t. Habituar à guerra; afazer aos combates; aguerrir.

AGUERRIDO, adj. Costumado à guerra, corajoso.

AGUERRILHAR, v.t. Formar guerrilhas de; converter em guerrilhas; p. alistar-se em guerrilha.

AGUERRIR, v.t. Afazer à guerra; habituar às lutas, trabalhos e contrariedades; tornar valoroso; v.p. exercitar-se nas armas, na guerra.

ÁGUIA, s.f. Ave grande e forte de cor parda escura, do gênero Aquila, da Europa; s.m. (pop.) esperto; velhaco; — de Haia; epíteto de Rui Barbosa.

AGUIÃO, s.m. Aquilão; (pop.) espertalhão.

AGUILHADA, s.f. Vara com ferrão na ponta e que serve para picar e conduzir os bois.

AGUILHÃO, s.m. A ponta de ferro da aguilhada; ferrão.

AGUILHAR, v.t. Ferir com o aguilhão. Espicaçar.

AGUILHOADA ou **AGUILHOADELA,** s.f. Ferroada, picada com o aguilhão.

AGUILHOADOR, adj. Espicaçador.

AGUILHOAMENTO, s.m. Espicaçamento.

AGUILHOAR, v.t. Picar com aguilhão, aferroar, espicaçar, estimular, espetar.

AGUILHOEIRO, s.m. O que faz ou vende aguilhões.

AGUITARRADO, adj. Semelhante à guitarra, na configuração ou no som.

AGUIZALHADO, adj. Cheio de guizos.

AGULHA, s.f. Hastezinha fina de aço, aguçada de um lado e com um orifício de outro ou do mesmo, por onde se enfia a linha para coser; ponteiro de relógio; — magnética: agulha imantada que se orienta na direção das linhas de força do campo magnético terrestre.

AGULHADA, s.f. Ferimento com agulha; uma enfiadura de linha; dor súbita e forte.

AGULHAR, v.t. Ferir com agulha; incomodar; torturar.

AGULHEIRO, s.m. Estojo para guardar agulhas.

AGULHETA (ê), s.f. Ponta metálica dos atacadores; extremidade do tubo de bomba; enfeite em que terminam os cordões de alguns uniformes; agulha para enfiar fitas ou cordões.

AGULHETEIRO, s.m. Fabricante de agulhetas ou de agulhas.

AH, interj. Exprime admiração, dor, etc.; e às vezes se emprega enfaticamente para dar mais força e realce às palavras a que se junta.

AI, interj. Grito de dor.

AÍ, adv. Nesse lugar. (Indica proximidade da pessoa a quem se fala.)

AIA, s.f. Criada de companhia; preceptora de filhos, de crianças, de pessoas nobres; camareira.

AIMORÉ, s. Indígena da tribo dos Aimorés; adj. relativo a essa tribo.

AINDA, adv. Até agora; até então; novamente; mais; além de.

AIO, s.m. Preceptor de crianças ilustres ou ricas; criado grave; camareiro.

AIPIM, s.m. Planta da família das Euforbiáceas. O mesmo que aipi (p.us.), uaipi, mandioca e macacheira.

AIPO, s.m. Planta herbácea da família das Umbelíferas, usada como condimento.

AIRAR, v.t. Exilar; degredar; separar da sociedade.

AIROSO, adj. Esbelto; gentil; elegante; garboso; honroso; decoroso.

AÍVA, adj. Mau; ruim; insignificante; imprestável; adoentado; mofino.

AJAEZADO, adj. Diz-se dos cavalos com todos os seus arreios e ornatos.

AJAEZAR, v.t. Adornar de jaezes; p. enfeitar-se, adornar-se.

AJANOTADO, adj. Que tem ares ou trajes de janota.

AJANOTAR-SE, v.p. Vestir-se ou apresentar-se como janota; aperaltar-se; fazer-se casquilho.

AJANTARADO, adj. Diz-se do almoço servido tarde para servir também de jantar.

AJARDINADO, adj. Dotado de jardim.

AJARDINAMENTO, s.m. Ato de dotar de jardim.

AJARDINAR, v.t. Dar forma de jardim a; transformar em jardim.

AJEIRADO, adj. Passado pelo crivo, dividido em jeiras.

AJEIRAR, v.t. Passar pelo crivo, dividir em jeiras.

AJEITAR, v.t. Acomodar.

AJESUITADO, adj. Que tem modos de jesuíta.

AJESUITAR, v.t. Tornar jesuíta ou semelhante a ele; p. fazer-se jesuíta.

AJOELHADO, adj. Genuflexo.

AJOELHAR, v.t. Genufletir; pôr de joelhos; ajoelhar-se; v.p. pôr-se de joelhos.

AJORNALADO, adj. Que trabalha por jorna ou jornal.

AJORNALAR, v.t. Contratar para trabalhar por jornal.

AJOUJADO, adj. Preso com ajoujo; (fig.) emparelhado; unido.

AJOUJAMENTO, s.m. Ato de ajoujar.

AJOUJAR, v.t. Ligar com ajoujo; unir, ligar moralmente; carregar; oprimir; avergar ao peso de uma grande carga; p. unir-se; ajuntar-se.

AJOUJO, s.m. Cordão ou corrente para prender ou jungir animais.

AJUDA, s.f. Auxílio; favor

AJUDADOR, adj. Auxiliador.

AJUDADOURO, s.m. Socorro; auxílio; ajutório. Var.: ajudadoiro.

AJUDANTE, s. Pessoa que ajuda; acólito.

AJUDAR, v.t. Prestar ajuda a; auxiliar; socorrer; favorecer; facilitar; rel. dar ajuda, prestar auxílio; t.-rel. auxiliar (alguém) a fazer alguma coisa; p. valer-se; aproveitar-se; prestar auxílio a si mesmo, auxiliar-se reciprocamente.

AJUIZADO, adj. Sensato, prudente, discreto.

AJUIZADOR, adj. Avaliador.

AJUIZAR, v.t. Julgar; avaliar; entrar em juízo. (Pres. indic.: ajuízo, ajuízas, ajuíza, etc.; pres. subj.: ajuíze, ajuízes, ajuíze, etc.)

AJUIZÁVEL, adj. Que se pode ajuizar.

AJUNTADEIRA, s.f. Mulher que ajunta e cose as peças superiores do calçado.

AJUNTADO, adj. Somado, unido, agregado.

AJUNTADOR, adj. Reunidor.

AJUNTADOURO, s.m. Lugar onde se juntam águas das chuvas ou enxurradas. Var.: ajuntadoiro.

AJUNTAMENTO, s.m. Reunião; multidão de pessoas; ato de ajuntar; coabitação; aglomeração.

AJUNTAR, v.t. Reunir, convocar, acumular, unir; coligar; coligir; acrescentar; t-rel. pôr junto; unir, acrescentar; p. unir-se, reunir-se; juntar-se.

AJUNTÁVEL, adj. Acumulável.

AJURAMENTADO, adj. Que prestou juramento.

AJURAMENTAR, v.t. Deferir juramento a; fazer jurar; p. obrigar-se por juramento.

AJUSTADO, adj. Combinado; justo, em proporção; concorde; coerente; s.m. aquele que se ajustou.

AJUSTAGEM, s.f. Ato ou efeito de ajustar peças de uma máquina.

AJUSTAMENTO, s.m. União perfeita; adaptação; reconciliação; ajuste; convenção; liquidação de contas.

AJUSTAR, v.t. Unir bem; tornar justo, exato; estipular; pactuar; afinar; completar; liquidar contas; colocar as peças (de uma máquina), nos devidos lugares; t.-rel. amoldar, adaptar; rel. acomodar-se; p. adaptar-se; conformar-se; concordar.

AJUSTÁVEL, adj. Que se pode ajustar; adaptável; aplicável.

AJUSTE, s.m. Ajustamento; pacto; acordo; liquidação (de contas ou questões); concerto, convenção; contrato.

AJUTÓRIO, s.m. O mesmo que adjutório.

AL, pron. Outra coisa; o mais; tudo mais; (Quím.) símbolo do alumínio.

ALA, s.f. Fileira; renque, resguardo lateral de ponte; parte do edifício que se prolonga de um ou de outro lado do corpo principal; extremo ou flanco de um exército disposto para a batalha.

ALABARDA, s.f. Arma antiga que constava de longa haste de madeira, terminando em ferro largo e pontiagudo, atravessado por outro em forma de meia-lua.

ALABARDADA, s.f. Golpe feito de alabarda.

ALABARDEIRO, s.m. O que usa alabarda; arqueiro.

ALABIRINTADO, adj. Que tem forma de labirinto; (fig.) tortuoso, confuso, sinuoso.

ÁLACRE, adj. Alegre; entusiasmado, jovial, animado.

ALACRIDADE, s.f. Qualidade álacre, alegria; vigor; entusiasmo.

ALADEIRADO, adj. Que tem ladeira.

ALADO, adj. Que tem asas.

ALADROADO, adj. Que tem queda para ladrão; que furta alguma coisa; qualificativo do peso em que há furto.

ALADROAR, v.t. Cercear com fraude; diminuir com dolo.

ALAGAÇÃO, s.f. Inundação.

ALAGADEIRO, s.m. Terreno paludoso, alagado.

ALAGADIÇO, adj. Sujeito a alagar-se; encharcado; pantanoso; paludoso.

ALAGADO, adj. Cheio de água; encharcado.

ALAGADOR, adj. e s.m. Que, ou o que alaga, encharca; gastador; perdulário; desperdiçador.

ALAGAMAR, s.m. Pequena angra, guarnecida de penedos e onde a maré penetra já diminuída de sua força.

ALAGAMENTO, s.m. Ato de alagar.

ALAGAR, v.t. Tornar em lago; cobrir de água; inundar.

ALAGOANO, adj. Do Estado de Alagoas.

ALAGOSTADO, adj. Da cor da lagosta, avermelhado.

ALAMAR, s.m. Galão de fio metálico ou de seda, lã, etc., que guarnece e adorna a frente de um vestuário.

ALAMARADO, adj. Guarnecido de alamares.

ALAMBAZADO, adj. Desajeitado; grosseiro; asselvajado; glutão, lambaz; desmazelado.

ALAMBAZAR-SE, v.p. Fazer-se lambaz; comer muito; tornar-se grosseiro e desajeitado.

ALAMBICADO, adj. Presumido; afetado; arrebicado.

ALAMBICAR, v.t. Destilar no alambique; tornar afetado e pretensioso; arrebicar; requintar (o estilo, a falta); p. afetar-se.

ALAMBIQUE, s.m. Aparelho de destilação; consta de três partes: 1.ª caldeira, 2.ª capacete, 3.ª serpentina.

ALAMBIQUEIRO, s.m. O que usa o alambique ou trabalha com ele.

ALAMBRADO, adj. e s.m. Cercado de arame.

ALAMBRAR, v.int. Cercar com arame.

ALAMBRE, s.m. Âmbar.

ALAMBREADO, adj. Da cor do alambre

ALAMEDA, s.f. Rua ou avenida orlada Je álamos.

ÁLAMO, s.m. Espécie de olmeiro ou choupo da família das Salináceas.

ALANCEADO, adj. Que sofre moralmente.

ALANCEADOR, adj. Que faz sofrer.

ALANCEAMENTO, s.m. Ato ou efeito de alancear.

ALANCEAR, v.t. Ferir com lança; pungir; afligir; estimular.

ALANO, s.m. Indivíduo do povo dos alanos, bárbaros da Sarmácia; adj. relativo a esse povo. O mesmo que alão.

ALANTÓIDE, s.m. Uma das membranas dos embriões dos vertebrados superiores, que funciona como órgão respiratório.

ALÃO, s.m. Cão de fila; cão dos alanos. O mesmo que alano. (Pl.: alãos, alães e alões.)

ALAPADO, adj. Escondido, encolhido, agachado.

ALAPAR, v.t. Esconder em lapa; ocultar debaixo ou por trás de alguma coisa; p. agachar-se; esconder-se cosido com o chão; alapardar-se.

ALAPARDADO, adj. Acaçapado; escondido, agachado.

ALAPARDAR-SE, v.p. Alapar-se; agachar-se; acaçapar-se para não ser descoberto, acocorar-se; esconder-se.

ALAR, adj. Que tem forma de asa; relativo a asa; v.t. içar; levantar, fazer subir, dar asas a; t.-rel.

fazer voar; subir; p. desferir vôo; elevar-se, voando; engrandecer-se.

ALARANJADO, adj. De forma ou cor de laranja; s.m. a cor de laranja.

ALARDE, s.m. Ostentação; vanglória; aparato; vaidade, jactância. Var.: alardo.

ALARDEADEIRA, s.f. Jactanciosa.

ALARDEADOR, adj. e s.m. Jactancioso.

ALARDEAR, v.t. Jactar-se; bazofiar; fanfarronar. (Pres. indic.: alardeio, alardeias, alardeia, alardeamos, alardeais, alardeiam; pres. subj.: alardeie, alardeies, alardeie, alardeemos, alardeeis, alardeiem.)

ALARGADOR, adj. Espacejador; que aumenta o diâmetro de; dilatador.

ALARGAMENTO, s.m. Ação ou efeito de alargar.

ALARGAR, v.t. Tornar largo ou mais largo; dilatar, afrouxar, ampliar, desenvolver, prolongar, dar maior duração a; int. fazer-se ao largo ou mais largo; p. fazer-se largo ou mais largo; gastar largamente.

ALARIDO, s.m. Clamor de vozes, celeuma, gritaria.

ALARMA, s.m. Brado às armas.

ALARMANTE, adj. Que causa alarma; que assusta; que causa apreensões.

ALARMAR, v.t. Dar voz de alarma a; assustar, alvorotar; p. assustar-se.

ALARME, s.m. O mesmo que alarma.

ALARMISTA, adj. e s. Que, ou pessoa que se compraz em espalhar boatos alarmantes; boateiro.

ALARVADO, adj. Que tem modos de alarve.

ALARVE, adj.s. Que, ou o que é rústico, selvagem, brutal; glutão s.m. (ant.) árabe beduíno.

ALASTRAMENTO, s.m. Ação ou efeito de alastrar.

ALASTRANTE, adj. Que se alastra.

ALASTRAR, v.t. Cobrir com lastro; lastrar, espalhar, estender, derramar.

ALASTRIM, s.m. Doença eruptiva epidêmica, aparentada à varíola e à varicela.

ALATINADO, adj. Que imita o latim na forma ou na construção das palavras.

ALATINAR, v.t. Dar feição latina (à linguagem) na morfologia ou na sintaxe.

ALAÚDE, s.m. Antigo instrumento de corda.

ALAVANCA, s.f. Máquina simples constituída por barra de ferro ou madeira, resistente, que se emprega para mover ou levantar pesos; expediente; meio de ação.

ALAVOEIRO, s.m. O que pastoreia alavães.

ALAZÃO, adj. e s.m. Diz-se de, ou cavalo que tem cor de canela. Var.: lazão. (Fem.: alazã; pl.: alazães e alazões.)

ALAZARADO, adj. Como um lázaro; cheio de chagas; endividado.

ALAZEIRADO, adj. Que tem lazeira.

ALBA, s.f. Antiga composição poética que se destinava a ser cantada à alvorada; o mesmo que alva.

ALBANÊS, adj. e s.m. Da Albânia; língua albanesa; albano.

ALBANESA, s.f. Feminino de albanês.

ALBANO, adj. e s.m. Albanês.

ALBARDA, s.f. Aparelho grosseiro, enchumaçado de palha, para bestas de carga.

ALBARDADO, adj. Aparelhado com albarda.

ALBARDÃO, s.m. Albarda grande; aparelho de forma da albarda, mas forrado de carneira, com bordas, próprio para cavalaria.

ALBARDAR, v.t. Pôr albarda ou albardão em.

ALBARDEIRO, s.m. O que faz ou vende albardas.

ALBARDILHA, s.f. Pequena albarda; armadilha para apanhar falcões.

ALBARRÃ, adj.f. e s.f. designação que se dava à torre saliente em castelos ou muralhas. Var.: albarrã.

ALBATROZ, s.m. Procelária; o mesmo que alcatraz (ave).

ALBENTE, adj. Branco, alvo.

ALBERGADO, adj. Asilado; recolhido por caridade; hospedado, instalado.

ALBERGADOR, adj. Hospedeiro, hospitaleiro.

ALBERGAGEM, s.f. O direito de ser recebido em albergue.

ALBERGAMENTO, s.m. Hospedagem; agasalhado.

ALBERGAR, v.t. Recolher, agasalhar, dar albergue a.

ALBERGARIA, s.f. Lugar onde se dá albergue; estalagem; pousada, hospedaria, contrato de hospedagem.

ALBERGUE, s.m. Hospedaria; casa de pouso, hospedagem; lugar em que se recolhe alguém por caridade.

ALBERGUEIRO, s.m. Hospedeiro; estalajadeiro.

ALBESCENTE, adj. Que, sendo originariamente colorido, desmaia para branco.

ALBICANTE, adj. Esbranquiçado.

ALBIFICAÇÃO, s.f. Branqueamento.

ALBIFICAR, v.t. Tornar alvo ou branco.

ALBINISMO, s.m. Anomalia congênita caracterizada pela ausência total ou parcial do pigmento da pele, dos pêlos, da íris e da coróide.

ALBINO, adj. Que tem albinismo.

ALBOR, s.m. Alvor.

ALBUGEM, s.f. Névoa esbranquiçada que se forma nos olhos; belida.

ÁLBUM, s.m. Livro de folhas de cartão próprias para emoldurar e guardar retratos; livro de folhas destinadas a receber desenhos, versos, pensamentos, lembranças de família ou de amigos. (Pl.: álbuns.)

ALBUME, s.m. Substância que envolve e nutre o embrião de algumas sementes.

ALBUMINA, s.f. O mesmo que proteína; em sentido restrito, subdivisão das proteínas, cujos representantes principais são a albumina do ovo, a do soro sangüíneo.

ALBUMINADO, adj. Que tem albumina.

ALBUMINATO, s.m. Combinação da albumina com ácidos, hidróxidos ou sais metálicos.

ALBUMINIFORME, adj. Semelhante à albumina.

ALBUMINÓIDE, adj. Da natureza da albumina; s.m. proteína simples caracterizada por sua insolubilidade em solventes neutros.

ALBUMINOSO, adj. Que contém albumina; que tem os caracteres, as propriedades da albumina.

ALBUMINÚRIA, s.f. Existência de albumina na urina.

ALBUMINÚRICO, adj. Relativo à albuminúria; s.m. o que tem albuminúria.

ALÇA, s.f. Argola; puxadeira que serve para levantar alguma coisa; suspensório, pedaço de sola que os sapateiros ajustam às formas para as tornar mais altas; pequena régua adaptada aos fuzis e peças de artilharia para graduar a pontaria a distância; segmento de intestino.

ALCÁCER, s.m. Castelo, fortaleza, palácio, habitação suntuosa. Forma paral.: alcáçar.

ALCACHOFRA, s.f. Planta hortense da família das Compostas, de folhas espinhosas.

ALCÁÇOVA, s.f. Fortaleza; castelo antigo.

ALCAÇUZ, s.m. Planta da família das Leguminosas, de raiz adocicada.

ALÇADA, s.f. Jurisdição; competência.

ALÇADO, adj. Alteado, erguido, levantado.

ALÇADOR, s.m. Levantador; elevador.

ALÇADURA, s.f. Levantamento.

ALÇAGEM, s.f. Ato de alçar (folhas impressas).

ALCAGUETE, s.m. Alcoviteiro. Delator.

ALCAIDARIA, s.f. Dignidade ou funções de alcaide.

ALCAIDE, s.m. Antigo governador de comarca ou província; atual autoridade administrativa espanhola. (Fem.: alcaidesa e alcaidina.)

ALCAIDESSA, s.f. ou **ALCAIDINA,** s.f. Mulher de alcaide; mulher que exerce funções de alcaide.

ALCAIOTA, s.f. Alcoviteira.

ALCAIOTE, s.m. Alcoviteiro. (Fem.: alcaiota.)

ÁLCALI, s.m. Nome dado, em geral, às bases e especialmente às correspondentes ao lítio, sódio, potássio, rubídio e césio; planta marinha.

ALCALICIDADE, s.f. Alcalinidade. (Antôn.: acidez.)

ALCALIMETRIA, s.f. Processo de análise volumétrica que permite avaliar a quantidade das bases contidas num soluto.

ALCALIMÉTRICO, adj. Que diz respeito à alcalimetria.

ALCALÍMETRO, s.m. Instrumento destinado a determinar ponderalmente o anidrido carbônico nas misturas que contêm carbonato.

ALCALINAR, v.t. e p. Tornar alcalino. O mesmo que alcalinizar.

ALCALINIDADE, s.f. Caráter das substâncias que têm propriedades alcalinas; (Quím.) teor em íons hidroxilas de uma solução.

ALCALINISMO, s.m. Uso imoderado de substâncias alcalinas; efeitos desse uso.

ALCALINIZAÇÃO, s.f. Ação de alcalinizar.

ALCALINIZAR, v.t. e p. Alcalinar. (Antôn.: acidificar.)

ALCALINO, adj. Relativo a álcali; (Quím.) básico. (Antôn.: ácido.)

ALCALÓIDE, s.m. Designação genérica de certas substâncias orgânicas azotadas de origem vegetal e que possuem propriedades básicas.

ALÇAMENTO, s.m. Operação tipográfica que consiste em levantar as folhas impressas; hasteamento; ato de alçar.

ALCANÇADIÇO, adj. Que facilmente se alcança.

ALCANÇADO, adj. Empenhado; endividado; atrasado com suas contas.

ALCANÇADOR, adj. e s.m. Que, ou o que alcança.

ALCANÇADURA, s.f. Contusão que o animal faz em si mesmo na parte inferior dos membros.

ALCANÇAMENTO, s.m. Ato de alcançar; conseguimento.

ALCANÇAR, v.t. Chegar a; apanhar; obter; conseguir; atingir; perceber; int. conseguir o que se pretende.

ALCANÇÁVEL, adj. Que pode ser alcançado.

ALCANCE, s.m. Distância atingível pela vista ou pelo projétil de uma arma; ato de alcançar; encalço; conseguimento; inteligência; valor; importância; alcançamento.

ALCÂNDOR, s.m. Sumidade; cimo; píncaro; alcantilado.

ALCÂNDORA, s.f. Poleiro de falcão; espécie de cabide de alfaiate.

ALCANDORADO, adj. Empoleirado alto, colocado a grande altura.

ALCANDORAR-SE, v.p. Pôr-se em alcândora; guindar-se, elevar-se, sublimar-se, ufanar-se, encarapitar-se.

ALCANFOR (ô), s.m. ou ALCÂNFORA, s.f. Cânfora.

ALCANTIL, s.m. Monte, íngreme e com escabrosidade; despenhadeiro escarpado; píncaro.

ALCANTILADA, s.f. Sucessão de alcantis; longo despenhadeiro.

ALCANTILADO, adj. Em forma de alcantil; cortado a pique; aprumado.

ALCANTILAR, v.t. Dar forma de alcantil a; talhar a pique; p. fazer-se ou elevar-se como alcantil.

ALCANTILOSO, adj. Cheio de alcantis.

ALÇAPÃO, s.m. Porta ou tampa horizontal, que se fecha de cima para baixo e dá entrada para o porão ou o desvão do telhado; (fig.) armadilha disfarçada.

ALCAPARRA, s.f. Planta hortense da família das Caparidáceas.

ALÇA-PÉ, s.m. Armadilha de apanhar aves pelos pés; ato traiçoeiro do lutador, metendo um pé entre as pernas do adversário para o fazer cair; (fig.) artifício em que há dolo. (Pl.: alça-pés.)

ALÇAPREMA, s.f. Alavanca para mover pesos; tenaz de dentista.

ALÇAPREMADO, adj. Escorado ou levantado com alçaprema.

ALÇAPREMAR, v.t. Levantar com alçaprema, oprimir.

ALÇAR, v.t. Altear, levantar; edificar.

ALCATÉIA, s.f. Bando de lobos; manada de animais ferozes; quadrilha de malfeitores; estar de (pop.) estar à espreita.

ALCATIFA, s.f. Tapete, alfombra.

ALCATIFADO, adj. Coberto com alcatifa; atapetado.

ALCATIFAR, v.t. Revestir com alcatifas; cobrir à maneira de alcatifa; alfombrar.

ALCATIFEIRO, s.m. Fabricante de alcatifas.

ALCATRA, s.f. Lugar onde termina o fio do lombo do boi ou vaca; anca destes animais. (F. paral.: alcatre.)

ALCATRÃO, s.m. Produto residual da destilação de diversas madeiras ou da hulha.

ALCATRAZ, s.m. Ave palmípede da família dos Fregatídeos, também chamada grapirá, joão-grande e tesoura; designação de várias espécies de pelicanos; o mesmo que albatroz.

ALCATRE, s.m. Alcatra.

ALCATREIRO, adj. Que tem grande alcatra.

ALCATROADO, adj. Coberto, untado com alcatrão.

ALCATROAR, v.t. Cobrir, misturar, untar com alcatrão.

ALCATROEIRO, s.m. O que fabrica ou vende alcatrão.

ALCATRUZ, s.m. Vaso em que se levanta a água das cisternas ou poços.

ALCE, s.m. Espécie de veado, de grande porte, de pescoço curto e chifres palmados.

ALCEAR, v.t. Alçar, levantar; agüentar a alça de (o moitão); colocar alças em; coordenar (as folhas de um livro que se prepara para a encadernação).

ALCIÃO, s.m. (V. Alcíone.)

ALCÍONE, s.f. Estrela da constelação das Plêiades; ave aquática, também chamada maçarico.

ALCIONE ou ALCIÔNICO, adj. Relativo à alcíone; (fig.) sereno, agradável; brando; suave.

ALCOFA, s.f. Cesto flexível e com asas, de vime, esparto ou folha de palma; s. alcoviteiro ou alcoviteira.

ÁLCOOL, s.m. Substância orgânica, líquida e inflamável, obtida por destilação de certos produtos fermentados; aguardente retificada.

ALCOÓLATRA, s. Indivíduo dado ao vício do álcool.

ALCOÓLICO, adj. Que tem álcool; relativo ao álcool; s.m Indivíduo que se dá ao abuso de bebidas alcoólicas.

ALCOOLISMO, s.m. Doença resultante do abuso do álcool; vício de tomar álcool; etilismo.

ALCOOLISTA, s. Pessoa que sofre alcoolismo; etilista.

ALCOOLIZAÇÃO, s.f. Ato de alcoolizar; injetar álcool nas terminações nervosas para insensibilizá-las.

ALCOOLIZADO, adj. Ébrio, bêbedo, embriagado.

ALCOOLIZAR, v.t. Misturar com álcool (qualquer líquido); embriagar; embebedar; v.pr. embriagar-se; embebedar-se.

ALCOÔMETRO, s.m. Instrumento destinado a determinar a quantidade de álcool em misturas álcool-água. O mesmo que pesa-licores.

ALCORÃO, s.m. Livro sagrado do Islamismo; religião maometana.

ALCOUCE, s.m. Conventilho.

ALCOUCEIRO, s.m. Dono de conventilho.

ALCOVA, s.f. Quarto interno; recâmara.

ALCOVITAGEM, s.f. Ato de alcovitar; funções de alcoviteiro.

ALCOVITAR, v.t. Servir de intermediário em relações amorosas; intrigar; mexericar.

ALCOVITEIRA, s.f. Mulher que alcovita.

ALCOVITEIRICE, s.f. Ofício de alcoviteiro; sedução; aplicação, mexerico. O mesmo que alcovitice.

ALCOVITEIRO, s.m. Homem que alcovita; mexeriqueiro; leva-e-traz; alcagüete.

ALCOVITICE, s.f. Alcoviteirice.

ALCUNHA, s.f. Apelido que se põe a qualquer pessoa e pelo qual fica sendo conhecida; epíteto depreciativo derivado de qualquer particularidade física ou moral.

ALCUNHAR, v.t.pred. Pôr alcunha a; designar por; denominar.

ALDEAMENTO, s.m. Ato de aldear; povoação de índios, dirigida por missionário ou autoridade leiga.

ALDEÃO, adj. Pertencente ou relativo à aldeia; natural de aldeia; rústico; camponês; s.m. homem de aldeia. (Fem.: aldeã; pl.: aldeãos, aldeães.)

ALDEAR, v.t. Dividir em aldeias, povoar de aldeias; reunir, formando aldeias; congregar numa só aldeia.

ALDEBARÃ, s.f. Estrela de primeira grandeza, pertencente à constelação do Touro.

ALDEIA, s.f. Povoação pequena de categoria inferior a vila, povoação rústica; povoação de aborígines; cada uma das casas que formam uma povoação de indígenas. (Dim.: aldeola, aldeota.)

ALDEÍDO, s.m. Substância orgânica obtida geralmente por oxidação incompleta de álcoois.

ALDEOLA ou ALDEOTA, s.f. Pequena aldeia.

ALDRAVA, s.f. Tranqueta de metal com que se fecha a porta, com aro por fora para abrir e fechar; tranca de porta que funciona como escora; peça de ferro para bater às portas, chamando a atenção de quem está dentro. Var.: aldraba.

ALDRAVADA, s.f. Pancada com aldrava.

ALDRAVADO, adj. Feito ou dito apressadamente e mal.

ALDRAVAR, v.t. Fechar com aldrava.

ALEATÓRIO, adj. Que depende de acontecimentos futuros, incertos; contingente; casual, fortuito.

ALECRIM, s.m. Arbusto odorífero da família dos Labiadas; folha, ramo ou flor desse arbusto.

ALECTOROMAQUIA, s.f. Briga de galos.

ALECTOROMÁTICO, adj. Relativo à alectoromaquia.

ALEGAÇÃO, s.f. Argumento, prova.

ALEGAR, v.t. Citar; apresentar como prova; rel. expor fatos, razões e argumentos; t.-rel. apresentar, citar (um fato) em defesa ou justificativa.

ALEGÁVEL, adj. Que pode alegar-se.

ALEGORIA, s.f. Exposição de um pensamento sob forma figurada; ficção que representa um objeto para dar idéia de outro; continuação de metáforas que significam uma coisa nas palavras e outra no sentido.

ALEGÓRICO, adj. Que encerra alegoria; que diz respeito à alegoria.

ALEGORISTA, adj. Que usa de estilo alegórico; s. pessoa que faz alegorias ou por elas explica escritos de outrem.

ALEGORIZAR, v.t. Apresentar por meio de alegorias; explicar em sentido alegórico; exprimir.

ALEGRADO, adj. Alegre; contente; satisfeito, animado, adornado, divertido. Aberto com legra.

ALEGRADOR, adj. Que diverte.

ALEGRAGEM, s.f. Ato ou efeito de alegrar.

ALEGRAMENTO, s.m. Satisfação.

ALEGRÃO, s.m. Grande alegria.

ALEGRAR, v.t. Tornar ou pôr alegre.

ALEGRATIVO, adj. Próprio para tornar alegre; que causa alegria.

ALEGRE, adj. Contente, satisfeito, ligeiramente embriagado; viva e vistosa (cor).

ALEGRIA, s.f. Contentamento; satisfação, prazer moral; festa.

ALEGRO, adj. (Mús.) Em andamento animado; s. m. trecho musical nesse andamento.

ALÉIA, s.f. Renque ou fileira de arbustos ou de árvores; alameda.

ALEIJADO, adj. e s.m. Que, ou aquele que tem algum membro mutilado, deforme e incapaz do seu uso natural; manco, estropiado, paralítico.

ALEIJAMENTO, s.m. Ato de aleijar; aleijão.

ALEIJÃO, s.m. Falta ou grande deformação de membro, órgão ou função; deformidade; (fig.) defeito moral artístico.

ALEIJAR, v.t. Causar aleijão a; deformar; mutilar; deturpar; adulterar; magoar muito; explorar; int. ficar aleijado; p. tornar-se aleijado.

ALEILOAR, v.t. Pôr em leilão; apregoar em leilão; vender em leilão.

ALEIRADO, adj. Dividido em leiras.

ALEIRAR, v.t. Dividir em leiras.

ALEITAÇÃO, s.f. ou ALEITAMENTO, s.m. Ato ou efeito de aleitar. Amamentação.

ALEITAR, v.t. Criar a leite; amamentar; tornar clara como se fosse leite.

ALEITATIVO, adj. Relativo à aleitação.

ALEIVE, s.m. Calúnia, fraude, aleivosia.

ALEIVOSIA, s.f. Ofensa; traição; dolo, fraude.

ALEIVOSO, adj. Em que há aleive; fraudulento; que procede com aleive; desleal; traidor; pérfido, calunioso.

ALELUIA, s.f. Cântico de alegria; alegria; o sábado da Ressurreição; o tempo da Páscoa.

ALÉM, adj. Acolá; lá; mais adiante; mais longe. (Antôn.: aquém.)

ALEMÂNICO, adj. Relativo à Alemanha ou aos alemães.

ALEMANISMO, s.m. Aspecto ou caráter alemão; germanismo.

ALEMANIZAR-SE, v.p. Adquirir costumes ou modos germânicos, alemães.

ALEMÃO, adj. Da Alemanha. (Fem.: alemã, pl.: alemães.)

ALÉM-MAR, adv. Além do mar, ultramar; s.m. as terras que ficam além-mar. (Antôn.: aquém-mar.)

ALENTADO, adj. Valente; esforçado, corpulento; grande, volumoso, farto, enorme.

ALENTADOR, adj. Encorajador.

ALENTAR, v.t. Animar, encorajar.

ALENTO, s.m. Respiração, coragem; esforço, entusiasmo.

ALÉRGENO, s.m. Qualquer substância capaz de determinar alergia.

ALERGIA, s.f. (Med.) Hipersensibilidade a determinadas substâncias e agentes físicos. Várias doenças são atribuídas à alergia: asma, urticária, etc.; (p. ext.) ojeriza.

ALÉRGICO, adj. Relativo à alergia.

ALERTA, adv. Atentamente; vigilantemente; interj. sentido!; s.m. sinal para estar vigilante. Obs.: modernamente, é também usado como adjetivo, passível de flexão numérica: soldados alertas.

ALERTAR, v.t. Tornar ou deixar alerta; int. pôr-se alerta; pôr-se de sobreaviso.

ALESTAR, v.t. Tornar lesto; desembaraçar.

ALETA (ê), s.f. Pequena asa; cada uma das duas asas do nariz.

ALETARGADO, adj. Posto ou caído em letargo.

ALETRIA, s.f. Massa de farinha de trigo em fios delgados; espécie de macarrão.

ALETRIADO, adj. Que tem a forma de aletria.

ALEVADOURO, s.m. Pau com que se levanta a pedra do moinho ou da atafona.

ALEVANTADIÇO, adj. Fácil de sublevar-se; agitador; incitador.

ALEVANTAR, v.t. Levantar.

ALEVIM, s.m. Filhote de peixe.

ALEXANDRINO, adj. De Alexandria (Egito); nome que se dá ao verso de doze sílabas com acento predominante na sexta e duodécima.

ALFA, s.m. Primeira letra dos alfabetos grego e siríaco; (fig.) princípio; (Astron.) a principal estrela de uma constelação; (Fís.) partícula alfa: um dos produtos da desintegração espontânea das substâncias radioativas.

ALFABETAÇÃO, s.f. Ato ou trabalho de alfabetar, alfabetamento.

ALFABETADO, adj. Disposto por ordem alfabética, alfabetizado.

ALFABETADOR, s.m. Que ensina a ler.

ALFABETAMENTO, s.m. Alfabetação; alfabetização.

ALFABETAR, v.t. Dispor por ordem alfabética. Alfabetizar.

ALFABETÁRIO, adj. Relativo ao alfabeto.

ALFABÉTICO, adj. Que pertence ao alfabeto; que está segundo a ordem das letras do alfabeto.

ALFABETIZAÇÃO, s.f. Ação de alfabetizar, de propagar o ensino da leitura.

ALFABETIZADO, adj. e s.m. Que sabe ler. (Antôn.: analfabeto.)

ALFABETIZAR, v.t. Ensinar a ler.

ALFABETO, s.m. Abecedário; disposição convencional das letras de uma língua; conjunto das mesmas letras; primeiras noções de qualquer ciência ou arte; qualquer série convencional.

ALFACE, s.f. Planta hortense da família das Compostas e de que se faz sobretudo a salada.

ALFACINHA, s.f. Dimin. de alface; nome que se dá aos nascidos em Lisboa por gostarem de alface.

ALFAFA, s.f. Planta da família das Leguminosas, conhecida como excelente forragem também chamada luzerna.

ALFAGEME, s.m. Fabricante de espadas; armeiro; cirurgião-barbeiro.

ALFAIA, s.f. Utensílio de uso ou adorno doméstico; atavio; enfeite; jóia; baixela; utensílio agrícola; paramento de igreja.

ALFAIAR, v.t. Guarnecer de alfaias; mobilar; adornar; embelezar; aformosear.

ALFAIATARIA, s.f. Oficina de alfaiate.

ALFAIATE, s.m. Aquele que faz roupas de homem ou mulher. (Fem.: alfaiata.)

ALFÂNDEGA, s.f. Repartição pública onde se cobram os direitos de entrada e saída de mercadorias; o mesmo que aduana.

ALFANDEGADO, adj. Com regalias de alfândega.

ALFANDEGAGEM, s.f. Ato de alfandegar; cobrança de direitos aduaneiros.

ALFANDEGAMENTO, s.m. Concessão das regalias de alfândega.

ALFANDEGAR, v.t. Despachar ou armazenar na alfândega.

ALFANDEGÁRIO, adj. Aduaneiro; relativo ou pertencente à alfândega.

ALFANDEGUEIRO, adj. Alfandegário; s.m. o que está empregado na alfândega.

ALFANJE, s.m. Sabre de folha curva e larga, usado pelos povos do Oriente.

ALFARRÁBIO, s.m. Livro antigo.

ALFARRABISTA, s. Vendedor ou colecionador de alfarrábios.

ALFARRABÍSTICO, adj. Relativo a alfarrabista.

ALFAZEMA, s.f. Arbusto aromático da família das Labiadas.

ALFAZEMAR, v.t. Perfumar com alfazema.

ALFENIM, s.m. Massa branca de açúcar; pessoa

34

delicada, melindrosa.

ALFERES, s.m. Antigo posto militar correspondente ao atual segundo-tenente; (ant.) porta-bandeira.

ALFINETADA, s.f. Picada de alfinete; dor muito aguda e rápida.

ALFINETAR, v.t. Picar com alfinetes; dar forma de alfinete a; criticar, magoando; satirizar; ferir com palavras; dirigir epigramas a.

ALFINETE, s.m. Hastezinha fina de metal, aguçada de um lado e terminada de outro por cabeça, e que serve para pregar ou segurar peças de vestuário; jóia que os homens pregam na gravata; haste metálica para segurar os cabelos ou o chapéu de senhoras; coisa de pouco valor.

ALFINETEIRA, s.f. Pregadeira de alfinetes; almo fadinha onde se cravam alfinetes.

ALFOBRE, s.m. Viveiro de plantas; canteiro entre dois regos por onde corre água. Vars.: alfovre e alfofre.

ALFOMBRA, s.f. Alcatifa; tapete, chão arrelvado.

ALFOMBRADO, adj. Atapetado, arrelvado.

ALFOMBRAR, v.t. Cobrir com alfombra, atapetar; arrelvar.

ALFORJE, s.m. Duplo saco, fechado nas extremidades e aberto no meio postando-se a carga equilibrada sobre animais ou no ombro das pessoas.

ALFORRIA, s.f. Liberdade concedida ao escravo; libertação.

ALFORRIADO, adj. Liberto; que recebeu carta de alforria.

ALFORRIAR, v.t. Dar alforria a; resgatar, libertar; p. libertar-se, livrar-se.

ALGA, s.f. Vegetal talófito, geralmente clorofilado; divisão dos criptógamos avasculares.

ALGÁCEO, adj. Relativo a algas.

ALGAÇO, s.m. Designação genérica das vegetações que o mar arroja à praia.

ALGAR, s.m. Barranco feito pelas enxurradas; caverna; despenhadeiro.

ALGARAVIA, s.f. Linguagem árabe; modo de falar semelhante ao dos algarvios; confusão de vozes; coisa difícil de perceber. Var.: algarvia.

ALGARAVIADA, s.f. Confusão de vozes; berreiro. Var.: algarviada.

ALGARAVIAR, v.int. Falar ou escrever confusamente; t. exprimir em algaravia. Var.: algarviar.

ALGARISMO, s.m. Cada um dos símbolos utilizados para representação escrita dos números.

ALGAZARRA, s.f. Vozeria; motim; clamor; assuada.

ÁLGEBRA, s.f. Parte da Matemática que generaliza os problemas aritméticos, analisando de um ponto de vista geral as soluções possíveis; arte de compor os ossos deslocados ou fraturados.

ALGÉBRICO, adj. Relativo à Álgebra; que se resolve por Álgebra.

ALGEBRISTA, s. Pessoa versada em Álgebra; (desus.) pessoa que compõe fraturas ou deslocação dos ossos.

ALGEBRIZAR, v.t. Encher de fórmulas algébricas.

ALGEMA, s.f. Ferro para prender os braços pelos pulsos; cadeia; grilheta; (fig.) opressão.

ALGEMAR, v.t. Prender com algemas; maniatar; oprimir; dominar; coagir.

ALGENTE, adj. Muito frio; glacial; álgido.

ALGIBEIRA, s.f. Bolso que faz parte integrante do vestuário.

ALGIDEZ (è), s.f. Grande frialdade.

ÁLGIDO, adj. Gelado.

ALGO, pron. indef. Alguma coisa; adv. um tanto; s.m. fazenda; cabedal; quantia em dinheiro.

ALGODÃO, s.m. Penugem que envolve as sementes do algodoeiro; tecido que se fabrica com essa penugem.

ALGODÃO-PÓLVORA, s.m. Explosivo que se obtém pela ação do ácido azótico sobre o algodão.

ALGODOAL, s.m. Plantação de algodoeiros.

ALGODOAR, v.t. Forrar com algodão; tornar semelhante ao algodão.

ALGODOARIA, s.f. Fábrica de fiação ou de tecido de algodão. O mesmo que cotonaria.

ALGODOEIRO, s.m. Nome dado a várias plantas do gênero Gossypium que produzem o algodão; fabricante de tecidos de algodão; adj. que diz respeito ao algodão.

ALGOR, s.m. Frio veemente; viva sensação de frio.

ALGOSO, adj. Que tem algas.

ALGOZ (ô), s.m. Carrasco, verdugo; pessoa cruel. (Pl.: algozes.)

ALGUIDAR, s.m. Vaso de barro ou de metal.

ALGUM, pron. indef. Um, entre dois ou mais; posposto ao substantivo costuma ter no português atual, valor negativo, correspondente a nenhum.

ALGURES, adv. Em alguma parte; em algum lugar. (Antôn.: nenhures.)

ALHADA, s.f. Quantidade de alhos; guisado com muito alho; (fig.) intriga; embrulhada.

ALHAL, s.m. Campo de alhos.

ALHANAR, v.t. Tornar lhano, afável; fazer plano; igualar; assolar; arrasar; resolver; p. abater-se, humilhar-se.

ALHAS, adj. Palhas; designação vulgar das folhas secas dos alhos.

ALHEABILIDADE, s.f. Qualidade de alheável.

ALHEAÇÃO, s.f. Ação de alhear; o mesmo que alheamento; alienação.

ALHEADO, adj. Enlevado, extasiado; distraído; absorto; louco; doido, mentecapto.

ALHEADOR, s.m. O que alheia ou aliena.

ALHEAMENTO, s.m. Alheação; estado de arroubamento do espírito.

ALHEAR, v.t. Tornar alheio; transferir para outrem o domínio de; alienar; desvairar; perturbar; indispor; privar-se de; perder; t.-rel. afastar, desviar; p. arrebatar-se; enlevar-se; extasiar-se; apartar-se; renunciar a. (Pres. ind.: alheio, alheias, alheia, alheamos, alheais, alheiam, pres. subj.: alheie, alheies, alheie, alheemos, alheeis, alheiem.)

ALHEATÓRIO, adj. Que alheia.

ALHEÁVEL, adj. Que se pode alhear; alienável.

ALHEIO, adj. Que não é nosso; distraído; não informado.

ALHEIRO, s.m. O que negocia com alhos.

ALHETA, s.f. (Náut.) Peças de madeira que formam o prolongamento exterior da popa do navio. Pista, encalço. Usado geralmente na expressão: ir na alheta de (alguém).

ALHO, s.m. Planta hortense da família das Liliáceas cujo bolbo se emprega como condimento culinário.

ALHURES, adv. Em outro lugar.

ALI, adv. Naquele lugar.

ALIADO, adj. Ligado para ação; unido a outro ou a outros para defesa da mesma causa; s.m. indivíduo que contraiu aliança.

ALIADOFILIA, s.f. Qualidade de aliadófilo.

ALIADÓFILO, adj. e s.m. Diz-se de, ou aquele que na Guerra de 1914 era favorável às nações aliadas ou que, na Guerra de 1939, era favorável às Nações Unidas e contra a união ítalo-alemã.

ALIADOFOBIA, s.f. Qualidade de aliadófobo.

ALIADÓFOBO, adj. e s.m. O contrário de aliadófilo.

ALIAGEM, s.f. Nome que se dá à liga dos metais.

ALIANÇA, s.f. Ato ou efeito de aliar; anel simbólico de noivado ou de casamento.

ALIAR, v.t.-rel. Unir; combinar; harmonizar; fazer ligação; confederar; agrupar; coadunar; p. coligar-se; unir-se por casamento; unir-se, ligar-se.

ALIÁS, adv. De outro modo; a outros respeitos; ou por outra; diga-se a propósito, seja dito de passagem.

ALIÁVEL, adj. Que se pode aliar ou ligar.

ÁLIBI (á), s.m. (lat.) Presença de alguém em lugar diverso daquele em que se pretende que estívesse.

ALICATE, s.m. Pequena torquês.

ALICERÇADOR, adj. Que lança as bases de; fundamentador; consolador.

ALICERÇAR, v.t. Fazer o alicerce de; fundamentar; basear; cimentar; consolidar.

ALICERCE, s.m. Maciço de alvenaria que serve de base às paredes de um edifício; base; fundamento.

ALICERCEAR, v.t. O mesmo que alicerçar. (Pres. indic.: alicerceio, alicerceias, alicerceia, alicerceamos, alicerceais, alicerceiam; pres. subj.: alicerceie, alicerceies, alicerceie, alicerceemos, alicerceeis, alicerceiem.)

ALICIAÇÃO, s.f. Suborno; sedução.

ALICIADOR, adj. Que alicia. O mesmo que aliciante.

ALICIAMENTO, s.m. Ação ou efeito de aliciar.

ALICIANTE, adj. (V. Aliciador.)

ALICIAR, v.t. Atrair a si; angariar; subornar; t.-rel. convidar; seduzir; provocar. (Pres. ind.: alicio, etc.)

ALICIENTE, adj. (V. Aliciador); s.m. coisa que alicia; sedução.

ALIENABILIDADE, s.f. Qualidade do que é alienável.

ALIENAÇÃO, s.f. Ato de alienar; alheação; cessão de bens; arroubamento de espírito; loucura.

ALIENADO, adj. Alheado; cedido; enlevado; louco; s.m. o que endoideceu.

ALIENADOR, adj. e s.m. Que, ou aquêle que aliena.

ALIENANTE, adj. e s. Que, ou pessoa que aliena a propriedade, que transfere o domínio.

ALIENAR, v.t. Tornar alheio; ceder; transferir; alucinar.

ALIENATÁRIO, s.m. Aquele a quem se transfere posse ou propriedade de alguma coisa; adj. que é transmissível por alienação.

ALIENÁVEL, adj. Que se pode alienar.

ALIENÍGENA, adj. e s. Estrangeiro; de outro país.

ALIENISTA, adj. Que diz respeito ao tratamento dos alienados; s. especialista em doenças mentais.

ALIFÁTICO, adj. (Quím.) Diz-se dos hidrocarbonetos que só possuem cadeia aberta; o mesmo que acílico.

ALÍFERO, adj. Que tem asas.

ALIFORME, adj. Em forma de asa. O mesmo que ansiforme.

ALIGÁTOR, s.m. Grande crocodilo dos Estados Unidos.

ALIGEIRAR, v.t. Tornar ligeiro ou leve; apressar; mitigar; atenuar; aliviar.

ALÍGERO, adj. Que tem asas; ligeiro; rápido.

ALIJAMENTO, s.m. ou **ALIJAÇÃO**, s.f. Ato de alijar.

ALIJAR, v.t. Deitar fora da embarcação; pôr de lado; preterir; aliviar (a carga); desembaraçar-se de.

ALIMÁRIA, s.f. Animal irracional; bruto; (fig.) pessoa estúpida e alentada.

ALIMENTAÇÃO, s.f. Ato de alimentar; tudo o que serve para alimentar; abastecimento.

ALIMENTAR, adj. Relativo a alimento, v.t. dar alimento a; nutrir; sustentar; conservar; manter; prover; p. sustentar-se, nutrir-se.

ALIMENTÍCIO, adj. Próprio para alimentar; que alimenta; que sustenta.

ALIMENTO, s.m. Tudo o que alimenta ou nutre; mantimento; sustento; o que conserva; o que fomenta.

ALIMENTOSO, adj. Alimentício; nutritivo.

ALIMPADEIRA, s.f. Mulher que alimpa.

ALIMPADOR, s.m. Pessoa ou coisa que alimpa; instrumento de alimpar.

ALIMPADURA, s.f. Ação de alimpar. O mesmo que alimpamento; resto do que se limpa; resíduos dos cereais joeirados.

ALIMPAMENTO, s.m. (V. Alimpadura.)

ALIMPAR, v.t. Tornar limpo; limpar.

ALINDADO, adj. Enfeitado, ornado, aformoseado.

ALINDAMENTO, s.m. Ato ou efeito de alindar.

ALINDAR, v.t. Tornar lindo; aformosear; p. aformosear-se; embelezar-se.

ALÍNEA, s.f. Nova linha escrita cuja primeira palavra abre parágrafo.

ALINGÜETADO, adj. Que tem forma de lingüeta.

ALINHADO, adj. Posto em linha reta; vestido com esmero.

ALINHADOR, s.m. Ato de alinhar; direção do eixo de uma estrada, rua, canal, etc.

ALINHAR, v.t. Por em linha; adornar, ataviar; p. formar-se em linha reta.

ALINHAVAR, v.t. Coser a ponto largo como preparo de costura que se fará depois com ponto miúdo; preparar; executar mal, apressadamente.

ALINHAVO, s.m. Ação de alinhavar; os pontos com que se alinhava; esboço.

ALINHO, s.m. Apuro; asseio; ornato; decência.

ALÍPEDE, adj. Que tem asas nos pés.

ALIPOTENTE, adj. Que tem asas poderosas.

ALIQUANTA, adj. Diz-se da parte que não divide exatamente o todo.

ALÍQUOTA (co), adj.f. Diz-se da parte ou quantidade que é contida um número exato de vezes em outra.

ALISADO, adj. Tornado liso; plano; sem rugas; brunido; amaciado; diz-se do vento que sopra regularmente de sueste para noroeste, no hemisfério austral e de nordeste a sudoeste, no hemisfério boreal.

ALISAR, v.t. Tornar liso, plano; igualar; amaciar;

desgastar; abrandar; desenrugar.

ALISTABILIDADE, s.f. Possibilidade de ser alistado.

ALISTAMENTO, s.m. Ato de alistar; recrutamento para o Exército; arrolamento.

ALISTANDO, s.m. O que vai ser alistado.

ALISTAR, v.t. Pôr em lista; relacionar; arrolar; recrutar.

ALISTÁVEL, adj. Diz-se do que tem as condições exigidas para ser alistado.

ALITERAÇÃO, s.f. ou **ALITERAMENTO**, s.m. Repetição de um fonema ou grupo de fonemas no começo das palavras, em uma ou mais frases, em um ou mais versos.

ALITERATADO, adj. Um tanto literato; com ares de literato.

ALITERATAR-SE, v.p. Assumir modos de literato.

ALIVIAÇÃO, s.f. Ato de aliviar. O mesmo que alívio e aliviamento.

ALIVIADO, adj. Livre de todo ou de parte de algum peso, encargo ou incômodo.

ALIVIADOR, adj. e s.m. Que, ou o que alivia.

ALIVIAMENTO, s.m. (V. Aliviação); alívio; parto.

ALIVIAR, v.t. Tornar mais leve; suavizar; minorar; consolar; tornar menos pesado (luto); descarregar.

ALÍVIO, s.m. Diminuição de dor, de peso, etc.; descanso, consolo.

ALIZAR, s.m. Guarnição de madeira das ombreiras das portas e janelas.

ALJAVA, s.f. Coldre ou estojo em que se metiam as setas e que se trazia pendente do ombro.

ALJÔFAR, s.m. Pérolas miúdas; orvalho; lágrimas.

ALJOFARAR, v.t. Cobrir de aljôfar; orvalhar. O mesmo que aljofrar.

ALJOFRAR, v.t. Aljofarar.

ALJOFRE, s.m. O mesmo que aljôfar.

ALMA, s.f. Espírito humano. Parte espiritual e imortal do homem; vida; animação; coragem.

ALMAÇO, s.f. Papel grosso e próprio para nele se escreverem provas, documentos públicos, ofícios, requerimentos, etc.

ALMANAQUE, s.m. Calendário; livrinho ou livro que, além da folhinha, contém indicações úteis e trechos de literatura.

ALMANJARRA, s.f. Pau de nora, que o animal puxa; rodo usado nas salinas; (fig.) homem colossal; coisa enorme.

ALMÉCEGA, s.f. Resina de aroeira ou lentisco; mástique.

ALMECEGADO, adj. Da cor da almécega.

ALMECEGAR, v.t. Tingir de amarelo com a almécega; aplicar almécega a.

ALMEIRÃO, s.m. Espécie de chicória. O mesmo que chicória amarga.

ALMEJAR, v.t. Desejar com ânsia; rel. pretender; querer; aspirar a.

ALMEJÁVEL, adj. Desejável.

ALMEJO, s.m. Desejo veemente; anelo; aspiração.

ALMENARA, s.f. Facho que se acendia outrora nas torres ou castelos para dar sinal ao longe.

ALMIRANTA, s.f. Nau que leva a bordo o almirante.

ALMIRANTADO, s.m. Posto, cargo ou dignidade de almirante; corporação de oficiais superiores da marinha.

ALMIRANTE, s.m. Oficial superior da armada.

ALMÍSCAR, s.m. Substância odorífera segregada pelo almiscareiro.

ALMISCARADO, adj. Perfumado com almíscar.

ALMISCARAR, v.t. e p. Perfumar com almíscar.

ALMISCAREIRO, s.m. Ruminante asiático da família dos Cervídeos, cuja secreção odorífera é produzida por uma glândula ventral.

ALMO, adj. Criador.

ALMOÇAR, v.t. Fazer a primeira refeição.

ALMOÇO, s.m. A primeira das duas refeições do dia.

ALMOCREVE, s.m. Homem, cujo ofício é conduzir bestas de carga; recoveiro; carregador.

ALMOEDA, s.f. Leilão; hasta pública.

ALMOEDAR, v.t. Leiloar.

ALMOFADA, s.f. Travesseiro; peça saliente, em forma de caixilhos, em obras de madeira ou pedra.

ALMOFADADO, adj. Que tem almofadas.

ALMOFADAR, v.t. Ornar ou cobrir com almofadas.

ALMOFADINHA, s.f. Almofada pequena; s.m. rapaz que se traja com apuro exagerado.

ALMOFARIZ, s.m. Recipiente de aço, de ágata, de ferro, etc., usado para triturar substâncias sólidas; pilão, gral.

ALMÔNDEGA, s.f. Bolo de carne picada com ovos e temperos.

ALMORÁVIDA ou **ALMORÁVIDE,** s. Membro da seita religiosa, e depois também política, que dominou na Espanha até a conquista de Granada pelos Reis Católicos.

ALMOTOLIA, s.f. Pequeno vaso de folha de forma cônica, que serve para azeite e outros líqüidos.

ALMOXARIFADO, s.m. Cargo e área de jurisdição do almoxarife; depósito.

ALMOXARIFE, s.m. Guarda ou administrador de depósito de materiais e matérias-primas.

ALÔ, interj. Chama a atenção, ou exprime surpresa ou, ainda, saudação.

ALOCROÍSMO, s.m. Mudança ou diferença de cor.

ALOCROMIA ou **ALOCROMATIA,** s.f. Doença que consiste em se verem cores diferentes das reais; daltonismo.

ALOCRÔMICO ou **ALOCROMÁTICO,** adj. Relativo à alocromia ou alocromatia; diz-se dos minerais cuja cor difere da normal.

ALOCUÇÃO, s.f. Discurso breve proferido em ocasião solene.

ALOÉS, s.m. Planta da família das Liliáceas, medicinal, vulgarmente chamada babosa. (Em Portugal, é mais comum a pronúncia esdrúxula áloes, e se dá o gênero feminino.)

ALOÉTICO, adj. Que contém aloés; diz-se de mistura com base de aloés.

ALÓGENO, adj. Estrangeiro.

ALOGIA, s.f. Absurdo, disparate.

ALOJAÇÃO, s.f. Ação de alojar; alojamento.

ALOJAMENTO, s.m. Estalagem.

ALOJAR, v.t. Hospedar; agasalhar.

ALOJO, s.m. Alojamento.

ALOMBADO, adj. Arqueado; curvado, abaulado.

ALOMBAMENTO, s.m. Ação de alambar.

ALOMBAR, v.t. Fazer em forma de lombo; arquear.

ALONGADO, adj. Encompridado.

ALONGAMENTO, s.m. Prolongamento; afastamento.

ALONGAR, v.t. Fazer longo ou mais longo; prolongar, dilatar.

ALOPATA, s. Médico que exerce a alopatia.

ALOPATIA, s.f. Sistema de Medicina que combate as doenças por meios contrários a elas.

ALOPÁTICO, adj. Que diz respeito à alopatia.

ALOPECIA, s.f. Queda dos cabelos, barba, sobrancelhas. (É incorreta, porém, muito vulgarizada a pronúncia proparoxítona alopécia.)

ALOPÉCIO, adj. Relativo à alopecia; s.m. indivíduo que sofre de alopecia.

ALOTROPIA, s.f. Particularidade que alguns elementos possuem de se apresentarem com propriedades físicas distintas.

ALOTRÓPICO, adj. O mesmo que alótropo.

ALÓTROPO, adj. Diz-se do elemento em que se dá a alotropia.

ALOUCADO, adj. Insano; mentecapto.

ALOUCAMENTO, s.m. Insanidade.

ALOUCAR-SE, v.p. Insanir.

ALOURAR, v.t. Tornar louro ou semelhante a louro.

ALPACA, s.f. Ruminante da família dos Camelídeos; lã do mesmo animal; tecido leve feito dessa lã; espécie de liga metálica de níquel, prateada.

ALPARCATA, s.f. Sandália. (F. paral.: alpercata.)

ALPARCATEIRO, s.m. Fabricante de alparcatas.

ALPARGATA, s.f. Sandália; o mesmo que alparcata.

ALPARGATARIA, s.f. Oficina ou loja de alpargatas.

ALPARGATEIRO, s.m. Sandalieiro.

ALPENDRADA, s.f. Alpendre grande.

ALPENDRADO, adj. Em forma de alpendre; s.m. alpendrada.

ALPENDRE, s.m Terraço.

ALPERCATA, s.f. Alparcata; sandália.

ALPERCATEIRO, s.m. Alparcateiro.

ALPESTRE, adj. Montanhoso. Natural de montanhas.

ALPÍCOLA, adj. Diz-se de, ou pessoa que vive nos Alpes.

ALPINISMO, s.m. Gosto pelas ascensões, ou excursões aos Alpes ou às grandes altitudes.

ALPINISTA, adj. Amigo de alpinismo; s.m. aquele que pratica o alpinismo.

ALPINO, adj. Relativo aos Alpes: o mesmo que alpense e álpico; que nasce ou cresce nos Alpes.

ALPISTE, s.m. Planta gramínea; grãos dessa planta que se dão aos pássaros.

ALPONDRAS, s.f.pl. Pedras de passagem de uma para outra margem de um rio.

ALPORCA, s.f. Escrófula. Doença caracterizada pela intumescência dos gânglios do pescoço.

ALPORQUE, s.m. Processo de multiplicação das plantas que consiste em envolver-se um ramo em terra úmida para criar raiz antes de ser destacada da planta-mãe.

ALQUEBRADO, adj. Fraco, abatido.

ALQUEBRAMENTO, s.m. Esgotamento de forças; abatimento. Fraqueza.

ALQUEBRAR, v.t. Enfraquecer.

ALQUEIRAMENTO, s.m. Ato de alqueirar.

ALQUEIRE, s.m. Antiga medida de capacidade para secos e líquidos, correspondente a 13,8 litros; medida agrária que corresponde a 24 200 metros quadrados, em São Paulo; o dobro dessa medida, em M. Gerais, Rio de Janeiro e Goiás.

ALQUEIVE, s.m. Estado da terra que durante um ou mais anos não se semeia para conservar sua força produtiva.

ALQUIMIA, s.m. Química da Idade Média; arte medieval que procurava descobrir o elixir da longa vida e a maneira de transformar qualquer metal em ouro.

ALQUÍMICO, adj. Relativo à alquimia.

ALQUIMISTA, s.m. Cultor da alquimia.

ALTA, adj. fem. de alto; s.f. subida de preços ou cotação; designativo de obtenção de egresso de hospital.

ALTAIR (a-i), s.m. Estrela da constelação da Águia.

ALTANADO, adj. Altaneiro; soberbo.

ALTANAR, v.t. Tornar soberbo, erguer com arrogância; p. fazer-se soberbo; levantar-se; alvoraçar-se.

ALTANARIA, s.f. Altivez; soberba; qualidade de caça que voa alto como em geral as de rapina.

ALTANEIRO, adj. Que se eleva muito; que voa muito alto; soberbo; sobranceiro, altanado.

ALTAR, s.m. Espécie de mesa de pedra para os holocaustos nas religiões pagãs; mesa onde se celebra a missa.

ALTAR-MOR, s.m. O altar principal de uma igreja.

ALTA-RODA, s.f. Círculo social elevado. (Pl.: altas-rodas.)

ALTEAMENTO, s.m Ação ou efeito de levantar; elevação de parede, de preços.

ALTEAR, v.t Elevar; alçar; levantar. (Pres. indic.: alteio, alteias, etc.)

ALTERAÇÃO, s.f. Modificação; degeneração; decomposição; inquietação; perturbação; desordem.

ALTERADOR, adj. Modificador.

ALTERANTE, adj. Modificante.

ALTERAR, v.t. Modificar, mudar; perturbar; decompor; falsificar.

ALTERATIVO, adj. Que tem o poder de alterar.

ALTERÁVEL, adj. Que pode alterar-se.

ALTERCAÇÃO, s.f. Discussão, briga, disputa.

ALTERCADOR, adj. Discutidor, disputador.

ALTERCAR, v.t. Disputar; int. discutir com ardor.

ALTERNAÇÃO, s.f. Ato de alternar.

ALTERNADO, adj. Disposto com alternação; que vem um depois do outro sucessivamente.

ALTERNADOR, adj. e s.m. Que, ou o que alterna; s.m. máquina elétrica geradora de corrente alternativa.

ALTERNÂNCIA, s.f. Disposição de folhas e flores alternas.

ALTERNANTE, adj. Que se reveza com outro.

ALTERNAR, v.t. Revezar.

ALTERNATIVA, s.f. Sucessão de duas coisas mutuamente exclusivas; opção entre duas coisas.

ALTERNATIVO, adj. Feito com alternação; que vem ora um, ora outro; diz-se das coisas de que se pode escolher a que mais convenha.

ALTERNO, adj. Revezado; diz-se das folhas insertas de cada lado do caule, mas não em frente uma da outra.

ALTEROSO, adj. De grande altura; soberbo; majestoso; altaneiro.

ALTEZA, s.f. Elevação, título de príncipe.

ALTIBAIXOS, s.m. pl. Desigualdade do terreno

37

acidentado; (fig.) reveses; vicissitudes.

ALTILOQÜÊNCIA, s.f. Grande elevação de estilo; locução sublime.

ANTILOQÜENTE, adj. Orador.

ALTÍLOQUO (co), adj. Que se exprime com altilo qüência.

ALTIMETRIA, s.f. Ciência de medir a altura; hipso metria.

ALTÍMETRO, s.m. Instrumento para medir a altura; instrumento para medir a altitude e a altura em que um avião se encontra, com relação ao nível do mar ou a um ponto de referência sobre a Terra.

ALTIMURADO, adj. Que tem muros altos.

ALTIPLANO, s.m. ou **ALTIPLANURA**, s.f. Planície elevada.

ALTIPOTENTE, adj. Que tem alto poder; poderosíssimo.

ALTÍSSIMO, adj. Superl. abs. sint. de alto; s.m. Deus.

ALTISSONANTE, adj. ou **ALTÍSSONO**, adj. Que soa muito alto;

ALTISTA, s.m. Especulador que joga na alta do câmbio ou eleva o preço das mercadorias.

ALTITONANTE, adj. Que troveja nas alturas; estrondoso.

ALTITUDE, s.f. Elevação vertical acima do nível dos mares; ângulo formado pelo horizonte e pelo raio visual dirigido a um astro.

ALTÍVAGO, adj. Que vaga no espaço, nas alturas.

ALTIVEZ ou **ALTIVEZA**, s.f. Orgulho, soberba.

ALTIVO, adj. Elevado; brioso; orgulhoso; arrogante.

ALTIVOLANTE ou **ALTÍVOLO**, adj. Que voa alto.

ALTO, adj. Elevado; erguido, excelente; ilustre; importante; soberbo. (Superl. abs. sint. altíssimo, supérrimo, supremo e sumo; antôn.: baixo.)

ALTO-FALANTE, s.m. Porta-voz; ampliador do som nos aparelhos de rádio. (Pl.: alto-falantes.)

ALTO-RELEVO, s.m. Escultura feita sobre plano de fundo, mas do qual as figuras se destacam quase inteiramente. (Pl.: altos-relevos.)

ALTRUÍSMO, s.m. Amor ao próximo; abnegação; filantropia. (Antôn.: egoísmo.)

ALTRUÍSTA, adj. Relativo a altruísmo; diz-se do que se dedica aos seus semelhantes; filantropo. (Antôn.: egoísta.)

ALTRUÍSTICO, adj. Relativo a altruísmo; que revela altruísmo; próprio de pessoa altruísta. (Antôn.: egoístico.)

ALTURA, s.f. Dimensão vertical de um corpo, a partir da base para cima; eminência; cumiada; importância; firmamento; estatura.

ALUÁ, s.m. Bebida refrigerante feita, no Norte, de farinha de arroz ou de milho torrado com água, e fermentada com açúcar em potes de barro.

ALUADO, adj. Influenciado pela Lua; amalucado; lunático.

ALUCINAÇÃO, s.f. Aparente percepção de objeto externo não presente no momento; ilusão; devaneio.

ALUCINADO, adj. Louco, arrebatado.

ALUCINADOR, adj. Desvairador, enlouquecedor.

ALUCINAMENTO, s.m. Loucura.

ALUCINANTE, adj. Estonteante, enlouquecedor.

ALUCINAR, v.t. Enlouquecer; desvairar.

ALUCINATÓRIO, adj. Enlouquecedor.

ALUDE, s.m. Avalancha.

ALUDIR, v.rel. Fazer alusão; referir-se.

ALUGAÇÃO, s.f. Aluguel.

ALUGADO adj. Pessoa que trabalha sob pagamento.

ALUGADOR, s.m. O que aluga.

ALUGAMENTO, s.m. Ato de alugar.

ALUGAR, v.t. Dar ou tomar de aluguel; (Pres. indic.: alugo, alugas, etc.; perf.: aluguei, alugaste, etc. pres. subj.: alugue, alugues, alugue, aluguemos, etc.)

ALUGUEL, s.m. Cessão ou aquisição de objeto ou serviço por tempo e preço determinados; o preço dessa aquisição ou cessão. Var. de aluguer. (Pl.: aluguéis; aluguer, alugueres.)

ALUGUER, s.m. Aluguel.

ALUIÇÃO, s.f. Abalo.

ALUIDOR, adj. Abalador.

ALUIMENTO, s.m. Abalo.

ALUIR, v.t. Abalar; arruinar; int. oscilar; ameaçar ruína; desmoronar-se.

ALUMBRADO, adj. Iluminado espiritualmente; inspirado.

ALUMBRADOR, adj. Iluminador, inspirador.

ALUMBRAMENTO, s.m. Inspiração sobrenatural.

ALUMBRAR, v.t. e p. Alumiar; iluminar; deslumbrar.

ALUME, s.m. Pedra-ume; o mesmo que alúmen.

ALUMIAÇÃO, s.f. Iluminação.

ALUMIADO, adj. Iluminado.

ALUMIADOR, adj. Iluminador.

ALUMIAMENTO, s.m. Alumiação.

ALUMIAR, v.t. Esclarecer; iluminar; instruir.

ALUMINAÇÃO, s.f. Ato de aluminar.

ALUMINAR, v.t. Misturar com alume.

ALUMÍNICO, adj. Relativo ao alumínio.

ALUMINÍFERO, adj. Que contém alume ou alumínio.

ALUMÍNIO, s.m. Elemento químico, metal, símbolo Al, peso atômico 26,97, número atômico 13.

ALUMINOSO, adj. Aluminífero.

ALUNAGEM, s.f. (neol.) O mesmo que alunissagem.

ALUNAR, s.f. (neol.) O mesmo que alunissar.

ALUNISSAGEM, s.f. (neol.) Descida na Lua.

ALUNISSAR, v.i. (neol.) Descer na Lua, atingir a Lua. (Por analogia com o galicismo aterrissar, pousar em terra.)

ALUNO, s.m. Educando; discípulo; escolar; aprendiz.

ALUSÃO, s.f. Referência vaga e indireta.

ALUSIVO, adj. Que encerra alusão; relativo a.

ALUVIAL, adj. De aluvião; relativo a aluvião.

ALUVIANO, adj. Diz-se do terreno ou depósito formado por ação das águas.

ALUVIÃO, s.f. Inundação; enxurrada; grande quantidade ou grande número; (Geol.) depósito de cascalho, areia e argila deixado pelas águas.

ALVA, s.f. Madrugada; o mesmo que alba; espécie de túnica que os condenados vestiam ao ir para o suplício.

ALVACENTO, adj. Esbranquiçado; cinzento-claro. O mesmo que alvadio.

ALVADIO, adj. Alvacento; esbranquiçado.

ALVADO, s.m. Vão ou olho de alguns instrumentos por onde entra o cabo deles; buraco por onde as abelhas entram no cortiço.

ALVAIADE, s.m. Nome vulgar da cerusita, carbonato de chumbo artificial; — de zinco: óxido de zinco artificial.

ALVANEL, s.m. Pedreiro; o mesmo que alvaner, alvanéu, alvanel, alvener, alvenéu, alveneiro. (Pl.: Alvanéis.)

ALVAR, adj. Estúpido; grosseiro; ingênuo; tolo.

ALVARÁ, s.m. Documento passado por autoridade a favor de alguém, certificando, aprovando ou autorizando certos atos e direitos.

ALVARENGA, s.f. Lanchão para carga e descarga de navios.

ALVARENGUEIRO, s.m. Proprietário ou tripulante de alvarenga.

ALVEÁRIO, s.m. Colmeia; colmeal; concha da orelha.

ALVEDRIO, s.m. Arbítrio; livre arbítrio.

ALVEITAR, s.m. Veterinário.

ALVEITARIA, s.f. Medicina veterinária.

ALVEJANTE, adj. Albente, branquejante.

ALVEJAR, v.t. Branquear; int. branquejar; atirar, arremessar ao alvo.

ALVENARIA, s.f. Arte ou ofício do pedreiro ou do alvanel; obra composta de pedras naturais ou artificiais, ligadas ou não por meio de argamassa.

ÁLVEO, s.m. Leito do rio.

ALVEOLADO, adj. Que tem alvéolos; que tem pequenas cavidades.

ALVEOLAR, adj. Pertencente ou relativo ao alvéolo.

ALVEOLARIFORME, adj. Que tem forma de alvéolo.

ALVÉOLO, s.m. Célula do favo de mel; cavidade onde se implantam os dentes; pequenas valas de alicerce; pequena cavidade em que terminam os bronquíolos.

ALVIÃO, s.m. Enxadão ou picareta.

ALVÍNEO, adj. Alvino.

ALVINITENTE, adj. De brancura imaculada.

ALVINO, adj. Do ventre; intestinal. O mesmo que alvíneo.

ALVISSARAR, v.t. Dar boas notícias.

ALVÍSSARAS, s.f. pl. Prêmio que se dá a quem

anuncia boas-novas. Gorjeta, recompensa.
ALVISSAREIRO, adj. Auspicioso, prometedor.
ALVITRADOR, adj. Juiz.
ALVITRAMENTO, s.m. Alvitre; ato ou efeito de alvitrar.
ALVITRAR, v.t. e t.-rel. Lembrar; propor; sugerir; julgar.
ALVITRE, s.m. Lembrança; proposta; sugestão; parecer; opinião; arbítrio.
ALVO, adj. Branco; puro; límpido; s.m. ponto a que se dirige o tiro; mira; (fig.) fito; desígnio; objeto; fim.
ALVOR, s.m. Alva, primeira luz da manhã; alvura; brilho.
ALVORADA, s.f. Amanhecer; toque militar nos quartéis, de madrugada; toque de qualquer música ao despontar da manhã; (fig.) o desabrochar da vida; a juventude.
ALVORAR, v. int. Alvorecer.
ALVORECER, v.int. Amanhecer; romper o dia.
ALVOREJAR, v.int. Alvorecer; mostrar-se alvo; t. branquear.
ALVOROÇADO, adj. Inquieto; sobressaltado; entusiasmado.
ALVOROÇADOR, adj. Inquietante, entusiasmador.
ALVOROÇAMENTO, s.m. Entusiasmo.
ALVOROÇAR, v.t. Agitar; assustar; amotinar; entusiasmar.
ALVOROÇO, s.m. Agitação; alarma; perturbação; entusiasmo; sobressalto.
ALVOROTAR, v.t. e p. (V. Alvoroçar.)
ALVOROTO, s.m. Motim; burburinho; alvoroço.
ALVURA, s.f. Brancura; pureza.
AMA, s.f. Mulher que amamenta criança alheia; a dona da casa em relação aos criados; aia.
AMABILIDADE, s.f. Afabilidade; meiguice; carinho; delicadeza.
AMACACADO, adj. Que tem modos ou feições de macaco; próprio de macaco.
AMAÇADOR, s.m. Massagista.
AMAÇAR, v.t. Fazer massagem.
AMAÇAROCADO, adj. Em forma de maçaroca.
AMAÇAROCAR, v.t. Dar forma de maçaroca a.
AMACHUCADO, adj. Amarrotado; (fig.) acabrunhado; adoentado.
AMACHUCAR, v.t. Amarrotar; amarfanhar; amassar; acabrunhar.
AMACIAR, v.t. Abrandar; suavizar; p. acalmar, serenar.
AMADA, adj. Querida com predileção; s.f. namorada.
AMADEIRADO, adj. Imitante a madeira.
AMADEIRAR, v.t. Dar cor de madeira a; emadeirar.
AMA-DE-LEITE, s.f. Criadeira; amamentadeira. (Pl.: amas-de-leite.)
AMADO, adj. Querido, predileto.
AMADOR, s.m. Amante; apreciador; cultor curioso de qualquer arte.
AMADORISMO, s.m. Condição de amador, de não profissional.
AMADORISTA, adj. e s. Partidário do amadorismo.
AMADRINHADO, adj. Diz-se dos animais que andam sempre juntos.
AMADRINHADOR, s.m. O que amadrinha; indivíduo que acompanha o domador nos exercícios para domar animais cavalares e muares.
AMADRINHAR, v.t. Servir de madrinha a; proteger; dirigir, guiar animais.
AMADURADO, adj. Amadurecido.
AMADURAMENTO, s.m. Amadurecimento.
AMADURAR, v.t. e int. (V. Amadurecer.)
AMADURECER, v.t. e int. Tornar ou tornar-se maduro, tanto no sentido próprio como no translato. O mesmo que madurecer, amadurar e madurar.
AMADURECIDO, adj. Maduro, amadurado; sazonado.
AMADURECIMENTO, s.m. Ato ou efeito de amadurecer; sazonamento. O mesmo que amaduramento.
ÂMAGO, s.m. A medula das plantas; a parte mais íntima de uma coisa ou pessoa, a essência.
AMAINAR, v.t. Colher as velas; abrandar; acalmar; tranqüilizar.
AMALDIÇOADO, adj. Maldito.
AMALDIÇOADOR, s.m. Praguejador.
AMALDIÇOAR, v.t. Lançar maldição a; abominar,

com palavras de aversão; execrar; detestar; maldizer; blasfemar, praguejar.
AMALECITA, adj. e s. Antiga tribo árabe, descendente de Amalec.
AMALEITADO, adj. Doente de maleita.
AMÁLGAMA, s.f. e m. Designação genérica das ligas que contêm mercúrio; mistura de coisas diversas; reunião de pessoas de diferentes classes e qualidades. Mistura.
AMALGAÇÃO, s.f. Ligação íntima, confusão.
AMALGAMADOR, adj. Misturador.
AMALGAMAR, v.t. Reunir, misturar, confundir (coisas diversas); combinar.
AMALGÂMICO, adj. Que se pode amalgamar ou combinar.
AMALOCAR, v.t. Reunir em maloca; aldear.
AMALUCADO, adj. Louco, insano.
AMALUCAR, v.t. Tornar um tanto maluco; malucar .
AMAMENTAÇÃO, s.f. Lacteamento.
AMAMENTADORA, s.f. Ama.
AMAMENTAR, v.t. Dar de mamar a; aleitar; criar ao peito.
AMANCEBADO, adj. Que vive em mancebia; amigado.
AMANCEBAMENTO, s.m. Concubinato; mancebia.
AMANCEBAR-SE, v.p. Ligar-se com alguém em mancebia; tomar concubina.
AMANEIRADO, adj. Afetado.
AMANEIRAR, v.t. Tornar amaneirado.
AMANHÃ, adv. No dia seguinte; s.m. o futuro, o porvir.
AMANHAÇÃO, s.f. Ato ou operação de amanhar; amanho.
AMANHADO, adj. Lavrado, cultivado; arranjado, consertado, preparado.
AMANHADOR, adj. Cultivador.
AMANHAR, v.t. Dar amanho a; lavrar; cultivar.
AMANHECER, v.int. Raiar a manhã, romper o dia; raiar o dia.
AMANHO, s.m. Arranjo; preparação; alinho; lavoura.
AMANINHADOR, adj. Esterilizador.
AMANINHAR, v.t. Tornar maninho; esterilizar.
AMANSADELA, s.f. O ato de amansar.
AMANSADOR, s.m. Domador.
AMANSAMENTO, s.m. Domação.
AMANSAR, v.t. Domar; domesticar; mitigar; aplacar; apaziguar; moderar.
AMANTE, adj. e s. Que ama; namorado ou namorada que mantém ligação ilícita. (Fem.: amásia.)
AMANTEIGADO, adj. Semelhante à manteiga; untado com manteiga.
AMANTEIGAR, v.t. Tornar brando ou a manteiga; dar cor ou gosto de manteiga.
AMANUENSE, s. Escrevente, funcionário.
AMAPOLA (ó), s.f. Planta da família das Cactáceas. (V. Papoula.)
AMAR, v.t. Querer muito bem a; gostar muito de; ter afeto a.
AMARADO, adj. Marejado, inundado.
AMARAGEM, s.f. O ato de pousar o hidroavião na agua.
AMARANTO, s.m. Planta herbácea de flor vermelha e aveludada. Entre os antigos era o símbolo da imortalidade.
AMARAR, v.int. Pousar sobre a água do mar, de rio, etc. (hidroavião).
AMARELADO, adj. Tirante a amarelo; pálido; descorado.
AMARELÃO, s.m. Opilação; ancilostomíase duodenal.
AMARELAR ou AMARELECER, v.t. Tornar amarelo; int. e p. fazer-se amarelo.
AMARELECIDO, adj. Que se torna amarelo.
AMARELECIMENTO, s.m. Ação de amarelecer.
AMARELEJAR, v. int. Mostrar-se amarelo.
AMARELENTO, adj. Amarelado; doente de febre amarela.
AMARELIDÃO ou AMARELIDEZ (ê), s.f. Cor amarela; palidez.
AMARELO, adj. Da cor do ouro.
AMARFANHAR, v.t. Amachucar; amarrotar; amassar.
AMARGADO, adj. Angustiado.
AMARGAR, v.t. Tornar amargo; tornar desagradável, penoso; sofrer, padecer males ou desgostos em conseqüência de; int. ter sabor amargo; ser desagradável.

AMARGO, adj. Que não é doce; doloroso; triste; penoso.

AMARGOR, s.m. Qualidade do que é amargo; amargura.

AMARGOSO, adj. Amargo; que tem amargor; (fig.) penoso; triste.

AMARGURA, s.f. Sabor amargo; angústia; dor; tristeza; aflição; acrimônia; azedume.

AMARGURADO, adj. Triste, penalizado, cheio de amargura.

AMARGURAR, v.t. Causar amargura a; angustiar, afligir; tornar acrimonioso; p. angustiar-se; afligir-se.

AMARICADO, adj. Efeminado.

AMARICAR-SE, v.p. Tornar-se maricas, efeminar-se.

AMARÍLICO, adj. Relativo à febre amarela.

AMARO, adj. Amargo.

AMAROTAR-SE, v.p. Fazer-se maroto; adquirir modos de maroto.

AMARRA, s.f. Cabo que segura o navio à âncora: (fig.) apoio; proteção; na —: (pop.) à força.

AMARRAÇÃO, s.f. Ação de amarrar; ancoradouro.

AMARRADO, adj. Preso com amarra; ligado.

AMARRADOURO, s.m. Lugar onde se amarra. Var.: amarradoiro.

AMARRADURA, s.f. Cabo com que se amarra: prender com laços morais.

AMARRILHO, s.m. Cordão ou fio com que se ata qualquer coisa; barbante; atilho.

AMARROAR, v.t. Bater com marrão; int. andar abatido, alquebrado, meditabundo.

AMARROQUINADO, adj. Semelhante ao marroquim.

AMARROQUINAR, v.t. Tornar semelhante ao marroquim.

AMARROTADO, adj. Enrugado; amassado.

AMARROTAR, v.t. Amachucar; amarfanhar; enrugar.

AMARTELAR, v.t. Malhar; importunar; discutir.

AMARUGEM, s.f. Sabor levemente amargo.

AMARUJAR, v.int. Ser levemente amargo; tornar-se amargo.

AMARJENTO, adj. Que amaruja.

AMARULENTO, adj. Muito amargo; cheio de amargor.

AMARULHAR, v.t. Tornar marulhoso, fazer ruído.

AMARUME, s.m. Sabor amargo; aflição; acrimônia, azedume.

AMA-SECA, s.f. Criada que cuida das crianças sem as amamentar. (Pl.: amas-secas.)

AMÁSIA, s.f. Amante; concubina.

AMASIAR-SE, v.p. Amancebar-se, amigar-se.

AMÁSIO, s.m. Amante, indivíduo amancebado.

AMASSADEIRA, s.f. Mulher que amassa farinha para fazer pão; máquina de amassar; masseira.

AMASSADEIRA, s.f. Ato de amassar; amassadura; amolgadura.

AMASSADO, adj. Espalmado; achatado.

AMASSADOR, s.m. Lugar onde se misturam os materiais que constituem a argamassa, ou onde se amassa o pão; o operário que prepara a argamassa nas obras; máquina para amassar; amassadeira.

AMASSADOURO, s.m. Tabuleiro ou lugar onde se amassa. (Var.: amassadoiro.)

AMASSADURA, s.f. Ato de amassar; fornada; pancada; amolgadura.

AMASSAMENTO, s.m. Ato ou efeito de amassar.

AMASSAR, v.t. Converter em massa; misturar; sovar; achatar; amachucar; deprimir.

AMASSILHO, s.m. Porção de farinha que se amassa de uma vez; aparelho de amassar.

AMATILHAR, v.t. Reunir (os cães) em matilha.

AMATIVO, adj. Que faz amar.

AMATÓRIO, adj. Que diz respeito ao amor; que faz amar.

AMATRONAR-SE, v.p. Assumir ares de matrona; avelhantar-se; engordar.

AMATULAR-SE, v.p. Juntar-se, bandear-se com gente de má condição; com matulagem.

AMATUTAR-SE, v.p. Fazer-se matuto.

AMÁVEL, adj. Agradável; delicado; lhano. (Superl. abs. sint. amabilíssimo.)

AMAVIOS, s.m.pl. Filtros amatórios; feitiços; encantos.

AMAVIOSO, adj. Em que há amavio; suave; delicado, amável.

AMAZELADO, adj. Cheio de mazelas.

AMAZELAR-SE, v.p. Encher-se de mazelas.

AMAZONA, s.f. Mulher guerreira; mulher que monta a cavalo; vestido de montar.

AMAZONENSE, adj. Do Estado do Amazonas.

AMAZÔNIA, s.f. Região setentrional da América do Sul, situada na bacia do rio Amazonas.

AMAZÔNICO ou AMAZÔNIO, adj. Da Amazônia; relativo à Amazônia; referente à amazona.

ÂMBAR, s.m. Substância sólida, parda ou preta, de cheiro almiscarado; resina fóssil, amarela, semitransparente e quebradiça, que se usa em boquilhas, rosários, etc.

AMBÁRICO, adj. Relativo a âmbar; feito de âmbar.

AMBARINO, adj. Relativo ao âmbar.

AMBARIZAR, v.t. Perfumar com âmbar; dar a cor de âmbar amarelo a.

AMBIÇÃO, s.f. Desejo veemente (de poder, glória, riqueza, etc.); aspiração imoderada; pretensão; cobiça.

AMBICIONAR, v.t. Cobiçar; desejar veemente.

AMBICIOSO, adj. Ganancioso.

AMBIDESTRA, s.f. Uso igual das duas mãos.

AMBIDESTRO, adj. Que se serve das duas mãos com a mesma facilidade.

AMBIÊNCIA, s.f. Meio em que se vive; ambiente.

AMBIENTAR, v.t. e p. Adaptar ou adaptar-se a um meio, criar ambiente favorável a.

AMBIENTE, adj. Que está ou anda à roda de alguma coisa ou pessoa; s.m. o ar que se respira e que nos cerca; roda, esfera em que vivemos.

AMBIGÜIDADE, s.f. Qualidade do que é ambíguo; obscuridade.

AMBÍGUO, adj. De mais de um sentido, equívoco; incerto.

ÂMBITO, s.m. Recinto; contorno; circunferência; horizonte; campo de ação.

AMBLIOPIA, s.f. Enfraquecimento ou perturbação da vista sem lesão.

AMBOS, pron. Um e outro; os dois.

AMBREADA, s.f. Substância imitante ao âmbar amarelo.

AMBREADO, adj. Perfumado com âmbar; da cor do âmbar.

AMBREAR, v.t. Dar cor do âmbar a; perfumar com âmbar; aromatizar.

AMBROSIA, s.f. Alimento dos deuses; comida ou bebida deliciosa.

AMBROSÍACO, adj. Relativo a ambrosia: delicioso, doce.

ÂMBULA, s.f. Pequeno vaso onde se guardam os santos óleos.

AMBULÂNCIA, s.f. Hospital móvel; viatura automóvel para condução de doentes e feridos.

AMBULANTE, adj. Que anda; que não tem local fixo.

AMBULATIVO, adj. Ambulante; vagabundo; errante; sem local fixo; que não pára em nenhum lugar.

AMBULATÓRIO, s.m. Dependência onde se tratam doentes não internados.

AMBUSTÃO, s.f. Cauterização de uma chaga.

AMEAÇA, s.f. Palavra ou gesto intimidativo; promessa de castigo ou malefício; prenúncio de mal ou desgraça.

AMEAÇADO, adj. e s.m. Que, ou aquele que teve ou recebeu ameaças.

AMEAÇADOR, adj. Que ameaça; diz-se do tempo quando se aproxima um temporal.

AMEAÇANTE, adj. Ameaçador; em atitude ameaçadora.

AMEAÇAR, v.t. Intimidar; anunciar castigo ou malefício a.

AMEAÇO, s.m. Ameaça; indício; pródromo de um mal.

AMEALHADO, adj. Economizado.

AMEALHADOR, s.m. Economizador.

AMEALHAR, v.t. Economizar; poupar.

AMEBA, s.f. Protozoário sem membrana que se move por pseudópodes. Var.: amiba.

AMEBIANO, adj. Relativo à ameba; em que há amebas.

AMEBÍASE, s.f. Doença causada por amebas da espécie Entamoeba histolytica.

AMÉBICO, adj. Relativo à ameba.

AMEDRONTADO, adj. Atemorizado; assustado; possuído de medo.

AMEDRONTADOR, adj. Assustador.

AMEDRONTAMENTO, s.m. Ato de amedrontar, susto.

AMEDRONTAR, v.t. Meter medo a; assustar; atemorizar.

AMEIA, s.f. Cada um dos pequenos parapeitos denteados que guarnecem o alto das fortificações ou dos castelos, e que protegem os atiradores.

AMEIGADO, adj. Amimado, afagado, carinhado.

AMEIGAR, v.t. Fazer meiguice a; afagar; amimar; acarinhar.

AMEIXA, s.f. Fruto da ameixeira.

AMEIXAL, s.m. Lugar onde crescem ameixeiras. Vars.: ameixial e ameixal.

AMEIXEIRA, s.f. Árvore da família das Rosáceas, de fruto comestível. Var.: ameixeira e ameixoeira.

AMEIXEIRA-DO-PARÁ, s.f. Planta da família das Olacáceas. (Pl.: ameixeiras-do-pará.)

AMELAÇAR, v.t. Dar cor de melaço a; converter em melaço; afetar, amaneirar.

AMELADO, adj. Que tem cor de mel.

AMÉM, s.m. e interj. Forma aportuguesada do hebraico amen, que quer dizer: assim seja. (Pl.: améns.)

AMÊNCIA, s.f. Demência, loucura.

AMÊNDOA, s.f. Fruto da amendoeira; qualquer semente contida em caroço; presente que se dá pela Páscoa.

AMENDOADA, s.f. Emulsão de amêndoas; bolo ou doce que leva amêndoas.

AMENDOADO, adj. Parecido com amêndoa; preparado com amêndoas.

AMENDOAL, s.m. Plantio de amendoeiras.

AMENDOEIRA, s.f. Árvore da família das Rosáceas; grande árvore ornamental da família das Combretáceas.

AMENDOIM, s.m. Planta da família das leguminosas.

AMENIDADE, s.f. Suavidade; deleite; encanto; frescura; viço.

AMENINADO, adj. Com parecença ou modos de menino.

AMENINAR-SE, v.p. Acriançar-se; tomar aparência de menino.

AMENIZADO, adj. Suavizado.

AMENIZADOR, adj. Suavizador.

AMENIZAR, v.t. e p. Suavizar; abrandar.

AMENO, adj. Suave, deleitoso; aprazível; delicado; brando; agradável.

AMENORRÉIA, s.f. Ausência de menstruação.

AMENTE, adj. Insano, bobo, idiota.

AMERCEAMENTO, s.m. Compaixão; remissão de culpa; condoimento.

AMERCEAR-SE, v.p. Condoer-se; apiedar-se.

AMÉRICA, s.f. O Novo Mundo.

AMERICANADA, s.f. Ato, maneira de americano.

AMERICANISMO, s.m. Admiração e apreço às coisas da América, especialmente dos Estados Unidos da América do Norte.

AMERICANISTA, s. Pessoa versada em coisas da América, principalmente línguas, usos e costumes.

AMERICANIZAR, v.t. Dar feição ou caráter americano a; p. adquirir feição ou caráter americano.

AMERICANO, adj. Relativo à América, próprio ou natural da América; s.m. o natural ou habitante da América.

AMERÍCIO, s.m. Elemento químico transurânico, n.º atômico 95, de peso atômico superior a 238, de propriedade altamente radioativa. (Nome dado em homenagem ao Novo Continente.)

AMERÍNCOLA, s.m. Habitante da América.

AMERÍNDIO, adj. e s.m. Índio da América.

AMERISSAGEM, s.f. (gal.) Ato de amerissar.

AMERISSAR, v.int. (gal.) Pousar (o hidroavião), no mar; o mesmo que amarar.

AMESENDAR-SE, v.p. Sentar-se à mesa.

AMESQUINHADO, adj. Depreciado, humilhado.

AMESQUINHADOR, adj. Depreciador, humilhador.

AMESQUINHAMENTO, s.m. Humilhação.

AMESQUINHAR, v.t. Humilhar; deprimir; depreciar.

AMESTRADO, adj. Industriado, adestrado, ensinado.

AMESTRADOR, adj. Adestrador; treinador.

AMESTRAMENTO, s.m. Adestramento.

AMESTRAR, v.t. Ensinar; industriar; tornar perito; adestrar; treinar.

AMETISTA, s.f. Variedade roxa do quartzo; pedra semipreciosa.

AMETÍSTICO, adj. Que diz respeito à ametista; que tem a cor e o brilho da ametista.

AMETRIA, s.f. Falta de medida.

AMÉTRICO, adj. Relativo à ametria.

AMÉTROPO, adj. e s.m. Diz-se do, ou o olho em que as imagens tendem a formar-se adiante ou atrás do plano da retina que corresponde à visão distinta. Forma paral.: amétrope.

AMEZINHADOR, s.m. Curandeiro, charlatão.

AMIANTO, s.m. Asbesto. Usualmente aplicado a uma variedade de asbesto com fibras muito finas e sedosas.

AMICAL, adj. Relativo a amigo.

AMICTO, s.m. Pano branco, bento, que o sacerdote põe aos ombros, por baixo da alva, quando se reveste para dizer missa.

AMÍCULO, s.m. Pequena capa ou véu; espécie de mantilha.

AMIDA, s.f. Designação genérica de substâncias orgânicas formadas pela substituição de um ou mais átomos de hidrogênio do grupo NH3 por outros tantos restos ou resíduos de ácido orgânico.

AMIDO, s.m. Fécula em pó extraída dos vegetais; polvilho. Var.: âmido.

AMIODADO, adj. Que contém amido.

AMIGA, s.f. Mulher ligada a outra pessoa por laços de amizade; amásia, amante.

AMIGAÇÃO, s.f. Mancebia.

AMIGADO, adj. Amancebado.

AMIGAR, v.p. Amancebar-se.

AMIGÁVEL, adj. Feito ou dito com amizade; próprio de amigos; como entre amigos.

AMÍGDALA ou AMÍDALA, s.f. O mesmo que amêndoa; (Anat.) agrupamento de tecido linfóide existente na garganta; amígdalas palatinas ou, simplesmente, amígdalas, uma de cada lado, colocadas entre os pilares do véu do paladar; tonsila.

AMIGDALIANO, adj. Referente à amígdala.

AMIGDALITE, s.f. Inflamação das amígdalas.

AMIGDALÓIDE, adj. Semelhante à amêndoa.

AMIGO, s.m. Homem ligado a outra pessoa por laços de amizade; amásio, amante; defensor; aliado (Aum.: amigaço, amigalhaço, amigão; superl. abs.: amiguíssimo e amicíssimo.)

AMILÁCEO, adj. Semelhante ao amido ou que o contém.

AMÍLASE, s.f. Diástase que desdobra o amido transformando-o em açúcar. (A pronúncia mais corrente é paroxítona.)

AMILHADO, adj. Diz-se do animal alimentado com milho.

AMILHAR, v.t. Tratar a milho; arraçoar com milho.

AMIMADO, adj. Acariciado; afagado.

AMIMADOR, s.m. Acariciador.

AMIMALHAR, v.t. Amimar, acariciar.

AMIMAR, v.t. Tratar com mimo; acariciar.

AMIMIA, s.f. (Med.) Perda parcial ou total dos movimentos da face e dos gestos.

AMINA, s.f. Designação genérica de substâncias orgânicas resultantes teoricamente da substituição de um ou mais átomos de hidrogênio do radical NH3 por outros tantos radicais alcoólicos.

AMISERAÇÃO, s.f. Ato de se amiserar; comiseração.

AMISERAR-SE, v.p. Compadecer-se; apiedar-se; lamentar-se;

AMISSÃO, s.f. Perda, privação.

AMISSÍVEL, adj. Suscetível de perder-se.

AMISTAR, v.t. Tornar amigo; conciliar; p. tornarse amigo.

AMISTOSO, adj. Amigável; próprio de amigo; fácil de tomar amizade.

AMIUDADO, adj. Freqüente; repetido.

AMIUDAR, v.t. Executar amiúde ou freqüentemente; repetir; p. suceder amiúde; verificar-se freqüentemente.

AMIÚDE, adj. Repetidas vezes; freqüentemente.

AMIZADE, s.f. Afeição, simpatia; amor; dedicação; benevolência.

AMNÉSIA, s.f. Diminuição ou perda de memória.

AMNÉSICO, adj. Que tem falta de memória.

AMNÉSTICO, adj. Que faz perder a memória.

AMO, s.m. Dono da casa; patrão; senhor.

AMODERNAR, v.t. Tornar moderno; dar forma ou feição moderna a.

AMODORRAR, v.t. Tornar sonolento.

AMOEDAÇÃO, s.f. Ato de amoedar; cunhagem, moedagem.

AMOEDAR, v.t. Reduzir a moedas; cunhar (moedas).

AMOEDÁVEL, adj. Que se pode amoedar ou cunhar.

AMOFINAÇÃO, s.f. Consumição, apoquentação, impertinência.

AMOFINADO, adj. Apoquentado; aflito; enfadado; infeliz.

AMOFINADOR, adj. Apoquentador; amolante.

AMOFINAR, v.t. Afligir; consumir; apoquentar; ρ apoquentar-se; afligir-se.

AMOITAR-SE, v.p. Esconder-se, agachar-se, esconder-se em moitas.

AMOJADA, adj. Cheia de leite.

AMOJAR, v.t. Encher de leite.

AMOJO, s.m. Apojadura; intumescimento de leite nos peitos e nas tetas dos animais; (Bot.) estado lactescente dos grãos de cereais.

AMOLAÇÃO, s.f. Incômodo; maçada; importunação; aborrecimento.

AMOLADEIRA, s.f. Pedra de amolar.

AMOLADELA, s.f. V. Amoladura.

AMOLADO, adj. Afiado, aguçado, aborrecido, enfadado.

AMOLADOR, s.m. Afiador; importuno; aborrecedor; cacete.

AMOLADURA, s.f. Ato de amolar; o mesmo que amolação.

AMOLANTE, adj. Importuno; enfadonho; aborrecido; amolador.

AMOLAR, v.t. Afiar na amoladeira ou no rebolo; maçar, enfadar; molestar.

AMOLDADO, adj. Moldado; habituado, afeito, acostumado, conformado.

AMOLDAR, v.t. Ajustar ao molde, moldar; p. ajustar-se ao molde, modelar-se; conformar-se; habituar-se, afazer-se.

AMOLDÁVEL, adj. Capaz de amoldar-se.

AMOLECADO, adj. Diz-se do que pratica ações de moleque; acanalhado.

AMOLECEDOR, adj. Abrandador.

AMOLECER, v.t. Tornar mole; abrandar; enternecer.

AMOLECIDO, adj. Mole, frouxo, enternecido, terno.

AMOLECIMENTO, s.m. Enfraquecimento, abrandamento.

AMOLENTADOR, adj. Amolecedor.

AMOLENTAMENTO, s.m. Amolecimento.

AMOLENTAR, v.t. Abrandar; enternecer.

AMOLGAÇÃO, s.f. Ação ou ato de amolgar.

AMOLGADELA ou AMOLGADURA, s.f. Ato de amolgar; mossa feita em objeto que se amolgou.

AMOLGAR, v.t. Deformar; entortar; amassar.

AMOLGÁVEL, adj. Amassável.

AMÔNIA, s.f. Solução aquosa de amoníaco.

AMONIACAL, adj. Que tem amoníaco ou as suas propriedades.

AMONÍACO, s.m. Substância gasosa, formada pela cominação de um átomo de azoto e três de hidrogênio. O mesmo que álcali volátil.

AMÔNIO, s.m. Grupamento formado por um átomo de azoto e quatro de hidrogênio.

AMONÔMETRO, s.m. Aparelho empregado para dosar o amoníaco.

AMONTOAÇÃO, s.f. Ato de amontoar, acumulação, ajuntamento.

AMONTOADO, s.m. Conjunto de coisas em montão, acumulado, ajuntado, aglomerado.

AMONTOADOR, s.m. Aquele que amontoa.

AMONTOAMENTO, s.m. Amontoação; acumulação; cúmulo.

AMONTOAR, v.t. Pôr em montão; acumular; juntar desordenadamente.

AMOR, s.m. Afeição profunda; objeto dessa afeição; conjunto de fenômenos cerebrais e afetivos que constituem o instinto sexual; afeto a pessoas ou coisas; paixão; entusiasmo; Cupido. (Pl.: amores.)

AMORA, s.f. Fruta da amoreira.

AMORADO, adj. Da cor da amora (roxo).

AMORAL, adj. Que não é conforme à moral: a que falta moral; que não tem o senso da moral.

AMORALIZAR, v.t. Tornar amoral, desmoralizar.

AMORANÇA, s.f. Decidida inclinação para amores; namoro, paixão.

AMORANÇADO, adj. Namorado; apaixonado; dado à amorança.

AMORÁVEL, adj. Terno; meigo; afável; em que há afeição ou ternura.

AMORDAÇAMENTO, s.m. Ato ou efeito de amordaçar.

AMORDAÇAR, v.t. Pôr mordaça em; impedir de falar, de opinar.

AMOREIRA, s.f. Árvore da família das Moráceas; as espécies principais são a branca e a preta; das folhas desta planta é que se nutre o bicho-da-seda.

AMOREIRAL, s.m. Plantio de amoreiras.

AMORENADO, adj. Escuro, trigueiro.

AMORENAR, v.t. Tornar moreno.

AMORFIA, s.f. Deformidade; falta de forma determinada, irregularidade na conformação.

AMÓRFICO, adj. Que não tem forma determinada.

AMORFO, adj. Sem forma determinada; diz-se de uma substância que não apresenta estrutura cristalina.

AMORICO, s.m. Amor ligeiro; namorico.

AMORÍFERO, adj. Que encerra, que provoca amor.

AMORISCADO, adj. Próprio de namorado, que tem namoro.

AMORISCAR-SE, v.p. Tomar-se de amores; enamorar-se.

AMORMADO, adj. Doente atacado de mormo.

AMORNADO, adj. Tépido.

AMORNAR, v.t. Aquecer levemente; amornecer.

AMORNECER, v.t. Amornar.

AMOROSIDADE, s.f. Caráter ou qualidade do que é amoroso.

AMOROSO, adj. Que tem amor; propenso ao amor; carinhoso; suave; meigo.

AMOR-PERFEITO, s.m. Planta da família das Violáceas, também chamada violeta-tricolor. (Pl.: amores-perfeitos.)

AMORRINHAR-SE, v.p. Adoecer de morrinha; enfraquecer; alquebrar-se.

AMORTALHADEIRA, s.f. Mulher que, por ofício, amortalha defuntos.

AMORTALHADO, adj. Envolvido em mortalha.

AMORTALHADOR, adj. Que amortalha.

AMORTALHAMENTO, s.m. Ato ou efeito de amortalhar.

AMORTALHAR, v.t. Envolver em mortalha.

AMORTECEDOR, adj. Diminuidor do choque; abafador; s.m. mecanismo que abranda o choque ou trepidação de máquinas; aparelho físico de amortecimento.

AMORTECER, v.t. Enfraquecer; abrandar; entorpecer; adormecer; afrouxar.

AMORTECIDO, adj. Enfraquecido; diminuído; afrouxado.

AMORTECIMENTO, s.m. Enfraquecimento, diminuição, perda de vigor, brilho, ou cor.

AMORTIÇAR, v.t. Tornar mortiço; p. tornar-se mortiço; extinguir-se.

AMORTIZAÇÃO, s.f. Diminuição das dívidas aos poucos, em prestações.

AMORTIZAR, v.t. Diminuir dívidas.

AMORTIZÁVEL, adj. Diminuível.

AMORUDO, adj. Muito dado ao amor; apaixonado.

AMOSSAR, v.t. Fazer mossas em; amolgar.

AMOSTARDADO, adj. Temperado com mostarda; (fig.) picante, mordaz.

AMOSTRA, s.f. Pequena porção de qualquer mercadoria para exame ou prova das suas qualidades; indício; sinal; modelo; exposição.

AMOSTRAÇÃO, s.f. Exibição.

AMOSTRADIÇO, adj. Exibicionista.

AMOSTRAR, v.t. Mostrar, exibir, apresentar.

AMOTINAÇÃO, s.f. Insubordinação, revolta.

AMOTINADO, adj. Rebelado, sublevado, alvorotado.

AMOTINADOR, adj. Perturbador, revoltoso.

AMOTINAMENTO, s.m. Rebelião, revolta.

AMOTINAR, v.t. Sublevar; revoltar; alvorotar.

AMOUCO, s.m. Homem servil que em tudo e sempre bajula e defende os seus superiores.

AMOURISCAR, v.t. Dar feição mourisca a.

AMOVER, v.t-rel. Afastar; desapossar.

AMOVIBILIDADE, s.f. Qualidade do que é amovível.

AMOVÍVEL, adj. Suscetível de remoção, de transferência; transitório; não vitalício. (Antôn.: inamovível.)

AMPARADOR, adj. Que socorre, sustém.

AMPARAR, v.t. Socorrer; suster; escorar; defender; proteger; patrocinar.

AMPARO, s.m. Auxílio, socorro, escora.

AMPERAGEM, s.f. Intensidade ela corrente elétrica medida em ampères.

AMPÈRE, s.m. Unidade prática de intensidade das correntes elétricas. (Nome dado em homenagem a Ampère, físico francês.)

AMPÈRE-HORA, s.m. (Eletr.) Quantidade de eletricidade correspondente a uma corrente de 1 ampère durante 1 hora.

AMPERÍMETRO, ou melhor AMPERÔMETRO, s.m. Aparelho destinado a medir o número de ampères de uma corrente elétrica.

AMPLETIVO, adj. Designativo do órgão vegetal que abrange outro completamente.

AMPLEXO (cs), s.m. Abraço apertado.

AMPLIAÇÃO, s.f. Ato ou efeito de ampliar, aumentar.

AMPLIADO, adj. Dilatado, desenvolvido, tornado maior, aumentado.

AMPLIADOR, adj. Que, ou que amplia.

AMPLIAR, v.t. Tornar amplo; alargar; estender; prorrogar; desenvolver; aumentar. (Pres. indic.: amplio, amplias, etc.)

AMPLIATIVO, adj. Que amplia; que serve para ampliar.

AMPLIÁVEL, adj. Suscetível de ser ampliado.

AMPLIDÃO, s.f. Largueza; extensão; o espaço, grandeza, vastidão.

AMPLIFICAÇÃO, s.f. Ato de amplificar; (Ret.) figura que consiste em explanar as particularidades do assunto.

AMPLIFICADOR, adj. e s.m. Que ou o que amplifica.

AMPLIFICAR, v.t. Tornar amplo; dilatar; fazer maior; ampliar.

AMPLIFICATIVO, adj. Que amplifica.

AMPLIFICÁVEL, adj. Que pode ser amplificado.

AMPLITUDE, s.f. Extensão; vastidão; amplidão, grandeza, âmbito; (Fís.) espaço compreendido entre duas posições extremas no movimento vibratório simples.

AMPLO, adj. Espaçoso; extenso; dilatado; desafogado, largo, vasto.

AMPOLA, s.f. (V. Empola). Recipiente ou tubo de vidro, em forma de bolha.

AMPULA, s.f. Redoma; frasco; ampola, galheta.

AMPULHETA, s.f. Instrumento constituído de dois vasos cônicos de vidro que se comunicam nos vértices por um pequeno orifício, e destinado a medir o tempo pela passagem de certa quantidade de areia finíssima do vaso superior para o inferior.

AMPUTAÇÃO, s.f. Corte, secção.

AMPUTADO, adj. Mutilado, cortado, aleijado.

AMPUTADOR, adj. Decepador, seccionador.

AMPUTAR, v.t. Cortar (um membro do corpo); mutilar; reduzir; eliminar; restringir.

AMUADO, adj. Zangado; amolado.

AMUAMENTO, s.m. Zanga, amolação.

AMUAR, v.t. Zangar-se; amolar-se.

AMULATADO, adj. Que tem cor ou feições de mulato.

AMULATAR-SE, v.p. Tomar a cor de mulato.

AMULETO, s.m. Talismã.

AMULÉTICO, adj. Que diz respeito a amuletos.

AMULHERADO, adj. Com modos de mulher; efeminado.

AMULHERAR-SE, v.p. Adquirir modos de mulher; efeminar-se.

AMULHERENGADO, adj. Amulherado.

AMULHERENGAR-SE, v.p. Amulherar-se.

AMUMIADO, adj. Semelhante a múmia; muito magro, mirrado.

AMUMIAR-SE, v.p. Fazer-se semelhante a múmia; mumificar, mirrar.

AMUNICIAMENTO, s.m. Ato de amuniciar.

AMUNICIAR, v.t. Prover de munições.

AMUO, s.m. Enfado, mau humor, zanga.

AMURADA, s.f. Prolongamento do costado do navio acima do pavimento superior; bordo de embarcação.

AMURALHAR, v.t. Cercar de muralhas.

AMURAR, v.t. Cercar de muros; amuralhar; o mesmo que murar.

AMURCHECER-SE, v.p. Tornar-se murcho.

ANÃ, s.f. Mulher de estatura muito inferior à normal; piquira; peva.

ANABATISMO, s.m. Doutrina dos anabatistas.

ANABATISTA, s. Membro da seita religiosa que só admitia o batismo na idade da razão.

ANAÇAR, v.t. Revolver, misturar (líquidos).

ANACARADO, adj. Ruborizado, corado.

ANACOLUTIA, s.f. Anacoluto.

ANACOLUTO, s.m. Figura de sintaxe que consiste na mudança abrupta de construção, ou seja, quando aparece, na frase, um termo deslocado, sem prender-se a outro da frase: "Ora eu parece-me

que desta sentença não há, sensatamente, recurso." Rui, Rép. 36.

ANACORETA (é), s.m. Que vive na solidão; pessoa que vive insulada de relações sociais.

ANACORÉTICO, adj. Relativo a anacoreta.

ANACREÔNTICA, s.f. Composição poética no estilo de Anacreonte.

ANACREÔNTICO, adj. Relativo a Anacreonte.

ANACRÔNICO, adj. Contrário aos usos da época a que se refere.

ANACRONISMO, s.m. Erro de data; fato anacrônico.

ANACRONIZAR, v.t. Referir cometendo anacronismos.

ANADIPLOSE, s.f. Repetição de palavra ou frase de fim de um período no começo do período imediato.

ANAFADO, adj. Bem nutrido, gordo, luzidio.

ANAFAR, v.t. Alimentar com anafa; engordar; tornar nédio, pelo bom sustento.

ANAFILAXIA (cs), s.f. Aumento da sensibilidade do organismo animal em relação a uma substância determinada, com a qual este organismo já estive-ra anteriormente em contato.

ANAFRODISIA, s.f. Ausência de apetites sexuais.

ANAFRODISÍACO, adj. Que tira ou evita apetites venéreos.

ANAFRODITA, adj. e s. Diz-se de, ou pessoa que é insensível ao amor.

ANAFRODÍTICO, adj. Que não provém de geração propriamente dita ou do concurso de sexos.

ANAGRAMA, s.m. Palavra obtida pela transposição das letras de outra palavra. Ex.: padre e perda, traço e troça, etc.

ANAGRAMÁTICO, adj. Relativo a anagrama; em que há anagrama.

ANAGRAMATISMO, s.m. Hábito de fazer anagramas.

ANAGRAMATIZAR, v. int. Fazer anagramas.

ANÁGUA, s.f. Espécie de saiote que as mulheres usam sob o vestido.

ANÁGUA-DE-VÊNUS, s.f. Pequeno arbusto ornamental, cujas flores apresentam quase o efeito de uma pequena saia branca.

ANAIS, s.m.pl. História ou narração organizada ano por ano; publicação periódica de ciências, artes ou letras; história; fastos.

ANAL, adj. Anual; s.m. cerimônia religiosa que se celebra todos os dias, durante um ano; adj. relativo a ânus.

ANALFABÉTICO, adj. Relativo ao analfabetismo.

ANALFABETISMO, s.m. Não saber ler; falta de instrução.

ANALFABETO, s.m. Que não sabe ler e escrever. (Antôn.: alfabetizado.)

ANALGESIA, s.f. Insensibilidade à dor.

ANALGÉSICO ou ANALGÉTICO, adj. Que diz respeito à analgesia; que suprime a dor.

ANALGIA, s.f. Ausência de dor; insensibilidade.

ANÁLGICO, adj. Relativo a analgia.

ANALISADOR, adj. e s.m. Que, ou aquilo que analisa.

ANALISAR, v.t. Fazer análise de; investigar; decompor.

ANALISÁVEL, adj. Que se pode analisar.

ANÁLISE, s.f. Decomposição de um todo em suas partes constituintes; exame de cada parte de um todo.

ANALISTA, s. Pessoa que faz análise; pessoa que se dedica a anais.

ANALÍTICO, adj. Em que entra a análise; que procede por análise.

ANALOGIA, s.f. Ponto de semelhança entre coisas diferentes; (Gram.) influência assimiladora de uma forma sobre outra, habitualmente associadas ou aproximadas; ex.: éramos, em lugar de erâmos, por influência das três pessoas do singular.

ANALÓGICO, adj. Que se funda na analogia; que tem analogia; semelhante a.

ANALOGISMO, s.m. (Filos.) Maneira de raciocinar segundo o processo de analogia.

ANALOGISTA, s. Pessoa que argumenta por analogia.

ANALOGÍSTICO, adj. Em que se procede por analogia; que se deduz por analogia.

ANÁLOGO, adj. Em que há analogia; que se funda em analogia; diz-se dos órgãos que têm a mesma função, mas de origem diversa.

ANAMNÉSIA, s.f. (Ret.) Figura pela qual fingimos recordar-nos de coisa esquecida, reminiscência; (Med.) informação sobre o princípio e evolução de uma doença até a primeira observação do médico. O mesmo que anamnese.

ANAMNÉSICO ou **ANAMNÉSTICO**, adj. Relativo a anamnésia; que desperta a memória.

ANANÁS, s.m. Planta da família das Bromeliáceas; o fruto dessa planta; abacaxi branco.

ANANICADO, adj. Quase anão; (fig.) ignóbil, mesquinho.

ANANICAR, v.t. Tornar anão, pequeno, desprezível, amesquinhar.

ANANICO, adj. Pequeno, minúsculo.

ANÂNICO, adj. Que tem forma de anão, de tamanho pequeno.

ANÃO, s.m. De estatura muito mais baixa que a regular; adj. enfezado; pequeno. (Fem.: anã, pl.: anões e anãos.)

ANARQUIA, s.f. Negação do princípio da autoridade.

ANÁRQUICO, adj. Desordenado, caótico.

ANARQUISMO, s.m. Doutrina baseada numa apreciação otimista da natureza humana, e segundo a qual se considera o governo ou a dominação como um mal.

ANARQUISTA, adj. Partidário do anarquismo.

ANARQUIZAÇÃO, s.f. Desordem, caos.

ANARQUIZADOR, adj. Desorganizador.

ANARQUIZAR, v.t. Tornar anárquico; excitar à desordem; sublevar; desmoralizar; pôr em desordem, em confusão.

ANARTRIA, s.f. Impossibilidade de articular as palavras, por efeito de paralisia de certos músculos.

ANARTRO, adj. Que sofre de anartria.

ANASTOMOSE, s.f. (Anat.) Designação que se dá ao ponto de junção de dois vasos; em cirurgia, desembocadura de qualquer segmento oco em outro, para dar trânsito ao fluxo.

ANASTOMÓTICO, adj. Relativo à anastomose.

ANÁSTROFE, s.f. Inversão, sintática ou retórica, da ordem natural das palavras. Ex.: Da morte o manto lutuoso cobre.

ANASTROFIA, s.f. (Cir.) Inversão visceral.

ANÁTEMA, s.m. Excomunhão; maldição; reprovação.

ANATEMATISMO, s.m. Bula, escrito que contém anátema.

ANATEMATIZAÇÃO, s.f. Condenação por motivo de fé.

ANATEMATIZADOR, adj. Excomungador.

ANATEMATIZAR, v.t. Excomungar; amaldiçoar; condenar; reprovar.

ANATOMIA, s.f. Ciência que trata da estrutura e conformação dos seres organizados; dissecção de qualquer corpo; (fig.) exame, análise minuciosa.

ANATÔMICO, adj. Relativo à anatomia; onde se faz ou estuda anatomia; s.m. o mesmo que anatomista.

ANATOMISTA, adj. e s. Que, ou pessoa que estuda anatomia e nela é versada.

ANATOMIZAÇÃO, s.f. Ato de anatomizar.

ANATOMIZAR, v.t. Dissecar; estudar minuciosamente.

ANAVALHADO, adj. Que tem forma de navalha; afiado; ferido ou cortado por navalha.

ANAVALHAR, v.t. Ferir com navalha; dar forma de navalha a.

ANCA, s.f. Quartos traseiros (do animal); garupa; nádega; cadeiras; quadris.

ANCESTRAL, adj. e s. Relativo a antecessores, a antepassados.

ANCESTRALIDADE, s.f. Qualidade de ancestral, antiguidade, ascendência.

ANCHIETANO (xiê), adj. Relativo ao Padre José de Anchieta.

ANCHO, adj. Espaçoso, largo; amplo; intumescido de vaidade.

ANCHOVA, s.f. Enchova. Peixe marítimo, de pequeno porte, da família dos Queilodipterídeos, geralmente usado em conserva.

ANCIÃ, s.f. Velha.

ANCIANIA ou **ANCIANIDADE**, s.f. Qualidade de ancião; antiguidade. Velhice.

ANCIÃO, adj. e s.m. Velho. (Fem.: anciã; pl.: anciães, anciões e anciãos.)

ANCILA, s.f. Escrava; serva; (fig.) coisa que serve de auxílio ou subsídio a outra.

ANCILAR, adj. Relativo a ancila, servil.

ANCILOSAR, v.t. Causar ancilose a; p. ser atacado de ancilose; o mesmo que anquilosar, sendo, porém, preferível a forma ancilosar.

ANCILOSE, s.f. (Med.) Diminuição ou impossibi-

lidade absoluta de movimentos numa articulação normalmente móvel.

ANCILOSTOMÍASE, s.f. Doença produzida pelo ancilóstomo; o mesmo que amarelão ou opilação.

ANCILÓSTOMO, s.m. Gênero de helmintos parasitos do intestino do homem e de vários animais.

ANCILÓTOMO, s.m. Instrumento cortante e recurvo.

ANCINHO, s.m. Instrumento agrícola, dentado, próprio para juntar palha e para outros usos análogos.

ÂNCORA, s.f. Peça de ferro que, lançada no fundo da água, segura as embarcações. (Dim.: ancorete, ancorote.)

ANCORAÇÃO, s.f. Ato de ancorar.

ANCORADOURO, s.m. Lugar onde a embarcação lança âncora.

ANCORAGEM, adj. Trabalho de ancorar; direitos que se pagam por ancorar.

ANCORAR, v.t. Fundear, lançando âncora.

ANCUDO, adj. De grandes ancas.

ANDAÇO, s.m. Doença que está grassando numa localidade; pequena epidemia; contágio.

ANDADA, s.f. Caminhada.

ANDADEIRA, s.f. ou **ANDADEIRAS**, s.f. pl. Faixas de pano que cingem as crianças por baixo das axilas para ensiná-las a andar.

ANDADEIRO, adj. Andarilho.

ANDADURA, s.f. Modo de andar, de caminhar.

ANDAIMARIA, s.f. Armação ou conjunto de andaimes.

ANDAIME, s.m. Estrado provisório de madeira sobre o qual trabalham os operários empregados nas construções.

ANDAMENTO, s.m. Prosseguimento; aviamento; (Mús.) desenvolvimento melódico; movimento de compasso.

ANDANÇA, s.f. Caminhada.

ANDANTE, adj. Errante; vagabundo; transeunte; adv. (Mús.) de andamento entre adágio e alegro; s.m. trecho de música nesse andamento.

ANDANTINO, adj. (Mús.) De andamento um pouco mais vivo que o andante; s.m. trecho de música nesse andamento.

ANDAR, v.int. Caminhar; mover-se, decorrer (o tempo); funcionar; trabalhar; passar a vida.

ANDAREJO, adj. O mesmo que andarilho.

ANDARILHO, s.m. O que anda muito; o que leva cartas ou notícias.

ANDAS, s.f.pl. Varais de liteira; andor; padiola.

ANDEIRO, adj. Andante.

ANDEJAR, v.int. Vaguear; andar ao acaso, ser andejo.

ANDEJO, adj. Errante; vagabundo.

ANDINO, adj. Relativo aos Andes.

ÂNDITO, s.m. Caminho estreito acima do nível e ao lado das ruas, pontes ou cais; pequeno passeio lateral; espaço para andar em volta de um edifício.

ANDÓ, adj. f. Diz-se da barba em ponta.

ANDOR, s.m. Padiola portátil e ornamentada sobre a qual se conduzem imagens nas procissões; liteira; andas.

ANDORINHA, s.f. Nome comum a todos os pássaros da família dos Hirundinídeos.

ANDORINHÃO, s.m. Nome comum a diversas aves da família dos Cipselídeos; gavião. (Coletivo: bando; voz da ave: crocitar, piar.)

ANDORINHAGEM, s.f. Hábitos de andorinha.

ANDORINHAR, v.i. Proceder como as andorinhas.

ANDORANO, adj. e s.m. Que diz respeito a Andorra (Europa); habitante ou natural de Andorra.

ANDRAJO, s.m. Farrapo, trapo, pano velho.

ANDRAJOSO, adj. Coberto de andrajos; esfarrapado.

ANDROCEU, s.m. Órgão masculino da flor.

ANDROFAGIA, s.f. Antropofagia.

ANDRÓFAGO, adj. e s.m. Antropófago.

ANDROFOBIA, s.f. Qualidade de andrófobo.

ANDRÓFOBO, adj. Que tem repugnância ao homem.

ANDRÓGINO, adj. Hermafrodita; comum ao homem e à mulher; diz-se especialmente das plantas que têm ao mesmo tempo flores masculinas e femininas agrupadas no mesmo pedúnculo ou na mesma espiga.

ANDRÓLATRA, s. Pessoa que rende culto divino prestado a um homem.

ANDROLATRIA, s.f. Culto divino prestado a um homem, adoração.

ANDROLOGIA, s.f. Ciência do homem e, especialmente, das suas doenças.

ANDROLÓGICO, adj. Relativo à andrologia.

ANDROMANIA, s.f. Paixão pelo homem.

ANDROMANÍACA, adj. f. Relativo a andromania.

ANDRÔMEDA, s.f. Constelação boreal.

ANEDIAR, v.t. Engordar; alisar, tornar luzidio.

ANEDOTA, s.f. Relato rápido de um fato jocoso; particularidade engraçada, histórica ou lendária.

ANEDOTÁRIO, s.m. Coleção de anedotas.

ANEDÓTICO, adj. Que encerra anedota; relativo à anedota.

ANEDOTISTA, s. Pessoa que conta ou coleciona anedotas.

ANEDOTIZAR, v.t. Contar em forma de anedota; dar forma de anedota a; int. contar anedotas.

ANEGRAR, v.t. Dar cor negra a; p. tornar-se negro.

ANEGREJAR, v.t. Tornar negro.

ANEGRISCADO, adj. Um tanto negro; anegrado.

ANEJO (è), adj. Que tem um ano.

ANEL, s.m. Jóia para os dedos; elo. (Pl.: anéis.)

ANELAÇÃO, s.f. Desejo, aspiração.

ANELADO, s.m. Anelídeo; adj. crespo.

ANELANTE, adj. Que anela; ofegante; ansioso.

ANELAR, v.t. Encaracolar; dar forma de anel a; pôr em anéis; desejar ardentemente; int. respirar com dificuldade; ofegar; rel. ansiar; almejar.

ANELEIRA, s.f. Caixinha para guardar anéis.

ANELÍDEO, adj. Relativo aos Anelídeos; s.m. espécime dos Anelídeos, classe de vermes de corpo dividido em segmentos semelhantes, cada segmento com um par de nefrídeos, como a minhoca, a sanguessuga. O mesmo que anelado.

ANELIFORME, adj. Que tem forma de anel.

ANÉLITO, s.m. Hálito; respiração, aspiração; desejo intenso.

ANELO, s.m. Desejo veemente; aspiração; ânsia.

ANEMIA, s.f. Diminuição da hemoglobina do sangue circulante, com ou sem diminuição proporcional dos glóbulos vermelhos; fraqueza, desalento.

ANEMIANTE, adj. Enfraquecedor.

ANEMIAR, v.t. Produzir anemia em; enfraquecer; p. ficar anêmico. O mesmo que anemizar.

ANÊMICO, adj. Que sofre de anemia; relativo a anemia; fraco, débil.

ANEMIZAR, v.t. Enfraquecer, debilitar; o mesmo que anemiar.

ANEMOGRAFIA, s.f. Descrição dos ventos.

ANEMOGRÁFICO, adj. Relativo à anemografia.

ANEMÓGRAFO, s.m. Aquele que descreve os ventos; aparelho registrador da direção e força dos ventos.

ANEMOLOGIA, s.f. Tratado sobre os ventos.

ANEMOLÓGICO, adj. Relativo à anemologia.

ANEMÓLOGO, s.m. O que trata do vento sob o aspecto científico.

ANEMOMETRIA, s.f. Medida da força e velocidade dos ventos.

ANEMOMÉTRICO, adj. Relativo à anemometria.

ANEMÔMETRO, s.m. Instrumento para medir a força e velocidade do vento.

ANÊMONA, s.f. Nome comum a várias plantas ornamentais da família das Ranunculáceas.

ANÊMONA-DO-MAR, s.f. Actínia.

ANEMOSCOPIA, s.f. Estudo da direção dos ventos.

ANEMOSCÓPICO, adj. Relativo à anemoscopia.

ANEMOSCÓPIO, s.m. Instrumento que indica a direção dos ventos.

ANERÓIDE, s.m. Barômetro de Vidi ou de Bourdon, com ausência de mercúrio, baseando-se na elasticidade de lâminas metálicas.

ANESTESIA, s.f. Perda ou diminuição da sensibilidade, ou provocada com o fim de aliviar a dor ou evitar o aparecimento desta no curso das intervenções cirúrgicas.

ANESTESIANTE, adj. Insensibilizante.

ANESTESIAR, v.t. Provocar anestesia em; tirar a sensibilidade.

ANESTÉSICO ou **ANESTÉTICO**, adj. Que anestesia; s.m. medicamento que suprime a sensibilidade.

ANEURISMA, s.m. Dilatação circunscrita da parede de uma artéria ou do coração.

ANEURISMAL, adj. Da forma, semelhança ou natureza do aneurisma.

ANEURISMÁTICO, adj. Que tem aneurisma; aneurismal.

ANEUROSE, s.f. Falta de ação nervosa.

ANEXAÇÃO (cs), s.f. Reunião, ligação.

ANEXADO (cs), adj. Reunido, ligado.

ANEXADOR (cs...ô), adj. O que anexa.

ANEXAR (cs), v.t.-rel. Juntar; ligar; reunir.

ANEXIM (chim), s.m. Rifão popular; dito sentencioso; adágio; provérbio.

ANEXIONISMO (cs), s.m. Doutrina segundo a qual os pequenos estados deveriam incorporar-se aos grandes, seus vizinhos, sob pretexto de afinidade de raça, língua, costumes, etc.

ANEXIONISTA (cs), adj. e s. Diz-se de ou pessoa partidária do anexionismo.

ANEXO (cs), adj. Ligado; junto; incorporado; sujeito .

ANFÍBIO, adj. Diz-se do animal e da planta que vivem tanto em terra como na água. Avião que tanto pousa em terra como na água.

ANFIBIOGRAFIA, s.f. Descrição dos anfíbios.

ANFIBOLOGIA, s.f. (Gram.) Ambigüidade de sentido apresentada por uma construção sintática.

ANFIGURI, s.m. Trecho ou discurso feito para não ser inteligível; qualquer peça literária desordenada e sem sentido.

ANFIGÚRICO, adj. Que tem o caráter de anfiguri.

ANFIGURISMO, s.m. Vício do que é anfigúrico, uso excessivo do anfiguri.

ANFIGURÍTICO, adj. Que tem forma de anfiguri.

ANFITEATRO, s.m. Teatro de ambos os lados; construção circular, com degraus nos teatros, escolas, praças de touros; antigo circo para combates de feras ou gladiadores e para jogos e representações.

ANFITRIA, s.f. Forma paralela de anfitrioa.

ANFITRIÃO, s.m. O que recebe convivas à sua mesa; o que paga as despesas de uma comezaina. (Fem.: anfitrioa.)

ANFITRIOA, s.f. Feminino de anfitrião.

ÂNFORA, s.f. Vaso grande.

ANFRACTUOSIDADE, s.f. Saliência, depressão ou sinuosidade irregular.

ANFRACTUOSO, adj. Cheio de reentrâncias.

ANGARIAÇÃO, s.f. Pretório, arrecadação.

ANGARIADOR, adj. Pedinte; arrecadador.

ANGARIAMENTO, s.m. Angariação.

ANGARIAR, v.t. Aliciar; atrair; recrutar; obter; agenciar. (Pres. indic.: angario, angarias, etc.)

ANGELICAL, adj. O mesmo que angélico; que se assemelha aos anjos.

ANGÉLICO, adj. Próprio de anjos; puríssimo; formosíssimo.

ANGELINO, adj. Angélico.

ANGELITUDE, s.f. Estado ou qualidade de anjo.

ANGELIZAÇÃO, s.f. Ato ou efeito de angelizar.

ANGELIZAR, v.t. Tornar angélico, comparar a anjo.

ANGELÓLATRA, s. Pessoa que adora os anjos.

ANGELOLATRIA, s.f. Culto dos anjos.

ANGELOLÁTRICO, adj. Relativo a angelolatria.

ANGELOLOGIA, s.f. Tratado acerca dos anjos; crença na intervenção dos anjos.

ANGELOLÓGICO, adj. Relativo à angelologia.

ÂNGELUS, s.m. (lat.) Saudação angélica.

ANGINA, s.f. (Med.) Inflamação, mais ou menos intensa, das mucosas das fauces, faringe, laringe a traquéia; — de peito: dor constritiva, retroesternal, irradiada freqüentemente para o braço esquerdo, que aparece por acessos.

ANGINOSO, adj. Asfixiante.

ANGIOGRAFIA, s.f. Descrição dos vasos do corpo humano.

ANGIOGRÁFICO, adj. Relativo à angiografia.

ANGIOLOGIA, s.f. Parte da Anatomia que estuda os vasos.

ANGIOLÓGICO, adj. Relativo à angiologia.

ANGIOMA, s.m. Tumor formado pela proliferação de vasos sangüíneos ou linfáticos.

ANGIOPATIA, s.f. (Med.) Doença dos vasos sangüíneos.

ANGIOPÁTICO, adj. Relativo à angiopatia.

ANGIOSCLEROSE, s.f. Esclerose dos vasos sangüíneos; arteriosclerose.

ANGIOSE, s.f. Denominação genérica das doenças que têm a sua sede no sistema vascular sangüíneo; o mesmo que angiopatia.

ANGIOSPERMO, adj. (Bot.) Que tem as sementes revestidas de pericarpo distinto.

ANGLICANISMO, s.m. Religião do Estado em Inglaterra, seita protestante.

ANGLICANO, adj. Respeitante ao anglicanismo; s.m. partidário do anglicanismo.

ANGLICISMO, s.m. Palavra ou locução inglesa introduzida em outra língua. Ex.: flerte (namoro); em cima da hora (na hora exata), esporte clube.

ANGLICIZAR, v.t. Anglizar, submeter à influência inglesa; encher de anglicismos (a linguagem).

ÂNGLICO, adj. Inglês, anglo.

ANGLIZAR, v.t. Dar feição inglesa a, tornar inglês.

ANGLO, adj. Inglês.

ANGLOFILIA, s.f. Amor a tudo o que seja inglês.

ANGLÓFILO, adj. e s.m. Amigo dos ingleses e seus costumes.

ANGLOFOBIA, s.f. Ódio aos ingleses e à Inglaterra.

ANGLÓFOBO, adj. Que tem ódio aos ingleses.

ANGLOMANIA, s.f. Imitação exagerada de tudo o que é inglês; paixão pelo inglês.

ANGLOMANÍACO, s.m. Aquele que tem anglomania.

ANGLO-NORMANDO, adj. e s.m. Aplica-se aos normandos que se fundiram com os anglo-saxões.

ANGLO-SAXÃO (cs), adj. Relativo aos anglo-saxões; s.m. indivíduo dos anglo-saxões, povo resultante da fusão dos anglos com os saxões.

ANGLO-SAXÔNIO (cs), adj. e s.m. Anglo-saxão.

ANGOLA, s. Angolano, natural de Angola; negro.

ANGOLANO, adj. e s.m. Angolense.

ANGOLENSE, adj. Da Angola (África); s. o natural ou habitante da Angola. O mesmo que angolano.

ANGOLINHA, s.f. Galinha-d'angola.

ANGORÁ, adj. Referente a Angora; adj. e s. aplica-se aos gatos, coelhos, cabras, etc. provenientes de Angora, ou semelhante a estes na finura e comprimento do pêlo. (Embora o Vocabulário da Academia Brasileira de Letras consigne a pronúncia oxítona, numerosas autoridades são de opinião que a única forma legítima é paroxítona, portanto sem nenhum acento: angora (ó).)

ANGRA, s.f. Pequena enseada ou baía; calheta.

ANGU, s.m. Massa consistente de farinha de milho (fubá). Confusão, conflito.

ANGU-DE-CAROÇO, s.m. Confusão, desordem, balbúrdia.

ANGÜIFORME (gu-í), adj. Que tem forma de cobra.

ANGÜILIFORME (gu-í), adj. Que tem forma de enguia; s.m. espécime dos Angüiliformes, família de peixes malacopterígios, a que serve de tipo a enguia.

ANGULADO, adj. Com ângulos.

ANGULAR, adj. Que tem um ou mais ângulos; em forma de ângulo; pertencente a ângulos; que forma ângulo; v. int. andar, formando ângulo com uma linha, um objeto, uma rua; enviesar.

ANGULARIDADE, s.f. Caráter ou qualidade do que tem ângulo ou ângulos.

ANGULÁRIO, s.m. Instrumento para medir ângulos.

ÂNGULO, s.m. Esquina, canto, aresta; (Mat.) figura formada por duas semi-retas que têm a mesma origem; — agudo; ângulo menor que um ângulo reto central; — de desvio; (Ópt.) é o ângulo que forma o raio refratado com o prolongamento do raio incidente quando a luz passa através de um prisma; — de meia volta; denominação dada ao ângulo de 180º; — de segmento; ângulo formado por uma tangente a uma circunferência e pela corda que passa pelo ponto de contato; — de uma volta; denominação dada ao ângulo de 360º; — diedro; ângulo formado por dois semiplanos denominados faces, que têm como origem uma reta comum, chamada aresta; — excêntrico; o que é formado por duas cordas de uma circunferência, das quais uma, pelo menos, não é um diâmetro; — externo: o que é formado por duas retas cortadas por uma reta, e situado fora dessas retas; — inscrito; aquele cujo vértice está na circunferência e cujos lados são cordas; — interno: o que fica do lado de dentro de duas paralelas cortadas por uma reta; — obtuso: o que tem mais de 90º; — plano ou retilíneo de um diedro: ângulo cujo vértice está na aresta e cujos lados são perpendiculares à aresta, estando um em cada face do diedro; — reto: aquele que é formado por duas linhas que se cortam perpendicularmente; — s adjacentes: aqueles que têm o mesmo vértice e são separados por um lado comum; — s alternos-internos (ou alternos-externos): diz-se de dois ângulos não adjacentes, situados de um lado e de outro de uma reta transversal a outras duas, e entre estas duas (ou fora destas); — s colaterais: os formados por uma trans-

versal a duas retas e situados do mesmo lado dessas retas; — s complementares: dois ângulos cuja soma é 90º; — s correspondentes: ângulos formados por uma secante e duas paralelas, e que são um interno e outro externo, do mesmo lado da secante mas não adjacentes; — s suplementares: aqueles cuja soma vale 180º.

ANGULOSO, adj. Que tem ângulos; que tem esquina ou saliências pontiagudas e irregulares.

ANGÚSTIA, s.f. Estreiteza (de espaço); brevidade (de tempo); grande aflição; desgosto; ansiedade com opressão; agonia.

ANGUSTIADO, adj. Aflito, agoniado, atribulado.

ANGUSTIANTE, adj. Que causa angústia.

ANGUSTIAR, v.t. Causar angústia a; afligir, atormentar; p. afligir-se, sentir angústia. (Pres. indic.: angustio, angustias, etc.)

ANGUSTIOSO, adj. Cheio de angústia; que causa angústia, aflição.

ANGUSTO, adj. Apertado, estreito.

ANGUSTURA, s.f. Lugar estreito; passagem apertada entre ribanceiras íngremes; boqueirão.

ANGUZADA, s.f. Mistura de coisas; confusão; mescla; intriga; mexerico; reunião desordenada de pessoas.

ANHANGÜERA, s.m. (Palavra tupi) que siginifica "diabo velho"

ANHO, s.m. Cordeiro.

ANIAGEM, s.f. Tecido grosseiro de linho cru ou de juta, para encapar fardos.

ANICHADO, adj. Colocado em nicho; agachado, escondido.

ANICHAR, v.t. Pôr em nicho; alojar-se em nicho.

ANÍDRICO, adj. (Quím.) Que não contém água; sem água de cristalização. O mesmo que anidro.

ANIDRIDO, s.m. Designação genérica de substâncias provenientes teoricamente da desidratação completa dos oxiácidos.

ANIDRO, adj. Anídrico, sem água.

ANIDROSE, s.f. (Med.) Ausência ou diminuição da secreção do suor.

ANILAR, v.t. e p. Aniquilar, reduzir a nada.

ANIL, s.m. Substância azul, extraída das folhas da anileira e de outras leguminosas; índigo; anileiro; adj. azul. (Pl.: anis.)

ANILADO, adj. Tinto, corado de azul; azulado.

ANILAR, v.t. Dar cor de anil a; tingir de azul escuro; p. fazer-se cor de anil; tingir-se de azul.

ANILHO, s.m. Pequena argola metálica para enfiar cabos ou guarnecer ilhós; anel.

ANILINA, s.f. Matéria corante industrial; (Quím.) a mais simples das aminas fenólicas primárias.

ANIMAÇÃO, s.f. Ato ou efeito de animar; viveza; movimento; entusiasmo.

ANIMADOR, adj. e s.m. Que, ou aquele que anima, estímula, tranqüiliza.

ANIMADVERSÃO, s.f. Ódio; censura; repreensão.

ANIMAL, s.m. Ser organizado que sente e que se move; homem estúpido; adj. próprio ou referente a irracional. (Dim.: animalzinho, animáculo, aum.: animalão, animalaço)

ANIMALAÇO ou **ANIMALÃO**, s.m. Aumentativo de animal; pessoa muito estúpida.

ANIMALADA, s.f. Grande número de animais cavalares.

ANIMÁLCULO, s.m. Animal microscópico.

ANIMALEJO (ê), s.m. Diminutivo de animal; (fig.) pessoa estúpida, bruta.

ANIMALESCO (ê), adj. Relativo aos animais; que participa da qualidade dos animais; próprio de animal.

ANIMALIDADE, s.f. Caráter ou condição do que é animal; conjunto dos atributos do animal.

ANIMALISMO, s.m. Natureza, qualidade do animal.

ANIMALIZAÇÃO, s.f. Ato de animalizar.

ANIMALIZAR, v.t. Embrutecer.

ANIMANTE, adj. Que anima.

ANIMAR, v.t. Dar ânimo, vida, ação, movimento, entusiasmo a.

ANIMÁVEL, adj. Que se pode animar. Suscetível de ser animado.

ANIMICIDA, s. Pessoa que mata a alma.

ANÍMICO, adj. Que pertence à alma; psicológico.

ANIMISMO, s.m. Teoria filosófica que considera a alma como causa primária de todos os fatos intelectuais e vitais.

ANIMISTA, adj. Referente ao animismo; que segue o animismo; s. pessoa que segue o animismo.

ÂNIMO, s.m. Espírito; índole; vida; valor; coragem; intenção; interj. coragem!, eia!, sus!

ANIMOSIDADE, s.f. Aversão persistente; rancor; insolência, ousadia, antipatia.

ANIMOSO, adj. Corajoso, valoroso.

ANINADO, adj. Acalentado, ninado.

ANINAR, v.t. Embalar, acalentar, ninar.

ANINHAR, v.t. Pôr em ninho; conchegar; recolher; ocultar; int. fazer ninho; estar em ninho.

ANINHO, s.m. Cordeiro ou ovelha de um ano de idade.

ANIONTE, s.m. Íon carregado negativamente, isto é, átomo que adquiriu um ou mais elétrons; o mesmo que aníon.

ANIQUILAÇÃO, s.f. Destruição.

ANIQUILADO, adj. Arruinado, destruído, abatido, humilhado, prostrado.

ANIQUILADOR, adj. Destruidor.

ANIQUILAMENTO, s.m. Destruição.

ANIQUILAR, v.t. Reduzir a nada; anular; destruir; exterminar; aniilar.

ANIS, s.m. Planta da família das Umbelíferas e a semente dessa planta; erva-doce; licor aromatizado com essa planta. (Pl.: anises.)

ANISETE, s.m. Licor de anis.

ANISTIA, s.f. Perdão, quase sempre coletivo, concedido principalmente a criminosos políticos.

ANISTIAR, v.t. Perdoar.

ANISTÓRICO, adj. Contrário à história.

ANIVERSARIANTE, adj. Pessoa que faz anos.

ANIVERSARIAR, v.int. Fazer anos; celebrar aniversário.

ANIVERSÁRIO, adj. Dia em que se fazem anos; em que se comemora uma data qualquer.

ANJINHO, s.m. Diminutivo de anjo; criancinha viva ou morta; inocente.

ANJO, s.m. Ente espiritual que, segundo a religião católica, habita o céu; criança vestida de anjo nas procissões; (fig.) pessoa bondosa; criança sossegada.

ANO, s.m. Espaço de tempo gasto pela Terra numa translação completa em volta do Sol; espaço de doze meses.

ANO-BOM, s.m. O dia primeiro do ano; dia de Ano-Novo.

ANÓDIO, s.m. Pólo positivo, ponto de partida de uma corrente elétrica; o mesmo que ânodo.

ÂNODO, s.m. Diz-se do, ou eléctrodo positivo.

ANODONTE, adj. Sem dentes.

ANODONTIA, s.f. Falta completa de dentes.

ANÓFELE, s.m. Inseto díptero da família dos Culicídeos, transmissor da malária.

ANOFTALMIA, s.f. Privação do aparelho visual.

ANOITECER, v.int. Fazer-se noite.

ANOJADIÇO, adj. Que se anoja com facilidade.

ANOJADO, adj. Que está de luto; triste; desgostoso.

ANOJADOR, adj. Que anoja.

ANOJAMENTO, s.m. Ato de anojar; estado de nojo, luto.

ANOJAR, v.t. Causar nojo ou tédio a; desgostar; enjoar; enlutar; molestar; enfadar; p. agastar-se; enfadar-se.

ANOJO, s.m. O mesmo que anojamento.

ANOJOSO, adj. Que anoja, que causa nojo.

ANOMALIA, s.f. Irregularidade; anormalidade.

ANÔMALO, adj. Irregular; anormal, defeituoso.

ANONA, s.f. O mesmo que nona, fruta-do-conde.

ANONÁCEA, s.f. Espécimes das Anonáceas, família de plantas dicotiledôneas dialiopétalas, a qual tem como tipo a fruta-do-conde ou nona.

ANONIMATO, s.m. Estado do que não tem nome ou que o esconde.

ANONÍMIA, s.f. Qualidade do que é anônimo, sem nome.

ANÔNIMO, adj. Sem nome do autor; sem denominação.

ANOREXIA (cs), s.f. Inapetência; falta de apetite.

ANORMAL, adj. Sem norma; contrário às regras; anômalo; irregula; tarado.

ANORMALIDADE, s.f. Irregularidade.

ANORQUIA, s.f. Ausência congênita dos testículos.

ANORRINCO, adj. (Zool.) Desprovido de bico.

ANOSIDADE, s.f. Ancianidade, velhice.

ANOSO, adj. Que tem muitos anos.

ANOTAÇÃO, s.f. Apontamento escrito; nota.

ANOTADOR, adj. Observador, apontador.

ANOTAR, v.t. Apor notas a; esclarecer com comentários.

ANOVEAR, v.i. Multiplicar por nove; pagar anóveas.

ANOVELADO, adj. Enovelado, enrolado.

ANOVELAR, v.t. e p. Enovelar; enrolar.

ANQUILOSAR, v.t. e p. **ANQUILOSE**, s.f. **ANQUILOSTOMÍASE**, s.f. **ANQUILÓSTOMO**, s.m. (V. Ancilosar, etc.)

ANQUINHAS, s.f.pl. Ancas postiças; armação de arame para altear os quadris e entufar as saias das mulheres.

ANSA, s.f. (fig.) Pretexto, ensejo, ocasião, motivo; o mesmo que asa.

ANSEIO, s.m. Desejo ardente, anelo.

ANSERIFORME, adj. Que tem forma de pato ou de ganso.

ANSERINO, adj. Que se assemelha ao pato ou ao ganso; relativo a pato ou a ganso.

ÂNSIA, s.f. Aflição; estertor; desejo ardente; perturbação causada pela incerteza; pl. náuseas.

ANSIADO, adj. Aflito; desejado ardentemente.

ANSIAR, v.t. Afligir; angustiar; desejar ardentemente, com ânsia; rel. almejar; int. ter ânsias; p. padecer ânsias; angustiar-se.

ANSIEDADE, s.f. Angústia, incerteza aflitiva; desejo ardente, aflição.

ANSIFORME, adj. Aliforme; em forma de asa.

ANSIOSO, adj. Que tem ânsias; aflito; que arde em desejos.

ANSPEÇADA, s.m. Antigo posto militar acima de soldado, e sob as ordens de cabo.

ANTA, s.m. Monumento megalítico, formado por grande pedra horizontal, sobre outras, menores e verticais; dólmen; s.f. mamífero ungulado da família dos Tapirídeos; o mesmo que tapir.

ANTAGÔNICO, adj. Contrário, oposto, inimigo.

ANTAGONISMO, s.m. Oposição de idéias ou de sistemas; rivalidade; incompatibilidade, luta, relutância, inimizade.

ANTAGONISTA, s. Adversário; contraditor; competidor, opositor.

ANTÁLGICO, adj. Contrário à dor; próprio para acalmar a dor; anódino.

ANTANHO, adv. Antigamente.

ANTARES, s.m. Estrela principal da constelação do Escorpião.

ANTARQUISMO, s.m. Sistema de oposição a todos os governos.

ANTARQUISTA, adj. e s. Diz-se de, ou partidário do antarquismo.

ANTÁRTICO, adj. Oposto ao ártico; do pólo sul.

ANTE, prep. Diante de; (ant.) antes de; adv. (ant.) antes. Como prefixo entra na composição de várias palavras, sendo unido por hífen quando o vocábulo a que se liga começa por **h, r** ou **s**: ante-histórico, ante-rosto, ante-sala.

ANTEÂMBULO, s.m. Preâmbulo. Prefácio. Introdução.

ANTEATO, s.m. Curta representação teatral, que antecede a peça principal.

ANTEBRAÇO, s.m. Parte do membro superior desde o cotovelo até o pulso.

ANTEBRAQUIAL, adj. Relativo ao antebraço.

ANTECÂMARA, s.f. Aposento anterior à câmara; sala de espera.

ANTECEDÊNCIA, s.f. Estado ou lugar do que é antecedente; precedência.

ANTECEDENTE, adj. Precedente; s.m. (Gram.) palavra ou oração a que se refere o pronome relativo; (Lóg.) primeira proposição de um raciocínio; (Mat.) primeiro termo de uma razão por diferença; s.m.pl. fatos anteriores que deixam prever os que hão de seguir-se.

ANTECEDER, v.t. Vir antes; estar ou ficar antes; int. ser anterior; rel. ser anterior; preceder, antepor-se.

ANTECESSOR, s.m. Predecessor; pl. os antepassados.

ANTECIPAÇÃO, s.f. Ação de antecipar.

ANTECIPADO, adj. Que sucede antes do tempo próprio; dito de antemão; recebido ou pago antes do tempo.

ANTECIPAR, v.t. Fazer, dizer, gozar antes; fazer chegar antes do tempo; precipitar.

ANTECLÁSSICO, adj. Anterior ao período clássico.

ANTECONJUGAL, adj. Que antecede o casamento.

ANTEDATA, s.f. Data anterior que se põe em um escrito para fazer supor que foi feito na data a que se refere.

ANTEDATAR, v.t. Pôr antedata em:

ANTEDILUVIANO, adj. Anterior ao dilúvio; (fig.) muito antigo ou velho.

ANTEDIZER, v.t. Predizer; profetizar; anunciar, prognosticar.

ANTEGOSTAR, v.t. Antegozar, gozar antecipadamente.

ANTEGOSTO, s.m. Antegozo; prazer antecipado.

ANTEGOZAR, v.t. Gozar antecipadamente; prelibar.

ANTEGOZO, s.m. Gozo antecipado.

ANTEGUARDA, s.f. Vanguarda.

ANTE-HISTÓRICO, adj. O mesmo que pré-histórico.

ANTELMÍNTICO, adj. Vermífugo.

ANTELÓQUIO, s.m. Prefácio; prolóquio, prólogo.

ANTEMANHÃ, adv. Pouco antes de amanhecer; s.f. o alvorecer; anteaurora.

ANTEMÃO, adv. Previamente; na loc. adv.: de antemão.

ANTEMERIDIANO, adj. Anterior ao meio-dia.

ANTEMURADO, adj. Fortalecido com antemuros (fig.) protegido, fortalecido.

ANTEMURAL, adj. Relativo a antemuro; s.m. antemuro.

ANTEMURAR, v.t. Fortificar com antemuros.

ANTEMURO, s.m. Parapeito de fortaleza; barbacã; obra avançada de fortificação. O mesmo que antemural.

ANTENA, s.f. (Náut.) Verga fixa ao mastro, na qual se prende a vela latina. Fio ou sistema de fios suspensos a certa altura acima do solo, e que serve, nas instalações radiodifusoras, a receber ou transmitir as ondas hertzianas; (Zool.) apêndice anterior dos artrópodes, normalmente com funções sensoriais.

ANTENADO, adj. (Zool.) Provido de antenas.

ANTENAL, adj. Relativo às antenas do animal.

ANTENOME, s.m. Prenome; título que precede o nome.

ANTÊNULA, s.f. Diminutivo de antena.

ANTENUPCIAL, adj. Que antecede o casamento, as núpcias.

ANTEOCUPAR, v.t. Ocupar antecipadamente.

ANTEOLHOS, s.m. pl. Placas de couro que se põem ao lado dos olhos das cavalgaduras para que não se espantem.

ANTEONTEM, adv. No dia anterior ao de ontem.

ANTEPAGAR, v.t. Pagar antecipadamente.

ANTEPARAR, v.t. Resguardar; defender; acautelar.

ANTEPARO, s.m. Resguardo; defesa; precaução.

ANTEPASSADO, adj. e s.m. Ascendente; antecessor; ancestral.

ANTEPASTO, s.m. Iguarias que precedem as refeições.

ANTEPEITORAL, adj. Que fica na parte anterior do peito.

ANTEPENÚLTIMO, adj. Que precede o penúltimo.

ANTEPOR, v.t.-rel. Pôr antes; preferir.

ANTEPORTO, s.m. Lugar de abrigo à entrada de alguns portos.

ANTEPOSIÇÃO, s.f. Ato de antepor; colocação anterior; precedência.

ANTEPOSITIVO, adj. Que se põe antes.

ANTEPROJETO, s.m. Risco, esboço de projeto; preliminares de um plano.

ANTERA, s.f. (Bot.) Parte do estame onde estão os sacos polínicos.

ANTÉRICO, adj. Relativo à antera.

ANTERÍDIO, s.m. Órgão masculino das plantas criptógamas, correspondente ao estame dos Fanerógamos.

ANTERINO, adj. Das anteras; s.m. nome de uma planta medicinal.

ANTERIOR, adj. Que está adiante; que vem ou fica antes.

ANTERIORIDADE, s.f. Prioridade.

ÂNTERO-LATERAL, adj. Relativo à parte lateral e anterior.

ANTE-ROSTO, s.m. Página que precede o frontispício de uma obra, e que geralmente só contém o título dessa obra.

ANTES, adv. Em tempo anterior; de preferência; pelo contrário; dantes; antigamente.

ANTE-SALA, s.f. Sala que antecede a principal; antecâmara; sala de espera.

ANTETEMPO, adv. Antes do tempo próprio; prematuramente.

ANTEVER, v.t. Prever, conjecturar.

ANTEVERSÃO, s.f. (Cir.) Posição oblíqua do útero para a frente. (Antôn.: retroversão.)

ANTEVÉSPERA, s.f. Dia que precede a véspera.

ANTEVIDÊNCIA, s.f. Previdência.

ANTEVISÃO s.f. Previsão.

ANTI, pref. que denota oposição. Regra ortográfica: é seguido de hífen quando a palavra a que se

une começa por h, r ou s: anti-higiênico, anti-rábico, anti-social.

ANTIÁCIDO, adj. Que neutraliza acidez.

ANTIAÉREO, adj. Que resguarda contra o efeito dos ataques aéreos: abrigo antiaéreo, defesa antiaérea.

ANTIAFRODISÍACO, adj. Que acalma ou evita os apetites sexuais; anafrodisíaco.

ANTIALCOÓLICO, adj. Que modifica ou combate a ação do álcool.

ANTIAMARÍLICO, adj. Indicado contra a febre amarela.

ANTIAPOPLÉTICO ou ANTIAPOPLÉCTICO, adj. Que evita a apoplexia.

ANTIARISTOCRATA, s. Inimigo da aristocracia.

ANTIARISTOCRÁTICO, adj. Contrário à aristocracia.

ANTIARTRÍTICO, adj. Aplicável contra a gota ou artrite.

ANTIASMÁTICO, adj. Aplicável contra a asma.

ANTIBIÓTICO, adj. e s.m. Diz-se das substâncias medicamentosas de elevado poder de combate às infecções: penicilina, estreptomicina, cloranfenicol, tetraciclina, canamicina, etc.

ANTIBRASILEIRO, adj. Contrário ao Brasil.

ANTICAPITALISTA, adj. Contrário à predominância ou influência do capital.

ANTICÉPTICO ou ANTICÉTICO, adj. Contrário aos cépticos ou ao cepticismo.

ANTICICLONE, s.m. Movimento rotatório do ar, que parte de uma área atmosférica de alta pressão.

ANTICÍVICO, adj. Contrário aos deveres de cidadão.

ANTICLÁSSICO, adj. Contrário aos clássicos.

ANTICLERICAL, adj. Inimigo do clero.

ANTICOMERCIAL, adj. Contrário aos interesses do comércio.

ANTICONCEPCIONAL, adj. Que evita a concepção.

ANTICONJUGAL, adj. Contrário ao modo como devem viver os cônjuges.

ANTICONSTITUCIONAL, adj. Oposto à constituição política de um país.

ANTICORPO, s.m. (Med.) Nome dado às substâncias produzidas pelo organismo como reação às substâncias estranhas que penetraram na sua intimidade.

ANTICRISTÃO, adj. e s.m. Inimigo do cristianismo; contrário aos cristãos.

ANTICRISTO, s.m. Personagem que, segundo o Apocalipse, virá antes do fim do mundo para semear a impiedade. Inimigo de Cristo.

ANTIDEMOCRÁTICO, adj. Contrário à democracia.

ANTIDIFTÉRICO, adj. Aplicável contra a difteria.

ANTIDÍNICO, adj. Que combate a vertigem.

ANTIDIVORCISTA, adj. e s. Diz-se de, ou pessoa contrária ao divórcio.

ANTÍDOTO, s.m. Contraveneno.

ANTIDRAMÁTICO, adj. Contrário às regras da arte cênica.

ANTIESPASMÓDICO, adj. Que evita ou acalma os espasmos.

ANTIESTÉTICO, adj. Oposto à estética; em que não há bom gosto nem amor à beleza.

ANTIETIMOLÓGICO, adj. Contrário à etimologia.

ANTIEUFÔNICO, adj. Contrário à eufonia; desagradável ao ouvido.

ANTIFEBRIL, adj. Que serve para debelar a febre.

ANTIFLATULENTO, adj. Que serve para combater a flatulência.

ANTIFLOGÍSTICO, adj. (Med.) Contrário às inflamações.

ANTÍFONA, s.f. Versículo que se anuncia antes de um salmo.

ANTIFONÁRIO, s.m. Livro das antífonas.

ANTIFÔNICO, adj. Relativo à antifonia.

ANTÍFRASE, s.f. Emprego de uma palavra em sentido oposto ao verdadeiro.

ANTIGO, adj. Velho, ancião.

ANTIGRAMATICAL, adj. Oposto à gramática.

ANTIGÜIDADE, s.f. Qualidade de antigo; o tempo remoto.

ANTI-HIGIÊNICO, adj. Contrário à higiene.

ANTI-HISTÓRICO, adj. Contrário aos fatos históricos.

ANTILOGIA, s.f. Contradição aparente de palavras ou idéias.

ANTÍLOPE, s.m. Ruminante de galhos ocos, forma esbelta e carreira veloz.

ANTIMILITARISMO, s.m. Corrente política, ou de

48

opinião, contrária ao militarismo; **sentimento hostil** à guerra.
ANTIMILITARISTA, adj. Contrário ao militarismo.
ANTIMONARQUISMO, s.m. Sistema adverso ao governo monárquico.
ANTIMONARQUISTA, adj. e s. Partidário do antimonarquismo.
ANTIMONIATO, s.m. Designação genérica de compostos que encerram o radical monovalente SbO.
ANTIMONIETO (ê), s.m. Designação genérica de combinações binárias do antimônio com outro elemento.
ANTIMÔNIO, s.m. Elemento químico, metalóide, símbolo Sb, peso atômico 121,76; número atômico 51. O mesmo que estíbio (do latim stibium.)
ANTIMONIOSO (ô), adj. Diz-se dos compostos de antimônio em que este figura como trivalente.
ANTINEFRÍTICO, adj. Eficaz ou aplicável contra a nefrite.
ANTINOMIA, s.f. Contradição entre duas leis ou princípios; oposição recíproca.
ANTINÔMICO, adj. Em que há antinomia; contraditório; oposto.
ANTINOMISMO, s.m. (Filos.) Ética religiosa que dispensa a consideração das leis morais.
ANTINUPCIAL, adj. Infenso ao casamento; contrário ao casamento.
ANTIOFÍDICO, adj. Que combate o veneno das cobras.
ANTIPAPISMO, s.m. Sistema dos que não reconhecem o verdadeiro papa, o de Roma.
ANTIPAPISTA, adj. Contrário ao papa; que é sectário do antipapismo.
ANTIPARALELAS, adj.f.pl. Diz-se de duas retas em relação aos lados de um ângulo, quando uma delas forma com um lado do ângulo o mesmo ângulo que a outra forma com o outro lado.
ANTIPATIA, s.f. Aversão espontânea e instintiva; repugnância.
ANTIPÁTICO, adj. Que inspira antipatia, discorde, desarmônico.
ANTIPATIZAR, v.rel. Ter antipatia.
ANTIPATRIOTA, adj. Contra a pátria.
ANTIPATRIÓTICO, adj. Que é contrário aos interesses da pátria.
ANTIPEDAGÓGICO, adj. Contrário aos preceitos da pedagogia.
ANTIPESTOSO, adj. Que combate a peste.
ANTIPIRÉTICO, adj. Febrífugo.
ANTÍPODA, s.m. e adj. Habitante que, em relação a outro do globo, se encontra em lugar diametralmente oposto.
ANTIPÓDICO, adj. Relativo aos antípodas.
ANTIPODISMO, s.m. Qualidade ou situação de antípoda.
ANTIQUADO, adj. Tornado antigo, arcaico, obsoleto; desusado, fora de uso.
ANTIQUALHA, s.f. Coisa velha.
ANTIQUÁRIO, s.m. Estudioso, colecionador ou comerciante de antiguidades ou antiqualhas.
ANTI-RÁBICO, adj. Eficaz contra a raiva ou hidrofobia.
ANTI-SEMITA, adj. Inimigo da raça semítica, e particularmente dos judeus.
ANTI-SEMÍTICO, adj. Relativo aos antisemitas; contrário aos semitas e judeus.
ANTI-SOCIAL, adj. Contrário à sociedade.
ANTISSEPSIA, s.f. (Med.) Aplicação de desinfetantes e prevenção contra a fermentação pútrida e desenvolvimento de germes.
ANTISSÉPTICO, adj. e s.m. Desinfetante.
ANTÍSTITE, s.m. Chefe superior, prelado, bispo.
ANTÍTESE, s.f. Oposição entre palavras ou idéias.
ANTITETÂNICO, adj. (Med.) Que combate o tétano.
ANTITÉTICO, adj. Que contém antítese.
ANTITÓXICO (cs), adj. Contrário aos tóxicos.
ANTITOXINA (cs), s.f. (Med.) Substância que se forma no organismo para neutralizar a toxina que nele penetrou.
ANTOJADIÇO, adj. Enjoadiço.
ANTOJADOR, s.m. Que causa enjôos.
ANTOJAR, v.t. Enjoar; nausear.
ANTOJO, s.m. Enjôo; antipatia.
ANTOLHAR, v.t. Deparar.
ANTOLHOS, s.m. Pala com que se resguardam da luz olhos doentes; peças de couro dos arreios que obrigam os animais a olhar para diante, evitando que se espantem. O mesmo que anteolhos.
ANTOLOGIA, s.f. Tratado das flores; coleção de

trechos (em prosa ou verso); o mesmo que analecto, florilégio, seleta, crestomatia, espicilégio.
ANTOLOGISTA, s. Autor de antologia.
ANTÓLOGO, s.m. Coleção de hinos da igreja grega; antologista.
ANTONÍMIA, s.f. Qualidade e emprego de antônimos.
ANTÔNIMO, s.m. Palavra de significação oposta. Exs.: rico-pobre; bom-mau.
ANTONOMÁSIA, s.f. Substituição de um nome próprio por um comum ou uma perífrase, e vice-versa; alcunha; sobrenome. Ex.: bandeirante (paulista).
ANTONOMÁSTICO, adj. Em que há antonomásia.
ANTRACITE, s.f. O mais denso dos carvões fósseis, negro, de brilho vítreo, paupérrimo em substâncias voláteis e de grande poder calorífico, empregado como combustível nos fornos de cal ou vidraria.
ANTRACÓIDE, adj. Semelhante ao carvão; (Med.) semelhante ao antraz.
ANTRAZ, s.m. Furúnculo do pescoço; grupo de furúnculos confluentes; carbúnculo.
ANTRO, s.m. Caverna; abismo; casa ou lugar de perdição e vícios.
ANTROPOCÊNTRICO, adj. Diz-se do sistema filosófico segundo o qual o homem é o centro do universo.
ANTROPOCENTRISMO, s.m. Sistema antropocêntrico.
ANTROPOCENTRISTA, adj. e s. Sectário do antropocentrismo.
ANTROPOFAGIA, s.f. Estado, condição ou ato de antropófago. O mesmo que androfagia.
ANTROPÓFAGO, adj. e s.m. Diz-se de, ou indivíduo que come carne humana. O mesmo que andrófago.
ANTROPOFOBIA, s.f. Horror aos homens; misantropia.
ANTROPÓFOBO, adj. e s.m. Que, ou aquele que aborrece ou teme os homens; misantropo.
ANTROPOGENIA, s.f. Estudo da geração dos homens, dos fenômenos de sua reprodução.
ANTROPOGÊNICO, adj. Relativo à antropogenia.
ANTROPOGEOGRAFIA, s.f. Geografia humana.
ANTROPOGEOGRÁFICO, adj. Relativo à antropogeografia.
ANTROPOGRAFIA, s.f. Descrição do corpo humano.
ANTROPOGRÁFICO, adj. Relativo à antropografia.
ANTROPÓIDE, adj. Semelhante ao homem; s.m. espécime de símios desprovidos de cauda, como os gorilas.
ANTROPÓLATRA, adj. Adorador do homem.
ANTROPOLATRIA, s.f. Adoração do homem.
ANTROPOLÁTRICO, adj. Relativo à antropolatria.
ANTROPOLOGIA, s.f. Ciência que se ocupa do homem e tem por objeto o estudo e a classificação dos caracteres físicos dos grupos humanos.
ANTROPOLÓGICO, adj. Relativo à antropologia.
ANTROPOLOGISTA, s. ou **ANTROPÓLOGO**, s.m. Indivíduo versado em antropologia.
ANTROPOMETRIA, s.f. Conhecimento das dimensões das diversas partes do corpo humano.
ANTROPOMÉTRICO, adj. Relativo à antropometria.
ANTROPOMORFISMO, s.m. Doutrina que atribui a Deus uma forma humana.
ANTROPOMORFISTA ou **ANTROPOMORFITA**, s. Sectário do antropomorfismo.
ANTROPOMORFO, adj. Semelhante ao homem; que lembra o aspecto ou forma de um homem; s.m. espécime dos Antropomorfos, macacos que se aproximam da forma humana.
ANTROPONÍMIA, s.f. Estudo dos nomes próprios.
ANTROPONÍMICO, adj. Relativo à antroponimia.
ANTROPÔNIMO, s.m. Nome próprio de pessoa.
ANTROPOPITECO, s.m. Homem-macaco, elo hipotético entre o macaco e o homem.
ANTROPOSSOCIOLOGIA, s.f. Doutrina segundo a qual os fenômenos sociológicos assentam em base unicamente antropológica.
ANTROPOSSOCIOLÓGICO, adj. Relativo à antropossociologia.
ANU, s.m. Anum. Pássaro preto comedor de carrapato.
ANUAL, adj. Que dura um ano; que se dá uma vez por ano.
ANUALIDADE, s.f. Anuidade.
ANUÁRIO, s.m. Publicação anual.

ANUÊNCIA, s.f. Consentimento; aprovação.

ANUENTE, adj. Que consente, concorde.

ANUIDADE, s.f. Quantia paga uma vez por ano.

ANUIR, v.rel. Condescender; estar de acordo; assentir.

ANULABILIDADE, s.f. Qualidade do que é anulável.

ANULAÇÃO, s.f. Invalidar.

ANULADOR, adj. Invalidante.

ANULANTE ou ANULATIVO, adj. Invalidante.

ANULAR, adj. Em forma de anel; em que se usa pôr anel; dedo anular; v.t. tornar nulo, invalidar.

ANULATÓRIO, adj. (Jur.) Invalidatório.

ANULÁVEL, adj. Que se pode ou deve anular.

ANULOSO, adj. Cheio ou formado de anéis.

ANUM, s.m. O mesmo que anu.

ANUNCIAÇÃO, s.f. Comunicação.

ANUNCIADOR, adj. e s.m. Anunciante.

ANUNCIANTE, adj. Pessoa que anuncia. O mesmo que anunciador.

ANUNCIAR, v.t. Noticiar, publicar; fazer conhecer por anúncio; pressagiar; vaticinar, prenunciar. (Pres. ind.: anuncio, anuncias, etc.; pres. subj.: anuncie, anuncies, etc.)

ANUNCIATIVO, adj. Que anuncia; que contém anúncio.

ANÚNCIO, s.m. Notícia, aviso por meio do qual se dá qualquer coisa ao conhecimento público; prognóstico; indício, predição, sintoma.

ANURO, adj. (Zool.) Desprovido de cauda; pertencente ou relativo aos batráquios sem cauda no estado adulto, como as rãs e os sapos.

ÂNUS, s.m. 2 núm. (Anat.) Orifício na extremidade terminal do intestino, por onde se expelem os excrementos.

ANUVIAR, v.t. e p. Nublar, escurecer, ensombrar.

ANVERSO, s.m. Face de medalha ou moeda em que se vê a efígie ou emblema; parte anterior de qualquer objeto que tenha duas faces opostas.

ANZOL, s.m. Pequeno gancho, terminado em farpa, para pescar; (fig.) engano, ardil.

ANZOLADO, adj. Que tem forma de anzol.

ANZOLAR, v.t. Dar forma ou semelhança de anzol.

ANZOLEIRO, s.m. Fabricante ou negociante de anzóis.

AO, Combinação da prep. a com o art. o. Ex.: Vou ao colégio; combinação da prep. a com o pron. o: Dirijo-me antes ao que me interpelou.

AONDE, adv. A que lugar; lugar a que ou ao qual.

AORISTO, s.m. Tempo da conjugação grega que indica haver ocorrido a ação em época passada, sem determinar se está inteiramente realizada no momento em que se fala.

AORTA, s.f. Artéria principal que nasce no ventrículo esquerdo do coração.

APACHE, s.m. Indivíduo da tribo norte-americana dos Apaches.

APACHORRAR-SE, v.t. Encher-se de pachorra.

APADRINHADOR, adj. Protetor; defensor.

APADRINHAMENTO, s.m. Proteção; defesa.

APADRINHAR, v.t. Ser padrinho de; proteger; defender; patrocinar; p. pôr-se sob a proteção de; abonar-se; autorizar-se.

APADROAR, v.t. Ser padroeiro de; favorecer, apadrinhar, encobrir.

APAGADO, adj. Extinto, que já não arde, não tem brilho.

APAGADOR, s.m. Extintor.

APAGAMENTO, s.m. Extinção.

APAGAR, v.t. Extinguir, fazer desaparecer; deslustrar; obscurecer.

APAINELADO, adj. Que tem feitio de painel; dividido em painéis.

APAINELAMENTO, s.m. Ato de apainelar.

APAINELAR, v.t. Dar forma de painel a; ornar com molduras ou artesões (teto, parede, etc.)

APAIOLAR, v.t. Meter em paiol, arrecadar, armazenar.

APAISANADO, adj. Que tem modos ou aspecto de paisano.

APAISANAR, v.t. Dar modos ou traje de paisano a.

APAIXONADO, adj. e s.m. Dominado por paixão; namorado; amante; exaltado; entusiasta.

APAIXONAMENTO, s.m. Efeito de apaixonar.

APAIXONAR-SE, v.pron. Encher-se de paixão por; enamorar-se.

APAIXONÁVEL, adj. Capaz de apaixonar-se.

APALAÇAR, v.t. Que tem aspecto de palácio.

APALAÇAR, v.t. Dar aspecto ou forma de palácio a.

APALACIANADO, adj. Que tem modos palacianos.

APALACIANAR, v.t. Tornar palaciano.

APALADAR, v.t. Dar bom sabor a, ou paladar a.

APALAVRADO, adj. Ajustado, convencionado sob palavra.

APALAVRAMENTO, s.m. Combinação; compromisso.

APALAVRAR, v.t. Ajustar sob palavra; contratar; combinar; p. obrigar-se pela palavra, empenhar-se, penhorar-se pela palavra.

APALEADOR, s.m. O que apaleia.

APALEAMENTO, s.m. Ação de apalear.

APALEAR, v.t. Bater com pau, espancar.

APALERMADO, adj. Bobo, idiota.

APALERMAR-SE, v.p. Tornar-se palerma.

APALPAÇÃO, s.f. Exame pelo tato; o mesmo que palpação; bolina.

APALPADEIRA, s.f. Mulher encarregada, nos postos fiscais, de verificar se pessoas de seu sexo conduzem contrabando.

APALPADELA, s.f. Ato de apalpar. O mesmo que apalpação; apalpamento.

APALPADOR, adj. e s.m. Que, ou aquele que apalpa; bolinador.

APALPAMENTO, s.m. Ação de apalpar.

APALPAR, v.t. Tatear; tocar com a mão para examinar por meio do tato; bolinar.

APANÁGIO, s.m. Propriedade característica; atributo; (ant.) pensão ou propriedade dada pelo soberano a seus filhos segundos e a viúvas nobres.

APANHA, s.f. Colheita. O mesmo que, apanhação, apanhadura, apanhamento e apanho.

APANHAÇÃO, s.f. (V. Apanha.)

APANHADEIRA, s.f. Mulher que apanha frutos, cereais, etc.

APANHADIÇO, adj. Que se apanha facilmente.

APANHADO, adj. Agarrado; tomado; colhido; s.m. resumo; síntese; súmula.

APANHADOR, adj. Que apanha; s.m. aquele que apanha; o que colhe o fruto maduro.

APANHADURA, s.f. (V. Apanha.)

APANHAMENTO, s.m. Apanha; apanhado.

APANHA-MOSCAS, s.m. Aparelho para apanhar moscas.

APANHAR, v.t. Colher; levantar do chão; dobrar; arregaçar; alcançar; obter; levar surra.

APANIGUADO, s.m. Capanga; comparsa.

APANIGUAR, v.t. Dispensar proteção a; favorecer; sustentar.

APANTUFADO, adj. Em forma de pantufa.

APANTUFAR, v.t. Dar feição de pantufa a; p. calçar pantufas.

APARA, s.f. Fragmento de qualquer objeto; lasca.

APARADELA, s.f. Ato ou efeito de aparar.

APARADOR, adj. e s.m. Que, ou aquele que apara; s.m. bufete.

APARAR, v.t. Desbastar as asperezas de; alisar; cortar as beiras de.

APARATAR, v.t. Tornar aparatoso; adornar; ornar, enfeitar.

APARATO, s.m. Ostentação; magnificência, pompa, esplendor.

APARATOSO, adj. Magnificente, grandioso, vistoso, suntuoso, faustoso, pomposo, brilhante, esplêndido.

APARCEIRAR, v.t. Associar-se; entrar em sociedade; mancomunar-se.

APARCELADO, adj. Cheio de recifes, escolhos.

APARCELAR, v.t. Encher de escolhos.

APARECENTE, adj. Visível.

APARECER, v.int. Surgir, apresentar-se.

APARECIDO, s.m. Aquele ou aquilo que apareceu.

APARECIMENTO, s.m. Ato de aparecer.

APARELHADO, adj. Preparado; arreado; disposto; consertado; enfeitado.

APARELHADOR, s.m. Aquele que dispõe; que arranja o necessário para o trabalho.

APARELHAGEM, s.f. Conjunto de aparelhos.

APARELHAMENTO, s.m. Ato de aparelhar. O mesmo que aparelho. Conjunto de objetos necessários.

APARELHAR, v.t. Preparar; dispor; aprestar; enfeitar; consertar; ornar.

APARELHÁVEL, adj. Que pode ser aparelhado.

APARELHO, s.m. Preparo, disposição; conjunto de utensílios; arreios de cavalgadura; conjunto de peças um em serviço de mesa; instrumentos de pesca; máquina; ligadura para feridas; conjunto de órgãos que desempenham certas funções vitais. Traje completo.

APARÊNCIA, s.f. Aspecto; exterioridade.
APARENTADO, adj. Que tem parentesco.
APARENTAR, v.t. Parecer, simular; estabelecer parentesco entre.
APARENTE, adj. Simulado, verossímil, que parece, que aparenta.
APARIÇÃO, s.f. Visão; fantasma; assombração.
APARO, s.m. Ato de aparar; talho feito na antiga pena de escrever.
APARREIRADO, adj. Cercado de parreiras; à feição de parreira.
APARREIRAR, v.t. Plantar, cercar ou cobrir de parreiras.
APARTAÇÃO, s.f. Separação, desunião.
APARTADO, adj. Desviado do caminho; linginquo, remoto, afastado, distante.
APARTADOR, adj. Separador.
APARTAMENTO, s.m. Ação ou efeito de apartar; separação. Quarto, aposento, câmara. Moradia em casa de condôminos.
APARTAR, v.t. Desunir, separar; escolher.
APARTE, s.m. O que um ator diz em cena como se fosse unicamente para ele; interrupção feita a um orador, no meio do seu discurso.
APARTEAR, v.t. Interromper com apartes; dirigir apartes a. (Pres. ind.: aparteio, aparteias, etc.; pres. subj.: aparteie, aparteies, etc.)
APARTISTA, adj. e s. Que ou pessoa que tem a mania de apartear.
APARVALHADO, adj. Atoleimado, idiota.
APARVALHAMENTO, s.m. Ato ou efeito de aparvalhar.
APARVALHAR, v.t. Tornar parvo ou idiota.
APARVOADO, adj. Um tanto parvo.
APARVOAR, v.t. Tornar parvo ou idiota.
APASCENTADOR, s.m. Pastor; pegureiro.
APASCENTAMENTO, s.m. Ato ou efeito de apascentar.
APASCENTAR, v.t. Trazer a pastar; guardar no pasto; pastorear; doutrinar.
APASSIONAR, v.t. Apaixonar.
APASSIVAÇÃO, s.f. Ato de apassivar.
APASSIVADO, adj. (Gram.) Empregado na voz passiva, ou como passivo.
APASSIVADOR, adj. (Gram.) Que apassiva. O mesmo que apassivante.
APASSIVAMENTO, s.m. Ato ou efeito de apassivar.
APASSIVANTE, adj. (Gram.) Apassivador.
APASSIVAR, v.t. Tornar passivo, inerte; (Gram.) por na voz passiva; empregar passivamente.
APATACADO, adj. Endinheirado, rico.
APATETADO, adj. Demente; atoleimado; pateta.
APATETAMENTO, s.m. Ato ou efeito de apatetar.
APATETAR, v.t. e p. Tornar pateta, aparvalhar.
APATIA, s.f. Insensibilidade; indiferença; indolência; falta de energia.
APÁTICO, adj. Que tem apatia.
APÁTRIDA, s. Sem pátria.
APAULADO (a-u), adj. Paludoso, pantanoso, lamacento.
APAVESAR, v.t. Empavesar.
APAVONAR, v.t. Empavonar, enfeitar com roupas de várias cores como as penas do pavão; ficar orgulhoso.
APAVORADOR, adj. Que apavora. O mesmo que apavorante.
APAVORAMENTO, s.m. Ato ou efeito de apavorar
APAVORANTE, adj. Apavorador.
APAVORAR, v.t. Aterrar; assustar; p. assustar-se.
APAZIGUADO, adj. Pacificado, aplacado, aquietado.
APAZIGUADOR, adj. Pacificador.
APAZIGUAMENTO, s.m. Pacificação.
APAZIGUANTE, adj. Que apazigua; apaziguador.
APAZIGUAR, v.t. e p. Sossegar; aplacar; aquietar; reconciliar. Tranqüilizar, pacificar. (Pres. ind.: apaziguo (ú), apaziguas (ú), etc. Perf. ind.: apaziguei, etc. Pres. subj.: apazigúe, apazigúes, apazigúe, apazigüemos, apazigüeis, apazigüem.)
APEADEIRO, s.m. Lugar onde o trem para, só para deixar ou receber passageiros.
APEAR, v.t. Fazer descer, desmontar; t.-rel. demitir; int. descer do cavalo, carruagem, etc.; rel. descer; p. descer do cavalo.
APEDANTADO, adj. De ar pedante.
APEDANTAR, v.t. Tornar pedante.
APEDEUTA, s. Pessoa ignorante, sem instrução.
APEDEUTISMO, s.m. Ignorância.

APEDRAR, v.t. Guarnecer de pedras.
APEDREGULHAR, v.t. Entulhar ou encher de pedras miúdas ou cascalho.
APEDREJADO, adj. Ferido de pedradas; lapidado.
APEDREJADOR, s.m. Lapidador.
APEDREJAMENTO, s.m. Ato de apedrejar; lapidação.
APEDREJAR, v.t. Atirar pedras contra; supliciar a pedradas; lapidar; correr a pedradas; ofender; insultar.
APEGAÇÃO, s.f. Ato de apegar; (ant.) o ato de pegar em alguma coisa, por efeito de posse judicial.
APEGADIÇO, adj. Que se apega com facilidade; viscoso; contagioso.
APEGAR, v.t.-rel. Comunicar por contágio; afeiçoar; p. enredar-se; segurar-se; arrimar-se; afeiçoar-se; dedicar-se.
APEGO, s.m. Insistência; inclinação afetuosa; constância; amizade.
APEIRAGEM, s.f. Aparelho completo para jungir bois.
APEIRAR, v.t.-rel. Jungir ao carro ou à charrua.
APEIRO, s.m. A reunião de todos os instrumentos de lavoura, e de qualquer arte ou ofício; apeiragem.
APELAÇÃO, s.f. Ato de apelar; o mesmo que apelamento; recurso; chamamento.
APELAMENTO, s.m. (V. Apelação.)
APELANTE, adj. e s. Diz-se de, ou pessoa que apela ou recorre de uma sentença.
APELAR, v. rel. Interpor apelação, recorrer por apelação; recorrer, buscar remédio ou auxílio para alguma necessidade ou trabalho; invocar socorro; chamar em auxílio.
APELATIVO, adj. e s.m. (Gram.) Diz-se de, ou nome comum aos indivíduos de uma classe.
APELATÓRIO, adj. Relativo à apelação.
APELÁVEL, adj. De que se pode apelar.
APELIDAÇÃO, s.f. Ato de apelidar.
APELIDAR, v.t.-pred. Designar (por apelido); cognominar; t.-rel. convocar; convidar; t. pôr alcunha ou apelido em; alcunhar; p. ter por sobrenome, apelido ou alcunha.
APELIDO, s.m. Sobrenome ou nome de família; alcunha; designação especial de algumas coisas.
APELINTRADO, adj. Elegante.
APELO, s.m. Apelação; invocação; chamamento.
APENAS, adv. Unicamente; dificilmente; conj. logo que.
APÊNDICE, s.m. Parte anexa a uma obra; acrescentamento; (Anat.) parte acessória de um órgão, ou que lhe é contínua, mas distinta pela sua forma e posição.
APENDICITE, s.f. Inflamação do apêndice íleo-cecal.
APENDICULADO, adj. (Bot.) Que é terminado por um apêndice ou prolongamento.
APENDICULAR, adj. Relativo a apêndice; não essencial ao todo a que pertence; v.t. juntar como apêndice; acrescentar; apensar.
APENDÍCULO, s.m. Pequeno apêndice.
APENDOAMENTO, s.m. Ação de apendoar.
APENDOAR, v.t. Guarnecer de pendões; int. deitar pendão (o milho ou a cana).
APENSO, adj. Junto; anexo.
APEQUENADO, adj. Diminuído.
APEQUENAR, v.t. e p. Tornar pequeno; deprimir.
APERALTADO, adj. Que tem modos de peralta.
APERALTAR, v.t. Tornar peralta; dar modos de peralta. F.paral.: aparaltar.
APERALVILHAR, v.t. Ajanotar.
APERCEBER, v.t. Preparar, aparelhar; armar.
APERCEBIMENTO, s.m. Ato de aperceber; apresto; aparelho; disposição; precaução.
APERCEPÇÃO, s.f. Percepção clara e nítida de qualquer objeto; intuição, faculdade ou ação de aprender imediatamente pela consciência uma idéia, um juízo; (Psic.) assimilação de novas experiências.
APERCEPTIBILIDADE, s.f. Qualidade ou caráter do que é aperceptível.
APERCEPTÍVEL, adj. Que se pode aperceber, avistar ou distinguir.
APERFEIÇOADO, adj. Que se tornou perfeito, completo.
APERFEIÇOADOR, adj. e s.m. Que, ou o que aperfeiçoa.
APERFEIÇOAMENTO, s.m. Ato de aperfeiçoar.
APERFEIÇOAR, v.t. Acabar com perfeição; con-

51

cluir com esmero; melhorar; p. tornar-se melhor; adquirir maior grau de perfeição.

APERFEIÇOÁVEL, adj. Que pode ser aperfeiçoado.

APERGAMINHADO, adj. Que tem o aspecto de pergaminho.

APERIENTE, adj. Que abre o apetite; aperitivo.

APERITIVO, s.m. Beberete.

APERO, s.m. ou **APEROS** (ê), pl. Os preparos necessários para encilhar um cavalo; arreios; jaez.

APEROLAR, v.t. Dar semelhança de pérola a.

APERRAR, v.t. Engatilhar; levantar o cão de (espingarda).

APERREAÇÃO, s.f. Nervosismo, opressão.

APERREADO, adj. Oprimido; vexado, nervoso.

APERREADOR, adj. Oprimente, amolante.

APERREAMENTO, s.m. Amolação, vexame.

APERREAR, v.t. Fazer perseguir por cães ou perros; oprimir.

APERTADELA, s.f. Ato ou efeito de apertar.

APERTADO, adj. Estreito, comprimido.

APERTADOR, adj. Arrochador.

APERTADOURO, s.m. O lugar onde se aperta; cinto, faixa, etc., para apertar; espartilho.

APERTÃO, s.m. Grande aperto.

APERTAR, v.t. Comprimir; estreitar; segurar; instar com; restringir; arrochar.

APERTO, s.m. Ato de apertar; pressa; situação difícil ou perigosa; penúria; aflição; austeridade; urgência.

APERTURA, s.f. Aperto; dificuldade; opressão; compressão.

APESAR DE, loc. prep. Não obstante; a despeito de; — de que, loc. conj.: ainda que.

APESSOADO, adj. De boa aparência; de boa estatura.

APESTANADO, adj. Que tem pestanas ou fartas pestanas.

APESTAR, v.t. e int. Empestar.

APETECEDOR, adj. Que desperta o apetite.

APETECÍVEL, adj. Digno de se apetecer, desejável.

APETÊNCIA, s.f. Vontade de comer.

APETENTE, adj. Que tem apetite.

APETITE, s.m. Vontade de comer; desejo.

APETITOSO, adj. Que causa apetite; gostoso; cobiçoso, digno de ser apetecido; saboroso.

APETRECHAR, v.t. e p. Munir, prover de apetrechos.

APETRECHO, s.m. Coisas necessárias para a execução de um empreendimento.

APIÁRIO, adj. Relativo às abelhas; s.m. estabelecimento de criação de abelhas.

ÁPICE, s.m. Vértice; cume; ponto mais elevado; o mais alto grau; cimalha.

APICULTOR, s.m. Criador de abelhas.

APICULTURA, s.f. Criação de abelhas.

APIEDADOR, adj. e s.m. Que, ou aquele que se apiada, que se condói.

APIEDAR-SE, v.p. Ter compaixão; condoer-se; compadecer-se. (Irreg.) Muda o **e** do tema em **a**, nas formas rizotônicas (apiado-me, apiadas-te, apiada-se, apiedamo-nos, apiedai-vos, apiadam-se; muitos autores conjugam regularmente em todas as pessoas: apiedo-me, etc.)

APIMENTADO, adj. Temperado com pimenta; picante; excitante; (fig.) malicioso.

APIMENTAR, v.t. Temperar com pimenta ou pimentão; estimular; tornar picante; (fig.) tornar malicioso.

APINCELAR, v.t. Dar forma de pincel a; dar mão de tinta ou de cal (com pincel) a.

APINHADO, adj. Aglomerado, amontoado.

APINHAR, v.t. Unir como pinhões na pinha; ajuntar; empilhar; amontoar; encher.

APISOAMENTO, s.m. Ato ou operação de apisoar.

APISOAR, v.t. Trabalhar o pano no pisão; batê-lo bem ao tecer; pisoar; consolidar (o terreno) em camadas sucessivas, por meio de repetidas batidas de soquete ou macaco.

APITAR, v.int. Estridular; soar o apito, pedir socorro; silvar (o apito).

APITO, s.m. Pequeno instrumento para assobiar, dirigir manobras, pedir socorro; silvo.

APLACAÇÃO, s.f. Apaziguamento, calma.

APLACADOR, adj. Apaziguador, consolador.

APLACAR, v.t. Tornar plácido; tranqüilizar; serenar; acalmar; abonançar; abrandar; mitigar.

APLACÁVEL, adj. Que se pode aplacar.

APLAINADO, adj. Nivelado, tornado plano, liso.

APLAINAMENTO, s.m. Ação de aplainar.

APLAINAR, v.t. Alisar com plaina; aplainar; remo-

ver; superar, levigar.

APLANAÇÃO, s.f. Aplanamento.

APLANADO, adj. Nivelado, aplainado, plano, liso.

APLANADOR, adj. e s.m. Que, ou aquilo que aplana.

APLANAMENTO, s.m. Ato de aplanar; aplanação; nivelamento.

APLANAR, v.t. Tornar plano; igualar; nivelar; remover (dificuldades); desembaraçar; facilitar.

APLAUDIDOR, adj. Que aplaude.

APLAUDIR, v.t. Dar aplausos a; elogiar; apoiar; bater palmas; louvar.

APLAUSÍVEL, adj. Digno de aplauso; plausível, admissível, aprovável.

APLAUSO, s.m. Aclamação; louvor; elogio público; demonstração ruidosa e alegre de aprovação.

APLICABILIDADE, s.f. Caráter ou qualidade do que é aplicável.

APLICAÇÃO, s.f. Adaptação, destino; afinco e concentração de espírito no estudo; obra de passamanaria; bordado, renda ou crochê que se faz separadamente para depois costurar à obra.

APLICADO, adj. Que se aplica; aposto; empregado; estudioso; atento.

APLICANTE, adj. Que aplica.

APLICAR, v.t. Pôr em prática; receitar; t.-rel. adaptar; sobrepor; empregar; infligir; impor; destinar; acomodar; adequar; p. consagrar-se; dedicar-se.

APLICATIVO, adj. O mesmo que aplicável.

APLICÁVEL, adj. Que pode ser aplicado.

APOCALIPSE, s.m. Revelação teológica; o livro canônico das revelações de S. João Evangelista; (fig.) linguagem incompreensível, sibilina.

APOCALÍPTICO, adj. Relativo a apocalipse ou ao Apocalipse; (fig.) de difícil compreensão, sibilino; obscuro; estranhamente monstruoso.

APOCOPADO, adj. Que sofreu apócope, palavra apocopada.

APOCOPAR, v.t. Diminuir sílaba no fim de palavra.

APÓCOPE, s.f. (Gram.) Supressão de fonema ou sílaba no fim de palavra: **mármor** por **mármore**; **mui** por **muito**; **bel** por **belo**; **val** por **vale**.

APOCÓPICO, adj. Relativo à apócope.

APÓCRIFO, adj. Sem autenticidade; falso.

APODADOR, adj. e s.m. Que, ou aquele que apoda; motejador; escarnecedor, zombador.

APODAR, v.t. Dirigir apodos a; escarnecer de; trocar de.

APODERAR-SE, v.p. Apossar-se, senhorear-se.

APODO, s.m. Comparação ridícula; zombaria; mofa, moteja; cognome; alcunha.

APODRECER, v.t. Tornar podre; corromper, estragar moralmente; int. tornar-se podre.

APODRECIMENTO, s.m. Putrefação; decomposição orgânica; (fig.) perversão.

APODRENTAR, v.t.int. e p. Apodrecer.

APOFISÁRIO, adj. Relativo à apófise; o mesmo que apofisiário.

APÓFISE, s.f. Eminência de um osso; saliência de qualquer segmento dos apêndices dos artrópodes; (Geol.) terminação aguçada de grande massa intrusiva de rocha.

APOFISIÁRIO, s.f. Relativo à apófise; o mesmo que apofisiário.

APOFONIA, s.f. (Gram.) Alteração do valor fonético da vogal de um radical, sem ser por influência da vogal final; ex.: coro, coros (ô).

APOGEU, s.m. O ponto da órbita de um astro mais distante da Terra; (fig.) o mais alto grau; o ponto mais alto. (Antôn.: perigeu.)

APOGÍSTICO, adj. Relativo ao apogeu.

APOGRÁFICO, adj. Relativo a apógrafo (reprodução que tem o caráter de apógrafo).

APÓGRAFO, s.m. Reprodução de um escrito original; traslado; aparelho para cópia de desenhos.

APOIADO, s.m. Aplauso; apoio; interj. muito bem!

APOIAR, v.t. Dar apoio a; aplaudir; favorecer; patrocinar; sustentar; amparar.

APOIO, s.m. Base; sustentáculo; aplauso; proteção; auxílio; prova.

APOJADO, adj. Intumescido com algum líquido, cheio.

APOJADURA, s.f. Grande afluência de leite aos peitos da mulher que amamenta ou às tetas das fêmeas que criam.

APOJAMENTO, s.m. Ato de apojar.

APOJAR, v.int. Encher-se ou intumescer-se de leite ou de outro líquido.

APOJATURA, s.f. (Mús.) Ornamento melódico representado por uma pequena nota sem corte obliquo na haste, precedendo a nota essencial, à qual subtrai o próprio valor e acentuação.

APOJO, s.m. O leite mais grosso extraído da vaca, depois de se tirar o primeiro, que é pouco espesso.

APOLEGAR, v.t. Pegar com os dedos.

APÓLICE, s.f. Certificado escrito de uma obrigação mercantil, para indenização de prejuízos; título de empréstimo público; bônus.

APOLÍNEO ou **APOLÍNICO**, adj. Relativo a Apolo; belo, formoso.

APOLÍTICO, adj. Não político; que não trata de política; alheio à política.

APOLOGÉTICO, adj. Que contém apologia.

APOLOGIA, s.f. Discurso para justificar ou defender; encômio; elogio.

APOLOGISMO, s.m. Apologia; discurso apologético.

APOLOGISTA, adj. e s. Diz-se de, ou pessoa que faz apologia.

APOLOGIZAR, v.t. Fazer apologia de.

APÓLOGO, s.m. Alegoria moral, em que figuram, a falar, animais ou coisas inanimadas; fábula.

APOLTRONAR-SE, v.t. Sentar-se em poltrona; fazer-se poltrão.

APONTADO, adj. Que tem ponta, que termina em ponta; indicado; notado.

APONTADOR, s.m. Homem que aponta, que faz pontas de instrumentos; objeto que serve para fazer ponta de lápis; encarregado de anotar o pontos dos operários; o que serve de ponto no teatro.

APONTAMENTO, s.m. Lembrança; nota, registro; plano; indicação sucinta de uma obra ou trabalho por executar.

APONTAR, v.t. Indicar; marcar; mencionar; anotar, registrar; tomar nota de (letras de câmbio), por falta de pagamento na data aprazada; t.-rel. fazer pontaria; dirigir; mostrar, indicar com o dedo; t.-pred. designar, indigitar.

APONTÁVEL, adj. Que pode ser apontado.

APONTOADO, adj. Seguro com pontos largos; s.m. conjunto de coisas desconexas.

APONTOAR, v.t. Segurar com pontos largos; segurar, encher com pontões, citar a ponto, a propósito.

APOPLÉCTICO ou **APOPLÉTICO**, adj. Relativo à apoplexia; sujeito a apoplexias; irritado; congestionado; acalorado.

APOPLEXIA (cs), s.f. Afecção cerebral causada por acidente vascular e que se manifesta por privação dos sentidos e do movimento.

APOQUENTAÇÃO, s.f. Amolação; mal-estar, incômodo.

APOQUENTADO, adj. Aflito; torturado moralmente; importunado.

APOQUENTADOR, adj. e s.m. Amolador, importunador.

APOQUENTAR, v.t. e p. Ralar, afligir, aborrecer, amofinar, atenazar, importunar, molestar.

APOR, v.t. Pôr junto ou em cima; t.-rel. justapor, sobrepor; aplicar; ligar. (Conjuga-se como pôr.)

APORTADA, s.f. ou **APORTAMENTO**, s.m. Ação de aportar.

APORTAR, v.t.-rel. Conduzir (ao porto); levar ou trazer (a algum lugar); int. chegar ao porto; fundear.

APORTILHAR, v.t. Abrir portilhas ou portilhões em (muros ou costados de navios).

APORTUGUESADO, adj. Que tem forma portuguesa.

APORTUGUESAMENTO, s.m. Ato ou efeito de aportuguesar.

APORTUGUESAR, v.t. Dar forma, caráter ou feição portuguesa.

APORTUGUESÁVEL, adj. Que se pode aportuguesar.

APÓS, prep. Depois de; atrás de; adv. depois.

APOSENTAÇÃO, s.f. O mesmo que aposentadoria.

APOSENTADOR, adj. e s.m. Que, ou aquele que aposenta.

APOSENTADORIA, s.f. Ato de aposentar; aposentação; aposentamento; hospedagem; jubilação; descanso, cessação.

APOSENTAMENTO, s.m. O mesmo que aposentadoria.

APOSENTAR, v.t. Hospedar; dar aposentadoria a; conceder reforma com soldo ou ordenado por inteiro, ou parte dele a; jubilar; p. hospedar-se; solicitar aposentadoria, jubilação ou reforma; deixar o serviço por ter completado o número de anos

exigido por lei ou por motivo de invalidez definitiva, continuando a perceber vencimentos.

APOSENTO, s.m. Moradia; agasalho; quarto; compartimento de casa.

APOSIÇÃO, s.f. Ação de apor; (Gram.) emprego de um substantivo ou locução substantiva, como aposto.

APOSSAR, v.t.-rel. Pôr de posse; dar posse a; p. tomar posse, apoderar-se.

APOSSEAR-SE, v.p. Apossar-se.

APOSTA, s.f. Ajuste entre pessoas de opiniões diferentes, no qual a que não acerta deve pagar a outra algo previamente determinado; a coisa ou quantia que se aposta.

APOSTADO, adj. Decidido; deliberado, num fito propositado; empenhado; (ant.) concertado, preparado, aparelhado.

APOSTADOR, s.m. Aquele que aposta.

APOSTAR, v.t. Fazer aposta de; arriscar; sustentar; (ant.) preparar; pôr em ordem; rel. estar convencido da vitória de.

APOSTASIA, s.f. Abjuração; deserção da fé; mudanças de crenças; abandono de um partido ou de antiga opinião.

APÓSTATA, adj. e s. Que, ou pessoa que cometeu apostasia; abandono de uma religião para ingressar em outra.

APOSTATAR, v.rel. Desertar (da fé); mudar (de religião ou de partido); int. cometer apostasia.

APOSTEMA, s.m. Abscesso que termina por supuração.

APOSTEMAR, v.t. Corromper; infetar; estragar; produzir apostema em; p. supurar.

APOSTEMÁTICO, adj. Respeitante a apostema. O mesmo que apostemoso.

APOSTEMEIRA, s.f. Quantidade de apostemas.

APOSTEMEIRO, s.m. Lanceta para abrir apostemas.

APOSTEMOSO (ô), adj. Relativo ao apostema.

APOSTILA, s.f. Adição ou notação a um escrito; nota suplementar a um diploma oficial; recomendação à margem de um requerimento; comentário. O mesmo que apostilha.

APOSTILADOR, s.m. Aquele que faz apostilas.

APOSTILAR, v.t. Fazer apostilas a; notar à margem; anotar, emendar; rel. apor anotações ou apostilas.

APOSTILHA, s.f. Apostila; pontos ou matérias de aulas publicadas em avulsos para uso de alunos.

APOSTO, adj. Que se apôs; posto sobre; adjunto; (Gram.) substantivo que modifica outro (o fundamental) sem auxílio de preposição; (fig.) bem feito de corpo, gentil, airoso.

APOSTOLADO, s.m. Missão de apóstolo; grupo dos apóstolos; propaganda de um credo ou doutrina.

APOSTOLAR, v.t.-rel. Pregar como apóstolo; t. propagar; evangelizar; int. pregar o Evangelho.

APOSTOLICAL, adj. Apostólico.

APOSTOLICIDADE, s.f. Caráter apostólico; conformidade de doutrina com a dos apóstolos.

APOSTÓLICO, adj. Relativo aos apóstolos; procedente dos apóstolos; dependente da Santa Sé; papal.

APOSTOLIZAR, v.t.-rel. e int. Apostolar.

APÓSTOLO, s.m. Cada um dos doze discípulos de Cristo; o que evangeliza; propagador de qualquer idéia ou doutrina.

APOSTROFAR, v.t. Dirigir apóstrofes a; interromper com apóstrofes; (Gram.) pôr apóstrofo em.

APÓSTROFE, s.f. (Ret.) Interrupção que faz o orador ou escritor, dirigindo-se a coisas ou pessoas reais ou fictícias; interpelação direta e inopinada; catilinária.

APÓSTROFO, s.m. (Gram.) Sinal gráfico, em forma de vírgula ('), que serve para indicar supressão de letra ou letras.

APOTEGMA, s.m. Dito sentencioso de pessoa célebre; aforismo, provérbio.

APOTEGMÁTICO, adj. Relativo a apotegma.

APOTEGMATISMO, s.m. Uso ou emprego de apotegmas.

APÓTEMA, s.m. Segmento da perpendicular baixada do centro de um polígono regular sobre um lado; raio do círculo inscrito num polígono regular.

APOTEOSAR, v.t. Fazer a apoteose de; glorificar.

APOTEOSE, s.f. Deificação; divinização; conjunto de honras tributadas a um homem superior; cena final de teatro, deslumbrante, que representa uma visão de glória, glorificação.

APOTEÓTICO, adj. Relativo a apoteose; (fig.) muito elogioso; muito laudatório.

APOUCADO, adj. Tímido; imbecil, mesquinho; acanhado.

APOUCADOR, adj. e s.m. Que faz pouco nos outros, amesquinhador.

APOUCAMENTO, s.m. Ato ou efeito de apoucar; falta de energia; rebaixamento; humilhação.

APOUCAR, v.t. Reduzir a pouco; rebaixar, diminuir; amesquinhar; desdenhar; p. humilhar-se; dar-se pouco valor.

APRAZADOR, s.m. Aquele que apraza.

APRAZAMENTO, s.m. Ato de aprazar.

APRAZAR, v.t. Marcar; convocar; designar; combinar; adiar, ajustar, citar.

APRAZER, v.rel. Agradar; int. causar prazer; (aprazer, mais freqüentemente, é empregado nas terceiras pessoas embora tenha conjugação completa. Aprazer-se é usado corretamente em todas as pessoas; perdem o e da 3.ª pess. do sing. do pres. do indic.: apraz, apraz-se).

APRAZIBILIDADE, s.f. Qualidade do que é aprazível.

APRAZIMENTO, s.m. Agrado; deleite; contentamento; prazer; beneplácito.

APRAZÍVEL, adj. Que apraz; diz-se do lugar ou sítio onde se goza de um panorama bonito, ou de clima ameno, alegre, agradável, deleitoso, gostoso.

APRE, interj. Dor, admiração, desaprovação.

APREÇADOR, s.m. Estimador.

APREÇAMENTO, s.m. Estimação.

APREÇAR, v.t. Marcar o preço de; ajustar; perguntar o preço de; t.-rel. avaliar.

APRECIAÇÃO, s.f. Ato de apreciar; conceito; opinião; exame.

APRECIADOR, adj. e s.m. Que, ou aquele que aprecia.

APRECIAR, v.t. Dar apreço, merecimento a; estimar, avaliar; julgar; prezar; admirar. (Antôn.: depreciar.)

APRECIATIVO, adj. Que denota apreciação.

APRECIÁVEL, adj. Digno de apreço; estimável.

APREÇO, s.m. Valor em que alguma coisa é tida; consideração; estima.

APREENDEDOR, adj. e s.m. Que, ou aquele que apreende.

APREENDER, v.t. Fazer apreensão de; tomar; entender; compreender.

APREENSÃO, s.f. Prisão; receio; cisma; preocupação.

APREENSIBILIDADE, s.f. Qualidade do que é apreensível; faculdade de apreender.

APREENSÍVEL, adj. Que se pode apreender.

APREENSIVO, adj. Preocupado; cismático; receoso; tímido.

APREENSOR, adj. e s.m. Que, ou aquele que apreende.

APREENSÓRIO, adj. Que serve para apreender.

APREGOADO, adj. Relativo a pregão; que se apregoou; feito constar; notório; s.m. pl. denúncias, proclamas.

APREGOADOR, adj. Que apregoa; (fig.) que patenteia; s.m. pregoeiro.

APREGOAR, v.t. Anunciar com pregão; publicar; divulgar; p. inculcar-se; gabar-se; fazer ler na igreja os banhos para casamento.

APRENDER, v.t. Tomar conhecimento de; ficar sabendo; reter na memória; estudar; int. instruir-se.

APRENDIZ, s.m. O que aprende ofício, ou arte; principiante; novato.

APRENDIZADO, s.m. Ação de aprender; tirocínio; tempo durante o qual se aprende. O mesmo que aprendizagem.

APRENDIZAGEM, s.f. (V. Aprendizado.)

APRESADOR, adj. e s.m. Que, ou aquele que apresa.

APRESAMENTO, s.m. Ato de apresar.

APRESAR, v.t. Fazer presa de; capturar; agarrar; apreender, prender, deter.

APRESENTAÇÃO, s.f. Ato de apresentar; porte pessoal; proposta para provimento de certos cargos eclesiásticos; festa que a Igreja Católica celebra a 21 de novembro.

APRESENTADOR, adj. e s.m. Que, ou o que apresenta.

APRESENTANTE, s. Pessoa portadora de uma letra de câmbio; apresentador.

APRESENTAR, v.t. Expor; mostrar; recomendar; alegar; exibir; ostentar.

APRESENTÁVEL, adj. Digno de ser apresentar; que tem boa apresentação.

APRESILHAR, v.t. Guarnecer de presilhas; prender com presilhas.

APRESSADO, adj. Acelerado; diligente; açodado; urgente, precipitado.

APRESSADOR, adj. Que, ou aquele que apressa.

APRESSAR, v.t. Dar pressa a; tornar rápido; fazer com celeridade; estimular.

APRESSURADO, adj. Que se apressa; diligente; precipitado.

APRESSURAMENTO, s.m. Precipitação, diligência, celeridade, pressa, prontidão.

APRESSURAR, v.t. Apressar; acelerar; tornar pressuroso; p. apressar-se; aprontar-se com precipitação.

APRESTADOR, s.m. Aquele que apresta.

APRESTAMENTO, s.m. Apresto; apercebimento.

APRESTAR, v.t. Aparelhar; preparar; aprontar.

APRESTO, s.m. Preparativo; aprestamento; petrecho, apercebimento.

APRIMORADO, adj. Feito com primor, elegância, perfeição; (fig.) perfeito; completo.

APRIMORAMENTO, s.m. Aperfeiçoamento.

APRIMORAR, v.t. Fazer com primor; aperfeiçoar; tornar primoroso; acompanhar de atenções; p. aperfeiçoar-se, esmerar-se.

APRIORISMO, s.m. Raciocínio "a priori".

APRIORISTA, s. Pessoa que raciocina "a priori".

APRIORÍSTICO, adj. Diz-se do raciocínio "a priori", i. e., sem exame antecedente.

APRISCO, s.m. Redil; curral; toca; covil.

APRISIONADO, adj. Prisioneiro; encarcerado; cativo.

APRISIONADOR, adj. e s.m. Que, ou aquele que aprisiona.

APRISIONAMENTO, s.m. Ato de aprisionar.

APRISIONAR, v.t. Fazer prisioneiro; apresar; meter em prisão; cativar; encarcerar; capturar.

APROAMENTO, s.m. Ato ou efeito de aproar.

APROAR, v.t.-rel. Dirigir a proa de; dirigir, encaminhar; rel. dirigir (a embarcação) a proa (para alguma parte).

APROBATIVO ou **APROBATÓRIO,** adj. Que aprova; que envolve aprovação. O mesmo que aprovativo.

APROFUNDAMENTO, s.m. Ato ou efeito de aprofundar.

APROFUNDAR, v.t.-rel. e p. Profundar.

APRONTAMENTO, s.m. Ato ou efeito de aprontar; preparativo.

APRONTAR, v.t. Terminar; dispor; preparar; aparelhar; concluir (obra).

APRONTO, s.m. Preparativo, aprontamento; exercício final para verificação das condições técnicas de um indivíduo ou de um grupo.

APROPINQUAÇÃO, s.f. Aproximação.

APROPINQUAR, v.t.-rel. e p. Aproximar. (Pres. ind.: apropínquo, etc. Perf. ind.: apropinqüei, etc. Pres. subj.: apropinqüe, etc. Este verbo é mais usado na forma pronominal: Eu me apropínquo, etc.)

APROPOSITADO, adj. Vindo a propósito; oportuno; conveniente, discreto, justo, ocasião.

APROPOSITAR, v.t. Dizer ou fazer a propósito.

APROPRIAÇÃO, s.f. Ato de apropriar; acomodação; adaptação.

APROPRIADO, adj. Próprio, conveniente, útil, oportuno, acomodado, congruente, proporcionado.

APROPRIADOR, adj. e s.m. Que, ou aquele que apropria.

APROPRIAR-SE, v.pron. Apoderar-se; tornar próprio ou adequado; adaptar; acomodar.

APROVAÇÃO, s.f. Louvor; beneplácito, consentimento.

APROVADO, adj. Sancionado; admitido; julgado bom; habilitado.

APROVADOR, adj. e s.m. Que, ou aquele que aprova.

APROVAR, v.t. Julgar bom; aplaudir; consentir em; dar por habilitado (o estudante); autorizar; sancionar; ter por bem; louvar. (Antôn.: reprovar.)

APROVATIVO, adj. Aprobativo.

APROVÁVEL, adj. Digno de aprovação.

APROVEITADO, adj. Utilizado; econômico; poupado; proveitoso.

APROVEITADOR, adj. e s.m. Que, ou aquele que aproveita.

APROVEITAMENTO, s.m. Ato de aproveitar.

APROVEITANTE, adj. Que aproveita.

APROVEITAR, v.t. Tirar proveito de: não desperdiçar; tornar proveitoso; t.-rel. dar emprego a; aplicar.

APROVEITÁVEL, adj. Que se pode aproveitar; que

é digno de ser aproveitado.

APROVISIONADOR, adj. e s.m. Que, ou aquele que aprovisiona.

APROVISIONAMENTO, s.m. Abastecimento de provisões, mantimentos.

APROVISIONAR, v.t. Prover de mantimentos; t.-rel. prover, abastecer.

APROXIMAÇÃO (ss), s.f. Ato de aproximar; estimativa; avizinhação; cálculo o mais chegado possível da exatidão.

APROXIMAR (ss), v.t. pôr ao pé, fazer que uma coisa fique ou pareça estar perto de outra; estabelecer relações entre; aliar.

APROXIMATIVO (ss), adj. Que aproxima; feito por aproximação.

APRUMADO, adj. Posto a prumo; perfeitamente vertical; (fig.) correto e altivo (homem), teso.

APRUMAR, v.t. Pôr a prumo; pôr vertical; (fig.) tornar altivo; p. endireitar-se, empertigar-se.

APRUMO, s.m. Efeito de aprumar; correção; altivez.

APTIDÃO, s.f. Qualidade do que é apto; capacidade, habilidade, disposição.

APTO, adj. Hábil; capaz; idôneo, próprio, conveniente, aprovado; hígido, são.

APUADO, adj. Que tem puas; pontiagudo; cravado de puas.

APUAMENTO, s.m. Ato de ou efeito de apuar.

APUAR, v.t. Cravar com puas; suplicar com puas.

APUNHALADO, adj. Ferido ou morto com punhal.

APUNHALAR, v.t. Ferir ou matar com punhal; ofender gravemente com palavras; pungir; int. causar, produzir a sensação de uma punhalada; p. matar-se com punhal.

APUPADA, s.f. Vaia; surriada de apupos; insulto, troça; arrelia.

APUPAR, v.t. Escarnecer; vaiar; perseguir com apupos.

APUPO, s.m. Vaia; arruaça.

APURAÇÃO, s.f. Ato de apurar; contagem.

APURADO, adj. Escolhido por melhor; delicado; esmerado; sobrecarregado de serviço.

APURADOR, adj. e s.m. Que, ou aquele que apura.

APURAMENTO, s.m. Ato ou efeito de apurar; liquidação; contagem.

APURAR, v.t. Tornar puro ou perfeito; escolher; concluir; verificar; aperfeiçoar; esmerar; tornar elegante.

APURATIVO, adj. Purificante; depurativo, que purifica, detersivo, detergente.

APURO, s.m. Apuramento; esmero no vestir, falar, etc.; miséria; situação angustiosa; soma de quantias apuradas; pressa, azáfama.

AQUADRILHAMENTO, s.m. Ato de aquadrilhar.

AQUADRILHAR, v.t. Alistar ou formar em quadrilha; p. juntar-se em quadrilhas.

AQUALOUCO, s.m. (neol.) Indivíduo que faz acrobacias e palhaçadas em exibições natatórias.

AQUARELA, s.f. Aguarela.

AQUARELAR, v.int. Pintar a aquarela.

AQUÁRIO, s.m. Depósito de água para conservar ou criar peixes ou plantas aquáticas; um dos signos do Zodíaco; adj. que vive na água, aquático.

AQUARTALADO, adj. De quartos fortes e baixos (cavalo).

AQUARTELADO, adj. Alojado em quartéis.

AQUARTELAMENTO, s.m. Ato ou efeito de aquartelar; alojamento de tropa em quartéis.

AQUARTELAR, v.t. Alojar em quartéis.

AQUÁTICO, adj. Pertencente à água; que vive na água ou sobre ela; o mesmo que aquátil e aquário.

AQUEBRANTAR, v.t. e p. Quebrantar.

AQUECEDOR, adj. Que aquece; s.m. aparelho para aquecer casas, água, etc.

AQUECER, v.t. Tornar quente; exaltar; aquentar; irritar; int. tornar-se quente; exaltar-se; p. encolerizar-se.

AQUECIMENTO, s.m. Ato ou efeito de aquecer.

AQUECÍVEL, adj. Que se pode aquecer.

AQUEDUTO, s.m. Canal, galeria ou encanamento largo, destinado a conduzir água de um lugar para outro.

AQUELA, pron. dem. A (coisa ou pessoa) que está ali ou além (mais ou menos distante da pessoa que fala e daquela com quem se fala).

AQUELE, pron. dem. O (ser ou objeto) que está ali ou além.

AQUÉM, prep. e adv. Do lado de cá de; inferiormente; abaixo; menos. (Antôn.: Além.)

AQUENTAMENTO, s.m. Aquecimento.

AQUENTAR, v.t. Pôr quente; aquecer; animar; excitar.

ÁQUEO, adj. Aquoso.

AQÜÍCOLA, adj. e s. Que, ou ser que vive na água.

AQÜICULTURA, s.f. Arte de criar e multiplicar animais e plantas aquáticas.

AQUIESCÊNCIA, s.f. Ato de aquiescer; consentimento; assentimento; anuência.

AQUIESCENTE, adj. Que aquiesce.

AQUIESCER, v.rel. Consentir; assentir; anuir.

AQUIETAÇÃO, s.f. Ato de aquietar; apaziguamento; pacificação.

AQUIETADOR, adj. e s.m. Que, ou aquele que aquieta, pacifica, tranqüiliza.

AQUIETAR, v.t. Pôr ou tornar quieto; apaziguar; tranqüilizar; serenar; int. estar quieto; ficar tranqüilo; p. acalmar-se; tornar-se menos violento.

AQÜÍFERO, adj. Que contém ou encerra água.

AQUILÃO, s.m. (Poét.) O vento norte; a região boreal; (Náut.) (ant.) o vento nordeste. O mesmo que áquilo. Ungüento parecido ao basilicão.

AQUILATADOR, s.m. Aquele que aquilata.

AQUILATAR, v.t. Determinar o quilate ou o número de quilates de; avaliar; aferir; apreciar; pesar no ânimo; melhorar; aperfeiçoar; p. aperfeiçoar-se.

AQUILINO, adj. Pertencente à águia ou próprio dela; adunco, como o bico da águia (nariz); penetrante, como os olhos da águia (olhar).

AQUILO, pron. dem. Aquela coisa ou, aquelas coisas; (depreciat.) aquela pessoa.

ÁQUILO, Contr. da prep. a com o pron. aquilo.

ÁQUILO, s.m. Aquilão; região boreal; vento norte.

AQUINHOADO, s.m. Aquele que recebeu quinhão, partilhado; gratificado, pago.

AQUINHOADOR, adj. e s.m. Que, ou o que distribui quinhões, sortes, partilhas.

AQUINHOAMENTO, s.m. Ato de aquinhoar; repartição e distribuição em quinhões.

AQUINHOAR, v.t. Dividir em quinhões; partilhar; tomar parte de; t.-rel. dar de quinhão, dotar; distribuir; rel. participar. O mesmo que quinhoar.

AQUIRITIVO, adj. Próprio para a aquisição. O mesmo que aquisitivo.

AQUISIÇÃO, s.f. Ato de adquirir.

AQUISITIVO, adj. Adquiritivo; relativo a aquisição.

AQUISTAR, v.t. (ant.) Adquirir; ganhar, granjear.

AQUISTO, adj. Ganho, adquirido.

AQUOSIDADE, s.f. Qualidade do que é aquoso.

AQUOSO (ô), adj. Que contém água; da natureza da água; semelhante à água. O mesmo que áqüeo.

AR, s.m. Mistura gasosa que constitui a atmosfera; vento; aragem; clima; (fig.) fisionomia; semelhança; — condicionado: aquele que é obtido pela depuração do ar atmosférico, conferindo-se-lhe temperatura e grau de umidade adequados para sua utilização em recinto fechado.

ARA, s.f. Altar dos sacrifícios; constelação austral (pl.: aras).

ÁRABE, adj. Da Arábia; s. o natural ou habitante da Arábia; s.m. a língua árabe.

ARABESCO, s.m. Ornato de fantasia geométrica, de estilo árabe; rabisco.

ARÁBICO, adj. Pertencente à Arábia; (V. Algarismo); s.m. a língua árabe. O mesmo que árabe, arábigo ou arábio.

ARÁBIO, adj. e s.m. Arábico.

ARABISMO, s.m. Expressão própria da língua árabe.

ARABISTA, s. Pessoa versada no conhecimento da língua árabe.

ARABIZAR, v.t. Dar feição árabe a; int. dedicar-se ao estudo do árabe.

ARAÇÁ, s.m. Nome comum a diversas árvores da família das Mirtáceas; o fruto dessas árvores; adj. diz-se do boi de pêlo amarelo mascarado ou salpicado de preto.

ARAÇÃO, s.f. Trabalho com o arado; o ato de comer sofregamente; fome excessiva.

ARACNÍDEO, s.m. Espécime dos Aracnídeos, artrópodes desprovidos de antenas, com quatro pares de patas ambulatórias.

ARACNÓIDE, s.f. Membrana serosa delgada e transparente que envolve o cérebro e a medula espinhal.

ARADA, s.f. Terra lavrada com arado; aradura.

ARADO, s.m. Instrumento de lavrar a terra; adj. esfomeado.

ARADOR, s.m. Aquele que ara; lavrador.

ARADURA, s.f. Ato de arar; terra arada.

ARAGEM, s.f. Vento brando; brisa; viração; bafejo; (fig.) (pop.) oportunidade, ocasião propícia.

ARAMADO, adj. Protegido com arame.

ARAMADOR, s.m. Fabricante de rede de arame.

ARAMAGEM, s.f. Gradeamento de arame.

ARAMAR, v.t. Fabricar ou gradear com arame.

ARAME, s.m. Liga de cobre e zinco ou de outros metais; fio de metal flexível.

ARAMEIRO, s.m. Aquele que trabalha em arame.

ARAMIFÍCIO, s.m. Fábrica ou tecido de arame.

ARAMISTA, s. Acrobata que trabalha sobre arame.

ARANDELA, s.f. Peça do castiçal onde se fixa a vela e que recebe os pingos da mesma; braço colocado na parede para receber vela ou lâmpada elétrica.

ARANHA, s.f. Aracnídeo da ordem dos Araneídeos; nome de vários objetos que têm a forma de aranha.

ARANHEIRO, s.m. (V. Aranhol.)

ARANHENTO, adj. Próprio de aranha; cheio de aranhas.

ARANHIÇO, s.m. Pequena aranha; (fig.) pessoa de composição muito débil.

ARANHOL, s.m. Teia de aranha; o mesmo que aranheiro.

ARANHOSO, adj. Semelhante à aranha ou à sua teia, aranhento.

ARANZEL, s.m. Lengalenga; discurso prolixo e enfadonho.

ARAPONGA, s.f. Ave do Brasil, de canto estrídulo, também chamada ferreiro.

ARAPUCA, s.f. Armadilha que serve para apanhar passarinhos; (fig.) estabelecimento de crédito, seguros ou sorteios mal afamado; engodo; embuste.

ARAR, v.t. Lavrar a terra; sulcar, abrir regos na terra.

ARARA, s.f. Ave da família dos Psitacídeos, de cauda longa e pontuda.

ARARUTA, s.f. Planta da família das Marantáceas; a fécula alimentar extraída dessa planta.

ARATACA, s.f. Armadilha para apanhar animais silvestres; arapuca.

ARATÓRIO, adj. Pertencente ao arado ou à agricultura.

ARAUCANO, s.m. Aborígine do Chile; a língua dos primitivos habitantes do Chile.

ARAUCÁRIA, s.f. O pinheiro do Brasil.

ARAUTO, s.m. Oficial que, nas monarquias da Idade Média, fazia as publicações solenes, anunciava a guerra e proclamava a paz; pregoeiro; mensageiro.

ARÁVEL, adj. Que se pode arar, lavrar.

ARÁVIA, s.f. Linguagem ininteligível; algaravia.

ARBITRAÇÃO, s.f. Arbitragem.

ARBITRADOR, adj. e s.m. Juiz.

ARBITRAGEM, s.f. Julgamento feito por árbitro ou árbitros; decisão ou determinação que um juiz profere segundo os ditames da sua razão e consciência sobre pontos especiais omissos na lei.

ARBITRAL, adj. Respeitante a árbitros; constituído, pronunciado ou julgado por árbitros.

ARBITRAMENTO, s.m. Julgamento.

ARBITRAR, v.t. Julgar, sentenciar.

ARBITRARIEDADE, s.f. Injustiça.

ARBITRÁRIO, adj. Sem regras; caprichoso; despótico; injusto.

ARBITRATIVO, adj. O mesmo que arbitrário.

ARBÍTRIO, s.m. Faculdade de resolver, de decidir.

ÁRBITRO, s.m. Juiz; decididor.

ARBORICULTOR, s.m. Aquele que se ocupa da cultura das árvores, arborista.

ARBORICULTURA, s.f. Cultura das árvores.

ARBORIFORME, adj. Que tem forma de árvores.

ARBORIZAÇÃO, s.f. Plantação de árvores.

ARBORIZADO, adj. Cheio, povoado de árvores.

ARBORIZAR, v.t. Plantar árvores.

ARBÚSCULO, s.m. Pequeno arbusto.

ARBUSTIFORME, adj. Que tem a forma de arbusto.

ARBUSTO, s.m. Árvore pequena. (Dim. arbustinho; arbúsculo.)

ARCA, s.f. Grande caixa com tampa; cofre. Var.: arcaboiço.

ARCABUZ, s.m. Antiga arma de fogo.

ARCABUZADA, s.f. Tiro de arcabuz; sucessão de tiros de arcabuz.

ARCABUZAR, v.t. Matar a tiros de arcabuz; espingardear, fuzilar.

ARCABUZARIA, s.f. Tropa armada de arcabuzes; descarga de arcabuzes, fuzilaria.

ARCABUZEIRO, s.m. Fabricante de arcabuzes; indivíduo armado de arcabuz.

ARCADA, s.f. Série de arcos contíguos; abóbada arqueada.

ÁRCADE, s. e adj. Acadêmico; natural da Arcádia.

ARCÁDIA, s.f. Antiga academia literária, cujos componentes se propunham continuar o classicismo e adotavam nomes simbólicos.

ARCÁDICO, adj. Relativo às arcádias.

ARCADISMO, s.m. Influência literária das arcádias.

ARCADO, adj. Arqueado e curvado.

ARCADURA, s.f. Curvatura.

ARCAICO, adj. Antiquado; obsoleto; fora de uso.

ARCAÍSMO, s.m. Expressão arcaica; modo de falar ou escrever antiquado.

ARCAÍSTA ou **ARCAIZANTE** (a-i), adj. Pessoa que na conversação ou na escrita emprega arcaísmos.

ARCAIZAR (a-i), int. empregar arcaísmos.

ARCANGÉLICO, adj. Relativo a arcanjo.

ARCANJO, s.m. Anjo de ordem superior; o primeiro dentre os anjos.

ARCANO, s.m. Segredo; mistério; adj. oculto; misterioso.

ARÇÃO, s.m. Peça arqueada e proeminente da sela.

ARCAR, v.t. Arquear; guarnecer de arcos; dar a forma a.

ARCARIA, s.f. Série de arcos.

ARCATURA, s.f. Arcaria fingida, que serve de ornato às fachadas e é comum em certos estilos arquitetônicos.

ARCAZ, s.m. Grande arca com gavetões.

ARCEBISPADO, s.m. Dignidade arquiepiscopal; território em que o arcebispo exerce a sua jurisdição; residência do arcebispo.

ARCEBISPAL, adj. Arquiepiscopal.

ARCEBISPO, s.m. Prelado superior aos bispos.

ARCEDIAGO, s.m. Dignitário capitular; primeiro entre os diáconos.

ARCHEIRO, s.m. Soldado armado de arco e flecha.

ARCHETE (ê), s.m. Pequena arca, ornato em forma de arco.

ARCHOTADA, s.f. Cortejo noturno iluminado, com archotes; marcha de archotes.

ARCHOTE, s.m. Facho breado que se acende para iluminar.

ARCIFORME, adj. Que tem forma de arco.

ARCIPRESTADO, s.m. Dignidade e jurisdição de arcipreste.

ARCIPRESTAL, adj. Relativo a arcipreste.

ARCIPRESTE, s.m. Dignidade entre os cônegos.

ARCO, s.m. Qualquer porção de uma linha curva; arma de atirar setas; varinha guarnecida de crina com que se ferem as cordas do violino; curvatura de abóbada; cinta de madeira ou de metal que mantém as aduelas dos barris; cada um dos semicírculos do parêntese.

ARCOBOTANTE, s.m. Pilar terminado em meio arco e que ampara exteriormente parede ou abóbada.

ARCO-ÍRIS, s.m. Meteoro luminoso, cuja configuração é a de um arco no qual se distinguem as cores do espectro solar pela sua ordem natural: vermelho, alaranjado, amarelo, verde, azul, anil e violeta. Também chamado arco-da-velha.

ARCONTE, s.m. Antigo magistrado grego, a princípio com poder de legislar, e depois, simples executor das leis.

ARCUAL, adj. Que tem forma de arco.

ÁRDEGO, adj. Fogoso; ardente.

ARDÊNCIA, s.f. Vivacidade; o queimor de certas substâncias; ardume.

ARDENTE, adj. Que arde; que queima ou requeima.

ARDENTIA, s.f. Fosforescência marítima.

ARDENTOSO (ô), adj. Que causa ardume.

ARDER, v.int. Consumir-se em chama; inflamar-se; queimar, causar ardume.

ARDIDEZ (ê), **ARDIDEZA** (ê), s.f. Coragem; gênio insofrido. O mesmo que ardimento.

ARDIDO, adj. Queimado; fermentado; corajoso, valente.

ARDIL, s.m. Manha; astúcia; sutileza; estratagema; velhacaria.

ARDILEZA (ê), s.f. Ardil.

ARDILOSO (ô), adj. Astucioso; velhaco; sagaz, enganador.

ARDIMENTO, s.m. Ardência; ardume, ousadia, coragem.

ARDOR, s.m. Calor forte; paixão; vivacidade; energia; queimor; prurido.

ARDOROSO (ô), adj. Cheio de ardor, ardente, entusiasta.

ARDÓSIA, s.f. Xisto argiloso metamorfoseado, de granulação finíssima, separável em lâminas resistentes.

ARDUME, s.m. Ardência, queimor.

ÁRDUO, adj. Difícil; que exige esforços.

ARE, s.m. Unidade das medidas agrárias, equivalente a 100 metros quadrados.

ÁREA, s.f. Medida de uma superfície; superfície plana, delimitada; espaço aberto no interior de um edifício.

AREAÇÃO, s.f. Ato de arear.

AREADO, adj. Esfregado com areia; limpo; refinado (diz-se de açúcar); (fig.) perturbado, desvairado.

AREAL, s.m. Lugar coberto de areia abudante; praia.

AREÃO, s.m. Grande areal.

AREAR, v.t. Esfregar com areia para dar brilho; int. (ant.) estontear; tornar pateta.

AREEIRO, s.m. Pequeno vaso onde se tinha areia fina para secar a escrita; areal.

AREENTO, adj. Que tem muita areia, arenoso.

AREIA, s.f. Grãos não consolidados de minerais, geralmente de quartzo, visíveis a olho nu; grânulos calcários da urina.

AREJAMENTO, s.m. Renovação natural do ar de recintos; ventilação.

AREJAR, v.t. Ventilar; int. tomar ar novo.

AREJO (ê), s.m. (V. Arejamento.)

ARENA, s.f. Lugar de combate, de exibições circenses; liça.

ARENÁCEO, adj. Da natureza da areia.

ARENADO, adj. Coberto de areia.

ARENGA, s.f. Alocução; discurso; altercação.

ARENGADA, s.f. Arenga; conversa longa.

ARENGADOR, adj. Aquele que arenga, faz discurso em público.

ARENGAR, v.int. Discursar, altercar, discutir.

ARENGUEIRO, adj. Arengador; que gosta de altercar.

ARENITO, s.m. Rocha constituída de grãos de areia consolidados por um cimento; grés.

ARENOSO (ô), adj. Coberto de areia; areento; com aspecto de areia; misturado com areia.

ARENQUE, s.m. Peixe da família dos Ciprinídeos.

ARENSAR, v. int. Soltar a voz (o cisne); s.m. a voz do cisne.

AREOMETRIA, s.f. Cálculo da densidade dos líquidos empregando os areômetros.

AREOMÉTRICO, adj. Relativo ao areômetro.

AREÔMETRO, s.m. Instrumento para determinar a concentração e o peso específico dos líqüidos; densímetro.

AREÓPAGO, s.m. Tribunal ateniense, assembléia de magistrados, sábios, literatos, etc.

AREOSO (ô), adj. Arenoso.

ARESTA, s.f. Quina, saliência angulosa.

ARESTEIRO, s.m. Jurisconsulto que alega arestos, fundando-se em casos julgados.

ARESTO, s.m. Caso julgado; decisão judicial; acórdão.

ARFADA, ARFADURA ou ARFAGEM, s.f. Ondulação; palpitação.

ARFANTE, adj. Ofegante, palpitante.

ARFAR, v.int. Respirar dificilmente; ofegar.

ARGAMASSA, s.f. Mistura de cal, areia, água e cimento.

ARGAMASSADOR, s.m. Aquele que faz ou aplica argamassa.

ARGAMASSAR, v.t. Unir com argamassa; amassar como se faz à argamassa.

ARGELINO, adj. Da Argélia ou Argel (África); s.m. o natural ou habitante da Argélia ou Argel.

ARGENTADO, adj. Prateado.

ARGENTADOR, adj. e s.m. Prateador.

ARGENTAR, v.t. Tornar da cor da prata; pratear.

ARGENTARIA, s.f. Guarnição ou baixela de prata.

ARGENTÁRIO, s.m. Homem ricaço; milionário, banqueiro.

ARGENTEAR, v.t. Pratear.

ARGÊNTEO, adj. Da cor da prata.

ARGENTÍFERO, adj. Que contém prata.

ARGENTINO, adj. Argênteo; que tem timbre fino como o da prata (voz, som); s.m. o natural ou habitante da Argentina.

ARGENTO, s.m. Prata.

ARGILA, s.f. Greda; barro.

ARGILÁCEO, adj. Argiloso; que contém ou é feito de argila.

ARGILEIRA, s.f. Lugar de onde se extrai a argila; barreiro.

ARGILÍFERO, adj. Que contém argila.

ARGILIFORME ou ARGILÓIDE, adj. Semelhante à argila.

ARGILOSO (ô), adj. Da natureza da argila; que contém argila em abundância.

ARGOLA, s.f. Anel metálico para prender ou puxar qualquer coisa; golilha.

ARGOLADO, s.f. Pancada com argola; adj. munido de argola.

ARGOLÃO, s.m. Argola grande.

ARGOLEIRO, s.m. Fabricante ou vendedor de argolas.

ARGOLINHA, s.f. Dimin. de argola; nome de um jogo popular.

ARGONAUTA, s.m. Tripulante lendário da nau Argos; navegador ousado.

ARGONÁUTICO, adj. Relativo aos argonautas.

ARGÔNIO, s.m. Elemento químico, gasoso, símbolo A, de peso atômico 39,944, n.º atômico 18. Também é usado o símbolo Ar. Gás raro da atmosfera.

ARGOS, s.m. Constelação austral. Personagem mitológica de cem olhos; (fig.) pessoa de vista penetrante, perspicaz.

ARGÚCIA, s.f. Agudeza intelectual; sutileza de argumentação.

ARGUCIOSO (ô), adj. Que serve de argúcia; que encerra argúcia.

ARGUEIRO, s.m. Palhinha, partícula leve, separada de qualquer corpo.

ARGÜENTE, adj. Examinador, discutidor.

ARGÜIÇÃO, s.f. Acusação; argumentação; interrogatório; sabatina.

ARGÜIDOR, s.m. O que argüi; acusador.

ARGÜIR, v.r. Interrogar, discutir, acusar de alguma coisa. (Pres. ind. arguo (ú), argúis, argúi, argüimos, argüis, argüem; perf. ind.: argüi, argüiste, argüiu, etc.; pres. subj.: argua (ú), etc.)

ARGÜITIVO, adj. Que encerra argüição.

ARGÜÍVEL, adj. Que pode ser argüido.

ARGUMENTAÇÃO, s.f. Conjunto de argumentos; discussão; controvérsia.

ARGUMENTADOR, adj. Argumentante; argüente, disputador.

ARGUMENTANTE, adj. Argüente.

ARGUMENTAR, v.int. Discutir; raciocinar.

ARGUMENTATIVO, adj. Que envolve ou contém argumento.

ARGUMENTO, s.m. Raciocínio pelo qual se tira uma conseqüência; indício; assunto.

ARGUTO, adj. Inteligente, vivo, esperto.

ÁRIA, s.f. Peça de música para uma só voz; melodia; cantiga.

ARIANISMO, s.m. Doutrina religiosa de Ário contra o dogma da Trindade.

ARIANO, s.m. e adj. Relativo aos árias; sectário do arianismo.

ARIDEZ (ê), s.f. Esterilidade; insensibilidade; falta de umidade.

ÁRIDO, adj. Seco; fastidioso; insensível.

ÁRIES, s.m. O Carneiro, constelação e signo do Zodíaco.

ARÍETE, s.m. Antiga máquina de guerra, formada de uma trave que terminava por uma peça de bronze à feição de cabeça de carneiro e que servia para derrubar as portas e muralhas.

ARISCAR, v.t. e p. (pop.) Tornar arisco; espantar, assustar.

ARISCO, adj. Abundante em areia; o mesmo que areisco; áspero; esquivo; desconfiado.

ARISTOCRACIA, s.f. Forma de organização social e política em que o governo é monopolizado pela classe da nobreza.

ARISTOCRATA, adj. e s. Diz-se de, ou pessoa que pertence à aristocracia; nobre.

ARISTOCRÁTICO, adj. Relativo à aristocracia; nobre; distinto.

ARISTOCRATISMO, s.m. Maneiras, tendências, princípios de aristocrata.

ARISTOCRATIZAÇÃO, s.f. Ato ou efeito de aristocratizar.

ARISTOCRATIZAR, v.t. e p. Tornar aristocrata; afidalgar.

ARISTOTÉLICO, adj. De Aristóteles, filósofo grego (séc. IV a.C.); conforme doutrina de Aristóteles;

s.m. partidário da doutrina de Aristóteles.

ARISTOTELISMO, s.m. Doutrina de Aristóteles; influência de Aristóteles na filosofia.

ARITMÉTICA, s.f. Parte da Matemática que estuda as operações que se podem efetuar sobre os números, e as propriedades deste, compreendendo fundamentalmente as operações de adição, subtração, multiplicação, divisão, potenciação e extração de raízes.

ARITMÉTICO, adj. Pertencente à Aritmética.

ARITMOLOGIA, s.f. Ciência que se ocupa dos números e da medição das grandezas em geral, segundo a classificação de Ampère.

ARITMOLÓGICO, adj. Relativo à aritmologia.

ARLEQUIM, s.m. Palhaço da antiga comédia italiana; farsante; (fig.) bufão, truão.

ARLEQUINADA, s.f. Ação, modos de arlequim; farsa, dança própria de arlequim.

ARLEQUINAL, adj. Relativo a arlequim; próprio de arlequim.

ARMA, s.f Instrumento de ataque ou defesa; recurso, habilitação, argumento.

ARMAÇÃO, s.f. Tudo o que serve para revestir, aprestar, dispor; guarnições de aposentos; madeiramento de um edifício; prateleiras de loja; armas de animais; aparelhos de pesca.

ARMADA, s.f. Marinha de guerra; conjunto de forças marítimas.

ARMADILHA, s.f. Laço ou artifício para apanhar caça; logro astucioso; cilada.

ARMADO, adj. Provido, munido, preparado; acautelado, prevenido, disposto.

ARMADOR, s.m. Adornador de igrejas, salas, etc.; equipador de navios.

ARMADURA, s.f. Conjunto de armas; vestidura de antigos guerreiros.

ARMAMENTÁRIO, adj. Que diz respeito a armamentos.

ARMAMENTISMO, s.m. Doutrina que preconiza o armamento de um país com o fim de evitar a guerra.

ARMAMENTISTA, adj. Partidário do armamentismo.

ARMAMENTO, s.m. Aprestos de guerra; depósito ou conjunto de armas.

ARMAR, v.t. Munir de armas; fornecer armamento a.

ARMARIA, s.f. Arsenal; arte heráldica.

ARMARINHEIRO, s.m. Dono ou proprietário de armarinho.

ARMARINHO, s.m. Armário pequeno; loja em que se vendem fazendas, aviamentos de costura e atavios femininos.

ARMÁRIO, s.m. Móvel com prateleiras para guardar objetos.

ARMAZÉM, s.m. Depósito de mercadorias, de munições; mercearia; estabelecimento comercial.

ARMAZENADO, adj. Retido ou guardado em armazém.

ARMAZENAGEM, s.f. O que se paga pelo depósito e permanência de mercadorias em alfândegas, estradas de ferro, etc.

ARMAZENAR, v.t. Meter em armazém; depositar; conservar; reunir.

ARMAZENISTA, s.m. Fiel de armazém; encarregado de armazém.

ARMEIRO, s.m. Homem que vende, fabrica ou conserta armas.

ARMÊNIO, adj. Natural da Armênia.

ARMENTAL, adj. Que diz respeito a rebanhos.

ARMENTIO, s.m. O mesmo que armento.

ARMENTO, s.m. Rebanho.

ARMENTOSO, adj. Possuidor de muitos rebanhos.

ARMILA, s.f. Aro, círculo.

ARMILAR, adj. Que tem armilas; formado de círculos (armilas) representativos da esfera celeste.

ARMILHEIRO, s.m. Espécie de formão pequeno.

ARMINHO, s.m. Mamífero mustelídeo das regiões polares, de pele macia e alvíssima no inverno.

ARMIPOTENTE, adj. Guerreiro, belicoso, poderoso.

ARMISTÍCIO, s.m. Trégua de curta duração; suspensão de guerra.

ARMORIADO, adj. (Heráld.) Que tem armas ou brasão pintados, esculpidos ou aplicados.

ARMORIAL, s.m. Livro onde se encontram registrados os brasões.

ARMORIAR, v.t. (Heráld.) Pôr armas ou brasões em; empregar os símbolos da nobreza.

ARNÊS, s.m. Antiga armadura completa de um guerreiro; arreios de cavalo; (fig.) proteção, amparo. (Pl.: arneses.)

ARNICA, s.f. Planta medicinal da família das Compostas; tintura extraída dessa planta.

ARO, s.m. Pequeno círculo de metal ou madeira; argola.

AROMA, s.m. Perfume agradável; fragrância; odor.

AROMAL, adj. (neo.) Relativo a aromas; aromático.

ARÔMATA, s.m. Aroma.

AROMATICIDADE, s.f. Qualidade do que é aromático.

AROMÁTICO, adj. De perfume agradável; odorífero.

AROMATIZAÇÃO, s.f. Ato de aromatizar.

AROMATIZADOR, adj. Que serve para aromatizar.

AROMATIZANTE, adj. Que aromatiza.

AROMATIZAR, v.t. e p. Tornar aromático; perfumar.

ARPADO, adj. Que termina em dentes pequenos como os da serra.

ARPÃO, s.m. Fisga grande de aferrar peixes ou cetáceos; arpéu.

ARPAR, v.t. Ferrar com arpão ou arpéu; o mesmo que arpear; arpoar.

ARPEAR, v.t. (V. Arpar.)

ARPEJAR, v. Fazer arpejos.

ARPEJO, s.m. Acorde de sons sucessivos em instrumento de cordas.

ARPÉU, s.m. Gancho de ferro empregado na abordagem; pequeno arpão.

ARPOAÇÃO, s.f. Ato de arpoar.

ARPOADOR, s.m. O que arpoa.

ARPOAR, v.t Cravar o arpão em; lançar o arpão contra.

ARPOEIRA, s.f. Corda do arpão ou arpéu.

ARQUEAÇÃO, s.f. Ato de arquear; o mesmo que arqueio; capacidade de navio; curvatura de um arco.

ARQUEADO, adj. Dobrado, curvado, arcado.

ARQUEADOR, s.m. Aquele que arqueia; lotador de navios.

ARQUEADURA, s.f. ou **ARQUEAMENTO**, s.m. Curvatura em arco.

ARQUEAR, v.t. Dar a forma de arco a; curvar; medir a capacidade e o porte de (navios, vasilha, etc.); p. tomar a forma de arco; dobrar-se. (Pres. ind.: arqueio, etc.: pres. subj.: arqueie, etc.)

ARQUEIO, s.m. (V. Arqueação.)

ARQUEIRO, s.m. Fabricante ou vendedor de arcos; o que peleja com arco; frecheiro.

ARQUEJAMENTO, s.m. Arquejo.

ARQUEJANTE, adj. Que respira com dificuldade, ofegante.

ARQUEJAR, v.int. Ofegar; ansiar; arfar; respirar com dificuldade.

ARQUEJO (ê), s.m. Ofego; respiração difícil; ânsia.

ARQUEOLOGIA, s.f. Estudo de antiguidade, especialmente do período pré-histórico.

ARQUEOLÓGICO, adj. Relativo à arqueologia.

ARQUEÓLOGO, s.m. Homem que se consagra à arqueologia ou é versado nela.

ARQUETA (ê), s.f. Diminutivo de arca; cofre.

ARQUETE (ê), s.m. Pequeno arco para tocar instrumentos de corda.

ARQUÉTIPO, s.m. Modelo de seres criados; padrão, exemplar.

ARQUI, Pref. que indica superioridade, primazia. Regra ortográfica: é seguido de hífen quando a palavra a que se liga começa por **h**, **r** ou **s**: arqui-hipérbole, arqui-rabino, arqui-sofista.

ARQUIAVÔ, s.m. Avô muito remoto. (Fem. arquiavó; pl. arquiavós.)

ARQUIBANCADA, s.f. Série de assentos em várias ordens de filas, cada uma em plano mais elevado que a outra, e destinada a facilitar a visão em teatros, circos; construção circular ou não, análoga ao anfiteatro.

ARQUICONFRARIA, s.f. Confraria principal.

ARQUIDIOCESANO, adj. Relativo a arquidiocese.

ARQUIDIOCESE, s.f. Diocese que tem outras sufragâneas; arcebispado.

ARQUIDUCADO, s.m. Dignidade de arquiduque ou território onde ele exerce a sua jurisdição.

ARQUIDUCAL, adj. Relativo ou pertencente a arquiduque.

ARQUIDUQUE, s.m. Titular superior ao duque. (Fem. arquiduquesa.)

ARQUIDUQUESA, s.f. Esposa de arquiduque; título das princesas da Casa da Áustria.

ARQUIEPISCOPADO, s.m. (V. Arcebispado.)

58

ARQUIEPISCOPAL, adj. Relativo ou pertencente a arcebispo. O mesmo que arcebispal.

ARQUILHO, s.m. Arco delgado, de metal ou madeira, nos tambores e nos bombos, sobre o qual se retesa a pele que outro arco comprime por meio de parafusos e cordas.

ARQUIMILIONÁRIO, adj. Que é muitas vezes milionário. O mesmo que multimilionário.

ARQUIPÉLAGO, s.m. Grupo de ilhas pouco distantes entre si.

ARQUITETAR, v.t. Edificar; planear, idear; fantasiar; int. trabalhar como arquiteto.

ARQUITETO, s.m. Homem que exerce a arte da arquitetura; construtor.

ARQUITETÔNICA, s.f. Arquitetura.

ARQUITETÔNICO, adj. Que diz respeito à arquitetura.

ARQUITETURA, s.f. Arte de edificar; disposição de um edifício; (fig.) contextura; plano; projeto.

ARQUITETURAL, adj. Relativo à arquitetura.

ARQUITRAVE, s.f. Parte inferior do entablamento, que se assenta sobre os capitéis das colunas, formando a cimalha do edifício.

ARQUIVAR, v.t. Guardar, recolher, depositar em arquivo.

ARQUIVISTA, s. Pessoa que tem a seu cuidado o arquivo.

ARQUIVO, s.m. Cartório, secretaria, lugar ou depósito onde se guardam documentos. O móvel a isso destinado.

ARQUIVOLTA, s.f. Moldura ou contorno que acompanha o arco.

ARRABALDE, s.m. Subúrbio, arredores.

ARRABALDEIRO ou **ARRABALDINO**, adj. e s.m. Que é de arrabalde.

ARRABINADO, adj. Zangado; rabujento.

ARRAÇOAR, v.t. Dividir em rações; dar rações, racionar.

ARRAIA, s.f. Peixe plagióstomo, também chamado raia; fronteira, limite; plebe, populacho.

ARRAIADA, s.f. Aurora, alvorada.

ARRAIADO, adj. Adornado, enfeitado.

ARRAIAL, s.m. Lugarejo, aldeia, pequena povoação; acampamento.

ARRAIAR, v.i. O mesmo que raiar.

ARRAIGADO, adj. Radicado, enraizado, estabelecido; aferrado.

ARRAIGAR, v.t.-rel. Enraizar; deitar raízes; firmar pela raiz; p. permanecer, fixar-se, conservar-se. (Pres. ind.: arraigo, arraigas, arraiga, arraigamos, arraigais, arraigam; subj. pres.: arraigue. etc.)

ARRAIS, s.m. Comandante, capitão, mestre ou patrão de barco.

ARRANCADA, s.f. Partida ou saída violenta, súbita; primeiro ímpeto.

ARRANCADOR, s.m. Aquele que arranca; utensílio agrícola.

ARRANCADURA, s.f. ou **ARRANCAMENTO**, s.m. Ato de arrancar.

ARRANCAR, v.t. Tirar com violência; desarraigar; extorquir; libertar; conseguir; v.i. sair ou avançar impetuosamente.

ARRANÇAR, v.i. O mesmo que rançar, tornar ranço.

ARRANCHAR, v.t. Reunir em ranchos; admitir à mesa de refeições, ao rancho.

ARRANCO, s.m. Impulso violento; o mesmo que arranque.

ARRANCORAR-SE, v.p. Tornar-se rancoroso.

ARRANHA-CÉU, s.m. Edifício muito alto.

ARRANHADURA, s.f. Pequena escoriação; ferida leve da epiderme.

ARRANHÃO, s.m. O mesmo que arranhadura.

ARRANHAR, v.t. Ferir levemente com as unhas; conhecer pouco (de qualquer ofício); v.i. esgaravatar.

ARRANJADO, adj. Disposto, colocado; que tem algum dinheiro.

ARRANJAR, v.t. Pôr em boa ordem; dispor; obter; arrumar; ajustar; reparar.

ARRANJO, s.m. Boa ordem ou disposição; governo doméstico.

ARRANQUE, s.m. Arranco; impulso da máquina do comboio, quando se põe em movimento; motor de arranque: dispositivo elétrico que põe em andamento regular os motores, depois de recebido impulso inicial.

ARRAS, s.f.pl. Penhor; garantia ou sinal de um contrato; bens dotais que, por contrato, o noivo assegura à futura esposa.

ARRASADO, adj. Tornado raso, plano; devastado.

ARRASADOR, adj. Que arrasa; o mesmo que arrasante; s.m. destruidor.

ARRASADURA, s.f. Ato de arrasar; demolição, ruína.

ARRASAMENTO, s.m. Ruína, demolição.

ARRASANTE, adj. Arrasador.

ARRASAR, v.t. Tornar raso; nivelar; demolir; destruir; arruinar; humilhar.

ARRASTADEIRO, adj. Arrastador; que arrasta.

ARRASTADIÇO, adj. Que se deixa arrastar ou influenciar facilmente por outrem.

ARRASTADO, adj. Puxado, tirado.

ARRASTADOR, s.m. adj. Que arrasta; puxador.

ARRASTADURA, s.f. ou **ARRASTAMENTO**, s.m. Ato de arrastar.

ARRASTÃO, s.m. Esforço violento para arrastar.

ARRASTA-PÉ, s.m. Baile popular; dança familiar; baile improvisado; bailarico. (Pl.: arrasta-pés.)

ARRASTAR, v.t. Levar de rastos; levar à força; puxar; mover com dificuldade; levar com ímpeto.

ARRASTO, s.m. Ato de arrastar; saco e alares de rede de pesca.

ARRÁTEL, s.m. Antiga unidade de peso equivalente a 459 gramas e contendo 16 onças. (Pl.: arráteis.)

ARRAZOADO, s.m. Discurso oral ou escrito para defender uma causa; defesa.

ARRAZOADOR, s.m. O que faz arrazoado; discursador; comentador.

ARRAZOAMENTO, s.m. Arrazoado; comentário, defesa.

ARRAZOAR, v.t. Expor ou defender, alegando razões.

ARRE, interj. Designativo de cólera ou enfado e empregada também para incitar as bestas a andarem.

ARREAÇÃO, s.f. Ato de arrear; arreamento.

ARREADOR, s.m. Aquele que arreia; arreeiro.

ARREAMENTO, s.m. Ato de arrear; mobília; adereços.

ARREAR, v.t. Pôr arreios a; aparelhar; adereçar, mobilar; enfeitar.

ARREATA, s.f. Corda ou correia com que se conduzem as bestas.

ARREATAR, v.t. Prender com arreata; pôr arreataduras em (o mastro).

ARREBANHADOR, s.m. O que arrebanha ou ajunta o gado.

ARREBANHAR, v.t. Juntar em rebanho; reunir; recolher.

ARREBANHO, s.m. Ação de reunir.

ARREBATADO, adj. Irritado, irascível; precipitado; extasiado; levado pelos ares.

ARREBATADOR, adj. Extasiador, admirador.

ARREBATAMENTO, s.m. Excitação; furor súbito; precipitação; enlevo; êxtase.

ARREBATANTE, adj. Extasiante.

ARREBATAR, v.t. Tirar com violência; arrancar; impelir, levar; enlevar; extasiar.

ARREBENTAÇÃO, s.f. Marulho das ondas de encontro à praia ou a um recife.

ARREBENTADIÇO, adj. Fácil ou suscetível de arrebentar.

ARREBENTADO, adj. Rebentado; quebrado, arruinado, sem recursos.

ARREBENTAMENTO, s.m. Ato de arrebentar.

ARREBENTAR, v.t. Estourar; rebentar; quebrar com violência.

ARREBICAR, v.t. Enfeitar com exagero; p. compor o rosto com arrebiques; ornar-se, ataviar-se ridiculamente.

ARREBIQUE, s.m. Cosmético para pintar o rosto; enfeite exagerado e ridículo; amaneiramento e afetação do estilo.

ARREBITADO, adj. Revirado na ponta; torto.

ARREBITAMENTO, s.m. Ato de arrebitar-se.

ARREBITAR, v.t. Revirar; entortar.

ARREBITO, s.m. Prego a que se revira a ponta para cima ou se achata a martelo; (fig.) soberba; insolência, petulância.

ARREBOL, s.m. Vermelhidão da aurora ou do crepúsculo. (Pl.: arrebóis.)

ARREBOLAR, v.t. Dar forma de bola a; arredondar; amolar no rebolo.

ARRECADA, s.f. Adorno, vulgarmente em forma de argola, para as orelhas; brinco.

ARRECADAÇÃO, s.f. Ato de arrecadar; lugar onde se arrecada; depósito; recebimento.

ARRECADADO, adj. Guardado; posto a bom recato; recolhido.

ARRECADADOR, s.m. Recebedor, cobrador.
ARRECADAMENTO, s.m. Cobrança, recebimento.
ARRECADAR, v.t. Guardar; depositar; ter em lugar seguro; cobrar.
ARREDA, interj. Desvia!, afasta!, fora!, para trás!
ARREDADO, adj. Afastado, distante.
ARREDAMENTO, s.m. Afastamento; recuo, desvio.
ARREDAR, v.t. Afastar, desviar, remover para trás.
ARREDÁVEL, adj. Que pode ser arredado.
ARREDIO, adj. Arisco.
ARREDONDADO, adj. Que tem forma redonda, circular ou de bola.
ARREDONDAMENTO, s.m. Ato de arredondar.
ARREDONDAR, v.t. Tornar redondo; dar forma de círculo a; completar; embelezar, tornar harmonioso (o período, etc.)
ARREDOR, adv. Ao redor; em volta de; adj. s.m. pl. arrabaldes; cercanias.
ARREFEÇAR, v.t. Baixar o preço.
ARREFECEDOR, adj. e s.m. Que, ou o que faz arrefecer.
ARREFECER, v.int. Tornar-se frio; perder o calor; perder a energia; afrouxar; desanimar.
ARREFECIDO, adj. Esfriado.
ARREFECIMENTO, s.m. Ato de arrefecer; perda do calor; resfriamento, abaixamento da temperatura.
ARREFENTADO, adj. Um tanto frio, esfriado, arrefecido.
ARREFENTAR, v.t. Tornar um tanto frio, esfriar.
ARREGAÇADA, s.f. Regaço cheio; porção que enche o regaço; grande porção.
ARREGAÇAR, v.t. Puxar, dobrar para cima (as calças, o vestuário, as mangas), colher a borda de (um vestido).
ARREGALADO, adj. Muito aberto.
ARREGALAR, v.t. Abrir e esbugalhar muito (os olhos).
ARREGANHADO, adj. Com os dentes à mostra e os lábios apartados.
ARREGANHAR, v.t. Mostrar (os dentes) abrindo os lábios com expressão de cólera ou riso.
ARREGANHO, s.m. Ato de arreganhar; gesto desassombrado; ameaça.
ARREGIMENTAÇÃO, s.f. Ato ou efeito de arregimentar.
ARREGIMENTAR, v.t. Alistar ou reunir em regimento; enfileirar; associar.
ARREIO, s.m. Aparelho de bestas; jaez; enfeite; adorno, ornamento.
ARREITAR, v.t. Excitar o apetite venéreo a; int. e p. sentir desejos venéreos.
ARRELIA, s.f. Zanga; mau agouro; quizila; briga; rixa; discórdia; vaia; barulho.
ARRELIADO, adj. Zangado, nervoso.
ARRELIANTE, adj. Que produz arrelia; amolante.
ARRELIAR, v.t. Fazer ou causar arrelia; vaiar; apupar; impacientar; amolar.
ARRELIAMENTO, adj. Importunante, rixento.
ARRELIOSO, adj. Impertinente; que causa arrelia.
ARREMANGAR, v.t. Arregaçar (as mangas); levantar (a mão) contra alguém; p. aprontar-se.
ARREMANSAR-SE, v.p. Ficar em remanso, aquietar-se.
ARREMATAÇÃO, s.f. Compra de objetos em leilão.
ARREMATADOR, adj. e s.m. Comprador de coisas em leilão; arrematante.
ARREMATANTE, adj. e s. Arrematador.
ARREMATAR, v.t. Concluir; fazer remate de pontos em (costura); comprar em leilão.
ARREMATE, s.m. Remate; conclusão, aperfeiçoamento.
ARREMEDADOR, s.m. Imitador.
ARREMEDAR, v.t. Imitar; macaquear; contrafazer.
ARREMEDO, s.m. Imitação ridícula ou grosseira.
ARREMESSADOR, s.m. Impulsionador, jogador.
ARREMESSAMENTO, s.m. Arremesso.
ARREMESSÃO, s.m. Impulso de atirar, ação de jogar.
ARREMESSAR, v.t. Atirar com ímpeto; lançar para longe; arrojar; despedir.
ARREMESSO, s.m. Ímpeto; arrojo; acometimento; impulsão.
ARREMETEDOR, adj. Agressor; que arremete, assaltador.
ARREMETER, v.rel. Investir; acometer; assaltar; arrojar-se contra.
ARREMETIDA, s.f. ou ARREMETIMENTO, s.m. Investida; acometimento; assalto.
ARREMINAÇÃO, s.f. Zanga, cólera.

ARREMINADO, adj. Zangado, irado, de má catadura.
ARREMINAR-SE, v.p. (pop.) Encolerizar-se, fazendo ameaças iracundas.
ARRENDADO, adj. Cedido mediante pagamento.
ARRENDADOR, s.m. Aquele que dá de arrendamento.
ARRENDAMENTO, s.m. Ato de arrendar; escritura em que se lavra o contrato de renda; contrato de cedência, por certo tempo e preço, da fruição de um prédio.
ARRENDAR, v.t. Dar ou tomar (um prédio) de renda; guarnecer com rendas.
ARRENDATÁRIO, s.m. Aquele que toma de arrendamento.
ARRENDÁVEL, adj. Que se pode arrendar.
ARRENEGAÇÃO, s.f. Enfado; zanga.
ARRENEGAR, v.t. Renegar; abjurar; detestar; odiar.
ARREPANHADO, adj. Apanhado, refegado.
ARREPANHAR, v.t. Refegar; apanhar a roupa.
ARREPELAÇÃO ou ARREPELADA, s.f. Ato de arrepelar; puxão; repelão.
ARREPELADO, adj. Que arrepela.
ARREPELAMENTO, s.m. Ato de arrepelar.
ARREPELÃO, s.m. Arrepelamento; repelão.
ARREPELAR, v.t. Puxar; arrancar (pêlos, cabelos, etc.); p. puxar os próprios cabelos ou a barba.
ARREPENDER-SE, v.t. Ter pesar (de faltas ou delitos cometidos); mudar de parecer; retratar-se.
ARREPENDIDO, adj. Que se arrependeu; contrito.
ARREPENDIMENTO, s.m. Pesar do que se fez ou pensou; sentimento de dor; contrição; mudança de opinião.
ARREPIADO, adj. Eriçado; assustado; espavorido.
ARREPIADOR, adj. Arrepiante, que causa terror; horripilante.
ARREPIADURA, s.f. ou ARREPIAMENTO, s.m. Ato ou efeito de arrepiar.
ARREPIANTE, adj. Que causa arrepios; pavoroso, amedrontador, terrível.
ARREPIAR, v.t. Levantar, eriçar (os cabelos); causar arrepios em.
ARREPIO, s.m. Calafrio; estremecimento provocado por medo ou frio.
ARRESTAR, v.t. Fazer arresto em; embargar; apreender.
ARRESTO, s.m. Apreensão de bens ou objetos por decisão judicial; embargo.
ARREVESADO, adj. Intricado; obscuro, mau de pronunciar (vocábulo).
ARREVESAR, v.t. Pôr ao revés; tornar obscuro, intricado; dar sentido contrário a.
ARREVESSADO, s.m. O que se vomitou.
ARREVESSAR, v.t. Vomitar; detestar.
ARRIAÇÃO, s.f. Ato de arriar.
ARRIAR, v.t. Abaixar; descer; deitar no chão (objeto pesado); depor.
ARRIAR, v.t. (Náut.) Prender as arridas nos botões de; segurar com arridas.
ARRIBAÇÃO, s.f. Chegada; Ato de arribar, aves de arribação: (fig.) forasteiros que não pretendem fixar residência.
ARRIBADIÇO, adj. Diz-se das aves de arribação.
ARRIBANA, s.f. Choupana de recolher gado; palheiro, curral.
ARRIBAR, v.rel. Dirigir-se ou chegar (o navio a um porto) obrigado pelo temporal.
ARRIEIRO, s.m. O que guia pela estrada as bestas de carga.
ARRIMADIÇO, adj. Muito dado a arrimar-se; (fig.) parasita.
ARRIMADOR, s.m. Aquele que arrima; encostador.
ARRIMAR, v.t.-rel. Encostar; apoiar.
ARRIMO, s.m. Encosto; amparo; proteção; auxílio.
ARRIOSCA, s.f. Armadilha; logro; cilada; falcatrua; laço; esparrela.
ARRISCADO, adj. Perigoso; temerário; audaz, resoluto, arrojado, intrépido.
ARRISCAR, v.t. Aventurar; sujeitar à sorte; p. aventurar-se; abalançar-se; lançar-se; sujeitar-se.
ARRITMIA, s.f. Perturbação ou desvio do ritmo; arritmia cardíaca, ou simplesmente arritmia: (Med.) qualquer variação no ritmo normal das contrações cardíacas.
ARRÍTMICO, adj. Sem ritmo.
ARRIVISMO, s.m. Sistema de vencer na vida de qualquer modo.
ARRIVISTA, s. Pessoa que quer vencer na vida a todo custo; ambicioso; sem escrúpulo.

ARRIZOTÔNICO, adj. (Gram.) Diz-se das formas verbais não rizotônicas, isto é, que têm o acento predominante fora da raiz ou do radical, ou seja, na desinência; ex.: libert (ei), libert (aste), libert (ou) etc.

ARROBA, s.f. Peso antigo de trinta e dois arráteis, igual a 14,688 kg. (Do árabe arroba'a, a quarta parte.)

ARROBAÇÃO, s.f. Arrebatação.

ARROCHADO, adj. Apertado com arrocho; muito apertado; comprimido.

ARROCHADOR, adj. Apertador, compressor.

ARROCHADORA, s.f. Peça de atafona com que se aperta a almanjarra.

ARROCHADURA, s.f. Ato de arrochar.

ARROCHAR, v.t. Apertar (carga) com arrocho; apertar muito.

ARROCHO, s.m. Pau torto e curto com que se torcem as cordas para apertar fardos, cargas, etc.; (fig.) aperto, dificuldade; situação difícil.

ARROGAÇÃO, s.f. Ato ou efeito de arrogar.

ARROGADOR, adj. Que se arroga alguma coisa.

ARROGÂNCIA, s.f. Altivez; orgulho; insolência; presunção.

ARROGANTE, adj. Altivo; insolente; orgulhoso, soberbo.

ARROGAR, v.t. Tomar como próprio; apropriar-se de; p. atribuir-se, tomar como seu.

ARROIO, s.m. Regato; ribeiro.

ARROJADIÇO, adj. Ousado; temerário, arrojado, destemido.

ARROJADO, adj. Temerário; destemido; ousado; impetuoso.

ARROJADOR, s.m. Aquele que arroja.

ARROJAMENTO, s.m. Impulso, empurrão.

ARROJAR, v.t. Levar de rojo; arrastar; lançar (o mar) à praia; t.-rel. arremessar, lançar com força e ímpeto; p. arremessar-se; lançar-se, ousar, atrever-se; arrastar-se, andar de rastos.

ARROJO, s.m. Ousadia; audácia; afoiteza.

ARROLADOR, s.m. Inventariante.

ARROLAMENTO, s.m. Inventário; ato de arrolar.

ARROLAR, v.t. Meter em rol; inventariar.

ARROLHADOR, s.m. Aquele que arrolha.

ARROLHAMENTO, s.m. Ato de arrolhar.

ARROLHAR, v.t. Colocar rolha em; fazer calar.

ARROMBA, s.f. Cantiga ruidosa para a viola; de —: excelente, assombroso, de espantar: uma festa de arromba, liquidação de arromba.

ARROMBADA, s.f. Violência, ato de arrombar.

ARROMBADOR, adj. e s.m. Aquele que arromba, ladrão.

ARROMBAMENTO, s.m. Roubos, abertura forçada.

ARROMBAR, v.t. Fazer rombo em; romper; abrir à força; roubar.

ARROSTAR, v.t. Olhar de frente, encarar sem medo, afrontar; fazer face a.

ARROTADOR, s.m. Eructador; (fig.) fanfarão, o que diz bravatas.

ARROTAR, v.int. Dar arrotos; vangloriar-se, blasonar; t. eructar.

ARROTEADO, adj. Lavrado, desbravado.

ARROTEADOR, s.m. Aquele que arroteia.

ARROTEAMENTO, s.m. Ato de arrotear.

ARROTEAR, v.t. Cultivar (terreno inculto); educar. (Pres. ind.: arroteio, etc.; pres. subj.: arroteie, etc.)

ARROTO, s.m. Erupção ruidosa de gases do estômago pela boca; eructação; respiradouro de gruta ou caverna (Pl.: arrotos (ó).)

ARROUBAMENTO, s.m. Êxtase; enlevo.

ARROUBAR, v.t. e p. Extasiar; arrebatar; enlevar.

ARROUBO, s.m. Enlevo, encanto, êxtase.

ARROXADO, adj. Arroxeado.

ARROXAR, v.t. e p. Arroxear. (Pres. ind.: arroxo, etc.; pres. subj.: arroxe, etc.)

ARROXEADO, adj. Que se arroxou; de cor tirante a roxo. O mesmo que arroxado. (Pres. ind.: arroxeio, etc.; pres. subj.: arroxeie, etc.)

ARROXEAR, v.t. e p. Tornar roxo. O mesmo que arroxar.

ARROZ, s.m. Planta da família das Gramíneas, largamente cultivada por ser alimentar a sua semente.

ARROZAL, s.m. Campo semeado de arroz. O mesmo que arrozeira.

ARROZEIRO, adj. Que gosta muito de arroz; relativo à lavoura de arroz.

ARRUAÇA, s.f. Motim de rua; assuada.

ARRUAÇÃO, s.f. Traçado de ruas ainda sem casas.

ARRUAÇAR, v.int. Fazer arruaça.

ARRUACEIRO, adj. Desordeiro.

ARRUADO, s.m. Arruamento; adj. dividido em ruas.

ARRUADOR, s.m. Aquele que arrua ou cuida do alinhamento das construções; vagabundo, vadio.

ARRUAMENTO, s.m. Ação de arruar, abrir ruas, dar-lhes alinhamento; fileira de estabelecimentos da mesma profissão, na mesma rua.

ARRUAR, v.t. Dividir em ruas; alinhar (ruas ou passeios).

ARRUÇAR, v.int. Tornar-se ruço; encanecer.

ARRUDA, s.f. Nome de várias plantas da família das Rutáceas, aromáticas e medicinais. (A crendice popular lhe atribui o poder de afugentar o mau-olhado.)

ARRUELA, s.f. Chapa redonda de aço na qual é metido o parafuso para a porca não desgaste a peça que vai ser aparafusada; besante de brasão; Var.: ruela.

ARRUELADO, adj. Guarnecido de arruelas; que tem arruelas.

ARRUFADIÇO, adj. Que arrufa com facilidade; zangadiço.

ARRUFAR, v.t. Tornar agastado; irritar; rufar; encrespar; p. entufar-se; encrespar-se; mostrar maus modos.

ARRUFO, s.m. Despeito; mau humor; agastamento passageiro entre pessoas que se querem bem.

ARRUGADO, adj. Enrugado; encarquilhado.

ARRUGADURA, s.f. ou **ARRUGAMENTO**, s.m. Ato ou efeito de arrugar.

ARRUGAR, v.t. e p. (V. Enrugar.)

ARRUINAÇÃO (u-i), s.f. Destruição.

ARRUINADO (u-i), adj. Destruído; falido; emprobrecido; inflamado ou apostemado.

ARRUINADOR, adj. Causador de ruínas.

ARRUINAMENTO (u-i), s.m. Ato de arruinar; ruína.

ARRUINAR (u-i), v.t. Causar ruína em; destruir; estragar; demolir; combalir (a saúde).

ARRUIVADO, adj. De cor ruiva.

ARRUIVASCADO, adj. Arruivado; tirante a ruivo.

ARRULAR, v.int. e p. Var. de arrulhar.

ARRULHAR, v.int. Cantar como os pombos; fazer meiguices; acalentar crianças.

ARRULHO, s.m. Ato de arrulhar; canto ou gemido de rolas e pombos; toada para adormecer crianças. Var.: arrulo.

ARRULO, s.m. Var. de arrulho.

ARRUMAÇÃO, s.f. Ato de arrumar; boa disposição; arranjo.

ARRUMADEIRA, adj. Diz-se da mulher cuidadosa na boa distribuição do mobiliário caseiro; s.f. criada de quarto.

ARRUMADELA, s.f. Arrumação.

ARRUMADOR, s.m. Aquele que arruma.

ARRUMAR, v.t. Pôr em ordem; acomodar; colocar, empregar; conseguir, obter.

ARRUMO, s.m. Arrumação.

ARSENAL, s.m. Estabelecimento onde se constroem e reparam navios; depósito de apetrechos de guerra.

ARSENICAL, adj. Que contém arsênio.

ARSÊNICO, s.m. Arsênio.

ARSÊNIO, s.m. Elemento químico, metalóide, símbolo As, de peso atômico 74,93; n.º atômico 33; o mesmo que arsênico.

ARSENIOSO, adj. Diz-se dos derivados do arsênico trivalente.

ARTE, s.f. Conjunto de preceitos para a perfeita execução de qualquer coisa. Artifício, ofício, profissão; indústria; astúcia; habilidade; travessura.

ARTEFATO ou **ARTEFACTO**, s.m. Produto da indústria.

ARTEIRICE, s.f. Manha; astúcia; traquinada.

ARTEIRO, adj. Astucioso; manhoso; sagaz; velhaco; ardiloso.

ARTELHO (ê), s.m. Dedo do pé. O mesmo que pododáctilo.

ARTÉRIA, s.f. (Anat.) Cada um dos vasos que conduzem o sangue do coração a todas as partes do corpo; grande via de comunicação, rua de cidade, etc.

ARTERIAL, adj. Relativo às artérias.

ARTERÍOLA, s.f. Diminutivo de artéria.

ARTERIOSCLEROSE, s.f. (Med.) Esclerose das túnicas arteriais.

ARTERIOSO, adj. (V. Arterial.)

ARTESANATO, s.m. Técnica e tirocínio do artesão; arte de fazer objetos.

ARTESÃO, s.m. Artífice; operário (pl.: artesãos); lavor arquitetônico (pl.: artesões).

ARTESIANO, adj. Do Artois (França); qualificativo dos poços em que a água jorra como repuxo.

ÁRTICO, adj. Do Norte; boreal.

ARTICULAÇÃO, s.f. Juntura e modo de conexão de duas ou mais peças ósseas quer sejam ou não móveis entre si; nó de plantas. Pronunciação das palavras.

ARTICULADO, adj. Que tem articulação.

ARTICULANTE, s. Pessoa que deduz ou alega em artigos.

ARTICULAR, adj. Que pertence às articulações. (Gram.) Que é da natureza do artigo. V. tr. Unir pelas articulações, ligar. Pronunciar.

ARTICULÁVEL, adj. Que se pode articular.

ARTICULISTA, s. Autor ou autora de artigos de jornal.

ARTÍCULO, s.m. Artigo, divisão de um trabalho escrito; (Anat.) articulação de ossos; falange dos dedos.

ARTICULOSO, adj. Que tem ou é composto de artículos.

ARTÍFICE, s. Artista; operário; inventor; obreiro.

ARTIFICIAL, adj. Produzido por, arte ou indústria; postiço.

ARTIFICIALIDADE, s.f. ou **ARTIFICIALISMO** s.m. Qualidade do que é artificial.

ARTIFICIALIZAR, v.t. Tornar artificial.

ARTIFICIAR, v.t. Fazer com artifício; aperfeiçoar; engenhar.

ARTIFÍCIO, s.m. Produto de arte; habilidade; astúcia; trabalho de pirotecnia.

ARTIFICIOSO, adj. Que encerra artifício.

ARTIGO, s.m. Palavra que se junta aos substantivos para indicar que se tomam em sentido determinado; o artigo pode ser definido (o, a, os, as) ou indefinido (um, uma, uns, umas); parte de uma lei ou código; mercadoria; objeto de comércio.

ARTILHAMENTO, s.m. Ato de artilhar.

ARTILHAR, v.t. Guarnecer com artilharia.

ARTILHARIA, s.f. Conjunto de peças, canhões e mais bocas-de-fogo para atirar projéteis a grande distância; uma das armas do Exército.

ARTILHEIRO, s.m. Soldado de artilharia.

ARTIMANHA, s.f. Ardil; artifício; astúcia.

ARTISTA, s. Pessoa que professa as belas-artes; pessoa que revela sentimento artístico; artífice; operário.

ARTÍSTICO, adj. Referente às artes; que tem a arte; de lavor primoroso e original.

ARTRITE, s.f. Inflamação na articulação.

ARTRÍTICO, adj. Que padece de artrite; relativo a artrite.

ARTRITISMO, s.m. Reumatismo que ataca as juntas do corpo.

ARÚSPICE, s.m. Sacerdote romano, que predizia o futuro pelo exame das entranhas das vítimas.

ARVICULTOR, s.m. Criador de árvores; agricultor.

ARVICULTURA, s.f. Cultura dos campos; cultura dos cereais.

ARVOADO, adj. Estonteado, tresloucado, aturdido, perturbado.

ARVOAMENTO, s.m. Estonteamento.

ARVOAR, v.t. Estontear; entontecer; aturdir.

ARVORADO, adj. Erguido, hasteado; içado.

ARVORAGEM, s.f. Içamento, hasteamento.

ARVORAR, v.t. Erguer; hastear; desfraldar; içar.

ÁRVORE, s.f. Grande vegetal lenhoso, de tronco e com ramos na parte superior; mastro de embarcação (dim.: arvorezinha, arvoreta.)

ARVOREDO (ê), s.m. Aglomeração de árvores; mastreação do navio.

AS, Fem. pl. do art. def. o. Fem. pl. do pron. pess. o. Fem. pl. do pron. dem. o.

ÁS, s.m. Carta de jogar com um só ponto marcado; (fig.) pessoa exímia em qualquer atividade, especialmente em aviação.

ÀS, Contr. da prep. a com o art. as; contr. da prep. a com o pron. dem. as.

ASA, s.f. Membro das aves guarnecido de penas; expansão membranosa ou córnea do tórax dos insetos; grande barbatana peitoral de alguns peixes; (Dim.: asinha, aselha.)

ASADO, adj. Que tem asas; alado.

ASBESTO, s.m. Mineral incombustível, variedade da crisólita em que as fibras são separáveis e flexíveis. O mesmo que amianto.

ASCENDÊNCIA, s.f. Ação de elevar-se; superioridade; série de gerações anteriores a um indivíduo; progênie; influência.

ASCENDENTE, adj. Que sabe; s.m. predomínio; antepassado; de quem se descende.

ASCENDER, v. int. e rel. Subir; elevar-se.

ASCENDIMENTO, s.m. Ato de ascender. (V. Ascenção.)

ASCENSÃO, s.f. Subida, elevação; promoção; festa eclesiástica, comemorativa da ascensão de Cristo ao céu; o dia dessa festa.

ASCENSIONAL, adj. Relativo a ascensão; que obriga a subir.

ASCENSIONÁRIO, adj. Que ascende, que sobe.

ASCENSIONISTA, s. Indivíduo que faz excursão a pontos elevados, em balão, ou de outra maneira.

ASCENSOR, s.m. Elevador.

ASCENSORISTA, s. Pessoa encarregada de manejar o ascensor ou elevador.

ASCESE, s.f. Exercício espiritual de devoção, de mortificação e meditação religiosa.

ASCETA, s. Pessoa que vive em práticas de devoção e penitência; contemplativo.

ASCÉTICO, adj. Que diz respeito aos ascetas ou ao ascetismo; devoto; místico; contemplativo.

ASCETISMO, s.m. Ascese; doutrina moral dos ascetas. O mesmo que asceticismo.

ASCO, s.m. Nojo; aversão; tédio; enjôo (Bot.) célula-mãe dos fungos ascomicetes.

ASCÓRBICO, adj. (Quím.) Diz-se da vitamina C ou ácido ascórbico.

ÁSCUA, s.f. Brasa viva; chispa que se escapa do ferro em brasa, ao ser malhado; (fig.) o afuzilar dos olhos de pessoa encolerizada.

ASCUMA, s.f. Pequena lança que se arrojava contra o inimigo. Vars.: ascuna e ascunha.

ASFALTADOR, s.m. Operário que aplica o asfalto.

ASFALTAR, v.t. Cobrir ou revestir de asfalto.

ASFÁLTICO, adj. Que diz respeito a asfalto.

ASFALTO, s.m. Variedade de betume que contém hidrocarbonetos e substâncias minerais, obtida de jazidas ou como resíduo da destilação do petróleo bruto.

ASFIXIA (cs), s.f. Impossibilidade de respirar; afogamento, sufocamento.

ASFIXIADOR (cs...ô), adj. Que asfixia, o mesmo que asfixiante.

ASFIXIANTE (cs), adj. Que asfixia; que abrasa (calor); asfixiador, asfixioso.

ASFIXIAR (cs), v.t. Sufocar; afogar (Pres. ind.: asfixio, etc.; pres. subj.: asfixie, etc.)

ASFIXIOSO (cs), adj. Asfixiante.

ASIANO, adj. e s.m. Asiático.

ASIÁTICO, adj. Da Ásia; (fig.) excessivo no luxo; s.m. o natural ou habitante da Ásia.

ASILAR, v.t. Abrigar; dar guarida a; p. refugiar-se, acolher-se.

ASILO, s.m. Abrigo para indigentes e desvalidos; lugar onde os que a ele se recolhem ficam isentos da execução das leis; abrigo; proteção.

ASININO, adj. Estúpido; bronco; brutal. O mesmo que asinal, asinário, asnal, asnático, asnil.

ASMA, s.f. Dispnéia que surge por acesso e é considerada doença alérgica.

ASMÁTICO, adj. Relativo à asma; que padece de asma.

ASMENTO, adj. Asmático.

ASMO, adj. (pop.) Ázimo, sem sabor, sem fermento.

ASNA, s.f. Mula. Peça de madeira em que se apóia a viga-mestra.

ASNADA, s.f. Manada ou récua de asnos.

ASNAL, adj. (V. Asinino.)

ASNARIA, s.f. Asnada.

ASNÁTICO, adj. Parvo, tolo, idiota estúpido.

ASNEAR, v.int. Dizer ou fazer asneiras.

ASNEIRA, s.f. Burrice; tolice; disparate; inépcia. (Coletivo: chorrilho; enfiada.)

ASNEIRADA, s.f. Disparate, tolice, dislate.

ASNEIRÃO, s.m. Grande asno; toleirão. (Fem.: asneirona.)

ASNEIRAR, v.int. Dizer ou fazer asneiras.

ASNEIRENTO, adj. Que diz ou que faz asneiras.

ASNEIRO, s.m. Burriqueiro; tratador de asnos.

ASNEIROLA, s.f. Asneira, tolice.

ASNICE ou **ASNIDADE**, s.f. Asneira.

ASNO, s.m. Burro; (fig.) pessoa estúpida, ignorante, imbecil.

ASPA, s.f. Instrumento de suplício em forma de X; pl. sinais («‹ »›ou" ") com que se abrem e fecham as citações; (emprega-se o segundo destes sinais para evitar a repetição de palavras em linhas sucessivas); o mesmo que comas e vírgulas dobradas; chifres.

ASPADO, adj. (Gram.) Colocado entre aspas.

ASPAR, v.t. Pôr entre aspas; crucificar na aspa.

ASPARGO, s.m. Espargo. Forma paral.: aspárago

ASPECTO, s.m. Aparência; semblante; ponto de vista.

ASPEREZA, s.f. Rugosidade; rudeza; severidade; desabrimento.

ASPERGES, s.m. Capa usada pelos sacerdotes.

ASPERGIMENTO, s.m. Ato de aspergir. O mesmo que aspersão.

ASPERGIR, v.t. Borrifar; orvalhar; fazer aspersão com água benta.

ASPERIDADE ou **ASPERIDÃO**, s.f. Aspereza.

ÁSPERO, adj. Escabroso; rugoso; rijo; fragoso (fig.) severo; ríspido. (Superl. abs. sint. asperíssimo, aspérrimo.)

ASPERSÃO, s.f. Ato de aspergir; borrifo; respingo.

ASPERSAR, v.t. Aspergir.

ASPERSO, adj. Aspergido; borrifado.

ASPERSÓRIO, s.m. Hissope, instrumento de aspergir.

ASPIRAÇÃO, s.f. Absorção; desejo veemente; (Gram.) pronunciação gutural de algumas letras.

ASPIRADO, adj. Sorvido; (Gram.) diz-se das vozes que se pronunciam na garganta.

ASPIRADOR, adj. s.m. Aparelho para aspirar o pó dos objetos.

ASPIRÂNCIA, s.f. Aspiração; desejo veemente.

ASPIRANTE, adj. Que absorve; s.m. graduação militar imediatamente inferior ao segundo-tenente.

ASPIRAR, v.t. Sorver; obsorver; (Gram.) pronunciar guturalmente; rel. pretender; desejar ardentemente; int. respirar.

ASPIRATIVO, adj. (Gram.) Que tem aspiração.

ASPIRINA, s.f. Remédio contra dores e febres. (Nome patenteado.)

ASPUDO, adj. Diz-se do animal de chifres grandes.

ASQUEROSIDADE, s.f. Imundície, sujidade, nojo.

ASQUEROSO, adj. Nojento; repelente; nauseabundo.

ASSACADILHA, s.f. Imputação aleivosa e malévola

ASSACADOR, adj. Acusador malévolo.

ASSACAR, v.t.-rel. Atribuir aleivosamente; inventar (calúnias).

ASSADEIRA, s.f. Utensílio próprio para assar.

ASSADEIRO, s.m. Assador; adj. que é próprio para assar.

ASSADO, adj. Que se assou; (fig.) s.m. peça de carne assada; assadura.

ASSADOR, s.m. Aquele que assa; vaso ou utensílio para assar.

ASSADURA, s.f. Ação de assar; erupção da pele.

ASSALARIADO, s.m. Indivíduo a soldo de outro, que trabalha por salário.

ASSALARIADOR, s.m. Aquele que assalaria.

ASSALARIAMENTO, s.m. Contrato de serviço remunerado.

ASSALARIAR, v.t. Dar salário a; estipendiar; p. empregar-se por salário. (Pres. ind.: assalario, etc.; pres. subj.: assalarie, etc.)

ASSALTADOR, adj. e s.m. Assaltante.

ASSALTANTE, adj. e s. Ladrão, bandido.

ASSALTAR ou **ASSALTEAR**, v.t. Atacar de repente; investir com ímpeto; acometer à traição; surpreender.

ASSALTO, s.m. Ataque; roubo; investida; agressão.

ASSANHADIÇO, adj. Que se assanha facilmente; irascível.

ASSANHADO, adj. Furioso; irrequieto; erótico, namorador.

ASSANHAMENTO, s.m. Fúria, enraivecimento.

ASSANHAR, v.t. Encher de sanha; enfurecer; irritar; p. encolerizar-se; enfurecer-se.

ASSANHO, s.m. Fúria, exacerbamento, foguetice.

ASSAR, v.t. Expor à ação do fogo; queimar; inflamar; abrasar.

ASSARAPANTADO, adj. Assustado; espantado; confundido.

ASSARAPANTAR, v.t. Espantar; assustar; confundir; p. ficar aturdido.

ASSARILHADO, adj. Que tem forma de sarilho, cruzado.

ASSASSINADO, adj. Morto (homem) por alguém.

ASSASSINADOR, s.m. Assassino.

ASSASSINAMENTO, s.m. (p.us.) Assassínio.

ASSASSINAR, v.t. Matar.

ASSASSINATO ou **ASSASSÍNIO**, s.m. Homicídio. (Muitos autores acoinam de galicismo a forma assassinato.)

ASSASSINO, s.m. Aquele que mata; indivíduo que mata alguém; adj. que assassina.

ASSAZ, adv. Bastante; suficientemente.

ASSAZONADO, adj. Maduro, sazonado.

ASSEADO, adj. Limpo, elegante.

ASSEAR, v.t. Tornar limpo, varrendo ou lavando; enfeitar; ornar; p. limpar-se; vestir-se com esmero. (Pres. ind.: asseio, asseias, asseia, asseamos, asseias, asseiam; pres. subj.: asseie, asseies, asseie, asseemos, asseeis, asseiem.)

ASSECLA, s. Partidário, sequaz, sectário.

ASSECURATÓRIO, adj. Garantidor.

ASSEDAR, v.t. Limpar (o linho) no sedeiro; tornar macio como seda.

ASSEDIADOR, adj. e s.m. Sitiante.

ASSEDIANTE, adj. Que assedia; assediador.

ASSEDIAR, v.t. Pôr assédio ou cerco a; importunar; molestar com perguntas ou pretensões insistentes. (Pres. ind.: assedio, etc.; pres. subj.: assedie, etc.)

ASSÉDIO, s.m. Cerco posto a um reduto para o tomar; sítio; (fig.) insistência impertinente, junto de alguém, com perguntas, pretensões, etc.

ASSEGURAÇÃO, s.f. Ato ou efeito de assegurar.

ASSEGURADO, adj. Firme, estabelecido; tornado seguro.

ASSEGURADOR, adj. Aquele que assegura, afirma, certifica.

ASSEGURAR, v.t. Garantir; firmar.

ASSEIO, s.m. Limpeza; esmero no vestir.

ASSELAR, v.t. Selar; legalizar; validar; confirmar.

ASSELVAJADO, adj. Que tem modos de selvagem; brutal; grosseiro.

ASSELVAJAMENTO, s.m. Embrutecimento.

ASSELVAJAR, v.t. Tornar selvagem, brutal, grosseiro; p. brutalizar-se; fazer-se grosseiro, selvagem.

ASSEMBLÉIA, s.f. Reunião de pessoas para fim determinado; junta; congresso.

ASSEMELHAÇÃO, s.f. Parecença, semelhança.

ASSEMELHAR, v.t. Tornar semelhante ou parecido; imitar.

ASSENHOREAR-SE, v.p. Apoderar-se; apossar-se. (Pres. ind.: assenhoreio-me, assenhoreias-te, assenhoreia-se, assenhoreamo-nos, assenhoreais-vos, assenhoreiam-se.)

ASSENSO, s.m. Assentimento.

ASSENTADO, adj. Sentado; firme; resolvido; combinado; posto em assento; acomodado.

ASSENTADOR, s.m. Anotador; aparelho para assentar o fio das lâminas.

ASSENTAMENTO, s.m. Ação de assentar; lançamento; colocação das peças de qualquer construção.

ASSENTAR, v.t.-rel. Colocar; anotar; basear.

ASSENTE, adj. Resolvido; concluído.

ASSENTIMENTO, s.m. Anuência; consentimento.

ASSENTIR, v.t. Concordar; rel. consentir; anuir.

ASSENTO, s.m. Cadeira, banco; base; nádegas; anotação.

ASSEPSIA, s.f. Processo pelo qual se consegue o afastamento dos germes patogênicos em determinado local ou objeto.

ASSÉPTICO, adj. Relativo à assepsia; isento de germes patogênicos.

ASSERÇÃO, s.f. Afirmação; asseveração.

ASSERENAR, v.t. Tranqüilizar.

ASSERTIVO, adj. Afirmativo. O mesmo que assertório.

ASSERTO (è), s.m. Afirmativa, asserção.

ASSERTÓRIO, adj. Assertivo; afirmativo.

ASSESSOR (ô), s.m. Assistente; adjunto; assessores; fem.: assessora.

ASSESSORAR, v.t. Servir de assessor; informar; auxiliar. (Pres. indic.: assessoro, assessoras, assessora, etc. Pres. subj. assessore, assessores,etc.)

ASSESSORIA, s.f. O conjunto de assessores.

ASSESSORIAL, adj. ou **ASSESSÓRIO**, adj. Que diz respeito ao assessor; do assessor.

ASSESTAR, v.t.-rel. Apontar; dirigir; t. pôr (os óculos) na direção de alguém ou de alguma coisa.

ASSESTO, s.m. Ato de assestar, pontaria.

ASSETAR, v.t. Assetear.

ASSETEADOR, s.m. Aquele que asseteia.

ASSETEAR, v.t. Ferir ou matar com seta; injuriar.

ASSEVERAÇÃO, s.f. Afirmação, declaração.

ASSEVERADOR, s.m. Aquele que assevera.

ASSEVERAR, v.t.rel. Afirmar; assegurar; certificar.

ASSEVERATIVO, adj. Que assevera, que contém asseveração; afirmativo.

ASSEXO (cs), adj. Sem sexo.

ASSEXUADO (cs), adj. Sem sexo. O mesmo que assexual e assexo.

ASSEXUAL (cs), adj. Assexuado.

ASSIBILAÇÃO, s.f. O mesmo que sibilação.

ASSIDERAÇÃO, s.f. Entorpecimento ou morte por imersão em água gelada; produção de acidente por ação do frio.

ASSIDUIDADE (u-i), s.f. Freqüência sem faltas, constância, exatidão.

ASSÍDUO, adj. Contínuo, freqüente, aplicado em algum exercício.

ASSIM, adv. Deste modo; do mesmo modo; igualmente; (fam.) — assado ou — mais ou menos.

ASSIMETRIA, s.f. Falta de simetria.

ASSIMÉTRICO, adj. Que não tem simetria.

ASSIMILABILIDADE, s.f. Qualidade ou caráter do que é assimilável.

ASSIMILAÇÃO, s.f. Apropriação (de formas ou idéias); (Fisiol.) função orgânica por meio da qual os seres vivos transformam os alimentos em substância própria. — (Gram.) transformação de um fonema em outro seguinte ou precedente: ilícito por in lícito; (Sociol.) processo de interpretação e fusão de culturas (tradições, sentimentos, modos de vida) num tipo comum.

ASSIMILADOR, adj. Que produz assimilação.

ASSIMILAR, v.t. Transformar em substância própria; tornar semelhante.

ASSIMILATIVO, adj. Assimilador; concernente à assimilação.

ASSIMILÁVEL, adj. Que se pode assimilar.

ASSIMILHAR, v.t. (V. Assemelhar.)

ASSINAÇÃO, s.f. Ato de assinar; notificação; citação; aprazamento.

ASSINADO, adj. Em que há assinatura; s.m. documento autenticado com assinatura.

ASSINALAÇÃO, s.f. Assinalamento.

ASSINALADO, adj. Que tem ou leva sinal; célebre; notável.

ASSINALADOR, adj. Marcador.

ASSINALAMENTO, s.m. Marcação. O mesmo que assinalação.

ASSINALAR, v.t. Marcar com sinal; distinguir; ilustrar.

ASSINALATIVO, adj. Que assinala.

ASSINALÁVEL, adj. Que se pode ou deve assinalar.

ASSINANTE, s. Pessoa que assina; subscritor.

ASSINAR, v.t. Firmar, com seu nome ou sinal; aprazar; demarcar, limitar; tomar uma assinatura de.

ASSINATURA, s.f. Firma; nome escrito.

ASSINÁVEL, adj. Que pode ser assinado.

ASSINCRONISMO, s.m. (TV) Falta de sincronismo entre a freqüência do transmissor e a do receptor, originando oscilação das imagens no quadro deste último.

ASSÍNDESE, s.f. O mesmo que assíndeto.

ASSINDÉTICO, adj. Em que há assíndeto.

ASSÍNDETO ou ASSÍNDETON, s.m. Ausência de conjunções coordenativas entre frases ou entre partes da mesma frase. Exs.: cheguei, vi, venci.

ASSÍRIO, adj. Da Assíria; s.m. o natural ou habitante da Assíria; dialeto da Assíria.

ASSIRIOLOGIA, s.f. Estudo das antiguidades, língua, religião, etc.; da Assíria e da Babilônia.

ASSIRIOLOGISTA ou ASSIRIÓLOGO, s.m. Indivíduo versado em assiriologia.

ASSISADO, adj. Prudente; ajuizado, cordato, sensato.

ASSISTÊNCIA, s.f. Presença atual; conjunto de espectadores; proteção; auxílio; socorro médico; ambulância.

ASSISTENTE, adj. Que assiste; ouvinte; s. auxiliar de ensino de uma cátedra; assessor; adjunto.

ASSISTIDA, adj.f. Diz-se da mulher acompanhada e auxiliada no parto.

ASSISTIDO, adj. Socorrido, ajudado.

ASSISTIR, v.rel. Estar presente, comparecer; residir, habitar; estar, permanecer; auxiliar; ajudar, socorrer.

ASSOALHADO, adj. Que esteve exposto ao sol; que tem soalho; (fig.) divulgado.

ASSOALHAR, s.m. Aquele que assoalha.

ASSOALHADURA, s.f. ou ASSOALHAMENTO, s.m. Ato ou efeito de assoalhar.

ASSOALHAR, v.t. Expor ao sol; fazer soalho em;

cobrir com soalho; divulgar.

ASSOALHO, s.m. Pavimento, chão.

ASSOANTE, adj. Que tem assonância; s.f.pl. palavras que, tendo a mesma vogal da sílaba tônica, diferem todavia pelas consoantes que se lhes seguem.

ASSOAR, v.t. Limpar (o nariz) de mucosidade.

ASSOBERBADO, adj. Altivo; abarbado de serviço.

ASSOBERBADOR, adj. Assoberbante.

ASSOBERBAMENTO, s.m. Ato ou efeito de assoberbar.

ASSOBERBAR, v.int. Haver-se com soberba; p. orgulhar-se; estar cheio de serviço.

ASSOBIADA, s.f. Assuada, apupada; vaia. Var.: assoviada.

ASSOBIADO, adj. Apupado; corrido a assobios; executado a assobio. Var.: assoviado.

ASSOBIADOR, s.m. Aquele que assobia; Var.: assoviador.

ASSOBIANTE, adj. Que assobia. Var.: assoviante.

ASSOBIAR, v.int. Silvar, sibilar; t. vaiar. Var.: assoviar.

ASSOBIO, s.m. Apito; sibilo; silvo; som agudo produzido pelo ar comprimido entre os lábios. Var.: assovio.

ASSOBRADAR, v.t. Construir sobrado.

ASSOCIAÇÃO, s.f. Ato de associar; sociedade; reunião de pessoas para um fim comum; — de idéias: (Psic.) relação entre as idéias, sugeridas umas pelas outras.

ASSOCIADO, adj. Que se associou; s.m. sócio.

ASSOCIAR, v.t. Agregar, ajuntar; unir; reunir em sociedade; t-rel. unir; tomar como sócio. (Pres. indic.: associo, etc.; pres. subj.: associe, etc.)

ASSOCIATIVO, adj. Que reúne.

ASSOLAÇÃO, s.f. Devastação, desolação, ruína.

ASSOLADOR, adj. Devastador; destruidor.

ASSOLAMENTO, s.m. Assolação.

ASSOLAPADOR, adj. e s.m. Que, ou o que solapa.

ASSOLAPAR, v.t. e p. Solapar, escavar.

ASSOLAR, v.t. Arrasar, devastar, talar, destruir.

ASSOLDADADO, adj. Assalariado, tomado a soldo.

ASSOLDADAR, v.t. Assalariar; p. alistar-se, assalariar-se.

ASSOMADA, s.f. Ato de assomar; cumiada; auge.

ASSOMADO, adj. Irritado; colérico.

ASSOMAR, v.rel. Aparecer (em lugar elevado); subir (a um lugar alto); mostrar-se, manifestar-se (em ponto elevado e extremo).

ASSOMBRAÇÃO, s.f. Fantasma; alma do outro mundo.

ASSOMBRADIÇO, adj. Que se assombra facilmente.

ASSOMBRADO, adj. Apavorado; aterrorizado; diz-se do lugar em que aparecem assombrações.

ASSOMBRAMENTO, s.m. Assombração.

ASSOMBRAR, v.t. Maravilhar; assustar; aterrar; int. causar espanto ou admiração.

ASSOMBREAMENTO, s.m. Ato de assombrear.

ASSOMBREAR, v.t. Sombrear, cobrir de sombra.

ASSOMBRO, s.m. Admiração; espanto; maravilha; terror; pessoa ou coisa que produz espanto, terror, admiração, etc.

ASSOMBROSO (ô), adj. Que causa assombro, pasmoso.

ASSOMO, s.m. Presunção; indício; aparência; agastamento; irritação.

ASSONÂNCIA, s.f. Consonância; rima imperfeita entre palavras.

ASSONANTE, adj. Em que há assonância; assoante.

ASSOPRADELA, s.f. Ato de soprar; sopro.

ASSOPRADO, adj. Em que se introduziu ar por meio de sopro; inchado; empolado; enfatuado.

ASSOPRADOR, s.m. Aquele que assopra; (fig.) instigador.

ASSOPRADURA, s.f. ou ASSOPRAMENTO, s.m. Ação de assoprar.

ASSOPRAR, v.t., t.-rel. e int. Soprar.

ASSOPRO, s.m. Sopro.

ASSOREAMENTO, s.m. Amontoação de areias ou de terras, causada por enchentes ou por construções.

ASSOREAR, v.t. Produzir assoreamento em; obstruir (barras, rios); int. obstruir; encher de areia.

ASSOVELADO, adj. Em forma de sovela; picado ou furado com sovela.

ASSOVELAR, v.t. Dar forma de sovela a; picar ou furar com sovela; (fig.) espicaçar; irritar.

ASSUADA, s.f. Vozearia; balbúrdia; vaia.

ASSUAR, v.t. Insultar com vaia; vaiar; apupar.

ASSUMIR, v.t. Tomar sobre si ou para si; avocar;

entrar no exercício de; tomar conta de.

ASSUNÇÃO, s.f. Elevação a uma dignidade; festa católica em celebração do recebimento da Virgem no Céu.

ASSUNGAR, v.t. Puxar para cima; levantar. O mesmo que sungar.

ASSUNTAR, v.t. Dar, prestar atenção a; rel. meditar.

ASSUNTÍVEL, adj. Suscetível de ser assumido.

ASSUNTIVO, adj. Que assume; que se adota.

ASSUNTO, s.m. Matéria ou objeto de que se trata, argumento.

ASSURGENTE, adj. Que surge; que se ergue, aprumado, remontante.

ASSUSTADIÇO, adj. Que se assusta com facilidade; arisco.

ASSUSTADO, adj. Medroso, sobressaltado.

ASSUSTADOR, adj. Que assusta.

ASSUSTAR, v.t. amedrontar; intimidar; int. apanhar susto.

ASSUSTOSO (ô), adj. Que causa susto, mete medo.

ASTECA, s. Indivíduo do povo dos astecas que dominava o México quando os espanhóis ali aportaram.

ASTENIA, s.f. Debilidade, fraqueza orgânica.

ASTERISCO, s.m. Sinal gráfico em forma de estrelinha (*), usado na escrita para remissão a uma nota no pé da página ou no fim do capítulo ou do volume.

ASTERÓIDE, adj. Semelhante a estrela ou em forma de estrela; s.m. pequeno planeta.

ASTIGMAÇÃO, s.f. Aberração de posição da imagem nas matrizes.

ASTIGMÁTICO, adj. Relativo ao astigmatismo.

ASTIGMATISMO, s.m. Perturbação visual, por defeito na curvatura das superfícies refratoras, não se fazendo num ponto comum da retina a convergência dos raios luminosos.

ASTILHA, s.f. Lasca, fragmento, estilhaço.

ASTRACÃ, s.m. Pele de cordeiro, de pêlo frisado, usada em agasalhos.

ASTRÁGALO, s.m. Ornato da parte superior do fuste da coluna; osso do tarso.

ASTRAL, adj. Que diz respeito aos astros; sideral.

ASTRÉIA, s.f. Constelação zodiacal, também chamada Virgem; polipeiro pétreo; (fig.) a Justiça, a Paz.

ASTRÍGERO, adj. Que tem astros.

ASTRO, s.m. Designação comum a todos os corpos celestes; (fig.) homem eminente; mulher formosa; pessoa que se distingue em qualquer atividade.

ASTROFÍSICA, s.f. Estudo da luminosidade e constituição física e química dos astros.

ASTROFOBIA, s.f. Medo mórbido de trovões e relâmpagos.

ASTRÓFOBO, s.m. O que sofre de astrofobia.

ASTROLÁBIO, s.m. Antigo instrumento para tomar a altura dos astros; planisfério celeste.

ASTRÓLATRA, s. Adorador dos astros.

ASTROLATRIA, s.f. Adoração dos astros.

ASTROLOGIA, s.f. Arte de adivinhar o futuro referindo-se à posição ou aspecto de certos astros. O mesmo que uranoscopia.

ASTROLÓGICO, adj. Relativo à astrologia. O mesmo que uranoscópico.

ASTRÓLOGO, s.m. Homem que se dedica à astrologia.

ASTROMANCIA, s.f. Arte de adivinhar por meio de pretensos influxos dos astros.

ASTROMANTE, s.m. Homem dado à prática da astromancia.

ASTRONAUTA, s. Tripulante de nave espacial; o mesmo que cosmonauta.

ASTRONÁUTICA, s.f. (neol.) Navegação ou viagens interplanetárias no espaço sideral.

ASTRÔNIMO, s.m. Nome próprio de astros em geral (estrelas, planetas, constelações, etc.)

ASTRONOMIA, s.f. Ciência que se ocupa da constituição e movimentos dos astros.

ASTRONÔMICO, adj. Relativo à Astronomia; (fig.) muito elevado; fantástico.

ASTRÔNOMO, s.m. O que professa a Astronomia.

ASTROSCOPIA, s.f. Observações dos astros com instrumentos apropriados.

ASTROSCÓPIO, s.m. Antigo instrumento destinado à observação dos astros.

ASTROSO (ô), adj. Que nasceu sob a influência de mau astro; funesto; infeliz.

ASTROSTÁTICA, s.f. Parte da Astronomia que se

ocupa do volume dos astros e das respectivas distâncias.

ASTÚCIA, s.f. Manha; sagacidade para enganar; artifício; ardil, finura.

ASTUCIAR, int. Proceder com astúcia.

ASTUCIOSO, adj. Astuto, sagaz; manhoso, velhaco.

ASTUTO, adj. Astucioso, ardiloso, artificioso.

ATA, s.f. Registro de sessão de corporações.

ATABAFADO, adj. Abafado; agasalhado; (fig.) encoberto, secreto.

ATABAFADOR, adj. Que atabafa; abafador.

ATABAFAR, v.t. Abafar cobrindo; dissimular; não dar seguimento a.

ATABALE, s.m. Antigo tambor de caixa de cobre e em forma de meia laranja. O mesmo que atabal e timbale.

ATABALEIRO, s.m. O que tangia atabales; timbaleiro.

ATABALHOADO, adj. Feito à pressa; atrapalhado; precipitado.

ATABALHOAMENTO, s.m. Ato ou efeito de atabalhoar.

ATABALHOAR, v.t. Fazer ou dizer (qualquer coisa) sem ordem nem propósito; fazer mal e à pressa.

ATABAQUE, s.m. Tambor de guerra usado na Ásia e na África.

ATABAQUEIKO, s.m. Tangedor de atabaque.

ATABERNADO, adj. Que tem aspecto de taberna.

ATABULAR, v.t. Apressar; estugar.

ATACADISTA, adj. Diz-se de negociante ou firma que vende por grosso. (Antôn.: retalhista, varejista.)

ATACADO, adj. Agredido; apertado por meio de atacador; por —: por grosso; de uma vez.

ATACADOR, s.m. Cordão ou correia para apertar (atacar); instrumento de calcar a pólvora no cartucho ou na arma de fogo.

ATACADURA, s.f. Ação e efeito de atacar.

ATACANTE, adj. Que ataca; agressor; assaltante.

ATACAR, v.t. Prender com atacador; amarrar; tomar ofensiva contra; assaltar; investir; agredir; hostilizar.

ATADA, s.f. Feixe, molho que se atou.

ATADO, s.m. Trouxa; feixe; embrulho. O mesmo que atada; adj. ligado; preso.

ATADOR, s.m. Aquele que ata, prende, liga.

ATADURA, s.f. Atilho; ligadura; faixa ou tira de gaze própria para curativos.

ATAFULHADO, adj. Muito cheio.

ATAFULHAMENTO, s.m. Ato ou efeito de atafulhar.

ATAFULHAR, v.t. Encher demasiadamente; carregar muito (o estômago); t.-rel. meter, introduzir.

ATALAIA, s. Vigia; sentinela.

ATALAIAR, v.t. Espiar, vigiar; int. ficar de atalaia, de sobreaviso; vigiar.

ATALHADA, s.f. Corte em mata para atalhár o fogo ou arvoredo; aceiro.

ATALHADOR, s.m. Aquele que atalha.

ATALHAMENTO, s.m. Ato de atalhar; defesa de fortificação; fosso; vala.

ATALHAR, v.t. cortar, interromper; estorvar a marcha de; obstruir.

ATALHO, s.m. Caminho para fora da estrada comum para encurtar distâncias.

ATAMANCAR, v.t. Consertar ou remendar grosseiramente; fazer (algo) com precipitação e mal.

ATANAR, v.t. Curtir com casca de angico, carvalho ou substância taninosa.

ATANAZAR, v.t. (V. Atenazar.)

ATAPERADO, adj. Cheio de taperas; reduzido a tapera, arruinado.

ATAPETAR, v.t. Cobrir com tapete; alfombrar; alcatifar.

ATAPULHAR, v.t. Encher demasiado; rolhar.

ATAQUE, s.m. Acometimento; assalto; investida; acusação; injúria; discussão; agressão; acesso súbito (de doença).

ATAR, v.t. Apertar, amarrar, ligar.

ATARANTAÇÃO, s.f. Atrapalhação; perturbação; confusão.

ATARANTADO, adj. Estonteado, aturdido.

ATARANTAR, v.t. Desatinar; estontear; confundir; atrapalhar; perturbar; p. atrapalhar-se; confundir-se.

ATAREFADO, adj. Ocupado, azafamado.

ATAREFAMENTO, s.m. Ato ou efeito de atarefar.

ATAREFAR, v.t. Encarregar de tarefa; sobrecarregar de trabalho; p. azafamar-se.

ATARRACADO, adj. Baixo e grosso; achaparrado.

ATARRACADOR, s.m. O que atarraca.

ATARRACAR, v.t. Preparar (a ferradura e o cravo), batendo-os com o martelo.

ATARRAXADO, adj. Apertado ou seguro com tarraxa.

ATARRAXAR, v.t. Apertar com tarraxa; prender.

ATASCADEIRO, s.m. Atoleiro, lamaçal.

ATASCAL, s.m. Atascadeiro, lamaçal.

ATASCAR, v.t.-rel. Meter (em atascadeiro); p. enlamear-se; meter-se em atoleiro.

TASQUEIRO, s.m. Atascadeiro.

ATASSALHADOR, s.m. Aquele que atassalha; (fig.) caluniador.

ATASSALHADURA, s.f. Ação de atassalhar; laceração; golpeamento.

ATASSALHAR, v t. Cortar, lacerar; retalhar; despedaçar.

ATAÚDE, s.m. Caixão, esquife, tumba.

ATAVIADOR, s.m. O que atavia.

ATAVIAMENTO, s.m. Ornamento, enfeite.

ATAVIAR, v.t. Adornar; enfeitar; aformosear. (Pres. ind.: atavio, etc. pres. sub.: atavie, etc.)

ATÁVICO, adj. Hereditário.

ATAVIO, s.m. Adorno; enfeite; gala.

ATAVISMO, s.m. Herança de certos caracteres físicos ou psíquicos de ascendentes remotos.

ATAZANAR, v.t. (pop.) (V. Atenazar.)

ATÉ, prep. Indicativa de um limite de tempo, no espaço ou nas ações; adv. ainda; também; mesmo.

ATEADOR, adj. Aquele que ateia.

ATEAR, v.t. Acender; excitar, fomentar; provocar. (Pres. ind.: ateio, ateias, ateia, ateamos, ateais, ateiam; pres. subj.: ateie, ateies, ateie, ateemos, ateeis, ateiem.)

ATEDIAR, v.t. Causar tédio a; ter tédio de; aborrecer.

ATEÍSMO, s.m. Falta de crença em Deus.

ATEÍSTA, s. Ateu.

ATEMORIZADOR, adj. Assustador.

ATEMORIZANTE, adj. Atemorizador.

ATEMORIZAR, v.t. Causar temor a; aterrar; espavorir.

ATENAZAMENTO, s.m. Ato ou efeito de atenazar.

ATENAZAR, v.t. Apertar com tenaz; (fig.) torturar; mortificar.

ATENÇÃO, s.f. Aplicação cuidadosa do espírito a; delicadeza.

ATENCIOSO (ô), adj. Atento; polido; delicado.

ATENDER, v.rel. Dar, prestar atenção; tomar em consideração; t. acolher com atenção ou cortesia.

ATENDIMENTO, s.m. Ato ou efeito de atender.

ATENDÍVEL, adj. Que merece atenção ou pode ser atendido.

ATENEU, s.m Lugar público onde os antigos literatos gregos liam as suas obras; estabelecimento não oficial de instrução; colégio.

ATENIENSE, adj. De Atenas (Grécia); s. o natural ou habitante de Atenas.

ATENTADO, s.m. Ato criminoso; ofensa às leis ou à moral.

ATENTAR, v.t. Reparar em; ver com atenção; cometer; perpetrar.

ATENTATÓRIO, adj. Em que há atentado.

ATENTIVO, adj. Em que há atenção.

ATENTO, adj. Que atende; que presta atenção; estudioso; aplicado.

ATENUAÇÃO, s.f. Ato de atenuar.

ATENUADO, adj. Diminuído, enfraquecido, minorado.

ATENUADOR, adj. Que atenua.

ATENUANTE, adj. que diminui a gravidade; s.f. circunstância atenuante.

ATENUAR, v.t. Tornar tênue; diminuir; tornar menos grave; suavizar.

ATERMIA, s.f. Ausência de calor.

ATÉRMICO, adj. Frio, sem calor.

ATERRADO, s.m. Lugar em que se fez aterro; terra firme no meio de pantanal.

ATERRADOR, adj. Apavorante.

ATERRAGEM, s.f. Colocação de terra em.

ATERRAPLANAR, v.t. (V. Terraplenar.)

ATERRAPLENAR, v.t. (V. Terraplenar.)

ATERRAR, v.t. Causar terror a; cobrir com terra; baixar o avião a terra.

ATERRISSAGEM, s.f. Pouso em terra.

ATERRISSAR, v.int. (V. Aterrar.)

ATERRO, s.m. Porção de terra ou entulho, com que nivela ou alteia um terreno; aterrado (lugar em que se fez aterro.)

ATERRORIZADOR, adj. ou ATERRORIZANTE,

adj. Que aterroriza; pavoroso, amedrontador.

ATERRORIZAR, v.t. Aterrar; amedrontar; apavorar.

ATER-SE, v.p. Limitar-se. (Obs.: conjuga-se como o verbo ter.)

ATESTAÇÃO, s.f. Testemunho, certificado, atestado.

ATESTADO, s.m. Declaração escrita e assinada sobre a verdade de um fato, para servir de documento a outra pessoa; certidão; adj. abarrotado, muito cheio.

ATESTADOR, adj. e s.m. Testemunha, certificador.

ATESTANTE, s. Pessoa que passa atestado, que certifica por escrito.

ATESTAR, v.t. Afirmar como testemunha; certificar; t.-rel. provar, demonstrar.

ATESTATÓRIO, adj. Que atesta, que prova.

ATEU, adj. Ímpio, descrente. (Fem.: atéia.)

ATIÇADOR, s.m. Espevitador; adj. provocador.

ATIÇAMENTO, s.m. Ação de atiçar.

ATIÇAR, v.t. Espertar; atear (o fogo); instigar; excitar; fomentar.

ATICISMO, s.m. Elegância e sobriedade de linguagem.

ÁTICO, adj. Relativo à Ática (Grécia antiga); elegante, puro, sóbrio (o estilo).

ATIÇOAR, v.t. Queimar com tições.

ATIGRADO, adj. Que tem parecença com o tigre; mosqueado como a pele do tigre.

ATIJOLADO, adj. Ladrilhado com tijolo.

ATIJOLAR, v.t. Ladrilhar com tijolos.

ATILADO, adj. Esperto; inteligente, finório.

ATILAMENTO, s.m. Tino; inteligência.

ATILAR, v.t. Executar com cuidado, aperfeiçoar; tornar fino, esperto; p. tornar-se esperto, hábil.

ATILHO, s.m. Fita, cordão, para atar, fitilho.

ÁTIMO, s.m. Instante; momento. Usado na loc. adv.: num átimo.

ATINADO, adj. Prudente, ajuizado, discreto; inteligente, astuto.

ATINAR, v.t. Acertar com; descobrir pelo tino (a explicação ou significado de uma coisa); compreender.

ATINÊNCIA, s.f. Qualidade do que é atinente.

ATINENTE, adj. Relativo a; que diz respeito a; concernente, pertencente.

ATINGIR, v.t. Chegar a; tocar de leve; alcançar; chegar a; elevar-se a.

ATINGÍVEL, adj. Que se pode atingir.

ATINO, s.m. Ato de atinar; tino, acerto.

ATÍPICO, adj. Que se afasta do normal, do típico.

ATIRADA, s.f. Ato de atirar ou disparar.

ATIRADIÇO, adj. Petulante; dado a aventuras amorosas arrojadas.

ATIRADO, adj. Ousado, atrevido, petulante.

ATIRADOR, adj. Que atira; s.m. fuzileiro; disparador de arma de fogo.

ATIRAMENTO, s.m. Arrojo, denodo.

ATIRAR, v.t.-rel. Arrojar; arremessar; lançar; rel. disparar arma de fogo.

ATITUDE, s.f. Maneira, procedimento; postura do corpo; norma de proceder.

ATIVA, s.f. Voz ativa dos verbos; serviço ativo.

ATIVAÇÃO, s.m. Ação ou efeito de ativar.

ATIVAR, v.t. Tornar ativo; impulsionar; excitar, incitar.

ATIVIDADE, s.f. Diligência; energia, vivacidade.

ATIVO, adj. Que age; expedito; diligente; enérgico; vivo; s.m. o que se possui (por oposição a passivo, o que se deve).

ATLANTE, s.m. Figura de homem que sustenta aos ombros esfera, cornija, etc.

ATLÂNTICO, adj. Que diz respeito ao Atlas ou ao Atlântico; qualificativo de um dos cinco oceanos; que vive no Atlântico; de Atlante; agigantado; s.m. o oceano Atlântico.

ATLAS, s.m. Coleção de cartas geográficas.

ATLETA, s. Lutador; campeão; indivíduo valente, robusto; ginasta.

ATLÉTICO, adj. Próprio de atleta; vigoroso; forte.

ATLETISMO, s.m. Prática de esportes atléticos.

ATMOSFERA, s.f. Envoltório gasoso da Terra, constituído essencialmente de azoto, oxigênio, argônio, gás carbônico, criptônio; xenônio, neônio e hélio; unidade de pressão dos gases (peso de uma coluna de mercúrio, com 76 centímetros de altura, e 1 centímetro quadrado de base ou 1 033 gramas por centímetro quadrado); o ar que respiramos; ambiente; ambiente moral; meio social.

ATMOSFÉRICO, adj Relativo à atmosfera.

ATO, s.m. Ação; declaração; divisão de uma peça teatral; fazer — de presença; comparecer e demorar-se pouco.

À-TOA, adj. Insignificante, reles, sem importância.

ATOADA, s.f. Atoarda.

ATOALHADO, adj. Imitante a toalha no lavor; adamascado.

ATOALHAR, v.t. Cobrir com toalha.

ATOAMENTE, adv. De modo irrefletido; à toa, ao acaso.

ATOAR, v.t. Levar à toa, a reboque.

ATOARDA, s.f. Boato; balela; notícia vaga.

ATOCAIAR, v.t. Fazer espera a; esconder-se para atacar de surpresa.

ATOCHADO, adj. Enfiado, apertado; completamente cheio.

ATOCHADOR, s.m. Aquele que atocha; instrumento para atochar.

ATOCHAR, v.t. Encher, atulhar; atravancar; t.-rel. fazer entrar com força.

ATOCHO, s.m. Cunha ou pau que se atocha; ato de atochar.

ATOL, s.m. Nome dado a recifes de corais mais ou menos circulares, que com o tempo se transformam em ilhas pelo desaparecimento da laguna central. O mesmo que recifes circulares. (Pl.: atóis.)

ATOLADIÇO, adj. Alagadiço.

ATOLADO, adj. Atascado; metido no lodo.

ATOLADOR, s.m. Charco, brejo, atoleiro.

ATOLADOURO, s.m. Atoleiro, brejo, lamaçal.

ATOLAMBADO, adj. (V. Atoleimado.)

ATOLAMBAR, v.t. Tornar atolambado; causar toleima a; v.pron. atoleimar-se.

ATOLAR, v.t.-rel. Meter, enterrar (em atoleiro); int. ficar embaraçado, metido no atoleiro; enlear-se em dificuldades; p. meter-se em atoleiro, atascar-se; entregar-se com excesso (aos prazeres, às más paixões); v.tr. e pron. tornar-(se) tolo.

ATOLEIMADO, adj. Um pouco tolo; abobado; apatetado.

ATOLEIMAR, v.p. Ficar tolo, bobo.

ATOLEIRO, s.m. Lamaçal; lodaçal.

ATOMICIDADE, s.f. Número de átomos contido em uma molécula de um elemento ou ainda o quociente do peso molecular pelo peso atômico.

ATÔMICO, adj. Referente ao átomo.

ATOMISMO, s.m. Doutrina filosófica que explica a constituição do universo por meio de átomos.

ATOMISTA, adj. e s. Sequaz do atomismo.

ATOMÍSTICO, adj. Atômico; qualificativo da teoria do atomismo.

ATOMIZADOR, s.m. Aparelho com que se reduz um líquido a borrifo muito fino.

ATOMIZAR, v.t. Reduzir a átomos; reduzir a pequeníssimas gotas.

ÁTOMO, s.m. A menor fração de um elemento; é constituído essencialmente de um núcleo (que contem só prótons ou prótons e eléctrons e nele está praticamente concentrada a massa do átomo) e uma coroa, externa (constituída só de eléctrons). Instante, curto espaço, momento.

ATONIA, s.f. Frouxidão; fraqueza; inércia; debilidade geral; falta de tono.

ATÔNICO, adj. Que se relaciona com atonia; inerte, débil.

ATÔNITO, adj. Espantado; assombrado; estupefato, pasmado.

ÁTONO, adj. Sem acento tônico; não acentuado.

ATOPETAR, v.t.-rel. Encher muito; abarrotar.

ATOR, s.m. Artista de teatro, cinema ou televisão. (Pl.: atores; fem.: atriz.)

ATORAR, v.t. Cortar em toros; dividir em dois.

ATORÇALADO, adj. Guarnecido de torçal.

ATORÇALAR, v.t. Guarnecer ou bordar com torçal.

ATORDOADO, adj. Estonteado; aturdido; sonolento.

ATORDOADOR, adj. Que atordoa. O mesmo que atordoante.

ATORDOAMENTO, s.m. Tontura, vertigem.

ATORDOANTE, adj. Atordoador.

ATORDOAR, v.t. Causar atordoamento a; estontear.

ATORMENTAÇÃO, s.f. Ação de atormentar.

ATORMENTADIÇO, adj. Suscetível de ser atormentado; que com pouco se aflige.

ATORMENTADO, adj. Torturado; aflito; atribulado.

ATORMENTADOR, adj. Perseguidor; importuno.

ATORMENTAR, v.t. Infligir tormentos a; torturar; flagelar; afligir; agitar; mortificar; p. mortificar-se, afligir-se.

ATORMENTATIVO, adj. Que causa tormento, aflitivo.

ATOUCADO, adj. Coberto com touca; que tem forma de touca.

ATOUCINHADO, adj. Gordo: Var.: atoicinhado.

ATÓXICO (cs), adj. Não tóxico; que não tem veneno.

ATRABILIÁRIO ou **ATRABILIOSO**, adj. Colérico; violento.

ATRABÍLIS, s.f. Imaginário humor ou bílis negra que se julgava causadora da melancolia. Forma paral.: atrabile.

ATRACAÇÃO s.f. Ação de atracar.

ATRACADO, adj. Embaraçado; sobrecarregado.

ATRACADOR, s.m. Auxiliar marítimo que ajuda a atracação.

ATRAÇÃO, s.m. Encontrão; esbarrão.

ATRAÇÃO, s.f. Simpatia; propensão; divertimento; (Fís.) força que solicita os corpos uns para os outros; (Gram.) Influência que certas palavras exercem sobre a colocação dos pronomes átonos.

ATRACAR, v.t. Amarrar (uma embarcação a terra); p. engalfinhar-se; lutar.

ATRAENTE, adj. Que atrai; agradável; encantador.

ATRAIÇOADOR, adj. Falso, hipócrita.

ATRAIÇOAR, v.t. Fazer traição a; enganar; denunciar; trair.

ATRAIMENTO (a-i), s.m. Atração, sedução.

ATRAIR, v.t. Puxar ou solicitar para si; induzir; seduzir.

ATRANQUEIRADO, adj. Que tem tranqueiras.

ATRAPALHAÇÃO, s.f. Confusão; embaraço; barafunda.

ATRAPALHADO, adj. Embaraçado; perplexo; perturbado.

ATRAPALHADOR, s.m. Trapalhão; perturbador.

ATRAPALHAR, v.t. Confundir; perturbar; embaraçar.

ATRÁS, adv. Detrás; na parte posterior; após; em posição pior que a de outrem. (Antôn.: adiante.)

ATRASADO, adj. Retardado, que ficou atrás; obsoleto, antigo; pouco desenvolvido moral ou fisicamente; anterior ao que passou.

ATRASADOR, adj. Que atrasa; s.m. aquele que atrasa o movimento do relógio.

ATRASAMENTO, s.m. Atraso, retardamento.

ATRASAR, v.t. Retardar; delongar; sustar o desenvolvimento de; p. retrogradar.

ATRASO, s.m. Retardamento; decadência.

ATRATIVIDADE, s.f. Qualidade do que é atrativo.

ATRATIVO, adj. Que tem a força de atrair; s.m. coisa que atrai; propensão; inclinação; estímulo.

ATRAVANCADOR, adj. e s.m. Que, ou o que atravanca.

ATRAVANCAMENTO, s.m. Ato ou efeito de atravancar.

ATRAVANCAR, v.t. Estorvar; embaraçar.

ATRAVANCO, s.m. Embaraço; obstáculo.

ATRAVÉS, adv. De lado a lado; — de, loc. prep. por entre; pelo centro de; de lado a lado de. (Ex.: Através do Brasil. O uso da prep. **de** é obrigatório; quem não a emprega em construções tais, comete galicismo.)

ATRAVESSADEIRO, s.m. Atalho de caminhos.

ATRAVESSADIÇO, adj. Que se atravessa; que se opõe.

ATRAVESSADO, adj. Traspassado.

ATRAVESSADOR, s.m. Aquele que atravessa; o que compra gêneros ao pequeno agricultor, explorando-o, para os revender a retalho.

ATRAVESSAR, v.t. Passar através de; pôr ao través; traspassar.

ATREITO, adj. Costumado, habituado.

ATRELAR, v.t. Prender com trela; jungir; engatar.

ATREVER-SE, v.p. Ousar; afoitar-se; arrastar.

ATREVIDAÇO ou **ATREVIDÃO**, adj. e s.m. Grande atrevido; insolente.

ATREVIDO, adj. Ousado; audaz; insolente.

ATREVIMENTO, s.m. Ousadia; petulância; insolência; arrojo.

ATRIBUIÇÃO (u-i), s.f. Prerrogativa; faculdade inerente a um cargo; pl. direitos; poderes; jurisdição pertencente a uma autoridade.

ATRIBUIDOR (u-i...ô), s.m. Aquele que atribui.

ATRIBUIR, v.t.-rel. Imputar; conceder; conferir; (Pres. ind.: atribuo, atribuis, atribui, atribuímos, atribuís, atribuem; imperf. ind.: atribuía, etc.: perf. ind. atribuí, atribuíste, atribuiu, etc.; fut. ind. atribuirei, etc.; pres. subj. atribua, etc.)

ATRIBUÍVEL, adj. Que se pode ou deve atribuir.

ATRIBULAÇÃO, s.f. Sofrimento, pena.

ATRIBULADO, adj. Aflito; atormentado.

ATRIBULADOR, adj. Causador de sofrimentos.

ATRIBULAR, v.t. Causar tribulação a; angustiar; mortificar; afligir.

ATRIBULATIVO, adj. Que causa atribulação.

ATRIBUTIVO, adj. Que atribui; que indica um atributo; (Gram.) diz-se do adjunto que modifica o substantivo; o mesmo que adnominal.

ATRIBUTO, s.m. Qualidade de um ser. (Gram.) a qualidade atribuída ao sujeito.

ATRIGADO, adj. Apressado.

ATRIGUEIRADO, adj. Tirante a, ou quase trigueiro.

ÁTRIO, s.m. Pátio; adro.

ATRISTAR, v.t. e p. Entristecer.

ATRITO, s.m. Fricção entre dois corpos; desinteligência.

ATRIZ, s.f. Mulher que representa em teatros ou estúdios de cinema.

ATRO, adj. Negro; tenebroso; (fig.) aziago; infausto.

ATROADA, s.f. Grande ruído; estrondo.

ATROADOR, adj. Estrondeante; atroante.

ATROAMENTO, s.m. Estrondo, retumbância.

ATROANTE, adj. Atroador, retumbante.

ATROAR, v.t. Aturdir; int. retumbar; estrondear; trovejar.

ATROCIDADE, s.f. Barbaridade, crueldade.

ATROFIA, s.f. Definhamento, decadência; enfraquecimento.

ATROFIADO, adj. Definhado; acanhado.

ATROFIADOR, adj. Que atrofia.

ATROFIAMENTO, s.m. Definhamento, enfraquecimento.

ATROFIANTE, adj. Atrofiador.

ATROFIAR, v.t. Enfraquecer; p. debilitar-se. (Pres. ind.: atrofio, etc.; pres. subj.: atrofie etc.)

ATRÓFICO, adj. Definhado, fraco.

ATRÔO, s.m. Ribombo, ressão forte.

ATROPELAÇÃO, s.f. Atropelamento e atropelo.

ATROPELADOR, adj. Que causa atropelo.

ATROPELAMENTO, s.m. Precipitação, confusão, esbarrão.

ATROPELANTE, adj. Atropelador.

ATROPELAR, v.t. Empurrar; deitar ao chão; esbarrar ou derrubar (o veículo).

ATROPELO, s.m. (V. Atropelação.)

ATROPILHAR, v.t. Reunir (cavalos) em tropilha.

ATROPINA, s.f. Alcalóide extraído da beladona.

ATROZ, adj. Desumano; cruel; pungente; lancinante. (Superl. abs. sint.: atrocíssimo.)

ATUAÇÃO, s.f. Ato ou efeito de atuar.

ATUAL, adj. Que existe no presente; imediato, efetivo, real.

ATUALIDADE, s.f. Época presente; oportunidade; qualidade do que é atual.

ATUALIZAÇÃO, s.f. Modernização.

ATUALIZAR, v.t. Tornar atual; modernizar.

ATUANTE, adj. Que está em ato ou em exercício da sua atividade.

ATUAR, v.t. Dar atividade a; pôr em ação.

ATUÁRIA, s.f. Parte da Matemática que estuda as bases teóricas dos seguros em geral.

ATUARIAL, adj. Referente a seguros.

ATUÁRIO, s.m. Empregado em companhia de seguro; securitário.

ATUFAR, v.t. Encher; inchar; mergulhar.

ATULHAMENTO, s.m. Ato ou efeito de atulhar.

ATULHAR, v.t. Entulhar; encher completamente; lotar.

ATULHO, s.m. Atulhamento.

ATUM, s.m. Peixe da família dos Escombrídeos.

ATUOSIDADE, s.f. Qualidade de atuoso.

ATUOSO, adj. Ativo, muito diligente.

ATURADO, adj. Constante, persistente, continuado.

ATURADOR, adj. Resistente, paciente.

ATURAR, v.t. Suportar; sofrer; tolerar.

ATURÁVEL, adj. Que se pode aturar.

ATURDIDO, adj. Atordoado; perturbado; atônito; pasmado.

ATURDIDOR, adj. Atordoador.

ATURDIMENTO, s.m. Atordoamento.

ATURDIR, v.t. Atordoar; estontear; espantar.

AUDÁCIA, s.f. Intrepidez; petulância; atrevimento.

AUDACIOSO, adj. Corajoso; temerário.

AUDAZ, adj. Destemido, corajoso.

AUDIBILIDADE, s.f. Qualidade do que é audível; possibilidade de ser ouvido.

AUDIÇÃO, s.f. Ato de ouvir, de escutar; auscultação; concerto musical.

AUDIÊNCIA, s.f. Audição; sessão forense.

AUDIMUDEZ, s.f. Mudez congênita, sem surdez.

AUDIOGRAMA, s.m. Gráfico que indica a relação entre a freqüência do som e a percepção do ouvido.

AUDIOMETRIA, s.f Medida da acuidade auditiva.

AUDIÔMETRO, s.m. Aparelho que serve para medir a acuidade auditiva.

AUDITIVO, adj Pertencente ao ouvido.

AUDITOR, s.m. Magistrado que tem a seu cargo informar uma repartição sobre a aplicação da lei a casos ocorrentes.

AUDITORIA, s.f. Cargo de auditor; lugar ou repartição onde ele exerce as suas funções.

AUDITÓRIO, s.m. O conjunto dos ouvintes que assistem a algum discurso, audiência ou sessão; lugar onde os ouvintes se reúnem.

AUDÍVEL, adj. Que se ouve; que pode ser ouvido.

AUFERIR, v.t. Colher; obter; lucrar; t.-rel. tirar, receber. (Irregular, conjuga-se como ferir.)

AUFERÍVEL, adj. Que pode ser auferido.

AUGE, s.m. O ponto mais elevado; o apogeu; o mais alto grau.

AUGURAL, adj. Relativo a agouro.

AUGURAR, v.t. Desejar; predizer; pressagiar.

ÁUGURE, s.m. Sacerdote romano que tirava presságio do canto e do vôo das aves; adivinho; agoureiro.

AUGÚRIO, s.m. Prognóstico; agouro.

AUGUSTO, adj. Majestoso; magnífico; respeitável.

AULA, s.f. Sala em que se leciona; preleção.

AULÉTICA, s.f. Arte de tocar flauta.

AULICISMO, s.m. Caráter ou qualidade de áulico.

ÁULICO, adj. cortesão; palaciano; apaniguado.

AULIDO, s.m. Uivo; grito de animais.

AUMENTAÇÃO, s.f. Aumento; crescimento.

AUMENTADOR, adj. Acrescentador.

AUMENTAR, v.t. Fazer maior; amplificar; int. crescer; progredir; prosperar.

AUMENTATIVAR, v.int. Abusar de aumentativos.

AUMENTATIVO, adj. Aumentador; s.m. palavra de significação engrandecida em relação àquela de onde deriva, como, por ex.: mulherão, de mulher; meninão, de menino; homenzarrão, de homem.

AUMENTÁVEL, adj. Que se pode aumentar.

AUMENTO, s.m. Acréscimo.

AURA, s.f. Brisa; aragem.

ÁUREO, adj. Da cor do ouro; de ouro; dourado; magnífico.

AURÉOLA, s.f. Coroa luminosa que circunda a cabeça dos santos, nas suas imagens; glória; diadema.

AUREOLAR, adj. Que tem forma de auréola; v.t. glorificar.

AURICOLOR, adj. Que tem cor de ouro.

AURÍCOMO, adj. Que tem cabelos dourados.

AURICÓRNEO, adj. Que tem antenas amarelas, cor de ouro.

AURÍCULA, s.f. Cada uma das cavidades superiores do coração.

AURICULADO, adj. Guarnecido de aurículas.

AURICULAR, adj. Relativo ao ouvido ou à aurícula do coração.

AURICULIFORME, adj. Que tem forma de orelha.

AURICULOSO, adj. Que tem aurículas.

AURÍFERO, adj. Que contém ouro.

AURIFICAÇÃO, s.f. Transformação em ouro.

AURÍFICE, s.m. Ourives.

AURÍFICO, adj. Que tem ouro.

AURIFLAMA, s.f. Antigo estandarte vermelho; bandeira; pendão.

AURIFULGENTE, adj. Fulgente como ouro.

AURILUZIR, v. int. Luzir como ouro.

AURIRROSADO ou **AURIRRÓSEO,** adj. Rosado com brilho de ouro.

AURIVERDE (ê), adj. Verde e amarelo.

AURÍVORO, adj. O que devora ouro; (fig.) dissipador, gastador.

AUROGÁSTREO, adj. Diz-se dos animais que têm o ventre amarelado.

AUROQUE, s.m. Espécie de boi selvagem; (impropriamente) bisão europeu.

AURORA, s.f. Claridade que precede o nascer do Sol.

AURORAL ou **AUROREAL**, adj. Relativo à aurora.

AURORESCER, v.int. Começar a romper o dia.

AUSCULTA, s.f. Auscultação.

AUSCULTAÇÃO, s.f. Ato de auscultar.

AUSCULTADOR, adj. e s.m. Que, ou aquele que ausculta; s.m. instrumento de auscultar; peça do telefone que, quando nos falam por ele aplicamos ao ouvido; fone.

AUSCULTAR, v.t. Aplicar o ouvido a (peito, ventre, costas, etc.) para conhecer os ruídos que se produzem dentro do organismo; procurar conhecer, sondar, inquirir.

AUSÊNCIA, s.f. Afastamento; falta de comparência.

AUSENTAR-SE, v.p. Afastar-se; apartar-se.

AUSENTE, adj. Afastado; não presente; distante.

AUSPICIAR, v.t. Fazer auspício de; augurar; (Pres. ind.: auspicio, etc.; pres. subj.: auspicie, etc.)

AUSPÍCIO, s.m. Augúrio; (fig.) promessa, conselho; sob os — s de: sob patrocínio de.

AUSPICIOSO (ò), adj. De bom augúrio, prometedor, esperançoso.

AUSTERIDADE, s.f. Severidade; seriedade.

AUSTERO, adj. Severo; rígido de caráter; sério;

AUSTRAL, adj. Que fica do lado do austro ou sul. Meridional. (Antôn.: boreal.)

AUSTRÍACO, adj. Da Áustria; s.m. o natural ou habitante da Áustria.

AUSTRO, s.m. Sul; o vento do sul.

AUTARQUIA, s.f. Autonomia; governo autônomo.

AUTÁRQUICO, adj. Relativo a autarquia.

AUTENTICAÇÃO, s.f. Ato ou efeito de autenticar.

AUTENTICADO, adj. Justificado, legalizado.

AUTENTICAR, v.t. Tornar autêntico; reconhecer como verdadeiro.

AUTENTICIDADE, s.f. Veracidade, legalidade.

AUTÊNTICO, adj. Verdadeiro; certo; legalizado.

AUTO, s.m. Comédia ou drama antigo; pl. peças de um processo; — de fé: solenidade inquisitorial, em que apareciam os penitenciados, aplicando-se-lhes as penas; forma reduzida da palavra automóvel.

AUTOBIOGRAFIA, s.f. Vida de um indivíduo escrita por ele mesmo.

AUTOBRIOGRÁFICO, adj. Relativo a autobiografia.

AUTOCLAVE, s.f. Aparelho de desinfecção por meio do vapor a alta pressão e temperatura.

AUTOCRACIA, s.f. Governo absoluto.

AUTOCRATA, adj. Diz-se de, ou soberano absoluto.

AUTOCRÁTICO, adj. Próprio de autocrata.

AUTOCRÍTICA, s.f. Crítica que faz alguém de si mesmo.

AUTÓCTONE, adj. Aborígine; indígena habitante primitivo de uma terra.

AUTOCTONIA, s.f. ou **AUTOCTONISMO**, s.m. Qualidade ou caráter de autóctone.

AUTODETERMINAÇÃO, s.f. Direito de decidir do próprio destino político.

AUTODIDATA, adj. Pessoa que se instruiu por si, sem auxílio de professores.

AUTÓDROMO, s.m. Pista para corridas de automóvel.

AUTOFAGIA, s.f. Estado do animal que se nutre à custa da própria carne ou substância.

AUTÓFAGO, adj. Devorador de si próprio.

AUTOFECUNDAÇÃO, s.f. (V. Autogamia.)

AUTOFERTILIZAÇÃO, s.f. (V. Autogamia.)

AUTOGAMIA, s.f. Fecundação do óvulo pelo espermatozóide proveniente do mesmo indivíduo; fertilização de uma planta por meio de seu próprio pólen; o mesmo que autofertilização e autofecundação.

AUTÓGAMO, adj. Que manifesta a qualidade ou caráter da autogamia.

AUTÓGENO, adj. Que se engendra, que existe por si mesmo; solda autógena; feita com o próprio metal que constitui o objeto.

AUTOGIRO, s.m. Aeroplano munido na parte superior de uma hélice que lhe permite subir e baixar em direção vertical; o mesmo que helicóptero.

AUTOGRAFAR, v.t. Assinar as próprias obras.

AUTÓGRAFO, s.m. Escrito do próprio autor; assinatura original; o escrito que se entrega à tipografia.

AUTÓLATRA, adj. Egoísta; adorador de si próprio.

AUTOLATRIA, s.f. Culto de si mesmo; amor-próprio demasiado.

AUTOMÁTICO, adj. Maquinal; inconsciente; que se realiza por meios mecânicos.

AUTOMATISMO, s.m. Qualidade ou estado do que é automático; falta de vontade própria; movimento maquinal.

AUTOMATIZAR, v.t. Tornar automático.

AUTÔMATO, s.m. Pessoa incapaz de ação própria; títere; boneco; robô.

AUTOMOBILISMO, s.m. Esporte que se pratica com automóveis.

AUTOMOBILISTA, s. Pessoa que se dedica ao automobilismo.

AUTOMOBILÍSTICO, adj. Relativo ao automobilismo.

AUTOMOTRIZ, s.m. Vagão de estrada de ferro dotado de motor próprio.

AUTOMÓVEL, adj. Que se move por si; s.m. veículo que se move mecanicamente, especialmente a motor de explosão que atua sobre as rodas por meio de um sistema de transmissão.

AUTONOMIA, s.f. Faculdade de se governar por si mesmo; direito ou faculdade de se reger por leis próprias; emancipação; independência.

AUTONÔMICO, adj. Que tem autonomia, independente.

AUTONOMISTA, adj. Diz-se de, ou pessoa partidária da autonomia.

AUTÔNOMO, adj. Que se governa por leis próprias, independente; livre.

AUTO-ÔNIBUS, s.m. Ônibus automóvel.

AUTÓPSIA, s.f. Exame médico de um cadáver.

AUTOPSIAR, v.t. Fazer autópsia de; (Pres. ind.: autopsio, etc.; pres. subj.: autopsie, etc.)

AUTÓPTICO, adj. Relativo a autópsia.

AUTOR (ô), s.m. Escritor da obra literária ou científica; o que intenta demanda judicial.

AUTORAL, adj. De autor.

AUTO-RETRATO, s.m. Retrato de um indivíduo feito por ele mesmo.

AUTORIA, s.f. Presença do autor numa audiência; condições de autor.

AUTORIDADE, s.f. Influência; prestígio; magistrado que exerce poder; agente ou delegado do poder público; pessoa que tem competência num assunto.

AUTORITÁRIO, adj. Violento; arrogante.

AUTORITARISMO, s.m. Sistema autoritário de governo, despotismo.

AUTORIZAÇÃO, s.f. Permissão; consentimento expresso.

AUTORIZADO, adj. Digno de respeito e crédito; que tem autoridade ou autorização.

AUTORIZADOR, adj. Aquele que dá autorização a.

AUTORIZAR, v.t. Dar autoridade ou autorização a; permitir.

AUTORIZÁVEL, adj. Que se pode autorizar.

AUTO-SUFICIENTE, adj. Que se basta a si mesmo.

AUTO-SUGESTÃO, s.f. Estado de sugestão que o indivíduo exerce sobre si mesmo.

AUTUAÇÃO, s.f. Ação de autuar.

AUTUAR, v.t. Reduzir a auto; processar.

AUXILIADOR (ss), adj. Ajudante.

AUXILIAR (ss), adj. Auxiliador; V. tr. ajudar, socorrer.

AUXILIÁRIO (ss), adj. Que dá auxílio.

AUXÍLIO (ss), s.m. Ajuda; socorro, amparo.

AVACALHAÇÃO, s.f. Desmoralização.

AVACALHADO, adj. Desmoralizado.

AVACALHAMENTO, s.m. Avacalhação.

AVACALHAR, v.t. Desmoralizar; deprimir.

AVAL, s.m. Garantia de pagamento dada por terceiro; caução.

AVALANCHA, s.f. Alude; queda rápida de geleira; (fig.) invasão súbita de gente ou animais.

AVALENTOAR-SE, v.t. Tornar-se valentão; insurgir-se; insubordinar-se.

AVALIAÇÃO, s.f. Ato de avaliar; apreciação.

AVALIADO, adj. Estimado, apreciado;

AVALIADOR, adj. Que avalia.

AVALIAR, v.t. Estimar; aquilatar; aferir. (Pres. ind.. avalio, etc.; pres. subj.: avalie, etc.)

AVALIÁVEL, adj. Que pode ser avaliado.

AVALISTA, s. Pessoa que subscreve ou avaliza títulos bancários.

AVALIZAR, v.t. Abonar; afiançar.

AVANÇADA, s.f. Investida, assalto.

AVANÇADO, adj. Adiantado.

AVANÇADOR, adj. Que avança.

AVANÇAMENTO, s.m. Progresso, investida.
AVANÇAR, Caminhar para a frente; progredir.
AVANÇO, s.m. Progresso.
AVANTAJADO, adj. Que tem vantagem ou superioridade.
AVANTAJAR, v.t. Exceder; p. levar vantagem; ser superior.
AVANTE, adv. Adiante; interj. para a frente.
AVARANDADO, adj. Que tem varanda (prédio) s.m. prédio com varanda; espécie de alpendre.
AVARENTO, adj. e s.m. (V. Avaro.)
AVAREZA, s.f. Apego demasiado e sórdido ao dinheiro; mesquinhez.
AVARIA, s.f. Dano; estrago.
AVARIADO, adj. Danificado; estragado.
AVARIAR, v.t. Danificar; estragar. (Pres. ind. avario, etc.)
AVARO, adj. Miserável, unha-de-fome.
AVASSALADOR, adj. Dominador.
AVASSALAMENTO, s.m. Domínio, prepotência.
AVASSALANTE, adj. Dominador.
AVASSALAR, v.t. Tornar vassalo; dominar; oprimir.
AVATAR, s.m. Nome dado na Índia às encarnações de um deus, sobretudo às de Vixnu.
AVE, s.f. Vertebrado com o corpo coberto de penas, com os membros anteriores transformados em asas e que se reproduz por oviparidade. (Dim.: avezinha, avícula.)
AVE, Interj. Salve!
AVE-DO-PARAÍSO, s.f. Pássaro da Nova Guiné, notável pela plumagem. (Pl.: aves-do-paraíso.)
AVEIA, s.f. Gramínea que produz um grão muito alimentício; esse grão.
AVEJÃO, s.m. Visão; fantasma; homem feio.
AVELÃ, s.f. Fruto de aveleira.
AVELANADO, adj. Da cor de avelã.
AVELANAL, s.m. Lugar onde crescem aveleiras. O mesmo que aveleiral, avelal e avelar.
AVELEIRA, s.f. Árvore da família das Betuláceas. O mesmo que avelaneira e avelãzeira.
AVELHACADO, adj. Algo velhaco.
AVELHADO, adj. Idoso; antigo; envelhecido.
AVELHENTADO, adj. Avelhado.
AVELHENTADOR, adj. Que avelhenta.
AVELHENTAR, v.t. Tornar velho prematuramente.
AVELÓRIOS, s.m.pl. Contas de vidro; miçangas.
AVELUDADO, adj. Macio e lustroso como veludo.
AVELUDAR, v.t. Dar aspecto de veludo a (tecidos); amaciar.
AVE-MARIA, s.f. Oração em louvor da Virgem Maria. (Pl.: ave-marias.)
AVENÇA, s.f. Ajuste; acordo entre litigantes; quantia paga por serviços durante um certo prazo.
AVENÇAL, s.m. Pessoa que está avençada.
AVENÇAR-SE, v.p. Fazer ajuste.
AVENIDA, s.f. Rua larga, alameda.
AVENTAL, s.m. Peça de pano ou couro que serve para resguardar a roupa.
AVENTAR, v.t. Expor e agitar ao vento; sugerir; abocar.
AVENTURA, s.f. Sucesso imprevisto; perigo; risco.
AVENTURADO, adj. Arriscado.
AVENTURAR, v.t. Arriscar; expor à ventura.
AVENTUREIRO, adj. Indivíduo que se compraz em aventuras; temerário; vagabundo.
AVENTUROSO, adj. Arriscado; em que há aventura.
AVERBAÇÃO, s.f. (V. Averbamento.)
AVERBAMENTO, s.m. Ato de averbar; nota lançada em certos documentos, para efeito de verba.
AVERBAR, v.t. Escrever em verba; à margem de; registrar; anotar.
AVERGALHAR, v.t. Surrar, bater.
AVERGAR, v.t. Vergar.
AVERGOAR, v.t. Fazer vergões com látego ou açoite em; espancar.
AVERIGUAÇÃO, s.f. Inquirição; investigação.
AVERIGUADOR, adj. Investigador; indagador.
AVERIGUAR, v.t. Inquirir; investigar. (Pres. ind.: averiguo (ú), etc.; perf. ind.: averigüei, etc.; pres. sub.: averigúe, averigúes, averigúe, averigüemos, averigüeis, averigüem.)
AVERIGUÁVEL, adj. Que pode ser averiguado.
AVERMELHADO, adj. Tirante a vermelho.
AVERMELHAMENTO, s.m. Ato ou efeito de avermelhar.
AVERMELHAR, v.t. Tornar vermelho, enrubescer.
AVERNAL, adj. Que diz respeito ao averno; infernal.

AVERNO, s.m. Inferno.
AVERSÃO, s.f. Ódio; antipatia; repulsão.
AVESSAS, s.f.pl. Coisas contrárias; às —: em sentido oposto: ao contrário.
AVESSO, adj. Contrário; oposto; s.m. parte oposta de uma coisa.
AVESTRUZ, s. Grande ave da família dos Estrutionídeos, da África e Ásia.
AVEZADO, adj. Costumado, habituado.
AVEZAR, v.t.-rel. Habituar; acostumar; p. acostumar-se; habituar-se.
AVIAÇÃO, s.f. Navegação aérea, por meio de balões ou de aeroplanos.
AVIADO, adj. Apressado; preparado.
AVIADOR, s.m. Preparador de receitas. Piloto de aeroplano.
AVIAMENTO, s.m. Execução de receita. Miudezas necessárias à confecção de roupas; preparo; auxílio.
AVIÃO, s.m. Aeroplano.
AVIAR, v.t. Expedir; executar; aprontar; preparar; manipular.
AVIÁRIO, s.m. Viveiro de aves. Adj. relativo a aves.
AVIATÓRIO, adj. Relativo à aviação.
AVÍCOLA, s. Criador de aves; adj. referente a aves.
AVÍCULA, s.f. Dimin. de ave.
AVICULAR, adj. Relativo a aves.
AVICULÁRIO, s.m. Tratador de aves; adj. relativo a aves.
AVICULTOR, s.m. Criador de aves.
AVICULTURA, s.f. Arte de criar e multiplicar aves.
AVIDEZ (ê), s.f. Sofreguidão; cobiça; desejo veemente.
ÁVIDO, adj. Sôfrego; voraz; sequioso.
AVIGORAMENTO, s.m. Robustecimento.
AVIGORAR, v.t. Robustecer; fortalecer.
AVILANADO, adj. Que tem maneiras de vilão; grosseiro; rústico.
AVILANAR-SE, v.p. Tornar-se vilão; degenerar-se.
AVILTAÇÃO, s.f. Humilhação, desprezo.
AVILTADO, adj. Humilhado, desonrado; desprezado.
AVILTADOR, adj. (V. Aviltante); s.m. aquele que avilta.
AVILTAMENTO, s.m. Envilecimento; desonra; abjeção; vileza.
AVILTANTE, adj. Humilhante.
AVILTAR, v.t. Tornar vil, abjeto; desprezar; humilhar.
AVILTOSO (ô), adj. (V. Aviltante.)
AVINAGRAR, v.t. Temperar com vinágre; azedar; irritar.
AVINDO, adj. Harmonizado; concorde.
AVINHADO, adj. Que cheira ou sabe a vinho; da cor parecida com vinho; nome do pássaro curió.
AVINHAR, v.t. Dar a cor, o cheiro ou o sabor do vinho a; embriagar.
AVIR, v.t. Ajustar; conciliar; p. acomodar-se; haver-se. (Verbo irregular. Conjuga-se como vir.)
AVISADO, adj. Discreto; prudente; informado.
AVISADOR, adj. Informante.
AVISAR, v.t.-rel. Prevenir; fazer ciente; admoestar.
AVISO, s.m. Notícia; comunicação; informação; navio pequeno para transmissão de ordens ou avisos oficiais.
AVISTAR, v.t. Ver ao longe; entrever-se.
AVISTÁVEL, adj. Que se pode avistar.
AVITAMINOSE, s.f. Fraqueza, debilidade.
AVITO, adj. Que procede dos avós ou antepassados.
AVITUALHAMENTO, s.m. Provisão de víveres.
AVITUALHAR, v.t. Prover de víveres, de mantimentos.
AVIVADOR, adj. Restaurador, renovador.
AVIVAMENTO, s.m. Realce; ato de avivar.
AVIVAR, v.t. Realçar; reanimar.
AVIVENTAÇÃO, s.f. Vivificação.
AVIVENTADOR, adj. Vivificador.
AVIVENTAR, v.t. Dar nova vida; vivificar.
AVIZINHAÇÃO, s.f. Aproximação.
AVIZINHAR, v.t. Aproximar; residir perto de.
AVO, s.m. (V. Avos.)
AVÔ, s.m. O pai do pai ou da mãe, (fem.: avó; pl.: avós;) s.m pl. antepassados.
AVÓ, s.f. A mãe do pai ou da mãe.
AVOAÇAR, v. int. Esvoaçar.
AVOADO, adj. Adoidado; aloucado.

AVOADOR, adj. Velhaco; embrulhão.

AVOCAÇÃO, s.f. Chamamento de uma causa a juízo superior.

AVOCAR, v.t. rel. Chamar (a si); atrair; arrogar.

AVOCATÓRIO, adj. Que serve para avocar.

AVOCATURA, s.f. Ação de avocar.

AVOCÁVEL, adj. Que se pode avocar.

AVOEJAR, v.int. Voejar; adejar.

AVOENGO, adj. Procedente de avós; relativo aos avós.

AVOLUMAR, v.t. Aumentar; engrandecer.

AVOS, s.m.pl. Palavra adicionada na leitura das frações ordinárias, ao número cardinal que figura no seu denominador, quando este é superior a 10 e não é potência de 10.

Ex.:$\frac{3}{20}$(três-vinte-avos).

AVOZINHA, s.f. Dim. de avó.

AVOZINHO, s.m. Dim. de avô.

AVULSÃO, s.f. Extração violenta; arranco.

AVULSO, adj. Separado; desligado do corpo ou da coleção de que fazia parte.

AVULTADO, adj. Aumentado.

AVULTANTE, adj. Que avulta.

AVULTAR, v.t. Aumentar; exagerar.

AVUNCULAR, adj. Relativo ao tio ou à tia.

AVUNCULICÍDIO, s.m. Assassínio de tio ou tia.

AXADREZADO, adj. Semelhante ao tabuleiro do xadrez; de quadradinhos (pano).

AXADREZAR, v.t. (V. Enxadrezar.)

AXIAL (cs), adj. Relativo ao eixo.

AXICARADO, adj. Em forma de xícara.

AXICARAR, v.t. Dar a forma de xícara a.

AXÍFERO (cs), adj. Munido de eixo.

AXIFORME (cs), adj. Que tem forma de eixo.

AXILA (cs), s.f. Sovaco.

AXILAR (cs), adj. Relativo a axila.

AXILOSE (cs), s.f. Suor excessivo das axilas.

AXIOMA (cs), s.m. Proposição evidente; máxima; sentença.

AXIOMÁTICO (cs), adj. Evidente; incontestável.

AXIÔNIMO, s.m. Expressão de reverência: Sr. Dr. Ex.mo Vossa Majestade, etc.

AXÍPETO (cs), adj. Que se aproxima do eixo.

AZ, s.m. Ala de exército; fileira.

AZADO, adj. Oportuno; próprio, propício.

AZÁFAMA, s.f. Pressa; atropelo.

AZAFAMADO, adj. Apressado; atarefado.

AZAFAMAR, v.p. Atarefar; trabalhar ativamente.

AZAGAIA, s.f. Lança curta. Var.: zagaia.

AZAGAIADA, s.f. Golpe de azagaia. Var.: zagaiada.

AZAGAIAR, v.t. Ferir com azagaia; Var.: zagaiar

AZÁLEA, s.f. Arbusto da família das Ericáceas, de flores ornamentais.

AZAR, s.m. Má sorte; desgraça.

AZARADO, adj. Caipora, infeliz, azarento.

AZARANZADO, adj. Trapalhão; desorientado, zaranga.

AZARANZAR-SE, v.p. Atrapalhar-se; ficar tonto.

AZARAR, v.t. Dar azar a.

AZARENTO, adj. Azarado; que dá azar.

AZEBRE, s.m. Azinhavre.

AZEBUADO, adj. Diz-se do gado mestiço de zebu

AZEDADO, adj. Tornado azedo; irritado.

AZEDADOR, adj. Que azeda, que irrita.

AZEDAMENTO, s.m. Azedume; irritação.

AZEDAR, v.t. Tornar azedo; coalhar (leite); irritar.

AZEDETE (ê) ou AZEDOTE, adj. Um tanto azedo.

AZEDIA, s.f. Azia.

AZEDO, adj. Ácido; (fig.) irritado; de mau humor.

AZEDUME, s.m. Sabor ácido; (fig.) acrimônia; irritação.

AZEITADA, s.f. Engraxada com azeite.

AZEITÃO, adj. Diz-se do gado de cor preta e lustrosa.

AZEITAR, v.t. Temperar com azeite; lubrificar; namorar.

AZEITE, s.m. Óleo de azeitona; de outras frutas; namoro.

AZEITEIRA, s.f. Vaso de azeite.

AZEITEIRO, s.m. Vendedor ou fabricante de azeite; namorador.

AZEITONA, s.f. Fruto da oliveira.

AZEITONADO, adj. Tirante à cor da azeitona.

AZEITONEIRA, s.f. Prato ou vaso em que se servem azeitonas.

AZEITONEIRO, s.m. Vendedor de azeitonas.

AZÊMOLA, s.f. Besta de carga.

AZENHA, s.f. Moinho movido por água.

AZEVICHADO, adj. Preto, negro.

AZEVICHE, s.m. Variedade compacta de linhita; (fig.) coisa muito negra.

AZIA, s.f. Azedume do estômago.

AZIAGO, adj. Infausto; de mau agouro.

ÁZIMO, adj. Sem fermento (pão). Forma pop.: asmo.

AZIMUTAL, adj. Relativo ao azimute.

AZIMUTE, s.m. Arco do círculo do horizonte entre o meridiano do lugar e o círculo vertical que passa por determinado ponto.

AZINHAGA, s.f. Caminho estreito.

AZINHAVRAk, v.int. Cobrir-se de azinhavre.

AZINHAVRE, s.m. Oxidação do cobre.

AZIUMADO (i-u), adj. Cheio de azedume; irritado.

AZIUMAR (i-u), v.t. Causar azedume a; irritar.

AZIÚME, s.m. Azedia; irritação.

AZO, s.m. Ensejo; pretexto; ocasião.

AZOADO, adj. Perturbado, tonto, zangado.

AZOAMENTO, s.m. Ato de azoar; enfado, leve zanga.

AZOAR, v.t. Atordoar.

AZOINADO, adj. Tonto, perturbado.

AZOINANTE, adj. Que azoina; que importuna.

AZOINAR, v.t. Importunar, aturdir.

AZORATADO, adj. Tonto; atordoado.

AZORATAR, v.t. e p. Entontecer; desnortear; atordoar.

AZORETADO, adj. Azoratado; enfurecido.

AZORETAR, v.t. e p. Azoratar.

AZORRAGADA, s.f. Golpe de azorrague.

AZORRAGAMENTO, s.m. Ato de azorragar.

AZORRAGAR, v.t. Bater com azorrague.

AZORRAGUE, s.m. Látego; açoite.

AZOTADO, adj. Que contém azoto.

AZOTAR, v.t. Misturar ou combinar com azoto.

AZOTATO, s.m. (Quím.) Designação genérica dos sais e ésteres do ácido azótico.

AZOTO ou AZOTE, s.m. (Quím.) Elemento químico, metalóide gasoso, símbolo Az, de peso atômico 14,008, n.º atômico 7, também denominado nitrogênio (símb. N.)

AZOTÚRIA, s.f. (Med.) Presença de substâncias azotadas na urina.

AZOTÚRICO, adj. Relativo à azotúria.

AZOUGADO, adj. Vivo, inquieto; finório.

AZOUGAR, v.t. Misturar com azougue; tornar fino; esperto.

AZOUGUE, s.m. Designação vulgar do mercúrio; o mesmo que argento-vivo; (fig.) pessoa muito viva e esperta.

AZUCRIM, s.m. Entidade diabólica e molesta; indivíduo importuno.

AZUCRINANTE, adj. Importuno, maçador, irritante.

AZUCRINAR, v.t. Amolar a paciência.

AZUL, adj. Da cor do céu; o firmamento.

AZULADO, adj. Tirante a azul; colorido de azul.

AZULÃO, s.m. Nome comum a várias espécies de pássaros azuis.

AZULAR, v.t. Dar cor azul a; tingir de azul; int. disparar; fugir.

AZULEJADOR, s.m. Operário que fabrica ou as senta azulejos.

AZULEJAR, v.t. Guarnecer de azulejos.

AZULEJISTA, s.m. Azulejador.

AZULEJO, s.m. Ladrilho vidrado, com desenhos de uma ou mais cores, para revestir ou guarnecer paredes.

AZULINO, adj. De cor azul.

B

B, s.m. Consoante bilabial oclusiva sonora, segunda letra do alfabeto.

BABA, s.f. Saliva que escorre da boca.

BABAÇU, s.f. Palmeira de semente oleaginosa.

BABAÇUAL ou **BABAÇUZAL**, s.m. Bosque de babaçus.

BABADO, s.m. Folho do vestido.

BABADOR (ô), s.m. O mesmo que babadouro.

BABADOURO, s.m. Guardanapo que se põe nas crianças.

BABÃO, adj. Que baba muito.

BABAQUARA, s. e adj. Toleirão, apalermado.

BABAR, v.t. Salivar abundantemente.

BABARÉ ou **BABARÉU**, s.m. Barulheira; gritaria; alarido.

BABAU, interj. Acabou-se! foi-se!

BABEIRO, s.m. Babador.

BABEL, s.f. Confusão; algazarra; balbúrdia. babéis.)

BABÉLICO, adj. Confuso, desordenado.

BABILÔNIA, s.f. Tudo o que é muito grande.

BABOSA, s.f. Planta medicinal, usada popularmente como tônico capilar; aloés.

BABOSEIRA, s.f. Tolice; disparate.

BABOSO (ô), adj. Aquele que se baba; apaixonado; parvo, tolo.

BABUGEM, s.f. Baba; espuma feita pela água agitada.

BABUJAR, v.t. Lisonjear servilmente; adular.

BACALHAU, s.m. Peixe da família dos Galídeos; relho para açoitar escravos; pessoa muito magra.

BACALHOADA, s.f. Comida feita com bacalhau.

BACALHOEIRO, s.m. Negociante de bacalhau. Navio empregado na pesca ou carregamento do bacalhau.

BACAMARTADA, s.f. Tiro de bacamarte.

BACAMARTE, s.m. Arma de fogo; fuzil antigo.

BACANAL, s.f. Festa em honra de Baco; orgia; adj. relativo a Baco; orgíaco.

BACANTE, s.f. Sacerdotisa de Baco.

BACÂNTICO, adj. Relativo a bacante; orgíaco.

BACARÁ, s.m. Jogo de azar; cristal que procede de Baccarat (França).

BACEIRA, s.f. Doença no baço do gado, causada por baciose.

BACEIRO, adj. Relativo ao baço.

BACELADA, s.f. Plantação de bacelo.

BACELAR, v.t. Plantar de bacelo, de muda.

BACELEIRO, s.m. O que planta ou vigia o bacelo.

BACELO, s.m. Vara, muda de planta.

BACENTO, adj. Baço, embaciado.

BACHAREL, s.m. Formado por faculdade de Direito ou de Filosofia, Ciências e Letras; (fig.) tagarela; falador. (Pl.: bacharéis.)

BACHARELA, s.f. Mulher que possui o bacharelato; (fig.) palradora; sabichona.

BACHARELADA, s.f. Palavreado pretensioso e enfadonho; bacharelice.

BACHARELADO, s.m. O grau de bacharel; o curso de estudos para a aquisição do grau de bacharel. O mesmo que bacharelato.

BACHARELANDO, s.m. O que vai tomar o grau de bacharel.

BACHARELAR-SE, v.p. Tomar o grau de bacharel.

BACHARELATO, s.m. Bacharelado.

BACHARELESCO (ê), adj. Relativo a bacharel.

BACHARELICE, s.f. Palavrório; tagarelice.

BACHARELISMO, s.m. Bacharelice; regime em que preponderam os bacharéis.

BACIA, s.f. Vaso redondo e largo de louça ou metal, próprio para lavagens. Cavidade óssea que termina inferiormente o esqueleto do tronco.

BACIADA, s.f. A porção de líqüido ou outra coisa contida numa bacia.

BACIFORME, adj. Em forma de bagas.

BACILAR, adj. Relativo a bacilo; comprido e delgado como uma varinha.

BACILO, s.m. Bactéria em forma de bastonete.

BACILOSE, s.f. Enfermidade causada por bacilos.

BACILÚRIA, s.f. Presença de bacilos na urina.

BACINETE (ê), s.m. (Anat.) Parte superior do ureter, dilatada em forma de funil e que recebe a urina proveniente dos cálices renais.

BACIO, s.m. Urinol; bispote.

BACÍVORO, adj. Que se alimenta de bagas.

BACO, s.m. Deus do vinho.

BAÇO, s.m. Víscera glandular situada no hipocôndrio esquerdo, junto da coluna vertebral, atrás do estômago, e aplicado ao diafragma; adj. sem brilho, embaciado.

BACONIANO, adj. Relativo a idéias ou sistema do filósofo inglês Bacon (1561-1626).

BÁCORA, s.f. Leitoa.

BACOREJAR, v.t. Grunhir, (fig.) suspeitar, pressentir.

BACOREJO (ê), s.m. Pressentimento de alguma coisa.

BACORETE, s.m. Bácoro já crescido.

BACORIM, s.m. Bacorinho.

BACORINHO, s.m. Dimin. de bácoro, leitão.

BÁCORO, s.m. Leitão.

BACTÉRIA, s.f. Micróbio.

BACTERICIDA, adj. Que destrói as bactérias.

BACTERIEMIA, s.f. Presença de bactérias no sangue.

BACTERIÓFAGO, s.m. (Biol.) Agente filtrável, destruidor de bactérias.

BACTERIÓLISE, s.f. (Biol.) Destruição de bactérias.

BACTERIOLOGIA, s.f. Ciência que se ocupa das bactérias (micróbios).

BACTERIOLÓGICO, adj. Relativo à bacteriologia.

BACTERIOLOGISTA ou **BACTERIÓLOGO**, s.m. Pessoa que se dedica à bacteriologia; microbiologista.

BACTERIOSTÁTICO, adj. Que detém o desenvolvimento de bactérias.

BÁCULO, s.m. Cajado episcopal; bordão.

BADALADA, s.f. Pancada do badalo no sino. Adulação.

BADALAR, v.t. Tocar o sino; bajular.

BADALEJAR, v.int. Badalar; adular.

BADALO, s.m. Peça de metal suspensa no interior do sino; adulador; bajulador.

BADAMECO, s.m. Homem sem importância.

BADEJO (ê), s.m. Nome comum a diversos peixes da família dos Serranídeos.

BADERNA, s.f. Conflito, desordem.

BADERNISTA, adj. Desordeiro, arruaceiro.

BADULAQUE, s.m. Guisado de fígado e bofes; coisa miúda ou velha, e de pouco valor.

BAÉ, s.m. Pessoa de pouca importância.

BAETA (ê), s.f. Tecido felpudo de lã.

BAETÃO (a-e), s.m. Baeta grossa; cobertor de lã.

BAETILHA (a-ê), s.f. Baeta delgada.

BAFAGEM, s.f. Aragem; brisa; (fig.) expiração.

BAFEJADO, adj. Protegido; inspirado.

BAFEJADOR (ô), adj. Protetor, inspirador.

BAFEJAR, v.t. Aquecer com o bafo, favorecer; inspirar.

BAFEJO (ê), s.m. Sopro; alento; favor

BAFIO, s.m. Cheiro peculiar à umidade e falta de renovação do ar; mofo.

BAFO, s.m. Ar exalado dos pulmões; hálito.

BAFORADA, s.f. Expiração de hálito desagradável; golfada de fumo.

BAFORAR, v.t. Expelir (o bafo); soprar.

BAFUGEM, s.f. Bafagem; hálito, sopro.

BAGA, s.f. Pequeno fruto redondo e carnudo; gota; camarinha de suor.

BAGAÇADA, s.f. Montão de bagaço.

BAGACEIRA, s.f. Lugar dos bagaços.

BAGACEIRO, s.m. Removedor de bagaço, lugar onde se junta o bagaço do açúcar.

BAGAÇO, s.m. Resíduo de frutos ou de outras substâncias depois de espremidas.

BAGADA, s.f. Lágrima grossa; suor.

BAGAGEIRO, s.m. Condutor de bagagens.

BAGAGEM, s.f. Conjunto de objetos que os viajantes levam em malas, pacotes ou caixas, para seu uso.

BAGALHÃO, s.m. Bago grande.

BAGANA, s.f. Ponta de charuto ou de cigarro, já queimados; coisa sem valor.

BAGAROTE, s.m. Dinheiro em papel.

BAGATELA, s.f. Insignificância, frivolidade.

BAGO, s.m. Cada fruto do cacho de uvas; qualquer fruto ou grão semelhante à uva; (pop.) grão miúdo de chumbo. (Aum.: bagalhão.)

BAGOADO, adj. Em forma de bago.

BAGRE, s.m. Peixe d'água doce.

BAGUAL, s.m. Cavalo novo e arisco.

BAGULHADO, BAGULHENTO ou **BAGULHOSO** (ô), adj. Cheio de bagulho.

BAGULHO, s.m. Semente da uva e outros frutos, contida no bago.

BAGUNÇA, s.f. Desordem; confusão.

BAGUNCEIRO, adj. Desordeiro.

BAH, interj. Exprime espanto.

BAIA, s.f. Compartimento, separado por tábuas, ao qual se recolhe o animal, nas cavalariças.

BAÍA, s.f. Pequeno golfo; porto.

BAIACU, s.m. Peixe d'água doce.

BAIANADA, s.f. Fanfarronice de baiano; porção de baianos.

BAIANO, adj. Da Bahia; s.m. o natural ou habitante da Bahia.

BAIÃO, s.m. Dança e canto popular, originário do Nordeste do Brasil.

BAILA, s.f. Usado nas expressões vir à baila, chamar à baila etc., significando a propósito.

BAILADA, s.f. Canto próprio para dançar.

BAILADEIRA, s.f. Dançarina, bailarina.

BAILADO, s.m. Dança executada nos intervalos das óperas.

BAILADOR, adj. Dançarino.

BAILAR, v.int. Dançar.

BAILARICO, s.m. Baile popular.

BAILARIM ou **BAILARINO**, s.m. Aquele que baila por profissão.

BAILE, s.m. Dança; reunião dançante.

BAILECO, s.m. Baile de pouca importância.

BAILOMANIA, s.f. Paixão por bailes.

BAINHA (a-i), s.f. Estojo em que se mete a folha de arma branca; dobra cosida na orla de um tecido, para que este não se desfie.

BAINHAR (a-i), v.t. Fazer bainha em.

BAINHEIRO (a-i), s.m. O fabricante de bainhas de espadas.

BAIO, adj. Cor de ouro desmaiado; castanho.

BAIONETA (ê), s.f. Arma pontiaguda com que os soldados combatem, adaptando-a ao cano da espingarda.

BAIONETADA, s.f. Golpe de baioneta.

BAIRRISMO, s.m. Qualidade ou ação de bairrista.

BAIRRISTA, adj. Defensor dos interesses do bairro ou da sua terra.

BAIRRO, s.m. Cada uma das divisões principais de uma cidade.

BAITA, adj. Grande; enorme.

BAITACA, s.f. Espécie de papagaio; (fig.) indivíduo loquaz. O mesmo que maitá e maitaca.

BAIÚCA, s.f. Pequena taberna ou casa; bodega.

BAIUQUEIRO, s.m. Freqüentador de baiúcas; taberneiro.

BAIXA, s.f. Depressão de terreno; diminuição de preço.

BAIXADA, s.f. Planície entre montanhas.

BAIXADÃO, s.m. Baixada grande.

BAIXA-MAR, s.f. Maré baixa; vazante das águas do mar.

BAIXAR, v.t. Arriar; fazer descer.

BAIXEIRO, s.m. Enxerga que se põe por baixo da carona.

BAIXEL, s.m. Pequeno navio ou barco; embarcação. (Pl.: baixéis.)

BAIXELA, s.f. Conjunto de vasos empregados no serviço de mesa.

BAIXEZA (ê), s.f. Inferioridade; indignidade; vileza.

BAIXIO, s.m. Banco de areia.

BAIXISTA, adj. Diz-se de, ou bolsista que joga na baixa do câmbio. (Antôn.: altista.)

BAIXO, adj. De pouca altura; barato; vil e grosseiro.

BAIXO-IMPÉRIO, s.m. O império romano do Oriente (395-1453).

BAIXO-RELEVO, s.m. Escultura em que os motivos se sobrelevam muito pouco do plano que lhes serve de fundo. (Pl.: baixos-relevos. Antón.: alto-relevo.)

BAIXURA, s.f. Lugar baixo e inferior ao nível do mar.

BAJOUJAR, v.t. Lisonjear, adular, amimar.

BAJOUJICE, s.f. Bajulação, toleima.

BAJOUJO, adj. Bobo, tolo.

BAJULAÇÃO, s.f. Lisonja servil; adulação.

BAJULADOR, adj. Adulador.

BAJULAR, v.t. Adular; lisonjear.

BAJULICE, s.f. Bajulação.

BALA, s.f. Projétil com que se carregam armas de fogo (aum.: balaço, balázio). Caramelo; rebuçado.

BALAÇO, s.m. Grande bala; tiro de bala; balázio.

BALADA, s.f. Poema composto de três oitavas ou três décimos, com as mesmas rimas e o mesmo verso final, seguidos de uma meia estrofe (quadra ou quintilha), chamada oferta ou ofertório.

BALAIADA, s.f. Revolta dos balaios, guerra civil no Maranhão, de 1838 a 1840.

BALAIO, s.m. Cesto de vime de taquara.

BALALÃO, s.m. Brinquedo infantil.

BALAME, s.m. Grande quantidade de balas.

BALANÇA, s.f. Instrumento para determinar o peso relativo dos corpos; constelação zodiacal.

BALANÇAR, v.t. Fazer oscilar; comparar.

BALANCEAMENTO, s.m. Ato de balancear.

BALANCEAR, v.t. Oscilar, balançar. (Pres. ind.: balanceio, etc.)

BALANCEEIRO, s.m. Peça mecânica que em certas máquinas transmite movimento a outras peças; o mesmo que balancim; encarregado de pesar mercadorias em armazéns; encarregado de pesar canas nas usinas.

BALANCEIO, s.m. Ato de balancear; embalo.

BALANCETE, s.m. Balanço parcial de uma escrituração comercial; resumo de um balanço geral.

BALANCIM, s.m. Balança pequena. O mesmo que balanceeiro.

BALANCISTA, s.m. Empregado na aferição de balanças: o mesmo que balanceador; o encarregado, nos matadouros e frigoríficos, da pesagem dos suínos antes de estes entrarem nas pocilgas.

BALANÇO, s.m. Movimento oscilatório; agitação; alteração; verificação ou resumo de contas comerciais; verificação da receita e despesa; exame escrupuloso; aparelho ou brinquedo que consiste em um par de bancos colocados um em frente do outro e suspensos a uma armação para balançar.

BALANDRA, s.f. Embarcação com coberta e um só mastro, destinada a transportes.

BALANDRAU, s.m. Opa usada por certas irmandades em atos religiosos; capote largo e comprido; antiga vestimenta de capuz e mangas largas.

BALANGANDÃ, s.m. Ornamentos, em geral de prata, que as crioulas baianas usam em dias de festa; (por ext.) ornamento, enfeite, quaisquer adereços.

BALANTE, adj. Que bala.

BALÃO, s.m. Aeróstato; globo de papel que se lança ao ar nas festas juninas; globo de vidro para experiências químicas; antiga saia enfunada com muita roda; globo; balela; mentira.

BALAR, v.intr. Dar balidos (a ovelha ou cordeiro). O mesmo que balir. (Verbo defectivo. Normalmente só se emprega nas terceiras pessoas.)

BALASTRO, s.m. Areia, saibro ou cascalho que se lança nas linhas férreas.

BALAUSTRADA, s.f. Série de balaústres.

BALAUSTRAR, v.t. Guarnecer de balaústres.

BALAÚSTRE, s.m. Coluna pequena que sustenta, com outras espaçadas, um corrimão ou travessa.

BALÁZIO, s.m. Balaço.

BALBO, adj. Gago.

BALBUCIAÇÃO, s.f. Pronunciação defeituosa.

BALBUCIANTE, adj. Que balbucia.

BALBUCIAR, v.t. Articular (palavras) imperfeitamente; int. gaguejar. (Pres. ind.: balbucio, etc.)

BALBÚCIE ou **BALBUCIÊNCIA**, s.f. Dificuldade de pronunciar.

BALBUCIO, s.m. Balbuciação; (fig.) tentativa; ensaio.

BALBÚRDIA, s.f. Algazarra; confusão, desordem.

BALÇA, s.f. Matagal, silvado; ramais do coral.

BALCÃO, s.m. Terraço, sacada; mesa comprida de loja para apresentação das mercadorias; localidade dos teatros situada entre os camarotes e as galerias.

BALCEIRO, adj. Relativo a balça.

BALCONISTA, s. Caixeiro.

BALDA, s.f. Defeito habitual.

BALDADO, adj. Malogrado, frustrado.

BALDÃO, s.m. Ofensa; injúria.

BALDAQUIM, s.m. Baldaquino.

BALDAQUINO, s.m. Espécie de dossel sustido por colunas; pálio.

BALDAR, v.t. Frustrar; inutilizar.

BALDE, s.m. Vaso de metal ou madeira, para tirar água de poços, receber despejos de lavatórios ou quaisquer detritos.

BALDEAÇÃO, s.f. Transbordo, transporte de um veículo para outro.

BALDEAR, v.t. Transportar de um lugar para outro; passar de um veículo a outro.

BALDIO, adj. Inculto; abandonado.

BALDO, adj. Falho; falto.

BALDOAR, v.t. Insultar; injuriar.

BALDOSO, adj. Falto, desprovido de.

BALDROCA, s.f. Confusão, troca.

BALEATO, s.m. Baleote.

BALEEIRA, s.f. Barco para pesca de baleias.

BALEEIRO, s.m. Pescador de baleias.

BALEIA, s.f. Grande mamífero cetáceo. (Dimin.: baleote, baleato.)

BALEIRO, adj. Vendedor de balas.

BALELA, s.f. Mentira; falsidade.

BALEOTE, s.m. Baleia pequena: o mesmo que baleato.

BALHA, s.f. Na locução: à balha; o mesmo que à baila, a propósito.

BALIDO, s.m. Grito de ovelha ou cordeiro.

BALIM, s.m. Bala pequena.

BALÍPODO, s.m. Neologismo proposto para substituir o termo futebol.

BALIR, v.int. Balar. (Verbo defectivo. Geralmente só se conjuga nas terceiras pess.: bale, balem; bailia, baliam, etc. Pode, por exceção, ser conjugado na íntegra, salvo nas formas em que ao l da raiz se seguiria o ou a, isto é, na 1.ª pess. do sing. do pres. do indic. e em todas as pess. do pres. do subj.)

BALISTA, s.f. Máquina de guerra com que se arremessavam pedras.

BALÍSTICA, s.f. Ciência que se ocupa dos movimentos dos projéteis.

BALIZA, s.f. Marco; estaca que marca um limite; soldado que vai à frente da tropa, agitando uma arma ou vara, com que indica a direção que devem seguir.

BALIZADOR (ô), s.m. Aquele que baliza.

BALIZAGEM, s.f. ou **BALIZAMENTO**, s.m. Marcação; ato de pôr balizas.

BALIZAR, v.t. Marcar com balizas; limitar.

BALNEAR, adj. Relativo a banhos.

BALNEÁRIO, s.m. Estabelecimento de banhos; estância de águas minerais.

BALNEATÓRIO, adj. Relativo aos banhos.

BALNEOTERAPIA, s.f. Tratamento por meio de banhos.

BALNEOTERÁPICO, adj. Relativo à balneoterapia.

BALOFO, adj. Fofo, sem consistência.

BALORDO, adj. Bronco; estúpido.

BALOUÇAR, v.t. Balançar; oscilar.

BALOUÇO, s.m. Balanço.

BALSA, s.f. Barco, jangada.

BALSÂMICO, adj. Aromático; perfumado.

BALSAMIZAR, v.t. Perfumar, aromatizar; aliviar; consolar.

BÁLSAMO, s.m. Perfume; (fig.) conforto; lenitivo; óleo, ungüento.

BALSEIRO, s.m. Barqueiro.

BALUARTE, s.m. Fortaleza; bastião.

BALZAQUIANA, adj. Diz-se das mulheres de trinta anos, ou mais ou menos nessa idade.

BALZAQUIANO, adj. Relativo ou pertencente ao escritor francês Honoré de Balzac (1799-1850).

BAMBA, adj. e s.m. Valente, corajoso; valentão; loc. adv. na bamba: por sorte, por acaso.

BAMBALEANTE, adj. Oscilante; bamboleante.

BAMBALEAR, v.int. e p. Bambolear; oscilar; balancear.

BAMBALEIO, s.m. Bamboleio.

BAMBALHÃO, adj. Muito bambo; (fig.) indolente; moleirão. (Fem.: bambalhona.)

BAMBAMBÃ, s.m. Bamba; valentão.

BAMBEAR, v.t. Afrouxar; int. tornar-se frouxo, bambo; vacilar. (Pres. ind.: bambeio, etc.)

BAMBEZA, s.f. Frouxidão; lassidão.

BAMBINELA, s.f. Enfeite de cortina.

BAMBO, adj. Frouxo; lasso.

BAMBOCHATA, s.f. Pintura representando cenas de folia; patuscada; orgia.

BAMBOLEADURA, s.f. ou **BAMBOLEAMENTO**, s.m. Ato de bambolear; bamboleio. Vars.: bambaleadura, bambaleamento.

BAMBOLEANTE, adj. Oscilante; gigante.

BAMBOLEAR, v.int. Oscilar; gingar. (Pres. ind.: bamboleio, etc.)

BAMBOLEIO, s.m. Bamboleamento, oscilação.

BAMBOLIM, s.m. Sanefa de cortinado de porta ou janela.

BAMBU, s.m. Planta da família das Gramíneas, dos países quentes; taquara.

BAMBUAL, s.m. Mata de bambus.

BAMBÚRRIO, s.m. Sorte no jogo.

BAMBURRISTA, s. Pessoa que tem sorte no jogo.

BAMBUZAL, s.m. Bambual.

BANAL, adj. Vulgar, trivial, corriqueiro.

BANALIDADE, s.f. Trivialidade, vulgaridade.

BANALIZAR, v.t. Tornar banal, vulgar

BANANA, s.f. Fruto de bananeira; s.m. homem sem energia, palerma.

BANANADA, s.f. Doce de banana.

BANANAL, s.m. Plantação de bananeiras.

BANANEIRA, s.f. Planta monocotiledônea da família das Musáceas.

BANANEIRAL, s.m. Bananal.

BANANEIRO, s.m. Vendedor de bananas.

BANANICULTOR, s.m. Plantador de bananas.

BANCA, s.f. Mesa ordinária; secretária; carteira; escritório; profissão de advogado; comissão examinadora.

BANCADA, s.f. Banco comprido; conjunto de bancos; reunião de pessoas que ocupam a bancada.

BANCAL, s.m. Pano para cobrir bancos.

BANCAR, v.int. Ser o responsável por uma banca no jogo. Fazer-se de importante.

BANCÁRIA, s.f. Porção de bancos.

BANCÁRIO, adj. Que diz respeito a bancos; s.m. empregado em banco.

BANCARROTA, s.f. Quebra; falência de negociantes.

BANCO, s.m. Cadeira sem espaldar; estabelecimento de crédito.

BANDA, s.f. Lado, flanco; corporação musical.

BANDADA, s.f. Grande bando.

BANDAGEM, s.f. Atadura; compressas.

BANDALHEIRA ou **BANDALHICE**, s.f. Ação ou modos próprios de bandalho.

BANDALHO, s.m. Pessoa sem dignidade nem brio.

BANDARILHA, s.f. Farpa enfeitada que se destina a cravar-se no cachaço dos touros nas touradas.

BANDARRA, s.m Vadio; mandrião.

BANDEAMENTO, s.m. Passar de um partido para outro.

BANDEAR, v.t. Juntar em bando; p. unir-se a bando, partido. (Pres. ind.: bandeio, etc.)

BANDEIRA, s.f. Pedaço de pano hasteado num pau, e distintivo da nação, corporação, partido etc.; expedição armada que, partindo, em geral, da capitania de S. Vicente (depois, de S. Paulo), explorava os sertões com o fim de cativar o gentio ou descobrir minas (fins do século XVI a princípios do século XVIII).

BANDEIRANTE, s.m. Paulista que penetrava nos sertões; por ext.: desbravador; por antonomásia: paulista.

BANDEIRISMO, s.m. Conjunto de fatos referentes à época das expedições denominadas bandeiras.

BANDEIRISTA, s.m. Bandeirante; sinaleiro de estrada de ferro.

BANDEIROLA, s.f. Flâmula; pequena bandeira.

BANDEJA, s.f. Tabuleiro para serviço de mesa.

BANDIDO, s.m. Salteador; criminoso.

BANDITISMO, s.m. Ato de bandido; vida de bandido.

BANDO, s.m. Facção; multidão.

BANDOLEIRA, s.f. Correia que se põe a tiracolo.

BANDOLEIRISMO, s.m. Vida de bandoleiro; banditismo.

BANDOLEIRO, s.m. Salteador; bandido.

BANDOLIM, s.m. Espécie de guitarra com quatro cordas duplas, que se toca com palheta.

BANDOLINISTA, s. Tocador de bandolim.

BANDÔNION ou **BANDÔNIO**, s.m. Espécie de acordeão quadrado.

BANDULHO, s.m. A barriga; o estômago.

BANGALÔ, s.m. Casa baixa. (Do inglês bungalow.)

BANGÜÊ, s.m. Espécie de padiola.

BANGUELA, adj. Desdentado.

BANHA, s.f. Gordura de porco, etc.

BANHADO, s.m. Pântano, brejo.

BANHAR, v.t. Meter em banho; dar banho a; molhar.

BANHEIRA, s.f. Bacia de ferro esmaltado, louça, mármore ou outro material, própria para se tomar banho.

BANHEIRO, s.m. Lugar onde se toma banho.

BANHISTA, s. Pessoa que vai a banhos.

BANHO, s.m. Imersão na água.

BANHO-DE-IGREJA, s.m. Pregão de casamento.

BANHO-MARIA, s.m. Processo de aquecer qualquer substância mergulhando em água fervente o vaso que a contém. (Pl.: banhos-maria.)

BANIDO, adj. Proscrito; expulso; exilado.

BANIMENTO, s.m. Exílio, expulsão.

BANIR, v.t. Desterrar; expulsar da pátria. (Verbo

74

defectivo. Pres. ind.: bane, banes, bane, banimos, banis, banem. Não possui as formas em que ao **n** se seguiria **o** ou **a**: a 1.ª pess. do sing. do pres. do indic. e todas as do pres. do subj.)

BANÍVEL, adj. Que pode ou deve ser banido.

BANJO, s.m. Instrumento musical de cordas com caixa de tambor.

BANJOÍSTA, s. Tocador de banjo.

BANQUEIRO, s.m. Dono de banco; (fig.) homem rico.

BANQUETA, s.f. Pequena banca.

BANQUETE (ê), s.m. Refeição suntuosa.

BANQUETEADOR, s.m. Aquele que dá banquetes.

BANQUETEAR, v.t. Dar banquetes a. (Pres. ind.: banqueteio, etc.)

BANQUISA, s.f. Acúmulo de gelo flutuante nas costas marítimas.

BANZAR, v.int. Pensar demoradamente; meditar.

BANZATIVO, adj. Pensativo.

BANZÉ, s.m. Barulho; desordem.

BANZEAR, v.int. Estar banzeiro.

BANZEIRO, adj. Agitado (diz-se do mar).

BAOBÁ, s.m. Árvore da família das Bombacáceas, notável por sua grossura e altura.

BAQUARA, adj. Esperto; sabido.

BAQUE, s.m. Ruído de um corpo que cai.

BAQUEAR, v.int. Perder as forças; cair com baque.

BAQUELITA, s.f. Resina sintética que serve de material isolante.

BAQUETA, s.f. Pequena vara com que se toca tambor.

BÁQUICO, adj. Relativo a Baco.

BAR, s.m. Venda, botequim; móvel em que se guardam bebidas.

BARAÇO, s.m. Fio; cordel; laço para estrangular.

BARAFUNDA, s.f. Confusão.

BARAFUSTAR, v.-rel. Entrar violentamente.

BARALHA, s.f. Baralho, confusão.

BARALHADA, s.f. Barafunda, desordem, confusão.

BARALHAMENTO, s.m. Ação de baralhar, confusão.

BARALHAR, v.t. Misturar (as cartas de jogar); confundir; desordenar. O mesmo que embaralhar.

BARALHO, s.m. Coleção das cartas necessárias para um jogo.

BARÃO, s.m. Título nobiliárquico imediatamente inferior ao de visconde.

BARATA, s.f. Nome comum a todos os ortópteros da família dos Blatóides, marchadores; certo tipo de automóvel, também chamado baratinha.

BARATAR, v.t. Esperdiçar, desbaratar.

BARATARIA, s.f. Multidão de baratas.

BARATEAMENTO, s.m. Baixa de preço.

BARATEAR, v.t. Vender por baixo preço.

BARATEIO, s.m. Barateamento.

BARATEIRO, adj. Que vende barato.

BARATEZA, s.f. Qualidade daquilo que é barato.

BARATO, adj. De preço baixo ou módico.

BÁRATRO, s.m. Abismo; precipício.

BARBA, s.f. Pêlos do rosto do homem.

BARBAÇAS, s. O que tem grandes barbas.

BARBAÇUDO, adj. Que tem muita barba.

BARBADA, s.f. Beiço inferior do cavalo; vitória fácil em competição.

BARBADINHO, s.m. Frade capuchinho.

BARBANTE, s.m. Armarrilho, fitilho.

BARBAR, v.int. Começar a ter barba.

BARBARESCO (ê), adj. Próprio dos bárbaros.

BARBARIA, s.f. Selvageria; crueldade; multidão de bárbaros.

BARBARIDADE, s.f. Crueldade.

BARBÁRIE, s.f. Estado ou condição de bárbaro.

BARBARISCO, adj. Barbaresco.

BARBARISMO, s.m. Estrangeirismo na linguagem.

BÁRBARO, adj. Sem civilização; rude; inculto.

BARBATANA, s.f. Membrana exterior do peixe.

BARBEAÇÃO, s.f. Ação ou efeito de barbear.

BARBEAR, v.t. Fazer a barba. (Pres. ind.: barbeio, etc.)

BARBEARIA, s.f. Loja de barbeiro.

BARBEIRAGEM, s.f. Ato ou efeito de conduzir mal (especialmente veículo).

BARBEIRO, s.m. Cortador de barbas e cabelos. Inseto hemíptero da família dos Reduvídeos, vetor do mastigóforo responsável pela tripanossomíase ou moléstia de Chagas. Indivíduo não hábil em seu ofício, especialmente, no de motorista.

BARBELA, s.f. Pele que pende do pescoço do boi e de algumas aves.

BARBICACHO, s.m. Cabeçada de corda para cavalgaduras.

BARBICHA, s.f. Barba pequena e rala.

BARBÍFERO, adj. Que tem barba.

BARBUDO, adj. Que tem muita barba.

BARCA, s.f. Embarcação larga e pouco funda. (Aum.: barcaça; dimin.: barquinha, barqueta.)

BARCAÇA, s.f. Grande barca.

BARCO, s.m. Embarcação pequena; navio.

BARDO, s.m. Poeta; trovador, vate.

BARGANHA, s.f. Troca; transação. Vars.: berganha e breganha.

BARGANHAR, v.t. Trocar; negociar. Vars.: berganhar, breganhar.

BARGANHISTA, s. Pessoa que faz barganha; negociante. Vars.: berganhista, breganhista.

BARGANTE, s.m. Velhaco; libertino.

BARIMETRIA, s.f. Medição da gravidade ou do peso.

BARIMÉTRICO, adj. Relativo à barimetria.

BÁRIO, s.m. Elemento químico, metal alcalinoterroso, símbolo Ba, de peso atômico 137,36; n.º atômico 56.

BARÍTONO, s.m. Cantor de voz intermédia ao grave e ao agudo.

BARLAVENTO, s.m. Bordo do navio da parte de onde sopra o vento; usado na loc.: a barlavento. (Antôn.: julavento, sotavento e sulavento.)

BAROLOGIA, s.f. Parte da Física que estuda a ação da gravidade.

BAROLÓGICO, adj. Relativo à barologia.

BAROMÉTRICO, adj. Que diz respeito ao barômetro.

BARÔMETRO, s.m. Instrumento destinado a medir a pressão atmosférica.

BARONATO, s.m. Título ou dignidade de barão.

BARONESA (ê), s.f. Feminino de barão.

BARONETE (ê), s.m. Título de nobreza, na Inglaterra.

BAROSCÓPIO, s.m. Instrumento para demonstrar a pressão do ar.

BARQUEIRO, s.m. Dono, piloto de barco.

BARQUETA, (ê), s.f. Barco pequeno.

BARRA, s.f. Qualquer porção de metal por trabalhar; entrada de porto; debrum, orla; aparelho de ginástica.

BARRACA, s.f. Tenda de campanha ou de feira.

BARRACÃO, s.m. Grande barraca; telheiro para guarda de diversos utensílios.

BARRACO, s.m. O mesmo que barracão.

BARRADO, adj. Coberto de barro. Que tem barra.

BARRAGEM, s.f. Açude.

BARRANCA, s.f. O mesmo que barranco.

BARRANCEIRA, s.f. Ribanceira.

BARRANCO, s.m. Escavação natural; precipício.

BARRANCOSO (ô), adj. Que tem barrancos.

BARRANQUEIRA, s.f. Porção de barrancos.

BARRANQUEIRO, adj. Morador de sopé de barranco.

BARRÃO, s.m. Porco novo e não castrado. O mesmo que varrasco. Var. de verrão.

BARRAQUEIRO, s.m. Proprietário de barraca; feirante.

BARRAR, v.t. Revestir com barro; atravessar com barras.

BARREAR, v.t. Barrar.

BARREGÃO, s.m. Homem amancebado. (Fem. barregã.)

BARREIRO, s.m. Lugar de onde se tira barro.

BARRENTO, adj. Que tem barro.

BARRETADA, s.f. Saudação que se faz tirando o barrete ou o chapéu.

BARRETE (ê), s.m. Carapuça.

BARRETINA, s.f. Boné de copa alta.

BARRICA, s.f. Vasilha de tanoaria em forma de pipa.

BARRICADA, s.f. Entrincheiramento provisório, feito com barricas, carros, estacas, etc.

BARRICAR, v.t. Defender com barricadas.

BARRIGA, s.f. Abdome; ventre.

BARRIGADA, s.f. Vísceras de reses abatidas.

BARRIGA-D'ÁGUA, s.f. Hidropisia abdominal.

BARRIGAL, adj. Relativo à barriga.

BARRIGUDO, adj. Que tem ventre volumoso.

BARRIGUEIRA, s.f. Peça de arreio, que passa pela barriga do animal.

BARRIL, s.m. Pipa pequena.

BARRILADA, s.f. Conteúdo de um barril.

BARRILETE (ê), s.m. Pequeno barril.

BARRIQUEIRO, s.m. Fabricante de barricas.

BARRISTA, s. Atleta de barra fixa.

BARRO, s.m. Argila; lama.

BARROCA, s.f. Cova produzida por enxurradas.

BARROCADA, s.f. ou **BARROCAL**, s.m. Lugar cheio de barrocas.

BARROCO (ô), s.m. Estilo em que predomina o exagero dos adornos, enfeites, figuras.

BARROQUEIRA, s.f. Seqüência de barrocas.

BARROSO, adj. Da natureza do barro; cheio de barro.

BARROTE, s.m. Caibro, trave. (Dim.: barrotinho, barrotim.)

BARULHADA, s.f. Grande barulho.

BARULHEIRA, s.f. Grande barulho; gritaria.

BARULHENTO, adj. Barulheiro; rumoroso.

BARULHO, s.m. Rumor, ruído.

BARULHOSO, adj. Agitado; rumoroso.

BASAL, adj. Que diz respeito a base; o mesmo que básico, de base.

BASÁLTICO, adj. Formado de basalto.

BASALTO, s.m. Rocha vulcânica, de cor escura.

BASBAQUE, s.m. Palerma, bobo.

BASBAQUICE, s.f. Modos ou ação de basbaque.

BASE, s.f. Tudo o que serve de fundamento ou apoio; pedestal. (Quím.) hidróxido, isto é, resultado da combinação de óxido com água.

BASEADO, adj. Fundamentado.

BASEAR, v.t. Fundar; fundamentar. (Pres. ind.: baseio; etc.)

BÁSICO adj. Fundamental; principal; essencial; s.f. (Quím.) diz-se das substâncias capazes de libertar aníons oxidrilos e também dos sais provenientes da neutralização incompleta das polibases; o mesmo que alcalino. (Ant.: ácido.)

BASILAR, adj. Básico; fundamental.

BASÍLICA, s.f. Igreja privilegiada.

BASTA, s.f. Cada um dos pontos grossos com que se atravessa o colchão para segurar o enchimento. Interj. Não mais! Cessar!

BASTANTE, adj. Suficiente; adv. em quantidade suficiente.

BASTÃO, s.m. Bordão; bengala.

BASTAR, v.int. Ser bastante, suficiente.

BASTARDIA, s.f. Qualidade de bastardo.

BASTARDO, adj. Que nasceu fora do matrimônio; s.m. filho ilegítimo.

BASTIÃO, s.m. Baluarte. (Pl.: bastiães e bastiões.)

BASTIDOR (ô), s.m. Parte lateral do palco; peça que firma pano para bordar.

BASTO, Espesso, compacto.

BASTONADA, s.f. Pancada com bastão.

BASTONETE (ê), s.m. Pequeno bastão.

BATA, s.f. Espécie de roupão abotoado na frente desde o pescoço aos pés.

BATALHA, s.f. Peleja; combate.

BATALHADOR, adj. Combatente; lutador.

BATALHÃO, s.m. Corpo de infantaria que faz parte de um regimento.

BATALHAR, v.int. Combater; pelejar.

BATATA, s.f. Raiz tuberosa comestível; tolice.

BATATAL, s.m. Plantio de batatas.

BATATEIRAL, s.m. Batatal.

BATATEIRO, adj. Que gosta muito de batatas.

BATATINHA, s.f. Dimin. de batata e que também se chama batata inglesa.

BATAVO (tá), adj. Holandês.

BATE-BOCA, s.m. Altercação, discussão.

BATEDEIRA, s.f. Aparelho que bate o leite para fazer manteiga.

BATEDOR, s.m. Explorador militar; aparelho de bater massas.

BATEDURA, s.f. Ação de bater roupas.

BATEEIRO, s.m. Trabalhador das lavras auríferas e diamantíferas.

BATE-ESTACAS, s.m. Aparelho destinado a cravar no terreno estacas de fundação.

BÁTEGA, s.f. Pancada (de chuva).

BATEIA, s.f. Gamela de madeira que serve para a lavagem das areias auríferas.

BATEL, s.m. Pequeno barco; canoa.

BATELADA, s.f. A carga de um batel; grande quantidade.

BATELÃO, s.m. Grande barca para transporte de coisas pesadas.

BATELEIRO, s.m. O que governa batel.

BATENTE, s.m. Ombreira onde bate a porta.

BATE-PAPO, s.m. Conversa para matar o tempo. (Pl.: bate-papos.)

BATE-PÉ, s.m. Sapateado; dança, baile.

BATER, v.t. Dar pancadas, surrar, agredir.

BATERIA, s.f. Fração de um corpo de artilharia; utensílios de cozinha, associação de pilhas ou acumuladores elétricos; conjunto dos instrumentos de percussão de uma banda musical.

BATIDA, s.f. Pancada; exploração do campo ou do mato; diligência policial.

BATIDO, adj. Espancado, sovado; derrotado.

BATIMENTO, s.m. Batida, pancada; pulsação.

BATINA, s.f. Hábito eclesiástico; burel.

BATISCAFO, s.m. Aparelho de mergulho no mar.

BATISFERA, s.f. Batiscafo.

BATISMAL, adj. Relativo a batismo.

BATISMO, s.m. Sacramento da Igreja.

BATISTA, s.m. Membro de uma seita protestante.

BATISTÉRIO, s.m. Lugar onde está a pia do batismo; certidão de batismo.

BATIZADO, s.m. Batismo; festa com que se celebra o batismo.

BATIZAMENTO, s.m. Batizado, batismo.

BATIZANDO, s.m. O que vai ser batizado.

BATIZAR, v.t. Administrar o batismo a; adulterar, (certos líquidos) adicionando-lhes água.

BATÔMETRO, s.m. Instrumento com que se mede a profundidade do mar.

BATOQUE, s.m. Tapa, tampão, rolha.

BATOTA, s.f. Trapaça no jogo.

BATOTAR ou **BATOTEAR**, v.int. Fazer batota.

BATOTEIRO, adj. Trapaceiro.

BATRÁQUIO, s.m. Espécime dos Batráquios, animais vertebrados de pele nua e sangue frio, que sofrem metamorfose, e cujo tipo é a rã.

BATUCADA, s.f. Ritmo ou canção do batuque.

BATUCADOR (ô), s.m. Mau tocador de piano.

BATUCAR, v.int. Dançar o batuque.

BATUME, s.m. Parede de cera feita pelas abelhas.

BATUQUE, s.m. Sapateado (dança).

BATUQUEIRO, s.m. Freqüentador de batuque.

BATUTA, s.f. Varinha com que os maestros regem as orquestras.

BAÚ, s.m. Arca, mala, caixa.

BAUDELAIRIANO, adj. Relativo a Baudelaire, poeta francês. (Pronuncia-se bodeleriano.)

BAUNILHA, s.f. Planta odorífera.

BAUXITA, s.f. Minério de alumínio.

BÁVARO, adj. O natural ou habitante da Baviera.

BAZAR, s.m. Mercado oriental; loja, armazém.

BAZÓFIA, s.f. Valentia, fanfarronice.

BAZOFIADOR, adj. Valentão, fanfarrão.

BAZOFIAR, v.int. Contar valentias. (Pres. ind.: bazofio, etc.)

BÊ-A-BÁ, s.m. Abecedário.

BEATA, s.m. Devota, religiosa.

BEATÃO, s.m. Hipócrita, santarrão.

BEATARIA, s.f. Multidão de beatas.

BEATÉRIO, s.m. Multidão de beatos.

BEATICE, s.f. Devoção exagerada.

BEATIFICAÇÃO, s.f. Ato de beatificar.

BEATIFICADO, adj. Bem-aventurado.

BEATIFICADOR (ô), adj. O que beatifica.

BEATIFICAR, v.t. Tornar ou declarar bem-aventurado.

BEATÍFICO, adj. Que produz felicidade.

BEATÍSSIMO, adj. Superl. de beato; tratamento dado ao Papa.

BEATITUDE, s.f. Bem-aventurança.

BEATO, adj. Beatificado; religioso; devoto.

BÊBADO, adj. Embriagado, alcoólatra. Var.: bêbedo.

BEBÊ, s.m. Criança.

BEBEDEIRA, s.f. Embriaguez.

BEBEDICE, s.f. Embriaguez.

BEBEDOR, adj. Que tem o hábito de beber.

BEBEDOURO, s.m. Lugar onde se bebe água; aparelho para se beber água.

BEBER, v.t. Ingerir, engolir; deglutir.

BEBERAGEM, s.f. Remédio líquido.

BEBERAR, v.int. Dessedentar-se.

BEBERETE, s.m. Aperitivo.

BEBERICAÇÃO, s.f. Ingestão freqüente de bebida alcoólica.

BEBERICADOR, s.m. Aquele que tem o hábito de bebericar.

BEBERICAR, v.t. Beber aos goles; int. beber pouco e amiúde.

BEBERRÃO, s.m. Alcoólotra.

BEBIDA, s.f. Líqüido, álcool.

BEBÍVEL, adj. Potável.

BECA, s.f. Veste talar de professores, diplomandos e de funcionários judiciais.

BEÇA, na locução à beça, que significa à farta, em grande quantidade.

BECO (ê), s.m. Rua estreita e curta.

BEDEL, s.m. Empregado subalterno das universidades.

BEDELHAR, v.int. Intrometer-se na conversa.
BEDUÍNO, s.m. Árabe nômade do deserto.
BEGE, adj. De cor amarelada como a da lã em seu estado natural.
BEGÔNIA, s.f. Gênero de plantas ornamentais.
BEIÇADA, s.f. Beiços grossos e caídos.
BEIÇO, s.m. Lábios.
BEIÇOLA, s.f. Beiço grande, grosso; o mesmo que beiçorra.
BEIÇORRA, s.f. Beiço grande.
BEIÇUDO, adj. Que tem beiços grandes.
BEIJADO, adj. Amimado com beijos.
BEIJADOR, adj. Osculador.
BEIJA-FLOR, s.m. Colibri. (Pl.: beija-flores.)
BEIJA-MÃO, s.m. Ato ou cerimônia de beijar a mão. (Pl.: beija-mãos.)
BEIJAR, v.t. Oscular.
BEIJO, s.m. Ósculo; contato dos lábios de uma pessoa, provocando pequeno ruído ao afastar-se, com leve sucção.
BEIJOCA, s.f. Beijo pequeno.
BEIJOCADOR, adj. Beijoqueiro.
BEIJOCAR, v.t. Beijar amiúde.
BEIJOIM, s.m. Var. de benjoim.
BEIJOQUEIRO, adj. Que gosta de beijocar.
BEIJU, s.m. Bolo feito com massa de tapioca ou de mandioca.
BEIRA, s.f. Borda; orla.
BEIRADA, s.f. Beira; margem; beiral.
BEIRADO ou BEIRAL, s.m. Parte do telhado que faz saliência sobre o prumo das paredes.
BEIRA-MAR, s.f. O litoral; a praia.
BEIRAR, v.t. Caminhar, correr ou estar situado à beira de.
BELA, s.f. Mulher bonita.
BELADONA, s.f. Planta medicinal da família das Solanáceas.
BELAS-ARTES, s.f.pl. Artes plásticas.
BELCHIOR, s.m. Mercador de objetos velhos.
BELDADE, s.f. Beleza; formosura.
BELEGUIM, s.m. Agente de polícia.
BELETRISTA, s. Literato.
BELEZA, s.f. Formosura.
BELFO, adj. Que tem o lábio inferior pendente ou muito mais grosso que o superior.
BELFUDO, adj. Que tem lábios grossos e grandes.
BELGA, adj. Natural ou habitante da Bélgica.
BELICHE, s.m. Camarote; camas sobrepostas.
BÉLICO, adj. Guerreiro, referente à guerra.
BELICOSIDADE, s.f. Combatividade.
BELICOSO, adj. Guerreiro; combativo.
BELIDA, s.f. Névoa ou mancha esbranquiçada na córnea do olho.
BELIGERÂNCIA, s.f. Estado de guerra.
BELIGERANTE, adj. Guerreiro; combatente.
BELÍGERO, adj. Belicoso.
BELISCADO, adj. Que recebeu beliscadura; um tanto irritado; excitado; estimulado.
BELISCADURA, s.f. Ação de beliscar. O mesmo que belisco.
BELISCÃO, s.m. Ato de beliscar.
BELISCAR, v.t. Apertar (a pele) com as unhas dos dedos polegar e indicador.
BELISCO, s.m. Beliscadura, beliscão.
BELO, adj. Formoso, gentil.
BELO-HORIZONTINO, adj. De Belo Horizonte (Minas Gerais).
BELONAVE, s.f. Navio de guerra.
BEL-PRAZER, s.m. Vontade própria; talante; arbítrio.
BELTRANO ou BELTRÃO, s.m. Certa pessoa indeterminada.
BELVEDERE (dê), ou BELVER, s.m. Pequeno mirante.
BELZEBU, s.m. Lúcifer, o demônio.
BEM, s.m. Posse, pessoa querida. (Regra ortográfica: usado como prefixo, é unido por hífen quando o segundo elemento tem vida autônoma na língua ou quando a pronúncia o requer; ex.: bem-amado, bem-aventurado, bem-ditoso, bem-posto, etc.); adv. de bom modo.
BEM-AFORTUNADO, adj. Feliz. (Pl.: bem-afortunados.)
BEM-AMADO, adj. Querido, predileto. (Pl.: bem-amados.)
BEM-AVENTURADO, adj. Feliz. (Pl.: bem-aventurados.)
BEM-AVENTURANÇA, s.f. Vida eterna. (Pl.: bem-aventuranças.)

BEM-ESTAR, s.m. Conforto; estado de perfeita satisfação.
BEM-FALANTE, adj. Eloqüente. (Pl.: bem-falantes.)
BEM-FAZER, v.t. Beneficiar.
BEM-HUMORADO, adj. Alegre, satisfeito. (Antôn.: mal-humorado; pl.: bem-humorados.)
BEM-ME-QUER, s.m. Bonina. (Pl.: bem-me-queres.)
BEMOL, s.m. (Mús.) Sinal que indica abaixamento de um semitom na nota.
BEM-PARECIDO, adj. De boa aparência; bonito. (Pl.: bem-parecidos.)
BEM-POSTO, adj. Elegante; bem vestido. (Pl.: bem-postos) (ó).
BEM-TE-VI, s.m. Ave da família dos Tiranídeos. (Pl.: bem-te-vis.)
BEM-VINDO, adj. Bem esperado. (Pl.: bem-vindos.)
BÊNÇÃO, s.f. Ação de benzer ou de abençoar; favor divino. (Pl.: bênçãos.)
BENDITO, adj. Abençoado.
BENDIZENTE, adj. Que bendiz ou louva.
BENDIZER, v.t. Abençoar.
BENEDITINO, s.m. Monge da ordem de S. Bento.
BENEFICÊNCIA, s.f. Ato ou hábito de fazer bem; caridade.
BENEFICENTE, adj. Que faz o bem.
BENEFICIAÇÃO, s.f. Ato de beneficiar; melhoramento ou reparação em propriedade.
BENEFICIADO, adj. Que recebeu benefício.
BENEFICIADOR (ô), adj. Beneficente.
BENEFICIAMENTO, s.m. Beneficiação.
BENEFICIAR, v.t. Fazer benefício a; depurar, limpar. (Pres. ind.: benefício, etc.)
BENEFICIÁRIO, adj. Diz-se de, ou pessoa a quem se concedeu benefício.
BENEFICIÁVEL, adj. Suscetível de ser beneficiado.
BENEFÍCIO, s.m. Favor, mercê, melhoramento; benfeitoria.
BENÉFICO, adj. Útil, salutar.
BENEMERÊNCIA, s.f. Merecimento.
BENEMERENTE, adj. Que é digno de recompensa, de mérito.
BENEMÉRITO, adj. Digno de louvor, de elogios.
BENEPLÁCITO, s.m. Consentimento; licença; aprovação.
BÉNESSE (né), s.f. Rendimento, posses.
BENEVOLÊNCIA, s.f. Estima; afeto.
BENEVOLENTE, adj. Benévolo.
BENÉVOLO, adj. Que tende a fazer bem; bondoso; benigno. O mesmo que benevolente.
BENFAZEJO, adj. Que faz bem; caritativo.
BENFEITOR, adj. Caritativo.
BENFEITORIA, s.f. Obra útil realizada em propriedade.
BENGALA, s.f. Bastão, porrete, cacete.
BENGALADA, s.f. Pancada com bengala.
BENGALEIRO, s.m. O que faz ou vende bengalas.
BENIGNIDADE, s.f. Bondade, brandura.
BENIGNO, adj. Bondoso; benévolo.
BENJAMIM, s.m. O filho caçula.
BENJOIM, s.m. Bálsamo que se extrai de uma árvore das Índias Orientais.
BENQUERENÇA, s.f. Simpatia; afeto.
BENQUERENTE, adj. Que tem afeto a.
BENQUISTAR-SE, v.p. Tornar-se querido.
BENQUISTO, adj. Querido, estimado.
BENTINHO, s.m. ou BENTINHOS, s.m.pl. Escapulário de dois pequenos quadrados de pano bento, com orações escritas, e que os devotos trazem ao pescoço.
BENZEDEIRA, s.f. Mulher que cura doença com benzeduras.
BENZEDEIRO, s.m. Curandeiro.
BENZEDOR (ô), adj. m. Curandeiro.
BENZEDURA, s.f. Ação de benzer.
BENZENO, s.m. (Quím.) O mais importante dos hidrocarbonetos cíclicos, formado pela combinação de seis átomos de carbono e seis de hidrogênio.
BENZER, v.t. Tornar bento, tornar santo.
BENZILHÃO, s.m. Benzedeiro, curandeiro.
BENZINA, s.f. Substância líquida e volátil, produto de destilação do petróleo.
BENZOATO, s.m. (Quím.) Designação genérica dos sais e ésteres do ácido benzóico.
BEÓCIO, adj. Ignorante, estúpido.
BEQUADRO, s.m. (Mús.) Sinal que repõe no seu tom natural a nota elevada de um semitom pelo sustenido ou abaixada de um semitom pelo bemol.

BEQUE, s.m. Elemento de defesa de quadro fute-bolístico.

BEQUILHA, s.f. Órgão de pouso do avião terrestre, instalado na extremidade final da estrutura da fuselagem.

BERBERE, s. Indivíduo dos Berberes, raça da África Setentrional.

BERÇÁRIO, s.m. Sala ou quarto das maternidades onde ficam os berços destinados às crianças recém-nascidas.

BERÇO, s.m. Leito de criança.

BEREBA, s.f. Ferida.

BERGANTIM, s.m. Embarcação ligeira de dois mastros.

BERIBÉRI, s.m. Enfraquecimento e desgoverno das pernas.

BERIBÉRICO, adj. Relativo ao beribéri.

BERÍLIO, s.m. Elemento químico, metal, símbolo Be ou Gl, porque é sinônimo de Glucínio (V. este).

BERILO, s.m. Pedra preciosa.

BERIMBAU, s.m. Pequeno instrumento sonoro de ferro.

BERINJELA, s.f. Planta da família das Solanáceas, de fruto comestível.

BERLINDA, s.f. Pequeno coche de quatro rodas, suspenso entre dois varais; alvo de censuras ou de motejos.

BERLINENSE, adj. Natural ou habitante de Berlim.

BERLINÊS, adj. e s.m. Berlinense.

BERLOQUE, s.m. Pequeno enfeite que se traz pendente da cadeia do relógio.

BERNARDICE, s.f. Asneira, tolice.

BERNARDO, adj. e s.m. Frade da ordem de S. Bernardo.

BERNE, s.m. Larva de inseto que penetra na pele dos animais e do homem.

BERNENTO, adj. Atacado de bernes.

BERNÊS, adj. Natural ou habitante da cidade de Berna (Suíça).

BERNICIDA, s.m. Preparado contra o berne.

BERQUÉLIO, s.m. Elemento químico transurânico, n.º atômico 97, de peso atômico superior a 238.

BERRADOR (ô), adj. Gritador.

BERRANTE, adj. Que berra; berrador.

BERRAR, v.int. Bramir; gritar; vociferar.

BERREGAR, v.int. Barregar; berrar muito.

BERREIRO, s.m. Gritaria. Choro.

BERRO, s.m. Grito de certos animais; grito áspero e alto de uma pessoa; brado; rugido.

BERTALHA, s.f. Planta hortense da família das Baseláceas.

BERTIOGA, s.f. Canal de mar que entra pela terra.

BERTOLDICE, s.f. Asneira; calinada.

BESOURO, s.m. Gên. de insetos coleópteros que tem as asas revestidas com uma cobertura córnea com as quais fazem um zunido característico.

BESTA, s.f. Catapulta, arco.

BESTA, s.f. Asno; animal de carga.

BESTA-FERA, s. Animal feroz. (Pl.: bestas-feras.)

BESTAGEM, s.f. Tolice.

BESTALHÃO, adj. Paspalhão, toleirão.

BESTAR, v.int. Dizer asneira, andar à toa.

BESTEIRA, s.f. Asneira; tolice.

BESTEIRO, s.m. Soldado armado de besta.

BESTIAL, adj. Estúpido; grosseiro; brutal.

BESTIALIDADE, s.f. Estupidez; brutalidade.

BESTIALIZAÇÃO, s.f. Ato de bestializar.

BESTIALIZAR, v.t. Agir como besta; fazer-se estúpido.

BESTIALOGIA, s.f. Discurso disparatado.

BESTIALÓGICO, adj. Asneirento; s.m. discurso disparatado.

BESTICE, s.f. Asnice.

BESTIDADE, s.f. Bestialidade.

BESTIFICAÇÃO, s.f. Ato de bestificar.

BESTIFICANTE, adj. Que estupidifica.

BESTIFICAR, v.t. Bestializar; tornar-se estúpido.

BESTILHA, s.f. Besta pequena.

BESTIOLA, s.f. Dimin. de besta.

BESTUNTO, s.m. Cachola.

BESUNTADELA, s.f. Ato ou efeito de besuntar.

BESUNTÃO, s.m. adj. Sujo, desasseado.

BESUNTAR, v.t.-rel. Untar; sujar com substância gordurosa.

BETA, s.f. A segunda letra do alfabeto grego; partícula beta: (Fís.) um dos produtos emitidos pelo núcleo atômico das substâncias radioativas no decorrer de sua desintegração espontânea.

BETA, s.f. Listra de cor diferente, em tecido.

BETAR, v.t. Listrar, riscar.

BETATRÔNIO, s.m. Aparelho usado em investigações atômicas e que se destina a acelerar eléctrons, com energia suficiente para provocar reações nucleares.

BETERRABA, s.f. Planta da família das Quenopodiáceas, de raiz carnuda e grossa, de que se extrai açúcar.

BETESGA, s.f. Rua estreita.

BETONADA, s.f. O concreto produzido de cada vez pela betoneira.

BETONEIRA, s.f. Máquina de preparar o concreto para as construções.

BETUMAR, v.t. Tapar com betume.

BETUME, s.m. Piche.

BETUMINOSO, adj. Que tem betume, ou é da natureza dele.

BEXIGA, s.f. Reservatório músculo-membranoso, que recebe a urina vinda dos ureteres e lança-a na uretra; vesícula; s.f. pl. varíola.

BEXIGADA, s.f. Quantidade de bexigas.

BEXIGOSO ou **BEXIGUENTO**, adj. Que tem os sinais de varíola.

BEZERRA, s.f. Vitela; novilha.

BEZERRO, s.m. Vitelo; novilho.

BEZOAR, s.m. Pedra que se forma nos intestinos e era considerada como antídoto.

BIALADO, adj. Que tem duas asas.

BIANGULADO, adj. Que tem ou forma dois ângulos.

BIANGULAR, adj. Que contém dois ângulos.

BIBELÔ, s.m. Figurinha de louça ou metal para adorno.

BÍBLIA, s.f. Conjunto dos livros sagrados do Antigo e do Novo Testamento.

BÍBLICO, adj. Relativo ou pertencente à Bíblia.

BIBLIOCLASTA, s. Adversário e destruidor de livros.

BIBLIÓFAGO, adj. Que come ou destrói livros.

BIBLIOFILIA, s.f. Amor aos livros.

BIBLIOFILME, s.m. Cópia fotográfica, em negativo, de páginas de livros.

BIBLIÓFILO, s.m. Amador ou colecionador de livros.

BIBLIOFOBIA, s.f. Horror aos livros.

BIBLIÓFOBO, s.m. Aquele que detesta os livros.

BIBLIOGRAFIA, s.f. Descrição e conhecimento dos livros.

BIBLIOGRÁFICO, adj. Que diz respeito ou pertencente à bibliografia.

BIBLIÓGRAFO, s.m. Aquele que escreve a respeito de livros.

BIBLIOLATRIA, s.f. Adoração dos livros.

BIBLIOMANCIA, s.f. Adivinhação por meio de um livro que se abre ao acaso.

BIBLIOMANIA, s.f. Mania dos livros.

BIBLIOMANÍACO, adj. Dado à bibliomania.

BIBLIÔMANO, s.m. O que tem a mania dos livros.

BIBLIOMANTE, s. Pessoa dada à prática da bibliomancia.

BIBLIOMÂNTICO, adj. Relativo à bibliomancia.

BIBLIOPOLA, s.m. Vendedor de livros.

BIBLIOTECA, s.f. Coleção de livros, dispostos ordenadamente para estudo e consulta.

BIBLIOTECÁRIO, s.m. Aquele que superintende uma biblioteca.

BIBLIOTECONOMIA, s.f. Conjunto de conhecimentos relativos à organização e administração das bibliotecas.

BIBLISTA, s. Pessoa versada na Bíblia.

BIBOCA, s.f. Cova; grota; casebre.

BICA, s.f. Tubo, meia-cana, pequeno canal ou telha de onde corre e cai água.

BICADA, s.f. Golpe com o bico.

BICANCA, s.f. Nariz grande; botina própria para o jogo de futebol.

BICAR, v.t. Dar bicadas em.

BICARBONATO, s.m. (Quím.) Sal resultante da substituição incompleta do hidrogênio do ácido carbônico por um metal; nome vulgar do bicarbonato de sódio.

BICAUDADO, adj. Que tem duas caudas.

BICÉFALO, adj. Que tem duas cabeças.

BICELULAR, adj. Que tem duas células.

BÍCEPS, s.m. 2 núm. Músculo do braço; muque.

BICHA, s.f. Lombriga; sanguessuga; fileira, traque.

BICHADO, adj. Que tem bicho; podre.

BICHANADO, adj. Pronunciado em voz baixa.

BICHANAR, v. int. Falar em segredo, ciciando as palavras; murmurar.

BICHANO, s.m. Gato.

BICHAR, v.int. Carunchar; apodrecer.

BICHARADA, s.f. Muitos bichos; bicharia.

BICHARIA, s.f. (V. Bicharada.)

BICHEIRA, s.f. Ferida cheia de bichos.

BICHEIRO, s.m. Aquele que banca o chamado jogo de bicho.

BICHENTO, adj. Que tem bicho nos pés.

BICHO, s.m. Animal; calouro.

BICHOCA, s.f. Minhoca.

BICHO-CARETA, s.m. Indivíduo sem importância.

BICHO-CARPINTEIRO, s.m. Escaravelho; ter —: ser irrequieto.

BICHO-DA-SEDA, s.m. Nome com que se designa tanto a lagarta como a borboleta da Bombyx mori, de cujo casulo se extrai o fio da seda.

BICHO-DE-PÉ, s.m. Pulga das regiões quentes da África e da América, cuja fêmea se introduz sob a pele do homem e dos animais.

BICHO-PAPÃO, s.m. Entidade fantástica com que se assustam as crianças. (Pl.: bichos-papões.)

BICHOSO (ô), adj. Cheio de bichos.

BICICLETA, s.f. Velocípede de duas rodas.

BICIPITAL, adj. Relativo ao bíceps.

BICÍPITE, adj. De duas cabeças.

BICO, s.m. Extremidade córnea da boca das aves.

BICO-DE-PAPAGAIO, s.m. Nariz adunco.

BICOLOR (ô), adj. De duas cores.

BICÔNCAVO, adj. Côncavo pelos dois lados.

BICÔNICO, adj. Que tem dois cones opostos.

BICONJUGADO, adj. (Bot.) Que se divide em dois ramos.

BICONVEXO (cs), adj. Convexo pelos dois lados.

BICORNE, adj. Que tem dois cornos ou termina em duas pontas.

BICOTA, s.f. Beijo, boquinha.

BICOTAR, v.t. Dar bicota em; beijocar.

BICUDO, adj. De bico grande; pontiagudo.

BICÚSPIDE, adj. Que tem duas pontas, ou que termina em duas partes divergentes.

BIDÊ, s.m. Vaso de asseio corporal.

BIELA, s.f. Barra de máquina, que serve para comunicar ou transformar o movimento retilíneo alternativo em circular contínuo.

BIENAL, adj. Relativo ao espaço de dois anos.

BIÊNIO, s.m. O espaço de dois anos.

BIFADA, s.f. Porção de bifes, mau hálito.

BIFAR, v.t.-rel. Furtar; tirar disfarçadamente.

BIFE, s.m. Fatia de carne frita.

BIFENDIDO, adj. Dividido por uma fenda em duas partes.

BIFESTEQUE, s.m. Bisteca, bife.

BÍFIDO, adj. Bifendido; farpado; dividido em duas partes.

BIFLORO, adj. (Bot.) Que tem duas flores.

BIFOLIADO ou **BIFÓLIO**, adj. (Bot.) Que tem duas folhas.

BIFORME, adj. Que tem duas formas.

BIFRONTE, adj. Volúvel; falso, hipócrita.

BIFURCAÇÃO, s.f. Divisão em dois ramos; forquilha.

BIFURCADO, adj. Dividido em dois ramos; bífido.

BIFURCAR, v.t. Separar em dois ramos.

BIGA, s.f. Carro romano de dois cavalos.

BIGAMIA, s.f. Estado de bígamo.

BÍGAMO, s.m. Aquele que tem dois cônjuges ao mesmo tempo.

BIGODE, s.m. Barba que nasce no lábio superior.

BIGODEAR, v.t. Roubar.

BIGODEIRA, s.f. Bigode farto.

BIGORNA, s.f. Utensílio de ferro sobre que se batem e amoldam metais; o mesmo que incude; (Anat.) ossículo do ouvido.

BIGORRILHA ou **BIGORRILHAS**, s.m. Homem vil, desprezível.

BIGOTISMO, s.m. Falsa devoção; velhacaria.

BIGÚMEO, adj. Que tem dois gumes.

BIJUTERIA, s.f. Jóias, obras de arte.

BILABIADO, adj. Que tem dois lábios.

BILABIAL, adj. Diz-se da consoante, que se pronuncia com o lábio superior e inferior.

BILATERAL, adj. Que tem dois lados.

BILBOQUÊ, s.m. Brinquedo constituído de uma bola de madeira com um orifício, presa por um cordel a um bastonete pontudo onde ela deve encaixar-se.

BILE, s.f. Bílis.

BILHA, s.f. Jarra.

BILHÃO, s.m. Mil milhões. O mesmo que bilião.

BILHAR, s.m. Jogo de bolas de marfim impelidas com um taco sobre mesa forrada de pano.

BILHETE, s.m. Pequena comunicação escrita; cédula; entrada para teatro, etc.

BILHETEIRO, s.m. Aquele que vende bilhetes.

BILHETERIA, s.f. Lugar onde se compram bilhetes.

BILIÃO, s.m. Bilhão.

BILÍNGÜE, adj. Que fala duas línguas; que está escrito em duas línguas.

BILIONÁRIO, s.m. Duas vezes milionário.

BILIOSO, adj. Que tem muita bílis, relativo à bílis; de mau gênio.

BÍLIS, s.f. Líqüido esverdeado e amargo segregado pelo fígado; fel; mau humor. Var.: bile.

BILITERAL, adj. Que tem duas letras. O mesmo que bilítero.

BILÍTERO, adj. Biliteral.

BILONTRA, adj. e s.m. Velhaco; espertalhão.

BILONTRAGEM, s.f. Procedimento de bilontra; súcia de bilontras.

BILONTRAR, v.int. Proceder como bilontra.

BILREIRA, s.f. Mulher que faz renda de bilros.

BILRO, s.m. Peça de madeira ou de metal semelhante ao fuso, com que se fazem rendas de almofadas.

BILTRE, s.m. Homem vil, infame.

BÍMANO, adj. Que tem duas mãos.

BIMBALHADA, s.f. Toque simultâneo de muitos sinos.

BIMBALHAR, v.int. Repicar; tocar (sinos).

BIMEMBRE, adj. Que tem dois membros.

BIMENSAL, adj. Que aparece ou se realiza duas vezes por mês, quinzenal.

BIMESTRAL, adj. Que aparece ou se realiza de dois em dois meses.

BIMESTRE, s.m. O espaço de dois meses.

BIMOTOR, adj. Diz-se de veículo de dois motores.

BINÁRIO, adj. Que tem duas unidades, dois elementos; (Mús.) que tem dois tempos (compasso).

BINÓCULO, s.m. Óculo de alcance duplo e portátil.

BINÔMINO, adj. Que tem dois nomes.

BINÔMIO, s.m. Expressão algébrica composta de dois termos, separados pelo sinal + ou —.

BÍNUBO, adj. Casado em segundas núpcias.

BIOCO, s.m. Mantilha para envolver o rosto; capuz.

BIOFOBIA, s.f. Horror mórbido à vida.

BIÓFOBO, adj. Que tem horror à vida.

BIOGÊNESE, s.f. Hipótese ou teoria sobre a origem da vida.

BIOGRAFAR, v.t. Escrever a biografia de alguém.

BIOGRAFIA, s.f. Descrição da vida de uma pessoa.

BIOGRÁFICO, adj. Relativo a biografia.

BIÓGRAFO, s.m. Aquele que escreve biografias.

BIOLOGIA, s.f. Ciência que estuda os seres vivos e suas relações.

BIOLÓGICO, adj. Relativo à Biologia.

BIOLOGISTA ou **BIÓLOGO**, s.m. Pessoa versada em Biologia.

BIOMBO, s.m. Tabique móvel, feito de caixilhos ligados por dobradiças.

BIOMETRIA, s.f. Parte da ciência que estuda a mensuração dos seres vivos.

BIOPSIA, s.f. (Med.) Retirada de um fragmento de tecido de um ser vivo a fim de se verificar a natureza das alterações nele existentes. O mesmo que biopse.

BIOQUÍMICA, s.f. Ramo da Química que estuda as reações que se passam nos organismos vivos.

BIOTAXIA (cs), s.f. Tratado da classificação dos seres organizados.

BIOTÁXICO (cs), adj. Relativo à biotaxia.

BIOTÉRIO, s.m. Lugar onde se conservam animais vivos para experiências de laboratório.

BIÓTICA, s.f. (Biol.) Conjunto dos conhecimentos das funções e manifestações vitais.

BIÓTIPO, s.m. Conjunto de características fundamentais comuns ou semelhantes de uma série de indivíduos.

BIOTIPOLOGIA, s.f. Ciência das constituições, temperamentos e caracteres, também chamada tipologia e biologia diferencial.

BIÓXIDO (cs), s.m. (Quím.) Nome do óxido que encerra dois átomos de oxigênio por molécula.

BIPARTIÇÃO, s.f. Divisão em duas partes.

BIPARTIDO, adj. Dividido em duas partes.

BIPARTIR, v.t. Dividir ao meio ou em duas partes; bifurcar-se.

BIPATENTE, adj. Aberto para os dois lados.

BÍPEDE, s.m. Animal que anda sobre dois pés.

BIPLANO, s.m. Aeroplano com dois planos de sustentação.

BIPOLARIDADE, s.f. (Fís). Existência de dois pólos contrários num corpo.

BIQUADRADO, adj. Duas vezes quadrado; (Mat.) diz-se de equações e trinômios de quarto grau.

BIQUEIRA, s.f. Remate que se ajusta à ponta de alguma coisa; ponteira.

BIQUÍNI, s.m. Maiô constituído de duas peças sumárias.

BIRBANTE, s.m. Biltre, patife, tratante.

BIRIBA, s.f. Égua pequena, mas já apta para o trabalho. Pessoa desconhecida.

BIRMÃ, BIRMANE ou BIRMANÊS, adj. e s.m. Da Birmânia.

BIROTE, s.m. Cabelo enrodilhado no alto da cabeça.

BIRRA, s.m. Teima; zanga; antipatia.

BIRRAR, v.int. Ter birras; teimar com insistência.

BIRREFRAÇÃO ou BIRREFRACÇÃO, s.f. Propriedade de certas substâncias de desdobrarem um raio luminoso incidente em dois.

BIRREFRINGÊNCIA, s.f. (Miner.) O mesmo que birrefração.

BIRREFRINGENTE, adj. Que possui a birrefração.

BIRREME, s.f. Galera com duas ordens de remos.

BIRRENTO, adj. Teimoso, obstinado.

BIRUTA, s.f. Aparelho indicador da direção dos ventos de superfície, usado nos aeródromos para orientação das manobras dos aviões; adj. espeloteado.

BIS, adv. Duas vezes; interj. outra vez!

BISAGRA, s.f. Dobradiça de porta ou janela.

BISANUAL, adj. Que se dá de dois em dois anos.

BISÃO, s.m. Boi selvagem da América.

BISAR, v.t. Repetir; pedir repetição de uma poesia, canto, música.

BISAVÔ, s.m. Pai do avô ou da avó. (Flexão fem.. bisavó: pl.: bisavós.)

BISAVÓ, s.f. Mãe do avô ou da avó.

BISBILHO, s.m. Murmúrio; sussurro.

BISBILHOTAR, v.int. Intrometer-se na vida alheia.

BISBILHOTEIRO, s.m. Mexeriqueiro; intrigante.

BISBILHOTICE, s.f. Mexerico; enredo; intriga.

BISBÓRRIA, s.m. Homem ridículo, desprezível.

BISCA, s.f. Jogo de cartas. Pessoa de mau caráter e dissimulada.

BISCATE, s.m. Trabalho de pouca monta; serviço extraordinário; comida que os pássaros levam no bico.

BISCATEADOR (ô) ou BISCATEIRO, s.m. O que faz biscates.

BISCATEAR, v.int. Fazer pequenos serviços, pequenos negócios. (Pres. ind.: biscateio, etc.)

BISCOITEIRA, s.f. Vaso para guardar biscoitos.

BISCOITEIRO, s.m. Fabricante ou vendedor de biscoitos.

BISCOITO, s.m. Massa de farinha de trigo, açúcar e ovos bem cozida no forno.

BISEL, s.m. Borda de vidro de espelho cortada obliquamente; chanfradura.

BISELAR, v.t. Dar o corte de bisel a; chanfrar.

BISESDRÚXULO, adj. (Gram.) Diz-se do conjunto fonético em que o acento tônico recai na pré-antepenúltima sílaba.

BISMUTO, s.m. Metal branco, avermelhado quebradiço, facilmente redutível a pó, símbolo Bi, peso atômico 209,00 n.º atômico 83.

BISNAGA, s.f. Tubo de folha de chumbo; pequeno esguicho com água aromatizada, usado no carnaval.

BISNAGAR, v.t.-rel. Molhar com o líquido contido em bisnaga; borrifar.

BISNAU, adj. Homem finório e astucioso; velhaco.

BISNETO, s.m. Filho de neto ou neta.

BISONHO, adj. Inexperiente; acanhado; s.m. recruta inexperiente.

BISPADO, s.m. Território da jurisdição espiritual de um bispo; diocese.

BISPAL, adj. Relativo a bispo.

BISPAR, v.int.tr. Queimar alimento.

BISPO, s.m. Prelado que governa uma diocese.

BISPOTE, s.m. Urinol.

BISSECÇÃO ou BISSECÇÃO, s.f. Divisão em duas partes iguais.

BISSEMANAL, adj. Que se publica ou realiza duas vezes por semana.

BISSETOR, adj. (Geom.) Diz-se do plano que passa pela interseção de outros dois, formando, com

estes, ângulos diedros iguais.

BISSETRIZ, s.f. (Geom.) Semi-reta que parte do vértice de um ângulo e forma com os seus lados ângulos adjacentes iguais.

BISSEXO (cs), adj. Bissexual; s.m. hermafroditismo.

BISSEXTIL, adj. Bissexto.

BISSEXTO. s.m. Ano em que fevereiro tem mais um dia.

BISSEXUAL (cs), adj. Que reúne os dois sexos, hermafrodita.

BISSEXUALIDADE (cs), s.f. Hermafroditismo.

BISSÍLABO, adj. Que tem duas sílabas.

BISTECA, s.f. O mesmo que bife; o mesmo que bifesteque.

BISTRADO, adj. Que tem olheiras.

BISTRE, s.m. Mistura de fuligem e goma usada em pintura; o roxo das olheiras.

BISTURI, s.m. Escalpelo; pequeno instrumento cirúrgico.

BITOLA, s.f. Medida reguladora; padrão; largura de via férrea.

BITOLAR, v.t. Estabelecer em bitola, avaliar; medir.

BIVACAR, v.int. Estabelecer-se em bivaque; fazer acampamento.

BIVALENTE, adj. Que tem duas valências.

BIVALVE, adj. Que tem duas valvas.

BIVAQUE, s.m. Acampamento ou estação provisória ao ar livre; tenda de campanha.

BIZANTINO, adj. Relativo à cidade de Bizâncio (hoje Constantinopla); s.m. o natural ou habitante dessa cidade da Turquia.

BIZARRIA, s.f Garbo; gentileza; galhardia; brio.

BIZARRICE, s.f. Elegância, galhardia.

BIZARRO, adj. Gentil; garboso; esquisito.

BLANDÍCIA, s.f. Meiguice; afago; carícia.

BLANDÍCIE, s.f. Blandícia.

BLANDICIOSO (ô), adj. Carinhoso, caricioso.

BLASFEMADOR, s.m. Que injuria as coisas sagradas.

BLASFEMAR, v.t. Ultrajar com blasfêmia.

BLASFEMATÓRIO, adj. Que contém blasfêmias.

BLASFÊMIA, s.f. Palavras ultrajantes da divindade ou da religião.

BLASFEMO, adj. Ofensivo, ultrajante; s.m. aquele que profere blasfêmia.

BLASONADOR, adj. Fanfarrão, garganta.

BLASONAR, v.t. Alardear, jactar-se, vangloriarse.

BLASONARIA, s.f. Fanfarronice, jactância.

BLASÓNICO, adj. Relativo a brasão.

BLASTO, s.m. Parte do embrião que se desenvolve por efeito da germinação.

BLÁSTULA, s.f. Uma das primeiras formas embrionárias, isto é, aquela que se segue à segmentação do ovo.

BLATERAÇÃO, s.f. Discussão, gritaria.

BLATERAR, v.int. Soltar a voz (o camelo); tagarelar; gritar, discutir.

BLAU, adj. (Heráld.) Diz-se da cor azul dos brasões.

BLEFAR, v.int. Iludir no jogo; enganar.

BLEFARITE, s.f. (Med.) Inflamação das pálpebras.

BLEFAROPLEGIA, s.f. (Med.) Paralisia das pálpebras.

BLEFAROPTOSE, s.f. (Med.) Queda ou ptose palpebral.

BLEFE, s.m. Engano, logro.

BLEFISTA, adj. Enganador.

BLENORRAGIA, s.f. Moléstia venérea que se caracteriza pela inflamação da mucosa uretral e se manifesta pelo corrimento de pus através do meato.

BLENORRÁGICO, adj. Relativo à blenorragia.

BLENORRÉIA, s.f. Blenorragia.

BLESIDADE, s.f. Vício de pronúncia, que consiste na substituição de uma consoante forte por outra fraca.

BLESO, adj. Que tem o vício da blesidade.

BLINDADO, adj. Revestido de chapa de aço; encouraçado.

BLINDAGEM, s.f. Ação ou operação de blindar.

BLINDAR, v.t. Revestir de chapas de aço; encouraçar.

BLOCO, s.m. Porção de substância pesada; caderno de papel, cujas folhas se destacam; reunião de elementos políticos para a consecução de um fim comum; rancho carnavalesco.

BLOQUEADO, adj. Cercado, fechado.

BLOQUEADOR (ô), adj. Que bloqueia.

BLOQUEANTE, adj. Bloqueador.

BLOQUEAR, v.t. Pôr bloqueio a; sitiar.

BLOQUEIO, s.m. Cerco ou operação militar, com o fim de cortar a uma praça ou a um porto as comunicações com o exterior.

BLUSA, s.f. Veste larga; paletó folgado com mangas; dólmã militar.

BOA, s.f. Gênero de cobras a que pertence a jibóia; adj. femin. de bom.

BOANA, s.f. Cardume de peixes miúdos; bando de borboletas.

BOA-NOITE, s.f. Planta trepadeira. Saudação a alguém, à noite, na chegada ou despedida. (Pl.: boas-noites.)

BOAS-VINDAS, s.f.pl. Expressão de contentamento, felicitação pela chegada de alguém.

BOATAR, v.int. Lançar ou propalar boatos.

BOA-TARDE, s.f. Saudação a alguém, na chegada ou despedida, após o meio-dia e antes do cair da tarde. (Pl.: boas-tardes.)

BOATARIA, s.f. Muitos boatos.

BOATE, s.f. Café-concerto, de funcionamento noturno.

BOATEIRO, s.m. Pessoa que espalha boatos.

BOATO, s.m. Notícia anônima que corre publicamente; atoarda; balela; rumor.

BOAVA, adj. Português; o mesmo que emboaba.

BOA-VIDA, s. Vadio, preguiçoso, comodista. (Pl.: boas-vidas.)

BOBAGEM, s.f. Bobice, sandice, asneira.

BOBALHÃO, s.m. Bobão, tontão.

BOBEAR, v.int. Fazer ou dizer bobices; portar-se como bobo; descuidar.

BOBICE, s.f. Tolice; asneira.

BOBINA, s.f. Parte dos instrumentos de Física formada de um fio metálico enrolado num carretel; carrinho de madeira ou metal para enrolar fio; grande rolo de papel contínuo para impressões tipográficas de grande tiragem.

BOBO, s.m. Tonto, parvo, mentecapto.

BOBOCA, adj. Bobo, tolo.

BOCA, s.f. Cavidade ou abertura pela qual os homens e os outros animais ingerem os alimentos. (Aum.: bocaça, bocarra; dim.: boquinha.)

BOCAÇA, s.f. Boca muito grande; bocarra.

BOCA-DE-FOGO, s.f. Peça de artilharia. (Pl.: bocas-de-fogo.)

BOCA-DE-LEÃO, s.m. Planta ornamental da família das Escrofulariáceas. (Pl.: bocas-de-leão.)

BOCA-DE-LOBO, s.f. Bueiro; o mesmo que boca-de-leão.

BOCADO, s.m. Porção de alimento que se leva de uma vez à boca; pedaço.

BOCAGEM, s.f. Palavreado ofensivo.

BOCAL, s.m. Abertura de vaso; embocadura de instrumento de sopro.

BOÇAL, adj. Estúpido; grosseiro.

BOÇALIDADE, s.f. Estupidez, grosseria.

BOCARRA, s.f. Boca grande; o mesmo que bocaça.

BOCEJADOR, s.m. Pessoa que está sempre abrindo a boca por enfado, preguiça ou sono.

BOCEJAR, v. int. Dar bocejos; abrir a boca em sinal de aborrecimento ou de fastio.

BOCEJO (é), s.m. Abrimento involuntário de boca.

BOCEL, s.m. Moldura redonda na base da coluna.

BOCHA, s.m. Jogo de bolas de madeira.

BOCHE, s. Designação pejorativa aplicada a alemão, a partir da Guerra de 1914.

BOCHECHA (ê), s.f. Parte mais saliente de cada uma das faces.

BOCHECHADA, s.f. O quarto de líquido que cabe na boca.

BOCHECHAR, v.int. Fazer bochechos.

BOCHECHO (ê), s.m. Porção de líquido que se toma na boca e se agita com as bochechas.

BOCHECHUDO, adj. Que tem grandes bochechas.

BOCHINCHE, s.m. Conflito, rusga, briga.

BOCHINCHEIRO, adj. Desordeiro, briguento, arruaceiro.

BOCHORNO, s.m. Ar abafadiço; vento quente.

BÓCIO, s.m. Papo.

BOCÓ, adj. Bobo, tonto.

BOÇOROCA, s.f. Fenda aberta ou provocada pela erosão.

BODA (ô), s.f. Celebração de casamento; festa e banquete para celebrar casamento. (Mais usada no plural: bodas.)

BODE, s.m. Macho da cabra; mulato.

BODEGA, s.f. Taberna; botequim, bar.

BODEGÃO, s.m. Bodegueiro; bodega grande.

BODEGUEIRO, s.m. Taberneiro; botequineiro.

BODEGUICE, s.f. Coisa própria de bodega; sujidade; porcaria.

BODO (ô), s.m. Festa nupcial; banquete.

BODOCADA, s.f. Tiro de bodoque; (fig.), remoque.

BODOQUE, s.m. Arco para atirar bolas de barro endurecidas ao fogo, pedrinhas, etc.

BODOQUEIRO, s.m. Fabricante de bodoques.

BODUM, s.m. Mau cheiro, sovaqueira.

BOÊMIA, s.f. Vida airada, vadiagem.

BOÊMIO, adj. Da Boêmia; s.m. o natural ou habitante da Boêmia; o dialeto dos boêmios; cigano, vadio, vagabundo.

BÔER, adj. e s. Diz-se do, ou o sul-africano descendente de holandês.

BOFADA, s.f. Hálito, porção de ar expelido.

BOFAR, v.t. Lançar do bofe; golfar; bufar.

BOFE, s.m. Pulmão.

BOFETADA, s.f. Pancada com a mão, no rosto; (fig.) insulto; injúria.

BOFETÃO, s.m. Grande bofetada; tapona.

BOFETEAR, v.t. Esbofetear, estapear.

BOI, s.m. Quadrúpede ruminante que serve para os trabalhos de carga e para alimentação; designação geral dos bovídeos; (fig.) piolho.

BÓIA, s.f. Bola flutuante ligada a uma corrente, para indicar o caminho que devem seguir os navios, na entrada de um porto. (pop.) comida; refeição.

BOIADA, s.f. Manada de bois.

BOIADEIRO, s.m. Tocador de boiada.

BOIAMA, s.f. Boiada.

BOIANTE, adj. Flutuante.

BOIÃO, s.m. Vaso bojudo e de boca larga.

BOIAR, v.t. Flutuar; sobrenadar. Não saber a lição.

BOICOTAGEM, s.f. Ato ou efeito de boicotar.

BOICOTAR, v.t. Punir, constranger (pessoa, classe, estabelecimento, país) mediante recusa sistemática de relações sociais ou comerciais; criar embaraços aos negócios ou interesses de. O mesmo que boicotear.

BOICOTE, s.m. Recusa de comprar ou fazer qualquer transação com alguém ou algum país.

BOIEIRA, s.f. A estrela-d'alva; pastora dos bois.

BOIEIRO, s.m. Guardador ou condutor de bois.

BOINA, s.f. Gorro basco; boné sem pala.

BOITATÁ, s.m. Nome popular do fogo-fátuo.

BOIÚNO, adj. Relativo a boi; bovino.

BOIZ (o-i), s.f. Armadilha para pegar pássaros.

BOJADOR, adj. Que navega perto da costa.

BOJAMENTO, s.m. Ato ou efeito de bojar.

BOJANTE, adj. Que faz bojo.

BOJAR, v.t. Tornar bojudo; enfunar; salientar; int. apresentar saliência arredondada. Navegar ao largo da costa.

BOJO, s.m. Saliência; barriga grande; capacidade.

BOJUDO, adj. Que tem muito ou grande bojo.

BOLA, s.f. Qualquer corpo esférico; cabeça; piada.

BOLACHA, s.f. Bolo chato de farinha.

BOLACHEIRO, s.m. Fabricante ou vendedor de bolachas.

BOLAÇO, s.m. Golpe, pancada dada com as bolas ou boleadeiras; bolada.

BOLADA, s.f. Pancada com bola. Quantia grande de dinheiro.

BOLBO, s.m. Tipo de caule subterrâneo, também chamado bulbo, cujo tipo mais comum é a cebola. (Dim.: bolbinho, bolbilho.)

BOLBOSO, adj. Que tem bolbo ou a forma dele.

BOLÇADA, s.f. Golfada.

BOLÇAR, v.t. Vomitar. O mesmo que abolçar.

BOLCHEVIQUE, s. Membro da esquerda no partido comunista russo.

BOLCHEVISMO, s.m. Sistema político dos bolcheviques; comunismo.

BOLCHEVISTA, adj. Comunista.

BOLDRIÉ, s.m. Correia a tiracolo à qual os militares prendem uma arma; o mesmo que talim.

BOLEADEIRAS, s.f.pl. Aparelhos com que os campeiros laçam animais, e que igualmente lhes serve de arma de guerra. É constituído por três bolas de pedra ou de ferro envolvidas em um couro espesso.

BOLEADO, adj. Torneado; que tem superfície arredondada.

BOLEADOR (ô), s.m. Homem destro no manejo das bolas ou boleadeiras.

BOLEAMENTO, s.m. Arredondamento.

BOLEAR, v.t. Arremessar. Dirigir veículos.

BOLEEIRO, s.m. Cocheiro.

BOLÉIA, s.f. Assento do cocheiro ou do motorista de automóvel.

BOLEIMA, s.f. Bolo grosseiro; pessoa palerma, atoleimada.

BOLEIO, s.m. Ato de bolear (dar a forma de bola); aprimorar; arremesso, boléu.

BOLERO, s.m. Dança espanhola; música que a acompanha; espécie de casaco curto, com mangas ou sem elas, usado pelas mulheres por cima do corpete.

BOLETIM, s.m. Pequeno escrito noticioso; impresso de propaganda.

BOLÉU, s.m. Queda; baque; trambolhão.

BOLHA, s.f. Vesícula ou empola na pele; glóbulo de ar nos líquidos em ebulição ou em fermentação.

BOLHANTE, adj. Que forma bolhas. O mesmo que bolhento.

BOLHAR, v.int. Borbulhar; apresentar ou formar bolhas.

BOLHELHO, s.m. Bolo feito de açúcar, ovos, leite e outras substâncias.

BOLICHE, s.m. Jogo de bolas que devem derrubar certo número de paus.

BOLICHEIRO, s.m. Proprietário ou freqüentador de boliches.

BÓLIDE, s.f Aerólito, espécie de meteoro ígneo que atravessa o espaço em grande velocidade; bólido.

BÓLIDO, s.m. O mesmo que bólide.

BOLIVIANO, adj. Natural ou habitante da Bolívia; moeda boliviana.

BOLO, s.m. Massa de farinha, com açúcar ou sem ele, e com outros ingredientes, geralmente cozida ou frita; (fam.) palmatoada; peso de barro cozido das redes de pesca; conflusão; o conjunto das apostas.

BOLONHÊS, adj. Natural de Bolonha (Itália).

BOLOR, s.m. Vegetação criptogâmica que se forma nas matérias orgânicas quando entram em decomposição; mofo.

BOLORÊNCIA, s.f. Caráter ou qualidade de bolorento.

BOLORENTO, adj. Coberto de bolor.

BOLOTA, s.f. Fruto do carvalho e da azinheira; borla; qualquer penduricalho.

BOLOTADA, s.f. Grande quantidade de bolotas.

BOLSA, s.f. Carteira de dinheiro; alforje. Instituição oficial de compra e venda de valores. Pensão gratuita para estudos ou aperfeiçoamento.

BOLSEIRO, s.m. O que faz ou vende bolsas.

BOLSISTA, s. Jogador de fundos públicos; pessoa beneficiada por bolsa de estudo.

BOLSO, s.m. Algibeira.

BOM, adj. Dotado de qualidades excelentes. (Fem.: boa, compar.: melhor; superl.: boníssimo e ótimo.)

BOMBA, s.f. Projétil que, contendo substâncias explosivas, rebenta com estampido; máquina para elevar líquidos; sifão para os transvasar. Aparelhos para encher as câmaras de ar dos pneumáticos dos automóveis e bicicletas; (fig.) acontecimento inesperado; reprovação em exames.

BOMBACHAS, s.f.pl. Calções largos que se atavam por baixo dos joelhos, calças muito largas em toda a perna, menos no tornozelo, onde são presas por botões.

BOMBARDA, s.f. Antiga máquina de guerra ou canhão curto e de grande calibre para arremessar balas de pedra.

BOMBARDADA, s.f. Tiro de bombarda.

BOMBARDÃO, s.m. Instrumento de sopro, de metal. O mesmo que baixo.

BORBARDEADOR, adj. O que bombardeia.

BOMBARDEAMENTO, s.m. Ato de bombardear; bombardeio.

BOMBARDEAR, v.t. Arremessar bombas ou projéteis de artilharia; canhonear.

BOMBARDEIO, s.m. Bombardeamento; canhoneio.

BOMBARDEIRO, s.m. Soldado que assestava e fazia disparar a bombarda.

BOMBARDINO, s.m. Instrumento musical, espécie de trompa; baritono.

BOMBÁSTICO, adj. Estrondoso; altissonante; (fig.) empolado.

BOMBEAÇÃO, s.f. Ato de bombear ou reprovar em exames.

BOMBEADO, adj. Reprovado.

BOMBEADOR, s.m. Aquele que bombeia. Reprovador.

BOMBEAMENTO, s.m. Ato de bombear, de reprovar.

BOMBEAR, v.t. Bombardear; dar a bomba; reprovar.

BOMBEIRO, s.m. Soldado que combate incêndio.

BOMBO, s.m. Tambor muito grande.

BOM-BOCADO, s.m. Doce feito de açúcar, gemas de ovo, leite de coco. (Pl.. bons-bocados.)

BOMBOM, s.m. Bala confeitada.

BOMBORDO, s.m. Lado esquerdo do navio, olhado este de popa a proa. (Antôn.: estibordo.)

BONACHÃO ou **BONACHEIRÃO,** adj. Que tem bondade natural e que é simples, ingênuo e paciente. (Fem.: bonachona, bonacheirona.)

BONACHEIRICE, s.f. Qualidade ou caráter de bonacheirão.

BONANÇA, s.f. Bom tempo no mar; sossego; tranqüilidade.

BONANÇAR, v.int. Estar em bonança; fazer bom tempo para a navegação.

BONANÇOSO (ô), adj. Que abonançou; tranqüilo; sereno; sossegado.

BONDADE, s.f. Qualidade do que é bom; boa índole; brandura.

BONDE, s.m. Carro elétrico ou de tração animal que se move sobre trilhos e serve para transporte de passageiros ou de carga.

BONDOSO (ô), adj. Que tem bondade; benévolo.

BONÉ, s.m. Cobertura para a cabeça, com uma pala sobre os olhos.

BONECA, s.f. Figura de trapo, louça, cartão, etc. imitando mulher ou menina e destinada a brinquedo de crianças.

BONECADA, s.f. Porção de bonecas.

BONECO, s.m. Figura de trapo, louça, cartão, etc. imitando homem ou rapaz e destinado a brinquedo de crianças.

BONGAR, v.t. Lenhar.

BONIFICAÇÃO, s.f. Ato de bonificar; gratificação.

BONIFICAR, v.t. Beneficiar; gratificar.

BONIFRATE, s.m. Pessoa casquilha, ridícula, leviana.

BONITEZA, s.f. Beleza, formosura.

BONITO, adj. Belo; formoso.

BONITOTE, adj. Um tanto bonito.

BONOMIA, s.f. Pachorra, gênio bom.

BONS-DIAS, s.m.pl. Saudação a alguém na chegada ou despedida, antes do meio-dia.

BÔNUS, s.m. Prêmio que algumas empresas ou companhias concedem, sob condições, aos seus associados ou subscritores.

BONZO, s.m. Sacerdote budista.

BOQUEAR, v. int. Abrir a boca, respirando com dificuldade; boquejar; bocejar.

BOQUEIRA, s.f. Pequena ferida nos cantos da boca; aftas.

BOQUEIRÃO, s.m. Grande boca; abertura de rio ou canal.

BOQUEJADURA, s.f. Ação de boquejar. O mesmo que boquejo.

BOQUEJAR, v.t. Proferir entredentes; murmurar; int. bocejar; falar baixo, murmurar; rel. falar mal, murmurar; intrigar, criticar.

BOQUEJO (ê), s.m. Ato ou efeito de boquejar.

BOQUIABERTO, adj. De boca aberta; admirado.

BOQUIABRIR, v.t. Causar grande admiração; causar pasmo a; p. ficar pasmado.

BOQUILHA, s.f. Piteira.

BOQUINHA, s.f. Beijo, ósculo; boca pequena.

BÓRAX (cs), s.m. Minério de cristais monoclínicos de borato de sódio. O mesmo que bórace.

BORBOLETA (ê),s.f. Nome comum dos lepidópteros diurnos; (fig.) pessoa inconstante, volúvel; torniquete, usado sobretudo nas entradas das estações de estrada de ferro e em veículos de transporte coletivo, para contagem de passageiros.

BORBOLETEAMENTO, s.m. Irrequietibilidade.

BORBOLETEANTE, adj. Irrequieto.

BORBOLETEAR, v.int. Divagar; adejar.

BORBOLETICE, s.f. Capricho ou modos de borboleta; devaneio.

BORBORISMO ou **BORBORIGMO,** s.m. Ruído surdo, rouco, dos intestinos, causado pelos gases.

BORBOTÃO, s.m. Jato impetuoso; jorro.

BORBOTAR, v.t. Sair em borbotões; jorrar com ímpeto.

BORBULHA, s.f. Pequena vesícula; bolha de líqui-do.
BORBULHAGEM, s.f. Grande porção de borbulhas.
BORBULHANTE, adj. Efervescente.
BORBULHAR, v.t. Ferver; soltar, proferir aos bor-botões.
BORBULHENTO, adj. Efervescente.
BORCO, el.s.m. Usado na loc. adv. de borco: de boca para baixo.
BORDA, s.f. Beira; extremidade; orla.
BORDADEIRA, s.f. Mulher que borda.
BORDADO, s.m. Lavor em relevo, feito na roupa.
BORDADOR (ô), s.m. Homem que borda.
BORDADURA, s.f. Efeito de bordar; orla; ornato que limita a superfície de um objeto.
BORDAMENTO, s.m. Bordadura.
BORDÃO, s.m. O tom mais baixo em certos ins-trumentos; nome dado às cordas mais grossas de vários instrumentos; pau grosso de arrimo, caja-do.
BORDAR, v.t. Fazer lavores de cercadura em.
BORDEJAR, v.int. Navegar, mudando com fre-qüência de rumo.
BORDEL, s.m. Casa suspeita, lupanar.
BORDELEIRO, adj. Relativo a bordel; s.m. fre-qüentador de bordéis.
BORDO, s.m. Lado do navio.
BORDOADA, s.f. Pancada com bordão; cacetada; paulada.
BORDOEIRA, s.f. Pancadaria; sova.
BORÉ, s.m. Espécie de trombeta dos índios.
BOREAL, adj. Do lado do norte; setentrional.
BÓREAS, s.m. O vento norte.
BORESTE, s.m. Estiborto.
BORGONHÊS ou **BORGUINHÃO,** adj. Da Borgonha (França).
BORICADO, adj. Que contém ácido bórico.
BÓRICO, adj. Diz-se dos compostos e misturas que encerram boro.
BORJACA, s.f. Sacola, pasta de couro.
BORLA, s.f. Bola com franjas, barrete doutoral.
BORNAL, s.m. Saco de pano para provisões de far-nel; saco em que se mete o focinho de cavalgadu-ras para lá comerem.
BORO, s.m. Elemento químico, metalóide, símbo-lo B, de peso atômico 10,82; n.º atômico 5.
BOROA, s.f. Broa; pão de milho.
BOROEIRO, adj. Que se alimenta de boroa; (fig.) grosseiro, rude.
BORORO, s. Indígena da tribo dos Bororos, de M. Grosso.
BORRA, s.f. Sedimento de um líquido; fezes; re-síduo.
BORRACHA, s.f. Saco de couro bojudo, com bocal, para líqüidos; pedacinho de goma-elástica apro priado para apagar os traços do desenho e da es-crita.
BORRACHEIRA, s.f. Bebedeira; palavras ou mo-dos de bêbedo; disparate.
BORRACHEIRO, s.m. Indivíduo que vive de ex-trair o leite da seringueira; aquele que conserta pneumáticos.
BORRACHO, s.m. Pombinho implume; adj. beber-rão.
BORRACHUDO, s.m. Inseto díptero hematófago da família dos Simulídeos; mosquito.
BORRADELA, s.f. Camada de tinta dada grossei-ramente; borrão.
BORRADOR, s.m. Livro de registros comerciais.
BORRADURA, s.f. Borrão.
BORRALHEIRA, s.f. Lugar onde junta a borralha da cozinha ou do forno.
BORRALHEIRO, adj. Que gosta de estar no borra-lho.
BORRALHENTO, s.m. Que tem a cor da borralha; cinzento.
BORRALHO, s.m. Brasido coberto de cinza; cin-zas quentes.
BORRÃO, s.m. Nódoa de tinta; rascunho; minuta.
BORRAR, v.t. Deitar borrões em; sujar; enodoar.
BORRASCA, s.f. Temporal com vento e chuva.
BORRASCOSO, adj. Tempestuoso.
BORREGA, s.f. Ovelha de um ano de idade.
BORREGA, s.f. Lã tirada de cordeiro ou borrego.
BORREGADA, s.f. Rebanho de borregos.
BORREGAGEM, s.f. Porção de borregos; borrega-da.
BORREGO, s.m. Cordeiro que não tem mais de um ano.
BORREGUEIRO, s.m. Pastor de borregos.
BORREGUICE, s.f. Indolência; preguiça.

BORRENTO, adj. Que tem muita borra.
BORRIÇAR, v.int. Chuviscar.
BORRICEIRO, adj. Com chuvisco; chuvoso (tempo); o mesmo que borraceiro.
BORRIÇO, s.m. Chuvisco; borraceiro.
BORRIFADOR (ô), s.m. Aquele que borrifa; rega-dor.
BORRIFAR, v.t. Orvalhar; o mesmo que esborrifar.
BORRIFO, s.m. Difusão de gotas; pequenas gotas de chuva.
BORZEGUIM, s.m. Botinas cujo cano se fecha por meio de cordões.
BOSCAGEM, s.f. Mata; bosque, floresta.
BOSCAREJO, adj. Relativo a bosque; que vive nos bosques.
BOSQUE, s.m. Arvoredo; mata; selva.
BOSQUEJAR, v.t. Delinear; esboçar.
BOSQUEJO, s.m. Primeiros traços, plano geral de uma obra.
BOSQUETE, s.m. Pequeno bosque.
BOSSA, s.f. Inchação proveniente de contusão; protuberância craniana; aptidão; vocação.
BOSTAL, s.m. Curral de bois.
BOSTEIRO, s.m. Escaravelho.
BOSTELA, s.f. Pequena ferida com crosta; pústula.
BOSTELENTO, adj. Feridento.
BOTA, s.f. Calçado de cano alto.
BOTADA, s.f. O início da moagem dos engenhos e usinas de açúcar.
BOTADO, adj. Vinho turvo, com borra.
BOTA-FOGO, s.m. Pau com morrão para deitar fogo às peças.
BOTA-FORA, s.m. Acompanhamento de despedi-da aos que se ausentam, assistindo à partida.
BOTÂNICA, s.f. Ciência que estuda os vegetais.
BOTÂNICO, adj. Que se refere à Botânica; s.m. cientista que se dedica à Botânica.
BOTÃO, s.m. Gomo de planta; o estado da flor antes de desabrochar; peça arredondada que en-tra nas casas do vestuário.
BOTAR, v.t. Pôr, colocar.
BOTARÉU, s.m. Contraforte de reforço a paredes.
BOTE, s.m. Pequena embarcação de remos ou de vela; ataque; mordida.
BOTECO, s.m. Pequeno botequim.
BOTELHA, s.f. Garrafa; frasco.
BOTELHARIA, s.f. Quantidade de botelhas.
BOTEQUIM, s.m. Casa de bebidas; café; taberna.
BOTEQUINEIRO, s.m. Dono ou administrador do botequim.
BOTICA, s.f. Farmácia; drogaria.
BOTICÃO, s.m. Tenaz para arrancar dentes.
BOTICÁRIO, s.m. Farmacêutico.
BOTIJA, s.f. Vaso cilíndrico de grés, de boca es-treita, gargalo curto e uma pequena asa.
BOTINA, s.f. Sapato ou calçado que cobre até pou-co acima do tornozelo.
BOTO, s.m. Cetáceo da família dos Delfinídeos.
BOTOARIA, s.f. Fábrica, indústria de botões.
BOTOCUDISMO, s.m. Procedimento de selvagem, de botocudo.
BOTOCUDO, s.m. Indígena da tribo dos Botocudos de M. Gerais, E. Santo e Bahia (Aimorés).
BOTOEIRA, s.f. Abertura ou casa de botão; mu-lher que faz botões.
BOTOEIRO, s.m. Fabricante de botões.
BOTULISMO, s.m. Envenenamento, pela ingestão de alimentos deteriorados, devido ao Bacillus bo-tulinus.
BOUBA, s.f. Doença infecciosa produzida por um germe próximo ao da sífilis.
BOUBENTO, adj. e s.m. Doente de bouba.
BOUÇA, s.f. Terra de pastagem. Var.: boiça.
BOVÍDEO, adj. Relativo aos Bovídeos; s.m. espé-cime dos Bovídeos, família de mamíferos ruminan-tes à qual pertence, entre outros animais, o boi.
BOVINO, adj. Relativo ou pertencente ao boi.
BOVINOCULTOR (ô), s.m. Aquele que se dedica especialmente à criação do gado vacum.
BOVINOTECNIA, s.f. Parte da Zootecnia que tra-ta dos bovinos.
BOXE (cs), s.m. Jogo de murro à inglesa; arma-dura metálica que se enfia nos dedos e serve para dar socos; cada um dos repartimentos de uma ca-valariça.
BOXISTA (cs), s.m. Boxador; pugilista.
BRABEZA (ê), s.f. Braveza; ferocidade; selvage-ria.
BRABO, adj. Bravo, feroz; selvagem.
BRABURA, s.f. Brabeza; ferocidade; ira.

BRAÇA, s.f. Antiga unidade de comprimento equivalente a 2,2m.

BRAÇADA, s.f. O que se pode abranger com os braços: movimento dos braços em natação.

BRAÇADEIRA, s.f. Correia por onde se enfia o braço no escudo; presilha que segura a cortina; faixa que se põe no braço.

BRAÇADO, s.m. O quanto se pode apertar com os braços.

BRAÇAGEM, s.f. Trabalho braçal.

BRAÇAL, adj. Trabalho físico.

BRACEIRO, adj. Trabalho físico.

BRACEJADOR, Trabalhador braçal. Animal que lança as patas dianteiras para os lados.

BRACEJAMENTO, s.m Ato ou efeito de bracejar, bracejo.

BRACEJAR, v.t. Agitar os braços. Lutar. Agitar-se.

BRACEJO (ê), s.m. Ação de bracejar.

BRACELEIRA, s.f. Braçal; faixa que se coloca no braço.

BRACELETE (ê), s.m. Pulseira.

BRAÇO, s.m. Cada um dos membros superiores do corpo humano.

BRAÇUDO, adj. Que tem braços robustos, fortes.

BRADADOR, adj. Gritador, berrador.

BRADANTE, adj. Gritante.

BRADAR, v.t. Gritar, berrar.

BRADEJAR, v.int. Bradar; soltar brados.

BRADO, s.m. Grito; exclamação; clamor.

BRAGA, s.f. Ceroulas, calções; grilheta.

BRAGADO, adj. Qualificativo do animal que tem as pernas de cor diferente da do resto do corpo.

BRAGAL, s.m. A roupa branca de uma casa; pano grosso de que se faziam bragas.

BRAGANÇANO, BRAGANÇÃO ou BRAGANCÊS, adj. Bragantino; natural de Bragança.

BRAGANTE, s.m. Bargante, tratante.

BRAGANTEAR, v.int. Bargantear; folgar, vadiar.

BRAGANTINO, adj. De Bragança; relativo à dinastia dos Braganças; s.m. o natural ou habitante de Bragança.

BRAGUILHA, s.f. Abertura dianteira das calças.

BRAMADOR, adj. Berrador, urrador.

BRÂMANE, s.m. Sacerdote da Índia.

BRAMANISMO, s.m. Religião e sistema dos brâmanes.

BRAMANTE, adj. Bramador.

BRAMAR, v. int. Berro do veado; gritar; zangar-se.

BRAMIDO, s.m. Rugido; urro; estrondo.

BRAMIDOR, adj. Rugidor.

BRAMIR, v.int. Rugir; soltar gritos de cólera.

BRANCACENTO, adj. Alvacento; branquicento.

BRANCARANA, s.f. Mulata clara.

BRANCARÃO, adj. e s.m. Mulato claro; quase mulato.

BRANCO, adj. Alvo, claro.

BRANCURA, s.f. Alvura.

BRANDÃO, s.m. Tocha.

BRANDIMENTO, s.m. Ação de brandir.

BRANDIR, v.t. Mover, menear, agitar.

BRANDO, adj. Mole; tenro; flexível.

BRANDURA, s.f. Mansidão, suavidade.

BRANQUEAÇÃO, s.f. Caiação.

BRANQUEADO, adj. Que se tornou branco, alvejado.

BRANQUEADOR, adj. Alvejador, caiador.

BRANQUEADURA, s.f. ou **BRANQUEAMENTO**, s.m. Alvura, alvejamento.

BRANQUEAR, v.t. Tornar branco; alvejar; caiar.

BRANQUEJANTE, adj. Alvejante.

BRANQUEJAR, v.int. Alvejar; branquear.

BRÂNQUIA, s.f. Guelra; órgão respiratório dos animais aquáticos.

BRANQUIAL, adj. Relativo às brânquias.

BRANQUICENTO, adj. Brancacento; alvacento.

BRANQUIDÃO, s.f. Brancura, alvura.

BRANQUINHA, s.f. Pinga; álcool, aguardente.

BRÁQUIA, s.f. Sinal de vogal breve, que consiste numa pequena curva com a concavidade para cima (U).

BRAQUIAL, adj. Relativo ao braço.

BRAQUICEFALIA, s.f. Crânio mais largo que comprido.

BRAQUICÉFALO, adj. Indivíduo cujo crânio, observado de cima, apresenta a forma de um ovo, porém mais curto e arredondado posteriormente.

BRASA, s.f. Carvão incandescente.

BRASÃO, s.m. Escudo de armas; insígnia de nobreza.

BRASEIRA, s.f. Braseiro; vasilha em que se colocam brasas.

BRASEIRO, s.m. Vaso de metal ou de louça para brasas; fogareiro; brasido.

BRASIDO, s.m. Grande porção de brasas acesas.

BRASIL, s.m. Pau-brasil. Nome do nosso país.

BRASILEIRISMO, s.m. Locução, modismo próprio da linguagem dos brasileiros; caráter distintivo do brasileiro e do Brasil.

BRASILEIRO, adj. Relativo ao Brasil; do Brasil; s.m. o natural ou habitante do Brasil.

BRASILIANA, s.f. Coleção de livros, publicações, estudos sobre o Brasil.

BRASÍLICO, adj. Diz-se de gente e coisas indígenas do Brasil.

BRASILIDADE, s.f. Propriedade distintiva do brasileiro e do Brasil.

BRASILIENSE, adj. Brasileiro; adj. e s. diz-se do natural ou habitante de Brasília; relativo a Brasília; o mesmo que brasiliano.

BRASÍLIO, adj. Do Brasil; s.m. substância metálica descoberta no E. Santo, no ano de 1916.

BRASILOGRAFIA, s.f. Descrição de caráter científico que trata do Brasil.

BRASILOGRÁFICO, adj. Relativo à brasilografia; brasilológico.

BRASILÓGRAFO, s.m. O que se ocupa com a brasilografia.

BRASILOLOGIA, s.f. Estudo sobre o Brasil.

BRASILOLÓGICO, adj. Referente ao estudo do Brasil.

BRASILÓLOGO, s.m. O que se ocupa com a brasilologia.

BRAVATA, s.f. Valentia, fanfarronada.

BRAVATEADOR, adj. Gabola, fanfarrão.

BRAVATEAR, v.t. Gargantear, fanfarronar, jactar-se.

BRAVATEIRO, adj. Bravateador; jactancioso.

BRAVEJAR, v. int. Esbravejar; zangar-se.

BRAVEZA, s.f. Fereza; sanha; zanga.

BRAVIO, adj. Bruto; selvagem.

BRAVO, adj. Valente; feroz; valoroso.

BRAVURA, s.f. Arrojo; valentia.

BREADO, adj. Revestido de breu; alcatroado.

BREADURA, s.f. Revestimento com uma camada de breu.

BREAR, v.t. Cobrir, revestir de breu.

BRECA, s.f. Peste que dá em cabras e ovelhas; desgraça, ruína.

BRECAR, v.t. Parar um veículo.

BRECHA, s.f. Fenda, abertura.

BREGMA, s.f. Ponto, na superfície do crânio, onde se dá a junção dos ossos frontal e parietais; moleira.

BREJAL, s.m. Terreno pantanoso.

BREJEIRADA, s.f. Brincadeira, garotice.

BREJEIRAL, adj. Próprio de brejeiro.

BREJEIRICE, s.f. Maroteira, ditos galantes.

BREJEIRO, adj. Galanteador, leviano de palavras.

BREJENTO, adj. Cheio de brejos.

BREJO, s.m. Pântano; lameiro; charco.

BREJOSO (ô), adj. Cheio de brejos.

BRENHA, s.f. Floresta espessa; matagal.

BREQUE, s.m. Freio, trava.

BRETANHA, s.f. Tecido fino de linho ou de algodão.

BRETÃO, adj. e s.m. Relativo à Bretanha; o natural ou habitante da Bretanha; o dialeto desta província francesa; da Inglaterra ou Bretanha; o natural ou habitante da Grã-Bretanha. (Fem.: bretã.)

BREU, s.m. Alcatrão.

BREVE, adj. Curto; conciso; adv. em pouco tempo; cedo.

BREVETAR, v.t. Diplomar em curso de aviação.

BREVIÁRIO, s.m. Livro de orações dos padres.

BREVIDADE, s.f. Concisão; rapidez; sequilho.

BRÉVIO, s.m. Elemento químico, metal, símbolo Bv, peso atômico 234, n.º atômico 91.

BRIAL, s.m. Veste, túnica.

BRIAREU, s.m. Centímano.

BRICABRAQUE, s.m. Estabelecimento comercial que compra e vende obras de arte, ferro velho e objetos usados.

BRIDA, s.f. Rédea; freio.

BRIDÃO, s.m. Brida grande; jóquei.

BRIDGE, s.m. Jogo de cartas.

BRIGA, s.f. Desavença, peleja, rixa, pugilato.

BRIGADA, s.f. Corpo militar, composto ordinariamente de dois regimentos.

BRIGADEIRO, s.m. Antigo oficial, comandante de uma brigada; atualmente, o mais alto posto da hierarquia da aeronáutica militar; corresponde a general e almirante.

BRIGADOR, adj. Valente, corajoso.

BRIGALHADA, s.f. Quantidade de brigas.

BRIGALHÃO, adj. Brigão, briguento, valentão.

BRIGÃO, adj. Rixoso; brigalhão; valentão.

BRIGAR, v.int. Lutar; discutir; engalfinhar-se.

BRIGUE, s.m. Embarcação de dois mastros.

BRIGUENTO, adj. Brigão, rixoso, brigalhão.

BRILHÂNCIA, s.f. (Fís.) Grau de luminosidade produzida por um feixe de luz que incida perpendicularmente sobre uma superfície.

BRILHANTE, adj. Resplandecente, luminoso; s.m. pedra preciosa, diamante.

BRILHANTINA, s.f. Cosmético para tornar lustroso o cabelo.

BRILHANTISMO, s.m. Esplendor; magnificência.

BRILHAR, v.int. Cintilar; distinguir-se; evidenciar-se; resplandecer.

BRILHATURA, s.f. Resplandecência.

BRILHO, s.m. Esplendor; cintilação.

BRIM, s.m. Tecido forte de linho ou algodão.

BRINCADEIRA, s.f. Divertimento, gracejo; festa familiar.

BRINCADOR, adj. Alegre; brincalhão.

BRINCALHÃO, adj. Alegre, divertido.

BRINCAR, v.rel. Divertir-se; folgar.

BRINCO, s.m. Pingente para as orelhas.

BRINDAR, v.t. Beber à saúde de alguém. Saudar.

BRINDE, s.m. Palavras de saudação a alguém no ato de beber; dádiva, oferta; presente.

BRINQUEDO, s.m. Divertimento; folguedo, objeto com que se entretém as crianças.

BRIO, s.m. Dignidade; amor-próprio; pundonor.

BRIOSO, adj. Pundonoroso; corajoso.

BRIOZOÁRIO, s.m. Espécime dos Briozoários, ramo de animais que vivem em colônias fixas e se assemelham ao musgo.

BRISA, s.f. Aragem; zéfiro; viração.

BRITADO, adj. Quebrado.

BRITAMENTO, s.m. Ação de britar; quebramento.

BRITÂNICO, adj. Relativo à Grã-Bretanha; s.m. o natural ou habitante da Grã-Bretanha; inglês; bretão.

BRITAR, v.t. Partir, quebrar em pedaços.

BROA (ô), s.f. Pão de milho; boroa.

BROCA, s.f. Pua, instrumento com que se abrem buracos circulares; moléstia do casco dos eqüinos; praga cafeeira.

BROCADO, s.m. Estofo entretecido com fios de ouro ou prata, com desenhos em relevo; adj. furado com broca.

BROCA-DO-CAFÉ, s.f. Inseto coleóptero da família dos Ipídeos, que destrói o café.

BROCARDO, s.m. Sentença, provérbio, axioma.

BROCHA, s.f. Prego curto de cabeça larga e chata.

BROCHADO, adj. Qualificativo do livro não encadernado; costurado.

BROCHADOR, s.m. Encadernador; pessoa que brocha (livros).

BROCHAGEM, s.f. Operação de brochar.

BROCHAR, v.t. Costurar as folhas de livros.

BROCHE, s.m. Jóia com alfinete.

BROCHURA, s.f. Livro não encadernado.

BRÓCOLOS, s.m. pl. Planta hortense, da família das Crucíferas.

BRÓDIO, s.m. Refeição alegre; comezaina.

BRODISTA, s. Freqüentador de bródios; galhofeiro; pândego..

BROEIRO, s.m. Vendedor de broas; adj. que come ou gosta de broas.

BROMA, s.f. Parte da ferradura em que se assenta o sanco do casco; gracejo, mentira.

BROMADO, adj. Que contém bromo.

BROMATOLOGIA, s.f. Ciência que estuda os alimentos.

BROMATOLÓGICO, adj. Relativo à Bromatologia.

BROMATÓLOGO, s.m. Aquele que é versado em Bromatologia.

BROMETO, s.m. Designação genérica dos sais e ésteres do ácido bromídrico e das combinações do bromo com elementos e substâncias compostas.

BROMÍDRICO, adj. (Quím.) É o ácido resultante da combinação do bromo com hidrogênio.

BROMIDROSE, s.f. Suor fétido.

BRÔMIO, s.m. Bromo.

BROMO, s.m. Elemento químico, metalóide, líquido, símbolo Br, de peso atômico 79,92; n.º atômico 35.

BROMOFÓRMIO, s.m. Substância orgânica líquida, anestésica.

BRONCO, adj. Obtuso; rude; tosco.

BRONCOPNEUMONIA, s.f. Inflamação dos bronquíolos e dos alvéolos pulmonares.

BRONCOSCOPIA, s.f. Exame do interior do brônquio.

BRONCOSCÓPIO, s.m. Instrumento para examinar o interior dos brônquios.

BRONCOTOMIA, s.f. Incisão de brônquio.

BRONCÓTOMO, s.m. Instrumento com que se pratica a broncotomia.

BRONQUEAR, v.i. (gír.) Reclamar.

BRONQUECTASIA, s.f. Dilatação de brônquios.

BRONQUIAL, adj. Que diz respeito aos brônquios.

BRONQUICE, s.f. Estupidez, obtusidade.

BRÔNQUICO, adj. Que pertence aos brônquios.

BRÔNQUIO, s.m. Cada um dos ramos em que se bifurca a traquéia.

BRONQUITE, s.f. Inflamação dos brônquios.

BRONZE, s.m. Designação genérica de diferentes ligas com base de cobre, especialmente com estanho; escultura de bronze; sino; moeda antiga.

BRONZEADO, adj. Da cor do bronze.

BRONZEADOR, s.m. Aquele que bronzeia.

BRONZEAR, v.t. Dar a cor de bronze a; amorenar.

BRÔNZEO, adj. De bronze; da cor do bronze.

BROQUEADO, adj. Cheio de brocas.

BROQUEAR, v.t. Brocar.

BROQUEL, s.m. Escudo pequeno.

BROQUENTO, adj. Cheio de brocas.

BROSSA, s.f. Escova de impressor; escova de limpar cavalgaduras.

BROTAMENTO, s.m. Germinação.

BROTAR, v.t. Germinar; irromper.

BROTO, s.m. Gomo, rebento.

BROTOEJA, s.f. Erupção cutânea.

BROXA, s.f. Pincel grosso para caiar ou para pintura ordinária.

BROXAR, v.t. Pincelar, pintar com broxa.

BRUACA, s.f. Bolsas de couro para transportar mercadorias.

BRUCELOSE, s.f. Moléstia infecciosa.

BRUÇOS, s.m. pl. De —: com o ventre e o rosto voltados para baixo.

BRULOTE, s.m. Embarcação carregada de matérias explosivas e destinada a comunicar fogo aos navios inimigos.

BRUMA, s.f. Nevoeiro; cerração; neblina.

BRUMACEIRO, adj. Diz-se do tempo escuro e úmido.

BRUMADO, s.m. Nome dado a moitas cerradas e baixas.

BRUMAL, adj. Nevoento; triste; sombrio.

BRUMOSO, adj. Nevoento, neblinoso.

BRUNIDO, adj. Polido; luzido.

BRUNIDOR, s.m. Indivíduo que brune; instrumento de brunir.

BRUNIDURA, s.f. Brilho obtido com o brunidor.

BRUNIR, v.t. Polir; tornar brilhante, luzidio. (Não se conjuga na 1.ª pes. sing. pres. ind. e no pres. do subjuntivo.)

BRUNO, adj. Moreno.

BRUSCO, adj. Escuro; nublado (tempo); áspero; arrebatado.

BRUSQUIDÃO, s.f. Caráter ou qualidade de brusco; aspereza.

BRUTAL, adj. Violento; selvagem; grosseiro.

BRUTALIDADE, s.f. Grosseria; violência; selvageria.

BRUTALIZAR, v.t. Tornar bruto, estúpido.

BRUTAMONTES, s.m. Homem asselvajado, grande e forte.

BRUTESCO, s.m. Representação artística de animais ou cenas agrestes.

BRUTEZA ou **BRUTIDADE**, s.f. Grosseria, crueldade.

BRUTIDÃO, s.f. Brutalidade, grosseria.

BRUTIFICAR, v.t. Tornar bruto; bestificar.

BRUTO, adj. Rude; tosco; grosseiro; sem educação.

BRUXA, s.f. Feiticeira.

BRUXARIA, s.f. Feitiçaria.

BRUXEDO, s.m. Feitiço.

BRUXO, s.m. Feiticeiro.

BRUXULEANTE, adj. Que brilha frouxamente; vacilante.

BRUXULEAR, v.int. Tremeluzir; brilhar frouxamente.

BRUXULEIO, s.m. Ato ou efeito de bruxulear.

BRUZUNDANGA, s.f. Burundanga.

BUBÃO, s.m. Adenite.

BUBÔNICA, s.f. Peste bubônica.

BUBÔNICO, adj. Pertencente ou relativo a bubão.
BUBONOCELE, s.f, Hérnia inguinal.
BUBUIA,.s.f. Flutuação.
BUCAL, adj. Relativo à boca.
BUÇAL, s.m. Espécie de cabresto que se põe nos cavalos.
BUÇALAR, v.t. Pôr o buçal.
BUÇALETE (ê), s.m. Pequeno buçal; cabresto.
BUCANEIRO, s.m. Pirata, dos que infestava as Antilhas.
BUCHA, s.f. Pedaço de papel ou de pano para apertar a carga das armas de fogo.
BUCHEIRO, s.m. Vendedor de miúdos; tripeiro.
BUCHO, s.m. Estômago; ventre, barriga.
BUÇO, s.m. Penugem no lábio superior do homem e de algumas mulheres.
BUCÓLICA, s.f. Écloga, poesia pastoril.
BUCÓLICO, adj. Campestre; pastoril.
BUCOLISMO, s.m. Caráter de prosa ou poesia que realça as belezas do campo.
BUCOLISTA, s. Poeta ou poetiza que escreve bucólicas.
BUDAPESTENSE, adj. Natural ou habitante de Budapeste. O mesmo que Budapestino.
BÚDICO, adj. Relativo ao budismo ou a Buda.
BUDISMO, s.m. Doutrina religiosa e social fundada por Buda, na Índia.
BUDISTA, adj. Sectário do Budismo.
BUDÍSTICO, adj. Relativo às doutrinas budistas.
BUEIRO, s.m. Cano ou tubo para esgoto de água.
BUENA-DICHA, s.f. Mulher que lê a sorte ou prediz o futuro.
BUFADOR, adj. Fungador; valentão.
BÚFALO, s.m. Espécie de boi selvagem, de chifres achatados.
BUFÃO, s.m. Fanfarrão; bobo; truão.
BUFAR, v.t. Soprar; expelir o ar pela boca com força; enfurecer-se.
BUFARINHAS, s.f. pl. Objetos de pouco valor, vendidos pelos negociantes ambulantes.
BUFARINHEIRO, s.m. Mascate.
BUFETE, s.m. Aparador; mesa onde se expõem os objetos necessários a uma refeição.
BUFIDO, s.m. Som que se produz bufando.
BUFIR, v.int. Bufar.
BUFO, s.m. Sapo.
BUFONEAR, v.int. Fazer o papel de bufão; chocarrear.
BUFTALMIA, s.f. Aumento de volume do globo ocular no glaucoma infantil.
BUGALHO, s.m. Noz-de-galha; galha dos carvalhos; globo do olho.
BUGALHUDO, adj. Bugalho grande.
BUGIA, s.f. Vela de cera.
BUGIAR, v.int. Fazer bugiarias, macaquices, caretas. (Normalmente só se conjuga nas 3.ªˢ pessoas; bugia, bugiam, bugiava, bugiavam, etc.)
BUGIARIA, s.f. Modos de bugio; momice.
BUGIGANGA, s.f. Objetos de pequeno valor. Quinquilharia.
BUGIO, s.m. Espécie de macaco do gênero Alonatta; mono.
BUGRADA, s.f. Malta de índios ou bugres.
BUGRARIA, s.f. Bugrada.
BUGRE, s.m. Silvícola; índio.
BUGREIRO, s.m. Caçador de bugres.
BUGRISMO, s.m. Ascendência índia.
BUJÃO, s.m. Recipiente metálico de gás; rolha ou bucha de madeira para tapar fundos ou bueiros a bordo.
BUJARRONA, s.f. Vela triangular que se iça à proa dos navios.
BULA, s.f. Documento papal, folheto que acompanha os remédios.
BULÁRIO, s.m. Oficial que copiava as bulas; coleção de bulas pontifícias.
BULÁTICO, adj. Relativo a bulas.
BULBAR, adj. Relativo ao bulbo.
BULBO, s.m. Bolbo.
BULBOSO, adj. Que tem bulbos; que apresenta aspecto de bulbo.
BULCÃO, s.m. Nuvem negra.
BULDOGUE, s.m. Raça inglesa de cão.
BULE, s.m. Vaso para café e chá.
BULEVAR, s.m. Rua larga plantada de árvores.
BÚLGARO, adj. Natural ou habitante da Bulgária.
BULHA, s.f. Barulho; briga; conflito; arruaça.
BULHÃO, s.m. Punhal, adaga.
BULHAR, v.t. Fazer bulha ou motim; rel. ter bulhas, brigar.

BULHARAÇA, s.f. Grande barulho, inferneira.
BULHENTO, adj. Briguento, arruaceiro.
BULÍCIO, s.m. Murmúrio; agitação de coisas e pessoas.
BULIÇOSO, adj. Inquieto; ativo; turbulento.
BULIMIA, s.f. Fome canina.
BULIR, v.t. Agitar, mover; provocar. (Pres. ind.: bulo, boles, bole, bulimos, bulis, bolem; pres. subj.: bula, etc.)
BUMBA, interj. Zás! que indica o estrondo de pancada ou queda.
BUMBO, s.m. Bombo.
BUMBUM, s.m. Estrondo; pancada repetida; som de zabumba.
BUNDA, s.f. Nádegas, traseiro.
BUNDO, s.m. A língua bunda.
BUQUE, s.m. Barco, navio.
BUQUÊ, s.m. Ramalhete de flores.
BURACADA ou **BURACAMA**, s.f. Porção de buracos. O mesmo que buraqueira.
BURACO, s.m. Orifício; cova; toca.
BURAQUEIRA, s.f. Porção de buracos.
BURBURINHAR, v.int. Rumorejar.
BURBURINHO, s.m. Ruído confuso; rumor.
BUREL, s.m. Tecido de lã grosseira; hábito de frade ou de freira.
BURETA, s.f. Tubo graduado que se usa para as dosagens dos reagentes químicos.
BURGAU, s.m. Cascalho.
BURGO, s.m. Vila, aldeia; arrabalde da cidade.
BURGOMESTRE, s.m. Prefeito na Bélgica, Alemanha, e outros países da Europa Central.
BURGRAVE, s.m. Antigo dignitário; senhor de cidade, na Alemanha.
BURGUÊS, adj. Residente em burgo. Membro da burguesia.
BURGUESIA, s.f. Classe média.
BURIL, s.m. Instrumento de aço para gravar.
BURILADOR, adj. Aperfeiçoador.
BURILAR, v.t. Lavrar com buril; aperfeiçoar o estilo.
BURJACA, s.f. Saco de couro.
BURLA, s.f. Logro; motejo; zombaria.
BURLADO, adj. Escarnecido; ludibriado.
BURLADOR, adj. Enganador; escarnecedor.
BURLÃO, adj. Enganador; trapaceiro.
BURLAR, v.t. Enganar; lograr; ludibriar.
BURLARIA, s.f. Fraude; burla.
BURLESCO, adj. Ridículo; grotesco.
BURLETA, s.f. Ligeira farsa com música.
BURLISTA, adj. Burlão.
BUROCRACIA, s.f. A classe dos funcionários públicos. Tramitação demorada de papéis, nas repartições públicas.
BUROCRACIAL, adj. Relativo à burocracia.
BUROCRATA, s. Empregado público.
BUROCRÁTICO, adj. Relativo à burocracia; próprio de burocrata.
BUROCRATIZAR, v.t. Dar caráter ou feição burocrática a.
BURRA, s.f. Fêmea do burro; cofre de guardar dinheiro.
BURRADA, s.f. Manada de burros. Asneira.
BURRAGEM, s.f. Burrice.
BURRAMA, s.f. Lote de burros.
BURREGO, adj. Estúpido como um burro.
BURRICADA, s.f. Multidão de burros, jericada.
BURRICAL, adj. Que diz respeito a burros; asnático; estúpido.
BURRICE, s.f. Asneira, estupidez; ignorância.
BURRICO, s.m. Jumento; burro pequeno.
BURRIFICAR, v.t. Bestificar; p. tornar-se estúpido.
BURRINHO, s.m. Burro pequeno, burrico; motor de pequena força que aciona uma bomba a bordo dos navios; peça de breque; pequena bomba para encher os pneumáticos dos automóveis.
BURRIQUEIRO, s.m. Alugador ou guia de burros.
BURRO, s.m. Quadrúpede solípede, híbrido da égua com o jumento; asno; (aument.: burrão; dimin.: burrinho, burrico).
BURUNDANGA, s.f. Palavreado confuso; algarvia.
BUSCA, s.f. Investigação; pesquisa; procura.
BUSCADO, adj. Procurado.
BUSCADOR, adj. e s.m. Aquele que busca.
BUSCA-PÉ, s.m. Peça de fogo de artifício que arde, correndo no chão.
BUSCAR, v.t. Procurar; investigar.

BUSÍLIS, s.m. O ponto principal de uma dificuldade, de um problema.

BÚSSOLA, s.f. Agulha magnética montada num eixo vertical dentro de uma caixa para indicar o rumo e a orientação.

BUSTO, s.m. Parte superior do corpo humano. Estátua a meio corpo.

BUTIRÔMETRO, s.m. Instrumento com que se avalia a quantidade de manteiga existente no leite.

BUTUCA, s.f. O mesmo que mutuca.

BUTUCADA, s.f. Ferroada da butuca.

BUXO, s.m. (gír.) Mulher feia.

BUZINA, s.f. Trombeta de corno ou metal recurvado.

BUZINAÇÃO, s.f. Ato de buzinar. Amolação.

BUZINAR, v.int. Tocar buzina; rel. aturdir os ouvidos de alguém.

BÚZIO, s.m. Concha univalve, cônica ou espiralada, de molusco gastrópode; buzina; trombeta.

BUZO, s.m. Jogo de azar com pequenas conchas ou pedras.

BYRONIANO, adj. Relativo ou pertencente a Byron, poeta inglês (1788-1824); à maneira de Byron (y = ai).

C

C, s.m. Consoante gutural explosiva, surda; terceira letra do alfabeto.

CÁ, adv. Aqui.

CAABA, s.f. Templo do Profeta em Meca, onde está enterrado.

CAAPORA, s.m. e f. Nome dado pelos índios ao homem do mato, ao roceiro. (V. Caipira.) O mesmo que caipora, sem sorte, infeliz, azarento.

CAATINGA, s.f. Mata que já foi roçada. Mato ralo. O mesmo que catinga.

CABAÇA, s.f. Fruto do cabaceiro.

CABACEIRO, s.m. Planta da família das Curcubitáceas.

CABAL, adj. Completo, acabado.

CABALA, s.f. Comentários da Bíblia feitos pelos judeus. Coisa misteriosa. Trama, conspiração, maquinação.

CABALAR, v.int. Maquinar, obter votos ilicitamente.

CABALISTA, adj. Pessoa que faz cabala, que trama, conspira.

CABALÍSTICO, adj. Que diz respeito à cabala; misterioso, mágico.

CABANA, s.f. Rancho, abrigo, pousada. Casa rústica geralmente de sapé; choça, palhoça.

CABANADA, s.f. Nome da revolta de Pernambuco, em 1832.

CABANAGEM, s.f. Rebeldia, violência.

CABANEIRO, adj. Pessoa que faz cabanas ou que reside em cabana.

CABANEIRO, s.m. Cesto grande de vime ou de taquara.

CABANO, adj. Animal, cujos chifres e também orelhas são pendidos, inclinados para baixo.

CABARÉ, s.m. Casa de diversões, boate.

CABAZ, s.m. Cesto de vime ou de junco.

CABAZEIRO, adj. Que faz, vende cabazes.

CABEÇA, s.f. A parte mais nobre, mais alta, mais expressiva do corpo humano; (fig.) a parte superior, quase sempre maior de legumes, plantas, objetos.

CABEÇA-DURA, s.m. Turrão, opiniático, que custa a entender as coisas.

CABEÇA-INCHADA, s.f. Pessoa que está amolada, desgostosa, com ciúmes; torcedor de clube que perdeu.

CABEÇA-DE-NEGRO, s.m. Fruta, araticum; bomba junina.

CABEÇA-SECA, s.m. Soldado, militar.

CABEÇADA, s.f. Batida da cabeça contra uma parede ou qualquer obstáculo. A parte dos arreios que se coloca na cabeça dos animais. Mau negócio; passo errado.

CABEÇAL, s.m. Cabeceira ou travesseiro.

CABEÇALHO, s.m. Cabeceira; rosto de qualquer publicação; título de livro; parte superior da 1.ª página do jornal onde se vê o nome do mesmo.

CABEÇÃO, s.m. Gola larga e pendente de capa, casaco ou vestido; cabresto com duas rédeas e um arco de ferro para governar o cavalo, sem ferir-lhe a boca.

CABECEADOR, adj. Que cabeceia, que cochila, que joga com a cabeça no futebol.

CABECEAR, v.int. Menear a cabeça.

CABECEIRA, s.f. Parte alta da cama. Nascente de um rio. Divisa de terreno.

CABECILHA, s.m. Chefe de um bando; caudilho.

CABEÇO, s.m. Cume arredondado do monte; monte pequeno; outeiro.

CABEÇORRA, s.f. (pop.) Cabeça grande.

CABEÇOTE, s.m. Cada uma das testeiras do banco sobre o qual trabalham marceneiros e carpinteiros; parte dianteira superior da sela.

CABEÇUDO, adj. Que tem cabeça grande; (fig.) teimoso; caturra.

CABEDAL, s.m. Fundo de dinheiro; capital; pele curtida para calçado.

CABEDELO, s.m. Pequeno cabo de areia que se forma junto à foz dos rios.

CABEIO, s.m. Movimento violento da cauda do cavalo, agitação.

CABELADURA, s.f. Cabeleira, guedelha.

CABELAMA, s.f. Cabeleira, guedelha.

CABELEIRA, s.f. Cabelame, guedelha.

CABELEIREIRO, s.m. Pessoa que corta, ajeita os cabelos.

CABELO, s.m. Pêlos que as glândulas produzem na cabeça e outras partes do corpo; (coletivo; chumaço, madeixa).

CABELO-NAS-VENTAS, loc. nom. Pessoa valente, desabrida.

CABELO-NO-CORAÇÃO, loc. nom. Valente, corajoso.

CABELUDO, adj. Que tem cabelo, peludo, pessoa de sorte.

CABER, v. irreg. Ser contido, colocado em algum recipiente. (Pres. do ind.: caibo, cabes, cabe, etc. Pres. do sub.: caiba, caibas, caiba, caibamos, caibais, caibam. Pret. perf. do indic.: coube, coubeste, coube, coubemos, coubestes, couberam. Maisque-perf. indic.: coubera, couberas, coubera, etc. Imp. do subj.: coubesse, coubesses, coubesse, etc. Fut. do subj.: couber, couberes, couber, etc. Infin. pess.: caber, caberes, caber, cabermos, caberdes. caberem. Gerúndio e Particípio: cabendo, cabido.)

CABIDA, s.f. Cabimento, oportunidade, aceitação.

CABIDE, s.m. Suporte onde se dependuram roupas, chapéus.

CABIDELA, s.f. Reunião de fígado, pescoço, pernas e outras miudezas de aves; guisado feito com essas miudezas e sangue das mesmas aves.

CABIDO, s.m. Assembléia dos cônegos de uma catedral.

CABILDA, s.f. Designação genérica de várias tribos da África Setentrional.

CABIMENTO, s.m. Cabida, aceitação; oportunidade.

CABINA, s.f. Pequeno compartimento nos navios mercantes; num avião, o espaço reservado ao piloto; posto de sinais nos caminhos de ferro. Compartimento telefônico. Recinto que contém os projetores cinematográficos.

CABINEIRO, s.m. Indivíduo que dirige uma cabina; ascensorista.

CABISBAIXO, adj. De cabeça baixa, abatido; vexado.

CABIÚNA, s.m. Madeira de lei, de cor preta.

CABÍVEL, adj. Que tem cabimento.

CABO, s.m. Graduação militar acima do anspeçada. Ponta de terra que avança pelo mar: o mesmo que promontório; corda grossa de navio; parte por onde se segura um instrumento ou qualquer objeto.

CABOCHÃO, s.m. Pedra preciosa polida mas não

facetada, broche, botão.

CABOCLADA, s.f. Bando de caboclos; ação ou qualidade própria de caboclo.

CABOCLISMO, s.m. Ato ou sentimento de caboclo; caipirismo.

CABOCLO (ô), s.m. Mestiço de branco com índio.

CABOGRAMA, s.m. Telegrama enviado por cabo submarino.

CABORTEIRICE, s.f. Ação de indivíduo ou animal caborteiro. O mesmo que cabortice.

CABORTEIRO, adj. Diz-se de, ou indivíduo velhaco, manhoso, que vive de expedientes.

CABOTAGEM, s.f. Navegação costeira (entre cabos ou portos da mesma região).

CABOTAR, v.int. Fazer cabotagem.

CABOTINAGEM, s.f. Vida ou costumes de cabotino.

CABOTINISMO, s.m. Cabotinagem.

CABOTINO, s.m. Pessoa que fala de si mesmo, charlatão. Literato que se elogia a si próprio.

CABOUCADOR, s.m. Var. de cavoucador.

CABOUCAR, v.t. Var. de cavoucar.

CABOUQUEIRO, s.m. (V. Cavouqueiro.)

CABRA, s.f. Mamífero ruminante, fêmea do bode; mestiço; valentão.

CABRALHADA, s.f. Grupo, rebanho de cabras.

CABRAMO, s.m. Peia para amarrar o pé do boi a um dos chifres para que não fuja.

CABRÃO, s.m. Bode. Homem de maus costumes.

CÁBREA, s.f. Aparelho para levantar materiais nas obras ou grandes pesos.

CABREIRO, s.m. Pastor de cabras.

CABRESTANTE, s.m. Espécie de sarilho em que se enrolam cabos para erguer as âncoras e outros pesos; suporte de roldana.

CABRESTEIRO, adj. Fabricante de cabresto, vendedor de cabrestos.

CABRESTILHO, s.m. Diminutivo de cabresto.

CABRESTO, s.m. Peça dos arreios que se coloca na cabeça, com uma parte no focinho do animal, para guiá-lo. Cabeçada.

CABRIL, s.m. Curral, aprisco, mangueira, onde se recolhem cabras.

CABRIOLA, s.f. Salto, viracambote.

CABRIOLAR, v.int. Dar cabriolas, saltos.

CABRIOLÉ, s.m. Carro de duas rodas, de um só cavalo, leve; aranha; charrete.

CABRITAR, v.int. Saltar, pular como os cabritos.

CABRITEIRO, s.m. Pastor de cabritos, que cria cabritos.

CABRITISMO, s.m. Inquietude; contínua agitação.

CABRITO, s.m. Filhote de cabra; bodinho; criança irrequieta.

CABRIÚVA, s.f. Madeira de construção, de cor escura e resistente. Diz-se também cabreúva.

CABROCHA, adj. Mestiça, mulata.

CABRUM, s.m. Odor próprio dos bodes e cabras; adj. (refere-se à pele curtida de tais animais) pele cabrum.

CÁBULA, s.m. Prego, gancho.

CÁBULA, adj. Mau estudante, que não comparece às aulas.

CABULAGEM, s.m. Falta às aulas.

CABULAR, v.int. Fugir das aulas.

CABULOSO, adj. Pessoa irritante, amolante.

CABURÉ, s.m. Mestiço de negro e índio, cafuzo.

CACA, s.f. Excremento, sujeira.

CAÇA, s.f. Ato de caçar; perseguição policial.

CACADA, s.f. O mesmo que cacaria; uma porção de cacos.

CAÇADA, s.f. Esporte da caça.

CAÇADEIRA, s.f. Espingarda de caça.

CAÇADO, adj. Apanhado na caça; perseguido.

CAÇADOR, adj. Que gosta e tem qualidades para o esporte da caça; f. caçadora e caçadeira.

CAÇAMBA, s.f. Balde preso por uma corda enrolada num sarilho ou nora para tirar água dos poços. Estribo em forma de chinela; carroça para movimento de terra puxada por um único animal.

CAÇAMBEIRO, adj. Adulador (o que pega no estribo); operário que maneja as caçambas, nas terraplenagens.

CAÇA-MINAS, s.m. Barco apropriado para descobrir e retirar minas submarinas.

CAÇA-NÍQUEL, s.m. Nome vulgar dado a aparelhos destinados a jogos de azar e a furtar os jogadores. (Pl.: caça-níqueis.)

CAÇANJE, s.m. Dialeto do português, falado em Angola; (por ext.) português mal falado ou escrito.

CAÇÃO, s.m. O mesmo que tubarão.

CAÇAPA, s.f. Sacola que recebe as bolas impulsionadas pelo taco, no jogo de esnúquer.

CAÇAR, v.t. Perseguir ou apanhar (aves e outros animais) a tiro, a laço, a rede, etc.; apanhar; conseguir.

CACARACÁ, s.m. Usado na loc. pop. de cacaracá: de pouca monta; insignificante.

CACARECOS, s.m.pl. Trastes e utensílios velhos.

CACAREJADOR ou **CACAREJANTE**, adj. Que careja; barulhento.

CACAREJAR, v.int. Cantar (a galinha e outras aves que lhe imitam o canto); tagarelar.

CACAREJO, s.m. Ato de cacarejar; voz da galinha, depois de pôr o ovo.

CACARIA, s.f. Monte de cacos.

CAÇAROLA, s.f. Frigideira com tampa; panela rasa.

CAÇA-TORPEDEIROS, s.m. Pequeno cruzador destinado a perseguir torpedeiros.

CACAU, s.m. Fruto do cacaueiro.

CACAUAL, s.m. Plantação de cacaueiros.

CACAUEIRO, s.m. Árvore do cacau.

CACAUZEIRO, s.m. (V. cacaueiro.)

CACETADA, s.f. Pancada com cacete; bordoada; coisa maçadora; importunação.

CACETAR, v.t. Espancar, bater com cacete.

CACETE, s.m. Bordão; maça; adj. e s.m. maçador; impertinente.

CACETEAÇÃO, s.f. Amolação.

CACETEAR, v.t. O mesmo que cacetar; maçar; importunar.

CACHAÇA, s.f. Aguardente; pinga; gosto, inclinação que se tem por alguma coisa.

CACHAÇÃO, s.m. Pescoção, empurrão.

CACHACEIRO, adj. Bêbedo, pau-d'água, alcoólatra.

CACHAÇO, s.m. Porco velho; nuca, toutiço.

CACHALOTE, s.m. Cetáceo da família das baleias.

CACHAMORRA, s.f. Cacete, bordão.

CACHAMORRADA, s.f. Pancada com cachamorra.

CACHÃO, s.m. Redemoinho de água, borbotão.

CACHAPORRA, s.f. O mesmo que cachamorra.

CACHAPORRADA, s.f. Cachamorrada.

CACHA-PREGOS, s.m. Localidade muito distante.

CACHEAR, v. int. e t. Encrespar os cabelos.

CACHECOL, s.m. Agasalho para o pescoço. Cachené, focale.

CACHENÊ, s.m. Peça que agasalha a metade inferior do rosto.

CACHIMBO, s.m. Pito, pipa, aparelho de fumar.

CACHIMÔNIA, s.f. Cabeça, bestunto.

CACHINAR, v.int. Gargalhar, rir excessivamente.

CACHO, s.f. Penca, reunião de frutos ou flores formando um todo.

CACHOEIRA, s.f. Catarata, catadupa, salto.

CACHOEIRO, s.m. O mesmo que cachoeira.

CACHOLA, s.f. Cabeça, bestunto.

CACHOLETA, s.f. Pancada (com as mãos cruzadas) na cabeça.

CACHOPA, s.f. Rapariga, moça.

CACHORRA, s.f. Cadela.

CACHORRADA, s.f. Bando de cachorros; gente reles.

CACHORRISMO, s.m. Ação má; canalhice.

CACHORRO, s.m. Cão novo.

CACICAL, adj. Relativo a cacique.

CACIFE, s.m. Quantidade de dinheiro que corresponde, no jogo, à entrada dos jogadores.

CACIFEIRO, s.m. Indivíduo que recolhe os cacifes.

CACIMBA, s.f. Poço.

CACIMBAR, v.int. Encher-se de poços ou cacimbas (um terreno).

CACIMBEIRO, s.m. Aquele que faz cacimbas.

CACIQUE, s.m. Chefe entre os indígenas.

CACO, s.m. Pedaço de louça quebrada.

CAÇOADA, s.f. Zombaria.

CAÇOAR, v.t. Escarnecer, zombar de. (Pres. ind.: caçôo, caços, etc.)

CACOETE, s.m. Mau hábito; sestro.

CACOFAGIA, s.f. Degenerescência do paladar, que leva a vítima a comer excrementos.

CACÓFAGO, adj. Pessoa atacada de cacofagia.

CACÓFATO, s.m. Palavra formada de encontro de sons desagradáveis. Reunião de sílaba final de uma palavra à inicial da seguinte, formando vocábulo de sentido ridículo ou não tolerado na expressão de pessoas educadas. Ex. Ela tinha (latinha) um belo chapéu. Visitei a escola X e a biblioteca dela (cadela).

CACOFONIA, s.f. O mesmo que cacófato.

CACOFÔNICO, adj. Defeito de expressão; relativo, decorrente de cacofonia.

CACOFONISMO, s.m. Hábito de cometer cacófatos.

CACOFONISTA, adj. Pessoa habituada a cometer cacófatos.

CACOFONOBIA, s.f. Horror aos cacófatos.

CACOFONÓFOBO, adj. Pessoa que tem horror aos cacófatos.

CACOGRAFAR, v.int. Cometer erros de ortografia.

CACOGRAFIA, s.f. Ortografia errada.

CACOGRÁFICO, adj. Relativo a cacografia.

CACOGRAFISMO, s.m. Hábito, prática de má grafia, de erros de grafia.

CAÇOILA, s.f. Vasilha onde se queimam perfumes; caçoula; defumador.

CAÇOÍSTA, adj. Caçoador, debicador.

CAÇOLETA, s.f. Diminutivo de caçoila; fuzil de espingarda; cartucho ou cápsula de armas de fogo; cadinho de ourives. Bater a —: dar tiros, morrer.

CACOLOGIA, s.f. Erro de expressão; falta contra as regras da língua.

CACOLÓGICO, adj. Relativo à cacologia.

CACÓLOGO, adj. Pessoa que se expressa erradamente, que não observa a gramática.

CAÇOULA, s.f. (V. caçoila.)

CACTO, s.m. Planta espinhosa, que vive em terrenos pedregosos.

CAÇULA, s. O mais moço da família.

CACUNDA, s.f. Corcunda, corcova.

CADA, pron. indef. indica uma parte ou um grupo de coisas, pessoas, tomado separadamente.

CADAFALSO, s.m. Estrado alto onde se executavam os condenados à morte; patíbulo.

CADARÇO, s.m. Cordão; sutache.

CADASTRAGEM, s.f. Ato de organizar o cadastro, a lista, o elenco dos bens de um município.

CADASTRAL, adj. Derivado de cadastro.

CADASTRAR, v.int. Inventariar, elencar os bens e posses públicas, fazer ou compor o cadastro.

CADASTRO, s.m. Lista; inventário; rol dos bens e posses de um Estado, município ou país.

CADÁVER, s.m. Defunto, morto.

CADAVERIZAÇÃO, s.f. Ato ou ação de reduzir a cadáver.

CADAVERIZAR, v.t. Reduzir a cadáver.

CADAVEROSO, adj. Que tem o aspecto de cadáver.

CADEADO, s.m. Instrumento que fecha uma porta, um portão, a tampa de uma caixa.

CADEIA, s.f. Corrente, série de qualquer coisa: cadeia de montanhas. Algemas; grilheta, prisão.

CADEIRA, s.f. Banco com espaldar e, às vezes, braços.

CADEIREIRO, s.m. Fabricante de cadeiras.

CADEIRINHA, s.f. Meio de transporte antigo; liteira; bangüê.

CADELA, s.f. Fêmea do cão.

CADÊNCIA, s.f. Ritmo, compasso; influência.

CADENCIAR, v.int. Ritmar, dar equilíbrio, harmonia ao verso, à frase. (Pres. ind.: cadencio, cadencias etc.)

CADENTE, adj. Que vai caindo.

CADERNETA, s.f. Diminutivo de caderno; livro pequeno de registro de contas, de aulas.

CADERNO, s.m. Reunião de folhas de papel para uso escolar.

CADETE, s.m. Estudante militar, que faz o curso de oficiais.

CADILHO, s.m. Fios, franjas a que se atavam outras para a tecelagem.

CADINHO, s.m. Vaso de matéria que resiste ao fogo, usado nos laboratórios para experiência; crisol.

CÁDMIO ou **CADMIUM**, s.m. Elemento químico, metal, símbolo Cd, de peso atômico 112,41; n.° atômico 48.

CADUCANTE, adj. Que caduca; decadente; envelhecido.

CADUCAR, v.int. Tornar-se caduco; envelhecer.

CADUCEU, s.m. Vara com duas serpentes enroscadas e com asas na extremidade; insígnia de Mercúrio. Emblema da medicina e da farmácia.

CADUCIDADE, s.f. Velhice; decadência.

CADUCO, adj. Velho.

CADUQUICE, s.f. Caducidade; idiotice.

CAFAJESTADA, s.f. Reunião de cafajestes; de pessoas ordinárias.

CAFAJESTE, s.m. Homem de ínfima condição; canalha.

CAFÉ, s.m. Fruto do cafeeiro; bebida excelente feita dos grãos secos e torrados, pulverizados; estabelecimento onde se vende o produto em pó; onde se vende em chávenas ou xícaras.

CAFÉ-CANTANTE, s.m. "Dancing"; boate.

CAFÉ-CONCERTO, s.m. "Dancing"; boate.

CAFEICULTOR, s.m. Plantador de café.

CAFEICULTURA, s.m. Lavoura, plantio, cultura do café.

CAFEÍNA, s.f. Substância estimulante que existe no café.

CAFETEIRA, s.f. Aparelho para fazer café.

CAFETEIRO, s.m. O que prepara o café.

CAFEZAL, s.m. Plantação de café.

CÁFILA, s.f. Récua, rebanho (diz-se especialmente dos camelos: uma cáfila de camelos, de ladrões).

CAFUNÉ, s.m. Carícia que se faz a alguém, passando-lhe os dedos pelos cabelos com pequenos estalos de unhas; carinho.

CAFURNA, s.f. Cafua, caverna, gruta.

CAFUZ ou **CAFUZO**, s.m. Filho de negro e índio; mestiço de cor negra ou quase negra.

CÁGADO, s.m. Nome comum de algumas tartarugas de água doce e dos quelônios terrestres.

CAGUINCHA, adj. e s.m. Fraco; medroso.

CAGÜIRA, s.f. Azar no jogo; caiporismo.

CAIAÇÃO, s.f. Ação ou efeito de caiar, de branquear paredes, com cal.

CAIADELA, s.f. (V. caiadura.)

CAIADO, adj. Revestido de cal.

CAIADOR, s.m. Homem que faz caiações.

CAIADURA, s.f. Ato ou efeito de caiar; mão de cal. O mesmo que caiadela.

CAIAPÓ, s.m. Bailado popular do antigo S. Paulo.

CAIAR, v.t. Pintar com água de cal.

CÃIBRA, s.f. Contração espasmódica e dolorosa dos músculos.

CAIBRAMENTO, s.m. Conjunto dos caibros de um telhado.

CAIBRAR, v.t. Pôr caibros em.

CAIBRO, s.m. Peça de madeira que sustenta as ripas dos telhados e, às vezes, as tábuas do soalho.

CAIÇARA, s.f. Estacada que, nas tabas dos indígenas, circundava a povoação; s.m. caipira de beira-mar, em São Paulo.

CAIÇARADA, s.f. Reunião de caiçaras.

CAÍDA, s.f. Queda; declive.

CAIDIÇO (a-i), adj. Que cai freqüentemente

CAÍDO, adj. Abatido; triste.

CAIDOR (a-i), adj. Que cai; lugar onde desce o gado no rio para passá-lo a nado.

CAIEIRA, s.f. Fábrica de cal; fogueira.

CAIM, s.m. O primeiro filho de Adão e Eva, assassino de Abel; sinônimo de fratricida, matador do irmão.

CAIMENTO, s.m. Declive, inclinação, desânimo, inclinação amorosa.

CAINÇA (ca-in-ça), s.f. Grupo de cães, de cachorros.

CAINÇADA (ca-in-ça-da), s.f. (V. cainça.)

CAINÇALHA (ca-in-ça-lha), s.f. (V. cainça.)

CAINHA (ca-i-nha), adj. Miserável, avarento.

CAINHAR (ca-i-nhar), v. int. Negar; ser miserável; avarento.

CAINHEZA (ca-i-nhe-za), s.f. Avareza, sovinice.

CAINHO (ca-i-nho), adj. (V. cainha.)

CAIPIRA, adj. Roceiro, matuto, acanhado.

CAIPIRADA, s.m. Grupo de caipiras.

CAIPORA, s.f. Ente fabuloso da mitologia dos nossos indígenas; azar, má sorte, infelicidade.

CAIPORISMO, s.m. Estado de quem é caipora; azar; má sorte.

CAIR, v.int. Tombar; levar queda. (Conjuga-se como sair: Pres. ind.: caio, cais, cai, caímos, caís, caem; imp.: caía, caías, etc.; perf.: caí, caíste, caiu, caímos, caís, caíram, fut.: cairei, etc.)

CAIREL, s.m. Borda; extremidade, orla.

CAIRELAR, v.t. Debruar; orlar com galão, cadarço, fita.

CAIROTA, adj. Que nasceu ou reside no Cairo.

CAIS, s.m. 2 núm. Desembarcadouro, lugar onde ficam os navios.

CAIXA, s.f. Arca; estojo; cofre-forte; parte do teatro onde está o ponto e a orquestra (anteriormente e em plano inferior ao palco) (aum.: caixão; dimin.: caixinha, caixeta, caixola, caixote); s.m. e f. Pessoa que numa casa comercial tem a seu cargo o recebimento ou pagamento de dinheiro; s.m. livro em que se registram entradas e saídas de fundos.

CAIXA-D'ÁGUA, s.f. Reservatório de água.

CAIXÃO, s.m. Féretro; caixa abaulada para encerrar e conduzir defuntos.

CAIXARIA, s.f. Grande porção de caixas.

CAIXEIRADA, s.f. A classe dos caixeiros.

CAIXEIRAGEM, s.f. A profissão de caixeiro.

CAIXEIRAL, adj. Relativo a caixeiro.

CAIXEIRAR, v.int. Exercer a profissão de caixeiro.

CAIXEIRO, s.m. Balconista.

CAIXETA, s.f. Caixinha; caixote.

CAIXILHARIA, s.f. Conjunto de caixilhos.

CAIXILHO, s.m. A parte da janela guarnecida de vidros; moldura para quadros ou estampas; moldura.

CAIXOLA, s.f. Caixa de pequenas dimensões.

CAIXOTARIA, s.f. Casa onde se fazem ou vendem caixotes.

CAIXOTE, s.m. Caixa pequena.

CAJÁ, s.m. Fruto da cajazeira.

CAJADADA, s.f. Pancada com cajado ou bastão.

CAJADO, s.m. Bastão; báculo.

CAJU, s.m. Fruta do cajueiro.

CAJUADA, s.f. Bebida refrigerante feita com sumo do caju.

CAJUAL, s.m. Bosque de cajueiros.

CAJUEIRAL, s.m. Cajual.

CAJUEIRO, s.m. Árvore que dá caju.

CAJUZEIRO, s.m. Cajueiro.

CAL, s.f. Óxido de cálcio obtido pela calcinação de pedras calcárias.

CALABOUÇO, s.m. Cárcere, masmorra.

CALABRE, s.m. Corda grossa, cabo, amarra.

CALABRÊS, adj. Da Calábria (Itália); s.m. o natural ou habitante da Calábria.

CALABROTE, s.m. Diminutivo de calabre, calabre fino.

CALAÇA, s.f. Indolência, vadiação; adj. preguiçoso, vadio.

CALAÇARIA, s.f. Pândega, vadiagem.

CALACEAR, v.int. Vagabundear; vadiar.

CALACEIRICE, s.f. Vadiagem.

CALACEIRO, adj. Vadio, vagabundo.

CALADA, s.f. Silêncio, ausência de rumor ou barulho.

CALADO, s.m. O quanto penetra na água um navio sem perigo de afundar; adj. silencioso, quieto.

CALADURA, s.f. O mesmo que calado de navio.

CALAFETADOR, s.m. Aparelho para calafetar; pessoa, cujo ofício é calafetar.

CALAFETAGEM, s.f. Ação de calafetar.

CALAFETAR, v. Pichar; untar com breu, piche, alcatrão, as juntas das tábuas de um barco; alcatroar.

CALAFRIO, s.m. Arrepio da pele, sensação inesperada de frio.

CALAMIDADE, s.f. Desgraça geral.

CALAMITOSO, adj. Que causa desgraça.

CALANDRA, s.f. Máquina, espécie de prensa, com chapas em forma de cilindro, que se usa nas tipografias para compressar o papel.

CALANDRAR, v.tran. Fazer passar o papel ou a folha metálica pela calandra.

CALÃO, s.m. Gíria; argô; linguagem de grupos sociais.

CALAR, v.t. Emudecer; manter segredo; silenciar; abrir cala em frutos para ver se estão maduros; fazer o navio penetrar na água.

CALÇA, s.f. Peça de vestuário para cobrir os membros inferiores, desde a cintura. Mais usado no plural.

CALÇADA, s.f. Revestimento impermeável do passeio ao redor dos edifícios.

CALÇADEIRA, s.f. Espécie de espátula, que facilita calçar os sapatos.

CALÇADO, s.m. Sapato; bota; botina.

CALCADOR, adj. Que calca.

CALCADOURO, s.m. Lugar em que se calca; eira para debulha de cereais.

CALCADURA, s.f. Ação de calcar.

CALCAMENTO, s.m. Calcadura.

CALÇAMENTO, s.m. Pavimentação das ruas.

CALCANHAR, s.m. A parte posterior do pé; parte do calçado correspondente a essa parte do pé; tacão.

CALÇÃO, s.m. Peça do vestuário masculino que vai da cintura até acima dos joelhos.

CALCAR, v.trans. Pisar, premer, comprimir, prensar.

CALÇAR, v.t. Revestir os pés com calçados; pavimentar; firmar móveis em desequilíbrio; revestir as mãos com luvas.

CALCÁRIO, adj. Da natureza da cal.

CALÇAS, s.f.pl. (V. calça.)

CALCETAR, v.t. Calçar, empedrar.

CALCETARIA, s.f. Profissão de calceteiro.

CALCETEIRO, s.m. Operário que calça as ruas com pedras.

CALCIFICAÇÃO, s.f. Deposição de cálcio em qualquer parte do organismo.

CALCIFICAR-SE, v.p. Experimentar a calcificação.

CALCINAÇÃO, s.f. Ato ou efeito de calcinar.

CALCINAR, v.t. Queimar, reduzir a cinza.

CALCINÁVEL, adj. Que se pode calcinar.

CÁLCIO, s.m. Elemento químico, metal alcalino terroso, símbolo Ca, de peso atômico 40,07 e número atômico 20.

CALCIOTERAPIA, s.f. Tratamento de doenças por meio de aplicações intensivas do cálcio.

CALCITRAR, v.int. Recalcitrar.

CALÇO, s.m. Cunha, pedra, pedaço de madeira, etc., que se coloca debaixo de um objeto para o firmar.

CALCOGRAFAR, v.t. Gravar em cobre ou em qualquer metal.

CALCOGRAFIA, s.f. Arte de gravar em cobre.

CALCORREAR, v.int. Andar a pé.

CALÇUDO, adj. Que tem calças compridas.

CALCULADOR, adj. Que faz cálculos; pessoa previdente, prudente.

CALCULAR, v.t. Avaliar, estimar o preço de; prever; conjecturar.

CALCULÁVEL, adj. Que pode ser objeto de cálculo.

CALCULISTA, adj. Calculador.

CÁLCULO, s.m. Pedra, formação de corpos duros no organismo; conta; cômputo; avaliação; estimação do valor de objetos, de lucros de negócios; operações aritméticas; — diferencial: (Mat.) que trata das grandezas variáveis contínuas, baseando-se no quociente diferencial ou "derivada" de uma grandeza em relação a outra da qual é função; — integral: o inverso do cálculo diferencial, ou seja, tem por objeto achar o valor da função de uma variável quando se conhece a derivada.

CALDA, s.f. Água açucarada a muitos graus de calor; xarope; melaço.

CALDEAÇÃO, s.f. Ação de misturar, de combinar vários elementos, raças, etc.

CALDEAMENTO, s.m. Mistura, miscigenação.

CALDEAR, v.trans. Amalgamar; cruzar raças de animais; miscigenar.

CALDEIRA, s.f. Recipiente de ferro para aquecimento; buraco, cova.

CALDEIRADA, s.f. Reunião, série, grupo de caldeiras; a quantidade de líquido ou de cozimento de que é capaz uma caldeira.

CALDEIRÃO, s.m. Aumentativo de caldeira; panela grande; cova; buraco de terrenos.

CALDEIRARIA, s.f. Fábrica de caldeiras; loja que vende caldeiras; grande quantidade de caldeiras.

CALDEIREIRO, s.m. Fabricante de caldeiras; quem trabalha nas caldeiras de uma máquina.

CALDEIRINHA, s.f. Diminutivo de caldeira; vaso de metal para água-benta.

CALDEU, adj. Natural da Caldéia.

CALDO, s.m. Sopa; suco.

CALDOSO, adj. Que tem caldo, que tem suco.

CALEÇA, s.f. Carruagem.

CALECHE, s.f. O mesmo que caleça.

CALEFAÇÃO, s.f. Aquecimento.

CALEFACIENTE, adj. Que tem qualidades de aquecer, de desprender calor.

CALEIDOSCÓPIO, s.m. Aparelho que, por certa disposição de espelho, cria inúmeras figuras; marmota.

CALEJAR, v.t. Produzir calos; endurecer a pele; habituar-se; acostumar.

CALEMBUR, s.m. Trocadilho.

CALEMBURISTA, adj. Trocadilhista.

CALENDÁRIO, s.m. Folhinha; almanaque; — gregoriano: aquele que, baseado no calendário juliano, foi reformado pelo Papa Gregório, o Grande, em 1582, assim adotado e que substituiu o que foi proposto por Júlio César no ano 45 a.C. (V. juliano e gregoriano.)

CALENDAS, s.f. Nome dado pelos romanos ao primeiro dia de cada mês.

CALENTURA, s.f. Sensação forte de calor; febre.

CALEPINO, s.m. Dicionário; vocabulário.

CALHA, s.f. Encanamentos dos beirais por onde escorrem as águas da chuva.

CALHAMAÇO, s.m. Conjunto de folhas de papel; livro ou escrito de grande tamanho.

CALHAMBEQUE, s.m. Qualquer carro, barco, em mau estado, velho.

CALHANDRA, s.f. Pássaro canoro; calandra; espécie de cotovia.

CALHAR, v.int. Acontecer; coincidir.

CALHAU, s.m. Pedregulho.

CALHE, s.f. O mesmo que calha.

CALHORDA, adj. Canalha.

CALIBRADOR, s.m. Instrumento de medir ou ajustar diâmetros.

CALIBRAR, v.t. Dar o conveniente calibre a; medir o calibre de.

CALIBRE, s.m. Diâmetro interior de tubo ou boca-de-fogo; diâmetro de projétil.

CALIÇA, s.f. Argamassa de cal que já teve aplicação e resultante da demolição de obra de alvenaria.

CÁLICE, s.m. Copinho com pé para servir licores; vaso empregado na missa para a consagração do vinho; invólucro exterior da flor completa.

CALICIDA, s.m. Medicamento que destrói calos.

CALICIFORME, adj. Que tem a forma de cálice.

CALÍCULO, s.m. Pequeno cálice das flores.

CÁLIDO, adj. Quente; ardente; fogoso.

CÁLIDO, adj. Sagaz, astuto.

CALIDOSCÓPIO, s.m. O mesmo que caleidoscópio.

CALIFA, s.m. Soberano muçulmano e chefe religioso.

CALIFADO, s.m. Jurisdição de califa; governo de califa.

CALIFASIA, s.f. (Ret.) Arte de dizer; maneira bonita e correta de discorrer.

CALIFONIA, s.f. (Ret.) Beleza da voz.

CALIFORNIANO, adj. Que diz respeito à Califórnia (E.U.A.); o natural ou habitante da Califórnia.

CALIFÓRNIO, s.m. Elemento químico transurânico, n.º atômico 98, de peso atômico não determinado mas superior a 238; tem propriedades altamente radioativas.

CALIGEM, s.f. Nevoeiro muito denso; escuridão.

CALIGINOSO, adj. Tenebroso; muito denso e escuro.

CALIGRAFIA, s.f. Maneira bonita e correta de traçar os caracteres da escrita.

CALIGRÁFICO, adj. Que diz respeito a caligrafia.

CALÍGRAFO, s.m. Aquele que escreve observando os preceitos da arte caligráfica.

CALINO, adj. Estúpido, disparatado.

CALISTA, s. Pessoa que se incumbe de curar ou extrair calos. Pedicuro.

CÁLIX, s.m. O mesmo que cálice. (Pl.: cálices.)

CALMA, s.f. Calor atmosférico; hora mais quente do dia; calmaria, tranqüilidade; quietude.

CALMANTE, adj. Que acalma ou mitiga as dores ou aflições; medicamento que mitiga o estado de excitação; tranqüilizador.

CALMARIA, s.m. Cessação completa de ventos ou de movimentos de ondas; serenidade; tranqüilidade.

CALMO, adj. Sossegado; tranqüilo.

CALMOSO, adj. Quente; abafadiço.

CALO, s.m. Endurecimento coriáceo; originado de compressão ou atrito continuados.

CALOMBENTO, adj. Aplica-se à pessoa cheia de calombos.

CALOMBO, s.m. Inchaço; lobinho.

CALOR, s.m. Forma de energia que se traduz por variação da temperatura de um corpo; sensação que se experimenta ao pé de um corpo quente; qualidade daquilo que está quente; (fig.) animação; vivacidade; elevação da temperatura.

CALORIA, s.f. Unidade com que, em Física, se mede a quantidade de calor: é o calor necessário para elevar de um grau centígrado a temperatura de um grama de água. Em Fisiologia, unidade com que se mede o valor nutritivo dos alimentos.

CALORÍFERO, adj. Que produz calor.

CALORIFAÇÃO, s.f. Calefação.

CALORÍFICO, s.m. Aparelho para produção de calor.

CALORÍFUGO, adj. Que faz fugir o calor.

CALORÍGERO, adj. Calorífero.

CALORIMETRIA, s.f. Parte da Física que se ocupa da medida das quantidades de calor.

CALORÍMETRO, s.m. Instrumento com que se mede o calor específico dos corpos.

CALOROSO, adj. Ardoroso; eloqüente.

CALOSIDADE, s.f. Dureza calosa.

CALOSO, adj. Que tem calos.

CALOTA, s.f. (Geom.) Qualquer das duas porções de uma superfície esférica, quando interceptada por um plano; peça que protege as extremidades dos eixos dos automóveis.

CALOTE, s.m. Dívida não paga.

CALOTEAR, v.t. Não pagar o que deve a.

CALOTEIRO, adj. e s.m. Aquele que caloteia; velhaco.

CALOURICE, s.f. Tolice; ingenuidade de calouro: Var.: de caloirice.

CALOURO, s.m. Estudante novato; indivíduo novato, inexperiente, em qualquer coisa.

CALUDA, interj. Silêncio; bico fechado; boca de siri.

CALUNGA, s.m. e f. Boneco pequeno; imagens, figuras desenhadas por crianças.

CALÚNIA, s.f. Afirmação falsa contra a honorabilidade de alguém.

CALUNIADOR, adj. Levantador de falso testemunho.

CALUNIAR, v.t. Afirmar, imputar, dizer mal de alguém sem fundamento e injustamente. Difamar, infamar. (Pres. ind.: calunio, calunias, etc.)

CALUNIOSO, adj. Que contém calúnia.

CALVA, s.f. O crânio desprovido de cabelos; careca.

CALVÁRIO, s.m. Montanha de Jerusalém onde foi Jesus crucificado, também chamada Gólgota. (fig.) Provação, sofrimento.

CALVEJAR, v.intr. Ficar calvo; careca.

CALVÍCIE, s.f. Estado do que é calvo.

CALVINISMO, s.m. Uma das seitas do Protestantismo, fundada por Calvino; presbiterianismo.

CALVINISTA, adj. Adepto, sequaz, seguidor do calvinismo.

CALVO, adj. Careca, pelado.

CAMA, s.f. Leito; berço.

CAMADA, s.f. Disposição horizontal que se dá a capim, grama, colocados em porções, uma sobre a outra.

CAMAFEU, s.m. Pedra, jóia que traz uma figura em relevo.

CAMÁLDULAS, s.f.pl. Contas grossas de rezar.

CAMALEÃO, s.m. Nome comum de vários lagartos; indivíduo que toma o caráter que serve a seus interesses; hipócrita que muda de opinião segundo o interesse do momento. Var.: cameleão.

CAMÂNDULAS, s.f.pl. Camáldulas.

CÂMARA, s.f. Quarto de dormir; corporação municipal; cada uma das casas do Congresso; aparelho óptico; — ardente: sala onde se deposita o defunto; — de ar: tubo de borracha que se põe em torno da camba da roda, e munido de orifício por onde se faz penetrar o ar para a encher; — escura: quarto ou dependência destinado à revelação de chapas, filmes fotográficos; — fotográfica: aparelho em que se expõem as emulsões sensíveis sob certas condições; — cinematográfica: aquela que é dotada de movimento intermitente para exposição da película em que ficarão impressionadas as cenas; — de televisão: aquela que é destinada a captar as imagens a serem transmitidas.

CAMARADA, s.m. e f. Companheiro de quarto; colega; condiscípulo; cada um dos indivíduos que exercem a mesma profissão; indivíduo empregado em serviços avulsos nos campos e nas fazendas.

CAMARADAGEM, s.f. Amizade, familiaridade.

CAMARÃO, s.m. Pequeno crustáceo decápode.

CAMAREIRA, s.f. Criada de quarto, mucama.

CAMAREIRO, s.m. Criado de quarto.

CAMARILHA, s.f. Grupo de aduladores.

CAMARIM, s.m. Cubículo onde os artistas se vestem.

CAMARINHA, s.f. Aposento; quarto de dormir; gotas de suor; camarinhas de sangue: hemorróidas.

CAMARISTA, s.m. Vereador municipal.

CAMAROTE, s.m. Compartimento de onde se assiste a espetáculos (nos teatros, etc.); pequena câmara de navio, beliche.

CAMARTELADA, s.f. Pancada de camartelo.

CAMARTELO, s.m. Martelo de canteiro, agudo de um lado e redondo ou quadrado do outro.

CAMBADA, s.f. Porção de objetos enfiados ou pendurados; molho de chaves; (fig.) súcia; corja; canalha.

CAMBADELA, s.f. Entortadela; cambalhota; resvalo.

CAMBADO, adj. Torto para um lado; que tem as pernas tortas.

CAMBAIO, adj. Cambado; de pernas tortas.

CAMBALACHO, s.m. Tramóia; conluio.

CAMBALEANTE, adj. Sem equilíbrio.

CAMBALEAR, v.int. Caminhar sem firmeza; andar oscilando.

CAMBALEIO, s.m. Ato de cambalear, de perder o equilíbrio.

CAMBALHOTA, s.f. Volta que se dá com o corpo, de cabeça para baixo; trambolhão, salto mortal.

CAMBÃO, s.m. Peça de pau que se junta ao cabeçalho do carro tirado por mais de uma junta; pau que se põe no pescoço da rês bravia para a impedir de correr; pessoa de pernas tortas.

CAMBAR, v.int. Entortar para um lado; entortar as pernas; gastar os sapatos mais de um lado que de outro.

CAMBAU, s.m. Triângulo de madeira posto no pescoço de cabras para impedi-las de atravessar cercas.

CAMBAXIRRA, s.f. Nome comum a diversas aves, entre as quais a corruíra ou garrincha.

CAMBETA, adj. Cambaio, que tem as pernas tortas.

CAMBETEAR, v.int. Coxear; manquejar.

CAMBIADOR, s.m. Cambista, que troca dinheiro, que financia jogo.

CAMBIAL, adj. Relativo a câmbio; s.f. letra sacada numa praça sobre outra.

CAMBIANTE, adj. Furta-cor; s.m. graduação de cores.

CAMBIAR, v.t.-rel. Trocar (moeda ou letra de um país pelas de outro); trocar; permutar; transformar. (Pres. ind.: cambio, cambias, etc.)

CÂMBIO, s.m. Troca de moedas, letras, notas, valores de um país pelos de outro; permutação; dispositivo que muda a marcha dos automóveis.

CAMBISTA, s. Pessoa que negocia em câmbios, papéis de créditos e troca de moeda; indivíduo que vende fora dos bilheterias dos teatros, estádios, etc., ingressos com ágio; pessoa que faz jogo do bicho.

CAMBITO, s.m. Pernil de porco; perna fina.

CAMBO, adj. Torto, cambaio, coxo.

CAMBOTA, s.f. Molde semicircular para armação de arcos ou abóbadas; parte circular da roda dos carros, onde se prendem os raios e sobre a qual é fixado o aro.

CAMBRAIA, s.f. Tecido de linho ou de algodão muito fino.

CAMBRAIETA, s.f. Cambraia ordinária.

CAMBUCÁ, s.m. Fruto do cambucazeiro.

CAMBUCAZEIRO, s.m. Árvore da família das Mirtáceas.

CAMBUQUIRA, s.f. Grelo de aboboreira. Talos.

CAMELEÃO, s.m. Camaleão.

CAMELEIRO, s.m. Condutor de camelos.

CAMÉLIA, s.f. Arbusto ornamental da família das Teáceas; a flor desse arbusto.

CAMELICE, s.f. Estupidez; burrice.

CAMELO, s.m. Animal quadrúpede, ruminante, que apresenta duas gibas ou corcovas no dorso; quando apresenta uma só giba toma o nome de dromedário.

CÂMERA, s.f. (Cinem. e TV.) O mesmo que câmara (q.v.).

CAMERLENGO, s.m. Cardeal que preside a câmara apostólica e faz as vezes do Papa, na falta deste.

CAMINHADA, s.f. Passeio longo; andança.

CAMINHADOR, s.m. Andejo, andarilho.

CAMINHANTE, s. Viandante; viajante.

CAMINHÃO, s.m. Automóvel construído especialmente para transporte de cargas.

CAMINHAR, v.i. Andar, percorrer (a pé); marchar.

CAMINHEIRO, adj. Andarilho.

CAMINHO, s.m. Estrada, trilho, atalho, via.

CAMINHO-DE-SÃO-TIAGO, s.m. Via-Láctea.

CAMIONETA, s.f. Pequeno caminhão.

CAMISA, s.f. Peça de vestuário; invólucro de maçaroca do milho; invólucro de certas luzes.

CAMISA-DE-FORÇA, s.f. Espécie de colete de lona com mangas fechadas e que tem nas extremidades cordas com que se apertam atrás do tórax os braços cruzados dos loucos furiosos.

CAMISARIA, s.f. Estabelecimento onde se fabricam ou vendem camisas.

CAMISEIRO, s.m. Fabricante ou vendedor de camisas. Móvel em que se guardam camisas e outras roupas brancas; o mesmo que camiseira.

CAMISETA, s.f. Camisa de mangas curtas.

CAMISOLA, s.f. Camisa comprida de dormir.

CAMITA, adj. Relativo a Cam, filho de Noé; camítico; s. descendente de Noé.

CAMÍTICO, adj. Da família que compreende os grupos egípcio, líbio e etíope (descendentes de Cam): grupo de línguas faladas no N. da África.

CAMOECA, s.f. Embriaguez, bebedeira.

CAMOMILA, s.f. Planta medicinal.

CAMONIANA, s.f. Coleção de obras de Camões ou de escritos relativos a essas obras ou ao seu autor.

CAMONIANO, adj. Relativo a Camões, poeta português do século XVI.

CAMONISTA, s. Pessoa especializada em estudos camonianos.

CAMORRA, s.f. Associação de malfeitores.

CAMPA, s.f. Lousa sepulcral. Sino pequeno.

CAMPAINHA (a-i), s.f. Sineta pequena e manual; úvula.

CAMPAL, adj. Pertencente ou relativo a campo; diz-se da batalha travada em campo raso; de missa ao ar livre.

CAMPANÁRIO, s.m. Torre de sinos; grupo literário; panela literária.

CAMPANHA, s.f. Campo extenso; planície; o conjunto das operações militares contra as forças inimigas; esforço para conseguir alguma coisa.

CAMPANIFORME, adj. Que tem forma de campainha.

CAMPANÓLOGO, s.m. Aquele que toca peça de música em sinos, campainhas ou copos afinados.

CAMPANUDO, adj. Que tem forma de campa; (fig.) pomposo; bombástico.

CAMPÂNULA, s.f. Pequeno vaso de vidro ou de metal em forma de sino; flor das plantas campanuláceas; manga de vidro; corneta de gramofone.

CAMPEAÇÃO, s.f. Ação de campear, isto é, andar a cavalo pelo campo, à procura de animais.

CAMPEADOR, adj. Campeiro.

CAMPEÃO, s.m. Defensor, paladino; o vencedor de um certame esportivo.

CAMPEAR, v.t. Procurar (animais) no campo, no mato.

CAMPEIRAGEM, s.f. Ato de fazer serviços no campo; a vida do campeiro.

CAMPEIRO, adj. O que tem a seu cargo o trato do gado.

CAMPENOMIA, s.f. Parte da Gramática que trata da flexão das palavras; gênero, número, graus, flexão verbal.

CAMPEONATO, s.m. Certame em que o vencedor recebe o título de campeão.

CAMPESINHO ou **CAMPESINO,** adj. Campestre.

CAMPESTRE, adj. Relativo a campo; rural; rústico.

CAMPINA, s.f. Campo extenso e sem árvores; planície.

CAMPINEIRO, adj. De Campinas (Estado de São Paulo); s.m. o natural ou habitante de Campinas. Também se diz campinense.

CAMPISTA, adj. De Campos (Estado do Rio); s.m. o natural ou habitante de Campos. Certo jogo de cartas.

CAMPO, s.m. Terreno sem mata, tendo ou não árvores esparsas; — magnético: (Electrotéc.) região que circunda um sim ou um condutor percorrido por uma corrente em que se podem observar os efeitos das forças magnéticas.

CAMPONÊS, s.m. Aquele que habita ou trabalha no campo.

CAMPÓNIO, adj. Camponês, rústico, caipira.

CAMPO-SANTO, s.m. Cemitério.

CAMUCIM, s.m. Pote de barro, vaso para água, boião.

CAMUFLAGEM, s.f. Disfarce, dissimulação para não ser reconhecido.

CAMUFLAR, v.t. Disfarçar, dissimular, dar aparência falsa para não ser reconhecido.

CAMUNDONGO, s.m. Ratinho.
CAMURÇA, s.f. Determinada espécie de couro macio.
CANA, s.f. Planta gramínea; caule de várias gramíneas. (gír.) prisão; cachaça.
CANAANITA, adj. O mesmo que cananeu.
CANADA, s.f. Antiga medida de capacidade, equivalente a 2622 litros.
CANADENSE, adj. Natural ou habitante do Canadá.
CANAL, s.m. Fosso; rego; corte de terreno para comunicação de mares; estreito; leito de rio.
CANALHA, s.f. Pessoa ruim, sem vergonha.
CANALHADA, CANALHICE, s.f. ou **CANALHISMO,** s.m. Ação ou palavras próprias de canalha.
CANALHOCRACIA, s.f. Governo dos canalhas.
CANALHOCRATA, s. adepto da canalhocracia.
CANALHOCRÁTICO, adj. Canalhocrata.
CANALICULADO, adj. Que tem canalículos.
CANALÍCULO, s.m. Diminutivo de canal; pequeno rego nas hastes.
CANALIFORME, adj. Que tem a forma de canal.
CANALIZAÇÃO, s.f. Ato de canalizar; conjunto de canos ou canais.
CANALIZADOR, adj. Que conduz através de canal.
CANALIZAR, v.t. Abrir, colocar canos em; dirigir por canos ou canais.
CANALIZÁVEL, adj. Que pode ser canalizado.
CANANEU, adj. Originário ou habitante de Canaã. região da Palestina. (Fem.: cananéia.)
CANAPÉ, s.m. Sofá;
CANÁRIA, s.f. Conjunto de tubos de órgão, de canos.
CANÁRIA, s.f. Fêmea do canário.
CANÁRIO, s.m. Pássaro de canto melodioso, oriundo das ilhas Canárias.
CANASTRA, s.f. Cesta larga e pouco alta (em Portugal); no Brasil é uma arca; mala de couro grande, para viagens.
CANASTRÃO, s.m. Canastra grande; raça de porco; (gír. teatral) mau ator.
CANASTRO, s.m. Espécie de canastra de bordas altas; tórax, corpo humano.
CÂNAVE, s.m. Cânhamo.
CANAVIEIRA, s.f. Lugar onde cresce o cânave.
CANAVIAL, s.m. Lugar onde crescem canas.
CANAZ, s.m. Canzarrão; aumentativo de cão.
CANCÃ, s.m. Dança antiga, pulada, saltada.
CANÇÃO, s.f. Canto; composição poética destinada geralmente a ser cantada.
CANCELA, s.f. Portão; porteira; portinhola.
CANCELADURA, s.f. ou **CANCELAMENTO,** s.m. Ação de cancelar, de inutilizar, de anular; tornar sem efeito; anular.
CANCELÁRIO, s.m. Antigo chanceler da Universidade.
CÂNCER, s.m. Nome de uma constelação. Cancro; tumor maligno; carcinoma.
CANCERIFORME, adj. Que tem forma de câncer.
CANCERÍGENO, adj. Capaz de produzir câncer.
CANCERIZAÇÃO, s.f. Ação de cancerizar.
CANCERIZAR, v.t. Converter em câncer.
CANCEROLOGIA, s.f. Parte da medicina que estuda o câncer e todos os tumores malignos; o mesmo que oncologia.
CANCEROLÓGICO, adj. Que diz respeito à cancerologia.
CANCEROSO, adj. Que tem a natureza do câncer; s.m. indivíduo atacado de câncer.
CANCHA, s.f. Pista, onde se joga a péla; campo de futebol.
CANCHEADO, adj. Diz-se do mate picado embora em minúsculos pedaços.
CANCHEADOR, s.m. Instrumento para canchear o mate.
CANCHEAR, v.t. Cortar ou picar (o mate), reduzindo-o a pequenos pedaços.
CANCIONEIRO, s.m. Coleção ou livro de canções e outras poesias.
CANCONETA, s.f. Pequena canção, geralmente abrejeirada, e posta em música.
CANCRO, s.m. Designação genérica de todos os tumores malignos; neoplasma maligno; blastoma maligno; úlcera venérea.
CANCRÓIDE, adj. Semelhante ao cancro.
CANDANGO, s.m. Operário, trabalhador, especialmente aquele que contribuiu para a construção de Brasília.
CANDEEIRO, s.m. Lampião.
CANDEIA, s.f. Pequena lâmpada de um bico, que se suspende de um prego.

CANDELA, s.f. (Fís.) Unidade de intensidade luminosa: corresponde à vigésima parte da brilhância-padrão que é uma fonte luminosa proporcionada por 1cm quadrado de superfície de platina incandescente à temperatura de fusão perfeita (1 775°C.)
CANDELABRO, s.m. Lustre, serpentina, lampadário.
CANDELÁRIA, s.f. Festa da Purificação de N. Senhora, a 2 de fevereiro.
CANDÊNCIA, s.f. Estado de alta temperatura, de calor forte.
CANDENTE, adj. Incandescente.
CANDIDATAR-SE, v.p. Apresentar-se candidato a um cargo eletivo.
CANDIDATO, adj. Qualidade ou estado, disposição de quem se apresenta a um cargo público.
CANDIDATURA, s.f. Apresentação de candidato ao sufrágio.
CANDIDEZ ou **CANDIDEZA,** s.f. Candura; alvura; inocência.
CÂNDIDO, adj. Alvo; sincero; puro.
CANDIL, s.m. Candeia.
CANDOMBLÉ, s.m. Macumba; terreiro; seção de feitiçaria.
CANDONGA, s.f. Lisonja; afagos fingidos; intriga; mexerico.
CANDONGUEIRO, s.m. Aquele que faz candonga: lisonjeiro; manhoso; esperto.
CANDONGUICE, s.f. O mesmo que candonga.
CANDOR, s.m. Candura; inocência.
CANDOROSO, adj. Que tem candor.
CANDURA, s.f. Alvura; inocência; pureza.
CANECA, s.f. Vaso pequeno, com asa, para líquidos.
CANECADA, s.f. Porção de líquido que uma caneca comporta; muitas canecas juntas.
CANECO, s.m. Caneca maior.
CANEJO, adj. Que tem aparência de cão ou a ele se refere.
CANELA, s.f. Casca odorífera de uma planta do Ceilão; árvore que dá canela; parte anterior da perna entre o joelho e o pé; ciúmes.
CANELADA, s.f. Pancada na canela.
CANELADO, adj. Que tem canelura.
CANELADURA, s.f. (V. Canelura.)
CANELEIRA, s.f. Árvore que produz a canela; o mesmo que caneleiro; canela e pau-canela.
CANELUDO, adj. Que tem canelas fortes, compridas; ciumento.
CANELURA, s.f. Estria; sulco aberto, como meia cana, verticalmente, em colunas ou outras partes de construção.
CANETA (ê), s.f. Pequeno tubo ou haste em que é adaptada a pena de escrever; caneta-tinteiro; que já traz em si a tinta.
CÂNFORA, s.f. Substância aromática extraída do canforeiro e que se obtém por oxidação do terebenteno.
CANFORADO, adj. Preparado com cânfora.
CANFORAR, v.t. Misturar com cânfora.
CANFOREIRA, s.f. ou **CANFOREIRO,** s.m. Árvore da família das Lauráceas.
CANGA, s.f. Jugo de bois; (fig.) opressão; domínio.
CANGACEIRADA, s.f. Bando de cangaceiros.
CANGACEIRO, s.m. Salteador; bandoleiro.
CANGAÇO, s.m. O gênero de vida dos cangaceiros.
CANGALHA, s.f. Peça de madeira forrada de couro, em cujas hastes se dependuram sacos de mantimento para o transporte; óculos.
CANGALHEIRO, s.m. Indivíduo que conduz bestas com cangalhas; recoveiro; que fabrica cangalhas.
CANGAPÉ, s.m. Trança-pé, golpe no jogo das rasteiras.
CANGOTE, s.m. Cagote; toutiço.
CANGOTUDO, adj. Que tem cangote grosso; cogotudo; importante; respeitado.
CANGUÇU, s.m. Onça pintada.
CANGURU, s.m. Mamífero marsupial; espécie só encontradiça na Austrália.
CANHADA, s.f. Baixada, vale.
CANHAMAÇO, s.m. Tecido grosseiro de cânhamo, usado como sinônimo de calhamaço.
CANHAMBOLA ou **CANHAMBÓRA,** s.m. Duende: fantasma; pessoa feia.
CÂNHAMO, s.m. Planta da família das Moráceas, têxtil; o mesmo que cânave.

CANHÃO, s.m. Peça de artilharia; extremidade inferior da manga do vestuário; extremidade superior do cano da bota; pessoa feia.
CANHENHO, s.m. Caderno de apontamentos.
CANHESTRO, adj. Desajeitado; inábil.
CANHONAÇO, s.m. Tiro de canhão.
CANHONADA, s.f. Descarga de canhões.
CANHONEAR, v.t. Bombardear.
CANHONEIO, s.m. Canhonada.
CANHOTA, s.f. A mão esquerda.
CANHOTA, s.f. Fem. de canhoto.
CANHOTEIRO, adj. Que se serve da mão esquerda.
CANHOTO, adj. Esquerdo; que se ajeita mais com a mão esquerda que com a direita; o talão em livro de recibos, isto é, a parte que fica à mão esquerda.
CANIBAL, s. Indígena das Antilhas, feroz, antropófago.
CANIBALESCO, adj. Próprio do canibal.
CANIBALISMO, s.m. Antropofagia; ato de um animal devorar outro da mesma espécie.
CANIÇADA, s.f. Latada ou cercado feito de canas ou caniços.
CANIÇAL, s.m. Lugar onde há caniços.
CANIÇALHA, s.f. Caniçada.
CANICHO, s.m. Cãozinho.
CANÍCIE, s.f. Cabelos brancos.
CANIÇO, s.m. Vara de pescar; pessoa alta e magra.
CANÍCULA, s.f. Estrela Sírio; grande calor.
CANICULAR, adj. Relativo ao tempo da canícula; ardente.
CANICULTOR, s.m. Criador de cães.
CANICULTURA, s.f. Criação de cães.
CANÍDEO s.m. Espécime dos Canídeos, família de mamíferos carnívoros, que compreende os cães, os lobos, etc.
CANIFRAZ, s.m. Homem magro como cão esfomeado.
CANIL, s.m. Lugar onde se alojam cães.
CANINANA, s.f. Cobra não venenosa; pessoa zangadiça.
CANINDÉ, s.m. Ave da família dos Psitacídeos; rumor confuso de vozes; conflito.
CANINHA, s.f. Diminutivo de cana; cachaça.
CANINO, adj. Que diz respeito a cão; diz-se dos dentes que no homem ficam entre os incisivos e os molares.
CANITAR, s.m. Ornamento indígena para cabeça.
CANIVETAÇO, s.m. Golpe de canivete.
CANIVETE, s.m. Pequena faca, de lâmina movediça, e que fecha sobre o cabo.
CANIVETEAR, v.t. Ferir de canivete.
CANJA, s.f. Caldo de galinha com arroz; (gír.) coisa fácil de fazer-se.
CANJERÉ, s.m. Reunião de pessoas, em geral de negros, para a prática de feitiçarias; candomblé.
CANJICA, s.f. Milho cozido, com leite, açúcar, canela, etc.
CANJIRÃO, s.m. Pote, jarro.
CANO, s.m. Designação genérica de toda espécie de tubo que permita o escoamento de líquidos ou gases.
CANOA (ô), s.f. Pequena embarcação; igara, ubá; piroga.
CANOEIRO, s.m. Aquele que dirige uma canoa.
CÂNON, s.m. Regra; decisão; preceito de Direito Eclesiástico; parte principal da missa, do Sanctus até a consagração. (Pl.: cânones.)
CANONICAL, adj. Relativo aos cônegos.
CANONICATO, s.m. Dignidade de cônego.
CANÔNICO, adj. Relativo a cânones; conforme aos cânones.
CANONISTA, s.m. Aquele que é versado em Direito Canônico.
CANONIZAÇÃO, s.f. Ato de declarar alguém santo.
CANONIZADOR, adj. Aquele que canoniza.
CANONIZAR, v.t. Declarar santo.
CANONIZÁVEL, adj. Digno de ser declarado santo.
CANOPO, s.m. Vaso em que os egípcios encerravam as entranhas das múmias; nome da estrela principal da constelação de Argos.
CANORO, adj. Harmonioso; suave.
CANSAÇO, s.m. Fadiga.
CANSADO, adj. Fatigado, enfastiado.
CANSAR, v.t. Causar fadiga a; importunar; aborrecer.

CANSATIVO, adj. Fatigante.
CANTADEIRA, adj. f. Cantora.
CANTADELA, s.f. Cantiga.
CANTADOR, adj. Cantor popular; seresteiro.
CANTANTE, adj. Cantador.
CANTÃO, s.m. Província; Estado; divisão territorial da Suíça.
CANTAR, v.t. Expressar-se melodiosamente, segundo ritmo e compasso musical.
CANTAREIRA, s.f. Prateleira; lugar onde se guardam vasos.
CANTAREJAR, v.int. Catarolar.
CANTARIA, s.f. Tudo o que é feito de pedra lavrada.
CÂNTARO, s.m. Jarra. Chover a —: chover fortemente.
CANTAROLA, s.f. Canto em voz baixa.
CANTAROLAR, v.t. e int. Cantar a meia-voz; trautear.
CANTATA, s.f. Composição poética para ser cantada; (pop.) lábia; arrazoado astucioso.
CANTATRIZ, s.f. Cantora.
CANTÁVEL, adj. Que pode ser cantado.
CANTEIRA, s.f. Pedreira de onde se corta pedra.
CANTEIRO, s.m. Operário que lavra a pedra de cantaria. Alegrete para flores.
CÂNTICO, s.m. Hino; ode; poema.
CANTIGA, s.f. Poesia destinada ao canto; — de amor: poesia trovadoresca onde o poeta exalta ou se queixa da namorada; — de amigo: em que a namorada fala do namorado; — de escárnio, de maldizer: poesias satíricas.
CANTIL, s.m. Frasco; pequeno vaso de madeira ou couro para transportar líquidos em viagem.
CANTILENA, s.f. Cantiga suave; melopéia; narração fastidiosa.
CANTINA, s.f. Taberna em acampamentos, quartéis.
CANTINEIRO, s.m. Dono de cantina.
CANTO, s.m. Ângulo; encontro de duas paredes; esquina. Modulação da voz humana e da de outros animais; música vocal.
CANTOCHÃO, s.m. Canto de Igreja.
CANTONAL, adj. Relativo a cantão.
CANTONEIRA, s.f. Prateleira adaptada a canto de casa.
CANTOR, s.m. Aquele que canta por profissão; poeta. (Fem.: cantora e cantatriz.)
CANTORIA, s.f. Entoação de vozes, série de cantos.
CANUDO, s.m. Tubo cilíndrico e oco, crespo do cabelo.
CÂNULA, s.f. Tubo de vários instrumentos cirúrgicos.
CANUTILHO, s.m. Vidrilho ou pequenos canudos de metal para enfeites de vestidos.
CANZARRÃO, s.m. Cão grande.
CANZIL, s.m. Cada um dos dois paus da canga, entre os quais o boi mete o pescoço.
CANZOADA, s.f. Ajuntamento de cães.
CÃO, s.m. Peça da espingarda que percute a cápsula. Animal carnívoro, doméstico, que logo se afeiçoa ao dono; o mesmo que cachorro. (Fem.: cadela; aum.: canzarrão, canaz; dim.: canicho, cãozinho e cãozito.)
CAOLHO, adj. Vesgo, estrábico.
CAOS (cá-os), s.m. Confusão de todos os elementos antes de se formar o mundo; grande desordem ou confusão.
CAÓTICO, adj. Confuso; desordenado.
CÃO-TINHOSO, s.m. O diabo.
CAPA, s.f. Capote; sobretudo; s.m. nome da letra K do alfabeto grego.
CAPACETE, s.m. Armadura de copa oval, para a cabeça.
CAPACHO, s.m. Tapete de esparto onde se limpam os sapatos.
CAPACIDADE, s.f. Âmbito, volume interior de um corpo vazio; aptidão; honradez; possibilidade legal.
CAPACITAR, v.t. Tornar capaz; persuadir.
CAPADARIA, s.f. Conjunto de capados ou porcos de engorda.
CAPADETE, s.m. Porco destinado a engorda, novo e pequeno.
CAPANGA, s.f. Valentão que se põe ao serviço de quem lhe paga; guarda-costas.
CAPANGADA, s.f. Multidão de capangas.
CAPANGAGEM, s.f. Ação de capanga; conjunto de capangas.

CAPÃO, s.m. Porção de mato isolado no meio do campo; animal castrado.

CAPAR, v.t. O mesmo que castrar.

CAPATAZ, s.m. Chefe; administrador de trabalhadores de uma fazenda, estância.

CAPATAZIA, s.f. O ofício, a função de capataz.

CAPAZ, adj. Competente; esperto. Superl.: capacíssimo.

CAPCIOSO, adj. Astuto; ardiloso; finório.

CAPEADO, adj. Dotado ou provido de capa.

CAPEADOR, s.m. Que capeia.

CAPEAMENTO, s.m. Ação de capear, de revestir alguma coisa com capa.

CAPEAR, v.t. Cobrir, envolver, proteger com capa; proteger alguém.

CAPELA, s.f. Ermida; templozinho de um só altar; divisão de templo, com altar próprio; pálpebra; compartimento fechado e envidraçado que nos laboratórios serve para realizar as reações químicas que desprendem gases deletérios.

CAPELANIA, s.f. Cargo ou benefício de capelão.

CAPELÃO, s.m. Padre encarregado de dizer missa em capela.

CAPELISTA, s. Pessoa que negocia em armarinhos, loja.

CAPELO, s.m. Capuz de frades.

CAPENGA, adj. Manco, coxo; náfego.

CAPENGANTE, adj. Que manca, coxeia.

CAPENGAR, v.int. Mancar; coxear.

CAPETA, s.m. Diabo; traquinas; irrequieto.

CAPETAGEM, s.f. Diabrura.

CAPIAU, s.m. Caipira; matuto. Femin.: capioa.

CAPILAR, adj. Relativo a. cabelo; delgado como um cabelo; de pequeníssimo calibre.

CAPILARIDADE, s.f. Qualidade do que é capilar; (Fis.) conjunto das propriedades dos tubos capilares em relação aos líquidos que neles penetram; parte da Física que estuda os fenômenos capilares.

CAPILÉ, s.m. Calda feita com o suco da capilária.

CAPILIFORME, adj. Que tem forma de cabelo.

CAPIM, s.m. Nome comum a várias espécies de gramíneas e ciperáceas, quase todas usadas como forragem.

CAPINA ou **CAPINAÇÃO,** s.f. Ato de limpar um terreno das ervas más.

CAPINADEIRA, s.f. Máquina agrícola para capina mecânica.

CAPINADOR, s.m. Carpidor.

CAPINAR, v.t. Carpir.

CAPINEIRO, s.m. Mondador ou segador de capim.

CAPINHA, s.f. Capa com que o toureiro provoca ou distrai o touro.

CAPINZAL, s.m. Terreno coberto de capim.

CAPIOA, s.f. Feminino de capiau.

CAPITAÇÃO, s.m. Imposto pago por cabeça.

CAPITAL, adj. Essencial; fundamental que se refere à pena de morte; mortal; s.f. cidade ou povoação principal; s.m. Fundo de dinheiro para uma empresa.

CAPITALISMO, s.m. Influência ou predomínio do capital, do dinheiro.

CAPITALISTA, s.m. e f. Pessoa que tem muito dinheiro.

CAPITALIZAÇÃO, s.f. Atc de capitalizar.

CAPITALIZAR, v.int. Acumular, ajuntar dinheiro.

CAPITALIZÁVEL, adj. Que se pode capitalizar.

CAPITANEAR, v.t. Chefiar.

CAPITANIA, s.f. Comando; designação das primeiras divisões administrativas do Brasil e das quais se originaram as Províncias e os Estados de hoje.

CAPITÂNIA, s.f. Nau-chefe, onde vai o comandante da esquadra, o capitão.

CAPITÃO, s.m. Chefe militar; comandante.

CAPITEL, s.m. Remate de coluna, parte superior de pilastra ou balaústre, geralmente esculturada.

CAPITOA, s.f. Feminino de capitão.

CAPITÓLIO, s.m. Templo dedicado a Júpiter em Roma.

CAPITOSO, adj. Que sobe à cabeça; que embriaga.

CAPITULAÇÃO, s.f. Rendição; convenção de entrega ao inimigo.

CAPITULADOR, s.m. O que se rende ao inimigo.

CAPITULANTE, adj. Que capitula.

CAPITULAR, adj. Relativo a capítulo ou a cabido; s.f.pl. decretos reais; ordenanças prescritas, na França medieval, pelas assembléias nacionais; v.t. render-se mediante condições.

CAPÍTULO, s.m. Divisão de um livro; Assembléia de dignidades eclesiásticas para tratar de certo assunto.

CAPIVARA, s.f. Nome de um mamífero de grande porte.

CAPIXABA, adj. Natural do Estado do Esp. Santo.

CAPOEIRA, s.f. Lugar onde se criam e alojam capões e outras aves domésticas. Mato ralo. Esporte antigo dos cariocas; rasteiras.

CAPOTA, s.f. Coberta de automóveis.

CAPOTAGEM, s.f. Ato de virar o automóvel desastradamente. Também se diz capotamento.

CAPOTAR, v.int. (Bras.) Dar de borco; embrocai (o aeroplano, o automóvel).

CAPOTE, s.m. Capa comprida e ampla.

CAPOTILHO, s.m. Capote pequeno.

CAPRICHAR, v.rel. Timbrar; aprimorar.

CAPRICHO, s.m. Desejo súbito e injustificado; inconstância; obstinação.

CAPRICHOSO, adj. Excêntrico; teimoso; esmerado.

CAPRICÓRNIO, s.m. (Astron.) Constelação e signo do Zodíaco; trópico do Sul.

CAPRINO, adj. Semelhante ou relativo à cabra ou bode.

CAPRO, s.m. Bode; chibo.

CAPRUM, adj. Relativo a cabra ou a bode; odor próprio destes animais. O mesmo que cabrum.

CÁPSULA, s.f. Invólucro de sementes de plantas; vaso de laboratório em forma de calota; pequeno tubo de cobre com massa fulminante para armas de percussão; película gelatinosa para envolver certos remédios.

CAPSULAR, adj. Que tem a forma de cápsula; v.t. encerrar em cápsula.

CAPSULÍFERO, adj. Que tem cápsulas.

CAPTAÇÃO, s.f. Ato de captar; pegar.

CAPTADOR, s.m. Aquele que capta.

CAPTAGEM, s.f. Ato de captar ou recolher.

CAPTAR, v.t. Apanhar; pegar; segurar; prender.

CAPTOR, s.m. Aquele que captura.

CAPTURA, s.f. Ação de capturar, prender, apanhar.

CAPTURADOR, s.m. Captor; aquele que captura.

CAPTURAR, v.t. Prender; apanhar; segurar; pegar.

CAPUCHINHO, s.m. Capuz pequeno; frade franciscano.

CAPUCHO, s.m. Capulho; semente preta de algodão.

CAPULHO, s.m. Invólucro da flor; cápsula dentro da qual se forma o algodão.

CAPUZ, s.m. Cobertura para a cabeça e geralmente presa à capa.

CAQUEIRADA, s.f. Grande porção de cacos.

CAQUÉTICO, adj. Desnutrido; magro.

CAQUEXIA (cs), s.f. Estado de desnutrição profunda, magreza doentia.

CAQUI, s.m. Fruto do caquizeiro.

CÁQUI, s.m. Pano cor de terra.

CAQUIZEIRO, s.m. Árvore da família das Ebenáceas.

CARA, s.f. Rosto; semblante; face.

CARÁ, s.m. Raiz comestível.

CARABINA, s.f. Espingarda; fuzil.

CARABINADA, s.f. Golpe dado com carabina; fuzilamento; porção de carabinas.

CARAÇA, s.f. Máscara de papelão; (fig.) cara larga e cheia.

CARACARÁ, s.m. Carapinhé; gavião.

CARACOL, s.m. Molusco gastrópode pulmonado; anel de cabelo enrolado em espiras; lesma. (Pl.: caracóis.)

CARACOLAR ou **CARACOLEAR,** v.int. Curvetear (o cavalo); t. fazer (o cavalo) curvetear.

CARACTERES, s.m.pl. Letras escritas; tipos de impressão.

CARACTERÍSTICA, s.f. Aquilo que caracteriza; (Mat.) a parte inteira de um logaritmo; — de uma determinante maior extraída desta matriz que não é nula.

CARACTERÍSTICO, adj. Que caracteriza; s.m. nota; qualidade individualizante.

CARACTERIZAÇÃO, s.f. Ato ou efeito de caracterizar, de individualizar, de dar ao ator as aparências da personagem que ele representa.

CARACTERIZADOR, adj. Aquele que caracteriza.

CARACTERIZANTE, adj. Que serve para caracterizar.

CARACTERIZAR, v.t. Individualizar; distinguir; assinalar.

CARACTEROLOGIA, s.f. Estudo psicológico dos diferentes tipos dos caracteres humanos.

CARACTEROLÓGICO, adj. Relativo à caracterologia.

CARACU, adj. Diz-se de uma raça bovina de pêlo curto.

CARADURA, s. Pessoa cínica, sem vergonha.

CARADURISMO, s.m. Cinismo; falta de vergonha.

CARAÍBA, s.m. e f. Indígena dos Caraíbas, grande família lingüística à qual pertencem muitas tribos do Brasil.

CARAJÁ, s.m. Bugio; macaco; indígena.

CARAMANCHÃO, s.m. Construção ligeira de ripas, canas ou estacas e revestida de trepadeiras, nos jardins; pérgola; caramanchel.

CARAMBOLA, s.f. Bola vermelha do bilhar; embate duma bola de bilhar sucessivamente sobre as outras duas; fruto do caramboleiro.

CARAMBOLAR, v.int. Fazer carambola (no bilhar); enganar; intrigar; enredar.

CARAMBOLEIRA, s.f. ou CARAMBOLEIRO, s.m. Planta da família das Oxalidáceas.

CARAMBOLEIRO, adj. Embusteiro; intrigante.

CARAMBOLICE, s.f. Logro, trapaça.

CARAMELO, s.m. Açúcar fundido e em parte decomposto pela ação do fogo; guloseima feita do açúcar assim tratado, a que se ajunta cacau, café.

CARAMINGUÁS, s.m.pl. Baú; arca; mala; dinheiro miúdo; trocadinhos.

CARAMINHOLA, s.f. Fantasia; imaginações.

CARAMUJO, s.m. Molusco marítimo, univalve; caracol.

CARAMURU, s.m. Moréia, enguia. Apelido que os Tupinambás da Bahia puseram em Diogo Álvares Correia.

CARANCHO, s.m. Caracará, gavião.

CARANGUEJAR, v.int. (pop.) Andar como o caranguejo; (fig.) hesitar.

CARANGUEJEIRA, s.f. Grande aranha peluda.

CARANGUEJEIRO, s.m. Indivíduo que apanha caranguejos.

CARANGUEJO, s.m. Nome comum dos crustáceos decápodes. Signo de Zodíaco.

CARANGUEJOLA, s.f. Armação de madeira com pouca solidez; coisa ou empresa mal segura.

CARANTONHA, s.f. Esgar; careta.

CARÁNTULAS, s.f.pl. Figuras, caracteres mágicos dos feiticeiros.

CARÃO, s.m. Cara grande e feia; repreensão; ralho; descompostura.

CARAPAÇA, s.f. Coberta; revestimento ósseo; proteção natural das tartarugas.

CARAPETA, s.f. Mentira de pouca importância, lorota; pião.

CARAPETÃO, s.m. Grande mentira; logro.

CARAPETAR, v.int. Dizer carapetões.

CARAPETEIRO, adj. Mentiroso.

CARAPINA, s.m. Carpinteiro pouco hábil.

CARAPINHA, s.f. Cabelo crespo e lanoso dos pretos.

CARAPINHÉ, s.m. Caracará; gavião.

CARAPÓ, s.m. Enguia elétrica.

CARAPUÇA, s.f. Cobertura para a cabeça.

CARAPUCEIRO, s.m. Indivíduo que faz ou vende carapuça.

CARÁTER, s.m. Índole; firmeza de vontade.

CARAVANA, s.f. Grupo de peregrinos, mercadores ou viajantes que se juntam para atravessar com segurança o deserto; (por ext.) reunião de pessoas que viajam ou passeiam juntas.

CARAVANÇARÁ, s.m. Edifício para pousada gratuita das caravanas.

CARAVANEIRO, s.m. Pessoa que toma parte na caravana; o guia ou chefe da caravana.

CARAVELA, s.f. Tipo antigo de barco a vela. Aument.: caravelão.

CARAVELEIRO, s.m. Marinheiro que trabalha em caravela.

CARAZAL, s.m. Lugar onde há cará; plantação de cará.

CARAZEIRO, adj. Pessoa que gosta de cará.

CARBONAÇÃO, s.f. O mesmo que carburação, ação de submeter um corpo às influências do carvão.

CARBONADO, s.m. Diamante ao Brasil, preto, amorfo, utilizado pela sua extrema dureza, na perfuração de túneis.

CARBONADOR, s.m. Carburador, aparelho em que se faz a carburação.

CARBONAR, v.t. Preferível ao galicismo carburar: misturar um produto inflamável ao ar a um lí-

quido ou a um corpo sólido para lhe comunicar propriedades combustíveis ou explosivas.

CARBONATAR, v.p. Transformar-se em carbonato; saturar-se de ácido carbônico.

CARBONATO, s.m. Designação genérica dos sais e ésteres do ácido carbônico.

CARBONETO, s.m. Designação genérica dos compostos binários que encerram carbono e outro elemento.

CARBÔNICO, adj. Diz-se do ácido hipotético formado pela combinação de um átomo de carbono, dois de hidrogênio e três de oxigênio.

CARBÔNIO, s.m. Elemento químico, metalóide, símbolo C, de peso atômico 12 e número atômico 6.

CARBONIZAÇÃO, s.f. Ato de reduzir a carvão.

CARBONIZADO, adj. Reduzido a carvão.

CARBONIZADOR, adj. Que se reduz a carvão.

CARBONIZAR, v.t. Reduzir a carvão.

CARBONIZÁVEL, adj. Que pode carbonizar-se.

CARBONO, s.m. O mesmo que carbônio.

CARBOXILA (cs), s.f. Grupamento que caracteriza os ácidos orgânicos.

CARBÚNCULO, s.m. Pústula maligna, edema maligno, antraz maligno.

CARBUNCULOSO, adj. Que tem natureza de carbúnculo; que produz carbúnculos.

CARBURAÇÃO, s.f. Operação que tem por fim submeter um corpo à ação do carbono.

CARBURADOR, s.m. (V. Carbonador.)

CARBURETO, s.m. O mesmo que carboneto, forma preferível. Nome genérico dos compostos binários que contêm carbono e outro elemento.

CARCAÇA, s.f. Esqueleto; arcabouço.

CARCELA, s.f. Tira de pano; faixa; fita; debrum.

CARCERAGEM, s.f. Ato de encarcerar, quantia que os presos pagam ao carcereiro.

CARCERÁRIO, adj. Relativo ao cárcere.

CÁRCERE, s.m. Prisão; cadeia.

CARCEREIRO, s.m. Guarda do cárcere.

CARCINOLOGIA, s.f. Estudo, tratado dos crustáceos.

CARCINOLÓGICO, adj. Relativo à carcinologia: estudos carcinológicos.

CARCINOMA, s.m. Tumor maligno; câncer.

CARCINOMATOSO, adj. Que sofre de câncer, canceroso.

CARCINOSE, s.f. Estado mórbido, doentio, resultante da presença de um câncer, tumor maligno.

CARCOMA, s.m. Caruncho.

CARCOMER, v.t. Roer, escavar.

CARCOMIDO, adj. Roído, apodrecido, carunchado.

CARDA, s.f. Instrumento de cardar.

CARDADA, s.f. Porção de lã que se carda de uma vez.

CARDADOR, s.m. Aquele que carda ou tem por ofício cardar.

CARDADURA, s.f. Ação ou efeito de cardar.

CARDÁPIO, s.m. Lista ou minuta das iguarias de uma refeição.

CARDAR, v.t. Pentear a lã, o algodão para torná-los fáceis de fiar.

CARDEAL, s.m. Prelado do Sacro Colégio pontifício. Designação de várias aves, em cujas cores predomina a vermelha; adj. principal, fundamental.

CARDEIRO, s.m. O que faz ou vende cardas.

CÁRDIA, s.f. Abertura superior do estômago.

CARDÍACO, adj. Aquele que sofre do coração.

CARDINAL, adj. Número cardinal.

CARDINALADO ou CARDINALATO, s.m. Dignidade de cardeal.

CARDINALÍCIO, adj. Relativo a cardeal.

CARDIOGRAFIA, s.f. Parte da Anatomia que descreve o coração.

CARDIOGRÁFICO, adj. Relativo à cardiografia.

CARDIÓGRAFO, s.m. Aparelho registrador dos movimentos do coração.

CARDIOGRAMA, s.m. Curva obtida pela aplicação do cardiógrafo.

CARDIOLOGIA, s.f. Parte da Medicina que se ocupa das doenças do coração e dos vasos.

CARDIOLÓGICO, adj. Relativo à cardiologia.

CARDIOLOGISTA ou CARDIÓLOGO, s.m. Especialista em cardiologia.

CARDIOPATIA, s.f. Designação genérica das afecções do coração.

CARDIOPÁTICO, adj. Relativo a cardiopatia.

CARDUÇA, s.f. Corda grosseira, para começar a cardadura.

CARDUME, s.m. Bando de peixes; bando, multidão, ajuntamento; boana.

CAREAÇÃO, s.f. Acareação.

CAREADO, adj. Confrontado.

CAREADOR, adj. Que, ou aquele que careia.

CAREAR, v.t. Atrair; conduzir; conseguir; acarear, confrontar.

CARECA, s.f. Calvo.

CARECENTE, adj. Necessitado.

CARECER, v.rel. Necessitar, precisar.

CARECIDO, adj. Falto, necessitado.

CARECIMENTO, s.m. Carência.

CAREIRO, adj. Que vende caro.

CARENA, s.f. Quilha, querena.

CARENAR, v.int. Tombar a embarcação para um lado sob a ação do vento.

CARÊNCIA, s.f. Falta, privação.

CAREPA, s.f. Caspa miúda.

CAREPENTO ou **CAREPOSO,** adj. Que tem carepa; caspento.

CARESTIA, s.f. Carência; escassez.

CARETA, s.f. Esgar; truanice.

CARETEAR, v.int. Fazer caretas.

CARETEIRO, adj. Que faz caretas ou trejeitos.

CAREZA, s.f. Preço alto.

CARGA, s.f. Aquilo que é, ou pode ser transportado por homem, animal, carro, navio, etc.; ataque; investida violenta.

CARGO, s.m. Carga; emprego público; responsabilidade.

CARGUEIRO, s.m. O que guia bestas de carga; adj. transportador de carga; o que transporta exclusivamente carga.

CARIADO, adj. Apodrecido.

CARIAR, v.t. Encher de cárie; corromper; apodrecer.

CARIÁTIDE, s.f. Figura humana sobre que assenta uma cornija ou arquitrave.

CARIBA ou **CARIBE,** adj. Caraíba.

CARIBOCA, s.m. e f. Mestiço de sangue europeu e de índio.

CARICATO, adj. Ridículo; burlesco.

CARICATURA, s.f. Representação burlesca de pessoa ou fatos.

CARICATURAL, adj. Que se presta à caricatura.

CARICATURAR, v.t. Representar por meio de caricaturas.

CARICATURISTA, s.m. Pessoa que faz caricaturas.

CARÍCIA, s.f. Afago, meiguice, carinho.

CARICIAR, v.t. Acariciar.

CARICIÁVEL, adj. Caricioso; agradável.

CARICIOSO, adj. Meigo; carinhoso.

CARIDADE, s.f. Benevolência; esmola; compaixão.

CARIDOSO, adj. Que tem caridade.

CÁRIE, s.f. Ulceração dos dentes e ossos que os destrói progressivamente.

CARIJÓ, adj. Diz-se do galo ou galinha de penas salpicadas de branco e preto.

CARIMBADO, adj. Marcado com carimbo.

CARIMBADOR, adj. Que carimba.

CARIMBAGEM, s.f. Ato ou operação de carimbar.

CARIMBAR, v.t. Marcar com carimbo.

CARIMBO, s.m. Selo; sinete.

CARINHO, s.m. Afago; carícia.

CARINHOSO, adj. Afável; meigo.

CARIOCA, adj. Natural da Cidade do Rio de Janeiro.

CARITATIVO, adj. Caridoso.

CARLINGA, s.f. Peça de madeira sobre que assenta o mastro grande; sobrequilha; em aviação, o mesmo que cabina.

CARME, s.m. Canto; poema; versos líricos.

CARMELITA, s. Frade ou freira da ordem de N. S.ª do Carmo.

CARMELITANO, s.m. Carmelita.

CARMESIM, adj. Cor vermelha muito viva.

CARMIM, s.m. Cor vermelha vivíssima.

CARMINADO, adj. Pintado de carmim.

CARMINAR, v.t. Purpurear.

CARNAÇÃO, s.f. Representação do corpo humano nu e com a cor natural; a cor da carne.

CARNADURA, s.f. O conjunto dos músculos.

CARNAL, adj. Lascivo; consangüíneo.

CARNALIDADE, s.f. Sensualidade.

CARNAÚBA, s.f. Espécie de palmeira; cera extraída das folhas dessa palmeira.

CARNAUBAL (a-u), s.m. Palmeiral de carnaúbas.

CARNAVAL, s.m. Os três dias de folia que precedem a Quarta-feira de Cinzas; entrudo.

CARNAVALESCO, adj. Próprio do carnaval.

CARNAZ, s.m. O lado da pele oposto à cútis.

CARNE, s.f. Tecido muscular do homem e dos outros animais.

CARNÊ, s.m. Caderneta de contas a prestação.

CARNEAÇÃO, s.f. Ato de carnear.

CARNEADOR, s.m. Magarefe, carniceiro.

CARNEAR, v.int. Abater o gado e preparar as carnes para secar; charquear; t. matar e esquartejar; esfolar (bois).

CARNEGÃO, s.m. (V. Carnicão.)

CARNEIRA, s.f. Pele de carneiro preparada; ovelha; tira de couro que guarnece os chapéus de homem por dentro; sepultura.

CARNEIRADA, s.f. Rebanho de carneiros; pequenas ondas espumosas; grupo de pessoas sem opinião própria.

CARNEIREIRO, s.m. Aquele que tem carneiros ou aquele que os guarda.

CARNEIRO, s.m. Quadrúpede ruminante e lanígero. Sepultura, carneira.

CARNIÇA, s.f. Animal morto, cadáver em putrefação.

CARNIÇAL, adj. Carniceiro, cruel.

CARNICÃO, s.m. Parte purulenta e endurecida de certos tumores e furúnculos. Vars.: carnigão, carnegão.

CARNIÇARIA, s.f. Carnificina; açougue.

CARNICEIRO, adj. Sanguinário.

CARNÍFICE, s.m. Verdugo; carrasco.

CARNIFICINA, s.f. Mortandade; extermínio.

CARNÍVORO, adj. Que se alimenta de carne.

CARNOSIDADE, s.f. Excrescência carnosa.

CARNOSO, adj. Cheio ou coberto de carne; com a aparência de carne.

CARNUDO, adj. Que tem muita carne; carnoso; musculoso.

CARO, adj. De preço elevado; querido.

CAROÁ, s.m. Planta da família das Bromeliáceas, cujas fibras substituem as do cânhamo, da juta e do linho.

CAROÁVEL, adj. Carinhoso; amável.

CAROAZAL, s.m. Terreno onde crescem caroás.

CAROÇAMA, s.f. Muitos caroços; muitos tumores.

CAROCHA, s.f. Escaravelho; mitra extravagante dos condenados da Inquisição; carapuça de papel para castigo das crianças mal comportadas na escola.

CAROCHINHA, s.f. Diminutivo de carocha; histórias da —: contos tradicionais ou de invenção para crianças.

CAROÇO, s.m. Semente de vários frutos; íngua, (pop.) dinheiro; inibição ou dificuldade momentânea de expressão num discurso.

CAROÇUDO, adj. Que tem caroço.

CAROLA, s. Pessoa muito assídua à igreja; muito beato.

CARONA, s.f. Peça dos arreios que consiste numa manta de couro, a qual se põe por baixo do lombilho; pessoa que não paga passagem, que viaja de graça.

CARÓTIDA s.f. Cada uma das duas grandes artérias que da aorta conduzem o sangue à cabeça.

CAROTÍDEO, adj. Relativo às carótidas.

CARPA, s.f. Peixe ciprinóide de água doce.

CARPIÇÃO, s.f. Ato de carpir, de capinar, carpa.

CARPIDEIRA, s.f. Mulher que, por profissão, acompanhava os funerais pranteando os mortos; máquina agrícola para capina das plantações, também chamada capinadeira.

CARPIDO, adj. Lamentoso; lúgubre; capinado.

CARPIDOR, adj. Capinador.

CARPIDURA, s.f. Ato de carpir; carpimento.

CARPIMENTO, s.m. Ação de se carpir; lamentação; capinação.

CARPINS, s.m.pl. Meias curtas.

CARPINTARIA, s.f. Trabalho, ofício ou oficina de carpinteiro.

CARPINTEIRO, s.m. Artífice que trabalha em obras de madeira.

CARPINTEJAR, v.t. Aparelhar (a madeira) para obras; int. exercer o ofício de carpinteiro.

CARPIR, v.t. Mondar; arrancar (o cabelo) em sinal de dor; prantear, lastimar; limpar do mato (uma roça); capinar. Conjuga-se em todas as pessoas; carpo, carpes, carpe, etc.

CARPO, s.m. Pulso; punho; segmento entre o antebraço e o metacarpo.

CARQUILHA, s.f. Ruga; dobra; prega.

CARRAÇA, s.f. Carrapato; (fig.) pessoa importuna, que não larga outrem.

CARRADA, s.f. Carga de carro.

CARRANÇA, s.f. Rosto sombrio; cara feia.

CARRANÇA, s.m. Indivíduo apegado ao passado; atrasado.

CARRANCISMO, s.m. Atraso social.

CARRANCUDO, adj. De mau humor; trombudo.

CARRANQUEAR, v.int. Fazer carranca; estar carrancudo.

CARRAPATAL, s.m. Campo em que são abundantes os carrapatos.

CARRAPATEIRA, s.f. Planta da família das Euforbiáceas, também chamada mamona.

CARRAPATICIDA, s.m. Preparado químico para matar carrapatos.

CARRAPATO, s.m. Animálculo provido de garras que se prende à pele do homem e dos animais, sugando-lhes o sangue; pessoa importuna.

CARRAPICHO, s.m. Cabelo atado no alto ou na parte posterior da cabeça; semente espinhosa de certas plantas das famílias das Compostas.

CARRARIA, s.f. Conjunto de carros.

CARRASCAL, s.m. Lugar pedregoso onde crescem plantas, arbustos próprios desses terrenos.

CARRASCÃO, s.m. Vinho forte e taninoso.

CARRASCO, s.m. Verdugo; algoz; homem cruel.

CARRASCOSO, adj. Diz-se do terreno em que crescem carrascos.

CARRASPANA, s.f. Bebedeira; repreensão.

CARREADOR ou **CARREADOURO**, s.m. Caminho do carro, no campo; vereda; picada.

CARREAR, v.t. Acarretar; aduzir. (Pres. indic.: carreio, etc.)

CARREGAÇÃO, s.f. Carga; afecção, doença; manufatura mal acabada.

CARREGADEIRA, s.f. Mulher que se ocupa em transportar fardos à cabeça.

CARREGADO, adj. Transportado; cheio.

CARREGADOR, s.m. Indivíduo que faz fretes; pente de balas nas armas automáticas.

CARREGAMENTO, s.m. Carregação; o conjunto de coisas que um veículo comporta.

CARREGAR, v.t. Transportar; levar ou conduzir (carga); meter a pólvora ou os projéteis em; acumular eletricidade em; atacar com ímpeto.

CARREGO, s.m. Ato de carregar; carga ou fardo que se leva à cabeça, aos ombros etc.; (pop.) encargo de consciência.

CARREIRA, s.f. Caminho de carro; trilho; corrida veloz; curso; profissão; fila, renque.

CARREIRO, s.m. O guia do carro de bois; caminho estreito; atalho.

CARRETA, s.f. Pequeno carro de duas rodas; carroça.

CARRETAGEM, s.f. Carreto; paga de um carreto.

CARRETAR, v.t. O mesmo que carrear e acarretar.

CARRETEL, s.m. Bobina; roldana pequena; cilindro a que se enrolam os fios de linha.

CARRETILHA, s.f. Roldana pequena; roda dentada munida de um cabo, para cortar folheados, massas; roda provida de um sulco e presa a um gancho, pela qual passa a corda do poço, o cabo de aço ou o fio elétrico nos bondes; roda pequena, presa aos pés de um móvel para facilitar os investimentos de transporte.

CARRETO, s.m. Transporte; frete.

CARRIÇA, s.f. Cambaxirra.

CARRIL, s.m. Sulco deixado pelas rodas do carro; rodeira; trilho.

CARRILHÃO, s.m. Conjunto de sinos, com que se tocam peças de música; relógio de parede que dá horas com quartos, de som agradável, melodioso.

CARRIOLA, s.f. Pequeno carro de aldeão, com duas rodas. O mesmo que carrinho de mão.

CARRO, s.m. Veículo de rodas, para transporte de coisas ou de pessoas.

CARROÇA, s.f. Carro grosseiro, para cargas.

CARROÇADA, s.f. Carga de uma carroça; aquilo que uma carroça pode transportar.

CARROÇARIA, s.f. Parte do automóvel ou caminhão onde vão o motorista e os passageiros ou a carga. Forma paral.: carroceria.

CARROÇÁVEL, adj. Apropriado ao tráfego de carroças e outros veículos.

CARROCEIRO, s.m. Condutor de carroça.

CARROSSEL, s.m. Espécie de rodízio que tem suspensos em torno pequenos cavalos de madeira ou carrinhos e que serve de divertimento a crianças.

CARRUAGEM, s.f. Carro de caixa sobre molas para transportar pessoas; carro de praça.

CARTA, s.f. Epístola; missiva; mapa; diploma.

CARTADA, s.f. Lance no jogo de cartas; golpe.

CARTAGINÊS, adj. Natural ou habitante de Cartago.

CARTÃO, s.m. Papel muito encorpado; papelão. Não é aumentativo de carta; o suf. **ão** indica apenas que é mais grosso, forte, que o papel comum.

CARTAPÁCIO, s.m. Carta muito grande; livro grande e antigo.

CARTAZ, s.m. Papel grande de anúncio em lugar público. (Gír.) Conceito elevado; cotação.

CARTEAMENTO, s.m. Ato de cartear. O mesmo que carteio.

CARTEAR, v.int. Dar cartas no jogo.

CARTEIO, s.m. Carteamento.

CARTEIRA, s.f. Bolsa de couro para guardar dinheiro, letras ou outros papéis; mesa de escrever; secretária.

CARTEIRO, s.m. Distribuidor de correspondência.

CARTEL, s.m. Carta de desafio; provocação; dístico; entendimento comercial entre empresas produtoras, as quais, embora conservem a autonomia interna, se organizam em sindicato para distribuírem, entre si, os mercados e determinarem os preços.

CARTESIANISMO, s.m. Sistema filosófico de René Descartes, filósofo, físico e geômetra francês (1596-1650).

CARTESIANO, adj. De Descartes; relativo ao cartesianismo.

CARTILAGEM, s.f. Variedade de tecido conjuntivo dos vertebrados.

CARTILAGINOSO, adj. Que tem cartilagem.

CARTILHA, s.f. Livro de primeiras letras.

CARTOGRAFIA, s.f. Arte de fazer mapas.

CARTOGRÁFICO, adj. Relativo à cartografia.

CARTOLA, s.f. Chapéu alto; (por ext.) aristocrata, ricaço.

CARTOLINA, s.f. Papel encorpado, de superfície lisa.

CARTOMANCIA, s.f. Adivinhação por meio de cartas de jogar.

CARTOMANTE, s.m. Pessoa dada ao estudo e prática da cartomancia.

CARTONADO, adj. Feito de papel resistente; cartão.

CARTONAGEM, s.f. Encadernação mais resistente.

CARTONAR, v.t. Encadernar em cartão.

CARTORÁRIO, s.m. Empregado em cartório; cartulário.

CARTÓRIO, s.m. Arquivo de documentos; escritório de notários ou escrivães.

CARTUCHAME, s.m. Provisão de cartuchos.

CARTUCHEIRA, s.f. Patrona ou bolsa para cartuchos.

CARTUCHO, s.m. Canudo de papel para doce, pólvora, etc.

CARTULÁRIO, s.m. Registro dos títulos ou antigüidade de uma corporação, convento ou igreja.

CARUNCHAR, v.int. Encher-se de caruncho; apodrecer.

CARUNCHENTO, adj. Carunchoso.

CARUNCHO, s.m. Inseto que corrói a madeira; carcoma.

CARUNCHOSO, adj. Carcomido; roído; podre; (fig.) velho, abatido. O mesmo que carunchento.

CARÚNCULA, s.f. Excrescência fibrosa ou carnuda.

CARURU, s.m. Planta hortense de usos culinários.

CARVALHO, s.m. Árvore, madeira de lei, de grande resistência.

CARVÃO, s.m. Brasa extinta; pedaço de madeira carbonizada; — de-pedra: hulha.

CARVOARIA, s.f. Estabelecimento onde se fabrica ou vende carvão.

CARVOEIRA, s.f. Lugar próprio para guardar carvão.

CARVOEIRO, s.m. Fabricante ou vendedor de carvão.

CARVOENTO, adj. Preto, escuro.

CÃS, s.f. pl. Cabelos brancos.

CASA, s.f. Morada; vivenda; mansão; lar.

CASACA, s.f. Traje de cerimônia, com abas longas.

CASACO, s.m. Agasalho; capote.

CASADEIRO, adj. Casadouro.

CASADO, adj. Matrimoniado.

CASADOURO, adj. Em idade de casar.

CASAL, s.m. Pequeno povoado; lugarejo; par composto de macho e fêmea, ou marido e mulher.
CASALAR, v.t. e t.-rel. Acasalar.
CASALEJO, s.m. Casal pequeno; casa rústica.
CASAMATA, s.f. Casa ou subterrâneo abobadado; bateria que defende o fosso.
CASAMENTEIRO, adj. Que negocia casamentos.
CASAMENTO, s.m. Núpcias, enlace, matrimônio.
CASAR, v.t. Unir por casamento, promover o casamento.
CASARÃO, s.m. Casa grande; aument. de casa.
CASARIA, s.f. ou CASARIO, s.m. Série de casas; povoado.
CASCA, s.f. Invólucro exterior de plantas, frutas, ovos, tubérculos etc.; (aum.: cascão, cascarrão).
CASCA-GROSSA, s. Pessoa rude, grosseira, mal-educada.
CASCALHENTO, adj. Que tem muito cascalho.
CASCALHO, s.m. Calhaus, pedregulho.
CASCALHOSO ou CASCALHUDO, adj. Cheio de cascalho.
CASCÃO, s.m. Casca grossa; crosta endurecida.
CASCAR, v.rel. Bater; dar pancadas; arremessar; jogar.
CASCARIA, s.f. Muitas cascas.
CASCATA, s.f. Queda de água; cachoeira.
CASCATEANTE, adj. Que faz ruído como o da cascata.
CASCATEAR, v.int. Cair em forma de cascata.
CASCAVEL, s.m. Guizo; cobra venenosíssima, que possui na cauda um chocalho ou cascavel; pessoa de má língua e mau gênio.
CASCO, s.m. Crânio; quilha e costado de navio; unha de paquiderme e eqüídeo; antiga armadura para a cabeça.
CASCUDO, adj. Que tem casca grossa ou pele dura.
CASEAÇÃO, s.f. Transformação do leite em queijo; ação de abrir casas de botão.
CASEADEIRA, s.f. Máquina de casear; mulher que abre casas de botão.
CASEADOR, s.m. Instrumento ou homem que caseia.
CASEAR, v.t. Abrir e pontear casas para os botões.
CASEBRE, s.m. Casa pequena e velha ou arruinada; pardieiro.
CASEIFORME (e-i), adj. Em forma ou com o aspecto de queijo.
CASEÍNA, s.f. Fosfoproteína encontrada no leite de que é o principal constituinte e se acha sob a forma de sal de cálcio (pela ação de enzimas se transforma em queijo).
CASEIRO, adj. Relativo a casa; usado em casa; amigo de viver em casa; s.m. inquilino; arrendatário de um casal.
CASEOSO, adj. Semelhante a queijo.
CASERNA, s.f. Quartel.
CASIMIRA, s.f. Tecido fino de lã, para vestuário.
CASINHOLA ou CASINHOTA, s.f. CASINHOLO (ô) ou CASINHOTO, s.m. Casa pequena e pobre.
CASINO, s.m. Clube militar; casa de jogo. O mesmo que cassino.
CASMURRICE, s.f. Teimosia.
CASMURRO, adj. Triste; sorumbático; de poucas palavras.
CASO, s.m. Acontecimento; narração; fato.
CASÓRIO, s.m. (pop.) Casamento.
CASPA, s.f. Escamas da pele da cabeça ou de qualquer outra parte da epiderme.
CASPENTO, adj. Casposo.
CASPOSO, adj. Que tem caspa.
CASQUEIRA, s.f. Cascaria; porção de cascas.
CASQUEIRO, s.m. Lugar onde se descasca a madeira; depósito antigo de ostras e outras conchas.
CASQUENTO, adj. Que tem muita casca.
CASQUETE, s.m. Carapuça; barrete, boné.
CASQUILHAR, v.int. Andar casquilho; janotear.
CASQUILHICE, s.f. Janotismo; elegância; aprumo.
CASQUILHO, adj. subst. Elegante; vaidoso.
CASQUINADA, s.f. Riso; gargalhada.
CASQUINAR, v.int. Rir alto e forte, gargalhar.
CASQUINHA, s.f. Diminutivo de casca.
CASSA, s.f. Tecido transparente, de linho ou de algodão.
CASSAÇÃO, s.f. Ato de cassar; anulação.
CASSAR, v.t. Anular (licenças concedidas); tornar sem efeito.
CASSETETE (tête), s.m. Cacete curto, com argola de couro de um lado e castão metálico do outro.

CASSINETA, s.f. Tecido fino de lã, para vestuário.
CASSINO, s.m. Clube ou lugar de reunião para jogar, dançar, beber. (V. casino.)
CASTA, s.f. Raça; geração; qualidade; classe social.
CASTANHA, s.f. Fruta do castanheiro; fruto do cajueiro.
CASTANHAL, s.m. Mata, plantação, bosque de castanheiras; o mesmo que castanhedo.
CASTANHEIRA, s.f. Mulher que assa e vende castanhas; árvore de castanhas.
CASTANHEIRO, s.m. Árvore da família das Fagáceas.
CASTANHETA, s.f. Estalido produzido pelas cabeças dos dedos grande e polegar; o mesmo que castanholas.
CASTANHO, adj. Que tem a cor de castanha; marrom.
CASTANHOLA, s.f.pl. Instrumento costante de duas peças de madeira ou marfim, e que, ligadas por um cordel entre si e aos dedos ou pulsos do tocador, batem uma contra a outra; castanheta.
CASTANHOLAR, v.t. Fazer soar ao modo de castanholas; int. tocar castanholas.
CASTÃO, s.m. Remate superior das bengalas.
CASTELÃ, s.f. Mulher de castelão; que reside num castelo.
CASTELÃO, s.m. Senhor feudal, que vivia em castelo e exercia jurisdição em certa área. (Fem. castelão, castelona, casteloa.)
CASTELEIRO, adj. Relativo a castelo; s.m. senhor do castelo.
CASTELHANISMO, s.m. Locução regional da língua espanhola, própria de Castela.
CASTELHANO, adj. Espanhol; s.f. a língua espanhola.
CASTELO, s.m. Residência senhorial fortificada; fortaleza; praça forte.
CASTIÇAL, s.m. Utensílio com bocal na parte superior, para segurar velas de iluminação.
CASTIÇAR, v.t. Tornar castiço; cruzar animais de várias raças.
CASTICISMO, s.m. Vernaculidade.
CASTIÇO, adj. De boa casta; puro; vernáculo.
CASTIDADE, s.f. Virtude da pureza.
CASTIGADO, adj. Punido; maltratado.
CASTIGADOR, adj. Punidor, executor de castigo.
CASTIGAR, v.t. Infligir castigo a; punir; corrigir.
CASTIGÁVEL, adj. Que pode, deve ou merece ser castigado.
CASTIGO, s.m. Punição; sofrimento aplicado a delinqüente.
CASTO, adj. Puro; inocente.
CASTOR, s.m. Mamífero roedor; estrela dupla da constelação dos Gêmeos.
CASTRAÇÃO, s.f. Capação.
CASTRADO, adj. Capado.
CASTRADOR, s.m. Capador.
CASTRAR, v.t. Cortar ou destruir os órgãos reprodutores a; capar.
CASUAL, adj. Fortuito; acidental.
CASUALIDADE, s.f. Acidental; acaso.
CASUÍSTA, s. Pessoa que resolve casos de consciência; pessoa que explica a moral por meio de casos.
CASUÍSTICA, s.f. Sistema de casuístas; parte da teologia moral que trata dos casos de consciência; número de casos carreados para comprovar uma tese.
CASUÍSTICO, adj. Relativo à casuística.
CASULA, s.f. Vestimenta sacerdotal que se põe sobre a alva e a estola para dizer missa.
CASULO, s.m. Invólucro filamentoso, construído pela larva do bicho-da-seda ou por outras.
CATA, s.f. Busca, pesquisa, garimpo.
CATACEGO, adj. Que tem pouca vista; míope.
CATACLÍSMICO, adj. Relativo a cataclismo; sísmico.
CATACLISMO, s.m. Inundação; catástrofe.
CATACRESE, s.f. Aplicação de um termo figurado por falta de termo próprio: braço de mar; barriga da perna; cabeça de prego.
CATACUMBAS, s.f.pl. Subterrâneos formados de galerias em cujas paredes se faziam as tumbas.
CATADEIRA, s.f. Mulher que cata o café; máquina que separa os grãos pelo tamanho.
CATADOR, adj. Que cata; s.m. máquina de beneficiamento de café, na qual se separam os diversos tipos.
CATADUPA, s.f. Catarata; salto; cachoeira.

CATADUPEJAR, v.int. Cair em catadupa.

CATADURA, s.f. Semblante; aspecto.

CATAFALCO, s.m. Estrado alto ou essa, sobre que se coloca o féretro.

CATALÃO, adj. Natural ou habitante da Catalunha (Fem.: catalã; pl.: catalães.)

CATALEPSIA, s.f. Estado de rigidez muscular em que uma parte do corpo permanece na posição que tomou ou que lhe foi dada.

CATALÉPTICO, adj. Doente de catalepsia.

CATALISAÇÃO, s.f. Operação de catalisar.

CATALISADOR, s.m. Substância que acelera ou retarda uma ação química.

CATALISAR, v.t. Acelerar ou retardar uma ação química.

CATÁLISE, s.f. Modificação da velocidade de uma reação pela simples presença de um agente físico, químico ou biológico.

CATALÍTICO, adj. Que diz respeito a catálise.

CATALOGAÇÃO, s.f. Ato de catalogar, de elencar.

CATALOGADOR, s.m. O que cataloga.

CATALOGAR, v.t. Classificar; inventariar, arrolar.

CATÁLOGO, s.m. Lista descritiva; relação circunstanciada; elenco.

CATAMENIAL, adj. Relativo ao catamênio.

CATAMÊNIO, s.m. Mênstruo, regras.

CATANA, s.f. Espada japonesa; (fig.) a língua humana; meter a —: falar mal do próximo.

CATÃO, s.m. (fig.) Homem austero; criticador de costumes.

CATAPLASMA, s.f. Papas medicamentosas que se aplicam entre dois panos a uma parte do corpo para resolver inflamações.

CATAPLASMADO, adj. Coberto de cataplasma.

CATAPORA, s.f. Nome vulgar da varicela; também se diz tataporas.

CATAPULTA, s.f. Antiga máquina de guerra, com que se arremessavam projéteis.

CATAR, v.t. Buscar; procurar; espiolhar.

CATARATA, s.f. Opacidade do cristalino, a qual impede a chegada dos raios luminosos à retina; catadupa; salto: cachoeira.

CATARINENSE, s. O natural ou habitante do Estado de Santa Catarina.

CATARRAL, adj. Relativo a catarro.

CATARREIRA, s.f. Defluxo; constipação.

CATARRENTO, adj. Que tem catarro.

CATARRO, s.m. Inflamação aguda ou crônica das mucosas, com ou sem aumento da secreção da mucosa inflamada.

CATARROSO, adj. Que tem catarro.

CATÁRTICO, adj. Purgativo.

CATASSOL, s.m. Cambiante; antigo tecido fino e lustroso.

CATÁSTROFE, s.f. Grande desgraça; hecatombe.

CATASTRÓFICO, adj. Que tem o caráter de catástrofe.

CATATAU, s.m. Pequeno; baixo de estatura; piquira.

CATATRAZ, interj. Imitativa do estrondo produzido por queda ou pancadaria.

CATA-VENTO, s.m. Bandeirinha de metal que enfiada numa haste e posta no alto dos edifícios, serve para indicar a direção dos ventos; ventoinha; (fig.) pessoa versátil. (Pl.: cata-ventos.)

CATECISMO, s.m. Livro elementar de instrução religiosa.

CATECÚMENO, s.m. Aquele que se prepara e instrui para receber o batismo.

CÁTEDRA, s.f. Cadeira professoral; cadeira pontifícia.

CATEDRAL, s.f. Igreja episcopal de uma diocese.

CATEDRÁTICO, adj. Lente efetivo de escolas secundárias ou superiores.

CATEGORIA, s.f. Classe; série; hierarquia; em Filos., gêneros mais gerais segundo os quais se distribuem os objetos do pensamento.

CATEGÓRICO, adj. Claro; explícito; terminante.

CATEGORIZADO, adj. Que tem categoria; abalizado.

CATEGORIZAR, v.t. Dar categoria a.

CATEGUTE, s.m. Fio de intestino de carneiro e outros animais. (Empregado em cirurgia para sutura.)

CATÊNULA, s.f. Pequena cadeia, corrente.

CATENULADO, adj. Em forma de catênula.

CATEQUESE, s.f. Doutrinação.

CATEQUÉTICO, adj. Relativo a catequese.

CATEQUISTA, adj. Diz-se de, ou pessoa que catequiza; que explica o catecismo.

CATEQUIZAÇÃO, s.f. Ato de catequizar; doutrinação.

CATEQUIZADOR, adj. Aquele que catequiza, que ensina catecismo.

CATEQUIZAR, v.t. Instruir em matéria de religião; doutrinar sobre questões sociais.

CATERETÊ, s.m. Dança; divertimento; baile.

CATERMÔMETRO, s.m. Termômetro especial para determinar o grau de refrigeração de um recinto.

CATERVA, s.f. Grupo de pessoas (sentido depreciativo).

CATERVAGEM, s.f. Grande quantidade, caterva.

CATETE, s.m. Espécie de milho.

CATETER (tér), s.m. Instrumento cirúrgico que se introduz em qualquer órgão oco, para retirada de fluido, dilatação de estreitamento, ou fins diagnósticos; sonda.

CATETERISMO, s.m. Sondagem por meio de cateter; qualquer sondagem cirúrgica.

CATETO, s.m. Cada um dos lados que formam o ângulo reto num triângulo retângulo; raio luminoso que incide ou é refletido perpendicularmente.

CATETÔMETRO, s.m. Instrumento para medir extensões verticais.

CATIMBAU, s.m. Prática de feitiçaria ou espiritismo grosseiro; o mesmo que catimbó; cachimbo pequeno e velho; homem ridículo.

CATIMBAUZEIRO, s.m. Indivíduo dado à prática de feitiçaria, ou espiritismo grosseiro. O mesmo que catimbozeiro.

CATIMBÓ, s.m. O mesmo que catimbau.

CATIMBOZEIRO, s.m. Catimbauzeiro, feiticeiro, pessoa que freqüenta reuniões de feitiçaria.

CATIMPLORA, s.f. Vaso de metal para resfriar água; sifão para transvasamento de líqüido.

CATINGA, s.f. Cheiro forte e desagradável que se exala do corpo humano, sobretudo nos negros; fartum, bodum. Var. de caatinga.

CATINGAL, s.m. Larga extensão de catingas.

CATINGANTE, adj. Catingoso; que tem mau cheiro, bodum.

CATINGAR, v.int. Exalar mau cheiro; feder.

CATINGOSO, adj. Que exala mau cheiro; o mesmo que catinguento.

CATINGUDO, adj. Catingoso.

CATINGUEIRA, s.f. Bodum; mau cheiro.

CATINGUENTO, adj. Cantingoso.

CATÍON, ou melhor, **CATIONTE**, s.m. Íon carregado positivamente, isto é, átomo que perdeu eléctrons.

CATIRA, s.f. Dança caipira.

CATITA, adj. Enfeitado; elegante; bonito.

CATITICE, s.f. ou **CATITISMO**, s.m. Elegância no trajar; janotismo.

CATIVANTE, adj. Sedutor; atraente.

CATIVAR, v.t. Tornar cativo; ganhar a simpatia, a estima de.

CATIVEIRO, s.m. Escravidão; sofrimento.

CATIVO, adj. Seduzido; atraído; escravo.

CATÓDICO, adj. Relativo ao cátodo. Chamam-se raios catódicos os elétrons emitidos em movimento rápido pelo cátodo de um tubo em descarga.

CATÓDIO ou **CÁTODO**, s.m. O pólo negativo de uma pilha elétrica ou de um gerador elétrico.

CATOLICIDADE, s.f. A totalidade dos povos católicos.

CATOLICISMO, s.m. A religião católica.

CATÓLICO, adj. Da igreja que tem por chefe o papa.

CATOLIZAÇÃO, s.f. Ato de catolizar.

CATOLIZAR, v.t. Tornar católico.

CATONIANO ou **CATÔNICO**, adj. Severo; rígido; exigente.

CATONISMO, s.m. Austeridade exagerada.

CATORZE, num. Dez mais quatro. (A melhor forma é quatorze e a pronúncia correta é catorze.)

CATRABUCHA, s.f. Escova de fios de metal para dar lustro.

CATRACA, s.f. Espécie de torniquete colocado em veículos de transporte coletivo.

CATRAFIAR, v.t. O mesmo que catrafilar.

CATRAFILAR, v.t. Agarrar; prender; encarcerar.

CATRAIA, s.f. Pequeno barco tripulado por um homem.

CATRAEIRO, s.m. Tripulante de uma catraia; barqueiro.

CATRÂMBIAS, s.f.pl. Cambalhotas; de —: de pernas para o ar.

CATRE, s.m. Leito tosco e pobre.

CATREVAGE, s.f. Grupo de pessoas; súcia; malta. Vars.: catrevagem, catervagem.

CATURRA, s. Pessoa teimosa, agarrada a velhos costumes.

CATURRAR, v.int. Discutir, questionar.

CATURREIRA ou **CATURRICE**, s.f. Discussão, qualidade ou ato de caturra; teimosia infundada.

CATURRISMO, s.m. Palavras ou idéias de caturra, caturrice.

CAUÇÃO, s.f. Cautela, garantia, documento de penhor.

CAUCASIANO, adj. Natural do Cáucaso.

CAUCHEIRO, s.m. Extrator da borracha do caucho; proprietário de cauchal.

CAUCHO, s.m. Árvore cujo látex dá uma borracha de qualidade inferior. Formas parals.: cauchu e cautchu.

CAUCIONANTE, adj. Pessoa que presta caução, que toma a responsabilidade.

CAUCIONAR, v.t. Afiançar; dar em caução ou garantia.

CAUCIONÁRIO, adj. Relativo a caução; s.m. aquele que dá ou presta caução.

CAUDA, s.f. Rabo; parte do vestido que se arrasta posteriormente; esteira luminosa que acompanha os cometas.

CAUDAL, s.m. Torrente; grande volume de água.

CAUDALOSO, adj. Abundante.

CAUDATÁRIO, s.m. Aquele que, nas solenidades, levanta e leva a cauda das vestes das autoridades eclesiásticas; (fig.) homem servil.

CAUDATO, adj. Que tem cauda.

CAUDILHAMENTO, s.m. Comando exercido por caudilho.

CAUDILHAR, v.t. Chefiar; capitanear.

CAUDILHISMO, s.m. Processos de caudilho.

CAUDILHO, s.m. Chefe militar; cabo de guerra.

CAUDÍMANO, adj. Que apreende os objetos com a cauda.

CAUDINAS, adj. Passar pelas forcas —: submeter-se com humilhação.

CAULE, s.m. Haste das plantas, tronco.

CAULESCENTE, adj. Que tem caule.

CAULÍCULO, s.m. Pequeno caule.

CAULÍFERO, adj. (V. Caulescente.)

CAULIFICAÇÃO, s.f. (Bot.) Formação de caule.

CAULIFLORO, adj. Diz-se das plantas que têm flores no caule.

CAULIM, s.m. Argila branca.

CAUSA, s.f. Aquilo que faz com que uma coisa exista; princípio; origem; pleito judicial.

CAUSAÇÃO, s.f. Ato de causar; causa.

CAUSADOR, adj. Que causa ou é ocasionador.

CAUSAL, adj. Relativo a causa; que exprime causa

CAUSALIDADE, s.f. Relação que une a causa a seu efeito.

CAUSAR, v.t. Ser causa de; motivar; originar.

CAUSATIVO, adj. Causador.

CAUSÍDICO, s.m. Advogado; rábula.

CAUSTICAÇÃO, s.f. Ato de causticar; (fig.) importunação; enfado.

CAUSTICANTE, adj. Que caustica, queima.

CAUSTICAR, v.t. Aplicar cáusticos a; queimar: arder.

CAUSTICIDADE, s.f. Qualidade do que é cáustico.

CÁUSTICO, adj. Que queima; que cauteriza.

CAUTCHU, s.m. Borracha.

CAUTELA, s.f. Cuidado; precaução; documento provisório como caução.

CAUTELAR, v.t. Acautelar; tomar providências; ser previdente.

CAUTELOSO, adj. Cuidadoso; prudente.

CAUTÉRIO, s.m. Ferro em brasa que queima para curar.

CAUTERIZAÇÃO, s.f. Ato ou operação de cauterizar.

CAUTERIZAR, v.t. Aplicar cautério ou cáustico a; queimar.

CAUTO, adj. Acautelado; prudente; precavido.

CAVA, s.f. Capinação; fosso; corte no vestuário para adaptação das mangas; adega.

CAVACA, s.f. Acha; lasca de madeira; biscoito duro.

CAVAÇÃO, s.f. Ato ou efeito de cavar; (pop.) arranjo; negócio ou emprego obtido por proteção.

CAVACO, s.m. Estilha ou lasca de madeira; conversação amigável, simples e despretensiosa; atenção; resposta; mostras de enfado ou zanga da parte de quem é troçado ou ridicularizado.

CAVADA, s.f. O mesmo que cava.

CAVADEIRA, s.f. Pequena enxada estreita.

CAVADELA, s.f. Escavação leve.

CAVADIÇO, adj. Fácil de cavar (terreno).

CAVADO, s.m. Lugar que se cavou; buraco.

CAVADOR, s.m. Trabalhador de enxada; o que arranja colocação, negócios, etc.

CAVADURA, s.f. Cavadela.

CAVALÃO, s.m. Cavalo grande.

CAVALAR, adj. Relativo a cavalo; da raça do cavalo, sem inteligência.

CAVALARIA, s.f. Multidão de cavalos; tropa que serve a cavalo.

CAVALARIANO, s.m. Soldado de cavalaria.

CAVALARIÇA, s.f. Cocheira; estrebaria.

CAVALARIÇO, s.m. Cocheiro.

CAVALEIRO, adj. Que anda a cavalo.

CAVALEIROSO, adj. Educado, nobre.

CAVALETE, s.m. Armação em que se colocam as telas para pintar ou o quadro-negro nas escolas; antigo instrumento de tortura.

CAVALGAÇÃO, s.f. Ato de cavalgar, de montar a cavalo.

CAVALGADA, s.f. Reunião de pessoas a cavalo.

CAVALGADURA, s.f. Besta cavalar, muar ou asinina que se pode cavalgar; (fig.) pessoa grosseira e estúpida.

CAVALGAMENTO, s.m. Cavalgação.

CAVALGAR, v.t. Montar a cavalo; andar a cavalo.

CAVALGATA, s.f. Cavalgada.

CAVALHADA, s.f. Porção de cavalos; espécie de justa ou torneio.

CAVALHEIRESCO, adj. Próprio de cavalheiro; brioso; nobre.

CAVALHEIRISMO, s.m. Educação, boas maneiras.

CAVALHEIRO, s.m. Homem de sentimentos e ações nobres.

CAVALHEIROSO, adj. Cavalheiresco.

CAVALICOQUE, s.m. Cavalo pequeno e de pouco valor.

CAVALO, s.m. Quadrúpede doméstico, solípede; peça do jogo de xadrez. Cavalo-vapor: força capaz de elevar, num segundo, o peso de 75 kg à altura de um metro (representa-se comumente por H. P., do inglês horse-power).

CAVANHAQUE, s.m. Barba só no queixo.

CAVAQUEADOR, adj. Conversador, palestrador.

CAVAQUEAR, v.int. (fam.) Conversar singelamente, em intimidade; irritar-se com alguma brincadeira ou grosseria.

CAVAQUEIRA, s.f. Palestra demorada em intimidade.

CAVAQUINHO, s.m. Pequena viola de quatro cordas.

CAVAR, v.t. Revolver, fazer escavação em volta de; obter alguma coisa à força de grandes trabalhos.

CAVATINA, s.f. Pequena ária.

CAVEIRA, s.f. Cabeça descarnada; (fig.) rosto magro.

CAVEIROSO, adj. Semelhante a caveira; muito magro.

CAVERNA, s.f. Gruta; furna.

CAVERNAL, adj. Relativo à caverna.

CAVERNAME, s.m. Ossada; esqueleto.

CAVERNOSO, adj. Que tem cavernas; cavo; rouco e profundo, como se saísse de uma caverna (som).

CAVIAR, s.m. Iguaria feita de ovas salgadas do esturjão.

CAVIDADE, s.f. Cova; buraco; depressão.

CAVILAÇÃO, s.f. Sofisma; ardil; astúcia.

CAVILADOR, adj. Enganador; sofista.

CAVILAR, v.rel. Fraudar; zombar com sofismas.

CAVILHA, s.f. Prego de madeira ou de metal, com cabeça em uma das extremidades e fenda na outra, para juntar ou segurar madeiras, chapas, etc.

CAVILHAR, v.t. Segurar com cavilha.

CAVILOSO, adj. Capcioso; fraudulento, falso.

CAVIÚNA, s.f. Cabiúna; árvore de madeira preta.

CAVO, adj. Oco; rouco; cavernoso.

CAVODÁ, s.m. Orifício que fica nas paredes depois de retirados os andaimes.

CAVORTEIRICE, s.f. Astúcia, esperteza.

CAVORTEIRO, adj. Astuto, sagaz.

CAVOUCADOR, s.m. O que abre cavoucos.

CAVOUCAR, v.t. Abrir cavoucos, buracos.

CAVOUCO, s.m. Cava; fosso.

CAVOUQUEIRO, s.m. Cavador; o que trabalha em minas ou pedreiras.

CAXAMBU, s.m. Dança de negros, ao som de uma espécie de tambor.

CAXANGO, s.m. Boi de corte.

CAXINGUELÊ, s.m. Serelepe.

CAXUMBA, s.f. Inflamação das parótidas; trasorelho.

CÊ, s.m. Nome da letra C.

CEAR, v.t. Comer à noite.

CEARENSE, adj. Do Ceará.

CEATA, s.f. Ceia lauta, comilança à noite.

CEBOLA, s.f. Planta da família das Liliáceas, o bolbo dessa planta.

CEBOLADA, s.f. Iguaria guisada ou frita com cebolas.

CEBOLAL, s.m. Plantação de cebolas.

CEBOLINHA, s.f. Diminutivo de cebola.

CECEAR, v.int. Pronunciar o c, às vezes, s com a ponta da língua nos dentes. O mesmo que ciciar.

CECEIO, s.m. O defeito de cecear ou ciciar.

CECEOSO, adj. O mesmo que cicioso, defeito de quem assim pronuncia o c e, às vezes, o s.

CECO, s.m. A primeira parte do intestino grosso.

CEDÊNCIA, s.f. Ato de ceder, de transferência de direitos a outra pessoa.

CEDENTE, adj. Que cede.

CEDER, v.t. Transferir a outros certos direitos, privilégios; abandonar a própria opinião; anuir, entrar em acordo.

CEDIÇO, adj. Corriqueiro; comezinho.

CEDILHA, s.f. Sinal gráfico que em certos casos se sotopõe ao c, para indicar que tem o valor de s inicial.

CEDILHADO, adj. Diz-se do c com cedilha.

CEDILHAR, v.t. Pôr cedilha.

CEDÍVEL, adj. Que se pode ceder.

CEDO, adv. Antes da ocasião propícia; de madrugada.

CEDRO, s.m. Árvore, madeira de lei, de grande resistência e longevidade.

CÉDULA, s.f. Documento, senha, nota, dinheiro em papel.

CEFALALGIA, s.f. Dor de cabeça; cefaléia.

CEFALÁLGICO, adj. Relativo a cefalalgia.

CEFALÉIA, s.f. Dor de cabeça.

CEFÁLICO, adj. Relativo à cabeça ou ao cérebro.

CEFALÓIDE, adj. Em forma de cabeça.

CEFALÓPODE, adj. Molusco que tem os tentáculos (pés) na cabeça, p. ex. o polvo.

CEGAMENTO, s.m. Cegueira; obstinação.

CEGAR, v.t. Perder a vista; deslumbrar; fascinar; alucinar.

CEGA-REGA, s.f. Cigarra; instrumento que imita o zinir da cigarra; (fig.) pessoa muito tagarela, de voz desagradável e impertinente.

CEGO, adj. Privado da vista; (fig.) alucinado.

CEGONHA, s.f. Grande ave brasileira.

CEGUEIRA, s.f. Estado do que é cego; (fig.) extrema afeição por alguém ou por alguma coisa; fanatismo; ignorância.

CEGUIDADE, s.f. Cegueira.

CEIA, s.f. Refeição da noite.

CEIFA, s.f. Colheita, vindima.

CEIFAR, v.t. Colher; vindimar.

CEIFEIRA, s.f. Segadora; máquina de ceifar.

CEIFEIRO, s.m. Homem que ceifa.

CEITIL, s.m. Antiga moeda portuguesa, que valia um sexto de real; (fig.) insignificância.

CELA, s.f. Cubículo; alcova; prisão. (Dimin.: célula.)

CELAGEM, s.f. A cor do céu ao nascer e pôr do Sol; cariz.

CELAMIM, s.m. Antiga medida agrária que equivalia à décima sexta parte de um alqueire ou 1 512,5m².

CELEBRAÇÃO, s.f. Ato de celebrar, de festejar.

CELEBRADO, adj. Afamado; louvado; gabado.

CELEBRADOR, s.m. Aquele que celebra, festeja.

CELEBRANTE, s.m. O padre que celebra missa.

CELEBRAR, v.t. Comemorar; festejar; dizer missa.

CELEBRÁVEL, adj. Digno de ser celebrado.

CÉLEBRE, adj. Famoso. Sup.: celebérrimo, celebríssimo.

CELEBRIDADE, s.f. Fama; notoriedade.

CELEBRIZAÇÃO, s.f. Ato de celebrizar.

CELEBRIZAR, v.t. Tornar célebre.

CELEIREIRO, s.m. Guarda ou administrador de celeiro.

CELEIRO, s.m. Casa em que se ajuntam e guardam cereais.

CELENTERADO, s.m. Animal cujo corpo é um simples saco que forma o aparelho digestivo e se

comunica com o exterior por um só orifício que serve ao mesmo tempo de boca e ânus.

CELERADO, adj. e s.m. Criminoso; perverso; mau.

CÉLERE, adj. Veloz; ligeiro. (Superl. abs. sint.: celeríssimo, celérrimo.)

CELERIDADE, s.f. Velocidade; ligeireza.

CELERÍGRADO, adj. Que anda rapidamente.

CELERÍMETRO, s.m. Instrumento para medir o caminho percorrido por carruagens; taxímetro; velocímetro.

CELERÍPEDE, adj. Que tem os pés rápidos.

CELESTE, adj. Relativo ao céu; azul.

CELESTIAL, adj. Celeste; divino.

CELEUMA, s.f. Barulho; algazarra.

CELGA, s.f. Acelga.

CELHA, s.f. Pestanas; cílios.

CELIBATÁRIO, s.m. Indivíduo que não se casou.

CELIBATARISMO, s.m. Estado de celibatário.

CELIBATO, s.m. O estado de quem se mantém solteiro.

CELÍCOLA, s. Habitante do céu.

CELOFANE, adj. Diz-se de certo tipo de papel transparente, impermeável.

CELOTEX, s.m. Tábua fabricada com fibra de cana-de-açúcar, muito usada para divisões de compartimentos e para efeito de absorção acústica.

CELSITUDE, s.f. Qualidade do que é elevado, alto, sublime.

CELSO, adj. Alto; sublime; elevado.

CELTA, adj. Indivíduo dos Celtas, povo de origem indo-européia.

CÉLTICO, adj. Dos celtas.

CÉLULA, s.f. Diminutivo de cela; (Biol.) unidade fundamental dos seres vivos.

CELULAR, adj. Que tem células; que é formado de células; relativo a cadeias, penitenciárias.

CELULÍFERO, adj. Que tem células.

CELULIFORME, adj. Que tem forma de célula.

CELULITE, s.f. Inflamação do tecido celular, especialmente do tecido conjuntivo frouxo subcutâneo.

CELULÓIDE, s.m. Substância fabricada com uma mistura de cânfora e algodão-pólvora, sólida, transparente, elástica, que se torna maleável pelo aquecimento e de que se fazem vários objetos.

CELULOSE, s.f. Hidrato de carbono que constitui o arcabouço dos tecidos vegetais, donde é extraída industrialmente.

CELULOSIDADE, s.f. Caráter, estado ou qualidade de celuloso.

CELULOSO, adj. Dividido em células; que tem células.

CEM, num. Denominação do número cardinal equivalente a uma centena; um cento; uma centena.

CEMENTAR, v.t. Modificar as propriedades de um metal combinado com outra substância sob a ação do calor.

CEMENTO, s.m. Substância com que se rodeia um corpo a fim de cementá-lo; substância que entra na composição dos dentes de alguns mamíferos.

CEMITÉRIO, s.m. Recinto em que se enterram e guardam os mortos; o mesmo que campo-santo, carneiro e necrópole.

CENA, s.f. Vista; espetáculo; quadro; pintura.

CENÁCULO, s.m. Refeitório, sala de refeições; sociedade; sala onde Cristo realizou a ceia com os discípulos; academia.

CENÁRIO, s.m. Lugar onde se representam dramas, comédias; panos do teatro que representam lugares, paisagens, etc.

CENARISTA, s.m. Pintor de cenários, que arranja a seqüência das cenas de uma peça teatral; cenógrafo.

CENATÓRIO, adj. Que diz respeito à ceia.

CENDRAR, v.int. Limpar, arear, polir.

CENO, s.m. Carranca; semblante carregado.

CÊNICO, adj. Que diz respeito a cenas, representações teatrais; teatral.

CENISMO, s.m. Vício de linguagem que consiste em empregar palavras estrangeiras; barbarismo.

CENÓBIO, s.m. Convento; mosteiro.

CENOBISMO, s.m. Monaquismo; vida religiosa.

CENOBITA, s.m. Pessoa que vive em cenóbio em convento ou mosteiro.

CENOBÍTICO, adj. Relativo a cenobitas.

CENOGRAFIA, s.f. Arte de fazer cenário.

CENOGRÁFICO, adj. Relativo à cenografia.

CENÓGRAFO, s.m. Pintor de cenários.

CENOTÁFIO, s.m. Monumento fúnebre erigido à

memória de alguém, mas que não lhe contém o corpo; túmulo vazio.

CENOURA, s.f. Planta da família das Umbelíferas de raiz comestível.

CENOZÓICO, adj. Diz-se da era posterior à mesozóica, também denominada terciária e caracterizada pela predominância de mamíferos.

CENRADA, s.f. Barrela, lixívia, decoada.

CENSATÁRIO ou **CENSIONÁRIO**, adj. e s.m. Que, ou aquele que paga censo.

CENSITÁRIO, adj. Relativo a censo.

CENSO, s.m. Alistamento geral da população.

CENSOR, s.m. Crítico; empregado público encarregado da revisão e censura de obras literárias ou artísticas.

CENSÓRIO, adj. Relativo a censor ou à censura.

CENSURA, s.f. Repreensão; cargo ou dignidade de censor; exame crítico de obras literárias ou artísticas.

CENSURADO, adj. Criticado, desaprovado.

CENSURADOR, adj. Aquele que censura, que critica.

CENSURAR, v.t. Exercer censura sobre; condenar; repreender.

CENSURÁVEL, adj. Que merece censura.

CENTAFOLHO, s.m. Parte do estomago do boi, a qual tem muitas dobras; dobradinhas.

CENTÃO, s.m. Série de citações literárias.

CENTAURO, s.m. Monstro fabuloso, metade homem, metade cavalo; constelação austral.

CENTAVO, s.m. Centésima parte; centésimo; moeda divisionária que representa a centésima parte da unidade monetária.

CENTEEIRO, s.m. Cultivador de centeio.

CENTEIO, s.m. Cereal da família das Gramíneas.

CENTELHA, s.f. Faísca; fagulha; faúlha.

CENTELHAR, v.int. Cintilar; faiscar; chispar.

CENTENA, s.f. Unidade de terceira ordem, no sistema decimal de numeração.

CENTENÁRIO, s.m. Homem que atingiu cem ou mais anos; espaço de cem anos; comemoração secular; adj. que encerra o número cem; relativo a cem.

CENTESIMAL, adj. Diz-se da divisão em cem partes iguais; relativo a centésimo.

CENTÉSIMO, adj. Denominação da ordinal e fracionário correspondente a cem.

CENTIARE, s.m. Unidade agrária de superfície equivalente ao metro quadrado; centésima parte do are.

CENTIFÓLIO, adj. Que tem cem folhas.

CENTÍGRADO, adj. Que tem cem graus; escala centígrada: é o sistema geral de graduação termométrica, com base centesimal.

CENTIGRAMA, s.m. Unidade de massa equivalente à centésima parte do grama.

CENTILITRO, s.m. Unidade de capacidade equivalente à centésima parte do litro.

CENTÍMANO, adj. Que tem cem mãos; briareu.

CENTÍMETRO, s.m. Unidade de comprimento equivalente à centésima parte do metro.

CÊNTIMO, s.m. Centésima parte do franco (moeda francesa).

CENTÍPEDE, adj. Que tem cem pés.

CENTO, num. e s.m. Grupo de cem objetos.

CENTOPEIA, s.f. Nome comum dos Quilópodes; lagartas.

CENTRAL, adj. Situado no centro; relativo a centro; (fig.) principal; ângulo —: (Geom.) ângulo cujo vértice está no centro da circunferência e cujos lados são raios.

CENTRALIZAÇÃO, s.f. Ato de centralizar; reunião em um mesmo centro.

CENTRALIZADO, adj. Unido em um centro.

CENTRALIZAR, v.t. Tornar central; reunir num centro.

CENTRAR, v.t. Localizar no centro.

CENTRÍFUGO, adj. Que se afasta ou procura desviar-se do centro.

CENTRÍPETO, adj. Que se dirige para o centro.

CENTRO, s.m. Ponto situado no interior de uma circunferência ou de uma esfera e eqüidistante de todos os pontos da circunferência ou da superfície esférica.

CENTROSSOMO, s.m. Corpúsculo que aparece na célula, próximo ao núcleo, quando este começa o processo de divisão.

CENTÚNVIRO, s.m. Cada um dos cem magistrados que constituíam um tribunal da antiga Roma.

CENTUPLICADO, adj. Multiplicado por cem.

CENTUPLICAR, v.t. Tornar cem vezes maior;

CÊNTUPLO, adj. Centuplicados; s.m. o produto da multiplicação por cem.

CENTÚRIA, s.f. Centena; grupo de cem objetos da mesma espécie; século.

CENTURIÃO, s.m. Chefe de uma centúria, na milícia romana.

CEPA, s.f. Tronco de videira; raça, estirpe.

CEPILHAR, v.t. Acepilhar; polir; aperfeiçoar.

CEPILHO, s.m. Plaina pequena para alisar madeira.

CEPO (ê), s.m. Toro ou pedaço de toro cortado transversalmente.

CEPTICISMO, s.m. Estado de quem duvida de tudo.

CÉPTICO, adj. Que duvida de tudo.

CEPUDO, adj. Que tem feitio de cepo; tosco; malfeito.

CERA, s.f. Substância que as abelhas produzem e com que fazem os favos; substância vegetal semelhante à cera das abelhas.

CERÁCEO, adj. Semelhante à cera no aspecto ou na brandura.

CERÂMICA, s.f. Arte da fabricação de louça e objetos de adorno e de construção.

CERÂMICO, adj. Relativo à cerâmica.

CERAMISTA, adj. Que trabalha em cerâmica.

CÉRBERO, s.m. Cão de várias cabeças que guardava a porta do inferno; constelação boreal.

CERCA, s.f. Sebe; vedação; tapume. De uso nas loc. prep.: a cerca de (a respeito de, com relação a), cerca de (perto de, próximo de).

CERCADO, adj. Rodeado de cerca; fechado.

CERCADURA, s.f. Cerca; orla; guarnição.

CERCANIA, s.f. Arredores; vizinhança.

CERCAR, v.tr. Vedar; proteger com muro, valo, grade; por cerca a.

CERCE, adv. Pela raiz; rente.

CERCEADOR, adj. Limitador.

CERCEAMENTO, s.m. Cerceadura e cerceio.

CERCEAR, v.t. Cortar em roda; aparar; cortar pela raiz.

CERCEIO, s.m. O mesmo que cerceamento.

CERCILHO, s.m. Tonsura.

CERCO, s.m. Assédio militar ou policial.

CERDA, s.f. Pêlo de animais, crina.

CERDOSO, adj. Provido de cerdas.

CEREAL, adj. Farináceo.

CEREALÍFERO, adj. Que produz cereais.

CEREBELAR, adj. Relativo ao cerebelo; cerebeloso.

CEREBELO, s.m. Parte póstero-inferior do encéfalo.

CEREBELOSO, adj. Cerebelar.

CEREBRAÇÃO, s.f. Constituição do cérebro.

CEREBRAL, adj. Relativo ao cérebro.

CEREBRASTENIA, s.f. Cansaço cerebral.

CEREBRINO, adj. Cerebral.

CÉREBRO, s.m. Parte súpero-anterior do encéfalo; (fig.) inteligência; cabeça.

CEREBROSPINAL, adj. Que pertence ao cérebro e à medula espinhal.

CEREJA, s.f. Fruto da cerejeira.

CEREJAL, s.m. Lugar onde há cerejeiras.

CEREJEIRA, s.f. Árvore da família das Rosáceas.

CERES, s.f. Deusa da agricultura, no paganismo.

CERÍFERO, adj. Que produz cera.

CERIMÔNIA, s.f. Forma exterior e regular de um culto; solenidade.

CERIMONIAL, s.m. Conjunto de formalidades que se devem observar num ato ou festa pública.

CERIMONIÁTICO, adj. (fam.) Exagerado observador de cerimônias.

CERIMONIOSO, adj. Cheio de cerimônias; mesureiro.

CÉRIO, s.m. Elemento químico, metal, símbolo Ce, de peso atômico 140; n.º atômico 58; é um dos elementos das chamadas "terras raras".

CERNE, s.m. A parte interior e mais dura do lenho das árvores.

CERNELHA, s.f. Parte do corpo de alguns animais onde se juntam as espáduas; fio do lombo.

CEROPLASTIA ou **CEROPLÁSTICA**, s.f. Arte de modelar figuras em cera.

CEROTO, s.m. Ungüento de cera e outros ingredientes.

CEROULAS, s.f.pl. Calções masculinos.

CERRAÇÃO, s.f. Nevoeiro espesso.

CERRADÃO, s.m. Extenso trato de terras estéreis.

CERRADO, adj. Compacto; denso; espesso.

CERRA-FILA, s.m. Último soldado de uma fileira. (Pl.: cerra-filas.)

CERRAMENTO, s.m. Ato de cerrar.

CERRAR, v.t. Fechar; apertar; terminar.

CERRILHA, s.f. Borda branca dos dentes incisivos das bestas.

CERRO, s.m. Colina pequena.

CERTAME, s.m. Combate; concurso literário, científico, industrial ou desportivo.

CERTAR, v.int. Combater; pleitear.

CERTEIRO, adj. Que acerta bem; bem dirigido; de boa pontaria.

CERTEZA, s.f. Qualidade do que é certo; convicção.

CERTIDÃO, s.f. Atestado.

CERTIFICAÇÃO, s.f. Comprovação; verificação.

CERTIFICADO, s.m. Certidão; diploma.

CERTIFICADOR ou **CERTIFICANTE**, adj. Que certifica.

CERTIFICAR, v.t. Atestar; passar certidão de.

CERTIFICATIVO, adj. Que certifica; próprio para certificar.

CERTO, adj. Verdadeiro; exato; infalível.

CERÚLEO ou **CÉRULO**, adj. Da cor do céu; azul.

CERUME ou **CERÚMEN**, s.m. Secreção cerácea do conduto auditivo externo.

CERVA, s.f. Fêmea do cervo.

CERVAL, adj. Relativo ao cervo; (fig.) feroz.

CERVANTESCO, adj. De Cervantes (Miguel de Cervantes Saavedra, escritor espanhol, 1547-1616).

CERVANTISTA, s. Pessoa que se dedica ao estudo da obra de Cervantes.

CERVATO, s.m. Cervo, veado novo e pequeno.

CERVEJA, s.f. Bebida alcoólica feita de cevada, lúpulo, arroz.

CERVEJARIA, s.f. Fábrica de cerveja.

CERVEJEIRO, adj. Fabricante de cerveja.

CERVICAL, adj. Relativo à cerviz, à coluna vertebral.

CERVICÓRNEO, adj. Diz-se das antenas dos animais que se assemelham aos chifres dos veados.

CERVÍDEO, adj. Diz-se dos animais da família do cervo, veado.

CERVILHEIRA, s.f. Parte do capacete que protegia a nuca, o pescoço.

CERVIZ, s.f. Nuca; parte posterior do pescoço; espinha dorsal.

CERVO, s.m. Veado. (Fem.: cerva.)

CERZIDEIRA, s.f. Pessoa que cirze, que remenda, que refaz com linha lugares rasgados da roupa. Var.: cergideira.

CERZIDOR, s.m. Homem que cirge ou cirze.

CERZIDURA, s.f. Cerzimento. Var.: cergidura.

CERZIMENTO, s.m. O mesmo que cerzidura; remendo. Var.: cergimento.

CERZIR, v.tr. Refazer com linha, pontas rasgadas da roupa; remendar. Var.: Cergir. Pres. do ind.: cirzo (cirjo), cirzes, (cirges), cirze, (cirge); cerzimos, (cergimos); cerzis, (cergis); cirzem (cirgem).

CESÁREO, adj. Relativo a César e, por extensão, a tudo o que se relaciona com os reis, imperadores.

CESARIANO, adj. Cesáreo, relativo ao cesarismo; operação cesariana: intervenção cirúrgica para os partos difíceis.

CESARISMO, s.m. Governo despótico.

CÉSIO, s.m. Elemento químico, metal, símbolo Cs, peso atômico 132,8, n.º atômico 55.

CESSAÇÃO, s.f. Cessamento.

CESSAMENTO, s.m. O mesmo que cessação.

CESSANTE, adj. Que cessa.

CESSÃO, s.f. Ato de ceder; cedência.

CESSAR, v.t. Fazer parar; interromper; pôr termo a; acabar.

CESSIONÁRIO, s.m. Aquele a quem se faz cessão; aquele que aceita a cessão.

CESSÍVEL, adj. Que se pode ceder.

CESTA, s.f. Utensílio de vime ou de verga e com asa, para guardar ou transportar qualquer coisa.

CESTEIRO, s.m. O que faz ou vende cestos.

CESTO, s.m. Manopla de atleta.

CESTO, s.m. O mesmo que cesta; cabaz.

CESURA, s.f. Ato de cortar; incisão de lanceta; cicatriz dessa incisão; primeira parte do verso hexâmetro; pausa no fim do sexto pé do verso alexandrino; última sílaba de uma palavra, começando o pé de um verso grego ou latino.

CETÁCEO, adj. Relativo aos grandes mamíferos que têm forma de peixe; s.m. qualquer desses mamíferos; espécie dos Cetáceos, ordem de ma-

míferos marinhos, a que pertencem a baleia, o golfinho, etc.

CETIM, s.m. Tecido de seda lustroso e macio.

CETINA, s.f. Espermacete.

CETINETA, s.f. Tecido de algodão e seda, ou só de algodão, que imita o cetim.

CETINOSO, adj. Macio ao tato, como o cetim.

CETONA, s.f. Função da química orgânica que possui o grupo CO bivalente e resulta da desidrogenação de álcool secundário.

CETRARIA, s.f. Arte de caçar com açores e falcões; altanaria.

CETRO, s.m. Insígnia real ou de comando.

CÉU, s.m. Espaço ilimitado em que giram os astros; lugar para onde, segundo as crenças religiosas, vão as almas dos justos; — da boca: o palato.

CEVA, s.f. Lugar onde se engordam animais; onde se acostumam os peixes, aves, a comer para depois apanhá-los.

CEVADA, s.f. Gramínea cerealífera.

CEVADAL, s.m. Campo de cevada.

CEVADEIRA, s.f. Saco em que se dá cevada ou outro alimento às cavalgaduras.

CEVADO, s.m. Porco que se cevou; (fig.) homem muito gordo.

CEVADOR, s.m. Aquele que trata de ceva de animais. Engordador.

CEVADOURO, s.m. Lugar onde se cevam animais.

CEVADURA, s.f. Resto de caça em que se cevaram aves de rapina.

CEVÃO, s.m. Porco cevado ou em ceva.

CEVAR, v.t. Tornar gordo; pôr isca em; nutrir.

CEVATÍCIO, adj. Que é bom para cevar.

CEVEIRO, s.m. Lugar onde se põe comida a fim de atrair peixes e pescá-los.

CEVO, s.m. Ceva; isca; engodo.

CHÁ, s.m. Arbusto da família das Teáceas; as folhas secas desse arbusto; a infusão dessas folhas.

CHÃ, s.f. Terreno plano; planície.

CHACAL, s.m. Espécie de cão selvagem e feroz que se alimenta habitualmente de carne putrefeita.

CHÁCARA, s.f. Quinta; habitação campestre.

CHACAREIRO, s.m. Administrador ou dono de chácara.

CHACAROLA, s.f. (Bras.) Pequena chácara.

CHACINA, s.f. Matança; mortandade; morticínio; hecatombe.

CHACINADOR, s.m. Assassino.

CHACINAR, v.t. Partir em postas; preparar e salgar (postas de carne); matar; assassinar.

CHACOALHAR, v.t. Agitar, sacudir.

CHACOTA, s.f. Zombaria, troça; antiga dança popular.

CHACOTEADOR, s.m. Escarnecedor; mofador; caçoador.

CHACOTEAR, v.rel. Zombar; escarnecer.

CHAFARIZ, s.m. Construção de alvenaria, que apresenta várias bicas, por onde corre água potável.

CHAFURDA, s.f. Chiqueiro; lamaçal.

CHAFURDAR, v.rel. Revolver-se na lama; tornar-se imundo.

CHAFURDEIRO, s.m. Chafurda; aquele que chafurda.

CHAFURDICE, s.f. Sujeirice, imundície.

CHAGA, s.f. Ferida aberta.

CHAGADO, adj. Coberto de chagas ou úlceras; ferido.

CHAGAR, v.t. Ferir, ulcerar.

CHAGUENTO, adj. Que tem chagas, feridas, úlceras.

CHAIREL, s.m. Manta; baixeiro; forro que se coloca no lombo do animal para que os arreios não pisem.

CHALAÇA, s.f. Gracejo pesado.

CHALACEADOR, s.m. Chalaceiro; caçoísta; satírico; que diz chalaças.

CHALACEAR, v.int. Caçoar; satirizar.

CHALÉ, s.m. Casa de madeira, de estilo usado na Suíça; casa de jogo, que vende loterias.

CHALEIRA, s.f. Vasilha de ferro onde se ferve água, se faz chá (fig.) adulador.

CHALEIRAR, v.t. Adular; bajular.

CHALO, s.m. Catre; cama rústica.

CHALRAR, v.int. Palrar; tagarelar; chilrear (pássaros).

CHALREADOR, adj. Tagarela.

CHALREIO, s.m. Tagarelice.

CHALUPA, s.f. Embarcação, barco de vela que só tem um mastro.

CHAMA, s.f. Flama; labareda; negaça; chamariz.
CHAMADA, s.f. Ato de chamar, de verificar a presença de pessoas; interrogação; censura.
CHAMADO, s.m. Chamamento; apelo.
CHAMADOR, s.m. Aquele que chama.
CHAMALOTE, s.m. Tecido de seda. que, pelos desenhos, forma ondas, chamas.
CHAMAMENTO, s.m. Chamada; convocação.
CHAMAR, v.t. Dizer em alta voz o nome de alguém; verificar se está presente; invocar; convocar para reunião.
CHAMARISCO, s.m. Chamariz; coisa que atrai.
CHAMARIZ, s.m. Engodo; ave para atrair outras.
CHAMBÃO, s.m. Pernil; adj. grosseiro; desmazelado.
CHAMBARIL, s.m. Pau curvo que se enfia nos jarretes do porco morto, para o abrir e pendurar.
CHAMBOADO, adj. Chambão, deselegante.
CHAMBRE, s.m. Roupão caseiro para homem ou mulher.
CHAMEGO, s.m. Namoro.
CHAMEJAMENTO, s.m. Ato de chamejar; brilhar.
CHAMEJANTE, adj. Flamejante.
CHAMEJAR, v.int. Deitar chamas; arder; flamejar; brilhar.
CHAMIÇO, s.m. Acendalhas, gravetos.
CHAMINÉ, s.f. Tubo que comunica a fornalha, através do fogão, com o exterior e serve para dar tiragem ao ar e aos produtos da combustão.
CHAMORRO, adj. Tosquiado; s.m. denominação injuriosa que outrora os espanhóis deram aos portugueses; que tem os cabelos curtos.
CHAMPANHA, s.m. Vinho espumante de Champagne (França), ou de igual tipo.
CHAMUSCA, s.f. Ato de chamuscar, o mesmo que chamuscadura.
CHAMUSCADO, adj. Crestado; queimado.
CHAMUSCADOR, adj. Queimador.
CHAMUSCADURA, s.f. Queimadura.
CHAMUSCAR, v.t. Queimar de leve; crestar.
CHAMUSCO, s.m. Cheiro de coisa queimada.
CHANCA, s.f. Calçado com sola de pau; calçado grosseiro.
CHANCELA, s.f. Selo; rubrica.
CHANCELAR, v.t. Pôr chancela em; selar.
CHANCELARIA, s.f. Repartição por onde correm negócios diplomáticos.
CHANCELER, s.m. Ministro dos negócios exteriores.
CHANCHÃ, s.f. Pássaro; ave, cujo nome provém do canto que emite.
CHANCHADA, s.f. Palavra da gíria; tudo o que não presta, como um mau discurso, uma festa, um espetáculo, em que só há palavras e nenhumas idéias.
CHANEZA, s.f. Simplicidade de trato; lhaneza.
CHANFALHO, s.m. Espada velha; facão que não presta.
CHANFRADO, adj. Aplainado; desbastado.
CHANFRADOR, s.m. Carpinteiro que aplaina, desbasta, corta madeiras. Plaina, enxó.
CHANFRADURA, s.f. Aplainamento, desbastamento, corte em ângulo de madeiras.
CHANFRAR, v.t. Aplainar; desbastar.
CHANGADOR, s.m. Carregador.
CHANTAGEM, s.f. Ato de extorquir dinheiro ou favores a alguém sob ameaça de revelações escandalosas.
CHANTAGISTA, adj. Diz-se de pessoa que pratica chantagens.
CHANTÃO, s.m. Estaca ou ramo de árvore para plantar sem raiz, muda.
CHANTAR, v.t. Fincar no chão; plantar de estaca.
CHANURA, s.f. Planície.
CHÃO, adj. Plano; liso; lhano; singelo. (Fem.: chã; pl.: chãos; superl. abs. sint.: chantíssimo.)
CHAPA, s.f. Folha metálica; lâmina em que se abre um desenho para ser reproduzido; frase, discurso ou outro qualquer elemento literário que se repete em solenidades, etc. por falta de recurso intelectual.
CHAPADA, s.f. Clareira; esplanada no alto do monte, da serra.
CHAPADÃO, s.m. Chapada extensa.
CHAPAR, v.t. Guarnecer com chapas; esbofetear.
CHAPARIA, s.f. Enfeites com chapas de metal, conjunto de chapas.
CHAPE, s.m. Voz onomatopaica que imita uma pancada na água; loc. chape-chape: locução imitativa de quem está andando em terreno alagado.

CHAPEADO, adj. Guarnecido, enfeitado com chapas.
CHAPEAR, v.t. Pregar chapas; enfeitar com chapas.
CHAPEIRÃO, s.m. Aumentativo de chapéu.
CHAPELÃO, s.m. Chapéu grande, de abas largas.
CHAPELARIA, s.f. Fábrica de chapéus, loja que vende chapéus.
CHAPELEIRA, s.f. Caixa de guardar chapéus; pessoa que faz chapéus.
CHAPELEIRO, s.m. (V. chapeleira.)
CHAPELETA, s.f. Chapéu pequeno; extremidade, ponta de objetos, mais ou menos em forma de chapéu.
CHAPÉU, s.m. Cobertura de feltro, palha, etc. com copa e abas, para cabeça.
CHAPIM, s.m. Antigo calçado para mulheres.
CHAPINEIRO, s.m. Aquele que faz ou vende chapins.
CHAPINHAR, v.t. Bater na água com as mãos ou pés.
CHAPOTAR, v.t. Podar.
CHAPUZ, s.m. Chumaceira; cunha de madeira.
CHARADA, s.f. Espécie de problema em que se tem de adivinhar uma palavra com auxílio do significado de cada uma das suas sílabas.
CHARADISTA, adj. Diz-se da pessoa que compõe ou decifra charadas.
CHARAMELA, s.f. Flauta; gaita de foles.
CHARAMELEIRO, s.m. Tocador de charamela.
CHARANGA, s.f. Pequena banda de música.
CHARÃO, s.m. Verniz de laca, oriundo da China e do Japão.
CHARCO, s.m. Lodaçal; atoleiro; brejo.
CHARCUTEIRO, s.m. Lingüiceiro.
CHARIVARI, s.m. Tumulto; conflito; confusão.
CHARLA, s.f. Conversa; palestra.
CHARLADOR, adj. Conversador, palrador.
CHARLAR, v.int. Falar; tagarelar.
CHARLATANARIA, s.f. Modos ou linguagem de charlatão; charlatanice.
CHARLATANEAR, v.int. Exibir modos de charlatão.
CHARLATANESCO, adj. Próprio de charlatão.
CHARLATANICE, s.f. ou CHARLATANISMO, s.m. Intrujice.
CHARLATÃO, s.m. Explorador da boa fé do público; impostor. (Fem.: charlatona; pl.: charlatães e charlatões.)
CHARLATEIRA, s.f. Espécie de dragona metálica, usada por oficiais militares.
CHARNECA, s.f. Terreno árido e inculto.
CHAROLA, s.f. Andor de procissão.
CHARQUE, s.m. Carne-seca.
CHARQUEAÇÃO, s.f. Ação de preparar o charque.
CHARQUEADA, s.f. Lugar, fazenda onde se charqueia a carne.
CHARQUEADOR, s.m. Proprietário de charqueada; fabricante de charque.
CHARQUEAR, v.t. Preparar, fazer o charque.
CHARQUEIO, s.m. Charqueação.
CHARRAVASCAL, s.m. Terreno inculto onde crescem plantas espinhosas.
CHARRO, adj. Rústico; grosseiro, rude.
CHARRUA, s.f. Arado grande de ferro.
CHARUTARIA, s.f. Loja onde se vendem charutos, cigarros.
CHARUTEIRA, s.f. Caixa de algibeira, para charuto.
CHARUTEIRO, s.m. O que tem charutaria.
CHARUTO, s.m. Rolo de folhas secas de fumo, preparado para fumar-se.
CHASCO, s.m. Motejo, caçoada, sátira. Ato de puxar subitamente as rédeas do cavalo, para fazê-lo parar; sacudidela que o peixe dá no anzol.
CHASQUEADOR, adj. Escarnecedor; zombador.
CHASQUEAR, v.t. Zombar de; escarnecer.
CHASSI, s.m. Estrutura que serve de suporte; armação.
CHATA, s.f. Barcaça larga e pouco funda.
CHATEAR, v.t. Tornar chato, sem relevo; (fig.) maçar, importunar, cacetear.
CHATEZA ou CHATICE, s.f. Qualidade do que é chato; grosseria; cacetice.
CHATO, adj. Liso, plano; sem relevo; (fig.) importuno, aborrecido.
CHAUVINISMO (chô), s.m. Nacionalismo exagerado, bairrismo.
CHAUVINISTA (chô), s. Bairrista.

CHAVÃO, s.m. Chave grande, lugar-comum.

CHAVARIA, s.f. Lugar onde se fabricam ou se vendem chaves.

CHAVASCAL, s.m. Lugar onde crescem plantas espinhosas.

CHAVASQUEIRO, s.m. Chavascal; adj. tosco.

CHAVE, s.f. Peça de metal que abre a fechadura; ferramenta para apertar e desapertar parafusos; o princípio, a explicação de problemas, charadas.

CHAVEIRO, s.m. Fabricante de chaves; aparelho para guardar chaves.

CHAVELHA, s.m. Timão do arado; espiga do cabeçalho dos carros.

CHAVELHO, s.m. Chifres; cornos dos animais.

CHAVELHUDO, adj. Chifrudo; (fig.) o diabo.

CHÁVENA, s.f. Xícara; taça. (No Brasil é palavra literária, em Portugal é ao contrário: chávena é a palavra usual como xícara o é entre nós.)

CHAVETA, s.f. Chave pequena; peça que segura e firma a roda na extremidade do eixo. (Pl.: chavetas.)

CHAVETAR, v.t. Prender, firmar, segurar alguma coisa com chaveta.

CHAVO, s.m. Coisa sem valor; insignificância.

CHAZEIRO, s.m. Chazal; lugar onde há plantação de chá.

CHÉI Interj. de dúvida.

CHECO, CHECOSLOVACO, adj.(V. Tcheco e Tcheco-eslovaco.)

CHEDA, s.f. Tábua lateral da mesa do carro onde se colocam os fueiros.

CHEFATURA, s.f. Chefia; cargo de chefe; repartição pública onde está a chefia.

CHEFE, s.m. O principal; o cabeça; o dirigente.

CHEFIA, s.f. Dignidade de chefe, repartição onde o chefe exerce suas funções.

CHEFIAR, v.t. Dirigir; governar como chefe; exercer funções de chefe. (Pres. indic.: chefio, chefias, etc.)

CHEGADA, s.f. Ato de chegar; termo; fim.

CHEGADELA, s.f. Chegada rápida; (fig.) repreensão.

CHEGADO, adj. Próximo; contíguo.

CHEGADOR, s.m. Valente; destemido.

CHEGAMENTO, s.m. Chegada.

CHEGANÇA, s.f. Certa dança do século XVIII; folguedo popular nas festas do Natal.

CHEGAR, v.int. Terminar viagem; alcançar o porto, o termo da viagem; aproximar-se de.

CHEIA, s.f. Inundação; enchente fluvial.

CHEIO, adj. Pleno; completo.

CHEIRADOR, s.m. Aquele que cheira; curioso; novidadeiro.

CHEIRAR, v.t. Tomar o cheiro de; indagar; bisbilhotar.

CHEIRETA, adj. Diz-se do indivíduo metediço.

CHEIRETISMO, s.m. Qualidade do cheireta.

CHEIRO, s.m. Impressão produzida no sentido do olfato pelas partículas odoríferas; aroma; perfume.

CHEIROSO, adj. Perfumado, odorante.

CHEQUE, s.m. Ordem de pagamento ao portador; posição em que uma peça, no xadrez, ameaça tomar outra das principais.

CHEVIOTE, s.m. Tecido inglês de lã.

CHIADA, s.f. Conjunto de vozes agudas e desagradáveis.

CHIADEIRA, s.f. Som agudo, prolongado e desagradável.

CHIANTE, adj. Que chia.

CHIAR, v.int. Roncar; assobiar; respirar com dificuldade.

CHIBA, s.f.Cabrita.

CHIBANTARIA, s.f. Elegância; fanfarronice; valentia.

CHIBANTE, adj. Valentão; elegante.

CHIBANTEAR, v.int. Mostrar-se chibante; ser elegante.

CHIBARRADA, s.f. Grupo de bodes.

CHIBARREIRO, s.m. Guarda de chibarros.

CHIBARRO, s.m. Pequeno bode; cabrito.

CHIBATA, s.f. Chicote; rabo-de-tatu; relho.

CHIBATADA, s.f. Pancada de chibata.

CHIBATAR ou CHIBATEAR, v.t. Bater, castigar com chibata.

CHIBO, s.m. Cabrito até um ano.

CHICANA, s.f. Tramóia; ardil; sofisma.

CHICANAR ou CHICANEAR, v.int. Fazer chicana.

CHICANEIRO, adj. O mesmo que chicanista.

CHICANICE, s.f. Emprego de chicana.

CHICANISTA, adj. Trapaceiro; dado a chicanas.

CHICAROLA, s.f. Chicória.

CHICHA, s.f. Carne picada.

CHINELO, s.m. Calçado sem salto.

CHICHISBÉU, s.m. Galanteador.

CHICLETE, s.m. Goma de mascar.

CHICÓRIA, s.f. Planta hortense, de uso culinário.

CHICOTAÇO, s.m. O mesmo que chicotada.

CHICOTADA, s.f. Relhada; golpe com chicote.

CHICOTE, s.m. Látego; rabo-de-tatu; açoite.

CHICOTEAR, v.t. Açoitar; zorraguear; bater com chicote.

CHICOTE-QUEIMADO, s.m. Divertimento em que as faltas são punidas com um lenço torcido em forma de chicote.

CHIFRAÇO, s.m. Golpe violento que o boi dá com os chifres.

CHIFRADA, s.f.Chifraço; ferimento feito com chifre

CHIFRAR, v.t. Atacar com os chifres; ação de adelgaçar o couro com chifra.

CHIFRE, s.m. Corno, guampa, ponta.

CHIFRUDO, adj. Que tem chifres; (fig.) o diabo.

CHILENAS, s.f. Esporas de largas rosetas.

CHILENO, adj. pátr. Natural do Chile.

CHILIDO, s.m. Chiado, chilro de pássaros.

CHILIQUE, s.m. Desmaio; ataque nervoso.

CHILRADA, s.f. Murmúrio; vozearia própria dos pássaros.

CHILRAR, v.int.Chilrear; cantar como os pássaros.

CHILREADA, s.f. Chilrada.

CHILREADOR (ô), adj. Que chilreia.

CHILREANTE, adj. Que chilreia.

CHILREAR, v.int. Emitir sons agudos e estridentes como os pássaros; tagarelar. (Pres. indic.: chilreio, etc.)

CHILREIO, s.m. Ato de chilrear.

CHILREIRO, adj. Chilreador.

CHILRO, s.m. Chilreio; adj. insípido; sem sabor.

CHIM, adj. e s.m. Chinês.

CHIMARRÃO, s.m. Mate cevado e amargo.

CHIMPANZÉ, s.m. Grande macaco da África. Var.: chipanzé.

CHIMPAR, v.t.-rel. Pespegar; pregar.

CHINA, s. Pessoa natural da China, chinês.

CHINCHA, s.f. O mesmo que cincha.

CHINCHAR, v.t. Cinchar; apertar com cincha.

CHINCHILA, s.f. Mamífero roedor dos Andes, de pele muito estimada para agasalho.

CHINELA, s.f.Calçado sem tacão para uso doméstico.

CHINELADA, s.f. Pancada com chinela ou chinelo.

CHINELEIRO, s.m. Aquele que faz chinelos.

CHINELO, s.m. Chinela; sapato sem salto.

CHINÊS, adj. e s.m. Natural ou habitante da China; a língua da China.

CHINESICE, s.f. Modos de chinês; bugiganga; artefato que revela grande paciência.

CHINFRIM, s.m. Algazarra; desordem; banzé.

CHINFRINADA, s.f. Coisa ridícula; o mesmo que chinfrineira e chinfrinice.

CHINFRINAR, v.int. Fazer chinfrim ou desordem.

CHINFRINEIRA ou CHINFRINICE, s.f. Chinfrinada.

CHINÓ, s.m. Cabeleira postiça.

CHIO, s.m. Guincho; voz aguda de alguns animais.

CHIPANZÉ, s.m. (V. chimpanzé.)

CHIQUE, adj. Elegante no trajar; bonito.

CHIQUEIRADOR, s.m. Relho; chicote.

CHIQUEIRO, s.m. Pocilga de porcos; casa suja.

CHIQUISMO, s.f. Elegância; luxo; janotismo.

CHIRRIANTE, adj. Que chirria.

CHIRRIAR, v.int. Produzir som agudo e prolongado como coruja; o mesmo que chilrear.

CHISPA, s.f. Faísca, faúlha, fagulha.

CHISPADA, s.f. Disparada; corrida rápida.

CHISPANTE, adj. Que chispa.

CHISPAR, v.int. Lançar chispa; (fig.) correr com velocidade.

CHISPE, s.m. Pé de porco.

CHISPEAR, v.int. (V. Chispar.)

CHISTE, s.m. Dito gracioso; facécia.

CHISTOSO, adj. Engraçado; espirituoso.

CHITA, s.f. Tecido ordinário de algodão, estampado a cores.

CHITARIA, s.f.Estabelecimento ou fábrica de chitas.

CHOÇA, s.f. Choupana; cabana; rancho.

CHOCADEIRA, s.f. Aparelho para chocar ovos.

CHOCALHADA, s.f. Ruído de chocalhos.

CHOCALHAR, v.t. Vascolejar, produzindo som parecido ao do chocalho; agitar dentro do vaso ou caixa.

CHOCALHO, s.m. Campainha, guizo.

CHOCAR, v.t. Aquecer (os ovos, a ave) para tirar filhotes.
CHOCARREIRO, adj. Brincalhão.
CHOCARRICE, s.f. Gracejo, brincadeira.
CHOCHICE, s.f. Insipidez; insignificância.
CHOCHO, adj. Seco; goro (ovo); oco, fútil.
CHOCO, s.m. Incubação; período da incubação; adj. podre.
CHOCOLATARIA, s.f. Fábrica de chocolates.
CHOCOLATE, s.m. Cacau.
CHOCOLATEIRA, s.f. Vaso em que se prepara o chocolate.
CHOCOLATEIRO, s.m. Fabricante ou vendedor de chocolate; (neol.) negociante ou cultivador de cacau.
CHOFER, s.m. Motorista.
CHOFRADA, s.f. Pancada de chofre.
CHOFRAR, v.t. Dar de chofre em; ferir de súbito.
CHOFRE, s.m. Choque repentino; tiro contra a ave que se levanta.
CHOLDRA, s.f. Súcia; malta; bando.
CHOPE, s.m. Espécie de cerveja.
CHOQUE, s.m. Encontrão; comoção; recontro violento de forças militares; ação de corrente elétrica.
CHORADEIRA, s.f. Manha, lamúria.
CHORADO, adj. Pranteado; deplorado.
CHORAMINGADOR ou CHORAMIGADOR, adj. e s.m. Chorão; manhoso; lamuriento.
CHORAMINGAR ou CHORAMIGAR, v.int. Chorar amiúde e por motivos fúteis.
CHORAMINGAS ou CHORAMIGAS, s. Pessoa que choraminga ou choramiga.
CHORÃO, s.m. Nome de várias plantas cujos ramos pendem, como o do salgueiro; adj. Que chora muito; pessimista. (Fem.: chorona.)
CHORAR, v.t. Deplorar; prantear, lastimar-se.
CHORO, s.m. Pranto, lamúria; manha.
CHOROSO, adj. Lastimoso; manhoso; sentimental.
CHORRILHO, s.m. Série; fieira.
CHORUDO, adj. Gordo; suculento; rendoso.
CHORUME, s.m. Banha; (fig.) abundância; opulência.
CHORUMELA, s.f. Coisa de pouco valor; ninharia.
CHOUPANA, s.f. Cabana; rancho.
CHOURIÇADA, s.f. Grande porção de chouriços.
CHOURICEIRO, s.m. Aquele que faz ou vende chouriços.
CHOURIÇO, s.m. Iguaria de sangue de porco e açúcar; linguiça.
CHOUTEIRO, adj. Trotão.
CHOUTO, s.m. Trote miúdo.
CHOVEDIÇO, adj. Proveniente da chuva; que promete chuva; lugar onde chove muito.
CHOVEDOURO, s.m. Direção de onde habitualmente vem a chuva.
CHOVE-NÃO-MOLHA, s.m. Indecisão.
CHOVER, v.int. Cair água em gotas da atmosfera. Só se conjuga na 3.ª pes. do sing. chove, chovia, choveu, etc. Em sentido fig. pode ter outras pessoas: chovem, choveram flores.
CHOVIDO, adj. Regado ou molhado pela chuva.
CHUÇADA, s.f. Golpe de chuço.
CHUÇAR, v.t. Ferir ou impelir com chuço.
CHUCHADO, adj. Chupado; magro.
CHUCHAR, v.t. Sugar; mamar; chupar.
CHUCHU, s.m. Planta da família das Cucurbitáceas; machucho.
CHUCHURREAR, v.t. Beber aos goles, sorvendo com ruído; chupar.
CHUÇO, s.m. Pau armado de agulhão.
CHUCRUTE, s.m. Repolho picado e fermentado.
CHUÉ, adj. Insignificante; ruim; ordinário.
CHUFA, s.f. Motejo; caçoada.
CHULÉ, s.m. Sujidade formada pelo suor dos pés.
CHULEAR, v.t. Coser ligeiramente; alinhavar.
CHULEIO, s.m. Alinhavo.
CHULICE, s.f. Dito chulo; grosseria.
CHULIPA, s.f. Dormente.
CHULISMO, s.m. Expressão vulgar ou chula.
CHULO, adj. Grosseiro; usado pela ralé; ordinário.
CHUMAÇAR, v.t. Guarnecer de chumaços; estofar.
CHUMACEIRA, s.f. Espécie de coxim de madeira sobre que se move um eixo; peça de couro junto dos toletes para jogo dos remos.
CHUMAÇO, s.m. Pasta de algodão, entre o forro e o pano do vestuário, para lhe altear a forma; porção de penas ou outros objetos flexíveis, para o mesmo efeito.
CHUMBADA, s.f. Ferimento com tiro de chumbo miúdo; tiro de chumbo; chumbo que se põe nas redes e linhas de pescar.
CHUMBADO, adj. Tapado ou obturado com chumbo ou outro metal; narcotizado; embriagado.
CHUMBAGEM, s.f. Ato ou efeito de chumbar.
CHUMBAR, v.t. Soldar com chumbo ou outro metal fusível; ferir com chumbo; (fig.) embriagar; obturar.
CHUMBEADO, adj. Chumbado; embriagado; narcotizado.
CHUMBEAR, v.t. Ferir com tiro de chumbo.
CHUMBO, s.m. Elemento químico, metal, símbolo Pb, de peso atômico 207,20 e n.º atômico 7; grão desse metal para caça.
CHUPADA, s.f. Chupadela; sugada, chuchada.
CHUPADELA, s.f. O mesmo que chupada.
CHUPADO, adj. Magro, enfermo.
CHUPADOR, adj. Sugador, bêbado, alcoólatra.
CHUPADOURO, s.m. Chupeta.
CHUPADURA, s.f. Chupada; sugada.
CHUPAMENTO, s.m. Chupadura; chupada.
CHUPÃO, s.m. Beijo ruidoso; adj. beberrão; absorvente.
CHUPAR, v.t. Sugar; absorver.
CHUPETA, s.f. Tubo para chupar líquidos; mamilo de borracha para crianças; bico de mamadeira.
CHUPIM, s.m. Pássaro que bota ovos no ninho do tico-tico para que este crie os filhotes; marido de professora, que vive à custa dela.
CHUPITAR, v.t. Bebericar.
CHURRASCARIA, s.f. Restaurante onde se serve especialmente churrasco.
CHURRASCO, s.m. Pedaço de carne levemente assada.
CHURRASQUEADA, s.f. Porção de churrasco.
CHURRASQUEAR, v.int. Preparar churrasco e comê-lo.
CHURRO, s.m. Biscoito; doce.
CHUSMA, s.f. Tripulação; grande quantidade; magote.
CHUTADOR, s.m. Aquele que chuta; mentiroso.
CHUTAR, v.t. e int. Dar chute; mentir
CHUTE, s.m. Pontapé dado na bola no jogo de futebol.
CHUTEIRA, s.f. Calçado apropriado para o futebol.
CHUVA, s.f. Água caída em gotas das nuvens; embriaguez; estar na chuva: estar embriagado.
CHUVADA, s.f. Chuva abundante, o mesmo que chuvão; chuvarada.
CHUVEIRO, s.m. Aparelho provido de uma placa com numerosos furos por onde cai a água para o banho.
CHUVISCAR, v.int. Chover pouco e miúdo.
CHUVISCO, s.m. Chuva fina miúda.
CHUVISQUEIRO, s.m. Chuvisco, chuva miúda.
CHUVOSO, adj. Abundante em chuva.
CIANETO, s.m. Designação genérica dos sais do ácido cianídrico.
CIANÍDRICO, adj. Ácido formado pela combinação de um átomo de hidrogênio, um de carbônio e um de azoto. O mesmo que ácido prússico.
CIANOGÊNIO, s.m. (Quím.) Gás incolor, muito venenoso.
CIANÔMETRO, s.m. Aparelho para medir a intensidade da cor azul do ar.
CIANOSE, s.f. Coloração azul e às vezes escura ou lívida, da pele, por distúrbio circulatório.
CIANÓTICO, adj. Relativo à cianose.
CIANURETO, s.m. (V. Cianeto.)
CIÁTICA, s.f. Nevralgia do ciático (nervo).
CIÁTICO, adj. Relativo às ancas ou parte superior das coxas; nome de um nervo da coxa.
CÍBALHO, s.m. Alimento de aves.
CIBO, s.m. Comida; alimento.
CIBÓRIO, s.m. Vaso em que se guardam as hóstias.
CICA, s.f. Adstringência de alguns frutos.
CICATRICIAL, adj. Relativo a cicatriz.
CICATRIZ, s.f. Vestígio que a ferida deixa depois de curada.
CICATRIZAÇÃO, s.f. Formação da cicatriz, refacção dos tecidos após um ferimento.
CICATRIZADO, adj. Fechado por cicatriz.
CICATRIZANTE, adj. Que cicatriza.
CICATRIZAR, v.t. Fechar, refazer os tecidos de um corte; ferida; dissipar a impressão feita no ânimo de.
CICATRIZÁVEL, adj. Que facilmente se cicatriza.
CICERONE, s.m. Pessoa que guia estrangeiros ou viajantes, mostrando-lhes o que há de importante numa localidade.

CICERONIANO, adj. De Cícero (Marco Túlio), famoso orador e escritor latino (séc. I a.C.); relativo a Cícero.

CICIAR, v.int. Pronunciar as palavras em cicio; sibilar brandamente.

CICIO, s.m. Rumor brando, como o da viração nos ramos das árvores; murmúrio das palavras em voz baixa.

CICIOSO, adj. Que cicia; sussurrante.

CÍCLICO, adj. Que faz parte de um ciclo; periódico.

CICLISMO, s.m. Esporte: corridas de bicicleta.

CICLISTA, s. Pessoa que gosta de ciclismo.

CICLO, s.m. Série de fenômenos que se sucedem numa certa ordem; período ou revolução de um certo número de anos.

CICLÓIDE, s.f. Que tem a forma de ciclo.

CICLONE, s.m. Turbilhão, tempestade, furacão.

CICLÔNICO, adj. Relativo a ciclone.

CICLOPE, s.m. Gigante fabuloso com um só olho na testa.

CICLÓPEO ou **CICLÓPICO,** adj. Relativo aos ciclopes; diz-se também de certos monumentos antigos de construção maciça.

CICLOTRÔNIO, s.m. Aparelho eletrônico para o bombardeio do núcleo dos átomos, a fim de produzir transmutações e radioatividade artificial; o mesmo que cíclotron.

CICUTA, s.f. Planta venenosa da família das Umbelíferas.

CIDADANIA, s.f. Qualidade ou nacionalidade de cidadão.

CIDADÃO, s.m. Habitante da cidade; indivíduo no gozo dos direitos civis e políticos de um Estado. (Fem.: cidadã; pl.: cidadãos, cidadães.)

CIDADE, s.f. Povoação de categoria superior à da vila.

CIDADELA, s.f. Fortaleza defensiva de uma cidade.

CIDRA, s.f. Fruto da cidreira.

CIDREIRA, s.f. Arbusto da família das Rutáceas, medicinal, calmante.

CIÊNCIA, s.f. Conjunto de conhecimentos coordenados relativamente a determinado objeto.

CIENTIFICAR, v.t. Tornar ciente; dar conhecimento de.

CIENTÍFICO, adj. Concernente a ciência; que tem o rigor da ciência.

CIENTISTA, s. Pessoa que cultiva alguma ciência ou ciências; sábio.

CIFRA, s.f. Zero; explicação ou chave de uma escrita enigmática ou secreta; importância ou número total; pl. contabilidade; números.

CIFRADO, adj. Escrito em caracteres secretos.

CIFRÃO, s.m. Sinal que expressa unidades monetárias em vários países. (É representado por S cortado verticalmente uma ou duas vezes: $ ou $.)

CIFRAR, v.t. Escrever em cifra; t.rel. resumir; reduzir; escrever em código, secretamente.

CIGALHO, s.m. Pedacinho; migalha.

CIGANADA ou **CIGANARIA,** s.f. Ação de cigano; multidão de ciganos.

CIGANEAR, v.int. Andar sem rumo: levar vida boêmia.

CIGANICE, s.f. Traficância; nomadismo.

CIGANO, s.m. Homem de raça errante, que vive de ler a sorte, barganhar cavalos, etc.; nômade.

CIGARRA, s.f. Nome comum a todos os homópteros, providos de aparelho musical.

CIGARRARIA, s.f. Charutaria; tabacaria.

CIGARREIRA, s.f. Mulher que traz cigarros; caixinha ou estojo em que se fazem cigarros; o mesmo que porta-cigarros.

CIGARRILHA, s.f. Pequeno charuto.

CIGARRO, s.m. Pequena porção de tabaco enrolado em papel ou palha de milho, para se fumar.

CILADA, s.f. Emboscada, armadilha; traição.

CILHA, s.f. Cinta que aperta a sela ou carga por sob o ventre das cavalgaduras.

CILHÃO, s.m. Sela própria para amazonas.

CILHAR, v.t. Apertar com cilha.

CILIADO, adj. Provido de cílios.

CILIAR, adj. Relativo aos cílios.

CILÍCIO, s.m. Cinto ou cordão, de pêlo ou lã áspera ou eriçado de pontas de arame; instrumento de penitência, de mortificação.

CILIFORME, adj. Que tem forma de cílio.

CILINDRAGEM, s.f. Pressão regular de um cilindro sobre os corpos que lhe estão debaixo.

CILINDRAR, v.t. Submeter à pressão de cilindro.

CILÍNDRICO, adj. Que tem forma de cilindro.

CILINDRIFORME, adj. Que tem a forma de cilindro.

CILINDRO, s.m. Corpo de diâmetro igual em todo o comprimento; recipiente em que se move o êmbolo das máquinas de vapor; sólido geométrico formado pela revolução de um retângulo em torno de um dos lados.

CILINDRÓIDE, adj. O mesmo que cilindriforme.

CÍLIO, s.m. Pestana; celha; (Bot.) pêlo que guarnece certos órgãos vegetais.

CIMA, s.f. Cume; cumeeira.

CIMALHA, s.f. A parte superior da cornija; saliência da parte mais alta da parede, onde assentam os beirais do telhado.

CIMBA, s.f. Batel; canoa.

CÍMBALO, s.m. Instrumento de percussão, formado por dois pratos.

CIMEIRA, s.f. Ornato no cimo do capacete; elmo; cume.

CIMEIRO, adj. Que fica no cimo, no alto; inteligência cimeira: de alto valor.

CIMENTAÇÃO, s.f. Ato de cimentar.

CIMENTAR, v.t. Ligar com cimento; alicerçar; consolidar; firmar.

CIMENTO, s.m. Argamassa de calcários e argila.

CIMITARRA, s.f. Alfange; espada turca de lâmina curva e larga.

CIMO, s.m. Pico.

CINCA, s.f. Erro; engano; falta.

CINCADA, s.f. Erro, engano.

CINCAR, v.int. Dar cincas; errar.

CINCERRO, s.m. Campainha que se pendura ao pescoço da besta que serve de guia às outras.

CINCHA, s.f. Faixa de couro ou de qualquer tecido forte que passa por baixo da barriga da besta para segurar a sela; também: chincha.

CINCHO, s.m. Aro em que se aperta o queijo para lhe dar forma e espremer o soro.

CINCO, num. Quatro mais um; quinto.

CINDIR, v.t. Partir ao meio; bifurcar.

CINE, s.m. Forma reduzida de cinema.

CINEASTA, s. Produtor cinematográfico.

CINEGÉTICA, s.f. Arte de caça.

CINEGÉTICO, adj. Relativo à caça.

CINEMA, s.m. A arte cinematográfica; estabelecimento ou sala de projeções cinematográficas.

CINEMÁTICA, s.f. Parte da Mecânica que estuda os movimentos, independentemente das forças.

CINEMÁTICO, adj. Relativo ao movimento mecânico.

CINEMATOGRAFAR, v.t. Gravar (as imagens) por meio do cinematógrafo.

CINEMATOGRAFIA, s.f. Arte do cinema.

CINEMATOGRÁFICO, adj. Que diz respeito à cinematografia.

CINEMATÓGRAFO, s.m. Aparelho cronofotográfico, que permite projetar cenas animadas, numa tela; cinema.

CINERAR, v.t. Reduzir a cinzas; incinerar.

CINERÁRIO, s.m. Urna funerária.

CINÉREO, adj. Cinzento, cor de cinza.

CINERIFORME, adj. Semelhante a cinza.

CINESCÓPIO, s.m. (TV) Tubo ou lâmpada de raios catódicos destinada à reprodução das imagens na televisão.

CINESE, s.f. Movimento.

CINGALÊS, adj. Da ilha de Ceilão.

CINGIR, v.t. Cintar; apertar; envolver em roda; limitar-se a. (Pres. ind.: cinjo, cinges, etc.)

CÍNGULO, s.m. Cordão com que o sacerdote aperta a alva na cintura.

CÍNICO, adj. Impudente; desavergonhado; pertencente a uma antiga seita filosófica grega.

CINISMO, s.m. Sistema dos cínicos; impudência; descaramento.

CINQÜENTA, num. Denominação do número cardinal equivalente a cinco dezenas de unidades.

CINQÜENTENÁRIO, s.m. Qüinquagésimo aniversário; jubileu de ouro.

CINTA, s.f. Faixa para apertar na cintura; cinturão.

CINTADO, adj. Que tem cinta; ajustado à cintura.

CINTAR, v.t. Pôr cinta em; apertar com arcos.

CINTEIRO, s.m. Faixa larga para proteger o umbigo dos recém-nascidos.

CINTILAÇÃO, s.f. Brilho trepidante; brilho intenso.

CINTILANTE, adj. Muito Brilhante; resplandecente.

CINTILAR, v.int. Brilhar com uma espécie de trepidação rápida; tremeluzir.

CINTILHO, s.m. Diminutivo de cinta.

CINTO, s.m. Cinta; cinturão.

CINTURA, s.f. A parte média do corpo humano; cinta.

CINTURADO, adj. Apertado na cintura; que tem cintura.

CINTURÃO, s.m. Grande cinto, geralmente de couro, em que se suspendem armas.

CINZA, s.f. Pó, resíduos da combustão de certas substâncias.

CINZAR, v.t. Lograr; enganar.

CINZEIRO, s.m. Montão de cinzas; objeto em que os fumantes deitam a cinza do fumo.

CINZES, s.m. Instrumento cortante em uma das extremidades e usado especialmente por escultores e gravadores. (Pl.: cinzéis.)

CINZELADO, adj. Trabalhado a cinzel.

CINZELADOR (ô), adj. Aquele que cinzela.

CINZELADURA, s.f. Efeito de cinzelar.

CINZELAMENTO, s.m. Ato ou operação de cinzelar.

CINZELAR, v.t. Lavrar com cinzel; esculpir; aprimorar.

CINZENTO, adj. Da cor de cinza; triste, melancólico.

CIO, s.m. Apetite sexual dos animais em certos períodos; época da cria.

CIOSO, adj. Ciumento; invejoso; zeloso; cuidadoso.

CIPO, s.m. Pequena coluna sem capitel; marco miliário.

CIPÓ, s.m. Designação das plantas sarmentosas ou trepadeiras que pendem das árvores e nelas se trançam; liana.

CIPOADA, s.f. Golpe dado com o cipó; chicotada.

CIPOAL, s.m. Mato ambulante de cipós; (fig.) negócio intrincado.

CIPRESTE, s.m. Árvore de grande tamanho, de forma cônica.

CIPRIOTA, adj. e s. Natural ou habitante de Chipre.

CIRANDA, s.f. Peneira grossa para joeirar grãos, areia etc.; dança infantil.

CIRANDAGEM, s.f. Operação de cirandar; passeio: bate-perna pelas ruas.

CIRANDAR, v.t. Joeirar; int. dar voltas, andar de um lado para outro.

CIRCENSE, adj. Que diz respeito a circo.

CIRCO, s.m. Anfiteatro circular para espetáculos.

CIRCUITAR, v.int. Andar à roda; girar.

CIRCUITO, s.m. Circunferência; rodeio; sucessão de fenômenos periódicos; (Eletr.) série ininterrupta de condutores da corrente elétrica.

CIRCULAÇÃO, s.f. Giro; curso; trânsito; (Fisiol.) circuito de sangue que da metade esquerda do coração vai ao organismo inteiro e desemboca na metade direita.

CIRCULANTE, adj. Que circula, que anda em círculo.

CIRCULAR, adj. Que tem forma de círculo; s.m. aviso, carta; v.t. percorrer à roda, rodear.

CIRCULATÓRIO, adj. Relativo à circulação.

CÍRCULO, s.m. Porção de plano limitado por uma circunferência; circunscrição territorial; (fig.) assembléia; grêmio.

CIRCUM-ADJACENTE, adj. Que fica justaposto em roda.

CIRCUNAVEGAÇÃO, s.f. Ato de navegar à roda do mundo.

CIRCUNAVEGADOR, s.m. Que faz navegação ao redor do mundo.

CIRCUNAVEGAR, v.int. Navegar em volta do globo.

CIRCUNCIDAR, v.t. Praticar a circuncisão em; cortar o prepúcio.

CIRCUNCISÃO, s.f. Ato de cortar o prepúcio.

CIRCUNCISO, adj. Circuncidado.

CIRCUNDAÇÃO, s.f. Rotação em volta de um centro ou eixo.

CIRCUNDAMENTO, s.m. Rodeamento, construído ao redor de.

CIRCUNDANTE, adj. Que circunda, que está à volta de.

CIRCUNDAR, v.t. Rodear.

CIRCUNFERÊNCIA, s.f. Curva plana e fechada, cujos pontos são eqüidistantes de um ponto interior chamado centro.

CIRCUNFLEXÃO (cs), s.f. Ato de dobrar em roda.

CIRCUNFLEXO (cs), adj. De forma curva; acento —: o que se coloca sobre as vogais para lhes dar o som fechado.

CIRCUNFLUÊNCIA, s.f. Movimento circular de um líquido ou de um fluido.

CIRCUNFLUENTE, adj. Que corre em volta.

CIRCUNFLUIR, v.t. Fluir ou correr em roda de.

CIRCUNFUSO, adj. Espalhado em volta.

CIRCUNGIRAR, v.t. Girar em volta de.

CIRCUNJACENTE, adj. Que jaz à volta de.

CIRCUNJAZER, v.int. Estar em volta.

CIRCUNLOCUÇÃO, s.f. Circunlóquio, perífrase.

CIRCUNLÓQUIO, s.m. Rodeio de palavras; perífrase.

CIRCUNSCREVER, v.t.-rel. Traçar em redor; t. abranger; limitar. (Part.: circunscrito.)

CIRCUNSCRIÇÃO, s.f. Divisão territorial.

CIRCUNSCRITIVO, adj. Que circunscreve ou limita.

CIRCUNSCRITO, adj. Limitado totalmente por uma linha; restringindo.

CIRCUNSPEÇÃO, s.f. Exame demorado de um objeto considerado por todos os lados.

CIRCUNSPECTO, adj. Prudente, ajuizado.

CIRCUNSTÂNCIA, s.f. Estado, condição, particularidade que acompanha um fato.

CIRCUNSTANCIADO, adj. Pormenorizado.

CIRCUNSTANCIAL, adj. (Gram.) Complemento adverbial.

CIRCUNSTANCIAR, v.t. Expor as circunstâncias de um fato; pormenorizar.

CIRCUNSTANTE, adj. Que está à volta; circunjacente.

CIRCUNVAGANTE, adj. Que circunvaga, que vagueia ao redor de.

CIRCUNVAGAR, v.t. Andar em torno de; mover em roda.

CIRCÚNVAGO, adj. Que vagueia em torno, que caminha sem destino certo.

CIRCUNVALAÇÃO, s.f. Vala ao redor de.

CIRCUNVALADO, adj. Cercado, rodeado.

CIRCUNVALAR, v.t. Cercar de fossos ou barreiras.

CIRCUNVIZINHANÇA, s.f. Subúrbio; arredores.

CIRCUNVIZINHAR, v.t. Estar nas vizinhanças, ser vizinho de.

CIRCUNVIZINHO, adj. Que está próximo ou em volta; confinante.

CIRCUNVOLUÇÃO, s.f. Movimento em volta de um centro; contorno sinuoso.

CIRENAICO, adj. Natural ou habitante da Cirenaica.

CIRENEU, s.m. o natural ou habitante de Cirene; (fig.) aquele que auxilia, sobretudo em trabalho penoso.

CIRIEIRO, s.m. Fabricante ou vendedor de objetos de cera.

CIRÍLICO, adj. Diz-se do alfabeto eslavo usado na Rússia, na Bulgária e na Iugoslávia.

CÍRIO, s.m. Vela grande de cera.

CIRRO, s.m. Nuvem branca e muito alta, que parece formada de filamentos cruzados.

CIRROSE, s.f. Endurecimento de um órgão em conseqüência do aumento de tecido conjuntivo; esclerose.

CIRROSIDADE, s.f. Qualidade do que é cirroso; tumor cirroso.

CIRROSO, adj. Semelhante ao cirro, da natureza do cirro. Que tem gavinhas, filamentos, tentáculos.

CIRRÓTICO, adj. Relativo à cirrose, que sofre de cirrose.

CIRURGIA, s.f. Parte da Medicina que trata das operações ou intervenções no corpo humano.

CIRURGIÃO, s.m. Operador. (Fem. cirurgiã; pl. cirurgiões e cirurgiães.)

CIRURGIÃO-DENTISTA, s.m. Dentista. (Fem. cirurgiã-dentista; pl. cirurgiões-dentistas.)

CIRÚRGICO, adj. Pertencente ou relativo à cirurgia.

CISALHA, s.f. Espécie de tesoura.

CISALHAS, s.f.pl. Aparas, pequenos fragmentos de metal.

CISALPINO, adj. Situado aquém dos Alpes, cordilheira da Europa ocidental. (Antôn.: transalpino.)

CISANDINO, adj. Situado aquém da cordilheira dos Andes (América do Sul). (Antôn.: transandino.)

CISÃO, s.f. Ato de cindir; divergência; separação do corpo de um partido, de uma sociedade, de uma doutrina; fragmentação.

CISATLÂNTICO, adj. Situado aquém do Atlântico (Antôn.. transatlântico)

CISCALHADA ou **CISCALHAGEM,** s.f. Porção de ciscalho; aglomeração de algas e detritos de outras plantas.

CISCAR, v.t. Revolver o cisco de.

CISCO, s.m. Pó ou miudezas de carvão; lixo; ramos, gravetos, argueiro.

CISMA, s.m. Separação do corpo e da comunhão de uma religião; dissidência de opiniões; cisma do Oriente: a separação da igreja grega e russa da igreja de Roma; s.f. ato de cismar; devaneio; preocupação; receio, desconfiança.

CISMADO, adj. Prevenido, desconfiado.

CISMAR, v.int. Ficar absorto em pensamentos.

CISMARENTO, adj. Pensativo, desconfiado.

CISMÁTICO, adj. e s.m. Que ou aquele que se separou da comunhão de uma igreja.

CISNE, s.m. Ave palmípede da família dos Anatídeos, de longo pescoço.

CISPLATINO, adj. Situado aquém do rio da Prata. (Antôn.: transplatino.)

CISQUEIRO, s.m. Lugar onde se junta cisco; ciscalhagem.

CISSIPARIDADE, s.f. Reprodução na qual o organismo se divide em duas partes.

CISTALGIA, s.f.Dor na bexiga.

CISTERNA, s.f. Reservatório de água das chuvas; poço; cacimba.

CÍSTICO, adj. Relativo à vesícula biliar; que contém cistos ou quistos.

CISTITE, s.f. Inflamação da bexiga.

CISTO, s.m. Tumor, calombo, quisto.

CISTOCELE, s.f. Hérnia da bexiga.

CISTÓIDE, adj. Semelhante a uma bexiga.

CITAÇÃO, s.f. Texto que se cita; intimação judicial ou em nome de alguma autoridade.

CITADINO, adj. Aquele que habita a cidade.

CITAR, v.t. Intimar para comparecer em juízo; mencionar o nome de; referir ou transcrever (um texto) em apoio do que afirma.

CÍTARA, s.f. Instrumento de cordas, semelhante à lira.

CITÁVEL, adj. Que se pode ou é digno de citar.

CITERIOR, adj. Que está na banda de cá. (Antôn.: ulterior.)

CITOLOGIA, s.f. Estudo da célula em geral.

CITOLÓGICO, adj. Relativo à citologia.

CITÓLOGO, s.m. Aquele que é versado em citologia.

CITOPLASMA, s.m. Porção da célula compreendida entre a membrana e o núcleo. O mesmo que protoplasma.

CITRATO, s.m. Designação genérica dos sais e ésteres do cálcio cítrico.

CÍTREO, adj. Do limão; relativo à cidreira.

CÍTRICO, adj. Referente a plantas do gênero Citrus; ácido extraído do limão e outros frutos azedos.

CITRINO, adj. Da cor do limão.

CIUMARIA, s.f. Explosão de ciúme.

CIÚME, s.m. Zelos amorosos; inveja.

CIUMEIRA, s.f. Ciúme exagerado.

CIUMENTO, adj. Que tem ciúmes.

CÍVEL, adj. Relativo ao Direito Civil; s.m. jurisdição dos tribunais civis. (Pl.: cíveis.)

CÍVICO, adj. Que diz respeito aos cidadãos como membros do Estado; patriótico.

CIVIL, adj. Que diz respeito às relações dos cidadãos entre si; social; cortês. (Pl.: civis.)

CIVILIDADE, s.f. Conjunto de formalidades observadas entre si pelos cidadãos, quando bem educados.

CIVILISMO, s.m. Sistema de governo em que predominam os civis.

CIVILISTA, adj. Tratadista de Direito Civil.

CIVILIZAÇÃO, s.f. Estado de progresso e cultura social.

CIVILIZADO, adj. Bem educado; urbano.

CIVILIZADOR, adj. Que civiliza, educa, instrui.

CIVILIZAR, v.t. Tornar bem educado, cortês, instruído.

CIVILIZÁVEL, adj. Que se pode civilizar.

CIVISMO, s.m. Devoção pelo interesse público; patriotismo.

CIZÂNIA, s.f. Gramínea nociva; joio; (fig.) desarmonia; rixa.

CIZANIAR, v.int. Implantar discórdia; desarmonizar. (Pres. ind.: cizanio, cizanias, cizania, etc.)

CLÃ, s.m. Tribo formada de pessoas de descendência comum; grei; partido.

CLAMADOR, adj. Gritador; berrador.

CLAMANTE, adj. Que clama; o mesmo que clamador.

CLAMAR, v.t. Proferir em altas vozes; bradar; gritar.

CLÂMIDE, s.f. Manto dos antigos gregos e que um broche segurava ao pescoço ou no ombro direito.

CLAMOR, s.m. Brado de quem suplica ou se queixa; grito, berro.

CLAMOROSO, adj. Gritante, iníquo.

CLANDESTINIDADE, s.f. Qualidade do que é oculto, escondido.

CLANDESTINO, adj. Feito às ocultas; ilegal; s.m. indivíduo que embarca sub-repticiamente com intenção de viajar sem documentos nem passagem.

CLANGOR, s.m. Som rijo (de tuba).

CLANGORAR ou **CLANGOREJAR,** v.int. Soar com clangor; apregoar um acontecimento, tornar público, divulgar.

CLAQUE, s.f. Reunião de pessoas combinadas para aplaudirem ou patearem nos teatros; torcida. Chapéu alto, de molas.

CLARA, s.f. Albumina que envolve a gema do ovo.

CLARABÓIA, s.f. Abertura no alto dos edifícios para entrar luz.

CLARÃO, s.m. Luz viva; claridade intensa.

CLAREAÇÃO, s.f. Branquear, esclarecer.

CLAREAR, v.t. Tornar claro, amanhecer, branquear.

CLAREIRA, s.f. Abertura na mata, picada.

CLAREJAR, v.t. e int. Clarear.

CLAREZA, s.f. Limpeza; transparência; translucidez.

CLARIDADE, s.f. Alvura, luminosidade.

CLARIFICAÇÃO, s.f. Ação de clarificar.

CLARIFICADOR, adj. s.m. Branqueador.

CLARIFICAR, v.t. Tornar claro ou límpido; branquear.

CLARIFICATIVO, adj. Que clarifica.

CLARIM, s.m. Espécie de pequena corneta.

CLARINADA, s.f. Toque de clarim.

CLARINAR, v.int. Tocar clarim.

CLARINETA, s.f. Instrumento músico, de sopro e palheta.

CLARINETISTA, s. Tocador de clarineta.

CLARIVIDÊNCIA, s.f. Evidência, translucidez.

CLARIVIDENTE, adj. Prudente, perscrutador.

CLARO, adj. Branco, alvo, translúcido.

CLARO-ESCURO, s.m. Combinação e boa distribuição de sombras e luz.

CLASSE, s.f. Categoria; grupo, divisão de um conjunto; aula.

CLASSICISMO, s.m. Escola literária que foi do séc. XVI ao XVII.

CLÁSSICO, adj. Usado nas aulas; modelo em belas-letras; correto.

CLASSIFICAÇÃO, s.f. Ato ou efeito de classificar, de reduzir a grupos que tenham as mesmas características.

CLASSIFICADOR, adj. Aquele que classifica.

CLASSIFICAR, v.t. Reduzir indivíduos, coisas e fenômenos a grupos, tomando por base as características que apresentam em comum.

CLAUDICAÇÃO, s.f. Manquejamento.

CLAUDICANTE, adj. Que manca.

CLAUDICAR, v.int. Manquejar; errar; faltar.

CLAUSTRAL, adj. Relativo ou pertencente ao claustro.

CLAUSTRO, s.m. Pátio interior descoberto e rodeado de arcarias, nos conventos ou edifícios que o foram; vida monástica.

CLAUSTROFOBIA, s.f. Estado mórbido, caracterizado pelo medo de passar ou estar em lugares fechados.

CLAUSTRÓFOBO, s.m. Aquele que sofre de claustrofobia.

CLÁUSULA, s.f. Condição que faz parte de um contrato ou documento.

CLAUSURA, s.f. Recinto fechado; vida claustral.

CLAUSURAR, v.t. Encerrar em clausura.

CLAVA, s.f. Maça, moca, cacete.

CLAVE, s.f. Sinal que, no princípio de pauta de música, serve para indicar o grau exato de elevação de cada uma das notas (há três claves: a de sol, a de dó e a de fá).

CLAVICÓRDIO, s.m. Antigo instrumento músico de cordas e teclado.

CLAVÍCULA, s.f. Osso situado na parte superior e anterior do tórax.

CLAVICULAR, adj. Relativo à clavícula.
CLAVIFORME, adj. Que tem forma de clava.
CLAVINA, s.f. Espingarda. Fuzil.
CLEMÊNCIA, s.f. Indulgência; piedade, perdão.
CLEMENTE, adj. Indulgente; bondoso.
CLEPTOMANIA, s.f. Impulso mórbido para o roubo.
CLEPTOMANÍACO ou CLEPTÔMANO, s.m. O que sofre de cleptomania.
CLERICAL, adj. Relativo ao clero; do clero
CLERICALISMO, s.m. Partido clerical; sistema dos que apoiam o clero.
CLÉRIGO, s.m. Aquele que pertence à Igreja.
CLERO, s.m. Corporação de sacerdotes, de religiosos que pertencem à Igreja.
CLICHÊ, s.m. Chapa metálica onde está reproduzida em relevo uma imagem destinada à impressão; chapa fotográfica negativa; frase ou expressão muito repetida.
CLICHERIA, s.f. Fabricação de clichês; oficina onde se fazem clichês.
CLIENTE, s. Freguês.
CLIENTELA, s.f. Conjunto de clientes.
CLIMA, s.m. Conjunto de condições meteorológicas de uma dada região.
CLIMATÉRICO, adj. Que se refere ao clima.
CLIMÁTICO, adj. Relativo ao clima.
CLIMATIZAR, v.t. Aclimar, aclimatar.
CLIMATOLOGIA, s.f. Tratado dos climas ou da sua influência sobre a economia animal.
CLIMATOLÓGICO, adj. Relativo à climatologia.
CLÍMAX (cs), s.m. O ponto mais agudo ou alto de uma série de fenômenos, circunstâncias, acontecimentos.
CLINA, s.f. Crina.
CLÍNICA, s.f. A clientela de um médico; o local onde o médico atende os clientes.
CLINICAR, v. int. Exercer a clínica.
CLÍNICO, s.m. Médico que exerce a clínica; adj. relativo ao tratamento médico dos doentes.
CLINÔMETRO, s.m. Instrumento para medir os ângulos de inclinação do terreno.
CLINUDO, adj. Que tem clinas grandes; cabeludo.
CLIPE, s.m. Espécie de grampo para prender papéis.
CLÍPER, s.m. Navio dotado de 3 a 5 mastros.
CLIQUE, interj. Onomatopéia que exprime estalido seco; som produzido pela inspiração do ar.
CLISTER, s.m. Introdução de líquido nos intestinos por meio de seringa.
CLITÓRIS, s.m. Protuberância carnuda e erétil na parte superior da vulva.
CLOACA, s.f. Esgoto; latrina; desembocadura, em comum, de urina e fezes.
CLOACAL, adj. Relativo a cloaca.
CLOACINO, adj. Latrinário; (fig.) indecente.
CLOPEMANIA, s.f. Impulso irresistível para o roubo. O mesmo que cleptomania.
CLORAÇÃO, s.f. Esterilização da água por adição de hipoclorito.
CLORATO, s.m. (Quím.) Designação genérica dos sais do ácido clórico.
CLOREMIA, s.f. Presença de cloro no sangue.
CLORETO, s.m. Designação genérica dos sais e ésteres do ácido clorídrico. (F. paral.: cloureto.)
CLÓRICO, adj. Ácido em que entra o cloro como pentavalente.
CLORÍDRICO, adj. Ácido em que entram hidrogênio e cloro em volumes iguais.
CLORITO, s.m. Designação genérica dos sais do ácido cloroso.
CLORO, s.m. Elemento químico, metalóide, símbolo Cl, de peso atômico 35,457 e n.º atômico 17.
CLOROFILA, s.f. Substância existente nas células das plantas e que dá a estas a cor verde.
CLOROFILADO, adj. Que tem clorofila.
CLOROFÓRMIO, s.m. Substância líquida, incolor e aromática, e de propriedades fortemente anestésicas.
CLOROFORMIZAÇÃO, s.f. Ato de cloroformizar.
CLOROFORMIZAR, v.t. Anestesiar por meio do clorofórmio.
CLOROSE, s.f. Tipo de anemia que tira seu nome da cor amarelo-esverdeada da pele.
CLOROSO, adj. Que tem cloro.
CLORÓTICO, adj. Estiolado; mirrado; enfezado.
CLUBE, s.m. Sociedade, associação esportiva, literária ou recreativa.
CLUBISTA, s. Sócio de clube.
CNIDÁRIO, s.m. Celenterado.

CNUTE, s.m. Chicote russo.
COABITAÇÃO, s.f. Habitação, convivência.
COABITAR, v.t. Habitar em comum.
COAÇÃO, s.f. Ação de coar; constrangimento; imposição.
COADA, s.f. Barrela; água filtrada por barrela.
COADJUTOR, adj. Auxiliar, cooperador.
COADJUTORIA, s.f. Serviço ou cargo de coadjutor.
COADJUVAÇÃO, s.f. Auxílio, cooperação.
COADJUVANTE, adj. Que ajuda; que concorre para um fim comum.
COADJUVAR, v.t. Ajudar; t. auxiliar.
COADOR, s.m. Saco de pano para coar café, etc.
COADUNAR, v.t. Juntar; reunir para formar um todo; p. conformar-se.
COADUNÁVEL, adj. Que se pode coadunar.
COAGIR, v.t.-rel. Constranger; forçar, obrigar. Conjuga-se em todas as pessoas, tempos e modos: coajo, coages, coage, coagimos, coagis, coagem.
COAGULAÇÃO, s.f. Ato de coagular; coalhadeira.
COAGULADOR, adj. Que produz coagulação.
COAGULANTE, adj. Que coalha.
COAGULAR, v.t. Coalhar.
COAGULÁVEL, adj. Que se pode coagular.
COÁGULO, s.m. Coalho.
COALESCÊNCIA, s.f. Aglutinação, justaposição.
COALESCENTE, adj. Aderente; aglutinante.
COALESCER, v.t. Unir; aglutinar; justapor.
COALHADA, s.f. Leite coalhado.
COALHADO, adj. Coagulado.
COALHADURA, s.f. Efeito de coagular ou coalhar.
COALHAR, v.t.,int. e p. Coagular.
COALHEIRA, s.f. Víscera de animal empregada nas queijarias para coalhar o leite; quarto estômago dos ruminantes.
COALHO, s.m. Coágulo, coalheira.
COALIZAÇÃO, s.f. Coalizão; união, reunião.
COALIZÃO, s.f. O mesmo que coalização.
COALIZAR-SE, v.p. Fazer coalização; unir-se.
COAPTAÇÃO, s.f. União das bordas de uma incisão cirúrgica; adaptação.
COAPTAR, v.int. Unir, ligar, ajustar as bordas de incisão cirúrgica ou de segmentos ósseos fraturados.
COAR, v.t. Filtrar; destilar; fazer correr (o metal fundido) para dentro do molde. (Pres. ind. côo, coas, coa, etc.)
COARCTAÇÃO, s.f. Limitação, cerceamento.
COARCTADO, adj. Restringido; circunscrito; cerceado.
COARCTAR, v.t. Restringir; reduzir; circunscrever estreitamente.
COATO, adj. Obrigado à força, constrangido.
CO-AUTOR, s.m. Aquele que, com outrem, produz qualquer coisa; colaborador.
CO-AUTORIA, s.f. Autoria em conjunto.
COAXANTE, adj. Que coaxa.
COAXAR, v.int. Fazer ouvir a sua voz (a rã, o sapo).
COBAIA, s.f. Pequeno mamífero, vulgarmente denominado porquinho-da-índia; tudo o que se presta a ser objeto de experiências científicas.
COBALTO, s.m. Elemento químico, metal, símbolo Co, de peso atômico 58,94 e n.º atômico 27.
COBARDE, adj. Medroso; pusilânime; poltrão. Forma paral.: covarde.
COBARDIA ou COBARDICE, s.f. Timidez; pusilanimidade. Formas parals.: covardia, covardice.
COBERTA, s.f. Cobertor, pano, telhado.
COBERTO, adj. Tapado; abrigado.
COBERTOR, s.m. Agasalho para a cama; manta.
COBERTURA, s.f. Capote; ato de cobrir; garantia financeira.
COBIÇA, s.f. Cupidez, ambição.
COBIÇAR, v.t. Ambicionar, desejar.
COBIÇÁVEL, adj. Digno de se cobiçar.
COBIÇOSO, adj. Cheio de cobiça.
COBRA, s.f. Designação geral dos ofídios; o mesmo que serpente.
COBRANÇA, s.f. Ato de cobrar, arrecadação de quantias.
COBRAR, v.t. Readquirir, receber o pagamento.
COBRÁVEL, adj. Que se pode cobrar.
COBRE, s.m. Elemento químico, metal, símbolo Cu, de peso atômico 65,57 e n.º atômico 29; moedas de bronze; dinheiro.
COBREIRO, s.m. Cobrelo, erupção da pele que o povo crê que seja proveniente do contacto com bichos venenosos, herpes.

111

COBREJAR, v. int. Serpear, serpentear.

COBRELO, s.m. Cobra pequena, cobreiro.

COBRIÇÃO, s.f. Ato de cobrir, cobertura.

COBRIMENTO, s.m. Ato de cobrir; cobertura, cobrição.

COBRIR, v.t. Agasalhar, tapar, ocultar. No pres. indic.: cubro, cobres; no pres. subj.: cubra, cubras, cubra, cubramos, cubrais, cubram; part. pass.: coberto.

COBRO, s.f. Fim, termo; repressão.

COCA, s.f. Ato de cocar, de afagar, acarinhar. Substância vegetal narcotizante.

COÇA, s.f. Surra, tunda, sova. (Também se grafa cossa.)

COCADA, s.f. Doce de coco.

COÇADO, adj. Gasto, puído, usado.

COÇADURA, s.f. Ato de coçar; coça.

COCAÍNA, s.f. Alcalóide extraído das folhas da coca e muito empregado como analgésico.

COCAINOMANIA, s.f. O vício de tomar cocaína.

COCAINÔMANO, s.f. Indivíduo atacado de cocainomania.

COCAL, s.m. Coqueiral.

COCÃO, s.m. Peça sobre a qual gira o eixo do carro de boi.

COCAR, s.m. Penacho de capacete; v.t. afagar; encobrir faltas de outrem.

COÇAR, v.t. Friccionar; arranhar; esfregar.

COCÇÃO, s.f. Ação de cozer, de cozinhar.

COCCÍGEO ou CÓCCIGIANO, adj. Do cóccix ou a ele relativo.

COCCÍNEO, adj. De cor escarlate; granadino; vermelho purpúreo.

CÓCCIX (csis), s.m. Pequeno osso que termina inferiormente a coluna vertebral.

CÓCEGAS, s.f.pl. Sensação produzida pela fricção em pontos da pele ou mucosas; (fig.) desejos; tentações: impaciência.

COCEGUENTO, adj. Muito sensível às cócegas. Forma paral.: cosquento.

COCEIRA, s.f. Prurido, comichão.

COCHA, s.f. Aperto, torcimento.

COCHADO, adj. Apertado; torcido.

COCHAR, v.t. Torcer (cabos); apertar.

COCHE, s.m. Carruagem antiga e suntuosa.

COCHEIRA, s.f. Casa destinada a guardar carruagens e a alojar cavalos, etc.

COCHEIRO, s.m. Aquele que guia os cavalos de uma carruagem.

COCHICHADOR, adj. Bisbilhoteiro; intrigante.

COCHICHAR, v.int. Falar em voz baixa.

COCHICHO, s.m. Ato de cochichar.

COCHICHOLO, s.m. Casinhola.

COCHILAR, v.int. Passar pelo sono; dormitar (fig.) descuidar-se; errar, cincar.

CICHILO, s.m. Ato de cochilar; (fig.) descuido, erro.

COCHINAR, v.int. Grunhir.

COCHINO, s.m. (pop.) Porco não cevado; (fig.) indivíduo imundo e resmungão.

COCHO, s.m. Tabuleiro para conduzir cal amassada; recipiente de madeira onde se dá de comer aos animais.

COCIENTE, s.m. Var. de quociente.

COCO, s.m. Fruto do coqueiro; (pop.) cabeça.

CÓCORAS, s.f.pl. De —: loc. adv. agachado, assentado nos calcanhares.

COCORICÓ, s.m. Canto dos galos.

COCOROCÓ, s.m. Onomatopéia do canto do galo.

COCURUTO, s.m. O ponto mais elevado de uma coisa; o alto da cabeça.

CÔDEA, s.f. Crosta de pão.

CODEÍNA, s.f. Alcalóide extraído do ópio.

CÓDEX (cs), ou melhor, CÓDICE, s.m. Volume manuscrito e antigo; obra de autor clássico. (Pl.: códices.)

CO-DIALETO, s.m. Dialeto que se originou paralelamente a outro dialeto.

CODICILAR, adj. Contido em codicilo; em forma de codicilo.

CODICILO, s.m. Alteração de um testamento por disposições adicionais a ele.

CODIFICAÇÃO, s.f. Reunião de leis em código.

CODIFICADOR, s.m. Aquele que codifica.

CODIFICAR, v.t. Reduzir a código.

CÓDIGO, s.m. Coleção de leis; coleção de regras e preceitos; vocabulário convencional ou secreto para correspondência comercial, diplomática.

CODO, s.m. Cotovelo; toco de alguma cousa que foi cortada.

CODORNA, s.f. Ave da família dos Tinamídeos, também chamada codorniz, de carne muito apreciada.

CODORNIZ, s.f. Codorna.

CO-EDUCAÇÃO, s.f. Educação em comum. (Pl.: co-educações.)

CO-EDUCAR, v.t. Educar em comum.

COEFICIENTE, s.m. Número (ou letra) que aparece como fator de um termo, e que indica quantas vezes a parte literal do mesmo é tomada como parcela.

COELHEIRA, s.f. Recinto onde se criam coelhos. Parte dos arreios dos cavalos de tiro, que lhes cinge o pescoço. Também chamada coalheira.

COELHEIRO, s.m. Caçador de coelho.

COELHO (ê), s.m. Mamífero roedor do gênero Lepus.

COEMPÇÃO, s.f. (Jur.) Compra em comum; compra recíproca.

COENTRO, s.m. Planta medicinal e condimentar da família das Umbelíferas.

COERÇÃO, s.f. Repressão; restrição de direitos.

COERCIBILIDADE, s.f. Qualidade do que é coercível.

COERCITIVO, adj. Limitativo; coercivo.

COERCÍVEL, adj. Que pode ser coagido, reprimido.

COERCIVO, adj. Que pode exercer coerção.

COERÊNCIA, s.f. Conformidade, harmonia.

COERENTE, adj. Conforme; concorde.

COESÃO, s.f. Ligação recíproca das moléculas dos corpos; (fig.) união; liga.

COESIVO, adj. Que liga.

COESO, adj. Unido; ligado; coerente.

COETÂNEO, adj. Coevo; contemporâneo.

COETERNO, adj. Que existe com outro desde sempre.

COEVO, adj. Coetâneo, contemporâneo.

COEXISTÊNCIA, s.f. Existência simultânea.

COEXISTENTE, adj. Que coexiste.

COEXISTIR, v.int. e rel. Existir simultaneamente, juntamente.

COFIAR, v.t. Alisar, afagar (a barba ou o cabelo).

COFO, s.m. Cesto onde os pescadores arrecadam o peixe, camarões, etc.; samburá.

COFOSE, s.f. Surdez.

COFRE, s.m. Escrínio; caixa; arca.

COGITABUNDO, adj. Pensativo; cismador.

COGITAÇÃO, s.f. Reflexão, meditação.

COGITAR, v.t. Pensar, meditar, raciocinar.

COGITATIVO, adj. Pensativo, meditativo.

COGNAÇÃO, s.f. Parentesco.

COGNADO, adj. Parente, consangüíneo.

COGNÁTICO, adj. Relativo a cognação.

COGNATO, adj. Da mesma origem, derivado: vocábulo cognato, ex.: pedra, pedreira, pedrada.

COGNIÇÃO, s.f. Conhecimento; compreensão.

COGNITIVO, adj. Conhecitivo; intelectivo.

CÓGNITO, adj. Conhecido.

COGNOME, s.m. Apelido, alcunha.

COGNOMINAÇÃO, s.f. Ato de cognominar, de apelidar.

COGNOMINAR, v.t. pred. Denominar, alcunhar, apelidar.

COGNOSCIBILIDADE, s.f. Qualidade do que é cognoscível.

COGNOSCITIVO, adj. Que tem a faculdade de conhecer.

COGNOSCÍVEL, adj. Que se pode conhecer.

COGOTE, s.m. (pop.) Pescoço; o mesmo que cangote.

COGOTUDO, adj. Pescoçudo; importante politicamente.

COGULA, s.f. Capa, manto dos religiosos beneditinos.

COGUMELO, s.m. Vegetal criptógamo, destituído de clorofila; orelha-de-pau; urupê; micróbio.

CO-HERDAR, v.t. Herdar em comum.

CO-HERDEIRO, s.m. Aquele que herda com outrem.

COIBIÇÃO (o-i), s.f. Inibição, restrição.

COIBIR (o-i), v.t. Reprimir; impedir; limitar; restringir.

COICE, s.m. Golpe dado pelos animais com a pata para trás; recuo de arma de fogo.

COICEAR, v.t. e int. Dar coices, escoicear.

COICEIRA, s.f. Coice da porta: parte da porta em que se pregam os gonzos ou dobradiças; soleira: Var. de couceira.

112

COICEIRA, adj. Que costuma dar coices. Var.: de couceira.

COICEIRO, adj. Que costuma dar coices; estúpido, grosseiro, malcriado.

COIFA, s.f. Touca; gorro; (Bot.) revestimento da extremidade da raiz.

COIMAR, v.t. Impor alcunhas a; dar nomes depreciativos; acusar.

COIMBRÃO, adj. De Coimbra (Portugal) o mesmo que conimbricense, conimbrigense e colimbriense. (Fem.: coimbrã; pl.: coimbrãos.)

COINCHAR, v.int. Grunhir.

COINCIDÊNCIA, s.f. Simultaneidade de dois ou mais acontecimentos ou dados.

COINCIDENTE, adj. Que coincide.

COINCIDIR, v.rel. Ser idêntico em formas e dimensões; ajustar-se perfeitamente.

COINCIDÍVEL, adj. Que pode coincidir.

COINQUINAÇÃO, s.f. Ação de manchar, macular, difamar.

COINQUINADOR, adj. Difamador; caluniador.

COINQUINAR, v.t. Manchar; infamar.

COIÓ, s.m. Tolo; belo.

COIOÍSMO, s.m. Defeito de quem é coió.

COIOTE, s.m. Espécie de lobo norte-americano.

COIRAÇA, s.f. Couraça.

COIRÃO, s.m. Aumentativo de coira; mulher feia.

COIRMÃO, adj. Primos irmãos, filhos de progenitores que são primos entre si. Fem.: coirmã.

COIRO, s.m. Var. de couro.

COISA, s.f. Objeto; fato; negócio. Admite superl. absol.: coisíssima; aumentat. e diminut. coisão, coisona, coisinha.

COISADA, s.f. Multidão de coisas.

COISA-FEITA, s.f. Esconjuro; feitiçaria.

COISA-MÁ, s.f. ou COISA-RUIM, s.m. Diabo, demônio.

COITADO, adj. Desgraçado; infeliz.

COITEIRO, s.m. Indivíduo que dá asilo a bandidos ou os protege.

COITO, s.m. Cópula carnal; ligação sexual.

COIVARA, s.f. Monte de ramagens, que não foram inteiramente queimadas na roça a que se deitou fogo, e que se juntam para serem incineradas.

COIVARAR, v.t. Empilhar os troncos e galhos não queimados inteiramente, para de novo lhes atear fogo.

COLA, s.f. Substância glutinosa; grude; cópia feita ocultamente nos exames escritos.

COLABORAÇÃO, s.f. Trabalho em comum, ajuda; artigo de jornal feito por pessoa estranha ao seu corpo redatorial.

COLABORADOR, adj. Coadjuvador, auxiliar, cooperador.

COLABORAR, v.rel. Coadjuvar; auxiliar, cooperar.

COLAÇÃO, s.f. Ato de empossar alguém num cargo, ofício, dignidade; ato de servir-se de auxílios ilícitos nos exames; ato de unir, grudar alguma cousa em outra.

COLACIONAR, v.t. Conferir; confrontar.

COLAÇO, s.m. Irmão de leite.

COLADO, adj. Grudado com cola.

COLADOR, s.m. Copiador.

COLAGEM, s.f. Cópia; ato de grudar uma cousa a outra.

COLAGOGO, adj. Diz-se do medicamento que excita a expulsão da bílis.

COLAPSO, s.m. Perda dos sentidos; desmaio; falência.

COLAR, s.m. Ornato para o pescoço; v.rel. conferir benefício eclesiástico e vitalício a; investir na posse de (emprego, direito, grau); t. receber (grau científico); v.t. unir, grudar; t-rel. aplicar; juntar; unir; p. encostar-se; unir-se; conchegar-se; fazer cola (gír. escolar).

COLARINHO, s.m. Gola de camisa.

COLATÁRIO, s.m. Aquele em favor de quem se exerce o direito de colação.

COLATERAL, adj. Que está ao lado; paralelo; que é parente, mas não em linha reta.

COLATERALIDADE, s.f. Qualidade do que é colateral.

COLATIVO, adj. Relativo a colação; adesivo.

COLCHA, s.f. Coberta de cama, estampada ou com lavores.

COLCHÃO, s.m. Peça almofadada, parte constituinte do leito.

COLCHEIA, s.f. Figura musical que vale metade da semínima.

COLCHEIRO, s.m. Fabricante ou vendedor de colchas.

COLCHETAR, v.t. e p. Acolchetar.

COLCHETE, s.m. Ganchozinho de metal para prender uma parte do vestido em outra; pl.: sinal gráfico que encerra, em uma citação, palavra ou palavras que não fazem parte dela.

COLCHOARIA, s.f. Loja em que se vendem colchões, fábrica de colchões.

COLCHOEIRO, s.m. O que faz, conserta ou vende colchões.

COLDRE, s.m. Estojo de arma de fogo.

COLEADO, adj. Sinuoso; flexuoso; ondulado.

COLEAR, v.int. Andar fazendo ziguezagues; serpear.

COLEÇÃO, s.f. Conjunto, reunião de objetos; série.

COLECIONADOR, s.m. Indivíduo que coleciona.

COLECIONAR, v.t. Coligir; reunir, ajuntar.

COLECISTITE, s.f. (Med.) Inflamação da vesícula biliar.

COLÉDOCO, adj. (Anat.) Diz-se do canal que conduz a bílis ao duodeno.

COLEGA, s. Pessoa da mesma corporação, profissão, classe ou funções.

COLEGIAL, adj. Relativo a colégio; s. aluno do colégio.

COLÉGIO, s.m. Corporação cujos membros têm a mesma dignidade; estabelecimento de ensino primário ou secundário.

COLEGUISMO, s.m. Espírito de solidariedade com os colegas.

COLEIRA, s.f. Espécie de colar que cinge o pescoço dos animais. Papa-capim, tiã-tiã.

COLEMIA, s.f. (Med.) Presença de bílis no sangue.

COLENDO, adj. Respeitável; venerando.

COLEÓPTERO, adj. e s.m. Diz-se do inseto cujas asas superiores, córneas, abrigam as inferiores (é representado pelos besouros).

CÓLERA, s.f. Ira; frenesi; raiva; arrebatamento. (Med.) Doença infecciosa aguda, contagiosa, em geral epidêmica.

CÓLERA-MORBO, s.f. O mesmo que cólera.

COLERÉTICO, adj. (Med.) Que aumenta a secreção da bílis.

COLÉRICO, adj. Encolerizado; raivoso.

COLESTEROL, s.m. (Quím.) Álcool alicíclico sólido, branco, cristalino, encontrado no tecido nervoso, cálculos biliares, sangue circulante, etc.

COLETA, s.f. Peditório; contribuição em dinheiro; recolhimento.

COLETÂNEA, s.f. Conjunto de excertos seletos de diversas obras; antologia; florilégio.

COLETAR, v.t. Tributar; reunir; colher; angariar.

COLETÁVEL, adj. Que pode ser coletado.

COLETE, s.m. Peça de vestuário, sem mangas nem abas, que os homens usam por cima da camisa; espartilho de senhoras.

COLETEIRO, s.m. Fabricante de coletes ou espartilhos.

COLETIVIDADE, s.f. Sociedade; conjunto; colônia estrangeira.

COLETIVISMO, s.m. Sistema social e econômico segundo o qual se devem tornar comuns a todos os membros da sociedade os meios de produção.

COLETIVISTA, adj. Relativo ao coletivismo; diz-se de pessoa partidária do coletivismo.

COLETIVO, adj. Comum; substantivo coletivo, que designa uma coleção; veículo de transporte de passageiros em grande número.

COLETO, adj. Coligido; compilado.

COLETOR, s.m. Funcionário que recebe pagamentos devidos ao Estado.

COLETORIA, s.f. Repartição pública onde se pagam os impostos.

COLGADO, adj. Dependurado.

COLGADURA, s.f. Estofo vistoso ou rico, que se pendura nas paredes ou janelas.

COLGAR, v.t. Pendurar; suspender.

COLHEDEIRA, s.f. Utensílio de madeira com que os pintores reúnem as tintas moídas.

COLHEDOR, adj. Que colhe; s.m. aquele que colhe.

COLHEITA, s.f. Aquilo que se colhe ou ajunta; safra; apanha.

COLHER, s.f. Instrumento composto de uma concha e de cabo, destinado especialmente a levar certos alimentos à boca.

COLHER, v.t. Apanhar, pegar; surpreender. (Inf.

113

COLHERADA, s.f. O quanto de líquido cabe numa colher.

COLHEREIRO, s.m. Fabricante ou vendedor de colheres.

COLHIMENTO, s.m. Ato de colher.

COLIBRI, s.m. Beija-flor, panambi.

CÓLICA, s.f. Espasmo, contração violenta e dolorosa de órgãos internos.

COLIDIR, v.t.-rel. Embater; chocar-se.

COLIGAÇÃO, s.f. Aliança; confederação.

COLIGAR, v.t. Associar; unir; aliar.

COLIGATIVO, adj. Relativo a coligação; que coliga.

COLIGIR, v.t. Reunir; ajuntar.

COLIMAÇÃO, s.f. Observação de um ponto de mira por meio de instrumento próprio.

COLIMADOR, s.m. Instrumento para determinar um ponto na horizontal.

COLIMAR, v.t. Pôr mira em; visar.

COLINA, s.f. Pequeno monte.

COLINOSO, adj. Que tem colinas.

COLIQUAÇÃO, s.f. (Med.) Fusão, liquefação.

COLIQUAR, v.t. Fundir; derreter.

COLÍRIO, s.m. Remédio que se aplica sobre a conjuntiva dos olhos para curar inflamações.

COLISÃO, s.f. Embate recíproco de dois corpos; luta; conflito de deveres; abalroamento; (Gram.) sucessão de sons da mesma espécie, tornando-se vício de linguagem: Mimosos olhinhos azuis.

COLISEU, s.m. O maior anfiteatro romano; circo.

COLITE, s.f. (Med.) Inflamação do cólon.

COLMADO, s.m. Palhoça; adj. cheio.

COLMAR, v.t. Cobrir de colmo; encher.

COLMEAL, s.m. Lugar onde há colmeias.

COLMEEIRO, s.m. Tratador de colmeias ou negociante delas.

COLMEIA, s.f. Cortiço ou outra instalação de abelhas; enxame. (Não há razão para a prosódia colméia, que comumente é ouvida.)

COLMILHO, s.m. Dente canino; presa.

COLMO, s.m. Caule das gramíneas.

COLO, s.m. Pescoço; cólon.

COLOCAÇÃO, s.f. Ato de colocar; emprego; situação.

COLOCAR, v.t. Dispor; empregar; coordenar.

COLOCUTOR, s.m. Aquele que fala com outro, interlocutor.

COLOFÃO, s.m. Dizeres com que os primitivos tipógrafos concluíam as obras, indicando o lugar da impressão e a data.

COLOGARITMO, s.m. Logaritmo do inverso de um número; equivale ao simétrico do logaritmo desse número.

COLOIDAL, adj. Relativo aos colóides. Que tem a semelhança da cola.

COLÓIDE, s.m. Corpo que não se cristaliza ou se o faz é com dificuldade.

COLOMBIANO, adj. Relativo a Cristóvão Colombo ou a sua época; natural da Colômbia.

COLOMBINA, s.f. Certa fantasia carnavalesca.

COLÔMBIO, s.m. Elemento químico, metal, símbolo Cb, de peso atômico 93,5; n.º atômico 91; nióbio.

COLOMBOFILIA, s.f. Criação de pombos-correios.

COLOMBÓFILO, s.m. Amigo de pombos-correios.

CÓLON, s.m. Parte do intestino grosso entre o ceco e o reto; o mesmo que colo.

COLÔNIA, s.f. Grupo de imigrantes que se estabelecem em terra estranha; possessão, em geral ultramarina, de um Estado.

COLONIAL, adj. Relativo a colônia ou a colonos.

COLONIZAÇÃO, s.f. Ato ou efeito de colonizar; povoar.

COLONIZADO, adj. Povoado de colonos.

COLONIZADOR, adj. O que promove colonização.

COLONIZAR, v.t. Estabelecer colônia em.

COLONIZÁVEL, adj. Que se pode colonizar.

COLONO, s.m. Membro de uma colônia; cultivador livre de terra pertencente a outrem.

COLOQUIAL, adj. Relativo a colóquio; linguagem coloquial, caseira, doméstica, cotidiana, sem muita correção gramatical.

COLÓQUIO, s.m. Conversação ou palestra entre duas ou mais pessoas; reunião.

COLORAÇÃO, s.f. Ato de colorar, de colorir.

COLORANTE, adj. Corante.

COLORAR, v.t. Colorir; corar; embelezar; aprimorar. Este verbo bem como colorir eram considerados defectivos. Hoje são conjugados normalmente em todas as pessoas e modos. Ex.: coloro, colo-

ras, colora, coloramos, colorais, coloram. Colore, colores, colore, coloremos, coloreis, colorem. De colorir.: coloro, colores, colore, colorimos, coloris, colorem. Pres. do subj.: colora, coloras, colora, coloramos, colorais, coloram.

COLORAU, s.m. Condimento feito de pimentão, urucu, etc.

COLOREAR, v.t. Colorir.

COLORIDO, adj. Pintado de cores.

COLORÍMETRO, s.m. Aparelho para medir, por comparação, a intensidade das cores em relação a um padrão.

COLORIR, v.t. Dar cor ou cores a; matizar; tornar brilhante. O verbo foi considerado defectivo pelos antigos gramáticos; os modernos, desde os românticos, o conjugam regularmente. Veja colorar, onde este ponto está tratado.

COLOSSAL, adj. Enorme, agigantado.

COLOSSO, s.m. Estátua descomunal; (fig.) pessoa agigantada; objeto de grandes dimensões.

COLOSTRO, s.m. Primeiro líquido segregado pela glândula mamária após o parto.

COLUMBICULTOR (ó), s.m. Aquele que se dedica à criação de pombos.

COLUMBICULTURA, s.f. Criação de pombos.

COLUMBIFORME, s.m. Espécime dos Columbiformes, ordem de aves de bico intumescido na base, de asas arredondadas e tarsos emplumados, da qual é tipo o pombo.

COLUMBINO, adj. Relativo a pombo ou pomba; (fig.) inocente; puro.

COLUMBOFILIA, s.f. Arte da criação de pombos-correio. Forma paral.: colombofilia.

COLUMBÓFILO, adj. e s.m. Diz-se de, ou que cria pombos-correio; forma paral.: colombófilo.

COLUNA, s.f. Pilar cilíndrico que sustenta abóbadas.

COLUNAR, adj. Relativo a coluna; em forma de coluna.

COLUNATA, s.f. Série de colunas.

COLUNELO, s.m. Coluna pequena; marco.

COLUNETA, s.m. Coluna pequena e estreita.

COLURO, s.m. Cada um dos dois meridianos que passam um pelos pontos equinociais e o outro pelos solsticiais.

COM, prep. Indica diferentes relações: companhia; instrumento, etc.

COMA, s.f. Cabeleira, juba; a parte luminosa em redor do núcleo dos cometas. (Med.) Estado mórbido semelhante ao sono, caracterizado pela perda das atividades cerebrais superiores e conservação da respiração e circulação.

COMADRE, s.f. Madrinha em relação aos pais do afilhado; mãe do afilhado em relação aos padrinhos deste; parteira; urinol de forma chata para os doentes que não podem erguer-se do leito. (Masc.: compadre.)

COMANDANTE, adj. Que comanda.

COMANDAR, v.t. Dirigir como superior; dominar; mandar.

COMANDITA, s.f. Sociedade em que há um ou mais sócios que entram com capitais sem tomar parte na gestão.

COMANDITÁRIO, adj. Diz-se de, ou sócio capitalista ou fornecedor de fundos, na sociedade em comandita.

COMANDO, s.m. Ação de comandar; direção superior de tropas; local, sede da comandância.

COMARCA, s.f. Divisão judicial de um Estado sob a alçada de um juiz de direito.

COMATOSO, adj. Que está em estado de coma.

COMBALIDO, adj. Abalado; abatido.

COMBALIR, v.t. Enfraquecer; abalar. Verbo defectivo: não se conjuga nas pessoas cuja terminação seria a em o; assim, combales, combale, combalimos, etc.; combali, combaleste, combaleu, etc.

COMBATE, s.m. Batalha; recontro.

COMBATENTE, adj. Que combate ou pode combater.

COMBATER, v.t. Bater-se com; sustentar combate contra; opor-se a.

COMBATÍVEL, adj. Sujeito a ser combatido; discutível.

COMBATIVIDADE, s.f. Tendência que os homens e os animais apresentam para combater.

COMBATIVO, adj. Pugnaz; brigador; polêmico.

COMBINAÇÃO, s.f. Ato ou efeito de combinar; reunião de coisas dispostas por ordem; ajuste; ligação; associação de átomos ou radicais de modo que seus pesos guardem relação fixa; roupa feminina constituída de saia e corpinho em uma só peça; (Mat.) agrupamento de certo número de elementos tirados de um grupo dado, no qual se prescinde da ordem dos mesmos.

COMBINADO, adj. Agrupado; calculado; ajustado.

COMBINADOR, adj. e s.m. O que faz combinações.

COMBINAR, v.t. Agrupar; juntar em certa ordem; dispor metodicamente; ajustar; pactuar; t.-rel. aliar; harmonizar; unir, ligar; cotejar; comparar.

COMBINATÓRIO, adj. Relativo a combinações.

COMBINÁVEL, adj. Que se pode combinar.

COMBOIAR, v.t. Guiar; escoltar; acompanhar.

COMBOEIRO, s.m. O que escolta ou guia comboio; navio que escolta outros.

COMBOIO, s.m. Trem; série de navios escoltados.

COMBURENTE, adj. e s.m. Que ou o que alimenta a combustão. (Ex.: oxigênio.)

COMBURIR, v.int. Queimar. (Verbo defectivo: só se conjuga nas pessoas em que o i é tônico: comburimos, comburis; comburia, comburi, etc. Já se pode usar nas pessoas terminadas em e: combure, comburem.)

COMBUSTÃO, s.f. Ação de queimar.

COMBUSTIBILIDADE, s.f. Qualidade do que é combustível.

COMBUSTÍVEL, adj. Que arde; s.m. lenha ou outro material para queimar.

COMBUSTIVO, adj. Combustível.

COMBUSTO, adj. Queimado.

COMBUSTOR, s.m. Poste para iluminação pública, usado em praças e jardins públicos, antigamente; lampião.

COMEÇADOR, adj. Iniciador; principiador.

COMEÇANTE, adj. Incipiente; principiante.

COMEÇAR, v.t. Principiar; encetar.

COMEÇO, s.m. O primeiro momento da existência ou execução de uma coisa; princípio, início.

COMÉDIA, s.f. Obra ou representação teatral onde predomina a sátira ou a graça.

COMEDIANTE, s. Ator de comédias.

COMEDIDO, adj. Moderado; prudente.

COMEDIMENTO, s.m. Moderação.

COMEDIOGRAFIA, s.f. Arte de escrever comédias.

COMEDIÓGRAFO, s.m. Autor de comédias.

COMEDIR, v.t. Adequar; conter; (v. def.: faltam-lhe a 1.ª pess. do pres. do indic. e todas do pres. do subj.)

COMEDOR, adj. Comilão; devorador.

COMEDORIA, s.f. ou **COMEDORIAS,** s.f.pl. Ração de víveres; lucros ilícitos na administração pública.

COMEDOURO, s.m. Lugar onde os animais silvestres vão comer.

COMEMORAÇÃO, s.f. Celebração; festejo.

COMEMORAR, v.t. Solenizar; celebrar.

COMEMORATIVO, adj. Celebrativo.

COMEMORÁVEL, adj. Que merece comemoração.

COMENDA, s.f. Distinção honorífica; condecoração.

COMENDADOR (ô), s.m. Aquele que tem comenda. (Fem.: comendadeira.)

COMENDATIVO, adj. Que recomenda.

COMENOS, s.m. Momento; instante.

COMENSAL, s. Amigo íntimo.

COMENSALIDADE, s.f. Camaradagem à mesa.

COMENSURABILIDADE, s.f. Qualidade do que é comensurável, medível.

COMENSURAR, v.t. Medir; comparar.

COMENSURÁVEL, adj. Que se pode medir.

COMENTADOR, adj. e s.m. Que, ou o que faz comentários.

COMENTAR, v.t. Explicar, interpretando e anotando.

COMENTÁRIO, s.m. Crítica, censura, correção.

COMENTARISTA, s. Comentador; crítico.

COMER, v.t. Ingerir; alimentar; engolir.

COMERCIAL, adj. De comércio; relativo ao comércio.

COMERCIALISTA, adj. e s. Especialista em direito comercial; caixeiro; pessoa que trabalha no comércio.

COMERCIALIZAÇÃO, s.f. Ato de vender, comprar, trocar, negociar.

COMERCIANTE, adj. e s. Vendeiro; lojista; negociante.

COMERCIAR, v.t. Negociar; vender; comprar; trocar. (No pres. do indic., no imperat. e no subj. admite duas formas: comerceio, comerceias, comerceia; comerciamos, comerciais, comerceiam. Comerceia tu, comerciai vós, comerceie, comerceles,

comerceie, comerciemos, comercieis, comerceiem; ou então: comercio, comercias, comercia, comerciam; comercia tu; comercie, comercies, comercie, comerciem.)

COMERCIÁRIO, s.m. Empregado no comércio.

COMERCIÁVEL, adj. Que se pode comerciar.

COMÉRCIO, s.m. Permutação de produtos; troca de valores.

COMESTIBILIDADE, s.f. Qualidade de ser comestível.

COMESTÍVEL, adj. Que se come; s.m. o que se come.

COMETA, s.m. Astro de cauda luminosa que descreve órbita muito alongada em volta do Sol; caixeiro-viajante.

COMETEDOR, adj. Que, ou o que comete delito, crime; empreendedor.

COMETER, v.t. Praticar; fazer; perpetrar.

COMETIDA, s.f. Ataque, investida.

COMETIMENTO, s.m. Empresa arrojada.

COMEZAINA, s.f. Refeição abundante; patuscada.

COMEZINHO, adj. Usual; comum.

COMICHÃO, s.f. Prurido; (fig.) desejo ardente.

COMICHAR, v.t. Coçar; provocar prurido.

COMICHOSO, adj. Que tem coceira.

COMICIDADE, s.f. Qualidade de cômico; que faz rir.

COMÍCIO, s.m. Reunião de cidadãos com o fim de tratar de assuntos de interesse público.

CÔMICO, adj. Engraçado; burlesco; s.m. ator de comédias.

COMIDA, s.f. Alimento; sustento.

COMIDO, adj. Mastigado e ingerido; roído; consumido; lograda; enganado.

COMIGO, pron. oblíquo 1.ª pess. sing. justaposição de com+migo. No pl.: conosco.

COMILANÇA ou **COMILÂNCIA,** s.f. Alimentação em quantidade; ladroeira.

COMILÃO, adj. e s.m. Glutão. (Fem.: comilona.)

COMINAÇÃO, s.f. Ameaça.

COMINADOR, adj. Ameaçador.

COMINAR, v.t.-rel. Ameaçar com pena.

COMINATIVO ou **COMINATÓRIO,** adj. Que envolve ameaça, penalidade.

COMINHO, s.m. Planta da família das Umbelíferas cujas sementes são usadas como condimento.

COMISERAÇÃO, s.f. Piedade; compaixão.

COMISERADOR, adj. Que inspira ou tem compaixão; que tem piedade de alguém.

COMISERAR, v.t. Inspirar compaixão; p. compadecer-se.

COMISERATIVO, adj. Que produz comiseração.

COMISSÃO, s.f. Encargo; conjunto de pessoas encarregadas de tratar juntamente um assunto; retribuição ou gratificação paga pelo comitente ao comissionado.

COMISSARIADO, s.m. Cargo de comissário; repartição onde o comissário exerce as suas funções.

COMISSARIARIA, s.f. Funções de comissário; local, sede do comissário.

COMISSÁRIO, s.m. Autoridade policial; o que representa o governo ou outra entidade junto de uma companhia ou em funções de administração.

COMISSIONADO, adj. Nomeado para uma comissão; que tem cargo provisório.

COMISSIONAR, v.t.-rel. Encarregar de comissões.

COMISSURA, s.f. Linha de junção; sutura; fenda; abertura.

COMISTÃO, s.f. Mistura, mescla.

COMITÊ, s.m. Reunião de membros escolhidos numa assembléia para examinar determinadas questões; comissão.

COMITENTE, adj. e s. Que, ou pessoa que encarrega, que dá comissão; constituinte.

COMITIVA, s.f. Cortejo, companhia.

COMÍVEL, adj. Comestível.

COMO, conj. Da mesma forma que; quando; porque; adv. de que maneira; conj. comparativa, modal.

COMOÇÃO, s.f. Abalo; motim; perturbação.

CÔMODA, s.f. Espécie de mesa com gavetas.

COMODATÁRIO, s.m. Aquele que contrai empréstimo por comodato.

COMODATO, s.m. Empréstimo gratuito de coisa que deve ser restituída no tempo convencionado.

COMODIDADE, s.f. Bem-estar.

COMODISMO, s.m. Atitude de quem não quer ser importunado.

COMODISTA, adj. Que atende principalmente ao seu bem-estar.

CÔMODO, adj. Útil; adequado; tranqüilo; s.m. aposento.

COMODORO, s.m. Comandante de esquadra holandesa; oficial da marinha britânica e americana.

CÔMORO, s.m. Pequena elevação de terreno; socalco; canteiro.

COMOVEDOR ou **COMOVENTE,** adj. Que comove.

COMOVER, v.t. Impressionar; enternecer; abalar.

COMOVIDO, adj. Abalado; impressionado; enternecido.

COMPACIDADE, s.f. Densidade, solidez.

COMPACTAR, v.t. Tornar compacto.

COMPACTO, adj. Denso; espesso; sólido.

COMPADECEDOR, adj. Enternecedor, que causa piedade.

COMPADECER, v.t. Ter compaixão de; deplorar; lastimar; p. ter compaixão.

COMPADECIDO, adj. Enternecido; apiedado.

COMPADECIMENTO, s.m. Compaixão.

COMPADRE, s.m. Padrinho de um afilhado, em relação aos pais dele; pai do afilhado em relação aos padrinhos.

COMPADRESCO, adj. Relativo às relações de compadre.

COMPADRICE, s.f. ou **COMPADRIO,** s.m. Intimidade; proteção exagerada ou injusta.

COMPAGINAÇÃO, s.f. Ato de reunir ou ligar partes, páginas, folhas, etc.

COMPAGINAR, v.t. Ligar intimamente.

COMPAIXÃO, s.f. Piedade, dó.

COMPANHEIRO, adj. Amigo; colega.

COMPANHIA, s.f. Comitiva; séquito; sociedade comercial, industrial; seção de um batalhão; grupo dramático ou circense.

CÔMPAR, adj. Igual; semelhante; que está a par. (Pl.: cômpares.)

COMPARABILIDADE, s.f. Qualidade das coisas comparáveis entre si.

COMPARAÇÃO, s.f. Confrontação.

COMPARADO, adj. Confrontado.

COMPARADOR, adj. e s.m. Confrontador.

COMPARAR, v.t. Cotejar, confrontar.

COMPARATIVO, adj. Que serve para comparar, que emprega comparação.

COMPARÁVEL, adj. Semelhante.

COMPARECER, v.t.-rel. e int. Aparecer; apresentar-se.

COMPARECIMENTO, s.m. Presença de alguém num dado ponto; apresentação.

COMPARSA, s. Companheiro; cúmplice.

COMPARSARIA, s.f. Cumplicidade.

COMPARTILHAR, v.t. Participar de; partilhar com alguém.

COMPARTIMENTO, s.m. Cada uma das divisões de uma casa.

COMPARTIR, v.t. Compartilhar; repartir.

COMPASSADO, adj. Medido; vagaroso; cadenciado.

COMPASSAR, v.t. Medir a compasso; calcular.

COMPASSÍVEL, adj. Que com facilidade se compadece.

COMPASSIVO, adj. Que tem ou revela compaixão.

COMPASSO, s.m. Instrumento que serve para traçar circunferências e para marcar medidas; medida dos tempos, em música.

COMPATERNIDADE, s.f. Co-autoria.

COMPATIBILIDADE, s.f. Que é conciliável com outro ou outros

COMPATÍVEL, adj. Que pode existir conjuntamente.

COMPATRÍCIO, adj. e s.m. O mesmo que compatriota.

COMPATRIOTA, adj. e s. Diz-se de ou pessoa da mesma pátria.

COMPELIR, v.t.-rel. Obrigar; forçar; constranger; t. impelir; empurrar. (Pres. do indic.: compilo, compeles, compele, compelimos, compelis, compelem. Pres. do subj.: compila, compilas, compila, compilamos, compilais, compilam.)

COMPENDIAR, v.t. Reduzir a compêndio; resumir; sintetizar. (Pres. ind.: compendio, compendias, etc.)

COMPÊNDIO, s.m. Livro de texto para as escolas.

COMPENDIOSO, adj. Resumido.

COMPENETRAÇÃO, s.f. Seriedade, convicção.

COMPENETRADO, adj. Convencido intimamente; convicto.

COMPENETRAR, v.t. Fazer penetrar; p. convencer-se.

COMPENSAÇÃO, s.f. Ato ou efeito de compensar.

COMPENSADOR, adj. Que compensa; s.m. maquinismo para corrigir as variações de temperatura no pêndulo.

COMPENSAR, v.t. Reparar (um mal) com um bem correspondente; indenizar; remunerar, recompensar.

COMPENSATIVO, adj. Que serve para compensar.

COMPENSATÓRIO, adj. Que encerra compensação.

COMPENSÁVEL, adj. Que se pode compensar.

COMPETÊNCIA, s.f. Idoneidade; aptidão; rivalidade; capacidade.

COMPETENTE, adj. Apto; idôneo; suficiente; capaz.

COMPETIÇÃO, s.f. Emulação, rivalidade, porfia.

COMPETIDOR, s.m. Antagonista; rival.

COMPETIR, v.rel. Rivalizar; caber; ser da competência de. (Pres. do indic.: compito, competes, compete, competimos, competis, competem. Pres. do subj.: compita, compitas, compita, compitamos, compitais, compitam. Fut. do subj.: competir, competires, etc.)

COMPILAÇÃO, s.f. Resumo, coleção.

COMPILADOR, s.m. Coligidor.

COMPILAR, v.t. Coligir (textos de autores diversos) para compor uma obra; reunir.

COMPILATÓRIO, adj. Relativo a compilação.

COMPLACÊNCIA, s.f. Condescendência.

COMPLACENTE, adj. Condescendente.

COMPLANAR, v.t. Nivelar; tornar plano.

COMPLEIÇÃO, s.f. Constituição física de alguém.

COMPLEICIONAL, adj. Relativo a compleição.

COMPLEIÇOADO, adj. Que tem boa ou má compleição.

COMPLEMENTAÇÃO, s.f. Completação.

COMPLEMENTAR, adj. Que serve de complemento, relativo a complemento; v.t. ultimar, completar.

COMPLEMENTO, s.m. Aquilo que completa; ato de completar; remate; (Gram.) palavra ou expressão que completa o sentido de outra.

COMPLETAÇÃO, s.f. Ato de completar.

COMPLETADOR, adj. O que completa, conclui, termina.

COMPLETAMENTO, s.m. Ação de completar; acabamento.

COMPLETAR, v.t. Inteirar; concluir.

COMPLETAS, s.f.pl. Últimas horas canônicas dos ofícios divinos.

COMPLETO, adj. Total; perfeito; inteiro.

COMPLEXÃO (cs), s.f. Encadeamento de coisas; conjunto; união.

COMPLEXIDADE (cs), s.f. Intrincamento; emaranhamento.

COMPLEXO (cs), adj. Intrincado; emaranhado, difícil de solução; s.m. recalque psíquico.

COMPLICAÇÃO, s.f. Embaraço, dificuldade.

COMPLICADO, adj. Enredado, difícil.

COMPLICADOR, adj. Emaranhador; intrincador.

COMPLICAR, v.t. Embaraçar; tornar intrincado, difícil de perceber.

COMPONENTE, adj. Aquilo que entra na composição de alguma coisa.

COMPONÍVEL, adj. Que se pode compor, arranjável.

COMPOR, v.t. Combinar; fazer; construir; fazer música, poesia. (Conjuga-se como o v. pôr.)

COMPORTA, s.f. Porta; separação; impedimento que mantém as águas de uma represa.

COMPORTAÇÃO, s.f. Comportamento; bons modos; procedimento.

COMPORTAMENTO, s.m. Procedimento; atuação.

COMPORTAR, v.t. Conter; suportar; admitir; v.p. proceder, conduzir-se.

COMPORTÁVEL, adj. Tolerável, suportável.

COMPOSIÇÃO, s.f. Constituição; redação; produção literária, científica ou artística; comboio, trem.

COMPOSITOR, s.m. Autor de música; maestro; tipógrafo.

COMPOSTO, adj. Feito; combinado; arranjado; ordenado.

COMPOSTURA, s.f. Seriedade; procedimento.

COMPOTA, s.f. Doce em calda.

COMPOTEIRA, s.f. Boião; vasilha onde se guarda a compota.

COMPRA, s.f. Aquisição; obtenção mediante dinheiro; suborno.

COMPRADIÇO, adj. Fácil de se comprar ou subornar.

COMPRADOR, s.m. Aquisidor.

COMPRAR, v.t. Adquirir; obter; subornar.

COMPRÁVEL, adj. Que se pode adquirir por compra; comerciável; subornável.

COMPRAZEDOR, adj. Obsequiador; condescendente.

COMPRAZER, v.rel. Ser agradável; condescender; p. deleitar-se; regozijar-se. (Pres. do indic.: Eu me comprazo, tu te comprazes, ele se compraz, etc. No pret. perf. possui duas formas: Eu me comprazi, tu te comprazeste, ele se comprazeu, ou então: Eu me comprouve, tu te comprouveste, ele se comprouve, etc.)

COMPRAZIMENTO, s.m. Agrado, satisfação.

COMPREENDER, v.t. Constar de; abranger; incluir; perceber; entender.

COMPREENSÃO, s.f. Faculdade de perceber; entendimento.

COMPREENSIBILIDADE, s.f. Qualidade do que é compreensível.

COMPREENSÍVEL, adj. Que se pode compreender, entender.

COMPRESSA, s.f. Pano dobrado embebido em água ou medicamento, para aplicar-se em feridas ou parte dorida do corpo.

COMPRESSÃO, s.f. Repressão; calcamento; diminuição do volume.

COMPRESSIBILIDADE, s.f. Propriedade que têm os corpos de se reduzirem a menor volume por efeito da compressão.

COMPRESSÍVEL, adj. Que pode ser comprimido.

COMPRESSIVO, adj. Que serve para comprimir.

COMPRESSOR, s.m. Bomba rotativa ou centrífuga para exercer compressão; máquina com pesado rolo para consolidar terreno.

COMPRIDEZ, s.f. Comprimento; tamanho.

COMPRIDO, adj. Extenso em sentido longitudinal; longo.

COMPRIMÁRIO, s.m. Comparsa de companhia lírica.

COMPRIMENTO, s.m. Extensão longitudinal de um objeto; tamanho.

COMPRIMIDO, s.m. Pastilha farmacêutica que contém medicamento sob volume muito reduzido.

COMPRIMIR, v.t. Reduzir a menor volume; apertar; diminuir.

COMPROBATIVO ou **COMPROBATÓRIO,** adj. Que contém a prova ou provas do que se diz.

COMPROMETEDOR, adj. Que compromete ou pode comprometer.

COMPROMETER, v.t. Responsabilizar; agravar a situação de.

COMPROMETIMENTO, s.m. Responsabilização.

COMPROMISSÁRIO, adj. Obrigado por compromisso.

COMPROMISSIVO, adj. Que envolve obrigação; dever.

COMPROMISSO, s.m. Acordo entre litigantes no sentido de sujeitarem a arbitramento a decisão de um pleito; obrigação ou promessa mais ou menos solene; dívida que se deve solver em determinado dia.

COMPROMISSÓRIO, adj. Em que há compromisso.

COMPROMITENTE, adj. Que, ou pessoa que toma compromisso.

COMPROVAÇÃO, s.f. Corroboração, prova.

COMPROVADOR, adj. e s.m. Corroborador, documentador.

COMPROVANTE, adj. Comprovador; s.m. recibo com que se comprova a realização de uma despesa; prova.

COMPROVAR, v.t. Confirmar; corroborar; demonstrar.

COMPROVATIVO, adj. Que serve para comprovar.

COMPULSAÇÃO, s.f. Ato de compulsar.

COMPULSÃO, s.f. Ato de compelir.

COMPULSAR, v.t. Examinar; manusear; consultar.

COMPULSIVO, adj. Que é próprio ou destinado a compelir.

COMPULSÓRIA, s.f. Mandado de juiz superior para instância inferior; aposentadoria obrigatória de militares e civis.

COMPULSÓRIO, adj. Que compele; obrigatório.

COMPUNÇÃO, s.f. ou **COMPUNGIMENTO,** s.m. Contrição, arrependimento.

COMPUNGIR, v.t. Magoar; enternecer; afligir; arrepender-se; pesar-se de. (Na forma ativa, não se conjuga na 1.ª pes. pres. ind. e, consequentemente, falta todo o subj. pres. pres. compunges, compunge, etc.; na forma pronominal é completo: eu me com-

punjo, tu te compunges, etc. Subj. pres.: que me compunja, que te compunjas, etc.)

COMPUNGITIVO, adj. Aflitivo, penalizador.

COMPUTAÇÃO, s.f. Avaliador; calculador.

COMPUTAR, v.t. Orçar; calcular.

COMPUTÁVEL, adj. Que se pode calcular, avaliar.

CÔMPUTO, s.m. Cálculo, contagem.

COMTISMO, s.m. Sistema filosófico de Augusto Comte, filósofo e matemático francês (1798-1857).

COMUM, adj. Vulgar; habitual; corriqueiro; usual.

COMUM-DE-DOIS, adj. Que indica os gêneros com uma forma única. Ex.: normalista, pianista, diplomata, estudante, verde, cônjuge. Não confundir com os epicenos; estes só se aplicam aos animais, cujos nomes servem para os dois gêneros com o acrescentamento de macho, fêmea: jacaré, cobra, etc.

COMUNA, s.f. Cidade que, na Idade Média, obtinha de seu senhor suserano carta que lhe concedia autonomia; município.

COMUNGADO, adj. Que recebeu a comunhão.

COMUNGANTE, adj. Que recebe a Eucaristia.

COMUNGAR, v.int. Receber a comunhão; estar de acordo (com crenças ou opiniões).

COMUNHÃO, s.f. Sacramento da Eucaristia.

COMUNICABILIDADE, s.f. Transmissibilidade.

COMUNICAÇÃO, s.f. Informação; aviso; transmissão.

COMUNICADO, s.m. Aviso; recado; informação.

COMUNICADOR, adj. e s.m. Transmissor.

COMUNICANTE, adj. Transmitente.

COMUNICAR, v.t. Transmitir; avisar; informar.

COMUNICATIVO, adj. Expansivo; afável.

COMUNICÁVEL, adj. Franco; expansivo.

COMUNIDADE, s.f. Associação de pessoas que têm os mesmos objetivos; o conjunto dos religiosos que vivem em comum no mosteiro.

COMUNISMO, s.m. Sistema econômico e político que só admite a propriedade estatal dos meios de produção (terras, fábricas, minas, etc.) e das mercadorias produzidas, tanto materiais como espirituais; bolchevismo, marxismo.

COMUNISTA, adj. e s. Partidário do comunismo.

COMUNITÁRIO, adj. Relativo à comunidade.

COMUTAÇÃO, s.f. Atenuação de pena; permutação, troca.

COMUTADOR, adj. Aquele que comuta pena; chave ou dispositivo para mudar a direção das correntes elétricas.

COMUTAR, v.t.-rel. Permutar; substituir; atenuar.

COMUTATIVO, adj. Que comuta; relativo a troca.

COMUTÁVEL, adj. Que se pode comutar.

CONATURAL, adj. Congênito; conforme à natureza.

CONCATENAÇÃO, s.f. ou **CONCATENAMENTO,** s.m. Encadeamento; seriação, entrosamento.

CONCATENAR, v.t. Encadear; prender; relacionar.

CONCAUSA, s.f. Causa concomitante.

CONCAVIDADE, s.f. Forma côncava de um objeto.

CÔNCAVO, adj. Cavado; o contrário de convexo.

CONCEBER, v.t. Formar no espírito ou no coração; compreender; gerar.

CONCEBIMENTO, s.m. Concepção.

CONCEBÍVEL, adj. Que se pode conceber, o mesmo que conceptível.

CONCEDER, v.t. Outorgar; dar; permitir.

CONCEDIDO, adj. Permitido; dado.

CONCEDÍVEL, adj. Que se pode conceder.

CONCEIÇÃO, s.f. Concepção da Virgem Maria; festa comemorativa dessa concepção, 8 de dezembro.

CONCEITO, s.m. Idéia, reputação; pensamento.

CONCEITUADO, adj. Reputado; respeitado; acatado.

CONCEITUAR, v.t. Ajuizar; classificar.

CONCEITUOSO, adj. Sentencioso; espirituoso.

CONCENTO, s.m. Consonância; concórdia.

CONCENTRAÇÃO, s.f. Reunião; aglomeração.

CONCENTRADO, adj. Centralizado; absorto; condensado.

CONCENTRADOR, adj. Condensador; centralizador.

CONCENTRAR, v.t. Centralizar; tornar mais denso; mais forte.

CONCÊNTRICO, adj. (Geom.) Que tem o mesmo centro.

CONCEPÇÃO, s.f. Geração; faculdade de perceber; conhecimento.

CONCEPTÍVEL, adj. Concebível.
CONCEPTIVO, adj. Próprio para ser concebido.
CONCEPTUAL, adj. Próprio para a concepção, relativo a ela.
CONCEPTUALISMO, s.m. Doutrina filosófica segundo a qual os universais existem como conceitos mentais apenas, sem presença real na natureza.
CONCEPTUALISTA, adj. Adepto do conceptualismo.
CONCERNÊNCIA, s.f. Referência a, pertinência a alguma cousa.
CONCERNENTE, adj. Relativo; atinente; pertencente.
CONCERNIR, v.rel. Dizer respeito; relacionar com, referir-se a. (Só se conjuga nas terceiras pessoas de cada tempo.)
CONCERTADO, adj. Harmonizado, concorde.
CONCERTAMENTO, s.m. Harmonização; concordância, acordo.
CONCERTAR, v.t. Harmonizar; conciliar.
CONCERTINA, s.f. Sanfona, harmônica, acordeão.
CONCERTISTA, s. Artista; solista.
CONCERTO, s.m. Sessão musical; récita de canto.
CONCESSÃO, s.f. Permissão; condescendência.
CONCESSIONÁRIO, adj. e s.m. Aquele que obtém uma concessão.
CONCESSÍVEL, adj. Que se pode conceder.
CONCESSIVO, adj. Relativo a concessão.
CONCESSOR, s.m. Aquele que concede.
CONCESSÓRIO, adj. Concessivo.
CONCHA, s.f. Invólucro calcário ou córneo de certos animais, especialmente dos moluscos; objeto de feitio análogo ao da concha; prato de balança; colher para servir sopas ou caldos.
CONCHADO, adj. Em forma de concha.
CONCHARIA, s.f. Grande porção de conchas.
CONCHAVADO, adj. Combinado; conluiado.
CONCHAVAR, v.t. Combinar; ajustar; conluiar.
CONCHAVO, s.m. Conluio, acordo.
CONCHEADO, adj. Em forma de concha.
CONCHEAR, v.t. Dar forma de concha.
CONCHEIRA, s.f. Sambaqui; montículo de conchas.
CONCHÍFERO, adj. Que tem conchas.
CONCHO, adj. (pop.) Vaidoso; ancho.
CONCHOSO, adj. Abundante em conchas.
CONCIDADÃO, s.m. Indivíduo que, em relação a outro, é da mesma cidade ou do mesmo país. (Fem.: concidadã; pl.: concidadãos; concidadões; concidadãas.)
CONCILIÁBULO, s.m. Conventículo; conluio.
CONCILIAÇÃO, s.f. Harmonização de litigantes ou pessoas desavindas; pazes.
CONCILIADOR, adj. e s.m. Que é propenso ou disposto a conciliar ânimos, opiniões.
CONCILIANTE, adj. Que concilia ou tende a conciliar.
CONCILIAR, v.t. Harmonizar; pôr de acordo; congraçar.
CONCILIÁRIO, adj. Relativo ou pertencente a concílio.
CONCILIATIVO, adj. Conciliante; harmonizador.
CONCILIATÓRIO, adj. Que serve para conciliar.
CONCILIÁVEL, adj. Que se pode conciliar.
CONCÍLIO, s.m. Assembléia de prelados católicos em que se tratam assuntos dogmáticos ou disciplinares.
CONCIONAR, v.int. Arengar; discursar.
CONCISÃO, s.f. Síntese; laconismo; brevidade.
CONCISO, adj. Resumido; lacônico; preciso. (Antôn. prolixo.)
CONCITAÇÃO, s.f. Incitação; instigação.
CONCITADOR, adj. Incitador; excitador.
CONCITAR, v.t. Incitar; insuflar.
CONCITATIVO, adj. O mesmo que concitador.
CONCLAMAÇÃO, s.f. Convocação.
CONCLAMAR, v.t. Bradar; clamar; aclamar.
CONCLAVE, s.m. Assembléia de cardeais para a eleição do Papa; reunião.
CONCLAVISTA, s.m. Membro do conclave.
CONCLUDENTE, adj. Procedente; terminante.
CONCLUÍDO, adj. Acabado; terminado; findo.
CONCLUIR, v.t. Terminar; acabar; deduzir, inferir. (Pres. ind.: concluo, concluis, conclui, concluímos, concluís, concluem, pres. subj.: conclua, concluas, etc. imper.: conclui, concluí.)
CONCLUSÃO, s.f. Ilação; dedução.
CONCLUSIVO, adj. Concludente; terminante.
CONCLUSO, adj. Terminado; acabado.
CONCOMITÂNCIA, s.f. Simultaneidade.

COCOMITANTE, adj. Simultâneo.
CONCORDADO, adj. Aceito, ajustado.
CONCORDÂNCIA, s.f. Consonância; harmonia; (Gram.) harmonização de flexões nas palavras.
CONCORDANTE, adj. Concorde, ajustado.
CONCORDAR, v.t. Aceitar; conformar-se; combinar.
CONCORDATA, s.f. Convenção entre o Estado e a Igreja sobre assuntos religiosos de uma nação; acordo entre um negociante e os seus credores.
CONCORDATÁRIO, adj. Que aprovou a concordata; s.m. o negociante falido a quem foi aceita a concordata.
CONCORDÁVEL, adj. Sobre que pode haver acordo.
CONCORDE, adj. Concordante; de opinião igual.
CONCÓRDIA, s.f. Harmonia; paz; tranqüilidade.
CONCORRÊNCIA, s.f. Afluência; apresentação de propostas para um contrato.
CONCORRENTE, adj. e s. Disputante; opositor; candidato.
CONCORRER, v.rel.v.t. Disputar; competir.
CONCREÇÃO, s.f. Solidificação; incrustação.
CONCRESCÍVEL, adj. Que pode tornar-se concreto.
CONCRETIZAÇÃO, s.f. Realização; materialização.
CONCRETIZAR, v.t. Tornar concreto; realizar.
CONCRETO, adj. Duro; maciço; condensado.
CONCRIAÇÃO, s.f. Ato de concriar.
CONCRIAR, v.t. Colaborar com outrem em.
CONCUBINA, s.f. Amásia.
CONCUBINAR-SE, v.p. Amasiar-se.
CONCUBINATO, s.m. Relação entre amantes.
CONCULCADOR, adj. Desprezador; vilipendiador.
CONCULCAR, v.t. Calcar aos pés; espezinhar; aviltar.
CONCUNHADO, s.m. Diz-se de um homem em relação a outro quando as respectivas esposas são irmãs.
CONCUPISCÊNCIA, s.f. Cupidez; desejo exagerado de prazeres.
CONCUPISCENTE, adj. Que tem ou revela concupiscência.
CONCUPISCÍVEL, adj. Desejável; ambicionável.
CONCURSO, s.m. Afluência; concorrência; cooperação; certame.
CONCUSSÃO, s.f. Peculato; abalo; choque.
CONCUSSIONÁRIO, adj. e s.m. Peculatário.
CONDADO, s.m. Dignidade de conde; território de conde.
CONDÃO, s.m. Dom, poder, força sobrenatural.
CONDE, s.m. Grau hierárquico da antiga nobreza. (Fem.: condessa.)
CONDECORAÇÃO, s.f. Insígnia honorífica; insígnia de ordem militar ou civil.
CONDECORADO, adj. O que tem condecoração.
CONDECORAR, v.t. Distinguir com condecoração ou títulos honoríficos.
CONDENAÇÃO, s.f. Pena; censura; multa.
CONDENADO, s.m. Criminoso; réprobo.
CONDENADOR, s.m. O que condena.
CONDENAR, v.t. Impor pena; declarar culpado.
CONDENATÓRIO, adj. Que envolve condenação.
CONDENÁVEL, adj. Reprovável; censurável.
CONDENSABILIDADE, s.f. Possibilidade de ser condensado.
CONDENSAÇÃO, s.f. Aumento de densidade; transformação de um corpo do estado gasoso em estado líquido.
CONDENSADOR, s.m. Aparelho para condensar; recipiente revestido por uma folha de papel de estanho e com placas internas desse metal separadas por um dielétrico (vidro, mica) e ligadas entre si alternadamente.
CONDENSANTE, adj. Que condensa.
CONDENSAR, v.t. Tornar denso ou mais denso; (fig.) resumir; engrossar; tornar resistente.
CONDENSATIVO, adj. Condensador.
CONDENSÁVEL, adj. Que pode ser condensado.
CONDESCENDÊNCIA, s.f. Complacência; transigência.
CONDESCENDENTE, adj. Transigente; complacente.
CONDESCENDER, v.t.-rel. Ceder; anuir; transigir.
CONDESSA, s.f. Fem. de conde.
CONDESTÁVEL, s.m. Antigo título dos supremos chefes de exércitos; dignitário de cortes européias.

118

CONDIÇÃO, s.f. Circunstância; situação; classe social; cláusula.

CONDICENTE, adj. Adequado; condizente.

CONDICIONADO, adj. Imposto como condição; sujeito a condições.

CONDICIONAL, adj. Que depende de condição; s.m. (Gram.) tempo verbal, relativo à ação que, para se realizar, depende de uma condição. O condicional é, atualmente, considerado tempo verbal do indicativo: fut. do pretérito. Pode ser substituído pelo mais-que-perfeito do indic. em correspondência com o imp. do subj. Ex.: Eu faria um passeio, se pudesse. Eu fizera um passeio, se pudesse.

CONDICIONAR, v.t. Sujeitar a condições.

CONDIGNIDADE, s.f. Qualidade ou caráter de condigno.

CONDIGNO, adj. Devido; merecido.

CÔNDILO, s.m. (Anat.) Saliência articular de um osso arredondado de um lado e achatado do outro.

CONDILÓIDE, adj. Que tem a forma de côndilo.

CONDILOMA, s.m. (Med.) Excrescência de aspecto verrucoso no ânus ou nos órgãos genitais.

CONDIMENTAÇÃO, s.f. Tempero; adubação.

CONDIMENTAR, v.t. Temperar; adubar.

CONDIMENTO, s.m. Tempero; adubo.

CONDIMENTOSO, adj. Temperado.

CONDISCÍPULO, s.m. Colega.

CONDIZENTE, adj. Harmônico, bem combinado; condicente.

CONDIZER, v.rel. Estar em proporção, em harmonia; corresponder; adequar. (Conjuga-se como o verbo dizer.)

CONDOER, v.t. pron. Apiedar-se, comiserar-se de. (Conjuga-se como doer.)

CONDOÍDO, adj. Compadecido; apiedado.

CONDOLÊNCIA, s.f. Pêsames; sentimentos; pesar.

CONDOLENTE, adj. Compassivo; pesaroso.

CONDOMÍNIO, s.m. Domínio exercido juntamente com outrem.

CONDÔMINO, s.m. Dono juntamente com outrem.

CONDOR, s.m. Águia americana, ave de rapina, altaneira, de grande envergadura.

CONDOREIRISMO, s.m. O estilo ou última fase do Romantismo, com características do gongorismo; excesso de imagens e comparações arrojadas.

CONDOREIRO, adj. Diz-se do estilo elevado ou guindado, hiperbólico; ou do autor que tem tal estilo.

CONDUÇÃO, s.f. Transporte; (pop.) veículo.

CONDUCENTE, adj. Que conduz (a um fim); tendente.

CONDUTA, s.f. Procedimento moral; comportamento.

CONDUTÂNCIA, s.f. (Elet.) Propriedade que possui uma substância de, em presença de diferença de tensão, permitir a passagem da corrente.

CONDUTIBILIDADE, s.f. Propriedade que os corpos têm de ser condutores de calor, eletricidade, etc.

CONDUTÍVEL, adj. Que pode ser conduzido; que tem condutibilidade.

CONDUTIVO, adj. Que conduz.

CONDUTO, s.m. Via; canal.

CONDUTOR, s.m. Guia; (Fís.) corpo que transmite o calor, a eletricidade, etc.

CONDUZIR, v.t. Guiar; transportar; transmitir. (Pres. ind.: conduzo, conduzes, conduz, etc.; imp. conduze, conduzi.)

CONE, s.m. (Geom.) Sólido limitado lateralmente por uma superfície de setor. Tudo que tem forma afunilada.

CONECTIVO, adj. Que une; s.m. conjunção; (Gram.) conjunções que ligam orações no período.

CÔNEGO, s.m. Dignidade eclesiástica. Fem.: cônega, canonisa.

CONEXÃO (cs), s.f. Ligação; nexo; vínculo.

CONEXIDADE (cs), s.f. Qualidade do que é conexo; vinculado; ligado.

CONEXIVO (cs), adj. Relativo a conexão.

CONEXO (cs), adj. Ligado; entrosado; vinculado.

CONFABULAÇÃO, s.f. Conversação.

CONFABULAR, v.rel. Conversar; prosear.

CONFECÇÃO, s.f. Ato de fazer, compor alguma cousa.

CONFECCIONADOR (ô), s.m. Aquele que confecciona.

CONFECCIONAR, v.t. Preparar; manipular.

CONFEDERAÇÃO, s.f. Reunião de Estados que em relação aos estrangeiros formam um só, reconhecendo um chefe comum; aliança de nações ou de associações de classe para um fim comum.

CONFEDERAR, v.p. Unir-se, associar-se para um fim comum, geralmente político.

CONFEDERATIVO, adj. Relativo a confederação.

CONFEITAR, v.t. Cobrir com açúcar; disfarçar; encobrir.

CONFEITARIA, s.f. Casa onde se fabricam ou vendem confeitos e outros doces.

CONFEITEIRA, s.f. Mulher que faz ou vende doces.

CONFEITEIRO, s.m. Fabricante ou vendedor de doces.

CONFEITO, s.m. Doce em forma de pequenina esfera; gulodice.

CONFERÊNCIA, s.f. Junta médica; confabulação política, militar; exposição oral de um tema literário ou científico.

CONFERENCIAR, v.t. Consultar; discutir ou tratar em conferência; fazer palestras.

CONFERENCISTA, s. Pessoa que faz conferência literária ou científica.

CONFERENTE, adj. Verificador, examinador.

CONFERIR, v.t. Comparar; confrontar; conceder, atribuir. (Pres. ind.: confiro, conferes, confere, conferimos, conferis, conferem: pres. subj.: confira, confiras, etc.)

CONFESSADO, adj. Declarado; exposto.

CONFESSAR, v.t. Declarar; revelar; declarar (pecados) a um confessor; ouvir em confissão.

CONFESSIONAL, adj. Relativo a uma crença religiosa.

CONFISSIONÁRIO, s.m. Lugar onde o padre ouve a confissão.

CONFESSO, adj. Que confessou as suas culpas; convertido.

CONFESSOR, s.m. Sacerdote que ouve a declaração de pecados, feita por penitentes; indivíduo que confessa a fé cristã.

CÔNFETE (é), s.m. Rodelinhas de papel de cor que se atiram aos punhados nos que brincam no carnaval.

CONFIADO, adj. Entregue; posto sob confiança; atrevido; audacioso.

CONFIANÇA, s.f. Crédito; familiaridade; fé.

CONFIANTE, adj. Que confia.

CONFIAR, v.rel. Entregar; acreditar; fiar. (Pres. ind.: confio, confias, etc.)

CONFIDÊNCIA, s.f. Confissão; declaração de alguma cousa íntima.

CONFIDENCIAL, adj. Secreto, privado.

CONFIDENCIAR, v.rel. Confiar alguma cousa a alguém; segredar. (Pres. ind.: confidencio, confidencias, etc.)

CONFIDENCIOSO, adj. Secreto; reservado.

CONFIDENTE, adj. e s. Diz-se de, ou pessoa a quem se confiam segredos.

CONFIGURAÇÃO, s.f. Forma exterior de um corpo; aspecto.

CONFIGURAR, v.t. Dar forma ou figura a; representar.

CONFIM, s.m. Fronteira; limite.

CONFIANTE, adj. Fronteiriço, lindeiro.

CONFINAR, v.t. Circunscrever; demarcar; rel. limitar.

CONFINIDADE, s.f. Qualidade daquilo que é confiante.

CONFIOSO, adj. Cheio de confiança.

CONFIRMAÇÃO, s.f. Ato ou efeito de confirmar; sacramento da Crisma.

CONFIRMADOR, adj. e s.m. Aquele que confirma.

CONFIRMANTE, adj. Comprovante; comprobatório.

CONFIRMAR, v.t. Reafirmar; comprovar; ratificar.

CONFIRMATIVO, adj. Confirmante.

CONFIRMATÓRIO, adj. Que contém confirmação.

CONFISCAÇÃO, s.f. Apreensão; confisco.

CONFISCAR, v.t. Apreender em proveito do fisco; arrestar.

CONFISCÁVEL, adj. Que se pode confiscar.

CONFISCO, s.m. Confiscação, apreensão de bens, em favor do fisco.

CONFISSÃO, s.f. Revelação do íntimo ao confessor; declaração de culpabilidade.

CONFLAGRAÇÃO, s.f. Guerra; conflito; revolução.

CONFLAGRAR, v.t. Incendiar; abrasar; alastrar-se uma guerra.

CONFLITO, s.m. Luta; briga.

CONFLUÊNCIA, s.f. Lugar onde se juntam dois ou mais rios.

CONFLUENTE, adj. e s.m. Afluente; rio que vai juntar-se a outro.

CONFLUIR, v.rel. Correr (para o mesmo ponto) int. juntarem-se (dois rios) e irem depois num leito comum. (Conjuga-se como o v. fluir.)

CONFORMAÇÃO, s.f. Configuração; conformidade; resignação.

CONFORMADOR (ô), s.m. Aparelho usado pelos chapeleiros para dar forma aos chapéus.

CONFORMAR, v.t. Dispor; configurar; conciliar; p. concordar.

CONFORME, adj. Resignado; concorde; idêntico; adv. de acordo com; conj. segundo as circunstâncias.

CONFORMIDADE, s.f. Qualidade do que é conforme ou de quem se conforma; resignação.

CONFORMISMO, s.m. Sistema de conformar-se com todas as situações; passividade.

CONFORTABILIDADE, s.f. Comodidade.

CONFORTADO, adj. Fortalecido; animado; agasalhado.

CONFORTADOR, adj. Consolador; reanimador.

CONFORTANTE, adj. Consolante; reanimante.

CONFORTAR, v.t. Consolar; reanimar; acomodar; agasalhar.

CONFORTATIVO, adj. Próprio para confortar.

CONFORTÁVEL, adj. Cômodo; agasalhado.

CONFORTO, s.m. Consolo; comodidade.

CONFRADE, s.m. Membro de confraria.

CONFRANGEDOR, adj. Entristecedor, penalizador, angustiante.

CONFRANGER, v.t. Oprimir; angustiar; p. angustiar-se.

CONFRANGIDO, adj. Constrangido; torturado; oprimido.

CONFRANGIMENTO, s.m. Angústia; mágoa.

CONFRARIA, s.f. Irmandade; associação para fins religiosos.

CONFRATERNAR, v.t. Ligar como irmãos.

CONFRATERNIDADE, s.f. União fraterna.

CONFRATERNIZAÇÃO, s.f. Irmanização.

CONFRATERNIZAR, v.t. Confraternar; rel. conviver fraternalmente.

CONFRONTAÇÃO, s.f. Acareação, comparação.

CONFRONTADOR, s.m. Acareador; comparador.

CONFRONTAR, v.t. Acarear (testemunhas); t.-rel. comparar; cotejar.

CONFRONTE, adj. Vizinho; limitante; lindeiro.

CONFRONTO, s.m. Paralelo; comparação.

CONFUCIANO, adj. Relativo a Confúcio, filósofo chinês (551-479 a.C.)

CONFUCIONISMO, s.m. Religião pregada por Confúcio.

CONFUCIONISTA, adj. Relativo a Confúcio; s. que segue as doutrinas de Confúcio.

CONFUNDIDO, adj. Assustado; atordoado; envergonhado.

CONFUNDIR, v.t. Baralhar; vexar; enlear; humilhar.

CONFUNDÍVEL, adj. Que pode ser confundido.

CONFUSÃO, s.f. Baralhada; perplexidade; equívoco.

CONFUSO, adj. Desordenado; misturado; perplexo.

CONFUTAÇÃO, s.f. Refutação, contestação.

CONFUTADOR, s.m. Refutador; contestador.

CONFUTAR, v.t. Refutar; impugnar; rebater.

CONFUTÁVEL, adj. Que se pode confutar.

CONGA, s.f. Dança e música originárias da América Central.

CONGADA, s.f. Dança coletiva de pretos com lembranças das guerras contra os mouros.

CONGELAÇÃO, s.f. Enregelação, proibição imposta a capitais bancários, impedindo a retirada dos mesmos.

CONGELADO, adj. Gelado, enregelado.

CONGELADOR, adj. Solidificador a frio; enregelador.

CONGELAMENTO, s.m. Ato ou efeito de congelar; proibição de aumento (de preços dos gêneros, de aluguéis, etc.)

CONGELAR, v.t. Solidificar pela ação do frio; tornar em gelo; resfriar.

CONGELATIVO, adj. Que faz congelar.

CONGELÁVEL, adj. Que pode ser congelado.

CONGÊNERE, adj. Do mesmo gênero; idêntico.

CONGÊNITO, adj. Gerado ao mesmo tempo; nascido com o indivíduo.

CONGESTÃO, s.f. (Med.) Afluência anormal do sangue aos vasos de um órgão.

CONGESTIONADO, adj. Que sofreu congestão; (fig.) apoplético.

CONGESTIONAMENTO, s.m. O mesmo que congestão.

CONGESTIONAR, v.t. Produzir congestão em; p. acumular-se o sangue nos vasos de um órgão; aglomerar.

CONGESTIONÁVEL, adj. Sujeito a congestionar-se.

CONGESTO, adj. Congestionado.

CONGLOBAÇÃO, s.f. Reunião de coisas em globo; acumulação.

CONGLOBAR, v.t. Juntar em globo.

CONGLOMERAÇÃO, s.f. Aglomeração; congestionamento.

CONGLOMERADO, adj. Aglomerado; congestionado; apinhado.

CONGLOMERAR, v.t. Amontoar; aglomerar; apinhar.

CONGLUTINAÇÃO, s.f. Ato ou efeito de conglutinar.

CONGLUTINANTE, adj. Que tem a propriedade de conglutinar.

CONGLUTINAR, v.t. Ligar com substância viscosa; p. pegar-se; aderir.

CONGLUTINOSO, adj. Pegajoso; viscoso.

CONGO, s.m. Conguês; dança dramática de origem africana.

CONGOLÊS, adj. e s.m. Congo; relativo ao Congo; o natural ou habitante do Congo.

CONGONHA, s.f. Nome vulgar de diversas plantas semelhantes ao mate.

CONGRAÇADOR, adj. Conciliador; pacificador.

CONGRAÇAR, v.t. Reconciliar; harmonizar.

CONGRATULAÇÃO, s.f. Regozijo; júbilo.

CONGRATULADOR, s.m. Que apresenta congratulação.

CONGRATULANTE, adj. Que congratula.

CONGRATULAR, v.t. Felicitar; p. regozijar-se com o bem ou satisfação de outrem.

CONGRATULATÓRIO, adj. Que encerra congratulação.

CONGREGAÇÃO, s.f. Assembléia; confraria; reunião dos catedráticos de uma Escola.

CONGREGADO, s.m. Membro de congregação religiosa; confrade.

CONGREGAR, v.t. Convocar; reunir; p. reunir-se em congresso.

CONGRESSIONAL, adj. Relativo a congresso.

CONGRESSISTA, s. Membro de congresso.

CONGRESSO, s.m. Reunião; parlamento; assembléia; o poder legislativo da nação.

CONGRUÊNCIA, s.f. Harmonia de uma coisa ou fato com o fim a que se propõe; coerência.

CONGRUENTE, adj. Em que há congruência.

CONGRUIDADE (u-i), s.f. Qualidade do que é congruente; congruência.

CONGRUO, adj. Apto; adequado.

CONHAQUE, s.m. Aguardente fabricada em Cognac (França); bebida com as mesmas características.

CONHECEDOR, adj. e s.m. Perito; entendedor.

CONHECER, v.t. Saber, entender.

CONHECIDO, adj. Sabido; experimentado; célebre.

CONHECIMENTO, s.m. Ciência, experiência, informação.

CONHECÍVEL, adj. Que se pode conhecer.

CONICIDADE, s.f. Forma cônica, caráter cônico.

CÔNICO, adj. Em forma de cone.

CONIVÊNCIA, s.f. Cumplicidade, conluio.

CONIVENTE, adj. Cúmplice; conluiado; mancomunado.

CONJETURA, s.f. Suposição; hipótese.

CONJETURADOR (ô), adj. Aquele que conjetura.

CONJETURAL, adj. Baseado em conjetura.

CONJETURAR, v.t. Julgar por conjetura; supor; presumir; prever.

CONJETURÁVEL, adj. Que se pode conjeturar.

CONJUGAÇÃO, s.f. Ato de conjugar; reunião; junção; (Gram.) conjunto ordenado das flexões dos verbos; ato de conjugar (verbos).

CONJUGADO, adj. Junto; ligado.

CONJUGAL, adj. Relativo a cônjuges ou ao casamento.

CONJUGAR, v.t. Dizer ou escrever ordenadamente (as flexões de um verbo); unir; ligar.

CONJUGÁVEL, adj. Que se pode conjugar.

CÔNJUGE, s.m. Cada um dos casados em relação ao outro.

CONJUNÇÃO, s.f. União; conjuntura; oportunidade; (Astron.) encontro aparente dos astros no mesmo ponto em relação à Terra; (Gram.) partícula que liga duas orações ou partes coordenadas da mesma oração.

CONJUNTAR, v.t.-rel. Ligar; ajuntar.

CONJUNTIVA, s.f. (Anat.) Membrana mucosa que forra a parte anterior do globo ocular e a parte interna das pálpebras; oração conjuntiva: que está ligada à outra por conjunção.

CONJUNTIVITE, s.f. (Med.) Inflamação da conjuntiva.

CONJUNTIVO, adj. Que junta; (Gram.) que liga palavras ou proposições; que tem o valor de uma conjunção gramatical.

CONJUNTO, adj. Ligado; junto simultaneamente; anexo; s.m. complexo; reunião das partes que formam um todo.

CONJUNTURA, s.f. Encontro de acontecimentos; acontecimento; oportunidade.

CONJURA, s.f. Conjuração; trama; conspiração.

CONJURAÇÃO, s.f. Trama; conspiração.

CONJURADO, s.m. Aquele que conjura, que faz conspiração.

CONJURADOR, s.m. Feiticeiro.

CONJURAR, v.t. Exorcizar; evitar (um perigo); maquinar.

CONJURATÓRIO, adj. Relativo ao conjuro.

CONJURO, s.m. Invocação mágica; palavras imperativas dirigidas ao demônio ou às almas do outro mundo; exorcismo.

CONLUIADO, adj. Combinado; cumpliciado.

CONLUIAR, v.t. Unir em conluio; tramar.

CONLUIO, s.m. Maquinação; trama.

CONÓIDE, s.m. Corpo semelhante a um cone.

CONOSCO, pronome oblíquo, 1.ª pes. do plural.

CONOTAÇÃO, s.f. Conexão, relação mútua entre duas cousas.

CONOTATIVO, adj. (Lóg.) Diz-se de nomes que designam, junto com o sujeito um atributo.

CONQUANTO, conj. Se bem que; posto que; não obstante; embora.

CONQUISTA, s.f. Obtenção; consecução; apoderação.

CONQUISTADO, adj. Ganho, adquirido por luta ou à custa de muito trabalho; subjugado; vencido.

CONQUISTADOR, adj. e s.m. Aquele que conquista; namorador.

CONQUISTAR, v.t. Tomar à força de armas; alcançar; ganhar; (fam.) obter a simpatia de.

CONQUISTÁVEL, adj. Que pode ser conquistado.

CONSAGRAÇÃO, s.f. Aprovação; tornar sagrado.

CONSAGRADO, adj. Que recebeu consagração.

CONSAGRAR, v.t. Tornar sagrado; tributar; destinar; votar; sacrificar; p. dedicar-se a.

CONSANGÜÍNEO, adj. Que é do mesmo sangue; parente do lado dos pais.

CONSANGÜINIDADE, s.f. Parentesco de sangue paterno ou materno.

CONSCIÊNCIA, s.f. Sentimento ou percepção do que se passa em nós; voz secreta da alma aprovando ou reprovando as nossas ações.

CONSCIENCIOSO, adj. Escrupuloso; cuidadoso.

CONSCIENTE, adj. Que sabe que existe; que sabe o que faz.

CÔNSCIO, adj. Informado; convicto; ciente.

CONSCRIÇÃO, s.f. Alistamento dos homens obrigados ao serviço militar.

CONSCRITO, adj. Recrutado; alistado.

CONSECRATÓRIO, adj. Consagrador.

CONSECUÇÃO, s.f. Obtenção.

CONSECUTIVO, adj. Que segue outro; imediato. (Arit.) diz-se de dois números inteiros que diferem de uma unidade.

CONSEGUIDOR, adj. e s.m. Que, ou aquele que consegue.

CONSEGUIMENTO, s.m. Consecução; obtenção; conquista.

CONSEGUINTE, adj. Consecutivo; conseqüente; por —, loc. conj.: por conseqüência; portanto.

CONSEGUIR, v.t. Alcançar; obter; conquistar. (Conjuga-se como o v. seguir.)

CONSELHEIRO, adj. Aconselhador, s.m. membro de uma junta consultiva ou de certos tribunais; o que aconselha; título honorífico do império.

CONSELHO, s.m. Parecer ou opinião que se emite; admoestação; aviso; prudência; tribunal; reunião ou assembléia de ministros.

CONSENCIENTE, adj. Que consente.

CONSENSO, s.m. Consentimento; acordo.

CONSENSUAL, adj. Relativo a consenso; que depende de consenso.

CONSENTÂNEO, adj. Apropriado; adequado.

CONSENTIMENTO, s.m. Permissão; anuência; tolerância.

CONSENTIR, v.t. Permitir; tolerar; concordar com.

CONSEQÜÊNCIA, s.f. Resultado; dedução; conclusão.

CONSEQÜENTE, adj. Que procede coerentemente; lógico.

CONSERTADOR, s.m. Reparador.

CONSERTAR, v.t. Reparar; arranjar; emendar.

CONSERTO, s.m. Reparo; arranjo; remendo.

CONSERVA, s.f. Líqüido ou calda em que se conservam substâncias alimentícias; substância conservada nessa calda.

CONSERVAÇÃO, s.f. Ato de conservar.

CONSERVADOR, adj. Aquele que conserva; s.m. o encarregado da conservação de um arquivo ou museu.

CONSERVADORISMO, s.m. Conservantismo.

CONSERVANTISMO, s.m. Rotina; carrancismo; conservadorismo.

CONSERVANTISTA, adj. Tradicionalista; rotineiro; carrança.

CONSERVAR, v.t. Manter; preservar; reter.

CONSERVATIVO, adj. Próprio para conservar alguma coisa.

CONSERVATÓRIO, adj. Que serve para conservar alguma coisa; s.m. estabelecimento escolar destinado especialmente ao ensino das belas-artes.

CONSERVEIRO, s.m. Fabricante ou vendedor de conservas; operário das estradas de ferro e de rodagem, cujo ofício é reparar os caminhos.

CONSIDERAÇÃO, s.f. Respeito; estima; reflexão; raciocínio; pl. reflexões.

CONSIDERADO, adj. Meditado; examinado; respeitado.

CONSIDERANDO, s.m. Cada uma das considerações ou fundamentos, começados pela palavra considerando, e cuja exposição ordenada abre certos documentos; motivo, razão.

CONSIDERAR, v.t. Pensar, examinar; apreciar.

CONSIDERÁVEL, adj. Notável; importante.

CONSIGNAÇÃO, s.f. Entrega; confiança.

CONSIGNADOR, adj. Entregador; confiador.

CONSIGNANTE, adj. Que consigna.

CONSIGNAR, v.t.-rel. Confiar; enviar (mercadorias) a alguém para que as negocie; determinar (renda ou soma de dinheiro para despesa ou pagamento da dívida).

CONSIGNATÁRIO, s.m. Aquele a quem se consignam mercadorias.

CONSIGNÁVEL, adj. Que se pode consignar.

CONSIGO, pron. pes. caso oblíquo, 3.ª pessoa sing., forma reflexa.

CONSISTÊNCIA, s.f. Firmeza; estabilidade; resistência.

CONSISTENTE, adj. Sólido; rijo; forte.

CONSISTIR, v. rel. Cifrar-se; resumir-se; ser formado.

CONSISTORIAL, adj. Relativo a consistório.

CONSISTÓRIO, s.m. Assembléia de cardeais, presidida pelo Papa.

CONSOADA, s.f. Refeição à noite, em dia de jejum; merenda.

CONSOANTE, s.f. Som incompleto que necessita de vogal (som completo) para ser pronunciado. Ex.: b - c - d - f - g, etc.; adj. parecido, semelhante, igual; prep. de acordo.

CONSOAR, v.int. Soar juntamente; rimar entre si; tomar a consoada.

CONSOCIAR, v.t. e p. Unir em sociedade; associar. (Pres. ind. consocio, consocias, etc.)

CONSOCIÁVEL, adj. Que se pode consociar.

CONSÓCIO, s.m. Sócio, em relação a outro; confrade.

CONSOLAÇÃO, s.f. Alívio; conforto, resignação.

CONSOLADO, adj. Aliviado; resignado; conformado.

CONSOLADOR, adj. Confortador; amainador, lenidor.

CONSOLANTE, adj. Consolador; consolativo.

CONSOLAR, v.t. Aliviar o sofrimento de; suavizar, confortar.

CONSOLATIVO, adj. Que consola.

CONSOLATÓRIO, adj. Que serve para consolar.

CONSOLÁVEL, adj. Que pode ser consolado.

CONSOLIDAÇÃO, s.f. Consubstanciação; fixação; solidificação.

CONSOLIDADO, s.m. Firmado; estabelecido.
CONSOLIDADOR, adj. Firmador; fixador.
CONSOLIDANTE, adj. Que consolida.
CONSOLIDAR, v.t. Tornar sólido, seguro, estável.
CONSOLIDATIVO, adj. Próprio para consolidar.
CONSOLO, s.m. Aparador.
CONSOLO, s.m. Lenitivo; conforto; resignação.
CONSONÂNCIA, s.f. Conjunto agradável de sons; harmonia.
CONSONANTAL, adj. Relativo a letras consoantes.
CONSONANTE, adj. Que tem consonância, o mesmo que cônsono.
CONSONANTIZAÇÃO, s.f. (Gram.) Transformação de semivogal em consoante; i que passa a j; u que passa a v.
CONSONANTIZAR, v.t. (Gram.) Transformar (semivogal) em consoante.
CONSORCIAR, v.t.-rel. Associar; unir em casamento; p. casar-se. (Pres. ind.: consorcio, consorcias etc.)
CONSÓRCIO, s.m. Associação; comunhão de interesses; casamento.
CONSORTE, s. Companheiro na mesma sorte, estado ou encargos, cônjuge. Príncipe consorte: esposo de rainha, sem direito ao trono.
CONSPICUIDADE (u-i), s.f. Notabilidade.
CONSPÍCUO, adj. Notável; ilustre.
CONSPIRAÇÃO, s.f. Maquinação; trama.
CONSPIRADOR, adj. Maquinador; golpista.
CONSPIRAR, v.t. Maquinar; tramar.
CONSPIRATA, s.f. Conspiração.
CONSPIRATIVO, adj. Que conspira.
CONSPURCAÇÃO, s.f. Infâmia; desonra.
CONSPURCAR, v.t. Sujar; enodoar; macular; p. aviltar-se.
CONSPURCÁVEL, adj. Que pode ser conspurcado
CONSTA, s.m. Boato; diz-que-diz-que; mexerico.
CONSTÂNCIA, s.f. Perseverança; persistência.
CONSTANTE, adj. Inalterável; imutável.
CONSTAR, v.int. Boatejar; passar por certo.
CONSTATAR, v.t. Estabelecer; verificar.
CONSTELAÇÃO, s.f. Grupo de estrelas.
CONSTELADO, adj. Estrelado.
CONSTELAR, v.t. Ornar com estrelas.
CONSTERNAÇÃO, s.f. Desalento; aflição; angústia.
CONSTERNADO, adj. Triste; angustiado; desesperado.
CONSTERNADOR, adj. Angustiante; entristecedor.
CONSTERNAR, v.t. Causar profundo desgosto ou aflição a; desalentar.
CONSTIPAÇÃO, s.f. Defluxo; gripe; resfriado; prisão de ventre.
CONSTIPADO, adj. Gripado; resfriado; com prisão de ventre.
CONSTIPAR, v.t. Resfriar-se; gripar-se.
CONSTITUCIONAL, adj. Diz-se do regime político em que o poder executivo é limitado por uma constituição; relativo à constituição, conforme à constituição.
CONSTITUCIONALIDADE, s.f. Qualidade do que é conforme a constituição.
CONSTITUCIONALISMO, s.m. Sistema ou partido dos sectários do regime constitucional.
CONSTITUCIONALISTA, adj. Relativo ao constitucionalismo; diz-se de pessoa partidária do constitucionalismo.
CONSTITUCIONALIZAR, v.t. Tornar constitucional.
CONSTITUIÇÃO (u-i), s.f. Organização; compleição corporal; conjunto dos caracteres morfo-fisiopatológicos hereditários ou adquiridos de um indivíduo; lei fundamental que regula os direitos e deveres do cidadão em relação ao Estado.
CONSTITUINTE (u-in), adj. Integrante; s. pessoa que dá procuração a alguém.
CONSTITUIR, v.t. Formar; integrar; delegar poderes a outrem.
CONSTITUTIVO, adj. Integrante; característico.
CONSTRANGEDOR, adj. Coactor; que constrange ou compele.
CONSTRANGER, v.t. Apertar; impedir os movimentos de; coagir; violentar.
CONSTRANGIDO, adj. Forçado; coagido.
CONSTRANGIMENTO, s.m. Aperto; situação de violentado; violência.
CONSTRIÇÃO, s.f. Apertura; cochamento.
CONSTRINGENTE, adj. Que constringe; constritor.
CONSTRINGIR, v.t. Cingir; obrigar; apertar.
CONSTRITIVO, adj. Que produz constrição.

CONSTRITOR, adj. Apertador; cochado.
CONSTRUÇÃO, s.f. Edificação; estruturação.
CONSTRUIR, v.t. Edificar; organizar; dispor. (construir admite duas formas para o pres. do ind. e imperat. construo, construis, construi, construem, e constróis, constrói, constroem. Construi tu, construí vós; ou: constrói tu, construí, vós.)
CONSTRUTIVO, adj. Que serve para construir.
CONSTRUTOR, adj. Edificador, estruturador.
CONSUBSTANCIAÇÃO, s.f. (Teol.) União de dois ou mais corpos na mesma substância; presença de Cristo na Eucaristia.
CONSUBSTANCIAL, adj. Que tem uma só substância.
CONSUBSTANCIAR, v.t. Consolidar; concretizar.
CONSUETO, adj. Acostumado; usual.
CONSUETUDINÁRIO, adj. Costumado; fundado nos costumes.
CÔNSUL, s.m. Representante diplomático. (Pl.: cônsules; fem.: consulesa.)
CONSULADO, s.m. Sede, representação consular.
CONSULAR, adj. Relativo a cônsul.
CONSULENTE, adj. e s. Que ou o que consulta.
CONSULESA, s.f. Fem. de cônsul.
CONSULTA, s.f. Parecer; conselho; conferência.
CONSULTAR, v.t. Ouvir a opinião de alguém; informar-se.
CONSULTIVO, adj. Que envolve conselho.
CONSULTOR, s.m. Aquele que dá ou pede conselho.
CONSULTÓRIO, s.m. Lugar ou casa onde se dão consultas.
CONSUMAÇÃO, s.f. Finalização; terminação; definhamento; enfraquecimento.
CONSUMADO, adj. Acabado; terminado.
CONSUMAR, v.t. Terminar; completar; executar; requintar. (Conjugação inteiramente regular: consumo, consumas, consuma, etc.)
CONSUMIÇÃO, s.f. Enfraquecimento; gasto; mortificação.
CONSUMIDOR, s.m. quem compra para gastar em uso próprio.
CONSUMIR, v.t. Gastar; destruir; enfraquecer. (Conjuga-se como sumir: consumo, consomes, consome, etc.)
CONSUMÍVEL, adj. Que se pode consumir.
CONSUMO, s.m. Gasto; uso de mercadorias.
CONSUNÇÃO, s.f. Definhamento, enfraquecimento.
CONSUNTIVO, adj. Que consome.
CONSÚTIL, adj. Que tem costura. (Pl.: consúteis.)
CONTA, s.f. Operação aritmética; glóbulo que se enfia em rosário ou colar.
CONTÁBIL, adj. Relativo a arte da contabilidade.
CONTABILIDADE, s.f. Escrituração comercial, bancária.
CONTABILISTA, s. Pessoa versada ou perita em contabilidade.
CONTACTO, s.m. O mesmo que contato.
CONTADO, adj. Referido; narrado; numerado.
CONTADOR, adj. e s.m. Narrador; guarda-livros; contabilista: escriturário.
CONTADORIA, s.f. Repartição onde se verificam contas ou onde se paga e se recebe dinheiro.
CONTAGIANTE, adj. Infeccionante; pegativo.
CONTAGIÃO, s.f. Contágio.
CONTAGIAR, v.t.-rel. Contaminar; pegar; transmitir.
CONTÁGIO, s.m. Transmissão de doença de um indivíduo a outro por contato mediato ou imediato; (por ext.) transmissão de males ou vícios.
CONTAGIOSIDADE, s.f. Qualidade ou caráter do que é contagioso.
CONTAGIOSO, adj. Infeccioso; pegativo.
CONTA-GOTAS, s.m. Instrumento destinado à contagem das gotas de um líquido.
CONTAMINAÇÃO, s.f. Corrupção; contágio.
CONTAMINADO, adj. Viciado; corrompido.
CONTAMINADOR, adj. Infeccionante; pegativo.
CONTAMINAR, v.t. Contagiar; infeccionar.
CONTAMINÁVEL, adj. Que pode ser contaminado.
CONTANTO, na loc. conj. contanto que: se dado o caso que.
CONTAR, v.t. Determinar o número de; calcular; narrar; relatar.
CONTAS-CORRENTES, s.m. Livro em que se escrituram as contas dos fregueses de um estabelecimento comercial.
CONTATO, s.m. Interferência; influência; ligação. Forma paral.: contacto.

CONTÁVEL, adj. Que se pode contar.

CONTEMPLAÇÃO, s.f. Visão; observação; meditação; êxtase.

CONTEMPLADOR, adj. Espectador; observador.

CONTEMPLAR, v.t. Observar; mirar.

CONTEMPLATIVO, adj. Relativo a contemplação ou que incita a ela.

CONTEMPORANEIDADE, s.f. Qualidade de contemporâneo, coetâneo.

CONTEMPORÂNEO, adj. e s.m. Que é o mesmo ou do nosso tempo.

CONTEMPORIZAÇÃO, s.f. Ato de contemporizar, de demorar; transigência.

CONTEMPORIZADOR, adj. Que deixa para amanhã o que pode fazer hoje; condescendente.

CONTEMPORIZAR, v. rel. Transigir; condescender.

CONTENÇÃO, s.f. Esforço; luta.

CONTENCIOSO, adj. Em que há contenção ou litígio; duvidoso; incerto.

CONTENDA, s.f. Contenção; altercação; briga.

CONTENDER, v.int. Ter contenda com alguém; rel. lutar; brigar; discutir.

CONTENDOR, s.m. Opositor; demandista; êmulo, rival, adversário.

CONTENSÃO, s.f. Grande aplicação intelectual; grande esforço ou tensão para remover uma dificuldade.

CONTENTADIÇO, adj. Que se contenta facilmente.

CONTENTAMENTO, s.m. Satisfação, alegria.

CONTENTAR, v.t. Satisfazer; alegrar.

CONTENTÁVEL, adj. Que pode ser contentado.

CONTENTE, adj. Satisfeito, alegre.

CONTENTO, s.m. Contentamento; a —: para experiência; satisfatoriamente.

CONTER, v.t. Encerrar em si; reprimir; moderar; p. dominar-se. (Conjuga-se como ter.)

CONTERRÂNEO, adj. e s.m. Da mesma terra; compatrício.

CONTESTAÇÃO, s.f. Debate; polêmica; negação

CONTESTADO, adj. Respondido; contraditado.

CONTESTADOR, adj. Adversário; opositor.

CONTESTAR, v.t. Impugnar; opor.

CONTESTÁVEL, adj. Que pode ser contestado.

CONTESTE, adj. Discutível; criticável.

CONTEÚDO, s.m. O que está dentro de um continente, isto é, de vaso, caixa, pacote, etc.

CONTEXTO, s.m. Conjunto; texto geral.

CONTEXTURA, s.f. Ligação entre as partes de um todo.

CONTIDO, adj. Compreendido; encerrado; reprimido.

CONTIGO, pron. pes. caso oblíquo, 2.ª pessoa singular.

CONTIGÜIDADE, s.f. Vizinhança; proximidade.

CONTÍGUO, adj. Junto; próximo.

CONTINÊNCIA, s.f. Abstenção, moderação; castidade; saudação militar.

CONTINENTAL, adj. Do continente ou relativo a ele.

CONTINENTE, adj. e s.m. Vaso, caixa, vasilha, tudo o que pode conter, encerrar alguma cousa. divisão da Terra: velho continente, continente americano; abstêmio; casto.

CONTINGÊNCIA, s.f. Eventualidade; incerteza.

CONTINGENTE, adj. Eventual; duvidoso; incerto; s.m. guarnição militar; grupo de pessoas.

CONTINUAÇÃO, s.f. Sucessão; prosseguimento.

CONTINUADO, adj. Ininterrupto; contínuo.

CONTINUADOR, adj. e s.m. Que, ou o que continua.

CONTINUAR, v.t. Prosseguir; levar por diante.

CONTINUIDADE, s.f. Qualidade daquilo que é contínuo ou ininterrupto.

CONTÍNUO, adj. Em que não há interrupção; seguido; sucessivo; s.m. empregado que nas repartições públicas serve de mensageiro e faz pequenos serviços.

CONTISTA, s. Autor de contos, historietas.

CONTO, s.m. Historieta; fábula; história.

CONTO-DO-VIGÁRIO, s.m. Engano; embuste; esperteza.

CONTORÇÃO, s.f. Torção; contração muscular; luxação.

CONTORCER, v.t. Torcer; contrair-se.

CONTORCIONISTA ou CONTORCISTA, s. Ginasta que faz contorções; deslocador.

CONTORNAR ou CONTORNEAR, v.t. Rodear; costear; ladear.

CONTORNO, s.m. Linha que fecha ou limita um corpo; circuito; periferia. (Pl.: contornos.)

CONTRA, prep. Em oposição a; em direção oposta à de; em frente de; adv. contrariamente a.

CONTRA-ALMIRANTE, s.m. Oficial de marinha de patente imediatamente inferior à de vice-almirante. (Pl.: contra-almirantes.)

CONTRA-ATAQUE, s.m. Ataque em revide. (Pl.: contra-ataques.)

CONTRABAIXO, s.m. (Mús.) Voz mais grave que a do baixo; rabecão.

CONTRABALANÇADO, adj. Equilibrado, igualado em peso; compensado.

CONTRABALANÇAR, v.t. Equilibrar; contrapesar; compensar.

CONTRABALUARTE, s.m. Baluarte de reforço atrás de outro.

CONTRABANDEAR, v.int. Fazer contrabando.

CONTRABANDISTA, s. Pessoa que faz contrabando.

CONTRABANDO, s.m. Introdução clandestina de mercadorias sem pagar ao fisco aduaneiro.

CONTRAÇÃO, s.f. Retraimento de órgãos; encolhimento; encurtamento; (Gram.) redução de duas ou mais vogais a uma só; de duas vogais iguais tem o nome de crase.

CONTRACENAR, v.int. Representar cenas teatrais com outros artistas.

CONTRACHEQUE, s.f. Bilhete em que se discriminam os vencimentos e descontos dos funcionários.

CONTRADANÇA, s.f. Dança.

CONTRADIÇÃO, s.f. Incoerência.

CONTRADITA, s.f. Impugnação.

CONTRADITADO, adj. Contestado; impugnado.

CONTRADITAR, v.t. Contestar; impugnar.

CONTRADITÁVEL, adj. Que se pode contradizer.

CONTRADITO, adj. Contraditado.

CONTRADITOR, adj. Contestador, opositor.

CONTRADITÓRIA, s.f. Proposição oposta a outra.

CONTRADITÓRIO, adj. Que envolve contradição; incoerente.

CONTRADIZER, v.t. Contestar; impugnar.

CONTRAENTE, adj. e s. Que, ou pessoa que contrai.

CONTRAFAÇÃO, s.f. Falsificação; imitação fraudulenta.

CONTRAFAZER, v.t. Reproduzir; imitar; falsificar; disfarçar; mascarar. (Conjuga-se como o verbo fazer.)

CONTRAFÉ, s.f. Cópia autêntica de citação ou intimação judicial que é entregue à pessoa citada ou intimada.

CONTRAFEIÇÃO, s.f. Contrafação; falsificação.

CONTRAFEITO, adj. Constrangido; falsificado.

CONTRAFORTE, s.m. Qualquer forro que se emprega para reforçar a peça que reveste; (Constr.) obra maciça de alvenaria que reforça muro ou parede.

CONTRAGOLPE, s.m. Golpe em oposição a outro.

CONTRAGOSTO, s.m. Contra a vontade, sem prazer.

CONTRAÍDO, adj. Apertado; encolhido.

CONTRA-INDICAÇÃO, s.f. Indicação contrária ao emprego de um método curativo que parecia indicado. (Pl.: contra-indicações.)

CONTRA-INDICAR, v.t. Indicar o contrário de.

CONTRAIR, v.t. Encolher; contagiar-se; acertar compromisso; contrair núpcias: casar-se. (Conjuga-se como o verbo sair.)

CONTRALTO, s.m. A voz feminina mais grave; a cantora que possui esse timbre de voz.

CONTRALUZ, s.f. Lugar oposto àquele em que a luz dá em cheio; luz que incide num quadro em sentido oposto àquele em que foi pintado.

CONTRAMARCHA, s.f. Marcha em sentido contrário ao da que se fazia.

CONTRAMESTRA, s.f. Imediata da mestra em oficina.

CONTRAMESTRE, s.m. O imediato ao mestre.

CONTRAMURAR, v.t. Guarnecer de contramuros.

CONTRAMURO, s.m. Pequeno muro para defesa de outro.

CONTRANATURAL, adj. Oposto à natureza.

CONTRANATURALIDADE, s.f. Disposição ou inclinação contranatural.

CONTRA-ORDEM, s.f. Ordem oposta a outra já dada. (Pl.: contra-ordens.)

CONTRAPARENTE, s. Parente por casamento; parente afim.

CONTRAPARENTESCO, s.m. Parentesco por afinidade ou casamento.

CONTRAPEÇONHA, s.f. Contraveneno; antídoto.

CONTRAPELO, s.m. Ao contrário do pêlo.

CONTRAPESAR, v.t. Equilibrar por meio de contrapeso; contrabalançar.

CONTRAPESO, s.m. Peso adicional que, posto numa concha da balança, a equilibra com a outra.

CONTRAPONTEAR, v.t. (Mús.) Instrumentar; contrariar; contradizer. (Pres. ind.: contraponteio, etc.)

CONTRAPONTISTA, s. Pessoa versada em contraponto.

CONTRAPONTO, s.m. Arte de compor música para duas ou mais vozes ou instrumentos.

CONTRAPOR, v.t.-rel. Opor; comparar. (Conjuga-se como o v. pôr.)

CONTRAPOSIÇÃO, s.f. Ato ou efeito de contrapor.

CONTRAPOSTO, adj. Oposto; contrário.

CONTRAPRODUCENTE, adj. Que prova o contrário do que se pretendia.

CONTRAPROPAGANDA, s.f. Propaganda que se destina a combater outra.

CONTRAPROPOSTA, s.f. Proposta com que se responde a outra que não se aprovou.

CONTRAPROTESTO, s.m. Protesto que se destina a destruir os efeitos do outro.

CONTRAPROVA, s.f. Impugnação jurídica de um libelo; desenho ou estampa que se obtém assentado um papel sobre um desenho a lápis ou sobre uma prova fresca; segunda prova tipográfica.

CONTRA-REGRA, s.m. O empregado teatral que indica a entrada dos atores em cena. (Pl.: contra-regras.)

CONTRA-REVOLUÇÃO, s.f. Movimento armado, oposto a outro precedente. (Pl.: contra-revoluções.)

CONTRARIADOR, adj. Opositor.

CONTRARIANTE, adj. Opositor; contraditor.

CONTRARIAR, v.t. Opor; contradizer; desagradar. (Pres. ind.: contrario, etc.)

CONTRARIÁVEL, adj. Que se pode contrariar; discutível.

CONTRARIEDADE, s.f. Oposição; estorvo; dificuldade; contratempo.

CONTRÁRIO, adj. Oposto; inverso; nocivo; s.m. adversário; inimigo.

CONTRA-SENSO, s.m. Absurdo; disparate. (Pl. contra-sensos.)

CONTRA-SINAL, s.m. Contra-senha; disfarce. (Pl. contra-sinais.)

CONTRASTAR, v.t. Arrostar, afrontar; contrariar; opor-se a; conhecer os quilates de.

CONTRASTÁVEL, adj. Que se pode contrastar.

CONTRASTE, s.m. Oposição, reverso, verificação dos quilates do ouro, da prata.

CONTRASTEAÇÃO, s.f. Ato de contrastar.

CONTRASTEADOR, s.m. Aquele que faz contrasteação; avaliador.

CONTRASTEAR, v.t. Avaliar (os quilates de metais preciosos); aquilatar; avaliar.

CONTRATAÇÃO, s.f. Contrato; ajuste.

CONTRATADOR, adj. e s.m. Que contrata, assalariador.

CONTRATANTE, adj. Que contrata, que faz um tratado; s. contratador.

CONTRATAR, v.t. Fazer contrato de; combinar; ajustar; convencionar.

CONTRATÁVEL, adj. Que se pode contratar.

CONTRATEMPO, s.m. Acidente imprevisto; contrariedade; obstáculo.

CONTRÁTIL, adj. Suscetível de se contrair. (Pl.: contráteis.)

CONTRATO, s.m. Acordo entre duas ou mais pessoas que transferem entre si algum direito ou se sujeitam a alguma obrigação; convenção; ajuste; acordo.

CONTRATORPEDEIRO, s.m. Navio de guerra destinado a dar combate aos torpedeiros.

CONTRATUAL, adj. Relativo a contrato; que consta de contrato.

CONTRATURA, s.f. Encolhimento.

CONTRAVALAR, v.t. Fortificar com contravalação.

CONTRAVAPOR, s.m. Vapor que se dirige para fazer andar uma locomotiva em sentido contrário ao que levava; descompostura.

CONTRAVENÇÃO, s.f. Infração, transgressão de disposições estabelecidas; violação.

CONTRAVENENO, s.m. Antídoto; antitóxico.

CONTRAVENTOR, adj. Transgressor, falsificador; infrator.

CONTRAVERSÃO, s.f. Versão contrária; inversão.

CONTRAVERTER, v.t. Voltar para o lado oposto; inverter.

CONTRAVIR, v.t. Retorquir; rel. transgredir; (Conjuga-se como vir: contravenho, contravéns, etc.)

CONTRIBUIÇÃO, s.f. Donativo; cota; imposto.

CONTRIBUINTE, adj. e s. Que, ou pessoa que paga contribuição.

CONTRIBUIR, v.rel. Doar; cooperar. (Pres. indic.: contribuo, contribuis, contribui, contribuímos, contribuís, contribuem; pres. sub.: contribua, contribuas, contribua, etc.; imper.: contribui, contribuí.)

CONTRIÇÃO, s.f. Arrependimento.

CONTRISTAR, v.t. Magoar; entristecer; compungir.

CONTRITO, adj. Arrependido.

CONTROLAR, v.t. Fiscalizar; superintender; administrar.

CONTROLE, s.m. Fiscalização; verificação; exame.

CONTROVÉRSIA, s.f. Polêmica; discussão.

CONTROVERSISTA, s. Polemista.

CONTROVERSO, adj. Posto em dúvida; impugnado.

CONTROVERTER, v.t. Discutir; fazer objeções sobre.

CONTROVERTÍVEL, adj. Duvidoso; discutível.

CONTUBÉRNIO, s.m. Vida em comum; familiaridade; mancebia; convivência.

CONTUDO, conj. Todavia; não obstante.

CONTUMÁCIA, s.f. Obstinação; teimosia, pirraça.

CONTUMAZ, adj. Teimoso; renitente. (Superl. absol. sint. contumacíssimo.)

CONTUMÉLIA, s.f. Injúria; insulto; ofensa.

CONTUMELIOSO, adj. Insultante, ofensivo.

CONTUNDENTE, adj. Que fere, machuca.

CONTUNDIR, v.t. Ferir; machucar.

CONTURBAÇÃO, s.f. Perturbação de ânimo; agitação; motim.

CONTURBADOR, adj. Perturbador.

CONTURBAR, v.t. Perturbar; amotinar.

CONTURBATIVO, adj. Perturbador; desconcertante.

CONTUSÃO, s.f. Ferimento, pisadura.

CONTUSO, adj. Contundido; pisado.

CONUBIAL, adj. Nupcial; conjugal.

CONÚBIO, s.m. Casamento; matrimônio.

CONVALESCENÇA, s.f. Restabelecimento físico; recuperação de saúde.

CONVALESCENTE, adj. e s. Que, ou pessoa que está em convalescença.

CONVALESCER, v. int. Restabelecer; recuperar a saúde.

CONVENÇÃO, s.f. Ajuste; combinação.

CONVENCEDOR, adj. Convincente.

CONVENCER, v.t. Persuadir; p. ficar convencido.

CONVENCIDO, adj. Persuadido; presunçoso; sem modéstia.

CONVENCIMENTO, s.m. Empáfia; presunção; convicção.

CONVENCIONADO, adj. Ajustado por convenção; combinado.

CONVENCIONAL, adj. Relativo a convenção ou resultante dela.

CONVENCIONALISMO, s.m. Sistema de apego às convenções.

CONVENCIONALISTA, adj. Que se firma em convenções; que tem caráter de convenção; s. membro de uma convenção; (Filos.) partidário do convencionalismo.

CONVENCIONAR, v.t. Estabelecer por convenção; ajustar; p. combinar-se.

CONVENCÍVEL, adj. Que se pode convencer.

CONVENIÊNCIA, s.f. Interesse; vantagem, decoro.

CONVENIENTE, adj. Útil; vantajoso; decente.

CONVÊNIO, s.m. Convenção; pacto internacional; acordo.

CONVENTÍCULO, s.m. Assembléia clandestina de conspiradores; conluio; bordel.

CONVENTILHO, s.m. Conventículo; bordel.

CONVENTO, s.m. Mosteiro.

CONVENTUAL, adj. Relativo a convento.

CONVERGÊNCIA, s.f. Disposição de linhas e raios luminosos que se dirigem para o mesmo ponto.

CONVERGENTE, adj. Que converge.

CONVERGIR, v. rel. Tender; dirigir-se; concorrer; afluir. (Pres. do ind.: convirjo, converges, converge, convergimos, convergis, convergem. Pres. do subj.: convirja, convirjas, convirja, convirjamos, convirjais, convirjam.) (Antôn.: divergir.)

CONVERSA, s. f. Conversação; prosa; entendimento.

CONVERSAÇÃO, s. f. Colóquio; prosa; fala que se mantém com outra(s) pessoa(s).

CONVERSADOR, adj. Cavaqueador; proseador.

CONVERSÃO, s. f. Mudança de religião; transformação.

CONVERSAR, v. t. Tratar; falar; prosear; cavaquear; palestrar.

CONVERSÁVEL, adj. Sociável; de bom trato.

CONVERSIBILIDADE, s. f. Qualidade de conversível.

CONVERSÍVEL, adj. Mudável; que se pode trocar por outros valores; transformável.

CONVERSIVO, adj. Que tem a virtude ou a propriedade de converter.

CONVERSO, adj. Convertido; s. m. irmão leigo de ordem religiosa.

CONVERTEDOR, adj. Transformador.

CONVERTER, v. t. Transformar; convencer; alterar a opinião.

CONVERTIBILIDADE, s. f. Qualidade do que é convertível.

CONVERTIDO, s. m. Transformado; transmudado.

CONVERTÍVEL, adj. Que se pode converter.

CONVÉS, s. m. Espaço entre o mastro grande e o do traquete, na coberta superior do navio; área da primeira coberta do navio. (Pl.: conveses.)

CONVESCOTE, s. m. Piquenique.

CONVEXIDADE (cs), s. f. Curvatura exterior.

CONVEXO (cs), adj. Arredondado externamente; bojudo. (Antôn.: côncavo.)

CONVICÇÃO, s. f. Certeza adquirida por demonstração; persuasão íntima.

CONVICTO, adj. Convencido; diz-se do réu cujo crime se demonstrou.

CONVIDADO, s. m. Hóspede; conviva.

CONVIDAR, v. t.-rel. Convocar; solicitar; chamar a.

CONVIDATIVO, adj. Que convida; atraente.

CONVINCENTE, adj. Que convence.

CONVINDO, adj. Conveniente; aceito.

CONVIR, v. t. Concordar; admitir; rel. ser conveniente. No sentido de concordar é regular: convenho, convéns, convém, convimos, convindes, convêm. No de ser conveniente, é impessoal: convém, conveio, convirá, etc.

CONVITE, s. m. Convocação; solicitação.

CONVIVA, adj. Hóspede, comensal.

CONVIVAL, adj. Relativo a convívios ou banquetes.

CONVIVÊNCIA, s. f. Familiaridade; trato diário; coexistência.

CONVIVENTE, adj. Que vive, mora, reside com outros.

CONVIVER, v. rel. Viver em comum; ter familiaridade, convivência.

CONVÍVIO, s. m. Banquete; (fig.) convivência.

CONVIZINHANÇA, s. f. Estado ou situação recíproca de vizinhos.

CONVIZINHAR, v. rel. Ser convizinho; estar na convizinhança; avizinhar-se.

CONVIZINHO, adj. Vizinho com outrem; próximo.

CONVOCAÇÃO, s. f. Chamada; apelo; intimação.

CONVOCADOR, adj. e s. m. Que, ou o que convoca.

CONVOCAR, v. t. Chamar, convidar para uma reunião; mandar reunir.

CONVOCATÓRIO, adj. Que serve para convocar.

CONVOLAR, v. t. Mudar de estado civil ou de foro; mudar (de sentimentos, de idéias). Convolar novas núpcias: casar-se outra vez.

CONVOLUÇÃO, s. f. Ato de enrolar para dentro.

CONVOLUTO, adj. Enrolado.

CONVOSCO, pron. pess. oblíquo, 2.ª pes. pl.

CONVULSÃO, s. f. Contração dos músculos; cataclismo, revolução.

CONVULSAR, v. int. Convulsionar; conturbar.

CONVULSIONAR, v. t. Pôr em convulsão, revolver; desordenar.

CONVULSIVO, adj. Relativo a convulsão.

CONVULSO, adj. Em que há convulsão; contraído; enrolado.

COONESTAÇÃO, s. f. Ação de coonestar.

COONESTADOR, adj. Que coonesta; que reabilita.

COONESTAR, v. t. Dar aparência de honestidade a; reabilitar.

COOPERAÇÃO, s. f. Ajuda, auxílio, colaboração.

COOPERADOR, adj. Ajudador, auxiliador.

COOPERAR, v. rel. Colaborar; ajudar.

COOPERATIVA, s. f. Associação de caráter social e econômico, sem objetivo de lucro.

COOPERATIVISMO, s. m. Sistema anticapitalista, com base na justiça social, que visa a combater o monopólio.

COOPERATIVISTA, adj. Que diz respeito ao cooperativismo; adj. e s. diz-se de, ou pessoa adepta do cooperativismo.

COOPERATIVO, adj. Que coopera.

COORDENAÇÃO, s. f. Disposição; direção; planejamento.

COORDENADAS, s. f. pl. (Mat.) Conjunto de dois (ou três) números relativos que definem a posição de um ponto no plano (ou no espaço); — geográficas: nome comum aos paralelos e meridianos terrestres; (Gram.) orações ligadas por conjunções coordenativas.

COORDENADO, adj. Disposto segundo certos métodos e preceitos.

COORDENADOR, adj. e s. m. Que, ou o que coordena.

COORDENAR, v. t. Organizar; arranjar; planejar.

COPA, s. f. Fronde, umbela (árvores), parte alta do chapéu; taça; sala onde se guardam talheres, pratos, etc.

COPAÇO, s. m. Copázio; coparrão; aumentat. de copo.

COPADA, s. f. Grande copa de árvore; árvore de grande copa.

COPAR, v. t. Dar forma de copa, de fronde.

COPARRÃO, s. m. Copázio; copaço; aumentat. de copo.

CO-PARTICIPAÇÃO, s. f. Ato de co-participar.

CO-PARTICIPAR, v. rel. Participar juntamente com outrem.

COPÁZIO, s. m. Aumentativo de copo; o mesmo que copaço, coparrão.

COPEIRA, s. f. Lugar onde se guardam louças de mesa; mulher que serve à mesa.

COPEIRO, s. m. Garçon; aquele que tem a seu cargo os serviços de copa.

COPELA, s. f. Cadinho que se emprega na copelação.

COPELAÇÃO, s. f. Operação com que se separa a prata de outros metais, por meio do fogo, na copela.

COPEQUE, s. m. Moeda divisionária russa.

CÓPIA, s. f. Traslado; imitação; abundância; plágio.

COPIADOR, s. m. Aparelho para tirar cópias; livro em que se fazem traslados, cópias de documentos.

COPIAR, v. t. Reproduzir; transcrever; trasladar; imitar; plagiar. (Pres. ind.: copio, copias, copia, etc.)

COPILAÇÃO, s. f. Var. de compilação.

COPIOGRAFAR, v. Reproduzir por meio do copiógrafo.

COPIÓGRAFO, s. m. Copiador; aparelho que reproduz cópias.

COPIOSIDADE, s. f. Abundância.

COPIOSO, adj. Abundante.

COPISTA, s. Pessoa que copia; (fig.) plagiário; (pop.) bêbado, alcoólatra.

COPLA, s. f. Estrofe; quadra para cantar.

COPO, s. m. Vaso, taça.

COPO-DE-LEITE, s. m. Espécie de flor semelhante ao lírio.

COPRA, s. f. Amêndoa de coco, seca e preparada, para se extrair dela o copraol.

CO-PROPRIETÁRIO, adj. e s. m. Proprietário com outrem. (Pl.: co-proprietários.) O mesmo que condômino.

COPTA, adj. e s. Raça africana; a língua por ela falada.

CÓPTICO, adj. Relativo aos coptas.

COPUDO, adj. Que tem grande copa ou fronde.

CÓPULA, s. f. Ato sexual; (Gram.) verbo que liga o atributo ao sujeito.

COPULAÇÃO, s. m. Ligação, nexo; união.

COPULADOR, adj. Unidor, que faz nexo.

COPULAR, v. t. Ligar; acasalar.

COPULATIVO, adj. Que liga ou serve para ligar. Conjunção copulativa: o mesmo que aditiva.

COQUE, s. m. Pancada na cabeça; penteado feminino; carvão-de-pedra.

COQUEIRAL, s.m. Lugar onde crescem coqueiros.

COQUEIRO, s.m. Árvore que produz coco, palmeira.

COQUELUCHE, s.f. Tosse convulsa, tosse comprida.

COQUETE, adj. e s.f. Vaidosa, oferecida.

COQUETEL, s.m. Aperitivo; beberete; mistura de bebidas.

COQUETISMO, s.m. Procedimento de pessoa coquete.

COR, s.m. Só se usa na expressão: saber de cor, de memória.

COR, s.f. Coloração, pigmentação.

CORAÇÃO, s.m. Músculo, órgão central da circulação sangüínea; (fig.) peito; sentimento moral; centro.

CORACÓIDE, adj. ou **CARACÓIDEO**, adj. Recurvo; (Anat.) diz-se da apófise que termina exteriormente a borda superior da omoplata.

CO-RADICAL, adj. (Gram.) Diz-se de palavras que têm o mesmo radical.

CORADO, adj. Vermelho; rubro; sangüíneo.

CORADOURO, s.m. Lugar onde se põe roupa a corar. Vars.: coradoiro e quarador.

CORAGEM, s.f. Firmeza; energia diante do perigo; intrepidez; ousadia.

CORAJOSO, adj. Destemido; enérgico; intrépido.

CORAL, s.m. Animal marinho fixo que vive em colônias; secreção calcária ramosa; s.m. canto em coro; conjunto dos componentes do coro; (fig.) cor vermelha; s.f. espécie de cobra, serpente; adj. relativo a coro.

CORALÍNEO, adj. Que procede, ou é da natureza do coral.

CORALINO, adj. Da cor do coral, vermelho.

CORANTE, adj. Que dá cor.

CORAR, v.t. Dar cor a; tingir; enrubescer, envergonhar-se.

CORÇA, s.f. Fêmea do veado; cabrita selvagem.

CORCEL, s.m. Cavalo veloz.

CORCHA, s.f. Casca de árvore; cortiça.

CORCHO, s.m. Vaso de cortiça.

CORÇO, s.m. Veado; antílope.

CORCOVA, s.f. Corcunda; giba; pinote; corcovo.

CORCOVADO, adj. Giboso; corcunda.

CORCOVEADOR, adj. Que corcoveia, dá corcovos, pinotes.

CORCOVEAR, v.int. Saltar; pular; pinotear.

CORCOVO, s.m. Salto do cavalo; pinote.

CORCUNDA, s.f. Giba, cacunda.

CORDA, s.f. Cabo entrançado de vários fios. Dar corda: fazer andar o relógio; dar confiança a alguém.

CORDAME, s.m. Conjunto de cordas; cabos de um navio.

CORDÃO, s.m. Corrente; fio grosso; grupo carnavalesco.

CORDÃO-DE-FRADE, s.m. Planta da família das Rubiáceas.

CORDATO, adj. Prudente; manso; tratável.

CORDEIRA, s.f. Fem. de cordeiro; ovelha.

CORDEIRO, s.m. Carneiro novo.

CORDEL, s.m. Cordão; barbante.

CORDIAL, adj. Relativo ao coração; afetuoso; sincero; franco; s.m. bebida ou medicamento que fortalece ou conforta.

CORDIALIDADE, s.f. Franqueza e amenidade de trato.

CORDIFORME, adj. Em forma de coração.

CORDILHEIRA, s.f. Cadeia de montanhas.

CORDOALHA, s.f. Conjunto de cordas de várias espécies; cordame.

CORDOARIA, s.f. Fábrica de cordas.

CORDOEIRO, s.m. Aquele que fabrica ou vende cordas.

CORDOVANEIRO, s.m. Fabricante ou vendedor de couro de cabra.

CORDOVÃO, s.m. Couro de cabra, curtido e preparado especialmente para calçado.

CORDOVEIAS, s.f. pl. Designação popular das veias jugulares e tendões do pescoço.

CORDURA, s.f. Mansidão; sensatez; afabilidade.

COREANO, adj. e s.m. Natural ou habitante da Coréia; o idioma da Coréia.

CORÉIA, s.f. Doença que obriga a movimentos convulsivos e freqüentes, também chamada dança de S. Guido e dança de S. Vito.

COREOGRAFIA, s.f. Arte de dançar; bailado.

COREOGRÁFICO, adj. Relativo à coreografia.

COREÓGRAFO, s.m. Técnico de bailados.

CORETO, s.m. Diminutivo de coro; lugar onde tocam bandas de música.

CO-RÉU, s.m. Réu com outrem em algum crime; cúmplice. (Fem.: co-ré; pl. co-réus.)

CORIÁCEO, adj. Duro como couro; semelhante a couro.

CORIFEU, s.m. Chefe de coro no teatro antigo; chefe de seita; caudilho.

CORINGA, s.f. Pequena vela triangular usada à proa das canoas.

CORISCAÇÃO, s.f. Relampagueamento.

CORISCADA, s.f. Grande porção de coriscos.

CORISCADO, adj. Ferido por corisco ou coisa ardente ou estimulante.

CORISCAR, v.int. Brilhar como corisco; relampaguear.

CORISCO, s.m. Faísca elétrica; raio; relâmpago.

CORISTA, s. Pessoa que faz parte dos coros no teatro.

CORIZA, s.f. Inflamação catarral da mucosa das fossas nasais, com derrame mucoso ou mucopurulento pelas narinas.

CORJA, s.f. Súcia; bando.

CORNACA, s.m. Guia de elefantes.

CORNAÇO, s.m. Chifrada, cornada.

CORNADA, s.f. Chifrada.

CORNAMUSA, s.f. Gaita de foles.

CORNAR, v.t. Chifrar.

CORNE, s.m. Trompa; oboé curvo.

CÓRNEA, s.f. Membrana exterior do globo ocular.

CORNEADOR, adj. Diz-se do boi que costuma dar cornadas; chifrador.

CÓRNEO, adj. Que tem a forma ou é duro como corno.

CORNETA, s.f. Trombeta; buzina; s.m. tocador de corneta, corneteiro.

CORNETEIRO, s.m. O que toca corneta.

CORNETIM, s.m. Pequena corneta.

CORNETO, s.m. Nome dado a pequenas lâminas ósseas, dobradas sobre si mesmas, situadas no interior das fossas nasais.

CORNICHO, s.m. Dimin. de corno; tentáculo; antena.

CORNIFORME, adj. Que tem forma de corno.

CORNIJA, s.f. Ornato que assenta sobre o friso de uma obra arquitetônica; molduras; caixilho.

CORNO, s.m. Chifre, aspa, chavelho, guampa, haste, armação; marido traído.

CORNUCÓPIA, s.f. Corno mitológico, atributo da abundância e símbolo da agricultura e do comércio.

CORNUDO, adj. Que tem cornos; cabrão.

CORO, s.m. Conjunto de cantores, o lugar onde ficam os cantores.

COROA, s.f. Diadema; grinalda; tonsura.

COROAÇÃO, s.f. Ato de coroar; finalização.

COROADO, adj. Que tem coroa; tonsurado.

COROAMENTO, s.m. Coroação; remate; ornato que coroa um edifício.

COROAR, v.t. Pôr coroa em.

COROCA, adj. Caduco.

COROÇA, s.f. Capa de palha; palhota.

COROGRAFIA, s.f. Parte da Geografia que estuda particularmente um país ou um território de importância considerável.

COROGRÁFICO, adj. De corografia; relativo à corografia.

CORÓGRAFO, s.m. Homem versado em corografia.

CORÓIDE, s.f. Membrana conjuntiva do olho, entre a esclerótica e a retina.

COROINHA, s.f. Dimin. de coroa; s.m. menino que presta serviço nas igrejas ajudando missa; acólito.

COROLA, s.f. (Bot.) Invólucro floral, por dentro do cálice, se existe, e composto de pétalas. (Dim.: corolinha, corólula.)

COROLADO, adj. Que tem corola.

COROLÁRIO, s.m. Conseqüência; proposição que se deduz imediatamente de outra demonstrada.

CORONAL, adj. Relativo a coroa; em forma de coroa; s.m. (Anat.) osso frontal.

CORONÁRIA, s.f. Artéria que irriga o coração.

CORONEL, s.m. Comandante de um regimento; sujeito que paga despesas; chefe político nas zonas rurais. (Pl.: coronéis.)

CORONELATO, s.m. Qualidade ou posto de coronel.

CORONHA, s.f. Parte inferior das espingardas e de outras armas de fogo onde se encaixa o cano.

CORONHADA, s.f. Pancada com coronha.

126

CORONHEIRO, s.m. Fabricante de coronhas.

CORPANZIL, s.m. (Fam.) Grande corpo; pessoa corpulenta.

CORPETE, s.m. Peça de vestuário feminino que se ajusta ao peito; justilho.

CORPINHO, s.m. Dimin. de corpo; o mesmo que corpete.

CORPO, s.m. conjunto de órgãos; o esqueleto humano revestido de músculos. Coleção, série de leis; grupo de militares de determinada arma: tipo de letra, regulado pelo tamanho. Aumentat.: corpaço, corpão, corpanzil. Dimin.: corpinho, corpúsculo.

CORPORAÇÃO, s.f. Associação, sociedade.

CORPORAL, adj. Do corpo; que tem corpo; material.

CORPORALIDADE, s.f. Qualidade do que é corpóreo.

CORPORALIZAR, v.t. Dar corpo a; materializar.

CORPORATIVISMO, s.m. Sistema político e econômico baseado na arregimentação das classes produtoras organizadas em corporações, sob a fiscalização do Estado.

CORPORATIVISTA, adj. Relativo ao corporativismo; pessoa partidária do corporativismo.

CORPORATIVO, adj. Relativo a corporações.

CORPORATURA, s.f. Forma externa de um corpo; estrutura.

CORPOREIDADE, s.f. Qualidade do que é corpóreo.

CORPÓREO, adj. Material; o mesmo que corporal.

CORPORIFICAR, v.t. Tomar corpo, dar corpo.

CORPUDO, adj. Corpulento.

CORPULÊNCIA, s.f. Estatura.

CORPULENTO, adj. Que tem grande corpo; forte, robusto.

CORPUSCULAR, adj. Relativo a corpúsculo.

CORPÚSCULO, s.m. Corpo pequeníssimo, molécula, átomo.

CORREADA, s.f. Pancada com correia.

CORREAGEM, s.f. ou CORREAME, s.m. Conjunto de correias, especialmente as do uniforme militar.

CORREÃO, s.m. Correia grande.

CORREARIA, s.f. Casa ou estabelecimento onde se vendem correias e outras obras de couro.

CORREÇÃO, s.f. Eliminação de erros, defeitos ou vícios; remodelação.

CORRECIONAL, adj. Relativo a correção; diz-se do tribunal em que são julgados, sem júri, causas criminais de menor vulto.

CORRE-CORRE, s.m. Debandada; afobação; confusão; corraria.

CORREDEIRA, s.f. Trecho de rio onde as águas correm com celeridade; cachoeira; disenteria; diarréia.

CORREDIÇA, s.f. Encaixe de madeira ou metal sobre que se movem os batentes de porta, janela, etc.

CORREDIÇO ou CORREDIO, adj. Que corre facilmente; que escorrega.

CORREDOR, adj. Atleta que se dedica a vencer distância em pouco tempo; s.m. passagem interna de uma casa, galeria.

CORREDOURO, s.m. Lugar próprio para corridas.

CORREEIRO, s.m. Aquele que faz ou vende correias ou outras obras de couro.

CORREGEDOR, s.m. Magistrado, juiz encarregado de velar pela observância das leis nos presídios, cartórios, etc.

CORREGEDORIA, s.f. Cargo ou jurisdição de corregedor; área de sua jurisdição.

CORREGIMENTO, s.m. Correção; multa; ornamento; alfaia.

CÓRREGO, s.m. Regato, rio pequeno.

CORREIA, s.f. Tira de couro; soga, cinta.

CORREIÇÃO, s.f. Correção; visita do corregedor aos cartórios de sua alçada; fila de formigas e de outros insetos.

CORREIO, s.m. Instituição oficial de distribuição de correspondência; mensageiro; veículo ou meio de transporte, em geral, de cartas, jornais e pequenas encomendas.

CORRELAÇÃO, s.f. Relação mútua entre dois termos; analogia.

CORRELACIONAR, v.t.-rel. Relacionar uma cousa a outra.

CORRELIGIONÁRIO, adj. e s.m. Companheiro, sequaz.

CORRENTE, adj. Fluente; fácil, expedido, vulgar,

sabido; s.f. curso de água; cordão ou cadeia metálica ou similar; (fig.) seqüência; — alternada: (Elet.) é aquela cujo sentido é variável — contínua: corrente elétrica que circula sempre no mesmo sentido.

CORRENTEZA, s.f. Velocidade da água a correr num rio.

CORRENTIO, adj. Fácil, livre, usual, comum.

CORRENTISTA, s. Empregado que escritura o livro de contas-correntes.

CORRENTOSO, adj. Que tem curso de água de forte corrente.

CORRER, v.i. Mover-se com velocidade; andar, disparar, chispar.

CORRERIA, s.f. Corrida desordenada; desordem, atropelo.

CORRESPONDÊNCIA, s.f. Consonância, troca de comunicações por escrito.

CORRESPONDENTE, adj. e s. Apropriado; simétrico; pessoa que se corresponde com alguém; pessoa que escreve correspondência para jornais; pessoa que trata de negócios de outrem ausente da praça.

CORRESPONDER, v.t. Retribuir; rel. ser próprio, adequado; retribuir equivalentemente; p. trocar correspondência com outrem.

CORRETAGEM, s.f. Salário ou serviços do corretor.

CORRETAR, v.int. Fazer ofício de corretor.

CORRETISMO, s.m. Procedimento correto; correção.

CORRETIVO, s.m. Castigo, pena; adj. reparador.

CORRETO, adj. Corrigido, irrepreensível; íntegro, honesto.

CORRETOR, s.m. Intermediário de vendas e compras.

CORRIÃO, s.m. Cinto largo de couro, com fivela.

CORRIDA, s.f. Disparada, chispada, corrida, caminhada rápida.

CORRIDO, adj. Expulso, atropelado.

CORRIGENDA, s.f. Erros que se devem corrigir em livros; errata. Reprimenda; descompostura.

CORRIGIBILIDADE, s.f. Qualidade do que é corrigível.

CORRIGIDOR, s.m. Corretor, revisor, aquele que corrige.

CORRIGIR, v.t. Emendar; melhorar; censurar.

CORRIGÍVEL, adj. Que se pode corrigir.

CORRILHO, s.m. Conciliábulo; reunião facciosa; mexerico; conventículo.

CORRIMÃO, s.m. Peça ao longo e ao lado de uma escada para se firmar a mão de quem sobe ou desce. (Pl.: corrimãos.)

CORRIMENTO, s.m. Escoamento.

CORRIOLA, s.f. Espécie de jogo com uma fita dobrada; vaia, arruaça; nome de uma flor.

CORRIQUEIRICE, s.f. Qualidade de corriqueiro; trivialidade; rotina.

CORRIQUEIRISMO, s.m. Qualidade de pessoa afetada, presumida.

CORRIQUEIRO, adj. Corrente, comum, habitual, vulgar.

CORROBORAÇÃO, s.f. Confirmação, comprovação.

CORROBORANTE, adj. Comprovante, reafirmante.

CORROBORAR, v.t. Confirmar, fortalecer, validar.

CORROBORATIVO, adj. Próprio para corroborar.

CORROER, v.t. Carcomer; gastar; destruir.

CORROÍDO, adj. Carcomido, gasto, viciado.

CORROMPEDOR, adj. Corruptor.

CORROMPER, v.t. Estragar; desnaturar; perverter.

CORROMPIDO, adj. Corrupto, podre, estragado.

CORROMPIMENTO, s.m. Corrupção, apodrecimento.

CORROSÃO, s.f. Destruição, solapamento, erosão (por agente líquido).

CORROSÍVEL, adj. Que pode ser corroído.

CORROSIVIDADE, s.f. Qualidade daquilo que é corrosivo.

CORROSIVO, adj. e s.m. Destrutor, destruidor, corroedor.

CORRUGAÇÃO, s.f. Enrugamento, engelhamento.

CORRUGAR, v.t. Enrugar, engelhar.

CORRUÍRA, s.f. Nome comum a duas aves da família dos Troglodítideos.

CORRUPÇÃO, s.f. Depravação, suborno, desmoralização.

CORRUPIÃO, s.m. Pássaro brasileiro muito estimado pelo canto mavioso.

CORRUPIAR, v.int. Rodopiar; t. fazer andar em corrupio, à volta.

CORRUPIO, s.m. Designação de vários jogos de criança; (fam.) roda-viva, afã, redemoinho.

CORRUPTELA, s.f. Erro, engano, alteração; transformação.

CORRUPTÍVEL ou **CORRUPTIVO**, adj. Venal; desmoralizante.

CORRUPTO, adj. Desmoralizado; estragado; podre.

CORRUPTOR, adj. e s.m. O que corrompe; subornador.

CORSÁRIO, s.m. Pirata, salteador do mar.

CORSEAR, v.int. Andar a corso, piratear.

CÓRSICO, adj. e s.m. O natural ou habitante da Córsega.

CORSO, s.m. Pirataria, pilhagem, desfile de carruagens; adj. córsico; natural da Córsega.

CORTADEIRA, s.f. Carretilha; cortilha.

CORTADELA, s.f. Talho pequeno.

CORTADO, adj. Separado; decepado.

CORTADOR, adj. Aparador, decepador.

CORTADURA, s.f. Corte, talho.

CORTAMENTO, s.m. Corte, cortadura.

CORTANTE, adj. Afiado; agudo.

CORTAR, v.t. Separar; partir; fracionar; decepar; suprimir.

CORTE, s.m. Talho ou golpe com instrumento. Talho; porção necessária de tecido para um traje.

CORTE, s.f. Residência do rei; o conjunto de pessoas que servem ou auxiliam o rei; namoro.

CORTEJADOR, adj. e s.m. Morador.

CORTEJAR, v.t. Tratar com cortesia; lisonjear; tentar namoro.

CORTEJO, s.m. Séquito, procissão, desfile.

CORTELHA, s.f. ou **CORTELHO**, s.m. Corte; curral.

CORTÊS, adj. Delicado, cerimonioso, educado.

CORTESÃ, s.f. Forma fem. de cortesão; mulher dissoluta, que vive luxuosamente.

CORTESANIA, s.f. Modos de cortesão, civilidade.

CORTESANICE, s.f. Simulação de cortesia; urbanidade fingida.

CORTESÃO, adj. Palaciano; áulico; adulador. (Fem.: cortesã; pl.: cortesãos e cortesões.)

CORTESIA, s.f. Urbanidade; delicadeza.

CÓRTEX (cs), s.m. Tecido vegetal que constitui a camada externa da casca das árvores; (Anat.) camada superficial de diversos órgãos.

CORTIÇA, s.f. Casca de sobreiro e de outras árvores.

CORTIÇADA, s.f. Grande porção de cortiça.

CORTICAL, adj. Relativo a córtex.

CÓRTICE, s.m. Córtex.

CORTICEIRO, s.m. Aquele que trabalha na extração da cortiça.

CORTIÇO, s.m. Caixa em que as abelhas se criam e fabricam o mel e a cera; casa de cômodos.

CORTIL, s.m. Pátio, quintal.

CORTINA, s.f. Peça de tecido para as janelas ou passagens.

CORTINADO, s.m. Armação de cortinas; cortina.

CORUCHÉU, s.m. Remate piramidal de edifício.

CORUJA, s.f. Ave noturna de rapina, de fama agourenta; mocho.

CORUMIM, s.m. Rapazinho, menino.

CORUSCAÇÃO, s.f. Fulguração; relâmpago; brilho.

CORUSCANTE, adj. Brilhante; cintilante.

CORUSCAR, v.int. Fulgurar; relampaguear.

CORUTO, s.m. Pináculo; cocoruto; sumidade.

CORVEJAR, v.int. Crocitar; estar à volta de algo ou de alguém com idéias más.

CORVETA, s.f. Navio de guerra de três mastros, menor que a fragata.

CORVETEAR, v.int. Pinotear; corcovear.

CORVINA, s.f. Nome de três peixes da família dos Cienídeos.

CORVINO, adj. Relativo a corvo.

CORVO, s.m. Urubu, abutre; ave que se nutre de carne putrefata.

CORVO-BRANCO, s.m. Urubu-rei. (Pl.: corvos-brancos.)

CÓS, s.m. Tira de pano que rodeia certas peças do vestuário, especialmente saias e calças no lugar da cintura. (Pl.: coses.)

COSCORÃO, s.m. Casca grossa, sujeira; pele suja e escura; crosta de pão.

CO-SECANTE, adj. e s.f. (Trig.) Diz-se de, ou função circular, cujo valor é o inverso do seno. (Pl.: co-secantes.)

COSEDOR, s.m. Aparelho de encadernador, para coser livros; costurador.

COSEDURA, s.f. Ação ou efeito de coser, costura.

CO-SENO, s.m. (Trig.) Relação entre a projeção sobre o eixo dos co-senos do vector que liga o centro do círculo trigonométrico à extremidade do arco e o raio do círculo. (Pl.: co-senos.)

COSER, v.t. Costurar; suturar.

COSMÉTICO, s.m. Preparado para conservação e embelezamento da pele; creme, ungüento.

CÓSMICO, adj. Relativo ao universo.

COSMO, s.m. O universo.

COSMOGON'A, s.f. Sistema hipotético da formação do universo.

COSMOGÔNICO, adj. Que diz respeito à cosmogonia.

COSMOGRAFIA, s.f. Descrição astronômica do mundo; astronomia descritiva.

COSMOGRÁFICO, adj. Relativo à cosmografia.

COSMÓGRAFO, s.m. Aquele que se ocupa da cosmografia.

COSMOLOGIA, s.f. Ciência das leis gerais que regem o mundo físico.

COSMOLÓGICO, adj. Relativo à cosmologia.

COSMÓLOGO, s.m. Aquele que trata de cosmologia ou é versado nela.

COSMOMETRIA, s.f. Ciência que trata da medida das distâncias cósmicas.

COSMOMÉTRICO, adj. Relativo à cosmometria.

COSMONAUTA, s. Tripulante de nave espacial; o mesmo que astronauta.

COSMOPOLITA, s. Pessoa que se julga cidadão do mundo inteiro, ou que considera sua pátria o mundo. Cidade cosmopolita: em que vivem pessoas de quase todas as partes do mundo.

COSMOPOLITISMO, s.m. Qualidade ou maneira de vida dos cosmopolitas.

COSMORAMA, s.m. Série de vistas de diversos países e fatos, observadas por aparelhos ópticos que as ampliam.

COSMOS, s.m. O mundo, o universo.

COSQUENTO, adj. Coceguento, irrequieto.

COSQUILHOSO, adj. O mesmo que cosquento.

COSSA, s.f. Surra; tunda; sova.

COSSACO, s.m. Indivíduo dos cossacos, povo cavaleiro do sul da Rússia.

COSSEIRA, s.f. Batente inferior das portas das peças de bordo.

COSTA, s.f. Litoral, declive; pl. dorso.

COSTADO, s.m. Costas; pranchas que revestem exteriormente as cavernas do navio. De quatro costados: brasileiro de quatro costados é aquele cujos avós paternos e maternos eram nascidos no Brasil.

COSTAL, adj. Relativo a costelas.

COSTALGIA, s.f. Dor costal.

COSTÁLGICO, adj. Relativo a costalgia.

COSTANEIRA, s.f. O dorso dos livros encadernados.

COSTARRIQUENHO, adj. De Costa Rica; s.m. o natural ou habitante desse país. O mesmo que costarriquense.

COSTEAGEM, s.f. Ato de costear.

COSTEAR, v.t. Navegar junto da costa de; rodear.

COSTEIRA, s.f. Costa marítima.

COSTEIRO, adj. Relativo a costa; que navega junto à costa.

COSTELA, s.f. (Anat.) Osso curvo e alongado que, partindo com outros das vértebras dorsais, concorre para a formação da caixa torácica; caverna de navio.

COSTELETA, s.f. Costela de certos animais com carne aderente; porção de pêlos deixada a crescer de cada lado do rosto.

COSTUMADO, adj. Habitual; usado.

COSTUMAR, v.t. Ter por costume; usar; habituar; p. habituar-se.

COSTUMÁRIO, adj. Que se faz por costume e uso; consuetudinário.

COSTUME, s.m. Uso; prática geralmente observada; jurisprudência baseada no uso; trajo adequado ou característico; vestuário de teatro.

COSTUMEIRA, s.f. Usança, hábito.

COSTUMEIRO, adj. Usual, habitual, comum.

COSTURA, s.f. Ato de costurar, cosedura.

COSTURADEIRA, s.f. Aparelho de que se servem os encadernadores para costurar brochuras.

COSTURAR, v.t. Coser.

COSTUREIRA, s.f. Mulher que se emprega em trabalhos de costura; modista.

COSTUREIRO, s.m. Homem que se ocupa em trabalhos de costura; alfaiate.

COTA, s.f. Armadura de couros retorcidos ou de malhas de ferro que cobria o corpo. Quinhão; prestação.

COTAÇÃO, s.f. Determinação dos preços das mercadorias, títulos, ações de bancos e similares; conceito; apreço.

COTADO, adj. Bem conceituado.

COTADOR, s.m. Aquele que põe cotas marginais.

COTAMENTO, s.m. Ato de cotar os processos.

CO-TANGENTE, s.f. (Trig.) Função circular, cujo valor é o inverso da tangente (trigonométrica). (Pl.: co-tangentes.)

COTÃO, s.m. Pêlo que largam os panos; lanugem de alguns frutos; felpazinha que se junta no forro dos vestidos e atrás ou embaixo dos móveis.

COTAR, v.t. Taxar, avaliar.

COTEJADOR, s.m. Aquele que coteja, compara.

COTEJAR, v.t. Examinar cotas, confrontando-as; confrontar; comparar.

COTEJO (ê), s.m. Comparação.

COTÍCULA, s.f. Pedra de toque do ouro e da prata.

COTIDIANO, adj. De todos os dias; o mesmo que quotidiano.

COTILÉDONE, s.m. (Bot.) Folhas embrionárias, carregadas de reservas nutritivas que protegem e fornecem alimento ao embrião contido na semente.

COTILEDÔNEO, adj. Que tem cotilédones.

COTIZAÇÃO, s.f. Ato de cotizar.

COTIZAR, v.t. Distribuir por cabeça; p. reunir-se a outros, a fim de contribuir para uma despesa comum. O mesmo que quotizar.

COTIZÁVEL, adj. Que se pode cotizar.

COTO, s.m. Resto de vela, resto do membro a que foi amputada uma parte; parte da asa das aves de onde nascem as penas. (Pl.: cotos ô.)

COTÓ, adj. Diz-se da pessoa que tem um braço ou perna mutilada.

COTONIFÍCIO, s.m. Manufatura de panos de algodão.

COTOVELADA, s.f. ou **COTOVELÃO**, s.m. Pancada com o cotovelo.

COTOVELAR, v.t. e p. Dar golpes com o cotovelo; esbarrar.

COTOVELO, s.m. Parte em que o braço se une ao antebraço. Curva de caminho; peça que serve de junção entre dois canos. Falar pelos cotovelos; falar exageradamente.

COTOVIA, s.f. Ave granívora, de cor cinzenta, de bico agudo, também chamada calhandra.

COTURNO, s.m. Borzeguim, de solas muito altas, usado pelos atores trágicos; categoria, hierarquia, linhagem.

COUDEL, s.m. O que tem a seu cargo uma coudelaria. (Pl.: coudéis.)

COUDELARIA, s.f. Estabelecimento para criação de cavalos de sela, especialmente de corridas.

COURAÇA, s.f. Armadura para o peito; revestimento de navios com ferro ou aço.

COURAÇAR, v.t. Armar, revestir de couraça; blindar (navios).

COURACEIRO, s.m. Grande quantidade de couros

COURO, s.m. Pele curtida de animais.

COUSA, s.f. O mesmo que coisa. (Deve dar-se preferência à forma cousa, atendendo-se à sua origem latina causam.)

COUTO, s.m. Refúgio; valhacouto; asilo.

COUVAL, s.m. Plantio de couves.

COUVE, s.f. Planta hortense da família das Crucíferas de que existem numerosas variedades.

COUVE-FLOR, s.f. Couve que dá uma espécie de flor comestível. (Pl.: couves-flores.)

COVA, s.f. Escavação; cavidade; sepultura, túmulo.

COVACHO, s.m. Cova pequena.

CÔVADO, s.m. Antiga medida de comprimento, que tinha 3 palmos e correspondia a 66 centímetros.

COVAGEM, s.f. Abertura de cova.

COVARDE, adj. Cobarde; medroso; pusilânime; sem coragem.

COVARDIA, s.f. Cobardia; medo; pusilanimidade.

COVEAR, v.t. Abrir covas para o plantio.

COVEIRO, s.m. O que faz covas nos cemitérios e enterra os defuntos.

COVILHETE, s.m. Pires chato para doce.

COVO, s.m. Aparelho para apanhar peixes, espécie de cesto de vime, taquara.

COXA, s.f. Parte do membro inferior desde as virilhas até o joelho.

COXAL, adj. Relativo à coxa, a anca.

COXALGIA, s.f. (Med.) Dor na articulação da coxa com a bacia; dor na coxa.

COXEADURA, s.f. Manquejamento, claudicação.

COXEAR, v.int. Manquejar, mancar; manquitolar,

capengar, cambetear; claudicar.

COXILHA, s.f. Colina; monte de pequena altura.

COXIM, s.m. Almofada que serve de assento.

COXO, adj. Manco, manquitola.

COXONILHO, s.m. Manta, cobertura da sela.

COXOTE, s.m. Armadura que cobria as coxas.

COZEDEIRA, s.f. Utensílio em que se faz comida.

COZEDURA, s.f. Panelada, caldeirão; cozimento.

COZER, v.t. Cozinhar.

COZIDO, adj. Cozinhado; certo prato de ensopados; cozido de carne, de legumes, etc.

COZIMENTO, s.m. Cocção, cozinhamento, remédio.

COZINHA, s.f. Compartimento da casa onde se preparam os alimentos.

COZINHADO, s.m. Cozido; guisado.

COZINHAR, v.t. Cozer, guisar.

COZINHEIRA, s.f. Mulher que cozinha.

COZINHEIRO, s.m. Homem que cozinha.

CRACHÁ, s.m. Insígnia honorífica que se traz no peito; condecoração.

CRANIAL, adj. Que indica posição em relação ao crânio, mais próximo dele.

CRANIANO, adj. Do crânio ou relativo a ele.

CRÂNIO, s.m. Caixa óssea que encerra e protege o encéfalo; caveira; (Gir.) indivíduo muito inteligente, de grande preparo.

CRANIOGRAFIA, s.f. Descrição científica do crânio; radiografia do crânio.

CRANIOGRÁFICO, adj. Relativo à craniografia.

CRANIOLOGIA, s.f. Estudo dos crânios; arte de conhecer as faculdades dos indivíduos pelo estudo dos respectivos crânios.

CRANIOLÓGICO, adj. Relativo à craniologia.

CRANIOLOGISTA, s. Pessoa que se ocupa de craniologia ou é versado nela.

CRANIÓLOGO, s.m. Craniologista.

CRANIOMETRIA, s.f. Medição do crânio.

CRANIOMÉTRICO, adj. Relativo à craniometria.

CRANIÔMETRO, s.m. Instrumento para medir os diâmetros do crânio.

CRANIOSCOPIA, s.f. Arte de examinar o crânio e de apreciar, pela análise, as faculdades intelectuais e morais.

CRANIOSCÓPICO, adj. Relativo a cranioscopia.

CRANIOSCÓPIO, s.m. Instrumento para examinar o crânio.

CRANIOTOMIA, s.f. (Cir.) Operação pela qual se abre a caixa craniana.

CRÁPULA, s.f. Desregramento; sordidez; devassidão; s.m. indivíduo desregrado; canalha.

CRAPULOSO, adj. Libertino; devasso; sórdido.

CRAQUE, interj. Onomatopéia de coisa que se quebra; s.m. cavalo de corrida ou jogador de futebol que adquirem fama.

CRASE, s.f. (Gram.) Contração de vogais iguais em uma só: $a+a=à$; $e+e=é$ (fee-fé).

CRASEAR, v.t. Pôr em (uma vogal) o acento indicativo de crase.

CRASSIDADE ou **CRASSIDÃO**, s.f. Qualidade daquilo que é crasso. O mesmo que crassície.

CRASSO, adj. Grosseiro, estúpido, burro.

CRATERA, s.f. Abertura por onde sai a lava do vulcão, taça.

CRATERIFORME, adj. Em forma de cratera, de vaso ou de taça.

CRAVAÇÃO, s.f. Ato ou efeito de cravar; ornato de pregos em simetria.

CRAVADOR, s.m. Aquele ou aquilo que crava; furador de sapateiro, sovela.

CRAVADURA, s.f. Cravação.

CRAVAR, v.t.-rel. Fazer penetrar; engastar (pedraria); fixar; p. fincar-se.

CRAVEIRA, s.f. Medida, tabela; compasso de sapateiro para tomar medida do pé.

CRAVEIRO, s.m. Planta que dá cravo; fabricante de cravos para ferraduras.

CRAVEJADOR, s.m. Aquele que craveja.

CRAVEJAMENTO, s.m. Ato ou operação de cravejar, engastar.

CRAVEJAR, v.t. Engastar; pregar com cravos.

CRAVELHA (è), s.f. Peça de madeira ou metal de certos instrumentos musicais, que retesa e afina cordas.

CRAVELHO (ê), s.m. Peça grosseira de madeira com que se fecham cancelas e alguns postigos e portas.

CRAVISTA, s. Tocador ou tocadora de cravo.

CRAVO, s.m. Prego. Piano primitivo. Flor do craveiro.

CRAVO-DA-ÍNDIA, s.m. Especiaria, condimento.

CRÉ, s.m. Calcário formado por despojos de conchas marinhas, misturado principalmente com argila.

CREBO, adj. Freqüente, amiudado; repetido.

CRECHE, s.f. Asilo para crianças pobres.

CREDÊNCIA, s.f. Mesa junto ao altar, onde se colocam acessórios da missa.

CREDENCIAL, adj. Que dá créditos ou poderes para representar o país perante o governo de outro; s.f.pl. procuração que o governo de um Estado dá a embaixador ou enviado em país estrangeiro; ações ou títulos que abonam uma pessoa.

CREDENCIÁRIO, s.m. Aquele que tem a seu cargo a credência e o altar-mor.

CREDIÁRIO, s.m. Sistema de vendas a crédito, com pagamento a prestações.

CREDIARISTA, s. Pessoa que faz compras pelo crediário.

CREDIBILIDADE, s.f. Qualidade daquilo que é crível.

CREDITAR, v.t. Lançar a crédito, abrir crédito a alguém.

CREDITÍCIO, adj. Relativo ao crédito público.

CRÉDITO, s.m. Boa reputação, confiança, empréstimo.

CREDITÓRIO, adj. Relativo a crédito.

CREDO, s.m. Oração cristã, que em latim começa pela palavra **credo** (creio); símbolo dos apóstolos; regra; crença, religião.

CREDOR, s.m. Indivíduo a quem se deve dinheiro.

CREDULIDADE, s.f. Qualidade de quem é crédulo.

CRÉDULO, adj. Que crê com facilidade; ingênuo, de boa fé.

CREIOM, s.m. Lápis de grafita; desenho feito com lápis.

CREMAÇÃO, s.f. Incineração; cremação de cadáveres: redução a cinzas.

CREMADO, adj. Que tem cor de creme; queimado.

CREMADOR, adj. e s.m. Aquele que queima, destrói; forno crematório.

CREMALHEIRA, s.f. Corrente de ferro com gancho onde se suspende a caldeira sobre o fogo; trilho dentado para via férrea de serra; peça munida de dentes em relógios e outros maquinismos.

CREMAR, v.t. Incinerar, queimar.

CREMATÓRIO, adj. Onde se faz a cremação.

CREME, s.m. Nata de leite; doce feito de leite, ovos, etc.; cor branco-amarelada; adj. que tem essa cor.

CREMONA, s.f. Ferragem que consta de maçaneta e haste para trancar janelas e portas.

CREMOR, s.m. Cozimento do suco de alguma planta.

CRENA, s.f. Espaço entre os dentes de uma roda.

CRENÇA, s.f. Convicção íntima; fé.

CRENDEIRO, adj. e s.m. Que, ou aquele que crê em absurdos ou abusões ridículas; simplório.

CRENDICE, s.f. Crença absurda ou ridícula.

CRENTE, adj. e s. Religioso; piedoso; adepto; sequaz.

CREOFAGIA, s.f. Hábito de se alimentar de carne.

CREÓFAGO, adj. e s.m. Carnívoro.

CREOLINA, s.f. Nome comercial de um desinfetante.

CREOSOTAR, v.t. Aplicar creosoto a.

CREOSOTO, s.m. Substância cáustica extraída do alcatrão e própria para conservar substâncias orgânicas.

CREPE, s.m. Crespo; tecido crespo; luto.

CRÉPIDO, adj. Crespo, encarapinhado.

CREPITAÇÃO, s.f. Estalido.

CREPITANTE, adj. Que crepita; pipoqueante.

CREPITAR, v.int. Estalar, estalidar, pipoquear.

CREPOM, s.m. Crepe grosso.

CREPUSCULAR, adj. De crepúsculo; relativo ao crepúsculo. O mesmo que crepusculino.

CREPUSCULÁRIO, s.m. Designação geral dos insetos que aparecem à hora do crepúsculo.

CREPUSCULINO, adj. Crepuscular.

CREPÚSCULO, s.m. A luz frouxa que precede o nascer do Sol e persiste algum tempo depois de ele se pôr; (fig.) ocaso. Entardecer.

CRER, v.t. Acreditar; ter fé; convencer-se de; reputar; julgar. (Pres. ind.: creio, crês, crê, cremos, credes, crêem; imperf. ind.: cria, crias, cria, críamos, crieis, criam; mais-que-perf. ind.: crera, creras, etc.; fut. do pres.: crerei, etc.; fut. do pret.: creria, etc.; pres. subj.: creia, creias, creia, creiamos, creiais, creiam; imperf. do subj.: cresse, cresses, etc.; part. crido.)

CRESCENÇA, s.f. Crescimento; desenvolvimento, medrança.

CRESCENDO, s.m. Aumento progressivo de sonoridade; progressão; gradação.

CRESCENTE, s.m. Lua crescente; adj. que cresce, que se desenvolve.

CRESCER, v.int. Medrar, desenvolver-se, altear-se, aumentar a estatura. (Pres. ind.: cresço, etc.)

CRESCIDO, adj. Aumentado; desenvolvido.

CRESCIMENTO, s.m. Crescença, medrança, desenvolvimento.

CRESPAR, v.t. Encrespar.

CRESPIDÃO, s.f. Aspereza, encaracolamento.

CRESPO, adj. Rugoso; eriçado; anelado. (Pl.: crespos, fem.: crespa, pl.: crespas.)

CRESTA, s.f. Ato ou efeito de crestar.

CRESTADURA, s.f. Tostadura, queimadura.

CRESTAMENTO, s.m. Tostamento, queimação.

CRESTAR, v.t. Queimar levemente à superfície; tostar; dar cor de queimado a.

CRESTOMATIA, s.f. Seleta; florilégio; antologia.

CRETÁCEO, s.m. (Geol.) Sistema mais moderno da era mesozóica.

CRETENSE, adj. e s. O natural ou habitante de Creta.

CRETINISMO, s.m. Estupidez; deficiência de desenvolvimento físico e mental.

CRETINIZAÇÃO, s.f. Embrutecimento, estupidificação.

CRETINIZAR, v.t. Imbecilizar, aparvalhar.

CRETINO, s.m. Imbecil; idiota.

CRETINOSO, adj. Relativo a cretino; próprio de cretino.

CRETONE, s.m. Fazenda branca, muito forte, primitivamente de cânhamo e linho e, hoje, de algodão.

CRIA, s.f. Animal de mama; os animais de estábulo.

CRIAÇÃO, s.f. Educação; amamentação; invenção; descobrimento literário, científico.

CRIADAGEM, s.f. Conjunto de criados e criadas; famulagem.

CRIADEIRA, s.f. Ama de leite, incubadora.

CRIADO, adj. Crescido; s.m. empregado doméstico.

CRIADOR, adj. Fecundo, educador, capaz de inventar novos métodos artísticos, científicos; pessoa que cuida de ou tem, rebanhos.

CRIADOURO, s.m. Viveiro de plantas; adj. capaz de medrança; de se criar bem.

CRIANÇA, s.f. Menino, infante.

CRIANÇADA, s.f. Reunião de crianças; ato próprio de criança.

CRIANCICE, s.f. Ação, dito, modos de criança.

CRIANÇOLA, s. Pessoa que, não sendo já criança, a ela se assemelha por seus atos ou maneiras.

CRIAR, v.t. Tirar do nada, transformar, educar; gerar; inventar; produzir; cultivar; instituir; fundar. (Pres. ind.: crio, crias, cria, criamos, criais, criam; pres. subj.: crie, cries, crie, criemos, crieis, criem.)

CRIATURA, s.f. Ser vivente, indivíduo, pessoa.

CRICRI ou **CRICRIDO**, s.m. Voz imitativa do canto dos grilos.

CRICRILAR, v.int. Cantar do grilo.

CRIDO, adj. Acreditado.

CRIME, s.m. Transgressão da lei: homicídio; furto; roubo; difamação; perjúrio, etc.

CRIMINAÇÃO, s.f. Imputação de crime.

CRIMINADOR, s.m. Aquele que crimina.

CRIMINAL, adj. Relativo a crime.

CRIMINALIDADE, s.f. Qualidade de quem é criminoso.

CRIMINALISTA, s. Jurisconsulto que trata especialmente dos assuntos criminais.

CRIMINAR, v.t. Imputar crime a; acusar; ter como criminoso.

CRIMINÁVEL, adj. Que se pode criminar.

CRIMINOLOGIA, s.f. Ciência que se ocupa das teorias do direito criminal; filosofia do direito penal.

CRIMINOLOGISTA, s. Pessoa versada em criminologia.

CRIMINOSO, adj. e s.m. Réu, malfeitor, assassino, bandido.

CRINA, s.f. Cabelo; pêlo; cerda.

CRINAL, adj. De crina ou relativo a ela; s.m. crineira.

CRINEIRA, s.f. Crina; juba; conjunto dos pêlos ou fios que do alto do capacete descem para trás.

CRINIFORME, adj. Que tem a forma de um cabelo; capilar.

CRINOLINA, s.f. Tecido de crina, tecido forte que

forma a fímbria do vestido.

CRINUDO, adj. Cabeludo; que tem muita crina.

CRIOULADA, s.f. Grupo de crioulos.

CRIOULISMO, s.m. (Liter.) Tendência nativista, nas literaturas hispano-americanas.

CRIOULO, s.m. Filho de escravos; preto nascido na senzala; mestiço, mulato; negro.

CRIPTA, s.f. Gruta, grota; galeria subterrânea; pequena cavidade.

CRIPTOGAMIA, s.f. (Bot.) Estado ou caráter da planta que tem órgãos sexuais ocultos.

CRIPTOGÂMICA, s.f. (Bot.) Espécime das Criptogâmicas, uma das grandes divisões do reino vegetal, a qual abrange as plantas que têm os órgãos sexuais ocultos, ou, genericamente, nome dado às plantas que não dão flores.

CRIPTOGÂMICO, adj. (Bot.) Relativo à criptogamia.

CRIPTÓGAMO, adj. (Bot.) Criptogâmico; s.m. planta criptogâmica.

CRIPTOGRAFIA, s.f. Arte de escrever em cifra, em alfabeto oculto.

CRIPTOGRÁFICO, adj. Relativo à criptografia.

CRIPTOGRAMA, s.m. Escrito em caracteres secretos.

CRIPTOLOGIA, s.f. Ciência oculta, ocultismo.

CRIPTOLÓGICO, adj. Relativo à criptologia.

CRIPTÔNIO, s.m. Elemento químico, gás raro do ar atmosférico, símbolo Kr, peso atômico 82,9 e n.º atômico 36.

CRIPTORQUIA, s.f. (Med.) Ausência do testículo no escroto por ter ficado retido na cavidade abdominal ou no canal inguinal.

CRIS, adj. Pardacento; gris, cor de cinza; s.m. eclipse.

CRISÁLIDA, s.f. Estado intermediário por que passam os lepidópteros para se transformar de lagarta em borboleta; casulo; pupa; ninfa.

CRISÂNTEMO, s.m. Planta da família das Compostas com belas variedades ornamentais.

CRISE, s.f. (Pat.) Alteração sobrevinda no curso de uma doença; (fig.) conjuntura perigosa; momento decisivo; ataque de nervos; situação política do governo, cuja conservação enfrenta obstáculos difíceis.

CRISMA, s.m. e f. Sacramento da confirmação.

CRISMAR, v.t. Conferir a crisma a; alcunhar; apelidar.

CRISOL, s.m. Cadinho.

CRISPAÇÃO, s.f. ou CRISPAMENTO, s.m. O mesmo que crispatura; contração muscular.

CRISPATURA, s.f. Crispação, crispamento, contratura.

CRISTA, s.f. Excrescência carnosa na cabeça dos galos e de outros galináceos; penacho; poupa.

CRISTAL, s.m. Corpo formado pela solidificação de certas substâncias minerais que foram fundidas tomando formas geométricas. Vidro forte e pesado, que não deforma a imagem.

CRISTALEIRA, s.f. Armário envidraçado onde se guardam copos, garrafas, etc.

CRISTALÍFERO, adj. Que contém cristais.

CRISTALINIDADE, s.f. Transparência, brilho, diafaneidade.

CRISTALINO, adj. Límpido, claro, transparente.

CRISTALIZAÇÃO, s.f. Ato ou efeito de cristalizar.

CRISTALIZADOR, s.m. Recipiente onde se deixa uma solução para cristalizar.

CRISTALIZAR, v.t. Converter em cristal; dar a forma de cristal a.

CRISTALIZÁVEL, adj. Que se pode cristalizar.

CRISTALOGRAFIA, s.f. Ciência que descreve os cristais.

CRISTALOGRÁFICO, adj. Relativo à cristalografia.

CRISTALÓGRAFO, s.m. Aquele que se ocupa da cristalografia.

CRISTANDADE, s.f. Conjunto dos países ou povos cristãos.

CRISTÃO, adj. e s.m. O que professa a religião de Cristo; — novo: judeu que se faz cristão.

CRISTIANISMO, s.m. Religião de Cristo.

CRISTIANIZAÇÃO, s.f. Ato de cristianizar, de converter a Cristo.

CRISTIANIZADOR, adj. e s.m. Que, ou aquele que cristianiza, missionário.

CRISTIANIZAR, v.t. Tornar cristão.

CRISTO, s.m. Redentor. Jesus Crucificado; (gír.) paciente; vítima de qualquer coisa desagradável.

CRITÉRIO, s.m. Norma; pauta de julgamento.

CRITERIOLOGIA, s.f. Parte da Lógica que estuda os critérios da verdade.

CRITERIOSO, adj. Ajuizado, judicioso.

CRÍTICA, s.f. Arte de julgar as produções literárias, artísticas ou científicas.

CRITICADOR, s.m. Aquele que tem o costume de dizer mal de alguém ou de alguma coisa; censurador.

CRITICAR, v.t. Fazer a crítica de; censurar; dizer mal de.

CRITICASTRO, s.m. Crítico sem valor.

CRITICÁVEL, adj. Que se pode ou deve criticar.

CRITICISMO, s.m. Sistema filosófico, que procura determinar os limites da razão humana, racionalismo crítico.

CRITICISTA, adj. Sectário do criticismo.

CRÍTICO, adj. Grave; embaraçoso; perigoso; s.m. aquele que faz críticas.

CRITIQUEIRO, s.m. Criticastro.

CRITIQUICE, s.f. Crítica sem fundamento (deprec.)

CRIVAÇÃO, s.f. Ato ou efeito de crivar.

CRIVADO, adj. Furado em muitas partes, atravessado; cravejado.

CRIVAR, v.t. Constelar; passar por crivo; encher; t.-rel. furar em muitos pontos.

CRÍVEL, adj. Que se pode crer; acreditável. (Pl.: críveis; superl. absol. sint.: credibilíssimo.)

CRIVO, s.m. Peneira; placa furada em muitos pontos.

CROÁCIO, adj. O mesmo que croata.

CROATA, adj. e s. O natural ou habitante da Croácia.

CROCHÊ, s.m. Renda ou malha feita com agulha farpada.

CROCITANTE, adj. Que crocita, coaxante.

CROCITAR, v.int. Voz própria do corvo e de certas aves de rapina.

CROCITO, s.m. A voz do corvo, do condor e de outras aves de rapina.

CROCODILO, s.m Réptil anfíbio, voraz e perigoso, espécie de jacaré.

CROMADO, adj. Que tem cromo; diz-se do metal a que se dá um revestimento de cromo.

CROMÁTICA, s.f. A arte de combinar as cores; os semitons da música.

CROMÁTICO, adj. (Fis.) Que tem relação com as cores; (Mús.) que é composto de uma série de semitons.

CROMATISMO, s.m. (Fís.) Dispersão da luz; recomposição da luz que atravessou corpos diáfanos.

CROMATO, s.m. (Quím.) Designação genérica dos sais que encerram o ânion bivalente CrO derivado do ácido crômico.

CROMATÓFORO, s.m. Célula pigmentada dos animais que mudam de cor.

CROMATOGRAFIA, s.f. Processo químico de identificação analítica pela escala cromática.

CRÔMICO, adj. Relativo a cores. (Quím.) diz-se do ânion bivalente CrO, do anidrido CrO_3, do ácido hipotético H_2CrO_4 e dos derivados do cromo trivalente.

CROMO, s.m. Elemento químico, metal, símbolo Cr, de peso atômico 52,01 e n.º atômico 24. Desenho impresso a cores; composição poética em que há descrição de um quadro, cena doméstica, etc.

CROMOLITOGRAFIA, s.f. Litografia feita a cores.

CROMOLITOGRÁFICO, adj. Relativo à cromolitografia.

CROMOSSOMO, s.m. Segmento do filamento cromático que se destaca por ocasião da divisão celular indireta, constituindo unidades definidas na formação do novo ser.

CRÔNICA, s.f. Narração histórica, por ordem cronológica; noticiário dos jornais.

CRÔNICO, adj. Que dura há muito; (fig.) inveterado; perseverante.

CRONIQUEIRO, s.m. (fam.) Noticiarista de imprensa; localista.

CRONISTA, s. Pessoa que escreve crônicas.

CRONOGRAFIA, s.f. Tratado das divisões do tempo; tratado das datas históricas.

CRONOGRÁFICO, adj. Relativo à cronografia.

CRONÓGRAFO, s.m. Aparelho que registra o momento exato de uma observação ou a duração de um fenômeno.

CRONOLOGIA, s.f. Estudo histórico, enumeração sucessiva de fatos históricos.

CRONOLÓGICO, adj. Relativo à cronologia; ordem cronológica: ordem de entrada ou de chegada de papéis, documentos ou pessoas a um estabelecimento.

CRONOLOGISTA, s. Pessoa versada em cronologia.

CRONÔMETRO, s.m. Instrumento de medição do tempo; relógio de grande precisão.

CRONOSCÓPIO, s.m. Cronômetro.

CROQUETE, s.m. Bolinho de carne picada recoberto de massa de farinha de rosca.

CROQUI, s.m. Esboço, plano, rascunho de planta arquitetônica.

CROSTA, s.m. Camada espessa e dura de um corpo; invólucro; casca; côdea.

CRÓTALO, s.m. Cobra cascavel; antigo instrumento músico semelhante à castanholas.

CRU, adj. Que não está cozido; que ainda tem sangue, não cozido, cruel, mau.

CRUCIAÇÃO, s.f. Sofrimento, mortificação.

CRUCIAL, adj. Que tem forma de cruz; angustiante, mortificador.

CRUCIANTE, adj. Angustiante, mortificante.

CRUCIAR, v.t. Mortificar; afligir muito, torturar; (Pres. ind.: crucio, crucias, etc.)

CRUCIÁRIO, adj. Que tem cruz.

CRUCÍFERA, s.f. Espécime das Crucíferas, família de plantas cujas flores têm as pétalas dispostas em cruz. (A couve, mostarda, etc.)

CRUCIFERÁRIO, s.m. Aquele que leva a cruz nas procissões.

CRUCÍFERO, adj. O mesmo que cruciferário.

CRUCIFICAÇÃO, s.f. Ato ou efeito de crucificar.

CRUCIFICADO, adj. Pregado na cruz; s.m. aquele que padeceu o suplício da cruz; Cristo.

CRUCIFICADOR, adj. Aquele que crucifica.

CRUCIFICAMENTO, s.m. (V. Crucificação.)

CRUCIFICAR, v.t. Aplicar o suplício da cruz a; (fig.) torturar; afligir muito.

CRUCIFIXÃO (cs), s.f. (V. Crucificação.)

CRUCIFIXAR (cs), v.t. Crucificar.

CRUCIFIXO (cs), s.m. Imagem de Cristo pregado na cruz.

CRUCIFORME, adj. Em forma de cruz.

CRUEL, adj. Tirano, severo; doloroso. (Superl. abs. sint.: cruelíssimo e crudelíssimo.)

CRUELDADE, s.f. Ruindade.

CRUENTAÇÃO, s.f. Ato de cruentar.

CRUENTAR, v.t. Ensangüentar.

CRUENTO, adj. Ensangüentado; banhado em sangue; cruel.

CRUEZA, s.f. Estado de cru; crueldade.

CRUOR (ô), s.m. Sangue derramado; a parte do sangue que coagula; elemento corante do sangue.

CRUPE, s.m. (Med.) Difteria laríngea. O mesmo que garrotilho.

CRUPIARA, s.f. Grupiara.

CRUPIÊ, s.m. Designação dos empregados que auxiliam o banqueiro nas casas de jogo.

CRURAL, adj. Da coxa ou relativo a ela.

CRUSTA, s.f. Crosta.

CRUSTÁCEO, adj. Coberto de crusta; s.m. espécime dos Crustáceos, animais artrópodes de respiração branquial, e com dois pares de antenas; exs.: camarão, caranguejo, lagosta, etc.

CRUZ, s.f. Instrumento de suplício na antiguidade, composto de dois madeiros, um atravessado no outro; símbolo da redenção para os cristãos; trabalho, tortura, aflição; insígnia de várias ordens militares e religiosas; sofrimento, fadário.

CRUZADA, s.f. Expedição militar que na Idade Média se fazia contra hereges ou infiéis.

CRUZADO, s.m. Expedicionário das Cruzadas; antiga moeda de ouro portuguesa; moeda de quatrocentos réis; adj. disposto em cruz.

CRUZADOR, s.m. Tipo de navio de guerra.

CRUZAMENTO, s.m. Interceptação; encontro; mestiçagem, hibridismo.

CRUZAR, v.t. Dispor em cruz: dar forma de cruz; atravessar; acasalar (animais de raças diferentes).

CRUZEIRO, s.m. Grande cruz, dos largos, praças, etc.; parte da igreja compreendida entre a capela-mor e a nave central; Cruzeiro do Sul. Unidade monetária que substituiu, no Brasil, o mil-réis (1942). Viagem marítima.

CRUZETA, s.f. Diminut. de cruz; régua em forma de T, usada pelos operários para nivelar, com auxílio do fio de prumo.

CRUZETADO, adj. Que tem forma de cruzeta.

CUATÁ, s.m. Espécie de símio, macaco, bugio.

CUBA, s.f. Tina; dorna; tonel.

CUBAGEM, s.f. Ato, efeito ou método de cubar; quantidade de unidades cúbicas que podem conter-se num certo espaço; cálculo da capacidade de um recipiente ou de um recinto.

CUBANO, adj. e s.m. natural ou habitante de Cuba.

CUBAR, v.t. Fazer a cubagem de; avaliar ou medir (o volume de um sólido); elevar ao cubo.

CUBATA, s.f. Choça de pretos, senzala.

CUBATÃO, s.m. Nome dado a pequenos morros no sopé das cordilheiras.

CUBATURA, s.f. Redução de um volume a um cubo.

CUBICAR, v.t. Cubar.

CÚBICO, adj. Relativo a cubo; em forma de cubo; (Matem.) que está elevado à terceira potência; multiplicado três vezes por si mesmo.

CUBICULAR, adj. Que diz respeito a cubículo.

CUBICULÁRIO, s.m. Criado de quarto, camareiro.

CUBÍCULO, s.m. Quarto pequeno; cela de convento, xadrez, prisão.

CUBISMO, s.m. Escola de pintura em que predomina o emprego de linhas retas, em lugar das curvas, como nos outros processos de pintura.

CUBISTA, adj. Diz-se de pessoa que segue a teoria e processos do cubismo.

CUBITAL, adj. De cúbito, ou a ele relativo.

CÚBITO, s.m. (Anat.) Osso longo situado na parte interna do antebraço; cotovelo.

CUBO, s.m. Sólido limitado por seis faces iguais e quadradas; hexaedro regular; peça em que se encaixa a extremidade do eixo dos carros; — de um número: produto de três fatores iguais a esse número; a terceira potência.

CUBÓIDE, adj. Que tem forma de cubo.

CUCA, s.f. Bicho-papão, duende, mulher feia; cozinheiro.

CUCO, s.m. Ave européia, espécie de chupim; relógio que quando dá horas imita o canto do cuco.

CÚCULO, s.m. Capuz, capelo, cogula.

CUCÚRBITA, s.f. Peça do alambique que recebe a substância a destilar; designação científica da abóbora.

CUCURBITÁCEA, s.f. Espécime das Cucurbitáceas, família de plantas que tem por tipo a cucúrbita, abóbora, pepino, melancia, etc.

CUCURICAR ou **CUCURITAR**, v.int. Canto do galo.

CUECAS, s.f.pl. Calção leve que os homens usam sob as calças.

CUEIRO, s.m. Agasalho das crianças.

CUERA, s.f. Valente, forte, corajoso.

CUIA, s.f. Vasilha feita de casca seca das cabaças Vasilha própria para o mate.

CUIABANO, adj. s.m. O natural ou habitante de Cuiabá.

CUIAME, s.m. Grande porção de cuias.

CUÍCA, s.f. Denominação de pequenos mamíferos da família dos Didelfídeos; instrumento feito com um pequenino barril, e que tem numa das bocas uma pele bem estirada, em cujo centro se prende uma varinha, a qual ao ser friccionada com a palma da mão faz vibrar o tambor, emitindo som rouco.

CUIDADO, s.m. Precaução; cautela; desvelo; inquietação de espírito; pessoa ou coisa que é objeto de desvelos; interj. atenção! adj. imaginado; previsto.

CUIDADOR, s.m. Aquele que cuida.

CUIDADOSO, adj. Que tem cuidado; zeloso.

CUIDAR, v.t. Cogitar; imaginar; meditar; julgar.

CUIDOSO, adj. Cuidadoso, preocupado, pensativo.

CUINCHAR (u-in) ou **CUINHAR** (u-i), v.i. Gritar (o porco).

CUITELO, s.m. Beija-flor; colibri.

CUJO, pron. rel. Do qual; da qual; dos quais; das quais; de quem.

CULATRA, s.f. Fundo do cano de arma de fogo; parte posterior do canhão.

CULE, s.m. Operário hindu ou chinês.

CULINÁRIA, s.f. Arte de cozinhar.

CULINÁRIO, adj. Relativo a cozinha.

CULMINAÇÃO, s.f. Ápice, auge, clímax.

CULMINÂNCIA, s.f. O ponto mais alto; zênite; auge, ápice, clímax.

CULMINANTE, adj. Que é o mais elevado, eminente.

CULMINAR, v.int. Altear, elevar, atingir o cume, o clímax, o ápice.

CULOTE, s. Calças de montaria, militares, muito justas dos joelhos abaixo.

CULPA, s.f. Transgressão, delinqüência.

CULPABILIDADE, s.f. Estado ou qualidade do que é culpável.

CULPADO, adj. Transgressor, delinqüente, criminoso; réu.

CULPAR, v.t.-rel. Acusar; incriminar.

CULPÁVEL, adj. A que se pode lançar a culpa, merecedor de castigo, punível.

CULPOSO, adj. Responsável por delito; delinqüente.

CULTIVAÇÃO, s.f. Cultura, plantio.

CULTIVADOR, s.m. Plantador, agricultor, pessoa que se dedica a estudos, a técnica de alguma coisa.

CULTIVAR, v.t. Amanhar; dedicar-se a; formar; desenvolver; conservar; desenvolver pelo estudo.

CULTIVÁVEL, adj. Que pode ser cultivado.

CULTIVO, s.m. Cultivação; amanho; cultura.

CULTO, s.m. Adoração; veneração; adj. cultivado; instruído.

CULTOR, s.m. Cultivador; (fig.) aquele que se dedica a determinado estudo.

CULTUAL, adj. Relativo ao culto.

CULTUAR, v.t. Render culto a (Pres. subj.: cultue, cultues, cultue, etc.)

CULTURA, s.f. Desenvolvimento intelecutal; saber; utilização industrial de certos produtos naturais; cultivo.

CULTURAL, adj. Relativo à cultura.

CUMBA, adj. Forte, valente.

CUMBARI ou CUMBARIM, s.m. Cumari ou cumarim; pimenta de pequeno tamanho e muito ardida.

CUMBUCA, s.f. Vasilha feita de cabaça.

CUME, s.m. Pico, cimo, píncaro, apogeu.

CUMEADA, s.f. Cume, pico, píncaro, cimo.

CUMEEIRA, s.f. A parte mais alta do telhado.

CUMPINCHA, s. (pop.) Sequaz.

CÚMPLICE, s. Compartícipe, co-autor, cooperador, colaborador de um crime.

CUMPLICIAR-SE, v.p. Tornar-se cúmplice.

CUMPLICIDADE, s.f. Ato ou qualidade de cúmplice.

CUMPRIDOR, adj. Observante, executor.

CUMPRIMENTAR, v.t. Saudar.

CUMPRIMENTO, adj. Que cumprimenta muito.

CUMPRIMENTO, s.m. Execução, desencargo de uma obrigação; saudação; felicitação.

CUMPRIR, v.t. Executar, desincumbir-se de, satisfazer, realizar. No sentido de ser obrigado, cumprir é impessoal: Cumpre-me dizer a verdade.

CUMULAÇÃO, s.f. Acumulação.

CUMULAR, v.t. Acumular, reunir.

CUMULATIVO, adj. Que faz parte do que se acumula.

CÚMULO, s.m. Montão; (fam.) o máximo; o ponto mais alto; pl.: nuvens arredondadas e brancas.

CUNEIFORME, adj. Que tem a forma de cunha; s.m.pl. caracteres cuneiformes, usados pelos assírios e babilônios, medas e persas.

CUNHA, s.f. Peça de ferro ou madeira em forma de diedro sólido, para rachar lenha, fender pedras, etc.; (fig.) pessoa influente que serve de empenho.

CUNHADA, s.f. Irmã de um dos cônjuges em relação ao outro, e vice-versa.

CUNHADIA, s.f. ou CUNHADIO, s.m. Parentesco de cunhados.

CUNHADO, s.m. Irmão de um dos cônjuges em relação ao outro e vice-versa.

CUNHADOR, adj. e s.m. Aquele que cunha.

CUNHAGEM, s.f. Operação de cunhar (moeda).

CUNHAL, s.m. Ângulo saliente formado por duas paredes; esquina.

CUNHAR, v.t. Imprimir cunho em; amoedar; inventar.

CUNHETE, s.m Caixote de madeira, que serve principalmente para guardar ou transportar munição de guerra.

CUNHO, s.m. Ferro com gravura, para marcar moedas, medalhas, etc.; a marca impressa por esse ferro (fig.) marca; caráter.

CUNICULTOR, s.m. Criador de coelhos.

CUNICULTURA, s.f. Criação de coelhos.

CUPIDEZ, s.f. Cobiça; ambição; ganância.

CUPIDÍNEO, adj. Relativo a Cupido, ao amor.

CUPIDINOSO, adj. Que deseja com ardor; amoroso.

CUPIDO, s.m. (fig.) Deus do amor.

CÚPIDO, adj. Ávido; ganancioso.

CUPIM, s.m. Montículo de terra, formigueiro; caruncho da madeira.

CUPINZAMA, s.f. Montoeira de cupins; grande quantidade de cupins.

CUPINZEIRO, s.m. Casa de cupim; árvore quase morta que é casa de cupins.

CUPOM, s.m. Cédula de concursos, senha destacável.

CÚPRICO, adj. De cobre; em que há cobre.

CUPRÍFERO, adj. Que contém cobre.

CÚPRINO, adj. Relativo a cobre.

CUPROSO, adj. (Quím.) Diz-se dos óxidos e dos sais em que o cobre figura com a menor valência.

CÚPULA, s.f. Zimbório, abóbada.

CUPULADO, adj. Que tem cúpula.

CUPULIFORME, adj. Que tem forma de cúpula.

CUQUIADA, s.f. Grito de rebate, dando sinal de inimigo.

CURA, s.f. Tratamento; restabelecimento da saúde; s.m. pároco; vigário.

CURABILIDADE, s.f. Qualidade daquilo que é curável.

CURAÇAU, s.m. Licor alcoólico e estomacal, que tem por base a casca da laranja amarga.

CURADO, adj. São, sanado, medicado.

CURADOR, s.m. O encarregado de administrar os bens de pessoa civilmente incapaz. Sanador, curandeiro.

CURADORIA, s.f. Cargo, poder e administração de curador.

CURANDEIRISMO, s.m. Medicina vulgar, aplicação, por pessoas sem estudos próprios, de mezinhas, receitas, simpatias, etc.

CURANDEIRO, s.m. Charlatão da medicina.

CURANDICE, s.f. Ato de curandeiro.

CURAR, v.t. Sanar, medicar, levar certos produtos ao seu ponto de perfeição.

CURARE, s.m. Veneno extraído da casca de um cipó, e empregado por algumas tribos indígenas na ervagem de suas flechas. O mesmo que ervadura, ervagem, ticuna, uirari, vooara. (Modernamente empregado em medicina para obter relaxamento muscular.)

CURARIZAÇÃO, s.f. Ato ou efeito de curarizar.

CURARIZANTE, adj. Que curariza.

CURARIZAR, v.t. Envenenar com curare.

CURATELA, s.f. Curadoria; cargo de curador.

CURATELADO, s.m. Indivíduo sujeito a curatela.

CURATIVO, adj. Medicação; remédio.

CURATO, s.m. Cargo ou habitação de cura; povoação pastoreada por um cura; residência do cura; vigário.

CURAU, s.m. Comida, doce de milho verde ralado e reduzido a mingau que depois se congela.

CURÁVEL, adj. Que se pode curar.

CURETA, s.f. Instrumento cirúrgico para raspar.

CURETAGEM, s.f. Raspagem feita com a cureta.

CURETAR, v.t. Raspar com a cureta.

CÚRIA, s.f. Tribunal eclesiástico dos bispados.

CURIAL, adj. Conveniente, próprio, estabelecido por praxe.

CURIANGO, s.m. Nome comum a três aves da família dos Caprimulgídeos; ave noturna.

CURIETERAPIA, s.f. (Med.) Terapêutica pelo rádio (metal radioativo).

CURINGA, s.m. Nome que tem no jogo do pôquer, e em outros, a carta que muda de valor segundo a combinação que o parceiro tem em mão.

CÚRIO, s.m. Elemento químico, n.º atômico 96, de peso atômico não determinado mas superior a 238, de propriedades radioativas.

CURIOSA, adj. f. Indiscreta; s.f. mulher que exerce ilegalmente o mister de parteira.

CURIOSIDADE, s.f. Indiscrição, exagerado desejo de tudo ver e saber; cheiretismo.

CURIOSO, adj. Desejoso de tudo ver e saber; habilidoso; curandeiro.

CURITIBANO, adj. O natural ou habitante de Curitiba.

CURRAL, s.m. Lugar onde se junta e recolhe o gado.

CURRALAGEM, s.f. Quantia que se pagava pelo aluguel do curral público.

CURRALEIRO, adj. Designativo do gado que fica em curral.

CURRÍCULO, s.m. Documentação (diplomas, títulos, trabalhos) do curso científico ou literário de alguém.

CURSAR, v.t. Seguir o curso de; andar; percorrer; freqüentar.

CURSISTA, s. Pessoa que freqüenta um curso.

CURSIVO, s.m. Forma de letra manuscrita; letra de mão.

CURSO, s.m. Corrida; movimento; álveo; conjunto

133

de matérias professadas numa aula; diarréia.

CURSOR, adj. Que corre ao longo de; s.m. dispositivo que desliza ao longo de outro.

CURTEZA, s.f. Qualidade do que é curto; falta de instrução, de talento.

CURTIDA, s.f. Condimentos (pimenta, cebolinha, pepino, etc.) em conserva de vinagre.

CURTIDOR, adj. e s.m. Que, ou aquele que curte.

CURTIDURA, s.f. Curtimento.

CURTIMENTO, s.m. Curtidura, curtimento de couros, peles, frutas; preparo.

CURTIR, v.t. Preparar (couros) para os tornar imputrescíveis; endurecer, enrijar, expondo ao tempo; padecer; sofrer; suportar.

CURTO, adj. De pequeno comprimento, de pouca duração; breve; (fig.) falto de compreensão; acanhado; escasso.

CURTO-CIRCUITO, s.m. Redução acidental de um circuito elétrico por defeito na instalação. (Pl.: curto-circuitos.)

CURTUME, s.m. Estabelecimento onde se curtem couros.

CURUL, s.f. Cátedra de magistrado.

CURUMI ou **CURUMIM**, s.m. Rapazinho, menino, criança.

CURUMINZADA, s.f. Grupo ou ajuntamento de curumins.

CURUQUERÊ, s.m. Larva de lepidóptero, praga dos algodoais.

CURURU, s.m. Certo tipo de sapo comum no Nordeste.

CURVA, s.f. (Geom.) Linha gerada por um ponto que muda constantemente de direção; arco; volta.

CURVADO, adj. Arqueado, curvo, inclinado; resignado; subjugado.

CURVAR, v.t. Arquear, inclinar para diante ou para baixo; dobrar em arco; sujeitar.

CURVATURA, s.f. Dobramento; arqueamento.

CURVETA, s.f. Pequena curva; volta de caminho ou de atalho; pinote, pirueta.

CURVETEAR, v.int. Pinotear, piruetar, corcovear.

CURVIDADE, s.f. Curvatura.

CURVILÍNEO, adj. Formado de curvas.

CURVO, adj. Que tem forma de arco; arqueado.

CUSCUZ, s.m. Espécie de bolo de farinha com peixe, camarões, galinha, etc.; existe também o doce, com coco e tapioca ou fubá.

CUSCUZEIRA, s.f. ou **CUSCUZEIRO**, s.m. Aparelho próprio para fazer cuscuz.

CUSPADA, s.f. Salivada, porção de cuspe; cuspida, cuspidela.

CUSPE, s.m. Saliva.

CÚSPIDE, s.f. Extremidade aguda; tridente de Netuno; ferrão, ponta.

CUSPIDEIRA, s.f. Vaso para cuspir.

CUSPIDELA, s.f. Cuspideira, cuspida, cusparada.

CUSPIDIFORME, adj. Que tem a forma de pequena ponta.

CUSPIDOR, adj. e s.m. Que, ou aquele que cospe muito, salivador; cuspideira, escarradeira.

CUSPILHAR, v.int. Cuspinhar, freqüentativo de cuspir.

CUSPINHADA, s.f. Grande porção de cuspo.

CUSPINHADOR, adj. e s.m. Que, ou aquele que cuspinha.

CUSPINHAR, v.int. Cuspir amiúde; salivar.

CUSPIR, v.int. Salivar; lançar da boca qualquer liqüido. Ofender; lançar ofensas. (Pres. do indic.: cuspo, cospes, cospe, cuspimos, cuspis, cospem; pres.: subj.: cuspa, cuspas, cuspa, cuspamos, cuspais, cuspam.)

CUSTA, s.f. Dispêndio; trabalho; expensas; pl.: despesas feitas em processo judicial.

CUSTAR, v.t. Ter o valor de; obter-se por meio de, a troco de. (No sentido de ter valor, é pessoal: os livros custam caro, custam os olhos da cara. No sentido de ser difícil, é impessoal: custa-nos chegar cedo ao colégio; custou-nos subir as escadas.)

CUSTEAMENTO, s.m. Dinheiro necessário à manutenção de uma empresa.

CUSTEAR, v.t. Correr com as despesas de.

CUSTEIO, s.m. Custeamento.

CUSTO, s.m. Preço; valor em dinheiro; (fig.) dificuldade; demora, tardança; a —, loc. adv. dificilmente.

CUSTÓDIA, s.f. Detenção; guarda; segurança; proteção; objeto de ouro ou prata em que se expõe a hóstia.

CUSTODIAR, v.t. Ter em custódia; guardar; proteger.

CUSTÓDIO, adj. Que guarda; que protege.

CUSTOSO, adj. De grande custo; difícil; trabalhoso.

CUTÂNEO, adj. Que diz respeito à cútis, à pele.

CUTELARIA, s.f. Fabricação de armas brancas.

CUTELEIRO, s.m. Fabricante ou vendedor de instrumentos de corte.

CUTELO, s.m. Instrumento cortante, faca semicircular, de ferro.

CUTIA, s.f. Roedor da família dos Cavídeos.

CUTÍCULA, s.f. Membrana que cresce na implantação da unha.

CUTICULAR, adj. Relativo à cútis ou à cutícula.

CUTILADA, s.f. Golpe de cutelo, sabre, espada, etc.

CUTILAR, v.t. Ferir com cutelo ou instrumento análogo, esfaquear.

CÚTIS, s.f. 2 núm. Pele de pessoa, pele ou tez; epiderme.

CUTUBA, adj. Bom, gostoso; muito inteligente; bonito.

CUTUCADA, s.f. ou **CUTUCÃO**, s.m. Ato de cutucar, de ferir com ponta de faca e também de dedos, agulhas, etc.

CUTUCAR, v.t. Tocar ligeiramente (alguém) com o dedo, o cotovelo, algum objeto; ferir com instrumento aguçado.

CZAR, s.m. Título que se dava ao imperador da Rússia. Var.: tzar. (Fem. czarina.)

CZARDA, s.f. Dança húngara. (Pron.: charda.)

CZARÉVICHE, s.m. Filho do czar, herdeiro do trono.

CZAREVNA, s.f. Título que se dava à princesa herdeira da Rússia.

CZARINA, s.f. Título que se dava à imperatriz da Rússia.

CZARISMO, s.m. Sistema político em vigor na Rússia no tempo dos czares e caracterizado pelo regime despótico.

CZARISTA, adj. e s. Partidário do czarismo.

D

D, s.m. Quarta letra do alfabeto. Consoante linguodental sonora; vale quinhentos na numeração romana.

DA, Contr. da prep. de com o art. a ou com pron. a.

DÁBLIO, s.m. Vigésima terceira letra do alfabeto inglês representada pelo símbolo w.

DÁCIO, adj. Da Dácia, antigo país europeu.

DACTILIOTECA, s.f. Museu ou coleção de anéis, jóias e pedras gravadas.

DÁCTILO, adj. Diz-se do verso, grego ou latino, composto de uma sílaba longa, seguida de duas breves.

DACTILOGRAFAR, v.t. Escrever a máquina. (For-

ma paral.: datilografar, e assim em todos os cognatos sem a consoante c.)

DACTILOGRAFIA, s.f. Arte de escrever a máquina.

DACTILOGRÁFICO, adj. Relativo à dactilografia.

DACTILÓGRAFO, s.m. Indivíduo que escreve a máquina.

DACTILOMANCIA, s.f. Suposta adivinhação por meio da forma dos dedos.

DACTILOMÂNTICO, adj. Relativo à dactilomancia.

DACTILOSCOPIA, s.f. Moderno sistema de identificação por meio das impressões digitais.

DACTILOSCÓPICO, adj. Relativo à dactiloscopia ou datiloscopia.
DADAÍSMO, s.m. Movimento literário lançado pelo poeta Tristan Tsara em 1916.
DADAÍSTA, adj. Relativo ao dadaísmo; partidário do dadaísmo.
DÁDIVA, s.f. Presente; donativo; oferenda.
DADIVOSO, adj. Liberal, presenteador.
DADO, s.m. Peça cúbica de osso ou marfim usada em certos jogos; elemento ou quantidade conhecida, que serve de base à resolução de um problema.
DADOR, adj. e s.m. Liberal, obsequiador.
DAFNOMANCIA, s.f. Adivinhação por meio de folhas de loureiro queimadas.
DAFNOMANTE, s. Pessoa que pratica a dafnomancia.
DAFNOMÂNTICO, adj. Referente à dafnomancia.
DAGUERREOTIPAR, v.t. Fotografar.
DAGUERREOTIPIA, s.f. Fotografia.
DAGUERREÓTIPO, s.m. Máquina fotográfica.
DAÍ, Contr. da prep. de e do adv. aí.
DALAI-LAMA, s.m. O Grande-Lama, chefe supremo da religião budista.
DALÉM, Contr. da prep. de e do adv. além.
DALI, Contr. da prep. de e do adv. ali.
DÁLIA, s.f. Planta da família das Compostas com grande variedade de formas e cores, muito ornamental; a flor dessa planta. Chamou-se assim, em homenagem a Dahl, botânico sueco.
DÁLMATA, adj. Da Dalmácia.
DALMATENSE, adj. Dalmático, dálmata.
DALMÁTICA, s.f. Paramento que diáconos e subdiáconos vestem sobre a alva.
DALMÁTICO, adj. O mesmo que dálmata.
DALTÔNICO, adj. Aquele que confunde determinadas cores.
DALTONISMO, s.m. Incapacidade de diferençar cores.
DAMA, s.f. Senhora; carta de baralho; pedra de xadrez; nome de um jogo da espécie do xadrez.
DAMASCENO, adj. De Damasco, Síria.
DAMASCO, s.m. Fruto do damasqueiro, tecido de seda, com desenhos lavrados, que se fabricava em Damasco.
DAMASQUEIRO, s.m. Árvore que produz damascos.
DAMASQUINAR, v.t. Tauxiar (metais) com lavores de outro metal.
DAMASQUINARIA, s.f. Arte de embutir desenhos de ouro ou prata em metal menos brilhante.
DAMASQUINO, adj. Relativo a Damasco.
DANAÇÃO, s.f. Condenação; raiva, zanga.
DANADO, adj. Condenado ao inferno.
DANADOR, adj. Condenador.
DANAIDES, s.f. pl. (Mit.) Moças condenadas a encher, eternamente, tonéis sem fundo.
DANAR, v.t. Condenar, irar-se; estragar.
DANÇA, s.f. Baile; divertimento.
DANÇADEIRA, s.f. Dançarina; bailarina.
DANÇADOR, adj. e s.m. Bailarino; dançarino.
DANÇANTE, adj. Que dança (sarau dançante, chá dançante); onde há baile; v.m. congo; dançarino de congadas.
DANÇAR, v.t. Bailar.
DANÇARINA, s.f. Bailarina.
DANÇARINO, s.m. Bailarino.
DANÇAROLA, s.f. Dança pequena.
DANÇATRIZ, s.f. Dançarina.
DÂNDI, s.m. Janota; almofadinha; pachola.
DANDISMO, s.m. Janotismo; pecholismo.
DANIFICAÇÃO, s.f. Ruína, prejuízo, estrago.
DANIFICADOR, adj. Prejudicador; arruinador; estragador.
DANIFICAR, v.t. Estragar; arruinar; deteriorar.
DANÍFICO, adj. Que causa dano; prejudicial.
DANINHADOR, adj. Irrequieto; buliçoso; traquinas.
DANINHAR, v.t. Danificar; traquinar; bulir; danificar.
DANINHEZA, s.f. Qualidade de daninho; ato de quem é daninho.
DANINHO, adj. Que causa dano; endiabrado.
DANO, s.m. Mal que se faz a alguém; prejuízo ou deterioração de coisa alheia; perda.
DANOSO, adj. Prejudicial, ruinoso.
DANTES, adv. Antes; antigamente.
DANTESCO, adv. Relativo a Dante Alighieri, poeta italiano (1265-1321).
DANUBIANO, adj. Do Danúbio, rio europeu.
DAQUELE, Contr. da prep. de e do pron. aquele.

DAQUILO, Contr. da prep. de e do pron. aquilo.
DAR, v.t. Oferecer, ceder a outrem o direito de propriedade; conceder. (Pres. ind.: dou, dás, dá, etc.; perf. ind.: dei, deste, deu, demos, destes, deram; pres. subj.: dê, dês, dê, demos, deis, dêem; imperf. subj.: desse, desses, etc.)
DARDEJAMENTO, s.m. Flechamento; cintilação.
DARDEJANTE, adj. Cintilante, brilhante.
DARDEJAR, v.t. Arremessar dardos contra; cintilar; brilhar.
DARDO, s.m. Flecha, seta, pique; brilho, cintilação.
DARTRO, s.m. Mancha da pele; cárie inicial do dente.
DARTROSO, adj. Que tem dartro.
DARWINIANO, adj. Relativo a Darwin, cientista inglês (1809-1882).
DARWINISMO, s.m. Evolucionismo.
DARWINISTA, adj. Sequaz do darwinismo.
DATA, s.f. Indicação da época, ano, mês ou dia em que se realizou algum fato.
DATAL, adj. Relativo à data.
DATAR, v.t. Pôr data em.
DATILEIRA, s.f. Palmeira das tâmaras.
DATILOGRAFAR, v.t. (V. dactilografar.)
DATILOGRAFIA, s.f. (V. dactilografia.)
DATILÓGRAFO, s.m. (V. dactilógrafo.)
DATIVO, adj. Nomeado por magistrado e não por lei; s.m. caso gramatical grego latino que exprime a relação de objeto indireto.
DE, prep. Designativa de diferentes relações, como de posse, lugar, modo, causa, tempo, dimensão, origem, matéria, conteúdo.
DEALBAÇÃO, s.f. Branqueamento.
DEALBAR ou DEALVAR, v.t. Branquear; amanhecer.
DEAMBULAÇÃO, s.f. Passeio; caminhada.
DEAMBULAR, v.int. Passear; caminhar.
DEÃO, s.m. Dignitário eclesiástico que preside ao cabido. (Pl.: deãos, deães, deões.) O professor mais antigo, o diretor de Faculdades. O mesmo que decano.
DEARTICULAÇÃO, s.f. Pronúncia das palavras com toda a clareza.
DEARTICULAR, v.t. Pronunciar com clareza.
DEBAIXO, adv. Inferiormente; por baixo.
DEBALDE, adv. Em vão, inutilmente.
DEBANDADA, s.f. Fuga desordenada.
DEBANDAR, v.t. Pôr em fuga desordenada.
DEBATE, s.m. Discussão; contestação; altercação.
DEBATER, v.t. Discutir; disputar.
DEBELAÇÃO, s.f. Extinção; repressão.
DEBELADOR, adj. Extintor; pacificador.
DEBELAR, v.t. Destruir; reprimir; combater.
DEBELATÓRIO, adj. O mesmo que debelador.
DEBENTURAGEM, s.f. Ato de debenturar uma empresa.
DEBENTURAR, v.t. Emitir debêntures.
DEBÊNTURE, s.f. Título de dívida amortizável, do Estado ou de companhias mercantis.
DEBENTURISTA, s. Pessoa que possui debêntures.
DEBICADOR, adj. Satírico; caçoísta.
DEBICAR, v.t. Escarnecer; zombar.
DÉBIL, adj. Fraco; pusilânime.
DEBILIDADE, s.f. Fraqueza; raquitismo.
DEBILITAÇÃO, s.f. Enfraquecimento.
DEBILITANTE, adj. Enfraquecente; exauriente.
DEBILITAR, v.t. Enfraquecer.
DEBILITÁVEL, adj. Que se pode debilitar.
DEBIQUE, s.m. Desfrute, troça; mofa.
DEBITAR, v. t.-rel. Inscrever como devedor; p. tornar-se, constituir-se devedor. (Antôn.: creditar.)
DÉBITO, s.m. Dívida. (Antôn.: crédito.)
DEBLATERAR, v.int. Falar, clamar com violência contra pessoas ou coisas.
DEBOCHADO, adj. Devasso; libertino; canalha.
DEBOCHADOR, adj. Zombeteiro; acintoso.
DEBOCHAR, v.t. Zombar; escarnecer.
DEBOCHATIVO, adj. Zombeteiro; acintoso.
DEBOCHE, s.m. Mofa, zombaria, caçoada, vida de maus costumes.
DEBREAR, v.t. Desligar o câmbio (do automóvel), colocá-lo em ponto morto.
DEBRUADEIRA, s.f. Máquina de indústria de fiação e tecelagem.
DEBRUADO, adj. Guarnecido com debrum.
DEBRUAR, v.t. Guarnecer com debrum; orlar.
DEBRUÇAR, v.t. Pôr de bruços; tornar inclinado;

curvar; abater; p. inclinar o busto para a frente.

DEBRUM, s.m. Tira de pano que se cose dobrada sobre a orla de um tecido para o guarnecer ou segurar a trama.

DEBULHA, s.f. Ato de debulhar.

DEBULHADOR, s.m. Aparelho para debulhar.

DEBULHADORA, s.f. Máquina de debulhar cereais.

DEBULHAR, v.t. Esbagoar; separar do casulo (os grãos dos cereais).

DEBULHO, s.m. Resíduo de grãos debulhados.

DEBUXADOR, adj. Desenhista; esboçador; bosquejador.

DEBUXANTE, adj. Desenhista; esboçante, bosquejante.

DEBUXAR, v.t. Esboçar; delinear.

DEBUXO, s.m. Desenho.

DÉCADA, s.f. Série de dez; dezena; espaço de dez anos.

DECADÊNCIA, s.f. Abatimento; empobrecimento.

DECADENTE, adj. Declinante, em decadência.

DECAEDRO, adj. e s.m. Que tem dez faces.

DECAGONAL, adj. Que tem dez ângulos.

DECÁGONO, s.m. Figura com dez ângulos e dez lados.

DECAGRAMA, s.m. Unidade de massa equivalente a dez gramas.

DECAÍDA, s.f. Declínio de forças, de progresso.

DECAIMENTO (a-i), s.m. Declínio; esmorecimento.

DECAIR, v.int. Cair a situação inferior; declinar; ir em decadência.

DECALCAR, v.t. Reproduzir um desenho calcado; (fig.) plagiar; imitar servilmente.

DECALCO, s.m. Decalque; cópia; reprodução.

DECALCOMANIA, s.f. Arte de produzir quadros calcando com a mão contra um papel, pequenos desenhos ou figuras já estampados noutro papel.

DECALITRO, s.m. Unidade de capacidade equivalente a dez litros.

DECÁLOGO, s.m. Os dez mandamentos da lei de Deus.

DECALQUE, s.m. Desenho decalcado; cópia; plágio.

DECÂMETRO, s.m. Unidade de comprimento equivalente a dez metros.

DECAMPAMENTO, s.m. Mudança de acampamento.

DECAMPAR, v.int. Mudar de campo ou de acampamento.

DECANADO, s.m. Dignidade de deão; qualidade de decano.

DECANIA, s.f. Qualidade de decano; corporação presidida por decano; grupo de dez indivíduos, de dez paróquias.

DECANO, s.m. O membro mais antigo de uma classe ou corporação; deão.

DECANTAÇÃO, s.f. Processo rápido de análise que permite separar dois líquidos não miscíveis, ou um sólido de um líquido.

DECANTAR, v.t. Fazer decantação; celebrar em cantos; exaltar.

DECAPITAÇÃO, s.f. Degolação, degolamento.

DECAPITAR, v.t. Cortar a cabeça de; degolar.

DECÁPODE, adj. Que tem dez pés.

DECASSÍLABO, adj. Que tem dez sílabas; s.m. o verso de dez sílabas.

DECENAL, adj. Que dura dez anos; que se realiza de dez em dez anos.

DECENÁRIO, adj. Que se divide em dezenas; que tem dez anos.

DECÊNCIA, s.f. Decoro; asseio; honradez; probidade; moralização.

DECENDIAL, adj. De dez dias.

DECÊNDIO, s.m. Espaço de dez dias.

DECÊNIO, s.m. Espaço de dez anos.

DECENOVENAL, adj. Que dura dezenove anos.

DECENTE, adj. Decoroso; asseado; honesto; conveniente.

DECENVIRADO ou **DECENVIRATO**, s.m. Governo ou dignidade dos decênviros.

DECÊNVIRO, s.m. Cada um dos dez magistrados que, na república romana, foram encarregados da codificação das leis.

DECEPADOR, adj. Cortador; degolador; truncador; mutilador.

DECEPAMENTO, s.m. Corte; degola; truncamento; mutilamento.

DECEPAR, v.t. Cortar; truncar.

DECEPÇÃO, s.f. Logro; desilusão.

DECEPCIONAR, v.t. Desapontar; iludir.

DECESSO, s.m. Morte, óbito; rebaixamento de um clube à divisão imediata.

DECIBEL, s.m. Unidade de audição: exprime a menor intensidade de som em que é possível ouvir-se uma nota.

DECIDIDO, adj. Resoluto; corajoso.

DECIDIR, v.t. Resolver; determinar; sentenciar; t.-rel. convencer; persuadir; induzir; rel. dar decisão; opinar; emitir opinião ou voto; p. resolver-se; optar.

DECÍDUO, adj. Caduco, que cai.

DECIFRAÇÃO, s.f. Ato de decifrar, resolução, solução.

DECIFRADOR, adj. e s.m. Resolvedor, solucionador, explicador.

DECIFRAR, v.t. Interpretar adivinhar, esclarecer.

DECIFRÁVEL, adj. Que se pode decifrar.

DECIGRAMA, s.m. Unidade de massa equivalente à décima parte de um grama.

DECILITRO, s.m. Unidade de capacidade equivalente à décima parte do litro.

DÉCIMA, s.f. Uma das dez partes iguais em que se divide a unidade; (poét.) estrofe de dez versos, quadra, verso.

DECIMAL, adj. Que procede por mútiplos ou submúltiplos de dez.

DECÍMETRO, s.m. Unidade de comprimento equivalente à décima parte do metro.

DÉCIMO, adj. Denominação do ordinal e fracionário correspondente a dez.

DECISÃO, s.f. Resolução; sentença; firmeza.

DECISIVO, adj. Resolutivo; claro; terminante.

DECISÓRIO, adj. Que tem o poder de decidir.

DECLAMAÇÃO, s.f. Recitação; maneira pomposa de dizer as cousas mais simples.

DECLAMADOR, adj. Recitador; dizedor.

DECLAMAR, v.t. Recitar em voz alta.

DECLAMATÓRIO, adj. Em que há declamação; relativo à declamação.

DECLARAÇÃO, s.f. Esclarecimento; explicação.

DECLARADO, adj. Manifestado; confessado.

DECLARADOR, adj. Explicador; esclarecedor.

DECLARANTE, adj. Depoente, que declara ou depõe.

DECLARAR, v.t. Manifestar; patentear; esclarecer; publicar.

DECLARATIVO, adj. Em que há declaração.

DECLINAÇÃO, s.f. Decadência, rejeição; flexão dos casos latinos.

DECLINADOR, s.m. Instrumento que serve para determinar a declinação do plano de um quadrante.

DECLINANTE, adj. Que declina; decadente.

DECLINAR, v.t. Eximir-se a; desviar; nomear; declarar.

DECLINATÓRIA, s.f. (Jur.) Ato de declinar ou recusar a jurisdição de um juiz ou tribunal.

DECLINATÓRIO, adj. Que declina; próprio para declinar jurisdição.

DECLINÁVEL, adj. Que se pode declinar.

DECLÍNIO, s.m. Declinação; decadência.

DECLINOSO, adj. Em que há inclinação ou declinação.

DECLIVAR, v.int. Dever, rolar, tombar.

DECLIVE, s.m. Inclinação; descida. (Antôn.: aclive.)

DECLIVIDADE, s.f. Declive; qualidade do que é declivoso, ladeirento.

DECLÍVIO, s.m. Declive.

DECLIVOSO, adj. Em que há declive, ladeiramento.

DECOADA, s.f. Lixívia; ato de coar a água da barrela.

DECOAR, v.t. Meter em lixívia, na barrela.

DECOCÇÃO, s.f. Cozimento; cozinhamento.

DECOCTO, s.m. Produto de cozimento, de decocção.

DECOLAGEM, s.f. Ação de levantar vôo.

DECOLAR, v.int. Levantar-se (o avião).

DECOMPONENTE, adj. Que decompõe, que separa o todo em suas partes.

DECOMPONÍVEL, adj. Que se pode decompor.

DECOMPOR, v.t. Separar os elementos componentes de; analisar; estragar; deteriorar. (Conjuga-se como o v. pôr.)

DECOMPOSIÇÃO, s.f. Ato ou efeito de decompor; análise; desorganização.

DECORAÇÃO, s.f. Ornamentação, enfeite; memorização.

DECORADOR, adj. Enfeitador; arrumador; memorizador.

DECORAR, v.t. Aprender de memória, de cor: adornar; ornamentar.

DECORATIVO, adj. Ornamental.

DECORO, s.m. Decência; honra; pundonor; beleza moral.

DECOROSO, adj. Digno; decente; honroso.

DECORRENTE, adj. Conseqüente; resultante.

DECORRER, v. int. Passar, escoar-se (o tempo); suceder; acontecer.

DECORRIDO, adj. Passado, escoado.

DECOTADO, adj. Que tem decote.

DECOTADOR, adj. Cortador, aparador.

DECOTAR, v.t. Cortar, aparar.

DECOTE, s.m. Corte na parte superior de traje feminino, expondo o pescoço e as espáduas.

DECREMENTO, s.m. Diminuição, decrescimento.

DECRÉPITO, adj. Velho; caduco; gasto.

DECREPITUDE, s.f. Decadência, velhice.

DECRESCENTE, adj. Declinante, tombante. Ditongo cuja vogal acentuada é a primeira; ai, eu, oi, ou ui, exs.: vai, lei, seu, matou, fui.

DECRESCER, v. int. Tornar-se menor; diminuir.

DECRESCIMENTO ou **DECRÉSCIMO,** s.m. Diminuição, declínio.

DECRETAÇÃO, s.f. Ato de decretar.

DECRETADO, adv. Determinado, resolvido.

DECRETAL, s.f. Antiga carta ou constituição pontifícia, em resposta a consultas sobre moral ou direito.

DECRETALISTA, s. Jurisconsulto versado em decretos.

DECRETAR, v.t. Ordenar por decreto; determinar.

DECRETO, s.m. Determinação escrita, emanada do chefe do Estado, do governo ou de outra autoridade superior.

DECRETO-LEI, s.m. Decreto do chefe do Governo, instituindo uma lei que, em regime normal, só poderia ser emanada ou aprovada pelo Parlamento.

DECRETÓRIO, adj. Decisivo; que resolve.

DECROAR, v.t. Dar a primeira lavra a (terreno); o mesmo que decruar.

DECRUA, s.f. Primeiro amanho num terreno.

DECRUAGEM, s.f. Decrua; lavagem da seda.

DECRUAR, v.t. Dar a primeira cava ou lavra a (terreno); cozer ligeiramente; lavar (seda).

DECÚBITO, s.m. Posição de quem está deitado; decúbito dorsal, quando o dorso se apóia no plano; ventral, com o ventre para baixo; lateral esquerdo ou direito, quando o indivíduo se deita sobre o lado esquerdo ou direito, respectivamente.

DECUPLAR ou **DECUPLICAR,** v.t. Multiplicar por dez; t. int. tornar dez vezes maior.

DÉCUPLO, adj. Que contém dez vezes uma quantidade.

DECÚRIA, s.f. Grupo de dez coisas ou de dez indivíduos; corpo militar de cavalaria e infantaria entre os romanos; classe de alunos de uma aula a cargo de um decurião.

DECURIADO, s.m. Cargo de decurião.

DECURIÃO, s.m. Chefe de decúria; monitor.

DECURSIVO, adj. Decorrente.

DECURSO, s.m. Sucessão; tempo de duração; ato de decorrer; percurso.

DEDADA, s.f. Nódoa que o dedo deixa num objeto.

DEDAL, s.m. Proteção metálica para o dedo; dedeira; dedaleira.

DEDALEIRA, s.f. Dedal; dedeira.

DÉDALO, s.m. Labirinto; confusão; galerias.

DEDECORAR, v.t. Tornar indecoroso, desonestar.

DEDEIRA, s.f. Pedaço de couro ou pano com que se reveste o dedo; pequeno dispositivo que o tocador de violão usa no polegar para percurtir as cordas graves.

DEDICAÇÃO, s.f. Veneração; consagração; devotamento.

DEDICADO, adj. Devotado, serviçal.

DEDICADOR, adj. Ofertante; que dá presentes, ofertas.

DEDICAR, v.t.-rel. Consagrar; votar.

DEDICATÓRIA, s.f. Palavras escritas com que se oferece a alguém uma publicação, um trabalho, um retrato.

DEDIGNAÇÃO, s.f. Ato de dedignar-se.

DEDIGNAR-SE, v.p. Julgar indigno de si; ter desprezo por; rebaixar-se; humilhar-se.

DEDILHAÇÃO, s.f. **DEDILHADO,** s.m. ou **DEDI-**

LHAMENTO, s.m. Ato de dedilhar.

DEDILHAR, v.t. Fazer vibrar com os dedos; executar com os dedos (em instrumento de cordas).

DEDO, s.m. Cada um dos prolongamentos articulados que terminam pés e mãos do homem e de outros animais.

DEDUÇÃO, s.f. Subtração; abatimento; conseqüência ou ilação de um raciocínio.

DEDUCIONAL, adj. Feito por dedução.

DEDUTIVO, adj. Que procede por dedução.

DEDUZIR, v.t. Concluir; diminuir; subtrair; inferir.

DEFECAÇÃO, s.f. Expulsão das fezes.

DEFECADO, adj. Depurado; limpo de fezes.

DEFECADOR, adj. Que defeca.

DEFECAR, v. int. Expelir os excrementos; evacuar; t. purificar.

DEFECATÓRIO, adj. Que faz defecar.

DEFECÇÃO, s.f. Deserção; apostasia.

DEFECTIBILIDADE, s.f. Qualidade do que é defectível.

DEFECTIVEL, adj. Que tem defeito; suscetível de enganar-se.

DEFECTIVO, adj. A que falta alguma coisa; imperfeito. Verbo defectivo: que não é conjugado em todas as pessoas, tempos e modos.

DEFEITO, s.m. Falta; imperfeição; deformidade; vício.

DEFEITUOSO, adj. Que tem defeito; imperfeito.

DEFENDENTE, adj. Defensor.

DEFENDER, v.t. Repelir agressão; sustentar argumentos.

DEFENDIMENTO, s.m. Defesa, defensão.

DEFENDÍVEL, adj. Que pode ser defendido.

DEFENESTRAÇÃO, s.f. Ato de atirar pela janela.

DEFENSÁVEL, adj. Defendível, defensível.

DEFENSIVA, s.f. Posição em que se coloca quem se defende.

DEFENSÍVEL, adj. Que pode ser defendido.

DEFENSIVO, adj. Que serve para defesa; s.m. preservativo.

DEFENSOR, adj. Que ou aquele que defende, protetor.

DEFERÊNCIA, s.f. Acatamento; respeito; atenção.

DEFERENTE, adj. Respeitoso. (Anat.) Canal seminífero que parte do epidídimo.

DEFERIDO, adj. Concedido, despachado favoravelmente.

DEFERIMENTO, s.m. Ato de deferir, anuição.

DEFERIR, v.t. Atender; conceder; anuir ao que se pede ou requer. (Verbo irregular; conjuga-se como ferir.)

DEFERÍVEL, adj. Que se pode deferir; anuível.

DEFESA, s.f. Contestação; resguardo; preservação; proibição.

DEFESO, adj. Proibido.

DEFESSO, adj. Cansado; exausto.

DEFICIÊNCIA, s.f. Falta; insuficiência; imperfeição.

DEFICIENTE, adj. Falho; imperfeito.

DEFICIT, s.m. Latinismo (acento tônico na sílaba **dé**) que significa falta, deficiência, prejuízo. (Antôn.: superavit.)

DEFICITÁRIO, adj. Que apresenta deficit.

DEFINHADO, adj. Magro; debilitado.

DEFINHAMENTO, s.m. Emagrecimento; enfraquecimento.

DEFINHAR, v.t. Enfraquecer; debilitar; consumir-se.

DEFINIBILIDADE, s.f. Explicabilidade, compreensibilidade.

DEFINIÇÃO, s.f. Explicação; enunciação de qualidades características.

DEFINIDO, s.m. Determinado; fixo.

DEFINIDOR, adj. Aquele que define; s.m. funcionário superior de certas ordens religiosas.

DEFINIR, v.t. Dar a definição de; expor com precisão; esclarecer.

DEFINITIVO, adj. Decisivo; final; resolvido.

DEFINÍVEL, adj. Que se pode definir, explicar, esclarecer.

DEFLAÇÃO, s.f. Diminuição das notas, do dinheiro circulante do país. (Antôn.: inflação.)

DEFLACIONISTA, adj. Relativo à deflação; que é partidário da deflação.

DEFLAGRAÇÃO, s.f. Combustão com chama intensa; ato ou efeito de deflagrar.

DEFLAGRAR, v.int. Arder, fazendo explosão ou lançando chama; t. queimar com chama cintilante;

atear, provocar, excitar.

DEFLETIR, v.i. Desviar, inclinar, provocar mudança de direção.

DEFLORAÇÃO, s.f. Desonra, perda da virgindade.

DEFLORADOR, s.m. Desvirginizador.

DEFLORAMENTO, s.m. Ato de deflorar.

DEFLORAR, v.t. Tirar, violar a virgindade.

DEFLUÊNCIA, s.f. Ocorrência; decorrência.

DEFLUENTE, adj. Decorrente.

DEFLUIR, v.int. Manar; correr.

DEFLUXÃO (ss), s.f. Constipação; gripe.

DEFLUXEIRA (s), s.f. Defluxo; constipação.

DEFLUXO (ss), s.m. Constipação; gripe; resfriado.

DEFORMAÇÃO, s.f. Alteração; modificação da forma; desvio da forma habitual.

DEFORMADOR, adj. Deformante; modificador.

DEFORMAR, v.t. Alterar a forma de; tornar deforme.

DEFORMATÓRIO, adj. Que produz deformidade.

DEFORMIDADE, s.f. Aleijão ou deformação muito evidente; disformidade.

DEFRAUDAÇÃO, s.f. Espoliação; roubo; furto.

DEFRAUDADOR, adj. Ladrão; gatuno.

DEFRAUDAR, v.t. Espoliar; roubar; furtar.

DEFRONTAÇÃO, s.f. Entestação.

DEFRONTANTE, adj. Que defronta; pôr-se defronte; arrostar; encarar.

DEFRONTE, adv. Em face; frente a frente.

DEFUMAÇÃO, s.f. Secagem sob a influência da fumaça.

DEFUMADOR, adj. Perfumador; caçoula.

DEFUMADOURO, s.m. Vaso em que se queimam substâncias odoríferas; lugar onde se defuma alguma coisa. Var.: defumadoiro.

DEFUMADURA, s.f. Ato de defumar.

DEFUMAR, v.t. Curar ao fumo; queimar perfumes.

DEFUNTO, s.m. Morto; cadáver.

DEGAS, s.m. Sujeito importante.

DEGELAR, v.t. Derreter; fundir-se o gelo.

DEGELO, s.m. Fusão de neve ou gelo.

DEGENERAÇÃO, s.f. Processo de regressão de um estado superior ou mais complexo para outro inferior ou mais simples.

DEGENERADO, adj. Corrompido.

DEGENERAR, v.int. e p. Perder as qualidades primitivas; corromper-se, depravar-se, piorar.

DEGENERATIVO, adj. Que produz degeneração.

DEGENERESCÊNCIA, s.f. Degeneração.

DEGENERESCENTE, adj. Que revela corrupção.

DEGLUTIÇÃO, s.f. Engolimento, absorção de líqüidos.

DEGLUTIR, v.t. Engolir.

DEGOLA ou **DEGOLAÇÃO,** s.f. Decapitação; degolamento.

DEGOLADOR, s.m. Decapitador; estroncador.

DEGOLADOURO, s.m. Lugar onde se degola ou mata.

DEGOLADURA, s.f. Degolação.

DEGOLAR, v.t. Cortar o pescoço ou a cabeça.

DEGOTAR, v.t. Decotar.

DEGOTE, s.m. Decote.

DEGRADAÇÃO, s.f. Destituição ignominiosa de um grau ou dignidade; aviltamento.

DEGRADADO, adj. Aviltado, rebaixado.

DEGRADADOR, adj. Aviltante.

DEGRADAR, v.t. Privar de graus, dignidades ou empregos; aviltar.

DEGRANAR, v.t. Desprender os grãos de; debulhar.

DEGRAU, s.m. Cada uma das partes da escada; grau.

DEGREDADO, adj. Exilado; banido; desterrado.

DEGREDAR, v.t. Desterrar; exilar.

DEGREDO, s.m. Exílio, banimento.

DEGRINGOLADA, s.f. Queda precipitada, desconjuntamento.

DEGRINGOLAR, v.int. Rolar, cair; desconjuntar-se

DEGUSTAÇÃO, s.f. Prova pelo paladar.

DEGUSTAR, v.t. Avaliar pelo paladar o sabor de; provar; experimentar.

DÉIA, s.f. Deusa.

DEICIDA (e-i), adj. Pessoa que matou Deus.

DEICÍDIO (e-i), s.m. Morte de Deus.

DEIDADE, s.f. Divindade.

DEIFICAÇÃO, s.f. Divinização.

DEIFICADOR, s.m. Divinizador.

DEIFICAR, v.t. Divinizar; fazer a apoteose de.

DEÍFICO, adj. Divino.

DEISCÊNCIA, s.f. Abertura espontânea das válvulas de um fruto.

DEISCENTE, adj. Que se abre espontaneamente (fruto) para deixar cair as sementes.

DEÍSMO, s.m. Sistema dos que, com rejeitar toda espécie de revelação divina, acreditam todavia em Deus.

DEÍSTA, s. Pessoa sectária do deísmo.

DEITADO, adj. Estendido; acamado; jacente.

DEITAR, v.t. Estender ao comprido; pôr ou expelir; exalar; acamar-se.

DEIXA, s.f. Legado; palavra que indica nos papéis dos atores que um acabou de falar e que outro vai começar.

DEIXAR, v.t. Largar; soltar; abandonar, renunciar a.

DEJEÇÃO, s.f. Evacuação de excremento.

DEJEJUADOURO, s.m. Primeira refeição do dia.

DEJEJUAR, v.int. Quebrar o jejum.

DEJEJUM, s.m. O mesmo que dejejua e dejejuadouro.

DEJETAR, v.int. Fazer dejeção; defecar.

DELAÇÃO, s.f. Denúncia.

DELAMBER-SE, v.p. Regozijar-se; alegrar-se.

DELAMBIDO, adj. Diz-se de, ou indivíduo afetado, presumido.

DELATAR, v.t. Denunciar o autor de um crime; denunciar.

DELATÁVEL, adj. Que pode ou deve ser delatado.

DELATOR, s.m. Denunciador; traidor.

DELATÓRIO, adj. Relativo a delação.

DELE, Contração da prep. de com o pron. pess. **ele.**

DELEGAÇÃO, s.f. Comissão representativa.

DELEGACIA, s.f. Cargo ou repartição do delegado.

DELEGADO, s.m. Autoridade policial; comissário.

DELEGANTE, adj. Que ou pessoa que delega.

DELEGAR, v.t. Investir na faculdade de julgar; transmitir (poderes) por delegação; enviar (alguém) com poderes de julgar, resolver, obrar.

DELEGATÓRIO, adj. Em que há delegação.

DELEITAÇÃO, s.f. ou **DELEITAMENTO,** s.m. Prazer prolongado; regalo; deleite.

DELEITANTE, adj. Que deleita.

DELEITAR, v.t. Causar prazer, deliciar.

DELEITÁVEL, adj. Que deleita, que é muito agradável, que dá prazer.

DELEITE, s.m. Prazer; delícia.

DELETÉRIO, adj. Nocivo à saúde, danoso; desmoralizador.

DELÉVEL, adj. Que se pode apagar ou delir.

DÉLFICO, adj. De Delfos (Grécia antiga).

DELFIM, s.m. Cetáceo, também chamado golfinho.

DELGADEZA, s.f. Magreza; delicadeza.

DELGADO, adj. Exíguo, tênue; magro, fino.

DELIBAÇÃO, s.f. Beberagem; bebericagem.

DELIBAR, v.t. Libar; provar, bebendo; saborear; tocar com os lábios.

DELIBERAÇÃO, s.f. Resolução; decisão.

DELIBERANTE, adj. Que, ou pessoa que delibera.

DELIBERAR, v.t. Decidir; resolver.

DELIBERATIVO, adj. Referente à deliberação.

DELICADEZA, s.f. Cortesia, educação.

DELICADO, adj. Atencioso; cortês; fraco.

DELÍCIA, s.f. Gostosura.

DELICIAR, v.t. Deleitar; agradar, aprazer. (Pres. ind.: delicio, delicias, delicia, etc.)

DELICIOSO, adj. Gostoso; agradável.

DELIMITAÇÃO, s.f. Limitação; demarcação.

DELIMITADOR, adj. Limitador; demarcador, circunscritor.

DELIMITAR, v.t. Fixar os limites de; demarcar.

DELINEAÇÃO, s.f. Planejamento; esboço.

DELINEADOR, adj. Planejador.

DELINEAMENTO, s.m. Plano; planejamento; esboço.

DELINEAR, v.t. Fazer os traços gerais de; esboçar; planear.

DELINEATIVO, adj. Relativo à delineação.

DELINQÜÊNCIA, s.f. Criminalidade.

DELINQÜENTE, adj. Criminoso; culpado.

DELINQÜIR, v.int. Cometer delito. Incriminar-se, cometer crimes, faltas. Conjuga-se no pres. ind.: delínquo, delinqües, delínque, delinqüimos, delinqüís, delínqüem; ou então delinquo (ú), delinqüís, delinqüí, delínqüem. Dá-se o mesmo no presente do subjuntivo.

DELÍQUIO, s.m. Desmaio; chilique; síncope.

138

DELIR, v.t. Desfazer; apagar; dissolver. (Verbo defectivo. Não possui a 1.ª pess. do sing. do pres. do indic. nem o pres. do subj., dela derivado). (Pres. indic.: deles, dele, delimos, delis, delem.)

DELIRANTE, adj. Louco; ensandecido.

DELIRAR, v.int. Enlouquecer; falar desconexamente.

DELÍRIO, s.m. Loucura; tresvairamento; desvario.

DELITO, s.m. Crime; culpa; transgressão.

DELITUOSO, adj. Criminoso, culposo.

DELIVRAMENTO, s.m. Livramento; libertação.

DELIVRAR, v.t. Livrar; libertar.

DELONGA, s.f. Demora; adiamento.

DELONGADOR, adj. Demorador; procrastinador.

DELONGAR, v.t. Demorar; adiar; retardar.

DELTA, s.m. Quarta letra do alfabeto grego, correspondente ao nosso (D) e que tem a forma de triângulo; terreno triangular compreendido entre os braços extremos de um rio que deságua por muitas bocas.

DELTÓIDE, adj. Que tem forma de delta; s.m. um dos músculos da espádua. (Mat.) trapezóide com duas diagonais retangulares, uma das quais divide a figura em dois triângulos isósceles iguais, justapostos pela base.

DEMAGOGIA, s.f. Governo ou preponderância das facções populares; anarquia.

DEMAGÓGICO, adj. Relativo à demagogia.

DEMAGOGO, s.m. Chefe de facções populares.

DEMAIS, adv. Excessivamente.

DEMANDA, s.f. Litígio; ação judicial.

DEMANDADOR, s.m. Demandista; pleiteador.

DEMANDANTE, adj. Que demanda, demandista.

DEMANDAR, v.t. Fazer demandas; requerer, exigir.

DEMANDISTA, s. Pessoa que intenta demandas; pessoa muito dada a pleitos judiciais.

DEMÃO, s.f. Camada de cal, tinta ou verniz que se estende numa superfície. (Pl.: demãos.)

DEMARCAÇÃO, s.f. Delimitação; determinação de limites por meio de marcos ou balizas.

DEMARCADOR, adj. Balizador.

DEMARCAR, v.t. Traçar, assinalar os limites de; delimitar.

DEMARCATIVO, adj. Que serve para demarcar.

DEMARCÁVEL, adj. Que se pode demarcar.

DEMASIA, s.f. Excesso, sobejo; resto.

DEMASIADO, adj. Excessivo, supérfluo.

DEMASIAR-SE, v.p. Passar além dos limites razoáveis; exceder-se.

DEMÊNCIA, s.f. Loucura.

DEMENTAÇÃO, s.f. Loucura.

DEMENTADO, adj. Louco; sandeu; desvairado.

DEMENTAR, v.t. Tornar demente; fazer perder a razão; enlouquecer; endoidecer.

DEMENTE, adj. Louco; insensato; doido.

DEMÉRITO, s.m. Falta de merecimento.

DEMERITÓRIO, adj. Relativo a demérito.

DEMISSÃO, s.f. Saída; destituição.

DEMISSIONÁRIO, adj. Que se demitiu; que pediu demissão.

DEMISSÍVEL, adj. Que pode ser demitido.

DEMISSÓRIO, adj. Que diz respeito a demissão.

DEMITIR, v.t. Destituir de cargo ou emprego; despedir.

DEMOCRACIA, s.f. Governo do povo; soberania popular.

DEMOCRATA, s. Sequaz da democracia.

DEMOCRÁTICO, adj. Relativo à democracia.

DEMOCRATIZAÇÃO, s.f. Ato de democratizar.

DEMOCRATIZADO, adj. Que se tornou democrata; convertido à democracia; popularizado.

DEMOCRATIZAR, v.t. Tornar democrata ou democrático; dar feição democrática a; popularizar.

DEMOGRAFIA, s.f. Estatística da população.

DEMOGRÁFICO, adj. Relativo à demografia.

DEMÓGRAFO, s.m. Aquele que se ocupa com demografia.

DEMOLHAR, v.t. Pôr de molho em água, amolecer.

DEMOLIÇÃO, s.f. Destruição.

DEMOLIDOR, adj. e s.m. Destruir.

DEMOLIR, v.t. Destruir, arrasar; arruinar; aniquilar. (Verbo defectivo. Não se conjuga na 1.ª pess. do sing. do pres. do indic. e, conseqüentemente, em todo o pres. do subj.) (Pres. ind.: demoles, demole, demolimos, demolis, demolem.)

DEMOLITÓRIO, adj. Próprio para demolir.

DEMONETIZAR, v.t. Tirar o valor de moeda.

DEMONÍACO, adj. Relativo a demônio; diabólico; satânico.

DEMONICO, s.m. Diminutivo de demônio, demonete.

DEMÔNIO, s.m. Diabo; Satanás; Belzebu, Lúcifer.

DEMONISMO, s.m. Estudo a respeito do demônio e suas obras.

DEMONISTA, adj. Partidário do demonismo.

DEMONOGRAFIA, s.f. Tratado da natureza ou influência dos demônios.

DEMONOGRÁFICO, adj. Relativo à demonografia.

DEMONÓGRAFO, s.m. Aquele que escreve sobre demonografia.

DEMONÓLATRA, s. Adorador de demônios.

DEMONOLATRIA, s.f. Culto dos demônios.

DEMONOLÁTRICO, adj. Relativo à demonolatria.

DEMONOLOGIA, s.f. Demonografia.

DEMONOLÓGICO, adj. Demonográfico.

DEMONÓLOGO, s.m. Demonógrafo.

DEMONSTRABILIDADE, s.f. Qualidade daquilo que é demonstrável.

DEMONSTRAÇÃO, s.f. Ato de demonstrar; prova; manifestação; exibição.

DEMONSTRADOR, adj. Aquele que demonstra, que manifesta.

DEMONSTRANTE, adj. Que demonstra.

DEMONSTRAR, v.t. Provar por meio de raciocínio concludente; provar.

DEMONSTRATIVO, adj. Que demonstra; próprio para demonstrar; (Gram.) adjetivo e pronome —: o que determina o nome, ajuntando-lhe uma idéia de indicação, (este, esse, aquele, isto, isso, aquilo, esta, essa, aquela).

DEMONSTRÁVEL, adj. Que se pode demonstrar.

DEMORA, s.f. Dilação; detença.

DEMORADO, adj. Moroso; tardio; lerdo.

DEMORAR, v.t. Deter; retardar.

DEMOVER, v.t. Dissuadir.

DEMUDADO, adj. Alterado; desfigurado; transtornado.

DEMUDAR, v.t. Transformar; alterar; perturbar.

DENDÊ, s.m. Palmeira africana, aclimatada no Brasil. O mesmo que dendezeiro; o fruto dessa palmeira, de onde se extrai um óleo usado como tempero.

DENDEZEIRO, s.m. Árvore de dendê; palmeira.

DENEGAÇÃO, s.f. Recusa; contestação; indeferimento.

DENEGAR, v.t. Negar; recusar; indeferir.

DENEGRAÇÃO, s.f. Infamação; difamação.

DENEGRATIVO, adj. Denegridor; infamador.

DENEGRIDO, adj. Enegrecido, fusco.

DENEGRIDOR, adj. Difamador, pretejador.

DENEGRIR, v.t. Tornar negro, escuro; infamar. (Pres. ind.: denigro, denigres, denigre, denegrimos, denegris, denigrem; pres. subj. denigra, denigres, etc.)

DENGOSO, adj. Afetado, melindroso; afeminado.

DENGUE, s.m. Afetação; melindre; derretimento, afeminação.

DENGUEIRO, adj. Dengoso; que tem denguice.

DENGUICE, s.f. Afetação nas maneiras; faceirice.

DENODADO, adj. Valoroso; intrépido.

DENODO, s.m. Ousadia; intrepidez; valor.

DENOMINAÇÃO, s.f. Designação; nome; apelido, título.

DENOMINADOR, s.m. (Arit.) Termo da fração que indica em quantas partes se dividiu a unidade e é colocado sob o traço de fração.

DENOMINAR, v.t. pred. Nomear, pôr nome a.

DENOMINATIVO, adj. Próprio para denominar.

DENOTAR, v.t. Mostrar; designar por meio de notas ou sinais; significar; simbolizar, marcar.

DENSIDADE, s.f. Relação entre a massa de um corpo e o seu volume; espessura.

DENSIDÃO, s.f. Espessura; densidade.

DENSIMETRIA, s.f. Medida da densidade dos líqüidos.

DENSÍMETRO, s.m. Instrumento que dá a densidade de um líqüido ou a concentração de uma solução líqüida; areômetro.

DENSO, adj. Que tem muita massa e peso em relação ao volume; espesso; compacto.

DENTADA, s.f. Mordida.

DENTADO, adj. Guarnecido de dentes.

DENTADURA, s.f. Conjunto dos dentes nas pessoas e nos animais; os dentes artificiais devidamente montados.

DENTAL, adj. Relativo a dentes.

DENTAMA, s.f. Grande quantidade de dentes.

DENTÁRIO, adj. Relativo aos dentes.

DENTE, s.m. Presas, pontas; formação resistente que se implanta nos maxilares para a mastigação.

139

DENTEAR, v.t. Formar dentes em; recortar; chanfrar; dentar.

DENTIÇÃO, s.f. Formação e nascimento dos dentes.

DENTIFORME, adj. Que tem forma de dente.

DENTIFRÍCIO, s.m. Substância que serve para limpar os dentes.

DENTINA, s.f. O marfim dos dentes, que fica sob a camada de esmalte.

DENTISTA, s. Profissional que trata das moléstias dentárias.

DENTRE, prep. Contr. da prep. **de** com a prep. **entre**. No meio de; do meio de.

DENTRO, adv. Do lado interior.

DENTUÇA, Pessoa que tem dentes grandes, salientes.

DENTUÇO, adj. O que tem os dentes grandes ou salientes.

DENUDAÇÃO, s.f. Despição; denuamento.

DENUDAR, v.t. Tornar nu; despir.

DENÚNCIA, s.f. Acusação; revelação.

DENUNCIADOR, adj. Revelador; delator.

DENUNCIANTE, adj. Pessoa que denuncia.

DENUNCIAR, v.t.-rel. Delatar; dizer; acusar em segredo; comunicar; t. revelar; dar a conhecer. (Pres. ind.: denuncio, etc.)

DENUNCIATIVO, adj. Que denuncia.

DENUNCIATÓRIO, adj. Em que há denúncia.

DENUNCIÁVEL, adj. Que pode ser denunciado.

DEPARADOR, adj. e s.m. Achador; descobridor.

DEPARAR, v.t. Fazer aparecer, apresentar; encontrar; topar.

DEPARTAMENTAL, adj. Relativo a departamento.

DEPARTAMENTO, s.m. Circunscrição administrativa, repartição pública.

DEPAUPERAÇÃO, s.f. Enfraquecimento, debilitamento.

DEPAUPERADOR, adj. Enfraquecedor, debilitador.

DEPAUPERAMENTO, s.m. Estado de fraqueza, debilidade.

DEPAUPERAR, v.t. Extenuar; enfraquecer, debilitar.

DEPENADO, adj. Que ficou sem penas ou que as perdeu.

DEPENADOR, s.m. O que depena; pessoa que com astúcia e manha se apropria do dinheiro dos outros; ladrão.

DEPENAR, v.t. Tirar as penas a; o mesmo que deplumar; roubar.

DEPENDÊNCIA, s.f. Sujeição; subordinação; anexo; acessório; edificação anexa a uma casa; puxado.

DEPENDENTE, adj. Subordinado, sujeito.

DEPENDER, v.rel. Sujeitar-se, subordinar-se.

DEPENDURA, s.f. Iminência de ameaça imediata; estar pendente, balouçante.

DEPENDURADO, adj. Pendente, balouçante.

DEPENDURAR, v.t., t.-rel. e p. Pendurar, pender de.

DEPENICAR, v.t. Depenar, desplumar.

DEPERECER, v.int. Exaurir-se, debilitar-se.

DEPERECIMENTO, s.m. Exaurimento, debilidade.

DEPILAÇÃO, s.f. Arrancamento de pêlos.

DEPILAR, v.t. Pelar; tirar os pêlos.

DEPILATÓRIO, s.m. medicamento próprio para fazer cair o cabelo ou o pêlo.

DEPLORAÇÃO, s.f. Lamentação, entristecimento.

DEPLORADOR, s.m. Lamentador.

DEPLORAR, v.t. Lamentar; p. lastimar-se.

DEPLORATIVO, adj. Lastimoso.

DEPLORATÓRIO, adj. Relativo à deploração.

DEPLORÁVEL, adj. Detestável; lastimável.

DEPLUMAR, v.t. Desplumar, depenar, despenar.

DEPOENTE, s. Pessoa que depõe em juízo como testemunha; verbo depoente: era o que, em latim, com as terminações da voz passiva, tinha significado ativo. Em português não há verbos depoentes, mas apenas expressões depoentes, como: estou almoçado (almocei); já estão jantados (já jantaram).

DEPOIMENTO (o-i), s.m. Declaração; testemunho.

DEPOIS, adv. Posteriormente; em seguida.

DEPOR, v.t. Declarar; testemunhar em juízo; destronar.

DEPORTAÇÃO, s.f. Desterro; exílio; banimento.

DEPORTADO, adj. Degredado; exilado.

DEPORTAR, v.t. Banir; exilar.

DEPOSIÇÃO, s.f. Destituição.

DEPOSITADOR, s.m. Aquele que deposita.

DEPOSITANTE, adj. Pessoa que deposita.

DEPOSITAR, v.t. Pôr em depósito; armazenar.

DEPOSITÁRIO, s.m. Administrador dos bens de menores; aquele que recebe em depósito.

DEPÓSITO, s.m. Entrega, sedimento; armazém.

DEPRAVAÇÃO, s.f. Perversão; corrupção.

DEPRAVADO, adj. Corrompido; pervertido.

DEPRAVADOR, adj. Corruptor; pervertedor.

DEPRAVAR, v.t. Corromper, perverter.

DEPRECAÇÃO, s.f. Súplica; rogo.

DEPRECAR, v.t.-rel. Suplicar; rogar.

DEPRECATIVO, adj. Rogativo.

DEPRECATÓRIO, adj. Relativo à deprecação.

DEPRECIAÇÃO, s.f. Desvalorização.

DEPRECIADOR, adj. Desvalorizador; menosprezador.

DEPRECIAR, v.t. Desvalorizar; apoucar; menosprezar. (Pres. ind.: deprecio, etc.)

DEPRECIATIVO, adj. Aviltante.

DEPRECIÁVEL, adj. Sujeito à depreciação.

DEPREDAÇÃO, s.f. Estrago; pilhagem.

DEPREDADOR, adj. Devastador; saqueador.

DEPREDAR, v.t.-rel. Devastar; saquear.

DEPREDATÓRIO, adj. Em que há, ou que tem por fim depredação.

DEPREENDER, v.t. Inferir; deduzir; concluir.

DEPRESSA, adv. Rapidamente, velozmente.

DEPRESSÃO, s.f. Abaixamento devido a pressão; baixa de terreno; pequena cavidade.

DEPRESSIVO, adj. Deprimente; que produz depressão.

DEPRIMENTE, adj. Aviltante, humilhante.

DEPRIMIDO, adj. Abatido, aviltado, humilhado.

DEPRIMIR, v.t. Abater; debilitar; humilhar; aviltar.

DEPURAÇÃO, s.f. Limpeza; esclarecimento.

DEPURADOR, adj. Esclarecedor, apurador, purificador.

DEPURANTE, adj. Que depura. O mesmo que depurador.

DEPURAR, v.t. Limpar; purificar.

DEPURATIVO, adj. e s.m. Purificativo.

DEPUTAÇÃO, s.f. Reunião de pessoas encarregadas de missão especial; ato de deputar.

DEPUTADO, s.m. Aquele que é comissionado para tratar de negócios de outrem; membro eleito de assembléia legislativa.

DEPUTAR, v.t.-rel. Mandar; enviar em comissão; delegar.

DÉRBI, s.m. Corrida de cavalos, em competição.

DERIVAÇÃO, s.f. Origem, formação. Em gramática é a formação de novas palavras juntando-se sufixos ao tema; ou dando nova função, nova categoria a palavras já feitas. A primeira é a derivação direta; a segunda, indireta. Ex.: Estud+ar; estud+ante; estud+o (deriv. direta); o estudar é nobre (deriv. indir.); também se dizem própria e imprópria, respectivamente.

DERIVADA, s.f. (Mat.) Limite da relação entre o acréscimo de uma função e o acréscimo correspondente da variável independente, quando este último tende para zero.

DERIVADO, s.m. (Gram.) Palavra que deriva de outra (ex.: pedreira, de pedra); produto que se origina de outro; adj. originado, provindo.

DERIVANTE, adj. Que deriva ou se deriva.

DERIVAR, v.t. Desviar do seu curso; t.-rel. formar (uma palavra de outra); formar palavras com temas de outra e sufixos.

DERIVATIVO, adj. Que faz derivar; afastar; consolo, alívio.

DERIVÁVEL, adj. Que se pode derivar.

DERMA, s.m. A segunda camada da pele. O mesmo que derme.

DERMATITE, s.f. Inflamação da pele.

DERMATOLOGIA, s.f. Ramo da Medicina que trata das doenças da pele.

DERMATOLÓGICO, adj. Da dermatologia ou relativo a ela.

DERMATOLOGISTA, s. Especialista em doenças da pele.

DERMATOSE, s.f. Designação genérica das doenças da pele.

DERME, s.f. O mesmo que derma.

DERRABADO, adj. Diz-se do animal que tem o rabo cortado.

DERRABAR, v.t. Descaudar; cortar a cauda.

DERRADEIRO, adj. Último.

DERRAMA, s.f. Ato de derramar; entornamento, espalhação, poda; tributo local, repartido proporcionalmente aos rendimentos de cada contribuinte; (Bras.) no século XVIII, na região das minas, a derrama era cobrança dos quintos em atraso ou imposto extraordinário.

DERRAMADOR, adj. Que derrama; espalhador; podador.

DERRAMAMENTO, s.m. Ato ou efeito de derramar, derrama; derrame.

DERRAMAR, v.t. Aparar, cortar os ramos de; esparzir; espalhar; fazer correr (um líqüido); entornar.

DERRAME, s.m. Derramamento; (Med.) acúmulo líqüido ou gasoso em cavidade natural ou acidental; acidente vascular cerebral.

DERRANCAR, v.t. Estragar, alterar, corromper; tornar rançoso.

DERRAPAGEM, s.f. Ato de derrapar.

DERRAPAR, v.i. Escorregar um veículo, desgovernando-se; deslizar.

DERREADO, adj. Cansado; prostrado.

DERREAMENTO, s.m. Cansaço; abatimento; prostração.

DERREAR, v.t. Vergar; curvar; alquebrar; prostrar.

DERREDOR, adv. Em volta; à roda.

DERRENGADO, adj. Manco; náfego; rengo.

DERRENGAR, v.t. Tornar manco.

DERRENGUE ou DERRENGO, s.m. Requebro de corpo.

DERRETEDURA, s.f. Derretimento; melindre.

DERRETER, v.t. Tornar líqüido; fundir.

DERRETIDO, adj. Liqüefeito; dissolvido.

DERRETIMENTO, s.m. (fig.) Desvanecimento; afetação.

DERRIBADA, s.f. Derrubada; demolição; corte das árvores.

DERRIBAMENTO, s.m. Derrubamento.

DERRIBAR, v.t. Lançar por terra; fazer cair.

DERRIÇA, s.f. Ato de derriçar; caçoada.

DERRIÇADOR, adj. Namorador; oferecido.

DERRIÇAR, v.t. Fazer cair; espalhar (os frutos de uma árvore); namorar.

DERRIÇO, s.m. Namoro; manifestação afetuosa exagerada.

DERRISÃO, s.f. Escárnio; zombaria.

DERRISÓRIO, adj. Escarninho; zombador.

DERROCADA, s.f. Desmoronamento; ruína; degringolada.

DERROCADO, adj. Desmoronado; arruinado.

DERROCADOR, adj. e s.m. Desmoronador; destruidor.

DERROCAR, v.t. Desmoronar; derribar; destruir.

DERROGAÇÃO, s.f. Anulação de uma lei por outra.

DERROGADOR, s.m. Anulador.

DERROGAMENTO, s.m. Derrogação.

DERROGANTE, adj. Anulante.

DERROGAR, v.t. Anular; abolir; substituir (preceitos legais).

DERROGATÓRIO, adj. Que envolve derrogação.

DERROTA, s.f. Perda, desbarato de tropas.

DERROTADO, adj. Vencido; extenuado.

DERROTADOR, adj. Vencedor.

DERROTAR, v.t. Destroçar; desbaratar; vencer; desviar da rota.

DERROTISMO, s.m. Pessimismo daqueles que só crêem em derrotas.

DERROTISTA, adj. Partidário do derrotismo.

DERRUBA ou DERRUBADA, s.f. Ato de abater árvores; demissão, em massa, de funcionários públicos.

DERRUBADO, adj. Derribado, caído, deposto.

DERRUBAMENTO, s.m. Ato de derrubar; derrubada.

DERRUBAR, v.t. Derribar; lançar por terra.

DERRUÍDO, adj. Derrubado; desmoronado.

DERRUIMENTO (u-i), s.m. Desmoronamento.

DERRUIR, v.t. Desmoronar; derribar; destruir.

DERVIXE, s.m. Religioso de uma seita mística mulçulmana. O mesmo que dervis (pl.: dervises) e daroês (pl.: daroeses).

DÊS, prep. Desde.

DESABADO, adj. De abas caídas; desmoronado.

DESABAFADO, adj. Desagasalhado; tranqüilo.

DESABAFAMENTO, s.m. Desabafo.

DESABAFAR, v.t. Aliviar; refrescar; desagasalhar; expandir (o íntimo); livrar-se de um problema, aflição, etc.

DESABAFO, s.m. Expansão; desafogo.

DESABALADO, adj. Precipitado; abalado.

DESABALROAMENTO, s.m. Desatracação.

DESABALROAR, v.t. (Náut.) Desatracar; desatracação.

DESABAMENTO, s.m. Desmoronamento.

DESABAR, v.t. Abaixar a aba de; cair; desmoronar-se.

DESABILIDADE, s.f. Inabilidade.

DESABILITAR, v.t. Inabilitar.

DESABITADO, adj. Sem moradores.

DESABITAR, v.t. Despovoar.

DESABITUAR, v.t. Desacostumar, perder o hábito.

DESABONADO, adj. Desacreditado, falto de meios.

DESABONADOR, adj. Desacreditador; desmoralizador.

DESABONAR, v.t. Desacreditar; depreciar.

DESABONO, s.m. Desfavor; depreciação.

DESABOTOAR, v.t. Retirar da casa os botões de; abrir.

DESABRAÇAR, v.t. Retirar os braços; cessar o abraço.

DESABRIDO, adj. Rude; insolente.

DESABRIGADO, adj. Exposto; desprotegido.

DESABRIGAR, v.t. Desproteger.

DESABRIGO, s.m. Falta de abrigo; (fig.) desamparo.

DESABRIMENTO, s.m. Aspereza no trato; rudeza.

DESABROCHADO, adj. Despertado; solto, aberto.

DESABROCHAMENTO, s.m. Ato ou efeito de desabrochar.

DESABROCHAR, v.t. Desapertar (o que estava preso com broche); desabotoar; abrir; desprender; int. principiar a abrir (a flor); p. soltar-se; romper; abrir.

DESABROCHO, s.m. Desabrochamento.

DESABROLHAR, v.int. Desabrochar (a flor); germinar.

DESABUSADO, adj. Petulante, atrevido.

DESABUSAR, v.t. Livrar de abusões; tirar do erro; desenganar.

DESABUSO, s.m. Ato de desabusar.

DESACANHAR, v.t. Livrar de acanhamento; tornar esperto ou desembaraçado.

DESACATAR, v.t. Faltar ao respeito devido a; afrontar.

DESACATO, s.m. Desrespeito.

DESACAUTELADO, adj. Descuidado; imprevidente; desleixado.

DESACAUTELAR, v.t. Não ter cautela com; p. descuidar-se.

DESACENTUAR, v.t. Tirar a acentuação de.

DESACERTAR, v.t. Errar, desavir-se, descombinar.

DESACERTO, s.m. Erro; tolice, desacordo.

DESACOLCHETAR, v.t. Desprender os colchetes.

DESACOLCHOAR, v.t. Desmanchar o que estava acolchoado.

DESACOMODAR, v.t. Desorganizar; desordenar; destituir.

DESACONCHEGAR, v.t. Tirar o conchego a.

DESACONSELHADO, adj. Não prevenido; inoportuno.

DESACONSELHAR, v.t. Dissuadir; despersuadir.

DESACORÇOAR, v.t. Desanimar; desencorajar.

DESACORDAR, v.t. Desmaiar; discordar; perder os sentidos.

DESACORDO, s.m. Discordância; desarmonia; delíquio; desmaio.

DESACORRENTAR, v.t. Desprender; soltar.

DESACOSTUMAR, v.t.-rel. Desabituar; destreinar.

DESACREDITADO, adj. Desconceituado.

DESACREDITADOR, adj. Desabonador; desconceituador.

DESACREDITAR, v.t. Depreciar; desmerecer; desabonar.

DESACUMULAR, v.t.-rel. Separar (o que estava acumulado); deixar (o funcionário público) um dos cargos que ocupa por ser proibido o exercício simultâneo.

DESADORNAR, v.t. Desenfeitar; desornar.

DESADORNO, s.m. Simplicidade; singeleza.

DESAFEIÇÃO, s.f. Desamor; inimizade.

DESAFEIÇOADO, adj. Desafeto; inimigo.

DESAFEIÇOAR, v.t. Desfigurar; inimistar; desgostar.

DESAFERRAR, v.t. Soltar; desprender; levantar ferro.

DESAFERROLHAR, v.t. Abrir, soltar, tirar os ferrolhos.

DESAFETO, adj. Inimigo, adversário.

DESAFIADO, s.f. Embotado; provocado.

DESAFIADOR, adj. Provocador.

DESAFIAR, v.t. Provocar; afrontar.

DESAFINAÇÃO, s.f. Desarmonização; dissonância.

DESAFINADO, adj. Desacorde; dissonante.

141

DESAFINAMENTO, s.m. Desafinação.
DESAFINAR, v.t. Desarmonizar; dissonantizar.
DESAFIO, s.m. Provocação; porfia.
DESAFOGADO, adj. Aliviado; desembaraçado.
DESAFOGAR, v.t. Desafrontar; desoprimir; aliviar.
DESAFOGO, s.m. Alívio; folga; desabafo. (Antôn.: afogo.)
DESAFOGUEAR, v.t. Refrigerar; refrescar.
DESAFORADO, adj. Malcriado; mal-educado.
DESAFORAR, v.t. Isentar do pagamento de um foro; privar de direitos ou privilégios; transferir de foro.
DESAFORO, s.m. Atrevimento; insulto.
DESAFORTUNADO, adj. Infeliz; caipora.
DESAFREGUESAR, v.t. Tirar os fregueses de.
DESAFRONTA, s.f. Satisfação que se tira de uma afronta; vingança.
DESAFRONTADO, adj. Vingado; desagravado.
DESAFRONTADOR, adj. Desagravador; vingador.
DESAFRONTAR, v.t. Vingar; desagravar; desforrar.
DESAGARRAR, v.t. Despegar; soltar.
DESAGASALHADO, adj. Desabrigado; pouco enroupado.
DESAGASALHAR, v.t. Tirar o agasalho a; desabrigar.
DESAGRADADO, adj. Descontente; pouco satisfeito.
DESAGRADAR, v.rel. Descontentar; desgostar.
DESAGRADÁVEL, adj. Ingrato, incômodo.
DESAGRADECER, v.t.-rel. Retribuir com ingratidão.
DESAGRADECIDO, adj. Mal-agradecido.
DESAGRADECIMENTO, s.m. Ingratidão.
DESAGRADO, s.m. Desprazer; rudeza.
DESAGRAVAR, v.t.-rel. Vingar; desafrontar; desforrar.
DESAGRAVO, s.m. Desafronta.
DESAGREGAÇÃO, s.f. Separação de partes que estavam agregadas.
DESAGREGAR, v.t. Desunir; fragmentar.
DESAGRILHOAR, v.t. Livrar de grilhões; libertar.
DESAGUADOURO, s.m. Rego; vala; sarjeta para escoamento de águas.
DESAGUAMENTO, s.m. Ato ou efeito de desaguar.
DESAGUAR, v.t. Despejar; confluir; fazer correr para um rio as águas de outro. (No pres. do ind. e do subj. apresenta desaguar dois tipos: pres. ind.: desaguo (ú), desaguas (ú); desagua (ú), desaguam (ú); pres. subj.: desague, desagúes, desagúe, desaguem. Ou então: deságuo, deságuas, deságua, deságuam; deságue, deságúes, deságúe, deságúem. O primeiro é literário; o segundo, popular.)
DESAGUISADO, s.m. Conflito entre pessoas, rixa.
DESAIROSO, adj. Indelicado; deselegante, inconveniente.
DESAJEITADO, adj. Desastrado; bronco.
DESAJEITAMENTO, s.m. Inabilidade, acanhamento.
DESAJEITAR, v.t. Deformar; tirar a correção ou fazer perder o jeito.
DESAJUDAR, v.t. Desauxiliar; desamparar; prejudicar.
DESAJUIZADO (u-i), adj. Insensato; louco.
DESAJUIZAR (u-i), v.t. Enlouquecer; abobar. (Conjuga-se como ajuizar.)
DESAJUNTAR, v.t. Desunir; desligar.
DESAJUSTAMENTO, s.m. Inadaptação.
DESAJUSTAR, v.t. Inadaptar; desajuntar; desunir, transtornar.
DESAJUSTE, s.m. Desajustamento; inadaptação.
DESALENTADO, adj. Cansado; extenuado; desanimado.
DESALENTADOR, adj. Desanimador; cansativo; extenuante.
DESALENTAR, v.t. Desanimar; desencorajar.
DESALENTO, s.m. Desânimo; abatimento.
DESALIJAR, v.t. Aliviar; despejar; aligeirar; descolocar.
DESALINHADO, adj. Relaxado, desmazelado.
DESALINHAR, v.t. Desarranjar; desordenar; desenfeitar; p. desataviar-se; desarranjar-se, desmazelar; descuidar; relaxar.
DESALINHAVAR, v.t. Tirar os alinhavos.
DESALINHO, s.m. Desordem; descuido no traje.
DESALMADO, adj. Cruel; desumano; que mostra maus sentimentos.

DESALOJAMENTO, s.m. Descolocação; deslocação, alijamento.
DESALOJAR, v.t. Fazer sair do alojamento; repelir, fazer sair de um posto.
DESALTERAR, v.t. Matar a sede a; aplacar (a sede).
DESAMABILIDADE, s.f. Falta de amabilidade, grosseria.
DESAMAMENTAR, v.t. Desmamar.
DESAMARRAR, v.t. Soltar; desprender; libertar.
DESAMARROTAR, v.t. Alisar; esticar.
DESAMASSAR, v.t. Alisar; endireitar.
DESAMBIÇÃO, s.f. Desinteresse.
DESAMBICIOSO, adj. Desinteresseiro.
DESAMBIENTADO, adj. Inadaptado; desajustado.
DESAMBIENTAR, v.t. Sair do meio em que vive; desajustar.
DESAMOLGAR, v.t. Endireitar; arranjar; alisar.
DESAMORTALHAR, v.t. Tirar a mortalha a.
DESAMPARADO, adj. Desprotegido.
DESAMPARAR, v.t. Abandonar, desproteger.
DESAMPARO, s.m. Abandono; desproteção.
DESAMUAR, v.t. Fazer perder o amuo a; voltar às boas.
DESANCADOR, s.m. Espancador.
DESANCAMENTO, s.m. Espancamento; esbordoamento.
DESANCAR, v.t. Espancar; esbordoar.
DESANCORAR, v.t. Levantar (a âncora); int. levantar âncora; desaferrar do porto.
DESANDAR, v.t. Retroceder; recuar.
DESANEXAR, v.t. Separar, desligar.
DESANIMAÇÃO, s.f. Esmorecimento.
DESANIMADO, adj. Abatido; desencorajado.
DESANIMAR, v.t. Abater-se; desencorajar-se; desalentar-se; esmorecer.
DESÂNIMO, s.m. Desalento.
DESANUVIAR, v.t. Limpar; clarear.
DESAPARAFUSAR, v.t. Desatarraxar.
DESAPARECER, v.int. Sumir-se.
DESAPARECIDO, adj. Oculto, ignorado.
DESAPARECIMENTO, s.m. Ausência.
DESAPARELHAR, v.t. Desguarnecer, desmontar.
DESAPARTAR, v.t. Apartar; separar.
DESAPEGAR, v.t.-rel. e p. Desapegar, desprender-se.
DESAPEGO, s.m. Desamor; desinteresse.
DESAPERCEBER, v.t. Privar ou despojar das provisões ou munições; t.-rel. não prover; desabastecer. (É comum, a confusão com o v. desperceber, que significa não perceber ou não notar.)
DESAPERCEBIDO, adj. Desprevenido; desacautelado.
DESAPERCEBIMENTO, s.m. Falta de precaução.
DESAPERTAR, v.t. Afrouxar; alargar.
DESAPERTO, s.m. Desafogo, alívio.
DESAPIEDADO, adj. Desumano; cruel.
DESAPIEDAR-SE, v.p. Não ter piedade. (Conjuga-se como apiedar-se. Pres. indic. desapiado-me, desapiadas-te, desapiada-se, desapiedamo-nos, desapiedai-vos, desapiedam-se, etc.)
DESAPONTADO, adj. Logrado, corrido, envergonhado.
DESAPONTAMENTO, s.m. Desilusão, logro.
DESAPONTAR, v.t. Desiludir, lograr.
DESAPREÇO, s.m. Menosprezo.
DESAPRENDER, v.t. Esquecer (aquilo que se sabia.
DESAPROPRIAÇÃO, s.f. Esbulho.
DESAPROPRIAR, v.t. Esbulhar; desapossar.
DESAPROVAÇÃO, s.f. Reprovação; censura.
DESAPROVAR, adj. Reprovador; censurador.
DESAPROVAR, v.t. Reprovar; não aprovar; censurar.
DESAPROVEITAMENTO, s.m. Falta de aproveitamento.
DESAPROVEITAR, v.t. Não aproveitar; desperdiçar.
DESAPRUMO, s.m. Desequilíbrio.
DESARMAMENTO, s.m. Deposição ou entrega de armas; redução ou licenciamento de tropas.
DESARMAR, v.t. Tornar inerme; desenfeitar; desadornar; desmontar; desmanchar.
DESARMONIA, s.f. Discordância.
DESARMÔNICO, adj. Em que há desarmonia; desafinado.
DESARMONIZADOR (ô); adj. Perturbador.
DESARMONIZAR, v.t. Provocar discórdia; perturbar.
DESARRAIGAMENTO, s.m. Extirpação; arrancamento.

DESARRAIGAR, v.t. Arrancar pela raiz.
DESARRANCAR, v.t. Arrancar; extirpar.
DESARRANCHAR, v.t. Mudar.
DESARRANJAR, v.t. Desconjuntar; desfazer; desarmar; perturbar.
DESARRANJO, s.m. Desordem, contratempo; (fig.) enguiço.
DESARRAZOADO, adj. Que não tem razão; injusto.
DESARRAZOAR, v.int. Falar ou proceder sem razão.
DESARREAR, v.t. Tirar os arreios.
DESARROCHAR, v.t. Desapertar; desatar.
DESARROLHAR, v.t. Tirar a rolha de; destampar.
DESARRUMAÇÃO, s.f. Desarranjo.
DESARRUMAR, v.t. Desordenar; desarranjar.
DESARTICULAÇÃO, s.f. Desconexão; desligamento; separação ao nível da articulação.
DESARTICULAR, v.t. Cortar pela articulação; desunir; desconjuntar.
DESARVORADO, adj. Diz-se de embarcação sem árvores ou mastros; desaparelhado.
DESARVORAMENTO, s.m. Ato ou efeito de desarvorar.
DESARVORAR, v.t. Abater (o que estava arvorado); tirar os mastros ou enxárcias a (um navio); int. desmastrear-se, perder os mastros; safar-se; fugir desordenadamente; desorientar-se, desnortear-se.
DESASSEADO, adj. Falto de asseio; sujo.
DESASSEAR, v.t. Tirar o asseio ou limpeza de; sujar.
DESASSEIO, s.m. Falta de asseio; sujeira.
DESASSIMILAR, v.t. Diferençar dois sons iguais.
DESASSISADO, adj. Que não tem siso; louco; desatinado.
DESASSISAR, v.t. Fazer perder o siso; tornar louco ou maníaco.
DESASSOCIAR, v.t. Desligar; separar.
DESASSOMBRO, s.m. Coragem, destemor.
DESASSOSSEGADO, adj. Inquieto; aflito.
DESASSOSSEGAR, v.t. Desacalmar; excitar.
DESASSOSSEGO, s.m. Inquietação; intranqüilidade.
DESASTRADO, adj. Desajeitado.
DESASTRE, s.m. Desgraça; acidente.
DESASTROSO, adj. Funesto; azarento.
DESATACAR, v.t. Soltar.
DESATADO, adj. Desligado; solto.
DESATADOR, s.m. Aquele que desata.
DESATADURA, s.f. ou DESATAMENTO, s.m. Ato ou efeito de desatar, desligar.
DESATAR, v.t. Desprender, desligar.
DESATARRAXAR, v.t. Tirar a tarraxa de; desparafusar.
DESATAVIAR, v.t. Desadornar; desenfeitar.
DESATAVIO, s.m. Desmazelo; relaxamento.
DESATENÇÃO, s.f. Indelicadeza, distraimento.
DESATENCIOSO, adj. Descortês; distraído.
DESATENDER, v.t. Desconsiderar; não fazer caso de.
DESATENTO, adj. Distraído, aéreo.
DESATILADO, adj. Bobo.
DESATINADO, adj. Louco.
DESATINAR, v.t. Enlouquecer.
DESATINO, s.m. Loucura, demência.
DESATOLAR, v.t. Tirar do atoleiro.
DESATRACAR, v.t. Desamarrar (embarcação).
DESATRAVANCAR, v.t. Desobstruir; desimpedir.
DESATRELAR, v.t. Soltar da trela; libertar.
DESAUTORADO, adj. Derespeitado; diminuído em sua autoridade.
DESAUTORAR, v.t. Desprestigiar a autoridade.
DESAUTORIZAÇÃO, s.f. Falta de devido respeito.
DESAUTORIZAR, v.t. Tirar a autoridade, o prestígio de.
DESAVENÇA, s.f. Inimizade; dissensão.
DESAVERGONHADO, adj. Descarado; insolente.
DESAVIR, v.t. Estabelecer desavenças entre; indispor. (Conjuga-se como o verbo vir.)
DESAVISADO, adj. Imprudente.
DESAVISTAR, v.t. Perder de vista.
DESBANCAR, v.t. Vencer, levar vantagem a.
DESBARATADO ou DESBARATE, s.m. Desbaratamento.
DESBARATADOR, adj. e s.m. Dissipador; perdulário.
DESBARATAMENTO, s.m. Desperdício; derrota.
DESBARATAR, v.t. Desperdiçar; derrotar.
DESBARRANCADO, s.m. Despenhadeiro, desmoronado.

DESBARRANCAMENTO, s.m. Ato ou efeito de desbarrancar.
DESBARRANCAR, v.t. Desfazer barrancos.
DESBARRETAR, v.t. Tirar o chapéu, cumprimentando.
DESBARRIGADO, adj. Magro, definhado.
DESBASTADOR, adj. Aplainador, adelgaçador.
DESBASTAMENTO, s.m. Ação ou efeito de desbastar.
DESBASTAR, v.t. Desengrossar (uma peça).
DESBASTE, s.m. Desbastamento.
DESBEIÇAR, v.t. Esborcinar; quebrar os beiços, as bordas.
DESBOCADO, adj. Desenfreado; obsceno em palavras.
DESBOCAMENTO, s.m. Descomedimento na linguagem.
DESBOCAR, v.t. Descomedir-se na linguagem; proferir obscenidades.
DESBORDANTE, adj. Transbordante.
DESBORDAR, v.int. Transbordar.
DESBOROAR, v.t. Desmoronar.
DESBOTADO, adj. Descolorido; desmaiado.
DESBOTAR, v.t. Descolorir.
DESBRAGADO, adj. Descomedido; impudico.
DESBRAGAMENTO, s.m. Descomedimento de linguagem ou de atitudes.
DESBRAGAR, v.t. Desprender da braga; (fig.) tornar libertino.
DESBRAVADOR, adj. Aquele que desbrava.
DESBRAVAR, v.t. Amansar; arrotear.
DESBRAVEJAR, v.t. Limpar, roçar.
DESBRIADO, adj. Desavergonhado; descarado; impudico.
DESBRIAMENTO, s.m. Descaramento.
DESBRIAR, v.t. Descarar-se.
DESBRIO, s.m. Falta de brio.
DESCABEÇADO, adj. Sem juízo, maluco.
DESCABEÇAR, v.t. Destinar, enlouquecer.
DESCABELADO, adj. Calvo; impudico.
DESCABELAR, v.t. Encalvecer.
DESCABIDO, adj. Impróprio, inconveniente.
DESCADEIRAR, v.t. Desancar; derrear.
DESCAÍDA, s.f. Queda; declínio.
DESCAÍDO, adj. Caído; tombado.
DESCAIMENTO (a-i), s.m. Decadência; abatimento.
DESCAIR, v.t. Desfalecer, desmaiar. (Conjuga-se como cair.)
DESCALABRO, s.m. Grande dano; ruína.
DESCALÇADEIRA, s.f. Descompostura, repriménda.
DESCALÇADELA, s.f. O mesmo que descalçadeira.
DESCALÇAR, v.t. Tirar o calçado.
DESCALÇO, adj. Sem calçado.
DESCALIÇAR, v.t. Tirar a caliça a.
DESCALVADO, adj. Sem vegetação.
DESCALVAR, v.t. Escalvar.
DESCAMAR, v.t. Escamar; escoriar; esfolar.
DESCAMBADO, adj. Terreno em declive.
DESCAMBAR, v.int. Cair; derivar; (fig.) dizer inconveniências.
DESCAMINHAR, v.t. Desencaminhar.
DESCAMINHO, s.m. Erro; mau passo.
DESCAMPADO, adj. Desabrigado; desabitado.
DESCANHOTAR, v.t. Destroncar; desengonçar.
DESCANSADO, adj. Repousado; tranqüilo.
DESCANSAR, v.t. Repousar; folgar.
DESCANSO, s.m. Repouso; sossego; folga.
DESCANTAR, v.t. e int. Cantar, celebrar.
DESCAPACITAR-SE, v.p. Despersuadir-se; perder a capacidade.
DESCARACTERIZAR, v.t. Tirar o caráter a.
DESCARADO, adj. Atrevido; impudente; insolente, desavergonhado.
DESCARAMENTO, s.m. Atrevimento; impudência; desaforo.
DESCARAPUÇAR, v.t. Tirar a carapuça a.
DESCARAR, v.t. Desavergonhar.
DESCARGA, s.f. Tiro de espingarda ou de canhão; quantidade de líquido ou de eletricidade que se perde uma vez.
DESCARGO, s.m. Ato de desobrigar-se; desincumbência.
DESCARIDADE, s.f. Falta de caridade.
DESCARIDOSO, adj. Que não tem caridade.
DESCARINHOSO, adj. Que não tem carinho.
DESCARNADO, adj. Que tem poucas carnes; muito magro.
DESCARNAR, v.t. Separar da carne (os ossos).

143

DESCARO, s.m. Falta de brio.

DESCAROÁVEL, adj. Descaridoso; inclemente.

DESCAROÇADOR, s.m. Máquina de descaroçar.

DESCAROÇAMENTO, s.m. Operação de descaroçar.

DESCAROÇAR, v.t. Tirar o caroço a.

DESCARREGAR, v.t. Tirar a carga de; aliviar; isentar.

DESCARREIRAR, v.t. Descaminhar.

DESCARRILAMENTO ou **DESCARRILHAMENTO**, s.m. Ato de descarrilhar.

DESCARRILAR ou **DESCARRILHAR**, v.t. Saltar (uma carruagem) fora dos carris sobre que ja rodando. Var.: desencarrilar e desencarrilhar.

DESCARTAR, v.t. Rejeitar (a carta que não serve); livrar-se de importunos.

DESCARTE, s.m. As cartas rejeitadas no jogo; evasiva.

DESCASAR, v.t. Anular ou desfazer o casamento.

DESCASCADELA, s.f. Crítica violenta.

DESCASCADOR, s.m. Máquina para descascar cereais.

DESCASCAR, v.t. Tirar a casca de.

DESCASO, s.m. Desatenção; inadvertência.

DESCAUDAR, v.t. Tirar a cauda a; desrabar.

DESCAVALGAR, v.t. Desmontar; apear.

DESCAVEIRADO, adj. Escaveirado.

DESCENDENCIA, s.f. Série de pessoas que procedem de um mesmo tronco.

DESCENDENTE, adj. Que desce; que desce; decrescente; s. pessoa que descende de outra.

DESCENDER, v.rel. Provir por geração.

DESCENSÃO, s.f. Descenso.

DESCENSIONAL, adj. Relativo à descensão.

DESCENSO, s.m. Descida; rebaixamento. (Antôn.: ascenso.)

DESCENTE, adj. Que desce; vazante.

DESCENTRALIZAÇÃO, s.f. Ato ou efeito de descentralizar.

DESCENTRALIZAR, v.t. Afastar, separar do centro.

DESCENTRAR, v.t. Desviar ou tirar do centro geométrico.

DESCER, v.t. Abaixar; vir para baixo.

DESCEREBRAR, v.t. Tirar o juízo a; tornar idiota ou cretino.

DESCERRAR, v.t. Abrir, descobrir.

DESCIDA, s.f. Terreno inclinado, ladeira.

DESCIMENTO, s.m. Descida; descensão.

DESCINGIR, v.t. Desapertar; desamarrar.

DESCLASSIFICAÇÃO, s.f. Rebaixamento; descrédito, degradação.

DESCLASSIFICAÇÃO, s.f. Rebaixamento; descrédito, degradação.

DESCLASSIFICADO, adj. Rebaixado, desacreditado.

DESCLASSIFICAR, v.t. Degradar; aviltar; rebaixar.

DESCOBERTA, s.f. Descobrimento; invenção; achado.

DESCOBERTO, adj. Destapado; achado, inventado.

DESCOBRIDOR, adj. Inventor; aquele que faz descoberta.

DESCOBRIMENTO, s.m. Descoberta; invenção; achado.

DESCOBRIR, v.t. Tirar a cobertura de; achar; inventar; avistar. (Conjuga-se como o v. cobrir.)

DESCOCHAR, v.t. Bambear; lassar; afrouxar.

DESCOCO, s.m. Descaro; atrevimento.

DESCOLAGEM, s.f. Ato ou efeito de descolar.

DESCOLAR, v.t. Desligar; despegar.

DESCOLORAÇÃO, s.f. Perda de cor, descolorimento.

DESCOLORAR, v.t. Descorar, descolorir.

DESCOLORIR, v.t. Descorar; fazer perder a cor. Conjuga-se regularmente em todos os modos, tempos e pessoas: (descoloro, descolores, descolore, etc.)

DESCOMEDIDO, adj. Inconveniente; disparatado.

DESCOMEDIMENTO, s.m. Excesso; insolência.

DESCOMEDIR-SE, v.p. Exceder; ser inconveniente. (Verbo defectivo: não se conjuga na 1.ª pes. do sing. do pres. do indicat. e não possui o pres. do subj.)

DESCOMODIDADE, s.f. Descômodo.

DESCÔMODO, s.m. Falta de comodidade.

DESCOMPAIXÃO, s.f. Falta de compaixão.

DESCOMPOR, v.t. Desordenar; injuriar. (Conjuga-se como o v. pôr.)

DESCOMPOSTURA, s.f. Censura, descalçadeira; ralho.

DESCOMPRESSÃO, s.f. Supressão ou alívio da tensão ou pressão.

DESCOMPRIMIR, v.t. Suprimir ou aliviar a tensão ou pressão.

DESCOMUNAL, adj. Que é fora do comum; colossal.

DESCONCEITO, s.m. Mau conceito; descrédito.

DESCONCEITUADO, adj. Desacreditado, desprestigiado.

DESCONCEITUAR, v.t. Desacreditar; desprestigiar.

DESCONCERTADO, adj. Descomposto, desacertado.

DESCONCERTANTE, adj. Desorientante.

DESCONCERTAR, v.t. Desarmonizar; desorientar; discordar.

DESCONCERTO, s.m. Desordem; desarmonia.

DESCONCHAVO, s.m. Disparate; tolice.

DESCONCORDÂNCIA, s.f. Falta de concordância; dissonância.

DESCONCORDAR, v.t. Desavir, desarmonizar.

DESCONCÓRDIA, s.f. Falta de concórdia; discórdia.

DESCONEXÃO (cs), s.f. Falta de conexão.

DESCONEXO (cs), adj. Sem conexão; incoerente.

DESCONFIADO, adj. Suspeitoso.

DESCONFIANÇA, s.f. Suspeita.

DESCONFIAR, v.t. Não ter confiança; suspeitar.

DESCONFORMAR, v.rel. Discordar.

DESCONFORME, adj. Descomunal, desmedido; desproporcionado.

DESCONFORMIDADE, s.f. Desproporção.

DESCONFORTAR, v.t. Desconsolar; desalentar.

DESCONFORTO, s.m. Falta de conforto; desconsolo.

DESCONGELAÇÃO, s.f. Degelo, liqüidificação do gelo.

DESCONGELAR, v.t. Liqüefazer; derreter-se.

DESCONGESTIONAMENTO, adj. Que, ou medicamento que descongestiona.

DESCONGESTIONAR, v.t. Livrar de congestão; desintumescer; desobstruir.

DESCONHECEDOR, adj. Ignorante.

DESCONHECER, v.t. Ignorar.

DESCONHECIDO, adj. Ignorado; estrangeiro.

DESCONHECIMENTO, s.m. Ignorância; ingratidão.

DESCONJUNTAR, v.t. Tirar das articulações; deslocar.

DESCONJUNTURA, s.f. Desconjunção, desconjuntamento.

DESCONJURAR, v.t. Esconjurar; amaldiçoar.

DESCONSERTADO, adj. Desarranjado.

DESCONSERTAR, v.t. Desarranjar.

DESCONSERTO, s.m. Desarranjo.

DESCONSIDERAÇÃO, s.f. Desrespeito; desacato.

DESCONSIDERAR, v.t. Desacreditar; desconceituar.

DESCONSOLAÇÃO, s.f. Desesperação; inconformação.

DESCONSOLADO, adj. Aflito, triste.

DESCONSOLADOR, v.t. Entristecedor; desalentador.

DESCONSOLAR, v.t. Entristecer, amargurar.

DESCONSOLO, s.m. Desconsolação; desalento.

DESCONTAR, v.t. Diminuir, abater.

DESCONTENTADIÇO, adj. Que é difícil de contentar.

DESCONTENTAMENTO, s.m. Desprazer; desagrado.

DESCONTENTAR, v.t. Desgostar; contrariar.

DESCONTENTE, adj. Insatisfeito; triste.

DESCONTINUAÇÃO, s.f. Descontinuidade, interrupção.

DESCONTINUAR, v.t. Interromper; suspender.

DESCONTINUIDADE (u-i), s.f. Descontinuação, interrupção.

DESCONTINUO, adj. Interrompido.

DESCONTO, s.m. Abatimento; diminuição.

DESCONTRATAR, v.t. Desfazer contrato.

DESCONTROLADO, adj. Desorientado; desgovernado.

DESCONTROLAR, v.t. Desorientar; desgovernar.

DESCONTROLE, s.m. Desorientação; desgoverno.

DESCONVENCER, v.t. Despersuadir; dissuadir.

DESCONVENIÊNCIA, s.f. Inconveniência.

DESCONVENIENTE, adj. Inconveniente.

DESCONVERSAR, v.t. e int. Mudar de assunto, em uma conversação; fazer-se desentendido.

DESCONVIDAR, v.t. Revogar um convite feito.

DESCONVIR, v.int. Ser importuno; não ser con-

veniente. (Conjuga-se como verbo vir.)
DESCOORDENAR, v.t. Desorganizar.
DESCORADO, adj. Descolorido, abatido.
DESCORAMENTO, s.m. Descoloração.
DESCORAR, v.t. Desbotar, descolorir.
DESCORÇOAR, v.t. (V. Descoroçoar.)
DESCOROÇOADO, adj. Desanimado.
DESCOROÇOAR, v.t. Desanimar, abater-se.
DESCORTÊS, adj. Indelicado.
DESCORTESIA, s.f. Indelicadeza; grosseria.
DESCORTINAR, v.t. Patentar; mostrar, descobrir.
DESCORTINO, s.m. (fig.) Percepção aguda; perspicácia. (Corre paralelamente a forma errônea descortínio.)
DESCOSER, v.t. Desmanchar a costura de; desunir.
DESCOSIDO, adj. Cuja costura se desfez; descosturado, desconexo.
DESCRÉDITO, s.m. Desonra; desconfiança.
DESCRENÇA, s.f. Incredulidade.
DESCRENTE, adj. Incrédulo.
DESCRER, v.t. Perder a fé.
DESCREVER, v.t. Narrar; expor, contar.
DESCRIÇÃO, s.f. Narração, exposição.
DESCRIDO, adj. Descrente, incréu, incrédulo.
DESCRIMINAR, v.t. Tirar a culpa de; inocentar.
DESCRISTIANIZAÇÃO, s.f. Ato ou efeito de descristianizar.
DESCRISTIANIZAR, v.t. Tirar as crenças cristãs a.
DESCRITÍVEL, adj. Que se pode descrever.
DESCRITIVO, adj. Em que há descrição.
DESCRITOR, adj. e s.m. Escritor, narrador.
DESCRUZAR, v.t. Separar; desfazer o cruzamento.
DESCUIDADO, adj. Desleixado, preguiçoso.
DESCUIDAR, v.t. Descurar; desprezar.
DESCUIDO, s.m. Falta; erro; inadvertência.
DESCULPA, s.f. Evasiva; perdão.
DESCULPADOR, adj. Aquele que desculpa ou absolve.
DESCULPAR, v.t. Justificar; perdoar.
DESCULPÁVEL, adj. Que se pode desculpar.
DESCURAMENTO, s.m. Desleixo; desídia.
DESCURAR, v.t. Descuidar; desprezar.
DESDE, prep. A começar de; — já: loc. adv. desde este momento, doravante; agora, neste momento.
— logo: loc. adv., desde este ou aquele momento;
— que loc. conj., visto que; uma vez que.
DESDÉM, s.m. Desprezo.
DESDENHADOR, adj. Menosprezador.
DESDENHAR, v.t. Desprezar, motejar.
DESDENHÁVEL, adj. Digno de desdém.
DESDENHOSO, adj. Desprezador.
DESDENTADO, adj. Banguela; mamífero que não possui dentes ou só apresenta os molares.
DESDENTAR, v.t. Tirar ou quebrar os dentes a.
DESDITA, s.f. Infelicidade.
DESDITOSO, adj. Inditoso, desventurado.
DESDIZER, v.t. Contradizer; desmentir. (Conjuga-se como o verbo dizer.)
DESDOBRAMENTO, s.m. Desenvolvimento.
DESDOBRAR, v.t. Abrir, estender.
DESDOBRÁVEL, adj. Que pode ser desdobrado.
DESDOURAR, v.t. Deslustrar; manchar.
DESEDIFICAÇÃO, s.f. Desmoralização; escândalo.
DESEDIFICAR, v.t. Dar maus exemplos a.
DESEDUCAÇÃO, s.f. Embrutecimento.
DESEDUCAR, v.t. Embrutecer.
DESEJAR, v.t. Apetecer; querer; ambicionar.
DESEJÁVEL, adj. Cobiçável.
DESEJO, s.m. Apetite; cobiça; ambição.
DESEJOSO, adj. Cobiçoso; ambicioso.
DESELEGÂNCIA, s.f. Falta de elegância.
DESELEGANTE, adj. Desairoso; desengonçado.
DESEMARANHAR, v.t. Desenredar; desembaraçar.
DESEMBAÇAR, v.t. Desembaciar.
DESEMBACIAR, v.t. Limpar, polir.
DESEMBAINHAR (a-i), v.t. Tirar da bainha; desmanchar a bainha de (uma costura.)
DESEMBARAÇADO, adj. Isento ou livre de embaraços.
DESEMBARAÇADOR, adj. Aquele que desembaraça.
DESEMBARAÇAR, v.t. Livrar de embaraço; desimpedir.
DESEMBARAÇO, s.m. Facilidade, agilidade.
DESEMBARALHAR, v.t. Desembaraçar; ordenar.
DESEMBARCADOURO, s.m. Cais, estação, plataforma.

DESEMBARCAR, v.t. Apear; saltar, deixar o veículo.
DESEMBARGADOR, s.m. Juiz da Corte de Apelação; juiz de segunda instância.
DESEMBARGAR, v.t. Tirar o embargo a.
DESEMBARGO, s.m. Ato de desembargar; levantamento de embargo ou arresto.
DESEMBARQUE, s.m. Ato de desembarcar.
DESEMBARRIGAR, v.t. Emagrar, emagrecer.
DESEMBESTADA, s.f. Galopada; disparada.
DESEMBESTADO, adj. Desenfreado; disparado, chispado.
DESEMBESTAMENTO, s.m. Ação de desembestar.
DESEMBESTAR, v.t.-rel. Correr; disparar.
DESEMBEZERRAR, v.t. Desamuar.
DESEMBIRRAR, v.t. Tirar a birra a.
DESEMBOCADURA, s.f. Confluência de rios, de ruas, de estradas.
DESEMBOCAR, v t. Confluir, desaguar.
DESEMBOLSAR, v.t. Despender; gastar.
DESEMBOLSO, s.m. Despesa; gasto.
DESEMBRAMAR, v.t. Desembaraçar; desenredar.
DESEMBRULHAR, v.t. Esclarecer; explicar.
DESEMBRUTECER, v.t. Educar; civilizar.
DESEMBUÇAR, v.t. Descobrir o rosto; mostrar-se.
DESEMBUCHAR, v.t. Descobrir; confessar.
DESEMBURRAR, v.p. Desamuar-se.
DESEMPACAR, v.t. Desemperrar; fazer andar.
DESEMPACOTAMENTO, s.m. Ato de desempacotar.
DESEMPACOTAR, v.t. Tirar do pacote; desembrulhar.
DESEMPALHAR, v.t. Tirar da palha; tirar a palha a.
DESEMPARELHAR, v.t. Separar; diferençar; semparcear.
DESEMPASTAR, v.t. Delir; diluir.
DESEMPATADOR, adj. Aquele que desempata.
DESEMPATAR, v.t. Tirar o empate a.
DESEMPATE, s.m. Ato de desempatar.
DESEMPEDRAR, v.t. Tirar o empedramento, as pedras a.
DESEMPENADO, adj. Direito; forte; galhardo.
DESEMPENAR, v.t. Tirar o empeno a; endireitar.
DESEMPENHAR, v.t. Exercer; representar; executar.
DESEMPENHO, s.m. Ato ou efeito de desempenhar.
DESEMPENO, s.m. Aprumo; galhardia.
DESEMPERRAR, v.t. Soltar, desembaraçar.
DESEMPESTAR, v.t. Desinfeccionar.
DESEMPLASTRAR, v.t. Tirar o emplastro.
DESEMPOAR, v.t. Limpar do pó.
DESEMPOEIRAR, v.t. Desempoar.
DESEMPOLGAR, v.t. Largar, desgarrar, deixar cair.
DESEMPOSSAR, v.t. Depor, tirar da posse de.
DESEMPREGADO, adj. Sem serviço; desocupado.
DESEMPREGAR, v.t. Demitir; exonerar.
DESEMPREGO, s.m. Desocupação; vadiação.
DESEMPROAR, v.t. (fig.) Abater o orgulho ou a vaidade.
DESENCABAR, v.t. Perder; soltar o cabo.
DESENCABEÇAR, v.t.-rel. Desencaminhar.
DESENCADEAR, v.t. Soltar; desatar.
DESENCADERNAÇÃO, s.f. Ato de desencadernar.
DESENCADERNADO, adj. Que não está encadernado, (fig.) desconexo.
DESENCADERNAR, v.t. Arrancar a capa do livro.
DESENCAIPORAR, v.int. Perder o azar.
DESENCAIXAR, v.t. Fazer sair do encaixe; deslocar.
DESENCAIXE, s.m. Desencaixamento.
DESENCAIXILHAR, v.t. Tirar o caixilho a; desenquadrar.
DESENCAIXOTAMENTO, s.m. Ato de desencaixotar.
DESENCAIXOTAR, v.t. Tirar de caixa ou caixote.
DESENCALACRAR, v.t. Livrar de apuros, de dívidas.
DESENCALHAR, v.t. Tirar do encalhe; desimpedir.
DESENCALHE ou DESENCALHO, s.m. Ato ou efeito de desencalhar.
DESENCAMINHADOR, adj. Corruptor; desnorteador.
DESENCAMINHAMENTO, s.m. Corrupção; perversão.

DESENCAMINHAR, v.t. Desviar do caminho; corromper.

DESENCANTAÇÃO, s.f. Desencantamento; desilusão.

DESENCANTAMENTO, s.m. O mesmo que desencanto, desilusão.

DESENCANTAR, v.t. Desenganar; desiludir.

DESENCANTO, s.m. Desencantamento.

DESENCANTOAR, v.t. Tirar do canto.

DESENCAPAR, v.t. Tirar a capa.

DESENCARAPINHAR, v.t. Desencrespar, alisar o cabelo.

DESENCARCERAR, v.t. Soltar; libertar.

DESENCARDIR, v.t. Embranquecer; alvejar.

DESENCARNAÇÃO, s.f. Ato ou efeito de desencarnar.

DESENCARNAR, v.int. Morrer.

DESENCARQUILHAR, v.t. Desenrugar; alisar.

DESENCARREGAR, v.t. Desobrigar; tirar o encargo de.

DESENCARREIRAR, v.t. Desencaminhar.

DESENCASQUETAR, v.t. Tirar da cabeça; dissuadir.

DESENCASTOAR, v.t. Tirar o castão a; tirar do engaste.

DESENCATARROAR, v.t. Curar ou curar-se de catarro.

DESENCAVAR, v.t. Descobrir, desencovar.

DESENCILHAR, v.t. Tirar a cilha a; tirar os arreios.

DESENCONTRAR, v.t. Seguir rumos diferentes; discordar.

DESENCONTRO, s.m. Desacerto.

DESENCORAJAR, v.t. Acovardar; desanimar.

DESENCOSTAR, v.t. Desviar; afastar do encosto; endireitar.

DESENCOVAR, v.t. Tirar, fazer sair da cova.

DESENCRAVAR, v.t. Tirar os pregos a; t.-rel. despregar.

DESENCRENCAR, v.t. Desfazer encrenca.

DESENCRESPAR, v.t. Alisar.

DESENCURRALAR, v.t. Soltar do curral.

DESENCURVAR, v.t. Endireitar.

DESENDEMONINHAR, v.t. Tirar o demônio do corpo de.

DESENDIVIDAR, v.t. Pagar; desobrigar; dar quitação a.

DESENEVOAR, v.t. Aclarar; alegrar.

DESENFADAMENTO, s.m. Desenfado; divertimento.

DESENFADAR, v.t. Divertir; distrair.

DESENFADO, s.m. Divertimento; passatempo agradável.

DESENFAIXAR, v.t. Tirar as faixas a.

DESENFASTIAR, v.t. Tirar o fastio a; despertar o apetite de.

DESENFEITAR, v.t. Desadornar; desataviar.

DESENFEITIÇAR, v.t. Desencantar; livrar do feitiço.

DESENFEIXAR, v.t. Tirar do feixe.

DESENFERRUJAR, v.t. Tirar a ferrugem a.

DESENFEZAR, v.t. Desencolerizar.

DESENFIAR, v.t. Sair do fio; perder o rumo. (Pres. ind.: desenfio, desenfias, etc.)

DESENFORNAR, v.t. Tirar do forno.

DESENFREADO, adj. Arrebatado; desgovernado.

DESENFREAMENTO, s.m. Desgoverno.

DESENFREAR, v.t. Descomedir-se.

DESENFRONHAR, v.t. Tirar da fronha; revelar.

DESENGAIOLAR, v.t. Soltar da prisão.

DESENGAJAR, v.int. Deixar o serviço militar; residir fora do quartel.

DESENGANADO, adj. Desiludido, decepcionado.

DESENGANADOR, adj. Decepcionador, desiludidor.

DESENGANAR, v.t. Esclarecer; desiludir.

DESENGANCHAR, v.t. Soltar; livrar; libertar.

DESENGANO, s.m. Desilusão; experiência.

DESENGARRAFAR, v.t. Tirar da garrafa.

DESENGASGAR, v.t. Tirar o engasgamento a.

DESENGATAR, v.t. Soltar do engate.

DESENGATE, s.m. Ação de desengatar; separação.

DESENGATILHAR, v.t. Disparar, desfechar (arma de fogo).

DESENGODAR, v.t. Desiludir, desenganar.

DESENGOMAR, v.t. Tirar a goma a.

DESENGONÇADO, adj. Desconjuntado; desajeitado.

DESENGONÇAR, v.t. Tirar dos engonços; desconjuntar.

DESENGONÇO, s.m. Ato ou efeito de desengonçar.

DESENGORDURAR, v.t. Tirar a gordura.

DESENGRAXAR, v.t. Tirar a graxa ou o lustro de.

DESENGRINALDAR, v.t. Tirar a grinalda a.

DESENGROSSAR, v.t. Tornar menos grosso; desbastar.

DESENGUIÇAR, v.t. Tirar o enguiço a; consertar.

DESENGULHAR, v.t. Desenjoar; desentojar.

DESENHADOR, s.m. Desenhista; debuxador.

DESENHAR, v.t. Debuxar; delinear.

DESENHISTA, s. Desenhador.

DESENHO, s.m. Debuxo; representação por meio de linhas.

DESENJOAR, v.t. Desentojar.

DESENJOATIVO, adj. Aperitivo; desentojativo.

DESENLAÇAR, v.t. Desprender do laço.

DESENLACE, s.m. Desfecho; solução; falecimento.

DESENLEADO, adj. Expedito; franco.

DESENLEAR, v.t. Desenrolar; livrar de dificuldades; desenredar.

DESENLEIO, s.m. Desacanhamento; desembaraço.

DESENODOAR, v.t. Tirar as nódoas; limpar.

DESENOJAR, v.t. Fazer cessar o nojo ou a náusea.

DESENOVELAR, v.t. Desenrolar; achar ou seguir o fio de.

DESENQUADRAR, v.t. Tirar de quadro ou de moldura; desajustar.

DESENRAIZAR (a-i), v.t. Desarraigar. (Pres. ind.: desenraízo, desenraízas, desenraíza, etc.)

DESENRAMAR, v.t. Tirar os ramos a.

DESENRASCAR, v.t. Livrar de embaraços, de dificuldades; libertar-se.

DESENREDADOR, s.m. Esclarecedor.

DESENREDAR, v.t. Desembaraçar; esclarecer.

DESENREDO, s.m. Desenlace; desfecho.

DESENREGELAR, v.t. Desgelar; (fig.) aquecer.

DESENRIJAR, v.t. Enfraquecer; amolecer.

DESENRISTAR, v.t. Tirar do riste (a lança).

DESENRODILHAR, v.t. Desenrolar.

DESENROLAMENTO, s.m. Desenvolvimento.

DESENROLAR, v.t. Estender, desenvolver; explicar.

DESENROSCAR, v.t. Desatarraxar, soltar.

DESENROUPAR, v.t. Despir.

DESENRUGAR, v.t. Desencarquilhar; alisar.

DESENSABOAR, v.t. Tirar o sabão a.

DESENSACAR, v.t. Tirar do saco.

DESENSARADO, s.m. Convalescente.

DESENSINAR, v.t. Fazer desaprender.

DESENSINO, s.m. Erro; ensino errado.

DESENSOBERBECER, v.t. Tornar-se modesto.

DESENSOMBRAR, v.t. Desenevoar; tornar alegre e claro.

DESENTALAR, v.t. Livrar de dificuldades; desembaraçar.

DESENTEDIAR, v.t. Desenjoar; distrair.

DESENTENDER, v.t. Desavir, discordar.

DESENTENDIDO, adj. Desavindo, discorde.

DESENTENDIMENTO, s.m. Discórdia, má compreensão.

DESENTENEBRECER, v.t. Aclarar; esclarecer.

DESENTERRADO, adj. Exumado.

DESENTERRADOR (ô), adj. Exumador.

DESENTERRAMENTO, s.m. Exumação.

DESENTERRAR, v.t. Exumar; descobrir; tirar do esquecimento.

DESENTERROAR, v.t. Esterroar; pulverizar.

DESENTESAR, v.t. Afrouxar; bambear.

DESENTESOURAR, v.t. Desencantar; desentranhar.

DESENTOAÇÃO, s.f. Desafinação.

DESENTOADO, adj. Desafinado.

DESENTOAR, v.int. Desafinar; (fig.) dizer disparates: despropositar.

DESENTOCAR, v.t. Tirar de toca ou cova; p. sair da toca ou cova.

DESENTORPECER, v.t. Reanimar; excitar.

DESENTORTAR, v.t. Endireitar.

DESENTRANHAR, v.t. Patentear, separar.

DESENTRAVAR, v.t. Destravar; soltar.

DESENTRINCHEIRAR, v.t. Sair da trincheira.

DESENTRISTECER, v.t. Alegrar; divertir.

DESENTRONIZAR, v.t. Destronar.

DESENTULHADOR, adj. Aquele que desentulha.

DESENTULHAR, v.t. Desobstruir, limpar.

DESENTULHO, s.m. Desobstrução.

DESENTUMECER, v.t. Desinchar.

DESENTUPIMENTO, s.m. Desobstrução.

146

DESENTUPIR, v.t. Desobstruir. (Conjuga-se como o v. entupir.)
DESENVENCILHAR, v.p. Livrar-se; desembaraçar-se.
DESENVENENAR, v.t. Desintoxicar.
DESENVIESAR, v.t. Endireitar.
DESENVOLTO, adj. Esperto, desembaraçado.
DESENVOLTURA, s.f. Desembaraço; esperteza.
DESENVOLVER, v.t. Desenrolar; explanar; ampliar.
DESENVOLVIDO, adj. Aumentado, acrescido.
DESENVOLVIMENTO, s.m. Ampliação; progresso; crescimento.
DESENVOLVÍVEL, adj. Que pode ser desenvolvido.
DESENXABIDEZ, s.f. Desajeito, falta de graça.
DESENXABIDO, adj. Insípido; encalistrado.
DESENXABIMENTO, s.m. (V. Desenxabidez.)
DESENXAMEAR, v.t. Dispersar; afugentar.
DESENXAVIDO, adj. Desenxabido.
DESENXOVALHADO, adj. Limpo; asseado.
DESENXOVALHAR, v.t. Limpar; lavar; desafrontar.
DESEQUILIBRADO, adj. Instabilizado, louco, demente.
DESEQUILIBRAR, v.t. Instabilizar, perder o centro de gravidade; enlouquecer.
DESEQUILÍBRIO, s.m. Instabilidade, doidice.
DESERÇÃO, s.f. Abandono, fuga.
DESERDAÇÃO, s.f. Exclusão ou privação de herança.
DESERDADO, adj. Privado de herança.
DESERDAR, v.t. Excluir da herança ou sucessão.
DESERTAR, v.t. Despovoar, tornar deserto; abandonar.
DESERTO, adj. Desabitado; árido.
DESERTOR, s.m. Trânsfuga, fujão.
DESESPERAÇÃO, s.f. Desatino; desespero.
DESESPERADO, adj. Desatinado; enraivecido.
DESESPERADOR, adj. Sem nenhuma esperança.
DESESPERANÇA, s.f. Desânimo; desalento.
DESESPERANÇAR, v.t. Desesperar; desanimar.
DESESPERAR, v.t. Desanimar; desalentar; encolerizar.
DESESPERATIVO, adj. Desesperador, desesperante.
DESESPERO, s.m. Desesperação: enfurecimento.
DESESTIMA, s.f. Desamor, antipatia.
DESESTIMADOR, adj. Maldizente, depreciador.
DESESTIMAR, v.t. Depreciar, menosprezar.
DESFAÇADO, adj. Descorado, atrevido.
DESFAÇAMENTO, s.m. Desfaçatez, impudência.
DESFAÇAR-SE, v.p. Tornar-se insolente, atrevido, cínico.
DESFAÇATEZ, s.f. Descaramento; cinismo; impudência.
DESFALCAR, v.t. Reduzir; dissipar.
DESFALECER, v t Esmorecer; desmaiar.
DESFALECIDO, adj. Abatido; desmaiado.
DESFALECIMENTO, s.m. Desmaio; abatimento.
DESFALQUE, s.m. Roubo; furto.
DESFARELAR, v.t. Esfarelar.
DESFAVOR, s.m. Desprezo; malquerença.
DESFAVORÁVEL, adj. Contrário; opositor.
DESFAVORECEDOR, adj. Contrariador, opositor.
DESFAVORECER, v.t. Desajudar; desestimar.
DESFAZEDOR, adj. Destruidor, desmanchador.
DESFAZER, v.t. Desmanchar; destruir; anular; (Conjuga-se como o v. fazer e lhe segue a mesma grafia.) desorganizar; dissolver; destroçar; desbaratar.
DESFECHAR, v.t. Descarregar, vibrar, desencadear.
DESFECHO, s.m. Desenlace; resultado.
DESFEITA, s.f. Ofensa; injúria.
DESFEITEADOR, s.m. Ofensor, insultador.
DESFEITEAR, v.t. Desconsiderar.
DESFEITO, adj. Destruído; desvanecido; diluído.
DESFERIR, v.t. Vibrar, arremessar. (Conjuga-se como o v. ferir.)
DESFIADO, adj. Esfiado, esfiapado.
DESFIADURA, s.f. Ato ou efeito de desfiar.
DESFIAR, v.t. Esfiapar; esgarçar.
DESFIBRAMENTO, s.m. Ato de desfibrar.
DESFIBRAR, v.t. Desfibrar; enfraquecer.
DESFIGURAÇÃO, s.f. Alteração das feições.
DESFIGURADO, adj. Transtornado ou demudado de feições.
DESFIGURADOR, adj. Aquele que desfigura.
DESFIGURAR, v.t. Afear; deturpar.
DESFIGURÁVEL, adj. Que se pode desfigurar.

DESFILADEIRO, s.m. Garganta, passagem estreita entre montanhas.
DESFILAR, v.int. Marchar em filas; passarem uns após outros.
DESFILE, s.m. Parada.
DESFLORESCER, v.int. Murchar; perder o brilho, o frescor.
DESFLORESTAÇÃO, s.m. Ação de desflorestar; desflorestamento.
DESFLORESTADOR, adj. Destruidor de matas.
DESFLORESTAMENTO, s.m. Corte de árvores, derrubada.
DESFLORESTAR, v.t. Derrubar em larga escala as árvores.
DESFLORIDO, adj. Que não tem flores ou que as perdeu.
DESFLORIR, v.int. Desflorescer.
DESFOLHADA, s.f. Ato de desfolhar as espigas de milho.
DESFOLHADOR, adj. Aquele que desfolha.
DESFOLHAMENTO, s.m. Desfolha.
DESFOLHAR, v.t. Tirar as folhas ou as pétalas a; descamisar (milho); abrir a massa do macarrão, dos pastéis.
DESFORÇADO, adj. Vingado, desagravado.
DESFORÇAR, v.t. Dar ou tomar satisfação de (uma afronta); vingar.
DESFORÇO, s.m. Vingança; desforra.
DESFORRA, s.f. Vingança; desforço.
DESFORRAR, v.t. Despicar; vingar; recuperar (o que se perdeu no jogo).
DESFORTALECER, v.t. Desguarnecer, debilitar.
DESFORTUNA, s.f. Desgraça; infelicidade.
DESFRALDAR, v.t. Soltar ao vento; tremular (a bandeira).
DESFRANZIR, v.t. Tirar o franzido a; desfazer as pregas ou rugas.
DESFRUTADOR, adj. Gozador, usufruidor.
DESFRUTAR, v.t. Usufruir; deliciar-se com.
DESFRUTÁVEL, adj. Que se pode desfrutar.
DESFRUTE, s.m. Zombaria; chacota.
DESGABAR, v.t. Depreciar.
DESGABO, s.m. Depreciação.
DESGADELHADO, adj. Despenteado.
DESGADELHAR, v.t. Despentear.
DESGALHAR, v.t. Cortar os galhos, podar.
DESGARRADA, s.f. Cantiga popular ao desafio.
DESGARRADO, adj. Extraviado; desviado do rumo (navio).
DESGARRÃO, s.m. Impulso violento.
DESGARRAR, v.t. Desviar do rumo (um navio); extraviar.
DESGARRE, s.m. Desembaraço; elegância.
DESGASTAR, v.t. Gastar, consumir.
DESGASTE ou **DESGASTO**, s.m. Consumpção.
DESGELAR, v.t. Degelar.
DESGOSTAR, v.t. Descontentar; desagradar.
DESGOSTO, s.m. Pesar; descontentamento.
DESGOSTOSO (ô), adj. Aborrecido, amolado.
DESGOVERNAÇÃO, s.f. Falta de governo.
DESGOVERNADO, adj. Desregrado; gastador.
DESGOVERNAR, v.t. Governar mal.
DESGOVERNO, s.m. Mau governo; desregramento.
DESGRAÇA, s.f. Infortúnio; miséria.
DESGRAÇADO, adj. Infeliz; miserável.
DESGRAÇAR, v.t. Tornar infeliz; infelicitar.
DESGRACEIRA, s.f. Série de desgraças; estado infeliz.
DESGRACIOSO, adj. Deselegante, feio.
DESGRENHADO, adj. Revolto, despenteado.
DESGRENHAMENTO, s.m. Ato de desgrenhar, despentear.
DESGRENHAR, v.t. Despentear; esguedelhar-se.
DESGRINALDAR, v.t. Tirar a grinalda a.
DESGRUDAR, v.t. Despegar, despregar.
DESGUARITAR, v.int. Perder-se; extraviar-se; desgarrar-se.
DESGUARNECER, v.t. Desmobiliar; retirar a guarnição.
DESGUEDELHADO, adj. Esguedelhado, despenteado.
DESGUEDELHAR, v.t. Desgrenhar, despentear.
DESGUIAR, v.int. Mudar de rumo, de conversa; despistar.
DESIDERATIVO, adj. Que exprime desejo.
DESIDERATO, s.m. Aspiração.
DESIDRATAÇÃO, s.f. Ato de desidratar.
DESIDRATAR, v.t. Extrair, pelo calor, pelo vácuo ou por substância higroscópica, a água, misturada ou combinada com uma substância; tirar o elemento líquido do organismo.

DESIDROGENAÇÃO, s.f. Ato de desidrogenar.
DESIDROGENAR, v.t. Tirar o hidrogênio.
DESIGNAÇÃO, s.f. Indicação; denominação.
DESIGNADOR, adj. Aquele que designa ou indica.
DESIGNAR, v.t. Indicar; apontar; mostrar.
DESIGNATIVO, adj. Que designa.
DESÍGNIO, s.m. Intento; plano; projeto.
DESIGUAL, adj. Variável, irregular.
DESIGUALAR, v.t. Estabelecer diferença ou distinção entre; distinguir.
DESIGUALDADE, s.f. Diferença.
DESILUDIDO, adj. Desvanecido, desenganado.
DESILUDIR, v.t. Desenganar; perder as ilusões.
DESILUSÃO, s.f. Desvanecimento; desengano.
DESIMPEDIMENTO, s.m. Ato de desimpedir.
DESIMPEDIR, v.t. Desembaraçar; desobstruir.
(Pres. ind.: desimpeço, desimpedes, etc.; pres. subj.: desimpeça, desimpeças, etc.)
DESINÇAR, v.t.-rel. Livrar do que é nocivo.
DESINCHAR, v.t. Desinflamar.
DESINCLINAR, v.t. Endireitar; levantar, aprumar.
DESINCOMPATIBILIZAR, v.t. Tirar a incompatibilidade a.
DESINCORPORAÇÃO, s.f. Ação e efeito de desincorporar.
DESINCORPORAR, v.t.-rel. Tirar de uma corporação, desmembrar.
DESINCUMBIR-SE, v.p. Dar cumprimento a uma incumbência.
DESINÊNCIA, s.f. (Gram.) Terminação, final de nomes e verbos, que variam para indicar gênero, número, grau, pessoa.
DESINENCIAL, adj. Que se refere a desinência.
DESINERVAÇÃO, s.f. Retirada da inervação; enervação.
DESINERVAR, v.t. Desnervar.
DESINFAMAR, v.t. Limpar de infâmia.
DESINFECÇÃO, s.f. Ato ou efeito de desinfetar.
DESINFELIZ, adj. Desgraçado.
DESINFETANTE, adj. Desinfetador; saneador; antisséptico.
DESINFETAR, v.t. Sanear; livrar daquilo que infeta.
DESINFETÓRIO, s.m. Lugar onde se praticam desinfecções.
DESINFLAMAÇÃO, s.f. Ato ou efeito de desinchar, desinflamar.
DESINFLAMAR, v.t. Desintumescer, desinchar.
DESINGURGITAR, v.t. Desfazer o ingurgitamento.
DESINQUIETAÇÃO, s.f. Inquietude, agitação.
DESINQUIETADOR, adj. Desassossegador.
DESINQUIETAR, v.t. Inquietar; perturbar a paz.
DESINQUIETO, adj. Inquieto; aflito.
DESINTEGRAÇÃO, s.f. Ato de desintegrar, separar; — artificial: (Fís.) transmutação de substâncias não radioativas, produzida mediante bombardeamento dos núcleos de seus átomos por partículas animadas de grande velocidade, tais como os prótons, nêutrons e partículas alfas; — atômica: conversão do núcleo de um átomo de um elemento no de outro por meio de choque com outra partícula, produzindo um isótopo radioativo.
DESINTEGRAR, v.t. Separar, desfazer-se.
DESINTEIRAR, v.t. Fracionar, desintegrar.
DESINTEIRIÇAR-SE, v.p. Deixar de estar teso, inteiriçado.
DESINTELIGÊNCIA, s.f. Divergência; inimizade.
DESINTERESSADO, adj. Abnegado; imparcial.
DESINTERESSANTE, adj. Sem interesse.
DESINTERESSAR-SE, v.p. Despreocupar-se, alhear-se.
DESINTERESSE, s.m. Abnegação, desprendimento.
DESINTOXICAR (cs), v.t. Desenvenenar.
DESINTRINCAR, v.t. Desemaranhar; tornar claro, simples.
DESINTUMESCER, v.t. Desinchar.
DESIPOTECAR, v.t. Retirar, livrar de hipoteca.
DESIRMANADO, adj. Separado de coisa ou pessoa com que estava emparelhado.
DESIRMANAR, v.t. Tornar desirmanado; p. desavir-se; desfraternizar.
DESISTÊNCIA, s.f. Renúncia, abstenção.
DESISTENTE, adj. Renunciante, abstêmio.
DESISTIR, v.rel. Fazer renúncia; abster-se.
DESJEJUA, s.f. A primeira refeição do dia.
DESJEJUAR, v.int. Comer pela primeira vez no dia; quebrar o jejum.
DESJEJUM, s.m. (V. Desjejua.)
DESJUNGIR, v.t. Separar, libertar-se. (Conjuga-se como o v. jungir.)

DESLAÇAR, v.t. Soltar-se; desprender-se.
DESLACRAR, v.t. Partir ou tirar (o lacre que fecha ou sela), abrir.
DESLADRILHAR, v.t. Tirar os ladrilhos.
DESLAJEAR, v.t. Tirar ou arrancar as lajes.
DESLAMBIDO, adj. Cínico, sem-vergonha.
DESLAVADO, adj. Descarado, atrevido.
DESLAVAMENTO, s.m. Descaramento, atrevimento.
DESLAVAR, v.t. Tornar descarado, sem-vergonha.
DESLEAL, adj. Traidor.
DESLEALDADE, s.f. Traição; infidelidade.
DESLEITAR, v.t. Tirar o leite a; desmamar.
DESLEIXADO, adj. Descuidado; desmazelado.
DESLEIXAMENTO, s.m. Desmazelo, negligência.
DESLEIXAR, v.t. Desmazelar; negligenciar.
DESLEIXO, s.m. Descuido; negligência.
DESLEMBRADO, adj. Esquecido.
DESLEMBRANÇA, s.f. Esquecimento, olvido.
DESLEMBRAR, v.t. Esquecer; olvidar.
DESLIAR, v.t. Desligar; desatar.
DESLIGADURA, s.f. ou DESLIGAMENTO, s.m. Separação do que estava ligado; falta de ligação ou nexo.
DESLIGAR, v.t. Separar, desatar.
DESLINDAÇÃO, s.f. Aclaramento; explicação.
DESLINDADOR (ô), s.m. Aclarador; destrinçador.
DESLINDAR, v.t. Destrinçar; esclarecer; explicar.
DESLINGUADO, adj. Sem língua; maldizente.
DESLINGUAR, v.t. Desbocar-se; criticar.
DESLISURA, s.f. Hipocrisia; falsidade.
DESLIZADEIRO, s.m. (V. Resvaladouro.)
DESLIZADOR, adi. Prancha presa a uma embarcação com a qual desliza sobre a água; escorregador.
DESLIZAMENTO, s.m. Escorregamento, desvio.
DESLIZAR, v.t. Escorregar; resvalar.
DESLIZE, s.m. Deslizamento; desvio de bom caminho; escorregadura; quebra do bom procedimento.
DESLOCAÇÃO, s.f. Desarticulação de osso, migração, deslocamento.
DESLOCADO, adj. Que está fora do seu lugar; luxado.
DESLOCADOR, adj. Que desloca.
DESLOCAMENTO, s.m. O mesmo que deslocação.
DESLOCAR, v.t. Mudar de um para outro lugar; transferir; desconjuntar.
DESLUMBRADOR, adj. Maravilhoso, fascinante.
DESLUMBRAMENTO, s.m. Ofuscação; fascinação, maravilha.
DESLUMBRANTE, adj. Ofuscante, maravilhoso.
DESLUMBRAR, v.t. Ofuscar; fascinar; maravilhar.
DESLUMBRATIVO, adj. (V. Deslumbrante.)
DESLUSTRADOR, adj. Que tira o lustre; (fig.) que desdoura; que desonra.
DESLUSTRAR, v.t. Empanar; (fig.) desacreditar.
DESLUSTRE ou DESLUSTRO, s.m. Desdouro.
DESLUSTROSO, adj. Apagado; sem brilho; desairoso.
DESLUZIDO, adj. Deslustrado.
DESLUZIMENTO, s.m. Vergonha; opróbrio.
DESLUZIR, v.t. Deslustrar; depreciar; desdourar. (Conjuga-se como o v. luzir.)
DESMAIADO, adj. Desfalecido; esmaiado.
DESMAIAR, v.t. Perder a cor; esmorecer, desfalecer.
DESMAIO, s.m. Delíquio; desfalecimento.
DESMAMAR, v.t. Desleitar.
DESMANCHADIÇO, adj. Que se desmancha com facilidade.
DESMANCHA-PRAZERES, s. Pessoa que estorva divertimento ou prazer alheio; empecilho.
DESMANCHAR, v.t. Desfazer; desarranjar.
DESMANCHO, s.m. Desarranjo; negócio malogrado.
DESMANDAR, v.t. Exorbitar; proceder mal.
DESMANDIBULAR, v.t. Desqueixar; escancarar a boca.
DESMANDO, s.m. Desregramento; exorbitamento.
DESMANTELADO, adj. Arruinado; desaparelhado.
DESMANTELAMENTO, s.m. Desmantelo; desorganização.
DESMANTELAR, v.t. Derribar (muralhas, fortificações); arruinar; demolir.
DESMANTELO, s.m. Desmantelamento; desarticulação.
DESMARCADO, adj. Enorme; descompassado.
DESMARCAR, v.t. Tirar as marcas ou marcos a.
DESMARCIALIZAR, v.t. Tirar o caráter marcial a.

DESMASCARAR, v.t. Descobrir; revelar; desmoralizar.

DESMATERIALIZAÇÃO, s.f. Ato de desmaterializar.

DESMATERIALIZAR, v.t. Tornar imaterial; p. espiritualizar-se.

DESMAZELADO, adj. Desleixado, negligente.

DESMAZELAR-SE, v.p. Tornar-se desmazelado; desleixar-se.

DESMAZELO, s.m. Desleixo; desalinho.

DESMEDIDO, adj. Enorme; incomensurável.

DESMEDIR-SE, v.p. Descomedir-se.

DESMEDRADO, adj. Definhado; raquítico.

DESMEDRAMENTO, s.m. Definhamento; raquitismo.

DESMEDRAR, v.int. Enfezar-se; tornar-se raquítico ou mirrado.

DESMEMBRAÇÃO, s.f. Separação da parte de um todo; desagregação.

DESMEMBRADO, adj. Separado, desagregado.

DESMEMBRAMENTO, s.m. Ação de desmembrar, de desligar.

DESMEMBRAR, v.t. Cortar os membros ou algum membro de; separar os membros de.

DESMEMORIADO, adj. Esquecido; amnésico.

DESMEMORIAR, v.t. Esquecer, olvidar.

DESMENTIDO, adj. Contraditado.

DESMENTIDOR, s.m. Contraditor.

DESMENTIR, v.t. Declarar que (alguém) não diz a verdade. (Conjuga-se como o v. mentir.)

DESMERECEDOR, adj. Indigno.

DESMERECER, v.t. Ser indigno de; menoscabar.

DESMERECIMENTO, s.m. Indignidade.

DESMESURADO, adj. Desmedido: enorme.

DESMESURAR, v.t. Exceder as medidas de; alargar demasiadamente.

DESMESURÁVEL, adj. Que não se pode medir.

DESMILITARIZAÇÃO, s.f. Ação de desmilitarizar.

DESMILITARIZAR, v.t. Tirar o caráter militar –; licenciar a tropa.

DESMIOLADO, adj. Insensato; louco.

DESMIOLAR, v.t. Enlouquecer; aparvalhar.

DESMIUÇAR, v.t. O mesmo que esmiuçar. (O u do radical leva acento agudo nas formas rizotônicas: desmiúço, desmiúças, etc.)

DESMIUDAR, v.t. Pormenorizar. (O u do radical leva acento agudo nas formas rizotônicas: desmiúdo, desmiúdas, etc.)

DESMOBILHAR ou **DESMOBILIAR,** v.t. Destrastejar; desguarnecer.

DESMOBILIZAÇÃO, s.f. Ato ou efeito de desmobilizar.

DESMOBILIZAR, v.t. Desfazer a mobilização de (um exército); licenciar a tropa.

DESMONTADO, adj. Apeado; desorganizado; desarranjado.

DESMONTAR, v.t. Descavalgar; desarmar (uma máquina); arrasar (um morro).

DESMONTÁVEL, adj. Que pode ser desmontado.

DESMONTE, s.m. Desconjuntamento; arrasamento.

DESMORALIZAÇÃO, s.f. Corrupção; imoralidade.

DESMORALIZADO, adj. Pervertido; corrupto.

DESMORALIZADOR, adj. Corruptor; pervertedor.

DESMORALIZAR, v.t. Perverter; corromper.

DESMORONADIÇO, adj. Que se desmorona facilmente.

DESMORONAMENTO, s.m. Derrubamento; desabamento.

DESMORONAR, v.t. Demolir; desabar.

DESMUNHECAR, v.t. Cortar a munheca a (o braço); (fig.) tirar parte de (um todo).

DESNACIONALIZAÇÃO, s.f. Ato ou efeito de desnacionalizar.

DESNACIONALIZAR, v.t. Tirar o caráter ou a feição de nacional a.

DESNALGADO, adj. Desancado; de nádegas pequenas.

DESNARIGADO, adj. Diz-se do indivíduo a quem falta o nariz ou que o tem excessivamente pequeno.

DESNARIGAR, v.t. Cortar, arrancar o nariz a.

DESNASALAÇÃO, s.f. Ato ou efeito de desnasalar. Também se diz desnasalização.

DESNASALAR, v.t. Perder a nasalidade. Ex. lua, por (lũa, põer.)

DESNASTRAR, v.t. Desfazer os laços de fita.

DESNATAÇÃO, s.f. Ato ou efeito de desnatar.

DESNATADEIRA, s.f. Aparelho para separar do leite a nata empregada no fabrico da manteiga.

DESNATAR, v.t. Tirar a nata, a gordura.

DESNATURAÇÃO, s.f. Ato ou efeito de desnaturar.

DESNATURADO, adj. Cruel, desumano.

DESNATURALIZAÇÃO, s.f. Ato ou efeito de desnaturalizar.

DESNATURALIZAR, v.t. Tirar os direitos de cidadão de um país a; perverter.

DESNATURAR, v.t. Tornar cruel, desumano.

DESNECESSÁRIO, adj. Escusado; supérfluo.

DESNEVADA, s.f. Ato de desnevar.

DESNEVAR, v.t. Derreter a neve de.

DESNIQUELAGEM, s.f. Ato de desniquelar.

DESNIQUELAR, v.t. Tirar ou separar o níquel de.

DESNÍVEL, s.m. Diferença de nível, altos e baixos.

DESNIVELAMENTO, s.m. Ato de desnivelar.

DESNIVELAR, v.t. Tirar do nivelamento; sair do nível.

DESNODOAR, v.t. Tirar nódoas a, limpar.

DESNORTEADO, adj. Perdido de rumo; desorientado.

DESNORTEADOR ou **DESNORTEANTE,** adj. Que desnorteia; desorientador.

DESNORTEAR, v.t. Fazer perder o rumo; desorientar.

DESNUAR, v.t. e p. Desnudar, despir.

DESNUBLADO, adj. Limpo de nuvens.

DESNUBLAR, v.t. Dissipar as nuvens de; aclarar.

DESNUDAÇÃO, s.f. O mesmo que despição ou desnudamento.

DESNUDAMENTO, s.m. Despição.

DESNUDAR, v.t. Tornar nu; despir.

DESNUDEZ, s.f. Nudez.

DESNUDO, adj. Nu, despido.

DESNUTRIÇÃO, s.f. Raquitismo, debilidade.

DESNUTRIR, v.t. Emagrecer, debilitar.

DESOBEDECER, v.rel. Recalcitrar, insubordinar-se.

DESOBEDIÊNCIA, s.f. Recalcitramento, insubordinação.

DESOBEDIENTE, adj. Recalcitrante, insubordinado.

DESOBRIGAÇÃO, s.f. Ato ou efeito de desobrigar; desobriga.

DESOBRIGADO, adj. Desembaraçado; livre.

DESOBRIGAR, v.t-rel. Isentar; livrar (de uma obrigação).

DESOBRIGATÓRIO, adj. Que desobriga.

DESOBSCURECER, v.t. Dissipar, aclarar.

DESOBSTRUÇÃO, s.f. Desimpedimento.

DESOBSTRUIR, v.t. Desatravancar; desimpedir, desembaraçar. (Pres. ind.: desobstruo, desobstruis, desobstrui, desobstruímos, desobstruís, desobstruem; imperat.: desobstrui, desobstrui; pres. sub.: desobstrua, etc.)

DESOBSTRUTIVO, adj. Destrancador, desimpedidor.

DESOCUPAÇÃO, s.f. Ociosidade, vadiação.

DESOCUPADO, adj. Ocioso, vadio; não ocupado.

DESOCUPAR, v.t. Despejar; desembaraçar.

DESOLAÇÃO, s.f. Ruína; tristeza.

DESOLADO, adj. Triste, solitário; consternado, pesaroso.

DESOLADOR, adj. Consternador, contristador.

DESOLAR, v.t. Devastar; entristecer.

DESONERAR, v.t. Exonerar; desobrigar.

DESONESTAR, v.t. Desonrar.

DESONESTIDADE, s.f. Desonra, vergonha.

DESONESTO, adj. Desbriado, impudico.

DESONRA, s.f. Descrédito, desbriamento.

DESONRADEZ, s.f. Estado de desonrado.

DESONRADO, adj. Desbriado, sem-vergonha.

DESONRADOR, adj. Deflorador; desbriador.

DESONRANTE, adj. Que desonra; desonroso, desonrador.

DESONRAR, v.t. Deflorar; infamar.

DESONROSO, adj. Vergonhoso.

DESOPILAÇÃO, s.f. Desobstrução; alegria, satisfação.

DESOPILANTE, adj. Desobstruinte, recreativo.

DESOPILAR, v.t. Desobstruir; alegrar.

DESOPILATIVO, adj. Desopilante.

DESORAS, s.f.pl. Usado na loc. adv. a desoras; fora da hora, tarde.

DESORDEIRO, adj. Arruaceiro, perturbador da ordem.

DESORDEM, s.f. Confusão; desalinho; rixa.

DESORDENADO, adj. Desarranjado; que não tem ordem.

DESORDENADOR, adj. Desorganizador, desarranjador.

DESORDENAR, v.t. Desarranjar; amotinar.

DESORGANIZAÇÃO, s.f. Desordem, confusão.

DESORGANIZADOR, adj. Confusionista, desordenador, desordeiro.

DESORGANIZAR, v.t. Desordenar.

DESORIENTAÇÃO, s.f. Desatino; insensatez.

DESORIENTADO, adj. Desvairado, desnorteado.

DESORIENTADOR, adj. Que desorienta.

DESORIENTAR, v.t. Desnortear; desvairar.

DESORNADO, adj. Singelo, desenfeitado.

DESORNAR, v.t. Tirar os ornatos.

DESOSSADO, adj. Que não tem ossos.

DESOSSAR, v.t. Tirar os ossos a.

DESOVA, s.f. ou **DESOVAMENTO**, s.m. Ato de desovar (os peixes); piracema.

DESOVAR, v.int. Pôr os ovos (especialmente os peixes); t. depor em grande quantidade; (fig.) revelar, desembuchar.

DESOXIDAÇÃO (cs), s.f. Ato ou efeito de desoxidar.

DESOXIDANTE (cs), adj. Que desoxida.

DESOXIDAR (cs), v.t. Desenferrujar, polir; perder oxigênio; perder valências positivas, em reação química; o mesmo que reduzir, ou seja, ganhar valências negativas.

DESOXIGENAÇÃO (cs), s.f. Ato ou efeito de desoxigenar.

DESOXIGENAR (cs), v.t. Perder o oxigênio; destingir os cabelos, fazendo-os tornar à cor natural.

DESPACHADO, adj. Deferido, expedido, desembaraçado.

DESPACHADOR, adj. Homem expedito; despachante.

DESPACHANTE, adj. Despachador; pessoa que se incumbe de dar andamento de papéis em repartições ou de desembaraçar mercadorias na aduana.

DESPACHAR, v.t. Deferir ou indeferir; dispensar; enviar.

DESPACHO, s.m. Solução, desfecho, desembaraço, feitiçaria.

DESPALATALIZAÇÃO, s.f. O mesmo que despalatização. Som palatal que perde esta qualidade. Ex.: De **corrigea** (lat.) saiu a forma **correia** pela despalatização do **g** que se vocalizou em **i**.

DESPALATIZAR, v.t. Tirar o caráter de palatal a (um som).

DESPALATIZAÇÃO, s.f. Despalatização.

DESPALATIZAR, v.t. Despalatalizar.

DESPARAFUSAR, v.t. Desatarraxar, desenroscar.

DESPARAMENTAR, v.t. Tirar os paramentos.

DESPARGIR, v.t. Espargir, espalhar.

DESPARRAMAR-SE, v.p. Esparramar-se.

DESPARZIDO, adj. Espalhado, derramado.

DESPARZIR, v.t. Espargir.

DESPAUTÉRIO, s.m. Disparate, tolice.

DESPEDAÇADOR, adj. Quebrar, fragmentar, estilhaçar.

DESPEDAÇAMENTO, s.m. Dilaceração, fragmentação.

DESPEDAÇAR, v.t. Rasgar; fragmentar.

DESPEDIDA, s.f. Adeus, separação.

DESPEDIMENTO, s.m. Despacho, envio.

DESPEDIR, v.t. Dispensar os serviços de; separar-se de; arremessar.

DESPEGAR, v.t. Desunir, separar.

DESPEGO, s.m. Desinteresse.

DESPEITADO, adj. Ressentido; zangado.

DESPEITADOR, s.m. Que causa ressentimentos.

DESPEITAR, v.t. Causar despeito a; irritar.

DESPEITO, s.m. Desgosto, inveja.

DESPEITORAR, v.t. Desabafar; decotar-se; espeitorar.

DESPEITOSO, adj. Invejoso.

DESPEJADO, adj. Desocupado, vazio; indecente.

DESPEJAMENTO, s.m. Ato de despejar.

DESPEJAR, v.t. Desocupar; entornar; vazar.

DESPEJO, s.m. Lixo; compartimento da casa onde se guardam trastes velhos ou de pouco uso; ação judiciária para que o inquilino saia da casa alugada; impudor.

DESPELAR, v.t. tirar a pele a; tirar a casca.

DESPENAR, v.t. Depenar; desplumar.

DESPENCAR, v.t. Arrancar da penca; tombar, cair.

DESPENDEDOR, s.m. Gastador; perdulário.

DESPENDER, v.t. Gastar; distribuir.

DESPENHADEIRO, s.m. Precipício.

DESPENHAMENTO, s.m. Ato de despenhar.

DESPENHAR, v.t. Precipitar-se, tombar do alto.

DESPENSA, s.f. Repartimento da casa onde se guardam mantimentos.

DESPENSEIRO, s.m. O empregado encarregado da copa.

DESPENTEAR, v.t. Desmanchar o penteado de.

DESPERCEBER, v.t. Não notar; não dar atenção a. (É incorreto o uso de desaperceber no lugar de desperceber.)

DESPERCEBIDO, adj. Não notado, inobservado.

DESPERCEBIMENTO, s.m. Ato ou efeito de desperceber.

DESPERDIÇADO, adj. Malbaratado; estragado, gasto.

DESPERDIÇADOR, adj. Gastador, pródigo; perdulário.

DESPERDIÇAR, v.t. Gastar, esbanjar.

DESPERDÍCIO, s.m. Esbanjamento.

DESPERSONALIZAR, v.t. Mudar a personalidade e caráter.

DESPERSUADIR, v.t. Desconvencer, dissuadir.

DESPERSUASÃO, s.f. Dissuasão.

DESPERTADOR, s.m. Relógio que nos desperta. Espertador.

DESPERTAR, v.t. Acordar, espertar, desentorpecer.

DESPERTO, adj. Acordado, desentorpecido.

DESPESA, s.f. Gastos; tudo o que se despende.

DESPETALADO, adj. Sem pétalas.

DESPICADOR, s.m. Vingador.

DESPIÇÃO, s.f. Denudação, denuamento.

DESPICAR, v.t. Desforrar; vingar.

DESPICATIVO, adj. Desprezativo; depreciativo.

DESPICIENTE, adj. Que desdenha, despreza.

DESPIDO, adj. Nu.

DESPIEDADE, s.f. Falta de piedade.

DESPIEDADO, adj. Que não tem piedade.

DESPIEDOSO, adj. Cruel; desumano.

DESPIGMENTAÇÃO, s.f. Perda de pigmento.

DESPIMENTO, s.m. Desnuamento; despição.

DESPIQUE, s.m. Desforra; vingança.

DESPIR, v.t. Desnudar-se, tirar a roupa.

DESPISTAR, v.t. Fazer perder a pista; enganar.

DESPLANTE, s.m. Atrevimento.

DESPLUMAR, v.t. Depenar.

DESPOETIZAR, v.t. Tirar a poesia ou a feição poética.

DESPOJADOR, adj. Espoliador.

DESPOJAMENTO, s.m. Espoliação, esbulho.

DESPOJAR, v.t. Roubar; saquear.

DESPOJO, s.m. Espólio; presa.

DESPOLIDEZ, s.f. Indelicadeza.

DESPOLIR, v.t. Tirar o polimento a. (Irreg.: conjuga-se como o v. polir.)

DESPOLPADOR, s.m. Aparelho para tirar a polpa do grão de café.

DESPOLPAR, v.t. Tirar a polpa a.

DESPONSÓRIO, s.m. Casamento.

DESPONTADO, adj. A que se cortou ou tirou a ponta.

DESPONTAR, v.t. Gastar a ponta a; começar a aparecer.

DESPONTUAR, v.t. Tirar a pontuação a.

DESPOPULAR, v.t. Despovoar.

DESPOPULARIZAR, v.t. Tornar impopular.

DESPORTE, s.m. Diversão; esporte.

DESPORTISTA, adj. Esportista, atleta.

DESPORTIVO, adj. Que diz respeito ao desporte.

DESPORTO, s.m. Desporte.

DESPOSADO, adj. Casado, matrimoniado.

DESPOSAR, v.t. Casar, matrimoniar-se.

DESPOSÓRIO, s.m. Casamento; esponsais.

DÉSPOTA, s. Tirano; opressor.

DESPÓTICO, adj. Próprio de déspota; tirânico.

DESPOTISMO, s.m. Tirania, ditadura.

DESPOVOAÇÃO, s.f. Ação ou efeito de despovoar.

DESPOVOADO, adj. Que não é habitado; ermo.

DESPOVOAMENTO, s.m. Despovoação, despopulação.

DESPOVOAR, v.t. Despoular; tornar ermo.

DESPRAZER, v.t. Desagradar. (Conjuga-se como o verbo aprazer.)

DESPRAZIMENTO, s.m. Desprazer; desagrado.

DESPRAZÍVEL, adj. Que despraz; desagradável. (Antôn.: aprazível.)

DESPRECATADO, adj. Desprevenido, incauto.

DESPRECATAR-SE, v.p. Descuidar-se, desacautelar-se.

DESPRECAVER, v.t. e p. Desacautelar. (Conjuga-se como o verbo precaver.)

DESPREGADO, adj. Solto; descolado.

DESPREGADURA, s.f. A operação de despregar.

DESPREGAR, v.t. Arrancar (aquilo que estava pregado); desenrugar.

DESPRENDADO, adj. Que não tem prendas, habilidade ou talento.

DESPRENDER, v.t. Soltar; desatar.

DESPRENDIDO, adj. Abnegado, desinteressado.

DESPRENDIMENTO, s.m. Abnegação; altruísmo.

DESPREOCUPAÇÃO, s.f. Sossego, tranqüilidade.

DESPREOCUPADO, adj. Que não tem preocupação.

DESPREOCUPAR, v.t. Livrar ou isentar de preocupação; estar sem cuidado.

DESPREPARO, s.m. Falta de preparo.

DESPRESILHAR, v.t. Soltar das presilhas.

DESPRESTIGIAR, v.t. Tirar o prestígio a; desacreditar.

DESPRESTÍGIO, s.m. Descrédito.

DESPRETENSÃO, s.f. Desambição; modéstia.

DESPRETENSIOSO, adj. Modesto, simples.

DESPREVENÇÃO, s.f. Imprevidência.

DESPREVENIDO, adj. Desacautelado; desapetrechado.

DESPREVENIR, v.t.-rel. Desacautelar.

DESPREZADOR, adj. Menosprezador; aviltador.

DESPREZAR, v.t. Menosprezar, apoucar.

DESPREZATIVO, adj. Que revela desprezo.

DESPREZÍVEL, adj. Vil, abjeto; vergonhoso.

DESPREZIVO, adj. Abjeto, indigno.

DESPREZO, s.m. Desconsideração; desdém.

DESPRIMOR, s.m. Descortesia; indelicadeza.

DESPRIMORAR, v.t. Deslustrar; depreciar.

DESPRIMOROSO, adj. Descortês; incivil.

DESPRONÚNCIA, s.f. Ato ou efeito de despronunciar.

DESPRONUNCIAR, v.t. Anular a pronúncia de (um réu).

DESPROPORÇÃO, s.f. Falta de proporção.

DESPROPORCIONADO, adj. Desigual; desconforme.

DESPROPORCIONAR, v.t.-rel. Tirar, alterar as proporções de.

DESPROPOSITADO, adj. Que não tem propósito; inoportuno.

DESPROPOSITAR, v.int. Disparatar; asneirar.

DESPROPÓSITO, s.m. Despropósito; descomedimento.

DESPROTEÇÃO, s.f. Falta de proteção.

DESPROTEGER, v.int. Desamparar; desauxiliar.

DESPROVEITO, s.m. Desperdício.

DESPROVER, v.t. Tirar as provisões a.

DESPROVIDO, adj. Privado de recursos; desprevenido.

DESPROVIMENTO, s.m. Falta de provimento ou de provisões.

DESPUDOR, s.m. Impudor; sem-vergonhismo.

DESPUDORADO, adj. Desonesto, desbriado, descarado.

DESPUNDONOR, s.m. Desbriamento, sem-vergonhismo.

DESPUNDONOROSO, adj. Desbriado, sem-vergonha.

DESQUALIFICAÇÃO, s.f. Desclassificação.

DESQUALIFICADO, adj. Desclassificado.

DESQUALIFICAR, v.t. Desclassificar.

DESQUEIXAR, v.t. Quebrar, deslocar ou arrancar o queixo a.

DESQUICIAR, v.t. Tirar dos quícios; desengonçar.

DESQUITAÇÃO, s.f. Desquite, separação de cônjuges.

DESQUITAR, v.t. Divorciar, separar (os cônjuges) judicialmente.

DESQUITE, s.m. Dissolução da sociedade matrimonial sem quebra do vínculo legal, isto é, separação material dos cônjuges, divisão de seus bens e proibição de contrair novas núpcias.

DESRAIGAR (a-i) ou **DESRAIZAR** (a-i), v.t. Desarraigar, desenraizar.

DESREGRADO, adj. Desmedido; perdulário.

DESREGRAMENTO, s.m. Descomedimento; desordem; libertinagem.

DESREGRAR, v.t. Tornar irregular, descomedido.

DESRESPEITADOR, adj. Insultador, desacatador.

DESRESPEITAR, v.t. Desacatar; perturbar.

DESRESPEITO, s.m. Desafôro, ofensa.

DESRESPEITOSO, adj. Desaforado, ofensivo.

DESSABORIDO ou **DESSABOROSO**, adj. Insulso, insosso, insípido.

DESSE, Contr. da prep. **de** com o pron. demonstrativo **esse**.

DESSECAR, v.t. Secar completamente; enxugar; tornar seco, árido.

DESSEDENTAR, v.t. Matar a sede a.

DESSERVIÇO, s.m. Mau serviço.

DESSERVIDO, adj. Mal servido.

DESSERVIR, v.t. Não servir; fazer mau serviço a.

DESSEXUADO (cs), adj. Privado de sexo.

DESSORADO, adj. Enfraquecido, exausto.

DESSORAR, v.t. Enfraquecer; exaurir.

DESSUETUDE, s.f. Falta de costume, falta de hábito.

DESSUMIR, v.t. Inferir, deduzir; concluir.

DESTABOCADO, adj. Desbocado, solto de linguagem.

DESTABOCAR-SE, v.p. Desbocar-se; desmandar-se em palavras.

DESTACAMENTO, s.m. Porção de tropa, separada do seu regimento e enviada a fazer serviço fora da sede do mesmo.

DESTACAR, v.t. Separar; afastar. (No sentido de dar relevo, distinguir, é galicismo.)

DESTAMPADO, adj. Destapado.

DESTAMPAMENTO, s.m. Destapamento, desobstrução.

DESTAMPAR, v.t. Destapar, abrir.

DESTAMPATÓRIO, s.m. Descompostura, descalçadeira.

DESTAPAR, v.t. Descobrir; desobstruir.

DESTAQUE, s.m. Separação; notoriedade; distinção (neste sentido é galicismo).

DESTE, Contr. da prep. **de** e do pron. demonstrativo **este**.

DESTECEDURA, s.f. Ação de destecer.

DESTECER, v.t. Desmanchar (o tecido).

DESTELHAR, v.t. Tirar as telhas.

DESTEMER, v.t. Não temer; não ter medo.

DESTEMIDEZ, s.f. Coragem, valentia.

DESTEMIDO, adj. Corajoso, valente.

DESTEMOR, s.m. Intrepidez; coragem.

DESTEMPERADO, adj. Sem tempero; desatinado, enfraquecido.

DESTEMPERANÇA, s.f. Intemperança.

DESTEMPERAR, v.t. Diminuir a têmpera ou a força a; alterar o sabor de; desafinar.

DESTEMPERO, s.m. Disparate; diarréia.

DESTERRADO, adj. Banido, exilado, degredado.

DESTERRAR, v.t. Exilar; deportar; banir.

DESTERRO, s.m. Exílio, banimento, degredo.

DESTERROAR, v.t. Desfazer os terrões a; esterroar.

DESTETAR, v.t. Desmamar, desleitar.

DESTILAÇÃO, s.f. Destilaria; processo de evaporação e recondensação para separar os líqüidos misturados.

DESTILADOR, s.m. Aparelho para destilação, alambique.

DESTILAR, v.t. Passar (uma substância) do estado líqüido ao gasoso e novamente ao líqüido, por condensação do vapor obtido; gotejar.

DESTILARIA, s.f. Fábrica onde se faz destilação.

DESTIMIDEZ, s.f. Coragem, valentia.

DESTINAÇÃO, s.f. Destino, direção.

DESTINATÁRIO, s.m. Aquele a quem se envia ou destina alguma coisa.

DESTINGIR, v.t. Desbotar; descorar.

DESTINO, s.m. Sorte, fadário, fatalidade.

DESTITUIÇÃO, s.f. Demissão; deposição.

DESTITUÍDO, adj. Deposto, demitido (de um cargo).

DESTITUIR, v.t. Privar de autoridade, dignidade ou emprego; demitir; despojar. (Pres. ind.: destituo, destituis, destitui, destituímos, destituís, destituem; imper.: destitui, destituí; pres. subj.: destitua, etc.)

DESTOANTE, adj. Divergente; discordante.

DESTOAR, v.int. Desafinar; soar mal; rel. discordar, divergir. (Conjuga-se como o v. voar.)

DESTOCADOR, s.m. Máquina que arranca os tocos das árvores após a derrubada da vegetação.

DESTOCAMENTO, s.m. Operação de lavoura que consiste em arrancar os tocos ao terreno que se pretende cultivar.

DESTOCAR, v.t. Arrancar os tocos.

DESTOLDAR, v.t. Descobrir; (fig.) tornar claro, límpido.

DESTORCEDOR, s.m. Moenda, cilindro.

DESTORCER, v.t. Endireitar; mudar de assunto.

DESTORCIDO, adj. Direito, desacanhado.

DESTORROAMENTO, s.m. Ação de destorroar.

DESTORROAR, v.t. Desterroar.

DESTRA, s.f. A mão direita.

DESTRAMAR, v.t. Desfazer a trama de.

DESTRANCAR, v.t. Tirar a tranca ou trancas a; destravar.

DESTRANÇAR, v.t. Desentrançar.

DESTRATAR, v.t. Insultar, descompor.

DESTRAVANCAR, v.t. Desatravancar, desobstruir.

DESTRAVAR, v.t. Tirar o travão ou as travas a.

DESTREZA, s.f. Agilidade, perícia.

DESTRIBAR-SE, v.p. Perder os estribos.

DESTRINÇADOR, adj. Desemaranhador, destrinchador.

DESTRINÇAR, v.t. Expor com minúcia; repartir.

DESTRINCHAR, v.t. Destrinçar.

DESTRIPAR, v.t. Estripar; fazer sair as tripas.

DESTRO, adj. Perito; ágil; sagaz.

DESTROÇADOR, adj. Destruidor.

DESTROÇAR, v.t. Desfazer a troca.

DESTROÇAR, v.t. Desbaratar; despedaçar.

DESTROÇO, s.m. Ato ou efeito de destroçar; coisas partidas; ruínas.

DESTRÓIER, s.m. Navio de guerra, contratorpedeiro.

DESTRONAMENTO, s.m. Perda do trono; abdicação.

DESTRONAR, v.t. Derribar do trono; destituir da soberania.

DESTRONCADO, adj. Luxado.

DESTRONCAR, v.t. Luxar.

DESTRONIZAÇÃO, s.f. Ato de destronizar.

DESTRONIZAR, v.t. Destronar.

DESTRUIÇÃO, s.f. Ruína, arrasamento.

DESTRUIDOR, adj. e s.m. Arrasador, aniquilador.

DESTRUIR, v.t. Exterminar; arruinar; aniquilar. (Pres. ind.: destruo, destruis ou destróis, destrui ou destrói, destruímos, destruís, destruem ou destroem.)

DESTRUTÍVEL, adj. Que se pode destruir.

DESTRUTIVO, adj. Arrasador, aniquilador.

DESTRUTOR, adj. Destruidor, aniquilador.

DESULTRAJAR, v.t.-rel. Desagravar; desafrontar.

DESUMANAR, v.t. Tornar desumano.

DESUMANIDADE, s.f. Crueldade.

DESUMANIZAR, v.t. Desumanar.

DESUMANO, adj. Ferino, cruel.

DESUNHAR, v.t. Arrancar as unhas a; perder as unhas.

DESUNIÃO, s.f. Desavença; discórdia.

DESUNIFICAR, v.t. Desunir, separar, dividir.

DESUNIR, v.t. Separar, desmembrar; desavir.

DESUSADO, adj. Fora da moda, anacrônico.

DESUSAR, v.t. Não usar.

DESUSO, s.m. Descostume, anacronismo.

DESVAIRADO, adj. Louco, doido.

DESVAIRADOR, adj. Enlouquecedor.

DESVAIRAMENTO, s.m. Alucinação, loucura.

DESVAIRAR, v.t. Alucinar; enlouquecer.

DESVAIRO, s.m. Desvario; loucura.

DESVALIA, s.f. Desvalimento; falta de valor.

DESVALIDAR, v.t. Invalidar, enfraquecer.

DESVALIDO, adj. Desprotegido, infeliz.

DESVALIJAR, v.t. Roubar, despojar.

DESVALIMENTO, s.m. Desproteção, desamparo.

DESVALIOSO, adj. Barato, depreciado.

DESVALIZAR, v.t. Desvalijar.

DESVALOR, s.m. Falta de valor.

DESVALORIZAÇÃO, s.f. Depreciação.

DESVALORIZADOR, adj. Depreciador.

DESVALORIZAR, v.t. Depreciar; perder o valor.

DESVANECEDOR, adj. Honroso, ufanoso.

DESVANECER, v.t. Desaparecer, apagar; ufanar.

DESVANECIDO, adj. Dissipado, desfeito; vaidoso, presunçoso.

DESVANECIMENTO, s.m. Esmorecimento; vaidade, presunção.

DESVANTAGEM, s.f. Inferioridade; prejuízo.

DESVANTAJOSO, adj. Inconveniente, prejudicial.

DESVÃO, s.m. Vão; espaço vazio entre uma cousa e outra.

DESVARIO, s.m. Delírio; desatino. O mesmo que desvairo.

DESVELADO, adj. Vigilante; zeloso.

DESVELAR, v.t. Causar vigília a; não deixar dormir; p. dedicar-se: devotar-se.

DESVELO, s.m. Cuidado; carinho.

DESVENCILHAR, v.t. Desprender, soltar, livrar.

DESVENDAR, v.t. Descobrir; revelar; esclarecer.

DESVENTRAR, v.t. Rasgar o ventre a; estripar.

DESVENTURA, s.f. Desgraça, infelicidade.

DESVENTURADO, adj. Infeliz; infortunado.

DESVESTIR, v.t. Despir; desnudar. (Conjuga-se como o v. vestir.)

DESVIAR, v.t. Afastar, apartar, desencaminhar.

DESVIGORAR ou DESVIGORIZAR, v.t. Enfraquecer, debilitar.

DESVINCULAR, v.t. Desligar; tornar alienáveis (bens que constituíam vínculo).

DESVIO, s.m. Afastamento; mudança de direção; rodeio.

DESVIRAR, v.t. Fazer voltar à posição normal.

DESVIRGINAMENTO, s.m. Defloramento.

DESVIRGINAR ou DESVIRGINIZAR, v.t. Deflorar.

DESVIRILIZAR, v.t. Afeminar, emascular.

DESVIRTUAÇÃO, s.f. Depreciação, menosprezo.

DESVIRTUAMENTO, s.m. Ação ou efeito de desvirtuar.

DESVIRTUAR, v.t. Depreciar a virtude de; privar de mérito ou prestígio.

DESVISCERADO, adj. Privado de vísceras, eventrado.

DESVITALIZAR, v.t. Enfraquecer, debilitar.

DETALHAR, v.t. Pormenorizar, particularizar, esmiuçar.

DETALHE, s.m. Particularidade; minuciosidade; minúcia, pormenor.

DETECÇÃO, s.f. (Fís.) Ação de tornar perceptíveis fenômenos ocultos.

DETECTAR, v.t. (Neol.) Revelar; descobrir.

DETECTOR, s.m. (Fís.) Aparelho que transforma onda hertziana em sinais perceptíveis; (Elet.) espécie de galvanômetro que serve para verificar a presença de corrente em um circuito e se emprega para comprovar a continuidade dos circuitos elétricos.

DETENÇA, s.f. Demora; delonga.

DETENÇÃO, s.f. Prisão, encarceramento.

DETENTO, s.m. Preso, encarcerado.

DETENTOR, s.m. Aquele que detém.

DETER, v.t. Sustar; fazer parar.

DETERGENTE, adj. e s.m. Que dissolve gorduras (substância).

DETERGIR, v.t. Desengordurar. (V. defect.: conjunga-se como o v. abolir.)

DETERIORAÇÃO, s.f. Estrago; apodrecimento.

DETERIORANTE, adj. Danificador.

DETERIORAR, v.t. Danificar; estragar.

DETERIORÁVEL, adj. Que se pode deteriorar.

DETERMINAÇÃO, s.f. Resolução, propósito.

DETERMINADO, adj. Definido; resoluto.

DETERMINADOR, adj. e s.m. Solucionador.

DETERMINANTE, s.f. (Mat.) Soma algébrica de todos os produtos de n elementos tirados, segundo uma regra estabelecida, dentre n elementos dispostos em n linhas e n colunas; adj. que determina.

DETERMINAR, v.t. Delimitar; fixar; indicar com precisão, definir.

DETERMINATIVO, adj. Restritivo, limitativo; todo adi. que não for qualificativo.

DETERMINÁVEL, adj. Que pode ser determinado.

DETERMINISMO, s.m. Negação do livre arbítrio.

DETERMINISTA, adj. Sectário do determinismo.

DETERSÃO, s.f. Higiene, limpeza.

DETERSIVO ou DETERSÓRIO, adj. Que limpa, que desengordura; o mesmo que detergente.

DETESTAÇÃO, s.f. Abominação; ódio.

DETESTAR, v.t. Abominar; odiar; ter aversão a.

DETESTÁVEL, adj. Abominável; péssimo.

DETETIVE, s. Investigador de polícia.

DETIDO, adj. Retardado; preso.

DETONAÇÃO, s.f. Ruído súbito devido a explosão.

DETONADOR, adj. e s.m. Diz-se da substância ou corpo que inicia a explosão; dispositivo que dispara a carga explosiva.

DETONANTE, adj. Que detona.

DETONAR, v.int. Explodir.

DETRAÇÃO, s.m. Maledicência; murmuração.

DETRAIR, v.t. Difamar; infamar. (Conjuga-se como trair.)

DETRÁS, adv. Na parte posterior; atrás.

DETRATAR, v.t. Detrair; falar mal de.

DETRATIVO, adj. Que detrai.

DETRATOR, adj. Caluniador.

DETRIMENTO, s.m. Dano; perda, prejuízo.

DETRITO, s.m. Restos.

DETURPAÇÃO, s.f. Alteração, desfiguração.

DETURPADOR, adj. e s.m. Alterador, corruptor.

DETURPAR, v.t. Desfigurar; viciar.

DEUS, s.m. Princípio supremo, que as religiões consideram superior à natureza; ser infinito perfeito, criador do Universo; divindade.

DEUSA, s.f. Fem. de Deus.

DEUTÉRIO, s.m. (Quím.) Hidrogênio pesado; isótopo do hidrogênio de peso atômico 2.

DEUTERONÔMIO, s.m. O quinto livro do Pentateuco (Velho Testamento).

DEVAGAR, adj. Vagarosamente, sem pressa.

DEVANEADOR, adj. Sonhador, imaginoso, fantasista.

DEVANEAR, v.t. Sonhar; fantasiar.

DEVANEIO, s.m. Imaginação; fantasia.

DEVASSA, s.f. Sindicância para apurar irregularidades.

DEVASSADO, adj. Exposto à vista.

DEVASSADOR, adj. Pessoa encarregada de proceder a uma devassa.

DEVASSAMENTO, s.m. Ato ou efeito de devassar.

DEVASSAR, v.t. Ter vista para dentro de; pesquisar; abrir devassa.

DEVASSIDÃO, s.f. Libertinagem, corrupção moral.

DEVASSO, adj. Libertino; licencioso.

DEVASTAÇÃO, s.f. Destruição, ruína.

DEVASTADOR, adj. Destruidor, arrasador.

DEVASTAR, v.t. Destruir; talar; assolar.

DEVEDOR, adj. e s.m. Que tem dívidas.

DEVER, v.t. Ter obrigação de; ter dívidas; s.m. obrigação, dívida.

DEVERAS, adv. Verdadeiramente, realmente.

DEVERBAL, s.m. (Gram.) Diz-se do substantivo que é derivado de verbo. Pessoa verbal substantivada. Ex.: caça, venda, compra. O mesmo que pós-verbal.

DEVESA, s.f. Alameda que limita um terreno; passagem; caminho.

DEVIR, v.int. Tornar-se, vir a ser. (Conj. como o v. vir.)

DEVOÇÃO, s.f. Sentimento religioso; práticas religiosas; dedicação íntima.

DEVOCIONISTA, adj. Devoto, religioso.

DEVOLUÇÃO, s.f. Restituição.

DEVOLUTO, adj. Desocupado; vago.

DEVOLVER, v.t. Restituir.

DEVONIANO, adj. (Geol.) Que diz respeito ao sistema geológico da era paleozóica antes do carbonífero e depois do siluriano; s.m. (Geol.) o sistema devoniano.

DEVORAÇÃO, s.f. Ato de comer com sofreguidão; voracidade.

DEVORADOR, adj. Destruidor; voraz.

DEVORAR, v.t. Comer avidamente; consumir.

DEVOTAÇÃO, s.f. Dedicação; afeição.

DEVOTADO, adj. Destinado; dedicado.

DEVOTAMENTO, s.m. Devotação, dedicação.

DEVOTAR, v.t.-rel. Dedicar; consagrar; tributar.

DEVOTO, adj. Beato; dedicado.

DEXTROGIRO, adj. Que vira para a direita; (Fís.) que desvia para a direita o plano da luz polarizada. (É corrente a pronúncia dextrógiro, levógiro, apesar de condenada.) (Antôn.: levogiro.)

DEXTROSE, s.f. Glicose.

DEZ, num. Número cardinal equivalente a uma dezena.

DEZANOVE, núm. Dezenove.

DEZASSEIS, num. Dezesseis.

DEZASSETE, num. Dezessete.

DEZEMBRO, s.m. Duodécimo e último mês do ano civil.

DEZENA, s.f. Grupo de dez.

DEZENOVE, num. Número cardinal equivalente a uma dezena e nove unidades.

DEZESSEIS, num. Número cardinal equivalente a uma dezena e seis unidades.

DEZESSETE, num. Número cardinal equivalente a uma dezena e sete unidades.

DEZOITO, num. Número cardinal equivalente a uma dezena e oito unidades.

DEZ-RÉIS, s.m. Antiga moeda portuguesa, correspondente ao atual centavo.

DIA, s.m. Espaço entre o nascer e o pôr do· Sol. Período de vinte e quatro horas.

DIABA, s.f. Fem. de diabo. O mesmo que diáboa e diábra.

DIABADA, s.f. Porção de diabos.

DIABETE ou **DIABETES**, s.m. (Med.) Enfermidade que se caracteriza pela sede intensa, apetite exagerado e urinas abundantes, aumento de açúcar no sangue e eliminação de açúcar pela urina.

DIABÉTICO, adj. Enfermo de diabete.

DIABO, s.m. Gênio do mal; Demônio; Satanás; Satã, Belzebu, Lúcifer. (Fem.: diaba, diáboa e diabra.)

DIABÓLICO, adj. Próprio do diabo; relativo ao diabo.

DIABOLISMO, s.m. Malvadez; culto do diabo.

DIABRETE, s.m. Pequeno diabo; (fig.) criança travessa.

DIABRURA, s.f. Coisa própria do diabo; (fig.) travessuras de criança.

DIACHO, s.m. Diabo.

DIACONADO, s.m. Diaconato.

DIACONAL, adj. Que diz respeito ao diácono.

DIACONATO, s.m. Dignidade de diácono.

DIÁCONO, s.m. Clérigo com as segundas ordens sacras. (Fem.: diaconisa.)

DIACRÍTICO, adj. (Gram.) Diz-se de sinais que modificam o som da letra a que estão juntos (também chamados notações ortográficas e notações léxicas): os acentos, o til, a cedilha, o apóstrofo, etc.

DIACÚSTICA, s.f. Parte da Física que estuda a refração dos sons.

DIADEMA, s.m. Coroa, resplendor, halo.

DIAFANEIDADE, s.f. Transparência.

DIÁFANO, adj. Transparente; translúcido.

DIAFRAGMA, s.m. Músculo que separa a cavidade torácica da abdominal; chapa perfurada usada em certos aparelhos ópticos, e que só deixa passar os raios úteis; membrana vibrátil de certos aparelhos de acústica.

DIAGNOSTICAR, v.t. Fazer o diagnóstico de, por meio de sinais e indicações próprias, conhecer a causa da moléstia, da enfermidade.

DIAGNOSTICÁVEL, adj. Que se pode diagnosticar, conhecer.

DIAGNÓSTICO, s.m. Conhecimento ou determinação de uma doença pelos sintomas.

DIAGONAL, s.f. Segmento de reta que, num polígono ou poliedro, une vértices de ângulos não situados sobre o mesmo lado ou sobre a mesma face; direção oblíqua; adj. oblíquo.

DIAGRAMA, s.m. Representação gráfica por meio de linhas e traços de uma análise lógica.

DIALETAL, adj. Relativo a dialeto.

DIALÉTICA, s.f. Arte de argumentar ou discutir.

DIALÉTICO, adj. Relativo à dialética; s.m. bom argumentador.

DIALETO, s.m. Variedade regional de uma língua.

DIÁLISE, s.f. (Quím.) Filtração de um sal através de uma membrana a fim de separar a fase dispersa dos cristalóides que a impurificam.

DIALOGADO, adj. Exposto em forma de diálogo.

DIALOGAL, adj. Relativo a diálogo.

DIALOGAR, v.t. Dizer ou escrever em forma de diálogo; rel. conversar.

DIÁLOGO, s.m. Comunicação, discussão, exposição de idéias por perguntas e respostas; conversa entre duas pessoas.

DIAMAGNÉTICO, adj. (Fís.) Diz-se dos corpos que são repelidos pelos magnetos.

DIAMANTE, s.m. A mais dura e brilhante pedra preciosa; brilhante.

DIAMANTÍFERO, adj. Terreno que tem diamantes.

DIAMANTINENSE, adj. De Diamantina, cidade de Minas Gerais.

DIAMETRAL, adj. Que diz respeito a diâmetro.

DIÂMETRO, s.m. Segmento de reta que une dois pontos de uma circunferência, passando pelo centro.

DIANTE, adv. Na parte anterior; em frente de.

DIANTEIRA, s.f. Frente; vanguarda.

DIANTEIRO, adj. Que está na frente de.

DIAPASÃO, s.m. Pequeno instrumento que dá um tom determinado e serve para afinação dos instrumentos musicais.

DIAPORESE, s.f. (Ret.) Figura pela qual o orador se interrompe.

DIAPOSITIVO, s.m. Fotografia positiva em lâmina de vidro, para projeção.

DIAQUILÃO, s.m. Emplastro em que entram cera, terebintina, gálbano, etc.

DIÁRIA, s.f. Gasto ou ganho de um dia; jornada.

DIÁRIO, adj. Cotidiano; s.m. jornal que sai todos os dias; relação de viagem; livro de assentos comerciais.

DIARISTA, s. Redator de um diário; trabalhador sem vencimentos fixos que ganha só nos dias em que trabalha.

DIARRÉIA, s.f. Soltura do ventre.

DIARRÉICO, adj. Relativo a diarréia; s.m. indivíduo que padece de diarréia.

DIÁSPORA, s.f. Dispersão de povos por motivos políticos ou religiosos.

DIÁSTASE, s.f. Desvio, deslocação de músculos ou de ossos cujas articulações são contíguas; fermento solúvel para diversas transformações de substâncias; zímase.

DIÁSTOLE, s.f. Movimento de dilatação do coração e das artérias; figura poética pela qual se torna uma sílaba breve; deslocação do acento tônico da palavra para a sílaba seguinte. (Antôn.: sístole.)

DIATERMIA, s.f. Calor obtido pela passagem de correntes elétricas de várias tensões pelo corpo humano.

DIATÉRMICO, adj. Diz-se dos corpos que transmitem facilmente o calor sem se aquecerem. O mesmo que diatérmano.

DIATRIBE, s.f. Crítica acerba; escrito violento e injurioso.

DICÇÃO, s.f. Pronúncia correta dos sons das palavras.

DICHOTE, s.m. Dito picante; motejo; chufa.

DICIONARIAR, v.t. e int. Dicionarizar.

DICIONÁRIO, s.m. Vocabulário, léxico, conjunto das palavras de uma língua.

DICIONARISTA, s. Autor de dicionário.

DICIONARIZAR, v.t. Incluir em dicionário; int. escrever ou organizar dicionários.

DICOTILEDÔNEO, adj. (Bot.) Que tem dois cotilédones.

DIDÁTICA, s.f. Doutrina do ensino e do método: direção da aprendizagem.

DIDÁTICO, adj. Relativo ao ensino; próprio para instruir.

DÍDIMO, adj. Gêmeo.

DIÉDRICO, adj. Relativo aos ângulos diedros.

DIEDRO, adj. Que tem duas faces ou dois planos.

DIELÉTRICO, adj. e s.m. Diz-se de ou substância ou objeto isolador da eletricidade.

DIÉRESE, s.f. (Gram.) Divisão do ditongo em duas sílabas; sinal ortográfico dessa divisão: trema.

DIERÉTICO, adj. Relativo à diérese; em que há diérese.

DIETA, s.f. Maneira regrada de viver, na saúde e na doença; conjunto de alimentos, sólidos e líquidos, prescrito pelo médico; assembléia, parlamento.

DIETÉTICA, s.f. Parte da Medicina que se refere à dieta.

DIETÉTICO, adj. Que diz respeito a dieta.

DIFAMAÇÃO, s.f. Calúnia, infamação.

DIFAMADOR, adj. e s.m. Caluniador.

DIFAMANTE, adj. Infamante.

DIFAMAR, v.t. Infamar, caluniar, desacreditar.

DIFAMATÓRIO, adj. Que difama ou em que há difamação.

DIFERENÇA, s.f. Alteração; diversidade; transtorno; intervalo, distância entre dois números; subtração indicada; pl.: desavenças; contendas.

DIFERENÇAR, v.t. Distinguir; discriminar; o mesmo que diferenciar.

DIFERENÇÁVEL, adj. Que se pode diferençar.

DIFERENCIAÇÃO, s.f. Ato ou efeito de diferenciar; (Mat.) cálculo para achar uma diferencial.

DIFERENCIAL, adj. Relativo a diferença, que indica diferença; (Mat.) designativo da quantidade ou do cálculo que procede por diferenças infinitamente pequenas.

DIFERENCIAR, v.t. Calcular ou achar a diferencial de; distinguir, diversificar.

DIFERENTE, adj. Diverso, distinto, desigual.

DIFERIMENTO, s.m. Ato ou efeito de diferir; adiamento.

DIFERIR, v.t. Adiar; demorar; divergir; discordar. (Conjuga-se como o verbo ferir.)

DIFÍCIL, adj. Árduo; penoso; trabalhoso; obscuro; exigente. (Superl.: abs. sint.: dificílimo e dificílissimo.)

DIFICULDADE, s.f. Obstáculo; impedimento; objeção.

DIFICULTAÇÃO, s.f. Ato de dificultar.

DIFICULTAR, v.t. Tornar difícil ou custoso de fazer.

DIFICULTOSO, adj. Que apresenta dificuldade; difícil.

DIFIDÊNCIA, s.f. Desconfiança.

DIFIDENTE, adj. Desconfiado.

DIFLUENTE, adj. Fluido, corrente.

DIFLUIR, v.int. Fluir, correr. Derramar-se. (Conjuga-se como o v. fluir.)

DIFTERIA, s.f. (Med.) Doença infecciosa caracterizada por formação de falsas membranas, habitualmente na garganta e no nariz; crupe, ou garrotilho.

DIFTÉRICO, adj. Relativo à difteria, que tem difteria.

DIFUNDIR, v.t. Espalhar; divulgar.

DIFUSÃO, s.f. Derramamento de fluido; (fig.) propagação; prolixidade.

DIFUSO, adj. Prolixo; redundante.

DIFUSOR, adj. Que difunde.

DÍGAMO, adj. Que participa dos dois sexos.

DIGERIDO, adj. Que se digeriu; transformado pela digestão.

DIGERIR, v.t. Assimilar. (Pres. ind.: digiro, digeres, digere, digerimos, digeris, digerem; pres. subj.: digira, digiras, etc.)

DIGERÍVEL, adj. Que pode ser digerido; de fácil digestão, assimilável.

DIGESTÃO, s.f. Transformação dos alimentos em substâncias assimiláveis.

DIGESTIBILIDADE, s.f. Qualidade do que é digestível.

DIGESTÍVEL, adj. Digerível.

DIGESTIVO, adj. Que facilita a digestão.

DIGESTO, s.m. Coleção das decisões dos mais famosos jurisconsultos romanos.

DIGITAÇÃO, s.f. Movimento de exercício dos dedos.

DIGITADO, adj. Que tem forma ou disposição de dedos.

DIGITAL, adj. Relativo aos dedos.

DIGITIFORME, adj. Que tem a forma de dedo.

DIGITÍGRADO, adj. (Zool.) Que anda nas pontas dos dedos.

DIGLADIADOR, adj. Combatente, lutador, briguento.

DIGLADIAR, v.int. Lutar; combater; discutir com veemência.

DIGNAR-SE, v.p. Ter a bondade; fazer mercê, haver por bem. (Usado com ou sem elipse da preposição de: V. Ex.ª se dignou oferecer, ou se dignou de oferecer.)

DIGNIDADE, s.f. Respeitabilidade; autoridade moral.

DIGNIFICAÇÃO, s.f. Ação de dignificar.

DIGNIFICADOR, adj. Nobilitador.

DIGNIFICAR, v.t. Tornar digno; nobilitar-se.

DIGNITÁRIO, s.m. Aquele que exerce cargo elevado ou possui alta graduação honorífica. A forma dignatário é errada.

DIGNO, adj. Merecedor; honrado; decoroso.

DÍGRAFO, s.m. (Gram.) Grupo de letras que representam um só fonema (exs.: lh (palha), nh (manhã), qu (quero), ss (passo), rr (serra), etc. O mesmo que digrama.

DIGRAMA, s.m. (V. dígrafo.)

DIGRESSÃO, s.f. Desvio de rumo ou de assunto; excursão.

DIGRESSIONAR, v.int. Fazer digressão, passear.

DIGRESSIVO, adj. Em que há digressão.

DILAÇÃO, s.f. Adiamento; demora.

DILACERAÇÃO, s.f. Despedaçamento; laceração.

DILACERADOR, adj. Despedaçador, espatifador.

DILACERANTE, adj. Aflitivo, lacerante.

DILACERAR, v.t. Despedaçar, afligir, torturar.

DILAPIDAÇÃO, s.f. Esbanjamento; roubo; apedrejamento.

DILAPIDADOR, s.m. Esbanjador, apedrejador.

DILAPIDAR, v.t. Dissipar; esbanjar; apedrejar.

DILATABILIDADE, s.f. Propriedade daquilo que é dilatável.

DILATAÇÃO, s.f. Alargamento; incremento; alongamento; prorrogação.

DILATADO, adj. Amplo, extenso; aumentado.

DILATADOR, adj. Que serve ou é próprio para dilatar.

DILATAR, v.t. Aumentar o volume de; estender; prorrogar.

DILATÁVEL, adj. Que se pode dilatar.

DILATÓRIO, adj. Que faz adiar.

DILEÇÃO, s.f. Afeição, estima, amor.

DILEMA, s.m. Argumento que coloca o adversário entre duas proposições opostas; (fig.) situação embaraçosa com duas saídas difíceis.

DILETANTE, adj. Apreciador; amador; diz-se de, ou pessoa que exerce uma arte por gosto, e não por ofício ou obrigação.

DILETANTISMO, s.m. Qualidade de quem é diletante.

DILETO, adj. Querido, amado.

DILIGÊNCIA, s.f. Zelo; cuidado, investigação oficial, pesquisa; carruagem interurbana.

DILIGENCIADOR, adj. Aquele que diligencia.

DILIGENCIAR, v.t. Esforçar-se por; empregar todos os meios para; empenhar-se por. Admite duas formas: pres. ind.: diligencio, diligencias, diligencia, diligenciam; ou diligenceio, diligenceias, diligenceia; diligenceiam. Dá-se o mesmo no pres. do subj.

DILIGENTE, adj. Ativo, zeloso.

DILUCIDAÇÃO, s.f. ou **DILUCIDAMENTO**, s.m. Esclarecimento.

DILUCIDAR, v.t. Lucidar, esclarecer.

DILUENTE, adj. Que dilui.

DILUIÇÃO, s.f. ou **DILUIMENTO**, s.m. Ação ou efeito de diluir; enfraquecimento.

DILUIR, v.t. Diminuir a concentração de (uma solução); misturar com água; desfazer. (Pres. ind.: diluo, diluis, dilui, diluímos, diluís, diluem; imperat.: dilui, diluí; pres. subj.: dilua, diluas, etc.)

DILUVIAL, adj. Diluviano.

DILUVIANO, adj. Relativo a aluviões pré-históricas; relativo a dilúvios em geral; (fig.) torrencial.

DILUVIÃO, s.m. Terreno em que há vestígios de aluviões anteriores aos tempos históricos.

DILUVIAR, v.int. Chover copiosamente.

DILÚVIO, s.m. Inundação universal; cataclismo; grande chuva.

DILUVIOSO, adj. Muito abundante de águas.

DIMANAÇÃO, s.f. Curso brando de um fluido; emanação; proveniência.

DIMANANTE, adj. Derivante.

DIMANAR, v.int. Brotar; fluir; derivar.

DIMENSÃO, s.f. Tamanho; grandeza.

DIMENSÍVEL, adj. Mensurável.

DIMIDIAÇÃO, s.f. Ato ou efeito de dimidiar.

DIMIDIAR, v.t. Dividir pelo meio; mear.

DIMINUENDO, adv. Palavra de origem italiana usada para indicar que se deve ir enfraquecendo a sonoridade de um trecho; s.m. (Arit.) número de que se subtrai outro.

DIMINUENTE, adj. Que diminui.

DIMINUIÇÃO, s.f. Subtração.

DIMINUIDOR, adj. Que diminui; s.m. termo subtrativo da diminuição.

DIMINUIR, v.t. Encurtar; abreviar; atenuar. (Pres. ind.: diminuo, diminuis, diminui, diminuímos, diminuís, diminuem; imperat.: diminui, diminuí; pres. subj.: diminua, diminuas, etc.)

DIMINUTIVO, adj. e s.m. (Gram.) Grau do subst. que indica tamanho físico, pequeno, ou carinho, afetividade. Ex.: livrinho, rapazola, rapazote, paizinho. F. paral.: diminuitivo.

DIMINUTO, adj. Diminuído; muito pequeno; escasso.

DINA, s.m. Unidade de força do sistema C.G.S.; força que imprime à massa de um grama uma aceleração constante de um centímetro por segundo.

DINAMARQUÊS, adj. e s.m. Habitante ou o natural da Dinamarca; a língua desse país.

DINÂMICA, s.f. Parte da Mecânica que estuda o movimento e as forças.

DINÂMICO, adj. Ativo, enérgico.

DINAMISMO, s.m. Atividade, energia.

DINAMITAR, v.t. Destruir com dinamite.

DINAMITE, s.f. Substância explosiva composta de nitroglicerina.

DINAMIZAÇÃO, s.f. Concentração ou elevação da energia terapêutica dos medicamentos, pelo sistema da homeopatia.

DINAMIZAR, v.t. Dar caráter dinâmico a.

DÍNAMO, s.m. Abreviação de dínamo-elétrica, máquina que transforma a energia mecânica em elétrica.

DINAMOMETRIA, s.f. Medida de força pelo dinamômetro.

DINAMOMÉTRICO, adj. Que se refere à dinamometria.

DINAMÔMETRO, s.m. Instrumento destinado à medição das forças.

DINASTA, s. Pessoa partidária de uma dinastia.

DINASTIA, s.f. Série de soberanos pertencentes a uma só família.

DINÁSTICO, adj. Que diz respeito a dinastia.

DINDINHO, s.m. Forma familiar de padrinho; por anal.: dindinha; madrinha.

DINHEIRADA, s.f. Grande quantidade de dinheiro. O mesmo que dinheirama e dinheirame.

DINHEIRAMA, s.f. Grandes recursos de dinheiro.

DINHEIRAME, s.m. Dinheirada.

DINHEIRÃO, s.m. Grande e indeterminada porção de dinheiro; quantia vultosa.

DINHEIRO, s.m. A moeda corrente; quantia; valor representado por moeda ou papel; pecúnia.

DINHEIROSO, adj. Rico, opulento.

DINOSSAURO, s.m. Espécime fóssil de réptil marinho.

DINOTÉRIO, s.m. Mamífero proboscídeo fóssil.

DIOCESANO, adj. Que diz respeito à diocese.

DIOCESE, s.f. Circunscrição territorial sujeita à administração eclesiástica de um bispo.

DIONISÍACO, adj. Báquico, carnavalesco.

DIOPTRIA, s.f. (Ópt.) Unidade de convergência; convergência de um sistema óptico cuja distância focal é igual a um metro.

DIÓPTRICA, s.f. Parte da Física que estuda a refração da luz.

DIORAMA, s.m. Quadro iluminado superiormente por luz móvel e que produz ilusão óptica.

DIORÂMICO, adj. Relativo a diorama.

DIORESE, s.f. Derramamento de sangue.

DIPLOMA, s.m. Título ou documento oficial com que se confere um cargo, dignidade, mercê ou privilégio.

DIPLOMAÇÃO, s.f. Ação de conferir diploma.

DIPLOMACIA, s.f. Ciência das relações e interesses internacionais; astúcia; habilidade.

DIPLOMADO, adj. Que tem diploma ou título justificativo de certas habilitações científicas ou literárias.

DIPLOMAR-SE, v.p. Receber diploma de ciência ou arte que se estudou.

DIPLOMATA, s. Representante de um Estado junto a outro; (fig.) pessoa fina, de porte distinto, ou hábil nos negócios.

DIPLOMÁTICA, s.f. Paleografia; arte de decifrar e comentar documentos antigos, manuscritos.

DIPLOMÁTICO, adj. Da diplomacia ou a ela respeitante; (fig.) discreto; cortês; elegante.

DIPLOMATISTA, s.f. Paleógrafo.

DÍPTERO, adj. Que tem duas asas.

DIQUE, s.m. Reservatório; represa; açude; doca.

DIREÇÃO, s.f. Indicação de rumo a seguir.

DIRECIONAL, adj. Oriundo da direção; relativo a direção.

DIREITA, s.f. Destra; partido político que apóia o governo; totalitarismo.

DIREITISTA, adj. e s. Pessoa partidária dos regimes da direita.

DIREITO, adj. Reto, correto, bem procedido; s.m. estudo das leis; ciência social e jurídica.

DIREITURA, s.f. Retilinidade, correção.

DIRETIVA, s.f. Diretriz, norma, pauta.

DIRETIVO, adj. Dirigente.

DIRETO, adj. Que vai em linha reta; imediato; sem intermediário.

DIRETOR, adj. e s.m. Administrador; mentor. (Femin.: diretora.)

DIRETORIA, s.f. Direção; diretorado.

DIRETORIAL, adj. Referente a diretório.

DIRETÓRIO, s.m. Comissão diretora.

DIRETRIZ, s.f. Norma, pauta, critério.

DIRIGENTE, adj. Diretor, mentor, guia.

DIRIGIDO, adj. Administrado; orientado.

DIRIGIR, v.t. Administrar; gerir; guiar; encaminhar.

DIRIGÍVEL, adj. Que se pode dirigir; s.m. balão que se pode dirigir; aeróstato.

DIRIMIR, v.t. Solucionar, resolver.

DIRO, adj. Cruel; desumano.

DISARTRIA, s.f. Dificuldade na articulação das palavras por perturbação nos centros nervosos.

DISCAR, v.int. Fazer girar o disco do aparelho telefônico automático para estabelecer ligação.

DISCENTE, adj. Estudante; discípulo.

DISCEPTAÇÃO, s.f. Controvérsia; discussão.

DIRCERNENTE, adj. Esclarecedor.

DISCERNIMENTO, s.m. Critério, prudência, juízo.

DISCERNIR, v.t. Discriminar, separar, distinguir, apreciar.

DISCERNÍVEL, adj. Que se pode discernir.

DISCIFORME, adj. Que tem a forma de disco.

DISCIPLINA, s.f. Ordem, respeito, obediência às leis; matéria de estudo; instrumento de penitência.

DISCIPLINADOR, adj. Organizador, administrador, corretor. .

DISCIPLINAR, adj. Que diz respeito à disciplina; v.t. sujeitar à disciplina; corrigir; fazer obedecer.

DISCIPLINÁVEL, adj. Que se pode disciplinar.

DISCÍPULO, s.m. Aluno, estudante.

DISCO, s.m. Chapa circular.

DISCÓBOLO, s.m. Atleta lançador do disco.

DISCÓIDE, adj. Que tem forma de disco.

DÍSCOLO, adj. Espúrio, viciado.

DISCORDÂNCIA, s.f. Incompatibilidade; desafinação; diferença de opinião.

DISCORDANTE, adj. Desarmônico, não correspondente a; em desacordo.

DISCORDAR, v.int. Destoar, desafinar, divergir.

DISCORDE, adj. Discordante; destoante.

DISCÓRDIA, s.f. Desarmonia; desavença.

DISCORRER, v.t. Discursar; tratar, expor.

DISCORRIMENTO, s.m. Raciocínio, discernimento.

DISCOTECA, s.f. Coleção, arquivo de discos.

DISCOTECÁRIO, s.m. (Neol.) Pessoa encarregada de discoteca.

DISCREPÂNCIA, s.f. Divergência; disparidade.

DISCREPANTE, adj. Divergente, discordante.

DISCREPAR, v.rel. Divergir de opinião; discordar.

DISCRETEADOR, adj. Conversador, discorredor.

DISCRETEAR, v.int. e rel. Falar, discorrer, conversar com acerto.

DISCRETIVO, adj. Discernente.

DISCRETO, adj. Reservado, prudente.

DISCRIÇÃO, s.f. Circunspeção; discernimento.

DISCRICIONAL, adj. Arbitrário, discricionário.

DISCRICIONÁRIO, adj. Arbitrário, caprichoso.

DISCRIMINAÇÃO, s.f. Discernimento; separação; distinção.

DISCRIMINADOR, adj. Que discrimina.

DISCRIMINAR, v.t. Destrinçar; discernir; separar; diferençar.

DISCRIMINÁVEL, adj. Que se pode discriminar.

DISCROMIA, s.f. Designação genérica das perturbações da pigmentação da pele.

DISCURSADOR, adj. Orador, fazedor de discursos.

DISCURSAR, v.t. Falar em público, orar.

DISCURSEIRA, s.f. Grande quantidade de discursos; verborréia.

DISCURSISTA, adj. Que ou pessoa que faz discursos.

DISCURSIVO, adj. Que procede por meio do raciocínio.

DISCURSO, s.m. Oração, trabalho literário recitado perante um público.

DISCURSÓRIO, s.m. Sucessão de discursos, verborréia.

DISCUSSÃO, s.f. Controvérsia; debate; polêmica.

DISCUTIÇÃO, s.f. (Pop.) Discussão.

DISCUTIDOR, adj. Questionador, polemista.

DISCUTIR, v.t. Debater, questionar.

DISCUTÍVEL, adj. Problemático; incerto.

DISENTERIA, s.f. Perturbação intestinal.

DISENTÉRICO, adj. Pessoa atacada de disenteria.

DISERTO, adj. Que se exprime com simplicidade e elegância; eloqüente.

DISFAGIA, s.f. (Med.) Dificuldade de comer, de engolir.

DISFARÇADO, adj. Simulado, fingido, falso.

DISFARÇAR, v.t. Mascarar; fingir; dissimular.

DISFARCE, s.m. Máscara; fingimento, camuflagem.

DISFASIA, s.f. (Med.) Perturbação da fala.

DISFONIA, s.f. Alteração da voz.

DISFORMAR, v.t. Deformar.

DISFORME, adj. Monstruoso; extraordinário.

DISIDROSE, s.f. (Med.) Distúrbio da secreção sudoral; doença cutânea caracterizada por vesículas nas mãos e nos pés.

DISJUNÇÃO, s.f. Separação; desunião.

DISJUNGIR, v.t. Desprender; desunir. Conjuga-se em todas as pessoas, tempos e modos: disjunjo, disjunges, disjunge, disjungimos, disjungis, disjungem.

DISMENORRÉIA, s.f. (Med.) Menstruação difícil e dolorosa.

DISMNÉSIA, s.f. Dificuldade de reter na memória.

DISOPIA, s.f. Enfraquecimento visual.

DISOREXIA (cs), s.f. Falta de apetite.

DISOSMIA, s.f. Enfraquecimento do olfato.

DÍSPAR, adj. Desigual, diferente, diverso.

DISPARADA, s.f. Corrida; ato de disparar.

DISPARADO, adj. Arrojado; posto a correr ou funcionar.

DISPARAR, v.t. Arremessar; desfechar (arma de fogo); descarregar; correr, desembestar.

DISPARATADO, adj. Asneirento, despropositado.

DISPARATAR, v.int. Dizer, proferir tolices.

DISPARATE, s.m. Despautério; despropósito; absurdo.

DISPARIDADE, s.f. Desigualdade; dessemelhança.

DISPARO, s.m. Ato ou efeito de disparar; tiro; detonação.

DISPARTIR, v.t. Distribuir; repartir.

DISPÊNDIO, s.m. Gasto; despesa; consumo.

DISPENDIOSO, adj. Custoso; caro.

DISPENSA, s.f. Isenção de serviço, escusa; licença; depósito de mantimentos.

DISPENSABILIDADE, s.f. Qualidade do que ou de quem é dispensável.

DISPENSAÇÃO, s.f. Dispensa; isenção, escusa.

DISPENSADOR, s.m. Isentador.

DISPENSAR, v.t. Prescindir; não precisar de.

DISPENSÁRIO, s.m. Estabelecimento particular ou governamental de beneficência onde se cuida gratuitamente dos doentes pobres.

DISPENSATÁRIO, s.m. Aquele que concede dispensa.

DISPENSATIVO, adj. Que dispensa ou é motivo disso.

DISPENSÁVEL, adj. Que se pode dispensar; prescindível.

DISPEPSIA, s.f. Má digestão. (Antôn.: eupepsia.)

DISPÉPTICO, adj. Pessoa que digere mal.

DISPERDER, v.t. Destruir; aniquilar.

DISPERSADOR, adj. Espalhador, debandador.

DISPERSÃO, s.f. Separação de pessoas ou coisas em diferentes sentidos; debandada; (Fís.) separação da luz solar nas sete cores do arco-íris.

DISPERSAR, v.t. Disseminar; desbaratar; afugentar; espalhar.

DISPERSIVO, adj. Que produz dispersão; que desordena.

DISPERSO, adj. Espalhado; posto em debandada.

DISPLICÊNCIA, s.f. Desinteresse, indiferentismo.

DISPLICENTE, adj. Desinteressado, indiferente.

DISPNÉIA, s.f. Dificuldade na respiração. (Antôn.: eupnéia.)

DISPNÉICO, adj. Relativo à dispnéia.

DISPONENTE, adj. e s. Que, ou pessoa que dispõe (de bens a favor de alguém).

DISPONIBILIDADE, s.f. Estado de quem não tem ocupação, dever ou função obrigatória.

DISPONÍVEL, adj. De que se pode dispor.

DISPOR, v.t. Coordenar; preparar; planear; usar livremente. (Conjuga-se como o v. pôr.)

DISPOSIÇÃO, s.f. Colocação metódica; tendência; preceito; prescrição legal.

DISPOSITIVO, s.m. Regra, preceito; maneira particular como estão dispostos os órgãos de um aparelho.

DISPOSTO, adj. Preparado; inclinado; posto de certa maneira; vivo; animado.

DISPRÓSIO, s.m. Elemento químico, metal, símbolo Dy, peso atômico 162,5 e n.º atômico 66.

DISPUTA, s.f. Contestação; rixa; contenda.

DISPUTADOR, adj. Contendor, disputante.

DISPUTANTE, adj. Contendor.

DISPUTAR, v.t. Contestar; contender, discutir.

DISPUTATIVO, adj. Que disputa ou gosta de disputar.

DISPUTÁVEL, adj. Que pode ser objeto de disputata.

DISQUISIÇÃO, s.f. Pesquisa; investigação.

DISSABOR, s.m. Desgosto; mágoa.

DISSABOREAR, v.t. Causar dissabor.

DISSABORIDO ou DISSABOROSO, adj. Insípido, insulso.

DISSECAÇÃO, s.f. Separação (com instrumento cirúrgico) das partes de um corpo ou órgão.

DISSECAR, v.t. Fazer dissecação de; analisar minuciosamente.

DISSECÇÃO, s.f. Dissecação.

DISSECTOR, s.m. Instrumento para dissecar.

DISSEMINAÇÃO, s.f. Difusão; vulgarização.

DISSEMINADOR, adj. Divulgador.

DISSEMINAR, v.t. Difundir; vulgarizar; espargir.

DISSENSÃO, s.f. Divergência.

DISSENTÂNEO, adj. Que dissente.

DISSENTIMENTO, s.m. Desacordo; dissensão.

DISSENTIR, v.rel. Discordar, discrepar, divergir. (Conjuga-se como o v. sentir.)

DISSERTAÇÃO, s.f. Exposição desenvolvida, escrita ou oral, de um ponto doutrinário.

DISSERTADOR, s.m. Discursador, conferencista.

DISSERTAR, v.t. Tratar com desenvolvimento um ponto doutrinário; discorrer.

DISSIDÊNCIA, s.f. Dissensão; discordância.

DISSIDENTE, adj. Discordante, discrepante.

DISSIDIAR, v.rel. Divergir. (Pres. indic.: dissidio, dissidias, etc.)

DISSÍDIO, s.m. Dissensão, divergência.

DISSILÁBICO, adj. Que tem duas sílabas.

DISSÍLABO, adj. Dissilábico; s.m. palavra de duas

sílabas. O mesmo que bissílabo. (Ex.: casa, padre, fato, etc.)

DISSIMETRIA, s.f. Falta de simetria.

DISSIMÉTRICO, adj. Falto de simetria.

DISSÍMIL, adj. Dessemelhante. (Pl.: dissímeis; superlativo absoluto sintético: dissimílimo.)

DISSIMILAÇÃO, s.f. (Gram.) Diferenciação de sons idênticos ou semelhantes, podendo essa diferenciação chegar à eliminação de um dos sons: lírio (lilium), lembrar (nembrar), redondo (rodondo), bateria (bataria).

DISSIMILAR, adj. De natureza diferente; heterogêneo.

DISSIMULAÇÃO, s.f. Disfarce; camuflagem.

DISSIMULADO, adj. Camuflado, fingido, hipócrita.

DISSIMULADOR (ô), adj. Astuto, falso, hipócrita.

DISSIMULAR, v.t. Encobrir; fingir; disfarçar.

DISSIMULÁVEL, adj. Que pode ser dissimulado.

DISSIPAÇÃO, s.f. Desbarato de bens: desperdício.

DISSIPADO, adj. Desbaratado, desregrado.

DISSIPADOR, adj. Perdulário, esbanjador.

DISSIPAR, v.t. Esbanjar; desperdiçar.

DISSIPÁVEL, adj. Que se dissipa facilmente.

DISSO, Contr. da prep. de com o pron. demonstrativo isso.

DISSOCIABILIDADE, s.f. Qualidade daquilo que é dissociável.

DISSOCIAÇÃO, s.f. (Quím.) Decomposição reversível de uma molécula: separação, desagregação.

DISSOCIAL, adj. Insociável; que não se pode associar.

DISSOCIAR, v.t. Desagregar; separar.

DISSOCIÁVEL, adj. Que se pode ou se deve dissociar.

DISSOLUBILIDADE, s.f. Qualidade do que é dissolúvel.

DISSOLUÇÃO, s.f. Decomposição; extinção de contrato ou sociedade; perversão de costumes; devassidão; (Quím.) fenômeno pelo qual uma substância colocada em contato com outra desaparece para formar um conjunto homogêneo que toma ó nome de solução.

DISSOLUTIVO, adj. Dissolvente.

DISSOLUTO, adj. Devasso; libertino.

DISSOLÚVEL, adj. Que pode ser dissolvido.

DISSOLVÊNCIA, s.f. Dissolução, desagregação.

DISSOLVENTE, adj. Qualidade do que dissolve. dilui.

DISSOLVER, v.t. Desagregar; desfazer; fazer evaporar.

DISSONÂNCIA, s.f. Desafinação de sons.

DISSONANTE, adj. O mesmo que díssono, dissonoro. Desafinado.

DISSONAR, v.int. Destoar.

DÍSSONO, adj. Confuso, desafinado.

DISSUADIR, v.t.-rel. Despersuadir; desaconselhar.

DISSUASÃO, s.f. Despersuasão.

DISSUASIVO, adj. Próprio para dissuadir.

DISSUASOR, adj. Que dissuade.

DISSUASÓRIO, adj. Dissuasivo.

DISTANASIA, s.f. Morte dolorosa. (Antôn.: eutanásia.)

DISTÂNCIA, s.f. Espaço, intervalo, afastamento.

DISTANCIAR, v.t. Afastar, separar. (Pres. ind.: distancio, distancias, distancia, distanciamos, distanciais, distanciam; pres. subj.: distancie, distancies, etc.)

DISTANTE, adj. Afastado; remoto, apartado.

DISTAR, v.t.-rel. Distanciar, estar longe.

DISTENDER, v.t. Estender, desenvolver.

DISTENSÃO, s.f. Torção ou tensão violenta de músculos ou dos ligamentos de uma articulação: desenvolvimento; esticamento.

DISTENSO, adj. Que sofreu distensão, esticado.

DISTENSOR, adj. Esticador.

DÍSTICO, s.m. Grupo de dois versos; máxima de dois versos; rótulo; divisa; letreiro.

DISTINÇÃO, s.f. Diferença; sinal para diferençar; educação esmerada; correção de procedimento; classificação de distinto em exame.

DISTINGUIDOR, s.m. Aquele que distingue.

DISTINGUIR, v.t. Diferençar; discriminar; avistar; caracterizar. (Pres. ind.: distingo, distingues, etc.; pres. subj.: distinga, distingas, etc.)

DISTINGUÍVEL, adj. Que se pode distinguir.

DISTINTIVO, adj. Próprio para distinguir; s.m. coisa que distingue; emblema; insígnia.

DISTINTO, adj. Diferente; que não se confunde; que tem distinção de porte; que teve classificação superior a bom em exame; ilustre; notável.

DISTO, Contr. da prep. de com o pron. demonstr. isto.

DISTORÇÃO, s.f. (Fot.) Defeito de lentes que tornam curvas as linhas retas. (Acúst.) Alteração dos sons produzida pelo desajuste dos aparelhos.

DISTRAÇÃO, s.f. Desatenção; inadvertência; divertimento.

DISTRAÍDO, adj. Descuidado; entretido, ocupado.

DISTRAIMENTO, s.m. Distração.

DISTRAIR, v.t. Tornar desatento, divertir, recrear. (Conjuga-se como o verbo sair.)

DISTRATAR, v.t. Anular, desfazer, rescindir contrato.

DISTRATE, s.m. Distrato.

DISTRATIVO, adj. Que distrai.

DISTRATO, s.m. Ato de distratar; rescisão ou anulação de contrato.

DISTRIBUIÇÃO, s.f. Repartição; serviço de entrega de correspondência postal aos destinatários.

DISTRIBUIDOR, adj. Repartidor; s.m. dispositivo que se usa em motor de explosão a fim de que se vá aplicando a voltagem às velas dos diferentes cilindros.

DISTRIBUIR, v.t. Repartir, espalhar. (Pres. ind.: distribuo, distribuis, distribui, distribuímos, distribuís, distribuem; pres. do subj.: distribua, etc.)

DISTRIBUTIVO, adj. Eqüitativo; (Mat.) diz-se da seguinte propriedade da multiplicação em relação à adição: o produto de um número por uma soma indicada é igual à soma dos produtos deste número por cada parcela.

DISTRITAL, adj. Pertencente ou relativo a distrito.

DISTRITO, s.m. Divisão territorial de uma cidade a cargo de uma autoridade administrativa, judicial ou fiscal e que abrange um ou mais bairros.

DISTROFIA, s.f. Perturbação da nutrição.

DISTURBAR, v.t. Perturbar; convulsionar.

DISTÚRBIO, s.m. Perturbação; motim.

DISÚRIA, s.f. Dificuldade em urinar.

DISÚRICO, adj. Aquele que padece disúria.

DITA, s.f. Fortuna, sorte; felicidade.

DITADO, s.m. A escrita feita por ditado; anexim, provérbio, adágio.

DITADOR, s.m. Déspota, tirano.

DITADURA, s.f. Governo de exceção em que os poderes do Estado se concentram nas mãos de um só homem; (fig.) despotismo, tirania.

DITAME, s.m. Regra; aviso; ordem.

DITAR, v.t. Sugerir; impor; pronunciar em voz alta o que outrem há de escrever.

DITATORIAL ou **DITATÓRIO**, adj. Referente a ditador ou a ditadura.

DITÉRIO, s.m. Dichote; mexerico.

DITIRÂMBICO, adj. Entusiástico, alegre.

DITIRAMBO, s.m. Poesia em que se faz a exaltação do vinho, do alcoolismo.

DITO, s.m. Palavra; expressão; sentença; frase; mexerico.

DITOGRAFIA, s.f. Erro de copista que repetia o que só devia escrever uma vez.

DITONGAÇÃO, s.f. Formação de ditongos.

DITONGAL, adj. Referente a ditongo.

DITONGAR, v.t. Converter em ditongo.

DITONGO, s.m. (Gram.) Grupo de duas vogais proferidas numa só sílaba. (V. Crescente e Decrescente.)

DITOSO, adj. Feliz; venturoso.

DIURESE, s.f. Quantidade da urina produzida.

DIURÉTICO, adj. Que facilita a secreção da urina.

DIURNAL, adj. Diário.

DIURNO, adj. Que se faz ou sucede num dia.

DIUTURNIDADE, s.f. Largo espaço de tempo; longa duração.

DIUTURNO, adj. De prolongada duração.

DIVA, s.f. Deusa; (fig.) mulher formosa; cantora notável.

DIVÃ, s.m. Sofá; canapé.

DIVAGAÇÃO, s.f. Devaneio; imaginação, fantasia.

DIVAGADOR, adj. O que divaga; prolixo.

DIVAGANTE, adj. Que divaga.

DIVAGAR, v.t. Vaguear; discorrer sem nexo; fantasiar.

DIVERGÊNCIA, s.f. Desvio; desacordo.

DIVERGENTE, adj. Afastado, separado.

DIVERGIR, v.int. Desviar-se; discordar. (Pres. ind.: divirjo, diverges, diverge, divergimos, divergis, divergem; pres. subj.: divirja, divirjas, etc.)

DIVERSÃO, s.f. Divergência; distração; divertimento.

DIVERSICOLOR (ô), adj. Que tem cores diversas; variegado.

157

DIVERSIDADE, s.f. Variedade; diferença.
DIVERSIFICAÇÃO, s.f. Ato ou efeito de diversificar.
DIVERSIFICANTE, adj. Que diversifica.
DIVERSIFICAR, v.t. Diferençar.
DIVERSIFICÁVEL, adj. Que se pode diversificar.
DIVERSIVO, adj. Que diverte.
DIVERSO, adj. Diferente; vário.
DIVERTIDO, adj. Alegre; pândego; folgazão; recreativo; distraído; desviado.
DIVERTIMENTO, s.m. Entretenimento; distração; recreio.
DIVERTIR, v.t. Distrair, desviar, recrear. (Pres. ind.: divirto, divertes, diverte, divertimos, divertis, divertem; pres. subj.: divirta, divirtas, divirta, divirtamos, divirtais, divirtam.)
DIVÍCIA, s.f. Riqueza.
DÍVIDA, s.f. Obrigação; débito.
DIVIDENDO, adj. Que se há de ou deve dividir; s.m. (Arit.) número que se há de dividir; (Com.) lucros de uma empresa que se devem distribuir pelos sócios ou acionistas.
DIVIDIR, v.t. Desunir; separar; demarcar. (Pres. ind.: divido, divides, etc.; pres. subj.: divida, dividas, etc.)
DIVINAÇÃO, s.f. Arte de adivinhar; adivinhação.
DIVINAL, adj. Divino.
DIVINATÓRIO, adj. Referente a adivinhação.
DIVINDADE, s.f. Deus, deidade.
DIVINIZAÇÃO, s.f. Deificação.
DIVINIZADOR, adj. Deificador.
DIVINIZANTE, adj. Deificante.
DIVINIZAR, v.t. Deificar, sublimar.
DIVINO, adj. Sobrenatural; perfeito; encantador; relativo a deuses.
DIVISA, s.f. Marca, sinal divisório; distintivo; emblema; galão indicativo de patente militar, etc.; moeda conversível.
DIVISÃO, s.f. Segmentação; compartimento; linha divisória; porção; parte de um todo.
DIVISAR, v.t. Marcar; delimitar; distinguir; balizar.
DIVISIBILIDADE, s.f. Qualidade do que é divisível.
DIVISIONAL, adj. Relativo a divisão distrital.
DIVISIONÁRIO, adj. Moeda divisionária: moeda de troco, divisão da unidade monetária; relativo a divisão militar.
DIVISÍVEL, adj. Que se pode dividir exatamente. isto é, sem deixar resto.
DIVISO, adj. Dividido; separado.
DIVISOR, s.m. (Arit.) Número pelo qual se divide outro; máximo — comum (Arit.): maior número capaz de dividir exatamente dois ou mais números.
DIVISÓRIA, s.f. Linha que divide ou separa.
DIVISÓRIO, adj. Que divide; que serve para delimitar.
DIVO, adj. Divino.
DIVORCIAR, v.t. Separar, apartar. (Pres. ind.: divorcio, divorcias, etc.)
DIVÓRCIO, s.m. Dissolução judicial do matrimônio; (fig.) desunião; separação.
DIVORCISTA, adj. Partidário do divórcio.
DIVULGAÇÃO, s.f. Vulgarização; publicação.
DIVULGADOR, adj. Vulgarizador.
DIVULGAR, v.t. Vulgarizar; propalar; publicar.
DIZEDOR, adj. Falador; gracejador; palrador, declamador.
DIZER, v.t. Proferir; enunciar; recitar; celebrar; rezar; narrar; significar; s.f. dito; expressão; linguagem falada; maneira de exprimir; estilo. (V. irreg. pres. ind.: digo, dizes, diz, dizemos, dizeis, dizem; perf. ind.: disse, disseste, disse, dissemos, dissestes, disseram; mais-que-perf.: dissera, etc.: fut. do pres.: direi, dirás, etc.; fut. do pretér.: diria, dirias, etc.; imper.: dize, dizei; pres. subj.: diga, digas, etc.; inp. subj.: dissesse, etc.; part. dito.)
DÍZIMA, s.f. Imposto equivalente à décima parte do rendimento; décima; — periódica: número decimal em que depois da vírgula há algarismos que se reproduzem sempre na mesma ordem.
DIZIMAÇÃO, s.f. Ato de dizimar; morte, hecatombe.
DIZIMADOR, adj. Assolador.
DIZIMAR, v.t. Matar (um soldado) em cada grupo de dez; lançar imposto de dízima sobre; destruir parte de; (fig.) desfalcar; diminuir; arruinar.
DÍZIMO, s.m. A décima parte.
DIZÍVEL, adj. Que se pode dizer.

DJIM, s.m. Nome dado pelos árabes a entidades, benfazejas ou maléficas, superiores aos homens e inferiores aos anjos.
DO, Contração da prep. de com o artigo ou pron. o.
DÓ, s.m. Comiseração; lástima; compaixão; primeira nota da escala musical.
DOAÇÃO, s.f. Oferta, ato de doar.
DOADO, adj. Ofertado, dado.
DOADOR, s.m. Aquele que faz doação.
DOAR, v.t. Fazer doação de; dar; conceder.
DOBADEIRA, s.f. Mulher que doba.
DOBADOURA, s.f. Aparelho para dobar; (fam.) azáfama; roda-viva. Roca.
DOBAGEM, s.f. Ato de dobar; oficina onde se doba, nas fábricas de fiação.
DOBAR, v.t. Enovelar (o fio da meada) com ou sem dobadoura; (fig.) voltear.
DOBRA, s.f. Parte de um objeto que, voltado, fica sobreposta a outra; prega.
DOBRADA, s.f. Parte das vísceras de boi ou de vaca, para guisar; guisado feito com essas vísceras; ondulação do terreno, quebrada.
DOBRADEIRA, s.f. Instrumento de encadernador para dobrar folhas e capas de livros.
DOBRADIÇA, s.f. Peça de metal, formada de duas chapas, unidas por um eixo comum e sobre que gira a porta, janela, etc.; bisagra; gonzo.
DOBRADINHA, s.f. (V. Dobrada.)
DOBRADO, adj. Duplicado; enrolado; voltado sobre si; muito forte, de compleição robusta; s.m. música de marcha militar.
DOBRADURA, s.f. Curvatura; dobra.
DOBRAMENTO, s.m. Dobradura.
DOBRÃO, s.m. Antiga moeda portuguesa de ouro; moeda espanhola antiga.
DOBRAR, v.t. Duplicar; aumentar, curvar; tocar (de sinos).
DOBRÁVEL, adj. Que se pode dobrar.
DOBRE, s.m. Toque (dos sinos) a finados.
DOBREZ, s.f. Falsidade, hipocrisia.
DOBRO, s.m. Duplo; duplicação.
DOCA, s.f. Parte de um porto, onde se abrigam os navios e tomam ou deixam carga.
DOÇARIA, s.f. Abundância de doce; lugar onde se fabrica ou vende doce.
DOCE, adj. Aquilo que não é amargo ou azedo; meigo; afável; afetuoso; s.m. iguaria feita com açúcar ou mel. (Superl. absol.: dulcíssimo.)
DOCEIRA, s.f. Mulher que faz ou vende doces; confeiteira.
DOCEIRO, s.m. Confeiteiro.
DOCÊNCIA, s.f. Ensino.
DOCENTE, adj. s.m. Professor, lente.
DÓCIL, adj. Submisso, obediente; flexível. (Pl.: doceis; superl. abs. sint. docilíssimo, docílimo.)
DOCILIDADE, s.f. Afabilidade, amenidade.
DOCUMENTAÇÃO, s.f. Comprovação por meio de documentos; conjunto de documentos.
DOCUMENTADO, adj. Provado com documentos.
DOCUMENTAL, adj. Relativo a documento; fundado em documentos.
DOCUMENTAR, v.t. Juntar documentos a; provar com documentos.
DOCUMENTÁRIO, adj. Relativo a documentos; que tem o valor de documentos; s.m. o que vale como documento.
DOCUMENTATIVO, adj. Que serve para documentar.
DOCUMENTÁVEL, adj. Que pode ser documentado ou provado.
DOCUMENTO, s.m. Título ou diploma que serve de prova; declaração escrita para servir de prova; demonstração.
DOÇURA, s.f. Brandura; suavidade; simplicidade.
DODECAÉDRICO, adj. Relativo a dodecaedro; que tem a forma de dodecaedro.
DODECAEDRO, s.m. (Geom.) Poliedro de doze faces.
DODECÁGONO, s.m. (Geom.) Polígono de doze lados.
DODECASSÍLABO, adj. De doze sílabas; s.m. palavra ou verso de doze sílabas.
DOENÇA, s.f. Moléstia; enfermidade.
DOENTE, adj. Enfermo; fraco.
DOENTIO, adj. Débil; prejudicial à saúde; enfermiço.
DOER, vint. Causar dor, pena, sofrimento, pesar. Arrepender-se, pesar-se de. Só se conjuga na 3.ª pes. do sing. e do pl.: dói, doem; doía; doíam; doeu; doeram, etc. Pronominalmente possui todas as pessoas; eu me dôo, tu te dóis, ele se dói, etc.

DOESTAR, v.t. Injuriar; insultar.

DOESTO, s.m. Injúria; ofensa.

DOGE, s.m. Magistrado supremo das antigas repúblicas de Veneza e Gênova. (Fem.: dogesa, dogaresa e dogaressa.)

DOGMA, s.m. Ponto fundamental de uma doutrina religiosa e, por extensão, de qualquer doutrina ou sistema. Pode-se discutir um dogma; não, porém, negá-lo.

DOGMÁTICO, adj. Que diz respeito a dogma; (fig.) autoritário; sentencioso.

DOGMATISMO, s.m. Qualidade do que é dogmático; autoritarismo.

DOGMATISTA, adj. Sectário do dogmatismo; (fig.) diz-se de, ou pessoa de idéias autoritárias.

DOGMATIZAR, v.t. Proclamar, como dogma; ensinar com autoritarismo.

DOIDARIA, s.f. Os doidos; doidice.

DOIDARRÃO, adj. e s.m. Idiota; pateta. (Fem.: doidarrona.)

DOIDEIRA, s.f. Doidice.

DOIDEJANTE, adj. Esvoaçante, irrequieto.

DOIDEJAR, v.int. Fazer doidices, desatinos ou disparates.

DOIDEJO, s.m. Ato de doidejar.

DOIDICE, s.f. Loucura; sandice, patetismo.

DOIDIVANAS, s. Indivíduo leviano, estouvado; pateta.

DOIDO, adj. Louco; alienado; demente.

DOÍDO, adj. Dorido; magoado.

DOIS, num. Designativo do número formado de um mais um; segundo. (Fem.: duas.)

DÓLAR, s.m. Moeda dos Estados Unidos da América. (Pl.: dólares.)

DOLÊNCIA, s.f. Mágoa, dor, sofrimento.

DOLENTE, adj. Lamentoso; lastimoso.

DOLICOCEFALIA, s.f. Estado de dolicocéfalo.

DOLICOCÉFALO, adj. e s.m. Diz-se do tipo humano cuja largura de crânio tem quatro quintos do comprimento.

DÓLMÃ, s.m. Veste militar com alamares, blusa.

DÓLMEN, s.m. Monumento druídico, formado de uma grande pedra chata colocada sobre duas outras verticais. (Pl.: dolmens e dólmenes.)

DOLO, s.m. Ma fé; astúcia; engano.

DOLORIDO, adj. Dorido; magoado; lastimoso.

DOLORÍFICO, adj. Que produz dor.

DOLOROSO, adj. Que produz dor, dorido; lastimoso.

DOLOSO, adj. Enganoso, falso, hipócrita.

DOM, s.m. Donativo; dádiva; dotes naturais; título honorífico que precede os nomes próprios em certas categorias sociais. (Fem.: dona.)

DOMAÇÃO, s.f. Amansamento.

DOMADOR, adj. e s.m. Dominador.

DOMAR, v.t. Amansar; domesticar; subjugar.

DOMÁVEL, adj. Que se pode domar, amansável.

DOMESTICAÇÃO, s.f. Amansamento.

DOMESTICADOR, adj. Amansador.

DOMESTICAR, v.t. Tornar doméstico; domar; amansar.

DOMESTICÁVEL, adj. Amansável.

DOMESTICIDADE, s.f. Mansidão, caseirice.

DOMÉSTICO, adj. s.m. Familiar; empregado; servidor; agregado.

DOMICILIAR, adj. Domiciliário; v.t. dar domicílio a; fazer fixar domicílio; p. fixar residência.

DOMICILIÁRIO, adj. Relativo a domicílio; feito no domicílio. O mesmo que domiciliar.

DOMICÍLIO, s.m. Casa de residência; habitação fixa.

DOMINAÇÃO, s.f. Poder, domínio.

DOMINADOR, adj. Poderoso; tirano; déspota.

DOMINÂNCIA, s.f. Qualidade de dominante.

DOMINANTE, adj. Dominador; s.f. (Mús.) nota que domina o tom, ou quinta nota acima da tônica.

DOMINAR, v.t. Mandar, governar, dirigir.

DOMINÁVEL, adj. Que pode ser dominado.

DOMINGA, s.f. O mesmo que domingo, usado só na linguagem da Igreja.

DOMINGO, s.m. Primeiro dia da semana, dia do Senhor.

DOMINGUEIRO, adj. Do domingo; que se veste ou se usa aos domingos.

DOMINAL, adj. (Jur.) Relativo a domínio.

DOMINICAL, adj. Relativo ao Senhor; relativo ao domingo.

DOMINICANO, adj. Que pertence à ordem de S. Domingos; da República Dominicana; s.m. frade da ordem de S. Domingos; o natural ou habitante da República Dominicana.

DOMÍNIO, s.m. Dominação; autoridade; grande extensão de território, pertencente a um indivíduo ou ao Estado.

DOMINÓ, s.m. Túnica, com capuz, mangas, para disfarce, de mascarados pelo Carnaval; jogo composto de 28 peças com diversos pontos marcados, de zero a seis.

DOM-JUANESCO, adj. Que tem modos de Dom Juan; galanteador.

DOM-JUANISMO, s.m. Galanteadorismo.

DOMO, s.m. Igreja; catedral; zimbório.

DONA, s.f. Senhora, proprietária; título e tratamento honorífico que precede o nome próprio das senhoras, mulheres, esposas. (Masc.: dom.)

DONAIRE, s.m. Gentileza; garbo, graça.

DONAIROSO, adj. Gentil.

DONATARIA, s.f. Capitania hereditária do Brasil colonial; jurisdição de um donatário.

DONATÁRIO, s.m. Senhor de uma donataria; indivíduo que recebeu uma doação.

DONATIVO, s.m. Presente; dádiva; esmola.

DONATO, s.m. Leigo, que servia num convento e que usava o hábito de frade.

DONDE, Contração da prep. **de** com o adv. **onde**: do qual lugar; de que lugar; daí.

DONINHA, s.f. Dimin. de dona; mamífero da família dos Mustelídeos.

DONO, s.m. Senhor; possuidor.

DONOSO, adj. Donairoso; gracioso; galante.

DONZEL, s.m. Na Idade Média, moço que ainda não era armado cavaleiro. (Pl.: donzéis.)

DONZELA, s.f. Significava, antigamente, mulher moça nobre; hoje, mulher virgem.

DONZELICE, s.f. Estado de donzela.

DONZELONA, s.f. Solteirona.

DOQUEIRO, s.m. Aquele que trabalha nas docas.

DOR, s.f. Mágoa, aflição, dó; condolência; remorso.

DÓRICO, adj. Relativo aos dórios; designativo especialmente de uma das ordens clássicas de arquitetura; s.m. dialeto dos dórios.

DORIDO, adj. Magoado; consternado; triste.

DÓRIOS, s.m.pl. Uma das três principais divisões dos gregos antigos.

DORMÊNCIA, s.f. Torpor, modorra, insensibilidade.

DORMENTE, adj. Entorpecido; calmo; estaganado; nome dado às travessas em que assentam os carris da linha férrea.

DORMIDEIRAS, s.f. Sensitiva (planta); sonolência.

DORMINHAR, v.int. Dormitar, cochilar.

DORMINHOCO, adj. Que dorme muito.

DORMIR, v.int. Entregar-se ao sono; descuidar; morrer. (Pres. ind.: durmo, dormes, dorme, dormimos, dormis, dormem; pres. subj.: durma, durmas, etc.)

DORMITAR, v.t. Cabecear; cochilar; dormir levemente.

DORMITIVO, adj. Narcótico; hipnótico; soporífico.

DORNA, s.f. Lagar, pipa.

DORNEIRA, s.f. Peça do moinho, onde se deita o grão para ser moído.

DORSAL, adj. Relativo ao dorso ou às costas.

DORSO, s.m. Costas; lombo.

DOSAGEM, s.f. Conjunto de operações da química que permite achar os pesos, porcentagens ou os volumes, segundo os quais as substâncias estão combinadas.

DOSAR, v.t. Regular por dose; combinar a mistura de; misturar nas devidas proporções. O mesmo que dosear.

DOSE, s.f. Quantidade fixa de uma substância que entra na composição de um medicamento ou numa combinação química; porção medicamentosa que se toma de uma vez; porção; quantidade.

DOSEAR, v.t. Dosar.

DOSIFICAR, v.t. Dividir em doses; reduzir a doses.

DOSIMETRIA, s.f. Sistema terapêutico baseado sobre a ação dos alcalóides tomados em pequenas doses.

DOSIMÉTRICO, adj. Relativo à dosimetria.

DOSSEL, s.m. Armação forrada e franjada que enfeita altar, trono, etc.; cobertura ornamental.

DOSSIÊ, s.m. Coleção de documentos referentes a certo processo ou a certo indivíduo, etc.

DOTAÇÃO, s.f. Renda destinada à manutenção de pessoa ou corporação.

DOTADO, adj. Prendado.

DOTADOR, s.m. Aquele que dota.

DOTAR, v.t. Dar dote a; dar em doação, prendar.

DOTE, s.m. Bens que leva a pessoa que se casa; bens exclusivos da mulher casada; bens que a freira leva para o convento; (fig.) dom natural.

DOURADILHO, adj. Diz-se do cavalo de cor amarelada.

DOURADO, adj. Da cor do ouro; revestido de ouro; s.m. peixe de rio, da família dos Caracinídeos; o mesmo que pirajuba.

DOURADOR, s.f. Aquele que doura. Var.: doirador.

DOURADURA, s.f. Camada ou folha de ouro que reveste um objeto.

DOURAMENTO, s.m. Ação de dourar.

DOURAR, v.t. Revestir com camada de ouro; dar cor de ouro a.

DOUTO, adj. Erudito, sábio.

DOUTOR, s.m. O que se formou numa Faculdade, bacharel que defendeu tese em Faculdade Superior. (Fem.: doutora.)

DOUTORAÇO, s.m. Aum. de doutor; (pop.) homem que, ridiculamente, presume de sábio.

DOUTORADO, s.m. Graduação de doutor.

DOUTORAL, adj. De doutor ou a ele relativo; próprio de doutor.

DOUTORAMENTO, s.m. O ato de doutorar.

DOUTORANDO, s.m. Aquele que se prepara para receber o grau de doutor.

DOUTORAR-SE, v.p. Receber o grau de doutor.

DOUTORICE, s.f. Ares de doutor; ditos de sabichão.

DOUTRINA, s.f. Conjunto de princípios que servem de base a um sistema religioso, político ou filosófico.

DOUTRINAÇÃO, s.f. Instrução em qualquer doutrina; prédica; catequese.

DOUTRINADO, adj. Instruído, ensinado, amestrado.

DOUTRINADOR, s.m. Aquele que doutrina.

DOUTRINAL, adj. Relativo a doutrina; que encerra instrução.

DOUTRINAMENTO, s.m. Doutrinação.

DOUTRINANTE, adj. Que doutrina.

DOUTRINAR, v.t. Instruir em uma doutrina; ensinar.

DOUTRINÁRIO, adj. Que encerra doutrina; doutrinal.

DOUTRINÁVEL, adj. Que se pode doutrinar.

DOXOMANIA (cs), s.f. Paixão ou mania de adquirir glória.

DOZE, num. Designativo do número formado de dez mais dois; duodécimo.

DOZENO, num. Duodécimo ou décimo-segundo.

DRACMA, s.f. Moeda e peso da Grécia, oitava parte de uma onça e que vale 3 gramas e 586 miligramas.

DRACONIANO, adj. Muito rigoroso; excessivamente severo.

DRAGA, s.f. Aparelho destinado a tirar areia, lodo, entulho do fundo dos rios ou do mar.

DRAGADO, adj. Que foi limpo com draga.

DRAGADOR, s.m. Aquele que trabalha com draga.

DRAGAGEM, s.f. Operação ou trabalho de dragar.

DRAGÃO, s.m. Monstro fabuloso, que se representa com cauda de serpente, garras e asas; (fig.) pessoa de má índole; soldado de cavalaria; constelação boreal.

DRAGAR, v.t. Limpar ou desobstruir com a draga; retirar areia de rio.

DRAGOMANO, s.m. Turgimão; intérprete levantino a serviço das representações diplomáticas européias no Oriente.

DRAGONA, s.f. Galão com ou sem franjas ou peça de metal amarelo que os militares usam no ombro como distintivo.

DRAMA, s.m. Peça de teatro, onde o cômico está misturado ao trágico; tragédia.

DRAMALHÃO, s.m. Drama de pouco valor mas cheio de lances trágicos.

DRAMATICIDADE, s.f. Qualidade do que é dramático.

DRAMÁTICO, adj. De drama ou a ele relativo.

DRAMATISTA, s. Dramaturgo; escritor de dramas.

DRAMATIZAÇÃO, s.f. Ato ou efeito de dramatizar.

DRAMATIZAR, v.t. Tornar dramático, interessante ou comovente, como um drama.

DRAMATOLOGIA, s.f. Arte dramática. O mesmo que dramaturgia.

DRAMATOLÓGICO, adj. Relativo à dramatologia.

DRAMATURGIA, s.f. Arte de compor peças para teatro.

DRAMATURGO, s.m. Autor de dramas.

DRAPEJAMENTO, s.m. Pano disposto em grandes pregas.

DRAPEJAR, v.t. Dispor de certa maneira (as dobras do pano ou vestimenta de uma pessoa, de uma estátua, etc.); int. agitar-se; ondear (a bandeira).

DRÁSTICO, adj. (Med.) Designativo de purgante enérgico; (por ext.) enérgico (em relação a medidas de depuração, economia, etc.)

DRENAGEM, s.f. Escoamento de águas de terrenos encharcados.

DRENAR, v.t. Escoar, escorrer, limpar por meio de dreno.

DRENO, s.m. Tubo ou vala para drenagem.

DRÍADA ou DRÍADE, s.f. Ninfa dos bosques.

DRIAS, s.f. Dríada.

DROGA, s.f. Qualquer substância ou ingrediente que se aplica em tinturaria, farmácia, etc.; (fig.) coisa de pouco valor; dar em —: malograr; não dar bom resultado; fracassar.

DROGARIA, s.f. Estabelecimento em que se vendem drogas.

DROGOMANO, s.m. Intérprete.

DROGUISTA, s. Pessoa que vende drogas; proprietário de drogaria.

DROMEDÁRIO, s.m. Espécie de camelo de pescoço curto e só com uma corcova.

DRÓSERA, s.f. Gênero de plantas carnívoras.

DROSOMETRIA, s.f. Medição, por meio de drosômetro, da quantidade de orvalho que se forma diariamente.

DROSOMÉTRICO, adj. Relativo à drosometria.

DROSÔMETRO, s.m. Instrumento destinado a medir o orvalho que se forma diariamente.

DRÚIDA, s.m. Antigo sacerdote entre os gauleses e bretões.

DRUIDESA, s.f. Sacerdotisa céltica. (Fem. de drúida.)

DRUÍDICO, adj. Que diz respeito aos drúidas ou ao druidismo.

DRUIDISMO (u-i), s.m. Religião dos drúidas.

DUAL, adj. Relativo a dois; s.m. (Gram.) número gramatical que em certas línguas, por exemplo, o grego e o sânscrito, indica duas pessoas ou coisas, e que aparece, em nossa língua na palavra ambos.

DUALIDADE, s.f. Caráter daquilo que é dual ou duplo.

DUALISMO, s.m. Sistema religioso ou filosófico que admite a coexistência de dois princípios opostos.

DUALIZAR, v.t. Tornar dual; referir a duas coisas ao mesmo tempo.

DUAS, num. Feminino de dois.

DUBIEDADE, s.f. Incerteza, indecisão.

DÚBIO, adj. Duvidoso; hesitante.

DUBITAÇÃO, s.f. Dúvida da figura de retórica pela qual o orador aparenta duvidar do que pretende afirmar.

DUBITATIVO, adj. Que exprime dúvida; em que há dúvida.

DUBITÁVEL, adj. De que se pode duvidar.

DUBLAGEM, s.f. Transposição, de uma língua para outra, da parte falada, em projeção de filmes sincronizados.

DUCADO, s.m. Território que constitui o domínio de um duque. Nome de várias moedas de ouro de diversos países.

DUCAL, adj. De duque ou a ele relativo.

DUCENTÉSIMO, num. Denominação do ordinal e do multiplicativo correspondente a duzentos.

DUCHA, s.f. Jorro de água dirigido sobre o corpo de alguém, com fins terapêuticos; (fig.) tudo o que acalma uma exaltação; repreensão.

DÚCTIL, adj. Que se pode reduzir a fios sem se quebrar; flexível; elástico; maleável. (Pl.: dúcteis, sup. absol.: ductílimo; antôn.: friável.)

DUCTILIDADE, s.f. Qualidade ou propriedade de dúctil.

DUELAR, adj. Relativo a duelo; v. int. bater-se em duelo.

DUELISTA, s. Pessoa que se bate ou tem o hábito de se bater em duelo.

DUELÍSTICO, adj. Relativo a duelo.

DUELO, s.m. Combate entre duas pessoas.
DUENDE, s.m. Assombração, fantasma.
DUETISTA, s. Pessoa que canta dueto com outra.
DUETO, s.m. Composição musical para duas vozes.
DULCIFICAÇÃO, s.f. Adoçamento.
DULCIFICAR, v.t. Tornar doce; mitigar; suavizar; abrandar.
DULÇOR, s.m. Doçura.
DULÇUROSO, adj. Cheio de dulçor.
DUNA, s.f. Monte de areia móvel formado pela ação do vento.
DUNDUM, s.f. Projétil, bala que se estilhaça depois de atingir o alvo.
DUNGA, s.m. Homem bravo, valente; carta de jogar, também chamada curinga.
DUO, s.m. Dueto.
DUODECIMAL, adj. Que se divide ou conta por séries de doze; que tem por base o número doze.
DUODÉCIMO, num. Décimo-segundo, dozeno.
DUODÉCUPLO, num. Que é doze vezes maior.
DUODENAL, adj. Relativo ao duodeno.
DUODENITE, s.f. (Med.) Inflamação do duodeno.
DUODENO, s.m. (Anat.) Primeira parte do intestino delgado, compreendida entre o estômago e o jejuno.
DUPLA, num. f. de duplo; s.f. grupo de duas pessoas ou cousas.
DÚPLEX, num. Duplo, dúplice.
DUPLICAÇÃO, s.f. Ato de duplicar, dobro.
DUPLICADO, adj. Dobrado; em dobro.
DUPLICADOR, adj. Que duplica.
DUPLICANTE, adj. Que duplica.
DUPLICAR, v.t. Dobrar; multiplicar por dois.
DUPLICATA, s.f. Título de crédito que o vendedor envia com a mercadoria e que o comprador assina, obrigando-se a pagar dentro do prazo estipulado.

DUPLICATIVO, adj. Duplicador.
DUPLICÁVEL, adj. Que pode ser duplicado.
DÚPLICE, num. Duplo; duplicado.
DUPLICIDADE, s.f. Dobrez, falsidade.
DUPLO, num. Que é duas vezes maior; dobrado.
DUQUE, s.m. Título nobiliárquico superior ao de marquês. (Fem.: duquesa.)
DUQUESA, s.f. Mulher de duque; senhora que tem título de nobreza correspondente ao de duque.
DURABILIDADE, s.f. Qualidade daquilo que é durável.
DURAÇÃO, s.f. O tempo que uma coisa dura; qualidade daquilo que dura.
DURADOURO, adj. Que dura muito ou pode durar muito. O mesmo que durável.
DURALUMÍNIO, s.m. Liga metálica de pouco peso, de resistência próxima da do aço.
DURA-MÁTER, s.f. (Anat.) A externa e mais forte das três membranas que envolvem o sistema nervoso cerebrospinal.
DURANTE, prep. No tempo de; no espaço de.
DURAR, v.int. Resistir; não se gastar; existir; viver.
DURÁVEL, adj. 2 gên. Duradouro.
DUREZA, s.f. Rigeza, resistência, insensibilidade.
DURO, adj. rijo, consistente, resistente.
DÚVIDA, s.f. Incerteza, hesitação, suspeita.
DUVIDADOR, s.m. Desconfiado, céptico.
DUVIDAR, v.t. Desconfiar, descrer, hesitar.
DUVIDOSO, adj. Incerto; hesitante; suspeito.
DUZENTOS, num. Duas vezes cem.
DÚZIA, s.f. Conjunto de doze objetos da mesma natureza.
DZETA, s.m. Sexta letra do alfabeto grego, correspondente ao nosso z.

E

E (é), s.m. Vogal palatal, quinta letra do alfabeto; conj. coordenativa, aditiva.
EBANISTA, s. Marceneiro; entalhador; o que trabalha o ébano.
ÉBANO, s.m. Madeira escura, muito pesada e resistente.
EBONITE, s.f. Material plástico, isolante de eletricidade, obtido por vulcanização de uma mistura de enxofre e borracha.
EBORÁRIO, s.m. Aquele que trabalha em marfim.
EBÓREO, adj. Feito de marfim ou de cor do marfim; ebúrneo.
EBRIEDADE, s.f. Embriaguez, prazer, satisfação.
ÉBRIO, adj. e s.m. Alcoólatra, bêbado.
EBULIÇÃO, s.f. Fervura, exaltação; conversão rápida de um líquido em vapor pela violenta formação de borbulhas.
EBULIÔMETRO ou EBULIOSCÓPIO, s.m. Aparelho que permite determinar a massa molecular de uma substância pelo método de ebulioscopia.
EBULIOSCOPIA, s.f. Determinação da influência de uma substância dissolvida sobre a temperatura de ebulição de um dissolvente; processo físico de determinação do peso molecular de uma substância pela observação da subida do ponto de ebulição de um dissolvente adequado.
EBULIR, v.int. Ferver.
EBÚRNEO, adj. De marfim; alvo e liso como o marfim.
ECLÂMPSIA, s.f. Crise convulsiva que ocorre em mulheres durante a gestação, parto ou puerpério.
ECLÂMPTICO, adj. Relativo a eclâmpsia.
ECLESIÁSTICO, adj. Que pertence à Igreja; s.m. sacerdote; clérigo; padre.
ECLÉTICO, adj. Relativo ao ecletismo; s.m. sectário do ecletismo.
ECLETISMO, s.m. Sistema filosófico que aproveita o que há de melhor nos demais sistemas.
ECLIPSAR, v.t. Encobrir, ocultar; ofuscar.
ECLIPSE, s.m. Desaparecimento ou intercepção total ou parcial de um astro pela colocação de outro entre ele e o observador, ou entre o astro iluminante e o iluminado; (fig.) obscurecimento inte-

lectual ou moral; ausência, desaparecimento.
ECLÍPTICA, s.f. Círculo máximo na esfera celeste o qual corresponde à órbita aparente do Sol em volta da Terra.
ECLÍPTICO, adj. Que tem relação com os eclipses ou com a ecliptica.
ECLODIR, v.int. Irromper, desabrochar.
ÉCLOGA, s.f. Poesia pastoril. Var.: égloga.
ECLOSÃO, s.f. Desabrocho, desenvolvimento.
ECLUSA, s.f. Comporta; represa; dique.
ECO, s.m. Reflexão de um som; repetição; reflexo.
ECÔ, interj. Brado de que se servem os caçadores para açular os cães e os vaqueiros para tanger o gado.
ECOANTE, adj. Ressoante.
ECOAR, v.t. Repetir, repercutir; ressoar.
ECOLALIA, s.f. Repetição automática das palavras ouvidas.
ECOLOGIA, s.f. Estudo das relações dos seres vivos com o ambiente em que vivem.
ECOLÓGICO, adj. Relativo à ecologia.
ECOMETRIA, s.f. Cálculo da reflexão dos sons.
ECONOMIA, s.f. Parcimônia no gastar; pl. dinheiro acumulado por efeito de economia; — política: estudo da produção, distribuição e consumo das riquezas.
ECONÔMICO, adj. Sóbrio, poupado.
ECONOMISTA, s. Especialista em ciências econômicas.
ECONOMIZAR, v.t. Poupar; fazer seu pé-de-meia.
ECÔNOMO, s.m. Despenseiro; mordomo.
ECTLIPSE, s.f. (Gram.) Elisão do m final de uma palavra antes de vogal; coas (co'as).
ECTOPLASMA, s.m. A parte externa do protoplasma de uma célula.
ECTOZOÁRIO, s.m. Animal parasita que vive na pele do homem e de outros animais.
ECUMÊNICO, adj. Geral; universal.
ECZEMA, s.m. Dermatose com formação de crostas.
ECZEMATOSO, adj. Atacado de eczema.
EDAZ, adj. Devorador, voraz. (Superl. abst. sint.: edacíssimo.)

EDEMA, s.m. Inchação, tumor, tumefação.

EDEMATOSO, adj. Que tem edema.

ÉDEN, s.m. Paraíso terreal; lugar de delícias. (Pl.: Edens.)

EDÊNICO, adj. Paradisíaco.

EDENTADO, s.m. Desdentado.

EDIÇÃO, s.f. Publicação de livros; — fac-similar: aquela que reproduz outra por processos mecânicos, fotograficamente.

EDIFICAÇÃO, s.f. Construção; bom exemplo.

EDIFICADOR, adj. Construtor.

EDIFICANTE, adj. Instrutivo; moralizador.

EDIFICAR, v.t. Construir; dar bons exemplos.

EDIFICATIVO, adj. Edificante.

EDIFÍCIO, s.m. Construção, moradia.

EDIL, s.m. Vereador; camarista.

EDILIDADE, s.f. Câmara de vereadores.

EDITAL, s.m. Ordem oficial ou traslado de édito ou postura, para conhecimento de todos, afixado em lugares públicos ou anunciando-se na imprensa.

EDITAR, v.t. Publicar livros, revistas, jornais, etc.

EDITO, s.m. Lei, decreto; ordem emanada do supremo magistrado.

ÉDITO, s.m. Ordem, aviso público, não originada do supremo governante; ordem judicial publicada por anúncios ou editais.

EDITOR, s.m. Impressor de livros.

EDITORA, s.f. Livraria, tipografia que edita livros.

EDITORAÇÃO, s.f. Ato de editorar ou editar.

EDITORAR, v.t. Editar. (Ind. presente: editoro, editoras, etc.; subj. pres.: editore, editores, etc.)

EDITORIAL, adj. Relativo a editor; s.m. artigo de fundo geralmente escrito pelo redator-chefe do jornal.

EDREDÃO, s.m. Acolchoado, cobertor.

EDUCAÇÃO, s.f. Instrução; polidez, cortesia.

EDUCACIONAL, adj. Relativo à educação; educativo.

EDUCADOR, adj. e s.m. Instrutor, professor.

EDUCANDÁRIO, s.m. Colégio, liceu, ginásio.

EDUCANDO, s.m. Colegial; aluno.

EDUÇÃO, s.f. Ato de deduzir, de eduzir.

EDUCAR, v.t. Ensinar; instruir; domesticar, adestrar.

EDUCATIVO, adj. Instrutivo.

EDUCÁVEL, adj. Que pode ser educado.

EDULCORAÇÃO, s.f. Ato ou efeito de edulcorar.

EDULCORAR, v.t. Adoçar com açúcar, xarope ou mel.

EDUZIR, v.t. Deduzir; extrair.

EFE, s.m. A sexta letra do nosso alfabeto.

EFEBO (fè), s.m. Moço; jovem; rapaz.

EFEITO, s.m. Resultado; produto de uma causa.

EFEMERIDADE, s.f. Transitoriedade.

EFEMÉRIDE, s.f. Notícia diária; acontecimento.

EFÊMERO, adj. Passageiro, transitório.

EFEMINAÇÃO, s.f. Emasculação, aparências ou modos femínis.

EFEMINADO, adj. Adamado; muito delicado.

EFEMINAR, v.t. Emascular. Ter maneiras femininas.

EFERENTE, adj. Que tira e conduz de dentro para fora. (Antôn.: aferente.)

EFERVESCÊNCIA, s.f. Ebulição; comoção política, excitação.

EFERVESCENTE, adj. Buliçoso, agitado; que desprende bolhas ao ser misturado a líquido.

EFERVESCER, v.i. Ferver.

EFETIVAÇÃO, s.f. Ação de efetivar.

EFETIVAR, v.t. Tornar efetivo; realizar; levar a efeito.

EFETIVIDADE, s.f. Qualidade do que é efetivo.

EFETIVO, adj. Real; permanente.

EFETUAÇÃO, s.f. Execução, realização.

EFETUAR, v.t. Realizar; executar.

EFICÁCIA, s.f. Qualidade do que é eficaz.

EFICAZ, adj. Que produz efeito; que produz muito; que dá bom resultado. (Superl. abs. sint.: eficacíssimo.)

EFICIÊNCIA, s.f. Ação, força; eficácia.

EFICIENTE, adj. Eficaz; ativo.

EFÍGIE, s.f. Figura, imagem.

EFLORESCÊNCIA, s.f. Formação e aparecimento da flor.

EFLORESCENTE, adj. Que eflorece.

EFLORESCER, v.int. Começar a florescer.

EFLÚVIO, s.m. Emanação; exalação; aroma.

EFÓ, s.m. Espécie de guisado de camarões e ervas, temperado com azeite-de-dendê e pimenta.

EFUNDIR, v.t. Verter; derramar; entornar.

EFUSÃO, s.f. Expansão; fervor de amizade.

EFUSIVO, adj. Em que há efusão; fervoroso.

EFUSO, adj. Entornado; derramado.

EGÉRIA, s.f. Ninfa inspiradora de Numa Pompílio.

ÉGIDE, s.f. Amparo; defesa; proteção.

EGIPCÍACO ou **EGIPCIANO,** adj. e s.m. Egipcio.

EGÍPCIO, adj. e s.m. Natural ou habitante do Egito.

EGIPTOLOGIA, s.f. Ciência que trata das coisas do antigo Egito.

EGIPTOLÓGICO, adj. Relativo à Egiptologia.

EGIPTÓLOGO, s.m. O que cultiva a Egiptologia.

ÉGLOGA, s.f. (V. Écloga.)

EGO, s.m. A personalidade de cada homem.

EGOCÊNTRICO, adj. Diz-se daquele que só se refere ao próprio eu.

EGOCENTRISMO, s.m. Propensão que uma pessoa demonstra para referir tudo a si próprio.

EGOÍSMO, s.m. Excessivo amor ao bem próprio, sem atender ao dos outros. (Antôn. altruísmo.)

EGOÍSTA, adj. Diz-se de, ou pessoa que trata só dos seus interesses; comodista. (Antôn. altruísta.)

EGOÍSTICO, adj. Que se refere a egoísmo ou em que se manifesta egoísmo. (Antôn. altruístico.)

EGÓLATRA, s. Adorador de si mesmo. Egoísta.

EGOLATRIA, s.f. Adoração de si mesmo.

EGOTISMO, s.m. Egoismo; egolatria.

EGOTISTA, adj. Pessoa que tem o sentimento exagerado da sua personalidade.

EGRÉGIO, adj. Insigne; ilustre.

EGRESSÃO, s.f. Afastamento.

EGRESSO, adj. Que saiu; que deixou de pertencer a uma comunidade.

ÉGUA, s.f. Fêmea do cavalo.

EH, interj. Exprime espanto ou serve para chamar a atenção.

EIA, interj. Serve para animar, excitar.

EIDO, s.m. Terraço.

EI-LO, EI-LA, EI-LOS, EI-LAS, Constr. de **eis** + **lo, eis** + **la, eis** + **los,** etc.

EIRA, s.f. Terreiro, pátio.

EIRADO, s.m. Terraço; coberta.

EIS, adv. Aqui está.

EITO, s.m. Tarefa, talhão.

EIVA, s.f. Defeito, imperfeição.

EIVAR, v.t. Contaminar; infetar.

EIXO, s.m. Linha reta que passa pelo centro de um corpo e em torno da qual esse corpo executa o movimento de rotação; peças cujas extremidades seguram as rodas de um carro ou de uma máquina; (Mat.) reta orientada; órgão central dos vegetais; (fig.) essência; centro de acontecimentos; apoio; sustentáculo.

EJACULAÇÃO, s.f. Jacto; derramamento.

EJACULADOR, adj. Expelidor, arremessador.

EJACULAR, v.t. Emitir, lançar de si; expelir.

EJACULATÓRIO, adj. Que contribui para a ejaculação.

EJEÇÃO, s.f. Ação de expulsar; dejeção.

EJETOR, s.m. Peça de máquinas que tem função de expelir.

EL, art. Forma arcaica do artigo o subsistente apenas na expressão el-rei, el-conde.

ELA, pron. pess. f. da terceira pessoa.

ELABORAÇÃO, s.f. Preparação; execução.

ELABORAR, v.t. Preparar; executar.

ELANGUESCER, v.int. e p. Enfraquecer; debilitar-se.

ELASTÉRIO, s.m. Força elástica; elasticidade.

ELASTICIDADE, s.f. Propriedade dos corpos que lhes permite recuperar a sua forma quando cessa a causa que dela os desviou.

ELÁSTICO, adj. Que tem elasticidade; s.m. substância elástica em certos empregos.

ELDORADO, s.m. País imaginário que se dizia existir na América meridional; lugar cheio de delícias e riquezas.

ELE, s.m. A undécima letra do nosso alfabeto.

ELE, Pron. pess. m. da terceira pessoa. (Fem.: ela; pl.: eles.)

ELECTRO, s.m. Âmbar amarelo; liga de ouro e prata.

ELECTROCARDIÓGRAFO, s.m. Aparelho com o qual se tira o electrocardiograma. O mesmo que eletrocardiógrafo.

ELECTROCARDIOGRAMA, s.m. Gráfico das oscilações da corrente elétrica que se gera no músculo cardíaco. O mesmo que eletrocardiograma.

ELECTRODINÂMICA, s.f. Parte da Física que estuda as ações das correntes elétricas. O mesmo que eletrodinâmica.

ELECTRODINÂMICO, adj. Que produz corrente elétrica ou é produzido por ela. O mesmo que eletrodinâmico.

ELECTRÓDIO, s.m. Ponto pelo qual uma corrente elétrica penetra num corpo; um dos condutores que mergulham no banho electrolítico (são dois: o positivo e o negativo); o mesmo que eléctrodo e eletródio.

ELÉCTRODO, s.m. Electródio. O mesmo que elétrodo e eletrodo.

ELECTRÓFORO, s.m. Aparelho para gerar eletricidade estática por indução. O mesmo que eletróforo.

ELECTROGALVÂNICO, adj. Relativo à pilha voltaica ou aos seus efeitos. O mesmo que eletrogalvânico.

ELECTROGALVANISMO, s.m. Conjunto dos fenômenos electrogalvânicos. O mesmo que eletrogalvanismo.

ELECTROGÊNEO, adj. Que produz eletricidade. O mesmo que eletrogêneo e eletrógeno.

ELECTROÍMÃ, s.m. Ferro ou aço que se transforma em ímã sob a ação de uma corrente elétrica. O mesmo que eletroímã.

ELECTRÓLITO, s.m. Substância cuja molécula fundida ou em solução é capaz de se dividir em íons. O mesmo que eletrólito.

ELECTROMAGNÉTICO, adj. Relativo ao electromagnetismo. O mesmo que eletromagnetismo.

ELECTROMAGNETISMO, s.m. Designação de fenômenos que se originam da ação recíproca de correntes elétricas e campos magnéticos.

ELECTRÔMETROS, s.m. Aparelho que serve para medir diferenças de potencial e tem seu funcionamento baseado na força de atração ou de repulsão que exercem entre si agulhas ou placas com carga elétrica.

ELÉCTRON, s.m. Quantidade elementar de eletricidade negativa que entra na formação do átomo. O mesmo que eléctrico.

ELECTRÔNICA, s.f. Ramo das ciências físicas que trata do estudo do comportamento dos eléctrons livres e seus empregos em aparelhos de precisão. F. paralela: eletrônica.

ELECTRÔNICO, adj. Que diz respeito à electrônica ou a eléctrons. F. paral.: eletrônico.

ELECTROQUÍMICA, s.f. Ciência concernente às relações entre a energia elétrica e a energia química. O mesmo que eletroquímica.

ELECTROSCOPIA, s.f. Aplicação do electroscópio. O mesmo que eletroscopia.

ELECTROSCÓPIO, s.m. Aparelho pelo qual se conhece a presença da eletricidade. O mesmo que eletroscópio.

ELECTROSTÁTICA, s.f. Conjunto dos fenômenos elétricos, independentes da pilha da corrente. O mesmo que eletrostática.

ELECTROTERAPIA, s.f. Tratamento das doenças pela eletricidade. Var.: eletroterapia.

ELECTROTIPIA, s.f. Arte de reproduzir, por processo electroquímico, tipos, gravuras, etc.; galvanotipia. Var.: eletrotipia.

ELEFANTE, s.m. Mamífero proboscídeo, notável por seu grande porte. (Fem.: elefanta.)

ELEFANTÍASE, s.f. Hipertrofia cutânea regional, geralmente em decorrência de perturbação da circulação da linfa.

ELEFÂNTICO ou ELEFANTINO, adj. Relativo a elefante ou à elefantíase.

ELEFANTOGRAFIA, s.f. Tratado ou história dos elefantes.

ELEFANTÓIDE, adj. Semelhante ao elefante.

ELEFOA, s.f. Forma errônea de designação da fêmea do elefante; deve-se dizer elefanta; há, em cingalês, a denominação de aliá para designar a elefanta.

ELEGÂNCIA, s.f. Graça; gentileza.

ELEGANTE, adj. Gracioso; esbelto.

ELEGENDO, s.m. Aquele que vai ser eleito.

ELEGER, v.t. Escolher.

ELEGIA, s.f. Poesia sobre tema triste ou lutuoso.

ELEGÍACO, adj. Em que há tristeza.

ELEGIBILIDADE, s.f. Capacidade para ser eleito; qualidade de elegível.

ELEGÍVEL, adj. Que pode ser eleito.

ELEIÇÃO, s.f. Escolha; preferência.

ELEITO, adj. e s.m. Escolhido; preferido.

ELEITOR, s.m. O que elege.

ELEITORADO, s.m. Conjunto de eleitores.

ELEITORAL, adj. Relativo a eleições ou ao direito de eleger.

ELEMENTAR, adj. Rudimentar, simples.

ELEMENTO, s.m. Substância simples (ar, água, fogo, etc.) de que se compunha o Universo; em Química, é assim chamado o corpo simples: hidrogênio, ferro, cloro, etc.: — raro: (Quím.) cada um dos elementos metálicos análogos e que ocupam o mesmo posto no sistema periódico; formam um óxido básico de aspecto terroso e por isso se chamam "terras raras" e são os seguintes: lantânio, cério, praseodímio, neodímio, ilínio, samário, európio, gadolínio, térbio, disprósio, hólmio, érbio, túlio, itérbio e lutécio, cujos números atômicos vão respectivamente de 59 a 71; alguns autores incluem o escândio (n.º atôm. 21) e o ítrio (n.º atôm. 31) por motivo de sua semelhança com os demais elementos raros.

ELENCO, s.m. Lista; catálogo.

ELETIVIDADE, s.f. Qualidade do que é feito por eleição; escolha.

ELETIVO, adj. Que elege, que escolhe; sujeito à eleição.

ELETRICIDADE, s.f. Propriedade de certos corpos que, friccionados, aquecidos ou batidos, atraem outros, repelindo-os em seguida.

ELETRICISMO, s.m. Eletricidade.

ELETRICISTA, s. Pessoa que trabalha em aparelhos elétricos.

ELÉTRICO, adj. Que tem eletricidade; que funciona por meio de eletricidade; s.m. carro movido a eletricidade.

ELETRIFICAÇÃO, s.f. Substituição, pela energia elétrica, da força motriz produzida por outros agentes.

ELETRIFICAR, v.t. Tornar elétrico.

ELETRIZ, s.f. Eleitora.

ELETRIZAÇÃO, s.f. Ação e efeito de eletrizar.

ELETRIZADOR, adj. Que eletriza.

ELETRIZANTE, adj. Que eletriza.

ELETRIZAR, v.t. Desenvolver, excitar propriedades elétricas; (fig.) encantar, arrebatar.

ELETRIZÁVEL, adj. Sujeito a eletrizar-se.

ELETROCUSSÃO, s.f. Morte pela eletricidade.

ELETROCUTAR, v.t. Matar por meio de eletricidade.

ELETROCUTOR, s.m. Carrasco, que mata com eletricidade.

ELETROLISAÇÃO ou ELETRÓLISE, s.f. Fenômeno pelo qual os íons se orientam e se descarregam sob a ação de um campo elétrico.

ELETROLISAR, v.t. Separar os íons de um electrólito sob a ação de um campo elétrico.

ELETRÓLISE, s.f. O mesmo que eletrolisação.

ELEVAÇÃO, s.f. Ascensão; promoção; altura, nobreza.

ELEVADO, adj. Nobre; forte; alto; sublime.

ELEVADOR, s.m. Ascensor; cabina que transporta passageiros ou carga, em direção vertical.

ELEVAR, v.t. Levantar; erguer; engrandecer.

ELEVATÓRIO, adj. Relativo à elevação.

ELICIAR, v.t. Fazer sair; expulsar.

ELÍCITO, adj. Atraído; aliciado.

ELIDIR, v.t. Eliminar; suprimir.

ELIMINAÇÃO, s.f. Supressão, expulsão.

ELIMINAR, v.t. Suprimir, expulsar.

ELIMINATÓRIO, adj. Eliminador, supressor.

ELIPSE, s.f. (Gram.) Omissão de uma ou mais palavras que se subentendem; (Geom.) curva obtida pela interseção de um cone de revolução com plano oblíquo em relação ao eixo e não paralelo à geratriz; lugar geométrico dos pontos de um plano cuja soma das distâncias a dois pontos fixos é constante.

ELIPSOIDAL, adj. Relativo à elipsóide.

ELIPSÓIDE, adj. Que tem a forma da elipse. O mesmo que elipsoidal.

ELÍPTICO, adj. Relativo à elipse; oculto, subentendido.

ELISÃO, s.f. (Gram.) Supressão da vogal final de um vocábulo quando o seguinte começa por vogal (dum=de um); supressão, eliminação.

ELISEU, s.m. (Mitol.) Mansão dos heróis e dos justos depois da morte. O mesmo que Campos Elísios.

ELÍSIO, s.m. Lugar ocupado pelos heróis e pelos homens virtuosos, segundo a religião grego-latina; lugar de delícias.

ELIXIR, s.m. Xarope; bebida deliciosa.

ELMO, s.m. Capacete.

ELO, s.m. Argola de cadeia; (fig.) ligação.

ELOCUÇÃO, s.f. Forma de se exprimir, falando ou escrevendo; estilo; escolha de palavras ou frases.

ELOGIAR, v.t. Louvar; enaltecer; gabar.

ELOGIO, s.m. Louvor; encômio; gabo.

ELONGAÇÃO, s.f. Alongamento, afastamento.

ELOQÜÊNCIA, s.f. Capacidade de bem falar.

ELOQÜENTE, adj. Facundo; bem falante.

ELÓQUIO, s.m. Fala, expressão oral.

ELUCIDAÇÃO, s.f. Esclarecimento.

ELUCIDAR, v.t. Esclarecer; explicar.

ELUCIDÁRIO, s.m. Livro que explica coisas obscuras; comentário.

ELUCIDATIVO, adj. Explicativo, esclarecedor.

ELUCUBRAÇÃO, s.f. Estudo, invenção, criação literária.

EM, prep. Indica lugar; tempo, modo, causa, fim e muitas outras relações entre as palavras a que se junta.

EMA, s.f. Ave de grande porte, pernalta, semelhante ao avestruz.

EMAÇAR, v.t. Embrulhar.

EMACIAÇÃO, s.f. Emagrecimento.

EMACIAR, v.t. Tornar magro; emagrecer.

EMADEIRAMENTO, s.m. Conjunto de madeiras de um edifício ou parte dele.

EMADEIRAR, v.t. Pôr emadeiramento em.

EMADEIXAR, v.t. Dispor em madeixas.

EMAGRECER, v.t. Enfraquecer, definhar.

EMAGRECIMENTO, s.m. Enfraquecimento, debilitamento.

EMALAR, v.t. Meter na mala.

EMALHAR, v.t. Prender ou colher em malhas.

EMALHETAMENTO, s.m. Travamento de madeiras por malhetes.

EMALHETAR, v.t. Reunir (tábuas); pôr malhetes; fazer travamento de (madeiras).

EMANAÇÃO, s.f. Origem; eflúvio.

EMANANTE, adj. Originário, proveniente.

EMANAR, v.rel. Provir, proceder; desprender-se.

EMANCIPAÇÃO, s.f. Libertação, aquisição de maioridade.

EMANCIPAR, v.t. Tornar independente; v.p. tornar-se maior.

EMARANHAMENTO, s.m. Embaraçamento, confusão.

EMARANHAR, v.t. Embaraçar; enredar.

EMARELECER, v.t. Empalidecer.

EMASCULAÇÃO, s.f. Castração.

EMASCULAR, v.t. Castrar; p. perder a virilidade; mostrar-se fraco.

EMASSAR, v.t. Empastar.

EMASTRAR ou **EMASTREAR**, v.t. Pôr mastros em (navios).

EMBAÇADELA, s.f. Engano, logro, burla.

EMBAÇADOR, adj. Que embaça.

EMBAÇAR, v.t. Tornar baço; tirar o prestígio a; enganar.

EMBACELAR, v.t. Plantar, de muda, de galho.

EMBACIAR, v.t. O mesmo que embaçar.

EMBAIDOR, adj. e s.m. Impostor; enganador.

EMBAIMENTO (a-i), s.m. Engano; embuste.

EMBAINHAR (a-i), v.t. Meter na bainha; fazer bainha.

EMBAIR, v.t. Enganar; iludir; seduzir. (Conjuga-se como o v. sair; alguns o consideram defectivo, admitindo somente as formas em que o acento tônico recai sobre a vogal temática i.)

EMBAIXADA, s.f. Cargo de embaixador; missão junto de um governo ou Estado; a casa ou sede de um embaixador.

EMBAIXADOR, s.m. A mais alta categoria de representante diplomático de um Estado junto a outro; emissário. (Fem.: embaixatriz.)

EMBAIXATRIZ, s.f. Mulher de embaixador.

EMBAIXO, adv. Situado na parte inferior.

EMBALADA, s.f. Disparada da arma carregada com bala, de veículo em pleno impulso.

EMBALADO, adj. Carregado com bala, impulsionado; empacotado; acondicionado.

EMBALADOR, adj. e s.m. Acalentador; empacotador, acondicionador.

EMBALAGEM, s.f. Empacotamento, enfardamento.

EMBALAR, v.t. Balouçar a criança para adormecê-la; acalentar; carregar (a arma) com bala, impulsionar; (fig.) sair correndo velozmente; empacotar.

EMBALÇAR, v.t. Meter em balça.

EMBALO, s.m. Balouço; balanço, impulso.

EMBALSAMAÇÃO, s.f. Embalsamento.

EMBALSAMADOR, adj. e s.m. Aquele que embalsama.

EMBALSAMAMENTO, s.m. Ato ou efeito de embalsamar.

EMBALSAMAR, v.t. Perfumar; impregnar de aromas; introduzir em (um cadáver) substâncias que o livrem da podridão.

EMBALSAMENTO, s.m. O mesmo que embalsamamento.

EMBAMBECER, v.t. Tornar bambo, fraco.

EMBANDEIRAR, v.t. Ornar com bandeiras.

EMBARAÇADOR, adj. Atrapalhador.

EMBARAÇAR, v.t. Estorvar; enredar; enlear.

EMBARAÇO, s.m. Impedimento; dificuldade; obstáculo.

EMBARAÇOSO, adj. Que causa embaraço.

EMBARAFUSTAR, v.rel. Entrar de tropel, desordenadamente.

EMBARALHAR, v.t. Baralhar; misturar; confundir.

EMBARBECER, v.int. Criar barba, barbar.

EMBARBELAR, v.int. Prender com barbela.

EMBARBILHAR, v.t. Pôr barbilho a.

EMBARCAÇÃO, s.f. Navio; barco.

EMBARCADIÇO, s.m. Marinheiro; marítimo.

EMBARCADOURO, s.m. Cais; porto.

EMBARCAMENTO, s.m. Embarque.

EMBARCAR, v.t. Entrar (na embarcação, no trem, no avião, etc.) para viajar.

EMBARGADOR, adj. e s.m. Aquele que embarga.

EMBARGAR, v.t. Pôr embargo a; estorvar.

EMBARGÁVEL, adj. Que se pode embargar.

EMBARGO, s.m. Suspensão de execução de sentença, de uso livre de bens; seqüestro; retenção de bens ou rendimentos; obstáculo.

EMBARQUE, s.m. Ato de embarcar.

EMBARRANCAR, v.t. Atravancar; embaraçar.

EMBARRIGAR, v.int. Criar barriga; engravidar.

EMBASAMENTO, s.m. Alicerceamento.

EMBASAR, v.t. Alicerçar.

EMBASBACAR, v.int. Pasmar, ficar boquiaberto.

EMBATE, s.m. Encontro, choque, batalha.

EMBATER, v.rel. Encontrar, colidir, esbarrar.

EMBATUCAR, v.t. Calar, emudecer.

EMBATUMAR, v.t. Endurecer, encruar.

EMBEBEDAR, v.t. Embriagar; perturbar; alucinar.

EMBEBER, v.t. Ensopar, absorver.

EMBEBIÇÃO, s.f. Ação ou efeito de embeber.

EMBEBIDO, adj. Ensopado; molhado; (fig.) enlevado; obsorto.

EMBELECAR, v.t. Enfeitar, ornar; enganar.

EMBELECER, v.t. Tornar belo; enfeitar.

EMBELECO, s.m. Embuste, engodo.

EMBELEZADOR, adj. e s.m. Aformoseador, ornamentador.

EMBELEZAMENTO, s.m. Aformoseamento.

EMBELEZAR, v.t. Ornamentar; aformosear.

EMBESTAR, v.t. Bestificar; int. teimar; obstinar-se.

EMBEVECER, v.t. Causar enlevo; v.p. ficar extasiado.

EMBEVECIMENTO, s.f. Enlevo, êxtase.

EMBEZERRADO, adj. Amuado, zangado.

EMBEZERRAR, v.int. e p. Amuar; zangar-se.

EMBICADO, adj. Dirigido a, na direção de.

EMBICAR, v.t. Pôr na direção de; rumar; dirigir-se a.

EMBIGO, s.m. (pop.) Umbigo.

EMBIRA, s.f. Fibra vegetal. Estar nas embiras: muito mal, prestes a morrer.

EMBIRRA ou **EMBIRRAÇÃO**, s.f. Teima; antipatia; aversão.

EMBIRRANTE, adj. Que embirra; birrento; teimoso.

EMBIRRAR, v.rel. Teimar com ira, pertinácia; p. antipatizar-se com.

EMBIRRENTO, adj. Cabeçudo; opiniático; antipático.

EMBLEMA, s.m. Insígnia; símbolo.

EMBLEMÁTICO, adj. Que tem o caráter de emblema; simbólico.

EMBOABA, s. Alcunha dada pelos descendentes

dos bandeirantes paulistas, principalmente na região das minas, nos tempos coloniais, aos portugueses e brasileiros de outras procedências, que entravam no sertão em busca de minas de ouro e de pedras preciosas, e, por extensão, aos portugueses em geral.

EMBOCADURA, s.f. Inclinação, vocação, jeito.

EMBOCAR, v.t. Pôr na boca; (pop.) acertar, fazer entrar.

EMBOÇAR, v.t. Pôr argamassa em; assentar com argamassa, rebocar.

EMBODOCAR-SE, v.p. Arquear, arrebitar.

EMBÓFIA, s.f. Empáfia, impostura.

EMBOLADA, s.f. Forma poético-musical do Nordeste brasileiro.

EMBOLAR, v.int. Cair rolando como uma bola; engalfinhar-se com o adversário, rolando por terra.

EMBOLIA, s.f. Obstrução de vaso sangüíneo.

ÊMBOLO, s.m. Disco ou cilindro móvel das seringas, bombas e outros maquinismos.

EMBOLSAR, v.t. Guardar no bolso, receber.

EMBONECAMENTO, s.m. Aparecimento das bonecas do milho.

EMBONECAR, v.t. Enfeitar, ornar, adornar; tomar a forma de boneca.

EMBORA, adv. Em boa hora; conj. ainda assim; apesar de; ainda que; não obstante.

EMBORCAR, v.t. Pôr de boca para baixo, virar de borco, beber, engolir.

EMBORNAL, s.m. Saco que se coloca no focinho das bestas.

EMBORNALAR, v.t. Meter no bornal.

EMBORRACHAR, v.t. e p. Embebedar; alcoolizar-se.

EMBOSCADA, s.f. Cilada; traição.

EMBOSCAR, v.t. Preparar cilada, esconder-se, camuflar-se.

EMBOTADURA, s.f. ou **EMBOTAMENTO,** s.m. Ato de embotar.

EMBOTAR, v.t. Engrossar o fio de corte a; tirar o gume a; p. perder o fio, o gume.

EMBRABECER, v.int. e p. Tornar-se brabo; enfurecer-se, zangar-se.

EMBRAIAR, v.t. Embrear.

EMBRAMAR, v.int. Emaranhar.

EMBRANDECER, v.t. Tornar brando; enternecer; comover.

EMBRANQUECER, v.t. Alvejar, encanecer, envelhecer.

EMBRAVECER, v.t. Tornar bravo, cruel, feroz, enfurecer-se; irritar-se; encapelar-se.

EMBRAVECIMENTO, s.m. Irritação; furor.

EMBREADURA, s.f. Ato de embrear.

EMBREAGEM, s.f. Mecanismo que permite a mudança de marchas nos veículos motorizados.

EMBREAR, v.t. Brear; cobrir de breu; engrenar. F. paral.: embraiar.

EMBRECHADO, s.m. Penetrado, introduzido, embutido.

EMBRENHAR, v.t. Ocultar-se nas matas, foragir, desaparecer.

EMBRIAGADO, adj. e s.m. Bêbedo, ébrio.

EMBRIAGADOR ou **EMBRIAGANTE,** adj. Que embebeda, embriaga ou inebria; que perturba.

EMBRIAGAR, v.t. Embebedar, alcoolizar; maravilhar; enlevar.

EMBRIAGUEZ, s.f. Ebriedade; bebedeira; (fig.) inebriamento; êxtase.

EMBRIÃO, s.m. Ser vivo nas primeiras fases do desenvolvimento; (Bot.) célula-ovo fecundada; (Med.), o feto até o terceiro mês da vida intra-uterina; (fig.) princípio; origem.

EMBRINCAR, v.t. Adornar, enfeitar.

EMBRIOGENIA, s.f. Formação dos seres vivos desde o óvulo até ao nascimento.

EMBRIOLOGIA, s.f. Tratado da formação e desenvolvimento do embrião.

EMBRIOLÓGICO, adj. Relativo à embriologia.

EMBRIONÁRIO, adj. Que está em embrião.

EMBRIONÍFERO, adj. Que encerra embriões.

EMBROCAÇÃO, s.f. Aparecimento de brocas; (Med.) aplicação de líqüido medicamentoso (é mais correta, porém, menos usada, a forma emborcação).

EMBROMA, s.m. ou **EMBROMAÇÃO,** s.f. Engano, logro.

EMBROMADO, adj. Enganado, logrado.

EMBROMADOR ou **EMBROMEIRO,** adj. e s.m. Mentiroso, falso.

EMBROMAR, v.t. Enganar; mentir.

EMBRUACADO, adj. Metido em bruaca.

EMBRUACAR, v.t. Meter, colocar em bruacas.

EMBRULHADA, s.f. Confusão; trapalhada.

EMBRULHADO, adj. Metido num invólucro; confuso; enganado; enjoado.

EMBRULHADOR, adj. e s.m. Enredeiro, intrigante; empacotador.

EMBRULHAMENTO, s.m. Enredo, contenda; empacotamento.

EMBRULHAR, v.t. Empacotar; complicar; nausear.

EMBRULHO, s.m. Pacote; logro; complicação policial.

EMBRUSCAR, v.t. Toldar, escurecer.

EMBRUTECER, v.t. Estupidificar; asselvajar.

EMBRUTECIMENTO, s.m. Estupidificação; asselvajamento.

EMBRUXAR, v.t. Enfeitiçar.

EMBUÇALADOR, s.m. O que põe o buçal no cavalo de montaria.

EMBUÇALAR, v.t. Pôr o buçal em.

EMBUÇAR, v.t. Disfarçar; p. envolver-se na capa; disfarçar-se.

EMBUCHAR, v.t. Comer, fartar-se.

EMBUÇO, s.m. A parte da capa com que se cobre o rosto; dissimulação; disfarce.

EMBURRADO, adj. Amuado, zangado.

EMBURRAR, v.t. Amuar; embezerrar.

EMBURRICAR, v.t. O mesmo que emburrar.

EMBUSTE, s.m. Engano, enredo.

EMBUSTEIRO, adj. Falso, mentiroso.

EMBUSTICE, s.f. Falsidade, chantagem.

EMBUTIDO, adj. Introduzido, marchetado.

EMBUTIDOR, adj. Marchetador.

EMBUTIDURA, s.f. Marchetadura.

EMBUTIR, v.t. Marchetar, tauxiar.

EMENDA, s.f. Correção, regeneração, remendo.

EMENDADOR, adj. Corretor, corrigidor, remendador.

EMENDAR, v.t. Corrigir; melhorar; acrescentar.

EMENDÁVEL, adj. Suscetível de emenda.

EMENTA, s.f. Rol; apontamento.

EMENTAR, v.t. Anotar.

EMENTÁRIO, s.m. Rol; livro ou caderno de ementas.

EMERGÊNCIA, s.f. Situação; conjuntura; circunstância crítica.

EMERGIR, v.int. Aparecer, surgir, repontar. (Antôn.: imergir.)

EMÉRITO, adj. Aposentado; jubilado; sábio.

EMERSÃO, s.f. Ato de emergir, sair de um líqüido; (Astron.) reaparição de um astro. (Antôn.: imersão.)

EMERSO, adj. Que emergiu. (Antôn.: imerso.)

EMÉTICO, adj. Que provoca o vômito; s.m. vomitório.

EMETROPE, adj. Qualidade de quem possui os olhos normais sem defeito de visão.

EMETROPIA, s.f. Visão normal.

EMIGRAÇÃO, s.f. Mudança voluntária de país; ato de emigrar; passagem anual de certos animais de uma região para outra. (Antôn.: imigração.)

EMIGRADO, adj. e s.m. Aquele que saiu de sua pátria; quem ou que emigrou. (Antôn.: imigrado.)

EMIGRANTE, adj. Emigrado.

EMIGRAR, v.int. Deixar um país para ir estabelecer-se em outro. (Antôn.: imigrar.)

EMINÊNCIA, s.f. Altura, elevação do terreno; tratamento dado aos cardeais.

EMINENTE, adj. Alto; elevado; sublime; excelente.

EMIR, s.m. Título dado aos chefes de algumas tribos muçulmanas.

EMISSÃO, s.f. Ação de emitir ou expelir de si; pôr em circulação.

EMISSÁRIO, adj. e s.m. Mensageiro, embaixador, representante.

EMISSIVO, adj. Que se pode emitir.

EMISSOR, s.m. Aquele que emite ou envia alguém ou alguma coisa.

EMITENTE, adj. e s. O mesmo que emissor.

EMITIR, v.t. Publicar; expedir; pôr em circulação.

EMOÇÃO, s.f. Comoção, abalo moral.

EMOCIONAL, adj. Comovedor.

EMOCIONANTE, adj. Comovente, impressionante.

EMOCIONAR, v.t. Comover; impressionar; perturbar.

EMOLDAR, v.t. Colocar no molde, enquadrar.

EMOLDURAR, v.t. Encaixilhar.

EMOLIENTE, adj. Amolecedor; descongestionador.

EMOLIR, v.t. Amolecer; abrandar.

165

EMOLUMENTO, s.m. Rendimento de um cargo, além do ordenado fixo; pagamento; taxa.

EMOTIVIDADE, s.f. Impressionabilidade.

EMOTIVO, adj. Que tem ou revela emoção.

EMPACADOR, adj. Emperrador.

EMPACAR, v.int. Emperrar, estacionar.

EMPACHADO, adj. Enfartado, obstruído.

EMPACHAMENTO, s.m. Enfartamento.

EMPACHAR, v.t. Obstruir; sobrecarregar (o estômago).

EMPACHO, s.m. Embaraço; estorvo; obstrução.

EMPAÇOCAR, v.t. Amarfanhar; 'ensacar.

EMPACOTADEIRA, s.f. Empacotadora.

EMPACOTADOR, adj. e s.m. Que, ou o que empacota.

EMPACOTADORA, s.f. Máquina agrícola que serve para empacotar palha, feno, etc. O mesmo que empacotadeira.

EMPACOTAMENTO, s.m. Enfardamento, embalagem.

EMPACOTAR, v.t. Enfardar; embalar.

EMPADA, s.f. Iguaria de massa com recheio de carne, camarão, palmito, etc., assada em formas, ao forno.

EMPÁFIA, s.f. Altivez; soberba; embófia.

EMPALAMADO, adj. Pálido, opilado.

EMPALAMAR-SE, v.p. Enfraquecer-se, empalidecer.

EMPALAR, v.t. Dar empalação a.

EMPALHAÇÃO, s.f. Ação ou efeito de empalhar. O mesmo que empalhamento.

EMPALHADOR (ô), s.m. Operário que empalha móveis.

EMPALHAMENTO, s.m. Empalhação.

EMPALHAR, v.t. Forrar ou cobrir com palhas, acondicionar com palha para que não se quebre ou pise; embromar; entreter.

EMPALIDECER, v.t. Perder as cores do rosto, amarelar.

EMPALMAÇÃO, s.f. Roubo artificioso; furto.

EMPALMADOR (ô), adj. Ladrão, gatuno.

EMPALMAR, v.t. Esconder na palma da mão; escamotear; furtar.

EMPANADA, s.f. Carne acondicionada numa crosta de farinha (bife à milanesa).

EMPANADO, adj. Pálido, manchado de branco (rosto empanado).

EMPANAR, v.t. Cobrir com panos; (fig.) ofuscar; embaciar.

EMPANEMAR, v.t. Encaiporar, azarar.

EMPANTANAR, v.t. Enlodar, atolar.

EMPANTUFAR-SE, v.p. Empavorar-se; ensoberbecer-se.

EMPANTURRAR, v.t. Encher (alguém) de comida; empanzinar; abarrotar-se.

EMPANZINADOR, adj. Empachador.

EMPANZINAMENTO, s.m. Enfartamento, empachamento.

EMPANZINAR, v.t. Empanturrar, fartar-se.

EMPAPAR, v.t. Encharcar, ensopar.

EMPAPELAR, v.t. Forrar com papel.

EMPAPUÇADO, adj. Inchado; intumescido.

EMPAPUÇAR, v.t. Inchar, intumescer.

EMPARCEIRAR, v. t.-rel. Unir, emparelhar.

EMPARDECER, v.t. Tornar pardo, escuro.

EMPAREDADO, adj. Enclausurado; murado.

EMPAREDAR, v.t. Encerrar entre paredes; murar.

EMPARELHADO, adj. Jungido; igualado.

EMPARELHAMENTO, s.m. Ato ou efeito de emparelhar.

EMPARELHAR, v.t. Pôr de par a par; jungir; unir; ligar; tornar igual.

EMPARREIRAR, v.t. Cobrir de parreiras ou videiras.

EMPARVAMENTO, s.m. Idiotice, abobalhamento.

EMPARVAR, v.p. Abobalhar-se, tornar-se idiota.

EMPARVOECER, v.int. Tornar-se parvo ou idiota.

EMPASTADO, adj. Diz-se do cabelo colado.

EMPASTAMENTO, s.m. Ato ou efeito de empastar. O mesmo que empaste.

EMPASTAR, v.t. Cobrir de pasta; (Pint.) aplicar (tintas) em grande quantidade.

EMPASTELAMENTO, s.m. Destruição por meios violentos de redação e oficinas de jornal; amontoamento de caracteres tipográficos; confusão.

EMPASTELAR, v.t. Destruir, danificar, estragar redação e oficinas de um jornal; pôr em desordem, estabelecer confusão.

EMPATAR, v.t. Igualar votações opostas ou tentos (no jogo).

EMPATE, s.m. Indecisão; igualdade.

EMPAVESAR, v.t. Cobrir com paveses; enfeitar de paveses.

EMPAVONAR, v.t. Ensoberbecer; encher de vaidade, como um pavão.

EMPECER, v.t. Impedir; estorvar; criar obstáculos. (Pres. ind.: empeço, empeces, etc.: pres. subj.: empeça, empeças, etc.)

EMPECILHO, s.m. Estorvo; impedimento; obstáculo.

EMPECIMENTO, s.m. Estorvo; dano.

EMPECÍVEL ou EMPECIVO, adj. Obstruidor; empecilhador.

EMPEÇONHAR ou EMPEÇONHENTAR, v.t. Envenenar.

EMPEDERNECER, v.t. e p. Empedernir; insensibilizar.

EMPEDERNIDO, adj. Petrificado; endurecido; cruel.

EMPEDERNIR, v.t. Petrificar; tornar desumano, cruel.

EMPEDRADO, s.m. A parte das estradas que tem pedra britada; adj. que tem pedra ou nódulos duros.

EMPEDRADOR, s.m. Calceteiro.

EMPEDRADURA, s.f. Empedramento.

EMPEDRAMENTO, s.m. Ato ou efeito de empedrar.

EMPEDRAR, v.t. Calçar, cobrir (o solo) com pedras; int. petrificar-se.

EMPELICAR, v.t. Preparar (as peles finas); cobrir de pelicas; trajar-se bem.

EMPENA, s.f. Deformação de madeira nova, em consequência de umidade ou de calor.

EMPENACHAR, v.t. Tornar-se arrogante, enfatuado.

EMPENAMENTO, s.m. Ação ou efeito de empenar.

EMPENAR, v.t. Fazer torcer; entortar.

EMPENCADO, adj. Apinhado, unido.

EMPENDOAR, v.int. Desabotoar ou desabrochar (o pendão do milho).

EMPENHAMENTO, s.m. Empenho; dívida; compromisso.

EMPENHAR, v.t. Hipotecar, endividar, porfiar.

EMPENHO, s.m. Promessa; interesse; ardor na peleja.

EMPENHOAR, v.t. Dar em penhor; empenhar.

EMPENO, s.m. Empenamento.

EMPERLAR, v.p. Adornar-se com pérolas.

EMPERRAMENTO, s.m. Empacação, teima, pirronice.

EMPERRAR, v.t. Empacar, estacar, teimar.

EMPERTIGAR, v.t. Tornar teso; direito; orgulhoso.

EMPESGAR, v.t. Untar com pez.

EMPESTAR, v.t. Infetar com peste; infeccionar; contaminar.

EMPICOTAR, v.t. Picar, picotar.

EMPIEMA, s.m. Pus, matéria, derrame purulento em uma cavidade.

EMPIEMÁTICO, adj. Que tem empiema.

EMPILHAMENTO, s.m. Amontoamento.

EMPILHAR, v.t. Pôr em pilha; amontoar.

EMPINADO, adj. Direito; erguido; íngreme.

EMPINAR, v.t. Levantar, erguer, alçar.

EMPINO, s.m. Soberba; altivez.

EMPIORAR, v.t. Tornar pior; agravar.

EMPIPOCAR, v.int. Criar pústulas ou borbulhas; arrebentar.

EMPÍREO, s.m. Morada dos deuses; céu.

EMPÍRICO, adj. Que se guia só pela experiência.

EMPIRISMO, s.m. Conhecimentos práticos devidos à experiência.

EMPLACAMENTO, s.m. Ação de emplacar.

EMPLACAR, v.t. Pôr placa ou chapa em.

EMPLASMADO, adj. Coberto de emplastros; achacadiço.

EMPLASMAR, v.t. Cobrir com emplastro.

EMPLASTAÇÃO, EMPLASTAGEM, s.f. Revestir com emplastro.

EMPLASTAR, v.t. Cobrir-se de emplastro; adoecer, enfermar. O mesmo que emplastrar.

EMPLASTO, s.m. Emplastro, ungüento, remédio.

EMPLASTRAMENTO, s.m. (V. Emplastação).

EMPLASTRAR, v.t. Cobrir com emplastro.

EMPLASTRO, s.m. Medicamento que amolece com o calor e adere ao corpo.

EMPLUMAR, v.t. Ornar de plumas ou penas; p. enfeitar-se; pavonear-se.

EMPOADO, adj. Coberto de pó.

EMPOAR, v.t. Cobrir de pó; empoeirar; p. encher-se de orgulho.

EMPOBRECER, v.t. Perder os bens da fortuna.

EMPOBRECIMENTO, s.m. Estado de penúria.

EMPOÇADO, adj. Represado; que formou poça.

EMPOÇAR, v.t. Represar; formar poça.

EMPOEIRAR, v.t. Empoar.

EMPOLA, s.f. Bolha causada por derramamento de serosidade; ampola; recipiente para injeções.

EMPOLADO, adj. Inchado; (fig.) exageradamente pomposo, soberbo.

EMPOLAR, v.t. Fazer, causar empolas em; p. tornar-se soberbo, ostentoso.

EMPOLEIRAR, v.t. Alcandorar; encarapitar; pôr-se no poleiro.

EMPOLGANTE, adj. Arrebatador, extasiante.

EMPOLGAR, v.t. Arrebatar, emocionar, extasiar.

EMPOMBAR, v.t. rel. Irar-se, antipatizar.

EMPORCALHAR, v.t. Sujar; enxovalhar.

EMPÓRIO, s.m. Centro de comércio internacional; venda; armazém de secos e molhados.

EMPOSSADO, adj. Investido num cargo, posição, ofício.

EMPOSSAR, v.t.-rel. Dar posse a; p. tomar posse.

EMPOSTAÇÃO, s.f. Colocação exata, própria, adequada (empostação da voz).

EMPOSTAR, v.t. Colocar no devido lugar.

EMPRAZADOR, adj. e s.m. Aquele que empraza.

EMPRAZAMENTO, s.m. Enfiteuse; aforamento; ato de emprazar.

EMPRAZAR, v.t. Citar para comparecer em juízo ou perante qualquer autoridade; convidar a comparecer em certo e determinado tempo.

EMPREENDEDOR, adj. Ativo, arrojado.

EMPREENDER, v.t. Tentar, iniciar, começar.

EMPREENDIMENTO, s.m. Empresa; tentame.

EMPREGADO, adj. Ocupado; aplicado; s.m. funcionário; criado (doméstico).

EMPREGADOR, s.m. Aquele que emprega.

EMPREGAR, v.t. Dar emprego, uso ou aplicação a; dar colocação ou emprego a; servir-se de; fazer uso de; aproveitar; t.-rel. utilizar; aplicar; gastar; despender.

EMPREGO, s.m. Função, cargo; ocupação; uso; aplicação.

EMPREITA, s.f. O mesmo que empreitada.

EMPREITADA, s.f. Obra por conta de outrem, mediante retribuição previamente combinada; tarefa.

EMPREITAR, v.t. Fazer ou tomar por empreitada.

EMPREITEIRO, s.m. O que ajusta obra de empreitada.

EMPRENHAR, v.t. Engravidar.

EMPRESA, s.m. Negócio; associação para explorar uma indústria.

EMPRESÁRIO, s.m. Aquele que empreende ou toma a seu cargo uma indústria ou uma especulação.

EMPRESTAR, v.t.-rel. Confiar a alguém (qualquer coisa) para que possa fazer uso dela durante algum tempo, restituindo-a depois ao dono; ceder; dar a juro.

EMPRÉSTIMO, s.m. Ato de emprestar, de tomar emprestado.

EMPRISIONAR, v.t. Aprisionar, prender, encarcerar.

EMPROADO, adj. Orgulhoso; vaidoso.

EMPUBESCER, v.int. e p. Tornar-se púbere; entrar na adolescência ou puberdade.

EMPULHAR, v.t. Troçar de; enganar; iludir.

EMPUNHADURA, s.f. Punho (da espada); lugar por onde se empunha a arma.

EMPUNHAR, v.t. Segurar pelo punho ou empunhadura; pegar, segurar em.

EMPURRÃO, s.m. Impulso, encontrão, esbarrão.

EMPURRAR, v.t. Impelir, impulsionar.

EMPUXADOR, s.m. Aquele que empuxa.

EMPUXÃO, s.m. Empurrão; repelão.

EMPUXAR, v.t. Empurrar; sacudir.

EMPUXO, s.m. O mesmo que empuxão, impulso.

EMUDECER, v.t. Calar, silenciar.

EMULAÇÃO, s.f. Competição; rivalidade; estímulo.

EMULAR, v.t. Rivalizar, competir; porfiar.

ÊMULO, adj. e s.m. Competidor; rival.

EMULSÃO, s.f. Preparação farmacêutica de consistência leitosa ou gordurosa; (Fís. Quím.) suspensão coloidal de um líquido em outro (p. ex. o leite é emulsão).

EMULSIONAR, v.t. Fazer emulsão de emulsivo, ou substância oleosa.

EMULSIVO, adj. Toda substância de que se pode extrair óleo por pressão.

EMUNDAÇÃO, s.f. Purificação, limpeza.

EMUNDAR, v.t. Purificar, limpar.

EMURCHECER, v.t. Murchar, fenecer.

ENAIPAR, v.t. Juntar ou separar por ordem de naipes.

ENÁLAGE, s.f. (Gram.) Troca, substituição de uma forma gramatical por outra. Ex.: O justo e o belo são amados (em lugar da justiça e a beleza são amadas). Se consegues isso (em lugar de se conseguires).

ENALTECIMENTO, s.m. Elogio, exaltação.

ENAMORAR, v.t. Encantar; enfeitiçar; apaixonar; p. apaixonar-se.

ENARTROSE, s.f. (Anat.) Articulação móvel formada por uma eminência óssea encaixada numa cavidade (p. ex. a articulação do fêmur com a bacia).

ENASE, s.f. Fermento de vinho, em forma de pastilhas.

ENASTRAR, v.t. Ornar com fitas.

ENCABADOURO, s.m. Abertura em que entra o cabo de qualquer instrumento de metal.

ENCABAR, v.t. Colocar cabo em instrumentos (foice, enxada, etc.)

ENCABEÇAMENTO, s.m. Chefia, direção.

ENCABEÇAR, v.t. Chefiar, dirigir, comandar.

ENCABELADO, adj. Coberto de cabelo.

ENCABELADURA, s.f. Cabeleira.

ENCABELAR, v.int. Criar cabelo.

ENCABRESTAR, v.t. Pôr cabresto a; subjugar.

ENCABRITAR-SE, v.p. Alçar-se, empinar-se (como o cabrito).

ENCABRUADO, adj. Teimoso, cabeçudo.

ENCABULAÇÃO, s.f. Vexação, constrangimento, encalistramento.

ENCABULADO, adj. Constrangido, acanhado, vexado.

ENCABULAR, v.t. Envergonhar, acanhar.

ENCACHAÇADO, adj. Embriagado com cachaça; ébrio.

ENCACHOEIRADO, adj. Que tem cachoeira.

ENCACHOEIRAMENTO, s.m. Formação de cachoeira.

ENCACHOLAR, v.t. Meter na cachola, na cabeça.

ENCADEAÇÃO, s.f. Concatenação.

ENCADEADO, adj. Concatenado; seriado.

ENCADEAMENTO, s.m. União, concatenação de conceitos ou frases.

ENCADEAR, v.t. Ligar, prender com cadeia; concatenar.

ENCADEIRAR, v.t. Pôr em cadeira; entronizar.

ENCADERNAÇÃO, s.f. Ação de coser as folhas de um livro, sobrepondo-lhes uma capa consistente.

ENCADERNADO, adj. Que recebeu encadernação; bem — (fam.): bem vestido, bem trajado.

ENCADERNADOR, s.m. Aquele que encaderna.

ENCADERNAR, v.t. Fazer encadernação de (livros); p. (fig.) vestir alguém roupa nova.

ENCAFIFAR, v.t. Encabular; int. envergonhar-se; ficar corrido.

ENCAFUAR, v.t. Meter em cafua; encerrar; esconder; ocultar.

ENCAIBRAMENTO, s.m. Ato ou efeito de encaibrar.

ENCAIBRAR, v.t. Pôr os caibros em (um edifício).

ENCAIPORAR, v.t. Tornar infeliz; influir nocivamente na sorte de (alguém).

ENCAIXAMENTO, s.m. Ato ou efeito de encaixar.

ENCAIXAR, v.t. Meter em caixa, ou no encaixe; introduzir.

ENCAIXE, s.m. Cavidade destinada a uma peça saliente; união.

ENCAIXILHAR, v.t. Emoldurar; enquadrar.

ENCAIXOTADO, adj. Metido em caixa.

ENCAIXOTADOR, s.m. Operário encarregado de pôr mercadorias em caixa ou caixote.

ENCAIXOTAR, v.t. Meter em caixote, em caixa.

ENCALACRAÇÃO, s.f. Dívida.

ENCALACRADELA, s.f. Encalacração, dívida.

ENCALACRAR, v.p. Endividar-se.

ENCALAMISTRAR, v.t. Calamistrar.

ENCALCAR, v.t. Calcar, acalcar.

ENCALÇAR, v.t. Ir no encalço de; seguir de perto.

ENCALÇO, s.m. Pegada, rasto, pista.

ENCALECER, v.int. Criar calos; calejar.

ENCALHAÇÃO, s.f. ou **ENCALHAMENTO**, s.m. (V. Encalhe.)

ENCALHAR, v.t. Fazer dar em seco (o barco);

int. ficar em seco, parar.

ENCALHE, s.m. Estorvo; obstáculo; obstrução; exemplares de livros, jornais, ou revistas, não vendidos e devolvidos ao editor; mercadoria não vendida.

ENCALIÇAR, v.t. Caiar, calear.

ENCALISTRAMENTO, s.m. Acanhamento, desenxabimento.

ENCALISTRAR, v.t. Acanhar-se, vexar.

ENCALMADIÇO, adj. Encalorado.

ENCALMAR, v.t. Aquecer; tornar calmoso.

ENCALOMBAR, v.int. Criar calombo.

ENCALVECER, v.int. Tornar-se calvo, encarecar.

ENCALVECIDO, adj. Calvo; (fig.) escalvado; careca.

ENCAMAR, v.t. Enfermar, adoecer.

ENCAMAROTAR, v.t. Meter em camarote.

ENCAMBITAÇÃO, s.f. Ato de andar o cavalo com a cauda erguida.

ENCAMBITAR, v.int. Levantar a cauda durante a marcha.

ENCAMBULHADA, s.f. Cambulhada, penca, cacho.

ENCAMBULHAR, v.t. Juntar, reunir, empencar.

ENCAMINHADOR, adj. Dirigente.

ENCAMINHAMENTO, s.m. Ato de encaminhar.

ENCAMINHAR, v.t. Guiar; dirigir; conduzir.

ENCAMISADO, adj. Revestido de camisa.

ENCAMISAR, v.t. Cobrir, revestir com camisa.

ENCAMPAÇÃO, s.f. Ato ou efeito de encampar.

ENCAMPADOR, s.m. Aquele que encampa.

ENCAMPAR, v.t. (Jur.) Rescindir (um contrato de arrendamento); tomar o governo posse de (uma empresa) após acordo em que se ajusta a indenização que deve ser paga.

ENCANAÇÃO, s.f. Encanamento.

ENCANADO, adj. Canalizado; preso.

ENCANADOR, s.m. Consertador de encanamentos, também chamado bombeiro.

ENCANAMENTO, s.m. Ação ou efeito de encanar, canalização.

ENCANAR, v.t. Conduzir por cano ou canal; canalizar; (gír.) prender.

ENCANASTRAR, v.t. Meter em canastra.

ENCANCERAR, v.int. Criar cancro; cancerizar.

ENCANDEAR, v.t. Ofuscar, atrair (o peixe) com o candeio; deslumbrar.

ENCANECER, v.t. Ter cabelos brancos; envelhecer.

ENCANGALHAR, v.t. Pôr cangalha em.

ENCANGAR, v.t. Pôr a canga em; jungir.

ENCANTAÇÃO, s.f. Bruxedo; mágica.

ENCANTADO, adj. Que tem encantamento; enlevado.

ENCANTADOR, adj. Mágico; feiticeiro, atraente, formoso.

ENCANTAMENTO, s.m. Feitiçaria; enlevo; sedução.

ENCANTAR, v.t. Cativar; causar grande prazer a; transformar (pessoa) por artes mágicas em bicho, planta, etc.

ENCANTEIRAR, v.t. Plantar em canteiros.

ENCANTO, s.m. Feitiçaria, mágica, sedução, beleza, magia.

ENCANTOAR, v.t. Meter num canto; isolar.

ENCANUDADO, adj. Que tem forma de canudo.

ENCANUDAR, v.t. Dar a forma de canudo.

ENCANZINAR ou **ENCANZOAR**, v.t. Fazer zangar; p. emperrar; enfurecer-se.

ENCAPADO, s.m. Revestido, coberto, condicionado, envolto em pano, capa.

ENCAPAR, v.t. Cobrir com capa; apossar-se de.

ENCAPELADO, adj. Agitado, encrespado.

ENCAPELAR, v.t. Levantar ondas; encrespar (o mar).

ENCAPETADO, adj. Endiabrado.

ENCAPOEIRAR, v.t. Meter em capoeira.

ENCAPOTADO, adj. Envolto em capote.

ENCAPOTAR, v.t. Cobrir com capa ou capote.

ENCAPUZAR, v.p. Cobrir-se com capuz, disfarçar-se.

ENCARAÇÃO, s.f. Fitar, olhar de cara a cara.

ENCARACOLAR, v.t. Enrolar em espiral; int. encrespar.

ENCARADO, adj. Que tem boa ou má cara. Usa-se com os advérbios bem ou mal.

ENCARAMUJADO, adj. Encolhido, como o caramujo; tristonho, tímido.

ENCARAMUJAR-SE, v.p. Entristecer, acanhar-se.

ENCARANGAÇÃO, s.f. Estado reumático em que os movimentos estão tolhidos; paralisia.

ENCARANGADO, adj. Encolhido; entrevado; reumático.

ENCARANGAR, v.t. Tolher com frio ou reumatismo; encolher.

ENCARAPINHAR, v.t. Encrespar; p. encaracolar-se.

ENCARAPITAR, v.p. Pôr-se no alto; instalar-se comodamente.

ENCARAPUÇAR, v.t. Pôr carapuça em; p. pôr a carapuça na cabeça.

ENCARAR, v.t. Olhar de frente, de cara; fitar os olhos; arrostar.

ENCARCERAMENTO, s.m. Prisão.

ENCARCERAR, v.t. Prender.

ENCARDIDO, adj. Sujo.

ENCARDIR, v.t. Sujar; não limpar (pano); não alvejar.

ENCARDUMAR, v.int. Formar cardumes.

ENCARECEDOR, adj. Elogiador, exagerador.

ENCARECER, v.t. Tornar caro; fazer subir o preço de; recomendar com interesse.

ENCARECIMENTO, s.m. Alta de preço.

ENCARGO, s.m. Incumbência; obrigação; cargo; remorso.

ENCARNA, s.f. Engaste; encaixe; entalhe.

ENCARNAÇÃO, s.f. Ato de encarnar; pintar cor de carne; ato pelo qual Deus se fez homem.

ENCARNADO, adj. Que encarnou; vermelho; escarlate.

ENCARNAR, v.t. Dar cor de carne a; converter-se em carne; (Teat.) representar um papel (o ator).

ENCARNEIRAR, v.int. e p. Encrespar-se (o mar) em pequenas ondas espumosas.

ENCARNIÇADO, adj. Feroz, sanguinário.

ENCARNIÇAMENTO, s.m. Pertinácia; fúria; crueldade.

ENCARNIÇAR, v.p. Encher-se de sanha; enraivecer-se.

ENCAROÇAR, v.int. Criar caroço, calombo.

ENCARQUILHADO, adj. Enrugado; velho.

ENCARQUILHAR, v.t. Enrugar; envelhecer.

ENCARRASCAR-SE, v.p. Embebedar-se com vinho carrasção.

ENCARRASPANAR-SE, v.p. Meter-se em carraspana; embebedar-se.

ENCARREGADO, s.m. Aquele que está incumbido de qualquer serviço ou negócio.

ENCARREGAR, v.t.-rel. Incumbir-se; dar cargo, ocupação, comissão ou emprego.

ENCARREIRAR, v.t. Encaminhar; dirigir.

ENCARRILHADO, adj. Part. pass. de encarrilhar; ininterrupto; posto ou feito em série.

ENCARRILHAR, v.t. Encaminhar; pôr em bom caminho.

ENCARTAÇÃO, s.f. O mesmo que encartamento.

ENCARTADEIRA, s.f. Aparelho das fábricas de fiação, na qual entra a urdidura, para se juntar a dois fios e entrar nos torcedores.

ENCARTAMENTO, s.m. Encartação; envolver em papel resistente; diplomação.

ENCARTAR, v.t. Diplomar, envolver em papel forte.

ENCARTUCHAR, v.t. Meter em cartucho; dar forma de cartucho a.

ENCARVOAR, v.t. Sujar com carvão.

ENCARVOJEAR, v.t. Encarvoar; escurecer.

ENCASACAR-SE, v.p. Vestir-se com casaco ou casaca.

ENCASMURRAR, v.t. Tornar casmurro, calar, silenciar.

ENCASQUETAR, v.t. Ter idéia fixa; persuadir.

ENCASQUILHAR, v.p. Ajanotar-se, tornar-se elegante.

ENCASTELADO, adj. Sobreposto; acastelado.

ENCASTELAMENTO, s.m. Ato ou efeito de encastelar.

ENCASTELAR, v.t. Fortificar com castelos; pôr em lugar alto.

ENCASTOAR, v.t. Envolver-se em panos.

ENCASULAR, v.t. Arredar-se do convívio dos outros, isolar-se.

ENCATAPLASMAR, v.t. Cobrir de cataplasmas; tornar doentio.

ENCATARRAR-SE ou **ENCATARROAR-SE**, v.p. Constipar-se; endefluxar-se.

ENCÁUSTICO, adj. Relativo à pintura sobre cera.

ENCAVA, s.f. Peça com que se unem dois corpos, em arquitetura.

ENCAVACADO, adj. Que deu o cavaco; que se amuou, zangou.

ENCAVACAR, v.int. Amuar; ficar zangado.

ENCAVALAR, v.t. Cavalgar; sobrepor.

ENCAVILHAR, v.t. Ligar com cavilhas.

ENCEFALALGIA, s.f. Dor de cabeça; cefaléia.

ENCEFÁLICO, adj. Que diz respeito ao encéfalo.

ENCEFALITE, s.f. Inflamação do encéfalo.

ENCÉFALO, s.m. Parte do sistema nervoso contida na cavidade do crânio e que compreende o cérebro, o cerebelo e o bulbo raqueano.

ENCEFALOCELE, s.f. Hérnia cerebral.

ENCEFALÓIDE, adj. Que tem sinuosidades parecidas com as do cérebro.

ENCEFALÓLITO, s.m. Cálculo ou concreção cerebral.

ENCEFALOLOGIA, s.f. Tratado acerca do cérebro.

ENCEGUECER, v.int. Cegar.

ENCEGUECIMENTO, s.m. Cegueira.

ENCELEIRAR, v.t. Armazenar; entesourar.

ENCELIALGIA, s.f. Dor nos intestinos.

ENCELITE, s.f. Inflamação dos intestinos.

ENCENAÇÃO, s.f. Ato ou efeito de pôr em cena; (gír.) afetação, exibição.

ENCENADOR, s.m. Pessoa que põe em cena uma peça.

ENCENAR, v.t. Pôr em cena; fazer representar no teatro; ostentar; exibir.

ENCERADEIRA, s.f. Aparelho destinado a encerar soalhos.

ENCERADO, adj. Coberto de cera; cor de cera; s.m. pano oleado; oleado.

ENCERADOR, s.m. Aquele que trabalha no enceramento de assoalhos; vadio.

ENCERADURA, s.f. ou **ENCERAMENTO,** s.m. Ato ou efeito de encerar.

ENCERAR, v.t. Untar ou cobrir de cera; matar serviço.

ENCEREBRAÇÃO, s.f. Desenvolvimento intelectual.

ENCEREBRAR, v.t. Decorar; fixar; aprender.

ENCERRAMENTO, s.m. Finalização, remate, conclusão.

ENCERRAR, v.t. Conter; rematar; fechar; terminar.

ENCERRO, s.m. Ato de encerrar.

ENCERVEJAR, v.p. Embriagar-se com cerveja.

ENCESTAMENTO, s.m. Ato de encestar.

ENCESTAR, v.t. Fazer entrar no cesto.

ENCETAMENTO, s.m. Início, começo.

ENCETAR, v.t. Principiar; começar; iniciar.

ENCHAFURDAR, v.t. Chafurdar; p. atolar-se; enlamear-se.

ENCHAMBOADO, adj. Atarracado; malfeito de corpo.

ENCHAPELADO, adj. Coberto com chapéu.

ENCHARCADIÇO, adj. Alagadiço.

ENCHARCAR, v.t. Alagar; inundar; ensopar.

ENCHAROLAR, v.t. Pôr em charola, em andor.

ENCHAVETAR, v.t. Segurar com chaveta.

ENCHEDEIRA, s.f. Pequeno funil por onde se mete a massa, ao fazer chouriços.

ENCHENTE, s.f. Inundação; cheia.

ENCHER, v.t. Replenar; fartar-se; acumular.

ENCHIDO, s.m. Carne ensacada; adj. cheio, pleno, farto.

ENCHIMENTO, s.m. Chumaço, recheio.

ENCHIQUEIRADOR, s.m. Relho, chicote.

ENCHIQUEIRAR, v.t. Encerrar no chiqueiro.

ENCHOURIÇAR, v.t. Dar a configuração de chouriço a.

ENCHOVA, s.f. Peixe de mar também chamado enchovinha. Var.: anchova (ô).

ENCHUMAÇAR, v.t. Pôr chumaço em; estofar.

ENCÍCLICO, adj. Circular; diz-se das cartas circulares do Papa: encíclica.

ENCICLOPÉDIA, s.f. Coleção de livros que tratam de conhecimentos gerais.

ENCICLOPÉDICO, adj. Pertencente à enciclopédia; s.m. aquele que sabe de tudo.

ENCICLOPEDISTA, s. Autor ou colaborador de enciclopédia.

ENCILHADA, s.f. Ato de encilhar e montar o animal.

ENCILHADOR, s.m. Ajaezador.

ENCILHAMENTO, s.m. O ato de encilhar; grande movimento de especulação bolsista nos primeiros anos da República.

ENCILHAR, v.t. Apertar com cilha, arrear.

ENCIMADO, adj. Posto em cima; colocado no alto.

ENCIMAR, v.t. Colocar em cima de; rematar; coroar.

ENCINCHAR, v.t. Pôr (a coalhada) no cincho para fazer queijo.

ENCINTAR, v.t. Cingir; circundar.

ENCIUMAR-SE, v.p. Encher-se de zelos; invejar.

ENCLAUSTRADO, adj. Recolhido em claustro ou convento.

ENCLAUSTRAMENTO, s.m. Ato de enclaustrar; clausura.

ENCLAUSTRAR, v.t. Meter no convento; enclausurar.

ENCLAUSURADO, adj. Enclaustrado.

ENCLAUSURAR, v.t. Pôr em clausura; p. encerrar-se em clausura.

ENCLAVINHAR, v.t. Travar; meter (os dedos) uns por entre os outros.

ÊNCLISE, s.f. (Gram.) Fenômeno fonético, que consiste em incorporar-se, na pronúncia, um vocábulo átono ao que vem antes dele, subordinando-se o átono ao acento tônico do outro. Ênclise pronominal: colocação do pron. pess. átono depois do verbo: mandou-lhe, vive-se, amou-a.

ENCLÍTICA, s.f. (Gram.) Palavra que, juntando-se a outra que a precede, parece formar com ela uma só palavra, perdendo o acento próprio.

ENCLÍTICO, adj. (Gram.) Diz-se do vocábulo que está em ênclise.

ENCOBERTO, adj. Escondido; oculto; disfarçado.

ENCOBRIDOR, s.m. Aquele que encobre; receptador.

ENCOBRIMENTO, s.m. Ação ou efeito de encobrir.

ENCOBRIR, v.t. Esconder; ocultar; dissimular; disfarçar. (Pres. ind.: encubro, encobres, etc.; pres. subj.: encubra, encubras, etc; part.: encoberto.)

ENCOCURUTAR, v.t. Encarapitar, ficar no alto de.

ENCODEAMENTO, s.m. Formação de crosta, códea, casca.

ENCODEAR, v.t. Criar crosta; transformar-se em códea.

ENCOIFAR, v.t. Pôr coifa em.

ENCOIVARAÇÃO, s.f. **ENCOIVARAMENTO,** s.m. Ato de encoivarar.

ENCOIVARAR, v.t. Juntar em coivaras (o resto do mato mal queimado), nos preparativos de um roçado, para queimar de novo.

ENCOLEIRAR, v.t. Pôr coleira em.

ENCOLERIZAR, v.t. Irritar; p. zangar-se; irritar-se.

ENCOLHA, s.f. Encolhimento; meter-se nas — s: retrair-se, calar-se, não dar sinal de si.

ENCOLHER, v.t. Retrair; encurtar.

ENCOLHIDO, adj. Encurtado; diminuído; envergonhado, acanhado.

ENCOLHIMENTO, s.m. Contração; encurtamento.

ENCOMENDA, s.f. Incumbência; encargo; comissão.

ENCOMENDAÇÃO, s.f. Recomendação; oração por um defunto.

ENCOMENDADO, adj. Feito de encomenda; recomendado.

ENCOMENDAR, v.t. Mandar fazer; incumbir; encarregar.

ENCOMENDEIRO, s.m. Pessoa a quem se fazem encomendas.

ENCOMIAR, v.t. Gabar, louvar, elogiar. (Conjuga-se regularmente: encomio, encomias, etc.)

ENCOMIASTA, adj. Elogiador, panegirista.

ECOMIÁSTICO, adj. Laudatório.

ENCÔMIO, s.m. Louvor, elogio, gabo.

ENCOMPRIDAR, v.t. Tornar mais comprido; aumentar o comprimento a.

ENCONTRADA, s.f. Esbarro, esbarrão, encontrão.

ENCONTRADIÇO, adj. Achadiço, comum.

ENCONTRADO, adj. Achado; contrário; oposto.

ENCONTRÃO, s.m. Embate; choque; empurrão.

ENCONTRAR, v.t. Achar; bater; chocar-se com; colidir.

ENCONTRO, s.m. Conjuntura; embate; choque.

ENCOPAR, v.t. Criar copa, frondejar.

ENCORAJAMENTO, s.m. Animação, instigação.

ENCORAJAR, v.t. Animar; estimular; instigar.

ENCORDOAMENTO, s.m. Conjunto das cordas; as cordas (de um instrumento).

ENCORDOAR, v.t. Prover de cordas; pôr cordas ou cordões em.

ENCORONHAR, v.t. Pôr coronha em (diz-se de armas de fogo).

ENCORPADO, adj. Grosso, forte, robusto.

ENCORPADURA, s.f. Grossura; espessura.

ENCORPAR, v.t. Tornar grosso; dar mais corpo a.

ENCORREADURA, s.f. Conjunto de correias para certo fim.

ENCORREAMENTO, s.m. Ação ou efeito de encorrear ou encorrear-se.

ENCORREAR, v.t. Ligar com correia.

ENCORRILHAR, v.t. Enrugar engelhar

ENCORTIÇAR, v.t. Meter ou habitar em cortiço; cobrir com cortiça.

ENCORTINAR, v.t. Pôr cortinas em.

ENCORUJAR-SE, v.p. Ficar triste; amuar-se; isolar-se.

ENCOSCORAR, v.t. Endurecer, adquirir crosta.

ENCÓSPIAS, s.f.pl. Formas de madeira com que os sapateiros alargam o calçado; meter-se nas —: meter-se nas encolhas, retrair-se.

ENCOSTA, s.f. Lado, lombo, vertente.

ENCOSTADO, adj. Arrimado, apoiado; agregado.

ENCOSTADOR, adj. Preguiçoso, vadio.

ENCOSTAMENTO, s.m. Apoio; vadiação.

ENCOSTAR, v.t.-rel. Arrimar; apoiar; vadiar.

ENCOSTO, s.m. Arrimo, apoio, proteção; espírito mau que toma conta do corpo humano.

ENCOURAÇADO, adj. Couraçado; s.m. couraçado (navio).

ENCOURAÇAR, v.t. Couraçar; revestir de couraça.

ENCOURADO, adj. Vestido, revestido de couro.

ENCOURAR, v.t. Forrar, cobrir de couro; surrar; bater.

ENCOVADO, adj. Metido em cova; escondido; diz se dos olhos que ficam muito dentro das órbitas.

ENCOVAR, v.t. Meter em cova; enterrar.

ENCRASSAR, v.int. Tornar-se crasso, grosseiro, estúpido.

ENCRAVA ou **ENCRAVAÇÃO,** s.f. Encravamento.

ENCRAVADO, adj. Fixado com prego ou pregos; cravado; engastado.

ENCRAVAMENTO, s.m. Ato ou efeito de encravar; aquilo que está encravado.

ENCRAVAR, v.t.-rel. Fixar, pregar, embutir.

ENCRENCA, s.f. Situação complicada ou perigosa; intriga; doença.

ENCRENCAR, v.t. Pôr em dificuldade; p. enguiçar; brigar, ficar doente.

ENCRENQUEIRO, adj. Briguento.

ENCRESPAÇÃO, s.f. Ato de encrespar ou encrespar-se.

ENCRESPADO, adj. Crespo; encarapinhado; (fig.) irritado.

ENCRESPADOR, s.m. Ferro de encrespar o cabelo.

ENCRESPADURA, s.f. ou **ENCRESPAMENTO,** s.m. Ato ou efeito de encrespar.

ENCRESPAR, v.t. Tornar crespo; enrugar; p. arrepiar-se; ouriçar-se (animais).

ENCRISAR, v.int. Eclipsar.

ENCRISTAR-SE, v.p. Levantar; erguer a crista; (fig.) encrespar-se; ensoberbecer-se.

ENCROSTAR, v.int. Criar crosta.

ENCRUAMENTO, s.m. Endurecimento; falta de cocção.

ENCRUAR, v.t. Tornar cru; endurecer (o que estava quase cozido).

ENCRUECER, v.t. Encruar.

ENCRUENTAR, v.t. e int. Encruecer.

ENCRUZAMENTO, s.m. Ato ou efeito de encruzar; cruzamento; lugar onde se cruza.

ENCRUZAR, v.t. Dispor em forma de cruz; atravessar; cruzar.

ENCRUZILHADA, s.f. Sítio onde se cruzam caminhos.

ENCRUZILHAR, v.t. Encruzar.

ENCUBAÇÃO, s.f. Ato de encubar.

ENCUBAR, v.t. Recolher em cuba; colocar na encubadeira.

ENCUMEADA, s.f. Cumeada.

ENCUMEAR, v.t. Pôr no cume.

ENCURRALAMENTO, s.m. Ato de encurralar.

ENCURRALAR, v.t. Meter no curral; encerrar; encanto ; sitiar.

ENCURTADOR, adj. Diminuidor; atalhador.

ENCURTAMENTO, s.m. Diminuição do tamanho.

ENCURTAR, v.t. Diminuir; abreviar; encolher.

ENCURVAÇÃO, ENCURVADURA, s.f. ou **ENCURVAMENTO,** s.m. Ato ou efeito de encurvar, curvatura; arqueamento.

ENCURVAR, v.t. Curvar; tornar curvo; dar a forma de arco a.

ENDECHA (ê), s.f. Poesia fúnebre e triste.

ENDEFLUXAR-SE (ss), v.p. Constipar-se, resfriar-se, gripar-se.

ENDEMIA, s.f. Doença que existe constantemente em determinado lugar acometendo número maior ou menor de indivíduos. (Quando aumenta a incidência toma o nome de epidemia.)

ENDEMICIDADE, s.f. Qualidade do que é endêmico.

ENDÊMICO, adj. Relativo à endemia.

ENDEMONINHADO, adj. Possesso; demoníaco; endiabrado.

ENDEMONINHAR, v.t. Ficar possesso do demônio; enraivecer.

ENDENTAÇÃO, s.f. Entrosamento.

ENDENTAR, v.t. Engranzar; entrosar.

ENDEREÇAMENTO, s.m. Ato de endereçar.

ENDEREÇAR, v.t. Pôr sobrescrito em; t- rel. enviar; dirigir; encaminhar.

ENDEREÇO, s.m. Direção de moradia.

ENDEUSADO, adj. Divinizado; deificado.

ENDEUSADOR, adj. Divinizador.

ENDEUSAMENTO, s.m. Deificação; apoteose.

ENDEUSAR, v.t. Deificar; divinizar; (fig.) extasiar.

ENDEZ (ê), s.m. Chamariz; ovo que se deixa no ninho para que aí continue a pôr a galinha.

ENDIABRADO, adj. Endemoninhado; travesso; furioso.

ENDIABRAR, v.t. Endemoninhar.

ENDINHEIRADO, adj. Rico; opulento.

ENDIREITADO, adj. Direito; empertigado.

ENDIREITAR, v.t. Pôr direito (o que estava torto, dobrado ou desviado da linha reta); retificar; corrigir.

ENDIVIDAR, v.t. Fazer ou contrair dívidas; ficar encalacrado.

ENDOADO, adj. Dotado de bens, de boas qualidades.

ENDOCÁRDIO, s.m. Membrana que reveste interiormente o coração.

ENDOCARDITE, s.f. Inflamação do endocárdio.

ENDOCÁRPIO, s.m. Membrana interior do fruto em contacto com a semente.

ENDOCÉFALO, adj. Que, aparentemente, não tem cabeça.

ENDOCRANIANO, adj. Situado na parte interior do crânio.

ENDOCRÍNICO, adj. Relativo às glândulas de secreção interna.

ENDÓCRINO, adj. (Med.) Que diz respeito a secreção ou segregação interna; glândula endócrina: aquela que lança diretamente no sangue o produto de sua elaboração; exs.: tireóide, hipófise.

ENDOCRINOLOGIA, s.f. Parte da Medicina que trata das glândulas de secreção interna.

ENDOCRINOPATIA, s.f. Doença de glândula de secreção interna.

ENDODERMA, s.m. Camada celular interior que limita o intestino primitivo do embrião.

ENDOENÇAS, s.f.pl. Solenidades religiosas na quinta-feira Santa.

ENDOFLEBITE, s.f. (Med.) Inflamação do endotélio venoso.

ENDOGAMIA, s.f. Regime segundo o qual o indivíduo se casa no seu próprio povo.

ENDÓGAMO, s.m. O que se casa exclusivamente com membros de sua própria tribo ou classe, para conservação de raça ou de nobreza. (Antôn.: exógamo.)

ENDOGENIA, s.f. Que é endógeno.

ENDÓGENO, adj. Originado no interior de, ou por fatores internos. Var.: endógene. (Antôn.: exógeno.)

ENDOIDAR, v.t. e int. Endoidecer, enlouquecer.

ENDOIDECER, v.t. Tornar doido; enlouquecer. O mesmo que endoidar.

ENDOIDECIMENTO, s.m. Loucura, enlouquecimento.

ENDOLINFA, s.f. Líqüido que enche as cavidades do ouvido interno.

ENDOMINGADO, adj. Vestido com o melhor fato; casquilho.

ENDOMINGAR-SE, v.p. Vestir-se bem, com roupa de domingo, de passeio.

ENDOMORFISMO, s.m. Modificação que sofre uma rocha eruptiva, em contacto com outra.

ENDOPLASMA, s.m. Porção interna do citoplasma.

ENDOSCOPIA, s.f. Método propedêutico de exa-

170

me de cavidades por meio de aparelhos ópticos.

ENDOSCÓPIO, s.m. Instrumento médico para examinar algumas cavidades do corpo.

ENDOSMOSE, s.f. (Fís.) Corrente de fora para dentro entre dois líquidos de densidades diferentes, separados por uma membrana ou placa porosa. (Antôn.: exosmose.)

ENDOSMÓTICO, adj. Relativo a endosmose. (Antôn.: exosmótico.)

ENDOSPERMA, s.m. (Bot.) Substância que acompanha o embrião em diversos vegetais; albume.

ENDOSPÉRMICO, adj. Diz-se do embrião que tem endosperma.

ENDÓSPORO, s.m. Espório que se forma no interior da célula. (Antôn.: exósporo.)

ENDOSSADO, s.m. Pessoa a quem se endossou uma letra.

ENDOSSADOR, adj. Endossante, responsável.

ENDOSSAMENTO, s.m. Ato de endossar.

ENDOSSANTE, adj. O mesmo que endossador.

ENDOSSAR, v.t. Pôr endosso em letra; apoiar; defender.

ENDOSSATÁRIO, s.m. Endossado.

ENDOSSE, s.m. Endosso.

ENDOSSO, s.m. Declaração escrita ou somente assinatura, nas costas de uma letra ou outro título de crédito, com a qual se endossa a referida letra ou título.

ENDOTECA, s.f. (Bot.) Membrana interna das lojas da antera.

ENDOVENOSO, adj. Intravenoso, através da veia.

ENDRÔMINA, s.f. Artimanha; impostura.

ENDURAÇÃO, s.f. Ato de endurecer; teima no mal.

ENDURADO, adj. O mesmo que endurecido, contumaz.

ENDURAR, v.t. Endurecer, enrijar.

ENDURECER, v.t. Enrijar; (fig.) fortalecer; empedernir.

ENDURECIMENTO, s.m. Ato ou efeito de endurecer; calo; tumor duro.

ENEAGONAL, adj. Que tem nove ângulos.

ENEÁGONO, s.m. (Geom.) Polígono de nove lados.

ENEGRECER, v.t. Escurecer; denegrir; difamar.

ENEGRECIMENTO, s.m. Escurecimento; difamação.

ENERGÉTICO, adj. (Fís., Quím.) Que diz respeito às trocas de energia nas transformações físicas e químicas.

ENERGIA, s.f. Capacidade de produzir; atividade vigorosa; firmeza; força; — atômica: (Fís.) energia libertada ou absorvida durante as reações que se processam nos núcleos atômicos; chama-se também energia nuclear; — cinética: a que possui um corpo em movimento; — potencial a energia que possui um corpo em virtude da posição, não manifestada em trabalho atual.

ENÉRGICO, adj. Severo, ativo, vigoroso.

ENERGÚMENO, s.m. Endemoninhado; louco.

ENERVAÇÃO, s.f. Distribuição de nervos numa região qualquer do organismo; abatimento; enfraquecimento.

ENERVADOR, adj. Enervante.

ENERVAMENTO, s.m. Enervação.

ENERVANTE, adj. Debilitante, desagradável.

ENERVAR, v.t. Debilitar.

ENEVOAR, v.t. Obscurecer; anuviar; nublar.

ENFADADIÇO, adj. Rabugento; impaciente; irascível.

ENFADAMENTO, s.m. Aborrecimento.

ENFADAR, v.t. Aborrecer, enfastiar, entediar.

ENFADO, s.m. Aborrecimento; zanga, tédio.

ENFADONHO, adj. Fastidioso; incômodo; molesto.

ENFAIXAR, v.t. Envolver ou ligar com faixas.

ENFARAMENTO, s.m. Enfartamento.

ENFARAR, v.t. Enfartar, entediar.

ENFARDADEIRA, s.f. Máquina agrícola para enfardar o trigo ceifado e outros cereais.

ENFARDADOR, adj. Aquele que enfarda.

ENFARDAMENTO, s.m. Ato ou efeito de enfardar.

ENFARDAR, v.t. Fazer fardo de; empacotar; entrouxar.

ENFARDELAR, v.t. Ensacar.

ENFARELAR, v.t. Misturar farelos a.

ENFARINHAR, v.t. Polvilhar com farinha; empoar.

ENFARO, s.m. Fastio; enjôo.

ENFARPELAR, v.t. Vestir com fato novo, domingueiro.

ENFARRUSCAR, v.t. Anuviar, nublar, amuar-se, zangar-se.

ENFARTADO, adj. Farto; repleto; ingurgitado.

ENFARTAMENTO, s.m. (V. Enfarte.)

ENFARTAR, v.t. Encher de comida; fartar; entupir.

ENFARTE, s.m. Ingurgitamento; inchação; o mesmo que enfartação e enfartamento; (Med.) zona de necrose em conseqüência de supressão da circulação de um território vascular; o mesmo que infarto.

ÊNFASE, s.f. Maneira empolada de se exprimir; energia exagerada na fala e no gesto.

ENFASTADIÇO, adj. Que enfastia; maçador.

ENFASTIAMENTO, s.m. Fastio, enfartamento.

ENFASTIAR, v.t. Tirar o apetite; enfadar.

ENFASTIOSO, adj. Que causa fastio.

ENFÁTICO, adj. Empolado, companudo, enérgico.

ENFATIOTAR-SE, v.p. Trajar roupa nova.

ENFATUAÇÃO, s.f. Presunção, orgulho, arrogância.

ENFATUADO, adj. Presumido; vaidoso; arrogante.

ENFATUAMENTO, s.m. Enfatuação.

ENFATUAR, v.t. Presumir-se de, tornar-se arrogante.

ENFEADO, adj. Que se tornou feio.

ENFEAR, v.t. Afear, tornar feio.

ENFEBRECER, v.int. Ter febre.

ENFEITADO, adj. Adornado, ataviado, alindado.

ENFEITADOR, adj. Ornamentador, ornador, ataviador.

ENFEITAR, v.t. Adornar, ornar.

ENFEITE, s.m. Ornamento; adorno; atavio.

ENFEITIÇAMENTO, s.m. Bruxedo; encantamento.

ENFEITIÇAR, v.t. Encantar; atrair de modo irresistível; p. deixar-se vencer pelo feitiço; embruxar.

ENFEIXAMENTO, s.m. Ato de enfeixar.

ENFEIXAR, v.t. Juntar; reunir em feixe.

ENFERMAGEM, s.f. Serviços próprios de enfermaria.

ENFERMAR, v.t. Adoentar-se, adoecer.

ENFERMARIA, s.f. Casa ou sala destinada a enfermos.

ENFERMEIRA, s.f. Mulher que cuida de enfermos.

ENFERMEIRO, s.m. Homem que trata de enfermos.

ENFERMIÇO, adj. Achacado; doentio.

ENFERMIDADE, s.f. Doença; achaque; moléstia.

ENFERMO, adj. Doente; achacado; débil; imperfeito; que não funciona bem. (Fem. enferma, pl.: enfermas.)

ENFERRUJAR, v.t. Oxidar.

ENFESTADO, adj. Dobrado ao meio em sua largura (o pano) e assim enrolado na peça; reforçado, de compleição robusta.

ENFESTAR, v.t. Dobrar; contagiar.

ENFESTOAR, v.t. e p. Colocar festões.

ENFEZADO, adj. Raquítico; acanhado; (fig.) aborrecido; irritado.

ENFEZAMENTO, s.m. Raquitismo, atrofiamento; irritação.

ENFEZAR, v.t. Fazer que cresça pouco; tornar raquítico; (fig.) irritar.

ENFIAÇÃO, s.f. Enfiamento.

ENFIADA, s.f. Dispor objetos em fio; série.

ENFIADOR, s.m. Aparelho, instrumento que enfia, que faz passar um fio através de alguma cousa; enfiador de agulha.

ENFIADURA, s.f. Porção de linha que, de uma vez, se enfia na agulha.

ENFIAMENTO, s.m. Ato de enfiar.

ENFIAR, v.t. Introduzir um fio no orifício de; meter em fio; pôr em série; traspassar.

ENFILEIRAMENTO, s.m. Disposição em fila, em série, em linha.

ENFILEIRAR, v.t. Dispor ou ordenar em fileiras; alinhar.

ENFIM, adv. Finalmente, afinal.

ENFISEMA, s.m. Estado ocasionado pela infiltração do ar ou formação de um gás nos tecidos; — pulmonar: dilatação anormal dos alvéolos pulmonares.

ENFISEMÁTICO, adj. Que sofre de enfisema; enfisematoso.

ENFISTULAR, v.t. Criar fístula; ulcerar-se.

ENFITEUSE, s.f. (Jur.) Contrato pelo qual o proprietário de um imóvel cede a outrem o domínio útil da propriedade, mediante o pagamento de uma pensão anual chamada foro; o mesmo que aforamento.

ENFITEUTA, s. Pessoa que toma por aforamento o imóvel; foreiro.

ENFITEUTICAR, v.t. Aforar; ceder por enfiteuse.

ENFITÊUTICO, adj. Relativo à enfiteuse.

ENFIVELAMENTO, s.m. Ato de enfivelar.

ENFIVELAR, v.t. Guarnecer com fivelas.

ENFLANELAR, v.t. Revestir de flanela.

ENFLORAR, v.t. Tornar florido; adornar.

ENFLORESCER, v.t. int. Florescer.

ENFOCAÇÃO, s.m. Ato de enfocar.

ENFOCAR, v.t. Pôr em foco.

ENFOLHAR, v.p. Revestir-se de folhas.

ENFORCADO, adj. Esganado, garroteado.

ENFORCAMENTO, s.m. Garroteamento, esganamento.

ENFORCAR, v.t. Suplicar na forca, garrotear, esganar.

ENFORMAR, v.t. Meter na forma, no molde.

ENFORNAR, v.t. Meter no forno.

ENFRAQUECER, v.t. Debilitar, desanimar.

ENFRAQUECIDO, adj. Fraco; debilitado.

ENFRAQUECIMENTO, s.m. Fraqueza; debilidade.

ENFRASCAR, v.t. Colocar em frascos, engarrafar.

ENFREADO, adj. Refreado; reprimido.

ENFREADOR, adj. e s.m. Repressor.

ENFREAMENTO, s.m. Ação de enfrear.

ENFREAR, v.t. Refrear; reprimir; domar. (Pres. ind.: enfreio, enfreias, enfreia, enfreamos, enfreais, enfreiam; pres. subj.: enfreie, enfreies, enfreie, enfreemos, enfreeis, enfreiem.)

ENFRENTAR, v.t. Atacar de frente; defrontar; arrostar.

ENFRONHADO, adj. Versado; instruído.

ENFRONHAR, v.t. Meter em fronha; p. tomar conhecimento de um assunto.

ENFROUXECER, v.t. Tornar frouxo, debilitar.

ENFRUTECER, v.int. Frutificar, dar fruto.

ENFUMAÇAR, v.t. Encher de fumo, fumaça.

ENFUNAÇÃO, s.f. Presunção.

ENFUNAR, v.t. Encher de vento as velas. Envaidecer, orgulhar-se.

ENFUNILAMENTO, s.m. Ato de enfunilar.

ENFUNILAR, v.t. Dar forma de funil a; afunilar.

ENFURECER, v.t. Encolerizar-se, irar-se.

ENFURECIDO, adj. Raivoso; furioso.

ENFURIADO, adj. Irritado, encolerizado.

ENFURIAR, v.t. int. e p. Enfurecer.

ENFURNAR, v.t. Encafuar, encavernar; não dar andamento.

ENFUSCAR, v.t. Escurecer; enegrecer.

ENGABELAÇÃO, s.f. Logro, fraude.

ENGABELADOR, adj. Enganador, iludidor.

ENGABELAR, v.t. Enganar, iludir, escamotear.

ENGAÇO, s.m. Bagaço; ancinho.

ENGADELHAR, v.t. Criar gadelha, cabeleira.

ENGAFECER, v.t. Criar gafeira.

ENGAIOLAR, v.t. Prender, encerrar, encarcerar.

ENGAJADO, adj. Contratado, empregado, inscrito no serviço militar.

ENGAJAMENTO, s.m. Contrato para certos serviços; alistamento.

ENGAJAR, v.t. Aliciar para serviço pessoal, ou para emigração; entrar para o serviço militar.

ENGALANADO, adj. Ornado, enfeitado.

ENGALANAR, v.t. Enfeitar, embelezar.

ENGALFINHAR-SE, v.p. Agarrar-se ao adversário; brigar corpo a corpo.

ENGANADIÇO, adj. Fácil de enganar.

ENGANADO, adj. Logrado, tapeado.

ENGANADOR, adj. Fraudador, burlador.

ENGANAR, v.t. Iludir; burlar; embair; engabelar.

ENGANCHAR, v.t. Segurar, prender com gancho.

ENGANO, s.m. Erro, ilusão, logro, fraude.

ENGANOSO, adj. Ilusório; falaz; simulado.

ENGARFAR, v.int. Enxertar.

ENGARRAFADEIRA, s.f. Máquina usada na indústria dos lacticínios.

ENGARRAFADO, adj. Embotelhado, embotijado.

ENGARRAFAGEM, s.f. Engarrafamento.

ENGARRAFAMENTO, s.m. Ato e efeito de engarrafar.

ENGARRAFAR, v.t. Embotelhar, embotijar.

ENGASGAMENTO, s.m. Sufocamento.

ENGASGAR, v.t. Sufocar; asfixiar; embaraçar-se.

ENGASGO, s.m. Obstrução da garganta.

ENGASTADOR, adj. Marchetador; entalhador.

ENGASTALHAR, v.t. Apertar com gastalho; travar.

ENGASTAR, v.t.-rel. Marchetar; ensartar.

ENGASTE, s.m. Aro ou guarnição de metal que segura a pedraria nas jóias.

ENGATAR, v.t. Ligar, prender, amarrar, conexar.

ENGATE, s.m. Aparelho para ligar entre si os carros ou as parelhas que puxam o carro.

ENGATILHAR, v.t. Armar o gatilho de; (fig.) preparar; compor.

ENGATINHAR, v.int. Andar de gatinhas.

ENGAVETAMENTO, s.m. Colisão; interpenetração de carros ou veículos que se encontram.

ENGAVETAR, v.t. Meter em gavetas; meter-se um vagão por dentro do outro em uma colisão de trens.

ENGAZOPADOR, adj. Embusteiro.

ENGAZOPAMENTO, s.m. Burla, engano.

ENGAZOPAR, v.t. Enganar; engabelar.

ENGELHADO, adj. Enrugado, engrouvinhado.

ENGELHAR, v.t. Enrugar; encarquilhar.

ENGENDRAR, v.t. Produzir; inventar; gerar.

ENGENHAR, v.t. Idear; inventar.

ENGENHARIA, s.f. Carreira liberal; ciência de construir, edificar, etc.

ENGENHEIRANDO, s.m. Estudante que está no último ano do curso de engenharia.

ENGENHEIRO, s.m. Construtor, formado em engenharia.

ENGENHEIRO-AGRÔNOMO, s.m. Aquele que estudou agronomia e os princípios matemáticos e científicos auxiliares da agricultura racional. (Pl.: engenheiros-agrônomos.)

ENGENHO, s.m. Faculdade inventiva; talento; estabelecimento agrícola destinado à fabricação do açúcar e do álcool.

ENGENHOCA, s.f. Diminutivo depreciativo de engenho.

ENGENHOSO, adj. Inventivo, imaginoso.

ENGESSADOR, adj. Aquele que engessa.

ENGESSAR, v.t. Proteger com gesso; aplicação de aparelhos ortopédicos feitos de gesso.

ENGLOBAR, v.t. Reunir a um todo; juntar; conglomerar.

ENGODADO, adj. Iludido, enganado.

ENGODAMENTO, s.m. Engano, sedução.

ENGODAR, v.t. Atrair com engodo; enganar com promessas vãs.

ENGODATIVO, adj. Próprio para engodar.

ENGODO, s.m. Isca; coisa com que se seduz alguém.

ENGOLFAR, v.t. Penetrar; entrar; aprofundar-se.

ENGOLIÇÃO, s.f. Ato de engolir.

ENGOLIR, v.t. Deglutir; sorver; tragar. (Pres. ind.: engulo, engoles, engole, engulimos, engulis, engolem; pres. sub.: engula, etc.)

ENGOMADARIA, s.f. Casa ou estabelecimento onde se engoma roupa. Forma paral.: engomadeira.

ENGOMADEIRA, s.f. Mulher que engoma; máquina empregada na indústria da tecelagem.

ENGOMAR, v.t. Meter em goma e alisar depois a ferro quente; molhar em goma.

ENGONÇAR, v.t. Segurar com engonços.

ENGONÇO, s.m. Gonzo; espécie de dobradiça.

ENGORDA, s.f. Ceva, invernada.

ENGORDAR, v.t. Cevar, nutrir, deitar banha.

ENGORDURAMENTO, s.m. Enlambuzamento.

ENGORDURAR, v.t. Untar, besuntar, cobrir com gordura.

ENGRAÇADO, adj. Divertido, chistoso, humorístico.

ENGRAÇAMENTO, s.m. Simpatia, galanteio.

ENGRAÇAR, v.t. Simpatizar, galantear.

ENGRADADO, s.m. Armação de sarrafos destinada a proteger um objeto qualquer durante o transporte.

ENGRADAMENTO, s.m. Ato ou efeito de engradar.

ENGRADAR, v.t. Dar a forma de grade a; cercar de grades.

ENGRAMPAR, v.t. Prender, fixar com grampos.

ENGRAMPONAR-SE, v.p. Encher-se de vaidade; ensoberbecer-se.

ENGRANDECER, v.t. Tornar grande, elevar em dignidade.

ENGRANDECIMENTO, s.m. Elevação, honorificência.

ENGRANZAGEM, s.f. ou **ENGRANZAMENTO**, s.m. Ensartamento.

ENGRANZAR, v.t. Enfiar (contas) em fio de metal; ensartar.
ENGRAVATAR-SE, v.p. Usar gravata.
ENGRAVESCER, v.t. Piorar; agravar.
ENGRAVIDAR, v.t. Pejar; emprenhar.
ENGRAXADELA, s.f. Engraxada rápida.
ENGRAXADOR, s.m. Engraxate.
ENGRAXAMENTO, s.m. Lubrificação.
ENGRAXAR, v.t. Lustrar, lubrificar.
ENGRAXATARIA, s.f. Salão de engraxate.
ENGRENAGEM, s.f. Entrosagem.
ENGRENAR, v.t. Endentar; entrosar.
ENGRIMANÇO, s.m. Boneco, desenho, figura.
ENGRIMPAR-SE, v.p. Encarapitar-se; elevar-se; (fig.) ensoberbecer-se.
ENGRINALDAR, v.t. Coroar; adornar; enfeitar.
ENGROLADOR, adj. Pessoa que pronuncia mal.
ENGROLAR, v.t. Pronunciar, falar confusamente.
ENGROSSADOR, s.m. Adulador, bajulador.
ENGROSSAMENTO, s.m. Ato ou efeito de engrossar; adulação; bajulação.
ENGROSSAR, v.t. Tornar grosso, espesso; aumentar em massa, volume ou quantidade; adular; (pop.) ser grosseiro.
ENGROUVINHADO, adj. Engelhado, enrugado.
ENGROUVINHAR, v.t. Enrugar, encarquilhar.
ENGUAXUMADO, adj. Coberto de guaxumas. Vars.: enguanxumado e enguanximado.
ENGUIA, s.f. Peixe em forma de cobra; o mesmo que caramuru.
ENGUIÇADOR, adj. Azarento, atrapalhador.
ENGUIÇAMENTO, s.m. Mau funcionamento mecânico, emperramento.
ENGUIÇAR, v.t. Azarar, desarranjar, emperrar.
ENGUIÇO, s.m. Mau olhado; quebranto; caiporismo; mau agouro; empecilho; desarranjo.
ENGUIRLANDAR, v.t. e p. Engrinaldar, adornar com ramos de flores.
ENGULHADO, adj. Nauseado, enjoado.
ENGULHAR, v.t. Nausear, enjoar, enojar.
ENGULHENTO, adj. Engulhoso.
ENGULHO, s.m. Náusea; enjôo, nojo.
ENGULHOSO, adj. Nauseante.
ENIGMA, s.m. Problema, charada, mistério.
ENIGMÁTICO, adj. Obscuro; misterioso; difícil de perceber.
ENIGMATISTA ou **ENIGMISTA,** s. Pessoa que faz ou decifra enigma; pessoa que fala por enigmas.
ENJAULAR, v.t. Prender, engaiolar, encarcerar.
ENJEITADO, adj. Rejeitado; abandonado.
ENJEITADOR, adj. Repelidor.
ENJEITAMENTO, s.m. Repulsa, abandono.
ENJEITAR, v.t. Não aceitar; recusar; abandonar (filhos).
ENJERIR-SE, v.p. Encolher-se de frio ou por doença.
ENJERIZAR-SE, v.p. Encolerizar-se, antipatizar-se.
ENJOADIÇO, adj. Sujeito a enjôos.
ENJOADO, adj. Engulhado; cacete; antipático.
ENJOAMENTO, s.m. Engulhamento, antipatia.
ENJOAR, v.t. Engulhar; enfastiar; enfadar. (Pres. ind.: enjôo, enjoas,etc.)
ENJOATIVO, adj. Nauseabundo; repugnante.
ENJÔO, s.m. Náusea; engulho. (Pl.: enjôos.)
ENLAÇADO, adj. Unido; abraçado.
ENLAÇAMENTO, s.m. Enlace.
ENLAÇAR, v.t. Prender com laço; atar; enlear.
ENLACE, s.m. União; concatenação; casamento.
ENLADEIRADO, adj. Inclinado, declivoso.
ENLAIVAR, v.t. Cobrir de laivos; sujar; manchar.
ENLAMBUZAR, v.t. e p. Enlamear, besuntar.
ENLAMEADO, adj. Sujo de lama; vilipendiado.
ENLAMEAR, v.t. Sujar com lama; manchar; (fig.) enodoar a reputação de.
ENLANGUESCER, v.int. Enfraquecer; esmorecer.
ENLAPAR, v.t. Enlurar; entocar; ocultar.
ENLATAMENTO, s.m. Acondicionamento em lata.
ENLATAR, v.t. Meter em lata.
ENLEADO, adj. Entrelaçado; emaranhado; (fig.) indeciso; confuso.
ENLEAMENTO, s.m. Confusão; acanhamento; embaraço.
ENLEAR, v.t. Enrolar; embaraçar; emaranhar; confundir.
ENLEIO, s.m. Enredo; confusão; perplexidade.
ENLEVAÇÃO, s.f. Arrebatamento; êxtase.
ENLEVAMENTO, s.m. Enlevação, êxtase, arroubo.
ENLEVAR, v.t. Arrebatar; extasiar; encantar.
ENLEVO, s.m. Encanto; êxtase.
ENLIÇAR, adj. Impostor; enganador.

ENLIÇAR, v.t. Enganar, burlar, tapear.
ENLIÇO, s.m. Engano; fraude.
ENLODAÇAR, v.t. Transformar em lodaçal.
ENLODADO, adj. Coberto de lodo, enlameado.
ENLODAR, v.t. Enlamear; sujar.
ENLOUQUECER, v.t. Dementar; ensandecer.
ENLOUQUECIMENTO, s.m. Dementação; ensandecimento.
ENLOURECER, v.t. Tornar louro; int. tornar-se louro.
ENLOUSAR, v.t. Cobrir de lousa.
ENLUARADO, adj. Banhado pela luz da lua.
ENLURAR, v.t. e p. Entocar; encafuar.
ENLUTAR, v.t. Consternar; envolver em treva; p. cobrir-se de luto.
ENLUVADO, adj. Calçado de luvas.
ENOBRECEDOR (ô), adj. Dignificador.
ENOBRECER, v.t. Dignificar; nobilitar.
ENOBRECIMENTO, s.m. Dignificação.
ENODOAR, v.t. Manchar; macular.
ENOITAR, v.t. Enoitecer.
ENOITECER, v.t. Tornar escuro; escurecer.
ENOJADIÇO, adj. Fácil de enojar ou enjoar.
ENOJADO, adj. Nauseado; enfastiado.
ENOJAMENTO, s.m. Enjôo, náusea.
ENOJAR, v.t. Causar nojo ou náusea a; enjoar.
ENOJO, s.m. Nojo; enjôo; náusea.
ENOLOGIA, s.f. Estudo do que diz respeito aos vinhos.
ENOLÓGICO, adj. Relativo à enologia.
ENOLOGISTA, s. Aquele que é versado em enologia.
ENOMANIA, s.f. Paixão pelo vinho; doença resultante do abuso do vinho.
ENOMANÍACO, adj. Louco por vinho, beberrão, enólatra.
ENOMEL, s.m. Xarope que tem por base o vinho. (Pl.: enoméis.)
ENORME, adj. Desmarcado; descomunal.
ENORMIDADE, s.f. Excesso de grandeza, de grossura.
ENOVELADEIRA, s.f. Aparelho com que, nas fábricas de fiação, se formam os novelos.
ENOVELADO, adj. Em forma de novelo; enrolado.
ENOVELAR, v.t. Converter em novelos; enrolar.
ENQUADRAMENTO, s.m. Ato ou efeito de enquadrar.
ENQUADRAR, v.t. Meter no quadro, encaixilhar; emoldurar; p. ajustar-se.
ENQUANTO, conj. No tempo em que; ao passo que; durante.
ENQUEIJAR, v.t. Pôr em forma de queijo; coalhar.
ENQUILHAR, v.t. Pregar a quilha em (o navio).
ENQUISTADO, adj. Transformado em quisto.
ENQUISTAMENTO, s.m. Ação ou efeito de enquistar.
ENQUISTAR, v.int. e p. Converter-se em quisto.
ENQUIZILADO, adj. Antipatizado.
ENRABAR, v.t. Encaudar; colocar rabo em.
ENRABICHADO, adj. Apaixonado.
ENRABICHAR, v.t. Apaixonar-se; deixar-se dominar pela afeição.
ENRADICADO, adj. Radicado; implantado.
ENRAIVADO, adj. Furioso.
ENRAIVAR ou **ENRAIVECER,** v.t. Irar; encolerizar.
ENRAIVECIDO, adj. Colérico; irado.
ENRAIZAR (a-i), v.int. Criar raízes; prender-se pela raiz; arraigar. (Pres. ind.: enraízo, enraízas, enraíza, enraizamos, enraizais, enraízam; pres. subj.: enraíze, enraízes, enraíze, enraizemos, enraizeis, enraízem.)
ENRAMADA, s.f. Cobertura de ramos de árvore; ramada.
ENRAMADO, adj. Que tem ramos; formado de ramos.
ENRAMALHAR, v.t. Ornar com ramos.
ENRAMALHETAR, v.t. Adornar com ramalhetes; enramilhetar.
ENRAMAMENTO, s.m. Ato ou efeito de enramar.
ENRAMAR, v.t. Cobrir ou ornar de ramos.
ENRAMILHETAR, v.t. Enramalhetar.
ENRANÇAR, v.t. Criar ranço, estragar-se.
ENRARECER, v.t. Tornar raro ou ralo; rarefazer.
ENRASCADA, s.f. Dificuldade; situação perigosa.
ENRASCADELA ou **ENRASCADURA,** s.f. Entalação, enrascada passageira.
ENRASCAR, v.t. Apanhar em rasca ou rede; fazer cair em cilada; complicar.
ENREDADEIRA, s.f. Trepadeira; intrigante.
ENREDADELA, s.f. Enredo, intriga.

173

ENREDADO, adj. Emaranhado; comprometido.

ENREDADOR, adj. Mexeriqueiro, intrigante.

ENREDAMENTO, s.m. Entrelaçamento; intriga; mexerico.

ENREDAR, v.t. Emaranhar; intrigar.

ENREDEIRO, adj. Mexeriqueiro; intrigante.

ENREDIÇO, adj. Facilmente emaranhável.

ENREDO, s.m. Intriga; ardil; mexerico; desenvolvimento de uma peça, escrito literário ou motivo musical.

ENREGELADO, adj. Gelado; hirto.

ENREGELAMENTO, s.m. Congelamento.

ENREGELAR, v.t. Regelar; congelar.

ENRICAR, v.t. e int. Enriquecer; opulentar-se.

ENRIÇAR, v.t. Riçar; emaranhar.

ENRIJAR ou **ENRIJECER**, v.t. e int. e p. Endurecer; robustecer.

ENRIPAR, v.t. Colocar as ripas de (um telhado); (fig.) surrar, bater.

ENRIQUECER, v.t. Opulentar-se; ficar rico.

ENRIQUECIMENTO, s.m. Ato ou efeito de enriquecer.

ENRISTAR, v.t. Pôr em riste (a lança); rel. investir.

ENRODILHAR, v.t. Enrolar.

ENROLADO, adj. Que forma rolo; torcido.

ENROLADOURO, s.m. Caroço do novelo ou aquilo em que se enrola o fio para formar o novelo.

ENROLAMENTO, s.m. Conjunto de fios enrolados numa bobina ou num motor elétrico.

ENROLAR, v.t. Enovelar; envolver.

ENROSCADO, adj. Agarrado; preso por meio de rosca.

ENROSCADURA, s.f. Rosca; enroscamento.

ENROSCAMENTO, s.m. Ação ou efeito de enroscar.

ENROSCAR, v.t. Torcer; pôr em forma de rosca; prender por meio de roscas.

ENROUPADO, adj. Vestido; agasalhado.

ENROUPAR, v.t. Vestir; agasalhar.

ENROUQUECER, v.t. Perder o timbre da voz.

ENROUQUECIMENTO, s.m. Rouquidão.

ENROXAR-SE, v.p. Tornar-se roxo.

ENRUBESCER, v.t. Corar; ruborizar-se.

ENRUÇAR, v.int. e p. Tornar-se ruço.

ENRUDECER, v.t. Embrutecer; asselvajar-se.

ENRUGAMENTO, s.m. Engrouvinhamento; encarquilhamento.

ENSABOADELA, s.f. Ensaboadura; (fam.) repreensão.

ENSABOADO, adj. Lavado com sabão; limpo.

ENSABOADURA, s.f. Ato de ensaboar.

ENSABOAR, v.t. Untar ou lavar com sabão.

ENSACADOR, s.m. Aquele que coloca gêneros em sacos.

ENSACAMENTO, s.m. Ação ou efeito de ensacar.

ENSACAR, v.t. Meter em saco.

ENSAIAMENTO, s.m. Ensaio, prova.

ENSAIAR, v.t. Provar, experimentar (alguma coisa).

ENSAIO, s.m. Experiência; treinamento; prova; dissertação sobre determinado assunto, mais curta e menos metódica do que um tratado formal e acabado.

ENSAÍSTA, s. Escritor, autor de ensaios.

ENSALMO, s.m. Modo de curar com orações e benzeduras.

ENSALMOURAR, v.t. Meter em salmoura.

ENSAMBENITAR, v.t. Pôr o sambenito.

ENSANCHA, s.f. Sobra; pl. oportunidade; ensejo.

ENSANDECER, v.t. Dementar; enlouquecer.

ENSANGÜENTADO, adj. Coberto, manchado de sangue.

ENSANGÜENTAR, v.t. Encher de sangue; manchar de sangue.

ENSARILHAR, v.t. Colocar (as espingardas) de pé no chão, apoiando-as umas nas outras pelas baionetas.

ENSARTADOR, s.m. Incrustador, engrazador.

ENSARTAR, v.t.-rel. Enfiar; engrazar.

ENSEADA, s.f. Pequeno porto; angra.

ENSEBADO, adj. Coberto de sebo.

ENSEBAR, v.t. Untar ou sujar com sebo; engordurar.

ENSEIRAMENTO, s.m. Ação ou efeito de enseirar, de encestar.

ENSEIRAR, v.t. Meter em seira; encestar.

ENSEJAR, v.t. Oferecer ocasião.

ENSEJO, s.m. Ocasião própria; oportunidade.

ENSÍFERO, adj. Que traz espada.

ENSIFORME, adj. Que tem a forma de espada.

ENSILAGEM, s.f. Armazenamento de cereais em silos.

ENSILAR, v.t. Armazenar (cereais) em silos.

ENSIMESMAR-SE, v.p. Meter-se consigo mesmo; concentrar-se.

ENSINADELA, s.f. Castigo; repreensão.

ENSINAMENTO, s.m. Ensino; doutrina.

ENSINANÇA, s.f. Ensinamento.

ENSINAR, v.t. Instruir; doutrinar; educar.

ENSINO, s.m. Instrução; educação; castigo.

ENSOAMENTO, s.m. Insolação.

ENSOAR, v.int. Insolar-se; recozer-se por efeito do calor; p. tornar-se lânguido por efeito do calor.

ENSOBERBECER, v.t. Ficar orgulhoso, enfatuar-se.

ENSOLARADO, adj. Assoalhado, batido pelo Sol.

ENSOMBRAR, v.t. Tornar sombrio; entristecer.

ENSOPADO, adj. Encharcado; s.m. guisado.

ENSOPAR, v.t. Embeber em líqüido; guisar; encharcar.

ENSURDECEDOR, adj. Atroador.

ENSURDECÊNCIA, s.f. Surdez.

ENSURDECER, v.t. Tornar surdo; atroar.

ENSURDECIMENTO, s.m. Surdez.

ENTABLAMENTO, s.m. (Arquit.) O conjunto da arquitrave, friso e cornija; cimalha.

ENTABOCAR, v.t. Entalar; apertar.

ENTABUAMENTO, s.m. Tabuado; ato ou efeito de entabuar.

ENTABUAR, v.t. Guarnecer de tábuas.

ENTABULAR, v.t. Encetar; iniciar (conversa ou negócio).

ENTAIPAR, v.t. Emparedar.

ENTALAÇÃO, s.f. Embaraço; aperto; apuros.

ENTALADA ou **ENTALADELA**, s.f. (V. Entalação.)

ENTALADO, adj. Que está entre talas; apertado.

ENTALAR, v.t. Meter ou apertar entre talas; engasgar; ficar apertado entre duas cousas.

ENTALHA, s.f. Talha; abertura ou corte que o entalhador faz na madeira.

ENTALHADOR, s.m. Marceneiro; escultor.

ENTALHADURA, s.f. ou **ENTALHAMENTO**, s.m. Ato ou efeito de entalhar; entalhe.

ENTALHAR, v.t. Gravar; esculpir.

ENTALHE, s.m. Talha; corte.

ENTALHO, s.m. Gravura ou escultura em madeira; peça com figuras entalhadas.

ENTALISCAR, v.t. Entalar.

ENTANCAR, v.t. Represar; empoçar.

ENTANGUECER, v.int. Ficar molhado, traspassado de frio.

ENTANGUIDO, adj. Tolhido de frio; inteiriçado.

ENTANGUIR-SE, v.p. Tornar-se entanguido.

ENTANTO, adv. Entretanto; entrementes; neste meio tempo; no —: (loc. conj.) todavia.

ENTÃO, adv. Nesse ou naquele tempo; nesse momento; naquela ocasião; nesse caso.

ENTAPIZAR, v.t. Atapetar; alcatifar.

ENTARDECER, v.int. Fazer-se tarde; ir caindo a tarde; (verbo impessoal, conjugável somente na terceira pess. do sing.); s.m. o cair da tarde, o ocaso.

ENTARRAXAR, v.t. Segurar com tarraxa; parafusar.

ENTE, s.m. Ser; aquilo que existe ou que supomos existir.

ENTEADA, s.f. Fem. de enteado.

ENTEADO, s.m. Pessoa que tem padrasto ou madrasta.

ENTEDIAR, v.t. Aborrecer, enfadar.

ENTENDER, v.t. Saber; compreender; perceber.

ENTENDIDO, adj. Sabido; compreendido; douto.

ENTENDIMENTO, s.m. Faculdade de entender; razão; compreensão; inteligência.

ENTENEBRECER, v.t. Cobrir de trevas; escurecer; obscurecer. (Verbo impessoal, só conjugado na terceira pess. do sing.)

ENTERITE, s.f. Inflamação nos intestinos.

ENTERNECER, v.p. Condoer-se, apiedar-se.

ENTERNECIMENTO, s.m. Compaixão; piedade.

ENTEROCELE, s.f. Hérnia intestinal.

ENTERÓCLISE, s.f. ou **ENTEROCLISMA**, s.m. Lavagem intestinal.

ENTEROGRAFIA, s.f. Descrição anatômica dos intestinos.

ENTEROGRÁFICO, adj. Relativo à enterografia.

ENTERÓLITO, s.m. Cálculo, pedra intestinal.

174

ENTEROLOGIA, s.f. Tratado dos intestinos e das funções intestinais.

ENTEROLÓGICO, adj. Relativo à enterologia.

ENTEROPATIA, s.f. Termo genérico que significa doença do intestino.

ENTEROSE, s.f. Designação genérica de qualquer doença intestinal.

ENTEROTOMIA, s.f. Incisão dos intestinos.

ENTERÓTOMO, s.m. Instrumento com que se pratica a enterotomia.

ENTERRAMENTO, s.m. Inumação; sepultamento.

ENTERRAR, v.t. Sepultar; soterrar; inumar; levar à ruína, à derrota.

ENTERRO, s.m. Enterramento; funeral; sepultamento.

ENTESADO, adj. Teso; retesado; esticado.

ENTESAR, v.t. Fazer teso; esticar; enrijar.

ENTESOURADOR, adj. Aquele que entesoura.

ENTESOURAR, v.t. Enriquecer, enricar.

ENTESTAR, v.rel. Confrontar; defrontar com; ser limítrofe.

ENTIBIAMENTO, s.m. Tibieza, esmorecimento.

ENTIBIAR, v.t. Fazer tíbio, frouxo, morno. (Pres. ind.: entibio, entibias, etc.)

ENTICA, s.f. Provocação, debique.

ENTICADOR, adj. Provocador; debicador; antipatizante.

ENTICAR, v.rel. Provocar; implicar; brigar.

ENTIDADE, s.f. Aquilo que constitui a essência de uma coisa; ente; grêmio; associação.

ENTIJUCADO, adj. Sujo de barro, ou lama.

ENTIJUCAR, v.t. Enlamear; sujar de lama.

ENTISICAR, v.t. Tornar tísico; emagrecer.

ENTOAÇÃO, s.f. Modulação na voz de quem fala ou recita; tom; inflexão.

ENTOADOR, adj. e s.m. Aquele que entoa; cantor.

ENTOAMENTO, s.m. Entoação; canto.

ENTOAR, v.t. Dar tom a; começar (um canto).

ENTOCAR, v.t. Encafuar; encovar; enlurar.

ENTOJADO, adj. Nauseado, enjoado, implicante.

ENTOJAR, v.t. Causar nojo a; aborrecer.

ENTOJO, s.m. Nojo que a mulher sente no período da gravidez; desejos extravagantes que lhe advêm nesse período.

ENTOMOLOGIA, s.f. Parte da Zoologia que estuda os insetos.

ENTOMOLÓGICO, adj. Relativo à entomologia.

ENTOMOLOGISTA, s. ou **ENTOMÓLOGO**, s.m. Pessoa que se consagra ao estudo da entomologia.

ENTONAÇÃO, s.f. Entoação; melodia, tom.

ENTONAR, v.t. Cantar; iniciar um canto.

ENTONO, s.m. Orgulho; altivez.

ENTONTECEDOR, adj. Estonteador; deslumbrador.

ENTONTECER, v.t. Estontear; enlouquecer; deslumbrar.

ENTONTECIMENTO, s.m. Estonteamento; enlouquecimento; deslumbramento.

ENTORNADO, adj. Espalhado; derramado.

ENTORNADURA, s.f. Derramamento.

ENTORNAR, v.t. Virar; derramar; despejar.

ENTORNO, s.m. (Mat.) — de um ponto: subconjunto de pontos de um conjunto, contendo este ponto.

ENTORPECER, v.t. Enfraquecer; adormentar.

ENTORPECIMENTO, s.m. Torpor; paralisia; preguiça.

ENTORROAR, v.t. Encher de torrões.

ENTORSE, s.f. Distensão violenta dos ligamentos de uma articulação.

ENTORTADURA, s.f. Torção, torcedura.

ENTORTAR, v.t. Empenar; curvar; arquear.

ENTOZOÁRIO, s.m. Animal parasito; verme intestinal.

ENTRADA, s.f. Porta; ingresso; expedição militar; bilhete (de teatro); parte de uma quantia inicial de um negócio.

ENTRAJAR, v.t. Vestir, trajar.

ENTRALHAR, v.t. Enredar; entalar.

ENTRALHO, s.m. Fio ou cabo delgado com que se cose a rede à tralha.

ENTRANÇADO, adj. Entrelaçado; s.m. entrelaçamento.

ENTRANÇADURA, s.f. ou **ENTRANÇAMENTO**, s.m. Ato ou efeito de entrançar.

ENTRANÇAR, v.t. Entretecer; entrelaçar.

ENTRÂNCIA, s.f. Lugar de ordem das circunscrições judiciárias de um Estado, Tribunal, etc.; estágio; grau.

ENTRANHA, s.f. Víscera, intestino; (fig.) piedade, compaixão.

ENTRANHAR, v.t. Penetrar.

ENTRANHÁVEL, adj. Que penetra nas entranhas; íntimo, profundo.

ENTRANQUEIRAR, v.t. Entrincheirar; p. fortificar-se.

ENTRAPAR, v.t. Cobrir com trapos; emplastrar.

ENTRAR, v.t. Introduzir-se em; transpor; invadir.

ENTRAVAR, v.t. Embaraçar; impedir; obstruir.

ENTRAVE, s.m. Obstáculo; estorvo.

ENTRE, prep. No meio de; no intervalo de; no número de; dentro de.

ENTREABERTO, adj. Aberto incompletamente, ao meio, pela metade.

ENTREABRIR, v.t. Abrir um pouco; abrir de manso. (Conjuga-se como o v. abrir.)

ENTREATO, s.m. Intervalo entre dois atos (teatro); recitação, música, monólogo ou cançoneta que se executa nesse intervalo.

ENTRECASCA, s.f. A parte interna da casca das árvores.

ENTRECASCO, s.m. Parte superior do casco dos animais.

ENTRECERRAR, v.t. Cerrar incompletamente; deixar entreaberto.

ENTRECHAR, v.t. Urdir, tecer.

ENTRECHO, s.m. Enredo de drama ou romance; urdidura.

ENTRECHOCAR-SE, v.p. Embater um no outro; chocar-se mutuamente.

ENTRECONHECER, v.t. Conhecer um pouco, imperfeitamente.

ENTRECORO, s.m. Espaço entre o coro e o altar-mor.

ENTRECORTADO, adj. Interrompido; intervalado.

ENTRECORTAR, v.t. Interromper.

ENTRECOSTADO, s.m. Obra de reforço entre os dois costados do navio.

ENTRECOSTO, s.m. Espinhaço com a carne e parte das costelas da rês; carne entre as costelas da rês, junto do espinhaço. (Pl.: entrecostos) (ô).

ENTRECRUZAMENTO, s.m. Ato ou efeito de entrecruzar-se.

ENTRECRUZAR-SE, v.p. Cruzar-se reciprocamente.

ENTREDEDO, s.m. Intervalo entre os dedos.

ENTREDEVORAR-SE, v.p. Devorar-se mutuamente.

ENTREDIZER, v.t. Dizer entre si. (Conjuga-se como o v. dizer.)

ENTREFECHADO, adj. Fechado incompletamente; meio fechado.

ENTREFECHAR, v.t. Fechar pouco; fechar incompletamente.

ENTREFOLHA, s.f. Folha de papel, em branco ou manuscrita, intercalada entre as folhas impressas de um livro, para anotações. (Pl.: entrefolhas.)

ENTREFOLHAR, v.t. Entremear ou misturar com folhas.

ENTREFOLHO, s.m. Escaninho; recanto; esconderijo. (Pl.: entrefolhos.)

ENTREFORRO, s.m. Entretela.

ENTREGA, s.f. Rendição; cessão; transmissão.

ENTREGADEIRA, s.f. Máquina usada na indústria da fiação; mulher encarregada das entregas.

ENTREGADOR, adj. e s.m. Pessoa encarregada das entregas; distribuidor.

ENTREGAR, v.t.-rel. Dar; ceder; confiar. (Part. pass.: entregado, quando se usa o auxiliar ter ou haver; entregue, com os auxiliares ser e estar; tende-se a usar somente a forma breve, entregue, com todos os v. auxiliares.)

ENTREGUE, adj. Rendido; exausto; recebido.

ENTRELAÇADO, adj. Enlaçado um no outro; s.m. entrelaçamento, conjunto de coisas entrelaçadas.

ENTRELAÇAMENTO, s.m. Ato ou efeito de entrelaçar.

ENTRELAÇAR, v.t. e t-rel. Enlaçar; entretecer.

ENTRELINHA, s.f. Espaço entre duas linhas.

ENTRELINHAR, v.t. Escrever em entrelinhas; intervalar.

ENTRELOPO, s.m. Contrabandista.

ENTRELUZIR, v.int. Começar a luzir; luzir fracamente.

ENTREMANHÃ, s.f. Madrugada; aurora.

ENTREMEAR, v.t.-rel. Pôr de permeio; intervalar, alternar.

ENTREMEIO, s.m. Intervalo; espaço ou tempo entre dois extremos; renda ou tira bordada entre duas peças lisas.

ENTREMENTES, adv. Entretanto; naquela ocasião; durante.

ENTREMETER, v.t.-rel. Meter de permeio; intrometer; p. intervir.

ENTREMETIMENTO, s.m. Ato ou efeito de entremeter.

ENTREMEZ, s.m. Farsa; ato; auto; auto-representação teatral.

ENTREMODILHÃO, s.m. (Arquit.) Espaço entre dois modilhões.

ENTREMOSTRAR, v.t. e rel. Deixar entrever; mostrar incompletamente.

ENTRENÓ, s.m. Espaço entre dois nós de um tronco, ou caule.

ENTRENUBLADO, adj. Que está entre nuvens; que está meio nublado.

ENTRENUBLAR-SE, v.p. Cobrir-se de nuvens ligeiras ou transparentes.

ENTREOLHAR-SE, v.p. Olhar-se reciprocamente.

ENTREOUVIR, v.t. Ouvir indistintamente, confusamente. (Conjuga-se como o verbo ouvir.)

ENTREPARAR, v. int. Deter-se um pouco.

ENTREPAUSA, s.f. Pausa intermediária; interrupção.

ENTREPERNA, s.f. A carne da região de entrepernas da rês.

ENTREPILASTRAS, s.m. Espaço entre pilastras.

ENTREPOR, v.t.-rel. e p. Interpor. (Conjuga-se como o verbo pôr.)

ENTREPOSTO, s.m. Empório; grande depósito de mercadorias.

ENTRESSEMEAR, v.t.-rel. Semear de permeio.

ENTRESSOLA, s.f. Peça entre a sola e a palmilha do calçado.

ENTRESSOLHO, s.m. Vão entre o pavimento da loja e do primeiro andar; espaço entre o chão e o solho. (Pl.: entressolhos.)

ENTRESSONHAR, v.t. Sonhar vagamente; imaginar.

ENTRETANTO, adv. Neste ou naquele intervalo de tempo; conj. todavia; contudo.

ENTRETECEDOR, adj. Aquele que entretece.

ENTRETECEDURA, s.f. Entretecimento.

ENTRETECER, v.t. Tecer, entremeando; urdir.

ENTRETECIMENTO, s.m. Ato ou efeito de entretecer.

ENTRETELA, s.f. Pano consistente que se mete entre o forro e a fazenda de uma peça de vestuário.

ENTRETELAR, v.t. Pôr entretela em.

ENTRETEMPO, s.m. Tempo intermédio; nesse —: loc. adv. nesse meio tempo; nesse ínterim.

ENTRETENIMENTO, s.m. Brincadeira; distração; divertimento.

ENTRETER, v.t. Demorar; manter; distrair.

ENTRETIMENTO, s.m. Entretenimento.

ENTRETURBAR, v.t. Perturbar ligeiramente.

ENTREVAÇÃO, s.f. Paralisia, imobilidade.

ENTREVADO, adj. Tolhido, paralítico.

ENTREVAR, v.t. Tolher os movimentos das articulações de; tornar paralítico.

ENTREVER, v.t. Ver confusamente, com dificuldade; pressentir. (Conjuga-se como o v. ver.)

ENTREVERAR, v.t. Alternar, intercalar.

ENTREVERO, s.m. Mistura, desordem, confusão entre pessoas, animais ou objetos; recontro em que as tropas beligerantes, no ardor da peleja, se misturam em desordem, lutando individualmente.

ENTREVIA, s.f. Lado de um bonde oposto àquele pelo qual se sobe.

ENTREVISÃO, s.f. Aspecto ou visão confusa, vaga.

ENTREVISTA, s.f. Declaração feita à imprensa; encontro político ou médico entre pessoas para a solução de um caso.

ENTREVISTADOR, s.m. Indivíduo que entrevista.

ENTREVISTAR, v.t. Ter entrevista com.

ENTRINCHEIRADO, adj. Defendido com trincheiras; fortificado.

ENTRINCHEIRAMENTO, s.m. Defesa, barricada.

ENTRINCHEIRAR, v.p. Fortificar-se; firmar-se.

ENTRISTECEDOR, adj. Desolador, amargurador.

ENTRISTECER, v.t. Afligir; penalizar.

ENTRISTECIMENTO, s.m. Desolação, amargura.

ENTROMBAR-SE, v.t. Amuar-se; zangar-se.

ENTRONAR, v.t.-rel. e p. Entronizar.

ENTRONCADO, adj. Espadaúdo; corpulento; ligado ao tronco ou estirpe de família.

ENTRONCAMENTO, s.m. Ponto de junção de duas ou mais coisas.

ENTRONCAR, v.int. Robustecer; reunir-se (a um tronco principal, falando-se de árvore genealógica); reunir-se (um caminho a outro).

ENTRONIZAÇÃO, s.f. Colocação no trono, no lugar principal.

ENTRONIZAR, v.t. Elevar ao trono, à suprema dignidade.

ENTROSA, s.f. ou **ENTRÓS**, s.m. Roda dentada que engrena em outra; endentação.

ENTROSAGEM, s.f. Entrosamento.

ENTROSAMENTO, s.m. Engrenação.

ENTROSAR, v.t. Engrenar; meter os dentes de uma roda pelos vãos de outra.

ENTROUXAR, v.t. Meter em trouxa; enfardelar.

ENTROVISCADA, s.f. Pesca de peixes, na qual se envenenam estes com trovisco.

ENTROVISCAR, v.t. Espalhar trovisco em água para matar peixe; (fig.) enublar.

ENTRUDO, s.m. Carnaval. Var.: entruido.

ENTULHAR, v.t. Atulhar; encher de entulho; acumular.

ENTULHO, s.m. Materiais inúteis provenientes de demolição.

ENTUPIDO, adj. Obstruído; tapado.

ENTUPIMENTO, s.m. Obstrução, entulhamento.

ENTUPIR, v.t. Obstruir; atulhar; embatucar. (Pres. do indic.: entupo, entupes, entupe, entupem; ou: entupo, entopes, entope, entopem.)

ENTURBAR, v.t. Turbar; perturbar.

ENTURVAÇÃO, s.f. Escurecimento.

ENTURVADO, adj. Sombrio, escuro.

ENTURVAR, v.t. Turvar; ensombrar.

ENTUSIASMADO, adj. Animado; excitado; vaidoso.

ENTUSIASMAR, v.t. Excitar; animar.

ENTUSIASMO, s.m. Animação; excitação; orgulho, vaidade.

ENTUSIASTA, adj. Animado; dedicado.

ENTUSIÁSTICO, adj. Que tem ou mostra entusiasmo.

ENUBLAR, v.t. Anuviar; entristecer.

ENUCLEAR, v.t. Extirpar (um tumor); tirar o núcleo ou caroço de (fruta).

ENUMERAÇÃO, s.f. Citação em série; cômputo, conta.

ENUMERADOR, adj. Aquele que enumera.

ENUMERAR, v.t. Numerar; contar; especificar.

ENUMERÁVEL, adj. Que se pode enumerar; (Mat.) diz-se de um conjunto cujos elementos podem ser postos em correspondência biunívoca com os do conjunto dos números naturais.

ENUNCIAÇÃO, s.f. Declaração; asserção.

ENUNCIADO, s.m. Proposição; exposição; adj. expresso; declarado.

ENUNCIAR, v.t. Exprimir; declarar; manifestar.

ENUNCIATIVO, adj. Que enuncia.

ENURESE ou **ENURESIA**, s.f. Incontinência de urina; perda de urina; micção inconsciente, involuntária.

ENUVIAR, v.t. Nublar; anuviar.

ENVAIDECEDOR, adj. Que envaidece.

ENVAIDECER, v.t. Ensoberbecer-se; tornar-se vaidoso.

ENVARETADO, adj. Desapontado; cheio de varetas.

ENVARETAR, v.int. Desapontar; reforçar com varetas.

ENVASILHAMENTO, s.m. Acomodação em vasos, vasilhas.

ENVASILHAR, v.t. Acomodar líquidos em vasilhas.

ENVELHECER, v.t. Encanecer.

ENVELHECIMENTO, s.m. Encanecimento; ancianidade.

ENVELOPE, s.m. Sobrecarta.

ENVENCILHAR, v.t. Ligar com vencilho.

ENVENENADO, adj. Intoxicado; zangado.

ENVENENADOR, adj. Intoxicador.

ENVENENAMENTO, s.m. Intoxicação.

ENVENENAR, v.t. Intoxicar; estragar; deturpar.

ENVERDECER ou **ENVERDEJAR**, v.t. Ficar verde; remoçar.

ENVEREDAR, v.rel. Dirigir-se; encaminhar-se; seguir.

ENVERGADURA, s.f. (Náut.) A parte mais larga de uma vela; envergamento; capacidade; competência; a distância de uma ponta à outra dos braços abertos ou das asas abertas de uma ave; dimensão máxima transversal de uma ponta à outra das asas de um avião; caráter; personalidade.

ENVERGAMENTO, s.m. Curvatura.

ENVERGAR, v.t. Vergar; curvar; vestir.

ENVERGONHAR, v.t. Confundir; humilhar.
ENVERMELHAR ou ENVERMELHECER, v.t. e p. Avermelhar; enrubescer.
ENVERNIZADO, adj. Coberto de verniz.
ENVERNIZADOR, s.m. Polidor.
ENVERNIZAR, v.t. Cobrir de verniz; polir.
ENVERRUGADO, adj. Que tem verrugas.
ENVERRUGAR, v.t. Criar verrugas.
ENVESGAR, v.t. Ficar estrábico; caolho.
ENVIADO, adj. Mandado; remetido; s.m. portador; mensageiro.
ENVIAR, v.t.-rel. Expedir; endereçar; mandar (alguém ou alguma coisa).
ENVIDAR, v.t. Esforçar; empenhar; dedicar-se a.
ENVIDRAÇADO, adj. Feito, coberto de vidro.
ENVIDRAÇAMENTO, s.m. Ato de envidraçar.
ENVIDRAÇAR, v.t. Cobrir ou guarnecer de vidros.
ENVIÉS, s.m. Obliquo.
ENVIESADO, adj. Cortado obliquamente.
ENVIESAR, v.t. Pôr ao viés, ou de esguelha.
ENVILECER, v.t. Aviltar; infamar.
ENVILECIMENTO, s.m. Aviltamento; desonra.
ENVINAGRADO, adj. Preparado com vinagre; azedo; zangado.
ENVINAGRAR, v.t. Azedar; irritar.
ENVIO, s.m. Remessa, despacho.
ENVIPERAR, v.t. Encolerizar; p. irritar-se.
ENVISCAR, v.t. Untar com visco; prender com visco; (fig.) engodar. Forma paral.: envisgar.
ENVIUVAR (i-u), v.t. Ficar viúvo; perder por morte um dos cônjuges. (O u do radical é acentuado nas formas rizotônicas: enviúvo, enviúvas, etc.)
ENVOLTA, s.f. Faixa; ligadura.
ENVOLTA, s.f. De —: loc. adv. de companhia, de mistura.
ENVOLTO (ô), adj. Envolvido.
ENVOLTÓRIO, s.m. Coisa que envolve; capa; embrulho.
ENVOLTURA, s.f. Envolvimento; mantilha em que se envolvem as crianças.
ENVOLVENTE, adj. Envolvedor, cativante.
ENVOLVER, v.t. Abranger; cobrir; embrulhar.
ENVOLVIMENTO, s.m. Ação ou efeito de envolver.
ENXABIDEZ, s.f. (V. Desenxabidez.)
ENXABIDO, adj. Desenxabido; insípido.
ENXACOCO, adj. e s.m. Que, ou aquele que fala mal uma língua estranha; trapalhão.
ENXADA, s.f. Sacho; cavadeira.
ENXADADA, s.f. Golpe com enxada.
ENXADÃO, s.m. Enxada grande, sachão.
ENXADREZADO, adj. Dividido em quadrados à maneira de tabuleiro de xadrez.
ENXADREZAR, v.t. Dividir em quadrados de várias cores; axadrezar.
ENXADRISMO, s.m. A competição ou gosto do jogo do xadrez.
ENXADRISTA, s. Jogador de xadrez. O mesmo que xadrezista.
ENXAGUADURA s.f. Molhadura; enxaguamento.
ENXAGUAR, v.t. Molhar, lavar. Pres. do indic.: enxaguo, enxáguas, enxagua, enxaguam, ou enxáguo, enxáguas, enxágua, enxáguam. A 1.ª é literária, a 2.ª popular. (Veja-se aguar e desaguar.)
ENXALMO, s.m. Manta que se põe sobre a albarda para lhe aplanar o assento; manta; pelego.
ENXAMBRAR, v.t. Enxugar ligeiramente.
ENXAME, s.m. Conjunto de abelhas de uma colmeia.
ENXAMEAR, v.t. Reunir em cortiço; int. pulular; formigar.
ENXAQUECA, s.f. Cefaléia unilateral, que envolve por acessos, acompanhada habitualmente de perturbações visuais e digestivas; hemicrania, hemialgia, dor de cabeça violenta.
ENXÁRCIA, s.f. Conjunto de cabos fixos que seguram os mastros e mastaréus.
ENXAROPAR, v.t. Transformar em xarope.
ENXERGA, s.f. Colchão.
ENXERGÃO, s.m. Colchão inferior, isto é, aquele que vai imediatamente sobre o estrado, colocando-se depois o verdadeiro colchão.
ENXERGAR, v.t. Ver; divisar; descortinar.
ENXERIDO, adj. Intrometido; cheireta.
ENXERIMENTO, s.m. Intromissão.
ENXERIR, v.t.-rel. Inserir; intrometer-se.
ENXERTADEIRA, s.f. Faca própria para fazer enxertos.
ENXERTADOR, adj. e s.m. Que faz enxertos.
ENXERTAR, v.t. Fazer enxertos em; inserir; introduzir.

ENXERTIA, s.f. Enxertadura; enxerto.
ENXERTO, s.m. Operação que consiste em introduzir uma parte viva de um vegetal em outro vegetal, para neste se desenvolver como se desenvolveria na planta de onde saiu; a planta enxertada; ato de enxertar ou inserir; aquilo que enxerta ou insere; intervenção de cirurgia plástica.
ENXÓ, s.f. Instrumento de carpinteiro e tanoeiro para desbastar madeira.
ENXOFRADEIRA, s.f. Máquina para pulverizar flor-de-enxofre; pulverizador de água enxofrada.
ENXOFRADO, adj. Misturado com enxofre.
ENXOFRAR, v.t. Desinfetar com enxofre.
ENXOFRE, s.m. Elemento químico, metalóide, símbolo S, de peso atômico 32,06 e n.º atômico 16. (Pl.: enxofres.)
ENXOFREIRA, s.f. Sulfureira; vulcão que desprende gás sulfídrico.
ENXOTAR, v.t. Afugentar; expulsar.
ENXOVAL, s.m. Conjunto de roupas e adornos de pessoa que se casa, de recém-nascido, de aluno que se interna em colégio.
ENXOVALHAMENTO, s.m. Injúria, aviltamento.
ENXOVALHAR, v.t. Emporcalhar; injuriar.
ENXOVALHO, s.m. Enxovalhamento.
ENXOVIA, s.f. Cárcere térreo ou subterrâneo.
ENXUGADOR, s.m. Aparelho ou estufa para enxugar roupa.
ENXUGADOURO, s.m. Lugar onde se põe alguma cousa a enxugar.
ENXUGAR, v.t. Secar; beber.
ENXÚNDIA, s.f. Gordura do porco e das aves; gordura.
ENXUNDIAR, v.t. Engordar. (Pres. ind.: enxundio, enxundias, etc.)
ENXUNDIOSO, adj. Muito gordo.
ENXURRADA, s.f. Torrente de águas da chuva; jorro de imundícies; (fig.) abundância.
ENXURRO, s.m. Corrente impetuosa de águas pluviais; corrente ou jorro de imundícies.
ENXUTO, adj. Seco.
ENZIMA, s.f. Diástase, fermento solúvel.
EOCÊNIO, s.m. Subdivisão mais antiga do sistema geogênico da era cenozóica.
EÓLICO, adj. Relativo à Eólia ou eólio (vento).
EÓLIO, adj. Relativo à Eólia (Grécia); o mesmo que eólico; s.m. o vento, corrente aérea.
ÉOLO, s.m. O deus dos ventos.
EPA, interj. O mesmo que upa!
EPACTA, s.f. Número de dias que se juntam ao ano lunar para igualar o ano solar.
EPANÁFORA, s.f. (Ret.) Repetição da mesma palavra no princípio de versos ou de cada membro de um período.
EPÊNTESE, s.f. (Gram.) Aumento de som no meio de uma palavra: ombro (omro), escoicear (escoiçar).
EPENTÉTICO, adj. O som, a letra que foi acrescentada; colocada no meio da palavra esbofetear (e); canzarrão (z).
EPICÉDIO, s.m. Elegia; nênia.
EPICENO, adj. (Gram.) Diz-se do substantivo que designa com uma só forma ambos os sexos: cobra, jacaré.
EPICENTRO, s.m. Ponto da superfície do globo mais próximo do centro de abalo de um terremoto.
EPICICLO, s.m. (Astron.) Pequeno círculo imaginário da esfera celeste, o qual tem o centro na circunferência de outro círculo maior.
ÉPICO, adj. Que diz respeito à epopéia e aos heróis; digno de epopéia; s.m. autor de epopéia.
EPICRÂNIO, s.m. (Anat.) O revestimento do crânio; a parte superior da cabeça dos vertebrados.
EPICUREU, adj. Glutão, comilão. (Fem.: epicuréia.)
EPICURISMO, s.m. Teoria de Epicuro, filósofo grego (341-270 a.C.): doutrina que substitui o bem pelos prazeres sensuais e o mal pela dor.
EPICURISTA, adj. Partidário do epicurismo; materialista; sensual.
EPIDEMIA, s.f. Surto de doença contagiosa que ataca numerosas pessoas ao mesmo tempo.
EPIDEMICIDADE, s.f. Qualidade daquilo que é epidêmico.
EPIDÊMICO, adj. Referente à epidemia; contagioso, grassante.
EPIDEMIOLOGIA, s.f. Tratado de doenças epidêmicas.
EPIDEMIOLÓGICO, adj. Relativo à epidemiologia.
EPIDEMIOLOGISTA, s. Epidemiólogo, s.m. pessoa versada em epidemiologia.

EPIDERME, s.f. Pele.

EPIDÉRMICO, adj. Relativo à epiderme.

EPIDÍCTICO, adj. (Ret.) Demonstrativo.

EPIDÍDIMO, s.m. (Anat.) Pequeno corpo oblongo na parte superior e lateral do testículo.

EPIFANIA, s.f. Dia de Reis (6 de janeiro).

EPIGASTRALGIA, s.f. (Med.) Dor no epigástrio.

EPIGÁSTRICO, adj. Relativo ao epigástrio.

EPIGÁSTRIO, s.m. (Anat.) A parte superior do abdome, entre os dois hipocôndrios.

EPIGLOTE, s.f. (Anat.) Válvula que tapa a glote no momento da deglutição para impedir que os alimentos penetrem nas vias aéreas.

EPIGLÓTICO, adj. Relativo à epiglote.

EPIGLOTITE, s.f. (Med.) Inflamação da epiglote.

EPÍGONO, s.m. Discípulo, continuador das doutrinas de um mestre.

EPIGRAFAR, v.t. Intitular.

EPÍGRAFE, s.f. Inscrição; título ou frase que serve de tema a um assunto.

EPIGRAFIA, s.f. Estudo das inscrições.

EPIGRÁFICO, adj. Relativo à epigrafia ou à epígrafe.

EPIGRAMA, s.m. Poesia breve e satírica.

EPIGRAMÁTICO, adj. Que se refere a epigrama; satírico.

EPIGRAMATISTA, s. Pessoa que faz epigramas.

EPILAÇÃO, s.f. Depilação.

EPILATÓRIO, s.m. Depilatório.

EPILEPSIA, s.f. Doença nervosa com manifestações ocasionais, súbitas e rápidas, principalmente convulsões e distúrbios da consciência.

EPILÉPTICO, s.m. O que sofre de epilepsia.

EPILEPTIFORME, adj. Que tem semelhança com a epilepsia.

EPILOGAÇÃO, s.f. Resumo, síntese.

EPILOGADOR, s.m. Resumidor, sintetizador.

EPILOGAR, v.t. Recapitular; resumir.

EPÍLOGO, s.m. Recapitulação; resumo; conclusão.

EPINÍCIO, s.m. Hino triunfal; cântico ou poema em que se celebra uma vitória.

EPÍPLOO ou **EPÍPLOON,** s.m. Dobra do peritônio que flutua livremente no abdome na frente do intestino delgado. O mesmo que omento.

EPISCOPADO, s.m. Dignidade, jurisdição de um bispo; o conjunto de bispos.

EPISCOPAL, adj. Relativo a bispo.

EPISÓDICO, adj. Introduzido como episódio; da natureza de episódio.

EPISÓDIO, s.m. Fato; narração; capítulo; acontecimento.

EPISPÁTICO, adj. Que irrita a pele, empolando a epiderme.

EPISTAXE (cs), s.f. Hemorragia nasal.

EPISTEMOLOGIA, s.f. Estudo do grau de certeza do conhecimento científico em seus diversos ramos.

EPÍSTOLA, s.f. Carta; missiva; parte da missa em que o celebrante lê um trecho das Epístolas dos Apóstolos.

EPISTOLAR, adj. Relativo à epístola; referente à correspondência escrita, a cartas.

EPISTOLÁRIO, s.m. Coleção, livro de epístolas, coleção de cartas, correspondências.

EPISTOLOGRAFIA, s.f. Arte de escrever cartas.

EPISTOLOGRÁFICO, adj. Relativo à epistolografia.

EPISTOLÓGRAFO, s.m. Aquele que cultiva a epistolografia.

EPITÁFIO, s.m. Inscrição tumular; elogio fúnebre.

EPITALÂMICO, adj. Referente às poesias que celebram o casamento.

EPITALÂMIO, s.m. Conto ou poema nupcial.

EPITELIAL, adj. Relativo ao epitélio.

EPITÉLIO, s.m. Tecido de revestimento da pele e das mucosas.

EPITELIOMA, s.m. Tumor maligno derivado do tecido epitelial.

EPÍTESE, s.f. (Gram.) Som (letra) acrescentado ao final da palavra: assi, assim; mi, mim. O mesmo que paragoge.

EPITETAR, v.t. Adjetivar.

EPÍTETO, s.m. Adjetivo.

EPÍTOME, s.m. Compêndio.

EPITUITÁRIO (u-i), adj. Situado sobre a pituitária.

EPIZOOTIA, s.f. Doença que ataca muitos animais ao mesmo tempo, num mesmo lugar.

ÉPOCA, s.f. Tempo; quadra; período.

EPÔNIMO, adj. O herói, o poeta, o sábio que dá o seu nome a uma era, a uma cidade.

EPOPÉIA, s.f. Poema longo sobre assunto heróico; (fig.) série de ações heróicas.

EPOPÉICO, adj. Relativo à epopéia; heróico; grandioso.

ÉPSILON, s.m. Nome da quinta letra do alfabeto grego e que corresponde ao **e** do alfabeto português.

EPULAR, adj. Relativo a épulas, aos banquetes.

EPULÁRIO, s.m. Conviva, comensal.

ÉPULAS, s.f.pl. Iguarias, manjares, banquetes.

ÉPURA, s.f. Conjunto das projeções de uma figura sobre dois planos perpendiculares.

EQUAÇÃO, s.f. (Mat.) Igualdade que contém incógnitas e que só é satisfeita para determinados valores dessas incógnitas; — biquadrada: equação que se obtém igualando a zero um trinômio biquadrado; — exponencial: aquela cujas incógnitas figuram em expoentes; — linear: equação do primeiro grau com duas ou mais incógnitas.

EQUADOR, s.m. Círculo máximo da esfera terrestre que divide a Terra em dois hemisférios: norte, setentrional ou boreal; sul, meridional ou austral; — magnético: linha traçada na Terra e em todos os pontos da qual a inclinação da bússola é nula.

EQUÂNIME, adj. Justo; ponderado; prudente.

EQUANIMIDADE, s.f. Serenidade de espírito.

EQUATORIAL, adj. Que se refere ao equador; que está situado ou que cresce no equador.

EQUATORIANO, adj. Do Equador; s.m. o natural ou habitante do Equador.

EQUESTRE, adj. Respeitante à cavalaria ou cavaleiros; estátua eqüestre: estátua a cavalo.

EQUIÂNGULO, adj. Que tem os ângulos iguais.

EQÜIDADE, s.f. Igualdade; retidão.

EQÜÍDEO, adj. Relativo ou semelhante ao cavalo.

EQÜIDIFERENÇA, s.f. (Mat.) Igualdade de duas razões por diferença.

EQÜIDIFERENTE, adj. Que oferece diferenças iguais entre si.

EQÜIDISTÂNCIA, s.f. Qualidade de eqüidistante.

EQÜIDISTANTE, adj. Que dista igualmente.

EQÜIDISTAR, v.rel. Distar igualmente (de dois ou mais pontos).

EQUILATERAL ou **EQUILÁTERO,** adj. (Geom.) Que tem os lados iguais entre si.

EQUILIBRAÇÃO, s.f. Equilíbrio.

EQUILIBRADOR, adj. Que equilibra.

EQUILIBRAR, v.t. Manter-se no centro de gravidade; não oscilar mais para um lado que para o outro.

EQUILÍBRIO, s.m. Estado de repouso em que se acham os corpos solicitados por forças iguais e contrárias; igualdade de peso, de forças entre dois corpos.

EQUILIBRISTA, s. Pessoa que se conserva em equilíbrio em posição difícil.

EQUIMOSE, s.f. Mancha devida a derrame de sangue sob a pele.

EQÜIMULTIPLICE ou **EQÜIMÚLTIPLO,** adj. (Arit.) Diz-se de dois ou mais números em relação a dois ou mais outros quando são respectivamente iguais aos produtos destes outros por um mesmo número.

EQUINO, adj. Concernente ao cavalo; cavalar.

EQUINOCIAL, adj. Que se refere ao equinócio.

EQUINÓCIO, s.m. Ponto ou momento em que o Sol corta o equador, tornando os dias de tempos iguais às noites.

EQUIPAGEM, s.f. Tripulação; bagagem; comitiva.

EQUIPAMENTO, s.m. Ato de equipar; tudo o que o militar precisa para entrar em serviço, além do fardamento e armas; equipagem.

EQUIPARAR, v.t. Guarnecer; prover do necessário.

EQUIPARAÇÃO, s.f. Igualdade.

EQUIPARAR, v.t. Igualar em condição.

EQUIPARÁVEL, adj. Que se pode equiparar.

EQUIPE, s.f. Grupo de pessoas que executam um trabalho; quadro.

EQÜÍPEDE, adj. Que tem as patas de igual comprimento.

EQÜIPENDÊNCIA, s.f. Igualdade de peso; equilíbrio.

EQÜIPOLÊNCIA, s.f. Qualidade de eqüipolente.

EQÜIPOLENTE, adj. Que tem igual poder; que tem a mesma acepção; eqüivalente; (Mat.) diz-se de um vector em relação a outro quando pode coincidir com este outro por um movimento de translação.

EQÜIPONDERÂNCIA, s.f. Qualidade de equiponderante.

178

EQUIPONDERANTE, adj. Que tem peso igual; equilibrado.

EQUIPONDERAR, v.t. Pesar por igual; equilibrar; contrabalançar.

EQÜISSONÂNCIA, s.f. (Mús.) Consonância de sons semelhantes.

EQÜISSONANTE, adj. Em que há eqüissonância.

EQUITAÇÃO, s.f. Arte ou exercício de andar a cavalo; esporte da sela.

EQUITADOR (ô), s.m. Cavaleiro.

EQÜITATIVO, adj. Reto; justo.

EQÜIVALÊNCIA, s.f. Qualidade de eqüivalente.

EQÜIVALENTE, adj. De igual valor.

EQÜIVALER, v.rel. Ser igual no valor, no peso; ter a mesma força. (Conjuga-se como o v. valer.)

EQUIVOCAÇÃO, s.f. Engano; confusão; erro.

EQUIVOCADO, adj. Enganado; errado; confuso.

EQUIVOCAR, v.t. Errar; confundir; enganar-se.

EQUÍVOCO, adj. Duvidoso; confuso, ambíguo, errado.

EQUÓREO, adj. Relativo ao mar alto.

ERA, s.f. Época, período, data; (Geol.) primeira grande divisão dos tempos geológicos.

ERÁRIO, s.m. O tesouro público.

ERÁSMICO, adj. Relativo a Erasmo de Roterdão, humanista holandês (1467-1536).

ÉRBIO, s.m. Elemento químico, metal, símbolo Er, de peso atômico 167,64 e n.º atômico 68.

ÉREBO, s.m. Inferno, abismo.

EREÇÃO, s.f. Levantamento; instituição oficial de uma congregação, capela,etc.

ERÉCTIL, adj. Suscetível de ereção.F. paral.: erétil. (Pl.: eréteis.)

ERECTILIDADE, s.f. Qualidade daquilo que é erétil. F. paral.: eretilidade.

ERECTO, adj. Levantado, direito, erguido. F. paral.: ereto.

EREMITA, s. Solitário, monge que vive só.

EREMITÉRIO, s.m. Lugar onde vivem eremitas.

EREMÍTICO, adj. Que diz respeito a eremita.

ÉREO, adj. Feito de cobre, bronze ou arame.

ERETO, adj. O mesmo que erecto.

ERG, s.m. Unidade de trabalho, em Física, no sistema de unidades C.G.S. (centímetro, grama, segundo), que representa o trabalho realizado por um dina (unidade de força deste sistema), quando desloca o seu ponto de aplicação de um centímetro, na própria direção da força.

ERGÁSTULO, s.m. Cárcere; masmorra.

ERGOFOBIA, s.f. Aversão ao trabalho.

ERGÓGRAFO, s.m. Aparelho que registra as variações de força muscular produzidas pelo trabalho mental.

ERGOLOGIA, s.f. Parte da Etnologia que se ocupa da cultura material, a par do folclore.

ERGUER, v.t. Levantar; elevar; erigir; construir.

ERGUIDO, adj. Levantado; alto.

ERIÇADO, adj. Encrespado; arrepiado.

ERIÇAMENTO, s.m. Ato ou efeito de eriçar.

ERIÇAR, v.t. Encrespar; arrepiar.

ERIGIR, v.t. Erguer; construir; instituir.

ERIL, adj. Brônzeo; éreo.

ERISIPELA, s.f. Inflamação aguda da pele, em geral dos membros inferiores, caracterizada por calafrios, rubor local intenso e febre alta.

ERISIPELOSO, adj. Que sofre de erisipela; que tem caráter de erisipela.

ERITEMA, s.m. Rubor congestivo da pele que desaparece momentaneamente à pressão do dedo.

ERITEMATOSO, adj. Que sofre de eritema; que tem o caráter de eritema.

ERITROSE, s.f. Coloração vermelha da pele e mucosas.

ERMAR, v.t. Reduzir a ermo; despovoar; silenciar.

ERMIDA, s.f. Igreja rústica; capela.

ERMITÃO, s.m. Eremita, monge; solitário.(Femin.: ermitoa; pl.: ermitãos, ermitães, ermitões.)

ERMITÉRIO, s.m. Cenobio, convento.

ERMITOA, s.f. Feminino de ermitão.

ERMO, s.m. e adj. Deserto; descampado; solidão.

ERODENTE, adj. Erosivo.

EROSÃO, s.f. Desgaste efetuado pelas águas correntes sobre a superfície da terra.

EROSIVO, adj. Corrosivo. O mesmo que erodente. destruidor, corroedor.

ERÓTICO, adj. Sensual; lúbrico; lascivo.

EROTISMO, s.m. Paixão amorosa; lubricidade.

EROTOMANIA, s.f. Mania amorosa.

EROTOMANÍACO ou **EROTÔMANO,** s.m. O que sofre de erotomania.

ERRABUNDO, adj. Vagabundo; errante.

ERRADIAÇÃO, s.f. Ato de erradiar.

ERRADIAR, v.t. O mesmo que radiar.

ERRADICANTE, adj. Arrancante.

ERRADICAR, v.t. Desarraigar; arrancar.

ERRADICATIVO, adj. Erradicante.

ERRADIO, adj. Errante; vagabundo.

ERRADO, adj. Desviado, afastado da verdade; transviado.

ERRANTE, adj. Vagabundo; nômade.

ERRAR, v.t. Afastar da verdade, do caminho certo.

ERRATA, s.f. Indicação e emenda de erros num impresso.

ERRÁTICO, adj. Errante, erradio.

ERRE, s.m. Nome da letra **r**.

ERRO, s.m. Desacerto; incorreção; engano; falta; pecado; erro absoluto (Mat.): diferença, em valor absoluto, entre o valor exato da grandeza e o valor calculado; — relativo: relação entre o erro absoluto e o valor exato de uma grandeza.

ERRÔNEO, adj. Falso; contrário à verdade.

ERRONIA, s.f. Erro, engano, falsidade.

ERUCTAÇÃO, s.f. Arroto.

ERUCTAR, v.i. Arrotar.

ERUDIÇÃO, s.f. Instrução vasta e variada.

ERUDITO, adj. Que tem saber vasto e variado.

ERUGINOSO, adj. Oxidado; enferrujado.

ERUPÇÃO, s.f. Saída violenta de líqüido, gás,etc.; explosão; moléstia da pele.

ERUPTIVO, adj. Que causa erupção.

ERVA, s.f. Planta; relva; couve; mate.

ERVAÇAL, s.m. Terra onde há muita erva.

ERVADO, adj. Envenenado com erva.

ERVA-DOCE, s.f. Planta hortense, culinária e medicinal. (Pl.: ervas-doces.)

ERVAL, s.m. Mata em que domina a erva-mate ou congonha.

ERVA-MATE, s.f. Planta da família das Aquifoliáceas (Ilex paraguariensis), de cujas folhas se faz um chá saboroso e muito saudável. (Pl.: ervas-mate.)

ERVANARIA, s.f. Casa que vende plantas medicinais.

ERVANÁRIO, s.m. Herbanário; estabelecimento ou pessoa que vende ervas.

ERVAR, v.t. Impregnar com suco de planta venenosa, envenenar, comer erva venenosa.

ERVATÁRIO, s.m. Indivíduo que se ocupa em colher, nos campos e matas, ervas medicinais para vender nas farmácias, ou a retalho; ervateiro; ervanário.

ERVATEIRO, s.m. Indivíduo que negocia com erva-mate, ou se entrega à colheita e preparação desse vegetal.

ERVECER, v.int. Brotar.

ERVILHA, s.f. Planta da família das Leguminosas; a vagem e semente desta planta.

ERVILHAL, s.m. Campo de ervilha.

ERVOSO, adj. Cheio de erva.

ESBAFORIDO, adj. Ofegante; apressurado; esbofado.

ESBAFORIR-SE, v.p. Arquejar, resfolegar.

ESBAGAÇAR, v.t. Despedaçar; arrebentar.

ESBAGACHAR, v.t. Desabotoar; expor o peito; espeitorar.

ESBAGANHAR, v.t. Limpar da baganha (o linho).

ESBAGOAR, v.t. Desbagoar; tirar os bagos a; debulhar.

ESBAGULHAR, v.t. Tirar o bagulho a.

ESBAMBEAR, v.t. e int. Bambear.

ESBAMBOAR-SE, v.p. Bambolear-se; saracotear-se.

ESBANDALHADO, adj. Arrebentado; esfarrapado.

ESBANDALHAR, v.t. Arrebentar; esfarrapar.

ESBANDEIRAR, v.t. Cortar a bandeira a (o milho).

ESBANJADOR, adj. e s.m. Gastador; pródigo.

ESBANJAMENTO, s.m. Dissipação; prodigalidade.

ESBANJAR, v.t. Gastar em excesso; estragar.

ESBARBAR, v.t. Tirar as barbas ou rebarbas a.

ESBARBOTAR, v.t. Tirar os barbotes a (pano de lã).

ESBARRADA, s.f. Encontrão; colisão.

ESBARRANCADO, s.m. Lugar desmoronado.

ESBARRÃO, s.m. Encontrão; esbarro.

ESBARRAR, v.rel. Embater; colidir.

ESBARRIGAR, v.t. Emagrecer; perder a barriga.

ESBARRO, s.m. Encontrão; esbarrão; censura.

ESBARROADA, s.f. O mesmo que esbarrada.

ESBARROAR, v.int. O mesmo que esbarrar.

ESBARROCAMENTO, s.m. Ato ou efeito de esbarrocar.

ESBARROCAR, v.int. Desmoronar-se; despenhar-se; esbarrondar-se.

ESBARRONDADEIRO, s.m. Barranco; precipício; despenhadeiro.

ESBARRONDAR, v.t. Esboroar, destruir.

ESBATER, v.t. Matizar; graduar nuança; esmaecer.

ESBATIDO, s.m. Atenuado; matizado.

ESBATIMENTO, s.m. Ato ou efeito de esbater.

ESBEIÇAR, v.t. Desbeiçar; esborcinar.

ESBELTEZ ou ESBELTEZA, s.f. Elegância, graça, donaire.

ESBELTO, adj. Gracioso; gentil; elegante.

ESBIRRO, s.m. Beleguim; polícia.

ESBOÇADO, adj. Traçado ligeiramente, delineado.

ESBOÇAR, v.t. Traçar contornos de; delinear; bosquejar.

ESBOCETO, s.m. Pequeno esboço; escorço.

ESBOÇO, s.m. Primeiro delineamento de uma obra de desenho ou pintura; primeiro trabalho de modelação de uma escultura; escorço; (fig.) rudimentos; resumo; sinopse. (Pl.: esboços) (ô).

ESBODEGAÇÃO, s.f. Ato ou efeito de esbodegar.

ESBODEGADO, adj. Esbaforido; cansado; exausto.

ESBODEGAR, v.t. Estragar; gastar.

ESBOFADO, adj. Esbaforido; cansado; exausto; esfalfado.

ESBOFAR, v.t. Esfalfar; esbaforir; afadigar-se.

ESBOFETEAR, v.t. Estapear.

ESBORCELAR, v.t. Esborcinar; desbeiçar.

ESBORCINAR, v.t. Esborcelar, desbeiçar.

ESBORDOAR, v.t. Espancar; desancar.

ESBOROAMENTO, s.m. Desmoronamento; destruição.

ESBOROAR, v.t. Esbarrondar; desmoronar.

ESBORRACHADO, adj. Espalmado; esmagado.

ESBORRACHAR, v.t. Pisar; esmagar; achatar.

ESBORRALHADA, s.f. Ato ou efeito de esborralhar; derrocada.

ESBORRALHADOURO, s.m. Vassoura para varrer o borralho.

ESBORRATAR, v.t. Deixar cair borrão em; borrar.

ESBORRIFAR, v.t. Borrifar, salpicar.

ESBORRIFO, s.m. Salpico.

ESBRAGUILHADO, adj. Com a braguilha desabotoada.

ESBRANQUIÇADO, adj. Alvacento; descorado.

ESBRASEADO, adj. Afogueado, zangado.

ESBRASEAMENTO, s.m. Afogueamento; enrubescimento.

ESBRASEAR, v.t. Esquentar, afoguear, acalorar.

ESBRAVECER, v.int. Esbravecer; zangar-se.

ESBRAVECER, v.int. Tornar-se bravo; enfurecer-se.

ESBRAVEJAR, v.int. Esbravear; esbravecer.

ESBUGALHADO, adj. Saltado, aberto, arregalado.

ESBUGALHAR, v.t. Tirar os bugalhos a, abrir muito (os olhos).

ESBULHADO, adj. Espoliado, despojado.

ESBULHADOR (ô), adj. Espoliador; despojador.

ESBULHAR, v.t. Roubar; espoliar.

ESBULHO, s.m. Roubo; privação de direitos.

ESBURACADO, adj. Roto; rasgado; furado.

ESBURACAR, v.t. Furar; rasgar.

ESBUXAR, v.t. Deslocar; destroncar, luxar.

ESCABECHE, s.m. Conserva de vinagre e temperos para peixe ou carne.

ESCABELADO, adj. Descabelado; desgrenhado.

ESCABELAR, v.t. Descabelar; desgrenhar.

ESCABELO, s.m. Banco; escano.

ESCABICHADOR, adj. Examinador, reparador.

ESCABICHAR, v.t. Examinar; escarafunchar.

ESCABIOSE, s.f. Sarna.

ESCABIOSO, adj. Sarnento.

ESCABREAÇÃO, s.f. Zanga; enfurecimento.

ESCABREADO, adj. Desconfiado; ressabiado.

ESCABREAR, v.t. Irritar; enfurecer.

ESCABROSIDADE, s.f. Aspereza; dificuldade, inconveniência.

ESCABROSO, adj. Áspero; pedregoso; indecoroso.

ESCABUJAR, v.int. Estrebuchar; espernear.

ESCABULHAR, v.t. Descascar; expurgar.

ESCACHAR, v.t. Fender; partir.

ESCACHOANTE, adj. Rumorejante.

ESCACHOAR, v.int. Borbotar; formar cachoeira.

ESCACHOO, s.m. Rumor; barulho.

ESCADA, s.f. Série de degraus para subir e descer.

ESCADARIA, s.f. Série de escadas em lanços seguidos separados por patamares.

ESCADEIRAR, v.t. Descadeirar; desancar.

ESCADÓRIO, s.m. Escadaria.

ESCAFANDRISTA, s. Mergulhador que usa o escafandro.

ESCAFANDRO, s.m. Aparelho de imersão, de mergulho a grande profundidade.

ESCAFEDER-SE, v.p. Fugir; safar-se.

ESCAFOCÉFALO, adj. Que tem a cabeça em forma de quilha.

ESCAFÓIDE, adj. Que tem a forma de quilha.

ESCALA, s.f. Escada; gama; medida graduada; relação de dimensões entre o desenho e o objeto representado; parada de veículos de transporte, temporária e habitual; plantão; porto onde tocam os navios; (Mús.) série de notas na ordem natural (na notação moderna; dó, ré, mi, fá, sol, lá, si; na antiga, ainda em uso na Inglaterra e na Alemanha: C, D, E, F, G, A, B, sendo que B na Inglaterra é si natural, e na Alemanha si bemol); em grande —: em grande quantidade, por atacado.

ESCALADA, s.f. Ato de escalar. O mesmo que escalamento.

ESCALADOR, adj. Aquele que escala, que organiza as escalas de serviço.

ESCALAFRIO, s.m. Calafrio; resfriamento.

ESCALAMENTO, s.m. Escalada; transposição de muros por meio de escada; assalto.

ESCALÃO, s.m. Degrau; em —: diz-se das tropas dispostas ou enviadas umas após outras, de modo a poderem sustentar-se reciprocamente.

ESCALAR, v.t. Assaltar, subindo por escadas; saquear.

ESCALAVRADURA, s.f. Ferimento; escoriação.

ESCALAVRAMENTO, s.m. Ferimento; escoriação.

ESCALAVRAR, v.t. Esfolar; escoriar.

ESCALDADELA, s.f. Repreensão; escarmento.

ESCALDADIÇO, adj. Que se escalda facilmente.

ESCALDADO, adj. Queimado (com água); escarmentado; receoso; ovos cozidos na água e farinha.

ESCALDADOR, adj. Aquele que escalda.

ESCALDADURA, s.f. Queimadura; ferimento; castigo.

ESCALDA-PÉS, s.m. Pedilúvio bem quente; banho quente dos pés.

ESCALDAR, v.t. Queimar com líquido quente. aquecer.

ESCALDO, s.m. Amadurecimento prematuro dos grãos do trigo sob a ação violenta do sol; designação dos antigos poetas escandinavos.

ESCALENO, adj. Triângulo cujos lados são desiguais.

ESCALENOEDRO, s.m. (Geom.) Poliedro limitado por triângulos escalenos; adj. que tem faces desiguais.

ESCALER, s.m. Barco pequeno.

ESCALFAR, v.t. Passar por água quente.

ESCALIÇAR, v.t. Descaliçar.

ESCALINATA, s.f. Lanços de escadas.

ESCALONAR, v.t. Dispor (as tropas) em escalão; graduar; pôr em hierarquia.

ESCALPAR, v.t. Arrancar a pele do crânio a.

ESCALPELAR, v.t. Rasgar ou dissecar com escalpelo; analisar profundamente.

ESCALPELO, s.m. Instrumento cirúrgico de um ou dois gumes que serve para dissecar; bisturi.

ESCALPO, s.m. Cabeleira destacada do crânio com a pele e que para muitas tribos de índios constitui troféu de guerra.

ESCALRACHO, s.m. Gramínea nociva às searas.

ESCALVADO, adj. Calvo; sem vegetação.

ESCALVAR, v.t. Tornar calvo; tirar a vegetação a.

ESCAMA, s.f. Lâmina ou placa de que são revestidos os peixes e répteis.

ESCAMAÇÃO, s.f. Ato de escamar; descamação.

ESCAMADEIRA, s.f. Mulher que escama peixe.

ESCAMADO, adj. Limpo de escamas; irritado.

ESCAMADURA, s.f. Ato de escamar.

ESCAMAR, v.t. Tirar as escamas, descamar, esfolar.

ESCAMBAR, v.t. Cambiar; trocar; permutar.

ESCAMBO, s.m. Câmbio; permuta; troca.

ESCAMEADO, adj. Revestido de escamas.

ESCAMEL, s.m. Banco onde as espadas são polidas.

ESCAMENTO ou ESCAMÍFERO, adj. Escamoso.

ESCAMIFORME, adj. Que tem forma de escama.

ESCAMÍGERO, adj. Escamoso; escamífero.

ESCAMOSO, adj. Coberto de escamas.

ESCAMOTEAÇÃO, s.f. Empalmação; furto; roubo.

ESCAMOTEAR, v.t. Furtar; roubar.

ESCAMPADO, adj. Desabrigado; descampado.

ESCAMPAR, v.int. Serenar (o tempo); deixar de chover.

ESCAMPO, adj. Escampado; descampado.

ESCÂMULA, s.f. Pequena escama.

ESCÂNCARA, s.f. Aberto; patente; às — s: abertamente.

ESCANCARADO, adj. Patente; aberto.

ESCANCARAR, v.t. Abrir; abrir as cancelas; franquear.

ESCANCHAR, v.t. Escachar; abrir pelo meio.

ESCANDALIZADOR, adj. Que escandaliza.

ESCANDALIZAR, v.t. Causar escândalo a; ofender; proceder mal.

ESCÂNDALO, s.m. Mau procedimento; ato reprovável.

ESCANDALOSO, adj. Que causa escândalo; vergonhoso.

ESCANDESCÊNCIA, s.f. Hemorróidas.

ESCANDESCER, v.t. Inflamar; int. tornar-se candente ou em brasa.

ESCANDINAVO, adj. Da Escandinávia; s.m. o natural ou habitante da Escandinávia.

ESCÂNDIO, s.f. Elemento químico, metal, símbolo Sc, peso atômico 45,1 e n.º atômico 21.

ESCANDIR, v.t. Medir os pés de um verso latino ou grego. Pronunciar, destacando as sílabas. Soletrar.

ESCANELADO, adj. Que tem pernas ou canelas esguias; magro.

ESCANGALHADO, adj. Desarranjado; estragado.

ESCANGALHAR, v.t. Desmanchar; desconjuntar; desarranjar.

ESCANHOAR, v.t. Fazer a barba, barbear-se com apuro.

ESCANIFRADO, adj. Muito magro.

ESCANIFRAR, v.t. Emagrecer.

ESCANINHO, s.m. Compartimento em caixa ou gaveta.

ESCANTEIO, s.m. Termo designativo da jogada do futebolista que desvia a bola em direção à linha de fundo de seu campo.

ESCANTILHADO, adj. Enviesado.

ESCANTILHAR, v.t. Enviesar.

ESCANZELADO, adj. Magro; debilitado.

ESCAPADA ou ESCAPADELA, s.f. Fuga; fugidela.

ESCAPADIÇO, adj. Fugidiço; saidiço.

ESCAPAMENTO, s.m. Ato ou efeito de escapar.

ESCAPAR, v.t. Fugir; desembaraçar-se.

ESCAPARATE, s.m. Vitrina.

ESCAPATÓRIA, s.f. Escusa; desculpa.

ESCAPE, s.m. Escapamento; mecanismo que converte movimento circular em alternativo; evasão; refúgio.

ESCAPELAR, v.t. Desfolhar; descamisar (o milho).

ESCAPO, s.m. O mesmo que escape; adj. Livre; fora de perigo.

ESCAPULA, s.f. Escapadela; fuga.

ESCÁPULA, s.f. Prego de cabeça dobrada em ângulo para suspender qualquer objeto.

ESCAPULAL ou ESCAPULAR, adj. Referente ao ombro ou à omoplata.

ESCAPULÁRIO, s.m. Tira de pano que os frades de algumas ordens trazem pendente sobre o peito; bentinho.

ESCAPULIDA, s.f. Fuga, escapada.

ESCAPULIR, v.t. Fugir; escapar; safar-se. (Pres. indic.: escapulo, escapules, escapole, etc.; pres. subj.: escapula, escapulas, etc.)

ESCAQUEIRAR, v.t. Fazer em cacos; despedaçar; quebrar.

ESCARA, s.f. Crosta escura que resulta da mortificação de partes de um tecido.

ESCARAFUNCHADOR, adj. Esgaravatador, bisbilhoteiro.

ESCARAFUNCHAR, v.t. Esgaravatar; remexer, bisbilhotar.

ESCARAMUÇA, s.f. Combate de pouca importância; briga.

ESCARAMUÇADOR, adj. Combatente; briguento.

ESCARAMUÇAR, v.int. Combater; lutar.

ESCARAPELA, s.f. Arranhadura, ferimento.

ESCARAPELAR, v.t. Agatanhar; arranhar.

ESCARAVELHO, s.m. Nome dado às espécies de besouros da família dos Escarabídeos, os quais vivem nos excrementos.

ESCARCELA, s.f. Bolsa; carteira.

ESCARCÉU, s.m. Vagalhão; (fig.) alarido; gritaria.

ESCARDEAR, v.t. Limpar de cardos.

ESCARDILHO, s.m. Espécie de sacho para tirar as ervas daninhas.

ESCARDUÇADOR, adj. Aquele que escarduça.

ESCARDUÇAR, v.t. Cardar (a lã) com a carduça.

ESCAREADOR, s.m. Ferramenta própria para escarear.

ESCAREAR, v.t. Alargar buraco ou abertura em que se vai introduzir prego ou parafuso, de modo que estes fiquem com as cabeças niveladas com a peça em que se cravam.

ESCARIFICAÇÃO, s.f. Ferimento superficial da pele.

ESCARIFICADOR, s.m. Instrumento cirúrgico para fazer muitas incisões simultâneas na pele.

ESCARIFICAR, v.t. Sarjar; ferir; escarvar.

ESCARLATE, s.m. Cor vermelha; nome de um tecido de seda ou lã, desta cor; tinta vermelha; adj. que tem cor vermelha muito viva.

ESCARLATINA, s.f. Doença infecciosa aguda, caracterizada por angina e exantema de pequenas máculas confluentes, o qual descama depois em largos retalhos.

ESCARMENTADO, adj. Castigado; desiludido.

ESCARMENTAR, v.t. Repreender; castigar.

ESCARMENTO, s.m. Correção; castigo.

ESCARNA ou ESCARNAÇÃO, s.f. Ato ou efeito de escarnar.

ESCARNADOR, s.m. Instrumento próprio para escarnar.

ESCARNAR, v.t. Descobrir um osso tirando a carne.

ESCARNECEDOR, adj. Motejador, caçoador, crítico.

ESCARNECER, v.t. Motejar; criticar.

ESCARNECIDO, adj. Zombado; ludibriado.

ESCARNECIMENTO, s.m. Zombaria; caçoada; ludíbrio.

ESCARNECÍVEL, adj. Digno de escárnio.

ESCARNICAR, v.int. Fazer escárnio.

ESCARNIDO, adj. Escarnecido.

ESCARNIFICAÇÃO, s.f. Ato de escarnificar.

ESCARNIFICAR, v.t. Lacerar as carnes de; martirizar.

ESCARNINHO, adj. Motejador; zombador.

ESCÁRNIO, s.m. Menosprezo; mofa; zombaria.

ESCARNIR, v.t. Escarnecer.

ESCAROLADO, adj. Diz-se do milho tirado do carolo; esbagoado.

ESCAROLADOR, s.m. Debulhador de milho.

ESCAROLAR, v.t. Tirar o grão de (o carolo); esbagoar.

ESCARPA, s.f. Ladeira íngreme; alcantilado.

ESCARPADURA, s.f. ou ESCARPAMENTO, s.m. Corte inclinado do terreno; talude.

ESCARRADEIRA, s.f. Cuspideira.

ESCARRADO, adj. Cuspido; expectorado.

ESCARRADOR, s.m. Aquele que escarra muito.

ESCARRANCHADO, adj. Montado ou sentado com as pernas muito abertas.

ESCARRANCHAR, v.t. Abrir muito as pernas como quem monta a cavalo.

ESCARRAPACHAR, v.t. Estatelar-se; escarranchar.

ESCARRAR, v.int. Expectorar.

ESCARRO, s.m. Expectoração.

ESCARVA, s.f. Encaixe onde se unem duas peças de carpintaria.

ESCARVADOR, s.m. Instrumento para escarvar.

ESCARVAR, v.t. Abrir escarva em; cavar superficialmente.

ESCARVOAR, v.t. Esboçar, desenhar a carvão.

ESCASSEAR, v.t. e t.-rel. Minguar; faltar.

ESCASSEZ, s.f. Míngua, falta, carência.

ESCASSO, adj. Raro; parco.

ESCATÓFILO, adj. Que cresce ou vive nos excrementos.

ESCATOLOGIA, s.f. Tratado acerca dos excrementos; (Teol.) doutrina das coisas que deverão acontecer no fim do mundo.

ESCATOLÓGICO, adj. Relativo à escatologia.

ESCAVACADO, adj. Partido em miúdo; escavado.

ESCAVAÇÃO, s.f. Desaterro; cova.

ESCAVACAR, v.t. Fazer em cavacos; estilhaçar, fragmentar.

ESCAVADOR, adj. Que escava.

ESCAVAR, v.t. Cavar; raspar; esburacar.

ESCAVEIRADO, adj. Magro; descarnado.

ESCAVEIRAR, v.t. Emagrecer, abater.

ESCINDIR, v.t. Cortar; separar; rescindir.

ESCLARECER, v.t. Elucidar, explicar.

ESCLARECIDO, adj. Ilustre; erudito.
ESCLARECIMENTO, s.m. Explicação; informação; comentário.
ESCLERAL, adj. Endurecido; fibroso (falando-se dos tecidos orgânicos).
ESCLERÊNQUIMA, s.m. Tecido cujas células endureceram com a linhificação das suas paredes.
ESCLERODERMIA, s.f. Esclerose da pele.
ESCLEROMA, s.m. Tumor duro por abundância de tecido conjuntivo.
ESCLEROSAR, v.t. Endurecer tecidos orgânicos.
ESCLEROSE, s.f. Enduração de um órgão pelo aumento do tecido conjuntivo intersticial.
ESCLERÓTICA, s.f. Membrana branca e fibrosa que reveste o globo ocular.
ESCLUSA, s.f. Represa; dique.
ESCOAÇÃO, s.f. Escoamento; derivação de águas e líqüidos.
ESCOADOURO, s.m. Declive; bica; encanamento por onde se escoam águas.
ESCOADURA, s.f. Escoamento; escorralhas.
ESCOAMENTO, s.m. Saída de águas, esvaziamento.
ESCOAR, v.t. Escorrer; filtrar-se.
ESCOCÊS, adj. Próprio ou procedente da Escócia.
ESCODEAR, v.t. Tirar, ou arrancar a côdea a; descascar.
ESCOICEAR, v.t. Dar coices em.
ESCOIMAR, v.t. Limpar, purificar.
ESCOL, s.m. Nata, fina flor.
ESCOLA, s.f. Estabelecimento de ensino; colégio; ginásio; liceu; educandário; instituto; corrente literária, científica, filosófica, artística.
ESCOLADO, adj. Ladino; experimentado.
ESCOLAR, adj. Relativo à escola; s. estudante.
ESCOLÁSTICA, s.f. Filosofia fundamentada em Aristóteles, S. Tomás de Aquino, seguida oficialmente pela Igreja católica.
ESCOLÁSTICO, adj. Relativo a escolas, ou à escolástica; próprio de estudantes.
ESCOLHA, s.f. Seleção; preferência; eleição.
ESCOLHEDOR, adj. Selecionador.
ESCOLHER, v.t. Selecionar; joeirar; preferir.
ESCOLHIDO, adj. Separado; selecionado.
ESCOLHIMENTO, s.m. Escolha.
ESCOLHO, s.m. Rochedo à flor da água; recife.
ESCOLIADOR, s.m. Escoliasta.
ESCOLIAR, v.rel. Comentar; formar escólios.
ESCOLIASTA, s. Comentador; explicador.
ESCÓLIO, s.m. Comentário para esclarecer um autor clássico.
ESCOLIOSE, s.f. Desvio da coluna vertebral para o lado.
ESCOLOPENDRA, s.f. Lacraia; escorpião.
ESCOLTA, s.f. Força militar ou naval de proteção.
ESCOLTAR, v.t. Acompanhar em grupo para defender ou guardar.
ESCOMBRO, s.m. Entulho; ruína (mais usado no pl.)
ESCONDEDOURO, s.m. Esconderijo; toca.
ESCONDEDURA, s.f. Ato de esconder.
ESCONDE-ESCONDE, s.m. Nome de um brinquedo de crianças; tempo-será.
ESCONDER, v.t. Ocultar; encobrir.
ESCONDERIJO, s.m. (V. Escondedouro.)
ESCONDIDAS, s.f.pl. Usado na loc. adv. às escondidas: ocultamente, às ocultas.
ESCONDIDO, adj. Oculto; encoberto.
ESCONDIMENTO, s.m. Ato de esconder.
ESCONJURAÇÃO, s.f. Cerimônia; ensalmo para amaldiçoar.
ESCONJURAR, v.t. Amaldiçoar; exorcizar.
ESCONJURATIVO ou ESCONJURATÓRIO, adj. Que encerra esconjuro; próprio para esconjurar.
ESCONJURO, s.m. Juramento com imprecações; exorcismo.
ESCONSO, adj. Oblíquo; torto.
ESCOPA (ó), s.f. Espécie de jogo de cartas.
ESCOPETA (ê), s.f. Espingarda antiga e curta.
ESCOPETEIRO, s.m. Soldado armado de escopeta.
ESCOPO (ó), s.m. Alvo; mira; fim.
ESCOPRO, s.m. Instrumento de ferro e aço para lavrar madeiras, pedra, etc.; cinzel.
ESCORA, s.f. Espeque; estaca.
ESCORADOR, s.m. Valente; corajoso.
ESCORAMENTO, s.m. Ato ou efeito de escorar.
ESCORAR, v.t. Estaquear; firmar; suster; sustentar.
ESCORBÚTICO, adj. Relativo a escorbuto, que padece escorbuto; que é da natureza do escorbuto.

ESCORBUTO, s.m. (Med.) Doença causada pela carência de vitamina C, caracterizada pela tendência às hemorragias, principalmente das gengivas.
ESCORÇAR, v.t. Esboçar; delinear.
ESCORCHADO, adj. Descascado; esfolado.
ESCORCHADOR, adj. Esfolador; explorador; careiro.
ESCORCHAR, v.t. Tirar a casca de; descascar; cobrar preço excessivo.
ESCORÇO, s.m. Figura menor que o natural; obra de pequenas dimensões; resumo.
ESCORE, s.m. Resultado de uma partida esportiva, expresso por números.
ESCÓRIA, s.f. Resíduo silicoso que se forma juntamente com a fusão dos metais; fezes; restos.
ESCORIAÇÃO, s.f. Arranhadura, ferimento.
ESCORIAR, v.t. Esfolar; arranhar; ferir. (Conjuga-se regularmente: escorio, escorias, escoria, etc.)
ESCORIFICAR, v.t. Purificar; escoriar.
ESCORIFICATÓRIO, s.m. Vaso para escorificar metais.
ESCORNADO, adj. Merrado; chifrado.
ESCORNADOR, adj. Chifrador; marrador.
ESCORNAR, v.t. Marrar; chifrar.
ESCORNEADOR, adj. Chifrador; marrador.
ESCORNEAR, v.t. O mesmo que escornar.
ESCORPIÃO, s.m. Lacraia; signo do zodíaco.
ESCORRAÇADO, adj. Afugentado; expulso.
ESCORRAÇAR, v.t. Afugentar; expulsar.
ESCORREDOR, s.m. Vaso para escorrer a água.
ESCORREDURA, s.f. Escorralhas; escorralho.
ESCORREGADELA, s.f. Escorregão; deslize.
ESCORREGADIÇO, adj. (V. Escorregadio.)
ESCORREGADIO, adj. Liso, resvaladio.
ESCORREGADOR, adj. Resvalador; mentiroso.
ESCORREGAR, v.int. Deslizar; resvalar; cometer faltas.
ESCORREITO, adj. Correto; perfeito.
ESCORRER, v.t. Vazar; verter; gotejar.
ESCORRIDO, adj. Esgotado; escoado.
ESCORRIMENTO, s.m. Vazamento.
ESCORROPICHADELA, s.f. Ato de escorropichar.
ESCORROPICHAR, v.t. Esgotar; beber as últimas gotas.
ESCORVA, s.f. Caçoleta, nas armas de fogo, onde se deita pólvora para fazer fogo; pólvora do tubo dos foguetes.
ESCORVADOR, s.m. Instrumento para escorvar.
ESCORVAR, v.t. Pôr pólvora na escorva de; excitar.
ESCOTEIRISMO, s.m. Sistema educativo da infância ideado pelo general inglês Baden Powell.
ESCOTEIRO, adj. Desimpedido; sem bagagem; sozinho; membro de associação de meninos ou adolescentes organizada segundo o sistema de Baden Powell.
ESCOTILHA, s.f. Abertura no convés do navio.
ESCOTILHÃO, s.m. Pequena escotilha.
ESCOTISMO, s.m. (V. Escoteirismo.)
ESCOVA, s.f. Cepilho; placa em que estão implantados tufos de fios.
ESCOVAÇÃO, s.f. Escovadela; acepilhamento.
ESCOVADEIRA, s.f. O mesmo que brossa, nas fábricas de tecidos de lã.
ESCOVADELA, s.f. Escovada; repreensão.
ESCOVADO, adj. Limpo; desempoeirado; esperto; ladino.
ESCOVADOR, adj. Lustrador, acepilhador.
ESCOVAR, v.t. Limpar com escova ou escovador; (fig.) repreender; bater.
ESCOVILHAR, v.t. Limpar de impurezas (ouro ou prata).
ESCRAVARIA, s.f. Grande porção de escravos.
ESCRAVATURA, s.f. Tráfico de escravos; escravidão.
ESCRAVIDÃO, s.f. Servidão; sujeição.
ESCRAVISMO, s.m. Sistema dos escravistas; influência da escravatura.
ESCRAVISTA, adj. Partidário da escravatura.
ESCRAVIZAÇÃO, s.f. Ato de escravizar.
ESCRAVIZAR, v.t. Subjugar, tiranizar; cativar.
ESCRAVO, adj. Cativo; servo.
ESCRAVOCRATA, adj. Sectário ou partidário da escravatura.
ESCREVEDOR, s.m. Escritor (mau).
ESCREVENTE, s. Amanuense.
ESCREVER, v.t. Redigir; compor; rabiscar; garatujar. (Part: escrito.)
ESCREVINHADOR, s.m. Mau escritor; escritor sem merecimento.

ESCREVINHAR, v.t. Escrever mal, rabiscar, garatujar.

ESCRIBA, s.m. Notário; escritor de poucos méritos.

ESCRÍNIO, s.m. Cofre; guarda-jóias.

ESCRITA, s.f. Caligrafia; escrituração comercial.

ESCRITO, adj. Caligrafado; composição literária.

ESCRITOR, s.m. Autor; literato.

ESCRITÓRIO, s.m. Gabinete; biblioteca; lugar onde o escritor faz suas obras; banca, tenda de trabalhos liberais.

ESCRITURA, s.f. Documento autêntico de um contrato; escrita; caligrafia; Sagrada Escritura: a Bíblia, os Evangelhos.

ESCRITURAÇÃO, s.f. Ato de escriturar; escrita de livros comerciais.

ESCRITURAR, v.t. Registrar (contas comerciais); lavrar documento autêntico.

ESCRITURÁRIO, s.m. Escrevente; guarda-livros.

ESCRIVANIA, s.f. Cargo de escrivão.

ESCRIVANINHA, s.f. Mesa que contém aprestos para escrever; mesa em que se escreve; secretária.

ESCRIVÃO, s.m. Oficial público que escreve autos, termos de processo, atas e outros documentos de fé pública.

ESCRÓFULA, s.f. Tumor ganglionar, de natureza tuberculosa, geralmente localizado na região cervical, com tendência à fistulização.

ESCROFULOSE, s.f. Aparecimento de escrófulas.

ESCROFULOSO, adj. Atacado, achacado de escrófulas.

ESCRÓPULO, s.m. Medida de peso para pedras preciosas. Tem seis quilates e vale 1 grama e 200 miligramas.

ESCROQUE, s.m. Ladrão, falsário.

ESCROTAL, adj. Pertencente ou relativo ao escroto.

ESCROTO, s.m. Bolsa que contém os testículos e seus órgãos acessórios.

ESCRUNCHANTE, s.m. Ladrão que arromba.

ESCRÚPULO, s.m. Perturbação da consciência; dúvida; hesitação.

ESCRUPULOSIDADE, s.f. Meticulosidade; hesitação.

ESCRUPULOSO, adj. Hesitante; cuidadoso, retíssimo.

ESCRUTADOR, adj. Perscrutador; investigador.

ESCRUTAR, v.t. Investigar; pesquisar.

ESCRUTÁVEL, adj. Que pode ser investigado, esquadrinhado.

ESCRUTINADOR, s.m. Verificador dos votos numa eleição.

ESCRUTINAR, v.int. Verificar os votos, apurar o número deles e recolher esse número, depois de convenientemente conferido.

ESCRUTÍNIO, s.m. Votação em urna; exame minucioso; apuração dos votos.

ESCUDAR, v.t. e t.-rel. Amparar; proteger; p. cobrir-se (com escudo ou coisa que proteja como o escudo); estribar-se; apoiar-se.

ESCUDEIRO, s.m. Na Idade Média, o que levava o escudo do cavaleiro.

ESCUDELA, s.f. Tigela; vasilha.

ESCUDETE, s.m. Escudo pequeno.

ESCUDO, s.m. Arma defensiva para livrar dos golpes de espadas ou lanças; peças em que se representam os brasões de nobreza; moeda portuguesa; (fig.) amparo; defesa.

ESCULÁPIO, s.m. Médico. Deus da Medicina, filho de Apolo e de Corônis.

ESCULCA, s.m. Sentinela, vigia.

ESCULENTO, adj. Alimentício.

ESCULHAMBAÇÃO, s.f. Desordem, desmoralização. Anarquia.

ESCULHAMBAR, v.t. Arrebentar; desmoralizar; ridicularizar.

ESCULPIDO, adj. Esculturado; cinzelado.

ESCULPIDOR, s.m. Escultor.

ESCULPIR, v.t. Esculturar; lavrar; cinzelar. (Verbo defect.: falta-lhe a 1.ª pes. do sing. do pres. do indic.: esculpes, esculpe, esculpimos, esculpis, esculpem; falta-lhe todo o pres. do subjuntivo.)

ESCULTOR, s.m. Artista que esculpe, que faz escultura.

ESCULTURA, s.f. Estatuária; obra feita por escultor.

ESCULTURAL, adj. Que tem formas perfeitas.

ESCULTURAR, v.t. Esculpir.

ESCUMA, s.f. Conjunto de bolhas à superfície de um líquido que se agita, fermenta ou ferve.

ESCUMADEIRA, s.f. Colher crivada de orifícios para tirar a escuma dos líqüidos; espumadeira.

ESCUMADOR, s.m. Escumadeira.

ESCUMALHA, s.f. Ralé.

ESCUMANTE, adj. Espumejante; espumante.

ESCUMAR, v.t. Tirar a escuma a; cobrir de escuma.

ESCUMILHA, s.f. Chumbo miúdo; tecido fino de lã ou seda.

ESCUMILHAR, v.int. Bordar sobre escumilha.

ESCUNA, s.f. Embarcação pequena de dois mastros e vela latina.

ESCURAS, s.f.pl. Usada na loc. adv. às escuras: sem luz; ocultamente; desorientadamente.

ESCURECEDOR, adj. Obumbrador, obnubilador.

ESCURECER, v.t. Obumbrar; turvar; anoitecer.

ESCURECIMENTO, s.m. Obnubilação; obumbração; pretejamento.

ESCURECÍVEL, adj. Que se pode escurecer.

ESCURENTAR, v.t. Escurecer.

ESCUREZA, s.f. Escuridão.

ESCURIÇO, adj. De cor escura.

ESCURIDADE, s.f. Obscuridade.

ESCURIDÃO, s.f. Pretidão; trevas.

ESCURO, adj. Sombrio; tenebroso; difícil; obscuro.

ESCUSA, s.f. Desculpa.

ESCUSAÇÃO, s.f. Ato de escusar; escusa.

ESCUSADO, adj. Inútil; desnecessário.

ESCUSADOR, s.m. Aquele que escusa.

ESCUSAR, v.t. Desculpar; perdoar; justificar.

ESCUSATÓRIO, adj. Que serve para escusar ou desculpar.

ESCUSÁVEL, adj. Que se pode dispensar ou desculpar.

ESCUSO, adj. Esconso; sujo (moralmente).

ESCUTADOR, adj. Novidadeiro.

ESCUTAR, v.t. Ouvir com atenção.

ESCUTIFORME, adj. Que tem a forma ou a aparência de escudo.

ESDRUXULAR, v.int. Agir; proceder fora das normas comuns. (Conjuga-se regularmente: esdruxulo, esdruxulas, etc.)

ESDRUXULARIA, s.f. Coisa extravagante; singularidade.

ESDRUXULIZAR, v.t. Tornar esdrúxulo; extravagante.

ESDRÚXULO, adj. (Gram.) proparoxítono. Exótico, anômalo, extravagante.

ESFACELADO, adj. Despedaçado; estragado.

ESFACELAR, v.t. Destruir, desmanchar; gangrenar.

ESFACELO, s.m. Ato e efeito de esfacelar.

ESFACELO, s.m. (Med.) Necrose de todas as camadas de um tecido orgânico; fase final da necrobiose.

ESFACHEAR, v.t. Esfacelar; esfiapar.

ESFAIMADO, adj. Faminto; esfomeado.

ESFAIMAR, v.t. Esfomear; ficar faminto.

ESFALFADO, adj. Cansado; exausto.

ESFALFAMENTO, s.m. Cansaço; fadiga.

ESFALFAR, v.t. Fatigar; extenuar; cansar.

ESFANICADO, adj. Magro.

ESFANICAR, v.t. Reduzir a fanicos; despedaçar.

ESFAQUEADO, adj. Cortado, retalhado a faca.

ESFAQUEAR, v.t. Ferir com faca; retalhar.

ESFARELADO, adj. Reduzido a farelo.

ESFARELAR, v.t. Converter em farelo; reduzir a migalhas.

ESFARINHADO, adj. Feito farinha.

ESFARINHAR, v.t. Reduzir a farinha.

ESFARPADO, adj. Desfiado; lascado.

ESFARPAR, v.t. Rasgar em farpões ou em farpas; lascar.

ESFARRAPADEIRA, s.f. Máquina, com cilindros de dentes de aço, para desfazer os fios ou farrapos de lã, nos lanifícios.

ESFARRAPADO, adj. Rasgado; roto; maltrapilho.

ESFARRAPAMENTO, s.m. Dilaceramento.

ESFARRAPAR, v.t. Reduzir a farrapos; rasgar; dilacerar.

ESFARRIPADO, adj. Disposto em fios; esfiapado.

ESFATIAR, v.t. Partir em fatias; retalhar.

ESFAZER, v.t. e p. Desfazer.

ESFENOEDRO, s.m. Poliedro com algum ou alguns ângulos agudos.

ESFENOIDAL, adj. Relativo ao esfenóide.

ESFENÓIDE, s.m. Osso em forma de cunha da base do crânio.

ESFERA, s.f. (Geom.) Sólido gerado pela rotação completa de um semicírculo em torno de seu diâmetro; globo; o orbe.

ESFERICIDADE, s.f. Rotundidade.

ESFÉRICO, adj. Redondo.

ESFEROGRÁFICA, adj. f. Diz-se de certo tipo de caneta com carga de tinta sintética.

ESFEROIDAL, adj. Que tem a forma de esferóide.

ESFERÓIDE, s.m. Sólido geométrico, cuja forma se parece com a da esfera.

ESFEROMÉTRICO, adj. Relativo ao esferômetro.

ESFERÔMETRO, s.m. Instrumento para medir o raio da esfera, a curvatura da superfície das lentes.

ESFÉRULA, s.f. Pequena esfera.

ESFERVILHAÇÃO, s.f. Ato de esfervilhar.

ESFERVILHAR, v.int. Fervilhar.

ESFIAPAR, v.t. Desfazer em fiapos; esfiar.

ESFIAR, v.t. e p. Desfiar; esfiapar.

ESFIGMÓGRAFO, s.m. Instrumento que traça graficamente as pulsações das artérias.

ESFIGMÔMETRO, s.m. Instrumento com que se mede a velocidade ou regularidade das pulsações.

ESFINCTER, s.m. (Anat.) Músculo circular contrátil que serve para fechar ou abrir vários ductos naturais do corpo. (Pl.: esfincteres.)

ESFINGE, s.f. Gênio tutelar dos sepulcros, símbolo do mistério da morte; corpo de leão e cabeça de mulher. Encontra-se sempre ao lado das pirâmides; a mais famosa é a de Gizé, perto do Cairo; (fig.) mistério; causa indecifrável; enigma.

ESFÍNGICO, adj. Misterioso; enigmático.

ESFLORAR, v.t. Ferir a superfície de.

ESFOGUEADO, adj. Afogueado; apressado, sôfrego.

ESFOGUEAR-SE, v.t. Afoguear-se; atarantar-se.

ESFOGUETEADO, adj. Doidivanas; estouvado.

ESFOGUETEAR, v.t. Festejar com foguetes; repreender com censuras acrimoniosas.

ESFOLA, s.f. Arranhadura; escoriação.

ESFOLADELA, s.f. O mesmo que esfola.

ESFOLADOR, adj. Escoriador; arranhador.

ESFOLADOURO, s.m. Lugar nos matadouros, onde as reses são esfoladas; casa comercial onde tudo é caro.

ESFOLADURA, s.f. ou **ESFOLAMENTO,** s.m. Arranhadura.

ESFOLAR, v.t. Tirar a pele de; ferir superficialmente; arranhar.

ESFOLHAR, v.t. Tirar a folha a; descamisar (o milho).

ESFOLIAR, v.t. Desfolhar; separar em folhas ou lâminas.

ESFOLIATIVO, adj. Que esfolia ou causa esfoliação.

ESFOMEAÇÃO, s.f. Grande apetite.

ESFOMEADO, adj. e s.m. Esfaimado; faminto.

ESFOMEAR, v.t. Causar fome; esfaimar.

ESFORÇADO, adj. Corajoso; diligente.

ESFORÇAR, v.t. Estimular; encorajar; dedicar-se.

ESFORÇO, s.m. Energia; ânimo, dedicação.

ESFRANGALHAR, v.t. Esfarrapar; rasgar.

ESFREGA, s.f. Castigo; sofrimento; tunda.

ESFREGAÇÃO ou **ESFREGADELA,** s.f. Ato de esfregar.

ESFREGADOR, adj. Esfregão; escova; lustrador.

ESFREGADURA, s.f. Esfregação; esfrega.

ESFREGALHO, s.m. Pano de esfregar; qualquer objeto com que se esfrega.

ESFREGAR, v.t. Friccionar; atritar; limpar; lustrar.

ESFRIADOURO, s.m. Vaso onde se põe alguma coisa a esfriar.

ESFRIAMENTO, s.m. Arrefecimento; resfriamento.

ESFRIAR, v.t. Arrefecer; desanimar; esmorecer. (Conjuga-se regularmente: esfrio, esfrias, etc.)

ESFROLAR, v.t. Escoriar; esfolar.

ESFUMAÇAR, v.t. Desaparecer, aos poucos, como fumaça; esbater.

ESFUMADO, s.m. Desenho com sombras esbatidas a esfuminho.

ESFUMADOR, s.m. Pincel para unir as tintas de um quadro esbatendo-as.

ESFUMAR, v.t. Desenhar a carvão; sombrear com esfuminho.

ESFUMATURA, s.f. Conjugação das sombras num desenho; esbatimento.

ESFUMINHO, s.m. Rolo de pelica ou papel, aparado em ponta, para esbater o desenho.

ESFURACAR, v.t. Furar; esburacar.

ESFUZIADA, s.f. Tiroteio; vaia, chufa.

ESFUZIANTE, adj. Sibilante.

ESFUZIAR, v.int. Sibilar; zunir; silvar. (Conjuga-se regularmente: esfuzio, esfuzias, etc.)

ESFUZILAR, v.int. Fuzilar; lampejar.

ESGAÇAR, v.t. int. e p. Esgarçar.

ESGADANHAR, v.t. Arranhar; arrepelar, ferir com os gadanhos.

ESGADELHADO, adj. Despenteado.

ESGADELHAR, v.t. Despentear.

ESGALGADO, adj. Magro como um galgo; escanzelado.

ESGALGAR, v.t. Tornar magro; definhar.

ESGALHADO, adj. Que tem galhos ou ramos cortados; que tem ramos muito separados.

ESGALHAR, v.t. Dividir em galhos ou em ramos.

ESGANAÇÃO, s.f. Gana; sofreguidão, enforcamento.

ESGANADO, adj. e s.m. Faminto; esfomeado; enforcado.

ESGANADURA, s.f. Ato ou efeito de esganar; esganação.

ESGANAR, v.t. Estrangular; sufocar; enforcar.

ESGANIÇAR, v.t. Ganir, chorar.

ESGAR, s.m. Trejeito; gesto de escárnio.

ESGARABULHAR, v. int. Andar aos pulos, (a pião); (fig.) pular; mexer-se muito.

ESGARAVATADOR, adj. Limpador; esmiuçador.

ESGARAVATAR, v.t. Mexer; remexer; limpar.

ESGARÇAR, v.t. Desfiar, puir.

ESGARRÃO, adj. Fuga; desvio de rumo.

ESGARRAR, v.t. Fazer mudar de rumo (o navio); transviar; desviar do caminho.

ESGATANHAR, v.t. Agatanhar; arranhar.

ESGAZEADO, adj. Esbranquiçado.

ESGAZEAR, v.t. Esbranquiçar; revirar os olhos.

ESGOELAR, v.t. Gritar; berrar.

ESGOTADO, adj. Exaurido; gasto.

ESGOTAMENTO, s.m. Depauperamento; extenuação; estafa.

ESGOTAR, v.t. Tirar até a última gota de; vazar completamente.

ESGOTO, s.m. Canal de detritos; cloaca.

ESGRAFIAR, v.t. Pintar ou fazer esgrafito.

ESGRAFITO, s.m. Pintura ou desenho ornamental que imita baixo-relevo.

ESGRIMA, s.f. Jogo esportivo de armas brancas: espada, sabre e florete.

ESGRIMIDOR, adj. Esgrimista.

ESGRIMIR, v.t. Jogar, manejar (armas); vibrar; brigar; discutir.

ESGRIMISTA, s. Pessoa que esgrime com perícia.

ESGROUVIADO ou **ESGROUVINHADO,** adj. Magro e alto como um gruou; desgrenhado.

ESGUEDELHADO, adj.(V. Esgadelhado.)

ESGUEDELHAR, v.t.(V. Esgadelhar.)

ESGUEIRAR, v.t.-rel. Fugir; retirar-se; desaparecer sem ser percebido.

ESGUELHA, s.f. Obliqüidade; diagonal; de —, loc. adv.: de soslaio; obliquamente.

ESGUELHAR, v.t. Pôr de esguelha; cortar de esguelha; atravessar; enviesar.

ESGUICHADELA, s.f. Jorro; repuxo.

ESGUICHAR, v.t. Jorrar; expelir.

ESGUICHO, s.m. Repuxo; bisnaga.

ESGUIO, adj. Alto e delgado.

ESLAVO, adj. Relativo aos eslavos; s.m. ramo etnográfico e lingüístico da família Indo-Européia, que se divide em três grandes grupos: eslavos ocidentais (polacos, tchecos, eslovacos, lusácios); eslavos orientais (russos) e eslavos meridionais (búlgaros, sérvios, croatas, eslovenos).

ESLOVACO, adj. Relativo à Eslováquia, aos eslovacos; s.m. o natural ou habitante da Eslováquia.

ESMAECER, v.int. e p. Perder a cor; desmaiar.

ESMAECIMENTO, s.m. Ato de esmaecer.

ESMAGAÇÃO, s.f. Ato ou efeito de esmagar.

ESMAGADOR, adj. Que esmaga; opressivo.

ESMAGADURA, s.f. ou **ESMAGAMENTO,** s.m. Ação ou efeito de esmagar.

ESMAGAR, v.t. Achatar, pisar, triturar; escravizar.

ESMAIAR, v.t. int. e rel. Desmaiar; perder as forças.

ESMALHAR, v.t. Cortar as malhas de (armaduras).

ESMALTADO, adj. Coberto, ornado de esmalte.

ESMALTADOR, adj. Que esmalta.

ESMALTAGEM, s.f. Ato ou efeito de esmaltar.

ESMALTAR, v.t. Cobrir de esmalte; (fig.) adornar.

ESMALTE, s.m. Substância vitrificável que se aplica sobre metais ou porcelana como ornato; substância que reveste a coroa dos dentes; (fig.) brilho.

ESMAR, v.t. Meditar; ensimesmar; conjeturar.

ESMARELIDO, adj. Tirante a amarelo.

ESMECHAR, v.t. Desfazer, quebrar; ferir.

ESMEGMA, s.m. Sebo; gordura; secreção caseosa que se acumula no interior do prepúcio.

ESMERADO, adj. Apurado; elegante; bem acabado.

ESMERALDA, s.f. Pedra preciosa de cor verde; símbolo da medicina, porque se atribuíam virtudes curativas a esta pedra.

ESMERALDINO, adj. Verde.

ESMERAR, v.t. Aperfeiçoar; polir; esforçar-se por fazer as coisas com perfeição.

ESMERIL, s.m. Pedra dura para polir.

ESMERILHAR, v.t. Polir, aperfeiçoar.

ESMERO, s.m. Cuidado, capricho.

ESMIGALHADOR, adj. Quebrador; esfacelador; fragmentador.

ESMIGALHADURA, s.f. Ato de esmigalhar.

ESMIGALHAR, v.t. Quebrar; estilhaçar.

ESMIOLADO, adj. Desmiolado, louco.

ESMIOLAR, v.t. Desmiolar; esfarelar; enlouquecer.

ESMIUÇADO, adj. Pormenorizado; minudenciado.

ESMIUÇADOR, adj. Pesquisador; fuçador; examinador.

ESMIUÇAR (i-u), v.t. Analisar; investigar; pesquisar; explicar miudamente, com todos os pormenores. (O u do radical é acentuado nas formas rizotônicas: esmiúço, esmiúças, esmiúça, esmiúçamos, esmiuçais, esmiúçam.)

ESMIUDAR (i-u), v.t. O mesmo que esmiuçar. (Conjugação: o u do radical leva acento agudo nas formas rizotônicas: esmiúdo, esmiúdas, etc.)

ESMO, s.m. Cálculo; estimativa; conjectura; a —. loc. adv.: ao acaso, à toa; sem certeza, sem medida.

ESMOCAR, v.t. Esmurrar; espancar.

ESMOCHAR, v.t. Tornar mocho; tirar os cornos a

ESMOEDOR, adj. Moedor; quebrador; triturador.

ESMOER, v.t. Remoer; digerir; ruminar.

ESMOLA, s.f. Donativo; oferta; doação.

ESMOLAMBADO, adj. Esfarrapado; remendado.

ESMOLAMBAR, v.int. Esfarrapar; rasgar.

ESMOLAR, v.t. Pedir; implorar; mendigar.

ESMOLEIRO, s.f. Pessoa caritativa.

ESMOLER, s.m. Caritativo.

ESMONCAR, v.t. Assoar.

ESMONDAR, v.t. Mondar; limpar; podar.

ESMORECER, v.t. Desalentar; desfalecer; desmaiar.

ESMORECIDO, adj. Desanimado, desalentado.

ESMORECIMENTO, s.m. Desânimo, abatimento.

ESMURRAÇAR, v.t. Esmurrar; esbofetear.

ESMURRAR, v.t. Socar; esbofetear.

ESNOBE, adj. Pedante, tolo, presumido.

ESNOBISMO, s.m. Pedantismo; afetação.

ESNOCAR, v.t. Deslocar; destroncar.

ESNÚQUER, s.m. Espécie de jogo de bilhar cuja mesa é munida de seis caçapas que recebem as bolas impulsionadas pelo taco.

ESOFAGIANO ou ESOFÁGICO, adj. Relativo ao esôfago.

ESOFAGISMO, s.m. Espasmo do esôfago.

ESOFAGITE, s.f. Inflamação do esôfago.

ESÔFAGO, s.m. Canal que vai da faringe ao estômago.

ESOTÉRICO, adj. Oculto; reservado só para os iniciados.

ESOTERISMO, s.m. Conjunto de princípios da doutrina esotérica.

ESPAÇADO, adj. Intervalado.

ESPAÇAMENTO, s.m. Adiamento; intervalação.

ESPAÇAR ou ESPACEAR, v.t. Intervalar; adiar.

ESPACEJAR, v.t. Espaçar, espacear; (Tip.) deixar espaço entre (linhas, letras, ou palavras).

ESPACIAL, adj. Relativo ao espaço.

ESPAÇO, s.m. Extensão indefinida; capacidade de terreno, sítio ou lugar, intervalo; duração; demora.

ESPAÇOSO (ô), adj. Extenso; amplo; largo.

ESPADA, s.f. Alfanje; chanfalho. (Aum.: espadagão; dim.: espadim.)

ESPADACHIM, s.m. Valentão; duelista.

ESPADADA, s.f. Golpe de espada.

ESPADAGÃO, s.m. Espada grande; chanfalho.

ESPADANA, s.f. Jacto de líquido; cauda de cometa; barbatana de peixe.

ESPADANADO, adj. Batido; borrifado.

ESPADANAR, v.t. Bater a água; agitar; borrifar.

ESPADARTE, s.m. Peixe de mar da família dos Xifídeos, também chamado peixe-espada.

ESPADAÚDO, adj. Que tem espáduas largas.

ESPADEIRADA, s.f. Golpes com espada ou sabre.

ESPADEIRÃO, s.m. Espada longa, e estreita, para ferir como estoque.

ESPADEIRAR, v.t. Dar espadeiradas em.

ESPADEIRO, s.m. Fabricante de espadas; alfageme.

ESPADELA, s.f. Instrumento de madeira com que se bate o linho para o separar dos tomentos.

ESPADELADEIRA, s.f. Mulher que espalda o linho; tascadeira.

ESPADELADOR, s.m. Peça de madeira sobre a qual se firma o linho que se espadela.

ESPADELAGEM, s.f. Separação da celulose das fibras de uma planta têxtil.

ESPADELAR, v.t. Bater (o linho) com a espadela.

ESPADIM, s.m. Espadinha. Espada própria dos aspirantes militares e navais.

ESPADISTA, s. Jogador de espada.

ESPÁDUA, s.f. Ombro; omoplata.

ESPAIRECER, v.t. Distrair; recrear; entreter.

ESPAIRECIMENTO, s.m. Recreio; distração.

ESPALDA, s.f. Espádua; espaldar.

ESPALDAR, s.m. As costas da cadeira; a parte superior do dossel.

ESPALDEIRADA, s.f. Espadeirada.

ESPALDEIRAR, v.t. Espancar pelas espaldas; espadeirar.

ESPALHA-BRASA, s.m. Indivíduo espalhafatoso, estouvado, desordeiro.

ESPALHADA, s.f. Ato de espalhar; espalhafato.

ESPALHADEIRA, s.f. Instrumento com que se abre e separa a palha. O mesmo que espalhadoura.

ESPALHADO, adj. Disperso; difundido; intervalado.

ESPALHADOR, adj. Mexeriqueiro; boateiro.

ESPALHADOURA, s.f. Espalhadeira. Var.: espalhadoira.

ESPALHAFATO, s.f. Barulho; desordem; estardalhaço.

ESPALHAFATOSO, adj. Barulhento; escandaloso.

ESPALHAMENTO, s.m. Ato de espalhar.

ESPALHAR, v.t. Separar a palha de (os cereais); dispersar; divulgar.

ESPALMADO, adj. Plano ou aberto como a palma da mão.

ESPALMAR, v.t. Achatar; aplanar; alisar.

ESPANADOR, s.m. Pano, escova ou penacho com que se limpa ou sacode o pó.

ESPANAR, v.t. Sacudir, limpar do pó, com espanador.

ESPANCADOR, adj. Desancador; agressor.

ESPANCAMENTO, s.m. Desancamento; esbordoamento; agressão; surra; sova.

ESPANCAR, v.t. Desancar; esbordoar.

ESPANDONGADO, adj. Arrebentado; desconjuntado.

ESPANDONGAMENTO, s.m. Desleixo; desalinho. desmazelo.

ESPANDONGAR, v.t. Arrebentar; desconjuntar; desarticular.

ESPANEJADO, adj. Limpo de pó, com o espanador

ESPANEJAR, v.t. Espanar; p. sacudir (a galinha) o pó das asas, batendo-as.

ESPANHOL, adj. O natural ou habitante da Espanha; o idioma deste país. (Pl.: espanhóis.)

ESPANHOLADA, s.f. Expressão exagerada; exagero, hipérbole; porção de espanhóis.

ESPANHOLISMO, s.m. Vocábulo, construção própria do espanhol introduzida em outro idioma. O mesmo que hispanismo. Ex.: bolero; salerosos; olé! frente a; resultou fácil; criminal (criminoso).

ESPANTADIÇO, adj. Que se espanta facilmente.

ESPANTADO, adj. Assustado; atônito.

ESPANTADOR, adj. Assustador; amedrontador.

ESPANTALHO, s.m. Boneco ou qualquer objeto que se coloca nos campos para afugentar as aves ou roedores; pessoa feia.

ESPANTAR, v.t. Assustar; amedrontar.

ESPANTO, s.m. Assombro; pasmo; susto.

ESPANTOSO, adj. Assombroso; maravilhoso.

ESPAPAÇAR, v.t. Dar a forma de papas a; amolecer; tornar insípido, desenxabido.

ESPARADRAPO, s.m. Emplastro aglutinativo que se coloca sobre feridas; (pop.) ponto falso.

ESPARAVÃO, s.m. (Veter.) Tumor por baixo da curva da perna do cavalo. .

ESPARGIMENTO, s.m. Derramamento; aspersão.

ESPARGIR, v.t. Espalhar (um líquido); irradiar; difundir; borrifar; esborrifar, esparzir. (Pres. do indic.: esparjo, esparges, esparge, espargimos, espargis, espargem.) (Não há razão de considerar

185

defectivo este verbo; pode ser conjugado totalmente.)

ESPARGO, s.m. Planta hortense, de talos comestíveis. Var.: aspargo e aspárago.

ESPAROLAÇÃO, s.f. Leviandade; falta de critério.

ESPAROLADO, adj. Loquaz; mentiroso; gabola.

ESPARRAMADO, adj. Espalhado; disperso.

ESPARRAMAR, v.t. Derramar; espalhar; dispersar.

ESPARRAME ou **ESPARRAMO**, s.m. Espalhamento; debandada, dispersão.

ESPARREGADO, s.m. Guisado de ervas, depois de cozidas, picadas e espremidas.

ESPARREGAR, v.t. Guisar (espargos, couves, etc.) depois de cortar miudamente, cozer e temperar.

ESPARRELA, s.f. Logro; cilada, arapuca, engano.

ESPARSO, adj. Espargido; derramado; espalhado.

ESPARTANO, adj. Austero; rigoroso; severo; s.m. o natural ou habitante de Esparta.

ESPARTILHADO, adj. Cingido com espartilho; (fig.) elegante.

ESPARTILHAR, v.t. e p. Apertar com espartilho.

ESPARTILHEIRO, s.m. Fabricante ou vendedor de espartilhos.

ESPARTILHO, s.m. Colete com barbatanas, varetas.

ESPARZIR, v.t. Espargir, espalhar, difundir.

ESPASMO, s.m. Contração súbita e involuntária dos músculos; convulsão; cólica.

ESPASMÓDICO, adj. Relativo a espasmo.

ESPATIFADO, adj. Destroçado; arrebentado.

ESPATIFAR, v.t. Espedaçar; arrebentar.

ESPÁTULA, s.f. Iatagã, abridor de livro.

ESPATULADO, adj. Que tem a forma de espátula.

ESPATULETA, s.f. Pequena espátula.

ESPAVENTADOR, adj. Que espaventa; espantalho.

ESPAVENTAR, v.t. Espantar; assustar; amedrontar.

ESPAVENTO, s.m. Espanto; susto.

ESPAVENTOSO, adj. Medonho; pavoroso.

ESPAVORIDO, adj. Apavorado; amedrontado.

ESPAVORIR, v.t. e p. Amedrontar; apavorar.

ESPECAR, v.t. Amparar; escorar; suster.

ESPECIAL, adj. Próprio; peculiar; excelente.

ESPECIALIDADE, s.f. Particularidade; aprimoramento; excelência.

ESPECIALISTA, adj. Técnico; aquele que se dedica a determinada especialidade.

ESPECIALIZAÇÃO, s.f. Aperfeiçoamento técnico, científico, literário.

ESPECIALIZAR, v.t. Aperfeiçoar-se; esmerar-se.

ESPECIARIA, s.f. Droga; condimento.

ESPÉCIE, s.f. Classe; qualidade; natureza; condição; caráter; subdivisão do gênero nas classificações de animais e plantas.

ESPECIEIRO, s.m. O que vende especiarias.

ESPECIFICAÇÃO, s.f. Ato ou efeito de especificar, classificar, pormenorizar.

ESPECIFICADO, adj. Pormenorizado; individualizado.

ESPECIFICADOR, adj. Classificador; pormenorizador.

ESPECIFICAR, v.t. Indicar a espécie de; explicar miudamente; especializar.

ESPECIFICATIVO, adj. Que especifica, individualiza.

ESPECÍFICO, adj. Relativo à espécie; exclusivo.

ESPÉCIME ou **ESPÉCIMEN**, s.m. Modelo; amostra; exemplar. Pl.: espécimes, espécimens, especímenes (este pouco usado).

ESPECIOSIDADE, s.f. Qualidade daquilo que é especioso.

ESPECIOSO, adj. Ilusório; que seduz; belo.

ESPECTADOR, s.m. Testemunha; aquele que assiste a qualquer espetáculo.

ESPECTRAL, adj. Relativo ou semelhante a espectro ou fantasma; (Fís.) concernente ao espectro de fonte luminosa fornecido pelo prisma.

ESPECTRO, s.m. Imagem alongada e corada resultante da decomposição da luz (natural ou artificial) através de um prisma; fantasma; assombração; disposição das freqüências de uma radiação em ordem crescente.

ESPECTROLOGIA, s.f. (Fís.) Tratado dos fenômenos espectrais.

ESPECTROLÓGICO, adj. Relativo à espectrologia.

ESPECTROMETRIA, s.f. Método de análise, de larga aplicação em física e química, baseado na dispersão das radiações que emite a substância.

ESPECTROMÉTRICO, adj. Relativo à espectrometria.

ESPECTRÔMETRO, s.m. Instrumento empregado na espectrometria.

ESPECTROSCOPIA, s.f. (Fís.) Estudo das radiações por meio do espectro fornecido pelo prisma.

ESPECTROSCÓPICO, adj. Relativo a espectroscópio ou a espectroscopia.

ESPECTROSCÓPIO, s.m. (Fís.) Aparelho destinado a estudar os diferentes espectros luminosos.

ESPECULAÇÃO, s.f. Investigação teórica; exploração; negócio em que uma das partes abusa da boa fé da outra.

ESPECULADOR, adj. Explorador; negociante ladrão.

ESPECULAR, adj. Relativo a espelho transparente; diáfano.

ESPECULATIVO, adj. Em que há especulação; que é teórico; que tem caráter de especulação; relativo à especulação.

ESPÉCULO, s.m. Instrumento para observar certas cavidades do corpo.

ESPEDAÇAR, v.t. Quebrar; destruir; fragmentar.

ESPEITORAR, v.int. Escarrar, despeitorar.

ESPELEOLOGIA, s.f. Estudo da formação das cavernas, furnas, grutas.

ESPELEOLÓGICO, adj. Relativo à espeleologia.

ESPELEOLOGISTA, s. ou **ESPELEÓLOGO**, s.m. Pessoa que se ocupa com espeleologia.

ESPELHAÇÃO, s.f. Polimento.

ESPELHADO, adj. Polido ou liso como espelho.

ESPELHAMENTO, s.m. O mesmo que espelhação.

ESPELHAR, v.t. Tornar liso, polido; refletir como um espelho.

ESPELHARIA, s.f. Fábrica ou loja de espelhos.

ESPELHEIRO, s.m. Fabricante ou vendedor de espelhos.

ESPELHENTO, adj. Polido; claro; cristalino.

ESPELHO, s.m. Qualquer superfície de vidro, metal polido, que reflete imagens.

ESPELOTEADO, adj. Maluco; estouvado; desmiolado.

ESPELOTEAMENTO, s.m. Estouvamento; desmiolamento.

ESPELUNCA, s.f. Caverna; antro.

ESPENDA, s.f. Parte da sela em que assenta a coxa do cavaleiro; aba.

ESPENICADO, adj. Depenado.

ESPENICAR, v.t. Despenar; depenar.

ESPEQUE, s.m. Escora; estaca.

ESPERA, s.f. Ato ou efeito de esperar; ponto ou prazo marcado.

ESPERADO, adj. Desejado; previsto.

ESPERANÇA, s.f. Fé no futuro; confiança; virtude teologal.

ESPERANÇADO, adj. Confiante.

ESPERANÇAR, v.t. Confiar.

ESPERANÇOSO, adj. Confiante, promissor.

ESPERANTISTA, adj. Adepto do esperanto.

ESPERANTO, s.m. Língua internacional auxiliar, proposta em 1887 pelo médico russo Lázaro Zamenhof.

ESPERAR, v.t. Confiar; aguardar.

ESPERÁVEL, adj. Provável; que se pode esperar.

ESPERDIÇADOR, adj. Dissipador; gastador.

ESPERDIÇAR, v.t. Desperdiçar; gastar; malbaratar.

ESPERDÍCIO, s.m. Desperdício; dissipação.

ESPERMA, s.m. Líquido seminífero.

ESPERMACETE, s.m. Substância branca e oleosa, extraída do cérebro do cachalote.

ESPERMÁTICO, adj. Relativo a esperma.

ESPERMATIZAR, v.t. Fecundar com o esperma.

ESPERMATOCELE, s.f. Tumor cístico implantado no cordão espermático e cujo conteúdo líquido é opalescente e geralmente contém espermatozóides.

ESPERMATOGÔNIO, s.m. Célula masculina germinativa não diferenciada.

ESPERMATOGRAFIA, s.f. Descrição das sementes.

ESPERMATOGRÁFICO, adj. Relativo à espermatografia.

ESPERMATOLOGIA, s.f. Tratado acerca do esperma.

ESPERMATOLÓGICO, adj. Relativo à espermatologia.

ESPERMATORRÉIA, s.f. Derramamento involuntário de esperma.

ESPERMATOZÓIDE, s.m. (Zool.) Elemento masculino germinativo, maduro.

ESPERNEAR, v.int. Agitar as pernas; debater-se.

ESPERTADOR, adj. Estimulante; excitante.

ESPERTALHÃO, adj. Astuto; hábil; mal intencionado.

ESPERTAMENTO, s.m. Estimulação; excitação.

ESPERTAR, v.t. Estimular; tornar esperto.

ESPERTEZA, s.f. Habilidade maliciosa; ação astuciosa; cavorteirice.

ESPERTINA, s.f. Insônia.

ESPERTINAR, v.t. Excitar; tirar o sono; causar insônia.

ESPERTO, adj. Fino; inteligente; vivo.

ESPESCOÇAR, v.t. Safanar; empurrar.

ESPESSAR, v.t. Engrossar; condensar.

ESPESSIDÃO, s.f. Espessura; grossura.

ESPESSO, adj. Denso; grosso; basto.

ESPESSURA, s.f. Grossura; densidade.

ESPETACULAR, adj. Vistoso; surpreendente.

ESPETÁCULO, s.m. Representação teatral; vista; panorama.

ESPETACULOSIDADE, s.f. Ostentação vã; espalhafato; estardalhaço.

ESPETACULOSO, adj. Ostentoso; pomposo.

ESPETADA, s.f. Golpe de espeto; enfiada de coisa para assar no espeto.

ESPETADELA, s.f. Espetada; cutucada.

ESPETADO, adj. Atravessado; transpassado.

ESPETAR, v.t. Furar, atravessar com espeto, traspassar.

ESPETO, s.m. Ferro ou pau pontiagudo para assar carne.

ESPEVITADEIRA, s.f. Aparelho com que se corta a parte queimada do pavio das velas.

ESPEVITADO, adj. Vivo; petulante; loquaz.

ESPEVITADOR, s.m. Espevitadeira.

ESPEVITAR, v.t. Avivar o lume, o fogo, a chama, cortando o morrão ou remexendo as brasas; excitar.

ESPEZINHADO, adj. Humilhado; oprimido.

ESPEZINHADOR, adj. Desprezador, humilhante.

ESPEZINHAR, v.t. Calcar os pés; humilhar.

ESPIA, s. Espião.

ESPIADA, s.f. Olhadela; mirada.

ESPIA-MARÉ, s.m. Pequeno caranguejo.

ESPIÃO, s.m. Espia; agente secreto. (Fem.: espiã.)

ESPIAR, v.t. Espreitar; observar; olhar.

ESPICAÇADO, adj. Excitado; provocado.

ESPICAÇAR, v.t. Picar; estimular; animar.

ESPICHAR, v.t. Esticar; puxar; dilatar.

ESPICHO, s.m. Pau aguçado para tapar buraco numa vasilha; furador; (fig.) pessoa muito alta e magra.

ESPICULAR, v.t. Dar a forma de espiga, aguçar.

ESPÍCULO, s.m. Agulhão; ferrão; alfinete.

ESPIGA, s.f. Parte das gramíneas que contém o grão.

ESPIGADO, adj. Que criou espiga. (fig.) crescido; alto.

ESPIGÃO, s.m. Espiga grande; pua; aresta.

ESPIGAR, v.int. Criar espiga; crescer; desenvolver.

ESPINAFRAR, v.t. Ridicularizar; repreender.

ESPINAFRE, s.f. Planta hortense da família das Quenopodiáceas.

ESPINGARDA, s.f. Carabina.

ESPINGARDADA, s.f. Tiro de espingarda.

ESPINGARDARIA, s.f. Tropa armada de espingardas; muitas espingardas; fuzilaria.

ESPINGARDEAMENTO, s.m. Fuzilamento.

ESPINGARDEAR, v.t. Fuzilar.

ESPINGARDEIRO, s.m. Fabricante ou vendedor de espingardas.

ESPINHA, s.f. (Anat.) Série de apófises da coluna vertebral; a própria coluna vertebral; osso de peixe; nome de certas erupções da pele.

ESPINHAÇO, s.m. Coluna vertebral; dorso; costas; aresta de monte; cordilheira.

ESPINHADO, adj. Picado com espinho; (pop.) irritado.

ESPINHAL, s.m. Lugar onde crescem espinheiros; espinheiral.

ESPINHAL, adj. Relativo à espinha; espinal.

ESPINHAR, v.t. e p. Picar, ferir com espinho; irritar; incomodar.

ESPINHEIRAL, s.m. Lugar onde crescem espinheiros; espinhal.

ESPINHELA, s.f. Nome vulgar do apêndice cartilagíneo do esterno; — caída; expressão que abarca inúmeras doenças atribuídas pelo povo à queda da espinhela.

ESPINHENTO, adj. Que tem ou cria espinhos.

ESPINHO, s.m. Acúleo; ponta; pua; pico.

ESPINHOSO, adj. Cheio de espinhos; difícil; espinhento.

ESPINIFORME, adj. Que tem forma de espinho.

ESPINOTEADO, adj. Leviano, aloucado.

ESPINOTEAR, v. int. Pular; saltar; corcovear.

ESPIOLHAR, v.t. Catar; limpar; examinar.

ESPIONAGEM, s.f. Ato de espionar; encargo de espião.

ESPIONAR, v.t. Espreitar ou investigar como espião; espiar.

ESPIPOCAR, v.int. Explodir, pipoquear.

ESPIQUER, s.m. Anunciante de rádio; locutor.

ESPIRA, s.f. Cada volta da espiral; configuração da espiral; cada rosca de um parafuso.

ESPIRÁCULO, s.m. Orifício por onde sai o ar; respiradouro.

ESPIRAL, s.f. Linha gerada por um ponto que se desloca sobre uma semi-reta, que sofre um movimento de rotação em torno de sua origem; mola de aço, também chamada cabelo, situada no centro do volante de um relógio; adj. que tem forma de espira ou de caracol; aspiral.

ESPIRALADO, adj. Que tem forma de espiral.

ESPIRALAR, v.t. Dar forma de espiral a.

ESPIRANTE, adj. Respirante; ofegante.

ESPIRAR, v.t. Soprar; respirar; exalar.

ESPÍRITA, adj. Sequaz do espiritismo; espiritista.

ESPIRITEIRA, s.f. Aquecedor de álcool.

ESPIRITISMO, s.m. Doutrina fundada na crença da existência de comunicações, por intermédio da mediunidade, entre vivos e mortos, entre os espíritos encarnados e os desencarnados.

ESPIRITISTA, adj. Espírita.

ESPÍRITO, s.m. Alma, parte imortal do ser humano.

ESPIRITUAL, adj. Que diz respeito ao espírito; incorpóreo; místico; devoto.

ESPIRITUALIDADE, s.f. Qualidade do que é espiritual.

ESPIRITUALISMO, s.m. Doutrina filosófica que tem por base a existência de Deus e da alma.

ESPIRITUALISTA, adj. Pessoa que segue o espiritualismo.

ESPIRITUALIZAÇÃO, s.f. Ato ou efeito de espiritualizar.

ESPIRITUALIZAR, v.t. Converter em espírito.

ESPIRITUOSO, adj. Engraçado, chistoso.

ESPIRÓIDE, adj. Que tem forma de espiral.

ESPIROQUETA, s.m. Micróbio pertencente ao gênero Spirochaeta.

ESPIRRAR, v.t. Esternutar; saltar; sair.

ESPIRRO, s.m. Expiração violenta e estrepitosa, em conseqüência de comichão ou excitação da membrana pituitária; esternutação.

ESPLANADA, s.f. Sítio elevado e descoberto de onde se tem boa perspectiva.

ESPLÂNCNICO, adj. (Anat.) Que pertence às vísceras.

ESPLANCNOGRAFIA, s.f. Descrição das vísceras.

ESPLANCNOGRÁFICO, adj. Relativo à esplancnografia.

ESPLANCNOLOGIA, s.f. Parte da Anatomia que estuda as vísceras.

ESPLANCNOLÓGICO, adj. Relativo à esplancnologia.

ESPLANCNOTOMIA, s.f. Dissecção das vísceras.

ESPLENALGIA, s.f. (Med.) Dor no baço.

ESPLENÁLGICO, adj. Relativo à esplenalgia.

ESPLENDECÊNCIA, s.f. Resplandecência; brilho.

ESPLENDENTE, adj. Brilhante; esplendoroso.

ESPLENDER, v.int. Resplender.

ESPLENDIDEZ, s.f. Esplendor, brilho.

ESPLÊNDIDO, adj. Brilhante; magnífico. (Superl. abs. sint.: esplendidíssimo ou esplendíssimo.)

ESPLENDOR, s.m. Fulgor; pompa.

ESPLENDOROSO, adj. Brilhante.

ESPLENECTOMIA, s.f. Extirpação cirúrgica do baço.

ESPLENÉTICO, adj. Aquele que tem doença no baço.

ESPLÊNICO, adj. Relativo ao baço.

ESPLENIFICAÇÃO, s.f. Endurecimento do tecido do fígado ou dos pulmões, transformando-se em substância parecida à do baço.

ESPLÊNIO, s.m. Músculo alongado e achatado, na parte posterior do pescoço e superior das costas.

ESPLENITE, s.f. Inflamação do baço.

ESPLENOCELE, s.f. Hérnia do baço.

ESPLENOGRAFIA, s.f. Descrição do baço; radiografia do baço.

ESPLENOGRÁFICO, adj. Relativo à esplenografia.

ESPLENÓIDE, adj. Que tem a aparência do baço.
ESPLENOLOGIA, s.f. Estudo do baço.
ESPLENOLÓGICO, adj. Relativo à esplenologia.
ESPLENOMEGALIA, s.f. Aumento de volume do baço.
ESPLENOPATIA, s. f. Doença do baço.
ESPLENOPÁTICO, adj. Relativo à esplenopatia.
ESPLENOTOMIA, s.f. Dissecção do baço.
ESPLIM, s.m. Tédio de tudo.
ESPOCAR, v.int. Explodir; arrebentar.
ESPOJADOURO, s.m. Lugar onde se espojam animais.
ESPOJAR, v.t. Revolver-se, espolinhar.
ESPOJEIRO, s.m. O mesmo que espojadouro.
ESPOLETA, s.f. Escorva das bocas-de-fogo; peça destinada a inflamar a carga dos projéteis; intrigante; canalha. Peça de máquina de costura onde se encaixa a bobina de linha; o mesmo que lançadeira.
ESPOLIAÇÃO, s.f. Esbulho.
ESPOLIADO, adj. Esbulhado, privado de seus direitos.
ESPOLIADOR, adj. Esbulhador.
ESPOLIANTE, adj. Esbulhante.
ESPOLIAR, v.t. Esbulhar da posse de alguma coisa; roubar. (Pres. ind.: espolio, espolias, etc.)
ESPOLIATIVO, adj. Que espolia.
ESPOLINHAR-SE, v.p. Espojar-se, revolver-se na terra.
ESPÓLIO, s.m. Bens; herança.
ESPONDAICO, adj. Que tem espondeus.
ESPONDEU, s.m. Pé de verso grego ou latino formado de duas sílabas longas.
ESPONDÍLICO, adj. Relativo à vértebra.
ESPONDILITE, s.f. Inflamação de vértebra.
ESPÔNDILO, s.m. Vértebra.
ESPONGIÁRIO, s.m. Espécime dos Espongiários, grupo de animais rudimentares que tem por tipo a esponja.
ESPONJA, s.f. Animal marinho inferior, sem simetria nem tubo digestivo; substância porosa e leve que provém desse celenterado; bêbado.
ESPONJAR, v.t. Apagar com esponja.
ESPONJOSIDADE, s.f. Qualidade de esponjoso.
ESPONJOSO, adj. Leve, poroso e absorvente.
ESPONSAIS, s.m.pl. Núpcias; casamento.
ESPONSAL, adj. Nupcial; matrimonial.
ESPONSALÍCIO, adj. Esponsal.
ESPONTANEIDADE, s.f. Qualidade daquilo que é de livre vontade, natural.
ESPONTÂNEO, adj. Voluntário; natural; livre.
ESPONTAR, v.t. Aparar, cortar as pontas a.
ESPORA, s.f. Roseta de metal; estímulo.
ESPORADA, s.f. Picada com espora.
ESPORADICIDADE, s.f. Qualidade de esporádico; raridade.
ESPORÁDICO, adj. Acidental; raro; não comum.
ESPORÂNGIO, s.m. (Bot.) Órgão onde se formam os espórios dos criptógamos.
ESPORÃO, s.m. Saliência córnea do tarso de alguns machos galináceos; (Arquit.) contraforte de uma parede.
ESPORAR ou **ESPOREAR**, v.t. Ferir, estimular; excitar.
ESPORÍFERO, adj. Que tem esporas.
ESPORIM, s.m. Espora pequena.
ESPÓRIO, s.m. Célula assexuada reprodutora dos criptógamos; forma de resistência das bactérias; célula do ciclo sexuado dos esporozoários. (Dimin.: esporiozinho, espórulo.) F. paral.: esporo.
ESPORTE, s.m. Prática metódica dos exercícios físicos.
ESPORTELA, s.f. Pequena esporta.
ESPORTISMO, s.m. Gosto pelo esporte.
ESPORTISTA, adj. Que cultiva o esporte ou se dedica às coisas relativas ao esporte.
ESPÓRTULA, s.f. Pagamento voluntário por serviços religiosos. Emolumento.
ESPOSA, s.f. Consorte, cônjuge (feminino); mulher (em relação ao marido).
ESPOSADO, adj. Desposado, casado.
ESPOSAR, v.t. Unir em casamento.
ESPOSO, s.m. Marido; consorte; cônjuge (masculino).
ESPOSÓRIO, s.m. Esponsais; bodas.
ESPOSTEJADO, adj. Retalhado; esquartejado.
ESPOSTEJAR, v.t. Esquartejar; retalhar.
ESPRAIADO, adj. Espalhado; estendido.
ESPRAIAMENTO, s.m. Ação ou efeito de espraiar.
ESPRAIAR, v.t. Estender-se; expandir.

ESPREGUIÇADEIRA, s.f. Cadeira preguiçosa.
ESPREGUIÇAMENTO, s.m. Ato de espreguiçar.
ESPREGUIÇAR, v.t. Despertar; p. estirar os membros por causa de sono ou moleza, bocejando.
ESPREITA, s.f. Vigia; espionagem; atalaia.
ESPREITADEIRA, s.f. Novidadeira, espiã.
ESPREITADELA, s.f. Olhadela.
ESPREITADOR, adj. Novidadeiro, espião.
ESPREITAR, v.t. Observar; perscrutar.
ESPREMEDOR, s.m. Compressor.
ESPREMEDURA, s.f. Compressão; ação de espremer.
ESPREMER, v.t. Comprimir; apertar para extrair o suco, o líquido.
ESPREMIDO, adj. Apertado; premido.
ESPUMA, s.f. Grupo de pequenas bolhas; o mesmo que escuma.
ESPUMADEIRA, s.f. Utensílio para tirar a espuma.
ESPUMANTE, adj. Que lança espuma; (fig.) raivoso.
ESPUMAR, v.i. Fazer espuma; escumar.
ESPUMARADA, s.f. Espuma abundante.
ESPUMEJAR, v.int. Lançar espuma; escumar com raiva.
ESPUMENTO, adj. Espumoso.
ESPUMÍGERO, adj. Espumoso; que produz espuma.
ESPUMOSO, adj. Que tem espuma.
ESPURCÍCIA, s.f. Imundície; porcaria.
ESPÚRIO, adj. Bastardo; ilegítimo.
ESPUTAÇÃO, s.f. Salivação, cuspimento.
ESPUTAR, v.int. Salivar, cuspir.
ESQUADRA, s.f. Certa porção de navios de guerra; seção de grupo de combate de infantaria.
ESQUADRADO, adj. Posto em esquadria; cortado em ângulo reto.
ESQUADRÃO, s.m. Seção de um regimento de cavalaria.
ESQUADRAR, v.t. Dispor ou cortar em ângulo reto; formar (as tropas) em esquadrão.
ESQUADREJAMENTO, s.m. Ato ou efeito de esquadrejar.
ESQUADREJAR, v.t. Serrar ou cortar em esquadria.
ESQUADRIA, s.f. Ângulo reto; instrumento com que se traçam ou medem ângulos retos.
ESQUADRILHA, s.f. Flotilha; grupo de aeroplanos.
ESQUADRINHADOR, adj. Investigador; pesquisador.
ESQUADRINHADURA, s.f. Investigação, pesquisa.
ESQUADRINHAMENTO, s.m. Investigação.
ESQUADRINHAR, v.t. Investigar; pesquisar; perscrutar.
ESQUADRO, s.m. Instrumento com que se formam ou medem ângulos retos e se tiram linhas perpendiculares.
ESQUALIDEZ, s.f. Palidez; fraqueza.
ESQUÁLIDO, adj. Sujo; desalinhado.
ESQUARTEJADO, adj. Partido em quartos; espostejado.
ESQUARTEJAMENTO, s.m. Espostejamento; despedaçamento.
ESQUARTEJAR, v.t. Partir em quartos; espostejar.
ESQUECER, v.t. Olvidar; deslembrar; omitir; descuidar. (Pres. ind.: esqueço, esqueces, etc.; pres. subj.: esqueça, esqueças, etc.)
ESQUECIDIÇO, adj. Desmemoriado.
ESQUECIDO, adj. Olvidado; deslembrado.
ESQUECIMENTO, s.m. Olvido; oblívio; descuido.
ESQUELÉTICO, adj. Magro, descarnado.
ESQUELETO, s.m. Arcabouço; armação; corpo seco; madeiramento; pessoa muito magra.
ESQUEMA, s.m. Resumo; síntese; sinopse.
ESQUEMÁTICO, adj. Resumido; sintético.
ESQUENTAÇÃO, s.f. Encaloramento, provocação.
ESQUENTADO, adj. Aquecido; encalmado; (fig.) irritado.
ESQUENTADOR, s.m. Aquecedor; calorífero.
ESQUENTAR, v.t. Aquecer; animar; entusiasmar.
ESQUERDA, s.f. Sinistra; oposta à direita.
ESQUERDISMO, s.m. Partido ou posição política dos esquerdistas; os esquerdistas.
ESQUERDISTA, adj. Partidário dos regimes de esquerda; vermelho.
ESQUERDO, adj. Sinistro; oposto ao lado direito.
ESQUI, s.m. Longo patim de madeira para correr sobre a neve.
ESQUIFE, s.f. Caixão de defunto.

ESQUILO, s.m. Pequeno mamífero roedor.

ESQUIMÓ, s. Indivíduo dos esquimós, indígenas da Groenlândia, da costa setentrional da América e das ilhas árticas vizinhas; adj. relativo aos esquimós.

ESQUINA, s.f. Ângulo de paredes; cunhal.

ESQUINADO, adj. Que tem ou faz esquina.

ESQUINAR, v.t. Dar forma de esquina a; cortar em ângulo; facetar.

ESQUINÊNCIA, s.f. Amigdalite; angina tonsilar.

ESQUIROLA, s.f. Lasca de osso; lâmina pequena de objeto duro.

ESQUISITÃO, adj. Arredio; desconfiado.

ESQUISITICE, s.f. Excentricidade; extravagância.

ESQUISITO, adj. Raro; incomum; excêntrico.

ESQUISTO, s.m. **ESQUISTOSO**, adj. Formas que o Vocab. da A.B.L. prefere a xisto, xistoso (estas mais correntes).

ESQUISTOSSOMA ou **ESQUISTOSSOMO**, s.f. ou m. Gênero de trematódeos parasitos.

ESQUISTOSSOMOSE, s.f. (Med.) Doença parasitária crônica causada por esquistossomos vários cuja existência é verificada ao exame de fezes.

ESQUIVA, s.f. Fuga com o corpo; desvio.

ESQUIVANÇA, s.f. Desconfiança; excentricidade.

ESQUIVAR, v.t. Evitar, fugir de (pessoa ou coisa que nos ameaça ou desagrada); afastar.

ESQUIVO, adj. Arredio; arisco; desconfiado.

ESQUIZOFRENIA, s.f. Psicose juvenil ou inicial; os primeiros indícios são desordens na esfera da atividade; perda da iniciativa e da atividade pragmática.

ESQUIZOFRÊNICO, adj. Psicopata; maníaco.

ESQUIZÓIDE, adj. Anormal; desequilibrado.

ESQUIZOTÍMICO, adj. Inquieto; desequilibrado.

ESSA, s.f. Catafalco; cadafalso; armação fúnebre; pron. dem. fem. sing. de esse.

ESSE, s.m. Nome da letra **s**.

ESSE, pron. dem. Designa o indivíduo ou coisa que está próxima da pessoa com quem se fala (Pl.: esses.)

ESSÊNCIA, s.f. O que constitui a natureza das coisas; substância; perfume.

ESSENCIAL, adj. Indispensável; necessário, importante.

ESSÊNIO, s.m. Religioso do judaísmo, asceta.

ÉS-SUDOESTE, s.m. Um dos pontos cardeais, entre o este e o sudoeste. (Abrev.: E. S. O.)

ÉS-SUESTE, s.m. Um dos pontos cardeais do globo, entre este e sueste. (Abrv.: E. S. E.)

ESTA, pron. dem. fem. de este.

ESTABANADO, adj. Desajeitado; desassossegado.

ESTABELECEDOR, adj. Ordenador; instituidor; organizador.

ESTABELECER, v.t. Fixar; firmar; fundar.

ESTABELECIDO, adj. Fixado, firmado.

ESTABELECIMENTO, s.m. Fundação; instituição; casa comercial.

ESTABILIDADE, s.f. Firmeza; segurança; propriedade geral dos sistemas mecânicos, elétricos ou dinâmicos pela qual o sistema volta ao estado de equilíbrio depois de sofrer uma perturbação ou oscilação.

ESTABILIZAÇÃO, s.f. Fixação.

ESTABILIZAR, v.t. Fixar; firmar.

ESTABULAÇÃO, s.f. Criação e engorda de animais em estábulo.

ESTÁBULO, s.m. Lugar coberto onde se recolhe o gado vacum; cocheira.

ESTACA, s.f. Espeque, amparo; escora.

ESTACADA, s.f. Liça; campo para justas e torneios.

ESTAÇÃO, s.f. Parada; quadra do ano; temporada; cada uma das 14 paradas da Via-Sacra; lugar de banhos; terma.

ESTACAR, v.int. Parar; deter-se; sobrestar.

ESTACARIA, s.f. Grande número de estacas.

ESTACIONAMENTO, s.m. Parada; estação; permanência.

ESTACIONAR, v. rel. Parar muito tempo; deter-se; demorar-se.

ESTACIONÁRIO, adj. Imóvel; parado; que não progride, nem retrocede.

ESTADA, s.f. Demora; permanência.

ESTADÃO, s.m. Grande luxo; fausto.

ESTADEAR, v.t. Ostentar; alardear.

ESTADIA, s.f. Permanência para carga e descarga do navio enquanto ancorado num porto; permanência (de veículo).

ESTÁDIO, s.m. Campo de jogos esportivos; anti-

ga medida itinerária equivalente a 41,25m; fase; período; pista.

ESTADISMO, s.m. Doutrina que admite a onipotência do Estado.

ESTADISTA, s. Pessoa versada em negócios políticos.

ESTADO, s.m. Situação; condição; governo; ostentação; magnificência.

ESTADO-MAIOR, s.m. Corpo de oficiais de onde emana a direção de uma campanha, de um exército.

ESTADUAL, adj. Relativo a Estado.

ESTADULHO, s.m. Fueiro; pau grosseiro.

ESTADUNIDENSE, adj. Norte-americano.

ESTAFA, s.f. Fadiga; canseira.

ESTAFADO, adj. Cansado, fatigado.

ESTAFAMENTO, s.m. Estafa; cansaço.

ESTAFANTE, adj. Cansativo, fatigante.

ESTAFAR, v.t. Fatigar; cansar; importunar.

ESTAFERMO, s.m. Espantalho; basbaque.

ESTAFETA, s.m. Mensageiro postal.

ESTAFILOCOCO, s.m. Micróbio que em geral se encontra em grupos formando cachos; é patogênico e é o mais comum dos agentes purulentos (abscessos, fístulas, etc.)

ESTAFILOMA, s.m. Excrescência da córnea.

ESTAGIAR, v.i. Fazer estágio.

ESTAGIÁRIO, adj. Relativo a estágio; s.m. aquele que faz estágio ou tirocínio.

ESTÁGIO, s.m. Aprendizagem; tirocínio.

ESTAGNAÇÃO, s.f. Inércia; paralisação.

ESTAGNADO, adj. Parado; represado.

ESTAGNAR, v.t. Represar, entancar.

ESTALA, s.f. Cadeira, assento no coro das comunidades religiosas.

ESTALACTÍFERO, adj. Que tem estalactites.

ESTALACTITE, s.f. Concreção mineral que se forma nos tetos das cavernas ou dos subterrâneos, em oposição à estalagmite que se forma no solo.

ESTALACTÍTICO, adj. Semelhante à estalactite.

ESTALADA, s.f. Ruído; motim; bulha.

ESTALADOR, adj. Crepitador; estalante.

ESTALAGEM, s.f. Pousada; hospedaria.

ESTALAGMITE, s.f. Concreção mineral formada no solo de uma caverna ou subterrâneo e proveniente dos respingos caídos do teto. Toma posição oposta à estalactite.

ESTALAJADEIRO, s.m. Hoteleiro; hospedeiro.

ESTALÃO, s.m. Craveira; medida; padrão.

ESTALAR, v.t. Quebrar; int. Fender-se; rachar; crepitar.

ESTALEIRO, s.m. Lugar onde se constroem ou consertam navios; dique; armação.

ESTALEJAR, v.t. Estalar; crepitar.

ESTALIDO, s.m. Crepitação; ruído.

ESTALO, s.m. Crepitação; som produzido por coisa que quebra, racha ou rebenta.

ESTAME, s.m. Fio de tecelagem; (Bot.) órgão masculino das plantas fanerogâmicas.

ESTAMENHA, s.f. Tecido grosseiro de lã; burel; batina.

ESTAMINADO, adj. Reduzido a fio; (Bot.) diz-se das flores que têm só estames.

ESTAMINAR, v.t. Torcer até fazer estame.

ESTAMINÍFERO, adj. (Bot.) Que tem estames.

ESTAMINÓIDE, adj. Semelhante a estame.

ESTAMINOSO, adj. Que tem estames muito salientes.

ESTAMPA, s.f. Imagem; figura; desenho.

ESTAMPADO, adj. Impresso; publicado.

ESTAMPADOR, adj. Impressor.

ESTAMPAGEM, s.f. Impressão.

ESTAMPAR, v.t. Imprimir; pintar; desenhar.

ESTAMPARIA, s.f. Fábrica de estampas.

ESTAMPIDO, s.m. Detonação; estouro; estrondo.

ESTAMPILHA, s.f. Selo.

ESTAMPILHADO, adj. Selado

ESTAMPILHAR, v.t. Selar.

ESTANATO, s.m. Designação genérica dos compostos que encerram o anion bivalente Sn.

ESTANCAMENTO, s.m. Estagnação.

ESTANCAR, v.t. Parar; estagnar.

ESTÂNCIA, s.f. Fazenda de criar; estrofe; lugar de repouso.

ESTANCIAR, v.rel. Residir; habitar; demorar-se. (Pres. ind.: estancio, estancias, etc.)

ESTANCIEIRO, s.m. Proprietário de estância; fazendeiro.

ESTANDARDIZAÇÃO, s.f. Unificação de produtos, método de fabricação e até hábitos, conforme um padrão estabelecido.

ESTANDARDIZAR, v.t. Padronizar.
ESTANDARTE, s.m. Bandeira de guerra; insígnia militar e religiosa.
ESTANHADO, adj. Coberto ou revestido de estanho.
ESTANHADURA ou ESTANHAGEM, s.f. Ato ou efeito de estanhar.
ESTANHAR, v.t. Cobrir com camada de estanho.
ESTANHO, s.m. Elemento químico, metal, símbolo Sn, de peso atômico 118,8 e n.º atôm. 50.
ESTÂNICO, adj. Diz-se dos compostos do estanho tetravalente, relativo a estanho.
ESTANOSO, adj. Diz-se dos compostos do estanho que encerram o cátion bivalente Sn.
ESTANQUE, s.m. Tapado, calafetado; parado.
ESTANTE, s.f. Móvel, armário de livros.
ESTAPAFÚRDIO, adj. Extravagante; excêntrico.
ESTAPEAR, v.t. Esbofetear.
ESTAQUEAÇÃO, s.f. Colocação de estacas.
ESTAQUEADOR, s.m. Assentador de estacas.
ESTAQUEAMENTO, s.m. Estaqueação.
ESTAQUEAR, v.t. Segurar; bater com estacas; firmar.
ESTAQUEIO, s.m. Estaqueamento.
ESTAQUEIRA, s.f. Cabide; mancebo.
ESTAR, v. de ligação. Manter-se; achar-se; encontrar-se (em certo estado ou condição); manter-se (em certa posição); permanecer; ficar de pé. (Pres. ind.: estou, estás, está, estamos, estais, estão; imperf.: estava, etc.; perf.: estive, estiveste, esteve, estivemos, etc.; fut.: estarei, etc.; fut. do pretér.: estaria,etc.; subj. pres.: esteja, estejas, esteja; estejamos; estejais; estejam; gerúndio: estando; part. pass.: estado.)
ESTARDALHAÇANTE, adj. Barulhento; bulhento.
ESTARDALHAÇO, s.m. Grande bulha; estrondo; ostentação; espalhafato.
ESTARRECER, v.t. Aterrar; apavorar.
ESTARRECIDO, adj. Espantado, aterrado.
ESTARRECIMENTO, s.m. Ação de estarrecer; estado de estarrecido.
ESTASE, s.f. Estagnação do sangue ou de outros humores do corpo.
ESTASIOFOBIA, s.f. Medo mórbido de se pôr de pé.
ESTATAL, adj. Relativo ao Estado.
ESTATELADO, adj. Estirado; estendido ao comprido.
ESTATELAMENTO, s.m. Ato ou efeito de estatelar.
ESTATELAR, v.t. Cair; estender-se de comprido no chão.
ESTÁTICA, s.f. (Fís.) Parte da Mecânica que trata do equilíbrio dos corpos; ruídos causados pela eletricidade atmosférica nas transmissões radiofônicas.
ESTÁTICO, adj. Firme; imóvel; parado.
ESTATÍSTICA, s.f. Ciência que reúne e classifica fatos, baseando-se em seu número e freqüência, tirando conseqüências e conclusões gerais.
ESTATÍSTICO, adj. Relativo à estatística; s.m. Aquele que se ocupa da estatística.
ESTÁTUA, s.f. Escultura humana; imagem.
ESTATUARIA, s.f. Coleção de estátuas.
ESTATUÁRIA, s.f. Arte de fazer estátuas; escultura.
ESTATUÁRIO, s.m. Escultor.
ESTATUETA, s.f. Pequena estátua.
ESTATUIR, v.t. Estabelecer; decretar; resolver; preceituar. (Pres. ind.: estatuo, estatuis, estatui, estatuímos, estatuís, estatuem; subj. pres.: estatua, estatuas,etc.)
ESTATURA, s.f. Tamanho de uma pessoa.
ESTATUTÁRIO, adj. Relativo a estatutos.
ESTATUTO, s.m. Lei orgânica ou regulamento de um Estado, de uma associação; constituição; regulamento.
ESTÁVEL, adj. Firme; fixo; sólido. (Antôn.: instável.)
ESTE, s.m. Leste; oriente; nascente; levante (abrev.: E).
ESTE, pron. dem. Designa o indivíduo ou objeto próximo à pessoa que fala.
ESTEAR, v.t. Escorar; amparar; firmar; sustentar.
ESTEARATO, s.m. Designação genérica dos sais e esteres do ácido esteárico.
ESTEÁRICO, adj. Feito com estearina.
ESTEARINA, s.f. Ester esteárico da glicerina, de que se fazem velas.
ESTEATOMA, s.m. Tumor sebáceo.

ESTEATORRÉIA, s.f. (Med.) Excesso de substâncias gordurosas nas fezes.
ESTEIO, s.m. Estaca; escora; amparo.
ESTEIRA, s.f. Tecido de junco, esparto, taquara, etc.
ESTEIRADO, adj. Coberto de esteira.
ESTEIRÃO, s.m. Esteira grande.
ESTEIRAR, v.t. Cobrir com esteira; atapetar.
ESTEIREIRO, s.m. Fabricante ou vendedor de esteiras.
ESTEIRO, s.m. Braço estreito de rio ou mar, que se estende pela terra.
ESTELAR, adj. Relativo às estrelas.
ESTELÍFERO, adj. Em que há estrelas.
ESTELIONATÁRIO, s.m. Falsificador.
ESTELIONATO, s.m. Dolo ou fraude que consiste em alguém transacionar ardilosamente o que não lhe pertence.
ESTEMA, s.m. Coroa; grinalda.
ESTÊNCIL, s.m. Papel parafinado, que serve para copiar desenhos e trechos dactilografados, para depois serem reproduzidos em série, no mimeógrafo.
ESTENDAL, s.m. Estendedouro; larga exposição de coisas ou de assuntos.
ESTENDEDOURO, s.m. Lugar onde se estende alguma coisa.
ESTENDER, v.t. Dilatar; encompridar; esticar; alongar; estirar.
ESTENDERETE, s.m. Discurso, lição, exposição sem valor.
ESTENDÍVEL, adj. Que se pode estender.
ESTENIA, s.f. Força, exaltação.
ESTENOCARDIA, s.f. Angina do peito.
ESTENOCEFALIA, s.f. Qualidade de estenocéfalo.
ESTENOCÉFALO, adj. Que tem a cabeça estreita.
ESTENODACTILOGRAFIA, s.f. Uso da taquigrafia e dactilografia.
ESTENODACTILOGRÁFICO, adj. Relacionado com a dactilografia e a taquigrafia.
ESTENODACTILÓGRAFO, s.m. Aquele que é ao mesmo tempo estenógrafo e dactilógrafo.
ESTENOGRAFAR, v.t. Taquigrafar.
ESTENOGRAFIA, s.f. Taquigrafia.
ESTENOGRÁFICO, adj. Taquigráfico.
ESTENÓGRAFO, s.m. Taquígrafo.
ESTENOSE, s.f. Estreitamento permanente de qualquer canal ou orifício.
ESTENOTIPAR, v.t. Estenografar à máquina.
ESTENOTIPIA, s.f. Estenografia mecânica.
ESTENOTIPISTA, s. Profissional que usa a máquina de estenografar ou estenotipo.
ESTENTOR, s.m. Pessoa que tem voz muito forte.
ESTENTÓREO ou ESTENTÓRICO, adj. Que tem voz forte; relativo a estentor.
ESTEPE, s.f. Planície árida e deserta; s.m. pneu sobressalente.
ÉSTER, s.m. Designação genérica dos compostos provenientes da ação de um ácido sobre um álcool ou um fenol. (Pl.: ésteres.)
ESTERCADA, s.f. Ato ou efeito de estercar.
ESTERCADO, adj. Estrumado; adubado.
ESTERCAR, v.t. Adubar, estrumar.
ESTERCO, s.m. Estrume; lixo.
ESTERCORAL, adj. Relativo a esterco.
ESTERCORÁRIO, adj. Que cresce ou vive no esterco.
ESTÉREO, s.m. Medida de volume para lenha equivalente a um metro cúbico. Forma preferível a estere.
ESTEREOCROMIA, s.f. Método de fixar cores em corpos sólidos.
ESTEREODINÂMICA, s.f. Parte da Dinâmica que estuda os movimentos dos corpos sólidos.
ESTEREOFÔNICO, adj. (Acúst.) Diz-se do som obtido graças a dispositivos capazes de produzir a ilusão de perspectiva auditiva.
ESTEREOGRAFIA, s.f. Arte de representar os sólidos em um plano.
ESTEREOGRÁFICO, adj. Relativo à estereografia.
ESTEREOLOGIA, s.f. Estudo das partes sólidas dos seres vivos.
ESTEREOLÓGICO, adj. Relativo à estereologia.
ESTEREOMA, s.m. Conjunto dos tecidos provenientes das modificações do estelo.
ESTEREOMETRIA, s.f. Cálculo do volume dos sólidos.
ESTEREOMÉTRICO, adj. Relativo à estereometria.
ESTEREÔMETRO, s.m. Instrumento usado em Ge-

ometria para medir sólidos.

ESTEREOSCÓPICO, adj. Relativo ao estereoscópio.

ESTEREOSCÓPIO, s.m. Instrumento que faz ver em relevo as imagens planas.

ESTEREOSTÁTICA, s.f. Parte da Física que trata do equilíbrio dos corpos sólidos.

ESTEREOSTÁTICO, adj. Relativo à estereostática.

ESTEREOTIPAGEM, s.f. Ato ou efeito de estereotipar.

ESTEREOTIPAR, v.t. Imprimir, por estereotipia; converter em clichê.

ESTEREOTIPIA, s.f. Arte de converter em formas, ou lâminas fixas chamadas clichês, o que primeiro se compõe com tipos móveis.

ESTEREOTÍPICO, adj. Relativo à estereotipia.

ESTEREÓTIPO, s.m. Impressão por estereotipia; o clichê estereotípico.

ESTEREOTOMIA, s.f. Arte de dividir e cortar com rigor os materiais de construção.

ESTEREOTÔMICO, adj. Relativo à estereotomia.

ESTÉRIL, adj. Improdutivo; maninho.

ESTERILIDADE, s.f. Infecundidade; aridez.

ESTERILIZAÇÃO, s.f. Ação de tornar estéril.

ESTERILIZADO, adj. Submetido à esterilização.

ESTERILIZADOR, adj. Germicida; s.m. aparelho para esterilizar.

ESTERILIZANTE, adj. Que esteriliza.

ESTERILIZAR, v.t. Tornar estéril, infecundo.

ESTERLINO, adj. Relativo à libra, moeda inglesa; relativo a dinheiro inglês.

ESTERNO, s.m. Osso dianteiro do peito que articula com as costelas; porção ventral do tórax dos insetos; lâmina ventral do tórax dos aracnídeos.

ESTERNUTAÇÃO, s.f. Espirro.

ESTERNUTATÓRIO, adj. Que, ou aquilo que provoca espirros.

ESTERQUEIRA, s.f. Monturo.

ESTERROAR, v.t. Desfazer os torrões a; desterroar.

ESTERTOR, s.m. Agonia; sororoca.

ESTERTORANTE, adj. Agonizante; de respiração opressa.

ESTERTORAR, v.int. Agonizar; respirar com dificuldade.

ESTERTOROSO, adj. Cheio de estertores.

ESTESIA, s.f. Sentimento do belo; sensibilidade.

ESTETA, s. Pessoa versada em estética; pessoa que tem da arte uma concepção elevada.

ESTÉTICA, s.f. Filosofia das belas artes; ciência que trata do belo, na natureza e na arte.

ESTÉTICO, adj. Belo, formoso, agradável.

ESTETOSCÓPIO, s.m. Instrumento para auscultar órgãos internos.

ESTIADA, s.f. Estiagem; tempo seco; sem chuvas.

ESTIADO, adj. Diz-se do tempo sereno e seco.

ESTIAGEM, s.f. Tempo sereno ou seco depois de tempo chuvoso ou tempestuoso.

ESTIAR, v.int. Cessar de chover; serenar.

ESTÍBIO, s.m. Antimônio.

ESTIBORDO, s.m. Direita do navio, para quem olha da popa para a proa. (Antôn.: bombordo.)

ESTICADO, adj. Estirado; puxado.

ESTICADOR, adj. Retesador, repuxador.

ESTICAR, v.t. Estender; retesar; puxar.

ESTÍGIO, adj. Do Estige, rio do Inferno da mitologia grega.

ESTIGMA, s.m. Cicatriz; marca; sinal, ferrete, labéu; extremidade superior do estilete, dilatada e viscosa, sobre a qual caem os grãos de pólen para o fenômeno da fecundação da flor; (Zool.) órgão da respiração dos insetos.

ESTIGMATIZAR, v.t. Marcar com ferrete; censurar; condenar.

ESTIGMATÓFORO, adj. Que tem estigmas.

ESTIGMATOGRAFIA, s.f. Arte de escrever ou desenhar com auxílio de pontos.

ESTIGMATOGRÁFICO, adj. Relativo a estigmatografia.

ESTIGMOLOGIA, s.f. Tratado ou complexo dos diferentes sinais que com as letras se empregam na escrita, como o til, a vírgula, etc.

ESTIGMOLÓGICO, adj. Relativo a estigmologia.

ESTILAR, v.t. Destilar; gotejar.

ESTILETE, s.m. Lâmina fina e perfurante; parte do pistilo que sustenta o estigma e conduz o pólen ao ovário da flor para o ato da fecundação.

ESTILHA, s.f. Lasca; cavaco; fragmento.

ESTILHAÇAR, v.t. Partir em estilhaços; despedaçar.

ESTILHAÇO, s.m. Lasca; fragmento; pedaço.

ESTILHAR, v.t. Despedaçar; fragmentar.

ESTILICÍDIO, s.m. Gotejar de um líquido; queda da chuva dos beirais do telhado; (fig.) fluxo aquoso do nariz.

ESTILIFORME, adj. Que tem forma de estilete.

ESTILINGADA, s.f. Arremesso feito com estilingue.

ESTILINGAR, v.t. Atirar, arremessar com estilingue.

ESTILINGUE, s.m. Funda; atiradeira feita com fios de elástico.

ESTILISTA, adj. Escritor que tem expressão literária própria, pessoal, inconfundível.

ESTILÍSTICA, s.f. Tratado das diferentes formas ou espécies de estilo e dos preceitos que lhe concernem; arte de bem escrever.

ESTILÍSTICO, adj. Relativo à estilística.

ESTILIZAÇÃO, s.f. Ato ou efeito de estilizar.

ESTILIZAR, v.t. Dar forma elegante, estética.

ESTILO, s.m. Estilete; ponteiro; conjunto das qualidades de expressão, características de um autor ou de uma época, na história da literatura, das belas-artes, da música.

ESTIMA, s.f. Apreço; afeição.

ESTIMAR, v.t. Apreciar; avaliar; amar.

ESTIMATIVA, s.f. Avaliação; cálculo; cômputo.

ESTIMATIVO, adj. Que sabe apreciar; fundado no apreço que se dá.

ESTIMÁVEL, adj. Digno de estima.

ESTIMULAÇÃO, s.f. Excitação, impulso.

ESTIMULANTE, adj. Excitante.

ESTIMULAR, v.t. Incitar; picar; instigar; excitar.

ESTÍMULO, s.m. Incentivo; brio; pundonor; impulso.

ESTINHAR, v.t. Tirar o segundo mel das abelhas.

ESTIO, s.m. Verão; canícula; calor.

ESTIOLAMENTO, s.m. Definhamento; fraqueza.

ESTIOLAR, v.t. Debilitar-se; desfalecer.

ESTIPE, s.m. Caule das palmeiras.

ESTIPENDIAR, v.t. Assalariar; assoldadar, pagar o ordenado. (Pres. ind.: estipendio, etc.)

ESTIPENDIÁRIO, adj. Assalariado; ajustado; contratado.

ESTIPÊNDIO, s.m. Salário; soldada; paga.

ESTÍPITE, s.m. Caule; estipe.

ESTIPULAÇÃO, s.f. Ajuste; convenção; cláusula.

ESTIPULADO, adj. Ajustado; combinado; contratado.

ESTIPULADOR, adj. Ajustador; contratador; patrão.

ESTIPULANTE, adj. Que, ou pessoa que estipula; contraente.

ESTIPULAR, v.t. Ajustar; contratar; convencionar.

ESTIPULOSO, adj. Que tem estípulas.

ESTIRADA, s.f. Caminhada; estirão.

ESTIRADO, adj. Estendido ao comprido; prolixo; enfadonho.

ESTIRÃO, s.m. Caminho longo; caminhada.

ESTIRAR, v.t. Estender, esticar; encompridar.

ESTIRPE, s.f. Tronco; linhagem; raça.

ESTIVA, s.f. Porão de navio, carregamento marítimo. O trabalho de carregar e de descarregar navios.

ESTIVAÇÃO, s.f. Ato ou efeito de estivar.

ESTIVADOR, adj. Empregado das docas que trabalha na descarga e carga dos navios.

ESTIVAGEM, s.f. Trabalho de estiva.

ESTIVAR, v.t. Pôr estiva em; arrumar carga em navio; pesar; despachar na alfândega.

ESTIVO, adj. Quente, calmoso.

ESTO, s.m. Entusiasmo, inspiração, ardor.

ESTOCADA, s.f. Golpe com estoque.

ESTOCAR, v.t. O mesmo que estoquear.

ESTOFA, s.f. Estofo (tecido); (fig.) laia; jaez; condição.

ESTOFADO, adj. Coberto ou guarnecido de estofo; acolchoado.

ESTOFADOR, s.m. Movelheiro; operário especializado em móveis estofados.

ESTOFAR, v.t. Cobrir de estofo; acolchoar; chumaçar.

ESTOFO, s.m. Tecido de lã, seda ou algodão; entretela; forro; chumaço; lã ou crina, etc., com que se revestem interiormente móveis; (fig.) classe social; laia; condição moral, jaez; feitio.

ESTOICIDADE, s.f. Firmeza; austeridade; resignação.

ESTOICISMO, s.m. Escola filosófica fundada na Grécia por Zênon, no séc. III a.C. e que pretendia tornar o homem insensível aos males físicos e morais; princípios rígidos de moral.

ESTÓICO, adj. Impassível; rígido.

ESTOJO, s.m. Bainha ou caixa onde se guardam vários objetos miúdos.(Pl · estojos)(ô).

ESTOLA, s.f. Peça estreita, terminando por duas partes mais largas, que o padre usa para administrar os sacramentos.

ESTOLHO, s.m. Feixes de raízes que nascem, de distância em distância, nos rizomas e nas hastes das plantas rasteiras.

ESTOLHOSO, adj. Que tem estolhos ou deita estolhos.

ESTÓLIDO, adj. Tolo; parvo; estúpido.

ESTOMACAL, adj. Relativo ao estômago; bom para o estômago.

ESTOMAGADO, adj. Zangado; irritado.

ESTOMAGAR, v.t. Irritar; indignar; zangar.

ESTÔMAGO, s.m. Órgão digestivo, situado no abdome superior, em continuação ao esôfago.

ESTOMÁQUICO, adj. Estomacal.

ESTOMÁTICO, adj. Relativo à boca.

ESTOMATITE, s.f. Inflamação da membrana mucosa da boca.

ESTOMENTAR, v.t. Tirar os tomentos a (o linho): espadelar.

ESTONADO, adj. Descascado; pelado.

ESTONAR, v.t. Descascar.

ESTONIANO, adj. e s.m. Natural ou habitante da Estônia.

ESTONTEADO, adj. Tonto; espeloteado.

ESTONTEADOR, adj. Estonteante, enlouquecedor.

ESTONTEAMENTO, s.m. Espeloteamento; alucinação.

ESTONTEANTE, adj. Alucinante; enlouquecedor.

ESTONTEAR, v.t. Entontecer; aturdir; perturbar.

ESTOPA, s.f. A parte grosseira do linho, que se separa por meio de sedeiro; tufo ou tecido grosseiro fabricado com esses filamentos.

ESTOPADA, s.f. Porção de estopa; (fam.) coisa enfadonha; maçada.

ESTOPADOR, adj. Importuno; maçador.

ESTOPAR, v.t. Enchumaçar; (fam.) enfadar, maçar.

ESTOPIM, s.m. Rastilho; espoleta.

ESTOQUE, s.m. Lâmina estreita e aguda; depósito de mercadorias para venda ou exportação.

ESTOQUEAR, v.t. Estocar, dar estocada, ferir com estoque; armazenar; fazer provisões.

ESTOQUISTA, s. Dono de estoque (armazém); operário que trabalha em estoque; esgrimista, hábil nos golpes de estoque.

ESTORCEGÃO, s.m. Beliscão forte.

ESTORCEGAR, v.t. Beliscar; magoar; pisar.

ESTORCER, v.t. Torcer com violência; contorcer.

ESTORE, s.m. Cortina.

ESTÓRIA, s.f. (folc.) Narrativa, lenda.

ESTORNAR, v.t. Lançar em conta de débito (o que se tinha lançado em crédito) ou vice-versa; dissolver contrato, especialmente de seguro marítimo.

ESTORNINHO, s.m. Pássaro europeu, de plumagem negra com malhas furta-cores; é domesticável e consegue aprender a articular palavras.

ESTORNO, s.m. Retificação de erro cometido ao lançar indebitamente uma parcela em crédito ou débito, assentando quantia igual na conta oposta.

ESTORRADOR, s.m. Máquina agrícola destinada a quebrar os torrões de terra escavada.

ESTORRICADO, adj. Seco; assado; torrado.

ESTORRICAR, v.t. Queimar, tostar, secar.

ESTORROAR, v.t. Quebrar os torrões.

ESTORTEGAR, v.t. Torcer; dobrar, debater-se.

ESTORVADOR, adj. Atrapalhador; atrapalhão.

ESTORVAMENTO, s.m. Atrapalhação; embaraço.

ESTORVAR, v.t. Embaraçar; frustrar.

ESTORVO, s.m. Embaraço; dificuldade; obstáculo; impedimento.

ESTOURADA, s.f. Explosão; rumor; tropel; conflito.

ESTOURADO, adj. Arrebentado, explodido; aloucado, estouvado.

ESTOURAR, v.t. Arrebentar, explodir, estrondar.

ESTOURO, s.m. Estrondo; estampido; explosão; debandada.

ESTOUVADO, adj. Estabanado; sem jeito; aloucado.

ESTOUVAMENTO, s.m. Estabanamento; imprudência.

ESTRÁBICO, adj. Vesgo, zarolho, caolho.

ESTRABISMO, s.m. Vesguice, zarolhice.

ESTRABOMETRIA, s.f. Medida do grau de estrabismo.

ESTRABOMÉTRICO, adj. Relativo à estrabometria.

ESTRABÔMETRO, s.m. Instrumento para medir o grau de estrabismo.

ESTRAÇALHAR, v.t. Estracinhar; estraçoar; rasgar; espatifar; retalhar.

ESTRACINHAR ou **ESTRAÇOAR,** v.t. Retalhar; cortar, despedaçar. O mesmo que estraçalhar.

ESTRADA, s.f. Caminho; via pública (em geral de longa extensão).

ESTRADEIRO, adj. Velhaco; trapaceiro; trampolineiro; vadio; vagabundo.

ESTRADIVÁRIO, s.m. Violino fabricado pelo italiano Stradivarius (século XVII-XVIII).

ESTRADO, s.m. Supedâneo; catafalco.

ESTRAFEGAR, v.t. Esfregar; espedaçar; lacerar.

ESTRAFEGO, s.m. Esfregação; espedaçamento.

ESTRAGADO, adj. Danificado; deteriorado; corrompido.

ESTRAGADOR, adj. e s.m. Danificador; deteriorador; desaproveitador; esperdiçador.

ESTRAGAR, v.t. Deteriorar; desperdiçar; destruir; viciar; corromper; depravar; fazer mau uso.

ESTRAGO, s.m. Deterioração; prejuízo; ruína; destruição; desperdício; dissipação; esbanjamento.

ESTRALADA, s.f. Estrépito; estalada; briga; conflito.

ESTRALAR ou **ESTRALEJAR,** v.int. Estalar; crepitar; estrepitar.

ESTRALHEIRA, s.f. Aparelho para levantar grandes pesos a bordo.

ESTRALO, s.m. Estalo; crepitação; estrépito.

ESTRAMBOTE, s.m. Verso ou versos adicionais aos 14 do soneto.

ESTRAMBÓTICO, adj. Esquisito; extravagante; ridículo. Propriamente, dizia-se do soneto a que se acrescentava um estrambote.

ESTRAMBOTO, s.m. Estrambote.

ESTRANGEIRADA, s.f. Chusma de estrangeiros.

ESTRANGEIRADO, adj. De sotaque e hábitos estrangeiros.

ESTRANGEIRICE, s.f. Coisa feita ou dita ao gosto e costume dos estrangeiros; afeição demasiada às coisas estrangeiras.

ESTRANGEIRISMO, s.m. Emprego de palavra ou frase estrangeira; estrangeirice; barbarismo.

ESTRANGEIRO, adj. Originário de outro país; alienígena.

ESTRANGULAÇÃO, s.f. Constrição; garroteamento, enforcamento.

ESTRANGULADOR, adj. Garroteador, enforcador.

ESTRANGULAR, v.t. Garrotear, enforcar; esganar.

ESTRANHAMENTO, s.m. Esquivança, refugamento.

ESTRANHAR, v.t. Refugar; esquivar; achar esquisito; não reconhecer; censurar.

ESTRANHÁVEL, adj. Que causa estranheza; censurável.

ESTRANHEZA, s.f. Surpresa; esquivança.

ESTRANHO, adj. Desconhecido; estrangeiro; alheio ao meio; forasteiro; peregrino.

ESTRATAGEMA, s.m. Manha; astúcia; ardil.

ESTRATÉGIA, s.f. Arte de traçar os planos de uma guerra.

ESTRATÉGICO, adj. Relativo à estratégia; em que há ardil; s.m. estrategista.

ESTRATEGISTA, s. Pessoa que sabe estratégia; estratégico.

ESTRATIFICAÇÃO, s.f. Disposição por camadas ou estratos; processo social que conduz à superposição de camadas sociais, isto é, à formação de um sistema social, mais ou menos fixo e rígido de estados, classes ou castas.

ESTRATIFICAR, v.t. Dispor em camadas ou estratos; acamar; p. formar-se em camadas sobrepostas.

ESTRATIFORME, adj. Semelhante a estrato; composto de camadas.

ESTRATO, s.m. Cada uma das camadas dos terrenos sedimentares; nome dado às nuvens baixas, semelhantes a um nevoeiro, mas que não tocam o solo.

ESTRATOCRACIA, s.f. Governo militar; preponderância do elemento militar.

ESTRATO-CÚMULO, s.m. Nome dado a grandes nuvens.

ESTRATOGRAFIA, s.f. Descrição do exército e do que lhe pertence.

ESTRATOGRÁFICO, adj. Referente à estratografia.

ESTRATOSFERA, s.f. Alta região da atmosfera, compreendida entre 12 e 70 quilômetros de altura.

ESTRATOSFÉRICO, adj. Relativo à estratosfera; (fig.) mirabolante.

ESTREANTE, adj. e s. Pessoa que faz ou usa alguma cousa pela primeira vez; novato; principiante.

ESTREAR, v.t. Usar pela primeira vez; inaugurar; começar; iniciar. (Pres. indic.: estréio, estréias, estréia, estreamos, estreais, estréiam; pres. sub.: estréie, etc.)

ESTREBARIA, s.f. Cavalariça; curral; rancho para recolher bestas e arreios.

ESTREBUCHAMENTO, s.m. Esperneamento; convulsão; estortegamento.

ESTREBUCHAR, v.int. Debater-se; agitar pés e mãos; estorcer-se, estortegar-se.

ESTRECER-SE, v.p. Diminuir; desvanecer-se; arrefecer; diminuir de atividade.

ESTRÉIA, s.f. Ato de fazer, ou usar, ou iniciar alguma cousa pela primeira vez; inauguração.

ESTREITAMENTO, s.m. Aperto; redução.

ESTREITAR, v.t. Apertar; diminuir a largura; cercear; limitar; reduzir; restringir.

ESTREITEZA, s.f. Pouca largura; pouco espaço; aperto; mesquinhez; miséria.

ESTREITO, adj. Apertado; delgado; escasso; que tem pouca largura; de compreensão muito limitada (espírito); (antôn.: largo); s.m. braço de mar que liga dois mares ou duas partes do mesmo mar.

ESTREITURA, s.f. Estreiteza; estreitamento; aperto; sofrimento.

ESTRELA, s.f. Astro; corpo celeste; sorte, sina, fado, fadário; artista célebre; pessoa célebre.

ESTRELA-D'ALVA, s.f. Nome dado ao planeta Vênus, que aparece no nascente pouco antes do amanhecer e no poente pouco depois do anoitecer. Vésper, véspero. (Pl.: estrelas-d'Alva.)

ESTRELADEIRA, s.f. Frigideira para estrelar ovos.

ESTRELADO, adj. Coberto, recamado de estrelas; semeado; juncado; ovos estrelados: fritos, que tomam a forma de estrela; var.: ovos estralados, estalados.

ESTRELA-DO-MAR, s.f. Nome vulgar dos equinodermos marinhos, da ordem dos Asteróides, abundantes em nossas praias. O mesmo que astéria. (Pl.: estrelas-do-mar.)

ESTRELANTE, adj. Ornado de estrelas; brilhante; refulgente.

ESTRELAR, v.t. Encher de estrelas; matizar; frigir (ovos); ser protagonista, artista de fita cinematográfica. (Conjuga-se regularmente: estrelo, estrelas, etc.)

ESTRELÁRIO, adj. Que tem forma de estrela.

ESTRELEJAR, v.int. Estrelar.

ESTRELINHA, s.f. Diminutivo de estrela; asterisco; massa para sopa em forma de estrelas; fogo de salão.

ESTREMA, s.f. Limite, sulco de terra; marco.

ESTREMADO, adj. Demarcado; dividido, limitado.

ESTREMADURA, s.f. Raia; fronteira; limite de uma província ou de um país.

ESTREMAR, v.t. Demarcar; delimitar; separar; apartar; discernir; escolher; distinguir; exagerar.

ESTREME, adj. Que não tem mistura; puro; genuíno.

ESTREMEÇÃO, s.m. Abalo; tremor; convulsão.

ESTREMECER, v.t. Causar tremor a; abalar; sacudir; fazer tremer; assustar; amar enternecidamente.

ESTREMECIDO, adj. Tremido; assustado; muito amado.

ESTREMECIMENTO, s.m. Ação de estremecer; tremor; estremação; quebra de amizade.

ESTREMUNHAR, v.t. Despertar de repente; acordar.

ESTRÊNUO, adj. Valente; corajoso; denodado; ativo; esforçado.

ESTREPADA, s.f. Ferida causada por estrepe; negócio de mau resultado.

ESTREPAR, v.t. Levar estrepe, machucar-se; fazer mau negócio.

ESTREPE, s.m. Espinho; lasca de madeira que penetra nos pés; cousa que não presta; pessoa feia.

ESTREPITANTE, adj. Barulhento.

ESTREPITAR, v.int. Estalar; estalidar; crepitar; explodir.

ESTRÉPITO, s.m. Estrondo; tropel; ruído; fragor; tumulto.

ESTREPITOSO, adj. Que produz estrépito; fragoroso.

ESTREPOLIA, s.f. Bulha; travessura; desordem, conflito; tropelia, estripulia.

ESTREPTOCÓCICO, adj. Relativo a estreptococo; provocado pelo estreptococo.

ESTREPTOCOCO, s.m. Micróbio esférico que se apresenta em cadeia, pertencente ao gênero Streptococus.

ESTREPTOMICINA, s.f. Substância de elevado poder bacteriostático.

ESTRESIR, v.t. Copiar desenho de luxo; reproduzir.

ESTRIA, s.f. Sulco; traço; aresta; sulcos internos dos canos de armas.

ESTRIAMENTO, s.m. Disposição das estrias nas peças de artilharia; ato de estriar.

ESTRIAR, v.t. Fazer estrias em; ornar de estrias; riscar; canelar. (Pres. ind.: estrio, estrias, estria, etc.)

ESTRIBADO, adj. Apoiado em estribos; fundamentado; baseado.

ESTRIBAR, v.t. Firmar nos estribos; firmar; assentar; segurar; apoiar.

ESTRIBEIRA, s.f. Estribo de montar à gineta; estribo de carruagem; perder as—s (fam.): desnortear-se; atrapalhar-se.

ESTRIBEIRO, s.m. Aquele que tem a seu cargo cavalariças, coches, arreios, etc.

ESTRIBILHAR, v.t. Repetir como estribilho.

ESTRIBILHAS, s.f. pl. Tábuas com que o encadernador segura o livro quando o cose.

ESTRIBILHO, s.m. Verso ou versos repetidos no fim de cada estrofe de uma composição; o mesmo que refrão, ritornelo; (fig.) palavra que alguém repete a propósito de tudo; coisa muito repetida; bordão.

ESTRIBO, s.m. Peça de metal ou madeira em que o cavaleiro firma o pé; pequena plataforma, à maneira de um degrau, nos veículos para facilitar o embarque de passageiros; (Anat.) um dos ossinhos do ouvido médio; perder os—s: o mesmo que perder as estribeiras.

ESTRICNINA, s.f. Alcalóide extraído de várias espécies de plantas do gênero Strychnos, a que pertence a noz-vômica.

ESTRIDENTE, adj. Sibilante; gritante; som forte e incomodativo; penetrante; estridulante.

ESTRIDOR, s.m Ruído forte e desagradável; estrondo; silvo.

ESTRIDULAÇÃO, s.f. Som áspero e agudo.

ESTRIDULANTE, adj. Estridente; som incomodativo; chiante.

ESTRIDULAR, v.int. Fazer estridor; produzir som agudo e penetrante.

ESTRÍDULO ou **ESTRIDULOSO**, adj. Estridente, chiante.

ESTRIGA, s.f. Porção de linho que se põe de uma vez na roca para fiar.

ESTRIGADO, adj. Feito em estriga; macio; acetinado como estriga.

ESTRIGAR, v.t. Separar e atar em estrigas; enastrar; assedar.

ESTRILADOR, adj. Reclamador, zangadiço.

ESTRILAR, v.int. Zangar-se; enfurecer-se; exasperar-se; vociferar; bradar, reclamar.

ESTRILO, s.m. Zanga; protesto, reclamação.

ESTRINGIR, v.t. Apertar, circundar, limitar.

ESTRIPAÇÃO, s.f. Evisceração; destripamento.

ESTRIPADO, adj. Eviscerado; destripado; desventrado.

ESTRIPAR, v.t. Eviscerar; destripar; desventrar.

ESTRIPULIA, s.f. O mesmo que estrepolia.

ESTRITO, adj. Exato; rigoroso; preciso; limitado.

ESTRITURA, s.f. Compressão; aperto; estrangulação.

ESTRO, s.m. Inspiração; engenho poético; imaginação.

ESTROÇO, s.m. Enxame de abelhas que se mudou para outro cortiço vazio.

ESTROFE, s.f. Estância; grupo de versos que formam um todo.

ESTRÓFICO, adj. Relativo à estrofe.

ESTRÓFULO, s.m. Dermatose papulosa e pruriginosa, freqüente nas crianças.

ESTRÓGENO, s.m. Termo genérico que designa os hormônios femininos.

ESTRÓINA, adj. Extravagante; doidivanas; boêmio; dissipador.

ESTROINICE, s.f. Extravagância; dissipação; boêmia.

ESTROMPADO, adj. Gasto; deteriorado; esfalfado; estúpido; bronco; estouvado.

ESTROMPAR, v.t. Gastar; deteriorar; estragar; esfalfar; romper.

ESTROMPIDO, s.m. Estrépido; estampido.

ESTRONCA, s.f. Forquilha para levantar grandes pesos; escora; espeque.

ESTRONCAMENTO, s.m. Ato ou efeito de estroncar.

ESTRONCAR, v.t. Destroncar; desmembrar; truncar; desmanchar; estropiar.

ESTRÔNCIO, s.m. Elemento químico, metal, símbolo Sr, de peso atômico 87,63 e n.º atômico 38.

ESTRONDAR, v.int. Estrondear; ribombar.

ESTRONDEANTE, adj. Ribombante; barulhento.

ESTRONDEAR, v.int. O mesmo que estrondar, ribombar.

ESTRONDO, s.m. Grande ruído; estampido; barulho.

ESTRONDOSO, adj. Estrepitoso, barulhento.

ESTROPALHO, s.m. Pano de limpar a louça; esfregão; rodilha.

ESTROPEADA, s.f. Tropel; estrupido.

ESTROPEAR, v.int. Fazer tropel; estrupidar.

ESTROPIAÇÃO, s.f. Ato de estropiar; deformação; mutilação.

ESTROPIADO, adj. Cansado; fatigado; trôpego; aleijado; deformado; mutilado.

ESTROPIAR, v.t. Aleijar; deformar; fatigar; estragar; cansar.

ESTROPÍCIO, s.m. Dano, malefício; pessoa indesejável.

ESTROVENGA, s.f. Complicação; engrenagem; cousa difícil, estranha.

ESTRUGIDO, s.m. Estrondo; barulho, grito, clamor.

ESTRUGIDOR, adj. Gritante, barulhento.

ESTRUGIMENTO, s.m. Ato ou efeito de estrugir.

ESTRUGIR, v.t. Atroar; estrondear.

ESTRUMA, s.f. Escrófula; bócio.

ESTRUMAÇÃO, s.f. Ato de estrumar.

ESTRUMADA, s.f. Meda de estrume; quantidade de estrume.

ESTRUMAR, v.t. Adubar; estercar.

ESTRUME, s.m. Esterco; dejeções; excremento; adubo; fertilizante.

ESTRUMEIRA, s.f. Monturo; esterqueira; esterquilínio.

ESTRUMOSO, adj. Aduboso.

ESTRUPÍCIO, s.m. Motim; algazarra; alvoroço; conflito.

ESTRUPIDANTE, adj. Barulhento; rumorejante.

ESTRUPIDAR, v.int. Rumorejar; fazer barulho.

ESTRUPIDO, s.m. Estrondo; estrépito; estampido; tropel.

ESTRUTURA, s.f. Disposição e ordem de um ser, cousa, animal, etc.; disposição e ordem das partes constitutivas de um todo: livro, jornal, sociedade; organograma.

ESTRUTURAL, adj. Relativo à estrutura.

ESTUAÇÃO, s.f. Fervor; grande calor.

ESTUANTE, adj. Fervente; ardente; agitado.

ESTUAR, v.int. Ferver; agitar-se; estar muito quente.

ESTUÁRIO, s.m. Desaguadouro, lugar em que um rio se lança no mar; confluência; foz.

ESTUCADOR, s.m. Aquele que trabalha em estuque.

ESTUCAR, v.t. Revestir de estuque; int. trabalhar em estuque.

ESTUCHA, s.f. Peça de ferro ou madeira que serve de cunha.

ESTUCHAR, v.t. Atuchar; fazer penetrar; introduzir.

ESTUDADO, adj. Instruído; preparado; examinado; artificial.

ESTUDANTADA, s.f. Grande número de estudantes; brincadeira de estudantes.

ESTUDANTE, s. Pessoa que estuda; discípulo; aluno; escolar. (Aument.: estudantão, estudantaço; dimin.: estudanteco, estudantote.)

ESTUDAR, v.t. Aprender; entender; compreender; examinar; analisar; observar.

ESTÚDIO, s.m. Oficina de artista (pintor, escultor, fotógrafo) ou de filmagem, radiofonia, televisão, etc.

ESTUDIOSIDADE, s.f. Aplicação; diligência.

ESTUDIOSO, adj. Aplicado; atento; diligente.

ESTUDO, s.m. Aplicação intelectual; diligência do espírito; trabalho preparatório para projetos; exercício de técnica musical.

ESTUFA, s.f. Fogão para aquecer as casas; galeria envidraçada em que se aquece artificialmente a atmosfera para a cultura de plantas de climas quentes; aparelho de laboratório para esterilização de instrumentos científicos, cultura de bactérias,etc.; (fig.) casa ou quarto muito quente; estufa fria: galeria envidraçada em que se produz temperatura baixa para cultivo de plantas de climas frios.

ESTUFADEIRA, s.f. Vaso em que se estufa a carne, o peixe, etc.

ESTUFADO, adj. Inchado; inflado; gordo; metido em estufa.

ESTUFAGEM, s.f. Ato de estufar.

ESTUFAR, v.t. Meter ou aquecer em estufa; inflar, inchar.

ESTUFIM, s.m. Estufa pequena; redoma ou caixilho envidraçado para cobrir plantas.

ESTUGAR, v.t. Apressar; instigar; estumar.

ESTULTÍCIA, s.f. Estupidez; burrice; asneirada.

ESTULTIFICAR, v.t. Ensandecer; embrutecer; tornar estulto; estupidificar; emburrecer; asnar-se.

ESTULTILÓQUIO, s.m. Palavras estultas.

ESTULTO, adj. Tolo; néscio; insensato; imbecil; inepto.

ESTUMAR, v.t. e t.-rel. Assanhar; açular; excitar (cães) por meio de gritos e assobios apropriados.

ESTUOSO, adj. Estuante; muito quente.

ESTUPEFAÇÃO, s.f. Adormecimento de uma parte do corpo; (fig.) pasmo; assombro.

ESTUPEFACIENTE, adj. Que causa estupefação.

ESTUPEFATIVO, adj. Que produz estupefação; que entorpece.

ESTUPEFATO, adj. Entorpecido; (fig.) pasmado; assombrado; atônito.

ESTUPEFAZER, v.t. Entorpecer; pôr em estado de inércia física ou moral; causar grande pasmo, grande espanto a; maravilhar. (Conjuga-se como o v. fazer.)

ESTUPENDO, adj. Admirável; espantoso; monstruoso; extraordinário.

ESTUPIDÃO, adj. Aumentativo de estúpido.

ESTUPIDEZ, s.f. Burrice; asnice; grosseria; indelicadeza.

ESTUPIDIFICAR, v.t. Bestializar; embrutecer; tornar estúpido.

ESTÚPIDO, adj. Bronco, rústico, alarve; grosseiro; mal-educado.

ESTUPOR, s.m. Paralisia; assombro.

ESTUPORADO, adj. Paralítico; atingido por estupor; embotado.

ESTUPORAR, v.t. Ser atacado de estupor; ser vítima de paralisia; assestar; estragar.

ESTUPRADOR, adj. e s.m. Aquele que comete estupro.

ESTUPRAR, v.t. Cometer estupro contra; violar; desflorar.

ESTUPRO, s.m. Ato de abusar pela violência de mulher, donzela ou criança.

ESTUQUE, s.m. Massa preparada com gesso, água e cola; revestimento ou ornamentos feitos com essa massa.

ESTÚRDIA, s.f. Estroinice; travessura; extravagância.

ESTÚRDIO, adj. Extravagante; esquisito; raro; curioso.

ESTURJÃO, s.m. Gênero de peixes ganóides, de cuja ova se faz o caviar.

ESTURRADO, adj. Queimado; seco; torrado.

ESTURRAR, v.t. Queimar; secar; torrar; esturricar.

ESTURRICAR, v.t. O mesmo que esturrar.

ESTURRINHO, s.m. Tabaco muito torrado.

ESTURRO, s.m. Queimado; torrado; urro de feras.

ESTURVINHADO, adj. Estonteado; atordoado.

ESURINO, adj. Que excita a fome; aperitivo.

ESVAECER, v.t. Desmaiar; desfazer-se; dissipar-se; desvanecer.

ESVAECIDO, adj. Desfeito; dissipado; enfraquecido, desmaiado.

ESVAECIMENTO, s.m. Desvanecimento; enfraquecimento; desânimo; desmaio.

ESVAIR, v.t. Desvanecer; desmaiar; evaporar; dissipar; desfazer-se; exaurir. (Pres. indic.: esvaio, esvais, esvai, esvaímos, esvaís, esvaem; pres. sub.: esvaia, esvaias, etc.)

ESVANECER, v.t., int. e p. Esvaecer.

ESVÃO, s.m. Desvão. (Pl. esvãos.)

ESVAZAR, v.t. Esvaziar.

ESVAZIAMENTO, s.m. Ato ou efeito de esvaziar.

ESVAZIAR, v.t. Tornar vazio; despejar; esgotar. (Pres. ind.: esvazio, esvazias, etc.)

ESVERDEADO, adj. Tirante a verde.

ESVERDEAR, v.t. Colorir de verde; tornar quase verde; mesclar de verde; dar cor verde a; int. tomar cor esverdeada.

ESVERDINHADO, adj. Verde-claro; um tanto verde.

ESVERDINHAR, v.t. Tornar um pouco verde; dar cor esverdeada a; int. e p. tomar cor esverdinhada.

ESVISCERADO, adj. Destripado; estripado; desventrado; cruel; impiedoso.

ESVISCERAR, v.t. Arrancar as vísceras a; estripar; tornar cruel.

ESVOAÇAR, v.int. e p. Adejar; voejar; volutear; (fig.) flutuar ao vento.

ESVURMAR, v.t. Retirar o vurmo ou pus (a ferida, espremendo-a); (fig.) pôr a descoberto e criticar (defeito ou paixão de alguém).

ETA, s.m. Nome da letra que no alfabeto grego corresponde ao nosso

ETA, Interj. de admiração.

ETANA, s.f. Hidrocarboneto paranífico.

ETANAL, s.m. Composto químico orgânico, também conhecido pelos nomes de aldeído acético ou aldeído comum.

ETANÓICO, s.m. Composto químico orgânico, vulgarmente conhecido pelo nome de ácido acético e cujas soluções aquosas constituem o vinagre artificial.

ETANOL, s.m. Composto químico orgânico, mais conhecido pelo nome de álcool comum.

ETAPA, s.f. Período; fase de ciclo evolutivo.

ETÁRIO, adj. Que diz respeito a idade.

ÉTER, s.m. Fluido hipotético, com que alguns físicos explicam os fenômenos do calor e da luz; (Quím.) função da Química orgânica; (por ext.) espaço celeste; — óxido, o que provém teoricamente da desidratação de um álcool ou fenol; — sulfúrico: substância orgânica, líqüida, volátil e inflamável.

ETÉREO, adj. Relativo ao éter; da natureza do éter; celeste.

ETERIFICAR, v.t. Transformar (um álcool ou fenol) em éter.

ETERISMO, s.m. Insensibilidade produzida pela aplicação do éter.

ETERIZAÇÃO, s.f. Ato ou efeito de eterizar.

ETERIZAR, v.t. Misturar com éter; insensibilizar por meio de éter.

ETERNAL, adj. Eterno.

ETERNIDADE, s.f. Duração muito longa; demora indefinida.

ETERNIZAR, v.t. Tornar eterno; prolongar indefinidamente.

ETERNO, adj. Que não tem princípio nem fim; que dura sempre; imortal.

ETEROMANIA, s.f. O vício de tomar éter.

ETEROMANÍACO ou **ETERÔMANO**, adj. e s.m. Aquele que tem o vício de tomar éter.

ÉTICA, s.f. Parte da filosofia que estuda os deveres do homem para com Deus e a sociedade; deontologia; ciência da moral.

ÉTICO, adj. Relativo aos costumes. Pagão.

ETILENO, s.m. Hidrocarboneto olefínico formado pela combinação de dois átomos de carbono e quatro de hidrogênio.

ETÍLICO, adj. Diz-se de substâncias orgânicas que encerram o radical etilo.

ETILO, s.m. (Quím.) Radical monovalente C^2H^5.

ÉTIMO, s.m. O vocábulo que dá origem a outros quanto ao significado.

ETIMOLOGIA, s.f. Parte da lingüística que estuda o étimo das palavras.

ETIMOLÓGICO, adj. Relativo à etimologia; que trata da etimologia.

ETIMOLOGISMO, s.m. Processo ou maneira de explicar a etimologia das palavras.

ETIMOLOGISTA, s. Pessoa que se ocupa da etimologia.

ETIMOLOGIZAR, v.t. Determinar a etimologia de (uma palavra).

ETIMÓLOGO, s.m. Etimologista.

ETÍOPE, adj. Natural ou habitante da Etiópia; abissínio; abexim.

ETIÓPICO, adj. Etíope.

ETIQUETA, s.f. Conjunto de cerimônias usadas na corte e no trato de muitas pessoas; regra, estilo; (Gal.) letreiro ou rótulo que se põe sobre alguma cousa para designar o que é ou o que contém.

ETIQUETAGEM, s.f. Ato de etiquetar.

ETIQUETAR, v.t. Pôr etiqueta ou rótulo em.

ETMÓIDE, s.m. Osso craniano encravado no frontal.

ETMÓIDEO, adj. Etmoidal.

ETNIA, s.f. Grupamento humano homogêneo quanto aos caracteres lingüísticos, somáticos e culturais.

ETNICISMO, s.m. Paganismo; gentilismo.

ÉTNICO, adj. Relativo a povo; s.m. idólatra, pagão.

ETNOGRAFIA, s.f. Estudo e descrição dos povos, sua língua, raça, religião, etc.

ETNOGRÁFICO, adj. Relativo à etnografia.

ETNÓGRAFO, s.m. Pessoa que trata de etnografia.

ETNOLOGIA, s.f. Ciência que tem por objeto o estudo da cultura material e espiritual dos povos.

ETNOLÓGICO, adj. Relativo à etnologia.

ETNOLOGISTA, s. ou **ETNÓLOGO**, s.m. Pessoa que trata de etnologia.

ETNÔNIMO, s.m. Nome de povos, de tribos, de castas e, por ext., de comunidades políticas ou religiosas, quando a designação destas últimas possa ser tomada num sentido étnico.

ETOCRACIA, s.f. Forma de governo que se funda na moral.

ETOCRÁTICO, adj. Relativo à etocracia.

ETOGENIA, s.f. Ciência que estuda a origem dos costumes, paixões e caracteres dos povos.

ETOGÊNICO, adj. Relativo à etogenia.

ETOGNOSIA, s.f. Conhecimento dos costumes, caracteres dos homens.

ETOGNÓSTICO, adj. Relativo à etognosia.

ETOGRAFIA, s.f. Descrição dos costumes, caracteres humanos.

ETOGRÁFICO, adj. Relativo à etografia.

ETRIOSCÓPIO, s.m. Instrumento destinado a medir o calor irradiado da Terra.

ETRUSCO, adj. Da Etrúria, antiga região da Itália.

EU, Pron. pess. da primeira pessoa; s.m. a personalidade de quem fala; a individualidade metafísica da pessoa.

EUCALIPTAL, s.m. Bosque de eucaliptos.

EUCALIPTO, s.m. Árvore da família das Mirtáceas de que se conhecem cerca de quatrocentas espécies, originária da Austrália.

EUCARISTIA, s.f. Sacramento, em que o corpo e sangue de Cristo estão representados por pão e vinho.

EUCARÍSTICO, adj. Relativo à eucaristia.

EUCINESIA, s.f. Movimento regular dos órgãos.

EUCRASIA, s.f. Bom temperamento, organização robusta.

EUCRÁSICO, adj. Relativo a eucrasia.

EUDIÔMETRO, s.m. Instrumento que serve para determinar a proporção volumétrica relativa aos gases.

EUFÊMICO, adj. Relativo a eufemismo.

EUFEMISMO, s.m. Recurso lingüístico pelo qual se substituem por palavras e expressões mais elevadas outras mais plebéias ou mal significantes. Exs.: "Dormir no Senhor" por "morrer", "neurastênico" por "malcriado". (Antôn.: disfemismo.)

EUFONIA, s.f. Som agradável.

EUFÔNICO, adj. Que tem eufonia, suave, melodioso.

EUFORBIÁCEA, s.f. Planta dicotiledônea, da família das Euforbiáceas, a que pertencem a mamona, os crótons, a mandioca, a seringueira, etc.

EUFORBIÁCEO, adj. Relativo à família das Euforbiáceas.

EUFORIA, s.f. Sensação de bem-estar.

EUFÓRICO, adj. Que traz euforia.

EUFUÍSMO, s.m. Estilo afetado que se usou na Inglaterra no tempo de Isabel I ; gongorismo.

EUFUÍSTA, s. Pessoa que praticava o eufuísmo; gongórico.

EUFUÍSTICO, adj. Relativo a eufuísmo.

EUGENIA, s.f. Estudo das causas e condições que podem melhorar a raça, as gerações.

EUGÊNICO, adj. Relativo à eugenia; que favorece o aperfeiçoamento da reprodução humana.

EUNUCO, s.m. Homem castrado; guarda de harém.

EUNUCÓIDE, adj. Semelhante ou de procedimento de eunuco.

EUQUIMO, s.f. Seiva, suco nutriente dos vegetais.

EUROPEANISMO, s.m. Influência européia; imitação dos costumes da Europa.

EUROPEÍSMO, s.m. Admiração dos usos e costumes europeus.

EUROPEÍSTA, adj. Admirador, sequaz das coisas da Europa.

EUROPEIZAÇÃO, s.f. Conformação com os usos e hábitos da Europa.

EUROPEIZAR, v.t. Imitar, seguir, deixar-se influenciar pela Europa.

EUROPÉU, adj. Natural da Europa.

EURÓPIO, s.m. Elemento metálico do grupo dos elementos raros, símbolo Eu, peso atômico 152 e n.º atômico 63.

EURRITMIA, s.f. Ritmo regular.

EURRÍTMICO, adj. Harmonioso.

EUSCARA, s.m. O idioma vasco; o mesmo que eusquera.

EUSCARIANO, adj. O mesmo que euscara.

EUTANÁSIA, s.f. Morte sem sofrimento; prática pela qual se procura abreviar, sem dor ou sofrimento, a vida de um doente reconhecidamente incurável. (Antôn.: distanasia.)

EUTAXIA (cs), s.f. Justa proporção entre as partes do corpo de um animal.

EUTERPE, s.f. Deusa da música e da poesia lírica.

EUTÍCOMO, adj. Que tem o cabelo liso.

EUTIMIA, s.f. Sossego de espírito.

EVACUAÇÃO, s.f. Abandono de cidade sitiada; dejeção.

EVACUAR, v.t. Despejar; desocupar; defecar.

EVACUATIVO ou **EVACUATÓRIO**, adj. e s.m. Que faz evacuar.

EVADIR, v.t. Escapar; fugir.

EVANESCENTE, adj. Que se esvaece; que desaparece.

EVANGELHO, s.m. Doutrina de Cristo; cada um dos quatro livros principais do Novo Testamento; trechos destes livros que se lêem na celebração da missa.

EVANGÉLICO, adj. Relativo ao Evangelho, conforme aos ditames do Evangelho; protestante.

EVANGELISMO, s.m. Doutrina política e religiosa baseada no Evangelho.

EVANGELISTA, s.m. O autor de um dos quatro livros do Evangelho; protestante.

EVANGELIZAÇÃO, s.f. Ação de evangelizar; doutrinação.

EVANGELIZADOR, adj. Pregador do Evangelho; missionário.

EVANGELIZAR, v.t. Pregar o Evangelho a; missionar.

EVAPORAÇÃO, s.f. Formação lenta de vapores na superfície de um liqüido exposto ao ar livre.

EVAPORADO, adj. Transformado em vapor; desaparecido; evolado.

EVAPORAR, v.t. Converter em vapor; desaparecer; exalar; dissipar; consumir; evolar-se.

EVAPORATIVO, adj. Que facilita ou produz evaporação.

EVAPORATÓRIO, s.m. Aparelho para facilitar a evaporação; orifício que serve para dar saída ao vapor.

EVAPORÁVEL, adj. Que se pode evaporar.

EVAPORIZAR, v.t. Evaporar.

EVAPORÔMETRO, s.m. Aparelho destinado à medição da umidade atmosférica, proveniente da evaporação das águas do solo, rios, lagos, oceanos, etc.

EVASÃO, s.f. Fuga; escapada.

EVASIVA, s.f. Desculpa ardilosa; escapatória.

EVASIVO, adj. Que dá facilidade à evasão; arguicioso.

EVECÇÃO, s.f. Desigualdade no movimento da Lua, por causa da atração do Sol.

EVENCER, v.t. Despojar; desapossar ilegalmente.

EVENTO, s.m. Sucesso; acontecimento.

EVENTRAÇÃO, s.f. Desventração; estripamento.

EVENTRAR, v.t. Desventrar; destripar.

EVENTUAL, adj. Casual; fortuito.

EVENTUALIDADE, s.f. Acaso, casualidade.

EVERSÃO, s.f. Destruição; ruína.

EVERSIVO, adj. Destrutivo, revolucionário.

EVERSOR, adj. Destruidor.

EVERTER, v.t. Destruir; revirar; subverter.

EVICÇÃO, s.f. (Jur.) Ato judicial pelo qual alguém reivindica o que é seu e que lhe tinha sido tirado.

EVICTO, adj. (Jur.) Sujeito a evicção.

EVICTOR, s.m. Aquele que reivindica a cousa sujeita à evicção.

EVIDÊNCIA, s.f. Clareza; certeza.

EVIDENCIAR, v.t. Tornar evidente; esclarecer, comprovar. (Pres. ind.: evidencio, evidencias, etc.)

EVIDENTE, adj. Claro; que não oferece dúvida.

EVISCERAÇÃO, s.f. Eventração; destripamento.

EVISCERAR, v.t. Tirar as vísceras de; estripar.

EVITAR, v.t. Impedir; obstar.

EVITÁVEL, adj. Que pode ser evitado.

EVITERNIDADE, s.f. Eternidade; perpetuidade.

EVITERNO, adj. Eterno; perpétuo.

EVO, s.m. Época; tempo.

EVOCAÇÃO, s.f. Ação de evocar.

EVOCAR, v.t. Lembrar; recordar.

EVOCATIVO ou **EVOCATÓRIO**, adj. Que serve para evocar.

EVOCÁVEL, adj. Que pode ser evocado.

EVOÉ, interj. Grito festivo, que servia para evocar Baco, durante as orgias.

EVOLAR-SE, v.p. Elevar-se; evaporar-se.

EVOLUÇÃO, s.f. Desenvolvimento; progresso; movimento regular; transformação.

EVOLUCIONAR, v.t. Modificar; transformar; alterar.

EVOLUCIONÁRIO, adj. Relativo a evoluções.

EVOLUCIONISMO, s.m. Doutrina fundada na idéia de evolução; nome dado às doutrinas que ensinam a mutabilidade das espécies (darwinismo, lamarckismo).

EVOLUCIONISTA, adj. Pessoa partidária do evolucionismo.

EVOLUIR, v.int. Evolver; evolucionar; transformar.

EVOLUTA, s.f. Lugar geométrico dos centros de curvatura de uma curva, denominada evolvente.

EVOLUTIVO, adj. Transformativo; modificativo.

EVOLVENTE, s.f. Curva cujos centros de curvatura formam uma outra curva (da qual a primeira se diz evolvente).

EVOLVER, v.int. e p. Evolucionar; evoluir.

EVULSÃO, s.f. Ato de arrancar, de extrair.

EVULSIVO, adj. Que facilita a evulsão.

EX-, pref. de origem latina com o sentido de cessamento ou estado anterior. (Regra ortográfica: é seguido de hífen por ter evidência semântica especial; ex.: ex-ministro, ex-diretor, ex-professor, etc. Observação: o x do prefixo **ex** tem, geralmente, o som de z antes de vogal.)

EXABUNDÂNCIA, s.f. Abundância; grande quantidade.

EXABUNDANTE, adj. Abundante, numeroso.

EXAÇÃO, s.f. Cobrança rigorosa de dívida ou impostos.

EXACERBAÇÃO, s.f. Irritação; agravamento de doença.

EXACERBAR, v.t. Irritar; exasperar.

EXAGERAÇÃO, s.f. Excesso; encarecimento.

EXAGERADO, adj. Desproporcionado; aumentado.

EXAGERADOR, adj. Encomiástico; engrandecedor.

EXAGERAR, v.t. Encarecer, ampliar.

EXAGERO, s.m. Encômio; amplificação.

EXAGITADO, adj. Muito agitado.

EXAGITAR, v.t. Agitar em demasia.

EXALAÇÃO, s.f. Emanação; eflúvio; desprendimento de gás; perfume; cheiro.

EXALANTE, adj. Que exala.

EXALAR, v.t. Emanar; desprender, evolar; evaporar-se.

EXALÇAMENTO, s.m. Elevação; elogio; engrandecimento.

EXALÇAR, v.t. e p. Elevar; exaltar; elogiar.

EXALTAÇÃO, s.f. Excitação nas funções orgânicas ou nos sentidos; sobreexcitação do espírito; estado de pessoa irritada; glorificação.

EXALTADO, adj. Exagerado; ardente.

EXALTAR, v.t. Erguer; levantar; engrandecer.

EXAME, s.m. Aquilatação, aferimento de conhecimentos; análise, observação, esquadrinhamento.

EXAMINADOR, adj. Aquilatador, aferidor, avaliador, analisador.

EXAMINANDO, s.m. Aquele ou aquilo que deve ser examinado; candidato.

EXAMINAR, v.t. Interrogar; investigar; inquirir.

EXAMINÁVEL, adj. Que se pode examinar.

EXANGUE, adj. Sem sangue; esvaído.

EXANIMAÇÃO, s.f. Morte aparente; desfalecimento; desmaio.

EXÂNIME, adj. Desmaiado; desfalecido.

EXANTEMA, s.m. Qualquer erupção cutânea.

196

EXANTEMÁTICO, adj. Da natureza do exantema.

EXARAR, v.t. Consignar, declarar.

EXARCA, s.m. Delegado, na Itália ou na África, dos imperadores de Bizâncio.

EXARCADO, s.m. Dignidade de exarca.

EXARTICULAÇÃO, s.f. O mesmo que desarticulação.

EXARTROSE, s.f. Luxação de ossos.

EXASPERAÇÃO, s.f. Irritação; exacerbação.

EXASPERADOR, s.m. O que exaspera.

EXASPERAR, v.t. Irritar; exacerbar; enfurecer.

EXASPERO, s.m. Exasperação.

EXATIDÃO, s.f. Observância rigorosa; pontualidade.

EXATIFICAR, v.t. Verificar; comprovar.

EXATO, adj. Certo; correto; pontual.

EXATOR, s.m. Cobrador de impostos e contribuições.

EXATORIA, s.f. O mesmo que coletoria.

EXAURIR, v.t. Esgotar; gastar; dissipar. (V. defectivo: não se conjuga na 1.ª pess. sing. pres. ind. e em todo o pres. do subj.; part. pass.: exaurido (com os aux. ter, haver); exausto (com os aux. ser, estar.)

EXAURÍVEL, adj. Que se pode exaurir.

EXAUSTÃO, s.f. Exaurimento; depauperamento.

EXAUSTIVO, adj. Estafante.

EXAUSTO, adj. Extenuado; esgotado.

EXAUSTOR, s.m. Aparelho de ventilar ou renovar o ar de um ambiente.

EXAUTORAÇÃO, s.f. Desrespeito às autoridades; desobediência.

EXAUTORAR, v.t. Privar (alguém) da autoridade que tinha; tirar cargo; insígnias e honras a.

EXCEÇÃO, s.f. Desvio da regra geral; prerrogativa, privilégio.

EXCEDENTE, adj. Sobejante; ultrapassante.

EXCEDER, v.t. Superar; ultrapassar; avantajar.

EXCEDÍVEL, adj. Que se pode exceder.

EXCELÊNCIA, s.f. Bondade; perfeição; expressão de tratamento: Ex.ª, Excia.

EXCELENTE, adj. Ótimo; perfeito.

EXCELENTÍSSIMO, adj. superl. de excelente. Expressão de tratamento: Exm.º

EXCELER, v.int. Superar (em bondade); avantajar-se; extremar-se.

EXCELSITUDE, s.f. Elevação; altura; grandeza.

EXCELSO, adj. Elevado; excelente; sublime.

EXCENTRICIDADE, s.f. Originalidade; extravagância.

EXCÊNTRICO, adj. Que se desvia do centro; extravagante; esquisito; original.

EXCEPCIONAL, adj. Em que há exceção; relativo a exceção.

EXCEPTIVA, s.f. Cláusula, condição exceptiva.

EXCEPTIVO, adj. Que encerra exceção.

EXCERTO, s.m. Trecho; fragmento; extrato.

EXCESSIVO, adj. Exagerado; desmedido; demasiado.

EXCESSO, s.m. Diferença para mais entre duas quantidades; sobejo; desmando.

EXCETO, prep. Afora; salvo.

EXCETUAR, v.t. Fazer exceção de; excluir; tornar isento.

EXCÍDIO, s.m. Destruição; subversão.

EXCIPIENTE, s.m. Substância que serve para ligar, dissolver ou modificar o gosto ou aspecto de outro medicamento.

EXCISÃO, s.m. Corte; separação.

EXCISAR, v.t. Cortar ou fazer excisão em.

EXCITABILIDADE, s.f. Qualidade do que é excitável; irritabilidade.

EXCITAÇÃO, s.f. Exaltação; agitação; irritação.

EXCITADOR, adj. Excitante; estimulante.

EXCITAMENTO, s.m. Excitação.

EXCITAR, v.t. Estimular; animar; incitar.

EXCITATIVO, adj. Excitante; estimulante.

EXCITÁVEL, adj. Que se pode excitar.

EXCLAMAÇÃO, s.f. Grito; brado; clamor.

EXCLAMADOR, adj. Bradador; clamador.

EXCLAMAR, v.t. Bradar; vociferar; gritar.

EXCLAMATIVO ou **EXCLAMATÓRIO,** adj. Que encerra exclamação; admirativo.

EXCLUIR, v.t. Afastar; eliminar; desviar. (Pres. ind.: excluo, excluis, exclui, excluímos, excluís, excluem; pres. sub.: exclua, excluas, etc.)

EXCLUSÃO, s.f. Afastamento, eliminação.

EXCLUSIVE, adv. (lat.) Exclusivamente; sem computar. (Antôn.: inclusive.)

EXCLUSIVIDADE, s.f. Privatividade.

EXCLUSIVISMO, s.m. Sistema ou espírito de exclusão.

EXCLUSIVISTA, adj. Aquele que exclui, que repele, que afasta os outros.

EXCLUSIVO, adj. Que exclui; privativo; restrito.

EXCLUSO, adj. Excluído; fora da conta ou do lugar.

EXCOGITAÇÃO, s.f. Cogitação; meditação.

EXCOGITADOR, adj. Esquadrinhador; espreitador.

EXCOGITAR, v.t. Cogitar muito; inventar.

EXCOGITÁVEL, adj. Que se pode excogitar.

EXCOMUNGADO, adj. Que sofreu excomunhão; s.m. indivíduo que sofreu pena de excomunhão; (fam.) indivíduo que procede mal, que é odiado.

EXCOMUNGAR, v.t. Privar dos sacramentos e das orações da Igreja. Amaldiçoar, anatematizar.

EXCOMUNHÃO, s.f. Ato de excomungar; pena eclesiástica que exclui do gozo de todos ou de alguns bens espirituais, comuns aos fiéis.

EXCREÇÃO, s.f. Expulsão.

EXCREMENTÍCIO, adj. Da qualidade de excremento.

EXCREMENTO, s.m. Fezes; excreção; dejetos.

EXCREMENTOSO, adj. Excrementício.

EXCRESCÊNCIA, s.f. Saliência; tumor.

EXCRESCER, v. int. Formar excrescência; intumescer.

EXCRETADO, adj. Expelido do corpo; evacuado.

EXCRETAR, v.t. Expelir; evacuar.

EXCRETO, adj. Excretado; s.m. o produto da excreção.

EXCRUCIANTE, adj. Pungente; doloroso; aflitivo.

EXCRUCIAR, v.t. Afligir; martirizar.

EXCULPAR, v.t.-rel. Inocentar, desculpar.

EXCURSÃO, s.f. Passeio.

EXCURSIONISTA, s. Viajante; turista.

EXCURSO, s.m. Digressão; divagação.

EXCUSSÃO, s.f. Ato de excutir.

EXCUTIR, v.t. Executar judicialmente os bens de (um devedor).

EXECRAÇÃO, s.f. Maldição; excomunhão.

EXECRADOR, adj. Amaldiçoador, abominador.

EXECRANDO, adj. Que deve ser amaldiçoado.

EXECRAR, v.t. Detestar; amaldiçoar; abominar.

EXECRATÓRIO, adj. Que contém execração.

EXECRÁVEL, adj. Que merece execração; abominável. abominando.

EXECUÇÃO, s.f. Cumprimento de mandato, ordem, trabalho; cumprimento da pena de morte, pena capital.

EXECUTADO, s.m. Condenado, justiçado, feito.

EXECUTANTE, adj. Que executa; músico que executa a sua parte; (Jur.) autor num processo de execução.

EXECUTAR, v.t. Realizar; levar a efeito.

EXECUTÁVEL, adj. Que se pode executar.

EXECUTIVO, adj. Que está encarregado de executar as leis; resoluto; ativo.

EXECUTOR, adj. Carrasco; verdugo; algoz.

EXECUTÓRIA, s.f. Repartição que trata da cobrança dos créditos de certa comunidade.

EXECUTÓRIO, adj. Que se pode ou há de executar; (Jur.) ação executória: aquela mediante a qual se executa um direito líquido e certo.

EXEGESE, s.f. Comentário para esclarecimento ou interpretação minuciosa de um texto ou de uma palavra.

EXEGETA, s. Pessoa que se dedica à exegese.

EXEGÉTICA, s.f. Parte da Teologia que trata da exegese bíblica.

EXEGÉTICO, adj. Relativo à exegese.

EXEMPLAR, s.m. Modelo; cópia; indivíduo de certa variedade ou espécie.

EXEMPLARIDADE, s.f. Qualidade do que é exemplar.

EXEMPLÁRIO, s.m. Livro ou coleção de exemplos.

EXEMPLIFICAÇÃO, s.f. Ato de exemplificar.

EXEMPLIFICAR, v.t. Mostrar com exemplos.

EXEMPLIFICATIVO, adj. Explicativo, confirmativo.

EXEMPLO, s.m. Modelo; lição; adágio.

EXÉQUIAS, s.f. pl. Cerimônias ou honras fúnebres.

EXEQÜIBILIDADE, s.f. Qualidade do que é exeqüível.

EXEQÜÍVEL, adj. Que se pode executar.

EXERCER, v.t. Preencher os deveres, as funções ou obrigações inerentes a (um cargo); desempenhar.

EXERCÍCIO, s.m. Prática; uso; desempenho de uma profissão; movimento, manobra militar; tra-

197

balho escolar; período de execução dos serviços de um orçamento, compreendendo um ano e alguns meses complementares.

EXERCITAÇÃO, s.f. Ato de exercitar; exercício; prática; uso.

EXERCITADOR, adj. O que exercita.

EXERCITAR, v.t. Exercer; professar; praticar.

EXÉRCITO, s.m. As tropas de uma nação.

EXERDAÇÃO, s.f. Deserdação.

EXERDAR, v.t. e p. Deserdar.

EXIBIÇÃO, s.f. Ato de exibir.

EXIBICIONISMO, s.m. Mania ou gosto de ostentação; perversão que consiste em gostar de exibir o corpo.

EXIBICIONISTA, adj. Amante do exibicionismo.

EXIBIR, v.t. Mostrar; expor; patentear.

EXIBITÓRIO, adj. Relativo à exibição.

EXICIAL, adj. Funesto; mortal; azarento.

EXÍCIO, s.m. Perdição; ruína; morte.

EXIGÊNCIA, s.f. Impertinência, insistência; instância.

EXIGENTE, adj. Impertinente; insistente.

EXIGIBILIDADE, s.f. Qualidade daquilo que é exigível.

EXIGIR, v.t. Intimar; demandar; requerer; reclamar.

EXIGÍVEL, adj. Que se pode exigir.

EXIGÜIDADE, s.f. Pequenez; estreiteza; escassez.

EXÍGUO, adj. Escasso; minguado.

EXILADO, adj. e s.m. Expatriado; degredado.

EXILAR, v.t. Expatriar; banir; degredar.

EXÍLIO, s.m. Expatriação; degredo; banimento.

EXÍMIO, adj. Ótimo; excelente; insigne.

EXIMIR, v.t. Isentar; dispensar; desobrigar.

EXINANIÇÃO, s.f. Prostração; fraqueza, debilidade.

EXINANIR, v.t. Enfraquecer, debilitar, abater-se.

EXISTÊNCIA, s.f. Vida; ser, ente; maneira de viver.

EXISTENCIAL, adj. Relativo à existência.

EXISTENCIALISMO, s.m. Doutrina filosófica segundo a qual a existência cria e precede a essência das cousas.

EXISTENTE, adj. Que existe; que é vivente, vivo.

EXISTIR, v.int. Ser; viver; estar; subsistir; durar.

ÊXITO, s.m. Resultado; efeito; fim; resultado feliz.

ÊXODO, s.m. Saída; emigração; livro da Bíblia, onde se narra a saída dos hebreus do Egito.

EXOFTALMIA, s.f. Exorbitação dos olhos.

EXOFTÁLMICO, adj. Relativo à exoftalmia.

EXOGAMIA, s.f. Regime social em que os casamentos se realizam com membros de tribo estranha ou, dentro da mesma tribo, com os de outra família ou de outro clã. (Antôn.: endogamia.)

EXÓGAMO, adj. Relativo à exogamia. (Antôn.: endógamo.)

EXONERAÇÃO, s.f. Demissão; dispensa de emprego; evacuação.

EXONERAR, v.t. Demitir, destituir de emprego; t.-rel. desobrigar; isentar; dispensar; evacuar.

EXORAR, v.t. Pedir com instâncias; suplicar, invocar.

EXORÁVEL, adj. Compassivo; que cede às súplicas; que tem dó. (Antôn.: inexorável.)

EXORBITÂNCIA, s.f. Excesso; preço excessivo.

EXORBITANTE, adj. Excessivo, demasiado.

EXORBITAR, v.t. Tirar da órbita; passar além dos justos limites, do que é razoável.

EXORCISMAR, v.t. Esconjurar; conjurar; bradar.

EXORCISMO, s.m. Oração e cerimônia religiosa para esconjurar o demônio, os espíritos maus, etc.: esconjuro.

EXORCISTA, s. Clérigo que já possui a ordem menor de poder praticar exorcismos.

EXORCIZAR, v.t. Exorcismar.

EXORDIAL, adj. Inicial, relativo a exórdio.

EXORDIAR, v.t. Fazer o exórdio de; principiar. (Pres. ind.: exordio, etc.)

EXÓRDIO, s.m. O princípio de um discurso; preâmbulo.

EXORNAÇÃO, s.f. Ornato; ornamento; adorno.

EXORNAR, v.t. Ornamentar; enfeitar; engalanar.

EXORNATIVO, adj. Que serve para exornar, para enfeitar.

EXORTAÇÃO, s.f. Conselho; admoestação; advertência.

EXORTADOR, s.m. Advertidor; admoestador.

EXORTAR, v.t. Animar; advertir; aconselhar.

EXORTATIVO, adj. Que serve para exortar.

EXORTATÓRIO, adj. Que envolve exortação.

EXOSMOSE, s.f. Corrente de dentro para fora. que se produz quando dois líquidos de densidades diferentes estão separados por uma membrana. (Antôn.: endosmose.)

EXOSMÓTICO, adj. Relativo à exosmose. (Antôn.: endosmótico.)

EXOTÉRICO, adj. Diz-se da doutrina exposta em público pelos antigos filósofos, por oposição a esotérico, qualificativo dado àquela que só se revela aos iniciados e secretamente.

EXOTÉRMICO, adj. Que desprende calor.

EXÓTICO, adj. Estrangeiro; esquisito; extravagante.

EXOTISMO, s.m. Caráter do que é exótico.

EXPANDIR, v.t. Alargar; dilatar; estender.

EXPANSÃO, s.f. Difusão; dilatação.

EXPANSIBILIDADE, s.f. Difundibilidade; dilatabilidade; propriedade dos gases que tendem sempre a ocupar maior espaço.

EXPANSIONISMO, s.m. Tendência a expandir-se.

EXPANSIONISTA, adj. Adepto do expansionismo.

EXPANSÍVEL, adj. Que é suscetível de expandir; alegre; divertido.

EXPANSIVO, adj. Entusiasta; franco; comunicativo.

EXPATRIAÇÃO, s.f. Exílio; desterro.

EXPATRIADO, adj. Banido; exilado.

EXPATRIAR, v.t. Exilar; banir.

EXPECTAÇÃO, s.f. Expectativa.

EXPECTADOR, s.m. Aquele que observa; observador.

EXPECTATIVA, s.f. Possibilidade; probabilidade; esperança fundada em promessa.

EXPECTORAÇÃO, s.f. Ato ou efeito de expectorar; escarro; espeitoração.

EXPECTORANTE, adj. Que provoca a expectoração ou a facilita; espeitorante.

EXPECTORAR, v.t. Escarrar; expelir do peito.

EXPEDIÇÃO, s.f. Remessa; envio de pessoas para determinado objetivo; despacho; diligência.

EXPEDICIONÁRIO, adj. Indivíduo que faz parte de expedição.

EXPEDIDOR, adj. Que expede; que faz uma remessa de qualquer coisa.

EXPEDIENTE, s.m. O horário e a correspondência de uma repartição; meios que se põem em prática para remover dificuldades; viver de expedientes: não ter modo certo de prover sua subsistência e por isso recorre a espertezas, burlas.

EXPEDIR, v.t. Despachar; remeter, enviar. (Conjuga-se como o v. pedir.)

EXPEDITIVO, adj. Expedito; rápido.

EXPEDITO, adj. Ativo; desembaraçado.

EXPELIR, v.t. Lançar fora com violência; expulsar; arremessar à distância. (Conjuga-se como o v. compelir.)

EXPENDER, v.t. Expor; ponderar; gastar; despender.

EXPENSAS, s.f. pl. Custas; perdas; gastos.

EXPERIÊNCIA, s.f. Prática da vida; usos; ensaio.

EXPERIENTE, adj. Diz-se de ou pessoa que tem experiência; experimentado.

EXPERIMENTAÇÃO, s.f. Ato de experimentar.

EXPERIMENTADO, adj. Relativo à experiência ou baseado nela.

EXPERIMENTAR, v.t. Provar; praticar; verificar.

EXPERIMENTÁVEL, adj. Que se pode experimentar.

EXPERIMENTO, s.m. Experimentação; ensaio científico para a verificação de um fenômeno físico; experiência.

EXPERTO, s.m. Indivíduo sabedor; adj. perito; experimentado.

EXPIAÇÃO, s.f. Castigo; penitência.

EXPIAR, v.t. Remir (a culpa), cumprindo pena; pagar.

EXPIATÓRIO, adj. Que serve para expiação.

EXPIÁVEL, adj. Que se pode expiar.

EXPIRAÇÃO, s.f. Expulsão do ar dos pulmões.

EXPIRANTE, adj. Que expira; moribundo.

EXPIRAR, v.t. Expelir (o ar) dos pulmões; respirar; exalar; int. definhar; morrer.

EXPIRATÓRIO, adj. Que serve para expirar.

EXPLANAÇÃO, s.f. Ato de explanar; explicação.

EXPLANADOR, adj. Comentador; esclarecedor.

EXPLANAR, v.t. Explicar com desenvolvimento; explicar.

EXPLANATÓRIO, adj. Próprio para explanar.

EXPLETIVO, adj. Que serve para preencher ou completar; diz-se das palavras ou expressões que, não sendo necessárias ao sentido da frase, lhe dão mais força ou graça; s.m. palavra expletiva; o mesmo que expletiva. Ex. Nós (é que) somos brasileiros.

EXPLICAÇÃO, s.f. Lição; desagravo; razão (de uma coisa).

EXPLICADOR, adj. Que explica; repetidor; aquele que explica ou repassa a lição dada pelo professor.

EXPLICAR, v.t. Tornar inteligível ou claro (o que é ambíguo ou obscuro); ensinar.

EXPLICATIVO, adj. Esclarecedor.

EXPLICÁVEL, adj. Que se presta a ser explicado.

EXPLÍCITO, adj. Claro; desenvolvido; expresso. (Antôn.: implícito.)

EXPLODIR, v.int. Arrebentar. (Verbo defectivo: não se conjuga na 1.ª pess. sing. pres. ind.: explodes, explode, explodimos, explodis, explodem; conseqüentemente, não se conjuga no pres. do subjuntivo. Há tendência para conjugá-lo em todas as pessoas: eu expludo, e no subjuntivo: expluda, expludas, etc.)

EXPLORAÇÃO, s.f. Abuso de confiança; ganância; pesquisa; investigação.

EXPLORADOR, adj. Pesquisador; ganancioso; investigador.

EXPLORAR, v.t. Estudar, examinar, explanar; pesquisar, especular; tirar partido ou proveito de; roubar ardilosamente; abusar da boa-fé de.

EXPLORATÓRIO, adj. Que serve para explorar s.m. instrumento para sondar.

EXPLORÁVEL, adj. Que se presta a ser explorado.

EXPLOSÃO, s.f. Estouro; deflagração.

EXPLOSÍVEL, adj. Que pode explodir.

EXPLOSIVO, s.m. Substância inflamável que possa produzir explosão; adj. que produz explosão.

EXPOENTE, s.m. (Mat.) Número que, posto à direita de outro e um pouco acima, indica o grau da potência a que esse outro é elevado; representante notável de uma profissão, de um ramo do saber, etc.

EXPONENCIAL, adj. Elevado; distinto; que tem expoente (Mat).

EXPOR, v.t. Narrar, contar; mostrar.

EXPORTAÇÃO, s.f. Envio de produtos para outro país.

EXPORTADOR, adj. Que exporta.

EXPORTAR, v.t. Enviar, remeter, vender para fora do país ou do Estado.

EXPORTÁVEL, adj. Que se pode exportar.

EXPOSIÇÃO, s.f. Exibição pública; revelação.

EXPOSITIVO, adj. Que diz respeito à exposição.

EXPOSITOR, s.m. Aquele que expõe; livro que expõe ou esclarece uma doutrina.

EXPOSTO, s.m. Enjeitado; criança que foi abandonada pelos pais; adj. que está à mostra; patente; à vista.

EXPRESSÃO, s.f. Dito; viveza; — algébrica (Mat.): conjunto de letras e de números reunidos por sinais de operações; reduzir (fração) à — mais simples (Mat.): achar outra de valor igual e com os menores termos; (fig.) reduzir à — mais simples: reduzir ao menor volume, ao estado mais miserável (alguma coisa).

EXPRESSAR, v.t. e p. Exprimir; declarar.

EXPRESSIONISMO, s.m. Movimento artístico que se opôs ao impressionismo, e cujos expoentes principais foram Schoenberg, compositor austríaco, e Kandinsky, pintor russo. Caracterizava-se pelo fato de a visão expressiva pessoal do artista sobrepor-se ao aspecto convencional ou objetivo do mundo exterior.

EXPRESSIONISTA, adj. Relativo ou pertencente ao expressismo; s. adepto do expressionismo.

EXPRESSIVIDADE s.f. Qualidade do que é expressivo.

EXPRESSIVO, adj. Que exprime; significativo.

EXPRESSO, adj. Claro; explícito; concludente.

EXPRIMIR, v.t. Expressar; declarar; falar; traduzir, manifestar; expor. (Part.: exprimido e expresso.)

EXPRIMÍVEL, adj. Que se pode exprimir.

EXPROBRAÇÃO, s.f. Ato de exprobrar; acusação.

EXPROBRADOR, s.m. Crítico; repreendedor; censurador.

EXPROBRANTE, adj. Exprobrador.

EXPROBRAR, v.t. Fazer censuras a; repreender; vituperar.

EXPROBRATÓRIO, adj. Que envolve exprobração.

EXPROPRIAÇÃO, s.f. Ato de expropriar; coisa expropriada.

EXPROPRIADOR, adj. Aquele que expropria; expropriante.

EXPROPRIAR, v.t.-rel. Desapossar alguém de sua propriedade segundo as formas legais e mediante justa indenização.

EXPUGNAÇÃO, s.f. Ato de expugnar.

EXPUGNADOR, adj. Conquistador; vencedor.

EXPUGNAR, v.t. Conquistar; tomar de assalto; vencer.

EXPUGNÁVEL, adj. Que se pode expugnar.

EXPULSÃO, s.f. Saída; exclusão; excreção; evacuação.

EXPULSAR, v.t. Fazer sair; eliminar; expelir. (Part.: expulsado e expulso.)

EXPULSIVO, adj. Que facilita a expulsão; próprio para expulsar.

EXPULSO, adj. Excluído; repelido.

EXPULSOR, adj. Excluidor; eliminador.

EXPULSÓRIO, adj. Que envolve mandado de expulsão.

EXPUNGIR, v.t. Apagar; delir; eliminar.

EXPURGAÇÃO, s.f. Evacuação, depuração.

EXPURGADO, adj. Depurado; limpo.

EXPURGADOR, adj. Depurador; eliminador; que expurga.

EXPURGAR, v.t. Purgar completamente; limpar; corrigir.

EXPURGO, s.m. Depuração; limpeza.

EXSICAÇÃO, s.f. Secação; enxugamento.

EXSICANTE, adj. Secante.

EXSICAR, v.t. Secar bem; ressequir.

EXSICATIVO, adj Secante.

EXSUDAÇÃO, s.f. Transpiração; suor.

EXSUDAR, v.t. Suar; transpirar.

EXSUDATO, s.m. (Med.) Líquido que contém células produzido por inflamação, por oposição a transudato, que não contém células de pus.

EXSURGIR, v.int. Erguer-se; levantar-se.

ÊXTASE, s.m. Arrebatamento; enlevo.

EXTASIADO, adj. Arrebatado; absorto.

EXTASIAR, v.t. Enlevar; encantar.

EXTÁTICO, adj. Absorto; admirado.

EXTEMPORANEIDADE, s.f. Inoportunidade.

EXTEMPORÂNEO, adj. Importuno; intempestivo.

EXTENSÃO, s.f. Ampliação; aumento; dimensão em superfície; (Fís.) propriedade da matéria pela qual os corpos ocupam uma parte do espaço.

EXTENSIBILIDADE, s.f. Qualidade do que é extensível.

EXTENSÍVEL, adj. Que se pode estender.

EXTENSIVO, adj. Que se pode estender.

EXTENSO, adj. Comprido; largo.

EXTENSOR, adj. Que faz estender; s.m. músculo extensor; nome de um aparelho de ginástica.

EXTENUAÇÃO, s.f. Debilidade; enfraquecimento.

EXTENUADO, adj. Enfraquecido; cansado.

EXTENUADOR ou **EXTENUANTE**, adj. Cansativo.

EXTENUAR, v.t. Debilitar; enfraquecer.

EXTENUATIVO, adj. Estafante.

EXTERGENTE, adj. Purificante; detergente.

EXTERIOR, adj. Que está da parte de fora.

EXTERIORIDADE, s.f. Qualidade daquilo que é exterior; s.pl. aparência.

EXTERIORIZAÇÃO, s.f. Ato de exteriorizar.

EXTERIORIZAR, v.t. Manifestar; patentear.

EXTERMINAÇÃO, s.f. Destruição.

EXTERMINADOR, s.m. Destruidor.

EXTERMINAR, v.t. Destruir; matar.

EXTERMÍNIO, s.m. Destruição, morte.

EXTERNAR, v.t. Exteriorizar; manifestar.

EXTERNATO, s.m. Estabelecimento de ensino, onde só há alunos externos.

EXTERNO, adj. Que está por fora, ou que vem de fora; diz-se do aluno que não mora no colégio.

EXTERRITORIALIDADE, s.f. Faculdade de se reger em país estrangeiro pelas leis da sua nação.

EXTINÇÃO, s.f. Cessação; extermínio.

EXTINGUIR, v.t. Matar; destruir.

EXTINGUÍVEL, adj. Que se pode extinguir.

EXTINTO, adj. Que deixou de existir; morto.

EXTINTOR, adj. Que extingue; s.m. aparelho para extinguir incêndios.

EXTIRPAÇÃO, s.f. Destruição, extração.

EXTIRPADOR, adj. Destruidor; s.m. instrumento para arrancar ervas e raízes.

EXTIRPAR, v.t. Arrancar; destruir.

EXTIRPÁVEL, adj. Que se pode extirpar.

EXTORQUIR, v.t. e t.-rel. Tomar; apossar-se injustamente.

EXTORSÃO, s.f. Crime de extorquir dinheiro, assinatura, etc.; imposto excessivo; chantagem.

EXTORSIONÁRIO, adj. Extorsivo, que pratica extorsões.

EXTRA, s. É o prefixo latino que significa fora, além; é usado como substantivo; os extras, as extras, comparsas de uma representação teatral ou trabalho cinematográfico; forma reduzida de extrafino e extraordinário. (Regra ortográfica: é seguido de hífen quando se liga a elemento começado por vogal, h, r ou s: extra-oficial, extra-hepático, extra-renal, extra-sístole; exceção: extraordinário.)

EXTRAÇÃO, s.f. Arrancamento; operação aritmética ou algébrica para se conhecer a raiz de uma potência; ato do sorteio de tômbolas e loterias.

EXTRADIÇÃO, s.f. Entrega de criminoso à sua nação.

EXTRADITAR, v.t. Entregar um refugiado ao governo do país de que é originário.

EXTRAFINO, adj. Muito fino, excelente.

EXTRA-HUMANO, adj. Sobre-humano. (Pl.: extra-humanos.)

EXTRAIR, v.t. Tirar, arrancar, extirpar. (Conjuga-se como o verbo sair.)

EXTRAÍVEL, adj. Que pode ser extraído.

EXTRAJUDICIAL ou **EXTRAJUDICIÁRIO**, adj. Feito sem processo ou formalidade judicial.

EXTRALEGAL, adj. Fora dos meios legais; ilegal.

EXTRAMURAL, adj. Que fica fora dos muros ou muralhas.

EXTRANATURAL, adj. Fora do natural; sobrenatural.

EXTRANUMERAL ou **EXTRANUMERÁRIO**, adj. Aquele que não pertence ao quadro efetivo dos empregados ou funcionários.

EXTRAORDINÁRIO, adj. Raro; esquisito; excepcional.

EXTRAPROGRAMA, adj. Além do que foi marcado.

EXTRATAR, v.t. Fazer extrato de; resumir.

EXTRATERRENO, adj. De fora da Terra.

EXTRATERRITORIALIDADE, s.f. (Jur.) O mesmo que exterritorialidade.

EXTRATIVO, adj. Que se pode extrair.

EXTRATO, s.m. Coisa que se extraiu de outra; fragmento; trecho; resumo; (Quím.) substância retirada de outra com a qual estava misturada ou combinada; produto industrial constituído por essência aromática; perfume concentrado.

EXTRATOR, s.m. Aquele que extrai; peça que lança fora os cartuchos explodidos; adj. que faz extratos ou extracções.

EXTRATORÁCICO, adj. Que está fora do tórax.

EXTRA-UTERINO, adj. Que está ou se realizou fora do útero. (Pl.: extra-uterinos.)

EXTRAVAGÂNCIA, s.f. Estroinice; capricho; esquisitice.

EXTRAVAGANTE, adj. Estróina; esbanjador; perdulário.

EXTRAVAGAR, v.int. Andar disperso; distrair-se; perder-se.

EXTRAVASAMENTO, s.m. Desbordamento; transbordamento.

EXTRAVASAR, v.t. Transbordar; derramar-se em abundância.

EXTRAVIADO, adj. Desencaminhado; desnorteado.

EXTRAVIADOR, adj. Desencaminhador, pervertidor.

EXTRAVIAR, v.t. Perder-se, não chegar ao seu destino.

EXTRAVIO, s.m. Descaminho; sumiço; roubo; perda.

EXTREMA-DIREITA, s.m. Jogador que no futebol ocupa a extremidade direita da linha dianteira. s.f. Partido que prega regime totalitário.

EXTREMADO, adj. Exagerado.

EXTREMA-ESQUERDA, s.m. Jogador que no futebol ocupa a extremidade esquerda da linha dianteira. s.f. Partido comunista, socialista.

EXTREMAR, v.t. Exagerar; distinguir-se; levar às últimas consequências.

EXTREMA-UNÇÃO, s.f. Unção dos moribundos com os santos óleos. (Pl.: extremas-unções.)

EXTREMÁVEL, adj. Que se pode extremar, separável.

EXTREMIDADE, s.f. Fim; limite; ponta.

EXTREMISMO, s.m. Doutrina que preconiza soluções extremas para resolver os males sociais.

EXTREMISTA, adj. Partidário do extremismo.

EXTREMO, adj. Final; distante; que está no ponto mais afastado; s.m. o ponto mais distante; extremidade; termo; (Mat.) primeiro e último termos de uma proporção aritmética ou geométrica.

EXTREMOSO, adj. Carinhoso; dedicado.

EXTRÍNSECO, adj. Exterior; que não pertence à essência de uma coisa.

EXTRORSO, adj. Voltado para fora.

EXTRUSÃO, s.f. Expulsão (antôn.: intrusão); — vulcânica: derrame de lava já exteriormente solidificada ao sair do vulcão; magma.

EXU, s.m. Nome de um orixá.

EXUBERÂNCIA, s.f. Fecundidade; abundância.

EXUBERANTE, adj. Superabundante; (fig.) cheio; repleto.

EXUBERAR, v.t. Superabundar; produzir bastante.

EXÚBERE, adj. Desmamado.

ÊXUL, adj. Exilado; banido. (Pl.: êxules.)

EXULAR, v.int. Expatriar-se; viver no exílio.

EXULCERAÇÃO, s.f. Úlcera superficial; sofrimento moral.

EXULCERANTE, adj. Que exulcera.

EXULCERAR, v.t. Ulcerar superficialmente; desgostar; magoar.

EXULCERATIVO, adj. Que pode produzir úlceras.

EXULTAÇÃO, s.f. Alegria; júbilo.

EXULTANTE, adj. Jubiloso, alegre.

EXULTAR, v.int. Regozijar-se; rejubilar-se.

EXUMAÇÃO, s.f. Ato ou efeito de exumar. (Antôn.: inumação.)

EXUMAR, v.t. Desenterrar, tirar da sepultura.

EX-VOTO, s.m. Quadro ou imagem que se oferece e expõe em igreja ou capela em comemoração de um voto cumprido. (Pl.: ex-votos.)

F

F, s.m. Consoante fricativa surda, sexta letra do nosso alfabeto.

FÁ, s.m. Quarta nota da moderna escala musical.

FÃ, s. Abrev. de fanático ("fan"), admirador.

FABELA, s.f. Pequena fábula.

FÁBRICA, s.f. Oficina, indústria, estabelecimento onde se fazem, em grande escala, objetos, aparelhos, etc.

FABRICAÇÃO, s.f. Manufatura; industrialização.

FABRICANTE, s. Quem fabrica ou dirige a fabricação.

FABRICAR, v.t. Manufaturar; inventar.

FABRICÁRIO, s.m. O mesmo que fabriqueiro.

FABRICÁVEL, adj. Que se pode fabricar

FABRICO, s.m. Ato de fabricar.

FABRIL, adj. Que diz respeito à fábrica.

FÁBULA, s.f. Narração alegórica, cujos persona-

gens são geralmente animais, e que encerra uma lição moral. (Dim. fabulazinha, fabela.)

FABULADOR, adj. e s.m. Autor de fábulas.

FABULAR, v.t. Narrar em forma de fábula; inventar; fingir; adj. relativo a fábula.

FABULÁRIO, s.m. Coleção de fábulas.

FABULISTA, s. Pessoa que escreve fábulas.

FABULIZAR, v.t. Fabular.

FABULOSO, adj. Imaginário; inventado; mitológico; incrível; admirável; grandioso; extraordinário.

FACA, s.f. Instrumento cortante; lapeana; peixeira. (Aument.: facão, facalhão; facalhaz; diminut.: faquinha, faquita.)

FACADA, s.f. Golpe de faca; (gír.) ato de pedir dinheiro emprestado.

FACADISTA, s. (gír.) Pessoa que vive de dar facadas, pedir dinheiro emprestado.

FACALHÃO ou **FACALHAZ**, s.m. Aument. de faca.

FAÇANHA, s.f. Ato heróico; proeza; coisa admirável.

FAÇANHEIRO, adj. e s.m. Gabola; valentão.

FAÇANHOSO, adj. Que pratica façanhas; admirável.

FAÇANHUDO, adj. Que pratica façanhas; valentão.

FACÃO s.m. Facalhão; sabre; aumentativo de faca.

FACÇÃO, s.f. Divisão de um partido político; seita religiosa; grupo.

FACCIONAR, v.t. Dividir em facções.

FACCIONÁRIO, adj. Respeitante a facção; s.m. membro de facção.

FACCIOSIDADE, s.f. Facciosismo; parcialidade.

FACCIOSISMO, s.m. Paixão partidária, o mesmo que facciosidade.

FACCIOSO, adj. Sectário de uma facção; parcial.

FACE, s.f. Rosto; vulto; cara; semblante; superfície das coisas; lado de medalha, moeda.

FACÉCIA, s.f. Chiste; graça; humorismo.

FACEIRA, s.f. Carne da face; mulher vaidosa, elegante.

FACEIRICE, s.f. Ostentação de elegância.

FACEIRO, adj. Elegante; vaidoso; casquilho.

FACETA, s.f. Superfície de cristal ou pedra preciosa; cada um dos aspectos característicos de uma pessoa ou coisa. (Pl.: facetas.)

FACETAR, v.t. Fazer facetas em; lapidar.

FACETEAR, v.t. e int. Dizer ou fazer facécias; galhofar.

FACETO, adj. Chistoso; alegre; brincalhão.

FACHADA, s.f. Frontispício; face principal de um edifício.

FACHO, s.m. Archote; brandão; lanterna.

FACIAL, adj. Relativo a face.

FACIES (a), (lat.) s.f. (Med.) Nome que se dá às diferentes alterações da fisionomia, nas enfermidades: facies tetânica, facies peritonítica, etc.

FÁCIL, adj. Que se faz sem custo; simples; lhano; dócil; acessível.

FACILIDADE, s.f. Qualidade do que é fácil; destreza.

FACILITAÇÃO, s.f. Ato ou efeito de facilitar; remoção de dificuldades ou obstáculos.

FACILITAR, v.t. e t.-rel. Tornar fácil; aplanar, afastar as dificuldades; arriscar-se.

FACÍNORA, s.m. Criminoso, bandido; cangaceiro.

FACINOROSO, adj. Perverso; criminoso; celerado.

FACÓIDE, adj. Que tem forma de lentilha.

FAC-SIMILADO, adj. Impresso em fac-símile; relativo a fac-símile; o mesmo que fac-similar.

FAC-SIMILAR, adj. Fac-similado. (Pl.: fac-similares); v.t. imprimir em fac-símile.

FAC-SÍMILE, s.m. Reprodução exata de um escrito, de um desenho, de uma pintura, etc. (Pl.: fac-símiles.)

FACTÍCIO, adj. Artificial; convencional.

FACTÍVEL, adj. Que pode ser feito.

FACTÓTUM, s.m. Indivíduo encarregado de todos os negócios de outrem.

FÁCULA, s.f. Mancha luminosa no disco do Sol ou da Lua.

FACULDADE, s.f. Possibilidade, disposição para fazer alguma coisa; direito concedido, como faculdade de batizar; disposição intrínseca do homem, intelectual, moral ou física: faculdade de andar, de entender, de proceder bem; instituto superior de ensino.

FACULTAR, v.t. Conceder; facilitar; por à disposição de.

FACULTATIVO, adj. Que dá a faculdade ou o poder de; que permite se faça ou não alguma coisa; que não é obrigatório; s.m. médico.

FACÚNDIA, s.f. Eloqüência; loqüela.

FACUNDIDADE, s.f. Facúndia.

FACUNDO, adj. Eloqüente; destro no falar.

FADA, s.f. Maga; feiticeira; mulher formosa; ente imaginário que possuía varinha de condão com que operava prodígios.

FADADO, adj. Predestinado.

FADAR, t.-rel. Predestinar; vaticinar; conceder (dons excepcionais).

FADÁRIO, s.m. Fado; sorte; destino.

FADIGA, s.f. Cansaço; estafa; canseira.

FADIGAR, v.t. Fatigar; cansar.

FADIGOSO, adj. Cansativo; estafante.

FADISTA, s. Tocador e cantador de fados; desordeiro; rufião.

FADISTAGEM, s.f. A classe dos fadistas; vida de fadista.

FADO, s.m. Destino; sorte; fadário; canção popular portuguesa, de origem brasileira, vinda do lundu.

FAETONTE, s.m. Carruagem aberta, de quatro rodas.

FAGÓCITO, s.m. Célula que absorve as bactérias e outras substâncias estranhas.

FAGOCITOSE, s.f. Destruição de bactérias pelos fagócitos.

FAGOMANIA, s.f. Mania de comer; fome canina.

FAGOTE, s.m. Instrumento de música de sopro e palheta, semelhante à clarineta.

FAGOTISTA, adj. Tocador de fagote.

FAGUEIRO, adj. Brando; agradável.

FAGULHA, s.f. Centelha; faísca; chispa.

FAGULHAR, v. intr. Faiscar; chispar; cintilar.

FAGULHENTO, adj. Que tem fagulhas; que solta faíscas.

FAGULHOSO, adj. O mesmo que fagulhento.

FAIA, s.f. Árvore européia, alta e ramosa; indivíduo de maus costumes; vagabundo.

FAIAL, s.m. Bosque de faias.

FAIANÇA, s.f. Louça de barro esmaltado ou vidrado.

FAINA, s.f. Serviço; trabalho; tarefa; lida.

FAISÃO, s.m. Ave galinácea, de linda plumagem. (Fem.: faisoa; pl. faisães e faisões.)

FAÍSCA, s.f. Chispa; fagulha.

FAISCAÇÃO (a-i), s.f. Faiscamento; fagulhamento.

FAISCADOR, s.m. Aquele que procura, nas minas, faíscas de ouro.

FAISCANTE, (a-i), adj. Cintilante; brilhante; faguilhento.

FAISCAR (a-i), v.t. Cintilar; brilhar.

FAISQUEIRA (a-i), s.f. Lugar onde se encontram faíscas de ouro; resto do cascalho que fica abandonado, nas catas trabalhadas.

FAIXA, s.f. Banda; cinta; porção estreita de terreno.

FAIXEAR, v.t. Enfaixar.

FAIXEIRO, s.m. Faixa, cinto.

FALA, s.f. Alocução; expressão oral.

FALAÇÃO, s.f. Discurso; palração; loquacidade.

FALÁCIA, s.f. Engano; ilusão.

FALACIOSO, adj. Enganoso; ilusório; falso.

FALACROSE, s.f. Calvície; alopécia.

FALADEIRA, s.f. Faladora; mexeriqueira; intrigante.

FALADO, adj. Comentado; criticado.

FALADOR, adj. Indiscreto; maldizente. irreverente.

FALANGE, s.f. Designação que os gregos davam à sua infantaria; corpo de tropas; (Anat.) cada um dos ossos dos dedos, considerados em geral.

FALANGEAL, adj. Relativo às falanges dos dedos.

FALANGETA, s.f. (Anat.) Terceira falange ou a da unha dos dedos que têm três.

FALANGINHA, s.f. (Anat.) A segunda falange, ou falange média nos dedos em que há três.

FALANTE, adj. Tagarela.

FALAR, v.t. Dizer, proferir, conversar, articular palavras; discursar.

FALÁRICA, s.f. Espécie de lança antiga, que tinha estopa inflamável na ponta.

FALASTRÃO, adj. e s.m. Falador; gabola; garganta.

FALATÓRIO, s.m. Fala em voz alta; comentário, boato.

FALA-VERDADE, s.m. Qualquer arma de defesa pessoal; facão, etc. (Pl.: fala-verdades.)

FALAZ, adj. Enganador; quimérico. (Superl. abs. sint.: falacíssimo.)

FALCA, s.f. Toro de madeira falquejado, com quatro faces retangulares.

FALCADO, adj. Em forma de foice.

FALCÃO, s.m. Ave de rapina, que se empregava na caça.

FALCATRUA, s.f. Fraude; logro; roubo.

FALCATRUAR, v.t. Enganar; lograr; roubar.

FALCIFORME, adj. Em forma de foice.

FALCOADA, s.f. Bando de falcões; tiro da peça chamada falcão.

FALCOARIA, s.f. Arte de adestrar falcões para caça; lugar em que se criam falcões.

FALCOEIRO, s.m. Adestrador de falcões para a caça.

FALDA, s.f. Fralda; sopé; abas de montanha.

FALDISTÓRIO, s.m. Cadeira episcopal, sem espaldar, ao lado do altar-mor.

FALECER, v.int. Expirar; faltar; morrer.

FALECIDO, adj. Morto.

FALECIMENTO, s.m. Morte; desenlace.

FALENA, s.f. Mariposa; panambi.

FALÊNCIA, s.f. Ato ou efeito de falir; quebra; falha; carência; omissão.

FALÉSIA, s.f. Nome dado a terras ou rochas altas e íngremes à beira-mar.

FALHA, s.f. Fenda; falta; defeito; lacuna; (Geol.) escorregamento de terrenos de modo que ficam em níveis diferentes.

FALHADO, adj. Chocho; intervalado; lacunoso; frustrado.

FALHAR, v.† Malograr; frustrar; interromper viagem; pernoitar.

FALHO, adj. Chocho (fruto); lacunoso, oco.

FALIBILIDADE, s.f. Possibilidade de engano, de erro.

FÁLICO, adj. Relativo ao falo ou ao seu culto.

FALIDO, adj. Quebrado (comercialmente); que abriu falência; insolvível.

FALIR, v.int. Suspender os pagamentos; não ter com que pagar os credores; fracassar; quebrar (o negociante). (Verbo defectivo: só se conjuga nas formas em que ao e da raiz se seguir a vogal i da terminação.)

FALÍVEL, adj. Que pode falhar; em que pode haver erro. (Superl. abs. sint.: falibilíssimo.)

FALO, s.m. Pênis, órgão genital masculino.

FALODINIA, s.f. Dor no pênis.

FALQUEADOR, s.m. Desbastador, aplainador.

FALQUEADURA, s.f. Dasbastamento; aplainamento.

FALQUEAR, v.t. Desbastar a madeira; aplainar; aparelhar.

FALQUEJADO, adj. Desbastado; aparelhado.

FALQUEJADOR, s.m. Aplainador; aparelhador de madeira.

FALQUEJAMENTO, s.m. Falqueamento; flaqueadura.

FALQUEJAR, v.t. O mesmo que falquear.

FALQUEJO, s.m. O mesmo que falqueadura.

FALRIPAS, s.f.pl. Farripas; fios de cabelo, de barba.

FALSÁRIO, s.m. Falsificador; impostor; fabricante de notas falsas.

FALSEAMENTO, s.m. Falsificação; perjúrio; impostura.

FALSEAR, v.t. Contrafazer; falsificar.

FALSETE (ê), s.m. Voz contrafeita, fina, aguda.

FALSIDADE, s.f. Falta de verdade; calúnia; hipocrisia; traição.

FALSÍDICO, adj. Mentiroso; que diz falsidades.

FALSIFICAÇÃO, s.f. Ato ou efeito de falsificar.

FALSIFICADOR, adj e s.m. Falsário, adulterador.

FALSIFICAR, v.t. Imitar ou alterar com fraude; contrafazer; adulterar; dar aparência enganosa.

FALSIFICÁVEL, adj. Que se pode falsificar.

FALSO, adj. Irreal; enganador; hipócrita; fingido; pérfido.

FALTA, s.f. Ausência; privação; defeito; culpa.

FALTAR, v.int. Carecer; ausentar; falhar.

FALTO, adj. Necessitado; carecido; falho.

FALUA, s.f. Barco; bote.

FALUCA, s.f. Embarcação costeira dos marroquinos.

FALUEIRO, s.m. Aquele que dirige uma falua.

FAMA, s.f. Renome; celebridade; glória.

FAMANAZ, adj. Famoso; célebre.

FAMÉLICO, adj. Faminto; esfaimado.

FAMIGERADO, adj. Famoso; célebre.

FAMÍLIA, s.f. Conjunto de pai, mãe e filhos; pessoas do mesmo sangue; descendência; linhagem; (Hist. Nat.) agrupamento de gêneros ou tribos vegetais ou animais, ligados por caracteres comuns, cujos nomes nos vegetais se escrevem com a terminação áceas e são femininos, e nos animais com a terminação ídeas e são masculinos; (Gram.) conjunto de vocábulos que têm a mesma raiz.

FAMILIAL, adj. Que diz respeito à família; o mesmo que familiar.

FAMILIAR, adj. Respeitante à família; doméstico; s.m. empregado; fâmulo. (É erronia incluir pessoas de família.)

FAMILIARIDADE, s.f. Intimidade; confiança.

FAMILIARIZAR, v.t. Tornar familiar; t.-rel. habituar; acostumar.

FAMINTO, adj. Esfomeado; esfaimado.

FAMOSO, adj. Notável; egrégio; célebre.

FAMULAGEM, s.m. Criadagem.

FAMULATO, s.m. Serviço de fâmulo.

FÂMULO, s.m. Criado; servidor;empregado.

FANAL, s.m. Farol; facho; almenara.

FANAR, v.t. Murchar.

FANÁTICO, adj. e s.m. Que se dedica exageradamente a alguém ou alguma cousa.

FANATISMO, s.m. Excessivo zelo religioso; adesão cega a uma doutrina; paixão.

FANATIZADOR, adj. e s.m. Aquele que fanatiza.

FANATIZAR, v.t. Tornar fanático; inspirar fanatismo a.

FANCARIA, s.f. Coisa malfeita, ordinária; sem perfeição; imitação grosseira.

FANDANGAÇU, s.m. Baile popular, carnavalesco, ruidoso e animado.

FANDANGO, s.m. Dança de origem espanhola; nome de certos bailes ruidosos, da gente do campo, ao som da viola; baile; folia.

FANDANGUEAR, v.int. Dançar em fandango; meter-se em pândegas ou folias.

FANDANGUEIRO, adj. e s.m. Diz-se do que dança o fandango.

FANDANGUISTA, adj. e s. Fandangueiro.

FANERÓGAMO, s.m. Planta que tem os órgãos sexuais aparentes; pl. grande divisão do reino vegetal, que compreende as plantas que dão flor.

FANFARRA, s.f. Corneta; clarim; banda de clarins; charanga.

FANFARRÃO, adj. e s.m. Aquele que blasona de valente sem o ser; garganta; blasonador; goela; prosa.

FANFARREAR, v.int. Bazofiar; blasonar de valentão.

FANFARRICE, s. f. Bazófia; bravata; gabolice; jactância; quixotismo.

FANFARRONADA, s.f. Gabolice, enfatuação.

FANFARRONAR, v.int. Mostrar-se fanfarrão; gargantear, enfatuar-se.

FANFARRONICE, s.f. (V. Fanfarrice.)

FANHOSO, adj. Fanho; nasal; roufenho.

FANICO, s.m. Migalha; desmaio; vertigem.

FANIQUEIRO, adj. Que procura pequenos lucros; que tem desmaios.

FANIQUITO, s.m. Ataque de nervos; histeria; nervosismo.

FANQUEIRO, s.m. Comerciante de fazendas de algodão, linho, lã,etc.

FANTASIA, s.f. Imaginação; concepção; capricho; composição musical ao arbítrio do artista; vestimenta que usam os carnavalescos, imitando palhaços, tipos populares, figuras mitológicas, históricas,etc.

FANTASIADOR, adj. e s.m. Fantasista; imaginoso.

FANTASIAR, v.t. Imaginar; int. devanear; vestir fantasia. (Pres. ind.: fantasio, fantasias, fantasia, etc.)

FANTASIOSO, adj. Imaginoso; irreal.

FANTASISTA, adj. Imaginoso.

FANTASMA, s.m. Imagem ilusória; visão aterradora; assombração; espectro.

FANTASMAGORIA, s.f. Arte de fazer ver fantasmas ou figuras luminosas na escuridão; imaginação.

FANTASMAGÓRICO, adj. Imaginativo; ilusório; irreal.

FANTÁSTICO, adj. Imaginário; incrível; falso.

FANTOCHADA, s.f. Porção de fantoches; cenas de fantoche; (fig.) ação ridícula; caricata.

FANTOCHE, s.m. Boneco; joão-minhoca; títere; pessoa que procede a mandado de outrem, que não tem personalidade própria.

FAQUEIRO, s.m. Estojo para talheres; lugar ou caixa onde se guardam talheres; fabricantes de facas.

FAQUIR, s.m. Asceta, penitente; pessoa que se exibe como insensível à dor, às necessidades físicas.

FAQUIRISMO, s.m. Modo de vida de faquir.

FARAD (fárade), s.m. Unidade de capacidade elétrica. É a capacidade de um condensador que, carregado com uma quantidade de eletricidade igual a um coulomb internacional, apresenta entre suas armaduras uma diferença de potencial de 1 volt internacional.

FARÁDICO, adj. Relativo à faradização; de eletricidade indutiva.

FARADISMO, s.m. ou **FARADIZAÇÃO**, s.f. Terapêutica por meio da eletricidade indutiva.

FARÂNDOLA, s.f. Dança de roda; súcia; caterva.

FARANDOLAR, v. int. Dançar a farândola.

FARAÓ, s.m. Título dos soberanos do antigo Egito.

FARAÔNICO, adj. Relativo aos faraós ou ao seu tempo.

FARAÚTA, s.f. Ovelha velha.

FARDA, s.f. Uniforme; fardamento.

FARDAMENTO, s.m. Uniforme; farda.

FARDÃO, s.m. Farda muito vistosa; nome popular da veste simbólica dos membros da Academia de Letras.

FARDAR, v.t. Vestir com farda; prover de farda ou fardas; p. vestir o uniforme ou farda.

FARDEL, s.m. Provisões de boca para pequena viagem; saco para provisões de jornada; farnel. (Pl.: fardéis.)

FARDETA, s.f. Pequena farda, ou farda que os soldados vestem quando entram de faxina.

FARDETE, (ê), s.m. Pequeno fardo.

FARDO, s.m. Vulto; embrulho grande e pesado; pacote; sofrimento; trabalho.

FAREJAR, v.t. Cheirar (aplica-se mais propriamente aos animais); seguir ou acompanhar levado pelo faro; aspirar o cheiro de; descobrir; adivinhar; examinar.

FAREJO, s.m. Ato de farejar, cheirar.

FARELÁCEO, adj. Que se desfaz em farelo; da natureza do farelo.

FARELADA, s.f. Farelagem; água com farelo, para os porcos.

FARELAGEM, s.f. Porção de farelos; (fig) insignificância.

FARELENTO, adj. Abundante em farelos; que produz muitos farelos.

FARELO, s.m. A parte grosseira da farinha de trigo, que fica depois de peneirada; resíduos grosseiros dos cereais moídos; (fig.) insignificância.

FARELÓRIO, s.m. Coisa de pouca monta; palavreado oco.

FARFALHA, s.f. Farfalheira; p. limalha; aparas; (fig.) bagatelas.

FARFALHADA, s.f. Rumor de folhagens.

FARFALHADOR, adj. e s.m. Rumorejante.

FARFALHANTE, adj. Rumorejante.

FARFALHÃO, s.m. Farfalhador. (Fem.: farfalhona.)

FARFALHAR, v.int. Rumorejar.

FARFALHARIA ou **FARFALHEIRA**, s.f. Farfalhada.

FARFALHEIRO, adj. Rumorejante.

FARFALHENTO, adj. (V. Farfalhante.)

FARFALHICE, s.f. Ostentação espalhafatosa. (V. Fanfarrice.)

FARFALHOSO, adj. Bombástico; rumorejante.

FARFANTE, adj. e s. Fanfarrão; gabola.

FARINÁCEO, adj. Relativo a farinha; da natureza da farinha; que contém farinha.

FARINGE, s.f. (Anat.) Cavidade músculo-membranosa situada entre a boca e a parte superior do esôfago.

FARÍNGEO, adj. Relativo à faringe.

FARINGITE, s.f. Inflamação da faringe.

FARINGOPLEGIA, s.f. Paralisia da faringe.

FARINGOTOMIA, s.f. Incisão na faringe.

FARINGÓTOMO, s.m. Instrumento com que se pratica a faringotomia.

FARINHA, s.m. Pó a que se reduzem os cereais moídos.

FARINHEIRA, s.f. Mulher que faz ou vende farinha; vasilha em que se guarda farinha.

FARINHENTO, adj. Farinhoso, que tem ou se desfaz em farinha.

FARINHUDO, adj. Farinhento; farinhoso.

FARISAICO, adj. Falso; hipócrita.

FARISAÍSMO, s.m. Falsidade; fingimento; hipocrisia.

FARISCAR, v.t. e int. Farejar.

FARISEU, s.m. Membro de uma seita judaica que ostentava, hipocritamente, grande santidade; hipócrita; (fig.) pessoa que aparenta santidade, não a tendo.

FARMACÊUTICO, adj. Que diz respeito a farmácia; s.m. aquele que exerce a farmácia; boticário.

FARMÁCIA, s.f. Parte da Farmacologia que trata do modo de preparar, caracterizar e conservar os medicamentos; estabelecimento em que se preparam e vendem medicamentos; botica.

FARMACODINÂMICA, s.f. Parte da Farmacologia em que se estudam as ações e os efeitos das drogas.

FARMACOGRAFIA, s.f. Tratado das substâncias medicinais.

FARMACOGRÁFICO, adj. Relativo à farmacografia.

FARMACOLANDO, s.m. O que se forma em Farmácia.

FARMACOLOGIA, s.f. Parte da Medicina em que se estudam as drogas sob todos os aspectos.

FARMACOLÓGICO, adj. Relativo à farmacologia.

FARMACOLOGISTA, adj. e s. Que diz respeito à Farmacologia; aquele que se dedica a essa especialidade.

FARMACOPÉIA, s.f. Livro que ensina a compor e a preparar medicamentos; tratado acerca de medicamentos; coleção ou repositório de receitas de medicamentos básicos ou gerais.

FARMACOTECNIA, s.f. Tratado das preparações farmacêuticas.

FARMACOTÉCNICO, adj. Relativo à farmacotecnia.

FARNEL, s.m. Provisões alimentícias; merenda para jornada; fardel; matula. (Pl. farnéis.)

FARO, s.m. Olfato dos animais; (por ext.) cheiro.

FAROFA, s.f. Farinha mexida com outros alimentos; recheio; bazófia, fanfarrice. Var.: farófia.

FAROFADA, s.f. Grande quantidade de farofa; fanfarronada.

FAROFEIRO, adj. e s.m. Aquele que tem farofa ou jactância.

FAROFENTO, adj. Jactancioso, valentão.

FARÓFIA, s.f. (V. Farofa.)

FAROL, s.m. Torre provida de foco luminoso que serve de guia aos navegantes; sinal luminoso para a direção do trânsito; lanterna de automóvel; lanterna dos apontadores de lugares nos cinemas; bazófia; pessoa que oferece lanços fictícios nos leilões para forçar o aumento dos preços.

FAROLEIRO, s.m. Indivíduo encarregado de um farol; adj. e s.m. aquele que é dado a ostentação, a fazer farol; palrador sem senso.

FAROLETE, (ê), s.m. Pequeno farol.

FAROLICE, s.f. Jactância, gabolice.

FAROLIM, s.m. Pequeno farol.

FARPA, s.f. Ponta; felpa; arpão.

FARPADO, adj. Recortado em forma de farpa; armado de farpa.

FARPANTE, adj. Que farpeia.

FARPAR, v.t. Meter farpas em; farpear; recortar em forma de farpa.

FARPEAR, v.t. Meter farpas em; ferir com farpa.

FARPELA, s.f. Pequena farpa.

FARRA, s.f. Troça; pândega.

FARRAMBAMBA, s.f. Vanglória; vaidade; estardalhaço; muito barulho por coisa de pouca monta.

FARRANCHO, s.m. Rancho; grupo; súcia; cordão de divertidos.

FARRAPARIA, s.f. Farrapagem, mulambaria.

FARRAPO, s.m. Trapo; mulambo; pedaço de tecido; roupa velha e esfarrapada; revolucionário gaúcho do período regencial.

FARREAR, v.int. Descomedir-se moralmente em troças.

FARRICOCO, s.m. Pessoa que usava hábito e capuz para acompanhar enterros, tomar parte em procissões.

FARRISTA, s. Boêmio; amigo de pândegas.

FARROUPA, s. Indivíduo miserável ou desprezível; mendigo.

FARROUPILHA, s. Farroupa, farrapo; revolução federalista gaúcha de 1835.

FARROUPO, s.m. Porco que não tem um ano.

FARRUSCA, s.f. Carranca; máscara.

FARRUSCO, adj. Escuro, quase preto.

FARSA, s.f. Peça burlesca de teatro; ato ridículo, próprio de farsas; coisa burlesca; pantomima.

FARSADA, s.f. Ato burlesco; palhaçada.

FARSANTE, s. Comediante; pessoa ridícula; palhaço.

FARSANTEAR, v.int. Praticar atos ou dizer coisas próprias de farsante.

FARSISTA, s. Farsante.

FARSOLA, s. Pessoa galhofeira; farsista; fanfarrão ou fanfarrona.

FARTADELA, s.f. Ato ou efeito de fartar.

FARTAR, v.t. Saciar a fome ou a sede a; satisfazer; cansar; aborrecer; t.-rel. encher; abarrotar.

FARTO, adj. Saciado; cheio; satisfeito.

FARTUM, s.m. Mau cheiro.

FARTURA, s.f. Abundância.

FASCICULADO, adj. Disposto em fascículos ou feixes; que tem a forma de feixe.

FASCICULAR, adj. Que tem a forma de fascículo.

FASCÍCULO, s.m. Feixinho; porção de varas ou ervas; folheto de uma obra que se publica por partes.

FASCINAÇÃO, s.f. Deslumbramento; atração irresistível; enlevo.

FASCINADO, adj. Deslumbrado; encantado.

FASCINADOR, adj. e s.m. Sedutor; deslumbrador.

FASCINANTE, adj. Encantador; deslumbrador.

FASCINAR, v.t. Encantar; deslumbrar.

FASCÍNIO, s.m. Encantamento; fascinação.

FASCISMO, s.m. Sistema político implantado por Mussolini na Itália e que tinha por emblema o feixe (fáscio) de varas dos antigos lictores romanos.

FASCISTA, adj. Partidário do fascismo.

FASE, s.f. Cada um dos diferentes aspectos que a Lua e alguns planetas apresentam, segundo a maneira como são iluminados pelo Sol; aspecto diferente que as coisas vão apresentando sucessivamente; período; época; (Quím.) estado homogêneo.

FASEOLAR, adj. Que tem forma de feijão.

FASQUIA, s.f. Cavaco, lasca.

FASQUIAR, v.t. Serrar em fasquias.

FASTIDIOSO, adj. Tedioso; enfadonho.

FASTIENTO, adj. Sem apetite.

FASTÍGIO, s.m. O ponto mais elevado; ápice; cume; posição eminente.

FASTIGIOSO, adj. Que está no fastígio ou em posição evidente.

FASTIO, s.m. Inapetência; falta de apetite.

FASTO, adj. Dizia-se dos dias em que era permitido exercer certas jurisdições, entre os romanos; próspero; feliz; s.m. pompa, luxo, fausto.

FASTOS, s.m. pl. Anais; registros públicos de fatos ou obras memoráveis.

FASTOSO ou **FASTUOSO,** adj. Que tem fasto; pomposo.

FATACAZ, s.m. Pedaço; fatia grande.

FATAL, adj. Determinado pelo fato; irrevogável; funesto.

FATALIDADE, s.f. Destino; desgraça; acontecimento funesto.

FATALISMO, s.m. Sistema dos que tudo atribuem à fatalidade ou ao destino negando o livre-arbítrio.

FATALISTA, adj. Partidário do fatalismo.

FATEIRO, s.m. Guarda-roupa.

FATEIXA, s.f. Gancho ou arpão com que se tiram objetos do fundo da água; espécie de âncora para fundear pequenos barcos; gancho de ferro para pendurar carnes.

FATIA, s.f. Pedaço; porção; talhada.

FATIAR, v.t. Cortar ou fazer em fatias.

FATÍDICO, adj. Sinistro; trágico.

FATIGADOR, adj. e s.m. Cansativo; afadigante; exaustivo.

FATIGAMENTO, s.m. Fadiga.

FATIGANTE, adj. Cansativo; maçante.

FATIGAR, v.t. Cansar; enfastiar; importunar.

FATIGOSO, adj. Cansativo; exaustivo.

FATIOTA, s.f. Fato; terno; roupa.

FATO, s.m. Acontecimento; sucesso. Roupa; terno. Rebanho de cabras. De —: (loc. adv.) com efeito.

FATOR, s.m. Aquele que faz ou executa uma coisa; termo da multiplicação aritmética; aquilo que concorre para um resultado. (Pl.: fatores.)

FATORIAL, s.m. (Mat.) Diz-se fatorial de um número o produto de todos os números (inteiros) desde 1 até esse número.

FATUIDADE, s.f. Estultícia; doidice; loucura.

FÁTUO, adj. Néscio; presumido; petulante.

FATURA, s.f. Relação que acompanha a remessa de mercadorias expedidas, e com a designação de quantidade, marcas, pesos, preços e importâncias.

FATURAR, v.t. e t.-rel. Fazer a fatura de (mercadorias vendidas).

FATURISTA, s. Empregado de casa comercial encarregado de fazer faturas.

FAUCE, s.f. Garganta; goela de animal.

FAÚLA, s.f. Fagulha; centelha.

FAULAR (a-u), v.t. Fagulhar; centelhar.

FAÚLHA, s.f. (V. Fagulha.)

FAULHENTO, adj. Que lança faúlhas.

FAUNA, s.f. Conjunto dos animais próprios de uma região ou de um período geológico.

FAUNIANO, adj. Próprio de fauno ou relativo à fauna; o mesmo que faunístico.

FAUNÍSTICO, adj. Derivado de fauna.

FAUNO, s.m. (Mit.) Homem com pés de capro, chifres, que habitava nos bosques e tocava flauta rústica.

FAUSTO, adj. Venturoso; ditoso; próspero; agradável; s.m. luxo; ostentação.

FAUSTOSO, adj. Pomposo; fastoso ou fastuoso; aparatoso.

FAUTOR, adj. Que favorece, determina ou promove. (Fem.: fautriz.)

FAUTORIA, s.f. Ato de favorecer, promover ou auxiliar.

FAUTORIZAR, v.t. Promover, auxiliar.

FAVA, s.f. Planta hortense, da família das Leguminosas; semente dessa planta.

FAVAL, s.m. Campo semeado, de favas ou onde crescem favas.

FAVELA, s.f. Conjunto de casebres ou cortiços.

FAVIFORME, adj. Que tem forma de fava.

FAVO, s.m. Conjunto de alvéolos em que as abelhas depositam o mel.

FAVÔNIO, s.m. Vento considerado propício, que trazia felicidade.

FAVOR, s.m. Obséquio; benefício; auxílio.

FAVORÁVEL, adj. Propício; vantajoso.

FAVORECEDOR, adj. Propiciador; protetor.

FAVORECER, v.t. Obsequiar; auxiliar.

FAVORECIDO, adj. Auxiliado; ajudado.

FAVORITA, s.f. Predileta; preferida.

FAVORITISMO, s.m. Preferência; proteção.

FAVORITO, adj. Predileto; preferido; valido; (gír. esport.) provável vencedor.

FAXINA, s.f. Limpeza; asseio.

FAXINEIRO, s.m. Encarregado da faxina; limpador.

FAZEDOR, s.m. Executor; construtor.

FAZENDA, s.f. Propriedade agrícola; rendas, finanças; tecido; pano.

FAZENDÁRIO, adj. Relativo à administração das finanças do Estado.

FAZENDEIRO, s.m. Dono de fazenda; agricultor.

FAZENDISTA, s. Pessoa versada em coisas da fazenda pública.

FAZENDOLA, s.f. Pequena fazenda.

FAZER, v.t. Operar; obrar; transformar; construir; fabricar. (Pres. ind.: faço, fazes, etc.; perf. indic.: fiz, fizeste, fez fizemos, etc.; fut. do pres.: farei, farás, etc.; pres. subj.: faça, faças, etc.; part.: feito.)

FAZ-TUDO, s.m. 2 núm. Indivíduo que exerce variadas indústrias ou se ocupa em múltiplos misteres; factótum.

FÉ, s.f. Crença; confiança.

FEALDADE, s.f. Feiúra; deselegância; indignidade.

FEANCHÃO ou **FEARRÃO,** adj. Feioso, feiosíssimo. F. paral.: feianchão.

FEBO, s.m. O Sol.

FEBRA, s.f. Fibra; nervo.

FEBRE, s.f. Estado mórbido, que se manifesta por aumento da temperatura normal do corpo; pirexia; (fig.) grande perturbação de espírito; exaltação; ambição.

FEBRENTO, adj. Lugar que provoca febre; pessoa inclinada a ter febre.

FEBRICITANTE, adj. Que tem febre; febril; (fig.) exaltado; apaixonado.

FEBRICITAR, v.int Ter crises de febre.

FEBRÍCULA, s.f. Febre ligeira.

FEBRICULOSO, adj. Que tem freqüentes febres.

FEBRÍFUGO, adj. Que afugenta a febre; contra a febre; s.m. medicamento contra a febre.

FEBRIL, adj. Que tem febre; relativo a febre; pirético; (fig.) exaltado; violento.

FEBRIOLOGIA, s.f. Tratado acerca das febres.

FECAL, adj. Que diz respeito a fezes; excrementício.

FECALÓIDE, adj. Que tem aspecto de matérias fecais.

FECHA, s.m. Desordem; conflito; briga.

FECHADO, adj. Cerrado; unido; cercado; tapado.

FECHADURA, s.f. Peça metálica que, por meio de uma ou'mais lingüetas, e com o auxílio da chave, fecha portas, gavetas, etc.

FECHAMENTO, s.m. Encerramento; clausura.

FECHAR, v.t. Cerrar; clausurar; trancar; tapar; tampar; cercar; murar; cicatrizar.

FECHO (ê), s.m. Aldrava ou ferrolho de porta; zíper; remate; acabamento.

FÉCULA, s.f. Amido de batata; amido; substância farinácea de tubérculos e raízes.

FECULARIA, s.f. Fábrica de féculas.

FECULÊNCIA, s.f. Qualidade do que é feculento; sedimento dos líqüidos.

FECULENTO, adj. Que contém fécula; que tem sedimento ou fezes.

FECULOSO, adj. Feculento, farinhento.

FECUNDAÇÃO, s.f. Ato ou efeito de fecundar.

FECUNDADOR, adj. e s.m. Aquele que fecunda.

FECUNDANTE, adj. Fecundador; fecundativo.

FECUNDAR, v.t. Fertilizar; conceber; engravidar.

FECUNDATIVO, adj. Fecundante; fertilizante.

FECUNDEZ, s.f. Fecundidade.

FECUNDIDADE, s.f. Qualidade de fecundo; grande de produção; faculdade reprodutora; (fig.) facilidade de produção de obras de arte; proliferação.

FECUNDO, adj. Fértil; inventivo; criador.

FEDELHICE, s.f. Ação infantil; criancice.

FEDELHO (ê), s.m. Criança; menino.

FEDENTINA, s.f. Mau cheiro.

FEDER, v.int. Exalar mau cheiro. (Verbo completo, não defectivo: segue normalmente o paradigma da 2.ª conjugação.)

FEDERAÇÃO, s.f. União política entre nações ou estados; associação; aliança.

FEDERADO, adj. Que entrou na federação; unido em confederação.

FEDERAL, adj. Respeitante a federação, a união, ao governo central.

FEDERALISMO, s.m. Forma de governo pela qual diversos estados se reúnem numa só nação, conservando eles autonomia, fora dos negócios de interesse comum.

FEDERALISTA, adj. Partidário do federalismo.

FEDERAR, v.t. Reunir em federação; confederar.

FEDERATIVO, adj. Relativo a uma federação ou confederação.

FEDIDO, adj. Graveolente, malcheiroso.

FEDOR, s.m. Mau cheiro; graveolência.

FEDORENTINA, s.f. Fedentina.

FEDORENTO, adj. Que exala fedor; fétido.

FEIANCHÃO, adj. Muito feio. (Fem.: feianchona.) F. paral.: feanchão.

FEIÃO, adj. Feioso; feiosíssimo; aumentativo de feio, o mesmo que feianchão.

FEIÇÃO, s.f. Forma; feitio; aspecto; índole; caráter; disposição.

FEIJÃO, s.m. Semente de feijoeiro; vagem do feijoeiro; alimento.

FEIJOADA, s.f. Prato feito de feijão preto acompanhado de carne de porco, lingüiça, etc.; grande porção de feijões.

FEIJOAL, s.m. Terreno semeado de feijões.

FEIJOEIRO, s.m. Planta leguminosa que produz feijões; comedor de feijão.

FEIO, adj. De aspecto desagradável; disforme; indecoroso. (Antôn.: bonito; superl.: feiíssimo.)

FEIOSO, adj. Inestético; que tem feiúra.

FEIRA, s.f. Mercado; dia da semana; o ganho, o produto da venda ou de trabalho de um dia; venda de mercadorias ao ar livre, vias públicas, etc. em determinados dias da semana.

FEIRANTE, s. Pessoa que vende na feira.

FEIRAR, v.int. Fazer transações na feira.

FEITA, s.f. Ato; ocasião; vez.

FEITAL, s.m. Terra cansada.

FEITIÇARIA, s.f. Bruxaria; magia; mandinga.

FEITICEIRA, s.f. Bruxa; mandingueira.

FEITICEIRO, s.m. Bruxo; mandingueiro; curandeiro.

FEITICISMO, s.m. Fetichismo; crença nos poderes dos amuletos; estatuetas; ídolos, figas, etc.

FEITICISTA, adj. Forma que os puristas preferem ao galicismo fetichista.

FEITIÇO, s.m. Bruxedo; mandinga; sortilégio.

FEITIO, s.m. Forma; feição; caráter; mão-de-obra; confecção (de trajes), seu preço.

FEITO, s.m. Ato; obra; façanha; processo judi-

cial; adj. terminado; concluído.

FEITOR, s.m. Administrador de bens alheios; capataz. (Pl.: feitores.)

FEITORAR, v.t. Administrar; superintender.

FEITORIA, s.f. Administração de feitor; estabelecimento comercial, entreposto administrativo oficial.

FEITORIAR ou FEITORIZAR, v.t. Feitorar.

FEITURA, s.f. Ato, efeito, modo de fazer; obra; trabalho; confecção (de trajes); feitio.

FEIÚRA, s.f. Fealdade.

FEIXE, s.m. Molho. (Diminutivo: feixinho, fascículo.)

FEL, s.m. Bílis. (fig.) Mau humor; ódio; grande amargor. (Pl.: féis e feles.)

FELÁ, s.m. Camponês ou lavrador egípcio. (Fem.: felaína.)

FELAÍNA, s.f. Forma feminina de felá.

FELDSPATO, s.m. Designação genérica dos minerais do grupo dos feldspatos, silicato de alumínio e um ou mais metais alcalinos ou alcalino-terrosos.

FELICIDADE, s.f. Ventura; contentamento; bem-estar; boa sorte.

FELICITAÇÃO, s.f. Cumprimento; saudação; parabéns.

FELICITAR, v.t. Tornar feliz; dar a felicidade a; t.-rel. congratular-se com; dirigir parabéns.

FELÍDEO, adj. Relativo aos Felídeos; s.m. espécime dos Felídeos, família de mamíferos carniceiros, digitígrados, de unhas retráteis, que tem como tipo o gato.

FELINO, adj. Relativo ao gato ou semelhante a ele; (fig.) fingido; traiçoeiro; s.m. o mesmo que felídeo.

FELIZ, adj. Afortunado; próspero; satisfeito, ditoso. (Superl. abs. sint.: felicíssimo.)

FELIZARDO s.m. Feliz; próspero.

FELONIA, s.f. Traição; falsidade; perfídia.

FELPA, s.f. Pêlo; penugem; lanugem.

FELPADO, adj. Que tem felpa.

FELPAR, v.t. Cobrir de felpa.

FELPUDO, adj. Felpado; que tem muita felpa.

FELTRO, s.m. Espécie de estofo de lã ou de pêlo, produzido por empastamento e aplicado sobretudo no fabrico de chapéus.

FELUGEM, s.f. O mesmo que fuligem.

FÊMEA, s.f. Mulher; tudo ser do sexo feminino; peças metálicas, onde outras são aplicadas (colchete, dobradiça). (Antôn.: macho.)

FEMENTIDO, adj. Traidor; falso.

FÊMEO, adj. Relativo a mulheres; feminino.

FEMÍNEO, adj. Feminil.

FEMINIDADE, s.f. Conjunto de qualidades próprias da mulher; feminilidade.

FEMINIL, adj. Relativo a mulheres; próprio do sexo feminino; feminino.

FEMINILIDADE, s.f. (V. feminidade.)

FEMININO, adj. Oposto a masculino; mulheril; feminil; s.m. (Gram.) o gênero feminino.

FEMINIZAR, v.t. Dar feição ou caráter feminino a; atribuir gênero feminino a; tomar qualidade ou modos femininos.

FEMORAL, adj. Do fêmur ou relativo a ele.

FÊMUR, s.m. Osso da coxa.

FENAÇÃO, s.f. Processo de conservação das forragens; colheita do feno.

FENATO, s.m. Designação genérica dos sais e ésteres do fenol comum e dos fenóis em geral.

FENDA, s.f. Abertura; frincha; greta; fresta; racha; rachadura.

FENDEDOR, adj. Frincheiro; gretador; rachador.

FENDENTE, adj. Que fende.

FENDER, v.t. Rachar; rasgar; gretar.

FENDIMENTO, s.m. Ato de fender; rachadela.

FENECER, v.int. Findar; extinguir-se; murchar; morrer.

FENECIMENTO, s.m. Acabamento; morte.

FENIANO, adj. Qualificativo de uma associação revolucionária irlandesa formada desde 1861 com o fim de separar a Irlanda da Inglaterra; s.m. membro dessa associação.

FENÍCIO, adj. Originário da Fenícia.

FÊNICO, adj. Relativo ao fenol; nome do ácido fenol; o mesmo que fenólico.

FENÍGENO, adj. Que é da natureza do feno.

FENIGMA, s.m. Vermelhidão, ruborização da pele.

FÊNIX (s), s.f. Ave fabulosa que, segundo a Mitologia, durava muitos séculos e, queimada, renascia das próprias cinzas.

205

FENO, s.m. Erva ceifada e seca para alimento de animais; planta gramínea.

FENOL, s.m. O mais simples dos fenóis; função cíclica da Química Orgânica; pl.: compostos que resultam da substituição de um ou mais átomos de hidrogênio do núcleo dos hidrocarbonetos cíclicos por outros ⁺antos oxidrilos; ácido fênico. (Pl.: fenóis.)

FENÓLICO, adj. Do fenol; relativo ao fenol.

FENOMENAL, adj. Espantoso; admirável; enorme.

FENOMENALIDADE, s.f. Conjunto de propriedades, alterações, que constituem o fenômeno.

FENÔMENO, s.m. Qualquer modificação operada nos corpos pela ação dos agentes físicos ou químicos; tudo o que é percebido pelos sentidos ou pela consciência; maravilha; raridade; pessoa que se distingue por algum talento extraordinário.

FENOMENOLOGIA, s.f. Tratado sobre os fenômenos; sistema filosófico em que se estudam os fenômenos interiores considerados como ontológicos.

FENOMENOLÓGICO, adj. Relativo à fenomenologia.

FENÓTIPO, s.m. Diz-se dos indivíduos de um grupo que apresenta caracteres exteriores iguais, mas que difere pelo seu genótipo (q.v.).

FERA, s.f. Animal bravio e carnívoro; (fig.) pessoa cruel e sanguinária.

FERACIDADE, s.f. Fertilidade; fecundidade.

FERAL, adj. Fúnebre; sinistro; cruel.

FERAZ, adj. Fértil; fecundo. (Superl.: abs. sint.: feracíssimo.)

FÉRETRO, s.m. Ataúde; caixão de defunto.

FEREZA, s.f. Crueldade; ferocidade.

FÉRIA, s.f. Dia da semana; salário de trabalhadores, soma dos salários da semana; folga; descanso; em casa comercial, o dinheiro das vendas realizadas no dia, na semana, etc.; pl. dias em que se suspendem os trabalhos escolares ou de outra natureza.

FERIADO, adj. Em que há férias; s.m. dia ou tempo em que se suspende o trabalho, por determinação civil ou religiosa.

FERIAL, adj. Relativo a féria ou a férias; relativo aos dias da semana, aos dias úteis.

FERIAR, v.int. Estar em férias; passar as férias; não trabalhar.

FERIÁVEL, adj. Que pode ser feriado.

FERIDA, s.f. Chaga; úlcera; ferimento.

FERIDADE, s.f. Fereza; ferocidade.

FERIDAGEM, s.f. Manifestação simultânea de numerosas feridas; furunculose.

FERIDENTO, adj. Cheio de feridas.

FERIDO, adj. Machucado; chagado; ulcerado; magoado; ofendido.

FERIMENTO, s.m. Úlcera; chaga; ferida.

FERINO, adj. Feroz; cruel; desumano.

FERIR, v.t. Chagar; machucar; ulcerar, cortar; escoriar; magoar; ofender. (Pres. ind.: firo, feres, fere, ferimos, feris, ferem; imperf.: feria, ferias, feria, feríamos, feríeis, feriam; pres. subj.: fira, firas, fira, etc.)

FERMATA, s.f. Parada do compasso musical sobre uma nota, cuja duração pode ser arbitrariamente prolongada pelo executante.

FERMENTAÇÃO, s.f. Transformação química de substâncias orgânicas provocada por um fermento vivo ou por um princípio extraído de fermento; (fig.) agitação; efervescência moral.

FERMENTÁCEO ou **FERMENTANTE,** adj. Que acusa fermentação; que está em fermentação.

FERMENTAR, v.t. Produzir fermentação em; levedar; (fig.) agitar; fomentar; excitar.

FERMENTATIVO, adj. Que faz fermentar.

FERMENTÁVEL, adj. Que se pode fermentar.

FERMENTO, s.m. Substância capaz de provocar trocas químicas, lêvedo, levedura.

FERMENTOSO, adj. Que provoca fermentação, azedamento, levedura.

FÉRMIO, s.m. Nome do elemento químico artificial de n.º atômico 93, transurânico (nome dado em homenagem ao notável físico atômico Enrico Fermi); na tabela oficial consta com o nome de Netúnio.

FERO, adj. Feroz; selvagem; bravio; encarniçado; violento.

FERÓCIA, s.f. Ferocidade.

FEROCIDADE, s.f. Fereza; crueldade.

FEROZ, adj. Bravio; cruel. (Superl. abs. sint.: ferocíssimo.)

FERRABRÁS, s. 2 núm. Valentão, fanfarrão. (Pl.: ferrabrases.)

FERRADO, adj. Protegido por ferro; que tem ferradura; agarrado.

FERRADOR, s.m. Atarracador de ferraduras.

FERRADURA, s.f. Peça de ferro, que se aplica nas patas das cavalgaduras.

FERRAGEIRO, s.m. Negociante de ferragens; o mesmo que ferragista.

FERRAGEM, s.f. Conjunto ou porção de peças de ferro, necessárias para edificações, artefatos, etc.; guarnição de ferro.

FERRAGISTA, s.m. Ferrageiro, comerciante de ferros, louças, etc.

FERRAMENTA, s.f. Instrumento, utensílio de ofício.

FERRAMENTEIRO, s.m. Mecânico especializado, que faz moldes e ferramentas.

FERRÃO, s.m. Aguilhão; ponta de ferro; (Zool.) dardo dos insetos.

FERRAR, v.t. Pôr ferraduras em; marcar com ferro quente; colher (vela).

FERRARIA, s.f. Fábrica de ferragens; oficina de ferreiros; grande porção de ferro.

FERREIRO, s.m. Artífice que trabalha em ferro.

FERRENHO, adj. Pertinaz; opiniático; fanático.

FÉRREO, adj. Feito de ferro; que contém ferro ou sais de ferro; (fig.) resistente; inflexível; duro; cruel.

FERRETAR ou **FERRETEAR,** v.t. Marcar com ferrete; (fig.) afligir; pungir; manchar a reputação de; t.-pred. tachar; acoimar.

FERRETE, s.m. Instrumento com que se marcavam escravos e criminosos e com que se marca o gado; (fig.) sinal de ignomínia; condenação; estigma; labéu. (Pl.: ferretes.)

FERRETOADA, s.f. Ferroada.

FERRETOAR, v.t. Dar ferretoadas em; aguilhoar; (fig.) censurar; dirigir palavras picantes a. O mesmo que ferroar.

FÉRRICO, adj. Diz-se dos compostos do ferro trivalente; relativo ao ferro.

FERRÍFERO, adj. Composto de ferro; que tem ferro ou sais de ferro.

FERRIFICAÇÃO, s.f. Formação do ferro.

FERRO, s.m. Elemento químico, metal, símbolo Fe, de peso atômico 55,84 e n.º atômico 26; instrumento cortante ou perfurante desse metal; ferramenta de arte ou ofício.

FERROADA, s.f. Ferretoada; censura; crítica.

FERROAR, v.t. Ferretoar.

FERROLHO, s.m. Tranqueta corrediça de ferro, com que se fecham portas e janelas.

FERROSO, adj. Diz-se dos compostos do ferro divalente; que tem ferro.

FERROVIA, s.f. Via férrea; estrada de ferro.

FERROVIÁRIO, adj. Empregado em estrada de ferro.

FERRUGEM, s.f. Óxido que se forma à superfície do ferro exposto à umidade; doença criptogâmica das gramíneas, especialmente do trigo.

FERRUGENTO, adj. Que tem ferrugem; o mesmo que enferrujado e rubiginoso.

FERRUGÍNEO, adj. Escuro, da cor da ferrugem.

FERRUGINOSIDADE, s.f. Qualidade daquilo que é ferruginoso.

FERRUGINOSO, adj. Que é da natureza do ferro ou da ferrugem; que contém ferro; que é da cor do ferro.

FÉRTIL, adj. Produtivo; fecundo; ubertoso. (Pl.: férteis; antôn.: estéril, sáfaro, maninho.)

FERTILIDADE, s.f. Fecundidade; produtividade.

FERTILIZAÇÃO, s.f. Fecundação.

FERTILIZADOR, adj. e s.m. Aquilo que fertiliza; adubador.

FERTILIZANTE, adj. Adubo.

FERTILIZAR, v.t. Adubar; fecundar; tornar produtivo.

FERTILIZÁVEL, adj. Que se pode fertilizar.

FÉRULA, s.f. Palmatória; pessoa que quer corrigir e criticar tudo.

FERVEDOURO, s.m. Sumidouro; vórtice; redemoinho.

FERVENÇA ou **FERVÊNCIA,** s.f. Fervura, ardor; vivacidade.

FERVENTAR, v.t. Aferventar; ferver; apressar.

FERVENTE, adj. Ardente; veemente.

FERVER, v.int. Entrar em ebulição; aquecer; aferventar; arder; irar-se; exaltar-se.

FERVESCENTE, adj. Abrasador; apaixonado; fervoroso.

FÉRVIDO, adj. Fervoroso, ardoroso.

FERVILHAR, v.int. Ferver freqüentemente; agitar-se com freqüência; aparecer ou concorrer em grande número.

FERVOR, s.m. Zelo; grande dedicação; piedade; ardor.

FERVOROSO, adj. Fervente; dedicado; zeloso.

FERVURA, s.f. Ebulição; estado de um líqüido que ferve (fig.) alvoroço; excitação.

FESCENINO, adj. Obsceno; licencioso.

FESTA, s.f. Divertimento; comemoração; regozijo.

FESTANÇA, s.f. Grande divertimento; festa ruidosa.

FESTÃO, s.m. Grinalda; ramalhete; ornato em forma de grinaldas sucessivas.

FESTAR, v.int. Divertir-se; regozijar-se; tomar parte em festas.

FESTAROLA, s.f. Festança; folguedo.

FESTEIRO, s.m. Aquele que faz ou dirige uma festa; freqüentador de festas; adj. divertido; folião.

FESTEJADOR, adj. Festeiro; folião; divertido.

FESTEJAR, v.t. Celebrar, comemorar; aplaudir; louvar.

FESTEJO, s.m. Festividades; carícias; galanteio.

FESTIM, s.m. Pequena festa; banquete, bala; tiros de festim: que só produzem estampido, sem levar carga mortífera.

FESTIVAL, adj. Grande festa; cortejo cívico; festa artística.

FESTIVIDADE, s.f. Festa religiosa; festa de igreja; regozijo.

FESTIVO, adj. Próprio de festa; alegre.

FESTO, s.m. Largura de um tecido qualquer; dobra de uma peça de pano ao meio da sua largura.

FESTOAR, v.t. Ornar com festões; engrinaldar.

FETAL, s.m. Terreno ou campo em que crescem fetos; adj. (Anat.) que se refere a feto.

FETICHE, s.m. Manipanso; ídolo; amuleto.

FETICHISMO, s.m. Culto de certos objetos inanimados a que se formou a crença de estarem ligados os espíritos e que passam a representá-los simbolicamente.

FETICHISTA, adj. e s. Que, ou pessoa que cultiva o fetichismo. (V. Feiticista.)

FETICIDA, s. Pessoa que provoca a morte do feto.

FETICÍDIO, s.m. Aborto provocado.

FETIDEZ, s.f. Mau cheiro.

FÉTIDO, adj. Fedido; de mau odor.

FETO, s.m. Ser vivo, enquanto não sai do ventre materno; embrião; germe.

FEUDAL, adj. Relativo a feudo.

FEUDALISMO, s.m. Regime medieval em que o poder real era dividido entre nobres, tomando por base o poderio territorial.

FEUDALISTA, adj. Relativo ao feudalismo; adj. e s. sectário do feudalismo.

FEUDATÁRIO, adj. Feudal; s.m. vassalo.

FEUDO, s.m. Propriedade territorial sujeita a um nobre (vassalo) que prestava obediência (vassalagem) ao rei (suserano), bem como assistência bélica e financeira.

FEVEREIRO, s.m. Segundo mês do ano civil.

FEVRA, s.í. Filamento vegetal; veio mineral. Var.: fêvera, fibra.

FEZES, s.f.pl. Sedimento de líqüido; borra; matérias fecais.

FIAÇÃO, s.f. Ato ou efeito, modo ou operação de fiar; lugar onde se fia.

FIACRE, s.m. Carro de praça, pequeno.

FIADA, s.f. Carreira horizontal de tijolos ou pedras; fila; enfiada.

FIADEIRA, s.f. Tecelã; fiandeira.

FIADO, adj. Tecido; confiado, baseado; s.m. compra feita a crédito.

FIADOR, s.m. Abonador; responsável pelo pagamento da letra; caução, vale, duplicata, aluguel, etc.

FIADORIA, s.f. Abonação; fiança.

FIADURA, s.f. Fiação.

FIAMBRE, s.m. Presunto; carne de porco salgada e preparada para frios.

FIANÇA, s.f. Garantia, responsabilidade financeira.

FIANDEIRA, s.f. Tecelã.

FIANDEIRO, s.m. Tecelão.

FIAPO, s.m. Fio; farrapo.

FIAR, v.t. Tecer; urdir; tramar; vender a crédito; ter confiança em.

FIASCO, s.m. Êxito desfavorável, ridículo; estenderete; má figura.

FIÁVEL, adj. Que se pode fiar, tecer.

FIBRA, s.f. Cada um dos filamentos que, dispostos em feixes, constituem tecidos animais e vegetais ou certas substâncias minerais (dimin.: fibrinha, fibrila); (fig.) energia, firmeza de caráter.

FIBRILA, s.f. Pequena fibra; cada uma das últifas ramificações das raízes, o mesmo que fibrilha.

FIBRILHA, s.f. Fibrila.

FIBRILÍFERO, adj. Que tem muitos filamentos ou fibras.

FIBRILOSO, adj. Cheio de fibrilas.

FIBRINO, adj. Relativo às fibras.

FIBRÓIDE, adj. Semelhante a fibras.

FIBROMA, s.m. Tumor benigno do tecido conjuntivo.

FIBROSO, adj. Que tem fibras.

FÍBULA, s.f. Fivela.

FIBULAÇÃO, s.f. Afivelamento.

FICAR, v.rel. Permanecer; quedar-se; ser responsável por.

FICÇÃO, s.f. Criação da fantasia; imaginação.

FICCIONISTA, s. Aquele que faz ficção ou literatura de ficção.

FICHA, s.f. Tento para o jogo; folha ou cartão solto onde se escrevem anotações para ulterior classificação ou pesquisa; cupom, cupão.

FICHAR, v.t. Anotar, registrar em fichas; catalogar.

FICHÁRIO, s.m. Coleção de fichas; gaveta ou móvel onde se guardam fichas, devidamente classificadas; ficheiro.

FICHU, s.m. Chale pequeno, agasalho.

FICTÍCIO, adj. Imaginário; ilusório.

FICTO, adj. Fingido; suposto; ilusório.

FIDALGA, s.f. Mulher nobre.

FIDALGO, s.m. Nobre; generoso; hospitaleiro. (Contração de filho-de-algo.)

FIDALGOTE, s.m. Fidalgo de poucos recursos; fidalgo de meia-tigela.

FIDALGUIA, s.f. Qualidade de fidalgo; classe dos fidalgos; nobreza; generosidade.

FIDALGUICE, s.f. Qualidade de fidalgote; ostentação vã.

FIDEDIGNIDADE, s.f. Confiança; crédito; veracidade.

FIDEDIGNO, adj. Digno de fé; merecedor de crédito.

FIDEICOMISSÁRIO, adj. Relativo a fideicomisso; s.m. aquele que recebe do fiduciário a herança ou legado respectivo.

FIDEICOMISSO, s.m. Disposição testamentária em que um herdeiro ou legatário é encarregado de conservar e, por sua morte, de transmitir a outrem a sua herança ou o seu legado.

FIDEICOMISSÓRIO, adj. Relativo a fideicomisso.

FIDELIDADE, s.f. Lealdade; probidade.

FIDUCIAL, adj. Que diz respeito a fidúcia.

FIDUCIÁRIO, adj. Fiducial; que depende de confiança ou a revela; s.m. o encarregado de transmitir a outrem a herança ou legado sujeitos a fideicomisso; circulação fiduciária: circulação de papel-moeda.

FIEIRA, s.f. Fileira; fiada; cordão com que as crianças fazem rodar o pião.

FIEL, adj. Probo; verídico; leal (superl. abs. sint.: fidelíssimo e fielíssimo); s.m. ajudante de tesoureiro; fio ou ponteiro para indicar o perfeito equilíbrio da balança; árbitro; juiz. (Pl.: fiéis.)

FIGA, s.f. Pequeno objeto, em forma de mão fechada, com o polegar entre o indicador e o dedo médio, e que se usa supersticiosamente como preservativo de malefícios.

FIGADAL, adj. Relativo ao fígado; (fig.) íntimo; profundo; intenso.

FÍGADO, s.m. Víscera intraperitoneal, situada na parte superior do abdome, à direita, com numerosas funções, entre elas a de secreção da bílis.

FÍGARO, s.m. Barbeiro.

FIGO, s.m. Fruto da figueira.

FIGUEIRA, s.f. Árvore frutífera da família das Moráceas; nome dado a numerosas árvores do gênero Ficus.

FIGUEIRAL, s.m. Lugar ou terreno onde crescem figueiras.

FIGUEIREDO, s.m. Figueiral.

FIGURA, s.f. Forma exterior; aspecto; cada um dos representantes de um drama, etc. ou dos executantes de uma orquestra; imagem.

FIGURADO, adj. Em que há figuras ou alegoria; imitado; representado.

FIGURANTE, s. Personagem que entra sem falar em representações teatrais; cada um dos que figuram numa representação ou tomam parte nela; comediante, ator.

FIGURÃO, s.m. Personagem importante. (Fem.: figurona.)

FIGURAR, v.t. Representar artisticamente; simbolizar; imaginar; representar papel no teatro.

FIGURATIVO, adj. Representativo; simbólico.

FIGURÁVEL, adj. Que se pode figurar.

FIGURILHA, s.f. Estatueta.

FIGURINO, s.m. Modelo; revista de modas; pessoa que se preocupa com a moda.

FIGURISTA, adj. Diz-se do pintor que se especializa em reproduzir a figura humana.

FILA, s.f. Enfiada; fileira; bicha.

FILAMENTAR, adj. Constituído por filamentos.

FILAMENTO, s.m. Fibra; fio de diâmetro muito pequeno; (Elet.) arame fino de grande resistência que se incandesce à passagem da corrente elétrica, constituindo o foco luminoso das lâmpadas.

FILAMENTOSO, adj. Que tem filamentos; filamentar.

FILANTE, adj. Pedinte, pessoa que vive a pedir pequenas coisas; facadista.

FILANTROPIA, s.f. Caridade; altruísmo.

FILANTRÓPICO, adj. Caridoso; altruísta.

FILANTROPISMO, s.m. Afetação de filantropia.

FILANTROPO, adj. e s.m. Caridoso; amigo de socorrer aos outros.

FILÃO, s.m. Veio de metal nas minas; assunto literário; pão de forma afilada.

FILAR, v.t. Morder, agarrar (cão de fila); pedir (filante); verificar atentamente uma a uma as cartas recebidas no jogo.

FILARMÓNICA, s.f. Sociedade musical; banda de música.

FILARMÓNICO, adj. Que é amante da harmonia ou da música; designativo especial de certas sociedades musicais.

FILATELIA, s.f. Estudo dos selos do correio usados nas diversas nações.

FILATÉLICO, adj. Que diz respeito à filatelia.

FILATELISTA, s. Colecionador de selos do correio.

FILÁUCIA, s.f. Egoísmo; presunção.

FILAUCIOSO, adj. Egoísta; presunçoso.

FILÉ, s.m. Certa porção de carne sem ossos; bife desta parte.

FILEIRA, s.f. Renque; ala; fila.

FILETAR, v.t. Dar traços filiformes em.

FILETE, s.m. Fiozinho; (Bot.) a parte do estame que sustenta a antera; espiral de parafuso; linha; fio; traço. Diminutivo de fio.

FILHA, s.f. Feminino de filho.

FILHAÇÃO, s.f. Adoção, descendência; prole.

FILHAR, v.t. Pegar; agarrar; segurar.

FILHARADA, s.f. Grande quantidade de filhos.

FILHO, s.m. Indivíduo do sexo masculino em relação aos pais; descendente; oriundo, natural; homem em relação a Deus, ao estabelecimento em que foi educado e a quem o educou.

FILHÓ, s. Bolo de farinha e ovos, frito em azeite e ordinariamente passado em calda. Var.: filhós.

FILHÓS, s. Var. de filhó. (Pl.: filhoses.)

FILHOTÃO, s.m. Aumentativo de filhote.

FILHOTE, s.m. Diminutivo de filho; animais quando pequenos; pessoa protegida.

FILHOTISMO, s.m. Favoritismo; proteção escandalosa.

FILIAÇÃO, s.f. Designação dos pais de alguém; descendência de pais para filhos; admissão numa comunidade.

FILIAL, adj. Próprio de filho; relativo a filho; s.f. estabelecimento sucursal ou dependente de outro.

FILIAR, v.t. Adotar como filho; t.-rel. entroncar; admitir (numa comunidade).

FILICIDA, s. Pessoa que mata o próprio filho.

FILICÍDIO, s.m. Ato de matar o próprio filho.

FILIFORME, adj. Que tem a forma de fio.

FILIGRANA, s.f. Obra de ourivesaria, formada de fios de ouro ou prata, delicadamente entrelaçados e soldados; impressão feita no ato da fabricação do papel que só se vê por transparência, muito usada em selos, bilhetes ou cheques de bancos e notas de tesouro.

FILIGRANAR, v.int. Fazer filigrana; fazer trabalhos delicados.

FILIGRANEIRO, s.m. ou **FILIGRANISTA,** s. Operário que faz filigrana.

FILÍPICA, s.f. Discurso violento e injurioso, que lembra os do célebre orador grego Demóstenes (384-322 a.C.) contra o rei Filipe da Macedônia; sátira acerba.

FILIPINO, adj. Das ilhas Filipinas; s.m. o natural ou habitante dessas ilhas; adj. relativo à dinastia dos Filipes, em Portugal.

FILISTEU, s.m. Denominação genérica dos indivíduos que formavam certo povo antigo da Síria, do qual se fala na Bíblia; (fig.) burguês de espírito vulgar e estreito. (Fem.: filistéia.)

FILMAGEM, s.f. Ato ou efeito de filmar.

FILMAR, v.t. Registrar em filme cinematográfico.

FILME, s.m. Rolo de película de celulóide convenientemente preparado para receber em negativo ou em positivo imagens fotográficas, drama, comédia ou quaisquer outras seqüências de cenas cinematografadas.

FILMOTECA, s.f. Lugar onde se guardam coleções de filmes; coleção de filmes.

FILO, s.m. Cada uma das grandes divisões dos reinos animal e vegetal, imediatamente inferior a sub-reino e imediatamente superior a classe.

FILÓ, s.m. Tecido aberto e fino, espécie de cassa.

FILOLOGIA, s.f. Estudo da civilização de um povo, num dado momento de sua história, através de documentos literários, escritos, por ele deixados.

FILOLÓGICO, adj. Que diz respeito à filologia.

FILOLOGISTA, s. Pessoa que se dedica à filologia.

FILÓLOGO, s.m. Homem versado ou perito em filologia.

FILOMELA, s.f. Rouxinol.

FILOSOFAL, adj. Relativo à filosofia.

FILOSOFANTE, adj. Estudante de filosofia.

FILOSOFAR, v.int. Meditar, estudar, procurar as causas e as conseqüências dos fatos. (Conjuga-se regularmente: filosofo, filosofas, etc.)

FILOSOFIA, s.f. Ciência geral dos princípios e causas, ou sistema de noções gerais sobre o conjunto das coisas.

FILOSOFICE, s.f. Qualidade de quem filosofa ridiculamente.

FILOSÓFICO, adj. Relativo à filosofia ou a filósofos.

FILOSOFISMO, s.m. Mania filosófica; falsa filosofia.

FILÓSOFO, adj. e s.m. Aquele que cultiva a filosofia; s.m. o que vive sereno e indiferente aos preconceitos e convenções sociais; (pop.) excêntrico.

FILTRAÇÃO, s.f. Filtragem; depuração; separação do conteúdo sólido de qualquer massa líquida mediante passagem através de uma placa porosa.

FILTRAGEM, s.f. Ação de coar um líquido para depurá-lo.

FILTRAMENTO, s.m. (V. Filtração.)

FILTRAR, v.t. Passar por filtro; separar um sólido de um líquido por filtração; coar; escoar; t.-rel. fazer passar através de.

FILTRÁVEL, adj. Que pode ser filtrado.

FILTRO, s.m. Pano ou papel sem goma para coar líquidos; órgãos que segregam os humores do sangue; pedra porosa; carvão ou aparelho, através dos quais se faz passar um líquido para a purificar; beberagem que se supunha despertar o amor ou qualquer outra paixão na pessoa a que era propinada.

FIM, s.m. Termo; remate; acabamento; intenção; alvo; motivo; morte.

FÍMBRIA, s.f. Franja; orla; guarnição (do vestido).

FIMBRIADO, adj. Franjado; agaloado.

FIMOSE, s.f. Aperto do prepúcio, que impede se descubra a glande.

FINADO, adj. Morto; defunto.

FINAL, adj. Derradeiro; último.

FINALIDADE, s.f. Objetivo; fim a que se destina.

FINALISTA, s.m. Nas competições esportivas, aquele que se classifica para disputar a partida decisiva, que vai indicar o vencedor.

FINALÍSTICO, adj. Que diz respeito a final ou finalista.

FINALIZAÇÃO, s.f. Acabamento; termo; conclusão.

FINALIZAR, v.t. Pôr fim a; concluir; terminar; int. e p. acabar-se; ter fim.

FINAMENTO, s.m. Morte; falecimento.

FINANÇAS, s.f.p. Dinheiro; riqueza; ciência das variações da moeda.

FINANCEIRO, adj. Pessoa que cuida de finanças; que sabe auferir lucros do dinheiro; financista.

FINANCIAL, adj. Financeiro.

FINANCIAMENTO, s.m. Ato de financiar.

FINANCIAR, v.t. Custear as despesas de.

FINANCISTA, s. Pessoa versada em finanças; o mesmo que financeiro.

FINAR, v.int. Acabar; findar; finar-se; p. morrer.

FINCA-PÉ, s.m. Porfia; opinião; idéia fixa.

FINCAR, v.t. Cravar; fixar.

FINDAR, v.t. Finalizar; terminar; ultimar; morrer.

FINDÁVEL, adj. Que há de ter fim.

FINDO, adj. Concluído; terminado.

FINÊS, adj. Relativo ou pertencente aos Fineses, povo que habita a N. O. da Rússia européia, sobretudo a Finlândia; s.m. o idioma dos Fineses; o mesmo que finlandês.

FINEZA, s.f. Delicadeza; delgadeza.

FINGIDO, adj. Falso; hipócrita.

FINGIDOR, s.m. Imitador; simulador.

FINGIMENTO, s.m. Simulação, hipocrisia.

FINGIR, v.t. Simular; inventar; fantasiar, aparentar; imitar.

FÍNICO, adj. e s.m. O mesmo que finês.

FINIDADE, s.f. Qualidade do que é finito.

FINÍTIMO, adj. Confinante; vizinho; limítrofe.

FINITO, adj. e s.m. Acabado; findo; terminado; (Gram.) modo verbal que exprime ação ou estado e determina o número e a pessoa.

FINLANDÊS, adj. Da Finlândia (Europa); s.m. o natural ou habitante desse país; língua uralo-altaica do grupo fínico.

FINO, adj. Delgado; inteligente; delicado; agudo; sagaz.

FINÓRIO, adj. e s.m. Sagaz.

FINTA, s.f. Engano, destreza para enganar o adversário no futebol.

FINTADOR, adj. Ardiloso; enganador; caloteiro.

FINTAR, v.t. Enganar; calotear; despistar.

FINURA, s.f. Delgadeza; astúcia; delicadeza.

FIO, s.m. Fibra extraída de plantas têxteis; linha fiada e torcida; fieira; corrente, filete de água, gume, corte de lâmina.

FIORDE, s.m. Golfo estreito e profundo entre montanhas dos países escandinavos.

FIRMA, s.m. Assinatura por extenso ou em breve, manuscrita ou gravada; estabelecimento comercial.

FIRMAÇÃO, s.f. Ato ou efeito de firmar.

FIRMADOR, s.m. Fixador, pessoa que subscreve um documento.

FIRMAL, s.m. Broche.

FIRMAMENTO, s.m. Abóbada celeste; céu.

FIRMAR, v.t. Tornar firme, seguro, fixo; ratificar: contratar.

FIRME, adj. Seguro, fixo; estável; inabalável.

FIRMEZA, s.f. Estabilidade; fixidez; constância.

FISCAL, adj. Relativo ao fisco; s.m. empregado aduaneiro; indivíduo encarregado da fiscalização de certos atos ou da execução de certas disposições.

FISCALIZAÇÃO, s.f. Ato ou efeito de fiscalizar; controle.

FISCALIZAR, v.t. Velar por; vigiar; observar; controlar.

FISCO, s.m. Fazenda pública; parte da administração pública encarregada da cobrança dos impostos.

FISGA, s.f. Arpão para pescar; anzol.

FISGADA, s.f. Dor violenta e rápida; pontada.

FISGADOR, adj. Que pega com fisga.

FISGAR, v.t. Pescar com arpão; agarrar com fisga; prender, apanhar com rapidez; segurar.

FISGO, s.m. Parte do anzol ou do arpão que fisga o peixe.

FÍSICA, s.f. Ciência que estuda as propriedades dos corpos, os seus fenômenos e as leis que os regem, sem lhes alterar a substância (dos corpos).

FÍSICO, adj. Corpóreo; material; s.m. conjunto das qualidades exteriores e materiais do homem; aspecto; configuração; versado em Física.

FISIOGNOMONIA, s.f. Arte de conhecer o caráter das pessoas pelos traços fisionômicos.

FISIOGNOMÔNICO, adj. Relativo à fisiognomonia.

FISIOGNOMONISTA, s. Aquele que se dedica a estudos fisiognomônicos.

FISIOGRAFIA, s.f. Descrição da natureza e dos fenômenos naturais; geografia física.

FISIOGRÁFICO, adj. Relativo à fisiografia.

FISIOLOGIA, s.f. Parte da Biologia que estuda as funções dos órgãos nos seres vivos, animais ou vegetais; tratado de fisiologia.

FISIOLÓGICO, adj. Relativo à fisiologia.

FISIOLOGISTA, s. ou **FISIÓLOGO,** s.m. Pessoa que se ocupa da fisiologia ou é versada nela.

FISIONOMIA, s.f. Aspecto; ar; cara; rosto.

FISIONÔMICO, adj. Da fisionomia ou a ela relativo.

FISIONOMISTA, s. Pessoa que tem boa memória das fisionomias.

FISIOTERAPIA, s.f. Tratamento das doenças por agentes físicos.

FISIOTERÁPICO, adj. Relativo à fisioterapia.

FISSÃO, s.f. (Fís.) Cisão nuclear.

FÍSSIL, adj. Que se pode fender; (Fís.) diz-se do elemento que, sob a ação de nêutrons lentos ou rápidos sofre um fenômeno de cisão nuclear. (Pl.: físseis.)

FISSIPARIDADE, s.f. Reprodução de organismos monocelulares, por meio de fragmentação.

FISSURA, s.f. Fenda; fresta.

FÍSTULA, s.f. Úlcera em forma de canal estreito e profundo.

FISTULADO, adj. Semelhante à fístula; atravessada por tubo; fistuloso.

FISTULAR, adj. Fistulado.

FISTULOSO, adj. Que tem fístulas; ulcerado.

FITA, s.f. Tira; faixa; insígnia honorífica ou nobiliária; filme; exibição.

FITAR, v.t. Fixar (a vista, a atenção, o pensamento, etc.) em; olhar fixamente para.

FITARIA, s.f. Grande porção de fitas.

FITEIRA, s.f. Mulher que faz fitas; exibicionista.

FITEIRO, s.m. Homem que fabrica fitas; exibicionista.

FITILHO, s.m. Amarrilho; barbante.

FITO, s.m. Alvo; mira; intuito; fim.

FITO, adj. Fitado; fixo.

FITOGEOGRAFIA, s.f. Descrição da distribuição das plantas no globo.

FITOGEOGRÁFICO, adj. Relativo à fitogeografia.

FITOGRAFIA, s.f. Descrição dos diversos tipos vegetais, relativamente a sua classificação; botânica.

FITOGRÁFICO, adj. Relativo à fitografia.

FITÓGRAFO, s.m. Aquele que se dedica à fitografia.

FIÚZA, s.f. Confiança; esperança.

FIVELA, s.f. Peça metálica, com uma parte dentada, a que se segura a presilha de certos vestuários, uma correia, uma fita, etc. (Diminutivo: fivelinha, fiveleta.)

FIVELÃO, s.m. Fivela grande.

FIVELETA, s.f. Pequena fivela.

FIXAÇÃO (cs), Ato de fixar; operação química com que se torna fixo um corpo volátil.

FIXADOR, (cs), s.m. Peça para fixar; banho em que se dissolvem as substâncias que não foram impressionadas pela luz nas matrizes fotográficas.

FIXAR (cs), v.t. Firmar; assentar; reter na memória; tornar firme, estável.

FIXATIVO (cs), adj. Que fixa; s.m. substância que serve para fixar as imagens fotográficas; verniz que serve para fixar os traços de um desenho a lápis, carvão, etc. impedindo que se apaguem.

FIXIDADE (cs), ou **FIXIDEZ** (cs...é), s.f. Qualidade do que é ou está fixo.

FIXO (cs), adj. Firme; cravado; estável; imóvel; determinado; aprazado; que não desbota (cor).

FLABELAÇÃO, s.f. Agitação; abanamento.

FLABELAR, v.t. Agitar; abanar.

FLABELÍFERO, adj. Que tem leque ou forma de leque; que tem uma parte em forma de leque.

FLABELO, s.m. Leque ou ventarola.

FLACIDEZ (è), s.f. Moleza, frouxidão.

FLÁCIDO, adj. Mole; frouxo; bambo.

FLAGELAÇÃO, s.f. Chicoteamento; vergastamento; açoitamento.

FLAGELADO, adj. Açoitado; torturado; atormentado.

FLAGELADOR, adj. Vergastador; açoitador.

FLAGELANTE, adj. Chicoteante; vergastante.

FLAGELAR, v.t. Castigar; torturar; atormentar; afligir; açoitar; zorraguear; vergastar; chicotear; chibatear.

FLAGELATIVO, adj. Que flagela; próprio para flagelar.

FLAGELÍFERO, adj. Que tem filamentos compridos e muito delgados; que apresenta flagelos.

FLAGELO, s.m. Açoite; chicote; (fig.) calamidade; peste; filamento vibrátil de certos protozoários, dos espermatozóides e de algumas outras células.

FLAGICIAR, v.t. Torturar; martirizar.

FLAGÍCIO, s.m. Tortura; martírio; sofrimento.

FLAGICIOSO, adj. Facinoroso; criminoso; malvado.

FLAGRÂNCIA, s.f. Ardência, evidência; surpreendimento de um ato no seu próprio momento de ser feito.

FLAGRANTE, adj. Ardente; diz-se do ato em cuja prática a pessoa é surpreendida.

FLAGRAR, v.int. Arder; inflamar-se.

FLAMA, s.f. Chama; ardor; vivacidade.

FLAMÂNCIA, s.f. Qualidade daquilo que é flamante: ardência, calor.

FLAMANTE, adj. Que despede chamas ardentes.

FLAMAR ou **FLAMBAR**, v.t. Desinfetar por meio de chamas rápidas, queimando fachos de algodão embebidos em álcool.

FLAMEJANTE, adj. Brilhante, chamejante.

FLAMEJAR, v.int. Lançar chamas; arder; resplandecer; chamejar.

FLAMENGO, adj. De Flandres (antiga região que compreendia a Bélgica, parte da Holanda e uma província francesa).

FLAMÍFERO ou **FLAMIGERO**, adj. Que traz, que produz chama.

FLÂMINE, s.m. Antigo sacerdote em Roma. (Fem.: flamínica.)

FLAMINGO, s.m. Flamengo; ave pernalta.

FLAMIPOTENTE, adj. Poderoso em chamas.

FLÂMULA, s.f. Pequena chama; galhardete.

FLANAR, v.int. Passear ociosamente; vagabundear

FLANCO, s.m. Lado de um exército ou de um corpo de tropas; ilharga; lado; costado.

FLANDRES, s.m. 2 núm. Folha-de-flandres, lata, lâmina de ferro recoberta de estanho.

FLANELA, s.f. Tecido de lã, menos encorpado que a baetilha.

FLANQUEAR, v.t. Atacar de flanco; marchar ao lado de.

FLATO, s.m. Flatulência; ventosidade.

FLATOSO (ô), adj. Que causa flatos.

FLATULÊNCIA, s.f. Acúmulo de gases no tubo digestivo; flatuosidade.

FLATULENTO, adj. Que produz flatulência; que é produzido por ela.

FLATULOSO, adj. Que tem flatos; o mesmo que flatuoso.

FLATUOSIDADE, s.f. Flatulência.

FLATUOSO, adj. Flatuloso, ventoso.

FLAUTA, s.f. Instrumento músico de sopro, constituído por um tubo cilíndrico oco com orifícios e munido de chaves.

FLAUTEAR, v.int. Tocar flauta; faltar a compromisso; distrair-se; espairecer; vadiar.

FLAUTEIO, s.m. Zombaria; gracejo; debique.

FLAUTIM, s.m. Instrumento músico de sopro, semelhante à flauta, porém menor e mais fino, dando a oitava superior.

FLAUTISTA, s. Tocador de flauta.

FLAVO, adj. Louro; fulvo; da cor do trigo maduro; da cor do ouro.

FLÉBIL, adj. Lacrimoso; plangente. (Pl.: flébeis.)

FLEBITE, s.f. Inflamação das veias.

FLEBORRAGIA, s.f. Ruptura de uma veia; hemorragia venosa.

FLECHA, s.f. Seta; dardo.

FLECHAÇO, s.m. Golpe de flecha.

FLECHADA, s.f. Golpe de flecha, o mesmo que flechada e flechaço.

FLECHAR, v.t. Ferir com flecha; (fig.) magoar; satirizar; rel. dirigir-se diretamente ao alvo.

FLECHARIA, s.f. Quantidade de flechas.

FLECHEIRO, s.m. Soldado que atirava flechas; aquele que usava de flecha na caça.

FLECTIR ou **FLETIR**, v.t. Dobrar; fazer a flexão de, curvar.

FLEGMA, s.f. Fleuma; calma; tranqüilidade.

FLEGMÁTICO, adj. Fleumático; calmo; tranqüilo.

FLERTAR, v.int. rel. e t. Namoriscar. (Pres. ind.: flerto, flertas,etc.; pres. sub.: flerte, flertes,etc.)

FLERTE, s.m. Namoro ligeiro, sem conseqüência.

FLEUMA, s. Um dos quatro humores do organismo humano, segundo a medicina antiga; (fig.) pachorra; impossibilidade; calma; tranqüilidade.

FLEUMÁTICO, adj. Relativo a fleuma; pachorrento; impassível; calmo; tranqüilo.

FLEXÃO (cs), s.f. Ato de dobrar-se ou curvar-se; curvatura; (Gram.) variante das desinências nas palavras declináveis e conjugáveis.

FLEXIBILIDADE (cs), s.f. Aptidão para variadas coisas ou aplicações; submissão; docilidade.

FLEXIBILIZAR (cs), v.t. Tornar flexível.

FLEXÍLOQUO (cs...co), adj. Ambíguo ou obscuro na linguagem.

FLEXIONAL (cs), adj. (Gram.) Relativo a flexão.

FLEXIONAR (cs), v.t. Fazer a flexão de; p. assumir a forma flexional.

FLEXÍVEL (cs), adj. Que se pode dobrar ou curvar; maleável; dócil; complacente; submisso.

FLEXIVO (cs), adj. Diz-se do grupo das línguas que apresentam flexões.

FLEXOR (csô), adj. Que faz dobrar; s.m. músculo que faz dobrar.

FLEXÓRIO (cs), s.m. O músculo flexor.

FLEXUOSIDADE (cs), s.f. Qualidade daquilo que é flexuoso.

FLEXUOSO (cs), adj. Torto; sinuoso.

FLEXURA (cs), s.f. Articulação dos ossos, lugar onde os ossos jogam para dobrar; meneio; flexibilidade: indolência; frouxidão; dobra.

FLIBUSTEIRO, s.m. Pirata dos mares da América nos séculos XVII e XVIII; (fig.) ladrão; aventureiro.

FLOCADO, adj. Semelhante a flocos; disposto em flocos.

FLOCO, s.m. Farfalha de neve que esvoaça e cai lentamente; conjunto de filamentos sutis que esvoaçam ao impulso da aragem; felpa; tufo de pêlos na cauda de alguns animais; vaporização.

FLOCOSO, adj. Que tem ou faz flocos.

FLÓCULO, s.m. Pequeno floco.

FLOEMA, s.m. O conjunto dos vasos que conduzem a seiva; o mesmo que líber.

FLOGÍSTICO, s.m. Fluido imaginado pelo químico Stahl no século XVIII para explicar a combustão; adj. (Med.) que produz sensação de calor.

FLOGOSE, s.f. Inflamação.

FLOR, s.f. Órgão de reprodução das plantas fanerogâmicas, geralmente odorífero e de cores vivas; superfície exterior do couro. (Pl.: flores.)

FLORA, s.f. Conjunto das plantas de uma determinada região; tratado acerca dessas plantas. (Diminutivo: florazinha e flórula.)

FLORAÇÃO, s.f. Desabrochamento das flores; desenvolvimento da flor; estado das plantas em flor; florescência; florescimento.

FLORADA, s.f. Quantidade de flores; época do desabrocho das flores.

FLORAL, adj. Da flor; que contém só flores; relativo a flores.

FLORÃO, s.m. Ornato circular, do feitio de flor, no centro de um teto, abóbada, etc.

FLORAR, v.int. Enflorar, florescer, florir.

FLOREADO, adj. Ornado de flores; florido; adornado; escrito cheio de figuras e imagens; fala elegante, caprichada; variação em música.

FLOREAR, v.t. Cobrir ou adornar com flores; ornar de flores; brandir ou manejar com destreza (uma arma branca); fazer proezas de equitação; tornar-se distinto; brilhar; fazer figura.

FLOREIO, s.m. Ato de florear; adorno; variação musical; capricho; elegância no andar, no falar, no escrever.

FLOREIRA, s.f. Vaso ou jarra para flores; vendedora de flores; florista.

FLOREIRO, s.m. Comerciante de flores.

FLOREJAR, v.int. Florescer, cobrir-se de flores; t. fazer brotar em; ornar de flores; florear.

FLORENTE, adj. Florido; florescente.

FLORENTINO, adj. De Florença (Itália); s.m. o natural ou habitante de Florença; o mesmo que florentim.

FLÓREO, adj. De flores; florescente; adornado de flores.

FLORESCÊNCIA, s.f. Ato de florescer; inflorescência.

FLORESCENTE, adj. Que floresce; próspero; viçoso.

FLORESCER, v.t. Enflorar; florir; fazer produzir flores; int. produzir flores; prosperar; medrar; distinguir-se; ter fama; existir com renome.

FLORESCIMENTO, s.m. Ato ou efeito de florescer; florescência.

FLORESTA, s.f. Mata; bosque.

FLORESTAL, adj. Relativo a floresta; que trata de florestas.

FLORETA, s.f. Ornato em forma de flor. Diminutivo de flor.

FLORETE (è), s.m. Arma branca, composta de cabo e de uma haste metálica, prismática e pontiaguda, usada na esgrima.

FLORETEAR, v.t. Florear; guarnecer de flores; esgrimir.

FLORIANOPOLITANO, adj. De Florianópolis; s.m. o natural ou habitante de Florianópolis.

FLORICULTOR, s.m. Indivíduo que cultiva flores.

FLORICULTURA, s.f. Arte de cultivar flores; cultura de flores.

FLORIDO, adj. Em flor; que tem flores; florescente; adornado; elegante.

FLÓRIDO, adj. Flório; florescente; brilhante; viçoso; próspero.

FLORÍFERO, adj. Que produz flores. O mesmo que florígero.

FLORIFORME, adj. Semelhante a flores.

FLORÍGERO, adj. Florífero.

FLORILÉGIO, s.m. Coleção de flores; (fig.) compilação de trechos literários escolhidos; antologia.

FLORIM, s.m. Moeda de prata ou ouro, em diversos países; unidade monetária na Holanda (guilder) e na Hungria.

FLORÍPARO, adj. Designativo do botão que contém flores.

FLORIR, v.int. Florescer; desabrochar; desenvolver-se; despontar; pôr flores em; t. enfeitar; adornar; tornar viçoso, cheio de frescura. (Verbo defectivo, conjugado somente nas formas em que o i é acentuado. No pres. indic.: florimos, floris.)

FLORISTA, s. Pessoa que vende flores; fabricante de flores artificiais.

FLORÍSTICO, adj. Relativo à flora.

FLORITURA, s.f. Adorno vocal ou instrumental introduzido por executante hábil numa peça de música.

FLOROMANIA, s.f. Paixão pelas flores.

FLÓRULA, s.f. Pequena flora; flora de uma pequena região.

FLOS-SANTÓRIO, s.m. Livro que relata a vida dos santos.

FLOTILHA, s.f. Pequena frota.

FLUÊNCIA, s.f. Espontaneidade; fluidez.

FLUENTE, adj. Que corre com facilidade; fluido; (fig.) natural; fácil; espontâneo.

FLUIDEZ, s.f. Qualidade daquilo que é fluido.

FLUÍDICO, adj. Que é fluido, corrente.

FLUIDIFICAÇÃO, s.f. Ato de fluidificar.

FLUIDIFICAR, v.t. Tornar fluido; p. reduzir-se a fluido; diluir-se.

FLUIDIFICÁVEL, adj. Que se pode fluidificar.

FLUIDO, adj. Fluente; que corre como um líquido; (fig.) brando; frouxo; s.m. designação genérica de qualquer líquido ou gás. (Pronuncia-se flúido e não flu-i-do.)

FLUIR, v.int. Correr em estado líquido, rel. manar; proceder; derivar. (Pres. ind.: fluo, fluis, flui, fluímos, fluís, fluem; pres. subj.: flua, fluas, flua, fluamos, etc.; part.: fluído.)

FLUMINENSE, adj. Natural do Estado do Rio de Janeiro.

FLUMÍNEO, adj. Fluvial.

FLUOR (ô), s.m. Fluidez.

FLÚOR, s.m. Elemento químico, metalóide gasoso, símbolo F, peso atômico 19.00 e n.º atôm. 9.

FLUORESCÊNCIA, s.f. Iluminação especial de certas substâncias quando expostas à ação de raios químicos. Também os gases rarefeitos encerrados em tubos apropriados, utilizados em iluminação e anúncios, se iluminam pela ação de descargas elétricas; perdem, porém, sua luminosidade quando cessam as descargas.

FLUORESCENTE, adj. (Fís.) Que tem a propriedade da fluorescência.

FLUORETO, s.m. Designação genérica dos sais e ésteres do ácido fluorídrico e das combinações do flúor com os elementos metálicos.

FLUORÍDRICO, adj. Ácido formado pela combinação de flúor com hidrogênio.

FLUOROSCÓPIO, s.m. Aparelho inventado por Edison e que, como o criptoscópio, permite ver os objetos contidos numa caixa não transparente.

FLUTUAÇÃO, s.f. Ato ou efeito de flutuar; (fig.) hesitação; volubilidade; instabilidade da cotação de preços e valores num determinado mercado ou praça.

FLUTUADOR, s.m. Cada uma das partes do hidroavião destinadas a mantê-lo pousado na água;

cais de madeira flutuante para atracação de pequenas embarcações.

FLUTUANTE, adj. Que flutua; o mesmo que flutuoso.

FLUTUAR, v.int. Andar sobre as águas; boiar; sobrenadar; andar boiando; hesitar; estar indeciso; oscilar.

FLUTUÁVEL, adj. Que pode flutuar; em que se pode flutuar.

FLUTUOSIDADE, s.f. Qualidade do que é flutuante.

FLUTUOSO, adj. Flutuante.

FLUVIAL, adj. Que diz respeito a rio; próprio dos rios; que vive nos rios.

FLUVIÔMETRO, s.m. Instrumento que serve para medir a altura das enchentes fluviais.

FLUX (cs), s.m. Fluxo; a —: aos jorros, em grande abundância.

FLUXÃO (cs), s.m. Fluxo; afluxo de um líqüido determinado por uma causa excitante em uma parte do corpo; defluxão.

FLUXIBILIDADE, (cs), s.f. Qualidade daquilo que é fluxível.

FLUXIONÁRIO (cs), adj. Que diz respeito a fluxão; que produz fluxão.

FLUXÍVEL (cs), adj. Suscetível de fluxão; transitório; instável.

FLUXO (cs), s.m. Preamar; correnteza; fluxão; (fig.) vicissitude dos acontecimentos; abundância.

FOBIA, s.f. Medo; receio.

FOCA, s.f. Mamífero da família dos Otarídeos: novato de jornal.

FOCAGEM, s.f. Enfocamento; focalização.

FOCAL, adj. Relativo ao foco.

FOCALIZAÇÃO, s.f. Focagem; enfoque; enfocamento.

FOCALIZAR, v.t. Enfocar; pôr em foco, em evidência.

FOCAR, v.t. Pôr em foco; pôr em evidência; focalizar.

FOCINHADA, s.f. Pancada com o focinho; trombada.

FOCINHAR, v.t. e int. Afocinhar; cair de focinho, de borco.

FOCINHEIRA, s.f. Aparelho que prende o focinho do animal.

FOCINHO, s.m. Parte da cabeça do animal, que compreende a boca, ventas e queixo; tromba.

FOCO, s.m. (Fís.) Ponto para onde convergem os raios luminosos refletidos por um espelho ou refratados por uma lente; (Geom.) ponto de emanação dos raios vectores para certas curvas; (fig.) centro, sede; ponto de convergência ou de onde saem emanações, etc.; (Med.) ponto de infecção em certas moléstias microbianas, como a tuberculose.

FOFAR, v.t. Ornar de fofos; amaciar.

FOFICE, s.f. Maciez.

FOFO, adj. Macio; oco.

FOGAÇA, s.f. Grande bolo ou pão cozido.

FOGACHO, s.m. Pequena labareda; tiro ou explosão que se dá na pedra por meio de uma simples carga de pólvora; (fig.) sensação de calor que vem à face por emoção ou estado mórbido.

FOGAGEM, s.f. Denominação popular de vários distúrbios cutâneos e mucosos; (fig.) arrebatamento; mau gênio.

FOGÃO, s.m. Pequena construção de alvenaria onde se faz fogo para cozinhar; aparelho de ferro, metal que se aquece com carvão, lenha, gás, eletricidade para cozinhar; lareira.

FOGAREIRO, s.m. Pequeno fogão portátil de barro ou ferro, para cozinhar ou para aquecer.

FOGARÉU, s.m. Fogo intenso; grande.

FOGO, s.m. Combustão; lume; ardor; paixão; calor; entusiasmo.

FOGO-DE-BENGALA, s.m. Fogo de artifício que arde sem ruído, produzindo luz colorida muito viva. (Pl.: fogos-de-bengala.)

FOGO-FÁTUO, s.m. Inflamação espontânea de gases emanados dos sepulcros e de pântanos; (fig.) brilho transitório. (Pl.: fogos-fátuos.)

FOGO-SELVAGEM, s.m. Pênfigo foliáceo; doença que se caracteriza pela formação de bolhas na pele e que após a absorção deixam manchas escuras.

FOGOSIDADE, s.f. Impetuosidade; ardência; veemência.

FOGOSO, adj. Caloroso; ardente; impetuoso.

FOGUEAR, v.t. Queimar; fazer arder; afoguear.

FOGUEIRA, s.f. Labareda; lume da lareira; matéria combustível empilhada, a que se deita fogo; (fig.) ardor; exaltação; caieira.

FOGUEIRO, s.m. Foguista.

FOGUETADA, s.f. Estampido de muitos foguetes que estouram ao mesmo tempo; girândola.

FOGUETÃO, s.m. Espécie de foguete com que de algumas praias se atiram cabos a náufragos. (Fem.: foguetona: mulher namoradeira.)

FOGUETE, s.m. Peça de fogo de artifício, que estoura no ar em festividade ou ocasiões de regozijo; (Astronáut.) engenho impulsionado por gases quentes produzidos por ignição de combustível utilizando comburente (oxigênio ou gás afim) contido no próprio engenho e seu impulso para a frente não se faz à custa do deslocamento do ar, podendo, por isso, viajar no espaço sideral ou em atmosfera rarefeita.

FOGUETEAR, v.int. Oferecer-se; derriçar-se; ficar fogueta.

FOGUETEIRO, s.m. Fabricante de foguetes e de outras peças de fogo de artifício.

FOGUETÓRIO, s.m. Foguetada; quantidade de foguetes.

FOGUISTA, s.m. O que tem a seu cargo as fornalhas nas máquinas de vapor; o mesmo que fogueiro.

FOIÇADA, s.f. Golpe de foice.

FOIÇAR, v.t. Cortar com foice; ceifar ou segar.

FOICE, s.f. Alfange; padão.

FOICIFORME, adj. Que tem forma de foice; falciforme.

FOJO, s.m. Cova funda, cuja abertura se tapa ou disfarça com ramos, para nela caírem animais ferozes; sorvedouro para águas; diz-se de um lugar muito fundo num rio; caverna; armadilha; mundéu.

FOLCLORE, s.m. Conjunto das tradições, conhecimentos ou crenças populares expressas em provérbios, contos ou canções; conjunto das canções populares de uma época ou região; estudo e conhecimento das tradições de um povo, expressas em suas lendas, crenças, canções e costumes.

FOLCLÓRICO, adj. Relativo a folclore.

FOLCLORISTA, s. Pessoa dada à investigação ou a colecionar tradições ou canções populares.

FOLE, s.m. Utensílio destinado a produzir vento para ativar uma combustão ou limpar cavidades.

FÔLEGO, s.m. Respiração; (fig.) ânimo; prender o —: causar dispnéia.

FOLEIRO, s.m. Fabricante ou vendedor de foles.

FOLGA, s.f. Ócio; descanso; férias.

FOLGADO, adj. Que tem folga; que tem tido descanso; largo; amplo.

FOLGADOR, adj. Folgazão; brincalhão; pândego.

FOLGANÇA, s.f. Folga; folguedo; brincadeira ruidosa.

FOLGAR, v.t. Descansar; divertir-se; tornar folgado, largo, não apertado.

FOLGAZ, adj. Folgazão.

FOLGAZÃO, adj. e s.m. Amigo de folgar; alegre; brincalhão; galhofeiro; o mesmo que folgaz. (Fem.: folgazã e folgazona; pl.: folgazãos e folgazões.)

FOLGUEDO, s.m. Brincadeira, pândega, divertimento.

FOLHA, s.f. Nome dado a órgãos apendiculares, de formas variadas, geralmente planos e de cor verde, que se desenvolvem no caule e nos ramos das plantas; pétala; parte cortante de alguns instrumentos; pedaço quadrilongo de papel dobrado ao meio; papel que se imprime de cada vez, dando um certo número de páginas; relação; rol; periódico; a parte móvel da porta.

FOLHADA, s.f. Camada de folhas caídas, em uma floresta ou mata, ainda não decompostas.

FOLHADO, adj. Cheio de folhas; que tem forma de folhas; s.m. massa estendida para pastéis, empadas, etc.

FOLHAGEM, s.f. Conjunto de folhas.

FOLHAME, s.m. Folhagem.

FOLHA-MORTA, s.f. Acrobacia aeronáutica que consiste em fazer o avião descer como se fosse uma folha solta.

FOLHAR, v.t. Passar as folhas de um livro; examiná-lo rapidamente; o mesmo que folhear.

FOLHARADA, s.f. Grande porção de folhas.

FOLHEADO, adj. Composto de folhas; que se folheou; revestido de folha; s.m. lâmina de madei-

ra ou metal com que se revestem móveis.

FOLHEAR, v.t. Volver as folhas de (um livro); lê-las apressadamente; consultar; revestir de lâminas de madeira ou metal.

FOLHEATURA, s.f. Ato de folhear; (Bot.) época da rebentação das folhas; vernação.

FOLHECA, s.f. Flocos de neve.

FOLHEDO, s.m. Conjunto de folhas desprendidas da árvore; folhagem.

FOLHEIO, s.m. Ato de folhear (livros).

FOLHEIRO, s.m. Pessoa que faz ou vende objetos de folha; funileiro.

FOLHELHO (ê), s.m. Película que reveste a maçaroca do milho, os bagos de uvas, legumes, etc.; o mesmo que folículo.

FOLHENTO, adj. Que tem muitas folhas; folhudo; copado.

FOLHETA, s.f. Pequena folha, muito delgada.

FOLHETARIA, s.f. Folhagem desenhada ou pintada; coleção de folhetos.

FOLHETEAR, v.t. Pôr folhetas em (pedras preciosas); dividir em folhas; engastar; folhear (móveis).

FOLHETIM, s.m. Seção literária de um periódico, que ocupa ordinariamente a parte inferior de uma página; fragmento de romance publicado dia a dia num jornal.

FOLHETINISTA, s. Pessoa que escreve folhetins.

FOLHETINÍSTICO, adj. Relativo a folhetinista.

FOLHETISTA, s. Pessoa que escreve folhetos; panfletário.

FOLHETO, s.m. Brochura de poucas folhas; panfleto; caderneta.

FOLHINHA, s.f. Pequena folha impressa, que contém o calendário; calendário em pequenas folhas correspondentes a cada dia do ano e diariamente arrancadas.

FOLHO, s.m. Guarnição de pregas, para vestuários; excrescência no casco dos animais. (Pl.: folhos.)

FOLHOSO, adj. Folhudo; s.m. terceiro estômago dos ruminantes, também conhecido por folho.

FOLHUDO, adj. Que tem muitas folhas.

FOLIA, s.f. Dança ao som do pandeiro; folgança ruidosa; pândega; farra.

FOLIAÇÃO, s.f. Tempo em que começam a brotar as folhas dos gomos.

FOLIÁCEO, adj. Semelhante ou relativo a folhas; feito de folhas.

FOLIADO, adj. Que tem folhas; foliáceo; folheado; revestido de lâminas de madeira ou de metal.

FOLIÃO, s.m. Histrião; farsante; indivíduo folgazão; carnavalesco. (Fem.: foliona.)

FOLIAR, adj. Relativo a folhas; v.int. andar em folias; pular; saltar; divertir-se.

FOLICULAR, adj. Que diz respeito a folículo.

FOLICULÁRIO, s.m. Escritor de folhetos; mau jornalista; panfletário.

FOLÍCULO, s.m. Folhelho; folheto; pequena folha ou lâmina; casca; folezinho.

FOLICULOSO, adj. Que tem folículos ou é de natureza folicular.

FOLIENTO, s.m. Folgazão; adj. dado a folias.

FOLÍFAGO, adj. Que come folhas.

FOLÍFERO, adj. (Bot.) Que tem ou produz folhas.

FOLIFORME, adj. Que tem forma de folha.

FÓLIO, s.m. Livro comercial numerado por folhas, livro in-fólio, isto é, impresso em folhas inteiras, que não foram dobradas; as duas laudas de uma folha.

FOLÍOLO, s.m. Pequena folha; nome dado às divisões articuladas das folhas compostas.

FOLIPA, s.f. Empola; bolha; folheca; o mesmo que folipo.

FOLIPO, s.m. Espécie de fole que se forma no vestuário malfeito; empola; bolha.

FOME, s.f. Grande apetite de comer; urgência de alimentos; miséria; escassez; sofreguidão; (fig.) avidez; — canina: bulimia; unha-de—: avarento.

FOMENTAÇÃO, s.f. Ato ou efeito de fomentar; fricção medicamentosa na epiderme.

FOMENTADOR, adj. Que fomenta; s.m. aquele que fomenta, promove ou causa.

FOMENTAR, v.t. Promover o desenvolvimento de; exercitar; excitar; facilitar; estimular; friccionar (a pele) com um medicamento líqüido.

FOMENTATIVO, adj. Que fomenta.

FOMENTO, s.m. Ato de fomentar; medicamento

que se aplica na pele por meio de fricção; (fig.) refrigério; proteção; auxílio; estímulo.

FONA, s.f. Azáfama; lufa-lufa; roda-viva; faúlha; centelha.

FONAÇÃO, s.f. Produção fisiológica da voz.

FONADOR, adj. Que produz a voz.

FONALIDADE, s.f. Caráter dos sons de uma língua.

FONE, s.m. A peça do aparelho telefônico que se leva ao ouvido; forma reduzida do termo telefone, empregada na linguagem comercial.

FONEMA, s.m. Som enquanto considerado na palavra.

FONÉTICA, s.f. (Gram.) Estudo dos fonemas, considerados como elementos dos vocábulos.

FONETICISMO, s.m. A representação dos sons; grafia baseada nos sons.

FONETICISTA, s. Filólogo que trata especialmente da fonética.

FONÉTICO, adj. Relativo a fonema; relativo à fonética.

FONFOM, s.m. Onomatopéia do som da buzina do automóvel.

FONFONAR, v.t. Buzinar (o automóvel).

FONIATRIA, s.f. Medicina da voz; diagnóstico e cura das moléstias dos órgãos vocais.

FÔNICO, adj. Relativo à voz.

FONOFOBIA, s.f. Horror aos sons.

FONÓFOBO, s.m. Aquele que sofre de fonofobia.

FONOGRAFAR, v.t. Representar graficamente os sons.

FONOGRAFIA, s.f. (Gram.) Maneira de representar os sons por meio de letras; (Fís.) representação gráfica das vibrações dos corpos sonoros.

FONOGRÁFICO, adj. Relativo à fonografia.

FONÓGRAFO, s.m. Instrumento que fixa, conserva e reproduz os sons ou vibrações sonoras; vitrola.

FONOLOGIA, s.f. O estudo dos elementos materiais da palavra, isto é, dos sons elementares.

FONOLÓGICO, adj. Relativo à fonologia.

FONOMETRIA, s.f. (Fís.) Arte de medir a intensidade do som ou da voz.

FONÔMETRO, s.m. (Fís.) Instrumento com que se mede a intensidade do som ou da voz.

FONTANELA, s.f. (Anat.) Espaço membranoso que apresentam no crânio os fetos e as criancinhas; moleira.

FONTE, s.f. Nascente de água; chafariz; bica; lados da cabeça; (fig.) origem; causa; princípio; o texto original de uma obra ou da qual foi derivada.

FONTÍCULA, s.f. Pequena fonte.

FORA, adj. Na parte exterior; em país estranho; prep. exceto; com exclusão de; interj. para expulsar; nos teatros, para patear.

FORAGIDO, adj. e s.m. Fugido; escondido; perseguido.

FORAGIR-SE, v.p. Fugir, homiziar-se; refugiar-se.

FORAL, s.m. Carta de lei que regulava a administração de uma localidade ou concedia privilégios a indivíduos ou corporações.

FORALEIRO, adj. Relativo a foral.

FORÂNEO, adj. Que é de terra estranha; forasteiro.

FORASTEIRO, adj. e s.m. Estrangeiro; peregrino; estranho; que vem de fora; turista.

FORCA, s.f. Instrumento para o suplício da estrangulação; patíbulo; cadafalso. (Pl.: forcas.)

FORÇA, s.f. Causa capaz de produzir alteração da posição de repouso ou de movimento de um corpo; faculdade de operar, mover-se, etc.; poder; energia; vigor; robustez; valentia; destacamento militar. (Pl.: forças.)

FORCADA, s.f. Ponto de bifurcação.

FORCADO, s.m. Instrumento de lavoura, formado de uma haste terminada em duas ou três pontas do mesmo pau ou de ferro; espalhadeira; ancinho.

FORÇADO, adj. Obrigado; compelido; contrafeito; sem espontaneidade; s.m. grilheta; condenado a trabalhos públicos.

FORÇADOR, s.m. Aquele que força.

FORÇADURA, s.f. Espaço entre as pontas do forcado.

FORÇAMENTO, s.m. Violação.

FORÇANTE, adj. Que força.

FORÇAR, v.t. Violentar; constranger; obrigar; arrombar.

FORCEJAR, v.t. Esforçar; empenhar-se; diligenciar; forçar.

FORCEJO, s.m. Ato de forcejar.

FÓRCEPS, s.m. 2 núm. Instrumento cirúrgico em forma de tenaz para extrair fetos do útero.

FÓRCIPE, s.m. O mesmo que fórceps.

FORÇOSO, adj. Inevitável; necessário; fatal.

FORÇUDO, adj. Forte; robusto; musculoso.

FOREIRO, s.m. Aquele que tem o domínio útil de um prédio, pagando foro ao senhorio direto; adj. que paga foro; relativo a foro.

FORENSE, adj. Que diz respeito ao foro judicial; relativo aos tribunais.

FÓRFEX (cs), s.m. Instrumento cirúrgico em forma de tesoura ou pinça; fórceps.

FÓRFICE, s.m. Fórfex. (Pl.: fórfices.)

FORJA, s.f. Oficina de ferreiro; fundição; frágua; conjunto de fornalha, fole e bigorna.

FORJADOR, adj. e s.m. Ferreiro; inventor; fabricador.

FORJADURA, s.f. ou **FORJAMENTO**, s.m. Ato de forjar.

FORJAR, v.t. Aquecer e trabalhar na forja; fabricar; fazer; inventar; maquinar; planear.

FORJICAR, v.t. Forjar; arranjar defeituosamente; inventar, intrigar, enredar, mexericar.

FORMA, s.f. Configuração; feitio; feição exterior; estrutura; arranjo e estilo em composição literária, musical ou plástica; alinhamento de tropas.

FORMA, s.f. Peça de madeira, que imita o pé, empregada no fabrico de calçados; molde; cincho; caixilho em que estão dispostos por sua ordem os caracteres tipográficos; vasilha em que se assam bolos e pudins; carcaça; recipiente onde se deita material fundido para que tome a configuração desejada. (Pl.: formas.)

FORMAÇÃO, s.f. Arranjo; disposição; constituição.

FORMADO, adj. Modelado; diplomado; constituído.

FORMADOR, adj. e s.m. Arranjador; constituidor.

FORMAL, adj. Relativo a forma; evidente; positivo; decidido; peremptório; genuíno; s.m. (Jur.) carta de partilhas.

FORMALDEÍDO, s.m. O mesmo que aldeído fórmico, formol.

FORMALIDADE, s.f. Modo de proceder publicamente; praxe, cerimônia; fórmula.

FORMALISMO, s.m. Sistema filosófico que nega a existência da matéria, admitindo só a forma; sistema dos que se prendem muito com formalidade e cerimônias.

FORMALISTA, adj. e s. Sectário do formalismo; diz-se da pessoa que é amiga de formalidades.

FORMALIZADO, adj. Feito de acordo com as regras, segundo a etiqueta; bem trajado; vestido com apuro.

FORMALIZAR, v.t. Realizar segundo as fórmulas ou segundo as formalidades; executar conforme as regras ou cláusulas.

FORMÃO, s.m. Instrumento cortante de gume largo.

FORMAR, v.t. Constituir; dispor; fundar; compor; organizar; dar forma; produzir; instruir; concluir curso.

FORMARIA, s.f. Conjunto de formas de chapeleiro, sapateiro, etc.

FORMATIVO, adj. Que dá forma.

FORMATO, s.m. Feitio; tamanho; jeito.

FORMATURA, s.f. Colação de grau acadêmico; dissipação, alinhamento de tropa, de escolares, de atletas, etc.

FORMEIRO, s.m. Fabricante de formas.

FORMENO, s.m. Metano; gás dos pântanos.

FORMIATO, s.m. Designação genérica dos sais e ésteres do ácido fórmico.

FÓRMICA, s.f. Substância plástica usada para revestimento de móveis, repartições, etc. (É nome comercial passado para a língua geral.)

FORMICIDA, s.m. Preparado químico para destruição de formigas.

FORMICÍDIO, s.m. Destruição de formigas.

FORMICÍVORO, adj. Que come formigas.

FÓRMICO, adj. Ácido cáustico e corrosivo, cuja fórmula é: H.COOH; aldeído, também chamado metanal, conhecido no comércio pelos nomes de formol ou formalina.

FORMICULAR, adj. Relativo ou semelhante à formiga.

FORMIDANDO, adj. Terrível; tremendo; enorme; formidável.

FORMIDÁVEL, adj. Pavoroso; tremendo; terrível; descomunal; que desperta admiração ou entusiasmo; atualmente: excelente; ótimo.

213

FORMIDOLOSO, adj. Formidável; que infunde pavor; que tem medo.

FORMIGA, s.f. Designação geral dos insetos himenópteros que vivem em sociedade; (fig.) pessoa previdente.

FORMIGAMENTO, s.m. Comichão; prurido.

FORMIGANTE, adj. Que formiga.

FORMIGÃO, s.m. Formiga grande; mistura de cal, saibro e cascalho para construções; rastilho de pólvora; seminarista.

FORMIGAR, v.int. Sentir formigamento; existir ou acorrer em grande número; ferver; pulular: agenciar, procurar ganhar a vida.

FORMIGUEIRO, s.m. Moradia, grande reunião de formigas; ajuntamento de pessoas em grande número.

FORMIGUEJAR, v.int. Andar ou mover-se em grande quantidade, como formigueiro, fervilhar; comichar.

FORMILHO, s.m. Instrumento de chapeleiro, com que se dá forma à boca de copa do chapéu.

FORMISTA, s.m. Fabricante de formas; formeiro.

FORMOL, s.m. Preparado antisséptico, aldeído fórmico, também chamado metanal.

FORMOSO, adj. Belo; lindo; pulcro.

FORMOSURA, s.f. Beleza; lindeza.

FÓRMULA, s.f. Expressão de um preceito ou princípio; receita; expressão matemática para resolução dos problemas relativos a certa questão; (Quím.) expressão simbólica da composição qualitativa e quantitativa de uma substância, isto é, representando-se a natureza e o número de átomos presentes na molécula de um composto mediante o uso de letras e algarismos; palavras rituais.

FORMULAÇÃO, s.f. Ato ou efeito de formular.

FORMULAR, v.t. Reduzir a fórmula; receitar; aviar; articular; manifestar; expor com precisão.

FORMULÁRIO, s.m. Coleção de fórmulas; livro de orações.

FORMULISTA, s. Pessoa que prescreve fórmulas; pessoa que adota rigorosamente certas fórmulas.

FORNAÇA, s.f. Fornalha.

FORNADA, s.f. Tudo que vai ao forno de uma só vez; quantidade de coisas feitas de uma só vez.

FORNALHA, s.f. Forno grande; caldeira; lugar onde se queima o combustível.

FORNALHEIRO, s.m. Foguista.

FORNEAR, v.int. Exercer o mister de forneiro ou forneira; o mesmo que fornejar.

FORNECEDOR, adj. e s.m. Ministrador; abastecedor.

FORNECER, v.t.-rel. Promover; abastecer; guarnecer; ministrar; proporcionar ou ministrar o necessário a.

FORNECIMENTO, s.m. Abastecimento; provisão.

FORNEIRA, s.f. Dona de forno ou mulher que trata de forno.

FORNEIRO, s.m. Fazedor, trabalhador de forno; padeiro.

FORNEJAR, v.int. Fornear.

FORNICAÇÃO, s.f. Prática de atos sexuais.

FORNIDO, adj. Abastecido; robusto; nutrido; carnudo.

FORNILHO, s.m. Pequeno forno ou fogareiro; parte do cachimbo onde arde o fumo.

FORNIMENTO, s.m. Nutrimento; robustez; força.

FORNIR, v.t. Tornar nutrido, robusto, basto, grosso; t.-rel. abastecer; prover. (Verbo defectivo; só se encontra na expressão: bem fornido; alguns autores, entretanto, mandam conjugá-lo em todas as formas em que ao n do radical se segue a vogal i.)

FORNO, s.m. Cônstrução para cozer pão, assar carne, cozer louça, cal, telha, etc.; parte do fogão para fazer assado.

FORO, s.m. Tribunal de justiça; jurisdição; direito; uso. O mesmo que forum (ó).

FORQUEADURA, s.f. Bifurcação.

FORQUEAR, v.t. Bifurcar.

FORQUETA, s.f. Forquilha.

FORQUILHA, s.f. Pequeno forcado de três pontas; vara bifurcada em que descansa o braço do andor; espeque bifurcado.

FORRA, s.f. Vingança, desforço, desforra.

FORRAÇÃO, s.f. Revestimento.

FORRADO, adj. Revestido.

FORRADOR, s.m. Revestidor.

FORRAGEADOR, adj. Alimentador de animais.

FORRAGEAL, s.m. Campo de forragem, de ervas

de que se alimentam os animais.

FORRAGEAR, v.t. Colher, enceleirar forragens para os animais.

FORRAGEM, s.f. Plantas e grãos para alimentação do gado.

FORRAGINOSO, adj. Que serve para forragem; que produz forragem.

FORRAR, v.t. Revestir; cobrir; agasalhar.

FORRETA, s. Avarento, mesquinho.

FORRO, s.m. Revestimento interno de móveis, trajes, chapéus, etc.; tábuas que guarnecem o teto das casas, etc.; liberto; alforriado; livre de dívidas; desobrigado. (Pl.: forros (ô).)

FORRÓ, s.m. Forrobodó.

FORROBODÓ, s.m. Festança; baile da ralé, em que há grande comezaina; forró; conflito.

FORTALECEDOR, adj. e s.m. Robustecedor; encorajador.

FORTALECER, v.t. Tornar forte; robustecer; encorajar; animar; fortificar.

FORTALECIMENTO, s.m. Robustecimento. (Antôn.: enfraquecimento.)

FORTALEZA, s.f. Resistência; energia; solidez; constância; vigor; baluarte; fortificação; praça fortificada; forte; castelo.

FORTALEZENSE, adj. e s. De Fortaleza; o natural ou habitante de Fortaleza (Ceará).

FORTE, adj. Valente; robusto; corpulento; sólido; enérgico; poderoso; substancioso; s.m. fortaleza; baluarte.

FORTIDÃO, s.f. Qualidade daquele ou daquilo que é forte, sólido, consistente, excitante.

FORTIFICAÇÃO, s.f. Forte; baluarte; fortaleza; sistema geral de defesa de uma praça, um acampamento, etc.

FORTIFICADO, adj. Defendido por fortificações.

FORTIFICADOR, adj. Robustecedor.

FORTIFICANTE, adj. Reforçante; tônico.

FORTIFICAR, v.t. Tornar forte; guarnecer de fortes ou fortalezas; dar meios, condições de defesa: tonificar.

FORTIM, s.m. Pequeno forte.

FORTUITO, adj. Casual, acidental; pronúncia: fortúi-to e não for-tuí-to.

FORTUM, s.m. Fartum; cheiro forte; mau cheiro.

FORTUNA, s.f. Sorte; eventualidade; destino; no sentido de riqueza, haveres, é galicismo.

FORTUNOSO, adj. Afortunado; feliz.

FORUM, s.m. (V. Foro.)

FOSCO, adj. Embaciado; sem brilho; escuro; que não é transparente. (Flex.: fosca, foscos (ô), foscas.)

FOSFATADO, adj. Que se encontra em estado de fosfato; que tem fosfato.

FOSFÁTICO, adj. Formado de fosfato; relativo a.

FOSFATO, s.m. Designação genérica dos sais e ésteres do ácido ortofosfórico.

FOSFATÚRIA, s.f. Perda de fosfatos pela urina.

FOSFITO, s.m. Designação genérica dos sais e ésteres do ácido fosforoso.

FOSFORADO, adj. Combinado ou misturado com fósforo.

FOSFOREAR, v.int. Brilhar como o fósforo.

FOSFOREIRA, s.f. Caixinha para guardar fósforos.

FOSFOREIRO, s.m. Indivíduo que trabalha no fabrico de fósforos.

FOSFOREJANTE, adj. Brilhante; micante.

FOSFOREJAR, v.int. Brilhar como fósforo inflamado; chamejar; micar.

FOSFÓREO, adj. Fosfórico; que tem fósforo.

FOSFORESCÊNCIA, s.f. Brilho; emissão de luz mesmo depois de cessada a excitação que a provocou.

FOSFORESCENTE, adj. Que tem a propriedade da fosforescência; que, friccionado ou sujeito a uma desgarga elétrica, se torna luminoso.

FOSFORESCER, v.int. Emitir luz fosforescente.

FOSFÓRICO, adj. Relativo a fósforo; que brilha como fósforo; diz-se de vários compostos que encerram fósforo.

FOSFORÍFORO, adj. Diz-se dos animais em que uma parte do corpo é fosforescente.

FOSFORIZAÇÃO, s.f. Ato ou efeito de fosforizar; influência ou formação do fosfato calcário na economia animal.

FOSFORIZAR, v.t. Tornar fosfórico.

FÓSFORO, s.m. Elemento químico, metalóide, símbolo P, de peso atômico 31,02 e n.º atômico 15, luminoso na obscuridade e que arde com contacto com o ar; palito dotado de uma cabeça composta por corpos que se inflamam por atrito com uma superfície áspera.

FOSFOROSCÓPIO, s.m. Instrumento para observar a fosforescência dos corpos.

FOSQUINHA, s.f. Negaça; gesto; disfarce; momice; fosca.

FOSSA, s.f. Cova; cavidade subterrânea para onde se despejam imundícies e águas servidas; pl. cavidades que no organismo animal apresentam a abertura mais larga que o fundo; depressão; sulco; seio. (Diminutivo: fossinha, fosseta.)

FOSSEAR, v.t. Revolver com o focinho (a terra); cavar; escavar; investigar; procurar.

FOSSÁRIO, s.m. Lugar em que abundam fossos; cemitério; coveiro.

FOSSETA, s.f. Diminutivo de fossa.

FOSSETE, s.m. Diminutivo de fosso.

FÓSSIL, adj. Que extrai da terra; desusado; antiquado; s.m. tudo o que se extrai do seio da terra; resto mais ou menos mineralizado de matéria viva vegetal ou animal, petrificado em períodos geológicos passados; (fig.) pessoa de hábitos arcaizantes, retrógrados, em desuso. (Pl.: fósseis.)

FOSSILISMO, s.m. Afeição a coisas antiquadas.

FOSSILIZAÇÃO, s.f. Tornar-se fóssil; ser atrasado; antiquado.

FOSSILIZAR, v.t. Tornar fóssil; petrificar; p. tornar-se retrógrado, inimigo do progresso.

FOSSO, s.m. Cova; valado; cavidade em volta de fortificações, entrincheiramentos; rego, vala para condução de águas. (Diminutivo: fossinho, fossete; pl.: fossos (ó).)

FOTELÉTRICO, adj. Que transforma energia luminosa em elétrica e vice-versa.

FOTO, s.f. Forma reduzida de fotografia.

FOTOCÓPIA, s.f. Operação de tirar de um fotótipo (clichê) provas em papel ou em vidro; cópia fotográfica de documento.

FOTOCOPIAR, v.t. Fazer fotocópia.

FOTOCROMIA, s.f. Processo de fotografia que dá imagens coloridas.

FOTOELÉTRICO, adj. (V. Fotelétrico.)

FOTOFOBIA, s.f. Horror à luz.

FOTÓFOBO, s.m. O que tem fotofobia.

FOTOGÊNICO, adj. Aquele que sai bem em fotografia.

FOTOGRAFAR, v.t. Reproduzir pela fotografia a imagem de; retratar; (fig.) descrever exatamente.

FOTOGRAFIA, s.f. Processo ou arte de fixar numa chapa sensível, por meio da luz, a imagem dos objetos colocados diante de uma câmara escura dotada de um dispositivo óptico; (fig.) cópia fiel; reprodução exata; retrato.

FOTOGRÁFICO, adj. Relativo à fotografia.

FOTÓGRAFO, s.m. Aquele que se ocupa de fotografia; retratista.

FOTOGRAMETRIA, s.f. Fotografia com objetivo de levantamento topográfico, geralmente tomada de bordo de avião.

FOTOGRAVURA, s.f. Conjunto dos processos fotográficos mediante os quais se produzem pranchas gravadas que podem ser adaptadas à rotativa; rotogravura.

FOTOLITOGRAFIA, s.f. Processo de transportar para a pedra litográfica uma prova de fotografia.

FOTOLOGIA, s.f. Tratado acerca da luz.

FOTOLÓGICO, adj. Relativo à fotologia.

FOTOLUMINESCÊNCIA, s.f. (Fís.) Emissão de luz por um corpo que foi submetido a uma irradiação.

FOTOMAGNÉTICO, adj. Relativo aos fenômenos magnéticos devidos à ação da luz.

FOTOMETRIA, s.f. Aplicação do fotômetro.

FOTOMÉTRICO, adj. Relativo à fotometria.

FOTÔMETRO, s.m. Instrumento com que se mede a intensidade da luz.

FOTOMINIATURA, s.f. Processo para reduzir a pequenas dimensões, com o auxílio da fotografia, quadros, paisagens, desenhos, etc.; redução fotográfica. (Antôn.: ampliação fotográfica.)

FOTOMINIATURISTA, s. Pessoa que exerce a fotominiatura.

FOTOQUÍMICA, s.f. Parte da Química que estuda a ação das radiações sobre as substâncias e as relações entre as energias luminosas e químicas.

FOTOQUÍMICO, adj. Relativo à fotoquímica.

FOTOSFERA, s.f. Esfera luminosa do Sol.

FOTOSSÍNTESE, s.f. Combinação química produzida pela ação da luz; (Bot.) propriedade que têm as plantas verdes de, aproveitando a energia da luz solar, fazer a síntese da matéria orgânica.

FOTOTACTISMO, s.m. Influência que a luz exerce sobre a movimentação dos seres vivos; o mesmo que fototaxia.

FOTOTAXIA (cs), s.f. Movimentação, deslocamento dos seres vivos para a luz.

FOTOTELEGRAFIA, s.f. Reprodução de uma imagem a distância por meio de fio elétrico; o mesmo que telefotografia.

FOTOTERAPIA, s.f. Tratamento médico pela ação da luz; banho de luz.

FOTOTERÁPICO, adj. Relativo à fototerapia.

FOTOTIPIA, s.f. Processo de reprodução de trabalhos tipográficos por meio de fotografia.

FOTOTIPIAR, v.t. Reproduzir (desenho, figura ou paisagem) pelo processo da fototipia. O mesmo que fototipar.

FOTÓTIPO, s.m. Imagem que se obtém, diretamente, pela câmara escura; a primeira fotografia; original, de que se poderão tirar outras cópias.

FOTOTIPOGRAFIA, s.f. Transformação de chapas fotográficas em gravuras de relevo, próprias para a impressão. (É mais corrente o uso de clichê em lugar de fototipografia.)

FOTOTROPISMO, s.m. Mudança de cor, em certos minerais, sob a ação da luz; mudança de direção que a luz determina nos vegetais.

FOTOZINCOGRAFIA, s.f. Processo de heliogravura sobre zinco.

FOXTROTE, s.m. Espécie de dança a quatro tempos, originária dos Estados Unidos.

FOZ, s.f. Desaguadouro; estuário; desembocadura de rio.

FRACALHÃO, adj. e s.m. Muito fraco; covarde; medroso. (Fem.: fracalhona.)

FRAÇÃO, s.f. Fragmento; parte de um todo.

FRACASSAR, v.t. Arruinar-se; malograr-se; ter mau êxito.

FRACASSO, s.m. Estrondo de coisa que se parte ou cai; baque; ruína; malogro; desastre; desgraça; mau êxito.

FRACIONAMENTO, s.m. Fragmentação; estilhaçamento; divisão.

FRACIONAR, v.t. Dividir; partir em frações ou fragmentos.

FRACIONÁRIO, adj. Em que há fração; designativo do número que também se chama quebrado.

FRACO, adj. Débil; frouxo; franzino; medíocre; frágil; grácil. (Dim.: fraquinho; aum.: fracalhão.)

FRADAÇO, s.m. (depreciat.) Fradalhão.

FRADALHADA, s.f. (depreciat.) Classe dos frades; multidão de frades. O mesmo que fradaria.

FRADALHÃO, s.m. (depreciat.) Frade corpulento.

FRADARIA, s.f. Fradalhada; coletivo que designa conjunto de frades.

FRADE, s.m. Franciscano e, por extensão, todo aquele que vive em convento, debaixo de uma regra religiosa.

FRÁDEIRO, adj. Afeiçoado a frades.

FRADESCO, adj. Relativo a frades ou a conventos; de espírito monacal; próprio de frade; fradeiro.

FRADICE, s.f. Ação ou expressões de frade.

FRADICIDA, s.m. Aquele que mata frade.

FRADINHO-DE-MÃO-FURADA, s.m. Trasgo; duende; pesadelo; espírito mau.

FRAGA, s.f. Penhasco; penha; terreno penhascoso.

FRAGAL, adj. Fragoso; s.m. fraguedo.

FRAGALHOTEAR, v.int. Galhofar; brincar.

FRAGATA, s.f. Navio da antiga marinha de guerra, inferior à nau e superior à corveta; capitão-de-fragata: posto de oficial superior da marinha, imediatamente inferior ao de capitão-de-mar-e-guerra e que corresponde ao de tenente-coronel das forças de terra e ar.

FRAGATEIRO, s.m. Tripulante de fragata.

FRAGATIM, s.m. Bergantim.

FRÁGIL, adj. Quebradiço; fraco; (fig.) pouco durável. (Superl.: fragílimo.)

FRAGILIDADE, s.f. Debilidade; fraqueza; pouca resistência.

FRAGMENTAÇÃO, s.f. Fracionamento; estilhaçamento.

FRAGMENTAR, v.t. Fracionar; quebrar, dividir, cortar; secionar; estilhaçar.

FRAGMENTÁRIO, adj. Disperso; desconexo; sem unidade.

FRAGMENTISTA, s. Pessoa que fragmenta; colecionador de fragmentos artísticos, literários, etc.

FRAGMENTO, s.m. Pedaço; fração; migalha; excerto; trecho; parte; pedaço.

FRAGOR, s.m. Estampido; ruído; barulho; estrépito.

FRAGORAR, v.int. Produzir fragor; estrondar.

FRAGOROSO, adj. Ruidoso; barulhento; estrepitoso.

FRAGOSIDADE, s.f. Qualidade daquilo que é fratoso.

FRAGOSO, adj. Penhascoso; áspero; escabroso; de difícil acesso.

FRAGRÂNCIA, s.f. Aroma; perfume; cheiro; odor.

FRAGRANTE, adj. Odorífero; perfumado; aromático.

FRÁGUA, s.f. Forja; fornalha; (fig.) ardor; calor intenso; amargura.

FRAGUAR, v.t. Forjar; (fig.) amargurar.

FRAGUEDO, s.m. Série de fragas; fraga extensa; rochedo. O mesmo que fragal.

FRAGUEIRICE, s.f. Ação de quem é fragueiro.

FRAGUEIRO, adj. Andejo, que gosta de andar pelos montes; rude; agreste; áspero.

FRAGURA, s.f. Fragosidade.

FRAJOLA, adj. Elegante; casquilho; bem falante.

FRALDA, s.f. Parte inferior da camisa; cueiro; (por ext.) abas; parte inferior da encosta; falda; sopé (da serra, monte, etc.)

FRALDÃO, s.m. Parte da armadura da cintura para baixo.

FRALDAR, v.t. Pôr fraldas em; p. vestir fraldão.

FRALDEIRO, adj. e s.m. Efeminado; amimado; que vive entre moças e senhoras.

FRALDEJAR, v.t. Caminhar pelas fraldas de (serra, etc.); int. mostrar as fraldas ao andar.

FRALDILHA, s.f. Avental de couro, que usam os ferreiros.

FRALDIQUEIRO, adj. Efeminado; designativo do cão acostumado ao regaço das mulheres e ao conchego e calor das saias.

FRALDISQUEIRO, adj. O mesmo que fraldiqueiro.

FRALDOSO, adj. Que tem fralda muito longa; palavroso; prolixo.

FRAMBOESA, s.f. Fruto aromático da framboeseira; variedade de morango.

FAMBOESEIRA, s.f. ou **FRAMBOESEIRO,** s.m. Arbusto espinhoso, da família das Rosáceas.

FRANCANO, adj. Natural de Franca, cidade do Estado de São Paulo.

FRANÇAS, s.f.pl. Copa, coma das árvores.

FRANCÊS, adj. Da França; s.m. o natural ou habitante da França; a língua francesa.

FRANCESIA, s.f. Imitação dos costumes dos franceses ou da sua linguagem; francesismo.

FRANCESISMO, s.m. Palavra ou expressão de índole ou construção francesa; galicismo; imitação afetada de costumes ou coisas francesas; (fig.) delicadeza fingida.

FRANCHINOTE, s.m. Peralvilho; janotinha; presumido; (depreciat.) francês.

FRANCHINÓTICO, adj. Relativo a franchinote.

FRANCISCANO, adj. Pertencente à ordem de São Francisco.

FRANCO, s.m. Moeda e unidade monetária da França, Suíça e Bélgica; adj. relativo aos francos; confederação de povos germânicos que conquistaram a Gália no século V; s.m. indivíduo dos francos; liberal; sincero; desimpedido; desembaraçado; generoso; espontâneo.

FRANCO-ATIRADOR, s.m. Aquele que numa campanha militar faz parte de um corpo irregular de tropas; (por ext.) o que trabalha por alguma idéia sem fazer parte de nenhum grupo ou organização. (Pl.: franco-atiradores.)

FRANCÓFILO, adj. e s.m. Amigo da França e dos franceses. (Autôn.: francófobo.)

FRANCÓFOBO, adj. e s.m. Diz-se do indivíduo hostil à França e aos franceses. (Antôn.: francófilo.)

FRANDULAGEM, s.f. Súcia de maltrapilhos; mercadorias de pouco valor.

FRANGA, s.f. Galinha nova, que ainda não põe. (Dim.: frangainha (i), franguinha.)

FRANGALHO, s.m. Farrapo; trapo.

FRANGALHONA, adj. e s.f. Mulher desmazelada no traje; esfarrapada; sem préstimo.

FRANGALHOTE, s.m. Frango já crescido; (pop.) rapazola; rapaz.

FRANGANOTE, s.m. (fig.) Rapazinho empertigado; cheio de vaidade; o mesmo que frangote.

FRÂNGÃO, s.m. Forma antiga de frango.

FRANGIR, v.t. Enrugar.

FRANGO, s.m. Galo novo; dimin.: frangote, franguinho, frangainho; aument.: frangalhote.

FRANGO-D'ÁGUA, s.m. Nome comum a diversas aves da família dos Ralídeos; o mesmo que pintod'água. (Pl.: frangos-d'água.)

FRANGOTE, s.m. Frango pequeno; rapazinho; adolescente.

FRANJA, s.f. Cadilhos de linho, algodão; seda, ouro, etc. para enfeitar ou guarnecer as peças de estofo; cabelo puxado para a testa e aparado.

FRANJADO, adj. Guarnecido de franjas; recortado em forma de franjas.

FRANJAR, v.t. Enfeitar ou guarnecer de franjas; rendilhar; desfiar.

FRANQUEAR, v.t. Isentar de imposto; tornar fácil, desimpedido; pagar o transporte de; conceder; t.-rel. tornar franco, livre; desimpedir; facilitar.

FRANQUEÁVEL, adj. Que se pode franquear.

FRANQUEIRO, s.m. Raça de bois de corpo e aspas grandes.

FRANQUEZA, s.f. Liberalidade; sinceridade.

FRANQUIA, s.f. Ato ou efeito de franquear; selo da correspondência.

FRANZIDO, s.m. Engelhado, amassado; enrugado.

FRANZIMENTO, s.m. Enrugamento.

FRANZINO, adj. Delgado; débil; delicado de formas.

FRANZIR, v.t. Enrugar; preguear; carregar, enrugar (a testa, o sobrecenho); p. dobrar-se em pregas.

FRAQUE, s.m. Casaco masculino com abas que se afastam do peito para baixo.

FRAQUEAR, v.int. Fraquejar; tornar-se fraco; debilitar-se; perder o vigor.

FRAQUEIRA, s.f. (fam.) Fraqueza; debilidade.

FRAQUEJAR, v.int. Fraquear; debilitar; afrouxar.

FRAQUETE, adj. Fraco; débil; frouxo.

FRAQUEZA, s.f. Debilidade; desânimo; fragilidade; tendência para ceder a sugestões ou imposições.

FRASCARIA, s.f. Quantidade de frascos; qualidade de frascário.

FRASCÁRIO, adj. Libertino; devasso; libidinoso.

FRASCO, s.m. Garrafa, vidro, potinho para remédio, garrafinha de perfume; recipiente de gargalo estreito.

FRASE, s.f. Reunião de palavras que formam um sentido completo; locução; expressão; oração, proposição.

FRASEADO, adj. Disposto em frases; s.m. modo de dizer ou descrever; conjunto de palavras.

FRASEAR, v.int. Escrever; compor.

FRASEOLOGIA, s.f. Parte da Gramática em que se estuda a construção da frase; construção de frase peculiar a uma língua ou um escritor.

FRASEOLÓGICO, adj. Diz-se do sujeito formado por uma frase.

FRASQUEIRA, s.f. Caixa ou lugar onde se guardam frascos.

FRASQUEIRO, adj. Frascário; pouco decente.

FRATERNAL, adj. Irmanal; afetuoso.

FRATERNIDADE, s.f. Irmandade; parentesco entre irmãos.

FRATERNIZAÇÃO, s.f. Ato ou efeito de fraternizar; confraternização; irmanização.

FRATERNIZAR, v.t. Unir com amizade íntima, estreita; rel. unir-se estreitamente, como entre irmãos.

FRATERNO, adj. Próprio de irmãos; afetuoso.

FRATRICIDA, s. Assassino de irmão ou de irmã.

FRATRICÍDIO, s.m. Assassino de irmão; (por ext.) guerra civil.

FRATURA, s.f. Ruptura; quebramento.

FRATURAR, v.t. Quebrar; partir; romper; fragmentar.

FRAUDAÇÃO, s.f. Roubo; furto; engano; dolo.

FRAUDADOR, s.m. Ladrão; gatuno; falsificador; adulterador.

FRAUDAR, v.t. Cometer fraude contra; burlar; enganar; espoliar com fraude; roubar por contrabando; falsificar; adulterar; sonegar; lesar.

FRAUDATÓRIO, adj. Em que há fraude.

FRAUDÁVEL, adj. Sujeito a fraude.

FRAUDE, s.f. Engano; contrabando; logro; roubo; trapaça; embuste; falsificação.

FRAUDULÊNCIA, s.f. O mesmo que fraude.

FRAUDULENTO, adj. Propenso à fraude; em que há fraude; doloso; impostor; falaz.

FRAUDULOSO, adj. Fraudulento; enganoso; doloso.

FREAR, v.t. Reprimir; conter; frenar; acionar os freios. (Conjuga-se como enfrear.)

FREGE, s.m. Restaurante ordinário; botequim; briga; conflito; desordem; arruaça; alteração.

FREGE-MOSCAS, s.m. 2 núm. Casa de pasto pouco asseada; tasca; o mesmo que frege, botequim.

FREGISTA, s.m. Dono ou criado de frege ou frege-moscas; desordeiro; arruaceiro; mal comportado na classe.

FREGUÊS, s.m. Habitante de uma freguesia; cliente; o que compra ou vende habitualmente a determinada pessoa.

FREGUESIA, s.f. Povoação sob o aspecto eclesiástico; conjunto dos paroquianos; concorrência de compradores a determinado estabelecimento ou vendedor; clientela.

FREI, s.m. Abreviatura de frade, freire. (Fem.: sóror.)

FREIMA, s.f. Impaciência; inquietação; prurido; atividade.

FREIMÃO, s.m. Tumor; leicenço.

FREIMÁTICO, adj. Que tem freima.

FREIO, s.m. Peça de metal, presa às rédeas, que se mete na boca das cavalgaduras e serve para as guiar; dispositivo para fazer cessar o movimento das máquinas e veículos; (Anat.) membrana que prende a língua na parte interior da boca.

FREIRA, s.f. Sóror; irmã; religiosa; irmã de caridade.

FREIRAL, adj. Freirático, relativo a freire, freira, frade.

FREIRÁTICO, adj. Próprio de frades ou de freiras, o mesmo que freiral; afeiçoado a costumes monacais.

FREIRE, s.m. Membro de ordem religiosa e militar; frade.

FREIRICE, s.f. Maneira ou ação de freira.

FREMENTE, adj. Vibrante; veemente.

FREMIR, v.int. Tremer; vibrar; (fig.) estremecer de júbilo ou de raiva.

FRÊMITO, s.m. Rumor; rugido; estrondo; estremecimento de alegria; vibração.

FRENAÇÃO, s.f. Ato ou efeito de frenar.

FRENAR, v.t. Enfrear; (fig.) moderar; reprimir; conter; frear; refrear; domar.

FRENESI, s.m. Impaciência; impertinência; arrebatamento. Var.: frenesim.

FRENESIAR, v.t. Causar frenesi a; impacientar; int. e p. sentir frenesi; impacientar-se.

FRENESIM, s.m. Var. de frenesi.

FRENÉTICO, adj. Que tem frenesi; impaciente; convulso; agitado.

FRENOLOGIA, s.f. Estudo do caráter e das funções intelectuais humanas com base na conformação do crânio.

FRENOLÓGICO, adj. Relativo a frenologia.

FRENOLOGISMO, s.m. Teoria dos frenólogos; frenologia.

FRENOLOGISTA, s. Pessoa que cultiva a frenologia.

FRENÓLOGO, s.m. Aquele que é versado em frenologia.

FRENOPATIA, s.f. Doença mental.

FRENOPÁTICO, adj. Relativo à frenopatia.

FRENTE, s.f. Fachada; frontaria; superfície dianteira.

FRENTEAR, v.t. Enfrentar; arrostar; atacar pela frente.

FRENTISTA, s.m. Oficial hábil no acabamento das fachadas dos edifícios.

FRÊNULO, s.m. Diminutivo de freio.

FREQÜÊNCIA, s.f. Repetição amiudada de fatos ou acontecimentos; constância; número habitual de pessoas, alunos, em um auditório ou classe; (Fís.) o número de vibrações, ondas ou ciclos de qualquer fenômeno periódico.

FREQÜENTAÇÃO, s.f. Ato ou efeito de freqüentar.

FREQÜENTADOR (ô), adj. e s.m. Comensal; assíduo; freqüente.

FREQÜENTAR, v.t. Ir amiúde a; visitar amiudadas vezes; tratar familiarmente; conviver com; cursar; seguir (aula, disciplina, etc.)

FREQÜENTATIVO, adj. Diz-se do verbo que expressa a repetição amiudada da ação; exs.: bebericar (beber), lambiscar (lamber), saltitar (saltar).

FREQÜENTE, adj. Amiudadamente repetido; continuado; assíduo; incansável; diligente; vulgar.

FRESA, s.f. Engrenagem motora, de emprego no fabrico de peças de máquinas, engrenagens, roscas metálicas, etc., para eliminar os excedentes metálicos; frese.

FRESADOR, s.m. Operário que trabalha com a fresa.

FRESCA (ê), s.f. Aragem; sensação de frescura, de temperatura agradável.

FRESCALHÃO, adj. (fam.) Muito fresco; bem conservado; apesar da idade; abrejeirado. (Fem.: frescalhona.)

FRESCATA, s.f. Digressão pelo campo; passeata; patuscada; s.m. pândega.

FRESCO, adj. Recente; de temperatura agradável; arejado.

FRESCOR, s.m. Viço; verdor; rejuvenescimento.

FRESCURA, s.f. Qualidade do que é fresco; afeminação; frescor.

FRESE, s.f. Ferramenta de aço em forma de cone, que serve para alargar um orifício; rodinha dentada, de aço, própria para cortar; cor de morango. (V. fresa.)

FRESQUIDÃO, s.f. Frescor.

FRESSURA, s.f. Conjunto das vísceras de alguns animais, como pulmões, fígado, coração, etc.

FRESSUREIRO, s.m. Homem que vende fressura; pessoa que se faz presente a todas as festas.

FRESTA, s.f. Fenda; greta; abertura; racha.

FRESTADO, adj. Que tem frestas.

FRETADO, adj. Tomado ou cedido a frete; lotado; reservado.

FRETADOR, s.m. Aquele que freta.

FRETAGEM, s.f. Ato ou trabalho de fretar; retribuição de frete.

FRETAMENTO, s.m. Ato ou efeito de fretar.

FRETAR, v.t. Tomar ou ceder a frete; alugar; equipar; t.-rel. ajustar por frete.

FRETE, s.m. Aluguel de embarcação, carro, etc.; transporte fluvial ou marítimo; carregamento de navio; aquilo que se paga pelo transporte de alguma coisa; coisa transportada; recado.

FRETEJAR, v.int. Fazer fretes.

FRETENIR, v.int. Diz-se do canto da cigarra; zinir; zunir.

FREUDIANO (ói), adj. Que diz respeito à doutrina de Sigmund Freud, o fundador da Psicanálise.

FREVO, s.m. Dança nordestina.

FRIABILIDADE, s.f. Qualidade do que é friável. (Antôn.: ductilidade.)

FRIACHO, adj. Um tanto frio.

FRIAGEM, s.f. Constipação; gripe; defluxo.

FRIALDADE, s.f. Frieza; desinteresse.

FRIÁVEL, adj. Que pode reduzir-se a fragmentos; que se parte ou esboroa com facilidade. (Antôn.: dúctil.)

FRICATIVO, adj. Em que há fricção; que produz fricção.

FRICÇÃO, s.f. Esfrega; medicamento para fomentações; atritamento.

FRICCIONAR, v.t. Esfregar; fazer fomentações em; atritar.

FRICOTE, s.m. Dengue; luxo.

FRICOTEIRO, adj. Manhoso; dengoso; luxento.

FRIEIRA, s.f. Moléstia cutânea, de origem micótica, localizada nos pés, sobretudo nos entrededos; é também conhecida pelo nome de pé-de-atleta.

FRIENTO, adj. Friorento.

FRIEZA, s.f. Frialdade; (fig.) indiferentismo; tibieza; falta de animação e de colorido.

FRIGIDEIRA, s.f. Panela; caçarola própria para frigir.

FRIGIDEZ, s.f. Frialdade; frieza; gelidez; indiferentismo.

FRÍGIDO, adj. Álgido; gelado; indiferente; sem entusiasmo. (Superl. absol.: frigidíssimo.)

FRIGIR, v.t. Fritar; cozer com gordura na frigideira. (Pres. indic.: frijo, freges, frege; frigimos; frigis, fregem; imperat.: frege; frigi; part. pas.: frigido e frito. Numerosos autores sancionam a forma regular: frijo, friges, frige, frigimos, frigis, frigem; imperat.: frige, frigi.)

FRIGORÍFERO, adj. Que conserva o frio; que produz o frio.

FRIGORIFICAR, v.int. Produzir o frio; t. submeter ao frio para conservar.

FRIGORÍFICO, adj. e s.m. Frigorífero; estabelecimento onde se conservam em baixa temperatura as substâncias alimentícias; geladeira.

FRINCHA, s.f. Fenda; greta; fresta, racha.

FRIO, adj. Oposto a quente; sem calor; inerte; sem entusiasmo; indiferente; no plural, frios: produtos da carne de porco (mortadela, fiambre, presunto, etc.) (Superl. absol.: frigidíssimo, friíssimo.)

FRIOLEIRA, s.f. Insignificância; bagatela; parvoíce.

FRIORENTO, adj. Muito sensível ao frio; o mesmo que friento.

FRISA, s.f. Camarote quase ao nível da platéia; tecido encrespado e grosseiro de lã.

FRISADO, adj. Que tem frisos; s.m. cabelo encrespado artificialmente.

FRISADOR, s.m. Instrumento para frisar; encrespador.

FRISAGEM, s.f. Encrespamento.

FRISANTE, adj. Encrespante; significativo; exato; terminante; convincente.

FRISAR, v.t. Encrespar; anelar; pôr frisos em; salientar.

FRISO, s.m. Parte plana do entablamento, entre a cornija e a arquitrave; banda ou tira pintada em parede; filete; ornato em friso; ornato de escultura; tábua estreita e aparelhada tendo nas beiras um preparo em meia-cana, própria para forros ou tetos; festo, vinco das calças.

FRITADA, s.f. A porção de alimento que se frita de uma só vez.

FRITAR, v.t. Frigir; cozer com gordura na frigideira.

FRITO, adj. Fritado; perdido, sem esperança de livrar-se, de fugir ao desastre, à ameaça, etc.; part. do v. frigir.

FRITURA, s.f. Qualquer coisa frita; fritada.

FRIVOLEZA, s.f. Frivolidade; leviandade.

FRIVOLIDADE, s.f. Falta de juízo; leviandade; futilidade.

FRÍVOLO, adj. Fútil; volúvel; sem juízo.

FRONDA, s.f. Espécie de estilingue.

FRONDAR, v.int. Frondejar; encopar.

FRONDE, s.f. Copa; flabelo.

FRONDEAR, v.t. e int. Frondejar.

FRONDEJANTE, adj Copado, flabelante.

FRONDEJAR, v.t. Encopar; encher-se de folhas.

FRONDENTE, adj. Frondejante; copado; frondoso.

FRONDESCÊNCIA, s.f. O desenvolvimento das frondes; folheatura.

FRONDESCENTE, adj. Que frondesce; frondente.

FRONDESCER, v.int. Criar folhas; começar a enramar-se; frondejar.

FRONDÍFERO, adj. Que tem folhas; que cria folhas.

FRONDOSIDADE, s.f. Qualidade daquilo que é frondoso.

FRONDOSO, adj. Copado.

FRONHA, s.f. Revestimento de travesseiros.

FRONTAL, adj. Relativo a frente ou a fronte; s.m. (Anat.) osso da testa.

FRONTÃO, s.m. Peça arquitetônica que adorna a parte superior de portas ou janelas ou que coroa a entrada principal ou a frontaria de um edifício; casa de jogo da pelota.

FRONTARIA, s.f. Fachada de um edifício; frente, frontispício.

FRONTE, s.f. Testa; frontaria; frente.

FRONTEAR, v.int. Ficar defronte; defrontar; t. estar defronte de; estar situado em frente.

FRONTEIRA, s.f. Limites; confins.

FRONTEIRIÇO, adj. Que vive ou fica na fronteira.

FRONTEIRO, adj. Que está defronte; situado na fronteira.

FRONTISPÍCIO, s.m. Frontaria; fachada; página de um livro na qual se acham impressos apenas, ou principalmente, o título da obra e o nome do autor.

FROTA, s.f. Certo número de navios de guerra, ou mercantes; armada. (Dimin.: flotilha.)

FROUXEL, s.m. Penugem de aves; chumaço de paina, algodão; adj. macio.

FROUXELADO, adj. Que tem frouxel; em que há frouxel.

FROUXEZA, s.f. Frouxidão; cansaço; fadiga; exaustão.

FROUXIDADE, s.f. Moleza.

FROUXIDÃO, s.f. Moleza, lassidão, desânimo.

FROUXO, adj. Lasso; cansado; fatigado; exausto.

FRUFRU, s.f. Rumor de folhas; rumor de vestidos, especialmente de seda; rumor das asas no vôo.

FRUFRULHAR, v.int. Produzir frufru.

FRUGAL, adj. Sóbrio; vegetariano; frutífago.

FRUGALIDADE, s.f. Sobriedade na alimentação; que passa com mesa simples.

FRUGÍFERO, adj. Frutífero.

FRUGÍVORO, adj. Que se alimenta de frutas; frutívoro, frutífago.

FRUIÇÃO (u-i), s.f. Gozo; posse; usufruto.

FRUIR, v.t. Desfrutar; estar na posse de; gozar; conjuga-se: fruo, fruis, frui, fruímos, fruís, fruem. (Não é defectivo.)

FRUITIVO (u-i), adj. Que frui; agradável; delicioso; digno de se fruir.

FRUMENTÁCEO, adj. Que se assemelha ao trigo; o mesmo que frumentício.

FRUMENTAL, adj. Relativo a cereais; próprio para sementeira de cereais.

FRUMENTÍCIO, adj. Relativo ao trigo.

FRUMENTO, s.m. Trigo e, por extensão, todo cereal comestível.

FRUMENTOSO, adj. Fértil em frumento ou cereais.

FRUSTRAÇÃO, s.f. Malogro.

FRUSTRADO, adj. Malogrado; incompleto; imperfeito; que não chegou a desenvolver-se.

FRUSTRADOR, adj. Malogrador; impedimento; tudo o que leva à frustração.

FRUSTRAR, v.t. Inutilizar; defraudar; p. malograr-se; não suceder (aquilo que se esperava); falhar.

FRUSTRATÓRIO, adj. Falaz; ilusório; dilatório.

FRUSTRO, adj. Malogrado; incompleto, que não chegou a desenvolver-se; forma paral.: frusto.

FRUTA, s.f. Designação geral dos frutos comestíveis.

FRUTEIRA, s.f. Árvore frutífera; vendedora de fruta; cestinho ou vaso em que se põe fruta na mesa.

FRUTEIRO, s.m. Vendedor de fruta; cestinho ou vaso para fruta; lugar onde se guarda fruta.

FRUTESCÊNCIA, s.f. (Bot.) Época do desenvolvimento dos frutos; a sua maturação.

FRUTESCENTE, adj. Que cria frutos.

FRUTESCER, v.int. Frutificar.

FRUTICULTOR, s.m. Cultivador de árvores frutíferas.

FRUTICULTURA, s.f. Cultura de árvores frutíferas.

FRUTÍFAGO, adj. Que se alimenta de frutos; frutívoro; frugívoro.

FRUTÍFERO, adj. Que dá frutos; (fig.) útil; proveitoso; o mesmo que frugífero, frutígero e frutificativo.

FRUTIFICAÇÃO, s.f. Ato ou efeito de frutificar; formação do fruto.

FRUTIFICAR, v.int. Dar frutos; produzir resultado vantajoso; dar utilidade, benefício; produzir lucro.

FRUTIFICATIVO, adj. (V. Frutífero.)

FRUTÍGERO, adj. (V. Frutífero.)

FRUTÍVORO, adj. Frugívoro, frutífago, que se alimenta de frutos.

FRUTO, s.m. Produto comestível das árvores frutíferas; (fig.) filho; prole; resultado; proveito; vantagem.

FRUTUOSO, adj. Abundante em frutos; fecundante; (fig.) útil; proveitoso.

FUÁ, s.m. Conflito; briga; desordem; adj. desconfiado.

FUÃO, s.m. Forma contraída de fulano. (Fem.: fuã; pl.: fuãos e fuãos.)

FUBÁ, s.m. Milho reduzido a farinha, sem ser fermentado.

FUBECA, s.f. Bolinha de vidro com que se divertem os meninos; contratempo; dificuldade em negócios; derrota.

FUBECADA, s.f. Contratempo; derrota.

FUBECAR, v.int. Jogar fubeca.

FUÇA, s.f. Venta; focinho; cara; rosto.

FUÇADOR, adj. e s.m. Esmiuçador, pesquisador, examinador.

FUCSINA, s.f. Matéria corante vermelha.

FUEIRADA, s.f. Pancada com fueiro.

FUEIRO, s.m. Estaca para amparar a carga do carro de bois.

FÚFIA, s.f. Pretensão; embófia; empáfia, impostura.

FUGA, s.f. Fugida; escapada; saída; retirada; composição musical em contraponto; (Desen.) pontos de duas retas divididas homograficamente, tendo cada um de uma delas, por ponto homólogo na outra, o ponto ao infinito.

FUGACIDADE, s.f. Transitoriedade.

FUGAZ, adj. Rápido; veloz; transitório. (Superl. abs. sint.: fugacíssimo.)

FUGIDA, s.f. Fuga.

FUGIDIÇO ou **FUGIDIO**, adj. Fugitivo; desertor; esquivo; impalpável.

FUGIR, v.int. Desaparecer; sair apressadamente; escapar; retirar-se às pressas.

FUGITIVO, adj. Transitório; indeciso; s.m. indivíduo que foge; desertor.

FUINHA (u-i), s.f. Pequeno carnívoro daninho, da família dos mustelídeos.

FUJÃO, adj. e s.m. Costumado a fugir.

FULA, adj. Mulato; mestiço; cabra; pardo; zangado; irritado; encolerizado.

FULANO, s.m. Designação vaga de pessoa incerta ou de alguém que não se quer nomear; fuão.

FULCRO, s.m. Sustentáculo; apoio; amparo; espigão sobre o qual gira qualquer coisa.

FULGÊNCIA, s.f. Brilho; resplandecência.

FULGENTE, adj. Brilhante; cintilante; o mesmo que fúlgido; fulgurante; fulguroso.

FULGENTEAR, v.t. Brilhar; esplender.

FÚLGIDO, adj. Brilhante; esplêndido.

FULGIR, v.t. Brilhar; esplender. (Verbo completo, não defectivo. Pres. indic.: fuljo, fulges, fulge, fulgimos, fulgis, fulgem; pres. subj.: fulja, fuljas, etc.)

FULGOR, s.m. Brilho; cintilação; clarão; esplendor; luzeiro.

FULGURAÇÃO, s.f. Clarão produzido pela eletricidade atmosférica, desacompanhado de estampido; clarão rápido; cintilação; perturbação produzida no organismo vivo por descarga elétrica, especialmente pelo raio.

FULGURAL, adj. Relativo a raio ou relâmpago.

FULGURÂNCIA, s.f. Qualidade daquilo que é fulgurante.

FULGURANTE, adj. Coruscante; o mesmo que fulguroso.

FULGURAR, v.t. Relampejar; cintilar; fulgir; (fig.) sobressair; realçar.

FULGUROSO, adj. (V. Fulgurante.)

FULIGEM, s.f. Substância negra que a fumaça deposita nas paredes e teto das cozinhas e nos canos das chaminés. O mesmo que felugem.

FULIGINOSIDADE, s.f. Qualidade daquilo que é fuliginoso.

FULIGINOSO, adj. Que tem fuligem; denegrido pela fuligem.

FULMINAÇÃO, s.f. Ferimento produzido pelo raio ou qualquer outro tipo de faísca.

FULMINADO, adj. Morto por faísca elétrica, raio ou por outro agente que mata imediatamente.

FULMINADOR, adj. e s.m. O mesmo que fulminante; que mata imediatamente.

FULMINANTE, adj. Que mata imediatamente.

FULMINAR, v.t. Matar imediatamente, ferir, destruir, mas sempre com a idéia de rapidez, à semelhança do raio.

FULMINATÓRIO, adj. Que fulmina; o mesmo que fulminador.

FULMÍNEO, adj. Relativo ao raio; (fig.) brilhante ou destruidor como o raio; o mesmo que fulminoso.

FULMINÍFERO, adj. Que traz ou produz raio.

FULMINÍVOMO, adj. Que lança chamas; que dardeja fogo; que despede chamas.

FULMINOSO, adj. Fulmíneo.

FULVESCÊNCIA, s.f. Qualidade do que é fulvo, cor de ouro.

FÚLVIDO, adj. Fulvo e luzente; da cor do ouro.

FULVO, adj. Amarelo-escuro; cor de ouro.

FUMAÇA, s.f. Fumo; vaidade; orgulho; jactância, prosápia; soberba.

FUMACEIRA, s.f. Grande quantidade de fumaça.

FUMADOR, adj. e s.m. Fumante; pitador.

FUMANTE, adj. Pitador; fumador.

FUMAR, v.t. Desprender fumo, fumaça; pitar, cachimbar; aspirar o fumo do cigarro, charuto, cachimbo, etc.

FUMARAÇA ou **FUMARADA**, s.f. Quantidade de fumaça.

FUMARENTO, adj. Que deita fumo ou fumarada.

FUMAROLA, s.f. Emissão de gases produzida nos vulcões.

FUMATÓRIO, adj. Lugar próprio para fumar.

FUMÁVEL, adj. Que se pode fumar; que é bom para se fumar.

FUMEGANTE, adj. Que está lançando fumo, ardendo, queimando.

FUMEGAR, v.int. Lançar fumo; atear-se.

FUMEIRO, s.m. Fabricante, vendedor de fumo; trave, pau sobre o fogão onde se colocam carnes, toucinhos para defumar.

FUMICULTOR, s.m. Aquele que cultiva fumo ou tabaco.

FUMICULTURA, s.f. Cultura do fumo ou tabaco.

FUMÍFUGO, adj. Que afasta o fumo; s.m. aparelho que, colocado na chaminé evita a difusão do fumo no interior das casas; exaustor.

FUMIGAÇÃO, s.f. Desinfetação por meio do fumo.

FUMIGAR, v.t. Desinfetar por meio de fumo; defumar.

FUMIGATÓRIO, adj. Que serve para fumigar; s.m. fumigação.

FUMÍVOMO, adj. Que lança fumo, o mesmo que fumante e fumegante.

FUMO, s.m. Vapor pardacento-azulado que se eleva dos corpos em combustão ou muito aquecidos; fumaça; faixa de crepe, de pano preto; sinal de luto; tabaco; vaidade; orgulho.

FUMOSIDADE, s.f. Qualidade do que é fumoso.

FUMOSO, adj. Fumacento; cheio de fumo; vaidoso; orgulhoso.

FUNAMBULESCO, adj. Relacionado com funâmbulo; equilibrista.

FUNAMBULISMO, s.m. Arte de equilibrar-se numa corda, no arame.

FUNÂMBULO, s.f. Artista de circo que anda na corda ou no arame; aramista.

FUNÇANADA ou **FUNÇANATA**, s.f. Patuscada; pândega; divertimento.

FUNÇANISTA, s. Pessoa que é dada a funçanatas.

FUNÇÃO, s.f. Exercício de órgão ou aparelho; prática; uso; cargo; espetáculo; solenidade; dança; bate-pé; sapateado; (Mat.) correspondência entre os domínios de duas variáveis (Quím.) reunião de substâncias caracterizadas por terem certo número de propriedades comuns.

FUNCIONAL, adj. Decorrente de uma função, do exercício ou trabalho de um órgão; (p. ext.) que está adequado ou apropriado a uma função, a uma utilidade.

FUNCIONALISMO, s.m. A classe dos funcionários públicos.

FUNCIONAMENTO, s.m. Ato ou efeito de funcionar.

FUNCIONAR, v.int. Exercer funções; estar em exercício; realizar movimentos; trabalhar; mover-se bem e com regularidade.

FUNCIONÁRIO, s.m. Servidor público; empregado.

FUNDA, s.f. Aparelho de arremesso; estilingue; bodoque; atiradeira; aparelho ortopédico; aparelho paliativo de rendidura.

FUNDAÇÃO, s.f. Constituição; instituição de uma obra; sociedade.

FUNDADO, adj. Estribado; apoiado; fundamentado.

FUNDADOR, adj. e s.m. Instituidor; iniciador; criador.

FUNDAMENTAÇÃO, s.f. Justificação.

FUNDAMENTADO, adj. Baseado; documentado; argumentado; fundado.

FUNDAMENTAL, adj. Que serve de fundamento; essencial; necessário; basilar.

FUNDAMENTAR, v.t. Lançar os fundamentos, os alicerces de; dar fundamento a; documentar; justificar; provar; t.-rel. firmar; basear.

FUNDAMENTO, s.m. Base; alicerce; sustentáculo; motivo; razão; justificativa.

FUNDÃO, s.m. Pego; lugar situado ao fundo de um monte ou de uma eminência; sítio distante, ermo.

FUNDAR, v.t. Construir; assentar os alicerces de;

edificar; criar; instituir.

FUNDEADO, adj. Ancorado no porto.

FUNDEADOURO, s.m. Ancoradouro.

FUNDEAR, v.int. Deitar ferro ou âncora; tocar no fundo; aportar.

FUNDENTE, adj. Que está em fusão; s.m. substância que auxilia a fusão dos metais.

FUNDIBULÁRIO, s.m. Aquele que combate com a funda.

FUNDIÇÃO, s.f. Ato de fundir metais; oficina onde se fazem fundições.

FUNDIDOR, s.m. Aquele que funde.

FUNDILHAR, v.t. Pôr fundilhas em.

FUNDILHO, s.m. Parte das calças e das cuecas correspondente ao assento.

FUNDIR, v.t. Derreter, vasar metais, liqüefazer; unir; juntar; incorporar.

FUNDÍVEL, adj. Que pode fundir; fusível.

FUNDO, adj. A parte inferior e básica de alguma cousa; o contrário de raso; ignorante; essência; dinheiro para manter instituições, sendo então mais usado no plural: os fundos de um banco.

FUNDURA, s.f. Profundidade; ignorância.

FÚNEBRE, adj. Lúgubre; macabro; lutuoso.

FUNERAL, adj. e s.m. Pompas fúnebres; cerimônias de enterramento; em —: sinal de luto. (A tendência é para se usar só a forma plural: funerais.)

FUNERÁRIO, adj. Relacionado com funeral: empresa funerária, preparativos funerários.

FUNÉREO, adj. Fúnebre.

FUNESTO, adj. Fatal; infausto; azarento; aziago; lutuoso.

FUNGADEIRA, adj. Pessoa que funga; que inspira pelas ventas; tabaqueira.

FUNGAR, v.t. Absorver pelo nariz; resmungar.

FUNGIFORME, adj. Semelhante a fungo ou cogumelo.

FUNGÍVEL, adj. Que se gasta; que se consome com o primeiro uso.

FUNGO, s.m. Excrescência na pele ou nas mucosas em forma de cogumelo; (Bot.) cogumelo; ato de fungar, de farejar.

FUNGOSO, adj. Que tem fungo; semelhante ao cogumelo poroso.

FUNICULAR, adj. Qualidade do que é feito por meio de corda ou cabo de aço (funículo); ascensor, elevador ou carro que sobe montanhas puxado por cabos de aço.

FUNÍCULO, s.m. Pequena corda; (Anat.) cordão umbilical, espermático.

FUNIL, s.m. Utensílio de forma cônica, com um tubo, e que serve para transvasar líquidos.

FUNILARIA, s.f. Oficina de funileiro.

FUNILEIRO, s.m. Latoeiro; folheiro.

FURA-BOLOS, s.m. O dedo indicador.

FURACÃO, s.m. Tufão; ciclone; tornado; pé-de-vento.

FURACIDADE, s.f. Tendência para roubar; hábito de roubo; cleptomania.

FURADO, adj. Esburacado; roto, arrombado.

FURADOR, s.m. Sovela; utensílio para fazer furos ou ilhós.

FURÃO, s.m. Pequeno mamífero carniceiro, da família dos Mustelídeos; irara; pessoa metediça, penetra, ativa.

FURAR, v.t. Esburacar; arrombar; romper; penetrar em; introduzir-se por.

FURBESCO, adj. Esperto; velhaco; finório; descarado.

FURCO, s.m. Medida igual à distância que vai da extremidade do polegar à do indicador; gêmeo.

FÚRCULA, s.f. Designação da parte superior do esterno; parte do esqueleto das aves formada pelas duas clavículas soldadas.

FURDUNÇAR, v.int. Pandegar; divertir-se com alarido; promover desordens.

FURDUNCEIRO, adj. Pândego; barulhento; promotor de pequenas desordens.

FURDÚNCIO ou **FURDUNÇO**, s.m. Pândega; desordem; confusão; briga.

FURGÃO, s.m. Caminhão pequeno e completamente fechado.

FÚRIA, s.f. Raiva; ira; furor.

FURIBUNDO, adj. Furioso; colérico.

FURIOSIDADE, s.f. Qualidade daquele ou daquilo que é furioso.

FURIOSO, adj. Colérico; raivoso; enraivecido; impetuoso.

FURNA, s.f. Caverna; gruta; antro; lapa; lura.

FURO, s.m. Buraco; orifício; notícia dada em primeira mão num jornal ou por outro meio de divulgação.

FUROAR, v.t. Investigar; pesquisar; fossar.

FUROR, s.m. Fúria, cólera, loucura.

FURRIEL, s.m. Antigo posto militar entre cabo e sargento.

FURRUNDU ou **FURRUNDUM**, s.m. Espécie de doce feito de cidra ralada, gengibre e açúcar mascavo.

FURTA-COR, adj. Cambiante; que apresenta cor diversa, segundo a luz projetada.

FURTADELA, s.f. Ação de furtar, de esconder ou de fugir (com o corpo); às—s: às escondidas.

FURTA-FOGO, s.m. Lanterna que oculta a luz sem apagá-la. (Pl.: furta-fogos.)

FURTA-PASSO, s.m. Certa andadura do cavalo, cômoda para o cavaleiro. (Pl.: furta-passos.)

FURTAR, v.t. Roubar; defraudar; esbulhar.

FURTIVO, adj. Praticado a furto; às ocultas; oculto.

FURTO, s.m. Roubo: defraudação; latrocínio. (Em linguagem policial faz-se distinção entre roubo e furto: o roubo ou furto qualificado é assim chamado quando o ladrão faz uso de violência; no furto não.) (V. Roubo.)

FURUNCULAR, adj. Relativo a furúnculo ou da natureza dele.

FURÚNCULO, s.m. Inchado com supuração; cabeça-de-prego; tumor; leicenço.

FURUNCULOSE, s.f. Erupção de furúnculos.

FURUNCULOSO, adj. Cheio de furúnculos; da natureza de furúnculo.

FUSA, s.f. Figura musical, do valor de metade da semicolcheia.

FUSADA, s.f. Porção de fio enrolado no fuso; pancada com o fuso; cada volta do fuso ao fiar.

FUSÃO, s.f. Derretimento pela ação do calor; liga; mistura; aliança; associação; passagem de uma substância do estado sólido para o estado líquido.

FUSCO, adj. Escuro; pardo; (fig.) triste; melancólico; o mesmo que fosco.

FUSEIRA, s.f. Fuso grande.

FUSEIRO, s.m. Fabricante ou vendedor de fusos; torneiro.

FUSELADO, adj. Que apresenta a forma de fuso; fusiforme.

FUSELAGEM, s.f. O corpo principal e mais resistente do avião.

FUSIBILIDADE, s.f. Qualidade daquilo que é fusível.

FUSIFORME, adj. Que apresenta forma de fuso.

FÚSIL, adj. Que se pode fundir; fusível; fundido. (Pl.: fúseis.)

FUSIONAR, v.t. Fazer a fusão de; fundir; confundir; amalgamar.

FUSIONISTA, adj. Que entrou numa fusão partidária; relativo a fusão política; s. partidário de fusão política.

FUSÍVEL, adj. Que se pode fundir; s.m. fio de fusibilidade calibrada, para garantir as instalações elétricas contra os excessos de corrente.

FUSO, s.m. Instrumento roliço sobre que se forma a maçaroca ao fiar; (Geom.) parte da superfície esférica compreendida entre duas semicircunferências de círculos máximos que têm o mesmo diâmetro.

FUSÓRIO, adj. Que diz respeito à fundição.

FUSTA, s.f. Embarcação longa e chata, de vela e remo.

FUSTALHA, s.f. Grande porção de fustas.

FUSTÃO, s.m. Tecido de algodão e linho, de origem indiana.

FUSTE, s.m. Haste de madeira; peça de estear os mastros dos navios; a parte principal da coluna entre o capitel e a base.

FUSTIGAÇÃO, s.f. Flagelação; incitamento; açulamento.

FUSTIGAR, v.t. Bater com vara; vergastar; açoitar; castigar; maltratar; zurzir; incitar; açular.

FUSTIGO, s.m. Pancada de fuste ou conto; bastonada.

FUTEBOL, s.m. Jogo de bola com os pés (football), de origem inglesa, disputado por duas equipes de onze jogadores cada uma.

FUTEBOLISTA, s.m. Jogador de futebol.

FUTEBOLÍSTICO, adj. Relativo a futebol.

FÚTIL, adj. Frívolo; vão; leviano. (Pl.: fúteis.)

FUTILIDADE, s.f. Frivolidade; ninharia.

FUTILIZAR, v.t. Tornar fútil.

FUTRICA, s.f. Amolação; impertinência; qualquer objeto ou cousa, cujo nome adequado não ocorre no momento.

FUTRICAR, v.t. Amolar a paciência; implicar; atormentar o juízo; irritar; intrigar.

FUTRIQUEIRO, adj. e s.m. Que futrica.

FUTURAÇÃO, s.f. Ato de futurar; suposição; conjetura.

FUTURAR, v.t. e t.-rel. Predizer; supor; conjeturar; prognosticar; vaticinar; adivinhar; supor.

FUTURISMO, s.m. Movimento literário, artístico, lançado na Itália, por Marinnetti após a guerra de 1914: repudiava o passado, procurava temas nos inventos modernos, tentava novas formas poéticas sem rima nem métrica.

FUTURISTA, adj. Diz-se da pessoa adepta do futurismo; relativo ao futurismo.

FUTURO, s.m. O porvir, o tempo que há de vir; destino; fado.

FUTUROSO, adj. Que tem bom futuro; prometedor; auspicioso.

FUXICADA, s.f. Mexericada; fuxico; intriga.

FUXICAR, v.t. Amarrotar; remexer; intrigar; fossar; mexericar; fazer desajeitadamente e à pressa (uma coisa); coser a grandes pontos; alinhavar.

FUXICO, s.m. Intriga; mexerico; enredo.

FUXIQUEIRO, s.m. Intrigante; enredeiro; leva-e-traz; futriqueiro.

FUZARCA, s.f. Pândega; farra; divertimento; folia.

FUZARQUEAR, v.int. Fazer fuzarca.

FUZARQUEIRO, adj. e s.m. Que gosta de fuzarcas; farrista.

FUZIL, s.m. Elo de metal; anel de cadeia; peça de aço para ferir lume na pederneira; carabina; espingarda.

FUZILAÇÃO, s.f. Ato de fuzilar; clarão produzido pelo fuzil ao ferir lume na pederneira; fuzilamento; execução de pena capital a tiros.

FUZILADA, s.f. Tiros de espingarda; pancada de fuzil em pederneira; relâmpagos longínquos.

FUZILADO, adj. Justiçado ou assassinado com arma de fogo.

FUZILADOR, adj. e s.m. Que fuzila ou manda fuzilar.

FUZILAMENTO, s.m. Execução de pena de morte a tiros.

FUZILANTE, adj. Que fuzila; que despede clarões ou centelhas.

FUZILAR, v.t. Relampejar, coriscar, relampaguear; executar o condenado à morte, usando fuzil.

FUZILARIA, s.f. Tiros simultâneos de espingarda; tiroteio entre inimigos.

FUZILEIRO, s.m. Soldado armado de fuzil.

FUZILHÃO, s.m. Bico de fivela para segurar a presilha.

FUZO, s.m. Fuzarca; orgia; baile; o mesmo que fuzuê.

FUZUÊ, s.m. Barulho; festa ruidosa; motim; orgia.

G

G, s.m. Sétima letra do alfabeto português. Consoante de duplo valor; gutural antes de a, o, u: gago, gorgulho; palatal antes de e, i: gengibre. Quando deve ser gutural antes de e, i, recebe u: Guimarães, guerra.

GABAÇÃO, s.f. Elogio, louvor.

GABADOR, adj. e s.m. Elogiador, louvaminheiro.

GABAMENTO, s.m. Gabação.

GABAR, v.t. Elogiar; louvar; lisonjear; p. blasonar; jactar-se; vangloriar-se.

GABARDINA, s.f. Tecido de casimira.

GABARDO, s.m. Capote de cabeção e mangas.

GABARITO, s.m. (Const.) Medida que deve ser observada em construções (abertura de túnel, vão de pontes, largura de corredor, via pública, via férrea, etc.); (fig.) valor, importância.

GABAROLA, s. Jactancioso, auto-elogiador, gabola.

GABAROLICE, s.f. Gabolice, gargantice.

GABINETE, s.m. Escritório; sala de trabalhos profissionais (gabinete dentário). Ministério, conjunto dos auxiliares imediatos do chefe do governo. Reservado (W.C.).

GABIROBA, s.f. (V. Guabiroba.)

GABIRU, s.m. Malandro; aproveitador; espertalhão.

GABO, s.m. Elogio; jactância; vaidade.

GABOLA, s. Fanfarrão; garganta; prosa.

GABOLICE, s.f. Gabarolice; jactância; fanfarrice.

GABONÊS, adj. e s.m. Da República do Gabão, (África).

GADANHA, s.f. Colher grande para tirar sopa; foice de cabo comprido para cortar erva; gadanho; mão, garra.

GADANHADA, s.f. Golpe de gadanho ou gadanha.

GADANHAR, v.t. Cortar com a gadanha; arranhar com as unhas; unhar; gadunhar.

GADANHO, s.m. Garra de ave de rapina; unha; ancinho; forcado.

GADARIA, s.f. Gado-vacum, em sentido geral; quantidade de gado; boiada.

GADELHA, s.f. Cabeleira despenteada; gaforinha.

GADELHUDO, adj. Cabeludo; que tem gadelha.

GADO, s.m. Reses em geral; rebanho.

GADOLÍNIO, s.m. Elemento químico, metal, símbolo Gd, peso atômico 167,03 e n.º atôm. 64.

GADUNHAR, v.t. e int. Agarrar, unhar.

GAFA, s.f. Sarna, lepra, dermatose comum; cada um dos varões dos óculos; garra.

GAFADO, adj. Sarnento; doente; estragado.

GAFANHOTO, s.m. Nome comum de todos os insetos da ordem dos saltatórios.

GAFAR, v.t. Contagiar com gafa; eivar; contaminar; int. e p. encher-se de gafa.

GAFARIA, s.f. Hospital para leprosos.

GAFE, s.f. Indiscrição involuntária.

GAFEIRA, s.f. Sarna do cão; doença dos olhos dos bois, com inchação das pálpebras; (ant.) lepra.

GAFEIRENTO, GAFEIROSO ou **GAFENTO, adj.** Que tem gafeira.

GAFIEIRA, s.f. Baile de ralé, salão de tais bailes.

GAFO, adj. Gafeirento; (fig.) corrompido; desmoralizado.

GAFORINHA, s.f. Cabeleira de negro.

GAGÁ, adj. Decrépito.

GAGO, adj. e s.m. Tartamudo, balbuciante.

GAGUEIRA, s.f. Gaguez; tartamudez.

GAGUEJAR, v.t. Tartamudear; balbuciar.

GAGUEJO, s.m. Ato de gaguejar.

GAGUEZ ou **GAGUICE, s.f.** Dificuldade física no falar; gagueira.

GAIATADA, s.f. Conjunto de gaiatos; gaiatice.

GAIATAR, v. int. Proceder como gaiato; caçoar; brincar.

GAIATICE, s.f. Atos ou palavras de gaiato; garotice; travessura.

GAIATO, s.m. Garoto, menino; adj. alegre; travesso; engraçado.

GAIFONA, s.t. Trejeito (V. Careta.) O mesmo que gaifonice.

GAIFONAR, v. int. Fazer gaifonas, visagens. O mesmo que engaifonar.

GAIFONICE, s.f. Gaifona.

GAIO, adj. Jovial, alegre.

GAIOLA, s.f. Armação de arame ou varas de madeira para encerrar pássaros; jaula (para feras); prisão, cárcere; navio do Amazonas; vagão para transporte de animais. (Dimin.: Gaiolinha, gaiolim.)

GAIOLEIRO, s.m. Fabricante ou vendedor de gaiolas.

GAITA, s.f. Instrumento de sopro; há gaita de beiço (as mais comuns) e gaita de foles (usadas pelos escoceses e galegos); cornamusa; (gír.) dinheiro.

GAITADA, s.f. Tocada, execução de gaitas; farra, pândega.

GAITEAR, v. int. Tocar gaita; foliar.

GAITEIRO, s.m. Tocador de gaita; alegre, divertido; farrista.

GAIVOTA, s.f. Designação comum dos Larídeos; pássaro marinho que se alimenta de peixe; procelária.

GAJEIRO, s.m. Marinheiro que vigia o mastro e que da gávea observa e vigia as embarcações ou a terra.

GAJO, s.m. Um sujeito, um cara, um qualquer, o coisa.

GALA, s.f. Traje para solenidade; pompa.

GALÃ, s.m. Ator que numa peça representa o principal papel de namorado; (fig.) galanteador; namorado.

GALAÇÃO, s.f. Galadura.

GALACTAGOGO, adj. Que faz aumentar a secreção do leite; s.m. meio ou substância que se emprega para aumentar a secreção do leite.

GALACTITE, s.f. Pedra preciosa da cor do leite.

GALACTÓFAGO, adj. Que se alimenta de leite.

GALACTÓFORO, adj. Que conduz o leite: ducto galactóforo.

GALACTOLOGIA, s.f. Tratado ou ciência relativa ao leite.

GALACTOLÓGICO, adj. Relativo à galactologia.

GALACTÔMETRO, s.m. Instrumento destinado a medir a pureza do leite.

GALACTOSCÓPIO, s.m. Instrumento para examinar a pureza do leite.

GALACTOSE, s.f. Açúcar derivado da lactose por hidrólise.

GALADURA, s.f. Ação de galar; gala (do ovo).

GALALITE, s.f. Caseína pura tratada pelo formol e que fornece um produto plástico suscetível de numerosas utilizações.

GALANEAR, v. int. Vestir-se com apuro; trajar-se bem.

GALANTARIA, s.f. Galanteio; arte de galantear.

GALANTE, adj. Gracioso; espirituoso; elegante; gentil.

GALANTEADOR, adj. e s.m. Que diz galanteios; que corteja as senhoras.

GALANTEAR, v.t. Cortejar; int. dizer galanteios; namorar.

GALANTEIO, s.m. Delicadeza; namoro.

GALANTERIA, s.f. Var. de galantaria.

GALÃO, s.m. Tira para debruar ou enfeitar; tira de ponta dourada, tecido com retrós, e que no boné e nas ombreiras ou nas mangas da farda serve de distintivo a certas categorias de militares e de funcionários. Medida de capacidade: há o galão imperial, que vale 4 litros e meio, e o americano, de 3 litros e 73 centilitros.

GALARDÃO, s.m. Privilégio; prêmio; recompensa; glória.

GALARDOADOR, adj. e s.m. Aquele que galardoa.

GALARDOAR, v.t. Dar galardão a; premiar; compensar.

GALARIM, s.m. Fastígio; posição da maior evidência.

GALÁXIA, (cs), s.f. Via-Láctea; estrada ou caminho-de-são-tiago; faixa constituída de miríades de estrelas acompanhando aproximadamente um meridiano.

GALÉ, s.f. Antiga embarcação de vela e remos (aum.: galeão); s.m. sentenciado a trabalhos forçados.

GALEÃO, s.m. Antigo navio de alto bordo; nau de guerra.

GALEAR, v. int. Vestir, trajar, ostentar galas.

GALEGADA, s.f. Dito ou ação de galego; multidão de galegos.

GALEGO, adj. Da Galiza (Espanha); s.m. o natural ou habitante da Galiza; o dialeto da Galiza; português.

GALENA, s.f. Mineral monométrico, sulfeto de chumbo; galenita.

GALENITA, s.f. Nome que os mineralogistas modernos dão à galena.

GALENO, s.m. Qualquer médico.

GALEOTA, s.f. Galeão pequeno.

GALEOTE, s.m. Remador de galé; condenado às galés.

GALERA, s.f. Embarcação antiga, de dois ou três mastros, que andava a remos e a vela; vagão aberto para transporte de madeira.

GALERIA, s.f. Corredor subterrâneo das minas; (fig.) coleção de quadros, estátuas, etc., artisticamente organizada; coleção de estudos biográficos ou descritivos; tribuna para o público em certos edifícios; as localidades mais baratas nos espetáculos públicos.

GALÊS, adj. Do País de Gales; s.m. o natural ou habitante desse país. (Fem.: galesa; pl.: galeses, galesas.)

GALGAR, v.t. Transpor; saltar obstáculos; elevar-se em posições e empregos.

GALGAZ, adj. Semelhante a galgo; esguio; magro.

GALGO, s.m. Cão de origem gaulesa, magro, de pernas longas.

GALGUINCHO, adj. Magricela; esfomeado.

GALHA, s.f. Excrescência de qualquer parte do vegetal, produzida pelo ataque de insetos.

GALHADA, s.f. Cornos de ruminantes. Uma porção de galhos.

GALHARDEAR, v.rel. Brilhar; sobressair.

GALHARDETE, s.m. Bandeirinha farpada no alto dos mastros como adorno ou sinal; bandeira para ornamentação de ruas ou edifícios em ocasiões festivas; flâmula.

GALHARDIA, s.f. Elegância; esbelteza; bravura.

GALHARDO, adj. Garboso; elegante; bravo.

GALHEIRO, s.m. Veado de chifres grandes.

GALHETA, s.f. Pequeno vaso de vidro em que se serve o azeite e o vinagre nos serviços de mesa; pequeno vaso que contém água ou vinho para a missa.

GALHETEIRO, s.m. Utensílio de mesa que sustenta as galhetas, com os vasos do sal e da pimenta.

GALHO, s.m. Ramo de árvore; chifre de ruminantes; dificuldade; obstáculo.

GALHOFA, s.f. Gracejo; zombaria.

GALHOFADA, s.f. Grande galhofa.

GALHOFAR, v. int. Zombar; caçoar.

GALHOFARIA, s.f. Galhofada.

GALHOFEIRO, adj. e s.m. Zombeteiro; escarnecedor; caçoísta.

GALHUDO, adj. Que tem galhos; que tem chifres grandes.

GALICÍNIO, s.m. Canto de galo; hora matutina em que o galo canta.

GALICIPARLA, s. Pessoa que fala afrancesadamente.

GALICISMO, s.m. Palavra ou expressão afrancesada; francesismo.

GALICISTA, s. Pessoa que usa galicismos; amigo de galicismos.

GALILEU, adj. Da Galiléia (Palestina); s.m. o natural ou habitante da Galiléia. (Fem.: galiléia.)

GALIMATIAS, s.m. 2 núm. Linguagem confusa, incompreensível.

GALINÁCEO, adj. e s.m. Ordem de aves a que pertencem a galinha, a perdiz, o faisão, etc.: rapaz novo.

GALINHA, s.f. Fêmea do galo; (fig.) indivíduo poltrão; galinha choca: pessoa irritadiça, impertinente.

GALINHEIRO, s.m. Criador, vendedor de galinhas; lugar onde vivem as galinhas; torrinha; balcão ou galeria nos teatros.

GALINICULTURA, s.f. Criação de galináceos.

GÁLIO, s.m. Elemento químico, metal, símbolo Ga, de peso atômico 69,72 e n.º atômico 31.

GALISPO, s.m. Pequeno galo; adj. que tem um só testículo; roncolho.

GALISTA, s.m. (Bras.) Indivíduo que se ocupa de criar, preparar e guiar, durante a luta, galos de briga.

GALIZIANO, adj. Diz-se do dialeto, da poesia e dos trovadores de Portugal e da Galiza, nos primeiros séculos da nacionalidade portuguesa.

GALO, s.m. O macho da galinha; calombo proveniente de contusão; gaulês; valente.

GALOCHA, s.f. Espécie de calçado de borracha

que se põe por cima das botas ou sapatos, para os preservar da umidade.

GALOFOBIA, s.f. Aversão à França e aos franceses.

GALÓFOBO, adj. e s.m. Aquele que tem ódio aos franceses e à França.

GALOMANIA, s.f. Admiração apaixonada à França e aos franceses.

GALOMANÍACO ou **GALÔMANO**, adj. e s.m. Aquele que admira excessivamente a França.

GALOPADA, s.f. Corrida a galope.

GALOPADOR, adj. e s.m. Aquele que galopa bem.

GALOPANTE, adj. Rápido, veloz; tuberculose galopante: que mata em pouco tempo.

GALOPAR, v. int. Andar a galope.

GALOPE, s.m. A carreira mais rápida de alguns animais, especialmente do cavalo.

GALOPEADO, s.m. Animal ainda não de todo manso, adestrado.

GALOPEAR, v. int. Galopar; amansar cavalos.

GALOPIM, s.m. Rapaz esperto; cabo eleitoral.

GALPÃO, s.m. Salão amplo; alpendre; abrigo.

GALRAR, v. int. Falar à toa; parolar; papagaiar.

GALREADOR, adj. Tagarela; loquaz.

GALREAR, v.int. Galrar; tagarelar, falar pelos cotovelos.

GALREIRO, adj. e s.m. Galreador.

GALREJAR, v.int. e t. Galrear.

GALRICHO, s.m. O mesmo que galrito.

GALVÂNICO, adj. Quez diz respeito ao galvanismo.

GALVANISMO, s.m. Eletricidade produzida por ações químicas ou por contato de certos corpos.

GALVANIZAÇÃO, s.f. Ato ou efeito de galvanizar.

GALVANIZADO, adj. Submetido ao efeito da pilha elétrica.

GALVANIZADOR, adj. Que galvaniza.

GALVANIZAR, v.t. Eletrizar por meio de pilha voltaica; dourar ou pratear, etc. por meio de galvanoplastia.

GALVANOGRAFIA, s.f. Processo de gravura por meio de galvanoplastia.

GALVANOGRÁFICO, adj. Relativo à galvanografia.

GALVANOGRAVURA, s.f. Processo de gravura, por meio de uma corrente elétrica.

GALVANOMAGNETISMO, s.m. Conjunto dos efeitos ao mesmo tempo galvânicos e magnéticos.

GALVANÔMETRO, s.m. Instrumento destinado a medir a intensidade das correntes elétricas de pequena intensidade.

GALVANOPLASTIA ou **GALVANOPLÁSTICA**, s.f. Arte de aplicar uma camada metálica aderente sobre qualquer superfície por meio da pilha galvânica.

GALVANOPLÁSTICO, adj. Relativo à galvanoplastia.

GALVANOSCÓPIO, s.m. Instrumento que torna sensíveis à vista os efeitos galvânicos.

GALVANOTERAPIA, s.f. Tratamento de doenças pela pilha galvânica.

GALVANOTERÁPICO, adj. Relativo a galvanoterapia.

GALVANOTIPIA, s.f. Aplicação da galvanoplastia à estereotipia, por deposição de cobre.

GALVANOTÍPICO, adj. Relativo à galvanotipia.

GAMA, s.m. Terceira letra do alfabeto grego; s.f. (Mús.) escala; sucessão de sons de uma oitava musical. Raios eletromagnéticos emitidos pelos corpos radioativos. Série, sucessão.

GAMADO, adj. Que termina em ponta; cruz gamada: que tem os braços iguais, terminados em aspa; insígnia do hitlerismo.

GAMÃO, s.m. Jogo de tábulas e dados entre dois parceiros; tabuleiro sobre que se joga o gamão.

GAMBÁ, s.m. Mamífero marsupial de cheiro nauseabundo; (fig.) bêbedo; alcoólatra.

GAMBETA, s.f. Que tem as pernas tortas; manco.

GAMBETEAÇÃO, s.f. Desequilíbrio no andar por ser gambeta.

GAMBETEADOR, adj. e s.m. Gambeteiro.

GAMBETEAR, v. int. Manquejar.

GAMBETEIRO, adj. Pessoa ou animal que gambeteia; gambeteador.

GÂMBIA, s.f. Perna.

GAMBIARRA, s.f. Rampa de luzes na parte anterior e superior dos palcos.

GAMBITO, s.m. Maneira de abrir a partida no xadrez, sacrificando uma peça para obter vantagem de posição.

GAMBOA, s.f. Remanso nos rios onde se pode pescar; fruto do gamboeiro.

GAMBOEIRO, s.m. Variedade de marmeleiro.

GAMBOTA, s.f. Molde ou arco de madeira para construir uma abóbada.

GAMELA, s.f. Vasilha; bacia; alguidar; s.m. prático em medição de terras; engenheiro não diplomado.

GAMENHO, adj. e s.m. Elegante, casquilho; afeminado.

GAMETA, s.m. (Biol.) Célula sexual, masculina ou feminina. Existem as formas: gâmeta e gâmeto.

GAMO, s.m. Mamífero ruminante semelhante ao veado.

GAMOMANIA, s.f. Loucura caracterizada pela monomania do casamento.

GAMOMANÍACO, adj. Relativo à gamomania; adj. e s.m. aquele que sofre gamomania.

GANA, s.f. Grande apetite ou vontade; ódio; fome; raiva; ímpeto.

GANÂNCIA, s.f. Ambição, usura.

GANANCIAR, v.t. Ter ganância, ambicionar em demasia. (Pres. ind.: gananancio, ganancias, gananancia, etc.)

GANANCIOSO, adj. Ambicioso; usurário; avarento.

GANCHAR, v.t. Agarrar com gancho; enganchar.

GANCHEADO, adj. Que apresenta forma de gancho.

GANCHO, s.m. Peça recurvada de metal ou de outra substância resistente para suspender quaisquer pesos; anzol.

GANCHORRA, s.f. Grande gancho, para atracar os barcos; (gir.) mão.

GANCHOSO, adj. Curvo como um gancho.

GANDAIA, s.f. Vadiação, vagabundagem; malandrice; pândega.

GANDAIAR, v.int. Andar à gandaia; cair em vida desregrada; vadiar.

GANDAIEIRO, adj. e s.m. Aquele que anda à gandaia.

GÂNDARA, s.f. Charneca; terra arenosa, estéril; terreno despovoado, mas coberto de plantas agrestes.

GANENSE, adj. e s. Da República de Gana, antiga Costa do Ouro (África); o mesmo que ganata.

GANGA, s.f. Minério que traz de mistura ouro, prata ou pedra preciosa; tecido muito fino e delicado.

GANGLIFORME, adj. Que tem forma de gânglio.

GÂNGLIO, s.m. Dilatação no trajeto dos nervos de onde irradiam fibras nervosas.

GANGLIOMA, s.m. Nome antigo de tumor dos gânglios linfáticos.

GANGLIONAR, adj. Da natureza dos gânglios; relativo aos gânglios.

GANGLIONITE, s.f. Inflamação ganglionar.

GANGORRA, s.f. Brinquedo; aparelho de divertimento infantil: uma tábua que se move ao redor de um espigão; (fig.) vida difícil, desequilibrada economicamente.

GANGRENA, s.f. Necrose, destruição de tecido orgânico; corrupção moral.

GANGRENADO, adj. Atacado de grangrena; (fig.) pervertido; corrompido.

GANGRENAR, v.t. Produzir gangrena em; perverter, corromper.

GANGRENOSO, adj. Que tem gangrena; que é da natureza de gangrena.

GANHADEIRO, adj. e s.m. Jornaleiro; ganhador; o mesmo que ganhão.

GANHADOR, adj. Felizardo, de sorte, carregador.

GANHÃO, s.m. Aquele que vive do seu trabalho; aquele que para viver se emprega em qualquer serviço; ganhadeiro.

GANHA-PÃO, s.m. Trabalho de que alguém vive. (Pl.: ganha-pães.)

GANHA-PERDE, s.m. 2 núm. Jogo em que ganha o que primeiro perde, o que faz menos pontos. No Brasil diz-se mais perde-ganha.

GANHAR, v.t. Adquirir; conquistar; obter; receber; lucrar. (O partic. passado, forma longa: ganhado — já não é empregado; usa-se sempre ganho, forma abreviada.)

GANHÁVEL, adj. Que se pode ganhar.

GANHO, s.m. Lucro; proveito; vantagem.

GANIÇAR, v.int. Ganir.

GANIDO, s.m. Grito lamentoso dos cães.

GANIR, v.int. Uivar, lamentar (cão).

GANJA, s.f. Vaidade, presunção; adj. ganjento; muito confiado; dado a tomar liberdades.

GANJENTO, adj. Vaidoso; presumido.

GANSO, s.m. Ave palmípede da ordem dos Lamelirrostros.

GARABULHA, s.f. Confusão; embrulhada; alvoroço.

GARABULHAR, v.t. Confundir; intrigar.

GARABULHENTO, s.m. Aspereza; garabulha.

GARAFUNHAS, s.f. pl. ou GARAFUNOS, s.m. pl. Garatuja; garafunhos.

GARAGEM, s.f. Abrigo e oficina para automóveis; estabelecimento onde se alugam automóveis, à hora.

GARAGISTA, s.m. Proprietário ou encarregado de garagem.

GARANHÃO, s.m. Cavalo destinado à reprodução; reprodutor do rebanho.

GARANTE, s. Abonador; fiador; pessoa responsável por alguma coisa.

GARANTIA, s.f. Fiança; abonação; penhor; responsabilidade; pl. privilégios.

GARANTIDO, adj. Afiançado.

GARANTIDOR, adj. e s.m. Aquele que garante.

GARANTIR, v.t. Afiançar; responsabilizar-se por; abonar; tornar seguro; afirmar como certo.

GARAPA, s.f. Suco de cana; por ext. qualquer bebida adocicada; (fig.) cousa sem valor, que não presta.

GARAPEIRO, s.m. Quem faz ou vende garapa.

GARATÉIA, s.f. Aparelho de pesca formado de vários anzóis (geralmente três) na extremidade da mesma linha.

GARATUJA, s.f. Rabiscos, desenhos, letras malfeitas: garavunha, gatafunho.

GARATUJAR, v.t. Rabiscar; int. fazer garatujas.

GARAVATO ou GRAVATO, s.m. Pau com gancho na extremidade para apanhar fruta; cambo.

GARAVETAR, v.int. Apanhar garavetos.

GARAVETO, s.m. Pedaço de lenha miúda; maravalha; cavaco; diz-se também graveto.

GARAVUNHA, s.f. Garatuja.

GARBANÇO, s.m. Grão-de-bico.

GARBO, s.m. Elegância; galhardia.

GARBOSIDADE, s.f. Elegância, aprumo, galhardia.

GARBOSO, adj. Elegante; aprumado; galhardo.

GARÇA, s.f. Ave pernalta aquática, de cor branca e que vive aos bandos à beira de lago.

GARÇÃO, s.m. Espécie de garça grande. Copeiro.

GARCEIRO, adj. Que mata garças (falcão); caçador de garças.

GARCÊS, s.m. Calcês do mastro; adj. garço, azulado. (Pl.: garceses.)

GARÇO, adj. Azulado, azul-claro; garcês.

GARÇOTA, s.f. Garça nova.

GARDÊNIA, s.f. Planta ornamental da família das Rubiáceas, também chamada jasmim-do-cabo.

GARDUNHA, s.f. Gardunho; fuinha.

GARDUNHO, s.m. Fuinha, animal daninho; gardunha.

GARE, s.f. (gal.) Embarcadouro e desembarcadouro das estações de estrada de ferro; plataforma; estação.

GARFADA, s.f. Porção de comida que um garfo leva de cada vez; ferimento feito com garfo.

GARFAR, v.t. Revolver ou rasgar com garfo; t.-rel. enxertar de garfo; int. enxertar plantas por meio de garfos.

GARFEIRA, s.f. Estojo para garfos.

GARFO, s.m. Utensílio de três ou quatro dentes que faz parte do talher; forquilha.

GARGAJOLA, s.m. Rapaz espigado, alto, crescido.

GARGALAÇADA, s.f. Ato de despejar com ruído o líqüido de uma vasilha de gargalo; ato de beber água ou qualquer líqüido despejando-o diretamente na goela.

GARGALAÇAR, v.t. Beber, despejando o líqüido do alto, diretamente na garganta.

GARGALHADA, s.f. Risada franca e ruidosa; casquinada.

GARGALHAR, v.int. Soltar gargalhadas.

GARGALHEIRA, s.f. Coleira com que se prendiam os escravos; coleira de cão.

GARGALO, s.m. Pescoço de garrafa ou de outra vasilha com entrada estreita.

GARGANTA, s.f. Parte anterior do pescoço; laringe; abertura estreita; desfiladeiro; goela; (fig.) gabola, fanfarrão.

GARGANTÃO, adj. e s.m. Comilão; voraz; (fem.: gargantona) ; fanfarrão, blasonador.

GARGANTEAÇÃO, s.f. Ato de gargantear.

GARGANTEADO, s.m. Trinado; gorjeio; adj. trinado, modulado com afinação.

GARGANTEADOR, adj. Fanfarrão, gabarola.

GARGANTEAR, v.t. Cantar; int. fazer, trinados com a voz; int.: bazofiar, fanfarronar; contar vantagem.

GARGANTEIO, s.m. Trinado com a voz; garganteado.

GARGANTICE, s.f. Gabolice; jactância.

GARGANTILHA, s.f. Afogador para enfeite do pescoço; colar.

GARGAREJAMENTO, s.m. Ato ou efeito de gargarejar.

GARGAREJAR, v.t. Agitar na boca (um líqüido) com o ar expelido da laringe.

GARGAREJO, s.m. Agitação de um líqüido na boca ou na garganta; líqüido que se gargareja.

GÁRGULA, s.f. Buraco por onde se escoa a água de uma fonte ou de uma cascata; final esculpido, quase sempre representando figuras grotescas, que escoa as águas das calhas.

GARI, s.m. Varredor de ruas; empregado da limpeza pública; lixeiro.

GARIMPAGEM, s.f. Prática de garimpo.

GARIMPAR, v.int. Exercer o ofício de garimpeiro.

GARIMPEIRO, s.m. O que anda à cata de metais e pedras preciosas; o que trabalha nas lavras diamantinas; faiscador.

GARIMPO, s.m. Mina de diamantes ou carbonados; lugar onde se encontram tais minas; cata.

GARNISÉ, adj. Galinha pequena, originária de Guernesey (ilha inglesa); pessoa de estatura pequena; peva.

GAROA, s.f. Nevoeiro fino; chuvisco; valentão, provocador.

GAROAR, v.int. Cair garoa; chuviscar.

GAROENTO, adj. Em que há garoa.

GAROTADA ou GAROTAGEM, s.f. Ajuntamento de garotos; ato ou palavras de garoto; garotice, criancice.

GAROTAR, v.int. Andar na garotice; ter vida de garoto; vadiar; gandaiar.

GAROTICE, s.f. Ação ou palavras de garoto.

GAROTO, adj. Menino; moleque, rapazelho.

GAROUPA, s.f. Nome de várias espécies de peixe, da família dos Serrânidas.

GAROUPINHA, s.f. Espécie de garoupa pequena, também conhecida pelo nome de jabu.

GARRA, s.f. Unha aguçada e curva de feras e aves de rapina; (por ext. unhas), dedos, mãos, em glória futebolística, jogador que tem garra; esforçado, lutador, que tem gana.

GARRAFA, s.f. Vaso de vidro, de cristal ou de louça, com gargalo estreito, e destinado a conter líqüidos.

GARRAFADA, s.f. Conteúdo de uma garrafa; medicamento líqüido contido numa garrafa; pancada com garrafa; beberagem de curandeiro, aplicada como remédio.

GARRAFAL, adj. Que tem forma de garrafa; graúdo, grande (letra, letreiro).

GARRAFÃO, s.m. Grande garrafa, de ordinário empalhada.

GARRAFARIA, s.f. Porção de garrafas; fábrica, venda ou depósito de garrafas.

GARRAFA-TÉRMICA, s.f. (V. Termo.)

GARRAFEIRA, s.f. Lugar onde se guardam garrafas com vinho; frasqueira.

GARRAFEIRO, s.m. Comprador ambulante de garrafas.

GARRANCHADA, s.f. Quantidade de galhos finos de árvores ou garranchos.

GARRANCHENTO, adj. Cheio de garranchos ou gravetos.

GARRANCHO, s.m. Moléstia no casco das cavalgaduras; ramo tortuoso de árvore; graveto; letra ruim.

GARRANCHOSO, adj. Que tem forma de garrancho; torto; cheio de garranchos, garranchento.

GARRANO, s.m. Cavalo pequeno, mas forte; (fig.) indivíduo velhaco.

GARRÃO, s.m. Jarrete do cavalo.

GARRAR, v.t. (Náut.) Desprender (amarras); int. vogar (o navio) à mercê das ondas por não estar segura a amarra.

GARRIDICE, s.f. Elegância, janotismo, vaidade.

GARRIDO, adj. Muito enfeitado; janota; elegante; alegre; vivo, esperto.

GARRIR, v.int. Tocar, badalar, tanger sino de voz aguda e fina; enfeitar-se, luxar, trajar-se com excessivo apuro. (Verbo regular: pres. ind.: garro, garres, garre, garrimos, garris, garrem. Conjuga-se como o v. partir.)

GARROCHA, s.f. Pau com ferro farpado numa extremidade.

GARROCHADA, s.f. Picada com a garrocha.

GARROCHAR, v.t. Picar (touros) com garrocha.

GARROTAR, v.t. Estrangular por meio de garrote. O mesmo que garrotear.

GARROTE, s.m. Pau curto com que se apertava a corda do enforcado; enforcamento sem suspensão da vítima; bezerro de dois a quatro anos de idade. Tira com que se comprime o braço ou a perna para facilitar injeções na veia.

GARROTEAR, v.t. Estrangular, esganar, enforcar.

GARROTILHO, s.m. Angina aguda, sufocante, semelhante a crupe; doença de cavalos produzida pelo Streptococcus equi.

GARRUCHA, s.f. Arma de fogo; pistola; (fig.) sovina; avarento; miserável.

GARRULAR, v.int. Tagarelar, palrar.

GARRULICE, s.f. Tagarelice.

GÁRRULO, adj. e s.m. Tagarela, palrador.

GARUPA, s.f. Anca do cavalo.

GÁS, s.m. Substância volátil; abreviação de gasolina; querosene; produto da destilação da hulha usado como combustível doméstico.

GASALHADO, s.m. Hospedagem; bom trato; roupas.

GASALHAR, v.t. Agasalhar

GASALHO, s.m. Aconchego, agasalho.

GASALHOSO, adj. Hospitaleiro, acolhedor.

GASCÃO, adj. e s.m. Referente a ou natural da Gasconha; (fig.) fanfarrão.

GASCONADA, s.f. Fanfarronada; bazófia.

GASEAR, v.t. Sujeitar à ação de gases.

GASEIFICAÇÃO (e-i), s.f. Operação de gaseificar.

GASEIFICAR (e-i), ou GASIFICAR, v.t. Reduzir a gás; vaporizar; p. reduzir-se ao estado de gás.

GASEIFICÁVEL (e-i), adj. Que se pode converter em gás.

GASEIFORME (e-i), adj. Que se apresenta no estado gasoso.

GASGANETE, s.m. Garganta; pescoço.

GASNATE ou GASNETE, s.m. (V. Gasganete.)

GASNETEAR, v.t. Asfixiar, sufocar.

GASOGÊNIO, s.m. Aparelho para fabricar ou produzir gás.

GASÓGENO, adj. Que produz gás; s.m. gasogênio.

GASOLINA, s.f. Mistura de hidrocarbonetos que destila entre 30 e 150 graus e que constitui a parte mais volátil do petróleo bruto.

GASOMETRIA, s.f. Arte de medir o volume dos gases.

GASOMÉTRICO, adj. Relativo a gasometria.

GASÔMETRO, s.m. Aparelho para medir gás; reservatório de gás; fábrica de gás.

GASOSA, s.f. Limonada gasosa.

GASOSO, adj. Que tem a natureza do gás; um dos três estados fundamentais da matéria (gasoso, líqüido, sólido); que contém gás.

GASPARINO ou GASPARINHO, s.m. Fração mínima de bilhete de loteria.

GÁSPEA, s.f. Parte dianteira do calçado, a qual cobre o pé e é cosida à parte posterior, geralmente como remendo.

GASPEADEIRA, s.f. Mulher que gaspeia.

GASPEAR, v.t. Deitar gáspeas em (calçado).

GASTADOR, s.m. Esbanjador, perdulário, dissipador.

GASTAR, v.t. Diminuir pelo uso; consumir, esbanjar, dissipar, despender. (Part. pas.: gastado, com os auxiliares ter e haver; gasto, com ser e estar; a tendência é para o emprego do particípio breve — gasto — com todos os auxiliares.)

GASTÁVEL, adj. Que se pode gastar.

GASTO, s.m. Dispêndio; detrimento; adj. usado, coçado, avelhantado.

GASTRALGIA, s.f. Dor no estômago.

GASTRÁLGICO, adj. Relativo à gastralgia.

GASTRENTERITE, s.f. Inflamação simultânea do estômago e dos intestinos.

GÁSTRICO, adj. Referente ao estômago.

GASTRITE, s.f. Inflamação do estômago.

GASTRONOMIA, s.f. Arte de comer bem.

GASTRONÔMICO, adj. Que diz respeito à gastronomia.

GASTRÔNOMO, s.m. Glutão; guloso; amigo da boa mesa.

GASTRÓPODE, s.m. Espécime dos Gastrópodes, classe de moluscos que tem sob o ventre um pé alargado em forma de disco carnudo sobre o qual se arrastam. Pertencem a ela o caracol, a lesma,etc.

GATA, s.f. Fêmea do gato; (Náut.) vela de cima da mezena.

GATAFUNHAR, v.t. Rabiscar; garatujar.

GATAFUNHOS, s.m.pl. Garatuja.

GATA-PARIDA, s.f. Brinquedo de meninos em que todos se sentam num banco e começam a comprimir-se uns aos outros, imitando os miados do gato. Diz-se também parigata.

GATARIA, s.f. Grande quantidade de gatos.

GATARRÃO, s.m. Aumentativo de gato.

GATEADO, adj. Diz-se do cavalo com pêlo amarelo-avermelhado; diz-se também dos olhos amarelo-esverdeados, como os do gato.

GATEIRA, s.f. Buraco nas portas para passagem dos gatos; fresta ou trapeira sobre o telhado para entrar ar e luz.

GATEIRO, adj. e s.m. Amigo de gatos.

GATICIDA, s. Matador de gato.

GATICÍDIO, s.m. Ação de matar gato.

GATILHO, s.m. Peça dos fechos da arma de fogo, e pela qual se puxa para efetuar o disparo.

GATIMANHA, s.f. Astúcia, esperteza.

GATO, s.m. Animal doméstico, pertencente à família dos Felídeos; bichano; (fig.) descuido; gatuno. (Aument.: gatão, gatorro, gatarrão.)

GATO-PINGADO, s.m. Indivíduo que acompanhava com archote os enterros; por ext.. raros assistentes que comparecem a qualquer reunião ou espetáculo, conferências,etc.

GATO-PRETO, s.m. Diabo; demônio; azar; má sorte.

GATUNAGEM, s.f. Bando de gatunos; os gatunos; a vida de gatuno; ação própria de gatuno; gatunice; roubalheira.

GATUNAR, v.t. e int. Furtar, roubar.

GATUNHAR, v.t. e int. Gatunar; gadunhar.

GATUNICE, s.f. Ação própria de gatuno; furto.

GATUNO, adj. e s.m. Ladrão.

GAUCHADA (a-u), s.f. Grande número de gaúchos; fanfarronada, gabolice.

GAUCHARIA (a-u), s.f. Conversa-fiada; astúcia. ardil. O mesmo que gauchada, gauchagem.

GAUCHESCO, adj. Relativo aos gaúchos.

GAUCHISMO, s.m. Costume e hábitos de gaúcho; palavra, expressão ou construção típica da fala gaúcha.

GAÚCHO, adj. e s.m. Primitivamente, dizia-se do habitante do campo, oriundo, pela maior parte. de indígenas; hoje, generalizou-se a todos os naturais do R. G. do Sul, do interior do Uruguai e de parte da Argentina.

GAUDÉRIO, s.m. Folgança; pândega.

GÁUDIO, s.m. Júbilo; folgança; alegria; satisfação.

GAULÊS, adj. Da Gália; s.m. o natural ou habitante da Gália; idioma dos antigos gauleses.

GAUSS, s.m. (Elet.) Unidade de densidade do fluxo magnético no sistema C.G.S.

GAVARRO, s.m. Unheiro; panarício.

GÁVEA, s.f. Espécie de tabuleiro ou plataforma a certa altura de um mastro e atravessada por ele; vela imediatamente superior à grande.

GAVETA, s.f. Caixa sem tampa que se encaixa em móveis.

GAVIÃO, s.m. Ave de rapina; conquistador, dom Juar; arisco (animal).

GAVINHA, s.f. Órgão de fixação das plantas sarmentosas ou trepadeiras e com que elas se prendem a outras ou a estacas.

GAVIONAR, v.int. Meter-se a conquistador. Ficar (o animal) arisco, difícil de pegar.

GAVIONICE, s.f. Ato de gavionar; velhacada, esperteza.

GAVOTA, s.f. Antiga dança francesa, espécie de minuete.

GAXETA, s.f. Trança de linho, palha ou borracha,

225

que se coloca entre as bordas da tampa e a boca da caldeira de qualquer máquina, para fechá-la hermeticamente.

GAZE, s.f. Tecido leve.

GAZEADOR, adj. e s.m. Aquele que gazeia.

GAZEANTE, adj. Que gazeia.

GAZEAR, v.int. Cantar (a garça, andorinha,etc.); chalrar (criança); faltar às aulas ou ao trabalho para vadiar.

GAZEIO, s.m. Canto da garça, da andorinha; ato de gazear, de faltar às aulas por vadiação. O mesmo que gazeta.

GAZELA, s.f. Espécie de antílope; mulher nova e elegante, altiva.

GÁZEO, adj. Garço; s.m.pl. (pop.) olhos azuis.

GAZETA, s.f. Publicação periódica política, doutrinária ou noticiosa; gazeio; falta à aula por vadiação.

GAZETEAR, v.int. Gazear.

GAZETEIRO, adj. e s.m. Aluno cabulador, enforcador de aulas; noticiarista; jornalista.

GAZETILHA, s.f. Seção noticiosa de um periódico.

GAZUA, s.f. Chave falsa; ferro curvo com que se podem abrir fechaduras; pé-de-cabra.

Gê, s.m. Nome da letra **g.**

GEADA, s.f. Orvalho congelado que forma camada branca sobre o solo.

GEAR, v.int. Gelar, congelar-se o orvalho; cair geada; formar-se geada. (Verbo defectivo; só se conjuga na 3.ª pes. sing.: geia, geava, geou, geara, geará, gearia, geie, geasse, gear, geado.)

GÊISER, s.m. Fonte quente com erupções periódicas, e que traz muitos sais em dissolução. (Pl.: gêiseres.)

GEL, s.m. Substância de consistência gelatinosa formada pela coagulação de um líquido coloidal.

GELADEIRA, s.f. Refrigerador, frigorífico.

GELADO, s.m. Sorvete; qualquer bebida gelada.

GELADOR, adj. Que gela.

GELADURA, s.f. Seca ou queima produzida nas plantas pela geada.

GELAR, v.t. Congelar; passar ao estado de gelo; tornar muito frio; traspassar de frio; causar espanto ou medo a.

GELATINA, s.f. Substância albuminóide que se extrai dos tecidos fibrosos dos animais e que tem o aspecto e a consistência da geléia de frutas.

GELATINOSO, adj. Que contém gelatina; que tem a natureza e o aspecto de geléia; pegajoso.

GELÉIA, s.f. Suco de frutas cozidas com açúcar e que se deixa esfriar em seguida.

GELEIRA, s.f. Montão de gelo; cavidade em que, nas altas montanhas, se forma gelo; amontoamento de gelo e neve que se move arrastado pelas correntes.

GELEIRO, s.m. Fabricante ou vendedor de gelo.

GELHA, s.f. Ruga, engrouvinhamento.

GELIDEZ, s.f. Frieza, insensibilidade.

GÉLIDO, adj. Frio, gelado, imobilizado.

GELO, s.m. Água em estado sólido, cristalizado no sistema hexagonal; frio excessivo; (fig.) indiferença; insensibilidade.

GELO-SÊCO, s.m. Anidrido carbônico sólido.

GELOSIA, s.f. Rótula, veneziana, persiana.

GEMA, s.f. Parte central amarela do ovo das aves; rebento, gomo do vegetal; pedra preciosa; centro, parte essencial; da — : genuíno.

GEMADA, s.f. Gema ou porção de gemas de ovo, batidas com açúcar e leite.

GEMADO, adj. Que tem gemas; enxertado de gema; que tem cor semelhante à da gema do ovo.

GEMEDOR, adj. e s.m. Aquele que geme.

GEMELHICAR, v.int. Gemer continuamente; gemicar.

GEMENTE, adj. Que geme. O mesmo que gemedor e gemebundo.

GÊMEO, adj. Nascido do mesmo parto; semelhante, parecido, igual; distância entre o polegar e indicador distendidos; gêmeos: um dos signos do zodíaco.

GEMER, v.int. Lamentar-se; soltar queixas; sofrer.

GEMICAR, v.int. Gemer baixo, mas de contínuo. O mesmo que gemelhicar.

GEMIDO, s.m. Som lastimoso ou plangente; lamentação.

GEMÍFERO, adj. que produz ou tem pedras preciosas; (Bot.) que tem ou produz rebentos.

GEMINAÇÃO, s.f. Disposição aos pares; (Gram.) duplicação de consoantes.

GEMINADO, adj. Duplicado; diz-se de órgãos vegetais dispostos dois a dois.

GEMINAR, v.t. Duplicar, dobrar as consoantes.

GEMIPARIDADE, s.f. Reprodução por meio de gemas ou rebentos.

GEMÍPARO, adj. Diz-se das plantas e dos animais que se reproduzem por gemas.

GÊMULA, s.f. Pequena gema.

GENCIANA, s.f. Planta medicinal da família das Gencianáceas.

GEN ou **GENE,** s.m. (Biol.) Partícula do cromossomo em que se encerram os caracteres hereditários.

GENEALOGIA, s.f. Estudo da origem das famílias.

GENEALÓGICO, adj. Relativo a genealogia.

GENEALOGISTA, s. Quem é versado em genealogia; linhagista.

GENEBRA, s. f. Bebida alcoólica, feita de aguardente, com bagas de zimbro destiladas ou maceradas.

GENEBRÊS ou **GENEBRINO,** adj. De Genebra (Suíça); s.m. o natural ou habitante de Genebra.

GENERAL, s.m. Oficial militar de graduação imediatamente superior a coronel.

GENERALA, s.f. Feminino de general.

GENERALADO ou **GENERALATO,** s.m. Posto de general; dignidade do geral de uma ordem religiosa.

GENERALÍCIO, adj. Referente a general.

GENERALIDADE, s.f. Qualidade daquilo que é geral; o maior número; pl.: rudimentos; princípios elementares.

GENERALÍSSIMO, s.m. Chefe supremo de um exército; título do soberano de uma nação com relação ao exército.

GENERALIZAÇÃO, s.f. Conclusão geral que se tira da observação de casos particulares da mesma espécie.

GENERALIZAR, v.t. Tornar geral; vulgarizar; desenvolver; difundir; tornar comum.

GENERATIVO, adj. Que pode gerar; relativo à geração.

GENERATRIZ, adj. e s.f. Geratriz.

GENÉRICO, adj. Que diz respeito a gênero; geral; que tem o caráter de generalidade.

GÊNERO, s.m. Conjunto de seres ou coisas que apresentam qualidades semelhantes. Classe de assuntos literários ou artísticos da mesma natureza. Propriedade que os substantivos possuem de indicar o sexo pela terminação ou pela significação. Mercadoria.

GENEROSIDADE, s.f. Bondade, liberalidade.

GENEROSO, adj. Dadivoso, bondoso, liberal.

GÊNESE, s.f. Origem, princípio, causa. O primeiro livro da Bíblia, onde se narra a origem do mundo e do homem.

GENESÍACO ou **GENÉSICO,** adj. Relativo à geração.

GÊNESIS, s. (V. Gênese.)

GENÉTICA, s.f. Ciência biológica que estuda a hereditariedade e a evolução dela nos seres organizados.

GENÉTICO, adj. Relativo a genética ou à gênese; que diz respeito à geração. O mesmo que genesíaco e genésico.

GENETRIZ, s.f. Geradora; a que dá o ser.

GENGIBRE, s.m. Planta medicinal da família das Zingiberáceas.

GENGIVA, s.f. Tecido fibro-muscular coberto de mucosa, onde estão implantados os dentes.

GENGIVAL, adj. Relativo à gengiva.

GENGIVITE, s.f. Inflamação das gengivas.

GENIAL, adj. Dotado de gênio, extraordinário, acima do comum.

GENIALIDADE, s.f. Qualidade de genial.

GÊNIO, s.m. Temperamento, índole. Inteligência rara; ser espiritual e invisível que inspira aos homens bons ou maus destinos.

GENIOSO, adj. Violento, temperamental, intratável.

GENITAL, adj. Relativo à geração; que serve para a geração.

GENITIVO, s.m. Caso da declinação latina, grega, sânscrita, correspondendo ao complemento de posse.

GENITO, adj. Gerado, nascido.

GENITOR, s.f. Aquele que dá origem à geração; pai, progenitor.

GENOCÍDIO, s.m. (Neol.) Recusa do direito de existência a grupos humanos inteiros, pela exterminação de seus indivíduos.

GENÓTIPO, s.m. Constituição hereditária de um indivíduo, animal ou vegetal.

GENOVÊS, adj. De Gênova (Itália). O mesmo que: genuense e genuês. (Fem.: genovesa.)

GENRO, s.m. Masc. de nora. Esposo da filha em relação aos pais da mesma.

GENTAÇA ou **GENTALHA**, s.f. Ralé, plebe; gente ordinária.

GENTAMA, s.f. Reunião de muita gente; grande; grande quantidade de gente; multidão.

GENTARADA, s.f. Multidão, gentama.

GENTE, s.f. Homem, pessoa, ser humano; povo, nação, tribo, família.

GENTIL, adj. Cavalheiresco; (fig.) esbelto; elegante; amável.

GENTILEZA, s.f. Delicadeza, educação, elegância.

GENTIL-HOMEM, s.m. Homem nobre, fidalgo, cavalheiresco. (Pl.: gentis-homens.)

GENTILÍCIO, adj. Próprio de gentios, pagãos.

GENTÍLICO, adj. Dos gentios, próprios dos gentios. O mesmo que gentilício; adj. gentílico: que indica a pátria de alguém. O mesmo que adjetivo pátrio.

GENTILIDADE, s.f. ou **GENTILISMO**, s.m. Região dos gentios; paganismo; os gentios.

GENTIO, s.m. Aquele que professa a religião pagã; idólatra; adj. que segue o paganismo; selvagem.

GENTUÇA, s.f. (pop.) Plebe, ralé, gentalha.

GENUFLECTIR, v.int. Ajoelhar; fazer genuflexão.

GENUFLECTOR, adj. Que faz dobrar os joelhos.

GENUFLEXÃO (cs), s.f. Ato de dobrar o joelho, ou de ajoelhar.

GENUFLEXO (cs), adj. Ajoelhado.

GENUFLEXÓRIO (cs), s.m. Estrado com encosto para ajoelhar e orar.

GENUINIDADE, s.f. Pureza.

GENUÍNO, adj. Puro; sem mistura nem alteração; natural.

GEOBOTÂNICA, s.f. Ciência que estuda as relações entre a vida vegetal e o meio terrestre.

GEOBOTÂNICO, adj. Referente à geobotânica; s.m. pessoa que se dedica a esse estudo.

GEOCÊNTRICO, adj. Designativo do sistema em que a Terra é considerada como centro dos movimentos dos astros.

GEODÉSIA, s.f. Ciência que se ocupa da forma e da grandeza da Terra ou de uma parte de sua superfície; arte de medir e dividir as terras.

GEODINÂMICA, s.f. Parte da Geologia que trata das forças atuantes na Terra e de seus efeitos.

GEOFAGIA, s.f. Hábito de comer terra.

GEÓFAGO, adj. e s.m. Quem come terra.

GEOFÍSICA, s.f. Estudo da estrutura física da Terra.

GEOFÍSICO, adj. Estudioso da geofísica.

GEOGENIA, s.f. Estudo, investigação da origem da Terra.

GEOGÊNICO, adj. Relativo à geogenia.

GEOGNOSIA, s.f. Conhecimento da estrutura da parte sólida da Terra, da sua composição, bem como das suas rochas.

GEOGNÓSTICO, adj. Relativo à geognosia.

GEOGRAFIA, s.f. Ciência que estuda a Terra na sua forma, acidentes físicos, clima, produções, populações, divisões políticas, etc.

GEOGRÁFICO, adj. Que diz respeito à geografia.

GEÓGRAFO, s.m. Homem que escreve, sobre geografia ou é versado nesta ciência.

GEO-HISTÓRIA, s.f. História da Terra ou da sua evolução, desde a origem até o estado atual.

GEOLOGIA, s.f. Ciência que estuda a origem e a constituição da Terra; características geológicas de uma região.

GEOLÓGICO, adj. Relativo à geologia.

GEÓLOGO, s.m. Estudioso, perito em geologia.

GEÔMETRA, s. Estudioso, perito em geometria.

GEOMETRIA, s.f. Ramo da Matemática que estuda a extensão e as propriedades das figuras (geometria plana) e dos sólidos (geometria no espaço).

GEOMÉTRICO, adj. Relativo à geometria ou conforme as suas regras.

GEOTERMIA, s.f. Calor interno do globo terrestre.

GEOTÉRMICO, adj. Referente ao calor interno do globo terrestre.

GEOTRÓPICO, adj. Relativo ao geotropismo.

GEOTROPISMO, s.m. Propriedade de tomarem as raízes e os caules determinada direção sob a influência da terra.

GERAÇÃO, s.f. Descendência, filiação, linhagem.

GERADOR, adj. Que gera; s.m. aquele que cria ou produz; parte das máquinas de vapor em que este fluido se produz. (Fem.: geradora e geratriz.)

GERAL, adj. Comum, universal; chefe, administrador de ordens religiosas. (Superl. absol.: generalíssimo.)

GERÂNIO, s.m. Planta florífera; flor de várias cores; malva-rosa.

GERAR, v.t. Dar o ser a; criar; dar existência a; produzir; fecundar.

GERATRIZ, adj. f. Que gera; s.f. Aquela que gera; — de uma dízima periódica: (Arit.) fração ordinária que, convertida em decimal, dá origem a esta dízima; — de uma superfície (Geom.): linha que, deslocando-se no espaço, descreve esta superfície; — de um cone de revolução: hipotenusa do triângulo retângulo gerador deste cone; — do cilindro de revolução: lado do retângulo gerador paralelo ao eixo da rotação. (Flexão fem. de gerador.)

GERÊNCIA, s.f. Funções de gerente; administração.

GERENTE, adj. e s. Administrador.

GERGELIM, s.m. Planta da família das Pedaliáceas; sésamo. Doce feito da semente e do óleo desta planta. Var.: zerzelim, gerzelim, zirzelim.

GERIATRIA, s.f. Parte da Medicina que trata das doenças das pessoas velhas.

GERINGONÇA, s.f. Calão; gíria; coisa malfeita.

GERIR, v.t. Administrar; dirigir. (Pres. ind.: giro, geres, gere, gerimos, geris, gerem; pres. subj.: gira, giras, etc.)

GERMÂNICO, adj. Relativo à Alemanha; s.m. conjunto das línguas dos povos germânicos.

GERMÂNIO, s.m. Elemento químico, metal, de pêso atômico 72,75, símbolo Ge, n.º atômico 32.

GERMANISMO, s.m. Palavra, expressão ou construção peculiar à língua alemã; imitação de coisas alemãs.

GERMANISTA, s. Pessoa que estuda as línguas germânicas.

GERMANIZAÇÃO, s.f. Ato ou efeito de germanizar.

GERMANIZAR, v.t. Dar caráter ou feição alemã a.

GERMANO, adj. e s.m. Legítimo, puro, alemão; diz-se dos filhos de mesmo pai e mesma mãe; primo-germano.

GERMANÓFILO, adj. Amigo da Alemanha.

GERMANÓFOBO, adj. Inimigo da Alemanha.

GERME, s.m. Rudimento de um novo ser; embrião; parte da semente de que se forma a planta; micróbio; causa, origem; estado rudimentar.

GÉRMEN, s.m. (V. Germe.) (Pl.: germens e gérmenes.)

GERMICIDA, adj. e s.m. Diz-se de, ou substância que tem o poder de matar os germes.

GERMINAÇÃO, s.f. Desenvolvimento do germe; (fig.) evolução; expansão lenta.

GERMINADOR, s.m. Aparelho dotado de aquecimento artificial destinado ao processo de germinação das sementes para estudo do poder germinativo das mesmas.

GERMINADOURO, s.m. Lugar subterrâneo onde se põe a cevada a germinar em montão, para o fabrico da cerveja. Var.: germinadoiro.

GERMINAL, adj. Que diz respeito ao germe.

GERMINANTE, adj. Que germina. O mesmo que germinativo.

GERMINAR, v.int. Brotar; grelar; deitar rebentos; desenvolver-se; gerar; originar.

GERMINATIVO, adj. Germinante.

GERONTOLOGIA, s.f. O mesmo que geriatria.

GERUNDIAL, adj. Que diz respeito a gerúndio.

GERÚNDIO, s.m. Forma verbal que termina em ndo: amando, vendo, partindo, pondo. Distingue-se do part. pres. pela função: é sempre compl. adverb. de tempo ou de modo, enquanto o partic. pres. é restritivo, equivalendo a um adj. qualificativo.

GERUNDIVO, s.m. (Gram.) Em latim, particípio futuro passivo: doutorando, bacharelando, são exemplos clássicos.

GESSAR, v.t. Revestir com gesso; estucar.

GESSEIRO, s.m. Aquele que trabalha em gesso.

GESSO, s.m. Gipsita cozida a baixa temperatura, que faz pega com água, e por isso empregada nas moldagens.

GESTA, s.f. História; façanha; feitos guerreiros.

GESTAÇÃO, s.f. Tempo de desenvolvimento do embrião no útero, desde a concepção até o nascimento; gravidez; (fig.) elaboração.

GESTANTE, adj. e s.f. mulher em período de gravidez.

GESTÃO, s.f. Gerência; administração.

GESTATÓRIO, adj. Relativo à gestação.

GESTICULAÇÃO, s.f. Ação de gesticular.

GESTICULADO, adj. Indicado por gestos.

GESTICULADOR, adj. Aquele que gesticula.

GESTICULAR, v.int. Fazer gestos; exprimir-se por mímica.

GESTO, s.m. Movimento do corpo, especialmente da cabeça e dos braços, ou para exprimir idéias ou para realçar a expressão; mímica.

GESTOR, s.m. Gerente.

GETULIANO, adj. O mesmo que getulista.

GETULISMO, s.m. Orientação política vigente no governo do presidente Getúlio Vargas.

GETULISTA, adj. e s. Que diz respeito à política ou adepto de Getúlio Vargas.

GIBA, s.f. Corcunda; corcova.

GIBÃO, s.m. Casaco de couro.

GIBI, s.m. Negrinho, moleque.

GIBIZADA, s.f. Molecada, negrada.

GIBOSIDADE, s.f. Corcova, corcunda.

GIBOSO, adj. Corcunda, corcovado.

GIGA, s.f. Cesto, balaio, canastra.

GIGANTE, s.m. Homem de estatura descomunal; animal de grande corpulência. (Fem.: giganta.)

GIGANTEAR, v.int. Tornar-se gigante; crescer muito; engrandecer-se.

GIGÂNTEO ou **GIGANTESCO**, adj. Que tem estatura de gigante.

GIGANTISMO, s.m. Desenvolvimento extraordinário e anormal de qualquer ser, tanto animal como vegetal.

GILETE, s.f. Qualquer lâmina de barbear.

GILVAZ, s.m. Cicatriz na cara.

GIM, s.m. Aguardente de cereais (cevada, trigo, aveia).

GINASIAL, adj. Relativo a ginásio, ginasiano.

GINASIANO, adj. e s.m. Ginasial; estudante de ginásio.

GINÁSIO, s.m. Lugar em que se pratica a ginástica; estabelecimento de ensino secundário.

GINASTA, s. Pessoa que pratica a ginástica ou que é hábil nela.

GINÁSTICA, s.f. Arte ou ato de exercitar o corpo, para o fortificar.

GINÁSTICO, adj. Relativo à ginástica.

GINCANA, s.f. Festa esportiva, corrida com muitos obstáculos.

GINECEU, s.m. Conjunto dos órgãos femininos da flor.

GINECOCRACIA, s.f. Governo da mulher; predominância das mulheres no governo.

GINECOCRATA, s. Partidário da ginecocracia.

GINECOCRÁTICO, adj. Rel. à ginecocracia.

GINECOFOBIA, s.f. Ginofobia, aversão às mulheres.

GINECOGRAFIA, s.f. Ginecologia.

GINECOGRÁFICO, adj. Relativo à ginecografia.

GINECOLOGIA, s.f. Parte da Medicina que estuda as doenças do aparelho genital feminino.

GINECOLÓGICO, adj. Relativo à ginecologia.

GINECOLOGISTA, s. Tratadista de ginecologia; especialista em ginecologia.

GINECOMANIA, s.f. Paixão excessiva por mulheres. (Antôn.: ginofobia.)

GINECÔMANO, s.m. Aquele que tem ginecomania.

GINETA, s.f. Sistema de equitação de estribo curto, arções altos e freio apropriado.

GINETAÇO, s.m. Ginete que cavalga bem e com garbo. Bom cavaleiro.

GINETE, s.m. Cavalo de montar; cavaleiro.

GINETEAR, v.int. Montar bem a cavalo.

GINGA, s.f. Saracoteio, requebramento.

GINGAÇÃO, s.f. Requebramento de corpo no andar, saracoteio.

GINGANTE, adj. Requebrante.

GINGÃO, adj. Que ginga; próprio de quem ginga.

GINGAR, v.int. Requebrar o corpo ao andar; bambolear.

GINGO, s.m. O mesmo que gingação.

GINOFOBIA, s.f. Aversão às mulheres. (Antôn.: ginecomania.)

GINÓFOBO, s.m. Aquele que tem ginofobia.

GIPSITA, s.f. Mineral monoclínico, sulfato de cálcio hidratado.

GIRA, s. Louco, doido.

GIRADOR (ô), adj. Rotador, virador, tudo o que imprime movimento rotatório.

GIRAFA, s.f. Mamífero ruminante de elevada estatura, de pescoço extraordinariamente desenvolvido; (fig.) pessoa muito alta.

GIRÂNDOLA, s.f. Roda ou travessão com encaixes para foguetes, que sobem e estouram ao mesmo tempo.

GIRANTE, adj. Que gira.

GIRAR, v.int. Virar, descrever movimentos circulares; andar ao redor de, em volta de.

GIRASSOL, s.m. Helianto; flor amarela que se volta para o sol. (Pl. girassóis.)

GIRATÓRIO, adj. Circulatório; rotatório.

GÍRIA, s.f. Língua de grupos sociais. Argô, calão.

GIRINO, s.m. Larva de batráquio (rã, sapo) de aspecto de peixe.

GIRO, s.m. Volta; rotação; circunlóquio; passeio.

GIROSCÓPIO, s.m. Aparelho para provar experimentalmente o movimento de rotação da Terra.

GIZ, s.m. Bastonete feito com carbonato ou sulfato de cálcio, e que serve para se escrever sobre os quadros-negros.

GIZAR, v.t. Riscar com giz; expor; determinar; delinear. Grafia certa: gisar. (V. giz.)

GLABRO, adj. Sem barba; imberbe.

GLACIAÇÃO, s.f. Ação exercida sobre a superfície da terra pela geleira.

GLACIAL, adj. Gelado; relativo a gelo; muito frio.

GLACIÁRIO, adj. Do gelo ou das geleiras; período — : parte da época plistocênica, caracterizada pela extensão prodigiosa das geleiras.

GLACIARISTA, s. Geólogo que se ocupa especialmente do período glaciário.

GLADIADOR, s.m. Lutador; combatente armado de espada (gládio) e outras armas, que lutava nos circos de Roma.

GLADIAR, v.i. Combater com o gládio; o mesmo que digladiar. (Pres. ind: gladio, gladias, etc.)

GLADIATÓRIO, adj. Que diz respeito a gladiador.

GLÁDIO, s.m. Espada de dois gumes; espada; (fig.) poder; força; combate.

GLADÍOLO, s.m. Planta ornamental da família das Iridáceas, também conhecida por palma-de-santa-rita.

GLANDE, s.f. Bolota; lande; objeto de forma semelhante à da bolota; (Anat.) extremidade anterior do pênis.

GLÂNDULA, s.f. Pequena glande; célula ou grupo de células que fabrica uma ou mais substâncias destinadas a atuar no organismo ou a ser eliminadas do mesmo, total ou parceladamente.

GLANDULAÇÃO, s.f. Estrutura ou disposição das glândulas.

GLANDULAR, adj. Em forma de glândulas; relativo à glândula. O mesmo que glanduloso.

GLANDULÍFERO, adj. Que tem glândulas.

GLANDULIFORME, adj. Que tem forma de glândula.

GLANDULOSO, adj. Glandular.

GLAUCO, adj. De cor verde-azulada; da cor do mar.

GLAUCOMA, s.m. Tumor ocular.

GLAUCOMATOSO, adj. Que tem glaucoma.

GLEBA, s.f. Terreno, porção de terra; terra de cultura, torrão, solo. Servos da gleba: servos de um feudo e que o acompanhavam quando vendido, no sistema feudal da Idade Média.

GLICEMIA, s.f. Presença de açúcar no sangue.

GLICERINA, s.f. Substância orgânica triálcool com três átomos de carbono, que se une aos ácidos graxos para formar as gorduras.

GLICEROL, s.m. Glicerina.

GLICOGÊNIO, s.m. Polissacarídeo existente no organismo animal, abundante no fígado e nos músculos.

GLICÓGENO, adj. Que produz açúcar.

GLICOL, s.m. Substância intermediária entre o álcool e a glicerina pelas suas propriedades físicas e químicas. O mesmo que etanodiol. (Pl.: glicóis.)

GLICÓLISE, s.f. Decomposição da glicose dos tecidos, com produção de água e anidrido carbônico.

228

GLICOLÍTICO, adj. Que tem a propriedade de realizar a glicólise.

GLICÔMETRO, s.m. Aparelho para medir a quantidade de açúcar do mosto. Var.: gleucômetro, glicímetro e glucômetro.

GLICOSADO, adj. Que contém glicose.

GLICOSE, s.f. Substância orgânica, açúcar muito espalhado na natureza, especialmente nas frutas, no mel.

GLIFO, s.m. Cavidade ornamental em arquitetura.

GLÍPTICA, s.f. Arte de gravar em pedras preciosas.

GLIPTOGRAFIA ou GLIPTOLOGIA, s.f. Ciência que tem por objeto o estudo das pedras antigas gravadas.

GLIPTOTECA, s.f. Coleção de pedras gravadas.

GLOBAL, adj. Tomado em globo, integral; total.

GLOBO, s.f. Bola; a esfera terrestre; representação esférica do sistema planetário; em —: pôr junto; no conjunto. (Dim.: globinho e glóbulo.)

GLOBOSIDADE, s.f. Qualidade daquilo que é globoso.

GLOBOSO, adj. Que apresenta a forma de globo.

GLOBULAR, adj. Que tem forma de globo; reduzido a globo.

GLÓBULO, s.m. Pequeno globo; corpúsculo do sangue.

GLOBULOSO, adj. Que tem forma de glóbulo.

GLÓRIA, s.f. Fama; honra; consagração; exaltação; bem-aventurança; beatitude.

GLORIAR, v.t. Cobrir de glória; jactar-se. (Pres. ind.: glorio, glorias, etc.)

GLORIFICAÇÃO, s.f. Exaltação; ascenção à bem-aventurança.

GLORIFICADOR, adj. e s.m. O que glorifica.

GLORIFICANTE, adj. Que glorifica; glorificador.

GLORIFICAR, v.t. Prestar glória ou homenagem a; honrar; p. adquirir glória.

GLORÍOLA, s.f. Glória pequena, falsa, imerecida.

GLORIOSO, adj. Cheio de glória; vitorioso.

GLOSA, s.f. Comentário; interpretação; composição poética onde cada estrofe termina por um dos versos de um mote escolhido.

GLOSADOR, s.m. Comentador, explapador.

GLOSAR, v.t. Comentar, anotar; explicar; int. fazer glosas.

GLOSSÁRIO, s.m. Vocabulário de termos que necessitam de explicação.

GLOSSITE, s.f. Inflamação da língua.

GLOSSOLOGIA, s.f. Estudo da origem, evolução e fragmentação das línguas ou da linguagem. O mesmo que glotologia e lingüística.

GLOSSOPATIA, s.f. Doença da língua.

GLOTE, s.f. Abertura da laringe, situada entre as cordas vocais inferiores.

GLÓTICA, s.f. (V. Glotologia.)

GLÓTICO, adj. Relativo à glote.

GLOTOLOGIA, s.f. Ciência que estuda os princípios gerais da formação e evolução da linguagem.

GLOTOLOGISTA, s. ou GLOTÓLOGO, s.m. Pessoa versada em glotologia. O mesmo que glossologista ou glossólogo.

GLUCÍNIO, s.m. Elemento químico, metal, símbolo Gl, de peso atômico 9,02; n.º atôm. 4. O mesmo que berílio.

GLUGLU, s.m. A voz de peru; o som de um líqüido a sair pelo gargalo.

GLUTÃO, adj. e s.m. Comilão, guloso. (Fem.: glutona.)

GLUTE ou GLÚTEN, s.m. Substância azotada dos cereais e que fica quando das respectivas farinhas se separa o amido. (Pl. de glúten: glutens e glútenes.)

GLÚTEO, adj. Que diz respeito às nádegas.

GLUTINAR, v.t. Grudar, colar.

GLUTINARIUM, adj. Que gruda.

GLUTINOSIDADE, s.f. Qualidade do que é glutinoso.

GLUTINOSO, adj. Pegajoso.

GLUTONARIA ou GLUTONERIA, s.f. Gula.

GLUTÔNICO, adj. Relativo a glutão.

GNOMO, s.m. Ser fantástico com forma de anão.

GNÔMON, s.m. Relógio de sol; (Mat.) a área restante de um paralelogramo depois que se lhe subtrai um paralelogramo semelhante a partir de um de seus ângulos.

GNOMÔNICA, s.f. Arte de construir gnômons.

GNOMONISTA, s. Pessoa que se ocupa de gno-

mônica ou escreve a respeito dela.

GNOSE, s.f. Conhecimento, ciência superior da religião; teologia, doutrina dos gnósticos, gnosticismo.

GNOSTICISMO, s.m. Conhecimento das idéias religiosas pela razão.

GNÓSTICO, adj. e s.m. Sectário do gnosticismo.

GODO, s.m. Indivíduo dos Godos, antigo povo da Germânia.

GOELA. s.f. Garganta; esôfago.

GOGO, s.m. Seixo liso.

GOGÓ, s.m. Pomo-de-adão.

GOGO, s.m. Doença das aves; o mesmo que gosma.

GOIABA, s.f. Fruto de goiabeira.

GOIABADA, s.f. Doce de goiaba.

GOIABEIRA, s.f. Árvore da família das Mirtáceas.

GOIANO, adj. e s.m. Pertencente ou natural do Estado de Goiás.

GOL, s.m. O quadro de madeira, a meta que, no futebol, deve ser o alvo das jogadas; cada ponto, cada tento ou vez que a bola penetrou nesse quadrado. (Pl.: goles, gois.)

GOLA, s.f. Parte do vestuário junto ao pescoço ou em volta dele; colarinho.

GOLE, s.m. Porção de líqüido que se engole de uma vez; trago.

GOLEADA, s.f. Vitória de um quadro de futebol que obteve grande número de tentos.

GOLEIRO, s.m. O jogador que defende o gol, arco ou meta.

GOLFADA, s.f. Líqüido que se vomita de uma vez; jorro; jacto; vômito.

GOLFÃO, s.m. O mesmo que golfo.

GOLFAR, v.t. Jorrar; correr (líqüido); expelir; borbotar.

GOLFE, s.m. Jogo esportivo de origem escocesa o qual consiste em tocar com um taco uma bola pequena e maciça, fazendo-a entrar numa série de buracos. (Pl.: golfes.)

GOLFEJAR, v.t. e int. Golfar.

GOLFINHO, s.m. Cetáceo da família dos Delfinídeos; cação; toninha.

GOLFO, s.m. Porção de mar que entra profundamente pela terra.

GÓLGOTA, s.m. Calvário onde Cristo foi crucificado. Fig.: sofrimento, provação.

GOLPADA, s.f. Grande golpe.

GOLPE, s.m. Pancada; ferimento; corte; gole.

GOLPEADO, adj. Ferido de golpes.

GOLPEAR, v.t. Ferir, cortar.

GOMA, s.f. Resina, grude, amido; borracha.

GOMA-ARÁBICA, s.f. Resina produzida por várias árvores do gênero Acácia. (Pl.: gomas-arábicas.)

GOMIL, s.m. Jarro de boca estreita.

GOMO, s.m. Divisão natural da polpa de certos frutos, como a laranja, o limão, etc.; ângulo diedro (de balão, de saia, etc.); rebento, botão de planta.

GOMOSE, s.f. Doença dos vegetais, caracterizada por produção e secreção de goma ou de líqüido com aspecto gomoso.

GOMOSIDADE, s.f. Qualidade daquilo que é gomoso.

GOMOSO, adj. Que dá goma; viscoso.

GÔNADA, s.f. O mesmo que gonádia. (Na linguagem médica é mais comum gonada.)

GONÁDIA, s.f. Glândula reprodutora dos animais. (V. gônada.)

GONALGIA, s.f. Dor nos joelhos. Var.: gonialgia.

GÔNDOLA, s.f. Barco de remo usado em Veneza.

GONDOLEIRO, s.m. Remador de gôndola.

GONGO, s.m. Disco metálico que se faz vibrar batendo-o.

GONGÓRICO, adj. Palavroso, afetado no falar ou escrever; arrebicado.

GONGORIZAR, v.t. Dar feição gongórica a; int. poetar ou escrever no estilo gongórico.

GONIALGIA, s.f. Dor no joelho.

GONIÓGRAFO, s.m. Instrumento destinado a dar graficamente qualquer ângulo.

GONIOMETRIA, s.f. Arte de medição de ângulos.

GONIOMÉTRICO, adj. Relativo à goniometria.

GONIÔMETRO, s.m. Instrumento para medir ângulos.

GONOCOCO, s.m. Agente da blenorragia.

GONORRÉIA, s.f. Blenorragia.

GONORRÉICO, adj. Atacado de gonorréia.

GONZO, s.m. Quicios; dobradiça de porta.

GORAR, v.t. Malograr; frustrar.

GORDAÇO, adj. Bastante gordo; gorducho.

GORDACHO, adj. Bastante gordo, nutrido, adiposo. Vars.: gordaço, gordalhão, gordalhudo, gordalhufo, gordanchudo, gordão.

GÓRDIO, adj. Pertencente ou relativo a Górdio, antigo rei da Frígia; nó difícil de ser desatado.

GORDO, adj. Adiposo, nutrido.

GORDUCHO, adj. Bastante gordo.

GORDURA, s.f. Substância formada pela união de glicerina e ácido graxo; tecido adiposo; corpulência; obesidade; banha; toucinho.

GORDURENTO, adj. Que tem gordura, besuntado de gordura.

GORDUROSO, adj. Gordurento.

GORGOLÃO, s.m. Golfada; pequeno jacto; borbotão.

GORGOLAR, v.int. Sair em golfada ou gorgolão; gorgolejar.

GORGOLEJANTE, adj. Que gorgoleja.

GORGOLEJAR, v.int. Produzir o ruído especial do gargarejo, bebendo; t. beber, produzindo o ruído do gargarejo.

GORGOLEJO, s.m. Ato de gorgolejar.

GORGOMILO, s.m. Garganta; goela; esôfago; gasganete.

GÓRGONA, s.f. Górgone.

GORGORÃO, s.m. Tecido encorpado de seda ou de lã.

GORGULHO, s.m. Pequenas inflamações da pele, espinha; furúnculo.

GORILA, s.m. Macaco antropóide da África; grande chimpanzé.

GORJA, s.f. Garganta.

GORJEADOR, adj. Trinador, pássaro que canta bem.

GORJEAR, v.int. Cantar, trinar. (Pres. ind.: gorjeio, gorjeias, gorjeia, gorjeamos, etc.)

GORJEIO, s.m. Trinado; (fig.) o chilrear dos pássaros.

GORJEIRA, s.f. Colar; afogador; gorjal.

GORJETA, s.f. Gratificação; propina; molhadura.

GORO, adj. Que se gorou (ovo); (fig.) frustrado; inutilizado.

GORRO, s.m. Barrete. O mesmo que gorra.

GOSMA, s.f. Doença que ataca a língua das aves; gôgo; inflamação na mucosa das vias respiratórias dos poldros; mucosidades expelidas da boca ou do estômago.

GOSMAR, v.t. Expelir gosma; cuspir.

GOSMENTO, adj. Que tem gosma; gosmoso; pegajoso.

GOSTAR, v.rel. Agradar-se de; amar; ter simpatia; achar de bom paladar; provar.

GOSTO, s.m. Paladar, sabor; prazer; simpatia; inclinação; elegância.

GOSTOSO, adj. Saboroso; que dá gosto.

GOSTOSURA, s.f. Qualidade do que é gostoso; saboroso; prazer; contentamento.

GOTA, s.f. Pinga ou pingo de qualquer líquido; lágrima; camarinha de orvalho; epilepsia; artritismo; reumatismo. (Pl.: gotas.)

GOTA-SERENA, s.f. Catarata; cegueira.

GOTEAR, v.int. e t. Gotejar.

GOTEIRA, s.f. Cano que recebe a água da chuva que cai nos telhados; telha de beiral, de onde escorre a água pluvial; fenda ou buraco do telhado de onde cai água em casa quando chove; cavado; ranhura nos ossos, nas lâminas das armas.

GOTEJAMENTO, s.m. Ato ou efeito de gotejar.

GOTEJANTE, adj. Que goteja.

GOTEJAR, v.int. Cair em gotas; deixar cair gota a gota. O mesmo que gotear.

GÓTICO, adj. Relativo a godos ou proveniente deles, estilo arquitetônico florido, agival, da Idade Média. Certo tipo caligráfico, apresentando as letras ângulos retos.

GOTÍCULA, s. f. Pequena gota; gotinha.

GOTO (ô), s.m. Entrada da laringe; glote; (Bras.) agrado; simpatia. (Pl.: gotos (ô).)

GOTOSO (ô), adj. e s.m. Atacado de gota, reumático.

GOVERNAÇÃO, s.f. Ato de governar; governo.

GOVERNADEIRA, adj. e s.f. Que, ou mulher que administra bem a sua casa; poupada; econômica.

GOVERNADO, adj. Dirigido; administrado; que se sabe governar; poupado; econômico.

GOVERNADOR, adj. e s.m. Administrador; primeiro magistrado do Estado ou nação; presidente.

GOVERNADORA, adj. e s.f. Administradora; tutora; governatriz; mulher que rege um Estado no impedimento do soberano.

GOVERNAMENTAL, adj. Relativo ao governo; situacionista; s.m. indivíduo partidário de um governo.

GOVERNANÇA, s.f. Governo, administração.

GOVERNANTA, s.f. Mulher encarregada da administração de casa de outrem; mulher que se emprega em casa de família para educar crianças.

GOVERNANTE, adj. e s. Que, ou pessoa que governa; s.f. governanta.

GOVERNAR, v.t. Dirigir; administrar; reger.

GOVERNATIVO, adj. Do governo; relativo ao governo; governamental.

GOVERNATRIZ, adj. e s.f. Aquela que governa.

GOVERNÁVEL, adj. Que se pode governar ou dirigir, dócil.

GOVERNICHO ou **GOVERNÍCULO**, s.m. Diminutivo depreciativo de governo.

GOVERNISMO, s.m. Teoria de que o governo é tudo, sabe e vence sempre.

GOVERNISTA, adj. e s. Partidário do governo; situacionista.

GOVERNO, s.m. Autoridade; administração superior; sistema político por que se rege um Estado: espaço de tempo durante o qual alguém governou.

GOZADO, adj. (gír.) Engraçado; cômico; divertido; agradável.

GOZADOR, adj. e s.m. Aproveitador; boêmio.

GOZAR, v.t. Fruir; desfrutar; aproveitar; usar as vantagens de; int. ter prazer; viver agradavelmente; divertir-se.

GOZO, s.m. Ato de gozar; gosto; utilidade; satisfação.

GOZOSO, adj. Em que há gozo; que tem prazer.

GRÃ, s.f. Lã tinta de escarlate; a cor escarlate; adj. forma apocopada de grande.

GRAAL, s.m. Almofariz. O mesmo que gral.

GRAÇA, s.f. Favor; benevolência; perdão; mercê; agrado; atrativo; gracejo; nome de batismo; dom sobrenatural, como meio de salvação ou santificação; pl. agradecimento; cair em —: ser acolhido com benevolência, merecer a simpatia.

GRACEJADOR, adj. e s.m. Motejador; debicador.

GRACEJAR, v.int. e rel. Dizer gracejos; ter ditos espirituosos; pilheriar; zombetear.

GRACEJO, s.m. Graça; pilhéria.

GRÁCIL, adj. Delgado; delicado; fino; sutil. (Pl.: gráceis. Superl.: abs. sint.: gracilíssimo, gracílimo.)

GRACILIDADE, s.f. Delicadeza, fragilidade.

GRACIOSIDADE, s.f. Gratuidade; que tem graça; elegância.

GRACIOSO, adj. Que tem graça; donairoso; elegante; gratuito.

GRAÇOLA, s.f. Gracejo de mau gosto; chocarrice.

GRÃ-CRUZ, s.f. O grau mais elevado nas ordens de cavalaria. (Pl.: grã-cruzes.)

GRADAÇÃO, s.f. Aumento ou diminuição gradual; progressão ascendente ou descendente de idéias ou palavras.

GRADATIVO, adj. Gradual; progressivo.

GRADE, s.f. Sebe; vedação; cerca; xadrez; cadeia.

GRADEAR, v.t. Prover de grades; pôr grades em.

GRADIENTE, s.m. Representação numérica da diferença de pressão entre dois locais.

GRADIL, s.m. Grade de pequena altura que cerca um jardim, um recinto.

GRADO, s.m. Vontade (nas loc. de bom — de mau —); mau grado: apesar de. Unidade de medida de ângulo, equivalente a um ângulo central cujo arco é 1/400 da circunferência.

GRADUAÇÃO, s.f. Divisão de círculo, escala, etc. em graus, minutos e segundos; posição social; categoria; posto militar; hierarquia.

GRADUADO, adj. Dividido em graus, elevado, distinto; que tem as honras de um posto ou grau; graúdo; diplomado.

GRADUADOR, adj. Que gradua.

GRADUAL, adj. Que se faz por graus; progressivo.

GRADUAMENTO, s.m. Graduação.

GRADUANDO, s.m. Indivíduo que se acha prestes a receber o grau de bacharel ou doutor.

GRADUAR, v.t. Dispor por graus; classificar; ordenar em categorias; conferir grau universitário a; regular; proporcionar.

GRÃ-DUQUE, s.m. Governador de um grão-duca-do. (Fem.: grã-duquesa.)

GRAFAR, v.t. Escrever.

GRAFIA, s.f. Modo de escrever.

GRÁFICA, s.f. Arte de grafar os vocábulos; estabelecimento de tipografia.

GRÁFICO, adj. Escrito; relativo à arte de reproduzir pela tipografia; s.m. profissional de tipografia, de oficina de jornal; representação gráfica de fenômenos físicos ou sociológicos; coordenadas e curvas que ligam pontos das ordenadas e abscissas para representação de um fenômeno qualquer; diagrama.

GRÃ-FINISMO, s.m. Aristocracia; costumes e modos dos grã-finos.

GRÃ-FINO, adj. e s.m. Aristocrata, afetado; que procura parecer rico.

GRAFITA, s.f. Mineral romboédrico, variedade cristalina de carbono, empregado na fabricação de lápis.

GRAFÍTICO, adj. Relativo à grafita; que contém grafita.

GRAFITO, s.m. Inscrição, desenho feito pelos antigos com estilete ou carvão nas paredes dos monumentos.

GRAFOLOGIA, s.f. Pretendida ciência que estuda o caráter humano pelo talhe da caligrafia.

GRAFOLÓGICO, adj. Relativo à grafologia.

GRAFOLOGISTA, s. O mesmo que grafólogo.

GRAFÓLOGO, s.m. Aquele que pelos traços de uma escrita procura ou presume conhecer o caráter ou a índole do autor dela.

GRAINHA (a-i), s.f. Semente de uvas, de tomates e de outros frutos.

GRAL, s.m. Almofariz; vaso, taça de que se serviu Cristo para a Eucaristia.

GRALHA, s.f. Nome comum a diversas aves da família dos Corvídeos; letra ou outro sinal gráfico invertido ou colocado fora do lugar, na composição tipográfica; (fig.) mulher tagarela.

GRALHADA, s.f. Canto de muitos pássaros ao mesmo tempo; (fig.) vozearia confusa.

GRALHAR, v.int. Grasnar; (fig.) falar confusamente; tagarelar.

GRAMA, s.f. Designação de várias plantas da família das Gramíneas, forrageiras, ornamentais, medicinais, etc.; s.m. peso de um centímetro cúbico de água destilada, a 4º centígrados; unidade das medidas de peso no sistema métrico decimal.

GRAMADO, s.m. Campo coberto de grama; campo onde se joga o futebol.

GRAMAR, v.t. Cobrir de grama; suportar; aturar; sofrer.

GRAMÁTICA, s.f. Exposição metódica e documentada das regras da língua. Gramática Normativa ou Expositiva: a que dá as regras práticas para falar e escrever. Gramática Histórica: a que estuda a formação e evolução de um idioma no tempo e no espaço. Gramática Comparada: a que estuda, comparando umas com as outras, duas ou mais línguas do mesmo grupo.

GRAMATICAL, adj. Relativo à gramática; conforme à gramática.

GRAMATICALISMO, s.m. (Neol.) Escrúpulo exagerado na construção gramatical das frases.

GRAMATICÃO, s.m. (Depreciat.) Aquele que se presume de bom gramático; aquele que só sabe gramática.

GRAMATICAR, v.int. (fam.) Ensinar gramática; t. submeter à disciplina gramatical.

GRAMATICISTA, s. O mesmo que gramático.

GRAMÁTICO, s.m. Aquele que escreve sobre gramática ou se dedica a estudos gramaticais; autor de gramática.

GRAMATICOLOGIA, s.f. Estudo científico da gramática.

GRAMATICOLÓGICO, adj. Relativo à gramaticologia.

GRAMATICÓLOGO, s.m. Aquele que é versado em gramaticologia.

GRAMATIQUEIRO, s.m. (Depreciat.) Gramático; caturra; de visão estreita; aquele que é dado à gramatiquice.

GRAMATIQUICE, s.f. Rigorismo afetado em linguagem.

GRAMATISTA, s.m. Na antiguidade clássica, o que ensinava as crianças a ler e escrever; (fig.) mau gramático; gramático pedante.

GRAMATOLOGIA, s.f. Tratado das letras do al-fabeto, silabação, leitura e escrita.

GRAMATOLÓGICO, adj. Relativo à gramatologia.

GRAMÍNEA, s.f. Família de plantas monocotiledôneas de flores nuas, em espigas cujo caule· é sempre um colmo.

GRAMÍNEO, adj. Da natureza da grama.

GRAMOFONE, s.m. Fonógrafo aperfeiçoado que reproduz os sons por meio de discos.

GRAMPEAR, v.t. Pôr grampos em.

GRAMPO, s.m. Haste de ferro ou madeira para segurar peças em que se trabalha; peça de osso, metal ou matéria plástica com que as mulheres prendem os cabelos; prego, em forma de U, para prender os arames e outros fios.

GRANADA, s.f. Projétil com a forma de romã, contendo pólvora e fragmentos metálicos; romã; pedra preciosa parecida com o rubi escuro.

GRANADEIRO, s.m. Antigo soldado que lançava granada.

GRANAR, v.t. Granular; int. desenvolver-se em grãos (o milho).

GRANATE, s.m. Pedra preciosa; o mesmo que granada.

GRANDALHÃO ou **GRANDÃO**, adj. Muito grande. (Fem.: grandalhona, grandona.)

GRANDE, adj. Enorme, vasto; comprido; duradouro; crescido, poderoso. (Comp.: maior; superl.: grandíssimo, grandessíssimo e máximo; aum.: grandão, grandalhão; dim.: grandinho; antôn.: pequeno.)

GRANDEVO, adj. De muita idade; longevo.

GRANDEZA, s.f. Extensão, comprimento; em Matemática, tudo o que pode aumentar ou diminuir; grau de intensidade da luz das estrelas; tratamento honorífico dos antigos grandes do reino; magnitude; generosidade.

GRANDILOQUÊNCIA, s.f. Qualidade do estilo muito elevado, grandioso.

GRANDÍLOQUO, adj. Que tem a linguagem elevada, nobre, pomposa; muito eloqüente. (Superl. abs. sintético: grandiloqüentíssimo.)

GRANDIOSIDADE, s.f. Qualidade daquilo que é grandioso; magnificência.

GRANDIOSO, adj. Grande; pomposo; magnificente.

GRANDOTE, adj. Um tanto grande; já crescido.

GRANEL, s.m. Tulha; celeiro; a —: em grande quantidade.

GRANITAR, v.t. Dar forma de granita a; reduzir a granitas; salpicar; aparentar granito.

GRANÍTICO, adj. Que tem a natureza do granito.

GRANITO, s.m. Rocha granular de profundidade, constituída essencialmente de quartzo, mica e um feldspato alcalino.

GRANITOSO, adj. Granítico.

GRANÍVORO, adj. Que se alimenta de grãos ou sementes.

GRANIZADA, s.f. Saraivada; bátega de granizo.

GRANIZAR, v.t. Cair granizo.

GRANIZO, s.m. Saraiva; chuva de pedra; chuva de gelo.

GRANJA, s.f. Pequena fazenda de criar aves, vacas leiteiras, etc.

GRANJARIA, s.f. Reunião de granjas.

GRANJEADOR, s.m. Aquele que consegue obter, merecer, conquistar meios, posições sociais de respeito, de bem-estar.

GRANJEAR, v.t. Adquirir, obter com trabalho ou esforço; conquistar. (Pres. ind.: granjeio, granjeias, granjeia, granjeamos, granjeais, granjeiam.)

GRANJEARIA, s.f. Lavoura; cultura; granja.

GRANJEIRO, s.m. Cultivador de granja; rendeiro; agricultor.

GRANOSO, adj. Que tem grãos; granulado.

GRANULAÇÃO, s.f. Ato ou efeito de granular; porção de glóbulos na superfície de um órgão ou de uma membrana, nas feridas em fase de cicatrização.

GRANULADO, adj. Que apresenta granulações; diz-se dos medicamentos sob a forma de grânulos.

GRANULAGEM, s.f. Ato de granular.

GRANULAR, v.t. Reduzir a pequenos grãos; adj. que tem a forma de grão; composto de grânulos.

GRANULIFORME, adj. Que tem a forma de grânulos.

GRÂNULO, s.m. Pequeno grão; glóbulo.

GRANULOMA, s.m. Tumor formado de tecido de granulação.

GRANULOSIDADE, s.f. Estado daquilo que é granuloso.

GRANULOSO, adj. Formado de grânulos; em que há granulações; que tem a superfície áspera.

GRÃO, s.m. Semente de cereais; peso do valor de 50 miligramas; (por ext.) glóbulo; pequeno corpo arredondado; adj. forma apocopada de grande.

GRÃO-DE-BICO, s.m. Planta da família das Leguminosas; o grão dela. (Pl.: grãos-de-bico.)

GRÃO-DUCADO, s.m. País governado por um grão-duque. (Pl.: grão-ducados.)

GRÃO-DUCAL, adj. Relativo a grão-ducado. (Pl.: grão-ducais.)

GRÃO-DUQUE, s.m. Título de alguns príncipes soberanos. Forma paral.: grã-duque. (Fem.: grã-duquesa; pl.: grão-duques.)

GRÃO-LAMA, s.m. Chefe supremo da religião budista. (Pl.: grão-lamas.)

GRÃO-MESTRE, s.m. Chefe supremo de antiga ordem religiosa ou de cavalaria; chefe supremo de loja maçônica. (Pl.: grão-mestres.)

GRÃO-PRIOR, s.m. Antigo nome do primeiro religioso que em algumas abadias era o substituto temporário do dom abade.

GRÃO-RABINO, s.m. Chefe supremo de uma sinagoga ou de um consistório israelita; o principal rabino de uma comunidade israelita. (Pl.: grão-rabinos.)

GRÃO-SACERDOTE, s.m. Chefe dos sacerdotes entre os antigos pagãos.

GRÃO-TINHOSO, s.m. Satanás, belzebu.

GRÃO-TURCO, s.m. O sultão de Constantinopla. (Pl.: grão-turcos.)

GRÃO-VIZIR, s.m. Primeiro-ministro do Império Otomano. (Pl.: grão-vizires.)

GRASNADA ou **GRASNADELA,** s.f. Vozearia de aves, falatório. O mesmo que grasnido e grasno.

GRASNADOR, adj. Que grasna. O mesmo que grasnante e grasneiro.

GRASNAR, v.int. Soltar a voz (o pato, o marreco, etc.); gritar com voz desagradável. O mesmo que grasnir.

GRASNIDO, s.m. (V. Grasnada.)

GRASNIR, v.int. e t. Grasnar.

GRASNO, s.m. (V. Grasnada.)

GRASPA, s.f. Aguardente, pinga, bagaceira.

GRASSAR, v.int. Alastrar-se; propagar-se. (Empregado apenas nas terceiras pessoas.)

GRASSITAR, v.int. A voz do pato, marreco; grasnar; grasnir.

GRATIDÃO, s.f. Reconhecimento, agradecimento.

GRATIFICAÇÃO, s.f. Retribuição de serviço extraordinário; gorjeta; propina.

GRATIFICADOR, adj. e s.m. O que gratifica.

GRATIFICAR, v.t. Recompensar, remunerar, premiar; dar propina, gorjeta.

GRÁTIS, adv. De graça; sem retribuição.

GRATO, adj. Agradecido; agradável; aprazível; suave.

GRATUIDADE (u-i) ou **GRATUITIDADE,** s.f. Qualidade daquilo que é gratuito.

GRATUITO, adj. Feito ou dado de graça; espontâneo, desinteressado. (Pronuncia-se gratúi-to.)

GRATULATÓRIO, adj. Em que se manifesta gratidão; próprio para felicitar.

GRAU, s.m. Passo; classe; hierarquia; intensidade; título obtido em escola superior; posição; (Mat.) unidade de medida de ângulo, equivalente a um ângulo central cujo arco é 1/360 da circunferência; expoente de uma potência; índice de uma raiz; unidade da escala termométrica.

GRAÚDO, adj. Grande; crescido; desenvolvido; importante.

GRAÚNA, s.f. Ave da família dos Icterídeos.

GRAVAÇÃO, s.f. Ato ou efeito de gravar; gravame; agravo; ofensa.

GRAVADOR, s.f. Artista que faz gravação; aparelho elétrico que grava a voz em disco ou fita.

GRAVAME, s.m. Molestação; vexame; encargo; ônus; imposto pesado.

GRAVAR, v.t. Abrir a buril ou a cinzel; esculpir; estampar; assinalar; marcar com selo ou ferrete; fixar a voz, o som, música em disco ou fita; onerar; oprimir; vexar; sobrecarregar.

GRAVATA, s.f. Tira de seda, ou de outro estofo com que se envolve o pescoço; apertão ou golpe no pescoço em luta-livre.

GRAVATARIA, s.f. Estabelecimento onde se vendem ou fabricam gravatas; quantidade de gravatas.

GRAVATEIRO, s.m. Fabricante ou vendedor de gravatas.

GRAVE, adj. Pesado; circunspecto; sério; doloroso; palavra que tem o acento tônico na penúltima sílaba e, por extensão, o verso cuja última palavra é paroxítona; diz-se da voz grossa em oposição à aguda; oposto de agudo.

GRAVETAR, v.i. Fazer gravetos.

GRAVETO, s.m. Ramo, galho seco. F. paral.: garaveto.

GRAVEZA, s.f. Gravidade; gravame.

GRAVIDADE, s.f. Força que atrai para o centro da Terra todos os corpos; sisudez; ponderação; circunspeção.

GRAVIDAR, v.t. Pejar.

GRAVIDEZ, s.f. Pejamento; gestação.

GRÁVIDO, adj. Cheio; repleto.

GRAVIMÉTRICO, adj. Que é medido por peso.

GRAVÍMETRO, s.m. Instrumento para determinar o peso específico de certos corpos.

GRAVITAÇÃO s.f. Força atrativa que se exerce entre os astros, em particular entre o Sol e os planetas; (Fís.) força de atração mútua das massas.

GRAVITANTE, adj. Que gravita.

GRAVITAR, v.rel. Andar em volta de um astro, atraído por ele; (fig.) seguir (uma coisa ou pessoa) o destino de outra, em situação secundária.

GRAVOSO, adj. Pesado; oneroso; vexatório; ofensivo.

GRAVURA, s.f. Estampa; figura; ilustração.

GRAXA, s.f. Mistura de sebo com pós de sapato empregada para conservar o couro e dar-lhe brilho; pasta preparada com óleo destinada à lubrificação de grandes máquinas e das chaves de desvio das estradas de ferro.

GRAXEIRA, s.f. Depósito de graxa.

GRAXEIRO, s.m. Empregado encarregado de lubrificar máquinas e chaves de desvio das linhas férreas.

GRAXENTO, adj. Que tem muita graxa; lambuzado de graxa.

GRAZINADA, s.f. Vozearia; barulheira.

GRAZINADOR, adj. e s.m. Barulhento.

GRAZINAR, v.int. Vozear; palrar.

GRECISMO, s.m. Palavras e construções gregas usadas em outra língua; helenismo.

GRECIZAR, v.t. Dar forma, caráter ou costumes gregos a; helenizar.

GRECO-LATINO, adj. Relativo ou pertencente ao grego e ao latim. (Fem.: greco-latina; pl.: greco-latinos.)

GRECOMANIA, s.f. Mania de imitar os usos ou a língua dos gregos; paixão pelas coisas da Grécia.

GRECO-ROMANO, adj. Comum aos gregos e aos romanos. (Fem.: greco-romana; pl.: greco-romanos.)

GREDA (ê), s.f. Calcário friável que geralmente contém sílica, fosfato de cálcio ou argila.

GREDOSO, adj. Que tem greda.

GREGA, s.f. Cercadura arquitetônica, formada de linhas retas entrelaçadas.

GREGAL, adj. Relativo a grei, ao rebanho.

GREGÁRIO, adj. Gregal; que faz parte de grei ou rebanho; que vive em bando.

GREGO, adj. Da Grécia; s.m. o natural ou habitante da Grécia; a língua da Grécia; ser ou estar — (em um assunto ou matéria): nada saber a respeito disso.

GREGORIANO, adj. Diz-se do calendário vigente, também chamado novo calendário (por oposição ao velho calendário, que é o juliano).

GREI, s.f. Rebanho; (fig.) partido; paroquianos.

GRELAÇÃO, s.f. Olhadela; namoro; germinação.

GRELADO, adj. Que tem grelo; que começou a brotar.

GRELADOR, s.m. Namorador, observador.

GRELAR, v.int. Germinar; brotar; v.t. olhar; espiar; namorar.

GRELHA, s.f. Pequena grade de ferro sobre a qual se assam alimentos.

GRELHAR, v.t. Assar na grelha.

GRELO, s.m. Rebento; broto.

GRÊMIO, s.m. Seio, regaço; sociedade; associação.

GRENHA, s.f. Cabeleira; gadelha.

GRENHUDO, adj. Que tem cabeleira abundante porém maltratada.
GRETA, s.f. Racha; fenda; fresta.
GRETADO, adj. Rachado; fendido; aberto.
GRETADURA, s.f. Fenda na pele; ato ou efeito de gretar.
GRETAR, v.t. Rachar; fender.
GREVE, s.f. Parede, recusa de trabalhar.
GREVISTA, s. Pessoa que promove uma greve ou nela toma parte; paredista.
GRIFAR, v.t. Sublinhar; frisar cabelo.
GRIFO, s.m. Animal fabuloso com cabeça de águia e garras de leão; traço sob uma palavra ou expressão, cujo valor se quer remeter.
GRILAGEM, s.f. Posse ilegal de terras, mediante documentos falsos.
GRILEIRO, s.m. Indivíduo que procura apossar-se de terras alheias mediante falsas escrituras de propriedade.
GRILHÃO, s.m. Cadeia metálica; cordão de ouro; (fig.) laço; prisão; algema.
GRILHETA, s.f. Corrente de ferro que se prendia à perna dos prisioneiros.
GRILO, s.m. Inseto da ordem dos Saltatórios; terreno cujo título de propriedade é falso; (pop.) ruído das peças da carroçaria dos automóveis mal ajustados.
GRIMAÇA, s.f. Trejeito, esgares, careta.
GRIMPA, s.f. Cume; pico; píncaro; cocuruto.
GRIMPADO, adj. Elevado, posto no cume.
GRIMPAR, v.int. Escalar, subir, elevar-se.
GRINALDA, s.f. Guirlanda; coroa de folhas ou flores.
GRINGADA, s.f. Grupo de gringos.
GRINGALHADA, s.f. Gringada.
GRINGO, s.m. Estrangeiro (depreciativo).
GRIPADO, adj. e s.m. Atacado de gripe, endefluxado, resfriado.
GRIPAL, adj. Relativo à gripe.
GRIPAR-SE, v.p. Ser atacado de gripe.
GRIPE, s.f. Influenza.
GRIS, adj. Cinzento-azulado; pardo.
GRISALHAR, v.int. Ficar grisalho; começar a ter cabelos brancos.
GRISALHO, adj. Cinzento; pardo.
GRISAR, v.int. Tornar-se gris, acinzentar.
GRISETA, s.f. Peça metálica onde se enfia a torcida das lâmpadas ou das lamparinas.
GRISU, s.m. Gás inflamável e explosivo contido nas minas de carvão.
GRITA, s.f. Alarido; grito, clamor.
GRITADEIRA, s.f. Pessoa que grita muito.
GRITADOR, adj. e s.m. Aquele que grita, que fala em voz muito alta.
GRITALHÃO, s.m. Indivíduo que grita muito. (Fem.: gritalhona.)
GRITALHONA, s.f. Feminino de gritalhão.
GRITANTE, adj. Que grita, muito evidente.
GRITAR, v.int. Clamar, berrar, bradar, falar muito alto.
GRITARIA, s.f. Muitos gritos.
GRITO, s.m. Clamor, brado, berro.
GROENLANDÊS, adj. Da Groenlândia (norte da América); s.m. o natural ou habitante da Groenlândia.
GROGUE, s.m. Bebida alcoólica. Pessoa que está embriagada; adj. tonto, estonteado (por efeito da bebida).
GROSA, s.f. Doze dúzias ou 144 unidades; lima grossa para desbastar (madeira, ferro, casco das cavalgaduras, etc.)
GROSAR, v.t. Desbastar com a grosa.
GROSELHA, s.f. Fruto da groselheira; xarope de groselhas.
GROSSEIRO, adj. Rústico; malfeito; rude, tosco; (fig.) incivil; mal-educado.
GROSSERIA, s.f. Estupidez; falta de educação; indelicadeza.
GROSSO, adj. De grande diâmetro; denso; espesso; s.m. por —: em grande escala, por atacado.
GROSSURA, s.f. Espessura; densidade; corpulência.
GROTA, s.f. Gruta; furna; caverna. (Aument.: grotão.)
GROTESCO, adj. Ridículo; excêntrico.
GROU, s.m. Ave pernalta da família dos Cultirrostros. (Fem.: grua.)

GRUA, s.f. Fêmea do grou; máquina para introduzir água nas locomotivas; guindaste.
GRUDADO, adj. Pegado, unido, colado.
GRUDADOR, adj. e s.m. Colador.
GRUDADOURO, s.m. Série de cavaletes de madeira ou de ferro, sobre os quais se estendem as teias para secar, nos lanifícios depois de mergulhadas em cola ou grude.
GRUDADURA, s.f. Aplicação de grude a; ato ou efeito de grudar.
GRUDAR, v.t. e p. Pegar, colar, ligar.
GRUDE, s.m. Cola; (gír.) refeição, comida.
GRUGRULHAR, v.int. Ferver, gorgulejar.
GRUGULEJAR, v.int. Soltar a voz (o peru); imitar a voz do peru. O mesmo que grugrulhar.
GRUIR, v.int. Voz do grou. (Verbo defectivo: só se conjuga nas 3.ªˢ pessoas, grui, gruem; gruía, gruíram; gruiu, gruíram, etc.)
GRULHADA, s.f. Vozes de grou; (fig.) gritaria; barulho.
GRULHAR, v.int. Tagarelar; palrar.
GRUMAR, v.t. Dar a forma de grumo a; reduzir a grumos; int. e p. fazer-se em grumos. O mesmo que grumecer, coagular, soltar os primeiros rebentos (árvore).
GRUMECÊNCIA, s.f. Propriedade de criar grumos.
GRUMECER, v.t., int. e p. Grumar.
GRUMETAGEM, s.f. Os grumetes de um navio de guerra; vida de grumete.
GRUMETE, s.m. Marinheiro novato, aprendiz.
GRUMIXAMA, s.f. Jabuticaba.
GRUMIXAMEIRA, s.f. Jabuticabeira.
GRUMO, s.m. Grânulo; coágulo.
GRUMOSO, adj. Granuloso; que apresenta grumos.
GRÚMULO, s.m. Pequeno grumo.
GRUNHIDELA, s.f. Grunhido pequeno.
GRUNHIDO, s.m. A voz do porco.
GRUNHIDOR, adj. e s.m. Aquele que grunhe.
GRUNHIR, v.int. Soltar grunhidos (o porco); soltar vozes que lembram a do porco; resmungar.
GRUPAL, adj. Relativo a grupo; próprio de grupo.
GRUPAMENTO, s.m. Grupo, magote de pessoas.
GRUPAR, v.t. Dispor em grupos, agrupar.
GRUPELHO, s.m. Diminut. de grupo.
GRUPIARA, s.f. Lavra, garimpo de diamantes.
GRUPO, s.m. Conjunto, amontoado de seres ou cousas; grupo escolar: reunião de várias classes do ensino primário.
GRUTA, s.f. Caverna; lapa; antro; lura; furna.
GRUTESCO, adj. Relativo à gruta; s.m.pl. ornatos em forma de folhas, caracóis, penhascos, árvores, etc.; obras de pintura ou escultura, representando grutas; ornatos artísticos reproduzindo objetos da natureza.
GUABIROBA, s.f. Fruta silvestre da família das Mirtáceas, de excelente sabor. Gabiroba é também forma correta.
GUABIROBEIRA, s.f Árvore que dá guabiroba.
GUABIRU, s.m.(V. Gabiru.)
GUACHE, s.m. Preparação feita com substâncias corantes destemperadas em água de mistura com goma e tornadas pastosas pela adição de mel; pintura executada com essa preparação.
GUAÇU, adj. Palavra tupi-guarani que entra na composição de vários nomes brasileiros, com o sentido de grande. O mesmo que açu. (Antôn.: mirim.)
GUAI, interj. Var.: Uai.
GUAIACA, s.f. Cinto de couro para o porte de armas e dinheiro.
GUAIAR, v.int. Soltar ais ou guais; queixar-se; lamentar-se.
GUAÍBA, s.f. Nome que se dá, em alguns Estados do Sul, aos pântanos profundos.
GUAICURU, s. indígena da tribo dos Guaicurus, a qual vivia em Mato Grosso e no Paraguai.
GUAIÚ, s.m. Alarido, barulho ensurdecedor; gritaria.
GUALDRA, s.m. Argola para puxar gavetas; puxador.
GUALDRAPA, s.f. Manta, que se estende debaixo da sela.
GUAMPA, s.f. Chifre; ponta; aspa; corno.
GUAMPAÇO, s.m. Golpe dado com guampa; chifrada; cornada.
GUAMPADA, s.f. Golpe dado pelo animal, com as

guampas; pancada com uma guampa; chifrada; cornada.

GUAMPUDO, adj. Chifrudo; cornudo; canalha.

GUANABARENSE, adj. e s. O mesmo que guanabarino.

GUANABARINO, adj. e s.m. Da Guanabara; carioca; o natural ou habitante do Estado da Guanabara.

GUANACO, s.m. Ruminante selvagem semelhante à lhama.

GUANO, s.m. Acumulação de fosfato de cálcio proveniente do excremento de aves marinhas; adubo artificial para as terras e preparado com matérias orgânicas.

GUANTE, s.m. Luva de ferro na armadura antiga; (fig.) opressão, despotismo.

GUANXUMA, s.f. Vegetação rasteira. Var.: guanxima.

GUAPICE, s.f. Qualidade de quem é guapo; elegância; chibantice.

GUAPIRA, s.f. Cabeceira de vale; nascentes.

GUAPO, adj. Bonito; airoso; esbelto, elegante.

GUARÁ, s.m. Garça. Mamífero da selva brasileira que parece lobo. Forma paral.: aguará.

GUARANÁ, s.m. Arbusto sarmentoso da família das Sapindáceas; bebida feita com o fruto do guaraná.

GUARANAZEIRO, s.m. Indivíduo que se ocupa com a extração de guaraná.

GUARANI, s.m. Divisão etnográfica da grande família Tupi-Guarani, que compreende particularmente os Tupis do Sul; a língua por eles falada.

GUARAPUAVA, s.m. Rumor, canto de pássaros.

GUARDA, s.f. Vigilância; resguardo da mão na arma branca; folha para resguardo do princípio ou fim dos livros; polícia; guarda-civil.

GUARDA-BARREIRA, s.m. Empregado aduaneiro, que fiscaliza a entrada dos gêneros de consumo às portas das cidades. (Pl.: guarda-barreiras.)

GUARDA-CANCELA, s.m. Encarregado da guarda de uma barreira nas passagens de nível das vias férreas. (Pl.: guarda-cancelas.)

GUARDA-CHAVES, s.m. 2 núm. Empregado ferroviário encarregado de vigiar e manobrar as chaves nos desvios ou entroncamentos dos trilhos das linhas férreas.

GUARDA-CHUVA, s.m. Armação de varetas móveis, coberta de pano, para resguardar as pessoas do sol ou da chuva; chapéu para sol, umbela. (Pl.: guarda-chuvas.)

GUARDA-COMIDA, s.m. Armário munido de tela de arame para guardar comidas. (Pl.: guarda-comidas.)

GUARDA-COSTAS, s.m. 2 núm. Navio destinado a percorrer a costa marítima, para evitar o contrabando; capanga.

GUARDADOR, adj. Que observa certos preceitos; s.m. aquele que guarda.

GUARDADOS, s.m.pl. Objetos particulares (miúdos em geral) que se guardam numa gaveta, numa caixa, num cofre.

GUARDA-FATO, s.m. Guarda-roupa. (Pl.: guarda-fatos.)

GUARDA-FLORESTAL, s.m. Empregado do Estado encarregado de vigiar as florestas, impedindo derrubadas ilegais, incêndios, etc. (Pl.: guardas-florestais.)

GUARDA-FREIO, s.m. Empregado de linhas féreas que vigia os freios dos carros. O mesmo que guarda-freios. (Pl.: guarda-freios.)

GUARDA-JÓIAS, s.m. 2 núm. Cofre; escrínio; porta-jóias.

GUARDA-LAMA, s.m. Peça de madeira, couro ou metal, colocado diante ou por cima das rodas de uma viatura para resguardar dos salpicos da lama. (Pl.: guarda-lamas.)

GUARDA-LIVROS, s. 2 núm. Contador; o encarregado da escrituração comercial de um estabelecimento.

GUARDA-LOUÇA, s.m. Armário para guardar louça. (Pl.: guarda-louças.)

GUARDA-MÃO, s.m. Arco que resguarda a mão entre os copos e a maçã da espada. (Pl.: guarda-mãos.)

GUARDA-MARINHA, s.m. Posto de oficial da armada, imediatamente inferior ao de segundo-tenente. (Pl.: guardas-marinhas.)

GUARDA-META, s.m. Arqueiro, goleiro, golquí-

per, guarda-vala, guardião. (Pl.: guarda-metas.)

GUARDA-MOR, s.m. Título oficial do chefe da polícia aduaneira nos portos. (Pl.: guarda-mores.)

GUARDAMORIA, s.f. Repartição anexa às alfândegas incumbida da polícia fiscal nos portos e a bordo dos navios.

GUARDA-MÓVEIS, s.m. 2 núm. Estabelecimento onde mediante mensalidade ajustada se depositam móveis.

GUARDANAPO, s.m. Pano com que, à mesa, se limpa a boca.

GUARDA-NOTURNO, s.m. Vigilante noturno. (Pl.: guardas-noturnos.)

GUARDA-PÓ, s.m. Casaco leve e comprido que se veste por sobre todo o fato, para o resguardar da poeira, sobretudo em viagem. (Pl.: guarda-pós.)

GUARDAR, v.t. Vigiar; vigilar; conservar; manter; reservar; preservar.

GUARDA-REDE, s.m. Guarda-meta; guarda-vala; golquíper, guardião. (Pl.: guarda-redes.)

GUARDA-ROUPA, s.m. Armário onde se guarda a roupa; pessoa encarregada de guardar roupas, num teatro, comunidade.

GUARDA-SOL, s.m. (V. Guarda-chuva.) (Pl.: guarda-sóis.)

GUARDA-SOLEIRO, s.m. Fabricante de guarda-sóis. (Pl.: guarda-soleiros.)

GUARDA-VALA, s.m. Guarda-meta; golquíper. (Pl.: guarda-valas.)

GUARDA-VENTO, s.m. Anteparo de madeira que se coloca internamente diante das portas, para resguardo do vento. O mesmo que pára-vento. (Pl.: guarda-ventos.)

GUARDA-VESTIDOS, s.m. 2 núm. Espécie de armário com cabides para dependurar e guardar vestidos.

GUARDIÃ, s.f. Flexão feminina de guardião. (Pl.: guardiãs.)

GUARDIANIA, s.f. Cargo de guardião.

GUARDIÃO, s.m. Superior nos conventos franciscanos; golquíper; arqueiro. (Pl.: guardiães e guardiões; fem.: guardiã.)

GUARIDA, s.f. Abrigo; refúgio; guarita; gurita.

GUARITA, s.f. Torre nos ângulos dos antigos baluartes, para abrigo das sentinelas; casinha portátil de madeira para abrigo de sentinelas; gurita.

GUARNECEDOR, adj. e s.m. Aquele que guarnece.

GUARNECER, v.t. Prover do necessário; munir; fortalecer; pôr forças militares em; debruar.

GUARNECIMENTO, s.m. Ato ou efeito de guarnecer; guarnição.

GUARNIÇÃO, s.f. Enfeite; tropas que defendem uma praça; equipagem de navio; punho e copos de espada; ornato; orla enfeitada; enfeite da fímbria de um vestido; debrum.

GUASCA, s.f. Tala, tira de couro; relho; chicote, látego.

GUASCAÇO, s.m. Gole de guasca, guascada.

GUASCADA, s.f. Chicotada.

GUASCARIA, s.f. Reunião; grupo de guascas; estabelecimento que vende guascas.

GUASQUEADA, s.f. Chicotada.

GUASQUEAR, v.t. Surrar; bater; chicotear.

GUASQUEIRO, s.m. Fabricante de guascas; vasqueiro, raro, difícil.

GUATAMBU, s.m. Madeira excelente para cabo de enxada, foice, machado; (fig.) vida agrícola. Puxar o guatambu: trabalhar na enxada.

GUATEMALENSE, adj. Da Guatemala; s. o natural ou habitante da Guatemala. O mesmo que guatemalteco.

GUATEMALTECO, adj. e s.m. Guatemalense.

GUDE, s.m. Jogo infantil com bolinhas de vidro; fubeca.

GUEDELHA, s.f. ou **GUEDELHO**, s.m. Cabelo desgrenhado e comprido; gaforinha.

GUEDELHUDO, adj. Que tem guedelhas; cabeludo. Var.: gadelhudo.

GUEIXA, s.f. Nome que se dá, no Japão, às jovens dançarinas.

GUELRA, s.f. Aparelho respiratório dos animais que vivem ou podem viver na água e que não respiram por pulmões.

GUERRA, s.f. Luta armada entre nações ou partidos; campanha; luta.

GUERREADOR, adj. e s.m. Combatente, guerreiro.

GUERREAR, v.t. Combater, atacar; perseguir; opor-se.

GUERREIRO, adj. Belicoso; combativo; beligerante.

GUERRILHA, s.f. Pequeno corpo irregular de guerreiros voluntários, que atacam de emboscada.

GUERRILHAR, v.int. Ser guerrilheiro; levar vida de guerrilheiro ou de maqui.

GUERRILHEIRO, s.m. Indivíduo que faz parte de uma guerrilha; chefe de guerrilha.

GUETO, s.m. Bairro de judeus.

GUIA, s.f. Documento que acompanha mercadorias para poderem transitar livremente; condutor; cicerone; chefe; pedras que se colocam para fazer o meio-fio das calçadas.

GUIADOR, adj. Guia; condutor.

GUIANENSE ou **GUIANES** (gúi), adj. e s.m. Guianas. Referente ou natural das.

GUIÃO, s.m. Pendão ou estandarte que vai à frente de procissões. (Pl.: guiães e guiões.)

GUIAR, v.t. Servir de guia a; orientar; encaminhar; dirigir.

GUICHÊ, s.m. Portinhola.

GUIDÃO, s.m. (V. Guidom.)

GUIDOM, s.m. Barra de direção das bicicletas e motocicletas.

GUIEIRO, adj. Que guia ou vai na frente; s.m. menino que guia os bois; candeeiro.

GUILHOTINA, s.f. Instrumento de decapitação, em que o golpe é desferido por uma lâmina triangular precipitada de certa altura; tipo de vidraças de janelas com movimento semelhante ao da guilhotina.

GUILHOTINAR, v.t. Decapitar com a guilhotina.

GUINADA, s.f. Desvio que uma embarcação faz do rumo; (por ext.) salto que o cavalo dá para se esquivar ao castigo do cavaleiro; desvio repentino do avião para um dos lados do eixo longitudinal.

GUINAR, v.int. Desviar-se rapidamente; t. voltar com rapidez.

GUINCHAR, v.int. Dar guinchos; dar grito à maneira de guincho; transportar com guindaste.

GUINCHO, s.m. Som agudo e inarticulado do homem e de alguns animais; guindaste.

GUINDADO, adj. Erguido, levantado.

GUINDAGEM, s.f. Ato ou operação de guindar.

GUINDAR, v.t. Içar; levantar; erguer a uma posição elevada; alçar.

GUINDASTE, s.m. Aparelho para levantar grandes pesos. O mesmo que guincho.

GUINEENSE, adj. e s. Guinéu.

GUINÉU, s.m. O natural ou habitante da Guiné; antiga moeda de ouro inglesa.

GUIRLANDA, s.f. Grinalda; capela de flores, coroa.

GUISA, s.f. Maneira; feição; à — de: à maneira de.

GUISADO, s.m. Prato de carne, cozido.

GUISAR, v.t. Cozinhar, preparar pratos, arranjar, dispor.

GUITA, s.m. Barbante fino; dinheiro.

GUITARRA, s.f. Instrumento de cordas com um braço dividido em meios tons por filetes metálicos; violão, viola portuguesa. Máquina de fabricar dinheiro falso.

GUITARRADA, s.f. Concerto de guitarras; tocada de guitarra.

GUITARREAR, v.int. Tocar guitarra; t. cantar ao som da guitarra.

GUITARREIRO, s.m. Fabricante de guitarras; guitarrista.

GUITARRISTA, s. Pessoa que toca ou ensina a tocar guitarra; s.m. ladrão que engana indivíduos inescrupulosos, usando a guitarra.

GUIZALHAR, v.int. Produzir o som do guizo; t. fazer soar à maneira de guizo.

GUIZO, s.m. Bola oca de metal; órgão situado na cauda da cascavel, que emite ruído característico.

GULA, s.f. Glutonaria; excesso na comida e bebida; grande amor a boas iguarias.

GULODICE, s.f. Gula; doce ou qualquer iguaria muito apetitosa.

GULOSEIMA, s.f. Manjar doce, delicado ou muito saboroso.

GULOSO, adj. e s.m. Glutão; comilão.

GUME, s.m. O lado afiado de instrumento de corte; (fig.) perspicácia; agudeza.

GUMÍFERO, adj. Que produz goma.

GURI, s.m. Criança; menino. (Fem.: guria.)

GURITA, s.f. (pop.) Guarita; torre de vigia; sentinela.

GURIZADA, s.f. Grande número de meninos ou guris; ação própria de guri.

GURUPÉS, s.m. 2 núm. Mastro na extremidade da proa do navio.

GUSA, s.f. Metal fundido, que se emprega como lastro em navios; (Quím.) ferro que contém de 3 a 5% de carbono, 0,1% de silício e até 0,3% de fósforo; o mesmo que ferro fundido.

GUSANO, s.m. Verme que se desenvolve onde há matéria orgânica em decomposição; caruncho.

GUSTAÇÃO, s.f. Percepção do gosto; experimentação com o paladar.

GUSTATIVO, adj. Que diz respeito ao sentido do gosto.

GUTA-PERCHA, s.f. Planta da família das Sapotáceas; substância glutinosa extraída dessa planta. (Pl.: guta-perchas.)

GUTÍFERO, adj. Que goteja, que deita gotas.

GUTURAL, adj. Diz-se do som emitido na garganta; velar; c (quê), g (guê), (oral).

GUTURALIZAÇÃO, s.f. Ato ou efeito de guturalizar.

GUTURALIZAR, v.t. Pronunciar quê, guê (c, g), e (seguido de vogal) na garganta; fazer passar o h a consoante como em: aniquilar (lat. ad+nihil++are), trago (de traho).

GUTUROSO, adj. Que tem o pescoço dilatado.

H

H (agá), s.m. Oitava letra do alfabeto português. Não é propriamente consoante porque não tem valor algum de som ou de ruído. Pelo costume rotineiro das gramáticas vem classificado entre as consoantes. Só tem valor na indicação das consoantes: ch (chave), lh (palha), nh (manhã). Conserva-se no início e no fim das interjeições: ah!, eh!, ih!, oh!, uh!, hein!, hum! Conserva-se nas palavras que o exigem pela etimologia: hoje, homem, hora, haver, etc. Conserva-se nos termos compostos quando os elementos estão ligados por hífen; anti-higiênico, pré-histórico, sobre-humano. Quando os elementos estão justapostos, desaparece: desarmonia, desumano, reaver, lobisomem.

HÁ, interj. Indica reflexão, admiração.

HABANERA, s.f. Dança espanhola, originária de Cuba. Música dessa dança.

HABEAS-CORPUS (há...cór), s.m. Latinismo que designa a instituição jurídica que assegura a liberdade individual do impetrante e pela qual ninguém pode ser preso ou continuar em prisão sem culpa formada ou sem ordem da instância judiciária competente.

HÁBIL, adj. Destro, esperto, jeitoso

HABILIDADE, s.f. Inteligência; capacidade, jeito, destreza; conhecimento técnico.

HABILIDOSO, adj. Destro; hábil, jeitoso.

HABILITAÇÃO, s.f. Aptidão; (Jur.) formalidades jurídicas necessárias para aquisição de um direito ou demonstração de capacidade legal; pl. cabedal de conhecimentos; conjunto de provas ou documentos para requerer ou demonstrar alguma cousa.

HABILITADO, adj. Apto, capaz; pessoa que, embora não diplomada, conhece praticamente o ofício; prático, licenciado.

HABILITADOR, adj. e s.m. Aquele que habilita.

HABILITANTE, adj. e s. A pessoa que requer habilitação judicial.

HABILITAR, v.t. Tornar hábil; tornar apto; preparar para alguma coisa.

HABITABILIDADE, s.f. Possibilidade de ser habitado.

HABITAÇÃO, s.f. Moradia, residência.

HABITACIONAL, adj. Relativo à habitação.

HABITÁCULO, s.m. Habitação pequena e acanhada.

HABITADOR, adj. Habitante, morador.

HABITAR, v.t. Morar, residir.

HABITAT, s.m. Lugar próprio onde cada ser vive. (É proparoxítona: hábitat.)

HABITÁVEL, adj. Que se pode habitar.

HÁBITO, s.m. Uso; costume; roupagem de frade ou freira; vestuário; insígnia de ordem militar ou religiosa.

HABITUAÇÃO, s.f. Ato de habituar-se.

HABITUAL, adj. Comum; usual; rotineiro.

HABITUAR, v.t.-rel. Acostumar; avezar.

HABITUDE, s.f. Hábito, costume.

HABITUDINÁRIO, adj. Habitual.

HÁFNIO, s.m. Elemento químico, metal, símbolo Hf, peso atômico 178,6 e n.º atômico 72.

HAGIOGRAFIA, s.f. Biografia de santos; escrito sobre os santos.

HAGIOGRÁFICO, adj. Relativo à hagiografia.

HAGIÓGRAFO, s.m. Autor de livros de vidas de santos.

HAGIOLÓGICO, adj. Relativo a vida de santos.

HAGIOLÓGIO, s.m. Tratado acerca da vida dos santos.

HAGIOLOGISTA, s. ou **HAGIÓLOGO,** s.m. Aquele que escreve a respeito de santos.

HAHNEMANNIANO, adj. Relativo à homeopatia.

HAITIANO, adj. Do Haiti; s.m. natural ou habitante do Haiti.

HALITO, s.m. O mesmo que sal-gema.

HÁLITO, s.m. Ar expirado; cheiro; exalação; bafo; cheiro da boca.

HALITOSE, s.f. Mau hálito.

HALO, s.m. Coroa dupla e luminosa que, em certas condições atmosféricas, circunda o Sol e alguns planetas; auréola; (fig.) glória; prestígio.

HALOGÊNEO, adj. Diz-se dos elementos cloro, bromo, iodo e flúor. O mesmo que halógeno.

HALOGÊNICO, adj. Diz-se do resíduo ou radical que se obtém teoricamente, privando de seu hidrogênio básico os ácidos oxigenados.

HALOGRAFIA, s.f. Tratado dos sais. O mesmo que halologia.

HALÓGRAFO, s.m. Aquele que é versado em halografia.

HALÓIDE, adj. Designação genérica dos compostos que encerram um halogêneo.

HALOLOGIA, s.f. Halografia, estudo dos sais.

HALOMETRIA, s.f. Processo para avaliar a qualidade das soluções salinas, empregadas no comércio.

HALOMÉTRICO, adj. Referente à halometria.

HALTERE, s.m. Instrumento ginástico, constituído por duas esferas de ferro unidas por uma haste do mesmo metal. Var.: halter.

HAMBURGUÊS, adj. De Hamburgo (Alemanha); s.m. o natural ou habitante de Hamburgo.

HANGAR, s.m. Galpão; abrigo fechado para balões, dirigíveis, aviões, etc.

HANSA, s.f. Antiga liga de várias cidades do norte da Europa, na Idade Média, para fins comerciais; corporação.

HANSEÁTICO, adj. Relativo ou pertencente à hansa.

HANSENIANO, adj. Leproso.

HAPLOLOGIA, s.f. Queda de uma sílaba completa por vir seguida de outra igual ou quase igual. Ex.: bondoso (de bondadoso); vaidoso (de vaidadoso); Candinha (de Candidinha).

HAPLOLÓGICO, adj. Relativo à haplologia; em que há haplologia.

HARAQUIRI, s.m. Suicídio japonês em que o suicida rasga o ventre à espada.

HARAS, s.m. Estância de criação de cavalos selecionados.

HARÉM, s.m. Parte do palácio do sultão mulçumano onde estão encerradas as mulheres.

HARMONIA, s.f. Disposição bem ordenada entre as partes de um todo; concórdia; consonância ou sucessão agradável de sons; suavidade e sonoridade do estilo; arte de formar e dispor os acordes; acordo; paz e amizade (entre pessoas); proporção; ordem; simetria.

HARMÔNICA, s.f. Espécie de sanfona; acordeão.

HARMÔNICO, adj. Relativo à harmonia; em que há harmonia; regular; coerente; proporcionado.

HARMÔNIO, s.m. Pequeno órgão no qual os tubos são substituídos por palhetas livres.

HARMONIOSO, adj. Que tem harmonia; que tem sons agradáveis ao ouvido.

HARMONISTA, s. Pessoa que sabe as regras da harmonia; tocador de harmônio, organista.

HARMONIZADOR, adj. Apaziguador; músico encarregado de fazer a harmonização de uma melodia.

HARMONIZAR, v.t. Conciliar; congraçar; dividir em partes harmônicas; escrever o acompanhamento musical.

HARPA, s.f. Instrumento de cordas que se tangem com os dedos.

HARPAGÃO, s.m. Avarento, miserável.

HARPAR, v.t. O mesmo que harpear.

HARPEAR, v.t. Tocar harpa. O mesmo que harpar e harpejar.

HARPEJAR, v.t. Tocar harpa.

HARPIA, s.f. Monstro fabuloso, com rosto de mulher e corpo de abutre; (fig.) pessoa ávida, que vive de extorsões; mulher má.

HARPISTA, s. Pessoa que toca ou ensina a tocar harpa.

HASTA, s.f. Lança, pique; hasta pública: leilão.

HASTE, s.f. Pau de bandeira; caule, vergôntea; ponta de lança. Var.: hástea.

HASTEADO, adj. Posto em haste; arvorado.

HASTEAR, v.t. Elevar ou prender ao cimo de uma haste; desfraldar; içar.

HASTIL, s.m. Cabo de lança; haste; pedúnculo; vergôntea.

HASTILHA, s.f. Pequena haste.

HAURIR, v.t. Esgotar; aspirar; sorver. (Verbo defectivo. Não se conjuga na 1.ª pessoa do sing. do pres. do indic. e em todo o pres. do subj.)

HAURÍVEL, adj. Que se pode haurir.

HAUSTO, s.m. Ato de haurir; sorvo; trago; gole.

HAVAIANO, adj. Das ilhas Havaí (Oceânia).

HAVANA, adj. Castanho-claro.

HAVANÊS, adj. De Havana (Cuba); s.m. o natural ou habitante de Havana.

HAVER, v.t. Ter, possuir, existir. No significado de existir é impessoal, só na 3.ª pes. do sing.; substantivado: haveres=bens, posses, riqueza. Pron. haver-se: comportar-se, proceder. (Pres. ind.: hei, hás, há, havemos ou hemos, haveis, ou heis, hão; imp. ind.: havia, etc.; perf.: houve, houveste, etc.; subj. pres.: haja, hajas, etc.; imp.: houvesse, etc.; fut.: houver, etc.)

HAXIXE, s.m. Planta, cujas folhas, quando fumadas, produzem embriaguez, intoxicação.

HEBDÔMADA, s.f. Semana; espaço de sete dias.

HEBDOMADÁRIO, adj. Semanal; s.m. semanário.

HEBDOMÁTICO, adj. Relativo a sete.

HEBETAÇÃO, s.f. ou **HEBETAMENTO,** s.m. Ato ou efeito de hebetar.

HEBETAR, v.t. tornar bronco, bobo.

HEBETISMO, s.m. Estupidez; imbecilidade.

HEBETIZADO, adj. Apalermado, aparvalhado.

HEBETUDE, s.f. Torpor; entorpecimento, estupor.

HEBRAICO, adj. Relativo aos hebreus; s.m. o idioma dos hebreus; hebreu.

HEBRAÍSMO, s.m. Palavra, locução ou construção própria da língua hebraica ou imitada dessa língua.

HEBRAÍSTA, s. Pessoa que se dedica ao estudo do hebraico.

HEBRAIZANTE (a-i), adj. Pessoa que imita os costumes dos judeus.

HEBRAIZAR (a-i), v.int. Seguir as doutrinas ou praticar a religião dos hebreus. (O i do radical leva acento agudo nas formas rizotônicas; pres. ind.: hebráizo, hebráizas, hebráiza, etc. pres. sub.: hebráize, hebráizes, hebráize, etc.)

HEBREU, adj. Hebraico, judeu, israelita. Reserva-se hebraico para o idioma; hebreu para o povo.

HECATOMBE, s.f. Antigo sacrifício de cem bois; (por ext.) sacrifício de muitas vítimas; (fig.) matança humana.

HECTARE, s.m. Unidade de medida agrária equivalente a cem ares, ou a um hectômetro quadrado; dez mil metros quadrados.

HÉCTICA, s.f. Tísica, tuberculose.

HÉCTICO, adj. Tísico, tuberculoso.

HECTOÉDRICO, adj. Diz-se dos cristais que têm cem faces.

HECTOGRAMA, s.m. Unidade de massa equivalente a cem gramas.

HECTOLITRO, s.m. Unidade de capacidade equivalente a cem litros.

HECTÔMETRO, s.m. Unidade de comprimento, equivalente a cem metros.

HECTOSTÉREO, s.m. Volume de cem esteres.

HEDIONDEZ ou **HEDIONDEZA**, s.f. Feiúra.

HEDIONDO, adj. Depravado; imundo; nojento, feio.

HEDONISMO, s.m. Doutrina filosófica que faz do prazer o fim da vida.

HEDONISTA, adj. e s. Partidário do hedonismo.

HEGEMONIA, s.f. Preponderância política; domínio.

HEGEMÔNICO, adj. Relativo a hegemonia.

HEIN, Interjeição interrogativa.

HÉJIRA, s.f. Era mulçulmana, que tem por ponto de partida a fuga de Maomé, de Meca para Medina em 622 da nossa era. Var.: hégira.

HELÊNICO, adj. Dos helenos ou da natureza deles; grego.

HELENISMO, s.m. Palavras, locução ou construção própria da língua grega ou imitada dessa língua; o mesmo que grecismo; conjunto das idéias e costumes da Grécia.

HELENISTA, s. Pessoa versada no conhecimento da língua e antiguidade grega.

HELENÍSTICO, adj. Diz-se do período histórico que vai das conquistas de Alexandre à conquista romana.

HELENIZAR, v.t. Tornar conforme ao caráter grego; int. dedicar-se ao estudo do grego.

HELENO, adj. Grego.

HÉLICE, s.f. Propulsor de navio, que substituiu as rodas; peça propulsora dos aviões; espiral; s. m. e f. dobra da margem livre do pavilhão da orelha.

HELICOIDAL, adj. Semelhante à hélice. O mesmo que helicóide.

HELICÓIDE, adj. Que tem a forma de hélice.

HELICÓPTERO, s.m. Aeronave capaz de se elevar verticalmente e de se sustentar por meio de hélices horizontais; autogiro.

HELÍCULA, s.f. Pequena hélice.

HÉLIO, s.m. Elemento simples, gás raro da atmosfera, símbolo He, de peso atômico 4 e n.º atômico 2.

HELIOCÊNTRICO, adj. Designativo do sistema em que o Sol é considerado como centro do sistema planetário de que faz parte a Terra.

HELIOCROMIA, s.f. Reprodução das cores, com o auxílio do Sol, sobre uma camada de cloreto de prata, sustentada por uma placa metálica; reprodução das cores pela fotografia.

HELIOCRÔMICO, adj. Relativo a heliocromia.

HELIOGRAFIA, s.f. Descrição do Sol; espécie de fotografia em que se reproduzem desenhos pela ação dos raios solares.

HELIOGRÁFICO, adj. Relativo à heliografia.

HELIÓGRAFO, s.m. Aparelho telegráfico óptico em que se utilizam os raios do Sol.

HELIOGRAVURA, s.f. Processo de gravar, utilizando a luz do Sol; gravura obtida por esse processo.

HELIOMÉTRICO, adj. Relativo ao heliômetro.

HELIÔMETRO, s.m. Aparelho para medir o diâmetro aparente dos astros e a distância aparente destes entre si.

HELIOSCOPIA, s.f. Observação do Sol pelo helioscópio.

HELIOSCÓPICO, adj. Relativo à helioscopia.

HELIOSCÓPIO, s.m. Instrumento para observação do Sol.

HELIOSE, s.f. Doença produzida pela ação do Sol; insolação.

HELIOSTÁTICA, s.f. Doutrina sobre o movimento dos planetas, referidos à posição do Sol no centro do sistema planetário.

HELIOSTÁTICO, adj. Relativo ao helióstato.

HELIÓSTATO, s.m. Aparelho que conserva numa direção constante, apesar do movimento do Sol, um raio solar introduzido numa câmara escura.

HELIOTERAPIA, s.f. Tratamento das doenças pela luz solar.

HELIOTERÁPICO, adj. Relativo à helioterapia.

HELIOTERMÔMETRO, s.m. Aparelho para medir a intensidade do calor solar.

HELIOTROPIA, s.f. Faculdade que possuem certos vegetais de se voltarem para o Sol.

HELIOTRÓPICO, adj. Todo vegetal que se volta para o Sol.

HELIOTROPISMO, s.m. Fenômeno do movimento e direção das plantas sob a ação dos raios solares.

HELMINTÍASE, s.f. Doença causada pela presença de vermes no intestino.

HELMÍNTICO, adj. Relativo aos helmintos.

HELMINTO, s.m. Verme intestinal.

HELMINTÓIDE, adj. Semelhante a helmintos.

HELMINTOLOGIA, s.f. Tratado dos vermes intestinais.

HELMINTOLÓGICO, adj. Relativo à helmintologia.

HELMINTOLOGISTA, s. Naturalista que trata de helmintologia.

HELVÉCIO, adj. Suíço; natural da Helvécia (Suíça). Forma paral.: helvético.

HEM, interj. Forma de interjeição interrogativa; o mesmo que hein.

HEMÁCIA, s.f. Glóbulo vermelho do sangue. (Pronúncia vulgar, mas errada; sendo palavra erudita e artificial, deve ser escrita e pronunciada hematia, paroxítona.)

HEMATIA, s.f. Forma correta e preferível a hemácia.

HEMATÍMETRO, s.m. Aparelho que determina o número de glóbulos vermelhos do sangue; hemômetro.

HEMATINA, s.f. Pigmento ferruginoso que dá a cor vermelha à hemoglobina.

HEMATITA, s.f. Um dos mais importantes minérios de ferro.

HEMATÓFAGO, adj. Que se alimenta de sangue.

HEMATOFILO, adj. Diz-se do vegetal que tem folhas vermelhas como sangue.

HEMATÓFILO, adj. Amigo do sangue; propenso a derramar sangue; sanguinário.

HEMATOFOBIA, s.f. Horror ao sangue. (Antôn.: hematofilia.)

HEMATÓFOBO, s.m. Aquele que não pode ver sangue, que tem horror ao sangue.

HEMATÓIDE, adj. Semelhante ao sangue.

HEMATOLOGIA, s.f. Ramo da Histologia que estuda as células do sangue e dos órgãos hematopoéticos.

HEMATOLÓGICO, adj. Relativo à hematologia.

HEMATOMA, s.m. Tumor formado por sangue extravasado.

HEMATOPOESE, s.f. Formação dos glóbulos do sangue. (F. paral.: Hematopoese.)

HEMATOPOÉTICO, adj. Diz-se dos órgãos onde se formam os glóbulos do sangue.

HEMATOSAR, v.t. Converter (o sangue) de venoso em arterial; p. converter-se em arterial (o sangue venoso).

HEMATOSE, s.f. Transformação do sangue venoso em arterial, nos pulmões, ao contato do oxigênio do ar respirado.

HEMATOZOÁRIO, s.m. Parasito que vive no sangue de outro animal; mais particularmente se aplica ao agente etiológico do impaludismo.

HEMATÚRIA, s.f. Emissão, perda de sangue misturado à urina.

HEMATÚRICO, adj. Relativo à hematúria; s.m. aquele que sofre de hematúria.

HEMEROLOGIA, s.f. Arte de compor calendários.

HEMEROPATIA, s.f. Doença que só se manifesta durante o dia.

HEMEROTECA, s.f. Seção das bibliotecas em que se colecionam jornais e revistas.

HEMIALGIA, s.f. Enxaqueca; hemicrania.

HEMICARPO, s.m. Metade de um fruto que naturalmente se divide em dois.

HEMICÍCLICO, adj. Relativo a hemiciclo; semicircular.

HEMICICLO, s.m. Metade do ciclo; espaço semicircular onde ficam os espectadores.

HEMICRANIA, s.f. Enxaqueca.

HEMICRÂNICO, adj. Relativo à hemicrania.

HEMIFACIAL, adj. Respeitante à metade de uma face.

HEMILABIAL, adj. Relativo à metade dos lábios.

HEMIOPIA, s.f. (Med.) Perda de metade do campo visual de um olho ou dos dois.

237

HEMIPARESIA, s.f. Hemiplegia pouco acentuada.

HEMIPLEGIA, s.f. Paralisia de um dos lados do corpo.

HEMIPLÉGICO, adj. Afetado de hemiplegia, paralítico da metade do corpo.

HEMÍPTERO, adj. Que tem asas ou barbatanas curtas.

HEMISFÉRICO, adj. Que tem forma de hemisfério.

HEMISFÉRIO, s.m. Metade de uma esfera; cada uma das duas metades em que a Terra é imaginariamente dividida pelo círculo do Equador.

HEMISFEROIDAL, adj. Semelhante a um hemisferóide.

HEMISFERÓIDE, s.m. Metade de um esferóide; adj. hemisferoidal.

HEMISTÍQUIO, s.m. Metade de um verso.

HEMODINÂMICA, s.f. Teoria mecânica da circulação do sangue.

HEMODINAMÔMETRO, s.m. Instrumento para medir a pressão ou a força com que o sangue circula nos vasos do organismo.

HEMOFILIA, s.f. Disposição orgânica, hereditária, para hemorragias em conseqüência de retardamento da coagulação; só se manifesta no sexo masculino.

HEMOGLOBINA, s.f. Pigmento dos glóbulos vermelhos do sangue.

HEMOGRAMA, s.m. Conjunto de alterações das células do sangue que, reunido aos dados clínicos, permite conclusões diagnósticas e prognósticas; (por ext.) a contagem e o aspecto dos elementos figurados do sangue.

HEMÓLISE, s.f. Destruição dos glóbulos vermelhos do sangue com libertação de hemoglobina.

HEMOPATIA, s.f. Doença do sangue, em geral.

HEMOPTISE, s.f. Expectoração sangüínea ou vômito de sangue pulmonar.

HEMORRAGIA, s.f. Derramamento de sangue para fora dos vasos que o devem conter.

HEMORRÁGICO, adj. Relativo à hemorragia; que padece hemorragia.

HEMORRINIA, s.f. Hemorragia nasal; epistaxe.

HEMORROIDAL, adj. Relativo às hemorróidas.

HEMORROIDÁRIO, adj. Que sofre de hemorróidas.

HEMORRÓIDAS ou **HEMORRÓIDES,** s.f.pl. Varizes nas veias do ânus.

HEMORROIDOSO, adj. e s.m. Doente de hemorróides.

HEMORROÍSSA, s.f. Mulher que sofre de hemorróides.

HEMÓSTASE, s.f. Ação ou efeito de estancar uma hemorragia.

HEMOSTASIA, s.f. O mesmo que hemóstase.

HEMOSTÁTICO, adj. Relativo à hemóstase; s.m. medicamento contra as hemorragias.

HEMOTÓRAX (cs), s.m. Derramamento de sangue na cavidade pleural.

HENDECÁGONO, adj. Que tem onze ângulos e onze lados; s.m. polígono de onze lados.

HENDECANDRO, adj. Que tem onze estames.

HENDECASSÍLABO, adj. Que tem onze sílabas; s.m. verso de onze sílabas.

HENDÍADIS, s.f. 2 núm. Expressão de um conceito por dois substantivos quando um só bastaria. Ex.: No silêncio e nos mares, por: nos mares silenciosos.

HEPATALGIA, s.f. Dor localizada no fígado.

HEPATÁLGICO, adj. Relativo a hepatalgia.

HEPATARGIA, s.f. Insuficiência da função hepática.

HEPÁTICO, adj. Relativo ao fígado; aquele que sofre do fígado.

HEPATISMO, s.m. Doença do fígado.

HEPATITE, s.f. Inflamação do fígado.

HEPATIZAÇÃO, s.f. Processo patológico que sofre um tecido orgânico, que passa a apresentar o aspecto de fígado.

HEPATIZAR-SE, v.p. Tomar (um tecido orgânico) o aspecto do tecido hepático.

HEPATOLOGIA, s.f. Tratado sobre o fígado.

HEPATOLÓGICO, adj. Relativo à hepatologia.

HEPATOSE, s.f. (patol.) Degeneração não inflamatória do fígado.

HEPTADÁCTILO, adj. Que tem sete dedos.

HEPTAÉDRICO, adj. Relativo a heptaedro.

HEPTAEDRO, s.m. Poliedro de sete faces.

HEPTAGONAL, adj. Relativo a heptágono.

HEPTÁGONO, s.m. Polígono de sete ângulos e

sete lados; adj. heptagonal.

HEPTÂMETRO, adj. Designativo do verso grego ou latino, que tem sete pés.

HEPTARQUIA, s.f. Governo formado por sete indivíduos; reunião de sete monarquias.

HEPTASSÍLABO, adj. e s.m. Septissílabo; palavra ou verso que se compõe de sete sílabas.

HEPTATEUCO, s.m. Obra dividida em sete livros; os sete primeiros livros do Antigo Testamento; os cinco do Pentateuco, o livro de Josué e o livro dos Juízes.

HERA, s.f. Designação de várias plantas trepadeiras, da família das Araliáceas.

HERÁLDICA, s.f. Arte ou ciência dos brasões.

HERÁLDICO, adj. Respeitante a brasões.

HERALDISTA, s. Tratadista de heráldica.

HERANÇA, s.f. Aquilo que se herda; hereditariedade.

HERBÁCEO, adj. Que diz respeito a erva; que tem a consistência e o porte da erva (planta).

HERBANÁRIO, s.m. Estabelecimento ou indivíduo que vende ervas medicinais. O mesmo que ervanário.

HERBÁRIO, s.m. Coleção de plantas secas com todos os elementos para classificação, destinadas a estudos ou guardadas como comprovantes das classificações estabelecidas.

HERBÁTICO, adj. Herbóreo; relativo a erva.

HERBÍFERO, adj. Que produz erva.

HERBIFORME, adj. Que tem aparência de erva.

HERBÍVORO, adj. Que se alimenta de erva ou de vegetais; s.m. animal herbívoro.

HERBOLÁRIO, s.m. Aquele que faz coleção de plantas; aquele que conhece plantas medicinais; ervanário.

HERBÓREO, adj. Relativo a erva. O mesmo que herbático.

HERBORISTA, s. Pessoa que conhece as virtudes das plantas, ou que vende plantas medicinais.

HERBORIZAÇÃO, s.f. Ato ou efeito de herborizar.

HERBORIZADOR, adj. e s.m. Aquele que herboriza.

HERBORIZAR, v.int. Colher e colecionar plantas para estudo ou para aplicações medicinais.

HERBOSO, adj. Ervoso; que tem erva.

HERCULANO, adj. De Hércules, herói da mitologia grega, célebre pela sua força; relativo a Hércules. O mesmo que hercúleo.

HERCÚLEO, adj. Herculano; valente; robusto; que tem força extraordinária.

HÉRCULES, s.m. 2 núm. (fig.) Homem de força extraordinária, valente, robusto; constelação boreal.

HERDADE, s.f. Grande propriedade rústica; chácara; sítio; fazenda.

HERDAR, v.t. e t.-rel. Receber por herança; adquirir por parentesco ou hereditariedade (virtudes ou vícios); t.-rel. legar; deixar por herança.

HERDEIRO, s.m. Aquele que herda; legatário, sucessor.

HEREDITARIEDADE, s.f. Qualidade transmissível pela geração; transmissão dos caracteres físicos ou morais de uma pessoa aos seus descendentes.

HEREDITÁRIO, adj. Que se transmite por herança de pais a filhos ou de ascendentes a descendentes.

HEREGE, adj. Pessoa que propala, segue, defende ou pratica doutrina religiosa contrária à verdadeira; blasfemo; herético.

HERESIA, s.f. Doutrina contrária aos dogmas de uma Igreja.

HERESIARCA, s. Pessoa fundadora de uma seita herética.

HERÉTICO, adj. Herege; contrário à religião.

HERIL, adj. Próprio do senhor, com relação ao escravo; senhoril.

HERMA, s.f. Busto em que o peito, as costas e os ombros são cortados por planos verticais.

HERMAFRODITA, adj. Diz-se do ser que reúne os caracteres dos dois sexos.

HERMAFRODITISMO, s.m. Anomalia que reúne, num mesmo ser, os dois sexos.

HERMENEUTA, s. Intérprete; comentador; explicador de textos.

HERMENÊUTICA, s.f. Interpretação do sentido das palavras; interpretação dos textos sagrados;

arte de interpretar leis; exegese.

HERMENÊUTICO, adj. Que diz respeito à hermenêutica.

HERMES, s.m. Pedestal que suporta uma cabeça de Mercúrio ou Hermes; qualquer estátua de Mercúrio.

HERMÉTICO, adj. Completamente fechado de forma que não deixe penetrar o ar; de compreensão muito difícil.

HÉRNIA, s.f. Tumor formado pela saída de uma víscera através de um orifício da parede; (pop.) rendidura.

HERNIAL, adj. Relativo a hérnia; o mesmo que herniário.

HERNIÁRIO ou **HÉRNICO,** adj. Hernial.

HERNIOSO, adj. e s.m. Aquele que sofre de hérnia; rendido.

HERNIOTOMIA, s.f. Tratamento cirúrgico da hérnia.

HERÓDICO, adj. Relativo, próprio de Herodes; cruel, malvado, tirânico.

HERÓI, s.m. Homem extraordinário pelas suas proezas guerreiras, pelo seu valor ou magnanimidade; protagonista de uma obra literária. (Fem.: heroína.)

HEROICIDADE, s.f. Heroísmo.

HERÓICO, adj. Próprio de herói; enérgico; designativo do estilo ou gênero literário em que se celebram façanhas de heróis.

HERÓI-CÔMICO, adj. Que participa ao mesmo tempo da feição heróica e da cômica. (Fem.: heroína-cômica; pl.: herói-cômicos.)

HEROIFICAR, v.t. Transformar em herói; dar caracteres de herói a alguém.

HEROÍNA, s.f. Mulher de valor extraordinário; mulher que figura como principal personagem de uma obra literária; droga estupefaciente, narcótica; flexão feminina de herói.

HEROÍSMO, s.m. Arrojo; temeridade; sublimidade de sentimentos e de atos.

HERPES, s.m.pl. Erupção da pele; cobreiro.

HERPÉTICO, adj. Que tem a natureza de herpes, que padece herpes.

HERPETISMO, s.m. Nome com que se designava a predisposição para padecer de várias moléstias tidas como herpéticas.

HERPETOGRAFIA, s.f. Descrição dos répteis. Herpetologia.

HERPETOGRÁFICO, adj. Relativo à herpetografia; herpetológico.

HERPETÓGRAFO, s.m. Aquele que escreve sobre os répteis. Herpetologista, herpetólogo.

HERPETOLOGIA, s.f. Estudo acerca dos herpes. Parte da zoologia que trata dos répteis. Herpetografia.

HERPETOLÓGICO, adj. Relativo à herpetologia; herpetográfico.

HERPETOLOGISTA, s. ou **HERPETÓLOGO,** s.m. Pessoa que se dedica à herpetologia.

HERTZIANO, adj. Diz-se das ondulações elétricas aéreas descobertas por Hertz, físico alemão (1857-1894), e ainda do que se refere a tais ondulações.

HESITAÇÃO, s.f. Indecisão, perplexidade, irresolução.

HESITANTE, adj. Indeciso; irresoluto; vacilante.

HESITAR, v.int. Titubear, vacilar, estar indeciso, perplexo, irresoluto.

HÉSPER, s.m. O mesmo que Vésper.

HESPÉRIA, s.f. O Ocidente; antiga denominação da Espanha e da Itália; forma paral.: Espéria.

HESPERÍDEO, adj. Diz-se dos frutos do tipo da laranja.

HESPÉRIO, adj. Ocidental.

HESTERNO, adj. Que se refere ao dia de ontem.

HETERIA, s.f. Na Grécia antiga, sociedade política secreta; (por ext.) maçonaria, sociedade secreta; amor livre.

HETERISMO, s.m. Amor livre nas mulheres.

HETERISTA, adj. Sensual.

HETERÓCLITO, adj. Que desvia dos princípios da analogia gramatical ou das regras de arte; (por ext.) excêntrico; extravagante.

HETEROCROMIA, s.f. Coloração diferente das partes que normalmente teriam a mesma cor.

HETERODINÂMICO, adj Que tem força desigual.

HETERÓDINO, adj. Diz-se de uma fonte de ondas

que em T.S.F. desempenha o papel de amplificador na recepção.

HETERODOXIA (cs), s.f. Teoria divergente ou contrária a uma religião.

HETERODOXO (cs), adj. Não ortodoxo; oposto aos princípios de uma religião; herético; herege.

HETEROFONIA, s.f. (Gram.) Caráter das palavras que têm a mesma escrita e pronúncia diversa. Ex.: Édito e edito; Penitenciária (prisão) e Penitenciaria (Tribunal eclesiástico de Roma); flórido, florido; válido e valido.

HETEROFÔNICO, adj. Diz-se de palavras que se escrevem de maneira idêntica e se pronunciam diferentemente. O mesmo que heterófono. (Antôn.: homofônico.)

HETERÓFONO, adj. Heterofônico; s.m. aplica-se a vocábulos heterófonos. (Antôn.: homófono.)

HETEROGENEIDADE, s.f. Qualidade de heterogêneo; mistura. (Antôn.: homogeneidade.)

HETEROGÊNEO, adj. Misturado, de gênero ou espécie diferente; díspar.

HETEROGENIA, s.f. Hipótese segundo a qual os seres vivos provinham de seres vivos preexistentes, mas diferentes deles; antiga hipótese da geração espontânea.

HETEROLOGIA, s.f. Qualidade ou caráter de heterólogo.

HETERÓLOGO, adj. Diz-se daquilo que é composto de elementos diferentes pela origem ou pela estrutura. (Antôn.: homólogo.)

HETEROMÉTRICA, s.f. Métrica irregular, que não apresenta versos de quantidade regular.

HETEROMORFO, adj. Que apresenta formas muito diversas dentro de uma mesma espécie.

HETEROMORFOSE, s.f. Regeneração de uma parte cortada, com diferença na forma e no tamanho.

HETERONÍMIA, s.f. Formação do gênero por meio de palavra de raiz diferente. Exs.: Homem, mulher; pai, mãe; bode, cabra.

HETERÔNIMO, adj. Diz-se da obra que se publica sob o nome real ou suposto de outra pessoa.

HETERONOMIA, s.f. Desvio das leis normais.

HETEROPATIA, s.f. Cura por meio de remédios contrários à enfermidade. Alopatia.

HETEROPÁTICO, adj. Relativo à heteropatia. O mesmo que alopático.

HETEROPLASIA, s.f. Desenvolvimento de um tecido à custa de outro de qualidade diferente.

HETEROPLASMA, s.m. Tecido que ocorre onde normalmente não deve existir.

HETEROPLASTIA, s.f. Heteroplasia; enxerto cirúrgico à custa de partes tiradas de outro indivíduo.

HETEROPLÁSTICO, adj. Relativo à heteroplastia.

HETEROTOPIA, s.f. Deslocamento de partes ou órgãos; também se diz da confusão de sons nas palavras.

HETEROZIGOTO, s.m. Indivíduo (animal ou vegetal) proveniente de pais portadores de caracteres genéticos diferentes.

HÉTICA, s.f. Tuberculose, tísica.

HETICIDADE, s.f. Estado de quem é tuberculoso.

HÉTICO, adj e s.m. Tísico.

HEURECA, interj. Significa: achei! encontrei! Emprega-se quando se achou a solução de algum problema difícil.

HEURÍSTICA, s.f. Método de perguntas e respostas para encontrar a solução de vários problemas.

HEXAÉDRICO (os), adj. Relativo a hexaedro.

HEXAEDRO (cs), s.m. Poliedro regular de seis faces.

HEXAGONAL (cs), adj. Que tem seis ângulos; que tem por base um hexágono; relativo ao hexágono.

HEXÁGONO (cs), s.m. Polígono de seis ângulos e seis lados; adj. hexagonal.

HEXAGRAMA (cs), s.m. Reunião de seis letras ou caracteres.

HEXÂMETRO (cs), adj. Verso greco-latino formado por cinco dáctilos mais um troqueu ou espondeu.

HEXAOCTAEDRO (cs), s.m. Poliedro limitado por 48 triângulos escalenos, iguais entre si, formando três espécies de ângulos sólidos.

HEXÁPODE (cs), adj. Que tem seis pés ou seis patas (diz-se dos insetos).

HEXASSÉPALO (cs), adj. Formado de seis sépalas.

HEXASSÍLABO (cs), adj. Que tem seis sílabas; s. m. palavra ou verso de seis sílabas.

HEXÁSTILO (cs), s.m. Pórtico com seis colunas.

HÍADE, s.f. Constelação de sete estrelas.

HIALINO, adj. Vítrio; transparente, límpido.

HIALOGRAFIA, s.f. Pintura em vidro.

HIALÓGRAFO, s.m. Instrumento para desenhar a perspectiva e tirar provas de um desenho.

HIALÓIDE, adj. Que tem a aparência do vidro; s.f. (Anat.) membrana translúcida que encerra o humor vítreo do olho.

HIALOTECNIA, s.f. Arte de trabalhar em vidro.

HIALOTÉCNICO, adj. Relativo à hialotecnia.

HIALURGIA, s.f. Arte da fabricação do vidro; vidraria.

HIALÚRGICO, adj. Relativo à hialurgia; s.m. vidreiro.

HIANTE, adj. Aberto, escancarado.

HIATO, s.m. (Gram.) Encontro de vogais que não formam ditongo, mas sílabas distintas. Ex. Tênue (ue), baeta (ae), higiene (ie), quanto (ua),etc.; pausa; parada; abertura, orifício; intervalo.

HIBERNAÇÃO, s.f. Entorpecimento ou sono letárgico de certos animais e vegetais, durante o inverno; (Med.) método de embotamento da sensibilidade, mediante injeção lenta e contínua de hipnóticos.

HIBERNAL, adj. Do inverno ou relativo a ele.

HIBERNANTE, adj. Que hiberna.

HIBERNAR, v.int. Estar ou cair em hibernação; t. (Med.) provocar hibernação.

HIBRIDAÇÃO, s.f. Formação de palavras com elementos de origem diferente. Exs.: televisão (grego e portug.); linguafone (latim e grego).

HIBRIDEZ, s.f. Qualidade de híbrido; anomalia; irregularidade.

HIBRIDISMO, s.m. Hibridez; (Gram.) palavra formada com elementos tirados de várias línguas: automóvel, hidro-avião, alcoólatra.

HÍBRIDO, adj. e s.m. Que provém de espécies diferentes; composto de elementos de origem diversa.

HIDATOLOGIA, s.f. Estudo das águas e de suas propriedades.

HIDRA, s.f. Serpente fabulosa; cobra de água doce.

HIDRÁCIDO, s.m. Designação genérica dos ácidos que não encerram oxigênio; ex.: ácido clorídrico, HCl.

HIDRARGÍRIO, s.m. Designação antiga do mercúrio e da qual se tirou o símbolo químico desse metal: Hg.

HIDRARGIRISMO, s.m. Intoxicação pelo mercúrio; o mesmo de hidrargiria.

HIDRATAÇÃO, s.f. Ato de hidratar, de combinar um óxido metálico com água, formando-se um hidróxido; (Med.) administração de soro nutritivo para restabelecer o equilíbrio hídrico; (Miner. e Geol.) incorporação de água aos minerais anidros.

HIDRATADO, adj. Que contém água misturada ou combinada; que foi tratado por água.

HIDRATAR, v.t. Tratar por água; converter em hidrato, combinar um óxido metálico com água.

HIDRATÁVEL, adj. Que se pode hidratar.

HIDRATO, s.m. (Quím.) Combinação de uma substância com uma ou muitas moléculas de água; o mesmo que hidróxido; — de carbono: carboidrato.

HIDRÁULICA, s.f. Parte da Mecânica que tem por objeto a dinâmica dos líquidos; ciência ou arte que se ocupa da direção e emprego das águas; arte das construções na água; direção dos serviços hidráulicos.

HIDRÁULICO, adj. Relativo a qualquer movimento de líquidos, essencialmente a água; relativo a hidráulica; s.m. homem versado em hidráulica; engenheiro de obras hidráulicas.

HIDRAVIÃO, s.m. Aeroplano munido de flutuadores que lhe permitem pousar na água. Hidroplano. Forma paral.: hidroavião.

HIDRELÉTRICO, adj. Diz-se da energia elétrica obtida mediante o aproveitamento de quedas d'água naturais ou artificiais.

HIDRETO, s.m. Designação genérica das combinações do hidrogênio com os elementos metálicos.

HÍDRICO, adj. Relativo a água; aquoso.

HIDRÓBIO, adj. Que vive na água.

HIDROCARBONATO, s.m. Carbonato hidratado.

HIDROCARBONETO, s.m. Combinação do carbono e hidrogênio; constitui uma das funções da química orgânica e compreende os acíclicos que não possuem cadeia fechada, e os cíclicos, do tipo do benzeno, que apresentam um ou mais anéis.

HIDROCEFALIA, s.f. Hidropisia cerebral, vulgarmente designada cabeça-d'água.

HIDROCÉFALO, adj. e s.m. Que tem cabeça-d'água.

HIDROCELE, s.f. Derrame líquido coletado na túnica vaginal que envolve o testículo.

HIDRODINÂMICA, s.f. Parte da Física que estuda as leis do movimento, equilíbrio e peso dos líquidos.

HIDRODINÂMICO, adj. Relativo às leis dos movimentos dos líquidos.

HIDRÓFILO, adj. Ávido de água; que absorve a água; amigo, louco por água.

HIDRÓFITO, adj. e s.m. Que vive na água (planta).

HIDROFOBIA, s.f. Raiva; horror à água.

HIDROFÓBICO, adj. Relativo à hidrofobia.

HIDRÓFOBO, adj. e s.m. Atacado de hidrofobia; louco.

HIDRÓFORO, adj. Que conduz água ou serosidade nos corpos organizados.

HIDRÓFUGO, adj. Material impermeável, que não deixa passar a água.

HIDROGENAÇÃO, s.f. Combinação com hidrogênio.

HIDROGENADO, adj. Que contém hidrogênio.

HIDROGENAR, v.t. Combinar com o hidrogênio.

HIDROGÊNIO, s.m. Elemento químico, símbolo H, de peso atômico 1 e n.º atômico 1; — pesado: deutério; — seleniado: substância composta de dois átomos de hidrogênio e um de selênio; — sulfurado: ácido sulfídrico.

HIDROGEOLOGIA, s.f. Estudo das águas espalhadas à superfície da Terra.

HIDROGEOLÓGICO, adj. Relativo à hidrogeologia.

HIDROGRAFIA, s.f. Conjunto das águas correntes ou estáveis de uma região; descrição da parte líquida do globo.

HIDROGRÁFICO, adj. Relativo à hidrografia, ou a ela pertencente.

HIDRÓGRAFO, s.m. Homem versado em hidrografia.

HIDRÓIDE, s.m. Animal Aquático, semelhante ao pólipo hidra.

HIDRÓLATRA, s. Adorador da água.

HIDROLATRIA, s.f. Culto da água.

HIDRÓLISE, s.f. Decomposição de uma substância por ação da água.

HIDROLOGIA, s.f. Parte da História Natural que se ocupa das águas e das suas propriedades e espécies.

HIDROLÓGICO, adj. Relativo à hidrologia.

HIDRÓLOGO, s.m. Aquele que ensina ou sabe hidrologia.

HIDROMANCIA, s.f. Adivinhação por meio da água.

HIDROMANIA, s.f. Ânsia mórbida de beber água.

HIDROMECÂNICO, adj. Em que se emprega a água como força motriz.

HIDROMEL, s.m. Mistura de água e mel.

HIDROMETRIA, s.f. Ciência que ensina a medir a velocidade e força dos líquidos, especialmente da água.

HIDROMÉTRICO, adj. Relativo à hidrometria.

HIDRÔMETRO, s.m. Instrumento para as aplicações da hidrometria; aparelho para medir a quantidade de água consumida.

HIDROMINERAL, adj. Relativo a água mineral.

HIDROMOTOR, s.m. Motor cuja energia provém do empuxo ou do peso da água.

HIDROPATA, s. Pessoa que trata doentes pela hidropatia.

HIDROPATIA, s.f. Tratamento das doenças pela água.

HIDRÓPICO, adj. Que, ou aquele que padece de hidropisia.

HIDROPÍRICO, adj. Designativo dos vulcões que lançam água e fogo.

HIDROPISIA, s.f. Acumulação de serosidade no tecido celular ou numa cavidade do corpo (barriga-d'água).

HIDROPLANO, s.m. Hidravião.

HIDROSCOPIA, s.f. Arte de reconhecer a existência de águas subterrâneas.

HIDRÓSCOPO, s.m. Aquele que pratica a hidroscopia.

HIDROSFERA, s.f. A parte líquida da superfície do globo terrestre.

HIDROSFÉRICO, adj. Relativo à hidrosfera.

HIDROSSILICATO, s.m. Silicato hidratado.

HIDROSSOLÚVEL, adj. Diz-se de toda substância solúvel na água.

HIDROSTÁTICA, s.f. Parte da Física que estuda o equilíbrio dos líquidos e as pressões por ele exercidas.

HIDROSTÁTICO, adj. Relativo à hidrostática.

HIDRÓSTATO, s.m. Instrumento de metal, flutuante, para pesar corpos.

HIDROTECNIA, s.f. Parte da mecânica que se ocupa da distribuição e condução das águas.

HIDROTÉCNICO, adj. Relativo à hidrotecnia.

HIDROTERAPIA, s.f. Tratamento de doenças por meio de água fria em aplicações exteriores.

HIDROTERÁPICO, adj. Relativo à hidroterapia.

HIDROTROPISMO, s.m. Modificação do crescimento de um órgão vegetal por ação da umidade.

HIDRÓXIDO (cs), s.m. O mesmo que base ou hidrato.

HIDRÚRIA, s.f. Excesso de água na urina humana.

HIDRÚRICO, adj. Relativo à hidrúria; s.m. aquele que sofre de hidrúria, isto é, urina muito diluída, de baixa densidade.

HIENA, s.f. Mamífero carnívoro e digitígrado.

HIERARQUIA, s.f. Ordem, graduação, categoria existente numa classe social, governo, exército, marinha, igreja, etc.

HIERÁRQUICO, adj. Conforme à hierarquia.

HIERARQUIZAÇÃO, s.f. Ato ou efeito de hierarquizar.

HIERARQUIZAR, v.t. Organizar segundo uma ordem hierárquica.

HIERÁTICO, adj. Sagrado, religioso.

HIEROFANTE, s.m. Cultor de ciências ocultas, adivinho. Var.: hierofanta.

HIEROGLÍFICO, s.m. Hieróglifo; adj. que diz respeito aos hieróglifos.

HIERÓGLIFO, s.m. Designação de cada um dos caracteres de uma escritura dos antigos egípcios e ainda hoje conservada em inscrições; (fig.) escrita ilegível.

HIEROGRAFIA, s.f. Descrição das coisas sagradas.

HIEROGRÁFICO, adj. Relativo à hierografia.

HIEROGRAMA, s.m. Grafia hierática; alfabeto egípcio usado pelos sacerdotes.

HIEROGRAMÁTICO, adj. Relativo às escrituras sagradas dos antigos egípcios; hierático.

HIEROLOGIA, s.f. Tratado ou estudo das diversas religiões.

HIEROLÓGICO, adj. Relativo à hierologia.

HIEROMANCIA, s.f. Prática de adivinhação dos antigos gregos, por meio das coisas sagradas.

HIERÔNIMO, s.m. (Neol.) Designação dos nomes sagrados e dos outros nomes próprios referentes a religiões.

HIEROSOLIMITA, adj. e s. Pessoa natural ou habitante de Jerusalém. Var.: jerosolimita, jerosolimitano.

HIEROSOLIMITANO, adj. e s.m. (V. Hierosolimita.)

HÍFEN, s.m. Traço de união; sinal com que se unem os elementos das palavras compostas.

HIGIDEZ, s.f. Estado de saúde normal.

HÍGIDO, adj. São; que tem saúde.

HIGIENE, s.f. Parte da Medicina que ensina a conservar a saúde individual e da comunidade; (fig.) limpeza; asseio.

HIGIÊNICO, adj. Saudável; propício à saúde.

HIGIENISTA, s. Pessoa que é perita em higiene.

HIGRÓGRAFO, s.m. Aparelho que registra a umidade da atmosfera.

HIGROLOGIA, s.f. História da água; tratado dos humores ou fluidos do corpo humano.

HIGROLÓGICO, adj. Relativo à higrologia.

HIGROMETRIA, s.f. Parte da Física que tem por objeto a determinação do grau de umidade da atmosfera.

HIGROMÉTRICO, adj. Relativo à higrometria.

HIGRÔMETRO, s.m. Instrumento com que se avalia o grau de umidade da atmosfera.

HIGROSCÓPICO, adj. (Bot. e Quím.) Que absorve avidamente a água.

HIGROSCÓPIO, s.m. Instrumento que indica aproximadamente a maior ou menor umidade do ar.

HILAR, adj. Relativo ao hilo; hilário.

HÍLARE, adj. Risonho; contente.

HILARIANTE, adj. Que produz alegria; que produz riso; engraçado.

HILARIDADE, s.f. Alegria, riso; folguedo; vontade de rir.

HILARIZAR, v.t. Provocar hilaridade em; dar alegria a.

HILÉIA, s.f. Nome dado por Humboldt, sábio alemão (1769-1859) à grande floresta equatorial úmida que se estende das vertentes orientais dos Andes, pelo vale do Amazonas e pelos dos seus afluentes até as Guianas. Orquídea, parasita (planta).

HILOTA, s.f. Nome da classe dos escravos em Esparta; (fig.) escravo, pessoa de ínfima situação social. F. paral.: ilota.

HIMALAICO, adj. e s.m. Que diz respeito ao Himalaia.

HÍMEN, s.m. Membrana que fecha parcialmente a vagina. (Pl.: himens e hímenes.)

HIMENEU, s.m. Casamento; festa de núpcias.

HIMENOGRAFIA, s.f. Descrição das membranas.

HIMENOGRÁFICO, adj. Relativo à himenografia.

HIMENOLOGIA, s.f. Tratado das membranas.

HIMENOLÓGICO, adj. Relativo à himenologia.

HIMENÓPTERO, adj. Que tem quatro asas membranosas e nuas, como as abelhas, formigas, etc.

HINÁRIO, s.m. Coleção de hinos; livro de hinos religiosos.

HINDI, s.m. Língua falada no norte da Índia.

HINDU, adj. e s. Da Índia; indiano.

HINDUÍSMO, s.m. Doutrina hindu.

HINDUSTANI, s.m. Idioma derivado do sânscrito, falado nas principais cidades indianas.

HINDUSTÂNICO, adj. Relativo ao Hindustão ou Índia; indostânico.

HINISTA, s. Autor de hinos; hinógrafo.

HINO, s.m. Canção religiosa; canto patriótico ou em louvor dos heróis.

HINOGRAFIA, s.f. Tratado bibliográfico dos hinos.

HINÓGRAFO, s.m. Compositor de hinos.

HINOLOGIA, s.f. Estudo sobre a arte de compor hinos; coleção de hinos.

HINOLÓGICO, adj. Relativo à hinologia.

HINÓLOGO, s.m. Conhecedor de hinos; conhecedor da arte de os compor.

HINTERLÂNDIA, s.f. Interior; região situada atrás de uma costa marítima ou das margens de um rio.

HIÓIDE, s.m. Pequeno osso situado entre a laringe e a base da língua.

HIÓIDEO, adj. Relativo ao hióide.

HIP, interj. Proferida antes do hurra.

HIPÁLAGE, s.f. Figura pela qual atribuímos a certas palavras o que pertence a outras. Troca, inversão.

HIPER, pref. grego que significa sobre, muito, mais, em alto grau, super. (Antôn.: hipo.) (Pron. parox.)

HIPERACIDEZ, s.f. Qualidade ou estado daquilo que é hiperácido.

HIPERÁCIDO, adj. Excessivamente ácido.

HIPÉRBATO, s.m. Transposição ou inversão exagerada da ordem natural das palavras ou orações.

HIPÉRBATON, s.m. (V. Hipérbato.)

HIPERBIBASMO, s.m. Deslocação do acento tônico de uma palavra. Exs.: Lucifér (Lúcifer); Bolivár (Bolívar).

HIPÉRBOLE, s.f. Figura que engrandece ou diminui exageradamente a verdade das coisas; exageração; (Geom.) curva obtida pela interseção de um cone de revolução com um plano cuja diferença das distâncias a dois pontos fixos é constante.

HIPERBÓLICO, adj. Exagerado.

HIPERBOLISMO, s.m. Mania de recorrer sempre a expressões exageradas.

HIPERBÓREO, adj. Do extremo norte da Terra.

HIPERCRISE, s.f. Crise patológica fora do comum.

HIPERCRÍTICO, s.m. Crítico desapiedado; censor excessivo; adj. que critica com exagero.

HIPERCROMIA, s.f. Aumento do conteúdo em pigmento de qualquer célula ou tecido.

HIPERIDROSE, s.f. Excessiva secreção de suor.

HIPERMIOPIA, s.f. Miopia muito pronunciada.

HIPERTENSÃO, s.f. Tensão excessiva (nervosa ou sanguínea). Pressão alta.

HIPERTENSIONAL ou **HIPERTENSIVA**, adj. Que diz respeito à hipertensão.

HIPERTENSO, adj. e s.m. Que tem hipertensão; hipertonia.

HIPERTERMIA, s.f. Febre.

HIPÉRTESE, s.f. Transposição de fonemas de uma sílaba para outra; ressaibo (ressábio), largato (largarto), cardeneta (caderneta).

HIPERTONIA, s.f. Aumento de tono ou da tensão de um órgão.

HIPERTÓNICO, adj. Relativo à hipertonia; que apresenta pressão osmótica maior que a de uma solução isotônica.

HIPERTROFIA, s.f. Aumento de tamanho de um órgão ou de parte do organismo.

HIPERTROFIAR, v.t. Produzir hipertrofia em; aumentar exageradamente.

HIPERURBANISMO, s.m. Fenômeno que se dá quando alguém corrige o que está certo, pensando que esteja errado.

HIPIATRO, s.m. Veterinário; médico de cavalos.

HÍPICO, adj. Relativo a cavalos.

HIPISMO, s.m. O esporte das corridas de cavalos; equitação.

HIPNOFOBIA, s.m. Medo de dormir; terror que advém durante o sono.

HIPNÓFOBO, s.m. Aquele que tem hipnofobia.

HIPNOGRAFIA, s.f. Descrição do sono.

HIPNOGRÁFICO, adj. Relativo à hipnografia.

HIPNOLOGIA, s.f. Tratado sobre o sono.

HIPNOLÓGICO, adj. Relativo à hipnologia.

HIPNOSE, s.f. Estado particular semelhante a um sono profundo e no qual o paciente só age por sugestão externa; sono provocado.

HIPNÓTICO, adj. Que produz sono; s.m. narcótico.

HIPNOTISMO, s.m. Arte de fazer dormir por sugestões.

HIPNOTIZADOR, s.m. Indivíduo que hipnotiza.

HIPNOTIZAR, v.t. Fazer cair em hipnose.

HIPNOTIZÁVEL, adj. Que pode ser hipnotizado.

HIPO, pref. grego que significa abaixo, em grau inferior, e corresponde ao pref. lat. sub. (Antôn.: hiper.)

HIPOCAMPO, s.m. Cavalo-marinho; monstro fabuloso, metade cavalo, metade peixe.

HIPOCÁRPIO, s.m. Parte da planta, em que assenta o fruto. F. paral.: hipocarpo.

HIPOCLORITO, s.m. Designação genérica dos sais e ésteres do ácido hipocloroso.

HIPOCLOROSO, adj. Diz-se do anidrido formado pela combinação de dois átomos de cloro e um de oxigênio e do ácido composto de um átomo de hidrogênio, um de cloro e um de oxigênio.

HIPOCONDRIA, s.f. Tristeza; melancolia profunda; mania de pensar alguém que está enfermo.

HIPOCONDRÍACO, adj. Triste; melancólico; casmurro.

HIPOCÔNDRIO, s.m. Cada uma das partes laterais do abdome, de cada lado do epigástrio, limitado acima pela reborda costal, e abaixo pela crista ilíaca.

HIPOCORÍSTICO, adj. e s.m. Diminutivo do nome próprio, apelido de família: Zé, Lulu, Totó.

HIPOCRANIANO, adj. Que está debaixo do crânio.

HIPOCRISIA, s.f. Impostura; fingimento; falsa devoção.

HIPÓCRITA, adj. Falso, fingido.

HIPODÉRMICO, adj. Que está por baixo da pele, subcutâneo.

HIPÓDROMO, s.m. Praça em que se realizam corridas de cavalos.

HIPOFAGIA, s.f. Ato ou hábito de se alimentar com carne de cavalo.

HIPÓFAGO, adj. Que come carne de cavalo.

HIPOFISÁRIO, adj. (Med.) Que diz respeito a hipófise.

HIPÓFISE, s.f. Glândula de secreção interna, de funções múltiplas, situada na base do cérebro; o mesmo que glândula pituitária.

HIPOFOSFATO, s.m. Designação genérica dos sais do ácido hipofosfórico.

HIPOFOSFITO, s.m. Designação genérica dos sais do ácido hipofosforoso.

HIPOGÁSTRICO, adj. Que diz respeito ao hipogástrio.

HIPOGÁSTRIO, s.m. A parte anterior, inferior e mediana do ventre.

HIPOGEU, s.m. Túmulo subterrâneo.

HIPOGLOSSO, adj. Nervo do sistema periférico, duodécimo par craniano, que fica sob a língua e inerva a faringe, presidindo aos movimentos de ambas.

HIPÓGNATO, adj. De maxilar inferior mais desenvolvido.

HIPOGRIFO, s.m. Animal fabuloso, alado, metade cavalo, metade grifo.

HIPÓLITO, s.m. Pedra amarela que se encontra na vesícula biliar e nos intestinos do cavalo.

HIPOLOGIA, s.f. Tratado ou estudo acerca de cavalos.

HIPOLÓGICO, adj. Relativo à hipologia.

HIPÓLOGO, s.m. Aquele que se ocupa da hipologia.

HIPOMANIA, s.f. Paixão pelos cavalos.

HIPOMANÍACO, adj. e s.m. Que, ou aquele que tem hipomania.

HIPOPOTÂMICO, adj. Semelhante ao hipopótamo; extremamente gordo; obeso.

HIPOPÓTAMO, s.m. Mamífero ungulado, de grande porte, que habita as margens dos rios africanos.

HIPOSSULFATO, s.m. Designação genérica dos sais do ácido hipossulfúrico.

HIPOSSULFITO, s.m. Designação genérica dos sais do ácido hipossulfuroso.

HIPOSSULFÚRICO, adj. Diz-se do ácido composto de dois átomos de hidrogênio, dois de enxofre e seis de oxigênio.

HIPOSTENIA, s.f. Diminuição de forças, fraqueza.

HIPOSTÊNICO, adj. Relativo à hipostenia; fraco.

HIPOTECA, s.f. Sujeição de bens imóveis ao pagamento de uma dívida; dívida que resulta dessa sujeição.

HIPOTECAR, v.t. Dar por hipoteca; onerar com hipoteca; (fig.) assegurar, garantir; hipotecar solidariedade.

HIPOTECÁRIO, adj. Relativo a hipoteca; s.m. aquele que empresta o dinheiro sobre hipoteca.

HIPOTECÁVEL, adj. Que pode ser hipotecado.

HIPOTÊNAR, s.m. (Anat.) Saliência da palma da mão, na direção do dedo mínimo.

HIPOTENSÃO, s.f. Deficiência de tensão (nervosa ou sanguínea).

HIPOTENUSA, s.f. Lado oposto ao ângulo reto, no triângulo retângulo.

HIPÓTESE, s.f. Suposição admissível; teoria provável, mas não demonstrada; suposição.

HIPOTÉTICO, adj. Suposto, imaginado, inexistente.

HIPOTIPOSE, s.f. Descrição viva e animada de um objeto ou de uma ação.

HIPOTROFIA, s.f. Deficiência da nutrição.

HIPOTRÓFICO, adj. Desnutrido, estiolado, clorótico.

HIPSILÃO, s.m. Nome da letra υ em grego e y em latim. O mesmo que ípsilon; forma paral.: hipsilo.

HIPSOMETRIA, s.f. Arte de medir a elevação de um lugar por nivelamentos, observações barométricas ou operações geodésicas.

HIPSOMÉTRICO, adj. Relativo à hipsometria.

HIPSÔMETRO, s.f. Instrumento físico para medir a altitude de um lugar, pela temperatura em que nele pode começar a ebulição da água.

HIRCINO, adj. Relativo ao bode.

HIRCISMO, s.f. Cheiro penetrante e fétido que exalam as axilas de certas pessoas, e que faz lembrar o bodum.

HIRCOSO, adj. Diz-se de certas plantas que exalam cheiro desagradável.

HIRSUTISMO, s.m. Desenvovimento exagerado do sistema piloso.

HIRSUTO, adj. Peludo, cerdoso.

HIRTEZA, s.f. Inteiriçamento; endurecimento.

HIRTO, adj. Inteiriçado; ereto; teso; imóvel.

HIRUDINO, adj. Relativo à andorinha.

HISPÂNICO, adj. Relativo à Hispânia; espanhol.

HISPANISMO, s.m. Palavra, locução ou construção peculiar à língua espanhola ou imitada dessa língua.

HISPANISTA, s. Estudioso da cultura, das letras espanholas.

HISPANO-AMERICANO, adj. Da América; de língua espanhola; relativo à América e à Espanha. (Fem.: hispano-americana; pl.: hispano-americanos.)

HISPAR-SE, v.p. Eriçar-se; ouriçar-se; hispidar-se.

HISPIDAR-SE, v.p. Tornar-se híspido; eriçar-se.

HISPIDEZ, s.f. Eriçamento, hirsutismo.

HÍSPIDO, adj. Eriçado de pêlos; hirsuto.

HISSOPE, s.m. Instrumento para as aspersões de água benta. O mesmo que aspersório.

HISTERALGIA, s.f. Dor no útero.

HISTERECTOMIA, s.f. (Cir.) Excisão do útero; retirada cirúrgica do útero.

HISTERIA, s.f. Doença nervosa que se manifesta por convulsões espasmódicas; o mesmo que histerismo.

HISTÉRICO, adj. Relativo a histeria; s.m. pessoa que padece de histeria.

HISTERISMO, s.f. Histeria.

HISTEROGRAFIA, s.f. Descrição do útero; radiografia do útero.

HISTEROGRÁFICO, adj. Relativo à histerografia.

HISTERÔMETRO, s.m. Sonda uterina; instrumento para medir a cavidade uterina.

HISTEROPTOSE, s.f. Queda do útero.

HISTEROSCÓPIO, s.m. O mesmo que espéculo uterino.

HISTOLOGIA, s.f. Anatomia microscópica dos tecidos e órgãos; estudo dos tecidos orgânicos.

HISTOLÓGICO, adj. Relativo à histologia.

HISTOLOGISTA, s. Pessoa que se ocupa de histologia.

HISTONEUROLOGIA, s.f. Histologia dos elementos nervosos.

HISTOQUÍMICA, s.f. Estudo químico dos tecidos orgânicos.

HISTÓRIA, s.f. Narração crítica dos fatos da humanidade; conto, narração; narrativa. (Dim.: historieta, historíola.)

HISTORIADA, s.f. Coisa complicada ou embrulhada, história muito comprida.

HISTORIADOR, s.m. Aquele que escreve História ou sobre História.

HISTORIAR, v.t. Fazer a história de; contar, narrar. (Pres. ind.: historio, historias, historia, etc.)

HISTORICIDADE, s.f. Qualidade do que é histórico.

HISTÓRICO, adj. Verdadeiro; digno de figurar na história; tradicional, documentado; s.m. a narração; a história.

HISTORIENTO, adj. Impertinente; implicante; exigente.

HISTORIETA, s.f. Narração sem importância; conto; novela; anedota.

HISTORIOGRAFIA, s.f. Arte de escrever a história; estudo histórico e crítico sobre os historiadores.

HISTORIOGRÁFICO, adj. Relativo à historiografia.

HISTORIÓGRAFO, s.m. Aquele que escreve a história de uma época; cronista; historiador.

HISTORÍOLA, s.f. Pequena história; historieta.

HISTORIOLOGIA, s.f. Filosofia ou estudo da história.

HISTORIÓLOGO, s.m. Quem estuda a História e é versado neste estudo.

HISTORISMO, s.m. Predomínio da narração sobre a crítica dos fatos. História sem crítica.

HISTRIÃO, s.m. Palhaço; bobo; farsista.

HITITA, s.m. Indivíduo dos hititas, povo da Antiguidade que ocupou a Ásia Menor; língua desse povo; adj. relativo aos hititas.

HITLERISMO, s.m. O mesmo que nazismo.

HODIERNO, adj. Relativo ao dia de hoje; moderno, recente.

HODOMETRIA, s.f. Arte de medir as distâncias percorridas.

HODOMÉTRICO, adj. Relativo à hodometria.

HODÔMETRO, s.m. Instrumento com que se medem distâncias percorridas.

HOJE, adv. No dia em que estamos; na época que corre.

HOLANDA, s.f. Tecido de linho finíssimo.

HOLANDÊS, adj. e s.m. O natural ou habitante da Holanda; a língua deste país.

HOLANDILHA, s.f. Tecido grosso de linho, usado principalmente em entretelas.

HÓLMIO, s.m. Elemento químico, metal, símbolo Ho, peso atômico 163,2 e n.º atômico 67.

HOLOCAUSTO, s.m. Sacrifício expiatório; sacrifício em geral; expiação; imolação.

HOLOFOTE, s.m. Aparelho que projeta, ao longe, a sua luz; farol de grande alcance.

HOLÓFRASE, s.f. Sistema de línguas que fundem em uma palavra uma série de elementos que cos-

tumam vir separados em outras línguas (sujeito, predicado, complemento).

HOLÔMETRO, s.m. Instrumento para medir a altura angular de um ponto acima do horizonte.

HOMBRIDADE, s.f. Aspecto varonil; (fig.) nobreza de caráter; altivez louvável.

HOMEM, s.m. Animal racional, bípede e mamífero, que ocupa o primeiro lugar na escala zoológica; ser humano. (Aum.: homenzarrão; dimin.: homenzinho; homúnculo.)

HOMENAGEADO, adj. e s.m. Aquele que é alvo de homenagem.

HOMENAGEAR, v.t. Prestar homenagem a, reverenciar, celebrar.

HOMENAGEM, s.f. Ato de veneração; preito; reverência; respeito.

HOMENZARRÃO, s.m. Homem de grande estatura e corpulência.

HOMEOPATA, s. Médico que cura, pela homeopatia.

HOMEOPATIA, s.f. Tratamento de doenças por meio de agentes que se supõe terem a propriedade de produzir sintomas semelhantes a essas doenças. (Antôn.: alopatia.)

HOMEOPÁTICO, adj. Relativo à homeopatia; em dose muito pequena.

HOMEOPTOTO, s.m. Emprego de palavras com a mesma flexão; verbos na mesma pessoa, tempo e modo. Ex.: O mestre diz, ensina, explica, esclarece.

HOMÉRICO, adj. Relativo ao poeta grego Homero; (fig.) grande; épico; retumbante.

HOMÉRIDA, s. Rapsodo que cantava os poemas de Homero; imitador de Homero.

HOMESSA, interj. Exprime surpresa ou irritação; equivale a: essa agora!, ora essa!

HOMICIDA, adj. e s. Pessoa que pratica homicídio.

HOMICÍDIO, s.m. Morte de uma pessoa praticada por outra; assassínio.

HOMILÉTICA, s.f. Arte ou coleção de homilias, explicações religiosas para o povo.

HOMILIA, s.f. Prática sobre coisas de religião.

HOMINAL, adj. Relativo ao homem; humanal.

HOMINALIDADE, s.f. Caráter hominal; ação ou força privativa da natureza humana.

HOMINÍCOLA, s. Aquele que adora um homem.

HOMIZIADO, s.m. Aquele que anda fugido à justiça; adj. escondido, oculto.

HOMIZIAR, v.t. Dar guarida a; esconder à ação da justiça. (Pres. ind.: homizio, homizias, homizia, etc.)

HOMIZIO, s.m. Ato ou efeito de homiziar; esconderijo.

HOMOFONIA, s.f. Semelhança de sons ou de pronúncias. Ex.: cesto e sexto; caça e cassa.

HOMOFÔNICO, adj. Que tem o mesmo som ou que se pronuncia da mesma maneira. O mesmo que homófono. (Antôn.: heterofônico.)

HOMÓFONO, adj. Homofônico; s.m. nome dado a vocábulos homófonos.

HOMOFONOLOGIA, s.f. Estudo das palavras homófonas.

HOMOFONOLÓGICO, adj. Relativo à homofonologia.

HOMOGAMIA, s.f. Propriedade que tem uma flor de fecundar-se a si própria.

HOMÓGAMO, adj. Designativo das plantas em que se observa a homogamia.

HOMOGENEIDADE, s.f. Qualidade daquilo que é homogêneo. (Antôn.: heterogeneidade.)

HOMOGENEIZAÇÃO, s.f. Ato ou efeito de homogeneizar.

HOMOGENEIZAR, v.t. Tornar homogêneo.

HOMOGÊNEO, adj. Diz-se de um corpo cujas partes todas são da mesma natureza. (Antôn.: heterogêneo.)

HOMOGENESIA, s.f. Processo de reprodução no qual as gerações sucessivas são semelhantes.

HOMOGENIA, s.f. Homogeneidade; correspondência entre partes ou órgãos, por descenderem do mesmo tipo ancestral. (Antôn.: heterogenia.)

HOMÓGRAFO, adj. Diz-se de palavra que tem a mesma grafia que outra, mas significação diferente. Ex.: rio (v. rir) e rio (acid. geog.); manga (fruta) e manga (parte do vestuário que envolve o braço).

HOMOLOGAÇÃO, s.f. Confirmação, ratificação.

HOMOLOGAR, v.t. Confirmar; ratificar; sancionar.
HOMOLOGIA, s.f. Qualidade das coisas homólogas; repetição das mesmas palavras, conceitos, figuras, etc., no mesmo discurso.
HOMÓLOGO, adj. Diz-se dos lados diagonais, segmentos, vértices e outros pontos correspondentes em figuras semelhantes.
HOMOMORFISMO, s.m. Qualidade daquilo que é homomorfo.
HOMOMORFO, adj. Que tem a mesma forma.
HOMONÍMIA, s.f. Qualidade daquilo que é homônimo.
HOMONÍMICO, adj. Em que há homonímia.
HOMÔNIMO, adj. e s.m. Aquele que tem o mesmo nome; (Gram.) palavra que se pronuncia da mesma forma, embora a ortografia e a origem sejam diferentes.
HOMOPÉTALO, adj. Que tem pétalas semelhantes.
HOMOPTOTO ou **HOMOPTÓTON**, s.m. (V. homeoptoto.)
HOMÓRGÂNICO, adj. Diz-se dos fonemas cuja pronúncia depende do mesmo órgão: p-b; c-g; t-d.
HOMOSSEXUAL, adj. e s. Invertido sexual.
HOMOSSEXUALIDADE, s.f. ou **HOMOSSEXUALISMO**, s.m. Inversão sexual.
HOMOTIPIA, s.f. Comparação dos órgãos análogos, no mesmo indivíduo.
HOMOTÍPICO, adj. Relativo à homotipia.
HOMÓTIPO, adj. Do mesmo tipo de estrutura.
HOMÓTONO, adj. Monótono; uniforme.
HOMOVALVE, adj. Diz-se do fruto cujas válvulas são semelhantes.
HOMÚNCULO, s.m. Homenzinho; homem pequeno e disforme; anão.
HONDURENHO, adj. e s.m. O natural ou habitante de Honduras.
HONESTAR, v.t. Tornar honesto; honrar; adornar.
HONESTIDADE, s.f. Honradez; probidade; compostura.
HONESTIZAR, v.t. Tornar honesto; nobilitar.
HONESTO, adj. Virtuoso; honrado, bem procedido.
HONOR (nôr), s.m. (arc.) Honra. Dama de—: dama do paço, da corte da rainha; ainda hoje são assim chamadas as jovens que, em traje de rigor, participam do cortejo da noiva, nos casamentos.
HONORABILIDADE, s.f. Probidade; benemerência; honestidade.
HONORÁRIO, adj. Titular, pessoa que conserva o título, a honraria de um cargo sem provento algum.
HONORÁRIOS, s.m. pl. Remuneração aos que exercem uma profissão liberal: advogados, médicos, etc.
HONORIFICAR, v.t. Dar honras ou mercês a; honrar.
HONORIFICÊNCIA, s.f. O que constitui honra ou distinção; honraria.
HONORÍFICO, adj. Honroso; honorário.
HONRA, s.f. Probidade; virtude; fama; glória; pl.: título honorífico; honraria.
HONRADEZ, s.f. Brio; decoro; pundonor; integridade de caráter.
HONRADO, adj. Probo; honesto; virtuoso.
HONRAR, v.t. Conferir honras a; respeitar; venerar; glorificar.
HONRARIA, s.f. Mercê honorífica; distinção.
HONROSO, adj. Digno; decoroso.
HOPLITA, s.m. Na Grécia antiga, soldado de infantaria com armadura pesada.
HÓQUEI, s.m. Jogo esportivo em que se tange com bastões recurvados numa extremidade uma pequena bola maciça.
HORA, s.f. Vigésima quarta parte do dia natural ou do tempo que a Terra leva para fazer uma rotação completa sobre si mesma; oportunidade, ensejo.
HORACIANO, adj. Relativo ao poeta latino Horácio.
HORÁRIO, adj. Relativo a horas; s.m. tabela indicativa das horas a que se devem fazer certos serviços.
HORDA, s.f. Tribo nômade; bando indisciplinado.
HORIZONTAL, adj. Paralelo ao horizonte; relativo ao horizonte; s.f. linha paralela ao horizonte.
HORIZONTALIDADE, s.f. Qualidade do que é horizontal; direção horizontal.
HORIZONTE, s.m. Círculo limitante do campo da

nossa observação; círculo máximo perpendicular à vertical; plano tangente à Terra no ponto ocupado pelo observador ou plano paralelo a este, passando pelo centro da Terra; (fig.) extensão; espaço; perspectiva; futuro; linha que termina o céu de um quadro.
HORMONAL, adj. O mesmo que hormônico.
HORMÔNICO, adj. Que diz respeito a hormônio; o mesmo que hormonal.
HORMÔNIO, s.m. Princípio ativo das glândulas de secreção interna.
HOROGRAFIA, s.f. Arte de construir quadrantes, relógios.
HOROGRÁFICO, adj. Relativo à horografia.
HOROLOGIAL, adj. Relativo a relógio.
HORÓSCOPO, s.m. Prognóstico sobre a vida de uma pessoa, o qual os astrólogos pretendiam tirar da situação de certos astros na hora do nascimento dessa pessoa.
HORRENDO, adj. Feio; medonho.
HORRIBILIDADE, s.f. Qualidade do que é horrível.
HÓRRIDO, adj. Horrendo; pavoroso.
HORRÍFERO ou **HORRÍFICO**, adj. Que causa horror.
HORRIPILAÇÃO, s.f. Arrepio; calafrio que antecede a febre.
HORRIPILANTE, adj. Que assusta; que horroriza.
HORRIPILAR, v.t. Causar arrepios a; horrorizar.
HORRÍPILO, adj. Que assusta; que horroriza; horripilante.
HORRÍSSONO, adj. Que produz um som aterrador.
HORRÍVEL, adj. (V. Horrendo); Péssimo. (Superl. abs. sint.: horribilíssimo.)
HORROR, s.m. Ódio; aversão.
HORRORÍFICO, adj. Que causa horror.
HORRORIZAR, v.t. Apavorar; espantar; amedrontar.
HORROROSO, adj. Pavoroso; amedrontador.
HORTA, s.f. Terreno onde se cultivam hortaliças.
HORTALIÇA, s.f. Nome genérico das plantas de horta; legumes.
HORTELÃ, s.f. Planta da família das Labiadas; menta.
HORTELÃO, s.m. Chacareiro. (Pl.: ortelãos e hortelões; fem.: horteloa.)
HORTELÃ-PIMENTA, s.f. Planta medicinal da família das Labiadas.
HORTELOA, s.f. Mulher do hortelão; mulher que trata de horta.
HORTENSE, adj. Relativo à horta; que é produzido em horta.
HORTÊNSIA, s.f. Flor de cor azulada.
HORTÍCOLA, adj. Relativo à horta ou à horticultura.
HORTICULTOR, s.m. Jardineiro; hortelão.
HORTICULTURA, s.f. Arte de cultivar hortas e jardins.
HORTO, s.m. Bosque; jardim.
HOSANA, s.m. Louvor; saudação; interj. salve!
HÓSPEDA, s.f. Mulher a quem se dá hospedagem, feminino de hóspede.
HOSPEDADOR, adj. Hospedeiro.
HOSPEDAGEM, s.f. Hospitalidade.
HOSPEDAR, v.t. Receber como hóspede; dar hospedagem. (Pres. ind.: hospedo, hospedas, hospeda, etc.; pres. subj.: hospede, hospedes, etc.)
HOSPEDARIA, s.f. Albergaria; estalagem; hotel; pensão.
HOSPEDÁVEL, adj. Que pode hospedar ou ser hospedado.
HÓSPEDE, s.m. Visita; pessoa que se recebe em casa por alguns dias.
HOSPEDEIRO, adj. Que hospeda; estalajadeiro.
HOSPÍCIO, s.m. Manicômio.
HOSPITAL, s.m. Edifício onde se recolhem e tratam doentes; nosocômio.
HOSPITALAR, adj. Que diz respeito a hospital; o mesmo que hospitalário.
HOSPITALEIRO, adj. Acolhedor; caridoso.
HOSPITALIDADE, s.f. Ato de hospedar; qualidade de hospitaleiro.
HOSPITALIZAÇÃO, s.f. Ato ou efeito de hospitalizar.
HOSPITALIZAR, v.t. Internar em hospital; baixar ao hospital.
HOSTE, s.f. Tropa; exército; (fig.) bando; chusma.
HÓSTIA, s.f. Vítima oferecida em sacrifício à di-

vindade; partícula de pão ázimo que se consagra na missa.

HOSTIÁRIO, s.m. Caixa em que se guardam hóstias ainda não consagradas. Uma das quatro ordens menores na formação eclesiástica.

HOSTIL, adj. Inimigo; agressivo; provocante; contrário.

HOSTILIDADE, s.f. Agressão, inimizade.

HOSTILIZAR, v.t. Atacar; agredir.

HOTEL, s.m. Estabelecimento onde se alugam quartos e apartamentos mobiliados, com ou sem refeições; pensão; albergue; estalagem.

HOTELEIRO, s.m. Dono de hotel; estalajadeiro.

HOTENTOTE, adj. e s. O natural ou habitante da Hotentótia (África).

HOTENTOTISMO, s.m. Pronúncia viciosa, semelhante à dos hotentotes e que consiste em articulações confusas.

HUGUENOTE, s.m. Designação depreciativa que os católicos franceses deram aos protestantes, sobretudo aos calvinistas, e que estes adotaram.

HUI, interj. Exprime dor ou susto; forma paral.: ui.

HULHA, s.f. Carvão fóssil, carvão-de-pedra, coque.

HULHA-BRANCA, s.f. Designação genérica das cachoeiras ou quedas dágua como potenciais hidráulicos para produção de energia elétrica. (Pl.: hulhas-brancas.)

HULHEIRA, s.f. Mina ou jazida de hulha; turfeira.

HULHÍFERO, adj. Que tem ou produz hulha.

HUM, interj. Exprime dúvida ou desconfiança.

HUMANAL, adj. Humano.

HUMANAR, v.t. Tornar humano, benévolo ou afável.

HUMANIDADE, s.f. Natureza humana; o gênero humano; clemência; compaixão; pl. o estudo das letras clássicas.

HUMANISMO, s.m. Doutrina dos humanistas da Renascença, que ressuscitaram o culto das línguas e das literaturas antigas.

HUMANISTA, s. Pessoa versada no estudo de humanidades; adj. relativo ao humanismo.

HUMANITÁRIO, adj. Bondoso; benfeitor.

HUMANITARISMO, s.m. Amor à humanidade; filantropia.

HUMANIZAÇÃO, s.f. Ato ou efeito de humanizar.

HUMANIZAR, v.t. Tornar humano; (fig.) tornar tratável; civilizar.

HUMANO, adj. Próprio do homem; relativo ao homem bondoso; humanitário.

HUMÍFERO, adj. Que produz humo.

HUMIFICAÇÃO, s.f. Transformação em humo.

HUMILDADE, s.f. Modéstia; inferioridade.

HUMILDAR, v.t. Tornar humilde; submeter; sujeitar; humilhar; p. humilhar-se; sujeitar-se.

HUMILDE, adj. Modesto; simples; despretensioso. (Sup. abs. sint.: humildíssimo, humílimo.)

HUMILDOSO, adj. Humilde, simples, modesto.

HÚMILE, adj. Humilde. O mesmo que húmil. (Superl. abs. sint.: humílimo e humilíssimo.)

HUMILHAÇÃO, s.f. Vexação; diminuição moral; rebaixamento.

HUMILHANTE, adj. Vexatório; que desdoura; deprimente.

HUMILHAR, v.t. Vexar; rebaixar; abater; tratar desdenhosamente.

HUMO, s.m. Matéria orgânica em decomposição, rica em elementos nutritivos para as plantas; terra vegetal. (Forma preferível a húmus.)

HUMOR, s.m. Qualquer fluido contido em um corpo organizado; umidade; disposição de espírito; veia cômica; ironia delicada e alegre; graça.

HUMORADO, adj. Bem-humorado; bem disposto, alegre, satisfeito; mal-humorado: neurastênico, mal disposto, zangado.

HUMORAL, adj. Que diz respeito ao humor.

HUMORISMO, s.m. Qualidade de humorista ou dos escritos humorísticos.

HUMORISTA, s. Pessoa que fala ou escreve com espírito ou com feição irônica.

HUMORÍSTICO, adj. Em que há espírito ou feição irônica.

HUMOROSO (ô), adj. Humorado; que tem humor ou umidade.

HUMOSO, adj. Que tem humo.

HÚMUS, s.m. Humo.

HUNGARÊS, adj. e s.m. Húngaro.

HÚNGARO, adj. e s.m. O natural ou habitante da Hungria; o idioma da Hungria; magiar.

HUNO, s.m. Indivíduo dos hunos, povo bárbaro que invadiu a Europa sob a chefia de Átila nos meados do século V; adj. (fig.) bárbaro, destruidor.

HURRA, interj. Grito com que se acompanham brindes em banquetes ou saudação à vitória em prélio esportivo.

HUSSARDO, s.m. Cavaleiro húngaro; gentil-homem polaco; soldado de cavalaria na França e na Alemanha.

HUSSITA, s. Adepto da doutrina religiosa de Huss ou hussitismo; adj. que diz respeito aos hussitas.

HUSSITISMO, s.m. Doutrina pregada por João Huss (1369-1415), que sustentava serem as boas ações indiferentes à salvação eterna.

I

I, s.m. Vogal palatal, nona letra do alfabeto português. Pode ser oral (ti, vi, si) ou nasal (fim, mim, sim).

IAIÁ, (ià-iá), s.f. Tratamento dado familiarmente às meninas e às moças, muito usado no tempo da escravidão; nhanhã.

IAMBO, s.f. Na poesia grega e latina, pé de verso composto de uma sílaba breve e outra longa.

IANQUE, adj. Norte-americano.

IARA, s.f. Senhora, mãe-d'água.

IATAGÃ, s.m. Sabre, arma de combate e de execução, usada pelos turcos e árabes; abridor de livro, corta-papel.

IATE, s.m. Embarcação de recreio.

IATRALIPTA, s. Massagista.

IATROFÍSICA, s.f. Física aplicada à medicina.

IATROGRAFIA, s.f. Tratado descritivo das doenças.

IATRÓGRAFO, s.m. Quem escreve sobre iatrografia; iatrólogo.

IATROLOGIA, s.f. O mesmo que iatrografia.

IATROMANCIA, s.f. Pretensa adivinhação para saber se uma doença vai demorar muito ou não.

IATROMANTE, s.m. ou f. Aquele que pratica a iatromancia; o mesmo que iatromântico.

IATROMÂNTICO, adj. Diz-se daquele que pratica a iatromancia; iatromante.

IBÉRIA, s.f. Nome que os antigos deram à Espanha e Portugal.

IBÉRICO, adj. Natural da Ibéria.

IBERO, adj. O mesmo que ibérico, iberino. (Paroxítona: íbero.)

IBIDEM (bí), Adv. lat. que significa aí mesmo, no mesmo lugar; é usado para evitar a repetição do título da obra e do autor nas citações. Abreviatura ib., ibid.

ÍBIS, s.m. Ave pernalta do Egito.

IÇÁ, s.m. Formiga de asas que sai dos formigueiros na época da desova; saúva.

IÇABITU, s.m. O mesmo que içá; o povo diz: saúva ou apenas vitu.

IÇAR, v.t. Levantar; erguer; fazer subir.

ICÁSTICO, adj. Que representa com termos adequados objetos e idéias.

ICEBERG, s.m. Palavra inglesa, de uso internacional, que designa o bloco de gelo flutuante nos mares. (Pronúncia: aicebergue.)

ICHÓ, s.m. Armadilha em forma de alçapão para apanhar coelhos e perdizes.

ÍCONE, s.m. Imagem, especialmente de N. Senhora na Igreja grega e russa.

ICONISTA, s. Estatuário; fabricante de ícones.

ICONOCLASTA, adj. Destruidor de imagens ou de ídolos.

ICONOCLASTIA, s.f. Procedimento, tendência do iconoclasta; vandalismo; depredação.

ICONÓFILO, s.m. Aquele que gosta de imagens ou quadros.

ICONOGRAFIA, s.f. Descrição e conhecimento de imagens, retratos, quadros ou monumentos, particularmente dos antigos.

ICONOGRÁFICO, adj. Relativo à iconografia.

ICONÓGRAFO, s.m. Indivíduo que é versado em iconografia.

ICONÓLATRA, s. Praticante da iconolatria.

ICONOLATRIA, s.f. Adoração das imagens.

ICONOLOGIA, s.f. Explicação de imagens ou monumentos antigos; explicação das figuras alegóricas e dos seus atributos; parte da história das belas-artes que estuda o tratamento dos assuntos em diferentes artistas e épocas.

ICONOLÓGICO, adj. Relativo à iconologia.

ICONOLOGISTA, s. ou **ICONÓLOGO,** s.m. Pessoa versada em iconologia ou que dela se ocupa.

ICOSAEDRO, s.m. Poliedro de vinte faces.

ICTERÍCIA, s.f. Afecção que se caracteriza por amarelidão anormal dos tegumentos pelo derrame da bílis nos tecidos do corpo e no sangue.

ICTÉRICO, adj. Que tem icterícia.

ICTEROCÉFALO, adj. Que tem cabeça amarela.

ICTERÓIDE, adj. Semelhante à icterícia.

ICTIOCOLA, s.f. Cola de peixe.

ICTIOFAGIA, s.f. Alimentação habitual de peixe.

ICTIÓFAGO, adj. Aquele que se alimenta de peixe.

ICTIOGRAFIA, s.f. Descrição dos peixes.

ICTIOGRÁFICO, adj. Relativo à ictiografia.

ICTIÓGRAFO, s.m. Aquele que é versado em ictiografia.

ICTIÓIDE, ou **ICTIÓIDEO,** adj. Semelhante a um peixe.

ICTIOLOGIA, s.f. Parte da Zoologia que trata dos peixes.

ICTIOLÓGICO, adj. Relativo à ictiologia.

ICTIÓLOGO, s.m. Naturalista que trata da ictiologia.

ICTIOSE, s.f. Moléstia da pele, na qual a epiderme se torna córnea e escamosa como a dos peixes.

ICTIOSSAURO, s.m. Gênero de répteis gigantescos, fósseis da época secundária.

ICTO, s.m. Acento mais forte numa determinada sílaba; acento tônico.

ID, s.m. Em Psicologia, o substrato instintivo da psique.

IDA, s.f. Partida; jornada.

IDADE, s.f. Número de anos de alguém ou de alguma cousa; época da vida; época geológica; estádio da existência; velhice; tempo; época histórica; duração ordinária da vida.

IDEAÇÃO, s.f. Concepção; idealização.

IDEAL, adj. Imaginário; s.m. aquilo que é objeto de nossa mais alta aspiração, alvo de ambições ou afetos; perfeição; sublimidade, objetivo, escopo.

IDEALIDADE, s.f. Propensão do espírito para o ideal; qualidade de ideal.

IDEALISMO, s.m. Nome comum a todos os sistemas filosóficos que fazem das idéias o fundamento interpretativo do mundo; designação geral dos sistemas éticos que tornam normas ideais como normas de ação.

IDEALISTA, adj. Que diz respeito ao idealismo.

IDEALÍSTICO, adj. Relativo ao idealismo.

IDEALIZAÇÃO, s.f. Ato ou faculdade de idealizar.

IDEALIZADOR, adj. Planejador.

IDEALIZAR, v.t. Planejar.

IDEAR, v.t. Planear; delinear; projetar; fantasiar; dar a idéia de; imaginar; arquitetar. (Pres. ind.: idéio, idéias, idéia, ideamos, ideais, idéiam; pres. subj.: idéie, idéies, idéie, ideemos, ideeis, idéiem.)

IDEÁVEL, adj. Que se pode idear.

IDÉIA, s.f. Representação mental de uma coisa concreta ou abstrata; opinião; juízo.

IDÊNTICO, adj. Igual; semelhante; análogo.

IDENTIDADE, s.f. Qualidade de idêntico; (Mat.) equação literal em que a igualdade é satisfeita para quaisquer valores dessas letras.

IDENTIFICAÇÃO, s.f. Determinação da identidade; conhecimento de uma coisa ou de um indivíduo como os próprios.

IDENTIFICAR, v.t. Tornar idêntico a; estabelecer a identidade de.

IDEOGENIA, s.f. Ciência que trata da origem das idéias.

IDEOGÊNICO, adj. Relativo à ideogenia.

IDEOGRAFIA, s.f. Representação figurada das idéias por objetos.

IDEOGRÁFICO, adj. Relativo à ideografia.

IDEOGRAMA, s.m. Sinal que não exprime letra ou som, mas diretamente uma idéia, como, por exemplo, os algarismos.

IDEOLOGIA, s.f. Ciência da formação das idéias; tratado das idéias em abstrato; sistema de idéias, convicções religiosas ou políticas.

IDEOLÓGICO, adj. Relativo à ideologia.

IDEÓLOGO, s.m. Indivíduo que se ocupa da ideologia ou é versado nela.

ÍDICHE, s.m. Língua das populações israelitas do oriente europeu.

IDÍLICO, adj. Amoroso; suave.

IDÍLIO, s.m. Amor poético e suave.

IDIÓLATRA, s. Pessoa que se adora a si próprio; ególatra.

IDIOLATRIA, s.f. Adoração de si mesmo; egolatria.

IDIOMA, s.m. Língua de uma nação; língua particular a uma região, considerada vernácula.

IDIOMÁTICO, adj. Construção própria, característica de um determinado idioma.

IDIOSSINCRASIA, s.f. Disposição do temperamento do indivíduo, que faz que ele sinta de um modo peculiar a influência de diversos agentes; maneira de ver, sentir, reagir, própria, especial, de cada pessoa.

IDIOSSINCRÁSICO, adj. Relativo à idiossincrasia.

IDIOTA, adj. Bobo; parvo; imbecil.

IDIOTIA, s.f. Imbecilidade.

IDIOTICE, s.f. Cretinice; idiotia.

IDIÓTICO, adj. Relativo à idiota ou a idiotismo.

IDIOTISMO, s.m. (Gram.) Palavra, construção própria de uma língua e só dela (ex.: **saudade,** em português).

IDIOTIZAR, v.t. Tornar idiota.

IDÓLATRA, adj. Adorador de ídolos.

IDOLATRAR, v.t. Adorar ídolos; amar excessivamente.

IDOLATRIA, s.f. Culto prestado a ídolos; amor demasiado.

IDOLÁTRICO, adj. Relativo a idolatria.

ÍDOLO, s.m. Figura ou imagem estatuária representativa de uma divindade e a que se presta culto; (fig.) pessoa a quem se tributa demasiado respeito ou excessivo afeto.

IDONEIDADE, s.f. Aptidão; competência.

IDÔNEO, adj. Conveniente; apto; capaz; competente; correto; que possui condições para desempenhar certos cargos ou realizar certas obras.

IDOSO, adj. Velho, avançado em anos.

IDUMEU, adj. da Iduméia (Ásia); s.m. o natural ou habitante da Iduméia (região da Palestina, Ásia). (Fem.: iduméia.)

IEMANJÁ, s.f. Orixá feminino, a mãe d'água dos iorubanos.

IEMENITA, adj. e s. Do Reino de Iêmen (Ásia).

IGAÇABA, s.f. Urna funerária dos indígenas.

IGAPÓ, s.m. Transvasamento de rios, água estagnada nas florestas amazônicas.

IGAPOZAL, s.m. Sucessão de igapós.

IGARA, s.f. Canoa pequena e esguia, feita de casca de árvores.

IGARAPÉ, s.m. Estreito canal natural entre duas ilhas, ou entre uma ilha e a terra firme.

IGNARO, adj. Ignorante; estúpido.

IGNÁVIA, s.f. Frouxidão, covardia.

IGNAVO, adj. Indolente; fraco; covarde.

ÍGNEO, adj. De fogo, inflamado.

IGNESCÊNCIA, s.f. Inflamação, ardência.

IGNESCENTE, adj. Ardente, queimante.

IGNIÇÃO, s.f. Combustão, ignescência.

IGNÍFERO, adj. Que traz fogo; que deita fogo.

IGNIFICAÇÃO, s.f. Inflamação; combustão.

IGNÍVOMO, adj. Que vomita fogo.

IGNÍVORO, Que engole ou parece engolir fogo.

IGNÓBIL, adj. Vil; baixo; desprezível, abjeto. (Pl.: ignóbeis.)

IGNOBILIDADE, s.f. Abjeção; baixeza.

IGNOMÍNIA, s.f. Opróbrio; infâmia.

IGNOMINIAR, v.t. Tratar com ignomínia; desonrar; infamar. (Pres. ind.: ignominio, ignominias, ignomínia, etc.)

IGNOMINIOSO, adj. Infame, oprobrioso; vergonhoso.

IGNORADO, adj. Obscuro; desconhecido.

IGNORÂNCIA, s.f. Desconhecimento; falta de estudos.

IGNORANTÃO, s.m. Aumentativo de ignorante. (Fem.: ignorantona; pl.: ignorantões.)

IGNORANTE, adj. Rústico; iletrado; bronco.

IGNORANTISMO, s.m. Obscurantismo; estado de ignorância.

IGNORAR, v.t. Não saber; não ter conhecimento de.

IGNOTO, adj. Desconhecido; obscuro.

IGREJA, s.f. Templo cristão; autoridade eclesiástica.

IGREJEIRO, adj. Freqüentador de igrejas; beato; santarrão.

IGREJINHA, s.f. Igreja pequena; (fig.) grupo literário, artístico.

IGREJOLA, s.f. Igrejinha.

IGREJÓRIO, s.m. Igreja pequena, insignificante.

IGUAL, adj. Idêntico.

IGUALADO, adj. Emparelhado, equiparado.

IGUALADOR, adj. Identificador.

IGUALAMENTO, s.m. Qualidade de ser igual.

IGUALAR, v.t. Tornar igual; nivelar; tornar plano.

IGUALDADE, s.f. Uniformidade, conformidade, correspondência, concordância; (Mat.) sistema em que os dois membros têm o mesmo valor, de um lado e do outro do sinal de igualdade.

IGUALHA, s.f. Identidade de posição social.

IGUALITÁRIO, adj. Partidário do igualitarismo.

IGUALITARISMO, s.m. Sistema que advoga a igualdade de condições para todos os membros da sociedade.

IGUANO, s.m. Gênero de sáurios americanos.

IGUARIA, s.f. Manjar; comida; acepipe.

IH, interj. Designativa de admiração, espanto, ironia ou impressão de perigo próximo.

IÍDICHE, s. O mesmo que ídiche.

ILAÇÃO, s.f. Conclusão, dedução.

ILACERÁVEL, adj. Que não se pode lacerar, rasgar.

ILAQUEAR, v.t. Enredar; enlaçar. (Pres. ind.: ilaqueio, etc.)

ILATIVO, adj. Em que existe ilação; conclusivo.

ILEGAL, adj. Contrário à lei; ilegítimo.

ILEGALIDADE, s.f. Ilegitimidade; estado do que é contrário às leis, arbitrário.

ILEGITIMIDADE, s.f. Falsidade; bastardamento.

ILEGÍTIMO, adj. Falso; bastardo.

ILEGÍVEL, adj. Que não se pode ler.

ÍLEO, s.m. Última parte do intestino delgado.

ILESO, adj. Incólume, não ofendido ou ferido.

ILETRADO, adj. Inculto; rústico; analfabeto.

ILHA, s.f. Terra cercada de água por todos os lados, porém menos extensa que os continentes.

ILHAR, v.t. Insular; isolar.

ILHARGA, s.f. Cada uma das partes laterais e inferiores do baixo-ventre.

ILHEENSE, adj. Natural de Ilhéus; ilhenense.

ILHÉU, adj. Que diz respeito às ilhas; s.m. o natural das ilhas. (Fem.: ilhoa.)

ILHÓ, s. Orifício por onde se enfia uma fita ou um cordão.

ILHOA, s.f. Mulher natural das ilhas; flexão feminina de ilhéu.

ILHOTA, s.f. Ilha pequena; o mesmo que ilhéu.

ILÍACO, s.m. Osso da bacia, composto de três partes; flio, ísquio e púbis.

ILÍADA, s.f. Poema de Homero, que tem por assunto a tomada de Tróia pelos gregos.

ILIBABILIDADE, s.f. Imaculabilidade; pureza.

ILIBAÇÃO, s.f. Pureza; limpidez.

ILIBADO, adj. Puro; imaculado.

ILIBAR, v.t. Reabilitar; tornar puro ou sem mancha.

ILIÇADOR, s.m. Intrujão; enganador.

ILIÇAR, v.t. Enganar; burlar.

ILÍCITO, adj. Não lícito; proibido pela lei; ilegítimo.

ILÍDIMO, adj. Ilegítimo.

ILIDIR, v.t. Refutar; rebater; destruir.

ILIDÍVEL, adj. Que se pode ilidir.

ILIMITADO, adj. Que não tem limites; imenso.

ILIMITÁVEL, adj. Que não se pode limitar.

ILÍNIO, s.m. Elemento químico, metal, símbolo Il, peso atômico 147, n.º atômico 61.

ÍLIO, s.m. A maior das três partes do osso ilíaco.

ILITERATO, adj. Iletrado, ignorante.

ILÓGICO, adj. Absurdo; incoerente.

ILOGISMO, s.m. Falta de lógica.

ILOTA, s.m. Entre os espartanos, eram os prisioneiros escravizados, reduzidos a servos do Estado.

ILOTISMO, s.m. Condição de ilota; (fig.) estado de abjeção e ignorância.

ILUDENTE, adj. Enganador.

ILUDIR, v.t. Enganar, lograr, burlar.

ILUDÍVEL, adj. Que pode ser iludido.

ILUMINAÇÃO, s.f. Claridade, irradiação.

ILUMINADO, adj. Claro, luminoso; ilustrado.

ILUMINADOR, adj. Esclarecedor, alumiador; desenhista.

ILUMINAR, v.t. Aclarar; instruir, esclarecer; inspirar; ilustrar (livros).

ILUMINATIVO, adj. Que serve para iluminar; instrutivo.

ILUMINURA, s.f. Pintura a cores nos livros da Idade Média.

ILUSÃO, s.f. Engano dos sentidos ou da inteligência; coisa efêmera.

ILUSIONISMO, s.m. (V. Prestidigitação.)

ILUSIONISTA, s. (V. Prestidigitador.)

ILUSIVO, adj. Ilusório, enganador.

ILUSO, adj. Iludido; enganado.

ILUSOR, adj. Enganador.

ILUSÓRIO, adj. Enganoso; falso; vão.

ILUSTRAÇÃO, s.f. Ato ou efeito de ilustrar; conjunto de conhecimentos; saber; revista com estampas; estampa ou gravura de publicação.

ILUSTRADO, adj. Que tem muita ilustração; instruído; que tem gravuras, ilustrações.

ILUSTRADOR, adj. Iluminador; desenhista.

ILUSTRAR, v.t. Dar glória a; esclarecer; ornar com gravuras.

ILUSTRATIVO, adj. Esclarecedor; elucidativo.

ILUSTRE, adj. Intelectual, famoso; célebre.

ÍMÃ, s.m. Óxido magnético de ferro que tem a propriedade de atrair o ferro.

IMACULADO, adj. Puro; inocente.

IMACULÁVEL, adj. Que não é suscetível de mácula.

IMAGEM, s.f. Representação de um objeto pelo desenho, pintura, escultura, etc. Pequena estampa que representa um assunto religioso; símbolo, figura, comparação, semelhança; — real: (Ópt.) é aquela que se forma pela convergência de raios que passaram através de dispositivo formador de imagens e pode ser projetada; — virtual: (Ópt.) é aquela que resulta de raios divergentes, não pode ser projetada e é simétrica em relação a um espelho plano.

IMAGINAÇÃO, s.f. Concepção; fantasia; coisa imaginada.

IMAGINADOR, adj. Fantasista.

IMAGINAR, v.t. Criar ou conceber na imaginação; fantasiar; inventar; idear.

IMAGINÁRIO, adj. Fantástico; ilusório.

IMAGINATIVA, s.f. Faculdade de imaginar.

IMAGINATIVO, adj. Pensativo; meditativo.

IMAGINÁVEL, adj. Que se pode imaginar.

IMAGINOSO, adj. Fantasioso; hipotético.

IMALEÁVEL, adj. Inamoldável, que não é plástico.

IMANENTE, adj. Qualidade, força permanente num ser, inseparável dele.

IMANIDADE, s.f. Enormidade; grandeza desmesurada.

IMANIZAR, v.t. Imantar; tornar magnético.

IMANTAR, v.t. (V. Imanizar.)

IMARCESCÍVEL, adj. Imurchável; que não murcha.

IMARGINADO, adj. Que não tem margens ou bordas.

IMATERIAL, adj. Espiritual.

IMATERIALIDADE, s.f. Espiritualidade.

IMATURIDADE, s.f. Precocidade, não maduro, não desenvolvido completamente.

IMATURO, adj. Verde; verdolengo; precoce; não desenvolvido completamente.

IMBECIL, adj. Parvo; pouco inteligente.

IMBECILIDADE, s.f. Parvoíce; estupidez; burrice.

IMBECILIZAR-SE, v.pron. Aparvalhar-se; emburrecer; ficar bobo.

IMBELE, adj. Pacífico; inimigo de lutas.

IMBERBE, adj. Glabro; lampinho; sem barba.

IMBICAR, v.t. Dirigir-se para; abicar; aportar.

IMBU, s.m. Árvore e fruto do imbuzeiro, também chamado umbuzeiro.

IMBUIA, s.f. Umbuia, árvore cuja madeira é excelente para obras de marcenaria.

IMBUIR, v.t. Impregnar-se de, estar informado de. (Conjuga-se como o v. atribuir.)

IMBUZEIRO, s.m. Arvore que dá o imbu; umbuzeiro.

IMEDIAÇÃO, s.f. Mais usado no pl., vizinhanças; proximidades; cercanias; arredores.

IMEDIATISMO, s.m. Ação feita diretamente; ação de fazer as cousas sem consulta ou recurso a outrem, sem prever as conseqüências futuras.

IMEDIATO, adj. Inesperado; sem demora; direto; o que está antes ou logo depois, numa série de cousas e fatos; autoridade logo abaixo da superior.

IMEMORÁVEL, adj. Esquecido; olvidável.

IMÊMORE, adj. Esquecido; deslembrado.

IMEMORIAL, adj. De que não há lembrança pela sua antigüidade.

IMENSIDADE, s.f. Enormidade; sem limite nem tamanho; infinito; imensidão.

IMENSO, adj. Enorme; descomunal.

IMENSURÁVEL, adj. Imenso; sem medida.

IMERECER, v.int. Não merecer; não ser digno de.

IMERECIDO, adj. Injusto; gratuito.

IMERGENTE, adj. Soçobrante, que está afundando. (Antôn.: emergente.)

IMERGIR, v.t. Afundar; penetrar; mergulhar. (Antôn.: emergir.) (Pres. indic.: imerjo (ê), imerges, etc.)

IMERSÃO, s.f. Mergulho; penetração na água ou outro líqüido qualquer.

IMERSÍVEL, adj. Mergulhável; que pode ocultar-se na água.

IMERSO, adj. Mergulhado; coberto pela água. (Antôn.: emerso.)

IMIGRAÇÃO, s.f. Entrada num país onde passará a viver. (Antôn.: emigração.)

IMIGRADO, adj. Aquele que entrou em novo país, o mesmo que imigrante. (Antôn.: emigrado.)

IMIGRANTE, adj. Pessoa que passa a viver em outro país.

IMIGRAR, v.int. Entrar num país que não é o natal, com o fim de aí viver definitivamente. (Antôn.: emigrar.)

IMIGRATÓRIO, adj. Que se relaciona com imigração.

IMINÊNCIA, s.f. Que está para ser realizado imediatamente.

IMINENTE, adj. Pendente; ameaçador.

IMISCÍVEL, adj. Imisturável.

IMISCUIR-SE, v.p. Intrometer-se; ingerir-se; tomar parte em alguma coisa.

IMISSÃO, s.f. Penetração; aprofundamento; entrada.

IMITAÇÃO, s.f. Contrafacção; arremedo; cópia.

IMITADOR, s.m. Copiador; arremedador.

IMITANTE, adj. Que imita; parecido.

IMITAR, v.t. Copiar; reproduzir; arremedar.

IMITATIVO, adj. Imitante.

IMITÁVEL, adj. Reproduzível, copiável.

IMITIR, v t. Penetrar; fazer entrar; investir.

IMO, adj. Íntimo; que está no lugar mais fundo.

IMOBILIÁRIO, adj. Designativo dos bens que são imóveis por natureza ou por disposição da lei.

IMOBILIDADE, s.f. Estabilidade; fixidez.

IMOBILIZAÇÃO, s.f. Estabilização; fixação.

IMOBILIZADOR, adj. Estabilizador; fixador.

IMOBILIZAR, v.t. Fixar; estabilizar; estacionar.

IMODERAÇÃO, s.f. Descomedimento; intemperança.

IMODERADO, adj. Excessivo; exagerado.

IMODÉSTIA, s.f. Orgulho; soberbia.

IMODESTO, adj. Orgulhoso; soberbo.

IMODICIDADE, s.f. Careza; exorbitância.

IMÓDICO, adj. Exorbitante; excessivo.

IMODIFICÁVEL, adj. Inalterável.

IMOLAÇÃO, s.f. Sacrifício sangrento; holocausto.

IMOLADO, adj. Sacrificado; prejudicado.

IMOLADOR, adj. Sacrificador.

IMOLAR, v.t. Sacrificar em holocausto.

IMORAL, adj. Contrário à moral; desonesto.

IMORALIDADE, s.f. Desregramento; prática de maus costumes.

IMORIGERADO, adj. Desregrado; libertino.

IMORREDOURO, adj. Eterno; perpétuo.

IMORTAL, adj. Eterno; perpétuo.

IMORTALIDADE, s.f. Perpetuidade; que nunca morrerá.

IMORTALIZAÇÃO, s.f. Perpetuação; consagração pela fama.

IMORTALIZADOR, adj. Perpetuador.

IMORTALIZAR, v.t. Tornar imortal; tornar célebre.

IMOTO, adj. Imóvel; fixo; inabalável.

IMÓVEL, adj. Inalterável; parado; fixo; s.m. casa; terreno, terras, etc.

IMPACIÊNCIA, s.f. Frenesi; desespero; pressa.

IMPACIENTAR, v.t. Importunar; irritar.

IMPACIENTE, adj. Precipitado; frenético.

IMPACTO, s.m. Choque; encontrão; embate.

IMPAGÁVEL, adj. Inestimável; engraçado; divertido.

IMPALPÁVEL, adj. Intocável; impossível ao tacto.

IMPALUDAÇÃO, s.f. Contaminação malárica.

IMPALUDAR, v.t. Contrair impaludismo.

IMPALUDISMO, s.m. Malária.

IMPAR, v.int. Inchar; ensoberbecer.

ÍMPAR, adj. Único; sem igual; (Arit.) todos os números que terminam por 1, 3, 5, 7 ou 9.

IMPARCIAL, adj. Reto; justo.

IMPARCIALIDADE, s.f. Retidão; justiça.

IMPARIDADE, s.f. Singularidade; excepcionalidade.

IMPARISSILÁBICO ou **IMPARISSÍLABO**, adj. e s.m. Nomes da 3.ª declinação latina que têm no genitivo uma sílaba a mais do que o nominativo. Ex.: Homo, hominis.

IMPASSE, s.m. (gal.) Obstáculo; embaraço.

IMPASSIBILIDADE, s.f. Indiferença; insensibilidade.

IMPASSÍVEL, adj. Indiferente; insensível.

IMPATRIÓTICO, adj. Contrário ou indiferente às cousas da pátria.

IMPAVIDEZ, s.f. Intrepidez; denodo.

IMPÁVIDO, adj. Destemido; intrépido.

IMPECABILIDADE, s.f. Correção; perfeição moral.

IMPECÁVEL, adj. Correto; perfeito.

IMPEDÂNCIA, s.f. (Eletr.) Relação entre o valor da tensão eficaz aplicada ao circuito elétrico e a corrente que o percorre; o mesmo que resistência aparente.

IMPEDIÇÃO, s.f. Obstrução; óbice.

IMPEDIDO, adj. Obstruído; obstaculizado.

IMPEDIMENTO, s.m. Obstáculo; óbice.

IMPEDIR, v.t. Embaraçar; estorvar; obstar a; obstruir; interromper. (Conjuga-se como o v. pedir.)

IMPEDITIVO, adj. Embaraçante.

IMPELENTE, adj. Propulsor; impulsionador.

IMPELIR, v.t. Empurrar; incitar; estimular.

IMPENETRABILIDADE, s.f. Incompreensibilidade; impossibilidade física para que vários corpos ocupem o mesmo lugar, ao mesmo tempo.

IMPENETRADO, adj. Incompreendido; impedido o acesso.

IMPENETRÁVEL, adj. Incompreensível; ínvio.

IMPENITÊNCIA, s.f. Obstinação no erro.

IMPENITENTE, adj. Obstinado; não arrependido.

IMPENSADO, adj. Louco; imprudente.

IMPENSÁVEL, adj. Que não se pode pensar ou supor.

IMPERADOR, s.m. Soberano; monarca. (Fem.: imperatriz.)

IMPERANTE, adj. Governante; regente.

IMPERAR, v.t. Ordenar; governar como soberano de um império.

IMPERATIVO, adj. Arrogante; autoritário; s.m. ordem, ditame, dever; modo verbal que expressa ordem, pedido.

IMPERATÓRIO, adj. Que diz respeito ao imperador.

IMPERATRIZ, s.f. Esposa do imperador; soberana de um império.

IMPERCEPTIBILIDADE, s.f. Impossibilidade de ser percebido.

IMPERCEPTÍVEL, adj. Que não se percebe; pequenino; insignificante.

IMPERDOÁVEL, adj. Que não tem perdão.

IMPERECEDOURO, adj. Perpétuo; imortal.

IMPERECÍVEL, adj. Imperecedouro; eterno.

IMPERFECTÍVEL, adj. Que não se pode aperfeiçoar.

IMPERFEIÇÃO, s.f. Defeito; erro.

IMPERFEITO, adj. Defeituoso; incompleto; incorreto; (Gram.) tempo verbal que exprime ação incompleta ou não realizada.

IMPERFURAÇÃO, s.f. Oclusão de um orifício que devia naturalmente ter comunicação com o exterior.

IMPERFURÁVEL, adj. Que não pode ser aberto.

IMPERIAL, adj. Que diz respeito ao império ou ao imperador.

IMPERIALISMO, s.m. Política de expansão e domínio, de uma nação sobre outras.

248

IMPERIALISTA, adj. Pessoa partidária do imperialismo.

IMPERÍCIA, s.f. Incompetência; inexperiência.

IMPÉRIO, s.m. Autoridade; nação regida por imperador.

IMPERIOSIDADE, s.f. Autoritarismo.

IMPERIOSO, adj. Soberbo; arrogante.

IMPERITO, adj. Imperfeito em seus conhecimentos ou técnicas.

IMPERMANÊNCIA, s.f. Transitoriedade.

IMPERMANENTE, adj. Instável; transitório.

IMPERMEABILIDADE, s.f. Impenetrabilidade.

IMPERMEABILIZAÇÃO, s.f. Ato ou efeito de impermeabilizar.

IMPERMEABILIZAR ou **IMPERMEAR,** v.t. Tornar impermeável.

IMPERMEÁVEL, adj. Que não deixa passar água ou fluido.

IMPERMUTÁVEL, adj. Que não se pode permutar.

IMPERSCRUTÁVEL, adj. Que não se pode pesquisar ou examinar.

IMPERSISTENTE, adj. Inconstante; esmorecido.

IMPERTÉRRITO, adj. Corajoso; destemido.

IMPERTINÊNCIA, s.f. Rabugice; inoportunidade.

IMPERTINENTE, adj. Inoportuno; maçante.

IMPERTURBABILIDADE, s.f. Serenidade; tranqüilidade.

IMPERTURBADO, adj. Sereno; tranqüilo.

IMPERTURBÁVEL, adj. Impassível; tranqüilo.

IMPÉRVIO, adj. Intransitável.

IMPESSOAL, adj. Diz-se do verbo defectivo que só se conjuga na 3.ª pessoa: chove, troveja, etc.; verbo que não tem sujeito próprio. Não referente a pessoa.

IMPETICAR, v.rel. Implicar.

IMPETIGO, s.m. Doença da pele que se caracteriza pelo aparecimento de pequenas áreas purulentas.

ÍMPETO, s.m. Arrebatamento; assalto repentino; impulso; precipitação; (fig.) agitação de espírito; violência de sentimentos.

IMPETRAÇÃO, s.f. Requerimento; ação judiciária para obter alguma cousa.

IMPETRANTE, adj. Pessoa que impetra.

IMPETRAR, v.t. Rogar; requerer.

IMPETRATIVO ou **IMPETRATÓRIO,** adj. Que serve para impetrar.

IMPETRÁVEL, adj. Que pode ser obtido ou impetrado.

IMPETUOSIDADE, s.f. Violência; espalhafato.

IMPETUOSO, adj. Arrebatado; violento.

IMPIEDADE, s.f. Crueldade; descrença.

IMPIEDOSO, adj. Insensível; desumano.

IMPIGEM, s.f. Nome vulgar e impreciso que serve para designar várias dermatoses.

IMPINGIDELA, s.f. Engano; logro.

IMPINGIR, v.t.-rel. Enganar; fraudar; lograr.

ÍMPIO, adj. Incrédulo; ateu.

IMPLACABILIDADE, s.f. Inexorabilidade; insensibilidade.

IMPLACÁVEL, adj. Inexorável; insensível.

IMPLANTAÇÃO, s.f. Colocação; situação.

IMPLANTAR, v.t. Hastear; introduzir; inaugurar.

IMPLEMENTO, s.m. O material necessário a um trabalho; aprestos; apetrechos.

IMPLEXO (cs), adj. Emaranhado; complicado.

IMPLICAÇÃO, s.f. Compromisso, responsabilidade em algum ato; antipatia gratuita.

IMPLICÂNCIA, s.f. Implicação; má vontade; embirração.

IMPLICANTE, adj. e s. Amolante; aborrecido; antipático.

IMPLICAR, v.t. Envolver-se em; antipatizar-se com.

IMPLICATIVO ou **IMPLICATÓRIO,** adj. Que implica; que produz implicação.

IMPLÍCITO, adj. Incluído; subentendido.

IMPLORAÇÃO, s.f. Súplica, rogo, pedido.

IMPLORADOR ou **IMPLORANTE,** adj. Suplicante; suplicador.

IMPLORAR, v.t. Exorar; suplicar; solicitar.

IMPLORATIVO, adj. Que envolve ou revela súplica.

IMPLORÁVEL, adj. Que se pode implorar.

IMPLUME, adj. Que ainda não possui penas.

IMPOLIDEZ, s.f. Grosseria; indelicadeza.

IMPOLIDO, adj. Indelicado; descortês.

IMPOLUTO, adj. Imaculado; virtuoso; puro.

IMPONDERABILIDADE, s.f. Qualidade de que não tem peso; imprudência.

IMPONDERADO, adj. Inconsiderado; irrefletido.

IMPONDERÁVEL, adj. Sutil; aéreo.

IMPONÊNCIA, s.f. Magnificência; altivez.

IMPONENTE, adj. Majestoso; altivo.

IMPONTUAL, adj. Incerto; leviano; que não cumpre com as obrigações.

IMPONTUALIDADE, s.f. Qualidade de quem é impontual.

IMPOPULAR, adj. Que não tem popularidade; que não agrada ao povo.

IMPOPULARIDADE, s.f. Falta de popularidade.

IMPOPULARIZAR, v.t. Tornar impopular.

IMPOR, v.t. Constranger a; obrigar a aceitar. (Conjuga-se como o v. pôr.)

IMPORTAÇÃO, s.f. Introdução, num país, Estado ou município, de mercadorias procedentes de outro. (Antôn.: exportação.)

IMPORTADOR, adj. Comerciante que traz do estrangeiro mercadorias para o país.

IMPORTÂNCIA, s.f. Consideração; crédito; grande valor; influência, conceito elevado ou lisonjeiro; autoridade; qualquer quantia em dinheiro; custo.

IMPORTANTE, adj. Poderoso, influente.

IMPORTAR, v.t. Fazer vir, trazer, introduzir mercadorias de outro país.

IMPORTÁVEL, adj. Que se pode importar.

IMPORTE, s.m. Custo; importância.

IMPORTUNAÇÃO, s.f. Aborrecimento; impertinência.

IMPORTUNADOR, adj. Aborrecedor; maçador.

IMPORTUNAR, v.t. Incomodar; molestar.

IMPORTUNIDADE, s.f. Amolação; impertinência.

IMPORTUNO, adj. Incomodativo; maçante.

IMPOSIÇÃO, s.f. Exigência; arbitrariedade.

IMPOSSIBILIDADE, s.f. Qualidade de impossível.

IMPOSSIBILITAR, v.t. Tornar impossível.

IMPOSSÍVEL, adj. Muito difícil; insuportável.

IMPOSTAR, v.t. Emitir corretamente a voz.

IMPOSTO, adj. Obrigado; ordenado; contribuição ao erário público.

IMPOSTOR, adj. Charlatão.

IMPOSTORIA, s.f. Impostura; falsa superioridade.

IMPOSTURA, s.f. Hipocrisia; embuste.

IMPOTÁVEL, adj. Que não pode ser bebido.

IMPOTÊNCIA, s.f. Incapacidade; fraqueza.

IMPOTENTE, adj. Incapaz; fraco.

IMPRATICABILIDADE, s.f. Inexeqüibilidade; inviabilidade.

IMPRATICÁVEL, adj. Inexeqüível; impossível; intransitável (falando-se de ruas, rios e estradas).

IMPRECAÇÃO, s.f. Praga; maldição.

IMPRECATADO, adj. Desprevenido.

IMPRECATIVO, adj. Que encerra imprecação.

IMPRECATÓRIO, adj. Que tem o caráter de imprecação.

IMPRECAUÇÃO, s.f. Desacautelamento.

IMPRECISÃO, s.f. Ambigüidade; incerteza.

IMPRECISO, adj. Ambíguo; indeterminado.

IMPREENCHÍVEL, adj. Insubstituível.

IMPREGNAÇÃO, s.f. Embebição; contaminação.

IMPREGNAR, v.t.-rel. Embeber; imbuir; absorver.

IMPREMEDITAÇÃO, s.f. Casualidade.

IMPREMEDITADO, adj. Impensado.

IMPRENSA, s.f. Máquina com que se imprime ou estampa; (fig.) arte de imprimir; os jornais; os escritores e jornalistas; conjunto de jornais.

IMPRENSADO, adj. Apertado; comprimido.

IMPRENSAR, v.t. Apertar; comprimir.

IMPRESCINDÍVEL, adj. Insubstituível; indispensável.

IMPRESCRITÍVEL, adj. Que está sempre em vigor.

IMPRESSÃO, s.f. Efeito; lembrança; sinal; vestígio.

IMPRESSIONANTE, adj. Que impressiona; comovente.

IMPRESSIONAR, v.t. Causar impressão material ou moral em; comover.

IMPRESSIONÁVEL, adj. Suscetível de receber impressões.

IMPRESSIONISMO, s.m. Sistema dos que se preocupam em comunicar pela arte a impressão subjetiva pura e simples recebida da natureza.

IMPRESSIONISTA, adj. Impressionável; relativo ao impressionismo; pessoa que cultiva o impressionismo.

IMPRESSO, s.m. Feito por tipografia.

IMPRESSOR, adj. Aquele que imprime ou trabalha com o prelo.

IMPRESTÁVEL, adj. Inútil; sem proveito.

IMPRETERÍVEL, adj. Obrigatório; inadiável.

IMPREVIDÊNCIA, s.f. Desleixo; descaso.

IMPREVISÃO, s.f. Desmazelo; negligência.

IMPREVISÍVEL, adj. Que não se pode prever.

IMPREVISTO, adj. Súbito; inopinado; s.m. inesperado.

IMPRIMIR, v.t. Publicar pela imprensa; estampar; marcar; gravar.

IMPROBABILIDADE, s.f. Incerteza; dúvida.

IMPROBIDADE, s.f. Desonradez; canalhice.

ÍMPROBO, adj. Desacreditado; infamado.

IMPROCEDÊNCIA, s.f. Falta de justificação, de fundamento.

IMPROCEDENTE, adj. Injustificado; infundado.

IMPRODUTÍVEL, adj. Árido; seco.

IMPRODUTIVO, adj. Árido; estéril; seco.

IMPROFÍCUO, adj. Inútil; sem proveito.

IMPROLÍFICO, adj. Estéril; infecundo.

IMPRONÚNCIA, s.f. Ato de impronunciar.

IMPRONUNCIAR, v.t. Julgar improcedente a denúncia ou queixa contra alguém.

IMPROPÉRIO, s.m. Doesto; vitupério.

IMPROPRIEDADE, s.f. Inadequação, inexatidão.

IMPRÓPRIO, adj. Inexato; inadequado; inconveniente; indecoroso.

IMPRORROGÁVEL, adj. Inadiável; impreterível.

IMPROVIDÊNCIA, s.f. Desleixamento; desmazelo.

IMPROVIDENTE, adj. Incauto; desleixado.

IMPROVISAÇÃO, s.f. Arte de improvisar; adaptação.

IMPROVISADOR, adj. Repentista.

IMPROVISAR, v.t. Inventar de repente; falar, escrever, compor sem preparação; arranjar à pressa; construir com material não apropriado; adaptar.

IMPROVISO, adj. Repentino; súbito; improvisado; s.m. discurso, poesia feita no momento, sem preparação remota.

IMPRUDÊNCIA, s.f. Inconveniência; loucura.

IMPRUDENTE, adj. Desajuizado; estabanado.

IMPUBERDADE, s.f. Puerícia.

IMPÚBERE, adj. e s. Menino; rapaz.

IMPUDÊNCIA, s.f. Descaramento; despudor.

IMPUDENTE, adj. Descarado; despudorado.

IMPUDICÍCIA, s.f. Sem-vergonhismo, despudoramento.

IMPÚDICO (dí), adj. Lascivo, desbriado.

IMPUDOR, s.m. Descaro; impudência.

IMPUGNAÇÃO, s.f. Contestação; refutação.

IMPUGNADOR, adj. Contraditor; opositor.

IMPUGNAR, v.t. Refutar; resistir; contestar; contrariar; opor-se a; recusar.

IMPUGNATIVO, adj. Contestativo.

IMPUGNÁVEL, adj. Que pode ou deve ser impugnado.

IMPULSÃO, s.f. Estímulo; empurrão.

IMPULSAR, v.t. Impelir; estimular.

IMPULSIONAR, v.t. Estimular; impelir.

IMPULSIVIDADE, s.f. Arrebatamento; enfurecimento.

IMPULSIVO, adj. Arrebatado; colérico.

IMPULSO, s.m. Estímulo; esforço; empurrão.

IMPUNE, adj. Ileso; sem castigo.

IMPUNIDADE, s.f. Falta de castigo devido.

IMPUNIDO, adj. Impune.

IMPUNÍVEL, adj. Que não pode ou não deve ser punido.

IMPUREZA, s.f. Pecaminosidade; contaminação.

IMPURO, adj. Imundo; indecente; contaminado; sujo.

IMPUTABILIDADE, s.f. Acusabilidade.

IMPUTAÇÃO, s.f. Assaque; inculpação; atribuição de culpa, de responsabilidade em ato reprovável.

IMPUTADOR, adj. Acusador; assacador.

IMPUTAR, v.t. Atribuir (a alguém) a responsabilidade de.

IMPUTÁVEL, adj. Suscetível de se imputar.

IMUNDÍCIA, s.f. Sujeira; desasseio.

IMUNDÍCIE, s.f. (V. imundícia.)

IMUNDO, adj. Sujo; (fig.) impuro; indecente.

IMUNE, adj. Isento; livre.

IMUNIDADE, s.f. Isenção; propriedade que tem um organismo vivo de ficar a salvo de determinada doença; direitos, privilégios ou vantagens pessoais concedidas a alguém em virtude de cargo que exerce.

IMUNIZAÇÃO, s.f. Ato de imunizar.

IMUNIZADOR, adj. Que torna refratário; incontaminável.

IMUNIZAR, v.t. Tornar imune, refratário a determinada moléstia.

IMUTABILIDADE, s.f. Fixidez; inalterabilidade.

IMUTAR, v.t. Manter inalterado, fixo, estático.

IMUTÁVEL, adj. Inalterável, fixo.

INABALÁVEL, adj. Inquebrantável; constante.

INÁBIL, adj. Desajeitado; incompetente.

INABILIDADE, s.f. Qualidade de inábil.

INABILITAÇÃO, s.f. Reprovação; incapacitação.

INABILITAR, v.t. Reprovar em concurso ou exame; tornar inábil.

INABITADO, adj. Desabitado; deserto; vazio.

INABITÁVEL, adj. Que não se pode habitar.

INACABADO, adj. Não terminado; imperfeito.

INAÇÃO, s.f. Inércia; indecisão.

INACEITÁVEL, adj. Inadmissível.

INACENTUADO, adj. Sem acento, não acentuado.

INACESSIBILIDADE, s.f. Insociabilidade; inatingibilidade.

INACESSÍVEL, adj. Insociável; a que não se pode chegar.

INACREDITÁVEL, adj. Incrível; fantástico.

INACUSÁVEL, adj. Inocente, justo.

INADAPTAR, v.t. Inadequar.

INADAPTÁVEL, adj. Que não se adapta.

INADEQUADO, adj. Impróprio.

INADIÁVEL, adj. Impreterível, improrrogável; imperioso.

INADIMPLEMENTO, s.m. (Jur.) Falta de cumprimento de um contrato ou das suas condições.

INADMISSÃO, s.f. Ato ou efeito de não admitir.

INADMISSÍVEL, adj. Que não se pode admitir.

INADQUIRÍVEL, adj. Impossível à posse, incomprável.

INADVERTÊNCIA, s.f. Imprevidência; descuido.

INADVERTIDO, adj. Irrefletido; descuidado.

INAFIANÇÁVEL, adj. Que não pode ser afiançado.

INALAÇÃO, s.f. Ato ou efeito de aspirar.

INALADO, adj. Aspirado.

INALADOR, s.m. Aparelho para inalações.

INALAR, v.t. Absorver por inalação; aspirar.

INALIENABILIDADE, s.f. Estado daquilo cuja posse não pode ser transferida a outrem; vinculação.

INALIENÁVEL, adj. Que não se pode alienar.

INALTERABILIDADE, s.f. Estabilidade; imutabilidade.

INALTERADO, adj. Fixo; estável.

INALTERÁVEL, adj. Imperturbável.

INAMISSÍVEL, adj. Não sujeito a perder-se.

INAMOVÍVEL, adj. Fixo; estável.

INANE, adj. Vazio; oco; fútil.

INANIÇÃO, s.f. Enfraquecimento; debilidade.

INANIMADO ou **INÂNIME**, adj. Desacordado; sem vida.

INANIR, v.t. Extenuar; p. debilitar-se, por falta de alimentação; (o verbo inanir-se só se conjuga nas formas em que o i for acentuado).

INAPELÁVEL, adj. Sem apelação; definitivo.

INAPETÊNCIA, s.f. Falta de apetite.

INAPLICADO, adj. Desatento; pouco estudioso.

INAPLICÁVEL, adj. Que não é aplicável; que não condiz.

INAPRECIÁVEL, adj. Que não se pode apreciar ou avaliar (tanto por ser desprezível o tamanho material, como por ser de valor maior do que se possa calcular); precioso; raro.

INAPROVEITÁVEL, adj. Sem utilidade.

INAPTIDÃO, s.f. Incapacidade; estupidez.

INAPTO, adj. Incapaz; inepto; inábil.

INARRÁVEL, adj. Indizível; o mesmo que inenarrável.

INARREDÁVEL, adj. Que não se pode arredar; irremovível.

INARTICULADO, adj. Desarticulado; desconjuntado.

INARTICULÁVEL, adj. Que não se pode articular.

INASSÍDUO, adj. Faltoso, cabulador.

INASSIMILÁVEL, adj. Que não se pode assimilar.

INATACÁVEL, adj. Irreprochável; correto.

INATENDÍVEL, adj. Impossível de ser atendido.

INATINGÍVEL, adj. Impossível de obter, de conseguir.

INATIVIDADE, s.f. Inércia; situação de funcionários enquanto retirados do serviço ativo por disposição regulamentar.

INATIVO, adj. Inerte; aposentado ou reformado (falando-se de empregados).

INATO, adj. Congênito; inerente.

INAUDITO, adj. Extraordinário; incrível.

INAUDÍVEL, adj. Inescutável.

INAUGURAÇÃO, s.f. Solenidade com que se inau-

250

gura estabelecimento, instituição ou edifício; abertura.

INAUGURADOR, adj. Iniciador.

INAUGURAL, adj. Que diz respeito à inauguração; inicial.

INAUGURAR, v.t. Começar; encetar; estabelecer pela primeira vez.

INAUTENTICIDADE, s.f. Falsidade.

INAUTÊNTICO, adj. Falso, sem documentação.

INAVEGÁVEL, adj. Que não se pode navegar.

INCA, s. Indivíduo dos Incas, casta ou tribo dominante no Peru, na época da conquista espanhola; adj. relativo aos incas; o mesmo que incaico.

INÇADO, adj. Cheio, eivado.

INCAICO, adj. Relativo ou pertencente aos incas; o mesmo que inca.

INCALCULÁVEL, adj. Incomensurável; inapreciável.

INCANDESCÊNCIA, s.f. Ardência; flamância.

INCANDESCENTE, adj. Ardente; em brasa; candente.

INCANDESCER, v.t. Tornar candente; pôr em brasa.

INCANSÁVEL, adj. Ativo; laborioso.

INCAPACIDADE, s.f. Inaptidão; inépcia.

INCAPACITAR, v.t.-rel. Tornar incapaz; tirar a aptidão a; inabilitar.

INCAPAZ, adj. Impossibilitado; inábil; ignorante. (Superl. abs. sint.: incapacíssimo.)

INÇAR, v.t. Proliferar; estar cheio de.

INCASTO, adj. Impudico; desonesto.

INCAUTO, adj. Não acautelado; imprudente.

INCENDER, v.t. Acender; inflamar.

INCENDIAR, v.t. Lançar, pôr fogo a; fazer arder; excitar; inflamar; p. arder; abrasar-se; inflamar-se; excitar-se; queimar-se. (Conjuga-se como o verbo odiar.)

INCENDIÁRIO, adj. Que comunica fogo a alguma coisa; que é próprio para incêndio; s.m. aquele que incendeia.

INCENDIMENTO, s.m. Incitação; estímulo.

INCÊNDIO, s.m. Destruição pelo fogo, conflagração.

INCENSAÇÃO ou INCENSADELA, s.f. Turibulação; adulação; elogio.

INCENSADOR, adj. Turiferador; adulador; bajulador.

INCENSAR, v.t. Defumar; perfumar com incenso.

INCENSÁRIO, s.m. Incensório; turíbulo.

INCENSO, s.m. Resina aromática, extraída de várias espécies de árvores e própria para queimar nas igrejas em ocasião de festa.

INCENSÓRIO, s.m. Utensílio próprio para incensar; turíbulo.

INCENSURÁVEL, adj. Correto; impoluto.

INCENTIVAR, v.t. Estimular, entusiasmar.

INCENTIVO, adj. Estimulante; s.m. estímulo.

INCERIMONIOSO, adj. Simples; chão; lhano.

INCERTEZA (è), s.f. Hesitação; dúvida.

INCERTO, adj. Hesitante; variável; duvidoso.

INCESSANTE, adj. Contínuo; constante.

INCESTO, s.m. União ilícita entre parentes.

INCESTUOSO, adj. Que cometeu incesto.

INCHAÇÃO, s.f. Edema; tumor inflamatório.

INCHAÇO, s.m. Edema; tumor.

INCHADO, adj. (fig.) Enfatuado, cheio de si; inflamado.

INCHAMENTO, s.m. Intumescimento.

INCHAR, v.t. Intumescer; aumentar o volume de; ensoberbecer

INCICATRIZÁVEL, adj. Que não fecha; insuturável.

INCIDÊNCIA, s.f. Encontro de duas linhas ou superfícies em geometria; ação de incidir.

INCIDENTE, s.m. Episódio, acontecimento desagradável; tumulto; adj. que incide, que sobrevém, acessório.

INCIDIR, v.int. Sobrevir; acontecer; rel. recair; refletir-se; cair; incorrer; coincidir.

INCINERAÇÃO, s.f. Redução a cinza; calcinação.

INCINERAR, v.t. Calcinar; reduzir a cinza.

INCIPIENTE, adj. Principiante; inicial.

INCIRCUNCISO, adj. Não circuncidado.

INCIRCUNSCRITO, adj. Livre.

INCISÃO, s.f. Corte; abertura.

INCISIVO, adj. Eficaz; decisivo; adj. e s.m. designativo de, ou cada um dos dentes situados entre os caninos.

INCITAÇÃO, s.f. Estímulo; exortação; incendimento.

INCITADOR, adj. Instigador.

INCITAMENTO, s.m. Incitação; instigação.

INCITAR, v.t. Estimular; açular.

INCITATIVO, adj. Incitante.

INCITÁVEL, adj. Que pode ser incitado.

INCIVIL, adj. Descortês; grosseiro.

INCIVILIDADE, s.f. Malcriação; indelicadeza.

INCIVILIZADO, adj. Inculto; selvagem.

INCLASSIFICÁVEL, adj. Que não é ou não pode ser organizado, ordenado.

INCLEMÊNCIA, s.f. Crueldade; falta de piedade.

INCLEMENTE, adj. Impiedoso; cruel.

INCLINAÇÃO, s.f. Tendência; propensão; vocação; ângulo formado pelo plano da eclíptica; ângulo que faz com o horizonte o plano das camadas; — magnética: ângulo que forma com o horizonte uma agulha imantada, suspensa livremente pelo seu centro de gravidade.

INCLINADO, adj. Oblíquo; afeiçoado; tendente a; disposto a.

INCLINAR, v.t. Obliquar; desviar do prumo; pender.

ÍNCLITO, adj. Egrégio; ilustre.

INCLUIR, v.t. Abranger; compreender; envolver; implicar; acrescer; somar. (Pres. ind.: incluo, incluis, inclui, incluímos, incluís, incluem; pres. subj.: inclua, incluas, inclua, incluamos, incluais, incluam.)

INCLUSÃO, s.f. Abrangimento; encerramento. (Antôn.: exclusão.)

INCLUSIVE, adv. (lat.) Com inclusão, de modo que fique compreendido ou incluído. (Antôn.: exclusive.)

INCLUSIVO, adj. Que inclui; que abrange.

INCLUSO, adj. Incluído; compreendido.

INCOAGULÁVEL, adj. Que não coagula.

INCOATIVO, adj. Que começa; verbo ou locução verbal, que expressa o começo de uma ação: alvejar, alvorecer, branquejar.

INCÔE, adj. Inconho; duplo; diz-se dos frutos que se formam unidos.

INCOERCÍVEL, adj. Que não pode ser coagido; irreprimível.

INCOERÊNCIA, s.f. Contradição.

INCOERENTE, adj. Ilógico; disparatado; contraditório.

INCÓGNITA, s.f. Quantidade desconhecida de uma equação ou de um problema; aquilo que é desconhecido e se procura saber; segredo; enigma; mistério.

INCÓGNITO, adj. Desconhecido; oculto.

INCOGNOSCÍVEL, adj. Que não se pode conhecer.

INCOLOR, adj. Sem cor.

INCÓLUME, adj. São e salvo.

INCOMBUSTO, adj. Não queimado.

INCOMENSURÁVEL, adj. Que não se pode medir; imenso.

INCOMODADOR, adj. Perturbador; aborrecedor.

INCOMODANTE, adj. Desagradável; aborrecido.

INCOMODAR, v.t. Importunar; molestar.

INCOMODATIVO, adj. Desagradável; aborrecido.

INCOMODIDADE, s.f. Sem conforto.

INCÔMODO, s.m. Doença ligeira; fadiga; importunação; estorvo; adj. aborrecido; desagradável.

INCOMPARÁVEL, adj. Extraordinário; excepcional; ímpar.

INCOMPASSÍVEL, adj. Implacável; cruel.

INCOMPATIBILIDADE, s.f. Desunião; inconciliabilidade.

INCOMPATIBILIZAR, v.t.-rel. Tornar incompatível, inconciliável.

INCOMPATÍVEL, adj. Que não pode harmonizarse; inconciliável.

INCOMPENSADO, adj. Que não é compensado.

INCOMPENSÁVEL, adj. Que não se pode compensar; impagável.

INCOMPETÊNCIA, s.f. Inabilidade; incapacidade.

INCOMPETENTE, adj. Incapaz, inidôneo, inábil.

INCOMPLETO, adj. Truncado; imperfeito.

INCOMPLEXIDADE (cs), s.f. Simplicidade; facilidade.

INCOMPLEXO (cs), adj. Simples; sem complicação.

INCOMPORTÁVEL, adj. Inaturável.

INCOMPREENDIDO, adj. Não entendido; obscuro.

INCOMPREENSÃO, s.f. Obtusidade; ignorância.

INCOMPREENSIBILIDADE, s.f. Dificuldade de compreender.

INCOMPREENSÍVEL, adj. Obscuro; ininteligível.

INCOMPRESSÍVEL, adj. Que não se pode comprimir.

INCOMPRIMIDO, adj. Solto, livre.

INCOMUM, adj. Raro; excepcional.

INCOMUNICABILIDADE, s.f. Intratabilidade; misantropia.

INCOMUNICÁVEL, adj. Que não tem comunicação; insociável; inacessível.

INCOMUTÁVEL, adj. Que não se pode trocar.

INCONCEBÍVEL, adj. Inacreditável; inimaginável.

INCONCILIAÇÃO, s.f. Incoadunabilidade; incompatibilidade.

INCONCILIÁVEL, adj. Irreconciliável; incompatível.

INCONCLUDENTE, adj. Ilógico; disparatado.

INCONCORDÁVEL, adj. Inconciliável; incompatível.

INCONCUSSO, adj. Firme; inabalável.

INCONDICIONAL, adj. Não sujeito a condições.

INCONDICIONALISMO, s.m. Sistema de submissão incondicional a outrem.

INCONEXÃO (cs), s.f. Desconexão; desordem.

INCONEXO (cs), adj. Desconexo; disparatado.

INCONFESSADO, adj. Que não se confessou.

INCONFESSÁVEL, adj. Irrevelável; obsceno.

INCONFESSO, adj. Que não é confesso; que não confessou.

INCONFIDÊNCIA, s.f. Infidelidade; conjuração.

INCONFIDENTE, adj. Infiel; conjurado.

INCONFUNDÍVEL, adj. Único; excepcional.

INCONGELÁVEL, adj. Que não se pode reduzir a gelo.

INCONGRUÊNCIA, s.f. Incoerência.

INCONGRUENTE, adj. Incoerente; contraditório.

INCONIVENTE, adj. Não conivente; que não se acumplicia.

INCONJUGÁVEL, adj. Que não se pode conjugar.

INCONQUISTADO, adj. Que não foi conquistado.

INCONQUISTÁVEL, adj. Que não pode ser conquistado.

INCONSCIÊNCIA, s.f. Qualidade ou estado de inconsciente; falta de consciência; (fig.) falta de caridade ou de generosidade; (Med.) estado de insensibilidade, falta de recepção de impressões sensoriais, ausência de quaisquer sensações subjetivas.

INCONSCIENCIOSO, adj. Inescrupuloso.

INCONSCIENTE, adj. Desacordado; irresponsável; s.m. (Psic.) termo genérico para significar todos os procedimentos independentes do esforço ou da vontade.

INCONSEQÜÊNCIA, s.f. Incongruência; contradição.

INCONSEQÜENTE, adj. Incoerente; contraditório.

INCONSIDERAÇÃO, s.f. Leviandade; precipitação.

INCONSIDERADO, adj. Imprudente; temerário.

INCONSISTÊNCIA, s.f. Fragilidade; fraqueza.

INCONSISTENTE, adj. Frágil; infundado.

INCONSOLADO, adj. Desconsolado; desesperado.

INCONSOLÁVEL, adj. Que não é consolável.

INCONSTÂNCIA, s.f. Volubilidade.

INCONSTANTE, adj. Volúvel; variável.

INCONSTITUCIONAL, adj. Ilegal; em desacordo com a Constituição.

INCONSTITUCIONALIDADE, s.f. Qualidade de inconstitucional; ilegalidade.

INCONSUMÍVEL, adj. Inextinguível.

INCONSÚTIL, adj. Sem costuras; (fig.) inteiriço.

INCONTAMINADO, adj. Impoluto; não manchado.

INCONTÁVEL, adj. Incomputável; inumerável.

INCONTENTÁVEL, adj. Que não se satisfaz; insaciável.

INCONTESTABILIDADE, s.f. Indiscutibilidade.

INCONTESTADO, adj. Indiscutido; inconteste.

INCONTESTÁVEL, adj. Indiscutível.

INCONTESTE, adj. Indiscutido; que não admite discussão.

INCONTIDO, adj. Livre, solto.

INCONTINÊNCIA, s.f. Imoderação; descontrole.

INCONTINENTE, adj. Imoderado; desenfreado.

INCONTINENTI, adv. (lat.) Imediatamente.

INCONTINUIDADE (u-i), s.f. Descontinuidade; interrupção.

INCONTÍNUO, adj. Interrompido; intervalado.

INCONTÍVEL, adj. Insopitável, irreprimível.

INCONTRASTÁVEL, adj. Irrespondível; irrefutável.

INCONTROVERSO, adj. Incontestável.

INCONTROVERTÍVEL, adj. Incontestável; indiscutível.

INCONVENIÊNCIA, s.f. Inoportunidade; grosseria; descortesia.

INCONVENIENTE, adj. Grosseiro; desairoso; inoportuno.

INCONVERSÍVEL ou **INCONVERTÍVEL,** adj. Inalterável.

INCORPORAÇÃO, s.f. Engajamento; fusão; reunião.

INCORPORADOR, s.m. Acionista fundador.

INCORPORAR, v.t. Agrupar; reunir; fundir.

INCORPOREIDADE, s.f. Espiritualidade; imaterialidade.

INCORPÓREO, adj. Imaterial; espiritual.

INCORREÇÃO, s.f. Erro; incivilidade.

INCORRER, v.rel. Incidir; comprometer-se.

INCORRETO, adj. Deselegante; errado.

INCORRIGÍVEL, adj. Impossível de corrigir; incapaz de emenda.

INCORRUPTIBILIDADE, s.f. Integridade; austeridade.

INCORRUPTÍVEL, adj. Inalterável; íntegro.

INCORRUPTO, adj. Inalterado; íntegro.

INCREDIBILIDADE, s.f. Ateísmo.

INCREDULIDADE, s.f. Irreligião; ateísmo.

INCRÉDULO, adj. Incréu; ímpio; ateu.

INCREMENTAR, v.t. Alimentar; acoroçoar; desenvolver.

INCREMENTO, s.m. Desenvolvimento; aumento.

INCREPAÇÃO, s.f. Censura, repreensão.

INCREPADOR, adj. Acusador; argüidor.

INCREPAR, v.t. Repreender; acusar.

INCRÉU, s.m. Incrédulo.

INCRIADO, adj. Que não teve princípio.

INCRIMINAÇÃO, s.f. Acusação de crime.

INCRIMINAR, v.t. Acusar, culpar, imputar (crime ou infração) a alguém.

INCRITICÁVEL, adj. Que não é criticável.

INCRÍVEL, adj. Inacreditável; inexplicável. (Superl. absol. sint.: incredibilíssimo.)

INCRUENTO, adj. Sem sangue.

INCRUSTAÇÃO, s.f. Embutido; (Geol.) depósito de matéria sólida, primitivamente em solução, que reveste qualquer matriz; inclusão.

INCRUSTADOR, adj. Ensartador; embutidor.

INCRUSTAR, v.t. Embutir; inserir; tauxiar.

INCUBAÇÃO, s.f. Preparação para a germinação; período do choco das aves, do desenvolvimento dos micróbios, da manifestação de uma doença,etc.

INCUBADOR, adj. Que serve para incubar ou chocar ovos.

INCUBADORA, s.f. Aparelho para incubação artificial de pintos, de crianças nascidas fora do tempo.

INCUBAR, v.t. Chocar (ovos); (fig.) premeditar; planear.

ÍNCUBO, s.m. Demônio masculino que se supunha descer sobre as pessoas adormecidas, provocando-lhes pesadelos.

INCULCADOR, adj. e s.m. Sugestionador; inspirador; conselheiro. (Fem.: inculcadora, inculcadeira.)

INCULCAR, v.t. Sugestionar; inspirar; aconselhar.

INCULPABILIDADE, s.f. Inocência.

INCULPADO, adj. Inocente.

INCULPAR, v.t. Censurar; acusar.

INCULPÁVEL, adj. Que não se pode culpar.

INCULTIVÁVEL, adj. Que não pode ser cultivado.

INCULTO, adj. Rude; agreste; árido.

INCULTURA, s.f. Ignorância.

INCUMBÊNCIA, s.f. Encargo; missão.

INCUMBIR, v.t. Encarregar; confiar.

INCURÁVEL, adj. Irremediável; insanável.

INCÚRIA, s.f. Desleixo; descuido.

INCURSÃO, s.f. Invasão temporária ao campo inimigo; correria hostil; invasão.

INCURSO, adj. Sujeito a (penalidades,etc.); abrangido por uma disposição legal; s.m. ato de incorrer; incursão; invasão.

INCUTIR, v.t. Insinuar; infundir no ânimo de; sugerir.

INDAGAÇÃO, s.f. Investigação; inquirição.

INDAGADOR, adj. Examinador, perquiridor.

INDAGAR, v.t. Averiguar, examinar, investigar.

INDÉBITO, adj. Imerecido; indevido.

INDECÊNCIA, s.f. Obscenidade; inconveniência.

INDECENTE, adj. Indecoroso; obsceno.

INDECIFRÁVEL, adj. Incompreensível; inexplicável.

INDECISÃO, s.f. Hesitação; perplexidade.

INDECISO, adj. Duvidoso; hesitante; irresoluto.

INDECLARÁVEL, adj. Indizível, secreto.
INDECLINÁVEL, adj. Inevitável; obrigatório.
INDECOMPONÍVEL, adj. Inteiriço.
INDECOROSO, adj. Indecente; obsceno.
INDEFECTÍVEL, adj. Infalível, pontual.
INDEFENSÁVEL, adj. Injustificável.
INDEFERIDO, adj. Desatendido; negado.
INDEFERIMENTO, s.m. Recusa de despacho.
INDEFERIR, v.t. Despachar desfavoravelmente; negar.
INDEFERÍVEL, adj. Inatendível.
INDEFESO, adj. Inerme, desarmado.
INDEFESSO, adj. Incansável; laborioso.
INDEFINIDO, adj. Incerto; vago.
INDEFINÍVEL, adj. Ambíguo, vago, incerto.
INDELEBILIDADE, s.f. Indestrutibilidade.
INDELÉVEL, adj. Indestrutível, indissipável.
INDELICADEZA, s.f. Grosseria, incivilidade.
INDELICADO, adj. Rude; grosseiro.
INDEMISSÍVEL, adj. Vitalício.
INDEMONSTRÁVEL, adj. Sem argumentos ou razões comprovantes.
INDENE, adj. Ileso; incólume.
INDENIDADE, s.f. Incolumidade.
INDENIZAÇÃO, s.f. Ressarcimento, reparação.
INDENIZADOR, adj. Ressarcidor, reparador.
INDENIZAR, v.t. Ressarcir, compensar.
INDENIZÁVEL, adj. Ressarcível, compensável.
INDEPENDÊNCIA, s.f. Liberdade, autonomia.
INDEPENDENTE, adj. Livre, autônomo.
INDESCRITÍVEL, adj. Extraordinário, colossal, formidável.
INDESCULPÁVEL, adj. Injustificável.
INDESEJÁVEL, adj. Detestável, ruim.
INDESTRUTÍVEL, adj. Firme, inalterável.
INDETERMINAÇÃO, s.f. Indecisão; hesitação.
INDETERMINADO, adj. Incerto, vago, dúbio.
INDETERMINAR, v.t. Indefinir.
INDETERMINÁVEL, adj. Indefinível, vago, dúbio, indeciso.
INDEVASSÁVEL, adj. Impenetrável.
INDEVIDO, adj. Impróprio; imerecido.
ÍNDEX (cs), s.m. Índice; catálogo dos livros cuja feitura é proibida pela Igreja; adj. e s.m. o dedo indicador. (Pl.: índices.)
INDEZ, s.m. Ovo que se deixa no ninho para servir de chama às galinhas; é mais comum a forma endez.
INDIADA, s.f. Grupo de índios.
INDIANISMO, s.m. Inspiração literária; tema, assunto, escola romântica que versava episódios dos indígenas.
INDIANISTA, adj. Literato, estudioso do indianismo.
INDIANO, adj. Natural ou habitante da Índia; hindu.
INDICAÇÃO, s.f. Roteiro; sinal.
INDICADOR, adj. Guia; mapa; roteiro; dedo índex.
INDICANTE, adj. O mesmo que indicador.
INDICAR, v.t. Apontar; mostrar.
INDICATIVO, s.m. Modo verbal em que a ação é simplesmente exposta sem condições nem dependências de outros modos.
ÍNDICE, s.m. Tabela; lista dos capítulos, seções, etc., de uma obra, com indicação da página onde começam; relação alfabética; catálogo.
INDICIADO, s.m. Réu acusado por indícios.
INDICIADOR, adj. Revelador, acusador.
INDICIAR, v.t. Dar indícios de; denunciar; acusar. (Pres. ind.: indicio, indicias, etc.)
INDÍCIO, s.m. Sinal; vestígio; indicação.
ÍNDICO, adj. Indiano.
INDIFERENÇA, s.f. Desinteresse; negligência; apatia; (Fís.) inércia dos corpos.
INDIFERENTE, adj. Apático, desinteressado.
INDIFERENTISMO, s.m. Apatia, desinteresse.
INDÍGENA, adj. Natural do país.
INDIGÊNCIA, s.f. Pobreza, miséria.
INDIGENTE, adj. Pobre, mendigo.
INDIGERÍVEL, adj. De digestão impossível ou difícil.
INDIGESTÃO, s.f. Perturbação nas funções digestivas.
INDIGESTO, adj. Que produz indigestão.
INDIGITAR, v.t. Indicar; mostrar; apontar.
INDIGNAÇÃO, s.f. Repulsão; ódio; raiva; zanga.
INDIGNADO, adj. Zangado, encolerizado.
INDIGNAR, v.t. Revoltar; irar-se. (Pres. ind.: indigno, indignas, etc.)
ÍNDIO, adj. e s.m. Indiano, índico, hindu. O mesmo que silvícola, bugre. Também é nome de um

elemento químico, metal raro, símbolo In, de peso atômico 114,8 e n.º atôm. 49; o mesmo que índium.
INDIRETA, s.f. Alusão pérfida disfarçadamente feita.
INDIRETO, adj. Oblíquo; torto.
INDIGERÍVEL, adj. Ingovernável.
INDISCERNÍVEL, adj. Obscuro, confuso.
INDISCIPLINA, s.f. Desobediência; rebelião.
INDISCIPLINADO, adj. Rebelde, insubordinado.
INDISCIPLINAR, v.t. Revoltar; sublevar.
INDISCIPLINÁVEL, adj. Rebelde, chucro.
INDISCRETO, adj. Imprudente; palrador, novideiro.
INDISCRIÇÃO, s.f. Imprudência, leviandade.
INDISCRIMINADO, adj. Misturado, baralhado.
INDISCRIMINÁVEL, adj. Emaranhado, confuso.
INDISCUTIBILIDADE, s.f. Incontestabilidade.
INDISCUTÍVEL, adj. Incontestável.
INDISFARÇÁVEL, adj. Claro, evidente.
INDISPENSÁVEL, adj. Necessário, obrigatório.
INDISPONÍVEL, adj. De que não se pode dispor; inalienável.
INDISPOR, v.t. Irritar, inimizar.
INDISPOSIÇÃO, s.f. Pequena alteração na saúde; desarranjo; incômodo.
INDISPOSTO, adj. Incomodado.
INDISPUTADO, adj. Que não é disputado; inconcusso.
INDISPUTÁVEL, adj. Incontestável; certo.
INDISSIMULÁVEL, adj. Claro, patente, evidente.
INDISSOLUBILIDADE, s.f. Firmeza, indestrutibilidade.
INDISSOLUÇÃO, s.f. Estado daquilo que não é dissolvido.
INDISSOLÚVEL, adj. Que não se pode dissolver.
INDISTINÇÃO, s.f. Confusão; ambigüidade.
INDISTINGUÍVEL, adj. Confuso, obscuro.
INDISTINTO, adj. Indeciso; confuso.
INDÍUM, s.m. Elemento químico, metal raro, símbolo In, de peso atômico 114,8. O mesmo que índio.
INDIVIDUAÇÃO, s.f. Caracterização.
INDIVIDUAL, adj. Pessoal, característico, determinante.
INDIVIDUALIDADE, s.f. Personalidade; característica própria do indivíduo.
INDIVIDUALIZAÇÃO, s.f. Ato ou efeito de individualizar.
INDIVIDUALIZAR, v.t. Tornar individual; especializar; particularizar; caracterizar; distinguir; considerar individual.
INDIVÍDUO, adj. Que não se divide; indiviso; s.m. qualquer corpo ou ser que constitui um todo distinto em relação à espécie a que pertence; exemplar de uma espécie qualquer, orgânica ou inorgânica; pessoa; sujeito. (Fem.: indivídua.)
INDIVISÃO, s.f. União inseparável; inseparabilidade.
INDIVISIBILIDADE, s.f. Qualidade daquilo que é indivisível.
INDIVISÍVEL, adj. Que não se pode dividir; uno; inteiriço.
INDIVISO, adj. Uno, inteiro.
INDIZÍVEL, adj. Inexplicável; inenarrável.
INDÓCIL, adj. Revoltado; malcriado; incorrigível; diz-se do cavalo de corrida quando se mostra inquieto antes do tiro de partida. (Sup. abs. sint.: indocilíssimo ou indocílimo. Pl.: indóceis.)
INDOCILIDADE, s.f. Rebeldia, indisciplina.
ÍNDOLE, s.f. Propensão natural, tendência especial; caráter.
INDOLÊNCIA, s.f. Apatia; desânimo.
INDOLENTE, adj. Ocioso; preguiçoso; vadio.
INDOLOR, adj. Sem dor.
INDOMADO, adj. Insubmisso; chucro.
INDOMÁVEL, adj. Rebelde, insubmisso, indomesticável.
INDOMESTICADO, adj. Bravio; chucro.
INDOMESTICÁVEL, adj. Selvagem; bravio.
INDÔMITO, adj. Indomado; arrogante; soberbo.
INDONÉSIO, adj. e s.m. Da República da Indonésia; nome coletivo das populações dos arquipélagos sul-asiáticos; adj. relativo a esses arquipélagos ou aos indonésios.
INDOUTO, adj. Iletrado, ignorante.
INDUBITADO, adj. Incontestável; certo.
INDUBITÁVEL, adj. Incontestável; certo.
INDUÇÃO, s.f. Raciocínio em que, de fatos parti-

culares, se tira uma conclusão genérica; (Elet.) aparecimento de corrente elétrica quando se modifica o fluxo magnético que atravessa um circuito fechado.

INDÚCTIL, adj. Rijo; que não se reduz a fios. (Pl.: indúcteis.)

INDUCTILIDADE, s.f. Falta de ductilidade.

INDULGÊNCIA, s.f. Clemência; remissão das penas.

INDULGENCIAR, v.t. Perdoar. (Pres. ind.: indulgencio, indulgencias, indulgência, etc.)

INDULGENTE, adj. Clemente; tolerante.

INDULTADO, adj. Perdoado.

INDULTAR, v.t. Perdoar.

INDULTO, s.m. Comutação da pena; perdão; concessão de uma graça.

INDUMENTÁRIA, s.f. Vestuário; traje.

INDUMENTÁRIO, adj. Relativo a vestuário.

INDUMENTO, s.m. Vestuário; revestimento.

INDÚSTRIA, s.f. Aptidão; destreza na execução de um trabalho manual; profissão mecânica; fábrica; (fig.) invenção; engenho; astúcia.

INDUSTRIAL, adj. Que diz respeito à indústria; s. pessoa que exerce ou possui indústria.

INDUSTRIALISMO, s.m. Sistema em que se considera a indústria como principal fim da sociedade.

INDUSTRIALIZAÇÃO, s.f. Ato ou efeito de industrializar.

INDUSTRIALIZAR, v.t. Tornar industrial; dar caráter industrial a.

INDUSTRIAR, v.t. Tornar lucrativo ou rendoso por meio da indústria; t.-rel. adestrar; exercitar. (Pres. ind.: industrio, industrias, industria, etc.)

INDUSTRIÁRIO, s.m. Pessoa que trabalha em indústrias.

INDUSTRIOSO, adj. Laborioso; hábil; astuto.

INDUTÂNCIA, s.f. (Fís.) Variação de fluxo eletromagnético em um circuito percorrido por uma corrente alternada, representada pelo quociente da indução total de um circuito pela corrente que o produz.

INDUTAR, v.t.-rel. Cobrir, revestir.

INDUTIVO, adj. Que procede por indução.

INDUTO, s.m. Envoltório; indumento.

INDUTOR, adj. Que induz; que instiga ou sugere, que produz indução; s.m. aquele que induz; circuito que produz a indução elétrica.

INDUZIDOR, adj. Instigador, aconselhador, inspirador.

INDUZIMENTO, s.m. Instigação.

INDUZIR, v.t. Instigar; sugerir, aconselhar.

INEBRIANTE, adj. Embriagante; extasiante.

INEBRIAR, v.t. Embriagar; extasiar.

INÉDIA, s.f. Abstinência completa de alimento.

INEDITISMO, s.m. Gosto de tudo o que ainda não foi publicado; sensacionalismo.

INÉDITO, adj. Não publicado; não impresso.

INEFÁVEL, adj. Indizível; encantador.

INEFICÁCIA, s.f. Insuficiência.

INEFICAZ, adj. Inútil, insuficiente.

INEFICIENTE, adj. Inútil, insuficiente.

INEGÁVEL, adj. Evidente; incontestável.

INEGOCIÁVEL, adj. Incomercial.

INELEGÂNCIA, s.f. Deselegância.

INELEGANTE, adj. Deselegante.

INELEGÍVEL, adj. Que não pode ser eleito.

INELIDÍVEL, adj. Que não se pode elidir.

INELUTÁVEL, adj. Fatal, obrigatório.

INENARRÁVEL, adj. Indizível, inexpressável.

INÉPCIA ou **INEPTIDÃO**, s.f. Falta de aptidão; idiotismo.

INEPTO, adj. Bobo, tolo, incapaz.

INEQUÍVOCO, adj. Evidente, claro.

INÉRCIA, s.f. Preguiça, indolência, torpor; (Fís.) propriedade que têm os corpos de persistir no estado de repouso ou de movimento enquanto não intervém uma força que altere esse estado.

INERÊNCIA, s.f. Qualidade íntima, intrínseca.

INERENTE, adj. Inseparável, essencial.

INERME. adj. Indefeso, desarmado.

INERRÂNCIA, s.f. Infalibilidade.

INERTE, adj. Imóvel, inativo, morto.

INERVAÇÃO, s.f. (Fisiol.) Distribuição do sistema nervoso no corpo.

INERVAR, v.t. Distribuir os nervos num corpo.

INESCRUPULOSIDADE, s.f. Falta de escrúpulos.

INESCRUPULOSO, adj. Que não tem escrúpulos.

INESCRUTABILIDADE, s.f. Impenetrabilidade, incompreensibilidade.

INESCRUTÁVEL, adj. Impenetrável, incompreensível.

INESCUSÁVEL, adj. Indesculpável.

INESGOTÁVEL, adj. Abundante, inexaurível.

INESPERADO, adj. Imprevisto.

INESQUECÍVEL, adj. Inolvidável.

INESTIMÁVEL, adj. Incalculável, inapreciável.

INEVIDÊNCIA, s.f. Obscuridade.

INEVIDENTE, adj. Obscuro.

INEVITÁVEL, adj. Fatal.

INEXATIDÃO (z), s.f. Erro.

INEXATO (z), adj. Errado.

INEXAURÍVEL (z), adj. Inesgotável.

INEXECUTÁVEL (z), adj. Inexeqüível.

INEXEQÜIBILIDADE (z), s.f. Inexecutabilidade.

INEXEQÜÍVEL (z), adj. Inexecutável.

INEXISTENTE (z), adj. Aquilo de que há falta, carência.

INEXORABILIDADE (z), s.f. Inflexibilidade.

INEXORÁVEL (z), adj. Implacável, insensível.

INEXPERIÊNCIA, s.f. Imperícia.

INEXPERIENTE, adj. Bisonho; imperito.

INEXPIADO, adj. Imperdoado, irredento.

INEXPIÁVEL, adj. Imperdoável, irremissível.

INEXPLORADO, adj. Virgem; desconhecido.

INEXPLORÁVEL, adj. Que não se pode explorar.

INEXPRESSABILIDADE, s.f. Qualidade do que é inexpressável.

INEXPRESSÁVEL, adj. Inefável, indizível.

INEXPRESSIVO, adj. Morto, apagado.

INEXPRIMÍVEL, adj. Inexpressível.

INEXPUGNÁVEL, adj. Invencível.

INEXTENSÍVEL, adj. Inesticável, que se não distende.

INEXTENSO, adj. Não extenso.

INEXTERMINÁVEL, adj. Indestrutível.

INEXTINGUIBILIDADE, s.f. Indestrutibilidade.

INEXTINGUÍVEL, adj. Inexterminável, imortal.

INEXTINTO, adj Inapagado.

INEXTIRPÁVEL, adj. Inarrancável, indesenraizável.

INEXTRICABILIDADE, s.f. Indeslindável.

INEXTRICÁVEL, adj. Emaranhado; enredado.

INFALIBILIDADE, s.f. Inerrância.

INFALÍVEL, adj. Certo, que não erra.

INFAMAÇÃO, s.f. Descrédito; difamação.

INFAMADOR, adj. Difamador, ofensor.

INFAMANTE, adj. Difamante, injurioso.

INFAMAR, v.t. Inquinar a honra de alguém; ofender.

INFAMATÓRIO, adj. Infamante.

INFAME, adj. Vil; torpe; abjeto. (Superl. abs. sint.: infamíssimo, infamérrimo.)

INFÂMIA, s.f. Desonra, ignomínia.

INFÂNCIA, s.f. Período de crescimento, no ser humano, e que se estende do nascimento até a puberdade; meninice.

INFANTA, s.f. Esposa do infante

INFANTADO, s.m. Terras ou rendas pertencentes a um infante.

INFANTARIA, s.f. Tropa militar que faz serviço a pé.

INFANTE, s.m. Filho dos reis de Portugal ou da Espanha, mas não herdeiro da coroa; criança; soldado de infantaria. (Fem.: infanta.)

INFANTICIDA, adj. Assassino de criança recém-nascida.

INFANTICÍDIO, s.m. Assassínio do recém-nascido, morte dada a uma criança.

INFANTIL, adj. Que diz respeito à criança; próprio de crianças, inocente, ingênuo.

INFANTILIDADE, s.f. Puerícia, meninez, ingenuidade, dito ou feito próprio de criança.

INFANTILISMO, s.m. Persistência anormal dos caracteres infantis na idade adulta.

INFANTILIZAR, v.t. Tornar infantil.

INFATIGABILIDADE, s.f. Laboriosidade, incansabilidade.

INFATIGÁVEL, adj. Incansável; zeloso; desvelado.

INFAUSTO, adj. Infeliz; agourento.

INFECÇÃO, s.f. Contágio, corrupção, contaminação; (Med.) invasão dos tecidos orgânicos por germes patogênicos, com aparecimento de fenômenos reacionais. Quando a invasão é por vermes, dá-se o nome de infestação.

INFECCIONADO, adj. Contagiado, contaminado.

INFECCIONAR, v.t. Contaminar.

INFECCIOSO, adj. Que resulta de infecção, que produz infecção.

INFECUNDIDADE, s.f. Esterilidade.

INFECUNDO, adj. Estéril, maninho.

INFELICIDADE, s.f. Desdita, infortúnio, desgraça.

INFELICITADOR, adj. Desgraçador, causador de infortúnio.

INFELICITAR, v.t. Desgraçar; desonrar.

INFELIZ, adj. Desventurado, desgraçado.

INFENSO, adj. Inimigo, irado.

INFERIOR, adj. Subalterno, menos bom, que está mais baixo que outro, que é subordinado a um superior.

INFERIORIDADE, s.f. Qualidade de inferior.

INFERIORIZAR, v.t. Tornar inferior, menosprezar.

INFERIR, v.t. Deduzir, concluir. (Conjuga-se como o v. ferir.)

INFERNAL, adj. Atroz, medonho; horrendo.

INFERNAR, v.t. (fig.) Apoquentar; afligir; atormentar.

INFERNEIRA, s.f. Algazarra; tumulto.

INFERNIZAR, v.t. Infernar; arreliar; encolerizar.

INFERNO, s.m. Segundo a mitologia, lugar subterrâneo, onde estão as almas dos mortos; lugar que, segundo o cristianismo, é destinado ao supício eterno das almas dos condenados; (fig.) vida de martírio; tormento. Inferno Verde: a Amazônia.

INFÉRTIL, adj. Estéril, improdutivo.

INFERTILIDADE, s.f. Esterilidade, improdutividade.

INFESTAÇÃO, s.f. Invasão de animais daninhos, parasitas, vermes, etc. em qualquer hospedeiro.

INFESTADOR, adj. Invasor (tratando-se de parasitas).

INFESTAR, v.t. Invadir; assolar.

INFESTO, adj. Molesto; nocivo.

INFETANTE, adj. Contagiante. Forma paral.: infectante.

INFETAR, v.t. Contagiar. Forma paral.: infectar.

INFETUOSO, adj. Que produz infecção, infeccionante. Forma paral.: infectuoso.

INFIBULAR, v.t. Afivelar; acolchetar.

INFIDELIDADE, s.f. Traição; deslealdade.

INFIEL, adj. Desleal; traiçoeiro; pérfido. (Superl.: infidelíssimo.)

INFILTRAÇÃO, s.f. Penetração, impregnação.

INFILTRADOR, adj. Penetrador, impregnador.

INFILTRAR, v.t. Penetrar; impregnar.

ÍNFIMO, adj. O mais baixo; pequeníssimo, insignificante.

INFINDÁVEL, adj. Perpétuo, inextinguível.

INFINDO, adj. O mesmo que infindável.

INFINIDADE, s.f. Grande número, abundância.

INFINITÉSIMA, s.f. Parte infinitamente pequena.

INFINITESIMAL, adj. Que tem o caráter de infinitésimo; diz-se do cálculo diferencial e do integral.

INFINITÉSIMO, adj. Que é infinitamente pequeno.

INFINITIVO, adj. Modo verbal, forma nominal do verbo, pela qual se distinguem as conjugações: amar, vender, partir. O mesmo que infinito.

INFINITO, adj. Infindo; o mesmo que infinitivo.

INFIRMAR, v.t. Enfraquecer; invalidar; debilitar.

INFIRMATIVO, adj. Debilitante.

INFIXO (cs), s.m. (Gram.) Afixo no interior da palavra: o **z** de cafezinho; o **t** de cafeteira, por ex.

INFLAÇÃO, s.f. Intumescimento; grande emissão de papel-moeda. (Antôn.: deflação.)

INFLACIONÁRIO, adj. Relativo a inflação; inflatório.

INFLACIONISTA, adj. Partidário da inflação.

INFLADO, adj. Inchado; (fig.) soberbo.

INFLAMAÇÃO, s.f. Edema, tumor, inchaço.

INFLAMADO, adj. Exaltado; incendiado; inchado, intumescido.

INFLAMADOR, adj. Que inflama.

INFLAMAR, v.t. Incender, queimar, atear fogo; inchar, intumescer.

INFLAMATIVO, adj. Que inflama.

INFLAMATÓRIO, adj. Inflamativo.

INFLAMÁVEL, adj. Incendiável, intumescível.

INFLAR, v.t. Enfunar; intumescer; (fig.) tornar vaidoso; encher de soberba.

INFLATÓRIO, adj. Inflacionário.

INFLEXÃO (cs), s.f. Curvatura; inclinação de uma linha; desvio; modulação de voz.

INFLEXIBILIDADE (cs), s.f. Inexorabilidade; rigidez.

INFLEXÍVEL (cs), adj. Implacável; inexorável; rígido.

INFLIÇÃO, s.f. Ato ou efeito de infligir.

INFLIGIR, v.t.-rel. Aplicar pena, castigo, repreensão. (Pres. indic.: inflijo, infliges, inflige, etc.)

INFLUÊNCIA, s.f. Influxo; preponderância; prestígio.

INFLUENCIAR, v.t. Incutir, ter ascendência sobre; inculcar. (Pres. ind.: influencio, influencias, etc.)

INFLUENTE, adj. Prestigioso, preponderante.

INFLUENZA, s.f. Gripe; defluxo.

INFLUIÇÃO (u-i), s.f. Preponderância.

INFLUÍDO, adj. Entusiasmado, animado.

INFLUIR, v.t. Inspirar; incutir; entusiasmar; excitar. (Conjuga-se como o verbo fluir.)

INFLUXO (cs), s.m. Sugestão; influência física ou moral.

INFORMAÇÃO, s.f. Esclarecimento, fornecimento de dados, notas, argumentos, etc.

INFORMADOR, adj. Informante.

INFORMANTE, adj. Esclarecedor; aquele que dá informação.

INFORMAR, v.t. Instruir, documentar, avisar, comunicar, inteirar, dar parecer, noticiar.

INFORMATIVO, adj. Informante.

INFORME, s.m. Documentação, dados, notas, esclarecimento; informação; adj. sem forma ou feitio, tosco, rude; grande; monstruoso.

INFORTUNADO, adj. Infeliz, desafortunado.

INFORTUNAR, v.t. Tornar infeliz.

INFORTÚNIO, s.m. Infelicidade; desventura.

INFRA, prep.lat. Abaixo, em baixo. Como prefixo entra na composição de várias palavras; é seguido de hífen quando o elemento seguinte começa por vogal, h, r ou s.

INFRAÇÃO, s.f. Transgressão.

INFRA-ESCRITO, adj. Escrito abaixo daquilo que se está tratando. (Pl.: infra-escritos.)

INFRA-ESTRUTURA, s.f. Parte inferior de uma estrutura. (Pl.: infra-estruturas.)

INFRANGÍVEL, adj. Inquebrável.

INFRA-SOM, s.m. (Acúst.) Movimento vibratório com freqüência inferior a 16 vibrações por segundo.

INFRATOR, Transgressor.

INFRAVERMELHO, adj. (Fís.) Diz-se das radiações de grande comprimento de onda, não visíveis no espectro e que têm a propriedade de produzir elevação de temperatura.

INFRENE, adj. Desordenado; sem freio.

INFRINGÊNCIA, s.f. Desrespeito, transgressão.

INFRINGIR, v.t. Transgredir. (Pres. ind.: infrinjo, infringes, etc.)

INFRINGÍVEL, adj. Que se pode infringir.

INFRUTÍFERO, adj. Inútil, estéril.

INFRUTUOSO, adj. Infrutífero; inútil.

INFUNDADO, adj. Imaginário, fictício, inventado.

INFUNDIR, v.t. Inspirar, incutir.

INFUSA, s.f. Bilha, vaso, jarra.

INFUSÃO, s.f. Maceração, beberagem, extrato, sumo, conserva de folhas em álcool.

INFUSÓRIO, s.m. Espécime dos infusórios, protozoários dotados de cílios.

INGÁ, s.m. Fruta do ingazeiro.

INGAZEIRA ou **INGAZEIRO,** s.f. ou m. Árvore leguminosa que produz o ingá.

INGÊNITO, adj. De nascença; inato.

INGENTE, adj. Grande; enorme.

INGENUIDADE, s.f. Simplicidade, inocência.

INGÊNUO, adj. Natural; inocente; em que não há malícia; simples.

INGERÊNCIA, s.f. Intervenção; intromissão.

INGERIR, v.t. Engolir. (Pres. ind.: ingiro, ingeres, ingere, etc.)

INGESTÃO, s.f. Ato de ingerir; deglutição.

INGLÊS, adj. Natural da Inglaterra; s.m. a língua inglesa. (Fem.: inglesa; pl.: ingleses.)

INGLESADA, s.f. Reunião de ingleses.

INGLESAR, v.t. Dar feição inglesa.

INGLÓRIO, adj. Obscuro, mesquinho.

INGOVERNÁVEL, adj. Insubmisso; insubordinado.

INGRANZAMENTO, s.m. O mesmo que ingranzéu.

INGRANZÉU, s.m. Barulho, alarido, bulha.

INGRATIDÃO, s.f. Falta de reconhecimento aos benefícios recebidos.

INGRATO, adj. Mal-agradecido; (fig.) desagradável, trabalhoso.

INGREDIENTE, s.m. Componente, integrante.

ÍNGREME, adj. Ladeirento; escarpado.

INGRESIA, s.f. Linguagem arrevesada e ininteligível.

INGRESSAR, v.rel. Entrar; iniciar.

INGRESSO, s.m. Entrada, admissão.

ÍNGUA, s.f. Ingurgitamento de gânglio linfático; bubão.

INGUINAL, adj. Que diz respeito à virilha.

255

INGURGITAÇÃO, s.f. Enfartamento.
INGURGITAMENTO, s.m. O mesmo que ingurgitação.
INGURGITAR, v.t. Enfartar.
INHAME, s.m. Planta medicinal e alimentícia cujo tubérculo apresenta rica reserva nutritiva.
INIBIÇÃO, s.f. Impedimento, embaraço momentâneo, de origem psíquica.
INIBIR, v.t. Impedir; impossibilitar.
INIBITIVO, adj. Inibitório.
INIBITÓRIA, s.f. Dificuldade; embaraço.
INIBITÓRIO, adj. Impeditivo, embaraçante.
INICIAÇÃO, s.f. Aprendizado, tirocínio.
INICIADO, s.m. Novato, discípulo.
INICIADOR, adj. Mestre, dirigente.
INICIAL, adj. Princípio, começo.
INICIAR, v.t. Começar; principiar.
INICIATIVA, s.f. Atividade; diligência.
INICIATIVO, adj. Inicial.
INÍCIO, s.m. Começo; princípio.
INIDÔNEO, adj. Inapto, incompetente.
INIGUALÁVEL, adj. Que não se pode igualar.
INIMAGINÁVEL, adj. Incrível, inacreditável.
INIMIGO, adj. Adversário, desafeto, nocivo. (Superl.: inimicíssimo.)
INIMISTAR, v.t. Inimizar, malquistar.
INIMITÁVEL, adj. Extraordinário, excepcional.
INIMIZADE, s.f. Malquerença, desafeição.
INIMIZAR, v.t. Inimistar, malquistar.
ININTELEGÍVEL, adj. Obscuro; incompreensível.
ININTERRUPÇÃO, s.f. Continuidade; seqüência.
ININTERRUPTO, adj. Contínuo; sem interrupção.
INIQÜIDADE, s.f. Injustiça, perversidade.
INÍQUO, adj. Perverso, injusto, cruel.
INJEÇÃO, s.f. Ato ou efeito de injetar; líquido que se injeta; importunação; conversa enfadonha.
INJETAR, v.t. Introduzir líqüido no corpo, por meio de punção; aborrecer, cacetear (alguém).
INJETOR, s.m. Aparelho destinado à sulfuração de plantas, aparelho destinado à aplicação de inseticidas no solo; dispositivo de motor de explosão (injetor de ar, injetor de óleo, etc.)
INJUNÇÃO, s.m. Situação criada pelas circunstâncias; obrigação.
INJÚRIA, s.f. Ofensa, insulto.
INJURIADOR, adj. Insultador, ofensor.
INJURIAR, v.t. Difamar; insultar; ofender. (Pres. ind.: injurio, injurias, etc.)
INJURIOSO, adj. Ofensivo; infamante.
INJUSTIÇA, s.f. Iniqüidade.
INJUSTIFICÁVEL, adj. Indesculpável, indefensável.
INJUSTO, adj. Iníquo; contrário à justiça.
INOBEDIÊNCIA, s.f. Indisciplina, rebeldia, insubmissão.
INOBEDIENTE, adj. Desobediente, indisciplinado.
INOBSERVADO, adj. Não observado; nunca visto.
INOBSERVÂNCIA, s.f. Transgressão, infringência.
INOBSERVANTE, adj. Transgressor.
INOBSERVÁVEL, adj. Que não se pode observar ou cumprir.
INOCÊNCIA, s.f. Candura; simplicidade.
INOCENTAR, v.t. Justificar; absolver; impronunciar.
INOCENTE, adj. Cândido; ingênuo.
INOCUIDADE (u-i), s.f. Estado do que não é nocivo, não é prejudicial; inocência.
INOCULAÇÃO, s.f. Introdução.
INOCULAR, v.t. Introduzir no organismo por inoculação; (fig.) contagiar.
INOCULÁVEL, adj. Que se pode inocular.
INÓCUO, adj. Que não faz dano; inofensivo.
INODORO, adj. Que não tem odor.
INOFENSIVO, adj. Pacífico, inocente, inócuo.
INOLVIDÁVEL, adj. Inesquecível.
INOMINÁVEL, adj. Que não se pode designar por um nome; (fig.) vil; baixo.
INOPERANTE, adj. Ineficaz, inútil.
INOPERÁVEL, adj. Que não pode ser operado.
INÓPIA, s.f. Penúria, escassez, miséria.
INOPINADO, adj. Imprevisto; inesperado.
INOPORTUNO, adj. Intempestivo, desapropriado, inconveniente.
INORGÂNICO, adj. Sem órgãos, morto, desorganizado; diz-se do ramo da Química que estuda os corpos pertencentes ao reino mineral, compreendendo todos os metais e metalóides, exceto os compostos orgânicos do carbono, que constituem o outro ramo e integram em sua maioria os organismos dos vegetais e animais.

INORGANIZADO, adj. Que não tem organização; inorgânico.
INOSPITALEIRO, adj. Desamável, hostil.
INOSPITALIDADE, s.f. Hostilidade.
INÓSPITO, adj. Inabitável.
INOVAÇÃO, s.f. Novidade.
INOVADOR, adj. Reformador, introdutor de novidades.
INOVAR, v.t. Renovar, introduzir medidas novas.
INOXIDÁVEL (cs), adj. Que não é suscetível de oxidação; que não se enferruja.
INQUALIFICÁVEL, adj. Indigno; vilíssimo.
INQUEBRANTÁVEL, adj. Inflexível; invencível.
INQUÉRITO (ké), s.m. Sindicância.
INQUIETAÇÃO, s.f. Apoquentação; inquietude; perturbação.
INQUIETADOR, adj. Perturbador, inquietador.
INQUIETANTE, adj. Inquietador.
INQUIETAR, v.t. Apoquentar; desassossegar.
INQUIETO, adj. Desassossegado; agitado.
INQUIETUDE, s.f. Inquietação; nervosismo.
INQUILINATO, s.m. Estado de quem reside em casa alugada.
INQUILINO, s.m. Indivíduo que reside em casa que tomou de aluguel; locatário.
INQUINAÇÃO, s.f. ou INQUINAMENTO, s.m. Mancha, infâmia.
INQUINAR, v.t. Poluir; corromper; infetar.
INQUIRIÇÃO, s.f. Inquérito; sindicância; averiguação.
INQUIRIDOR, adj. Interrogador; investigador.
INQUIRIMENTO, s.m. Inquirição.
INQUIRIR, v.t. Procurar informações sobre; indagar; investigar.
INQUISIÇÃO, s.f. Inquirição; antigo tribunal eclesiástico instituído para investigar e punir crimes contra a fé católica.
INQUISIDOR, s.m. Juiz do tribunal da inquisição; (fig.) argüidor severo.
INQUISITORIAL, adj. Vexatório; desumano; terrível; severo.
INSACIABILIDADE, s.f. Incontentabilidade.
INSACIADO, adj. Incontentado, insatisfeito.
INSACIÁVEL, adj. Ávido; avaro, incontentável.
INSALUBRE, adj. Doentio, prejudicial à saúde, nocivo. (Superl. abs. sint.: insalubérrimo, insalubríssimo.)
INSALUBRIDADE, s.f. Inadequado à vida; nocivo.
INSALUTÍFERO, adj. Insalubre.
INSANABILIDADE, s.f. Irremediável.
INSANÁVEL, adj. Incurável; irremediável.
INSÂNIA, s.f. Loucura; demência.
INSANIDADE, s.f. Loucura; demência.
INSANO, adj. Insensato; demente.
INSATURÁVEL, adj. Insaciável, incontentável, que não se satura.
INSCIÊNCIA, s.f. Ignorância.
INSCIENTE, adj. Ignorante.
INSCREVER, v.t. Alistar; arrolar; matricular.
INSCRIÇÃO, s.f. Legenda, alistamento; matrícula.
INSCRITO, adj. Traçado dentro; registrado; matriculado.
INSCULPIR, v.t. Gravar; entalhar.
INSECÁVEL, adj. Que não é suscetível de secar.
INSEGURANÇA, s.f. Intranqüilidade; falta de garantia.
INSEGURIDADE, s.f. Insegurança.
INSEGURO, adj. Incerto; falta de garantias.
INSENSATEZ (ê), s.f. Imprudência; loucura.
INSENSATO, adj. Louco, imprudente.
INSENSIBILIDADE, s.f. Indolorimento; impossibilidade.
INSENSIBILIZAÇÃO, s.f. Ação de insensibilizar.
INSENSIBILIZAR, v.t. Tornar insensível.
INSENSITIVO, adj. Indiferente; impassível.
INSENSÍVEL, adj. Impassível; indiferente.
INSEPARABILIDADE, s.f. Intimidade; ligação.
INSEPARÁVEL, adj. Uno; conexo; íntimo.
INSEPULTO, adj. Não enterrado.
INSERÇÃO, s.f. Introdução, implantação, intercalação, inscrição.
INSERIR, v.t. e t.-rel. Introduzir; implantar; intercalar. (Pres. ind.: insiro, inseres, insere, inserimos, inseris, inserem; pres. subj.: insira, insiras, insira, insiramos, insirais, insiram.: Part. pas. inserido e inserto.)
INSERTO, adj. Introduzido; intercalado.
INSERVIÊNCIA, s.f. Inutilidade; sem préstimo.

INSERVÍVEL, adj. Inútil; imprestável.

INSETICIDA, adj. Que mata insetos; s.m. ingrediente próprio para matar insetos.

INSETICÍDIO, s.m. Morte de inseto.

INSETÍFUGO, adj. Que afugenta os insetos.

INSETÍVORO, adj. Que come insetos.

INSETO, s.m. Animal provido de três pares de pernas articuladas com o tórax, e que respira por traquéias.

INSETOLOGIA, s.f. Entomologia; ciência, estudo dos insetos.

INSETOLÓGICO, adj. Relativo à insetologia.

INSETOLOGISTA, s. Insetólogo; entomologista.

INSÍDIA, s.f. Emboscada; armadilha.

INSIDIADOR, adj. Pérfido; falso.

INSIDIAR, v.t. Enganar; lograr; corromper. (Conjuga-se regularmente: insidia, insidias, insidia,etc.)

INSIDIOSO, adj. Pérfido; falso; hipócrita.

INSIGNE, adj. Notável; eminente.

INSÍGNIA, s.f. Sinal distintivo; venera; emblema.

INSIGNIFICÂNCIA, s.f. Bagatela; ninharia.

INSIGNIFICANTE, adj. Reles; coisa à-toa.

INSIGNIFICATIVO, adj. Inexpressivo.

INSINCERIDADE, s.f. Falsidade; hipocrisia.

INSINCERO, adj. Falso, hipócrita.

INSINUAÇÃO, s.f. Acusação indireta ou disfarçada.

INSINUADOR, adj. Acusador.

INSINUANTE, adj. Simpático; cativante.

INSINUAR, v.t. Acusar; aludir.

INSINUATIVO, adj. Insinuante.

INSIPIDEZ, s.f. Insulsidade; sensaboria.

INSÍPIDO, adj. Insulso, insosso.

INSISTÊNCIA, s.f. Contumácia; teimosia.

INSISTENTE, adj. Teimoso; importuno.

INSISTIR, v.t. Persistir; teimar.

INSOCIABILIDADE, s.f. Misantropia, retraimento.

INSOCIAL, adj. Misantropo, retraído.

INSOCIÁVEL, adj. Intratável; inacessível.

INSOFISMÁVEL, adj. Claro; evidente.

INSOFRIDO, adj. Impaciente; inquieto.

INSOFRÍVEL, adj. Insuportável; inaturável.

INSOLAÇÃO, s.f. Aquecimento excessivo, ocasionando febre e mal-estar, por exposição demorada aos raios solares.

INSOLÊNCIA, s.f. Malcriação, grosseria.

INSOLENTE, adj. Atrevido; malcriado.

INSÓLITO, adj. Inabitual; incrível.

INSOLUBILIDADE, s.f. Estado ou qualidade do que é insolúvel.

INSOLÚVEL, adj. Que não é solúvel; que não se desata; que não se pode resolver; (Quim.) diz-se de uma substância que não é solúvel em outra.

INSOLVABILIDADE, s.f. Falência; miséria.

INSOLVÁVEL, adj. Falido, que não pode pagar.

INSOLVÊNCIA, s.f. Falência, miséria.

INSOLVENTE, adj. Falido, devedor.

INSOLVÍVEL, adj. Que não pode ser pago.

INSONDADO, adj. Imperscrutado.

INSONDÁVEL, adj. Inexplicável; misterioso; incompreensível.

INSONE, adj. Desperto, acordado.

INSÔNIA, s.f. Privação do sono; vigília.

INSONOLÊNCIA, s.f. (V. insônia.)

INSONORO, adj. Surdo, que não dá som.

INSOPITÁVEL, adj. Incontível; irreprimível.

INSOSSO, adj. Insulso; insípido.

INSPEÇÃO, s.f. Vistoria; exame.

INSPECIONAR, v.t. Vistoriar; examinar.

INSPETOR, s.m. Fiscalizador.

INSPETORIA, s.f. Cargo, sede ou dignidade de inspetor; repartição encarregada de inspecionar.

INSPIRAÇÃO, s.f. Insuflação divina; entusiasmo poético.

INSPIRADOR, adj. Que produz inspiração; que sugere, que persuade; insinua.

INSPIRAR, v.t. Aspirar; sugerir; despertar idéias.

INSPIRATIVO, adj. Que inspira.

INSPIRATÓRIO, adj. Próprio para inspirar; que leva o ar aos pulmões.

INSTABILIDADE, s.f. Inconstância; insegurança.

INSTALAÇÃO, s.f. Conjunto de aparelhos ou peças que compõem uma determinada utilidade; ação de colocar em seus lugares os objetos para certo fim; inauguração, começo, início.

INSTALADOR, adj. Que instala; iniciador.

INSTALAR, v.t. Estabelecer; dispor para funcionar; alojar; inaugurar.

INSTÂNCIA, s.f. Insistência; tenacidade; jurisdi-

ção; foro; série de atos de um processo desde a sua apresentação a um juiz ou tribunal até a sentença decisória.

INSTANTANEIDADE, s.f. Repentinidade.

INSTANTÂNEO, adj. Repentino; inesperado.

INSTANTE, adj. Iminente; urgente; pertinaz.

INSTAR, v.t. Pedir, solicitar, rogar.

INSTAURAÇÃO, s.f. Estabelecimento, iniciação.

INSTAURADOR, adj. Fundador, iniciador.

INSTAURAR, v.t. Estabelecer; organizar; instituir.

INSTÁVEL, adj. Inconstante; movediço.

INSTIGAÇÃO, s.f. Sugestão; estímulo.

INSTIGADOR, adj. Incitador, estimulador.

INSTIGAR, v.t. Incitar; estimular; açular.

INSTILAÇÃO, s.f. Gotejamento; infiltração.

INSTILAR, v.t. Gotejar; pingar.

INSTINTIVO, adj. Natural; espontâneo.

INSTINTO, s.m. Disposição natural; tendência ingênita; impulso.

INSTITUCIONAL, adj. Que diz respeito a instituição.

INSTITUIÇÃO, s.f. Fundação; estabelecimento.

INSTITUIDOR, adj. Fundador, estabelecedor.

INSTITUIR, v.t. Fundar; estabelecer; criar; constituir. (Pres. ind.: instituo, instituis, institui, instituímos, instituís, constituem; pres. subj.: instituía, etc.)

INSTITUTO, s.m. Constituição de ordem religiosa; regulamentação; regra; corporação literária, científica ou artística; designação de certos estabelecimentos de ensino e de pesquisas científicas.

INSTRUÇÃO, s.f. Ensino; aprendizado.

INSTRUIR, v.t. Ensinar; adestrar; lecionar. (Pres. ind.: instruo, instruis, instrui, instruímos, instruís, instruem.)

INSTRUMENTAÇÃO, s.f. Arte de exprimir a música por meio de instrumentos, de dispor as partes de harmonia numa composição musical.

INSTRUMENTAL, adj. Relativo a instrumento; s.m. o conjunto de petrechos de um ofício, profissão,etc.

INSTRUMENTAR, v.t. Escrever para cada instrumento (a parte da peça musical que lhe pertence). (Med.) Assistir operação entregando o material ao cirurgião.

INSTRUMENTISTA, s. Pessoa que toca algum instrumento; compositor de música instrumental.

INSTRUMENTO, s.m. Utensílio; objeto que produz sons musicais; título escrito comprobativo de algum direito.

INSTRUTIVO, adj. Educativo; ilustrativo.

INSTRUTOR, adj. Adestrador; treinador.

INSUBMERGÍVEL, adj. Flutuante; inafundável.

INSUBMERSÍVEL, adj. (V. Insubmergível.)

INSUBMISSÃO, s.f. Indisciplina, rebeldia.

INSUBMISSO, adj. Indisciplinado, rebelde.

INSUBORDINAÇÃO, s.f. Rebelião; revolta.

INSUBORDINADO, adj. Indisciplinado; rebelde.

INSUBORDINAR, v.t. Revoltar; amotinar.

INSUBORDINÁVEL, adj. Rebelde, indócil.

INSUBORNÁVEL, adj. Íntegro, incorruptível.

INSUBSISTÊNCIA, s.f. Sem fundamentos, falta de meios de viver.

INSUBSISTENTE, adj. Infundado.

INSUBSTITUÍVEL, adj. Inigualável; indispensável.

INSUCESSO, s.m. Mau êxito; infelicidade; aborto.

INSUFICIÊNCIA, s.f. Incompetência; incapacidade.

INSUFICIENTE, adj. Incapaz; falta de.

INSUFLAÇÃO, s.f. Sugestão; induzimento; instigação.

INSUFLADOR, adj. Sugestionador; instigador.

INSUFLAR, v.t.-rel. Soprar; insinuar; instigar.

INSULAÇÃO, s.f. Insulamento; retraimento.

INSULAMENTO, s.m. Insulação.

INSULAR, adj. Insulano; v.t.-rel. isolar; separar.

INSULINA, s.f. Hormônio do pâncreas, indispensável à utilização do açúcar no organismo.

INSULSO, adj. Insosso; insípido.

INSULTADO, adj. Ofendido; ultrajado.

INSULTADOR, adj. Ofensor; injuriador.

INSULTANTE, adj. Ofensivo; ultrajante.

INSULTAR, v.t. Injuriar; ultrajar; afrontar.

INSULTO, s.m. Injúria; afronta; ofensa.

INSULTUOSO, adj. Injurioso; ofensivo.

INSUPERÁVEL, adj. Invencível; inexpugnável.

INSUPORTÁVEL, adj. Que não pode ser suportado.

INSUPRÍVEL, adj. Insubstituível.

INSURGENTE, adj. Revoltado; rebelde.

INSURGIR, v.t. Sublevar; revolucionar.

INSURRECIONADO, adj. Revoltado; rebelde.

INSURRECIONAL, adj. Que diz respeito a insurreição.

INSURRECIONAR, v.t. Insurgir; revoltar.

INSURREIÇÃO, s.f. Rebelião; sublevação.

INSURRETO, adj. Revoltado, rebelde.

INSUSPEIÇÃO, s.f. Isenção de ânimo; imparcialidade.

INSUSPEITO, adj. Inocente, imparcial.

INSUSTENTÁVEL, adj. Insubsistente, sem apoio.

INTACTO, adj. Íntegro; íleso.

INTANGIBILIDADE, s.f. Impalpabilidade.

INTANGÍVEL, adj. Intocável; impalpável.

ÍNTEGRA, s.f. Totalidade, contexto completo da lei, etc.; na —: loc. adv.: integralmente, sem lhe faltar uma palavra.

INTEGRAÇÃO, s.f. Totalização; complementação.

INTEGRAL, adj. Total; inteiro; parte da Matemática que se ocupa da integral das funções.

INTEGRANTE, adj. Componente; que faz parte, que integra, completo.

INTEGRAR, v.t. Completar; totalizar; inteirar; fazer parte de.

INTEGRÁVEL, adj. Que pode ser totalizado.

INTEGRIDADE, s.f. Inteireza; retidão; imparcialidade.

ÍNTEGRO, adj. Completo; perfeito; reto; justo; inatacável. (Superl. abs. sint.: integérrimo, integríssimo.)

INTEIRAR, v.t. Completar; integrar.

INTEIREZA, s.f. Integridade; retidão.

INTEIRIÇADO, adj. Hirto; esticado; duro.

INTEIRIÇAR, v.t. Tornar inteiriço ou hirto; entesar.

INTEIRIÇO, adj. Íntegro; completo.

INTEIRO, adj. Íntegro, completo.

INTELECÇÃO, s.f. Compreensão, entendimento.

INTELECTIVO, adj. Que diz respeito ao intelecto; do entendimento.

INTELECTO, s.m. Inteligência; entendimento.

INTELECTUAL, adj. Literário; científico; que diz respeito ao entendimento; s. pessoa dada a estudos literários ou científicos.

INTELECTUALIDADE, s.f. Intelecto; as faculdades intelectuais.

INTELECTUALISMO, s.m. Predominância, num sistema ou num tipo de cultura, dos elementos racionais, isto é, da inteligência e da razão.

INTELECTUALISTA, adj. Adepto do intelectualismo.

INTELIGÊNCIA, s.f. Faculdade de compreender; compreensão fácil.

INTELIGENTE, adj. Hábil; destro; perspicaz; que tem inteligência.

INTELIGIBILIDADE, s.f. Compreensibilidade.

INTELIGÍVEL, adj. Compreensível.

INTEMERATO, adj. Puro; incorrupto.

INTEMPERADO, adj. Dissoluto, imoderado.

INTEMPERANÇA, s.f. Glutonaria; costume de beber e comer excessivamente.

INTEMPERANTE, adj. Ébrio; glutão; beberrão.

INTEMPÉRIE, s.f. Mau tempo.

INTEMPESTIVIDADE, s.f. Inoportunidade.

INTEMPESTIVO, adj. Inoportuno.

INTENÇÃO, s.f. Desejo; intento; propósito.

INTENCIONADO, adj. Determinado; propositado.

INTENCIONAL, adj. Determinado; propositado.

INTENDÊNCIA, s.f. Cargo ou dignidade de intendente; edifício ou repartição onde o intendente exerce as suas funções.

INTENDENTE, s. Pessoa que dirige ou administra alguma coisa.

INTENDER, v.t. Superintender, administrar.

INTENSIDADE, s.f. Força; energia; grau de tensão.

INTENSIFICAÇÃO, s.f. Fortalecimento; reforço.

INTENSIFICAR, v.t. Fortificar; reforçar.

INTENSIVO, adj. Ativo; continuado; veemente.

INTENSO, adj. Ativo; enérgico; veemente.

INTENTAR, v.t. Planear; formular; projetar.

INTENTO, s.m. Intenção; plano; desígnio.

INTENTONA, s.f. Conspiração; sedição.

INTERCADÊNCIA, s.f. Interrupção; falta de continuidade.

INTERCADENTE, adj. Intermitente; irregular.

INTERCALAÇÃO, s.f. Intervalação; alternação.

INTERCALAR, v.t. Interpor; pôr de permeio; inserir.

INTERCÂMBIO, s.m. Troca; relações de comércio ou intelectuais entre nações ou instituições.

INTERCEDER, v.rel. Pedir por outrem; rogar.

INTERCELULAR, adj. Que está entre as células.

INTERCEPÇÃO ou **INTERCEPTAÇÃO**, s.f. Ato ou efeito de interceptar, deter.

INTERCEPTAR, v.t. Interromper; impedir.

INTERCESSÃO, s.f. Pedido; rogo.

INTERCESSOR, adj. Medianeiro; advogado.

INTERCOLUNAR, adj. Que diz respeito à intercolúnio.

INTERCOLÚNIO, s.m. Espaço entre colunas.

INTERCONTINENTAL, adj. Que diz respeito a dois ou mais continentes; colocado entre continentes; que se faz de continente para continente.

INTERCORRÊNCIA, s.f. Superveniência; ocorrência de permeio.

INTERCORRENTE, adj. Que vem de permeio; superveniente.

INTERCUTÂNEO, adj. O mesmo que subcutâneo.

INTERDEPENDÊNCIA, s.f. Dependência mútua.

INTERDIÇÃO, s.f. Proibição; privação judicial de alguém reger a sua pessoa e bens.

INTERDITAR, v.t. Declarar interdito; proibir.

INTERDITO, adj. Proibido; privado de reger a sua pessoa e bens.

INTERDIZER, v.t. Proibir; impor interdição ou interdito. (Conjuga-se como o v. dizer.)

INTERESSADO, adj. Dedicado; devotado; pessoa que tem parte em alguma firma, negócio ou demanda.

INTERESSANTE, adj. Curioso; atraente.

INTERESSAR, v.t. Devotar; dedicar; empenhar-se em.

INTERÊSSE, s.m. Lucro; proveito; vantagem.

INTERESSEIRO, adj. Egoísta; ambicioso.

INTERESTADUAL, adj. Que se realiza entre dois ou mais Estados da mesma união política.

INTERFERÊNCIA, s.f. Intervenção; (Fís.) fenômeno resultante da combinação de dois movimentos vibratórios; ação de um fenômeno sobre outros.

INTERFERENTE, adj. Diz-se dos raios luminosos que apresentam faixas alternadamente brilhantes e obscuras; que diz respeito à interferência.

INTERFERIR, v.rel. Intervir; int. produzir interferência. (Pres. ind.: interfiro, interferes, etc.) pres. subj.: interfira, interfiras, interfira, etc.)

INTERFIXO, (cs) adj. Que tem o ponto de apoio entre a potência e a resistência (alavanca).

ÍNTERIM, s.m. Entretempo; intervalo.

INTERINIDADE, s.f. Época durante a qual o funcionário exerce provisoriamente o cargo, isto é, em caráter precário, não efetivo.

INTERINO, adj. Provisório; que exerce funções só durante o tempo de impedimento do funcionário efetivo.

INTERIOR, adj. Interno; hinterlândia; que está dentro.

INTERIORANO, adj. Referente a ou habitante de cidade do interior.

INTERJACENTE, adj. Que está situado entre outras coisas; interposto.

INTERJECIONAL, adj. Relativo a interjeição; que tem forma de interjeição.

INTERJEIÇÃO, s.f. Palavra ou locução com que se exprime um sentimento de dor, de alegria, de admiração, etc.

INTERJETIVO, adj. Que tem natureza de interjeição.

INTERLINEAR, adj. Que está entre linhas.

INTERLOCUÇÃO, s.f. Conversação entre duas ou mais pessoas; diálogo.

INTERLOCUTOR, s.m. A pessoa com quem se fala.

INTERLÚDIO, s.m. Trecho musical intercalado entre as várias partes de uma longa composição.

INTERLÚNIO, s.m. Tempo em que a lua não aparece; lua nova.

INTERMEDIAR, v.int. Intervir; t. entremear; servir de intermediário. (Pres. ind.: intermedeio, intermedeias, intermedeia, intermedeiamos, intermediais, intermedeiam; pres. subj.: intermedeie, intermedeies, etc.)

INTERMEDIÁRIO, adj. Medianeiro; agente.

INTERMÉDIO, adj. Que está de permeio; interposto; s.m. medianeiro; intervenção; entreato.

INTERMINÁVEL ou **INTÉRMINO**, adj. Que não

tem termo; desmedido; enorme; grande; demorado; infinito.

INTERMISSÃO, s.f. Interrupção; intervalo.

INTERMITÊNCIA, s.f. Interrupção momentânea.

INTERMITENTE, adj. Não contínuo; que apresenta interrupções ou suspensões.

INTERMITIR, v.int. Interromper-se; manifestar-se por acessos irregulares.

INTERMUNDIAL, adj. Que se realiza entre dois mundos, dois ou mais continentes.

INTERMÚNDIO, s.m. Espaço entre os corpos celestes ou entre muitos mundos.

INTERMUSCULAR, adj. Situado entre os músculos.

INTERNAÇÃO, s.f. Enclausuração; hospitalização.

INTERNACIONAL, adj. Que se realiza entre nações.

INTERNACIONALIDADE, s.f. Qualidade de internacional.

INTERNACIONALIZAÇÃO, s.f. Ato ou efeito de internacionalizar.

INTERNACIONALIZAR, v.t. Tornar internacional.

INTERNADO, adj. Hospitalizado.

INTERNAMENTO, s.m. Ato ou efeito de internar.

INTERNAR, v.t. Obrigar a residir no interior de um país com a proibição de sair dali; colocar dentro; p. hospitalizar-se.

INTERNATO, s.m. Casa de educação ou caridade onde os alunos ou socorridos residem.

INTERNO, adj. Que está dentro; que reside no colégio (aluno); que se toma à maneira dos alimentos (remédio).

INTERNÚNCIO, s.m. Mensageiro; representante da cúria romana nos países onde não há núncio.

INTEROCEÂNICO, adj. Que fica entre oceanos; que liga oceanos.

INTERPARTIDÁRIO, adj. Que se realiza entre partidos.

INTERPELAÇÃO, s.f. Ação ou efeito de interpelar.

INTERPELADO, s.f. Perguntado; interrogado.

INTERPELADOR, adj. Argüidor, interpelante.

INTERPELANTE, adj. Que interpela.

INTERPELAR, v.t. Dirigir a palavra a (alguém) para perguntar alguma coisa; intimar; citar; demandar; pedir explicações no parlamento a (uma autoridade). Perguntar, interrogar, argüir.

INTERPENETRAÇÃO, s.f. Penetração ou introdução recíproca.

INTERPENETRAR, v.t. Penetrar mutuamente.

INTERPENINSULAR, adj. Situado entre penínsulas.

INTERPLANETÁRIO, adj. Situado entre planetas; que liga planetas.

INTERPOLAÇÃO, s.f. Ato de interpolar; trecho interpolado em alguma obra; (Mat.) introdução de termos numa proporção.

INTERPOLADOR, adj. e s.m. Alterador; adulterador de textos; acrescentador.

INTERPOLAR, v.t. Alterar; completar ou esclarecer um texto, intercalando nele palavras ou frases que lhe são estranhas; alterar; adulterar (textos); introduzir; inserir; adj. que está situado entre os pólos (distância entre os pólos da Terra ou de uma pilha, etc.)

INTERPONTUAÇÃO, s.f. Série de pontos que, num discurso, indicam reticência ou supressão de uma parte do texto.

INTERPOR, v.t. Contrapor; agravar; t.-rel. meter de permeio; entremeter; fazer intervir; p. colocar-se entre; meter-se de permeio; intervir como medianeiro; surgir como obstáculo. (Conjuga-se como o v. pôr.)

INTERPOSIÇÃO, s.f. Interrupção; intercalação.

INTERPOTENTE, adj. (Mec.) Diz-se da alavanca em que a potência (força) se situa entre o ponto de apoio e a resistência: ex. a pinça.

INTERPRETAÇÃO, s.f. Explicação, esclarecimento; maneira por que os atores desempenham os papéis; representação.

INTERPRETADOR, adj. Intérprete, interpretante.

INTERPRETAR, v.t. Explicar, esclarecer, explanar, representar.

INTERPRETATIVO, adj. Que interpreta, esclarece.

INTERPRETÁVEL, adj. Que pode ser interpretado, esclarecido.

INTÉRPRETE, adj. Tradutor; aquele que serve de

língua ou de intermediário para que se compreendam pessoas que falam idioma diferente; aquele que representa uma peça teatral, fita cinematográfica, etc.

INTERREGNO, s.m. Intervalo em que num Estado monárquico o trono se conserva vago.

INTER-RESISTENTE, adj. (Mec.) Diz-se do gênero de alavanca em que a resistência se situa entre a potência e o ponto de apoio; ex.: carrinho de jardineiro, de uma só roda.

INTERROGAÇÃO, s.f. Pergunta; argüição; interpelação.

INTERROGADOR, adj. Argüidor, interpelador.

INTERROGANTE, adj. O mesmo que interrogador.

INTERROGAR, v.t. Perguntar, argüir, examinar.

INTERROGATIVO, adj. Que diz respeito a interrogação.

INTERROGATÓRIO, adj. e s.m. Interrogativo; questionário, conjunto de perguntas que o juiz ou delegado faz ao réu; inquirição.

INTERROMPER, v.t. Suspender; fazer cessar, extinguir.

INTERRUPÇÃO, s.f. Suspensão; extinção.

INTERRUPTO, adj. Interrompido; descontinuado.

INTERRUPTOR, adj. e s.m. Que causa interrupção; dispositivo que interrompe a corrente elétrica em fios condutores.

INTERSEÇÃO, s.f. Corte; (Geom.) ponto em que se cruzam duas linhas ou superfícies. Forma paral.: intersecção.

INTERSINDICAL, adj. Que diz respeito a dois ou mais sindicatos.

INTERSTÍCIO, s.m. Intervalo que separa as parcelas de um todo ou as moléculas de um corpo; intervalo; fenda, greta.

INTERTROPICAL, adj. Que está entre os trópicos; referente à zona tórrida.

INTERURBANO, adj. Relativo a movimentos entre cidades ou aglomerações populacionais; s.m. comunicação telefônica entre duas cidades.

INTERVALAR, v.t. Entremear; alternar.

INTERVALO, s.m. Espaço entre dois pontos, dois fatos, duas épocas; relação entre freqüências de dois sons, um grave e outro agudo; interrupção entre as aulas; pausa; espaço entre duas linhas da pauta musical; entreato.

INTERVENÇÃO, s.f. Intercessão; ação direta do Presidente da República num Estado da Federação em períodos anormais; — cirúrgica: operação (no sentido médico).

INTERVENTOR, adj. e s.m. Administrador, autoridade nomeada pelo governo em casos anormais. Apaziguador.

INTERVIR, v.rel. Tomar parte voluntariamente; interpor a sua autoridade, os seus bons ofícios; estar presente; vir ou colocar-se entre; ingerir-se, promover gestão; int. sobrevir; ocorrer incidentemente, atalhar; interferir. (Conjuga-se como o verbo vir, acentuando-se, porém, a 2.ª e 3.ª pess. do pres. ind.: intervéns, intervém.)

INTERVOCÁLICO, adj. Que está entre vogais.

INTESTADO, adj. Que não fez testamento.

INTESTINAL, adj. Referente ao intestino; entérico.

INTESTINO, s.f. Víscera músculo-membranosa abdominal, que vai do estômago ao ânus; adj. interno.

INTIMAÇÃO, s.f. Citação; ordem emanada de um juiz ou de autoridade competente; bazófia; emproamento.

INTIMADOR, adj. e s.m. Oficial de justiça; juiz; autoridade que leva, faz a citação, a intimação; ostentador; garganta.

INTIMAR, v.t. Notificar; citar juridicamente; bazofiar; gargantear.

INTIMATIVA, s.f. Intimação.

INTIMATIVO, adj. Que intima.

INTIMIDAÇÃO, s.f. Ameaça; amedrontação.

INTIMIDADE, s.f. Familiaridade, amizade.

INTIMIDADOR, adj. Ameaçador, amedrontador.

INTIMIDAR, v.t. Ameaçar; amedrontar; apavorar.

ÍNTIMO, adj. Confidente, familiar; s.m. o cerne; o âmago; o interior de.

INTIMORATO, adj. Destemido; valente.

INTITULAÇÃO, s.f. Designação; ato de dar nome, título a um livro.

INTITULAR, v.t. Dar título a.

INTOLERÂNCIA, s.f. Violência; intransigência.

INTOLERANTE, adj. Violento; intransigente.

INTOLERANTISMO, s.m. Sistema dos que não admitem opiniões diferentes das suas.

INTOLERÁVEL, adj. Insuportável.

INTONSO, adj. Mal cortado; cabeludo.

INTOXICAÇÃO (cs), s.f. Envenenamento.

INTOXICAR (cs), v.t. Envenenar.

INTRA, pref. lat. Dentro, para dentro. Regra ortográfica: é seguido de hífen quando a palavra a que se une começa por vogal, h, r ou s.

INTRACELULAR, adj. Que está no interior da célula.

INTRADUZÍVEL, adj. Inexpressável, indizível.

INTRAFEGÁVEL, adj. Intransitável.

INTRAGÁVEL, adj. Intolerável, insuportável.

INTRA-HEPÁTICO, adj. Que está no interior do fígado. (Pl.: intra-hepáticos.)

INTRAMUSCULAR, adj. Que se faz ou aplica no interior de um músculo; diz-se da injeção que se aplica no músculo.

INTRANQÜILIDADE, s.f. Agitação; nervosismo; inquietude.

INTRANSFERÍVEL, adj. Intraspassável; intransmissível.

INTRANSIGÊNCIA, s.f. Intolerância.

INTRANSIGENTE, adj. Intolerante.

INTRANSITÁVEL, adj. Ínvio, intrafegável.

INTRANSITIVO, adj. (Gram.) Designativo dos verbos que exprimem qualidade ou estado, ou, ainda, ação que não passa do sujeito a nenhum objeto: estar; morrer; correr; voar; existir.

INTRANSMISSIBILIDADE, s.f. Qualidade de intransmissível.

INTRANSMISSÍVEL, adj. Não transmissível; intransferível.

INTRANSPONÍVEL, adj. Insuperável, inamovível; insuperável.

INTRANSPORTÁVEL, adj. Que não se pode transportar.

INTRA-OCULAR, adj. Que está no interior do olho. (Pl.: intra-oculares)

INTRAPULMONAR, adj. Que fica no interior dos pulmões.

INTRATÁVEL, adj. Insaciável; genioso; violento; intolerante; inacessível.

INTRAVASCULAR, adj. Que diz respeito ao interior dos vasos do organismo animal ou vegetal.

INTRAVENOSO, adj. Relativo ao interior da veia. O mesmo que endovenoso.

INTREPIDEZ, s.f. Coragem; destemor; audácia.

INTRÉPIDO, adj. Audaz; corajoso.

INTRICADO, adj. Confuso; emaranhado. Var.: intrincado.

INTRICAR, v.t. Confundir; emaranhar; embaraçar. Var.: intrincar.

INTRIGA, s.f. Enredo; mexerico.

INTRIGALHADA, s.f. Mexericos, enredos.

INTRIGANTE, adj. Mexeriqueiro; enredeiro.

INTRIGAR, v.t. Enredar; inimizar; mexericar.

INTRIGUISTA, adj. (V. Intrigante.)

INTRINCADO, adj. Var. de intricado.

INTRINCAR, v.t. e p. Var. de intricar.

INTRÍNSECO, adj. Essencial; próprio; íntimo; inerente.

INTRODUÇÃO, s.f. Apresentação; prefácio; prólogo; ação ou efeito de introduzir.

INTRODUTIVO, adj. Apresentativo.

INTRODUTOR, adj. Apresentador; prefaciador.

INTRODUTÓRIO, adj. Introdutivo.

INTRODUZIR, v.t. Fazer entrar; penetrar.

INTRÓITO, s.m. Começo; princípio; oração com que principia a missa católica.

INTROMETER, v.t.-rel. Introduzir; intercalar; fazer entrar; p. ingerir-se; tomar parte.

INTROMETIDO, adj. Metediço; atrevido; cheireta.

INTROMETIMENTO, s.m. Ato ou efeito de intrometer-se.

INTROMISSÃO, s.f. Ingerência; participação indébita.

INTROSPECÇÃO, s.f. Observação ou exame da vida interior pelo próprio indivíduo.

INTROSPECTIVO, adj. Relativo ou pertencente à introspecção.

INTROVERSÃO, s.f. Exame íntimo da consciência.

INTROVERTIDO, adj. Voltado para dentro; ensimesmado.

INTRUJÃO, adj. Charlatão; hipócrita.

INTRUJAR, v.t. Enganar; charlatanear.

INTRUJICE, s.f. Charlatanice; falsidade.

INTRUSÃO, s.f. Intromissão.

INTRUSO, adj. Pessoa que ocupa lugar, posição, ofício, ilegalmente. Intrometido; metediço.

INTUBAÇÃO, s.f. (Med.) Introdução de um tubo através das fossas nasais com o objetivo de atingir a traquéia e brônquios ou esôfago, estômago e duodeno.

INTUIÇÃO (u-i), s.f. Ato de ver, percepção clara, reta, imediata, de verdades sem necessidade da intervenção do raciocínio.

INTUITIVO, adj. Claro; evidente; patente.

INTUITO, s.m. Escopo; finalidade; objetivo; intento.

INTUMESCÊNCIA, s.m. Inchação.

INTUMESCENTE, adj. Inchado; edematoso.

INTUMESCER, v.t. Inchar; tornar túmido.

INTUMESCIMENTO, s.m. Inchação.

INTURGESCÊNCIA, s.f. Intumescência; inchamento.

INTURGESCENTE, adj. Túmido; inchado; enfatuado.

INTURGESCER, v.t. Inchar; enfatuar.

INTUSPECÇÃO, s.f. Conhecimento de si mesmo; introspecção.

INTUSPECTIVO, adj. Meditativo; ensimesmado.

INÚBIL, adj. Que ainda não está em idade de casar. (Pl.: inúbeis.)

INUBO, adj. Solteiro; celibatário.

INULTO, adj. Impune.

INUMAÇÃO, s.f. Enterramento; sepultamento.

INUMANIDADE, s.f. Desumanidade, crueldade.

INUMANO, adj. Desumano; cruel.

INUMAR, v.t. Sepultar; enterrar.

INUMERÁVEL, adj. Que não é numerável; que não se pode numerar ou contar.

INÚMERO, adj. O mesmo que inumerável.

INUNDAÇÃO, s.f. Extravasamento; alagamento.

INUNDADO, s.m. Extravasado; alagado.

INUNDANTE, adj. Extravasante; alagador.

INUNDAR, v.t. Extravasar; alagar.

INUNDÁVEL, adj. Sujeito a inundações; alagável.

INUPTO, adj. Solteiro; celibatário.

INUSITADO, adj. Não usado.

INÚTIL, adj. Desnecessário; sem préstimo.

INUTILIDADE, s.f. Inserviência; sem préstimo.

INUTILIZAR, v.t. Destruir; desarranjar; incapacitar.

INUTILIZÁVEL, adj. Que não é possível utilizar.

INVADIR, v.t. Penetrar; ocupar belicamente um território.

INVALIDAÇÃO, s.f. Anulação.

INVALIDADE, s.f. Nulidade.

INVALIDAR, v.t. Inutilizar; anular.

INVALIDEZ, s.f. Decrepitude, velhice; impossibilitação para exercícios de cargos públicos, ofícios, misteres profissionais.

INVÁLIDO, adj. Fraco; doente; inutilizado; pessoa impossibilitada de exercer as funções do seu cargo.

INVARIABILIDADE, s.f. Fixidez; constância.

INVARIÁVEL, adj. Constante; indeclinável; firme.

INVASÃO, s.f. Penetração; ocupação bélica de um país.

INVASIVO, adj. Agressivo; hostil; relativo a invasão; acompanhado de invasão.

INVASOR, adj. Inimigo, adversário; aquele que invade.

INVECTIVA, s.f. Ofensa; injúria; desaforo.

INVECTIVADOR, adj. Ofensor; injuriador.

INVECTIVAR, v.t. Ofender, injuriar, objurgar.

INVECTIVO, adj. Injurioso; ofensivo.

INVEJA, s.f. Desgosto ou pesar pelo bem dos outros; desejo violento de possuir o bem alheio, cobiça.

INVEJAR, v.t. Cobiçar, desejar o que pertence aos outros.

INVEJÁVEL, adj. Cobiçável, sumamente apreciável.

INVEJOSO, adj. Cobiçoso.

INVENÇÃO, s.f. Revelação de coisa que não existia, faculdade, engenho de criação; achado; trama.

INVENCIBILIDADE, s.f. Irresistibilidade.

INVENCIONAR, v.t. Imaginar; intrigar; mexericar.

INVENCIONICE, s.f. Embuste; enredo; mentira.

INVENCÍVEL, adj. Irresistível; indominável.

INVENDÁVEL ou **INVENDÍVEL**, adj. Não vendável.

INVENTAR, v.t. Criar; fabricar; tramar; descobrir.

INVENTARIANTE, adj. e s. Executor de inventário.

INVENTARIAR, v.t. Arrolar; descrever minuciosamente; registrar; relacionar; catalogar. (Pres. ind.: inventario, etc.)

INVENTÁRIO, s.m. Relação dos bens deixados por alguém; enumeração de coisas; balanço.

INVENTIVA, s.f. Faculdade criadora.

INVENTIVIDADE, s.f. Faculdade de inventar; inventiva.

INVENTIVO, adj. Criador; descobridor.

INVENTO, s.m. Criação; idéia; achado.

INVENTOR, adj. Criador; ideador.

INVERÍDICO, adj. Falso; inexato.

INVERIFICÁVEL, adj. Que não se pode verificar.

INVERNAÇÃO, s.f. Hibernação; temporada da engorda dos animais.

INVERNADA, s.f. Pastagem; engorda dos animais; propriedade, fazenda de criar.

INVERNADOR, s.m. Aquele que se entrega à engorda de animais para o inverno.

INVERNAR, v.rel. Passar algum tempo na invernada. Descansar.

INVERNIA, s.f. Inverno.

INVERNISTA, s.m. Invernador.

INVERNO, s.m. Estação do ano que no hemisfério norte vai de 22 de dezembro a 21 de março e, no hemisfério sul, de 21 de junho a 22 de setembro.

INVERNOSO, adj. Frio; hibernal.

INVEROSSÍMIL, adj. Impossível, inacreditável.

INVEROSSIMILHANÇA, s.f. Inacreditabilidade.

INVERSÃO, s.f. Alteração; troca; mudança.

INVERSIVO, adj. Que inverte.

INVERSO, adj. Contrário; oposto; invertido.

INVERTEBRADO, adj. Que não tem vértebras.

INVERTER, v.t. Alterar; virar em sentido oposto ao natural; trocar a ordem em que estão colocados (termos de fração, etc); aplicar, investir (capital) em.

INVÉS, s.m. Avesso; lado oposto; ao — loc. prep.: ao contrário, ao revés; ao — de loc. prep.: ao contrário de, ao revés de.

INVESTIDA, s.f. Ataque; tentativa; avanço.

INVESTIDURA, s.f. Ação de dar posse.

INVESTIGAÇÃO, s.f. Inquirição; pesquisa.

INVESTIGADOR, adj. Pesquisador; s.m. polícia secreta; tira.

INVESTIGANTE, adj. Pesquisador.

INVESTIGAR, v.t. Indagar; pesquisar; fazer diligências para achar; inquirir; descobrir.

INVESTIGÁVEL, adj. Que se pode investigar.

INVESTIMENTO, s.m. Ato ou efeito de investir.

INVESTIR, v.t. Atacar; acometer; empossar; empregar (capital).

INVETERADO, adj. Viciado; habituado.

INVETERAR, v.t. Acostumar-se; habituar-se; viciar-se.

INVIABILIDADE, s.f. Inexecutabilidade.

INVIÁVEL, adj. Inexecutável, inexeqüível.

INVICTO, adj. Insuperado, não vencido.

ÍNVIO, adj. Intransitável; impenetrável.

INVIOLABILIDADE, s.f. Integralidade; prerrogativa política que põe certas pessoas ou territórios acima da ação da justiça; caráter do que não pode ser violado.

INVIOLADO, adj. Puro; íntegro.

INVIOLÁVEL, adj. Que não se pode violar.

INVISCERAR, v.t. Introduzir nas vísceras; entranhar.

INVISIBILIDADE, s.f. Imperceptibilidade.

INVISÍVEL, adj. Imperceptível; que não é visível.

INVISO, adj. Invejado; aborrecido; odiado.

INVITAR, v.t. Convidar.

INVITATÓRIO, adj. Convidativo.

INVITE, s.m. Convite.

INVITO, adj. Forçado; constrangido.

INVOCAÇÃO, s.f. Apelo; chamada; prece.

INVOCADOR, adj. e s.m. Implorador.

INVOCAR, v.t. Chamar; suplicar; alegar em seu favor.

INVOCATIVO, adj. Que encerra invocação.

INVOCATÓRIA, s.f. Invocação.

INVOCATÓRIO, adj. Invocativo.

INVOCÁVEL, adj. Que se pode invocar.

INVOLUÇÃO, s.f. Movimento regressivo. (Antôn.: evolução.)

INVOLUCRIFORME, adj. Semelhante ao invólucro.

INVÓLUCRO, s.m. Tudo o que serve para envolver; embrulho; revestimento; cobertura.

INVOLUNTÁRIO, adj. Contrario à vontade ou independente dela.

INVULGAR, adj. Extraordinário; raro.

INVULNERABILIDADE, s.f. Inatacabilidade; honradez.

INVULNERADO, adj. Honrado; não ferido.

INVULNERÁVEL, adj. Não vulnerável; inexpugnável.

IODATO, s.m. Designação genérica dos sais do ácido iódico.

IODETO, s.m. Designação genérica dos sais e ésteres do ácido iodídrico e dos compostos do iodo com outros elementos. Forma paral.: iodureto.

IÓDICO, adj. Diz-se do anidrido composto de dois átomos de iodo e cinco de oxigênio, e do ácido composto de um átomo de hidrogênio, um de iodo e três de oxigênio.

IODISMO, s.m. Intoxicação ou estado de sensibilização por iodo.

IODO, s.m. Elemento químico, metalóide, sólido, símbolo I, de peso atômico 126,932 e n.º atômico 53.

IODOFÓRMIO, s.m. Substância orgânica empregada como anestésico e antisséptico.

IODURETO, s.m. (V. Iodeto.)

IOGA, s.f. Sistema de união com Deus por meio de contemplação e austeridades ascéticas; certa prática fisioterápica.

IOGUE, s. Pessoa que pratica a ioga; asceta indiano.

IOIÔ, s.m. Brinquedo constituído de uma bobina ou carretel a que se enrola um cordel e se dá um movimento de rotação. Tratamento que os escravos davam aos senhores. (Fem.: iaiá.)

IOLE, s.f. Canoa estreita, leve e rápida, usada nos esportes náuticos.

ÍON, **IÔNIO** ou **IONTE**, s.m. (Quim.) Átomo, radical ou molécula carregada, eletricamente; no caso mais simples é um átomo que ganhou ou perdeu eléctrons.

IÔNIO, s.m. Elemento químico, metal, símbolo Io, peso atômico 230 e n.º atômico 90; é isótopo do tório.

IONIZAÇÃO, s.f. Formação de íons produzida ou por dissociação electrolítica ou por ação de determinadas radiações; é preferível dizer iontização.

IONIZAR, v.t. Dissociar uma substância, em estado de solução nos seus íons constituintes. É preferível a forma iontizar.

IONOSFERA, s.f. A região acima da estratosfera em que se realiza a ionização.

IOTA, s.m. Letra grega correspondente ao nosso i; sem faltar um —: sem faltar nada.

IPÊ, s.m. Nome comum a diversas árvores; flor simbólica nacional. O mesmo que peúva.

IPECA, s.f. Forma reduzida de ipecacuanha.

IPECACUANHA, s.f. Planta medicinal da família das Rubiáceas.

ÍPSILON, s.m. Letra representada pelo símbolo Y, excluída do alfabeto português. O mesmo que hipsilão.

IPUEIRA, s.f. Lagoa, trasvasamento de água.

IQUEBANA, s.f. Arte de dispor flores e folhagens para fins ornamentais.

IR, v.int. Andar; caminhar; transitar; mover-se; dirigir-se. (Pres. indic.: vou, vais, vai, vamos, ides, vão; imperf.: ia, ias, ia, íamos, íeis, iam; perf.: fui, foste, foi, fomos, fostes, foram; mais-que-perf.: fora, foras, fora, fôramos, fôreis, foram; fut.: irei, irás, irá, etc.; fut. pret.: iria, etc. sub. pres.: vá, vás, vá, vamos, vades, vão; imp.: fosse, fosses, fosse, fôssemos, fôsseis, fossem; fut.: for, fores, for, etc.; gerúndio: indo; part.: ido.

IRA, s.f. Cólera; raiva.

IRACÚNDIA, s.f. Ira; raiva; cólera.

IRADO, adj. Enraivecido; colérico.

IRANIANO ou **IRÂNICO**, adj. Do Irã (Ásia); s.m. o natural ou habitante do Irã; persa; pérsico.

IRAQUIANO, adj. Da República do Iraque (Ásia).

IRAR, v.t. Causar ira a; irritar.

IRASCIBILIDADE, s.f. Caráter colérico.

IRASCÍVEL, adj. Irritável; encolerizável.

IRIANTE, adj. Cintilante; brilhante.

IRIAR, v.t. Dar as cores do arco-íris a; irisar.

IRIDECTOMIA, s.f. Operação em que se faz a excisão de uma parte da íris.

IRIDECTOPIA, s.f. Posição anômala da íris.

IRIDEMIA, s.f. Hemorragia da íris.

IRIDESCENTE, adj. Que mostra as cores do arco-íris.

IRÍDIO, s.m. Elemento químico, metal, símbolo Ir, de peso atômico 193,1 e n.º atômico 77.

IRIDITE, s.f. Inflamação da íris; irite.

IRIDOPLEGIA, s.f. Paralisia da íris.

IRIDOPLÉGICO, adj. Relativo à iridoplegia.

IRIDOTOMIA, s.f. Incisão cirúrgica da íris.

ÍRIS, s.f. O espectro solar; membrana circular com orifício central ou pupila situada entre a córnea e a face anterior do cristalino.

IRISAÇÃO s.f. Propriedade que têm certos corpos de produzir raios coloridos, como o arco-íris.

IRISAR, v.t. Dar as cores do arco-íris; iriar.

IRITE, s.f. Inflamação da íris; o mesmo que iridite.

IRLANDÊS, adj. O natural ou habitante da Irlanda.

IRMANAL, adj. Fraternal; afetuoso.

IRMANAR, v.t. Fraternizar.

IRMANDADE, s.f. Parentesco entre irmãos; confraria; associação.

IRMANIZAÇÃO, s.f. Fraternização.

IRMÃO, s.m. Filho do mesmo pai e da mesma mãe ou só do mesmo pai ou só da mesma mãe; membro de confraria; frade sem ordenação sacerdotal.

IRONIA, s.f. Sarcasmo; zombaria.

IRÔNICO, adj. Sarcástico, zombeteiro.

IRONISTA, s. Escritor ou orador que emprega freqüentemente a ironia.

IRONIZAR, v.t. Zombar; escarnecer.

IROSO, adj. Colérico, zangado.

IRRA, interj. Exprime repulsão, raiva, desprezo.

IRRACIONAL, adj. Animal sem razão; contrário à razão; bruto; estúpido; (Mat.) diz-se do número ou quantidade que apresenta radical não eliminável; diz-se da expressão algébrica que apresenta incógnita sob radical.

IRRACIONALIDADE, s.f. Estupidez.

IRRADIAÇÃO, s.f. Expansão; propagação.

IRRADIADOR, adj. Propagador, emissor de raios.

IRRADIANTE, adj. Que projeta em diversas direções raios ou coisas comparáveis a raios.

IRRADIAR, v.t. Lançar, emitir, espargir raios de luz ou calor; espalhar, expandir, difundir (luz, cultura, graça, simpatia, etc.) (Pres. ind.: irradio, irradias, etc.)

IRREAL, adj. Imaginário; fantástico.

IRREALIZÁVEL, adj. Inexecutável.

IRRECONCILIADO, adj. Adversário; inimistado; inimizado.

IRRECONCILIÁVEL, adj. Discorde; impossível de ser reconciliado.

IRRECONHECÍVEL, adj. Inidentificável; muito mudado.

IRRECORRÍVEL, adj. De que não se pode recorrer; definitivo.

IRRECUPERÁVEL, adj. Completamente arruinado.

IRRECUSÁVEL, adj. Incontestável.

IRREDIMÍVEL, adj. Que não se pode remir.

IRREDUTIBILIDADE, s.f. Qualidade do que é irredutível.

IRREDUTÍVEL, adj. Inflexível, inexorável, intransigente; (Mat.) diz-se de uma fração ordinária ou decimal cujos termos são primos entre si, isto é, não comportam divisor comum.

IRREDUZÍVEL, adj. Irredutível.

IRREELEGÍVEL, adj. Que não pode ser reeleito.

IRREFLETIDO, adj. Impensado; inconsiderado.

IRREFLEXÃO, (cs), s.f. Precipitação; imprudência.

IRREFORMÁVEL, adj. Que não se pode reformar.

IRREFRAGÁVEL, adj. Incontestável; irrecusável.

IRREFRANGÍVEL, adj. Que não sofre refração.

IRREFREÁVEL, adj. Incontível, indomável.

IRREFUTABILIDADE, s.f. Incontestabilidade.

IRREFUTÁVEL, adj. Evidente; irrecusável.

IRREGULAR, adj. Anormal; anômalo; contrário à regra; excepcional; ilegal; verbo irregular: aquele cujo tema varia, afastando-se do modelo, paradigma de sua classe.

IRREGULARIDADE, s.f. Anormalidade; deformidade.

IRRELIGIÃO, s.f. Ateísmo; impiedade.

IRRELIGIOSIDADE, s.f. Qualidade de irreligioso.

IRRELIGIOSO, adj. Ateu; ímpio.

IRREMEDIÁVEL, adj. Infalível; inevitável.

IRREMESSÍVEL, adj. Impetuoso; imperdoável.

IRREMÍVEL, adj. Que não se pode remir.

IRREMOVÍVEL, adj. Que não se pode remover.

IRREMUNERADO, adj. Não pago.

IRREMUNERÁVEL, adj. Irrecompensável; impagável.

IRREPARÁVEL, adj. Irremediável.

IRREPREENSIBILIDADE, s.f. Correção; perfeição.

IRREPREENSÍVEL, adj. Perfeito; correto.

IRREPRIMÍVEL, adj. Impetuoso; irrefreável.

IRREQUIETO, adj. Buliçoso; turbulento.

IRRESISTÍVEL, adj. Invencível; fatal.

IRRESOLUÇÃO, s.f. Indecisão; hesitação.

IRRESOLUTO, adj. Indeciso; hesitante.

IRRESOLÚVEL, adj. Que não se resolve; insolúvel.

IRRESPIRÁVEL, adj. Que não se pode respirar; asfixiante.

IRRESPONDÍVEL, adj. Irretorquível; irrefutável; irreplicável.

IRRESPONSABILIDADE, s.f. Incapacidade moral.

IRRESPONSÁVEL, adj. Incapaz.

IRRESTRITO, adj. Ilimitado; sem reservas; incondicional.

IRRETORQUÍVEL, adj. Irrespondível; irrefutável.

IRRETRATÁVEL, adj. Indesculpável.

IRREVERÊNCIA, s.f. Malcriação; grosseria.

IRREVERENCIOSO ou **IRREVERENTE**, adj. Desatencioso; incivil; indelicado.

IRREVOGÁVEL, adj. Que não se pode revogar; que não se pode anular.

IRRIGAÇÃO, s.f. Rega; distribuição de águas na lavoura.

IRRIGADOR, adj. Que irriga; s.m. vaso para regar; instrumento para irrigações medicinais.

IRRIGAR, v.t. Regar; dirigir os regos da água para; aplicar irrigações em.

IRRIGÁVEL, adj. Que se pode irrigar.

IRRISÃO, s.f. Zombaria; escárnio.

IRRISÓRIO, adj. Escarninho; ridículo.

IRRITABILIDADE, s.f. Exasperação; nervosismo.

IRRITAÇÃO, s.f. Excitação; exacerbação.

IRRITADOR, adj. Irritante; implicante.

IRRITAMENTO, s.m. Irritação; excitação.

IRRITANTE, adj. Amolante; implicante; que produz irritação.

IRRITAR, v.t. Exacerbar; provocar; v.t. declarar nulo (documento), anular; tornar írrito.

IRRITATIVO, adj. Irritante.

IRRITÁVEL, adj. Irascível; exasperável.

ÍRRITO, adj. Nulo.

IRRIVALIZÁVEL, adj. Inigualável.

IRROGAÇÃO, s.f. Atribuição; acusação.

IRROGAR, v.t.-rel. Infligir; atribuir; acusar.

IRROMPER, v.rel. Brotar; surgir; romper.

IRRORAR, v.t. Borrifar; orvalhar; aspergir.

IRRUPÇÃO, s.f. Invasão súbita.

IRRUPTIVO, adj. Que produz irrupção.

ISCA, s.f. Alimento, engodo para atrair peixes; interj. serve para estimular cães.

ISCAR, v.t. Por isca em; açular (os cães).

ISENÇÃO, s.f. Privilégio; imparcialidade.

ISENTAR, v.t. Livrar; excetuar; dispensar.

ISENTO, adj. Desobrigado; dispensado; livre.

ISLÃ, s.m. Maometanismo; islamismo; o mesmo que islão.

ISLAMISMO, s.m. Religião muçulmana; maometanismo.

ISLAMITA, s. Pessoa que segue o islamismo; muçulmano.

ISLANDÊS, adj. Natural ou habitante da Islândia; s.m. idioma falado na Islândia.

ISLÃO, s.m. Islamismo; maometanismo.

ISLENHO ou **ISLENO**, adj, Insular; ilhéu.

ISO, pref. grego que se usa para indicar igualdade.

ISOCROMÁTICO, adj. De colorido igual.

ISOCROMIA, s.f. Reprodução colorida de estampas; litocromia.

ISOCRÔMICO, adj. Reproduzido por isocromia; litocrômico.

ISOCRONISMO, s.m. Simultaneidade; regularidade dos tempos, das épocas. (Antôn.: anisocronismo ou anacronismo.)

ISÓCRONO, adj. Que se realiza em tempos iguais ou ao mesmo tempo; simultâneo.

ISODÁCTILO, adj. Que tem dedos iguais.

ISODINÂMICO, adj. Que tem a mesma força ou a mesma intensidade.

ISOÉDRICO, adj. Que tem faces iguais ou semelhantes.

ISÓFONO, adj. Que tem voz análoga ou igual timbre de voz.

ISÓGONO, adj. Que tem ângulos iguais; que tem a mesma inclinação.

ISOLAÇÃO, s.f. Isolamento; separação; insulamento.

ISOLADO, adj. Separado; só; solitário.

ISOLADOR, s.m. Corpo que interrompe ou dificulta a comunicação da eletricidade.

ISOLAMENTO, s.m. Separação; segregação.

ISOLANTE, adj. Isolador.

ISOLAR, v.t. Separar; segregar; interromper ou dificultar a comunicação elétrica de.

ISÓLOGO, adj. (Quím.) Diz-se da série orgânica cujos termos diferem entre si por possuírem menos ou mais dois átomos de hidrogênio.

ISÔMERE, adj. Que é formado de partes semelhantes; que tem a mesma fórmula molecular e propriedades diferentes; é corrente a forma isômero.

ISOMERIA, s.f. Fenômeno pelo qual substâncias de idêntica fórmula molecular possuem propriedades diferentes.

ISOMÉRICO, adj. Relativo ao isomerismo.

ISÔMERIS, adj. (V. Isômere.)

ISOMERISMO, s.m. Qualidade de isômere.

ISÔMERO, adj. O mesmo que isômere.

ISOMÉTRICO, adj. Que tem as mesmas dimensões.

ISOMORFISMO, s.m. Fenômeno pelo qual duas ou mais substâncias que tenham composição química análoga cristalizam em formas semelhantes e podem dar cristais de mistura em várias proporções.

ISOMORFO, adj. Que apresenta o fenômeno de isomorfismo.

ISOPÉTALO, adj. Que tem pétalas iguais.

ISÓPODE, adj. Que tem as patas iguais ou semelhantes.

ISÓSCELE, adj. Que tem dois lados iguais (triângulo, trapézio); isósceles.

ISÓSCELES, adj. (V. Isóscele.)

ISOTÉRMICO, adj. Que tem a mesma temperatura. (Antôn.: heterotérmico.)

ISÓTOPO, s.m. Elemento químico resultante de modificação da massa atômica (isto é, alteração do número de nêutrons do núcleo), permanecendo o mesmo número de prótons e eléctrons, conservando, portanto, as propriedades, físico-químicas do elemento; — radioativo; (Fís.) elemento radioativo obtido por transformação nuclear induzida artificialmente; são isótopos de elementos estáveis naturais mas possuem curto período ativo.

ISÓTROPO, adj. Que é igual em todas as direções, apresentando sempre as mesmas propriedades.

ISQUEIRO, s.m. Pequeno aparelho de metal, munido de uma torcida embebida de gasolina, que se inflama ao contato de faíscas. Pederneira; binga.

ISRAELENSE, adj. e s. Originário ou habitante de Israel; o mesmo que israelita.

ISRAELITA, s. Pessoa pertencente ao povo de Israel; hebreu; israelense.

ISRAELÍTICO, adj. Relativo aos israelitas.

ISSO, pron. dem. Forma neutra do demonstrativo esse, essa.

ÍSTMICO, adj. Referente ou semelhante a istmo.

ISTMO, s.m. Faixa de terra que une uma península a um continente.

ISTO, pron. dem. Forma neutra do demonstrativo este, esta.

ITÁ, s.f. Palavra tupi-guarani que entra na composição de muitos termos brasileiros, e significa **pedra**.

ITABIRITO, s.m. Rocha metamórfica xistosa; minério de ferro.

ITAIPAVA, s.f. Recife de pedra que atravessa o rio de margem a margem, provocando desvinelamento da corrente; pequena queda de água.

ITALIANADA, s.f. Reunião de italianos; os italianos.

ITALIANIDADE, s.f. Qualidade de italiano.

ITALIANISMO, s.m. Imitação da língua ou dos costumes italianos; locução ou palavra italiana usada noutra língua.

ITALIANIZAÇÃO, s.f. Ação de italianizar.

ITALIANIZAR, v.t. Dar caráter, aspecto, hábitos, sentimentos italianos a.

ITALIANO, adj. Da Itália; o mesmo que itálico; s.m. o natural ou habitante da Itália; a língua italiana.

ITÁLICO, adj. Relativo à Itália; italiano; adj. e s.m. designação de, ou o tipo que imita o manuscrito; grifo.

ÍTALO, adj. Que diz respeito à Itália; romano; latino; italiano; s.m. habitante da Itália.

ITAOCA, s.f. Caverna; furna; lapa.

ITAPEBA ou **ITAPEVA**, s.f. Recife de pedra que corre paralelamente à margem do rio.

ITAPECERICA, s.f. Monte de formação granítica, de encostas lisas e escorregadias.

ITARARÉ, s.m. Curso subterrâneo das águas de um rio através de rochas calcárias; sumidouro.

ITAÚNA, s.f. Pedra preta.

ITÉ, adj. Ácido; diz-se das frutas adstringentes porque ainda não bem amadurecidas.

ITEM, adj. (lat.) Da mesma forma; repetição de artigos ou considerandos de uma lei, circular. (Pronuncia-se ítem.) (Pl.: itens.)

ITERAÇÃO, s.f. Repetição.

ITERAR, v.t. Repetir; tornar a fazer ou a dizer.

ITERATIVO, adj. Que serve para repetir; verbo iterativo: aquele que expressa uma ação repetida; o mesmo que freqüentativo. Ex.: bebericar, saltitar, lambiscar.

ITERÁVEL, adj. Que se pode ou se deve repetir.

ITÉRBIO, s.m. Elemento químico, metal, símbolo Yb, peso atômico 173,5 e n.º atômico 70.

ITINERANTE, adj. Viajante; andarilho.

ITENERÁRIO, s.m. Descrição de viagem; viagem; roteiro.

ITORORÓ, s.m. Pequena cachoeira ou salto.

ÍTRIO, s.m. Elemento químico, metal raro, símbolo Y, de peso atômico 88,92 e n.º atômico 39.

ITU, s.m. Salto; queda d'água; cachoeira.

ITUPEVA, s.f. Pequena queda d'água; corredeira.

IUÇÁ (i-u), s.m. Erupção da pele, comichão, prurido.

IUGOSLAVO, adj. Da Iugoslávia; s.m. o natural ou habitante desse país; o mesmo que jugoslavo.

J

J, s.m. Consoante palatal fricativa sonora, décima letra do alfabeto.

JÁ, adv. de tempo. Agora; neste instante.

JABÁ, s.f. Carne-seca, charque.

JABOTA, s.f. Fêmea do jabuti; cágado.

JABURU, s.m. Ave pernalta, de longo bico; (fig.) pessoa alta e magra.

JABUTI, s.m. Cágado; sempre se escreveu jaboti.

(Flexão fem.: jabota.)
JABUTICABA, s.f. Fruto de jabuticabeira.
JABUTICABAL, s.m. Bosque de jabuticabeiras.
JABUTICABEIRA, s.f. Árvore que dá jabuticabas. Há diversas variedades, todas pertencentes à família das Mirtáceas.
JACA, s.f. Fruto de gomos em forma de pinha.
JACÁ, s.m. Grande cesto de vime, taquara, para transportes.
JAÇA, s.f. Mancha; defeito.
JAÇANÃ, s.f. Ave ribeirinha, de peito avermelhado da família dos Parrídeos.
JACARANDÁ, s.m. Árvore leguminosa que produz preciosa madeira de lei.
JACARÉ, s.m. Nome comum a diversas espécies de crocodilianos, do gênero Caiman que vivem nos rios e lagos; crocodilo; chave; peça triangular que desvia dos trilhos as locomotivas, bondes etc.
JACENTE, adj. Que está deitado; estátua jacente: estátua em posição horizontal, deitada, que figura na tampa dos túmulos; herança jacente: herança que, não havendo herdeiros para levantá-la, passa para o Governo.
JACINTO, s.m. Gênero de plantas da família das Liliáceas.
JACOBINISMO, s.m. Partido, doutrinas ou idéias dos jacobinos.
JACOBINO, s.m. Membro de um clube político revolucionário fundado em Paris em 1789; (por ext.) partidário exaltado da democracia; inimigo de estrangeiros; nacionalista estreito.
JÁ-COMEÇA, s.f. Erupção da pele; prurido; coceira.
JACTAÇÃO, s.f. O mesmo que jactância.
JACTÂNCIA, s.f. Vaidade; gabo; amor-próprio; arrogância.
JACTANCIOSIDADE, s.f. Orgulho; fanfarrice; arrogância.
JACTANCIOSO, adj. Vaidoso; soberbo; arrogante.
JACTAR-SE, v.p. Gabar-se; ufanar-se; vangloriar-se.
JACTO, s.m. Arremesso; impulso; saída impetuosa de um líquido; — de luz: feixe luminoso que se manifesta subitamente; de um —: de uma só vez; (por ext.); a jacto: velozmente, com muita rapidez.
JACU, s.m. Nome comum às aves da família dos Cracídeos, especialmente às do gênero Penelope.
JACUBA, s.f. Refresco preparado com água, farinha de mandioca e açúcar ou mel.
JACULATÓRIA, s.f. Frase, palavra religiosa, indulgenciada.
JACUTINGA, s.m. Ave da família dos Cracídeos.
JADE, s.m. Nome por que são conhecidos a jadeíta e o jade oriental ou nefrita; são geralmente de cor esverdeada e considerados semipreciosos.
JAEZ, s.m. Arreios de montaria; índole; temperamento.
JAFÉTICO, adj. De, ou descendente de Jafé, terceiro filho de Noé.
JAGODES, s.m. 2 núm. Homem ordinário, sem crédito, pessoa mal conformada.
JAGUAPEBA, s.m. Variedade de cães domésticos, que têm as pernas curtas; jaguapeva.
JAGUAPEVA, s.m. O mesmo que jaguabeba: cão de pernas curtas.
JAGUAR, s.m. A maior onça da América do Sul, de corpo mosqueado.
JAGUARA, s.m. Cão ordinário; o mesmo que jaguaré.
JAGUARAÍVA, s.m. Nome que se dá ao cachorro que não serve para a caça; vira-lata.
JAGUARÉ, s.m. Vira-lata; cachorro sem serventia.
JAGUARETÊ, s.m. Onça pequena.
JAGUATIRICA, s.f. Onça pintada, pequena.
JAGUNÇADA ou JAGUNÇARIA, s.f. União dos jagunços.
JAGUNÇO, s.m. Nortista; nordestino; caipira; rústico; fanático de Antônio Conselheiro; capanga; cangaceiro; bandido.
JAMAICANO, adj. Da Jamaica (Antilhas); s.m. o natural ou habitante da Jamaica.
JAMAIS, adv. Nunca; em tempo nenhum.
JAMANTA, s.f. Autocaminhão de transporte em que a carroçaria é articulada ao trator à maneira de um vagão (a parte dianteira que se chama cavalo, contém o motor e a cabina do motorista).
JAMBEIRO, s.m. Árvore de jambo.

JAMBO, s.m. Verso latino cujo pé se compõe de uma vogal breve e outra longa. Fruto do jambeiro.
JAMEGÃO, s.m. Assinatura; rubrica.
JAMELÃO, s.m. Árvore da família das Mirtáceas, também chamada jambolão e jalão.
JANDAIA, s.f. Ave da família dos Psitacídeos, também chamada nhandaia ou mandaia.
JANEIREIRO, adj. Relativo a janeiro; nascido nesse mês ou que somente nele aparece ou se cria.
JANEIRO, s.m. O primeiro mês do ano civil; pl. anos de idade.
JANELA, s.f. Abertura; fresta; rasgão; frincha; intervalo a que fica sujeito o professor entre duas aulas não consecutivas.
JANELAR, v.int. Estar habitualmente à janela.
JANELEIRA, adj. Namoradeira; amiga de estar à janela.
JANELEIRO, adj. Que gosta de estar à janela.
JANGADA, s.f. Embarcação rústica feita de várias peças roliças ligadas entre si.
JANGADEIRO, s.m. Dono ou patrão de jangada.
JANGAL ou JANGALA, s.m. Floresta; matagal.
JANOTA, adj. e s.m. Casquilho; elegante; almofadinha.
JANOTADA, s.f. Reunião de janotas.
JANOTICE, s.f. Casquilhismo; elegância.
JANOTISMO, s.m. Excessivo rigor no trajar; luxo no trajar.
JANTA, s.f. Jantar, refeição da tarde.
JANTAR, v.t. Comer, por ocasião da principal refeição do dia; int.; tomar essa refeição; s.m. a principal refeição do dia na parte da tarde; conjunto de iguarias que a compõem.
JANTARÃO, s.m. Jantar opíparo; banquete.
JAÓ, s.m. Ave da família dos Tinamídeos, de penas vermelhas, também chamada zabelê.
JAPÃO, adj. Relativo ao Japão; o mesmo que japonês; fem.: japoa.
JAPONA, s.f. Espécie de jaquetão para abrigar do frio.
JAPONÊS, adj. Relativo ao Japão (Ásia); s.m. o natural ou habitante do Japão; a língua do Japão. O mesmo que nipônico, japão e japônico. (Fem.: japonesa; pl.: japoneses.)
JAPONESAR, v.t. Dar feição de japonês a.
JAPÔNICO, adj. Relativo ao Japão ou aos japoneses; nipônicos.
JAQUEIRA, s.f. Árvore que produz jaca.
JAQUEIRAL, s.m. Lugar onde crescem jaqueiras.
JAQUETA, s.f. Casaco curto para homem e que chega só até a cintura; paletó.
JAQUETÃO, s.m. Paletó de traspasse.
JARARACA, s.f. Cobra venenosíssima da família dos Viperídeos; mulher má, feia, de maus bofes.
JARARACUÇU, s.m. Jararaca grande, de veneno mais forte e violento.
JARDA, s.f. Unidade fundamental de comprimento do sistema inglês, equivalente a 914mm.
JARDIM, s.m. Vergel; lugar bonito, florido; terreno cultivado de plantas ornamentais.
JARDINAGEM, s.f. A arte de cultivar jardins.
JARDINAR, v.t. Cultivar (um jardim); int. cultivar um jardim; trabalhar num jardim por divertimento.
JARDINEIRA, s.f. Vaso para flores; certo modo de enfeitar pratos e acepipes; ônibus.
JARDINEIRO, s.m. Indivíduo que trata de jardins.
JARGÃO, s.m. Linguagem corrompida; língua estrangeira que não se compreende; gíria.
JARITACACA ou JARITATACA, s.f. Carnívoro da família dos Mustelídeos.
JARRA, s. Pessoa que traja mal a o antiga; pessoa ridícula (Pl.: jarretas.)
JARRETAR, v.t. Cortar os jarretes a.
JARRETE, s.m. Parte da perna situada atrás da articulação do joelho.
JARRETEIRA, s.m. Liga ou tecido elástico que servia para suster a meia; ordem de cavalaria na Inglaterra, instituída por Eduardo III.
JARRO, s.m. Vaso alto e bojudo, com bico e asa.
JASMIM, s.m. Flor de excelente perfume da família das Oleáceas.
JASMINEIRO, s.m. Árvore que produz jasmim.
JASPE, s.m. Variedade de quartzo, opaca, geralmente de cor avermelhada.
JASPEAR, v.t., Dar a cor e aparência de jaspe a.
JATAÍ, s.m. Árvore da família das Leguminosas também chamada jatobá.
JATOBÁ, s.m. O mesmo que jataí.
JAU, adj. e s.m. Javanês, natural de Java.

JAÚ, s.m. Peixe de rio da família dos Silurídeos.

JAUENSE, (a-u), adj. De Jaú (Estado de São Paulo); s. natural ou habitante de Jaú.

JAULA, s.f. Gaiola; prisão para feras; cadeia.

JAVALI, s.m. Porco-do-mato; queixada; cateto. (Fem.: javalina).

JAVALINA, s.f. A fêmea do javali.

JAVANÊS, adj. De Java (Oceania); s.m. o natural ou habitante de Java; o idioma de Jaba. O mesmo que jau.

JAVARDO, s.m. Javali; (fig.) homem grosseiro; brutamontes; adj. nojento; imundo.

JAVEVÓ, adj. Diz-se da pessoa feia, mal vestida, de aspecto desagradável.

JAZER, v. int. Estar deitado, estar morto. É verbo completo, tendo todas as pessoas, tempos e modos: pres. ind.: jazo, jazes, jaz etc.; perf.: jazi, jazeste etc.

JAZIDA, s.f. Depósito natural de minérios; filão; mina.

JAZIGO, s.m. Sepultura, túmulo.

JECA, adj. e s.m. Roceiro, matuto, caipira.

JECA-TATU, s.m. Nome e símbolo do caboclo do interior do Brasil, criação de Monteiro Lobato.

JEGUE, s.m. Jumento; mulo.

JEGUEDÉ, s.m. Dança negra, de origem africana.

JEIRA, s.f. Primitivamente era o terreno que uma junta de bois podia lavrar num dia; medida agrária que varia, conforme o país, de 19 a 36 hectares.

JEITO, s.m. Modo; maneira; feição; gesto; habilidade; ordem; com —: com perfeição.

JEITOSO, adj. Hábil; airoso.

JEJUADOR, adj. Abstinente.

JEJUAR, v.int. Não comer; (fig.) abster-se de alguma coisa.

JEJUM, s.m. Abstinência parcial ou total de alimentos em certos dias, por penitência ou prescrição religiosa.

JEJUNO, adj. Que está em jejum; s.m. parte do intestino delgado entre o duodeno e o íleo.

JENIPAPEIRO, s.m. Árvore do jenipapo.

JENIPAPO, s.m. Fruto do jenipapeiro, cujo suco serve a muitos índios brasileiros para enegrecer o rosto e o corpo.

JEOVÁ, s.m. Deus, em linguagem bíblica; o deus dos hebreus.

JEQUIÁ, s.m. Cesto aberto. Formas paral.: jiquiá, juquiá.

JEQUICE, s.f. Coisa ou ato próprio de jeca; caipirismo.

JEQUITIBÁ, s.m. Árvore frondosa da família das Lecitidáceas.

JERARQUIA, s.f. Hierarquia.

JEREBA, s.m. Animal ruim de montaria; indivíduo desajeitado.

JEREMIADA, s.f. Lamúria; lamentação; queixas.

JEREMIAR, v. int. Lastimar; fazer lamúria; choramingar; lamentar.

JERERÉ, s.m. Sarna ou sarcoptose, conhecida também por já-começa.

JERIBITA, s.f. Álcool; aguardante; pinga.

JERICADA, s.f. Bando de jericos; burricada.

JERICO, s.m. Jumento, burrico.

JERIMBAMBA, s.f. Conflito; rusga; briga.

JERIMUM, s.m. Abóbora.

JERIMUNZEIRO, s.m. Aboboreira; abobreira.

JERÓGLIFO, s.m. Variante de hieróglifo.

JEROPIGA, s.f. Bebida de mosto, aguardente e açúcar; vinho cuja fermentação foi suspensa com aguardente na proporção de 20 a 25 por cento; vinho ordinário.

JEROSOLIMITA ou **JEROSOLIMITANO**, adj. Natural de Jerusalém. Var.: hierosolimita, hierosolimitano.

JÉRSEI, s.m. Espécie de tecido de malhas de seda.

JESUÍTA, s.m. Padre da Companhia de Jesus.

JESUÍTICO, adj. Relativo aos jesuítas.

JESUITISMO (u-i), s.m. Sistema, caráter, moral dos jesuítas; (fig.) falta de franqueza; fingimento.

JETÃO, s.m. Peça de metal que se dava em certas sociedades ou companhias a cada um dos membros presentes e, por extensão, o pagamento por presença a cada sessão.

JETATURA, s.f. Mau-olhado; azar.

JÍA, s.f. Rã.

JIBÓIA, s.f. Grande serpente da família dos Boídeos.

JIBOIAR, v.int. Digerir em repouso uma refeição copiosa.

JIGA, s.f. Dança de movimentos rápidos.

JIGAJOGA, s.f. Antigo jogo de cartas de cabra-

cega; (fig.) ludíbrio; coisa transitória.

JILÓ, s.m. Fruto de uso culinário.

JILOEIRO, s.m. Planta hortense da família das Solanáceas que produz o jiló.

JINRIQUIXÁ, s.m. Carrinho de duas rodas puxado por homem, usado no Oriente.

JIPE, s.m. Nome comercial de automóvel pequeno, com tração em duas ou quatro rodas, próprio para caminhos acidentados, tipo criado na última guerra, para transportes militares. (Recentemente, a Associação Brasileira de Normas Técnicas, respeitando a marca legalmente registrada, propôs a denominação de "utilitário" para os demais veículos similares.)

JIRAU, s.m. Estrado de varas que serve para guardar panelas, pratos, legumes etc.; armação de madeira sobre a qual se edificam as casas para evitar a água e a umidade; cama de varas.

JIRIGOTE, s.m. Velhaco; trapaceiro.

JIU-JITSU, s.m. Sistema de luta corporal, esportiva, de origem japonesa, modalidade de luta-livre em que se procura imobilizar o adversário mediante golpes de destreza aplicados a pontos sensíveis do corpo. Forma paral.: jujutsu.

JOALHARIA, s.f. Casa de comércio de jóias. Var.: joalheria.

JOALHEIRO, s.m. Fabricante ou vendedor de jóias.

JOALHERIA, s.f. Var. de joalharia.

JOANETE (ê), s.m. Vela superior à gávea; saliência da articulação do dedo grande do pé com o metatarso.

JOANINHA, s.f. Nome comum aos coleópteros da família dos Coccinelídeos.

JOANINO, adj. Relativo a João ou Joana; festas joaninas: festejos de São João; não confundir com festas juninas que são as do mês de junho e abrangem as de Sto. Antônio, S. João e S. Pedro.

JOÃO-DE-BARRO, s.m. Ave da família dos Dendrocolaptídeos. (Pl.: joães-de-barro.)

JOÃO-NINGUÉM, s.m. Indivíduo sem valor, sem importância; sujeito à-toa.

JOÇA, s.f. Objeto sem valor.

JOCO-SÉRIO, adj. Meio jocoso, meio sério; comédia em que há partes dramáticas.

JOCOSIDADE, s.f. Chistosidade; humorismo.

JOCOSO, adj. Chistoso; alegre; faceto.

JOEIRA, s.f. Peneira grande para separar o trigo do joio; crivo; ciranda.

JOEIRAMENTO, s.m. Peneiramento; crivagem.

JOEIRAR, v.t. Peneirar; crivar.

JOEIREIRO, s.m. Aquele que faz joeiras; peneireiro; aquele que joeira.

JOELHADA, s.f. Pancada com o joelho.

JOELHEIRA, s.f. A parte da armadura correspondente ao joelho; peça de couro para proteger os joelhos dos jogadores de futebol; deformação das calças no lugar correspondente aos joelhos; ferimento nos joelhos das bestas.

JOELHO, s.m. Parte anterior da articulação da perna com a coxa.

JOELHUDO, adj. Que tem joelhos grossos.

JOGADA, s.f. Lance; arremesso.

JOGADO, adj. Lançado; arremessado; arriscado; abandonado; inerte.

JOGADOR, adj. e s.m. Lançador; arremessador; arriscador; defensor de um clube de futebol; viciado no jogo.

JOGAR, v.t. Dar-se ao jogo de; executar as diferentes combinações de (um jogo); tomar parte no jogo de; aventurar, arriscar ao jogo; perder ao jogo; manejar com destreza; lançar mão de; contar com; arremessar; atirar; dizer, ou fazer por brincadeira.

JOGATINA, s.f. Hábito ou vício do jogo.

JOGO, s.m. Brinquedo, folguedo; divertimento; partida esportiva; molejo; conjunto de molas; astúcia.

JOGRAL, s.m. Bobo; truão; farsista; histrião; chorcarreiro; poeta medieval; recitador; arremedador. (Fem.: jogralesa.)

JOGRALESCO, s.f. Relativo a jogral.

JOGRALIDADE, s.f. Truanice; chocarrice.

JOGUETE, s.m. Brinco; mofa; ludíbrio; aquele ou aquilo que é objeto de ludíbrio ou mofa.

JOGUETEAR, v.int. Brincar com ditos; gracejar; esgrimir.

JÓIA, s.f. Artefato de matéria preciosa, metal ou pedrarias; prêmio; taxa de entrada em associação ou escola; (fig.) pessoa ou coisa de grande valor ou muito boa.

JOIO, s.m. Planta da família das Gramíneas que nasce entre o trigo; (fig.) pessoa ruim entre boas.

JONGAR, v.int. Dançar o jongo.

JONGO, s.m. Dança africana, samba.

JONGUEIRO, s.m. Indivíduo que freqüenta jongos.

JÔNICO, adj. Referente à antiga Jônia; designativo de uma das cinco ordens de arquitetura, caracterizada por capitel ornado de duas volutas laterais.

JÔNIO, adj. Jônico; s.m. indivíduo dos jônios, povos gregos que habitaram a Jônia; o dialeto da Jônia.

JÓQUEI, s.m. Aquele que tem por profissão montar cavalos de corrida.

JORDANENSE, adj. Do Reino do Jordão (Ásia).

JORNA, s.f. Jornal; salário; bebedeira.

JORNADA, s.f. Marcha ou caminho que se faz em um dia; diária; reunião científica, literária.

JORNADEAR, v.int. Andar; caminhar; viajar.

JORNAL, s.m. Paga de cada dia de trabalho; salário; gazeta diária; (por ext.) periódico; diário, escrito em que se relatam os acontecimentos dia a dia.

JORNALECO, s.m. Jornal sem importância ou mal redigido.

JORNALEIRO, s.m. Operário a quem se paga jornal; vendedor ou entregador de jornais.

JORNALISMO, s.m. A profissão de jornalista; a imprensa periódica.

JORNALISTA, s. Pessoa que dirige ou redige um jornal ou a ele fornece colaboração.

JORNALÍSTICO, adj. Relativo a jornal, a jornalista ou ao jornalismo.

JORRAMENTO, s.m. Fluxo; esguicho; ejaculação.

JORRAR, v.int. Sair, rebentar, brotar com ímpeto em jorro; formar bojo; fluir, derramar, rebentar (líquido); surdir; brotar com força (a água); esguichar; ejacular.

JORRO, s.m. Grande jacto; saída impetuosa de líquido; fluência. (Pl.: jorros (ô).)

JOTA, s.m. Décima letra do alfabeto português; nada, coisa nenhuma.

JOVEM, adj. Moço; rapaz.

JOVIAL, adj. Alegre, prazenteiro; folgazão.

JOVIALIDADE, s.f. Alegria; bom humor; facécia.

JUÁ, s.m. Fruto do juazeiro; sempre se grafou joá.

JUAZEIRO, s.m. Árvore da família das Ramnáceas; o mesmo que joazeiro.

JUBA, s.f. Crina de leão.

JUBILAÇÃO, s.f. Alegria; contentamento; aposentação de um professor.

JUBILAR, adj. Relativo a jubileu ou a aniversário solene; v.p. alegrar-se; congratular-se; aposentar funcionário público, professor.

JUBILEU, s.m. Perdão concedido, por meio de indulgência plenária, pela Igreja Católica, de 25 em 25 anos.

JÚBILO, s.m. Alegria; contentamento.

JUBILOSO, adj. Alegre; satisfeito; contente.

JUCUNDIDADE, s.f. Alegria, satisfação.

JUCUNDO, adj. Alegre; prazenteiro.

JUDAICO, adj. Referente a judeus; hebraico.

JUDAÍSMO, s.m. Religião dos judeus; os judeus.

JUDAIZANTE, (a-i), adj. e s. Pessoa que observa práticas judaicas.

JUDAIZAR, (a-i), v.int. Observar os ritos e leis dos judeus, total ou parcialmente.

JUDAS, s.m. Nome do apóstolo Judas Iscariotes que traiu a Cristo, entregando-o aos fariseus por trinta dinheiros. Boneco de palha que os meninos malham no sábado de aleluia. Indivíduo mal trajado.

JUDEU, adj. e s.m. Relativo à Judéia e ao povo desta região da Palestina antiga; natural ou proveniente da Judéia; aquele que segue a religião judaica; hebreu; (pop.) especulador, negocista.

JUDIA, s.f. Femin. de judeu.

JUDIAÇÃO, s.f. Ato de judiar ou mofar, atormentar; perversidade; judiaria.

JUDIAR, v.int. rel. Escarnecer; zombar; mofar; atormentar; fazer judiarias.

JUDIARIA, s.f. Grande porção de judeus; bairro destinado aos judeus; (fig.) maus tratos; crueldade.

JUDICATIVO, adj. Que julga ou tem a faculdade de julgar; que sentencia.

JUDICATÓRIO, adj. Próprio para julgar; relativo a julgamento.

JUDICATURA, s.f. Poder de julgar; função de juiz.

JUDICIAL, adj Forense; referente a tribunais ou à justiça.

JUDICIAR, v.rel. Decidir judicialmente.

JUDICIÁRIO, adj. Forense; judicial.

JUDICIOSO, adj. Acertado; sensato.

JUDÔ, s.m. Luta esportiva, de origem japonesa.

JUGADA, s.f. Terra que uma junta de bois pode lavrar em um dia; jeira.

JUGADOR, s.m. Instrumento de ferro para abater carneiros no matadouro.

JUGAR, v.t. Abater (reses) pela secção da medula espinhal.

JUGO, s.m. Canga; junta de bois; (fig.) submissão; opressão.

JUGOSLAVO, adj. Iugoslavo.

JUGULAR, adj. Referente ou pertencente à garganta ou ao pescoço; v.t. debelar; extinguir (revolta, epidemia); dominar.

JUIZ (u-i), s.m. Árbitro; magistrado que dá sentença; juiz de direito ou togado.

JUÍZA, s.f. Mulher que exerce as funções de juiz.

JUIZADO, s.m. Cargo de juiz; dignidade de juiz.

JUIZ-DE-FORA, s.m. Antigo cargo da magistratura brasileira do tempo colonial. (Pl.: juízes-de-fora.)

JUÍZO, s.m. Ato de julgar; conceito; parecer; opinião; seriedade; tribunal em que se julga; foro; senso, siso, mente.

JULGADO, adj. Sentenciado; pensado; imaginado.

JULGADOR, s.m. Juiz; árbitro.

JULGAMENTO, s.m. Sentença; decisão; exame; apreciação; audiência.

JULGAR, v.t. Decidir como juiz ou como árbitro; arbitrar; apreciar; conjeturar; supor; imaginar; rel. avaliar; formar juízo crítico int. sentenciar; t.-pred. reputar; considerar; ter em conta de.

JULHO, s.m. O sétimo mês do ano civil.

JULIANO, adj. Referente à reforma do calendário feito por Júlio César, no ano de 46 a.C., que vigorou até 1582, época em que se adotou a correção estabelecida pelo Papa Gregório XIII, chamando-se calendário gregoriano ou novo calendário, por oposição ao anterior, chamado juliano ou velho calendário.

JUMENTA, s.f. Feminino de jumento, burrica.

JUMENTADA, s.f. Grupo de jumentos; asneira; tolice.

JUMENTAL, adj. Relativo ao jumento; asinino.

JUMENTO, s.m. Burro; asno; o mesmo que burrico, jegue e jerico.

JUNCADA, s.f. Grande porção de juncos; pancada com junco.

JUNCAL, s.m. Terreno onde vegetam juncos; o mesmo que junqueira.

JUNÇÃO, s.f. Confluência; reunião; encruzilhada.

JUNCAR, v.t. Cobrir de juncos; (por ext.) cobrir de folhas ou flores.

JUNCO, s.m. Nome dado a plantas da família das Juncáceas, que vegetam em terrenos úmidos; barcaça de transporte da China.

JUNGIR, v.t. Ligar por meio de jugo; emparelhar; juntar; unir; atar; ligar. Verbo que só não tem a 1.ª pessoa do pres. do indicat. e todas as do pres. do subj.; nas demais é completo. (Pres. ind.: junges, junge, jungimos, jungis, jungem; part. pass.: jungido.)

JUNHO, s.m. Sexto mês do ano civil.

JÚNIOR, adj. Mais moço; é o mesmo que filho acrescentado ao nome de família quando o prenome é idêntico ao do pai. (Pl.: juniores; antôn.: sênior.)

JUNQUEIRA, s.f. Juncal; terreno onde vegetam juncos.

JUNTA, s.f. Ponto de junção e reunião; articulação; parelha; comissão; conferência de médicos; ponto ou superfície em que aderem dois objetos; (jur.) primeira instância de justiça do trabalho.

JUNTADA, s.f. Termo de junção, em processo forense.

JUNTAR, v.t. Ajuntar; p. unir-se; associar-se; amasiar-se.

JUNTO, adj. Unido; pegado; próximo; chegado; anexo.

JUNTURA, s.f. Junção; junta; articulação; união; linha de união.

JÚPITER, s.m. Grande planeta que gira entre Marte e Saturno; (Mitol.) o pai dos deuses.

JUPITERIANO, adj. Altivo; imperioso; relativo a Júpiter.

JURADO, adj. Protestado com juramento; s.m. membro de um júri.

JURADOR, adj. Aquele que tem por hábito jurar.

JURAMENTADO, s.m. Oficial de cartório que prestou compromisso perante as autoridades; solicitador.

JURAMENTAR, v.t. Tomar, deferir, fazer juramento.

JURAMENTO, s.m. Afirmação ou promessa solene, em que se toma para testemunha uma coisa que se tem como sagrada.

JURAR, v.t. Declarar solenemente; afirmar sob juramento; t.-rel. declarar, afirmar, asseverar; afiançar; prometer formalmente; int. prestar, proferir juramento; rel. fazer juramento, propósito; tomar a resolução; praguejar.

JURÁSSICO, adj. (Geol.) Diz-se do período ou sistema da Era Mesozóica anterior ao Cretáceo e posterior ao Triássico.

JÚRI, s.m. Grupo de cidadãos escolhidos por sorteio que servem como juízes de fato no julgamento de um crime; pessoas que devem decidir num concurso de títulos de beleza, artes ou esportes.

JURÍDICO, adj. Relativo ao Direito.

JURISCONSULTO, s.m. Autoridade cujos pareceres sobre problemas jurídicos merecem acatamento.

JURISDIÇÃO, s.f. Competência jurídica; território sobre o qual exerce o juiz a sua autoridade; por ext. órbita em que qualquer autoridade exerce suas funções.

JURISDICIONAL, adj. Que se relaciona com a jurisdição.

JURISPERITO, s.m. O mesmo que jurisconsulto.

JURISPRUDÊNCIA, s.f. Ciência do Direito e das leis; conjunto dos princípios de direito seguidos num país em certa matéria, numa determinada época; maneira especial de interpretar e aplicar as leis.

JURISTA, s.m. Jurisperito; jurisconsulto.

JURITI, s.f. Ave columbídea, também chamada pomba-rola.

JURO, s.m. Interesse, rendimento de dinheiro emprestado.

JURUBEBA, s.f. Planta medicinal.

JURUPARI, s.m. Espírito mau, diabo, demônio, na crença dos nossos indígenas.

JURURU, adj. Triste; desanimado; abatido; desiludido; melancólico.

JURUTI, s.f. O mesmo que rola e pomba-rola.

JUS, s.m. Direito; fazer — a alguma coisa: tratar de a merecer; merecê-la.

JUSANTE, s.f. Baixa-mar; vazante da maré; a —: para o lado de baixo; para o lado em cujo sentido correm as águas. (Antôn.: a montante.)

JUSTA, s.f. Combate entre dois homens armados de lança; combate; torneio; (por ext.), luta, questão. Prefixo que entra na composição de numerosas palavras com o sentido de próximo, ao lado de.

JUSTADOR, adj. Rival; competidor.

JUSTAFLUVIAL, adj. Que está nas margens de um rio; marginal.

JUSTALINEAR, adj. Diz-se da tradução em que o texto de cada linha vai traduzido ao lado ou na linha imediata.

JUSTAPOR, v.t.rel. Pôr junto; aproximar; sobrepor; p. pôr-se em contiguidade; juntar-se. (Conjuga-se como o v. pôr.)

JUSTAPOSIÇÃO, s.f. Ato ou efeito de colocar uma cousa ao lado de outra; aposição; sobreposição; processo gramatical para formar nossos vocábulos: os dois termos são aproximados ou unidos por traço de união, sem que se dê modificação alguma nas palavras; exs.: amor-perfeito, carta-bilhete, guardanapo, malmequer.

JUSTAR, v.int. Entrar em justa; combater; competir; t. e t.-rel. esgrimir; jogar; ajustar; combinar o preço de; tomar alguém a seu serviço; empregar.

JUSTEZA, s.f. Exatidão; precisão.

JUSTIÇA, s.f. Conformidade com o direito; virtude de dar a cada um o que é seu; faculdade de julgar segundo o direito e a melhor consciência; alçada; magistratura; conjunto de magistrados judiciais e pessoas que servem junto deles; o pessoal de um tribunal.

JUSTIÇADO, adj. Supliciado; executado.

JUSTIÇAR, v.t. Punir com a morte; supliciar; demandar em juízo.

JUSTICEIRO, adj. Amante da justiça; severo; imparcial.

JUSTIFICAÇÃO, s.f. Razão; causa; desculpa; prova judicial, reabilitação.

JUSTIFICADOR, adj. Reabilitador.

JUSTIFICANTE, adj. A pessoa ou parte que se apresenta em juízo para obter justificação.

JUSTIFICAR, v.t. Provar em juízo; demonstrar a inocência de; legitimar; tornar justo; provar, desculpar, fundamentar, dar razão a; reabilitar; p. provar a sua inocência, a boa razão de seu procedimento.

JUSTIFICÁVEL, adj. Que pode ser justificado.

JUSTILHO, s.m. Espécie de colete muito justo; corpete; corpinho; espartilho.

JUSTO, adj. Imparcial; reto, exato, legítimo, apertado; cingido.

JUTA, s.f. Planta de que se extrai fibra têxtil.

JUVENALESCO, adj. Satírico; humorístico; segundo o estilo sarcástico do poeta latino Juvenal.

JUVENCA, s.f. Novilha; bezerra.

JUVENCO, s.f. Bezerro; novilho; garrote.

JUVENESCER, v.t. Remoçar; rejuvenescer.

JUVENESCIMENTO, s.m. Rejuvenescimento; remoçamento.

JUVENIL, adj. Moço; próprio de jovem, de rapaz.

JUVENÍLIA, s.f. Poesia, versos feitos na mocidade do poeta, quando era ainda principiante.

JUVENILIDADE, s.f. Mocidade; juventude.

JUVENTA, s.f. Juventude; mocidade; água de juventa: certa água, crença dos antigos, que restituía a mocidade, que não deixava envelhecer.

JUVENTUDE, s.f. Mocidade, adolescência.

K

K (cá), s.m. Letra do alfabeto fenício, **kaph**, transmitida aos gregos com o nome de **kapa** e adotada pelos romanos para indicar o som gutural, surdo, de **c**; foi esta letra eliminada do alfabeto português, permanecendo apenas na transcrição de nomes estrangeiros e abreviaturas científicas.

KAISER, s.m. Antigo título do imperador da Alemanha. (Pron.: cáizer.)

KANTIANO, adj. Relativo a Kant, filósofo alemão, ou ao kantismo, a filosofia dele.

KANTISMO, s.m. Sistema filosófico de Kant e que se funda essencialmente em determinar os limites em que se pode exercer o entendimento humano; o mesmo que criticismo e racionalismo crítico.

KEPLERIANO, adj. Relativo a Kepler.

KREMLIN, s.m. Palácio real de Moscou; (por ext.) o governo, a orientação russa; (fig.) o comunismo.

KÜMMEL, s.m. Bebida de alta dose de álcool; a pronúncia corrente é quimel.

KU-KLUX-KLAN, s.f. Sociedade oculta norte-americana, fundada em Tennessee, para exterminar os negros, os judeus e os católicos.

L

L, s.m. Consoante lateral alveolar líqüida, décima-primeira letra do alfabeto.

LA, Forma arcaica do pron. pessoal da 3.ª pess., feminino, ainda hoje usada depois de formas verbais terminadas em R, S ou Z, depois dos pronomes **nos** e **vos** e do advérbio **eis**.

LÁ, s.m. Sexta nota da escala musical; adv. ali; naquele lugar; àquele lugar; além; nesse tempo.

LÃ, s.f. Pêlo que cobre o corpo de certos animais; fazenda tecida com esse pêlo.

LABAREDA (ê), s.f. Grande chama; língua de fogo.

LÁBARO, s.m. Pendão; bandeira.

LABÉU, s.m. Nota infamante; mancha na reputação.

LÁBIA, s.f. Astúcia; manha; solércia; falas melíflas para iludir ou captar agrado, favores ou simpatias.

LABIADA, s.f. Espécime das Labiadas, família de plantas dicotiledôneas gamopétalas, caracterizada pela forma da sua corola.

LABIADO, adj. Que tem a forma de lábio.

LABIAL, adj. Relativo aos lábios; (Gram.) que se pronuncia com os lábios; s.f. fonema labial.

LÁBIL, adj. Que escorrega facilmente; fraco.

LÁBIO, s.m. (Anat.) Parte exterior e vermelha do contorno da boca; beiço; lóbulo.

LABIODENTAL, adj. (Gram.) Diz-se das consoantes que se pronunciam, aplicando-se o lábio inferior aos dentes incisivos superiores: f, v.

LABIONASAL, adj. (Gram.) Diz-se do fonema m, porque se pronuncia com os lábios e o nariz.

LABIOSO (ô), adj. De lábios grandes; beiçudo; que tem lábia.

LABIRINTO, s.m. Jardim ou palácio tão complicados que é muito difícil acertar com a saída; (fig.) coisa complicada, confusa; (Anat.) o conjunto das cavidades flexuosas existentes entre o tímpano e o canal auditivo interno, também chamado ouvido interno.

LABOR (ô), s.m. Trabalho; faina. (Pl.: labores.)

LABORAÇÃO, s.f. Ato de laborar; atividade; exercício.

LABORAR, v.int. Trabalhar; funcionar.

LABORATÓRIO, s.m. Lugar onde se fazem experiências científicas; lugar destinado ao estudo experimental de qualquer ramo da ciência ou à aplicação dos conhecimentos científicos com finalidade de prática.

LABORATORISTA, s. Técnico de laboratório.

LABORIOSIDADE, s.f. Diligência; esforço.

LABORIOSO (ô), adj. Trabalhador; difícil, árduo.

LABREGO (ê), adj. e s.m. Rústico; aldeão; (fig.) malcriado; grosseiro.

LABROSTA ou **LABROSTE,** adj. Rústico; labrego; aldeão; grosseiro; incivil.

LABUTA, s.f. Lida; trabalho; labor.

LABUTAÇÃO, s.f. Labuta; labor; faina.

LABUTAR, v.int. Trabalhar; pugnar.

LACA, s.f. Goma-laca: resina ou fécula vermelha extraída das sementes de algumas plantas leguminosas.

LAÇADO, s.m. Golpe dado com o laço.

LAÇADA, s.f. Nó corredio que se desata com facilidade.

LAÇADOR, s.m. Homem destro no exercício de laçar.

LACAIADA, s.f. Dito ou ato próprio de lacaio; grupo de lacaios.

LACAIESCO (ê), adj. Relativo a lacaio; próprio de lacaio.

LACAIO, s.m. Criado de libré que acompanha o amo em passeio ou jornada; (fig.) homem sem dignidade, servil, bajulador.

LAÇAR, v.t. Prender com laço; atar.

LAÇARADA, s.f. O mesmo que laçaria.

LAÇARIA, s.f. Laçarotes; ornamentos esculpidos ou pintados representando flores, frutas ou folhagens presas por laços de fitas.

LAÇAROTE, s.m. Lacinho; no pl.: laços garridos ou vistosos; laçarada.

LACERAÇÃO, s.f. Ferimento, dilaceração.

LACERANTE, adj. Dilacerante.

LACERAR, v.t. Dilacerar; rasgar; ferir.

LAÇO, s.m. Nó que se desata facilmente; armadilha; união, vínculo, casamento.

LACÔNICO, adj. Conciso, breve, resumido.

LACONISMO, s.m. Modo de falar ou escrever com excessiva concisão.

LACRAÇÃO, s.f. Ato ou efeito de lacrar.

LACRADOR, adj. e s.m. Que ou aquele que lacra.

LACRAIA, s.f. Nome comum aos artrópodes ápteros que têm por tipo a centopeia.

LACRAR, v.t. Fechar com lacre; aplicar o lacre em; dar condições legais de circulação a um veículo, colocando uma pequena chapa com lacre de chumbo e fios de arame, na qual está indicado o ano para o qual é válida a autorização.

LACRE, s.m. Composição resinosa, misturada com corante, para selar cartas, pacotes, garrafas etc.; por ext.: lacre de chumbo, de estanho etc.

LACREAR, v.t. Ornar com lacre ou dar cor de lacre a. (Pres. ind.: lacreio, lacreias, lacreia, lacreamos, lacreais, lacreiam.)

LACRIMAÇÃO, s.f. Derramamento de lágrimas.

LACRIMAL, adj. Relativo às lágrimas; que produz lágrimas; designativo do aparelho que segrega as lágrimas.

LACRIMANTE, adj. Lacrimoso.

LACRIMÁVEL, adj. Digno de dó; lamentável.

LACRIMEJANTE, adj. Que lacrimeja.

LACRIMEJAR, v.int. Chorar com freqüência; derramar lágrimas.

LACRIMOGÊNEO, adj. Que provoca ou produz lágrimas.

LACRIMOSO (ô), adj. Choroso; aflito.

LACTAÇÃO, s.f. Formação, secreção e excreção do leite.

LACTANTE, adj. Que produz leite; que aleita.

LACTAR, v.t. Amamentar; aleitar; int. mamar.

LACTENTE, adj. Que mama.

LÁCTEO, adj. Relativo ou semelhante ao leite; da cor do leite.

LACTESCÊNCIA ou **LATESCÊNCIA,** s.f. Qualidade do que é lactescente.

LACTESCENTE, adj. Que tem o aspecto do leite; que segrega suco leitoso.

LACTICÍNIO, s.m. Preparado feito com leite; alimento em que entra leite; tudo quanto se refere à indústria do leite.

LÁCTICO, adj. (Quím.) Diz-se de um ácido oxipropiônico, de sabor azedo, existente no soro do leite.

LACTICOLOR (ô), adj. Que tem a cor do leite.

LACTÍFAGO, adj. Que se alimenta de leite.

LACTÍFERO, adj. Que produz leite.

LACTÍFUGO, adj. Que faz secar o leite às mulheres.

LACTÍGENO, adj. Que produz leite.

LACTÓMETRO, s.m. Instrumento para avaliar a densidade do leite.

LACTOSE, s.f. Açúcar do leite.

LACUNA, s.f. Vazio; vão; falta; omissão; cavidade intercelular.

LACUNAR, adj. Que tem lacunas.

LACUNOSO (ô), adj. Que tem falhas ou em que falta alguma coisa; falho; incompleto.

LACUSTRE, adj. Relativo a lago; que está ou vive nos lagos; s.m.pl. os povos que habitavam as cidades lacustres, isto é, em povoações construídas sobre estacas, em lagos ou suas margens.

LADAINHA (a-i), s.f. Oração em que se invoca a Virgem ou os santos; (fig.) relação fastidiosa; lengalenga.

LADEAMENTO, s.m. Flanqueamento.

LADEAR, v.t. Acompanhar, indo ao lado; estar situado ao lado de; tergiversar acerca de; sofismar; flanquear; seguir a par, ao lado.

LADEIRA, s.f. Declive; encosta; rua ou terreno inclinado.

LADEIRENTO, adj. Inclinado; íngreme. O mesmo que ladeiroso.

LADEIROSO (ô), adj. Ladeirento.

LADINO, adj. Finório; esperto; astuto.

LADO, s.m. Parte direita ou esquerda de qualquer cousa; face; superfície de um corpo; direção; aspecto; qualquer um dos segmentos que delimitam

268

o contorno de uma figura; plural: na direção, ou próximo de um determinado lugar.

LADRA, adj. e s.f. Mulher que furta ou rouba.

LADRADOR, adj. O que ladra.

LADRÃO, adj. Que furta; que rouba; s.m. aquele que furta ou rouba; salteador; bandoleiro; gatuno. (Fem: ladra; aum. ladravaz; ladravão; ladroaço; ladronaço); tubo de descarga colocado nos depósitos de água, banheiras, radiadores de automóveis etc. para que se escoe o excesso.

LADRAR, v.int. Dar (o cão) ladridos ou latidos.

LADRAVAZ ou **LADRAVÃO,** s.m. Grande ladrão.

LADRIDO, s.m. Latido.

LADRILHADO, adj. Revestido de ladrilhos.

LADRILHADOR (ô), adj. O que ladrilha.

LADRILHAR, v.t. Cobrir com ladrilhos.

LADRILHEIRO, s.m. Fabricante de ladrilhos.

LADRILHO, s.m. Peça retangular de barro cozido, que, em geral, serve para revestimento de pisos.

LADRO, adj. Ladrão.

LADROAÇO, s.m. Grande ladrão.

LADROAGEM, s.f. Ladroeira.

LADROAR, v.t. Roubar, furtar.

LADROEIRA, s.f. Roubo; extorsão; desvio doloso de valores.

LADROÍCE, s.f. Gatunice.

LAGAMAR, s.m. Baía ou golfo abrigado; lagoa de água salgada.

LAGAR, s.m. Tanque onde se reduzem a líquido certos frutos; estabelecimento onde está esse tanque.

LAGARADA, s.f. Porção de frutos que é contido num lagar.

LAGARAGEM, s.f. Conjunto de operações no lagar para se fazer vinho ou azeite.

LAGAREIRO, s.m. Dono do lagar; aquele que trabalha em lagares.

LAGARIÇA, s.f. Pequeno lagar.

LAGARIÇO, adj. Relativo ao lagar.

LAGARTA, s.f. A larva dos insetos lepidópteros; primeira fase da vida das borboletas até que atinjam a fase de crisálida; lagartixa.

LAGARTEAR, v.int. Expor-se ao sol como lagarto.

LAGARTEIRO, adj. Manhoso; velhaco.

LAGARTIXA, s.f. Nome dado a pequenos sáurios, da subordem dos Lacertílios, que tem por tipo a sardanisca.

LAGARTO, s.m. Sáurio.

LAGENA, s.f. Vaso de barro com asas; antigo vaso de colo estreito, semelhante a uma garrafa. (Dim.: lageninha, lagênula.)

LAGÊNULA, s.f. Pequena lagena.

LAGO, s.m. Extensão considerável de água cercada de terra; (por ext.) tanque irregular de jardim; grande porção de líquido derramado no chão.

LAGOA (ô), s.f. Pequeno lago; charco.

LAGOSTA (ô), s.f. Crustáceo macruro de antenas cilíndricas e compridas e cuja carne é muito apreciada.

LAGOSTIM, s.m. Pequena lagosta.

LÁGRIMA, s.f. Gota do humor segregada pelas glândulas lacrimais; pl.: choro; pranto.

LAGRIMAÇÃO, s.f. Lacrimação.

LAGRIMAL, adj. Lacrimal.

LAGRIMANTE, adj. Lacrimante.

LAGRIMAR, v.int. Lagrimejar.

LAGRIMEJAR, v.int. Deitar lágrimas; chorar com freqüência. O mesmo que lacrimejar.

LAGRIMOSO (ô), adj. Choroso.

LAGUNA, s.f. Canal pouco profundo, entre ilhas ou bancos de areia.

LAIA, s.f. Qualidade; jaez; casta.

LAICAL, adj. Laico, leigo; próprio de leigo; referente a leigo.

LAICALISMO, s.m. Procedimento laical; atribuições estranhas ao poder eclesiástico.

LAICIDADE, s.f. Qualidade de laico.

LAICISMO, s.m. Sistema dos que pretendem a interferência dos leigos no governo da Igreja ou dos que pretendem dar às instituições caráter não religioso.

LAICIZAÇÃO, s.f. Ato ou efeito de laicizar, tornar leigo.

LAICO, adj. Leigo, laical; secular (por oposição a eclesiástico).

LAIVAR, v.t. Sujar; manchar; besuntar.

LAIVO, s.m. Mancha; nódoa; veio.

LAJE, LAJA ou **LÁJEA,** s.f. Pedra de superfície plana; lousa; (constr.) obra de cimento armado que constitui teto ou piso de compartimento.

LAJEADO, s.m. Pavimento coberto de lajes; o mesmo que lajedo e lajeiro.

LAJEADOR (ô), s.m. Aquele que lajeia.

LAJEAMENTO, s.m. Ação de lajear.

LAJEAR, v.t. Revestir de lajes.

LAJEDO (ê), s.m. (V. Lajeado.)

LAJEM, s.f. Var. de laje.

LAJEOLA ou **LAJOTA,** s.f. Laje pequena.

LAMA, s.f. Mistura de argila e água; lodo; barro; (fig.) miséria, labéu; s.m. sacerdote budista entre os mongóis e os tibetanos.

LAMAÇAL, s.m., **LAMACEIRA,** s.f. ou **LAMACEIRO,** s.m. Lugar em que há muita lama, lameiro; pântano; lodaçal; atoleiro.

LAMACENTO, adj. Cheio ou coberto de lama; lodoso; relativo a lama.

LAMARÃO, s.m. Grande lamaçal; lodo que fica descoberto, ao vazar a maré.

LAMARCKISMO ou **LAMARKIANISMO,** s.m. Doutrina biológica de Lamarck, naturalista francês (1744-1829), a qual, diferente do darwinismo, explica a evolução das espécies pelo uso dos órgãos e a destes, pelas funções.

LAMARTINIANO, adj. De Lamartine, poeta romântico francês (1790-1869); que tem feição semelhante a Lamartine ou à sua obra.

LAMBA, s.f. Mágoa, mal. Passar —: levar vida de cachorro (passar mal); chorar o —: (lus.) carpir as mágoas.

LAMBADA, s.f. Pancada; cacetada; paulada; golpe de chicote.

LAMBANÇA, s.f. Confusão; embrulho; vadiagem; trapaça; desordem ou burburinho.

LAMBANCEAR, v.int. Trapacear; intrigar.

LAMBANCEIRO, adj. Diz-se do indivíduo que faz ou gosta de lambança.

LAMBÃO, adj. Bobão; comilão; que se lambuza ao comer; (fig.) que faz mal o seu serviço ou a sua arte; tolo; palerma. (Fem.: lambona.)

LAMBARAZ, s.m. Lambão; lambareiro.

LAMBAREIRO, adj. Comilão, glutão; lambão.

LAMBARI, s.m. Peixe fluvial da família dos Caracinídeos.

LAMBARICE, s.f. Gulodice; qualidade de quem é lambareiro.

LAMBAZ, adj. Lambão; glutão.

LAMBDA, s.m. Undécima letra do alfabeto grego, correspondente ao L.

LAMBDACISMO, s.m. Pronúncia viciosa da letra l: consiste em dobrá-la, repeti-la muito ou substituí-la pelo r.Ex.: taquala (taquara); velde (verde).

LAMBEDEIRA, adj. e s.f. Forma fem. de lambedor; (pop.) faca longa e estreita; faca de ponta.

LAMBEDELA, s.f. Ato de lamber; lisonja; gorjeta; pechincha.

LAMBEDOR (ô), adj. Que lambe; bajulador.

LAMBEDURA, s.f. O mesmo que lambedela.

LAMBER, v.t. Passar a língua sobre; devorar; comer sofregamente.

LAMBIÇÃO, s.f. Adulação; bajulação.

LAMBIDA, s.f. Lambedela ou lambidela.

LAMBIDELA, s.f. O mesmo que lambedura e lambida.

LAMBIDO, adj. Diz-se da obra de arte (pintura, poesia arte.) demasiadamente polida, excessivamente retocada.

LAMBISCAR, v.t. Comer pouco; int. debicar; comer um pouco de vários pratos.

LAMBISCÁRIA, s.f. Gulodice (doce ou qualquer iguaria apetitosa).

LAMBISGÓIA, s.f. Mulher delambida; mexeriqueira; intrometida.

LAMBISQUEIRO, adj. Aquele que lambisca.

LAMBREQUINS, s.m.pl. Ornatos que pendem do elmo sobre o escudo; ornatos de recortes de madeira ou lâmina metálica para beiras de telhados, cortinas, cantoneiras, etc.

LAMBRETA (ê), s.f. Pequena motocicleta, conhecida também pelo nome de vespa.

LAMBRETISTA, s. Aquele que dirige ou faz uso de lambreta.

LAMBRIS, s.m.pl. Revestimento de madeira lavrada, mármore etc., aplicado até certa altura nas paredes internas dos compartimentos de um edifício.

LAMBRISAR, v.t. Guarnecer de lambris (uma parede).

LAMBUJEM, s.f. Guloseima, gulodice; (fig.) pequeno lucro; engodo; vantagem que um apostador concede ao parceiro num jogo.

LAMBUZADA, s.f. Coisa que suja; besuntadela.

LAMBUZADELA, s.f. Lambedela; nódoa; mancha.

LAMBUZÃO, adj. Diz-se do indivíduo cujo vestuário é pouco asseado; desleixado. (Fem.: lambuzona.)

LAMBUZAR, v.t. Sujar; besuntar; emporcalhar.

LAMECHA, adj. Baboso; namorador ridículo.

LAMEIRA, s.f. Lamaçal; atoleiro.

LAMEIRÃO, s.m. Pantanal.

LAMEIRO, s.m. Lamaçal; pântano; atoleiro; adj. (gír. esportiva) diz-se do cavalo que corre melhor em pista molhada.

LAMELA, s.f. Membrana ou lâmina muito delgada.

LAMELIFORME, adj. Que tem a forma de lâmina ou lamela.

LAMENTAÇÃO, s.f. Lamúria, lástima, choro.

LAMENTADOR, adj. Lamuriento, lastimoso, queixoso.

LAMENTAR, v.t. Lastimar, prantear com gemidos, manifestar dor ou pesar; compadecer-se de.

LAMENTÁVEL, adj. Lastimoso; digno de dó; que causa ou provoca lamentos.

LAMENTO, s.m. Queixume, pranto, lamento.

LAMENTOSO, adj. Lamurioso.

LÂMINA, s.f. Placa delgada ou membrana; folha de instrumentos cortantes.

LAMINAÇÃO, s.f. Ação de reduzir a lâmina; o estabelecimento industrial onde se fazem lâminas.

LAMINADOR, adj. Aquele ou aquilo que lamina.

LAMINAGEM, s.f. Laminação.

LAMINAR, adj. Que tem a forma de lâmina; v.t. reduzir a lâmina.

LAMINOSO, adj. O mesmo que laminar; que tem lâminas.

LAMÍNULA, s.f. Lâmina pequena; lamela.

LAMIRÉ, s.m. Nome vulgar do diapasão.

LÂMPADA, s.f. Lanterna; facho; archote; luz; qualquer aparelho para dar luz; — elétrica: aparelho para dar luz por meio de eletricidade.

LAMPADÁRIO, s.m. Lustre, candelabro.

LAMPADEIRO, s.m. Fabricante de lâmpadas.

LAMPADEJAR, v.int. Brilhar; fulgir.

LAMPARINA, s.f. Pequena lâmpada; pequeno disco que tem ao centro um pavio que se põe a arder no azeite e dá luz atenuada; (pop.) bofetada na orelha.

LAMPEIRO, adj. Apressado; lesto.

LAMPEJANTE, adj. Que lampeja.

LAMPEJAR, v.int. Brilhar como relâmpago; faiscar; cintilar; coruscar.

LAMPEJO (ê), s.m. Corisco; brilho repentino; chispa; (fig.) manifestação rápida ou brilhante de uma idéia.

LAMPIÃO, s.m. Grande lanterna portátil ou fixa num teto, esquina ou parede.

LAMPINHO, adj. Que não tem barba; desbarbado; imberbe.

LAMPREIA, s.f. Peixe ciclóstomo muito saboroso e apreciado.

LAMÚRIA, s.f. Lamento; queixume; choradeira.

LAMURIANTE, adj. Lamentoso ou que tem o ·caráter de lamúria.

LANA-CAPRINA, s.f. Insignificância; bagatela; pouca monta.

LANÇA, s.f. Arma ofensiva, composta de uma haste de madeira terminada por lâmina pontiaguda.

LANÇA-BOMBAS, s.m. 2 núm. Arma de guerra para lançar bombas.

LANÇA-CHAMAS, s.m. 2 núm. Arma de guerra que projeta à distância líqüido incendiado.

LANÇADA, s.f. Ferimento ou pancada com lança; golpe de lança.

LANÇADEIRA, s.f. Dispositivo que contém um cilindro ou canudo em que passa o fio da tecelagem; peça que contém a bobina de linha nas máquinas de costura.

LANÇADIÇO, adj. Que se deve deitar fora; desprezível.

LANÇADO, adj. Muito bem recebido na sociedade; arremessado; jogado; vomitado.

LANÇADOR (ô), adj. e s.m. Que ou aquele que lança, que oferece lanços nos leilões.

LANÇAMENTO, s.m. Ato de lançar; assentamento; escrituração em livro comercial; taxação de impostos.

LANÇA-PERFUME, s.m. Bisnaga de éter perfumado, usado no carnaval. (Pl.: lança-perfumes.)

LANÇAR, v.t. Arremessar com violência; despe-

jar; vomitar; pôr em voga; publicar; editar; fazer lançamento de; escriturar nos livros competentes; expelir; derramar; dar; soltar; oferecer como lanço, em leilão; p. atirar-se; arremessar-se; precipitar-se; aventurar-se; entregar-se inteiramente; desaguar.

LANÇA-TORPEDOS, s.m. 2 núm. Arma de guerra para lançar torpedos.

LANCE, s.m. Ato ou efeito de lançar; conjuntura; risco; perigo; aventura; caso difícil; acontecimento; etapa.

LANCEAR, v.t. Ferir com lança; alancear; (fig.) afligir; angustiar.

LANCEIRO, s.m. Casa de armas; fabricante de lanças; pl: quadrilha dançante, com música especial; regimento de soldados armados de lança.

LANCEOLADO ou **LANCEOLAR**, adj. Semelhante à ponta da lança; em forma de lança.

LANCETA, s.f. Pequena lâmina lanceolada de dois gumes; cutelo pequeno para abater reses. (Pl.: lancetas.)

LANCETADA, s.f. Golpe de lanceta.

LANCETAR, v.t. Cortar ou abrir com lanceta.

LANCHA, s.f. Barco motorizado; barco de pesca; (fam.) calçado desajeitado e de tamanho maior que a medida; pé enorme.

LANCHÃO, s.m. Lancha grande.

LANCHAR, v.t. Tomar pequena refeição ou merenda; int. comer o lanche.

LANCHA-TORPEDEIRA, s.f. Embarcação de guerra a motor, muito veloz, equipada de tubos lança-torpedos. (Pl.: lanchas-torpedeiras.)

LANCHE, s.m. Pequena refeição; merenda.

LANCINANTE, adj. Pungente; aflitivo.

LANCINAR, v.t. Atormentar; pungir; afligir.

LANÇO, s.m. Ato ou efeito de lançar; tiro; arremesso; jacto; oferta de preço em leilão; série; extensão; correnteza; lado de uma rua, de um corredor; seção de uma estrada, de um muro; volta da lançadeira; parte de uma escada compreendida entre dois patamares; posição, postura.

LANDAU, s.m. (ant.) Carruagem de quatro rodas, com capota dupla, que se ergue e abaixa.

LANDE, s.f. Bolota; glande.

LANDÔ, s.m. Landau.

LANGANHO, s.m. Cousa mole, repugnante.

LANGOR (ô), s.m. Languidez.

LANGOROSO (ô), adj. Lânguido; enervado.

LANGUE, adj. Debilitado; extenuado; fraco.

LANGUENTE, adj. O mesmo que langue e lânguido.

LANGUESCER, v.int. Debilitar; adoecer; definhar-se; enfraquecer. O mesmo que languir.

LANGUIDEZ (ê), s.f. Enfraquecimento; debilitação; estado de pessoa fraca e doente; moleza; frouxidão; prostração.

LÂNGUIDO ou **LÂNGÜIDO**, adj. Frouxo; extenuado; fraco; abatido.

LANGUINHENTO, adj. Pegajoso; que não tem firmeza; mole e úmido; debilitado.

LANGUIR, v.int. Languescer. (Verbo defectivo: não se conjuga nas formas em que ao **g** da raiz se seguiria **o** ou **a**; conseqüentemente, não possui a 1.ª pess. do sing. do pres. indic. e todo o pres. do subjuntivo, bem como a forma negativa do imperativo.)

LANHAÇO, s.m. Grande lanho ou golpe.

LANHAR, v.t. Ferir; maltratar.

LANHO, s.m. Golpe de instrumento cortante; (Bras.) pedaço de carne em tiras.

LANÍFERO, adj. Que tem lã.

LANIFÍCIO, s.m. Fábrica de tecidos de lã.

LANÍGERO, adj. Lanífero; diz-se de todo ser coberto de pêlos semelhantes à lã ou à lanugem.

LANOLINA, s.f. Massa viscosa constituída de oleato e estearato de colesterol, extraída da gordura da lã.

LANOSIDADE, s.f. Qualidade daquilo que é lanoso.

LANOSO (ô), adj. Relativo à lã; que tem lã. O mesmo que lanudo e lanzudo.

LANTÂNIO, s.m. Elemento químico, metal raro, símbolo La, de peso atômico 138,90, n.º atômico 57.

LANTEJOULA, s.f. Plaquinha circular brilhante para ornato de vestidos e de letreiros comerciais. Formas parals.: lantejoila, lentejoula e lentejoila.

LANTERNA, s.f. Dispositivo guarnecido de matéria transparente, no qual se põe foco luminoso ao abrigo do vento; fresta; clarabóia numa cúpula ou zimbório.

LANTERNEIRO, s.m. Fabricante de lanternas; faroleiro; condutor de lanternas em procissão.

LANTERNIM, s.m. Águas-furtadas que permitem a ventilação de grandes salas, oficinas, etc.

LANUDO, adj. Lanoso.

LANUGEM, s.f. Pêlo fino que precede o aparecimento da barba ou que está no lugar da barba; buço; (Bot.) pêlos que cobrem algumas folhas ou frutos.

LANUGENTO, adj. Que tem lanugem.

LANUGINOSO (ô), adj. Que é semelhante à lã; que tem lanugem.

LANZUDO, adj. Lanudo.

LAPA, s.f. Grande pedra ou laje que, ressaindo de um rochedo, forma um abrigo; gruta.

LAPADA, s.f. Bofetada; pedrada.

LAPÃO, adj. Da Lapônia (Europa); s.m. o natural ou habitante da Lapônia; o idioma dos lapões.

LAPARÃO, s.m. (Pat.) Intumescência ganglionar e dos vasos linfáticos nos indivíduos atacados de mormo.

LÁPARO, s.m. Filhote de coelho; coelho ainda novo.

LAPAROTOMIA, s.f. Abertura cirúrgica da cavidade abdominal; (pop.) operação de barriga aberta.

LAPAROTOMIZAR, v.t. Realizar laparotomia.

LAPEDO (ê), s.m. Lugar onde há muitas lapas.

LAPELA, s.f. Parte dianteira e superior do casaco voltada para fora.

LAPIANA, s.f. Facão; lambedeira.

LAPIDAÇÃO, s.f. Ato ou efeito de lapidar; suplício que consistia em apedrejar o criminoso; (fig.) aperfeiçoamento; educação.

LAPIDAR, adj. Relativo à lápide; gravado em pedra; conciso (estilo); perfeito; artístico; v.t. apedrejar; matar a pedrada; talhar; facetar; desbastar; polir; dar boa educação; educar; aperfeiçoar.

LAPIDARIA, s.f. Arte de lapidar.

LAPIDÁRIO, s.m. Aquele que lapida pedras preciosas; joalheiro.

LÁPIDE, s.f. Pedra que contém inscrição comemorativa; laje que cobre uma sepultura.

LAPÍDEO, adj. Que tem a dureza da pedra.

LAPIDESCENTE, adj. Que se petrifica.

LAPIDÍCOLA, adj. Diz-se dos animais que habitam ou fazem ninho entre pedras ou nas fendas dos rochedos.

LAPIDIFICAR, v.t. Petrificar; tornar pedra.

LÁPIS, s.m. 2 núm. Haste de grafita envolvida em madeira de forma cilíndrica para escrever ou desenhar.

LAPISEIRA, s.f. Tubo em que se introduzem pedaços de lápis para poderem servir ou não se quebrarem; caixa em que se guardam lápis. O mesmo que porta-lápis.

LAPÔNIO, adj. Lapão; lapuz.

LAPSO, s.m. Escorregadela; descuido, espaço de tempo; engano involuntário; adj. incurso em erro ou pecado.

LAPUZ, adj. Lapônio.

LAQUEAÇÃO, s.f. Ação ou efeito de laquear.

LAQUEAR, v.t. Enlacar; cobrir com laca; pintar com tinta de esmalte.

LAR, s.m. A parte da cozinha onde se acende o fogo; (fig.) a casa de habitação; a terra natal; a pátria; a família.

LARACHA, s.m. Chalaça; gracejo; motejo; s.m. aquele que diz facécias ou procura ser gracioso.

LARADA, s.f. Cinza ou borralho do lar; nódoa de líquido entornado.

LARANJA, s.f. Fruto da laranjeira; adj. da cor da laranja.

LARANJADA, s.f. Coleção de laranjas; bebida feita com suco de laranja.

LARANJAL, s.m. Pomar de laranjeiras.

LARANJEIRA, s.f. Árvore de folhagem persistente, da família das Rutáceas.

LARAPIAR, v.t. Surripiar; furtar.

LARÁPIO, s.m. Ratoneiro; gatuno; ladrão.

LARDEADEIRA, s.f. Agulha para lardear.

LARDEAR, v.t. Entremear (uma peça de carne) com fatias de lardo.

LARDIFORME, adj. Que tem forma de lardo.

LARDÍVORO, adj. Que se alimenta de toucinho.

LARDO, s.m. Toucinho.

LAREIRA, s.f. Laje em que se acende o fogo; lar.

LAREIRO, adj. Relativo a lar ou à lareira.

LARGA, s.f. Ação ou efeito de largar; (fig.) largueza; liberdade; folga; o campo sem divisas; à —: com largueza; com abundância.

LARGADA, s.f. A partida, o início em provas esportivas.

LARGADO, adj. Abandonado; desprezado.

LARGAR, v.t. Soltar da mão; pôr em liberdade; deixar; soltar; proferir; v.int. partir (embarcação).

LARGO, adj. Que tem grande extensão de lado a lado; amplo; extenso; espaçoso; s.m. largura; praça; mar alto; trecho musical em andamento largo; adv. com largueza.

LARGUEIRÃO, adj. (pop.) Muito largo; folgado. (Fem.: largueirona.)

LARGUEZA (ê), s.f. Largura; amplidão; (fig.) generosidade; liberalidade. (Antôn.: estreiteza.)

LARGURA, s.f. Qualidade do que é largo; a dimensão transversal de uma superfície retangular.

LARINGE, s.f. ou m. Órgão músculo-membranoso revestido de mucosa, situado acima da traquéia e essencial à fonação.

LARÍNGEO ou **LARINGIANO,** adj. Relativo à laringe.

LARINGITE, s.f. Inflamação da laringe.

LARINGOGRAFIA, s.f. Descrição da laringe.

LARINGOLOGIA, s.f. Ramo da Medicina que estuda as doenças da laringe.

LARINGOLOGISTA, s. Especialista em laringologia.

LARINGOPLEGIA, s.f. Paralisia da laringe.

LARINGOSCOPIA, s.f. Observação interior da laringe por meio do laringoscópio.

LARINGOSCÓPIO, s.m. Espelho para examinar a laringe.

LARINGOSTENOSE, s.f. Estreitamento da laringe.

LARINGOTOMIA, s.f. Incisão da laringe.

LARVA, s.f. Primeira fase da metamorfose dos insetos, depois de saírem do ovo; lagarta.

LARVADO, adj. Em forma de larva; larval.

LARVAL, adj. Relativo à larva.

LASANHA, s.f. Massa de farinha de trigo, cortada em tiras largas, para sopa ou macarronada.

LASCA, s.f. Fragmento de madeira, pedra ou metal; apara; estilhaço.

LASCADO, adj. Rachado ou quebrado em lascas.

LASCAR, v.t. Partir em lascas; rachar; int. **e p.** fender-se ou fazer-se em lascas; estilhaçar-se.

LASCÍVIA, s.f. Luxúria; libidinagem.

LASCIVO, adj. Sensual; libidinoso.

LASSAR, v.t. Tornar lasso; afrouxar.

LASSEAR, v.t. O mesmo que lassar.

LASSEIRO, adj. Frouxo; lasso; relaxado.

LASSIDÃO ou **LASSITUDE,** s.f. Cansaço; fadiga; prostração.

LASSO, adj. Fatigado; cansado.

LÁSTIMA, s.f. Compaixão, pena; dor; mágoa; miséria, lamentação; coisa ou pessoa inútil.

LASTIMADOR (ô), adj. e s.m. O que lastima.

LASTIMAR, v.t. Deplorar; lamentar; chorar; ter pena de; compadecer-se de; p. queixar-se; lamentar-se; afligir-se.

LASTIMÁVEL, adj. Digno de compaixão ou de lástima; lamentável; deplorável.

LASTIMOSO (ô), adj. Lastimável; choroso.

LASTRAÇÃO, s.f. Ato ou efeito de lastrar.

LASTRADOR (ô), adj. Que lastra.

LASTRAGEM, s.f. Ato de pôr lastro no leito das vias férreas.

LASTRAMENTO, s.m. Lastração. (V. Lastragem.)

LASTRAR, v.t. Carregar com lastro; pôr lastro em.

LASTREAMENTO, s.m. O mesmo que lastragem.

LASTREAR, v.t. Lastrar.

LASTRO, s.m. O que se põe no porão do navio para lhe dar estabilidade; areia que vai na barquinha do aeróstato; (fig.) casa; comida com que se dispõe o estômago para melhor refeição; base; barras de metal precioso que são depositadas no banco oficial para garantir o valor das notas de dinheiro circulante; camada de substância permeável, como areia, saibro ou pedra britada, posta no leito das estradas de ferro e sobre a qual repousam os dormentes.

LATA, s.f. Folha de ferro estanhado; caixa de folha de ferro estanhado; (chulo) rosto, cara.

LATADA, s.f. Pancada com lata; assuada feita com latas e panelas; grade de ripas, varas ou canas para sustentar parreiras ou outra qualquer planta sarmentosa; parreira.

271

LATAGÃO, s.m. Homem robusto e muito alto. (Fem.: latagona.)

LATÃO, s.m. Liga de cobre e zinco. O mesmo que cobre amarelo.

LATEGADA, s.f. Pancada ou açoite com látego.

LÁTEGO, s.m. Chicote de correia ou de corda; azorrague.

LATEJANTE, adj. Que lateja.

LATEJAR, v.int. Palpitar; pulsar; bater.

LATEJO (ê), s.m. Ato de latejar; pulsação; batimento.

LATÊNCIA, s.f. Propriedade de estar latente; caráter do que é latente.

LATENTE, adj. Oculto; subentendido. Diz-se do estado em que permanecem os animais hibernais e as sementes, que durante muito tempo ficam com o metabolismo tão baixo que parecem sem vida.

LATERAL, adj. Relativo ao lado; que está ao lado, transversal.

LÁTEX (cs) ou **LÁTICE**, s.m. Suco leitoso de certas plantas.

LATÍBULO, s.m. Esconderijo; lugar oculto.

LATICÍFERO, adj. Que produz ou derrama látex.

LATIDO, s.m. A voz do cão; ladrido.

LATIFUNDIÁRIO, s.m. Dono de latifúndio.

LATIFÚNDIO, s.m. Extensa propriedade rural. (Antôn.: minifúndio.)

LATIM, s.m. A língua do antigo Lácio; a língua dos romanos antigos; (fig.) coisa de difícil compreensão.

LATINIDADE, s.f. Conjunto dos povos latinos; condição ou caráter latino.

LATINISMO, s.m. Locução própria da língua latina; construção gramatical própria do latim.

LATINISTA, s. Pessoa versada no latim.

LATINIZAR, v.t. Tornar latino; alatinar; dar a civilização latina a.

LATINO, adj. Relativo ao latim; dito ou escrito em latim; relativo aos povos latinos; relativo à igreja de Roma; diz-se das velas (de barco) triangulares; que tem velas latinas (barco); s.m. o natural ou habitante do Lácio; descendente dos antigos romanos; latinista.

LATINÓRIO, s.m. Mau latim; trecho de latim mal traduzido ou mal aplicado.

LATIR, v.int. Dar ou soltar latidos; ladrar; ganir. (Normalmente só se conjuga nas terceiras pessoas.)

LATITUDE, s.f. Distância de qualquer ponto da Terra ao equador, medida em graus no meridiano desse ponto; clima; paragens; (fig.) amplitude; largueza; desenvolvimento.

LATO, adj. Largo; amplo; dilatado.

LATOARIA, s.f. Oficina ou ofício de latoeiro.

LATOEIRO, s.m. Funileiro.

LATRIA, s.f. Adoração devida a Deus; (fig.) adoração.

LATROCINAR, v.t. Roubar violentamente; furtar.

LATROCÍNIO, s.m. Roubo ou extorsão violenta, à mão armada; furto.

LAUDA, s.f. Página de livro; cada lado de uma folha de papel.

LAUDABILIDADE, s.f. Qualidade daquilo que é digno de louvor.

LAUDANIZADO, adj. Que contém láudano.

LAUDANIZAR, v.t. Preparar, misturar com láudano.

LÁUDANO, s.m. Medicamento que tem por base a tintura de ópio.

LAUDATÍCIO, LAUDATIVO ou **LAUDATÓRIO**, adj. Que louva; que contém louvor.

LAUDÁVEL, adj. Que se deve louvar; louvável.

LAUDÊMIO, s.m. Pensão ou prêmio que o foreiro paga ao senhorio direto, quando há alienação do respectivo prédio por parte do enfiteuta.

LAUDES, s.m.pl. (liturg.) Segunda parte das horas canônicas, que se segue às matinas.

LAUDO, s.m. Parecer do louvado ou do árbitro.

LÁUREA, s.f. Coroa de louros; laurel; prêmio; galardão.

LAUREAR, v.t. Adornar; premiar.

LAUREL, s.m. Coroa de louros; (fig.) galardão; prêmio. (Pl.: lauréis.)

LAURÉOLA, s.f. Laurel; auréola.

LAURÍCOMO, adj. (poét.) Coroado de louros.

LAURÍFERO, adj. Coroado de louros; que tem ou produz louros.

LAURÍGERO, adj. Laurífero.

LAURINO, adj. Láureo.

LAUSPERENE, s.m. (liturg.) Exposição permanente do Santíssimo Sacramento.

LAUTO, adj. Suntuoso; abundante.

LAVA, s.f. Matéria em fusão natural que se derrama através da cratera dos vulcões na superfície da terra; magma que se encontra ainda na cratera do vulcão; (fig.) torrente; chama; fogo.

LAVABO, s.m. (liturg.) Ato de o sacerdote lavar os dedos ao celebrar a missa; oração que ele diz nessa ocasião; depósito de água, com torneira, para lavagens parciais, em refeitórios, pias, etc.

LAVAÇÃO, s.f. Ato ou efeito de lavar.

LAVADA, s.f. Surra; derrota, esfrega.

LAVADEIRA, s.f. Mulher que lava roupa.

LAVADEIRO, s.m. Homem que se ocupa em lavar roupa; tintureiro.

LAVADELA, s.f. Lavagem ligeira.

LAVA-DENTE, s.m. Beberete; pinga. (Pl.: lava-dentes.)

LAVADIÇO, adj. Amigo de se lavar.

LAVADO, adj. Limpo, asseado.

LAVADOR, s.m. e adj. O que lava.

LAVADOURO, s.m. Local ou tanque onde se lava roupa.

LAVADURA, s.f. Lavagem; água em que se lavou a louça.

LAVAGEM, s.f. Ato de lavar; lavadura; separação por meio de água das partes úteis de um minério, livrando-o das escórias; comida para porcos.

LAVAMENTO, s.m. Ato ou efeito de lavar.

LAVANDARIA, s.f. Lavanderia; tinturaria.

LAVANDEIRA, s.m. Lavadeira.

LAVANDEIRO, s.m. Aquele que lava roupa por profissão.

LAVANDERIA, s.f. Estabelecimento onde se lava, passa a ferro e tinge toda sorte de peça de vestuário; a parte da casa, hotel, caserna, etc. onde a roupa é lavada e passada a ferro.

LAVA-PÉS, s.m. 2 núm. Cerimônia religiosa em quinta-feira santa, que celebra o fato de Jesus ter lavado os pés aos discípulos.

LAVAR, v.t. Limpar banhando; tirar com água as sujidades; banhar; p. banhar-se.

LAVATÓRIO, s.m. Utensílio ou móvel com todos os aprestos para lavar as mãos e a cara.

LAVÁVEL, adj. Que se pode lavar; lavadiço.

LAVOR (ô), s.m. Labor; trabalho manual; obra de agulha feita por desenho; ornato em relevo.

LAVORAR, v.t. Fazer lavores em; lavrar.

LAVOURA, s.f. Preparação da terra para a sementeira ou plantação; terreno cultivado; agricultura.

LAVRA, s.f. Lavoura; extração de minério; fabricação; produção; terreno de mineração.

LAVRADEIRA, s.f. Mulher que se emprega na lavoura ou lavra; camponesa.

LAVRADIO, adj. Arável; próprio para ser lavrado.

LAVRADO, adj. Ornado de lavores ou relevos; arado; inscrito, escrito (em tabelião).

LAVRADOR (ô), s.m. Aquele que trabalha na lavoura; o que possui terras de lavoura; agricultor; proprietário de salinas. (Fem.: lavradeira.)

LAVRAGEM, s.f. Ato ou efeito de lavrar; lavoura.

LAVRANTE, adj. Que lavra; s. artista que trabalha em ouro e prata.

LAVRAR, v.t. Arar; cultivar; amanhar; cinzelar; aplainar; preparar; bordar; abrir ornatos em; lapidar; corroer; escrever; exarar por escrito; cunhar; inscrever em tabelião; traçar; gravar; explorar (minas); redigir e escrever (atas, escrituras etc.); int. alastrar; tomar incremento (fogo).

LAVRATURA, s.f. Ato de lavrar (uma escritura, um documento).

LAXAÇÃO, s.f. Lassidão; laxidão.

LAXANTE, adj. Que laxa; que afrouxa; s.m. purgante ligeiro.

LAXAR, v.t. Tornar frouxo; desimpedir.

LAXATIVO, adj. e s.m. Laxante; levemente purgativo.

LAXIDÃO, s.f. Languidez, lassidão.

LAXISMO (cs), s.m. Doutrina que tende a preferir sempre a apreciação mais benigna.

LAXO, adj. Lasso, frouxo; alargado; desimpedido.

LAZÃO, adj. Alazão. (Fem.: lazã.)

LAZARENTO, adj. Leproso; hanseniano.

LÁZARO, s.m. Aquele que é leproso; lazarento.

LAZARONE, s.m. Vadio.

LAZEIRA, s.f. Miséria; desgraça; (pop.) fome.

LAZER (ê), s.m. Descanso; ócio; passatempo.

LÉ, s.m. Palavra usada na locução lé com lé, cré

com cré: cada qual com seu igual.

LEAL, adj. Sincero; franco; honesto; fiel aos seus compromissos.

LEALDADE, s.f. Qualidade de leal; ação leal.

LEALDAR, v.t. Legalizar; dar ao manifesto na alfândega.

LEÃO, s.m. Quadrúpede carnívoro da família dos Felídeos; (fig.) homem valente. (Fem.: leoa; dim.: leãozinho; leãozote; leônculo.)

LEÃO-MARINHO, s.m. Mamífero da ordem dos Pinípedes, à qual pertencem também as focas. (Pl.: leões-marinhos.)

LEÃOZOTE (ê), s.m. Uma das formas diminutivas de leão.

LEBRACHO, s.m. Macho da lebre, ainda novo.

LEBRADA, s.f. Guisado de lebre.

LEBRÃO, s.m. O macho da lebre.

LEBRE, s.f. Mamífero da ordem dos Roedores. (Masc.: lebrão, lebracho.)

LEBRÉ, s.m. Cão de fila.

LEBREIRO, adj. Que caça lebres (cão).

LEBREL, s.m. Lebréu. (Pl.: lebréis.)

LEBRÉU, s.m. Cão amestrado na caça das lebres; galgo.

LECIONAR, v.t. Ensinar; dar lições de; doutrinar; t.-rel. ensinar; professorar; dedicar-se ao magistério.

LEDICE, s.f. Alegria; prazer.

LEDO (ê), adj. Risonho; contente; jubiloso.

LEDOR (ô), adj. e s.m. O que lê; leitor.

LEGAÇÃO, s.f. Doação de bens a herdeiro não necessário ou forçado; representação diplomática de categoria inferior à embaixada; o pessoal de uma legação; a sede de uma legação.

LEGACIA, s.f. Cargo ou dignidade de legado.

LEGADO, s.m. Embaixador ou enviado de um governo junto de outro governo; núncio pontifício; coisa ou quantia que se deixa em testamento a quem só é herdeiro necessário.

LEGAL, adj. Conforme ou relativo à lei.

LEGALIDADE, s.f. Qualidade do que é legal; conformidade com a lei.

LEGALISTA, adj. Pessoa que pugna pela observância às leis ou pelo governo legal.

LEGALIZAÇÃO, s.f. Ato ou efeito de legalizar.

LEGALIZAR, v.t. Tornar legal; autenticar; justificar.

LEGAR, t.-rel. Deixar em testamento a quem não é herdeiro forçado; transmitir.

LEGATÁRIO, s.m. Aquele que foi contemplado com um legado.

LEGATÓRIO, adj. Relativo a legados; que envolve legados.

LEGENDA, s.f. Explicação; letreiro; inscrição; dístico; rótulo; lenda.

LEGENDÁRIO, adj. Lendário.

LEGIÃO, s.f. Corpo da antiga milícia romana; composto de infantaria e cavalaria; corpo de qualquer exército; (fig.) multidão.

LEGIFERAR, v.i. O mesmo que legislar.

LEGÍFERO, adj. e s.m. Legislador, legislativo.

LEGIONÁRIO, s.m. Soldado de legião.

LEGISLAÇÃO, s.f. Corpo ou conjunto de leis; ciência das leis; direito de fazer leis.

LEGISLADOR (ô), adj. e s.m. O que legisla; que faz a lei.

LEGISLAR, v.int. Fazer, preceituar ou decretar leis; legiferar.

LEGISLATIVO, adj. Relativo ao poder de legislar ou à legislação; que legisla; s.m. o Poder Legislativo.

LEGISLATÓRIO, adj. Legislativo; que obriga como lei.

LEGISLATURA, s.f. Sessão legislativa; reunião de deputados e senadores em assembléias; tempo durante o qual os legisladores exercem os seus poderes.

LEGISLÁVEL, adj. Que se pode legislar ou converter em leis.

LEGISMO, s.m. Influência da lei.

LEGISPERITO, s.m. Aquele que é perito em leis, jurisconsulto.

LEGISTA, s. Pessoa que conhece ou estuda as leis; jurisconsulto; jurisperito; embora impropriamente, é assim chamado o especialista em Medicina Legal, por ser forma reduzida de médico-legista.

LEGÍTIMA, s.f. Parte da herança que a lei reserva a certos herdeiros e da qual não pode o testador livremente dispor.

LEGITIMAÇÃO, s.f. Ato ou efeito de legitimar.

LEGITIMADO, adj. Tornado legítimo; s.m. filho natural que o casamento dos pais legitimou.

LEGITIMADOR (ô), adj. e s.m. O que legitima.

LEGITIMAR, v.t. Tornar legítimo; justificar; reconhecer como autêntico.

LEGITIMIDADE, s.f. Qualidade de legítimo; legalidade.

LEGÍTIMO, adj. Autêntico; genuíno; legal.

LEGÍVEL, adj. Que se pode ler.

LÉGUA, s.f. Medida itinerária que equivale a 6.000 metros; — de sesmaria: medida itinerária antiga equivalente a 3.000 braças ou 6.600 metros.

LEGULEIO, s.m. Advogado rábula, chicaneiro.

LEGUME, s.m. Hortaliça.

LEGUMINOSO (ô), adj. Que frutifica em vagem.

LEI, s.f. Preceito que deriva do poder legislativo; relação constante entre um fenômeno e a sua causa; obrigação imposta; norma; regra; — de talião: desforra igual à ofensa; — marcial: lei militar instituída num país em ocasião de perigo e sob a qual fica suspensa a lei ordinária; estado de sítio; de —: (metal.) pureza de uma liga de ouro ou prata, especificada pela fração milesimal que contém os metais indicados.

LEICENÇO, s.m. Furúnculo; fleimão.

LEIGAÇO, adj. (fig.) Ignorantão.

LEIGO, adj. Que não tem ordens sacras; laical; (fig.) estranho a um assunto.

LEIGUICE, s.f. Dito ou ato de leigo.

LEILÃO, s.m. Venda pública de objetos a quem oferecer maior lanço; hasta pública.

LEILOAR, v.t. Por em leilão; apregoar em leilão.

LEILOEIRO, s.m. Pregoeiro em leilões; organizador de leilões.

LEIRA, s.f. Sulco na terra, para receber semente.

LEIRAR, v.t. Dividir (terreno) em leiras.

LEISHMANIOSE, s.f. (Med.) Doença causada por protozoários do gênero Leishmania.

LEITÃO, s.m. Bácoro; porco novo. (Fem.: leitoa.)

LEITARIA, s.f. Leiteria.

LEITE, s.m. Líquido, branco, opaco, segregado pelas glândulas mamárias das fêmeas dos animais mamíferos; suco branco de alguns vegetais; — magro: o desnatado.

LEITEIRA, s.f. Vendedora de leite; vaso em que se serve leite à mesa.

LEITEIRO, adj. Que produz leite; s.m. vendedor de leite.

LEITELHO (ê), s.m. Soro branco que fica da batedura da nata no fabrico da manteiga; leite desengordurado e acidificado.

LEITERIA, s.f. Lugar destinado a receber o leite para venda ou produção de seus derivados; estabelecimento de lacticínios. O mesmo que leitaria.

LEITO, s.m. Cama; qualquer superfície em que se assenta outro corpo; — do rio: lugar por onde ele corre normalmente.

LEITOA, s.f. Femin. de leitão.

LEITOADA, s.f. Grupo de leitões.

LEITOR (ô), adj. Que lê; s.m. aquele que lê.

LEITORADO, s.m. Cargo ou grau de leitor; o segundo grau das ordens menores.

LEITOSO (ô), adj. Lácteo; com o aspecto de leite; lactescente.

LEITURA, s.f. Ato ou efeito de ler; arte de ler; aquilo que se lê.

LEIVA, s.f. Leira; sulco do arado; gleba.

LEMA, s.m. Proposição preliminar que facilita a demonstração de um teorema; emblema; sentença.

LEMBRADIÇO, adj. Que facilmente se lembra.

LEMBRADO, adj. Que se conservou na memória, recordado.

LEMBRADOR (ô), adj. O que lembra ou faz lembrar.

LEMBRANÇA, s.f. Coisa própria para ajudar a memória; recordação; presente; dádiva; brinde; pl.: cumprimentos, recomendações.

LEMBRAR, v.t. Trazer à memória; fazer recordar.

LEMBRETE (ê), s.m. Papel com apontamento, para ajudar a memória; repreensão; leve castigo.

LEME, s.m. Aparelho com que se dirigem embarcações ou aviões; (fig.) governo; direção.

LEMURAL, adj. Relativo a lêmure.

LÊMURE, s.m. Indivíduo dos Lêmures, subordem dos primatas, que tem o focinho vulpino e o corpo semelhante ao dos macacos; pl.: fantasmas, duendes.

LEMURIANO, adj. Relativo ou semelhante aos lêmures; s.m. primata. O mesmo que lêmure.

LENA, s.f. Alcoviteira.

LENÇARIA, s.f. Fábrica ou estabelecimento de lenços; quantidade de lenços; tecidos de linho ou de algodão.

LENÇO, s.m. Pequeno pano quadrangular que serve para uma pessoa se assoar ou para ornar e cobrir a cabeça ou o pescoço.

LENÇOL, s.m. Peça de pano que se põe na cama sobre o colchão ou sob os cobertores (pl.: lençóis); — d'água: reserva ou depósito natural d'água existente no subsolo; estar em maus lençóis: estar em má situação, em dificuldade.

LENDA, s.f. Tradição popular; conto; história fantástica, imaginosa.

LENDÁRIO, adj. Que tem o caráter de lenda; célebre, muito conhecido.

LÊNDEA, s.f. Ovo de piolho.

LENDEAÇO, s.m. Grande quantidade de lêndeas.

LENDEOSO (ô), adj. Que tem lêndeas.

LENE, adj. Brando; suave; macio.

LENGALENGA, s.f. Narração fastidiosa, monótona, enfadonha.

LENHA, s.f. Ramagem, troncos ou pedaços de madeira para queimar; (fam.) pancadas; entrar na —: apanhar; ser surrado.

LENHADOR (ô), adj. e s.m. Cortador ou rachador de lenha. O mesmo que lenheiro.

LENHAR, v.int. Cortar lenha; prover-se de lenha.

LENHEIRO, s.m. Lenhador; negociante de lenha; lugar onde se empilha a lenha cortada.

LENHIFICAR, v.t. e p. Endurecer; tornar ou tornar-se lenhoso; lignificar-se.

LENHO, s.m. (Bot.) Principal tecido de sustentação e de condução da água do caule e da raiz das plantas, também chamado madeira ou xilema; tronco; madeiro; (fig.) navio; Santo —: a cruz de Cristo.

LENHOSO (ô), adj. Que tem a natureza, o aspecto e a consistência do lenho ou madeira.

LENIDADE ou **LENIÊNCIA**, s.f. Brandura; mansidão; suavidade.

LENIENTE, adj. Lenitivo.

LENIFICAR, v.t. Lenir.

LENIMENTO, s.m. Aquilo que embrandece; remédio para suavizar dores; emoliente.

LENINISMO, s.m. Doutrina comunista de Lênine.

LENIR, v.t. Abrandar; suavizar; mitigar. (Verbo defectivo. Só se conjuga nas formas em que ao **n** da raiz se segue **i**.)

LENITIVO, s.m. Lenimento; (fig.) alívio; consolação; coisa que suaviza; adj. próprio para lenir.

LENTAR, v.t. Tornar lento; umedecer.

LENTE, s.f. Disco de vidro ou outra substância transparente que refrange os raios luminosos (dim.: lentezinha; lenticula); — de aumento: lente biconvexa que torna maiores os objetos; s. professor de escola superior e de escola secundária.

LENTEJAR, v.t. Tornar úmido; lentar.

LENTEJOULA, s.f. O mesmo que lantejoula.

LENTESCENTE, adj. Úmido; pegajoso; viscoso.

LENTESCER, v.t. e int. Lentar.

LENTEZA (ê), s.f. Vagarosidade, lentidão.

LENTÍCULA, s.f. Lente pequena.

LENTICULAR, adj. Que tem a forma de lente ou lentilha. O mesmo que lentiforme.

LENTIDÃO, s.f. Vagar; pachorra; demora; umidade leve.

LENTIFORME, adj. Em forma de lente; lenticular.

LENTIGEM, s.f. Sarda.

LENTIGINOSO (ô), adj. Que tem lentigens ou sardas.

LENTIGO, s.m. O mesmo que lentigem.

LENTÍGRADO, adj. Que caminha lentamente; tardígrado.

LENTILHA, s.f. Planta leguminosa, empregada como forragem e alimento humano; grão dessa leguminosa.

LENTILHOSO (ô), adj. Abundante em lentilhas.

LENTISCAL, s.m. Terreno em que crescem lentiscos.

LENTO, adj. Vagaroso; demorado; preguiçoso; lerdo.

LENTOR (ô), s.m. Umidade, lentidão.

LENTURA, s.f. Lentidão; ligeira umidade.

LEOA (ô), s.f. Fêmea de leão; (fig.) mulher de mau gênio e instintos ferinos.

LEONEIRA, s.f. Caverna de leões; jaula para leões.

LEÔNICO, adj. Próprio de leão; leonino.

LEONINO, adj. Próprio de leão; relativo a leão; (fig.) pérfido.

LEOPARDO, s.m. Mamífero carnívoro da família dos Felídeos, de pele mosqueada.

LÉPIDO, adj. Risonho, jovial; alegre; ligeiro.

LEPIDÓPTERO, s.m. Espécime dos Lepidópteros, ordem de insetos com as quatro asas membranosas revestidas de escamas e de aparelho bucal sugador como as borboletas e mariposas.

LEPORÍDEO, s.m. Espécime dos Leporídeos, família de mamíferos roedores que tem por tipo a lebre.

LEPORINO, adj. Diz-se do lábio cortado como o da lebre.

LEPRA, s.f. (Med.) Doença crônica infecciosa produzida por um bacilo específico, chamado bacilo de Hansen; o mesmo que morféia, mal de Hansen etc.; (pop.) sarna de cachorro.

LEPROLOGIA, s.f. Parte da Medicina que se ocupa com o estudo da lepra.

LEPROLOGISTA, s. ou **LEPRÓLOGO**, s.m. Especialista em lepra.

LEPROMA, s.m. Tubérculo leproso.

LEPROSARIA, s.f. Hospital de leprosos.

LEPROSÁRIO, s.m. Sanatório destinado a leprosos.

LEPROSO (ô), adj. e s.m. Que tem lepra. O mesmo que hanseniano, lazarento, lázaro, morfético.

LEPTORRINO, adj. Que tem o nariz delgado. (Antôn.: platirrínico; platirrino.)

LEPTOSSÔMICO, adj. Diz-se do tipo corporal magro e esbelto.

LEQUE, s.m. Ventarola com varetas; abano.

LER, v.t. Ver o que está escrito, proferindo ou não, mas conhecendo as respectivas palavras; conhecer, interpretar por meio da leitura; decifrar, interpretar o sentido de; adivinhar; predizer; t.-rel. explicar; prelecionar; int. ver e interpretar o que está escrito. (Pres. ind.: leio, lês, lê, lemos, ledes, lêem; perf.: li, leste, leu, lemos, lestes, leram; subj. pres.: leia, leias, leia, leiamos, leiais, leiam; ger.: lendo; part.: lido.)

LERDAÇO, adj. Aparvalhado; pateta; parvo.

LERDEADOR (ô), adj. Descansado; pachorrento.

LERDEAR, v.int. Demorar; andar devagar.

LERDEZA (ê) ou **LERDICE**, s.f. Qualidade do que é tardio nos movimentos, do que é lerdo.

LERDO, adj. Pesado; estúpido; lento nos movimentos.

LÉRIA, s.f. Palavreado; lengalenga.

LÉS, s.m. Usado na expressão **de lés a lés**, que quer dizer: de lado a lado.

LESADO, adj. Ferido física ou moralmente; prejudicado.

LESA-MAJESTADE, s.f. Crime praticado contra a pessoa do rei, membro de família real ou (por ext.) contra o poder supremo da nação.

LESANTE, adj. Que lesa; s. pessoa que lesa, prejudica ou danifica.

LESÃO, s.f. Ato ou efeito de lesar; (Med.) alteração de um órgão ou funções de um indivíduo; pancada; violação de um direito; prejuízo.

LESA-PÁTRIA, s.f. Traição à pátria.

LESAR, v.t. Causar lesão a; ferir; ofender o crédito, a reputação ou os interesses de; ofender fisicamente; prejudicar.

LESIVO, adj. Que causa lesão; que lesa; ofensivo; prejudicial.

LESMA, s.f. Molusco gastrópode; (fig.) pessoa indolente; pessoa mole. (Pl.: lesmas.)

LESO (ê), adj. Ofendido, lesado; ferido; paralítico.

LESTE, s.m. Este; nascente; levante; oriente; vento que sopra do nascente.

LESTO (é), adj. Ligeiro; ágil; rápido.

LETAL, adj. Mortal; mortífero.

LETALIDADE, s.f. Qualidade de letal; (neol.) mortalidade; conjunto de óbitos.

LETÃO, adj. Da Letônia; s.m. o natural ou habitante da Letônia; o idioma da Letônia.

LETARGIA, s.f. Sono patológico prolongado; apatia; prostração moral; inércia; vida latente.

LETÁRGICO, adj. Relativo a letargia; atacado de letargia; (fig.) indolente.

LETARGO, s.m. Letargia.

LETÍCIA, s.f. Ledice; alegria.

LÉTICO, adj. Relativo aos letões ou ao seu dialeto; s.m. o dialeto dos letões.

LETÍFERO, adj. Letal.

LETIFICANTE, adj. Que produz alegria.

LETIFICAR, v.t. Alegrar.

LETIVO, adj. Relativo a lições; em que há lições;

diz-se do período em que funcionam oficialmente as aulas das escolas.

LETOMANIA, s.f. Monomania de suicídio.

LETRA (ê), s.f. Cada um dos caracteres do abecedário; forma de os escrever; algarismos; versos correspondentes a certas músicas; — a —: literalmente; palavra por palavra; — de câmbio: documento no qual alguém se compromete a pagar em tal data ao portador determinada quantia; — de forma: letra redonda ou de imprensa; — gótica: tipo anguloso de letra, usada na Idade Média e ainda hoje na Alemanha; à —: literalmente; rigorosamente; palavra por palavra; pl.: carta, missiva; literatura; cultivo das ciências; homem de —s: escritor.

LETRADETE (ê), adj. Um tanto letrado.

LETRADICE, s.f. Presunção de letrado; bacharelice.

LETRADO, adj. e s.m. Versado em letras, erudito; literato.

LETREIRO, s.m. Placa com inscrição; rótulo; legenda.

LÉU, s.m. Vagar; ensejo; ao —: à vontade, à toa.

LEUCEMIA, s.f. Câncer do sangue.

LEUCÓCITO, s.m. Glóbulo branco do sangue.

LEUCOCITOSE, s.f. Aumento numérico de glóbulos brancos no sangue, em geral passageiro.

LEUCÓCOMO, adj. Que tem cabelos brancos.

LEUCOMA, s.m. Mancha branca na córnea transparente.

LEUCONÍQUIA, s.f. Manchas brancas que costumam aparecer nas unhas.

LEUCOPENIA, s.f. Diminuição do número de leucócitos no sangue.

LEUQUEMIA, s.f. O mesmo que leucemia.

LEVA, s.f. Ato de levantar âncora para navegar; recrutamento; condução (de presos ou militares).

LEVADA, s.f. Ato de levar; corrente de água para regar ou para mover moinhos; colina; elevação de terreno.

LEVADENTE, s.m. (pop.) Mordedura; repreensão.

LEVADIA, s.f. Agitação das ondas do mar.

LEVADIÇA, s.f. Ponte que pode ser levantada ou baixada.

LEVADIÇO, adj. Móvel; movediço; que se levanta ou baixa facilmente (ponte).

LEVADINHO, adj. Levado da breca.

LEVADIO, adj. Diz-se do telhado formado por telhas soltas.

LEVADO, adj. Travesso; traquinas; indisciplinado.

LEVADOR (ô), adj. O que leva ou conduz; condutor; raptor.

LEVA-E-TRAZ, s. 2 núm. Pessoa intrigante, mexeriqueira.

LEVANTADA, adj. Ato de levantar; ato de levantar-se da cama.

LEVANTADIÇO, adj. Insubordinado; indisciplinado; irrequieto.

LEVANTADO, adj. Posto em pé; alto; sublime; nobre; áspero (o mar); insubordinado; insurrecionado.

LEVANTADOR (ô), adj. Que levanta; que amotina; que revolta.

LEVANTADURA, s.f. O mesmo que levantamento.

LEVANTAMENTO, s.m. Ato de levantar, insurreição; retirada (de dinheiro); colheita de elementos para demonstração estatística; inventário; balanço.

LEVANTAR, v.t. Pôr em pé; alçar; erguer; tornar mais alto; erigir, edificando ou reedificando; hastear; alistar; engrandecer; exaltar; excitar; revoltar; abolir; revogar; suspender; acordar; fundar; retirar; sugerir; propor; traçar graficamente no papel, depois de proceder às necessárias medições no terreno (um mapa, uma carta, um plano); int. altear-se; erguer-se; subir de preço; crescer; p. erguer-se; pôr-se de pé; sair da cama; exaltar-se; manifestar-se protestando; desenvolver-se; desencadear-se; s.m. ato de levantar ou levantar-se; levantada.

LEVANTE, s.m. Nascente; oriente; os países do Mediterrâneo oriental; ato de levantar; motim.

LEVÂNTICO, adj. Levantino.

LEVANTINO, adj. Próprio ou natural dos países do Levante (em geral, do Oriente Médio); s.m. o natural ou habitante desses países.

LEVAR, v.t. Fazer passar de um lugar para outro; impelir; retirar; afastar; tratar; tornar dócil; destruir; apagar; obter; receber (prêmio ou castigo); tirar; roubar; apanhar; conduzir; arrastar; transportar; — a mal: desgostar-se com; — a melhor: vencer uma contenda; mostrar que tem razão; sobrepujar.

LEVE, adj. De pouco peso; ligeiro; ágil; fácil; insignificante; delicado; de —: levemente.

LEVEDAÇÃO, s.f. Ato ou efeito de levedar.

LEVEDAR, v.t. Fazer fermentar; tornar lêvedo; int. fermentar.

LÊVEDO, s.m. Cogumelo unicelular da família das Sacaromicetáceas, agente da fermentação alcoólica; adj. que fermentou.

LEVEDURA, s.f. Fermento.

LEVEZA (ê), s.f. Qualidade de leve; leviandade; falta de reflexão; ligeireza.

LEVIANDADE, s.f. Falta de tino; imprudência; falta de juízo.

LEVIANO, adj. Que julga ou procede irrefletidamente; inconsiderado; imprudente; sem seriedade; precipitado.

LEVÍPEDE, adj. Que tem pé leve; que anda com presteza.

LEVITA, s.m. Diácono; sacerdote.

LEVITAÇÃO, s.f. Ação de um corpo se levantar só por efeito do fluido humano.

LEVITAR-SE, v.p. Erguer-se só por influência do fluido humano.

LEVÍTICO, s.m. Terceiro livro do Pentateuco.

LEVOGIRO, adj. (Fís.) Diz-se da substância que desvia para a esquerda o plano da polarização da luz. (Antôn.: dextrogiro.)

LEVULOSE, s.f. Açúcar levogiro encontrado no mel e em alguns frutos.

LEXICAL (cs), adj. Relativo ao léxico.

LÉXICO (cs), s.m. Vocabulário; dicionário.

LEXICOGÊNICO, adj. O mesmo que lexiogênico.

LEXICOGRAFIA (cs), s.f. Ciência ou estudo das palavras que devem constituir o léxico.

LEXICOGRÁFICO (cs), adj. Relativo à lexicografia.

LEXICÓGRAFO (cs), s.m. Lexicólogo; autor de dicionário ou de trabalho sobre palavras de uma língua; dicionarista.

LEXICOLOGIA (cs), s.f. Parte da Gramática que trata da etimologia das palavras e das suas diversas acepções; estudo dos elementos de formação das palavras.

LEXICOLÓGICO (cs), adj. Relativo à lexicologia.

LEXICÓLOGO (cs), s.m. Dicionarista; o que se ocupa da lexicologia; lexicógrafo.

LÉXICON (cs), s.m. Léxico.

LEXIOGÊNICO, adj. Que dá origem ao léxico; diz-se do caso acusativo latino, que dá origem à maioria dos vocábulos da língua portuguesa.

LEZÍRIA, s.f. Terra plana e alagadiça, nas margens de um rio.

LHAMA, s.f. Tecido de fio de prata ou de ouro; ruminante da família dos Camelídeos, originário do Peru.

LHANEZA (ê), s.f. Afabilidade; lisura; singeleza.

LHANO, adj. Sincero; despretensioso; amável; franco; s.m.pl. grandes planícies de vegetação herbácea na América do Sul.

LHANURA, s.f. Lhaneza; planura.

LHE, pron.pes. A ele; a ela; a si.

LHO, Contração do pron. pess. lhe e o. Contração do pron. pess. lhe e do pron. dem. neutro o. Contração do pron. pess. lhe (= lhes) e do pron. pess. o. (Ant. e pop.) contração do pron. pess. lhe (= lhes) e do pron. dem. neutro o.

LIAÇA, s.f. Feixe de palhas em que se envolvem objetos frágeis para que não se quebrem durante o transporte.

LIAME, s.m. Aquilo que prende uma coisa a outra; ligação.

LIANA, s.f. Cipó lenhoso.

LIAR, v.t. Ligar.

LIBAÇÃO, s.f. Ato de libar ou de beber; ato pelo qual começavam os sacrifícios e outras cerimônias pagãs e que consistia em encher uma taça de vinho, leite ou outro licor e depois de provado derramá-lo em honra de alguma divindade.

LIBANÊS, adj. e s.m. Da República do Líbano (Ásia).

LIBAR, v.t. Beber; sugar; experimentar; gozar; int. fazer libações.

LIBELAR, v.t. Fazer o libelo de; fazer acusação judicial.

LIBELO (bé), s.m. Livro pequeno; exposição articulada do que se pretende provar contra um réu; escrito difamatório.

LIBÉLULA, s.f. Inseto da ordem dos Odomatos. O mesmo que libelinha, cavalinho-de-judeu e donzelinha.

LIBENTE, adj. Agradável; amável; voluntário.

LIBERAÇÃO, s.f. Quitação de dívida ou obrigação; levantamento de restrições.

LIBERAL, adj. Generoso; franco, dadivoso; que é favorável à liberdade política e civil; que tem idéias avançadas em Sociologia; próprio de cidadão livre; s.m. partidário da liberdade política e religiosa.

LIBERALÃO, s.m. Aquele que ridiculamente alardeia de liberal.

LIBERALIDADE, s.f. Qualidade de liberal; generosidade.

LIBERALISMO, s.m. Sistema ou doutrina dos partidários de idéias e princípios professados pelos liberais.

LIBERALIZAR, v.t. Dar com liberalidade; prodigalizar.

LIBERAR, v.t. Tornar livre ou quite; solver (uma dívida); desobrigar.

LIBERATIVO, adj. Que liberta; próprio para libertar.

LIBERATÓRIO, adj. Relativo à liberação.

LIBERDADE, s.f. Condição de uma pessoa poder dispor de si; faculdade de fazer ou deixar de fazer uma coisa; livre arbítrio; faculdade de praticar tudo aquilo que não é proibido por lei; o uso dos direitos do homem livre.

LIBERIANO, adj. Relativo ou pertencente à Libéria (África); s.m. o natural ou habitante da Libéria.

LIBERTAÇÃO, s.f. Ato de libertar ou de libertar-se.

LIBERTADOR (ô), adj. e s.m. O que liberta.

LIBERTAR, v.t. Tornar livre; dar a liberdade a; desobrigar; p. tornar-se livre; escapar-se.

LIBERTÁRIO, adj. e s.m. Partidário da liberdade absoluta; anarquista.

LIBERTICIDA, adj. e s. Pessoa que destrói ou procura destruir as liberdades ou imunidades de um país.

LIBERTICÍDIO, s.m. Destruição da liberdade política de um país.

LIBERTO, adj. e s.m. Escravo que passou à condição de livre; livre; solto.

LÍBIDO (bí), s.f. Instinto sexual.

LÍBIO, adj. Da Líbia (África do Norte); s.m. o natural ou habitante da Líbia.

LIBRA, s.f. Antiga medida de peso, equivalente a 459,5g; arrátel; medida inglesa de peso, equivalente a 453,592g; moeda de ouro inglesa.

LIBRAÇÃO, s.f. Oscilação; equilíbrio instável.

LIBRAR, v.t. Equilibrar; p. alar-se; sustentar-se no ar; pairar.

LIBRÉ, s.f. Uniforme ou fardamento de criado de casas nobres.

LIBRETISTA, s. Pessoa que escreve o libreto de uma ópera.

LIBRETO (ê), s.m. Texto destinado a ser musicado; letra de uma ópera; argumento ou exposição da ação e episódio de uma ópera.

LIÇA, s.f. Lugar destinado a torneios e justas; (fig.) luta; briga; combate.

LICANÇO, s.m. Pequeno réptil, um pouco semelhante à víbora, mas sem a cabeça chata.

LIÇÃO, s.f. Exposição didática feita pelo professor; explicação; preleção; (fig.) experiência; exemplo; punição.

LICEAL, adj. (neol.) Relativo a liceu.

LICENÇA, s.f. Permissão; faculdade; autorização; abuso de liberdade.

LICENCIADO, adj. Que tem licença ou licenciatura; s.m. aquele que tem o grau universitário entre bacharel e doutor; diplomado por Faculdade de Filosofia, Ciências e Letras.

LICENCIAMENTO, s.m. Ato ou efeito de licenciar.

LICENCIAR, v.t. Conceder licença a; dispensar do serviço temporariamente; conferir o grau de licenciado a; p. tomar o grau de licenciado. (Pres. ind.: licencio, licencias, licencia, licenciamos, licenciais, licenciam; pres. sub.: licencie, licencies, licencie, licenciemos, licencieis, licenciem.)

LICENCIATURA, s.f. Grau ou título universitário entre o de bacharel e doutor; ato de conferir esse grau ou título.

LICENCIOSIDADE, s.f. Libertinagem.

LICENCIOSO (ô), adj. Desregrado; libertino.

LICEU, s.m. Estabelecimento oficial ou particular de ensino profissional e de grau secundário.

LICITAÇÃO, s.f. Ato de licitar.

LICITADOR (ô), adj. e s.m. Licitante.

LICITANTE, adj. e s. Pessoa que licita.

LICITAR, v.int. Oferecer lanço ou quantia no ato de arrematação em hasta pública ou de partilha judicial: t. pôr em arrematação ou partilha; pôr em leilão.

LÍCITO, adj. Conforme à lei; permitido por lei; justo.

LICOPÓDIO, s.m. Planta criptogâmica; pó dos espórios dessa planta, empregado para simular relâmpagos nos teatros e para cobrir pílulas farmacêuticas.

LICOR (ô), s.m. Bebida alcoólica açucarada.

LICOREIRA, s.f. Licoreiro.

LICOREIRO, s.m. Utensílio de mesa, com garrafa e copos, para licor.

LICORISTA, s. Fabricante ou vendedor de licores.

LICORNE, s.m. Animal fabuloso, com corpo de cavalo e chifre na testa, assim representado em heráldica.

LICOROSO (ô), adj. Diz-se das bebidas ou quaisquer líquidos que têm doçura pronunciada, ao mesmo tempo que forte dose de álcool.

LICTOR (ô) ou **LITOR** (ô), s.m. Antigo oficial romano que acompanhava os magistrados com molho de varas e machadinha para as execuções da justiça.

LICTÓRIO ou **LITÓRIO**, adj. Relativo ao lictor; próprio do lictor.

LIDA, s.f. Azáfama; faina; trabalho.

LIDADOR (ô), adj. Combatente; trabalhador; lutador.

LIDAR, v.int. Lutar; trabalhar; t. correr ou farpear (touros).

LIDE, s.f. Demanda; questão judicial; trabalho; contenda.

LÍDER, s.m. Chefe; condutor; tipo representativo de uma sociedade.

LIDERANÇA, s.f. Função de líder; forma de dominação baseada no prestígio pessoal e aceita pelos dirigidos.

LIDERAR, v.t. Dirigir; conduzir; estar em primeiro lugar; comandar.

LIDIMAR, v.t Legitimar.

LÍDIMO, adj. Legítimo; autêntico; vernáculo.

LIDO, adj. Que se leu; que tem conhecimentos adquiridos pela leitura; erudito.

LIECHTENSTIENSE, adj. e s. Do Principado de Liechtenstein (Europa).

LIENITE, s.f. Inflamação do baço.

LIGA, s.f. Aliança; união; pacto; resultado da solidificação de uma mistura de dois ou mais metais previamente fundida; fita para cingir a meia à perna.

LIGAÇÃO, s.f. Junção; união; relação; nexo; vínculo; amizade; liame.

LIGADURA, s.f. Ligamento; atadura; liga; faixa; atilho.

LIGAME, s.f. Ligação; conexão; laço.

LIGAMENTO, s.m. Liga; ligadura; vínculo; (Anat.) parte fibrosa que liga órgãos contíguos; argamassa.

LIGAMENTOSO (ô), adj. Fibroso; análogo ao ligamento.

LIGAR, v.t. Juntar; apertar; dar nó; unir; int. e p. juntar-se.

LIGEIREZA (ê), s.f. Brevidade; rapidez; presteza; leveza; agilidade.

LIGEIRICE, s.f. Ligeireza.

LIGEIRO, adj. Leve; desembaraçado; rápido; veloz; vivo; repentino.

LÍGNEO, adj. Lenhoso.

LIGNÍCOLA, adj. Que vive na madeira ou lenho.

LIGNIFICAÇÃO, s.f. Fenômeno pelo qual as membranas de certas células vegetais se impregnam de lignina, tomando consistência lenhosa.

LIGNIFICAR-SE, v.p. Converter-se em lenha ou madeira (falando-se de vegetais).

LIGNIFORME, adj. Que tem a natureza ou aspecto de madeira.

LIGNINA, s.f. Substância que impregna os elementos do caule e lhe dá a sua dureza.

LIGNITE, s.f. Linhite.

LIGNÍVORO, adj. Que rói madeira.

LILÁ, s.m. e adj. Lilás.

LILÁS, s.m. Arbusto da família das Oleáceas; a flor desse arbusto; o cheiro dessa flor e também a sua cor violeta; adj. que tem cor arro-

276

xeada, semelhante à da flor do lilás. Forma paral.: lilá. (Pl.: lilases.)

LILIÁCEA, s.f. Espécime das Liliáceas, família de planta monocotiledôneas superovariadas que tem por tipo o lírio.

LILIÁCEO, adj. Relativo ou semelhante ao lírio; relativo à família das Liliáceas.

LILIFLORO, adj. (Bot.) Que tem flores semelhantes às do lírio.

LILIFORME, adj. Que tem forma de um lírio.

LILIPUTIANO, adj. Muito pequeno.

LIMA, s.f. Ferramenta de aço com a superfície lavrada de estrias muito próximas umas das outras e que serve para raspar, polir ou desbastar metais e outros objetos duros (aum.: limatão); fruto cítrico, de forma esférica de cor amarelada, sumarento e doce.

LIMADOR (ô), adj. e s.m. Que lima; o que lima ou aperfeiçoa.

LIMAGEM, s.f. Operação de limar; limadura.

LIMALHA, s.f. Pó ou partículas caídas de um metal ao ser limado.

LIMÃO, s.m. Fruto cítrico do limoeiro, sumarento, de sabor ácido, de largo uso doméstico e medicinal.

LIMAR, v.t. Desgastar ou polir com lima; polir; aperfeiçoar.

LIMBO, s.m. Orla; fímbria; rebordo; extremidade; (Bot.) parte larga e plana das folhas.

LIMEIRA, s.f. Árvore da família das Rutáceas que produz a lima.

LIMIAR, s.m. Soleira da porta; patamar junto à porta; (fig.) entrada; começo.

LIMINAR, s.m. Limiar; adj. posto à entrada; preliminar.

LIMITAÇÃO, s.f. Restrição; confinação.

LIMITAR, v.t. Demarcar, determinar os limites de; extremar; restringir; reduzir a determinadas proporções; fixar; estipular; int. confinar; p. cingirse; circunscrever-se; consistir unicamente em; contentar-se.

LIMITATIVO, adj. Que limita; limitante.

LIMITE, s.m. Fronteira; linha de demarcação; extremo; confim; (Mat.) grandeza constante da qual uma variável indefinidamente se aproxima, sem atingi-la.

LIMÍTROFE, adj. Contíguo à fronteira de uma região; confinante.

LIMO, s.m. Alga filamentosa das águas doces; (fig.) lama; vasa; lodo.

LIMOAL, s.m. Pomar de limoeiros.

LIMOEIRO, s.m. Árvore da família das Rutáceas que produz o limão.

LIMONADA, s.f. Bebida refrigerante em que entra sumo de limão ou ácido cítrico.

LIMONADEIRO, s.m. Fabricante ou vendedor de limonadas.

LIMOSIDADE, s.f. Qualidade de limoso.

LIMOSO (ô), adj. Que tem limos.

LIMOTE, s.m. Lima de três quinas, que representa um triângulo eqüilátero.

LIMPA, s.f. Ato de limpar.

LIMPADELA, s.f. Ato ou efeito de limpar. O mesmo que limpação, limpadura, limpamento.

LIMPADO, s.m. Terreno limpo de mato.

LIMPADOR (ô), adj. Que limpa; s.m. aquele que limpa.

LIMPADURA, s.f. Limpadela.

LIMPAMENTO, s.m. Ato de limpar; limpadela; limpeza.

LIMPA-PRATOS, s.m. Comilão; glutão.

LIMPAR, v.t. Tornar limpo; tornar asseado; purificar; enxugar; carpir; varrer; fazer desaparecer; esvaziar bebendo ou comendo; tirar; roubar; ganhar (tudo) a outrem no jogo; int. desanuviar-se; p. tornar-se limpo; desembaraçar-se de sujidades.

LIMPA-TRILHOS, s.m. Peça que fica à frente e na parte inferior das locomotivas.

LIMPEZA (ê), s.f. Qualidade do que é asseado, limpo; ação de limpar; pureza; perfeição.

LIMPIDEZ (ê), s.f. Qualidade do que é límpido; nitidez; brilho; pureza.

LÍMPIDO, adj. Nítido; transparente; puro; limpo; desanuviado.

LIMPO, adj. Sem mancha; puro; nítido; asseado; lavado; isento; imaculado; claro; desanuviado; sem dinheiro.

LIMUSINE, s.f. Automóvel fechado no gênero do cupê, mas com vidros laterais.

LINÁCEO, adj. Relativo ou semelhante ao linho.

LINCE, s.m. Quadrúpede carnívoro, também chamado lobo-cerval, da família dos Felídeos.

LINCHADOR, adj. e s.m. O que lincha.

LINCHAMENTO, s.m. Aplicação da lei de Lynch; execução sumária pela multidão.

LINCHAR, v.t. Executar a lei de Lynch, isto é, justiçar, matar, sumariamente.

LINDA, s.f. Extrema; raia, limite.

LINDAR, v.t. Limitar; demarcar; int. confinar.

LINDE, s.m. (ant.) Linda.

LINDEZA (ê), s.f. Formosura; beleza.

LINDO, adj. Belo; formoso.

LINEAMENTO, s.m. Traço; pl.: traços gerais; esboço; contornos.

LINEAR, adj. Relativo a linhas; semelhante a uma linha; o mesmo que lineal; (Mat.) equação linear: equação algébrica de primeiro grau; forma linear: polinômio homogêneo do primeiro grau; função linear: expressão analítica de primeiro grau, podendo ter uma ou mais variáveis.

LINFA, s.f. (Anat.) Líquido branco-amarelado ou incolor, de composição qualificativa semelhante à do plasma sangüíneo; o suco aquoso que circula nas plantas.

LINFAGOGO (ô), s.m. Substância que aumenta a produção da linfa.

LINFANGIOMA, s.m. Tumor formado pela proliferação de vasos linfáticos.

LINFANGITE, s.f. Inflamação nos vasos linfáticos.

LINFÁTICO, adj. Relativo à linfa; que contém linfa.

LINFOMA, s.m. Tumor dos gânglios linfáticos.

LINFOTOMIA, s.f. Dissecção dos vasos linfáticos.

LINGOTE, s.m. Barra de metal fundido; projétil cilíndrico; tira metálica.

LÍNGUA, s.f. Órgão muscular situado na cavidade bucal, a cuja parede inferior está presa pela base, e que serve para a degustação, para a deglutição e para a fala; idioma; nome de vários objetos que têm semelhança com o órgão bucal; — comprida: a língua do maledicente; o próprio maledicente; — extinta: língua inteiramente desaparecida e de que não existe nenhum documento; — morta: que não é falada por nenhum povo; — viva: a que é falada por um ou mais povos ou nações; dar à —: tagarelar, ser indiscreto; dar com os dentes: falar indiscretamente; revelar um segredo; dobrar a —: corrigir o que se disse; falar com respeito.

LÍNGUA-DE-TRAPOS, s. Criança que ainda não sabe falar; pessoa que fala confusamente, mistura e atrapalha tudo o que diz. (Pl.: línguas-de-trapos.)

LINGUADO, s.m. Lâmina comprida; tira de papel em que se escreve para a imprensa; peixe de mar da família dos Pleuronectídeos.

LINGUAFONE, s.m. Sistema de ensino de línguas estrangeiras por meio de discos.

LINGUAGEM, s.f. Utilização dos elementos de uma língua como meio de comunicação entre os homens, de acordo com as preferências de cada um sem preocupação estética; qualquer meio de exprimir o que se sente ou pensa; estilo.

LÍNGUA-GERAL, s.f. O tupi-guarani sistematizado pelos padres jesuítas e falado em todo o Brasil nos primeiros tempos da colonização.

LINGUAJAR, v.int. Dar à língua; falar; s.m. a fala, o modo de falar; dialeto.

LINGUAL, adj. Relativo à língua.

LINGUARAR, v.t. Mexericar; ser linguarudo.

LINGUARAZ, adj. e s. Linguareiro.

LINGUAREIRO, adj. e s.m. Falador; maldizente.

LINGUARUDO, adj. e s.m. Linguareiro.

LINGUETA (ê), s.f. Língua pequena; peça chata e delgada que faz parte de alguns instrumentos de sopro; peça móvel das fechaduras.

LINGUIÇA, s.f. Carne moída e com temperos introduzida em tripa delgada; (gír. de jornal) grande quantidade de notícias sem interesse.

LINGUIFORME, adj. Que tem forma de língua.

LINGUISTA, s. Pessoa versada em lingüística; glótólogo.

LINGUÍSTICA, s.f. Ciência da linguagem, isto é, o estudo da língua em si mesma e por si mesma; o mesmo que glotologia.

LINGUÍSTICO, adj. Relativo à lingüística.

LINGULADO, adj. Que tem a forma de pequena língua.

LINGUODENTAL, adj. (Gram.) Diz-se do fonema que se pronuncia encostando-se a ponta da língua aos dentes incisivos superiores: d, t.

LINGUOPALATAL, adj. (Gram.) Diz-se do fonema que se pronuncia encostando-se a língua ao céu da boca.

LINHA, s.f. Fio de linho; qualquer fio de algodão, seda etc.; fio metálico para o telégrafo ou o telefone; barbante com anzol para pescar; fila; fileira; limite; (fig.) norma; regra; série de graus de parentesco em uma família; serviço regular de transporte ou comunicação entre dois pontos; série de palavras escritas ou impressas numa mesma direção; correção de maneiras ou procedimento; extensão com uma só dimensão; traço; cordel (especialmente quando usado para alinhamento de obras várias); — de tiro: escola de instrução militar anexa a estabelecimentos civis, destinada a formar reservistas de segunda categoria do exército; tirar uma — (pop.): flertar, namoriscar; pl.: carta; fortificações.

LINHAÇA, s.f. A semente do linho.

LINHADA, s.f. Arremesso ou lance de anzol; espiadela; namoro a distância.

LINHAGEM, s.f. Genealogia; geração; estirpe; família; tecido grosso de linho.

LINHAL, s.m. Terreno semeado de linho.

LINHEIRO, s.m. Aquele que negocia em linho ou linhas; aquele que prepara ou asseda o linho para ser fiado; a planta que produz o linho.

LINHITE, s.f. Carvão fóssil da era terciária ou secundária, com vestígios de organização vegetal. F. paral.: linhita.

LINHO, s.m. Nome comum a várias espécies de plantas da família das Lináceas, de cujas hastes se tiram fibras de que se fabricam panos e rendas. O mesmo que linhote; tecido de linho.

LINHOL, s.m. Fio com que os sapateiros costuram o calçado, também empregado para coser lona; fio grosso.

LINHOSO (ô), adj. Semelhante ao linho; que é da natureza do linho.

LINIFÍCIO, s.m. Trabalho em obras de linho; artefato de linho.

LINÍGERO, adj. Que tem linho.

LINIMENTO, s.m. Medicamento untoso destinado a fricções.

LINOGRAFIA, s.f. Impressão em tela ou estofo por meios fotográficos.

LINÓLEO, s.m. Especie de tecido impermeável, feito de juta e untado com óleo de linhaça e cortiça em pó, em geral usado como passadeira.

LINOTIPISTA, s. Pessoa que compõe em linotipo.

LINOTIPO, s.f. Máquina de compor e fundir os caracteres tipográficos por linhas inteiras.

LIPAROCELE, s.f. (Med.) Lipoma.

LIPASE, s.f. Enzima ou fermento que decompõe as gorduras em glicerina e ácidos graxos.

LIPÓIDE, adj. Semelhante à gordura; que tem aspecto de gordura.

LIPOMA, s.m. (Med.) Tumor gorduroso. O mesmo que liparocele.

LIPOSO (ô), adj. Que tem remela; remeloso.

LIPOSSOLÚVEL, adj. Diz-se das substâncias que são solúveis em gorduras.

LIPOTIMIA, s.f. Desfalecimento; desmaio; vertigem.

LIPÚRIA, s.f. Presença de gordura na urina.

LIQUAÇÃO, s.f. Separação por meio da fusão, de metais que hajam formado liga; separação de substâncias heterogêneas liquefeitas.

LIQUEFAÇÃO, s.f. Passagem de um corpo ao estado líquido.

LIQUEFATIVO, adj. Que se liquefaz.

LIQUEFAZER, v.t. Tornar líquido; fundir; derreter; p. reduzir-se ao estado líquido; derreter-se. (Irregular. Conjuga-se como fazer.)

LIQUEFEITO, adj. Tornado líquido; derretido.

LÍQUEN, s.m. Criptógamo avascular, resultante da simbiose de alga e cogumelo.

LIQUENOGRAFIA, s.f. Parte da Botânica que trata especialmente dos líquens.

LIQUESCER, v.int. Tornar-se líquido.

LIQÜIDAÇÃO, s.f. Ato de liqüidar; apuramento de contas; operação pela qual uma casa comercial paga o passivo e distribui o ativo pelos sócios; venda de mercadorias por baixo preço.

LIQÜIDADOR (ô), adj. e s.m. O que liqüida.

LIQÜIDAR, v.t. Averiguar; fazer liqüidação; ajustar contas; (fig.) arrasar; inutilizar; matar; int. terminar ou encerrar transações comerciais; vender mercadorias por baixo preço; ficar inutilizado.

LIQÜIDATÁRIO, adj. e s.m. Liqüidador; aquele que liqüida, ajusta ou apura contas numa liqüidação comercial.

LIQÜIDÁVEL, adj. Que se pode liqüidar.

LIQÜIDEZ (ê), s.f. Qualidade ou estado de líqüido.

LIQÜIDIFICAÇÃO, s.f. Ato de liqüidificar.

LIQÜIDIFICANTE, adj. Que liqüidifica ou promove a liqüidificação.

LIQÜIDIFICAR, v.t. Liquefazer.

LIQÜIDIFICÁVEL, adj. Fusível: susceptível de se liquefazer.

LÍQÜIDO, adj. Que flui, que corre e toma a forma dos vasos que o contêm: livre de descontos; livre de despesas; (fig.) verificado; apurado; s.m. bebida; substância no estado líqüido.

LIQUÓMETRO, s.m. Instrumento que serve para determinar o teor alcoólico dos líqüidos. O mesmo que pesa-licores e alcoômetro.

LIRA, s.f. Antigo instrumento musical de cordas; unidade monetária italiana.

LIRIAL, adj. Que tem a cor ou pureza do lírio.

LÍRICA, s.f. Coleção de poesias líricas; o gênero lírico da poesia; companhia de óperas.

LÍRICO, adj. Relativo à lira (instrumento musical); que se cantava ao som da lira; que canta os sentimentos do próprio poeta sentimental; que diz respeito à ópera; s.m. poeta que cultiva a poesia lírica.

LIRIFORME, adj. Que tem forma de lira.

LÍRIO, s.m. Gênero de plantas da família das Liliáceas, de flores muito aromáticas; a flor dessa planta.

LIRISMO, s.m. Subjetivismo poético: entusiasmo; sentimentalismo.

LIRISTA, s. Tocador de lira; cultor do gênero lírico; poeta lírico.

LISAR, v.t. Desfazer, desaderir, dissolver.

LISBOETA (ê), adj. De Lisboa (Portugal); s. o natural ou habitante de Lisboa.

LISBONENSE, adj. e s. Lisboeta.

LISO, adj. Que tem a superfície plana ou sem asperezas; macio.

LISOL, s.m. Produto líqüido antisséptico e cáustico, formado pela mistura de cresóis e sabão. (Pl.: lisóis.)

LISONJA, s.f. Louvor afetado; adulação.

LISONJARIA, s.f. Ato ou hábito de lisonjar.

LISONJEADOR (ô), adj. Adulador.

LISONJEAR, v.t. Adular; bajular; elogiar com excesso, ou afetação; p. sentir orgulho com; honrar-se. (Pres. ind.: lisonjeio, lisonjeias, lisonjeia, lisonjeamos, lisonjeais, lisonjeiam; pres. subj.: lisonjeie, lisonjeies, lisonjeie, lisonjeemos, lisonjeeis, lisonjeiem.)

LISONJEIRO, adj. Que lisonjeia; satisfatório.

LISSÓTRICO, adj. Que tem cabelo liso ou corredio. (Antôn.: ulótrico.)

LISTA, s.f. Relação; rol; tira comprida e estreita; listra; catálogo, cardápio.

LISTÃO, s.m. Lista grande; risca comprida e larga; faixa.

LISTEL, s.m. Moldura estreita e lisa que acompanha outra maior ou separa as colunas em arquitetura; filete. (Pl.: listéis.)

LISTRA, s.f. Risca de cor diferente num tecido, lista.

LISTRADO, adj. Que tem listras.

LISTRÃO, s.m. Grande listra.

LISTRAR, v.t. Entremear de listras; riscar; ornar de listras.

LISURA, s.f. Macieza; (fig.) fraqueza; sinceridade.

LITANIA, s.f. Ladainha.

LITARGÍRIO, s.m. Protóxido de chumbo.

LITEIRA, s.f. Espécie de cadeirinha coberta, sustentada por dois varais compridos e conduzida por homens ou animais.

LITERAL, adj. Conforme à letra do texto; rigoroso; claro; expresso por letras.

LITERÁRIO, adj. Relativo às letras ou à literatura ou a conhecimentos adquiridos pelo estudo.

LITERATA, s.f. Mulher que compõe obras literárias; escritora.

LITERATAÇO, s.m. Literato pretensioso.

LITERATAGEM, s.f. A classe dos literatos; os literatos ridículos.

LITERATEJAR, v.int. Fazer literatura ordinária, ser literato ridículo.

LITERATELHO (ê), s.m. Escritor sem valor.

LITERATICE, s.f. Literatura ruim ou ridícula; mania ridícula da literatura.

LITERATISMO, s.m. Mania da literatura; literatice.

LITERATO, s.m. Profissional da literatura; homem versado em literatura ou em letras.

LITERATURA, s.f. Conjunto das composições de uma língua, com preocupação estética; o conhecimento das belas-letras; o conjunto de trabalhos literários de um país ou de uma época, os homens de letras; a vida literária; bibliografia.

LITÍASE, s.f. Formação de pedras ou cálculos em qualquer cavidade do organismo.

LÍTICO, adj. Relativo à pedra.

LITIGANTE, adj. Relativo a litígio; que litiga; s. pessoa que litiga.

LITIGAR, v.t. Pleitear, questionar em juízo; int. ter demanda; contender.

LITIGÁVEL, adj. Discutível; contestável.

LITÍGIO, s.m. Questão; pendência; demanda.

LITIGIOSO (ô), adj. Que envolve litígio; que está dependente de sentença.

LÍTIO, s.m. Elemento químico, metal, símbolo Li, de peso atômico 6,94, n.º atômico 3.

LITISPENDÊNCIA, s.f. O tempo de andamento de um processo judicial.

LITOCLASIA ou LITOCLASTIA, s.f. (Cir.) Processo de reduzir pedras a fragmentos.

LITOCLASTRO, s.m. Instrumento cirúrgico empregado na litoclastia.

LITOCROMIA, s.f. Imitação da pintura a óleo por meio de litografia.

LITOCRÔMICO, adj. Relativo à litocromia.

LITÓFAGO, adj. Diz-se dos moluscos que, introduzindo-se nos rochedos, aí permanecem aderentes às superfícies pétreas.

LITÓFILO, adj. Que cresce nos rochedos.

LITOGENESIA, s.f. Estudo das leis que presidem à formação das pedras.

LITOGENÉTICO, adj. Relativo à litogenesia.

LITOGLIFIA, s.f. Arte de gravar sobre pedras.

LITOGLÍFICO, adj. Relativo à litoglifia.

LITOGRAFAR, v.t. Imprimir segundo os processos litográficos; fixar; estereotipar.

LITOGRAFIA, s.f. Processo de reproduzir por impressão os desenhos traçados numa pedra calcária especial; folha, estampa impressa por esse processo; oficina de litógrafo; papel litografado.

LITOGRÁFICO, adj. Relativo à litografia.

LITÓGRAFO, s.m. Aquele que imprime pelos processos da litografia.

LITÓIDE, adj. Que tem aspecto de pedra.

LITÓLATRA, s. Pessoa que adora a pedra.

LITOLATRIA, s.f. Culto da pedra.

LITÓLISE, s.f. Dissolução de pedras.

LITOLOGIA, s.f. Parte da Geologia que se ocupa do estudo das rochas; tratado dos cálculos e concreções que se formam no organismo humano.

LITOLÓGICO, adj. Referente a litologia.

LITOLOGISTA, s. Naturalista que se ocupa de litologia.

LITÓLOGO, s.m. O que é especialista em litologia.

LITOMANCIA, s.f. Suposta adivinhação obtida pelo som resultante do entrechoque de certas pedras preciosas.

LITÔMETRO, s.m. Instrumento para medir pedra.

LITORAL, adj. Relativo à beira-mar; o mesmo que litorâneo; s.m. terreno banhado pelo mar ou situado à beira-mar.

LITORÂNEO, adj. Litoral.

LITORINA, s.f. Automotriz.

LITOSFERA, s.f. A parte sólida da Terra; crosta da Terra.

LITOTES, s.f. 2 núm. (Ret.) Figura que consiste em dizer pouco para fazer entender muito; atenuação.

LITOTOMIA, s.f. (Cir.) Operação cirúrgica para extrair cálculos.

LITOTOMISTA, s. Cirurgião que se ocupa da litotomia.

LITOTRÍCIA, s.f. Operação cirúrgica para partir cálculos na bexiga ou na uretra.

LITOTRIDOR, s.m. (Cir.) Instrumento empregado em esmagamento de pedras ou cálculos.

LITOTRIPSIA, s.f. (Cir.) Esmagamento de pedras ou cálculos.

LITRO, s.m. Unidade fundamental de capacidade no sistema métrico decimal, eqüivalente à capacidade de um decímetro cúbico; o conteúdo de um litro; o frasco de vidro cuja capacidade é de um litro.

LITUANO, adj. Da Lituânia (Europa); s.m. natural ou habitante da Lituânia; a língua dos lituanos.

LITURGIA, s.f. Complexo de cerimônias eclesiásticas; ritual.

LITÚRGICO, adj. Relativo à liturgia.

LITURGISTA, s. Pessoa versada em liturgia.

LIVEL (é), s.m. Nível.

LIVELAR, v.t. Nivelar.

LIVIDEZ (ê), s.f. Palidez.

LÍVIDO, adj. Da cor do chumbo; extremamente pálido.

LIVOR (ô), s.m. Lividez.

LIVRA, interj. Exprime advertência de perigo ou desafogo depois de passado um perigo; aversão a alguma coisa cujo oferecimento se rejeita; safa!

LIVRADOR (ô), adj. Que livra; s.m. aquele que livra; libertador.

LIVRALHADA, s.f. Montão de livros; grande quantidade de livros sem valor.

LIVRAMENTO, s.m. Libertação; resgate.

LIVRANÇA, s.f. Livramento.

LIVRAR, v.t. Libertar; absolver; soltar; preservar; salvar; defender; dar a liberdade a; tornar livre; p. tornar-se livre; libertar-se; defender-se; isentar-se; ser absolvido; escapar.

LIVRARIA, s.f. Casa onde se vendem livros; biblioteca.

LIVRE, adj. Que pode dispor de si; sem restrições; que não está sujeito a algum senhor (por oposição a servil); não ocupado; solto; disponível; absolvido; desembaraçado; solteiro ou viúvo; ilimitado; licencioso; descomedido; espontâneo; (superl. abs. sint. livríssimo, libérrimo); — arbítrio : (Filos.) a faculdade de determinação livre da vontade humana; ao ar —: fora de qualquer recinto coberto.

LIVRE-CÂMBIO, s.m. Permuta de dinheiro ou mercadorias entre duas nações, sem impostos aduaneiros. O mesmo que câmbio-livre e livre-troca. (Pl.: livres-câmbios.)

LIVRECO, s.m. Livro sem valor.

LIVREIRO, s.m. Negociante de livros.

LIVRE-PENSADOR (ô), s.m. O que pensa livremente em matéria religiosa, só aceitando as doutrinas que se conformam à sua razão. (Pl.: livrespensadores.)

LIVRESCO (ê), adj. Referente a livro; proveniente dos livros.

LIVRETA (ê), s.f. Livrete.

LIVRETE (ê), s.m. Pequeno livro; caderneta; registro.

LIVRE-TROCA, s.f. Livre-câmbio. (Pl.: livres-trocas.)

LIVRO, s.m. Reunião de folhas impressas ou manuscritas em volume; obra em prosa ou verso com certa extensão; (dim.: livrinho, livrete, livreta; depreciat.: livreco, livrório).

LIVRÓRIO, s.m. (depreciat.) Livro grande mas sem merecimento; cartapácio.

LIXA, s.f. Papel impregnado de areia fina para polir metais, madeiras etc.

LIXADOR (ô), adj. Aquele que lixa; s.m. nome de uma máquina de serraria.

LIXAR, v.t. Raspar com lixa; polir com abrasivo.

LIXEIRO, s.m. Carregador de lixo; o encarregado da coleta e condução do lixo.

LIXENTO, adj. Lixoso.

LIXÍVIA, s.f. Água alcalinizada, proveniente de fervura de cinza e que se usa para lavagem de roupa; barrela.

LIXIVIAÇÃO, s.f. Ato ou efeito de lixiviar; lavagem das cinzas para extrair as partes solúveis; esgotamento de uma substância pulverizada por líqüido dissolvente; percolação.

LIXIVIADOR (ô), s.m. Aparelho para lixiviar.

LIXIVIAR, v.t. Aplicar barrela a; lavar com lixívia.

LIXO, s.m. O que se varre da casa e em geral tudo o que não presta e se deita fora; cisco; imundície; (fig.) escória.

LIXOSO (ô), adj. Que tem lixo; sujo: imundo.

LO, Forma arcaica do pron. pess. oblíquo da 3.ª pess. masc. sing. ainda hoje usada depois de formas verbais terminadas em **r**, **s** ou **z**, depois dos pronomes **nos** e **vos** e do advérbio **eis**, com perda da consoante final; exs.: deixá-lo, no-lo, vo-lo, ei-lo.

LOA (ô), s.f. Apologia; introdução ou prólogo de qualquer composição dramática, destinado a captar a benevolência do auditório; discurso laudató-

rio; pl.: cantigas populares em honra dos santos.
LOBA, s.f. Fêmea do lobo; batina eclesiástica.
LOBACHO, s.m. Lobo pequeno. O mesmo que lobato.
LOBADO, adj. Dividido em lobos ou lóbulos. O mesmo que lobulado.
LOBATO, s.m. Lobacho.
LOBAZ, s.m. Lobo grande.
LOBEIRO, adj. e s.m. Que caça lobos; semelhante a lobo; s.m. caçador de lobos.
LOBINHO, s.m. Dimin. de lobo; categoria de escoteiros destinada a crianças de menos de dez anos; quisto subcutâneo.
LOBISOMEM, s.m. Homem que se transforma em lobo segundo a crendice popular; fantasma.
LOBO, s.m. (Anat.) Parte arrendodada e saliente de qualquer órgão. (Dim.: lóbulo.)
LOBO, s.m. Animal carnívoro selvagem do gênero Cão (aum.: lobaz; dim.; lobinho, lobacho. lobato).
LOBO-DO-MAR, s.m. Marinheiro velho e experimentado. (Pl.: lobos-do-mar.)
LOBO-MARINHO, s.m. Designação vulgar da foca. (Pl.: lobos-marinhos.)
LÔBREGO, adj. Soturno; triste; escuro.
LOBRIGADOR (ô), adj. e s.m. Que, ou aquele que lobriga.
LOBRIGAR, v.t. Ver a custo; entrever; ver ao longe; enxergar; ver casualmente; perceber; notar; entender.
LOBULADO, adj. Lobuloso.
LOBULAR, adj. Que tem a natureza de lóbulo; lobulado.
LÓBULO, s.m. Pequeno lobo; divisão profunda nas folhas ou nas flores.
LOBULOSO (ô), adj. Que tem lóbulos; dividido em lóbulos.
LOCAÇÃO, s.f. Aluguel; arrendamento.
LOCADOR (ô), s.m. Aquele que dá uma coisa de aluguel ou arrendamento. (Antôn.: locatário.)
LOCAL, adj. Relativo ou pertencente a lugar determinado; s.m. lugar, sítio; s.f. notícia dada por um jornal com respeito à localidade em que se publica.
LOCALIDADE, s.f. Povoação; lugar determinado.
LOCALIZAÇÃO, s.f. Ato ou efeito de localizar.
LOCALIZAR, v.t. Colocar em lugar certo; determinar o lugar de; fixar; estabelecer o lugar.
LOCANDA, s.f. Tasca; taverna; tenda.
LOCANDEIRO, s.m. Dono de locanda; locatário.
LOÇÃO, s.f. Lavagem; ablução; líquido perfumado, para os cabelos.
LOCAR, v.t. Dar de aluguel; alugar.
LOCATÁRIO, s.m. Aquele que tomou de arrendamento alguma coisa; arrendatário; inquilino. (Antôn.: locador.)
LOCATIVO, adj. Relativo à locação.
LOCOMOBILIDADE, s.f. Qualidade de poder locomover-se.
LOCOMOÇÃO, s.f. Ação ou efeito de andar ou de se transportar de um lugar para outro.
LOCOMOTIVA, s.f. Máquina de vapor ou elétrica que faz a tração dos trens.
LOCOMOTIVIDADE, s.f. Qualidade de locomoção, inerente aos animais. O mesmo que motilidade.
LOCOMOTOR (ô), adj. Que faz a locomoção. (Fem.: locomotora e locomotriz.)
LOCOMOTRIZ, adj. Forma fem. de locomotor.
LOCOMÓVEL, adj. Que pode locomover-se.
LOCOMOVER-SE, v.p. Deslocar-se; mudar de lugar; transportar-se para outro lugar; andar; caminhar.
LOCUÇÃO, s.f. Maneira especial de falar; linguagem; frase; (Gram.) reunião de palavras que eqüivale a uma só.
LOCULADO, adj. Dividido em lóculos.
LOCULAR, adj. Que tem lóculos separados por septos.
LÓCULO, s.m. Pequena cavidade; pequeno espaço separado de outro por septo.
LOCUPLETAR, v.t. Tornar rico; enriquecer; saciar; p. enriquecer-se; encher-se; saciar-se; fartar-se.
LOCUTOR (ô), s.m. Anunciador de programas ao microfone das estações radioemissoras.
LOCUTÓRIO, s.m. Compartimento separado por grades, através das quais as pessoas recolhidas em conventos falam com as pessoas de fora.
LODAÇAL, s.m. Lamaçal; atoleiro; pântano.
LODACENTO, adj. Lodoso.
LODO, s.m. Terra misturada com detritos orgânicos no fundo da água; lama. (Pl.: lodos.)
LODOSO (ô), adj. Que tem lodo; pantanoso; enlameado; sujo. O mesmo que lodacento.
LOGARÍTMICO, adj. Relativo aos logaritmos.
LOGARITMO, s.m. Expoente da potência a que se deve elevar um número (base) para obter um número dado (definição algébrica); termo de uma progressão aritmética, começada por zero, correspondente a uma progressão geométrica começada por 1 (definição aritmética).
LÓGICA, s.f. Ciência que estuda as leis do raciocínio; coerência; raciocínio.
LÓGICO, adj. Relativo à lógica; conforme à lógica; racional; coerente.
LOGO, adv. Imediatamente; sem tardança; com a maior brevidade; com algum espaço de tempo; mais tarde; conj. portanto; por conseguinte; — que: quando, no momento em que; assim que; desde — : desde aquele momento.
LOGOGRIFO, s.m. Enigma em que as letras da palavra insinuada pelo conceito, parcialmente combinadas, formam outras palavras que é necessário adivinhar para se chegar àquela palavra; (fig.) coisa obscura.
LOGOMAQUIA, s.f. Palavreado inútil.
LOGOMÁQUICO, adj. Relativo à logomaquia.
LOGORRÉIA, s.f. Tagarelice; discurseira.
LOGRAÇÃO, s.f. Engano; logro, fraude.
LOGRADEIRA, adj. e s.f. Mulher que logra alguém, que é trapaceira.
LOGRADOR, adj. Trapaceiro; burlador; embusteiro.
LOGRADOURO, s.m. Passeio público; pastagem pública para o gado.
LOGRAR, v.t. Gozar; obter; fruir; desfrutar; possuir; aproveitar; tirar lucro de; conseguir; alcançar; enganar com astúcia; burlar; intrujar; int. fazer o seu efeito; produzir o resultado que se esperava; p. aproveitar-se; gozar; aumentar-se.
LOGRATIVO, adj. Que logra; trapaceiro.
LOGRO, s.m. Burla; engano proposital; dolo, fraude, trapaça. (Pl.: logros (ô).)
LOJA, s.f. Casa comercial; armazém; pavimento ao rés do chão; oficina; casa de associação maçônica.
LOJECA, s.f. Pequena loja; baiúca.
LOJISTA, s. Pessoa que tem loja de comércio.
LOMBA, s.f. Cumiada de uma elevação; crista arredondada; ladeira.
LOMBADA, s.f. Lomba extensa; dorso do boi; costas do livro.
LOMBAR, adj. Relativo ao lombo; do lombo.
LOMBEIRA, s.f. Moleza de corpo; quebrantamento de forças; preguiça.
LOMBINHO, s.m. Peça muito macia de carne que se tira da região lombar da rês; o assado dessa peça.
LOMBO, s.m. Costa; dorso; parte carnosa aos lados da espinha dorsal.
LOMBRICAL, adj. Relativo a lombrigas.
LOMBRICÓIDE, adj. Lombrical; s.m. lombriga.
LOMBRIGA, s.f. Verme parasito dos intestinos; gênero de Anelídeos que tem por tipo a minhoca.
LOMBRIGUEIRO, s.m. Vermífugo, especialmente quando veiculado em óleo de rícino.
LOMBUDO, adj. Que tem grandes lombos.
LONA, s.f. Tecido forte de linho grosso ou cânhamo, de que se fazem sacos, velas, toldos, etc.; estar na — : estar na miséria.
LONDRINO, adj. De Londres, capital da Inglaterra; s.m. o natural ou habitante de Londres.
LONGÂNIME ou **LONGÂNIMO**, adj. Bondoso; magnânimo; corajoso.
LONGANIMIDADE, s.f. Firmeza de ânimo; bondade; resignação.
LONGARINA, s.f. ou **LONGARINO**, s.m. Cada uma das vigas em que assenta o tabuleiro das pontes; viga do estrado dos automóveis; pl.: peças rígidas em forma de viga que constituem os membros mais fortes da estrutura da asa de um avião.
LONGE, adv. A grande distância, no espaço ou no tempo; de — : de grande distância; de muito; de — em — ou de — a — : com grandes intervalos de tempo ou espaço; adj. remoto; distante; longínquo; interj. exprime aversão ou ordem de afastamento.
LONGEVIDADE, s.f. Qualidade de longevo; vida longa; dilatada.
LONGEVO, adj. Duradouro; que tem muita idade; macróbio.

LONGÍNQUO, adj. Que vem de longe; remoto; afastado; distante.

LONGITUDE, s.f. Distância entre um lugar e um primeiro meridiano convencionado, contada sobre o equador; distância.

LONGITUDINAL, adj. Relativo à maior dimensão; colocado ao comprido; que está na direção do eixo principal de dado órgão.

LONGO, adj. Extenso (no sentido do comprimento); comprido; demorado; ao — de: por toda a extensão longitudinal de.

LONGRINA, s.f. Viga sobre a qual se pregam as travessas dos carris de ferro; peça comprida que se sobrepõe longitudinalmente a uma estacaria.

LONGURA, s.f. Delonga; demora.

LONJURA, s.f. Grande distância; longitude.

LONTRA, s.f. Mamífero carnívoro da família dos Mustelídeos.

LOQUACIDADE, s.f. Qualidade de loquaz; verbosidade.

LOQUAZ, adj. Falador; palrador, verboso; eloqüente. (Superl. abs. sint.: loquacíssimo.)

LOQÜELA, s.f. Fala; verbosidade; faculdade de falar.

LOQUETE (ê), s.m. Cadeado; ferrolho.

LORDE, s.m. Título dado na Inglaterra aos pares do reino e aos membros da Câmara Alta; (pop.) homem que vive com ostentação.

LORDOSE, s.f. Encurvamento da coluna vertebral para diante.

LORIGA, s.f. Couraça; antiga saia de malha com escamas de metal.

LORNHÃO, s.m. Instrumento de óptica formado de dois vidros engastados em armação que se coloca sobre o nariz.

LORO, s.m. Correia dupla que sustenta o estribo.

LOROTA, s.f. Mentira; conversa-fiada; gabolice.

LOROTAGEM, s.f. Mentiras; gabolices.

LOROTAR, v.int. Mentir; dizer lorotas.

LOROTEIRO, adj. Mentiroso.

LORPA (ô), adj. Imbecil; parvo; pateta.

LORPICE, s.f. Qualidade ou ato de lorpa.

LOSANGO, s.m. Quadrilátero que tem os quatro lados iguais e ângulos iguais dois a dois.

LOTAÇÃO, s.f. Ato ou efeito de lotar; a capacidade de um navio, de uma carruagem, de uma sala de espetáculos, etc.; forma reduzida de autolotação, isto é, automóvel a frete que cobra por passageiro preço fixo, à maneira de micro-ônibus.

LOTADOR (ô), s.m. Aquele que faz lotes ou lotações.

LOTAR, v.t. Dividir em lotes; fixar, determinar o número de; calcular; sortear; completar a capacidade de (um veículo de transporte); preencher (um cargo público, determinando a repartição em que deverá exercer as funções).

LOTE, s.m. Quinhão; objeto ou grupo de objetos leiloados de uma vez; pequena área de terreno urbano ou rural, destinada a construções ou a pequena agricultura.

LOTEAMENTO, s.m. Ato de lotear; a área loteada.

LOTEAR, v.t. Dividir (um terreno) em lotes. (Pres. ind.: loteio, loteias, loteia, loteamos, loteais, loteiam; pres. subj.: loteie, loteies, loteie, loteemos, loteeis, loteiem.)

LOTERIA, s.f. Toda espécie de jogo de azar em que se tiram à sorte prêmios a que correspondem bilhetes numerados.

LOTÉRICO, adj. Relativo à loteria.

LOTO, s.m. Tômbola e víspora.

LOUÇA, s.f. Artefatos de barro, porcelana etc. especialmente para serviço de mesa; produto de cerâmica.

LOUÇAINHA (a-í), s.f. Objeto garrido; adorno; enfeite.

LOUCAINHO (a-í), adj. Garrido; ataviado.

LOUÇANIA, s.f. Garbo; garridice; elegância; qualidade de louçãø.

LOUÇÃO, adj. Garrido; elegante; gracioso; gentil. (Fem.: louçã; pl.: louçãos.)

LOUÇARIA, s.f. Loja onde se vende louça; grande porção de louças.

LOUCEIRA, s.f. Mulher que fabrica ou vende louça; guarda-louça.

LOUCEIRO, s.m. Fabricante ou vendedor de louça; armário para louça.

LOUCO, adj. Que perdeu a razão; alienado; doido; insensato; brincalhão; s.m. aquele que perdeu o uso da razão.

LOUCURA, s.f. Alienação mental; insensatez; doidice; grande extravagância.

LOURA, s.f. Mulher de cabelo louro.

LOURAÇA, s. Pessoa que tem o cabelo de um louro deslavado.

LOURECER, v.t. e int. Lourejar.

LOUREIRAL, s.m. Mata ou bosque de loureiros.

LOUREIRO, s.m. Árvore da família das Lauráceas, sempre verde e cujas folhas são usadas como tempero e para fins medicinais.

LOUREJANTE, adj. Que loureja.

LOUREJAR, v.int. Tornar-se louro; amarelecer; t. tornar louro; lourecer; alourar.

LOURO, s.m. Loureiro; folha de loureiro; pl.:(fig.) triunfo; glória; (fam.) papagaio; adj. flavo; fulvo.

LOUSA, s.f. Ardósia; laje; pedra tumular; lâmina de ardósia enquadrada em madeira para nele se escrever ou desenhar; quadro-negro.

LOUVA-A-DEUS, s.m. 2 núm. Nome comum para todos os Mantídeos.

LOUVAÇÃO, s.f. Louvor; avaliação feita por peritos.

LOUVADO, s.m. Perito; árbitro; avaliador; pessoa nomeada para avaliar; adj. que recebeu louvor; Deus —!: interj. que exprime graças por um acontecimento, uma circunstância feliz.

LOUVADOR (ô), adj. Que louva.

LOUVAMENTO, s.m. Louvação.

LOUVAMINHA, s.f. Louvor exagerado; lisonja; adulação; bajulação.

LOUVAMINHAR, v.t. Tecer louvaminhas a; lisonjear.

LOUVAMINHEIRO, adj. Adulador.

LOUVAR, v.t. Elogiar; dirigir louvores a; gabar; exaltar; enaltecer; bendizer; glorificar; aprovar; aplaudir; avaliar; calcular o valor de; p. gabar-se; jactar-se; elogiar-se; vangloriar-se.

LOUVÁVEL, adj. Digno de louvor; que se deve louvar. (Superl. abs. sint.: louvabilíssimo.)

LOUVOR (ô), s.m. Elogio; glorificação; apologia.

LOYOLA, LOYOLISTA, s.m. Jesuíta.

LUA, s.f. Satélite da Terra; espaço de um mês; — de mel: o primeiro mês que se segue ao dia do casamento; — nova: diz-se da Lua quando está entre o Sol e a Terra, voltando para esta a sua face obscura; — cheia, quando está em oposição, isto é, a Terra fica entre o Sol e a Lua, recebendo desta os raios lunares refletidos.

LUAR, s.m. O clarão da Lua; a claridade que a Lua espalha sobre a Terra.

LUARENTO, adj. Diz-se do tempo ou da noite em que há luar.

LUBRICIDADE, s.f. Lascívia; sensualidade.

LÚBRICO, adj. Lascivo; sensual.

LUBRIFICAÇÃO, s.f. Ato ou efeito de lubrificar.

LUBRIFICANTE, adj. Que lubrifica; s.m. substância que serve para lubrificar.

LUBRIFICAR, v.t. Tornar escorregadio; umedecer; untar com substância oleosa para atenuar o atrito.

LUCIDEZ (ê), s.f. Clareza; perceptibilidade; (fig.) penetração e clareza de inteligência; perspicácia.

LÚCIDO, adj. Resplandecente; claro; pálido; brilhante; (fig.) que tem clareza e penetração de inteligência; que mostra uso da razão; perspicaz.

LÚCIFER, s.m. Satanás. (Pl.: lucíferes.)

LUCIFERÁRIO, s.m. Aquele que leva lanterna nas procissões.

LUCIFERINO, adj. Relativo a Lúcifer; diabólico.

LUCÍFERO, adj. (poét.) Que dá ou traz luz.

LUCÍFUGO, adj. Que foge da luz; noctívago.

LUCILAÇÃO, s.f. Ato de lucilar.

LUCILANTE, adj. Que lucila.

LUCILAR, v.int. Brilhar com pouca intensidade; luzir; tremeluzir.

LUCILUZIR, v.int. Tremeluzir; lucilar; luzir a espaços, como o pirilampo. (Verbo unipessoal.)

LUCÍMETRO, s.m. Aparelho destinado a comparar o brilho das diferentes regiões do céu.

LUCIVELO, s.m. Quebra-luz; pantalha.

LUCRAR, v.t. Ganhar; aproveitar; gozar, int. tirar lucro, vantagem.

LUCRATIVO, adj. Que dá lucro; proveitoso; vantajoso.

LUCRO, s.m. Utilidade; ganho; interesse; proveito; produto livre de despesas; vantagem.

LUCROSO (ô), adj. Lucrativo; que dá lucro.

LUCUBRAÇÃO, s.f. Estudo, meditação, trabalho prolongado feito à noite e à luz.

LUCUBRAR, v.int. Trabalhar de noite e à luz; estudar de noite; t. fazer um trabalho durante a noite; estudar ou aprender, trabalhando desveladamente.

LUDÂMBULO, s.m. Turista.

LUDIBRIANTE, adj. Que ludibria.

LUDIBRIAR, v.t. Mentir; lograr; enganar. (Pres. ind.: ludibrio, ludibrias etc.)

LUDÍBRIO, s.m. Desprezo; escárnio; objeto de mofa ou zombaria; embuste; logro.

LUDIBRIOSO (ô), adj. Escarnecedor; zombeteiro; enganador.

LUDO, s.m. Espécie de jogo em que se usam dados.

LUES (lú-ès), s.f. 2 núm. Sífilis.

LUÉTICO, adj. Sifilítico.

LUFA, s.f. Ventania; (fig.) afã; azáfama.

LUFADA, s.f. Rajada de vento.

LUFA-LUFA, s.f. Azáfama; grande afã; grande pressa.

LUGAR, s.m. Espaço ocupado; espaço; localidade; cargo; ordem; posição; classe; ponto de observação; circunstâncias especiais; trecho ou passo de livro; — geométrico: conjunto dos pontos (do plano ou do espaço) que têm a mesma propriedade.

LUGAR-COMUM, s.m. Trivialidade; idéia já muito batida; fórmula muito repetida de falar ou escrever. (Pl.: lugares-comuns.)

LUGAREJO (ê), s.m. Pequeno lugar, casal; aldeola.

LUGAR-TENENTE, s.m. Aquele que desempenha provisoriamente as funções de outrem. (Pl.: lugar-tenentes.)

LÚGUBRE, adj. Fúnebre; triste.

LUGUBRIDADE, s.f. Qualidade de lúgubre.

LULA, s.f. Molusco marítimo da classe dos Cefalópodes, do qual se extrai a tinta chamada sépia.

LUMARÉU, s.m. Fogueira; fogacho.

LUMBAGO, s.m. Dor forte e repentina na região lombar.

LUMBRICIDA, adj. Que mata lombrigas; vermicida.

LUME, s.m. Fogo; fogueira; luz; vela; círio; dar a —: publicar.

LUMEEIRA, s.f. Archote; castiçal; clarão; fogaréu.

LÚMEN, s.m. Unidade de fluxo luminoso. (Pl.: lumens e lúmenes.)

LUMINAR, adj. Que dá luz; s.m. (fig.) homem de grande ciência.

LUMINÁRIA, s.f. Aquilo que alumia; pequena lanterna; candeia.

LUMINESCÊNCIA, s.f. Fenômeno físico que consiste em irradiação de luz em temperaturas relativamente baixas.

LUMINESCENTE, adj. Que tem a propriedade de emitir luz em temperatura inferior à de incandescência, isto é, a menos de 500 graus; que apresenta luminescência.

LUMINOSIDADE, s.f. Qualidade de luminoso.

LUMINOSO (ô), adj. Que dá ou espalha luz própria; brilhante; claro; evidente; belo.

LUNAÇÃO, s.f. Espaço entre duas luas novas consecutivas.

LUNAR, adj. Relativo ou pertencente à Lua.

LUNÁRIO, s.m. Calendário em que o tempo é contado por luas.

LUNÁTICO, adj. Sujeito à influência da Lua; (fig.) maníaco; visionário.

LUNDU ou LUNDUM, s.m. Dança cantada de origem africana.

LUNETA (ê), s.f. Conjunto de lentes para auxiliar a vista; parte da custódia em que se segura a hóstia.

LUNÍCOLA, adj. e s. Habitante hipotético da Lua; selenita.

LUNIFORME, adj. Que tem forma de lua ou meia-lua.

LÚNULA, s.f. Mancha esbranquiçada e semilunar na base da unha.

LUPA, s.f. Microscópio simples ou lente convergente de curto foco, que faz ver muito maiores os objetos.

LUPO, s.m. (Med.) Designação genérica de várias doenças da pele. O mesmo que lúpus.

LÚPULO, s.m. Planta trepadeira da família das Moráceas empregada no fabrico da cerveja.

LÚPUS, s.m. (Med.) Lupo.

LURA, s.f. Toca; esconderijo de coelhos e de outros animais.

LÚRIDO, adj. Pálido; lívido; escuro.

LUSCO, adj. Vesgo; que vê só de um olho; ir entre — e fusco: ir sem instruções.

LUSCO-FUSCO, s.m. O anoitecer, a hora crepuscular.

LUSÍADA, adj. e s. Lusitano; português; s.m. pl.

nome de um poema épico de Luís de Camões (1525-1580), publicado em 1572, em que ele conta a história de Portugal e especialmente a expedição de Vasco da Gama às Índias.

LUSISMO, s.m. Palavra ou construção de uso só português; aquilo que tem feição lusa.

LUSITÂNICO ou LUSITANO, adj. Relativo à Lusitânia e aos seus habitantes; relativo a Portugal ou aos portugueses; s.m. o natural ou habitante da Lusitânia.

LUSITANISMO, s.m. Qualidade do que é lusitano; o mesmo que lusismo.

LUSO, adj. e s.m. Lusitânico ou lusitano.

LUSÓFILO, adj. e s.m. Que gosta dos portugueses ou de Portugal. (Antôn.: lusófobo.)

LUSÓFOBO, adj. e s.m. Inimigo dos portugueses, que tem aversão a Portugal ou aos portugueses. (Antôn.: lusófilo.)

LUSTRAÇÃO, s.f. Ato ou efeito de lustrar; lavagem, purificação.

LUSTRADELA, s.f. Ato ou efeito de lustrar levemente ou de cada vez.

LUSTRADOR (ô), adj. Que lustra.

LUSTRAL, adj. Que serve para purificar ou para lustrar.

LUSTRAR, v.t. Tornar brilhante ou polido; envernizar; engraxar; polir; purificar.

LUSTRE, s.m. Brilho; (fig.) honra; glória; lampadário; lampadário de vários braços suspensos do teto.

LUSTRINA, s.f. Tecido muito lustroso de seda, algodão ou lã.

LUSTRO, s.m. O espaço de cinco anos; polimento; lustre.

LUSTROSO (ô), adj. Reluzente; luzidio.

LUTA, s.f. Combate; peleja; guerra, conflito; esforço; empenho.

LUTADOR (ô), adj. e s.m. O que luta; atleta.

LUTAR, v.int. Travar luta; combater; brigar; v.rel. combater; pelejar; trabalhar com aferro; esforçar-se; altercar; contender; disputar.

LUTÉCIO, s.m. Elemento químico, metal raro, símbolo Lu, de peso atômico 175 e n.o atômico 71.

LUTERANISMO, s.m. Doutrina religiosa de Lutero; protestantismo.

LUTERANO, adj. Referente ao luteranismo; protestante.

LUTO, s.m. Sentimento de pesar ou dor pela morte de alguém; os sinais exteriores dessa dor, em particular o traje, quase sempre preto, que se usa quando se tem luto; tristeza profunda.

LUTULENTO, adj. Que tem lodo; lamacento.

LUTUOSO (ô), adj. Fúnebre; triste.

LUVA, s.f. Peça de vestuário para cobrir a mão e cada um dos dedos, em separado; peça tubular com duas roscas internas opostas, que serve para ligar dois ferros, canos, etc. pelas suas extremidades, que se rosqueiam também em sentidos contrários; pl.: recompensa dada como retribuição de serviços prestados ou como incentivo; soma que, na ocasião da assinatura do contrato de locação de um prédio, o inquilino paga ao senhorio, independentemente do aluguel mensal.

LUVARIA, s.f. Fábrica ou estabelecimento onde se vendem luvas.

LUVEIRO, s.m. ou LUVISTA, s. Fabricante ou vendedor de luvas.

LUXAÇÃO, s.f. Deslocação de um osso da sua articulação.

LUXAR, v.t. Deslocar; desconjuntar; desarticular (osso); v.int. ostentar luxo; pompear.

LUXARIA, s.f. Superfluidade; coisas de luxo.

LUXEMBURGUÊS, adj. Relativo ao grão-ducado de Luxemburgo (Europa); s.m. o natural ou habitante desse grão-ducado.

LUXENTO, adj. Cheio de melindres, de exigências, de luxo.

LUXO, s.m. Ostentação ou magnificência; ornamento; superfluidade; esplendor; (fig.) dengues; melindres; recusa fingida de alguém a fazer ou aceitar alguma coisa; negação afetada; afetação; cheio de —: (pop.) diz-se do indivíduo implicante, pretensioso, manhoso, exigente.

LUXUOSIDADE, s.f. Qualidade de luxuoso.

LUXUOSO (ô), adj. Esplêndido; ostentoso.

LUXÚRIA, s.f. Viço nas plantas; incontinência animal; libertinagem; lascívia.

LUXURIANTE, adj. Viçoso, exuberante, luxurioso.

LUXURIAR, v.int. Vicejar; viçar; (fig.) entregar-se a libertinagens. (Pres. ind. luxurio, luxurias etc.)

LUXURIOSO (ô), adj. Viçoso; impudico; licencioso.

LUZ, s.f. Claridade; lume; clarão; tudo o que produz claridade, tornando visíveis os objetos; clarão produzido por uma substância ardendo; reflexo; brilho; fulgor; objeto iluminante: vela, candeeiro, lâmpada, etc.; (Fís.) ondas eletromagnéticas que impressionam o sentido da visão e formam espectro visível do vermelho ao violeta (sua velocidade é de 300.000 km por segundo); (fig.) publicidade; evidência; saber; civilização; espaço de terreno que numa corrida um dos que correm leva de dianteira a outro; pl.:a ciência; o progresso; noções; conhecimentos; inteligência.

LUZEIRO, s.m. Coisa que emite luz; clarão; farol; astro; estrela; (fig.) luminar; homem ilustre.

LUZE-LUZE, s.m. (pop.) Pirilampo. (Pl.: luze-luzes.)

LUZENTE, adj. Luminoso; que brilha.

LUZERNA, s.f. Grande luz; clarão.

LUZIDIO, adj. Nítido; brilhante; polido.

LUZIDO, adj. Pomposo; vistoso; esplendoroso.

LUZILUZIR, v.int. Tremeluzir. (Verbo unipessoal.)

LUZIMENTO, s.m. Brilho; esplendor; pompa; fausto.

LUZIR, v.int. Irradiar luz; brilhar; resplandecer; refletir a luz (superfícies polidas); (fig.) medrar; dar na vista; estadear; fazer efeito; t. fazer brilhar; irradiar. (Normalmente só é conjugado nas 3.as pessoas: luz, luzem; luzia, luziam, etc.)

M

M, s.m. (ême) Consoante bilabial nasal, décima segunda letra do alfabeto; maiúsculo, designativo de mil, em numeração romana.

MA, contração dos pronomes **me e a.**

MÁ, adj. Flexão fem. de mau.

MAARÁNI, s.f. Esposa do marajá ou do grão-rajá da India. F. paral.: marâni.

MACA, s.f. Cama de lona onde dormem os marinheiros a bordo; espécie de esquife, em que se transportam doentes para hospitais; padiola.

MAÇA, s.f. Clava; porrete.

MAÇÃ, s.f. Pomo, fruto da macieira; — do rosto: região malar; o mesmo que pômulo; — do peito: a carne que fica logo abaixo do pescoço.

MACABRO, adj. Fúnebre.

MACACA, s.f. Fêmea do macaco; caiporismo; mulher feia.

MACACADA, s.f. Conjunto de macacos.

MACACAL, adj. Relativo a macaco; próprio de macaco.

MACACALHADA, s.f. O mesmo que macacada e macacaria.

MACACÃO s.m. Vestimenta inteiriça usada pelos operários que lidam com máquinas.

MACACARIA, s.f. Porção de macacos.

MACACO, s.m. Nome comum a todos os mamíferos da ordem dos primatas com exceção do homem; maquinismo para levantar grandes pesos.

MACACOA, s.f. Doença sem importância; achaque.

MAÇADA, s.f. Pancada com maça ou maço; trabalho penoso; conversa fastienta e longa.

MACADAME, s.m. Sistema de empedramento de estradas de rodagem ou ruas com pedra britada.

MACADAMIZAÇÃO, s.f. Ato de macadamizar.

MACADAMIZAR, v.t. Calcetar pelo sistema de macadame.

MAÇÃ-DE-ADÃO, s.f. O mesmo que pomo-de-adão.

MAÇADIÇO, adj. Que se maça com facilidade.

MAÇADOR (ô), adj. Maçante; amolante.

MACAENSE, adj. e s. Macaísta.

MACAIA, s.f. Tabaco de má qualidade.

MACAÍSTA, adj. De Macau (China); s. o natural ou habitante de Macau. O mesmo que macaense.

MACAMBUZICE, s.f. Macambuzismo.

MACAMBÚZIO, adj. Carrancudo; triste; embezerrado.

MACAMBUZISMO, s.m. Qualidade ou modos de macambúzio; hipocondria.

MAÇANETA, s.f. Remate esférico ou piramidal para ornamento de certos objetos, ou por onde se pega para fazer funcionar o trinco das portas.

MAÇANTE, adj. Maçador; enfadonho.

MAÇÃO, s.m. Maço grande. Membro da maçonaria; pedreiro-livre. O mesmo que maçom.

MACAQUEAÇÃO, s.f. Imitação; arremedo.

MACAQUEADOR (ô), adj. Aquele que macaqueia.

MACAQUEAR, v.t. Arremedar como macaco; imitar ridiculamente.

MACAQUICE, s.f. Momice; trejeitos.

MAÇAR, v.t. Bater com maço ou maça em; pisar; (fig.) enfadar, repisando assuntos ou conversas; importunar.

MACARÉU, s.m. Vaga impetuosa que em alguns rios precede o começo da preamar. No Amazonas chamam-lhe também pororoca.

MAÇARICÃO, s.m. Nome comum a diversas aves da família dos Caradriídeos.

MAÇARICO, s.m. Canudo retorcido, por onde sai a chama para soldar ou derreter um metal; designação de diversas aves da família dos Caradriídeos.

MAÇAROCA, s.f. Fio que o fuso enrolou à sua volta; espiga de milho; rolo de cabelo.

MAÇAROQUEIRA, s.f. Máquina que substitui o fuso, para fazer maçarocas.

MACARRÃO, s.m. Massa de farinha de trigo estendida e cortada e da qual se fazem sopas e outros cozinhados.

MACARRONADA, s.f. Iguaria feita de macarrão cozido, a que se juntam manteiga, queijo e molho de tomate.

MACARRONARIA, s.f. Grande quantidade de macarrão; fábrica de macarrão; pastifício.

MACARRÓNEA, s.f. Composição literária em estilo macarrônico.

MACARRONEIRO, s.m. Fabricante de macarrão.

MACARRÓNICO, adj. Burlesco; diz-se de qualquer idioma pronunciado ou escrito erradamente.

MACAU, adj. e s.m. Raça porcina brasileira.

MACAXEIRA, s.f. Mandioca; aipim.

MACAXEIRAL, s.m. Plantação ou roça de macaxeiras.

MACEDÔNICO, adj. Relativo à Macedônia ou a seus habitantes. O mesmo que macedônio.

MACEDÓNIO, adj. Relativo à Macedônia (Europa); s.m. o natural ou habitante da Macedônia.

MACEGA, s.f. Erva daninha, que surge nas searas; capim dos campos quando seco e tão crescido que dificulta o trânsito.

MACEGAL, s.m. Terreno em que crescem macegas.

MACEGOSO (ô), adj. Diz-se do campo abundante em macega.

MACEGUENTO, adj. Macegoso.

MACEIOENSE (ó), adj. De Maceió; s. o natural ou habitante de Maceió, capital do Estado de Alagoas.

MACELA, s.f. Camomila.

MACERAÇÃO, s.f. Ato ou efeito de macerar; (fig.) mortificação do corpo por meio de jejuns, cilícios etc.; (Quím.) colocação de uma substância sólida num líquido para que este se impregne de princípios solúveis; imersão de uma peça anatômica num líquido para a despir dos tecidos moles ou torná-los transparentes; amolecimento de um corpo por embebição.

MACERADO, adj. Que sofreu maceração; macilento; s.m. resultado líquido da maceração.

MACERAMENTO, s.m. Maceração.

MACERAR, v.t. Submeter (um corpo sólido) à maceração; amolecer; machucar; (fig.) torturar; mortificar.

MACETA, s.f. Pequena maça de ferro que os pedreiros usam para bater no escopro; peça cilíndrica para moer tintas.

MACETAÇÃO, s.f. Operação em que as fibras de um vegetal são marteladas para que se separem facilmente.

MACETADA, s.f. Golpe de maceta.

MACETAR, v.t. Bater com o macete em.

MACETE, s.m. Maço pequeno; maço de escultores; pequeno maço todo de madeira usado pelos carpinteiros e marceneiros especialmente para bater sobre cabo dos formões.

MACHACAZ, s.m. Homem corpulento e desajeitado.

MACHADADA, s.f. Golpe de machado.

MACHADIANO, adj. Relativo ou pertencente ao escritor brasileiro Machado de Assis (1839-1908).

MACHADINHA, s.f. Pequeno machado.

MACHADINHO, s.m. Machado pequeno.

MACHADO, s.m. Instrumento cortante, com cabo, para rachar lenha, aparelhar madeira,etc.

MACHO, s.m. Animal do sexo masculino; dobradura do pano em pregas opostas; peça da dobradiça que encaixa na outra chamada fêmea; colchete (para vestuários) que se encaixa no outro (fêmea); instrumento para tornar côncava a madeira; iró; ferragem do leme que gira nos fusos; molde de barro que se emprega na fabricação de peças ocas; adj. masculino; (pop.) forte; robusto; másculo; valente.

MACHUCAÇÃO, s.f. Ato ou efeito de machucar.

MACHUCADO, adj. Ferido; s.m. ferimento; machucadura.

MACHUCADOR (ô), adj. e s.m. O que machuca; que machuca.

MACHUCADURA, s.f. Machucação; ferimento.

MACHUCÃO, s.m. Machucadura, contusão.

MACHUCAR, v.t. Esmagar ou amolgar (um corpo) com peso ou dureza de outro; amarfanhar; debulhar (cereais); pisar; trilhar; triturar; esmigalhar; amachucar; magoar; ferir; fazer contusão.

MACIÇO, adj. Compacto; sólido; que não é oco; s.m. (Geol.) montanhas agrupadas em torno de um ponto culminante.

MACIEIRA, s.f. Árvore rosácea que produz a maçã.

MACIEZ (ê) ou **MACIEZA** (ê), s.f. Qualidade daquilo que é macio.

MACILÊNCIA, s.f. Palidez.

MACILENTO, adj. Pálido.

MACIO, adj. Suave ao tacto; brando; sem asperezas. (Superl.: macííssimo.)

MACIOTA, s.f. Maciez ou macieza; usado na locução: na —, isto é, devagar, sem esforço.

MAÇO, s.m. Instrumento de madeira, encabado, para uso de carpinteiros, escultores, calceteiros, etc.; martelo de pau: conjunto de coisas atadas no mesmo liame ou contidas no mesmo invólucro; baralho preparado para dar ganho a alguns dos parceiros.

MAÇOM, s.m. Mação.

MAÇONARIA, s.f. Sociedade filantrópica secreta que usa como símbolos os instrumentos do pedreiro e do arquiteto.

MACONHA, s.f. Diamba; também chamada erva-maldita.

MACONHEIRO, adj. e s.m. Que diz respeito a maconha; traficante ou fumante de maconha.

MAÇÔNICO, adj. Da maçonaria.

MÁ-CRIAÇÃO, s.f. Qualidade de quem é malcriado; grosseria; ato ou dito grosseiro ou incivil. O mesmo que malcriação. (Pl.: más-criações.)

MACROBIA, s.f. Estado de quem é macróbio; longevidade.

MACRÓBIO, adj. e s.m. Que tem idade muito avançada.

MACROCEFALIA, s.f. Qualidade de macrocéfalo. (Antôn.: microcefalia.)

MACROCEFÁLICO, adj. Relativo à macrocefalia ou a macrocéfalo. (Antôn.: microcefálico.)

MACROCÉFALO, adj. e s.m. Que tem a cabeça grande. (Antôn.: microcéfalo e nanocéfalo.)

MACROCOSMO, s.m. O Universo, considerado como ser orgânico, à imagem do ser humano.

MACRODÁCTILO ou **MACRODÁTILO**, adj. Que tem os dedos muito compridos. (Antôn.: microdáctilo ou microdátilo.)

MACROSCÓPICO, adj. (Min.) Que se vê sem auxílio de microscópio ou lente. O mesmo que megascópico. (Antôn.: microscópico.)

MACROSMIA, s.f. Grande sensibilidade olfativa;

olfato apurado. (Antôn.: microsmia.)

MACROSSOMATIA, s.f. (Pat.) Monstruosidade caracterizada pela excessiva grossura ou grandeza de todo o corpo. (Antôn.: microssomatia.)

MACUCO, s.m. Ave galinácea silvestre, também chamada inambuaçu ou nambu.

MAÇUDO, adj. Que tem forma de maça; (fig.) maçador; indigesto; monótono.

MÁCULA, s.f. Nódoa; mancha.

MACULADO, adj. Manchado; infamado.

MACULAR, v.t. Pôr manchas em; sujar; (fig.) desdourar; deslustrar; infamar.

MACULÁVEL, adj. Que pode macular-se ou enodoar-se.

MACULIFORME, adj. Que tem forma de mancha.

MACUMBA, s.f. Cerimônia fetichista de fundo negro com influência cristã, acompanhada de danças e cantos ao som de tambor. O mesmo que candomblé, terreiro, bruxaria, feitiço, xangô.

MACUMBEIRO, s.m. Adepto da macumba.

MADAGASCARENSE, adj. De Madagáscar, ilha do mar das Índias; s. o natural ou habitante de Madagáscar. O mesmo que malgaxe.

MADAMA, s.f. Senhora; (pop.) esposa; dona de casa; patroa.

MADAPOLÃO, s.m. Tecido branco e consistente de lã.

MADEFAÇÃO, v.t. Tornar úmido; banhar; umedecer (uma substância) na preparação de um medicamento.

MADEIRA, s.f. Parte lenhosa das plantas, aplicável a trabalhos de carpintaria e marcenaria; lenho; árvore; — de lei ou — dura: essência florestal que fornece madeira dura ou rija, própria para construções e trabalhos expostos às intempéries.

MADEIRAMENTO, s.m. Madeira que constitui a armação de uma casa; armação de madeira.

MADEIREIRO, s.m. Negociante de madeiras; cortador de madeira nas matas; operário que trabalha em madeira.

MADEIRENSE, adj. Da ilha da Madeira (Portugal); s. o natural ou habitante dessa ilha.

MADEIRO, s.m. Peça ou tronco grosso de madeira; trave, lenho, cruz.

MADEIXA, s.f. Pequena meada; porção de fios de seda, lã, etc.: (fig.) porção de cabelos da cabeça; trança.

MADIDEZ, s.f. Qualidade ou estado de mádido.

MÁDIDO, adj. Umedecido; encharcado.

MADONA, s.f. Nossa Senhora; estatueta; imagem; pintura que representa N. Senhora.

MADORNA, s.f. Modorra.

MADORRA, s.f. Modorra.

MADRAÇARIA, s.f. Vida de madraço; ociosidade.

MADRACEADOR (ô), adj. e s.m. Que, ou aquele que madraceia; vadio, vagabundo.

MADRACEAR, v.int. Levar vida de madraço; vadiar; mandriar.

MADRACEIRÃO, adj. e s.m. Grande madraço; mandrião.

MADRACICE, s.f. Madraçaria; qualidade de quem é madraço.

MADRAÇO, adj. e s.m. Mandrião, indolente. (Aum.: madraceirão.)

MADRASTA, s.f. Mulher casada, em relações aos filhos que o marido teve de casamento anterior.

MADRE, s.f. Freira; a regente de um recolhimento; matriz dos metais; álveo; a parte mais grossa do vinho ou do vinagre, que assenta no fundo das vasilhas; pó do vinho ou do v.nagre sedimentado; útero.

MADREPÉROLA, s.f. Molusco acéfalo lamelibrânquio; parte nacarada da concha deste molusco.

MADRESSILVA, s.f. Nome de duas plantas aromáticas.

MADRIGAL, s.m. Pequena composição poética, engenhosa e galante; poesia pastoril.

MADRIGALESCO (ê), adj. Que tem caráter de madrigal; relativo a madrigal.

MADRIGALISTA, adj. e s. Pessoa que faz madrigais.

MADRILENO, adj. De Madrid; s.m. o natural ou habitante de Madrid. O mesmo que madrilense, madrilês e matritense.

MADRILENSE, ou **MADRILÊS**, adj. e s.m. O mesmo que madrileno.

MADRINHA, s.f. Mulher que serve de testemunha em batizados, crismas e casamentos em relação à pessoa que se batiza, crisma ou casa; (fig.) protetora.

MADRUGADA, s.f. Aurora, alvorada.

MADRUGADOR (ô), adj. e s.m. Que, ou aquele que madruga.

MADRUGAR, v.int. Levantar-se cedo.

MADURAÇÃO, s.f. Ato ou efeito de amadurecer; sazonamento da fruta.

MADURAR, v.t. Tornar maduro; sazonar; fazer amadurecer; (fig.) adquirir madureza, juízo, prudência.

MADURECER, v.t. e int. Amadurecer; amadurar.

MADUREZA (ê), s.f. Efeito de madurar; estado de maduro; (fig.) prudência; circunspeção; exame de —: exame final e simultâneo de todas as matérias do curso secundário.

MADURO, adj. Sazonado (fruto); amadurecido; (fig.) prudente, circunspeto; já entrado em idade.

MÃE, s.f. Mulher ou qualquer fêmea que deu à luz um ou mais filhos; borra do vinho.

MÃE-BENTA, s.f. Espécie de bolo pequeno, feito de farinha de trigo e ovos. (Pl.: mães-bentas.)

MÃE-D'ÁGUA, s.f. Ser fantástico, espécie de sereia de rios e lagos, também chamada iara. (Pl.: mães-d'água.)

MÃE-DE-SANTO ou **MÃE-DE-TERREIRO**, s.f. Sacerdotisa que preside às cerimônias festivas da macumba.

MAESTRIA, s.f. Mestria.

MAESTRINA, s.f. Mulher que dirige orquestra ou compõe música.

MAESTRO, s.m. Compositor de música, regente de orquestra. (Fem.: maestrina.)

MAFARRICO, s.m. Diabo.

MÁ-FORMAÇÃO, s.f. (V. Malformação.)

MAGA, s.f. Feiticeira.

MAGANÃO, adj. Muito magano; que pratica muitas maganices; pândego.

MAGANEIRA ou **MAGANICE**, s.f. Ato ou dito de magano; jovialidade; brincadeira.

MAGANO, adj. Jovial; engraçado; travesso.

MAGAREFE, s.m. O que mata e esfola reses nos matadouros; (fig.) mau cirurgião.

MAGAZINE, s.m. Publicação periódica, com artigos e secções variadas, e ordinariamente ornada de gravuras; casa onde se vendem artigos de modas (neste sentido, o mesmo que loja); (tip.) depósito de matrizes nas máquinas de compor chamadas monotipo e linotipo.

MAGIA, s.f. Religião dos magos; arte de produzir por meio de certos atos e palavras efeitos contrários às leis naturais; ciência oculta; feitiçaria; bruxaria.

MAGIAR, adj. e s. Húngaro.

MÁGICA, s.f. Magia; peça de teatro com transformações fantásticas.

MÁGICO, adj. Encantador; extraordinário; s.m. nigromante; ilusionista.

MAGISTÉRIO, s.m. Cargo de professor; exercício do professorado; classe dos professores.

MAGISTRADO, s.m. Funcionário público revestido de autoridade judicial ou administrativa; juiz; agente do Ministério Público.

MAGISTRAL, adj. Perfeito; completo; exemplar.

MAGISTRATURA, s.f. Dignidade de magistrado; funções de magistrado; classe dos magistrados; duração do cargo do magistrado.

MAGMA, s.m. Material fluido, de origem profunda, que, ao esfriar-se, se solidifica, dando origem à rocha ígnea.

MAGNA-CARTA, s.f. Carta constitucional concedida em 1215 por João Sem Terra, forçado pelos nobres ingleses; (por ext.) a constituição de um país; o mesmo que carta-magna.

MAGNANIMIDADE, s.f. Qualidade de quem é magnânimo.

MAGNÂNIMO, adj. Que tem grandeza de alma; generoso; bizarro.

MAGNATA, s.m. Pessoa importante ou ilustre; pessoa grada; potentado; milionário; ricaço.

MAGNÉSIA, s.f. Óxido e hidróxido de magnésio empregados como antiácido, laxativo e purgativo.

MAGNESIANO ou **MAGNÉSICO**, adj. Relativo ao magnésio; que contém ou que tem por base o magnésio.

MAGNÉSIO, s.m. Elemento químico, metal, símbolo Mg, de peso atômico 24,82 e de n.º atômico 12.

MAGNESITA, s.f. Mineral romboédrico, carbonato de magnésio.

MAGNETE, s.m. Minério de ferro que tem a propriedade de atrair certos metais; ímã; peça de ferro ou aço magnetizado, com a propriedade de atrair certos metais. O mesmo que magneto.

MAGNÉTICO, adj. Relativo ao magnete ou ao magnetismo; que tem a propriedade de atrair o magnete.

MAGNETISMO, s.m. Poder atrativo do ferro magnético, dos ímãs ou sistemas, e, faculdade que eles têm de se orientar na direção norte-sul; influência exercida por um indivíduo sobre a vontade de outro ou de outros; arte de magnetizar.

MAGNETITA, s.f. Mineral monométrico, óxido de ferro magnético, excelente minério de ferro.

MAGNETIZAÇÃO, s.f. Ato ou efeito de magnetizar.

MAGNETIZADOR (ô), adj. Que magnetiza.

MAGNETIZAR, v.t. Comunicar o magnetismo a; (fig.) dominar a vontade de; atrair; encantar.

MAGNETO, s.m. Denominação abreviada da máquina magnetelétrica, destinada a pôr em funcionamento os motores de explosão.

MAGNETOGENIA, s.f. Estudo dos fenômenos magnéticos.

MAGNETOLOGIA, s.f. Tratado acerca dos ímãs e suas propriedades.

MAGNETÔMETRO, s.m. Instrumento para se conhecer a força atrativa do ímã.

MAGNIFICAÇÃO, s.f. Ato ou efeito de magnificar.

MAGNIFICAR, v.t. Engrandecer, louvando; glorificar; exaltar.

MAGNIFICATÓRIO, adj. Que magnifica.

MAGNIFICÊNCIA, s.f. Qualidade de magnificente; ostentação; aparato; grandeza.

MAGNIFICENTE, adj. Grandioso, suntuoso.

MAGNÍFICO, adj. Magnificente; muito bom; excelente. (Superl. abs. sint.: magnificentíssimo.)

MAGNILOQUÊNCIA, s.f. Linguagem sublime, pomposa.

MAGNÍLOQUO, adj. Eloqüente.

MAGNITUDE, s.f. Qualidade de magno; grandeza; (fig.) importância.

MAGNO, adj. Grande; importante.

MAGNÓLIA, s.f. Gênero de árvores de flores muito aromáticas; a flor dessas árvores.

MAGO, s.m. Antigo sacerdote medo; cada um dos três reis que foram a Belém adorar o Menino Jesus; feiticeiro; mágico.

MÁGOA, s.f. Desgosto; pesar; tristeza.

MAGOAR, v.t. Ferir; pisar; contundir; melindrar; ofender; afligir; contristar; p. experimentar alguma contusão no corpo; enfadar-se; contristar-se; afligir-se. (Pres. ind.: magôo, magoas (ô), magoa (ô), etc.; pres. subj. magoe (ô), magoes (ô) magoe (ô), etc.)

MAGOATIVO, adj. Que produz mágoa; pungente.

MAGOTE, s.m. Grupo de pessoas ou coisas; multidão.

MAGRELO, adj. e s.m. Magricela.

MAGRÉM, s.m. Magreza.

MAGRETE (ê), adj. Um tanto magro.

MAGREZA (ê), s.f. Qualidade ou estado de magro.

MAGRICELA, s. Pessoa muito magra.

MAGRIÇO, s.m. Magricela.

MAGRO, adj. Falto de tecido adiposo; que tem pouca ou nenhuma gordura ou sebo; (fig.) pouco rendoso; insignificante; escasso.

MAGRUÇO, adj. Muito magro.

MAINÇA (a-in), s.f. Mão cheia; aquilo que cabe na mão.

MAINEL, s.m. Corrimão. (Pl.: mainéis.)

MAIO, s.m. Quinto mês do ano civil.

MAIÔ, s.m. Vestimenta de tricô que molda perfeitamente o corpo, usada por dançarinas, nadadoras e banhistas.

MAIONESE, s.f. Espécie de molho frio, feito de azeite, vinagre, sal, mostarda, pimenta e gema de ovo, batidos juntos.

MAIOR, adj. Comparativo irregular de grande; que excede outro em tamanho, espaço, intensidade ou número; s. indivíduo que chegou aos 21 anos de idade. (Antôn.: menor.)

MAIORAL, s.m. O chefe; o cabeça.

MAIORIA, s.f. O maior número; a maior parte; superioridade.

MAIORIDADE, s.f. Idade em que o indivíduo entra no gozo de seus direitos civis.

MAIORMENTE, adv. Mormente; máxime.

MAIS, adv. Designativo de aumento, grandeza ou comparação; também; além disso; —: além do de-

285

vido ou do necessário; sem — nem menos: sem motivo.

MAISENA, s.f. Designação de uma farinha fina de milho.

MAIÚSCULO, adj. Diz-se de certos caracteres maiores que os minúsculos e em geral de forma diferente. (Antôn.: minúsculo.)

MAJESTADE, s.f. Excelência; magnificência; gravidade; título de rei ou imperador.

MAJESTÁTICO, adj. Relativo a majestade ou poder supremo.

MAJESTOSO (ô), adj. Grandioso; suntuoso; augusto.

MAJOR, s.m. Posto militar do exército e da aeronáutica, entre capitão e tenente-coronel; oficial militar que tem esse posto.

MAJORAÇÃO, s.f. Aumento.

MAJORAR, v.t. Aumentar; tornar maior.

MAJORITÁRIO, adj. Relativo à maioria; que consta com a maioria dos eleitores ou representantes nas casas legislativas.

MAL, s.m. Aquilo que prejudica ou fere; o que se opõe ao bem, à virtude, à probidade, à honra; moléstia: dor: epidemia; calamidade (pl.: males); adv.: de modo irregular ou diferente do que devia ser; a custo; apenas; pouco; escassamente; severamente; com rudeza; conj.: logo que. (Quando usado como prefixo, é seguido de hífen se o vocábulo a que se liga começa por vogal ou h: mal-educado, mal-humorado, mal-intencionado.)

MALA, s.f. Saco de couro ou pano, ordinariamente fechado com cadeado; caixa de madeira revestida de couro ou lona, destinada geralmente ao transporte de roupas em viagem. (Dim.: malinha, maleta, malote; aum.: malotão.)

MALABAR, adj. Do Malabar (Ásia); s. natural ou habitante do Malabar; variedade de gado bovino proveniente do cruzamento de touro zebu com vaca da terra.

MALABARISMO, s.m. Prática de jogos malabares; (fig.) acrobacia; artifícios de que lança mão alguém para lidar com coisas instáveis, incertas ou difíceis.

MALABARISTA, s. Pessoa que faz jogos malabares.

MAL-ACABADO, adj. Diz-se de pessoa esquipática, malfeita de corpo. (Fem.: mal-acabada; pl.: mal-acabados.)

MALACACHETA (ê), s.f. Mica.

MAL-AGRADECIDO, s.f. Ingrato. (Pl.: mal-agradecidos.)

MALAGUENHA, s.f. Espécie de canção e dança espanhola algo parecida com o fandango.

MALAGUENHO, adj. De Málaga (Espanha); s.m o natural ou habitante de Málaga.

MALAGUETA (ê), s.f. Espécie de pimenta muito ardida, também chamada pimenta-malagueta.

MALAIALA, s.m. O idioma do Malabar.

MALAIO, adj. Da Malásia (Oceânia); s.m. o natural ou habitante da Malásia.

MAL-AJAMBRADO, adj. Diz-se de pessoa mal vestida, de aparência desagradável, desengonçada. (Pl.: mal-ajambrados.)

MAL-AMANHADO, adj. Mal-arranjado; mal vestido; desajeitado. (Pl.: mal-amanhados.)

MALANDRAGEM, s.f. Súcia de malandros; malandrice.

MALANDRAR, v.int. Levar ou ter vida de malandro.

MALANDRICE, s.f. Qualidade ou condição de malandro; malandragem.

MALANDRIM, s.m. (pop.) Vadio; gatuno.

MALANDRO, s.m. Sujeito que costuma abusar da confiança dos outros ou que não trabalha e vive de expedientes; vadio; gatuno; adj. madraço.

MALA-POSTA, s.f. Antiga diligência que transportava as malas do correio e passageiros. (Pl.: malas-postas.)

MALAQUITA, s.f. Mineral monoclínico, carbonato básico de cobre, minério de cobre.

MALAR, s.m. Osso que forma a proeminência mais saliente da face; adj. relativo ao osso malar ou às maçãs do rosto.

MALARIA, s.f. Conjunto de malas.

MALÁRIA, s.f. Infecção produzida por protozoários do gênero Plasmodium. Também é chamada febre intermitente, febre palustre, febres, maleita ou maleitas, paludismo ou impaludismo, sezão, sezonismo, tremedeira, carneirada.

MALÁRICO, adj. Relativo à malária.

MALARIOLOGIA, s.f. Parte da Medicina que estuda principalmente a malária.

MALARIOTERAPIA, s.f. (Med.) Terapêutica que consiste na inoculação do germe da malária no paciente, para combater certas doenças, em particular a paralisia geral.

MAL-ASSOMBRADO, adj. Diz-se do local ou casa onde, segundo a crença popular, aparecem visões, fantasmas, almas do outro mundo ou rumores misteriosos e apavorantes. (Pl.: mal-assombrados.)

MAL-AVENTURADO, adj. Mal-afortunado; infeliz. O mesmo que malventuroso. (Pl.: mal-aventurados.)

MAL-AVINDO, adj. Desavindo. (Pl.: mal-avindos.)

MAL-AVISADO, adj. Desajuizado; imprudente.

MALBARATADOR (ô), adj. e s.m. O que malbarata.

MALBARATAR, v.t. ou **MALBARATEAR**, v.t. Vender com prejuízo; gastar mal; dissipar; desperdiçar.

MALBARATO, s.m. Venda com prejuízo; depreciação; menosprezo.

MAL-CADUCO, s.m. (pop.) Epilepsia.

MALCASADO, adj. Que vive mal com o seu consorte; que desposou pessoa de condição inferior.

MALCOMIDO, adj. Magro; mal-alimentado.

MALCRIAÇÃO, s.f. Indelicadeza, grosseria, incivilidade; judiação; má-criação.

MALCRIADO, adj. Indelicado, grosseiro, mal-educado.

MALDADE, s.f. Qualidade do que é mau; iniqüidade; crueldade; ação má.

MALDAR, v.int. e t. Ter suspeita má; fazer mau juízo.

MAL-DAS-MONTANHAS, s.f. Estado caracterizado por falta de ar, aceleração dos batimentos cardíacos, dor de cabeça, náuseas e vômitos, causado pela rarefação do ar nas grandes altitudes.

MALDIÇÃO, s.f. Ato ou efeito de amaldiçoar; praga.

MALDIÇOAR, v.t. Amaldiçoar.

MALDITA, s.f. Impigem rebelde; pústula maligna.

MALDITO, adj. Amaldiçoado; funesto; sinistro; perverso; aborrecido; s.m. (pop.) diabo.

MALDIZENTE, adj. e s. Que tem má-língua; pessoa que fala mal dos outros; difamador.

MALDIZER, v.t. Praguejar contra; amaldiçoar; dirigir imprecações a; int. falar mal de alguém; lastimar-se; rel. blasfemar; dizer mal. (Irregular. Conjuga-se como dizer); s.m. maledicência.

MAL-DOS-AVIADORES, s.m. Perturbação mórbida apresentada pelos que viajam de avião. (Pl.: males-dos-aviadores.)

MAL-DOS-MERGULHADORES, s.m. Conjunto dos fenômenos (dores e zumbidos nos ouvidos, etc.) causados pelo aumento da pressão atmosférica e dos fenômenos que podem ocorrer com a subseqüente descompressão (hemorragias, paralisias, embolias, etc.).

MALDOSO (ô), adj. Que tem maldade; de má índole; malicioso.

MALEABILIDADE, s.f. Qualidade do que é maleável; flexibilidade; (Quím.) propriedade característica que possuem os metais de se poderem reduzir a folhas delgadas mediante o laminador ou o martelo.

MALEAR, v.t. Converter em lâminas; distender (um metal) a martelo; (fig.) abrandar; tornar dócil, flexível.

MALEÁVEL, adj. Que se pode malear ou malhar; (fig.) flexível; dócil.

MALEDICÊNCIA, s.f. Ato de dizer mal; murmuração; qualidade de maldizente.

MALEDICENTE, adj. O mesmo que maldizente.

MAL-EDUCADO, adj. Malcriado. (Pl.: mal-educados.)

MALEFICÊNCIA, s.f. Qualidade de maléfico; disposição para fazer mal.

MALEFICIAR, v.t. Fazer mal a; prejudicar; danificar; exercer influência maléfica sobre.

MALEFÍCIO, s.m. Ato de maleficiar; sortilégio.

MALÉFICO, adj. Que faz mal; malévolo; prejudicial.

MALEIFORME, adj. Que tem forma de martelo ou malho.

MALEIRO, s.m. Fabricante ou vendedor de malas.

MALEITA, s.f. ou **MALEITAS**, s.f. pl. Malária, sobretudo o tipo febril intermitente.

MALEITOSO (ô), adj. Atreito a maleitas; que tem ou que causa maleitas.

MAL-E-MAL, adv. Pouco mais ou menos; sofrivelmente; escassamente.

MAL-ENCARADO, adj. Que tem má cara. (Pl.: mal-encarados.)

MAL-ENTENDIDO, adj. Que entende mal; mal interpretado; s.m. (gal.) palavra, ato ou ordem mal interpretados ou mal compreendidos; equívoco; altercação. (Pl.: mal-entendidos.)

MALEOLAR, adj. Que diz respeito aos maléolos.

MALÉOLO, s.m. Saliência óssea do tornozelo.

MAL-ESTAR, s.m. Indisposição física ou moral; incômodo: desassossego; doença. (Pl.: mal-estares.)

MALETA, s.f. Mala pequena.

MALEVOLÊNCIA, s.f. Qualidade do que é malevolente.

MALEVOLENTE, adj. Que tem má vontade contra alguém; que tem má índole; maléfico. (Antôn.: benevolente.)

MALÉVOLO, adj. Malevolente.

MALFADADO, adj. Que tem mau fado ou má sorte; desgraçado; s.m. aquele que é desditoso.

MALFADAR, v.t. Vaticinar má sorte a; tornar infeliz; desgraçar; destinar para a desgraça.

MALFALANTE, adj. e s. Maldizente.

MALFAZEJO (ê) ou **MALFAZENTE**, adj. Amigo de fazer mal; maléfico.

MALFAZER, v.int. Causar dano; fazer mal; causar prejuízo; fazer mal a. (Irregular. Conjuga-se como fazer. Pouco usado, exceto no infinit. e no gerúndio. Antôn.: bem-fazer.)

MALFEITO, adj. Feito sem perfeição; mal fabricado; deforme; disforme.

MALFEITOR (ô), s.m. Aquele que comete crimes ou delitos condenáveis; facínora; adj. malfazejo.

MALFEITORIA, s.f. Malefício; delito.

MALFERIR, v.t. Ferir mortalmente; tornar renhido, cruento (combate). (Irregular. Conjuga-se como ferir.)

MALFORMAÇÃO, s.f. (Patol.) Desenvolvimento ou formação anormal de órgão ou parte.

MALGA, s.f. Tigela vidrada.

MALGASTAR, v.t. Desbaratar; desperdiçar; esbanjar; gastar mal.

MALGAXE, adj. e s. Madagascarense; relativo à República de Malgaxe, antiga ilha de Madagáscar (África).

MALGOVERNAR, v.t. Governar mal; gastar mais do que tem.

MALGRADO, prep. Não obstante; apesar de.

MALHA, s.f. Cada um dos nós ou voltas de um fio entrançados ou tecidos por certos processos; abertura entre os nós de rede ou tecido; mancha na pele dos animais; mancha natural; chapa de metal para jogar o chinquilho; ato de malhar; surra; espécie de blusa.

MALHADA, s.f. Ato de malhar; pancada com malho; lugar onde se malha; rebanho de ovelhas.

MALHADO, adj. Que tem malhas ou manchas.

MALHADOR (ô), s.m. Indivíduo que malha; desordeiro.

MALHADOURO, s.m. Lugar onde se malham cereais.

MALHAR, v.t. Bater com malho; martelar; macetar; debulhar (cereais) na eira; zombar; int. dar sova; surrar; bater; maltratar.

MALHETAR, v.t. Fazer malhetes em; encaixar (uma peça de metal ou de madeira) em outra.

MALHETE, s.m. Encaixe feito nas extremidades de duas tábuas, para que se adaptem perfeitamente; pequeno malho ou maço. (Pl.: malhetes.)

MALHO, s.m. Martelo sem unhas nem orelhas; maço de calceteiro.

MAL-HUMORADO, adj. Que tem maus humores; achacado; enfermiço; (fig.) zangado; aborrecido; intratável. (Pl.: mal-humorados.)

MALÍCIA, s.f. Má índole; velhacaria; astúcia; interpretação maldosa; dito picante.

MALICIADOR (ô), adj. Malicioso.

MALICIAR, v.t. Atribuir malícia a; tomar em mau sentido. (Pres. ind.: malicio; malicias, malicia, maliciamos, maliciais, maliciam; imperat.: malicia, maliciai; pres. subjuntivo: malicie, malicies, malicie, maliciemos, malicieis, maliciem.)

MALICIOSIDADE, s.f. Qualidade de malicioso.

MALICIOSO (ô), adj. Que tem malícia; que emprega palavras de sentido equívoco ou picante.

MALIGNA, s.f. Febre de mau caráter; tifo; maleita, sezão, febre palustre.

MALIGNAR, v.t. Tornar mau ou maligno.

MALIGNO, adj. Propenso para o mal; malicioso; nocivo; muito mau.

MÁ-LÍNGUA, s.f. Vício de dizer mal de pessoas ou coisas; maledicência; s. pessoa maledicente. (Pl.: más-línguas.)

MAL-INTENCIONADO, adj. Que tem más intenções ou má índole. (Pl.: mal-intencionados.)

MALMEQUER, s.m. Planta ornamental, de flores amarelas e brancas.

MALNASCIDO, adj. Nascido com má sorte; malfadado; que tem má índole; infeliz.

MALOCA, s.f. Casa de habitação índia que aloja várias famílias; aldeia de índios selvagens ou mansos; moradia de marginais; abrigo de malandros.

MALOGRADO, adj. Que teve mau êxito.

MALOGRAR, v.t. Inutilizar; perder; esperdiçar; frustrar-se.

MALOGRO, s.m. Efeito de malograr; inutilização; dano; prejuízo. (Pl.: malogros (ô).)

MALOTE, s.m. Mala pequena.

MALPARAR, v.t. Aventurar; arriscar.

MALPROPÍCIO, adj. Impróprio; pouco adequado.

MALQUERENÇA, s.f. Animadversão; má vontade.

MALQUERENTE, adj. Que quer mal a outrem; malévolo; inimigo. (Antôn.: bem-querente.)

MALQUERER, v.t. Querer mal a; ser inimigo de; aborrecer; detestar. (Irregular. Conjuga-se como querer. Part.: malquerido e malquisto.) S.m. aversão; inimizade.

MALQUISTAR, v.t. Tornar malquisto; inimizar; indispor; int. produzir, causar inimizades ou malquerenças.

MALQUISTO, adj. Inimizado; mal afamado; odiado. (Antôn.: benquisto.)

MALROUPIDO, adj. Maltrapilho.

MALSÃO, adj. Doentio; insalubre. (Fem.: malsã; pl.: malsãos.)

MALSIM, s.m. Fiscal alfandegário; zelador dos regulamentos policiais.

MALSINAÇÃO, s.f. Ato ou efeito de malsinar.

MALSINAR, v.t. Denunciar; delatar; caluniar.

MALSOANTE, adj. Que soa mal; que não tem eufonia.

MALSONANTE, adj. Malsoante.

MALTA, s.f. Reunião de gente de baixa condição; súcia; caterva.

MALTAGEM, s.f. Ato de maltar.

MALTAR, v.t. Converter (a cevada) em malte.

MALTE, s.m. Cevada que se faz germinar e secar para emprego industrial, especialmente no fabrico de cervejas.

MALTÊS, adj. De Malta, ilha do Mediterrâneo central, relativo a Malta; s.m. o natural ou habitante de Malta; o idioma de Malta.

MALTHUSIANISMO, s.m. Doutrina de Malthus, economista inglês (1766-1834) que defendeu a restrição da reprodução da espécie humana por motivos de ordem econômica.

MALTHUSIANO, adj. Relativo à doutrina de Malthus.

MALTOSE, s.f. Açúcar do malte.

MALTRAPILHO, adj. e s.m. O que anda mal vestido; esfarrapado.

MALTRATAR, v.t. Tratar mal; insultar; ultrajar; vexar; danificar; estragar; lesar fisicamente; mutilar; bater; açoitar.

MALTREITO, adj. Maltratado; ferido.

MALUCAR, v.int. Dizer ou fazer maluquices.

MALUCO, s.m. Doido; adj. adoidado; extravagante; louco.

MALUNGO, s.m. Camarada, companheiro; título que os escravos africanos davam aos que tinham vindo da África no mesmo navio.

MALUQUEAR, v.int. Dizer ou fazer maluquices.

MALUQUEIRA, s.f. Maluquice.

MALUQUICE, s.f. Ato ou dito próprio de maluco; cisma. O mesmo que malucagem.

MALVA, s.f. Nome de diversas plantas medicinais.

MALVADEZ (ê) ou **MALVADEZA**, (ê) s.f. Qualidade ou ato de malvado; perversidade.

MALVADO, adj. e s.m. Facínora; que pratica atos cruéis ou é capaz de os praticar.

MALVAR, s.m. Terreno onde crescem malvas.

MALVENTUROSO (ô), adj. Infeliz.

MALVERSAÇÃO, s.f. Desvio de dinheiro no exercício de um cargo.

MALVERSADOR (ô), adj. e s.m. Que, ou aquele que malversa.

MALVERSAR, v.t. Administrar mal; fazer subtrações ou desvios abusivos de.

MALVISTO, adj. Mal conceituado; suspeito; aborrecido.

MAMA, s.f. Glândula mamária; leite que as crianças sugam do seio da mãe ou da ama.

MAMÃ, s.f. Mãe na linguagem das criancinhas.

MAMADA, s.f. Mamadura.

MAMADEIRA, s.f. Garrafinha munida de chupeta para amamentar crianças artificialmente.

MAMADO, adj. Desiludido; desapontado; (gír.) ébrio, meio embriagado.

MAMADURA, s.f. Ato de mamar; tempo que dura a amamentação.

MAMÃE, s.f. Mamã.

MAMÃO, adj. Que ainda mama; que mama muito; s.m. rebento que rouba a seiva à planta; o fruto do mamoeiro (neste sentido, o mesmo que papaia).

MAMAR, v.t. e int. Sugar (o leite) da mãe ou da ama; (fig.) sugar (qualquer coisa); int. sugar leite de mama; (pop.) explorar; extorquir.

MAMÁRIO, adj. Relativo às mamas.

MAMARRACHO, s.m. Mau pintor; pintamonos.

MAMATA, s.f. Roubo; negociata; empresa ou administração pública em que mamam os políticos e funcionários protegidos.

MAMBEMBE, s.m. Lugar afastado, ermo; adj. medíocre; inferior; ruim; reles.

MAMBO, s.m. Música e dança originária da América Central.

MAMELUCO, s.m. Mestiço originado de índio com branco.

MAMÍFERO, adj. Que tem mamas; s.m. espécime dos Mamíferos, classe de animais vertebrados, de corpo provido de pêlos e com glândulas mamárias.

MAMILÃO, s.m. Bico do seio.

MAMILAR, adj. Que ter forma de mamilo; relativo ao mamilo.

MAMILO, s.m. Bico do seio.

MAMOEIRO, s.m. Árvore que dá mamão.

MAMONA, s.f. Carrapateira; o mesmo que mamoneira e mamoneiro; a semente de mamoneira.

MAMONEIRA, s.f. ou **MAMOEIRO**, s.m. Carrapateira.

MAMPARRA, s.f. Preguiça; pouca disposição para o trabalho.

MAMPARREAÇÃO, s.f. Vadiação.

MAMPARREADOR (ô), adj. Vadio.

MAMPARREAR, v.int. Vadiar.

MAMPARREIRO, adj. Vadio.

MAMUTE, s.m. Elefante fóssil que viveu na Europa e na Ásia na era quaternária.

MANÁ, s.m. Alimento que, segundo a Bíblia, Deus mandou em forma de chuva aos israelitas no deserto; suco resinoso de algumas plantas; coisa excelente.

MANACÁ, s.m. Arbusto medicinal e ornamental.

MANAÇÃO, s.f. Ação de manar.

MANADA, s.f. Rebanho de gado.

MANAJEIRO, s.m. Capataz; maioral.

MANANCIAL, s.m. Nascente de água; origem; fonte abundante.

MANAR, v.int. Correr permanentemente em abundância; tr. verter sem cessar.

MANAUENSE, adj. De Manaus; s. o natural ou habitante de Manaus.

MANCADA, s.f. Lapso; falta; cincada.

MANCAL, s.m. Quício de porta; peça de ferro ou de bronze onde giram os eixos de certos maquinismos.

MANCAR, v. int. Coxear; faltar; falhar em relação a compromisso.

MANCEBIA, s.f. Vida amancebada, dissoluta.

MANCEBO (ê), s.m. Moço; jovem.

MANCHA, s.f. Nódoa; mácula; labéu na reputação.

MANCHADO, adj. Enodoado; desacreditado.

MANCHAR, v.t. Sujar; enodoar; (fig.) infamar; denegrir.

MANCHEIA, s.f. A porção de coisas que a mão pode abranger. Var. de mão-cheia.

MANCHETE (ê), s.f. Título com que os jornais chamam a atenção do leitor para as notícias mais importantes.

MANCHU, adj. Da Manchúria; s. o natural ou habitante da Manchúria (Ásia).

MANCO, adj. Coxo; defeituoso.

MANCOMUNAÇÃO, s.f. Conluio; trama.

MANCOMUNADO, adj. Conluiado.

MANCOMUNAR, v.p. Conluiar-se.

MANDA-CHUVA, s. Pessoa importante; mandão.

MANDADEIRO, s.m. Aquele que cumpre mandados ou leva mensagens.

MANDADO, adj. Diz-se daquele a quem mandaram;

s.m. ordem ou determinação emanada de autoridade judicial ou administrativa.

MANDAMENTO, s.m. Ato ou efeito de mandar; mandado; voz de comando; preceito do decálogo da Igreja.

MANDANTE, adj. Que manda; s. pessoa que manda; pessoa que incita a certos atos.

MANDÃO, s.m. Aquele que manda com arrogância; déspota; manda-chuva. (Fem.: mandona.)

MANDAR, v.t. Ordenar; governar; enviar; remeter; int. exercer autoridade.

MANDARIM, s.m. Magistrado chinês; dialeto oficial da China.

MANDARINA, s.f. Mulher de mandarim; tangerina (fruta).

MANDATÁRIO, s.m. Aquele que recebe mandato; executor de mandatos; representante; procurador.

MANDATO, s.m. Ato pelo qual alguém confere a outrem o direito de agir em seu nome; procuração; ordem; delegação.

MANDI, s.m. Nome comum a diversos peixes de rio.

MANDÍBULA, s.f. Maxilar inferior; queixada; cada uma das duas partes do bico das aves; cada uma das partes móveis e duras da boca de certos insetos.

MANDIBULAR, adj. Que diz respeito à mandíbula.

MANDINGA, s.f. Feitiço; despacho.

MANDINGAR, v.t. Fazer mandinga a; enfeitiçar.

MANDINGARIA, s.f. Prática de feitiçaria.

MANDINGUEIRO ou **MANDINGUENTO**, s.m. Feiticeiro; bruxo.

MANDIOCA, s.f. Planta da família das Euforbiáceas; a raiz comestível dessa planta.

MANDIOCAL, s.m. Terreno plantado de mandioca.

MANDIOQUINHA, s.f. Diminutivo de mandioca; arbusto da família das Bignoniáceas, cuja raiz apresenta tubérculos amarelos carnudos, muito estimados em arte culinária.

MANDO, s.m. Autoridade; comando; direito.

MANDONISMO, s.m. Costume e abuso de mandar; prepotência; tirania.

MANDRIÃO, adj. Preguiçoso; madraço. (Fem.: mandriona.)

MANDRIAR, v.int. Levar vida de mandrião; viver na ociosidade.

MANDRIICE, s.f. Ociosidade.

MANDRIL, s.m. Peça cilíndrica com que em artilharia se alisa o olhal dos projéteis; peça para alisar os furos grandes em certos trabalhos mecânicos; haste que se introduz nas sondas para guiá-las e dar-lhes resistência; fio metálico que se introduz na luz das agulhas de injeção para conservar-lhes a permeabilidade.

MANDU, adj. Tolo; pacóvio.

MANDUCAÇÃO, s.f. Ato de manducar.

MANDUCAR, v.t. Comer; int. mastigar.

MANÉ, s.m. Indivíduo inepto, indolente, desleixado, negligente, palerma.

MANEIRA, s.f. Modo; feitio; feição.

MANEIRISMO, s.m. Processo de maneirista.

MANEIRISTA, s. Pessoa que é afetada nas suas maneiras ou usa estilo rebuscado ou processo monótono.

MANEIRO, adj. De fácil manejo; acomodatício.

MANEIROSO (ô), adj. Dotado de maneiras; que tem boas maneiras; amável.

MANEJAR, v.t. Executar ou governar com as mãos; trabalhar com; (fig.) administrar; dirigir; traçar.

MANEJO (ê), s.m. Ato de manejar; exercício de equitação; lugar onde se exercitam cavalos.

MANEQUIM, s.m. Boneco que representa homem ou mulher, para estudos artísticos ou científicos ou para trabalhos de costura; moça que serve de modelo em desfile de modas.

MANES, s.m. pl. Almas dos mortos; divindades infernais que os romanos invocavam sobre as sepulturas.

MANETA (ê), s. Pessoa a quem falta um braço ou que tem uma das mãos cortada.

MANFARRICO, s.m. Diabo.

MANGA, s.f. Parte do vestuário onde se enfia o braço; filtro afunilado para líquidos; chaminé de candeeiro; fruto de mangueira; a mangueira.

MANGABA, s.f. Fruto da mangabeira.

MANGABARANA, s.f. Árvore da família das Sapotáceas.

MANGABEIRA, s.f. Árvore da família das Apocináceas.

MANGADOR (ô), adj. Aquele que manga ou gosta de mangar.

MANGALAÇA, s.f. Vadiagem.

MANGALAÇO, adj. Vadio; patife.

MANGANÊS, s.m. Elemento químico, metal, símbolo Mn, de peso atômico 54,93 e n.º atôm. 25.

MANGÂNICO, adj. Que contém manganês; relativo a manganês; (Quím.) diz-se do anidrido composto de um átomo de manganês e três de oxigênio, do ácido no isolado composto de dois átomos de hidrogênio, um de manganês e quatro de oxigênio, e dos sais do manganês trivalente.

MANGANÍFERO, adj. Que tem ou produz manganês.

MANGANOSO (ô), adj. Diz-se dos compostos do manganês divalente.

MANGAR, v.int. Fazer caçoada; zombar; escarnecer.

MANGO, s.m. A parte mais longa do mangual.

MANGUAL, s.m. Instrumento de malhar cereais, composto de dois paus (o mango e o pírtigo) ligados por uma correia; correia com que se açoitam os animais, relho. O mesmo que manguá.

MANGUALADA, s.f. Pancada de mangual.

MANGUE, s.m. Nome dado a diversas plantas que vegetam no pântano; terreno pantanoso das margens das lagoas e desaguadouros dos rios, onde em geral vegeta o mangue.

MANGUEIRA, s.f. Tubo de plástico ou borracha, para condução de água ou ar; árvore da família das Anacardiáceas; grande curral de gado, de pedra ou madeira, junto ao edifício da estância.

MANGUEIRAL, s.m. Terreno onde crescem mangueiras.

MANGUEIRÃO, s.m. Curral, muito grande para tropas e animais.

MANGUEIRO, s.m. Curral pequeno.

MANHA, s.f. Destreza; habilidade; astúcia; ronha; ardil; (fam.) choro das crianças sem causa que justifique; birra.

MANHÃ, s.f. Tempo que vai desde o nascer do sol ao meio-dia; alvorecer.

MANHÃZINHA, s.f. Princípio da manhã; madrugada.

MANHOSIDADE, s.f. Qualidade de manhoso; sagacidade; velhacaria.

MANHOSO (ô), adj. Que tem manha ou manhas; feito com manha; revelador de manha; sagaz.

MANIA, s.f. Doença mental caracterizada por um estado de excitação, que pode alternar com um estado de melancolia, constituindo a psicose maníaco-depressiva; (fig.) excentricidade; esquisitice; gosto exagerado por alguma coisa; mau costume.

MANÍACO, adj. e s.m. Aquele que tem manias; doido.

MANIATAR, v.t. Atar as mãos de; tolher os movimentos a; (fig.) constranger, forçar; tirar a liberdade a; subjugar; prender.

MANIÇOBA, s.f. Folha de mandioca; planta da família das Euforbiáceas, de que se extrai a borracha; alimento feito de grelos de mandioca, de mistura com carne ou peixe, e temperado com sal e pimenta.

MANICÔMIO, s.m. Hospital de doidos, alienados; hospício.

MANICÓRDIO, s.m. Instrumento musical, semelhante ao piano, mas de tamanho menor.

MANÍCULA, s.f. Manivela.

MANICURO, s.m. Aquele que trata das mãos ou das unhas das mãos.

MANIDESTRO (ê), adj. Diz-se daquele que é mais hábil com a mão direita ou que se serve preferentemente dela.

MANIETAR, v.t. Var. de maniatar.

MANIFESTAÇÃO, s.f. Ato ou efeito de manifestar; expressão pública de sentidos ou opiniões coletivas.

MANIFESTANTE, adj. e s. Que manifesta ou entra em uma manifestação.

MANIFESTAR, v.t. Tornar manifesto, público, notório; apresentar; declarar; revelar; divulgar; v.int. divulgar; declarar; p. revelar-se; fazer-se conhecer.

MANIFESTO, s.m. Declaração pública ou solene justificativa de certos atos ou em que se baseiam certos direitos; programa político, religioso ou estético.

MANIFORME, adj. Que tem forma de mão.

MANIGÂNCIA, s.f. Prestidigitação; artes de berliques e berloques.

MANILHA, s.f. Argola para adorno dos pulsos; pulseira; grilheta; elo de cadeia; denominação de algumas cartas em certos jogos; jogo de cartas; tubo de barro ou grés para canalizações.

MANILHEIRO, s.m. Fabricante de manilha; jogador de manilha.

MANILÚVIO, s.m. Banho às mãos em água sinapizada ou muito quente.

MANINHEZ ê s.f. Esterilidade.

MANINHO, adj. Estéril; improlífico; inculto.

MANIPANSO, s.m. Ídolo africano; fetiche.

MANIPULAÇÃO, s.f. Ato ou modo de manipular.

MANIPULADOR (ô), s.m. Aquele que manipula; instrumento para o telegrafista transmitir os sinais telegráficos.

MANIPULAR, v.t. Preparar com a mão; preparar com corpos simples (medicamentos); engendrar; forjar.

MANÍPULO, s.m. Feixe de qualquer cousa que a mão pode abranger; mancheia; pequena estola pendente do braço esquerdo do sacerdote, quando diz missa.

MANIQUEÍSMO, s.m. Toda doutrina fundada nos dois princípios opostos do bem e do mal.

MANIQUEÍSTA, adj. e s. Partidário do maniqueísmo.

MANIQUEU, adj. e s.m. Sectário do maniqueísmo.

MANIRROTO (ô), adj. Gastador; perdulário. Fem.: manirrota (ô); pl.: manirrotos (ô).

MANIVELA, s.f. Peça de uma máquina, a que se imprime movimento com a mão; peça de ferro ou madeira, que, sujeita a qualquer força motriz, põe em movimento um engenho ou uma máquina.

MANJA, s.f. Ato de comer, refeição.

MANJAR, s.m. Qualquer substância alimentícia; iguaria delicada e apetitosa; v.t. observar; espionar; informar-se.

MANJAR-BRANCO, s.m. Iguaria feita com leite, coco e maisena. (Pl.: manjares-brancos.)

MANJEDOURA, s.f. Tabuleiro em que se deita comida aos animais nas estrebarias.

MANJERICÃO, s.m. Planta medicinal e odorosa.

MANJERICO, s.m. Manjericão.

MANJERONA, s.f. Planta medicinal da família das Labiadas. O mesmo que amáraco.

MANO, s.m. Irmão.

MANOBRA, s.f. Exercício militar ou naval; arte ou ato de dirigir convenientemente as embarcações; vaivéns de locomotivas, nas estações de caminhos de ferro, para organizar os trens nas linhas convenientes; habilidade; astúcia; meio de iludir; prestidigitação.

MANOBRAR, v.t. Realizar por meio de manobra; encaminhar ou dirigir com habilidade; agenciar; dirigir; governar (embarcações); praticar com astúcia; int. fazer exercícios militares; fazer qualquer exercício; funcionar; executar movimento; lidar; trabalhar.

MANOBREIRO, s.m. Aquele que dirige manobras, aquele que manobra bem; indivíduo encarregado das manobras nas linhas férreas; agulheiro.

MANOBRISTA, s. Pessoa que conhece e pratica bem as manobras das embarcações ou viaturas.

MANOJO (ô), s.m. Molho ou feixe que se pode abarcar com a mão. O mesmo que manolho.

MANOLHO (ô), s.m. (V. Manojo)

MANOMETRIA, s.f. Medição com o manômetro.

MANÔMETRO, s.m. Aparelho com que se mede a pressão dos gases e vapores.

MANOPLA, s.f. Luva de ferro, que fazia parte das antigas armaduras de guerra; mão grande e mal conformada.

MANOSSOLFA, s.m. (mús.) Método de sinalização de solfejo mediante mímica das mãos.

MANQUEIRA, s.f. Defeito de manco, ato de manquejar.

MANQUEJANTE, adj. Que manqueja.

MANQUEJAR, v.int. Estar manco; coxear.

MANQUITOLA, adj. Coxo.

MANQUITOLAR, v.int. Coxear; mancar.

MANSÃO, s.f. Residência de grandes dimensões e requintado luxo.

MANSARDA, s.f. Trapeira; água-furtada; morada reles.

MANSIDÃO, s.f. Qualidade de manso; índole pacífica; brandura de gênio.

MANSO, adj. De gênio brando ou índole pacífica; sereno; sossegado; que não faz barulho; domesticado.

289

MANSUETO, adj. Manso; lhano.

MANSUETUDE, s.f. Mansidão; lhaneza.

MANTA, s.f. Grande pano de lã, do feitio de cobertor, que serve para agasalhar; tira de seda, de lã ou de outro tecido, com que se forma laço ao pescoço servindo de gravata; xairel de lã; grande pedaço de carne ou peixe, exposto ao sol.

MANTEIGA, s.f. Substância gorda e alimentícia que se extrai da nata do leite; — derretida (fam.) criança chorona.

MANTEIGOSO (ô), adj. Que tem muita manteiga; que tem o sabor da manteiga; gorduroso.

MANTEIGUEIRA, s.f. Vaso em que se serve a manteiga.

MANTEIGUEIRO, s.m. Fabricante ou vendedor de manteiga; adj. que gosta muito de manteiga.

MANTEIGUENTO, adj. Manteigoso.

MANTELETE (ê), s.m. Vestidura curta, que dignitários eclesiásticos usam sobre o roquete; pequena capa, leve e com rendas para senhoras.

MANTENÇA, s.f. Aquilo que mantém ou sustenta; sustento; manutenção.

MANTENEDOR (ô), adj. Que mantém, sustenta, protege ou defende; s.m. aquele que mantém ou sustenta; defensor; campeão.

MANTER, v.t. Sustentar; prover do que é necessário à subsistência; conservar; cumprir; observar; p. sustentar-se; conservar-se; permanecer. (Conj. como o v. ter.)

MANTILHA, s.f. Manto fino com que as mulheres cobrem a cabeça; véu de seda ou renda que cai em pregas pelas costas.

MANTIMENTO, s.m. Aquilo que mantém; sustento; comida; manutenção; dispêndio; pl. gêneros alimentícios; víveres.

MANTO, s.m. Vestidura larga e sem mangas para abrigo da cabeça e do tronco; véu; antiga capa de cauda e roda; hábito de certas freiras; (fig.) aquilo que encobre alguma coisa; trevas.

MANTÔ, s.m. Vestimenta semelhante ao manto que as mulheres usam por cima de outro vestuário.

MANUAL, adj. Relativo à mão; feito com a mão; que diz respeito a trabalho de mão; de fácil manuseação; portátil; leve; s.m. livro pequeno; compêndio; sumário; ritual.

MANUDUÇÃO, s.f. Ato de guiar pela mão.

MANUFATOR (ô), s.m. Aquele que manufatura ou faz manufaturar; fabricante.

MANUFATURA, s.f. Trabalho manual; obra feita a mão; grande estabelecimento industrial.

MANUFATURAR, v.t. Produzir com trabalho manual; fabricar; fazer.

MANUFATUREIRO, adj. Que diz respeito a manufatura.

MANUSCREVER, v.t. Escrever a mão. (Part.: manuscrito.)

MANUSCRITO, adj. Escrito a mão; s.m. aquilo que se escreveu a mão.

MANUSEAÇÃO, s.f. ou **MANUSEAMENTO**, s.m. Ato de manusear. O mesmo que manuseio.

MANUSEAR, v.t. Mover com a mão; manejar; folhear; amarrotar; enxovalhar; usar; consultar.

MANUSEIO, s.m. Manuseação, manuseamento.

MANUTENÇÃO, s.f. Ato ou efeito de manter; gerência; administração; conservação.

MANUTÉRGIO, s.m. Toalha em que o sacerdote limpa as mãos quando se reveste para dizer missa. Var.: manustérgio e manistérgio.

MANZORRA (ô), s.f. Mão grande.

MÃO, s.f. Parte do corpo na extremidade do membro superior; cada um dos membros anteriores dos quadrúpedes; garra de algumas aves (aum.: manzorra ou mãozorra, manopla, manápula; dim.: mãozinha, mãozita, manita); poder; domínio; influência; destreza manual; parceiro que joga primeiro (no jogo); lanço completo de jogo; camada de tinta, cal, verniz, sobre uma superfície (neste sentido, o mesmo que demão); pequeno feixe ou porção de coisas que se abrange com a mão; cada um dos sentidos do trânsito nas ruas e estradas; — de ferro: potência tirânica; opressão; — de papel: cinco cadernos; — s de fada: mão de mulher habilidosa em trabalhos de costura; — s limpas: integridade; honradez; — s postas: mãos erguidas, palma com palma, para rezar ou suplicar; à —: com a mão, com o próprio punho; ao alcance; pertinho; em posição fácil de pegar; abrir — de: pôr de parte; desistir de; andar com as — s (ou de — s) nas algibeiras: estar ocioso; assentar a —: adquirir destreza ou segurança no que faz; com ambas as — s: da melhor vontade; com a — na consciên-

cia: com toda a verdade e ânimo de absoluta justiça; com uma — atrás e outra adiante: pobre, sem recursos, com as mãos vazias; noticiar em primeira —: ser o primeiro a dar a notícia; coisa em segunda —: coisa que o dono foi o segundo a usar; dar a —: auxiliar; estender a mão para cumprimentar; dar as — s à palmatória: confessar o erro, reconhecer que errou; deitar a — a ou em: apoderar-se de; de — beijada: gratuitamente: de — em —: da mão de uma para a de outra. de pessoa para pessoa; estar com as — s (ou com a —) na massa: estar trabalhando em determinada coisa de que se trata no momento; fazer — baixa em: roubar; surrupiar; feito por — de mestre: muito bem feito; ficar na —: ser logrado; jogar de —: ser o primeiro a jogar; lavar as — s de: não tomar a responsabilidade; fugir às conseqüências de; limpo de — s: honrado; íntegro; meter a — em cumbuca; cair em esparrela, em logro; — s à obra: atirar-se com afinco a um trabalho: o mesmo que pôr mãos à obra; passar a — em: lançar mão de, apanhar; passar a — pela cabeça de alguém: perdoar-lhe em falta, poupá-lo; pedir a — de: pedir em casamento; por baixo da —: às escondidas: pôr as — s (ou a —) no fogo por uma pessoa: dar testemunho de confiança nela, responsabilizar-se por ela; pôr — s à obra: começar a fazer uma coisa; ter entre — s: estar trabalhando em; ter —: segurar, tomar cautela; deter-se; parar; amparar; ter — leve: estar sempre pronto para bater; vir às — s: lutar; brigar; meter os pés pelas — s; confundir-se; atrapalhar-se; vir com as — s a abanar (ou abanando): trazê-las vazias. (Pl.: mãos.)

MÃO-ABERTA, s. Pessoa pródiga, esbanjadora; perdulário. (Pl.: mãos-abertas.)

MÃO-CHEIA, s.f. Mancheia; de —: ótimo, excelente, de encher as medidas, de enche-mão; a mãoscheias: a mancheias. (Pl.: mãos-cheias.)

MÃO-DE-FINADO, s. Avarento; pão-duro. (Pl.: mãos-de-finado.)

MÃO-DE-OBRA, s.f. Trabalho manual de que resulta um produto; despesa ou custo de execução de uma obra. (Pl.: mãos-de-obra.)

MAOMETANO, adj. e s.m. Sectário da religião de Maomé.

MAOMÉTICO, adj. Maometano.

MAOMETISMO, s.m. Religião fundada por Maomé (570-652), também chamada islamismo e muçulmanismo.

MÃOS-ATADAS, s. 2 núm. Pessoa acanhada, indecisa, sem expediente.

MÃOS-LARGAS, s. 2 núm. Pessoa generosa, que gosta de dar o que tem.

MÃOS-ROTAS, s. 2 núm. Pessoa perdulária.

MÃOZADA, s.f. Aperto forte de mão; porção de coisas que se abrangem numa das mãos.

MÃOZINHA, s.f. Mão pequena.

MÃOZUDO, adj. Que tem mãos grandes e grosseiras.

MAPA, s.m. Carta geográfica; relação; esquema demonstrativo; lista; catálogo.

MAPA-MUNDI, s.m. Mapa que representa toda a superfície da Terra, em dois hemisférios. (Pl.: mapas-mundi.)

MAPOTECA, s.f. Coleção de mapas e cartas geográficas.

MAQUETA (ê), s. f. Esboço de uma obra de escultura em ponto pequeno, moldado em barro ou em cera.

MAQUIA, s.f. Porcentagem; lucro; vantagem.

MAQUIAVELICE, s.f. Ato ou dito maquiavélico; astúcia; manha.

MAQUIAVÉLICO, adj. Relativo ou semelhante ao maquiavelismo; (fig.) astuto; velhaco; ardiloso.

MAQUIAVELISMO, s.m. Sistema político baseado na astúcia, exposto pelo florentino Machiavel (1469-1527) em sua obra "O Príncipe"; política desprovida de boa fé; procedimento astucioso; perfídia.

MAQUIAVELISTA, adj. Maquiavélico; s. pessoa que segue o maquiavelismo, isto é, aquele para quem os fins justificam os meios empregados para a consecução.

MAQUILAGEM, s.f. Tratamento de beleza.

MAQUILAR, v.t. Adornar, embelezar o rosto com pós, cremes e tinturas.

MÁQUINA, s.f. Aparelho ou instrumento próprio para comunicar movimento ou para aproveitar e pôr em ação um agente natural; qualquer instrumento; (fig.) pessoa sem idéias próprias e que procede como um autômato.

MAQUINAÇÃO, s.f. Ato ou efeito de maquinar: trama; conluio.

MAQUINADOR (ô), adj. e s.m. Aquele que maquina.

MAQUINAL, adj. Que diz respeito a máquinas; (fig.) inconsciente; automático.

MAQUINAR, v.t. Tramar; planear secretamente (um ardil); engendrar; intentar; projetar.

MAQUINARIA, s.f. Conjunto de máquinas.

MAQUINISMO, s.m. Conjunto das peças de um aparelho; conjunto de máquinas; aparelho para fazer executar movimentos.

MAQUINISTA, s. Pessoa que inventa, constrói ou dirige máquinas, especialmente locomotivas e máquinas de navios a vapor; encarregado, nos teatros, da movimentação das decorações e do cenário.

MAR, s.m. A massa de água salgada que cobre a maior parte da superfície da Terra; cada uma das partes consideráveis em que se dividem os oceanos; (fig.) grande quantidade; imensidão; — alto: de onde não se avista a terra; — de leite: mar muito manso, que não faz ondas; — de rosas: mar sereno, bonançoso; (fig.) período de felicidade.

MARABUTO, s.m. Religioso muçulmano.

MARACÁ, s.m. Instrumento chocalhante que os índios usavam nas solenidades religiosas e guerreiras; chocalho que serve de brinquedo às crianças.

MARACATU, s.m. Gênero de canto e dança; grupo carnavalesco pernambucano, quase sempre de negros, com pequena orquestra de percussão.

MARACUJÁ, s.m. Fruto do maracujazeiro.

MARACUJAZEIRO, s.m. Planta da família das Passifloráceas, de que há diversas espécies.

MARAJÁ, s.m. Título dos príncipes da Índia. (Flex. feminina: maarâni.) O mesmo que rajá.

MARAJOARA, adj. Da ilha de Marajó; s. pessoa natural ou habitante dessa ilha.

MARANHA, s.f. Fibras ou fios enredados; teia de lã por apisoar; (fig.) enredo; negócio intrincado; astúcia.

MARANHÃO, s.m. Grande mentira; peta engenhosa.

MARANHAR, v.t. e p. Emaranhar.

MARANHENSE, adj. Do Estado do Maranhão; s. pessoa natural ou habitante do Maranhão.

MARÂNI, s.f. O mesmo maarâni.

MARASCA, s.f. Variedade de cereja amarga, que serve para o fabrico do marasquino.

MARASMAR, v.t. Causar marasmo a; int. e p. cair em marasmo.

MARASMÁTICO, adj. Que tem marasmo; extenuado; apático.

MARASMO, s.m. Fraqueza extrema; apatia moral; indiferença; melancolia.

MARASQUINO, s.m. Licor branco fabricado com marascas ou cerejas amargas.

MARATONA, s.f. Corrida de pedestre de 42½ quilômetros (distância de Maratona a Atenas), com que se comemora o feito do soldado de Maratona; (por ext.) corrida a pé de longo percurso; torneio intelectual colegial que consta de todas as disciplinas do currículo secundário.

MARAVALHAS, s.f. pl. Aparas de madeira; acendalhas; (fig.) bagatelas.

MARAVILHA, s.f. Ato, pessoa ou coisa extraordinária; prodígio; coisa milagrosa.

MARAVILHADOR (ô), adj. Que maravilha ou causa admiração.

MARAVILHAMENTO, s.m. Ato ou efeito de maravilhar; admiração.

MARAVILHAR, v.t. Causar maravilha ou admiração a; encher de espanto; p. encher-se de admiração, de pasmo.

MARAVILHOSO (ô), adj. Que causa admiração; s.m. aquilo que encerra maravilha; aquilo que é extraordinário ou sobrenatural.

MARCA, s.f. Ato ou efeito de marcar; carimbo; cunho; distintivo; sinal; firma; categoria; grandeza; ferrete; de — maior: fora do comum.

MARCAÇÃO, s.f. Ato ou efeito de marcar.

MARCADO, adj. Que recebeu marca; assinalado.

MARCADOR (ô), adj. e s.m. Aquele que marca; s.m. pedaço de talagarça em que as meninas aprendem a marcar ou a bordar.

MARÇANO, s.m. Aprendiz de caixeiro; (por ext.) aprendiz; principiante.

MARCANTE, adj. Que marca.

MARCAR, v.t. Pôr marca ou sinal em; assinalar; determinar; fixar; enodoar.

MARCENARIA, s.f. Oficina, artes ou obras de marceneiro.

MARCENEIRO, s.m. Oficial que trabalha a madeira com mais arte que o carpinteiro.

MARCESCÍVEL, adj. Que murcha ou pode murchar.

MARCHA, s.f. Ato ou efeito de marchar; andamento regular; progresso; cadência; jornada; peça musical para regular o passo de uma multidão de homens que caminha ou correm; certa dança e forma musical de ritmo peculiar; curso regular; — à ré: movimento que faz um veículo recuar; a — s forçadas: marchando com toda a rapidez e sem interrupções sucessivas.

MARCHADOR (ô), adj. Diz-se do cavalo de passo largo e compassado.

MARCHANTE, s.m. Negociante de gado para os açougues; (ant.) mercador.

MARCHAR, v.int. Andar; caminhar; seguir os seus trâmites; progredir.

MARCHE-MARCHE, s.m. O mais rápido passo militar.

MARCHETADO, adj. Que imita marchetaria; s.m. obra de marchetaria.

MARCHETAR, v.t. Embutir; tauxiar.

MARCHETARIA, s.f. Arte de marchetar.

MARCHETE, s.m. Cada uma das peças que se marchetam ou embutem na madeira. (Pl.: marchetes.)

MARCHETEIRO, s.m. Oficial de marchetaria; embutidor.

MARCIAL, adj. Que diz respeito à guerra; bélico; belicoso.

MARCIALIZAR, v.t. Tornar belicoso, marcial.

MARCIANO ou **MARCIÁTICO**, adj. Relativo ao planeta Marte.

MÁRCIDO, adj. Murcho; sem viço ou vigor.

MARCO, s.m. Baliza; poste; limite; sinal de demarcação; a parte fixa das portas e janelas que guarnece o vão e à qual estão articuladas as folhas do vedo (chamam-se ombreiras as partes verticais e padieira a transversal); unidade monetária na Alemanha.

MARÇO, s.m. Terceiro mês do ano civil.

MARÉ, s.f. Fluxo e refluxo periódico das águas do mar, que, duas vezes por dia, sobem e descem alternativamente; — cheia: preamar; — vazia: baixa-mar; remar contra a —: debater-se, lutar em vão.

MAREAÇÃO, s.f. Ato ou efeito de marear; enjôo de mar.

MAREADO, adj. Enjoado em viagem por mar.

MAREAGEM, s.f. Mareação.

MAREANTE, adj. Que mareia; s.m. navegante; marinheiro.

MAREAR, v.t. Governar (o navio); fazer enjoar; manchar; tirar o brilho a; oxidar; difamar; int. andar embarcado; enjoar a bordo; p. orientar-se no mar; perder o brilho; dirigir-se; perturbar-se.

MARECHAL, s.m. O mais elevado posto no exército.

MARECHALADO ou **MARECHALATO**, s.m. Cargo ou dignidade de marechal.

MAREJADA, s.f. Marulho; leve agitação das ondas.

MAREJAR, v.int. Ressumar pelos poros (um líquido); brotar; borbulhar; ressumar.

MAREMOTO, s.m. Tremor do mar; invasão furiosa das águas do mar por abalo correspondente ao fenômeno sísmico com que se manifesta o terremoto.

MAREOGRAFISTA, s.m. Funcionário encarregado do mareógrafo.

MAREÓGRAFO ou **MAREÔMETRO**, s.m. Instrumento para registrar automaticamente a altura das águas do mar, em função do tempo.

MARESIA, s.f. Mau cheiro do mar, na vazante.

MARETA (ê), s.f. Pequena onda; onda dos rios.

MARFIM, s.m. Substância branca e compacta que constitui a maior parte dos dentes dos mamíferos; presas ou defesas do elefante.

MARFÍNEO, adj. O mesmo que ebúrneo, sendo esta última a forma preferível.

MARFINIZAR-SE, v.p. Tomar aspecto de marfim.

MARGARIDA, s.f. Gênero de plantas da família das Compostas; a flor dessas plantas.

MARGARINA, s.f. Mistura de palmitina e estearina; gordura alimentar fabricada com sebo e diferentes óleos vegetais.

MARGARITA, s.f. Pérola; gênero de conchas que produzem pérolas.

MARGEANTE, adj. Que margeia.

MARGEAR, v.t. Fazer margem em; seguir pela margem de; ir ao longo ou ao lado de; guarnecer as margens de; flanquear.

MARGEM, s.f. Borda; parte sem letras em volta de uma folha manuscrita ou impressa; beira; riba; dar —: dar ocasião, proporcionar ensejo; lançar ou deitar à —: abandonar; desprezar.

MARGINADO, adj. Que tem margem; escrito na margem do livro ou do manuscrito.

MARGINADOR, s.m. Operário que introduz as folhas de papel na máquina de impressão; dispositivo automático que se destina a esse fim.

MARGINAL, adj. Da margem ou relativo a ela; s.m. (Sociol.) que vive à margem da sociedade; pária.

MARGINALIDADE, s.f. (Sociol.) Condição de homem marginal.

MARGINAR, v.t. Margear; anotar à margem de (livro, folha, etc.).

MARIANISMO, s.m. Tendência para a exaltação do culto de Maria, por forma que ultrapasse o ensino e o espírito da Igreja.

MARIANO, adj. Relativo à Virgem Maria ou ao seu culto; s.m. frade da ordem dos Marianos.

MARIA-VAI-COM-AS-OUTRAS, s. 2 núm. Pessoa sem vontade, que se deixa levar pelos outros.

MARICAGEM, s.f. Ação ou modos de maricas.

MARICÃO, s.m. Maricas.

MARICAS, s.m. 2 núm. Homem mulherengo; homem que se ocupa de trabalhos próprios de mulher; homem muito medroso. O mesmo que maricão.

MARIDAGEM ou **MARIDANÇA**, s.f. Ato ou efeito de maridar; vida de casados.

MARIDAR, v.t. Casar (uma mulher); enlaçar; unir.

MARIDO, s.m. Cônjuge do sexo masculino; homem em relação à mulher com quem casou.

MARIMACHO, s.m. Mulher com aspecto e modos de homem.

MARIMBA, s.f. Instrumento músico dos cafres formado de lâminas de madeira ou metal graduadas em escala, nas quais se bate com duas baquetas.

MARIMBONDO, s.m. Nome comum a diversas espécies de vespas.

MARINHA, s.f. Praia; serviço de marujo; forças navais ou navios de guerra com a sua equipagem; conjunto de navios; salina; desenho ou quadro representativo de objetos ou cenas marítimas.

MARINHAGEM, s.f. O pessoal de bordo para manobra de navio; conjunto de marinheiros.

MARINHAR, v.t. Prover de pessoal náutico; governar (a manobra de navios); int. saber navegar; trepar; subir.

MARINHARESCO (ê), adj. Relativo à marinha.

MARINHEIRARIA, s.f. Parte prática da náutica.

MARINHEIRESCO, adj. Relativo a marinheiro; marujo.

MARINHEIRO, adj. Relativo à marinhagem; s.m. indivíduo que dirige uma embarcação; aquele que trabalha a bordo; aquele que serve na marinha.

MARINHO, adj. Do mar; relativo ao mar; marítimo. O mesmo que marino.

MARINISMO, s.m. Afetação do estilo, semelhante ao do poeta italiano Marini (1569-1625).

MARINISTA, s. Pessoa sectária do marinismo.

MARINISTA, s. Pintor de marinhas.

MARINO, adj. (V. Marinho.)

MARIOLA, s.m. Moço de fretes; homem de recados; s.m. e adj. biltre; tratante; infame; de mau caráter; s.f. pequeno tijolo de doce de banana, envolvido em papel.

MARIOLAGEM, s.f. Ato de mariola; os mariolas.

MARIONETE, s.f. (V. Títere.)

MARIPOSA, s.f. Borboleta noturna.

MARISCADOR (ô), s.m. Aquele que se ocupa em mariscar; indivíduo que sabe caçar e pescar.

MARISCAR, v.t. e int. Apanhar mariscos ou insetos à beira-mar; pescar.

MARISCO, s.m. Designação genérica dos moluscos comestíveis.

MARISMA, s.f. Terreno alagadiço à beira-mar.

MARISQUEIRO, adj. O que marisca.

MARISTA, s. Membro religioso dos maristas, congregação que se dedica ao ensino, fundada em Bordéus, em 1816, com o nome de Sociedade de Maria; adj. relativo aos maristas.

MARITAL, adj. Relativo a marido; conjugal.

MARITICIDA, s.f. Mulher que mata o marido.

MARITICÍDIO, s.m. Crime da mulher que mata o marido.

MARÍTIMO, adj. Do mar; relativo ao mar, que fica perto do mar; naval; s.m. marinheiro.

MARMANJÃO, s.m. Indivíduo atoleimado; grande marmanjo; rapagão.

MARMANJO, s.m. Homem adulto; homem abrutado; rapaz.

MARMELADA, s.f. Doce de marmelo; (pop.) na gíria esportiva: composição ou acordo prévio e secreto entre os adversários para que seja vencido e se renda sem esforço aquele a quem não interessa a vitória; tramóia; trapaça.

MARMELEIRAL, s.m. Bosque de marmeleiros.

MARMELEIRO, s.m. Árvore da família das Rosáceas, de fruto ácido e adstringente.

MARMELO, s.m. Fruto do marmeleiro; marmeleiro.

MARMITA, s.f. Panela de lata ou de outro metal com tampa; vaso de folha, em que os soldados comem o rancho.

MARMITEIRO, s.m. Empregado que entrega a domicílio marmitas com comida fornecida por pensões; (gír. política) adepto do trabalhismo.

MARMORARIA, s.f. Estabelecimento ou oficina em que são feitos trabalhos em mármore.

MÁRMORE, s.m. Calcário metamorfizado e recristalizado; calcário compacto que pode ser polido.

MARMOREAR, v.t. Dar aspecto de mármore a.

MARMOREIRO, s.m. Marmorista.

MARMÓREO, adj. Semelhante ou que diz respeito ao mármore; feito de mármore.

MARMORISTA, s. Serrador ou polidor de mármore; aquele que faz esculturas de mármore.

MARMORIZAÇÃO, s.m. Transformação de um cálcário em mármore.

MARMORIZAR, v.t. Transformar em mármore.

MARMOTA, s.f. Pequeno quadrúpede roedor.

MARNEL, s.f. Brejo; pântano.

MARNOTA, s.f. Terreno que pode ser alagado pela água do mar ou de um rio; parte da salina onde se junta a água para a extração do sal.

MARNOTEIRO ou **MARNOTO** (ô), s.m. Aquele que trabalha nas marinhas do sal.

MAROLA, s.f. Banzeiro; mar agitado; onda impetuosa.

MAROMBA, s.f. Situação que com dificuldade se sustenta; atitude dúbia de quem não quer definir-se, à espera dos acontecimentos; esperteza; malandragem.

MAROMBEIRO, adj. Adulador por interesse ou manha.

MAROMBISTA, adj. e s. Diz-se da pessoa que maromba, que costuma fugir a compromissos; oportunista.

MARONITA, s. Religioso dos maronitas, católicos do Líbano; adj. relativo aos maronitas.

MAROSCA, s.f. Trapaça; enredo; ardil.

MAROTAGEM, s.f. Maroteira; multidão de marotos.

MAROTEIRA, s.f. Ato próprio de maroto; patifaria.

MAROTO (ô), adj. Malicioso; brejeiro (fem.: marota (ô); pl.: marotos (ô)); s.m. tratante.

MAROUÇO, s.m. Mar encapelado, grandes ondas.

MARQUÊS, s.m. Título de nobreza, superior ao de conde e inferior ao de duque.

MARQUESA (ê), s.f. Senhora que tem marquesado; mulher do marquês; espécie de canapé largo.

MARQUESADO (ê), s.m. Cargo ou dignidade de marquês.

MARQUISE, s.f. (gal.) Laje saliente na fachada dos edifícios, destinada à proteção contra o sol e a chuva.

MARRA, s.f. Grande martelo de ferro, especialmente para quebrar pedra; jogo de rapazes.

MARRADA, s.f. Ato de marrar; cabeçada (de animal cornígero).

MARRANO, adj. e s.m. Excomungado; imundo; designação injuriosa dada outrora aos mouros e judeus.

MARRÃO, s.m. Porco adulto; grande martelo de ferro para quebrar pedra.

MARRAR, v.int. Arremeter com a cornada (animal cornígero); arremeter e bater com a cabeça; bater com o marrão.

MARRECO, s.m. Ave palmípede, semelhante ao pato e menor que ele.

MARRETA, s.f. Pequeno marrão, mas de cabo comprido. (Pl.: marretas.)

MARRETADA, s.f. Pancada com marreta.

MARRETAR, v.t. Bater com marreta em; espancar; desbaratar.

MARRETEIRO, s.m. Operário que, com a marreta, percute a broca para abrir câmaras de mina nas pedreiras.

MARROADA, s.f. Pancada com marrão; manada ou vara de marrões.

MARROAZ, adj. Teimoso; obstinado.

MARROM, adj. e s.m. Castanho.

MARROQUIM, s.m. Pele de cabra ou bode, tingida do lado da flor e já preparada para artefatos.

MARROQUINO, adj. De Marrocos (África); s.m. o natural ou habitante de Marrocos.

MARRUÁ, s.m. Novilho por domesticar; pessoa que se deixa enganar facilmente; inexperiente; calouro.

MARRUEIRO, s.m. Domador de touros ou marruás.

MARSUPIAL, s.m. Espécime dos Marsupiais, ordem de mamíferos caracterizada por uma espécie de bolsa que as fêmeas têm por baixo do ventre e onde trazem os filhos enquanto os amamentam.

MARTA, s.f. Gênero de mamíferos carnívoros e digitígrados, cuja pele é muito apreciada.

MARTE, s.m. Deus da guerra, na mitologia grega e romana; (Astron.) planeta, cuja órbita fica compreendida entre a da Terra e a de Júpiter; guerra; homem guerreiro.

MARTELADA, s.f. Pancada com martelo.

MARTELADOR (ô), s.m. Aquele que martela.

MARTELAGEM, s.f. Ato de martelar.

MARTELAR, v.t. Bater com o martelo em; dar marteladas; int. insistir.

MARTELO, s.m. Instrumento de ferro, geralmente com cabo pequeno, destinado a bater, quebrar e, especialmente, a cravar pregos na madeira; peça do piano para percutir as cordas (dimin.: martelinho, martelete); (Anat.) ossículo do ouvido.

MARTIM-PESCADOR (ô), s.m. Ave ribeirinha da família dos Alcedinídeos. (Pl.: martins-pescadores.)

MARTINETE (è), s.m. Martelo grande movido por água ou vapor; martelo de piano.

MÁRTIR, s. Pessoa que sofreu tormentos ou a morte, por sustentar a fé cristã; pessoa que sofre muito.

MARTÍRIO, s.m. Sofrimento ou suplício de mártir; tormento ou grande sofrimento.

MARTIRIZAR, v.t. Dar tratos ou martírios a; fazer sofrer o martírio; afligir; atormentar; p. afligir-se; mortificar-se.

MARTIROLÓGIO, s·.m. Lista dos mártires com a narração do seu martírio.

MARUJA, s.f. Marinhagem.

MARUJADA, s.f. Gente do mar; multidão de marujos.

MARUJO, s.m. Marinheiro.

MARULHAR, v.int. e p. Agitar-se; formar ondas (o mar); imitar o ruído das ondas.

MARULHEIRO, adj. Que causa marulho (vento).

MARULHO, s.m. Agitação das ondas do mar; (fig.) barulho.

MARULHOSO (ô), adj. Em que há marulho.

MARXISMO (cs), s.m. O sistema das teorias filosóficas, econômicas e políticas de Karl Marx. Comunismo; bolchevismo.

MARXISTA (cs), adj. Relativo ao marxismo; adj. e s. partidário do marxismo. Comunista; bolchevique.

MAS, conj. Designativo de oposição; s.m. dificuldade; obstáculo; senão; nem — nem meio —: expressão de quem não admite desculpas ou controvérsias.

MASCAR, v.t. Mastigar sem engolir.

MÁSCARA, s.f. Molde de cartão ou madeira que representa uma cara ou parte dela e destinado a cobrir o rosto; peça para resguardo do rosto na guerra, na esgrima, nos trabalhos de solda ou na cresta de colmeias; aparelho para proteger a face do médico operador ou do doente; aparelho para inalação do clorofórmio, éter comum, etc.

MASCARADA, s.f. Grupo de pessoas com máscara; festa em que entram mascaradas.

MASCARADO, adj. Que está com máscara; disfarçado; s.m. pessoa cheia de si.

MASCARÃO, s.m. Carranca de pedra que se coloca sobre cimalhas,etc.

MASCARAR, v.t. Pôr máscara em; disfarçar com máscara; dissimular.

MASCATARIA, s.f. Profissão de mascate.

MASCATE, s.m. Mercador ambulante.

MASCATEAÇÃO, s.f. ou MASCATEAGEM, s.f. Ação de mascatear.

MASCATEAR, v.int. Exercer a profissão de mascate; t. vender (mercadorias) pelas ruas.

MASCAVADO, adj. Designativo do açúcar não refinado; (fig.) impuro.

MASCAVAR, v.t. Separar (o açúcar de pior qualidade); pronunciar ou escrever, servindo-se de linguagem incorreta e impura.

MASCAVO, adj. Mascavado; s.m. ato de mascavar.

MASCOTE, s.f. Pessoa, animal ou coisa a que se atribui o dom de dar sorte, de trazer felicidade; talismã.

MASCULINIDADE, s.f. Qualidade de masculino ou de másculo; virilidade.

MASCULINIZAR, v.t. Tornar masculino; atribuir gênero masculino ou dar forma masculina a; (fig.) dar aparência de sexo masculino a; p. tomar aparência ou modos próprios do sexo masculino.

MASCULINO, adj. Que é do sexo dos animais machos; relativo a macho; (fig.) varonil; enérgico; (Gram.) designativo das palavras ou nomes que pela terminação e concordância designam seres masculinos ou como tais considerados. (Antôn.: feminino.)

MÁSCULO, adj. Relativo ao homem ou animal macho; (por ext.) enérgico; viril.

MASMORRA (ô), s.f. Prisão subterrânea; (fig. e fam.) lugar ou aposento sombrio e triste.

MASOQUISMO, s.m. Desvio mental que consiste em sentir prazer, flagelando-se a si próprio.

MASOQUISTA, adj. e s. Que, ou aquele que pratica o masoquismo.

MASSA, s.f. Mistura de farinha de trigo, com um líquido, formando pasta; substância mole ou pulverizada; o todo cujas partes são da mesma natureza; totalidade; (Fís.) a quantidade de matéria de um corpo; mistura de cal, areia e água; argamassa; (Sociol.) multidão; agregado social que se caracteriza por um estado elementar ou grau ínfimo de coesão dos indivíduos do grupo; pl. aglomeração de gente; o povo; a população.

MASSACRAR, v.t. Matar cruelmente; chacinar.

MASSACRE, s.m. Carnificina; matança.

MASSAGEM, s.f. Compressão metódica das partes musculares do corpo e das articulações para fins terapêuticos.

MASSAGISTA, s. Pessoa cuja profissão é fazer massagens.

MASSEIRA, s.f. Grande tabuleiro em que se amassa a farinha para fabricar o pão.

MASSEIRO, s.m. Aquele que prepara a massa nas padarias.

MASSETER (tér), s.m. Músculo que levanta a maxila inferior na mastigação e na abertura da boca.

MASSUDO, adj. Que tem aspecto de massa; volumoso; cheio; compacto; grosso; grosseiro; (fig.) robusto.

MASTARÉU, s.m. (Náut.) Pequeno mastro suplementar.

MASTICATÓRIO, s.m. Aquilo que se mastiga para promover a salivação.

MASTIGAÇÃO, s.f. Ato ou efeito de mastigar.

MASTIGADO, adj. Triturado com os dentes; (fig.) bem preparado; bem planeado.

MASTIGADOR, adj. Que mastiga, que tritura.

MASTIGAR, v.t. Triturar com os dentes; morder; (fig.) repetir, repisar (palavras).

MASTIM, s.m. Cão para guarda de gado.

MASTITE, s.f. Inflamação da mama.

MASTODONTE, s.m. Corpulento; animal fóssil de constituição análoga à do elefante.

MASTÓIDE ou MASTÓIDEO, adj. Apófise situada na parte póstero-inferior do osso temporal, atrás de onde está implantado o pavilhão da orelha.

MASTOIDITE, s.f. Inflamação da apófise mastóide.

MASTREAÇÃO, s.f. Ato de mastrear; conjunto dos mastros de uma embarcação.

MASTREAR, v.t. Pôr mastros em (navios).

MASTRO, s.m. Peça comprida, alvorada nas embarcações, para lhes sustentar as velas; madeiro alto para uso de ginastas; haste sobre que se iça a bandeira.

MASTRUÇO ou MASTRUZ, s.m. Planta medicinal da família das Crucíferas.

MASÚRIO, s.m. Elemento químico, metal, símbolo Ma, de peso atômico 98,99, e n.º atômico 43. O mesmo que tecnécio.

MATA, s.f. Terreno onde crescem árvores silvestres; bosque; selva; — virgem: floresta ou mata natural e primitiva, ainda não explorada, formada em terreno de aluvião, relativamente recente, trazido pelos rios ou chuvas vindas das montanhas próximas.

MATA-BICHO, s.m. Uma dose de aguardente ou outra bebida alcoólica. (Pl.: mata-bichos.)

MATA-BORRÃO, s.m. Papel poroso que absorve a tinta; (fig.) (gír.) ébrio inveterado. (Pl.: mata-borrões.)

MATA-BURRO, s.m. Fosso escavado na boca dos cortes ou das porteiras para evitar a entrada de animais; ponte de traves espaçadas para vedar o trânsito de animais. (Pl.: mata-burros.)

MATAÇÃO, s.m. Pedregulho; pedra pequena.

MATADO, adj. Malfeito; mal-acabado.

MATADOR (ô), adj. e s.m. Aquele que mata; s.m. assassino; toureiro a quem cabe matar o touro.

MATADOURO, s.m. Lugar onde se abatem as reses, aves (matadouro avícola), etc. para consumo público.

MATAGAL, s.m. Bosque grande e espesso.

MATALOTADO, adj. Provido de matalotagem.

MATALOTAGEM, s.f. Provisões para a marinhagem ou para outras pessoas que embarcam.

MATALOTE, s.m. Marinheiro; camarada a bordo; navio que precede outro e lhe serve de baliza para as manobras.

MATA-MOSQUITO, s.m. Funcionário do Departamento de Higiene, encarregado de destruir os focos de larvas de mosquitos. (Pl.: mata-mosquitos.)

MATAMOUROS, s.m. 2 núm. Valentão; ferrabrás. Var.: mata-moiros.

MATANÇA, s.f. Ato de matar; mortandade; morticínio; abatimento de reses, aves, etc. para consumo; (fig. e fam.) afã.

MATÃO, s.m. Mato grande; matagal.

MATA-PIOLHO, s.m. (pop.) Mata-piolhos. (Pl.: mata-piolhos.)

MATA-PIOLHOS, s.m. 2 núm. (pop.) Dedo polegar. O mesmo que mata-piolho.

MATAR, v.t. Causar a morte a; destruir; extinguir; saciar; mortificar; arruinar; fazer à pressa e mal; int. causar mortes; ser assassino; abater reses para o consumo público; p. suicidar-se; cansar-se muito; afadigar-se; sacrificar-se. (Part.: matado e morto.)

MATA-RATO, adj. e s.m. Mata-ratos.

MATA-RATOS, s.m. 2 núm. Veneno que mata ratos; charuto ou cigarro barato ou de má qualidade. O mesmo que mata-rato.

MATARIA, s.f. Grande extensão de mata.

MATASSA, s.f. Seda antes de fiada; seda crua.

MATE, s.m. Xeque-mate; erva-mate; as folhas dessa árvore, secas e pisadas; a bebida feita com a infusão dessas folhas assim preparadas.

MATEIRO, s.m. Guarda de matas; aquele que corta lenha nas matas; explorador de matas que se guia através delas sem bússola; cultivador de mate.

MATEJAR, v.int. Andar no mato; cortar lenha no mato.

MATEMÁTICA, s.f. Ciência das grandezas e formas no que elas têm de calculável e mensurável, isto é, que determina as grandezas uma pelas outras segundo as relações existentes entre elas; — s aplicadas: as que consideram as grandezas em determinados corpos ou assuntos; — s puras: as que estudam as grandezas de maneira abstrata.

MATEMÁTICO, adj. Relativo à Matemática; (fig.) rigoroso; exato; s.m. homem versado em Matemática.

MATÉRIA, s.f. Qualquer substância sólida, líquida ou gasosa que ocupa lugar no espaço; substância susceptível de receber certa forma ou em que atua determinado agente; pus que se forma nas feridas; objeto de que se trata; assunto; designação geral do conteúdo de uma notícia, de uma reportagem; disciplina.

MATERIAL, adj. Relativo à matéria; não espiritual; grosseiro; s.m. aquilo que é relativo à matéria; conjunto dos objetos que constituem ou formam uma obra, construção, etc., mobiliário ou conjunto de utensílios de uma escola ou de outro estabelecimento; armamento ou petrechos militares.

MATERIALÃO, adj. Aquele que é grosseiramente materialista; bestial. (Fem.: materialona.)

MATERIALIDADE, s.f. Qualidade do que é material; estupidez; sentimentos vis.

MATERIALISMO, s.m. Sistema dos que negam a existência da alma, entendendo que tudo é matéria e não há substância imaterial, em oposição ao espiritualismo.

MATERIALISTA, adj. Relativo ao materialismo; adj. e s. partidário do materialismo.

MATERIALIZAÇÃO, s.f. Ato ou efeito de materializar; na filosofia escolástica, o ato pelo qual a matéria recebe forma.

MATERIALIZAR, v.t. Tornar material; p. tornar-se corpóreo, manifestar-se (o espírito) sob forma humana.

MATÉRIA-PRIMA, s.f. A substância com que é fabricada alguma coisa. (Pl.: matérias-primas.)

MATERNAL, adj. Próprio de mãe; materno.

MATERNIDADE, s.f. Estado ou qualidade de mãe; estabelecimento de assistência para mulheres grávidas no último período.

MATERNO, adj. Próprio da verdadeira mãe; carinhoso.

MATILHA, s.f. Grupo de cães de caça; (fig.) súcia; corja.

MATINADA, s.f. Madrugada; ato de madrugar; estrondo; ruído; festa ou espetáculo matinal; algazarra.

MATINAL, adj. Da manhã; matutino; madrugador.

MATINAR, v.t. Fazer acordar de manhã; despertar.

MATINÊ, s.f. Festa, espetáculo realizado à tarde. O mesmo que vesperal.

MATIZ, s.m. Combinação de cores diversas em tecido, pintura, paisagem, etc.; cor mimosa de alguns objetos da natureza; gradação de cores; (fig.) colorido no estilo; cor política; facção.

MATIZAR, v.t. Variar; dar cores diversas a; adornar; enfeitar.

MATO, s.m. Terreno inculto em que crescem plantas agrestes; conjunto de pequenas plantas agrestes; o campo, por oposição à cidade; a roça; estar ou ficar no — sem cachorro (pop.): estar ou ficar em situação difícil; embaraçosa, em apuros, sem auxílio de ninguém; ser — (pop.): existir em abundância.

MATO-GROSSENSE, adj. Do Estado de Mato Grosso; s. pessoa natural ou habitante desse Estado (Pl.: mato-grossenses.)

MATOSO (ô), adj. Coberto de mato; em que há mato.

MATRACA, s.f. Instrumento de madeira formado por tabuinhas movediças que se agitam para fazer barulho.

MATRACAR, v.int. Insistir em alguma coisa de modo impertinente; matraquear; repetir monotonamente; maçar; enfadar.

MATRAQUEADO, adj. Experiente; experimentado; matreiro.

MATRAQUEADOR (ô), s.m. Aquele que matraqueia.

MATRAQUEAR, v.int. Soar como matraca.

MATRAZ, s.m. Balão de vidro de fundo chato, cujo colo pode ser fechado e é de largo uso em operações químicas e farmacêuticas.

MATREIRO, adj. Astuto; sabido.

MATRIARCADO, s.m. Tipo de organização social e política em que a mulher exerce autoridade preponderante na tribo.

MATRIARCAL, adj. Relativo ao matriarcado.

MATRICIDA, s. Pessoa que matou a própria mãe.

MATRICÍDIO, s.m. Ato de a pessoa matar a própria mãe.

MATRÍCULA, s.f. Ato de matricular; propina paga por quem se matricula em uma escola.

MATRICULADO, adj. Inscrito na matrícula; (pop.) experiente.

MATRICULAR, v.t. e p. Inscrever ou fazer-se inscrever nos registros de matrícula.

MATRIMONIAL, adj. Relativo a matrimônio.

MATRIMONIAR, v.t. Unir pelo matrimônio; casar.

MATRIMÔNIO, s.m. União legítima de homem com mulher; casamento; núpcias.

MATRIZ, s.f. Órgão das fêmeas dos mamíferos onde se gera o feto; útero; madre; a sede principal de uma organização ou estabelecimento comercial ou industrial; manancial; molde para fundição de tipos; — retangular: (Mat.) conjunto de $m \times n$ elementos, dispostos em m colunas e n linhas; — quadrada de ordem n: (Mat.) conjunto de n^2 elementos dispostos em n linhas e n colunas: adj. que é fonte ou origem; principal; primordial;

294

igreja matriz ou simplesmente a matriz: aquela que exerce jurisdição eclesiástica sobre as outras igrejas, capelas e os fiéis em geral de determinada região ou circunscrição; igreja paroquial.

MATRONA, s.f. Mulher respeitável por idade, estado e procedimento.

MATRONAL, adj. Relativo a matrona; próprio de matrona.

MATULA, s.f. Súcia, corja; farnel; comida que se leva no alforje para viagem.

MATULAGEM, s.f. Súcia de vadios; os vadios; vadiagem; vida de vadio.

MATUNGO, s.m. Cavalo velho e inútil.

MATURAÇÃO, s.f. Ato de maturar; estado do que se acha amadurecido.

MATURADO, adj. Sazonado.

MATURAR, v.t. e int. Tornar maduro; amadurecer.

MATURIDADE, s.f. Madureza; (fig.) idade madura; perfeição.

MATUSALÉM, s.m. (fam.) Pessoa muito velha; macróbio.

MATUSALÊMICO, adj. Longevo.

MATUTAGEM, s.f. Matutice.

MATUTAR, v.int. Pensar; meditar; refletir.

MATUTICE, s.f. Aparência, modos ou ação de matuto; caipirismo.

MATUTINO, adj. Da manhã; relativo à manhã; s.m. jornal que aparece pela manhã.

MATUTO, adj. Que vive no mato; do mato; sertanejo; caipira; provinciano; sujeito ignorante e ingênuo.

MAU, adj. Nocivo; imperfeito; funesto; perverso; travesso; (fem.: má; superl. abs. sint.: malíssimo, péssimo) s.m. o mal; aquilo que é mau; indivíduo de má índole; interj. designativa de reprovação ou descontentamento.

MAU-OLHADO, s.m. Quebranto, feitiço atribuído ao olhar de certas pessoas. (Pl.: maus-olhados.)

MAURITANO, adj. Relativo à Mauritânia (África ocidental); s.m. o habitante ou natural da Mauritânia; mouro.

MAUSOLÉU, s.m. Sepulcro de Mausolo, mandado erigir por sua esposa Artemísia, em Halicarnasso, considerado uma das sete maravilhas do mundo antigo; (por ext.) sepulcro suntuoso.

MAVIOSIDADE, s.f. Qualidade de mavioso; sonoridade.

MAVIOSO (ô), adj. Afetuoso; suave; harmonioso.

MAVÓRCIO ou **MAVÓRTICO**, adj. Relativo a Marte; aguerrido; belicoso.

MAXILA (cs), Queixo; mandíbula.

MAXILAR (cs), adj. Relativo à maxila; s.m. nome de três ossos da face, dois maxilares superiores e um inferior.

MAXILITE (cs), s.f. Inflamação das maxilas.

MÁXIMA (ss), s.f. Axioma; sentença moral; conceito.

MAXIMALISMO (ss), s.m. Comunismo.

MAXIMALISTA (ss), adj. Adepto do maximalismo.

MÁXIME (cs…è), adv. Principalmente.

MÁXIMO (ss), adj. Maior que todos; que está acima de todos; s.m. aquilo que é mais alto ou maior.

MAXIMUM (ács), s.m. (Mat.) O ponto mais alto a que pode chegar uma grandeza variável.

MAXIXAR, v.int. Dançar o maxixe.

MAXIXE, s.m. Fruto do maxixeiro; dança urbana brasileira, geralmente instrumental, em compasso de dois por quatro rápido, originária da Guanabara.

MAXIXEIRO, s.m. Planta da família das Cucurbitáceas; adj. e s.m. aquele que dança ou gosta de dançar o maxixe.

MAZELA, s.f. Ferida; (fam.) enfermidade.

MAZELAR, v.t. Encher de mazelas; chagar; ferir; molestar; afligir; macular; manchar; p. doer-se; amargurar-se.

MAZELENTO, adj. Que tem mazelas; achacado.

MAZORCA, s.f. Desordem; tumulto; perturbação da ordem.

MAZORQUEIRO, adj. e s.m. Aquele que promove mazorcas.

MAZORRAL, adj. Grosseiro; incivil.

MAZORRO (ô), adj. Preguiçoso; sorumbático.

MAZURCA, s.f. Dança polaca, a três tempos, misto de valsa e polca.

ME, pron. pess. Designa a primeira pessoa, tomada em geral como objeto direto ou indireto.

MEAÇÃO, s.f. Divisão em duas partes iguais; metade; divisão de uma parede ou de um muro em duas partes, cada uma destas pertencente a proprietário diferente.

MEADA, s.f. Porção de fios dobados; (fig.) enredo; mexerico.

MEALHEIRO, s.m. Pecúlio; cofrezinho ou caixinha com uma fenda por onde se põe dinheiro a juntar.

MEANDRO, s.m. Sinuosidade; ambages; (fig.) enredo; intriga.

MEÃO, adj. e s.m. Que está no meio; intermediário. (Fem.: meã; pl. meãos.)

MEAR, v.t. Dividir ao meio; partir pelo meio; por em meio; int. e p. chegar ao meio.

MEATO, s.m. Abertura; orifício externo de canal.

MECÂNICA, s.f. Ciência que estuda as leis do movimento e do equilíbrio, estabelecendo as relações entre as forças e os movimentos correspondentes, bem como a teoria da ação das máquinas; prática ou aplicação dos princípios de uma ciência ou arte; oficina de consertos de automóveis.

MECANICISMO, s.m. Doutrina que pretende explicar os fenômenos vitais, pelas leis da mecânica dos corpos inorgânicos.

MECANICISTA, adj. e s. Adepto ou referente ao mecanicismo.

MECÂNICO, adj. Relativo à mecânica; (fig.) maquinal; s.m. aquele que é versado em Mecânica; operário que se ocupa de limpeza, conserto e conservação dos motores; trabalhador ou especialista em consertos de automóveis.

MECANISMO, s.m. Disposição das partes constitutivas de uma máquina; maquinismo.

MECANIZAÇÃO, s.f. Ação de mecanizar.

MECANIZAR, v.t. Organizar mecanicamente.

MECANOTERAPIA, s.f. Tratamento de certas doenças por meios mecânicos, especialmente massagens e exercícios em aparelhos especiais.

MECANOTERÁPICO, adj. Relativo a mecanoterapia.

MEÇAS, s.f.pl. Medição; comparação; pedir — a: exigir satisfação, explicações a.

MECÊ, pron. pess. (pop.) Vossemecê; você. Abreviação de vossemecê.

MECENAS, s.m. 2 núm. (fig.) Protetor das letras ou dos sábios.

MECHA, s.f. Pedaço de papel ou pano embebido em enxofre para defumar pipas e tonéis; torcida; rastilho; tocha; gaze que se introduz numa incisão, para drenar, ou numa fístula para não fechar superficialmente.

MECO, s.m. (gír.) Sujeito; tipo; qualquer indivíduo.

MEDA, s.f. Montão de molhos de trigo ou centeio sobrepostos de madeira que formem aproximadamente um cone.

MEDALHA, s.f. Peça metálica ordinariamente redonda, com emblema, efígie e inscrição; insígnia de ordem honorífica; espécie de berloque que as pessoas trazem ao pescoço.

MEDALHÃO, s.m. Medalha grande; baixo-relevo oval ou circular; peça ornamental geralmente com uma das faces de vidro, na qual se contêm retratos, cabelos, etc.; (fig.) (depreciat.) figurão; homem importante.

MEDALHÁRIO, s.m. Lugar em que se guardam medalhas metodicamente dispostas; medalheiro.

MEDALHEIRO, s.m. Lugar onde se guardam medalhas; coleção de medalhas; fabricante de medalhas.

MEDALHISTA, s. Pessoa versada no estudo das medalhas.

MÉDÃO, s.m. Monte de areia ao longo da costa; duna. (Pl.: médãos.)

MEDEIXES, s.m. pl. (fam.) Esquivanças; desdéns fingidos.

MÉDIA, s.f. (Estat.) Um dos grupos dos principais promédios; xícara grande de café com leite; — aritmética simples : quociente da divisão da soma de dois ou mais números pelo número deles; — aritmética ponderada: quociente da divisão, pela soma dos pesos, da soma dos produtos de cada número dado pelo seu peso respectivo; — geométrico ou proporcional de n números dados: raiz de grau n de seu produto; — harmônica de vários números; inverso da média aritmética de seus inversos.

MEDIAÇÃO, s.f. Ato ou efeito de mediar; intervenção.

MEDIADOR, (ô), adj. e s.m. Aquele que intervém; árbitro.

MEDIAL, adj. Designativo de letra que fica no meio da palavra.

MEDIANA, s.f. (Geom.) Segmento de reta que liga um vértice de um triângulo ao lado oposto; (Estat.) valor central de uma distribuição de freqüência, ou seja, valor do argumento tal que na distribuição há tantos valores acima quantos abaixo dele. O mesmo que valor mediano.

MEDIANEIRO, adj. e s.m. Mediador.

MEDIANIA, s.f. Qualidade de mediano; termo médio; meio-termo entre a riqueza e a pobreza.

MEDIANO, adj. Que está no meio; mediocre; médio.

MEDIANTE, adj. Que medeia; prep. por meio de.

MEDIAR, v.t. Dividir ao meio; intervir; int. ficar no meio; estar ou decorrer entre dois pontos ou épocas. (Conjuga-se como verbo odiar.)

MEDIATÁRIO, adj. e s.m. (V. Mediador.)

MEDIATO, adj. Indireto; que está em relação com outras coisas por intermédio de uma terceira.

MEDIATRIZ, s.f. (Geom.) Perpendicular ao meio de um segmento de reta.

MÉDICA, s.f. Fem. de médico.

MEDICAÇÃO, s.f. Ato de medicar; tratamento terapêutico.

MEDICAL, adj. Da Medicina; relativo a médico.

MEDICAMENTAÇÃO, s.f. Ato de medicamentar; medicação; tratamento médico.

MEDICAMENTAR, v.t. Dar medicamento a; medicar.

MEDICAMENTO, s.m. Substância que se prescreve ou aplica como remédio.

MEDICAMENTOSO, (ô), adj. Que tem propriedades de medicamentos.

MEDIÇÃO, s.f. Ato ou efeito de medir.

MEDICAR, v.t. Dirigir o curativo de; curar; tratar com medicamentos; aplicar remédios a; p. tomar remédios.

MEDICASTRO, s.m. Aquele que faz curativos sem diploma nem aptidões de médico; curandeiro.

MEDICATIVO, adj. Medicamentoso.

MEDICATRIZ, adj. e s.f. Que tem a propriedade de curar; que tem a natureza de medicamento.

MEDICÁVEL, adj. Que se pode medicar.

MEDICINA, s.f. Arte e ciência de curar ou atenuar as doenças; —Legal: o que aplica os conhecimentos médicos às questões jurídicas.

MEDICINAL, adj. Relativo à Medicina; que serve de remédio; que cura.

MÉDICO, s.m. Aquele que é diplomado em Medicina; clínico; (fig.) aquilo que pode restabelecer a saúde; (depreciat.: medicastro); — espiritual: confessor; adj. medicinal.

MEDIDA, s.f. Grandeza determinada que serve de padrão para a avaliação de outras; grau; bitola; proporção; baliza; alcance; cálculo; norma; providência; moderação; ordem; compasso musical; ritmo; encher as — s: satisfazer plenamente.

MEDIDOR, (ô), adj. e s.m. Aquele que mede.

MEDIEVAL, ou **MEDIÉVICO,** adj. Da Idade Média ou a ela relativo.

MEDIEVALISMO, s.m. Complexo de tendências, ideais, costumes próprios da Idade Média; a civilização medieval.

MEDIEVALISTA, adj. Relativo ao medievalismo; s. pessoa versada em assuntos da Idade Média.

MÉDIO, adj. Que está no meio ou entre dois pontos; que exprime o meio-termo.

MEDIOCRACIA, s.f. Predomínio social das classes médias.

MEDÍOCRE, adj. Que está entre mau e suficiente; ordinário; insignificante; s.m. aquele ou aquilo que tem pouco merecimento.

MEDIOCRIDADE, s.f. Qualidade de medíocre; falta de mérito; vulgaridade; pessoa medíocre.

MEDIR, v.t. Determinar ou verificar a extensão, medida ou grandeza de; avaliar; considerar; olhar com provocação; ponderar; competir. (Conjuga-se como o v. pedir: meço, medes, etc.)

MEDITABUNDO, adj. Melancólico; reflexivo.

MEDITAÇÃO, s.f. Ato ou efeito de meditar; contemplação; oração mental.

MEDITADOR, (ô), adj. Aquele que medita.

MEDITAR, v.t. Ponderar; estudar; matutar; pensar sobre; int. refletir; pensar.

MEDITATIVO, adj. Meditabundo.

MEDITERRÂNEO, adj. Designativo do mar situado no meio de terras; interior; central.

MÉDIUM, s. Suposto intermediário entre os vivos e a alma dos mortos. (Pl.: médiuns.)

MEDIÚNICO, adj. Relativo a médium.

MEDIUNIDADE, s.f. Qualidade de médium.

MEDÍVEL, adj. Que pode ser medido.

MEDO, adj. Da Média (Ásia); s.m. homem natural da antiga Média; meda.

MEDO, s.m. Terror, receio.

MEDONHO, adj. Que causa medo; funesto; horrendo.

MEDRA, s.f. Ato ou efeito de medrar; crescença.

MEDRAR, v.t. Desenvolver; fazer crescer; fazer prosperar.

MEDROSO, (ô), adj. Que tem medo; tímido; acanhado.

MEDULA, s.f. (Bot.) Parte interna do cilindro central do caule; (fig.) a parte mais íntima; o essencial; (Anat.) — óssea; tecido que enche as cavidades dos ossos; — espinhal: parte do sistema nervoso central contida na coluna vertebral; — supra-renal: parte interna da glândula supra-renal.

MEDULAR, adj. Relativo à medula.

MEDUSA, s.f. Espécime dos Celenterados em forma de sino ou de guarda-sol transparente, popularmente chamado alforreca.

MEEIRO, adj. Que tem de ser dividido ao meio; que se pode partir em dois quinhões iguais; s.m. o que tem metade em certos bens; (agric.) colono que planta em terreno de outrem com a condição de repartir a produção com o dono das terras.

MEFISTOFÉLICO, adj. Diabólico; sarcástico.

MEFÍTICO, adj. Podre; pestilencial.

MEGAFONE ou **MEGAFONO,** s.m. Espécie de porta-voz (instrumento).

MEGALÍTICO, adj. Diz-se dos monumentos préhistóricos, feitos de grandes blocos de pedra, como o dólmen, o menir.

MEGALOCÉFALO, adj. Que tem cabeça excessivamente grande.

MEGALOMANIA, s.f. Mania das grandezas.

MEGÂMETRO, s.m. Instrumento para medir as distâncias angulares entre os astros; instrumento para determinar longitudes marítimas.

MEGATÉRIO, s.m. Grande mamífero desdentado, fóssil, nos terrenos terciários e quaternários da América.

MEGERA, s.f. Mulher de mau gênio, cruel.

MEIA, s.f. Tecido de malha para cobrir o pé e parte da perna.

MEIA-ÁGUA, s.f. Telhado de um só plano. (Pl.: meias-águas.)

MEIA-IDADE, s.f. A idade dos 30 aos 50 anos; a Idade Média.

MEIA-LUA, s.f. Aspecto em que a Lua se apresenta como um semicírculo luminoso; o crescente; símbolo mourisco ou oriental; semicírculo. (Pl.: meias-luas.)

MEIA-NOITE, s.f. Hora ou momento que divide a noite em duas partes iguais; às 24 horas. (Pl.: meias-noites.)

MEIGO, adj. Amorável; terno, carinhoso.

MEIGUICE, s.f. Qualidade de meigo; carinho; ternura; pl: carícias; palavras afetuosas.

MEIO, s.m. Ponto eqüidistante dos extremos; posição intermédia; centro; condição; intervenção; maneira; possibilidade; ambiente em que se realizam certos fenômenos; (Biol.) substância nutritiva, geralmente de consistência pastosa ou líquida, em que se cultivam tecidos ou microrganismos; (Mat.) dito do segundo e do terceiro termo de uma proporção simples; pl: haveres; recursos; adj. que indica metade; médio; adv. por metade; um tanto; não inteiramente.

MEIO-BUSTO, s.m. Retrato ou efígie em que só se representam a cabeça e o pescoço. (Pl.: meios-bustos.)

MEIO-CORPO, s.m. Parte superior de uma figura humana desde a cintura. (Pl.: meios-corpos.)

MEIO-DIA, s.m. O momento que divide ao meio o dia alumiado; às 12 horas; o sul. (Pl.: meios-dias.)

MEIO-FIO, s.m. Fieira de pedras de cantaria que serve de remate à calçada da rua.

MEIO-RELEVO, s.m. Figura ou ornato em que metade do vulto ressai de um plano, no sentido da espessura. (Pl.: meios-relevos.)

MEIO-SOPRANO, s.m. Gênero de voz feminina entre soprano e contralto; s.f. cantora que possui essa voz; corresponde à voz masculina de barítono.

MEIO-TERMO, s.m. Termo a igual distância de dois extremos; (fig.) comedimento. (Pl.: meios-termos.)

MEIO-TOM, s.m. Intervalo musical de metade de um tom. (Pl.: meios-tons.)

MEIRINHO, s.m. Antigo funcionário judicial correspondente ao oficial de justiça de hoje.

MEL, s.m. Substância doce formada pelas abelhas, do suco das flores, e por elas depositada em alvéolos especiais; (fig.) doçura; suavidade. (Pl.: meles e méis.)

MELAÇO, s.m. Líqüido viscoso; fezes de cristalização do açúcar.

MELADO, Manchado de mel, ou de qualquer substância gordurosa; s.m. caldo grosso da cana-de-açúcar limpo na caldeira ou de rapadura dissolvida e que se usa como sobremesa.

MELANCIA, s.f. Planta da família das Cucurbitáceas; fruto dessa planta.

MELANCIAL, s.m. Terreno onde crescem melancias.

MELANCOLIA, s.f. Estado mórbido de tristeza e depressão; tristeza vaga.

MELANCÓLICO, adj. Que tem melancolia.

MELANCOLIZAR, v.t. Tornar melancólico; p. ficar melancólico.

MELANÉSIO, adj. Pertencente às raças negras que povoam a Oceânia.

MELANODERMIA, s.f. (Med.) Escurecimento da pele ou das mucosas.

MELANOSE, s.f. Pigmentação escura da pele.

MELANÚRIA ou **MELANURIA,** s.f. Emissão de urina negra ou azul-escura.

MELÃO, s.m. Fruto do meloeiro; o próprio meloeiro.

MELAR, v.t. Adoçar, untar ou cobrir com mel; ficar melado; cortar; retalhar.

MELECA, s.f. (pop.) Secreção nasal, ressequida.

MELEIRA, s.f. Sujeira produzida por mel ou substância gordurosa.

MELEIRO, s.m. Negociante de mel.

MELENA, s.f. Cabelo comprido; cabelo solto e desgrenhado; gadelha.

MELENUDO, adj. Que tem fartas melenas; cabeludo.

MELGUEIRA, s.f. Cortiço com favos de mel.

MELHOR, adj. Comparativo irregular de superioridade do adj. bom; superior em qualidades; s.m. aquele que é superior; o que é acertado ou sensato; adv. mais bem (antôn.: pior); interj. designativa de indiferença ou satisfação pela cessação de qualquer alternativa, dúvida, questão, etc. ou por não ter efeito qualquer coisa; o mesmo que tanto melhor; levar a —: vencer; sair triunfante.

MELHORA, s.f. Melhoria; melhoramento.

MELHORADO, adj. Aperfeiçoado; corrigido.

MELHORADOR (ô), adj. e s.m. O que torna melhor ou faz melhoramentos.

MELHORAMENTO, s.m. Melhora; benfeitoria; progresso.

MELHORAR, v.t. Tornar melhor; tornar mais próspero; fazer convalescer; aliviar; restituir saúde a; aperfeiçoar; reparar; int. pôr-se ou tornar-se melhor; entrar em convalescença; adquirir vantagens ou aumentos; abrandar (o tempo); p. tornar-se melhor.

MELHORIA, s.f. Mudança para melhor estado; benfeitoria; vantagem.

MELIANTE, s.m. Malandro; vadio, patife.

MELÍFERO, adj. Que produz mel.

MELIFICAÇÃO, s.f. Ato ou efeito de melificar.

MELIFICAR (ô), s.m. Vaso em que se aquecem os favos para que larguem o mel.

MELIFICAR, v.t. Converter em mel; adoçar com mel.

MELÍFICO, adj. Melífero.

MELIFLUIDADE (u-i), s.f. Doçura; suavidade.

MELÍFLUO, adj. Suave; harmonioso.

MELINDRAR, v.t. Tornar melindroso; ofender o melindre de; magoar; ofender; p. ofender-se; magoar-se.

MELINDRE, s.m. Delicadeza no trato; recato; suscetibilidade.

MELINDRICE, s.f. ou **MELINDRISMO,** s.m. Qualidade de quem facilmente se melindra.

MELINDROSA, s.f. Mocinha afetada, exagerada

nas maneiras e no vestir.

MELINDROSO (ô), adj. Que tem melindre; muito delicado; perigoso; suscetível; arriscado.

MELIORATIVO, adj. Que designa ou envolve melhora. (Antôn.: pejorativo.)

MELÍVORO, adj. (Zool.) Que se alimenta de mel.

MELOA (ô), s.f. Grande melão.

MELOAL, s.m. Terreno onde crescem meloeiros.

MELODIA, s.f. Sucessão rítmica de sons musicais simples; peça musical para uma só voz ou para um canto uníssono; (fig.) suavidade no cantar, no falar ou no escrever.

MELODIAR, v.t. Modular com suavidade; tornar melodioso; int. cantar ou tocar melodiosamente; p. tornar-se melodioso.

MELÓDICA, s.f. Instrumento musical que produz sons pelo atrito de umas pontas de metal sobre um cilindro de aço; caixa de música; teoria da melodia.

MELÓDICO, adj. Melodioso; relativo a melodia.

MELODIOSO (ô), adj. Em que há melodia; suave; agradável.

MELODISTA, s. Compositor ou compositora de melodias.

MELODRAMA, s.m. Drama acompanhado de música instrumental; peça dramática de caráter popular, de sentimentos e situações violentas.

MELODRAMÁTICO, adj. Relativo ao melodrama; que tem situações de melodrama.

MELOEIRO, s.m. Planta da família das Cucurbitáceas.

MELÓFILO, adj. Que gosta de música.

MELÓFOBO, adj. Que tem horror à música.

MELOFONE ou **MELOFONO,** s.m. Instrumento de sopro semelhante à guitarra.

MELOGRAFIA, s.f. Arte de escrever música.

MELÓGRAFO, s.m. O que escreve ou copia música; instrumento que se adapta ao órgão ou ao piano para registrar improvisos.

MELOMANIA, s.f. Paixão pela música.

MELOMANÍACO ou **MELÓMANO,** adj. e s.m. O que tem paixão pela música; melófilo.

MELOPÉIA, s.f. Peça musical para acompanhamento de uma recitação; forma de declamação agradável ao ouvido; toada monótona.

MELOSO (ô), adj. Semelhante ao mel; doce; (fig.) afetado; melindroso.

MELQUETREFE ou **MEQUETREFE,** s.m. Indivíduo que se mete onde não é chamado.

MELRA, s.f. Mélroa.

MELRO, s.m. Pássaro dentirrostro, de plumagem negra e bico amarelo. (Fem.: mélroa e melra); (fig.) homem finório; espertalhão.

MÉLROA, s.f. Flex. fem. de melro.

MELÚRIA, s.f. Lamentação habitual ou astuciosa.

MEMBECA, adj. Brando; tenro; mole.

MEMBRANA, s.f. Tecido orgânico, flexível, em geral delgado, mais ou menos laminoso, que envolve certos órgãos ou segrega certos líqüidos; película que reveste certos órgãos vegetais; película.(Dim.: membraninha, membrânula.)

MEMBRANÁCEO, adj. (Bot.) Que tem a forma ou consistência de membrana.

MEMBRANIFORME, adj. Que tem forma de membrana.

MEMBRANOSO (ô), adj. Que tem membranas ou que é da natureza delas.

MEMBRÂNULA, s.f. Pequena membrana.

MEMBRO, s.m. Parte apendicular do corpo do homem ou dos animais e que se exercem movimentos; indivíduo que faz parte de corporação; (Gram.) parte de frase ou período, com sentido parcial; (Mat.) cada uma das partes da equação algébrica separadas pelo sinal de igualdade ou de desigualdade.

MEMBRUDO, adj. Que tem membros grandes e vigorosos.

MEMENTO, s.m. Nome dado a duas preces de cânon da missa; marca destinada a lembrar qualquer coisa; papel ou caderneta onde se anota o que não se quer esquecer de fazer; livrinho onde estão resumidas as partes essenciais de uma questão; catálogo de medicamentos.

MEMORANDO, s.m. Livrinho de lembranças; participação por escrito; nota diplomática de uma nação para outra sobre o estado de uma questão.

MEMORAR, v.t. Trazer à memória; tornar lembrado; comemorar; recordar.

MEMORATIVO, adj. Comemorativo.

297

MEMORÁVEL, adj. Digno de ficar na memória; célebre; notável.

MEMÓRIA, s.f. Faculdade de reter as idéias adquiridas anteriormente; lembrança; reminiscência. pl: narrações históricas, escritas por testemunhas presenciais; escritos em que alguém descreve sua própria vida; autobiografia.

MEMORIAL, s.m. Livrinho de lembranças; petição escrita; discriminação com muitos pormenores.

MEMORIALISTA, s. Autor de memórias.

MEMORIZAÇÃO, s.f. Ato de memorizar.

MEMORIZAR, v.t. Trazer à memória; tornar lembrado, reter na memória; decorar.

MENAGEM, s.f. Prisão fora do cárcere ou sob a palavra do preso.

MENÇÃO, s.f. Referência; lembrança; gesto de quem se dispõe a praticar um ato; ameaça.

MENCIONAR, v.t. Fazer menção de; referir; expor.

MENDACIDADE, s.f. Falsidade.

MENDAZ, adj. Mentiroso; falso. (Superl. abs. sint.: mendacíssimo.)

MENDELISMO, s.m. Doutrina de Mendel, monge e cientista austríaco (1822-1884), que estabelece a hereditariedade dos caracteres biológicos.

MENDICÂNCIA, s.f. Mendicidade.

MENDICANTE, adj. e s. O que mendiga; mendigo.

MENDICIDADE, s.f. Ato de mendigar; classe dos mendigos; os mendigos; qualidade de mendigo.

MENDIGAÇÃO, s.f. Ato de mendigar.

MENDIGAR, v.t. Pedir por esmola; pedir com humildade; int. viver de esmolas; ser indigente.

MENDIGO, s.m. Aquele que pede esmola para viver; pedinte; indigente.

MENEADOR (ô), adj. e s.m. Aquele que meneia.

MENEAMENTO, s.m. Ato ou efeito de menear.

MENEAR, v.t. Mover de um para outro lado; saracotear.

MENEIO, s.m. Gesto; movimento do corpo ou de alguma parte dele; ademã; (fig.) manejo; astúcia; mão-de-obra; preparo.

MENESTREL, s.m. Poeta ou músico que fazia versos e os cantava nos castelos medievais; trovador. (Pl.: menestréis.)

MENINA, s.f. Criança do sexo feminino; mulher nova, solteira e delicada; tratamento afetuoso dado às pessoas do sexo feminino; — moça: mocinha; — do olho: pupila; — dos olhos: pessoa ou cousa muito estimada.

MENINEIRO, adj. Que tem aspecto de menino; pueril; que gosta de crianças ou muito carinhoso com elas.

MENINGES, s.f. pl. (Anat.) As três membranas envolventes do aparelho cerebrospinal: dura-máter, aracnóide e pia-máter.

MENINGITE, s.f. (Med.) Inflamação das meninges, especialmente da aracnóide.

MENINICE, s.f. Idade ou qualidade de menino; atos, modos ou palavras próprias de menino; infância.

MENINO, s.m. Criança do sexo masculino; garoto, guri.

MENINÓRIO, s.m. Criançola.

MENINOTA, s.f. Mocinha; menina-moça.

MENIR, s.m. Monumento celta que consiste num bloco de pedra levantado verticalmente.

MENISCO, s.m. Vidro lenticular; superfície curva de líqüido contido em tubo capilar; sólido geométrico que apresenta concavidade numa face e convexidade na outra; septo fibrocartilaginoso de algumas articulações.

MENOPAUSA, s.f. (Med.) Cessação fisiológica do fluxo menstrual da mulher ao atingir a idade entre 45 e 50 anos.

MENOR, adj. Mais pequeno; inferior; s.pessoa que ainda não atingiu a maioridade.

MENORIDADE, s.f. Idade até aos 18 anos. O mesmo que minoridade.

MENORISTA, s.m. Clérigo de ordens menores.

MENORRÉIA, s.f. Fluxo menstrual normal; incômodo; menstruação.

MENOS, adj. .2 núm. e pron. indef. Menor número ou quantidade de; adv. em quantidade menor; com menor intensidade; prep. exceto; s.m. aquilo que tem a menor importância; o que é mínimo.

MENOSCABADOR (ô), adj. e s.m. O que menoscaba.

MENOSCABAR, v.t. Tornar imperfeito; deixar incompleto; reduzir a menos; depreciar; desprezar; fazer pouco de; ter em pouca consideração.

MENOSCABO, s.m. Ato ou efeito de menoscabar;

diminuição de apreço; desdém; desdouro.

MENOSPREÇAR, v.t. Menosprezar.

MENOSPREZADOR (ô), adj. Aquele que menospreza.

MENOSPREZAR, v.t. Ter em menos conta ou em pouco apreço; depreciar; menoscabar; desprezar; desdenhar; não fazer caso de.

MENOSPREZÍVEL, adj. Desprezível.

MENOSPREZO, s.m. Ato ou efeito de menosprezar; desprezo; depreciação; desdém.

MENSAGEIRO, adj. Que leva mensagem; anunciador; s.m. aquele que leva mensagem; aquele que faz ou aquilo que envolve presságio.

MENSAGEM, s.f. Comunicação verbal; recado; proposição que um presidente de república envia ao parlamento; felicitação ou discurso escrito, dirigido a uma autoridade; comunicação oficial entre os altos paredros do Estado; a essência da obra de um filósofo, de um poeta, etc., que é a contribuição original por ele trazida à cultura humana.

MENSAL, adj. Relativo a mês; que dura um mês; que se realiza de mês em mês; mesada.

MENSALIDADE, s.f. Quantia em dinheiro relativa a um mês; mesada.

MENSÁRIO, s.m. Publicação periódica mensal.

MENSTRUAÇÃO, s.f. Menorréia; incômodo.

MENSURABILIDADE, s.f. Qualidade do que é mensurável.

MENSURAÇÃO, s.f. Medição.

MENSURADOR (ô), adj. e s.m. Medidor.

MENSURAR, v.t. Medir.

MENSURÁVEL, adj. Que se pode medir. (Antôn.: imensurável.)

MENTA, s.f. Designação genérica de várias espécies de hortelã.

MENTAL, adj. Relativo à mente; intelectual; espiritual.

MENTALIDADE, s.f. (neol.) Qualidade de mental; a mente; inteligência.

MENTE, s.f. Intelecto; espírito; imaginação; intuito.

MENTECAPTO, adj. Idiota; néscio.

MENTIDO, adj. Falso; vão; ilusório.

MENTIR, v. int. Faltar à verdade; dizer falsidades. (Pres. ind.: minto, mentes, mente, mentimos, mentis, mentem; pres. subj.: minta, mintas, minta, mintamos, mintais, mintam.)

MENTIRA, s.f. Ato de mentir; falsidade; lorota; patranha.

MENTIROLA, s.f. Mentira inofensiva.

MENTIROSO (ô), adj. Que mente; falso; enganoso; oposto à verdade; s.m. aquele que mente.

MENTO, s.m. Queixo.

MENTOL, s.m. Substância odorífera extraída da essência de hortelã-pimenta e utilizada como antisséptico.

MENTOLADO, adj. Que contém mentol.

MENTOR (ô), s.m. Pessoa que guia, ensina ou aconselha outra.

MEQUETREFE, s.m. Intrometido; abelhudo; mexiriqueiro.

MERCADEJAR, v. int. Comerciar; traficar. O mesmo que mercanciar.

MERCADINHO, s.m. Dimin. de mercado.

MERCADO, s.m. Lugar de venda de gêneros alimentícios e outros; povoação em que há grande movimento comercial; centro de comércio; o comércio.

MERCADOR (ô), s.m. Aquele que merca para vender a retalhos; negociante.

MERCADORIA, s.f. Aquilo que é objeto de comércio; aquilo que se comprou e se expôs à venda.

MERCANCIA, (i), s.f. Mercadoria; ato de mercanciar; mercadoria.

MERCANCIAR, v.int. Mercadejar. (Pres. ind.: mercancio, etc.)

MERCANTE, adj. Relativo ao comércio ou ao movimento comercial; s. mercador; navio —: cargueiro.

MERCANTIL, adj. Relativo a mercadores ou a mercadorias; comercial.

MERCANTILIDADE, s.f. Qualidade de mercantil; comercialidade.

MERCANTILISMO, s.m. Tendência para subordinar tudo ao comércio, ao interesse, ao ganho.

MERCAR, v.t. Comprar para vender; comerciar.

MERCATÓRIO, adj. Mercantil.

MERCÊ, s.f. Dádiva ou paga; retribuição de trabalho; provimento em cargo público; benefício; — de graças a; em virtude de; à — de: ao sabor de;

sob a dependência de; Vossa —: antigo tratamento a pessoa de cerimônia, contraído em vossemecê, vosmecê e você.

MERCEARIA, s.f. Comércio ou loja onde se vendem a retalho gêneros alimentícios.

MERCEEIRO, s.m. Dono de mercearia.

MERCENÁRIO, adj. Que trabalha por soldada ou estipêndio.

MERCENARISMO, s.m. Espírito mercenário.

MERCEOLOGIA, s.f. Parte da ciência do comércio que se ocupa especialmente da compra e venda.

MERCERIZAÇÃO, s.m. Processo industrial de tratamento de fibras com soda cáustica para aumentar o brilho dos fios e tecidos de algodão.

MERCÚRICO, adj. Diz-se dos compostos que encerram mercúrio divalente.

MERCÚRIO, s.m. Elemento químico, metal, líquido, símbolo Hg, de peso atômico 200,61, n.º atômico 80; (Astron.) o planeta mais próximo do Sol.

MERCÚRIO-CROMO ou **MERCUROCROMO**, s.m. Sal sódico do metalóide bromo associado à mercuriofluoresceína, usado em solução como antiséptico local.

MERCURIOSO, adj. Que contém mercúrio.

MERCUROSO (ô), adj. Diz-se dos compostos que encerram mercúrio monovalente.

MERECEDOR (ô), adj. Que merece alguma coisa; digno.

MERECER, v.t. Ser digno de; ter direito a; granjear; conseguir em virtude de seus méritos; int. tornar-se merecedor.

MERECIDO, adj. Devido; justo.

MERECIMENTO, s.m. Qualidade que torna alguém digno de prêmio, estima, apreço, etc.; importância; superioridade; habilitações; valor.

MERENCÓRIO, adj. Melancólico.

MERENDA, s.f. Ligeira refeição; lanche; o que se leva em farnel para comer no campo ou em viagem; o que as crianças levam para comer na escola.

MERENDAR, v.t. Comer à hora de merenda; int. comer a merenda, lanchar.

MERENDEIRA, s.f. Cesto em que se leva a merenda; lancheira.

MERENDEIRO, s.m. Pessoa habituada a merendar.

MERENGUE, s.m. Bolo de claras de ovo com açúcar.

MERGULHADOR (ô), adj. Que mergulha; s.m. aquele que mergulha; homem que trabalha debaixo de água; escafandrista; escafandro.

MERGULHÃO, s.m. Grande mergulho; vara das videiras que se mergulha, ficando a ponta fora da terra.

MERGULHAR, v.t. Introduzir na água; submergir; afundar; int. entrar na água a ponto de ficar coberto por ela.

MERGULHIA, s.f. Ato de enterrar o mergulhão da vide por efeito de reprodução.

MERGULHO, s.m. Ato de mergulhar.

MERIDIANA, s.f. Intersecção do plano do meridiano com o plano do horizonte ou com outro plano qualquer.

MERIDIANO, s.m. Círculo máximo que passa pelos pólos e divide a Terra em dois hemisférios: oriental e ocidental; (Geom.) intersecção de uma superfície de revolução com o plano axial; adj. relativo ao meridiano ou ao meio-dia.

MERIDIONAL, adj. Do lado do Sul; austral; s.m. habitante das regiões do Sul.

MERITÍSSIMO, adj. De grande mérito; muito digno (tratamento dado a juízes de direito).

MÉRITO, s.m. Merecimento; aptidão.

MERITÓRIO, adj. Que merece prêmio ou louvor.

MERO, adj. Simples; sem mistura.

MEROVÍNGIO, adj. Pertencente ou relativo à primeira dinastia francesa, cujo fundador foi Meroveu.

MÊS, s.m. Cada uma das doze divisões do ano solar; espaço de trinta dias; — lunar: tempo em que a Lua faz uma revolução completa em torno da Terra; — solar: o tempo em que o Sol gasta em percorrer cada um dos signos do Zodíaco.

MESA (ê), s.f. Móvel sobre que se come, escreve, joga, etc.; (fig.) conjunto do presidente e secretários de uma assembléia; o bolo, em jogos de vasa; designação comum de diferentes repartições, pelas quais está dividido o serviço nas alfândegas; grade ou altar para comunhão; — redonda: reunião de debates sobre assunto determinado e cujos

membros participam em igualdade de condições.

MESADA, s.f. Quantia que se paga ou se dá em cada mês; mensalidade; pensão mensal.

MESÁRIO, s.m. Membro da mesa de uma corporação, especialmente confraria.

MESCLA, s.f. Mistura (de cores, etc.); coisa mesclada; impurezas; tecido de cores diversas; (fig.) agrupamento.

MESCLADO, adj. Variegado; misturado.

MESCLAR, v.t. Misturar; amalgamar; ligar.

MESENTÉRIO, s.m. (Anat.) Dobras do peritônio, que mantêm em posição os intestinos.

MESENTERITE, s.f. (Med.) Inflamação do mesentério.

MESETA (ê), s.f. (Geog.) Pequeno planalto.

MESMERISMO, s.m. Doutrina de Mesmer, médico alemão (1733-1815), sobre o magnetismo animal; o magnetismo animal; cura pelo magnetismo.

MESMICE, s.f. Ausência de variedade.

MESMÍSSIMO, adj. Que é perfeitamente o mesmo; absolutamente idêntico.

MESMO, adj. e pron. Que é como outra coisa; idêntico; semelhante; que não é outro; que é o próprio; s.m. a mesma coisa; adv. com exatidão; precisamente; até.

MESOCARPO, s.m. (Bot.) Substância carnuda entre a epiderme e a película interior de certos frutos; miolo do fruto.

MESOLÍTICO, adj. (Geol.) Designativo do período histórico em que apareceram simultaneamente instrumentos de pedra polida e de pedra lascada.

MESOLOGIA, s.f. Ciência que tem por objeto as relações entre os seres e o seu meio ou ambiente; ecologia.

MESOLÓGICO, adj. Relativo a mesologia, ao ambiente, ao clima.

MÉSON, s.m. (Fís.) Partícula atômica instável (descoberta pelo cientista brasileiro C. Lattes), cujo conjunto talvez constitua a força de ligação dos elementos nucleares.

MESOZÓICO, adj. (Geol.) Diz-se da era secundária, isto é, entre a paleozóica e a cenozóica ou terciária; s.m. a era mesozóica.

MESQUINHAR, v.t. Recusar, negar por mesquinharia; regatear.

MESQUINHARIA ou **MESQUINHEZ** (ê), s.f. Qualidade de mesquinho; insignificância; sovinice.

MESQUINHO, adj. Privado do necessário; insignificante; pobre; infeliz; estéril; não generoso; avarento; avaro; s.m. indivíduo desgraçado ou avarento.

MESQUITA, s.f. Templo muçulmano.

MESSE, s.f. Seara em estado de se ceifar.

MESSIAS, s.m. 2 núm. O Redentor prometido no Antigo Testamento; pessoa esperada ansiosamente; (fig.) reformador social.

MESTIÇAGEM, s.f. Cruzamento de raças ou de espécies diferentes; miscigenação.

MESTIÇAMENTO, s.m. Ato ou efeito de mestiçar-se; miscigenação.

MESTIÇAR-SE, v.p. Diz-se das raças ou dos indivíduos de uma raça, que se cruzam com as de outra, dando origem a mestiços; miscigenar.

MESTIÇO, adj. e s.m. Nascido de pais de raças diferentes; miscigenado; proveniente do cruzamento de espécies diferentes; híbrido.

MESTO, adj. Triste; que causa tristeza.

MESTRA, s.f. Mulher que ensina; professora; (fig.) principal.

MESTRAÇO, s.m. Aquele que sabe muito do seu ofício; mestre hábil.

MESTRADO, s.m. Dignidade de mestre numa ordem militar; exercício dessa dignidade.

MESTRÃO, s.m. Mestraço.

MESTRE, s.m. Homem que ensina; professor; homem muito sabedor; artífice com relação aos seus oficiais; chefe de fábrica; fiscalizador de aparelho e velame a bordo; comandante de pequena embarcação; adj. principal; grande; extraordinário. (Fem.: mestra.)

MESTRE-CUCA, s.m. Cozinheiro. (Pl.: mestres-cuca.)

MESTRE-DE-CERIMÔNIAS, s.m. O sacerdote que dirige o cerimonial litúrgico; mestre-sala. (Pl.: mestres-de-cerimônias.)

MESTRE-ESCOLA, s.m. Professor de instrução primária. (Fem.: mestra-escola; pl.: mestres-escola.)

MESTRE-SALA, s.m. Empregado da casa real que dirigia o cerimonial nas recepções do paço e em outros atos solenes; diretor de um baile público. (Pl.: mestres-sala.)

MESTRIA, s.f. Grande saber; perícia.

MESURA, s.f. Cortesia; reverência.

MESURADO, adj. Comedido; mesureiro.

MESURAR, v.int. Fazer mesuras; dirigir cumprimentos a.

MESUREIRO, adj. Amigo de fazer mesuras; cerimonioso.

META, s.f. Baliza; marco; limite; alvo; mira; gol; arco: trave.

METÁBOLE, s.f. (Ret.) Figura que consiste em repetir uma idéia em termos diferentes.

METABÓLICO, adj. Relativo ao metabolismo ou a metábole.

METABOLISMO, s.m. (Quím.) Conjunto de transformações químicas; (Fisiol.) conjunto dos fenômenos químicos e físico-químicos mediante os quais se fazem a assimilação (anabolismo) e a desassimilação (catabolismo) das substâncias necessárias à vida, nos animais e nos vegetais.

METACARPO, s.m. (Anat.) Parte da mão entre o carpo e os dedos.

METADE, s.f. Cada uma das duas partes iguais em que se divide um todo.

METAFALANGE, s.f. (Anat.) Osso distal do dedo, também chamado falangeta.

METAFÍSICA, s.f. Doutrina da essência das coisas; conhecimento das causas primeiras e dos primeiros princípios.

METAFÍSICO, adj. Relativo à metafísica; transcedente; (fig.) nebuloso. s.m. aquele que é versado em metafísica.

METAFONIA, s.f. (Gram.) Alteração de uma vogal tônica por influência de uma vogal final; ex.: ad-cantum=acento; outras vezes tal alteração no timbre da vogal tônica é proveniente da presença de i, u, a, o em sílaba postônica; ex.: tusso (em lugar de tosso), sinto (em lugar de sento); casos há em que se observa a metafonia apenas para diferençar a flexão da palavra: avô, avó.

METAFÔNICO, adj. Relativo à metafonia.

METÁFORA, s.f. (Ret.) Tropo em que a significação natural de uma palavra é substituída por outra em virtude de certa relação de semelhança.

METAFÓRICO, adj. Em que há metáforas; tropológico.

METAL, s.m. Substância simples, dotada de brilho próprio, boa condutora de calor e de eletricidade e que na eletrólise se dirige para o pólo negativo; (fig.) dinheiro; moeda sonante; timbre (de voz); pl.: instrumentos músicos de latão; chapas dos uniformes; os utensílios de cozinha.

METÁLICO, adj. De metal; relativo a metal; em que entra metal.

METALÍFERO, adj. Que contém metal.

METALIFICAÇÃO, s.f. Ato ou efeito de reduzir uma substância ao estado metálico.

METALIFORME, adj. Que tem aparência de metal.

METALIZAÇÃO, s.f. Ato ou efeito de metalizar.

METALIZAR, v.t. Tornar puro (um metal); (pop.) niquelar ou cromar.

METALOGRAFIA, s.f. Descrição dos metais; ciência que se ocupa dos metais.

METALOGRÁFICO, adj. Relativo à metalografia.

METALÓGRAFO, s.m. Aquele que se ocupa de metalografia.

METALÓIDE, s.m. Substância simples, desprovida de brilho metálico, má condutora do calor e da eletricidade e que na eletrólise se dirige para o pólo positivo; adj. semelhante a um metal (não em linguagem científica).

METALOÍDICO, adj. Que diz respeito a metalóide.

METALURGIA, s.f. Conjunto de tratamentos físicos e químicos a que se submetem os minérios para deles se extraírem os metais.

METALÚRGICO, Adj. Que diz respeito à metalurgia; s.m. aquele que se ocupa de metalurgia; operário que trabalha em fábrica de artigos metálicos.

METAMERIA, s.f. Isomeria em que os compostos apresentam o mesmo peso molecular e são explicáveis por fórmulas planas.

METÂMERO, adj. Isômero.

METAMORFOSE, s.f. Transformação; mudança de forma ou de estrutura que ocorre na vida de certos animais, como os insetos e os batráquios.

METAMORFOSEAR, v.t. Transformar; trocar a forma de; alterar; modificar; mudar o caráter, o gênio de.

METANO, s.m. Hidrocarboneto formado pela com-

binação de um átomo de carbono e quatro de hidrogênio; primeiro termo da série dos hidrocarbonetos parafínicos; gás dos pântanos.

METAPLASMO, s.m. (Gram.) Designação comum de todas as figuras que acrescentam, suprimem, permutam ou transpõem fonemas nas palavras.

METAPLÁSTICO, adj. Em que há metaplasmo; relativo a metaplasmo.

METAPSÍQUICA, s.f. Estudo dos fenômenos psíquicos anormais, como a clarividência, a telepatia, etc.; parapsicologia.

METATARSO, s.m. (Anat.) Parte do pé entre o tarso e os dedos.

METÁTESE, s.f. (Gram.) Transposição de fonemas do lugar próprio para outro. (Ex.: super, sobre; semper, sempre.)

METAZOÁRIO, adj. (Geol.) Posterior à aparição dos animais; (Zool.) s.m. espécime dos Metazoários, grande divisão que compreende todos os animais pluricelulares.

METAZÓICO, adj. (Geol.) Diz-se do terreno que se formou depois do aparecimento dos animais.

METEDIÇO, adj. Intrometido; abelhudo.

METEMPSICOSE, s.f. Transmigração das almas de um para outro corpo.

METEÓRICO, adj. Relativo a meteoro; produzido por meteoros; dependente do estado atmosférico.

METEORITO, s.m. Aerólito.

METEORO, s.m. Qualquer fenômeno atmosférico; aparição brilhante e efêmera; estrela cadente.

METEOROGRAFIA, s.f. Descrição dos meteoros.

METEOROGRÁFICO, adj. Relativo à meteorografia.

METEORÓGRAFO, s.m. Instrumento para observações meteorológicas; aquele que escreve acerca de meteoros.

METEORÓLITO, s.m. Aerólito.

METEOROLOGIA, s.f. Parte da Física que estuda os meteoros, fenômenos atmosféricos, o tempo.

METEOROLÓGICO, adj. Que diz respeito à meteorologia.

METEOROLOGISTA, s. Pessoa que se dedica à meteorologia ou quem é versado nela.

METEOROSCÓPIO, s.m. Instrumento para observações meteorológicas.

METER, v.t. Colocar dentro; introduzir; incluir; infundir; intrometer-se.

METICULOSIDADE, s.f. Qualidade de meticuloso.

METICULOSO (ô), adj. Escrupuloso; esmiuçador; cauteloso.

METIDO, adj. Intrometido; abelhudo.

METILO, s.m. (Quím.) Radical monovalente (CH³).

METIM, s.m. Espécie de cetineta ou algodão levemente engomado, que é de uso em forros de vestuários.

METÓDICO, adj. Que tem ou em que há método; (fig.) comedido; circunspecto.

METODISMO, s.m. Seita anglicana fundada por John Wesley no século XVIII.

METODISTA, s. Adepto de metodismo; pessoa que segue rigorosamente um método.

METODIZAR, v.t. Tornar metódico; regularizar; ordenar.

MÉTODO, s.m. Ordem que se segue na investigação da verdade, no estudo de uma ciência ou para alcançar um fim determinado; marcha racional da inteligência para chegar ao conhecimento ou à demonstração de uma verdade; processo ou técnica de ensino; modo de proceder; tratado elementar.

METODOLOGIA, s.f. Tratado dos métodos; arte de dirigir o espírito na investigação da verdade; orientação para o ensino de uma disciplina.

METODOLÓGICO, adj. Relativo à metodologia.

METONÍMIA, s.f. (Ret.) Tropo que consiste em designar uma coisa com o nome de outra que com ela tem relação imediata: 1) a causa pelo efeito e vice-versa: a morte estava contida naquele frasco (i. é., o frasco encerrava veneno mortal); 2) o continente pelo conteúdo e vice-versa: Tomou uma garrafa de vinho (i. é., o vinho contido em uma garrafa); 3) o lugar pelo produto: Bebeu um Porto (i. é., vinho do Porto); 4) o símbolo pela coisa simbolizada: A toga é a justiça (i. é., a justiça é soberana); 5) Fazei caridade (i. é., dai esmolas).

METONÍMICO, adj. Relativo à metonímia.

METRAGEM, s.f. Medição em metros; número de metros.

METRALHA, s.f. Balas de ferro, pedaços de ferro, cacos, etc., com que se carregam projéteis ocos.

METRALHADOR (ô), adj. e s.m. O que metralha.

METRALHADORA (ô), s.f. Arma de fogo automática que despeja em pouco tempo grande número de projéteis análogos aos dos fuzis.

METRALHAR, v.t. Ferir ou atacar com tiros de metralhadora.

MÉTRICA, s.f. Capítulo da versificação que trata da maneira de contar, de medir os versos, isto é, o número de sílabas, acentos, cesura e rima exigidos pela metrificação.

MÉTRICO, adj. Relativo ao metro; do sistema que tem por base o metro; que diz respeito à metrificação.

METRIFICAÇÃO, s.f. Ato, efeito ou arte de metrificar.

METRIFICADOR (ô), adj. Que metrifica; s.m. aquele que metrifica; versejador.

METRIFICAR, v.t. Pôr em verso medido; int. fazer versos medidos; compor versos.

METRO, s.m. Unidade fundamental do sistema legal de pesos e medidas (é o comprimento, a O°, do padrão internacional, de platina, depositado no Pavilhão de Breteuil em Sèvres, França); objeto que serve para medir e tem o comprimento de um metro; medida de verso; — cúbico: unidade de volume, i. é., volume de um cubo cuja aresta tem o comprimento de um metro; — quadrado: unidade de área, i. é., área de um quadrado cujo lado tem o comprimento de um metro.

METRÔ, s.m. (V. Metropolitano.)

METROGRAFIA, s.f. Tratado acerca dos pesos e medidas.

METROLOGIA, s.f. Conhecimento dos pesos e medidas de todos os povos.

METROLÓGICO, adj. Relativo à metrologia.

METROLOGISTA, s. Pessoa versada em metrologia.

METRÔNOMO, s.m. Instrumento que serve para regular o andamento da música.

METRÓPOLE, s.f. Cidade principal ou capital de província ou Estado; igreja arquiepiscopal em relação às sufragâneas; nação, em relação às suas colônias; centro de civilização ou comércio; empório.

METROPOLITA, s.m. Prelado metropolitano.

METROPOLITANO, adj. Relativo à metrópole; s.m. prelado de metrópole, em relação aos seus sufragâneos; nome dado ao sistema de viação urbana em túneis subterrâneos.

MEU, pron. Determinativo de pessoa ou coisa que pertence à primeira pessoa gramatical; relativo a mim; pl.: a minha família.

MEXEDIÇO, adj. Que se mexe muito; inquieto; movediço.

MEXEDOR (ô), adj. Que se mexe; s.m. aquele que mexe; objeto com que se mexe; (fig.) intrigante.

MEXER, v.t. Dar movimento a; agitar; deslocar; resolver; misturar, revolvendo; — os pauzinhos: fazer manobras mais ou menos secretas para se obter o que se deseja; int. bulir; tocar; — com: provocar; caçoar.

MEXERICA, s.f. Tangerina.

MEXERICADA, s.f. Mexerico.

MEXERICAR, v.t. Narrar em segredo e com astúcia para malquistar ou intrigar; int. andar com mexericos; fazer intrigas; bisbilhotar.

MEXERICO, s.m. Ato de mexericar; intriga; bisbilhotice.

MEXERIQUEIRO, adj. Que mexerica; s.m. aquele que mexerica; bisbilhoteiro.

MEXICANO, adj. Do México; s.m. natural ou habitante do México.

MEXIDA, s.f. Confusão; desordem; mexerico.

MEXIDO, adj. Revolvido; tocado; bamboleamento, saracoteio (especialmente em certas danças); intriga; mexericos.

MEXILHÃO, s.m. Nome vulgar dos moluscos lamelibrânquios da família dos Mitilídeos.

MEZINHA, s.f. Qualquer remédio, especialmente caseiro.

MI, s.m. Terceira nota musical da escala de dó; pron. forma antiga de mim.

MIADA, s.f. O miar de muitos gatos.

MIADELA, s.f. O ato de miar de cada vez.

MIADO, s.m. A voz do gato.

MIADOR (ô), adj. e s.m. Gato que mia muito.

MIADURA, s.f. Série de miados.

MIALGIA, s.f. (Med.) Dor nos músculos

MIAR, v.int. Dar, soltar miados.

MIASMA, s.m. Emanação mefítica; emanação procedente de animais ou plantas em decomposição.

MIASMÁTICO, adj. Que produz miasmas; que resulta de miasmas.

MICA, s.f. Designação genérica dos minerais monoclínicos, do grupo das micas, silicatos de alumínio e de metais alcalinos aos quais se associam freqüentemente magnésio e ferro; malacacheta.

MICADO, s.m. Título do soberano do Japão.

MICAGEIRO, adj. Dado a fazer micagens; careteiro.

MICAGEM, s.f. Careta, própria de mico; trejeito, gatimonha.

MIÇANGA, s.f. Contas variegadas e miúdas de vidro.

MICANTE, adj. Brilhante.

MICÇÃO, s.f. Ato de urinar.

MICETOGRAFIA, s.f. Descrição ou história dos cogumelos.

MICHA, s.f. Pedaço de pão, feito de diversas farinhas misturadas; (gíria de gatunos) gazua; nota falsa.

MICHO, adj. (pop.) Sem valor, sem préstimo.

MICO, s.m. Designação de várias espécies de sagüi.

MICODERMA, s.m. Espécie de cogumelo que se forma à superfície das bebidas fermentadas e dos sumos açucarados.

MICOLOGIA, s.f. Tratado dos cogumelos.

MICOLÓGICO, adj. Relativo à Micologia.

MICOLOGISTA, s. Micólogo.

MICÓLOGO, s.m. Aquele que é versado em Micologia ou trata desta ciência.

MICOSE, s.f. (Med.) Moléstia produzida por cogumelos.

MICÓTICO, adj. Que é causado por fungo.

MICRACÚSTICO, adj. Diz-se dos instrumentos que reforçam os sons.

MICRO, s.m. Milésima parte do milímetro, que é a unidade de medida em microscópio. O mesmo que micromilímetro.

MICROBIAL, adj. Relativo a micróbio.

MICROBIANO, adj. (Biol.) Que diz respeito a micróbio.

MICROBICIDA, adj. Que serve para destruir micróbios.

MICRÓBIO, s.m. Ser microscópico, animal ou vegetal.

MICROBIOLOGIA, s.f. Estudo ou tratado dos micróbios.

MICROBIOLÓGICO, adj. Relativo à microbiologia.

MICROBIOLOGISTA, s. Tratadista de microbiologia.

MICROCEFALIA, s.f. Qualidade de microcéfalo. (Antôn.: macrocefalia.)

MICROCEFÁLICO, adj. Relativo à microcefalia ou microcéfalo. (Antôn.: macrocefálico.)

MICROCÉFALO, adj. e s.m. Aquele que tem a cabeça muito pequena ou a massa encefálica diminuta; (fig.) idiota; pouco inteligente. (Antôn.: macrocéfalo.)

MICROCÓSMICO, adj. Relativo ao microcosmo.

MICROCOSMO, s.m. Mundo pequeno; resumo do universo.

MICROCOSMOLOGIA, s.f. Descrição do corpo humano.

MICRODÁCTILO ou **MICRODÁTILO**, adj. (Zool.) Que tem dedos curtos. (Antôn.: macrodáctilo ou macrodátilo.)

MICRODONTE, adj. 2 gên. (Zool.) Que tem dentes pequenos.

MICRÓFILO, adj. Diz-se daquele que gosta de coisas pequenas, de pormenores insignificantes.

MICRÓFITA, s.f. ou **MICRÓFITO**, s.m. Vegetal extremamente pequeno.

MICROFLORA, s.f. (Bot.) Flora constituída pelos vegetais microscópicos (algas, bactérias, etc.).

MICROFONE, s.m. Aparelho inventado por Hughes e destinado a aumentar a intensidade do som; dispositivo que, no posto transmissor, capta o som que vai ser levado aos receptores através das ondas hertzianas.

MICROFONIA, s.f. (Med.) Fraqueza da voz.

MICRÓFONO, adj. Que tem voz fraca.

MICROFOTOGRAFIA, s.f. O mesmo que fotomicrografia.

MICROFTALMO, s.m. Estado do olho cujo volume é inferior ao normal.

MICROGRAFIA, s.f. Descrição dos objetos estudados com o auxílio do microscópio.

MICROLOGIA, s.f. Tratado acerca dos corpos microscópicos.

MICROLÓGICO, adj. Relativo à micrologia.

MICRÓLOGO, s.m. Aquele que é versado em micrologia.

MICROMETRIA, s.f. Aplicação do micrômetro; arte de o usar.

MICRÔMETRO, s.m. Instrumento destinado a medir a grandeza dos objetos observados ao microscópio; instrumento para medir pequenas dimensões.

MICROMICETE, s.m. Espécime dos Micromicetes, plantas criptogâmicas que produzem a fermentação alcoólica; levedura.

MICROMILÍMETRO, s.m. Micro.

MICRORGANISMO, s.m. Organismo extremamente pequeno; micróbio.

MICROSCOPIA, s.f. Conjunto de estudos e observações microscópicas; aplicação do microscópio.

MICROSCÓPICO, adj. Só visível ao microscópio; pequeníssimo.

MICROSCÓPIO, s.m. Instrumento para amplificar os objetos que por ele se observam. Há o microscópio simples ou lupa; o microscópio composto, constituído de um sistema convergente de curto foco, chamado objetiva, e outro sistema convergente, chamado ocular, com o mesmo eixo principal que a objetiva, e que desempenha o papel de lente em relação à imagem, e o microscópio binocular que tem lentes divergentes, uma para cada olho, para que o objeto seja visto pelos dois olhos ao mesmo tempo; — eletrônico: tubo termoiônico em que os eléctrons emitidos pelo cátodo são focalizados por meio de campos eletrostáticos adequados para formar uma imagem ampliada do cátodo sobre um anteparo fluorescente.

MICROSCOPISTA, s. Pessoa que se ocupa de observações microscópicas.

MICROSMIA, s.f. (Zool.) Sensibilidade olfativa baixa. (Antôn.: macrosmia.)

MICROSSOMATIA ou **MICROSSOMIA,** s.f. (Pat.) Monstruosidade caracterizada pela excessiva pequenez de todo o corpo. (Antôn.: macrossomatia.)

MICROZOÁRIO, s.m. Animálculo que só se pode ver com o auxílio do microscópio.

MICRURO, adj. Que tem a cauda pequena.

MIELITE, s.f. (Med.) Inflamação da medula espinhal.

MIELÓCITE, s.m. Células da medula vermelha dos ossos, formadoras dos glóbulos brancos granulosos.

MIELOMA, s.m. (Med.) Tumor formado por células da medula óssea; designação genérica de qualquer tumor medular.

MIGA, s.f. Migalha; pl.: sopas de pão.

MIGALHA, s.f. Pequeno fragmento de pão, bolos ou outro alimento farináceo; pequena porção.

MIGALHO, s.m. Migalha; partícula.

MIGAR, v.t. Partir em migalhas.

MIGRAÇÃO, s.f. Passagem de um país para outro (falando-se de um povo ou de grande multidão de gente); viagens periódicas ou irregulares, feitas por certas espécies de animais; mudança de lugar.

MIGRANTE, adj. Que muda de país ou de um lugar.

MIGRAR, v.int. Mudar ou passar de um lugar para outro.

MIGRATÓRIO, adj. Relativo à migração.

MIL, num. Denominação do número cardinal eqüivalente a uma unidade de milhar; muitos; em quantidade indeterminada.

MILAGRE, s.m. Feito extraordinário que vai de encontro às leis da natureza; maravilha; sucesso que, pela sua raridade, causa grande admiração; sala de — s: local onde são expostos objetos de cera, representando membros do corpo, muletas ou retratos, significando o reconhecimento dos fiéis que alcançaram as graças pedidas ao orago.

MILAGREIRO, adj. e s.m. Aquele que facilmente acredita em milagres; s.m. aquele que os pratica ou se inculca como tal.

MILAGROSO (ô), adj. Que faz milagres; a quem se atribuem milagres; maravilhoso; estupendo. O mesmo que miraculoso.

MILANÊS, adj. De Milão (Itália); s.m. o natural ou habitante de Milão.

MILENÁRIO, adj. Relativo a milhar; que tem mil anos.

MILÊNIO, s.m. Período de mil anos.

MILÉSIMA (zi), s.f. Cada uma das mil partes iguais em que se divide a unidade.

MILÉSIMO (zi), num. Denominação do ordinal e fracionário correspondentes a mil; s.m. milésima.

MILHA, s.f. Antiga medida itinerária brasileira eqüivalente a 2.200m; medida itinerária inglesa eqüivalente a 1.609m; — marítima: medida itinerária eqüivalente a 1.852m.

MILHAL, s.m. Milharal.

MILHÃO, s.m. Designação da unidade eqüivalente a mil milhares.

MILHAR, s.m. Mil unidades, grande número indeterminado.

MILHARADA, s.f. Grande porção de milho; milheiral.

MILHARAL, s.m. Terreno em que cresce milho.

MILHEIRO, s.m. Milhar, na contagem de certos objetos (plantas, frutas, sardinhas,etc.)

MILHO, s.m. Planta da família das Gramíneas e o respectivo grão; (gír.) dinheiro.

MILIAMPERÍMETRO ou **MILIAMPERÔMETRO,** s.m. Aparelho para medida de intensidades muito pequenas de corrente elétrica.

MILIARE, s.m. Milésima parte do are.

MILIÁRIO, adj. Relativo a milhas; que marca distâncias em estrada (marco); que assinala época ou data memorável na história.

MILÍCIA, s.f. Vida ou disciplina militar; força militar de um país; qualquer corporação sujeita a organização e disciplinas militares; — celeste: os anjos, os bem-aventurados; pl.: tropas de segunda linha.

MILICIANO, adj. Relativo a milícia; s.m. soldado de milícias; militar, especialmente o que é incumbido de policiamento.

MILIGRAMA, s.m. Unidade de massa eqüivalente à milésima parte do grama.

MILILITRO, s.m. Unidade de capacidade eqüivalente à milésima parte do litro.

MILÍMETRO, s.m. Unidade de comprimento eqüivalente à milésima parte do metro.

MILIONÁRIO, adj. e s.m. O que possui milhões; riquíssimo; (gír. aeron.) aquele que já completou mil horas de vôo.

MILIONÉSIMA, s.f. Cada uma de um milhão de partes iguais em que se divide um todo.

MILIONÉSIMO, num. Denominação do ordinal e fracionário correspondentes a milhão; s.m. milionésima.

MILIONOCRACIA, s.f. Plutocracia.

MILÍPEDE, adj. Que tem muitos pés; miriápode.

MILITANÇA, s.f. A profissão militar; os militares.

MILITANTE, adj. Que milita; que funciona; que está em exercício.

MILITAR, adj. Relativo à guerra, à milícia, às tropas; s.m. aquele que pertence às forças armadas; v.int. combater; seguir a carreira das armas; ser membro de um partido.

MILITARISMO, s.m. Sistema político em que predominam os militares; a milícia.

MILITARISTA, adj. Relativo ao militarismo; s. partidário do militarismo.

MILITARIZAÇÃO, s.f. Ato ou efeito de militarizar.

MILITARIZAR, v.t. Tornar militar; dar a feição militar a; p. preparar-se militarmente.

MILITOFOBIA, s.f. Aversão à vida militar; ódio aos militares.

MILORDE, s.m Nome que se dá aos lordes ou pares da Inglaterra,quando se lhes dirige a palavra.

MIL-RÉIS, s.m. 2 núm. Unidade monetária brasileira, hoje substituída pelo cruzeiro.

MIM, pron. pess. Forma oblíqua de eu, sempre regida de preposição.

MIMALHICE, s.f. Qualidade ou ato de mimalho.

MIMALHO, adj. Aquele que tem muito mimo; piegas.

MIMAR, v.t. Exprimir por mímica; amimar; acariciar.

MIMEÓGRAFO, s.m. Aparelho de retirar cópias de páginas escritas sobre papel especial chamado estêncil.

MIMETISMO, s.m. (Biol.) Fenômeno de vários animais tomarem a cor e a configuração dos objetos em cujo meio vivem ou de outros animais de grupos diferentes.

MÍMICA, s.f. Arte de exprimir o pensamento por meio de gestos; gesticulação.

MÍMICO, adj. Relativo à mímica ou à gesticulação; que exprime as suas idéias por meio de gestos.

302

MIMO, s.m. Coisa delicada que se oferece ou dá; oferenda; presente; meiguices; carinho; primor; delicadeza.

MIMOLOGIA, s.f. Imitação da voz ou dos dizeres habituais de alguém.

MIMOSA, s.f. Gêneros de plantas da família das Leguminosas; nome vulgar de uma espécie de acácia muito apreciada pelas suas flores.

MIMOSEAR, v.t. Amimar; tratar com mimo; dar presente; obsequiar.

MIMOSO (ô), adj. Que tem mimo; delicado; sensível; carinhoso.

MINA, s.f. Cavidade que se faz na terra para extrair minérios, combustíveis, água, etc.; jazida de minérios; cavidade cheia de pólvora para que, explodindo, destrua tudo que está por cima; engenho de guerra que consiste em poderosas bombas explosivas postas a flutuar nos roteiros dos navios a fim de pô-los a pique; (fig.) manancial de riquezas; preciosidade; coisa muito vantajosa.

MINADOURO, s.m. Olho-d'água, quase sempre nascente de um ribeirão ou córrego, ou fundo de grota.

MINAR, v.t. Colocar minas (engenhos bélicos); escavar; abrir cavidades por baixo de; invadir às ocultas; (fig.) consumir; corroer, solapar; int. difundir-se; espalhar-se.

MINARETE (ê), s.m. Pequena torre de mesquita.

MINAZ, adj. Ameaçador. (Superl. abs. e sint.: minacíssimo.)

MINDINHO, adj. e s.m. Diz-se do dedo mínimo; dedo mínimo; (fam.) minguinho.

MINEIRADA, s.f. Porção ou grupo de mineiros.

MINEIRO, adj. Relativo a mineira; em que há minas; do Estado de Minas Gerais; s.m. o que trabalha ou é proprietário de minas; o natural de Minas Gerais.

MINERAÇÃO, s.f. Exploração das minas; purificação de minério.

MINERAL, adj. Relativo aos minerais; inorgânico; s.m. qualquer substância inorgânica que se encontra naturalmente na constituição da litosfera.

MINERALIZAÇÃO, s.f. Processo de substituição dos constituintes orgânicos por inorgânicos.

MINERALIZADOR (ô), adj. e s.m. Agente líquido ou gasoso que, impregnando os magmas, facilita a formação de minerais.

MINERALIZAR, v.t. Transformar em mineral ou em minério.

MINERALIZÁVEL, adj. 2 gên. Diz-se das substâncias susceptíveis de serem transformadas em minerais.

MINERALOGIA, s.f. Parte da História Natural que se ocupa dos minerais.

MINERALÓGICO, adj. Relativo à Mineralogia.

MINERALOGISTA, s. Pessoa versada em Mineralogia.

MINERALURGIA, s.f. Arte que ensina a aplicação dos minerais, sobretudo dos metais à indústria.

MINERALÚRGICO, adj. Relativo à Mineralogia.

MINERAR, v.t. Explorar (mina); extrair de mina; int. trabalhar em minas.

MINÉRIO, s.m. Substância mineral, tal como se extrai da mina, e da qual é possível extrair industrialmente um metal; qualquer substância metalífera; por extensão, a palavra se aplica também quando se trata de elementos não-metálicos.

MINEROGRAFIA, s.f. Descrição dos minerais.

MINEROGRÁFICO, adj. Relativo à minerografia.

MINEROGRAFO, s.m. Aquele que é versado em minerografia.

MINGAU, s.m. Papas de farinha de trigo ou de mandioca; iguaria muito mexida ou aguada.

MÍNGUA, s.f. Falta do necessário; escassez; à —: sem recursos.

MINGUADO, adj. Que carece do necessário; escasso; limitado.

MINGUAMENTO, s.m. Ato de minguar.

MINGUANTE, adj. Que mingua; s.m. quarto minguante.

MINGUAR, v.int. Tornar-se menor; diminuir; escassear; declinar. (Pres. do indic.: minguo, minguas, etc.; pres. do subj.: mingüe, mingües, etc., ou então a forma popular que recua o acento para a primeira sílaba, por influência da palavra água, tal como em aguar e desaguar (v. estes): mínguo, mínguas, etc. no pres. indicativo, e míngüe, míngües, etc. no pres. subjuntivo.)

MINGUINHO, s.m. (fam.) Mindinho.

MINHA, pron. poss. Fem. de meu.

MINHOCA, s.f. Nome comum para qualquer oligoqueto.

MINHOCÃO, s.m. Grande minhoca; animal fantástico que, segundo a crença popular, tem a forma de verme gigantesco que solapa a terra provocando desastrosos desmoronamentos.

MINIATURA, s.f. Pintura ou fotografia muito delicada e em ponto pequeno; letra vermelha, traçada a mínio e posta no princípio de capítulo ou parágrafo de manuscrito antigo; qualquer coisa em ponto pequeno; resumo.

MINIATURISTA, adj. e s. Pessoa que faz miniaturas.

MINIFÚNDIO, s.m. Pequena propriedade agrícola. (Antôn.: latifúndio.)

MÍNIMA, s.f. Nota musical que vale metade da semibreve.

MÍNIMO, adj. Que é menor; s.m. a mais pequena porção de uma coisa (antôn.: máximo); dedo mínimo.

MÍNIO, s.m. Óxido de chumbo, vermelho vivo, empregado na pintura.

MINISTERIAL, adj. De ministro; relativo a ministério.

MINISTÉRIO, s.m. Poder executivo ou o governo; secretaria de Estado; — Público: (jur.) órgão que promove a execução das leis no interesse da ordem jurídica.

MINISTRADOR (ô), adj. O que ministra.

MINISTRAR, v.t. Prestar; fornecer; aplicar; administrar.

MINISTRO, s.m. Membro de um ministério; categoria diplomática imediatamente inferior à de embaixador; sacerdote; nome que se dá aos juízes do Supremo Tribunal Federal, do Supremo Tribunal Militar, do Tribunal de Contas, etc.

MINORAÇÃO, s.f. Ato de minorar.

MINORAR, v.t. Diminuir; suavizar; atenuar.

MINORATIVO, adj. Que minora; suave (purgante).

MINORIA, s.f. Inferioridade em número; a parte menos numerosa de uma corporação deliberativa que sustenta idéias opostas às do maior número.

MINORIDADE, s.f. O mesmo que menoridade.

MINORITÁRIO, adj. (neol.) Relativo à minoria; diz-se do partidário que obtém a minoria dos votos. (Antôn.: majoritário.)

MINUANO, s.m. Vento frio e seco que sopra do sudoeste no inverno.

MINÚCIA, s.f. Pormenor.

MINUCIOSO (ô), adj. Que trata de minúcias; narrado circunstancialmente ou por miúdo; feito escrupulosamente, com toda a atenção.

MINUENDO, s.m. Diminuendo.

MINUETE (ê), ou **MINUETO** (ê), s.m. Dança francesa originária do Poitou; música que acompanhava essa dança.

MINÚSCULO, adj. Pequeno; miúdo; de pouco valor; insignificante. (Antôn.: maiúsculo.)

MINUTA, s.f. Rascunho; primeira redação de qualquer documento; desenho traçado à vista do terreno, no levantamento de plantas; prato preparado no momento, no minuto.

MINUTAR, v.t. Fazer ou ditar a minuta de.

MINUTO, s.m. Sexagésima parte da hora; sexagésima parte do grau; momento, instante.

MIO, s.m. Grito do gato.

MIOCÁRDIO, s.m. (Anat.) A parte muscular do coração.

MIOCARDITE, s.f. (Med.) Inflamação do miocárdio.

MIOCENO, adj. e s.m. (Geol.) Diz-se de um dos quatro períodos em que é dividida a era terciária.

MIOLADA, s.f. Os miolos; preparado culinário em que entram miolos de um animal.

MIOLEIRA, s.f. Os miolos; (fig.) tino; juízo.

MIOLO (ô), s.m. Parte do pão que fica dentro da côdea; a parte interior de alguns frutos; polpa; medula; cérebro; a parte inferior de qualquer coisa; (fig.) juízo.

MIOMA, s.m. (Med.) Tumor derivado do tecido muscular.

MÍOPE, adj. e s. Pessoa que tem miopia; (fig.) pessoa pouco inteligente ou perspicaz.

MIOPIA, s.f. Imperfeição de olho, cujo eixo ântero-posterior é longo demais, de sorte que a imagem de um objeto situado no infinito se forma aquém da retina; vista curta; (fig.) falta de perspicácia.

MIOSÓTIS, s.f. 2 núm. Planta também chamada não-te-esqueças-de-mim; a flor dessa planta.

MIOTOMIA, s.f. Dissecção ou corte de músculos.

MIOTÓMICO, adj. Relativo à miotomia.

MIRA, s.f. Apêndice metálico, externo, adaptado ao cano das armas de fogo, para dirigir a pontaria; ato de mirar; intuito; desejo; fim; à —: à espreita.

MIRABOLANTE, adj. Espalhafatoso; ridiculamente vistoso; ilusório.

MIRACULOSO (ô), adj. Milagroso.

MIRADOURO, s.m. Mirante.

MIRAGEM, s.f. Efeito óptico, freqüente nos desertos, devido à reflexão total da luz solar na superfície comum a duas camadas de ar diferentemente aquecidas, aparentando um lençol de água; (fig.) ilusão; engano dos sentidos; decepção.

MIRAMAR, s.m. Mirante virado para o mar.

MIRAMOLIM, s.m. Califa ou chefe dos crentes entre os muçulmanos.

MIRANTE, s.m. Construção pequena, mas elevada, donde se observam largos horizontes; miradouro.

MIRAR, v.t. Fitar; avistar; divisar; encarar; apontar para; tomar como alvo; observar; aspirar a; int. apontar uma arma; ter em vista; formar plano; olhar; p. rever-se; contemplar-se em um espelho.

MIRÍADE ou **MIRÍADA**, s.f. Número de dez mil; (fig.) quantidade indeterminada, mas grandíssima.

MIRIAGRAMA, s.m. Unidade de massa eqüivalente a dez mil gramas.

MIRIALITRO, s.m. Unidade de capacidade eqüivalente a dez mil litros.

MIRIÂMETRO, s.m. Unidade de comprimento eqüivalente a dez mil metros.

MIRIARE, s.m. Superfície de dez mil ares ou de quilômetro quadrado.

MIRIFICAR, v.t. Causar a admiração de; causar espanto a.

MIRÍFICO, adj. Maravilhoso; admirável.

MIRIM, adj. Pequeno. (Antôn.: açu, guaçu.) (Regra ortográfica: como elemento vocabular, com o sentido de pequeno, miúdo, é precedido de hífen quando tem individualidade morfológica e se liga a elemento acabado em vogal acentuada graficamente: anajá-mirim, arumã-mirim, etc.)

MIRIÓPODE, adj. Que tem muitos pés; s.m. espécime dos Miriópodes, classe de animais artrópodes, ápteros, que se caracteriza por grande número de pés, como, p. ex. as centopeias.

MIRRA, s. (fam.) Magricela.

MIRRADO, adj. Seco; ressequido; magro.

MIRRAR, v.t. Tornar seco, magro, definhado.

MISANTROPIA, s.f. Aversão à sociedade, aos homens. (Antôn.: filantropia.)

MISANTRÓPICO, adj. Relativo à misantropia. (Antôn.: filantrópico.)

MISANTROPO (ô), s.m. Aquele que tem aversão à sociedade. (Antôn.: filantropo.)

MISCELÂNEA, s.f. Compilação de várias peças literárias; (fig.) mistura; confusão.

MISCIBILIDADE, s.f. Qualidade daquilo que é miscível.

MISCIGENAÇÃO, s.f. Cruzamento inter-racial; mestiçagem.

MISCIGENAR, v.t. Mesclar, misturar.

MISCÍVEL, adj. Que se pode misturar. (Antôn.: imiscível.)

MISCRAR, v.t. Mesclar; enredar.

MISERAÇÃO, s.f. Compaixão; comiseração.

MISERANDO, adj. Lastimoso; deplorável.

MISERAR, v.t. Tornar mísero; desgraçar; infelicitar; p. lastimar-se.

MISERÁVEL, adj. Digno de compaixão; miserando; desprezível; malvado; avarento (superl. abs. sint.: miserabilíssimo); s. pessoa desgraçada; indigente; pessoa infame ou avarenta.

MISÉRIA, s.f. Estado lastimoso; indigência; penúria; estado vergonhoso; avareza; bagatela; imperfeição humana; procedimento vil.

MISERICÓRDIA, s.f. Compaixão despertada pela miséria alheia; perdão; instituição de piedade e caridade; interj. grito de quem pede compaixão.

MISERICORDIOSO (ô), adj. Que tem misericórdia; compassivo.

MÍSERO, adj. Desgraçado; miserável; (fig.) escasso; mesquinho. (Superl. abs. sint.: misérrimo.)

MISOFOBIA, s.f. Medo mórbido dos contactos.

MISÓFOBO, adj. Que tem misofobia.

MISOGAMIA, s.f. Horror ao casamento.

MISÓGAMO, adj. Aquele que tem horror ao casamento.

MISONEÍSMO, s.m. Horror a inovações; aversão às idéias novas. (Antôn.: filoneísmo.)

MISONEÍSTA, adj. e s. Partidário do misoneísmo.

MISSA, s.f. Ato solene, com que a Igreja comemora o sacrifício de Cristo pela humanidade; — calada, baixa, rezada, particular, chã: a ordinária, em que não há canto; — campal: a dita em altar armado ao ar livre; — das almas: a que se diz pelos defuntos; — de réquiem: missa solene por alma de um morto; — de três em renge: a celebrada com ministros e canto de órgão; — do galo: a que é dita na noite de Natal (ordinariamente à meia-noite); — nova: a primeira que o presbítero diz; — pontifical: a que se diz com as cerimônias usadas nas missas solenes dos papas; — seca: aquela que o sacerdote não consagra; traje ou roupa de —: traje domingueiro, a melhor roupa; não ir à — com alguém: não simpatizar com esse alguém; não saber da — a metade: estar mal informado.

MISSAL, s.m. Livro que contém as orações da missa.

MISSÃO, s.f. Ato de enviar; incumbência; comissão diplomática; sermão doutrinal.

MISSAR, v.int. Dizer ou ouvir missa.

MISSEIRO, adj. Aquele que é muito devoto de missas.

MÍSSIL, adj. Próprio para ser arremessado. (Pl.: mísseis.)

MISSIONAR, v.t. Pregar a fé a; catequizar; int. fazer missões.

MISSIONÁRIO, s.m. Pregador de missões.

MISSIVA, s.f. Carta; bilhete que se manda a alguém.

MISSIVISTA, s. Pessoa que leva ou que escreve missivas.

MISTAGOGO (ô), s.m. Sacerdote que iniciava nos mistérios da religião.

MISTER (é), s.m. Ocupação; emprego; serviço; trabalho; urgência; necessidade; aquilo que é forçoso.

MISTÉRIO, s.m. Culto secreto no politeísmo; dogma ou objeto de fé religiosa inacessível à razão; o que é incompreensível; segredo; enigma; reserva.

MISTERIOSO (ô), adj. Em que há mistério; inexplicável; enigmático; que faz segredo de coisas insignificantes.

MÍSTICA, s.f. Estudo das coisas divinas ou espirituais.

MISTICIDADE, s.f. Qualidade de místico; misticismo.

MISTICISMO, s.m. Crença religiosa dos místicos; devoção contemplativa; tendência para acreditar no sobrenatural; crença religiosa ou filosófica que admite comunicações ocultas entre o homem e a divindade.

MÍSTICO, adj. Espiritualmente alegórico; de sentido oculto, esotérico; que trata da vida espiritual; s.m. o que procura, pela contemplação espiritual, atingir o estado extático de união direta com a divindade.

MISTIFICAÇÃO, s.f. Ato ou efeito de mistificar; engano; logro; burla; engodo.

MISTIFICADO, adj. Iludido; logrado.

MISTIFICADOR (ô), adj. e s.m. O que mistifica.

MISTIFICAR, v.t. Abusar da credulidade de; burlar; enganar; embair.

MISTILÍNEO, adj. Diz-se da figura geométrica formada em parte por linhas retas e em parte por linhas curvas.

MISTO, adj. Mesclado; misturado; confuso; resultante de mistura; diz-se do trem que transporta cargas e passageiros; diz-se do colégio que aceita alunos de ambos os sexos.

MISTRAL, s.m. Vento violento, frio e seco, que sopra do norte na região Sueste da França.

MISTURA, s.f. Ato ou efeito de misturar; (Quím.) associação de duas ou mais substâncias em proporções arbitrárias separáveis por meios mecânicos ou físicos e em que cada um dos componentes guarda em si todas as propriedades que lhe são inerentes.

MISTURADA, s.f. Mistifório; miscelânea.

MISTURADO, adj. Confundido; adicionado; associado.

MISTURADOR (ô), s.m. Betoneira.

MISTURAR, v.t. Juntar (coisas diferentes); confundir; embaralhar.

MISTURÁVEL, adj. Que se pode misturar.

MÍTICO, adj. Relativo a mito, fabuloso.

MITIFICAÇÃO, s.f. Ato de mitificar.

MITIFICAR, v.t. Converter em mito; tornar mítico.

MITIGAÇÃO, s.f. Ato ou efeito de mitigar; alívio; consolação.

MITIGADOR (ô), adj. e s.m. O que mitiga.

MITIGAR, v.t. Abrandar; amansar; aliviar; suavizar; diminuir; acalmar; p. aliviar-se; ceder; abrandar.

MITIGATIVO, adj. Que mitiga.

MITIGÁVEL, adj. Que se pode mitigar.

MITO, s.m. Fato, passagem dos tempos fabulosos, tradição que, sob forma de alegoria, deixa entrever um fato natural histórico ou filosófico; (fig.) coisa inacreditável, sem realidade.

MITOGRAFIA, s.f. Descrição de mitos.

MITOGRÁFICO, adj. Relativo à mitografia.

MITÓGRAFO, s.m. Aquele que escreve acerca dos mitos.

MITOLOGIA, s.f. História fabulosa dos deuses, semideuses e heróis da antigüidade.

MITOLÓGICO, adj. Relativo à mitologia.

MITÓLOGO, s.m. Aquele que é versado em mitologia.

MITOMANIA, s.f. Tendência impulsiva para a mentira.

MITÓMANO, s.m. Aquele que sofre de mitomania; mentiroso.

MITRA, s.f. Insígnia que os bispos, arcebispos e cardeais põem na cabeça em solenidades pontificais; o poder espiritual do Papa; a dignidade episcopal.

MITRADO, adj. Que tem mitra ou direito de a usar.

MITRAL, adj. (Anat.) Diz-se da válvula situada na comunicação do ventrículo com a aurícula esquerda.

MIUDEAR (i-u), v.t. Narrar minuciosamente; esmiuçar.

MIUDEZA, (i-u...ê), s.f. Qualidade de miúdo; (fig.) rigor; cuidado de observação; pl.:minúcias; bugigangas; vísceras de alguns animais; quinquilharias; pequenos objetos.

MIUDINHO, adj. Dimin. de miúdo; s.m. dança, espécie de samba.

MIÚDO, adj. Muito pequeno; freqüente; (fig.) minucioso; escrupuloso; pl.:vísceras de animal; dinheiro em pequenas moedas; por —: minuciosamente.

MIXÓRDIA, s.f. Salsada; mistifório; confusão; embrulhada.

MNEMÔNICA, s.f. Prática que facilita as operações da memória; meio auxiliar de decorar o que é difícil de reter.

MNEMÔNICO, adj. Relativo à memória; conforme aos preceitos da mnemônica; fácil de conservar na memória; que ajuda a memória.

MNEMONIZAÇÃO, s.f. Ato de mnemonizar; decoração.

MNEMONIZAR, v.t. Tornar mnemônico; decorar.

MNEMONIZÁVEL, adj. Que se pode mnemonizar; que facilmente se retém na memória.

MO, Contração do pron. pess. **me** com o pron. pess. **o**; contração do pron. pess. **me** com o pron. dem. neutro **o**.

MÓ, s.f. Pedra de moinho ou de lagar.

MOAGEM, s.f. Moedura.

MÓBIL, adj. Móvel; s.m. causa; motor; o mesmo que móvel. (Pl.: móbeis.)

MOBILAR, v.t. Guarnecer de mobília.

MOBILHAR, v.t. O mesmo que mobiliar.

MOBÍLIA, s.f. Objetos móveis para o uso ou adorno no interior de uma casa.

MOBILIAR, v.t. Mobilar. (Pres. do indicat.: mobílio, mobílias, mobília, mobiliamos, mobiliais, mobíliam; pres. subj.: mobílie, mobílies, mobílie, mobiliemos, mobilieis, mobíliem. Também se conjuga como o v. maliciar: mobilio, mobilias, mobilia,etc.)

MOBILIÁRIO, adj. Relativo a mobília ou a bens móveis; s.m. conjunto de móveis; mobília.

MOBILIDADE, s.f. Qualidade ou propriedade do que é móvel ou do que obedece às leis do movimento; (fig.) inconstância; volubilidade.

MOBILIZAÇÃO, s.f. Ato de mobilizar.

MOBILIZAR, v.t. Dar movimento a; pôr em movimento ou circulação; fazer passar do estado de paz para o de guerra (tropas); recrutar; arregimentar; convocar.

MOBILIZÁVEL, adj. Que se pode mobilizar.

MOCA, s.m. Variedade de café superior, originário da Arábia; (p. ext.) café; s.f. zombaria; mofa; mentira; tolice; cacete, calva; maça.

MOÇA, s.f. Mulher jovem; rapariga. (Dimin.: mocinha, moçoila; aument.: mocetona.)

MOCADA, s.f. Pancada com moca.

MOCAMBEIRO, s.m. Malfeitor que se refugiava em mocambo; adj. que mora em mocambo.

MOCAMBO, s.m. Couto de escravos na floresta; quilombo; choça.

MOÇÃO, s.f. Ato ou efeito de mover; comoção; (fig.) proposta numa assembléia sobre o estudo de uma questão ou relativa a qualquer incidente, que surja nessa assembléia.

MOCETÃO, s.m. Rapagão; mancebo robusto e bem parecido. (Fem.: mocetona.)

MOCETONA, s.f. Moça forte e esbelta ou formosa.

MOCHILA, s.f. Espécie de saco que os soldados levam às costas com roupas e outros objetos.

MOCHO, adj. Sem chifres; tamborete sem encosto; s.m. ave de rapina, noturna, que se confunde com a coruja; banco de assento quadrado ou redondo sem encosto. (Flexões: mochos (ô), mocha, mochas.)

MOCIDADE, s.f. Estado ou idade de quem é môço; juventude; os moços.

MOCINHO, s.m. Dimin. de moço; herói infalível de novelas e contos ou representações de aventuras.

MOÇO, adj. Jovem, novo em idade. (Aum.: mocetão.)

MOÇOILA, s.m. Mocinha.

MOCOTÓ, s.m. Pata de vaca; orelha de porco cozida com feijão branco.

MODA, s.f. Maneira; costume; uso geral. (Antôn.: antimoda); pl.: artigos de vestuário feminino.

MODAL, adj. Relativo à modalidade; relativo aos modos da substância; relativo ao modo particular de execução de alguma coisa; (Gram.) designativo de certas preposições que encerram restrição ou condição.

MODALIDADE, s.f. Modo de ser; cada aspecto ou diversas feições das coisas.

MODELAÇÃO, s.f. Ato de modelar.

MODELADOR (ô), adj. e s.m. O que modela.

MODELAGEM, s.f. Operação de modelar; modelação.

MODELAR, adj. Que serve de modelo; exemplar; perfeito; v.t. reproduzir exatamente em pintura.

MODELO, s.m. Objeto para ser reproduzido por imitação; molde; representação em pequena escala de um objeto que se pretende executar em grande imagem para ser reproduzida em escultura; tipo; (fig.) aquilo que serve de exemplo ou norma; pessoa exemplar; pessoa que serve para estudo prático de pintores ou escultores; empregada de casa de modas que põe os vestidos para exibi-los à clientela; vestido, capa, chapéu,etc., que é criação de uma grande casa de modas. (Pl.: modelos.)

MODERAÇÃO, s.f. Comedimento; prudência.

MODERADO, adj. Medíocre em quantidade ou qualidade; que não é exagerado; que tem moderação ou prudência.

MODERADOR (ô), adj. Que modera, atenua ou modifica; que reduz ou restringe; s.m. aquele que modera.

MODERAR, v.t. Conter nos limites convenientes; refrear; regular; reprimir.

MODERATIVO, adj. Que modera.

MODERÁVEL, adj. Que se pode moderar.

MODERNICE, s.f. Aferro a coisas modernas; uso exagerado de coisas novas.

MODERNISMO, s.m. Modernice; tendência a aceitar inovações, facilidade em adotar idéias práticas e modernas ainda não consagradas pelo uso.

MODERNISTA, s. Pessoa apaixonada pelo modernismo.

MODERNIZAÇÃO, s.f. Ato de modernizar.

MODERNIZAR, v.t. Tornar moderno; acomodar aos usos modernos.

MODERNO, adj. Dos tempos mais próximos de nós;

dos nossos dias; recente; atual; hodierno.

MODÉSTIA, s.f. Simplicidade.

MODESTO, adj. Despretensioso; sem vaidade; comedido; simples, que tem poucos haveres.

MODICIDADE, s.f. Quantidade do que é módico.

MÓDICO, adj. Exíguo; pequeno; modesto. (Superl. abs. sint.: modicíssimo.)

MODIFICAÇÃO, s.f. Alteração; restrição; mudança.

MODIFICADOR (ô), adj. Que modifica.

MODIFICAR, v.t. Mudar a forma a; alterar (ampliando ou restringindo) o sentido de.

MODILHÃO, s.m. Ornato arquitetônico, em forma de S invertido, e pendente da cornija.

MODINHA, s.f. Cantiga popular.

MODISMO, s.m. Modo de falar admitido pelo uso, mas que parece contrário às regras gramaticais; idiotismo de linguagem.

MODISTA, s.f. Mulher que, profissionalmente, faz ou dirige a feitura de vestidos de senhoras ou crianças; s. cantador de modas.

MODO, s.m. Maneira; forma; método; disposição; qualidade; feito; prático; (Gram.) forma que assume o verbo para exprimir uma maneira de estado, ação, qualidade, etc. por ele indicados; — condicional: modo verbal que anuncia o fato sob a dependência de uma condição (muitos gramáticos não aceitam esse modo, e o consideram como um tempo indicativo: o futuro do pretérito); imperativo: o que exprime ordem, exortação ou súplica; — indicativo: o modo verbal que apresenta o fato como positivo e absoluto; — infinitivo ou — infinito: o que, exprimindo ação ou estado, não determina núm. nem geralmente pessoa; — optativo: aquele que exprime desejo; em português corresponde ao subjuntivo; — subj.: aquele que anuncia o fato como subordinado a outro; o mesmo que modo conjuntivo; —s indiretos (Gram.): todos os modos do verbo, exceto o indicat.

MODORRA, s.f. Sonolência; (fig.) apatia; indolência. (Pl.: modorras.)

MODORRAR, v.t. Tornar sonolento.

MODORRENTO, adj. Sonolento; preguiçoso.

MODULAÇÃO, s.f. Ato ou efeito de modular; (Mús.) passagem de um modo ou de um tom para outro.

MODULAR, v.t. Cantar ou tocar mudando de tom, segundo as regras da harmonia.

MÓDULO, s.m. Requebro de voz; medida reguladora das proporções arquitetônicas de um edifício; diâmetro de medalha; quantidade que se toma como unidade de qualquer medida; (Mat.) designação do valor absoluto de um número real ou do valor numérico (absoluto) de um polinômio.

MOEDA, s.f. Peça geralmente de metal, cunhada por autoridade soberana e representativa do valor dos objetos que por ela se trocam; — de cálculo ou — imaginária: a que não tem existência real; — falsa: dinheiro falsificado por particulares; pagar na mesma —: retribuir o bem com o bem e o mal com o mal; moeda-papel: dinheiro circulante sob a forma de notas, com lastro no tesouro.

MOEDAGEM, s.f. Fabricação de moeda; cunhagem de moedas.

MOEDEIRA, s.f. Instrumento de moer o esmalte em ourivesaria; (fig.) fadiga; cansaço.

MOEDEIRO, s.m. Fabricante de moeda.

MOEDOR (ô), adj. Aquele que mói; impertinente; maçador.

MOELA, s.f. Porção fortemente musculosa do estômago das aves.

MOENDA, s.f. Designação genérica de toda peça que mói; moinho; mó; ato de moer ou triturar.

MOENTE, adj. Que mói.

MOER, v.t. Triturar; esmagar; reduzir a pó; mastigar; sovar; repisar; repetir; magoar; p. cansar-se; afligir-se (Pres. ind.: môo, móis, mói, moemos, moeis, moem; imperf.: moía, moías, etc.; perf.: moí, moeste, etc.; pres. subj.: moa, moas, etc.)

MOFA, s.f. Motejo; zombaria; escárnio.

MOFADOR (ô), adj. Que mofa; que zomba.

MOFAR, v.int. Criar mofo; troçar; zombar.

MOFENTO, adj. Que tem mofo.

MOFINO, adj. Infeliz; acanhado; adoentado.

MOFO, s.m. Bolor; bafio. (Pl. mofos (ó).)

MOGNO, s.m. Árvore de madeira muito resistente, usada na construção.

MOGOL, adj. e s.m. O mesmo que mongol (só usado na expressão Grão-Mogol, o chefe supremo dos mongóis).

MOICANO (o-i), s.m. Indivíduo dos moicanos, tribo de índios dos E.U. da América, hoje extinta.

MOÍDO, adj. Maçado; cansado.

MOINANTE (o-i), adj. Malandro; vadio.

MOINHA (o-i), s.f. Fragmentos de palha muito moída.

MOINHO (o-i), s.m. Engenho para moer cereais; máquina para triturar qualquer coisa.

MOITA, s.f. Grupo espesso de plantas arborescentes; interj. designativa de que nada se respondeu, quando se podia ou esperava resposta.

MOITÃO, s.m. Peça metálica em forma de elipse destinada a levantar pesos.

MOITAR, v.int. (pop.) Calar-se; esconder-se.

MOLA, s.f. Lâmina metálica com que se dá impulso ou resistência a qualquer peça; (fig.) tudo que concorre para um movimento ou para um fim.

MOLAMBENTO, adj. Roto, esfarrapado.

MOLAMBO, s.m. Farrapo; trapo.

MOLAR, adj. Próprio para moer; que mói; que se mói facilmente; (Anat.) diz-se dos dentes que ficam situados depois dos caninos; solução —: (Quím.) aquela que contém em 1 litro de solução a molécula-grama da substância dissolvida.

MOLDAÇÃO, s.f. Ato ou efeito de moldar.

MOLDADO, s.m. Obra de moldura.

MOLDADOR (ô), adj. Que molda; s.m. aquele que molda ou faz moldes; instrumento de entalhador para ornar as molduras em madeira rija.

MOLDAGEM, s.f. Operação de moldar; gênero de escultura.

MOLDAR, v.t. Formar os moldes de; acomodar ao molde; fundir, vazando no molde; (fig.) dar forma ou contorno a; adaptar; afeiçoar; conformar; p. acomodar-se; adaptar-se; conformar-se; adquirir feitio.

MOLDE, s.m. Modelo oco para nele vazar metais derretidos; modelo pelo qual se talha alguma coisa; caixa de matriz para fundição de tipos.

MOLDURA, s.f. Caixilho para guarnecer quadros, estampas, etc.; ornato saliente em obras de arquitetura.

MOLDURAGEM, s.f. Ato de moldurar; conjunto de molduras que adornam uma peça de arquitetura.

MOLDURAR, v.t. Ornar com moldura; encaixilhar em moldura; emoldurar.

MOLDUREIRO, s.m. Fabricante de molduras; aquele que guarnece com molduras.

MOLE, s.f. Volume enorme; massa informe; adj. brando; preguiçoso; sem energia.

MOLEAR, v.t. Tornar mole ou frouxo.

MOLECADA, s.f. Grupo de moleques.

MOLECAGEM, s.f. Ação de moleque.

MOLECAR, v.int. Proceder como moleque.

MOLECÓRIO, s.m. Grupo ou corja de moleques.

MOLECOTE, s.m. Moleque pequeno.

MOLÉCULA, s.f. A menor quantidade de matéria que pode existir no estado livre; pequenina parte de um corpo; — grama: (Quím.) a quantidade de uma substância cuja massa em gramas é numericamente igual ao seu peso molecular.

MOLECULAR, adj. Que diz respeito à molécula.

MOLEIRA, s.f. Mulher que trabalha em moinho; dona do moinho; parte membranosa do crânio das crianças antes de sua completa ossificação.

MOLEIRÃO, s.m. Lerdo; fraco. (Fem.: moleirona.)

MOLEIRO, s.m. Dono do moinho; aquele que mói cereais profissionalmente.

MOLEIRONA, s.f. Mulher indolente, preguiçosa.

MOLENGA, adj. Indolente; preguiçoso.

MOLENGÃO, s.m. Indivíduo muito molenga ou molengo. (Fem.: molengona.)

MOLENGAR, v.int. Vadiar; ser preguiçoso.

MOLENGO, adj. O mesmo que molenga.

MOLEQUE, s.m. Negrinho; sujeito sem palavra ou sem gravidade; menino de pouca idade; adj. engraçado; trocista. (Fem.: moleca.)

MOLEQUEAR, v.int. Molecar.

MOLESTADOR (ô), adj. Aquele que molesta.

MOLESTAMENTO, s.m. Ato ou efeito de molestar.

MOLESTAR, v.t. Afetar, atacar (falando de moléstia); maltratar; magoar; enfadar; incomodar; causar dano ou prejuízo a; oprimir; ofender.

MOLÉSTIA, s.f. Doença; enfermidade.

MOLESTO, adj. Que incomoda; que enfada.

MOLEZA (ê), s.f. Qualidade de mole; falta de força; languidez; indolência; (gír.) trabalho que não exige esforço.

MOLHADELA, s.f. Ato de molhar; banho rápido.

MOLHADO, adj. Umedecido com qualquer líquido; s.m. lugar umedecido por um líquido que nele caiu ou se entornou; pl.: vinho, azeite e outras substâncias líquidas que se vendem nas mercearias que, por isso, se chamam armazéns de secos e molhados.

MOLHADURA, s.f. Molhadela; (fig.) gratificação.

MOLHAMENTO, s.m. Molhadela; imersão.

MOLHAR, v.t. Embeber em líquido; banhar; umedecer levemente; p. receber ou deitar líquido sobre si.

MOLHE, s.m. Paredão construído no mar para servir de cais acostável ou para quebrar a impetuosidade das vagas.

MOLHEIRA, s.f. Vaso em que à mesa se servem molhos.

MOLHO, s.m. Feixe; manada.

MOLHO, s.m. Espécie de caldo em que se refogam iguarias ou com que se comem estas. (Pl.: molhos.)

MOLIBDÊNIO, s.m. Elemento químico, metal, símbolo Mo, de peso atômico 96 e n.º atômico 42.

MOLIFICAR, v.t. Tornar mole; amolecer; suavizar.

MOLIFICATIVO, adj. Emoliente.

MOLINETE (ê), s.m. Espécie de cabrestante que sustenta a âncora em navios pequenos; movimento giratório rápido que se faz com uma espada, um pau, etc., em torno do corpo; cruzamento de madeira, girando sobre um pião, em portas de recinto muito freqüentado para evitar a entrada nelas de tropel (neste sentido, o mesmo que borboleta); instrumento para medir a velocidade dos cursos de água; peça dos anemômetros que, girando, possibilita o registro da velocidade dos ventos.

MOLINHEIRO, s.m. Chuvisco.

MOLINOTE, s.m. Moenda da cana-de-açúcar.

MOLOSSO (ô), s.m. Espécie de cão de fila.

MOLUSCO, s.m. Espécime dos Moluscos, ramo do reino animal que compreende os animais de corpo mole, sem vértebras nem articulações e ordinariamente envolvido em conchas. Exs.: ostras, caracóis.

MOMENTÂNEO, adj. Instantâneo; rápido; transitório.

MOMENTO, s.m. Espaço pequeníssimo mas indeterminado de tempo; instante; ocasião azada; circunstância; (Fís.) produto de uma força pela distância que vai do ponto fixado à direção da força.

MOMENTOSO (ô), adj. Grave; importante.

MOMICES, s.f. Trejeitos; caretas.

MOMO, s.m. Representação mímica; farsa satírica; rei do carnaval.

MONACAL, adj. Que diz respeito a monge ou à vida do convento.

MÔNADA, s.f. Substância simples; infusório flagelado.

MONANTROPIA, s.f. Sistema antropológico que só admite originariamente uma raça de homens.

MONARCA, s.m. Soberano vitalício e ordinariamente hereditário de uma nação ou Estado; rei; imperador.

MONARQUIA, s.f. Estado governado por um monarca; forma de governo em que o poder supremo é exercido por um monarca.

MONÁRQUICO, adj. Relativo a monarca ou à monarquia.

MONARQUISMO, s.m. Sistema político dos monarquistas.

MONARQUISTA, s. Pessoa partidária da monarquia.

MONÁSTICO, adj. Monacal.

MONATÔMICO, adj. Diz-se da molécula formada por um átomo só.

MONAZITA, s.f. Mineral monoclínico, sulfato de cério, lantânio, prasiodímio, neodímio, com presença de óxido de tório.

MONAZÍTICO, adj. Relativo à monazita.

MONÇÃO, s.f. Época ou vento favorável à navegação; nome das expedições que desciam e subiam rios das capitanias de S. Paulo e M. Grosso nos séculos XVIII e XIX, pondo-as em comunicação; pl. (meteor.) ventos que sopram em direções opostas conforme as estações do ano.

MONCAR, v.int. Limpar o monco; assoar-se.

MONCO, s.m. Humor espesso segregado pela mucosa do nariz; ranho.

MONCOSO (ô), adj. Que segrega muito monco; ranhoso; (fig.) sórdido; desprezível.

MONDA, s.f. Ato de mondar; tempo próprio para mondar.

MONDADEIRA, s.f. e **MONDADEIRO**, s.m. Mulher ou homem que trabalha nas mondas.

MONDADOR (ô), adj. Que monda; s.m. o mesmo que mondadeiro; utensílio empregado na monda.

MONDADURA, s.f. Monda.

MONDAR, v.t. Arrancar (as ervas daninhas que crescem entre as plantas cultivadas); carpir; capinar.

MONDONGA, s.f. Mulher imunda e desmazelada.

MONDONGO, s.m. Pessoa suja e desmazelada.

MONDRONGO, s.m. Alcunha de português; galego.

MONEGASCO, adj. De Mônaco (Europa); s.m. o natural ou habitante de Mônaco.

MONETÁRIO, adj. Relativo à moeda; s.m. coleção de moedas; livro com gravuras de moedas; numismata.

MONETIZAÇÃO, s.f. Ação ou efeito de transformar em moeda.

MONETIZAR, v.t. Amoedar.

MONGE, s.m. Frade ou religioso de mosteiro. (Fem.: monja.)

MONGOL, adj. Da Mongólia (Ásia); o mesmo que mongólico; s. pessoa natural ou habitante da Mongólia. (Pl.: mongóis.)

MONGÓLICO, adj. Mongol.

MONGOLISMO, s.m. (Med.) Idiotia mongólica; deficiência mental associada a alterações morfológicas: nariz chato, fendas palpebrais de pequena abertura, pômulos proeminentes, boca pequena, língua alongada, mãos e pés curtos e grossos.

MONGOLÓIDE, adj. Próprio da raça mongol; semelhante ao tipo da raça mongol.

MONISMO, s.m. Concepção dinâmica da unidade de todas as forças da natureza, reduzidas ao fenômeno do movimento.

MONÍSTICO, adj. Relativo a monismo.

MONITOR (ô), s.m. Aquele que dá conselhos, lições, que admoesta; decurião.

MONITÓRIA, s.f. Aviso em que o público é convidado a ir dizer o que souber acerca de um crime.

MONJOLEIRO, s.m. Dono de monjolo.

MONJOLO (ô), s.m. Engenho tosco, movido por água, empregado para pilar milho. (Pl.: monjolos (ô).)

MONO, s.m. Macaco; bugio.

MONOBÁSICO, adj. (Quím.) Diz-se do ácido que tem apenas um átomo de hidrogênio substituível por metal.

MONOCARPO, adj. (Bot.) Que só tem um fruto.

MONOCELULAR, adj. Diz-se do organismo rudimentar com uma só célula; unicelular.

MONOCLÍNICO, adj. (Miner.) Diz-se do sistema cristalino caracterizado por três eixos desiguais, dos quais um é perpendicular aos dois outros e tem ou um eixo de simetria dupla ou um plano de simetria.

MONOCÓRDIO, s.m. Instrumento musical de uma só corda.

MONOCOTILEDÔNEA, s.f. Espécime das Monocotiledôneas, plantas de uma das três grandes divisões dos Fanerógamas e caracterizadas por terem só um cotilédone na semente.

MONOCOTILEDÔNEO, adj (Bot.) De um só cotilédone.

MONOCRÔMICO ou **MONOCROMÁTICO**, adj. Que é pintado com uma só cor.

MONOCROMO, adj. De uma só cor.

MONÓCULO, s.m. Que tem um só olho; s.m. luneta de um vidro só.

MONODIA, s.f. Canto a uma voz sem acompanhamento.

MONÓDICO, adj. Relativo a monodia.

MONOFOBIA, s.f. Horror mórbido à solidão.

MONÓFOBO, adj. Diz-se daquele que tem monofobia.

MONOGAMIA, s.f. Estado de monógamo. (Antôn.: poligamia.)

MONOGÂMICO, adj. Relativo à monogamia. (Antôn.: poligâmico.)

MONOGAMISTA, adj. e s. Partidário da monogamia.

MONÓGAMO, adj. Que tem uma só esposa.

MONOGENISMO, s.m. Doutrina antropológica segundo a qual todas as raças humanas derivam de um tipo primitivo único.

MONOGENISTA, adj. e s. Partidário do monogenismo.

MONOGRAFAR, v.t. Fazer a monografia de.

MONOGRAFIA, s.f. Dissertação acerca de um ponto particular de uma ciência ou arte, etc.

MONOGRÁFICO, adj. Relativo a monografia.

MONOGRAMA, s.m. Entrelaçamento das letras iniciais ou principais do nome de alguém.

MONOGRAMÁTICO, adj. Relativo ao monograma

MONOGRAMISTA, s. Pessoa que faz monogramas; artista que não assina as suas obras com o nome por extenso, mas sim com um monograma, uma abreviatura ou iniciais.

MONOLÍTICO, adj. Relativo a monólito; semelhante a um monólito.

MONÓLITO, s.m. Pedra de grandes dimensões; obra ou monumento feito de um só bloco de pedra.

MONOLOGAR, v.int. Recitar monólogos; falar consigo só.

MONÓLOGO, s.m. Peça teatral ou cena em que fala um só ator; solilóquio.

MONOMANIA, s.f. Anomalia mental em que a inteligência e a afetividade são alteradas em uma só ordem de idéias ou de sentimentos; atividade dirigida para uma idéia fixa.

MONOMANÍACO, adj. Aquele que tem monomania.

MONÔMIO, s.m. Expressão algébrica de um só termo.

MONOPÉTALO, adj. (Bot.) Que tem uma só pétala.

MONOPLANO, s.m. Espécie de aeroplano de um só plano de sustentação.

MONOPLEGIA, s.f. (Med.) Paralisia de um só membro.

MONOPÓLIO, s.m. Tráfico, exploração, posse, direito ou privilégio exclusivos; açambarcamento de mercadorias para serem vendidas por alto preço e com exclusividade.

MONOPOLISTA, s. Pessoa que monopoliza; pessoa que tem monopólio.

MONOPOLIZAÇÃO, s.f. Ato ou efeito de monopolizar.

MONOPOLIZADOR (ô), adj. Aquele que monopoliza.

MONOPOLIZAR, v.t. Fazer ou ter monopólio de; açambarcar; explorar abusivamente, vendendo sem concorrentes; possuir exclusivamente.

MONORRIMO, adj. Diz-se das composições poéticas cujos versos têm a mesma rima.

MONOSSILÁBICO, adj. Formado de uma só sílaba.

MONOSSÍLABO, s.m. Palavra de uma só sílaba.

MONOTEÍSMO, s.m. Sistema dos que admitem a existência de um único Deus.

MONOTEÍSTA, adj. Diz-se da pessoa que adora um só Deus.

MONOTEÍSTICO, adj. Relativo ao monoteísmo.

MONOTIPO, s.f. Máquina de composição tipográfica com teclado e que funde os tipos isoladamente, por oposição ao linotipo que funde a linha inteira.

MONÓTIPO, adj. (Bot.) Diz-se do gênero que tem uma só espécie.

MONOTONGAÇÃO, s.f. (Gram.) Redução de ditongo a uma vogal simples.

MONOTONGO, s.m. (Gram.) Grupo vocálico que representa um som apenas por ser insonoro o primeiro elemento desse grupo, como um inquérito (ke), inquisição (ki), etc.

MONOTONIA, s.f. Uniformidade fastidiosa de tom; falta de variedade.

MONÓTONO, adj. De um só tom; uniforme; enfadonho.

MONOVALENTE, adj. (Quím.) Que possui uma só valência.

MONROÍSMO, s.m. Doutrina do Presidente Monroe, estadista norte-americano (1759-1831), isto é, que não admite a intervenção de potências européias nas questões políticas da América.

MONSENHOR (ô), s.m. Título honorífico, concedido pelo Papa a alguns eclesiásticos e especialmente aos seus camareiros.

MONSENHORADO, s.m. Dignidade de monsenhor.

MONSTRENGO, s.m. Mostrengo.

MONSTRO, s.m. Corpo organizado, que apresenta conformação anômala em todas ou em alguma das suas partes; ser de conformação extravagante, imaginado pela mitologia; animal de grandeza desmedida; figura colossal; prodígio; (fig.) pessoa cruel, desnaturada ou horrenda; adj. muito grande.

MONSTRUOSIDADE, s.f. Qualidade de monstruoso; coisa extraordinária ou abominável; assombro; monstro.

MONSTRUOSO (ô), adj. Que tem a conformação de monstro; assombroso; que excede quanto se pode imaginar de mau; enorme; excessivamente feio.

MONTA, s.f. Soma; importância.

MONTADA, s.f. Ato de montar; cavalo de oficial.

MONTADO, adj. Posto sobre um cavalo ou outro animal; colocado à maneira de cavaleiro.

MONTAGEM, s.f. Ato ou efeito de montar; preparação das peças de um maquinismo para que ele funcione.

MONTANHA, s.f. Grande elevação de terra; (p. ext.) grande elevação de alguma coisa; grande volume.

MONTANHA-RUSSA, s.f. Espécie de divertimento, que consiste em uma armação constituída por uma série de vagonetes que deslizam em grande velocidade sobre imprevistos aclives e declives, proporcionando emoções violentas. (Pl.: montanhas-russas.)

MONTANHÊS, adj. O que vive nas montanhas.

MONTANHOSO (ô), adj. Em que há muitas montanhas.

MONTANISMO, s.m. Doutrina herética de Montano (séc. II), que proclamava a ação constante do Espírito Santo, de quem o herege se dizia profeta.

MONTANTE, s.m. Importância; soma; (Mat. Financeira) soma de um capital e seu juro produzido.

MONTÃO, s.m. Acumulação desordenada; acervo de coisas.

MONTAR, v.t. Colocar-se sobre (uma cavalgadura); cavalgar; armar; aprontar para funcionar; chegar a (certa soma); importar; t.-rel. pôr; colocar; sobrepor; v.int. importar; ter importância.

MONTARIA, s.f. Lugar onde se corre caça grossa; corrida dessa caça; monteada; cavalgadura.

MONTE, s.m. Elevação considerável de terreno acima do solo que a rodeia; porção; acervo; ajuntamento (aum.: montão; dimin.: montinho; montículo); conjunto dos bens de uma herança; espécie de jogo de azar; o conjunto das apostas dos parceiros em cada mão de um jogo.

MONTEADA, s.f. Montaria; caçada nos montes.

MONTEADOR (ô), s.m. Aquele que caça nos montes; monteiro.

MONTEAR, v.int. Andar à caça nos montes; caçar.

MONTEIRO, s.m. Aquele que caça nos montes.

MONTENEGRINO, adj. Do Montenegro (Europa); s.m. o natural ou habitante do Montenegro.

MONTEPIO, s.m. Instituição em que cada membro, mediante uma quota mensal e outras condições, adquire o direito de, por morte, deixar pensão à sua família, ou de ser subsidiado, etc.; a pensão paga por instituto dessa natureza.

MONTÊS, adj. Dos montes; montanhês.

MONTÍCULO, s.m. Pequeno monte; cômoro; outeiro.

MONTRA, s.f. Vitrina de casa comercial.

MONTURO, s.m. Lugar onde se lançam e depositam dejeções ou imundícies; acervo de lixo.

MONUMENTAL, adj. Relativo a monumento; grandioso; magnífico; enorme; extraordinário.

MONUMENTO, s.m. Obra ou construção destinada a transmitir à posteridade a memória de fato ou pessoa notável; edifício majestoso; mausoléu; obra notável.

MOQUEAR, v.t. Assar em moquém.

MOQUECA, s.f. Guisado de peixe ou marisco com azeite e pimenta.

MOQUÉM, s.m. Grelha de vara para assar ou secar a carne ou o peixe.

MOR, adj. Forma sincopada de maior.

MORA, s.f. Delonga; demora; alargamento do prazo para pagamento ou restituição de alguma coisa.

MORADA, s.f. Lugar onde se mora; habitação; residência; casa; última —: cemitério; sepultura.

MORADIA, s.f. Morada; habitação.

MORADOR (ô), s.m. Habitante; inquilino; vizinho.

MORAL, s.f. Parte da filosofia que trata dos costumes ou dos deveres do homem; conclusão moral que se tira de uma obra, de um fato, etc.; s.m. conjunto das nossas faculdades morais; o que há de moralidade em qualquer coisa; adj. relativo aos bons costumes; que tem bons costumes; relativo ao domínio espiritual (em oposição a físico ou material).

MORALIDADE, s.f. Qualidade do que é moral; doutrina ou reflexão moral; conceito ou intuito moral de certas fábulas ou narrativas.

MORALISMO, s.m. Sistema filosófico que trata exclusivamente da moral.

MORALISTA, adj. e s. Pessoa que escreve sobre moral; pessoa que preconiza preceitos morais.

MORALIZAÇÃO, s.f. Ato ou efeito de moralizar.

MORALIZADOR (ô), adj. Que moraliza.

MORALIZAR, v.t. Tornar conforme aos princípios da moral; infundir idéias sãs em; corrigir os costumes de; int. fazer reflexões morais.

MORANGO, s.m. Fruto do morangueiro.

MORANGUEIRO, s.m. Planta da família das Rosáceas; vendedor de morangos.

MORAR, v.int. Residir; habitar.

MORATÓRIA, s.f. Dilação de prazo concedida pelo credor ao devedor para pagamento de uma dívida.

MORATÓRIO, adj. Que envolve demora ou dilação; dilatório.

MORBIDADE, s.f. Índice de doenças numa região.

MORBIDEZ (ê), s.f. Enfraquecimento doentio; quebramento de forças; languidez.

MÓRBIDO, adj. Enfermo; relativo a doença; doentio; que causa doença; lânguido.

MORBO, s.m. Doença; estado patológico.

MORBOSO (ô), adj. Mórbido.

MORCEGAR, v.t. Explorar; tirar partido de; tomar ou deixar um veículo em movimento.

MORCEGO, s.m. Nome comum para qualquer mamífero cujos dedos da mão são reunidos entre si, e à coxa, por membranas que lhes permitem voar; pessoa que só de noite sai de casa.

MORDAÇA, s.f. Objeto com que se tapa a boca de alguém para que não fale nem grite; açamo; (fig.) repressão da liberdade de escrever ou falar; arrocho.

MORDACIDADE, s.f. Qualidade de mordaz; propriedade de corrosivo; maledicência; sabor picante; qualidade de crítico muito severo ou injusto.

MORDAZ, adj. Que morde; corrosivo; picante; satírico; pungente. (Superl. abs. sint.: mordacíssimo.)

MORDEDOR (ô), adj. e s.m. Aquele que morde; (gír.) facadista; aquele que vive a pedir dinheiro emprestado a amigos e conhecidos.

MORDEDURA, s.f. Ato ou efeito de morder; vestígio de dentada; (fig.) ofensa.

MORDENTE, adj. Que morde; mordaz; provocante; s.m. preparação de tinta para cobrir objetos prontos a dourar; (Quím.) substâncias alcalinas fracas que se combinam com os corantes e os fixa nas fibras que não são suscetíveis de tingir diretamente.

MORDER, v.t. Comprimir ou apertar com os dentes; ferir com os dentes; fazer doer; atormentar; gastar; corroer; criticar; dizer mal de; t. e int. pedir, por hábito, dinheiro emprestado; int. dar dentadas; ser picante; sentir comichão ou prurido; p. dar dentadas em si próprio; desesperar-se; enraivecer-se.

MORDEXIM, s.m. Cólera.

MORDICAR, v.t. Morder levemente repetidas vezes; picar; pungir.

MORDICATIVO, adj. Mordicante.

MORDIDA, s.f. (fam.) ou **MORDIDELA,** s.f. Mordedura.

MORDIDO, adj. Que sofreu mordedura.

MORDIMENTO, s.m. Mordedura; (fig.) remorso.

MORDOMIA, s.f. Cargo ou efeito de mordomo.

MORDOMO, s.m. Administrador dos bens de uma casa, irmandade, etc.

MORÉIA, s.f. Grupo de feixes de trigo ou de outro cereal, verticalmente colocados na terra com as espigas para cima; meda; peixe angüiliforme, de que as espécies mais conhecidas são a moréia-comum ou enguia.

MORENO, adj. Aquele que tem cor trigueira.

MORFÉIA, s.f. Lepra; mal de Hansen.

MORFEMA, s.f. Elemento lingüístico desprovido de significação que serve para relacionar os semantemas nas proposições e delimitar a sua função e significação.

MORFÉTICO, adj. Leproso· lázaro; hanseniano.

MORFINA, s.f. Alcalóide extraído do ópio, dotado de propriedades soporíficas e calmantes.

MORFINISMO, s.m. Abuso da morfina para excitar a imaginação e acalmar dores.

MORFINIZAR, v.p. Usar ou abusar da morfina.

MORFINOMANIA, s.f. Vício da morfina.

MORFINOMANÍACO, adj. Que diz respeito à morfinomania ou ao morfinômano.

MORFINÔMANO, s.m. Indivíduo dado ao vício da morfina.

MORFOLOGIA, s.f. Tratado das formas que a matéria pode tomar; parte da Gramática que estuda a estrutura, processos de formação, flexão e classificação das palavras.

MORFOLÓGICO, adj. Relativo à morfologia.

MORFOLOGISTA, s. Pessoa que se ocupa ou trata cientificamente da morfologia.

MORGADA, s.f. Esposa ou viúva de morgado; senhora de bens que constituem um morgado.

MORGADIO, adj. Relativo a morgado; s.m. bens de morgado; qualidade de morgado.

MORGADO, s.m. Filho primogênito ou herdeiro de possuidor de bens vinculados; filho mais velho ou filho único; propriedade vinculada ou conjunto de bens vinculados que não podem alienar-se ou dividir-se e que geralmente, por morte do possuidor, passavam para o filho mais velho; possuidor desses bens; (fig.) coisa muito rendosa.

MORGANÁTICO, adj. Designativo do casamento contraído por um nobre com uma mulher de condição inferior, a qual não recebe o nome do marido e não transmite aos filhos os direitos de nobreza; designativo da esposa em tal espécie de casamento.

MORIBUNDO, adj. e s.m. Aquele que está a morrer; que vai acabar; agonizante.

MORIGERAÇÃO, s.f. Ato ou efeito de morigerar; moralização; bons costumes.

MORIGERADO, adj. Que tem bons costumes.

MORIGERAR, v.t. Moderar os costumes de; dar bons costumes a.

MORIM, s.m. Pano branco e fino de algodão que se emprega para roupa branca.

MORINGA, s.f. Garrafão ou bilha de barro para água.

MORINGUE, s.m. Moringa.

MORMACEIRA, s.f. Tempo mormacento.

MORMACENTO, adj. Semelhante ao mormo; (fig.) diz-se do tempo quente, estando o sol encoberto, associando-se ligeira umidade.

MORMAÇO, s.m. Tempo mormacento.

MORMENTE, adv. Principalmente; sobretudo.

MORMO, s.m. (Veter.) Doença infecciosa do gado cavalar e asinino, que ocasiona corrimento de pus pelas vias nasais. (Pl.: mormos (ô).)

MÓRMON, s.m. Sectário do mormonismo. (Pl.: mórmons e mórmones.)

MORMONISMO, s.m. Seita religiosa norte-americana fundada em 1827 por Joseph Smith. Os mórmons praticavam a poligamia, mas a lei americana desde 1887 a proibiu.

MORMOSO (ô), adj. Que tem mormo.

MORNIDÃO, s.f. Estado do que é morno; (fig.) qualidade do que é frouxo ou falto de energia.

MORNO, adj. Pouco quente; tépido.

MOROSIDADE, s.f. Qualidade do que é moroso; lentidão; vagar; frouxidão.

MOROSO (ô), adj. Que anda ou procede com lentidão; difícil de fazer; demorado.

MORRAÇA, s.f. Vinho de má qualidade.

MORRÃO, s.m. Pedaço de corda que se acendia numa extremidade para comunicar fogo às peças de artilharia; extremidade carbonizada de torcida ou mecha; grão que apodrece na espiga, antes de amadurecer.

MORRARIA, s.f. Série de morros.

MORREDIÇO, adj. Que está para morrer.

MORREDOURO, adj. Morrediço; decrépito; frágil; mortal; s.m. lugar doentio, onde ocorrem muitos óbitos.

MORRER, v.int. Deixar de viver; finar-se; falecer; perecer; extinguir-se; aniquilar-se; deixar de existir.

MORRINHA, s.f. Sarna epidêmica do gado; gafeira; enfermidade ligeira; fedor exalado por pessoa ou animal; chuvisco; tristeza; melancolia; mal-estar que gera preguiça; prostração.

MORRINHENTO, adj. Que tem morrinha; enfraquecido; gafado.

MORRINHO, s.m. Morro pequeno.

MORRO (ô), s.m. Monte pouco elevado; outeiro; colina. (Dimin.: morrinho, morrote.)

MORROTE, s.m. Pequeno morro.

MORSEGÃO, s.m. Bocado que se arranca com os dentes; beliscão.

MORSEGAR, v.t. Arrancar ou partir com os dentes; mordicar.

MORSO, s.m. Mordedura; bocal do freio.

MORTADELA, s.f. Grande chouriço, espécie de salame.

MORTAL, adj. Sujeito à morte; que produz a morte; moribundo; morredouro; transitório; insuportável; diz-se de inimigo encarniçado; s.m. o homem; pl.: a humanidade.

MORTALHA, s.f. Vestidura em que se envolve o cadáver que vai ser sepultado; pequena tira de papel ou de palha em que se embrulha o tabaco do cigarro.

MORTALIDADE, s.f. Qualidade de mortal; relação em determinado agrupamento humano entre o número de mortos e o de habitantes, para todas as moléstias em conjunto ou para cada uma delas em particular.

MORTANDADE, s.f. Morticínio; matança; carnificina.

MORTE, s.f. Ato de morrer; fim da vida; termo; destruição; entidade imaginária que a crendice popular supõe ceifeira das vidas; de —: rancoroso; encarniçado; (pop.) enfadonho.

MORTEIRADA, s.f. Tiro de morteiro.

MORTEIRO, s.m. Canhão curto de boca larga; pequena peça de ferro que se carrega com pólvora para dar tiros ou fazer explosão festiva.

MORTICÍNIO, s.m. Mortalidade; carnificina.

MORTIÇO, adj. Prestes a apagar-se; desanimado.

MORTÍFERO, adj. Que produz a morte; letal.

MORTIFICAÇÃO, s.f. Ato ou efeito de mortificar; aflição.

MORTIFICADO, adj. Apoquentado; atormentado.

MORTIFICADOR (ô), adj. Mortificante.

MORTIFICANTE, adj. Que mortifica.

MORTIFICAR, v.t. Diminuir a vitalidade de (alguma parte do corpo); afligir; causar desgosto ou dissabor a; atormentar; torturar; p. castigar o próprio corpo com penitência; afligir-se; atormentar-se.

MORTIFICATIVO, adj. Mortificante.

MORTO (ô), adj. Que morreu; defunto; falecido; extinto; esquecido; paralisado; inexpressivo; inútil; muito fatigado; s.m. aquele que morreu; cadáver humano; finado.

MORTUALHA, s.f. Grande porção de cadáveres; funeral.

MORTUÁRIO, adj. Relativo à morte ou aos mortos; fúnebre; funerário.

MORUBIXABA, s.m. Chefe temporal das tribos indígenas brasileiras (o espiritual chama-se pajé). O mesmo que cacique.

MOSAICISTA, adj. e s. Pessoa que trabalha em obras de mosaico.

MOSAICO, s.m. Pavimento de ladrilhos variegados embutido de pequenas pedras ou de outras peças de cores, que pela sua disposição dão aparência de desenho; (fig.) miscelânea.

MOSCA, s.f. Inseto díptero que tem por tipo a mosca vulgar ou doméstica; (fig.) pessoa importuna; pequena porção de barba que se deixa crescer sob o lábio inferior; andar às — s, ou estar às — s: pouco freqüentado, estar ocioso ou ocupado com bagatelas; comer —: ser enganado; não compreender, não perceber alguma coisa. (Aum.: moscão, moscardo; dim.: mosquito; pl.: moscas.)

MOSCÃO, s.m. Grande mosca.

MOSCAR, v.int. e p. Fugir das moscas, como foge o gado; (fig.) sumir-se; desaparecer; safar-se. (Pres. do indic.: musco, muscas, musca, moscamos, moscais, muscam; imperat.: musca, musque, etc.; pres. do subj.: musque, musques, musque, mosquemos, mosqueis, musquem. Muda o o da raiz em ʊ nas formas rizotônicas.)

MOSCARDO, s.m. Moscão.

MOSCARIA, s.f. Grande quantidade de moscas.

MOSCATEL, adj. Designativo de uma variedade de uva muito apreciada e de que há várias espécies; s.m. vinho dessa uva. (Pl.: moscatéis.)

MOSCO, s.m. Mosca pequena; mosquito.

MOSCOVITA, adj. De Moscou, capital da Rússia; russo; s. o natural ou habitante de Moscou; russo; (por ext.) comunista.

MOSQUEADO, adj. Que tem malhas escuras.

MOSQUEAR, v.t. Salpicar de pintas ou manchas.

MOSQUEDO (ê), s.m. Lugar onde há muitas moscas.

MOSQUEIRO, s.m. Lugar onde há muitas moscas; utensílio ou qualquer objeto para apanhar ou afugentar moscas.

MOSQUETAÇO, s.m. Tiro de mosquete.

MOSQUETADA, s.f. Mosquetaço; ferida causada por mosquetaço.

MOSQUETÃO, s.m. Fuzil usado pelos soldados de cavalaria e artilharia.

MOSQUETARIA, s.f. Grande porção de mosquetes, de mosqueteiros ou de tiros de mosquete.

MOSQUETE (ê), s.m. Arma de fogo do feitio da espingarda, porém, muito mais pesada.

MOSQUETEAR, v.t. Disparar (tiros de mosquete), contra; int. dar tiros de mosquete.

MOSQUETEIRO, s.m. Antigo soldado armado de mosquete.

MOSQUITADA, s.f. Porção de mosquitos.

MOSQUITEIRO, s.m. Cortinado ou rede para resguardar dos mosquitos.

MOSQUITO, s.m. Nome pelo qual são conhecidos os pequenos insetos dípteros.

MOSSA, s.f. Vestígio de pancada ou pressão.

MOSSEGAR, v.t. Morsegar.

MOSTARDA, s.f. Semente de mostardeira; mostardeira.

MOSTARDEIRA, s.f. Planta medicinal e comestível.

MOSTEIRO, s.m. Habitação de monges ou monjas; convento, abadia.

MOSTO (ô), s.m. Sumo de uvas, antes de acabar a fermentação; suco, em fermentação, de qualquer fruta.

MOSTRA, s.f. Ato ou efeito de mostrar; exposição; exibição.

MOSTRADOR (ô), adj. Que mostra; indicador (dedo); s.m. parte do relógio onde estão indicadas as horas; mesa ou balcão de estabelecimento comercial.

MOSTRAR, v.t. Fazer ver; expor à vista; dar sinal de; aparentar; exteriorizar; exibir.

MOSTRENGO, s.m. Pessoa desajeitada, gorda e feia; estafermo.

MOSTRUÁRIO, s.m. Mostrador; vitrina.

MOTA, s.f. Aterro à beira de rio para resguardar de inundações os campos ou lugares marginais.

MOTE, s.m. Legenda de brasão; conceito, de ordinário, expresso num dístico ou numa quadra, para ser glosado.

MOTEJADOR (ô), adj. e s.m. Aquele que moteja.

MOTEJAR, v.t. Fazer motejo de; escarnecer; criticar; censurar; int. fazer escárnio; dizer gracejos; fazer motes; dar motes para glosas.

MOTEJO (ê), s.m. Zombaria; escárnio; dito picante; gracejo.

MOTETE (ê), s.m. Dito engraçado ou satírico; composição musical polifônica, de caráter religioso.

MOTILIDADE, s.f. Propriedade de locomoção.

MOTIM, s.m. Revolta; desordem.

MOTIVAÇÃO, s.f. Exposição de motivos ou causas.

MOTIVADO, adj. Causado; fundamentado.

MOTIVADOR (ô), adj. e s.m. O que motiva.

MOTIVAR, v.t. Dar motivo a; causar.

MOTIVO, s.m. Causa; razão; intuito.

MOTO, s.m. Movimento; giro; andamento musical; s.f. forma reduzida de motocicleta.

MOTOCICLETA, s.f. Bicicleta com motor a gasolina.

MOTOCICLISTA, s. Pessoa que anda em motocicleta.

MOTOCICLO, s.m. Motocicleta.

MOTOR (ô), adj. Que faz mover; determinante ou causante (fem.: motora e motriz); s.m. tudo o que dá movimento a um maquinismo; pessoa ou coisa que faz mover ou dá impulso; o que aconselha ou induz.

MOTOREIRO, s.m. Motorneiro.

MOTORISTA, s.m. Maquinista de automóvel; (por ext.) condutor de qualquer veículo de tração mecânica.

MOTORNEIRO, s.m. Aquele que dirige o bonde.

MOTRIZ, adj. e s.f. Que faz mover; força que dá movimento.

MOUCARRÃO, adj. Muito mouco.

MOUCO, adj. e s.m. O que ouve mal. (Aum.: moucarrão.)

MOUQUICE ou **MOUQUIDÃO**, s.f. Estado ou afecção do mouco; surdez.

MOURAMA, s.f. Terra de mouros; grande porção
de mouros.

MOURÃO, s.m. Estaca em que se sustenta a videira ou os fios de cerca; esteio grosso firmemen-
te fincado no solo e a que se amarram reses destinadas ao corte ou reses indóceis para tratamento; vara enterrada à margem dos rios mansos, à
qual se prendem as canoas.

MOURARIA, s.f. Bairro onde habitavam mouros.

MOUREJAR, v.int. Trabalhar muito (como um
mouro); lidar constantemente.

MOUREJO (ê), s.m. Trabalho contínuo, incessante.

MOURESCO (ê), adj. Relativo a mouros.

MOURISCO, adj. Relativo a mouros; s.m. ornato de ourivesaria.

MOURISMA, s.f. Religião dos mouros; mourama.

MOURO, adj. Mourisco; relativo aos mouros; não
batizado; s.m. indivíduo da Mauritânia; sarraceno; infiel; (fam.) homem que trabalha muito.

MOVEDIÇO, adj. Que se move com facilidade;
pouco firme; instável.

MOVEDOR (ô), adj. e s.m. Aquele que move; motor.

MÓVEL, adj. Que se pode mover; s.m. causa; motivo; peça de mobília; projétil; pl.: todos os objetos materiais que não são bens imóveis e todos
os direitos a eles inerentes.

MOVELEIRO, s.m. Pessoa que fabrica ou vende
móveis.

MOVENTE, adj. Que move ou que se move.

MOVER, v.t. Dar movimento a; deslocar; mexer;
comover; inspirar dó ou compaixão a; provocar;
perturbar; alterar; agitar.

MOVIDO, adj. Impelido, levado; ocasionado; raquítico.

MOVIMENTAÇÃO, s.f. Ato de movimentar.

MOVIMENTAR, v.t. Dar movimento a; pôr em movimento; agitar em diversas direções; animar;
mobilizar; mover; p. pôr-se em movimento; animar-se.

MOVIMENTO, s.m. Estado em que um corpo muda continuamente de posição em relação a um
ponto fixo; deslocação; variação de algumas quantidades; afluência de gente movendo-se; féria (de
casa comercial); rebelião; revolta; motim; providência; animação; agitação; andamento musical;
evolução de idéias; marcha dos astros; marcha de
tropas.

MOVÍVEL, adj. Que se pode mover.

MOXA (cs), s.f. Mecha de algodão aplicada acesa sobre a pele para a cauterizar.

MOXIFINADA, s.f. Salsada; miscelânea.

MOZETA (ê), s.f. Murça eclesiástica ou prelatí-
cia.

MU, s.m. Filho de jumento e égua ou de cavalo
e jumenta.

MUAMBA, s.f. Furto de mercadorias de navios an-
corados e de armazéns da alfândega; contrabando;
venda e compra de coisas furtadas.

MUAMBEIRO, s.m. Indivíduo que costuma fazer
muambas.

MUAR, adj. Que é da raça dos mus; s. besta muar;
mula.

MUCHACHO, s.m. Rapaz moço.

MUCILAGEM, s.f. (Bot.) Substância viscosa, próximo à celulose, encontrada em vários vegetais.

MUCILAGINOSO (ô), adj. Designativo do que contém mucilagem.

MUCO, s.m. Líqüido viscoso, segregado pelas mucosas.

MUCOSA, s.f. (Anat.) Membrana que forra as cavidades do organismo e que segrega muca.

MUCOSIDADE, s.f. Muco.

MUCOSO (ô), adj. Que produz muco; que tem a
natureza do muco.

MUCUDO, adj. (gír.) Musculoso; que tem muque.

MUÇULMANISMO, s.m. Maometismo.

MUÇULMANO, adj. Maometano.

MUÇURANA, s.f. Cobra da família dos Colubrí-
deos. (É cobra não-venenosa que ataca e chega a
devorar as venenosas.)

MUDA, s.f. Ato de mudar; mudanças; substituição
de animais cansados, em jornadas longas, por outros folgados; renovação do pêlo, das penas ou da
pele de certos animais; planta tirada do viveiro
para plantação definitiva; fato; roupa.

MUDADIÇO, adj. Mudável.

MUDADO, adj. Diferente; transformado; deslocado.

MUDADOR, adj. Que muda ou causa mudança.

MUDANÇA, s.f. Ato ou efeito de mudar; transferência, substituição.

MUDAR, v.t. Transferir de um lugar para outro;
desviar; substituir; variar; int. ir viver em outro
lugar; transformar-se.

MUDÁVEL, adj. Que se pode mudar; sujeito a mudança; volúvel.

MUDEZ (ê), s.f. Qualidade ou estado de quem é
mudo; impossibilidade de falar, por defeito orgânico.

MUDO, adj. Incapaz de falar; calado; silencioso.

MUGIDO, s.m. Voz de vaca e em geral dos bovi-
deos.

MUGIR, v.int. Dar mugidos; (fig.) berrar; bramir.

MUI, adv. Forma apocopada do muito.

MUITO (úi), adj. Que é em grande número ou em
abundância; adv. com excesso; abundantemente;
em alto grau; com intensidade; de —: há (ou havia) muito tempo.

MULA, s.f. Fêmea do mulo.

MULADAR, s.m. Monturo; esterqueira

MULATARIA, s.f. Grupo de mulatos.

MULATINHO, s.m. Mulato pequeno; variedade de
feijão.

MULATO, s.m. Filho de pai branco e mãe preta
ou vice-versa; homem escuro, trigueiro.

MULETA (ê), s.f. Bastão de braço côncavo a que
se apóiam os coxos; (fig.) o que serve de apoio;
pau em que o toureiro suspende a capa, para provocar o touro.

MULETADA, s.f. Pancada com muleta.

MULETEIRO, s.m. Aquele que trata de mulas; arrieiro.

MULHER, s.f. Pessoa do sexo feminino depois da
puberdade; esposa. (Aum.: mulherão, mulheraça,
mulherona.)

MULHERAÇA, s.f. Mulher alta e forte.

MULHERADA, s.f. ou **MULHERAME**, s.m. Mulherio.

MULHERÃO, s.f. Mulheraça.

MULHERENGO, adj. e s.m. Aquele que tem misteres próprios do sexo feminino; maricas; apaixonado por mulheres.

MULHERICO, adj. Efeminado; covarde.

MULHERIL, adj. Relativo à mulher; próprio de mulheres.

MULHERINHA, s.f. Dimin. de mulher; mexeriqueira.

MULHERIO, s.m. Grande quantidade de mulheres;
as mulheres.

MULHERONA, s.f. Mulheraça.

MULO, s.m. Mu.

MULTA, s.f. Ato ou efeito de multar; pena pe-
cuniária; condenação.

MULTANGULAR, adj. (Mat.) Diz-se da figura que
tem mais de quatro ângulos.

MULTAR, v.t. Impor ou aplicar multa a; (fig.)
condenar.

MULTIANGULAR, adj. (Mat.) Multangular.

MULTICAPSULAR, adj. (Bot.) Diz-se do fruto que
tem muitas cápsulas.

MULTICELULAR, adj. (Bot.) Que tem muitas células; pluricelular.

MULTICOLOR (ô) ou **MULTICOR** (ô), adj. Que
tem muitas cores.

MULTIDÃO, s.f. Grande quantidade ou ajuntamento de pessoas ou coisas; montão; abundância;
populacho; o povo.

MULTIFÁRIO, adj. De muitos aspectos; variado.

MULTIFLORO, adj. (Bot.) Que tem muitas flores.

MULTIFLUO, adj. Que flui abundantemente.

MULTIFOLIADO, adj. Que tem muitos folíolos.

MULTIFORME, adj. Que tem muitas formas ou se
apresenta de várias maneiras.

MULTILÁTERO, adj. (Mat.) Diz-se da figura que
tem mais de quatro lados.

MULTÍLOQUO (co), adj. Que fala muito.

MULTIMILIONÁRIO, adj. e s.m. Que é possuidor
de muitos milhões; riquíssimo.

MULTÍMODO, adj. Multiforme; multifário.

MULTINÉRVEO, adj. (Bot.) Que tem muitas nervuras (falando-se das folhas das plantas).

MULTIPARIDADE, s.f. Qualidade de multíparo.

MULTÍPARO, adj. (Zool.) Que pode dar à luz, de
um só parto, a muitos filhos (aplica-se às fêmeas
de certos animais).

MULTÍPEDE, adj. (Zool.) Que tem muitos pés.

MULTIPÉTALO, adj. (Bot.) Polipétalo.

MULTIPLICAÇÃO, s.f. Ato ou efeito de multiplicar; reprodução; (Arit.) operação fundamental que tem por fim, dados dois números (multiplicando e multiplicador), achar um terceiro (produto) que seja a soma de tantas parcelas iguais ao multiplicando, quantas as unidades contidas no multiplicador.

MULTIPLICADOR (ô), adj. Que multiplica; s.m. (Arit.) designação do segundo fator numa multiplicação de dois números; coeficiente.

MULTIPLICANDO, s.m. Número que se deve multiplicar por outro.

MULTIPLICAR, v.t. Aumentar o número de; reproduzir; repetir um número tantas vezes quantas as unidades do outro; int. crescer em número; fazer a multiplicação; propagar-se.

MULTIPLICATIVO, adj. Que multiplica ou serve para multiplicar.

MULTIPLICÁVEL, adj. Que se pode multiplicar.

MULTIPLICE, adj. Complexo; variado; copioso; que se manifesta de vários modos.

MULTIPLICIDADE, s.f. Qualidade de multíplice; grande número; abundância.

MÚLTIPLO, adj. Que abrange muitas coisas; que não é simples nem único; diz-se de um número que contém outro duas ou mais vezes exatamente; s.m. número múltiplo; mínimo — comum: menor número que é divisível por vários outros sem deixar restos.

MULTISSECULAR, adj. Que tem muitos séculos.

MULTÍSSONO, adj. Que produz muitos ou variados sons.

MULTIUNGULADO, adj. (Zool.) Diz-se do animal que tem mais de duas unhas em cada pé.

MULTÍVAGO, adj. Que anda de um para outro lugar; que anda sempre; vagabundo.

MÚMIA, s.f. Corpo embalsamado pelos antigos egípcios; cadáver embalsamado por processos análogos aos dos egípcios; cadáver dessecado e embalsamado; (fig.) pessoa muito magra ou descarnada; (fig.) indivíduo sem energia ou retrógrado.

MUMIFICAÇÃO, s.f. Ato ou efeito de mumificar.

MUMIFICADOR (ô), adj. e s.m. Aquele que mumifica.

MUMIFICAR, v.t. Converter em múmia; int. e p. converter-se em múmia; emagrecer extraordinariamente; atrofiar-se intelectualmente.

MUMIFICÁVEL, adj. Que se pode mumificar.

MUNDANAL, adj. Mundano.

MUNDANALIDADE, s.f. Qualidade do que é mundano; tudo o que é relativo ao mundo ou não espiritual; tendência para os gozos materiais; vida desregrada.

MUNDANISMO, s.m. Vida mundana; hábito ou sistema dos que só procuram gozos materiais.

MUNDANO, adj. Relativo ao mundo (encarado este pelo lado material e transitório); dado a gozos materiais.

MUNDÃO, s.m. Grande extensão de terra; grande porção de pessoas ou coisas.

MUNDARÉU, s.m. Mundo grande; mundão.

MUNDIAL, adj. Relativo ao mundo; geral; universal.

MUNDÍCIA ou **MUNDÍCIE,** s.f. Asseio; limpeza.

MUNDIFICAR, v.t. Limpar; assear; purificar.

MUNDIFICATIVO, adj. Mundificante.

MUNDO, s.m. Conjunto do espaço, corpos e seres que a vista humana pode abranger; globo terrestre; universo; a humanidade; a maioria dos homens; a vida presente; classe social; os prazeres materiais da vida; grande quantidade; o Novo —: as Américas; o Velho —: os três antigos continentes Europa, Ásia e África, mais comumente em referência somente à Europa; despachar para o outro — (pop.): matar; do outro — (pop.): excelente; outro —: a vida de além-túmulo; prometer — s e fundos: fazer promessas ou oferecimentos extraordinários.

MUNGIDA ou **MUNGIDURA,** s.f. Ato de mungir; porção de leite mungido.

MUNGIR, v.t. Extrair leite das tetas de; ordenhar; (fig.) explorar; despejar; espremer. (V. defectivo: não se conjuga na 1.ª pess. sing. do pres. indic. e em todas as pessoas do pres. do subjuntivo; numerosos autores o conjugam regularmente e essa é a tendência: munjo, munjes, etc. no pres. do indic.; munja, munjas, etc. no pres. do subjuntivo.)

MUNGUNZÁ ou **MUNGUZÁ,** s.m. Iguaria feita de grãos de milho cozido em caldo açucarado, às vezes com leite de coco ou de gado.

MUNHECA, s.f. Parte em que a mão se liga ao antebraço; pulso.

MUNIÇÃO, s.f. Provisão de armamentos e do mais que é preciso a uma porção de tropas; chumbo para a caça dos pássaros.

MUNICIADOR, adj. Diz-se do soldado encarregado da munição do grupo de combate.

MUNICIAR, v.t. O mesmo que municionar. (É mais corrente municiar; pres. ind.: municio, municias,etc.)

MUNICIONAMENTO, s.m. Ato ou efeito de municionar.

MUNICIONAR, v.t. Prover de munições; municiar.

MUNICIPAL, adj. Relativo ou pertencente ao município.

MUNICIPALIDADE, s.f. Câmara municipal; prefeitura.

MUNICIPALISMO, s.m. Sistema de administração que atende especialmente à organização e prerrogativas dos municípios.

MUNÍCIPE, adj. Do município; s. cidadão ou cidadã do município.

MUNICÍPIO, s.m. Circunscrição administrativa em que se exerce a jurisdição de uma vereação.

MUNIFICÊNCIA, s.f. Qualidade de munificente; generosidade; liberalidade.

MUNIFICENTE, adj. Generoso; magnânimo; liberal.

MUNÍFICO, adj. Munificante. (Superl. abs. e sint.: munificentíssimo.)

MUNIR, v.t. Municionar; fortificar; defender; acautelar; prover; p. abastecer-se; prover-se; municiar-se.

MUQUE, s.m. (gír.) Músculo; força muscular; a —: à força física; com violência.

MUQUIRANA, s.f. Piolho.

MURAL, adj. Relativo a muro.

MURALHA, s.f. Muro que guarnece uma fortaleza ou praça de armas; grande muro.

MURAMENTO, s.m. Ato ou efeito de murar; muralha; fortificação.

MURAR, v.t. Cercar de muro ou muros; fortificar.

MURÇA, s.f. Espécie de cabeção de cor usado pelos cônegos sobre a sobrepeliz.

MURCHAR, v.t. Tornar ou pôr murcho; privar da frescura ou viço; (fig.) tirar a força ou a intensidade a; int. e p. perder o viço, a frescura, a beleza, a cor ou o brilho.

MURCHECER, v.t. e int. Emurchecer.

MURCHIDÃO, s.f. Estado daquilo que murchou.

MURCHO, adj. Que perdeu a frescura, o viço, a cor ou a beleza; (fig.) que perdeu a força ou a energia; triste; abatido; pensativo.

MURIÁTICO, adj. (Quím.) Nome comercial do ácido clorídrico.

MURMULHANTE, adj. Que murmulha.

MURMULHAR, v.int. Ramalhar (a árvore); rumorejar.

MURMULHO, s.m. Murmúrio das ondas; ramalhar das árvores.

MURMURAÇÃO, s.f. Ato de murmurar; maledicência.

MURMURADOR (ô), adj. Que produz murmúrio; que diz mal do próximo; que difama.

MURMURANTE, adj. Que produz murmúrio; que murmura.

MURMURAR, v.t. Dizer em voz baixa; emitir som leve; int. produzir murmúrio ou sussurro; dizer mal de alguém.

MURMURATIVO, adj. Murmurante.

MURMUREJAR, v.int. Produzir murmúrio; rumorejar; murmulhar.

MURMURINHAR, v.int. Produzir murmurinho; murmurejar.

MURMURINHO, s.m. Sussurro de vozes simultâneas, ruído brando das folhas, das águas, etc.

MURMÚRIO, s.m. Ruído das ondas, da água corrente, das folhas agitadas; som de muitas vozes juntas; palavra em voz baixa; murmuração.

MÚRMURO, adj. (poét.) Murmurante.

MURMUROSO (ô), adj. Que murmura muito; que faz ruído prolongado; murmurante.

MURO, s.m. Parede forte que cerca um recinto ou separa um lugar do outro; (fig.) defesa.

MURRAÇA, s.f. Murro grande; murro.

MURRINHA, s.f. (Veter.) Enfermidade canina que

se manifesta por abundante corrimento nasal.

MURRO, s.m. Pancada com a mão fechada; soco; (aum.: murraça); dar — em ponta de faca: pretender o impossível e com o risco pessoal.

MURUNDU, s.m. Montículo.

MUSA, s.f. Cada uma das nove deusas que presidiam às artes liberais; divindade que se supunha inspiradora da poesia; tudo o que pode inspirar um poeta; estro; a poesia.

MUSCÍVORO, adj. (Zool.) Que se alimenta de moscas.

MUSCOSO (ô), Musgoso; musguento.

MUSCULAÇÃO, s.f. Exercício dos músculos; conjunto das ações musculares.

MUSCULADO, adj. Que tem músculos bem pronunciados.

MUSCULAR, adj. Relativo aos músculos; próprio dos músculos.

MUSCULATURA, s.f. Conjunto dos músculos do corpo; vigor muscular.

MÚSCULO, s.m. (Anat.) Órgão essencialmente constituído de fibras contráteis que lhe dão a propriedade de encurtar-se, determinando variação de posição das partes onde se insere.

MUSCULOSIDADE, s.f. Qualidade de musculoso; musculatura.

MUSCULOSO (ô), adj. Que tem músculos fortes e desenvolvidos; (fig.) vigoroso.

MUSEU, s.m. Lugar destinado ao estudo, reunião e exposição de obras de arte, de peças e coleções científicas ou de objetos antigos,etc.

MUSGO, s.m. Limo dos lugares úmidos e sombrios.

MUSGOSO (ô) ou **MUSGUENTO**, adj. Que tem ou produz musgo.

MÚSICA, s.f. Arte e ciência de combinar os sons de modo que agradem ao ouvido; qualquer composição musical; solfa; execução de qualquer peça musical; (fig.) qualquer conjunto de sons.

MUSICAL, adj. Relativo à música.

MUSICAR, v.int. Cantar; trautear; tocar instrumento músico; t. converter em música.

MUSICATA, s.f. (fam.) Fanfarra; filarmônica.

MUSICISTA, s. Apreciador ou amador de música; pessoa versada em coisas de música.

MÚSICO, s.m. Aquele que professa a arte da música compondo peças, tocando ou cantando; aquele que faz parte da banda, orquestra ou filarmônica; adj. musical.

MUSICOGRAFIA, s.f. Arte de escrever música; tratado sobre música.

MUSICÓGRAFO, s.m. Compositor de música.

MUSICOLOGIA, s.f. Arte ou tratado de música.

MUSICÓLOGO, s.m. Aquele que discorre ou escreve sobre música.

MUSICOMANIA, s.f. Paixão pela música.

MUSICÓMANO, adj. e s.m. Aquele que tem a mania da música.

MUSIQUEAR, v.int. Musicar.

MUSIQUETA (ê), s.f. Pequeno trecho de música; música reles.

MUSSELINA, s.f. Tecido leve e transparente muito empregado para vestidos de senhoras.

MUSSITAÇÃO, s.f. Movimento automático dos lábios que produz murmúrio ou som confuso.

MUSSITAR, v.t. e int. Cochichar; murmurar.

MUSTELÍDEO, adj. Relativo ou semelhante à doninha ou aos Mustelídeos; s.m. espécime dos Mustelídeos, família de mamíferos carnívoros que tem por tipo a doninha.

MUTABILIDADE, s.f. Qualidade do que é mutável; instabilidade; volubilidade.

MUTAÇÃO, s.f. Mudança; alteração; volubilidade; inconstância; variação devida a alguma alteração da constituição hereditária com aparecimento de caráter inexistente nas gerações anteriores.

MUTACISMO, s.m. Vício de pronúncia que consiste em trocar certas letras por **m, d** e **p**.

MUTATÓRIO, adj. Que muda; que serve para fazer mudança.

MUTÁVEL, adj. Mudável; que pode ser mudado.

MUTILAÇÃO, s.f. Ato ou efeito de mutilar.

MUTILADO, adj. A que falta um membro.

MUTILADOR, adj. Aquele que mutila.

MUTILAR, v.t. Privar de algum membro; cortar (um membro do corpo); (fig.) cortar (qualquer membro ou parte dele); desramar; truncar; destruir parte de; diminuir; reduzir; p. privar-se de algum membro ou de alguma parte do corpo.

MUTIRÃO, s.m. Muxirão.

MUTISMO, s.m. Mudez; taciturnidade.

MÚTUA, s.f. Sociedade de auxílio mútuo, mutuante.

MUTUAÇÃO, s.f. Ato ou efeito de mutuar; permuta; troca.

MUTUALIDADE, s.f. Reciprocidade; permutação.

MUTUALISTA, s. Pessoa que faz parte de uma companhia de seguros ou de socorros mútuos.

MUTUANTE, adj. Que mutua; s. pessoa que mutua; pessoa que dá de empréstimo.

MUTUAR, v.t. Trocar entre si (falando de mais de um indivíduo ou de coletividades); permutar; dar ou tomar de empréstimo. (Conjuga-se regularmente: pres. ind.: mutuo, mutuas, mutua, etc.; pres. subj.: mutue, mutues, etc.)

MUTUÁRIO, s.m. Aquele que recebe qualquer coisa por empréstimo.

MUTUM, s.m. Nome de várias espécies de aves do gênero Crax.

MÚTUO, adj. Que se permuta entre duas ou mais pessoas; recíproco; s.m. empréstimo; permutação; reciprocidade; contrato em que se empresta um objeto que deve ser restituído no mesmo gênero, quantidade e qualidade.

MUXIBA, s.f. Pelancas; (fig.) mulher velha e feia.

MUXIBENTO, adj. Cheio de pelancas ou muxibas.

MUXINGA, s.f. Açoite; (fig.) bordoada.

MUXIRÃO, s.m. Auxílio mútuo prestado gratuitamente pelos lavradores de uma localidade em favor de um deles, o qual promove, depois do serviço, uma festa como sinal de agradecimento.

MUXOXO, s.m. Beijo; carícia; estalo com a língua e os lábios. (Pl.: muxoxos (ô).)

N

N (êne) s.m. Consoante linguodental nasal, décima terceira letra do alfabeto.

NA, Em a. Forma que assume o pronome oblíquo da (3.ª pess. sing.) quando precedido de som nasal; vejam-na, compararam-na.

NABABESCO (ê), adj. Riquíssimo.

NABABO, s.m. Milionário; pessoa que vive com grande fausto.

NABADA, s.f. Cozinhado preparado com cabeças de nabos.

NABAL, s.m. Terreno semeado de nabos.

NABIÇA, s.f. Rama do nabo que ainda não atingiu completo desenvolvimento.

NABO, s.m. Planta da família das Crucíferas; a raiz desenvolvida dessa planta; pessoa estúpida, ignorante.

NACA ou **NACADA**, s.f. Pedaço; fatia.

NAÇÃO, s.f. Conjunto de habitantes de um terri-

tório ligado por tradições e lembranças, interesses e aspirações comuns e subordinadas a um poder político central que mantém a unidade do grupo; região ou país governado por leis próprias; pátria; povo; raça.

NÁCAR, s.m. Substância branca, brilhante, com a propriedade de refletir a luz de forma agradável à vista e que se encontra no interior das conchas; madrepérola, cor-de-rosa.

NACARADO, adj. Que tem brilho, o aspecto do nácar.

NACARAR, v.t. Dar aspecto de nácar a.

NACELA, s.f. Cabina de avião.

NACIONAL, adj. Da nação; que é natural do país.

NACIONALIDADE, s.f. Qualidade de nacional; origem nacional de uma pessoa ou coisa; naturalidade; nação.

NACIONALISMO, s.m. Patriotismo; preferência

por tudo que é próprio da nação a que se pertence; política de encampação de todas as atividades básicas do país.

NACIONALISTA, adj. Relativo à independência e interesses nacionais; patriótico; diz-se de pessoa que pratica o nacionalismo; patriota.

NACIONALIZAÇÃO, s.f. Ato ou efeito de nacionalizar.

NACIONALIZAR, v.t. Tornar nacional; naturalizar; encampar; dar caráter nacional a; p. fazer-se nacional; naturalizar-se.

NACIONAL-SOCIALISMO, s.m. Nazismo.

NACO, s.m. Grande pedaço de qualquer coisa.

NADA, s.m. A não existência; o não existe; coisa nula; bagatela; inutilidade; pron. nenhuma coisa.

NADADEIRA, s.f. Barbatana.

NADADOR (ô), adj. Que sabe nadar; s.m. aquele que nada.

NADADURA, s.f. Ato ou efeito de nadar.

NADAR, v.int. Flutuar, deslocando-se na água por impulso próprio; ter abundância de; — em ouro: ser muito rico.

NÁDEGA, s.f. Parte carnosa no alto da face posterior da coxa; parte carnuda atrás e por baixo da garupa das cavalgaduras; pl.: o assento; traseiro.

NADEGADA, s.f. Nalgada.

NADEGUDO, adj. De grandes nádegas.

NADINHA, s.m. (fam.) Quase nada; muito pouco; pequena porção de qualquer coisa; coisa insignificante; momento.

NADIR, s.m. Ponto do céu oposto ao zênite, isto é, o ponto que está sob nossos pés tirando-se uma linha vertical imaginária que atravesse o centro da Terra e vá apontar do outro lado; (por ext.) ponto mais baixo; tempo ou lugar onde ocorre a maior depressão.

NADO, s.m. Ato de nadar; adj. nascido; nato.

NÁFEGO, adj. Que tem um quadril mais pequeno que outro (falando-se do cavalo); diz-se do animal aleijado, que coxeia.

NAFTA, s.m. Resíduo da retificação do petróleo, dos óleos de xisto, linhita, massa líqüida com propriedades muito variáveis.

NAFTALINA, s.f. Hidrocarboneto aromático resultante da junção de dois núcleos benzênicos e de grande aplicação industrial.

NAFTOL, s.m. Designação genérica dos fenóis derivados da naftalina.

NAGÓ, adj. e s.m. Diz-se de uma casta de negros do grupo sudanês. O mesmo que iorubano. (Pl.: nagôs; fem.: nagoa.)

NÁIADE, s.f. Divindade inferior mitológica, que presidia aos rios e às fontes

NÁILON, s.m. Nome comercial de uma fibra sintética.

NAIPE, s.m. Sinal com que se distinguem os quatro grupos das cartas de jogar; cada um dos grupos de instrumentos em que é costume dividir a orquestra; (fig.) qualidade; condição; igualha.

NAJA, s.f. Serpente venenosa das regiões tropicais, que habitualmente permanece com a parte anterior do corpo empinada; cuspideira; áspide.

NALGA, s.f. Nádega.

NALGADA, s.f. Pancada com as nádegas.

NAMORAÇÃO, s.f. Namoro.

NAMORADA, s.f. Rapariga ou mulher a quem se namora.

NAMORADEIRA, s.m. Mulher que gosta de namorar.

NAMORADEIRO ou **NAMORADIÇO**, adj. Que namora.

NAMORADO, adj. Galanteado; meigo; amoroso; apaixonado; s.m. aquele que é requestado.

NAMORADOR (ô), adj. e s.m. O que namora; galanteador; namoradeiro.

NAMORAR, v.t. Cortejar; requestar; cativar; seduzir; atrair; cobiçar; desejar ardentemente; empregar todos os esforços por obter; int. andar em requestos ou galanteios; p. tornar-se enamorado; ficar encantado; possuir-se de amor; apaixonar-se.

NAMORICAR, v.t. e int. Namorar por pouco tempo.

NAMORICO, s.m. Galanteio por distração; namoro por pouco tempo.

NAMORISCAR, v.t. e int. Namoricar.

NAMORISCO, s.m. Namorico.

NAMORO, s.m. Ato de namorar; galanteio.

NANA, s.f. Voz para acalentar; fazer —: acalentar, adormecer.

NANAR, v.int. (inf.) Dormir (a criança).

NANICO, adj. Pequeno; de figura anã.

NANISMO, s.m. Qualidade de anão.

NANQUIM, s.m. Tinta preta de pó de sapato, que antes vinha da China.

NÃO, adv. Exprime negação; s.m. negativa; recusa.

NÃO-EUCLIDIANA, adj. Diz-se das geometrias que partem da negação do postulado das paralelas, do geômetra grego Euclides. (Pl.: não-euclidianas.)

NÃO OBSTANTE, loc.·prep. Apesar de; loc. adv. todavia.

NAPOLEÔNICO, adj. De Napoleão ou a ele relativo.

NAPOLEONISMO, s.m. Partido político de Napoleão.

NAPOLEONISTA, s. Sectário do napoleonismo.

NAPOLITANO, adj. De Nápoles (Itália); s.m. o natural ou habitante de Nápoles.

NAQUELE (è), Contração de prep. em e do pron. aquele.

NAQUILO, Contração da prep. em e do pron. aquilo.

NARCISAMENTO, s.m. Ato ou efeito de narcisar-se.

NARCISAR-SE, v.p. Rever-se como o Narciso da fábula; envaidecer-se; enfeitar-se com desvanecidos extremos.

NARCISISMO, s.m. Qualidade dos que se narcisam; (Psic.) o estado em que a libido é dirigida ao próprio ego.

NARCISO, s.m. Planta ornamental; junquilho; homem vaidoso, enamorado de si mesmo.

NARCOSE, s.m. Estado de inconsciência produzido por meio de narcótico, droga.

NARCÓTICO, adj. Que produz narcose; que faz sono e estupor; s.m. substância que paralisa as funções do cérebro; (fig.) coisa ou pessoa aborrecida, enfadonha.

NARCOTISMO, s.m. Conjunto dos efeitos produzidos pelos narcóticos.

NARCOTIZAÇÃO, s.f. Ato ou efeito de narcotizar.

NARCOTIZADOR (ô), adj. Que narcotiza.

NARCOTIZAR, v.t. Aplicar narcótico a; adormecer; entorpecer; tornar insensível.

NARDO, s.m. Planta da família das Gramíneas; perfume semelhante ao do nardo; bálsamo.

NARÍCULA, s.f. Cada uma das duas fossas nasais; venta; pl.:ventas; nariz.

NARIGADA, s.f. Pancada com o nariz.

NARIGÃO, s.m. Nariz muito grande; adj. e s.m. narigudo. (Fem.: narigona.)

NARIGUDO, adj. e s.m. Que tem nariz grande. O mesmo que narigão.

NARINA, s.m. Cada uma das duas aberturas do nariz no homem e em alguns animais, como o cavalo, o boi, etc.

NARIZ, s.m. Parte saliente do rosto e órgão do olfato; parte dianteira do avião (aum.: narigão, nariganga); dar com o — na porta: encontrar fechada ou defesa a porta que se esperava encontrar aberta ou franqueada; ficar de — torcido: mostrar má cara; zangar-se; meter o —: intrometer-se; torcer o —: mostrar desagrado; pl.:ventas.

NARIZ-DE-CERA, s.m. Preâmbulo enfático; lugar-comum. (Pl.: narizes-de-cera.)

NARRAÇÃO, s.f. Exposição escrita ou verbal de algum fato; narrativa; ato ou efeito de narrar; descrição.

NARRADO, s.m. Aquilo que se narrou; narração.

NARRADOR (ô), adj. e s.m. Aquele que narra ou conta.

NARRAR, v.t. Contar; expor minuciosamente; historiar; relatar.

NARRATIVA, s.f. Ação de narrar; narração; exposição de fatos.

NARRATIVO, adj. Que diz respeito à narração; expositivo; que tem o caráter de narração.

NASAL, adj. Que diz respeito ao nariz; que pertence ao nariz; designativo do som modificado no nariz; fanhoso; (Gram.) diz-se das consoantes m, n, e do grupo nh e das vogais que se proferem mediante a passagem do sopro pelas fossas nasais; s.m. o osso do nariz.

NASALAÇÃO, s.f. Ato ou efeito de nasalar. O mesmo que nasalização.

NASALAR, v.t. Pronunciar pelo nariz.

NASALIDADE, s.f. Qualidade de nasal.

NASALIZAÇÃO, s.f. Nasalação.

NASALIZAR, v.t. Nasalar.

NASCEDIÇO, adj. Que vai nascendo.

NASCEDOURO, s.m. Lugar onde se nasce.

NASCENÇA, s.f. Ato de nascer; origem; princípio; de —: congênito.

NASCENTE, adj. Que começa; que nasce; s.m. lado onde nasce o sol; oriente; s.f. lugar onde começa uma corrente de água; fonte.

NASCER, v.int. Vir ao mundo; vir à luz; começar a ter vida exterior; começar a aparecer, a manifestar-se; começar a crescer, a brotar; sair do ventre materno; surgir; gerar-se; brotar.

NASCIDA, s.f. Abscesso; tumor; furúnculo.

NASCIDO, adj. Que nasceu; dado à luz; acabado de nascer.

NASCIMENTO, s.m. Ato ou efeito de nascer; origem; estirpe.

NASCITURO, s.m. Aquele que há de nascer; adj. gerado, mas ainda não nascido.

NASCÍVEL, adj. Que pode nascer.

NASSA, s.f. Cesto de pescar, feito de vime e de forma afunilada.

NASTRO, s.m. Fita estreita de algodão ou de linho; trena.

NATA, s.f. Parte gorda do leite, que se forma à superfície e de que se faz a manteiga; creme; (fig.) a melhor parte de qualquer coisa; o que há de melhor; escol.

NATAÇÃO, s.f. Ato de nadar; sistema de locomoção dos animais que vivem na água; esporte aquático.

NATADEIRA, s.f. Vasilha onde se deita o leite para coalhar.

NATADO, adj. Coberto de nata ou nateiro.

NATAL, adj. Que diz respeito ao nascimento; onde se deu o nascimento; s.m. dia do nascimento; dia em que se comemora o nascimento de Cristo.

NATALÍCIO, adj. Que diz respeito ao dia de nascimento.

NATALIDADE, s.f. Porcentagem de nascimentos; conjunto dos nascimentos que ocorrem em determinado local.

NATATÓRIO, adj. Referente à natação; que serve para nadar; s.m. lugar próprio para nadar; aquário.

NATEIRO, s.m. Lodo depositado pelas cheias nas margens dos rios; camada de lodo formada pela poeira, detritos orgânicos e água da chuva.

NATIVIDADE, s.f. Nascimento (especialmente o de Cristo, da Virgem e dos santos).

NATIVISMO, s.m. Qualidade de nativista; aversão a estrangeiros; (Filos.) teoria das idéias inatas, independentes da experiência, sem atividade empírica.

NATIVISTA, adj. Relativo aos indígenas; favorável aos indígenas com aversão a estrangeiros; s.m. aquele que apaixonadamente detesta estrangeiros, especialmente os portugueses.

NATIVO, adj. Que é natural; que nasce; congênito; desartificioso; nacional; diz-se da água que nasce numa propriedade ou que provém de outra corrente distante; qualificativo dos metais e metalóides encontrados em estado de elemento na natureza.

NATO, adj. Nascido; nado; vivente.

NATURA, s.f. (poét.) Natureza.

NATURAL, adj. Referente à natureza; produzido pela natureza; espontâneo; em que não há trabalho do homem; que segue a ordem regular das coisas; ingênito; originário; oriundo; provável; próprio; humano; s.m. indígena; aquele que pertence a certa localidade; índole; realidade; aquilo que é conforme à natureza.

NATURALIDADE, s.f. Qualidade do que é natural; simplicidade; singeleza; nascimento; naturalização.

NATURALISMO, s.m. Doutrina religiosa e filosófica dos que atribuem tudo à natureza como primeiro princípio, sem recorrer a causas ou intervenções extramundanas, transcendentais; estado do que é produzido pela natureza; reprodução exata da natureza nas artes, sem excluir os aspectos feios e repugnantes da natureza e da vida

NATURALISTA, s. Pessoa que se dedica à História Natural; partidário do naturalismo; adj. referente ao naturalismo.

NATURALÍSTICO, adj. Relativo aos naturalistas ou aos seus estudos.

NATURALIZAÇÃO, s.f. Ato de naturalizar; aquisição por estrangeiros dos direitos garantidos aos nacionais; ato de aclimar; introdução numa língua de palavras e locuções de outra língua.

NATURALIZADO, adj. e s.m. Diz-se das pessoas estrangeiras que se naturalizaram.

NATURALIZAR, v.t. Dar a (um estrangeiro) os direitos dos cidadãos de um país; adotar como nacional; familiarizar; nacionalizar; aclimar; adotar como vernáculo; p. adquirir (um estrangeiro) os direitos dos naturais de um país.

NATURALIZÁVEL, adj. Em condições de ser naturalizado.

NATURALMENTE, adv. De modo natural; provavelmente; interj. certamente; está claro.

NATUREZA (ê), s.f. Conjunto dos seres que formam o Universo; força ativa que estabeleceu e conserva a ordem natural de quanto existe; ordem natural do Universo; essência ou condição própria de um ser; temperamento; caráter; índole; constituição de um corpo, condição do homem anteriormente à civilização; objeto real de uma pintura ou escultura.

NATURISMO, s.m. Naturalismo.

NATURISTA, adj. e s. Partidário do naturismo.

NAU, s.f. Grande embarcação; navio.

NAUFRAGANTE, adj. Que naufraga.

NAUFRAGAR, v.int. Soçobrar ou afundar-se (um navio); sofrer naufrágio (os tripulantes).

NAUFRÁGIO, s.m. Ato de um navio se afundar; grande desgraça no mar; (fig.) prejuízo; ruína; decadência.

NÁUFRAGO, s.m. Indivíduo que naufragou; (fig.) indivíduo infeliz, decadente; adj. que naufragou; resultante de naufrágio.

NÁUSEA, s.f. Enjôo; ânsia no mar, produzida pelo balanço da embarcação; ânsia acompanhada de vômito; (fig.) nojo; sentimento de repulsão; repugnância.

NAUSEABUNDO, adj. Que produz náuseas; nauseativo; (fig.) nojento, repugnante.

NAUSEADO, adj. Que tem enjôo; que se sente indisposto como quem vai vomitar.

NAUSEANTE, adj. Nauseabundo.

NAUSEAR, v.t. Causar náuseas a; enjoar; repugnar a; int. e p. sentir náuseas.

NAUSEATIVO, adj. Nauseabundo.

NAUTA, s.m. Navegante; marinheiro.

NÁUTICA, s.f. Ciência ou arte de navegar.

NÁUTICO, adj. Que diz respeito à navegação.

NÁUTILO, s.m. Molusco cefalópode que tem a concha dividida em muitos compartimentos; navio submarino.

NAUTOGRAFIA, s.f. (neol.) Descrição dos aparelhos dos navios e das respectivas manobras.

NAUTOGRÁFICO, adj. Relativo à nautografia.

NAUTÓGRAFO, s.m. Aquele que se ocupa de nautografia.

NAVAL, adj. Referente a navios (particularmente de guerra) ou à navegação.

NAVALHA, s.f. Instrumento cortante que consta de uma lâmina articulada a um cabo para resguardar o fio da mesma lâmina quando se fecha; (fig.) língua maldizente; qualquer lâmina bem afiada; mau motorista (por alusão a barbeiro).

NAVALHADA, s.f. Golpe de navalha.

NAVALHAR, v.t. Golpear com navalha.

NAVE, s.f. Espaço na igreja desde a entrada até o santuário, ou o que fica entre fileiras de colunas que sustentam a abóbada; (fig.) templo; (ant.) nau; — espacial: engenho interplanetário.

NAVEGABILIDADE, s.f. Qualidade de navegável.

NAVEGAÇÃO, s.f. Ato de navegar; viagem por mar; comércio marítimo; náutica.

NAVEGADO, adj. Cruzado por navios; percorrido por navegantes.

NAVEGADOR (ô), adj. Que navega; que sabe navegar; s.m. aquele que navega; aquele que faz longa navegação; mareante. O mesmo que navegante.

NAVEGANTE, adj. e s. Navegador.

NAVEGAR, v.t. Percorrer em navio (o mar); transportar em navio; int. viajar por mar; seguir viagem (um navio); dirigir o navio no mar; prosperar numa empresa.

NAVEGÁVEL, adj. Que se pode navegar.

NAVETA (ê), s.f. Vaso pequeno de feitio de um barco, em que nas festas de igreja se serve o incenso para os turíbulos; espécie de lançadeira com que se faz certa renda; lançadeira de máquina de costura; nau pequena.

NAVIFORME, adj. Que tem forma de navio.

315

NAVÍFRAGO, adj. Que despedaça navios.

NAVIO, s.m. Grande embarcação; qualquer embarcação; — cargueiro: o que transporta exclusivamente carga; — de linha: grande navio de guerra; — de vela: o que é impulsionado pela força do vento nas velas; — negreiro: o que transportava escravos negros; — petroleiro: navio-tanque, especialmente construído para transporte de combustível; ficar a ver — s: ficar logrado; não alcançar o que pretendia.

NAZARENO, adj. Que diz respeito a Nazaré (Ásia), s.m. o natural ou habitante de Nazaré; Cristo.

NAZI, adj. e s. Nazista.

NAZISMO, s.m. Movimento nacionalista alemão chefiado por Hitler; fascismo aplicado à Alemanha, onde tomou feição racista (baseado na pretensa primazia da raça nórdica). O mesmo que nacional-socialismo.

NAZISTA, adj. Relativo ao nazismo; diz-se do adepto do partido nacional-socialista que Hitler chefiou; s. adepto desse partido. O mesmo que nazi.

NEBLINA, s.f. Nevoeiro; névoa densa e rasteira.

NEBULOSA, s.f. (Astron.) Agrupamento de estrelas indistintas com o aspecto de mancha láctea; massa estelar ainda em via de condensação; universo em formação.

NEBULOSIDADE, s.f. (Met.) Qualidade ou estado de nebuloso; conjunto de nuvens apreciadas quanto à quantidade e tipos no sentido meteorológico.

NEBULOSO (ô), adj. Coberto de nuvens ou vapores densos; sombrio; obscuro; ininteligível.

NECEDADE, s.f. Ignorância crassa; estupidez; tolice; disparate.

NECESSÁRIO, adj. Indispensável; preciso; útil

NECESSIDADE, s.f. Aquilo que absolutamente necessário; pobreza; míngua; precisão.

NECESSITADO, adj. e s.m. Pobre; indigente.

NECESSITAR, v.t. Precisar; sentir necessidade de; int. padecer necessidades; ter privações.

NECROFAGIA, s.f. Qualidade de necrófago.

NECRÓFAGO, adj. Que se alimenta de animais ou substâncias em decomposição.

NECROFOBIA, s.f. Qualidade do que é necrófobo.

NECRÓFOBO, adj. Que tem muito horror da morte.

NECRÓLATRA, s. Pessoa que adora os mortos.

NECROLATRIA, s.f. Culto dos mortos.

NECROLÁTRICO, adj. Relativo à necrolatria.

NECROLOGIA, s.f. Lista de mortos; notícias relativas a pessoas falecidas.

NECROLÓGICO, adj. Relativo a necrologia ou necrológio; obituário.

NECROLÓGIO, s.m. Artigo de jornal em que se celebram as virtudes ou méritos de pessoas falecidas.

NECROLOGISTA, s. ou **NECRÓLOGO**, s.m. Pessoa que escreve necrológios.

NECROMANCIA, s.f. Suposta adivinhação por invocação dos espíritos; encantamento; magia; esconjuro.

NECROMANTE, s. Pessoa que pratica a necromancia; pessoa que invoca os mortos.

NECROMÂNTICO, adj. Relativo à necromancia.

NECRÓPOLE, s.f. Lugar onde se enterram os mortos; cemitério.

NECROPSIA, s.m. Necroscopia; autópsia.

NECRÓPSICO, adj. Relativo à necropsia.

NECROSAR, v.t. Produzir a necrose em.

NECROSCOPIA, s.f. Exame ou dissecação de cadáveres.

NECROSCÓPICO, adj. Que diz respeito a necroscopia ou necropsia.

NECROSE, s.f. (Pat.) Morte de um tecido no seio de um organismo vivo.

NECROTÉRIO, s.m. Lugar onde se expõem os cadáveres que vão ser autopsiados ou identificados.

NÉCTAR, s.m. Bebida dos deuses; bebida deliciosa, saborosa; (fig.) delícia; secreção adocicada, encontrada nos nectários das plantas, elemento principal com que as abelhas produzem o mel. (Pl.: néctares.)

NECTÁREO, adj. Relativo ou semelhante ao néctar.

NECTARÍFERO, adj. Que produz néctar.

NECTÁRIO, s.m. (Bot.) Glândula que segrega o néctar.

NEDIEZ (ê), s.f. Qualidade do que é nédio; aspecto lustroso, por efeito da gordura.

NÉDIO, adj. Luzidio; nítido; de pele lustrosa.

NEERLANDÊS, adj. Da Neerlândia ou Países Baixos (Europa); s.m. o natural ou morador da Neerlândia.

NEFANDO, adj. Abominável; torpe; execrável.

NEFÁRIO, adj. Nefando; malvado.

NEFAS, s.m. O que é ilegítimo; o que não é lícito. Na expr. por fas ou por nefas lícita ou ilicitamente.

NEFASTO, adj. Que causa desgraça; de mau agouro; trágico; funesto.

NEFELIBATA ou **NEFELÍBATA**, adj. e s. Que anda nas nuvens; literato excêntrico que despreza os processos conhecidos e o bom senso literário; o que anda fora da vida positiva; (fig.) aéreo.

NEFELIBÁTICO, adj. Relativo a nefelibata.

NEFELIBATISMO, s.m. Qualidade ou sistema de nefelibata.

NEFRALGIA, s.f. Dor nos rins.

NEFRÁLGICO, adj. Relativo à nefralgia.

NEFRECTOMIA, s.f. Retirada cirúrgica do rim.

NEFRITE, s.f. Inflamação dos rins.

NEFRÍTICO, adj. e s.m. Que ou aquele que sofre de nefrite.

NEFROCELE, s.f. Hérnia do rim.

NEFRÓIDE, adj. Que tem a forma de rim.

NEFROLITÍASE, s.f. Formação de pedras ou cálculos nos rins.

NEFRÓLITO, s.m. Pedra ou cálculo que se forma nos rins.

NEFROLITOTOMIA, s.f. Operação cirúrgica com que se abre o rim para extrair alguma pedra ou cálculo.

NEFROLOGIA, s.f. Parte da Medicina que estuda as doenças clínicas dos rins.

NEFROLÓGICO, adj. Relativo à nefrologia.

NEFROLOGISTA, s. ou **NEFRÓLOGO**, s.m. Pessoa que estuda especialmente as doenças clínicas dos rins.

NEFROPATIA, s.f. Denominação genérica das doenças renais.

NEFROPTOSE, s.f. Deslocamento patológico da posição do rim.

NEFRORRAGIA, s.f. Hemorragia proveniente dos rins.

NEFROSE, s.f. Afecção renal degenerativa não inflamatória.

NEFROSTOMIA, s.f. Drenagem do rim.

NEFROTOMIA, s.f.Incisão cirúrgica do rim.

NEGA, s.f. Negação; falta de vocação.

NEGAÇA, s.f. Engodo; isca; provocação; logro; engano.

NEGAÇÃO, s.f. Ato de negar; falta de vocação; falta.

NEGACEADOR (ô), adj. e s.m. Que, ou o que negaceia. O mesmo que negaceiro.

NEGACEAR, v.t. Atrair por meio de negaça; lograr; negar; recusar; int. fazer negaças. (Pres. ind.: negaceio, negaceias, etc.)

NEGACEIO, adj. e s.m. Negaceador.

NEGADOR (ô), adj. O que nega.

NEGALHO, s.m. Pequena porção de linha para coser; atilho; cordel com que se liga alguma coisa.

NEGAR, v.tr. e int. Recusar; proibir; repudiar; indeferir; impedir; dizer que não; p. recusar-se.

NEGATIVA, s.f. Proposição com que se nega alguma coisa; negação; partícula que exprime negação.

NEGATIVIDADE, s.f. (Fís.) Estado de um corpo que revela eletricidade negativa.

NEGATIVISMO, s.m. Espírito de negação sistemática.

NEGATIVISTA, adj. Relativo ao negativismo; diz-se de quem mostra negativismo; s. pessoa que mostra negativismo.

NEGATIVO, adj. Que contém ou exprime negação; contraproducente; nulo; proibitivo; (Quím.) designativo da substância que funciona como ânion; (Fís.) designativo da eletricidade desenvolvida em corpos resinosos; (Mat.) designativo do número inferior a zero; (fot.) designativo da prova em que as partes brancas do modelo aparecem pretas e vice-versa; s.m. (fot.) prova negativa.

NEGÁVEL, adj. Que se pode negar.

NEGLIGÊNCIA, s.f. Preguiça; descuido; desleixo; desídia.

NEGLIGENCIAR, v.t. Tratar com negligência; descurar; descuidar; desleixar; desidiar. (Pres. ind.: negligencio, negligencias, negligencia, etc.)

NEGLIGENTE, adj. Que tem negligência; lânguido; frouxo; desidioso .

NEGOCIAÇÃO, s.f. Ato ou efeito de negociar; negócio; conversação.

NEGOCIADOR (ô), adj. Que negocia; s.m. pessoa que trata de negócios; agente político, encarregado de negociação junto de um governo.

NEGOCIANTE, s. Pessoa que negocia, que trata de negócios, que exerce o comércio; comerciante.

NEGOCIAR, v.int. Fazer negócio; preparar convenções entre nações; diligenciar; agenciar; t. fazer transação comercial a respeito de; ajustar; contratar. (Pres. ind. negocio; negocias, negocia, etc. ou negoceio, negoceias, negoceia, negociamos, negociais, negoceiam.)

NEGOCIARRÃO, s.m. Negócio de grande interesse.

NEGOCIATA, s.f. Negócio suspeito; negócio em que há logro ou trapaça.

NEGOCIÁVEL, adj. Que se pode negociar; vendável; em que pode haver transação comercial.

NEGÓCIO, s.m. Comércio; tráfico; convenção; negociação; empresa; qualquer assunto; ajuste (aum.: negociarrão); coisa; objeto; casa de negócio: — da China. negócio muito lucrativo; — de pai para filho: negócio de pouco ou de nenhum lucro, ou até em que há prejuízo; — de ocasião: bom negócio ou boa oferta.

NEGOCISTA, adj. e s. Amigo de negócios equívocos, de negociatas.

NEGRA (ê), s.f. Mulher de cor negra; partida que desempata no jogo.

NEGRADA, s.f. Negraria; (fig.) grupo de indivíduos dados a pândegas ou desordens; grupo; pessoal.

NEGRALHADA, s.f. Negraria.

NEGRARIA, s.f. Multidão de negros. O mesmo que negrada e negralhada.

NEGREGADO, adj. Desgraçado; infausto.

NEGREIRO, adj. Relativo a negros; dizia-se do navio que transportava escravos negros; s.m. o que negociava em escravos negros; traficante de negros.

NEGREJANTE, adj. Que negreja.

NEGREJAR, v.int. Parecer negro; ser negro; causar escuridão; mostrar-se triste; mostrar-se negro; mostrar-se em sua cor negra ou escura; aparecer como coisa triste, ameaçadora.

NEGRIDÃO, s.f. Negrura; escuridão.

NEGRITA, s.f. ou **NEGRITO,** s.m. Tipo de letra de imprensa cujo desenho se caracteriza por seus traços mais grossos que o comum dos tipos e empregado para pôr em relevo alguma parte do texto.

NEGRO, adj. Que é de cor escura; preto; muito escuro; sombrio; escurecido pelo tempo ou pelo sol; lúgubre; triste; funesto; (superl. abs. sint.: negríssimo e nigérrimo); s.m. homem de raça negra; escravo; homem que trabalha muito.(Aum.: negrão, negralhão, negraço; dimin.: negrito, negrilho; negrinho.)

NEGRÓFILO, adj. Que gosta dos negros; s.m. partidário da abolição da escravatura.

NEGRÓIDE, adj. Parecido aos negros; s. indivíduo semelhante aos da raça negra.

NEGROR (ô), s.m. Escuridão densa; negrura.

NEGROTE, s.m. Negro moço; molecote. (Fem.: negrota.)

NEGRUME, s.m. Escuridão; trevas.

NEGRURA, s.f. Escuridão.

NEGUS (gús), s.m. Título do soberano da Abissínia. (Pl.: neguses.)

NELE, Equiv. da prep. **em** e do pron. pess. **ele.** (Flex.: nela, neles, nelas.)

NEM, conj. Também não; e sem; adv. não; até não; — que: nunca apesar de; ainda que; como se.

NEMATELMÍNTIO, s.m. Espécime dos Nematelmínticos, classe de vermes parasitos, cilíndricos e de sexos separados.

NEMATÓIDE, adj. Fino e alongado como um fio de linha; s.m. espécime dos Nematóides, ordem de helmínticos cilíndricos caracterizados pela ausência de tromba e com o tubo digestivo bem desenvolvido.

NEMORAL, adj. Referente a bosque; que existe nos bosques.

NEMOROSO (ô), adj. Cheio de bosques.

NENÊ, s.m. Criancinha; criança recém-nascida ou de poucos meses. O mesmo que neném.

NENÉM, s.m. Nenê.

NENHUM, pron. Nem um; nulo; **a** — (pop.): sem dinheiro; na pindaíba.

NENHURES, adv. Em nenhuma parte.

NÊNIA, s.f. Canto fúnebre; canção triste.

NENÚFAR, s.m. Planta aquática. O mesmo que ninféia. (Pl.: nenúfares.)

NEO, pref. grego que significa novo. (Regra ortográfica: é seguido de hífen quando a palavra a que se liga começa por vogal, **h, r** ou **s:** neo-escolástica, neo-hanoveriano, neo-republicano, neo-socialismo.)

NEOCATOLICISMO, s.m. Doutrina que tem por fim aproximar o catolicismo das idéias modernas de progresso e liberdade.

NEOCLASSICISMO, s.f. Imitação atual dos antigos artistas ou escritores clássicos.

NEODÍMIO, s.m. Elemento químico, metal raro, símbolo Nd, de peso atômico 144,3 e n.º atômico 60.

NEO-ESCOLÁSTICA, s.f. Renovação e ampliação da filosofia escolástica, iniciada no meado do século XIX pelo jesuíta Mateus Lavatore.

NEÓFITO, s.m. O que recebeu ou acabou de receber o batismo; noviço; indivíduo admitido há pouco numa corporação.

NEOFOBIA, s.f. Aversão a tudo que é novo. (Antôn.: filoneísmo.)

NEOFORMAÇÃO, s.f. Formação de tecidos novos no organismo.

NEOKANTISMO, s.m. Renovação e desenvolvimento da filosofia kantista como reação às especulações de Fichte, Hegel e Schelling.

NEOLATINO, adj. Diz-se das línguas modernas derivadas do latim, a saber: o português, o espanhol, o italiano, o francês, o provençal, o romeno, catalão, reto-romano, dalmático e sardo; o mesmo que novilatino, românico e romance; designativo das nações cuja língua ou civilização procede da latina.

NEOLÍTICA, s.f. Segundo período da idade da pedra; idade da pedra polida.

NEOLÍTICO, adj. Relativo à idade da pedra polida.

NEOLOGIA, s.f. Emprego de palavras novas ou de novas acepções; admissão de doutrinas muito recentes.

NEOLÓGICO, adj. Relativo à neologia.

NEOLOGISMO, s.m. Palavra ou frase nova, ou ainda palavra antiga com sentido novo.

NEOLOGISTA, adj. e s. Pessoa que emprega neologismo.

NÉON, s.m. Neônio.

NEÔNIO, s.m. Elemento químico, símbolo Ne, de peso atômico 144,27, n.º atômico 10, gás raro encontrado no ar.

NEOPLASIA, s.m. (V. Neoplasma.)

NEOPLÁSICO, adj. Relativo a neoplasia.

NEOPLASMA, s.m. Designação genérica de todo tumor, benigno ou maligno.

NEOPLASTIA, s.f. Restauração de uma parte do organismo por meio de operação plástica.

NEOPLATONISMO, s.m. Doutrina filosófica que floresceu em Alexandria (séculos III-IV), cujos adeptos misturavam certas idéias místicas ao sistema de Platão.

NEORAMA, s.m. Espécie de panorama que representa o interior de um edifício, no qual o espectador parece colocado.

NEO-SOCIALISMO, s.m. Teoria moderna do sistema socialista.

NEOTOMISMO, s.m. Renovação da filosofia de São Tomás de Aquino.

NEOZELANDÊS, adj. e s.m. Da Nova Zelândia (Oceânia).

NEOZÓICO, adj. e s.m. (Geol.) Era terciária, nome que se dá também ao quaternário; cenozóico.

NEPALÊS, adj. e s.m. Do Reino de Nepal (Ásia).

NEPOTE (ô), s.m. Sobrinho do Papa; favorito; válido.

NEPOTISMO, s.m. Autoridade que os sobrinhos e outros parentes do Papa exerciam na administração eclesiástica; favoritismo; patronado.

NEQÜÍCIA, s.f. Maldade; perversidade.

NEREIDA, ou **NEREIDE,** s.f. Cada uma das ninfas que presidiam ao mar.

NERES, adv. (gír.) Nada: — de —; nada, absolutamente.

NERVAÇÃO, s.f. (Bot.) Distribuição das nervuras nos vegetais.

NERVADO, adj. Que tem nervuras.

NÉRVEO, adj. Nerval; nervino.

NERVO, s.m. Cada um dos filamentos de tecido nervoso que liga partes do sistema nervoso com os diversos órgãos do corpo e que conduz os estímulos em um sentido ou outro; tendão; ligamento; (fig.) energia; robustez.

NERVOSIDADE, s.f. Qualidade do que é nervoso; energia nervosa; nervosismo.

NERVOSISMO, s.m. (Med.) Irritabilidade; emotividade exagerada; tensão nervosa.

NERVOSO (ô), adj. Referente a nervos; que tem nervos; irritadiço; exaltado; que padece dos nervos; s.m. doença dos nervos; histerismo.

NERVUDO, adj. Que tem nervos fortes.

NERVURA, s.f. (Bot.) Feixe de fibras na face dorsal da maioria das folhas dos vegetais e nas pétalas de algumas flores; saliência transversal na lombada dos livros encadernados; (Arquit.) moldura nas arestas de uma abóbada, nas quinas das pedras, etc.; (Zool.) filete de natureza córnea que sustenta a membrana das asas dos insetos.

NÉSCIO, adj. Que não sabe; ignorante; estúpido.

NESGA (ê), s.f. Peça ou bocado de pano triangular; pequeno espaço de terreno entre terrenos extensos; pequena porção de qualquer espaço.

NESOGRAFIA, s.f. Descrição das ilhas.

NÉSPERA, s.f. Fruto da nespereira; ameixa-amarela.

NESPEREIRA, s.f. Árvore frutífera da família das Rosáceas, também chamada ameixa-amarela e ameixa-americana.

NESSE (ê), Equiv. da prep. **em** e do pron. dem. **esse.**

NESTE (ê), Em este. Equiv. da prep. **em** e do pron. dem. **este.**

NETA, s.f. Filha de filho ou filha em relação aos pais destes.

NETO, s.m. Filho de filho ou filho em relação aos pais destes; pl.: descendentes; vindouros; posteridade; adj. (desus.) nítido; limpo; liso; líquido (referindo-se a peso do conteúdo).

NETUNIANO, adj. Referente ao oceano. O mesmo que netunino e netúnio.

NETÚNIO, s.m. Elemento químico transurânico, obtido artificialmente nos laboratórios de física eletrônica e rotulado sob o n.º atômico 93; é também chamado férmio.

NETUNO, s.m. Divindade que preside ao mar segundo a mitologia; nome de um planeta do sistema solar, o oitavo na ordem de distância em relação ao Sol.

NEUMA, s.m. Sinal da antiga notação musical que não indicava nem a altura exata, nem a duração do som, mas apenas onde a voz deveria elevar-se ou abaixar-se; grupo de notas entoadas como uma só sílaba no cantochão.

NEURAL, adj. Relativo a nervos; próprio dos nervos.

NEURALGIA, s.f. (Med.) Sintoma caracterizado por dor viva no trajeto de um nervo e suas ramificações, sem alteração aparente da parte dolorida. O mesmo que nevralgia.

NEURÁLGICO, adj. Relativo ou semelhante à neuralgia. O mesmo que nevrálgico.

NEURASTENIA, s.f. Neurose caracterizada por astenia, cefaléia e irritabilidade; (pop.) mau humor com irritabilidade fácil.

NEURASTÊNICO, adj. Que diz respeito à neurastenia; que padece neurastenia.

NEURITE, s.f. Inflamação de um nervo. O mesmo que nevrite.

NEUROGRAFIA, s.f. Descrição dos nervos.

NEUROGRÁFICO, adj. Relativo à neurografia.

NEURÓGRAFO, s.m. Aquele que se ocupa da neurografia.

NEUROLOGIA, s.f. Parte da Medicina que estuda as doenças do sistema nervoso.

NEUROLÓGICO, adj. Relativo à neurologia.

NEUROLOGISTA, s. Pessoa que se ocupa de neurologia.

NEUROMA, s.m. (Med.) Tumor formado à custa de células ou fibras nervosas. O mesmo que nevroma.

NEURÔNIO, s.m. (Anat.) A célula nervosa com os seus prolongamentos.

NEUROPARALISIA, s.f. Paralisia devida a doença dos nervos.

NEUROPARALÍTICO, adj. Referente à neuroparalisia.

NEUROPATA ou **NEURÓPATA**, adj. e s. Diz-se da pessoa que padece neuropatia.

NEUROPATIA, s.f. Qualquer doença nervosa.

NEUROPATOLOGIA, s.f. Parte da Medicina que cuida de doenças nervosas.

NEUROPATOLÓGICO, adj. Relativo à neuropatologia.

NEUROSE, s.f. (Med.) Doença nervosa sem lesão aparente, isto é, distúrbio funcional do sistema nervoso; o mesmo que nevrose; — de guerra: expressão usada no decorrer da Primeira Grande Guerra para designar o estado de nervosismo e inquietação, sem motivo aparente, manifestado pelos ex-combatentes.

NEURÓTICO, adj. Relativo à neurose; s.m. aquele que sofre neurose.

NEUROTOMIA, s.f. Secção ou dissecação de nervo.

NEUTRAL, adj. Neutro; que não vota a favor nem contra; imparcial; indiferente.

NEUTRALIDADE, s.f. Qualidade ou estado de neutral; imparcialidade.

NEUTRALIZAÇÃO, s.f. Ato ou efeito de neutralizar.

NEUTRALIZAR, v.t. (Quím.) Tratar de um ácido por uma base, ou o inverso, até a obtenção de pH igual a 7; tornar inertes as propriedades de (uma coisa); destruir; anuiar; p. tornar-se neutral, indiferente, inativo.

NEUTRO, adj. Que não toma partido entre interesses opostos; diz-se de uma nação cujo território as potências se comprometem a respeitar em caso de beligerância; diz-se dos corpos que não apresentam nenhum fenômeno elétrico; não distintamente marcado ou colorido; indefinido; vago; indeterminado; indiferente; inativo; (Quím.) nem ácido neu alcalino.

NÊUTRON ou **NEUTRÔNIO**, s.m. (Fís.) Partícula nuclear sem carga elétrica, de massa igual à do próton. (Pl.: nêutrons.)

NEVADA, s.f. A neve caída de uma vez; queda de neve.

NEVADO, adj. Branqueado; branco como neve; frio.

NEVAR, v.t. Cobrir de neve; tornar alvo como a neve; esfriar por meio da neve; int. cair neve; branquejar; tornar-se branco.

NEVASCA, s.f. Nevada acompanhada de tempestade.

NEVE, s.f. Precipitação da água em estado sólido que cai em flocos brancos e leves no inverno, em virtude do abaixamento da temperatura; (fig.) alvura; frialdade intensa.

NEVISCAR, v.int. Cair neve em pequena quantidade.

NÉVOA, s.f. Obscuridade; (Med.) mancha que se forma na córnea e turva a vista; vapor aquoso que obscurece a atmosfera; (fig.) aquilo que embaraça a vista; o que dificulta a compreensão.

NEVOAÇA, s.f. Nevoeiro.

NEVOADO, adj. Enevoado.

NEVOAR-SE, v.p. Cobrir-se de névoa; obscurecer-se; enevoar-se; toldar-se.

NEVOEIRO, s.m. Névoa densa; (fig.) obscuridade.

NEVOENTO, adj. Enevoado; (fig.) obscuro; difícil de compreender.

NEVOSO (ô), adj. Nevado; nevoento.

NEVRALGIA, s.f. O mesmo que neuralgia.

NEWTONIANO, adj. De Newton, cientista inglês (1642-1727), ou a ele relativo.

NEXO (cs), s.m. Ligação; conexão; liame.

NHÁ, s.f. (pop.) Iaiá; senhora; sinhá idosa.

NHANDU, s.m. Ema ou avestruz dos campos.

NHANHÃ, s.f. Iaiá.

NHEENGATU (nhè), s.m. A língua dos tupis.

NHENHENHÉM, s.m. Resmungo; falatório interminável.

NHÓ, s.m. (pop.) Senhor.

NHONHÓ, s.m. Ioiô.

NHOQUE, s.m. Massa alimentícia italiana cortada em fragmentos arredondados e feita de farinha de trigo, ovos e queijo.

NHOR, NÃO, loc. adv. (pop.) Não, senhor.

NHOR, SIM, loc. adv. (pop.) Sim, senhor.

NICARAGUANO, adj. e s.m. Da República da Nícarágua (América Central).

NICHO, s.m. Cavidade em parede para colocar estátua; comprimento de estante ou armário; vão; pequena habitação; retiro.

NICLES, adv. (gír.) Coisa nenhuma, nada.

NICOL, s.m. (Fís.) Prisma constituído por um romboedro de espato-de-islândia, usado para polarização da luz.

NICOTINA, s.f. Alcalóide líquido existente no tabaco.

NICOTISMO, s.m. Conjunto dos fenômenos mórbidos, que produz a intoxicação pelo abuso do tabaco.

NICTAÇÃO, s.f. Ato de fechar os olhos ou levantar as pálpebras, sob a impressão de luz intensa.

NICTOFOBIA, s.f. Medo mórbido da noite.

NICTÚRIA s.f. Micções noturnas.

NIDIFICAÇÃO, s.f. Ato de nidificar.

NIDIFICAR, v.int. Fazer ninho.

NIGERIANO, adj. e s.m. Da República da Nigéria ou da República de Níger (África).

NIGÉRIO, adj. e s.m. Da República da Nigéria; o mesmo que nigeriano.

NIGÉRRIMO, adj. Muito negro.

NIGRÍCIA, s.f. Coloração negra parcial ou geral, da pele ou também das mucosas.

NIGROMANCIA (cí), s.f. Var. de necromancia.

NIGROMANTE, s. Var. de necromante.

NIGROMÂNTICO, adj. Var. de necromântico.

NIILISMO, s.m. Redução a nada; descrença completa; doutrina política segundo a qual o progresso da sociedade só é possível após a destruição de tudo o que socialmente existe.

NIILISTA, adj. e s. Partidário do niilismo.

NIMBAR, v.t. Cercar de nimbo; aureolar.

NIMBO, s.m. Camada espessa de nuvens sombrias, de bordas laceradas, da qual cai ordinariamente chuva ou neve persistente; chuva ligeira, auréola; resplendor.

NIMBOSO (ô), adj. Chuvoso; coberto de nimbos.

NIMIEDADE, s.f. Qualidade do que é nímio.

NÍMIO, adj. Demasiado; excessivo.

NINAR, v.t. Acalentar; fazer adormecer; int. dormir.

NINFA, s.f. Divindade fabulosa dos rios, dos bosques e dos montes; (fig.) mulher nova e formosa; forma intermediária entre a larva e o inseto adulto.

NINFÉIA, adj. e s.f. Nenúfar. (Fem. de ninfeu.)

NINFEU, adj. Relativo às ninfas ou próprio delas. (Fem.: ninféia.)

NINFÓIDE, adj. Que tem forma de ninfa.

NINFOSE, s.f. (Zool.) Transformação da lagarta em ninfa ou crisálida.

NINGUÉM, pron. Nenhuma pessoa.

NINHADA, s.f. Avezinhas contidas em um ninho; todos os filhos que nascem de uma vez à fêmea do animal.

NINHARIA, s.f. Coisa sem valor; insignificância; bagatela, migalhice.

NINHO, s.m. Habitação das aves feita por elas para a postura dos ovos e criação dos filhotes; lugar onde se recolhem e dormem os animais; toca; esconderijo; abrigo; covil; casa paterna; — de rato: (fam.) gaveta ou mesa desarrumada, em desordem.

NIÓBICO, adj. Relativo ao nióbio; diz-se dos compostos do nióbio pentavalente.

NIÓBIO, s.m. Elemento químico, metal, símbolo Nb, de peso atômico 93,5. O mesmo que colômbio.

NIPÔNICO, adj. e s.m. Japonês.

NÍQUEL, s.m. Elemento químico metal, símbolo Ni, de peso atômico 58,69 e n.º atômico 28; designação genérica das moedas divisionárias feitas com esse metal. (Pl.: níqueis.)

NIQUELAGEM, s.f. Operação de revestimento ou banho com níquel.

NIQUELÍFERO, adj. Que contém níquel.

NIQUENTO, adj. Que se ocupa em nicas ou ninharias; impertinente em minúcias aborrecidas.

NIRVANA, s.m. A beatitude budista, isto é, a extinção da individualidade e sua absorção no supremo espírito do Universo.

NISSO, Equiv. da prep. em e do pron. dem. isso.

NISTO, Equiv. da prep. em e do pron. dem. isto

NITENTE, adj. Que resplandece; nítido; brilhante; luzidio.

NITEROIENSE, adj. De Niterói, capital do Estado do Rio de Janeiro; s. o natural ou habitante de Niterói.

NITESCÊNCIA, s.f. Brilho; esplendor.

NITIDEZ (ê), s.f. Qualidade de nítido; fulgor; clareza; limpidez; brilho.

NÍTIDO, adj. Límpido; limpo; polido; claro; dotado de clareza.

NITÔNIO, s.m. Elemento químico gasoso, símbolo Nt, peso atômico 222 e n.º atômico 86.

NITRATO, s.m. Azotato; sal formado pela ação do ácido nítrico sobre os óxidos metálicos, hidróxidos e carbonatos; nesses derivados o nitrogênio é pentavalente positivo.

NITREIRA, s.f. Lugar onde se forma o nitro.

NÍTRICO, adj. (Quim.) Diz-se do ácido composto de um átomo de hidrogênio, um de azoto e três de oxigênio; diz-se do anidrido que tem dois átomos de azoto e cinco de oxigênio.

NITRIDO, s.m. Ato de nitrir, rincho.

NITRIDOR (ô), adj. Que nitre ou rincha; s.m. animal que rincha.

NITRIFICAÇÃO, s.f. Ato ou efeito de nitrificar.

NITRIFICAR, v.t. Transformar o amoníaco ou os sais amoniacais em nitritos e depois em nitratos.

NITRIR, v.int. Rinchar. (Normalmente só é conjugado nas terceiras pess. Não se conjuga nas formas em que ao r da raiz se seguiriam as vogais o e a; s.m. ato de rinchar.)

NITRITO, s.m. Azotito; sal derivado do ácido nitroso; o nitrogênio apresenta-se, nesse tipo de composto, trivalente positivo.

NITRO, s.m. Designação vulgar do azotato de potássio; salitre.

NITROCELULOSE, s.f. Celulose nitrada, que entra na composição das pólvoras sem fumaça.

NITROGÊNIO, s.m. Azoto; elemento químico gasoso, o mais abundante no ar atmosférico (78%), símbolo N ou Az, de peso atômico 14,008 e n.º atômico 7.

NITROGLICERINA, s.f. Substância líquida, cuja combustão determina explosão muito violenta.

NITRÔMETRO, s.m. Aparelho destinado à dosagem do nitrogênio.

NITROSIDADE, s.f. Qualidade de nitroso ou daquilo que contém nitro.

NITROSO (ô), adj. (Quím.) Diz-se do ácido que possui em sua molécula um átomo de hidrogênio, um de azoto e dois de oxigênio; diz-se do anidrido cuja molécula é formada de dois átomos de azoto e três de oxigênio; salitroso.

NIVEAL, adj. Que floresce no inverno; que vive na neve.

NÍVEL, s.m. Instrumento para verificar se um plano está horizontal; horizontalidade; (fig.) igualdade de mérito; igualdade; situação; estado; norma; — social: (Sociol.) plataforma ou plano social determinado pelas diferenças de classes, isto é, de profissão, de gêneros de vida e de recursos materiais e que não admite, dentro do grupo, declives, elevação; ao —: à mesma altura.

NIVELADOR (ô), adj. Alvo como a neve; relativo a neve.

NIVELAMENTO, s.m. Ato ou efeito de nivelar.

NIVELAR, v.t. Medir com o nível; aplainar, tornar horizontal; pôr em mesmo nível; igualar; comparar.

NÍVEO, adj. Alvo como a neve; relativo à neve.

NIVOSO (ô), adj. (poét.) Coberto de neve; em que há neve.

NO, Prepos. em+art. def. m. sg. o; prepos. em+pron.dem. m. o; prepos. em+pron. dem. neutro o; forma enclítica do pron. lo (=o) depois do verbo terminado em nasal: deixam-no, fizeram-no; forma de nos, antes de lo, la, los, las: no-lo, no-la, no-los, no-las.

NÓ, s.m. Laço apertado feito de corda ou coisa semelhante; parte mais dura da madeira; ponto de inserção das folhas no caule; articulação das falanges dos dedos; ponto grave, que mais atenção merece um negócio; ligação; enlace; saliência anterior da garganta; embaraço; enredo; intriga; a milha percorrida pelo navio; — da garganta ou — da goela: pomo-de-adão; — górdio: nó que não se pode desatar; grande dificuldade; busílis; cortar o — górdio: resolver de modo rápido ou violento uma grande dificuldade; dar o —: casar-se; ser cheio de — s pelas costas ou ter — s pelas costas: (fam.) ser manhoso ou complicado.

NOBILIÁRIO, adj. Relativo à nobreza; s.m. nobiliarquia.

NOBILIARISTA, s. Pessoa versada em nobiliários.

NOBILIARQUIA, s.f. Arte ou livro que trata dos apelidos, armas, brasões, etc. da nobreza.

NOBILIÁRQUICO, adj. Relativo à nobiliarquia.

NOBILITAÇÃO, s.f. Ato ou efeito de nobilitar.

NOBILITANTE, adj. Que nobilita; enobrecedor.

NOBILITAR, v.t. Tornar nobre; engrandecer; celebrar; dar foros ou títulos de nobreza a; exaltar; enobrecer; ilustrar; p. tornar-se nobre; engrandecer-se.

NOBRE, adj. Muito conhecido; notável; célebre; que é de descendência ilustre; generoso; relativo à classe dos que pertencem a nomes ilustres; que tem títulos nobiliárquicos (super. abs. sint.: nobilíssimo); s.m. indivíduo que pertence à nobreza; fidalgo.

NOBREZA (ê), s.f. Qualidade de nobre; fidalguia; a classe dos nobres; generosidade; magnanimidade.

NOÇÃO, s.f. Conhecimento; idéia; informação.

NOCAUTE, s.m. Diz-se no pugilismo, quando um dos contendores permanece caído no tablado após dez segundos.

NOCAUTEAR, v.t. Pôr (o adversário) a nocaute.

NOCIONAL, adj. Relativo a noção; que tem caráter de noção.

NOCIVIDADE, s.f. Qualidade de nocivo.

NOCIVO, adj. Que prejudica; que causa dano.

NOCTAMBULAÇÃO, s.f. Ação de andar de noite; ato de sonâmbulo.

NOCTAMBULISMO, s.m. Qualidade ou estado de noctâmbulo.

NOCTÂMBULO, adj. Que anda de noite; noctívago; s.m. sonâmbulo.

NOCTÍVAGO, adj. Que anda ou vagueia de noite; noturno.

NOCTÍVOLO, adj. Que voa de noite.

NODAL, adj. Referente a nó.

NÓ-DE-ADÃO, s.m. Pomo-de-adão. (Pl.: nós-de-adão.)

NODO, s.m. (Astron.) Ponto de intersecção da eclíptica com a órbita de um planeta; (Fís.) ponto ou região de repouso no movimento vibratório.

NÓDOA, s.f. Sinal de um corpo ou substância suja; mancha; (fig.) mácula; ignomínia; jaça.

NODOAR, v.t. e p. Enodoar; manchar; (fig.) deslustrar. (Pres. ind.: nodôo, nodoas, nodoa, etc.)

NODOSIDADE, s.f. Qualidade ou estado do que é nodoso.

NODOSO (ô), adj. Que tem nós.

NODULAR, adj. Que possui nódulos; que tem forma de nódulo.

NÓDULO, s.m. Pequeno nó.

NODULOSO (ô), adj. Que tem nódulos.

NOGAL, s.m. Nogueiral.

NOGUEIRA, s.f. Árvore da família das Juglandáceas; madeira dessas árvores.

NOGUEIRAL, s.m. Bosque de nogueiras.

NOITADA, s.f. Espaço de uma noite; vigília; insônia; folia que dura toda a noite; trabalho durante a noite.

NOITE, s.f. Espaço de tempo em que o sol está abaixo do horizonte; escuridão; noitada; (fig.) trevas; passar a — em claro: passar a noite sem dormir.

NOITINHA, s.f. Crepúsculo da noite; o anoitecer.

NOIVA, s.f. Mulher que está para casar ou que está com o casamento ajustado; mulher casada há pouco.

NOIVADO, s.m. Dia em que se ajusta o casamento; boda; festa do casamento; matrimônio; período em que se é noivo.

NOIVAR, v.int. Celebrar noivado; cortejar a pessoa com quem se vai casar; passar a lua de mel; ficar noivo; ajustar casamento.

NOIVO, s.m. Homem que ajustou casamento ou que casou há pouco; pl.: o homem e a mulher que casaram há pouco ou têm o casamento combinado.

NOJADO, adj. Anojado.

NOJENTO, adj. Que causa nojo; repugnante.

NOJO (ô), s.m. Náusea; repulsão: enjôo; luto; aquilo que faz asco ou repugnância.(Pl.: nojos(ô))

NOJOSO (ô), adj. Nojento, desgostoso.

NOLIÇÃO, s.f. Ato ou efeito de não querer.

NO-LO, loc. pron. Combinação do pron. pessoal **nos** com o pron. pessoal **lo,** mediante assimilação do **s** ao **l;** combinação do pron. pessoal **nos** com

o pron. demonstr. neutro **lo.**

NÔMADE, adj. Diz-se das tribos errantes que não têm habitação fixa; vagabundo; diz-se dos povos que não pertencem a determinado país e vagueiam sem residência fixa.

NOMADISMO, s.m. Sistema nômade de viver; ciganismo.

NOMANCIA, s.f. Arte de adivinhar por meio das letras de um nome próprio.

NOMÂNTICO, adj. Referente à nomancia.

NOME, s.m. Palavra que designa pessoa, coisa ou animal; qualificação; reputação; apelido; alcunha de guerra; pseudônimo sob o qual alguém se torna mais conhecido em qualquer esfera de atividade; — próprio: aquele com que se nomeiam individualmente os seres e que se aplica especialmente a pessoas, nações, povoações, montes, mares, rios, etc.; dar —: nomear; apelidar; tornar afamado; em — de: com autorização de; em **lugar** de.

NOMEAÇÃO, s.f. Ato ou efeito de nomear; despacho de alguém para ser provido num emprego.

NOMEADA, s.f. Fama; reputação; renome.

NOMEADO, adj. Despachado para exercer cargo ou emprego; dito; chamado.

NOMEADOR (ô) ou **NOMEANTE,** adj. e s. Pessoa que nomeia .

NOMEAR, v.t. Chamar ou designar pelo nome de; conferir o cargo de; apelidar; instituir.

NOMENCLADOR (ô), adj. Que nomeia ou classifica; s.m. aquele que se dedica à nomenclatura ou classificação das ciências.

NOMENCLATURA, s.f. Vocabulário de nomes; conjuntos de termos peculiares a uma arte ou ciência; terminologia.

NÔMINA, s.f. Oração escrita ou guardada numa bolsinha para nos livrar do mal.

NOMINAL, adj. Referente ao nome; que existe só em nome; que não é real; diz-se do valor expresso num título de crédito, ação de sociedade anônima, etc.

NOMINALISMO, s.f. (Filos.) Doutrina que nega a existência aos universais, isto é, aos gêneros e às espécies (que não existiriam senão em nome), aceitando somente a existência do individual e do particular; (Estét.) doutrina que nega a existência real dos gêneros e das diferenças entre as artes.

NOMINALISTA, adj. Relativo ao nominalismo; s. pessoa que professa o nominalismo.

NOMINATA, s.f. Lista de nomes.

NOMINATIVO, adj. Nominal; que tem nome ou que denomina; s.m. (Gram.) caso reto ou primeiro caso dos nomes declináveis que na oração serve de sujeito ou predicativo.

NOMOGRAFIA, s.f. Parte da Matemática que tem por fim substituir os cálculos numéricos, na resolução de certos problemas, por cálculos gráficos, graças aos quais a determinação da incógnita se reduz à medida de um comprimento ou à leitura de uma graduação.

NOMOGRAMA, s.m. Denominação dada em nomografia aos ábacos com que se resolvem graficamente os problemas.

NOMOLOGIA, s.f. Estudo das leis que presidem aos fenômenos naturais.

NOMOLÓGICO, adj. Relativo à nomologia.

NONA, s.f. Estrofe de nove versos; intervalo musical que compreende uma oitava e mais um tom ou semitom.

NONADA, s.f. Ninharia.

NONAGENÁRIO, adj. e s.m. Que tem noventa anos.

NONAGÉSIMO, num. Denominação do ordinal e do fracionário correspondente a noventa; s.m. nonagésima parte.

NÓ-NAS-TRIPAS, s.m. (pop.) Volvo. (Pl.: nós-nas-tripas.)

NONGENTÉSIMO ou **NONINGENTÉSIMO,** num. Denominação do ordinal e do fracionário correspondente a novecentos.

NÔNIO, s.m. Instrumento auxiliar de medida que consiste em uma pequena escala móvel que se dispõe em frente a uma graduação, sobre a qual pode deslizar, permitindo avaliar grandezas lineares (nônio linear) ou circulares (nônio circular) com grande precisão. (Os franceses dão a esse dispositivo o nome de **Vernier.**)

NONO, num. Denominação do ordinal e do fracionário correspondente a nove.

NÓNUPLO, num. Que é nove vezes maior; s.m. quantidade equivalente nove vezes a outra.

NORA, s.f. A mulher do filho em relação aos pais dele (fem. de genro); aparelho para tirar água dos poços, cisternas, rios, etc.; poço de onde se tira água por meio de um engenho.

NORDESTE, s.m. Ponto entre norte e leste; vento que sopra desse ponto; a região que abrange os Estados do Maranhão, Piauí, Ceará, R. Grande do Norte, Paraíba, Pernambuco e Alagoas.

NORDESTINO, adj. e s.m. Do Nordeste brasileiro; (pop.) cabeça-chata, pau-de-arara.

NÓRDICO, adj. Diz-se da língua e da literatura dos povos germânicos do Norte da Europa (dinamarqueses, suecos e noruegueses).

NORMA, s.f. Regra; preceito; lei; (Estat.) o mesmo que moda.

NORMAL, adj. Que é segundo a norma; exemplar; diz-se da escola que diploma professores primários; s.f. (Geom.) perpendicular à tangente ou ao plano tangente, no ponto de contato; reta perpendicular a um plano; solução —: (Quím.) é aquela que contém em 1 litro de solução o número de equivalentes-gramas do composto ativo, isto é, a molécula-grama dividida pela valência do radical ácido ou básico.

NORMALIDADE, s.f. Qualidade ou estado do normal.

NORMALISTA, adj. e s. Pessoa que freqüenta ou tem o curso da escola normal.

NORMALIZAÇÃO, s.f. Ato ou efeito de normalizar.

NORMALIZAR, v.t. Tornar normal; regularizar; p. voltar ao estado normal.

NORMANDO, adj. Da Normandia (França) ou a ela relativo; (tip.) negrita ou negrito; designativo de um estilo arquitetônico caracterizado pelo emprego do arco semicircular, colunas redondas e grande variedade de ornamentos, entre os quais se distingue o ziguezague; s.m. o natural ou habitante da Normandia; o idioma dos normandos.

NORMATIVO, adj. Que tem a qualidade ou força de norma; ciências normativas: as que traçam, como a lógica e a moral, regras ao pensamento ou à conduta humana.

NORMÓGRAFO, s.m. Aparelho de desenho, constante de lâminas de celulóide com alfabetos vazados ou recortados que servem de moldes para elaboração de legendas e letreiros (por meio de penas especiais).

NOR-NORDESTE, s.m. Ponto entre o norte e o nordeste; vento que sopra desse rumo.

NOR-NOROESTE, s.m. Ponto que fica entre o norte e o noroeste; vento que sopra desse ponto.

NOROESTE, s.m. Ponto que fica entre o norte e o oeste; vento que sopra desse rumo.

NORTADA, s.f. Vento frio do norte.

NORTE, s.m. Um dos pontos cardeais, que fica em frente do observador que dá à direita ao lado de onde nasce o Sol; parte do horizonte que corresponde à estrela polar; vento frio que vem do norte; regiões que ficam na direção do norte; estrela polar; guia; rumo; direção; adj. relativo ao norte ou dele procedente.

NORTEADOR (ô), adj. Que norteia; orientador.

NORTEAMENTO, s.m. Ato ou efeito de nortear.

NORTE-AMERICANO, adj. Da América do Norte; s.m. o natural ou habitante da América do Norte. O mesmo que americano-do-norte; americano, estadunidense e ianque. (Pl.: norte-americanos.)

NORTEAR, v.t. Dar a direção do norte a; encaminhar para o norte; dirigir; guiar; orientar; p. guiar-se; orientar-se.

NORTISTA, adj. e s. Pessoa natural ou própria dos Estados a partir da Bahia para o Norte, especialmente a região que compreende os territórios de Rondônia, Rio Branco e Amapá e Estados do Pará, Amazonas e Acre.

NORUEGUÊS, adj. Da Noruega (Europa); s.m. o natural ou habitante da Noruega; idioma falado pelos noruegueses.

NOS, Pron. compl em. da 1.ª pess. do plural. Var. do pron. pess. complem. arcaico **los** (**os**), usada depois de formas verbais terminadas em nasal: vêm-nos, amam-nos. Prep. **em** + art. def. m. pl. **os.** Prep. **em** + pron. pess. **os.**

NÓS, Pron. pess. da 1.ª pessoa do plural.

NOSOCOMIAL, adj. Referente a nosocômio.

NOSOCÔMIO, s.m. Hospital.

NOSOFOBIA, s.f. Medo de adoecer que leva uma pessoa a tratar-se de doenças que não tem.

NOSÓFOBO, s.m. Aquele que sofre de nosofobia.

NOSOGRAFIA, s.f. Descrição das doenças.

NOSOGRÁFICO, adj. Relativo à nosografia.

NOSOLOGIA, s.f. Parte da Medicina que trata da classificação das doenças.

NOSOLÓGICO, adj. Relativo à nosologia.

NOSOLOGISTA ou **NOSÓLOGO,** s.m. Pessoa que se ocupa de nosologia; perito em nosologia.

NOSOMANIA, s.f. (Pat.) Espécie de monomania que faz com que o indivíduo julgue ter doença na realidade inexistente.

NOSOMANÍACO, adj. e s.m. Aquele que sofre de nosomania.

NOSSO, pron. poss. Que nos pertence; que é coisa própria de nós.

NOSTALGIA, s.m. Melancolia causada pelo afastamento em que se encontra o ser querido e especialmente a saudade da pátria ao exilado.

NOSTÁLGICO, adj. Que sofre de nostalgia; em que há nostalgia.

NOTA, s.f. Ato ou efeito de notar; sinal para fazer lembrar; apontamento; atenção; apreciação; sinal na música para representar o som; grau com que se afere o aproveitamento; conta ou papeleta em que se registram mercadorias vendidas; som; timbre; voz; papel que representa moeda; reputação; registro ou serviço de notariado; comunicação escrita e oficial entre os ministros de países diferentes. (Dimin.: notinha, nótula.)

NOTABILIDADE, s.f. Qualidade de notável; pessoa notável.

NOTABILIZAR, v.t. Tornar notável; celebrizar; p. tornar-se notável; sobressair; tornar-se famoso.

NOTAÇÃO, s.f. Ato ou efeito de notar; sistema de representação ou designação convencional (conjunto de sinais com que se faz essa representação ou designação); (mús.) sistema de designação dos tonos musicais por sinais.

NOTADO, adj. Que dá na vista; notável; de que se tomou nota.

NOTADOR (ô), adj. e s.m. Aquele que nota.

NOTAR, v.t. Pôr nota, sinal, marca em; reparar em; censurar; atentar em; anotar; observar; refletir; inscrever nas notas de tabelião; redigir; representar por caracteres.

NOTARIADO, s.m. Ofício de notário ou de tabelião.

NOTARIAL, adj. Relativo a notário.

NOTÁRIO, s.m. Escrivão público; tabelião.

NOTÁVEL, adj. Digno de nota; digno de apreço; importante; louvável; insigne; que tem boa posição social. (Superl. abs. sint.: notabilíssimo.)

NOTÍCIA, s.f. Informação; conhecimento; comunicação; referência; nota; apontamento; resumo de um conhecimento; lembrança; biografia.

NOTICIADOR (ô), adj. e s.m. Aquele que noticia; informador.

NOTICIAR, v.t. Dar notícia de; comunicar; anunciar.

NOTICIÁRIO, s.m. Conjunto de notícias; secção de jornais destinada à publicação de notícias.

NOTICIARISMO, s.m. A classe dos noticiaristas ou redatores de notícias.

NOTICIARISTA, s. Pessoa que dá notícias; redator de notícias.

NOTICIOSO (ô), adj. Que dá ou publica notícias; que contém muitas notícias.

NOTIFICAÇÃO, s.f. Ato ou efeito de notificar.

NOTIFICAR, v.t. Participar judicialmente; dar conhecimento de; noticiar; comunicar; participar; intimar; dar conhecimento das ordens do juiz a.

NOTIFICATIVO, adj. Que serve para notificar.

NOTO, s.m. Vento sul.

NOTORIEDADE, s.f. Qualidade do que é notório; publicidade.

NOTÓRIO, adj. Sabido de todos; público.

NÓTULA, s.f. Pequena nota; pequeno comentário.

NOTURNAL, adj. Noturno.

NOTURNO, adj. Que se faz de noite; referente à noite; que anda de noite; o mesmo que noturnal (antôn.: diurno); s.m. designação genérica dos trens que correm à noite.

NOVA, s.f. Notícia; novidade.

NOVAÇÃO, s.f. Inovação; (jur.) renovação convencional de uma obrigação que se extingue.

NOVATO, s.m. Calouro; principiante; aprendiz; aluno do primeiro ano de qualquer faculdade; adj. ingênuo; inexperiente.

NOVE, num. A unidade imediatamente superior a oito; nono; s.m. o algarismo representativo desse número.

NOVECENTOS, num. Nove vezes cem.

NOVEL, adj. Novo; inexperiente; principiante. (Pl.: novéis.)

NOVELA, s.f. Pequeno romance; narração de aventuras interessantes; conto; enredo; patranha.

NOVELESCO (ê), adj. Próprio de novela; parecido com novela.

NOVELISTA, s. Pessoa que escreve novelas.

NOVELÍSTICO, adj. Que diz respeito a novela.

NOVELO, s.m. Bola feita de fio enrolado; (fig.) enredo. (Pl.: novelos (ê).)

NOVEMBRO, s.m. Décimo primeiro mês do ano civil.

NOVENA, s.f. O espaço de nove dias; rezas feitas durante nove dias; grupo de nove coisas ou pessoas; castigo que se infligia aos escravos durante nove dias.

NOVENAL, adj. Que diz respeito a novena.

NOVENÁRIO, s.m. Livro de novenas.

NOVÊNIO, s.m. Espaço de nove anos.

NOVENTA, num. Denominação do número cardinal eqüivalente a nove dezenas.

NOVIÇA, s.f. Mulher que se prepara em convento para professar numa ordem religiosa.

NOVICIADO, s.m. Tempo de noviço; preparação a que se sujeitam as pessoas que entram numa ordem religiosa; duração dessa aprendizagem.

NOVICIAR, v.int. Praticar o noviciado; rel. fazer os primeiros exercícios; iniciar-se; estrear-se.

NOVIÇO, s.m. Homem que se prepara para professar num convento; (fig.) aprendiz; principiante; adj. inexperiente; novato.

NOVIDADE, s.f. Qualidade de novo; notícia; nova; coisa nova.

NOVIDADEIRO, s.m. Mexeriqueiro.

NOVILATINO, adj. Neolatino.

NOVILHA, s.f. Bezerra.

NOVILHO, s.m. Bezerro.

NOVILÚNIO, s.m. Lua nova; o tempo da lua nova.

NOVÍSSIMO, adj. Superl. de novo; último; s.m.pl. últimos destinos do homem segundo a doutrina católica (Morte, Juízo, Inferno e Paraíso).

NOVO, adj. Jovem; moço; de pouco tempo; moderno: que tem pouco uso; original; que é visto pela primeira vez; não usado; inexperiente; — em folha· ainda não usado ou servido; em primeira mão; s.m. o que é recente; pagar o — e o velho: ser castigado por culpas recentes e antigas; os —s: a gente nova; os literatos incipientes.

NÓXIO (cs), adj. e s.m. Agressivo; nocivo.

NOZ, s.f. Fruto da nogueira; designação genérica dos frutos secos de mesocarpo coriáceo.

NOZ-MOSCADA, s.f. Planta medicinal também chamada moscadeira; o fruto dessa planta. (Pl.: nozes-moscadas.)

NOZ-VÔMICA, s.f. Árvore da família das Loganiáceas; o fruto dessa árvore e a tintura dele extraída.

NU, adj. Que não está vestido; sem roupa; despido; descoberto; descalço; escalvado; tosco; sem vegetação; desguarnecido; simples; sincero; — e cru: sem disfarce; em toda a rudeza; tal como é; —s: a nudez (na pintura).

NUANÇA, s.f. Cada um dos matizes diferentes por que pode passar uma cor; diferença delicada entre coisas do mesmo gênero; matiz.

NUBENTE, adj. Que é noivo ou noiva; s. pessoa que vai casar.

NUBÍFERO, adj. Que traz ou produz nuvens.

NUBÍFUGO, adj. Que espalha ou desfaz nuvens.

NUBÍGENO, adj. Proveniente das nuvens.

NÚBIL, adj. Que está em idade de casar. (Pl.: núbeis.)

NUBILOSO (ô), adj. Nebuloso.

NUBÍVAGO, adj. Que anda pelas nuvens; nefelibata.

NUBLADO, adj. Coberto de nuvens; escuro; (fig.) obscuro; triste; preocupado.

NUBLAR, v.t. Cobrir de nuvens; anuviar; tornar escuro; entristecer; toldar; p. cobrir-se de nuvens; obscurecer-se; entristecer-se.

NUBLOSO (ô), adj. Coberto de nuvens.

NUCA, s.f. Parte posterior do pescoço, correspondente à região vertebral cervical.

NUCÍFRAGO, adj. Que quebra nozes.

NUCÍVORO, adj. Que se alimenta de nozes.

NUCLEADO, adj. Que tem núcleos; nuclear.

NUCLEAR, adj. Relativo a núcleo; v.p. formar-se em núcleo no interior da célula.

NÚCLEO, s.m. Miolo da noz e de outros frutos; a parte central e mais densa do protoplasma de uma célula, um cometa,etc.; centro; ponto essencial; sede· principal; (fig.) a nata, a flor, de qualquer coisa (dim.: nucleozinho, nucléolo); — central: parte interna da Terra abaixo da litosfera; pirosfera.

NUCLÉOLO, s.m. Dimin. de núcleo; granulação que se encontra no interior do núcleo.

NUDAÇÃO, s.f. Ato ou efeito de desnudar; nudez.

NUDEZ (ê), s.f. Estado daquele ou daquilo que se acha nu; privação; simplicidade.

NUDISMO, s.m. Sistema e costumes dos nudistas; falta de vestuário.

NUDISTA, s. Pessoa que pratica ou é adepta do nudismo.

NUGA, s.f. Ninharia; bagatela; insignificância.

NUGÁ, s.m. Massa feita de amêndoas e de caramelo ou mel.

NUGACIDADE, s.f. Futilidade; frivolidade.

NULIDADE, s.f. Falta de validade; falta de condição ou condições necessárias para que tenha valor legal; frivolidade; falta de aptidão ou de talento; pessoa sem mérito nenhum; insignificância.

NULIFICAÇÃO, s.f. Ato ou efeito de nulificar.

NULIFICAR, v.t. Anular.

NULO, adj. Que não é válido; nenhum; frívolo; vão; inepto; inerte; sem valor ou sem efeito.

NUM, Em um (Equiv. da prep. em e do numeral ou pronome um.)

NUMA, Fl.fem. de num; em uma.

NUMERAÇÃO, s.f. Ato de numerar; parte da Aritmética que ensina a formar, ler e escrever os números; — decimal: o sistema de numeração em que dez unidades de uma ordem formam uma unidade de ordem imediatamente superior.

NUMERADO, adj. Indicado por números; posto por ordem numérica.

NUMERADOR (ô), adj. Que numera; s.m. aquele, ou aparelho que numera; s.m. (Mat.) termo de fração que indica quantas se tomaram das partes em que se dividiu a unidade (denominador) e que se escreve sobre o traço dessa fração ou à esquerda dele.

NUMERAL, adj. Referente a número; indicativo de número; s.m. (Gram.) o nome numeral; — cardinal: o que designa quantos são os substantivos: 1,3,5, etc.; — fracionário: o que designa quantidade fracionária: quarto, sétimo, doze avos, etc.; — multiplicativo: o que designa quantidade multiplicativa: quádruplo, quíntuplo, dobro, etc.; — ordinal: o que indica seriação ou classificação: primeiro, quinto, sétimo, etc.

NUMERAR, v.t. Indicar por números; pôr números em; expor metodicamente; contar; apreciar; calcular .

NUMERÁRIO, adj. Referente a dinheiro; s.m. moeda; dinheiro efetivo.

NUMERÁVEL, adj. Que pode ser numerado.

NUMÉRICO, adj. Relativo a números; que indica número; numeral.

NÚMERO, s.m. Expressão de quantidade; unidade; coleção de unidades ou de partes da unidade; série; conta certa; porção; abundância; cada um dos exemplares de uma publicação; harmonia resultante da disposição das palavras na prosa ou no verso; cadência; regularidade; cada um dos quadros ou cenas de uma peça teatral ou um espetáculo de variedades; (Gram.) flexão nominal ou verbal indicativa de um ou mais objetos ou pessoas; — abstrato: aquele que não está indicada a natureza da unidade; — atômico: numeração característica de cada elemento químico em ordem de seus pesos atômicos e que corresponde ao número total de cargas positivas do seu núcleo ou ao número de eléctrons planetários do átomo do elemento em causa; — complexo: o que é expresso por diferentes espécies de unidade, ligadas por meio de relações estabelecidas; — concreto: o que designa a espécie dos números da que é formado; — dígito: nome dado aos números inteiros até dez; — fracionário: o que é constituído por fração da unidade; o mesmo que número quebrado; —

322

ímpar: aquele que termina em 1,3,5,7, ou 9; — incomplexo: denominação dos números concretos expressos em uma só unidade; — inteiro: aquele que contém a unidade certo número de vezes: — misto: o que consta de parte inteira e parte fracionária; — par: o que termina em zero, 2,4,6 ou 8; — perfeito: assim se denomina um número igual à soma de seus divisores, excetuado ele próprio; — quadrado: número multiplicado por si mesmo ou representado pelo expoente 2; — quebrado: número fracionário; — racional: o que pode ser expresso pelo quociente de dois números inteiros; — redondo: o que expressa apenas as unidadees inteiras de certa ordem, desprezando as frações; —s binominais: denominação dada aos coeficientes do desenvolvimento de uma potência de um binômio; — s combinatórios: aqueles que representam as combinações de certa ordem de determinado número de objetos; —s naturais: assim se denominam os números inteiros (1,2,3, etc.); —s primos entre si: os que só têm por divisor comum a unidade; ser um —: ser ingênuo, muito engraçado.

NUMEROSIDADE, s.f. Qualidade de numeroso; grande número.

NUMEROSO (ô), adj. Em grande número; abundante; copioso.

NUMISMATA, s. Pessoa versada em numismática.

NUMISMÁTICA, s.f. Ciência que trata de moedas e medalhas.

NUMISMÁTICO, adj. Referente à numismática.

NUNCA, adv. Em tempo algum; jamais; não.

NÚNCIA, s.f. Anunciadora; precursora.

NUNCIATIVO, adj. Que contém notícia ou participação de alguma coisa.

NUNCIATURA, s.f. Dignidade de núncio apostólico; residência do núncio; tribunal eclesiástico sujeito ao núncio.

NÚNCIO, s.m. Embaixador do Papa; mensageiro; anunciador; prenúncio.

NUPCIAL, adj. Relativo a núpcias.

NÚPCIAS, s.f.pl. Casamento; boda; esponsais.

NUTAÇÃO, s.f. Vacilação; oscilação do eixo da Terra em torno da posição média de sua órbita, aproximando-se ou afastando-se alternativamente do plano da eclíptica; propriedade de certas flores de seguirem o movimento do Sol; tontura; meneio de cabeça.

NUTAR, v.int. Vacilar; oscilar.

NUTO, s.m. Ato de abanar a cabeça quando se aprova ou consente.

NUTRIÇÃO, s.f. Ato ou efeito de nutrir; conjunto de processos de assimilação dos alimentos; alimentação.

NUTRÍCIO, adj. Nutritivo.

NUTRIDO, adj. Alimentado; gordo; robusto.

NUTRIDOR (ô), adj. e s.m. Que, ou o que nutre.

NUTRIENTE, adj. Nutritivo.

NUTRIMENTO, s.m. Nutrição; sustento.

NUTRIR, v.t. Alimentar; sustentar; engordar; ministrar recursos a; desenvolver; educar; alentar; avigorar; proteger; agasalhar; manter intacto; p. sustentar-se; alimentar-se; fortificar-se.

NUTRITIVO, adj. Que serve para nutrir; que nutre; alimentício.

NUTRIZ, s.f. Mulher que amamenta; ama-de-leite; adj. que alimenta.

NUVEM, s.f. Agregado de vapor de água condensado na atmosfera em gotículas e que se mantém em altitude mais ou menos constante; vapores condensados de qualquer líqüido volatilizado; porção de pó ou fumo que se eleva na atmosfera; nuvens ardentes: (Geol.) cinzas arrastadas por vapores em alta temperatura que se espalham da cratera do vulcão em sentido horizontal ou descendente; (fig.) turvação da vista transitória ou definitiva; aquilo que impede a compreensão; cair das nuvens: ter grande surpresa; ir às nuvens: o mesmo que ir aos ares.

O

O, s.m Vogal posterior; a décima quarta letra do alfabeto; (Gram.) art. def. masc. sing.; pron. pess. oblíquo da 3.ª pess. sing.; pron. demonst. neutro.

Ó, Interj. Usa-se como vocativo ou apelo.

OÁSIS, s.m. 2 núm. Região coberta de vegetação no meio de um grande deserto; (fig.) lugar aprazível entre outros que não o são; prazer entre desgostos.

OBCECAÇÃO, s.f. Cegueira; (fig.) teimosia; insistência no erro.

OBCECADO, adj. Que tem a inteligência obscurecida; contumaz no erro.

OBCECAR, v.t. Tornar cego; (fig.) deslumbrar; ofuscar; obscurecer; turvar; desvairar; induzir em erro; tornar ininteligível; p. tornar-se contumaz no erro.

OBDURAÇÃO, s.f. Ato de obdurar; obstinação; obsecação.

OBDURAR, v.t. Endurecer; empedernir; obcecar; tornar obstinado; p. empedernir-se; tornar-se insensível.

OBEDECER, v.t. ind. Submeter-se à vontade de; executar, cumprir as ordens de; estar sob a autoridade de; ceder; estar ou ficar sujeito (a uma força, a uma influência); submeter-se (ao mais forte); render-se; int. submeter-se à vontade de outrem; executar as ordens de outrem.

OBEDIÊNCIA, s.f. Ato de obedecer; submissão; dependência.

OBEDIENTE, adj. Que obedece; submisso; dócil; humilde.

OBELISCAL, adj. Relativo a obelisco.

OBELISCO, s.m. Monumento em forma de agulha piramidal, feito ordinariamente de uma só pedra sobre um pedestal.

OBERADO, adj. Empenhado; carregado de dívidas.

OBERAR, v.t. Endividar; p. encher-se de dívidas.

OBESIDADE, s.f. Qualidade de obeso; gordura excessiva com proeminência do ventre.

OBESO (ê), adj. Que tem obesidade; muito gordo; pançudo.

ÓBICE, s.m. Impedimeito; obstáculo.

ÓBITO, s.m. Falecimento; morte.

OBITUÁRIO, adj. Relativo a óbito; s.m. registro de óbito; mortalidade.

OBJEÇÃO, s.f. Réplica; contestação; obstáculo; restrição.

OBJETAR, v.t. Opor; alegar em sentido contrário.

OBJETIVA, s.f. Vidro ou lente voltada para o objeto que se quer examinar; linha tendente para um ponto a que se quer chegar.

OBJETIVAÇÃO, s.f. Ato de objetivar.

OBJETIVAR, v.t. Tornar objetivo; considerar real ou existente fora do espírito; pretender; ter por fim.

OBJETIVIDADE, s.f. Qualidade do que é objetivo.

OBJETIVISMO, s.m. (Lóg. e Estét.) Doutrina que afirma a existência de princípios objetivos, visíveis ou compreensíveis por todos, de validade geral.

OBJETIVO, adj. Relativo ao objeto; que diz respeito ao exterior em relação ao nosso espírito (opõe-se a subjetivo); que expõe, investiga ou critica as coisas, afastando quaisquer sentimentos pessoais; (Gram.) designativo do complemento direto; s.m. fim que se quer atingir; objeto de uma ação, idéia ou sentimento.

OBJETO, s.m. Tudo o que se oferece à vista ou ao espírito; matéria; assunto; pretexto; fim; propósito; — direto (Gram.): complemento. que integra a significação do verbo sem auxílio de preposição; o mesmo que complemento direto e complemento objetivo; — indireto (Gram.): complemento que integra a significação do verbo, ao qual se liga por uma preposição; o mesmo que complemento indireto.

OBJURGAÇÃO, s.f. Ato de objurgar; invectiva; censura.

OBJURGADO, adj. Repreendido severamente; invectivado.

OBJURGAR, v.t. Censurar; invectivar.

OBJURGATÓRIA, s.f. Objurgação.

OBJURGATÓRIO, adj. Relativo a objurgação; que contém objurgação.

OBLAÇÃO, s.f. Oferenda; sacrifício a Deus.

OBLATA, s.f. Tudo o que se oferece a Deus ou aos santos na igreja; oferta piedosa.

OBLATO, s.m. Leigo que se oferecia para serviço de uma ordem monástica.

OBLÍQUA, s.f. (Geom.) Reta que, incidindo sobre um plano ou seccionado outra, forma ângulos adjacentes desiguais; reta que tem um ponto de intersecção com um plano, não coincidindo com a normal nesse ponto.

OBLIQUÂNGULO, adj. (Geom.) Diz-se do triângulo que não tem ângulo reto.

OBLIQUAR, v.int. Caminhar obliquamente (fig.) proceder com dissimulação. (Pres. ind.: obliquo (ú), obliquas (ú), etc.; subj. pres.: obliqúe, obliqúes, etc.)

OBLIQUIDADE, s.f. Qualidade de oblíquo; posição oblíqua.

OBLÍQUO, adj. Afastado da vertical; inclinado; de través; torto; diz-se do sólido geométrico cujo eixo não é perpendicular à base; diz-se da marcha em diagonal; (Gram.) diz-se de todos os casos da declinação, exceto o nominativo, que é chamado direto ou reto; diz-se da forma do pronome pessoal usada como complemento.

OBLITERAÇÃO, s.f. Ato ou efeito de obliterar.

OBLITERADO, adj. Esquecido, apagado, extinto; obstruído; sem luz.

OBLITERAR, v.t. Fazer desaparecer pouco a pouco; apagar; destruir; fazer esquecer; obstruir; fechar a cavidade de; eliminar; suprimir; tapar; **p.** apagar-se; fechar-se pouco a pouco; extinguir-se; ficar esquecido.

OBLÍVIO, s.m. Olvido; esquecimento.

OBLONGO, adj. Alongado; oval; elíptico.

OBNUBILAR, v.t. Obscurecer; escurecer; **p.** obscurecer-se; pôr-se em trevas.

OBOÉ, s.m. Instrumento musical de sopro com palheta dupla, feito de madeira, de timbre parecido ao da clarineta.

OBOÍSTA, s. Pessoa que toca oboé.

ÓBOLO, s.m. Pequena moeda grega; (fig.) pequeno donativo; esmola.

OBRA, s.f. Efeito do trabalho; trabalho manual; ação; produção ou trabalho literário, científico ou artístico; edifício em construção; reparação de um edifício; — de arte: artefato bem delineado e executado; pau para toda a —: pessoa ou cousa que serve para tudo; por — e graça de: por intervenção ou ação de.

OBRADOR (ô), adj. e s.m. O que obra; obreiro.

OBRA-PRIMA, s.f. Obra perfeita; obra capital; a melhor obra de um autor. (Pl.: obras-primas.)

OBRAR, v.t. Fazer; executar; converter em obra; realizar; fabricar; causar; produzir; construir; maquinar; int. haver-se; proceder; agir; trabalhar; produzir efeito (um medicamento).

OBREIA, s.f. Pasta de massa de que se faz a hóstia para a comunhão; folha de massa que serve para pegar papéis.

OBREIRA, s.f. Operária; abelha operária.

OBREIRO, adj. Que trabalha; s.m. aquele que trabalha; trabalhador; operário; fabricante.

OBRIGAÇÃO, s.f. Imposição; preceito; dever; encargo; compromisso; benefício; favor; emprego; mister; tarefa; título de dívida; condição; (pop.) a família; esposa; mulher.

OBRIGADO, adj. Imposto; forçado; necessário; agradecido; sujeito a dívida; interj. fórmula de agradecimento por serviço ou obséquio recebido (deve concordar com o sexo da pessoa que agradece; a mulher diz: obrigada).

OBRIGAR, v.t. Sujeitar; impor dever a; forçar; int. impor o cumprimento de certos deveres; comprometer-se; responsabilizar-se.

OBRIGATORIEDADE, s.f. Qualidade do que é obrigatório; imposição; obrigação.

OBRIGATÓRIO, adj. Forçoso; imposto pela lei; que obriga; que envolve obrigação. (Antôn.: facultativo.)

OB-ROGAÇÃO, s.f. Ato ou efeito de ob-rogar. (Pl.: ob-rogações.)

OB-ROGAR, v.int. Derrogar; contrapor-se uma lei a outra.

OBSCENIDADE, s.f. Qualidade do que é obsceno; torpeza.

OBSCENO, adj. Que fere o pudor; torpe; imoral; impudico.

OBSCURANTE, adj. Que obscurece; s. obscurantista.

OBSCURANTISMO, s.m. Estado de ignorância; doutrina contrária ao progresso material e intelectual.

OBSCURANTISTA, adj. e s. Pessoa sectária do obscurantismo.

OBSCURANTIZAR, v.t. Levar ao obscurantismo; tornar obscurante.

OBSCURECER, v.t. Tornar obscuro; (fig.) turvar; tornar pouco visível ou compreensível; confundir; toldar; int. e **p.** apagar-se; tornar-se obscuro.

OBSCURECIDO, adj. Toldado; encoberto; ofuscado.

OBSCURECIMENTO, s.m. Escuridão; escassez ou ausência de luz.

OBSCURIDADE, s.f. Estado de obscuro; escuridão; (fig.) falta de clareza (no estilo); condição humilde.

OBSCURO, adj. Escuro; sombrio (fig.) confuso; difícil de entender.

OBSECRAÇÃO, s.f. Súplica fervorosa e humilde.

OBSECRAR, v.t. Suplicar, implorar.

OBSEDANTE, adj. Que obseda.

OBSEDAR, v.t. Tornar-se assíduo junto de alguém para conseguir favores; atormentar; molestar; importunar com assiduidade; apoderar-se (uma idéia) do espírito de (alguém).

OBSEDIAR, v.t. Produzir obsessão em; obsedar excessivamente.

OBSEQÜENTE, adj. Dócil; obediente; obsequiador.

OBSEQUIADOR (ze ... ô), adj. Aquele que obsequia.

OBSEQUIAR (ze), v.t. Fazer obséquios ou favores a; mimosear; presentear. (Pres. ind.: obsequio, obsequias, obsequia, etc.)

OBSÉQUIO (zé), s.m. Favor; serviço; graça.

OBSEQUIOSIDADE (zé), s.f. Qualidade do que é obsequioso; benevolência; trato afável.

OBSEQUIOSO (ze...ô), adj. Que presta obséquios; serviçal, benévolo; prestativo.

OBSERVAÇÃO, s.f. Ato de observar; nota; reparo; admoestação.

OBSERVADOR, adj. e s.m. Aquele que observa; espectador; astrônomo; encarregado de postos ou estações meteorológicas; (pop.) olheiro; repórter.

OBSERVÂNCIA, s.f. Execução fiel; cumprimento; uso; disciplina; penitência.

OBSERVAR, v.t. Olhar atentamente; examinar com minúcia; espreitar; espiar; estudar; cumprir, respeitar as prescrições ou preceitos de; obedecer a; praticar; usar; ponderar; notar.

OBSERVATÓRIO, s.m. Edifício para observações astronômicas ou meteorológicas.

OBSERVÁVEL, adj. Que pode ou merece ser observado.

OBSESSÃO, s.f. Impertinência; vexação; perseguição; (fig.) idéia fixa.

OBSESSIVO, adj. Obsessor.

OBSESSO, adj. Importunado; atormentado; perseguido; s.m. indivíduo que se supõe atormentado por influência diabólica.

OBSESSOR (ô), adj. Que causa obsessão; que importuna; s.m. aquele que causa obsessão; aquele que importuna.

OBSIDENTE, adj. Obsessor; s. pessoa que cerca ou sitia.

OBSIDIAR, v.t. Cercar; assediar; estar à volta de; (fig.) espiar; observar os atos ou a vida de; importunar; molestar.

OBSOLETISMO, s.m. Qualidade de obsoleto.

OBSOLETO (ê), adj. Que caiu em desuso; antiquado; arcaico.

OBSTACULIZAR, v.t. Criar obstáculos a (uma coisa); dificultar; impedir.

OBSTÁCULO, s.m. Estorvo; embaraço; dificuldade; inconveniente; impedimento; barreira.

OBSTANTE, adj. Que obsta; impedidor; não —: loc. prep. apesar de; loc. conj. apesar disso, contudo.

OBSTAR, v.i. Opor-se; causar embaraço ou impedimento; servir de obstáculo.

OBSTATIVO, adj. Obstante.

OBSTETRA, s. Parteiro ou parteira.

OBSTETRÍCIA, s.f. Ramo da Medicina que se ocupa dos partos.

OBSTETRÍCIO, adj. Relativo aos partos.

OBSTÉTRICO, adj. Relativo à obstétrica ou a partos.

OBSTETRIZ, s.f. Parteira.

OBSTINAÇÃO, s.f. Teima; pertinácia; tenacidade.

OBSTINADO, adj. Teimoso; pertinaz.

OBSTINAR, v.t. Tornar obstinado; porfiar; perseverar; teimar.

OBSTRINGIR, v.t. Apertar muito; ligar; comprimir; imprensar; obrigar; estacar. (V. defectivo: conjugado, em geral, somente nas terceiras pessoas.)

OBSTRUÇÃO, s.f. Ato ou efeito de obstruir; obturação; (Pat.) impedimento nos vasos ou canais de um corpo animado; (fig.) oposição proposital; impedimento.

OBSTRUCIONISMO, s.m. Hábito político de criar obstáculos à maioria nos trabalhos parlamentares ou em quaisquer outras assembléias para retardar a aprovação de uma proposição.

OBSTRUCIONISTA, adj. Diz-se da pessoa que pratica o obstrucionismo.

OBSTRUIR, v.t. Fechar; tapar; entupir; impedir com obstáculos a passagem ou circulação de; estorvar; impedir; causar embaraço ou obstrução em; p. tapar-se; fechar-se; embaraçar-se; criar obstrução. (Pres. ind.: obstruo, obstruis, obstrui, obstruímos, obstruís, obstruem; imperat.: obstrui, obstruí; pres. subj.: obstrua, etc.)

OBSTRUTIVO, adj. Que obstrui ou serve para obstruir.

OBSTRUTOR (ô), adj. Aquele ou aquilo que obstrui.

OBSTUPEFAÇÃO, s.f. Pasmo; estupefação.

OBSTUPEFATO, adj. Pasmado; estupefato.

OBTENÇÃO, s.f. Ato de obter; consecução; aquisição; conquista.

OBTENTOR (ô), adj. Aquele que obtém.

OBTER, v.t. Alcançar; conseguir; adquirir; lograr; ganhar; granjear; ter ensejo ou ocasião de. (Irregular. Conjuga-se como o verbo ter, observando-se acentuação na 2.ª e 3.ª pess. pres. indic.: obténs, obtém.)

OBTIDO, adj. Alcançado; conseguido.

OBTUNDIR, v.t. Contundir; bater; sovar.

OBTURAÇÃO, s.f. Ato ou efeito de obturar.

OBTURADOR (ô), adj. Que obtura; s.m. que serve para obturar.

OBTURAR, v.t. Tapar; fechar; entupir; obliterar; arrolhar; arrochar; obstruir (cavidades dos dentes ou dos ossos).

OBTUSIDADE, s.f. Qualidade do que é ou de quem é obtuso.

OBTUSO, adj. Que não é agudo; rombo; arrendondado; (fig.) rude, estúpido; bronco; (Geom.) diz-se do ângulo que mede mais de 90 graus.

OBUMBRAÇÃO, s.f. Ato ou efeito de obumbrar.

OBUMBRADO, adj. Coberto de sombras; anuviado; toldado.

OBUMBRAMENTO, s.m. Obumbração.

OBUMBRAR, v.t. Cobrir de sombras; toldar ocultar; p. cobrir-se de sombras ou de nuvens; apagar-se; diminuir de intensidade; cobrir-se; tapar-se.

OBUS, s.m. Pequena peça de artilharia, semelhante a um morteiro comprido. (Pl.: obuses.)

OBVIAR, v.t. e i. Atalhar; opor-se; estorvar; ir ao encontro de; remediar; tomar as medidas precisas para evitar um mal.

ÓBVIO, adj. Que ocorre; que está diante; patente; claro; evidente.

OCAR, v.t. Tornar oco.

OCARINA, s.f. Instrumento musical feito de barro e que dá sons como os da flauta.

OCARINISTA, s.m. Pessoa que toca ocarina; fabricante ou vendedor de ocarinas.

OCASIÃO, s.f. Conjuntura; oportunidade; motivo; tempo disponível; de —: de preço baixo.

OCASIONAL, adj. Casual; acidental.

OCASIONAR, v.t. Dar ocasião a; motivar; proporcionar.

OCASO, s.m. O pôr do Sol; poente; (fig.) decadência.

OCCIPÍCIO, s.m. (Anat.) Parte ínfero-posterior da cabeça.

OCCIPITAL, adj. Relativo ao occipício; (Anat.) designativo do osso ímpar, constitutivo da face

póstero-inferior do crânio.

OCCIPÚCIO, s.m. Occipício.

OCEÂNICO, adj. Relativo ao oceano ou à Oceânia; que vive no oceano.

OCEANO, s.m. Grande extensão de água salgada que banha um ou mais continentes; cada uma das cinco grandes divisões da parte líqüida do globo: Pacífico, Atlântico, Índico, Ártico e Antártico.

OCEANOGRAFIA, s.f. Descrição do oceano e dos seus produtos minerais, vegetais e animais.

OCEANOGRÁFICO, adj. Relativo à oceanografia.

OCEANÓGRAFO, s.m. Aquele que se ocupa de oceanografia.

OCELO, s.m. Olhinho; cada um dos pontos que matizam certos órgãos, como penas, pêlos, etc.

OCIDENTAL, adj. Relativo ao Ocidente; que fica para o lado do oeste ou ocidente. (Antôn.: oriental.)

OCIDENTALIZAR, v.t. Adaptar à civilização do Ocidente.

OCIDENTE, s.m. O lado onde se vê o desaparecimento diário do Sol; poente; a parte da Terra que fica ao poente; oeste.

ÓCIO, s.m. Lazer; vagar; descanso; preguiça.

OCIOSIDADE, s.f. O vício de gastar o tempo inutilmente; preguiça. O mesmo que ócio.

OCIOSO (ô), adj. Que não trabalha; que vive na ociosidade.

OCLOCRACIA, s.f. Governo da populaça, da multidão.

OCLUSÃO, s.f. Ato de fechar; (Fís.) absorção de gases pelas substâncias porosas.

OCLUSIVA, adj. Que oclui; s.f. (Gram.) consoante explosiva, isto é, aquela que é pronunciada pelo fechamento ou oclusão do aparelho vocal, em determinado ponto, imediatamente seguido da sua abertura repentina ou explosão, permitindo a saída do sopro expirador: p,b,m,t,d,n,c, (k), q e g.

OCLUSIVO, adj. Que produz oclusão.

OCLUSO, adj. Fechado.

OCO, adj. Vazio; que não tem miolo; s.m. vão; cavidade. (Flexões: pl. ocos, ocas; fem. oca.)

OCORRÊNCIA, s.f. Acontecimento; encontro; ocasião; (Geol.) modo por que se apresentam os minerais e rochas.

OCORRER, v.int. Suceder; sobrevir; acontecer; vir ao pensamento; rel. lembrar; vir ao encontro de.

OCRA, s.f. Argila colorida de amarelo por óxido de ferro, utilizada em pintura.

OCRE, s.m. Ocra.

OCTÃ ou **OCTANA**, adj. f. e s.f. Diz-se da febre que se repete de oito em oito dias.

OCTAÉDRICO, adj. Relativo a octaedro.

OCTAEDRO, s.m. (Geom.) Sólido de oito faces.

OCTANGULAR, adj. Octogonal.

OCTILHÃO ou **OCTILIÃO**, num. Mil setilhões.

OCTINGENTÉSIMO (zi), num. Denominação do ordinal e do fracionário correspondentes a oitocentos.

OCTOGENÁRIO, adj. e s.m. Que tem oitenta anos.

OCTOGÉSIMO (zi), num. Denominação do ordinal e fracionário correspondente a oitenta.

OCTOGONAL, adj. (Geom.) Que tem oito lados; que tem por base um octógono.

OCTÓGONO (Geom.), s.m. Polígono de oito lados.

OCTOSSILÁBICO, adj. Octossílabo.

OCTOSSÍLABO, adj. Que tem oito sílabas; s.m. verso ou vocábulo de oito sílabas.

OCTUPLICAR, v.t. Multiplicar por oito.

ÓCTUPLO, num. Que contém oito vezes uma quantidade; s.m. quantidade oito vezes maior que outra.

OCULADO, adj. Que tem olhos; que tem manchas ou furos semelhantes a olhos.

OCULAR, s.f. Lente leve que, nos instrumentos de óptica, fica na extremidade próxima ao olho do observador; adj. relativo ao olho ou à vista; presencial.

OCULÍFERO, adj. (Zool.) Que tem ou apresenta um olho.

OCULIFORME, adj. Que tem forma de olho.

OCULISTA, s. Médico especialista de doenças de olhos.

OCULÍSTICA, s.f. Parte da Medicina que trata das doenças dos olhos.

ÓCULO, s.m. Instrumento com lentes para auxiliar a vista; abertura circular em uma parede para arejar e clarear; pl.:luneta de dois vidros munida de hastes que a fixam aos pavilhões das orelhas; ver por um —: não ver; não obter; ser ludibriado em alguma coisa devida ou prometida.

OCULTAÇÃO, s.f. Ato ou efeito de ocultar.

OCULTAR, v.t. Esconder; encobrir; não revelar; p. esconder-se.

OCULTAS, s.f.pl. Às —: de modo oculto; às escondidas; à socapa.

OCULTISMO, s.m. Ciência dos fenômenos que parecem não se poder explicar pelas leis naturais, como a levitação, a telepatia; conjunto das ciências ou artes ocultas, como a magia, nigromancia, astrologia, etc.

OCULTISTA, adj. Relativo ao ocultismo; s. pessoa que se entrega ao ocultismo.

OCULTO, adj. Escondido; encoberto; desconhecido; invisível.

OCUPAÇÃO, s.f. Ato de ocupar ou de se apoderar de alguma coisa; invasão; manutenção; posse; emprego; ofício; serviço; trabalho.

OCUPADO, adj. Que se ocupa; de que se tomou posse.

OCUPADOR (ô), adj. e s.m. O que ocupa. O mesmo que ocupante.

OCUPANTE, adj. e s. Ocupador.

OCUPAR, v.t. Tomar posse de; estar na posse de; habitar; tomar; encher; ser objeto de; atrair; exercer; ter direito a; invadir; estender-se sobre; tomar o lugar de; prender a atenção de; entreter; empregar; incumbir; p. trabalhar; aplicar a sua atenção ou seus cuidados (em alguma coisa); tratar; dedicar-se a.

ODALISCA, s.f. Propriamente era a escrava que servia as mulheres do harém, mulher de harém.

ODE, s.f. Composição poética dividida em estrofes simétricas; primitivamente, composição em verso para ser cantada.

ODIAR, v.t. Ter ódio a; detestar. (Irregular. Pres. do Ind.: odeio, odeias, odeia, odiamos, odiais, odeiam; imperat.: odeia, odiai; pres. do subj.: odeie, odeies, odeie, odiemos, odieis, odeiem.)

ODIENTO, adj. Que tem ódio; rancoroso; que revela ódio.

ÓDIO, s.m. Aversão a uma pessoa ou coisa; inimizade; raiva; rancor; antipatia.

ODIOSIDADE, s.f. Qualidade de ser odioso; ódio.

ODIOSO (ô), adj. Digno de ódio; detestável; repelente; s.m. aquilo que provoca ódio.

ODISSÉIA, s.f. Poema do grego Homero, que tem por assunto as aventuras de Ulisses ao voltar para sua pátria, depois da tomada de Tróia; (fig.) viagem de aventuras; narração de aventuras extraordinárias; peripécias.

ODONTAGRA, s.f. Dor de dente com inchaço da face, que se supunha ligada à gota.

ODONTALGIA, s.f. (Med.) Dor nos dentes.

ODONTÁLGICO, adj. (Med.) Relativo à odontalgia.

ODONTÍASE, s.f. (Med.) Nascença dos dentes; dentição; conjunto de fenômenos produzidos pelo desenvolvimento dos germes dentários.

ODONTITE, s.f. (Med.) Inflamação da polpa dental.

ODONTOGENIA, s.f. Desenvolvimento ou formação dos dentes; parte da Embriologia que trata da maneira por que se desenvolvem os dentes.

ODONTOGRAFIA, s.f. Tratado acerca dos dentes.

ODONTOGRÁFICO, adj. Relativo à odontografia.

ODONTÓIDE, adj. 2 gên. ou **ODONTOÍDEO**, adj. Que tem a forma de dentes.

ODONTOLANDO, s.m. Aquele que está prestes a formar-se ou graduar-se em odontologia.

ODONTOLITÍASE, s.f. Formação de pedra ou tártaro nos dentes.

ODONTOLOGIA, s.f. Parte da Medicina que trata das afecções dentárias.

ODONTOLÓGICO, adj. Relativo à odontologia.

ODONTOLOGISTA, s. Pessoa que se ocupa de odontologia; dentista.

ODOR (ô), s.m. Cheiro; aroma; olor.

ODORANTE, adj. Cheiroso; aromático; perfumado.

ODORAR, v.int. Exalar odor ou cheiro.

ODORÍFERO ou **ODORÍFICO**, adj. Odorante.

ODOROSO, adj. Odorante.

ODRE (ô), s.m. Saco feito de pele e destinado a transportar líquidos.

ODREIRO, s.m. Fabricante ou vendedor de odres.

OÉS-NORDESTE, s.m. Ponto do horizonte, a igual distância entre o oeste e nordeste. (Abrev. W.N.E. ou O.N.E.)

OÉS-NOROESTE, s.m. Ponto do horizonte, a igual

distância entre o oeste e noroeste. (Abrev.: W.N.W. ou O.N.O.)

OÉS-SUDOESTE, s.m. Ponto do horizonte eqüidistante do oeste e sudoeste. (Abrev.: W.S.W. ou O.S.O.)

OÉS-SUESTE, s.m. Ponto do horizonte eqüidistante do oeste e sueste. (Abrev.: W.S.E. ou O.S.E.)

OESTE, s.m. Ocidente; poente (abrev.: W. ou O.); o vento que sopra dessa direção; adj. relativo ao poente; que sopra do poente.

OFEGANTE, adj. Cansado; (fig.) ansioso; anelante.

OFEGAR, v.int. Respirar com dificuldade, com freqüentes perturbações; estar ansioso; estar anelante.

OFEGO, s.m. Respiração difícil ou ruidosa.

OFEGOSO (ô), adj. Ofegante.

OFENDER, v.t. Injuriar; magoar; lesar; ultrajar; fazer mal a; ferir; causar mal físico a; atacar (em combate); melindrar; desgostar; escandalizar; contrariar; ir contra as regras ou preceitos de; desconsiderar; p. escandalizar-se; magoar-se; dar-se por ofendido.

OFENDIDO, adj. e s.m. Que, ou aquele que recebeu ou sofreu ofensa.

OFENSA, s.f. Lesão; injúria; ultraje; agravo; desconsideração; desacato; menosprezo ou postergação de preceitos; mágoa ou ressentimento da pessoa ofendida.

OFENSIVA, s.f. Ataque; situação de quem ataca; iniciativa no ataque.

OFENSIVO, adj. Que ofende; lesivo; agressivo.

OFENSO, adj. Ofendido.

OFENSOR (ô), adj. e s.m. Que, ou aquele que ofende.

OFERECEDOR (ô), adj. e s.m. Que, ou aquele que oferece.

OFERECER, v.t. Apresentar para ser aceito como dádiva ou empréstimo; proporcionar; dar; apresentar; expor; exibir; t.-rel. dar como presente; propor; consagrar, pôr ao serviço de; dedicar; prometer; facultar; levar à presença de; mostrar; p. mostrar-se; apresentar-se; expor-se; prestar-se; deparar-se; ocorrer; vir à lembrança.

OFERECIDO, adj. Ofertado; (fig.) intrometido, confiado.

OFERECIMENTO, s.m. Ato ou efeito de oferecer; dedicatória; expressão da vontade de servir.

OFERENDA, s.f. Objeto que se oferece.

OFERENDAR, v.t. Fazer oferenda de; ofertar.

OFERTA, s.f. Promessa; dádiva; oblação; oferecimento; oferenda.

OFERTANTE, adj. Aquele que oferta; oferente.

OFERTAR, v.t. Dar como oferta; oferecer; p. dar-se; oferecer-se.

OFERTÓRIO, s.m. A parte da missa em que se oferece a Deus a hóstia e o vinho; oferta; oferecimento.

OFICIADOR (ô), adj. Aquele que oficia; oficiante.

OFICIAL, adj. Preposto por autoridade ou emanado dela; conforme às ordens legais; s.m. operário que conhece bem o seu ofício; militar de graduação superior à de sargento; funcionário de graduação superior à de escriturário; — de justiça: funcionário judicial de categoria inferior a quem o juiz manda fazer citações, intimações, etc. (Fem.: oficiala.)

OFICIALATO, s.m. Cargo ou dignidade de oficial.

OFICIALIDADE, s.f. Conjunto de oficiais das forças armadas ou parte destas.

OFICIALIZAÇÃO, s.f. Ato que dá caráter oficial ou do governo a instituições particulares.

OFICIALIZADOR (ô), adj. Que oficializa.

OFICIALIZAR, v.t. Tornar oficial; dar sanção ou caráter oficial a.

OFICIANTE, adj. e s. Pessoa que oficia ou que preside ao ofício divino.

OFICIAR, v.int. Celebrar o ofício religioso; dirigir um ofício (a alguém). (Pres. ind.: oficio, oficias, oficia, etc.)

OFICINA, s.f. Lugar onde se exerce um ofício; laboratório; (fig.) lugar onde se dão grandes transformações.

OFÍCIO, s.m. Arte; cargo; emprego público; profissão; ocupação; obrigação; participação, em forma de carta, expedida por uma repartição sobre assuntos de serviço público; pl. diligência; intervenção; — divino: a missa; o Santo —: o Tribunal; da Inquisição; sem — nem benefício: (fam.) diz-se da pessoa sem ocupação, que nada tem que fazer; de —: por obrigação, por lei, por dever do cargo.

OFÍDICO, adj. Pertencente ou relativo a serpente.

OFÍDIO, adj. Semelhante a serpente; s.m. espécime dos ofídios, da ordem de répteis, que compreende todos os gêneros de serpentes.

OFIDISMO, s.m. Estudo do veneno das serpentes.

OFIOGRAFIA, s.f. Descrição das serpentes.

OFIÓLATRA, s. Adorador de serpentes.

OFIOLATRIA, s.f. Adoração das serpentes.

OFIOLOGIA, s.f. Parte da Zoologia que trata dos ofídios.

OFIOLOGISTA, s. Pessoa que se ocupa de ofiologia.

OFIOMANCIA, s.f. Suposta adivinhação pela observação de serpentes.

OFIOMANTE, s. Pessoa que pratica a ofiomancia.

OFIOMÂNTICO, adj. Relativo à ofiomancia.

OFIOMÓRFICO ou **OFIOMORFO,** adj. Que tem forma de serpentes.

OFTALGIA, ou melhor, **OFTALMALGIA,** s.f. (Med.) Dor nos olhos.

OFTALMÁLGICO, adj. Relativo à oftalmalgia.

OFTALMIA, s.f. (Med.) Inflamação nos olhos, em particular da conjuntiva.

OFTÁLMICO, adj. (Med.) Relativo à oftalmia ou aos olhos; aplicável contra a oftalmia; s.m. aquele que padece de oftalmia; remédio contra a oftalmia.

OFTALMOLOGIA, s.f. Parte da Medicina que trata das afecções oculares.

OFTALMOLÓGICO, adj. Relativo à oftalmologia.

OFTALMOLOGISTA, adj. e s. Especialista em oftalmologia.

OFTALMOTORRINOLARINGOLOGISTA, s. Médico especialista em moléstia de olhos, ouvidos, nariz e garganta.

OFUSCAÇÃO, s.f. Ato ou efeito de ofuscar.

OFUSCAR, v.t. Impedir de ver ou de ser visto; encobrir; ocultar; obscurecer; deslumbrar; turvar a vista a; toldar; esconder; empanar; fazer diminuir de intensidade; desprestigiar; fazer esquecer; p. apagar-se; perder o brilho, o prestígio, o valor; obscurecer-se.

OGIVA, s.f. Figura arquitetônica formada por dois arcos iguais que se cortam superiormente.

OGIVAL, adj. Relativo à ogiva; que tem a forma de ogiva.

OGRO, s.m. Papão, ente fantástico em que se fala para intimidar as crianças. (Fem.: ogra.)

OGUM, s.m. Orixá que preside às lutas e às guerras.

OH, interj. Exprime espanto alegria, repugnância, etc.

OHM, s.m. (Fís.) Unidade prática de resistência elétrica. (É a resistência de um condutor percorrido por uma corrente de um ampère quando as extremidades apresentam a queda do potencial de um volt.)

OITÃO, s.m. (constr.) Nome dado às paredes laterais da casa, situadas nas linhas de divisa do lote.

OITAVA, s.f. Cada uma das oito partes iguais em que se divide um todo; espaço de oito dias consagrados a uma festa religiosa; intervalo entre duas notas musicais do mesmo nome subindo ou descendo de tom; estrofe de oito versos.

OITAVADO, adj. Que tem oito faces ou quinas; octogonal.

OITAVAR, v.t. Tornar oitavado; dividir em oito partes, tocar na oitava superior ou inferior.

OITAVA-RIMA, s.f. Estância de oito versos decassílabos, rimando o primeiro com o terceiro e o quinto, o segundo com o quarto e o sexto, e o sétimo com o oitavo, tal como se vê no poema "Os Lusíadas", do imortal Camões. (Pl.: oitavas-rimas.)

OITAVÁRIO, s.m. Festa religiosa de oito dias.

OITAVO, num. Ordinal e fracionário correspondentes a oito; s.m. a oitava parte.

OITENTA, num. Denominação do número cardinal equivalente a oito dezenas.

OITIVA, s.f. Ouvido; audição; de —: de cor, de ouvir dizer.

OITO, num. Seis mais um; s.m. algarismo representativo deste número; a oitava unidade; ou —: ou oitenta: ou tudo ou nada.

OITOCENTOS, num. Oito vezes cem.

OJERIZA, s.f. Má vontade contra alguém; antipatia.

OLÁ, interj. Serve para chamar ou saudar e também indica espanto.

OLARIA, s.f. Fábrica de louça de barro, manilhas, tijolos e telhas.

OLÉ, interj. O mesmo que olá; designa também afirmação.

OLEADO, adj. Que tem óleo; azeitado; s.m. pano tornado impermeável por uma camada de verniz; encerado.

OLEAGINOSO (ô), adj. Que contém óleo; que é da natureza do óleo.

OLEAR, v.t. Cobrir de óleo; impregnar de uma substância oleosa.

OLEARIA, s.f. Fábrica de óleos.

OLÉICO, adj. (Quím.) Diz-se do ácido orgânico, monocarboxilado, composto de dezoito átomos de carbono e que apresenta uma dupla ligação; seus sais ou ésteres se chamam oleatos.

OLEICULTURA (e-i), s.f. Fabrico, tratamento e conservação do azeite.

OLEÍFERO, adj. Oleificante.

OLEIFICANTE (e-i), adj. Que produz óleo.

OLEÍGENO, adj. Que produz líquido semelhante ao óleo.

OLEÍNA, s.f. Éster oléico da glicerina, encontrado nos óleos vegetais.

OLEIRO, s.m. Aquele que trabalha em olaria.

OLÊNCIA, s.f. Qualidade do que é olente.

OLENTE, adj. Perfumado, aromático.

ÓLEO, s.m. Designação genérica de substâncias gordurosas, líquidas à temperatura ordinária e, por extensão, dos produtos mais ou menos viscosos de origem mineral; azeite; — de mamona ou — de rícino: o que é extraído por pressão ou solventes voláteis dos grãos descorticados da carrapateira; — mineral: petróleo; os santos — s: óleo sagrado usado na Igreja para crisma, a extremaunção e outras cerimônias.

OLEOGRAFIA, s.f. Cópia de um quadro a óleo, transmitida de uma tela para outra.

OLEOGRÁFICO, adj. Relativo a oleografia.

OLEOGRAVURA, s.f. Reprodução pela gravura de um quadro a óleo.

OLEÔMETRO, s.m. (Fís.) Aparelho para medir a densidade dos óleos.

OLEOSIDADE, s.f. Qualidade do que é oleoso ou gorduroso.

OLEOSO (ô), adj. Que tem óleo; gorduroso.

OLFAÇÃO, s.f. Exercício do olfato; ação de cheirar.

OLFATIVO, adj. Relativo ao olfato.

OLFATO, s.m. O sentido do cheiro; faro; olfação.

OLHADA ou **OLHADELA,** s.f. Lance de olhos; ato de olhar.

OLHADO, adj. Visto; considerado; observado; s.m. feitiço; quebranto atribuído, pela crendice popular, ao olhar de certas pessoas, que influi sobre as crianças robustas, as plantas e os animis domésticos, ocasionando-lhes atraso no desenvolvimento, perda ou morte. O mesmo que mau-olhado.

OLHADOR (ô), adj. e s.m. Aquele que olha.

OLHAL, s.m. Vão ou abertura de um arco.

OLHAR, v.t. Fitar os olhos em; observar; tomar conta; encarar; ver; notar; proteger; investigar; sondar; int. aplicar a vista; rel. voltar os olhos; estar defronte de; p. mirar-se; s.m. olho; o aspecto dos olhos.

OLHEIRAS, s.f.pl. Manchas lívidas na pele que circunda os olhos.

OLHEIRO, s.m. O que vigia trabalhos; informador: observador; capataz. Nascente de água.

OLHO, s.m. Órgão da visão; vista; abertura circular ou oval em um edifício; aro de qualquer ferramenta onde se enfia o cabo; botão ou rebento das plantas; — da rua: rua, meio da rua, lugar indeterminado para onde se manda alguém, expulsando-o; — de lince: vista agudíssima; — nu: olho não auxiliado por qualquer instrumento; — armado: com instrumento que auxilia a visão; a — desarmado: apenas com a vista, sem auxílio de quaisquer instrumentos; o mesmo que à vista desarmada; a — s vistos: patentemente.

OLHO-D'ÁGUA, s.m. Nascente que rebenta do solo. (Pl.: olhos-d'água.)

OLHO-DE-BOI, s.m. (Arquit.) Abertura circular ou elíptica no teto ou em parede para dar luz ao interior do edifício; clarabóia; selo do correio, da primeira emissão, feita em 1843, com desenho que lembra um olho. (Pl.: olhos-de-boi.)

OLHO-DE-CABRA, s.m. Selo do correio emitido em 1845, menor que o olho-de-boi. (Pl.: olhos-de-cabra.)

OLHO-DE-GATO, s.f. Espécie de lantejoulas colocadas em estacas, de espaço a espaço, ao longo das estradas e que refletem a luz dos faróis e servem para indicar aos motoristas o leito carroçável. (Pl.: olhos-de-gato.)

OLHO-DE-PERDIZ, s.m. Pequeno calo redondo. (Pl.: olhos-de-perdiz.)

OLHO-DE-VIDRO, s.m. Olho postiço. (Pl.: olhos-de-vidro.)

OLHUDO, adj. Que tem grandes olhos.

OLIGARCA, s.m. Partidário da oligarquia; membro de uma oligarquia.

OLIGARQUIA, s.f. Governo de poucas pessoas; (fig.) predomínio de uma facção ou grupo na direção dos negócios públicos.

OLIGÁRQUICO, adj. Relativo à oligarquia; que tem o caráter de oligarquia.

OLIGOCENO, s.m. (Geol.) Divisão da era terciária entre o eoceno e o mioceno.

OLIGOCRACIA, s.f. O mesmo que oligarquia.

OLIGOCRÁTICO, adj. Relativo à oligocracia.

OLIGOCRONÓMETRO, s.m. Instrumento para medir as pequenas frações de tempo.

OLIGOTRIQUIA, s.f. Falta ou escassez de pêlos.

OLIGOTROFIA, s.f. (Med.) Diminuição da nutrição.

OLIGURESIA, OLIGÚRIA ou **OLIGURIA**, s.f. (Med.) Diminuição do volume de urina.

OLIMPÍADA, s.f. Espaço de quatro anos decorridos entre duas celebrações consecutivas dos jogos olímpicos, na antiga Grécia; atualmente, jogos esportivos internacionais, de todas as modalidades, disputados por equipes amadoras, de quatro em quatro anos.

OLÍMPICO, adj. Relativo ao Olimpo; divino; majestoso; relativo a olimpíada.

OLIMPO, s.m. Habitação das divindades pagãs; céu.

OLISIPONENSE, adj. Lisboeta.

OLIVA, s.f. Azeitona; oliveira.

OLIVÁCEO, adj. Cor de azeitona.

OLIVAL, s.m. Terreno plantado de oliveiras.

OLIVEDO (ê), s.m. Olival; porção de olivas.

OLIVEIRA, s.f. Árvore que serve de tipo à família das Oleáceas, cujo fruto é a azeitona.

OLIVEIRAL, s.m. Olival.

OLIVICULTOR (ô), s.m. Aquele que se ocupa de olivicultura.

OLIVICULTURA, s.f. Cultura de olivais. O mesmo que oleicultura.

OLOR (ô), s.m. Aroma; perfume, fragrância, odor.

OLOROSO (ô), adj. Que tem olor.

OLVIDAR, v.t. Esquecer; perder de memória; deixar cair no esquecimento; p. esquecer-se.

OLVIDO, s.m. Ato ou efeito de olvidar; esquecimento.

OMACÉFALO, s.m. Monstro de cabeça mal conformada e sem braços.

OMBREAR, v.i. Equiparar-se; rivalizar-se; igualar-se.

OMBREIRA, s.f. Parte do vestuário correspondente ao ombro; as peças verticais das portas e janelas que sustentam as padieiras; umbral.

OMBRO, s.m. Espádua; encolher os —s: mostrar indiferença ou resignação; olhar ou tratar alguém por cima do —: mostrar-lhe desprezo ou desdém.

ÔMEGA, s.m. Última letra do alfabeto grego, corresponde à letra **o** do alfabeto português.

OMELETA (ê), s.f. Fritada de ovos batidos.

OMENTO, s.m. O mesmo que epíploon.

OMINAR, v.t. Agourar.

OMINOSO (ô), adj. Agourento; nefasto.

OMISSÃO, s.f. Ato ou efeito de omitir; falta; lacuna; ausência.

OMISSO, adj. Que revela falta ou esquecimento; descuidado; negligente.

OMITIR, v.t. Preterir; deixar de fazer, escrever ou dizer; postergar; esquecer; olvidar.

OMOPLATA, s.f. Osso largo que forma a parte posterior do ombro.

ONAGRO, s.m. Burro selvagem; burro.

ONÇA, s.f. Peso antigo, equivalente a 28,691 gramas; medida de peso inglesa, eqüivalente a 28,349 gramas; nome de dois maiores felídeos brasileiros, carnívoros de grande ferocidade; indivíduo muito

valente, muito forte, invencível; amigo da —: amigo falso, amigo-urso.

ONDA, s.f. Conjunto de pontos que num meio em vibração tem um movimento concordante; ondulação num objeto qualquer; porção de água do mar, lago ou rio, que se eleva; (fig.) tropel; propaganda; grande agitação; ir na —: ir levado pelos outros; não resistir; ser enganado; — eletromagnética: perturbação produzida pela aceleração de uma carga elétrica que interfere num campo elétrico em ângulo reto com um campo magnético, movendo-se ambos em direção perpendicular ou plano que contém os dois campos (as ondas luminosas e as da radiodifusão são desta natureza).

ONDADA, s.f. Reunião de ondas.

ONDE, adv. Em que lugar; de — em —: de tempos a tempos, aqui e ali, de espaço a espaço; — quer que: em qualquer lugar que; pron. em que.

ONDEADO, adj. Que tem ondas; disposto em curvas, à maneira de ondas.

ONDEANTE, adj. Que ondeia; que ondula; ondulante; onduloso.

ONDEAR, v.int. Fazer ondas ou ondulações; propagar-se; transmitir-se em ondas; agitar-se, mover-se formando ondas; t. tornar ondeado, sinuoso; frisar; agitar como ondas; fazer tremular; p. flutuar; mover-se em ondulações.

ONDÔMETRO, s.m. (Fís.) Aparelho usado em radiotécnica para medida de comprimento de onda.

ONDULAÇÃO, s.f. Formação de ondas pouco agitadas; movimento parecido com o das ondas; conjunto de saliências e de depressões (no terreno).

ONDULADO, adj. Ondeado.

ONDULANTE, adj. Ondeante.

ONDULAR, v.int., t. e p. Ondear.

ONDULATÓRIO, adj. Que tem ondulações; em forma de ondas; (Fís.) diz-se do movimento pendular, vibratório ou harmônico.

ONDULOSO (ô), adj. Que forma ou tem ondulação; ondeante.

ONERADO, adj. Sobrecarregado; sujeito a ônus; endividado; hipotecado.

ONERAR, v.t. Sujeitar a um ônus; impor ônus ou obrigações a; sobrecarregar; agravar com tributos; p. sujeitar-se a um ônus.

ONEROSIDADE, s.f. Encargo; qualidade de oneroso.

ONEROSO (ô), adj. Que envolve ônus pesado; grave; caro; de alto preço.

ONFALITE, s.m. (Med.) Inflamação do umbigo.

ONFALOTOMIA, s.f. Corte do cordão umbilical.

ÔNIBUS, s.m. 2 núm. Veículo motorizado para transporte (urbano e interurbano) de passageiros, com itinerário preestabelecido.

ONIFORME, adj. Que tem ou pode ter todas as formas.

ONÍMODO, adj. Que é de todos os modos; oniforme; ilimitado.

ONIPARENTE, adj. Que produz tudo, que tudo cria.

ONIPOTÊNCIA, s.f. Qualidade de onipotente.

ONIPOTENTE, adj. Que pode tudo; todo-poderoso; s.m. Deus.

ONÍRICO, adj. Relativo a sonhos.

ONIRISMO, s.m. (Med.) Estado de espírito em que este, em vigília, se absorve em sonhos, fantasias ou idéias quiméricas.

ONISCIÊNCIA, s.f. Ciência universal absoluta; o saber de Deus (um dos atributos de Deus).

ONISCIENTE, adj. Que possui onisciência; que sabe tudo.

ONÍVORO, adj. Que come tudo.

ÔNIX (cs), s.m. 2 núm. Variedade de ágata em que há grande distinção de cor entre as camadas; mármore com camadas policrômicas.

ONOMÁSTICA, s.f. Lista de nomes próprios; explicação dos nomes próprios.

ONOMÁSTICO, adj. Relativo aos nomes próprios; diz-se do dia em que o nome da pessoa coincide com o do santo que a Igreja celebra.

ONOMÁTICO, adj. Relativo a nome.

ONOMATOMANCIA, s.f. Adivinhação baseada no nome da pessoa.

ONOMATOPÉIA, s.f. Palavra cuja pronúncia imita o som natural da coisa significada.

ONOMATOPÉICO, adj. Relativo a onomatopéia; que imita o objeto significado.

ONTEM, adv. No dia anterior ao de hoje; no tempo que passou.

328

ONTOGÊNESE, s.f. Série de transformações sofridas pelo ser vivo desde a fecundação do ovo até o ser perfeito.

ONTOGENÉTICO, adj. Relativo à ontogênese.

ONTOGENIA, s.f. Estudo da formação e desenvolvimento do ser vivo, acompanhado em todas as fases de sua evolução.

ONTOGÊNICO, adj. Relativo à ontogenia.

ONTOGONIA, s.f. História da produção dos seres organizados sobre a Terra.

ONTOGÔNICO, adj. Relativo à ontogonia.

ONTOLOGIA, s.f. Tratado dos seres em geral; teoria ou ciência do ser enquanto ser, considerado em si mesmo, independentemente do modo pelo qual se manifesta.

ONTOLÓGICO, adj. Relativo à ontologia.

ONTOLOGISTA, s. Pessoa que se ocupa de ontologia.

ÔNUS, s.m. 2 núm. Peso; (fig.) encargo; obrigação; imposto gravoso.

ONUSTO, adj. Carregado; cheio; sobrecarregado.

ONZE, num. Denominação do número cardinal eqüivalente a uma dezena e uma unidade; undécimo.

ONZENA, s.f. Juro de onze por cento; (fig.) usura; agiotagem.

ONZENAR, v.int. Emprestar com grande usura; intrigar; mexericar; t. lucrar (mais que o justo).

ONZENÁRIO, adj. Relativo à onzena; s.m. usurário; agiota.

ONZENEIRO, adj. e s.m. Onzenário; agiota; usurário; mexeriqueiro; intrigante.

ONZENICE, s.f. Intriga; mexerico; bisbilhotice.

ONZENO, num. Undécimo.

OOLOGIA, s.f. Descrição do ovo sob o aspecto da geração.

OOSFERA, s.f. (Bot.) Gameta feminino dos vegetais.

OOSPÓRIO, s.m. (Bot.) Gameta feminino de certas algas, que se desprende da planta após a fecundação, apto a germinar.

OPA, s.f. Espécie de capa sem mangas usada pelas confrarias e irmandades religiosas.

OPACIDADE, s.f. Qualidade de opaco.

OPACO, adj. Que não deixa atravessar a luz; escuro; sombrio; turvo. (Superl. abs. sint.: opacíssimo.)

OPALA, s.f. Variedade amorfa de sílica, produto de dessecação do hidrogel de sílica; espécie de tecido de algodão.

OPALANDA, s.f. Grande opa.

OPALESCÊNCIA, s.f. Fenômeno luminoso de irisação combinado com uma aparência leitosa.

OPALESCENTE, adj. Que representa o fenômeno da opalescência; opalino.

OPALINO, adj. Que tem a cor ou os reflexos da opala.

OPAR, v.int. Tornar-se opado; inchar.

OPÇÃO, s.f. Livre escolha, preferência; ação ou faculdade de optar.

OPCIONAL, adj. Relativo à opção.

ÓPERA, s.f. Drama musicado, sem diálogo falado; teatro onde se representam esses dramas. O mesmo que teatro lírico.

OPERAÇÃO, s.f. Ato ou efeito de operar; cálculo matemático; transação comercial; trabalho cirúrgico; manobra militar; (Mat.) a que tem só um resultado; operações aritméticas: a adição, a subtração, a multiplicação e a divisão.

ÓPERA-CÔMICA, s.f. Ópera em que predomina o caráter cômico, na qual o canto alterna com a letra ou com o diálogo falado. (Pl.: óperas-cômicas.)

OPERADO, adj. e s.m. O que sofreu intervenção cirúrgica.

OPERADOR (ô), adj. Que opera; s.m. aquele ou aquilo que opera; — cinematográfico: s.m. aquele que, nos estúdios, está encarregado da filmagem; pessoa que, em cabina de cinema, lida com os aparelhos de projeção e sonoros; médico —: cirurgião.

OPERANTE, adj. Que opera.

OPERAR, v.t. Produzir; obrar; executar; sujeitar a uma operação cirúrgica; fazer (uma operação qualquer); int. produzir efeito; realizar operações cirúrgicas; agir; obrar; p. suceder; realizar-se.

OPERARIADO, s.m. A classe operária; proletariado.

OPERÁRIO, s.m. O que trabalha em uma arte ou ofício; obreiro; trabalhador.

OPERATIVO, adj. Operante.

OPERATÓRIO, adj. Relativo a operações; operante.

OPERÁVEL, adj. Que pode ser operado.

OPERCULADO, adj. Que tem opérculos; fechado por opérculo; opercular.

OPERCULAR, adj. Que tem opérculos.

OPERCULÍFERO, adj. Opercular.

OPERCULIFORME, adj. Que tem forma de opérculo.

OPÉRCULO, s.m. Tampa do turíbulo; todo órgão que tapa um orifício; peça córnea ou calcária que fecha a entrada da concha de certos moluscos.

OPERETA (ê), s.f. Forma leve de teatro musicado, com enredo sobre assunto cômico e sentimental.

OPEROSIDADE, s.f. Qualidade do que é operoso.

OPEROSO (ô), adj. Trabalhoso; difícil; produtivo.

OPIÁCEO, adj. Relativo ao ópio; opiado.

OPIADO, adj. Preparado com ópio.

OPIAR, v.t. Misturar com ópio; preparar com ópio. (Pres. ind.: opio, opias, etc.)

OPILAÇÃO, s.f. Ato ou efeito de opilar; obstrução; amarelão.

OPILADO, adj. Diz-se do doente de opilação.

OPILAR, v.t. Obstruir (diz-se do fígado e outros órgãos); causar opilação a.

OPIMO, adj. Excelente; fértil; rico.

OPINANTE, adj. e s. Pessoa que opina.

OPINAR, v.t. Julgar; ser de opinião; dizer, manifestando opinião; int. dar o seu parecer; votar; rel. estar de acordo; votar.

OPINATIVO, adj. Que depende de opinião.

OPINÁVEL, adj. Provável; sujeito a diversas opiniões.

OPINIÃO, s.f. Juízo; modo de pensar ou de ver; voto; parecer; conceito; conjetura; fama; capricho; teimosia orgulhosa.

OPINIÁTICO, adj. Presunçoso; orgulhoso.

OPINIOSO (ô), adj. Teimoso; aferrado à sua opinião; caprichoso.

ÓPIO, s.m. Suco das cápsulas de diversas espécies de papoulas, que serve de narcótico.

OPIOMANIA, s.f. Vício de fumar ou comer ópio.

OPIOMANÍACO, adj. e s.m. Opiômano.

OPIÔMANO, adj. e s.m. Aquele que tem o vício do ópio.

OPÍPARO, adj. Esplêndido; lauto.

OPONENTE, adj. e s.. Pessoa que se opõe; opositor.

OPOR, v.t. Contrapor; colocar contra ou defronte de; colocar em contraste; objetar; impugnar; p. ser contrário; recusar.

OPORTUNIDADE, s.f. Qualidade de oportuno; ocasião própria; ensejo.

OPORTUNISMO, s.m. Acomodação, por sistema, às circunstâncias; adesismo.

OPORTUNISTA, adj. Relativo ao oportunismo; que é partidário de acomodação às circunstâncias; que aproveita as oportunidades; s. partidário do oportunismo; pessoa que aproveita as oportunidades.

OPORTUNO, adj. Que vem a tempo, a propósito, ou quando convém; próprio; conveniente.

OPOSIÇÃO, s.f. Ato ou efeito de opor-se; impedimento; obstáculo; partido ou grupo contrário ao governo; (Ret.) figura pela qual se reúnem idéias que parecem antagônicas; (Astron.) posição em que ficam dois astros em relação à Terra quando a longitude deles difere de 180 graus.

OPOSICIONISMO, s.m. Sistema de opor-se a tudo sem exceção.

OPOSICIONISTA, adj. e s. Pessoa que faz oposição, que combate o governo.

OPOSITIVO, adj. Que envolve oposição; oposto.

OPOSITOR (ô), adj. e s.m. Aquele que se opõe; concorrente; oposicionista.

OPOSTO (ô), adj. Fronteiro; contraposto; contrário; s.m. coisa oposta, contrária.

OPRESSÃO, s.f. Ato ou efeito de oprimir; abatimento de forças; vexame; tirania; dificuldade de respiração; sufocação.

OPRESSIVO, adj. Que oprime ou serve para oprimir.

OPRESSO, adj. Oprimido.

OPRESSOR (ô), adj. Que oprime; o mesmo que opressivo e oprimente; s.m. aquele que oprime; tirano.

OPRIMENTE, adj. Opressor.

OPRIMIDO, adj. Vexado; perseguido.

OPRIMIR, v.t. Causar opressão a; sobrecarregar com peso; apertar; comprimir; molestar; afligir; tiranizar; esmagar; aniquilar; vexar.

OPRÓBRIO, s.m. Ignomínia; abjeção extrema; desonra.

OPROBRIOSO (ô), adj. Que causa opróbrio; vergonhoso; abjeto; infamante.

OPTAR, v.t. Decidir-se por uma coisa (entre duas ou mais); exercer o direito de opção; t. escolher; preferir; decidir-se por.

OPTATIVO, adj. Que indica desejo.

ÓPTICA ou **ÓTICA**, s.f. Parte da Física que trata da luz e dos fenômenos da visão. (É conveniente manter o **p** antes de **t** na grafia de óptica e em todas as derivadas que se referem à visão, embora não seja pronunciado, para diferençar de ótica que se refere ao ouvido.)

ÓPTICO ou **ÓTICO**, adj. Concernente à vista ou à óptica; s.m. aquele que é versado em óptica; fabricante de instrumentos de óptica; oculista.

OPTÔMETRO, s.m. Instrumento que permite avaliar o grau de astigmatismo dos olhos, isto é, o grau de refração ocular que deve ser corrigido.

OPUGNAÇÃO, s.f. Ato ou efeito de opugnar; ataque; assalto.

OPUGNADOR (ô), adj. O que opugna; combatente.

OPUGNAR, v.t. Pugnar contra; atacar; impugnar.

OPULÊNCIA, s.f. Grande riqueza; grande abundância; magnificência; fausto; (fig.) corpulência; grande desenvolvimento de formas.

OPULENTAR, v.t. Tornar opulento; engrandecer; p. tornar-se opulento, abundante ou copioso; engrandecer-se.

OPULENTO, adj. Que tem opulência; copioso; (fig.) magnífico, rico; pomposo; abundante.

OPÚSCULO, s.m. Pequeno livro; folheto.

ORA, conj. Mas; quando liga várias frases significa: umas vezes... outras vezes; — pois: loc. conj. sendo assim, à vista disso; adv. agora, presentemente; por —: por agora, por enquanto; interj. exprime dúvida, menosprezo, **impaciência**, etc.

ORAÇÃO, s.f. Súplica religiosa; reza; discurso; sermão; fala; (Gram.) proposição, enunciado de um juízo (consta de sujeito, verbo e atributos, claros ou subentendidos).

ORACIONAL, adj. (Gram.) Relativo à oração.

ORACULAR, adj. Relativo a oráculo; v. int. falar com oráculo; doutrinar.

ORÁCULO, s.m. Resposta de um deus a quem o consultava; divindade que respondia a consultas; (fig.) pessoa cuja palavra ou conselho tem grande influência ou inspira confiança; palavra infalível muito autorizada.

ORADOR (ô), s.m. Pregador; o que ora ou discursa em público; o que fala bem.

ORAGO, s.m. O santo da invocação que dá o nome a um templo ou freguesia; oráculo; invocação.

ORAL, adj. Relativo à boca; verbal; vocal.

ORANGOTANGO, s.m. Grande macaco antropomorfo de Sumatra e Bornéu.

ORAR, v.i. Rezar; pregar; discursar.

ORATE, s.m. Doido; idiota.

ORATÓRIA, s.f. Arte de falar ao público; eloquência.

ORATÓRIO, adj. Relativo à oratória, próprio de orador; s.m. nicho ou armário com imagens religiosas; capela doméstica.

ORBE, s.m. Esfera; globo; mundo.

ORBÍCOLA, adj. Que viaja por toda parte, por todo o orbe; cosmopolita.

ORBICULAR, adj. Que tem a forma de fenda orbitária; globular; circular.

ÓRBITA, s.f. Trajetória de um corpo celeste; cavidade ocular; contorno dos olhos das aves; (fig.) esfera de ação; área; limite.

ORÇADO, adj. Calculado.

ORÇAMENTAL, adj. Orçamentário.

ORÇAMENTÁRIO, adj. Relativo a orçamento. O mesmo que orçamental.

ORÇAMENTO, s.m. Ato ou efeito de orçar; cálculo da receita e despesa; cálculo dos gastos para fazer uma obra.

ORÇAR, v.t. Calcular; avaliar.

ORDEIRO, adj. Amigo da ordem; conservador; pacífico.

ORDEM, s.f. Disposição ou colocação metódica das

coisas em seu devido lugar; conveniente disposição dos meios para obter os fins; regularidade; conveniência; arranjo; método; boa disposição; lei; modo, maneira; natureza; modo de ser; classe, categoria; fileira, renque; mandado, determinação; disciplina; sociedade religiosa; classe de honra instituída por um soberano ou poder governamental supremo; sacramento da Igreja; (Arquit.) sistema de relações fixas entre as dimensões de certas partes de um edifício, como pedestal, coluna e entablamento; publicação de leis, regulamentos ou instruções sobre serviço (militar); — do dia: assunto específico do dia; — pública: conjunto de preceitos que constituem a segurança da sociedade; — social: conjunto de leis que regulam a mútua dependência dos seres sociais; — unida: exercícios de marcha militar.

ORDENAÇÃO, s.f. Ato de ordenar; lei; regulamento; arranjo; colocação de ordens eclesiásticas.

ORDENADA, s.f. (Geom.) Segunda das coordenadas que, no sistema cartesiano, definem a posição de um ponto no plano e no espaço.

ORDENADO, adj. Posto em ordem; que tem ordem; metódico; s.m. vencimentos de um funcionário ou empregado qualquer.

ORDENADOR (ô), adj. Aquele que ordena.

ORDENAMENTO, s.m. Ordenação; método ou conjunto de preceitos que se devem seguir no tratamento e exploração de matas.

ORDENANÇA, s.f. Ordem; lei; regulamento militar; s.f. e m. soldado às ordens de uma autoridade.

ORDENAR, v.t. Pôr em ordem; dispor; determinar; mandar que se faça (alguma coisa); conferir o sacramento da ordem a; int. dar ordens; p. receber ordens sacras; pôr-se em ordem.

ORDENÁVEL, adj. Que se pode ordenar.

ORDENHA, s.f. Ato de ordenhar.

ORDENHAR, v.t. Espremer a teta de (um animal) para tirar leite; int. praticar a ordenha.

ORDINAL, adj. (Gram.) Diz-se do numeral que indica ordem ou série: primeiro, oitavo, décimo, etc.

ORDINÁRIO, adj. Habitual; vulgar; comum; regular; costumado; normal; freqüente; diz-se da fração representada pela expressão que indica quantas partes foram tomadas (numerador) das em que se dividiu a unidade, indicada no denominador; (fig.) medíocre; fraco; baixo; grosseiro; maleducado; reles; sem caráter; ruim; s.m. aquilo que é habitual; superior eclesiástico; música em passo de marcha; regulamentação do modo de recitar os ofícios divinos; de —: ordinariamente; por via de regra; geralmente.

ORDINARISMO, s.m. Procedimento de quem é ordinário; falta de caráter.

ORELHA (ê), s.f. Pavilhão auditivo; órgão da audição; ouvido; concha do ouvido; —s de um livro: sobra da capa que se dobra por dentro; baixar a —: ficar humilhado, desiludido; de —: de oitiva, por ouvir dizer; de — em pé: atento, precavido.

ORELHÃO, s.m. Puxão de orelhas; inflamação das parótidas; parte de tear, nas fábricas de seda.

ORELHUDO, adj. Que tem orelhas grandes; (fig.) estúpido; teimoso.

OREOGRAFIA, s.f. Orografia.

OREOGRÁFICO, adj. Orográfico.

OREÓGRAFO, s.m. Orógrafo.

ORFANAR, v.t. Tornar órfão; lançar na orfandade; privar.

ORFANATO, s.m. Asilo para órfãos.

ORFANDADE, s.f. Estado de órfão; os órfãos.

ÓRFÃO, adj. Que perdeu os pais ou um deles; s.m. aquele que ficou órfão. (Fem.: órfã; pl.: órfãos.)

ORFEÃO, s.m. Conjunto de pessoas ou sociedades cujos membros se dedicam ao canto; pequeno instrumento de cordas e teclas.

ORFEÔNICO, adj. Relativo a orfeão; próprio para orfeão.

ORFEONISTA, s. Membro de orfeão.

ORGANDI, s.m. Tecido de algodão muito leve e transparente, com preparo especial que lhe dá certa consistência.

ORGÂNICO, adj. Relativo a órgão ou a seres organizados; relativo a organismos; fundamental; diz-se do ramo da Química que trata dos compostos do carbono e formam em sua maioria os organismos animais e vegetais.

ORGANISMO, s.m. Disposição dos órgãos nos seres vivos; constituição; compleição; temperamen-

330

to; corpo organizado; combinação; ordem.

ORGANISTA, s. Pessoa que toca órgão.

ORGANIZAÇÃO, s.f. Ato ou efeito de organizar; constituição física; estabelecimento ou firma comercial, industrial, bancária, etc.

ORGANIZADO, adj. Que tem órgãos; ordenado; metódico.

ORGANIZADOR (ô), adj. Aquele que organiza.

ORGANIZAR, v.t. Constituir o organismo de; ordenar; formar; arranjar; dispor; estabelecer as bases de; p. constituir-se, formar-se.

ORGANIZÁVEL, adj. Que se pode organizar.

ORGANOGRAFIA, s.f. Descrição dos órgãos de um ser organizado.

ORGANOLÉPTICO ou **ORGANOLÉTICO**, adj. Diz-se das propriedades dos corpos que impressionam os sentidos.

ORGANOMETÁLICO, adj. (Quím.) Diz-se de substâncias resultantes de combinação de um radical orgânico com um metal.

ÓRGÃO, s.m. Parte de um corpo organizado, com função específica; grande instrumento musical constituído essencialmente de tubos sonoros dispostos em séries que entram em vibração graças a um conjunto de teclas e pedais, em uso sobretudo nas igrejas; cada uma das partes de um maquinismo; meio; pessoa ou objeto que serve de intermediário; jornal, gazeta. (Pl.: órgãos.)

ORGIA, s.f. Festim licencioso; bacanal; (fig.) desordem; anarquia; profusão; desperdício.

ORGÍACO, adj. Relativo a orgia ou que tem o caráter de orgia.

ORGULHAR, v.t. Causar orgulho a; ensoberbecer; p. sentir orgulho; ufanar-se.

ORGULHO, s.m. Elevado conceito que alguém faz de si próprio; amor-próprio exagerado; soberba; brio; altivez, ufania.

ORGULHOSO (ô), adj. Que tem orgulho; soberbo; ufano; altivo.

ORIENTAÇÃO, s.f. Ato ou arte de se orientar (fig.) direção; impulso.

ORIENTADOR (ô), adj. Aquele que orienta; s.m. guia; diretor.

ORIENTAL, adj. Relativo ao Oriente; que fica a oriente; que vem do Oriente; que vive ou vegeta no Oriente; uruguaio; pl.: os povos da Ásia. (Antôn.: ocidental.)

ORIENTALISMO, s.m. Conjunto de conhecimentos ou estudos acerca dos povos orientais.

ORIENTALISTA, s. Pessoa versada no conhecimento dos povos e idiomas orientais; ciência de orientalista; locução hiperbólica ou simbólica, à maneira dos orientais, qualidade ou caráter do que é oriental ou sofreu influência do Oriente.

ORIENTAR, v.t. Determinar a posição de (um lugar) em relação aos pontos cardeais; encaminhar; guiar; dirigir; indicar o rumo a; p. reconhecer a situação do lugar em que se acha para se guiar no caminho; reconhecer; examinar cuidadosamente os diferentes aspectos de (uma questão).

ORIENTE, s.m. A parte de onde nasce o Sol; levante; leste; povos da Ásia; lado direito de uma carta geográfica.

ORIFÍCIO, s.m. Entrada estreita; pequeno buraco; pequena abertura.

ORIGEM, s.f. Princípio; início; nascimento; procedência; naturalidade; pátria; ascendência; (fig.) motivo ou causa.

ORIGINAL, adj. Relativo a origem; primitivo; natural; que é feito sem modelo; que tem caráter próprio; (fig.) singular; extravagante; s.m. modelo escrito primitivo; texto manuscrito, dactilografado ou impresso, destinado a ser composto; texto em que se baseia uma obra; texto, por oposição à tradução; (fam.) pessoa excêntrica.

ORIGINALIDADE, s.f. Qualidade de original.

ORIGINAR, v.t. Dar origem a; causar; p. nascer; proceder; ter origem; derivar-se.

ORIGINÁRIO, adj. Proveniente; descendente; oriundo; primitivo.

ÓRION, s.m. (Astron.) Nome de uma constelação austral.

ORIUNDO (i-un), adj. Originário; procedente; natural.

ORIXÁ, s.m. Divindade secundária do culto jejênagô.

ORIXALÁ, s.m. O maior dos orixás.

ORIZICULTOR (ô), adj. e s.m. Rizicultor; produtor de arroz.

ORIZICULTURA, s.f. Rizicultura; cultura de arroz.

ORIZÍVORO, adj. Diz-se dos animais que se alimentam de arroz.

ORIZÓFAGO, adj. Que se alimenta de arroz (falando-se de homens.)

ORLA, s.f. Borda; barra; beira; margem; debrum; cercadura; (Arquit.) filete em um ornato oval de capitel; rebordo de uma cratera.

ORLADURA, s.f. Ato ou efeito de orlar; orla.

ORLAR, v.t. Guarnecer com orla; ornar em redor; debruar; limitar.

ORNADOR (ô), adj. e s.m. Aquele que orna.

ORNAMENTAÇÃO, s.f. Ato ou efeito de ornamentar; decoração.

ORNAMENTAL, adj. Relativo a ornamentos; próprio para adornos.

ORNAMENTAR, v.t. Ornar; decorar; enfeitar; p. adornar-se; enfeitar-se.

ORNAMENTO, s.m. Adorno; atavio; ornato.

ORNAR, v.t. Enfeitar; aformosear; decorar; aprimorar; ilustrar; adornar; ornamentar; p. enfeitar-se; embelezar-se.

ORNATO, s.m. Efeito de ornar; aquilo que orna; enfeite; atavio.

ORNEAR, v.int. Zurrar.

ORNEIO, s.m. Zurro.

ORNEJADOR (ô), adj. Animal que orneja.

ORNEJAR, v.int. Zurrar.

ORNEJO (ê), s.m. Zurro.

ORNITÓFILO, adj. e s.m. Aquele que se dedica, por amadorismo, à ornitologia.

ORNITOLOGIA, s.f. Tratado acerca das aves.

ORNITOLÓGICO, adj. Relativo a ornitologia.

ORNITOLOGISTA, s. Pessoa que se ocupa de ornitologia.

ORNITÓLOGO, s.m. Aquele que é versado em ornitologia.

ORNITOMANCIA, s.f. Pretensa adivinhação por meio do vôo ou canto das aves.

ORNITOMANIA, s.f. Afeição exagerada às aves.

ORNITOMANTE, s. Pessoa que pratica a ornitomancia.

ORNITOMÁNTICO, adj. Relativo à ornitomancia.

ORNITORRINCO, s.m. Mamífero da Austrália, dotado de focinho córneo.

OROGENIA, s.f. Estudo das deslocações da crosta terrestre e especialmente das montanhas.

OROGÊNICO, adj. Diz-se dos movimentos que produzem os relevos da crosta terrestre; relativo à orogenia.

OROGNOSIA, s.f. Descrição ou ciência da formação das montanhas.

OROGNÓSTICO, adj. Relativo à orognosia.

OROGRAFIA, s.f. Descrição das montanhas.

OROGRÁFICO, adj. Relativo a orografia.

ORÓGRAFO, s.m. Tratadista de orografia.

OROLOGIA, s.f. Orognosia.

OROLÓGICO, adj. Orognóstico.

OROSFERA, s.f. A parte sólida da superfície do globo terrestre.

OROSFÉRICO, adj. Relativo à orosfera.

ORQUESTRA, s.f. Conjunto de músicos que executam uma peça ou acompanham o canto; música; coreto; lugar dos músicos em um teatro; caixa; conjunto de sons harmoniosos.

ORQUESTRAÇÃO, s.f. Ato de orquestrar.

ORQUESTRAL, adj. Relativo a orquestra; semelhante a orquestra.

ORQUESTRAR, v.t. Adaptar (uma peça musical) aos diversos instrumentos de uma orquestra; instrumentar; p. combinar-se; harmonizar-se.

ORQUIDÁRIO, s.m. Viveiro de orquídeas.

ORQUÍDEA, s.f. Designação genérica das plantas e flores da família das Orquidáceas, erradamente chamadas parasitas.

ORTODONTIA, s.f. (Med.) Parte da Odontologia que cuida da prevenção e da correção dos defeitos de posição dos dentes.

ORTODOXIA (cs), s.f. Qualidade de ortodoxo. (Antôn.: heterodoxia.)

ORTODOXO (cs), adj. Conforme com a doutrina definida. (Antôn.: heterodoxo.)

ORTOÉPIA ou **ORTOEPIA**, s.f. Pronúncia reta; parte da Gramática que ensina a bem pronunciar as palavras.

ORTOÉPICO, adj. Relativo a ortoepia; prosódico.

ORTOFONIA, s.f. Arte de corrigir os vícios de pronúncia.

ORTÓGNATO, adj. De ângulo facial quase reto. Pronúncia usual: ortognato (paroxítono).

ORTOGONAL, adj. Que forma ângulos retos.

ORTOGRAFAR, v.t. Escrever com ortografia.

ORTOGRAFIA, s.f. Parte da Gramática que ensina a escrever corretamente as palavras; maneira de escrever as palavras.

ORTOGRÁFICO, adj. Relativo à ortografia.

ORTOLEXIA (cs), s.f. Expressão correta; boa dicção.

ORTOMETRIA, s.f. Medida exata.

ORTOPEDIA, s.f. Arte de evitar ou corrigir as deformidades do corpo; (Med.) especialidade que trata das afecções cirúrgicas dos ossos e articulações.

ORTOPÉDICO, adj. Relativo à ortopedia.

ORTOPEDISTA, s. Especialista que se dedica à ortopedia.

ORTORRÔMBICO, adj. (Min.) Diz-se do prisma com base romboidal.

ORVALHADA, s.f. Orvalho matinal; formação de orvalho.

ORVALHAR, v.t. Molhar ou umedecer com orvalho; rociar; borrifar ou aspergir com gotas de qualquer líquido; alegrar; int. cair orvalho; chuviscar; p. cobrir-se de orvalho; umedecer-se; molhar-se.

ORVALHO, s.m. Vapor atmosférico que se condensa e depõe gotinhas durante a noite; rócio; chuva muito miúda.

ORVALHOSO (ô), adj. Que tem orvalho; cheio de orvalho; orvalhado; com aspecto de orvalho.

OSCILAÇÃO, s.f. Ato ou efeito de oscilar; balanço do pêndulo; movimento de vaivém; (fig.) hesitação; perplexidade.

OSCILANTE, adj. Que oscila.

OSCILAR, v.int. Balançar-se, mover-se alternadamente em sentidos opostos; vacilar; hesitar; tremer.

OSCILATÓRIO, adj. Oscilante; (Fís.) vibratório; pendular.

OSCILÓGRAFO, s.m. (Fís.) Aparelho que registra as oscilações das correntes alternadas.

OSCITAÇÃO, s.f. Ato de oscitar; bocejo.

OSCITAR, v.int. Bocejar.

OSCULAÇÃO, s.f. Ato de oscular; (Geom.) contacto de duas curvas; cruzamento de dois ramos da mesma curva.

OSCULADOR (ô), adj. e s.m. Aquele que oscula; que tem contacto.

OSCULAR, v.t. Dar ósculo em; beijar.

ÓSCULO, s.m. Beijo; beijo de paz e amizade; pequena abertura na superfície das esponjas.

OSGA, s.f. Réptil sáurio que vive de ordinário em esconderijos sombrios; (pop.) aversão entranhada.

ÓSMIO, s.m. Elemento químico, metal, símbolo Os, n.º atômico 76 e peso atômico 190,8.

OSMOLOGIA, s.f. Tratado acerca dos aromas e do olfato.

OSMOLÓGICO, adj. Relativo à osmologia.

OSMÔMETRO, s.m. Instrumento que serve para medir a intensidade da pressão osmótica.

OSMOSE, s.f. Difusão de substâncias líquidas ou dissolvidas através de uma membrana; diálise.

OSMÓTICO, adj. Relativo à osmose.

OSSADA, s.f. Quantidade de ossos; os ossos de um cadáver.

OSSAMA, s.f. ou **OSSAME**, s.m. O mesmo que ossada.

OSSAMENTA, s.f. Esqueleto; armação óssea de um animal.

OSSARIA, s.f. ou **OSSÁRIO**, s.m. Montão de ossos; lugar onde se guardam os ossos.

OSSATURA, s.f. Ossos de animal; esqueleto; ossada.

ÓSSEO, adj. Relativo ao osso; que é da natureza do osso; que tem ossos.

OSSÍCULO, s.m. Osso pequeno; ossinho; pl.: os quatro pequenos ossos do ouvido: martelo, bigorna, estribo e orbicular, sendo que este geralmente se funde com a bigorna.

OSSIFICAÇÃO, s.f. Ato de ossificar; formação de ossos ou do sistema ósseo.

OSSIFICAR, v.t. Converter em osso; endurecer como osso; p. converter-se em osso ou ossos; endurecer.

OSSO (ô), s.m. Qualquer parte do esqueleto dos vertebrados (dimin.: ossinho, ossículo); (fig.) dificuldade; —s do ofício: percalços ou dificuldades inerentes a certa profissão; roer os —s: desfrutar os restos de alguma coisa; ter só os percalços, sem auferir nenhum lucro ou vantagem.

OSSUÁRIO, s.m. Depósito de ossos humanos; sepultura comum de muitos cadáveres.

OSSUDO, adj. Que tem grandes ossos; que tem os ossos muito salientes.

OSTEALGIA, s.f. Dor nos ossos.

OSTEÁLGICO, adj. Relativo à ostealgia.

OSTEÍTE, s.f. Inflamação do tecido ósseo.

OSTENSIVO, adj. Que se pode mostrar; próprio para se mostrar; que se patenteia; que se mostra com alarde.

OSTENSÓRIO, adj. Ostensivo; s.m. custódia onde se ostenta a hóstia consagrada.

OSTENTAÇÃO, s.f. Ato ou efeito de ostentar; alarde; aparato; pompa; luxo; vanglória; magnificência.

OSTENTADOR (ô), adj. Que ostenta; s.m. aquele que procede ou fala com ostentação.

OSTENTAR, v.t. Exibir com aparato; pompear; alardear; mostrar; revelar com legítimo orgulho; int. fazer ostentação; p. mostrar-se com ostentação.

OSTENTATIVO, adj. Que faz ostentação; ostensivo.

OSTENTOSO (ô), adj. Feito com ostentação; magnífico; esplêndido; brilhante.

OSTEOGÊNESE, s.f. Formação dos ossos.

OSTEOGENIA, s.f. Estudo da formação dos ossos no embrião.

OSTEOGRAFIA, s.f. Descrição dos ossos.

OSTEOLOGIA, s.f. Tratado dos ossos.

OSTEÓLOGO, s.m. Aquele que é versado em osteologia.

OSTEOMALACIA, s.f. Amolecimento dos ossos.

OSTEOMETRIA, s.f. Medição dos ossos nos estudos antropológicos.

OSTEOPATIA, s.f. (Med.) Termo genérico com que se designa qualquer moléstia óssea.

OSTEOSE, s.f. Calcificação; ossificação.

OSTEOSSARCOMA, s.m. Sarcoma do tecido ósseo.

OSTEOTOMIA, s.f. Secção de um osso.

OSTRA (ô), s.f. Molusco acéfalo hermafrodita, que vive encerrado numa concha bivalve; (fig.) escarro grosso.

OSTRACISMO, s.m. Banimento; afastamento das funções públicas; repulsa; exclusão imposta a alguém.

OSTRACISTA, s. Pessoa partidária do ostracismo.

OSTRARIA, s.f. Grande porção ou ajuntamento de ostra.

OSTREICULTOR (ê-i...ô), s.m. Aquele que pratica a ostreicultura.

OSTREICULTURA (e-i), s.f. Cultura de ostra.

OSTREIRA, s.f. Lugar onde se criam ostras; vendedora de ostras.

OSTREIRO, adj. e s.m. O que vende ostras.

OSTRICULTOR (ô), s.m. Ostreicultor.

OSTRICULTURA, s.f. Ostreicultor.

OSTRÍFERO, adj. Que produz ostras.

OTALGIA, s.f. Dor nervosa no ouvido.

OTÁLGICO, adj. Relativo à otalgia.

OTÁRIO, s.m. (gír.) Indivíduo tolo, fácil de ser enganado.

ÓTICA, s.f. Estudo do ouvido e da audição.

ÓTICO, adj. Relativo ao ouvido.

OTIMATES, s.m.pl. Optimates.

OTIMISMO, s.m. Sistema de julgar tudo o melhor possível; tendência para achar tudo bem.

OTIMISTA, adj. Relativo ao otimismo; partidário do otimismo; s. pessoa que revela otimismo.

ÓTIMO, Superl. abs. sint. de bom; muito bom; excelente; o melhor possível.

OTITE, s.f. (Med.) Inflamação do ouvido.

OTOLOGIA, s.f. Parte da Medicina que trata do ouvido e suas doenças.

OTOLÓGICO, adj. Relativo à otologia.

OTOMANA, s.f. Espécie de sofá sem costas.

OTOMANO, s.m. Turco; adj. relativo ou pertencente à Turquia.

OTOPATIA, s.f. (Med.) Designação genérica de qualquer doença do ouvido.

OTORRINO, s. Expressão com que abreviadamente se designam os otorrinolaringologistas e os oftalmotorrinolaringologistas.

OTORRINOLARINGOLOGIA, s.f. Parte da Medicina que se ocupa do estudo e tratamento das doenças do ouvido, do nariz e da garganta.

OTORRINOLARINGOLOGISTA, s. Médico especialista no tratamento das moléstias do ouvido, nariz e garganta.

OU, conj. Designa alternativa ou incerteza; de outro modo; por outra forma; isto é.

OURELA, s.f. Orla; margem; cercadura.

OURELO (ê), s.m. Fita de pano grosso; tira; ourela.

OURIÇAR, v.t. Tornar semelhante ao ouriço; eriçar; tornar áspero; p. encrespar-se; eriçar-se; tornar-se áspero.

OURIÇO, s.m. Invólucro da castanha; mamífero insetívoro que tem o corpo coberto de espinhos e cuja espécie principal é o ouriço-cacheiro.

OURIVES, s.m. 2 núm. Fabricante ou vendedor de artefatos de ouro e prata.

OURIVESARIA, s.f. Arte de ourives; oficina ou loja de ourives.

OURO, s.m. Elemento químico, metal, símbolo Au, n.º atômico 79, de peso atômico 197,2; qualquer moeda ou artefato deste metal; riqueza; (fig.) cor amarela muito brilhante; — de lei: o que tem os quilates determinados por lei; — fino: ouro sem liga; — s: naipe de cartas de jogar em que os pontos são assinalados por quadrados vermelhos.

OURO-FIO, adv. Exatamente, com precisão, com perfeita igualdade.

OUROPEL, s.m. Lâmina fina de latão que imita o ouro; ouro falso; (fig.) falso brilho; estilo que encobre falta de idéias; aparência enganosa. (Pl.: ouropéis.)

OUSADIA, s.f. Atrevimento; coragem; audácia.

OUSADO, adj. Esforçado; corajoso; audaz; atrevido.

OUSAR, v.t. Atrever-se a; ter coragem para.

OUTEIRO, s.m. Pequeno monte; colina; festa que se realizava outrora no pátio dos conventos, em que os poetas glosavam motes dados pelas freiras.

OUTIVA, s.f. O mesmo que oitiva.

OUTONADA, s.f. Colheita que se faz no outono; toda a estação do outono.

OUTONAL, adj. Relativo ao outono; próprio do outono; outoniço.

OUTONIÇO, adj. Que nasce no outono; que está no outono da vida.

OUTONO, s.m. Estação do ano que se segue ao verão (no hemisfério norte vai de 22 de setembro a 21 de dezembro; no hemisfério sul, de 22 de março a 21 de junho); (fig.) decadência; o primeiro período da velhice.

OUTORGA, s.f. Ato ou efeito de outorgar.

OUTORGANTE, adj. e s. Pessoa que outorga.

OUTORGAR, v.t. Aprovar; consentir em; conceder; declarar em escritura pública; int. intervir como parte interessada em escritura pública.

OUTREM, pron. Outra pessoa; outras pessoas.

OUTRO, pron. Diverso do primeiro; diferente; seguinte; mais um; restante; —s: pron. pl. outra gente; outrem.

OUTRORA, adv. Em outro tempo; antigamente.

OUTROSSIM, adv. Igualmente; também; bem assim.

OUTUBRO, s.m. Décimo mês do ano civil.

OUVIDO, s.m. Um dos cinco sentidos, pelo qual se percebem os sons; a orelha; orifício por onde se comunica fogo às armas ou às peças de artilharia; facilidade de fixar na memória qualquer música; duro de —: que não ouve bem; entrar por um — e sair pelo outro: não merecer atenção, e não ser levado em conta (conselho, advertência, lição, etc.); tapar os —s: (fig.) não querer ouvir; fazer — moucos: não dar atenção.

OUVIDOR (ô), s.m. O que ouve; ouvinte; juiz especial adjunto a certas repartições (no período colonial, o juiz posto pelos donatários em suas terras; depois, o juiz de direito).

OUVIDORIA, s.f. Cargo de ouvidor.

OUVINTE, s. Aquele que ouve; pessoa que assiste a um discurso, preleção, etc.; estudante que freqüenta uma aula sem estar matriculado.

OUVIR, v.t. Entender, perceber (os sons) pelo sentido do ouvido; escutar; atender; escutar os conselhos, os votos de; tomar o depoimento de; int. levar descompostura ou repreensão; perceber as coisas pelo sentido do ouvido; atender; escutar. (Pres. ind.: ouço, ouves, ouve, etc.; subj. pres.: ouça, ouças, ouça, ouçamos, ouçais, ouçam. É conjugado regularmente nas demais pessoas.)

OVA, s.f. Ovário dos peixes.

OVAÇÃO, s.f. Aclamação pública; honras eclesiásticas feitas a alguém.

OVACIONAR, v.t. Fazer ovação a; aclamar.

OVADO, adj. Oval; s.m. moldura principal do capitel dórico; escudo oval pertencente a eclesiásticos.

OVAL, adj. Do feitio de ovo; o mesmo que oviforme e ovóide; s.f. — regular: (Geom.) curva plana, fechada, que, pela sua semelhança com a elipse, é também denominada falsa elipse; — irregular: (Geom.) curva plana e fechada que apresenta um eixo de simetria e é semelhante ao contorno de um ovo.

OVALAR, v.t. Tornar oval; adj. de forma oval.

OVANTE, adj. Triunfante; jubiloso.

OVARIANO ou **OVÁRICO**, adj. Relativo ao ovário.

OVÁRIO, s.m. Órgão dos animais onde se formam os ovos ou óvulos; parte do gineceu que encerra os óvulos vegetais.

OVEIRO, s.m. Ovário das aves; vasilha de servir ovos à mesa.

OVELHA, s.f. Fêmea do carneiro; (fig.) o cristão em relação ao seu pastor espiritual.

OVELHEIRO, s.m. Pastor de ovelhas.

OVELHUM, adj. Relativo às ovelhas, carneiros e cordeiros; lanígero.

OVELHUNO, adj. O mesmo que ovelhum.

OVIÁRIO, s.m. Ovil; rebanho de ovelhas.

OVIDIANO, adj. De Ovídio, poeta latino, ou relativo a ele.

OVIDUTO, s.m. Canal pelo qual o ovo sai do ovário; (Med.) trompa de Falópio.

OVIFORME, adj. Oval.

OVIL, s.m. Curral de ovelhas; redil, aprisco.

OVINO, adj. Ovelhum.

OVINOCULTOR (ô), s.m. Criador de ovelhas.

OVINOCULTURA, s.f. Criação de ovelhas.

OVIPARIDADE, s.f. ou **OVIPARISMO**, s.m. Qualidade de ovíparo.

OVÍPARO, adj. Que põe ovos; que se reproduz por meio de ovos.

OVÍVORO, adj. Que se alimenta de ovos.

OVO, s.m. Corpo formado no ovário e no oviduto e em que se encerra a célula-ovo fecundada ou não, e líquidos destinados a nutrir o germe durante algum tempo. (Fem.: ova; pl.: ovos (ó); dimin.: ovinho, óvulo.)

OVÓIDE, adj. Oval.

OVOVIVÍPARO, adj. Diz-se do animal cujo ovo se parte na madre para dar saída ao filho.

OVULADO, adj. Que tem óvulos.

OVULAR, adj. Que diz respeito a óvulo ou ovo; que apresenta semelhança com ovo.

OVULIFORME, adj. Que tem a forma de óvulo.

ÓVULO, s.m. Pequeno ovo; (Zool.) célula sexual feminina; (Bot.) corpúsculo que, nos fanerógamos, contém a célula-ovo; (Geom.) curva resultante da junção de uma semicircunferência com uma semi-oval.

OXÁCIDO (cs), s.m. (Quím.) Designação genérica dos ácidos resultantes da combinação dos anidridos com água.

OXALÁ, interj. Que exprime desejo de que algum acontecimento se realize; tomara!; queira Deus!.

OXALATO (cs), s.m. (Quím.) Designação genérica dos sais e ésteres do ácido oxálico.

OXÁLICO (cs), adj. (Quím.) Diz-se do ácido orgânico, dicarboxilado, saturado, com dois átomos de carbono.

OXIDABILIDADE (cs), s.f. Qualidade de oxidável.

OXIDAÇÃO (cs), s.f. (Quím.) Ato de oxidar. Ferrugem da superfície metálica. (Antôn.: redução.)

OXIDAR (cs), v.t. Aumentar a carga positiva de um cationte ou a negativa de um anionte; combinar com o oxigênio; p. (fig.) enferrujar-se. (Antôn.: reduzir.)

OXIDÁVEL (cs), adj. Que se pode oxidar.

ÓXIDO (cs), s.m. Designação genérica de combinações do oxigênio com os outros elementos; — básico: é o óxido metálico que combinado com ácido produz um sal.

OXIDRILO (cs), s.m. Radical eletronegativo, monovalente, formado de um átomo de oxigênio e outro de hidrogênio.

OXIDULADO (cs), adj. Levemente oxidado.

OXIGENAÇÃO (cs), s.f. Ato ou efeito de oxigenar.

OXIGENADO (cs), adj. Combinado com oxigênio; que sofreu a ação da água oxigenada.

OXIGENAR (cs), v.t. (Quím.) Tratar (uma substância) pelo oxigênio e fixá-lo em sua molécula; (fig.) fortalecer; avigorar; p. combinar-se com o oxigênio; oxidar-se.

OXIGÊNIO (cs), s.m. Elemento químico, gasoso, símbolo O, de peso atômico 16, n.º atômico 8, indispensável à vida e que constitui 21% do ar atmosférico.

OXIGEUSIA (cs), s.f. Excessivo desenvolvimento do sentido do gosto.

OXÍGONO (cs), adj. (Geom.) Acutângulo; anguloso (falando-se de conchas).

OXIMEL (cs), s.m. Mistura de vinagre, água e mel.

OXÍTONO (cs), adj. e s. Diz-se do vocábulo com acento na última sílaba. O mesmo que agudo.

OZENA, s.f. Rinite atrófica acompanhada de mau cheiro.

OZÊNICO, adj. Relativo à ozena.

OZENOSO (ô), adj. Aquele que sofre de ozena.

OZONE, s.m. (Quím.) (V. Ozônio.)

OZONIDE, s.m. Designação genérica de produtos de adição do ozônio com substâncias providas de dupla ligação.

OZÔNIO, s.m. (Quím.) Gás incolor, de cheiro penetrante, fosforado, corrosivo, considerado uma forma alotrópica do oxigênio e por isso tem propriedades semelhantes a este, porém, muito mais enérgicas, e sendo sempre oxidante e nunca redutor; sua molécula constitui-se de três átomos de oxigênio. É de grande uso como germicida. (Formas parals.: ozone e ozona.)

OZONIZAÇÃO, s.f. Ato de ozonizar.

OZONIZADOR (ô), s.m. Aparelho para produzir ozônio.

OZONIZAR, v.t. Combinar com o ozônio ou tratar pelo ozônio.

OZONÔMETRO, s.m. Aparelho para medir o ozônio contido num gás.

OZONOSCÓPICO, adj. Que serve para mostrar a presença do ozônio.

P

P, s.m. Consoante bilabial, oclusiva, surda, décima quinta letra do alfabeto.

PÁ, s.f. Utensílio chato, de madeira ou ferro, com rebordos laterais e um cabo destinado a trabalhos agrícolas ou de construção.

PABULAGEM, s.f. Fatuidade; orgulho.

PABULAR, v.int. e p. Contar grandezas; fanfarronar.

PÁBULO, s.m. Pasto; sustento.

PACA, s.f. Mamífero roedor, de pêlo escuro e malhas claras (masc.: pacuçu); adj. e s.m. tolo; ingênuo; inexperiente.

PACATEZ (ê), s.f. Qualidade de quem é pacato; índole pacífica.

PACATO, adj. Que é amigo de paz; pacífico; sossegado; tranqüilo.

PACHECADA, s.f. Pachequice; pachequismo; tolice; disparate; asneira.

PACHEQUICE, s.f. ou **PACHEQUISMO**, s.m. Atitude, modos, mediocridade, que fazem lembrar Pacheco, personagem ridícula criada por Eça de Queirós, na obra Correspondência de Fradique Mendes.

PACHOLA, s.m. Madraço; farsola; patusco; adj. cheio de si; orgulhoso; vaidoso; gabola; elegante.

PACHOLAR, v.int. Viver como pachola, bem vestido e divertindo-se.

PACHOLICE, s.f. ou **PACHOLISMO**, s.m. Gabolice.

PACHORRA (ô), s.f. Vagar; lentidão; fleuma.

PACHORRENTO, adj. Dotado de pachorra.

PACHOUCHADA, s.f. Dito disparatado.

PACIÊNCIA, s.f. Qualidade de paciente; resignação; perseverança tranqüila, nome de vários entretenimentos com cartas de jogar; interj. designativa de resignação.

PACIENTAR, v. int. Ter paciência; ser paciente.

PACIENTE, adj. Resignado; sofredor; manso; s. pessoa que padece ou vai padecer; doente; (Gram.) o que recebe a ação de um agente.

PACIFICAÇÃO, s.f. Ato ou efeito de pacificar.

PACIFICADOR (ô), s.m. Aquele que pacifica.

PACIFICAR, v.t. Restituir a paz a; apaziguar; serenar; tranqüilizar; p. voltar à paz; tranqüilizar-se.

PACIFICIDADE, s.f. Qualidade de pacífico.

PACÍFICO, adj. Amigo da paz; sossegado; manso; tranqüilo.

PACIFISMO, s.m. Sistema dos que pugnam pela paz universal e pelo desarmamento das nações.

PACIFISTA, adj. e s. Partidário do pacifismo.

PACO, s.m. (gír. de gatunos) Pacote de papéis velhos que simulam notas de dinheiro encimadas por uma nota verdadeira, usado pelos vigaristas quando passam o conto-do-vigário.

PAÇO, s.m. Palácio real ou episcopal; (fig.) a corte; os cortesãos.

PACOBA, s.f. O fruto da pacobeira; banana.

PACOBAL, s.m. Plantação de bananeiras ou pacobeiras.

PACOBEIRA, s.f. Bananeira.

PAÇOCA, s.f. Carne assada e desfiada, pisada com farinha de mandioca (às vezes servida à mesa com banana); amendoim ou castanha pilada e misturada com açúcar e farinha de mandioca; (fig.) confusão, embrulhada.

PACOTE, s m. Pequeno fardo; embrulho; pl.:(gír.) dinheiro de papel; paco.

PACOTILHA, s.f. Porção de gêneros que o passageiro de um navio pode levar consigo sem pagar tansporte deles; fancaria ou obra de fancaria.

PACOTILHEIRO, s.m. Aquele que faz pacotilhas; mercador de coisas grosseiras.

PACOVA, s.f. O mesmo que banana; (fig.) simplório; imbecil; moleirão.

PACOVAL, s.m. Var. de pacobal.

PAÇÓVIO, adj. Toleirão; imbecil.

PACTAR, v.t. Pactuar.

PACTÁRIO, adj. Aquele que faz pacto, que pactua.

PACTO, s.m. Ajuste; convenção; contrato.

PACTUANTE, adj. e s. Pessoa que pactua; pactuário.

PACTUAR, v.t. Contratar, ajustar; convencionar; combinar.

PACTUÁRIO, s.m. Aquele que pactua.

PACU, s.m. Denominação geral de vários peixes de água doce.

PACUÇU, s.m. O macho da paca.

PACUERA, s.f. Fressura de boi, porco ou carneiro.

PADARIA, s.f. Lugar onde se vendem ou se fabricam pães.

PADECEDOR (ô), adj. Sofredor.

PADECENTE, adj. Que sofre; padecedor.

PADECER, v.t. Sofrer; suportar; consentir; ser atormentado ou afligido por; int. sentir dores físicas ou morais.

PADECIMENTO, s.m. Ato ou efeito de padecer; doença; sofrimento; martírio.

PADEIRO, s.m. Fabricante ou vendedor de pão; o que entrega pão aos domicílios.

PADEJADOR (ô), adj. Aquele que padeja.

PADEJAR, v.t. Revolver com a pá; atirar o pão ao ar, com a pá, para limpá-lo na eira; int. fabricar pão; exercer o ofício de padeiro.

PADEJO (ê) s.m. Ato de padejar; mister de padeiro.

PADIOLA, s.f. Espécie de tabuleiro retangular, com quatro varais e destinado a transporte; maca.

PADIOLEIRO, s.m. Cada um dos que conduzem uma padiola.

PADRALHADA, s.f. Grande número de padres; o clero.

PADRÃO, s.m. Modelo oficial de pesos e medidas legais; modelo; desenho de estamparia.

PADRARIA, s.f. Pádralhada.

PADRAR-SE, v.p. Fazer-se padre; ordenar-se.

PADRASTO, s.m. Indivíduo em relação aos filhos que sua mulher houve de matrimônio anterior. (Fem.: madrasta.)

PADRE, s.m. Sacerdote; presbítero (dimin. depreciat.: padreco; fem.: madre); (ant.) pai; o Santo —: o Papa; o — Eterno:Deus.

PADREADOR (ô), adj. Animal que padreia.

PADREAR, v.int. Procriar; reproduzir-se (especialmente o cavalo).

PADRECO, s.m. Padre que tem pouco mérito ou pequena estatura.

PADRE-CURA, s.m. Pároco. (Pl.: padres-curas.)

PADRE-MESTRE, s.m. Sacerdote-professor; (fig.) sabichão. (Pl.: padres-mestres.)

PADRE-NOSSO, s.m. Oração que se inicia por essa invocação e que Cristo ensinou aos seus discípulos e que os cristãos dirigem a Deus pedindo-lhe proteção; querer ensinar o padre-nosso ao vigário: querer dar lições a quem sabe mais. (Pl.: padre-nossos e padres-nossos.)

PADRE-SANTO, s.m. O Papa. (Pl.: padres-santos.)

PADRESCO (ê), adj. Relativo a padre; próprio de padre.

PADRICE, s.f. Qualidade ou ato de padre.

PADRINHO, s.m. Testemunha de batismo, casamento ou duelo; o que acompanha o doutorando a receber o capelo; paraninfo; (fig.) protetor; patrono. (Fem.: madrinha.)

PADROADO, s.m. Direito de protetor adquirido por quem fundou ou dotou uma igreja; direito de conferir benefícios eclesiásticos.

PADROEIRO, adj. e s.m. Defensor; protetor; orago.

PADRÓFOBO, s.m. Inimigo de padres, de sacerdotes católicos.

PADRONIZAR, v.t. Servir de padrão, de modelo a.

PAGA, s.f. Ato ou efeito de pagar; remuneração; retribuição; reconhecimento.

PAGADOR (ô), adj. Que paga; s.m. o que paga.

PAGADORIA, s.f. Lugar ou repartição pública onde se fazem pagamentos.

PAGADOURO, adj. Pagável.

PAGAMENTO, s.m. Paga; entrega de dinheiro; prestação.

PAGANISMO, s.m. Religião pagã; politeísmo; idolatria.

PAGANIZAÇÃO, s.f. Ação de paganizar.

PAGANIZADOR (ô), adj. Que paganiza.

PAGANIZAR, v.t. Tornar pagão; descristianizar.

PAGANTE, adj. e s. Que paga; pessoa que paga; contribuinte; solvente.

PAGÃO, adj. Diz-se dos povos antigos politeístas, assim como de tudo o que se refere ao politeísmo ou tem caráter de tal; s.m. indivíduo politeísta; indivíduo que não foi batizado. (Fem.: pagã; pl.: pagãos.)

PAGAR, v.t. Satisfazer o que se deve; retribuir; recompensar; expiar; descontar (do que há de entregar) a parte devida. (Part. pass. irregular: pago.)

PAGÁVEL, adj Que se pode ou deve pagar.

PÁGINA, s.f. Cada uma das faces de uma folha de papel ou de planta; (por ext.) trecho, passo, passagem; (fig.) período ou passagem notável numa história ou biografia.

PAGINAÇÃO, s.f. Ato de paginar; ordem das páginas de um volume escrito.

PAGINADOR (ô), s.m. O encarregado de paginar um jornal ou as folhas de uma publicação.

PAGINAR, v.t. Numerar por ordem as páginas de; dispor em páginas a composição de; int. reunir a composição tipográfica para formar as páginas.

PAGO, adj. Entregue para pagamento; ressarcido; indenizado; satisfeito; (fig.) vingado; s.m. paga.

PAGODE, s.m. Templo pagão entre alguns povos da Ásia; divertimento; pândega.

PAGODEAR, v.int. Levar vida de estróina; pandegar.

PAGODEIRA ou **PAGODICE**, s.f. (fam.) Divertimento; pagode; farra.

PAGODISTA, s. Pessoa estróina, que gosta de pagodes ou pândegas; farrista.

PAI, s.m. Genitor; gerador; (fig.) protetor; fundador; autor; instituidor; cacique (fem. : mãe); — de família: pessoa que tem mulher e filhos; — Nosso: v. padre-nosso.

PAI-DE-SANTO, s.m. Espécie de iluminado do culto fetichista afro-brasileiro, o qual, nas macumbas, se dirige à divindade, recebendo instruções, que transmite aos crentes.

PAI-DE-TERREIRO, s.m. O mesmo que pai-de-santo. (Pl.: pais-de-terreiro.)

PAI-DE-TODOS, s.m. O maior dos dedos da mão, o dedo médio. (Pl.: pais-de-todos.)

PAI-DOS-BURROS, s.m. Dicionário; texto traduzido. (Pl.: pais-dos-burros.)

PAINA, s.f. Conjunto de fibras sedosas, semelhantes às do algodão, que envolvem as sementes de diversas plantas. (Pronuncia-se pãina.)

PAINÇA (a-ín), s.f. Diz-se da palha e da farinha de painço.

PAINÇADA (a-ín), s.f. Porção de painço.

PAINÇO (a-ín), s.m. Planta graminea; o grão dessa planta; milho miúdo; quirera.

PAINEL, s.m. Quadro; pintura; almofada de portas ou janelas; painça em que se montam os dispositivos que acionam aparelhos, motores, máquinas, etc.; relevo arquitetônico em forma de moldura sobre um plano; a parte visível das fechaduras não embutidas na espessura das portas; (fig.) espetáculo. (Pl.: painéis.)

PAIO, s.m. Carne de porco ensacada em tripa seca.

PAIOL, s.m. Depósito de pólvora e de outros petrechos de guerra; armazém para depósito de gêneros da lavoura; depósito ou tulha de milho ou de outros cereais. (Pl.: paióis.)

PAIOLEIRO, s.m. Guarda do paiol.

PAIRAR, v.int. Parar acima de; adejar.

PAÍS, s.m. Região; nação; pátria; paisagem; clima. (Pl.: países.)

PAISAGEM, s.f. Espaço de território que se abrange num lance de vista; gênero literário ou de pintura que descreve ou representa o campo ou cenas campestres.

PAISAGISTA, s. Artista que pinta ou descreve paisagens.

PAISAGÍSTICO, adj. Relativo a paisagem.

PAISANO, s.m. Compatriota; patrício; indivíduo não militar; adj. que não é militar; à paisana: em traje civil, à maneira de quem não é militar.

PAIXÃO, s.f. Sentimento excessivo; afeto violento; amor ardente; entusiasmo; grande mágoa; cólera; objeto de afeição intensa; parcialidade; sofrimento prolongado; o martírio de Cristo ou dos santos martirizados.

PAIXONETA (ê), s.f. Pequena paixão; amoricos.

PAIXONITE, s.f. Paixão; inclinação amorosa.

PAJÉ, s.m. Chefe espiritual dos indígenas; médicofeiticeiro; curandeiro.

PAJEAR, v.t. Vigiar (criança); servir de amaseca. (Pres. ind.: pajeio, pajeias, etc.)

PAJELANÇA, s.f. Benzedura; arte de curar por pajés.

PAJEM, s.m. Mancebo da nobreza que, na Idade Média, acompanhava um príncipe, um senhor, uma dama, para aprender a carreira das armas e as boas maneiras; cavaleiro que nas touradas transmite ordens; marinheiro que cuida da limpeza em navios de guerra; criado que acompanha alguém em viagem a cavalo. (S.f. ama-seca.)

PALA, s.f. Peça que guarnece a parte infero-anterior da barretina ou boné de militares; anteparo para resguardar os olhos da claridade molesta; cartão guarnecido de pano com que o sacerdote cobre o cálice; parte do sapato em que se assenta a fivela, ou da polaina que cobre o pé; parte móvel de uma cartucheira, para cobrir os cartuchos; poncho leve de brim, de vicunha, merinó ou até de seda, com as pontas franjadas.

PALACETE (ê), s.m. Palácio pequeno.

PALACIANISMO, s.m. Qualidade ou hábito de palaciano.

PALACIANO, adj. Que diz respeito a palácios; próprio de quem vive na corte; aristocrático; s.m. cortesão.

PALÁCIO, s.m. Casa de rei ou de família nobre; paço; corte; sede do governo; casa grande e aparatosa; edifício suntuoso. (Dim.: palacete.)

PALADAR, s.m. Palato; céu da boca; sentido do gosto; sabor; gosto.

PALADIM, s.m. Paladino; campeão.

PALADINO, s.m. Campeão; homem corajoso; defensor estrênuo; paladim.

PALÁDIO, s.m. Elemento químico, metal,símbolo Pd, de peso atômico 106,7 e n.º atômico 46.

PALAFITA, s.f. Estacaria que sustentava as habitações lacustres dos homens pré-históricos; nome dado a essas habitações.

PALAFRÉM, s.m. Cavalo elegante, destinado especialmente a senhoras.

PALAFRENEIRO, s.m. Condutor de palafrém.

PALANCA, s.f. Alavanca; estaca.

PALANFRÓRIO, s.m. Palavreado oco; palavrório; loquacidade.

PALANQUE, s.m. Estrado para espectadores ao ar livre.

PALANQUIM, s.m. Espécie de liteira.

PALATAL, adj. Relativo ao palato; (Gram.) diz-se das consoantes e das vogais que se pronunciam aplicando a língua ao palato.

PALATIZAÇÃO, s.f. Ação ou efeito de palatizar.

PALATIZAR, v.t. Tornar palatal (som); p. ex.: aranea=aranha; folia=folha.

PALATINADO, s.m. Dignidade de palatino; região dominada por um palatino.

PALATINO, adj. Do palácio; relativo ao paço real; s.m. príncipe ou senhor que tinha palácio e administrava justiça; (Anat.) nome de osso par da face, situado atrás do maxilar superior, e que forma a abóboda palatina; adj. palatal.

PALATIZAÇÃO, s.f. Palatalização.

PALATIZAR, v.t. Palatalizar.

PALATO, s.m. Céu da boca; paladar.

PALAVRA, s.f. Som articulado, com uma significação; termo; vocábulo; dicção ou frase; fala; faculdade de expressão pela voz; declaração; promessa verbal; permissão de falar; doutrina.

PALAVRAÇÃO, s.f. Método de aprender a ler palavra por palavra.

PALAVRADA, s.f. Palavra obscena ou grosseira.

PALAVRÃO, s.m. Palavra obscena; palavra grande e de difícil pronúncia.

PALAVREADO, s.m. Conjunto de palavras com pouco nexo e importância; lábia; loquacidade; palavrório.

PALAVREAR, v.int. Falar muito e com leviandade; tagarelar.

PALAVRÓRIO, s.m. Palavreado.

PALAVROSO (ô), adj. Prolixo, loquaz.

PALCO, s.m. Estrado; proscênio de teatro; (fig.) cenário; lugar onde se passa algum fato.

PALEANTROPOLOGIA, s.f. Antropologia do homem primitivo.

PALEANTROPOLÓGICO, adj. Relativo à paleantropologia.

PALEARQUEOLOGIA, s.f. Estudo arqueológico dos objetos pertencentes aos homens pré-históricos.

PALEARQUEOLÓGICO, adj. Relativo à palearqueologia.

PALEETNOLOGIA, s.f. Ciência das raças humanas pré-históricas.

PALEETNOLÓGICO, adj. Relativo à paleetnologia.

PALEETNÓLOGO, s.m. Aquele que é versado em paleetnologia.

PALEIO, s.m. Palavreado inútil; conversa fiada.

PALEOBOTÂNICA, s.f. Estudo dos vegetais fósseis.

PALEOFITOLOGIA, s.f. Tratado das plantas fósseis.

PALEOFITÓLOGO, s.m. Aquele que se dedica ao estudo da paleofitologia.

PALEOGÊNEO, adj. (Geol.) Diz-se dos primeiros depósitos da era terciária.

PALEOGEOGRAFIA, s.f. Disciplina que estuda a configuração da superfície terrestre nas épocas pré-históricas.

PALEOGRAFIA, s.f. Arte de decifrar escritos antigos, especialmente os diplomas manuscritos medievais.

PALEOGRÁFICO, adj. Relativo à paleografia.

PALEÓGRAFO, s.m. Aquele que é versado em paleografia ou dela se ocupa.

PALEOLÍTICA, s.f. (Geol.) Primeiro período da idade da pedra; idade da pedra lascada.

PALEOLÍTICO, adj. Relativo ao primeiro período da idade da pedra, ou à idade da pedra lascada.

PALEOLOGIA, s.f. Estudo das línguas antigas.

PALEÓLOGO, adj. e s.m. Aquele que conhece as línguas antigas.

PALEONTOGRAFIA, s.f. Descrição dos fósseis organizados.

PALEONTOGRÁFICO, adj. Relativo à paleontografia.

PALEONTOLOGIA, s.f. Tratado ou ciência dos animais e vegetais fósseis.

PALEONTOLÓGICO, adj. Relativo à paleontologia.

PALEONTÓLOGO, s.m. Aquele que é versado em paleontologia.

PALEOZÓICO, adj. (Geol.) Diz-se da era em que se formaram os terrenos primários; s.m. a área

paleozóica, que compreende os períodos: Cambriano, Ordoviciano, Siluriano, Devoniano, Carbonífero e Permiano.

PALEOZOOLOGIA, s.f. Tratado acerca dos animais fósseis.

PALEOZOOLÓGICO, adj. Relativo à paleozoologia.

PALEOZOOLOGISTA, s. Tratadista de paleozoologia.

PALERMA, adj. Idiota, imbecil; tolo; moleirão; paspalhão.

PALERMAR, v.int. Proceder como palerma.

PALERMICE, s.f. Qualidade, ato ou dito de palerma.

PALESCÊNCIA, s.f. Palidez; falta de cor; desbotamento.

PALESTRA, s.f. Conversa; cavaco; discussão ligeira.

PALESTRADOR (ô), adj. Aquele que palestra.

PALESTRANTE, s. Pessoa que palestra.

PALESTRAR ou **PALESTREAR**, v.int. Estar de palestra; conversar; cavaquear.

PALETA (ê), s.f. Placa de madeira ou louça, com um orifício para enfiar o polegar, sobre a qual os pintores dispõem e combinam as tintas; espáduas do animal.

PALETÓ, s.m. Casaco que se veste sobre o colete ou camisa.

PALHA, s.f. Haste seca das gramíneas, despojada dos grãos; acumulação destas hastes; junco seco com que se entretece o assento de cadeiras.

PALHÁBOTE, s.m. Barco de dois mastros muito juntos e vela triangular.

PALHABOTEIRO, s.m. Tripulante de palhabote.

PALHAÇADA, s.f. Ato ou dito de palhaço; cena burlesca; grupo de palhaços.

PALHAÇO, s.m. O artista de circo que faz pilhérias e momices para divertir o público; (fig.) pessoa que por atos ou palavras faz rir os outros.

PALHADA, s.f. Mistura de palha e farelo para animais.

PALHAGEM, s.f. Montão de palha.

PALHEIRÃO, s.m. Palheiro grande.

PALHEIREIRO, s.m. Vendedor de palha; fabricante de assentos de palhinha para cadeiras, etc.

PALHEIRO, s.m. Casa ou lugar em que se guarda palha.

PALHENTO, adj. Em que há palha; cheio de palha.

PALHETA, s.f. Lâmina metálica ou de madeira, cuja vibração dá o som em certos instrumentos de sopro ou com que se ferem as cordas de instrumentos musicais; chapéu de palha armado; lâminas de madeira que formam as venezianas, permitindo a ventilação. (Pl. palhetas.)

PALHETE, adj. Da cor da palha; pouco carregado na cor (vinho).

PALHIÇO, s.m. Palha moída; palha miúda; colmo.

PALHINHA, s.f. Pedacinho de palha; palha de cadeiras; palha de cigarros.

PALHOÇA, s.f. Casa colmada ou coberta de palha; rancho.

PALIAÇÃO, s.f. Ato de paliar.

PALIADOR (ô), adj. e s.m. Aquele que palia.

PALIAR, v.t. Encobrir com falsa aparência; disfarçar; dissimular; encobrir; atenuar; aliviar; entreter; demorar; remediar provisoriamente; int. usar de delongas; empregar paliativos.

PALIATIVO, adj. Que serve para paliar; s.m. medicamento que alivia e tem ação apenas momentânea.

PALIÇADA, s.f. Estacada defensiva; liça para torneios ou lutas.

PALIDEZ (ê), s.f. Qualidade ou estado de pálido ou descorado.

PÁLIDO, adj. Descorado; amarelado (rosto); sem colorido.

PALIFICAÇÃO, s.f. Ato de palificar.

PALIFICAR, v.t. Segurar com estacas.

PALILOGIA, s.f. Repetição de uma idéia ou palavra.

PALIMPSÉSTICO, adj. Relativo a palimpsesto.

PALIMPSESTO, s.m. Manuscrito em pergaminho, raspado por copistas e polido com marfim para permitir nova escrita.

PALÍNDROMO, adj. e s.m. Diz-se da palavra, verso ou frase que tem o mesmo sentido, quer se leia da esquerda para a direita, quer da direita para a esquerda.

PALINÓDIA, s.f. Retratação, num poema, daquilo

que se disse noutro; retratação.

PALINÓDICO, adj. Relativo à palinódia.

PÁLIO, s.m. Sobrecéu portátil, com varas, que se leva em cortejos e procissões, para cobrir a pessoa festejada ou o sacerdote que leva a custódia.

PALITAR, v.t. Limpar (os dentes) com palito; esgaravatar (os dentes).

PALITEIRO, s.m. Vendedor ou fabricante de palitos; estojo de palitos.

PALITO, s.m. Pedacinho de pau para esgaravatar os dentes; — de fósforo: palito tendo em uma das extremidades um composto químico (em geral clorato de potássio e enxofre) que se inflama com o atrito; (fam.) pessoa muito magra.

PALMA, s.f. Folha de palmeira; parte do casco do cavalo que assenta sobre a ferradura; (fig.) vitória; triunfo; — da mão: a face interna dela, entre o pulso e os dedos; — pl.:aplauso, que se manifesta batendo com as palmas das mãos uma na outra.

PALMÁCEA, s.f. Espécime das Palmáceas, família de plantas monocotiledôneas que têm o tronco indiviso encimado por um fascículo de grandes folhas (como a palmeira, o coqueiro,etc.).

PALMADA, s.f. Pancada com a palma da mão.

PALMAR, s.m. Terreno em que crescem palmeiras; palmeiral; adj. relativo à palma da mão; do comprimento de um palmo.

PALMARES, s.m.pl. Nome de uma das regiões geobotânicas do Norte do Brasil, em que a vegetação predominante é constituída de palmeiras (babaçu, carnaúba, etc.); nome do mais famoso quilombo, sob a chefia do valente Zumbi, estabelecido no interior alagoano.

PALMATOADA, s.f. Pancada de palmatória.

PALMATOAR, v.t. Dar palmatoadas em; castigar com palmatória.

PALMATÓRIA, s.f.Pequena peça circular de madeira com cinco orifícios dispostos em cruz, e com um cabo, a qual servia nas escolas para castigar as crianças, batendo-lhes com ela na palma da mão; férula; dar a mão à —: confessar erro próprio.

PALMATORIAR, v.t. Palmatoar.

PALMEADOR (ô), s.m. Aquele que palmeia terra; viajante; explorador.

PALMEAR, v.t. Aplaudir, batendo palmas.

PALMEIRA, s.f. Nome comum de todas as plantas lenhosas da família das Palmáceas.

PÁLMER, s.m. (Fís.) Instrumento para medir, com grande precisão, diminutas espessuras, baseado no parafuso micrométrico; paquímetro. (Pl.: pálmeres.)

PALMETA (ê), s.f. Espátula para estender emplastros; palmilha; cunha para fazer levantar ou abaixar a culatra da peça de artilharia.

PALMÍFERO, adj. Que produz palmeiras; abundante em palmeiras.

PALMIFORME, adj. Semelhante à palma.

PALMILHA, s.f. Revestimento interior da sola do calçado; parte da meia sobre que assenta o pé.

PALMILHADEIRA, s.f. Mulher que palmilha meias.

PALMILHAR, v.t. Pôr palmilhas em; percorrer a pé; calcar com os pés; int. andar a pé.

PALMÍPEDE, adj. (Zool.) Que tem os dedos dos pés unidos por membrana.

PALMITAL, s.m. Lugar de palmeiras.

PALMÍTICO, adj. (Quím.) Nome de um ácido orgânico que forma ésteres constituintes das gorduras vegetais.

PALMITO, s.m. Folha de palmeira; miolo (comestível) de palmeira.

PALMO, s.m. Extensão da ponta do polegar à do mínimo, estando a mão bem aberta; medida de 0,22m; não enxergar um — adiante do nariz: ser muito ignorante ou muito falto·de inteligência.

PÁLMOURA, s.f. Pé das aves palmipedes.

PALOR (ô), s.m. Palidez.

PALPADELA, s.f. Apalpadela.

PALPAR, v.t. e p. Apalpar; tocar com a mão.

PALPÁVEL, adj. Que se pode palpar; (fig.) evidente.

PÁLPEBRA, s.f. (Anat.) Membrana móvel que recobre o globo ocular.

PALPEBRAL, adj. Relativo à pálpebra.

PALPEBRITE, s.f. (Med.) Inflamação da pálpebra.

PALPITAÇÃO, s.f. Ato de palpitar.

PALPITANTE, adj. Que palpita; que tem vestígios de vida; (fig.) muito recente e notável.

PALPITAR, v.int. Pulsar; bater; ter palpitações; dar palpites.

PALPITE, s.m. Palpitação; (fig.) pressentimento; intuição de ganho (no jogo); (gír.) dito de intrometido.

PALPITEIRO, adj. Aquele que gosta de dar palpites.

PALPO, s.m. Apêndice do maxilar e do lábio dos insetos; segundo par de apêndices dos aracnídeos; estar ou ver-se em —s de aranha: estar atrapalhado, em situação difícil.

PALRADOR (ô), adj. Aquele que palra; tagarela.

PALRAR, v.int. Articular sons vazios de sentido; tagarelar; falar muito.

PALRATÓRIO, s.m. Locutório; falatório.

PALREAR, v.t. e int. Palrar.

PALREIRO, adj. Que palra; palrador; tagarela.

PALRICE, s.f. Ato ou efeito de palra:

PALUDE, s.m. Lagoa; pântano; paul.

PALUDIAL, adj. Relativo a pauis ou lagoas.

PALUDÍCOLA, adj. Que vive nos charcos e lagoas.

PALUDISMO, s.m. Malária.

PALUDOSO, (ô), adj. Em que há pauís; pantanoso; palustre.

PALURDICE, s.f. Qualidade, ato ou dito de palúrdio; patetice.

PALÚRDIO, adj. Lorpa; estúpido.

PALUSTRE, adj. Paludoso; relativo a pauís; que vive em pauís ou lagoas; febre —: malária.

PAMONHA, s.f. Iguaria feita de milho verde, leite de coco, manteiga, canela, erva-doce e açúcar, cozido em tubos das folhas do próprio milho ou de folhas de bananeira atados nas extremidades; s.m. (fig.) indivíduo mole, preguiçoso; inerte; bobo, toleirão, malfeito de corpo.

PAMPA, adj. Diz-se do animal de cara branca; diz-se do cavalo malhado no corpo inteiro, s.m. grande de planície, coberta de vegetação rasteira na região meridional da América do Sul.

PÂMPANO, s.m. Ramo tenro de videira.

PAMPANOSO (ô), adj. Que tem pâmpano; cheio de pâmpanos.

PAMPEIRO, s.m. Vento forte que sopra do sudoeste, vindo dos pampas da Argentina.

PAMPIANO, adj. Relativo ao pampa.

PANACÉIA, s.f. Remédio para todos os males; preparado que tem certas propriedades gerais.

PANAMÁ, s.m. Chapéu de copa e abas flexíveis, tecido com a fibra de um arbusto; (fig.) administração ruinosa de uma companhia cujos administradores procuram locupletar-se à custa dos acionistas; roubalheira em empresa ou repartição pública.

PANAMENHO, adj e s.m. Panamense.

PANAMENSE, adj. Do Panamá (América Central); s. o natural ou habitante do Panamá.

PAN-AMERICANISMO, s.m. Doutrina, princípio ou pensamento de solidariedade de todos os países das Américas.

PAN-AMERICANO, adj. Relativo a todas as nações da América. (Pl.: pan-americanos.)

PANARÍCIO ou **PANARIZ,** s.m. Inflamação aguda, ordinariamente purulenta, do tecido conjuntivo dos dedos, especialmente da última falange, perto da unha.

PANCA, s.f. Alavanca de madeira; estar ou andar em —s: estar ou andar em dificuldades.

PANÇA, s.f. O maior estômago dos ruminantes; (pop.) barriga grande; barriga.

PANCADA, s.f. Choque; haque; som do pêndulo do relógio; bordoada; chavascada; pulsação; chuva violenta e súbita; (pop.) maníaco, desequilibrado.

PANCADARIA, s.f. Muitas pancadas; bordoada; desordem em que há pancadas; conflito, briga entre muitas pessoas.

PANCRÁCIO, s.m. Pateta; idiota.

PÂNCREAS, s.m. 2 num. Glândula abdominal que tem uma secreção externa, de função digestiva, que é lançada no duodeno, e uma secreção interna com um hormônio chamado insulina; a deficiência deste hormônio traz como conseqüência o aparecimento de açúcar na urina, caracterizando o diabetes.

PANCREATALGIA, s.f. Dor no pâncreas.

PANCREATECTOMIA, s.f. Extirpação do pâncreas.

PANCREÁTICO, adj. Relativo ao pâncreas; diz-se do suco segregado pelo pâncreas.

PANCREATINA, s.f. Extrato de pâncreas que contém fermentos digestivos do próprio pâncreas.
PANCREATITE, s.f. Inflamação do pâncreas.
PANÇUDO, adj. Que tem grande pança, barrigudo.
PANDARECOS, s.m.pl. Cacos; pedaços.
PÂNDEGA, s.f. Estroinice; patuscada; comezaina; vadiagem alegre e ruidosa.
PANDEGAR, v.int. Andar em pândegas.
PÂNDEGO, adj. e s.m. Que é amigo de pândegas; engraçado e alegre.
PANDEIREIRO, s.m. Fabricante ou tocador de pandeiro.
PANDEIRETA (ê), s.f. Pequeno pandeiro.
PANDEIRO, s.m. Círculo de madeira ou aro de metal, com ou sem guizos, e sobre que se estica uma pele, que se tange batendo-a com a mão. (Dimin.: pandeirinho, pandeireta.)
PANDEMIA, s.f. Epidemia generalizada que abrange vasta região.
PANDÊMICO, adj. Que tem o caráter de pandemia.
PANDEMÔNIO, s.m. Conluio de indivíduos para armar desordens; o inferno; tumulto; balbúrdia.
PANDILHA, s.f. Conluio entre várias pessoas para enganar alguém; quadrilha.
PANDILHEIRO, s.m. Pandilha; gatuno.
PANDO, adj. Cheio; inflado.
PANDORA, s.f. Instrumento musical que é o baixo da mandolina, com dezenove cordas metálicas.
PANDORGA, s.f. Música desafinada e sem compasso.
PANE, s.f. Parada, por defeito, do motor de avião, automóvel, motocicleta, etc.
PANEGIRICAL, adj. Relativo a panegírico; que envolve louvor ou panegírico.
PANEGÍRICO, s.m. Discurso em louvor de alguém; (por ext.) elogio; adj. laudatório.
PANEGIRISTA, s. Pessoa que faz panegírico.
PANEJAMENTO, s.m. Ato ou efeito de panejar.
PANEJAR, v.t. Pintar ou representar vestido; pôr os panos ou roupagens em.
PANELA, s.f. Vasilha de barro ou metal para cozer alimentos.
PANELADA, s.f. O conteúdo de uma panela cheia; grande porção de panela.
PAN-ESLAVISMO, s.m. Sistema de união de todos os escravos em um só Estado.
PAN-ESLAVISTA, adj. Relativo ao pan-eslavismo; s. partidário do pan-eslavismo. (Pl.: pan-eslavistas.)
PANFLETÁRIO, adj. Próprio de panfleto; (fig.) pasquineiro; s.m. autor de panfleto.
PANFLETISTA, s. Autor ou autora de panfleto; panfletário.
PANFLETO (ê), s.m. Brochura de poucas páginas; pasquim; escrito satírico e veemente.
PANGAIO, adj. Ocioso.
PANGARÉ, adj. Diz-se do cavalo ou muar cujo pêlo é de tom vermelho-escuro ou mais ou menos amarelado; cavalo reles.
PANGERMANISMO, s.m. Sistema de união de todas as populações de raça alemã em um Estado único.
PANGERMANISTA, adj. e s. Partidário do pangermanismo.
PÂNICO, s.m. Terror infundado; alvoroço.
PANÍCULO, s.m. Camada delgada de um tecido.
PANÍFERO, adj. Que produz cereais.
PANIFICAÇÃO, s.f. Fabricação de pão.
PANIFICADOR (ô), s.m. Fabricante de pão.
PANIFICAR, v.t. Transformar em pão (a farinha).
PANO, s.m. Tecido de linho, algodão ou lã, etc.; velas do navio; (pop.) manchas no rosto ou no corpo.
PANÓPLIA, s.f. Armadura de um cavaleiro da Idade Média; escudo em que se colocam diferentes armas e com que se adornam paredes.
PANORAMA, s.m. Grande quadro cilíndrico, disposto de modo que o espectador, no centro, vê os objetos como se estivesse observando do alto de uma montanha todo o horizonte circunjacente; paisagem; grande extensão que se avista de uma eminência.
PANORÂMICO, adj. Relativo a panorama ou à paisagens.
PANQUECA (é), s.f. Iguaria feita de farinha de trigo, ovos, manteiga, etc. onde se deita picadinho de carnes ou de frutas.
PANTALHA, s.f. Abajur; quebra-luz.
PANTANA, s.f. Ruína; dissipação de haveres; dar em —: arruinar-se.

PANTANAL, s.m. Grande pântano.
PÂNTANO, s.m. Porção de água estagnada; terra alagadiça; brejo; aguaçal, atoleiro, charco.
PANTANOSO (ô), adj. Que tem pântanos; alagadiço.
PANTEÃO, s.m. Edifício em que se depositam os restos mortais daqueles que ilustraram a sua pátria ou prestaram grandes serviços à humanidade.
PANTEÍSMO, s.m. Sistema filosófico que identifica a divindade com o mundo e segundo o qual Deus é o conjunto de tudo quanto existe.
PANTEÍSTA, adj. Do panteísmo; adj. e s. sectário do panteísmo.
PANTERA, s.f. Quadrúpede felino de pele mosqueada; (fig.) pessoa iracunda ou cruel.
PANTOFOBIA, s.f. Fobia completa, medo de tudo.
PANTÓFOBO, s.m. Aquele que tem pantofobia.
PANTÓGRAFO, s.m. Instrumento com que se copiam mecanicamente desenhos e gravuras, constituído por um paralelogramo articulado.
PANTÔMETRO, s.m. Instrumento que serve para determinar os ângulos de um triângulo e traçar linhas.
PANTOMIMA, s.f. Arte ou ato de expressão por meio de gestos; designação particular das representações teatrais dos finais de espetáculos nos circos de cavalinhos.
PANTOMIMAR, v.int. Fazer pantomimas.
PANTOMIMEIRO ou PANTOMIMO, s.m. Aquele que representa pantomimas.
PANTOMÍMICO, adj. Relativo a pantomima.
PANTUFO, s.f. Chinelo de estofo encorpado, para agasalho. O mesmo que pantufa.
PANTURRILHA, s.f. Barriga da perna.
PÃO, s.m. Alimento feito de farinha de trigo amassada e cozida; (fig.) hóstia consagrada; alimento; sustento; meios de vida.
PÃO-DE-LÓ, s.m. Bolo muito leve e fofo, feito de farinha de trigo, ovos e açúcar. (Pl.: pães-de-ló.)
PÃO-DURO, s.m. Avarento, sovina.
PAPA, s.m. O chefe da Igreja Católica (fem.: papisa); s.f. farinha cozida em água ou leite: qualquer substância mole e desfeita, quando cozida.
PAPÁ, s.m. Pai; tratamento carinhoso que os filhos dão ao pai.
PAPADA, s.f. Grande acúmulo de gordura na face e no pescoço.
PAPADO, s.m. Dignidade de Papa; tempo de pontificado; território sob jurisdição papal.
PAPAGAIAR, v.int. e t. Papaguear.
PAPAGAIO, s.m. Ave trepadora, da família dos Psitacídeos, que imita bem a voz humana; brinquedo que consiste num pedaço de papel colocado sobre uma armação de taquara ou de madeira leve e que os meninos soltam ao vento, preso a um cordel.
PAPAGUEADOR (ô), adj. Que decora as coisas sem compreender.
PAPAGUEAR, v.int. e tr. Falar como papagaio; falar sem nexo; tagarelar. (Pres. ind.: papagueio, papagueias, papagueia, papagueamos, papagueais, papagueiam.)
PAPAI, s.m. Pai, papá; tratamento que os filhos dão ao pai.
PAPAIA, s.m. Mamão.
PAPAIEIRA, s.f. Mamoeiro.
PAPAÍNA, s.f. Fermento solúvel extraído do mamão.
PAPA-JANTARES, s. 2 núm. Pessoa que tem por hábito comer em casas alheias.
PAPAL, adj. Do Papa.
PAPALINO, adj. Papal; s.m. soldado do Papa.
PAPALVICE, s.f. Qualidade, ato ou dito de papalvo.
PAPALVO, s.m. Indivíduo simplório, tolo.
PAPANÇA, s.f. Comida; comezaina.
PAPÃO, s.m. Monstro imaginário com que se amedrontam as crianças.
PAPAR, v.t. e int. Comer; lograr; extorquir; (gír.) ganhar; vencer.
PAPARROTADA ou PAPARROTAGEM, s.f. Bazófia; comida de porcos; lavagem.
PAPARROTÃO, s.m. Impostor; parlapatão; adj. vaidoso, mas sem mérito; jactancioso.
PAPARROTEAR, v.int. e t. Dizer com paparrotice; alardear com impostura.
PAPARROTICE, s.f. Ato ou dito de paparrotão; bazófia, impostura.
PAPÁVEL, adj. Que pode ser papado; diz-se do

338

cardeal que tem probabilidade de ser eleito papa.

PAPA-VENTO, s.m. Camaleão.

PAPAVERINA, s.f. Um dos alcalóides do ópio.

PAPEAR, v.int. Conversar; palestrar; tagarelar.

PAPEL, s.m. Substância feita de fibras vegetais reduzidas a massa e disposta em folhas para escrever, embrulhar, etc.

PAPELADA ou **PAPELAGEM**, s.f. Grande porção de papéis; conjunto de documentos.

PAPELÃO, s.m. Papel encorpado e forte; conduta vergonhosa ou ridícula; fiasco.

PAPELARIA, s.f. Estabelecimento onde se vende papel e outros objetos de escritório.

PAPELEIRO, s.m. Aquele que trabalha no fabrico de papel; aquele que tem papelaria.

PAPELETA (ê), s.f. Papel avulso; edital; cartaz; documento comprovativo da identidade de serviçais; impresso em que, nos hospitais, são escritas as prescrições e demais observações referentes a cada um do doentes internados.

PAPELINHO, s.m. Papelzinho, diminutivo de papel.

PAPELISMO, s.m. Sistema financeiro que pratica abundantes emissões de papel-moeda.

PAPEL-MOEDA, s.m. Papel estampado, emitido sem lastro por um governo para servir de dinheiro, com curso forçado. (Pl.: papéis-moeda.)

PAPELOCRACIA, s.f. Sistema ou regime de papelada; burocracia.

PAPELÓRIO, s.m. Montão de papéis; papel ridículo; fiasco; papelão.

PAPELOTES, s.m.pl. Pedaços de papel em que se enrola o cabelo para o encrespar ou frisar.

PAPELUCHO, s.m. Papel sem importância; pedaço de papel.

PAPELZINHO, s.m. Papelinho.

PAPILA, s.f. Elevação cônica da pele e das mucosas de epitélio pavimentoso.

PAPILAR, adj. Que tem papilas ou semelhança com elas.

PAPILOMA, s.m. (Patol.) Hipertrofia das papilas dérmicas.

PAPIRÁCEO, adj. Semelhante ao papel.

PAPÍREO, adj. Relativo ao papiro.

PAPIRO, s.m. Planta utilizada pelos egípcios na escrita.

PAPISA, s.f. Femin. de Papa.

PAPISMO, s.m. Influência dos papas; denominação que os protestantes dão à Igreja Católica.

PAPO, s.m. Bolsa que existe nas aves, formada por uma dilatação do esôfago, na qual os alimentos permanecem algum tempo antes de passarem à moela; (pop.) estômago; barriga; aumento de volume do pescoço, provocado por várias causas; (fig.) soberba; bazófia; bater —: (fam.) conversar; papear; estar ou ver-se em papos ou palpos de aranha: andar azafamado, em meio de muitas dificuldades.

PAPOULA, s.f. Planta da família das Papaveráceas, de que se extrai o ópio.

PAPUDO, adj. Que tem papo grande; (fig.) jactancioso.

PAQUEIRO, adj. e s.m. Diz-se do cão que sabe caçar pacas.

PAQUETE, s.m. Grande navio a vapor para transporte de mercadorias, passageiros e correspondência. (Pl.: paquetes.)

PAQUIDERME, adj. Que tem a pele espessa; s.m. espécime dos Paquidermes, na antiga classificação zoológica, ordem de mamíferos correspondente aos atuais ungulados; p. ex.: o elefante.

PAQUIDÉRMICO, adj. Relativo aos Paquidermes; que tem a pele semelhante à dos paquidermes.

PAQUÍMETRO, s.m. Instrumento empregado para medir pequenos comprimentos, providos de vernier; também chamado compasso de espessura.

PAQUISTANENSE, adj. e s. Da República Islâmica do Paquistão (Ásia).

PAR, adj. Igual; semelhante; diz-se do número que é divisível por dois; s.m. o macho e a fêmea, em certas aves; na dança, as duas pessoas que dançam juntas; conjunto de duas peças semelhantes, uma das quais não se usa sem a outra; duas coisas da mesma espécie, embora uma possa servir sem a outra; grupo de duas coisas quaisquer; estar ou andar a —: saber, conhecer.

PARA, prep. Designativa de direção, fim, destino, lugar, proporcionalidade, tempo, etc.

PARABÉNS, s.m.pl. Felicitações; congratulações.

PARÁBOLA, s.f. Narração alegórica que encerra uma doutrina moral; (Geom.) lugar geométrico dos pontos eqüidistantes de um ponto fixo (foco) e de uma reta fixa, (diretriz) ou curva resultante de uma secção feita em um cone por um plano paralelo à geratriz.

PARABÓLICO, adj. Relativo ou semelhante a parábola.

PARABOLISMO, s.m. Qualidade do que é parabólico.

PARABOLÓIDE, adj. Que tem forma de parábola geométrica.

PÁRA-BRISA, s.m. Vidro que, nos veículos, detém a força do vento. (Pl.: pára-brisas.)

PÁRA-CHOQUE, s.m. Qualquer aparelho destinado a amortecer choques. (Pl.: pára-choques.)

PARACLETO, s.m. Espírito Santo; (fig.) mentor; intercessor.

PARACUSIA, s.f. Zumbido nos ouvidos.

PARADA, s.f. Ato ou efeito de parar; lugar onde se pára; demora; pausa; revista de tropas; quantia que se aposta ou se arrisca de cada vez no jogo; ato de se defender de um golpe na esgrima; ostentação.

PARADEIRO, s.m. Lugar onde alguma coisa ou pessoa está; termo; fim; destino.

PARADIGMA, s.m. Modelo, padrão; (Gram.) modelo ou tipo de conjugação ou declinação gramatical.

PARADISÍACO, adj. Relativo ao paraíso; celeste; celestial.

PARADO, adj. Imóvel; sem movimento.

PARADOXAL (cs), adj. Que encerra paradoxo.

PARADOXO (cs), s.m. Opinião contrária à comum.

PARAENSE, adj. Do Estado do Pará.

PARAESTATAL, adj. Diz-se das empresas ou instituições nas quais, embora autárquicas, intervém o Estado.

PARAESTRATO, s.m. Influência lingüística que se desenvolve ao lado do idioma dominador.

PARAFINA, s.f. Substância sólida e branca, que encerra hidrocarbonetos saturados e não saturados, proveniente do resíduo da destilação do petróleo.

PARÁFRASE, s.f. Desenvolvimento de texto de um livro ou documento; tradução livre ou desenvolvida.

PARAFRASEAR, v.t. Explicar, desenvolvendo; traduzir ou explicar por meio de paráfrase.

PARAFRASTA, s. Autor de paráfrases.

PARAFUSADOR (ô), adj. e s.m. Que, ou aquele que parafusa.

PARAFUSAR, v.t. Fixar, apertar por meio de parafuso; atarraxar; rel. meditar.

PARAFUSO, s.m. Cilindro sulcado em hélice e destinado a entrar numa peça, chamada porca, sulcada do mesmo modo, mas em que os sulcos correspondem às saliências do parafuso; peça de forma cônica sulcada em hélice, própria para atarraxar.

PARAGEM, s.f. Ato de parar; lugar onde se pára; parte do mar acessível à navegação.

PARAGEUSIA, s.f. Perversão do sentido do gosto.

PARAGOGE, s.f. (Gram.) Adição de letra ou sílaba no fim de uma palavra: mártire por mártir.

PARAGÓGICO, adj. Em que há paragoge.

PARAGRAFAR, v.t. Dividir em parágrafos.

PARÁGRAFO, s.m. Pequena secção de discurso ou capítulo; sinal (§) que separa tais secções.

PARAGUAIO, adj. Do Paraguai; s.m. aquele que nasceu ou que habita no Paraguai.

PARAIBANO (a-í), adj. Do Estado da Paraíba.

PARAÍSO, s.m. Éden ou lugar de delícias onde, segundo a Bíblia, Deus colocou Adão e Eva; céu; bem-aventurança.

PARALÁCTICO, adj. Relativo a paralaxe.

PARALALIA, s.f. Defeito da voz; desaparecimento temporário ou permanente da faculdade de falar.

PÁRA-LAMA, s.m. Lâmina metálica adaptada aos veículos e destinada a deter o salpico ocasionado pela lama. (Pl.: pára-lamas.)

PARALAXE (cs), s.f. (Astron.) Ângulo de duas semi-retas que partem do centro de um astro considerado e se dirigem, uma ao centro da Terra e outra ao ponto em que se encontra o observador.

PARALELA, s.f. Linha ou superfície eqüidistante de outra em toda a extensão.

PARALELEPIPEDAL, adj Relativo a paralelepípedo; que tem forma de paralelepípedo.

PARALELEPÍPEDO, s.m. Sólido geométrico limitado por seis paralelogramas, dos quais os opostos são iguais e paralelos; pedra desta forma, empregada no calçamento das ruas.

PARALELISMO, s.m. Posição de linhas ou superfícies paralelas; (fig.) correspondência entre objetos, comparada ao paralelismo das retas; coincidência de idéias entre pessoas, como se se tratasse de transmissão de pensamento; (Liter.) repetição de idéias de estrofe a estrofe.

PARALELO, adj. Designativo de linhas ou superfícies eqüidistantes em toda a extensão; (fig.) que marcha a par de outro ou progride na mesma proporção; s.m. (Geogr.) cada um dos círculos menores da esfera perpendiculares ao meridiano e, por conseguinte, paralelos ao equador; (fig.) confronto, cotejo.

PARALELOGRÂMICO, adj. Que tem forma de paralelogramo.

PARALELOGRAMO, s.m. Quadrilátero de lados opostos iguais e paralelos dois a dois, e ângulos opostos iguais.

PARALIPÓMENOS, s.m.pl. Parte da Bíblia, em suplemento ao Livro dos Reis; (fig.) suplemento a qualquer obra literária.

PARALIPSE, s.f. (Ret.) Figura pela qual se finge querer omitir o que todavia se vai dizendo.

PARALISAÇÃO, s.f. Suspensão; interrupção; enfraquecimento.

PARALISAR, v.t. Tornar paralítico; tornar inerte; imobilizar; neutralizar; int. e p. estacionar; não progredir.

PARALISIA, s.f. (Med.) Redução ou cessação dos movimentos dos músculos, nervos ou órgãos.

PARALITICAR, v.t. Tornar paralítico.

PARALÍTICO, adj. e s.m. Que, ou aquele que sofre de paralisia.

PARAMENTADO, adj. Revestido de paramentos; enfeitado.

PARAMENTAR, v.t. e p. Cobrir com paramentos; adornar; enfeitar.

PARAMENTO, s.m. Vestimenta litúrgica; peça de ornato ou apropriada a determinada função.

PARAMÉTRICO, adj. Relativo a parâmetro.

PARÂMETRO, s.m. (Geom. Analítica) Constante que figura na equação de uma linha e tem uma interpretação geométrica.

PARAMILITAR, adj. Diz-se de organizações de cidadãos armados e fardados, que exercem função de vigilância, defesa ou de policiamento.

PARAMNÉSIA, s.f. Distúrbio da memória em que as palavras são relembradas fora de sua significação exata; estado em que o indivíduo julga estar relembrando fatos que todavia não aconteceram.

PÁRAMO, s.m. Planície; o firmamento; paragens.

PARANAENSE, adj. e s. Do Estado do Paraná.

PARANINFAR, v.t. Servir como paraninfo em casamento, batismo, colação de grau, etc.

PARANINFO, s.m. Padrinho ou testemunha de casamento, batismo, colação de grau, etc.

PARANÓIA, s.f. Doença mental caracterizada por desconfiança, conceito exagerado de si mesmo e desenvolvimento progressivo de idéias de reivindicação, perseguição e grandeza, sem alucinações.

PARANÓICO, adj. Relativo a paranóia; adj. e s.m. que, ou aquele que sofre paranóia.

PARAPEITO, s.m. Parede, resguardo, etc., que se eleva à altura do peito ou pouco menos; peitoril da janela; parte superior de uma trincheira de fortificação para resguardar os defensores.

PARAPLEGIA, s.f. Paralisia dos membros inferiores.

PARAPLÉGICO, adj. Que está atacado de paraplegia.

PARAPLEXIA (cs), s.f. (Med.) Paraplegia; paralisia.

PARAPSICOLOGIA, s.f. Ciência que estuda os fenômenos ditos ocultos, considerando-os fenômenos psíquicos; metapsíquica.

PÁRA-QUEDAS, s.m. 2 núm. Aparelho destinado a diminuir a velocidade da queda dos corpos.

PÁRA-QUEDISMO, s.m. Emprego ou dedicação ao uso do pára-quedas.

PÁRA-QUEDISTA, s. Pessoa especialista em descidas em pára-quedas; soldado que usa pára-quedas; (gír.) pessoa que consegue colocação sem passar pelos estágios regulamentares.

PARAR, v.int. Cessar de andar, de falar, de mo-

ver-se; imobilizar (Pres. ind. paro, paras, pára, etc.)

PÁRA-RAIOS, s.m. 2 núm. Dispositivo formado principalmente de uma haste metálica e destinada a atrair as descargas elétricas da atmosfera, para que não causem dano.

PARASITA, s. e adj. Diz-se do animal ou vegetal que vive à custa de outro.

PARASITAR, v.int. Viver como parasito; t. viver à custa de; explorar.

PARASITÁRIO, adj. Relativo a parasito: que tem as propriedades de parasito.

PARASITEAR, v.int. e t. Parasitar.

PARASITICIDA, adj. Que destrói os parasitos.

PARASITISMO, s.m. Qualidade ou estado de parasito; vida ou hábitos de parasito; benefício obtido à custa do esforço de outrem.

PARASITO, s.m. Animal que se nutre do sangue de outro; vegetal que se nutre da seiva de outro; indivíduo acostumado a viver à custa alheia; adj. parasita.

PARASITOLOGIA, s.f. Estudo científico dos parasitos.

PARASITOLÓGICO, adj. Relativo à Parasitologia.

PARASITOLOGISTA, s. Pessoa que se dedica à Parasitologia.

PÁRA-SOL, s.m. Guarda-sol. (Pl.: pára-sóis.)

PARATI, s.m. Caninha.

PARATIFO, s.m. Doença infecciosa, produzida pelos bacilos paratíficos.

PÁRA-VENTO, s.m. Guarda-vento; biombo. (Pl.: pára-ventos.)

PARCA, s.f. (fig.) A morte.

PARCEL, s.m. Escolho; recife. (Pl.: parcéis.)

PARCELA, s.f. Parte pequena; partícula; parte; fragmento; (Arit.) cada um dos números que se devem somar na adição.

PARCELADO, adj. Que tem parcéis; feito separadamente por disciplina (exames escolares).

PARCELAR, adj. Feito ou dividido em parcelas; v.t. dividir em parcelas, prestações.

PARCERIA, s.f. Reunião de pessoas para um fim de interesse comum; sociedade; companhia.

PARCIAL, adj. Que faz parte de um todo; faccioso.

PARCIALIDADE, s.f. ou **PARCIALISMO,** s.m. Qualidade de parcial; partido; facção; paixão partidária.

PARCIMÔNIA, s.f. Economia; poupança.

PARCIMONIOSO, adj. Econômico; frugal.

PARCO, adj. Frugal; sóbrio. (Superl. abs. sint.: parcíssimo.)

PARDACENTO, adj. Tirante a pardo.

PARDAL, s.m. Pequeno pássaro conirrostro. (Fem.: pardoca, pardaloca.)

PARDALADA, s.f. Bando de pardais.

PARDAVASCO, s.m. e adj. Mulato de cor carregada.

PARDIEIRO, s.m. Casa em ruínas; edifício velho; tapera.

PARDO, adj. De cor entre branco e preto; s.m. mulato; mestiço.

PARDOCA, s.f. Fêmea de pardal.

PARECENÇA, s.f. Qualidade de parecido; semelhança.

PARECER, s.m. Opinião; conselho; sugestão; v. int. dar a aparência de; ser semelhante a.

PARECIDO, adj. Semelhante.

PAREDÃO, s.m. Grande parede; muro alto e espesso.

PAREDE, s.f. Maciço que forma os vedos externos e as divisões internas dos edifícios; tapume; muro; greve.

PAREDISMO, s.m. Sistema de greves ou paredes.

PAREDISTA, adj. e s. Grevista.

PAREDRO, s.m. Diretor; conselheiro; prócer.

PAREGÓRICO, adj. Calmante.

PARELHA (ê), s.f. Par de alguns animais, especialmente muares e cavalares; um par.

PARELHO (ê), adj. Semelhante; igual; que pertence à mesma parelha; s.m.. roupa de homem (calças e paletó).

PARÊMIA, s.f. Breve alegoria; provérbio.

PAREMIÓGRAFO, s.m. Autor ou colecionador de provérbios ou parêmias.

PAREMIOLOGIA, s.f. Coleção de provérbios; tratado acerca de provérbios.

PARÊNESE, s.f. Discurso moral; exortação.

PARENÉTICA, s.f. Eloqüência sagrada; coleção de discursos morais.

PARENÉTICO, adj. Que diz respeito à parênese.

PARÊNQUIMA, s.m. (Zool. e Bot.) Nas plantas e nos animais inferiores, um tecido de enchimento composto de células da mesmo diâmetro e de membrana delgada; no homem e nos animais superiores, a parte específica do tecido de um órgão, em oposição ao arcabouço conjuntivo, de sustentação.

PARENQUIMATOSO, adj. Relativo ao parênquima; que tem parênquima.

PARENTA, s.f. Flexão fem. de parente.

PARENTALHA, f.m. Parentela.

PARENTE, s.m. Indivíduo que, em relação a outro ou outros, pertence à mesma família.

PARENTELA, s.f. Os parentes, considerados em conjunto.

PARENTESCO (ê), s.m. Qualidade de parente; laços de sangue.

PARÊNTESE, s.m. Frase que forma sentido distinto e separado do sentido do período em que se intercala; sinais ( ) que encerram frases dessa espécie. Também se usa no pl. no último sentido.

PARÊNTESIS, s.m. Parêntese.

PARENTÉTICO, adj. Relativo a parêntese; expresso em parêntese.

PÁREO, s.m. Corrida a cavalo ou a pé; (por ext.) qualquer competição ou disputa.

PARESIA, s.f. Paralisia de nervo ou músculo que não perdeu inteiramente a sensibilidade e o movimento.

PARESTESIA, s.f. Desordem nervosa caracterizada por sensações anormais e alucinações sensoriais.

PÁRIA, s.m. A casta ínfima dos hindus; (fig.) homem excluído da sociedade; marginal.

PARIATO, s.m. Dignidade de par do reino.

PARIDADE, s.f. Parecença; analogia.

PARIETAL, adj. Relativo a parede; próprio para dependurar em parede; s.m. (Anat.) cada um dos dois ossos que formam as paredes súpero-laterais do crânio.

PARIETÁRIO, adj. Que cresce nas paredes; parietal.

PARIR, v.t. Dar à luz; gerar; produzir. A regra era conjugá-lo somente nas pessoas em que ao r do radical se segue a vogal i; a tendência é para conjugá-lo regularmente em todas as pessoas, seguindo o paradigma da 3.ª conjugação, o verbo partir: paro, pares, pare, parimos, etc.)

PARISIENSE, adj. De Paris, capital da França; s. pessoa natural ou habitante de Paris.

PARISSÍLABO, adj. (Gram.) Diz-se dos substantivos e adjetivos latinos que têm igual número de sílabas no nominativo e no genitivo.

PARLAMENTAÇÃO, s.f. Ato ou efeito de parlamentar.

PARLAMENTAR, adj. Do parlamento; s. membro de um parlamento; v.int. fazer ou aceitar propostas sobre negócios de guerra entre arraiais ou forças contrárias; (fig.) entrar em negociações; conferenciar.

PARLAMENTARISMO, s.m. Regime político em que os ministros de Estado são responsáveis perante o parlamento.

PARLAMENTARISTA, s. Sectário do parlamentarismo.

PARLAMENTO, s.m. Nome dado às câmaras legislativas nos países constitucionais.

PARLAPATÃO, s.m. Homem mentiroso; vaidoso; paspalhão; impostor. (Fem.: parlapatona.)

PARLAPATEAR, v.int. Proceder como parlapatão; t. alardear com impostura; bazofiar.

PARLAPATICE, s.f. Modos, atos ou ditos de parlapatão.

PARLATÓRIO, s.m. Locutório.

PARLENDA ou **PARLENGA,** s.f. Palavreado; bacharelice; discussão importuna; rixa.

PARNASIANISMO, s.m. Escola ou doutrina dos parnasianos.

PARNASIANO, adj. Designativo dos adeptos de uma escola poética que reagiu contra o lirismo romântico e cultivou uma poesia de caráter mais objetivo e de grande apuro de forma; s.m. poeta dessa escola.

PARNASO, s.m. A poesia; os poetas; coleção de poesias de diversos autores; antologia.

PÁROCO, s.m. Sacerdote que tem a seu cargo uma paróquia; vigário; cura.

PARÓDIA, s.f. Imitação burlesca de uma compo-

sição literária; (por ext.) imitação burlesca.

PARODIAR, v.t. Imitar burlescamente; imitar; arremedar. (Pres. ind.: parodio, parodias, etc.)

PARODISTA, s. Pessoa que faz paródias.

PAROLA, s.f. Palanfrório; paleio; palavras ocas, trela.

PAROLADOR (ô), adj. e s.m. Paroleiro.

PAROLAGEM, s.f. Ato de parolar.

PAROLAMENTO, s.m. Parolagem.

PAROLAR ou **PAROLEAR,** v.int. Tagarelar; falar muito.

PAROLEIRO, s.m. Aquele que é amigo de parolas ou de estar à parola; embusteiro; palrador.

PAROLICE, s.f. Ato de parolar; qualidade de paroleiro.

PARONÍMIA, s.f. Qualidade do que é parônimo.

PARONÍMICO, adj. Parônimo.

PARÔNIMO, adj. Designativo das palavras que têm som semelhante ao de outras; s.m. palavra parônima.

PARONÍQUIA, s.f. Panarício, panariz.

PARONOMÁSIA, s.f. Uso de palavras semelhantes no som, mas diferentes na significação; semelhança entre palavras de diferentes línguas e indicativas de origem comum.

PAROPSIA, s.f. Designação genérica dos defeitos da vista.

PARÓQUIA, s.f. Território sobre o qual se estende a esfera de ação espiritual de um pároco.

PAROQUIAL, adj. Que diz respeito ao pároco ou à paróquia.

PAROQUIANO, adj. e s.m. Habitante de uma paróquia.

PARÓTIDA, s.f. Cada uma das glândulas salivares situadas abaixo e por diante das orelhas. O mesmo que parótide.

PAROTÍDEO, adj. Relativo à parótida.

PAROTIDITE, s.f. Inflamação da parótida; — epidêmica: caxumba, orelhão.

PAROXISMO (cs), s.m. (Med.) A maior intensidade de um acesso; crise; auge.

PAROXÍTONO (cs), adj. (Gram.) Que tem o acento tônico na penúltima sílaba (vocábulo); o mesmo que grave; s.m. palavra proparoxítona.

PARQUE, s.m. Terreno murado ou vedado onde há caça; jardim extenso; lugar onde se guardam munições de guerra ou petrechos de artilharia.

PARRA, s.f. Folha de videira; pâmpano.

PARRADO, adj. Disposto em latada.

PARREIRA, s.f. Videira.

PARREIRAL, s.m. Série de parreira.

PARRICIDA, s. Pessoa que matou pai, mãe ou qualquer dos ascendentes; adj. que praticou parricídio.

PARRICÍDIO, s.m. Crime de parricida.

PARRUDO, adj. Rasteiro como as parras; baixo e grosso.

PARTE, s.f. Porção de um todo; lote; fração; lugar; comunicação verbal ou escrita.

PARTEIRA, s.f. Mulher que assiste partos, ajudando ou socorrendo as parturientes.

PARTEIRO, adj. Designativo do médico ou cirurgião que assiste partos ou é especialista em obstetrícia; s.m. médico parteiro; obstetra.

PARTEJAMENTO, s.m. Ato de partejar.

PARTEJAR, v.t. Servir de parteira.

PARTIÇÃO, s.f. Ato de partir, de dividir.

PARTICIPAÇÃO, s.f. Ato ou efeito de participar.

PARTICIPADOR (ô) ou **PARTICIPANTE,** adj. e s.: Pessoa que toma parte em.

PARTICIPAR, v.int. Tomar parte em; tr. comunicar; informar.

PARTICIPÁVEL, adj. Que se pode participar.

PARTÍCIPE, adj. e s. Que, ou pessoa que participa.

PARTICIPIAL, adj. (Gram.) Relativo ao participio.

PARTICÍPIO, s.m. (Gram.) Palavra que exprime ao mesmo tempo uma ação (ou estado) e uma qualidade, participando assim da natureza do verbo e da do adjetivo.

PARTÍCULA, s.f. Pequena parte; hostiazinha; (Gram.) qualquer palavra invariável, especialmente as monossilábicas; — de realce: a que, suprimida, não faria falta ao sentido da frase, e que é empregada apenas para dar mais força e eufonia à construção.

PARTICULAR, adj. Pertencente ou relativo apenas a certas pessoas ou coisas; peculiar; próprio; específico.

PARTICULARIDADE, s.f. Especialidade; pormenor; minúcia.

PARTICULARIZAÇÃO, s.f. Ato ou efeito de particularizar.

PARTICULARIZADOR, adj. Que particulariza.

PARTICULARIZAR, v.t. Narrar com minúcias.

PARTIDA, s.f. Ato de partir; saída; reunião de pessoas para se distraírem; jogo; serão; porção de mercadorias recebidas ou expedidas para comércio; remessa.

PARTIDÁRIO, adj. e s.m. Que, ou aquele que é membro de um partido; sectário; correligionário.

PARTIDARISMO, s.m. Paixão partidária; proselitismo.

PARTIDO, adj. Dividido; quebrado; s.m. associação organizada de indivíduos que, tendo as mesmas idéias políticas e sociais, se congregam para realizar o seu programa; facção; vantagem dada em jogo; proveito.

PARTIDOR (ô), adj. e s.m. Aquele que faz partilhas; repartidor; o funcionário judicial que faz o cálculo das partilhas.

PARTILHA, s.f. Repartição dos bens de uma herança; divisão de lucros; quinhão.

PARTILHAR, v.t. Dividir em partes; fazer partilha de; compartilhar; tomar ou ter parte em.

PARTIR, v.t. Dividir em partes; quebrar; fazer em pedaços; separar; dividir; int. pôr-se a caminho; retirar-se; ir-se embora. (Paradigma da 3.ª conjugação. Pres. indic.: parto, partes, parte, partimos, partis, partem; imperf.: partia, etc; perf.: parti, partiste, partiu, partimos, partistes, partiram; m. q. perf.: partira, etc.; futuro: partirei, etc.; fut. pret.: partiria, etc.; subj. pres.: parta, etc.; imperf.: partisse, etc.; fut.: partir, partires, etc.; imperat.: parte, parti; gerúndio: partindo; partic.: partido.)

PARTITIVO, adj. Que reparte; (Gram.) que limita a significação de uma palavra; fracionário.

PARTITURA, s.f. Disposição gráfica por extenso de uma peça sinfônica.

PARTO, s.m. Ato ou efeito de parir; (fig.) produto.

PARTURIENTE, adj. Que vai dar à luz.

PARVALHÃO, s.m. Grande parvo; parvajola. (Fem.: parvalhona.)

PARVALHICE, s.f. Ato ou dito de parvo.

PARVO, adj. Pequeno; tolo, idiota; s.m. indivíduo atoleimado. (Fem.: párvoa.)

PÁRVOA, adj. f. Femin. de parvo.

PARVOEIRÃO, s.m. Toleirão. (Fem.: parvoeirona.)

PARVOEJAR, v.int. Falar ou proceder como parvo.

PARVOIÇADA (o-i), s.f. Ato ou dito de parvo.

PARVOÍCE, s.f. Ato ou dito de parvo; qualidade ou estado de parvo; demência.

PARVULEZ (ê), ou **PARVULEZA** (ê), s.f. Puerilidade; idade infantil.

PÁRVULO, s.m. Criança; adj. pequenino.

PASCACICE, s.f. Ato, dito ou qualidade de pascácio.

PASCÁCIO, s.m. Tolo; bobo.

PASCAL, adj. Relativo à Páscoa.

PASCER, v.t. Pastar; deliciar; dar prazer a; agradar a; int. apascentar-se; recrear-se. (Pres. do indic.: pasces, pasce, etc.)

PASCIGO, s.m. Pasto, pastagem.

PÁSCOA, s.f. Festa anual dos cristãos em memória da ressurreição de Cristo; comunhão coletiva.

PASCOAL, adj. Pascal.

PASCOELA, s.f. Domingo imediato ao da Páscoa.

PASMACEIRA, s.f. Marasmo.

PASMADO, adj. Espantado; apalermado.

PASMAR, v.t. Causar pasmo a; deslumbrar; int. admirar-se.

PASMO, s.m. Assombro; espanto.

PASMOSO (ô), adj. Assombroso; admirável.

PASPALHÃO, s.m. Parvo. (Fem.: paspalhona.)

PASPALHICE, s.f. Ato ou dito próprio de paspalhão.

PASPALHO, s.m. Tolo; idiota; pessoa inútil.

PASQUIM, s.m. Sátira afixada em lugar público; jornal ou folheto difamador.

PASQUINADA, s.f. Pasquim; difamação escrita em pasquim.

PASQUINAGEM, s.f. Difamação por escrito em papéis avulsos, como pasquins, jornais, manifestos, etc.

PASQUINAR, v.t. Satirizar (uma pessoa) por meio de pasquins; int. fazer pasquins.

PASQUINEIRO, adj. e s.m. Autor de pasquim; redator de pasquim.

PASSA, s.f. Fruta seca, especialmente uvas.

PASSADA, s.f. Movimento dos pés para andar; passo; pl.:diligências; esforços.

PASSADEIRA, s.f. Anel por onde passa a gravata; espécie de tapete estreito e longo; passarela.

PASSADIÇO, s.m. Passagem; corredor ou galeria de comunicação; passeio lateral das ruas; ponte, na parte superior do navio, em que permanecem o comandante, o oficial de quarto e o homem do leme; adj. transitório.

PASSADIO, s.m. Alimentação habitual.

PASSADISMO, s.m. Culto do passado.

PASSADISTA, adj. Relativo ao passado ou ao passadismo; s. pessoa que venera o passado; adepto do passadismo.

PASSADO, adj. Decorrido, findo; velho ou envelhecido; arcaico; diz-se do fruto que começa a apodrecer.

PASSADOR (ô), adj. Que passa ou faz passar.

PASSADOURO, s.m. Lugar por onde se passa; ponto de passagem, comunicação.

PASSAGEIRO, adj. Transitório; efêmero; leve ou de pouca importância; s.m. viajante; traseunte.

PASSAGEM, s.f. Ato ou efeito de passar; passadouro; quantia com que se paga o transporte em qualquer veículo; episódio ou trecho de uma obra citada; acontecimento.

PASSAMANARIA, s.f. Obra de passamanes; ofício ou estabelecimento de passamaneiro.

PASSAMANEIRO, s.m. Fabricante ou vendedor de passamanes.

PASSAMANES, s.m.pl. Fitas ou galões entretecidos de prata, ouro ou seda.

PASSAMENTO, s.m. Morte; falecimento.

PASSA-MOLEQUE, s.m. Perfídia; logro. (Pl.: passa-moleques.)

PASSANTE, adj. Excedente; transeunte.

PASSAPORTE, s.m. Licença escrita para que alguém possa sair do país; salvo-conduto.

PASSAR, v.t. Transpor; atravessar; transportar; transcrever; impingir.

PASSARADA, s.f. Bando de pássaros; os pássaros.

PASSAREDO, s.m. Reunião de pássaros.

PASSARELA, s.f. Estrado apropriado para desfile e exibição de modelos vivos; passadeira; ponte exclusiva para trânsito de pedestres.

PASSARINHA, s.f. Baço de qualquer animal.

PASSARINHADA, s.f. Passarada; corcovo que a montaria dá em consequência de susto.

PASSARINHAR, v.int. Caçar pássaros; espantar-se (o cavalo).

PASSARINHEIRO, s.m. Caçador, criador ou vendedor de pássaros; adj. diz-se do cavalo dado a passarinhar.

PASSARINHO, s.m. Pequeno pássaro.

PÁSSARO, s.m. Pequena ave.

PASSAROLA, s.f. Ave grande; denominação que se deu ao aeróstato inventado pelo padre Bartolomeu Lourenço de Gusmão.

PASSATEMPO, s.m. Divertimento; entretenimento.

PASSÁVEL, adj. Tolerável; sofrível.

PASSE, s.m. Licença; permissão para passar; bilhete de trânsito gratuito ou não, ou com abatimento, concedido por empresa de transporte coletivo; no futebol, no basquetebol e em outros jogos, ação de o jogador passar a bola ao companheiro.

PASSEADOR (ô), adj. e s. Pessoa que passeia muito; passeante.

PASSEANTE, adj. e s. Pessoa que passeia, que se entrega a vadiagem; passeador.

PASSEAR, v.t. Conduzir em passeio; percorrer em passeio; int. andar a passo; dar passos; fazer exercícios, caminhando.

PASSEATA, s.f. Marcha coletiva realizada como sinal de regozijo, reivindicação ou protesto cívico, ou de uma classe.

PASSEIO, s.m. Ato ou efeito de passear; lugar ou jardim em que se passeia habitualmente; parte lateral e um pouco elevada de algumas ruas, destinada ao trânsito de pedestres.

PASSEIRO, adj. Que anda a passo; (fig.) vagaroso; negligente.

PASSIONAL, adj. Relativo a paixão; suscetível de paixão.

PASSIVA, s.f. (Gram.) A voz passiva dos verbos; forma que tomam os verbos quando exprimem uma ação sofrida, recebida pelo sujeito.

PASSIVAR, v.t. (Gram.) Dar significação ou forma passiva a (um verbo).

PASSÍVEL, adj. Sujeito a sensações de sofrimento, alegria, etc.; que deve sofrer; que fica sujeito a.

PASSIVIDADE, s.f. Qualidade do que é passivo.

PASSIVO, adj. Que sofre uma ação ou impressão; que não exerce ação; inerte; indiferente; (Gram.) diz-se da forma com que o verbo indica ação recebida pelo sujeito.

PASSO, s.m. Ato de avançar ou recuar um pé, para andar; marcha; espaço entre um e outro pé quando se anda; passagem, geralmente estreita; conjuntura; (Geom.) distância entre duas espiras consecutivas, em hélice ou parafuso; trecho de um escrito; situação; caso; negócio; ação; antiga medida de comprimento, eqüivalente a 1,65m; modo de andar; cada uma das diferentes posições do pé, na dança; lugar, no rio ou arroio, de passagem habitual; ao — que: enquanto; a —: lentamente; ao mesmo —: ao mesmo tempo, a um só tempo; marcar —: permanecer na mesma posição; não progredir.

PASTA, s.f. Porção de massa semi-sólida, achatada; porção de metal fundido e ainda não trabalhado; espécie de carteira de papelão, couro, etc., para conter papéis; cargo de ministro ou secretário de Estado.

PASTAGEM, s.f. Pasto; lugar onde pasta ou pode pastar o gado; erva própria para o gado pastar.

PASTAR, v.t. Comer a erva de; int. comer erva não ceifada (o gado); rel. nutrir-se.

PASTARIA, s.m. Campo de pastagem.

PASTEL, s.m. Massa de farinha frita e recheada; caracteres tipográficos misturados e confundidos; processo de desenhar ou pintar com lápis de cores especiais (chamados pastel); pintura ou desenho por esse processo. (Pl.: pastéis.)

PASTELÃO, s.m. Grande pastel; empada.

PASTELARIA, s.f. Estabelecimento ou arte de pasteleiro.

PASTELEIRO, s.m. Fabricante ou vendedor de pastéis.

PASTEURIZAÇÃO, s.f. Ato ou efeito de pasteurizar.

PASTEURIZADEIRA, s.f. ou **PASTEURIZADOR**, (ô), s.m. Aparelho para pasteurizar.

PASTEURIZAR, v.t. Esterilizar pelo calor (o leite, etc.) aquecendo a cerca de 70 graus e esfriando rapidamente.

PASTICHAR, v.int. Fazer pasticho.

PASTICHO, s.m. Plágio; obra de pintura imitada servilmente de outra; imitação ruim de obra literária.

PASTIFÍCIO, s.m. Fábrica de massas alimentícias.

PASTILHA, s.f. Pasta de açúcar, que contém um medicamento ou uma essência; pequenina peça de cerâmica ou de material vítreo, de largo emprego em revestimento de pisos e fachadas de prédios.

PASTO, s.m. Erva para alimento do gado; pastagem; comida; casa de —: restaurante.

PASTOR (ô), s.m. Guardador de gado; (flexões: pastora, pastoras, pastores); sacerdote protestante; (fig.) pároco.

PASTORAL, adj. Relativo a pastor; s.f. carta-circular dirigida por um bispo aos padres ou fiéis da sua diocese; poesia bucólica.

PASTORAR, v.t. Pastorear.

PASTOREAÇÃO, s.f. Ato de pastorear.

PASTOREADOR (ô), s.m. O que pastoreia o gado; lugar onde se pastoreia.

PASTOREAR, v.t. Exercer o mister de pastor; apascentar; guardar (o gado) no pasto.

PASTOREIO, s.m. Indústria pastoril; lugar onde se pastoreia o gado; o gado que se pastoreia.

PASTORIL, adj. De pastor; próprio de pastor; relativo à vida de pastor; (fig.) campesino, rústico, bucólico.

PASTOSO (ô), adj. Viscoso; xaroposo; (fig.) designativo da voz arrastada e pouco clara.

PATA, s.f. Fêmea do pato; pé de animal; extremidade da âncora; (chulo) pé grande; pé.

PATACA, s.f. Moeda antiga de prata, do valor de 320 réis.

PATACÃO, s.m. Antiga moeda de cobre portuguesa do valor de 40 réis, que passou depois a chamar-se pataco; moeda antiga de prata, de 2$000; relógio de algibeira, muito grande.

PATACHO, s.m. Embarcação de dois mastros.

PATA-CHOCA, s.f. Mulher muito gorda. (Pl.: patas-chocas.)

PATACO, s.m. Patacão; (fig.) homem estúpido.

PATACOADA, s.f. Disparate.

PATACUDO, adj. Dinheiroso; rico.

PATADA, s.f. Pancada com a pata; (fig.) tolice; ação indecorosa.

PATAMAR, s.m. Espaço mais ou menos largo no topo de uma escada ou de um lanço de escadas.

PATARATA, s.f. Ostentação ridícula; mentirola jactanciosa; s. pessoa que diz pataratas; pessoa tola, fútil.

PATARATAR ou **PATARATEAR**, v.int. Dizer pataratas ou patranhas; bazofiar.

PATARATEIRO, adj. Que diz pataratas.

PATARATICE, s.f. Ato ou dito de pataratearo.

PATARATISMO, s.m. Pataratice; hábitos de patarata; os pataratas.

PATATIVA, s.f. Pássaro, de cor cinzenta, de canto mavioso; (fig.) indivíduo falador; cantor de voz maviosa.

PATAU, s.m. Homem parvo; simplório; ignorante.

PATAVINA, s.f. Coisa nenhuma; nada.

PATEADA ou **PATEADURA**, s.f. Ato de patear.

PATEAR, v.t. Reprovar, batendo com os pés no chão; int. bater com as patas; bater com os pés no chão, em sinal de desagrado ou reprovação; sucumbir; dar-se por vencido; ter mau êxito; ser mal sucedido.

PATEGO, adj. e s.m. Lorpa; pateta; tolo.

PATEGUICE, s.m. Qualidade, ato ou dito de patego.

PATEIRO, s.m. Guardador ou criador de patos.

PATEJAR, v.int. Patinhar.

PATENA, s.f. Prato pequeno, que serve para cobrir o cálice e receber a hóstia.

PATENTE, adj. Aberto; claro; evidente; s.f. título oficial de uma concessão ou privilégio.

PATENTEAR, v.t. Tornar patente.

PATERNAL, adj. Próprio de pai; como de pai.

PATERNIDADE, s.f. Qualidade de pai.

PATERNO, adj. Do pai; relativo ao pai; procedente do pai; relativo a casa em que nascemos; relativo à pátria.

PATETA, s. Pessoa maluca, tola, idiota.

PATETAR ou **PATETEAR**, v. int. Fazer ou dizer patetices; titubear.

PATETICE, s.f. Ato ou dito de pateta.

PATÉTICO, adj. Que comove a alma; tocante; enternecedor.

PATIBULAR, adj. Relativo a patíbulo; que tem aspecto de criminoso; que traz à idéia o crime ou o remorso.

PATÍBULO, s.m. Estrado da forca; forca; cadafalso.

PATIFÃO, s.m. Grande patife.

PATIFARIA, s.f. Ato de patife; maroteira.

PATIFE, adj. e s.m. Desavergonhado; velhaco. (Fem.: patifa.)

PATIM, s.m. Pequeno patamar; calçado munido inferiormente de uma lâmina vertical para deslizar no gelo ou munido de quatro rodinhas para rolar sobre pavimento liso.

PÁTINA, s.f. Oxidação das tintas pela ação do tempo e sua gradual transformação pela ação da luz; camada usualmente verde formada no cobre ou bronze por longa exposição à umidade atmosférica ou por tratamento com ácidos; azinhavre.

PATINAÇÃO, s.f. Ato de patinar.

PATINADOR (ô), adj. e s.m. Que, ou aquele que patina.

PATINAGEM, s.f. Ato ou exercício de patinar.

PATINAR, v.int. Deslizar sobre patins.

PATINHAR, v.int. Agitar a água como os patos em tanque ou corrente; bater com os pés ou com as mãos na água.

PÁTIO, s.m. Recinto lajeado que dá entrada à porta principal de algumas casas; terreno murado anexo a um edifício; recinto descoberto no interior de um edifício ou rodeado por edifícios; vestíbulo.

PATÍVEL, adj. Que se pode sofrer; tolerável.

PATO, s.m. Ave da família dos Anatídeos; (pop.) tolo; simplório; mau jogador; pagar o —: sofrer as conseqüências; pagar as despesas.

PATOÁ, s.m. Cada um dos vários dialetos franceses, como o picardo, o normando, etc.

PATOGÊNESE ou **PATOGENESIA**, s.f. Mecanismo pelo qual os agentes mórbidos produzem as doenças.

PATOGENÉTICO, adj. Relativo à patogênese.

PATOGENIA, s.f. O mesmo que patogênese.

PATOGÊNICO, adj. Que diz respeito à patogenia; que produz doenças.

PATOLA, adj. e s. Pateta, tolo; s.f. (gir.) mão.

PATOLOGIA, s. f. Parte da Medicina que estuda as doenças.

PATOLÓGICO, adj. Que diz respeito à Patologia.

PATOLOGISTA, s. Pessoa que se ocupa de Patologia.

PATOTA, s.f. Batota; ladroeira.

PATOTADA, s.f. Grande patota; série de patotas.

PATOTEIRO, adj. e s.m. Diz-se do indivíduo que faz patotas; batoteiro.

PATRANHA, s.f. Grande peta; história mentirosa; lorota.

PATRANHADA, s.f. Série de patranhas; narração mentirosa.

PATRANHEIRO, adj. O que inventa patranhas; mentiroso.

PATRÃO, s.m. Chefe ou proprietário de estabelecimento, fábrica,etc; mestre de barco (Fem.: patroa.)

PÁTRIA, s.f. País em que nascemos; província, cidade, vila ou aldeia natal; terra dos pais; (Bot.) lugar de origem de uma planta.

PATRIARCA, s.m. Chefe de família; prelado de algumas grandes dioceses.

PATRIARCADO, s.m. Dignidade ou jurisdição de patriarca; diocese dirigida por um patriarca.

PATRIARCAL, adj. Relativo a patriarca ou patriarcado;(por ext.) respeitável; venerando; pacífico; bondoso.

PATRICIADO ou **PATRICIATO,** s.m. Estado ou condição de patrício entre os romanos; a nobreza.

PATRÍCIO, adj. Relativo à classe dos nobres, entre os romanos; s.m. conterrâneo; compatriota.

PATRIMONIAL, adj. Relativo a patrimônio.

PATRIMÔNIO, s.m. Herança paterna; bens de família; (por ext.) quaisquer bens, materiais ou morais.

PÁTRIO, adj. Relativo à pátria; relativo aos pais; adjetivo —: gentílico.

PATRIOTA, s. Pessoa que ama a pátria e deseja servi-la.

PATRIOTADA, s.f. Alarde de patriotismo; rebelião infrutífera; multidão de patriotas.

PATRIOTEIRO, adj. Aquele que alardeia patriotismo; que faz patriotadas.

PATRIOTICE, s.f. Mania patriótica; falso patriotismo.

PATRIÓTICO, adj. Que revela amor à pátria; relativo a patriota.

PATRIOTISMO, s.m. Qualidades de patriota; amor à pátria.

PATRÍSTICA, s.f. Ciência que se ocupa da doutrina dos santos-padres e da história literária dessa doutrina.

PATROA, s.f. Mulher do patrão; dona de casa ou de estabelecimento; ama, em relação a cridos; (pop.) esposa.

PATROCINADOR (ô), adj. e s.m. Que, ou o que patrocina, protege.

PATROCINAR, v.t. Dar patrocínio a; proteger; defender; favorecer.

PATROCÍNIO, s.m. Proteção; amparo; auxílio.

PATROLOGIA, s.f. Conhecimento da vida e das obras dos padres da Igreja; tratado acerca deles; coleção dos seus escritos.

PATRONA, s.f. Protetora; padroeira; cartucheira.

PATRONAL, adj. Relativo a patrão; próprio de patrão.

PATRONATO, s.m. Patrocínio; autoridade de patrão; padroado; estabelecimento onde se abrigam menores e se lhes dá instrução.

PATRONEAR, v.t. Servir de patrono a; dirigir como patrão; patrocinar; int. tomar ares de patrão.

PATRONÍMICO, adj. Relativo a pai, especialmente a respeito do nome de família; derivado do nome do pai (sobrenome); s.m. sobrenome derivado do nome do pai.

PATRONO, s.m. Defensor; padroeiro; advogado.

PATRULHA, s.f. Ronda de soldados; radio—: viatura guarnecida de policiais para serviço de ronda.

PATRULHAR, v.t. Guarnecer ou vigiar com patrulhas; rondar; int. fazer ronda em patrulha.

PATUÁ, s.m. Cesta de palha; bentinho; amuleto.

PATUDO, adj. Que tem grandes patas ou pés.

PATULÉIA, s.f. Ralé, plebe, povo de baixa condição.

PATUSCADA, s.f. Ajuntamento festivo de pessoas reunidas para beber e comer; pândega; folgança.

PATUSCAR, v. int. Andar em patuscada; pandegar.

PATUSCO, adj. e s.m. Que, ou aquele que gosta de patuscadas; brincalhão; ridículo; extravagante.

PAU, s.m. Pedaço de madeira; madeira; cajado; ripa; vara; viga; reprovação em exame; meter o — em: espancar; surrar; falar mal de; censurar fortemente; reprovar em exame; esbanjar; mostrar com quantos —s se faz uma canoa: dar uma lição, um corretivo; ser — para toda (a) obra: servir para tudo; prestar-se a tudo; aplicar-se a muitas e diferentes coisas: — pl.: naipe preto das cartas de jogar cujas pontas são trevos; adj. antipático; maçante; cacete. (Dim.: pauzinho, palito.)·

PAU-A-PIQUE, s.m. Parede feita de ripas ou vergas entrecruzadas e barro; taipa. (Pl.: paus-a-pique.)

PAU-BRASIL, s.m. Planta da família das Leguminosas; é a árvore simbólica nacional. (Pl.: pausbrasis.)

PAU-DE-ARARA, s. (pop.) Alcunha que se dá aos nordestinos, por alusão ao fato de trazerem consigo araras e papagaios, nas suas migrações para o Sul. (Pl.: paus-de-arara.)

PAUL, s.m. Pântano. (Pl.: pauis (a-ú.)

PAULADA, s.f. Pancada com pau; cacetada.

PAULAMA, s.f. Grande quantidade de paus.

PAULATINO, adj. Feito pouco a pouco; gradativo.

PAULIFICAÇÃO ou **PAULIFICÂNCIA,** s.f. Maçada; caceteação.

PAULIFICANTE, adj. Maçante; cacete.

PAULIFICAR, v.t. Importunar; cacetear; aborrecer.

PAULISTA, s. O natural ou habitante do Estado de São Paulo; adj. pertencente ou relativo a esse Estado.

PAULISTANO, adj. Da cidade de S. Paulo; s.m. o natural ou habitante da cidade de São Paulo.

PAUPERISMO, s.m. Classe dos pobres; a miséria.

PAUSA, s.f. Interrupção temporária de ação, movimento ou som; vagar; sinal com que na música se indicam as interrupções.

PAUSADO, adj. Feito com pausas; lento; vagaroso; cadenciado.

PAUSAR, v.t. Fazer pausa em; demorar; int. fazer pausa; descansar; t.rel. pousar; repousar; demorar.

PAUTA, s.f. Papel com traços paralelos que se põe debaixo da folha de escrever, para que a escrita vá direta; pentagrama musical; lista; tarifa.

PAUTADO, adj. Riscado com traços paralelos; regular; metódico.

PAUTAR, v.t. Riscar (o papel) com pauta ou régua; conduzir; pôr em pauta; tornar moderado ou metódico.

PAVÃO, s.m. Grande ave da família dos Galináceos, de belíssima plumagem. (Fem.: pavoa.)

PAVÊS, s.m. Escudo grande; armação de madeira para resguardo da tripulação de um navio. (Pl.: paveses.)

PAVESADO, adj. Guarnecido de paveses.

PAVESAR, v.t. Guarnecer de paveses.

PÁVIDO, adj. Que tem pavor; medroso; assustado; assombrado.

PAVILHÃO, s.m. Ligeira construção de madeira geralmente portátil; tenda; barraca; construção isolada no meio ou dos lados do corpo principal de um edifício; bandeira; pendão; símbolo marítimo de uma nacionalidade; poder marítimo de um país; (Anat.) parte exterior do canal auditivo.

PAVIMENTAÇÃO, s.f. Ato ou efeito de pavimentar; calçamento.

PAVIMENTAR, s.f. Fazer o pavimento de.

PAVIMENTO, s.m. Recobrimento artificial do chão sobre o qual se anda; chão; piso; sobrado: cada um dos andares de um edifício.

PAVIO, s.m. Torcida; rolo de cera que envolve uma torcida; de fio a —: do começo ao fim.

PAVOA, s.f. Fêmea do pavão.

PAVONAÇO, adj. Da cor da violeta.

PAVONADA, s.f. O ato de o pavão abrir a cauda

em leque; (fig.) jactância; vaidade.

PAVONEAR, v.t. Ornar com garridice; ostentar; exibir com vaidade; p. enfeitar-se; ensoberbecer-se; ufanar-se; vangloriar-se.

PAVOR (ô), s.m. Grande susto; terror.

PAVOROSO (ô), adj. Que infunde pavor; medonho; horroroso.

PAXÁ, s.m. Título dos governadores de província turcas.

PAXALATO, s.m. Governo ou território da jurisdição de um paxá.

PAZ, s.f. Tranqüilidade pública; concórdia; sossego; cessação de hostilidades; silêncio; descanso.

PAZADA, s.f. O conteúdo de uma pá; pancada com a pá.

PAZEAR, v.int. Estabelecer paz ou harmonia.

PÉ, s.m. Parte inferior da perna que assenta no chão; pata; medida de 0,33m; pedestal; parte inferior de vários objetos; estado de negócio; parte de verso grego ou latino; haste de planta; pedúnculo de flor; pretexto; — ante —: devagar; cautelosamente; nas pontas dos pés; ao — de: junto de; à beira de; apertar o —: apressar o passo; bater o — ou bater —: recalcitrar, mostrar-se insubmisso; ao — da letra: literalmente, da mesma forma; do — para a mão: de um momento para o outro; inesperadamente; logo, prontamente; entrar com o — direito: ter boa sorte (numa empresa ou carreira); estar com os —s para a cova: estar perto da morte; fazer — atrás: recuar para firmar-se; (fig.) preparar-se para resistir; ficar de —: continuar; ir num — e vir no outro: não se demorar; lamber os —s de alguém: adulá-lo; bajulá-lo; meter os —s pelas mãos: atrapalhar-se; desorientar-se; dizer ou praticar disparates; não chegar aos —s de alguém: ser-lhe muito inferior; negar a —s juntos: manter-se em negativa; passar o — adiante da mão: exceder-se em liberdades; desmandar-se; perder o — ou não dar —: dizse quando os pés não alcançam o fundo da água estando uma pessoa imersa, em posição vertical; — de galinha: ruga, no ângulo externo do olho; tirar o — da lama ou do lodo: sair de uma situação inferior; melhorar de posição; tomar —: assenhorear-se da situação.

PEÃ, s.m. Canto de guerra, de vitória, de festa.

PEAÇA, s.f. Correia ou peia que prende o boi à canga, pelos paus.

PEADOR (ô), s.m. Peadouro.

PEADOURO, s.m. Lugar onde se peiam as cavalgaduras.

PEANHA, s.f. Pequeno pedestal, sobre que assenta imagem, cruz, estátua, etc.

PEÃO, s.m. Indivíduo que anda a pé; soldado de infantaria; cada uma das pequenas peças que se colocam na frente do xadrez e são as primeiras a avançar; (por ext.) amansador de cavalos, burros e bestas; condutor de tropa; empregado de classe inferior nas estâncias ou organizações congêneres. (Fem.: peona ou peoa; pl.: peões ou peães.)

PEAR, v.t. Lançar peias a; prender com peia; embaraçar; impedir; estorvar.

PEÇA, s.f. Parte de um todo; pedaço; teia de pano; jóia; móvel; pedra ou figura em jogo de tabuleiro; compartimento de casa; composição dramática ou musical; documento que faz parte de processo; artefato; canhão; (fig.) logro.

PECADILHO, s.m. Pecado leve.

PECADO, s.m. Transgressão de preceito religioso.

PECADOR (ô), adj. e s.m. Que, ou aquele que peca. (Aum.: pecadoraço.)

PECAMINOSO, adj. Da natureza do pecado; em que há pecado.

PECAR, v. int. Cometer pecado; transgredir lei religiosa ou preceito da Igreja; ser defeituoso, censurável; errar; rel. cometer faltas.

PECHA, s.f. Defeito; balda.

PECHINCHA, s.f. Vantagem; coisa comprada a preço muito reduzido.

PECHINCHAR, v.int. Comprar muito barato; pedir abatimento de preço.

PECHINCHEIRO, adj. e s.m. Aquele que pechincha ou procura pechinchas.

PECIOLADO, adj. (Bot.) Que tem pecíolo.

PECÍOLO, s.m. (Bot.) Parte da folha que prende o limbo ao tronco e aos ramos. (Dimin.: peciolozinho, peciólulo.)

PECO, s.m. Doença que faz definhar os vegetais;

definhamento; adj. que não medrou; que definhou; (fig.) bronco.

PEÇONHA, s.f. Secreção venenosa de alguns animais; veneno; (fig.) malícia; maldade.

PEÇONHENTO, adj. Que tem peçonha; venenoso.

PECTORAL, adj. Peitoral.

PECUÁRIA, s.f. Arte e indústria do tratamento e criação de gados

PECUÁRIO, adj. Que diz respeito a gados.

PECUARISTA, s. Pessoa que entende de pecuária ou a ela se dedica.

PECULATÁRIO, s.m. Funcionário acusado de crime de peculato.

PECULATO, s.m. Desvio ou furto de dinheiro ou rendimentos públicos, por pessoa que os guarda ou administra.

PECULIAR, adj. Relativo a pecúlio; especial; próprio, privativo de uma pessoa ou coisa; característico.

PECULIARIDADE, s.f. Qualidade de peculiar.

PECÚLIO, s.m. Dinheiro acumulado por trabalho ou economia; reserva de dinheiro; bens.

PECÚNIA, s.f. Dinheiro.

PECUNIÁRIO, adj. Relativo a dinheiro; representado por dinheiro.

PECUNIOSO (ô), adj. Cheio de pecúnia; endinheirado; opulento.

PEDAÇO, s.m. Bocado; porção; naco; (pop.) moça bonita.

PEDÁGIO, s.m. Tributo de passagem por uma ponte ou estrada; passagem.

PEDAGOGIA, s.f. Ciência da educação; conjunto de doutrinas e princípios que visam a um programa de ação; estudo dos ideais de educação, segundo determinada concepção de vida, e dos meios mais eficientes de realizá-los.

PEDAGÓGICO, adj. Que diz respeito à pedagogia; conforme à pedagogia.

PEDAGOGISMO, s.m. Sistema ou processo dos pedagogos; exclusivismo pedagógico; obsessão por idéias e doutrinas pedagógicas sem base experimental ou científica.

PEDAGOGISTA, s. Pessoa versada em pedagogia; teórico da educação.

PEDAGOGO (ô), s.m. O que aplica a pedagogia; prático da educação.

PÉ-D'ÁGUA, s.m. Aguaceiro; chuva forte e rápida. (Pl.: pés-d'água.)

PEDAL, s.m. Peça dos pianos, harpas, órgãos, sobre a qual o executante aplica o pé para abafar o som ou torná-lo forte (piano, harpa) ou para mover o fole do instrumento e assim produzir o som (órgão); peça da bicicleta, da máquina de costura, de automóvel, enfim de qualquer máquina ou dispositivo, sobre a qual se assenta o pé, para acionar.

PEDALADA, s.f. Impulso dado ao pedal.

PEDALAR, v.t. Mover, acionar o pedal de; int. mover os pedais de qualquer máquina; andar de bicicleta.

PEDANTARIA, s.f. Qualidade de pedante; pedantismo.

PEDANTE, adj. Que faz ostentação de conhecimentos superiores aos que possui; parlapatão; presunçoso; vaidoso; pretensioso.

PEDANTEAR, v.int. Fazer-se pedante; alardear conhecimentos que não se possui.

PEDANTESCO (ê), adj. Em que há pedantismo; próprio de pedante; afetado; pernóstico.

PEDANTISMO, s.m. Pedantaria; atos ou modos de pedante; presunção; vaidade.

PEDANTOCRACIA, s.f. (neol.) Governo ou predomínio dos pedantes.

PÉ-DE-BOI, s.m. Homem muito trabalhador; indivíduo cumpridor de suas obrigações; (Pl.: pés-de-boi.)

PÉ-DE-CABRA, s.m. Alavanca de ferro, com a extremidade fendida, à semelhança de um pé de cabra, usada pelos ladrões para arrombar portas. (Pl.: pés-de-cabra.)

PÉ-DE-CHUMBO, s.m. Alcunha de português; galego. (Pl.: pés-de-chumbo.)

PÉ-DE-GALINHA, s.m. Nome dado a rugas no canto externo dos olhos. (Pl.: pés-de-galinha.)

PÉ-DE-MEIA, s.m. Mealheiro; pecúlio; economias. (Pl.: pés-de-meia.)

PÉ-DE-MOLEQUE, s.m. Doce de massa de rapadura com grãos de amendoim. (Pl.: pés-de-moleque.)

PEDERNAL, s.f. Pederneira; veio de pederneira;

rocha viva; adj. pétreo; relativo à pedra.

PEDERNEIRA, s.f. Pedra muito dura que produz faísca quando ferida com o fuzil; pedra-de-fogo.

PEDESTAL, s.m. Peça de pedra, metal ou madeira, que sustenta estátua, coluna, etc.; base.

PEDESTRE, adj. Que anda ou está a pé; que se faz a pé; s. pessoa que anda a pé.

PEDESTRIANISMO, s.m. Esporte de grandes marchas ou corridas a pé.

PÉ-DE-VENTO, s.m. Tufão; furacão; vento forte. (Pl.: pés-de-vento.)

PEDIATRA, s. Médico especialista em pediatria.

PEDIATRIA, s.f. Medicina das crianças.

PEDÍCULO, s.m. Suporte de qualquer órgão; pé de cogumelos.

PEDICULOSE, s.f. Infestação por piolhos.

PEDICURO, s.m. Homem que se dedica aos cuidados dos pés, extirpando calos, desencravando e polindo as unhas, etc.

PEDIDO, s.m. Ato de pedir; solicitação; rogo; súplica; requerimento; petição.

PEDIDOR (ô), adj. e s.m. Aquele que pede; peticionário; pedinte.

PEDIFORME, adj. Que tem forma de pé.

PEDILÚVIO, s.m. Banho aos pés

PEDÍMANO, adj. e s.m. Diz-se do mamífero que se serve dos membros posteriores como de mãos.

PEDIMENTO, s.m. Pedido; petição; rogo.

PEDINCHA, s.f. Ato de pedinchar.

PEDINCHÃO, adj. e s.m. Aquele que pedincha. (Fem.: pedinchona.)

PEDINCHAR, v.t. e int. Pedir com impertinência ou lamúria; pedir muito.

PEDINCHE ou **PEDINCHEIRA**, s.f. Hábito de pedinchar.

PEDINTE, adj. Que pede; que mendiga; s. pessoa que pede; mendigo.

PEDIR, v.t. Rogar; mendigar; implorar; suplicar; solicitar; demandar; exigir; reclamar; requerer; t.-rel; rogar; suplicar; solicitar; pretender ou exigir como preço de venda; reclamar; int.; fazer pedidos ou súplicas; orar. (Verbo irregular. Pres. do indic.: peço, pedes, pede, pedimos, pedis, pedem; pres. do subj.: peça, peças, peça, peçamos, peçais, peçam.)

PEDITÓRIO, s.m. Ato de pedir a várias pessoas para fins de caridade ou religião; súplica instante e repetida.

PEDOLOGIA, s.f. Estudo natural e integral da criança sob os aspectos biológico, antropológico e psicológico.

PEDÔMETRO, s.m. Instrumento com o qual se contam os passos de quem marcha.

PEDOTROFIA, s.f. Parte de Higiene que trata especialmente da educação física das crianças.

PEDÓTROFO, s.m. Aquele que ensina ou pratica a pedotrofia.

PEDRA, s.f. Corpo duro e sólido, da natureza das rochas; concreção calcária que se forma nos órgãos; cálculo; lápide de sepulcro; granizo; peça de jogo de tabuleiro; quadro-negro; — de amolar: em geral, quartzito ou arenito de cimento silicoso de grã muito unida; — lascada: pedra quebrada grosseiramente e de que se serviam os homens do período paleolítico; — polida: pedra trabalhada que serviu para a fabricação de armas e utensílios no período neolítico; — preciosa: nome dado a qualquer mineral de valor, usado em jóias e como símbolos de profissões.

PEDRADA, s.f. Arremesso de pedra; pancada com pedra; (fig.) insulto; ofensa.

PEDRA-DE-FOGO, s.f. Pederneira; sílex. (Pl.: pedras-de-fogo.)

PEDRA-DE-RAIO, s.f. Aerólito ou sílex neolítico. (Pl.: pedras-de-raio.)

PEDRADO, adj. Empedrado; diz-se das frutas quando apresentam nódulos endurecidos na polpa.

PEDRA-ÍMÃ, s.f. Ímã natural. (Pl.: pedras-ímãs.)

PEDRAL, adj. Relativo a pedra.

PEDRA-POMES, s.f. Qualquer rocha com textura vacuolar. (Pl.: pedras-pomes.)

PEDRARIA, s.f. Porção de pedras de cantaria; quantidades de pedras preciosas; jóias.

PEDRA-SABÃO, s.f. Esteatita. (Pl.: pedras-sabão.)

PEDRA-UME, s.f. Sulfato duplo de alumínio e potássio; também conhecido pelo nome de alume. (Pl.: pedras-umes.)

PEDREGAL, s.m. Lugar onde há muitas pedras.

PEDREGOSO (ô), adj. Em que há muitas pedras.

PEDREGULHO, s.m. Grande porção de pedras miúdas, seixos, calhaus, que se tiram do fundo dos rios e usados principalmente no preparo do concreto.

PEDREIRA, s.f. Lugar ou rocha de onde se retira pedra para construções, pavimentação, etc.

PEDREIRO, s.m. Aquele que trabalha em obras de pedras e cal.

PEDRÊS, adj. Salpicado de preto e branco na cor.

PEDRISCO, s.m. Saraiva miúda.

PEDROSO (ô), adj. Da natureza ou consistência da pedra; pedregoso.

PEDROUÇO, s.m. Montão de pedras.

PEDUNCULADO, adj. Provido de pedúnculo.

PEDUNCULAR, adj. Que diz respeito ao pedúnculo.

PEDÚNCULO, s.m. (Bot.) Pé da flor ou do fruto; (Zool.) suporte de qualquer órgão animal.

PEDUNCULOSO (ô), adj. Pedunculado; de longo pedúnculo.

PEGA, s.f. Ato de pegar ou de agarrar o touro com as mãos; discussão acalorada; desavença; endurecimento da argamassa; s.m. discussão forte; travamento de luta, barulho.

PEGA, s.f. Mulher palreira; nome vulgar da ave conhecida por soldado. (Pl.: pegas.)

PEGADA, s.f. Vestígio que o pé deixa no solo; (fig.) vestígio; sinal.

PEGADIÇO, adj. Que se pega com facilidade; (fig.) contagioso; pegativo.

PEGADO, adj. Colado; contíguo; vizinho; aproximado; amigo.

PEGADOR (ô), adj. Que pega; s.m. aquele que pega.

PEGADOURO, s.m. Parte de um objeto por onde se lhe pega; cabo.

PEGAJOSO (ô), adj. Que pega ou adere facilmente; viscoso; (fig.) maçador; pegadiço.

PEGÃO, s.m. Grande pé-de-vento. (Pl.: pegões.)

PEGA-PEGA, s.m. Carrapicho (semente, plantas); conflito. (Pl.: pegas-pegas.)

PEGA-RAPAZ, s.m. Cacho de cabelo pendente sobre a testa. (Pl.: pega-rapazes.)

PEGAR, v.t. Colar; agarrar; segurar; unir; int. criar raízes; dar bom resultado; começar; surtir efeito; — - se com alguém: implicar ou brigar; — de: segurar; empunhar. (Part.: pegado, com os auxiliares ter, haver; pego, com os auxiliares ser, estar.)

PEGATIVO, adj. Que pega facilmente; contagioso; pegadiço.

PEGO, s.m. A parte mais funda do rio, lago, etc.; pélago; (fig.) voragem; abismo.

PEGO, s.m. O macho da pega (pássaro); part. do verbo pegar (só usado com os auxiliares ser, estar).

PEGUILHA, s.f. Começo de altercação; dito provocante.

PEGUILHAR, v.int. Travar questiúnculas; provocar disputa.

PEGUILHENTO, adj. Que gosta de peguilhar; que costuma peguilhar.

PEGUILHO, s.m. Embaraço; pretexto de briga.

PEGUREIRO, s.m. Guardador de gado; pastor; cão de gado; cão de caça.

PEIA, s.f. Prisão de corda ou ferro que segura os pés das bestas; (fig.) embaraço; correia.

PEITA, s.f. Dádiva feita com o fim de subornar; suborno.

PEITADA, s.f. Pancada no peito ou com o peito.

PEITAR, v.t. Procurar corromper com dádivas; subornar.

PFITEIRA, s.f. Peça dos arreios que cinge o peito do cavalo.

PEITEIRO, adj. Que peita ou suborna; subornante; s.m. aquele que peita.

PEITILHO, s.m. Peça do vestuário que se coloca sobre o peito, semelhando o peitilho da camisa.

PEITO, s.m. Parte do tronco que contém os pulmões e o coração; parte anterior e externa do tórax; mama; (fig.) coragem; meter os —s: (gír.) atirar-se com decisão a uma empresa; tomar a —: empenhar-se em; interessar-se seriamente por; no —: (pop.) de graça; do —: (pop.) íntimo.

PEITORAL, adj. Do peito; que faz bem ao peito; o mesmo que pectoral; s.m. medicamento contra tosse; correia que cinge o peito do cavalo; (Anat.)

346

nome de um músculo par da face anterior do tórax.

PEITORIL, s.m. Parapeito.

PEITUDO, adj. De peito grande e forte; (gír.) valente.

PEIXADA, s.f. Prato de peixe cozido ou guisado.

PEIXARIA, s.f. Estabelecimento onde se vende peixe.

PEIXE, s.m. Animal vertebrado que vive na água e respira por brânquias ou guelras; moça vistosa e garrida; não ter nada com o —: ser alheio à contenda, à discussão, ao caso de que se trata.

PEIXEIRA, s.f. Vendedora de peixe; faca usada para cortar peixe; travessa em que se serve peixe.

PEIXEIRO, s.m. Indivíduo que vende peixe.

PEJADO, adj. Que sente pejo; acanhado; envergonhado; repleto; carregado.

PEJAMENTO, s.m. Ato ou efeito de pejar; aquilo que peja ou embaraça.

PEJAR, v.t. Encher; carregar; embaraçar; p. embaraçar-se; envergonhar-se.

PEJO (ê), s.m. Pudor; vergonha; acanhamento.

PEJORATIVO, adj. Designativo do vocábulo que adquiriu ou tende a adquirir sentido torpe, inconveniente ou desagradável.

PELA, Aglut. da prep. **per** e do art. arcaico **la** (a). Aglut. da prep. **per** e do pron. dem. arcaico **la**.

PÉLA, s.f. Bola, para brinquedo de crianças, feita especialmente de borracha; bola para jogo de homens e que se atira à parede com a mão ou raqueta; (fig.) joguete; ato de pelar.

PELADA, s.f. (Med.) Afecção das regiões pilosas, em particular do couro cabeludo, caracterizada por placas de alopecia arredondadas ou ovalares; jogo de futebol ligeiro, sem importância, geralmente entre meninos; partida de futebol mal jogada ou de pouco interesse.

PELADO, adj. A que tiraram a pele ou o pêlo; que não tem pêlo; calvo; (fam.) finório; (fig.) pobre; sem dinheiro.

PELADOR (ô), adj. e s.m. Aquele que péla ou tira o pêlo ou a pele.

PELADURA, s.f. Ato ou efeito de pelar; calvície.

PELAGEM, s.f. O pêlo dos animais.

PELÁGICO, adj. Pelágio; (Geol.) diz-se do depósito marinho formado longe do litoral e bastante profundo.

PELÁGIO, adj. Relativo a pélago; oceânico.

PÉLAGO, s.m. Profundidade do mar; mar alto; (fig.) abismo; profundidade.

PELAGRA, s.f. (Med.) Doença ocasionada pela carência de vitamina G, caracterizada por eritema, perturbações digestivas, nervosas e mentais.

PELAGROSO (ô), adj. Relativo à pelagra; s.m. o doente de pelagra.

PELAME, s.m. Porção de peles; courama.

PELANCA, s.f. Pele caída e mole; carne magra e engelhada.

PELAR, v.t. Tirar o pêlo a; p. ficar sem pêlo; tirar a pele ou casca de; (fig.) tirar os haveres de alguém, deixando-o sem nada; p. ficar sem pele; (fig.) gostar muito. (Pres. ind.: pêlo, pélas, péla, pelamos, pelais, pelam.)

PELARIA ou **PELERIA**, s.f. Porção de peles; loja onde se vendem peles ou pelicas.

PELE, s.f. Membrana que reveste exteriormente o corpo humano, bem como o da maioria dos animais; epiderme; couro; casca de alguns frutos ou tubérculos.

PELEGA (ê), s.f. (pop.) Cédula de dinheiro.

PELEGO (ê), s.m. A pele do carneiro com a lã; (gír. polít.) prócer sindical que se acomoda facilmente às vantagens pessoais do adesismo.

PELEJA (ê), s.f. Ato de pelejar; combate; briga; contenda.

PELEJADOR (ô), adj. e s.m. Aquele que peleja; desordeiro; batalhador.

PELEJAR, v.int. Batalhar; combater; pugnar; t. travar combate com.

PELE-VERMELHA, s. Indivíduo dos Peles-vermelhas, designação genérica dada às tribos aborígines da América do Norte, porque costumam pintar corpo e rosto de matéria corante vermelha; adj. relativo aos Peles-vermelhas.

PELICA, s.f. Pele fina, curtida e preparada para luvas, calçados, etc.

PELIÇA, s.f. Peça de vestuário feita ou forrada de peles finas e macias.

PELICANO, s.m. Ave palmípede aquática.

PELÍCULA, s.f. Pele ou membrana muito delgada e fina; cutícula; epiderme; filme, fita cinematográfica.

PELINTRA, s. Pessoa pobre ou mal trajada, mas com pretensões a figurar; pessoa sem dinheiro; adj. pobre, mas pretensioso; bem trajado.

PELINTRÃO, s.m. (pop.) Indivíduo maltrapilho; esfarrapado. (Fem.: pelintrona.)

PELINTRICE, s.f. Ato ou estado de pelintra; sovinice.

PELO, Aglut. da prep. **per** e do art. arcaico **lo** (o). Aglut. da prep. **per** e do pron. dem. masculino, arcaico **lo** (o). Aglut. da prep. **per** e do pron. dem. neutro, arcaico **lo** (o).

PÊLO, s.m. Prolongamentos filiformes que crescem na pele dos animais; cabelo; penugem.

PELOTA, s.f. Péla pequena; bola de metal; bolota de barro endurecido que serve de projétil para o bodoque; a bola de futebol.

PELOTAÇO, s.m. (gír. futebol) Chute forte na pelota.

PELOTADA, s.f. Pontapé na pelota de futebol.

PELOTÃO, s.m. Grande pelota; multidão; cada uma das três partes em que se divide uma companhia de soldados.

PELOTÁRIO, s.m. Jogador de pelota ou de péla.

PELOTE, s.m. Tumoração pequena da pele.

PELOTENSE, adj. De Pelotas (Rio Grande do Sul); s. o natural ou habitante de Pelotas.

PELOURINHO, s.m. Coluna de pedra ou de madeira, em praça ou sítio público, e junto da qual se expunham e castigavam criminosos.

PELÚCIA, s.f. Estofo felpudo de lã ou seda.

PELUDO, adj. Que tem muito pêlo; coberto de pêlo (fig.); que tem muita sorte.

PELUGEM, s.f. Conjunto de pêlos.

PELUGINOSO (ô), adj. Que tem pelugem ou pêlos.

PELVE, s.f. (Anat.) Cavidade óssea da bacia. O mesmo que pélvis.

PÉLVICO, adj. Relativo à pelve.

PÉLVIS, s.f. 2 núm. Pelve.

PENA, s.f. Cada uma das peças que revestem o corpo das aves; pluma; tubo de pluma preparado para com ele se escrever; pequena peça de metal ou de chifre com que se escreve; trabalhos de escrita; classe dos escritores; escritor; aquilo que se faz sofrer a alguém por um delito cometido; punição; sofrimento; desgraça; piedade; compaixão; dó.

PENACHO, s.m. Conjunto de penas para adornar chapéus, capacetes, etc.

PENADA, s.f. Traço de pena; tinta que a pena toma de cada vez; palavras escritas com uma penada.

PENADO, adj. Que tem penas; emplumado; padecente.

PENAL, adj. Relativo a penas judiciais; que impõe penas.

PENALIDADE, s.f. Conjunto ou sistema de penas; natureza da pena; pena; castigo.

PENALIZAR, v.t. Causar pena ou desgosto a; pungir; p. sentir grande pena, desgosto.

PENALOGIA, s.f. Parte do Direito Criminal relativa ao estabelecimento das penas.

PENANTE, s.m. (gír.) Chapéu.

PENÃO, s.m. Pendão, galhardete.

PENAR, v.int. Padecer; sofrer pena ou dor; ter pesares; t. causar dor ou pena a; desgostar; castigar; p. afligir-se; contristar-se.

PENATES, s.m.pl.(fig.) Família; casa paterna; lar.

PENCA, s.f. Folha grossa e carnuda de vegetais; esgalho; esgalho do cacho da bananeira; esgalho de árvore, de onde pendem vários frutos; em —: em grande quantidade.

PENDÃO, s.m. Bandeira; estandarte; lábaro; inflorescência masculina do milho.

PENDÊNCIA, s.f. Litígio; contenda; briga; conflito; tempo durante o qual uma causa ou recurso está pendente ou correndo.

PENDENCIADOR, adj. Brigão; rixoso.

PENDENCIAR, v.int. Ter pendência ou conflitos.

PENDENGA, s.f. Pendência; rixa; briga; discussão; bate-boca.

PENDENTE, adj. Que pende; pendurado; suspenso; ainda não colhido; iminente; inclinado; decorrente; (fig.) fixo; atento; s.m. pingente.

PENDER, v.int. Estar pendurado ou suspenso; inclinar-se; depender; estar iminente; ter propensão; t. fazer cair; fazer murcho.

347

PENDOR (ô), s.m. Declive; inclinação; obliqüidade; propensão.

PÊNDULA, s.f. Relógio de pêndulo.

PENDULAR, adj. De pêndulo; oscilatório.

PENDULEAR, v.int. Mover-se ou oscilar à maneira de pêndulo.

PÊNDULO, s.m. Corpo pesado, suspenso na extremidade inferior de um fio ou uma vara metálica, e que serve para aprumar ou realizar o movimento de vaivém; disco metálico preso à extremidade de uma haste que oscila isocronamente e comunica e regula o movimento de um relógio; (fig.) aquilo que se move ou trabalha com intervalos regulares; adj. que está pendente.

PENDURA, s.f. Ato de pendurar; coisa pendurada; (gír.) calote.

PENDURADO, adj. Suspenso.

PENDURAR, v.t. Suspender; fixar; prender a certa altura do chão.

PENDURICALHO, s.m. Pingente; berloque.

PENEDIA, s.f. ou **PENEDIO**, s.m. Reunião de penedos; rocha.

PENEDO (ê), s.m. Rocha; penhasco; grande pedra.

PENEIRA, s.f. Objeto circular de madeira, com o fundo formado de fios entrançados de seda, taquara, crina ou metal e que serve para separar substâncias moídas das partes mais grossas; crivo; joeira; chuva fina.

PENEIRAÇÃO, s.f. Ato ou efeito de peneirar.

PENEIRADA, s.f. Peneiração; aquilo que se peneira de uma vez.

PENEIRADOR (ô), adj. e s.m. Aquele que peneira.

PENEIRAMENTO, s.m. Ato ou trabalho de peneirar; classificação; seleção; triagem.

PENEIRAR, v.t. Fazer passar pela peneira.

PENEIREIRO, s.m. Fabricante ou vendedor de peneiras; aquele que trabalha com peneira.

PENETRABILIDADE, s.f. Qualidade do que é penetrável.

PENETRAÇÃO, s.f. Ato ou efeito de penetrar; (por ext.) perspicácia; facilidade de compreensão.

PENETRADOR (ô), adj. Penetrante.

PENETRAIS, s.m.pl. O interior; a parte mais íntima.

PENETRANTE, adj. Que penetra; (fig.) pungente; intenso; agudo, sagaz; perspicaz.

PENETRAR, v.t. Entrar em; invadir; passar para dentro de; transpor; atravessar; passar através de; repassar; chegar a perceber; compreender; descobrir; descortinar; int. introduzir-se; entrar; embrenhar-se; insinuar-se; tomar conhecimento; p. convencer-se.

PENETRATIVO, adj. Penetrante.

PENETRÁVEL, adj. Que pode ser penetrado.

PÊNFIGO, s.m. (Med.) Designação genérica de várias dermatoses bolhosas.

PENHA, s.f. Fraga; rocha; penhasco. (Dimin. penhazinha, penela.)

PENHASCAL, s.m. Penhasqueira.

PENHASCO, s.m. Penha elevada; rocha extensa.

PENHASCOSO (ô), Abundante em penhascos.

PENHASQUEIRA, s.f. Série de penhascos.

PENHOR (ô), s.m. Objeto que se dá para segurança de uma dívida ou empréstimo; garantia de pagamento; (fig.) prova; garantia; sinal; espécie de jogo popular; casa de — es: estabelecimento onde se empresta dinheiro sob penhor de jóias e outros objetos. (Pl.: penhores.)

PENHORA, s.f. Apreensão de bens de um devedor para pagamento judicial e respectivas custas; execução judicial para pagamento de quantia determinada.

PENHORADO, adj. Tomado em penhor; (fig.) grato; reconhecido.

PENHORANTE, adj. Que penhora; que torna grato; que obriga a reconhecimento.

PENHORAR, v.t. Fazer penhora em; apreender judicialmente; dar em garantia; (fig.) tornar agradecido.

PENICILINA, s.f. Substância bactericida produzida por cogumelos do gênero Penicilium, particularmente pelo Penicilium notatum.

PENÍFERO, adj. Que tem penas.

PENIFORME, adj. Que tem forma de pena.

PENÍGERO, adj. Penífero; penudo; que possui penas.

PENÍNSULA, s.f. Porção de terra cercada de água por todos os lados, exceto um, por onde se liga ao continente.

PENINSULAR, adj. Que diz respeito a península; s. pessoa que habita uma península ou dela é natural.

PÊNIS, s.m. (Anat.) Órgão copulador do macho.

PENISCAR, v.int. Comer pouco, sem apetite.

PENISCO, s.m. Semente de pinheiro bravo: porção de pinhão miúdo.

PENISQUEIRO, adj. Que penisca.

PENITÊNCIA, s.f. Arrependimento; dor do pecado; pena imposta pelo confessor para remissão dos pecados; sacrifícios para expiação dos pecados; incômodo; tormento.

PENITENCIAL, adj. Relativo a penitência; s.m. ritual das penitências.

PENITENCIAR, v.t. Impor penitência a; p. arrepender-se; castigar-se; fazer sacrifícios por alguma culpa cometida. (Ind. pres.: penitencio, penitencias, penitencia, etc.)

PENITENCIÁRIA, s.f. Tribunal pontifício, onde se examinam os casos reservados ao Papa e se expedem bulas, dispensas, etc. em nome do Papa.

PENITENCIÁRIA, s.f. Prisão pública, em que, por sentença, judicial, se encarceram certos criminosos, que ficam separados uns dos outros em células.

PENITENCIÁRIO, adj. Penitencial; relativo às penitenciárias; s.m. cardeal que preside a penitenciaria pontifícia; indivíduo preso em penitenciária; aquele que impõe penitência.

PENITENTE, adj. Pessoa que se arrepende; que faz penitência ou confissão dos seus pecados.

PENOSA, s.f. (gír.) Galinha, especialmente magra.

PENOSO (ô), adj. Que causa pena; que incomoda; doloroso; difícil.

PENSABUNDO, adj. Pensativo; meditativo.

PENSADOR (ô), adj. e s.m. Aquele que pensa; filósofo; tratador.

PENSAMENTO, s.m. Ato ou efeito de pensar; ato de inteligência; fantasia; idéia; mente; espírito.

PENSANTE, adj. Que pensa; que faz uso da razão.

PENSÃO, s.f. Renda anual paga vitaliciamente ou por certo tempo; foro; retribuição de educação e sustento de aluno de colégio; encargo; ônus; trabalho; preocupação; cuidado; pensão hotel de caráter familiar; fornecimento regular de comida a domicílio.

PENSAR, v.int. Formar idéias; refletir; raciocinar; ter cuidado; t. imaginar; julgar; ter no espírito; dar razão (ao gado); tratar convenientemente; fazer curativo a; pôr pensos em; s.m. pensamento; opinião; prudência.

PENSATIVO, adj. Que pensa; obsorvido em pensamentos; meditativo.

PÊNSIL, adj. Suspenso; construído sobre abóbodas ou colunas. (Pl.: pênseis.)

PENSIONAR, v.t. Dar ou pagar pensão a; sobrecarregar com trabalhos; t.-rel. impor cargo ou pensão a.

PENSIONÁRIO, adj. Relativo a pensão; s.m. pensionista.

PENSIONATO, s.m. Internato; pensão destinada a colegiais; pensão de religiosas.

PENSIONISTA, adj. e s. Pessoa que recebe uma pensão especialmente do Estado; pessoa que mora em pensão; pessoa que recebe pensão de comida.

PENSO, s.m. Tratamento de crianças ou animais, relativo a sustento, limpeza, curativo, etc.; curativo; ração para o gado; adj. pendido; inclinado ou de mau jeito.

PENTACÓRDIO ou **PENTACORDO**, s.m. (mús.) Instrumento de cinco cordas.

PENTADECÁGONO, s.m. (Geom.) Polígono de quinze ângulos.

PENTAEDRO, s.m. (Geom.) Sólido limitado por cinco faces.

PENTAGONAL, adj. Relativo a pentágono; que tem cinco lados.

PENTÁGONO, s.m. (Geom.) Polígono de cinco ângulos.

PENTAGRAFIA, s.f. Arte de aplicar o pentágrafo. O mesmo que pantografia.

PENTÁGRAFO, s.m. Instrumento com que pode copiar desenhos quem não sabe desenhar.

PENTAGRAMA, s.m. Pauta musical; figura mágica ou simbólica de cinco letras.

PENTANGULAR, adj. Que tem cinco ângulos.

PENTÁPOLE, s.f. Território que abrange cinco cidades.

PENTASSÍLABO, adj. Que tem cinco sílabas; s.m. verso de cinco sílabas.

348

PENTATEUCO, s.m. Os cinco primeiros livros da Bíblia.

PENTATLO, s.m. Entre os antigos gregos, conjunto dos cinco exercícios atléticos principais: corrida, arremesso do disco, salto, lançamento do dardo e luta; (por ext.) disputa de cinco provas atléticas quaisquer.

PENTAVALENTE, adj. (Quím.) Que tem cinco valências.

PENTE, s.m. Objeto com que se alisa, limpa ou segura o cabelo; peça onde se encaixam as balas das armas automáticas.

PENTEADEIRA, s.f. Pequena mesa com grande espelho, onde as mulheres se penteiam e dão cuidados ao rosto.

PENTEADELA, s.f. Ato ou efeito de pentear ligeiramente ou à pressa.

PENTEADO, s.m. Arranjo e compostura do cabelo.

PENTEADOR (ô), adj. Que penteia; s.m. indivíduo que penteia.

PENTEADURA, s.f. Ato ou efeito de pentear.

PENTEAR, v.t. Compor, alisar ou limpar (os cabelos) com o pente; p. compor os próprios cabelos.

PENTECOSTES, s.m. Festa católica que se celebra cinqüenta dias depois da Páscoa comemorando a descida do Espírito Santo sobre os apóstolos.

PENTEEIRO, s.m. Fabricante ou vendedor de pentes.

PENTE-FINO, s.m. Pente pequeno, de dentes finos, próprio para limpar a cabeça de piolhos, caspa, etc. (Pl.: pentes-finos.)

PENUGEM, s.f. As penas, pêlos ou cabelos que primeiro nascem; pêlo macio e curto; pêlo nas cascas de plantas ou frutos.

PENUGENTO, adj. Cheio ou coberto de penugem.

PENUJAR, v.int. Principiar a cobrir-se de penugem.

PENÚLTIMO, adj. Que precede imediatamente o último.

PENUMBRA, s.f. Sombra incompleta, produzida por um corpo que não intercepta inteiramente os raios luminosos; (por ext.) meia-luz; gradação de luz para a sombra; (fig.) retraimento; insulamento.

PENUMBROSO (ô), adj. Em que há penumbra.

PENÚRIA, s.f. Miséria extrema; privação do necessário; pobreza.

PENURIOSO (ô), adj. Em que há penúria; que sofre penúria.

PEPINAL, s.m. Lavoura de pepinos.

PEPINEIRA, s.f. Pepinal; pepineiro; (fig.) fonte de proventos sem grande trabalho; mamata.

PEPINEIRO, s.m. Planta da família das Cucurbitáceas.

PEPINO, s.m. Fruto do pepineiro.

PEPITA, s.f. Grão ou palheta de metal nativo, especialmente de ouro.

PEPSIA, s.f. Conjunto de fenômenos da digestão.

PEPSINA, s.f. Diástase proteolítica do suco gástrico.

PÉPTICO, adj. Que auxilia a disgestão dos alimentos.

PEPTONA, s.f. Substância azotada complexa, resultante da ação dos fermentos proteolíticos do tubo digestivo sobre as proteínas.

PEPTONÚRIA, s.f. Presença da peptona na urina.

PEQUENA, s.f. (pop.) Moça; rapariga; namorada.

PEQUENADA, s.f. Porção de pequenos, meninos; filhos pequenos; filharada.

PEQUENEZ (ê), s.f. Qualidade de pequeno; (fig.) mesquinhez; humildade.

PEQUENEZA (ê), s.f. Pequenez.

PEQUENINO, adj. Muito pequeno; s.m. menino.

PEQUENITO, adj. Muito pequeno.

PEQUENITOTE, adj. Muito pequenino; s.m. menino pequenino.

PEQUENO, adj. De pouca extensão; de tamanho diminuto; que é criança; de baixa estatura; limitado (comparat. de infer.: menor ou mais pequeno; superlat. abs. sint.: pequeníssimo e mínimo); (pop.) namorado; filho; menino; rapaz; pl.: os humildes; a classe inferior da sociedade.

PEQUENOTE, adj. Um tanto pequeno; s. m. rapaz pequeno; rapazola.

PEQUERRUCHO, adj. e s.m. Pequenino; s.m. menino; nenê; rapazola.

PEQUETITO, adj. Pequenino.

PEQUICE, s.f. Ato ou dito de peco; frioleira; sandice; caturrice.

PEQUINÊS, adj. De Pequim (China); diz-se de uma raça de cãezinhos felpudos; s.m. o natural ou habitante de Pequim; cão pequinês.

PER, prep. (ant.) O mesmo que por; de — si: cada um por sua vez; isoladamente.

PÊRA, s.f. Fruto da pereira; porção de barba que se deixa crescer no queixo; pequena peça de ebonite, louça ou madeira, que contém um interruptor de corrente elétrica. (Pl.: peras (ê).)

PERADA, s.f. Doce de peras; vinho de peras.

PERAL, s.m. Pomar de pereiras; pereiral; adj. semelhante ou relativo a pêra.

PERALTA, s. Pessoa afetada nos modos ou no trajar; janota; peralvilho; vadio; menino travesso; traquinas; adj. travesso; traquinas.

PERALTAR ou **PERALTEAR,** v.int. Ter vida de peralta.

PERALTICE, s.f. Qualidade de peralta.

PERALVILHO, s.m. Peralta; janota.

PERAMBULAÇÃO, s.f. Ato de perambular.

PERAMBULAR, v.int. Vaguear a pé; passear.

PERANTE, prep. Na presença de; diante de; ante.

PÉ-RAPADO, s.m. Homem de condição humilde; pobretão.

PERAU, s.m. Lugar profundo na água do rio ou lago.

PERCA, s.f. (pop.) Perda; prejuízo; dano.

PERCAL, s.m. Tecido fino de algodão e sem o pêlo próprio destes tecidos.

PERCALÇO, s.m. Lucro; proventos; vantagem fortuita; transtorno; incômodo próprio de uma profissão.

PERCALINA, s.f. Tecido forte de algodão, sem pêlo e especialmente usado em encadernações.

PERCEBER, v.t. Adquirir conhecimento de, por meio dos sentidos; conhecer; formar idéia de; notar; entender; compreender; receber (vencimentos, honorários.)

PERCEBIMENTO, s.m. Ato de perceber.

PERCENTAGEM, s.f. Porcentagem.

PERCEPÇÃO, s.f. Ato, efeito ou faculdade de perceber.

PERCEPTIBILIDADE, s.f. Qualidade de perceptível; faculdade de perceber.

PERCEPTÍVEL, adj. Que se pode perceber.

PERCEPTIVO, adj. Que concerne à percepção; que tem percepção fácil.

PERCEVEJO, s.m. Inseto hemíptero parasito das regiões temperadas e tropicais; pequeno prego de cabeça chata, com que se fixa sobre a prancheta o papel de desenho, cartazes nos quadros, paredes, etc.

PERCLORATO, s.m. (Quím.) Designação genérica dos sais do ácido perclórico.

PERCLORETO (ê), s.m. (Quím.) Nome dos cloretos corresponentes à valência máxima do metal.

PERCLÓRICO, adj. (Quím.) Diz-se do anidrido que possui em sua molécula dois átomos de cloro e sete de oxigênio, e do ácido monovalente que possui um átomo de cloro e quatro de oxigênio.

PERCORRER, v.t. Correr por; explorar; investigar; esquadrinhar; observar ligeira e sucessivamente; passar através de; visitar em toda a extensão ou em todos os sentidos.

PERCUCIENTE, adj. Que percute; agudo; penetrante; profundo.

PERCURSO, s.m. Ato ou efeito de percorrer; espaço percorrido; trajeto; movimento.

PERCUSSÃO, s.f. Ato ou efeito de percutir; choque ou embate de dois corpos.

PERCUSSOR (ô), adj. Que percute; s.m. aquele ou aquilo que percute; peça metálica em forma de agulha, que percute uma cápsula fulminante, para transmitir fogo à pólvora.

PERCUTIDOR (ô), adj. e s.m. Percussor.

PERCUTIR, v.t. Bater; ferir; tocar.

PERDA (ê), s.f. Ato de perder; desaparecimento; (por. ext.) extravio; desgraça; destruição.

PERDÃO, s.m. Remissão de pena; desculpa; indulto.

PERDER, v.t. Ser privado de; deixar de ter; deixar de ocupar; deixar de tomar; destruir; corromper; sofrer atenuação ou quebra de; deixar de gozar; causar a condenação de; esquecer-se de; int. ter prejuízo pecuniário; passar a estado pior; ser vencido no jogo; p. extraviar-se; desgraçar-se. (Irregular na 1.ª pess. do sing. do pres. do indic.

perco, e, portanto, em todo o pres. do subj. perca, percas, perca, percamos, percais, percam.)

PERDIÇÃO, s.f. Ato ou efeito de perder; desgraça; desonra; imoralidade.

PERDIDA, s.f. Perda; desvio de caminho; errada.

PERDIDIÇO, adj. Fácil de ser perdido.

PERDIDO, adj. Disperso; sumido; naufragado; que gosta muito; apaixonado; imoral; devasso; que não escapará (de doença); s.m. qualquer coisa perdida.

PERDIGÃO, s.m. Macho da perdiz.

PERDIGOTAR, v.int. Deitar perdigotos ou salpicos de saliva, ao falar.

PERDIGOTEIRO, adj. e s.m. Diz-se do indivíduo que, ao falar, atira perdigotos ao rosto dos interlocutores.

PERDIGOTO, s.m. Filhote de perdiz; (pop.) salpico de saliva que alguém lança ao falar.

PERDIGUEIRO, adj. Que caça perdizes; s.m. cão próprio para a caça de perdizes.

PERDIMENTO, s.m. Perdição.

PERDÍVEL, adj. Que se pode perder; de lucro incerto.

PERDIZ, s.f. Ave muito apreciada pelos caçadores por ser de carne saborosa e macia. (Masc.: perdigão; diminutivo: perdigoto.)

PERDOADOR (ô), adj. Aquele que perdoa facilmente.

PERDOAR, v.t. Conceder perdão a; absolver de culpa ou dívida; desculpar; poupar. (Pres. ind.: perdôo, perdoas, perdoa, etc.)

PERDOÁVEL, adj. Digno ou suscetível de perdão.

PERDULÁRIO, adj. e s.m. Aquele que gasta excessivamente; dissipador; estragador; extravagante.

PERDURAÇÃO, s.f. Ato de perdurar; grande duração.

PERDURAR, v.int. Durar muito; manter-se; subsistir.

PERDURÁVEL, adj. Suscetível de durar muito; eterno; duradouro.

PEREBA, s.f. Apostema; sarna; pequena ferida.

PEREBENTO, adj. Que tem perebas.

PERECEDOR (ô) ou **PERECEDOURO**, adj. Que há de perecer; findável; mortal.

PERECER, v.int. Falecer; acabar; findar; deixar de existir; morrer; ser assolado.

PERECIMENTO, s.m. Ato de perecer; esgotamento; extinção; definhamento.

PERECÍVEL, adj. Sujeito a perecer; que pode extinguir-se; perecedouro.

PEREGRINAÇÃO, s.f. Ato de peregrinar.

PEREGRINAR, v.int. Viajar por terras distantes; ir em romaria a lugares santos.

PEREGRINO, adj. Que peregrina; estranho; estrangeiro; excelente; de bondade ou beleza rara; s.m. aquele que peregrina; o que faz romaria, romeiro.

PEREIRA, s.f. Árvore frutífera da família das Rosáceas, que produz a pêra.

PEREIRAL, s.m. Peral.

PEREMPTÓRIO, adj. Terminante; decisivo.

PERENAL, adj. Perene.

PERENE, adj. Que dura muitos anos; eterno; incessante.

PERENIDADE, s.f. Qualidade do que é perene.

PERENIZAR, v.t. Tornar perene.

PERERECA, s.f. Espécie de rã que vive nas matas e sobe às árvores; irrequieto.

PERERECAR, v.int. Andar de um lado para outro; dar saltos ou pulos (o pião).

PERFAZER, v.t. Concluir; completar o número de; acabar de fazer; executar; fazer. (Irregular. Conjuga-se como o verbo fazer, observando-se que não é usado o acento circunflexo na 3.ª pes. sing. do perf. indic.: perfez.)

PERFECTIBILIDADE, s.f. Qualidade de perfectível.

PERFECTÍVEL, adj. Suscetível de perfeição.

PERFECTIVO, adj. Que perfaz; que mostra perfeição.

PERFEIÇÃO, s.f. Primor; correção; formosura; mestria, requinte.

PERFEIÇOAR, v.t. Aperfeiçoar.

PERFEITO, adj. Acabado; sem defeito; primoroso; (Gram.) designativo de tempo verbal que exprime ação ou estado já passado em relação a certa época.

PERFÍDIA, s.f. Ato ou qualidade de pérfido; traição; deslealdade.

PÉRFIDO, adj. Que falta à fé jurada; traidor; desleal; infiel.

PERFIL, s.m. Delineamento do rosto visto de lado; aspecto; representação de um objeto visto só de um lado; ato de alinhar (tropas); pequeno escrito em que se faz a traços rápidos o retrato de uma pessoa.

PERFILAR, v.t. Traçar o perfil de; pôr em linha; endireitar; p. endireitar-se; pôr-se firme.

PERFILHAÇÃO, s.f. Ato ou efeito de perfilhar; adoção; adesão.

PERFILHADOR (ô), adj. Aquele que perfilha.

PERFILHAMENTO, s.m. Perfilhação.

PERFILHAR, v.t. Receber legalmente como filho; aderir a; adotar; defender, abraçar (uma teoria, um princípio).

PERFULGÊNCIA, s.f. Qualidade de perfulgente; esplendor.

PERFULGENTE, adj. Muito brilhante; resplandecente.

PERFUMADO, adj. Que tem ou exala perfume; odorífico.

PERFUMADOR (ô), adj. Que perfuma; s.m. vaso em que se queimam perfumes.

PERFUMAR, v.t. Espalhar perfumes em ou sobre; encher de perfume; tornar odorífico, aromático; p. pôr perfume em si mesmo.

PERFUMARIA, s.f. Fábrica ou estabelecimento de perfumes; conjunto de perfumes.

PERFUME, s.m. Cheiro agradável, exalado como fumo ou vapor, de uma substância aromática; aroma.

PERFUMISTA, s. Pessoa que fabrica ou vende perfumes.

PERFUMOSO (ô), adj. Que exala perfume; odorífero.

PERFUNCTÓRIO, adj. Praticado em cumprimento de uma obrigação ou sem fim útil; superficial; ligeiro.

PERFURAÇÃO, s.f. Ato ou efeito de perfurar.

PERFURADOR (ô), adj. e s.m. Que, ou aquilo que perfura ou é próprio para perfurar; s.m. aparelho para perfurar.

PERFURANTE, adj. Que perfura.

PERFURAR, v.t. Fazer furo ou furos em; penetrar.

PERFURATRIZ, s.m. Máquina que serve para perfurar.

PERGAMINÁCEO, adj. Que tem o aspecto de pergaminho.

PERGAMINHO, s.m. Pele de carneiro, ovelha ou cordeiro, preparada com alume, e especialmente destinada a escrever coisas que se querem conservar por muito tempo; documento escrito em pergaminho; diploma de curso superior.

PÉRGULA, s.f. Passeio ou abrigo nos jardins, feito de duas séries de colunas paralelas, de madeira, alvenaria ou mármore, que servem de suporte a trepadeiras.

PERGUNTA, s.f. Palavra ou frase com que se interroga; interrogação; inquirição; quesito; — de algibeira: pergunta, geralmente difícil, capciosa, com a intenção de confundir o interpelado.

PERGUNTADOR (ô), adj. e s.m. Aquele que pergunta ou gosta de perguntar; curioso; indagador; argüidor.

PERGUNTANTE, s. Pessoa que interroga, que faz perguntas a; argüente.

PERGUNTAR, v.t. Inquirir; interrogar; argüir.

PERIÂNDRICO, adj. (Bot.) Que cerca os estames das flores.

PERIANTO, s.m. (Bot.) Invólucro exterior da flor.

PERICÁRDICO, adj. Que diz respeito ao pericárdio. O mesmo que pericardino.

PERICARDINO, adj. (Med.) Pericárdico.

PERICÁRDIO, s.m. (Anat.) Membrana serosa que envolve o coração.

PERICARDITE, s.f. (Med.) Inflamação do pericárdio.

PERICÁRPICO, adj. Relativo ao pericárpio.

PERICÁRPIO, s.m. Conjunto dos invólucros de um fruto ou semente.

PERÍCIA, s.f. Qualidade de que é perito; habilidade; destreza; (jur.) exame ou diligência de que se serve o perito judicial para elaborar seu laudo ou parecer.

PERICIAL, adj. Relativo a perícia.

PERICLITANTE, adj. Que corre perigo.

PERICLITAR, adj. Correr perigo; estar em perigo, em situação insegura.

PERICULOSIDADE, s.f. (jur.) Condição em que

se coloca aquilo ou aquele que constitui ou oferece perigo perante as leis.

PERIECOS, s.m. pl. Habitantes da Terra que, tendo a mesma latitude, têm longitude oposta.

PERIÉLIO, s.m. (Astron.) Ponto da órbita de um planeta em que a distância ao Sol é a mínima possível. (Antôn.: afélio.)

PERIFERIA, s.f. (Geom.) Contorno de uma figura curvilínea; circunferência; superfície de um sólido; (p. ext.) os arrabaldes de uma cidade; subúrbios.

PERIFÉRICO, adj. Relativo a periferia; diz-se dos bairros afastados do centro da cidade.

PERÍFRASE, s.f. Rodeio de palavras; circunlóquio.

PERIFRASEAR, v.t. Explicar; expor (as coisas) por perífrase.

PERIFRÁSTICO, adj. Relativo a perífrase; que encerra perífrase.

PERIGALHO, s.m. Pele da barba ou do pescoço, descaída por magreza ou velhice.

PERIGAR, v.int. Correr perigo; estar em perigo.

PERIGEU, s.m. (Astron.) Ponto em que a órbita de um planeta, ou da Lua, está mais próximo da Terra. (Antôn.: apogeu.)

PERIGO, s.m. Estado em que alguma coisa se receia; risco; gravidade.

PERIGOSO (ô), adj. Em que há perigo; que causa ou ameaça perigo.

PERIMETRIA, s.f. (Geom.) Medida de perímetro.

PERIMÉTRICO, adj. Relativo a perímetro.

PERÍMETRO, s.m. Linha de contorno de uma figura; circunferência; soma dos lados de um polígono.

PERIMIR, v.t. Pôr termo a (ação ou instância judicial); extinguir.

PERINEAL, adj.Relativo ao períneo.

PERÍNEO, s.m. Espaço entre o ânus e os órgãos sexuais.

PERIODICIDADE, s.f. Qualidade de periódico.

PERIODICISTA, s. (p.us.) Pessoa que escreve ou redige periódicos ou um periódico; periodista (mais corrente).

PERIÓDICO, adj. Relativo a período; que se repete com intervalos regulares; que manifesta certos fenômenos ou sintomas em horas ou dias certos; designativo da obra ou publicação que aparece em tempos determinados; s.m. jornal com dias fixos para a sua publicação.

PERIODIQUEIRO, s.m. Redator de periódicos.

PERIODISMO, s.m. Jornalismo; estado do que é sujeito a movimentos periódicos.

PERIODISTA, s. Pessoa que escreve em periódicos.

PERIODIZAÇÃO, s.f. Ato ou efeito de periodizar.

PERIODIZAR, v.t. Dividir em períodos; expor por períodos.

PERÍODO, s.m. Tempo decorrido entre dois fatos ou épocas; qualquer espaço de tempo; (Gram.) frase, oração ou reunião de orações que formam sentido completo; (Arit.) número que na dízima periódica se reproduz indefinidamente; (Geol.) nome dado a cada uma das fases da história da Terra.

PERIODONTITE, s.f. (Med.) Inflamação da membrana que cerca o dente.

PERIOFTALMIA, s.f. (Med.) Inflamação dos tecidos que circundam o olho.

PERIOSTEAL, adj. Relativo ao periósteo.

PERIOSTEÍTE, s.f. (Med.) Inflamação dos periósteo.

PERIÓSTEO, s.m. (Anat.) Membrana fibrosa que reveste a superfície dos ossos.

PERIOSTITE, s.f. (Med.) O mesmo que periosteíte.

PERIOSTQSE, s.f. (Med.) Periosteíte.

PERIPATÉTICO, adj. Relativo à filosofia aristotélica; que se ensina passeando.

PERIPATETISMO, s.m. Filosofia de Aristóteles, filósofo grego do séc. IV a.C; a doutrina peripatética.

PERIPÉCIA, s.f. Acontecimento em drama, romance,etc, que muda a face das coisas; (fam.) incidente; sucesso imprevisto.

PÉRIPLO, s.m. Navegação à volta de um mar ou de um país.

PERIQUITAR, v.int. (fam.) Andar com os pés para dentro.

PERIQUITO, s.m. Nome vulgar de numerosas espécies de aves da família dos Psitacídeos, comum a diversos gêneros.

PERISCÓPICO, adj. Diz-se das lentes que têm uma face plana ou côncava e a outra convexa.

PERISCÓPIO, s.m. Tubo óptico que permite ver por cima de um obstáculo, usado especialmente nos submersíveis.

PERISPÍRITO, s.m. Organismo homogêneo que, segundo os espíritos, desempenha todas as funções da vida psíquica ou da vida separada do corpo, funções que, na vida terrena, correspondem a outros tantos sentidos.

PERISSÍSTOLE, s.f. (Fisiol.) Intervalo entre a sístole e a diástole.

PERISSOLOGIA, s.f. Redundância viciosa de linguagem.

PERISTALSE, s.f. (Fisiol.) Movimento vermiforme progressivo, dos músculos dos órgãos ocos, que serve para impulsionar o conteúdo para o exterior.

PERISTÁLTICO, adj. Relativo a peristalse.

PERISTALTISMO, s.m. (Fisiol.) Peristalse.

PERÍSTASE, s.f. Assunto completo de um discurso, com todas as suas minuciosidades.

PERISTILO, s.m. Galeria de colunas em torno de um pátio ou de um edifício.

PERITO, adj. Experimentado; sabedor; hábil; douto; prático; s.m. aquele que é prático ou sabedor; o nomeado judicialmente para exame ou vistoria de caráter técnico ou científico.

PERITONEAL, adj. Do peritônio; que diz respeito ao peritônio.

PERITONEU, s.m. Peritônio.

PERITÔNIO, s.m. (Anat.) Membrana serosa que reveste interiormente o abdome.

PERITONITE, s.f. (Med.) Inflamação do peritônio.

PERITURO, adj. Que há de perecer; que vai perecer.

PERJURAR, v.t. Abjurar; int. jurar falso; quebrar o juramento; cometer perjúrio.

PERJÚRIO, s.m. Ato de perjurar; juramento falso.

PERJURO, adj. e s.m. Que, ou aquele que perjura ou falta à fé jurada.

PERLÁCEO, adj. Referente a pérola.

PERLÍFERO, adj. Que produz pérolas.

PERLIQUITETE (ê), adj. Espevitado; presumido.

PERLONGA, s.f. Delonga; demora capciosa.

PERLONGAR, v.t. Ir ao longo de; costear; demorar; adiar; dilatar.

PERLUSTRAÇÃO, s.f. Ato de perlustrar.

PERLUSTRADOR (ô), adj. Aquele que perlustra.

PERLUSTRAR, v.t. Percorrer com a vista, observando, examinando; percorrer; girar.

PERMANECENTE, adj. Que permanece; estável; duradouro.

PERMANECER, v. pred. Conservar-se; continuar a ser ou ficar; rel. persistir; insistir; perseverar; demorar-se; int. continuar a existir; durar.

PERMANÊNCIA, s.f. Ato, estado ou qualidade de permanente; perseverança; constância; estada; estadia; parada.

PERMANENTE, adj. Que permanece; contínuo; duradouro; ininterrupto; s.m. cartão ou senha que permite, por certo tempo, ao seu possuidor ingressar sem pagar nas casas de diversões, viajar nas viaturas de determinada companhia, etc.

PERMANGANATO, s.m. Designação genérica dos sais do ácido permangânico.

PERMANGÂNICO, adj. (Quim.) Diz-se do anidrido que possui em sua molécula dois átomos de manganês e sete de oxigênio e do ácido não isolado, monovalente que tem um átomo de manganês e quatro de oxigênio.

PERMEABILIDADE, s.f. Qualidade do que é permeável.

PERMEAR, v.t. Penetrar; atravessar; furar; t.-rel. fazer passar pelo meio; entremear; rel. estar de permeio; interpor-se; int. vir; sobrevir.

PERMEÁVEL, adj. Que pode ser repassado ou transpassado; diz-se do terreno que absorve facilmente as águas.

PERMEIO, adv. No meio; de —: através; dentro; em meio.

PERMIANO, adj. (Geol.) Que diz respeito ao sistema permiano, o mais recente da era paleozóica, e do que lhe diz respeito; s.m. esse sistema.

PERMISSÃO, s.f. Ato de permitir; consentimento; licença.

PERMISSÍVEL, adj. Que pode ser permitido; admissível; lícito.

PERMISSIVO, adj. Que envolve ou dá permissão.

PERMISTÃO, s.f. Mistura; confusão.

PERMISTO, adj. Muito misturado; confundido; amalgamado.

PERMITIR, v.t.-rel. Dar liberdade, poder ou licença para; consentir; autorizar a fazer uso de; dar lugar, ocasião a; admitir; não obstar; dar; conceder; t. consentir em; dar lugar, ocasião a; admitir; tolerar.

PERMOCARBONÍFERO, adj. e s.m. (Geol.) Reunião dos sistemas permiano e carbonífero da era paleozóica, situados acima do devoniano e abaixo do triássico.

PERMUTA, s.f. Troca; câmbio; transposição; substituição.

PERMUTABILIDADE, s.f. Qualidade de permutável.

PERMUTAÇÃO, s.f. Ato ou efeito de permutar; troca; câmbio; (Gram.) substituição de uma letra por outra; (Mat.) disposição ordenada de todos os elementos de um grupo dado.

PERMUTADOR (ô), adj. Aquele que permuta.

PERMUTAR, v.t. Trocar; dar reciprocamente.

PERMUTÁVEL, adj. Que pode ser permutado.

PERNA, s.f. Cada um dos membros locomotores do corpo humano, de aves, insetos,etc.; parte dos membros inferiores entre a coxa e o pé; ramo; ramificação; haste de letra; denominação de várias peças de suporte; cada uma das hastes dos compassos do desenho; com uma — às costas: com grande facilidade; dar à —: andar depressa; dar às — s: fugir; estirar as — s: espairecer; fazer uma —: tomar o lugar do parceiro no jogo; entrar numa negociação; conluiar-se; passar a —: tomar a dianteira de alguém em alguma coisa; lograr; enganar.

PERNAÇA, s.f. (pop.) Perna gorda.

PERNADA, s.f. Passada larga; primeiras e mais fortes ramificações das árvores; pequeno braço de rio; coice; caminhada longa.

PERNALTA, s.f. Espécime das Pernaltas, antiga denominação de uma ordem de aves em que se incluíam os cisnes, garças,etc.

PERNALTO, adj. Que tem pernas altas.

PERNAMBUCANA, s.m. Faca de ponta; lambedeira.

PERNAMBUCANO, adj. De Pernambuco; s.m. natural ou habitante de Pernambuco.

PERNAME, s.m. (pop.) Perna grossa.

PERNÃO, s.m. Perna grossa; pernaça.

PERNEAR, v.int. Agitar as pernas com força; espernear; dar pulos.

PERNEIRA, s.f. pl. Polainas de couro ou de pano grosso; espécie de botas usadas pelos soldados e habitantes do interior e sertão.

PERNEJAR, v.int. Pernear.

PERNETA (ê), s.m. Perna pequena; s. indivíduo a quem falta uma perna, ou que tem lesão numa das pernas.

PERNÍCIE, s.f. Destruição; prejuízo; ruína.

PERNICIOSO (ô), adj. Nocivo; ruinoso.

PERNICURTO, adj. Que tem pernas curtas. (Antôn.: pernilongo, pernigrande.)

PERNIGRANDE, adj. De grandes pernas; pernilongo. (Antôn.: pernicurto.)

PERNIL, s.m. Parte mais delgada da perna do porco e de outros animais; perna magra.

PERNILONGO, adj. Que tem pernas longas (antônimo: pernicurto); s.m. espécie de mosquito.

PERNO, s.m. Pequeno eixo cilíndrico de vários maquinismos.

PERNOITA, s.f. ou **PERNOITAMENTO**, s.m. Ato ou efeito de pernoitar. O mesmo que pernoite.

PERNOITAR, v.int. Ficar durante a noite; dormir; passar a noite; tomar pousada.

PERNOITE, s.m. Pernoita.

PERNOSTICISMO, s.m. Qualidade de quem é pernóstico.

PERNÓSTICO, adj. Presumido; repontão; pedante.

PERNUDO, adj. Que tem pernas grandes.

PEROBA, s.f. Árvore cuja madeira é de largo uso em construções.

PEROBAL, s.m. Sítio em que crescem, reunidas, as perobas.

PEROBEIRA, s.f. Peroba.

PÉROLA, s.f. Glóbulo duro, brilhante e nacarado, que se forma em certas conchas; (fig.) pessoa muito bondosa ou de distintas qualidades; lágrima; camarinha de orvalho.

PEROLEIRA, s.f. Vasilha afunilada para guardar azeitonas.

PEROLÍFERO, adj. Diz-se das ostras em que se formam as pérolas.

PEROLINO, adj. De pérola.

PEROLIZAR, v.t. Dar cor ou aparência de pérola a.

PERONEAL, adj. Relativo ao perônio.

PERÔNIO, s.m. Osso da perna, que fica ao lado da tíbia na parte externa.

PERORAÇÃO, s.f. Parte final de um discurso; pequeno discurso; epílogo; (mús.) última parte de uma sinfonia.

PERORADOR (ô), adj. e s.m. Aquele que perora; orador.

PERORAR, v.int. Terminar em discurso; discursar pretensiosamente.

PERÓXIDO (cs), s.m. (Quím.) Designação genérica dos óxidos que encerram mais oxigênio do que o óxido normal.

PERPASSAR, v.rel. Passar junto ou ao lado de; roçar levemente; int. mover-se; seguir certa direção; decorrer; t. preterir; postergar.

PERPENDICULAR, adj. Diz-se de uma reta que forma com outra ângulos adjacentes ou que intercepta um plano sendo perpendicular a qualquer reta deste plano que passa pelo ponto de intersecção; s.f. linha perpendicular.

PERPENDICULARIDADE, s.f. Qualidade ou posição de perpendicular.

PERPETRAÇÃO, s.f. Ato ou efeito de perpetrar.

PERPETRADOR (ô), adj. Aquele que perpetra.

PERPETRAR, v.t. Perfazer; realizar; cometer, praticar (ato condenável).

PERPETUAÇÃO, s.f. Ato ou efeito de perpetuar.

PERPETUADOR (ô), adj. e s.m. Que, ou aquele que perpetua.

PERPETUAMENTO, s.m. Perpetuação.

PERPETUAR, v.t. Tornar muito duradouro; imortalizar; p. eternizar-se; durar sempre.

PERPETUIDADE (u-i), s.f. Duração perpétua.

PERPÉTUO, adj. Contínuo; eterno, vitalício.

PERPLEXIDADE (cs), s.f. Pasmo; irresolução; hesitação.

PERPLEXO (cs), adj. Irresoluto; indeciso.

PERQUIRIÇÃO, s.f. Ato de perquirir.

PERQUIRIDOR (ô), adj. Que perquire.

PERQUIRIR, v.t. Investigar com escrúpulos; indagar; inquirir minuciosamente; pesquisar.

PERQUISIÇÃO, s.f. Perquirição.

PERQUISIDOR (ô), adj. Perquiridor.

PERQUISITIVO, adj. Relativo a perquisição.

PERRENGAR, v.int. Perrenguear; mostrar-se fraco, covarde, desalentado.

PERRENGUE, adj. Fraco; covarde; lerdo; ruim; imprestável; frouxo; desalentado; birrento; diz-se de animal que sofre de manqueira crônica; capenga.

PERRENGUEAR, v.int. Andar adoentado; enfraquecer-se.

PERSA, adj. Da Pérsia (atualmente Irã); s. natural ou habitante da Pérsia; s.m. a língua dos persas.

PERSCRUTAÇÃO, s.f. Ato ou efeito de perscrutar.

PERSCRUTADOR (ô), adj. e s.m. Que ou aquele que perscruta.

PERSCRUTAR, v.t. Esquadrinhar; indagar; investigar minuciosamente.

PERSCRUTÁVEL, adj. Que se pode perscrutar.

PERSECUÇÃO, s.f. Perseguição.

PERSEGUIÇÃO, s.f. Ato ou efeito de perseguir.

PERSEGUIDOR (ô), adj. e s.m. Que, ou aquele que persegue.

PERSEGUIR, v.t. Seguir de perto; acossar; importunar; fazer punir; castigar; ir no encalço de; vexar, com violência; atormentar. (Irregular. Conjuga-se como o v. seguir.)

PERSENTIR, v.t. Sentir profundamente. (Irregular. Conjuga-se como o v. sentir.)

PERSEVERANÇA, s.f. Qualidade ou ato do que é perseverante; persistência; constância.

PERSEVERANTE, adj. Que persevera.

PERSEVERAR, v.rel. Persistir; continuar; conservar-se firme e constante; pred. permanecer; conservar-se; int. perdurar; continuar; ter perseverança, firmeza; permanecer sem se mudar ou variar de intento.

PERSIANA, s.f. Caixilho de tabuinhas móveis, que se coloca por fora das janelas ou escadas para impedir que entre o sol ou seja devassado o interior das casas.

PÉRSICO, adj. e s.m. Persa.

PERSIGNAÇÃO, s.f. Ato de quem se persigna

PERSIGNAR-SE, v.p. Benzer-se, fazendo três cruzes com o dedo polegar da mão direita, uma na testa, outra na boca e outra no peito.

PÉRSIO, adj. e s.m. Persa.

PERSISTÊNCIA (sis), s.f. Qualidade ou ato do que é persistente; perseverança; constância.

PERSISTENTE (sis), adj. Que persiste; teimoso; constante.

PERSISTIR (sis), v.int. Continuar a existir; perseverar; durar.

PERSONAGEM, s. Pessoa notável, importante; figura dramática; cada uma das pessoas que figuram em narração, poema ou acontecimento.

PERSONA-GRATA, s.f. Expressão tomada à língua latina e com que se designa, em linguagem diplomática, que uma pessoa será recebida com prazer pelo governo junto ao qual foi ela despachada como representante diplomático; pessoa recebida com simpatia ou agrado por alguém ou por alguma entidade.

PERSONALIDADE, s.f. Qualidade do que é pessoal; caráter próprio e exclusivo de uma pessoa; aquilo que a distingue de outra; individualidade consciente; pessoa; personagem; alusão injuriosa.

PERSONALISMO, s.m. Qualidade do que é pessoal; conduta daquele que refere tudo a si próprio; (Filos.) designação dos sistemas filosóficos que consideram a personalidade humana como valor supremo.

PERSONALIZAÇÃO, s.f. Ato ou efeito de personalizar.

PERSONALIZAR, v.t. Personificar; nomear ou indicar pessoa de; dar caráter pessoal a; tornar pessoal.

PERSONIFICAÇÃO, s.f. Ato ou efeito de personificar; pessoa que representa um princípio, uma idéia, etc., prosopopéia.

PERSONIFICAR, v.t. Considerar como pessoa; atribuir qualidade de pessoa a; representar por meio de uma pessoa; ser o modelo de; simbolizar; exprimir; t.-rel. exprimir (por um tipo); representar (na figura de uma pessoa).

PERSPECTIVA ou **PERSPETIVA**, s.f. Parte do desenho que ensina a representar num plano os objetos tais como se apresentam à vista; pintura que representa paisagens e edifícios a distância; panorama; aparência; probabilidade; em — (fig.): esperado no futuro.

PERSPICÁCIA, s.f. Qualidade de perspicaz; agudeza de espírito.

PERSPICAZ, adj. Que vê bem; sagaz; penetrante; que tem agudeza de espírito; talentoso. (Superl. abs. sint.: perspicacíssimo.)

PERSPICUIDADE (u-i), s.f. Qualidade de perspícuo.

PERSPÍCUO, adj. Que se pode ver nitidamente; claro; manifesto; perspicaz.

PERSPIRAÇÃO, s.f. Ato ou efeito de perspirar.

PERSPIRAR, v.int. Transpirar insensivelmente em toda a superfície.

PERSUADIMENTO, s.m. Persuasão.

PERSUADIR, v.t. Determinar a vontade de; levar a crer; induzir; convencer; aconselhar; int. produzir convicção; p. adquirir a convicção; estar ciente. (Antôn.: dissuadir.)

PERSUADÍVEL, adj. Que pode ser facilmente persuadido.

PERSUASÃO, s.f. Ato ou efeito de persuadir; convicção.

PERSUASÍVEL, adj. Persuasivo.

PERSUASIVO, adj. Que persuade.

PERSUASOR (ô), adj. Persuasivo; s.m. aquele que persuade.

PERSUASÓRIA, adj. Motivo que persuade.

PERSUASÓRIO, adj. Persuasivo.

PERTENÇA, s.f. Aquilo que faz parte de; atribuição; domínio; acessório. O mesmo que pertence.

PERTENCE, s.m. Pertença; declaração feita em certos títulos, designando a pessoa a quem se transmite a propriedade dos mesmos.

PERTENCENTE, adj. Que pertence; concernente.

PERTENCER, v.rel. Ser propriedade de; formar, ser parte de; dizer respeito; caber; incumbir; ser devido ou merecido; ser próprio de; ser de jurisdição ou obrigação de alguém.

PERTINÁCIA, s.f. Qualidade ou ação de pertinaz.

PERTINAZ, adj. Muito tenaz; teimoso; obstinado.

(Superl. abs. sint.: pertinacíssimo.)

PERTINÊNCIA, s.f. Pertença; aquilo que concerne ao assunto.

PERTINENTE, adj. Pertencente; concernente; próprio; apropositado.

PERTO, adv. A pequena distância; — de; próximo de; cerca de; quase; adj. próximo.

PERTRANSIDO (zi), adj. Atravessado de lado a lado.

PERTRANSIR (zir), v.t. Traspassar; atravessar de lado a lado.

PERTURBAÇÃO, s.f. Ato ou efeito de perturbar; tontura; desordem; confusão.

PERTURBADOR (ô), adj. e s.m. Aquele que perturba.

PERTURBAR, v.t. Causar perturbação a ou em; alterar; embaraçar; atrapalhar; confundir; agitar, desassossegar; comover; envergonhar; desarranjar; desnortear; entontear; p. perder a serenidade de espírito; atrapalhar-se; atarantar-se; envergonhar-se; intimidar-se; sofrer perturbação, alteração.

PERTURBATIVO, adj. Que perturba; perturbador.

PERTURBATÓRIO, adj. Perturbativo; oscilatório.

PERTURBÁVEL, adj. Que se pode perturbar.

PERU, s.m. Grande ave galinácea doméstica (fem.: perua); mirão ao jogo.

PERUA, s.f. Fêmea do peru; automóvel de lotação superior a seis pessoas.

PERUANO, adj. Do Peru; s.m. homem que nasceu ou mora no Peru.

PERUAR, v.int. Mirar um jogo; rondar bisbilhoteiramente alguma coisa; cortejar; requestar.

PERUCA, s.f. Cabeleira postiça.

PERUVIANO, adj. e s.m. Peruano.

PERVAGAR, v.t. Percorrer em várias direções; atravessar; cruzar; int. vagar; andar sem destino.

PERVERSÃO, s.f. Ato ou efeito de perverter; corrupção; passagem para pior estado.

PERVERSIDADE, s.f. Qualidade de perverso; índole ferina ou ruim; fereza.

PERVERSIVO, adj. Que perverte.

PERVERSO, adj. Que tem muito má índole; mau; ferino; traiçoeiro.

PERVERSOR (ô) ou **PERVERTEDOR** (ô), adj. e s.m. Aquele que perverte.

PERVERTER, v.t. Tornar perverso; tornar mau; corromper; depravar; alterar; desvirtuar; p. tornar-se perverso; corromper-se; desmoralizar-se.

PERVERTIDO, adj. Que se perverteu; depravado; desmoralizado.

PERVICÁCIA, s.f. Qualidade do que é pervicaz.

PERVICAZ, adj. Pertinaz. (Superl. abs. sint.: pervicacíssimo.)

PÉRVIO, adj. Que dá passagem; transitável; franco; patente. (Antôn.: impérvio, ínvio.)

PESA-CARTAS, s.m. 2 núm. Pequeno aparelho para indicar o peso das cartas.

PESADA, s.f. Aquilo que se pesa de uma vez em balança.

PESADÃO, adj. Muito pesado; que anda com dificuldade em razão de gordura; molangueiro. (Fem.: pesadona.)

PESADELO (ê), s.m. Agitação ou opressão durante o sono, em resultado de sonhos aflitivos; mau sonho; (fig.) coisa molesta ou enfadonha.

PESADO, adj. Que tem muito peso; trabalhoso; aborrecido; lento; vagaroso; grosseiro; injurioso; ofensivo; graça pesada; de difícil digestão; (gír.) sem sorte.

PESADOR (ô), adj. Que pesa; s.m. aquele que pesa.

PESADUME, s.m. Peso; carga; azedume; tristeza; pesar; má vontade.

PESAGEM, s.f. Ato ou operação de pesar; lugar onde se pesam os cavaleiros, em corridas de cavalos.

PESA-LEITE, s.m. Areômetro para leite, lactômetro. (Pl.: pesa-leites.)

PESA-LICORES, s.m. 2 núm. Alcoolômetro ou alcoômetro.

PÊSAMES, s.m.pl. Expressão de condolência pela morte de alguém ou por algum infortúnio.

PESAR, v.t. Determinar o peso de; sopesar; pôr na balança para conhecer o peso; examinar atentamente; considerar; int. fazer peso; ser pesado; afligir; causar tristeza; magoar. (Significando causar desgosto, afligir, etc.; só se empre-

---

353

ga na 3.ª pessoa do sing. e do pl. e tem o e fechado nas formas rizotônicas: pesa (pres. do indic.), pese (pres. do subj.); s.m. desgosto; tristeza.

PESAROSO (ô), adj. Que tem, ou em que há pesar.

PESCA, s.f. Ato ou arte de pescar; aquilo que se pescou; ato de tirar alguma coisa da água; (por. ext.) procura; investigação.

PESCADA, s.f. Nome comum a vários peixes da família dos Gadídeos.

PESCADARIA, s.f. Praça onde se vende peixe.

PESCADINHA, s.f. Peixe da família dos Cianídeos.

PESCADO, s.m. Aquilo que se pesca; qualquer peixe.

PESCADOR (ô), s.m. Aquele que pesca; adj. que pesca; relativo à pesca; próprio para pescar.

PESCAR, v.t. Apanhar na água (peixe); descobrir; obter ardilosamente; compreender; entender; int. perceber.

PESCARIA, s.f. Arte de pescar; pesca.

PESCOÇADA, s.f. Pancada no pescoço.

PESCOÇÃO, s.m. Pescoçada; tabefe.

PESCOCEAR, v.t. Dar pescoção.

PESCOÇO (ô), s.m. Parte do corpo entre a cabeça e o tronco; colo; garganta; cachaço; (por ext.) gargalo.

PESCOÇUDO, adj. Que tem pescoço grosso.

PESETA (ê), s.f. Unidade monetária espanhola.

PESO, s.m. (Fis.) Resultante da ação da gravidade sobre os corpos; gravidade inerente aos corpos; moeda de várias repúblicas sul-americanas; (por ext.) tudo o que faz pressão; (fig.) o que afadiga ou incomoda; opressão; ônus; autoridade; importância; força; falta de sorte; — atômico: número que exprime a relação, em peso, do átomo de um corpo simples, comparado ao átomo de hidrogênio tomado por unidade determinada de outra substância; — molecular: peso de substância que no estado gasoso ocuparia o volume de 22,414 litros a 0 grau, e à pressão de 760 milímetros; em —: na totalidade. (Pl.: pesos (è).)

PESPEGAR, v.t. Aplicar; dar com violência.

PESPEGO, s.m. Estorvo. (Pl.: pespegos (è).)

PESPONTAR, v.t. Dar pesponto em.

PESPONTEADO, adj. Costurado.

PESPONTEAR, v.t. Pespontar.

PESPONTO, s.m. Ponto de costura, como o que se obtém à máquina.

PESQUEIRA, s.f. Lugar em que há armações de pesca; armação de pesca.

PESQUEIRO, s.m. Local que serve para comedouro, viveiro ou abrigo de peixes.

PESQUISA, s.f. Busca; investigação.

PESQUISADOR (ô), adj. e s.m. Que, ou aquele que pesquisa.

PESQUISAR, v.t. Buscar com diligência; inquirir; indagar; informar-se acerca de; investigar.

PESSEGADA, s.f. Doce de pêssegos.

PESSEGAL, s.m. Pomar de pessegueiros.

PÊSSEGO, s.m. Fruto de pessegueiro.

PESSEGUEIRO, s.m. Árvore frutífera da família das Rosáceas.

PESSIMISMO, s.m. Opinião ou sistema dos que acham tudo péssimo ou de tudo esperam o pior. (Antôn.: otimismo).

PESSIMISTA, adj. Relativo ao pessimismo ou aos pessimistas; s. pessoa partidária do pessimismo. (Antôn.: otimista.)

PÉSSIMO, adj. Superl. de mau; muito mau, malíssimo. (Antôn.: ótimo.)

PESSOA, s.f. Homem ou mulher; ser moral ou jurídico; personagem; individualidade; (Gram.) pronome pessoal; — física: o indivíduo civil ou militar; — jurídica: entidade comercial, industrial ou associativa, legalmente autorizada; em —: pessoalmente.

PESSOAL, adj. Da pessoa; relativo a pessoa; individual (superl. abs. sint.: pessoalíssimo e personalíssimo); (Gram.) diz-se dos pronomes das três pessoas; s.m. conjunto dos indivíduos incumbidos de certos serviços; o povo; a gente; os amigos; a família.

PESSOALIZAR, v.t. Personificar.

PESTANA, s.f. Cada um dos pêlos que bordam as pálpebras; cílio; celha; dobra saliente de fazenda, em peça do vestuário, que esconde botões ou costura; posição, nos instrumentos de corda, como o violão, o violino, etc., na qual se prendem todas as cordas com o índice da mão esquerda aplicado sobre o braço do instrumento; queimar as — s: estudar muito; tirar uma —: (Fam.) cochilar; tirar uma soneca.

PESTANEJANTE, adj. Que pestaneja.

PESTANEJAR, v.int. Mover as pestanas; abrir e fechar os olhos; tremeluzir (falando das estrelas).

PESTANEJO (è), s.m. Ato de pestanejar.

PESTANUDO, adj. Que tem grandes pestanas.

PESTE, s.f. Grave doença contagiosa; epidemia; (fig.) coisa funesta, perniciosa; aquilo que corrompe; mau cheiro; pessoa má ou rabugenta; — bubônica: doença infecciosa causada pelo bacilo pestoso e transmitida ao homem pelas pulgas oriundas de ratos, atacados da moléstia; — negra: peste hemorrágica; — branca: tuberculose.

PESTEAR, v.t. Empestar; int. ser atacado de peste (o animal).

PESTÍFERO, adj. Que produz peste.

PESTILÊNCIA (ant.) ou **PESTILÊNCIA**, s.f. Peste; contágio.

PESTILENCIAL, adj. Pestilente ou pestilento.

PESTILENTE ou **PESTILENTO**, adj. Relativo a peste; pestífero; (fig.) que corrompe ou desmoraliza.

PESTOSO (ô), adj. e s.m. Doente de peste, especialmente da peste bubônica.

PETA, s.f. Mentira.

PÉTALA, s.f. Cada uma das peças da corola das flores.

PETALIFORME, adj. Que tem forma de pétala.

PETALÓIDE, adj. Semelhante a uma pétala.

PETAR, v.int. Dizer petas; mentir.

PETARDAR ou **PETARDEAR**, v.t. Fazer saltar com petardos.

PETARDEIRO, s.m. Aquele que faz ou emprega petardos.

PETARDO, s.m. Engenho explosivo, portátil, destinado a destruir um obstáculo por explosão; bomba; máquina infernal; (gír. futebol.) pelotaço.

PETEAR, v.int. Petar.

PETECA, s.f. Certo brinquedo feito de couro e penas que é atirado ao ar com a palma das mãos.

PETECADA, s.f. Uma jogada com a peteca.

PETEIRO, adj. e s.m. O que diz petas; mentiroso.

PETELECO, s.m. Pancada com a ponta dos dedos, dada em geral nas orelhas das crianças.

PETEQUEAR, v.int. Jogar peteca.

PETIÇÃO, s.f. Ato de pedir; súplica; requerimento.

PETICIONAR, v.int. Fazer petição.

PETICIONÁRIO, s.m. Aquele que faz petição.

PETIMETRE, adj. e s.m. Peralvilho, janota ridículo.

PETISCADOR (ô), adj. e s.m. Aquele que gosta de petiscar; lambiscador.

PETISCAR, v.int. e rel. Comer pouco, provando ou saboreando; provar; int. comer petiscos; ferir lume com o fuzil na pederneira; t. comer com pouco apetite.

PETISCO, s.m. Comida saborosa; gulodice.

PETISQUEIRA, s.f. (pop.) Pitéu; o que se petisca.

PETITÓRIO, adj. Relativo a pedido ou petição; (jur.) diz-se da ação em que se pede a posse ou propriedade.

PETIZ, adj. (fam.) Pequeno; s.m. menino; guri.

PETIZADA, s.f. (fam.) Os petizes; a reunião dos pequenos.

PETRARQUESCO ou **PETRARQUIANO**, adj. Relativo a Petrarca, poeta e humanista italiano (1304-1374); semelhante ao caráter das poesias de Petrarca.

PETRARQUISTA, adj. Petrarquesco; s. adepto da maneira poética de Petrarca.

PÉTREO, adj. De pedra; duro como pedra.

PETRIFICAÇÃO, s.f. Ato ou efeito de petrificar; mineralização; silicificação; processo de substituição dos constituintes orgânicos por minerais.

PETRIFICADOR (ô), adj. Que petrifica.

PETRIFICAR, v.t. Tornar em pedra; empedernir; tornar imóvel de estupefação; causar espanto a.

PETROGNOSIA, s.f. Parte da História Natural que se ocupa das rochas.

PETROGRAFIA, s.f. Estudo das rochas; termo atualmente aplicado ao estudo microscópico das rochas.

PETROGRÁFICO, adj. Relativo à petrografia.

PETROLEIRO, adj. Relativo a petróleo; s.m. na-

354

vio especialmente construído para transportar petróleo; o que emprega petróleo como meio de destruição.

PETRÓLEO, s.m. Combustível líqüido natural, composto quase exclusivamente de hidrocarbonetos, e que se encontra no seio da terra formando depósitos de grande extensão.

PETROLÍFERO, adj. Que contém ou produz petróleo.

PETROLOGIA, s.f. Estudo das rochas relativamente à sua origem, crescimento e decadência.

PETROPOLITANO, adj. Da cidade de Petrópolis (Estado do Rio); s.m. o natural ou habitante dessa cidade.

PETULÂNCIA, s.f. Qualidade de petulante; ousadia; imodéstia.

PETULANTE, adj. Imodesto; ousado; insolente.

PEÚGA, s.f. Meia curta.

PEUGADA (e-u), s.f. Pegada, rasto.

PEÚVA, s.f. Ipê.

PEVIDE, s.f. Semente de diversos frutos carnosos; defeito de pronunciação do r.

PEVIDOSO (ô), adj. Que tem pevide.

PEZ (ê), s.m. Designação genérica de substâncias betuminosas, sólidas ou semi-sólidas, naturais ou artificiais, resíduos da destilação de líqüidos densos, de alcatrões, etc.; breu; piche; — mineral: o mesmo que betume.

PÊZUDO, adj. Que tem pés grandes.

PEZUNHO, s.m. Pé de porco; chispe.

PIA, s.f. Pequena bacia ligada a cano de escoamento, para lavagem de utensílios de cozinha; vaso de pedra; lavatório.

PIABA, s.f. Nome comum a diversos peixes Caracinídeos.

PIAÇABA, s.f. Nome de duas palmeiras que produzem fibras empregadas no fabrico de vassouras.

PIAÇABAL, s.m. Terreno onde viceja a piaçaba.

PIADA, s.f. Pio; pieira; anedota.

PIADEIRA, s.f. Assobiadeira.

PIADISTA, adj. e s. Pessoa que diz piadas.

PIANISTA, s. Pessoa que sabe tocar ou toca piano.

PIANÍSTICA, s.f. Arte pianística.

PIANÍSTICO, adj. Relativo a piano ou a pianista.

PIANO, s.m. Instrumento musical de cordas e teclado.

PIANOLA, s.f. Piano mecânico de aparelho pneumático.

PIÃO, s.m. Brinquedo, em forma de pêra, com uma ponta de ferro que se lança e se faz girar por meio de cordel enrolado nele.

PIAR, v.int. Dar pios.

PIASTRA, s.f. Moeda de prata, corrente em diversos países e com diversos valores.

PIAUIENSE (au-i), adj. Do Estado do Piauí; s. natural ou habitante desse Estado.

PICAÇO, adj. Designativo do cavalo escuro com testa ou pés brancos.

PICADA, s.f. Ato ou efeito de picar; ferida com objeto pontiagudo; mordedura de inseto; bicada; o mesmo que picadela e picadura; caminho estreito, aberto no mato a golpes de facão.

PICADÃO, s.m. Grande picada (caminho).

PICADEIRA, s.f Pequeno martelo de pedreiro, com gume.

PICADEIRO, s.m. Lugar onde se exibem os artistas circenses; arena; lugar onde se adestram cavalos ou se fazem exercícios de equitação.

PICADELA, s.f. Picada leve.

PICADINHO, s.m. Guisado de carne em pedacinhos.

PICADO, adj. Marcado com pintas ou sinais; agitado (mar); s.m. iguaria de peixe ou carne cortados em pedaços miúdos; o mesmo que picadinho.

PICADOR (ô), adj. e s.m. Aquele que pica; s.m. aquele que ensina equitação; instrumento com que se cortam ou furam os bilhetes dos passageiros em caminho de ferro; aquele que abre os atalhos chamados picadas.

PICAMENTO, s.m. Ato de picar.

PICANTE, adj. Que pica; que excita paladar; (fig.) malicioso; mordaz.

PICÃO, s:m. Espécie de escopro com ponta para lavrar pedra; picareta; sacho para picar milho. O ferrão da aguilhada.

PICA-PAU, s.m. Nome vulgar das aves da família dos Picídeos. (Pl.: pica-paus.)

PICAR, v.t. Ferir com objeto pontiagudo; bicar; int. produzir ardor ou comichão; ferir-se com objeto pontiagudo.

PICARDIA, s.f. Pirraça; desfeita; maldade.

PICARESCO (ê), adj. Burlesco; cômico; ridículo.

PICARETA (ê), s.f. Instrumento de ferro de duas pontas para escavar terra, arrancar pedras, etc.; alvião; s.m. (pop.) indivíduo insinuante; furão.

PIÇARRA, s.f. Terra misturada com areia e pedra; cascalho.

PICHADOR, (ô), s.m. Aquele que picha.

PICHAMENTO, s.m. Ato de pichar.

PICHAR, v.t. Aplicar piche em; untar com piche.

PICHE, s.m. Substância negra, resinosa, muito pegajosa, produto da destilação do alcatrão ou da terebintina; pez.

PICHÉ, s.m. Vasilha para tirar vinho das pipas. (Pl.: pichéis.)

PICHELEIRO, s.m. Fabricante de pichéis.

PICHORRA (ô), s.f. Pichel com bico; cântaro de barro com bico.

PICIFORME, adj. Semelhante ao pez.

PICLES, s.m.pl. Legumes conservados em vinagre.

PICNOMETRIA, s.f. Medida da densidade dos corpos pelos picnômetros.

PICNÔMETRO, s.m. (Fís.) Aparelho para determinação de densidade de sólidos e líqüidos.

PICO, s.m. Ponta aguda; cume agudo de monte.

PICOLÉ, s.m. Sorvete preso a um pauzinho.

PICOTAGEM, s.f. Ato ou efeito de picotar.

PICOTAR, v.t. Marcar nos trens de ferro os bilhetes de passagem, furando-os com o picador.

PICOTE, s.m. Ponto usado em rendas finas; recorte dentado dos selos postais; série de furinhos em um talão de recibos, para facilitar a retirada da parte a ser destacada.

PICRATO, s.m. (Quím.) Sal derivado do ácido pícrico.

PÍCRICO, adj. (Quím.) Diz-se do ácido orgânico, também chamado trinitrofenol, que é uma combinação benzênica oxigenada, de largo uso em medicina como desinfetante poderoso e no tratamento de queimaduras.

PICTOGRAFIA, s.f. Sistema primitivo de escrita em que as idéias são expressas por meio de desenhos das coisas ou figuras simbólicas.

PICTOGRÁFICO, adj. Relativo à pictografia.

PICTORIAL, adj. Pictórico.

PICTÓRICO, adj. Relativo à pintura.

PICUÁ, s.m. Cesto; balaio; samburá; mala de lona ou algodão para conduzir roupa ou comida.

PICUINHA, s.f. Acinte; provocação.

PICUMÃ, s.m. Fuligem.

PIDÃO, adj e s.m. Pedinchão; filante; facadista; o que pede muito. (Fem.: pidona.)

PIDONHO, adj. e s.m. Pidão.

PIEDADE, s.f. Amor às coisas religiosas; religiosidade; devoção; compaixão; dó.

PIEDOSO (ô), adj. Que tem piedade.

PIEGAS, s. 2 núm. Pessoa que se embaraça com ninharias; adj. 2 núm. niquento; ridículo.

PIEGUICE, s.f. Qualidade de piegas; sentimentalidade excessiva ou afetada.

PIEIRA, s.f. Som produzido pela respiração difícil de um doente; dispnéia; asma.

PIERRETE, s.f. Mulher fantasiada de pierrô.

PIERRÔ, s.m. Personagem de pantomima de feição ingênua e sentimental; fantasia de carnaval, que é a reprodução do vestuário dessa personagem. (Fem.: pierrete.)

PIEZELETRICIDADE, s.f. (Fís.) Propriedade de certos cristais, como a turmalina e o quartzo, reduzidos a lâminas e facetados, recobertos de uma camada de prata, capazes de se carregarem de quantidades iguais de eletricidade contrária, quando se faz tração da lâmina, atritando-o sobre uma superfície.

PIEZÔMETRO, s.m. (Fís) Instrumento que serve para medir a compressibilidade dos líqüidos.

PÍFANO, s.m. Pífaro.

PIFAR, v.i. Falhar.

PÍFARO, s.m. Instrumento de sopro, parecido com a flauta, mas menor que ela e de som mais agudo.

PÍFIO, adj. Reles; grosseiro; vil.

PIGARRA, s.f. Gogo, doença de galinhas.

PIGARRAR ou **PIGARREAR**, v. int. Ter pigarro; tossir com pigarro.

PIGARRENTO, adj. Que tem ou pode causar pigarro.

PIGARRO, s.m. Embaraço na garganta pela aderência de mucosidades; gosma.

PIGARROSO (ô), adj. Que tem pigarro; que revela pigarro, produzido por pigarro.

PIGMENTAÇÃO, s.f. Coloração com um pigmento ou depósito de pigmento.

PIGMENTADO, adj. Que tem pigmento.

PIGMENTAR, v.t. Dar a cor da pele a; dar cor a.

PIGMENTO, s.m. (Anat.) Nome de diversas substâncias que impregnam certos tecidos orgânicos ou dão aos líquidos do organismo a sua coloração especial.

PIGMEU, adj e s.m. Anão. (Fem.: pigméia.)

PIJAMA, s.m. Traje para dormir.

PILADO, adj. Pisado com o pilão; moído; socado; descascado.

PILADOR (ô), adj. e s.m. O que pila.

PILÃO, s.m. Mão do almofariz; gral de pau rijo, para descascar e triturar arroz, café milho etc.

PILAR, s.m. Coluna simples e sem ornatos que sustenta uma construção: (dimin.: pilarzinho, pilarete); v.t. pisar o pilão; descascar.

PILARETE (ê), s.m. Dimin. de pilar.

PILASTRA, s.f. Pilar de quatro faces, em geral aderente por uma delas à parede da edificação.

PILECA, s.f. Cavalgadura ordinária.

PILEQUE, s.m. Bebedeira.

PILHA, s.f. Ruma de coisas; (Fís.) aparelho que transforma em corrente elétrica a energia desenvolvida numa reação química.

PILHAGEM, s.f. Ato ou efeito de pilhar; saque; vandalismo; aquilo que se pilhou; diz-se geralmente do furto praticado pelas tropas que ocupam cidades conquistadas em combate.

PILHAR, v.t. Apanhar; encontrar, surpreendendo; agarrar; furtar; saquear.

PILHEIRA, s.f. Lugar onde há coisas empilhadas.

PILHÉRIA, s.f. Chiste; anedota.

PILHERIADOR (ô), adj. e s.m. Aquele que é dado a pilheriar.

PILHERIAR, v.int. Fazer pilhéria ou graça. (Pres. ind.: pilherio, pilherias, etc.)

PILHÉRICO, adj. De pilhéria; irônico; zombeteiro.

PILÓRICO, adj. Relativo ao piloro.

PILORO, s.m. (Anat.) Orifício de comunicação do estômago com o duodeno.

PILOSIDADE, s.f. Qualidade do que é piloso.

PILOSISMO, s.m. Desenvolvimento anormal de pêlos num ponto em que geralmente pouco ou nada crescem.

PILOSO (ô), adj. Que tem pêlos; pubescente. O mesmo que peloso, peludo.

PILOTAGEM, s.f. Arte, profissão ou serviços de piloto.

PILOTAR, v.t. Governar; dirigir como piloto; int. exercer as funções de piloto.

PILOTO, s.m. (Aeron.) Aquele que dirige o avião; (Náut.) aquele que dirige uma embarcação à entrada do porto; imediato do capitão em navios mercantes; (fig.) guia. (Pl.: pilotos (ô).)

PÍLULA, s.f. Espécie de bolinha ou confeito farmacêutico, destinado a engolir-se inteiro.

PILULAR, adj. Que tem forma ou natureza de pílula.

PILULEIRO, s.m. Aparelho de fazer pílulas; fabricante de pílulas.

PIMENTA, s.f. Designação de várias plantas piperáceas e solanáceas e do seu fruto.

PIMENTAL, s.m. Lugar onde crescem pimenteiras.

PIMENTÃO, s.m. Fruto leguminoso de um arbusto hortense da família das Solanáceas.

PIMENTEIRA, s.f. Pimenta (planta); pequeno vaso de levar pimenta à mesa.

PIMENTEIRO, s.m. Pimenteira.

PIMPÃO, adj. e s.m. Valentão; jactancioso; janota. (Fem.: pimpona.)

PIMPOLHAR, v.int. Ter pimpolho ou rebento; proliferar.

PIMPOLHO, s.m. Rebento da videira; sarmento; vergôntea; menino ou rapazote bem desenvolvido. (Pl.: pimpolhos (ô).)

PIMPONAR ou **PIMPONEAR**, v.int. Mostrar-se pimpão.

PIMPONICE, s.f. Ato ou modos de pimpão.

PINACOTECA, s.f. Museu de pintura; coleção de obras de arte.

PINÁCULO, s.m. O ponto mais alto de um edifício, de um monte, etc.; o mesmo que píncaro; cume; (fig.) o mais alto grau.

PINÇA, s.f. Pequena tenaz.

PÍNCARO, s.m. Pináculo; pico; cume; ponto alto.

PINCEL, s.m. Tufo de pêlos, num cabo próprio, que serve para aplicação de tintas; tufo de pêlos com cabo curto que é usado para ensaboar o rosto, ao barbear; (fig.) maneira de pintar; o pintor.

PINCELADA ou **PINCELAGEM**, s.f. Traço ou toque de pincel.

PINCELAR, v.t. Aplicar o pincel em; pintar com pincel.

PINCELEIRO, s.m. Fabricante ou vendedor de pincéis; vaso onde se lavam pincéis.

PINCHAR, v.int. Pular; arremessar; jogar fora.

PINCHO, s.m. Pulo; cabriola; salto.

PINDA, s.f. (pop.) Sem dinheiro; forma reduzida de pindaíba.

PINDAÍBA, s.f. Falta de dinheiro; miséria; prontidão.

PINDORAMA, s.m. Região ou país das palmeiras.

PINEAL, adj. Que tem forma de pinha; (Anat.) diz-se de uma glândula de secreção interna situada na caixa craniana, atrás do terceiro ventrículo.

PINGA, s.f. Gota; (pop.) cachaça; caninha.

PINGAR, v.t. Deitar pingos em; verter aos pingos; int. cair aos pingos; principiar a chover; gotejar; render a pouco e pouco.

PINGENTE, s.m. Pequeno objeto pendente; brinco das orelhas; berloque; passageiro que vai no estribo do bonde.

PINGO, s.m. Gota; porção ínfima.

PINGO-D'ÁGUA, s.m. Nome dado pelos garimpeiros ao quartzo hialino e ao topázio incolor rolados. (Pl.: pingos-d'água.)

PINGUE, adj. Gordo; fértil; rendoso.

PINGUEIRO, adj. e s.m. Alcoólatra dado à pinga; cachaceiro.

PINGUELA, s.f. Pauzinho com que se arma o laço para apanhar aves; gancho com que se armam ratoeiras; viga ou prancha que, atravessada sobre um rio, serve de ponte.

PINGUE-PONGUE, s.m. Tênis de mesa. (Pl.: pingue-pongues.)

PINGÜIM, s.m. Ave de asas curtas, que vive nas regiões frias.

PINGUINHO, s.m. (fam.) Pequena quantidade; coisa insignificante.

PINHA, s.f. Fruto do pinheiro.

PINHAL, s.m. Mata de pinheiros.

PINHÃO, s.m. Semente do pinheiro.

PINHEIRAL, s.m. Pinhal.

PINHEIRO, s.m. Gênero de árvores das famílias das Araucariáceas e Pináceas; pinho-do-paraná ou Araucaria brasiliana.

PINHO, s.m. Madeira de pinheiro; violão; viola.

PINICADA, s.f. Pinição.

PINICÃO, s.m. Beliscão.

PINICAR, v.t. Beliscar; (pop.) ir-se embora; pirar.

PINO, s.m. Pequena peça metálica que serve de eixo às duas asas de uma dobradiça; prego usado por sapateiros; o ponto mais alto a que o Sol aparenta atingir; o zênite; o ponto mais alto; auge; a —: a prumo.

PINÓIA, s.f. Coisa sem valor; logro; mau negócio.

PINOTE, s.m. Salto que a cavalgadura dá, escoiceando; pulo; pirueta.

PINOTEAR, v.int. Dar pinotes.

PINTA, s.f. Pequena mancha; mancha da pele; cor ou aparência da fisionomia; (gír.) indivíduo perigoso.

PINTADO, adj. Colorido; coberto de tinta.

PINTAGOL, s.m. Mestiço de pintassilgo com a canária.

PINTAINHO (a-i), s.m. Pinto ainda ou quase implume.

PINTALEGRETE (ê), adj. e s.m. Janota; vaidoso.

PINTALGADO, adj. Sarapintado; variegado.

PINTALGAR, v.t. Pintar de cores variegadas; sarapintar.

PINTA-MONOS, s.m. 2 núm. Pintor ordinário.

PINTAR, v.t. Cobrir de tinta; colorir; escrever fielmente; ludibriar; int. começar a colorir-se; p. prestar-se à maravilha; revelar-se; aplicar cosméticos no rosto ou tingir os cabelos.

PINTARROXO, s.m. Passarinho europeu.

PINTASSILGO, s.m. Ave canora da família dos Tanagrídeos.

PINTO, s.m. Franguinho.

PINTO-D'ÁGUA, s.m. Frango-d'água. (Pl.: pintos-d'água.)

PINTOR (ô), s.m. Aquele que sabe ou exerce a arte de pintura; aquele que pinta.

PINTURA, s.f. Arte de pintar; profissão de pintor; obra de pintor; quadro; cor; (fig.) descrição minuciosa e evocativa; pessoa formosa; coisa perfeita.

PINTURESCO (ê), adj. Pitoresco.

PIO, s.m. Ato de piar; voz do mocho e de outras aves; instrumento ou assobio, que imita o pio das aves, usado pelos caçadores para as atrair; pia grande em que se pisam uvas; adj. piedoso; devoto; caritativo. (Superl. abs. sint.: piíssimo e pientíssimo.)

PIOGÊNICO, adj. Que gera pus.

PIOLHADA, s.f. Porção de piolhos.

PIOLHAR, v.int. Criar piolhos.

PIOLHEIRA, s.f. Piolhada.

PIOLHENTO, adj. Que cria piolhos; coberto de piolhos.

PIOLHO (ô), s.m. Designação generalizada a várias espécies de insetos, que vivem parasitando animais e vegetais. (Pl.: piolhos (ô).)

PIOLHOSO (ô) adj. Piolhento.

PIONEIRO, s.m. Explorador de sertões; o primeiro que abre ou descobre caminho através de região mal conhecida; (fig.) precursor.

PIOR, adj. Comp. de mau; adv. comp. de mal; de modo pior; piormente. (Antôn.: melhor.)

PIORA, s.f. ou **PIORAMENTO**, s.m. Ato ou efeito de piorar. O mesmo que pioria.

PIORAR, v.t. Tornar pior; int. tornar-se, pôr-se pior.

PIORIA, s.f. O fato de ser pior; piora.

PIORRA (ô), s.f. Pião pequeno; pitorra.

PIORRÉIA, s.f. (Med.) Inflamação supurativa do alvéolo dentário.

PIPA, s.f. Vasilha bojuda de madeira para vinha e outros líquidos; quantidade de 21 a 25 almudes; (pop.) pessoa gorda e baixa; espécie de sapo, que possui as patas traseiras com membranas; variedade de papagaio de papel; espécie de cachimbo.

PIPAROTE, s.m. Pancada com a cabeça do dedo médio ou índex, apoiado sobre o polegar e soltando-se com força.

PIPETA (ê), s.f. Bomba das adegas; tubo para transvasar líquidos; tubo que se introduz no batoque dos tonéis com vinho e se retira tapando-se-lhe com o dedo o orifício superior; (Quím.) tubo de vidro (graduado ou não), com dilatação ou câmara de ar, utilizado no transporte e dosagem de drogas nas análises e experiências de laboratório.

PIPIAR, v. int. Piar (as aves); produzir som semelhante à voz das aves; s.m. o piar das aves.

PIPILANTE, adj Que pipila.

PIPILAR, v.int. Pipiar.

PIPILO, s.m. Pipio.

PIPIO, s.m. Ato de pipiar.

PIPO, s.m. Pipa pequena; barril; tubo por onde se extrai o líquido contido em certas vasilhas.

PIPOCA, s.f. O grão de milho arrebentado ao fogo; (fig.) verruga ou pequeno tumor da pele.

PIPOCAR, v.int. Arrebentar; estalar; estourar como pipoca; ferver em borbotões; crepitar.

PIPOQUEIRO, s.m. Vendedor de pipocas.

PIQUE, s.m. Brinquedo infantil em que um menino tem de pegar algum dos outros antes que este chegue a certo ponto determinado; o pique ou piques; prevenção; a —:verticalmente, a prumo; a — de: em risco de; ir a —: afundar (a embarcação).

PIQUENIQUE, s.m. Excursão festiva no campo, geralmente entre pessoas de diversas famílias e com refeição, para a qual, de ordinário, cada uma leva a sua comida.

PIQUETA, s.f. Cada uma das estacas que se cravam no chão para demarcar terreno. (Pl.: piquetas.)

PIQUETAGEM, s.f. Ato de piquetar.

PIQUETAR, v.t. Cravar piquetas em (um terreno).

PIQUETE, s.m. Troço de soldados que formam guarda avançada; porção de tropas, a cavalo, encarregada de guarda de honra,etc.; (p. ext.) grupo de grevistas encarregado de provocar o alastramento da greve; porção de empregados, a quem toca certo serviço por turno. (Pl. piquetes.)

PIQUIRA, adj. Miúdo, pequeno.

PIRA, s.f. Fogueira onde se queimavam cadáveres; (fig.) crisol; prova.

PIRACEMA, s.f. Cardume de peixes.

PIRAMIDAL, adj. Em forma de pirâmide; (fig.) colossal; extraordinário.

PIRÂMIDE, s.f. (Geom.) Sólido limitado lateralmente por triângulos que têm um vértice comum e inferiormente um polígono; monumento egípcio, em forma de pirâmide quadrangular, onde eram sepultados faraós.

PIRANHA, s.f. Peixe de rio da família dos Caracinídeos, temível pela sua voracidade.

PIRÃO, s.m. Papa grossa de farinha de mandioca escaldada; (pop.) mulher moça e bonita.

PIRAQUARA, s. Alcunha com que se designam os habitantes das margens do Paraíba do Sul.

PIRAR, v.int. (gír.) Fugir; desaparecer; ir-se embora.

PIRARUCU, s.m. Grande peixe amazônico, de gosto semelhante ao do bacalhau.

PIRATA, s. Bandido que cruza os mares só para roubar; ladrão ou ladra do mar; (por ext.) ladrão; namorador; sedutor; sujeito perigoso; tratante; malandro.

PIRATAGEM, s.f. Ato de piratear; roubo de pirata; pirataria.

PIRATARIA, s.f. Ação, vida de pirata; (p. ext.) roubo; vandalismo; extorsão.

PIRATEAR, v.t. Roubar como pirata; int. levar vida de pirata.

PIRELETRICIDADE, s.f. (Fís.) Eletrização obtida mediante aquecimento ou resfriamento, como acontece com os cristais de turmalina.

PIRELIÔMETRO, s.m. Instrumento para medir a radiação solar.

PIRENAICO, adj. Dos Pireneus, cordilheira entre a França e a Espanha.

PIRINEU, adj. O mesmo que pirenaico. (Fem.: pirenéia.)

PIRES, s.m. 2 núm. Pratinho sobre o qual se coloca a chávena ou a xícara.

PIRÉTICO, adj. (Med.) Febril.

PIRETOTERAPIA, s.f. (Med.) Tratamento de uma doença pela elevação da temperatura do doente.

PIREX, s.m. Nome comercial de certa variedade de vidros que não se partem sob a ação de calor intenso.

PIREXIA (cs), s.f. Estado febril; febre. (Antôn.: apirexia.)

PIRILAMPEAR ou **PIRILAMPEJAR**, v.int. Brilhar como pirilampo.

PIRILÂMPICO, adj. Que tem luz como pirilampo; fosforescente.

PIRILAMPO, s.m. Inseto que emite luz fosforescente. O mesmo que vaga-lume.

PIRIRICA, s.f. Cachoeira; pequena corredeira; adj. áspero.

PIRITA, s.f. Mineral monométrico, sulfureto de ferro, empregado na fabricação de ácido sulfúrico.

PIROFOBIA, s.f. Horror mórbido do fogo.

PIRÓFORO, adj. Inflamável.

PIROGA, s.f. Embarcação comprida, estreita e veloz, usada por indígenas da África e da América.

PIROGALATO, s.m. Designação genérica dos sais e ésteres do ácido pirogálico.

PIROGÁLICO, adj. (Quím.) Diz-se do ácido orgânico trioxibenzênico, também chamado pirogalol, muito usado em doenças da pele.

PIROGENAÇÃO, s.f. (Quím.) Reação produzida com o concurso do fogo.

PIROGÊNESE, s.f. (Fís.) Produção de calor.

PIROGÊNICO, adj. Produzido pelo calor ou pela ação do calor.

PIROGRAVURA, s.f. Arte de desenhar ou gravar com ponta incandescente.

PIRÓLATRA, s. Adorador do fogo.

PIROLATRIA, s.f. Adoração do fogo.

PIROLOGIA, s.f. Tratado sobre o fogo.

PIROMANCIA, s.f. Adivinhação por meio do fogo.

PIROMANTE, s. Pessoa que pratica a piromancia.

PIROMANTICO, adj. Referente à piromancia.

PIROMETRIA, s.f. Arte de avaliar as altas temperaturas.

PIROMÉTRICO, adj. Relativo à pirometria.

PIRÔMETRO, s.m. Instrumento para a medição das altas temperaturas.

PIROSCÓPIO, s.m. Instrumento para indicar que a temperatura atingiu determinado grau.

PIROSFERA, s.f. (Geol.) Parte interna do globo terrestre, suposta ígnea.

PIROTECNIA, s.f. Arte de empregar o fogo, conjunto dos conhecimentos necessários para a preparação dos fogos de artifício.

PIROTÉCNICO, adj. Relativo à pirotecnia; s.m. fabricante de fogos de artifício.

PIRRAÇA, s.f. Acinte; desfeita.

PIRRAÇAR, v.int. Fazer pirraça; t. contrariar de propósito; fazer pirraça a.

PIRRACEIRO ou **PIRRACENTO**, adj. e s.m. Amigo de fazer pirraças.

PIRRALHADA, s.f. Conjunto de pirralhos.

PIRRALHO, s.m. Criançola; indivíduo de pequena estatura.

PIRRONICE, s.f. Qualidade de pirrônico; desconfiança sistemática; obstinação por acinte.

PIRRÔNICO, adj. e s.m. Que segue a doutrina do pirronismo; (por ext.) que duvida de tudo; (fam.) teimoso.

PIRRONISMO, s.m. Sistema filosófico de Pirro (céptico grego do século IV a.C.) que tinha por base a dúvida absoluta; (por ext.) hábito de duvidar de tudo; (fam.) teimosia.

PÍRTIGA, s.f. Vara; cabeçalho de carro.

PÍRTIGO, s.m. A parte mais curta da vara do mangual, também chamada mango.

PIRUETA, s.f. Volta do cavalo sobre uma das patas; pulo; cabriola. (Pl.: piruetas.)

PIRUETAR, v.int. Fazer piruetas.

PIRULITO, s.m. Cone de mel solidificado na extremidade de um palito.

PISA, s.f. Ato de pisar.

PISADA, s.f. Pegada; pisadela; pisa de uvas.

PISADELA, s.f. Ato ou efeito de pisar.

PISADOR (ô), adj. e s.m. Aquele que pisa.

PISADURA, s.f. Vestígio de pisada; contusão; atropelamento.

PISA-MANSINHO, adj. e s.m. 2 núm. Aquele que é sonso ou manhoso.

PISÃO, s.m. Pisada, pisadela.

PISAR, v.t. e int. Pôr o pé sobre; calçar; magoar; atropelar; moer com o pilão; macerar; ofender; andar sobre; atravessar; pisotear.

PISCADELA, s.f. ou **PISCAMENTO**, s.m. Ato de piscar; sinal que se faz piscando.

PISCA-PISCA, s. Pessoa que tem o cacoete de piscar constantemente; lanterna de automóvel, de luz intermitente, que se usa para indicar a direção para a qual o veículo se encaminha. (Pl.: piscapiscas.)

PISCAR, v.t. Fechar e abrir rapidamente (os olhos); dar sinal, piscando os olhos ou apagando e acendendo intermitentemente um foco luminoso.

PISCATÓRIO, adj. Relativo a pesca ou aos pescadores.

PISCICULTOR(ô), s.m. Aquele que se dedica à piscicultura.

PISCICULTURA, s.f. Arte de criar e multiplicar os peixes.

PISCIFORME, adj. Que tem forma de peixe.

PISCINA, s.f. Tanque para banho, lavagem de roupa ou bebedouro de gado; tanque artificial para natação.

PISCINAL, adj. Que vive em piscina.

PISCÍVORO, adj. Que se nutre de peixe.

PISCO, adj. Que pisca os olhos; entreaberto (olho).

PISCOSO (ô), adj. Em que há muito peixe.

PISO, s.m. Modo de andar; terreno em que se anda; chão; pavimento; a face superior dos degraus.

PISOADOR (ô), s.m. Aquele ou aquilo que pisoa.

PISOAGEM, s.f. Pisoamento.

PISOAMENTO, s.m. Ato de pisoar.

PISOAR, v.t. Bater (o pano) com o pisão.

PISOEIRO, s.m. Pisoador.

PISOTEAR, v.t. Pisar; calcar com os pés.

PISTA, s.f. Rasto; pegada; recinto circular, dentro do qual correm os cavalos nos exercícios de equitação; parte do hipódromo em que correm os cavalos; lugar onde se pratica atletismo; (por ext.) encalço; procura.

PISTÃO, s.m. Peça mecânica de motor de explosão; êmbolo; certo instrumento de música.

PISTILO, s.m. (Bot.) Gineceu, nas plantas fanerógamas, que abrange o estilete e o estigma.

PISTOLA, s.f. Pequena arma de fogo, que se segura e dispara com uma só mão; revólver.

PISTOLAÇO, s.m. Tiro de pistola.

PISTOLADA, s.f. O mesmo que pistolaço.

PISTOLÃO, s.m. Empenho ou recomendação de pessoa importante; pessoa que faz esse empenho ou recomendação; espécie de fogo de artifício.

PISTOLETE (ê), s.f. Pistola pequena.

PITA, s.f. Fio ou fios de folha de piteira; trança desses fios; piteira.

PITADA, s.f. A porção de pó, especialmente de rapé, que se toma entre o polegar e o indicador para cheirar; (por ext.) pequena porção de uma coisa.

PITADEAR, v. int. Tomar pitadas de rapé.

PITADOR (ô), adj. Fumador; fumante.

PITAGÓRICO, adj. e s.m. De Pitágoras, filósofo e matemático grego do séc. VI a.C. ou a ele relativo; adepto do sistema filosófico de Pitágoras.

PITAGORISMO, s.m. Doutrina de Pitágoras, filósofo grego (século VI a.C.).

PITAGORISTA, s. Sectário do pitagorismo.

PITANÇA, s.f. Prato extraordinário em dia de festa.

PITANGA, s.f. Fruto da pitangueira.

PITANGUEIRA, s.f. Planta da família das Mirtáceas.

PITAR, v.t. e int. Cachimbar; fumar.

PITECÓIDE, adj. Relativo ou semelhante ao macaco.

PITEIRA, s.f. Agave; boquilha.

PITÉU, s.m. Iguaria delicada; petisco.

PITIRÍASE, s.f. (Med.) Nome de várias dermatoses que se caracterizam pela produção de sardas escamosas.

PITO, s.m. Cachimbo; censura; repreensão.

PITOMBA, s.f. Fruto de pitombeira; (gír.) tapa; sopapo.

PITOMBADA, s.f. Golpe produzido pelo arremesso de pitomba ou caroço de pitomba; bofetão; sopapo.

PITOMBEIRA, s.f. Árvore sapindácea e frutífera do Brasil.

PITOMBEIRO, s.m. Pitombeira.

PITOMBO, s.m. Pitomba.

PÍTON, s.m. Serpente mitológica morta por Apolo; adivinho; mago. (Fem.: pitonisa.)

PITONISA ou **PITONISSA**, s.f. Mulher que vive de predizer o futuro; profetisa.

PITORESCO (ê), adj. Pictórico; pinturesco; próprio para ser pintado; recreativo; graciosamente original.

PITORRA (ô), s.f. Pião pequeno.

PITUÍTA, s.f. Humor branco e viscoso, segregado especialmente pelo nariz e pelos brônquios.

PITUITÁRIA (u-i), adj. Designativo da membrana que reveste interiormente as fossas nasais; s.f. (Anat.) diz-se da glândula de secreção interna também chamada hipófise.

PITUITÁRIO (u-i), adj. Que diz respeito à pituíta ou ao muco.

PIVETE, s.m. Criança esperta; (gír. policial) menino que se inicia na senda do crime.

PIVÔ, s.m. Haste metálica que serve para suportar coroas nas raízes ou incrustações dos dentes; agente principal; sustentáculo, base.

PIXAIM (a-im) ou **PIXAINHO** (a-i), adj. Encarapinhado (cabelo).

PIXOTADA, s.f. Criancice.

PIXOTE, s.m. Menino, garoto.

PLACA, s.f. Chapa; folha de metal; (Eletr.) Eléctrodo de um elemento de acumulador ou bateria.

PLACAR, s.m. Aviso ou informação dirigida ao público.

PLACENTA, s.f. (Anat.) Órgão situado no útero grávido, ao qual o embrião é ligado através do cordão umbilical.

PLACENTÁRIO, adj. Relativo à placenta; s.m. mamífero no qual se desenvolve uma placenta.

PLACIDEZ (ê), s.f. Qualidade ou estado de plácido; serenidade; tranquilidade.

PLÁCIDO, adj. Sereno; tranquilo; sossegado.

PLÁCITO, s.m. Beneplácito; aprovação.

PLAGA, s.f. Região; país.

PLAGIADOR (ô), s.m. Plagiário.

PLAGIAR, v.t. Assinar ou fazer passar por seu (trabalho artístico alheio); imitar servilmente; cometer plágio ou plagiato. (Pres. ind.: plagio plagias, plagia, etc.)

PLAGIATO ou **PLÁGIO**, s.m. Ato ou efeito de plagiar.

PLAINA (ã), s.f. Instrumento de carpinteiro, para alisar madeira.

PLAINO, s.m. Planície; campina.

PLANA, s.f. Categoria; classe; reputação.

PLANADOR (ô), s.m. Aeroplano sem motor.

PLANÁLTICO, adj. Que tem planaltos.

PLANALTO, s.m. Terreno plano e elevado; planície sobre montes.

PLANCHA, s.f. Prancha.

PLANCTO ou **PLÂNCTON**, s.m. Conjunto dos pequenos organismos marinhos.

PLANEAR ou **PLANEJAR**, v.t. Fazer o plano de; tencionar; projetar.

PLANETA, s.m. Astro que gira em volta do Sol, de que recebe luz e calor. (Pl.: planetas.)

PLANETÁRIO, adj. Dos planetas; s.m. maquinismo com que se exemplifica o movimento dos planetas; uranorama.

PLANETÓIDE, s.m. Pequeno planeta.

PLANEZA (ê), s.f. Estado ou qualidade de plano; planície.

PLANGÊNCIA, s.f. Qualidade ou estado de plangente.

PLANGENTE, adj. Lastimoso; triste.

PLANGER, v.int. Chorar; lastimar-se; soar tristemente.

PLANGITIVO, adj. Lacrimoso, choroso.

PLANÍCIE, s.f. Grande porção de terreno plano; campina.

PLANIFICAR, v.t. Desenvolver num plano (uma superfície curva); desenhar num plano (os vários acidentes de uma perspectiva).

PLANIFORME, adj. Que tem forma achatada; chato.

PLANIMETRIA, s.f. Medida das áreas das superfícies planas.

PLANIMÉTRICO, adj. Relativo à planimetria.

PLANÍMETRO, s.m. Instrumento para medir as áreas das superfícies planas.

PLANISFÉRICO, adj. Relativo a planisfério.

PLANISFÉRIO, s.m. Representação de uma esfera ou globo num plano; mapa que representa toda a superfície da Terra num plano retangular.

PLANO, adj. Designativo da superfície sobre a qual pode assentar completamente uma reta em todas as direções; liso; sem desigualdades; s.m. superfície plana; planta de edifício; projeto; intento; — meridiano : (Geom.) o que passa pelo eixo de uma superfície de revolução.

PLANTA, s.f. Denominação genérica de qualquer vegetal; (Anat.) parte do pé que assenta no chão; (p. ext.) desenho que representa a projeção horizontal de um edifício, cidade, terreno, etc.

PLANTAÇÃO, s.f. Ato ou efeito de plantar; o mesmo que plantio; terreno plantado.

PLANTADOR (ô), adj. e s.m. Que planta.

PLANTÃO, s.m. Serviço policial distribuído em cada dia a um soldado, dentro da respectiva caserna, companhia, etc.; serviço ininterrupto em redações de jornais, hospitais, etc.

PLANTAR, v.t. Meter na terra para aí criar raízes (vegetal); cultivar; semear; fincar na terra verticalmente; dispor na terra.

PLANTÍGRADO, adj. Que anda sobre as plantas dos pés; s.m. espécime dos Plantígrados, tribo de mamíferos que andam sobre as plantas dos pés.

PLANTIO, s.m. Plantação.

PLANURA, s.f. Planície; qualquer superfície plana.

PLAQUÊ, s.m. Folha de metal mais ou menos delgada e geralmente amarela ou da cor do ouro, com que se revestem certos objetos ou ornatos de metal ordinário; metal ordinário com que se fabricam objetos de adorno, imitando objetos de ouro. (Adapt. do francês plaqué.)

PLAQUETA (ê), s.f. Pequeno volume, de poucas páginas.

PLASMA, s.m. (Anat.) A parte líquida, coagulável, do sangue e da linfa.

PLASMADO, adj. Feito; construído; modelado.

PLASMAR, v.t. Modelar em gesso, barro, etc.

PLÁSTICA, s.f. Arte de plasmar; arte de reconstituir artificialmente uma parte arruinada do corpo humano; conformação geral deste mesmo corpo.

PLASTICIDADE, s.f. Qualidade de plástico.

PLÁSTICO, adj. Relativo à plástica; que tem o poder de formar ou que serve para formar; que é passível de receber diferentes formas ou de ser modelado com os dedos; termo genérico com que se designam certas substâncias orgânicas, geralmente produtos de condensação ou polimerização sintética, que podem sem amoldadas em tubos, barras ou estiradas em placas ou lâminas de diversas espessuras, e bem assim empregadas no fabrico de tintas, lacas, vernizes, etc., de larga aplicação industrial e doméstica.

PLATAFORMA, s.f. Terraço; construção de terra ou madeira para assentar a artilharia; estrado na parte posterior ou anterior de alguns carros; vagão raso; estrado elevado à altura do piso dos vagões para facilitar o embarque e desembarque dos passageiros nas estações de estrada de ferro; tabuleiro circular que se move em torno de um eixo para deslocar vagões de estrada de ferro; local apropriado para despedir foguetes interplanetários; programa de governo, anunciado em discurso solene pelo candidato.

PLATÉIA, s.f. Pavimento de teatro, entre a orquestra ou o palco e os camarotes; (fig.) os espectadores que se acham na platéia; (p. ext.) o auditório.

PLATIBANDA, s.f. (Arquit.) Moldura chata e unida, mais larga que saliente; grade de ferro ou muro que limita um terraço, etc.; bordadura de canteiros de jardim.

PLATICÉFALO, adj. Que tem cabeça chata

PLATINA, s.f. Elemento químico, metal, símbolo Pt, de peso atômico 195,23 e número atômico 78; presilha ou pestana em que os soldados de infantaria seguram as correias; peça chata para diversos usos ou instrumentos; placa do microscópio sobre a qual se assenta a lâmina que contém o material que deve ser examinado.

PLATINADOR (ô), s.m. O que platina.

PLATINAGEM, s.f. Ato de platinar.

PLATINAR, v.t. Branquear com uma mistura de estanho ou mercúrio.

PLATINO, adj. Da região do rio da Prata; s.m. o natural ou habitante dessa região; (fig.) o argentino.

PLATÔ, s.m. Planalto.

PLATÔNICO, adj. Relativo à filosofia de Platão; (por ext.) ideal; alheio a interesses ou gozos materiais; casto.

PLATONISMO, s.m. Filosofia de Platão, filósofo grego (429-347 a.C.); (fig.) caráter ou qualidade do que é platônico.

PLAUSIBILIDADE, s.f. Qualidade de plausível.

PLAUSÍVEL, adj. Que merece aplauso; razoável.

PLEBE, s.f. O povo, por oposição aos nobres; o povo; a ralé.

PLEBEÍSMO, s.m. Plebeidade; modos, frases, palavras que só usa a plebe.

PLEBEIZAR, (e-i), v.t. Tornar plebeu.

PLEBEU, adj. Relativo à plebe; s.m. homem da plebe. (Fem.: plebéia.)

PLEBISCITÁRIO, adj. Relativo a plebiscito.

PLEBISCITO, s.m. Na Roma antiga, decreto do povo reunido em comícios; hoje, resolução submetida à apreciação do povo; voto do povo, por sim ou não, sobre proposta que lhe seja apresentada.

PLECTRO, s.m. Varinha de marfim com que os antigos faziam vibrar as cordas da lira; (fig.) inspiração poética.

PLÊIADE, s.f. (Astron.) Cada uma das estrelas da constelação das Plêiades; reunião de sete pessoas ilustres; pl. : (Astron.) constelação vulgarmente conhecida por Sete-Estrelas; grupo, reunião de homens, de poetas célebres, etc.

PLEISTOCENO, adj. Diz-se dos terrenos que formam o sistema inferior da era quaternária.

PLEITEADOR (ô) ou **PLEITEANTE**, adj. Aquele que pleiteia.

PLEITEAR, v.t. e int. Demandar em juízo; litigar; contestar; discutir; concorrer a; disputar; fazer por conseguir. (Pres. ind.: pleiteio, pleiteias, pleiteia, pleiteamos, pleiteais, pleiteiam.)

PLEITO, s.m. Questão em juízo; demanda; litígio; discussão.

PLENAMENTE, adv. De modo pleno; inteiramente.

PLENÁRIO, adj. Pleno; completo; diz-se da indulgência que concede plena remissão das penas temporais; s.m. tribunal.

PLENIFICAR, v.t. Tornar pleno; preencher.

PLENILÚNIO, s.m. A lua cheia.

359

PLENIPOTÊNCIA, s.f. Pleno poder.

PLENIPOTENCIÁRIO, adj. Que tem plenos poderes; s.m. enviado de um governo ou soberano que leva plenos poderes para quaisquer negociações junto de outro governo ou soberano.

PLENITUDE, s.f. Estado do que é pleno; estado completo; sem restrição.

PLENO, adj. Cheio; completo; inteiro; perfeito.

PLEONASMO, s.m. (Gram.) Redundância de termos que pode dar à expressão mais vigor ou clareza. (Exs.: Vi com estes olhos; seu amigo dele.)

PLEONÁSTICO, adj. Em que há pleonasmo; redundante.

PLESSÔMETRO, s.m. Instrumento de Medicina para praticar a percussão mediata.

PLETORA (tó), s.f. (Med.) Aumento geral ou local da massa sangüínea; (fig.) indisposição ou mal-estar de quem tem excesso de atividade; qualquer superabundância que produz efeito nocivo.

PLETÓRICO, adj. Que tem pletora; relativo à pletora.

PLEURA, s.f. (Anat.) Dupla membrana serosa que envolve cada um dos pulmões.

PLEURIS, s.m. **PLEURISIA** ou **PLEURITE,** s.f. (Med.) Inflamação da pleura.

PLEUROPNEUMONIA, s.f. (Med.) Inflamação simultânea da pleura e do pulmão.

PLEXO (cs), s.m. (Anat.) Entrelaçamento de muitas ramificações de nervos ou de filetes musculares, vasculares, etc.

PLINTO, s.m. (Arquit.) Peça quadrangular que serve de base a um pedestal ou coluna; soco ou pedestal de estátua.

PLIOCÉNICO ou **PLIOCENO,** adj. (Geol.) Designativo dos terrenos que formam o sistema superior da era terciária.

PLISSAGEM, s.f. (gal.) Operação de plissar.

PLISSAR, v.t. (gal.) Fazer dobras em; franzir, preguear.

PLISTOCÉNICO ou **PLISTOCENO,** adj. O mesmo que pleistoceno.

PLUMA, s.f. Pena de ave, especialmente destinada a adornos; penacho; pena de escrever.

PLUMACHO ou **PLUMAÇO,** s.m. Plumagem; adorno de plumas.

PLUMAGEM, s.f. Conjunto das penas de uma ave; penas para adorno.

PLUMBAGINA, s.f. Substância mineral, escura, de que se fazem lápis; grafita.

PLUMBAGINOSO (ô), adj. Que tem chumbo.

PLUMBATO, s.m. (Quím.) Designação genérica de diferentes compostos em que o radical plúmbico (chumbo, um átomo, e oxigênio, quatro átomos) funciona com valência eletronegativa.

PLUMBEAR, v.t. Dar aparência ou cor de chumbo.

PLÚMBEO, adj. De chumbo; da cor do chumbo; relativo a chumbo.

PLÚMBICO, adj. Relativo ao chumbo; que encerra chumbo.

PLUMBÍFERO, adj. Que contém chumbo.

PLUMBOSO (ô), adj. Que encerra o chumbo e particularmente o chumbo divalente.

PLUMITIVO, s.m. Jornalista, escritor novato.

PLÚMULA, s.f. (Bot.) Parte do embrião vegetal, de que há de sair a haste.

PLUMULIFORME, adj. (Bot.) Que tem forma de pluma ou pena.

PLURAL, adj. Designativo de número gramatical que indica mais de um; s.m. flexão nominal ou verbal que indica referência a mais de uma pessoa ou coisa.

PLURALIDADE, s.f. O maior número; grande número; multiplicidade; o geral; qualidade atribuída a mais de uma pessoa ou coisa.

PLURALISMO, s.m. Doutrina que atribui uma pluralidade de causas aos fenômenos cosmológicos e históricos.

PLURALIZAÇÃO, s.f. Ato de pluralizar.

PLURALIZAR, v.t. Pôr ou usar no plural; aumentar em número; multiplicar.

PLURIARTICULADO, adj. Que tem muitas articulações; que diz respeito a muitas articulações.

PLURICELULAR, adj. (Bot.) Diz-se do ovário ou do fruto que contém número indeterminado de células ou lojas.

PLURIDENTADO, adj. Que tem muitos dentes.

PLURIFLORO, adj. (Bot.) Que tem muitas flores.

PLURILÍNGUE, adj. Referente a várias línguas;

que fala diversos idiomas; poliglota.

PLURIPARTIDO, adj. Diz-se do que se apresenta dividido em várias partes.

PLURISSECULAR, adj. Multissecular; antiqüíssimo.

PLUTÃO, s.m. (Astron.) O mais afastado planeta do sistema solar, descoberto em 1930.

PLUTARCO, s.m. Biógrafo; cronista de vidas ilustres. De Plutarco, historiador e moralista grego (50-120).

PLUTOCRACIA, s.f. Poder, influência da riqueza e do dinheiro; preponderância dos homens ricos.

PLUTOCRATA, s. Pessoa influente e preponderante pelo seu dinheiro.

PLUTOCRÁTICO, adj. Referente a plutocrata ou a plutocracia.

PLUTÔNICO, adj. (Geol.) Diz-se da rocha e do terreno vulcânicos.

PLUTÔNIO, adj. Relativo a Plutão; s.m. (Quím.) elemento químico transurânico, produto artificial de desintegração radioativa do netúnio; símbolo Pu; n.º atômico, 94; peso atômico, 238; possui propriedades radioativas; chama-se também eca-ósmio.

PLUTONISMO, s.m. Sistema geológico que atribui a formação da crosta do globo à ação do fogo interior.

PLUTONISTA, adj. e s. Sectário do plutonismo.

PLUVIAL, adj. Da chuva.

PLUVIÔMETRO, s.m. Aparelho meteorológico destinado a medir a altura da camada de água da chuva que cai em certo lugar e em determinado tempo.

PLUVIOSO (ô), adj. Chuvoso.

PNEU, s.m. Forma reduzida de pneumático.

PNEUMA, s.m. Sopro ou espírito aéreo, a que alguns médicos antigos atribuíam a causa da vida e a das doenças.

PNEUMÁTICA, s.f. Ciência que se ocupa das propriedades físicas do ar e dos outros gases.

PNEUMÁTICO, s.m. Aro de borracha para revestimento de roda de veículo; adj. relativo ao ar.

PNEUMATOLOGIA, s.f. Tratado dos espíritos; dos seres intermediários que formam a ligação entre Deus e o homem.

PNEUMATOLÓGICO, adj. Relativo à pneumatologia.

PNEUMATOLOGISTA, s. ou **PNEUMATÓLOGO,** s.m. Pessoa que trata de pneumatologia.

PNEUMATOSE, s.f. (Med.) Tumor formado por acumulação de ar.

PNEUMOCOCO, s.m. Micróbio que produz a pneumonia.

PNEUMOCONIOSE, s.f. (Med.) Estado mórbido decorrente da infiltração do pulmão pelas poeiras inaladas.

PNEUMOGÁSTRICO, adj. Comum ao pulmão e ao estômago.

PNEUMONIA, s.f. (Med.) Inflamação do parênquima do pulmão; — aguda ou fibrinosa: inflamação do pulmão causada pelo pneumococo.

PNEUMÔNICO, adj. Relativo à pneumonia.

PNEUMORRAGIA, s.f. Hemorragia pulmonar.

PNEUMORRÁGICO, adj. Relativo à pneumorragia.

PNEUMOTOMIA, s.f. Incisão cirúrgica do pulmão.

PNEUMOTÓMICO, adj. Relativo à pneumotomia.

PNEUMOTÓRAX (cs), s.m. 2 núm. Presença de gás na cavidade pleural; — terapêutico ou artificial: processo de tratamento da tuberculose pulmonar pela injeção de azoto na cavidade pleural, comprimindo e imobilizando o pulmão doente.

PÓ, s.m. Tenuíssimas partículas de terra seca ou de qualquer outra substância que cobrem o solo, se depositam nos aposentos ou se elevam na atmosfera; poeira; pl.: substância pulverizada, de emprego industrial ou medicinal.

POBRE, adj. Que não tem o necessário à vida; cujas posses são inferiores à sua posição ou condição social; que revela pobreza; pouco produtivo; mal dotado; pouco favorecido; digno de lástima; que inspira compaixão (superl. obs. sint.: paupérrimo); s. pessoa pobre; miserável; indigente; mendigo, pedinte (aum.: pobretão; diminutivo: pobrezinho, pobrete).

POBRETÃO, s.m. Aquele que é muito pobre; aquele que mendiga sem necessidade. (Fem.: pobretona; pl. pobretões.)

POBREZA (ê), s.f. Estado ou qualidade de pobre; falta do necessário à vida; penúria; indigência; miséria; escassez; a classe dos pobres.

POÇA, s.f. Cova natural e pouco funda com água; cova artificial, larga e pouco funda, onde se represa água nascente para regas.

POÇÃO, s.f. Medicamento líqüido, para se beber; bebida; s.m. o lugar mais fundo de um rio ou lago.

POCEIRO, s.m. Cavador de poços ou poças.

POCILGA, s.f. Curral de porcos; casa imunda.

POÇO (ô), s.m. Cavidade funda, aberta na terra, que contém água; cisterna; (Geol.) perfuração que se faz no solo; (por ext.) abismo; aquilo que é profundo. (Pl.: poços (ó).)

PODA, s.f. Ato de podar; corte de ramos das árvores; desbaste.

PODADEIRA, s.f. Tesoura de podar.

PODADOR (ô), adj. Aquele que poda.

PODADURA, s.f. Poda.

PODAGRA, s.f. Gota nos pés.

PODÃO, s.m. Podadeira; instrumento recurvado para cortar madeira, podar árvores, etc.; tesoura própria para podar.

PODAR, v.t. Cortar a rama ou os braços inúteis (de videiras, árvores, etc.); (fig.) cortar; desbastar; cortar as pretensões (de alguém).

PODENGO, s.m. Cão para a caça de coelhos.

PODER, v.t. Ter a faculdade de; ter possibilidade; dispor de força ou autoridade; possuir força física ou moral; ter influência, valimento. (Irregular. Pres. do indic.: posso, podes, pode, etc.; perf.: pude, pudeste, pôde, pudemos, pudestes, puderam; m. q. perf.: pudera, puderas, etc.; fut.: poderei, poderás, etc.; pres. do subj.: possa, possas, etc.; imperf.: pudesse, pudesses, etc.; fut. puder, puderes, etc.) s.m. faculdade; possibilidade; vigor; potência; autoridade; soberania; domínio; influência; posse; governo de Estado; eficácia; recurso; capacidade; meios; grande quantidade; — espiritual: autoridade eclesiástica; — temporal: o poder do papa como soberano territorial; autoridade civil; pátrio —: (jur.) conjunto dos direitos que assistem o pai sobre a pessoa e os bens de seus filhos menores; pl.:procuração. (Pl.: poderes.)

PODERIO, s.m. Grande poder; autoridade; jurisdição.

PODEROSO (ô), adj. Que tem poder; que exerce poderio; que produz grande efeito; enérgico; influente; s.m.pl. indivíduo com grande influência; magnatas; os grandes.

PODOA (ô); s.f. Podadeira.

PODOMETRAGEM, s.f. Avaliação de distância por meio do podômetro.

PODOMETRAR, v.t. Medir com o podômetro.

PODOMÉTRICO, s.m. Aparelho destinado a medir o caminho percorrido a pé.

PODRE (ô), adj. Em decomposição; corrupto; deteriorado; fétido; (fig.) pervertido; s.m. a parte putrefacta de alguma coisa; (fig.) o lado fraco ou condenável.

PODREDOURO, s.m. Lugar onde apodrecem quaisquer substâncias; lugar onde há muita podridão; monturo.

PODRIDÃO, s.f. Estado de podre; (fig.) desmoralização; devassidão.

POEDEIRA, adj. f. Designativo da galinha que já põe ou que põe muitos ovos.

POEIRA, s.f. Terra seca pulverizada; pó.

POEIRADA, s.f. Grande porção de poeira; nuvem de pó.

POEIRENTO, adj. Que tem poeira; coberto de pó.

POEMA, s.m. Obra em verso; composição poética, com enredo, e de certa extensão; epopéia; — sinfônica: (Mús.) peça orquestral num só movimento e de caráter descritivo.

POEMETO (ê), s.m. Poema curto.

POENTE, adj. Que põe; que se põe; diz-se do Sol quando está no ocaso; s.m. o lado onde o Sol parece esconder-se; ocidente; o pôr do Sol; o ocaso.

POENTO, adj. Poeirento.

POESIA, s.m. Arte de escrever em verso; composição poética pouco extensa; inspiração; o que desperta o sentimento do belo.

POETA, s.m. Aquele que faz versos; o que tem faculdades poéticas e se dedica à poesia; aquele que tem imaginação inspirada; aquele que devaneia ou tem caráter idealista. (Feminino: poetisa.)

POETAR, v.t. Cantar em verso; int. fazer versos; poetizar.

POETASTRO, s.m. Mau poeta.

POÉTICA, s.f. Arte de fazer versos; teoria da versificação.

POÉTICO, adj. Que tem poesia; que inspira: relativo à poesia.

POETIFICAR, v.t. Poetizar; inspirar poesia a.

POETISA, s.f. Mulher que faz poesias.

POETIZAÇÃO, s.f. Ato de poetizar.

POETIZAR, v.t. Tornar poético; int. fazer versos; poetar.

POIAL, s.m. Banco de pedra, fixo.

POIS, conj. Portanto; à vista disso; além disso; porque; — que: porquanto; interj. quê! como!

POJAR, v.int. Intumescer; inchar.

POLACO, adj. Da Polônia; s.m. o natural ou habitante da Polônia. O mesmo que polônio e polonês.

POLAINAS, s.f.pl. Peças de vestuário, protetoras da parte inferior da perna e da superior do pé, e que se usam por cima do calçado.

POLAR, adj. Dos pólos; que fica junto aos pólos ou na direção do pólo.

POLARIDADE, s.f. (Fís.) Propriedade que o ímã e a agulha magnética têm de se voltar para um ponto fixo do horizonte.

POLARIMETRIA, s.f. (Fís.) Medida da rotação da luz polarizada.

POLARÍMETRO, s.f. (Fís.) Instrumento para determinar o desvio que certas substâncias exercem sobre os raios luminosos polarizados.

POLARIZAÇÃO, s.f. (Fís.) Conjunto das propriedades particulares que apresenta um raio de luz refletido ou refratado; diminuição de intensidade da corrente de uma pilha em seguida a reações químicas interiores.

POLARIZADOR (ô), adj. Que polariza; s.m. dispositivo que produz luz polarizada.

POLARIZAR, v.t. Sujeitar à polarização.

POLARIZÁVEL, adj. Que se pode polarizar.

POLCA, s.f. Espécie de dança em compasso de 2 por 4, de andamento rápido.

POLCAR, v.int. Dançar polca.

POLDRO (ô), s.m. Cavalo novo; potro.

POLÉ, s.f. Roldana; antigo instrumento de tortura.

POLEÁ, s.m. Pária; marginal.

POLEGADA, s.f. Antiga medida de comprimento, equivalente a 27 milímetros e meio; medida inglesa de comprimento, equivalente a 0,0254 m.

POLEGAR, adj. e s.m. Designativo do, ou o dedo mais curto e grosso da mão; diz-se do, ou o primeiro e mais grosso dedo do pé.

POLEIRO, s.m. Vara em que as aves pousam e dormem na gaiola ou na capoeira; (fig.) posição elevada; autoridade.

POLÊMICA, s.f. Debate oral; questão; controvérsia.

POLEMICAR, v.int. Travar polêmica.

POLÊMICO, adj. Relativo à polêmica.

POLEMISTA, adj. e s. Pessoa que trava polêmicas, que gosta de questionar, que discute bem.

POLEMIZAR, v.int. Polemicar.

PÓLEN, s.m. Elemento fecundante das flores das plantas fanerógamas, contido nos sacos polínicos. (Pl.: polens e pólenes.)

POLENTA, s.f. Iguaria italiana de massa ou pasta de farinha de milho com água e sal, outras vezes com manteiga e queijo.

POLIA, s.f. Roda presa a um eixo e cuja circunferência, cavada ou não de um canal, recebe uma correia cujas extremidades são aplicadas, uma à força e outra à resistência.

POLIANDRA, adj. e s.f. Designativo da, ou a mulher que tem mais de um marido ao mesmo tempo.

POLIANDRIA, s.f. Estado de uma mulher poliandra.

POLIÂNDRICO, adj. Relativo à poliandria.

POLIANTÉIA, s.f. Coleção de escritos em homenagem a homem ilustre.

POLIARQUIA, s.f. Governo exercido por muitos.

POLICÁRPICO, adj. Que dá flores e frutos por mais de uma vez.

POLICARPO, adj. (Bot.) Que tem ou produz muitos frutos.

PÓLICE, s.m. O dedo polegar.

POLICÊNTRICO, adj. Diz-se da espiral com muitos centros.

POLICHINELO, s.m. Personagem corcunda das farsas napolitanas; títere que representa essa personagem; homem apalhaçado ou sem dignidade.

POLÍCIA, s.f. Organização política; segurança pública; conjunto das leis que asseguram a ordem pública; a corporação incumbida de a manter; s.m.

361

indivíduo pertencente a corporação policial.

POLICIADO, adj. Guardado pela polícia ou segundo os regulamentos da polícia; civilizado; morigerado; comedido; sem excesso, equilibrado.

POLICIAL, adj. Relativo à polícia; próprio da polícia; s.m. membro de corporação policial; raça de cão pastor alemão.

POLICIAMENTO, s.m. Ato ou efeito de policiar.

POLICIAR, v.t. Vigiar ou guardar, segundo leis ou regulamentos policiais; zelar; civilizar; conter; refrear; fiscalizar. (Pres. ind.: policio, policias, policia, etc.)

POLICLÍNICA, s.f. Variedade de clínicas onde se encontram vários médicos distribuídos segundo a especialidade; ambulatório, departamento de hospital dedicado ao tratamento de doentes externos.

POLICLÍNICO, s.m. Clínico que trata das doenças em geral ou que não se dedica especialmente a uma delas.

POLICROMIA, s.f. Estado de um corpo em que há diferentes cores; conjunto de várias cores.

POLICROMO, adj. De diversas cores. O mesmo que multicolor ou multicor.

POLICULTURA, s.f. Cultura variada.

POLIDEZ, s.f. Qualidade de polido; delicadeza; civilidade.

POLIDO, adj. Brunido; envernizado; cortês; civilizado.

POLIDOR (ô), adj. e s.m. Que, ou aquele que pule.

POLIDURA, s.f. Ato ou efeito de polir.

POLIÉDRICO, adj. Que tem a forma de poliedro.

POLIEDRO, s.m. (Geom.) Sólido limitado por superfícies planas.

POLÍFAGO, adj. Que come de tudo.

POLIFONIA, s.f. Emprego simultâneo de vários instrumentos não uníssonos.

POLIFÔNICO, adj. Relativo à polifonia; em que há polifonia.

POLIGAMIA, s.f. Matrimônio de uma pessoa com muitas outras; estado de polígamo. (Antôn.: monogamia.)

POLIGÂMICO, adj. Relativo à poligamia. (Antôn.: monogâmico.)

POLÍGAMO, adj. e s.m. Pessoa que tem mais de um cônjuge ao mesmo tempo. (Antôn.: monógamo.)

POLIGARQUIA, s.f. Governo de muitos.

POLIGLOTA, adj. e s. Pessoa que sabe ou fala muitas línguas.

POLIGLOTISMO, s.m. Qualidade de quem é poliglota; facilidade de falar muitas línguas.

POLIGONAL, adj. Que tem muitos ângulos; que tem por base um polígono; relativo ao polígono.

POLÍGONO, s.m. (Geom.) Figura limitada por segmentos de reta que têm, dois a dois, extremidades comuns, formando um contorno fechado.

POLIGRAFIA, s.f. Coleção de obras diversas, literárias ou científicas; qualidade de quem é polígrafo.

POLÍGRAFO, s.m. Aquele que escreve sobre matérias diversas; maquinismo que produz muitas cópias simultâneas do mesmo escrito.

POLIMENTO, s.m. Ato ou efeito de polir.

POLÍMERE, s.m. Substância que apresenta fórmula molecular múltipla de uma outra.

POLIMERIZAÇÃO, s.f. (Quím.) Combinação de várias moléculas que formam um composto mais complexo.

POLIMORFIA, s.f. Qualidade do que é polimorfo; propriedade que têm certas substâncias de tomar várias formas, sem mudar de natureza.

POLIMORFISMO, s.m. O mesmo que polimorfia; (Miner.) propriedade que apresentam os compostos químicos que se cristalizam em várias formas que são genericamente distintas.

POLIMORFO, adj. Que se apresenta sob muitas formas.

POLINEURITE, s.f. Neurite que ataca vários nervos. Var.: polinevrite.

POLÍNICO, adj. Relativo a pólen; que contém pólen.

POLINÍFERO, adj. Que contém pólen.

POLINIZAÇÃO, s.f. (Bot.) Fecundação de uma flor pelo pólen; ação ou efeito de polinizar.

POLINIZAR, v. t. Realizar a polinização, natural ou artificialmente.

POLINÔMIO, s.m. Expressão algébrica, composta de mais de dois termos separados pelos sinais + ou −.

PÓLIO, s.f. Designação reduzida de poliomielite.

POLIOMIELITE, s.f. Inflamação da substância cinzenta da medula espinhal.

POLIÔNIMO, adj. Que tem muitos nomes.

POLIGRAMA, s.m. Espécie de panorama em que os quadros móveis, penetrando-se reciprocamente, mudam de contornos e se transfiguram aos olhos do observador.

POLIOSE, s.f. Descoramento dos pêlos.

POLIPEIRO, s.m. Reunião de pólipos; habitação de pólipos que vivem agrupados.

POLIPÉTALO, adj. (Bot.) Que tem muitas pétalas (corola).

POLIFORME, adj. Que tem forma de pólipo.

PÓLIPO, s.m. (Med.) Tumor pediculado; (Zool.) cada um dos indivíduos de uma colônia de celenterados.

POLIPOSO (ô), adj. Que tem a natureza do pólipo.

POLIQUETA, s.m. Espécime dos poliquetas, classe de Anelídeos marinhos, com dois parápodes e numerosas cerdas em cada segmento.

POLIR, v.t. Tornar lustroso, friccionando; brunir; envernizar; civilizar; p. tornar-se polido; tornar-se lustroso. (Irregular. Pres. do ind.: pulo, pules, pule, polimos, polis, pulem; imperat.: pule, poli; pres. do subj.: pula, pulas, pula, pulamos, pulais, pulam.)

POLIRRÍTMICO, adj. Que tem vários ritmos; que tem o ritmo muito variado.

POLIRRIZO, adj. Que tem muitas raízes.

POLISPERMO, adj. (Bot.) Que tem muitas sementes ou grãos.

POLISSACARÍDEO, s.m. Grupo de hidratos de carbono que contém mais de três moléculas de açúcar simples.

POLISSEMIA, s.m. Fenômeno que consiste na reunião de vários sentidos em uma palavra.

POLISSIALIA, s.f. (Med.) Secreção abundante de saliva.

POLISSILÁBICO, adj. Relativo ao polissílabo; que tem mais de uma sílaba, mas comumente se refere a palavra que tem mais de três sílabas.

POLISSÍLABO, s.m. Palavra com muitas sílabas (mais de três sílabas).

POLISSÍNDETO, s.m. Repetição de uma conjunção mais vezes do que é necessário. (Antôn.: assíndeto.)

POLISSÍNDETON, s.m. Polissíndeto.

POLITEAMA, s.m. Teatro para vários gêneros de representações.

POLITÉCNICA, s.f. Escola politécnica.

POLITÉCNICO, adj. Que abrange muitas artes e ciências; diz-se da escola em que se estudam diversos ramos de engenharia.

POLITEÍSMO, s.m. Religião em que há pluralidade de deuses; paganismo.

POLITEÍSTA, adj. e s. Pessoa que segue o politeísmo.

POLÍTICA, s.f. Ciência do governo dos povos; arte de dirigir as relações entre os Estados; astúcia; maneira hábil de agir.

POLITICALHÃO ou **POLITICALHA,** s.f. Política mesquinha de interesses pessoais; a súcia dos políticos desavergonhados.

POLITICALHÃO, s.m. Politiqueiro.

POLITICALHEIRO, adj. Referente à politicalha.

POLITICALHO, s.m. Politiqueiro.

POLITICÃO, s.m. (pop.) Grande político.

POLITICAR, v.int. Tratar de política; discorrer sobre política.

POLITICASTRO, s.m. Politiqueiro.

POLÍTICO, adj. Relativo aos negócios públicos; que se ocupa de política; (fig.) astuto; s.m. o que trata de política; estadista; politiqueiro.

POLITICÓIDE, s.m. Politiqueiro.

POLITIQUEIRO, adj. e s.m. Diz-se do, ou o indivíduo que se ocupa muito da política partidária; diz-se do, ou o indivíduo que, em política, emprega processos menos corretos, faz politicalha.

POLITIQUICE, s.f. Ato de politicagem.

POLIÚRIA ou **POLIURIA,** s.f. Secreção muito abundante de urina.

POLIÚRICO, adj. Relativo à poliúria.

PÓLO, s.m. Extremidade do eixo racional da Terra ou do mundo; nome dado às regiões vizinhas dessas extremidades; extremidade; modalidade esportiva hípica, em que os cavaleiros, munidos de uma espécie de martelo de madeira, de cabo longo, impelem a bola; (Eletr.) parte de um ímã, geralmente na extremidade, para onde aparentemente convergem (pólo norte) ou donde divergem as linhas do fluxo magnético (pólo sul); terminal de gerador, bateria, circuito elétrico (pólo positivo, pólo negativo); — magnético: conceito, deduzido, experimentalmente, da direção do campo magnético de um imã permanente.

POLONÊS, adj. e s.m. Polaco.

POLÔNIO, s.m. Elemento químico, metal radioativo, símbolo Po, de peso atômico 210 e número atômico 84.

POLPA (ô), s.f. Substância carnuda dos frutos, raízes, etc.; carne musculosa, sem ossos nem gorduras; (Anat.) substância central de certos órgãos.

POLPOSO (ô), adj. Que tem muita polpa; carnudo.

POLPUDO, adj. Polposo; diz-se de negócio muito rendoso.

POLTRÃO, adj. Covarde; medroso. (Fem.: poltrona.)

POLTRONA, s.f. Grande cadeira de braços, de ordinário estofada; cadeira de platéia; adj. flexão feminina de poltrão.

POLTRONARIA, s.f. Qualidade ou procedimento de poltrão.

POLTRONEAR, v.int. Portar-se como poltrão; dar mostras de poltrão.

POLUÇÃO, s.f. Ato de poluir; emissão involuntária de esperma.

POLUIÇÃO (u-i), s.f. Ato ou efeito de poluir; contaminação.

POLUIR, v.t. Manchar; sujar.

POLUTO, adj. Manchado; corrompido.

POLVILHAÇÃO, s.f. Ato ou efeito de polvilhar.

POLVILHAR, v.t. Cobrir de pó; empoar; enfarinhar.

POLVILHEIRO, s.m. Fabricante de polvilho.

POLVILHO, s.m. Pó fino; resíduo da lavagem da tapioca; tapioca ou goma.

POLVO (ô), s.m. Molusco cefalópode, de oito tentáculos, cheios de ventosas.

PÓLVORA, s.f. Substância explosiva, composta de salitre, carvão e enxofre; descobrir a —: ter pressuposta originalidade.

POLVORADA, s.f. Explosão; fumo de pólvora.

POLVORENTO, adj. Que se desfaz em pó.

POLVORIM, s.m. Pólvora de grão muito miúdo; pó que sai da pólvora.

POLVOROSA, s.f. (pop.) Grande atividade; azáfama; agitação.

POLVOROSO (ô), adj. Poeirento; pulverulento.

POMA, s.f. Seio de mulher; mama.

POMADA, s.f. Preparado de farmácia ou perfumaria, obtido pela mistura de uma gordura animal com uma ou mais substâncias aromáticas ou medicinais.

POMAR, s.m. Arvoredo frutífero; terreno em que crescem muitas árvores de fruto.

POMAREIRO, adj. Relativo a pomar; s.m. cultivador ou guarda de pomar.

POMBA, s.f. Fêmea do pombo; nome dado a todas as aves que formam a ordem dos columbiformes.

POMBAL, s.m. Casa ou local onde se recolhem ou criam pombos.

POMBALINO, adj. Que diz respeito à época, política ou administração do Marquês de Pombal.

POMBO, s.m. Nome comum a todos os columbiformes.

POMBO-CORREIO, s.m. Variedade de pombo utilizada para levar comunicações e correspondência. (Pl.: pombos-correio.)

POMICULTOR (ô), s.m. Indivíduo que se entrega à pomicultura.

POMICULTURA, s.f. Cultura das árvores frutíferas.

POMÍFERO, adj. Que tem ou produz pomos.

POMO, s.m. Fruto; (poét.) seio de mulher; — de discórdia: coisa ou pessoa que suscita discórdia.

POMO-DE-ADÃO, s.m. Designação vulgar da saliência formada pelo ângulo diedro, resultante do encontro das duas lâminas da cartilagem tireóide; o mesmo que maçã-de-adão, nó-de-adão, nó da garganta, nó da goela, gogó. (Pl.: pomos-de-adão.)

POMOLOGIA, s.f. Estudo das árvores frutíferas.

POMOLÓGICO, adj. Relativo à pomologia.

POMÓLOGO, s.m. Aquele que é versado em pomologia.

POMPA, s.f. Aparato suntuoso e magnífico; ostentação; gala; grande luxo.

POMPEANTE, adj. Que pompeia.

POMPEAR, v.t. Ostentar; expor vaidosamente; int. exibir pompa; ostentar riqueza; brilhar.

POMPOM, s.m. Borla de fios curtos de seda ou lã cortados em forma esférica e usada como ornato de vestuário ou para pôr pó de arroz na pele.

POMPOSO (ô), adj. Em que há ou que revela pompa.

PÔMULO, s.m. Maçã do rosto.

PONCHE, s.m. Mistura de chá ou café, aguardente ou rum, com suco de limão, açúcar, etc., constituindo bebida.

PONCHEIRA, s.f. Vaso em que se faz ou serve o ponche.

PONCHO, s.m. Capa de lã, de forma quadrada, com abertura ao meio por onde se enfia a cabeça.

PONCHO-PALA, s.m. Poncho leve. (Pl.: ponchos-palas.)

PONDERABILIDADE, s.f. Qualidade de ponderável.

PONDERAÇÃO, s.f. Ato de ponderar; sisudez; prudência.

PONDERADO, adj. Que tem ponderação ou gravidade; sisudo; prudente; diz-se da média em que as parcelas são multiplicadas pelos respectivos pesos previamente atribuídos.

PONDERADOR (ô), adj. e s.m. O que pondera.

PONDERAL, adj. Relativo a peso.

PONDERAR, v.t. Pesar; observar; ter em consideração; int. refletir.

PONDERATIVO, adj. Que pondera.

PONDERÁVEL, adj. Que se pode pesar; que se pode ponderar; digno de ponderação.

PONDEROSO (ô), adj. Pesado; importante; notável.

PÔNEI, s.m. Cavalo da Bretanha, pequeno, mas ágil e fino.

PONTA, s.f. Extremidade aguçada, estreita, delgada; (fig.) o princípio ou fim de uma série; pequena porção; resto de cigarro ou charuto fumado; evidência, papel insignificante, em papel teatral ou fita cinematográfica; saber na — da língua: saber perfeitamente; de — a — : de cabo a rabo; do começo ao fim.

PONTADA, s.f. Dor aguda e rápida.

PONTADO, adj. Alinhavado; apontado.

PONTAL, s.m. Altura de embarcação entre a quilha e a primeira coberta; ponta de terra ou penedia que entra um pouco no mar ou no rio.

PONTALETE, s.m. Barrote com que se escoram edifícios, pavimentos, etc.

PONTÃO, s.m. Barca chata, que forma por si, ou com outras, passagem ou ponte; pequeno viaduto em estradas; escora.

PONTAPÉ, s.m. Pancada com a ponta do pé; ofensa; ingratidão.

PONTARIA, s.f. Ato de apontar; (por ext.) alvo; mira certa.

PONTE, s.f. Construção que liga dois pontos separados por um rio, ribeira ou vale; coberta ou sobrado do navio; conjunto de dentes postiços presos por meio de uma placa, a dois ou mais dentes naturais. (Dimin.: pontezinha, pontícula e pontilhão.)

PONTEAR, v.t. Marcar, com pontos; coser; alinhavar; tocar; executar (instrumentos de corda).

PONTEIRA, s.f. Peça de metal na extremidade inferior de bengalas, guarda-sóis, etc.; extremidade postiça de boquilha; boquilha.

PONTEIRO, s.m. Pequena haste para apontar em livros, quadros, etc.; indicador; peça ou lâmina para ferir as cordas de alguns instrumentos; espécie de agulha que nos mostradores dos relógios indica as horas e frações.

PONTIAGUDO, adj. Que termina em ponta aguçada.

PONTÍCULA, s.f. Forma diminutiva de ponte.

PONTIFICADO, s.m. Dignidade de pontífice; papado; todo o tempo durante o qual o pontífice exerceu a sua dignidade.

PONTIFICAL, adj. Relativo aos pontífices; relativo à dignidade episcopal; s.m. livro que contém os ritos destinados a serem observados por pontífices e bispos; capa comprida usada na celebração de certas cerimônias religiosas.

PONTIFICAR, v.int. Celebrar missa com a capa do pontifical; discorrer superiormente; sobressair-se.

PONTÍFICE, s.m. Dignitário eclesiástico, ministro do culto de uma religião; bispo; prelado; (fig.)

chefe de seita, sistema ou escola; Sumo —: o Papa.

PONTIFÍCIO, adj. Relativo a pontífice; próprio ou procedente dele.

PONTILHÃO, s.m. Ponte larga e forte.

PONTILHAR, v.t. Marcar com pontinhos; desenhar a pontos.

PONTILHOSO (ô), adj. Exigente; que facilmente se ofende.

PONTINHA, s.m. Diminutivo de ponta; pouca coisa; rixa; birra; da —: ótimo.

PONTINHO, s.m. Diminutivo de ponto; pl.: reticências.

PONTO, s.m. Furo feito com agulha enfiada em qualquer tecido; pedaço de linha que fica entre dois furos de agulha de coser; pequena mancha arredondada; sinal semelhante ao que deixa uma picada de agulha; bocadinho de adesivo para unir bordas de ferida ou vedar o sangue; limite ou intersecção de linhas; a extensão em abstrato, sem dimensões; sítio, passagem, lugar determinado; assunto; estado de questão; sinal de pontuação com que se encerra período; sinal do mesmo feitio, usado em abreviaturas (ponto abreviativo) e sobre o i e o j; cada uma das pintas nas faces dos dados ou nas cartas de jogar, indicativas do respectivo valor; encerramento de aulas; fim, termo; tempo marcado, ensejo; conjuntura; livro em que se marcam as faltas ou o comparecimento de funcionários na sua repartição; mira; ação; pundonor; grau; empregado que no teatro vai lendo o que os atores hão de dizer, para lhes auxiliar a memória; grau de consistência que se dá ao açúcar em calda; — anguloso: (Mat.) ponto singular de uma curva plana, caracterizado pelo fato de a curva possuir nele duas tangentes distintas; — culminante: ápice. cume; — de acumulação (de um conjunto): (Mat.) ponto na vizinhança da qual, por menor que seja, há pelo menos um ponto do conjunto; o mesmo que ponto-limite; — de admiração: ponto de exclamação; — de afloramento: ponto marcado em areômetros ou densímetros, e que a superfície dos líquidos deve rasar; — de aumentação: (Mús.) o ponto escrito à direita de uma figura musical para lhe aumentar metade do seu valor; — de condensação: (Mat.) ponto de acumulação que contém uma infinidade não numerável de pontos em certa vizinhança; — de exclamação: o sinal (!) também chamado ponto de admiração; — de inflexão: (Mat.) ponto onde uma curva atravessa a sua tangente, mudando o sentido de sua concavidade; — de interrogação: o sinal (?); — de intersecção: lugar em que duas linhas se cortam; — de vista: o que o pintor escolhe para pôr os objetos em perspectiva; lugar alto, donde se descortina largo horizonte; modo de considerar ou de entender um assunto ou uma questão; — final: sinal (.) de fim de período; termo; — isolado: (Mat.) nome dado ao ponto de um conjunto em certa vizinhança, na qual não há pontos do mesmo; assinar o — : escrever o nome no livro do ponto; relógio de — : que marca a hora de entrada e saída do pessoal; por um — : terminar; subir de —: aumentar; crescer; pôr os —s nos ii: dizer tudo claramente.

PONTOADA, s.f. Pancada com a ponta ou ponteira de um objeto.

PONTOAR, v.t. Marcar com ponto; apontar.

PONTONEIRO, s.m. Soldado que trabalha na construção de pontes militares, construtor de pontões.

PONTUAÇÃO, s.f. Ato ou efeito de pontuar; sistema de sinais gráficos de que se lança mão para precisar o pensamento escrito.

PONTUADO, adj. Marcado por meio de pontos.

PONTUAL, adj. Exato no cumprimento dos seus deveres ou compromissos; feito com exatidão ou no tempo preciso em que ficou combinado fazer-se; s.f. (Mat.) série de pontos dispostos em linha reta.

PONTUALIDADE, s.f. Qualidade de pontual; exatidão no cumprimento dos deveres ou compromissos.

PONTUAR, v.t. Empregar a pontuação em.

PONTUDO, adj. Em ponta; bicudo; dotado de ponta aguçada.

POPA, s.m. Parte posterior do navio, oposta à proa.

POPELINA, s.f. Tecido lustroso para vestes femininas, camisas de homem, etc.

POPOCAR, v.int. Estalar; pipocar.

POPULAÇA, s.f. Plebe; ralé.

POPULAÇÃO, s.f. Número dos habitantes de um território.

POPULACHO, s.m. Ralé; plebe.

POPULAR, adj. Do povo; agradável ao povo.

POPULARIDADE, s.f. Qualidade de popular; estima geral.

POPULARIZAÇÃO, s.f. Ato ou efeito de popularizar.

POPULARIZAR, v.t. Tornar popular.

POPULISMO, s.m. Tendência política e literária dos populistas.

POPULISTA, adj. e s. Partido ou agremiação política que procura identificar-se com as camadas populares; adepto de uma escola literária que busca os seus temas na vida do povo.

POPULOSO (ô), adj. Muito povoado.

PÔQUER, s.m. Jogo de cartas de origem norte-americana, para duas ou mais pessoas. (Pl.: pôqueres.)

POR, prep. Designativa de diversas relações (de meio, causa, qualidade, lugar, modo, estado, preço, tempo, etc.); — entre: através de.

PÔR, v.t. Colocar; depositar; estabelecer; pousar; introduzir; impor; vestir; aplicar; expelir ovos; plantar; fixar; imputar; dar (nome); p. colocar-se; aplicar-se; desaparecer no ocaso. (Pres. do ind.: ponho, pões, põe, pomos, pondes, põem; imperf.: punha, punhas, etc.: perf.: pus, puseste, pôs, etc.; m. p. perf.: pusera, puseras, etc.; fut. do pres.: porei, porás, etc., fut. do pretérito: poria, porias, etc.; imperat.: põe, ponde; pres. do subj.: ponha, ponhas, etc.; imperf.: pusesse, pusesses, etc.; fut.: puser, puseres, etc.; ger.: pondo; part.: posto.)

PORÃO, s.m. Parte interior e inferior do navio, entre a carlinga e a ponte; parte da habitação entre o chão e o assoalho.

PORAQUÊ, s.m. Peixe de rio, também conhecido por peixe-elétrico.

PORCA, s.f. Fêmea do porco; pequena peça de ferro, geralmente sextavada ou quadrada, com furo rosqueado que se atarraxa na extremidade do parafuso.

PORCADA, s.f. Vara de porcos.

PORCALHÃO, adj. Aquele que é muito porco, que trabalha mal. (Fem.: porcalhona.)

PORÇÃO, s.f. Parte de alguma coisa; bocado; parcela; dose; fração; ração; quantia; quantidade. (Dim.: porciúncula.)

PORCARIA, s.f. Ato ou estado do que é porco; imundície; sujidade; (fig.) coisa malfeita.

PORCARIÇO, s.m. Porqueiro.

PORCELANA, s.f. Produto cerâmico preparado essencialmente com argila fina e cozido até a vitrificação; louça fina.

PORCENTAGEM, s.f. Porção de um valor dado, que se determina sabendo-se o quanto corresponde a cada 100; taxa de porcentagem.

PORCINO, adj. Suíno.

PORCO (ô), s.m. Quadrúpede mamífero da família dos Suídeos; o mesmo que cerdo; (por ext.) carne de porco; adj. sujo; imundo; torpe; obsceno. (Fem.: porca (ó); pl.: porcos; aum.: porcalhão.)

POREJAR, v.t. Expelir pelos poros; int. sair pelos poros.

PORÉM, conj. Contudo; mas; todavia.

PORFIA, s.f. Discussão; disputa.

PORFIADO, adj. Em que houve porfia; pertinaz; discutido.

PORFIADOR (ô), adj. Aquele que porfia; teimoso; contumaz.

PORFIAR, v.int. Discutir; teimar; disputar.

PORFIOSO (ô), adj. Em que há porfia; amigo de porfiar.

PORFÍRICO ou **PORFIRÍTICO,** adj. Diz-se da textura de rocha que apresenta fenocristais disseminados em uma pasta vítrea ou finamente cristalizada.

PORFIRIZAR, v.t. Reduzir a pó muito fino sobre pedra de pórfiro ou outra qualquer rocha; destruir; refutar.

PÓRFIRO, s.m. Espécie de mármore verde ou purpúreo, salpicado de outras cores.

PORFIRÓIDE, adj. Porfírico; porfirítico.

PORÍFERO, s.m. Espongiário.

PORMENOR, s.m. Particularidade; minúcia.

PORMENORIZAÇÃO, s.f. Ato ou efeito de pormenorizar.

PORMENORIZAR, v.t. Referir, descrever com minúcia; expor os pormenores de.

PORNÉIA, s.f. Devassidão.

PORNOGRAFIA, s.f. Literatura obscena; coleção de gravuras obscenas; caráter obsceno de uma publicação.

PORNOGRÁFICO, adj. Em que há pornografia; obsceno; libidinoso.

PORNÓGRAFO, s.m. Aquele que se ocupa de pornografia; o que pinta ou descreve coisas obscenas.

PORO, s.m. Cada um dos pequeninos orifícios do derma; cada um dos interstícios hipotéticos entre as moléculas dos corpos; cada um dos pequenos orifícios de que estão crivados os vegetais.

POROROCA, s.f. Grande onda ruidosa, de alguns metros de altura, que sobe rio acima, destruindo tudo que encontra em caminho e formando depois de sua passagem ondas menores, conhecidas por banzeiros, que se vão quebrar violentamente nas praias.

POROROCAR, v.int. Produzir pororocas (o rio).

POROSIDADE, s.f. Qualidade daquilo que é poroso.

POROSO (ô), adj. Que tem poros.

PORQUANTO, conj. Por isso que; visto que.

PORQUE, conj. Designativa de causa; em razão de; pelo motivo de. (Os dois elem. são separados quando podem desdobrar-se em **pelo qual, por qual**; e em **por que razão,** em frase interrogativa.)

PORQUÊ, s.m. Causa; razão; motivo. (Ex.: Eis o porquê do conflito.) É escrito separadamente em fim de frase ou período interrogativo, por quê? (Ex.: Você fez isso por quê?).

PORQUEIRA, s.f. Curral de porcos; casa imunda; porcaria; mulher que trata de porcos.

PORQUEIRO, s.m. Guardador de porcos; adj. suíno.

PORQUINHO-DA-ÍNDIA, s.m. Nome vulgar da cobaia. (Pl.: porquinhos-da-índia.)

PORRE, s.m. (pop.) Bebedeira.

PORRETADA, s.f. Pancada com porrete.

PORRETE (ê), s.m. Cacete com uma das extremidades arredondadas; remédio decisivo.

PORTA, s.f. Abertura em parede, ao nível do chão, ou de um pavimento para dar entrada ou saída; peça de madeira ou metal que fecha essa abertura ou com que se fecham certos móveis; — s adentro: dentro de casa; no interior; arrombar uma — aberta: fazer trabalho inútil; deter-se a explicar uma coisa evidente ou muito fácil; dar com a — na cara de alguém; negar-se a recebê-lo; despedi-lo; fazer-lhe descortesia em público.

PORTA-AGULHAS, s.m. 2 núm. Estojo que contém agulhas.

PORTA-AVIÕES, s.m. 2 núm. Embarcação destinada ao transporte de aviões, a qual oferece condições para levantamento de vôo e descida dos aparelhos.

PORTA-BANDEIRA, s.m. Oficial que conduz a bandeira do regimento. (Pl.: porta-bandeiras.)

PORTA-CHAPÉUS, s.m. 2 núm. Chapeleira (caixa); cabide para chapéus.

PORTADA, s.f. Grande porta, geralmente com ornatos; frontispício.

PORTADOR (ô), adj. Que porta ou conduz; s.m. aquele que porta ou conduz; aquele que, em nome de outrem, leva a qualquer destino carta, encomenda, etc.; possuidor de títulos ou documentos que hão de ser pagos a quem os apresente; carregador.

PORTA-ESTANDARTE, s. 2 gên. Pessoa que conduz o estandarte. (Pl.: porta-estandartes.)

PORTA-JÓIAS, s.m. 2 núm. Caixinha em que se guardam jóias; guarda-jóias.

PORTAL, s.m. Porta principal de um edifício; portada; armação estrutural constituída essencialmente por dois pés direitos unidos no alto por uma viga horizontal; arco que se estende sobre uma entrada.

PORTA-LÁPIS, s.m. 2 núm. Lapiseira.

PORTALÓ, s.m. Lugar por onde se entra em um navio ou por onde se recebe ou tira a carga.

PORTA-MALAS, s.m. 2 núm. Parte do veículo de transporte onde vai guardada a bagagem.

PORTA-NÍQUEIS, s.m. 2 núm. Bolsinha de couro ou de metal destinada à condução de moedas.

PORTANTO, conj. Logo; por conseguinte.

PORTÃO, s.m. Porta grande; portada; porta da rua.

PORTA-PENAS, s.m. 2 núm. Caneta em que se metem os aparos para escrever com firmeza.

PORTAR, v.t. Levar; p. comportar-se.

PORTARIA, s.f. Porta principal do convento; átrio de convento; vestíbulo de estabelecimento, onde há de ordinário um encarregado de prestar informações, receber correspondência, etc.; portão;

s.f. diploma ou documento oficial, assinado por um ministro, em nome do chefe de Estado.

PORTÁTIL, adj. De fácil transporte; de pequeno volume ou pouco peso. (Pl.: portáteis.)

PORTA-TOALHAS, s.m. 2 núm. Espécie de cabide para acomodar toalhas junto aos banheiros e lavabos.

PORTA-VOZ, s.m. Instrumento semelhante a uma trombeta para reforçar a voz; (fig.) aquele que fala autorizadamente em nome de outrem. (Pl.: porta-vozes.)

PORTE, s.m. Ato de conduzir ou trazer; transporte; cargo; preço de transporte ou de franquia de correspondência; comportamento; apresentação, aspecto físico; tonelagem; capacidade.

PORTEAR, v.t. Franquear ou selar devidamente (carta ou qualquer correspondência postal).

PORTEIRA, s.f. Mulher encarregada de porta ou portaria; mulher de porteiro; cancela; portão de entrada em propriedades rurais.

PORTEIRO, s.m. Homem que guarda porta ou portaria.

PORTENHO, adj. De Buenos Aires; s.m. o natural ou habitante dessa cidade.

PORTENTO, s.m. Coisa ou sucesso maravilhoso; prodígio; pessoa de grande inteligência.

PORTENTOSO (ô), adj. Em que há portento; maravilhoso; assombroso.

PÓRTICO, s.m. Átrio amplo, com o teto sustentado por colunas ou pilares; entrada de edifício nobre ou de templo; vestíbulo.

PORTILHO, s.m. Pequeno porto.

PORTINHOLA, s.f. Pequena porta de carruagem.

PORTO, s.m. Lugar de abrigo e ancoradouro de navios; lugar de embarque e desembarque de passageiros e mercadorias de navio.

PORTO-ALEGRENSE, adj. De Porto Alegre, capital do Estado do Rio Grande do Sul; s. o natural ou habitante dessa cidade. (Pl.: porto-alegrenses.)

PORTO-FRANCO, s.m. Porto de livre entrada para todos os gêneros. (Pl.: portos-francos.)

PORTO-RIQUENHO, adj De Porto-Rico (América Central); s.m. o natural ou habitante de Pôrto Rico.

PORTO-RIQUENSE, adj. e s. Pôrto-riquenho. (Pl.: porto-riquenses.)

PORTUÁRIO, adj. Relativo a porto.

PORTUGUÊS, adj. De Portugal; s.m. o natural ou habitante de Portugal; língua falada pelos portugueses e brasileiros.

PORTUGUESISMO, s.m. Locução ou idiotismo da língua portuguesa; modo de pensar ou de sentir próprio de portugueses.

PORUNGA, s.f. Vaso de couro.

PORVINDOURO, adj. Que há de vir; futuro.

PORVIR, s.m. Tempo que há de vir; futuro.

PÓS, prep. Após, depois, atrás.

POSAR, v.int. Fazer pose.

POSCÊNIO, s.m. A parte do teatro que fica atrás da cena ou do palco.

PÓS-DATA, s.f. Data falsa de um documento, posterior à verdadeira. (Antôn.: antedata.)

PÓS-DATAR, v.t. Pôr pós-data em. (Antôn.: antedatar.)

PÓS-DILUVIANO, adj. Posterior ao dilúvio. (Antôn.: antediluviano.)

PÓS-DORSAL, adj. Situado atrás das costas.

POSE (ô), s.f. Atitude; postura estudada; ato de servir de modelo a um pintor ou escultor; duração de exposição luminosa necessária à impressão da imagem na chapa fotográfica.

PÓS-ESCRITO, adj. Escrito depois; escrito no fim; s.m. aquilo que se escreve no fim de uma carta depois de assinada.

POSFÁCIO, s.m. Advertência colocada no fim de um livro.

PÓS-GLACIAL, adj. (Geol.) Diz-se de uma das cinco fases que constituem o período plistocênico.

POSIÇÃO, s.f. Lugar onde uma pessoa ou coisa está colocada; postura do corpo; disposição; circunstância; classe; emprego público; situação social, moral ou econômica; categoria; terreno mais ou menos apropriado para ataque ou defesa militar.

POSITIVAR, v.t. Tornar positivo; confirmar.

POSITIVIDADE, s.f. Estado do que é positivo; (Fís.) condição dos corpos eletrizados positivamente.

POSITIVISMO, s.m. Sistema filosófico que pretende emancipar-se da metafísica e basear-se somente nos dados da observação e da experiência; tendência para encarar a vida só pelo lado prático ou pelo lado do interesse.

POSITIVISTA, adj. Que diz respeito ao positivismo; diz-se ao adepto da filosofia do positivismo.

POSITIVO, adj. Real; evidente; baseado nos fatos e na experiência; objetivo; (Fís.) designativo da eletricidade que se desenvolve no vidro; (Mat.) designativo do número precedido do sinal +; (Gram.) grau em que o adjetivo exprime simplesmente a qualidade.

PÓS-MERIDIANO, adj. Posterior ao meio-dia. (Antôn.: antemeridiano.)

POSOLOGIA, s.f. Indicação das doses em que se devem aplicar os medicamentos.

PÓS-OPERATÓRIO, adj. (Cir.) Diz-se do período que se segue à operação.

POSPONTAR, v.t. Coser a posponto.

POSPONTO, s.m. Modo de coser, em que os pontos ficam sobrepostos.

POSPOR, v.t. Pôr depois; preterir; postergar.

POSPOSIÇÃO, s.f. Ato ou efeito de pospor.

POSPOSTO (ô), adj. Posto depois; preterido; desprezado; postergado.

POSSANÇA, s.f. Poder; valentia; vigor.

POSSANTE, adj. Que tem possança; vigoroso; forte.

POSSE, s.f. Retenção ou fruição de uma coisa ou direito; estado de quem frui uma coisa ou a tem em seu poder; pl.: haveres; capacidade.

POSSEIRO, adj. e s.m. Que, ou aquele que está na posse legal de prédio ou prédios indivisos; ocupante de terras sem título legítimo.

POSSESSÃO, s.f. Estado; domínio; colônia; estado de possesso.

POSSESSIVO, adj. (Gram.) Designativo do adjetivo ou pronome que indica posse.

POSSESSO, adj. Possuído do demônio.

POSSESSOR (ô), adj. e s.m. Que, ou aquele que possui.

POSSESSÓRIO, adj. Relativo ou inerente à posse.

POSSIBILIDADE, s.f. Qualidade de possível; pl. posses; haveres; capacidade.

POSSIBILITAR, v.t. Tornar possível ou apresentar como tal.

POSSÍVEL, adj. Que pode ser, acontecer ou praticar-se; s.m. aquilo que é possível; empenho; esforço.

POSSUIDOR (u-i...ô), s.m. O que possui.

POSSUIR, v.t. Ter em seu poder; ter a posse de; conter; encerrar; ser naturalmente dotado de; gozar; ter o domínio de (estado ou região). (Pres. ind.: possuo, possuis, possui, possuímos, possuís, possuem; pres. subj.: possua, possuas, etc.)

POSTA, s.f. Pedaço de peixe; pedaço; correio; administração do correio.

POSTAL, adj. Relativo ao correio; s.m. bilhete-postal.

POSTALISTA, s. Funcionário da repartição dos correios.

POSTAR, v.t. Pôr num lugar ou posto (alguém); pôr (carta, postal, impresso) na caixa do correio; t.-rel. colocar; p. colocar-se; pôr-se; permanecer muito tempo.

POSTA-RESTANTE, s.f. Indicação que se põe no sobrescrito de uma carta para significar que ela deve permanecer na repartição do correio até que seja reclamada; lugar, no correio, onde ficam as cartas com essa indicação. (Pl.: postas-restantes.)

POSTE, s.m. Coluna de cimento ou de madeira cravada verticalmente no chão.

POSTEJAR, v.t. Partir em postas.

POSTERGAÇÃO, s.f. Ato ou efeito de postergar.

POSTERGAR, v.t. Deixar atrás; preterir; pospor; deixar em atraso; desprezar; não fazer caso de; transgredir.

POSTERIDADE, s.f. Série de indivíduos procedentes da mesma origem; os vindouros; gerações futuras; tempo futuro; celebridade ou glorificação futura.

POSTERIOR (ô), adj. Que vem ou está depois; situado ou que ficou atrás. (Antôn.: anterior.)

POSTERIORIDADE, s.f. Caráter do que é posterior.

PÓSTERO, adj. Futuro; porvindouro; s.m. pl. gerações que hão de suceder à atual.

PÓSTERO-EXTERIOR, adj. Que está atrás e por fora. (Pl.: póstero-exteriores.)

PÓSTERO-INFERIOR, adj. Que está atrás e por baixo. (Pl.: póstero-inferiores.)

PÓSTERO-SUPERIOR, adj. Que está atrás e por ci-

ma. (Pl.: póstero-superiores.)

POSTIÇO, adj. Colocado artificialmente; que não é natural.

POSTIGO, s.m. Pequena porta; abertura em porta ou janela para observar sem as abrir.

POSTILA, s.f. Caderno de explicações, para uso de estudantes; explicação ditada pelo professor e escrita pelo aluno; comentário; apostila.

POSTILAR, v.t. Apostilar.

POSTILHÃO, s.m. Homem que transporta a cavalo notícias e correspondência.

POSTIMEIRO, adj. Postremo.

POSTO, adj. Colocado; disposto; desaparecido (Sol no ocaso); conj. o mesmo que posto que; — que: ainda que, se bem que, embora; s.m. lugar onde uma pessoa ou coisa está colocada; estação ou alojamento de tropas ou guardas policiais; cargo; dignidade; graduação militar; lugar que cada um deve ocupar no desempenho de suas funções.

POSTÔNICO, adj. (Gram.) Que está depois da vogal tônica de uma palavra.

POSTREMO, adj. Último; derradeiro.

POSTULAÇÃO, s.f. Ato de postular; solicitação.

POSTULADO, s.m. Princípio ou fato, reconhecido mas não demonstrado; proposição que se admite sem demonstração; tempo de exercício e provações que antecede o noviciado das comunidades religiosas.

POSTULANTE, adj e s. Que, ou pessoa que postula.

POSTULAR, v. Pedir com instância; suplicar; requerer, documentando a alegação.

PÓSTUMO, adj. Nascido depois da morte do pai; posterior à morte de alguém; diz-se de obra publicada depois da morte do respectivo autor.

POSTURA, s.f. Posição do corpo; atitude; aspecto físico; os ovos postos por uma ave, durante certo tempo.

PÓS-VERBAL, adj. (Gram.) Deverbal.

POTAMOFOBIA, s.f. Medo mórbido dos rios.

POTAMÓFOBO, s.m. Aquele que tem potamofobia.

POTAMOGRAFIA, s.f. Potamologia.

POTAMOLOGIA, s.f. A parte da Geografia que estuda os rios.

POTAMOLÓGICO, adj. Relativo à potamologia.

POTASSA, s.f. Hidróxido de potássio, também chamado potassa cáustica.

POTÁSSIO, s.m. Elemento químico, metal alcalino, símbolo K, de peso atômico 39,104 e número atômico 19.

POTÁVEL, adj. Que se pode beber.

POTE, s.m. Cântaro; grande vaso de barro para líquidos.

POTÊNCIA, s.f. Qualidade de potente; vigor; força; poderio; nação soberana; (Mat.) produto de fatores iguais; (Fís.) trabalho produzido por uma máquina na unidade de tempo; — de um ponto em relação a um círculo: (Geom.) produto dos segmentos que vão deste ponto aos pontos de interseção com a circunferência de uma secante qualquer tirada pelo ponto.

POTENCIAÇÃO, s.f. Elevação a potências.

POTENCIAL, adj. Relativo a potência; virtual; s.m. (Fís.) tendência que tem uma carga elétrica para abandonar o objeto eletrizado.

POTENCIALIDADE, s.f. Qualidade de potencial.

POTENCIAR, v.t. (Mat.) Elevar (qualquer quantidade) a uma potência. (Pres. ind. potencio, etc.)

POTENCIÔMETRO, s.m. (Eletr.) Instrumento de medir as diferenças de potencial elétrico.

POTENTADO, s.m. Príncipe soberano de grande autoridade ou poder material; (por ext.) pessoa muito influente ou poderosa.

POTENTE, adj. Que pode; que tem a faculdade de fazer ou produzir alguma coisa; que tem poderio ou importância; violento; enérgico; rude.

POTESTADE, s.f. Poder; potência; potentado.

POTIGUAR, adj. e s. Natural ou proveniente do Rio Grande do Norte. O mesmo que pitaguar.

POTRA (ô), s.f. Égua nova; hérnia intestinal.

POTRANCA, s.f. Fem. de potranco.

POTRANCADA, s.f. Porção de potrancos ou potrancas.

POTRANCO, s.m. Potro de menos de dois anos. O mesmo que potrinho e potreco.

POTRECO, s.m. Potrinho.

POTREIRO, s.m. Negociante de potros e de gado para cavalaria e tiro.

POTRO (ô), s.m. Cavalo novo, até aos 4 anos.

POUCO, adj. Em pequena quantidade; escasso (superl. abs. sint.: pouquíssimo); s.m. aquilo que é em pequena quantidade; bagatela; adv. não muito; insuficientemente; — a — ou a — e —: gradualmente, em pequenas porções.

POUCOCHINHO, adj. Muito pouco; s.m. pequena quantidade.

POUPA, s.f. Penacho que adorna a cabeça de aves.

POUPADO, adj. Que não é gastador; econômico.

POUPADOR (ô), adj. e s.m. O que poupa.

POUPANÇA, s.f. Economia; (fam.) sovinice.

POUPAR, v.t. Despender com moderação; pôr de lado; não ofender; economizar; acatar; int. viver com economia; p. eximir-se; esquivar-se.

POUQUIDADE ou **POUQUIDÃO**, s.f. Pequena porção; pequenez; exigüidade.

POUQUINHO, s.m. Muito pouca coisa.

POUSADA, s.f. Ato ou efeito de pousar; hospedagem; lugar que serve de pouso por uma noite.

POUSAR, v.t. Assentar; pôr; colocar; int. pernoitar; hospedar-se; parar para descansar; rel. estacionar; conservar-se.

POUSIO, s.m. Interrupção da cultura por um ou mais anos; terra cuja cultura se interrompeu para tornar-se mais fértil.

POUSO, s.m. Lugar onde alguém ou alguma coisa pousa, se coloca, costuma estar ou descansar; ancoradouro.

POVARÉU, s.m. Plebe, ralé.

POVILÉU, s.m. Ralé.

POVO (ô), s.m. Conjunto dos habitantes de um país; habitantes de uma localidade; multidão de gente; (aum. e depreciat.: povaréu; dimin. depreciat.: poviléu e povoléu); pl.: nações.

PÓVOA, s.f. Pequena povoação.

POVOAÇÃO, s.f. Lugar povoado; os habitantes de determinado lugar.

POVOADO, s.m. Pequeno lugar habitado; vilarejo.

POVOADOR (ô), adj. e s.m. Que, ou aquele que povoa; colono.

POVOAMENTO, s.m. Ação ou efeito de povoar.

POVOAR, v.t. Tornar habitado. (Pres. ind.: povôo, povoas (ô), povoa (ô), povoamos, etc.)

POVOLÉU, s.m. Ralé.

PRAÇA, s.f. Lugar público, cercado de edifícios; largo; mercado; conjunto de negociantes de uma cidade; soldado sem graduação ou patente; vila ou cidade fortificada; cidade, particularmente a capital; — forte: vila ou cidade fortificada; assentar —: fazer-se soldado; alistar-se; sentar —: assentar praça; — s.m. soldado.

PRACEIRO, adj. Relativo à praça; público.

PRACEJAR, v.t. Alardear; ostentar.

PRACIANO, adj. O que mora na praça, isto é, na cidade (ordinariamente a capital).

PRACISTA, s. Vendedor de uma companhia em determinada praça; corretor de cereais, bebidas e artigos domésticos.

PRADARIA, s.f. Série de prados; grande planície.

PRADO, s.m. Campo coberto de plantas herbáceas, que servem para pastagem; hipódromo.

PRAGA, s.f. Imprecação de males contra alguém; maldição; (por ext.) grande desgraça; pessoa ou coisa importuna; abundância de coisas prejudiciais ou desagradáveis; peste; (fam.) pessoa desastrada, maçante; designação genérica dos insetos e moléstias que atacam as plantas e os animais.

PRAGANA, s.f. Barba de espiga de cereais.

PRAGMÁTICA, s.f. Etiqueta; formalidade de boa sociedade; protocolo.

PRAGMÁTICO, adj. Relativo ou conforme à pragmática.

PRAGMATISMO, s.m. Doutrina filosófica que adota como critério da verdade a utilidade prática, identificando o verdadeiro com o útil.

PRAGMATISTA, adj. Relativo ao pragmatismo; que é partidário do pragmatismo; s. pessoa partidária do pragmatismo.

PRAGUEDO (ê), s.m. Grande porção de pragas.

PRAGUEJADO, adj. Atacado por uma praga; enfezado; doentio.

PRAGUEJADOR (ô), adj. Aquele que pragueja.

PRAGUEJAMENTO, s.m. Ação de praguejar.

PRAGUEJAR, v.int. Encher-se (o terreno) de pragas, vegetais daninhos; int. dizer pragas; proferir imprecações; t. amaldiçoar.

PRAGUENTO, adj. Que costuma dizer pragas; maldizente.

PRAIA, s.f. Orla de terra geralmente coberta de areia e confinante com o mar; litoral.

PRAIANO, s.m. Habitante da praia ou litoral.

PRAIEIRO, s.m. Praiano; habitante de praia.

PRALINA, s.f. Amêndoa confeitada.

PRANCHA, s.f. Tabuão; grande tábua, grossa e larga; tábua sobre a qual se passa de um barco para terra; estampa impressa; (gír.) pé grande e espalmado.

PRANCHADA s.f. Pancada com toda a largura da folha de espada ou sabre.

PRANCHÃO, s.m. Grande prancha.

PRANCHAR, v.t. Dar pranchadas em.

PRANCHEAR, v.int. Cair de lado; estender-se ao comprido.

PRANCHETA (ê), s.f. Pequena prancha; instrumento topográfico para levantamento de plantas; tábua ou mesa própria para desenhar.

PRANTEADOR (ô), adj. e s.m. Aquele que pranteia.

PRANTEAR, v.t. Verter pranto por; lastimar; lamentar; p. chorar.

PRANTO, s.m. Choro; lágrimas; lamentação; ato de lastimar.

PRASEODÍMIO, s.m. Elemento químico, metal do grupo das chamadas terras raras, símbolo Pr, de peso atômico 140,9 e n.º atômico 59.

PRATA, s.f. Elemento químico, metal, símbolo Ag, de peso atômico 107,88 e n.º atômico 47; moeda ou baixela deste metal; — de lei: a que tem os quilates determinados por lei; (fig.) dinheiro.

PRATADA, s.f. Aquilo que um prato contém; prato cheio.

PRATALHADA, s.f. Porção de comida que enche um prato.

PRATALHAZ, s.m. Um prato muito cheio de qualquer iguaria; pratarraz.

PRATARIA, s.f. Conjunto de vasos ou utensílios de prata; porção de pratos.

PRATARRAZ, s.m. Prato grande.

PRATÁZIO, s.f. Pratarraz.

PRATEAÇÃO, s.f. Ato ou efeito de pratear.

PRATEADO, adj. Coberto de folhas de prata ou de uma solução de prata; (fig.) branco e brilhante como a prata.

PRATEADOR (ô), adj. e s.m. Que, ou o que prateia.

PRATEAR, v.t. Revestir de uma camada de prata; dar a cor e o brilho da prata a.

PRATEIRO, s.m. Aquele que vende ou fabrica objetos de prata.

PRATEL, s.m. Prato pequeno.

PRATELEIRA, s.f. Tábua ou espécie de estante em que se colocam pratos; cada uma das tábuas horizontais e interiores de um armário ou estante.

PRÁTICA, s.f. Ato ou efeito de praticar; uso; experiência; exercício; saber, resultante da experiência; rotina; aplicação da teoria; discurso breve.

PRATICABILIDADE, s.f. Qualidade de praticável.

PRATICAGEM, s.f. Pilotagem.

PRATICANTE, adj. e s. Pessoa que pratica, que se vai exercitando nalguma profissão; aprendiz.

PRATICAR, v.t. Exercitar; realizar; proferir; int. conversar.

PRATICÁVEL, adj. Que se pode praticar.

PRÁTICO, adj. Relativo à prática; exercitado; experiente; que encara as coisas pelo lado positivo; s.m. homem experimentado; piloto que conhece bem certas paragens marítimas; aquele que exerce profissão liberal sem ser diplomado; perito.

PRATÍCOLA, adj. Que vive nos prados; relativo à cultura dos prados.

PRATICULTOR (ô), s.m. Aquele que se ocupa de praticultura.

PRATICULTURA, s.f. Cultura dos prados; parte da Agricultura que trata especialmente de pastos e forragens.

PRATILHEIRO, s.m. O tocador de pratos numa banda ou orquestra.

PRATO, s.m. Vaso de louça ou metal, ordinariamente circular, em que se serve a comida; cada uma das iguarias que entram numa refeição; concha de balança; (aum.: pratalhaz, pratarraz e pratázio; dimin.: pratinho e pratel); pl.: instrumento musical formado de duas peças circulares de metal; por em — limpos: esclarecer.

PRAVIDADE, s.f. Ruindade; perversidade.

PRAXE, s.f. O que habitualmente se pratica; uso; prática; rotina.

PRAXISTA, adj. Que conhece ou segue as praxes; pessoa versada nas praxes do foro.

PRAZENTEAR, v.t. Adular; bajular; lisonjear; int. gracejar; mostrar-se prazenteiro.

PRAZENTEIO, s.m. Ato de prazentear; adulação; lisonja.

PRAZENTEIRO, adj. Que revela prazer; alegre; festivo; jovial; simpático.

PRAZER, v. int. Agradar; aprazer; comprazer. (Verbo defectivo. Só se conjuga nas terceiras pessoas. Na 3.ª pess. do sing. pres. do indic.: per-de o ● da terminação: praz); s.m. alegria; jovialidade; satisfação; delícia; agrado; divertimento.

PRAZEROSO (ô), adj. Em que há prazer; alegre; jovial.

PRAZO, s.m. Tempo determinado; espaço de tempo durante o qual se deve realizar alguma coisa.

PRÉ, s.m. O vencimento diário de um soldado.

PREÁ, s.m. ou f. Pequeno mamífero roedor.

PRÉ-AGÔNICO, adj. Que antecede a agonia ou a morte.

PREAMAR, s.f. O ponto mais alto a que sobe a maré; maré cheia. (Antôn.: baixa-mar.)

PREAMBULAR, adj. Relativo a preâmbulo; que serve ou tem forma de preâmbulo.

PREAMBULAR, v.t. Fazer o preâmbulo ou a introdução de; prefaciar.

PREÂMBULO, s.m. Introdução; prefácio; exposição inicial; discurso preliminar; parte preliminar de uma lei, decreto ou diploma em que o soberano anuncia a promulgação; relatório preliminar; sem mais — s: sem demora.

PRÉ-ANTEPENÚLTIMO, adj. Anterior ao antepenúltimo.

PRENUNCIAÇÃO, s.f. Ato de preanunciar.

PREANUNCIAR, v.t. Anunciar previamente.

PREAR, v.t. Prender; agarrar; aprisionar; int. fazer presa. (Pres. ind. preio, preias,etc.)

PRÉ-CABRALINO, adj. Anterior ao descobrimento do Brasil por Pedro Álvares Cabral.

PRECAÇÃO, s.f. Rogação; deprecação.

PRECARIEDADE, s.f. Qualidade do que é precário.

PRECÁRIO, adj. Difícil; minguado; vário; incerto; pouco durável; frágil; escasso.

PRECATADO, adj. Cauteloso.

PRECATAR, v.t. Acautelar; prevenir; pôr de sobreaviso, de precaução; p. precaver-se; acautelar-se; preparar-se; prevenir-se.

PRECATÓRIA, s.f. (jur.) Carta que o juiz de uma circunscrição (deprecante) dirige ao de outra (deprecado) para que este cumpra ou faça cumprir certas diligências judiciais.

PRECATÓRIO, adj. Em que se pede alguma coisa; rogatório; s.m. ordem judicial de levantamento de quantias depositadas.

PRECAUÇÃO, s.f. Prevenção; cautela antecipada.

PRECAUCIONAR-SE, v.p. Acautelar-se com antecipação; precaver-se.

PRECAUTELAR, v.t. Precaver.

PRECAVER, v.t. Acautelar antecipadamente; prevenir. (Verbo defectivo. Só se conjuga nas formas arrizotônicas, que são regulares; pres. do ind.: precavemos, precaveis; imperf. ind.: precavia; precavias, precavia, precavíamos, precavíeis, precaviam; perf.: precavi, precaveste, precaveu, precavemos, precavestes; precaveram; mas-queperf.: precavera,etc.; imper.: precavei. Não possui presente do subjuntivo.)

PRECE, s.f. Súplica religiosa; oração.

PRECEDÊNCIA, s.f. Qualidade ou condição de precedente; preferência; prioridade.

PRECEDENTE, adj. Que precede; antecedente.

PRECEDER, v.t. Anteceder; chegar antes de.

PRECEITO, s.m. Regra de proceder; norma; ensinamento; doutrina.

PRECEITUAR, v.t. Estabelecer como preceito; ordenar; int. estabelecer regras; dar ordens ou instruções. (Conjuga-se regularmente; pres. ind.: preceituo, preceituas,etc.; pres. subj. preceitue, preceitues, preceituemos,etc.)

PRECEITUÁRIO, s.m. Coleção ou reunião de preceitos; conjunto de regras.

PRECEPTIVO, adj. Em que há preceito; que tem forma ou natureza de preceito.

PRECEPTOR (ô), s.m. O que dá preceitos ou instruções; mestre; mentor.

PRECESSÃO, s.f. Ato ou efeito de preceder; precedência.

PRECINGIR, v.t. Cingir.

PRECINTAR, v.t. Circundar.

PRECIOSIDADE, s.f. Qualidade de precioso; aquilo que é precioso.

PRECIOSISMO, s.m. Exagerada delicadeza ou sutileza no falar e no escrever, especialmente a usada nos salões literários da França no século XVII.

PRECIOSO, (ô). adj. De grande preço; suntuoso; magnífico; muito rico; de grande importância; (fig.) presumido; afetado; diz-se das pedras ou metais que são de alto valor ornamental e por isso usados como jóias.

PRECIPÍCIO, s.m. Lugar de onde se pode precipitar alguém ou alguma coisa; despenhadeiro; abismo.

PRECIPITAÇÃO, s.f. Ato ou efeito de precipitar ou de se precipitar; pressa irrefletida; irreflexão.

PRECIPITADO, adj. Irrefletido; apressado; imprudente; s.m. aquele que procede sem reflexão; (Quím.) substância insolúvel formada em consequência da precipitação.

PRECIPITAR, v.t. Desencadear; lançar ao precipício; despenhar; apressar muito; p. lançar-se; atirar-se de cima para baixo; arrojar-se; antecipar-se; acelerar-se; int. (Quím.) transformar uma substância solúvel (íon ou sol) em insolúvel, por adição de reagente, evaporação, resfriamento ou eletrólise.

PRECÍPITE, adj. Veloz; rápido.

PRECIPITINA, s.f. (Quím.) Anticorpo.

PRECÍPUO, adj. Principal; essencial.

PRECISADO, adj. Necessitado; pobre.

PRECISÃO, s.f. Falta ou carência de uma coisa útil ou necessária; exatidão de cálculos; pontualidade; rigor sóbrio de linguagem.

PRECISAR, v.t. Ter precisão de; necessitar; determinar com exatidão; particularizar; rel. carecer.

PRECISO, adj. Necessário; exato; certo.

PRECITADO, adj. Anteriormente citado.

PRECITO, adj. Réprobo; maldito.

PRECLARO, adj. Ilustre; famoso; notável.

PRECLUSÃO, s.f. (Filol.) Contato prévio de dois órgãos para a produção de um fonema explosivo, como as consoantes p, b, g, q,etc.

PREÇO (ê), s.m. Custo da unidade de coisa vendível; valor pecuniário de um objeto; prêmio; castigo; valia.

PRECOCE, adj. Prematuro; antecipado; temporão; adv. prematuramente.

PRECOCIDADE, s.f. Qualidade do que é precoce ou prematuro.

PRECOGITAR, v.t. Cogitar antes; premeditar.

PRÉ-COLOMBIANO, adj. Anterior a Cristóvão Colombo, navegador genovês a serviço da Espanha (1436-1506), ou aos seus descobrimentos.

PRECONCEBER, v.t. Conceber antecipadamente; planear ou idear com antecipação.

PRECONCEBIDO, adj. Concebido de antemão; premeditado.

PRECONCEITO, s.m. Conceito antecipado; opinião formada sem reflexão.

PRECONIZAÇÃO, s.f. Ato ou efeito de preconizar

PRECONIZADOR (ô), adj. e s.m. Que, ou o que preconiza.

PRECONIZAR, v.t. Instituir; prescrever; preceituar; louvar; propalar; divulgar; aconselhar; recomendar com louvor.

PRECURSOR (ô), adj. e s.m. Que, ou aquele que vai adiante; anunciante de um sucesso ou da chegada de alguém; que precede.

PREDADOR (ô), s.m. O ser que destrói outro violentamente.

PREDATÓRIO, adj. Relativo a roubos ou a piratas.

PREDECESSOR (ô), s.m. Antecessor.

PREDESTINAÇÃO, s.f. Ato ou efeito de predestinar.

PREDESTINADO, adj. e s.m. Eleito de Deus; destinado de antemão.

PREDESTINAR, v.t. Destinar antecipadamente.

PREDETERMINAÇÃO, s.f. Ato ou efeito de predeterminar.

PREDETERMINAR, v.t. Determinar com antecipação; preestabelecer.

PREDIAL, adj. Relativo a prédios.

PRÉDICA, s.f. Pregação; sermão.

PREDICAÇÃO, s.f. Prédica. (Gram.) emprego ou qualidade de predicado.

PREDICADO, s.m. Qualidade característica; prenda; atributo; virtude; (Gram./ aquilo que na proposição se diz do sujeito.

PREDICADOR (ô), adj. e s.m. Predicante.

PREDICAL, adj. Relativo a prédica, a sermão.
PREDICAMENTAL, adj. Relativo a predicamento.
PREDICAMENTAR, v.t. Classificar; graduar.
PREDICAMENTO, s.m. Categoria; graduação.
PREDICANTE, adj. Que predica; s. pessoa que predica; pregador protestante.
PREDIÇÃO, s.f. Ato ou efeito de predizer; profecia; vaticínio.
PREDICAR, v.t. Pregar; aconselhar.
PREDICATIVO, adj. e s.m. (Gram.) Diz-se do, ou o nome ou pronome que qualifica ou determina o sujeito ou o objeto direto e completa a significação do verbo.
PREDICATÓRIO, adj. Encomiástico; lisonjeiro.
PREDILEÇÃO, s.f. Gosto ou amizade preferente por alguma coisa ou por alguém; afeição extremosa.
PREDILETO, adj. e s.m. Que, ou aquele que é querido com predileção.
PRÉDIO, s.m. Propriedade imóvel, rústica ou urbana; casa; edifício; habitação.
PREDISPONÊNCIA, s.f. Ato ou efeito de predispor.
PREDISPONENTE, adj. Que predispõe.
PREDISPOR, v.t. Dispor com antecipação; preparar de antemão.
PREDISPOSIÇÃO, s.f. Ato de predispor ou de se predispor; tendência; vocação.
PREDITO, adj. Dito, citado anteriormente.
PREDIZER, v.t. Dizer antecipadamente; vaticinar; prognosticar; profetizar. (Irregular. Conjuga-se como v. dizer.)
PREDOMINAÇÃO, s.f. Ato ou efeito de predominar; predomínio; predominância.
PREDOMINADOR (ô), adj. e s.m. Que, ou aquele que predomina.
PREDOMINÂNCIA, s.f. Qualidade de predominante; predomínio.
PREDOMINANTE, adj. Que predomina; (Gram.) diz-se do acento mais forte de uma palavra e da sílaba ou vogal em que recai esse acento, por oposição ao acento secundário.
PREDOMINAR, v. int. Ser o primeiro em domínio ou influência; dominar muito; prevalecer; ser em maior quantidade ou intensidade; sobressair; t. exercer domínio sobre; sobrepujar.
PREDOMÍNIO, s.m. Domínio principal; preponderância; superioridade.
PREELEITORAL, adj. Que precede a eleição.
PREEMINÊNCIA, s.f. Qualidade de preeminente; primazia; superioridade.
PREEMINENTE, adj. Que ocupa lugar mais elevado; nobre; distinto.
PREENCHER, v.t. Encher completamente; ocupar; completar; desempenhar; observar; cumprir plenamente; prover.
PREENCHIMENTO, s.m. Ato ou efeito de preencher.
PREESTABELECER, v.t. Estabelecer antecipadamente; predispor; determinar previamente.
PREESTABELECIDO, adj. Estabelecido, preparado antecipadamente.
PREEXCELÊNCIA, s.f. Excelência superior.
PREEXCELENTE, adj. Muito excelente; magnífico.
PREEXCELSO, adj. Muito alto; sublime.
PREEXISTÊNCIA, s.f. Qualidade de preexistente; (Teol.) existência do Cristo no céu antes da encarnação; existência das almas antes do nascimento.
PREEXISTENTE, adj. Que preexiste.
PREEXISTIR, v.int. Existir em tempo anterior; existir antes de outro ou de outrem.
PREFAÇÃO, s.f. O que se diz antes.
PREFACIADOR (ô), s.m. Aquele que prefacia.
PREFACIAL, adj. Relativo a prefácio; que serve de prefácio.
PREFACIAR, v.t. Fazer prefácio a (uma obra); escrever a introdução de. (Pres. ind.: prefacio, etc.)
PREFÁCIO, s.m. Discurso ou advertência, geralmente breve, que antecede uma obra escrita; o mesmo que prefação, preâmbulo, prólogo, proêmio, prolusão, prelúdio, preliminar, introdução, anteâmbulo, antelóquio, exórdio. (Antôn.: posfácio.)
PREFEITO, s.m. Chefe de prefeitura; o que está investido do poder executivo nas municipalidades.
PREFEITURA, s.f. Cargo de prefeito; repartição do prefeito; municipalidade.
PREFERÊNCIA, s.f. Ato ou efeito de preferir; predileção; manifestação de agrado ou distinção; prioridade.
PREFERENCIAL, adj. Que tem preferência.
PREFERENTE, adj. e s. Pessoa que prefere.
PREFERIDO, adj. Escolhido; predileto.

PREFERIR, v.t. Dar a primazia a; escolher; querer antes; ter predileção por; gostar mais de; int. ter primazia; ser preferido. (Irregular. Conjuga-se como o v. ferir.)
PREFERÍVEL, adj. Que pode ou deve ser preferido.
PREFIGURAÇÃO, s.f. Representação daquilo que ainda não existe, mas que há de ou pode existir ou se receia que exista.
PREFIGURAR, v.t. Figurar ou representar antecipadamente (coisa futura).
PREFIXAÇÃO (cs), s.f. Ato ou efeito de prefixar.
PREFIXAL (cs), adj. Referente a prefixo.
PREFIXAR (cs), v.t. Fixar antecipadamente; colocar prefixo.
PREFIXO (cs), adj. Fixado ou determinado antes; s.m. (Gram.) sílaba ou sílabas que precedem a raiz de uma palavra, modificando o sentido desta e formando palavra nova.
PREFULGENTE, adj. Que prefulge.
PREFULGIR, v.int. Fulgir muito; resplandecer.
PREGA, s.f. Dobra; ruga; depressão de terreno.
PREGAÇÃO, s.f. Ato de pregar; sermão; (fam.) ralho; repreensão.
PREGADEIRA, s.f. Pequena almofada em que se pregam agulhas, alfinetes, etc.
PREGADO, adj. Fixado com prego; esfalfado.
PREGADOR (ô), adj. e s.m. Que, aquele ou aquilo que segura com prego; que, ou o que abotoa; aquele que faz pregações; orador sagrado; (fam.) aquele que ralha ou admoesta.
PREGADURA, s.f. Série de pregos para segurar ou adornar.
PREGAGEM, s.f. Ato de pregar.
PREGÃO, s.m. Ato de apregoar; proclamação; apregoamento em bolsa de valores ou leilão; pl.: proclamas de casamento.
PREGAR, v.t. Pôr pregos em; segurar com pregos; unir, cosendo; p. conservar-se por muito tempo; cravar-se; int. interromper qualquer tarefa por cansaço; ficar exausto; empacar, emperrar; mentir; fazer sermões; evangelizar; insuflar; preconizar; clamar.
PREGARIA, s.f. Porção de pregos; fábrica de pregos; pregos para adorno de móveis.
PRÉ-GLACIAL, adj. (Geol.) Diz-se de uma das cinco fases que constituem o período plistocênico. (Pl.: pré-glaciais.)
PREGO, s.m. Haste de metal, pontiaguda de um lado, com cabeça de outro, destinada a cravar-se num ponto ou num objeto; grande alfinete para segurar ou enfeitar chapéus de senhoras; (pop.) casa de penhores; cansaço; dar o —: ficar exausto; deixar de andar; entregar-se, considerar-se vencido.
PREGOEIRO, s.m. Aquele que apregoa ou lança pregão; leiloeiro.
PREGRESSO, adj. Decorrido anteriormente.
PREGUEADEIRA, s.f. ou PREGUEADOR (ô), s.m. Instrumento de costureira para fazer pregas.
PREGUEAR, v.t. Fazer pregas em; franzir.
PREGUIÇA, s.f. Aversão ao trabalho; morosidade; negligência; moleza; indolência; vadiagem; nome comum de todos os mamíferos xenartros da família dos Bradipodídeos.
PREGUICEIRA, s.f. Cadeira de recosto.
PREGUICEIRO, adj. Preguiçoso; s.m. espécie de cama para dormir a sesta.
PREGUIÇOSA, s.f. Cadeira com assento e encosto de pano, também chamada espreguiçadeira, preguiçadeira e espreguiçador.
PREGUIÇOSO (ô), adj. e s.m. O que tem preguiça; vadio; vagabundo.
PREGUSTAR, v. int. Provar comida ou bebida; beber antes de outrem; prelibar.
PRÉ-HISTÓRIA, s.f. Conjunto de trabalhos e épocas anteriores à História.
PRÉ-HISTÓRICO, adj. Pertencente ou relativo à pré-história.
PRÉ-INCAICO, adj. Anterior aos incas.
PREITEAR, v.t. Render (preito) a.
PREITO, s.m. Pacto; respeito; homenagem.
PREJUDICADO, adj. Que sofreu prejuízo; lesado; inutilizado.
PREJUDICADOR (ô), adj. e s.m. O que prejudica.
PREJUDICAR, v.t. Causar prejuízo a; lesar; danificar; desservir; embaraçar; p. sofrer prejuízo.
PREJUDICIAL, adj. Que prejudica; nocivo.
PREJUÍZO, s.m. Ato ou efeito de prejudicar; dano; perda; preconceito.
PREJULGAR, v.t. Julgar antecipadamente.
PRELADA, s.f. Superiora de convento.

PRELADO, s.m. Título honorífico de dignitário eclesiástico.

PRELATÍCIO, adj. Relativo a prelado ou a prelatura.

PRELATURA, s.f. Cargo, dignidade ou jurisdição de prelado.

PRELAZIA, s.f. O mesmo que prelatura.

PRELEÇÃO, s.f. Ato de prelecionar; lição; discurso ou conferência didática.

PRELECIONADOR (ô), s.m. Aquele que preleciona; professor.

PRELECIONAR, v.t. Dar lição a; lecionar; dar lição sobre; int. fazer preleções; dar lições; discursar em público.

PRELIBAÇÃO, s.f. Ato ou efeito de prelibar.

PRELIBADOR (ô), adj. e s.m. Aquele que preliba.

PRELIBAR, v.t. Libar com antecipação; provar; antegostar.

PRELIMINAR, adj. Que antecede o assunto ou objeto principal; prévio, preambular; s.m. aquilo que antecede o assunto principal; condição prévia.

PRÉLIO, s.m. Batalha; luta; peleja.

PRELO, s.m. Máquina tipográfica de impressão; prensa.

PRELUCIDAÇÃO, s.f. Esclarecimento preliminar.

PRELUDIAR, v.t. Fazer prelúdio a; predispor; iniciar; int. ensaiar uma voz ou instrumento antes de cantar ou tocar. (Pres. ind.: preludio, preludias, etc.)

PRELÚDIO, s.m. Ato ou exercício prévio; iniciação; prenúncio; (mús.) ensaio da voz ou de um instrumento antes de cantar ou tocar; introdução instrumental ou orquestral de uma obra musical (ópera, fuga, suite,etc.), podendo também ter caráter independente.

PREMATURAÇÃO, s.f. Prematuridade.

PREMATURIDADE, s.f. Qualidade ou condição do que é prematuro; precocidade.

PREMATURO, adj. Precoce; temporão; s.m. (Med.) diz-se da criança que nasce antes do tempo.

PREMEDITAÇÃO, s.f. Ato ou efeito de premeditar.

PREMEDITAR, v.t. Meditar antecipadamente; planear; resolver com antecipação.

PREMÊNCIA, s.f. Qualidade de premente; urgência.

PREMENTE, adj. Que faz pressão; urgente.

PREMER, v.t. Fazer pressão em; calcar; oprimir; espremer; apertar.

PREMIADO, adj. Que alcançou um prêmio ou recompensa.

PREMIADOR (ô), adj. e s.m. Que dá prêmio.

PREMIAR, v.t. Dar prêmio ou galardão a; laurear; recompensar; remunerar. (Pres. do indic.: premio, premias, etc.; ou com formas rizotônicas: premeio, premeias, premeia, premiamos, premiais, premeiam; pres. subj.: premie ou premeie; premies ou premeies, premie ou premeie; premiemos, premieis, premiem ou premeiem.)

PRÉMIO, s.m. Recompensa; galardão; distinção conferida a quem sobressai por trabalho ou méritos; juros; lucro; taxa de apólice de seguro.

PEMIR, v.t. Premer.

PREMISSA, s.f. Cada uma das duas primeiras proposições de um silogismo.

PREMOÇÃO, s.f. Ação divina, que influi na vontade das criaturas.

PREMOLAR, adj. Que diz respeito aos dentes premolares; s.m. (Odont.) dentes permanentes em número de quatro em cada arcada dentária, situados atrás do respectivo canino e adiante dos molares.

PREMONITÓRIO, adj. Que adverte antecipadamente.

PREMUNIR, v.t. Prevenir; evitar com antecipação; acautelar; precaver; p. precaver-se; preparar-se; apetrechar-se.

PRÉ-NATAL, adj. Referente ao período anterior ao nascimento da criança.

PRENDA, s.f. Objeto leiloado em quermesse; aquilo com que se brinda alguém; presente; predicado; habilidade, aptidão.

PRENDADO, adj. Que possui prendas ou qualidades apreciáveis.

PRENDAR, v.t. Dar prendas a; presentear; tornar hábil ou destro; dotar.

PRENDER, v.t. Deter nas mãos; atar; amarrar; segurar; agarrar; embaraçar; capturar; cativar; int. emperrar; pegar; enraizar-se; p. casar-se. (Part.: prendido (com os aux. ter e haver) e pre-

so, presa, presos, presas (aux. ser e estar).)

PRENHE, adj. Designativo da fêmea pejada; (fig.) pleno; repleto; cheio.

PRENHEZ (ê), s.f. Estado de fêmea prenhe; gravidez.

PRENOÇÃO, s.f. Noção prévia e imperfeita.

PRENOME, s.m. Nome que precede o de família.

PRENOTAR, v.t. Notar previamente.

PRENSA, s.f. Máquina para comprimir; prelo.

PRENSAGEM, s.f. Operação de prensar.

PRENSAR, v.t. Comprimir na prensa; apertar muito; achatar; esmagar; espremer.

PRENUNCIAÇÃO, s.f. Ato ou efeito de prenunciar.

PRENUNCIADOR (ô), adj. Que prenuncia; premonitório.

PRENUNCIAR, v.t. Anunciar com antecipação; vaticinar; ser precursor de; profetizar. (Pres. ind.: prenuncio, prenuncias, prenuncia,etc.)

PRENUNCIATIVO, adj. Que prenuncia; que serve para prenunciar.

PRENÚNCIO, s.m. Anúncio de coisa futura; prognóstico.

PREOCUPAÇÃO, s.f. Ato ou efeito de preocupar; idéia fixa; inquietação proveniente dessa idéia.

PREOCUPAR, v.t. Tornar apreensivo, inquieto; p. ter preocupação ou apreensão; inquietar-se; impressionar-se.

PRÉ-OPERATÓRIO, adj. (Med.) Que diz respeito ao que antecede a operação.

PREOPINAR, v.int. Opinar antes de outrem.

PREORDENAR, v.t. Ordenar antecipadamente; predestinar.

PREPARAÇÃO, s.f. Ato, efeito ou maneira de preparar; produto de operações farmacêuticas ou químicas.

PREPARADO, adj. Produto manipulado em farmácia ou indústria química.

PREPARADOR (ô), adj. Que prepara; s.m. aquele que prepara; aquele que cuida de um laboratório de ciências naturais em escola secundária ou superior e auxilia a professor preparando o material relativo para as lições práticas.

PREPARAR, v.t. Aprontar; arranjar; dispor com antecedência; (Quím.) obter (um corpo qualquer) por meio de composição ou decomposição; compor; dosear; urdir; maquinar; t.-rel. pôr em condições de servir; predispor; tornar apto; urdir; planear; p. arranjar-se; dispor-se.

PREPARATIVO, adj. Preparatório; s.m.pl. aprestos; preparação.

PREPARATORIANO, s.m. Estudante de preparatórios.

PREPARATÓRIO, adj. Que prepara; próprio para preparar; s.m.pl. estudos prévios para exames vestibulares ou matrícula nos cursos superiores e em alguns especiais.

PREPARO, s.m. Preparação; apresto; conhecimento; cultura; competência.

PREPONDERÂNCIA, s.f. Qualidade de preponderante; predomínio; supremacia; hegemonia.

PREPONDERANTE, adj. Que prepondera.

PREPONDERAR, v.int. Ser mais pesado; predominar; ter mais influência ou importância.

PREPONENTE, adj. e s. Que, ou pessoa que propõe.

PREPOR, v.t. Pôr adiante de; dar previamente; t.-rel. colocar, pôr antes; antepor.

PREPOSIÇÃO, s.f. Ato de prepor; (Gram.) palavra invariável que liga partes da proposição dependentes umas das outras, estabelecendo entre elas diferentes relações.

PREPOSICIONAL, adj. Relativo a preposição; em que há preposição.

PREPOSITIVA, s.f. Primeiro elemento de um ditongo ou de um tritongo.

PREPOSITIVO, adj. Que se põe adiante ou em primeiro lugar; (Gram.) que diz respeito à preposição ou que é da natureza dela. O mesmo que preposicional.

PREPOSTO, s.m. Pessoa que dirige um serviço, um negócio, por delegação da pessoa competente; adj. posto antes; preferido.

PREPOTÊNCIA, s.f. Qualidade do que é prepotente; opressão; despotismo.

PREPOTENTE, adj. Muito poderoso ou influente; que abusa do poder ou da autoridade; opressor; despótico.

PRERROGATIVA, s.f. Regalia; privilégio.

PRESA, s.f. Ato de apresar ou apreender; conjunto de objetos apreendidos; coisa usurpada ou apreendida violentamente; aquilo de que o animal carniceiro se apodera para comer; mulher em prisão; dente canino (de animal); garra de ave de rapina. (Pl.: presas.)

PRESADOR (ô), adj. O que presa.

PRESAR, v.t. Apresar; aprisionar.

PRESBITA, adj. e s. Pessoa que tem presbitia.

PRESBITERADO, s.m. Dignidade de presbítero.

PRESBITERIAL, adj. Que diz respeito a presbítero.

PRESBITERANISMO ou **PRESBITERIANISMO**, s.m. Seita religiosa dos presbiteranos.

PRESBITERANO, s.m. Protestante que não reconhece a autoridade episcopal nem admite hierarquia superior à dos presbíteros.

PRESBITERATO, s.m. Presbiterado.

PRESBITERIANO, s.m. Presbiterano; adj. relativo ao presbiterianismo.

PRESBITÉRIO, s.m. Residência paroquial; capelamor; igreja da paróquia; corporação dos presbíteros, na Igreja Protestante.

PRESBÍTERO, s.m. Sacerdote; padre; superintendente da Igreja Protestante.

PRESBITIA, s.f. Presbitismo.

PREBITISMO, s.m. Estado de presbita; vista cansada.

PRESCIÊNCIA, s.f. Qualidade de quem é presciente; previsão; ciência inata; intuição.

PRESCIENTE, adj. Que sabe com antecipação; que prevê o futuro.

PRESCINDIR, v.int. Dispensar; não ter necessidade de.

PRESCINDÍVEL, adj. De que se pode prescindir; dispensável.

PRESCREVER, v.t. Determinar com antecipação; ordenar; preceituar; receitar; ministrar; int. ficar sem efeito um direito, por ter decorrido certo prazo legal; cair em desuso. (Part.: prescrito.)

PRESCRIÇÃO, s.f. Ato ou efeito de prescrever; ordem expressa, preceito; (jur.) extinção de direito por não se ter exercido em determinado tempo, ou de obrigação por não se ter exigido o cumprimento dela.

PRESCRITÍVEL, adj. Que se pode prescrever ou ordenar; (jur.) que está sujeito a prescrição.

PRESCRITO, adj. Ordenado explicitamente; (jur.) que prescreveu.

PRESENÇA, s.f. Existência ou assistência de uma coisa ou pessoa em certo lugar; aspecto da fisionomia; — de espírito: perspicácia; agilidade mental; lembrança salvadora.

PRESENCIAL, adj. Relativo a pessoa ou coisa que está presente.

PRESENCIAR, v.t. Estar presente a; assistir a.

PRESENTE, adj. Que assiste pessoalmente; que está à vista; atual; s.m. atualidade; pessoa que comparece em certo lugar; dádiva; dom; mimo; prenda; brinde; (Gram.) tempo verbal que exprime atualidade.

PRESENTEADOR (ô), adj. e s.m. Aquele que presenteia.

PRESENTEAR, v.t. Dar presente a; brindar.

PRESEPE, s.m. Presépio.

PRESÉPIO, s.m. Estábulo; representação do local e das figuras que, segundo o Evangelho, assistiram ao nascimento de Cristo.

PRESERVAÇÃO, s.f. Ato ou efeito de preservar.

PRESERVADOR (ô), adj. e s.m. Aquele que preserva.

PRESERVAR, v.t. Livrar de algum mal; defender; resguardar.

PRESERVATIVO, adj. Que preserva; próprio para preservar; s.m. aquilo que preserva.

PRESIDÊNCIA, s.f. Ato de presidir; cargo ou funções de presidente; (por ext.) o presidente; tempo de exercício das funções de presidente; lugar do presidente; residência presidencial; (pop.) lugar de honra à mesa de um banquete.

PRESIDENCIAL, adj. Do presidente ou a ele relativo; da presidência.

PRESIDENCIALISMO, s.m. Regime político em que o ministério só depende da confiança do presidente da república.

PRESIDENCIALISTA, adj. Em que domina o presidencialismo; s. partidário do presidencialismo.

PRESIDENTA, s.f. Mulher que preside; a esposa do presidente.

PRESIDENTE, adj. Que preside; s. pessoa que preside; pessoa que dirige os trabalhos de uma assembléia ou corporação deliberativa; s.m. título moderno do chefe de Estado republicano. (Fem.: presidenta.)

PRESIDIÁRIO, adj. Relativo a presídio; s.m. preso em qualquer modalidade de cárcere; aquele que está condenado a trabalhar num presídio.

PRESÍDIO, s.m. Cadeia; cárcere; penitenciária.

PRESIDIR, v.i. e t. Exercer as funções de presidente; dirigir como presidente; ocupar o primeiro lugar.

PRÉSIGO, s.m. Aquilo que se come com o pão.

PRESILHA, s.f. Tira de pano ou cordão, etc., que tem na extremidade uma espécie de aselha ou casa em que se enfia um botão, para apertar, prender, etc.

PRESO, adj. Metido em prisão; seguro por corda, correia ou corrente; maniatado; (fig.) casado; s.m. indivíduo encarcerado; prisioneiro; presidiário. (Pl.: presos.)

PRESSA, s.f. Velocidade; ligeireza; rapidez; urgência; caso urgente; azáfama; embaraço; aperto, aflição: à —, ou às — s: apressadamente, precipitadamente; rapidamente.

PRESSAGIADOR (ô), adj. e s.m. Aquele que pressagia

PRESSAGIAR, v.t. Profetizar; pressentir; adivinhar. (Pres. ind.: pressagio, pressagias, pressagia, etc.)

PRESSÁGIO, s.m. Previsão; pressentimento.

PRESSAGIOSO (ô), adj. Em que há presságio.

PRESSAGO, adj. Que pressagia; pressagioso.

PRESSÃO, s.f. Ato ou efeito de premer; (fig.) coação; violência.

PRESSENTIDO, adj. Sentido de antemão; previsto.

PRESSENTIMENTO, s.m. Ato ou efeito de pressentir; palpite; presciência.

PRESSENTIR, v.t. Sentir antecipadamente; pressagiar; prever; ter suspeitas de; perceber; sentir antes de ver. (Irregular. Conjuga-se como o verbo sentir.)

PRESSUPOR, v.t. Supor antecipadamente.

PRESSUPOSIÇÃO, s.f. Ato ou efeito de pressupor.

PRESSUPOSTO (ô), adj. Que se pressupõe; s.m. pressuposição; pretexto.

PRESSUROSO (ô), adj. Cheio de pressa; azafamado; irrequieto; impaciente.

PRESTAÇÃO, s.f. Ato ou efeito de prestar; cota; cada uma das quantias a pagar em certo prazo, para solver uma só dívida ou encargo.

PRESTACIONISTA, adj. Que se refere a prestações; s. pessoa que paga certa quantia em prestações.

PRESTADIO, adj. Prestável; serviçal; obsequiador.

PRESTAMISTA, s. Pessoa que empresta dinheiro a juros; pessoa que recebe juros de inscrições da dívida pública.

PRESTANTE, adj. Que presta; pronto a auxiliar; excelente; insigne.

PRESTAR, v.int. Estar ao alcance de alguém para ser útil; aproveitar; ter préstimo; v.t.-rel. dar; emprestar; dedicar; render; t. praticar; rel. aproveitar; ser útil; p. adaptar-se; ajeitar-se; acomodar-se; ser adequado para.

PRESTATIVO, adj. Pronto para servir; prestadio.

PRESTÁVEL, adj. Que presta ou pode prestar.

PRESTES, adj. 2 núm. Disposto; rápido; adv. com presteza.

PRESTEZA (ê), s.f. Qualidade do que é prestes; agilidade; ligeireza.

PRESTIDIGITAÇÃO, s.f. Arte de prestidigitador. O mesmo que ilusionismo.

PRESTIDIGITADOR (ô), s.m. Escamoteador que, pela ligeireza dos movimentos das mãos; faz deslocar ou desaparecer objetos sem que o espectador perceba. O mesmo que ilusionista.

PRESTIGIADOR (ô), s.m. Pessoa que opera prestígios.

PRESTIGIAR, v.t. Dar prestígio a; tornar prestigioso. (Pres. ind.: prestigio, prestigias, etc.)

PRESTÍGIO, s.m. Ilusão atribuída a sortilégios; ilusões produzidas por meios naturais; (fig.) fascinação; atração; grande influência; importância social.

PRESTIGIOSO (ô), adj. Cheio de prestígio; de grande influência.

PRÉSTIMO, s.m. Qualidade do que presta ou é proveitoso; serventia; auxílio.

PRESTIMOSO (ô), adj. Que tem préstimo; prestante.

PRÉSTITO, s.m. Cortejo; procissão; desfile.

PRESTO, adj. Ligeiro; rápido; prestes.

PRESUMIDO, adj. Vaidoso; presunçoso; convencido.

PRESUMIDOR (ô), adj. e s.m. Aquele que presume.

PRESUMIR, v.t. Conjeturar; supor; prever; int. ter vaidade ou presunção.

PRESUMÍVEL, adj. Que se pode presumir; provável.

PRESUNÇÃO, s.f. Ato ou efeito de presumir; suspeita; vaidade; afetação, empáfia.

PRESUNÇOSO (ô), adj. Que tem presunção ou vaidade; presumido.

PRESUNTIVO, adj. Presumível; pressuposto.

PRESUNTO, s.m. Perna e espádua de porco, salgada e curada ao fumeiro.

PRETA (ê), s.f. Mulher de raça negra.

PRETALHADA, s.f. Grande número de pretos.

PRETALHÃO, s.m. Preto corpulento. (Fem.: pretalhona).

PRETARIA, s.f. Pretalhada.

PRETEJAR, v.int. Ficar preto; enegrecer; escurecer; (fig.) ficar difícil, perigoso.

PRETENDEDOR (ô), adj. e s.m. Aquele que pretende.

PRETENDENTE, adj. Que pretende; s. aspirante; candidato, requerente; príncipe que pretende ter direitos a um trono ocupado por outro; pessoa que aspira a casar.

PRETENDER, v.t. Réclamar como um direito; solicitar; desejar; aspirar a; intentar; sustentar; int. fazer diligência por conseguir alguma coisa; esforçar-se por.

PRETENDIDA, s.f. Noiva; mulher requestada.

PRETENSÃO, s.f. Ato ou efeito de pretender; suposto direito; aspiração; presunção; pl.: bazófia; jactância.

PRETENSIOSO (ô), adj. e s.m. Presunçoso; presumido.

PRETENSO, adj. Suposto; imaginado.

PRETERIÇÃO, s.f. Ato ou efeito de preterir.

PRETERIR, v.t. Pôr de parte; omitir. (Irregular. Conjuga-se como aderir.)

PRETÉRITO, adj. Que passou; passado; s.m. (Gram.) tempo verbal que exprime ação passada ou anterior.

PRETERÍVEL, adj. Que se pode preterir.

PRETERMITIR, v.t. Preterir.

PRETERNATURAL, adj. Sobrenatural.

PRETEXTAR (ê), v.t. Dar ou tomar como pretexto ou desculpa.

PRETEXTO (ês), s.m. Razão aparente ou imaginária alegada como desculpa; desculpa.

PRETIDÃO, s.f. Qualidade de preto; cor preta carregada.

PRETO, adj. Da cor do ébano; negro; s.m. indivíduo de raça negra; a cor negra; (fig.) difícil; perigoso (aum.: pretalhão); pôr o — no branco: escrever; passar a documento escrito.

PRETOR (ô), s.m. Magistrado de alçada inferior à de juiz de direito.

PRETORIA, s.f. Jurisdição de pretor; repartição do pretor; (fig.) cartório de casamentos.

PRETÓRIO, s.m. Qualquer tribunal; adj. relativo a pretor.

PREVALECENTE, adj. Que prevalece.

PREVALECER, v.int. Ter mais valor; preponderar; predominar; sobressair; p. ensoberbecer-se; aproveitar-se; servir-se; utilizar-se; tirar partido.

PREVALÊNCIA, s.f. Qualidade daquele ou daquilo que prevalece; superioridade; supremacia; hegemonia.

PREVARICAÇÃO, s.f. Ato ou efeito de prevaricar.

PREVARICADOR, adj. s.m. Aquele que prevarica.

PREVARICAR, v.int. Trair ou fugir ao dever; faltar, por interesse ou má fé, aos deveres do seu cargo, do seu ministério; torcer a justiça; proceder mal; t. corromper; perverter.

PREVENÇÃO, s.f. Ato ou efeito de prevenir; premeditação; disposição prévia; opinião antecipada.

PREVENIDO, adj. Acautelado; desconfiado.

PREVENIR, v.t. Antecipar; acautelar; evitar; prever; p. precaver-se. (Irregular. Pres. ind.: previno, prevines, previne, prevenimos, prevenis, prevínem; subj. pres.: previna, previnas, previna, previnamos, previnais, previnam.)

PREVENTIVO, adj. Que previne; próprio para prevenir; s.m. aquilo que previne, que evita.

PREVENTÓRIO, s.m. Estabelecimento onde se cuida dos doentes preventivamente.

PREVER, v.t. Ver antecipadamente, calcular; pressupor. (Irregular. Conjuga-se como ver.)

PREVIDÊNCIA, s.f. Qualidade ou ato do que é previdente; precaução.

PREVIDENCIÁRIO, s.m. Funcionário de institutos de previdência.

PREVIDENTE, adj. Que prevê; acautelado; prudente.

PRÉVIO, adj. Dito ou feito antes de alguma coisa; preliminar; anterior; antecipado.

PREVISÃO, s.f. Ato ou efeito de prever; presciência; prevenção.

PREVISIBILIDADE, s.f. Qualidade do que é previsível.

PREVISÍVEL, adj. Que pode ser previsto.

PREVISOR (ô), adj. Previdente.

PREVISTO, adj. Previamente calculado; conjecturado.

PREZADO, adj. Estimado; querido.

PREZADOR (ô), adj. e s.m. Aquele que preza.

PREZAR, v.t. Ter em grande apreço, estimar muito; desejar; amar; querer; apreciar; respeitar; acatar; p. estimar-se; respeitar-se; orgulhar-se; honrar-se; gloriar-se.

PREZÁVEL, adj. Digno de ser prezado.

PRIMA, s.f. Primeira e mais delgada corda de alguns instrumentos; flexão fem. de primo.

PRIMACIAL, adj. Em que há primazia; que é de qualidade superior.

PRIMADO, s.m. Primazia; prioridade; superioridade.

PRIMA-DONA, s.f. Cantora principal numa ópera. (Pl.: prima-donas.)

PRIMAR, v.i. Ser o primeiro; ter a primazia; mostrar-se notável; ser primoroso, hábil; sobressair.

PRIMÁRIO, adj. Primeiro; que antecede outro; medíocre; acanhado; (Geol.) diz-se da era, também chamada paleozóica, anterior ao aparecimento dos animais de respiração aérea.

PRIMATA, s.m. Espécime dos Primatas, ordem de mamíferos que compreende os macacos e, segundo muitos autores contemporâneos, o homem.

PRIMAVERA, s.f. Estação do ano que vai de 21 de março a 21 de junho no hemisfério norte e de 22 de setembro a 21 de dezembro no hemisfério sul; (poét.) ano; juventude; pl.: anos de idade.

PRIMAVERAL, adj. Próprio da primavera; relativo à primavera.

PRIMAVERIL, adj. Primaveral.

PRIMAZ, adj. Que ocupa o primeiro lugar.

PRIMAZIA, s.f. Prioridade; excelência; superioridade.

PRIMEIRANISTA, s. Estudante que freqüenta o primeiro ano do curso de qualquer escola ou faculdade.

PRIMEIRO, num. Que precede outros; quanto ao tempo, lugar ou categoria; que é o mais antigo numa série ou classe; primário; primitivo: primogênito; o mais importante ou notável; fundamental; elementar; s.m. o que numa classe ou série ocupa o primeiro lugar; adv. antes; primeiramente; de —: primeiramente; antigamente; no princípio.

PRIMEVO, adj. Antigo; primitivo.

PRIMÍCIAS, s.f. Primeiros frutos; primeiras produções; primeiros sentimentos; primeiros gozos; começos.

PRIMITIVISMO, s.m. Qualidade, caráter de primitivo; tendência artística que toma por modelo a ingenuidade de forma e o sentimento da arte dos povos primitivos; doutrina que ensina a bondade primitiva na natureza humana e existência de uma idade áurea da humanidade, no estado primitivo.

PRIMITIVO, adj. Da primeira origem; dos primeiros tempos; inicial; original; rudimentar; diz-se dos povos ainda em estado natural, por oposição a civilizado; (Geol.) diz-se dos terrenos mais antigos da Terra que constituíram logo após a solidificação da crosta terrestre.

PRIMO, s.m. Indivíduo em relação aos filhos de tias e tios; parente sem outra designação mais; —s coirmãos: primos filhos de irmãos; o mesmo que primos germanos; adj. primeiro; (Mat.) diz-se do número que só é divisível por si mesmo e pela unidade. (Fem.: prima.)

PRIMOGÊNITO, adj. e s.m. Aquele que foi gerado antes dos outros; filho mais velho.

PRIMOGENITURA, s.m. Qualidade do que é primogênito.

PRIMOGLACIAL, adj. (Geol.) Diz-se de uma das cinco fases que constituem o período plistocênico.

PRIMOR, s.m. Perfeição; excelência; beleza; delicadeza.
PRIMORDIAL, adj. Relativo a primórdio; primeiro; fundamental.
PRIMÓRDIO, s.m. O que se organiza ou ordena primeiro; fonte; origem; princípio.
PRIMOROSO (ô), adj. Em que há primor; perfeito; distinto; excelente.
PRINCESA (ê), s.f. Mulher de príncipe; soberana de principado; filha de rei; (por ext.) soberana ou rainha; a primeira ou a mais distinta na sua categoria.
PRINCIPADO, s.m. Dignidade de príncipe; território ou Estado cujo soberano é um príncipe ou princesa.
PRINCIPAL, adj. Que está em primeiro lugar; essencial; que é o mais notável.
PRÍNCIPE, s.m. Filho ou membro de família reinante; filho primogênito do rei; chefe de principado; consorte da rainha, em alguns Estados; título de nobreza, em alguns países; o primeiro ou mais notável em talento ou outras qualidades. (Fem.: princesa; dimin.: principezinho, principelho, principículo.)
PRINCIPELHO (ê), s.m. Pequeno príncipe; príncipe ridículo ou de pouco mérito.
PRINCIPESCO (ê), adj. Relativo a príncipes; próprio de príncipes.
PRINCIPIADOR (ô), adj. e s.m. Aquele que principia ou dá começo a alguma coisa.
PRINCIPIANTE, adj. Que principia; que está no começo; s. pessoa que começa a exercitar-se ou a aprender alguma coisa.
PRINCIPIAR, v.t. Dar princípio a; começar, iniciar. (Pres. ind.: principio, principias, etc.)
PRINCIPÍCULO, s.m. Principelho.
PRINCÍPIO, s.m. Momento em que alguma coisa tem origem; origem; começo; teoria; preceito; estréia; germe; pl.: primícias rudimentos.
PRIOR (ô), s.m. Pároco de certas freguesias; superior de convento. (Fem.: priora e prioresa.)
PRIORA (ô), s.f. Prioresa.
PRIORADO, s.m. Cargo de prior ou de prioresa; tempo durante o qual o prior ou a prioresa exerce as suas funções.
PRIORESA (ê), s.f. Superiora de convento de certas ordens.
PRIORIDADE, s.f. Qualidade do que está em primeiro lugar ou do que aparece primeiro; primazia.
PRISÃO, s.f. Ato ou efeito de prender; captura; cadeia; cárcere; — de ventre: dificuldade de evacuar; — preventiva: (jur) a que é infligida à pessoa acusada de um delito, quando há indícios suficientes da autoria.
PRISIONEIRO, s.m. Indivíduo privado da liberdade; preso; indivíduo aprisionado em ocasião de guerra.
PRISMA, s.m. (Geom.) Sólido limitado lateralmente por paralelogramos e superior e inferiormente por dois polígonos iguais e paralelos; cristal com duas faces planas inclinadas que decompõe a luz; (fig.) ponto de vista ilusório.
PRISMÁTICO, adj. Que tem forma de prisma; relativo a prisma.
PRIVAÇÃO, s.f. Ato ou efeito de privar; pl.: falta do necessário à vida.
PRIVADO, adj. Que não é público; particular; falto; desprovido; s.m. favorito; válido; confidente.
PRIVANÇA, s.f. Estado de quem é favorável ou válido; intimidade.
PRIVAR, v.t.-rel. Despojar; desapossar; tirar (alguma coisa) a; rel. conviver intimamente; p. tirar a si próprio do gozo (de alguma coisa).
PRIVATIVO, adj. Que exprime privação; peculiar; próprio; restrito; particular.
PRIVILEGIADO, adj. Que goza de privilégio; (fig.) singular; distinto; elevado.
PRIVILEGIAR, v.t. Dar privilégio a; conceder exclusivamente alguma coisa a; p. considerar-se, tornar-se privilegiado.
PRIVILÉGIO, s.m. Vantagem concedida a alguém com exclusão de outros e contra o direito comum; deferência; permissão especial; prerrogativa; imunidade.
PRÓ, adv. A favor; s.m. vantagem; conveniência.
PROA (ô), s.f. Parte anterior do navio (antôn.: popa); frente de qualquer coisa.
PROAR; v.i. Aproar.
PROBABILIDADE, s.f. Qualidade do que é provável; indício que deixa presumir a verdade ou possibilidade de um fato; possibilidade de que certo

caso aconteça; medida em Matemática pela relação entre o número de casos favoráveis e o número total dos casos possíveis.
PROBATÓRIO, adj. Relativo a prova; que contém prova; que serve de prova.
PROBIDADE, s.f. Qualidade de quem é probo; honradez; integridade de caráter.
PROBLEMA, s.m. Questão matemática, proposta para que se lhe dê a solução; dúvida; proposta duvidosa, que pode ter muitas soluções; aquilo que é difícil de explicar ou resolver.
PROBLEMÁTICO, adj. Que diz respeito a problema; incerto; duvidoso.
PROBO, adj. De caráter íntegro; justo, reto; honrado.
PROBÓSCIDE, s.f. Tromba de elefante
PROBOSCÍDEO, adj. Diz-se dos mamíferos cujo focinho é prolongado em forma de tromba, como o elefante; s.m. espécime dos Proboscídeos, subordem de mamíferos que tem por tipo o elefante.
PROCAZ, adj. Insolente; impudente; descarado. (Superl. abs. sint.: procacíssimo.)
PROCEDÊNCIA, s.f. Lugar de onde se procede; proveniência; origem; qualidade de procedente; ato ou efeito de proceder.
PROCEDENTE, adj. Que procede; proveniente; oriundo; conseqüente.
PROCEDER, v.rel. Originar-se; derivar; descender; provir; instaurar processo; comportar-se; dirigir os seus atos; portar-se; int. ter seguimento; prosseguir; obrar; s.m. procedimento; ações.
PROCEDIMENTO, s.m. Ato ou efeio de proceder; comportamento; processo.
PROCELA, s.f. Tempestade marítima; temporal; tormenta.
PROCELOSO (ô), adj. Relativo a procela; tempestuoso.
PRÓCER, s.m. Homem importante em uma nação, classe, partido, etc. (Pl.: próceres.)
PROCESSAMENTO, s.m. Ato ou modo de processar.
PROCESSAR, v.t. Instaurar processo contra; organizar processo de; autuar; conferir, verificar (algum documento) para validar.
PROCESSIONAL, adj. Relativo à procissão.
PROCESSO, s.m. Ato de proceder ou de andar; seguimento; maneira de operar, resolver ou ensinar; técnica; ação judicial; os autos; caderno que contém os documentos relativos a um negócio; série de fenômenos que se sucedem e são ligados por relações de causa e efeito; os diversos períodos de evolução de um fenômeno.
PROCESSOLOGIA, s.f. Estudo ou conhecimento dos processos aplicáveis a uma arte ou ciência.
PROCESSOLÓGICO, adj. Relativo à processologia.
PROCESSUAL, adj. Relativo a processo judicial.
PROCESSUALÍSTICA, s.f. Teoria do processo judicial.
PROCISSÃO, s.f. Acompanhamento ou cortejo religioso; préstito.
PROCLAMA, s.m. Pregão de casamento, lido na igreja; proclamação.
PROCLAMAÇÃO, s.f. Ato ou efeito de proclamar.
PROCLAMADOR (ô), adj. e s.m. Aquele que proclama.
PROCLAMAR, v.t. Anunciar em público e em voz alta; aclamar; publicar; promulgar; decretar; qualificar publicamente; p. fazer-se aclamar; arvorar-se em; inculcar-se como.
PRÓCLISE, s.f. (Gram.) Fenômeno fonético que consiste na anteposição de uma palavra a outra com subordinação daquela ao acento desta e perda conseqüentemente do acento próprio; anteposição de um vocábulo a outro, como acontece com a colocação dos pronomes átonos antes do verbo, em razão de atração ou eufonia. (Antôn.: ênclise.)
PROCLÍTICO, adj. (Gram.) Diz-se do vocábulo que está em próclise.
PROCLIVE, adj. Inclinado para diante.
PROCRASTINAÇÃO, s.f. Ato ou efeito de procrastinar; adiamento.
PROCRASTINADOR (ô), adj. e s.m. Aquele que procrastina.
PROCRASTINAR, v.t. Adiar; demorar; espaçar; int. usar de adiamentos.
PROCRIAÇÃO, s.f. Ato ou efeito de procriar.
PROCRIADOR (ô), adj. e s.m. Aquele que procria.
PROCRIAR, v.t. Dar origem, nascimento, existência a; gerar; produzir; promover a cultura ou

germinação de (planta); int. germinar; reproduzir-se; multiplicar-se.

PROCUMBIR, v.int. Cair para diante; prosternar-se.

PROCURA, s.f. Ato de procurar; conjunto das produções ou dos serviços que se pedem no comércio ou na indústria.

PROCURAÇÃO, s.f. Incumbência que alguém dá a outrem para tratar de negócios em seu nome; documento em que legalmente se consigna essa incumbência.

PROCURADOR (ô), adj. Que procura; s.m. indivíduo que tem procuração para tratar dos negócios de outrem; administrador.

PROCURADORIA, s.f. Ofício, funções, escritório ou repartição de procurador.

PROCURAR, v.t. Esforçar-se por achar; buscar; tratar de; escolher; investigar; pretender; int. exercer as funções de procurador ou solicitador.

PRODIGALIDADE, s.f. Qualidade de pródigo; ação de prodigalizar; dissipação; gastos exagerados; abundância; bizarria.

PRODIGALIZADOR (ô), adj. e s.m. Aquele que prodigaliza; pródigo.

PRODIGALIZAR, v.t. Gastar excessivamente; dissipar; esbanjar.

PRODÍGIO, s.m. Coisa sobrenatural; coisa ou pessoa extraordinária; maravilha; milagre.

PRODIGIOSO (ô), adj. Em que há prodígio; maravilhoso; sobrenatural; admirável.

PRÓDIGO, adj. Que despende com excesso; generoso; dissipador; esbanjador (superl. abs. sint.: prodigalíssimo); diz-se do filho perdulário que depois de longa ausência volta ao seio da família, e, por extensão, associado que retorna ao antigo grêmio.

PRODITOR (ô) s.m. Traidor; delator.

PRÓDROMO, s.m. Espécie de prefácio; preâmbulo; preliminar; indisposição que antecede uma doença.

PRODUÇÃO, s.f. Ato ou efeito de produzir; coisa produzida; realização.

PRODUCENTE, adj. Que produz; lógico; concludente.

PRODUTIBILIDADE, s.f. Qualidade do que é produtível ou produtivo.

PRODUTÍVEL, adj. Que se pode produzir.

PRODUTIVIDADE, s.f. Faculdade de produzir; estado daquilo que é produtivo.

PRODUTIVO, adj. Que produz; fértil; rendoso.

PRODUTO, s.m. Efeito de produzir; coisa produzida; obra; resultado; lucro; proveito; (Arit.) resultado da multiplicação.

PRODUTOR (ô), adj. Que produz; s.m. aquele que produz; autor.

PRODUZIR, v.t. Procriar; dar origem a; causar; fabricar; exibir; alegar; int. ser fértil.

PRODUZÍVEL, adj. Produtível.

PROEJAR, v.t. Aproar; dirigir-se, velejar (em determinada direção).

PROEMINÊNCIA, s.f. Qualidade ou estado de proeminente; saliência; elevação de terreno.

PROEMINENTE, adj. Que se alteia acima do que o circunda; alto; saliente.

PROÊMIO, s.m. Princípio; exórdio; prefácio.

PROEZA (ê), s.f. Ação de valor; façanha; procedimento censurável; escândalo.

PROFANAÇÃO, s.f. Ato ou efeito de profanar; sacrilégio; profanidade.

PROFANADOR (ô), adj. e s.m. Que, ou aquele que profana as coisas sagradas.

PROFANAR, v.t. Tratar com irreverência (coisas sagradas); dar aplicação profana a; violar a santidade de; fazer mau uso de; macular; aviltar; desonrar; injuriar; ofender.

PROFANIDADE, s.f. Ato ou dito profano; profanação.

PROFANO, adj. Não pertencente à religião; oposto ao respeito que se deve a coisas sagradas; não sagrado; leigo; secular; (fig.) alheio; estranho a idéias ou conhecimentos sobre certos assuntos; s.m. o oposto a coisas sagradas.

PROFECIA, s.f. Predição do futuro; vaticínio.

PROFERIR, v.t. Pronunciar em voz alta e clara; dizer; decretar; publicar. (Irregular. Conjuga-se como o verbo ferir.)

PROFESSAR, v.t. Reconhecer publicamente; confessar, exercer; ensinar; preconizar; propagar; seguir a regra de; adotar (certa doutrina); pôr em prática; int. fazer votos, entrando para uma ordem religiosa ou de cavalaria.

PROFESSO, adj. Que professou; relativo a frades ou freiras.

PROFESSOR (ô), s.m. Aquele que professa ou ensina uma ciência, uma arte; mestre; (fig.) homem perito ou adestrado; o que professa publicamente as verdades religiosas. (Pl.: professores.)

PROFESSORA, s.f. Mulher que ensina ou que exerce o professorado; mestra. (Pl.: professoras.)

PROFESSORADO, s.m. Classe dos professores; cargos, funções ou instituição dos professores.

PROFESSORAL, adj. Respeitante a professor ou professora.

PROFESSORANDO, s.m. Estudante que se acha prestes a concluir o curso de professorado.

PROFETA, s.m. Aquele que prediz o futuro; vidente; adivinho. (Fem.: profetisa.)

PROFÉTICO, adj. Que diz respeito a profeta ou a profecia.

PROFETISA, s.f. Flexão fem. de profeta.

PROFETISMO, s.m. Doutrina religiosa, baseada nas profecias.

PROFETIZADOR (ô), adj. e s.m. Aquele que profetiza.

PROFETIZAR, v.t. Predizer como profeta; vaticinar; anunciar por conjecturas.

PROFICIÊNCIA, s.f. Qualidade de proficiente; competência; vantagem.

PROFICIENTE, adj. Capaz; hábil; destro.

PROFICUIDADE (u-i), s.f. Qualidade de profícuo; vantagem; utilidade.

PROFÍCUO, adj. Útil; proveitoso; vantajoso.

PROFILÁCTICO ou PROFILÁTICO, adj. Relativo à profilaxia; preservativo.

PROFILAXIA (cs), s.f. Parte da Medicina que tem por objeto as medidas preventivas contra as enfermidades; (por ext.) emprego de meios para evitar doenças; preservativo.

PROFISSÃO, s.f. Ofício; emprego; mister; modo de vida; ato ou efeito de professar; qualquer das atividades especializadas, de caráter permanente, em que se desdobra o trabalho total realizado em uma sociedade.

PROFISSIONAL, adj. Relativo ou pertencente a certa profissão; s. pessoa que faz uma coisa por ofício.

PROFISSIONALISMO, s.m. Carreira de profissional.

PROFLIGAÇÃO, s.f. Ato ou efeito de profligar; desbarato; ruína.

PROFLIGADOR (ô), adj. e s.m. Aquele que profliga.

PROFLIGAR, v.t. Prostrar; derrotar; destruir; combater; procurar destruir com argumentos.

PRÓFUGO, adj. Fugitivo; desertor; vagabundo.

PROFUNDAR, v.t. Tornar fundo ou profundo; escavar; pesquisar; examinar com minúcia; int. penetrar; entranhar-se; entrar até muito fundo; p. tornar-se mais fundo.

PROFUNDAS, s.f.pl. (pop.) A parte mais funda; profundidade; o inferno.

PROFUNDEZ (ê) ou PROFUNDEZA (ê), s.f. profundidade.

PROFUNDIDADE, s.f. Qualidade do que é profundo; espessura; dificuldade em ser compreendido; grandeza ou intensidade extraordinária. (Antôn.: superficialidade.)

PROFUNDO, adj. Muito fundo; que vem do íntimo; que penetra muito; que sabe muito; enorme; excessivo; muito importante; de difícil compreensão; s.m. aquilo que é profundo. (Antôn.: superficial.)

PROFUNDURA, s.f. Profundidade.

PROFUSÃO, s.f. Abundância; exuberância.

PROFUSO, adj. Que espalha em abundância; copioso; exuberante.

PROGÊNIE, s.f. Ascendência; prole; geração.

PROGÉNITO, adj. e s.m. Descendente.

PROGENITOR (ô), s.m. O que procria antes do pai; avô; pai. (Fem.: progenitora.)

PROGENITURA, s.f. Progênie; ascendência.

PROGNATISMO, s.m. Conformação da face que apresenta as maxilas alongadas.

PRÓGNATO, adj. e s.m. Que tem as maxilas alongadas e proeminentes.

PROGNOSTICADOR, adj. e s.m. O que faz prognósticos.

PROGNOSTICAR, v.t. Fazer o prognóstico de; predizer; pressagiar; profetizar; prenunciar conjecturar; int. (Med.) fazer o prognóstico de uma doença.

PROGNÓSTICO, s.m. Prenúncio; ato ou efeito de prognosticar; conjectura.

PROGRAMA, s.m. Escrito em que se dão os pormenores de um espetáculo, de uma cerimônia, das condições de um concurso, etc.; plano; indicação geral de um sistema político ou da matéria de um curso; plataforma de candidato a cargo eletivo.

PROGRAMAÇÃO, s.f. Ato de estabelecer um programa.

PROGREDIMENTO, s.m. Ato ou efeito de progredir.

PROGREDIR, v.int. Caminhar para diante; avançar; ir aumentando; fazer progresso; evolver. (Irregular. Conjuga-se como o verbo agredir.)

PROGRESSÃO, s.f. Progresso; avanço; progredimento; continuação; (Mat.) série de números ou termos entre cada um dos quais e o antecedente há uma razão constante. A progressão diz-se aritmética ou geométrica segundo a razão (constante) é por diferença ou por quociente.

PROGRESSISTA, adj. e s. Pessoa que é favorável ao progresso; partidário do progresso.

PROGRESSIVO, adj. Que progride; que muda de lugar, andando; que segue uma progressão; que se vai realizando gradualmente. (Antôn.: regressivo.)

PROGRESSO, s.m. Movimento ou marcha para a frente; desenvolvimento; aumento; adiantamento em sentido favorável.

PROIBIÇÃO (o-i), s.f. Ação ou efeito de proibir; vedação; interdição.

PROIBIDO (o-i), adj. Interdito; defeso; cujo uso não é permitido pela lei.

PROIBIDOR (o-i...ô), adj. e s.m. Que, ou o que proíbe.

PROIBIR (o-i), v.t. Impedir que se faça; vedar; interdizer.

PROIBITIVO (o-i), ou **PROIBITÓRIO** (o-i), adj. Que proíbe; em que há proibição; de preço muito elevado.

PROJEÇÃO, s.f. Ato ou efeito de projetar; arremesso; saliência; figura geométrica obtida pela incidência sobre um plano de perpendiculares tiradas dos extremos da linha ou objeto que se quer representar; representação geográfica de uma parte da Terra ou do céu em um plano.

PROJETAÇÃO, s.f. Projeção.

PROJETAR, v.t. Atirar para a frente; arremessar; fazer a projeção de; planear; p. arremessar-se; incidir; cair sobre; (fig.) salientar-se; distinguir-se.

PROJÉTIL, adj. Que se pode arremessar; s.m. qualquer sólido pesado, que se move no espaço, abandonado a si próprio, depois de ter recebido impulso; qualquer objeto que se arremessa com intuito maléfico; corpo arremessado por boca-de-fogo. (Pl.: projéteis.)

PROJETISTA, s. Pessoa que faz muitos projetos.

PROJETO, s.m. Plano; intento; empreendimento; redação provisória de lei; esboço; plano geral de edificação.

PROJETOR (ô), s.m. Aparelho que serve para projetar feixes luminosos.

PROL, s.m. Lucro, proveito; de —: de destaque; em — de: em defesa de; em proveito de; em favor de. (Pl.: próis.)

PROLAÇÃO, s.f. Ato ou efeito de proferir; prolongação de som; delonga.

PROLAPSO, s.m. (Med.) Saída de um órgão ou de parte dele para fora do seu lugar.

PROLATAR, v.t. Julgar, proferir (sentença judicial).

PROLATOR, adj. e s.m. Aquele que prolata (sentença).

PROLE, s.f. Geração; filho ou filhos; descendência.

PROLEGÔMENOS, s.m.pl. Exposição preliminar dos princípios gerais de uma ciência ou arte; prefácio longo; introdução geral de uma obra.

PROLEPSE, s.f. (Ret.) Figura pela qual se refutam antecipadamente as objeções do adversário.

PROLÉPTICO, adj. Relativo a prolepse.

PROLETARIADO, s.m. A classe dos proletários; estado de proletário; camada social constituída de indivíduos que se caracterizam pela sua qualidade permanente de assalariados e pelos seus modos de vida, atitudes e reações, decorrentes dessa situação; operariado.

PROLETÁRIO, s.m. Indivíduo pobre, que vive do seu salário; operário.

PROLETARIZAÇÃO, s.f. (Sociol.) Processo social pelo qual indivíduos de camadas superiores perdem seu estatuto social, quer tornando-se proletários, quer adquirindo uma consciência específica, própria do proletariado.

PROLIFERAÇÃO, s.f. Ato de proliferar; (Biol.) multiplicação de uma célula pela divisão; multiplicação.

PROLIFERAR, v.int. Ter prole; reproduzir-se (o micróbio); multiplicar-se.

PROLÍFERO, adj. Que faz prole; que tem a faculdade de gerar; fecundante.

PROLIFICAÇÃO, s.f. Ato ou efeito de prolificar.

PROLIFICAR, v.int. Ter prole; reproduzir-se.

PROLIFICIDADE, s.f. Qualidade de prolífico.

PROLÍFICO, adj. Prolífero. (Superl. abs. sint.: prolificentíssimo.)

PROLIXIDADE (cs), s.f. Qualidade de prolixo. (Antôn.: concisão.)

PROLIXO (cs), adj. Muito longo ou difuso; superabundante; demorado; (por ext.) fastidioso. (Antôn.: conciso.)

PROLOGAR, v.t. Preceder de prólogo; prefaciar.

PRÓLOGO, s.m. Parte do drama que um só personagem representava, antes da peça propriamente dita; prefácio.

PROLONGA, s.f. Prolongação.

PROLONGAÇÃO, s.f. Ato ou efeito de prolongar. O mesmo que prolongamento.

PROLONGADO, adj. Que se prolonga; duradouro; demorado.

PROLONGAMENTO, s.m. Prolongação; continuação de uma coisa na mesma direção.

PROLONGAR, v.t. Tornar mais longo; continuar na mesma direção; aumentar a extensão ou a duração de; dilatar; p. continuar-se; estender-se; durar.

PROLOQUIAL, adj. Relativo a prolóquio; que encerra prolóquio; que se deduz de um prolóquio.

PROLÓQUIO, s.m. Máxima; ditado; provérbio; anexim.

PROMANAR, v.int. Dimanar; proceder; derivar.

PROMESSA, s.f. Ato ou efeito de prometer; coisa prometida; compromisso; oferta; voto.

PROMETEDOR (ô), adj. Que promete; (fig.) esperançoso; s.m. aquele que promete.

PROMETER, v.t. Obrigar-se a; pressagiar; predizer; dar esperanças ou probabilidades de; t.-rel. obrigar-se a; asseverar, assegurar previamente; int. fazer promessas; dar esperanças de bom futuro; dar sinais de boa produção; p. esperar; ter grande esperança de obter.

PROMETIDA, s.f. Noiva.

PROMETIDO, adj. De que se fez promessa; apalavrado; s.m. aquilo que se prometeu; s.m. noivo.

PROMETIDO, s.m. Ato de prometer; promessa.

PROMISCUIDADE (u-i), s.f. Qualidade do que é promíscuo; mistura desordenada; confusão.

PROMISCUIR-SE (u-i), v.p. Unir-se desordenadamente; misturar-se; confundir-se; intrometer-se.

PROMÍSCUO, adj. Misturado; confuso.

PROMISSÃO, s.f. Promessa.

PROMISSIVO, adj. Em que há promessa; relativo a promessa.

PROMISSOR (ô), adj. Cheio de promessas; feliz; futuroso; promitente; s.m. promitente.

PROMISSÓRIA, s.f. Título que representa uma quantia em depósito e no qual o depositário se confessa devedor da mesma quantia.

PROMISSÓRIO, adj. Promissivo.

PROMITENTE, adj. e s. Pessoa que promete.

PROMOÇÃO, s.f. Ato ou efeito de promover; elevação ou acesso a cargo ou categoria superior; requerimento de promotor.

PROMONTÓRIO, s.m. (Geog.) Cabo formado de rochas elevadas.

PROMOTOR (ô), adj. Que promove, fomenta ou determina s.m. aquele que promove, fomenta ou determina; funcionário que em alguns tribunais promove o andamento das causas e certos atos de justiça; — público: membro do Ministério Público junto aos juízes de direito, do cível e do crime; — público adjunto: o mesmo representante junto às pretorias cíveis e criminais.

PROMOTORIA, s.f. Cargo, escritório ou repartição de promotor.

PROMOVEDOR (ô), adj. e s.m. Promotor.

PROMOVER, v.t. Dar impulso a; trabalhar a favor de; favorecer o progresso de; fazer avançar;

fomentar; diligenciar-se; causar; originar; requerer ou solicitar, propondo.

PROMULGAÇÃO, s.f. Ato ou efeito de promulgar.

PROMULGADOR (ô), adj. e s.m. Aquele que promulga.

PROMULGAR, v.t. Fazer a promulgação de; tornar público; publicar oficialmente; ordenar a publicação de (lei).

PRONOME, s.m. Palavra que substitui o nome ou a ele se refere, definindo-lhe a posse, a posição, a indeterminação e outras relações; — substantivo: o que designa pessoa ou coisa; — adjetivo: o que especifica pessoa ou coisa em suas várias relações de espaço, posse, etc.; — oblíquo: forma do pronome pessoal que se emprega como objeto; — pessoal: o que designa as pessoas gramaticais; — relativo: o que se refere a um antecedente; — reflexivo: o que faz refletir a ação verbal sobre o sujeito; — reto: forma do pronome pessoal que se emprega como sujeito.

PRONOMINAL, adj. Relativo ao pronome; (Gram.) diz-se dos verbos acompanhados de pronome do caso oblíquo da mesma pessoa gramatical do pronome do caso reto; é chamado pronominal essencial quando é obrigatoriamente conjugado com os dois pronomes: eu me queixo, tu te arrependes; é pronominal acidental aquele que pode aparecer com dois pronomes (voz reflexa) ou com um só (voz ativa): ele feriu-se (voz reflexa); ele feriu Antônio (voz ativa).

PRONTIDÃO, s.f. Qualidade do que é pronto; desembaraço; brevidade; rapidez de compreensão; pindaíba.

PRONTIFICAR, v.t. Aprontar; oferecer; ministrar; p. mostrar-se pronto; oferecer-se; dispor-se.

PRONTO, adj. Que não se demora; ligeiro; rápido; ágil, imediato; concluído; desimpedido; sem dinheiro; adv. com prontidão; de —: prontamente, num instante.

PRONTUÁRIO, s.m. Lugar em que se arrecadam coisas que podem ser precisas a qualquer hora; livro, manual de indicações úteis; os antecedentes de uma pessoa; ficha policial com esses antecedentes.

PRÔNUBO, adj. (poét.) Relativo ao noivo ou à noiva; casamenteiro.

PRONÚNCIA, s.f. Ato ou modo de pronunciar; pronunciação; fala; despacho judicial, indicando alguém como autor ou cúmplice de crime.

PRONUNCIAÇÃO, s.f. Ato ou efeito de pronunciar; maneira de pronunciar.

PRONUNCIAMENTO, s.m. Ato de pronunciar-se coletivamente contra o governo ou quaisquer medidas governativas; revolta; sublevação.

PRONUNCIAR, v.t. Exprimir verbalmente; proferir; articular; recitar; decretar; publicar; declarar com autoridade; fazer realçar; acentuar; (jur.) dar despacho de pronúncia contra; p. manifestar o que pensa ou sente; manifestar-se; fazer pronunciamento; rebelar-se; insurgir-se. (Pres. ind.: pronuncio, pronuncias, etc.)

PRONUNCIÁVEL, adj. Que se pode pronunciar.

PROPAGAÇÃO, s.f. Ato ou efeito de propagar; desenvolvimento; difusão; divulgação.

PROPAGADOR (ô), adj. e s.m. Aquele que propaga, que divulga, que faz propaganda.

PROPAGANDA, s.f. Propagação de princípios ou teorias; sociedade vulgarizadora de certas doutrinas; vulgarização.

PROPAGANDISTA, s. Pessoa que faz propaganda.

PROPAGAR, v.t. Multiplicar, reproduzindo ou por geração; dilatar; aumentar; espalhar; difundir; proclamar; vulgarizar; propalar; int. ter prole; p. multiplicar-se por meio da reprodução; generalizar-se; desenvolver-se por contágio.

PROPAGATIVO, adj. Que propaga.

PROPALAR, v.t. Tornar público; divulgar; espalhar; publicar.

PROPAROXÍTONO, adj. (Gram.) Que tem o acento tônico na antepenúltima sílaba (vocábulo); o mesmo que esdrúxulo; s.m. palavra proparoxítona.

PROPEDÊUTICA, s.f. Ciência preliminar; introdução, prolegômenos de uma ciência.

PROPEDÊUTICO, adj. Que serve de introdução; preliminar; que prepara para receber ensino mais completo.

PROPELIR, v.t. Impelir para diante; arremessar. (Conjuga-se como o verbo compelir.)

PROPENDENTE, adj. Que propende.

PROPENDER, v.t. Tender; inclinar-se; pender;

ter disposição ou tendência.

PROPENSÃO, s.f. Ato ou efeito de propender; tendência; vocação; inclinação.

PROPENSO, adj. Favorável; inclinado; tendente.

PROPICIAÇÃO, s.f. Ato ou efeito de propiciar.

PROPICIADOR (ô), adj. e s.m. Aquele que propicia.

PROPICIAR, v.t. Tornar propício, favorável; proporcionar; (Pres. ind.: propicio, etc.)

PROPÍCIO, adj. Favorável; apropriado; oportuno.

PROPINA, s.f. Gratificação; gorjeta.

PROPINAÇÃO, s.f. Ato ou efeito de propinar.

PROPINADOR (ô), adj. e s.m. Aquele que propina.

PROPINAR, v.t. Dar a beber; ministrar.

PROPINQUIDADE, s.f. Qualidade de propínquo; proximidade.

PROPÍNQUO, adj. Próximo; vizinho; s.m. pl. parentes.

PROPONENTE, adj. e s. Pessoa que propõe.

PROPOR, v.t. Apresentar; expor à apreciação; alvitrar; prometer; p. tencionar; apresentar-se como candidato.

PROPORÇÃO, s.f. Relação entre coisas; comparação; dimensão; (Mat.) igualdade entre duas razões (por quociente); relação química entre quantidades de elementos; (fig.) conformidade; disposição regular; pl intensidade; importância.

PROPORCIONADO, adj. Disposto regularmente; bem conformado; harmônico.

PROPORCIONADOR (ô)', adj. e s.m. Aquele que proporciona.

PROPORCIONAL, adj. Proporcionado; relativo a proporção matemática.

PROPORCIONALIDADE, s.f. Qualidade de proporcional; propriedade das grandezas proporcionais.

PROPORCIONAR, v.t. Observar proporção entre; tornar proporcional; acomodar; harmonizar; adaptar; oferecer; propiciar; dar ensejo a; prestar.

PROPORCIONÁVEL, adj. Que se pode proporcionar.

PROPOSIÇÃO, s.f. Ato ou efeito de propor; o que se propõe; proposta; projeto submetido à apreciação de assembléia legislativa; expressão verbal de um juízo; asserção; teorema; máxima; problema.

PROPOSITADO, adj. Em que há propósito, intenção ou resolução prévia; acintoso.

PROPOSITAL, adj. Feito de propósito.

PROPÓSITO, s.m. Deliberação; intenção; a —: a respeito; oportunamente; convenientemente; de —: por querer.

PROPOSITURA, s.f. Ação de propor.

PROPOSTA, s.f. Proposição; determinação; oferta.

PROPOSTO (ô), s.m. Aquilo que se propôs; indivíduo que outro escolhe para exercer as funções deste.

PROPRIEDADE, s.f. Qualidade do que é próprio; qualidade especial; caráter; emprego apropriado de linguagem; pertença ou direito legítimo; prédio; fazenda.

PROPRIETÁRIO, adj. e s.m. Que, ou aquele que tem a propriedade de alguma coisa, que é senhor de bens.

PRÓPRIO, adj. Que pertence a; peculiar; privativo; oportuno; adequado; s.m. qualidade ou feição especial; portador ou mensageiro; (Mat.) diz-se da fração ordinária em que o numerador é menor do que o denominador; diz-se do nome com que se designam individualmente as pessoas físicas e jurídicas, povos, acidentes geográficos, etc.

PROPUGNADOR (ô), adj. s.m. Aquele que propugna.

PROPUGNAR, v.t. Defender, combatendo; int. lutar.

PROPULSÃO, s.f. Ato ou efeito de propulsar.

PROPULSAR, v.t. Impelir para diante; propelir; dar impulso enérgico a.

PROPULSIVO, adj. Propulsor.

PROPULSOR (ô), adj. Que propulsa; s.m. o que produz propulsão; o que transmite movimento a certos maquinismos.

PRORROGAÇÃO, s.f. Ato ou efeito de prorrogar.

PRORROGAR, v.t. Dilatar (um prazo estabelecido); fazer durar além do prazo estabelecido; fazer continuar em exercício; adiar o encerramento.

PRORROGATIVO, adj. Que prorroga ou serve para prorrogar.

PRORROGÁVEL, adj. Que se pode prorrogar.

PRORROMPER, v.int. Sair ou irromper impetuosamente; manifestar-se de repente.

PROSA, s.f. A forma natural de falar ou escrever; por oposição ao verso; lábia; conversa, palestra; adj. e s.m. diz-se do indivíduo pedante, loquaz; cheio de si.

PROSADOR (ô), s.m. Aquele que escreve em prosa; escritor que faz boa prosa.

PROSAICO, adj. Relativo à prosa; trivial; vulgar; material; positivo; sem elevação ou sublimidade.

PROSAÍSMO, s.m. Qualidade do que é prosaico; falta de poesia nos versos.

PROSÁPIA, s.f. Progénie, ascendência; empáfia; orgulho.

PROSAR, v.int. Escrever em prosa; conversar.

PROSCÊNIO, s.m. Frente do palco.

PROSCREVER, v.t. Condenar a degredo; desterrar; exilar; abolir; extinguir; proibir. (Part. irregular: proscrito.)

PROSCRIÇÃO, s.f. Ato de proscrever; desterro; exílio; extinção; proibição; abolição.

PROSCRITO, s.m. Aquele que foi desterrado; emigrado; adj. e s.m. que ou aquele que proscreve.

PROSEADOR (ô), adj. e s.m. Conversador.

PROSEAR, v.int. Conversar; jactar-se.

PROSELITISMO, s.m. Partidarismo; atividade em fazer prosélitos; conjunto de prosélitos.

PROSÉLITO, s.m. Indivíduo que abraçou religião diferente da sua; (por ext.) indivíduo convertido a uma doutrina, idéia ou sistema; sectário; partidário; adepto.

PROSÊNQUIMA, s.m. (Bot.) Tecido celular fibroso dos vegetais.

PROSISTA, s. Pessoa que escreve prosa; adj. e s. palrador; gracejador; contador de lorotas; dado a prosa.

PROSÓDIA, s.f. Pronúncia regular das palavras segundo a acentuação tônica.

PROSÓDICO, adj. Relativo à prosódia.

PROSOPLEGIA, s.f. (Med.) Paralisia facial.

PROSOPOGRAFIA, s.f. Descrição das feições do rosto; esboço de uma figura.

PROSOPOGRÁFICO, adj. Relativo à prosopografia.

PROSOPOPÉIA, s.f. (Ret.) Figura que dá vida, ação, movimento e voz a coisas inanimadas, e põe a falar pessoas ausentes ou os mortos; personificação; (fig.) discurso empolado ou veemente.

PROSPECÇÃO, s.f. Sondagem para descobrir os veios ou jazidas de uma mina; pesquisa.

PROSPECTIVO, adj. Que faz ver adiante ou ao longe.

PROSPECTO, s.m. Programa que dá o plano, a descrição de uma obra, de um estabelecimento, de uma empresa, de um negócio, etc.

PROSPERAR, v.int. Tornar-se próspero; enriquecer; desenvolver-se; t. tornar próspero.

PROSPERIDADE, s.f. Qualidade do estado do que é próspero; felicidade; situação próspera.

PRÓSPERO, adj. Propício; venturoso; afortunado; feliz (superl. abs. sint.: prosperíssimo e prospérrimo); s.m. prosperidade.

PROSPÉRRIMO, adj. Muito próspero.

PROSSECUÇÃO, s.f. Prosseguimento.

PROSSEGUIDOR (ô), adj. e s.m. Aquele que prossegue.

PROSSEGUIMENTO, s.m. Ato ou efeito de prosseguir.

PROSSEGUIR, v.t. Fazer seguir; continuar; dizer em seguida; seguir; dar seguimento a; continuar falando; int. ir por diante; continuar a falar, a proceder, etc. (Irregular. Conjuga-se como o verbo seguir.)

PRÓTASE, s.f. Predomínio de um humor sobre outro.

PRÓSTATA, s.f. (Anat.) Glândula própria do sexo masculino, situada na parte inferior do colo da bexiga.

PROSTÁTICO, adj. Relativo à próstata.

PROSTATITE, s.f. (Med.) Inflamação da próstata.

PROSTERNAÇÃO, s.f. ou **PROSTERNAMENTO,** s.m. Ato ou efeito de prosternar.

PROSTERNAR, v.t. Prostar; deitar por terra, em sinal de respeito ou admiração; humilhar; p. curvar-se até o chão; mostrar humilde respeito.

PRÓSTESE, s.f. (Gram.) Prótese.

PROSTILO, s.m. Fachada de um templo, com ornamentação de colunas.

PROSTITUIÇÃO (u-i), s.f. Ato ou efeito de prostituir.

PROSTITUIDOR, adj. e s.m. Aquele que prostitui.

PROSTITUIR, v.t. Desmoralizar; levar à prostituição; aviltar; p. entregar-se à prostituição; aviltarse; rebaixar-se.

PROSTRAÇÃO, s.f. Ação ou efeito de prostrar; enfraquecimento; grande debilidade, resultante de doença ou cansaço.

PROSTRAR, v.t. Lançar por terra; humilhar; abater; p. lançar-se de bruços no chão; humilhar-se.

PROTAGONISTA, s. Principal personagem de uma peça dramática; (fig.) pessoa que desempenha ou ocupa o primeiro lugar num acontecimento; figurante.

PRÓTASE, s.f. Exposição do assunto de um drama; primeira parte de um período gramatical, em que se estabelece uma condição. (Neste sentido, tem por antôn. apódose.)

PROTEÇÃO, s.f. Ato ou efeito de proteger; amparo; abrigo; auxílio; privilégio ou fator concedido ao exercício de certas indústrias.

PROTECIONISMO, s.m. Sistema dos que querem conceder à indústria nacional o monopólio do mercado interno, onerando de taxas elevadas os produtos de indústria estrangeira.

PROTECIONISTA, adj. Relativo ao protecionismo; s. pessoa partidária do protecionismo.

PROTEGEDOR (ô), adj. e s.m. Protetor.

PROTEGER, v.t. Dispensar proteção a; tomar a defesa de; socorrer; favorecer; beneficiar.

PROTEGIDO, adj. e s.m. Que recebe proteção especial de alguém; favorito.

PROTÉICO, adj. Diz-se dos aminoácidos naturais e dos compostos capazes de dar aminoácidos por hidrólise.

PROTEÍNA, s.f. (Quím.) Designação genérica de substâncias orgânicas nitrogenadas, de elevado peso molecular, que contêm muitas vezes fósforo e enxofre e que são os elementos essenciais de todas as células dos seres vivos.

PROTELAÇÃO, s.f. Ato ou efeito de protelar.

PROTELADOR (ô), adj. e s.m. Aquele que protela.

PROTELAR, v.t. Deixar para depois; adiar; prorrogar.

PROTELATÓRIO, adj. Próprio para protelar.

PROTERVIA, s.f. Qualidade do que é protervo.

PROTERVO, adj. Impudente; descarado.

PRÓTESE, s.f. (Cir.) Substituição de um órgão ou parte dele por uma peça artificial; (Gram.) aumento de letra ou sílaba no princípio de uma palavra, sem lhe mudar a significação: a**j**untar por juntar.

PROTESTAÇÃO, s.f. Ato ou efeito de protestar.

PROTESTANTE, adj. Que protesta; relativo ao protestantismo; diz-se do partidário da Reforma (luteranos, calvinistas, anglicanos, etc); s. partidário da Reforma.

PROTESTANTISMO, s.m. A religião dos protestantes; a totalidade dos protestantes.

PROTESTAR, v.t. Prometer ou afirmar solenemente; jurar; fazer o protesto de uma letra; int. manifestar-se contra uma medida considerada ilegal ou inaceitável.

PROTESTATIVO, adj. Que protesta.

PROTESTATÓRIO, adj. Que envolve protesto; que significa protesto; que serve para protestar.

PROTESTO, s.m. Protestação; designio inabalável; ato jurídico pelo qual se declara responsável por todas as despesas e prejuízos aquele que devia pagar uma letra de câmbio, ou documento análogo, e não o pagou no vencimento.

PROTÉTICO, adj. Relativo à prótese; em que há prótese; s.m. aquele que se dedica exclusivamente à prótese dentária.

PROTETOR (ô), adj. Que protege; s.m. aquele ou aquilo que protege.

PROTETORADO, s.m. Situação de um Estado colocado sob a autoridade de outro Estado, particularmente no que diz respeito à política externa; o Estado colocado nessa situação.

PROTETORAL, adj. Relativo a protetorado.

PROTEU, s.m. Indivíduo que muda facilmente de opinião ou sistema.

PROTOCOLAR, adj. Relativo ao protocolo; em conformidade com o protocolo.

PROTOCOLO, s.m. Registro dos atos públicos; registro das audiências nos tribunais; registro de uma conferência ou deliberação diplomática; formulário regular de atos públicos; etiqueta; registro de entrada e saída de papéis de uma repartição.

377

PROTOFONIA, s.f. Introdução orquestral de ópera lírica; sinfonia de abertura.

PROTO-HISTÓRIA, s.f. História primitiva, primeiros tempos históricos.

PROTO-HISTÓRICO, adj. Que diz respeito à proto-história.

PROTOMÁRTIR, s.m. O primeiro mártir entre os de uma religião ou de um ideal político. (Pl.: protomártires.)

PRÓTON, s.m. Eléctron positivo, núcleo do sistema atômico.

PROTOPLASMA, s.m. (Biol.) Substância transparente, granulosa, que constitui a parte essencial da célula dos organismos vivos.

PROTOPLASMÁTICO ou PROTOPLÁSMICO, adj. (Biol.) Relativo ao protoplasma.

PROTOTÍPICO, adj. Relativo a protótipo; que tem o caráter de protótipo.

PROTÓTIPO, s.m. Primeiro tipo ou exemplar; modelo.

PROTÓXIDO (cs), s.m. (Quím.) Óxido menos rico em oxigênio.

PROTOZOÁRIO, s.m. Animal formado por uma só célula.

PROTOZOOLOGIA, s.f. Parte da Zoologia que estuda os protozoários.

PROTRAIMENTO (a-i), s.m. Ato ou efeito de protrair; delonga; adiamento.

PROTRAIR, v.t. Prolongar; demorar; adiar.

PROTUBERÂNCIA, s.f. Parte que se projeta; eminência; coisa saliente; apófise.

PROTUBERANTE, adj. Que tem protuberâncias; saliente.

PROVA, s.f. Demonstração; testemunho; sinal; indício; documento justificativo; porfia; concurso; exame, ou cada uma das partes dele; experiência; verificação de uma operação aritmética; ato de ingerir ou degustar pequena porção de comida ou bebida, para verificar o sabor ou o estado dela; transe doloroso; folha impressa em que se fazem as correções tipográficas; (Ret.) parte do discurso em que o orador faz a prova.

PROVAÇÃO, s.f. Ato ou efeito de provar; transe; situação aflitiva.

PROVADO, adj. Demonstrado; experimentado.

PROVADOR (ô), adj. e s.m. Aquele que prova.

PROVAR, v.t. Demonstrar; testemunhar; justificar; experimentar; submeter a prova; fazer conhecer; tentar; procurar; ensaiar; sofrer; padecer; comer ou beber (pequena porção de qualquer coisa) para lhe verificar a qualidade ou estado; verificar.

PROVÁVEL, adj. Que se pode provar; que pode acontecer; verossímil. (Superl. abs. sint.: probabilíssimo.)

PROVECTO, adj. Adiantado; avançado em anos; (fig.) experimentado.

PROVEDOR (ô), s.m. O que prove, em especial o chefe de certos estabelecimentos pios.

PROVEDORIA, s.f. Cargo, jurisdição ou repartição do provedor.

PROVEITO, s.m. Ganho; interesse; utilidade; vantagem; benefício.

PROVEITOSO (ô), adj. Que dá proveito; que convém; profícuo; útil.

PROVENÇAL, adj. Relativo à Provença (França) ou aos seus habitantes; s. natural ou habitante da Provença; s.m. língua falada na Provença.

PROVENÇALESCO (ê), adj. Relativo à poesia provençal ou aos poetas provençais.

PROVENÇALISMO, s.m. Influência da literatura provençal.

PROVENÇALISTA, s. Pessoa perita na língua e literatura provençais.

PROVENIÊNCIA, s.f. Lugar de onde alguma coisa provém; procedência; origem.

PROVENIENTE, adj. Que provém; oriundo; procedente.

PROVENTO, s.m. Proveito; lucro; rendimento; ordenado; vencimento.

PROVER, v.t. Tomar providencias acerca de; regular; dispor; despachar; nomear; int. tomar providências; acorrer; acudir; remediar. (O pret. perf. e o m.q.perf. do indic., o imperf. do subj. e o part. são regulares; as demais formas conjugam-se seguindo o verbo ver, de que é composto; assim: pres. ind.: provejo, provês, provê, provemos, provedes, proveem; imp.: provia, etc.; perf.: provi, proveste, proveu, provemos, provestes, proveram; m.q.perf.: provera, provéras, provera, provêramos, provêreis, proveram; subj. pres.: proveja, etc.)

PROVERBIAL, adj. Que diz respeito a provérbio; notório; conhecido.

PROVÉRBIO, s.m. Máxima breve; anexim; rifão.

PROVETA (ê), s.f. Vaso cilíndrico ou cônico, graduado, para medir líquidos; tubo de ensaio; espécie de pequena redoma para conter gases.

PROVIDÊNCIA, s.f. Em Teologia, a suprema sabedoria com que Deus conduz todas as coisas; Deus; acontecimento feliz; previdência; medida para regulamentar certos serviços.

PROVIDENCIAL, adj. Relativo à providência; que produziu os melhores e necessários resultados.

PROVIDENCIALISMO, s.m. Sistema dos que tudo atribuem à providência divina.

PROVIDENCIALISTA, adj. e s. Sectário do providencialismo.

PROVIDENCIAR, v.t. Dar ou tomar providências; prover; promover; dispor providentemente; acudir com medidas adequadas.

PROVIDENTE, adj. Que prevê; providencial.

PROVIDO, adj. Que tem abundância do que é necessário; cheio.

PRÓVIDO, adj. Providente; cuidadoso.

PROVIMENTO, s.m. Ato ou efeito de prover; providência; nomeação ou promoção de funcionário; preenchimento de lugar público.

PROVÍNCIA, s.f. Divisão territorial colocada sob a autoridade de um delegado do poder central (no Brasil, ao tempo do Império, os atuais Estados eram províncias); secção; divisão; arte; distrito de ordem religiosa; todo um país, salvo a capital.

PROVINCIAL, adj. Da província; s.m. o superior de certo número de casas religiosas.

PROVINCIALISMO ou PROVINCIANISMO, s.m. Sentido, acento ou pronúncia peculiar a uma província; costume de província; palavra ou locução usada especialmente em uma das mais províncias.

PROVINCIANIZAR-SE, v.p. Adquirir hábitos provincianos.

PROVINCIANO, adj. Da província; que não é das capitais; (p. ext.) matuto; roceiro; s.m. indivíduo da província.

PROVINDO, adj. Que proveio; procedente; originário.

PROVIR, v.int. Proceder; derivar; originar-se; descender. (Irregular. Conjuga-se como o v. vir.)

PROVISÃO, s.f. Ato ou efeito de prover; fornecimento; abundância de coisas necessárias ou proveitosas; documento oficial em que o governo confere cargo, autoriza o exercício de uma profissão ou expede instruções.

PROVISIONAL, adj. Que diz respeito a provisão; provisório; interino.

PROVISOR (ô), adj. Que faz provisões; s.m. aquele que faz provisões; magistrado eclesiástico incumbido de jurisdição contenciosa pelo prelado de uma diocese.

PROVISORIA, s.f. Cargo ou funções do provisor.

PROVISÓRIO, adj. Feito por provisão; interino; passageiro; temporário.

PROVOCAÇÃO, s.f. Ato ou efeito de provocar; desafio; tentação.

PROVOCADOR (ô), adj. Provocante; s.m. aquele que provoca.

PROVOCANTE, adj. Que provoca; tentador.

PROVOCAR, v.t. Incitar; desafiar; injuriar.

PROVOCATIVO ou PROVOCATÓRIO, adj. Provocante.

PROXIMIDADE (ss), s.f. Estado ou condição do que é próximo; contiguidade; pequena distância; pl.: cercanias.

PRÓXIMO (ss), adj. Que está perto; vizinho; que chega breve; seguinte ao atual; imediato; s.m. cada pessoa; o conjunto de todos os homens.

PROZÓICO, adj. Anterior ao aparecimento dos seres vivos.

PRUDÊNCIA, s.f. Virtude que leva o homem a conhecer e praticar o que lhe convém; tino; moderação; precaução.

PRUDENCIAL, adj. Que diz respeito à prudência.

PRUDENTE, adj. Que tem prudência; moderado; comedido; cauteloso; previdente; judicioso; discreto; circunspecto; sábio.

PRUIR, v.t. e int. Pruir.

PRUMO, s.m. Instrumento formado de uma peça de metal ou de pedra, suspensa por um fio, que serve para determinar a direção vertical; (fig.) tina; prudência; a —: perpendicularmente.

PRURIDO, s.m. Coceira; comichão.

PRURIGINOSO (ô), adj. Que tem prurido; em que há prurido.

PRURIR, v.t. Causar comichões a; int. causar prurido.

PRUSSIANO, adj. Da Prússia (Alemanha); s.m. o natural ou habitante da Prússia.

PRUSSIATO, s.m. Designação genérica dos sais do ácido prússico.

PRÚSSICO, adj. (Quím.) Designação de um ácido orgânico, também chamado cianídrico, constituído de um átomo de hidrogênio, um de carbono e um de nitrogênio.

PSEUDÔNIMO, s.m. Nome falso ou suposto; adj. que assina as suas obras com um nome que não lhe pertence; designação da obra escrita ou publicada com nome suposto.

PSEUDÓPODE, s.m. Saliência protoplásmica, que se forma na periferia dos leucócitos e dos protozoários, servindo-lhes para a locomoção e nutrição.

PSICANÁLISE, s.f. Método especial de tratamento criado pelo prof. Sigmund Freud para a cura de desordens nervosas; exploração do subconsciente por meio de uma análise psicológica de um gênero especial; ciência do inconsciente.

PSICANALISTA, adj. e s. Pessoa versada em Psicanálise.

PSICASTENIA, s.f. Fraqueza intelectual; psicose caracterizada por fases de medo e ansiedade, obsessões, idéias fixas, tiques, auto-acusação, convergência de emoção e depressão.

PSICASTÉNICO, adj. e s.m. Que sofre de psicastenia.

PSICOFÍSICO, adj. Referente ao espírito e à matéria.

PSICOGRAFAR, v.t. Escrever (o médium) por meio do espiritismo; redigir, ditado pelos espíritos.

PSICOGRAFIA, s.f. História ou descrição da alma ou das suas faculdades; escrita dos espíritos pela mão do médium.

PSICOGRÁFICO, adj. Relativo à psicografia.

PSICÓGRAFO, s.m. Aquele que se ocupa da psicografia; o médium que escreve por sugestão ou ação dos espíritos.

PSICOLOGIA, s.f. Ciência que, partindo das observação dos fatos psíquicos, determina as suas causas e as suas leis.

PSICOLÓGICO, adj. Relativo à Psicologia.

PSICOLOGISTA, s. Pessoa que se ocupa de Psicologia.

PSICÓLOGO, s.m. Aquele que é versado em Psicologia.

PSICOMANCIA, s.f. Suposta arte de adivinhar pela evocação das almas dos mortos.

PSICOMANTE, s. Pessoa que se dedica à psicomancia.

PSICOMÂNTICO, adj. Referente à psicomancia.

PSICOMETRIA, s.f. Registro e medida da atividade intelectual.

PSICOMÉTRICO, adj. Relativo à psicometria.

PSICOPATA, adj. e s. Pessoa que sofre de doença mental.

PSICOPATIA, s.f. Designação genérica das doenças mentais.

PSICOPÁTICO, adj. Relativo à psicopatia.

PSICOPATOLOGIA, s.f. Ramo da Medicina que trata das causas e da natureza das doenças mentais.

PSICOPATOLÓGICO, adj. Relativo a psicopatologia.

PSICOSE, s.f. Psicopatia.

PSICOTÉCNICA, s.f. Emprego prático da Psicologia em geral (psicoterapia, sugestão, educação, etc.).

PSICOTÉCNICO, adj. Relativo à psicotécnica.

PSICOTERAPIA, s.f. (Med.) Terapêutica por meios psicológicos, influência mental e sugestão.

PSICOTERÁPICO, adj. Relativo à psicoterapia.

PSICOTRÓPICO, adj. e s.m. (Terap.) Medicamento que acalma a excitação psíquica.

PSICROFOBIA, s.f. Medo exagerado ao frio.

PSICROFÓBICO, adj. Relativo à psicrofobia.

PSICROMETRIA, s.f. Aplicação do psicrômetro.

PSICROMÉTRICO, adj. Relativo à psicrometria.

PSICRÔMETRO, s.m. Aparelho que serve para avaliar a quantidade de vapor de água contida na atmosfera.

PSICROTERAPIA, s.f. Método terapêutico que consiste no emprego do frio para combater a febre.

PSICROTERÁPICO, adj. Referente à psicroterapia.

PSIQUE, s.f. A alma.

PSIQUIATRA, s. Pessoa que se ocupa de psiquiatria.

PSIQUIATRIA, s.f. (Med.) Parte da Medicina que se ocupa das doenças mentais.

PSIQUIÁTRICO, adj. Relativo à psiquiatria.

PSÍQUICO, adj. Relativo à alma ou às faculdades intelectuais e morais.

PSIQUISMO, s.m. Conjunto dos fenômenos psíquicos; espiritualismo.

PSITACÍDEO, adj. Relativo aos Psitacídeos; s.m. espécime dos Psitacídeos, família de aves que compreende as araras e os papagaios.

PSITACISMO, s.m. Vício de linguagem que consiste no emprego de palavras vazias de sentido; arte de alinhar frases ocas.

PSIU, interj. Emprega-se para mandar calar ou para chamar.

PSORÍASE, s.f. (Med.) Doença da pele, caracterizada por placas formadas de escamas secas e brancas, assentadas em base eritematosa.

PTERÍGIO, s.m. (Med.) Espessamento da conjuntiva, de forma triangular, cujo vértice se dirige para a córnea, chegando mesmo a cobri-la.

PTIALINA, s.f. Fermento da saliva, que transforma o amido em maltose e dextrina.

PTIALISMO, s.m. (Med.) Secreção abundante de saliva.

PTIALOGOGO (ô), adj. (Med.) Que excita a secreção da saliva.

PTILOSE, s.f. (Med.) Queda dos cílios por inflamação crônica da borda livre das pálpebras.

PTOSE, s.f. (Med.) Deslocamento ou queda de um órgão, em geral devido a afrouxamento dos meios de fixação da víscera.

PUA, s.f. Haste terminada em bico; ferramenta destinada a fazer furos na madeira.

PUBA, s.f. A mandioca posta na água até amolecer e fermentar.

PUBAR, v.t. Fazer fermentar (a mandioca).

PUBERDADE, s.f. Idade em que os indivíduos se tornam aptos para a procriação; estado ou qualidade de púbere; pubescência.

PÚBERE, adj. Chegado à puberdade, que começa a ter barba ou pêlos finos que anunciam a adolescência.

PUBESCÊNCIA, s.f. Estado de pubescente; conjunto de pêlos finos e curtos que revestem a epiderme de certos órgãos ou frutos; puberdade.

PUBESCENTE, adj. Que está coberto de pêlos finos e curtos; púbere.

PUBESCER, v.int. Tornar-se púbere; chegar à puberdade.

PUBIANO ou PÚBICO, adj. Relativo ao púbis.

PÚBIS, s.m. 2 núm. (Anat.) Arco anterior do osso ilíaco; parte inferior e mediana da região hipogástrica.

PUBLICAÇÃO, s.f. Ato ou efeito de publicar; o que se publica; obra literária, científica ou artística que se publica pela imprensa; livro; folheto.

PUBLICADOR (ô), adj. e s.m. Aquele que publica.

PÚBLICA-FORMA, s.f. Cópia autêntica de um documento lavrado em cartório. (Pl.: públicas-formas.)

PUBLICAR, v.t. Tornar público; anunciar; imprimir para vender; editar.

PUBLICIDADE, s.f. Qualidade do que é público; vulgarização; anúncio por qualquer meio de propaganda.

PUBLICISMO, s.m. Profissão de publicista; grupo dos publicistas.

PUBLICISTA, s. Pessoa que escreve sobre direito público ou sobre política,etc.; escritor público.

PUBLICITÁRIO, adj. Que diz respeito à publicidade.

PÚBLICO, adj. Relativo ou pertencente a um povo ou ao povo; que serve para uso de todos; comum; relativo à governança de um país; manifesto; notório (superl. abs. sint.: publicíssimo); s.m. o povo em geral; auditório.

PÚCARO, s.m. Pequeno vaso com asa, geralmente destinado a extrair líquidos de outros vasos maiores; pequeno recipiente de toucador destinado a guardar o pó de arroz.

PUDENTE, adj. Que tem pudor.

PUDIBUNDO, adj. Que tem pudor; que se envergonha.

PUDICÍCIA, s.f. Qualidade do que é pudico; castidade; pudor.

PUDICO (di) adj. Que tem pudor; envergonhado; casto.

PUDIM, s.m. Nome dado a diversas iguarias constituídas por massas, e cozidas ao forno, tendo por base uma ou mais substâncias, que variam muito.

PUDOR (ô), s.m. Sentimento de pejo e decência; honestidade; modéstia; vergonha; seriedade.

PUERÍCIA, s.f. Idade pueril.

PUERICULTURA, s.f. Conjunto de meios que visam a assegurar o perfeito desenvolvimento físico, mental e moral da criança; posto de —: ambulatório destinado exclusivamente a crianças.

PUERIL, adj. Próprio de crianças; ingênua; fútil; infantil.

PUERILIDADE, s.f. Qualidade do que é pueril; ato ou dito de crianças; futilidade; criancice.

PUÉRPERA, adj. e s.f. Parturiente.

PUERPERAL, adj. Relativo à puérpera ou ao parto.

PUF, interj. Designativa de cansaço, enfado, etc.

PUFE, s.m. Almofada para entufar saias ou vestidos; assento de quatro pés, que não tem braços nem espaldar.

PÚGIL, adj. Dado a briga (superl. abs. sint.: pugilíssimo, pugilímo); s.m. atleta; pugilista. (Pl.: púgeis.)

PUGILATO, s.m. Luta com os punhos; luta a murro; (fig.) discussão acalorada com ameaça de luta corporal.

PUGILISMO, s.m. Hábitos de pugilista; esporte do pugilato; boxe.

PUGILISTA, s. Pessoa que luta servindo-se dos punhos ou dando murros; jogador de boxe; boxeador.

PUGILO, s.m. Porção; magote; grupo.

PUGNA, s.f. Ato de pugnar; briga; peleja.

PUGNACIDADE, s.f. Qualidade de pugnaz; tendência para a briga.

PUGNADOR (ô), adj. Que pugna; que combate; batalhador; lutador.

PUGNAR, v.int. Combater; tomar a defesa de.

PUGNAZ, adj. Que pugna; que tem tendências a brigão; lutador; batalhador. (Superl. abs. sint.: pugnacíssimo.)

PUIR, v.t. Desgastar, roçando ou friccionando; polir; alisar, roçando. (Não se conjuga nas formas em que ao u da raiz se seguiria o ou a, isto é, na 1.ª pess. do sing. do pres. do indic. e em todo o pres. do subj.; assim se conjuga o pres. indic.: puis (tu), pui, puímos, puís, puem.)

PUJANÇA, s.f. Qualidade de pujante; grande força vegetativa; (fig.) poderio; exuberância.

PUJANTE, adj. Que tem grande força; que tem poderio; magnificente; denodado; ativo.

PUJAR, v.t. Exceder; vencer; int. esforçar-se.

PULAÇÃO, s.f. Ato de pular; pulo; salto.

PULADOR ou **PULANTE**, adj. Que pula.

PULAR, v.int. Dar pulos; saltar; t. transpor de um pulo.

PULCRÍCOMO, adj. Que tem lindos cabelos.

PULCRITUDE, s.f. (poét.) Qualidade do que é pulcro.

PULCRO, adj. (poét.) Gentil, formoso. (Superlativo abs. sint.: pulquérrimo.)

PULE, s.f. Bilhete de aposta em corridas de cavalos.

PULGA, s.f. Nome comum de todos os insetos da ordem dos Sifonápteros.

PULGÃO, s.m. Inseto homóptero, parasito, que vive nos vegetais.

PULGO, s.m. O macho da pulga.

PULGUEDO (ê), s.m. Grande quantidade de pulgas; sítio onde há muita pulga.

PULGUENTO, adj. Que tem muitas pulgas.

PULHA, s.f. Gracejo; peta; embacadela; locução pouco decorosa; s.m. biltre; trapalhão; adj. desprezível: indecente; desmazelado.

PULHICE, s.f. Ato ou dito de pulha; vida miserável; pelintrice.

PULMÃO, s.m. (Anat.) Cada um dos dois principais órgãos respiratórios contidos no tórax; bofe; (fig.) boa voz; voz forte.

PULMOEIRA, s.f. Tuberculose pulmonar do gado.

PULMONAR, adj. Relativo ao pulmão; que tem pulmões; que faz parte dos pulmões.

PULO, s.m. Salto; pincho.

PULÓVER, s.m. Espécie de blusa de lã, fechada na parte anterior. (Pl.: pulóveres.)

PULPITE, s.f. (Med.) Inflamação da polpa dentária.

PÚLPITO, s.m. Tribuna de onde pregam, nos templos, os oradores sagrados.

PULSAÇÃO, s.f. Ato ou efeito de pulsar; (Med.) movimento de contração e dilatação do coração e das artérias; batimento; pulso.

PULSAR, v.t. Impelir; agitar; abalar; tocar; ferir; int. palpitar; latejar; agitar-se; anelar; arquejar.

PULSÁTIL, adj. Que pulsa. (Pl.: pulsáteis.)

PULSATIVO, adj. Que faz pulsar; acompanhado ou caracterizado por pulsações.

PULSEAR, v.int. Comparar com outrem a força do pulso, apoiando os cotovelos sobre um ponto e travando as mãos direitas; t. tomar o pulso a; apalpar; sentir; observar.

PULSEIRA, s.f. Ornato circular para os pulsos.

PULSÍMETRO, s.m. Instrumento para avaliar o número das pulsações arteriais do espaço de um minuto; esfigmógrafo.

PULSO, s.m. (Med.) Batimento das artérias, sentido pelo dedo que palpa ou registrado por aparelho apropriado; (por ext.) parte do antebraço, junto à mão, onde se sente o pulso da artéria radial; pulsação; (fig.) força; vigor; a —: à força; à viva força.

PULSÓGRAFO, s.m. Esfigmógrafo.

PULTÁCEO, adj. Quem tem a consistência ou o aspecto de papas.

PULULÂNCIA, s.f. Grande força vegetativa; pujança.

PULULANTE, adj. Que pulula.

PULULAR, v.int. Lançar rebentos (a planta); germinar com rapidez; brotar; desenvolver-se; ferver; agitar-se; abundar; ser em grande número.

PULVERÁCEO, adj. Coberto de pó.

PULVÉREO, adj. Relativo a pó; reduzido a pó; que tem a natureza do pó.

PULVERIFORME, adj. Que tem aspecto de pó.

PULVERIZAÇÃO, s.f. Ato ou efeito de pulverizar.

PULVERIZADOR, adj. Que pulveriza; s.m. aquilo que pulveriza; aparelho para pulverizar.

PULVERIZAR, v.t. Reduzir a pó; converter em pequenos fragmentos; polvilhar; (fig.) desbaratar; destruir; borrifar, difundir (líquido) em gotas tenuíssimas.

PULVEROSO (ó), adj. Poeirento; poento; coberto de pó.

PULVERULÊNCIA, s.f. Estado do que é pulverulento.

PULVERULENTO, adj. Coberto ou cheio de pó.

PUM, interj. Designativa de estrondo ou detonação.

PUMA, s.m. Leão americano que não tem crina nem borla na cauda e de tamanho menor que o africano.

PUNÇÃO, s.f. Ato ou efeito de pungir ou puncionar; s.m. instrumento pontiagudo para furar ou gravar; estilete cirúrgico; lâmina de aço com letras em relevo para a fundição de caracteres tipográficos, medalhas, etc.

PUNÇAR, v.t. Abrir com punção; puncionar.

PUNCIONAR, v.t. Furar com punção.

PUNCTIFORME ou **PUNTIFORME**, adj. Que tem forma ou aparência de ponto.

PUNCTURA ou **PUNTURA**, s.f. Ferida ou picada com punção ou instrumento pontiagudo; pl.: chapas de ferro com puas nas extremidades, em que os impressores colocam as folhas.

PUNDONOR (ô), s.m. Sentimento de dignidade; brio.

PUNDONOROSO (ô), adj. Que tem pundonor; brioso; denodado.

PUNGA, adj. Imprestável; último a chegar, em corridas (diz-se do cavalo); a vítima e o objeto do furto feito pelo punguista; o próprio punguista; s.f. a arte do punguista.

PUNGENTE, adj. Que punge; doloroso.

PUNGIDOR, adj. e s.m. Que punge, aflige, atormenta.

PUNGIMENTO, s.m. Ato ou efeito de pungir.

PUNGIR, v.t. Ferir; picar; incitar; causar grande dor moral a; afligir; torturar; int. começar a apontar (a vegetação, barba). (Não se conjuga a 1.ª pessoa do sing. do pres. do indic. e em todo pres. do subj.; todavia a tendência é para conjugá-lo em todas as pessoas, tempos e modos: punjo, punges, etc.; punja, punjas, etc.)

PUNGITIVO, adj. Pungente; penetrante.

PUNGUEAR, v.t. (gír.) Furtar das pessoas nas ruas ou locais de reuniões (dinheiro, carteira, jóias, etc.).

PUNGUISTA, s.m. (gír.) O que pungueia.

PUNHADA, s.f. Pancada com o punho; murro.

PUNHADO, s.m. Porção que se pode conter na mão fechada; mancheia; (fig.) pequeno número.

PUNHAL, s.m. Pequena arma branca, constituída por uma lâmina perfurante e um cabo, geralmente em forma de cruz.

PUNHALADA, s.f. Golpe de punhal; coisa que ofende muito.

PUNHO, s.m. Mão fechada; pulso; tira em que terminam as mangas e que contorna o pulso; parte por onde se empunham certos instrumentos ou utensílios.

PUNIBILIDADE, s.f. Qualidade de punível.

PUNIÇÃO, s.f. Ato ou efeito de punir; castigo; pena.

PÚNICO, adj. Respeitante a Cartago ou aos cartagineses; pérfido; traidor.

PUNIDOR (ô), adj. e s.m. Aquele que pune.

PUNIR, v.t. Castigar; int. lutar em defesa; acudir em defesa de.

PUNITIVO, adj. Que pune.

PUNÍVEL, adj. Que se pode punir; que é digno de castigo.

PUPILA, s.f. (Anat.) Abertura situada na parte média da membrana íris e pela qual passam os raios luminosos; o mesmo que menina do olho; órfã sob tutela; educada; discípula; protegida.

PUPILO, s.m. Órfão a cargo de tutor; menor; (fig.) protegido; educando.

PURÉ, s.m. Espécie de sopa de legumes, carnes e outras substâncias raladas; iguaria semelhante mais consistente, em forma de pão ou pudim.

PUREZA (ê), s.f. Qualidade de puro; genuinidade; transparência; nitidez; virgindade; limpidez; vernaculidade (na linguagem).

PURGA, s.f. Purgante.

PURGAÇÃO, s.f. Ato ou efeito de purgar; purificação; corrimento purulento; supuração.

PURGANTE, adj. Que faz purgar; s.m. preparação farmacêutica ou qualquer substância que faz purgar.

PURGAR, v.t. Purificar; limpar; desembaraçar ou limpar (os intestinos); tratar por meio de purgante; livrar do que é nocivo; int. expelir pus ou maus humores; p. tomar purga.

PURGATIVO, adj. e s.m. Purgante; purificativo.

PURGATÓRIO, adj. Purgante; s.m. (Teol.) lugar de purificação das almas dos justos antes de admitidas na bem-aventurança.

PURIFICAÇÃO, s.f. Ato ou efeito de purificar; ablução litúrgica; festa da Igreja católica.

PURIFICADOR (ô), adj. Que purifica; s.m. aquilo que purifica; pano com que o sacerdote, na missa, limpa o cálice, depois de comungar.

PURIFICANTE, adj. Purificador.

PURIFICAR, v.t. Tornar puro; limpar; santificar.

PURIFICATIVO, adj. Purificador.

PURISMO, s.m. Excessivo apuro da linguagem.

PURISTA, s. Pessoa excessivamente escrupulosa na pureza da linguagem.

PURITANISMO, s.m. Seita protestante que supunha interpretar melhor do que ninguém a letra da Bíblia; (por ext.) caráter de pessoa que alardeia grande austeridade de princípios.

PURITANO, adj. Relativo ao puritanismo; s.m. sectário do puritanismo; (por ext.) homem que blasona de muito austero.

PURO, adj. Sem mistura; sem alteração; genuíno; transparente; imaculado; virginal; casto; inocente; tranqüilo; verdadeiro; vernáculo; natural; sincero; suave; mavioso.

PÚRPURA, s.f. Substância corante, vermelho-escura, que se extrai da cochonilha; vestuário de reis; dignidade cardinalícia.

PURPURADO, adj. e s.m. O que foi elevado a cardeal.

PURPURAR, v.t. Tingir de púrpura; vestir púrpura.

PURPUREAR ou **PURPUREJAR**, v.t. Dar cor de púrpura a; tornar vermelho.

PURPÚREO, adj. Que tem cor de púrpura; vermelho.

PURPURINA, s.f. Substância corante extraída da raiz da ruiva; metais reduzidos a pó e empregados em tipografia para as impressões a ouro e prata.

PURPURINO, adj. Purpúreo.

PURPURIZAR, v.t. int. e p. Purpurear; purpurejar.

PURULÊNCIA, s.f. Qualidade do que é purulento.

PURULENTO, adj. Cheio de pus; que segrega pus.

PURURUCA, adj. Quebradiço; duro.

PUS, s.m. (Pat.) Exsudato composto de um líqüido que tem em suspensão leucócitos alterados, ou também agrupados.

PUSILÂNIME, adj. e s. Que tem fraqueza de ânimo; covarde; tímido.

PUSILANIMIDADE, s.f. Qualidade de pusilânime; fraqueza de ânimo; covardia.

PÚSTULA, s.f. (Med.) Elevação da epiderme que contém líqüido purulento; pápula purulenta; (fig.) chaga; perversão; corrupção; vício; sujeito infame, de péssimo caráter; — maligna: o mesmo que carbúnculo ou antraz maligno.

PUSTULENTO, adj. Que tem pústulas.

PUSTULOSO (ô), adj. Pustulento; que tem forma ou natureza da pústula.

PUTATIVO, adj. Que se supõe ter existência legal; reputado.

PUTREFAÇÃO, s.f. Ato ou efeito de putrefazer; apodrecimento; corrupção; decomposição de matérias albuminóides; podridão.

PUTREFACIENTE ou **PUTREFATIVO**, adj. Que putrefaz.

PUTREFATO, adj. Que apodreceu; podre; corrompido.

PUTREFATÓRIO, adj. Putrefaciente; putrefativo.

PUTREFAZER, v.t. Tornar podre; corromper; apodrecer.

PUTREFEITO, adj. Putrefato; podre.

PUTRESCÊNCIA, s.f. Estado do que é putrescente; podridão.

PUTRESCENTE, adj. Que está apodrecendo; que começa a putrefazer-se.

PUTRESCIBILIDADE, s.f. Qualidade do que é putrescível.

PUTRESCÍVEL, adj. Que pode apodrecer ou putrefazer-se.

PÚTRIDO, adj. Podre; corrupto.

PUTRIFICAR, v.t. Putrefazer; apodrecer.

PUXA, interj. Exprime espanto ou impaciência.

PUXADA, s.f. Ato ou efeito de puxar; caminhada longa e forçada.

PUXADO, adj. Esmerado ou afetado no trajar ou no falar; muito apurado (preparado culinário); (fam.) elevado (preço); exaustivo (trabalho); s.m. construção que prolonga o corpo central de uma casa.

PUXADOR (ô), s.m. Peça de madeira ou metal, por onde se puxa ao abrir as gavetas, portinholas, etc.

PUXADOURA, s.f. Peça de serralheiros para puxar rebites; puxadeira.

PUXÃO, s.m. Ato ou efeito de puxar com força; repelão; puxada; empuxão.

PUXA-PUXA, s.f. Espécie de alféloa; ponto de doce; cocada. (Pl.: puxas-puxas ou puxa-puxas.)

PUXAR, v.t. Atrair a si com força; arrastar; esticar; estirar; provocar; int. tender; inclinar-se; exercer atração; fazer menção; exigir esforço; esmerar-se no trajar; ser caro; p. esmerar-se no trajar.

PUXAVANTE, adj. (pop.) Que provoca vontade de beber; picante; s.m. instrumento de ferrador, para desbastar ou alisar os cascos dos animais, antes de pregar a ferradura.

PUXE, interj. Vá embora!, suma-se!

PUXO, s.m. Dor e dificuldade à evacuação.

Q

Q, s.m. Décima sexta letra do alfabeto português.

QUACRE, s.m. Membro de uma seita religiosa, desvio do puritanismo, fundada pelo inglês Jorge Fox em 1647 e espalhada sobretudo nos Estados Unidos da América e na Inglaterra. Os quacres não admitem nenhum sacramento, não prestam juramento perante a justiça, não pegam em armas, nem admitem hierarquia eclesiástica.

QUADRA, s.f. Compartimento quadrado; série de quatro; estrofe de quatro versos; época; ocasião; distância entre uma esquina e outra do mesmo lado de uma rua; praça de esportes, especialmente para tênis e bola-ao-cesto.

QUADRADO, adj. Que tem quatro lados iguais, em ângulo reto; tapado; ignorante; rude; s.m. figura geométrica de quatro lados iguais e quatro ângulos retos; número multiplicado por igual valor ou elevado à segunda potência.

QUADRADURA, s.f. O mesmo que quadratura.

QUADRAGENÁRIO, adj. e s.m. Que, ou aquilo que abrange quarenta unidades; que tem quarenta anos.

QUADRAGÉSIMA, s.f. Espaço de quarenta dias; quaresma.

QUADRAGESIMAL, adj. Relativo à quadragésima ou à quaresma.

QUADRAGÉSIMO, adj. num. Denominação do ordinal correspondente a quarenta; s.m. a quadragésima parte.

QUADRANGULADO ou **QUADRANGULAR**, adj. Que tem quatro ângulos.

QUADRÂNGULO, s.m. Polígono de quatro ângulos.

QUADRANTE, s.m. Quarta parte da circunferência; cada um dos quatro diedros retos formados pelos planos de projeção octogonal; mostrador de relógio.

QUADRAR v.t. Dar forma quadrada a; elevar um número à segunda potência; rel. ajustar-se; condizer.

QUADRÁTICO, adj. Respeitante ao quadrado.

QUADRATIM, s.m. Quadrado de metal empregado pelos tipógrafos para abrir parágrafos ou determinar medidas.

QUADRATRIZ, adj. e s.f. Designativo da, ou a curva que serve para a resolução aproximada do problema da quadratura do círculo e da trisecção do ângulo.

QUADRATURA, s.f. Redução geométrica de uma figura curvilínea a um quadrado de superfície equivalente; aspecto de dois astros que distam entre si 90 graus.

QUADRELA, s.f. Muro; parede.

QUADRIBÁSICO, adj. (Quím.) Diz-se dos ácidos que possuem quatro hidrogênios substituíveis, ou das bases e dos sais que libertam quatro radicais negativos monovalentes.

QUADRICÊNTRICO, adj. Diz-se da figura que apresenta quatro centros.

QUADRÍCEPS, s.m. Músculo da coxa, formado por quatro feixes.

QUADRICIPITAL, adj. Relativo ao quadríceps.

QUADRICÍPITE, s.m. O mesmo que quadríceps.

QUADRICOLOR, adj. Que tem quatro cores diferentes.

QUADRICÓRNEO, adj. (Zool.) Que tem quatro antenas ou cornos.

QUADRÍCULA, s.f. Quadradinho; quadrículo; pequena quadra.

QUADRICULADO ou **QUADRICULAR**, adj. Pautado ou dividido em quadrículos.

QUADRICULAR, v.t. Dar forma de quadrícula; dividir em quadrículas; adj. quadriculado.

QUADRÍCULO, s.m. Quadradinho; quadrícula.

QUADRICÚSPIDE, adj. (Bot.) Que tem quatro pontas agudas.

QUADRIDENTADO, adj. (Zool.) Que tem quatro dentes.

QUADRIDIGITADO, adj. (Zool.) Que tem quatro dedos ou digitações.

QUADRIENAL, adj. Que se dá de quatro em quatro anos; relativo a quadriênio.

QUADRIÊNIO, s.m. Período de quatro anos.

QUADRIFÓLIO, adj. Que tem quatro folhas; cujas folhas estão dispostas quatro a quatro.

QUADRIFORME, adj. Que apresenta quatro formas.

QUADRIFURCADO, adj. Que tem quatro ramos.

QUADRIGA, s.f. Carro puxado por quatro cavalos.

QUADRIGÁRIO, s.m. Condutor de quadriga.

QUADRIGÊMEO, adj. Quádruplo.

QUADRÍJUGO, adj. Puxado por quatro cavalos emparelhados.

QUADRIL, s.m. Região lateral do corpo humano, entre a cintura e a articulação superior da coxa; anca; alcatra (gado).

QUADRILATERAL, adj. Que tem quatro lados. O mesmo que quadrilátero.

QUADRILÁTERO, adj. Quadrilateral; s.m. polígono de quatro lados; espaço quadrangular fortificado.

QUADRILHA, s.f. Bando de ladrões; multidão; contradança de salão em que tomam parte vários pares; a música sobre a qual se executa essa contradança; súcia; corja.

QUADRILHEIRO, s.m. O que faz parte de quadrilha de ladrões; salteador.

QUADRILOBULADO, adj. Que tem quatro lóbulos.

QUADRILOCULADO ou **QUADRILOCULAR**, adj. Que tem quatro cavidades.

QUADRILONGO, adj. Que tem quatro lados paralelos dois a dois, sendo dois deles maiores que os outros dois; s.m. retângulo com a mesma disposição.

QUADRÍMANO, adj. (Zool.) Que tem quatro tarsos dilatados em forma de mão.

QUADRIMEMBRE, adj. Que tem quatro membros.

QUADRIMESTRAL, adj. Relativo a quadrimestre; que se realiza ou acontece de quatro em quatro meses.

QUADRIMESTRE, s.m. Período de quatro meses.

QUADRIMOTOR, s.m. Avião dotado de quatro motores.

QUADRINGENTENÁRIO, s.m. Comemoração de um fato importante ocorrido quatrocentos anos antes; quarto centenário.

QUADRINGENTÉSIMO, num. Denominação do ordinal correspondente a quatrocentos; s.m. a quadringentésima parte.

QUADRINÓMIO, s.m. Expressão algébrica de quatro termos ou monômios.

QUADRIPÉTALO, adj. Que tem quatro pétalas.

QUADRIRREME, s.f. Galera de quatro ordens de remos, ou de quatro remadores em cada remo.

QUADRISSECULAR, adj. Relativo a quatro séculos.

QUADRISSILÁBICO ou **QUADRISSÍLABO**, adj. Que tem quatro sílabas.

QUADRISSULCO, adj. (Bot.) Que apresenta quatro sulcos.

QUADRIVALVE, adj. (Bot.) Que tem quatro valvas.

QUADRIVALVULADO o u **QUADRIVALVULAR**, adj. Que tem quatro válvulas.

QUADRIVIO, s.m. Lugar onde terminam quatro caminhos, ou quatro ruas; encruzilhada.

QUADRO, adj. Quadrilátero; quadrado; moldura ou caixilho de painel ou pintura; tela; painel emoldurado; mapa; tabela; resenha; lista; peça quadrada de ardósia ou madeira para cálculos e traçados nas escolas; panorama; cena; subdivisão dos atos de uma peça de teatro; número de empregados de uma repartição; plano sobre que se traça a perspectiva; conjunto de jogadores de clube esportivo.

QUADRO-NEGRO, s.m. Superfície de cor preta de uso nas escolas e para inscrição de avisos ao público. (Pl.: quadros-negros.)

QUADRÚMANO, adj. Que tem quatro mãos; s.m. designação antiquada dos símios.

QUADRUPEDANTE, adj. Que anda em quatro pés.

QUADRÚPEDE, adj. e s.m. Que tem quatro pés; homem estúpido; bruto; rude.

QUADRUPLICAÇÃO, s.f. Ato ou efeito de quadruplicar.

QUADRUPLICAR, v.t. Multiplicar por quatro; tornar quatro vezes maior.

QUÁDRUPLO, adj. Que é quatro vezes maior; s.m. quantidade quatro vezes maior que outra.

QUAL, adj. e pron. Designativo de quantidade ou natureza; que coisa ou pessoa; semelhante; conj. como; interj. designa espanto, negação, oposição.

QUALIDADE, s.f. Característico de uma coisa; modo de ser; disposição moral; predicado; nobreza; casta; espécie; gravidade, aptidão.

QUALIFICAÇÃO, s.f. Ato ou efeito de qualificar.

QUALIFICADO, adj. Que tem certas qualidades; distinto; nobre; que está em posição elevada.

QUALIFICADOR, adj. e s.m. Àquele que qualifica.

QUALIFICANTE, adj. Que qualifica.

QUALIFICAR, v.t.-pred. Indicar qualidade; apreciar; classificar; considerar; reputar; avaliar; t. modificar, atribuindo qualidade; autorizar; enobrecer; ilustrar.

QUALIFICATIVO, adj. Que qualifica; que exprime ou determina a qualidade.

QUALIFICÁVEL, adj. Que se pode qualificar.

QUALQUER, pron. Designativo de coisa, lugar, ou indivíduo indeterminado; algum, alguma; pessoa indeterminada. (Pl.: quaisquer.)

QUANDO, adv. e conj. No tempo em que; em que época; posto que; mas.

QUANTIA, s.f. Porção de dinheiro; quantidade; soma; importância.

QUANTIDADE, s.f. Grandeza expressa em número; grande número; qualidade do que pode ser medido ou numerado.

QUANTIOSO, adj. Muito numeroso; valioso; rico.

QUANTITATIVO, adj. Relativo à quantidade; ou indicativo de quantidade.

QUANTO, pron. e adj. Que número de; que aumento de; que preço; tudo que; adv. quão grande; quão belo; relativamente; a respeito; até que ponto; de que modo; da maneira que.

QUÃO, adv. Quanto, como.

QUARADOR, s.m. Coradouro; lugar onde se põe a roupa a corar; lugar muito exposto ao sol e onde se torna incômoda a permanência de pessoa ou animais.

QUARAR, v.int. Alteração de corar ou coarar; expor ao sol a roupa ensaboada.

QUARENTA, num. Denominação do número cardinal equivalente a quatro dezenas; s.m. aquele, ou aquilo que numa série de quarenta ocupa o último lugar.

QUARENTÃO, adj. e s.m. Que, ou aquele que já tem quarenta anos, ou se aproxima dessa idade; (fig.) maduro.

QUARENTENA, s.f. Período de quarenta dias; quaresma; espaço de tempo que os passageiros procedentes de região em que há doenças contagiosas são obrigados a incomunicabilidade a bordo dos navios ou num lazareto.

QUARENTENÁRIO, adj. Relativo à quarentena; adj. e s.m. que, ou aquele que faz quarentena.

QUARENTONA, s.f. Mulher que já completou quarenta anos ou está próximo dessa idade.

QUARESMA, s.f. Os quarenta dias que vão de quarta-feira de cinzas até domingo de Páscoa.

QUARESMAL, adj. Da quaresma ou a ela relativo; quadragesimal.

QUARESMAR, v.int. Cumprir os preceitos religiosos quaresmais.

QUARTA, s.f. Uma das quatro partes iguais em que se pode dividir a unidade; forma reduzida de quarta-feira.

QUARTÃ, adj. e s.f. Designativo da febre intermitente que se repete de quatro em quatro dias.

QUARTADO, adj. Dividido em quarto; formado de quatro.

QUARTA-FEIRA, s.f. Quarto dia da semana, começada no domingo.

QUARTANISTA, s.m. e f. Aluno que freqüenta o quarto ano de um curso escolar.

QUARTAU, s.m. Cavalo pequeno, mas robusto, próprio para carga.

QUARTEADO, adj. Designativo do cavalo espadaúdo e bem proporcionado.

QUARTEAR, v.t. Dividir em quatro partes; decorar com quatro cores diferentes.

QUARTEIRÃO, s.m. Quarta parte de um cento; série de casas contíguas; grupo de casas que formam quadrilongo.

QUARTEIRO, s.m. Criado de quarto; camareiro.

QUARTEJAR, v.t. Dividir em quartos ou pedaços; esquartejar; despedaçar.

QUARTEL, s.m. Quarta parte; edifício em que se alojam tropas; época; período.

QUARTELADA, s.f. Rebelião provocada por militares; motim; sublevação.

QUARTELEIRO, s.m. Militar encarregado de guardar o armamento e uniforme de um corpo de tropas.

QUARTEL-GENERAL, s.m. Repartição militar destinada a executar, transmitir e fazer cumprir ordens quanto ao movimento, economia e disciplina militar; o lugar ocupado pelos oficiais generais e seu estado-maior; a casa ou lugar de residência do general e de onde ele expede as ordens aos corpos que lhe estão subordinados.

QUARTELISMO, s.m. Influência das forças armadas nos negócios políticos.

QUARTETO, s.m. Quadra de versos; peça musical executada por quatro vozes ou quatro instrumentos (dois violinos, violoncelo e contrabaixo); conjunto de quatro pessoas.

QUARTILHO, s.m. Medida líqüida que significa a quarta parte de uma canada e corresponde a pouco mais de meio litro.

QUARTINHO, s.m. Pequeno quarto; cubículo; latrina ou privada.

QUARTO, num. Denominação do ordinal correspondente a quatro; s.m. a quarta parte; quinze minutos; compartimento de dormir; indivíduo ou objeto que ocupa o quarto lugar; espaço de tempo em que, alternadamente, alguns soldados e marinheiros velam, enquanto outros descansam; plantão; parte superior da coxa e lateral dos quadris; ancas.

QUARTOLA, s.f. Pequena pipa, aproximadamente igual a um quarto de tonel.

QUARTUDO, adj. Que tem quartos ou ancas largas, muito desenvolvidas.

QUARTZÍFERO, adj. Que contém quartzo.

QUARTZO, s.m. (Min.) Cristal de rocha; mineral constituído essencialmente de óxido silícico cristalizado no sistema romboédrico.

QUASE, adv. Pouco menos; por pouco; perto; proximamente; a pouca distância; como se; a pouca diferença.

QUASÍMODO, s.m. Mostrengo; monstro; segundo domingo depois da Páscoa.

QUASSAÇÃO, s.f. Ação de reduzir a fragmentos as cascas e raízes duras das plantas para facilitar a extração dos princípios ativos nelas contidas.

QUATERNÁRIO, adj. Composto de quatro unidades ou elementos; (mús.) de quatro tempos (compasso); (Geol.) designativo da era geológica atual.

QUATERNO, adj. Composto de quatro coisas.

QUATI, s.m. Mamífero carnívoro da família dos Procionídeos.

QUATORZE, num. Denominação do número cardinal equivalente a uma dezena e quatro unidades. (A pronúncia correta é catorze.)

QUATORZENO, num. Décimo quarto; último numa série de quatorze. (A pronúncia correta é catorzeno.)

QUATRALVO, adj. Diz-se do cavalo que tem malhas brancas até os joelhos.

QUATRÍDUO, s.m. Período de quatro dias consecutivos.

QUATRIENAL, adj. Relativo a quatriênio.

QUATRIÊNIO, s.m. O mesmo que quadriênio; período de quatro anos consecutivos.

QUATRILHÃO, s.m. num. card. Mil trilhões.

QUATRO, num. Três mais um; s.m. o algarismo representativo do número quatro.

QUATROCENTISMO, s.m. Estilo, gosto ou expressão da escola quatrocentista.

QUATROCENTISTA, adj. Relativo ao século que vai de 1401 a 1500; s.m. artista ou escritor que viveu nesse século.

QUATROCENTOS, num. Quatro vezes o cento.

QUATROLHO, adj. Que tem as sobrancelhas brancas; s.m. o que usa óculos.

QUE, pron. rel. O qual, a qual, os quais, as quais; este, esta; esse, essa; ele, ela; aquele, aquela; no qual, na qual; pron. interrog. qual coisa? quais coisas?; adv. quão; prep. exceto; conj. copulat. e; conj. subord. caus. porque; conj. subord. fin. para que.; adj. det. interrog.; conj. subord. compar.; conj. subord. concess.; part. expletiva.

QUÊ, s.m. Alguma coisa; dificuldade.

QUÊ, interj. Designa espanto.

QUEBRA, s.f. Ato ou efeito de quebrar; perda; falência; interrupção; desconto ou abatimento que se faz no péso de uma mercadoria ou na venda de algum gênero; objeto que se dá a mais, numa transação, como agrado ao comprador.

QUEBRA-CABEÇA s.m. e f. Aquilo que dá preocupação e exige meditação profunda; problema; passatempo; adivinhação.

QUEBRA-COSTELAS, s.m. Abraço vigoroso.

QUEBRADA, s.f. Declive; volta da estrada; depressão de terreno.

QUEBRADEIRA, s.f. Falta de dinheiro; cansaço.

QUEBRADELA, s.f. Ato ou efeito de quebrar.

QUEBRADIÇO, adj. Que se quebra facilmente; frágil.

QUEBRADO, adj. Partido; fragmentado que tem ruptura; arruinado; falido; muito pobre, sem dinheiro; pronto.

QUEBRADOR, adj. e s.m. Que, ou aquilo que quebra.

QUEBRADOURO, s.m. Parte da praia onde se quebram as ondas.

QUEBRADURA, s.f. Quebra; hérnia.

QUEBRA-ESQUINAS s.m. Homem presunçoso e ocioso; namorador.

QUEBRA-GELOS, s.m. Navio provido de esporão e especialmente aparelhado para quebrar o gelo nas regiões frias, a fim de permitir a navegação.

QUEBRA-LUZ, s.m. Peça que preserva os olhos da luz forte de candeeiro, vela, etc.; abajur.

QUEBRA-MAR, s.m. Paredão destinado a oferecer resistência ao embate das ondas ou à força das correntes.

QUEBRAMENTO, s.m. Quebra; quebreira.

QUEBRA-NOZES, s.m. Alicate para partir nozes.

QUEBRANTADO, adj. Debilitado; abatido; extenuado.

QUEBRANTADOR, adj. e s.m. Que, ou o que quebranta.

QUEBRANTAMENTO, s.m. Ato ou efeito de quebrantar; prostração; abatimento.

QUEBRANTAR, v.t. Quebrar; abater, destruir; domar; amansar.

QUEBRANTO s.m. Quebrantamento; prostração; fraqueza; suposta influência exterior, maléfica, do feitiço; mau-olhado.

QUEBRA-PEDRA, s.f. Planta de virtudes diuréticas.

QUEBRA-PEITO, s.m. Fumo forte.

QUEBRA-QUEIXO, s.f. Charuto grande e ordinário.

QUEBRAR, v.t. Reduzir a pedaços; fragmentar, destruir; pôr termo; partir; interromper; enfraquecer; debilitar; amachucar; infringir; domar; subjugar; quebrantar; vencer; anular; torcer; ilaquear; inutilizar; int. romper-se; partir-se; rachar; estalar; afrouxar; adquirir hérnia; falir; fazer-se em pedaços; dobrar-se, formando ângulo; refranger-se; diminuir no peso; empobrecer; rel. dar com ímpeto; embater.

QUEBREIRA, s.f. Cansaço; fadiga; moleza.

QUEDA, s.f. Ato ou efeito de cair; decadência; pecado; inclinação; declive.

QUEDA-D'ÁGUA, s.f. Cachoeira, cascata.

QUEDAR, v.int. e p. Estar quedo; ficar, deter-se em um lugar; estacionar; conservar-se; parar; pred. permanecer.

QUEDO, adj. Quieto; sem movimento.

QUEFAZER, s.m. Ocupações; faina; negócios.

QUEFIR, s.m. Leite fermentado com sementes do Cáucaso.

QUEIJADA, s.f. Pastel chato feito de leite, ovos, queijo, açúcar e massa de trigo.

QUEIJADEIRA, s.f. Mulher que fabrica ou vende queijadas.

QUEIJADEIRO, s.m. Fabricante ou vendedor de queijadas.

QUEIJADINHA, s.f. Doce feito de queijo e coco.

QUEIJAR, v.int. Fazer queijo.

QUEIJARIA, s.f. Lugar onde se fabricam queijos; queijeira.

QUEIJEIRA, s.f. Casa em que se fabricam queijos.

QUEIJEIRO, s.m. Fabricante ou vendedor de queijos.

QUEIJO, s.m. Alimento que se obtém pela fermentação da caseína, depois de coalhado o leite.

QUEIMA, s.f. Ato ou efeito de queimar; s.m. liqüidação e venda a baixo preço das mercadorias de uma casa comercial; venda prejudicial, a fim de fazer face a outros compromissos financeiros urgentes.

QUEIMAÇÃO, s.f. Queima; impertinências; enfa-

damento; coisa que molesta.

QUEIMADA, s.f. Queima de mato para sementeiras no respectivo terreno; lugar onde se queimou mato; terra calcinada para adubo; parte da floresta ou campo, que se incendeia casual ou deliberadamente.

QUEIMADEIRO, s.m. Lugar onde se faziam as fogueiras para queimar os condenados à pena do fogo.

QUEIMADO, adj. Incendiado; zangado; um tanto encolerizado; s.m. cheiro ou sabor próprio da comida que se esturrou.

QUEIMADOR, adj. e s.m. Que, ou aquele que queima.

QUEIMADURA, s.f. Queima; ferimento ou lesão produzida pela ação do fogo.

QUEIMANTE, adj. Que queima; picante; ardido.

QUEIMÃO, s.m. Var. de quimão ou quimono.

QUEIMAR, v.t. Destruir pelo fogo; incendiar; pôr fogo; tostar; crestar; aquecer muito, produzindo dor; dissipar; esbanjar; vender a preço ínfimo; balear; dar saída antes de ser dado o sinal de partida, nas corridas de competições; int. produzir queimadura; causar ardor febril; estar quente em demasia; atirar com arma de fogo; p. sofrer queimaduras; crestar-se; dar-se por ofendido; melindrar-se; zangar-se.

QUEIMOR, s.m. Queima; calor grande.

QUEIMOSO, adj. Queimante; acre; calmoso.

QUEIXA, s.f. Lamentação; exprobração, censura; participação à autoridade sobre ofensas recebidas.

QUEIXADA, s.f. Maxila, queixo, mandíbula; s.m. espécie de porco-do-mato.

QUEIXAL, adj. Do queixo; s.m. dente molar.

QUEIXAR-SE, v.p. Manifestar dor; lastimar-se; manifestar descontentamento; lamentar-se; mostrar-se ofendido; denunciar ofensa que recebeu; fazer censura.

QUEIXEIRO, adj. Dente do siso.

QUEIXO, s.m. Maxila dos vertebrados; a maxila inferior; mento.

QUEIXOSO, adj. e s.m. Aquele que se queixa; s.m. o ofendido; o que faz reclamações contra o ofensor.

QUEIXUDO, adj. Que tem grandes queixos ou a mandíbula muito proeminente.

QUEIXUME, s.m. Queixa; lamentação.

QUEJANDO, adj. Que tem a mesma natureza; assemelhado; que tal.

QUELA, s.f. Apêndice em forma de pinça.

QUELHA, s.f. Calha.

QUELÍDEO, s.m. Réptil quelônio da Ásia e América do Sul.

QUELÍFERO, adj. Provido de quela ou pinça.

QUELÍPODE, s.m. Pata que termina em forma de pinça.

QUELODONTE, adj. Dente em forma de pinça.

QUELÔNIO, s.m. Espécime dos Quelônios, ordem da classe dos répteis que tem por tipo a tartaruga.

QUELONITA, s.f. Tartaruga petrificada.

QUELONÓFAGO, adj. Que se alimenta de tartarugas.

QUELONOGRAFIA, s.f. Descrição das tartarugas.

QUELONÓGRAFO, s.m. Naturalista que se ocupa especialmente das tartarugas.

QUEM, pron. A pessoa ou pessoas que; alguém que; a qual, as quais; quais pessoas; o que; aquele que.

QUENGO, s.m. Cabeça; talento; sujeito astuto.

QUENTÃO, s.m. Aguardente de cana com gengibre; bebida quente, forte.

QUENTAR v.t. Aquentar; esquentar.

QUENTE, adj. Em que há calor; de elevada temperatura; cálido; queimoso; entusiástico; sensual; um tanto alcoolizado.

QUENTURA, s.f. Estado do que é quente; calor.

QUEPE, s.m. Boné usado por militares de vários países.

QUER, conj. O mesmo que **ou,** vindo repetida em mais de uma oração. Ex.: Irei, quer chova, quer não.

QÜERA, adj. Valente; destemido.

QUERELA, s.f. Acusação criminal apresentada em juízo contra alguém; discussão; pendência; queixa; lamento.

QUERELADO, s.m. Pessoa de que alguém querelou; indivíduo contra quem se promove a querela.

QUERELADOR, adj. e s.m. Aquele que promove a querela.

QUERELANTE, adj. e s.m. A pessoa que querela.

QUERELAR, v.rel. Apresentar acusação criminal em juízo; promover querela; queixar-se no juízo ou no foro; p. lastimar-se; queixar-se.

QUERELOSO, adj. Queixoso; lamuriento.

QUERENA, s.f. Parte do navio que fica mergulhada na água; calado.

QUERENAR, v.t. Virar de querena (o navio), para o limpar ou consertar.

QUERENÇA, s.f. Ato ou efeito de querer; o querer a alguém ou a alguma coisa; afeição, afeto.

QUERENÇOSO, adj. Que tem querença; benévolo, afetuoso.

QUERER, v.t. Ter vontade; ter intenção; procurar adquirir; desejar; pretender; ambicionar; tencionar; rel. gostar; amar; estimar; ter afeição; t.-pred. desejar que; s.m. vontade; afeto; intenção; desejo; ato de querer. (Pres. do indic.: quero, queres, quer, queremos, quereis, querem; imperf.: queria, querias, queria, queríamos, queríeis, queriam; perf. quis, quiseste, quis, quisemos, quisestes, quiseram; mais-que-perf.: quisera, etc.; fut.: quererei, etc.; fut-do-pret.: quereria, etc.; subj. pres.: queira, etc.; imperf. subj.: quisesse, etc.; fut. subj.: quiser, etc.; ger.: querendo; part.: querido. Normalmente não se conjuga no modo imperativo.)

QUERIDA, s.f. Mulher amada.

QUERIDO, adj. e s.m. Indivíduo estimado ou objeto muito apreciado.

QUERIMÔNIA, s.f. Querela; queixa.

QUERMES, s.m. Excrescência vermelha e redonda formada pela fêmea do pulgão, sobre as folhas de uma espécie de carvalho, e de que se extrai uma cor escarlate; mistura constituída essencialmente de sulfureto de antimônio, de pequenas quantidades de óxido de antimônio e antimoniato de sódio e enxofre, aplicada em doenças das vias respiratórias.

QUERMESSE, s.f. Feira anual celebrada com grandes folguedos; leilão de prendas.

QUEROSENE, s.m. Óleo de nafta; petróleo.

QUERÚBICO, adj. Querubínico.

QUERUBIM, s.m. Anjo da primeira hierarquia, segundo a Teologia; anjo; pintura ou escultura de uma cabeça de criança com asas, representando um querubim.

QUERUBÍNICO, adj. Relativo a querubim.

QUÉRULO, adj. Queixoso; plangente.

QUESITO, s.m. Ponto ou questão, sobre que se pede a opinião ou juízo de alguém; requisito; questão, pergunta, interrogação.

QUESTÃO, s.f. Pergunta, tese; assunto; contenda; discussão.

QUESTIONADOR, adj. e s.m. Que, ou aquele que questiona ou demanda.

QUESTIONAR, v.t. Fazer questão; controverter; t.-rel. discutir.

QUESTIONÁRIO, s.m. Coleção de questões ou perguntas; interrogatório.

QUESTIONÁVEL, adj. Suscetível de se questionar.

QUESTIÚNCULA, s.f. Pequena questão; discussão sem importância.

QUIABEIRO, s.m. Nome da planta que produz o quiabo.

QUIABO, s.m. Fruto de forma piramidal, verde e peludo, produzido pelo quiabeiro comum.

QUIÁLTERA, s.f. (mús.) Grupo de três notas de igual valor executadas no mesmo tempo em que o seriam duas notas da mesma figura.

QUIASMO, s.m. Construção anômala de locuções ou de orações resultante do cruzamento de construções normais.

QUIBE, s.m. Prato da culinária síria feito de carne moída, trigo integral e condimentos diversos.

QUIBEBE, s.m. Papa de abóbora ou de banana, água e sal para comer com ensopado de carne ou de outra comida.

QUIBOMBÔ, s.m. Quiabo.

QUIÇÁ, adv. Talvez; porventura, acaso.

QUÍCHUA, s.m. Indivíduo dos Quíchuas, índios do Peru; s.m. denominação dada pelos espanhóis ao idioma geral dos Quíchuas; adj. relativo aos Quíchuas.

QUÍCIO, s.m. Gonzo de porta.

QUIESCENTE, adj. Que está em descanso.

QUIETAÇÃO, s.f. Sossego; calma.

QUIETAR, v.t. Fazer estar quieto; dar descanso; tranquilizar; aquietar.

QUIETARRÃO, adj. Muito quieto; calado.

QUIETO, adj. Que não bole; tranquilo; imóvel; sereno; plácido; pacífico.

QUIETUDE, s.f. Sossego; paz; tranquilidade; calmaria.

QUIGOMBÔ, s.m. Quiabo.

QUIJILA, s.f. O mesmo que quizila; antipatia.

QUILATE, s.m. Pureza ou perfeição do ouro e das pedras preciosas; equivalente a 1/5g ou 200mg; excelência; perfeição; superioridade; peso ou massa no sistema métrico.

QUILHA, s.f. Peça forte de madeira, que se estende da proa à popa do navio, na parte inferior; querena; costado do navio.

QUILO, s.m. Líquido esbranquiçado a que ficam reduzidos os alimentos na última fase da digestão nos intestinos; abreviatura de quilograma no comércio.

QUILOGRAMA, s.m. Unidade de massa equivalente a mil gramas; quilo (peso).

QUILOGRÂMETRO, s.m. Unidade física de trabalho que corresponde ao deslocamento de um peso de 1 quilograma à distância de 1 metro.

QUILOLITRO, s.m. Capacidade equivalente a mil litros ou 1 metro cúbico.

QUILOMBO, s.m. Lugar onde se escondiam os negros foragidos.

QUILOMBOLA, s.m. Nome que se dava ao negro fugido da escravidão e que se homiziava no quilombo.

QUILOMETRAGEM, s.f. Número de quilômetros percorridos; contagem de quilômetros.

QUILOMETRAR, v.t. Medir o número de quilômetros; marcar por quilômetro.

QUILOMÉTRICO, adj. Que tem um quilômetro; que se mede por quilômetros; relativo a quilômetros; muito extenso.

QUILÔMETRO, s.m. Unidade de comprimento equivalente a mil metros.

QUILOPLASTIA, s.f. Operação cirúrgica pela qual se restaure um ou ambos os lábios.

QUILORRAGIA, s.f. Derramamento de sangue pelos lábios.

QUILOWATT, s.m. Medida de potência elétrica equivalente a mil watts.

QUIMÃO, s.m. O mesmo que quimono.

QUIMBANDA, s.f. Macumba; mestre de cerimônias do culto banto; sacerdote dos candomblés; local e processo ritual de macumba.

QUIMERA, s.f. Monstro fabuloso, com cabeça de leão, corpo de cabra e cauda de dragão; fantasia; produto da imaginação; utopia; absurdo.

QUIMÉRICO, adj. Fantástico; utópico; fictício.

QUÍMICA, s.f. Ciência que estuda as transformações substanciais da matéria, os caracteres dos corpos, o modo de agir de uns sobre os outros e as leis que regulam essas ações; — Inorgânica: a parte que trata dos corpos pertencentes ao reino mineral; — Orgânica: a parte que compreende os compostos do carbono, os quais em sua grande maioria se encontram nos corpos organizados.

QUÍMICO, adj. Que diz respeito à Química; s.m. aquele que é versado em Química.

QUÍMICO-INDUSTRIAL, s.m. Aquele que exerce a profissão de químico na indústria.

QUIMILUMINESCÊNCIA, s.f. Fenômenos luminosos produzidos por algumas reações químicas.

QUIMIOTERAPIA, s.f. Uso medicamentoso de produtos químicos.

QUIMO, s.m. Produto proveniente dos alimentos pela digestão gástrica.

QUIMONO, s.m. Roupão usado no Japão pelos dois sexos; vestimenta feminina sem costura na cava das mangas.

QUINA, s.f. Cada um dos cinco escudos que figuram nas armas de Portugal; série horizontal de cinco números no jogo do loto; pedra de dominó, dado ou carta de jogar, com cinco pontos; casca de certas plantas que têm propriedades febrífugas; ângulo; esquina.

QUINADO, adj. Disposto em grupos de cinco; em que há quina; preparado com quina.

QUINAR, v.t. Preparar com quina; int. fazer uma quina; ganhar no loto, preenchendo ou cobrindo com marcas uma série horizontal de cinco números.

QUINÁRIO, adj. Que tem cinco; divisível por cinco; de cinco tempos (compasso); de cinco sílabas (verso); de base cinco (sistema de numeração).

QUINAU, s.m. Ato ou efeito de corrigir; corretivo; sinal que se marcam a um aluno erros da lição; tento.

QÜINDECÁGONO, s.m. Polígono de quinze ângulos.

QÜINDÊNIO, s.m. Período de quinze anos.

QÜINDIM, s.f. Doce feito de coco, gemas de ovos e açúcar.

QÜINGENTÉSIMO, num. Denominação do ordinal correspondente a quinhentos; relativo a quinhentos; s.m. qüingentésima parte.

QUINGOBÓ, QUINGOMBÓ ou QUINGOMBÓ, s.m. Quiabo.

QUINHÃO, s.m. A parte de um todo que toca a cada uma das pessoas entre quem se divide; porção.

QUINHENTISMO, s.m. Estilo, gosto, expressão ou escola dos quinhentistas.

QUINHENTISTA, adj. Relativo ao quinhentismo ou ao século, que decorreu de 1501 a 1600 (século de quinhentos); adj. e s.m. e f. diz-se de escritor ou escrito desse século; purista da língua, vernaculista apurado.

QUINHENTOS, num. Designação do número cardinal equivalente a cinco centenas.

QUINHOAR, v.t. Aquinhoar; compartilhar.

QUINHOEIRO, s.m. Aquele que tem ou recebe quinhão, parte de divisão.

QUININA, s.f. Alcalóide vegetal, extraído da casca da quina.

QUININO, s.m. Sais da quinina.

QÜINQUAGENÁRIO, adj. e s.m. Aquele que tem cinqüenta anos de idade.

QÜINQUAGÉSIMA, s.f. Espaço de cinqüenta dias.

QÜINQUAGÉSIMO, num. Denominação do ordinal correspondente a cinqüenta; s.m. qüinquagésima parte.

QÜINQÜENAL, adj. Que dura cinco anos.

QÜINQÜÊNIO, s.m. Espaço de cinco anos.

QÜINQÜIDIO, s.m. Espaço de cinco dias.

QUINQUILHARIA, s.f. Brinquedos de criança; miudezas; bagatelas.

QUINQUILHEIRO, s.m. Fabricante ou vendedor de quinquilharias.

QUINTA, s.f. Propriedade rústica, com casa de habitação; fazenda; número de cinco; intervalo musical de cinco notas consecutivas; forma reduzida de quinta-feira.

QUINTÃ, adj. Diz-se da febre que aparece de cinco em cinco dias.

QUINTA-COLUNA, s.m. e f. Aquele que age em favor de um país, em detrimento do que o abriga; traidor.

QUINTA-COLUNISMO, s.m. Método ou meios de que se servem os quinta-colunas; espionagem e propaganda subversiva; traição.

QUINTA-COLUNISTA, adj. Que diz respeito à quinta-coluna.

QUINTA-ESSÊNCIA, s.f. (gal.) Supra-sumo; extrato levado ao mais fino apuramento; requinte.

QUINTA-FEIRA, s.f. Quinto dia da semana, começada domingo.

QUINTAL, s.m. Pequeno terreno com jardim ou horta atrás de casa; antigo peso de quatro arrobas; cem quilogramas (no sistema métrico).

QUINTALADA, s.f. Reunião de quintais.

QUINTALÃO, s.m. Grande quintal.

QUINTALEJO, s.m. Pequeno quintal.

QUINTANISTA, s. Aluno ou aluna que freqüenta o quinto ano de qualquer curso escolar.

QUINTAR, v.t. Repartir por cinco; tirar a quinta parte de (um todo).

QUINTEIRO, s.m. Aquele que guarda uma quinta ou trata dela.

QUINTETO, s.m. Composição musical para cinco vozes ou instrumentos; conjunto de cinco instrumentos ou vozes.

QUINTILHA, s.f. Estrofe de cinco versos, geralmente em redondilha maior.

QUINTILHÃO ou QUINTILIÃO, num. Mil quatrilhões.

QUINTO, num. Denominação do ordinal correspondente a cinco; adv. em quinto lugar; s.m. quinta parte; imposto de 20% que o erário português cobrava das minas de ouro do Brasil; barril cuja capacidade corresponde à quinta parte de uma pipa; pl.:o inferno.

QUINTUPLICAÇÃO, s.f. Ato ou efeito de quintuplicar.

QUINTUPLICADO, adj. Multiplicado por cinco; aumentado cinco vezes.

QUINTUPLICAR, v.t. Multiplicar por cinco; tornar cinco vezes maior.

QUINTUPLICÁVEL, adj. Que se pode quintuplicar.

QUÍNTUPLO, num. Que é cinco vezes maior que outro; s.m. quantidade cinco vezes maior que outra.

QUINZE, num. Formado de quatorze mais um; décimo quinto.

QUINZENA, s.f. Espaço de quinze dias: remuneração correspondente ao trabalho de quinze dias.

QUINZENAL, adj. Respeitante à quinzena; que aparece, se faz ou publica de quinze em quinze dias.

QUINZENÁRIO, s.m. Periódico quinzenal.

QUIOSQUE, s.m. Pavilhão de madeira, situado em praças, jardins,etc., e onde habitualmente se vendem jornais, cigarros, bebidas,etc.

QUIOSQUEIRO, s.m. Proprietário de quiosque.

QÜIPROQUÓ, s.m. Confusão de uma coisa com outra; equívoco.

QUIRELA, s.f. Var. de quirera.

QUIRERA, s.f. A parte mais grossa de qualquer substância pulverizada e que não passa pelas malhas da peneira; milho partido para aos pintos e pássaros.

QUIROMANCIA, s.f. Sistema de suposta adivinhação, pelo exame das linhas da palma da mão.

QUIROMANTE, s. Pessoa dada à prática da quiromancia.

QUIROMÂNTICO, adj. Relativo à quiromancia.

QUIRÓPTERO, s.m. Espécime dos Quirópteros, ordem de mamíferos que tem por tipo o morcego.

QUISTO, s.m. Tumor formado por um saco membranoso que contém líquido ou substância semisólida; agrupamento indesejável no seio de uma comunidade.

QUITA, s.f. Remissão de dívida ou obrigação; quitação.

QUITAÇÃO, s.f. Ato ou efeito de quitar; ato pelo qual alguém se desobriga do que deve; recibo ou declaração que desobriga o devedor.

QUITADO, adj. O mesmo que quite.

QUITADOR, s.m. Aquele que quita.

QUITANDA, s.f. Casa onde se vendem frutas e hortaliças.

QUITANDEIRA, s.f. Mulher grosseira; regateira; dona de quitanda.

QUITANDEIRO, s.m. Dono de quitanda.

QUITAR, v.t. Tornar quite; passar recibo; desobrigar; perdoar; evitar; poupar; tirar; perder; deixar. (Part.: quitado e quite.)

QUITE, adj. Desobrigado; livre de dívida ou obrigação; livre; desembaraçado.

QUITUTE, s.m. Acepipe; iguaria delicada.

QUITUTEIRO, s.m. Aquele que se dedica a fazer quitutes; o apreciador de quitutes.

QUIXABA, s.f. Fruto comestível da árvore chamada quixabeira.

QUIXABEIRA, s.f. Árvore sapotácea que produz a quixaba.

QUIXOTADA, s.f. Bravata; fanfarronada.

QUIXOTESCO, adj. Que diz respeito a aventuras semelhantes às que foram narradas por Cervantes, no Dom Quixote.

QUIXOTICE, s.f. O mesmo que quixotada.

QUIXOTISMO, s.m. Cavalheirismo exagerado e ridículo.

QUIZILA, s.f. Antipatia; inimizade.

QUIZILAR, v.t. Zangar; divergir; antipatizar.

QUIZILENTO, adj. Antipático; importuno.

QUIZÍLIA, s.f. O mesmo que quizila ou quijila.

QUOCIENTE, s.m. Resultado da divisão de um número (dividendo) por outro (divisor); número que indica quantas vezes o dividendo contém o divisor.

QUORUM, s.m. Número de pessoas presentes a uma assembléia, necessário para o funcionamento ou votações.

QUOTA, s.f. Parte; quinhão; tributo. O mesmo que cota.

QUOTIDIANO, adj. Que sucede e se pratica todos os dias; de todos os dias. O mesmo que cotidiano.

QUOTIZAÇÃO, s.f. Contribuição para uma despesa comum; cotização.

QUOTIZAR, v.t. Contribuir para despesa comum; distribuir em quotas. O mesmo que cotizar.

R

R, s.m. Décima sétima letra do alfabeto português, consoante constritiva líquida vibrante alveolar.

RÃ, s.f. Batráquio sem cauda que vive nos lugares pantanosos.

RABACUADA, s.f. Ralé; populacho; plebe.

RABADA, s.f. Rabadela; rabicho; trança de cabelo com fitas; rabadilha; rabo de boi, porco ou vitela destituído de pele e pêlos para emprego na alimentação humana; os últimos numa corrida.

RABADÃO, s.m. Aquele que guarda gado miúdo.

RABADELA ou **RABADILHA, s.f.** Parte posterior do corpo das aves e dos mamíferos.

RABADO, adj. Que tem cauda.

RABANADA, s.f. Fatia de pão que se frita envolvida em ovos, depois de molhada em água com açúcar ou leite; pancada com o rabo; rajada de vento.

RABANETE, s.m. Espécie de rábano de raiz curta e carnosa.

RÁBANO, s.m. Nome de diversas plantas da família das Crucíferas; a raiz dessa planta.

RABÃO, adj. Que tem o rabo cortado ou curto; que se tornou curto; rabicó. (Fem.: rabona.)

RÁBÃO, s.m. Rábano.

RABAZ, adj. Que arrebata; que rouba violentamente; s.m. (ant.) ladrão.

RABDOLOGIA, s.f. Maneira de fazer cálculos com varinhas em que estão escritos os números simples.

RABDOLÓGICO, adj. Referente à rabdologia.

RABDOMANCIA, s.f. Espécie de adivinhação que se faz por meio da varinha mágica.

RABDOMANTE, s.m. O que se dedica à rabdomancia.

RABDOMÂNTICO, adj. Referente à rabdomancia.

RABEADOR, adj. Que rabeia.

RABEADURA, s.f. Ato de rabear.

RABEAR, v.int. Mexer a cauda; agitar o rabo.

RABECA, s.f. Antiga denominação do violino; vara longa, munida de uma cruzeta na extremidade, em que o jogador de bilhar apóia o taco para impedir bola afastada.

RABECADA, s.f. Ato de tocar rabeca; censura; repreensão.

RABECÃO, s.m. Instrumento músico do feitio da rabeca, mas muito maior; designação do contrabaixo; carro usado para transportar cadáveres, recolhidos da via pública.

RABEIRA, s.f. Parte traseira de um veículo; s.m. o último na classificação.

RABEJADOR, adj. Que rabeja.

RABEJAR, v.t. Segurar (um touro) pelo rabo; int. arrastar o vestido pelo chão, andando.

RABELAISIANO (lè), **adj.** Referente a Rabelais, escritor francês (1494-1553); que lembra o gênero de Rabelais; libertino; picante.

RABELO, s.m. Rabiça; corda para segurar a rabiça.

RABEQUISTA, s. Pessoa que toca rabeca.

RABI, s.m. O mesmo que rabino; adj. rabicó.

RÁBIA, s.f. Hidrofobia; raiva.

RABIAR, v.int. Raivar; impacientar-se.

RABIÇA, s.f. Braço ou guidão do arado, destinado à sua direção e manejo.

RABICHO, s.m. Pequena trança de cabelo pendente da nuca; parte dos arreios da cavalgadura que passa por baixo da cauda e se prende à sela.

RÁBICO, adj. Que diz respeito à rábia ou hidrofobia.

RABICÓ, adj. Animal sem rabo ou que tem apenas o coto do rabo.

RÁBIDO, adj. Furioso.

RABINICE, s.f. Teima; rabujice.

RABÍNICO, adj. Relativo aos rabinos.

RABINISMO, s.m. Doutrina dos rabinos.

RABINO, s.m. Doutor da lei israelita; ministro do culto judaico.

RABIOSQUE, RABIOSTE ou **RABIOTE, s.m.** Rabo; nádegas.

RABISCA, s.f. Garatuja; pl.: letras malfeitas; desenho insignificante.

RABISCADOR, adj. e s.m. Que, ou aquele que rabisca; s.m. escritor reles; mau redator.

RABISCAR, v.int. Fazer rabiscos; fazer garatujas; escrever e desenhar mal; t. cobrir de rabiscos; escrevinhar; escrever às pressas..

RABISCO, s.m. Rabisca; risco; garatuja.

RABO, s.m. Prolongamento da coluna vertebral de vários animais; cauda; traseiro.

RABO-DE-ARRAIA, s.m. Golpe de perna para derrubar, que consiste em cair sobre as mãos e rodar o corpo de encontro às pernas do adversário.

RABO-DE-PALHA, s.m. Mancha na reputação; motivo de censura.

RABO-DE-SAIA, s.m. Mulher; namorada.

RABONA, s.f. Casaco de abas curtas.

RABONAR, v.t. Cortar a cauda a (o animal).

RABOTAR, v.t. Alisar, limpar com o rabote.

RABOTE, s.m. Plaina grande de carpinteiro para desbastar madeira.

RABUDO, adj. Que tem grande rabo.

RABUGEM, s.f. Doença dos cães e dos porcos, semelhante à sarna; impertinência; mau humor.

RABUGENTO, adj. Que tem rabugem; impertinente.

RABUGICE, s.f. Qualidade de rabugento; impertinência.

RABUJAR, v.int. Ter rabugice; ser impertinente; ralhar continuamente; teimar e choramingar (especialmente crianças).

RÁBULA, s.m. Advogado chicaneiro; homem muito falador, que não chega às conclusões do seu arrazoado; aquele que advoga sem possuir o título profissional.

RABULÃO, s.m. Grande rábula; fanfarrão.

RABULAR, v.int. Advogar na condição de rábula.

RABULARIA, s.f. Rabulice; fanfarronada; palavrório que nada prova nem conclui.

RABULEJAR, v.int. Rabular.

RABULICE, s.f. Ato ou dito de rábula; chicana.

RABULISTA, adj. Chicaneiro; s.m. e f. pessoa dada à rabulice.

RAÇA, s.f. Conjunto dos ascendentes e dos descendentes de uma família, de um povo; geração; origem; conjunto de indivíduos que conservam, por disposições hereditárias, caracteres semelhantes, provenientes de um tronco comum; classe; qualidade.

RAÇÃO, s.f. Porção de alimento preciso para a refeição de uma pessoa; a porção que se dá aos animais a cada comida.

RACÊMICO, adj. Diz-se da mistura em partes iguais dos isômeros dextrogiro e levogiro de uma mesma substância.

RACEMIFORME, adj. Que tem forma de cacho; semelhante a cacho.

RACEMO, s.m. Cacho de uvas; cacho ou inflorescência indefinida que traz as flores, pedunculadas, ao longo do eixo central indiviso.

RACEMOSO, adj. Que tem cachos; com aparência de cacho.

RACHA, s.f. Fenda; greta; abertura; lasca; estilhaço.

RACHADEIRA, s.f. Instrumento para abrir os ramos e fazer a enxertia.

RACHADO, adj. Que tem rachas.

RACHADOR, adj. e s.m. Lenhador; aquele que racha.

RACHADURA, s.f. Ato ou efeito de rachar; racha.

RACHAR, v.t. Dividir no sentido de comprimento; fender; partir violentamente; partir em estilhaço; dar a alguém metade de (lucros de um negócio); dividir proporcionalmente; int. e p. lascar-se; fender-se.

RACHETA, s.f. Fendazinha.

RACIAL, adj. Relativo a raça; próprio da raça.

RACIMO, s.m. Racemo.

RACIOCINAÇÃO, s.f. Ato ou efeito de raciocinar.

RACIOCINADOR, adj. e s.m. Que, ou aquele que raciocina.

RACIOCINAR, v.int. Fazer raciocínios; fazer uso da razão para conhecer, para julgar da relação das coisas; rel. formar um raciocínio; deduzir razões; discorrer; ponderar; calcular.

RACIOCINATIVO, adj. Referente ao raciocínio; em que há raciocínio.

RACIOCÍNIO, s.m. Encadeamento de argumentos mediante o qual dois ou mais juízos dados nos permitem inferir outros, tirar conclusão; juízo, ponderação; observação.

RACIONABILIDADE, s.f. Qualidade do que é racional; faculdade de raciocinar.

RACIONAL, adj. Que faz uso da razão; que racio-cina: que se concebe pela razão; conforme a razão; diz-se do número que pode ser expresso pelo cociente de dois números inteiros; s.m. o ser que pensa; aquilo que é de razão.

RACIONALIDADE, s.f. Qualidade de ser racional.

RACIONALISMO, s.m. Maneira de ver as coisas apreciando-as só pela razão, independentemente de autoridades; pura atividade especulativa do espírito; concepção filosófica segundo a qual as idéias universais não resultam das percepções.

RACIONALISTA, adj. Referente ao racionalismo; s. partidário do racionalismo.

RACIONALIZAÇÃO, s.f. Ato ou efeito de racionalizar.

RACIONALIZAR, v.t. Tornar racional; tornar reflexivo; fazer meditar; tornar mais eficiente, por métodos científicos, os processos de organização das coisas.

RACIONAMENTO, s.m. Ato ou efeito de racionar; tabelamento de gêneros que compete consumir a cada pessoa ou família.

RACIONAR, v.t. Impor a quantidade de gêneros que cada pessoa ou família deve consumir; distribuir em rações; dar rações de.

RACIONÁVEL, adj. Que pode ser racionado.

RACISMO, s.m. Teoria da pureza da raça ou da separação das mesmas.

RACISTA, s. Partidário do racismo.

RAÇOEIRO, adj. Que recebe ou dá uma ração.

RADAR, s.m. Aparelho eletrônico que emite ondas eletromagnéticas, as quais, refletindo-se num obstáculo, revelam a presença deste e possibilitam a sua localização.

RADIAÇÃO, s.f. Ato ou efeito de radiar; energia, como a luz, o calor, emitida sob a forma de ondas eletromagnéticas; — cósmica: fenômeno em que aparecem no eletroscópio certas radiações de comprimento de onda menor que os raios X e que se acredita sejam oriundas do espaço interastral.

RADIADO, adj. Disposto em raios; que tem estrias que partem de um centro.

RADIADOR, s.m. Aparelho que serve para refrigerar o calor dos motores de explosão; qualquer peça que aumente a superfície de radiação.

RADIAL, adj. Que emite raios; relativo ao rádio, osso lateral do antebraço.

RADIÂNCIA, s.f. Ato ou efeito de radiar.

RADIANO, s.m. Unidade de ângulo plano.

RADIANTE, adj. Que radia; que brilha; belo; esplêndido; cheio de alegria.

RADIAR, v.int. Emitir raios de luz ou calor; cintilar; resplandecer.

RADICAÇÃO, s.f. Ato ou efeito de radicar.

RADICADO, adj. Enraizado; (fig.) inveterado.

RADICAL, adj. Referente à raiz; fundamental; essencial; partidário do radicalismo; s.m. sinal matemático, que antecede uma quantidade a que se tem de extrair a raiz; grupamento de átomos que caracterizam uma função tendo valência própria; (Gram.) parte invariável de uma palavra.

RADICALISMO, s.m. Sistema político que preconiza reformas profundas e básicas na organização social do Estado.

RADICALISTA, adj. Relativo ao radicalismo; adj. e s.m. partidário do radicalismo.

RADICANDO, s.m. Quantidade que figura sob radical.

RADICAR, v.t. e t.rel. Enraizar; arraigar; fixar residência; p. arraigar-se; firmar-se; fixar-se por meio de laços morais; consolidar-se.

RADICELA, s.f. Radícula; raiz rudimentar.

RADICIAÇÃO, s.f. Operação matemática pela qual se determina a raiz de um número. (Antôn.: potenciação.)

RADICOSO, adj. Que tem muitas raízes.

RADÍCULA, s.f. Raiz pequena; embrião de raiz.

RADICULADO, adj. Que tem raízes ou radículas.

RADICULAR, adj. Das raízes.

RADIELETRICIDADE, s.f. Var. de radioeletricidade.

RÁDIO, s.m. Aparelho emissor ou receptor de mensagens de radiotelefonia ou radiofonia; osso longo, situado lateralmente no antebraço, formando com o cúbito o esqueleto desse segmento; elemento químico metálico, bivalente, símbolo Ra, de peso atômico 226 e número atômico 88, que apresenta em elevado grau emanações radioativas.

RADIOATIVIDADE, s.f. Propriedade que possuem certos elementos tais como o urânio, o tório, o rádio, etc., de emitir espontaneamente radiações corpusculares (raios alfa e beta) ou eletromagnéticos (raios gama).

RADIOATIVO, adj. Que possui radioatividade.

RADIOATOR, s.m. Ator de radioteatro. (Fem.: radioatriz.)

RADIOCONDUTOR, s.m. Tubo de limalha empregado na telegrafia sem fio.

RADIODERMITE, s.f. Lesão da pele provocada pelos raios X ou pelo rádio.

RADIODIAGNÓSTICO, s.m. Diagnóstico pelos raios X; roentgendiagnóstico.

RADIODIFUSÃO, s.f. Ato ou efeito de difundir mensagens ou músicas através do rádio.

RADIOELETRICIDADE, s.f. Parte da Física concernente ao estudo e aplicação das ondas hertzianas (telegrafia sem fio, telefonia sem fio).

RADIOEMISSORA, s.f. Estação radiofônica.

RADIOFONE, s.m. Aparelho que transforma radiações térmicas ou luminosas em energia mecânica sob forma sonora.

RADIOFONIA, s.f. Transmissão da voz ou de quaisquer sons por meio da telegrafia sem fio, utilizando-se das ondas eletromagnéticas.

RADIOFÔNICO, adj. Relativo à radiofonia.

RADIOFONIZAÇÃO, s.f. Ato de adaptar ou escrever peças e crônicas para os programas de rádio.

RADIOFOTO, s.f. Fotografia transmitida por meio de rádio, isto é, através das ondas hertzianas.

RADIOGRAFAR, v.t. Observar ou reproduzir por meio da radiografia; expedir notícia, sob a forma de radiograma.

RADIOGRAFIA, s.f. Estudo dos raios luminosos, fotografia pelos raios X; cópia de uma chapa de radiografia.

RADIOGRÁFICO, adj. Relativo à radiografia.

RADIOGRAMA, s.m. Comunicação pela telegrafia sem fio.

RADIOLA, s.f. Aparelho em que estão conjuntos o rádio e a vitrola.

RADIOLÁRIO, s.m. Espécime de protozoários marinhos providos de carapaças e pseudópodes radiados.

RADIOLOGIA, s.f. Aplicação dos raios X ao diagnóstico das doenças; roentgenologia.

RADIOLÓGICO, adj. Relativo à radiologia.

RADIOLOGISTA, s.m. e f. Especialista em radiologia.

RADIOMETRIA, s.f. Emprego ou aplicação do radiômetro.

RADIÔMETRO, s.m. Instrumento para medir a intensidade dos raios luminosos.

RADIOQUIMIOGRAFIA, s.f. Processo para fixar em uma radiografia a imagem de um órgão nas suas diferentes fases de dilatação e contração.

RADIOQUIMIÓGRAFO, s.m. Aparelho destinado a executar a radioquimiografia.

RADIOQUIMIOGRAMA, s.m. Radiografia feita com o radioquimiógrafo.

RADIOSCOPIA, s.f. Exame, por meio da imagem formada sobre um antepraro fluorescente, de um corpo interposto a esse anteparo e a uma fonte de raios X.

RADIOSCÓPICO, adj. Relativo à radioscopia.

RADIOSO, adj. Que emite raios de luz; esplendoroso; muito alegre; jubiloso.

RADIOTEATRO, s.m. Irradiação de peça teatral.

RADIOTÉCNICA, s.f. Sistematização da montagem e conserto de aparelhos de rádio.

RADIOTÉCNICO, adj. e s.m. Que diz respeito à radiotécnica; especialista em rádios.

RADIOTELEFONIA, s.f. Telefonia sem fio.

RADIOTELEFÔNICO, adj. Relativo à radiotelefonia.

RADIOTELEGRAFIA, s.f. Telegrafia sem fio.

RADIOTELEGRÁFICO, adj. Relativo à radiotelegrafia.

RADIOTELEGRAFISTA, s.f. Pessoa encarregada da recepção ou transmissão de mensagens telegráficas, através do rádio.

RADIOTERAPÊUTICO, adj. Relativo à radioterapia.

RADIOTERAPIA, s.f. Tratamento pelos raios X, ou pelo rádio.

RADIOTERÁPICO, adj. Radioterapêutico.

RAFADO, adj. Gasto pelo uso; faminto, pobre.

RAFAELESCO, adj., De Rafael, pintor italiano (1483-1520); que tem as qualidades, o estilo de Rafael; que lembra os tipos de Rafael.

RAFAELISTA, s.m. Pintor da escola de Rafael; o mesmo que rafaelesco.

RAFEIRO, adj. e s.m. Designativo do, ou o cão de guardar gado.

RÁFIA, s.f. Gênero de palmeiras da África e da América, que fornecem muito boa fibra; rafa.

RAGU, s.m. Qualquer ensopado ou guisado.

RAIA, s.f. Risca; traço; linha da palma da mão; fronteira; arraia.

RAIADO, adj. Que tem raias ou riscas; entremeado; estriado.

RAIAR, v.int. Emitir raios luminosos; brilhar; começar a aparecer; despontar no horizonte; surgir; t. radiar; irradiar; traçar riscas ou raias em; cobrir de riscas.

RAIGOTA, s.f. Radícula; espigão na base das unhas.

RAIGOTOSO, adj. Que tem raigotas.

RAINHA, s.f. Mulher de rei; soberana de um reino; a principal, a primeira entre outras; abelhamestra.

RAIO, s.m. Traço de luz que emana de um foco; cada uma das linhas que, partindo de um centro, vão divergindo; (Geom.) a metade do diâmetro; descarga elétrica atmosférica.

RAIVA, s.f. Doença infecciosa, que ataca o cão e outros mamíferos, e transmissível ao homem; hidrofobia; fúria; ódio.

RAIVAR, v.int. Ter raiva; enfurecer-se.

RAIVECER, v.rel. Raivar; enfurecer-se.

RAIVEJAR, v.int. Esbravejar; raivar.

RAIVOSO, adj. Furioso; bravio.

RAIZ, s.f. Parte da planta que a serve para fixação e retirada dos materiais necessários à sua nutrição; parte inferior; parte oculta de qualquer coisa; origem; (Gram.) a parte mais reduzida da palavra (pl. raízes); (Mat.) — de uma equação: valor da incógnita que verifica essa equação; — de um número: número que elevado a potência do mesmo índice reproduz esse número; — cúbica: raiz de índice 3 de um número; — quadrada: raiz de índice 2 de um número.

RAIZADA, s.f. **RAIZAMA**, s.f. ou **RAIZAME**, s.m. Conjunto das raízes de uma planta; grande quantidade de raízes.

RAIZEIRO, s.m. Curandeiro que trata de doenças com raízes vegetais.

RAJÁ, s.m. Potentado ou príncipe indiano.

RAJADA, s.f. Vento forte e violento; rasgo de eloqüência; ímpeto; série ininterrupta de tiros.

RAJAR, v.t. Raiar; estriar.

RALAÇÃO, s.f. Ato ou efeito de ralar; apoquentação; moedeira.

RALADOR, adj. Que rala; s.m. instrumento feito de uma lâmina metálica recurvada e crivada de orifícios de rebordos arrebitados, ou em feitio de colher com bordas dentadas.

RALADURA, s.f. Os fragmentos da substância ralada; ralação.

RALAR, v.t. Reduzir (uma substância) a migalhas ou polpa por meio de ralador; atormentar; afligir.

RALÉ, s.f. Camada inferior da sociedade; populacho; gentalha; escória.

RALEAR, v.t. Tornar ralo; tornar menos denso, menos espesso.

RALEIRA, s.f. Escassez.

RALHAÇÃO, s.f. Ato ou efeito de ralhar.

RALHADOR, adj. e s.m. Que, ou aquele tem o hábito de ralhar.

RALHÃO, adj. e s.m. Ralhador.

RALHAR, v.int. Repreender, falando alto; desabafar a cólera com repreensões, ameaças vãs; gritar, repreendendo; rel. admoestar; zangar-se.

RALHO, s.m. Ato de ralhar; discussão acalorada.

RALO, s.m. Ralador; crivo; lâmina com muitos orifícios para coar água e outros líqüidos e adaptar a portas, janelas, confessionários, etc.; raro; pouco espesso.

RAMA, s.f. Os ramos ou a folhagem das plantas; o mesmo que ramada e ramagem; caixilho ou bastidor em que se estiram os panos na fabricação; caixilho de ferro com que os tipógrafos apertam as formas de impressão.

RAMADA, s.f. Rama; ramagem; latada; abrigo para o gado; porção de ramos em sebe para abrigar ou dar sombra.

RAMAGEM, s.f. Ramos de arvoredo ou de uma árvore; desenho que representa ramos e folhas sobre um tecido.

RAMAL, s.m. Conjunto de fios para fazer cordas; lanço secundário de estradas ou caminhos; ramificação; variante; circuito derivado, em instalação elétrica.

RAMALHAR, v.int. Sussurrar com o vento (os ramos).

RAMALHETE, s.m. Pequeno feixe de flores; pequeno ramo.

RAMALHETEIRA, s.f. Mulher que faz ou vende ramos de flores.

RAMALHO, s.m. Grande ramo cortado da árvore.

RAMALHOSO ou **RAMALHUDO**, adj. De muita rama; que tem grandes pestanas (falando-se de olhos).

RAMARIA, s.f. Grande porção de ramos.

RAMERRÃO, s.m. Repetição fastidiosa; uso constante; rotina.

RAMI, s.m. Planta têxtil, de origem asiática.

RAMICULTOR, s.m. Aquele que se dedica à ramicultura.

RAMICULTURA, s.f. Cultura de rami.

RAMIFICAÇÃO, s.f. Ato ou efeito de ramificar; cada um dos ramos do caule; todos os ramos de um caule; propagação; difusão.

RAMIFICADO, adj. Dividido em ramos; subdividido.

RAMIFICAR, v.t. Dividir em ramos; dividir; subdividir; p. dividir-se em ramos; subdividir-se; propagar-se; difundir-se.

RAMIFORME, adj. Que tem forma de ramo.

RAMILHETE, s.m. Ramalhete.

RAMILHO, s.m. Dimin. de ramo.

RAMO, s.m. Divisão ou subdivisão de um caule; ramalhete; divisão; ramificação; cada família descendente do mesmo tronco; descendência; especialidade em qualquer atividade. (Dimin.: raminho, ramilho, ramalhete, ramilhete, ramúsculo.)

RAMOSIDADE, s.f. Abundância de ramos; qualidade do que é ramoso.

RAMOSO, adj. Que tem abundância de ramos copados.

RAMPA, s.f. Ladeira; plano inclinado.

RAMPEAR, v.t. Cortar em rampa ou declive um terreno.

RAMUDO, adj. Ramoso; denso; copado.

RAMÚSCULO, s.m. Raminho.

RANÁRIO, s.m. Lugar destinado à criação de rãs, para fim culinário ou científico.

RANÇAR, v.int. Criar rança; tornar-se rançoso.

RANCHADA, s.f. Grande rancho; magote de gente.

RANCHARIA, s.f. Grande número de ranchos.

RANCHEIRA, s.f. Nome de uma dança de origem argentina; a música dessa dança.

RANCHEIRO, s.m. Aquele que faz o rancho ou comida para soldados; pessoa que, morando no rancho, tem o encargo de cuidar dele; adj. referente o rancho.

RANCHO, s.m. Grupo de pessoas reunidas; comida distribuída aos militares e aos trabalhadores; casa ou cabana ligeira do campo para abrigo provisório; choça que se faz nas roças, para descanso dos trabalhadores; choupana; casa pobre; grupo carnavalesco.

RÂNCIDO ou **RÂNCIO**, adj. Rançoso.

RANÇO, s.m. Alteração das substâncias gordas em contato com o ar, caracterizada por cheiro forte e sabor acre.

RANCOR, s.m. Ódio profundo; grande aversão não manifestada.

RANCOROSO, adj. Que tem rancor; odiento.

RANÇOSO, adj. Que tem ranço.

RANGEDOR, adj. Que range.

RANGER, v.int. Produzir ruído áspero como o de um objeto duro que roça sobre outro; chiar; t. mover, roçando os dentes uns contra os outros.

RANGIDO, s.m. Ato ou efeito de ranger.

RANGÍFER, s.m. Mamífero ruminante semelhante ao veado, porém, menos esbelto; rena.

RANHETA, adj. e s. Diz-se de, ou indivíduo impertinente, rabugento.

RANHO, s.m. Humor mucoso das fossas nasais; mucó.

RANHOSO, adj. Que tem ranho.

RANHURA, s.f. Entalhe; encaixe; escavação na espessura de uma tábua, etc.

RANICULTURA, s.f. Criação de rãs.

RANÍDEO, adj. Relativo aos Ranídeos; s.m. espécime dos Ranídeos, família de anuros a que pertencem a rã e o sapo.

RÂNULA, s.f. Tumor na parte inferior da língua formado pela obstrução do canal excretor de uma glândula salivar ou mucosa.

RANZINZA, adj. Birrento; impertinente.

RANZINZAR, v.int. Mostrar-se ranzinza.

RAPA, s.f. Jogo que consiste numa espécie de dado, em cada face do qual há uma das letras: R (rapa), T (tira), D (deixa); P (põe); comilão.

RAPACE, adj. Que rouba; rapinante.

RAPACIDADE, s.f. Qualidade de rapace; tendência ou hábito de roubar.

RAPADELA, s.f. Ato ou efeito de rapar.

RAPADO, adj. Que se rapou; cortado rente.

RAPADOR, adj. Que rapa; s.m. aquilo ou aquele que rapa; campo com pastagem consumida pelo gado, ou com pouca forragem.

RAPADOURO, s.m. Lugar sem pastagem para o gado.

RAPADURA, s.f. Açúcar mascavo, em forma de pequenos ladrilhos ou tijolos.

RAPAGÃO, s.m. Rapaz forte e corpulento, robusto.

RAPANTE, adj. Que rapa; ladrão.

RAPAPÉ, s.m. Ato de arrastar o pé para trás, ao cumprimentar; bajulação; cumprimento exagerado.

RAPAR, v.t. Raspar; desgastar, cortando; cortar cerce, ralar; t.rel. furtar; roubar; extorquir.

RAPARIGA, s.f. Mulher nova; mulher no período entre a infância e a adolescência; moça do campo.

RAPARIGAÇA, s.f. Rapariga robusta e airosa.

RAPARIGADA, s.f. Conjunto de raparigas.

RAPAZ, s.m. Homem no período intermédio da infância e da adolescência; moço; jovem.(Fem.: rapariga; aum.: rapagão; dimin.: rapazinho, rapazelho, rapazete, rapazito, rapazote e rapagote.)

RAPAZELHO ou **RAPAZETE,** s.m. Pequeno rapaz; rapazote; gaiato.

RAPAZIAL-A, s.f. Reunião de rapazes; ato ou dito próprio de rapaz; estroinice.

RAPAZINHO, s.m. Menino.

RAPAZIO, s.m. Ajuntamento de rapazes.

RAPAZOLA, s.m. Rapaz já crescido.

RAPAZOTE, s.m. Rapazelho; rapaz pequeno.

RAPÉ, s.m. Tabaco em pó para cheirar.

RAPEZISTA, s.m. Tomador habitual de rapé.

RAPIDEZ, s.f. Qualidade do que é rápido; brevidade; velocidade.

RÁPIDO, adj. Ligeiro; veloz; que dura pouco; que faz muito em pouco tempo; instantâneo; adv. com rapidez; s.m. cachoeira dos rios; corrente impetuosa; mensageiro; agência que se encarrega da entrega de cartas, pacotes, etc. no perímetro urbano; nome dado aos trens de longo percurso que param somente nas grandes estações.

RAPINA, s.f. Ato ou efeito de rapinar; roubo violento; ave que se distingue pelo bico adunco e garras fortes.

RAPINADOR, adj. e s.m. Rapinante.

RAPINAGEM, s.f. Qualidade do que é rapinante; conjunto de roubos; hábito de rapinar.

RAPINANTE, adj. e s. Que, ou pessoa que rapina, que tem o costume de roubar.

RAPINAR, v.t. Roubar, tirar, subtrair com violência; int. cometer rapinagem.

RAPINEIRO, s.m. Ave de rapina.

RAPOSA, s.m. Mamífero carnívoro; pessoa manhosa, astuta, velhaca.

RAPOSEIRO, adj. Manhoso; malicioso; ardiloso.

RAPOSIA ou **RAPOSICE,** s.f. Astúcia; manha; malícia.

RAPOSINHO, s.m. Raposo pequeno; catinga.

RAPOSO, s.m. Macho da raposa; indivíduo manhoso.

RAPSÓDIA, s.f. Fragmentos de cantos épicos, entre os gregos; trecho de composição poética; composição musical formada de diversos cantos tradicionais ou populares de um país.

RAPSÓDICO, adj. Relativo a rapsódia.

RAPSODISTA, s.m. e f. Pessoa que faz rapsódias.

RAPTAR, v.t. Cometer o crime de rapto contra alguém; t.rel. roubar; arrebatar.

RAPTO, s.m. Ato de arrebatar, de roubar uma pessoa por violência ou sedução; roubo; êxtase.

RAPTOR, adj. e s.m. Que, ou aquele que rapta.

RAQUE, s.f. Espinha dorsal.

RAQUEANO, adj. Relativo à espinha dorsal.

RAQUETA, s.f. Instrumento usado para impelir a bola no jogo de tênis ou pingue-pongue.

RAQUIALGIA, s.f. Dor em qualquer ponto da coluna vertebral.

RAQUIANESTESIA, s.f. Método de anestesia, por injeção de anestésico no canal raqueano.

RAQUIDIANO, adj. Raqueano, relativo à raque.

RAQUIOCENTESE, s.f. Punção do canal raqueano para retirada de líquido cefalorraqueano.

RAQUÍTICO, adj. Que tem raquitismo; que é pouco desenvolvido; franzino; s.m. indivíduo que tem raquitismo.

RAQUITISMO, s.m. Presença de alterações e deformidades do sistema ósseo com repercussão no sentido do crescimento animal, em conseqüência dos distúrbios metabólicos do cálcio e do fósforo acarretados pela deficiência do teor de vitamina D; definhamento; fraqueza.

RAREAR, v.t. Tornar raro; tornar menos denso.

RAREFAÇÃO, s.f. Ato ou efeito de rarear ou rarefazer.

RAREFATO, adj. Rarefeito; pouco denso.

RAREFATOR, s.m. Aparelho que serve para rarefazer; adj. que rarefaz.

RAREFAZER, v.t. Tornar menos denso; rarear. (Conjuga-se como o verbo fazer.)

RAREFEITO, adj. Que se rarefaz; menos denso.

RAREZA ou **RARIDADE,** s.f. Qualidade do que é raro; objeto raro, pouco vulgar.

RARO, adj. Pouco vulgar; de que há pouco; que não abunda.

RASADURA, s.f. Ato ou efeito de rasar.

RASANTE, adj. Que rasa; que segue paralelamente (fortificação); próximo do chão.

RASAR, v.t. Acertar (a medida) com a rasoura; tornar raso; igualar; tocar de leve; encher até a borda; nivelar.

RASCA, s.f. Bebedeira.

RASCADA, s.f. Dificuldade; aperto; enrascada.

RASCADEIRA, s.f. Instrumento de ferro com cabo de madeira, para raspar o pêlo das bestas.

RASCADOR, s.m. Utensílio de ourives, de serralheiro, etc., para rascar.

RASCÂNCIA, s.f. Qualidade do vinho rascante; adstringência.

RASCANTE, adj. Que deixa travo na garganta; adstringente.

RASCÃO, s.m. Vadio; desleixado.

RASCAR, v.t. Raspar; desbastar.

RASCUNHAR, v.t. Fazer o rascunho de; esboçar.

RASCUNHO, s.m. Minuta de escrita; esboço.

RASGADELA, s.f. Rasgão.

RASGADO, adj. Despedaçado; s.m. toque de viola, em que se arrastam as unhas pelas cordas sem pontear.

RASGADURA, s.f. ou **RASGAMENTO,** s.m. Ato ou efeito de rasgar; abertura; fenda.

RASGÃO, s.m. Rasgadura; rasgadela.

RASGAR, v.t. Romper; lacerar; abrir rasgão em; praticar uma abertura; abrir fenda ou buraco; abrir; cortar; p. fender-se; romper-se.

RASGO, s.m. Rasgão; fenda; ação exemplar; rajada de eloqüência.

RASO, adj. Liso; plano; rasteiro; rente; ordinário; que não tem graduação; de pequena profundidade; não fundo; s.m. planície; campo.

RASOURA, s.f. Pau redondo que serve para rasar, isto é, para nivelar medidas de secos; tudo que iguala.

RASOURAR, v.t. Nivelar com a rasoura; igualar.

RASPA, s.f. Pequena lasca ou apara que se retira de um objeto raspando-o.

RASPADEIRA, s.f. Instrumento para raspar.

RASPADELA, s.f. Raspagem.

RASPADOR, adj. e s.m. Que ou aquele que raspa; s.m. raspadeira.

RASPADURA, s.f. Raspas; raspagem.

RASPAGEM, s.f. Ato ou efeito de raspar.

RASPANÇA, s.f. Reprimenda; repreensão.

RASPÃO, s.m. Arranhadura; pequeno ferimento feito por atrito, de relance; de —: de través.

RASPAR, v.t. Alisar; desbastar a superfície; tirar, com instrumento adequado, parte da superfície; limpar, esfregando; rel. rapar; arranhar; p. fugir, retirar-se.

RASPE, s.m. Repreensão, advertência.

RASTAQÜERA, s.m. e f. Pessoa recém-enriquecida que chama a atenção pelo luxo e pelos gastos que faz; novo-rico.

RASTAQÜERISMO, s.m. Luxo exorbitante e descabido.

RASTEAR, v.t. e int. Rastejar; seguir o rastro.

RASTEIRA, s.f. Cambapé; logro; traição.

RASTEIRO, adj. Que se arrasta; que anda de rastos; que se eleva a pouca altura.

RASTEJADOR, adj. e s.m. Que, ou aquele que rasteja.

RASTEJANTE, adj. Rastejador; rasteiro.

RASTEJAR, v.t. Seguir o rasto ou a pista; investigar; int. andar de rastos.

RASTEJO, s.m. Ato de rastejar.

RASTELAR, v.t. Assedar; limpar (o linho) com o rastelo.

RASTELO, s.m. Sedeiro; fileira de dentes de ferro por onde se passa o linho para se lhe tirar a estopa; grade com dentes de pau, para aplainar a terra lavrada.

RASTILHO, s.m. Fio coberto de pólvora ou de outra substância, para comunicar fogo a alguma coisa; aquilo que serve de causa imediata ou pretexto para o desencadeamento de uma conflagração.

RASTO, s.m. Sinal; pegada, pista.

RASTREAR, v.t. e int. Rastejar.

RASTRO, s.m. Rasto.

RASURA, s.f. Raspadura feita na escrita para apagar palavras; raspas.

RASURAR, v.t. Fazer rasuras; reduzir a rasuras.

RATA, s.f. Fêmea do rato; ratazana; fiasco; malogro; (gír.) mancada.

RATADA, s.f. Ninhada de ratos.

RATÃO, s.m. Grande rato; adj. e s.m. indivíduo gracioso; excêntrico. (Fem.: ratona ou ratazana.)

RATAPLÃ, s.m. Onomatopéia do toque do tambor.

RATARIA, s.f. Grande porção de ratos.

RATAZANA, s.f. Rata; rata grande; s.m. e f. pessoa ridícula ou divertida; ladrão; ladra.

RATEAÇÃO, s.f. Rateio.

RATEAR, v.t. Dividir proporcionalmente.

RATEIO, s.m. Ato ou efeito de ratear; vaquinha.

RATEIRO, adj. e s.m. Caçador de ratos; diz-se do animal que caça ratos.

RATICIDA, s. e adj. Que mata ratos.

RATIFICAÇÃO, s.f. Ato ou efeito de ratificar.

RATIFICADO, adj. Que se ratificou; confirmado.

RATIFICAR, v.t. Validar; confirmar autenticamente (o que foi feito ou prometido); comprovar; corroborar; p. confirmar; reafirmar o que já tinha dito.

RATIFICÁVEL, adj. Que se pode ratificar.

RATINHAR, v.int. Economizar exageradamente.

RATÍVORO, adj. Que come ratos.

RATO, s.m. Designação de mamíferos roedores da família dos Murídeos; larápio, gatuno.

RATOEIRA, s.f. Dispositivo para apanhar ratos; armadilha; ardil; cilada.

RATONA, s.f. Ratazana; mulher excêntrica ou ridícula.

RATONEIRO, s.m. Gatuno; larápio.

RATONICE, s.f. Roubo insignificante; ladroíce.

RAVINA, s.f. Torrente de água que cai de lugar elevado; sulco formado pelo trabalho erosivo da torrente; barranco.

RAVIÓLI, s.m. Rodelas de massa de farinha de trigo com recheio.

RAZÃO, s.f. Faculdade própria do homem de conhecer; pelo espírito, a distinção das idéias e das coisas; juízo; bom senso; direito; justiça; prova de argumento; causa; motivo; relação entre grandezas da mesma espécie; conta corrente; s.m. livro das contas correntes no comércio.

RAZIA, s.f. Incursão predatória em território inimigo; saque; destruição; ataque.

RAZOAMENTO, s.m. Ato ou efeito de razoar.

RAZOAR, v.int. Raciocinar; arrazoar.

RAZOÁVEL, adj. Conforme a razão; moderado; satisfatório.

RÉ, s.f. Mulher acusada ou criminosa; parte do navio, que fica entre a popa e o mastro grande; popa; a parte de trás; s.m. segunda nota na música; sinal que representa esta nota; corda de alguns

instrumentos correspondente a esta nota.

REABASTECER, v.t. rel. Abastecer de novo.

REABASTECIMENTO, s.m. Ato de reabastecer.

REABERTURA, s.f. Ação ou efeito de reabrir.

REABILITAÇÃO, s.f. Ato ou efeito de reabilitar; reaquisição de crédito ou estima.

REABILITADO, adj. Que se reabilitou.

REABILITADOR, adj. e s.m. Que, ou o que reabilita.

REABILITAR, v.t. Restituir ao estado anterior, aos primeiros direitos ou prerrogativas; regenerar; restituir à estima pública ou particular; p. readquirir estima ou crédito.

REABITAR, v.t. Habitar de novo.

REABRIR, v.t. Tornar a abrir, abrir de novo; p. tornar a abrir-se (o que se havia fechado). (Part. irreg.: reaberto.)

REABSORÇÃO, s.f. Ato ou efeito de reabsorver.

REABSORVER, v.t. Tornar a absorver.

REAÇÃO, s.f. Ato ou efeito de reagir; ação oposta a outra; resistência; fenômeno resultante da ação recíproca de certos corpos; oposição fisiológica; absolutismo; sistema contrário ao progresso social; (Quím.) ação de dois ou mais corpos entre si, produzindo-se novos corpos à custa do desaparecimento de outros.

REACENDER, v.t. Tornar a acender; ativar; estimular, desenvolver; p. animar-se; desenvolver-se. (Part. reacendido e reaceso.)

REACIONÁRIO, adj. Contrário à liberdade; referente ao partido da reação; s.m. sectário da reação política ou social.

REACOMODAR, v.t. Acomodar de novo.

REACUSAÇÃO, s.f. Ato ou efeito de reacusar.

REACUSAR, v.t. Tornar a acusar.

READMISSÃO, s.f. Ato ou efeito de readmitir.

READMITIR, v.t. rel. Tornar a admitir; admitir novamente.

READQUIRIR, v.t. Tornar a adquirir.

REAFIRMAR, v.t. Tornar a afirmar.

REAGENTE, adj. Que reage; s.m. qualquer substância que produza ou faça parte de reação.

REAGIR, v.int. Exercer reação; opor a uma ação outra que lhe é contrária; rel. opor-se; lutar; resistir.

REAGRADECER, v.t. rel. Tornar a agradecer.

REAGRAVAÇÃO, s.f. Ato ou efeito de reagravar.

REAGRAVAR, v.t. e int. e p. Agravar novamente; exacerbar; reativar.

REAJUSTAMENTO, s.m. Ato ou efeito de reajustar.

REAJUSTAR, v.t. rel. Tornar a ajustar; padronizar novamente.

REAL, s.m. Antiga unidade no sistema monetário de Portugal e do Brasil (pl.: réis); adj. pertencente ou relativo ao rei ou à realeza; que existe de fato; verdadeiro.

REALÇAR, v.t. Pôr em lugar elevado; salientar; dar mais brilho ou força; avivar; p. elevar-se; adquirir realce.

REALCE, s.m. Distinção; relevo; maior lustre.

REALEGRAR, v.t. Tornar a alegrar; p. readquirir alegria.

REALEJO, s.m. Espécie de instrumento musical portátil cujo fole e teclado são acionados por um cilindro movido a manivela.

REALENGO, adj. Real; digno do rei.

REALEZA, s.f. Dignidade de rei; grandeza.

REALIDADE, s.m. Qualidade do que é real; aquilo que existe efetivamente.

REALISMO, s.m. Representação fiel e direta da realidade, sem que intervenha a fantasia; sistema político em que o chefe da nação é um rei.

REALISTA, adj. e s.m. e f. Partidário do realismo, na filosofia, nas letras e nas artes.

REALÍSTICO, adj. Relativo ao realismo.

REALIZAÇÃO, s.f. Ato ou efeito de realizar.

REALIZADO, adj. Que se realizou; efetuado; executado.

REALIZADOR, adj. Que realiza.

REALIZAR, v.t. Pôr em prática; tornar real; efetuar; p. efetuar-se; acontecer; dar-se.

REALIZÁVEL, adj. Que se pode executar.

REANIMAÇÃO, s.f. Ato ou efeito de reanimar.

REANIMADO, adj. Que se reanimou; que readquiriu energia.

REANIMADOR, adj. e s.m. Que, ou o que reanima.

REANIMAR, v.t. Dar novo ânimo; restituir à vida; tonificar; restituir o uso dos sentidos, o movimento, o vigor a; int. e p. readquirir animação, força ou energia; tornar a animar-se.

REAPARECER, v.int. Tornar a aparecer; aparecer novamente.

REAPARECIMENTO, s.m. Reaparição.

REAPARIÇÃO, s.f. Ato ou efeito de reaparecer; reaparecimento.

REAQUISIÇÃO, s.f. Ato de readquirir.

REASCENDER, v.rel. Ascender de novo; v.t. rel. fazer subir de novo.

REASSUMIR, v.t. Assumir de novo; recuperar.

REASSUNÇÃO, s.f. Ato ou efeito de reassumir.

REATAMENTO, s.m. Ato ou efeito de reatar.

REATAR, v.t. Atar de novo; continuar o que se tinha interrompido.

REATIVAÇÃO, s.f. Retorno ao estado ativo.

REATIVAR, v.t. Tornar novamente ativo.

REATIVIDADE, s.f. Qualidade ou propriedade do que é reativo ou reagente.

REATIVO, s.m. Reagente; adj. que reage.

REATO, s.m. Estado ou condição do réu; obrigação de cumprir penitência dada pelo confessor.

REATOR, s.m. (Fís.) Rolamento eletromagnético de indutância elevada; sistema de dispositivos em que se processa uma reação em cadeia, sendo que essa reação pode ter seu andamento acelerado ou retardado conforme seja necessário.

REAVER, v.t. Haver de novo; recobrar; recuperar. (Verbo defectivo: conjuga-se como o verbo haver, mas somente nas formas em que conserva o v.)

REAVIVAR, v.t. Avivar novamente; tornar bem lembrado; estimular (a memória).

REBAIXA, s.f. Ato de baixar o preço.

REBAIXADO, adj. Que se rebaixou; desacreditado; degradado.

REBAIXADOR, s.m. Aquele que rebaixa; instrumento com que os carpinteiros rebaixam os ângulos de uma peça de madeira.

REBAIXAMENTO, s.m. Ato ou efeito de rebaixar.

REBAIXAR, v.t. Tornar mais baixo; fazer diminuir o preço ou o valor de; aviltar; desacreditar; humilhar; int. abater; diminuir na altura; p. humilhar-se; praticar atos indignos.

REBAIXE ou **REBAIXO**, s.m. Rebaixamento; depressão; degrau.

REBALÇAR, v.int. e p. Estagnar-se; tornar-se paludoso.

REBANHADA, s.f. Grande rebanho; grande ajuntamento de pessoas.

REBANHO, s.m. Porção de gado lanígero; porção de animais guardados por pastor; multidão de animais; conjunto de paroquianos.

REBARBA, s.f. Aresta; encaixe das pedras preciosas em anéis e brincos.

REBARBAR, v.t. Tirar as rebarbas.

REBARBATIVO, adj. Agreste; irritante; desagradável.

REBATE, s.m. Ato ou efeito de rebater; ataque imprevisto; ato de chamar ou avisar de um acontecimento imprevisto.

REBATEDOR, adj. e s.m. Que, ou o que rebate.

REBATER, v.t. Bater de novo; repelir; aparar (um golpe); contestar; refutar.

REBATIDA, s.f. Ação de rebater; refutação.

REBATIDO, adj. Muito batido; calcado; que se voltou ou dobrou; repelido.

REBATIMENTO, s.m. Ato ou efeito de rebater; rebate, superposição de uma figura sobre um plano por movimento de rotação.

REBATISMO, s.m. Ato ou efeito de rebatizar.

REBATIZAR, v.t. Tornar a batizar.

REBECA, s.f. O mesmo que rabeca.

REBELADO, adj. Que se revoltou, insurgido.

REBELÃO, adj. Diz-se do cavalo que não obedece ao freio; teimoso.

REBELAR, v.t. Tornar rebelde; insurgir; revoltar; p. insurgir-se; revoltar-se.

REBELDE, adj. Que se revolta; teimoso; indomável; s.m. desertor; revoltoso.

REBELDIA, s.f. Ato de rebelde; rebelião; qualidade do que é rebelde.

REBELIÃO, s.f. Ato de se rebelar; insurreição; revolta.

REBENCAÇO, s.m. O mesmo que rebencada.

REBENCADA, s.f. Pancada com rebenque.

REBENQUE, s.m. Pequeno chicote.

REBENQUEADOR, s.m. Aquele que rebenqueia; aquele que castiga com freqüência.

REBENQUEAR, v.t. Fustigar com o rebenque.

REBENTAÇÃO, s.f. Ato de rebentar; o quebrar das ondas contra um rochedo.

REBENTAR, v.int. Estourar; explodir; quebrar-se com violência; desencadear-se; fazer-se em pedaços; irromper; manar; lançar rebento; nascer; surgir; desabrochar.

REBENTINA ou **REBENTINHA**, s.f. Raiva.

REBENTO, s.m. Renovo; gomo dos vegetais; produto.

REBENTONA, s.f. Sedição; motim.

REBIQUE, s.m. Arrebique.

REBITAMENTO, s.m. Ação de rebitar (unir por meio de rebites).

REBITAR, v.t. Arrebitar; unir por meio de rebites.

REBITE, s.m. Espécie de prego de duas cabeças, que liga chapas de metal; dobra que se faz na extremidade excedente do prego para que não se solte da madeira.

REBOANTE, adj. Que reboa.

REBOAR, v.int. Retumbar; repercutir. (Pres. ind.: rebôo, reboas, etc.)

REBOCADO, adj. Revestido de reboco.

REBOCADOR, s.m. Pequeno vapor utilizado para rebocar outros navios; guincho; veículo utilizado para puxar outro; adj. e s.m. que, ou aquele que reveste de reboco.

REBOCADURA, s.f. Ato de rebocar.

REBOCAR, v.t. Cobrir de reboco; levar a reboque.

REBOCO, s.m. Argamassa com que se cobrem as paredes.

REBOJO, s.m. Redemoinho do vento quando muda repentinamente de direção; contracorrente produzida pela sinuosidade do rio ou pelos acidentes de suas margens; sorvedouro; espumarada que a água faz no mar e nos rios.

REBOLADA, s.f. Área ocupada por uma só espécie de plantas nativas; grupo de árvores que se sobressai em um campo ou mata; touça; moita.

REBOLADO, s.m. Movimento de quadris; saracoteio.

REBOLÃO, adj. e s.m. Fanfarrão.

REBOLAR, v.t. Fazer mover como uma bola; rolar; saracotear; bambolear; int. e p. mover-se em volta de um centro; rolar sobre si mesmo; bambolear-se; saracotear-se.

REBOLARIA, s.f. Fanfarronada.

REBOLCAR, v.t. rel. Revolver, virando; p. chafurdar.

REBOLCO, s.m. Ato de rebolcar.

REBOLEAR, v.t. Dar movimento de rotação a (o laço ou as bolas) para lançar contra o animal que se quer prender; p. bambolear-se; mover-se de um para outro lado; saracotear-se.

REBOLEIRA, s.f. A parte mais densa de uma seara ou arvoredo; rebolada.

REBOLEIRO, s.m. Reboleira; chocalho grande.

REBOLIÇO, adj. Que tem forma de rebolo; que rebola.

REBOLIR, v.int. Rebolar-se; andar depressa; girar; agitar-se; t. bambolear; rebolar; p. saracotear-se.

REBOLO, s.m. Pedra redonda em forma de mó, e própria para amolar.

REBOMBAR, v.int. Ressoar fortemente; retumbar.

REBÔO, s.m. Ato de reboar.

REBOQUE, s.m. Ato ou efeito de rebocar; reboco.

REBOQUEAR, v.t. Rebocar.

REBORDAGEM, s.f. Prejuízo sofrido pelos navios que abalroam; indenização desse prejuízo.

REBORDAR, v.t. Bordar demoradamente; tornar a bordar; alisar as arestas ou cantos de (vidros polidos).

REBORDO, s.m. Borda revirada.

REBORDOSA, s.f. Censura; repreensão; doença grave; contingências difíceis.

REBOTALHO, s.m. Coisa sem valor; refugo.

REBOTE, s.m. Segundo salto da pelota; réplica; resposta.

REBRAMAR, v.int. Bramar muito; retumbar.

REBRAMIR, v.int. Bramir intensamente; rebramar.

REBRILHANTE, adj. Que rebrilha; esplendoroso.

REBRILHAR, v.int. Resplandecer; brilhar de novo; brilhar muito.

REBRILHO, s.m. Brilho intenso.

REBROTAR, v.int. Tornar a brotar.

REBUÇADO, s.m. Pequena porção de açúcar em ponto vítreo, em forma de bala.

REBUÇAR, v.t. Disfarçar; velar; dissimular; p. ocultar-se.

REBUÇO, s.m. Gola; parte da capa para esconder o rosto.

REBULIÇO, s.m. Grande ruído; bulha; agitação; gente em desordem.

REBUSCA, s.f. Ato de rebuscar.

REBUSCADO, adj. Que se rebuscou, que se tornou a buscar; apurado com esmero excessivo; requintado.

REBUSCAR, v.t. Buscar de novo; buscar com toda a minúcia; requintar; respigar; catar.

REBUSCO, s.m. Rebusca.

RECADEIRO, adj. Relativo a recado; que vai a recados; s.m. aquele que vai a recados, ou que faz recados.

RECADISTA, s. Pessoa que leva e traz recados.

RECADO, s.m. Participação verbal; aviso; mensagem.

RECAÍDA, s.f. Ato ou efeito de recair; reaparecimento ou recrudescimento dos sintomas de uma doença.

RECAIDIÇO, adj. Que recai com facilidade.

RECAIR, v.int. Cair de novo; voltar a um estado anterior; rel. incidir; reincidir; tornar a cair; tornar a adoecer da mesma moléstia.(Conjuga-se como o verbo cair.)

RECALCADO, adj. Que sofre de recalque; bem calcado; concentrado; diz-se do indivíduo remisso, que foge do trabalho.

RECALCADOR, adj. Que recalca; s.m. instrumento com que se recalca a balsa.

RECALCAMENTO, s.m. Ato ou efeito de recalcar; recalque.

RECALCAR, v.t. Calcar de novo; repisar; comprimir; reprimir; refrear; conter.

RECALCIFICAÇÃO, s.f. Ação ou efeito de recalcificar.

RECALCIFICANTE, adj. Que proporciona a recalcificação.

RECALCIFICAR, v.t. Tornar a dar ou ministrar cálcio; proporcionar ao organismo o cálcio de que necessita.

RECALCITRAÇÃO, s.f. Ato ou efeito de recalcitrar; recalcitrância.

RECALCITRÂNCIA, s.f. Qualidade de recalcitrante; teimosia; obstinação.

RECALCITRANTE, adj. Que recalcitra ou que resiste com obstinação; teimoso; obstinado.

RECALCITRAR, v.int. Resistir, desobedecendo; teimar; obstinar-se; rel. resistir com obstinação; desobedecer.

RECALQUE, s.m. Recalcamento; exteriorização subconsciente de sentimentos ou desejos não satisfeitos na ocasião oportuna e que somados podem chegar a desencadear graves distúrbios psíquicos.

RECAMADOR, s.m. Aquele que recama; bordador.

RECAMADURA, s.f. Recamo.

RECAMAR, v.t. Fazer recamo a; ornar a; bordar; enfeitar; cobrir; revestir.

RECÂMARA, s.f. Câmara interior; recanto.

RECAMBIAR, v.t. Devolver (uma letra não paga ou não aceita); fazer voltar ao lugar de onde viera. (Pres. ind.: recâmbio, etc.)

RECAMO, s.m. Ornato a relevo; ornato.

RECANTO, s.m. Lugar retirado ou oculto; esconderijo.

RECAPITULAÇÃO, s.f. Ato ou efeito de recapitular.

RECAPITULAR, v.t. Repetir sumariamente; resumir; sintetizar.

RECAPTURAR, v.t. Capturar novamente.

RECARGA, s.f. Segunda investida; rebote; réplica.

RECARGAR, v.t. Voltar à carga.

RECARREGAR, v.t. Carregar de novo.

RECASAR, v.t. e int. Tornar a casar.

RECATADO, adj. Que tem recato ou modéstia; pudico; que é prudente ou sensato.

RECATAR, v.t.-rel. Resguardar; acautelar.

RECATIVAR, v.t. Tornar a cativar ou prender.

RECATO, s.m. Resguardo; prudência; honestidade.

RECAUCHUTAGEM, s.f. Ato ou efeito de recauchutar.

RECAUCHUTAR, v.t. Colocar nova camada de borracha na superfície externa dos pneumáticos ou quaisquer outros objetos de borracha.

RECAVAR, v.t. Cavar novamente; insistirem.

RECEAR, v.t. Temer; ter receio ou medo.

RECEBEDOR, adj. Que recebe; s.m. aquele que recebe; funcionário incumbido de receber e arrecadar impostos.

RECEBEDORIA, s.f. Repartição onde se arrecadam impostos; tesouraria de finanças.

RECEBER, v.t. Aceitar em pagamento; admitir; acolher; hospedar.

RECEBIMENTO, s.m. Ato de receber.

RECEIO, s.m. Temor; apreensão; hesitação.

RECEITA, s.f. Rendimento; quantia recebida; débito de conta-corrente; fórmula de medicamento, bolo, manjar ou iguaria.

RECEITANTE, adj. Que receita.

RECEITAR, v.t. Dar ou fazer receita; prescrever como médico.

RECEITUÁRIO, s.m. Conjunto de receitas; formulário para medicamentos.

RECÉM-NASCIDO, adj. e s.m. Que, ou aquele que nasceu há pouco.

RECENDÊNCIA, s.f. Qualidade de recedente.

RECENDENTE, adj. Que recende.

RECENDER, v.t. Emitir (aroma); int. ter cheiro agradável e intenso; rel. cheirar.

RECENSÃO, s.f. Recenseamento; comparação de uma edição de autor antigo com os manuscritos.

RECENSEADO, adj. Aquele cujo nome foi incluído num arrolamento.

RECENSEADOR, adj. e s.m. Que, ou o que recenseia.

RECENSEAMENTO, s.m. Enumeração ou arrolamento de pessoas ou animais; indagação direta através da qual, periodicamente, se contam os habitantes de determinado território.

RECENSEAR, v.t. Fazer o recenseamento.

RECENSEIO, s.m. Ato ou efeito de recensear.

RECENTE, adj. Que aconteceu há pouco.

RECEOSO, adj. Que tem receio; tímido; acanhado.

RECEPÇÃO, s.f. Ato ou efeito de receber; ato de receber, em dias determinados, visitas ou cumprimentos.

RECEPCIONAR, v.int. Dar recepções.

RECEPTAÇÃO, s.f. Ato ou efeito de receptar.

RECEPTÁCULO, s.m. Lugar onde se juntam ou guardam coisas; abrigo; esconderijo; parte superior do pedúnculo da flor.

RECEPTADOR, adj. e s.m. Que, ou o que recepta; comprador de objetos roubados.

RECEPTAR, v.t. Comprar ou esconder coisas furtadas (por outrem).

RECEPTIBILIDADE, s.f. Faculdade de receber impressões ou influência de certos agentes.

RECEPTÍVEL, adj. Que se pode receber; aceitável.

RECEPTIVIDADE, s.f. Receptibilidade.

RECEPTIVO, adj. Que recebe; impressionável.

RECEPTOR, adj. Que recebe; s.m. recebedor; receptador; aparelho telegráfico que recebe os sinais transmitidos pelo manipulador; aparelho que recebe uma impressão qualquer (rádio, televisão, aparelhos eletrônicos).

RECESSO, s.m. Recanto; retiro.

RECHÃ, s.f. Planalto; chapada.

RECHAÇAR, v.t. Repelir; desbaratar; rebater.

RECHAÇO, s.m. Ato ou efeito de rechaçar; ricochete.

RECHEADO, adj. Que tem recheio; muito cheio; repleto.

RECHEADURA, s.f. Ato de rechear; recheio.

RECHEAR, v.t. Encher bem; encher com preparado culinário ou de confeitaria. (Pres. ind.: recheio, etc.)

RECHEIO, s.m. Ato de rechear; aquilo que recheia; conteúdo.

RECHINANTE, adj. Que rechina.

RECHINAR, v.int. Produzir som agudo; produzir o som do ferro quente sobre a carne.

RECHINO, s.m. Ato de rechinar.

RECHONCHUDO, adj. Gordo; nédio.

RECIBO, s.m. Declaração escrita de se ter recebido alguma coisa; comprovante.

RECIDIVA, s.f. Reincidência; recaída.

RECIDIVO, adj. Que torna a aparecer; reincidente.

RECIFE, s.f. Penhascos no mar, a flor d'água.

RECIFENSE, adj. Do Recife; s.m. e f. pessoa natural ou habitante do Recife (Pernambuco).

RECINTO, s.m. Certo e determinado espaço; espaço murado; local.

RECIPIENDÁRIO, s.m. Aquele que é recebido solenemente numa agremiação; adj. e s.m. que, ou aquele que tem de receber alguma coisa.

RECIPIENTE, adj. Que recebe; s.m. vaso que recebe os produtos de qualquer operação química; campânula da máquina pneumática.

RECIPROCAÇÃO, s.f. Ato ou efeito de reciprocar; reciprocidade.

RECIPROCAR, v.t. Tornar recíproco; mutuar; dar e receber em troca.

RECIPROCIDADE, s.f. Qualidade do que é recíproco.

RECÍPROCO adj. Alternativo; mútuo; que se troca; permutado; s.m. denominação do inverso de um número (o número colocado sob a unidade).

RÉCITA, s.f. Representação teatral; espetáculo de declamação; audição lírica.

RECITAÇÃO, s.f. Ato ou efeito de recitar.

RECITADO, adj. Lido ou repetido de cor, em voz alta; declamado.

RECITADOR, adj. e s.m. Que recita.

RECITAL, s.m. Sessão em que se recitam composições literárias; audição musical de um artista só, por vezes acompanhado de um instrumento.

RECITAR, v.t. Ler em voz alta e clara; declamar.

RECITATIVO, s.m. Trecho de ópera que o cantor executa recitando, mais do que cantando; parte da cantata, destinada a ser recitada, na qual se expõe o assunto; poesia destinada à recitação com acompanhamento de música; adj. que é próprio para se recitar.

RECLAMAÇÃO, s.f. Ato ou efeito de reclamar.

RECLAMADOR, adj. e s.m. Que, ou o que reclama.

RECLAMANTE, adj. Que reclama; s. pessoa que reclama.

RECLAMAR, v.t. Exigir; reivindicar; demandar.

RECLAMÁVEL, adj. Que pode ser reclamado ou exigido.

RECLAMO, s.m. Anúncio; propaganda; apelo.

RECLINAÇÃO, s.f. Ação ou efeito de reclinar.

RECLINADO, adj. Inclinado; encostado; recurvado.

RECLINAR, v.t. Dobrar, fazer afastar da posição perpendicular; recurvar; t.-rel. deitar; encostar; p. inclinar-se; encostar-se; deitar-se.

RECLINATÓRIO, s.m. Objeto próprio para alguém se reclinar para descansar.

RECLUSÃO, s.f. Ato ou efeito de encerrar; cárcere; prisão.

RECLUSO, adj. Que vive em convento; encerrado; s.m. aquele que vive em clausura ou foi condenado ao cárcere.

RECOBRAMENTO, s.m. Ato ou efeito de recobrar.

RECOBRAR, v.t. Adquirir de novo; recuperar; retomar; p. restabelecer-se; recuperar-se; reanimar-se.

RECOBRÁVEL, adj. Que se pode recobrar.

RECOBRIMENTO, s.m. Superposição de dobras de terrenos mais antigos sobre os mais modernos.

RECOBRIR, v.t. Cobrir novamente; p. tornar a cobrir-se. (Conjuga-se como o verbo cobrir.)

RECOBRO, s.m. Ato ou efeito de recobrar.

RECOCTO, adj. Recozido.

RECOGNIÇÃO, s.f. Reconhecimento; identificação.

RECOGNITIVO, adj. Próprio para reconhecer ou averiguar uma coisa.

RECOLHEDOR, s.m. Aquele que recolhe; o que sai do campo, à procura dos cavalos para os recolher ao curral.

RECOLHER, v.t. Guardar, arrecadar, dar abrigo; fazer a colheita de; cobrar; receber; reunir; obter como resultado ou recompensa; dar hospitalidade; juntar (coisas dispersas); coligir; colher; apanhar; retrair; retirar da circulação; guardar na memória; p. voltar para casa; refugiar-se; meter-se em casa para se deitar; deitar-se; dirigir-se (aos aposentos); retrair-se fugindo à vida mundana.

RECOLHIDO, adj. Que se recolheu; afastado do movimento mundano; pouco expansivo; concentrado; retraído.

RECOLHIMENTO, s.m. Ato ou efeito de recolher; lugar onde se recolhe alguém ou alguma coisa; recato; meditação; vida concentrada; resguardo.

RECOLONIZAR, v.t. Povoar novamente.

RECOLTAR, v.t. Recolher; fazer nova colheita.

RECOMEÇAR, v.t. e int. Começar de novo.

RECOMENDAÇÃO, s.f. Ato ou efeito de recomendar; advertência; pl.: cumprimentos.

RECOMENDADO, adj. Que é objeto de recomendação ou de empenho; s.m. indivíduo recomendado; protegido.

RECOMENDAR, v.t. Aconselhar; t.-rel. encarregar; encomendar; dar ordem de; pedir todo o cuidado e atenção para; confiar a alguém.

RECOMENDATÓRIO, adj. Que serve para recomendar; que serve de empenho.

RECOMENDÁVEL, adj. Digno de ser recomendado.

RECOMPENSA ou **RECOMPENSAÇÃO,** s.f. Ato ou efeito de recompensar; prêmio; galardão.

RECOMPENSADOR, adj. e s.m. Que recompensa.

RECOMPENSAR, v.t. Retribuir; reconhecer os serviços de alguém, dando-lhe alguma coisa; premiar; remunerar.

RECOMPENSÁVEL, adj. Digno de recompensa.

RECOMPOR, v.t. Tornar a compor; reorganizar; restabelecer; reconciliar; harmonizar; p. compor-se de novo; reconstituir-se; reconciliar-se.

RECOMPOSIÇÃO, s.f. Ato ou efeito de recompor; reconciliação; reajuste.

RECÔNCAVO, s.m. Gruta natural; cavidade; antro.

RECONCENTRAÇÃO, s.f. Ato ou efeito de reconcentrar.

RECONCENTRADO, adj. Meditabundo; recolhido.

RECONCENTRAR, v.t. Reunir num ponto; encerrar ou recolher dentro de si (um sentimento); p. reunir-se, concentrar-se num ponto; concentrar a atenção num ponto ou assunto; meditar profundamente.

RECONCILIAÇÃO, s.f. Ato ou efeito de reconciliar; restabelecimento de amizade que fora estremecida.

RECONCILIADO, adj. e s.m. Diz-se do, ou o penitente que se confessou e ficou absolvido.

RECONCILIADOR, s.m. Aquele que reconcilia.

RECONCILIAR, v.t. Restabelecer a paz; restituir as boas relações; conciliar.

RECONCILIATÓRIO, adj. Que serve para reconciliar.

RECONCILIÁVEL, adj. Que se pode reconciliar.

RECÔNDITO, adj. Oculto.

RECONDUÇÃO, s.f. Ato ou efeito de reconduzir; readmissão.

RECONDUZIR, v.t.-rel. Conduzir de novo.

RECONFORTANTE, adj. Que reconforta.

RECONFORTAR, v.t. Revigorar; dar novo alento.

RECONFORTO, s.m. Ato ou efeito de reconfortar.

RECONGRAÇAR, v.t. Reconciliar.

RECONHECER, v.t. Conhecer novamente (quem se tinha conhecido noutro tempo); admitir como certo; verificar; compreender; certificar-se de; confessar; examinar a situação de; observar; explorar; declarar; afirmar; mostrar-se agradecido por; t.-rel. assegurar; admitir como legal; t.-pred. admitir como verdadeiro ou legítimo; p. declarar-se; confessar-se.

RECONHECIDO, adj. Agradecido; identificado.

RECONHECIMENTO, s.m. Ato ou efeito de reconhecer; gratidão; identificação.

RECONHECÍVEL, adj. Que se pode reconhecer.

RECONQUISTA, s.f. Ato ou efeito de reconquistar; aquilo que se reconquistou.

RECONQUISTAR, v.t. Conquistar de novo; recuperar por conquista.

RECONSERTAR, v.t. Consertar de novo.

RECONSIDERAÇÃO, s.f. Ato de reconsiderar ou tornar sem efeito.

RECONSIDERAR, v.t. Considerar ou ponderar de novo; int. tomar nova resolução; arrepender-se de resolução tomada; pensar melhor; desdizer-se.

RECONSTITUIÇÃO, s.f. Ato ou efeito de reconstituir.

RECONSTITUINTE, adj. Que reconstitui; s.m. medicamento usado para restabelecer a saúde dos convalescentes ou enfraquecidos.

RECONSTITUIR, v.t. Tornar a constituir; recompor; restabelecer; restaurar as forças de.

RECONSTRUÇÃO, s.f. Ato ou efeito de reconstruir.

RECONSTRUIR, v.t. Construir de novo; reorganizar; reformar; int. fazer reconstruções. (Conjuga-se como o verbo construir.)

RECONTAR, v.t. Tornar a contar; contar com minúcia; calcular de novo; t. e t.-rel. narrar; referir.

RECONTRATAR, v.t. Contratar outra vez ou de novo.

RECONTRO, s.m. Embate; conflito.

RECONVALESCENÇA, s.f. Ato de reconvalescer.

RECONVALESCENTE, adj. e s. Que, ou pessoa que reconvalesce.

RECONVALESCER, v.int. Tornar a convalescer.

RECOPILAÇÃO, s.f. Ato ou efeito de recopilar; resumo.

RECOPILADOR, adj. e s.m. Que, ou aquele que recopila.

RECOPILAR, v.t. Compilar; coligir; resumir.

RECORDAÇÃO, s.f. Ato ou efeito de recordar; lembrança; memória, objeto que faz relembrar.

RECORDADOR, adj. e s.m. Que, ou aquele que recorda.

RECORDAR, v.t. Lembrar; trazer à memória; recapitular.

RECORDATIVO, adj. Que faz recordar.

RECORDE, s.m. Proeza esportiva que supera a marca anteriormente estabelecida.

RECORDISTA, s. Detentor de um recorde.

RECO-RECO, s.m. Instrumento musical de percussão, constituído essencialmente de um gomo de bambu com entalhes, nos quais se atrita uma varinha.

RECORRENTE, adj. Que recorre; que interpõe recurso judicial.

RECORRER, v.t.rel. Correr; apelar; solicitar auxílio ou proteção; pedir reconsideração de despacho.

RECORRIDO, s.m. Indivíduo contra quem se interpõe recurso judicial.

RECORRÍVEL, adj. De que há recurso, de que se pode recorrer.

RECORTADO, adj. Que apresenta bordas onduladas ou com recortes cortado em miúdos.

RECORTAR, v.t. Fazer recortes ou ondulações; cortar formando figuras; talhar; entalhar.

RECORTE, s.m. Ato ou efeito de recortar; lavor que se faz recortando; trecho de um escrito.

RECOSER, v.t. Coser novamente.

RECOSTA, s.f. Encosta (ladeira); vertente.

RECOSTAR, v.t.-rel. Inclinar; reclinar; encostar; t. afastar obliquamente da posição vertical; apoiar em alguma coisa.

RECOSTO, s.m. Reclinatório; lugar apropriado para se recostar ou descansar.

RÉCOVA, s.f. Conjunto de cavalgaduras. O mesmo que récua.

RECOVEIRO, s.m. Almocreve; tropeiro.

RECOZER, v.t. Cozer de novo; cozer muito; deixar esfriar lentamente em forno especial (qualquer artefato de cerâmica ou vidro).

RECOZIDO, adj. Cozido de novo.

RECOZIMENTO, s.m. Ato ou efeito de recozer.

RECRAVAR, v.t. rel. Cravar de novo; cravar muito.

RECREAÇÃO, s.f. Recreio.

RECREAR, v.t. Proporcionar recreio a; divertir; alegrar; causar prazer a; p. sentir prazer ou satisfação; divertir-se; folgar; brincar. (Pres. ind.: recreio, recreias, recreia, recreamos, recreais, recreiam.)

RECREATIVO, adj. Próprio para recreio; que diverte.

RECREIO, s.m. Divertimento; prazer; lugar onde alguém se recreia; recreação.

RECRESCÊNCIA, s.f. Recrescimento; estado ou qualidade de recrescente.

RECRESCENTE, adj. Que recresce.

RECRESCER, v.int. Tornar a crescer; aumentar, dobrar de intensidade.

RECRESCIDO, adj. Que aumentou; que recresceu.

RECRESCIMENTO, s.m. Ato ou efeito de recrescer.

RECRIAÇÃO, s.f. Ato de recriar.

RECRIAR, v.t. Criar de novo; tornar a criar.

RECRIMINAÇÃO, s.f. Ato ou efeito de recriminar.

RECRIMINADOR, adj. e s.m. Que, ou o que recrimina.

RECRIMINAR, v.t. Responder ou defender-se com acusações; censurar.

RECRIMINATÓRIO, adj. Que contém recriminação.

RECRU, adj. Muito cru; mal recozido.

RECRUDESCÊNCIA, s.f. Qualidade do que é recrudescente; renovação com maior intensidade.

RECRUDESCENTE, adj. Que recrudesce.

RECRUDESCER, v.int. Recrescer; aumentar; exacerbar-se; agravar-se; tornar-se mais intenso.

RECRUTA, s.m. Soldado principiante nos exercícios militares; novato; pessoa admitida há pouco; s.f. exercícios militares de recrutas; turma de peões que vão de estância em estância, arrebanhando o gado tresmalhado de determinada fazenda; porção de gado arrebanhado.

RECRUTADOR, s.m. Aquele que recruta; peão encarregado de arrebanhar os animais tresmalhados.

RECRUTAMENTO, s.m. Ato ou efeito de recrutar.

RECRUTAR, v.t. Arrolar para o serviço militar; angariar ou aliciar (prosélitos ou adeptos); arrebanhar (gado disperso).

RÉCUA, s.f. Conjunto de bestas de carga presas umas às outras; manada de cavalgaduras; a carga que elas transportam; súcia; caterva.

RECUADA, s.f. Recuo.

RECUAMENTO, s.m. Recuo.

RECUAR, v.int. Andar para trás; retrogradar; retroceder; perder terreno; rel. voltar atrás em relação ao tempo ou ao que já se disse; desistir; t. fazer retroceder; impelir para trás; fazer andar para trás.

RECÚBITO, s.m. Posição de quem está encostado.

RECUIDAR, v.t. Reconsiderar.

RECUMBIR, v. rel. Estar encostado.

RECUO, s.m. Ato ou efeito de recuar.

RECUPERAÇÃO, s.f. Ato ou efeito de recuperar.

RECUPERADOR, adj. e s.m. Que, ou o que recupera.

RECUPERAR, v.t. Recobrar (o perdido); adquirir novamente; p. restaurar-se; indenizar-se.

RECUPERATIVO, adj. Que recupera.

RECUPERÁVEL, adj. Que se pode recuperar.

RECURSO, s.m. Ato ou efeito de recorrer; apelação judicial; reclamação; auxílio; meio; pl.: haveres; posses.

RECURVADO, adj. Curvado; curvo; torcido; dobrado.

RECURVAR, v.t. Curvar de novo; curvar muito; inclinar.

RECURVO, adj. Recurvado; torcido.

RECUSA ou **RECUSAÇÃO,** s.f. Ato de recusar; negativa.

RECUSADOR, adj. e s.m. Que, ou aquele que recusa.

RECUSANTE, adj. Que recusa.

RECUSAR, v.t. Não aceitar (coisa oferecida); rejeitar-se; negar-se; opor-se, não se prestar a; não admitir; t. -rel. não permitir; não conceder; p. negar-se; não obedecer.

RECUSATIVO, adj. Que envolve, que exprime recusa.

RECUSÁVEL, adj. Que pode ser recusado.

REDAÇÃO, s.f. Ato ou efeito de redigir; maneira de redigir; conjunto de redatores; local onde se redige.

REDARGUIÇÃO, s.f. Ato ou efeito de redargüir; réplica.

REDARGUIDOR, adj. e s.m. Que, ou o que redargúi.

REDARGÜIR, v.t. Replicar argumentando; replicar.

REDATOR, s.m. O que redige; o que escreve habitualmente para um jornal ou revista.

REDE, s.f. Tecido de malhas largas para apanhar peixes, etc.; tecido fino, de malha que se põe na cabeça para segurar o cabelo; tecido de arame; conjunto de canos ou de fios; cilada; leito balouçante, preso por argolas nas extremidades; entrelaçamento de vasos sangüíneos ou de nervos.

RÉDEA, s.f. Correia que serve para guiar as cavalgaduras; direção; governo.

REDEIRO, s.m. Fabricante de redes.

REDEMOINHAR, v.int. Remoinhar.

REDEMOINHO, s.m. Remoinho.

REDENÇÃO, s.f. Ato ou efeito de remir ou redimir; auxílio que livra alguém de transe aflitivo; resgate; o resgate do gênero humano por Jesus Cristo.

REDENTOR, s.m. Aquele que redime; Jesus Cristo; adj. que redime.

REDESCONTAR, v.i. Fazer redesconto de.

REDESCONTO, s.m. Ato de se fazer o desconto numa letra que já se descontou ao sacador ou portador.

REDIGIR, v.t. Escrever com ordem e método; escrever para a imprensa periódica; escrever os artigos principais de um periódico.

REDIL, s.m. Curral (especialmente para carneiros): aprisco.

REDIMIR, v.t. e.t.-rel. e p. Remir; perdoar. (Conjuga-se regularmente em todos os modos e pessoas: redimo, redimes, redime, etc.).

REDIMÍVEL, adj. Que pode ou deve ser remido.

REDINGOTE, s.m. Casaco largo e comprido, com as frentes inteiriças; sobrecasaca.

REDISTRIBUIR, v.t.-rel. Tornar a distribuir.

REDITO, adj. Dito novamente; dito muitas vezes

RÉDITO, s.m. Ato de voltar; lucro; produto; juro

REDIVIVO, adj. Que voltou à vida; renovado; que remoçou.

REDIZER, v.t. e rel. Tornar a dizer; repetir; recontar. (Conjuga-se como o verbo dizer.)

REDOBRADO, adj. Reduplicado; muito mais intenso.

REDOBRAMENTO, s.m. Ação de redobrar; aumento considerável.

REDOBRAR, v.t. Tornar a dobrar; aumentar muito; soar novamente (o sino).

REDOBRO, s m. Duas vezes o dobro; quádruplo.

REDOLENTE, adj. Aromático; que tem cheiro agradável.

REDOMA, s.f. Manga de vidro fechada de um lado e destinada a resguardar do pó objetos delicados; campânula.

REDOMÃO, adj. e s.m. Cavalo que não está bem manso; cavalo que está sendo domado.

REDONDEAR, v.t. Arredondar.

REDONDEL, s.m. Arena redonda, especialmente aquela onde se realizam touradas.

REDONDEZA, s.f. Qualidade do que é redondo; cercanias; arrabaldes.

REDONDILHA, s.f. Composição poética composta de cinco versos (redondilha menor) ou de sete (redondilha maior).

REDONDO, adj. Que tem forma de círculo; esférico; cilíndrico; curvo; gordo; rechonchudo.

REDOR, s.f. Contorno; circuito; arrabalde.

REDOUÇA, s.f. O mesmo que retouça; balanço.

REDUÇÃO, s.f. Ato ou efeito de reduzir; resumo; ato de subjugar; cópia reduzida; ato de fazer voltar ao seu lugar ossos fraturados ou luxados.

REDUNDÂNCIA, s.f. Pleonasmo; prolixidade.

REDUNDANTE, adj. Excessivo; prolixo.

REDUNDAR, v.int. Sobejar; rel. resultar.

REDUPLICAÇÃO, s.f. Figura de retórica que consiste em repetir uma palavra enfaticamente; repetição de sílaba.

REDUPLICAR, v.t. Multiplicar; dobrar de novo; aumentar.

REDUPLICATIVO, adj. Que encerra reduplicação, repetição.

REDUTIBILIDADE, s.f. Qualidade do que é redutível.

REDUTÍVEL, adj. Que se pode reduzir; diz-se da fração ordinária, cujos termos têm divisor comum; reduzível.

REDUTIVO, adj. Que pode reduzir.

REDUTO, s.m. Espaço fechado; defesa; abrigo.

REDUTOR, adj. e s.m. Que, ou o que reduz.

REDUZIDA, adj. f. (Gram.) Diz-se da oração subordinada que se apresenta com o verbo numa de suas formas nominais, isto é, de infinitivo, de gerúndio ou de particípio.

REDUZIR, v.t. Tornar menor; restringir; subjugar; submeter; afrouxar; abrandar; simplificar; (Quím.) diminuir a carga positiva ou aumentar a negativa.

REDUZÍVEL, adj. Redutível.

REEDIÇÃO, s.f. Nova edição.

REEDIFICAÇÃO, s.f. Ato ou efeito de reedificar.

REEDIFICADOR, adj. e s.m. Que reedifica.

REEDIFICAR, v.t. Reconstruir; restaurar; reformar.

REEDITAR, v.t. Editar novamente; publicar outra vez; reproduzir.

REEDUCAÇÃO, s.f. Ação de reeducar.

REEDUCADOR, adj. Que reeduca.

REEDUCAR, v.t. Tornar a educar.

REELECTRÓMETRO, s.m. Aparelho para indicar a magnetização de uma agulha, por meio de uma corrente.

REELEGER, v.t. Eleger novamente.

REELEGÍVEL, adj. Que se pode reeleger.

REELEIÇÃO, s.f. Nova eleição.

REELEITO, adj. Que foi eleito novamente.

REEMBARCAR, v.int. e rel. Embarcar de novo.

REEMBARQUE, s.m. Ato de reembarcar.

REEMBOLSAR, v.t. e t.-rel. Indenizar; p. entrar na posse do que se havia gasto.

REEMBOLSÁVEL, adj. Que pode ser reembolsado.

REEMBOLSO, s.m. Recebimento de encomendas através do correio.

REEMENDA, s.f. Ato ou efeito de emendar de novo.

REEMENDAR, v.t. Emendar novamente.

REEMPREGAR, v.t. Empregar de novo.

REENCARNAÇÃO, s.f. Ato ou efeito de reencarnar; pluralidade de existências com um só espírito.

REENCARNAR, v.int. Reassumir a forma humana.

REENCHER, v.t. Encher novamente.

REENCHIMENTO, s.m. Ato ou efeito de reencher.

REENCONTRAR, v.t. Encontrar de novo.

REENCONTRO, s.m. Ato ou efeito de reencontrar.

REENGAJAMENTO, s.m. Ação de reengajar-se.

REENGAJAR-SE, v.p. Tornar a engajar-se.

REENTRÂNCIA, s.f. Ângulo ou curva para dentro. (Antôn.: saliência.)

REENTRANTE, adj. Que curva ou reflete para dentro.

REENTRAR, v.rel. Tornar a entrar; voltar para casa.

REENVIAR, v.t.-rel. Enviar novamente; recambiar.

REERGUER, v.t. e p. Erguer novamente.

REESCREVER, v.t. Tornar a escrever.

REEXPEDIÇÃO, s.f. Ato de reexpedir.

REEXPEDIR, v.t. Reexportar; expedir novamente. (Conjuga-se como o verbo pedir.)

REEXPORTAÇÃO, s.f. Ato ou efeito de reexportar.

REEXPORTADOR, adj. Aquele que reexporta.

REEXPORTAR, v.t. Tornar a exportar.

REFACÇÃO, s.f. Ato de refazer.

REFALSADO, adj. Fingido; hipócrita.

REFALSAMENTO, s.m. Ato de refalsado.

REFALSEAR, v.t. Atraiçoar; trair.

REFAZEDOR, adj. e s.m. Que, ou o que refaz.

REFAZER, v.t. Fazer de novo; reformar; reorganizar; emendar; corrigir; consertar; restabelecer-se. (Conjuga-se como fazer.)

REFAZIMENTO, s.m. Reparo; conserto.

REFECE, adj. Falso; desleal.

REFEGAR, v.t. Fazer refegos; preguear.

REFEGO, s.m. Dobra; prega no vestuário.

REFEIÇÃO, s.f. Alimentos que se tomam a horas certas do dia.

REFEITO, adj. Restaurado; reconstituído.

REFEITOREIRO, s.m. Aquele que cuida do refeitório.

REFEITÓRIO, s.m. Sala própria par servir as refeições.

REFÉM, s.m. Pessoa, praça, etc., que fica em poder do inimigo para garantir a execução de uma exigência imposta.

REFERÊNCIA, s.f. Alusão; pl.: informação.

REFERENDA, s.f. Ato ou efeito de referendar.

REFERENDAR, v.t. Anuir; concordar; tornar válido.

REFERENDÁRIO, s.m. O que referenda.

REFERENTE, adj. Que se refere; que diz respeito.

REFERIDO, adj. Citado; supradito; alegado.

REFERIMENTO, s.m. Relato; citação.

REFERIR, v.t. Narrar; contar; relatar; citar; t.-rel. aludir; p. reportar-se; ter relação; dizer respeito. (Conjuga-se como ferir.)

REFERMENTAR, v.t. Fermentar novamente.

REFERTA, s.f. Altercação; contenda.

REFERTAR, v.t. Lançar em rosto; contender.

REFERTO, adj. Abundante; muito cheio.

REFERVENTE, adj. Que ferve muito.

REFERVER, v.int. Ferver de novo; ferver muito; fermentar.

REFESTELAR-SE, v.p. Recostar-se; repimpar-se.

REFEZ, adj. Refece; falso; ordinário.

REFILAR, v.t. Filar novamente; recalcitrar.

REFILHO, s.m. Rebento dos vegetais; broto.

REFINAÇÃO, s.f. Ato ou efeito de refinar; lugar onde se refina; refinaria.

REFINADO, adj. Que se refinou; requintado.

REFINADOR, adj. e s.m. Que, ou o que refina.

REFINADURA, s.f. Refinação.

REFINAMENTO, s.m. Refinação; requinte.

REFINAR, v.t. Tornar mais fino; apurar; tornar mais puro; aperfeiçoar; int. requintar-se.

REFINARIA, s.f. Refinação.

REFINCAR, v.t. Fincar fortemente.

REFLADA, s.f. Pancada com refle ou sabre longo.

REFLAR, v.t. Espancar com refle.

REFLE, s.m. Espada ou sabre longo.
REFLETIDO, adj. Sensato; prudente.
REFLETIDOR, s.m. Refletor.
REFLETIR, v.t. Fazer retroceder, desviando da posição primitiva; espelhar; revelar; repercutir; int. pensar maduramente; meditar; incidir.
REFLETIVO, adj. Sisudo; sensato; refletido.
REFLETOR, s.m. Aparelho destinado a refletir a luz.
REFLEXÃO, s.f. Ato ou efeito de refletir; meditação.
REFLEXIBILIDADE, s.f. Qualidade do que é reflexível.
REFLEXIONAR, v.t. Ponderar; int. refletir.
REFLEXÍVEL, adj. Que se pode refletir.
REFLEXIVO, adj. Que reflete ou reflexiona; comunicativo; (Gram.) o mesmo que reflexo.
REFLEXO, adj. Refletido; indireto; (Gram.) diz-se da voz com que o verbo indica que o sujeito pratica e recebe a ação simultaneamente, s.m. luz refletida ou efeito dela; imitação; influência indireta; ação inconsciente e imediatamente consecutiva a uma excitação exterior.
REFLORESCÊNCIA, s.f. Qualidade de reflorescente.
REFLORESCENTE, adj. Que refloresce.
REFLORESCER, v.int. Florescer de novo.
REFLORESCIDO, adj. Que refloresceu.
REFLORESCIMENTO, s.m. Ato de reflorescer.
REFLORESTAMENTO, s.m. Ato de reflorestar.
REFLORESTAR, v.t. Replantar árvores.
REFLORIDO, adj. Que refloriu; reflorescido.
REFLORIR, v.int. Reflorescer. (Conjuga-se como o verbo florir.)
REFLUENTE, adj. Que reflui.
REFLUIR, v.int. Correr para trás, retroceder (um líqüido).
RÉFLUO, adj. Refluente.
REFLUXO, s.m. Ato ou efeito de refluir; movimento de maré vazante; movimento contrário e sucessivo a outro. .
REFOCILAMENTO, s.m. Ato ou efeito de refocilar.
REFOCILANTE, adj. Que refocila.
REFOCILAR, v.t. Restaurar; dar descanso ou recreio.
REFOGADO, s.m. Molho com cebola e outros temperos.
REFOGAR, v.t. Fazer ferver em gordura; guisar.
REFOLGAR, v.int. Folgar muito; descansar bem. (Conjuga-se regularmente: refolgo, refolgas, refolga, refolgamos, etc.)
REFOLGO, s.m. Descanso; alívio.
REFOLHADO, adj. Envolto em folhas.
REFOLHAMENTO, s.m. Refolho.
REFOLHAR, v.t. Envolver em folhas.
REFOLHO, s.m. Prega; dobra.
REFORÇADO, adj. Que readquiriu forças; aumentado em força; robusto.
REFORÇAR, v.t. Robustecer; dar mais força; fortificar.
REFORÇATIVO, adj. Que serve para reforçar.
REFORÇO, s.m. Ato ou efeito de reforçar tropas auxiliares; auxílio, amparo ou ajuda suplementar.
REFORMA, s.f. Ato ou efeito de reformar; modificação; movimento religioso, encabeçado por Lutero, que no começo do século XVI deu origem ao aparecimento do protestantismo.
REFORMAÇÃO, s.f. Reforma.
REFORMADO, s.m. Militar que se reformou; adj. que sofreu reforma; remodelado; consertado.
REFORMADOR, adj. e s.m. Que, ou aquele que reforma.
REFORMAR, v.t. Reorganizar; dar melhor forma; consertar; remodelar; restaurar; aposentar.
REFORMATIVO, adj. Próprio para reformar.
REFORMATÓRIO, s.m. Abrigo de menores delinqüentes; instituto disciplinar.
REFORMÁVEL, adj. Que pode ser reformado.
REFORMISTA, s. Sectário de modificação política ou religiosa; protestante.
REFRAÇÃO, s.f. Ato ou efeito de refratar ou refranger; (Fís.) mudança de direção dos movimentos vibratórios que passam de um meio a outro em que a velocidade de propagação é diferente.
REFRANGENTE, adj. Que refrange.
REFRANGER, v.t. e p. Refratar.
REFRANGIR, v.t. e p. O mesmo que refranger.
REFRANGÍVEL, adj. Que se pode refranger.
REFRÃO, s.m. Estribilho; provérbio. (Pl.: refrãos ou refrães.)

REFRATAR, v.t. Desviar a direção; causar refração; p. desviar-se da sua primitiva direção ao passar de um meio para outro.
REFRATÁRIO, adj. Que resiste; que suporta sem se alterar; imune.
REFRATIVO, adj. Que refrange ou faz refratar; refrangente.
REFRATO, adj. Que sofreu refração; que se refrangeu.
REFRATOR, adj. Que refrata; que serve para refratar.
REFREADO, adj. Reprimido; moderado.
REFREADOR, adj. Que refreia.
REFREADOURO, s.m. Freio; aquilo que refreia os maus costumes.
REFREAMENTO, s.m. Ato ou efeito de refrear.
REFREAR, v.t. Reprimir; conter; sujeitar.
REFREÁVEL, adj. Que se pode refrear.
REFREGA, s.f. Peleja; recontro; combate.
REFREIO, s.f. Ato de refrear; aquilo com que se refreia.
REFRESCAMENTO, s.m. Ato ou efeito de refrescar.
REFRESCANTE, adj. Que refresca.
REFRESCAR, v.t. Tornar fresco; refrigerar.
REFRESCO, s.m. Aquilo que refresca; bebida refrigerante.
REFRIGERAÇÃO, s.f. Ato ou efeito de refrigerar.
REFRIGERADOR, adj. s.m. Aparelho para refrigerar; geladeira; refrigerante.
REFRIGERANTE, adj. Que refrigera; s.m. bebida para refrescar; refresco.
REFRIGERAR, v.t. Refrescar; consolar; suavizar.
REFRIGÉRIO, s.m. Conforto; consolação, alívio.
REFRINGÊNCIA, s.f. Qualidade de refringente.
REFRINGENTE, adj. Refrativo.
REFUGADO, adj. Desprezado; rejeitado.
REFUGADOR, adj. e s.m. Que, ou o que refuga.
REFUGAR, v.t. Rejeitar; desprezar.
REFUGIADO, s.m. Aquele que se refugiou; expatriado; abrigado; escondido.
REFUGIAR-SE, v.p. Expatriar-se; esconder-se; procurar proteção; abrigar-se.
REFÚGIO, s.m. Lugar onde alguém se refugia; abrigo; proteção; amparo.
REFUGIR, v.int. Tornar a fugir; retroceder; rel. tentar escapar; t. esquivar-se.
REFUGO, s.m. Aquilo que se refugou; resto; o que foi desprezado ou rejeitado.
REFULGÊNCIA, s.f. Qualidade do que é refulgente.
REFULGENTE, adj. Que refulge.
REFULGIR, v.i. Brilhar intensamente; resplandecer. (Conjuga-se como fulgir.)
REFUNDIÇÃO, s.f. Ato ou efeito de refundir.
REFUNDIR, v.t. Fundir de novo; restaurar; corrigir.
REFUSAR, v.t. Recusar.
REFUTAÇÃO, s.f. Impugnação; contestação.
REFUTADOR, adj. Que refuta.
REFUTAR, v.t. Desmentir; dizer em contrário; desaprovar; negar; não aceitar; ser contrário; contestar.
REFUTATÓRIO, adj. Que serve para refutar.
REFUTÁVEL, adj. Que se pode refutar.
REGA, s.f. Ato ou efeito de regar.
REGA-BOFE, s.m. Festa; folguedo; comezaina.
REGAÇO, s.m. Dobra ou cavidade formada por vestuário comprido entre a cintura e os joelhos de pessoa sentada.
REGADEIRA, s.f. Enxurrada.
REGADIO, adj. Que se rega.
REGADOR, s.m. Vaso próprio para regar.
REGADURA, s.f. Rega.
REGALAR, v.t. Causar regalo; presentear.
REGALENGO, adj. Reguengo; realengo.
REGALIA, s.f. Direito próprio do rei; (p. ext.) prerrogativa; privilégio.
REGALISMO, s.m. Doutrina que preconiza a defesa das prerrogativas do Estado em face das pretensões da Igreja.
REGALISTA, adj. Que defende o regalismo.
REGALO, s.m. Prazer; mimo; vida tranqüila.
REGALÓRIO, s.m. Pândega; patuscada.
REGANHAR, v.t. Recuperar; reaver.
REGAR, v.t. Molhar; aguar as plantas.
REGATA, s.f. Competição de barcos.
REGATÃO, s.m. Mascate; comerciante ambulante.

REGATEADOR, adj. Pechinchador.
REGATEAR, v.t. e t.-rel. Pechinchar; discutir o preço para obter abatimento.
REGATEIO, s.m. Pechincha.
REGATEIRA, s.f. Vendedora ambulante; mulher pechincheira.
REGATEIRO, adj. Pechincheiro.
REGATO, s.m. Pequeno ribeiro; córrego.
REGEDOR, s.m. Autoridade administrativa da paróquia ou freguesia.
REGEDORIA, s.f. Repartição de regedor; cargo de regedor.
REGELAÇÃO, s.f. Ressolidificação da água de fusão do gelo.
REGELADO, adj. Congelado; muito frio.
REGELADOR ou **REGELANTE,** adj. Que regela; congelador.
REGELAR, v.t. Gelar; congelar.
REGÉLIDO, adj. Muito gélido, frigidíssimo.
REGELO, s.m. Congelamento.
REGÊNCIA, s.f. Administração; relação entre as palavras de uma oração ou entre as proposições de um período; período da História do Brasil que vai de 7 de abril de 1831 a 23 de julho de 1840, e durante o qual o governo esteve entregue a regentes.
REGENCIAL, adj. Relativo à regência.
REGENERAÇÃO, s.f. Reabilitação.
REGENERADOR, adj. e s.m. Aquele que regenera.
REGENERANTE, adj. Que regenera.
REGENERAR, v.t. Restaurar; reorganizar; melhorar ou emendar, moralmente; p. formar de novo; emendar-se; corrigir-se; reabilitar-se.
REGENERATIVO, adj. Que pode regenerar.
REGENERÁVEL, adj. Que se pode regenerar.
REGENTE, adj. Que rege; s. professor interino; diretor de orquestra; titular de uma regência.
REGER, v.t. Governar; administrar; reinar. (Pres. ind.: rejo, reges, etc.)
REGESTO, s.m. Coleção de documentos históricos relativos a negociações.
RÉGIA, s.f. Palácio real; paço.
REGIÃO, s.f. Território que pelos seus caracteres (clima, produções, etc.) se distingue de outros.
REGICIDA, s. Pessoa que mata um rei ou rainha.
REGICÍDIO, s.m. Assassínio de rei ou rainha.
REGIME, s.m. Sistema político por que se rege uma nação; maneira de viver; dieta; escoamento de um fluido.
REGIMENTAR, adj. Regimental; v.t. regulamentar.
REGIMENTO, s.m. Corpo de tropas dirigido por um coronel; estatuto.
RÉGIO; adj. Real; próprio de rei.
REGIONAL, adj. Referente a uma região; local.
REGIONALISMO, s.m. Próprio de uma região; bairrismo; locução de caráter local.
REGIONALISTA, adj. e s. Adepto do regionalismo.
REGISTAR, v.t. Registrar; marcar; anotar.
REGISTO, s.m. Registro.
REGISTRAR, v.t. Escrever ou lançar em livro especial; inscrever; anotar.
REGISTRO, s.m. Ato ou efeito de registrar; instituição ou repartição onde se faz a inscrição de fatos ou documentos; papel, fita ou imagem com que num livro se assinala uma passagem; estampa de santo; parte do órgão, ou de outros instrumentos, que encaminha um fluido para diferentes partes do aparelho; peça com que se adianta ou atrasa o andamento dos ponteiros de um relógio; chave de torneira; seguro do correio; aparelho para marcar o consumo de água, gás, luz, etc.
REGO, s.m. Sulco natural ou artificial para conduzir água; sulco feito pelo arado; arroio alimentado por águas pluviais.
REGORJEADO, adj. Gorgeado; trinado.
REGORJEAR, v.int. Gorjear muito; trinar.
REGORJEIO, s.m. Trinado.
REGOUGANTE, adj. Que regouga.
REGOUGAR, v.t. Resmungar.
REGOUGO, s.m. Voz da raposa; resmungo.
REGOZIJADOR, adj. Que causa regozijo.
REGOZIJAR, v.t. Causar regozijo; alegrar muito; p. congratular-se.
REGOZIJO, s.m. Grande gozo; contentamento.
REGRA, s.f. Norma; aquilo que a lei ou o uso determina; estatutos de algumas ordens religiosas; operação aritmética.
REGRADO, adj. Sensato; moderado.
REGRAR, v.t. Regular; moderar; pautar.

REGREDIR, v. int. Retroceder; diminuir; afastar. (Conjuga-se como o verbo agredir.) (Antôn.: progredir.)
REGRESSÃO, s.f. Retrocesso; volta.
REGRESSAR, v.rel. Voltar; tornar; retroceder.
REGRESSIVO, adj. Que regressa; que retrograda; retroativo.
REGRESSO, s.m. Retorno; volta; retrocesso.
RÉGUA, s.f. Peça direita, para traçar linhas retas.
REGÜEIRA, s.f. ou **REGÜEIRO,** s.m. Rego por onde corre água.
REGUENGO, adj. Realengo; referente ao rei.
REGUENGUEIRO, adj. Que reside em reguengo.
REGUINGAR, v.t.int. e rel. Replicar; responder; objetar.
REGULAÇÃO, s.f. Ato ou efeito de regular.
REGULADO, adj. Que se regulou; que anda ou se move regularmente.
REGULADOR, adj. Que regula ou serve para regular; s.m. qualquer dispositivo que se aplique a um aparelho para tornar uniforme o seu rendimento ou ação.
REGULAMENTAÇÃO, s.f. Ato de regulamentar; redação e publicação de regras de associação ou instituto.
REGULAMENTAR, adj. Relativo a regulamento; v.t. sujeitar a regulamento; regular; estabelecer norma.
REGULAMENTO, s.m. Regra; preceito; conjunto de regras; disposição oficial com que se explica a execução de uma lei ou decreto.
REGULAR, adj. Conforme a regra; legal; v.t. sujeitar a regras; regulamentar; acertar.
REGULARIDADE, s.f. Qualidade do que é regular.
REGULARIZAÇÃO, s.f. Ato ou efeito de regularizar; correção.
REGULARIZADOR, adj. Que regulariza.
REGULARIZAR, v.t. Sanar as irregularidades; tornar regular.
RÉGULO, s.m. Pequeno rei.
REGURGITAÇÃO, s.f. Vômito.
REGURGITAR, v.t. Vomitar.
REI, s.m. Soberano; monarca; título do marido da rainha; indivíduo mais notável entre outros; pessoa que exerce poder absoluto; uma das figuras nas cartas de jogar; uma das peças no jogo de xadrez.
REIDE, s.m. Incursão aviatória executada em território inimigo; longa excursão a pé, a cavalo, de automóvel, avião, etc.
REIGADA, s.f. Depressão entre as nádegas ou seios.
REIMA, s.f. Neurastenia.
REIMPRESSÃO, s.f. Reedição.
REIMPRESSO, adj. Reeditado; editado de novo.
REIMPRESSOR, adj. e s.m. Que, ou aquele que imprime novamente.
REIMPRIMIR, v.t. Imprimir de novo.
REINAÇÃO, s.f. Pândega; patuscada; travessura.
REINADIO, adj. Pândego; folgazão.
REINADO, s.m. Tempo em que um rei governa; tempo em que alguém tem preponderância.
REINADOR, adj. Travesso; traquinas.
REINANTE, adj. Que reina.
REINAR, v.int. Governar como rei; dominar; grassar.
REINCIDÊNCIA, s.f. Teimosia; repetição.
REINCIDENTE, adj. Contumaz; renitente.
REINCIDIR, v.rel. Recair; tornar a incidir; int. tornar a praticar um crime da mesma espécie.
REINCORPORAR, v.t. Tornar a incorporar; p. reengajar-se; tornar a incorporar-se.
REINFLAMAR, v.t. Tornar a inflamar; p. tornar a inflamar-se.
REINFUNDIR, v.t. -rel. Infundir de novo.
REINICIAR, v.t. Recomeçar.
REINÍCOLA, adj. Que habita no reino; reinol.
REINO, s.m. Estado governado por um rei; cada uma das grandes divisões em que estão agrupados todos os seres da natureza.
REINOL, adj. Natural do reino.
REINSCREVER, v.t. Tornar a inscrever.
REINSTALAR, v.t. Instalar de novo.
REINSTITUIR, v.t. Instituir de novo.
REINTEGRAÇÃO, s.f. Ato ou efeito de reintegrar.
REINTEGRADOR, adj. e s.m. Que, ou aquele que reintegra.
REINTEGRAR, v.t.rel. Restabelecer na posse; p. reempossar-se.

REINVIDAR, v.int. Reagir ou replicar com violência.

RÉIS, s.m.pl. Valor antigo de moeda brasileira e portuguesa. (No sing.: um real.)

REISADO, s.m. Dança e canto da véspera e do dia de Reis (6 de janeiro).

REITERAÇÃO, s.f. Renovação; repetição.

REITERADO, adj. Repetido; renovado.

REITERAR, v.t. e t.-rel. Repetir; renovar.

REITERATIVO, adj. Que reitera ou serve para reiterar.

REITERÁVEL, adj. Que se pode reiterar.

REITOR, s.m. Diretor de certos estabelecimentos de ensino; a mais alta autoridade universitária.

REITORADO, s.m. Reitoria; tempo que dura a reitoria.

REITORIA, s.f. Cargo ou dignidade de reitor; repartição de reitor.

REIÚNA, s.f. Espingarda curta; botinas com elástico, usadas pelos soldados, fornecidas pelo Estado.

REIÚNO, adj. Fornecido pelo Estado ou a ele pertencente; ruim; desprezível; de baixa condição.

REIVINDICAÇÃO, s.f. Ato ou efeito de reinvidicar; reclamação.

REIVINDICADOR, adj. e s.m. Que, ou aquele que reivindica.

REIVINDICANTE, adj. Que reivindica.

REIVINDICAR, v.t. Tentar recuperar; reclamar; exigir.

REIVINDICATIVO, adj. Que envolve reivindicação.

REIVINDICÁVEL, adj. Que pode ser reivindicado.

REJEIÇÃO, s.f. Recusa; desaprovação.

REJEITAR, v.t. Recusar; não admitir; repelir.

REJEITÁVEL, adj. Recusável; inaceitável.

REJUBILAÇÃO, s.f. Grande júbilo; grande alegria.

REJUBILAR, v.t. Causar muito júbilo; p. alegrar-se muito.

REJÚBILO, s.m. Rejubilação; ato de rejubilar.

REJURAR, v.t. Reiterar juramento; reafirmar.

REJUVENESCER, v.t. Remoçar.

REJUVENESCIMENTO, s.m. Ato ou efeito de rejuvenescer.

RELA, s.f. Perereca; armadilha para apanhar pássaros.

RELAÇÃO, s.f. Lista; comparação entre duas quantidades comensuráveis; pl.: convivência.

RELACIONADO, adj. Que tem relações ou conhecimento.

RELACIONAR, v.t. Dar ou fazer relação; pôr em lista; arrolar; confrontar.

RELACRAR, v.t. Tornar a lacrar.

RELAMBER, v.t. Lamber de novo.

RELAMBÓRIO, adj. Desinteressante; reles; insípido.

RELAMPADEAR, v.int. Relampaguear.

RELAMPADEJANTE, adj. Relampagueante; relampejante.

RELAMPADEJAR, v.int. Relampaguear; fulgurar.

RELÂMPAGO, s.m. Clarão produzido por descarga elétrica entre nuvens; aquilo que é rápido e transitório.

RELAMPAGUEANTE, adj. Coriscante; relampejante.

RELAMPAGUEAR, v.int. Coriscar; faiscar; produzirem-se relâmpagos.

RELAMPEANTE, adj. Relampagueante.

RELAMPEAR, v.int. Relampaguear.

RELAMPEJANTE, adj. Relampagueante.

RELAMPEJAR, v.int. Relampaguear.

RELANCE, s.m. Ato ou efeito de relancear; lance repentino; de — ou num —: num abrir e fechar de olhos; subitamente.

RELANCEAR, v.t.-rel. Dirigir rapidamente a vista; t. olhar de relance.

RELAPSO, adj. Que reincide no erro; obstinado; contumaz.

RELAR, v.t. Tocar de leve; tangenciar; roçar.

RELATAR, v.t. Narrar; referir; expor; descrever.

RELATIVIDADE, s.f. Qualidade ou estado de relativo.

RELATIVISMO, s.m. Doutrina filosófica segundo a qual o bem e o mal são funções dos tempos e dos lugares.

RELATIVO, adj. Que indica relação; referente.

RELATO, s.m. Exposição; narração.

RELATOR, s.m. Aquele que redige um relatório; narrador.

RELATÓRIO, s.m. Exposição escrita ou oral; exposição minuciosa de fatos de uma administração ou de uma sociedade.

RELAXAÇÃO, s.f. Frouxidão; desmazelo.

RELAXADO, adj. Frouxo; descuidado; s.m. aquele que não cumpre os seus deveres; negligente; relapso; descurado.

RELAXADOR, adj. Que relaxa.

RELAXAMENTO, s.m. Relaxação.

RELAXAR, v.t. Afrouxar; diminuir a força; permitir o não cumprimento de lei ou de dever.

RELAXE, s.m. Relaxamento.

RELAXO, adj. Relaxado.

RELEGAR, v.t.-rel. Desprezar; rebaixar.

RELEMBRAR, v.t. e t.-rel. Lembrar novamente; trazer de novo à memória; recordar.

RELENTO, s.m. Rocio; umidade da noite.

RELER, v.t. Tornar a ler; ler repetidas vezes.

RELES, adj. 2 núm. Desprezível; muito ordinário.

RELEVADO, adj. Desculpado; perdoado.

RELEVADOR, adj. e s.m. Que releva.

RELEVAMENTO, s.m. Perdão; desculpa; absolvição.

RELEVÂNCIA, s.f. Importância; saliência.

RELEVANTE, adj. Saliente; importante.

RELEVAR, v.t. Desculpar; absolver; perdoar.

RELEVÁVEL, adj. Desculpável; perdoável.

RELEVO, s.m. Saliência; obra de escultura que ressai da superfície; realce; distinção; importância.

RELHA, s.f. A parte do arado ou charrua que fende o solo.

RELHADA, s.f. Chicotada.

RELHAR, v.t. Fustigar com relho.

RELHEIRA, s.f. Sulco feito pelas rodas do carro.

RELHEIRO, s.m. Relheira; sulco.

RELHO, s.m. Azorrague feito de couro torcido; chicote.

RELICÁRIO, s.m. Caixa; bolsa; lugar próprio para guardar objetos de estimação.

RELIGIÃO, s.f. Conjunto de práticas e princípios que regem as relações entre o homem e a divindade.

RELIGIONÁRIO, s.m. Sectário de uma religião.

RELIGIOSIDADE, s.f. Disposição, tendência religiosa.

RELIGIOSO, adj. Referente à religião; pio; devoto; s.m. aquele que tem religião.

RELINCHADO, adj. Risonho; alegre; folgazão.

RELINCHAR, v.int. Rinchar (só é empregado nas terceiras pessoas); s.m. relincho, rincho.

RELINCHO, s.m. Rincho; voz dos eqüídeos.

RELINGA, s.f. Corda para atar as velas das embarcações.

RELÍQUIA, s.f. Parte do corpo de algum santo, ou qualquer objeto que lhe pertenceu; coisa preciosa e pouco vulgar; ruínas; restos respeitáveis; objeto de estimação.

RELÓGIO, s.m. Maquinismo para marcar as horas; instrumento destinado a assinalar o consumo de água, força elétrica ou mecânica, etc.

RELOJOARIA, s.f. Arte de relojoeiro; casa onde se fabricam ou vendem relógios.

RELOJOEIRO, s.m. Fabricante ou vendedor de relógios.

RELUTAÇÃO, s.f. Ato de relutar.

RELUTÂNCIA, s.f. Relutação; resistência; teimosia.

RELUTANTE, adj. Que reluta.

RELUTAR, v.int. e rel. Lutar de novo; resistir; ter repugnância; opor força.

RELUZENTE, adj. Que reluz; brilhante.

RELUZIR, v.int. Luzir; resplandecer; brilhar. (Conjuga-se como luzir.)

RELVA, s.f. Erva rasteira e fina; lugar coberto dessa erva.

RELVADO, s.m. Terreno coberto de relva.

RELVAR, v.t. Cobrir de relva.

RELVEDO, s.m. Lugar onde cresce relva; relvado.

RELVOSO, adj. Em que há relva.

REMADA, s.f. Pancada com o remo.

REMADOR, adj. e s.m. Aquele que rema.

REMANCHADOR, adj. e s.m. Que, ou aquele que remancha ou remancheia.

REMANCHAR, v.t. Fazer orla com o maço, no fundo de panelas, cafeteiras, canecas, etc.

REMANCHEAR, v.t. O mesmo que remanchar.

REMANEJAMENTO, s.m. Ato de remanejar.

REMANEJAR, v.t. Dispor novamente; (buroc.) redistribuir.

REMANESCENTE, adj. Restante; s.m. aquilo que sobeja ou resta.

REMANESCER, v.int. Sobrar; sobejar.

REMANSADO, adj. Pacífico; tranqüilo.

REMANSEAR, v.int. Estar tranqüilo, sossegado.

REMANSO, s.m. Cessação de movimento; tranqüilidade; quietação.

REMANSOSO, adj. Sossegado; tranqüilo.

REMAR, v.t. Impelir com o auxílio dos remos.

REMARCAÇÃO, s.f. Ato ou efeito de remarcar.

REMARCAR, v.t. Pôr novo preço nas mercadorias expostas.

REMATAÇÃO, s.f. Arrematação; remate; conclusão.

REMATADO, adj. Acabado; concluído; completo.

REMATADOR, adj. e s.m. Que, ou aquele que remata.

REMATAR, v.t. Dar remate; concluir; completar.

REMATE, s.m. Conclusão; ato de concluir; efeito ou ornato que finaliza qualquer obra de arquitetura.

REMEDIADO, adj. Que possui alguns haveres.

REMEDIADOR, adj. Que remedeia.

REMEDIAR, v.t. Dar remédio; minorar com remédio; emendar; corrigir; t.-rel. prover; fornecer. (Conjuga-se como o verbo odiar.)

REMEDIÁVEL, adj. Que se pode remediar.

REMÉDIO, s.m. Medicamento; expediente; auxílio; emenda.

REMEDIR, v.t. Medir novamente. (Conjuga-se como o verbo medir.)

REMÊDO, s.m. Arremedo.

REMELA, s.f. Secreção de cor amarelada ou esbranquiçada, que se acumula nos cantos ou na borda das pálpebras.

REMELADO, adj. Remeloso.

REMELÃO, adj. Remeloso; diz-se do açúcar mole e requeimado.

REMELAR, v.int. e p. Criar remela; tornar-se remelão.

REMELEIRO, adj. Remeloso.

REMELEIXO, s.m. Saracoteio; bamboleio; sassarico.

REMELENTO, adj. Que tem remela.

REMELOSO, adj. Que tem remela.

REMEMORAÇÃO, s.f. Comemoração; lembrança.

REMEMORAR, v.t. Tornar a lembrar; relembrar; recordar.

REMEMORATIVO, adj. Que rememora.

REMEMORÁVEL, adj. Digno de ser rememorado; famoso.

REMENDADO, adj. Que tem remendos; consertado; reparado.

REMENDAGEM, s.f. Ato de remendar.

REMENDÃO, adj. Inábil; s.m. indivíduo não habilidoso no ofício.

REMENDAR, v.t. Deitar remendos; consertar.

REMENDEIRA, s.f. Mulher que remenda; remendona.

REMENDEIRO, adj. e s.m. Remendão.

REMENDO, s.m. Pedaço de pano com que se conserta uma parte do vestuário; emenda; peça de metal, couro, etc., com que se conserta um objeto.

REMENDONA, s.f. Remendeira; mulher inábil ou desajeitada.

REMESSA, s.f. Ato ou efeito de remeter; aquilo que se remeteu.

REMESSAR, v.t. Arremessar; atirar; lançar.

REMETENTE, adj. e s. Aquele que manda ou envia; expedidor.

REMETER, v.t. Mandar; enviar; expedir.

REMETIDA, s.f. Investida; assalto.

REMETIMENTO, s.m. Envio; ataque; investida.

REMEXER, v.t. Agitar; revolver; p. mover-se; agitar-se.

REMEXIDO, adj. Buliçoso; traquinas.

REMIÇÃO, s.f. Quitação; resgate.

REMIDO, adj. Resgatado.

REMIDOR, adj. e s.m. Redentor.

REMÍGIO, s.m. Vôo das aves; vôo.

REMIGRAÇÃO, s.f. Ato ou efeito de remigrar.

REMIGRADO, adj. Que remigrou.

REMIGRAR, v.int. Voltar ao ponto donde se emigrou; repatriar-se.

REMINAR-SE, v.p. Revoltar-se; desobedecer.

REMINISCÊNCIA, s.f. Recordação; lembrança.

REMIR, v.t. Resgatar; tirar do cativeiro ou do poder alheio; alforriar; indenizar; expiar. (Só se conjuga regularmente nas pessoas em que o acen-

to tônico não cai sobre o e do radical, sendo então substituído pelas formas correspondentes do verbo redimir; assim o presente do indicativo é redimo, redimes, redime, remimos, remis, redimem; e, conseqüentemente, o imperativo é: redime, remi; e o presente do subjuntivo: redima, redimas, redima, redimamos, redimais, redimam.)

REMIRAR, v.t. Mirar muito; observar atentamente.

REMISSÃO, s.f. Perdão; desânimo; enfraquecimento.

REMISSÍVEL, adj. Que pode ser remetido; que se pode resgatar.

REMISSIVO, adj. Que remite; que remete para outro lugar; alusivo; referente.

REMISSO, adj. Indolente; descuidado.

REMISSOR ou REMISSÓRIO, adj. Que remite; que contém remissão.

REMITENTE, adj. Que remite.

REMITIR, v.t. e t.-rel. Perdoar; quitar; afrouxar; restituir; ceder.

REMÍVEL, adj. Que se pode remir.

REMO, s.m. Instrumento de madeira que consta de uma haste presa por um estropo à embarcação e uma parte espalmada, chamada pá, que mergulha na água, e que com os movimentos de alavanca que se imprimem, proporciona o deslizamento do barco.

REMOÇADO, adj. Que rejuvenesceu.

REMOÇADOR, adj. Rejuvenescedor.

REMOÇANTE, adj. Remoçador.

REMOÇÃO, s.f. Ato ou efeito de remover.

REMOCAR, v.t. e t.-rel. Apreciar com remoque; censurar.

REMOÇAR, v.t. Rejuvenescer.

REMOÇATIVO, adj. Remoçador.

REMODELAÇÃO, s.f. Reforma; remodelamento.

REMODELADOR, adj. e s.m. Que, ou aquele que remodela.

REMODELAGEM, s.f. Remodelação.

REMODELAMENTO, s.m. Remodelação.

REMODELAR, v.t. Modelar de novo; reformar.

REMOEDURA, s.f. Ato de remoer ou de ruminar.

REMOER, v.t. Moer de novo; repisar; ruminar.

REMOÍDO, s.m. Subproduto da moagem do trigo; adj. ruminado.

REMOINHADA, s.f. Ato de remoinhar.

REMOINHAR, v.int. Revolutear; t. girar.

REMOINHO, s.m. Movimento circular, nas águas de um rio; tufão.

REMOLHAR, v.t. Molhar novamente; molhar bem.

REMONDAR, v.t. Mondar ou cortar novamente o que é supérfluo.

REMONTA, s.f. Suprimento de cavalos e muares para uso dos regimentos; gado cavalar e muar para uso do exército.

REMONTADO, adj. Muito alto; que se elevou.

REMONTAR, v.t. Erguer; levantar muito; substituir o gado do regimento; consertar; remendar; rel. ir buscar a origem ou a data; volver (muito atrás, no passado).

REMONTE, s.m. Conserto no calçado; cabedal com que se faz tal conserto.

REMOQUE, s.m. Dito picante; motejo.

REMOQUEADOR, adj. Que remoqueia.

REMOQUEAR, v.t. Ferir com remoques; dirigir remoques; int. dizer remoques.

REMORA, s.f. Adiamento; dilação; obstáculo; impedimento.

RÊMORA, s.f. Peixe que tem na cabeça um disco oval de bordas espessas e contráteis, por meio do qual se prende a outro peixe ou a outro elemento marinho.

REMORADO, adj. Retardado; demorado.

REMORAR, v.t. Retardar; demorar.

REMORDER, v.t. Morder novamente; falar em desabono.

REMORDIMENTO, s.m. Ato ou efeito de remorder.

REMORSO, s.m. Exprobração ou sentimento de inquietação que o culpado recebe da própria consciência; arrependimento íntimo.

REMOTO, adj. Longínquo; distante; que ocorreu há muito tempo.

REMOVER, v.t. Tirar de um lugar e colocar em outro.

REMOVIMENTO, s.m. Ato ou efeito de remover.

REMOVÍVEL, adj. Que se pode remover.

REMUNERAÇÃO, s.f. Vencimento; soldo (de militar); honorário (de profissão liberal); ordenado;

pagamento por serviço prestado.

REMUNERADOR, adj. Que recompensa; que paga.

REMUNERAR, v.t. Recompensar; pagar.

REMUNERATIVO ou **REMUNERATÓRIO**, adj. Próprio para recompensar.

REMUNERÁVEL, adj. Que se pode remunerar.

REMUNEROSO, adj. Remunerativo; remuneratório.

REMURMURAR, v.int. Murmurar de novo.

RENA, s.f. Rangífer (espécie de veado).

RENAL, adj. Referente aos rins.

RENÃO, adv. Forma reforçada de não; negativa irrevogável, absoluta.

RENASCENÇA, s.f. Vida nova; novo impulso dado às artes, às ciências e às letras; renovação científica, literária e artística realizada nos séculos XV e XVI, e baseada principalmente na imitação da antigüidade clássica. O mesmo que Renascimento.

RENASCENTE, adj. Que renasce.

RENASCENTISTA, adj. Referente à época do Renascimento.

RENASCER, v.int. Nascer novamente; crescer ou germinar de novo; revigorar-se.

RENASCIMENTO, s.m. Renascença.

RENDA, s.f. Tecido feito com fio de linho, algodão, seda, etc., e que serve para guarnição de vestidos, toalhas, fronhas, etc.; lucro; aluguel.

RENDADO, adj. Guarnecido de renda; s.m. conjunto das rendas de uma peça de vestuário.

RENDARIA, s.f. Arte de fazer rendas; indústria de rendas.

RENDEDOURO, adj. Lucrativo; produtivo.

RENDEIRA, s.f. Mulher que faz rendas ou que as vende; mulher que toma de arrendamento qualquer propriedade rústica; mulher de rendeiro.

RENDEIRO, s.m. Homem que fabrica ou vende rendas; aquele que arrenda propriedades rústicas; aquele que dá propriedade à renda; aquele que cobra rendas.

RENDER, v.f. Sujeitar; submeter; vencer; obrigar a ceder; substituir; ocupar o lugar; dar como produto ou lucro; int. durar; demorar muito a acabar; p. sujeitar-se; dar-se por vencido; entregar-se; abater-se; prostrar-se.

RENDIÇÃO, s.f. Ato ou efeito de render; substituição de guarda ou ronda militar ou de plantão de serviço médico.

RENDIDO, adj. Deposto; vencido; que tem hérnia.

RENDIDURA, s.f. Hérnia.

RENDILHA, s.f. Renda pequena ou delicada; espiguilha.

RENDILHADO, adj. Que tem lavores semelhantes a rendilhas.

RENDILHAR, v.t. Enfeitar com rendilhas; recortar.

RENDIMENTO, s.m. Renda; ato de se render ou de se entregar; juro.

RENDOSO, adj. Lucrativo.

RENEGADA, s.f. Amaldiçoada.

RENEGADO, s.m. Aquele que deixa a sua religião ou o seu partido por outro; apóstata; traidor.

RENEGADOR, adj. e s.m. Aquele que renega.

RENEGAR, v.t. Abjurar; rel. apostatar.

RENGO, adj. Designativo do cavalo, ou mesmo da pessoa, que manqueja de uma perna.

RENGUEAR, v.int. Manquejar.

RENGUEIRA, s.f. Manqueira.

RENHIDEIRO, s.m. Rinha.

RENHIDO, adj. Encarniçado; sangrento.

RENHIMENTO, s.m. Briga; luta.

RENHIR, v.t. Disputar; pleitear; combater. (Só é conjugado nas formas em que o h é seguido da vogal i, i. e, arrizotônicas.)

RENIFORME, adj. Que tem forma de rim.

RÊNIO, s.m. Elemento químico, metal, de peso atômico 187, 18, e número atômico 75.

RENITÊNCIA, s.f. Teimosia; pertinácia; obstinação.

RENITENTE, adj. Teimoso; obstinado.

RENITIR, v.int. Resistir; obstinar-se; persistir. (Conjuga-se regularmente: renito, renites, renite, etc.)

RENOMADO, adj. Famoso, célebre, afamado. (Galicismo condenável.)

RENOME, s.m. Fama; nomeada; crédito.

RENOVA, s.f. Renovação.

RENOVAÇÃO, s.f. Ato ou efeito de renovar.

RENOVADOR, adj. Que renova.

RENOVAMENTO, s.m. Renovação.

RENOVAR, v.t. Reformar; restaurar.

RENOVÁVEL, adj. Que se pode renovar.

RENOVO, s.m. Rebento; vergôntea; broto.

RENQUE, s. Fileira.

RENTABILIDADE, s.f. Qualidade ou estado daquilo que produz renda ou rendimento.

RENTE, adj. Próximo; junto.

RENTEAR, v.t. Cortar cerce; passar rente.

RENUIR, v.t. Renunciar; recusar.

RENÚNCIA, s.f. Ato ou efeito de renunciar; desistência.

RENUNCIAÇÃO, s.f. Renúncia.

RENUNCIADOR, adj. Que renuncia. O mesmo que renunciante.

RENUNCIAMENTO, s.m. Renúncia.

RENUNCIANTE, adj. Renunciador.

RENUNCIAR, v.t. e rel. Abdicar; desistir; exonerar-se de cargo eletivo. (Pres. ind.: renuncio, renuncias, etc.)

RENUNCIATÁRIO, s.m. Que adquire posse renunciada por outrem.

RENUNCIATÓRIO, adj. Que envolve renúncia; em que há renúncia.

RENUNCIÁVEL, adj. Que se pode renunciar.

RENUTRIR, v.t. Nutrir novamente.

REOCUPAR, v.t. Retomar; reconquistar.

REÓFORO, s.m. Cada um dos fios metálicos que numa pilha conduzem as correntes elétricas.

REÔMETRO, s.m. Galvanômetro; qualquer dispositivo destinado a medir uma corrente elétrica.

REOMORFISMO, s.m. (Geol.) Processo metamórfico em que se opera uma fusão parcial.

REORDENAÇÃO, s.f. Ato ou efeito de reordenar.

REORDENAR, v.t. Ordenar de novo; reorganizar.

REORGANIZAÇÃO, s.f. Reestruturação.

REORGANIZADOR, adj. e s.m. O que reorganiza.

REORGANIZAR, v.t. Reestruturar; melhorar; reformar.

REOSCOPIA, s.f. Pesquisa da presença de corrente elétrica num circuito.

REOSCÓPIO, s.m. Aparelho de indução utilizado para verificar a presença de corrente elétrica.

REÓSTATO ou **REOSTATO**, s.m. Estabilizador de corrente elétrica.

REOTAXIA, s.f. Propriedade que possuem certos pequenos animais de se locomoverem em correntes líquidas no mesmo sentido ou em sentido contrário ao da corrente.

REÓTOMO, s.m. Interruptor; dispositivo adaptado ao circuito para interromper a passagem de uma corrente elétrica.

REOTROPISMO, s.m. Tropismo provocado pela água corrente, e que faz a planta, por ela influenciada, tomar sentido oposto ou o mesmo da corrente, denominando-se reotropismo negativo ou positivo, respectivamente.

REPA, s.f. Farripas; cabelo raro.

REPAGAR, v.t. Pagar novamente.

REPARAÇÃO, s.f. Conserto; restauração; indenização.

REPARADEIRA, s.f. Mulher curiosa.

REPARADOR, adj. e s.m. Que, ou aquele que repara; curioso; observador.

REPARAR, v.t. Consertar; refazer; restaurar; remediar; indenizar.

REPARATÓRIO, adj. Que envolve reparação, indenização ou retratação.

REPARÁVEL, adj. Que se pode reparar.

REPARO, s.m. Conserto; restauração; observação; resguardo; defesa.

REPARTIÇÃO, s.f. Partilha; seção de uma secretaria ou de uma diretoria geral; departamento.

REPARTIDEIRA, s.f. Vasilha de cobre com que se reparte o mel apurado nas formas dos engenhos de açúcar; o mesmo que repartidor; mulher que reparte.

REPARTIDO, adj. Fendido; fragmentado; dividido.

REPARTIDOR, adj. Que reparte; s.m. aquele que reparte. O mesmo que divisor.

REPARTIMENTO, s.m. Quarto; compartimento; repartição.

REPARTIR, v.t. Separar em partes; dividir por grupos; t.-rel. distribuir.

REPARTITIVO, adj. Que serve para repartir.

REPARTÍVEL, adj. Que pode ser repartido.

REPASSADO, adj. Cheio; impregnado.

REPASSADOR, s.m. Aquele que amansa animais.

REPASSAR, v.t. Tornar a passar; ensopar; embeber; ler ou examinar novamente.

REPASSE, s.m. Cada uma das vezes que um cavalo ou potro é montado para se domar.

REPASTAR, v.t. Apascentar novamente; levar à pastagem; alimentar.

REPASTO, s.m. Banquete; refeição.
REPATRIAÇÃO, s.f. Volta ao país de origem.
REPATRIADOR, adj. e s.m. Aquele que repatria.
REPATRIAR, v.t. Fazer voltar à pátria.
REPELÃO, s.m. Encontrão; empuxão; ataque.
REPELAR, v.t. e p. Arrepelar.
REPELÊNCIA, s.f. Repugnância.
REPELENTE, adj. Repugnante.
REPELIDO, adj. Rebatido; expulso; recusado.
REPELIR, v.t. Rebater; impelir para longe; rejeitar. (Conjuga-se como o v. compelir.)
REPENICADO, s.m. Repicado; percutido.
REPENICAR, v.t. Produzir sons agudos, percutindo substância metálica; repicar.
REPENIQUE, s.m. Repenicado; repique.
REPENTE, s.m. Dito ou ato repentino ou irrefletido; de —: súbito, subitamente, repentinamente.
REPENTINO, adj. Súbito; imprevisto.
REPENTISTA, adj. Improvisador.
REPERCUSSÃO, s.f. Ato ou efeito de repercutir.
REPERCUSSIVO, adj. Que serve para fazer repercussão.
REPERCUTENTE, adj. Que repercute.
REPERCUTIR, v.t. Refletir; ecoar; rel. e p. refletir-se; fazer sentir indiretamente a sua ação.
REPERGUNTA, s.f. (jur.) Nova inquirição da testemunha pelo advogado da parte contrária.
REPERGUNTAR, v.t. Perguntar de novo.
REPERTÓRIO, s.m. Coleção; compilação; enunciado das peças ordinariamente representadas por uma companhia teatral ou por um ator; programa das músicas tocadas por uma orquestra.
REPES, s.m. 2 núm. Tecido encorpado de seda, lã ou algodão, para reposteiros ou estofos de cadeiras.
REPESADOR, adj. Aquele que repesa.
REPESAR, v.t. Examinar atentamente; reconsiderar.
REPESO, adj. Arrependido.
REPETÊNCIA, s.f. Repetição.
REPETENTE, adj. Que repete; s. estudante de uma classe que já tinha cursado.
REPETIÇÃO, s.f. Ato ou efeito de repetir.
REPETIDOR, adj. Que repete; s.m. professor que repete, repassa ou explica as lições dadas em aula de outro professor.
REPETIR, v.t. Fazer ou dizer outra vez; repisar; cursar pela segunda vez; int. tornar a aparecer; acontecer de novo; p. acontecer novamente. (Conjuga-se como o v. aderir.)
REPICADOR, adj. Que repica.
REPICAR, v.t. Picar de novo; int. soar festivamente.
REPIMPADO, adj. Refestelado; muito bem sentado ou deitado.
REPIMPAR, v.t. Abarrotar; fartar; p. refestelar-se.
REPINTAR, v.t. Pintar de novo; avivar.
REPIQUE, s.m. Choque de duas bolas no bilhar; toque festivo dos sinos.
REPISA, s.f. Ato ou efeito de repisar.
REPISADO, adj. Esmagado com os pés; muito repetido ou muito sabido.
REPISAR, v.t. Pisar novamente; calcar sob os pés; repetir.
REPLANTA, s.f. Plantação das falhas ou claros de uma cultura; árvore plantada em substituição de outra que não vingou.
REPLANTAÇÃO, s.f. Replantio; replanta.
REPLANTAR, v.t. Tornar a plantar.
REPLANTIO, s.m. Replantação.
REPLEÇÃO, s.f. Estado do que é repleto.
REPLENO, adj. Muito cheio; farto; repleto.
REPLETO, adj. Farto; lotado.
RÉPLICA, s.f. Ato ou efeito de replicar; o que se replica; exemplar de uma obra de arte ou de um objeto que não é o original; oração do promotor público em resposta ao discurso do advogado de defesa.
REPLICAÇÃO, s.f. Réplica.
REPLICADOR, adj. e s.m. Aquele que replica.
REPLICAR, v.t. Refutar; int. responder aos argumentos de outrem.
REPOLHAR, v.int. Adquirir o feitio de repolho.
REPOLHO, s.m. Espécie de couve com as folhas enoveladas, conferindo forma globular.
REPOLHUDO, adj. Que tem feitio de repolho; gordo; rechonchudo.
REPOLTREAR-SE, v.p. Sentar-se comodamente; refestelar-se.
REPONTA, s.f. Começo de enchente da maré.

REPONTÃO, adj. Insubordinado; insubmisso; que responde rudemente.
REPONTAR, v.int. Vir aparecendo de novo; amanhecer; raiar; retorquir com aspereza; recalcitrar.
REPONTE, s.m. Ato de repontar.
REPOR, v.t.-rel. Pôr de novo; restituir. (Conjuga-se como v. pôr.)
REPORTAÇÃO, s.f. Referência; alusão.
REPORTADO, adj. Referido, aludido.
REPORTAGEM, s.f. Ato de adquirir informações sobre certo assunto e transmiti-las pelo noticiário dos jornais ou de outros meios de divulgação; noticiário desenvolvido sobre algum assunto; a classe dos repórteres.
REPORTAMENTO, s.m. Alusão; referência.
REPORTAR, v.t. Referir; aludir.
REPÓRTER, s. Noticiarista ou informador de jornais.
REPOSIÇÃO, s.f. Restituição; reconstituição.
REPOSITÓRIO, s.m. Depósito; compilação.
REPOSTADA, s.f. Resposta grosseira.
REPOSTAR, v.t. Replicar; responder com violência.
REPOSTEIRO, s.m. Cortina ou peça de estofo que pende das portas interiores da casa.
REPOSTO, adj. Restituído; recolocado.
REPOUSAR, v.t. Descansar; int. dormir; rel. estar sepultado.
REPOUSO, s.m. Descanso.
REPOVOAR, v.t. Povoar de novo.
REPREENDEDOR, adj. Ralhador; ranzinza.
REPREENDER, v.t. Censurar; admoestar.
REPREENSÃO, s.f. Censura; exprobração; reprimenda.
REPREENSÍVEL, adj. Que é suscetível de repreensão; censurável.
REPREENSIVO, adj. Que repreende ou envolve repreensão.
REPREENSOR, adj. Repreendedor.
REPREGAR, v.t Pregar de novo.
REPREGO, s.m. Ação de repregar.
REPRESA, s.f. Açude; dique; reservatório.
REPRESADO, adj. Retido; estagnado.
REPRESADOR, adj. e s.m. Que, ou o que represa.
REPRESADURA, s.f. Ato de represar; açudamento; açudagem.
REPRESÁLIA, s.f. Desforra; vingança.
REPRESAMENTO, s.m. Represadura.
REPRESAR, v.t. Deter o curso de águas; construir dique; açudar.
REPRESENTAÇÃO, s.f. Exibição; reprodução do que se tem na idéia; ostentação inerente a um cargo.
REPRESENTADOR, adj. e s.m. Que representa.
REPRESENTANTE, adj. Que representa; s. pessoa que representa outra; ministro plenipotenciário.
REPRESENTAR, v.t. Ser a imagem ou a reprodução, significar; exibir em teatro; ser ministro ou embaixador; int. desempenhar funções de ator; desempenhar um papel.
REPRESENTATIVO, adj. Que é próprio para representar.
REPRESENTÁVEL, adj. Que se pode representar.
REPRESO, adj. Preso de novo; represado.
REPRESSÃO, s.f. Proibição; contenção.
REPRESSIVO, adj. Próprio para reprimir.
REPRESSOR, adj. Que reprime; s.m. o que reprime.
REPRESSÓRIO, adj. Repressor; que reprime.
REPRIMENDA, s.f. Admoestação severa; censura; repreensão.
REPRIMIR, v.t. Conter; sustar a ação ou movimento; represar; proibir.
REPRIMÍVEL, adj. Que se pode reprimir.
RÉPROBO, adj. Condenado; precito; malvado.
REPROCHAR, v.t. Repreender; censurar.
REPROCHE, s.m. Exprobração; repreensão.
REPRODUÇÃO, s.f. Cópia; retrato; imagem.
REPRODUTIBILIDADE, s.f. Qualidade de reprodução.
REPRODUTÍVEL, adj. Reproduzível.
REPRODUTIVO, adj. Que reproduz.
REPRODUTOR, adj. Que reproduz; s.m. animal destinado à reprodução. (Fem.: reprodutriz.)
REPRODUTRIZ, adj. e s.f. Flexão feminina de reprodutor.
REPRODUZIR, v.t. Proliferar; descrever; imitar fielmente; copiar.

REPRODUZÍVEL, adj. Que se pode reproduzir.

REPROFUNDAR, v.t. Profundar novamente; aprofundar.

REPROMETER, v.t. Tornar a prometer.

REPROMISSÃO, s.f. Promessa recíproca ou mútua.

REPROVAÇÃO, s.f. Censura; reproche; bomba.

REPROVADO, adj. Censurado; rejeitado; inabilitado em exame; s.m. aquele que foi inabilitado.

REPROVADOR, adj. Que reprova; s.m. aquele que reprova.

REPROVAR, v.t. Rejeitar; censurar; desaprovar; inabilitar.

REPROVATIVO, adj. Reprovador.

REPROVÁVEL, adj. Indigno; indesejável.

REPRUIR ou **REPRURIR**, v.t. Produzir prurido; excitar; inflamar. (Defectivo: conjuga-se como os v. pruir e prurir.)

REPTAÇÃO, s.f. Repto; desafio.

REPTADOR, adj. e s.m. Que ou aquele que repta; que desafia.

REPTANTE, adj. e s. Reptador; que anda de rastos.

REPTAR, v.t. Provocar; desafiar.

RÉPTIL, adj. Que se arrasta ou rasteja; s.m. qualquer animal que anda de rastos sem pés; animal de pés tão curtos que parece andar de rastos; pessoa desprezível, vil, de maus instintos; pl.: classe de vertebrados, ovíparos, com o corpo revestido de escamas e patas curtas ou ausentes. (Pl.: répteis.)

REPTILIZANTE, adj. Que se arrasta ou se porta como réptil.

REPTO, s.m. Desafio; provocação.

REPÚBLICA, s.f. Forma de governo em que o supremo poder é exercido, temporariamente, por um ou mais cidadãos eleitos pelo povo; conjunto de estudantes que vivem em comum na mesma casa; a casa onde vivem os estudantes.

REPUBLICANISMO, s.m. Sistema de governo republicano.

REPUBLICANIZAÇÃO, s.f. Ato de republicanizar.

REPUBLICANIZAR, v.t. Tornar republicano; converter em república.

REPUBLICANO, adj. Referente à república; s.m. partidário do governo republicano.

REPUBLICAR, v.t. Publicar novamente.

REPUBLICIDA, s. Pessoa que destrói uma república.

REPUBLICÍDIO, s.m. Ato de republicida.

REPUBLIQUETA, s.f. República insignificante.

REPUDIAÇÃO, s.f. Rejeição; desaprovação; recusa.

REPUDIANTE, adj. Que repudia.

REPUDIAR, v.t. Rejeitar; divorciar-se; repelir. (Pres. ind.: repudio, repudias, etc.)

REPÚDIO, s.m. Rejeição, abandono.

REPUGNÂNCIA, s.f. Escrúpulo; relutância; aversão.

REPUGNANTE, adj. Repelente; repulsivo.

REPUGNAR, v.t. Reagir contra; recusar; int. causar aversão, asco.

REPULSA, s.f. Oposição; aversão.

REPULSÃO, s.f. O mesmo que repulsa.

REPULSAR, v.t. Repelir; rejeitar.

REPULSIVO, adj. Repelente; repugnante.

REPULSO, adj. Repelido.

REPULSOR, adj. Que repulsa; repulsivo.

REPULULAR, v.int. Brotar intensamente; renascer; multiplicar-se; reproduzir-se.

REPURGAR, v.t. Tornar a purgar ou a limpar.

REPURIFICAR, v.t. Purificar de novo.

REPUTAÇÃO, s.f. Fama; conceito; nome.

REPUTAR, v.t. Considerar; julgar; t. dar bom crédito.

REPUXÃO, s.m. Puxão.

REPUXAR, v.t. Puxar com energia; puxar para trás; esticar muito.

REPUXO, s.m. Tubo por onde a água se eleva saindo verticalmente.

REQUEBRADO, adj. Amoroso; lânguido; partido.

REQUEBRADOR, adj. e s.m. Que, ou aquele que requebra; namorador.

REQUEBRAR, v.t. Mover languidamente; saracotear.

REQUEBRO, s.m. Inflexão lânguida da voz ou do corpo.

REQUEIJÃO, s.m. Queijo fresco, não muito curado.

REQUEIMAÇÃO, s.f. Azia.

REQUEIMADO, adj. Torrado; crestado; ressentido.

REQUEIMAR, v.t. Crestar; torrar; produzir ardor.

REQUENTADO, adj. Aquentado de novo.

REQUENTAR, v.t. Aquentar novamente; esquentar.

REQUEREDOR, adj. Requerente.

REQUERENTE, adj. Requeredor; peticionário; suplicante.

REQUERER, v.t. Dirigir petição em juízo; dirigir petição a autoridade ou pessoa em condições de despachar o que se pede; demandar; precisar; reclamar a presença ou auxílio de; t.-rel. pedir; solicitar. (Pres. do ind.: requeiro, requeres, requer, requeremos, requereis, requerem; perf. do ind.: requeri, requereste, etc.; pres. do subj.: requeira, requeiras, requeira, requeiramos, requeirais, requeiram.)

REQUERIMENTO, s.m. Petição por escrito obedecendo às formalidades legais.

REQÜESTA, s.f. Contenda; solicitação.

REQÜESTADOR, adj. e s.m. Contendor; solicitador.

REQÜESTAR, v.t. Solicitar; pretender amor.

RÉQUIEM, s.m. Ofício dos mortos que começa pela palavra latina requiem; música sobre esse ofício.

REQUIETO, adj. Muito quieto.

REQUIETUDE, s.f. Estado de requieto.

REQUINTA, s.f. Espécie de clarineta de sons agudos.

REQUINTADO, adj. Elevado ao maior grau; delicado; fino; aprimorado.

REQUINTAR, v.t. Levar ao mais alto grau; aprimorar.

REQUINTE, s.m. Apuro extremo; excesso.

REQUINTISTA, s. Pessoa que toca requinta.

REQUISIÇÃO, s.f. Exigência; solicitação.

REQUISITAR, v.t. Requerer; exigir; reclamar.

REQUISITO, s.m. Condição que se exige para certo fim; condição.

REQUISITÓRIO, s.m. Exposição de motivos em que o agente do Ministério Público acusa alguém judicialmente.

RÊS, s.f. Qualquer quadrúpede que serve para alimento do homem. (Pl.: reses (ê).)

RESBUNAR, v.int. O mesmo que rosnar. (Cão, gato.)

RESCALDADO, adj. Aquecido novamente; requentado.

RESCALDAMENTO, s.m. Ação de rescaldar.

RESCALDAR, v.t. Escaldar muito; aquecer.

RESCALDO, s.m. Calor refletido de fornalha ou de incêndio; cinza que contém brasas; ato de deitar água nas cinzas de um incêndio para que não se renove.

RESCINDIR, v.t. Tornar sem efeito; dissolver; invalidar.

RESCISÃO, s.m. Anulação de um contrato.

RESCISÓRIO, adj. Que rescinde.

RESCREVER, v.t. Escrever de novo. (Conjuga-se como o v. escrever; part.: rescrito.)

RESCRITO, s.m. Decisão pontifícia em assuntos teológicos; resolução régia por escrito; édito.

RÉS-DO-CHÃO, s.m. Pavimento de uma casa ao nível do solo ou da rua.

RESEDA, s.f. Planta da família das Resedáceas; a flor dessa planta.

RESEDÁ, s.m. (gal.) Reseda.

RESENHA, s.f. Resumo; relação minuciosa; contagem; notícia que compreende certo número de nomes ou fatos similares.

RESENHAR, v.t. Referir minuciosamente; resumir.

RESERVA, s.f. Suplente; aquilo que é guardado para casos imprevistos; situação dos militares que já cumpriram o tempo de serviço ativo e que ficam sujeitos a voltar em caso de necessidade; retraimento; dissimulação.

RESERVAÇÃO, s.f. Reserva.

RESERVADO, adj. Separado; destinado a; retraído; s.m. compartimento especial de restaurante; instalação sanitária.

RESERVADOR, adj. Aquele que reserva.

RESERVAR, v.t. Fazer reserva de; guardar.

RESERVATIVO, adj. Em que há reserva.

RESERVATÓRIO, s.m. Lugar apropriado para guardar as coisas; lugar onde se junta qualquer coisa; açude; represa; depósito de água; recipiente.

RESERVISTA, s.m. Soldado que está na reserva.

RESFOLEGADOURO, s.m. Respiradouro; lugar

por onde entra o ar necessário para mover certos mecanismos.

RESFOLEGAR, v.int. Tomar fôlego; respirar. (Pres. do indic.: resfolgo, resfolgas, resfolga, resfolegamos, resfolegais; resfolgam; pres. do subj.: resfolgue, resfolgues, resfolgue, resfoleguemos, resfolegueis, resfolguem.)

RESFÔLEGO, s.m. Ato ou efeito de resfolegar ou tomar fôlego.

RESFOLGAR, v.int. Resfolegar.

RESFOLGO, s.m. Resfolego.

RESFRIADEIRA, s.f. Lugar, nos engenhos, onde se resfria o açúcar.

RESFRIADO, s.m. Influenza; constipação.

RESFRIADOR, adj. Que resfria.

RESFRIADOURO, s.m. Lugar onde alguma coisa se resfria.

RESFRIAMENTO, s.m. Ato ou efeito de resfriar; constipação; gripe.

RESFRIAR, v.t. Tornar frio; desalentar; descoroçoar; p. constipar-se.

RESGATADOR, adj. Que resgata.

RESGATAR, v.t. Pagar dívida; ficar quite; remir.

RESGATÁVEL, adj. Que se pode resgatar.

RESGATE, s.m. Libertação; quitação; alforria.

RESGUARDAR, v.t.-rel. Guardar com cuidado; abrigar; p. defender-se; acautelar-se.

RESGUARDO, s.m. Ato ou efeito de resguardar; dieta; cuidado; precaução.

RESIDÊNCIA, s.f. Domicílio; casa ou lugar onde se habita.

RESIDENCIAL, adj. Onde se localizam residências; bairro próprio para moradia.

RESIDENTE, adj. Que reside; s.m. habitante.

RESIDIR, v.rel. Morar; estabelecer residência; consistir.

RESIDUAL, adj. Referente a resíduo.

RESIDUÁRIO, adj. Que forma resíduo.

RESÍDUO, s.m. Resto; sobra.

RESIGNAÇÃO, s.f. Paciência; coragem para enfrentar a desgraça; exoneração voluntária de um cargo.

RESIGNADO, adj. Que se conforma com a sorte.

RESIGNANTE, adj. s. Que, ou pessoa que resignou um cargo.

RESIGNAR, v.t. Renunciar; exonerar-se; demitir-se; p. conformar-se.

RESIGNATÁRIO, adj. Aquele que resigna ou renuncia cargo ou dignidade.

RESIGNÁVEL, adj. Que se pode resignar.

RESINA, s.f. Substância untuosa, inflamável, segregada pelos vegetais.

RESINADO, adj. Que tem resina.

RESINAGEM, s.f. Extração de resina.

RESINENTO, adj. Resinoso.

RESINÍFERO, adj. Que produz resina.

RESINIFICAR, v.t. Converter em resina.

RESINIFORME, adj. Que tem aparência de resina.

RESINOSO, adj. Que tem resina; coberto de resina.

RESISTÊNCIA, s.f. Oposição; obstáculo; reação; (Fís.) propriedade que tem uma substância de opor-se à passagem de corrente elétrica ou calorífica.

RESISTENTE, adj. Sólido; forte.

RESISTIR, v.rel. Opor-se; fazer face; defender-se; int. durar.

RESISTÍVEL, adj. Que pode resistir.

RESLUMBRAR, v.int. Brilhar.

RESMA, s.f. Vinte mãos de papel (quinhentas folhas).

RESMONEAR, v.int. Resmungar.

RESMUNGÃO, adj. e s.m. Que, ou aquele que resmunga.

RESMUNGAR, v.t. Pronunciar por entre dentes e com mau humor; int. rezingar.

RESMUNGO, s.m. Murmuração.

RESOLUÇÃO, s.f. Deliberação; propósito; decisão.

RESOLUTIVO, adj. Que resolve; que desfaz paulatinamente.

RESOLUTO, adj. Corajoso; decidido; afoito.

RESOLUTÓRIO, adj. Próprio para resolver.

RESOLÚVEL, adj. Que resolve ou que se pode resolver.

RESOLVER, v.t. Explicar; esclarecer; decidir; deliberar.

RESOLVIDO, adj. Combinado; assente; decidido; deliberado.

RESOLVÍVEL, adj. Que se pode resolver.

RESPALDAR, s.m. Espaldar; encosto da cadeira.

RESPALDO, s.m. Espaldar; encosto na traseira das carruagens.

RESPE, s.m. Repreensão; admoestação.

RESPECTIVO, adj. Que diz respeito a cada um em particular ou em separado; próprio; seu.

RESPEITABILIDADE, s.f. Qualidade do que é respeitável.

RESPEITADOR, adj. Que trata com respeito.

RESPEITANTE, adj. Referente; relativo.

RESPEITAR, v.t. Reverenciar; honrar; temer; ter em consideração; observar; não causar dano; atender; rel. dizer respeito.

RESPEITÁVEL, adj. Venerável; formidável; importante.

RESPEITO, s.m. Veneração; acatamento; submissão. (No plural significa cumprimentos.)

RESPEITOSO, adj. Cheio de respeito.

RESPIGA, s.f. Ato ou efeito de respigar.

RESPIGADEIRA, s.f. Mulher que respiga.

RESPIGADOR, adj. e s.m. Que, ou aquele que respiga.

RESPIGADURA, s.f. Respiga.

RESPIGAR, v.int. e t. Apanhar as espigas deixadas no campo depois da ceifa; pesquisar.

RESPINGAR, v.int. Lançar borrifos ou pingos.

RESPINGO, s.m. Ato ou efeito de respingar.

RESPIRABILIDADE, s.f. Qualidade do que é respirável.

RESPIRAÇÃO, s.f. Ato ou efeito de respirar.

RESPIRADOR, adj. Respiratório.

RESPIRADOURO, s.m. Lugar para dar entrada e saída ao ar; orifício.

RESPIRAMENTO, s.m. Respiração; folga.

RESPIRAR, v.int. Absorver o oxigênio e eliminar o gás carbônico resultante das queimas orgânicas; folgar.

RESPIRATÓRIO, adj. Referente à respiração; que auxilia a respiração.

RESPIRÁVEL, adj. Que se pode respirar.

RESPIRO, s.m. Respiradouro.

RESPLANDECÊNCIA, s.f. Ato ou efeito de resplandecer.

RESPLANDECENTE, adj. Que resplandece; muito brilhante.

RESPLANDECER, v.int. Brilhar muito; rutilar.

RESPLENDÊNCIA, s.f. Qualidade de resplendente.

RESPLENDENTE, adj. Que resplende; rutilante; brilhante.

RESPLENDER, v.int. e t. Resplandecer.

RESPLENDOR, s.m. Claridade intensa; auréola; glória.

RESPLENDOROSO, adj. Resplandecente.

RESPONDÃO, adj. e s.m. Que falta ao respeito, respondendo com más palavras.

RESPONDER, v.t. e t.-rel. Dizer ou escrever em resposta; replicar; dar resposta.

RESPONDIDO, adj. Que teve resposta ou réplica.

RESPONSABILIDADE, s.f. Obrigação de responder pelos seus atos ou pelos de outrem.

RESPONSABILIZAR, v.t. Imputar responsabilidade, t.-rel. tornar responsável; p. tornar-se responsável pelos seus atos ou pelos de outrem.

RESPONSÁVEL, adj. Que responde pelos seus atos ou pelos de outrem; s. pessoa que deve cumprir certas obrigações.

RESPONSO, s.m. Versículos rezados ou cantados depois das lições ou dos capítulos; descompostura.

RESPONSÓRIO, s.m. Forma de composição litúrgica; coleção de responsos.

RESPOSTA, s.f. O que se diz ou escreve àquele que fez uma pergunta; réplica; solução; refutação.

RESPOSTADA, s.f. Resposta incivil, indelicada.

RESQUÍCIO, s.m. Resíduo; vestígio.

RESSABIADO, adj. Desconfiado.

RESSABIDO, adj. Muito sabido.

RESSÁBIO, s.m. Ressaibo; mau sabor.

RESSACA, s.f. Movimento de recuo das ondas; estado em que se fica depois de passada a bebedeira; lançaço causado por noite passada em claro.

RESSACAR, v.t. Fazer ressaque de letra de câmbio.

RESSAIBO, s.m. Mau sabor; ranço.

RESSALTAR, v.t. Tornar saliente; dar relevo.

RESSALTE, s.m. Saliência; relevo.

RESSALTO, s.m. Ato ou efeito de ressaltar; relevo; saliência; ressalte.

RESSALVA, s.f. Cláusula; errata; reserva.

RESSALVAR, v.t. Acautelar; corrigir; p. escusarse; desculpar-se.

RESSAQUE, s.m. Saque de uma nova letra de câmbio.

RESSARCIMENTO, s.m. Indenização; reparação.

RESSARCIR, v.t. e t.-rel. Indenizar; compensar; refazer. (Habitualmente só se conjuga nas formas em que a vogal **i** se segue ao **c** do radical; a tendência moderna, porém, é para conjugá-lo em todas as pessoas e tempos: ressarço, ressarces, etc.)

RESSECAÇÃO, s.f. Ato ou efeito de tornar a secar.

RESSECAR, v.t. Tornar a secar; secar muito.

RESSECO, adj. Muito seco.

RESSEGURAR, v.t. Pôr novamente em seguro.

RESSEGURO, s.m. Operação pela qual uma companhia de seguros descarrega uma parte do risco, em outra companhia.

RESSEMEAR, v.t. Semear novamente.

RESSENTIDO, adj. Melindrado; magoado; ressabiado.

RESSENTIMENTO, s.m. Mágoa; aborrecimento.

RESSENTIR, v.t. Magoar-se, melindrar-se. (Conjuga-se como o v. sentir.)

RESSEQUIDO, adj. Mirrado; desprovido de umidade.

RESSEQUIR, v.t. Secar muito; fazer perder o suco ou umidade. (Só se conjuga nas formas em que ao "qu" da raiz segue a vogal **i**.)

RESSERENAR, v.t. Acalmar inteiramente.

RESSOANTE, adj. Que ressoa.

RESSOAR, v.t. Entoar; repercutir; int. ecoar. (Pres. indic.: ressôo, ressoas, etc.; pres. sub.: ressoe, etc.).

RESSONADELA, s.f. Ressono.

RESSONADOR, s.m. Aquele que ressona.

RESSONÂNCIA, s.f. Propriedade ou qualidade do que é ressonante; fenômeno físico pelo qual o ar de uma cavidade é suscetível de vibrar com freqüência determinada, por influência de um corpo sonoro, produzindo reforço de vibrações; repercussão.

RESSONANTE, adj. Que ressoa; que ressona.

RESSONAR, v.t. Ressoar; int. respirar ruidosamente, dormindo.

RESSONO, s.m. Ato de ressonar.

RESSÔO, s.m. Repercussão, ressonância. (Pl. ressôos.)

RESSOPRAR, v.t. Soprar de novo.

RESSORÇÃO, s.f. Absorção interna.

RESSUAR, v.int. Suar muito.

RESSUMAÇÃO, s.f. Ato ou efeito de ressumar.

RESSUMAR ou **RESSUMBRAR**, v.t. Gotejar; verter; destilar.

RESSUPINO, adj. Voltado para cima; deitado de costas.

RESSURGIDO, adj. Que ressurgiu; ressuscitado.

RESSURGIR, v.int. Tornar a surgir; ressuscitar. (Pres. ind.: ressurjo, ressurges, etc.; pres. sub.: ressurja, ressurjas, etc.; part.: ressurgido.)

RESSURREIÇÃO, s.f. Ato de ressurgir.

RESSUSCITADOR, adj. e s.m. Que, ou aquele que ressuscita.

RESSUSCITAR, v.t. Ressurgir; voltar a viver.

RESTABELECER, v.t. Estabelecer de novo; restaurar; p. readquirir saúde ou forças.

RESTABELECIDO, adj. Restaurado; convalescido.

RESTABELECIMENTO, s.m. Convalescença; recuperação.

RESTAMPAR, v.t. Estampar novamente; reimprimir.

RESTANTE, adj. Que resta; s.m. o resto; o que resta; o mais; o que sobeja; remanescente.

RESTAR, v.int. Sobejar; sobreviver; sobrar.

RESTAURAÇÃO, s.f. Restabelecimento; conserto; reparação.

RESTAURADOR, adj. Que restaura.

RESTAURANTE, •s.m. Estabelecimento onde se preparam e servem comidas; casa de pasto; adj. restaurativo.

RESTAURAR, v.t. Recuperar; reparar; revigorar.

RESTAURATIVO, adj. Que pode restaurar.

RESTAURÁVEL, adj. Que se pode restaurar.

RESTEVA, s.f. Restolho; estiva.

RÉSTIA, s.f. Corda de junco entrançado; corda de caules finos entrelaçados; designação coletiva de

alhos ou cebolas entrançados pela folhagem seca; feixe de luz.

RESTILAÇÃO, s.f. Ato ou efeito de restilar.

RESTILADA, s.f. Líqüido residual da destilação do aguardente.

RESTILAR, v.t. Destilar de novo.

RESTILO, s.m. Restilação; aguardente.

RESTINGA, s.f. Banco de pedra ou de areia em alto mar; terreno de litoral, arenoso e salino, onde vegetam plantas herbáceas e arbustivas características desses lugares.

RESTITUIÇÃO, s.f. Entrega de coisas a quem por direito pertencem; reintegração; reabilitação.

RESTITUIDOR, adj. e s.m. Que, ou aquele que restitui.

RESTITUIR, v.t.-rel. Devolver o que possuía indevidamente; reintegrar; p. reintegrar-se. (Pres. ind.: restituo, restituis, restitui, restituímos, restituís, restituem; pres. subj.: restitua, etc.)

RESTITUITÓRIO, adj. Relativo a restituição.

RESTITUÍVEL, adj. Que se pode ou se deve restituir.

RESTIVO, s.m. Produto da segunda cultura de um campo.

RESTO, s.m. O que fica; aquilo que sobeja; excesso do dividendo sobre o produto do cociente pelo divisor; resultado de uma subtração; resíduo; pl.: ruínas; despojos mortais.

RESTOLHADA, s.f. Abundância de restolho.

RESTOLHAR, v.t. Respigar.

RESTOLHO, s.m. Parte inferior do caule das gramíneas que fica enraizada depois da ceifa; resíduos; restos.

RESTRIÇÃO, s.f. Limitação.

RESTRINGÊNCIA, s.f. Qualidade de restringente.

RESTRINGENTE, adj. Que restringe.

RESTRINGIR, v.t. Apertar; diminuir; encurtar; p. limitar-se.

RESTRINGÍVEL, adj. Que se pode restringir.

RESTRITIVA, s.f. (Gram.) É assim chamada a proposição incidente que restringe significado de outra proposição ou de uma palavra; limitativa.

RESTRITIVO, adj. Que restringe; limitativo.

RESTRITO, adj. Limitado; apertado.

RESTRUGIR, v.int. Vibrar fortemente; ecoar. (Só se conjuga nas terceiras pessoas.)

RESULTADO, s.m. Conseqüência; efeito; produto final de operação matemática.

RESULTANTE, adj. Que resulta; s.f. o resultado; (Mec.) força capaz de substituir a ação conjunta de outras forças aplicadas a um ponto ou a um corpo; linha representativa dessa força.

RESULTAR, v.rel. Ser conseqüência ou efeito; provir; originar-se.

RESUMIDOR, adj. e s.m. Que, ou o que resume.

RESUMIR, v.t. Abreviar; fazer sinopse; fazer resumo.

RESUMO, s.m. Ato ou efeito de resumir; compêndio; compilação; sinopse; recapitulação.

RESVALADEIRO, s.m. Resvaladouro.

RESVALADIÇO ou **RESVALADIO**, adj. Escorregadio; íngreme; perigoso.

RESVALADOURO, s.m. Declive; despenhadeiro.

RESVALADURA, s.f. Ato ou efeito de resvalar; vestígio de resvalo.

RESVALAMENTO, s.m. Ato de resvalar; resvaladura.

RESVALAR, v.t.-rel. Fazer escorregar ou cair; int. escorregar; rel. passar, tangenciando; roçar.

RESVALO, s.m. Ato ou efeito de resvalar; declive.

RESVÉS, adj. Rente; cerce.

RETA, s.f. Traço direito; a distância mais curta entre dois pontos.

RETÁBULO, s.m. Construção de madeira ou de pedra, com lavores, que se coloca na parte posterior do altar e que encerra um quadro religioso.

RETACO, adj. Atarracado.

RETAGUARDA, s.f. A parte posterior. (Antôn.: vanguarda.)

RETAL, adj. (Anat.) Referente ao intestino grosso terminal ou reto.

RETALHADO, adj. Golpeado; ferido com instrumento cortante; dividido.

RETALHADURA, s.f. Ato ou efeito de retalhar.

RETALHAR, v.t. Cortar em pedaços; despedaçar; dividir; vender a varejo.

RETALHEIRO, s.m. O que vende a retalho; varejista.

RETALHISTA, adj. Que vende a retalho.

RETALHO, s.m. Parte de uma coisa que se retalhou; recorte; resto de peça de tecido.

RETANGULAR, adj. Que tem a forma de um retângulo.

RETÂNGULO, adj. Designativo do triângulo que tem um ângulo reto ou do trapézio que tem dois desses ângulos; s.m. quadrilátero que tem os quatro ângulos retos e os lados iguais dois a dois.

RETARDAÇÃO, s.f. Retardamento.

RETARDADOR, adj. e s.m. Que, ou aquele que retarda ou atrasa.

RETARDAMENTO, s.m. Retardação; atraso.

RETARDAR, v.t. Demorar; adiar; atrasar.

RETARDATÁRIO, adj. Que está atrasado; que chega tarde; atrasado.

RETARDATIVO, adj. Que retarda; demorado.

RETARDIO, adj. Atrasado; tardo; vagaroso.

RETELHADURA s.f. ou **RETELHAMENTO**, s.m. Ato ou efeito de retelhar.

RETELHAR, v.t. Fazer novo telhado; recobrir.

RETEMPERAR, v.t. Tornar a temperar; dar nova têmpera; fortificar; robustecer.

RETENÇÃO, s.f. Detenção; cárcere privado; acumulação de substâncias que normalmente são expelidas.

RETENTIVA, s.f. Memória.

RETENTIVO, adj. Que retém; que fixa.

RETENTOR, adj. e s.m. Que, ou aquele que retém.

RETER, v.t. Segurar; fixar; guardar em seu poder o que é de outrem; deter; conservar na memória; t.-rel. conservar; manter; p. parar; deter-se; refrear-se; conter-se; não avançar. (Conjuga-se como o verbo ter.)

RETESADO, adj. Tenso; esticado.

RETESAR, v.t. Esticar; tornar rijo.

RETESO, adj. Muito teso; esticado.

RETICÊNCIA, s.f. Omissão voluntária de coisa que se devia ou podia dizer; pl.:pontos sucessivos que na escrita indicam omissão.

RETICENTE, adj. Hesitante.

RETÍCULA, s.f. Retículo; pequena rede.

RETICULADO ou **RETICULAR**, adj. Que tem forma de rede.

RETÍCULO, s.m. Pequena rede; pontilhado quase microscópico, gravado em chapas especiais e destinado aos trabalhos de fotogravura; nervura que cerca a base das folhas; (Zool.) segundo compartimento do estômago dos ruminantes, também chamado barrete.

RETIDÃO, s.f. Integridade de caráter; lisura no procedimento.

RETIDO, adj. Que se retém; refreado.

RETÍFICA, s.f. Palavra usada em meios automobilísticos para significar oficina retificadora de motores.

RETIFICAÇÃO, s.f. Ato ou efeito de retificar; redestilação de um líquido para purificá-lo;(Eletr.) conversão de uma corrente alternada em corrente contínua.

RETIFICADO, adj. Emendado ou corrigido.

RETIFICAR, v.t. Tornar reto; dispor em linha reta; corrigir; emendar; purificar, destilando novamente; determinar um segmento de reta da mesma extensão de um arco dado.

RETIFICATIVO, adj. Que retifica.

RETIFICÁVEL, adj. Que se pode retificar.

RETIFORME, adj. Que tem forma de rede; que tem forma direita, reta.

RETÍGRADO, adj. Que se move ou anda em linha reta.

RETILÍNEO, adj. Que se dirige como a linha reta; que é formado por segmento de reta.

RETINA, s.f. A membrana sensível do olho e a mais interna, que recebe a impressão luminosa.

RETINÉRVEO, adj. Que tem nervuras reticulares ou nervuras direitas.

RETINGIR, v.t. Tingir de novo. (Conjuga-se como tingir.)

RETINIR, v.int. Ecoar; ressonar.

RETINITE, s.f. Inflamação da retina.

RETINTIM, s.m. Som de instrumentos metálicos.

RETINTO, adj. Que tem cor carregada; negro; preto.

RETIRAÇÃO, s.f. Retirada.

RETIRADA, s.f. Ato ou efeito de retirar; marcha das tropas afastando-se do inimigo; fuga; debandada; emigração dos sertanejos que procuram lugares propícios; quinhão de cada sócio de empresa comercial.

RETIRADO, adj. Isolado; solitário; ermo.

RETIRANTE, s. Sertanejo que emigra, fugindo à seca.

RETIRAR, v.t. Tirar de onde estava; retrair; tomar; recolher; t.-rel. afastar; rel. ir-se; partir; int. e p. ausentar-se; fugir; debandar; isolar-se.

RETIRO, s.m. Lugar solitário; solidão; lugar de afastamento; remanso; retirada; fazenda onde existe gado durante certa parte do ano.

RETITE, s.f. Inflamação do intestino reto.

RETITUDE, s.f. Retidão; integridade.

RETO, adj. Direito; que segue sempre a mesma direção; vertical; imparcial; justiceiro; s.m. a última parte do intestino grosso.

RETOCADOR, adj. e s.m. Que, ou aquele que retoca.

RETOCAR, v.t. Dar retoques; aperfeiçoar; emendar; corrigir.

RETOMAR, v.t. Reaver; recuperar.

RETOQUE, s.m. Emenda; correção.

RETOR, s.m. Mestre de retórica; retórico.

RETORCER, v.t. Tornar a torcer; torcer muitas vezes; p. contorcer-se.

RETORCIDO, adj. Arrevesado; rebuscado.

RETÓRICA, s.f. Arte de bem falar; conjunto de regras relativas à eloqüência.

RETORICAR, v.int. Aplicar as regras da retórica.

RETÓRICO, adj. Que diz respeito à retórica; falador; s.m. tratadista de retórica; orador de declamação afetada e imprópria.

RETORNAMENTO, s.m. ou **RETORNANÇA**, s.f. Retorno; volta.

RETORNAR, v.rel. Retroceder; voltar; regressar; t.-rel. restituir; fazer voltar; tornar ao ponto primitivo.

RETORNO, s.m. Volta; regresso.

RETORQUIR, v.t. e t.-rel. Replicar; rel. e int. retrucar; responder. (Verbo defectivo: não se conjuga a 1.ª pes. do sing. do pres. do indic. e, conseqüentemente, o presente do subjunt. Pres. ind.: retorquimos, retorquis; imperf.: retorquia, retorquias, etc., isto é, todas as pessoas em que aparece o i temático; costuma-se suprir a ausência das demais pessoas mediante as correspondentes do verbo retrucar, seu sinônimo.)

RETORSÃO, s.f. Réplica; represália; desforço.

RETORTA, s.f. Vaso de vidro com o gargalo curvo, voltado para baixo, e próprio para operações químicas.

RETOSCOPIA, s.f. (Med.) Inspeção do reto por meio do retoscópio.

RETOSCÓPIO, s.m. Aparelho em forma de tubo, provido de uma lâmpada, que se introduz no reto e permite ver-lhe a superfície interna.

RETOUÇA, s.f. Corda segura pelas duas extremidades, em que a gente se balouça; balouço.

RETOUÇAR, v.int. e p. Brincar na retouça; espojar-se.

RETOVO, s.m. Cobertura de couro com que se guarnece qualquer objeto; disfarce; fingimento.

RETRAÇÃO, s.f. Contração; limitação de operações de crédito; encolhimento.

RETRAÇAR, v.t. Tornar a traçar.

RETRAÍDO, adj. Reservado; acanhado; encolhido.

RETRAIMENTO, s.m. Procedimento reservado; diminuição de volume; acanhamento.

RETRAIR, v.t. Contrair; p. isolar-se. (Conjuga-se como sair.)

RETRANCA, s.f. Correia que segura a sela à cauda das bestas; parte posterior ou a culatra de arma de fogo.

RETRANSIR (zir), v.t. Trespassar; penetrar no íntimo.

RETRANSMITIR, v.t. Tornar a transmitir.

RETRATAÇÃO, s.f. Ato de se desdizer; retirada de injúria.

RETRATADO, adj. Reproduzido pela pintura ou pela fotografia; bem descrito; dado como não dito.

RETRATADOR, adj. Aquele que retrata; aquele que se retrata ou desdiz.

RETRATAR, v.t. Fotografar; reproduzir a imagem; representar com exatidão; refletir-se; espelhar-se; retirar o que disse; dar como não dito; desdizer-se; confessar que errou.

RETRÁTIL, adj. Que se retrai ou se encolhe.

RETRATILIDADE, s.f. Retração; encolhimento.

RETRATISTA, s. Fotógrafo.

RETRATIVO, adj. Retrátil.

RETRATO, s.m. Imagem; representação fiel de alguém pela pintura ou pela fotografia.

RETREMER, v.t. Tremer de novo; tremer muito.

RETRETA (é), s.f. Formatura de soldados ao fim do dia para saber se falta algum; audição de uma banda musical em praça pública.

RETRETE, s.f. e s.m. Parte mais escondida de uma habitação; reservado sanitário.

RETRIBUIÇÃO, s.f. Remuneração; compensação; prêmio.

RETRIBUIDOR, adj. e s.m. Que, ou aquele que retribui.

RETRIBUIR, v.t. Dar em troca; remunerar; gratificar. (Pres. ind.: retribuo, retribuis, retribui, retribuímos, retribuís, retribuem; pres. sub.: retribua, etc.)

RETRILHAR, v.t. Trilhar de novo; repisar.

RETRO, s.m. Primeira página de uma folha; adv. atrás.

RETROAÇÃO, s.f. Efeito do que é retroativo; recuo.

RETROAGIR, v. int. Ter efeito sobre o passado.

RETROAR, v.int. Retumbar.

RETROATIVIDADE, s.f. Qualidade de retroativo.

RETROATIVO, adj. Que tem efeito sobre o passado.

RETROCARGA, s.f. Ato ou efeito de carregar pela culatra (uma arma).

RETROCEDENTE, adj. Que retrocede.

RETROCEDER, v.int. Recuar, voltar; desandar; decair.

RETROCEDIMENTO, s.m. Retrocesso; regresso.

RETROCESSÃO, s.f. Retrocesso; (jur.) ato pelo qual alguém cede a outrem um direito obtido igualmente por cessão.

RETROCESSIVO, adj. Que produz retrocessão.

RETROCESSO, s.m. Volta ao primeiro estado; regresso; atrasamento; tecla que nas máquinas de escrever faz o papel retroceder na direção horizontal.

RETRODATAR, v.i. Pôr data anterior.

RETROFLEXÃO, s.f. Situação de um órgão ou objeto que está dobrado ou curvado para trás.

RETROFLEXO, adj. Que se curva ou se dobra para trás.

RETROGRADAR, v.int. Retroceder; recuar; t. regredir.

RETRÓGRADO, adj. Que retrograda; que se opõe ao progresso.

RETRORSO, adj. Dirigido para baixo ou para trás.

RETRÓS, s.m. Fio ou fios de seda torcidos.

RETROSARIA, s.f. Estabelecimento de retroseiro.

RETROSEIRO, s.m. Vendedor de retrós ou de objetos de seda.

RETROSPECÇÃO ou **RETROSPEÇÃO**, s.f. Retrospecto; observação do passado.

RETROSPECTIVO ou **RETROSPETIVO**, adj. Que se volta para o passado.

RETROSPECTO ou **RETROSPETO**, s.m. Observação de tempos ou coisas passadas; lance de olhos para o passado.

RETROSSEGUIR, v.t. Retroceder; retrogradar. (Conjuga-se como o v. seguir.)

RETROTRAIR, v.t. Retrair. (Conjuga-se como o v. sair.)

RETROVERSÃO, s.f. Exercício escolar que consiste em retraduzir para a língua original.

RETROVERTER, v.t. Fazer voltar para trás; retrotrair.

RETRUCAR, v.t. Redargüir; replicar; retorquir.

RETUMBÂNCIA, s.f. Eco; ressonância.

RETUMBANTE, adj. Que retumba.

RETUMBAR, v.int. Estrondear; ecoar; ribombar.

RETUMBO, s.m. Ato de retumbar.

RETURNO, s.m. Repetição das provas entre os mesmos concorrentes, nos campeonatos esportivos; segundo turno.

RÉU, s.m. Indivíduo contra quem se intenta processo judicial; o acusado; o criminoso. (Fem.: ré.)

REUMA, s.f. Fluxo de humores; catarro.

REUMÂMETRO, s.m. Instrumento para medir a rapidez da corrente de um líquido.

REUMÁTICO, adj. Que padece de reumatismo.

REUMATISMAL, adj. Referente ao reumatismo.

REUMATISMO, s.m. Nome que serve para designar várias afecções que se acompanham de dores nos músculos, nas articulações e nos tendões.

REUNIÃO, s.f. Sarau; agrupamento de pessoas; congresso.

REUNIR, v.t. Juntar o que estava disperso; agrupar; agregar; t.-rel. ligar; int. agrupar-se; p. ajuntar-se; agregar-se; incorporar-se; juntar-se; congregar-se; comparecer no mesmo local. (Pres. ind.: reúno, reúnes, reúne, reunimos, reunis, reúnem; pres. sub.: reúna, reúnas, reúna, reunamos, reunais, reúnam.)

REVACINAÇÃO, s.f. Ato ou efeito de revacinar.

REVACINAR, v.t. e p. Tornar a vacinar.

REVALIDAÇÃO, s.f. Ato ou efeito de revalidar.

REVALIDAR, v.t. Homologar; confirmar; legitimar de novo.

REVANCHE, s.f. Desforra.

REVEL, adj. Rebelde.

REVELAÇÃO, s.f. Inspiração divina para se conhecerem certas coisas; descoberta sensacional de um fato, ou de uma qualidade ou vocação numa pessoa; o fato ou a pessoa assim revelada; banho da chapa fotográfica.

REVELADOR, adj. e s.m. Que, ou aquele que revela; diz-se do, ou o banho que faz aparecer a imagem nas matrizes fotográficas.

REVELAR, v.t. Patentear; denunciar; fazer conhecer; manifestar; t.-rel. descobrir; p. manifestar-se; descobrir-se; dar-se a conhecer.

REVELHO, adj. Muito velho; macróbio.

REVELHUSCO, adj. Um tanto velho.

REVELIA, s.f. Rebeldia.

REVENDA, s.f. Ato ou efeito de revender.

REVENDEDOR, adj. e s.m. Que, ou aquele que revende.

REVENDER, v.t. Tornar a vender.

REVENDIÇÃO, s.f. Revenda.

REVENDÍVEL, adj. Que se pode revender.

REVER, v.t. Tornar a ver; examinar com cuidado; emendar. (Conjuga-se como o v. ver.)

REVERBERAÇÃO, s.f. Ato ou efeito de reverberar.

REVERBERANTE, adj. Que reverbera.

REVERBERAR, v.t. Refletir (luz ou calor); int. brilhar, refletindo-se; resplandecer.

REVERBATÓRIO, adj. Reverberante.

REVÉRBERO, s.m. Reflexo; resplendor.

REVERDECER, v.t. Tornar verde; cobrir de verdura; avigorar; int. tornar-se verde; cobrir-se de verdura; avigorar-se; remoçar; renascer.

REVERDECIMENTO, s.m. Ação de reverdecer.

REVERDEJAR, v.int. Mostrar-se muito verde; verdejar muito.

REVERÊNCIA, s.f. Respeito às coisas sagradas; veneração; respeito; acatamento; tratamento dado aos eclesiásticos; mesura.

REVERENCIADOR, adj. e s.m. Que, ou o que reverencia.

REVERENCIAL, adj. Relativo a reverência.

REVERENCIAR, v.t. Venerar; honrar; respeitar; adorar.

REVERENCIOSO, adj. Respeitoso; educado.

REVERENDÍSSIMA, s.f. Tratamento que se dá aos eclesiásticos.

REVERENDÍSSIMO, adj. e s.m. Título que se dá aos dignitários eclesiásticos e em geral aos padres.

REVERENDO, adj. Digno de reverência; s.m. padre; pastor protestante.

REVERENTE, adj. Reverencioso.

REVERIFICAÇÃO, s.f. Ato ou efeito de reverificar.

REVERIFICADOR, s.m. Empregado aduaneiro que reverifica ou contraprova o serviço dos verificadores.

REVERIFICAR, v.t. Conferir; revisar.

REVERSÃO, s.f. Volta ao primeiro estado; retorno ao serviço ativo civil ou militar.

REVERSIBILIDADE, s.f. Qualidade de reversível.

REVERSÍVEL ou **REVERSIVO**, adj. Que volta ou deve voltar ao primitivo estado; diz-se das reações químicas que têm limite além do qual não podem ir, porque se realiza ao mesmo tempo a reação em sentido contrário que regenera os corpos primitivos.

REVERSO, adj. Que tem má índole; revirado; s.m. lado oposto ao principal; parte posterior; o que é contrário. (Antôn.: anverso.)

REVERTER, v.rel. Voltar ao serviço ativo civil ou militar; redundar.

REVERTÍVEL, adj. Reversivo.

REVÉS, s.m. Acidente desfavorável; fatalidade; desgraça.

REVESSAR, v.t. e int. Arrevessar.

REVESSO, adj. Reverso; torcido.

REVESTIMENTO, s.m. Ato ou efeito de revestir;

obra que serve para manter e consolidar as terras de um fosso, de um bastião ou de um terraço, etc.; espécie de forro de pedra, argamassa, etc., com que se reveste uma construção, para a consolidar ou ornar.

REVESTIR, v.t. Vestir de novo; cobrir; tapar. (Conjuga-se como o v. vestir.)

REVEZADOR, adj. Que substitui outro por sua vez ou turno.

REVEZAMENTO, s.m. Ato ou efeito de revezar.

REVEZAR, v.t. Substituir-se alternadamente; int. e p. alternar-se; substituir-se alternadamente.

REVIÇAR, v.int. Viçar novamente; remoçar.

REVIDAR, v.t. Retrucar; int. e rel. vingar uma ofensa com outra maior.

REVIDE, s.m. Vingança; desafronta.

REVIGORAR, v.t. Dar novo vigor; int. e p. robustecer-se.

REVENDITA, s.f. Vingança de uma vingança; desafronta; desforra.

REVINGAR, v.t. Vingar de novo.

REVIRAMENTO, s.m. Ato ou efeito de revirar.

REVIRAR, v.t. Tornar a virar; voltar ao avesso; torcer; p. tornar a virar-se; perseguir; revoltar-se.

REVIRAVOLTA, s.f. Ato ou efeito de voltar em sentido oposto ao anterior; pirueta; modificação profunda.

REVISÃO, s.f. Ato ou efeito de rever; correção; estudo com objetivo de recordação ou atualização.

REVISAR, v.t. Rever; corrigir provas.

REVISIONISMO, s.m. Movimento que visa ao reexame de uma situação ou, especialmente, que se bate pela revisão da constituição de um país.

REVISIONISTA, adj. e s. Partidário do revisionismo.

REVISOR, adj. Que revê; s.m. aquele que examina provas tipográficas para corrigi-las.

REVISÓRIO, adj. Referente a revisão.

REVISTA, s.f. Inspeção de tropas em formatura; peça teatral, com números de dança, canto, anedotas, alegorias, etc., na qual se criticam os acontecimentos de mais interesse; publicação periódica em que se divulgam artigos, reportagens, etc. sobre diversos assuntos, ou, ainda, em que se divulgam trabalhos já aparecidos em livros e outras publicações.

REVISTAR, v.t. Passar revista; passar busca.

REVISTO, adj. Corrigido; emendado.

REVIVER, v.int. Voltar à vida; tornar a manifestar-se; recordar; lembrar; reconstituir; representar.

REVIVESCÊNCIA, s.f. Revivescimento.

REVIVESCER, v.t. e int. Reviver.

REVIVESCIMENTO, s.m. Ato ou efeito de revivescer.

REVIVIFICAR, v.t. Dar vida nova ou vigor.

REVOADA, s.f. Bando de aves que revoam; vôo conjunto de aviões.

REVIFICAR, v.t. Dar vida nova ou vigor.

REVOAR, v.int. Voar de novo. (Conjuga-se como o v. voar.)

REVOCAR, v.t. Mandar voltar; evocar; revogar.

REVOCATÓRIO, adj. Revogatório.

REVOCÁVEL, adj. Que se pode revocar.

REVOGABILIDADE, s.f. Qualidade de revogável.

REVOGAÇÃO, s.f. Anulação.

REVOGADOR, adj. e s.m. Que, ou aquele que revoga.

REVOGANTE, adj. Que revoga.

REVOGAR, v.t. Tornar nulo; tornar sem efeito.

REVOGATÓRIA, s.f. Documento que envolve revogação.

REVOGATÓRIO, adj. Revogante.

REVOGÁVEL, adj. Que pode ser tornado sem efeito.

REVOLCAR, v.t.-rel. e p. Rebolcar.

REVOLTA, s.f. Sublevação; rebelião; revolução.

REVOLTADO, adj. Zangado; indignado; rebelde.

REVOLTADOR, adj. e s.m. Que, ou aquele que revolta.

REVOLTANTE, adj. Que indigna; repulsivo.

REVOLTAR, v.t. Sublevar; p. amotinar-se; rebelar-se.

REVOLTEAR, v.t. Revolver; dançar; int. revolver-se.

REVOLTO, adj. Agitado; furioso; desgrenhado.

REVOLTOSO, adj. Rebelde; revolucionário.

REVOLUÇÃO, s.f. Sublevação; mudança violenta da forma de um governo; giro; volta de um satélite ao ponto de onde partiu; rotação em volta de um eixo imóvel.

REVOLUCIONAMENTO, s.m. Ato ou efeito de revolucionar.

REVOLUCIONAR, v.t. Excitar à revolução; sublevar; agitar moralmente.

REVOLUCIONÁRIO, adj. Referente à revolução; s.m. aquele que provoca revoluções; rebelde.

REVOLUTEANTE, adj. Que revoluteia.

REVOLUTEAR, v.int. Esvoaçar; adejar.

REVOLVEDOR, adj. Que revolve; que agita.

REVOLVER, v.t. Agitar; misturar; remexer.

REVÓLVER, s.m. Arma de fogo portátil, provida de um tambor ou cilindro giratório.

REVOLVIDO, adj. Remexido; agitado.

REVÔO, s.m. Ato de revoar. (Pl.: revôos.)

REVULSÃO, s.f. Deslocamento de humores no organismo ocasionado por irritação local provocada.

REVULSAR, v.t. Exercer ação revulsiva; deslocar com revulsivos.

REVULSIVO, adj. Que faz derivar uma inflamação ou humores de um para outro ponto do organismo.

REVULSÓRIO, adj. Revulsivo.

REZA, s.f. Oração; prece.

REZADOR, adj. Que reza; s.m. aquele que reza.

REZAR, v.t. Dizer orações; mencionar; int. orar; tratar; t.-rel. dirigir preces.

REZINGA, s.f. Ato de rezingar.

REZINGÃO, adj. e s.m. Que, ou aquele que rezinga.

REZINGAR, v.int. e rel. Altercar; disputar.

REZINGUEIRO, adj. e s.m. Rezingão.

RIA, s.f. Esteiro ou braço de rio, próprio para a navegação; embocadura ou foz.

RIACHÃO, s.m. Riacho grande.

RIACHO, s.m. Rio pequeno.

RIBA, s.f. Margem elevada do rio.

RIBADA, s.f. Riba; margem prolongada.

RIBALTA, s.f. Série de luzes à frente do palco, entre o pano de boca e o lugar da orquestra.

RIBAMAR, s.m. Beira do mar; terreno à borda do mar.

RIBANCEIRA, s.f. Penedia sobranceira a um rio.

RIBEIRA, s.f. Porção de terreno banhado por um rio; riba; pequeno rio.

RIBEIRÃO, s.m. Terreno próprio para a lavra das minas de diamante; ribeiro bastante largo.

RIBEIRINHA, s.f. Denominação genérica das aves pernaltas.

RIBEIRINHO, adj. Que se encontra ou vive nos rios ou ribeiras; marginal.

RIBEIRO, s.m. Rio pequeno.

RIBOMBAR, v.int. Estrondear; ressoar fortemente.

RIBOMBO, s.m. Estrondo do trovão; rimbombo.

RICAÇO, adj. e s.m. Homem muito rico; magnata.

RIÇAR, v.t. Tornar riço ou crespo; encarapinhar; encaracolar.

RÍCINO, s.m. Carrapateira; mamona.

RICO, adj. Que possui muitos bens; opulento; fértil; magnífico.

RIÇO, s.m. Porção de cabelo enovelado com que as mulheres alteiam o penteado.

RICOCHETAR, v.int. Ricochetear.

RICOCHETE, s.m. Salto de qualquer corpo ou projétil depois de bater no chão ou noutro corpo; retrocesso.

RICOCHETEAR, v.int. Fazer ricochete; rel. retroceder; resvalar.

RICTO, s.m. Contração; riso sarcástico.

RIDENTE, adj. Risonho; vicejante.

RIDICULARIA, s.f. Coisa de pouco valor; bagatela.

RIDICULARIZAR ou RIDICULIZAR, v.t. Pôr em ridículo; escarnecer; tornar ridículo.

RIDÍCULO, adj. Que desperta riso ou escárnio; irrisório; insignificante.

RIFA, s.f. Sorteio de qualquer objeto por meio de bilhetes numerados.

RIFADOR, s.m. Aquele que rifa.

RIFÃO, s.m. Provérbio; adágio; anexim.

RIFAR, v.t. Sortear objeto por meio de bilhetes numerados.

RIFLE, s.m. Espingarda; refle.

RIGEZA, s.f. Dureza; aspereza; inflexibilidade.

RIGIDEZ, s.f. Austeridade; aspereza; inflexibilidade.

RÍGIDO, adj. Teso; rijo; hirto.

RIGOR, s.m. Dureza; severidade; pontualidade; a maior intensidade do frio, calor, chuva, etc.

RIGORISMO, s.m. Severidade excessiva.

RIGORISTA, adj. Que usa de rigorismo.

RIGOROSO, adj. Desumano; muito exigente; minucioso; severo.

RIJO, adj. Rígido; duro; vigoroso.

RILHADOR, adj. Que rilha.

RILHADURA, s.f. Ato ou efeito de rilhar.

RILHAR, v.t. Roer; trincar; ranger os dentes.

RILHEIRA, s.f. Molde de ferro em que os ourives vertem metal fundido para fazerem chapas.

RIM, s.m. Víscera dupla que segrega a urina; pl.: a região lombar.

RIMA, s.f. Uniformidade ou repetição de sons na terminação de dois ou mais versos.

RIMADOR, adj. e s.m. Versejador.

RIMANCE, s.m. Língua vulgar; xácara; pequeno canto épico.

RIMAR, v.int. Formar rima entre si; versejar.

RIMÁRIO, s.m. Conjunto de rimas.

RINALGIA, s.f. Dor no nariz.

RINÁLGICO, adj. Relativo a rinalgia (dor no nariz).

RINCÃO, s.m. Recanto.

RINCHADA, s.f. Gargalhada estrídula.

RINCHÃO, adj. Que rincha muito.

RINCHAR, v.int. Relinchar. (V. defectivo: refere-se ao cavalo e, p. ext., aos demais equídeos.)

RINCHAVELHADA, s.f. Gargalhada destemperada.

RINCHO, s.m. A voz do cavalo. O mesmo que relincho.

RINGIR, v.t. Fazer ranger, rilhar.

RINGUE, s.m. Tablado cercado de cordas, onde se travam lutas esportivas.

RINHA, s.f. Briga de galos; lugar onde se realizam essas brigas.

RINHADEIRO, s.m. Recinto onde brigam galos.

RINHAR, v.int. O mesmo que renhir; brigar (os galos).

RINITE, s.f. Inflamação da mucosa do nariz.

RINOCERONTE, s.m. Grande quadrúpede da ordem dos Ungulados com um ou dois chifres no focinho.

RINOCERÔNTICO, adj. Relativo a rinoceronte.

RINOLOGIA, s.f. Estudo do nariz, suas doenças e tratamento.

RINOPLASTIA, s.f. Cirurgia plástica do nariz.

RINOPLÁSTICO, adj. Relativo à rinoplastia.

RINORRAGIA, s.f. Hemorragia nasal.

RINORRÁGICO, adj. Relativo à rinorragia.

RINORRÉIA, s.f. Fluxo de mucosidade pelo nariz.

RINOSCOPIA, s.f. Exame das fossas nasais por meio de instrumento apropriado.

RINOTRIQUIA, s.f. Presença de pêlo no nariz.

RIO, s.m. Curso de água doce e que deságua noutro, no mar ou num lago.

RIO-GRANDENSE-DO-NORTE, adj. Do Estado do Rio Grande do Norte; s. natural ou habitante desse Estado. O mesmo que potiguar.

RIO-GRANDENSE-DO-SUL, adj. Do Estado do Rio Grande do Sul; s. o natural ou habitante desse Estado. O mesmo que sul-riograndense, gaúcho e guasca.

RIPA, s.f. Pedaço de madeira estreito e comprido; sarrafo.

RIPADA, s.f. Pancada com ripa; bordoada.

RIPADO, s.m. Gradeamento de ripas.

RIPADURA ou **RIPAGEM**, s.f. Ato de ripar.

RIPAMENTO, s.m. Ato de ripar.

RIPAR, v.t. Pregar ripas; gradear com ripas; espancar; criticar.

RIPOSTAR, v.t. Replicar; retrucar.

RIQUEZA, s.f. Qualidade do que é rico; abundância; fertilidade. (Antôn.: pobreza.)

RIR, v.int. e p. Contrair os músculos faciais em conseqüência de uma impressão alegre; manifestar ou emitir o riso. (Pres. do indic.: rio, ris, ri, rimos, rides, riem; imperat.: ri, ride; pres. do subj.: ria, rias, ria, riamos, riais, riam.)

RISADA, s.f. Riso; gargalhada.

RISÃO, adj. Que ri muito, por qualquer coisa.

RISCA, s.f. Traço; listra.

RISCADO, adj. Que tem riscos; s.m. tecido de linho ou agodão, com listras de cor.

RISCADOR, adj. e s.m. Aquele que risca; instrumento para riscar.

RISCADURA, s.f. ou **RISCAMENTO**, s.m. Risca.

RISCAR, v.t. Fazer traços em; traçar; expungir; expulsar, eliminar de um grêmio ou de uma associação.

RISCO, s.m. Risca; delineamento; debuxo; traçado; s.m. perigo.

RISIBILIDADE, s.f. Qualidade de risível.

RISÍVEL, adj. Digno de riso; ridículo.

RISO, s.m. Ato ou efeito de rir; alegria.

RISONHO, adj. Que sorri; alegre; próspero.

RISOTA, s.f. Risada; riso de escárnio.

RISOTO, s.m. Prato composto de mistura de arroz, com carne de frango, ervilhas, camarão, etc.

RISPIDEZ ou **RISPIDEZA**, s.f. Qualidade de ríspido.

RÍSPIDO, adj. Áspero; severo; intratável.

RISTE, s.m. Ferro em que o cavaleiro apóia o canto da lança quando a leva horizontalmente, na investida.

RITMADO, adj. Que tem ritmo.

RITMAR, v.t. Dar ritmo; cadenciar.

RÍTMICA, s.f. Ciência do ritmo; parte da teoria musical que estuda a expressão nas suas relações com o tempo.

RÍTMICO, adj. Relativo a ritmo; em que há ritmo.

RITMO, s.m. Essência da poesia em que se agrupam os valores de tempo combinados por meio de acentos; volta periódica de tempos fortes e tempos fracos, num verso ou numa frase musical; movimento com sucessão regular de elementos fortes e elementos fracos; harmoniosa correlação das partes; cadência.

RITO, s.m. Cerimônia ou conjunto de cerimônias de uma religião.

RITORNELO, s.m. Estribilho; repetição.

RITUAL, adj. Relativo a ritos; s.m. cerimonial; protocolo.

RITUALISMO, s.m. Conjunto de ritos.

RITUALISTA, s. Pessoa que tem grande apego a cerimônias ou fórmulas.

RIVAL, adj. Que rivaliza; que aspira às mesmas vantagens que outrem; competidor; s. êmulo.

RIVALIDADE, s.f. Competência; competição.

RIVALIZAR, v.rel. Competir; disputar ou pleitear com alguém acerca de títulos ou qualidades.

RIVALIZÁVEL, adj. Que pode ter rival.

RIXA, s.f. Contenda; briga; desordem.

RIXADOR, adj. e s.m. Brigão; desordeiro.

RIXAR, v.int. Brigar; fazer arruaça.

RIXENTO, adj. Rixoso; briguento.

RIXOSO, adj. Bulhento; desordeiro.

RIZICULTOR, s.m. Cultivador de arroz.

RIZICULTURA, s.f. Cultura do arroz.

RIZOFAGIA, s.f. Qualidade de alimentar-se de raízes.

RIZÓFAGO, adj. Que se alimenta exclusivamente de raízes.

RIZOFILO, adj. e s.m. (Bot.) Diz-se do, ou o vegetal cujas folhas produzem raízes.

RIZÓFILO, adj. Que gosta de raízes.

RIZÓIDE, s.m. Filamento celular que, nos musgos, faz as vezes de raiz.

RIZOMA, s.m. (Bot.) Caule subterrâneo que produz ramos aéreos com aspecto de raízes.

RIZOMORFO, adj. Que tem forma de raiz.

RIZOTÔNICO, adj. (Gram.) Diz-se das formas verbais em que o acento tônico cai na raiz (ex.: brinco, falo, trabalho). (Antôn.: arrizotônico.)

ROAZ, adj. Roedor; dilacerador.

ROBALETE, s.m. Robalo pequeno.

ROBALINHO, s.m. Peixe da família dos Ciprinídeos.

ROBALO, s.m. Peixe da família dos Centropomídeos.

ROBLE, s.m. Carvalho.

ROBLEDO, s.m. Mata de robles.

ROBÔ, s.m. Homem mecânico; boneco autômato.

ROBORAÇÃO, s.f. Confirmação.

ROBORANTE, adj. Que robora.

ROBORAR, v.t. Fortificar; corroborar; confirmar.

ROBORATIVO, adj. Próprio para roborar; roborante.

ROBOREDO, s.m. Carvalhal.

ROBORIZAR, v.t. Roborar; fortalecer.

ROBUSTECER, v.t. Tornar robusto; int. e p. fortalecer-se.

ROBUSTEZ, s.f. Vigor; robusteza.

ROBUSTEZA, s.f. O mesmo que robustez.

ROBUSTO, adj. Vigoroso; resistente; musculoso.

ROCA, s.f. Cana ou vara com um bojo, em que se enrola a estriga para fiar; rochedo.

ROÇA, s.f. Terreno onde se roça mato; terreno coberto de mato; sementeira entre o mato ou no terreno onde se roçou; terreno de lavoura; terreno plantado de mandioca; roçado; o campo, por oposição à cidade.

ROÇADA, s.f. Corte de vegetação miúda, por meio de foices, a fim de facilitar o trabalho das derrubadas, em terrenos destinados a cultura; terreno desbastado das árvores nativas, prestes a receber sementeira.

ROÇADELA, s.f. Roçadura.

ROÇADO, s.m. Terreno em que se roçou o mato e que está preparado para a cultura; terreno plantado de mandioca.

ROÇADOR, adj. e s.m. Que, ou aquele que roça.

ROÇADURA, s.f. Ato ou efeito de roçar; roça.

ROÇAGANTE, adj. Que roçaga.

ROÇAGAR, v.rel. Arrastar; roçar pelo chão.

ROÇAGEM, s.f. Corte de vegetação; roçadura.

ROCAL, adj. Duro como rocha.

ROCAMBOLE, s.m. Doce com recheio de marmelada.

ROCAMBOLESCO, adj. Cheio de peripécias e lances imprevistos.

ROÇAMENTO, s.m. Roçadura.

ROCAR, v.int. No jogo do xadrez, colocar a torre na casa vizinha à do rei, passando este para a casa que fica do outro lado da torre.

ROÇAR, v.t. Cortar, derribar, deitar abaixo; esfregar; tocar levemente.

ROCEIRO, s.m. Homem que roça; homem que planta roçados; pequeno lavrador; homem que vive na roça; matuto; caipira.

ROCHA, s.f. Grande massa compacta de pedra muito dura; rochedo; conjunto de substâncias minerais ou mineralizadas que entram em grande massa na constituição da litosfera.

ROCHEDO, s.m. Rocha escarpada; penhasco.

ROCHOSO, adj. Coberto de rochas ou de penedos.

ROCIAR, v.t. Orvalhar; cobrir de umidade; borrifar. (Pres. ind.: rocio, rocias, rocia, etc.)

ROCIM, s.m. Cavalo pequeno e fraco.

ROCINANTE, s.m. Cavalo fraco, rocim.

ROCIO, s.m. Orvalho; sereno (da noite).

ROCIOSO, adj. Que tem rocio; orvalhoso.

ROCOCÓ, adj. Diz-se de um estilo de ornamentação do tempo de Luís XV, caracterizado pelo abuso de curvas; que tem muitos enfeites, mas sem graça.

RODA, s.f. Peça ou máquina simples de forma circular e própria para mover-se em torno de um eixo; círculo; **giro; agrupamento de pessoas.**

RODADA, s.f. Movimento completo de uma roda; cada uma das vezes que se serve bebida às pessoas que estão juntas a uma mesa de bar; queda; falência.

RODADO, adj. Que tem roda; decorrido; s.m. roda de um vestido; rodas de um carro.

RODADOR, adj. Diz-se do cavalo que costuma cair.

RODAGEM, s.f. Conjunto de rodas de um maquinismo; estrada de —: rodovia.

RODANTE, s.m. Cambão a que se junge o boi ou se atrela outro animal nos engenhos de tirar água de poço.

RODAPÉ, s.m. Faixa de proteção na parte inferior das paredes e junto ao piso; margem inferior da página de livro ou jornal; o artigo aí escrito.

RODAR, v.t. Andar à roda; fazer girar em volta; percorrer em volta; int. andar em roda de um eixo ou centro; girar; cair, rolando; mover sobre rodas; rel. dirigir-se de carro.

RODA-VIVA, s.f. Azáfama; inquietação.

RODEADOR, s.m. Lugar, nos campos, onde os vaqueiros reúnem, para revista, magotes ou pontas de gado; rodeio.

RODEAR, v.t. Andar em roda; percorrer em volta; girar em volta.

RODEIO, s.m. Perífrase; circunlóquio; evasiva; ato de reunir o gado; competição esportiva de montaria com animais novos.

RODEIRA, s.f. Sulcos deixados pelas rodas dos carros; relheira.

RODEIRO, s.m. Eixo de um carro.

RODELA, s.f. Roda pequena; escudo redondo; mentira; bazófia.

RODELEIRO, adj. Mentiroso.

RODETA, s.f. Roda pequena.

RODILHA, s.f. Trapo para fazer limpeza nas cozinhas; rosca de pano em que se assenta a carga na cabeça.

RODILHAR, v.t. Enrodilhar.

RODILHO, s.m. Rodilha; trapo; esfregão.

RÓDIO, s.m. Elemento químico, metal, símbolo Rh de peso atômico 102,91, e número atômico 45.

RODIZIAR, v.i. Fazer rodízio.

RODÍZIO, s.m. Peça de moinho de água que faz andar a mó e que é movida pela água; escala de trabalhos que devem cumprir os funcionários.

RODO, s.m. Utensílio de madeira que serve para juntar os cereais nas eiras e o sal nas marinhas; utensílio doméstico, espécie de vassoura munida de uma lâmina de borracha, que facilita a remoção da água.

RODODENDRO, s.m. Azálea; cevadilho.

RODOGRAFIA, s.f. Descrição das rosas.

RODOGRÁFICO, adj. Relativo à rodografia.

RODOLOGIA, s.f. Parte da Botânica que estuda as rosas.

RODOLÓGICO, adj. Relativo à rodologia.

RODOPIAR, v.int. Girar muito; andar ou correr, descrevendo círculos.

RODOPIO, s.m. Ato ou efeito de rodopiar.

RODOUÇA, s.f. Rodilha.

RODOVIA, s.f. Estrada de rodagem.

RODOVIÁRIO, adj. Relativo a rodovia.

ROEDOR, adj. Que rói; s.m. espécime dos Roedores, ordem de mamíferos sem dentes caninos e com incisivos biselados de crescimento contínuo.

ROEDURA, s.f. Ato ou efeito de roer; escoriação causada por atrito.

ROENTGEN, s.m. Unidade internacional dos raios de Roentgen.

ROENTGENDIAGNÓSTICO, s.m. Processo auxiliar de diagnóstico por meio dos raios X.

ROENTGENFOTOGRAFIA, s.f. Técnica idealizada pelo cientista brasileiro Manuel de Abreu, segundo a qual as imagens radioscópicas são fixadas em pequenas chapas fotográficas, barateando o custo do exame dos pulmões; abreugrafia.

ROENTGENOLOGIA, s.f. Ramo da ciência que se ocupa das aplicações diagnósticas e terapêuticas através dos raios X.

ROENTGENOLOGISTA, s. Especialista em roentgenologia.

ROENTGENTERAPIA, s.f. Terapêutica pelos raios X; radioterapia.

ROER, v.t. e rel. Triturar com os dentes; corroer; gastar; atormentar; magoar. (Pres. ind.: rôo, róis, rói, roemos, roeis, roem; imperf. ind.: roía, roías, roía, roíamos, roíeis, roíam; perf.: roí, roeste, etc.; subj. pres.: roa, roas, etc.)

ROGAÇÃO, s.f. Solicitação; súplica.

ROGADO, adj. Solicitado com insistência; suplicado.

ROGADOR, adj. e s.m. Intercessor; medianeiro.

ROGAL, adj. Que diz respeito à fogueira em que se queimam cadáveres.

ROGAR, v.t. e t.-rel. Suplicar; exortar; fazer súplicas.

ROGATIVA, s.f. Rogo; rogatória.

ROGATIVO, adj. Que suplica.

ROGATÓRIA, s.f. Solicitação que um tribunal faz a outro, para executar um determinado ato judicial.

ROGATÓRIO, adj. Referente a rogo ou a súplica.

ROGO, s.m. Súplica; prece.

ROÍDO, adj. Gasto.

ROJÃO, s.m. Foguete que sobe veloz; marcha forçada; trabalho ininterrupto e exaustivo.

ROJAR, v.t. Arrastar; arrojar; lançar; arremessar.

ROL, s.m. Relação; lista.

ROLA, s.f. Nome comum a todos os pequenos Columbiformes.

ROLAGEM, s.f. Operação que consiste em fazer passar um rolo sobre um terreno, a fim de esmiuçar as terrões.

ROLAMENTO, s.m. (Mec.) Conjunto de dois aros metálicos com pequenas esferas interpostas para evitar o desgaste de eixos por atrito.

ROLANTE, adj. Que rola; que gira.

ROLÃO, s.m. A parte mais grossa da farinha; rolo de pau sobre que se coloca debaixo das pedras ou de grandes fardos para ajudá-los a rolar.

ROLAR, v.t. Fazer girar; fazer andar em roda; fazer avançar (alguma coisa), obrigando-a a fazer voltas sobre si mesma; int. e p. avançar girando sobre si mesmo; rebolar-se; redemoinhar; encapelar-se.

ROLDANA, s.f. Maquinismo com uma roda que gira em torno de um eixo fixo, acionada por uma correia adaptada a um sulco existente na periferia da roda.

ROLETA, s.f. Espécie de jogo de azar, no qual o número premiado é indicado por uma seta em um dos setores numerados sobre um disco girante; ou então o prêmio é indicado por uma bolinha de marfim que depois de vários saltos vai encaixar-se numa das casas numeradas; o aparelho que se usa para esse jogo.

ROLETE, s.m. Pequeno rolo.

ROLHA, s.f. Peça de forma cilíndrica para tapar a boca ou gargalo de garrafas e outros recipientes.

ROLHADOR, s.m. Aparelho ou utensílio para rolhar garrafas.

ROLHAR, v.t. Arrolhar; colocar rolhas.

ROLHEIRO, s.m. Aquele que faz rolhas ou trabalha em cortiça.

ROLIÇO, adj. Redondo; nédio e de formas arredondadas.

ROLINHA, s.f. Rola pequena; pomba-rola.

ROLISTA, adj. e s.m. Diz-se do indivíduo que promove ou se envolve em rolos ou desordens; desordeiro.

ROLO, s.m. Cilindro mais ou menos comprido; grande cilindro metálico, que se faz rolar sobre o macadame das estradas para comprimi-lo e aplaná-lo; pequeno cilindro de aço eriçado de pontas piramidais, manobrados por um cabo longo, que os pedreiros usam para tornar ásperos os pisos feitos de cimento; o macho da rola; embrulho; pacote; vagalhão; remoinho; cabelo enrolado; cilindro de massa especial que nas máquinas de impressão leva tinta às composições que se devem imprimir; multidão de gente; conflito que envolve muitas pessoas; embrulhada; confusão. (Pl.: rolos (ô).)

ROMÃ, s.f. Fruto de romãzeira.

ROMAGEM, s.f. Romaria.

ROMAICO, adj. Referente aos gregos modernos ou à sua língua; s.m. língua moderna dos gregos.

ROMANA, s.f. Espécie de balança, constituída por uma alavanca de braços desiguais, suspensa por uma argola.

ROMANCE, s.m. Novela; história fabulosa; história amorosa; (Filol.) as línguas românicas ou neolatinas.

ROMANCEAR, v.t. Contar ou descrever em romance; fantasiar.

ROMANCEIRO, s.m. Coleção de romances; coleção de poesias ou canções populares.

ROMANCHE, s.m. Língua neolatina falada na Suíça.

ROMANCISMO, s.m. Caráter romântico; descrições românticas.

ROMANCISTA, s. Pessoa que faz romances; novelista.

ROMANESCO, adj. Que tem o caráter de romance; romântico.

ROMÂNI, s.m. Língua dos ciganos da Europa Oriental.

ROMÂNICO, adj. (Filol.) Relativo às línguas românicas ou das literaturas em que se manifestaram os idiomas oriundos do latim vulgar; conjunto de línguas neolatinas.

ROMANISTA, s. Pessoa que se ocupa de jurisprudência, de história ou de outros assuntos concernentes aos romanos; filólogo especializado nas línguas românicas.

ROMANIZAR, v.t. Tornar romano; dar feição romana; adaptar à índole das línguas romanas; fazer tomar hábitos ou costumes romanos.

ROMANIZÁVEL, adj. Que se pode adaptar à índole das línguas românicas.

ROMANO, adj. De Roma; românico; diz-se do sistema de enumeração por meio das letras I, V, X, L, C, D, M; s.m. o natural ou habitante de Roma.

ROMANTICISMO, s.m. Romantismo.

ROMÂNTICO, adj. Que diz respeito a romance; fantasioso; sentimental; poético.

ROMANTISMO, s.m. Escola dos escritores e artistas românticos; predominância da imaginação e do sentimentalismo.

ROMANTIZAR, v.t. Tornar romântico; contar em forma de romance; fantasiar.

ROMARIA, s.f. Peregrinação religiosa; reunião de pessoas devotas que concorrem a uma festa religiosa; reunião de pessoas que andam em jornada.

ROMÃZEIRA, s.f. Árvore frutífera e ornamental, da família das Punicáceas.

RÔMBICO, adj. Que tem forma de rombo.

ROMBIFOLIADO, adj. Que tem folhas em forma de rombo.

ROMBIFORME, adj. Que tem forma de rombo ou losango.

ROMBO, s.m. Arrombamento; furo; abertura; desfalque; losango; adj. que não é aguçado ou agudo; estúpido; obtuso.

ROMBOÉDRICO, adj. Que tem forma de romboedro; diz-se do sistema cristalino caracterizado por um eixo de simetria ternária; trigonal.

ROMBOEDRO, s.m. Sólido geométrico limitado por faces rombiformes.

ROMBOIDAL, adj. Que tem a figura de rombóide.

ROMBÓIDE, s.m. Quadrilátero de ângulos não retos, de lados opostos iguais e de ângulos e lados contíguos diferentes; paralelogramo.

ROMBUDO, adj. Muito rombo; mal aparado ou mal aguçado; estúpido; imbecil.

ROMEIRO, s.m. Homem que vai em romaria; peregrino.

ROMENO, adj. Da Romênia; s.m. indivíduo que nasceu ou mora na Romênia; a língua da Romênia.

ROMPANTE, adj. Que tem arrogância; orgulhoso; s.m. fúria; ímpeto; altivez.

ROMPÃO, s.m. Rebordos das extremidades da ferradura.

ROMPEDOR, adj. e s.m. Que rompe.

ROMPEDURA, s.f. Ato ou efeito de romper; rasgão.

ROMPENTE, adj. Que rompe; que investe ou assalta; altivo; arrogante.

ROMPER, v.t. Partir; fazer em pedaços; despedaçar; rasgar; dilacerar; abrir; sulcar; abrir caminho; dar princípio; violar; infringir. (Part.: rompido e também a forma breve roto.)

ROMPIDA, s.f. A saída em corrida de animais.

ROMPIMENTO, s.m. Quebra de relações pessoais ou internacionais; ruptura.

RONCA, s.f. Bravata; crítica acerba; fanfarronada.

RONCADEIRA, s.f. Instrumento feito de uma cabaça, à qual se acha adaptada uma membrana de couro atravessada por um cordel encerado, pelo qual se corre a mão com força, o que produz um som reforçado e áspero.

RONCADOR, adj. Que ronca; s.m. o que ronca.

RONCAR, v.int. Respirar com ruído durante o sono; ressonar; t. bravatear; jactar-se.

RONCARIA, s.f. Fanfarronada.

RONCEIRISMO, s.m. Indolência; sistema oposto às idéias do progresso; preguiça; moleza.

RONCEIRO, adj. Vagaroso; preguiçoso.

RONCICE, s.f. Preguiça; atraso.

RONCO, s.m. Ato de regougar; o grunhir dos porcos; som cavernoso e áspero; respiração esterterosa; ruído de motor.

RONDA, s.f. Grupo de soldados ou de outras pessoas que percorre as ruas ou visita algum posto, velando pela manutenção da ordem; exame ou inspeção; dança de roda; diligência para descobrir alguma coisa; espécie de jogo de azar.

RONDANTE, adj. Que ronda.

RONDAR ou **RONDEAR**, v.t. Fazer ronda; andar vigiando; andar à volta; vigiar.

RONDEL, s.m. Composição poética formada de duas quadras e uma quintilha, sendo os dois últimos versos da segunda quadra iguais aos dois primeiros da primeira, e o primeiro desta igual ao último da quintilha.

RONDÓ, s.m. Pequena composição poética de forma fixa.

RONHA, s.f. Sarna de ovinos e eqüinos; malícia; manha.

RONHENTO ou **RONHOSO**, adj. Que tem ronha.

RONQUEIRA, s.f. Ruído de respiração difícil; pieira; cano de ferro preso à madeira e cheio de pólvora, o qual produz grande detonação, quando se lhe inflama e escorva.

RONQUEJAR, v.t. Dar roncos; roncar.

RONQUIDÃO, s.f. ou **RONQUIDO**, s.m. Ruído produzido pelo estreitamento da traquéia do cavalo, quando caminha apressado.

RONROM, s.m. Rumor contínuo, produzido pelo gato, geralmente quando está descansando ou satisfeito.

RONRONANTE, adj. Que ronrona.

RONRONAR, v.int. Fazer ronrom (voz do gato).

ROQUE, s.m. Ato ou efeito de rocar no jogo do xadrez.

ROQUEIRA, s.f. Antigo canhão de ferro; ronqueira.

ROQUEIRADA, s.f. Tiro de roqueira.

ROQUEIRO, adj. Fundado sobre rochas; que tem a mesma constituição das rochas.

ROQUE-ROQUE, s.m. Ato de roer; ruído do ato de roer.

ROQUETE, s.m. Sobrepeliz estreita com mangas, rendas e pregas miúdas.

ROR, s.m. Grande porção; quantidade; multidão.

RORANTE, adj. Que orvalha.

RORAR, v.t. e int. Rorejar; orvalhar.

ROREJANTE, adj. Que roreja.

ROREJAR, v.t. Destilar orvalho; borrifar.

RÓRIDO, adj. Róscido; orvalhado.

RORÍFERO, adj. Que tem orvalho.

ROSA, s.f. Flor da roseira; adj. que tem a cor da rosa.

ROSÁCEA, s.f. Ornamento arquitetônico em forma de rosa; grande vitral de igreja análogo a esse ornamento; espécime das Rosáceas, família de plantas dicotiledôneas.

ROSÁCEO, adj. Referente à rosa.

ROSA-CRUZ, adj. Sétimo grau do rito maçônico francês; seita de iluminados na Alemanha no século XVII.

ROSADO, adj. Que tem a cor da rosa; corado.

ROSA-DOS-VENTOS, s.f. Mostrador com 32 raios da circunferência do horizonte, indicativos dos rumos.

ROSAL, s.m. Roseiral.

ROSAR, v.t. Fazer corar; ruborizar; p. envergonhar-se; enrubescer-se.

ROSÁRIO, s.m. Conjunto de contas que perfazem o número de quinze dezenas de ave-marias e cinze padre-nossos, que se rezam como prática religiosa, ou em honra da Virgem Maria.

ROSBIFE, s.m. Peça de carne de vaca mal-assada.

ROSCA, s.f. Volta em espiral num objeto qualquer; bolo com a massa torcida ou em forma de argola; volta da serpente que se enrola.

ROSCAR, v.t. Fazer roscas; aparafusar; enroscar.

RÓSCIDO, adj. Orvalhado; rórido.

ROSEAR, v.int. Tornar-se cor-de-rosa; t. e p. rosar.

ROSEIRA, s.f. Arbusto da família das Rosáceas, que produz as rosas.

ROSEIRAL, s.m. Terreno onde crescem roseiras.

ROSEIRISTA, s. Pessoa que cultiva roseiras.

RÓSEO, adj. Da rosa; rosado; corado.

ROSÉOLA, s.f. Erupção cutânea eritematosa, que surge em vários estados mórbidos, em geral infecciosos, e que se apresenta sob a forma de pequenas manchas rosadas circulares.

ROSETA, s.f. Pequena rosa; a roda dentada da espora.

ROSETAR, v.t. Rosetear.

ROSETEAR, v.t. Atritar com a roseta da espora.

ROSICLER, adj. Que tem a cor da rosa e da açucena.

ROSILHO, adj. Diz-se do cavalo que tem o pêlo avermelhado e branco.

ROSNADELA ou **ROSNADURA**, s.f. Ato ou efeito de rosnar.

ROSNADOR, adj. Que rosna.

ROSNAR, v.t. Dizer por entre dentes em voz baixa; int. resmungar; s.m. ato de rosnar; voz surda do cão, que sem latir ameaça e mostra os dentes.

ROSNENTO, adj. Que rosna muito; rosnador.

ROSQUILHA, s.f. Pequena rosca de pão.

ROSSINIANO, adj. Relativo a Rossini, compositor italiano (1792-1868), ou à sua música.

ROSSIO, s.m. Praça larga; terreiro espaçoso.

ROSTIR, v.t. Esfregar; desgastar.

ROSTO, s.m. Parte anterior da cabeça; face; cara; fisionomia.

ROSTRIFORME, adj. Que tem forma de bico.

ROSTRO, s.m. Bico das aves; tribuna onde os oradores romanos discursavam, e que era ornada com proas de navio.

ROTA, s.f. Rumo; direção; itinerário.

ROTAÇÃO, s.f. Giro; movimento giratório; movimento que a Terra executa em torno do seu próprio eixo, de que resultam o dia e a noite.

ROTÁCEO, adj. Em forma de roda; rotiforme.

ROTADOR, adj. Que faz rodar; s.m. músculo que faz girar sobre o seu eixo as partes a que está ligado.

ROTANTE, adj. Que roda.

ROTAR, v.int. Girar; descrever órbita circular.

ROTARIANO, adj. e s.m. Diz-se de membro do Rotary Clube, associação internacional, que proclama a lealdade, a probidade e demais virtudes sociais.

ROTÁRIO, adj. e s.m. Rotariano.

ROTATIVA, s.f. Máquina de imprimir, composta de formas cilíndricas, em volta das quais o papel enrolado em bobinas se desenrola e recebe a impressão.

ROTATIVISMO, s.m. Sistema político de alternância dos partidos no poder.

ROTATIVO, adj. Que faz rodar.

ROTATÓRIO, adj. Relativo a rotação; s.m. rotador.

ROTEAR, v.t. Dirigir uma embarcação; int. marear.

ROTEIRO, s.m. Itinerário; indicação metódica da situação e direção de caminhos.

ROTÍFERO, adj. Que tem rodas.

ROTIFORME, adj. Que tem forma de roda.

ROTINA, s.f. Caminho já trilhado e sabido; prática constante; uso geral.

ROTINEIRA, s.f. Rotina; costume; hábito.

ROTINEIRO, adj Habitual; trivial; s.m. indivíduo rotineiro.

ROTO, adj. Que se rompeu; esburacado; s.m. maltrapilho.

ROTOGRAVURA, s.f. Impressão de gravura feita em rotativa.

RÓTULA, s.f. Gelosia; osso móvel e arredondado situado na frente da articulação do joelho.

ROTULAÇÃO, s.f. Rotulagem, colocação de rótulo.

ROTULADO, adj. Que tem rótula ou rótulo; tachado; denominado.

ROTULAGEM, s.f. Ação de rotular.

ROTULAR, adj. Relativo à rótula; v.t. colocar rótulo.

RÓTULO, s.m. Letreiro; dístico; legenda.

ROTUNDA, s.f. Construção em forma de círculo, terminando em cúpula.

ROTUNDIDADE, s.f. Obesidade; gordura.

ROTUNDO, adj. Redondo; gordo; obeso.

ROTURA, s.f. Ruptura; fendilhamento.

ROUBALHEIRA, s.f. Roubo importante e escandaloso; roubo ao Estado; trapaça.

ROUBAR, v.t. Despojar de dinheiro ou valores; furtar; apropriar-se fraudulentamente; raptar; t.-rel. tomar furtivamente ou por violência; int. praticar roubos; proceder como ladrão. (Pres. ind.: roubo, roubas,etc.)

ROUBO, s.m. Furto; aquilo que se rouba; extorsão.

ROUCO, adj. Que tem rouquidão; roufenho.

ROUFENHO, adj. Fanhoso.

ROUPA, s.f. Todas as peças de vestuário ou de estofo para cobertura ou agasalho.

ROUPAGEM, s.f. Conjunto de roupas; representação artística das roupas; exterioridade; coisa vistosa, frívola ou insignificante.

ROUPÃO, s.m. Peça de vestuário comprida e larga para uso doméstico; chambre; bata.

ROUPAR, v.t. e p. Enroupar.

ROUPARIA, s.f. Porção de roupa; lugar onde se guardam ou vendem roupas.

ROUPA-VELHA, s.f. Comida preparada com restos de carnes.

ROUPEIRO, s.m. Indivíduo encarregado de guardar a rouparia de uma casa ou de um estabelecimento; zelador dos uniformes dos clubes esportivos.

ROUPETA, s.f. Batina.

ROUPIDO, adj. Que está vestido ou provido de roupas.

ROUQUEJAR, v.int. Emitir sons roucos; ter rouquidão.

ROUQUENHO, adj. Um pouco rouco, roufenho.

ROUQUICE ou **ROUQUIDÃO**, s.f. Embaraço nos órgãos da voz, de que resulta certa aspereza na fala e dificuldade na pronúncia.

ROUQUIDO, s.m. Som rouco de respiração com estertores.

ROUXEAR, v.t. Arroxear; int. tornar-se roxo ou purpúreo.

ROUXINOL, s.m. Pássaro da família dos Turdídeos; pessoa que canta muito bem, de voz muito agradável. (Pl.: rouxinóis.)

ROXO, adj. Que tem cor entre rubro e violáceo; s.m. a cor roxa.

RUA, s.f. Caminho de casas, muros ou árvores, numa povoação; interj. exprime despedida violenta.

RUADOR, adj. Rueiro; vadio.

RUANO, adj. Ruão.

RUÃO, adj. Diz-se do cavalo branco com manchas escuras.

RUBEFAÇÃO, s.f. Vermelhidão da pele.

RUBENTE, adj. Que tem cor vermelha.

RÚBEO, adj. Rubro.

RUBÉOLA, s.f. Febre eruptiva, parecida com o sarampo.

RUBESCÊNCIA, s.f. Vermelhidão.

RUBESCENTE, adj. Que enrubesce.

RUBESCER, v.i. Avermelhar; ruborizar.

RUBI, s.m. Pedra preciosa de cor vermelha.

RUBIÁCEA, s.f. Espécime das Rubiáceas, família de plantas dicotiledôneas, à qual pertence o cafeeiro.

RUBIÁCEO, adj. Relativo à família das Rubiáceas.

RUBICÃO, s.m. Dificuldade; obstáculo.

RUBICUNDO, adj. Vermelho.

RUBIDEZ, s.f. Rubor; vermelhidão.

RUBÍDIO, s.m. Elemento químico, metal, símbolo Rb, de peso atômico 85,5 e número atômico 37.

RÚBIDO, adj. Vermelho.

RUBIFICAR, v.t. Tornar vermelho.

RUBIGINOSO, adj. Ferrugento.

RUBLO, s.m. Unidade monetária da Rússia.

RUBOR, s.m. Cor vermelha; pejo; pudor; vermelhidão.

RUBORESCER, v.t. e p. Ruborizar; enrubescer.

RUBORIZAÇÃO, s.f. Vermelhidão; rubor.

RUBORIZAR, v.t. Tornar rubro; causar rubor a; p. corar; ter pudor; envergonhar-se.

RUBRICA, s.f. Nota, geralmente em letra vermelha, nos missais, e segundo a qual se celebrarão os ofícios divinos; assinatura abreviada; título.

RUBRICADOR, adj. e s.m. Que, ou o que rubrica.

RUBRICAR, v.t. Pôr a rubrica; autenticar.

RUBRO, adj. Muito vermelho; incandescente; corado.

RUÇAR, v.t. Tornar ruço; int. tornar-se ruço; envelhecer; principiar a encanecer.

RUÇO, adj. Pardacento; grisalho; desbotado.

RUDE, adj. Inculto; agreste; áspero; estúpido, bruto.

RUDEZ, s.f. Rudeza.

RUDEZA, s.f. Qualidade de rude; indelicadeza; aspereza; maus modos.

RUDIMENTAR, adj. Elementar; primário.

RUDIMENTO, s.m. Elemento inicial; primeiras noções.

RUEIRO, adj. Vadio; que gosta de andar pelas ruas.

RUELA, s.f. Pequena rua; viela.

RUFADOR, adj. e s.m. Que, ou o que rufa.

RUFAR, v.t. Tocar, dando rufos; int. produzir rufos.

RUFIÃO, s.m. Aquele que se mete em brigas por causa de mulheres. (Fem.: rufiona; pl. rufiões.)

RUFLAR, v.int. Agitar-se, produzindo rumor como ave que esvoaça. (Não se conjuga nas primeiras pessoas.)

RUFO, s.m. Toque de tambor; som parecido ao do tambor.

RUGA, s.f. Prega ou gelha na pele.

RUGE-RUGE, s.m. Rumor de saias que roçam o chão.

RUGIDO, s.m. Voz de leão; bramido; som cavernoso.

RUGIDOR, adj. e s.m. Que, ou o que ruge.

RUGIR, v.int. Soltar rugidos; emitir a voz (o leão); bramir; urrar. (Só é usado nas terceiras pessoas.)

RUGITAR, v.int. Rugir.

RUGOSO, adj. Que tem rugas; engelhado; encarquilhado.

RUIBARBO, s.m. Planta medicinal da família das Poligonáceas.

RUÍDO, s.m. Rumor produzido pela queda de um corpo; qualquer estrondo; boato; fama.

RUIDOSO, adj. Que faz ruído; retumbante; estrondoso.

RUIM, adj. Mau; inútil; perverso.

RUÍNA, s.f. Resto de edifício desmoronado; perda; destruição; causa de males.

RUINARIA, s.f. Conjunto de ruínas.

RUINDADE, s.f. Maldade; perversidade.

RUINOSO, adj. Nocivo; prejudicial.

RUIR, v.int. Desmoronar-se; despenhar-se; desabar. (Não se conjuga na 1.ª pes. pres. ind. e em todo o pres. subjuntivo: ruis; rui; ruímos; ruís; ruem.)

RUIVACENTO, adj. Um tanto ruivo.

RUIVO, adj. Amarelo-avermelhado; louro-avermelhado; s.m. indivíduo de cabelo ruivo.

RUM, s.m. Aguardente proveniente da fermentação e destilação do melaço de cana-de-açúcar ou de beterraba.

RUMA, s.f. Rima; pilha.

RUMAR, v.t.-rel. Dirigir; rel. dirigir-se; encaminhar-se.

RUMBA, s.f. Certa música e dança originária da América Central.

RUMINAÇÃO, s.f. Ato ou efeito de ruminar.

RUMINADOURO, s.m. Estômago dos ruminantes.

RUMINANTE, adj. Que rumina; s.m. quadrúpedes ruminantes, subordem de mamíferos, cujo estômago é dividido em quatro partes (pança, barrete, folhoso e coagulador), e às vezes em três, voltando o alimento à boca para sofrer uma segunda mastigação, mais completa.

RUMINAR, v.t. Tornar a mastigar; remoer (os alimentos que voltam do estômago à boca); pensar muito; refletir.

RUMO, s.m. Direção; caminho; destino; orientação.

RUMOR, s.m. Ruído produzido por coisa que se desloca; murmúrio de vozes; fama; boato.

RUMOREJANTE, adj. Que rumoreja.

RUMOREJAR, v.int. Produzir rumor; sussurrar brandamente.

RUMOREJO, s.m. Ato ou efeito de rumorejar; bisbilho.

RUMOROSO, adj. Ruidoso; bulhento; sensacional.

RUNA, s.f. Seiva de pinheiro.

RUPESTRE, adj. Que cresce sobre os rochedos; gravado em rochedo.

RUPIA, s.f. Unidade monetária da Índia.

RUPÍCOLA, adj. Que vive nas rochas.

RUPTIBILIDADE, s.f. Qualidade do que é rúptil; friabilidade.

RÚPTIL, adj. Que se pode romper; quebradiço.

RUPTURA, s.f. Fratura; interrupção; violação de contrato; quebra de relações sociais.

RURAL, adj. Relativo ao campo; que é próprio do campo; agrícola.

RURALISMO, s.m. Emprego de cenas rurais em obras de arte; política agrária.

RURALISTA, adj. Diz-se do pintor e de outros artistas que nos seus trabalhos preferem as cenas rurais; político agrário.

RURÍCOLA, adj. Que vive no campo; agricultor.

RUSGA, s.f. Barulho; desordem; pequena briga.

RUSGAR, v.int. e rel. Questionar; brigar.

RUSGUENTO, adj. Briguento.

RUSSIANO, adj. Russo.

RUSSIFICAÇÃO, s.f. Ato ou efeito de russificar.

RUSSIFICAR, v.t. Tornar russo; fazer adotar os usos e costumes russos.

RUSSO, adj. Referente à Rússia ou aos seus habitantes; s.m. o natural ou habitante da Rússia; língua da Rússia.

RUSSÓFILO, adj. e s.m. Amigo dos russos.

RUSTICIDADE, s.f. Indelicadeza; incivilidade; grosseria.

RÚSTICO, adj. Rural; rude; incivil.

RUSTIR, v.t. Enganar.

RUTÁCEA, s.f. Espécime das Rutáceas, família de plantas dicotilôdeneas, de que faz parte a arruda.

RUTÁCEO, adj. Relativo ou semelhante à arruda; relativo à família das Rutáceas.

RUTÊNIO, s.m. Elemento químico, metal raro do grupo da platina, símbolo Ru, de peso atômico 101,7 e número atômico 44.

RUTILAÇÃO, s.f. Brilho intenso; esplendor.

RUTILÂNCIA, s.f. Qualidade de rutilante.

RUTILANTE, adj. Que rutila; muito brilhante; resplandecente.

RUTILAR, v.int. Brilhar muito; resplandecer; chamejar.

RUTILO, s.m. Rutilância; ato de rutilar.

RÚTILO, adj. Rutilante; muito brilhante.

RUVINHOSO, adj. Que tem ferrugem; mal-humorado.

S

S, s.m. Consoante alveolar fricativa surda, décima oitava letra do alfabeto.

SÃ, adj. Flexão feminina de são.

SABÁ, s.m. Descanso religioso dos judeus; assembléia de bruxos que, segundo superstição, se reunia no sábado, à meia-noite, sob a presidência de Satanás.

SÁBADO, s.m. Sétimo e último dia da semana.

SABÃO, s.m. Sal de potássio ou de sódio proveniente de ação básica sobre um ácido graxo; repreensão; censura.

SABÁTICO, adj. Que diz respeito ao sábado.

SABATINA, s.f. Prova rotineira de aproveitamento; argüição; discussão; debate.

SABATINAR, v.t. Recapitular; int. discutir miúda e cavilosamente.

SABATINEIRO, adj. Referente a sabatina; próprio de sabatina.

SABATINO, adj. Respeitante a sabatina; sabático.

SABEDOR, adj. Que sabe; ciente; erudito; sábio.

SABEDORIA, s.f. Grande cópia de conhecimentos; ciência; saber; prudência.

SABEÍSMO, s.m. Adoração dos astros.

SABEÍSTA, s. Pessoa sectária do sabeísmo.

SABENÇA, s.f. Sabedoria; erudição; saber.

SABER, v.t. Conhecer, ser informado; ter conhecimento. (Verbo irregular. Pres. do indicativo: sei, sabes, sabe, sabemos, sabeis, sabem; pret. perf.: soube, soubeste, soube, soubemos, soubestes, souberam; mais-que-perf.: soubera, souberas, soubera, soubéramos, soubéreis, souberam; pres. subjuntivo: saiba, saibas, saiba, saibamos, saibais, saibam; fut.: souber, souberes, souber, soubermos, souberdes, souberem); s.m. erudição; sensatez; sabedoria; experiência.

SABIÁ, s.m. Nome pelo qual são designados, de modo geral, os pássaros da família dos Turdídeos.

SABICHÃO, adj. e s.m. Aquele que alardeia sabedoria; presunçoso

SABICHONA, adj. e s.f. Diz-se de mulher que alardeia saber.

SABIDO, adj. Que se sabe; conhecido; erudito; experto; astuto.

SABINADA, s.f. Revolução separatista na Bahia, ao tempo da Regência.

SÁBIO, adj. Erudito; destro; perito; prudente (superl. abs. sint.: sapientíssimo); s.m. homem que sabe muito; filósofo; cientista; homem prudente, avisado.

SABÍVEL, adj. Que se pode saber.

SABOARIA, s.f. Lugar onde se fabrica, vende ou guarda sabão.

SABOEIRO, s.m. Fabricante ou vendedor de sabão.

SABONETE, s.m. Pedaço de sabão fino e aromatizado.

SABONETEIRA, s.f. Caixinha ou lugar do sabonete nos lavatórios.

SABOR, s.m. Gosto; saibo; qualidade; índole; jovialidade; forma; natureza; capricho; talante.

SABOREAR, v.t. Comer de vagar, com gosto; provar, com prazer, comendo ou bebendo; apreciar o sabor; entregar-se com delícia; comprazer-se; gozar voluptuosamente; p. deleitar-se, comendo ou bebendo; deliciar-se.

SABORIDO, adj. Saboroso.

SABOROSO, adj. Gostoso; deleitoso; agradável.

SABOTADOR, adj. e s.m. Que sabota.

SABOTAGEM, s.f. Ato ou efeito de sabotar; danificação criminosa

SABOTAR, v.t. Danificar criminosamente; danificar de propósito (instalações industriais, etc.); dificultar ou impedir (qualquer serviço ou atividade) por meio de resistência passiva.

SABRAÇO ou **SABRADA**, s.m. Golpe de sabre.

SABRE, s.m. Espada curta; terçado.

SABUGAL, s.m. Terreno onde crescem sabugueiros.

SABUGO, s.m. Medula de sabugueiro; espiga de milho sem os grãos.

SABUGUEIRO, s.m. Arbusto da família das Caprifoliáceas.

SABUJAR, v.t. Bajular; adular.

SABUJICE, s.f. Servilismo.

SABUJO, s.m. Cão de caça grossa; homem servil; bajulador.

SABURRA, s.f. Crosta esbranquiçada, que cobre a parte superior da língua, durante certas doenças.

SABURRENTO, adj. Saburroso; que tem aspecto de saburra.

SABURROSO, adj. Que tem saburra; saburrento.

SACA, s.f. Grande saco; bolsa.

SACA-BUCHA, s.m. Saca-trapo.

SACABUXA, s.f. Instrumento antigo, semelhante a uma trompa.

SACADA, s.f. Construção que ressalta da fachada de uma parede ou do nível de outra construção; balcão de janela, que ressai da parede.

SACADELA, s.f. Puxão.

SACADO, s.m. Indivíduo contra quem se passou uma letra de câmbio.

SACADOR, s.m. Aquele que saca; o que passa uma letra de câmbio.

SACALÃO, s.m. Puxão; sacadela; safanão.

SACANA, adj. Falso; safado; velhaco.

SACANAGEM, s.f. Falsidade; velhacaria; embuste.

SACAR, v.t. Tirar à força; arrancar; tirar a puxões; tirar; t.-rel. emitir letra de câmbio; rel. tirar com violência; puxar.

SACARIA, s.f. Porção de sacos; amontoado ou depósito de sacos.

SACARÍDEO, adj. Semelhante ao açúcar; s.m. nome dado à combinação resultante da ação dos ácidos orgânicos sobre açúcares; hidrato de carbono.

SACARÍFERO, adj. Que produz açúcar.

SACARIFICAÇÃO, s.f. Ato ou efeito de sacarificar.

SACARIFICAR, v.t. Transformar o amido em substância açucarada.

SACARÍMETRO, s.m. Instrumento destinado à dosagem de açúcar em uma solução.

SACARINA, s.f. Substância orgânica, muito adoçante, chamada açúcar dos diabéticos.

SACARINO, adj. Em que há açúcar.

SACARÍVORO, adj. Que se alimenta de açúcar.

SACARÓIDE, adj. Diz-se da textura granular semelhante ao açúcar cristalizado.

SACA-ROLHAS, s.m. 2 núm. Instrumento para tirar rolhas de cortiça das garrafas ou de outros vasos.

SACAROLOGIA, s.f. Tratado acerca do açúcar.

SACAROSE, s.f. Substância orgânica abundante no reino vegetal, dissolvida nos sucos das frutas e de outras partes das plantas, sendo particularmente notáveis e industrialmente importantes a cana-de-açúcar e a beterraba.

SACAROSO, adj. Que é da natureza do açúcar.

SACA-TRAPO, s.m. Instrumento com que se tira a bucha das armas de fogo.

SACERDÓCIO, s.m. Ministério ou funções do sacerdote.

SACERDOTAL, adj. Relativo a sacerdote ou a sacerdócio.

SACERDOTE, s.m. O encarregado dos sacrifícios religiosos; padre.

SACERDOTISA, s.f. Mulher que exercia o sacerdócio entre os pagãos.

SACHADOR, adj. Que sacha; s.m. aquele que sacha.

SACHAR, v.t. Escavar com o sacho ou enxada

SACHO, s.m. Enxada em forma de lança.

SACHOLA, s.f. Pequena enxada de boca larga; sacho pequeno.

SACHOLADA, s.f. Pancada ou ferimento com a sachola.

SACHOLAR, v.t. Cavar com a sachola.

SACI, s.m. Entidade fantástica, representada por um negrinho de uma só perna, que usa barrete vermelho e freqüenta à noite os brejos, perseguindo os viandantes ou apanhando-os em ciladas. O mesmo que saci-pererê.

SACIAR, v.t. Satisfazer a fome ou a sede; encher;

fartar; satisfazer; p. comer e beber até fartar-se. (Pres. ind.: sacio, sacias etc.)

SACIÁVEL, adj. Que se pode saciar.

SACIEDADE, s.f. Satisfação do apetite; fartura.

SACI-PERERÊ, s.m. Saci.

SACO, s.m. Receptáculo de tecido ou de couro, oblongo, aberto em cima e cosido no fundo

SACOLA, s.f. Alforje; embornal.

SACOLEJAR, v.t. Chacoalhar; agitar repetidas vezes; vascolejar; sacudir; agitar.

SACOLEJO, s.m. Ato de sacolejar; agitação.

SACO-ROTO, s.m. Indivíduo que não sabe guardar segredos e que divulga tudo o que ouve.

SACRAMENTADO, adj. e s.m. Que, ou aquele que recebeu os sacramentos.

SACRAMENTAL, adj. Relativo ao sacramento.

SACRAMENTAR, v.t. Ministrar os sacramentos, principalmente da confissão e comunhão; dar a extrema-unção; sagrar; p. receber os sacramentos.

SACRAMENTÁRIO, s.m. (liturg.) Livro antigo de cerimônias para a administração dos sacramentos.

SACRAMENTO, s.m. Ato religioso, de instituição divina, para santificação da alma; consagração; a hóstia em exposição na custódia; eucaristia.

SACRÁRIO, s.m. Lugar onde se guardam hóstias.

SACRIFICADOR, adj. e s.m. Que, ou aquele que sacrifica; sacrificante.

SACRIFICAL, adj. Que diz respeito ao sacrifício.

SACRIFICANTE, adj. e s. Sacrificador; s.m. aquele que celebra missa.

SACRIFICAR, v.t.-rel. Oferecer em holocausto; imolar; t. renunciar voluntariamente a; vitimar; abater o animal em experiências de laboratório; p. tornar-se vítima de algum interesse; sujeitar-se; martirizar-se.

SACRIFICÁVEL, adj. Que se pode sacrificar.

SACRIFÍCIO, s.m. Oferta solene à divindade; imolação de vítima em holocausto; privação de coisa apreciada; abnegação.

SACRILÉGIO, s.m. Ato de impiedade; profanação.

SACRÍLEGO, adj. Que cometeu sacrilégio.

SACRIPANTA, adj. Santarrão; beato-fingido.

SACRISTA, s.m. Sacristão.

SACRISTÃ, s.f. Mulher de sacristão; mulher incumbida da limpeza e arranjos da sacristia.

SACRISTANIA, s.f. Cargo de sacristão.

SACRISTÃO, s.m. Homem incumbido do arranjo e guarda da sacristia; o que se emprega habitualmente nos arranjos de uma igreja e em ajudar à missa. (Fem.: sacristã; pl. sacristães e sacristãos.)

SACRISTIA, s.f. Casa anexa à igreja, ou que faz parte dela, e em que se guardam os paramentos e demais objetos do culto.

SACRO, adj. Sagrado; venerável; (Anat.) designativo do osso da coluna vertebral imediatamente inferior às vértebras lombares e articulada inferiormente com o cóccix.

SACROSSANTO, adj. Sagrado e santo.

SACUDIDA, s.f. Sacudidura.

SACUDIDELA, s.f. Sacudidura; pequena tunda ou sova.

SACUDIDO, adj. Agitado; movido em direções contrárias; desembaraçado e rude; forte; valente; expedito; esperto.

SACUDIDOR, adj. e s.m. Que, ou o que sacode.

SACUDIDURA, s.f. ou **SACUDIMENTO**, s.m. Ação ou efeito de sacudir.

SACUDIR, v.t. Agitar repetidamente; abalar; fazer tremer; excitar; p. menear o corpo, especialmente os quadris; sassaricar; saracotear; estremecer. (Conjuga-se como o verbo acudir.)

SÁCULO, s.m. Pequeno saco ou bolsa que cobre a radícula de alguns embriões; vesícula existente no vestíbulo membranoso do ouvido médio.

SÁDICO, adj. e s.m. Sadista.

SADIO, adj. Saudável; higiênico.

SADISMO, s.m. Perversão dos que, para gozar, sentem necessidade de praticar atos de crueldade de que podem chegar até ao assassínio; gozo com o sofrimento alheio. (Antôn.: masoquismo.)

SADISTA, adj. e s. Diz-se da, ou a pessoa que tem a perversão do sadismo; diz-se da, ou a pessoa que goza com o sofrimento alheio. (Antôn.: masoquista.)

SADUCEU, s.m. Membro de uma seita hebraica que negava a imortalidade da alma.

SAFA, interj. Indica repugnância ou admiração.

SAFADAGEM, s.f. Safadeza.

SAFADEZA, s.f. Vileza; imoralidade.

SAFADICE, s.f. Safadeza.

SAFADISMO, s.m. Safadeza.

SAFADO, adj. Gasto ou deteriorado pelo uso; desavergonhado; imoral; usa-se em linguagem afetiva, no sentido de descarado, encolerizado, indignado, velhaco, malicioso.

SAFANÃO, s.m. Empurrão; repelão.

SAFAR, v.t. Tirar, puxando; desembaraçar de estorvo; livrar; t. e t.-rel. roubar; p. esquivar-se; escapar; escapulir-se; fugir.

SAFARDANA, s.m. Velhaco, desprezível.

SÁFARO, adj. Estéril.

SAFARRASCADA, s.f. Encrenca; conflito.

SÁFICO, adj. Relativo a Safo, poetisa grega (séc. VII-VI a.C.); diz-se do verso decassílabo português com acento tônico na 4.ª, 8.ª e 10.ª sílabas.

SAFIRA, s.f. Pedra preciosa, variedade azul de corindon.

SAFISMO, s.m. Amor entre mulheres; amor lésbio.

SAFO, adj. Que safou; que escapou; livre; desembaraçado.

SAFRA, s.f. Ceifa; messe; colheita; época do ano em que se costuma vender o gado gordo e produtos de indústria pastoril, lã e charque.

SAFREIRO, s.m. Operário contratado para trabalhar durante a safra, somente.

SAGACIDADE, s.f. Perspicácia; finura; astúcia.

SAGAZ, adj. Astuto; fino; perspicaz. (Superl. abs. sint.: sagacíssimo.)

SAGITAL, adj. Que tem forma de seta.

SAGITÁRIO, s.m. Signo de Zodíaco, representado sob a forma de um centauro que segura um arco retesado e armado de flecha.

SAGITÍFERO, adj. Armado de setas.

SAGRAÇÃO, s.f. Ato ou efeito de sagrar; consagração.

SAGRADO, adj. Referente aos ritos ou ao culto religioso; inviolável; profundamente venerável; santo (superl. abs. sint. sacratíssimo); s.m. aquilo que é sagrado.

SAGRAR, v.t. Dedicar a Deus, aos deuses ou ao serviço divino; benzer; santificar; t.-rel. dedicar; t.-pred. consagrar.

SAGU, s.m. Substância amilácea que se extrai da parte central dos sagueiros.

SAGUÃO, s.m. Pátio descoberto no interior de um edifício; sala de entrada nos grandes edifícios, na qual se encontra a escadaria que conduz aos andares superiores; vestíbulo.

SAGUEIRO, s.m. Planta da família das Cicadáceas, que produz o sagu.

SAGUI, s.m. Pequeno macaco da família dos Hapalídeos.

SAIA, s.f. Vestuário de mulher, apertado na cintura e pendente sobre as pernas.

SAIA-BALÃO, s.f. Saia enfunada e retesada com arcos em forma de grande roda.

SAIAL, s.m. Antiga e grosseira vestidura, para homem ou mulher.

SAIBO, s.m. Sabor; mau sabor.

SAIBRAR, v.t. Cobrir de saibro.

SAIBRO, s.m. Mistura de argila e areia.

SAIBROSO, adj. Que tem saibro.

SAÍDA, s.f. Ato ou efeito de sair; lugar onde se sai: recurso; expediente.

SAÍDO, adj. Que está fora; saliente; intrometido; metediço.

SAIMENTO, s.m. Saída; funeral; acompanhamento fúnebre.

SAINETE, s.m. Comédia curta, de duas ou três personagens.

SAIOTE, s.m. Saia curta.

SAIR, v.rel. Passar de dentro para fora; ir ou passar para fora; afastar-se; partir; cessar de fazer parte; demitir-se; salientar-se; distinguir-se; int. retirar-se; afastar-se do lugar onde se encontrava; ir para fora de casa; brotar; publicar-se; pred. vir a ser; aparecer; surgir; p. escapar-se; livrar-se; desviar-se; obter êxito; desaparecer. (Pres. do indic.: saio, sais, sai, saímos, saís, saem; pret. perf.: saí, saíste, saiu, saímos, saístes, saíram; pres. subj.: saia, saias, saia, saiamos, saiais, saiam.)

SAL, s.m. Composto químico que resulta da ação de um ácido sobre uma base; tempero de cozinha que confere aos alimentos o sabor salgado (cloreto de sódio ou sal de cozinha); graça; finura.

SALA, s.f. Um dos principais, ou o principal dos

415

compartimentos de uma casa e ordinariamente destinado à recepção de visitas; qualquer compartimento, mais ou menos amplo, de um edifício.

SALACIDADE, s.f. Devassidão; libertinagem.

SALADA, s.f. Planta ou plantas hortenses que, depois de migadas e temperadas com sal e outras especiarias, se comem cruas; iguaria temperada com molhos diversos, sem ir aó fogo; confusão.

SALADEIRA, s.f. Travessa em que se leva a salada à mesa.

SALADEIRO, s.m. Estabelecimento onde são preparados o charque ou carne-seca e outros produtos da rês.

SALAFRÁRIO, s.m. Homem ordinário; patife; velhaco.

SALAMALEQUE, s.m. Saudação entre os turcos; mesura exagerada.

SALAMANDRA, s.f. Designação genérica para os anfíbios urodelos.

SALAME, s.m. Espécie de paio, preparado para se comer cru.

SALÃO, s.m. Grande sala onde se recebe, se dão bailes ou concertos, etc.; galeria em que se faz exposição de obras de arte; barbearia.

SALARIADO, s.m. Aquele que trabalha para um patrão mediante salário.

SALÁRIO, s.m. Preço do trabalho; paga; ordenado.

SALAZ, adj. Impudico; luxurioso; libertino. (Superl. abs. sint.: salacíssimo.)

SALDAR, v.t. Pagar o saldo; ajustar; ficar quite.

SALDO, s.m. Diferença entre o débito e o crédito, nas contas de devedores com credores; resto.

SALEIRO, s.m. Vasilha para sal.

SALESIANO, adj. Relativo ou pertencente à ordem salesiana fundada por S. João Bosco, sob a invocação de S. Francisco de Sales; s.m. frade dessa ordem.

SALETA, s.f. Pequena sala.

SALGA, s.f. Ato de salgar. O mesmo que salgação e salgadura.

SALGAÇÃO, s.f. Salga.

SALGADEIRA, s.f. Vasilha ou lugar onde se salga carne, peixe, etc.

SALGADO, adj. Que tem sal; que tem muito sal; picante; engraçado; caro; custoso.

SALGADOR, adj. e s.m. Que, ou aquele que salga.

SALGADURA, s.f. Salga.

SALGALHADA, s.f. Confusão; mistifório; trapalhada.

SALGAR, v.t. Temperar com sal; conservar em sal; impregnar de sal.

SAL-GEMA, s.m. Sal de cozinha ou cloreto de sódio, extraído das minas terrestres.

SALGUEIRAL, s.m. Terreno onde crescem salgueiros.

SALGUEIRO, s.m. Nome de vários arbustos ornamentais da família das Salicáceas.

SALICILATO, s.m. Designação genérica dos sais e ésteres do ácido salicílico.

SALICÍLICO, adj. (Quím.) Diz-se de um ácido orgânico derivado do ácido benzóico e que pela ação do anidrido acético produz o ácido acetilsalicílico, mais conhecido pelo nome de aspirina.

SALICULTURA, s.f. Produção do sal.

SALIÊNCIA, s.f. Proeminência; ressalto; assanhamento.

SALIENTAR, v.t. Tornar saliente; tornar bem visível ou distinto; p. tornar-se saliente ou notável; evidenciar-se; distinguir-se; sobressair-se.

SALIENTE, adj. Que sobressai ou ressalta; evidente; notável; que dá nas vistas; assanhado.

SALÍFERO, adj. Que tem ou produz sal.

SALIFICAÇÃO, s.f. Formação de um sal.

SALIFICAR, v.t. Tratar (um ácido) por uma base; transformar em sal (uma substância).

SALINA, s.f. Marinha de sal; monte de sal.

SALINAÇÃO ou **SALINAGEM**, s.f. Formação natural do sal.

SALINAR, v.t. Cristalizar (safra do sal).

SALINÁVEL, adj. Salificável.

SALINEIRO, s.m. Fabricante ou vendedor de sal.

SALINIDADE, s.f. Teor de substâncias salinas em um líquido.

SALINO, adj. Que tem sal ou é da natureza dele.

SALINÔMETRO, s.m. Aparelho que indica a densidade de uma solução salina.

SALITRAÇÃO, s.f. Ato ou efeito de salitrar.

SALITRADO, adj. Salitroso ou nitroso.

SALITRAL, s.m. Nitreira.

SALITRAR, v.t. Transformar em salitre; misturar ou preparar com salitre.

SALITRARIA, s.f. Indústria de refinação de salitre.

SALITRE, s.m. Nome vulgar do nitrato ou azotato de potássio; nitro; — do Chile: nome dado ao nitrato de sódio oriundo das grandes jazidas dos Andes, empregado como o adubo azotado mais facilmente assimilável pelas plantas.

SALITREIRA, s.f. Jazida de salitre.

SALITRIZAÇÃO, s.f. Ato ou efeito de salitrar.

SALITRIZAR, v.t. Salitrar.

SALITROSO, adj. Que contém salitre.

SALIVA, s.f. Humor transparente e insípido segregado pelas glândulas salivares, e que atua na digestão dos alimentos; cuspo.

SALIVAÇÃO, s.f. Ato ou efeito de salivar.

SALIVAR, adj. Relativo à saliva; que segrega saliva; que produz saliva; v.t. expelir à maneira de saliva; produzir saliva.

SALMÃO, s.m. Peixe da família dos Ciprinídeos; cor pardacenta clara, tendendo ao vermelho.

SALMEAR, v.t. Cantar em tom uniforme; cantar tristemente.

SALMILHADO, adj. Salpicado de branco e amarelo; pintalgado.

SALMISTA, s. Pessoa que faz salmos.

SALMO, s.m. Cada um dos cânticos atribuídos a David; cântico de louvor a Deus.

SALMODIA, s.f. Maneira de cantar ou recitar salmos; monotonia no recitar.

SALMODIAR, v.t. e int. Salmear.

SALMONADO, adj. Que tem a carne vermelha como a do salmão.

SALMOURA, s.f. Porção de água saturada de sal de cozinha e geralmente aplicada à conservação de carnes.

SALMOURAR, v.t. Pôr em salmoura; salgar.

SALOBRE, adj. Salobro.

SALOBRO, adj. Que tem um certo gosto de sal; diz-se da água que tem em dissolução alguns sais ou substâncias que a tornam desagradável ao gosto

SALOMÔNICO, adj. Referente a Salomão, rei dos hebreus (séc. X a.C.).

SALPICADO, adj. Manchado com pingos ou salpicos; entremeado; mosqueado.

SALPICADOR, adj. e s.m. Que, ou o que salpica.

SALPICÃO, s.m. Paio ou chouriço grosso feito de lombo de porco ou presunto e temperado com sal, alho e às vezes vinho; salsichão.

SALPICAR, v.t. Manchar com pingos; macular; t.-rel. matizar; manchar; entremear; mosquear.

SALPICO, s.m. Pingo de lama que ressalta.

SALPIMENTA, s.f. Mistura de sal e pimenta.

SALPINGITE, s.f. Inflamação da trompa de Falópio ou de Eustáquio.

SALPINTAR, v.t. Salpicar; sarapintar.

SALSA, s.f. Planta da família das Umbelíferas, muito usada em temperos culinários.

SALSADA, s.f. Confusão; embrulhada; desordem.

SALSAPARRILHA, s.f. Planta da família das Liliáceas.

SALSEIRA, s.f. Vasilha em que se servem molhos à mesa.

SALSEIRO, s.m. Motim; desordem; conflito; briga.

SALSICHA, s.f. Chouriço; lingüiça; paio.

SALSICHARIA, s.f. Estabelecimento de salsicheiro.

SALSICHEIRO, s.m. Aquele que faz ou vende salsicha.

SALSO, adj. Salgado (diz-se especialmente do mar).

SALSUGEM, s.f. Lodo em que há substâncias salinas.

SALSUGINOSO, adj. Que tem salsugem.

SALTADOR, adj. e s.m. Que, ou aquele que salta.

SALTANTE, adj. Saltador.

SALTÃO, s.m. Gafanhoto; mosquito, antes de completar a sua metamorfose; nome dado a vermes que atacam o charque.

SALTAR, v.int. Dar salto; pular; t. omitir; rel. apear-se de um salto; apear-se.

SALTARICAR, **SALTARILHAR** ou **SALTARINHAR**, v.int. Dar saltinhos; andar sempre a dar saltinhos; saltitar.

SALTATRIZ, adj. f. Que salta; s.f. mulher que salta; dançarina.

SALTEADA, s.f. Assalto; salteamento.

SALTEADO, adj. Atacado de improviso.

SALTEADOR, s.m. Ladrão de estrada; assaltante.

SALTEAMENTO, s.m. Salteada.

SALTEAR, v.t. Atacar; acometer de súbito, para roubar; assaltar.

SALTEIRO, s.m. Fabricante de saltos de madeira, para o calçado.

SALTÉRIO, s.m. Instrumento musical de forma triangular ou trapezoidal, com cordas tesas como as da lira, e que eram feridas com os dedos ou com o plectro; instrumento triangular moderno, com 13 ordens de cordas, que se tocam com palheta.

SALTÍGRADO, adj. Que caminha aos saltos.

SALTIMBANCO, s.m. Charlatão de feira; palhaço; histrião.

SALTITANTE, adj. Que dá pulinhos.

SALTITAR, v.int. Dar saltinhos freqüentes; divagar de um para outro assunto.

SALTO, s.m. Pulo; ricochete; catadupa; catarata; transição rápida.

SALUBRE, adj. Saudável, sadio. (Superl. abs. sint.: salubérrimo.)

SALUBRIDADE, s.f. Qualidade de salubre; conjunto das condições favoráveis à saúde.

SALUBRIFICAR, v.t. Tornar salubre; sanear.

SALUTAR, adj. Conveniente para a saúde; moralizador: higiênico.

SALUTÍFERO, adj. Que dá saúde.

SALVA, s.f. Descarga de armas de fogo em honra de alguém ou por motivo de regozijo; espécie de bandeja.

SALVAÇÃO, s.f. Ato ou efeito de salvar ou remir; apoio; sustentáculo.

SALVADOR, adj. Que salva; s.m. aquele que salva; Cristo.

SALVADORENHO, adj. e s.m. Da República de El Salvador; salvatoriano.

SALVADORENSE, adj. e s. Da cidade de Salvador (Bahia).

SALVADOS, s.m.pl. Restos que escaparam de uma catástrofe, especialmente naufrágio ou incêndio.

SALVAGUARDA, s.f. Salvo-conduto; cautela; protetor; resguardo de um perigo.

SALVAGUARDAR, v.t. Proteger; acautelar.

SALVAMENTO, s.m. Salvação; segurança.

SALVANTE, adj. Que salva; prep. exceto; salvo; tirante.

SALVAR, v.t.-rel. Livrar; pôr a salvo; t. livrar de ruína ou perigo; conservar intato; livrar da morte; acautelar; int. dar salvas de artilharia; justificar; p. obter a salvação eterna; pôr-se a salvo de algum perigo; livrar-se de um risco iminente. (Part.: salvado e salvo.)

SALVATORIANO, adj. Da República de El Salvador; s.m. o natural ou habitante de El Salvador; salvadorenho.

SALVÁVEL, adj. Que se pode salvar.

SALVA-VIDAS, s.m. 2 núm. Aparelho próprio para salvar náufragos ou livrar de perigo.

SALVE, interj. Designativa de saudação; ave.

SALVE-RAINHA, s.f. Oração católica, dedicada à Virgem Maria, a qual começa por essas palavras.

SALVO, adj. Livre de perigo de morte ou de doença; prep. exceto.

SALVO-CONDUTO, s.m. Permissão escrita para alguém viajar ou transitar livremente.

SAMAMBAIA, s.f. Nome de plantas das famílias das Polipodiáceas e outras semelhantes.

SAMAMBAIAL, s.m. Lugar onde crescem samambaias.

SAMÁRIO, s.m. Elemento químico da classe dos metais, cujos óxidos constituem as chamadas terras raras; símbolo químico Sm, peso atômico 150,4 e número atômico 62.

SAMARITANO, adj. Relativo à Samaria; s.m. o habitante ou natural desta cidade da Palestina; língua dos samaritanos; homem bom; enfermeiro.

SAMARRA, s.f. Vestuário rústico e antigo de peles de ovelha.

SAMBA, s.m. Dança cantada, de origem africana, compasso binário e acompanhamento obrigatoriamente sincopado.

SAMBADOR, adj. e s.m. Que, ou aquele que dança o samba. O mesmo que sambista.

SAMBAQUI, s.m. Nome indígena dado a depósitos antiqüíssimos, constituídos de montões de conchas, restos de cozinha e de esqueletos acumulados por tribos selvagens que habitaram o litoral americano em período pré-histórico.

SAMBAQUIEIRO, s.m. Aquele que explora um sambaqui.

SAMBAR, v.int. Dançar o samba; dançar.

SAMBEIRO, adj. e s.m. Sambador; sambista.

SAMBENITO, s.m. Hábito de baeta amarela e verde, que o condenado enfiava pela cabeça à maneira de saco.

SAMBERNARDO, s.m. Exemplar de uma raça de grandes cães felpudos, originária dos Alpes suíços.

SAMBISTA, s. e adj. Compositor de sambas; dançador de sambas.

SAMBLAR, v.t. Cortar e juntar (a madeira lisa), adaptando-lhe lavores.

SAMBURÁ, s.m. Cesto feito de cipó ou taquara.

SAMORIM, s.m. Título do antigo rei de Calecute.

SAMURAI, s.m. Membro da casta militar do Japão.

SANAR, b.t. Curar; sarar; remediar; p. remediar-se.

SANATIVO, adj. Que sana; próprio para sanar.

SANATÓRIO, s.m. Estabelecimento ou residência apropriada para doentes ou convalescentes.

SANÁVEL, adj. Que se pode sanar.

SANÇÃO, s.f. Aprovação dada pelo chefe de Estado a uma lei; parte da lei em que se indicam as penas contra os transgressores; pena ou recompensa com que se procura assegurar a execução de uma lei; confirmação; ratificação.

SANCIONADO, adj. Que recebeu sanção; confirmado; aprovado.

SANCIONADOR, adj. e s.m. Que, ou aquele que sanciona.

SANCIONAR, v.t. Dar sanção a; confirmar; aprovar; ratificar.

SANCO, s.m. Perna de ave, desde a garra até a junta da coxa.

SANDÁLIA, s.f. Espécie de calçado, formado de uma sola ligada ao pé por meio de correias.

SÂNDALO, s.m. Nome de duas árvores indianas da família das Santaláceas; perfume extraído dessas árvores.

SANDEJAR, v.int. Dizer sandices.

SANDEU, adj. e s.m. Idiota; pateta. (Fem.. sandia.)

SANDIA, adj.f. e s.f. Fem. de sandeu.

SANDICE, s.f. Insensatez; tolice; idiotice.

SANDUÍCHE, s.m. Conjunto de duas fatias de pão, entre as quais se põem fatias de fiambre, salame, presunto, queijo, etc.

SANEADOR, adj. e s.m. Que, ou aquele que saneia.

SANEAMENTO, s.m. Ato ou efeito de sanear.

SANEAR, v.t. Tornar são, habitável ou respirável; curar; sanar; remediar; reparar; tranqüilizar; restituir ao estado normal; desfazer.

SANEÁVEL, adj. Que se pode sanear.

SANEFA, s.f. Larga faixa de fazenda que se atravessa como ornato na parte superior dos cortinados, nas vergas das janelas, etc.

SANFONA, s.f. Acordeão; harmônica.

SANFONINA, s.f. Acordeão pequeno; cantiga desentoada; s. tocador de sanfona.

SANFONINAR, v.int. Tocar sanfona.

SANGA, s.f. Pequeno ribeiro; escavação profunda feita no terreno pelas chuvas ou correntes de água subterrâneas.

SANGRADEIRA, s.f. Formão próprio para sangrar árvores produtoras de látex.

SANGRADO, adj. A que se aplicou a sangria; ferido; exausto.

SANGRADOR, adj. e s.m. Que, ou aquele que sangra.

SANGRADOURO, s.m. Sulco ou lugar por onde se desvia parte da água de um rio ou fonte; lugar, no pescoço ou na raiz dos animais, onde se dá o golpe de morte; sarjeta; escoadouro.

SANGRADURA, s.f. Ato ou efeito de sangrar.

SANGRAR, v.t. Retirar ou extrair sangue; tirar algum líqüido; esvaziar; ferir; extrair certos produtos naturais; esgotar; extorquir; atormentar; perder sangue; debilitar; tirar a força; int. verter sangue; p. deixar-se sangrar; verter sangue; debilitar-se.

SANGRENTO, adj. Que derrama sangue; cruento; feroz; desalmado.

SANGRIA, s.f. Ato ou efeito de sangrar; sangue extraído ou derramado; extorsão; desfalque.

SANGUE, s.m. Líqüido espesso, de cor vermelha, que enche as veias e as artérias; (fig.) a vida; prole; geração; natureza; família.

SANGUEIRA, s.f. Grande porção de sangue derramado.

SANGUE-NOVO, s.m. Designação popular de certas erupções cutâneas.

SANGUENTO ou **SANGÜENTO**, adj. Sangrento; sanguinolento.

SANGUESSUGA, s.f. Nome comum a todos os Hirudíneos; indivíduo que explora outro, fazendolhe constantes pedidos de dinheiro.

SANGUÍFERO, adj. Que tem ou produz sangue.

SANGUÍNEO ou **SANGUÍNEO**, adj. Relativo ao sangue; que tem cor de sangue; sanguinolento.

SANGUINHO, s.m. Paninho com que o sacerdote enxuga o cálice depois de consumir o vinho sagrado.

SANGUINOLENTO, SANGUINOSO ou **SANGÜINOSO**, adj. Coberto de sangue; misturado ou tinto de sangue; sanguinário.

SANGUISSEDENTO, adj. Que tem sede de sangue; sanguinário.

SANHA, s.f. Ira; fúria; rancor.

SANHAÇO, s.m. Nome dado a várias espécies de pássaros da família dos Tanagrídeos. O mesmo que assanhaço.

SANHOSO, adj. Que tem sanha; irascível.

SANHUDO, adj. Sanhoso; terrível; que põe medo.

SANIDADE, s.f. Salubridade; higiene.

SÂNIE, s.f. Pus ou matéria purulenta produzida pelas úlceras e chagas.

SANIFICADOR, adj. e s.m. Que, ou aquele que sanifica.

SANIFICAR, v.t. Tornar são ou salubre.

SANITÁRIO, adj. Relativo à saúde ou à higiene; s.m. reservado sanitário.

SANITARISTA, s. Técnico em saúde pública; higienista.

SANJA, s.f. Abertura ou dreno para escoamento das águas.

SANJAR, v.t. e int. Drenar; fazer ou abrir sanjas.

SANSÃO, s.m. Homem forte; robusto.

SANSCRÍTICO, adj. Relativo ao sânscrito.

SANSCRITISTA, s. Pessoa versada no sânscrito.

SÂNSCRITO, s.m. Antiga língua sagrada da Índia; adj. sanscrítico.

SANTA, s.f. Mulher que foi canonizada; mulher virtuosa, bondosa e inocente; imagem de santa.

SANTA-LUZIA, s.f. Palmatória.

SANTANTÔNIO, s.m. Cabeçote de sela.

SANTARRÃO, adj. e s.m. Que, ou o que finge santidade; hipócrita; beato falso. (Femin.: santarrona.)

SANTEIRO, s.m. Escultor ou vendedor de imagens de santos.

SANTELMO, s.m. Chama azulada que, principalmente em ocasiões de tempestade, aparece nos mastros dos navios, por efeito da eletricidade atmosférica.

SANTIDADE, s.f. Qualidade ou estado daquele ou daquilo que é santo; título do Papa.

SANTIFICAÇÃO, s.f. Ato ou efeito de santificar; canonização.

SANTIFICADO, adj. Que se tornou santo; canonizado.

SANTIFICADOR, adj. Que santifica; s.m. aquele que santifica.

SANTIFICANTE, adj. Santificador.

SANTIFICAR, v.t. Tornar santo; sagrar; canonizar.

SANTIFICÁVEL, adj. Que se pode ou se deve santificar.

SANTIGAR ou **SANTIGUAR**, v.t. Benzer; p. fazer o sinal-da-cruz; persignar-se; benzer-se. (Pronuncia-se sempre o u do verbo santiguar-se: pres. ind.: santiguo-me (ú), etc.; pres. subj.: santigúe-me, santigues-te, etc.)

SANTÍSSIMO, adj. Superl. absol. sint. de santo; s.m. sacramento da Eucaristia; hóstia consagrada.

SANTISTA, adj. Da cidade de Santos (E. de São Paulo); s. natural ou habitante daquela cidade.

SANTO, adj. Sagrado; puro; imaculado; inocente. (superl.: santíssimo); s.m. aquele que morreu em estado de santidade ou que foi canonizado; imagem de santo; homem de grande austeridade ou de bondade extraordinária. (Aum.: santão, santarrão, com sentido pejorativo.)

SANTUÁRIO, s.m. Lugar consagrado pela religião; templo; capela.

SÃO, adj. Que tem saúde; sadio; curado; incólume; puro; sincero; s.m. indivíduo que tem saúde; forma apocopada de santo. (Fem.: sã; pl.: sãos; superl. abs. sint.: saníssimo.)

SÃO-TOMÉ, s.f. Espécie de bananeira, originária da ilha de S. Tomé.

SAPA, s.f. Pá com que se ergue a terra escavada; abertura de fossos, trincheiras e galerias subterrâneas.

SAPADOR, s.m. Soldado ou outro indivíduo que executa trabalhos de sapa.

SAPAR, v. int. Trabalhar com a sapa.

SAPARIA, s.f. Porção de sapos; os sapos.

SAPATA, s.f. Sapato raso; rodela de camurça nas chaves dos instrumentos musicais; calço.

SAPATADA, s.f. Pancada com o sapato ou sapata.

SAPATARIA, s.f. Arte ou estabelecimento de sapateiro; loja de calçados.

SAPATEADA, s.f. Ato ou efeito de sapatear.

SAPATEADO, s.m. Dança em que se faz ruído com os saltos do calçado, acompanhando o ritmo da música.

SAPATEADOR, adj. Que sapateia; s.m. dançarino de sapateado.

SAPATEAR, v.int. Bater no chão com o salto dos sapatos; executar sapateado.

SAPATEIO, s.m. Ação de sapatear.

SAPATEIRA, s.f. Mulher do sapateiro; mulher que faz ou vende sapatos; móvel onde se guardam sapatos.

SAPATEIRO, s.m. Fabricante ou vendedor de calçados; aquele que conserta calçados.

SAPATILHA, s.f. Sapata dos instrumentos de música.

SAPATO, s.m. Calçado que cobre só o pé.

SAPATORRA, s.f. ou **SAPATORRO**, s.m. Sapato grosseiro e malfeito.

SAPATRANCA, s.f. ou **SAPATRANCAS**, s.f. pl. Sapatorra; sapatorro.

SAPE, interj. Empregada para afugentar gatos.

SAPÉ, s.m. Nome de várias plantas da família das Gramíneas, de largo emprego na zona rural para cobertura de ranchos.

SAPEAÇÃO, s.f. Ação de sapear.

SAPEAR, v.t. Ficar olhando de fora ou às ocultas; assistir a debates ou a jogo, sem tomar parte.

SAPECA, adj. f. e s.f. Diz-se de, ou moça muito namoradeira, desenvolta.

SAPECAÇÃO, s.f. Ato ou efeito de sapecar.

SAPECADO, adj. Queimado levemente.

SAPECADOURO, s.m. Lugar em que se faz a sapecação do mate.

SAPECAR, v.t. Chamuscar, crestar; surrar.

SAPEQUISMO, s.m. Modos de sapeca; travessura.

SAPEZAL ou **SAPEZEIRO**, s.m. Campo de sapé.

SAPICUA, s.m. Saco de matalotagem; picuá.

SÁPIDO, adj. Que tem sabor; saboroso. (Antôn.: insípido.)

SAPIÊNCIA, s.f. Sabedoria.

SAPIENCIAL, adj. Referente à sapiência.

SAPIENTE, adj. Sabedor; sábio. (Superl.: sapientíssimo.)

SAPINHO, s.m. O mesmo que sapinhos.

SAPINHOS, s.m.pl. Manchas esbranquiçadas na mucosa bucal e produzidas por um cogumelo, mormente nas crianças.

SAPIRANGA, s.f. Inflamação das pálpebras, que faz perder os cílios.

SAPIROCA, adj. diz-se dos olhos inflamados ou sem cílios.

SAPO, s.m. Nome comum dos anuros de pele mais ou menos verrucosa; indivíduo que assiste a um jogo sem nele tomar parte.

SAPO-CONCHO, s.m. O cágado.

SAPÓLIO, s.m. Espécie de sabão mineral de uso em serviços de limpeza doméstica.

SAPONÁCEO, adj. Que tem a natureza de sabão; que se pode empregar como sabão.

SAPONÁRIO, adj. Diz-se do medicamento em que entra sabão.

SAPONIFICAÇÃO, s.f. Ato ou efeito de saponificar.

SAPONIFICAR, v.t. (Quím.) Converter, sob a ação de ácidos, bases ou água, um éster em ácido e álcool ou em ácido e fenol; converter em sabão.

SAPONIFICÁVEL, adj. Que se pode saponificar.

SAPONIFORME, adj. Que tem aspecto de sabão.

SAPORÍFERO, adj. Sápido, saboroso.

SAPORÍFICO, adj. Saporífero.

SAPOTA, s.f. Fruto e árvore da família das Sapotáceas.

SAPOTÁCEA, s.f. Espécime das Sapotáceas, família de plantas dicotiledôneas, que tem por tipo a sapota.

SAPOTI, s.m. Fruto do sapotizeiro.

SAPOTIZEIRO, s.m. Árvore da família das Sapotáceas.

SAPRÓFAGO, adj. Que se alimenta de coisas putrefadas.

SAPRÓFILO, adj. Que gosta da podridão.

SAPRÓFITO, s.m. Organismo vegetal nascido sobre substâncias em decomposição.

SAPUCAIA, s.f. Árvore da família das Lectidáceas.

SAPUCAIEIRA, s.f. Sapucaia.

SAQUE, s.m. Ato ou efeito de sacar; letra de câmbio que se sacou; ato ou efeito de saquear; assalto.

SAQUEADOR, adj. e s.m. Assaltante.

SAQUEAR, v.t. Roubar; assolar; assaltar.

SAQUEIO, s.m. Saque.

SAQUETE, s.m. Pequeno saco.

SAQUINHO, s. m. Diminutivo de saco.

SAQUITEL, s.m. Saquinho; pequeno saco.

SARABANDA, s.f. Dança popular antiga, de origem espanhola; repreensão; descompostura.

SARABATANA, s.f. Tubo de atirar setas com o sopro.

SARABULHENTO, adj. Que tem úlceras.

SARABULHO, s.m. Aspereza, por defeito de fabricação na superfície da louça.

SARABULHOSO, adj. Sarabulhento.

SARACOTEADOR, adj. Que saracoteia.

SARACOTEAMENTO, s.m. Saracoteio.

SARACOTEAR, v.t. Sassaricar; mover o corpo ou os quadris com desenvoltura e graça; int. vaguear por um lugar e por outro; p. menear-se graciosamente.

SARACOTEIO, s.m. Ato ou efeito de saracotear; sassarico.

SARACURA, s.f. Nome genérico de vários frangos-d'-água da família dos Ralídeos, que habitam pântanos, lagoas e rios.

SARADO, adj. Curado.

SARAGOÇA, s.f. Tecido de lã escura.

SARAIVA, s.f. Granizo; pedrisco.

SARAIVADA, s.f. Chuva de pedra; grande quantidade de coisas que caem como saraiva ou se sucedem com rapidez.

SARAMBÉ, s.m. Toleirão.

SARAMBELADA, s.m. Asneira; tolice.

SARAMPÃO, s.m. O mesmo que sarampo.

SARAMPELO, s.m. Sarampo benigno.

SARAMPENTO, adj. Atacado de sarampo.

SARAMPO, s.m. Doença infecciosa aguda, contagiosa, caracterizada por conjuntivite, febre e exantema, cujas manchas são separadas por intervalos de pele sã.

SARANDAGEM, s.f. Vadiagem; vagabundagem.

SARAPANTAR, v.t. e p. Espantar; atordoar; assustar.

SARAPATEL, s.m. Iguaria preparada com sangue, fígado, rim, bofe e coração de porco ou carneiro; mixórdia; confusão.

SARAPINTADO, adj. Pintalgado; mosqueado.

SARAPINTAR, v.t. Pintar de várias côres.

SARAR, v.t. Dar ou restituir saúde a (quem está doente); curar; sanar; rel. curar-se; recobrar a saúde; retornar ao estado normal.

SARARÁ, s.f. Espécie de formiga; s. e adj. mestiço, arruivado; aça.

SARAU, s.m. Reunião festiva, de noite, em casa, clube ou teatro.

SARÇA, s.f. Silva; silvedo.

SARCASMO, s.m. Escárnio; ironia.

SARCÁSTICO, adj. Irônico; crítico.

SARCOCELE, s.f. Tumor carnoso.

SARCÓFAGO, s.m. Túmulo em que os antigos metiam os cadáveres que não queriam queimar; parte de um monumento fúnebre, que representa o ataúde, embora não encerre o corpo do defunto.

SARCOMA, s.m. Tumor maligno.

SARCOMATOSO, adj. Que tem sarcoma.

SARCÔNFALO, s.m. Tumor duro no umbigo.

SARCOPIÓIDE, adj. Que tem a aparência de conter carne e pus.

SARDA, s.f. Manchas que algumas pessoas, sobretudo as ruivas, apresentam no rosto, por efeito do sol.

SARDANISCA, s.f. Lagartixa; mulher presumida.

SARDENTO, adj. Que tem sardas.

SARDINHA, s.f. Denominação genérica dos peixes do mar da família dos Clupídeos; navalha.

SARDINHEIRA, s.f. Vendedora de sardinhas; barco de pescar sardinhas.

SARDINHEIRO, s.m. Vendedor de sardinhas.

SARDO, adj. Sardento.

SARDÔNICO, adj. Atacado de tétano.

SARDOSO, adj. Sardento; sardo.

SARGAÇO, s.m. Gênero de algas da família das Fucáceas, que cresce sobre os rochedos do litoral e donde é arrastado para o mar.

SARGENTEAR, v.int. Exercer funções de sargento; afadigar-se.

SARGENTO, s.m. Graduação militar superior à de cabo e inferior à de oficial.

SARIGUÊ, s.m. ou SARIGUÉIA, s.f. Mamífero da ordem dos Marsupiais, cuja fêmea tem sob o ventre uma espécie de bolsa, em que conduz os filhos.

SARILHO, s.m. Cilindro de eixo horizontal, acionado por manivela, em torno do qual se enrola a corda que sustém o recipiente destinado a tirar água de poço; maquinismo para levantar pedras em construções; encostamento de armas em grupo de três; cabide que serve de encosto a espingarda; roda dentada, de pequeno diâmetro, fixa ao eixo da roda, nos engenhos movidos a água, e que transmite o movimento desta aos rodetes.

SARJA, s.f. Escarificação ou corte superficial na pele; tecido entrançado de seda ou lã.

SARJAÇÃO, s.f. Ato ou efeito de sarjar.

SARJADEIRA, s.f. Sarjador.

SARJADOR, s.m. Espécie de lanceta para sarjar, também chamada sarjadeira.

SARJADURA, s.f. Sarjação.

SARJAR, v.t. Fazer sarjos; fazer incisões.

SARJETA, s.f. Ecoadouro; valeta.

SARMENTÍFERO, adj. Que tem ou produz sarmentos.

SARMENTO, s.m. Vide; rebento de videira.

SARMENTOSO, adj. Que tem sarmentos.

SARNA, s.f. Doença parasitária cutânea que produz prurido intenso; coceira.

SARNENTO, adj. Que tem sarna.

SARNOSO, adj. Sarnento; que tem sarna.

SARRABULHADA, s.f. Grande porção de sarrabulho; mistifório; confusão.

SARRABULHO, s.m. Sangue coagulado de porco; guisado com esse sangue; desordem; bate-boca.

SARRACENO, adj. Designativo dos Árabes que dominaram na Espanha, Sicília e África; s.m. indivíduo pertencente a esses árabes; mouro; soldado mourisco.

SARRAFAÇAL, s.m. Oficial imperito, que trabalha imperfeitamente em sua profissão.

SARRAFAÇAR, v.int. Trabalhar mal ou grosseiramente.

SARRAFASCADA, s.f. Rolo; conflito.

SARRAFO, s.m. Tira igual de tábua, de seção quadrada e maior que a ripa; jogo bruto ou tranco, nas competições esportivas.

SARRAFUSCA, s.f. Desordem; sarrafascada.

SARRENTO, adj. Que tem sarro.

SARRIDO, s.m. Dificuldade de respiração; estertor de moribundo.

SARRO, s.m. Fezes secas, que o vinho e outros líqüidos deixam aderentes ao fundo das vasilhas; resíduo que fica no tubo de cachimbos e piteiras; crosta formada sobre os dentes que não se limpam.

SARTÃ, s.f. Frigideira.

SARTÓRIO, s.m. (Anat.) Nome de um músculo da coxa, também chamado costureiro.

SARUGA, s.f. Pragana da espiga.

SASSAFRÁS, s.m. Canela-sassafrás; espécie de loureiro.

SASSARICAR, v.int. Dançar, fazendo meneios; saracotear.

SASSARICO, s.m. Saracoteio.

SATÃ, s.m. Satanás; diabo.

SATANÁS, s.m. Nome que a Bíblia dá ao chefe dos anjos rebeldes; espírito das trevas.

SATÂNICO, adj. Diabólico; tentador.

SATANISMO, s.m. Adoração de Satanás.

SATÉLITE, s.m. Astro sem luz própria que gira em volta de outro maior; indivíduo assalariado que acompanha o outro em más obras; mineral que acompanha o diamante.

SÁTIRA, s.f. Composição poética, destinada a censurar ou ridicularizar defeitos ou vícios; qualquer escrito ou discurso picante ou maldizente; censura jocosa.

SATÍRICO, adj. Que satiriza ou envolve sátira; mordaz; diz-se das peças de assunto humorístico que foram representadas depois das tragédias gregas; s.m. satirista.

SATIRISTA, s. Pessoa que faz sátiras; pessoa maledicente.

SATIRIZAR, v.t. Fazer sátira contra; dirigir motejos picantes a; int. escrever sátira.

SÁTIRO, s.m. Semideus que segundo os pagãos, tinha pés e pernas de bode e habitava as florestas; homem libidinoso ou devasso.

SATISFAÇÃO, s.f. Aprazimento; agrado; prazer; explicação; justificação.

SATISFATÓRIO, adj. Que satisfaz; aceitável.

SATISFAZER, v.t. Cumprir; realizar; pagar; saciar; agradar; contentar; int. corresponder ao que se deseja; ser bastante ou suficiente; rel. dar execução; obedecer; p. saciar-se; farta-se; dar-se por satisfeito; contentar-se. (Conjuga-se como o verbo fazer.)

SATISFEITO, adj. Saciado; repleto; contente.

SATURABILIDADE, s.f. Qualidade do que é saturável.

SATURAÇÃO, s.f. Limite de capacidade de receber em solução; enchimento; enfartamento.

SATURADO, adj. Impregnado no embebido no mais alto grau; (Quím.) diz-se de uma solução que encerra à temperatura e pressão da experiência o peso máximo da substância dissolvida; farto; cheio.

SATURADOR, adj. e s.m. Que ou instrumento que satura.

SATURANTE, adj. Que satura.

SATURAR, v.t. Fartar; saciar; levar à saturação; satisfazer todas as valências de um átomo; neutralizar um ácido por uma base; t.-rel. encher completamente; impregnar.

SATURÁVEL, adj. Que se pode saturar.

SATURNAL, s.f. Orgia; festim de libertinagem; devassidão.

SATURNINO, adj. Diz-se em astrologia dos que nascem sob o signo de Saturno e são dotados de temperamento sombrio e melancólico; relativo ao chumbo e seus compostos; causado pelo chumbo (doença).

SATURNISMO, s.m. Doença ou intoxicação causada pelo chumbo.

SATURNO, s.m. Um dos planetas do sistema solar.

SAUDAÇÃO, s.f. Ato ou efeito de saudar; cumprimentos; homenagens de respeito ou de admiração.

SAUDADE, s.f. Recordação ao mesmo tempo triste e suave de pessoas ou coisas distantes ou extintas, acompanhada do desejo de tornar a vê-las ou possuí-las; pesar pela ausência de alguém que nos é querido; nostalgia; pl.: cumprimentos; lembranças afetuosas a pessoas ausentes.

SAUDADOR, adj. e s.m. Que, ou aquele que saúda.

SAUDAR, v.t. Cumprimentar; felicitar; salvar; aclamar; louvar; sentir júbilo; dirigir cumprimentos ou saudações. (Pres. do indic.: saúdo, saúdas, saúda, saudamos, saudais, saúdam; pres. do subj.: saúde, saúdes, saúde, saudemos, saudeis, saúdem); s.m. ato de desejar saúde.

SAUDÁVEL, adj. Salutar; higiênico; benéfico.

SAÚDE, s.f. Estado do que é são ou de quem tem as funções orgânicas no seu estado normal; vigor; robustez; brinde; saudação.

SAUDOSISMO, s.m. Tendência a elogiar o passado.

SAUDOSISTA, adj. e s. Partidário do saudosismo.

SAUDOSO, adj. Que sente saudades.

SAUNA, s.f. Banho de vapor à moda finlandesa.

SÁURIO, s.m. Espécime dos Sáurios, ordem de répteis que tem por tipo o lagarto.

SAURÓFAGO, adj. Diz-se do animal que come sáurios ou lagartos.

SAUROGRAFIA, s.f. Descrição ou tratado acerca dos répteis sáurios.

SAUROGRÁFICO, adj. Referente à saurografia.

SAURÓGRAFO, s.m. Aquele que escreve sobre saurografia.

SAUROLOGIA, s.f. Parte da Zoologia que trata dos répteis sáurios.

SAUROLÓGICO, adj. Referente à Saurologia.

SAURÓLOGO, s.m. Aquele que se especializou em Saurologia.

SAÚVA, s.f. Espécie de formiga voraz.

SAUVAL, s.m. Toca ou buraco de saúva; formigueiro.

SAUVEIRO, s.m. Sauval.

SAVANA, s.f. Terreno sem mata mas com árvores esparsas.

SAVEIRISTA, s.m. Tripulante de saveiro.

SAVEIRO, s.m. Barco estreito e comprido empregado na travessia de grandes rios e na pesca à linha; homem que conduz êsse barco.

SAVITU, s.m. Saúva.

SAXÃO (cs), adj. Referente aos Saxões; s.m. habitante da Saxônia (Alemanha).

SÁXEO (cs), adj. Que é de pedra.

SAXÍCOLA (cs), adj. Que vive nas pedras.

SAXÍFRAGO (cs), adj. Que quebra ou dissolve pedras.

SAXOFONE (cs), s.m. Instrumento músico de metal provido de chaves e com embocadura semelhante à da clarineta.

SAXOFONISTA (cs), s. Músico tocador de saxofone.

SAXÔNIO (cs), adj. Relativo à Saxônia (Alemanha); s.m. o natural ou habitante da Saxônia; saxão.

SAXOSO (cs), s.f. adj. Pedregoso.

SAZÃO, s.f. Estação do ano; ensejo; oportunidade.

SAZONADO, adj. Maduro.

SAZONAR, v.t. Amadurecer; int. e p. tornar-se maduro.

SAZONÁVEL, adj. Que está em condições de amadurecer.

SE, pron. A si (indica passividade ou reciprocidade); conjunção: dado que; no caso de; embora; visto que; palavra expletiva.

SÉ, s.f. Igreja episcopal, arquiepiscopal e patriarcal; a Santa Sé: a Igreja Romana.

SEABÓRGIUM, s.m. Elemento químico transurânico, de propriedades radiotivas, de peso atômico superior a 238, número atômico 99.

SEARA, s.f. Campo de cereais; terreno semeado; messe, campo cultivado; agremiação; conjunto numeroso; partido.

SEAREIRO, s.m. Cultivador de seara; pequeno lavrador.

SEBÁCEO, adj. Que é da natureza do sebo; que tem sebo.

SEBE, s.f. Tapume de ramos, varas ou ripas entretecidas, para vedar terrenos; cerca.

SEBENTO, adj. Que é da natureza do sebo; sujo; imundo.

SEBO, s.m. Substância gorda e consistente, que se extrai das vísceras abdominais de alguns quadrúpedes; livraria onde se vende livros usados.

SEBORRÉIA, s.f. Hipersecreção das glândulas sebáceas, no couro cabeludo ou regiões pilosas.

SEBORRÉICO, adj. Relativo à seborréia.

SEBOSO, adj. Sebáceo; coberto ou sujo de sebo; sujo; imundo; porcalhão.

SECA, s.f. Estiagem; falta de chuvas.

SECAÇÃO, s.f. Seca; ato de pôr a secar ou enxugar; secagem.

SECADOR, s.m. Máquina para secar os grãos de café.

SECADOURO, s.m. Lugar onde se seca alguma coisa; enxugadouro.

SECAGEM, s.f. Ato ou efeito de secar.

SECANTE, s.m. Substância usada pelos pintores para fazer secar facilmente as tintas; adj. diz-se de linha ou superfície que corta outra; s.f. linha ou superfície secante; reta que corta a circunferência em dois pontos; função circular trigonométrica.

SEÇÃO, s.f. Divisão; corte; parte de um todo; divisão ou subdivisão de obra ou tratado; divisão de repartição pública; linha ou superfície divisória; compartimento; departamento; capítulo.

SECAR, v.t. Enxugar; estancar; tornar murcho; int. e p. deixar de ser úmido; deixar de correr; murchar.

SECARRÃO, adj. Muito seco; de pouca prosa; rude.

SECATIVO, adj. e s.m. Designativo da, ou a preparação farmacêutica, que tem ação adstringente nos tecidos vivos.

SECESSÃO, s.f. Separação.

SECESSO, s.m. Lugar afastado; retiro.

SÉCIA, s.f. Veneta; balda.

SECIONAL, adj. Relativo a seção; divisória.

SECIONAR, v.t. Dividir em seções; cortar; dividir.

SECO, adj. Enxuto; árido; áspero; de poucas palavras; no pl. significa mantimentos sólidos, cereais (por oposição a molhados).

SECREÇÃO, s.f. Ação ou efeito de segregar; o líquido segregado pelas glândulas.

SECRETA, s.f. Oração que o celebrante da missa diz em voz baixa antes do prefácio; s.m. investigador de polícia; tira.

SECRETAR, v.t. Segregar. (A forma secretar é usual na linguagem médica, porém deve ser evitada.)

SECRETARIA, s.f. Repartição onde se faz expediente relativo a serviços públicos ou a alguma associação; repartição pública; ministério.

SECRETÁRIA, s.f. Mulher que exerce as funções de secretário; mesa onde se escreve e onde se guardam documentos de importância.

SECRETARIADO, s.m. Cargo ou dignidade de secretário; tempo de duração das funções de secretário; lugar onde o secretário exerce as suas funções; o conjunto dos secretários de Estado.

SECRETARIAR, v.t. Exercer as funções de secretário. (Pres. ind.: secretario, etc.)

SECRETÁRIO, s.m. Aquele que escreve as atas das sessões de uma assembléia; o auxiliar direto do chefe do governo ou de entidade.

SECRETO, adj. Oculto; desviado do conhecimento público; íntimo.

SECRETOR, adj. e s.m. Que, ou aquilo que segrega.

SECRETÓRIO, adj. Que segrega.

SECTÁRIO, adj. Respeitante a seita; s.m. membro de uma seita; prosélito; partidário ferrenho.

SECTARISMO, s.m. Espírito de seita; partidarismo; intolerância.

SECULAR, adj. Que se faz de século a século; que existe há séculos; relativo a século; muito antigo.

SECULARIDADE, s.f. Qualidade de secular.

SECULARIZAÇÃO, s.f. Transformação do religioso em leigo.

SECULARIZAR, v.t. Tornar secular ou leigo (o que era eclesiástico).

SÉCULO, s.m. Espaço de cem anos; o mesmo que centúria; longo tempo; época.

SECUNDAR, v.t. Reforçar; ajudar.

SECUNDÁRIO, adj. Que está em segundo lugar ou ordem; menos importante; insignificante; designativo do ensino ou instrução de grau intermediário e o superior.

SECUNDOGÊNITO, adj. Que foi gerado em segundo lugar; s.m. filho segundo.

SECURA, s.f. Qualidade do que é seco; falta de umidade; sede; frieza; desejo ardente.

SECURITÁRIO, adj. Que diz respeito a seguro; s.m. empregado de companhia de seguros.

SEDA, s.f. Substância filamentosa produzida pela lagarta da borboleta Bombyx, vulgarmente chamada bicho-da-seda; tecido feito dessa substância; pessoa muito delicada e amável.

SEDARIA, s.f. Lugar onde se fabrica ou se vende seda.

SEDATIVO, adj. e s.m. Calmante; remédio contra as dores; analgésico.

SEDE, s.f. Ponto de concentração de certos fatos ou fenômenos; lugar onde se dá um acontecimento; lugar onde reside um governo, uma administração, ou onde uma empresa comercial ou associação tem a sua matriz ou o principal estabelecimento.

SEDE, s.f. Sensação da necessidade de beber água ou líquido similar; desejo; cobiça; avidez. (Pl.: sedes)

SEDENHO, s.m. A cauda das reses e os respectivos pêlos; crina cortada de que se fazem cordas.

SEDENTARIEDADE, s.f. Vida de sedentário.

SEDENTÁRIO, adj. Que está quase sempre sentado; que anda ou se exercita pouco; inativo.

SEDENTO, adj. Que tem sede; sequioso; ávido.

SEDIADO, adj. Situado, localizado.

SEDIAR, v.i. Ter por sede.

SEDIÇÃO, s.f. Sublevação; revolta.

SEDICIOSO, adj. Revoltoso; rebelde.

SEDIMENTAÇÃO, s.f. Formação de sedimentos; processo de deposição de substâncias minerais ou mineralizadas, na superfície terrestre.

SEDIMENTAR, adj. Originado por sedimentação; v.i. solidificar; assentar bem; formar sedimento.

SEDIMENTÁRIO, adj. Sedimentar; sedimentoso.

SEDIMENTO, s.m. Substância que se depositou sob a ação da gravidade na água ou ao ar; camada que as águas deixaram depositada ao retirar-se.

SEDIMENTOSO, adj. Que tem muitos sedimentos.

SEDOSO, adj. Peludo; macio.

SEDUÇÃO, s.f. Ato ou efeito de seduzir ou ser seduzido; qualidade de sedutor; encanto; atração.

SEDUTOR, adj. Que seduz; s.m. aquele que seduz; o que desonra mulher.

SEDUZIMENTO, s.m. Sedução.

SEDUZIR, v.t. Enganar; desencaminhar; desonrar, valendo-se de promessas; atrair; encantar; subornar para fins sediciosos.

SEDUZÍVEL, adj. Que se pode seduzir.

SEGA, s.f. Ato ou efeito de segar; ceifa.

SEGADA, s.f. Sega.

SEGADEIRA, s.f. Espécie de foice grande; ceifeira.

SEGADOR, adj. e s.m. Que, ou aquele que sega; ceifeiro.

SEGADOURO, adj. Que serve para segar; que está em condições de ceifar-se.

SEGADURA, s.f. Sega; ceifa.

SEGAR, v.t. Ceifar; cortar; pôr fim.

SEGE, s.f. Coche em desuso, com duas rodas e um só assento, fechado com cortinas na frente; carruagem.

SEGEIRO, s.m. Fabricante de seges.

SEGMENTAÇÃO, s.f. Ato de segmentar; divisão.

SEGMENTAR, adj. Formado de segmentos; v.t. dividir em segmentos; tirar segmento; fracionar.

SEGMENTÁRIO, adj. Segmentar.

SEGMENTO, s.m. Parte de um todo; seção; porção de círculo compreendida entre a corda e o arco respectivo.

SEGREDAR, v.t. rel. Dizer em segredo ou em voz baixa; cochichar; int. dizer segredos; cochichar.

SEGREDEIRO, adj. Que diz segredo; que segreda.

SEGREDISTA, s. Pessoa que fala em segredo ou guarda segredos.

SEGREDO, s.m. Aquilo que é secreto ou não pode ser divulgado; o que se oculta ou não se deve dizer; mistério, lugar oculto; esconderijo; prisão rigorosa ou incomunicável; confidência; meio ou processo apenas conhecido de um ou de poucos; sucessão de movimentos que é preciso dar à maçaneta de um cofre para abri-lo; a parte mais difícil de uma arte ou ciência; meio secreto de conseguir um fim.

SEGREGAÇÃO, s.f. Ato ou efeito de segregar; isolamento.

SEGREGAR, v.t. Pôr de lado; separar; produzir secreção; expelir; t.-rel. desligar; afastar; p. afastar-se; isolar-se.

SEGREGATÍCIO, adj. Relativo à segregação; próprio para segregar.

SEGREGATIVO, adj. Que segrega; partitivo.

SEGREL, s.m. Cavaleiro trovador, na Idade Média.

SEGUIDA, s.f. Seguimento; em —: seguidamente; logo depois.

SEGUIDILHA, s.f. Dança popular espanhola, executada ao violão, com acompanhamento de castanholas.

SEGUIDO, adj. Imediato; contínuo; a fio; adotado; que está logo depois.

SEGUIDOR, adj. e s.m. Que, ou aquele que segue; discípulo; simpatizante; continuador.

SEGUILHOTE, s.m. Filhote de baleia.

SEGUIMENTO, s.m. Ato ou efeito de seguir ou de andar; continuação; seqüência.

SEGUINTE, adj. Que segue ou que se segue; imediato; s.m. aquele ou aquilo que segue outrem ou alguma coisa.

SEGUIR, v.t. Ir atrás; acompanhar; perseguir; observar; vir depois; tomar o partido; aderir; acompanhar com atenção; exercer; professar; tomar como modelo; int. continuar; prosseguir; rel. tomar certa direção; vir depois; sobrevir; p. suceder-se; estar colocado depois; decorrer; resultar. (Irregular. Pres. ind.: sigo, segues, segue, etc.; pres. subj.: siga, sigas, siga, sigamos, sigais, sigam.)

SEGUNDA, s.f. Forma reduzida de segunda-feira.

SEGUNDA-FEIRA, s.f. Segundo dia da semana começada no domingo.

SEGUNDANISTA, s. Estudante que freqüenta o segundo ano de algum curso.

SEGUNDAR, v.t. Secundar; acompanhar.

SEGUNDO, adj. Que está ou vem logo depois do primeiro; imediato ao primeiro; s.m. pessoa ou coisa que ocupa o segundo lugar; sexagésima parte do minuto; auxiliar ou assistente do boxeador; prep. consoante; conforme; à medida que; semelhante a; adv. em segundo lugar.

SEGUNDOGÊNITO, adj. e s.m. O segundo filho.

SEGURAÇÃO, s.f. Segurança; seguro.

SEGURADO, s.m. Aquele que paga o prêmio num contrato de seguro

SEGURADOR, adj. e s.m. Que, ou aquele que segura; que, ou aquele que num contrato de seguro se obriga a indenizar prejuízos eventuais.

SEGURANÇA, s.f. Condição do que está seguro; certeza; confiança; firmeza.

SEGURAR, v.t. Firmar; tornar seguro; agarrar; garantir; pôr no seguro; tranqüilizar; t.-rel. afirmar; afiançar; p. agarrar-se; apoiar-se; prevenir-se; fazer contrato de seguro da própria vida ou de outrem; garantir com contrato a indenização de prejuízos pessoais ou materiais.

SEGUREZA ou **SEGURIDADE,** s.f. Segurança.

SEGURO, adj. Garantido; firme; preso; eficaz; infalível; que não cai; avaro; s.m. certeza; amparo; garantia; contrato aleatório, em que uma das partes se obriga a indenizar outra de um perigo ou prejuízo eventual.

SEIO, s.m. Curvatura; sinuosidade; parte do corpo humano onde ficam as glândulas mamárias; pomas; centro; parte íntima; ambiente; intimidade; pl.: glândulas mamárias.

SEIRA, s.f. Saco, cesto ou cabaz tecido de esparto, vime ou junco.

SEIS, num. O número cardinal consecutivo a cinco; cinco mais um; **sexto;** s.m. o algarismo 6; carta de jogar ou peça de dominó que tem seis pontos.

SEISCENTISMO, s.m. Estilo, gosto ou escola dos seiscentistas, isto é, do século iniciado no ano de 1600; o estilo poético do séc. XVII.

SEISCENTISTA, adj. Relativo ao seiscentismo ou ao século XVII (século de seiscentos); s. escritor ou escritora desse século.

SEISCENTOS, num. Designação do número cardinal eqüivalente a seis centenas.

SEITA, s.f. Facção; partido; doutrina que se afasta da opinião geral; conjunto dos indivíduos que a seguem; comunidade fechada, de cunho radical.

SEIVA, s.f. Líqüido nutritivo que circula em todas as partes da planta; sangue; vigor.

SEIVOSO, adj. Que tem seiva.

SEIXADA, s.f. Pancada com seixo; pedrada.

SEIXAL, s.m. Lugar onde há muitos seixos.

SEIXO, s.m. Calhau; pedrinha.

SEIXOSO, adj. Abundante de seixos.

SEJA, conj. Usada como alternativa, eqüivalente a **ou, quer;** interj. denota anuência, eqüivalente a **vá! de acordo! faça-se!**

SELA, s.f. Arreio acolchoado de cavalgadura e que constitui assento sobre o qual monta o cavaleiro.

SELADO, adj. Que tem selo.

SELAGEM, s.f. Operação de selar ou estampilhar (isto é, de pôr selos ou estampilhas).

SELÁQUIO, adj. Cartilaginoso; s.m. espécime dos Seláquios, ordem de peixes cartilaginosos que compreende os esqualos.

SELAR, v.t. Pôr no selo em; pôr sela em; int. estampilhar; carimbar; aplicar um sinete em; cerrar; fechar; concluir; fechar hermeticamente.

SELARIA, s.f. Arte de seleiro; estabelecimento ou arruamento de seleiros; porção de selas e outros arreios.

SELEÇÃO, s.f. Ato ou efeito de escolher; escolha fundamentada; selecionado.

SELECIONADO, adj. Escolhido; s.m. representação atlética formada pelos melhores elementos dos clubes esportivos.

SELECIONADOR, adj. Que seleciona; seletivo.

SELECIONAR, v.t. Fazer seleção; escolher.

SELEIRO, s.m. Fabricante ou vendedor de selas.

SELÊNICO, adj. Relativo à Lua; referente ao selênio.

SELENÍFERO, adj. Que contém selênio.

SELÊNIO, s.m. Elemento químico, metalóide, símbolo Se, de peso atômico 78,96 e número atômico 34.

SELENITA, s.m. Habitante hipotético da Lua; s.f. pedra que se supunha ser de origem lunar.

SELENOGRAFIA, s.f. Descrição da Lua.

SELENOGRÁFICO, adj. Referente a selenografia.

SELENÓGRAFO, s.m. Tratadista de selenografia.

SELENOMANCIA, s.f. Suposta adivinhação baseada nas fases da Lua, em relação ao nascimento, acidente ou doença.

SELENOMANTE, adj. e s. Que diz respeito ou que pratica a selenomancia.

SELENÓSTATO, s.m. Instrumento fixo com que se observam os movimentos da Lua.

SELENOTOPOGRAFIA, s.f. Descrição da superfície da Lua.

SELENOTOPOGRÁFICO, adj. Relativo à selenotopografia.

SELETA, s.f. Coleção de trechos literários escolhidos de várias obras; antologia.

SELETAR, v.t. Selecionar.

SELETIVO, adj. Relativo a seleção; selecionador.

SELETO, adj. Escolhido; especial; excelente.

SELETOR, s.m. Dispositivo, geralmente exteriorizado por um disco, que permite a seleção de números das ligações de telefones automáticos; (p. ext.) (TV) dispositivo que permite a mudança de canais nos aparelhos de televisão.

SELIM, s.m. Pequena sela rasa.

SELO, s.m. Peça, geralmente metálica, em que estão gravadas armas, divisa ou assinatura, e que serve para imprimir sobre certos papéis com o fim de os validar ou autenticar; carimbo; sinete; chancela; estampilha; pequeno quadrado ou retângulo impresso, emitido e vendido pelos correios e que se deve colar no envelope de carta que vai ser postada; distintivo.

SELVA, s.f. Lugar arborizado e inculto; mata; floresta.

SELVAGEM, adj. Das selvas, ou próprio delas; habitante das selvas; inculto; agreste; bravio; bárbaro; bruto; s. pessoa grosseira; pessoa sem convivência ou quem vive nas selvas.

SELVAGERIA, s.f. Selvajaria.

SELVAGÍNEO ou **SELVAGINO,** adj. Selvático; relativo aos animais selvagens.

SELVAJARIA, s.f. Qualidade de selvagem; barbárie.

SELVÁTICO, adj. Selvagem; silvático; silvestre.

SELVATIQUEZA, s.f. Selvajaria.

SELVÍCOLA, adj. e s. O mesmo que silvícola; habitante das selvas.

SELVOSO, adj. Em que há selvas.

SEM, prep. Indicativa de falta, exclusão, ausência, condição, exceção.

SEMAFÓRICO, adj. Relativo a semáforo; s.m. o encarregado desse telégrafo.

SEMÁFORO, s.m. Telégrafo aéreo estabelecido nas costas marítimas, para assinalar os navios à vista e corresponder com eles; poste de sinais com farol, para dirigir o trânsito de veículos nos cruzamentos; poste de sinais nas linhas férreas, com farol e hastes móveis.

SEMANA, s.f. Espaço de sete dias, desde o domingo ao sábado, inclusive; espaço de sete dias consecutivos.

SEMANAL, adj. Da semana, ou relativo a ela; que se faz ou acontece de semana a semana.

SEMANÁRIO, adj. Semanal; s.m. publicação que sai todas as semanas. O mesmo que hebdomadário.

SEMANTEMA, s.m. Elemento lingüístico que exprime as idéias das representações.

SEMÂNTICA, s.f. Estudo do significado da palavra, que nos explica a origem e as variações da significação vocabular; semasiologia, sematologia e semiologia.

SEMÂNTICO, adj. Relativo à significação; significativo.

SEMASIOLOGIA, s.f. Semântica; linguagem dos sinais ou comunicação dos espíritos pelos movimentos dos corpos inertes.

SEMATOLOGIA, s.f. O mesmo que semasiologia.

SEMBLANTE, s.m. Rosto; fisionomia.

SEM-CERIMÔNIA, s.f. Falta de cerimônia; desprezo das convenções sociais; falta de polidez.

SÊMEA, s.f. Flor da farinha de trigo; parte da farinha de trigo que fica depois que esta é peneirada e separada do rolão; farelo miúdo.

SEMEAÇÃO, s.f. Semeadura.

SEMEADOR, adj. Que semeia; s.m. aquele que semeia; máquina para semear cereais.

SEMEADOURO, adj. e s.m. Diz-se do, ou o terreno disposto para receber a semente.

SEMEADURA, s.f. Ato ou efeito de semear; porção de cereais bastante para se semear um terreno.

SEMEAR, v.t. Deitar ou espalhar sementes em campo de cultura; lançar sementes; espalhar; propalar; publicar.

SEMEÁVEL, adj. Que se pode semear.

SEMELHANÇA, s.f. Parecença; analogia; imitação; similitude.

SEMELHANTE, adj. Análogo; parecido; igual; da mesma natureza; s.m. pessoa ou coisa da mesma natureza que outra ou parecida com ela.

SEMELHAR, v. pred. Ser semelhante a; parecer-se com; ter a aparência; t.-rel. parecer.

SEMELHÁVEL, adj. Que se pode semelhar.

SÊMEN, s.m. Semente; esperma.

SEMENTAL, adj. Respeitante à semente; que é bom produtor.

SEMENTE, s.f. Grão de cereais que se lança na terra para germinar; qualquer grão ou substância que se semeia, para se produzir; germe.

SEMENTEIRA, s.f. Ato de semear; terreno semeado; viveiro de plantas; época em que se semeia; porção de semente que se lança a terra para que germine.

SEMENTEIRO, s.m. Semeador; designativo do saco em que o semeador leva as sementes; s.m. aquele que semeia; semeador.

SEMESTRAL, adj. Relativo a semestre; que sucede ou se realiza de seis em seis meses.

SEMESTRALIDADE, s.f. Pagamento ou quantia relativa a um semestre.

SEMESTRE, s.m. Espaço de seis meses seguidos.

SEM-FIM, s.m. Quantidade ou número indeterminado; espaço indefinido, ilimitado.

SEMI-ÂNIME, adj. Meio morto; exânimo.

SEMI-ANUAL, adj. Semestral.

SEMI-ANULAR, adj. Que tem forma de meio anel.

SEMIBÁRBARO, adj. Que não tem quase nada de civilização; quase selvagem.

SEMIBREVE, s.f. Figura musical que vale duas mínimas ou metade da breve.

SEMÍCAPRO, adj. e s.m. Designativo do ser fabuloso, que é homem numa das metades do corpo e bode na outra.

SEMICIRCULAR, adj. Que tem forma de semicírculo.

SEMICÍRCULO, s.m. Metade de um círculo; instrumento geométrico semicircular e dividido em 180°.

SEMICOLCHEIA, s.f. Figura musical do valor da metade da colcheia.

SEMICONSOANTE, s.f. Vogal empregada em função consonântica; primeiro elemento de um ditongo crescente.

SEMICÚPIO, s.m. Banho de assento.

SEMIDEUS, s.m. Herói divinizado.

SEMIDEUSA, s.f. Heroína divinizada.

SEMIDIÁFANO, adj. Um tanto diáfano.

SEMIDITONGO, s.m. Nome dado por alguns autores ao ditongo crescente.

SEMIDIVINDADE, s.f. Caráter ou qualidade de semideus ou semideusa.

SEMIDOUTO, adj. Diz-se do indivíduo meio douto ou que tem mediana instrução.

SEMIFENDIDO, adj. Meio fendido.

SEMIFLUIDO, adj. Que não é inteiramente fluido; xaroposo.

SEMIFUSA, s.f. Figura musical do valor da metade da fusa.

SEMI-INTERNATO, s.m. Estabelecimento escolar cujos alunos são semi-internos.

SEMI-INTERNO, adj. Designativo do aluno que estuda e toma refeições no colégio, mas vai dormir em casa.

SEMILUNAR, adj. Que tem forma de meia-lua.

SEMILUNÁTICO, adj. Meio lunático; quase tolo.

SEMIMORTO, adj. Meio morto; esgotado.

SEMINAÇÃO, s.f. Dispersão natural das sementes de uma planta; introdução de sêmen na cavidade uterina.

SEMINAL, adj. Relativo à semente ou a sêmen; produtivo.

SEMINÁRIO, s.m. Parte do viveiro de plantas em que se fazem as sementeiras; estabelecimento escolar que habilita para o estado eclesiástico; modernamente, está sendo usado no sentido de reunião ou centro de debates de assuntos de qualquer natureza.

SEMINARISTA, s.m. Aluno interno de um seminário; adj. que diz respeito a seminário.

SEMINARÍSTICO, adj. Relativo a seminarista.

SEMINÍFERO, adj. Que tem sementes ou que produz sêmen.

SEMÍNIMA, s.f. Figura musical que vale metade da mínima.

SEMINU, adj. Meio nu; andrajoso.

SEMÍNULA, s.f. Pequena semente; espório.

SEMINULÍFERO, adj. Que tem semínulas.

SEMÍNULO, s.m. Seminúla.

SEMIOGRAFIA, s.f. Representação por meio de sinais; notação.

SEMIOGRÁFICO, adj. Relativo à semiografia.

SEMIOLOGIA, s.f. Ramo da Medicina que estuda os sinais e os sintomas das doenças.

SEMIOLÓGICO, adj. Relativo à semiologia.

SEMITA, s. Indivíduo dos Semitas, família etnográfica e lingüística, que compreende os hebreus, os assírios, os aramaicos, os fenícios e os árabes; adj. referente aos semitas ou a Sem, filho de Noé.

SEMÍTICO, adj. Relativo aos Semitas.

SEMITISMO, s.m. Caráter do que é semítico.

SEMITOM, s.m. Meio tom.

SEMITRANSPARENTE, adj. Um tanto transparente.

SEMIVIVO, adj. Quase sem vida; semimorto.

SEMIVOGAL, s.f. Vogal que num ditongo não tem pronúncia independente, mas é pronunciada juntamente com a vogal fundamental; exs.: o u da palavra mau; o i da palavra pai.

SEM-NOME, adj. 2 núm. Anônimo; diz-se do fato que não se pode qualificar.

SEM-NÚMERO, s.m. Número indeterminado.

SÊMOLA ou **SEMOLINA**, s.f. Fécula de farinha de arroz.

SEMOVENTE, s. O que anda ou se move por si próprio.

SEM-PAR, adj. 2 núm. Que é único; que não tem igual.

SEMPITERNO, adj. Que dura sempre; eterno.

SEMPRE, adj. Em todo o tempo; constantemente.

SEMPRE-VIVA, s.f. Planta da família das Compostas.

SEM-RAZÃO, s.f. Ato ou conceito infundado.

SEM-SAL, adj. 2 núm. Insulso; sensaborão.

SEM-SEGUNDO, adj. Sem-par; único.

SEM-TERMO, adj. e s. Sem-fim; intérmino.

SEM-VERGONHA, adj. 2 núm. Diz-se de pessoa desprovida de vergonha, de pudor ou de brio; descarado; s. 2 núm. pessoa sem-vergonha, descarada.

SEM-VERGONHICE, s.f. Qualidade ou procedimento de sem-vergonha.

SEM-VERGONHISMO, s.m. Sem-vergonhice; descaramento.

SENÁCULO, s.m. Lugar ou praça onde o senado romano celebrava sessões.

SENADO, s.m. Antiga magistratura romana; lugar onde essa magistratura funcionava; câmara alta nos países com há duas assembléias legislativas.

SENADOR, s.m. Membro do senado.

SENADORA, s.f. Flexão feminina de senador.

SENADORIA, s.f. O mesmo que senatoria.

SENÃO, conj. De outro modo, aliás, mas sim; prep. exceto; s.m. defeito; mácula.

SENÁRIA, adj. Que consta de seis unidades; que tem a base de seis.

SENATORIA, s.f. Cargo ou funções de senador.

SENATORIAL, adj. Relativo ao senado.

SENATÓRIO, adj. Senatorial.

SENCIENTE, adj. Que sente; que tem sensações.

SENDA, s.f. Caminho estreito; atalho.

SENDEIRO, adj. e s.m. Designativo do, ou o cavalo ou burro velho e ruim.

SENECTUDE, s.f. Velhice.

SENEGALÊS, adj. Do Senegal (África); o mesmo que senegalesco; s.m. o natural da República do Senegal.

SENEGALESCO, adj. Senegalês.

SENESCÊNCIA, s.f. Envelhecimento; velhice.

SENHA, s.f. Sinal; gesto combinado; papel ou bilhete que autoriza a admissão ou readmissão numa assembléia ou espetáculo.

SENHOR, s.m. Dono; indivíduo distinto; título nobiliárquico; tratamento de cerimônia; amo; Deus.

SENHORA, s.f. Flexão feminina de senhor; dona; possuidora; esposa; Nossa —: a Virgem Maria.

SENHORAÇA, s.f. Mulher de baixa estirpe, que procura parecer senhora, trajando com luxo ou garridices.

SENHORAÇO, s.m. Homem de baixa condição, que se inculca como pertencente à categoria superior; figurão.

SENHOREADOR, adj. e s.m. Que, ou aquele que senhoreia; dominador.

SENHOREAR, v.t. Conquistar; tomar posse de; assenhorear-se de; dominar; int. exercer domínio; fazer-se de senhor; rel. exercer mando ou domínio; s. assenhorear-se.

SENHORIA, s.f. Qualidade de senhor ou senhora; senhorio; proprietária de prédio, em relação aos inquilinos ou arrendatários; Vossa —: fórmula de tratamento cerimonioso, aplicada sobretudo em linguagem comercial.

SENHORIAL, adj. Relativo a senhorio.

SENHORIL, adj. Próprio de senhor ou senhora; distinto; elegante; majestoso.

SENHORINHA, s.f. Moça solteira. O mesmo que senhorita.

SENHORIO, s.m. Direito de senhor; domínio; autoridade; propriedade; proprietário de um prédio que se arrendou.

SENHORITA, s.f. Moça solteira.

SENIL, adj. Velho; decrépito.

SENILIDADE, s.f. Senescência; enfraquecimento intelectual devido à velhice; velhice.

SÊNIOR, adj. Mais velho; s.m. atleta que já ganhou primeiros prêmios. (Antôn.: júnior.) (Pl.: seniores.)

SENO, s.m. Função trigonométrica representada pelo comprimento da perpendicular baixada pela extremidade do arco sobre o diâmetro que passa pela origem do mesmo arco.

SENÓIDE, s.f. (Mat.) Curva representativa das variações do seno em função do ângulo ou do arco. O mesmo que sinusóide.

SENSABOR, adj. Que não tem sabor; insípido; desengraçado.

SENSABORÃO, adj. Que é muito sem sabor.

SENSABORIA, s.f. Qualidade daquele ou aquilo que é sem sabor.

SENSAÇÃO, s.f. Impressão produzida num órgão dos sentidos pelos objetos exteriores, transmitida ao cérebro pelos nervos, e determinante de um juízo ou conceito; surpresa ou notável impressão devida a acontecimento extraordinário; comoção moral; sensibilidade.

SENSACIONAL, adj. Que produz grande sensação.

SENSACIONALISMO, s.m. Modo de divulgar notícias dando-as como acontecimentos extraordinários.

SENSATEZ, s.f. Qualidade de sensato; prudência; bom senso; discrição.

SENSATO, adj. Que tem bom senso; circunspeto; prudente.

SENSIBILIDADE, s.f. Faculdade de sentir; qualidade de sensível; irritabilidade do sistema nervoso; suscetibilidade; impressionabilidade; precisão (de certos instrumentos).

SENSIBILIZAÇÃO, s.f. Ato ou efeito de sensibilizar.

SENSIBILIZADOR, adj. Sensibilizante; que torna sensível.

SENSIBILIZANTE, adj. Que sensibiliza. O mesmo que sensibilizador.

SENSIBILIZAR, v.t. Tornar sensível; causar abalo a; comover; p. comover-se; apiedar-se.

SENSITIVA, s.f. Planta da família das Leguminosas-Mimosáceas, cujas folhas têm a propriedade de se retrair, quando se lhes toca; pessoa que facilmente se melindra ou é de grande suscetibilidade.

SENSITIVO, adj. Referente aos sentidos; que produz sensação.

SENSÍVEL, adj. Que sente; impressionável; perceptível; de alguma importância.

SENSO, s.m. Juízo claro; siso.

SENSORIAL, adj. Relativo aos nervos sensitivos; que diz respeito às sensações.

SENSUAL, adj. Lúbrico; voluptuoso; lascivo.

SENSUALIDADE, s.f. Qualidade do que é sensual; lubricidade; volúpia; luxúria.

SENSUALISMO, s.m. Doutrina que vê a origem do conhecimento nos sentidos ou nas fontes sensoriais, atribuindo toda formação de idéias aos sentidos.

SENSUALISTA, adj. Relativo ao sensualismo; s. pessoa que segue o sensualismo.

SENTADA, s.f. Parada súbita do cavalo que galopa; planalto.

SENTAR, v.t. Assentar; p. tomar assento; fixar-se.

SENTENÇA, s.f. Locução que contém um pensamento moral; provérbio; julgamento pronunciado por um juiz, tribunal ou árbitro; despacho ou decisão.

SENTENCIADO, adj. e s.m. Diz-se de, ou indivíduo condenado por sentença.

SENTENCIADOR, adj. e s.m. Que, ou aquele que sentencia.

SENTENCIAR, v.t. e t.-rel. Julgar por sentença; decidir (causa); condenar por meio de sentença; julgar; int. pronunciar sentença; dar o voto; emitir parecer; dizer. (Pres. ind.: sentencio, sentencias, sentencia, etc.; pres. subj.: sentencie, sentencies, sentencie, sentenciemos, sentencieis, sentenciem; ou também: sentenceio, sentenceias, etc.)

SENTENCIOSO, adj. Que tem forma de sentença; em que há sentença; que se exprime gravemente e com laconismo, formulando decisões; grave como um juiz.

SENTIDO, adj. Sensível; pesaroso; triste; s.m. cada uma das formas de receber sensações, segundo os órgãos destas; faculdade de sentir ou apreciar; juízo; bom senso; idéia; intento; significação; acepção; orientação; direção; interj. significa advertência, recomendação ou cautela ou voz de comando, que ordena atenção para as ordens de manobra.

SENTIMENTAL, adj. Relativo ao sentimento; impressionável; compassivo; que tem ou demonstra sentimento; que afeta sensibilidade romanesca.

SENTIMENTALIDADE, s.f. Qualidade de sentimental.

SENTIMENTALISMO, s.m. Sentimentalidade; gênero literário ou artístico em que predomina o sentimento exagerado.

SENTIMENTALISTA, adj. Que diz respeito ao sentimentalismo; s. pessoa dada ao sentimentalismo.

SENTIMENTALIZAR, v.t. Tornar sentimental.

SENTIMENTO, s.m. Ato ou efeito de sentir; sensibilidade; paixão; pesar; pl.:boa índole; qualidades morais; pêsames.

SENTINA, s.f. Lugar imundo; pessoa viciosa; reservado sanitário; latrina.

SENTINELA, s.f. Soldado destacado a um posto para guardá-lo ou para dar aviso de aproximação de inimigo; indivíduo isolado; posto de vigia.

SENTIR, v.t. Perceber por meio de qualquer órgão dos sentidos; experimentar (sensação física ou moral); ser sensível a; pressentir; afligir-se; penalizar-se com; melindrar-se; estranhar; levar a mal; int. ter sensibilidade física ou moral; ter pesar; t.-pred. julgar; considerar; p. ter consciência do próprio estado; reconhecer-se; imaginar-se; julgar-se; magoar-se; melindrar-se. (Pres. ind.: sinto, sentes, sente, sentimos, sentis, sentem; pres. subj.: sinta, sintas, sinta, sintamos, sintais, sintam.); s.m. opinião; modo de ver; sentimento.

SENZALA, s.f. Casa ou alojamento de escravos.

SÉPALA, s.f. Cada uma das peças constitutivas do cálice das flores completas.

SEPALÓIDE, adj. Que tem forma ou caráter de sépala.

SEPARAÇÃO, s.f. Ato ou efeito de separar; aquilo que separa ou veda; afastamento; quebra de união matrimonial.

SEPARADO, adj. Desligado; posto de lado; isolado; em —: à parte; separadamente.

SEPARADOR, adj. Que separa; s.m. aquele ou aquilo que separa.

SEPARAR, v.t. Desunir; apartar; dividir; isolar; dividir vida conjugal; desunir-se; dividir-se; divorciar-se; desligar-se; afastar-se.

SEPARATA, s.f. Edição, em volume ou opúsculo, de artigo ou qualquer outro trabalho publicado, aproveitando a composição tipográfica.

SEPARATISMO, s.m. Tendência a separar-se do Estado de que faz parte uma certa fração do território para constituir-se em Estado independente.

SEPARATISTA, s. Pessoa que tem idéias separatistas ou que é favorável ao separatismo.

SEPARATIVO, adj. Que pode separar.

SEPARATÓRIO, adj. Separativo.

SEPARÁVEL, adj. Que se pode separar.

SÉPIA, s.f. Substância escura, que se extrai das sibas e é muito aplicada em pintura.

SEPTENA, s.f. Estrofe de sete versos.

SEPTENAL, adj. Que se realiza de sete em sete anos.

SEPTÊNIO, s.m. Período de sete anos.

SEPTICEMIA, s.f. (Patol.) Estado infeccioso no qual há focos, no organismo, que lançam os germes no sangue.

SEPTICÊMICO, adj. Relativo à septicemia.

SÉPTICO, adj. Que causa infecção; que contém germes patogênicos.

SEPTO, s.m. Membrana divisória entre duas cavidades.

SEPTÔMETRO, s.m. Instrumento para verificar a quantidade de matérias orgânicas que viciam o ar atmosférico.

SEPTUAGÉSIMO, num. Ordinal correspondente a setenta.

SEPULCRAL, adj. Relativo a sepulcro; funéreo; sombrio; extremamente pálido.

SEPULCRO, s.m. Sepultura.

SEPULTADOR, adj. e s.m. Que, ou o que sepulta; coveiro.

SEPULTAMENTO, s.m. Enterro; inumação.

SEPULTAR, v.t. Enterrar; inumar; t.-rel. soterrar.

SEPULTO, adj. Sepultado; enterrado.

SEPULTURA, s.f. Cova funerária; campa; catacumba; tumba; túmulo.

SEPULTUREIRO, s.m. Coveiro; enterrador.

SEQUAZ, adj. Que segue ou acompanha assiduamente; s.m. partidário; prosélito; sectário; membro de um bando ou partido.

SEQUELA, s.f. Conseqüência.

SEQÜÊNCIA, s.f. Seguimento; continuação; série; no jogo, série de cartas de valores contínuos e do mesmo naipe.

SEQUER, adv. Ao menos; pelo menos; ainda.

SEQÜESTRAÇÃO, s.f. Rapto.

SEQÜESTRADOR, adj. e s.m. Raptor.

SEQÜESTRAR, v.t. Fazer seqüestro; raptar; tomar violentamente.

SEQÜESTRÁVEL, adj. Que se pode seqüestrar.

SEQÜESTRO, s.m. Retenção ilegal; arresto; penhora; objeto depositado; seqüestração.

SEQUIDÃO, s.f. Secura; frieza.

SEQUILHO, s.m. Bolo seco e simples, em forma de biscoito.

SEQUIOSO, adj. Que tem sede ou grande desejo de beber; ávido.

SÉQUITO ou **SÉQUITO,** s.m. Conjunto de pessoas que acompanham outra por dever ou cortesia; acompanhamento; cortejo.

SEQUÓIA, s.f. Árvore americana do gênero das Coníferas, de enorme porte e de grande longevidade.

SER, v. pred. Ter um atributo ou um modo de existir; ficar; pertencer; ter a natureza de; causar; produzir; consistir; ser formado; ser digno.(V. irreg.: pres. ind.: sou, és, é, somos, sois, são; imperf.: era, eras, era, éramos, éreis, eram; perf.: fui, foste, foi, fomos, fostes, foram; mais-que-perf.: fôra, fôras, fôra, fôramos, fôreis, foram; imper.: sê, sede; fut. do pretérito: seria, serias, seria, seríamos, seríeis, seriam; subj. pres.: seja, sejas, seja, etc.; imperf.: fosse, fosses, fosse, fôssemos, fôsseis, fossem; fut.: for, fores, for, etc.; ger.: sendo; part. sido); s.m. aquele ou aquilo que é; ente; existência; realidade; pl.: tudo o que existe; tudo o que foi criado. (Pl.: seres.)

SERÁFICO, adj. Beatífico; místico.

SERAFIM, s.m. Anjo da primeira hierarquia.

SERÃO, s.m. Trabalho noturno.

SEREIA, s.f. Ser mitológico, metade mulher, metade peixe, e que pela doçura de seu canto atraia os navegantes, para os escolhos do mar; mulher tentadora; instrumento com que se determina o número das vibrações de um som, no estudo da acústica; aparelho que nos automóveis e navios, produz sons mais ou menos estridentes, para avisar de sua aproximação. O mesmo que sirena.

SERELEPE, s.m. Caxinguelê; pessoa esperta ou viva; adj. vivo; buliçoso; esperto, ardiloso.

SERENADA, s.f. Chuva miúda; sereno; relento.

SERENAR, v.t. Tornar sereno; acalmar; int. cair o orvalho da noite; chuviscar; int. e p. tornar-se sereno ou calmo; tranqüilizar-se.

SERENATA, s.f. Concerto musical, de noite e ao ar livre.

SERENATISTA, s. Seresteiro.

SERENIDADE, s.f. Suavidade; paz; tranqüilidade.

SERENO, adj. Calmo; tranqüilo; sossegado; s.m.

umidade peculiar a algumas noites de verão; orvalho; rocio; relento; chuva fina e pouco prolongada.

SERESMA, s.f. Mulher fraca ou indolente e inútil; s.m. paspalhão.

SERESTA, s.f. Serenata.

SERESTEIRO, s.m. O que faz serestas; o que toma parte em serestas.

SERGIPANO, adj. ou **SERGIPENSE,** adj. Do Estado de Sergipe; s.m. o natural ou habitante de Sergipe.

SERIAÇÃO, s.f. Disposição de coisas em série; classificação; numeração.

SERIADO, adj. Disposto em série.

SERIAL, adj. Relativo a série.

SERIAR, v.t. Dispor em séries; fazer classificação; enumerar. (Pres. ind. serio, etc.; pres. subj.: serie, etc.)

SERICICULTOR, s.m. Aquele que exerce a sericicultura; aquele que promove a indústria da seda; sericultor.

SERICICULTURA, s.f. Criação do bicho-da-seda; preparação e fabricação da seda; sericultura.

SERICÍGENO, adj. Que produz seda.

SÉRICO, adj. De seda; relativo ao soro.

SERICULTOR, s.m. Forma sincopada de sericicultor.

SERICULTURA, s.f. Forma sincopada de sericicultura.

SERIDÓ, s.m. Zona nordestina que abrange parte dos Estados do R. Grande do Norte e Paraíba, onde se encontram grandes culturas de agodão seridó.

SÉRIE, s.f. Ordem de fatos ou coisas classificadas segundo a mesma lei; sucessão; seguimento; seqüência sem interrupção; classe; ano escolar; soma algébrica dos termos de uma sucessão ilimitada; conjunto de compostos orgânicos da mesma função química.

SERIEDADE, s.f. Qualidade de quem ou daquilo que é sério; caráter íntegro; idoneidade.

SERIEMA, s.f. Ave pernalta da família dos Caramídeos.

SERIGOTE, s.m. Espécie de lombilho.

SERIGUEIRO, s.m. Aquele que faz obras de seda.

SERINGA, s.f. Aparelho de vidro ou de metal constituído de um recipiente cilíndrico e um êmbolo, apropriado para a aplicação de injeções.

SERINGAÇÃO, s.f. Ato ou efeito de seringar.

SERINGADA, s.f. Expulsão do líquido contido na seringa; seringação.

SERINGADELA, s.f. Seringação.

SERINGADOR, adj. Importuno; maçante.

SERINGAL, s.m. Plantação ou mata de seringueiras.

SERINGALISTA, s.m. Proprietário de seringal.

SERINGAR, v.t. Injetar o líquido de uma seringa.

SERINGUEIRA, s.f. Árvore da família das Euforbiáceas, produtora da borracha.

SERINGUEIRO, s.m. O que extrai o látex da seringueira.

SÉRIO, adj. Grave; sisudo; sensato; que não ri; adv. seriamente; realmente; deveras.

SERMÃO, s.m. Discurso cristão pregado no púlpito; admoestação com o fim de moralizar; censura; repreensão.

SERMONÁRIO, s.m. Coleção de sermões.

SERÓDIO, adj. Que vem tarde; tardio.

SEROSA, s.f. (Anat.) Membrana de tecido conjuntivo que reveste alguns órgãos e é provida de vasos sangüíneos e linfáticos.

SEROSIDADE, s.f. Líquido semelhante ao soro sangüíneo.

SEROTERAPIA, s.f. Soroterapia.

SEROTERÁPICO, adj. Soroterápico.

SERPE, s.f. Serpente.

SERPEANTE, adj. Que serpeia.

SERPEAR, v.int. Arrastar-se pelo chão como a serpente; ondular.

SERPEJANTE, adj. Serpeante.

SERPEJAR, v.int. Serpear.

SERPENTANTE, adj. Serpeante.

SERPENTÁRIO, s.m. Ave de rapina, que se alimenta especialmente de serpentes; lugar onde se criam cobras para estudos e retirada de veneno para fins científicos.

SERPENTE, s.f Designação de qualquer ofídio; cobra; pessoa má ou traiçoeira.

SERPENTEANTE, adj. Serpeante.

SERPENTEAR, v.int. Serpear; t.-rel. enrolar.

SERPENTÍFERO, adj. Em que há serpentes; que produz serpentes.

SERPENTIFORME, adj. Que tem forma de serpente.

SERPENTINA, s.f. Castiçal de várias luzes; conduto espiralado colocado dentro de um tubo refrigerante para liquefazer o vapor; fita de papel colorido, enrolada sobre si mesma e que se desenrola quando atirada nos folguedos de carnaval.

SERPENTINO adj Relativo a serpente; serpentiforme.

SERPIGINOSO, adj. Diz-se de doenças da pele, que mostram desenhos de contornos sinuosos.

SERRA, s.f. Instrumento cortante cuja peça principal é uma lâmina denteada; série de montanhas.

SERRAÇÃO, s.f. Ato ou efeito de serrar.

SERRADELA, s.f Serração.

SERRADOR, adj. Que serra; s.m. aquele que serra.

SERRADURA, s.f. Serração; o pó ou partículas que saem da madeira quando é serrada.

SERRAGEM, s.f. Pó de madeira serrada.

SERRALHARIA, s.f. Arte ou oficina de serralheiro.

SERRALHEIRO, s.m. Que faz fechaduras e outros objetos de ferro.

SERRALHERIA, s.f. O mesmo que serralharia.

SERRALHO, s.m. Palácio do sultão, na Turquia; parte desse palácio, habitado pelas mulheres do sultão; harém.

SERRANA, s.f. Mulher que vive nas serras; bailado campestre; espécie de fandango.

SERRANIA, s.f. Aglomeração de serras, montanhas; cordilheira.

SERRANILHA, s.f. Canção pastoril dos antigos trovadores portugueses.

SERRANO, adj. Relativo a serras; que habita serras; s.m. habitante das serras; montanhês.

SERRÃO, s.m. Serrano.

SERRAR, v.t. Cortar, separar ou dividir com serra ou serrote.

SERRARIA, s.f. Fábrica de serrar madeira; grande quantidade de serras em continuação.

SERRAZINAR, v.int. e rel. Amolar; ser importuno.

SERREADO, adj. Que tem forma de serra, ou dentes semelhantes aos da serra.

SERREAR, v.t. Dar a forma de serra; recortar ou dentear em forma de serra.

SERRILHA, s.f. Ornato em forma de dentes de serra; denteado na periferia das moedas; orla denteada de qualquer objeto.

SERRILHADO, adj. Que tem serrilha.

SERRILHADOR, s.m. Máquina de serrilhar moeda.

SERRILHAR, v.t. Fazer serrilha.

SERROTE, s.m. Lâmina denteada, como a da serra, mas sem mais armação que um cabo por onde se empunha.

SERTÃ, s.m. Frigideira larga de pouco fundo.

SERTANEJO, adj. Do sertão; que vive no sertão; rude; silvestre; s.m. indivíduo do sertão; caipira; caboclo.

SERTANISTA, s.m. Pessoa que se embrenhava nos sertões em busca de riquezas; o mesmo que bandeirante; toda pessoa que percorre o sertão, com o objetivo de desbravá-lo.

SERTÃO, s.m. Lugar inculto, distante de povoações; floresta no interior de um continente ou longe da costa; zona do interior.

SERVA, s.f. Criada; empregada doméstica.

SERVENTE, s.m. Operário que ajuda o oficial; funcionário público que desempenha os serviços gerais da repartição.

SERVENTIA, s.f. Utilidade; préstimo; aplicação; serviço provisório ou feito em nome de outrem; trabalho de servente.

SERVENTUÁRIO, s.m. O que serve num ofício ou cartório.

SERVIÇAL, adj. Obsequiador; amigo de prestar serviços; diligente; relativo a criados ou servos; s. criado ou criada.

SERVIÇO, s.m. Exercício de funções obrigatórias; duração desse exercício; desempenho de qualquer trabalho; utilidade ou préstimo; obséquio; celebração de atos religiosos; feitiçaria por encomenda.

SERVIDÃO, s.f. Condição de servo ou escravo; passagem para o uso de outrem, por um terreno que é de propriedade particular.

SERVIDIÇO, s.f. Gasto; usado.

SERVIDO, adj. Usado; gasto; provido.

SERVIDOR, s.m. Aquele que serve; criado; doméstico; funcionário.

SERVIL, adj. Relativo a servo ou próprio dele; vil; bajulador.

SERVILIDADE, s.f. Servilismo; bajulação.

SERVILISMO, s.m. Qualidade de bajulador; servilidade.

SERVIR, v.int. Exercer as funções de criado; pôr na mesa a refeição; auxiliar; rel. prestar serviço militar; ser útil; ter préstimo; prestar serviços de qualquer natureza; ocupar; exercer; t.-rel. ministrar; abastecer; munir; p. fazer uso; tomar para si uma porção; aproveitar o préstimo de alguém; utilizar-se; aproveitar-se. (Conjuga-se como o v. aderir.)

SERVÍVEL, adj. Que presta utilidade ou serviço.

SERVO, s.m. Criado; adj. que não é livre.

SÉSAMO, s.m. Gergelim, planta de sementes gordurosas.

SESAMÓIDEO, adj. Designativo de pequenos ossos localizados na espessura dos tendões, na vizinhança das articulações.

SESGO, adj. Oblíquo; torcido.

SESMA, s.f. Sexta parte de qualquer coisa.

SESMAR, v.t. Dividir em sesmarias.

SESMARIA, s.f. Terreno inculto ou abandonado que era doado; antiga medida agrária.

SESMEIRO, s.m. Aquele a quem se deu uma sesmaria para a cultivar.

SESQUIPEDAL, adj. Que tem pé e meio de comprimento; que é muito grande.

SESSÃO, s.f. Tempo durante o qual está reunido um corpo deliberativo, consultivo, etc.; tempo de funcionamento de um congresso, junta, etc.; nos teatros e cinemas em que se repete o programa várias vezes ao dia, cada um desses espetáculos.

SESSENTA, num. Designação do cardinal equivalente a seis dezenas.

SESTA, s.f. Hora de descanso ou dormida depois da refeição; o sono ou descanso gozado nessa hora.

SESTEAR, v.int. Dormir a sesta.

SESTRO, adj. Esquerdo; sinistro; s.m. mania; tique; cacoete.

SETA, s.f. Haste de madeira, armada de uma ponta de ferro que se atira por meio de arco ou besta; flecha; ponteiro de relógio.

SETADA, s.f. Golpe ou ferimento com seta.

SETE, num. Seis mais um; sétimo; s.m. algarismo que representa o número sete; carta de jogar com sete pontos.

SETEAR, v.t. Ferir com seta; assetear.

SETECENTISMO, s.m. Estilo, gosto ou escola dos setecentistas.

SETECENTISTA, adj. Relativo ao setecentismo ou ao século XVIII, isto é, que tem início no ano de 1700.

SETECENTOS, num. Designação do cardinal equivalente a sete centenas.

SETE-E-MEIO, s.m. Jogo carteado no qual, distribuídas as cartas aos parceiros estes pedem as que julgam precisas para se aproximar de sete pontos e meio, sem exceder este número.

SETEIRA, s.f. Pequena abertura nas muralhas, por onde se disparavam setas contra os sitiantes; fresta nas paredes de um edifício para dar luz ao interior.

SETEIRO, adj. e s.m. Que, ou aquele que atira setas.

SETEMBRINO, adj. Referente ao mês de setembro.

SETEMBRO, s.m. Nono mês do ano.

SETEMESINHO, adj. Designativo da criança que nasce de sete meses.

SETENÁRIO, s.m. Festa religiosa que dura sete dias.

SETENTA, num. Designativo do cardinal equivalente a sete dezenas.

SETENTRIÃO, s.m. O Pólo Norte; as regiões do Norte; o vento norte.

SETENTRIONAL, adj. Do setentrião; situado no norte. (Antôn.: meridional.)

SETIFORME, adj. Que tem formato de sedas ou cerdas.

SETILHÃO, num. Mil sextilhões.

SÉTIMA, s.f. Intervalo musical numa série de sete graus conjuntos da escala.

SÉTIMO, num. Denominação do ordinal e fracionário correspondentes a sete; a sétima parte.

SETINGENTÉSIMO, num. Denominação do ordinal e fracionário correspondentes a setecentos; s.m.

a setingentésima parte.

SETISSÍLABO, adj. Que tem sete sílabas; s.m. verso de sete sílabas.

SETOR, s.m. Parte de um recinto fortificado, posta sob o comando de um oficial; circunscrição; parte do círculo compreendido entre dois raios e o arco; porção de plano entre duas retas secantes de um arco de curva; esfera ou ramo de atividade.

SETUAGENÁRIO, adj. e s.m. Que, ou aquele que tem setenta anos ou aproximadamente essa idade.

SETUAGÉSIMA, s.f. Terceiro domingo antes do primeiro da quaresma.

SETUAGÉSIMO, num. Denominação do ordinal e fracionário correspondentes a setenta; s.m. a setuagésima parte.

SETUPLICAR, v.t. Tornar sete vêzes maior; multiplicar por sete.

SÉTUPLO, num. Que é sete vezes maior que o outro; s.m. quantidade sete vezes maior que outra.

SEU, pron. poss. Dele, dela, deles, delas, do senhor, da senhora, de você; referente à pessoa com quem se fala, tratada por forma da terceira pessoa (fem.: sua); s.m. o que pertence à pessoa de quem se fala (no plural, as pessoas da família da pessoa com quem se fala); forma reduzida de senhor, usada principalmente pelo povo: Seu Antônio, Seu José.

SEU-VIZINHO, s.m. O dedo anular.

SEVERIDADE, s.f. Qualidade de quem ou daquilo que é severo; inflexibilidade de caráter.

SEVERO, adj. Rígido; austero; grave; veemente; áspero; inflexível.

SEVÍCIA, s.f. Sevícias; mau trato.

SEVICIADOR, adj. e s.m. Que, ou aquele que sevicia.

SEVICIAR, v.t. Praticar sevícias; maltratar. (Pres. ind.: sevicio, sevicias, sevicia, etc.)

SEVÍCIAS, s.f.pl. Maus tratos; ato de crueldade.

SEVO, adj. Cruel.

SEXAGENÁRIO (cs), adj. e s.m. Que, ou indivíduo que tem sessenta anos.

SEXAGÉSIMA (cs), s.f. Um sessenta avos de um todo; o domingo que está quinze dias anterior ao primeiro da quaresma.

SEXAGESIMAL (cs), adj. Relativo a sessenta.

SEXAGÉSIMO (cs), num. Ordinal e fracionário correspondentes a sessenta; s.m. a sexagésima parte.

SEXCENTÉSIMO (cs), num. Denominação do ordinal e fracionário correspondentes a seiscentos; s.m. a sexcentésima parte.

SEXDIGITÁRIO (cs), adj. Que tem pé ou mão com seis dedos.

SEXENAL (cs), adj. Que se realiza de seis em seis anos.

SEXÊNIO (cs), Espaço de seis anos.

SEXO (cs), s.m. Conformação característica que distingue o macho da fêmea nos animais e nos vegetais; conjunto das pessoas que têm a mesma conformação física, consideradas sob o ponto de vista da geração; o belo —: as mulheres; o — forte: os homens; o — fraco: o belo sexo.

SEXTA, s.f. Forma reduzida de sexta-feira.

SEXTA-FEIRA, s.f. O sexto dia da semana, começada no domingo.

SEXTANISTA, s. Estudante do sexto ano de um curso.

SEXTANTE, s.m. Instrumento matemático, em forma de quadrante, para medição de ângulos; sexta parte de uma circunferência ou arco de 60°.

SEXTAVADO, adj. Que tem seis lados; hexagonal.

SEXTAVAR, v.t. Talhar em forma hexagonal; dar seis faces a.

SEXTETO, s.m. Composição musical para seis vozes ou instrumentos; conjunto dos músicos que executam essa composição.

SEXTILHA, s.f. Estrofe composta de seis versos.

SEXTILHÃO, num. Mil quintilhões.

SEXTO, num. Denominação do ordinal e fracionário correspondentes a seis; s.m. a sexta parte.

SÊXTUPLO, num. Que é seis vezes maior; s.m. quantidade seis vezes maior que outra.

SEXUAL (cs), adj. Relativo ao sexo.

SEXUALIDADE (cs), s.f. Qualidade do que é sexual; volúpia; luxúria.

SEXUALISMO (cs), s.m. Estado ou condição do que tem sexo.

SEZÃO, s.f. Malária; febre palustre.

SEZONÁTICO, adj. Que produz sezões; maleitoso; palúdico.

SEZONISMO, s.m. Paludismo; malária.

SHAKESPEARIANO, adj. De Shakespeare, dramaturgo e poeta inglês (1564-1616), ou a ele relativo.

SI, s.m. Sétima nota da escala musical; pron. forma que assume o pron. ele, ela, eles, elas, quando vem precedido de preposição, e que se refere ao sujeito da oração; ex.: Prejudicou-se a si mesmo.

SIÁ, s.f. Sinhá; tratamento que os escravos davam às senhoras.

SIALAGOGO, adj. e s.m. Designativo do, ou o medicamento que provoca a salivação.

SIALISMO, s.m. Abundância de salivação.

SIALORRÉIA, s.f. O mesmo que sialismo.

SIAMÊS, adj. Do Reino de Sião, hoje Tailândia; tailandês; diz-se também de gêmeos que nascem unidos pelo apêndice xifóide. O mesmo que xifópago.

SIBA, s.f. Gênero de moluscos cefalópodes que segregam uma substância de que se faz a tinta chamada sépia.

SIBAR, s.m. Espécie de barco asiático.

SIBARISMO, s.m. Desejo imoderado de luxo e prazeres.

SIBARITA, adj. e s. Designativo de, ou pessoa que vive na voluptuosidade ou que é efeminada.

SIBARÍTICO, adj. Relativo ou próprio de sibarita.

SIBARITISMO, s.m. Voluptuosidade excessiva.

SIBERIANO, adj. Da Sibéria; s.m. o natural ou habitante da Sibéria.

SIBILA, s.f. Profetisa, entre os antigos; bruxa.

SIBILAÇÃO, s.f. Silvo; ruído semelhante a silvo, nos órgãos respiratórios.

SIBILANTE, adj. Que sibila.

SIBILAR, v.int. Assobiar; silvar; produzir som agudo e prolongado, assoprando.

SIBILINO, adj. Enigmático; difícil de compreender.

SIBILO, s.m. Sibilação; silvo.

SICA, s.f. Punhal dos antigos romanos.

SICÁRIO, s.m. Facínora; malfeitor; bandido.

SICÓFAGO, adj. e s.m. Que, ou aquele que se alimenta de figos.

SICOFANTA, s. Pessoa mentirosa; caluniador; velhaco.

SICOSE, s.f. Doença dos folículos pilosos, caracterizada pela erupção sucessiva de pequenas pústulas.

SICÓTICO, adj. Referente à sicose.

SICRANO, s.m. Pessoa indeterminada que se nomeia em segundo lugar, dando-se à primeira o nome de fulano.

SIDERAÇÃO, s.f. Influência atribuída a um astro sobre a vida ou saúde de alguém; fulminação; aniquilamento repentino.

SIDERAL, adj. Relativo aos astros ou ao céu; celeste.

SIDERAR, v.t. Fulminar; pôr perplexo; atordoar; aniquilar.

SIDÉREO, adj. Sideral.

SIDÉRICO, adj. Sideral.

SIDERISMO, s.m. Adoração dos astros.

SIDEROSCÓPIO, s.m. Instrumento com o qual se estuda a influência dos ímãs.

SIDEROSE, s.f. (Patol.) Pneumoconiose por inalação de partículas de ferro.

SIDERÓSTATO, s.m. Aparelho para se estudar a luz dos astros.

SIDEROTECNIA, s.f. Siderurgia.

SIDEROTÉCNICO, adj. Relativo à siderotecnia.

SIDERURGIA, s.f. Metalurgia do ferro e do aço; arte de ferrador.

SIDERÚRGICO, adj. Relativo à siderurgia.

SIDRA, s.f. Vinho feito com suco fermentado das maçãs.

SIFÃO, s.m. Tubo recurvado de ramos desiguais que serve, de ordinário, para a passagem de líqüidos sem inclinar os vasos que os contêm; recipiente em forma de garrafa, na qual se põe água gasosa sob pressão; tubo de dupla curvatura e em cujo seio fica uma certa porção de água, adaptado a pias e esgotos.

SIFILICÔMIO, s.m. Hospital ou dispensário, destinado ao tratamento de doentes sifilíticos.

SIFILIGRAFIA, s.f. Sifilografia.

SÍFILIS, s.f. 2 núm. Doença contagiosa produzida pelo Treponema pallidum.

SIFILÍTICO, adj. Relativo à sífilis; s.m. o doente de sífilis.

SIFILIZAÇÃO, s.f. Ato ou efeito de sifilizar.

SIFILIZAR, v.t. Transmitir sífilis a; p. adquirir sífilis.

SIFILOGRAFIA, s.f. Parte da Medicina que trata do estudo descritivo da sífilis.

SIFILOGRÁFICO, adj. Relativo à sifilografia.

SIFILÓGRAFO, s.m. Especialista em sifilografia.

SIFILOMA, s.m. Tumor de natureza sifilítica.

SIFONÓIDE, adj. Que tem forma de sifão.

SIGILAÇÃO, s.f. Ato ou efeito de sigilar.

SIGILAR, adj. Relativo a sigilo; v.t. fazer sigilo.

SIGILO, s.m. Segredo; (ant.) selo.

SIGILOGRAFIA, s.f. Ramo da arqueologia e da diplomática, que tem por objeto o estudo dos selos, sinetes e carimbos.

SIGLA, s.f. Letra inicial, empregada como abreviatura nos manuscritos, medalhas e monumentos antigos; monograma.

SIGMA, s.m. Letra do alfabeto grego, correspondente ao nosso **s.**

SIGMÁTICO, adj. Em que há a letra **s.**

SIGMATISMO, s.m. Repetição viciosa da letra **s** ou de outras sibilantes.

SIGMÓIDE, adj. Em forma da letra grega chamada sigma.

SIGNATÁRIO, adj. e s.m. Que, ou aquele que assina ou subscreve um documento.

SIGNIFICAÇÃO, s.f. Sentido das palavras; aquilo que significa alguma coisa; aquilo que as coisas querem dizer.

SIGNIFICADO, s.m. Significação; equivalente de uma palavra no mesmo ou em outro idioma.

SIGNIFICADOR, adj. e s.m. Que, ou o que significa.

SIGNIFICÂNCIA, s.f. O mesmo que significação.

SIGNIFICANTE, adj. Significativo.

SIGNIFICAR, v.t. Ter o sentido de; exprimir; querer dizer; denotar; dar a entender; t.-rel. expressar.

SIGNIFICATIVO, adj. Que significa; que exprime com clareza.

SIGNO, s.m. Cada uma das doze divisões do Zodíaco; constelação correspondente a cada uma dessas divisões.

SIGNO-SAIMÃO ou **SIGNO-SALOMÃO,** s.m. Espécie de amuleto constituído por dois triângulos entrelaçados, formando uma estrela de seis pontas.

SÍLABA, s.f. Som ou grupo de sons pronunciados de uma só vez, num único movimento articulatório.

SILABAÇÃO, s.f. Ato ou efeito de silabar; sistema de leitura em que se aprende lendo logo sílabas.

SILABADA, s.f. Erro de pronúncia ou de deslocação do acento tônico da palavra.

SILABAR, v.int. Ler por sílabas; errar na pronúncia.

SILABÁRIO, s.m. Cartilha em que as palavras estão divididas em sílabas.

SILÁBICO, adj. Relativo às sílabas; em sílabas.

SILABISMO, s.m. Sistema de escrita, em que cada sílaba é representada por um sinal próprio.

SÍLABO, s.m. Lista de erros condenados pelo Papa.

SILAGEM, s.f. Ensilagem; forragem que se tira dos silos, para alimentos dos animais.

SILENCIADOR, s.m. Aparelho que serve para abafar o som; peça de automóvel a isso destinada, que também se chama silencioso.

SILENCIAR, v.t. e rel. Guardar silêncio; calar-se; t. calar; omitir; abafar.

SILÊNCIO, s.m. Estado de quem se abstém de falar; privação de falar; interrupção de correspondência epistolar; taciturnidade; interrupção de ruído; sossego; segredo; interj. para mandar calar ou impor sossego.

SILENCIOSO, adj. Que não fala; que está em silêncio; em que não há ruído; que não faz barulho; s.m. cilindro que amortece as descargas de explosão, atenuando o ruído (neste sentido, o mesmo que silenciador).

SILENTE, adj. Silencioso.

SILEPSE, s.f. Figura gramatical em que a concordância se faz, não com o correspondente expresso na frase, mas com outro oculto, facilmente subentendido pelos adjuntos da oração (a silepse pode ser de gênero: "Sua Santidade não fora servido..."; de número: "Sois injusto comigo"; de pessoa: "Todos os que somos criados de V. Ex.ª").

SILÉPTICO, adj. Em que há silepse.

SÍLEX (cs), s.m. Pedra composta de sílica cristalizada com certa proporção de sílica hidratada; pederneira.

SÍLFIDE, s.f. Mulher franzina e delicada; imagem vaporosa.

SILHA, s.f. Pedra em que assenta a colmeia; série de cortiços de abelhas.

SILHAL, s.m. Silha numerosa de abelhas; lugar onde há silhas de abelhas.

SILHÃO, s.m. Sela com estribo só de um lado, própria para senhoras quando cavalgam com saia.

SILHAR, s.m. Pedra lavrada em quadrado, para revestimento de paredes; pedra que vai de uma face até o meio da parede. (Pl.: silhares.)

SILHUETA, s.f. Desenho que apresenta o perfil de uma pessoa.

SÍLICA, s.f. Óxido de silício anidro natural.

SILICATO, s.m. Designação dos sais ésteres dos ácidos silícicos.

SÍLICE, s.m. Sílex.

SILICÍCOLA, adj. Diz-se das plantas que crescem de preferência nos terrenos silicosos.

SILÍCIO, s.m. Elemento químico, metalóide, símbolo Si, de peso atômico 28,06, n.º atômico 14.

SILICIOSO, adj. Que contém sílica.

SILO, s.m. Tulha subterrânea; construção impermeável para conservar produtos da lavoura e forragens verdes.

SILOGEU, s.m. Recinto onde se reúnem associações literárias ou científicas; sodalício.

SILOGISMO, s.m. Raciocínio formado de três proposições: a primeira, chamada premissa maior, a segunda, premissa menor, e a terceira, conclusão **Ex.:** Todos os homens são mortais (maior); tu és homem (**menor**); logo, és mortal (**conclusão**).

SILOGÍSTICO, adj. Que encerra silogismo.

SILOGIZAR, v.int. Empregar silogismo.

SILUETA, s.f. O mesmo que silhueta.

SILURIANO, s.m. O sistema da era geológica do paleozóico entre o cambriano e o devoniano.

SILVA, s.f. Designação de várias plantas medicinais da família das Rosáceas; composição poética em que se alternam versos de dez e de seis sílabas; miscelânea literária ou científica.

SILVADO, s.m. Moita de silvas; tapume de silvas.

SILVANO, s.m. Habitante dos bosques; homem rústico.

SILVAR, v.int. Sibilar; apitar.

SILVÁTICO, adj. Selvático.

SILVEDO, s.m. Silvado.

SILVEIRA, s.f. Silva; moita de silvas.

SILVESTRE, adj. Selvático; que se desenvolve sem necessidade de cultura.

SILVÍCOLA, adj. Que nasce ou vive nas selvas ou matas; s. selvagem; aborigene.

SILVICULTOR, s.m. Aquele que se dedica à silvicultura.

SILVICULTURA, s.f. Ciência que tem por objeto o estudo e a exploração das florestas.

SILVO, s.m. Sibilo; apito; som agudo; assobio das serpentes.

SIM, adv. Designativo de afirmação, acordo ou permissão; s.m. ato de consentir, expresso pela palavra **sim.**

SIMÃO, s.m. Macaco.

SIMBIOSE, s.f. Associação de dois seres vivos (especialmente vegetais) na qual há benefícios recíprocos; vida em comum.

SIMBÓLICA, s.f. Ciência que explica os símbolos; simbologia.

SIMBÓLICO, adj. Relativo a símbolo; que tem o caráter de símbolo.

SIMBOLISMO, s.m. Escola poética do fim do século XIX, a qual surgiu como reação contra o parnasianismo, e caracterizada pelo seu subjetivismo, pelo seu gosto das impressões vagas, expressas de maneira imprecisa, de preferência sugeridas.

SIMBOLISTA, adj. Relativo ao simbolismo; que é sectário do simbolismo; s. sectário do simbolismo.

SIMBOLÍSTICO, adj. Relativo aos simbolistas.

SIMBOLIZAÇÃO, s.f. Ato ou efeito de simbolizar.

SIMBOLIZADOR, adj. e s.m. Que, ou aquele que simboliza.

SIMBOLIZAR, v.t. Representar por meio de símbolos; significar ou exprimir simbolicamente; expressar; int. falar ou escrever simbolicamente; t.-rel. resumir.

SÍMBOLO, s.m. Imagem, sinal ou objeto a que se dá uma significação moral fundada em relação natural; imagem empregada como sinal; sinal externo de um sacramento; substituição do nome de uma coisa por sinal; emblema; representação de elemento químico.

SIMBOLOGIA, s.f. Estudo referente aos símbolos.

SIMBOLÓGICO, adj. Relativo à simbologia ou simbolologia.

SIMETRIA, s.f. Correspondência em grandeza, forma e posição relativa de partes que estão em lados opostos de uma linha ou plano médio, ou ainda que estão distribuídas em torno de um centro ou eixo; harmonia resultante de certas combinações e proporções regulares.

SIMÉTRICO, adj. Que tem simetria.

SIMIESCO, adj. Relativo ou semelhante ao macaco.

SÍMIL, adj. Semelhante. (Superl. abs. sint.: similimo.)

SIMILAR, adj. Homogêneo; que é da mesma natureza.

SIMILARIDADE, s.f. Qualidade do que é similar.

SÍMILE, s.m. Qualidade do que é semelhante; analogia; adj. semelhante.

SIMILITUDE, s.f. Semelhança, parecença.

SÍMIO, s.m. Macaco; bugio.

SIMONIA, s.f. Tráfico criminoso de coisas santas ou espirituais, como sejam os sacramentos, dignidades, benefícios eclesiásticos, etc.; venda ilícita de coisas sagradas.

SIMONÍACO, adj. Respeitante à simonia; s.m. aquele que cometeu simonia.

SIMPATIA, s.f. Inclinação recíproca entre duas pessoas ou entre duas coisas; benzimento de curandeiro para afastar doenças.

SIMPÁTICO, adj. Que inspira simpatia; s.m. (Anat.) sistema nervoso —: o que não está submetido à ação da vontade.

SIMPATIZANTE, adj. e s. Adepto; afeiçoado; prosélito.

SIMPATIZAR, v. rel. Ter simpatia; sentir inclinação, afeição ou tendência.

SIMPLES, adj. 2 núm. Sem complicação; singelo; sem composição; que não é duplo ou múltiplo; sem ornatos; sem mistura; de fácil compreensão; mero; único; ordinário; vulgar; que vive sem luxo (superl. abs. sint.: simplicíssimo; aum.: simplacheirão); diz-se da substância que constitui o último termo da análise química.

SIMPLESMENTE, adv. De modo simples.

SIMPLEZA, s.f. Simplicidade; naturalidade.

SIMPLICIDADE, s.f. Qualidade do que é simples e do que é fácil; naturalidade; forma natural de dizer ou escrever; singeleza; ingenuidade.

SIMPLIFICAÇÃO, s.f. Ato ou efeito de simplificar.

SIMPLIFICADOR, adj. e s.m. Que, ou aquele que simplifica.

SIMPLIFICAR, v.t. Tornar simples ou mais simples; tornar fácil ou claro; reduzir a termos menores (fração) ou mais precisos.

SIMPLISMO, s.m. Vício de raciocínio, que consiste em desprezar elementos necessários da solução.

SIMPLISTA, adj. e s. Diz-se de, ou pessoa que tem o vício do simplismo.

SIMPLÓRIO, adj. e s.m. Diz-se de, ou indivíduo ingênuo, atoleimado.

SIMPÓSIO, s.m. Reunião, congresso, em que se debatem assuntos ligados a um tema fundamental.

SIMULAÇÃO, s.f. Disfarce; fingimento; falsidade.

SIMULACRO, s.m. Efígie; imitação; aparência; fingimento.

SIMULADO, adj. Fingido; falso.

SIMULADOR, adj. e s.m. Que, ou o que simula.

SIMULAR, v.t. Fingir; representar com semelhança; aparentar; disfarçar.

SIMULATÓRIO, adj. Em que há simulação.

SIMULTANEIDADE, s.f. Qualidade do que é simultâneo; coincidência.

SIMULTÂNEO, adj. Que se dá ou realiza ao mesmo tempo que outra coisa.

SIMUM, s.m. Vento muito quente que sopra do centro da África para o norte.

SINA, s.f. Fado; sorte; destino.

SINÁCULO, s.m. Selo; marca; distintivo.

SINAGOGA, s.f. Assembléia de fiéis, entre os hebreus; templo hebraico.

SINAL, s.m. Coisa que serve de advertência; meio de transmitir à distância, mas à vista, ordens ou notícias; indício; marca; gesto; letreiro; mancha na pele; dinheiro ou objeto que o comprador dá ao vendedor para segurança do contrato feito; presságio; firma de tabelião; cifra.

SINAL-DA-CRUZ, s.m. O ato de persignar-se ou benzer-se.

SINALAR, v.t. Assinalar.

SINALEFA, s.f. Figura gramatical em que se dá o desaparecimento ou a fusão da vogal final de um vocábulo com a inicial do seguinte: de, o=do; lhe, a=lha.

SINALEIRO, s.m. Indivíduo encarregado de dar sinais a bordo; aquele que nas estações de caminho de ferro dá sinal aos trens.

SINALIZAÇÃO, s.f. Ato ou efeito de sinalizar.

SINALIZAR, v.int. Exercer as funções de sinaleiro; t. marcar com sinais.

SINAPISMO, s.m. Cataplasma de sementes de mostarda, aplicada, geralmente, como revulsivo.

SINCERIDADE, s.f. Qualidade de sincero; franqueza; lisura de caráter.

SINCERO, adj. Que diz com franqueza o que sente; simples; verdadeiro; franco.

SINCLINAL, adj. (Geol.) Diz-se da camada que tem a concavidade voltada para cima.

SÍNCLISE, s.f. Emprego de pronome oblíquo intercalado. O mesmo que mesóclise.

SINCLÍTICA, s.f. Palavra que se intercala em outra, perdendo o acento próprio.

SINCLÍTICO, adj. Diz-se do pronome que se intercala.

SINCLITISMO, s.m. Conjunto de regras sobre a colocação dos pronomes oblíquos na frase.

SINCOPAR, v.t. Tirar letra ou sílaba por meio de síncope.

SÍNCOPE, s.f. (Med.) Perda súbita da consciência, acompanhada de suspensão real ou aparente da circulação e da respiração; (Gram.) supressão de fonema ou fonemas no interior da palavra; ex.: palácio-paço.

SINCRÉTICO, adj. Relativo ao sincretismo; eclético.

SINCRETISMO, s.m. Sistema filosófico, que combinava os princípios de diversos sistemas; ecletismo.

SINCRETISTA, s. Pessoa partidária do sincretismo.

SÍNCRISE, s.f. Oposição; antítese; reunião de duas vogais num ditongo.

SINCRÍTICO, adj. Adstringente.

SINCRÔNICO, adj. Que se realiza ao mesmo tempo; relativo aos fatos simultâneos ou contemporâneos.

SINCRONISMO, s.m. Relação entre fatos sincrônicos; simultaneidade.

SINCRONIZAÇÃO, s.f. O mesmo que sincronismo.

SINCRONIZAR, v.t. Combinar (ações ou exercícios) para o mesmo tempo; em linguagem de cinema, ajustar com rigorosa precisão (o som ao movimento).

SÍNCRONO, adj. Sincrônico.

SINDERÉSE, s.f. Faculdade natural de julgar com retidão; discrição; bom senso.

SINDESMOGRAFIA, s.f. (Anat.) Descrição dos ligamentos.

SINDESMOGRÁFICO, adj. Relativo à sindesmografia.

SINDESMOLOGIA, s.f. (Anat.) Tratado dos ligamentos.

SINDESMOLÓGICO, adj. Relativo à sindesmologia.

SINDESMOSE, s.f. Reunião de ossos por meio de ligamentos.

SINDÉTICA, adj. f. (Gram.) Diz-se da oração coordenada introduzida por conjunção coordenativa expressa; ex.: Pedro foi promovido e João foi reprovado. (Antôn.: assindética.)

SINDICAÇÃO, s.f. Ato ou efeito de sindicar.

SINDICAL, adj. Que pertence a sindicato.

SINDICALISMO, s.m. Teoria das doutrinas sobre sindicatos.

SINDICALISTA, adj. e s. Partidário do sindicalismo.

SINDICALIZAÇÃO, s.f. Ação de sindicalizar.

SINDICALIZAR, v.t. Reunir em sindicato.

SINDICÂNCIA, s.f. Sindicação; conjunto de informações, inquirições ou investigações levadas a efeito por ordem superior.

SINDICANTE, adj. e s.m. Que, ou pessoa que sindica.

SINDICAR, v.t. Fazer sindicância; inquirir por ordem superior; organizar em sindicato.

SINDICATADO, s.m. Operário pertencente a um sindicato.

SINDICATO, s.m. Companhia ou associação de capitalistas interessados na mesma empresa e que põem em comum os seus títulos, para que na venda destes não haja alteração de preço; associação de operários de uma classe para defesa de seus interesses profissionais; função de síndico, e exercício dessa função.

SÍNDICO, s.m. Advogado de corporação administrativa; sindicante; o escolhido para zelar ou defender os interesses de uma associação, de uma classe, de um condomínio.

SÍNDROME, s.f. (Med.) Reunião de sinais e sintomas provocados por um mesmo mecanismo e dependentes de causas diversas.

SINECURA, s.f. Emprego rendoso e que não obriga a trabalho.

SINECURISMO, s.m. Sistema governamental que se apóia nas sinecuras que promove.

SINECURISTA, s. Pessoa que tem sinecura ou sinecuras, ou que goza delas.

SINÉDOQUE, s.f. (Ret.) Tropo que confere a um termo maior extensão do que ordinariamente ele compreende: os casos mais importantes são: 1) o todo pela parte; ex.: Nunca mais verei brilhar o céu natal (céu em lugar de estrela); 2) a parte pelo todo; ex.: Dez velas entraram no porto (vela em lugar de navio); 3) o plural pelo singular; ex.: Os brasileiros são de compleição forte, isto é, o homem do Brasil; 4) o singular pelo plural; ex.: Quando o brasileiro entrou na guerra, isto é, quando os brasileiros entraram na guerra; 5) o gênero pela espécie; ex.: Ouvi, mortais, a voz de Deus; 6) o sujeito pelo atributo, isto é, o indivíduo pela qualidade que nele deve existir; ex.: Já não temos Homeros nem Virgílios, quer dizer: já não temos poetas épicos; 7) a matéria pela forma: O bronze marcou meia-noite; 8) a forma pela matéria: O jogador impeliu a esfera, isto é, a bola; 9) o concreto pelo abstrato: O pão está caro, isto é, a vida está cara.

SINEIRA, s.f. Abertura onde estão os sinos, nas torres; mulher que toca os sinos.

SINEIRO, s.m. Tocador de sinos; fabricante de sinos.

SINÉRESE, s.f. Contração de duas sílabas numa só, mas sem alteração de letras nem de sons; ex.: "Se eu morresse amanhã..." é um hexassílabo com oito sílabas gramaticais.

SINERGIA, s.f. Ato ou esforço simultâneo na realização de uma função.

SINÉRGICO, adj. Relativo à sinergia.

SINETA, s.f. Pequeno sino; campainha.

SINETE, s.m. Utensílio com assinatura ou divisa gravada, e que serve para imprimir no papel, lacre, etc.; carimbo; chancela.

SINFONIA, s.f. Realização orquestral de uma sonata; peça em que o emprego da melodia acompanhada era baseado numa escritura acordal; trecho instrumental que precede uma ópera, um concerto, etc.

SINFÔNICO, adj. Relativo a sinfonia.

SINGELEZ, s.f. Singeleza.

SINGELEZA, s.f. Qualidade do que é singelo; ingenuidade; simplicidade.

SINGELO, adj. Simples; sincero.

SINGRADURA, s.f. Rumo por onde se singra; espaço percorrido num dia, singrando.

SINGRANTE, adj. Preparado para singrar (navio).

SINGRAR, v.int. Navegar; velejar.

SINGULAR, adj. Individual; pertencente só a um; único; extraordinário; distinto; peculiar; excêntrico; (Gram.) designativo do número que indica uma só coisa ou pessoa; s.m. (Gram.) o número singular dos nomes e verbos.

SINGULARIDADE, s.f. Qualidade do que é singular; ato ou dito singular; extravagância.

SINGULARIZAR, v.t. Tornar singular; distinguir dos outros; privilegiar.

SINHÁ, s.f. Forma de tratamento que era empregada pelos escravos, em lugar de senhora.

SINHÁ-MOÇA, s.f. Nome que davam os escravos à filha da sinhá.

SINHAZINHA, s.f. Diminutivo de sinhá; tratamento que os escravos davam à filha da sinhá.

SINHÔ, s.m. Alteração de senhor; tratamento que os escravos davam ao senhor.

SINHÔ-MOÇO, s.m. Nome que davam os escravos ao filho do sinhô.

SÍNICO, adj. Relativo à China.

SINISTRA, s.f. A mão esquerda. (Antôn.: destra.)

SINISTRAR, v.int. Sofrer sinistro; acidentar.

SINISTRO, adj. Esquerdo; que é de mau presságio; funesto; s.m. desastre; ruína; grande prejuízo material.

SINISTROGIRO, adj. Diz-se do que gira para a esquerda.

SINO, s.m. Cone oco, geralmente de bronze, próprio para colocar nas torres e campanários, e que, percutido por uma peça interior, chamada badalo, ou por um martelo exterior, produz sons.

SINODAL, adj. Que pertence ao sínodo.

SINÓDICO, adj. Relativo à evolução dos planetas.

SÍNODO, s.m. Assembléia de párocos e de outros padres, convocada por ordem do seu prelado ou de outro superior.

SINOLOGIA, s.f. Estudo do que se refere à China.

SINOLÓGICO, adj. Relativo à sinologia.

SINÓLOGO, adj. e s.m. Que, ou aquele que é perito em sinologia.

SINONÍMIA, s.f. Emprego de sinônimos; qualidade do que é sinônimo.

SINONÍMICA, s.f. Arte ou estudo dos sinônimos e sua distinção.

SINONÍMICO, adj. Referente à sinonímia ou a sinônimos.

SINONIMISTA, adj. e s. Que, ou pessoa que se ocupa de sinônimos.

SINÔNIMO, adj. Designativo da palavra que tem a mesma significação que outra; s.m. palavra sinônima. (Antôn.: antônimo.)

SINOPSE, s.f. Obra ou tratado que apresenta sinteticamente o conjunto de uma ciência; síntese; resumo; sumário.

SINÓPTICO ou **SINÓTICO**, adj. Referente a sinopse; que tem forma de sinopse; resumido.

SINÓTICO, adj. Sinóptico.

SÍNQUISE, s.f. Inversão da ordem natural das palavras, tornando a frase obscura; hipérbato exagerado.

SINTÁTICO, adj. Relativo à sintaxe; conforme às regras da sintaxe.

SINTAXE (ss), s.f. Parte da Gramática que trata da disposição das palavras na proposição; a relação das frases entre si e a construção gramatical.

SINTÁXICO (ss), adj. Sintático.

SÍNTESE, s.f. Quadro expositivo do conjunto de uma ciência; resenha literária ou científica; resumo; demonstração matemática das proposições pela simples dedução das que estão já provadas; (Quím.) preparação de um composto a partir de substâncias simples que o constituem ou a partir de compostos de fórmula mais simples.

SINTÉTICO, adj. Relativo a síntese; feito em síntese; compendiado; resumido; artificial. (Antôn.: analítico.)

SINTETISMO, s.m. Conjunto das operações necessárias para a síntese.

SINTETIZAR, v.t. Tornar sintético; fazer a síntese de; compendiar; resumir.

SINTOMA, s.m. Fenômeno que revela uma lesão ou perturbação funcional de um órgão; indício; presságio; aparência; semelhança.

SINTOMÁTICO, adj. Relativo a sintoma; que é sintoma.

SINTOMATISMO, s.m. Sistema terapêutico que consiste em atacar os sintomas de uma doença e não a própria doença.

SINTOMATOLOGIA, s.f. Parte da Medicina que trata dos sintomas das doenças.

SINTOMATOLÓGICO, adj. Relativo à sintomatologia.

SINTOMATOLOGISTA, adj. e s. Que, ou pessoa que se ocupa ou escreve sintomatologia.

SINTONIA, s.f. O mesmo que sintonização.

SINTONIZAÇÃO, s.f. Ato ou efeito de sintonizar.

SINTONIZAR, v.t. Ajustar um aparelho receptor, rádio, televisão, etc. ao comprimento da onda proveniente do posto emissor.

SINUOSIDADE, s.f. Qualidade ou estado de sinuoso; flexuosidade; tergiversação.

SINUOSO, adj. Ondulado; flexuoso; tortuoso; que segue ou descreve uma linha mais ou menos irregular.

SINUSITE, s.f. (Patol.) Inflamação num dos seios nasais ou paranasais.

SINUSOIDAL, adj. Relativo a sinusóide.

SINUSÓIDE, s.f. O mesmo que senóide.

SIONISMO, s.m. Estudo das coisas relativas a Jerusalém; doutrina e movimento que propôs e conseguiu o estabelecimento, na Palestina, de um Estado israelita autônomo.

SIONISTA, adj. e s. Partidário do sionismo.

SIRENA, s.f. Sereia.

SIRÊNICO, adj. Relativo às sereias.

SIRGA, s.f. Corda com que se puxa uma embarcação ao longo da margem; ato ou efeito de sirgar.

SIRGAGEM, s.f. Ato de sirgar.

SIRGAR, v.t. Puxar ou conduzir (um barco) por meio de sirga.

SIRI, s.m. Nome comum a várias espécies de crustáceos decápodes braquiúrios.

SIRÍACO, adj. Relativo aos sírios; s.m. o idioma aramaico.

SIRIGAITA, s.f. Mulher pretensiosa, que se saracoteia muito; mulher buliçosa, ladina.

SÍRIO, adj. Da Síria; s.m. o natural ou habitante da Síria.

SIRIRI, s.m. (Zool.) O reprodutor de certas espécies de térmitas.

SIROCO, s.m. Vento quente do Sul africano, sobre o Mediterrâneo.

SIRTES, s. pl. Recifes ou bancos movediços de areia.

SIRVENTE, s.f. Poesia crítica para louvar e engrandecer um senhor feudal.

SISA, s.f. Designação antiga do chamado imposto de transmissão.

SISAL, s.m. Nome de duas plantas da família das Amarilidáceas, de que se extrai fibra têxtil.

SISEIRO, s.m. Cobrador de sisas.

SÍSMICO, adj. Relativo a sismos ou terremotos.

SISMO, s.m. O mesmo que terremoto; abalo.

SISMOGRAFIA, s.f. Aplicação do sismógrafo.

SISMÓGRAFO, s.f. Instrumento que registra os terremotos. O mesmo que sismômetro.

SISMOLOGIA, s.f. Ciência e tratado dos tremores de terra e dos movimentos do globo.

SISMOLÓGICO, adj. Relativo à sismologia.

SISMÔMETRO, s.m. Sismógrafo.

SISO, s.m. Juízo; bom senso; prudência.

SISSOMIA, s.f. Monstruosidade caracterizada pela junção de dois corpos ou de dois indivíduos; xifopagia.

SISTEMA, s.m. Conjunto de partes coordenadas entre si; corpo de doutrina; conjunto de partes similares; forma de governo ou constituição política ou social de um Estado; combinação de partes de modo que concorram para um certo resultado; conjunto de leis ou princípios que regulam certa ordem de fenômenos; plano; modo; hábito; uso; método; (Hist. Nat.) método de classificação fundado no emprego de um ou de pequeno número de caracteres; (Geol.) reunião de diversas séries geológicas; (mús.) qualquer série determinada de sons consecutivos.

SISTEMÁTICA, s.f. Taxinomia ou taxologia.

SISTEMÁTICO, adj. Metódico; ordenado; que observa um sistema.

SISTEMATIZAÇÃO, s.f. Ato ou efeito de sistematizar.

SISTEMATIZADOR, adj. e s.m. Que, ou aquele que sistematiza.

SISTEMATIZAR, v.t. Reduzir a sistema, reunir num corpo de doutrina.

SISTEMATOLOGIA, s.f. História ou tratado dos sistemas.

SISTEMATOLÓGICO, adj. Relativo à sistematologia.

SISTOLAR, adj. Relativo à sístole.

SÍSTOLE, s.f. Estado de contração das fibras musculares do coração; deslocação do acento tônico da palavra para sílaba anterior. (Antôn.: diástole.)

SISTÓLICO, adj. Sistolar; de sístole.

SISTRO, s.m. Antigo instrumento musical egípcio que consistia num pequeno arco metálico atravessado por hastes também de metal, as quais, agitadas, produziam som agudo e prolongado; hoje, espécie de marimba, com lâminas metálicas.

SISUDEZ ou **SISUDEZA**, s.f. Qualidade de quem é sisudo; seriedade; gravidade de porte.

SISUDO, adj. Sério; sensato; prudente.

SITIADO, adj. Cercado por forças militares; assediado.

SITIADOR, adj. e s.m. Que, ou aquele que sitia.

SITIANTE, adj. e s. Que, ou pessoa que sitia; s. proprietário de sítio ou de pequena lavoura; proprietário ou morador de chácara.

SITIAR, v.t. Cercar; assediar; estabelecer sítio.

SITIBUNDO, adj. Sedento; sequioso.

SITIEIRO, s.m. Sitiante.

SÍTIO, s.m. Lugar ou espaço ocupado por um objeto; local; lugar assinalado por acontecimento notável; estabelecimento agrícola de pequena lavoura; chácara, quinta; fazendola; trato de terra cedido a lavradores; moradia rural; o campo, a roça; ato ou efeito de sitiar.

SITIOCA, s.f. Pequeno sítio; fazendola.

SITIOFOBIA, s.f. Recusa absoluta de alimento.

SITIOLOGIA, s.f. Tratado dos alimentos ou da alimentação.

SITIOLÓGICO, adj. Relativo à sitiologia.

SITIOMANIA, s.f. Hábito de comer a todo o instante. (Antôn.: sitiofobia.)

SITÓFAGO, adj. Que se alimenta de trigo.

SITUAÇÃO, s.f. Posição; disposição recíproca das diferentes partes de um todo; fase governamental ou ministerial; o governo, relativamente à atualidade ou a uma dada época; estado de negócios; estado moral de uma pessoa; estado ou condição; ocorrência.

SITUACIONISMO, s.m. Partido político dos que estão no poder.

SITUACIONISTA, adj. e s. Que, ou pessoa que pertence ao situacionismo.

SITUAR, v. t.-rel. Colocar ou estabelecer; pôr; assinalar (lugar a); dispor geograficamente; p. colocar-se.

SÍTULA, s.f. Vaso redondo de madeira.

SÓ, adj. Desacompanhado; único; desamparado; solitário; adv. somente; a —s: sem mais companhia; consigo mesmo.

SOABRIR, v.t. Entreabrir. (Conjuga-se como o verbo abrir.)

SOADA, s.f. Toada de cantiga; ruído; boato; fama.

SOADO, adj. Que soou; celebrado.

SOALHA, s.f. Cada uma das chapas metálicas do pandeiro.

SOALHADO, s.m. Soalho; madeiramento para soalhar.

SOALHAR, v.t. Agitar as soalhas de pandeiro.

SOALHEIRA, s.f. A hora de maior calor (ao sol).

SOALHEIRO, adj. Exposto à ação do sol; s.m. lugar exposto ao sol.

SOALHO, s.m. Pavimento de madeira.

SOANTE, adj. Que soa.

SOÃO, s.m. Vento que sopra do oriente.

SOAR, v.int. Emitir ou produzir som; retumbar; ecoar; divulgar-se; espalhar-se; rel. agradar; convir t. tanger; tocar; dar, bater (horas). (Pres. ind.: sôo, soas (ó), soa (ó), etc.; pres. subj.: soe (ô), soes (ô), soe (ô), soemos, soeis, soem.)

SOB, prep. Debaixo de; no tempo ou governo de.

SOBEJAR, v.int. e rel. Exceder; ser demasiado; sobrar; p. ter de sobejo; suprir-se.

SOBEJIDÃO, s.f. Excesso; grande abundância.

SOBEJO, adj. Demasiado; excessivo; s.m.pl. sobras; restos.

SOBERANA, s.f. Mulher que exerce o poder monárquico de um Estado; rainha; imperatriz; mulher que entre outras ocupa o primeiro lugar.

SOBERANIA, s.f. Qualidade de soberano; poder supremo; autoridade de soberano ou príncipe; autoridade moral; propriedade de um Estado que não depende de qualquer outra potência.

SOBERANIZAR, v.t. Tornar soberano; elevar à soberania.

SOBERANO, adj. Que exerce um poder supremo sem restrição nem neutralização; supremo; magnífico; altivo; s.m. imperante; que exerce o poder soberano; rei; imperador.

SOBERBA, s.f. Altivez; orgulho.

SOBERBAÇO, adj. Ridiculamente vaidoso.

SOBERBÃO, adj. e s.m. Muito soberbo.

SOBERBETE, adj. e s.m. Que, ou aquele que tem alguns ares de soberbo.

SOBERBIA, s.f. Qualidade de soberbo; soberba exagerada.

SOBERBO, adj. Que é mais alto ou está mais elevado que outro; arrogante; orgulhoso; altivo; grandioso; sublime; magnífico (super. abs. sint.: soberbíssimo ou superbíssimo); s.m. indivíduo soberbo, arrogante. (Aum.: soberbão; soberbaço; dimin.: soberbete.)

SOBESTAR, v.rel. Estar abaixo; ser inferior. (Conjuga-se como o v. estar.)

SOBGRAVE, adj. Inferior ao grave.

SOBORRALHO, s.m. Calor mantido pelo borralho; brasas ou outra coisa que está sob o borralho.

SOBRA, s.f. Ato ou efeito de sobrar; pl.: restos; sobejos.

SOBRAÇAR, v.t. Meter debaixo do braço; segurar com o braço; sustentar; amparar; p. dar o braço a outrem; abraçar.

SOBRADAR, v.t. Construir sobrado em.

SOBRADO, s.m. Pavimento superior ao pavimento térreo de um edifício; casa de dois ou mais pavimentos.

SOBRANÇARIA, s.f. Altivez; orgulho; desdém.

SOBRANCEAR, v.t. Estar sobranceiro; dominar pela altura.

SOBRANCEIRO, adj. Que está acima, superior; proeminente.

SOBRANCELHA, s.f. Reunião de pêlos que se arqueiam por cima dos olhos.

SOBRANCERIA, s.f. Sobrançaria.

SOBRAR, v.int. e rel. Sobejar; rel. haver em excesso; exceder; ser mais que suficiente; restar.

SOBRE, prep. Na parte superior de; em cima ou para cima; em conseqüência de; conforme; em nome de; a respeito de.

SOBREABUNDAR, v.int. Superabundar.

SOBREAGUDO, adj. Muito agudo.

SOBREAVISO, s.m. Precaução; alerta; prevenção.

SOBRECARGA, s.f. Carga excessiva ou demasiada; aquilo que se junta à carga; aquilo que transtorna o equilíbrio da carga; marca que as estações postais põem nos selos.

SOBRECARREGAR, v.t. Carregar em demasia; aumentar excessivamente; aumentar encargos.

SOBRECARTA, s.f. Segunda carta; carta seguida a outra, com que tem relação; sobrescrito.

SOBRECASACA, s.f. Vestimenta de homem mais comprida e mais ampla que a casaca e cujas abas rodeiam completamente o corpo.

SOBRECELESTE ou **SOBRECELESTIAL**, adj. Mais que celeste; divino.

SOBRECENHO, s.m. Semblante carregado; carranca.

SOBRECÉU, s.m. Dossel.

SOBRECOMUM, adj. Diz-se do substantivo que possui uma só forma genérica; ex.: vítima, criança, cônjuge.

SOBRECOSTURA, s.f. Costura sobre duas peças, já cosidas uma à outra.

SOBREDITO, adj. Dito acima ou antes; já mencionado.

SOBREDIVINO, adj. Mais que divino.

SOBREESTADIA, s.f. Prazo extraordinário, além do de estadia.

SOBREESTAR, v.t. e int. Sobrestar. (Conjuga-se como o verbo estar.)

SOBREEXALTAR (z), v.t. Exaltar excessivamente.

SOBREEXCEDENTE, adj. Que sobreexcede.

SOBREEXCEDER, v.t. Exceder muito; ultrapassar.

SOBREEXCELENTE, adj. Excelentíssimo; sublime.

SOBREEXCITAÇÃO, s.f. Grande excitação de ânimo ou nervosa; superexcitação.

SOBREEXCITAR, v.t. Excitar intensamente; agitar ou impressionar vivamente o ânimo de; t.-rel. excitar; estimular.

SOBRE-HUMANO, adj. Superior às forças humanas ou à natureza do homem.

SOBREJACENTE, adj. Que está ou jaz por cima; suprajacente.

SOBRELEVAR, v.t. Exceder em altura; dominar; vencer; rel. levar vantagem; sobreexceder; p. distinguir-se; sobressair.

SOBRELOJA, s.f. Pavimento de um prédio entre a loja ou rés-do-chão e o primeiro andar.

SOBRELOTAÇÃO, s.f. O excedente da lotação ordinária de um veículo.

SOBRELOTAR, v.int. Lotar em excesso; superlotar.

SOBREMANEIRA, adv. Muito; excessivamente.

SOBREMANHÃ, s.f. Fim da manhã.

SOBREMESA, s.f. Fruta, doce ou outra iguaria leve ou delicada, com que se termina de ordinário uma refeição.

SOBREMODO, adv. Sobremaneira.

SOBRENADANTE, adj. Que sobrenada.

SOBRENADAR, v.int. Nadar à superfície; boiar; ficar em suspensão no meio líquido.

SOBRENATURAL, adj. Superior ao natural; sobrehumano; que excede as forças da natureza; que não tem explicação científica; milagroso; s.m. aquilo que é superior à natureza ou o que é muito

extraordinário ou maravilhoso.

SOBRENATURALIDADE, s.f. Qualidade do que é sobrenatural.

SOBRENOME, s.m. Nome que segue ao primeiro de batismo; apelido; nome de família.

SOBRENOMEAR, v.t.-pred. Por sobrenome; apelidar; alcunhar.

SOBREOLHAR, v.t. Olhar com desprezo.

SOBREPAGA, s.f. Gratificação; gorjeta.

SOBREPAIRAR, v.rel. Pairar mais alto.

SOBREPELIZ, s.f. Espécie de mantelete branco, com ou sem mangas, que os clérigos usam sobre a batina.

SOBREPENSAR, v.t. e rel. Pensar maduramente; refletir.

SOBREPESAR, v.t. e rel. Sobrepensar; int. ser muito incômodo; causar grande tristeza.

SOBREPESO, s.m. Sobrecarga; contrapeso.

SOBREPOR, v.t.-rel. Pôr em cima; acrescentar; dobrar sobre a face superior. (Conjuga-se como o v. pôr.)

SOBREPORTA, s.f. Bandeira da porta.

SOBREPOSSE, adv. Demasiadamente; por demais; sem espontaneidade; contra vontade.

SOBREPOSTO, s.m. Aquilo que se coloca como ornato sobre vestidos, jaezes, etc.

SOBREPOVOAR, v.t. Desenvolver a população.

SOBREPUJAMENTO, s.m. ou **SOBREPUJANÇA**, s.f. Ato ou efeito de sobrepujar.

SOBREPUJANTE, adj. Que sobrepuja.

SOBREPUJAR, v.t. Exceder; superar; ultrapassar; rel. sobressair; levar vantagem.

SOBRE-ROSADO, adj. Tirante a rosado.

SOBRE-SAIA, s.f. Segunda saia, para se usar sobre a outra.

SOBRE-SATURAÇÃO, s.f. (Quím.) Estado pelo qual uma solução saturada de uma substância, mais solúvel a quente do que a frio, pode resfriar-se sem cristalizar.

SOBRE-SATURAR, v.t. Levar à sobre-saturação; p. saturar-se em excesso.

SOBRESCREVER, v.t. Escrever sobre; sobrescritar.

SOBRESCRITAR, v.t. Fazer o sobrescrito; escrever o endereço; t.-rel.: endereçar. (Part.: sobrescrito.)

SOBRESCRITO, s.m. Invólucro de uma carta ou ofício, em que se escreve o nome e endereço do destinatário: o mesmo que envelope; endereço; aquilo que se escreve no invólucro da carta ou ofício.

SOBRESDRÚXULO, adj. Bisesdrúxulo.

SOBRE-SER, v.int. e t. Sobrestar.

SOBRE-SINAL, s.m. Sinal ou insígnia sobre o vestuário.

SOBRESSAIR, v.int. Ser ou estar saliente; ressaltar; dar na vista; atrair a atenção; rel. distinguir-se. (Conjuga-se como o v. sair.)

SOBRESSALENTE, adj. Excedente; s.m. o que sobressai.

SOBRESSALTAR, v.t. Assustar; atemorizar; p. assustar-se.

SOBRESSALTEAR, v.t. Assaltar; atacar inopinadamente ou à traição.

SOBRESSALTO, s.m. Acontecimento imprevisto; inquietação.

SOBRESSELENTE, adj. Que sobressai; s.m. tudo que sobeja e é próprio para suprir faltas. O mesmo que sobressalente.

SOBRESTANTE, adj. Sobranceiro.

SOBRESTAR, v.int. Não prosseguir; parar; cessar; deter-se. (Conjuga-se como o v. estar.)

SOBRE-SUBSTANCIAL, adj. Muito substancial.

SOBRETARDE, s.f. Fim da tarde; lusco-fusco.

SOBRETAXA, s.f. Quantia que se acresce aos preços ou tarifas ordinárias; acréscimo.

SOBRETUDO, s.m. Casacão próprio para se vestir sobre outro, como resguardo contra o frio e a chuva; adv. principalmente, especialmente.

SOBREVESTE, s.f. Peça de vestuário que se traz sobre outra; sobretudo.

SOBREVESTIR, v.t. Vestir por cima de outras vestes. (Conjuga-se como o v. vestir.)

SOBREVIGIAR, v.t. Superintender.

SOBREVINDO, adj. Que sobreveio; s.m. indivíduo que sobreveio ou chegou inopinadamente.

SOBREVIR, v.t. Vir ou acontecer em seguida ou depois; chegar ou suceder inesperadamente; rel. acontecer, ocorrer depois de outra coisa. (Conjuga-se como o verbo vir.)

SOBREVIVÊNCIA, s.f. Qualidade ou estado de sobrevivente.

SOBREVIVENTE, adj. e s. Que, ou pessoa que sobrevive.

SOBREVIVER, v.int. Continuar a existir depois de outra pessoa ou de outra coisa; rel. escapar; resistir; fazer face.

SOBREVOAR, v.t. Voar por cima.

SOBREVÔO, s.m. Vôo por cima; ação de sobrevoar. (Pl.: sobrevôos.)

SOBRIEDADE, s.f. Temperança; moderação.

SOBRINHO, s.m. Indivíduo em relação aos irmãos de seus pais; o filho de irmão.

SÓBRIO, adj. Moderado no uso de bebidas; parco; frugal.

SOBROLHO, s.m. Sobrancelha.

SOCA, s.f. Designação vulgar do rizoma ou caule subterrâneo; a segunda produção da cana (depois de cortada a primeira); designação vulgar das touceiras de capim.

SOCADO, adj. Que levou socos; amassado; sovado.

SOCADURA, s.f. Ato de socar; tunda.

SOCALCAR, v.t. Calcar bem; pisar; amassar.

SOCALCO, s.m. Porção mais ou menos plana de terreno; espécie de degrau, numa encosta, sustido por muro ou botaréu.

SOCAPA, s.f. Disfarce; manha; à —: disfarçadamente.

SOCAR, v.t. Dar socos; sovar; esmurrar; amassar muito; pisar.

SOCARRÃO, adj. e s.m. Velhaco; manhoso; astuto.

SOCAVA, s.f. Cavidade subterrânea.

SOCAVADO, adj. Escavado por baixo.

SOCAVÃO, s.m. Lapa; abrigo; lugar retirado.

SOCAVAR, v.t. Escavar por baixo; solapar.

SOCIABILIDADE, s.f. Tendência para a vida em sociedade; modos de quem vive em sociedade.

SOCIABILIZAR, v.t. Tornar sociável; reunir em sociedade.

SOCIAL, adj. Da sociedade ou relativo a ela; sociável; que convém à sociedade; s.f. (mais usado no pl.) a arquibancada ou local reservado aos sócios de uma agremiação.

SOCIALISMO, s.m. Sistema político que preconiza a incorporação dos meios de produção à coletividade.

SOCIALISTA, adj. Relativo ao socialismo; que é partidário do socialismo; s. sectário do socialismo.

SOCIALIZAÇÃO, s.f. Ato de pôr em sociedade; extensão de vantagens particulares à sociedade inteira; desenvolvimento de sentimento coletivo e do espírito de cooperação nos indivíduos associados; processo de integração mais intensa dos indivíduos no grupo.

SOCIALIZAR, v.t. Tornar social; reunir em sociedade; colocar sob o regime de associação; p. tornar-se social.

SOCIÁVEL, adj. Que se pode associar; próprio para viver em sociedade; tendente à vida em sociedade; civilizado; urbano.

SOCIEDADE, s.f. Estado dos homens que vivem sob leis comuns; reunião de animais que vivem em estado gregário; corpo social; associação, agremiação; parceria; relações ou freqüência habitual de pessoas; casa em que se reúnem os membros de qualquer agremiação; camada social.

SOCIETÁRIO, adj. Que é membro de uma sociedade; designativo do animal que vive em sociedade; s.m. aquele que é membro de uma sociedade.

SÓCIO, s.m. O que se associa a outro numa empresa, de que espera auferir lucros; parceiro; cúmplice; adj. associado.

SOCIOCRACIA, s.f. Governo social.

SOCIOLOGIA, s.f. Estudo e conhecimento dos agrupamentos humanos e das leis que os regem; ciência dos fenômenos sociais.

SOCIOLÓGICO, adj. Relativo à Sociologia.

SOCIÓLOGO, s.m. Aquele que se dedica ao estudo da Sociologia.

SOCO, s.m. Tamanco; peanha.

SOCO, s.m. Murro; bofetão; bofetada.

SOCÓ, s.m. Nome de várias espécies de aves da família dos Ardeídeos.

SOÇOBRAR, v.t. Afundar; fazer naufragar; int. afundar-se; naufragar; perder-se; aniquilar-se; reduzir-se a nada.

SOÇOBRO, s.m. Naufrágio; sinistro.

SOCORRER, v.t. Defender; proteger; auxiliar; prestar socorro, auxílio.

SOCORRO, s.m. Auxílio; amparo; proteção; interj. para pedir auxílio ou defesa.

SOCOVÃO, s.m. Subsolo.

SOCRÁTICO, adj. Relativo a Sócrates, filósofo grego do século V a.C., ou à sua doutrina; diz-se do método pedagógico que leva o aluno ao conhecimento do próprio erro com perguntas e respostas insistentes, para depois levá-lo ao descobrimento da verdade.

SODA, s.f. Hidróxido de sódio, comercialmente conhecido pelo nome de soda cáustica; carbonato de sódio do comércio; água carregada de gás carbônico, usada como refrigerante e acompanhamento de bebidas alcoólicas.

SODALÍCIO, s.m. Instituição; instituto; academia; silogeu.

SÓDICO, adj. Relativo à soda ou ao sódio.

SÓDIO, s.m. Elemento químico, metal alcalino, monovalente, símbolo Na, de peso atômico 22,997 e n.º atômico 11.

SODOMIA, s.f. Perversão sexual.

SOER, v.int. Costumar; ter por hábito. (Pres. do indic.: sóis, sói, soemos, soeis, soem; imperfeito: soía, soías, etc.; perf.: soí, soeste, soeu, etc.; m.q. perf.: soera, soeras, etc.; futuro: soerei, etc.; fut. do pret. soeria, etc.; imperativo: sói, soei; não se conjuga no pres. do subj.; imp.: soesse; soesses, etc.; fut.: soer, soeres, etc.; gerúndio: soendo; part.: soído.)

SOERGUER, v.t. Erguer um pouco; levantar-se por um pouco; erguer-se a custo.

SOEZ, adj. Vil; torpe; reles.

SOFÁ, s.m. Canapé estofado.

SOFISMA, s.m. Argumento falso ou raciocínio defeituoso intencionalmente feito para induzir em erro.

SOFISMAR, v.t. Enganar, lograr com sofismas; int. empregar sofismas.

SOFISTA, s. Pessoa que argumenta com sofismas.

SOFISTARIA, s.f. Discurso sofístico; conjunto de sofismas.

SOFÍSTICA, s.f. Parte da Lógica que ensina a refutar sofismas.

SOFISTICAÇÃO, s.f. Ato ou efeito de sofisticar.

SOFISTICADO, adj. Falsificado; não natural; afetado.

SOFISTICAR, v.t. Sofismar; falsificar; int. fazer sofisma.

SOFISTICARIA, s.f. Prática de sofismas.

SOFÍSTICO, adj. Relativo a sofismas; em que há sofisma.

SOFRALDAR, v.t. Erguer a fralda de; levantar.

SOFREADA ou **SOFREADURA**, s.f. Sofreamento.

SOFREAMENTO, s.m. Ato ou efeito de sofrear.

SOFREAR, v.t. Puxar pelas rédeas; refrear.

SOFREDOR, adj. e s.m. Que, ou aquele que sofre; resignado; paciente.

SÔFREGO, adj. Ávido; impaciente; ambicioso.

SOFREGUIDÃO, s.f. Impaciência; ambição.

SOFRENAR, v.t. Sofrear o cavalo para fazê-lo parar ou recuar.

SOFRER, v.t. Suportar; tolerar; padecer; int. sentir dor física ou moral; experimentar prejuízos; padecer com paciência; rel. ter dores; padecer.

SOFRIDO, adj. Que sofre com paciência; paciente; que já sofreu muito.

SOFRIMENTO, s.m. Padecimento; dor; amargura.

SOFRÍVEL, adj. Que se pode sofrer; razoável; acima de medíocre; tolerável.

SOGA, s.f. Corda grossa.

SOGRA, s.f. Mãe do cônjuge, em relação ao outro (genro ou nora); casa da —: lugar de confusão; onde cada um faz o que quer.

SOGRO, s.m. Pai do cônjuge, em relação ao outro (genro ou nora). (Fem.: sogra (ó), pl.: sogros (ó).)

SOÍDO, s.m. Sonido; som.

SOJA, s.f. Variedade de feijão muito nutritivo. O mesmo que feijão-soja.

SOL, s.m. O astro central do nosso sistema planetário; estrela; a luz e o calor do sol; (Quím.) sistema coloidal no qual as partículas sólidas se acham disseminadas em meio líquido; a quinta nota da escala musical.

SOLA, s.f. Couro curtido para calçado e numerosas outras utilidades; parte do calçado que assenta no chão.

SOLADO, adj. Em que se pôs sola (calçado); s.m. a sola do calçado.

SOLANÁCEA, s.f. Espécime das Solanáceas, família de plantas dicotiledôneas a que pertence a batata, o fumo, o tomate, etc.

SOLAPA, s.f. Escavação encoberta ou tapada por forma que não se veja.

SOLAPADO, adj. Escavado; minado.

SOLAPADOR, adj. e s.m. Que, ou aquele que solapa.

SOLAPÃO, s.m. Cavidade feita por erosão nas ribanceiras dos rios.

SOLAPAR, v.t. Escavar; minar; aluir.

SOLAR, s.m. Herdade ou morada de família nobre e antiga; adj. relativo ao sol; relativo a sola; v.t. pôr solas em (calçado).

SOLARENGO, adj. Relativo a solar.

SOLÁRIO, s.m. Eirado; varanda para banhos de sol.

SOLAU, s.m. Antigo romance em verso de ordinário acompanhado de música.

SOLAVANCAR, v.int. Dar solavancos.

SOLAVANCO, s.m. Balanço imprevisto ou violento de um veículo.

SOLAZ, s.m. Distração; recreio; consolação.

SOLDA, s.f. Substância metálica e fusível, para unir peças também metálicas.

SOLDADA, s.f. Salário; recompensa; prêmio.

SOLDADESCA, s.f. Tropas; bando de soldados indisciplinados.

SOLDADESCO, adj. Relativo a soldados.

SOLDADO, adj. Que foi ligado com solda; ligado; preso; colado; s.m. homem alistado nas forças de terra e ar, no posto mais baixo da hierarquia militar.

SOLDADOR, adj. e s.m. Que, ou o que solda.

SOLDADURA, s.f. Ato ou efeito de soldar; a parte por onde se soldou.

SOLDAGEM, s.f. Ato de soldar. O mesmo que soldadura.

SOLDAR, v.t. Unir ou pegar por solda; t.-rel. ligar; unir; prender; int. e p. unir-se; pegar-se; colar-se.

SOLDO, s.m. Vencimento dos oficiais militares; retribuição do serviço de militares.

SOLECISMO, s.m. Erro de sintaxe.

SOLECISTA, adj. e s. Que, ou pessoa que comete solecismos.

SOLEDADE, s.f. Solidão; lugar ermo.

SOLEIRA, s.f. A parte inferior do vão da porta, que está rasante com o piso.

SOLENE, adj. Pomposo; grave; majestoso.

SOLENIDADE, s.f. Festividade.

SOLENIZAÇÃO, s.f. Ato ou efeito de solenizar.

SOLENIZADOR, adj. e s.m. Que, ou aquele que soleniza.

SOLENIZAR, v.t. Celebrar com solenidade; conferir pompa.

SOLENÓIDE, s.m. Bobina ou fio enrolado que, percorrido por uma corrente elétrica, adquire as propriedades do ímã.

SOLÉRCIA, s.f. Ardil; argúcia.

SOLERTE, adj. Astuto; sagaz; inteligente.

SOLETRAÇÃO, s.f. Método de aprender a ler, tomando a letra como unidade de leitura.

SOLETRADOR, adj. e s.m. Que, ou aquele que soletra.

SOLETRAR, v.t. Ler, pronunciando em separado as letras e juntando estas em sílabas; ler mal; ler por alto; int. separar as letras de cada palavra, juntando-as em sílabas, para fazer leitura da mesma palavra.

SOLEVANTAR, v.t. Erguer um pouco; soerguer.

SOLEVAR, v.t. Solevantar; soerguer; levantar.

SOLFA, s.f. Música escrita; arte de solfejar.

SOLFATARA, s.f. Terreno vulcânico de onde se desprende gás sulfídrico.

SOLFEJAR, v.t. e int. Ler ou entoar os nomes das notas de uma peça musical.

SOLFEJO, s.m. Exercício musical, para se aprender a solfejar; pl.: compêndio ou caderno de exercícios musicais, para se aprender a solfejar.

SOLFERINO, s.m. A cor escarlate ou entre encarnado e roxo.

SOLFISTA, s. Pessoa que solfeja; músico.

SOLICITAÇÃO, s.f. Pedido; rogo.

SOLICITADOR, adj. e s.m. Que, ou aquele que solicita; s.m. estudante legalmente habilitado para requerer em juízo ou promover o andamento de negócios forenses, em primeira instância somente.

SOLICITANTE, adj. Suplicante.

SOLICITAR, v.t. Pedir; requerer; requestar; int. fazer requerimentos perante a justiça e promover negócios forenses como solicitador.

SOLICITÁVEL, adj. Que se pode solicitar.

SOLÍCITO, adj. Cuidadoso; diligente; ativo; prestadio.

SOLICITUDE, s.f. Cuidado; diligência; atividade.

SOLIDÃO, s.f. Estado do que está só; lugar ermo; insulamento.

SOLIDARIEDADE, s.f. Auxílio mútuo; ligação recíproca de pessoa ou coisas interpendentes.

SOLIDÁRIO, adj. Apoiador.

SOLIDARIZAR, v.t. Testemunhar solidariedade; oferecer apoio; apoiar.

SOLIDÉU, s.m. Pequeno barrete com que os padres cobrem a coroa.

SOLIDEZ, s.f. Qualidade ou estado de sólido; resistência; durabilidade; segurança.

SOLIDIFICAÇÃO, s.f. Ato ou efeito de solidificar; passagem direta do estado líqüido ao estado sólido.

SOLIDIFICADOR, adj. e s.m. Que, ou aquele que solidifica.

SOLIDIFICAR, v.t. Tornar sólido; robustecer; tornar estável ou firme; congelar; p. tornar-se sólido, resistente ou estável; congelar-se.

SÓLIDO, adj. Que tem consistência; íntegro; maciço; firme; diz-se do estado da matéria caracterizado por possuir rigidez e forma; s.m. qualquer corpo com essas características.

SOLÍFUGO, adj. Que evita a luz do sol; amigo das trevas.

SOLILÓQUIO, s.m. Monólogo.

SÓLIO, s.m. Assento real; trono; cadeira pontifícia.

SOLÍPEDE, adj. e s. Que, ou animal que tem só um casco em cada pata.

SOLISTA, s. Pessoa que executa solos musicais.

SOLITÁRIA, s.f. Parasita intestinal, também chamado tênia; célula de penitenciária na qual se isola o sentenciado perigoso, rebelde ou insubordinado.

SOLITÁRIO, adj. Só; que foge da convivência; que vive no ermo; s.m. aquele que vive na solidão.

SÓLITO, adj. Usado; habitual; rotineiro.

SOLITUDE, s.f. Solidão.

SOLO, s.m. Porção da superfície da terra; terreno; chão; pavimento; trecho musical para ser executado por uma só pessoa, tocando ou cantando.

SOL-POSTO, s.m. A hora em que o sol desaparece no horizonte; o pôr do sol.

SOLSTICIAL, adj. Que diz respeito ao solstício.

SOLSTÍCIO, s.m. Tempo em que o sol, tendo-se afastado o máximo do equador, parece estacionário durante alguns dias, antes de começar a aproximar-se novamente do equador.

SOLTA, s.f. Ato ou feito de soltar; à —: livremente.

SOLTADOR, adj. e s.m. Que, ou o que solta.

SOLTAR, v.t. Desatar; desprender; tornar livre; dar liberdade; p. desatar-se; desligar-se; escapar; pôr-se em liberdade; correr livremente.

SOLTEIRA, adj. e s.f. Diz-se da, ou a mulher que ainda não se casou.

SOLTEIRÃO, adj. e s.m. Que, ou homem que, sendo de meia-idade ou mais, ainda não casou.

SOLTEIRISMO, s.m. Celibato.

SOLTEIRO, adj. Que ainda não casou; s.m. homem solteiro.

SOLTO, adj. De partes não aderentes; posto em liberdade; licencioso; não rimado (verso). (Fem.: solta; pl.: soltos, soltas.)

SOLTURA, s.f. Ato ou efeito de soltar; libertinagem; diarréia.

SOLUBILIDADE, s.f. Propriedade que possui uma substância (soluto), ao se misturar, com um líqüido (solvente), de produzir um sistema homogêneo (solução).

SOLUBILIZAR, v.t. Tornar solúvel (uma substância).

SOLUÇANTE, adj. Que soluça.

SOLUÇÃO, s.f. Ato ou efeito de solver; desfecho; conclusão; decisão; resolução de uma dificuldade; raiz de uma equação algébrica; resultado de um problema; mistura de uma ou mais substâncias, sólidas, líqüidas ou gasosas, com um líqüido.

SOLUÇAR, v.int. Dar soluços; t. exprimir por entre soluços; s.m. soluço.

SOLUCIONAR, v.t. Dar solução; decidir; resolver.

SOLUÇO, s.m. Inspiração ruidosa e involuntária

434

em conseqüência de contração espasmódica do diafragma; choro entrecortado de suspiros.

SOLUÇOSO, adj. Que soluça; que se exprime entre soluços.

SOLUTIVO, adj. Que pode solver ou dissolver; purgativo.

SOLUTO, s.m. Substância dissolvida; adj. solto; dissolvido.

SOLÚVEL, adj. Que se pode solver, dissolver ou resolver. (Superl.: solubilíssimo.)

SOLVABILIDADE, s.f. Qualidade do que é solúvel.

SOLVÁVEL, adj. Solvível.

SOLVÊNCIA, s.f. Qualidade de solvente; solução; solvibilidade.

SOLVENTE, adj. Que solve ou pode solver; que paga ou pode pagar as suas dívidas.

SOLVER, v.t. Resolver; pagar; quitar.

SOLVIBILIDADE, s.f. Qualidade do que é solvível.

SOLVÍVEL, adj. Que tem com que pagar; que se pode solver ou pagar.

SOM, s.m. Efeito produzido no órgão da audição pelas vibrações dos corpos sonoros; aquilo que impressiona ao ouvido; ruído; emissão de voz.

SOMA, s.f. Resultado da adição; grande porção; quantia.

SOMAR, v.t. Fazer a soma de; adicionar; ter ou apresentar como soma; importar em; t.-rel. juntar quantidades; incluir; int. fazer a operação de soma.

SOMÁTICO, adj. Que diz respeito ao corpo.

SOMATOLOGIA, s.f. Tratado do corpo humano.

SOMATOLÓGICO, adj. Referente à somatologia.

SOMATÓRIO, s.m. Soma geral; totalidade; adj. indicativo de uma soma.

SOMBRA, s.f. Espaço privado de luz ou tornado menos claro, pela interposição de um corpo opaco; escuridão; parte escura de um quadro ou desenho.

SOMBREADO, adj. Em que há sombra; s.m. gradação do escuro num quadro ou desenho.

SOMBREAR, v.t. Dar sombra; macular; manchar; int. dar sombreado a uma tela ou desenho.

SOMBREIRO, s.m. Chapéu de aba larga.

SOMBREJAR, v.t. Sombrear.

SOMBRINHA, s.f. Pequeno guarda-sol de senhora.

SOMBRIO, adj. Em que há sombra; não exposto ao sol; triste; melancólico.

SOMENOS, adj. 2 núm. Inferior; de menor valor que outro; ordinário; reles.

SOMENTE, adv. Unicamente, exclusivamente.

SOMÍTICO, adj. Avaro; avarento; pão-duro.

SONAMBÚLICO, adj. De sonâmbulo.

SONAMBULISMO, s.m. Estado ou doença do sonâmbulo.

SONÂMBULO, adj. e s.m. Que, ou aquele que anda, fala ou se levanta, dormindo.

SONÂNCIA, s.f. Qualidade de sonante; música; melodia.

SONANTE, adj. Soante.

SONATA, s.f. Peça de música instrumental, para conjunto ou solo.

SONATINA, s.f. Pequena sonata.

SONDA, s.f. Prumo ou objeto análogo com que se determina ou observa a profundidade das águas, o interior de um objeto, estado de um órgão ou de um ferimento, etc.; aparelho de perfuração do terreno para conhecimento do subsolo ou para abrir poços profundos; tubo de borracha que se introduz em cavidades orgânicas para se extrair delas o conteúdo.

SONDADOR, adj. e s.m. Que, ou o que sonda.

SONDAGEM, s.f. Ato ou efeito de sondar; perfuração feita no terreno para verificar sua natureza geológica ou hidrológica; introdução de sonda em cavidade orgânica.

SONDAR, v.t. Examinar com sonda; fazer sondagem; avaliar; investigar; explorar; tatear; introduzir sonda em cavidade orgânica.

SONDÁVEL, adj. Que se pode sondar.

SONECA, s.f. Sonolência; curto espaço de tempo que se passa dormindo.

SONEGAÇÃO, s.f. Ato ou efeito de sonegar; omissão.

SONEGADOR, adj. e s.m. Que, ou aquele que sonega.

SONEGADOS, s.m.pl. Objetos ocultados fraudulentamente.

SONEGAMENTO, s.m. Sonegação.

SONEGAR, v.t. e t.-rel. Ocultar fraudulentamen-

te; t.-rel. furtar, tirar às ocultas; deixar de pagar.

SONEIRA, s.f. Sonolência.

SONETAR, v.int. Sonetear.

SONETEAR, v.int. Fazer sonetos.

SONETILHO, s.m. Soneto cujos versos são de curta medida.

SONETISTA, adj. e s. Que, ou pessoa que faz sonetos.

SONETO, s.m. Composição poética de quatorze versos, dispostos em dois quartetos e dois tercetos, rimados entre si. (Pl.: sonetos (ê).)

SONGAMONGA, s. Pessoa sonsa ou atoleimada.

SONHADOR, adj. e s.m. Que, ou aquele que sonha; devaneador.

SONHAR, v.int. Ter sonhos; dormir sonhando; entregar-se a fantasias e devaneios.

SONHO, s.m. Conjunto de imagens que se apresentam ao espírito durante o sono; utopia; ficção; fantasia; ilusão; biscoito de farinha e ovos, frito em azeite ou manteiga e passado depois em calda de açúcar.

SÔNICO, adj. Relativo ao som; fonético.

SONIDO, s.m. Qualquer som; rumor; estrondo.

SONÍFERO, adj. Que causa sono; s.m. substância soporífera.

SONÍLOQUO, adj. e s.m. Que, ou aquele que fala durante o sono.

SONO, s.m. Repouso produzido pelo adormecimento dos sentidos; desejo ou sentimento de necessidade de dormir; estado de quem dorme; inércia; indolência; preguiça.

SONOLÊNCIA, s.f. Sono imperfeito; disposição para dormir; transição entre o sono e a vigília; entorpecimento; inércia.

SONOLENTO, adj. Que tem sonolência; que causa sono; relativo à sonolência; inerte; vagaroso.

SONOMETRIA, s.f. Medição das vibrações sonoras.

SONOMÉTRICO, adj. Referente à sonometria.

SONÔMETRO, s.m. Instrumento para medir as vibrações sonoras.

SONORIDADE, s.f. Qualidade do que é sonoro; propriedade de produzir sons, ou de os reforçar, repercutindo-os.

SONORIZAÇÃO, s.f. Ato ou efeito de sonorizar.

SONORIZAR, v.t. Tornar sonoro; int. soar; produzir som.

SONORO, adj. Que produz som; harmonioso; suave; diz-se do fonema que se produz com a glote fechada ou quase, de sorte que o ar, forçando-lhe a passagem põe em vibração as cordas vocais.

SONOROSO, adj. Melodioso.

SONSICE, s.f. Sagacidade dissimulada; manha.

SONSINHO, adj. Velhaco; solerte.

SONSO, adj. Dissimulado; manhoso; velhaco.

SOPA, s.f. Caldo com algumas substâncias sólidas, o qual, de ordinário, constitui o primeiro prato do jantar; coisa fácil de ser feita, resolvida, vencida.

SOPAPEAR, v.t. Dar sopapos ou bofetões.

SOPEAR, v.t. Embaraçar o movimento; refrear.

SOPEIRA, s.f. Terrina ou vaso para sopa.

SOPEIRO, adj. Que gosta de sopa.

SOPESAR, v.t. Tomar o peso com a mão.

SOPISTA, s. Pessoa que gosta de sopas.

SOPITADO, adj. Caído em sonolência; adormecido.

SOPITAR, v.t. Adormentar; acalmar; reprimir.

SOPOR, s.m. Modorra; estado comatoso.

SOPORADO, adj. Que tem sopor ou que o produz.

SOPORATIVO, adj. Que produz sono ou sopor; enfadonho; maçador; fastidioso; s.m. substância que faz dormir; soporífero; soporífico.

SOPORÍFERO, adj. e s.m. Soporativo.

SOPORÍFICO, adj. e s.m. Soporativo.

SOPORIZAR, v.t. Sopitar.

SOPOROSO, adj. Sonolento.

SOPORTAL, s.m. Parte inferior do portal; soleira; átrio.

SOPRANO, s.m. A voz mais aguda de mulher ou menino; cantora ou cantor que tem a voz de soprano.

SOPRAR, v.t. Dirigir o sopro; avivar ou apagar com o sopro; agitar com sopro; encher de ar por meio de sopro; favorecer; sugerir; retirar ou separar (peças) no jogo de xadrez ou das damas; t.-rel. insinuar; inspirar; segredar; int. emitir sopro; agitar-se; produzir-se (vento); ensinar ocultamente a resposta de examinando.

SOPRO, s.m. Vento que se produz impelindo o ar com a boca; ato de expelir com alguma força o ar aspirado; influência; instigação; insinuação (Pl.: sopros (ô).)

SOQUEAR, v.t. Dar socos; socar.

SOQUEIRA, s.f. Raizame da cana-de-açúcar ou do arroz.

SOQUETE (ê), s.m. Utensílio para calcar a pólvora e a bala dentro do canhão; ferramenta para socar ou comprimir terra em torno de postes ou mourões, ou para firmar as pedras nos calçamentos; ferramenta própria para colocação ou extração de porcas colocadas em cavidades profundas; meia curta; (Eletr.) suporte apropriado para enroscar a lâmpada elétrica.

SOR, s.m. Forma reduzida de senhor.

SORDA, s.f. Caldo de carne engrossado com farinha de mandioca a que se juntam ovos.

SORDÍCIA ou **SORDÍCIE,** s.f. Sordidez; sujeira; imundície.

SORDIDEZ, s.f. Imundície; vileza; indignidade.

SORDIDEZA, s.f. Sordidez; imundície.

SÓRDIDO, adj. Sujo; nojento; esquálido; torpe; vil; obsceno.

SORITES, s.m. 2 núm. Raciocínio composto de uma série de proposições, ligadas de maneira que a segunda deve explicar o atributo da primeira, a terceira o da segunda, e assim por diante até chegar à conclusão.

SORNA, s.f. Indolência; molenga; adj. e s. diz-se de, ou pessoa inerte, indolente ou preguiçosa.

SORO, s.m. A parte que permanece líquida após a coagulação de um fluido orgânico (especialmente o sangue); solução de substância orgânica ou mineral empregada com fins terapêuticos. (Pl.: soros (ô).)

SOROCABANO, adj. De Sorocaba, cidade do Estado de S. Paulo; o natural ou habitante de Sorocaba.

SORONGA, adj. Atoleimado; tolo; tonto.

SORONGO, s.m. Dança negra, de origem africana, trazida ao Brasil pelos escravos. O mesmo que soronga: tolo; atoleimado.

SOROR ou **SÓROR,** s.m. Tratamento que se dá à freira. (É a flexão feminina de frei.) (Pl.: sorores (ô).)

SOROROCA, s.f. Soluços de estertor na agonia.

SOROTERAPIA, s.f. Tratamento por meio de soro. O mesmo que seroterapia.

SOROTERÁPICO, adj. Referente à soroterapia. O mesmo que seroterápico.

SORRATEIRO, adj. Matreiro; velhaco; manhoso.

SORRELFA, s.m. Disfarce para enganar; socapa.

SORRIDENTE, adj. Risonho; alegre; prazenteiro; amável.

SORRIR, v.int. Rir sem ruído; rir com ligeira contração dos músculos do riso; rel. mostrar-se alegre; zombar; mofar; t.-rel. exprimir agradavelmente. (Conjuga-se como rir.)

SORRISO, s.m. Ato de sorrir; manifestação de um sentimento de benevolência, simpatia ou de ironia, que se faz com ligeira contração dos músculos faciais.

SORTE, s.f. Destino; fado; risco; felicidade; bilhete ou esferazinha nas rifas ou loterias.

SORTEADO, adj. Designado ou escolhido por sorte; s.m. diz-se do cidadão que tem de fazer o serviço militar por ter sido o seu nome sorteado.

SORTEADOR, adj. e s.m. Que, ou aquele que sorteia.

SORTEAMENTO, s.m. Sorteio.

SORTEAR, v.t. Determinar ou escolher por sorte; rifar.

SORTEIO, s.m. Ato ou efeito de sortear.

SORTIDO, s.m. Sortimento (provisão); mistura.

SORTILÉGIO, s.m. Malefício de feiticeiro; bruxaria; mandinga.

SORTIMENTO, s.m. Provisão de drogas, fazendas ou cereais.

SORTIR, v.t. Abastecer; prover; p. abastecer-se; prover-se. (Muda o **o** do radical em **u** nas formas rizotônicas do pres. do ind., no pres. do subj. e nas pessoas correspondentes do imperativo; assim, pres. indic.: surto, surtes, surte, sortimos, sortis, surtem; imperat.: surte, sorti; pres. do subj.: surta, surtas, etc.: os demais tempos são regulares.)

SORUMBÁTICO, adj. Triste; macambúzio; aborrecido.

SORVEDOURO, s.m. Redemoinho de água no mar ou nos rios; voragem; abismo.

SORVEDURA, s.f. Sorvo.

SORVER, v.t. Haurir ou beber, aspirando; chupar; beber aos poucos; absorver; subverter; recolher. (Pres. ind.: sorvo, sorves, sorve, etc.; pres. subj.: sorva, sorvas, sorva, etc.)

SORVETE, s.m. Confeição de sumo de frutas em calda de açúcar, cremes, leite, etc., que se obtém agitando em recipiente especial durante o processo de congelamento.

SORVETEIRA, s.f. Mulher que vende ou fabrica sorvetes; máquina em que se faz sorvete.

SORVETEIRO, s.m. Vendedor ou fabricante de sorvetes.

SORVETERIA, s.f. Casa onde se vendem sorvetes.

SORVO, s.m. Trago; gole.

SÓSIA, s.m. Pessoa semelhante ou parecida a outra.

SOSLAIO, s.m. Obliquidade; de —: de esguelha.

SOSSEGADO, adj. Quieto; tranquilo; calmo.

SOSSEGADOR, adj. Que sossega, que tranquiliza.

SOSSEGAR, v.t. Tranquilizar; int. e p. aquietar-se; acalmar-se; estar ou ficar quieto.

SOSSEGO, s.m. Tranquilidade; calma; quietação.

SOSSO, adj. Designação da pedra que entra, sem argamassa, na construção de uma parede.

SOTA, s.f. Dama, nas cartas de jogar; s.m. o que monta a cavalgadura da sela.

SÓTÃO, s.m. Compartimento encaixado na armadura do telhado, sem janelas e geralmente usado como depósito.

SOTAQUE, s.m. Pronúncia peculiar a um indivíduo, a uma região, etc.

SOTA-VENTO, s.m. Bordo do navio oposto à direção de onde sopra o vento.

SOTÉIA, s.f. Açotéia.

SOTERRAÇÃO, s.f. Soterramento.

SOTERRADO, adj. Coberto de terra; metido debaixo da terra.

SOTERRAMENTO, s.m. Sepultamento; enterramento.

SOTERRAR, v.t. Enterrar; cobrir de terra; sepultar.

SOTOPOR, v.t.-rel. Pôr em baixo; omitir; postergar; pospor. (Conjuga-se como o v. pôr.)

SOTRETA, adj. Canalha.

SOTURNO, adj. Sombrio; lúgubre; silencioso.

SOUTO, s.m. Bosque ou mata que ladeia um rio.

SOVA, s.f. Surra; tunda.

SOVACO, s.m. Cavidade inferior, na junção do braço com o ombro. O mesmo que axila.

SOVADO, adj. Muito usado; pisado; moído; espancado.

SOVAQUEIRA, s.f. Sovaco; suor do sovaco; cheiro desse suor.

SOVAR, v.t. Amassar; bater a massa; usar muito; surrar; espancar.

SOVELA, s.f. Instrumento com que os sapateiros e correeiros furam o cabedal para o coser.

SOVELADA, s.f. Furo com a sovela; golpe com a sovela.

SOVELÃO, s.m. Grande sovela.

SOVELAR, v.t. Furar com sovela; furar.

SOVIETE, s.m. Conselho de delegados operários, camponeses e soldados, na Rússia.

SOVIÉTICO, adj. Referente ou pertencente aos sovietes; russo.

SOVIETISMO, s.m. Sistema político dos sovietes; bolchevismo.

SOVIETISTA, adj. Soviético; s. partidário do sovietismo; bolchevista.

SOVIETIZAR, v.t. Impor o sistema político dos sovietes; bolchevizar.

SOVINA, adj. e s. Avaro; miserável; avarento.

SOVINICE, s.f. Avareza; mesquinharia.

SOZINHO, adj. Absolutamente só; abandonado; único.

SPINOZISMO, s.m. Sistema panteísta do filósofo holandês Spinoza (1632-1677).

SPINOZISTA, adj. e s. Diz-se de, ou pessoa partidária do spinozismo.

SUA, pron. poss. Flexão fem. de seu.

SUÃ, s.f. Carne da parte inferior do lombo do porco; espinha ou vértebra de animal.

SUADO, adj. Que transpirou; que custou muito trabalho.

SUADOURO, s.m. Ato ou efeito de suar; sudorífico.

SUÃO, adj. Diz-se do vento que sopra do sul; s.m. vento quente do sul.

SUAR, v.int. Deitar suor pelos poros; transudar; transpirar; rel. matar-se com trabalho; adquirir com grande trabalho. (Conjuga-se regularmente: pres. ind.: suo, suas, sua, etc.; pres. subj.: sue, sues, sue, etc.)

SUARABÁCTI, s.m. Modalidade de epêntese que consiste em desfazer um grupo de consoantes pela intercalação de uma vogal. (Ex.: blatta evoluiu para barata.)

SUARDA, s.f. Substância gordurosa da lã de ovelha.

SUARENTO, adj. Que tem suor; coberto de suor.

SUASÃO, s.f. Persuasão.

SUASIVO, adj. Persuasivo; convincente.

SUASÓRIO, adj. Que persuade; que convence.

SUÁSTICA, s.f. A cruz gamada, isto é, quatro gamas (letra grega) entrecruzadas e unidas pela base (símbolo de felicidade e de saudação entre brâmanes e budistas, e foi adotado pelo hitlerismo.)

SUAVE, adj. Agradável; aprazível; doce; meigo.

SUAVIDADE, s.f. Meiguice; graça; tranqüilidade da alma.

SUAVILOQÜÊNCIA, s.f. Suavidade ou doçura nas palavras ou na linguagem.

SUAVILOQÜENTE, adj. Que tem doçura ou suavidade nas palavras ou na linguagem.

SUAVÍLOQUO, adj. Suaviloqüente.

SUAVIZAÇÃO, s.f. Ato ou efeito de suavizar.

SUAVIZAR, v.t. Tornar suave; mitigar; abrandar; acalmar.

SUB, pref. que significa inferioridade, aproximação ou substituição. (Regra ortográfica: é seguido de hífen quando a palavra a que se liga é iniciada por b, h, ou r: sub-reptício, sub-rogar, sub-hepático, sub-bibliotecário.)

SUBAÉREO, adj. Que fica por baixo da camada inferior da atmosfera.

SUBAGUDO, adj. Que passou a fase aguda; que fica na fase de transição entre a aguda e a crônica.

SUBALTERNAÇÃO, s.f. Ato ou efeito de subalternar; qualidade do que é subalterno ou do que subalterna com outro.

SUBALTERNADO, adj. Subalterno.

SUBALTERNAR, v.t. Tornar subalterno; pôr em lugar ou ordem subalterna; t.-rel. tornar subalterno; submeter; int. e p. alternar-se; revezar-se.

SUBALTERNIDADE, s.f. Qualidade do que é subalterno; inferioridade; dependência.

SUBALTERNIZAR, v.t. Tornar subalterno; rebaixar-se.

SUBALTERNO, adj. Que está sob as ordens de outro; subordinado; inferior; s.m. indivíduo subalterno.

SUBALUGAR, v.t. e t.-rel. Sublocar; alugar a outrem o que já se tomou por aluguel.

SUBAQUÁTICO, adj. Que está debaixo de água.

SUBÁQUEO, adj. Subaquático; que está debaixo de água.

SUBARBUSTO, s.m. Planta considerada como meio termo entre o arbusto e a erva.

SUBARRENDAR, v.t. e t.-rel. Arrendar a um terceiro; sublocar.

SUBARRENDATÁRIO, adj. e s.m. Que, ou aquele que subarrendou um prédio.

SUBAXILAR, adj. Que fica debaixo da axila.

SUB-BIBLIOTECÁRIO, s.m. Empregado que substitui o bibliotecário.

SUBCAPILAR, adj. Que tem a tenuidade de um cabelo.

SUBCHEFE, s.m. Funcionário imediato ao chefe ou que o substitui nos seus impedimentos.

SUBCLASSE, s.f. Divisão de uma classe.

SUBCOMISSÁRIO, s.m. Imediato ao comissário ou substituto dele.

SUBCONSCIÊNCIA, s.f. Consciência obscura ou semiconsciência.

SUBCONSCIENTE, s.m. A parte da psique que está fora do campo da consciência; o inconsciente.

SUBCOSTAL, adj. Que fica debaixo das costelas.

SUBCUTÂNEO, adj. Que fica por baixo da cútis ou da pele.

SUBDÉCUPLO, adj. Que de dez partes contém uma.

SUBDELEGAÇÃO, s.f. Ato ou efeito de subdelegar; qualidade ou repartição de subdelegado; sucursal de estabelecimento.

SUBDELEGADO, s.m. Imediato ou substituto do delegado.

SUBDELEGANTE, adj. Que subdelega.

SUBDELEGAR, v. t.-rel. Transmitir encargo a pessoa que o assumira como delegado.

SUBDIACONATO, s.m. Dignidade, ordens ou estado de subdiácono.

SUBDIÁCONO, s.m. Clérigo que recebeu a primeira ordem sacra, que é imediatamente inferior à de diácono.

SUBDIALETO, s.m. Divisão de dialeto.

SUBDIRETOR, s.m. Imediato ou substituto do diretor. O mesmo que vice-diretor.

SÚDITO, adj. e s.m. Súdito.

SUBDIVIDIDO, adj. Dividido, depois de uma divisão procedida anteriormente.

SUBDIVIDIR, v.t. Dividir de novo; fazer subdivisões; p. separar-se em várias divisões.

SUBDIVISÃO, s.f. Nova divisão do que já estava dividido.

SUBDIVISIONÁRIO, adj. Relativo a subdivisão.

SUBDIVISÍVEL, adj. Que se pode subdividir.

SUBDOMINANTE, s.f. A quarta nota musical de qualquer tonalidade, imediatamente abaixo da dominante.

SUBENTENDÊNCIA, s.f. Qualidade ou estado do que é subentendido.

SUBENTENDER, v.t. Entender ou perceber (o que não estava expresso); supor; admitir.

SUBENTENDIDO, adj. Que se subentende ou subentendeu; s.m. aquilo que está na mente, mas que não se apresenta expresso.

SUBEPÍGRAFE, s.f. Epígrafe inferior a outra; subtítulo.

SUBESTIMAR, v.t. Não dar o devido apreço ou valor; desdenhar; depreciar. (Antôn.: superestimar.)

SUBESTRUTURA, s.f. Parte inferior de uma estrutura.

SUBFAMÍLIA, s.f. Subdivisão de uma família botânica ou zoológica, que agrupa gêneros de maiores afinidades.

SUBGÊNERO, s.m. Divisão particular que se estabelece num gênero.

SUBIDA, s.f. Encosta; ladeira. (Antôn.: descida.)

SUBIDO, adj. Elevado; caro; alto.

SUBIMENTO, s.m. Subida; aumento; encarecimento.

SUBINQUILINO, s.m. Sublocatário.

SUBINTENDENTE, s.m. Imediato ou substituto do intendente.

SUBIR, v.int. Elevar-se; ir para cima; erguer-se; alar-se; atingir cotação mais elevada; rel. montar; entrar (num veículo). (Conjuga-se como o verbo bulir.) (Antôn.: descer.)

SUBITÂNEO, adj. Súbito.

SÚBITAS, el.s.f.pl. Na loc. a súbitas; de repente; subitamente.

SÚBITO, adj. Que aparece ou se dá sem ser previsto; repentino; inesperado; adv. subitamente, repentinamente; de —: subitamente.

SUBJACENTE, adj. Que está ou jaz por baixo.

SUBJETIVIDADE, s.f. Qualidade de subjetivo.

SUBJETIVISMO, s.m. Sistema filosófico que não admite outra realidade senão a do sujeito pensante.

SUBJETIVO, adj. Relativo a sujeito; existente no sujeito; passado exclusivamente no espírito de uma pessoa; s.m. aquilo que é subjetivo.

SUBJUGAÇÃO, s.f. Ato ou efeito de subjugar.

SUBJUGADOR, adj. e s.m. Que, ou o que subjuga; dominador; vencedor.

SUBJUGANTE, adj. Que subjuga.

SUBJUGAR, v.t. Submeter, pela força; abater; dominar.

SUBJUNTIVA, s.f. (Gram.) A segunda vogal de um ditongo; é também chamada pospositiva.

SUBJUNTIVO, adj. Subordinado; s.m. o modo em que o fato verbal é expresso com dúvida e dependência de outro modo.

SUBLEVAÇÃO, s.f. Rebelião; revolta; revolução.

SUBLEVADOR, adj. e s.m. Que, ou o que sublevava; revoltoso; amotinador.

SUBLEVAR, v.t. Amotinar; revoltar; levantar.

SUBLIMAÇÃO, s.f. Ato ou efeito de sublimar; (Quím.) passagem direta do estado sólido para o estado gasoso.

SUBLIMADO, adj. Elevado à maior altura; engrandecido; volatilizado; s.m. substância sublimada; — corrosivo: (Quím.) cloreto mercúrico.

SUBLIMAR, v.t. Exaltar; engrandecer; elevar à maior perfeição; fazer passar um corpo diretamente do estado sólido ao gasoso; p. exaltar-se; distinguir-se.

SUBLIMATÓRIO, adj. Que diz respeito à sublimação; s.m. vaso em que se recolhem os produtos das sublimações químicas.

SUBLIMÁVEL, adj. Que se pode sublimar.

SUBLIME, adj. Excelso; grandioso; majestoso; encantador; s.m. o mais alto grau da perfeição; aquilo que é sublime.

SUBLIMIDADE, s.f. Perfeição; excelência; a maior grandeza.

SUBLINEAR, adj. Que se escreve por baixo de linhas ou entre linhas.

SUBLINGUAL, adj. Que fica debaixo da língua.

SUBLINHA, s.f. Linha traçada por baixo da palavra.

SUBLINHAR, v.t. Traçar uma linha ou linhas por baixo; salientar.

SUBLOCAÇÃO, s.f. Ato ou efeito de sublocar ou subalugar.

SUBLOCADOR, s.m. Aquele que aluga ao sublocatário.

SUBLOCAR, v.t. Transmitir a outrem, alugando o que se tinha alugado.

SUBLOCATÁRIO, s.m. Aquele que recebe por sublocação; subinquilino.

SUBMARINO, adj. Que está debaixo das águas do mar; s.m. navio de guerra que pode navegar submerso; submersível.

SUBMAXILAR, adj. Que está debaixo das maxilas; diz-se dos gânglios que se situam internamente ao ramo horizontal da mandíbula.

SUBMERGIR, v.t. Mergulhar; afundar; int. e p. ir ao fundo; ficar totalmente mergulhado na água. (Part. submergido e submerso.)

SUBMERGÍVEL, adj. Que pode ser submergido; o mesmo que submersível.

SUBMERSÃO, s.f. Ato ou efeito de submergir; afundamento.

SUBMERSÍVEL, adj. Submergível; s.m. submarino.

SUBMERSO, adj. Coberto de água; submergido.

SUBMETER, v.t. Subjugar; dominar; vencer; t.-rel. tornar sujeito a; subordinar; p. sujeitar-se; render-se; obedecer às ordens e vontade de outrem; humilhar-se.

SUBMINISTRAÇÃO, s.f. Ato ou efeito de subministrar; fornecimento.

SUBMINISTRADOR, adj. e s.m. Que, ou o que subministra; fornecedor.

SUBMINISTRAR, v.t.-rel. Prover do necessário; fornecer; ministrar.

SUBMISSÃO, s.f. Ato ou efeito de submeter; sujeição.

SUBMISSO, adj. Obediente; dócil; respeitoso.

SUBMÚLTIPLO, s.m. Número que divide outro exatamente; fator; divisor; parte alíquota.

SUBNUTRIÇÃO, s.f. Nutrição má ou deficiente.

SUBNUTRIR, v.t. Nutrir insuficientemente.

SUBOCULAR, adj. Situado abaixo dos olhos.

SUBORDEM, s.f. Divisão de uma ordem, nas classificações vegetais e animais.

SUBORDINAÇÃO, s.f. Ato ou efeito de subordinar; dependência de uma pessoa ou coisa; obediência de uma palavra em relação a outra, de uma oração a outra.

SUBORDINADA, s.f. Proposição dependente.

SUBORDINADO, adj. Dependente; s.m. indivíduo às ordens de outro; subalterno.

SUBORDINADOR, adj. e s.m. Que, ou o que subordina.

SUBORDINANTE, adj. Que subordina.

SUBORDINAR, v.t. rel. Pôr sob dependência; sujeitar; submeter; p. submeter-se; sujeitar-se.

SUBORDINATIVO, adj. Que indica ou estabelece subordinação.

SUBORNAÇÃO, s.f. Suborno; aliciamento; corrupção.

SUBORNADOR, adj. e s.m. Que, ou o que suborna.

SUBORNAMENTO, s.m. Suborno; corrupção; subornação.

SUBORNAR, v.t. Atrair, com engano; aliciar para mau fim; dar dinheiro ou outros valores para conseguir coisa oposta à justiça, ao dever ou à moral; peitar, corromper.

SUBORNÁVEL, adj. Que se pode subornar.

SUBORNO, s.m. Ato ou efeito de subornar.

SUBPARÁGRAFO, s.m. Divisão de parágrafo.

SUBPOR, v.t.-rel. Pôr debaixo; sotopor.

SUBPREFEITO, s.m. Imediato ou substituto do prefeito; vice-prefeito.

SUBPREFEITURA, s.f. Departamento que possui os encargos municipais de um distrito ou de determinada circunscrição; o edifício onde funciona esse departamento.

SUB-REPTÍCIO, adj. Conseguido por meio de sub-repção ou ilicitamente fraudulento.

SUB-ROGAÇÃO, s.f. Ato ou efeito de sub-rogar; nomeação de substituto em ação judicial.

SUB-ROGADO, adj. Investido na qualidade e direitos de outrem.

SUB-ROGADOR, adj. e s.m. Que, ou o que sub-roga.

SUB-ROGANTE, adj. Que sub-roga.

SUB-ROGAR, v.t.-rel. Pôr em lugar de alguém; substituir; transferir direito ou encargo.

SUB-ROGATÓRIO, adj. Sub-rogante.

SUBSCREVER, v.t. Escrever por baixo; firmar; assinar; obrigar-se a comprar ações de sociedade anônima; rel. obrigar-se a certa contribuição; tomar parte em subscrição; p. assinar-se. (Part.: subscrito.)

SUBSCRIÇÃO, s.f. Ato ou efeito de subscrever; compromisso de contribuição com certa quantia; rateio; lista de donativos.

SUBSCRITAR, v.t. Pôr a assinatura embaixo; assinar; subscrever endereço.

SUBSCRITOR, adj. Que subscreve; s.m. aquele que subscreve; assinante.

SUBSEÇÃO ou **SUBSECÇÃO,** s.f. Divisão de seção.

SUBSECRETÁRIO, s.m. Imediato do ministro de Estado.

SUBSEQUÊNCIA, s.f. Seguimento; continuação.

SUBSEQUENTE, adj. Imediato; seguinte; ulterior.

SUBSERVIÊNCIA, s.f. Servilismo, bajulação.

SUBSERVIENTE, adj. Servil; muito condescendente; humilhante.

SUBSIDIADO (si), adj. Que tem ou recebe subsídio; s.m. aquele que recebe subsídio do Estado ou de alguém.

SUBSIDIAR (si), v.t. Dar subsídio; auxiliar; ajudar.

SUBSIDIÁRIO (si), adj. Que subsidia; relativo a subsídio.

SUBSÍDIO (si), s.m. Auxílio; socorro; benefício; quantia subscrita para obra de benefício ou de interesse público; vencimentos dos parlamentares; pl. elementos.

SUBSISTÊNCIA (sis), s.f. Sustento; conjunto do que é necessário para sustentar a vida.

SUBSISTENTE (sis), adj. Que subsiste; que continua a ter existência.

SUBSISTIR (sis), v.int. Existir; ser; existir individualmente; manter-se; conservar a sua força ou ação.

SUBSOLO, s.m. Camada de solo que fica imediatamente abaixo da superfície terrestre; construção feita abaixo do rés-do-chão.

SUBSTABELECER, v.t. Pôr em vez de outro ou outrem; nomear substituto; t.-rel. transferir para outrem (encargo ou procuração); sub-rogar.

SUBSTABELECIMENTO, s.m. Ato ou efeito de substabelecer; sub-rogação.

SUBSTÂNCIA, s.f. Aquilo que subsiste por si; matéria; essência; natureza de uma coisa; o que há de suculento ou nutritivo nos alimentos; o que é indispensável para a nutrição; o que há de essencial em alguma coisa; (Quím.) diversas modalidades de apresentação da matéria química.

SUBSTANCIAL, adj. Substancioso; nutritivo; alimentício; essencial; s.m. o essencial; a parte fundamental.

SUBSTANCIALIDADE, s.f. Qualidade do que é substancial.

SUBSTANCIAR, v.t. Nutrir; reforçar; fortalecer.

SUBSTANCIOSO, adj. Alimentício; nutritivo; robusto.

SUBSTANTIVAÇÃO, s.f. Ato de substantivar.

SUBSTANTIVADO, adj. Tornado substantivo; tomado como substantivo.

SUBSTANTIVAR, v.t. Dar o caráter de substantivo; empregar como substantivo.

SUBSTANTIVO, adj. Que por si só designa a própria substância; que designa uma coisa que subsiste; s.m. (Gram.) nome; palavra pela qual nomeamos os seres e denominamos as idéias.

SUBSTITUIÇÃO, s.f. Ato ou efeito de substituir;

colocação de pessoa ou coisa no lugar de outra; representação de uma quantidade algébrica pelo seu valor.

SUBSTITUÍDO, adj. e s.m. Diz-se do, ou indivíduo que se substituiu.

SUBSTITUINTE, adj. e s. Que, ou pessoa que substitui.

SUBSTITUIR, v.t. Colocar em lugar de; fazer o serviço ou as vezes de; t.-rel. tirar, mudar ou deslocar. (Pres. ind.: substituo, substituis, substitui, substituímos, substituis, substituem; pres. subj.: substitua, substituas, etc.)

SUBSTITUTIVO, s.m. Substituiç..o; emenda; projeto de lei, que é apresentado no parlamento e que se propõe seja considerado em lugar de outro tido como inadequado.

SUBSTITUTO, adj. Que substitui; s.m. indivíduo que substitui outro ou faz as vezes dele.

SUBSTRATO, s.m. O que forma a parte essencial do ser; aquilo sobre que repousam as qualidades.

SUBTANGENTE, s.f. Parte do eixo das abcissas, compreendida entre o ponto de interseção com a tangente à curva num ponto e a projeção deste sobre o eixo das abcissas.

SUBTENSA, s.f. (Mat.) Corda (de um arco).

SUBTERFÚGIO, s.m. Evasiva; pretexto; manha.

SUBTERRÂNEO, adj. Que fica ou se realiza debaixo da terra; s.m. lugar subterrâneo; cova; casa ou compartimento abaixo do nível do solo. O mesmo que subsolo.

SUBTÉRREO, adj. Subterrâneo.

SUBTIPO, s.m. Tipo secundário, subordinado a um tipo primário.

SUBTÍTULO, s.m. Segundo título; título que segue outro.

SUBTÔNICA, adj. f. (Gram.) Diz-se da sílaba que tem o acento secundário; ex.: a sílaba **so** da palavra **somente**.

SUBTRAÇÃO, s.f. Ato ou efeito de subtrair; roubo; furto; diminuição.

SUBTRAENDO, s.m. Segundo termo de uma subtração, isto é, a quantidade que deve ser subtraída do minuendo.

SUBTRAIR, v.t. Furtar; t. tirar; fazer desaparecer; t.-rel. diminuir. (Conjuga-se como o v. trair.)

SUBTRATIVO, adj. Relativo à subtração; s.m. o termo da diferença, também chamado diminuidor ou resto.

SUBURBANO, adj. Relativo a subúrbio; que fica próximo da cidade; de arrabalde.

SUBÚRBIO, s.m. Arrabalde de cidade.

SUBVENÇÃO, s.f. Auxílio pecuniário, geralmente concedido pelos poderes públicos; subsídio; ajuda; contribuição.

SUBVENCIONADO, adj. Que recebe subvenção.

SUBVENCIONADOR, adj. e s.m. Que, ou aquele que subvenciona.

SUBVENCIONAR, v.t. Dar subvenção; auxiliar; ajudar; amparar.

SUBVERSÃO, s.f. Revolta; insubordinação; motim.

SUBVERSIVO, adj. Que subverte ou pode subverter; revolucionário.

SUBVERSOR, adj. e s.m. Que, ou aquele que subverte; revolucionário.

SUBVERTEDOR, adj. e s.m. Subversor.

SUBVERTER, v.t. Revolver; voltar de baixo para cima; destruir; derrubar; arruinar; revolucionar.

SUCATA, s.f. Ferro manipulado e considerado inútil, especialmente o que serviu em caminhos de ferro, e que se refunde e se entrega de novo ao comércio; qualquer obra metálica, inutilizada; depósito de ferro velho.

SUCÇÃO, s.f. Ato ou efeito de sugar.

SUCEDÂNEO, adj. Designativo do medicamento que pode substituir outro, por ter aproximadamente as mesmas propriedades; s.m. esse medicamento; substância que pode substituir outra; qualquer coisa que pode substituir outra.

SUCEDER, v.int. Acontecer; realizar-se; rel. vir depois; seguir-se; produzir efeito; ser substituto; entrar na vaga de outrem por direito de sucessão ou por nomeação; tomar o lugar de outrem ou de outra coisa. (No sentido de acontecer, realizar-se, é defectivo: só é conjugado nas terceiras pessoas.)

SUCEDIDO, adj. Que sucedeu; s.m. aquilo que sucedeu; sucesso; acontecimento.

SUCEDIMENTO, s.m. Sucessão; sucesso.

SUCESSÃO, s.f. Descendência; substituição.

SUCESSÍVEL, adj. Que pode suceder na qualidade de herdeiro ou a qualquer outro título.

SUCESSIVO, adj. Que vem depois ou em seguida; consecutivo.

SUCESSO, s.m. Acontecimento; êxito.

SUCESSOR, adj. Que sucede a outro; s.m. aquele que sucede a outro; herdeiro; aquele que se segue no mesmo cargo ou dignidade.

SUCESSÓRIO, adj. Relativo à sucessão ou substituição.

SÚCIA, s.f. Reunião de pessoas de má índole ou de má nota.

SUCIAR, v.int. Fazer parte de uma súcia; vadiar.

SUCIATA, s.f. Reunião de pessoas de má fama; patuscada.

SUCINTO, adj. Que tem poucas palavras; resumido; sintetizado.

SUCO, s.m. Sumo; seiva; coisa ótima, bonita ou bem feita.

SUCOSO, adj. Suculento; sumarento.

SÚCUBO, s.m. Demônio que se supunha descer sobre as pessoas adormecidas, provocando-lhes pesadelos.

SUCULÊNCIA, s.f. Qualidade de suculento; abundância de suco.

SUCULENTO, adj. Que tem suco; gordo; substancial.

SUCUMBIDO, adj. Desanimado; descoroçoado; morto.

SUCUMBIR, v.rel. Cair vencido; abater; dobrar-se; não resistir; ceder; int. perder o ânimo; morrer; ser vencido.

SUCURI, s.f. Espécie de ofídio que vive principalmente nos pântanos e rios.

SUCURIJU, SUCURIÚ, SUCURUJU ou **SUCURUJUBA,** s.f. Sucuri.

SUCURSAL, adj. Designativo de um estabelecimento dependente de outro; s.f. casa ou estabelecimento sucursal; filial.

SUDAÇÃO, s.f. Ação ou efeito de suar.

SUDANÊS, adj. Do Sudão (África); s.m. o natural ou habitante do Sudão; a língua da Guiné.

SUDÁRIO, s.m. Pano com que outrora se limpava o suor; tela que representa o rosto ensangüentado de Cristo.

SUDATÓRIO, adj. Sudorífero.

SUDESTE, s.m. Sueste.

SÚDITO, adj. Que depende da vontade de outrem; s.m. vassalo; habitante de país sob regime monárquico.

SUDOESTE, s.m. Ponto do horizonte a igual distância do sul e do oeste; vento que sopra dessa direção.

SUDORÍFERO ou **SUDORÍFICO,** adj. Que faz suar.

SUDORÍPARO, adj. Que emite ou produz suor.

SUDRA, s.f. Casta inferior da Índia; s.m. indivíduo dessa casta e que se emprega nos trabalhos mais rudes; pária.

SUECA, s.f. Espécie de bisca, em que cada parceiro joga com dez cartas.

SUECO, adj. Relativo à Suécia; s.m. o natural ou habitante da Suécia; a língua sueca.

SUEIRA, s.f. Trabalheira; cansaço.

SUESTE, s.m. Ponto do horizonte eqüidistante do sul e do este; vento que sopra dessa direção. O mesmo que sudeste.

SUÉTER, s.m. Espécie de blusa de lã.

SUETO, s.m. Feriado escolar; descanso.

SUFICIÊNCIA, s.f. Qualidade ou classificação de suficiente; aptidão bastante; habilidade; habilitação.

SUFICIENTE, adj. Que satisfaz; que é bastante; capaz; apto; hábil; s.m. nota de classificação de lições ou diplomas, entre medíocre e bom.

SUFIXAL (cs), adj. Relativo a sufixo.

SUFIXAR (cs), v.t. Juntar sufixo.

SUFIXO (cs), s.m. Sílaba ou letras que se pospõem às raízes das palavras primitivas; desinência.

SUFOCAÇÃO, s.f. Ato ou efeito de sufocar; abafação; asfixia.

SUFOCADOR, adj. e s.m. Que, ou aquele que sufoca.

SUFOCANTE, adj. Que sufoca; abafador; asfixiante.

SUFOCAR, v.t. Causar sufocação; impedir ou reprimir a respiração; dificultar a respiração; matar por asfixia; reprimir; abafar; int. deixar de respirar; sentir os efeitos de sufocação; p. perder a respiração; respirar com dificuldade; asfixiar-se; reprimir-se.

SUFOCATIVO, adj. Sufocante.
SUFRAGAR, v.t. Apoiar com sufrágio ou voto; orar por alma; escolher; eleger; votar.
SUFRÁGIO, s.m. Voto; votação; ato de piedade ou oração pelos mortos.
SUFRAGISTA, adj. Diz-se de pessoa partidária do sufrágio universal.
SUGAÇÃO s.f. Ato ou efeito de sugar; sucção.
SUGADOR, adj. Que suga; s.m. sugadouro.
SUGADOURO, s.m. Órgão que serve a certos insetos para chupar.
SUGAR, v.t. Chupar; extrair; t.-rel. extorquir; aproveitar em demasia os préstimos de outrem.
SUGERIR, v.t. Inspirar; insinuar; lembrar. (Conjuga-se como o v. aderir.)
SUGESTÃO, s.f. Inspiração; instigação; estímulo.
SUGESTIONAR, v.t. Inspirar; estimular; sugerir.
SUGESTIVO, adj. Que sugere; que atrai; insinuante.
SUÍÇA, s.f. ou SUÍÇAS, s.f.pl. Porção de barba que se deixa crescer nas partes laterais da face.
SUICIDA, s. Pessoa que se matou; adj. que serviu de instrumento de suicídio.
SUICIDAR-SE, v.p. Dar a morte a si mesmo; arruinar-se por culpa de si mesmo.
SUICÍDIO, s.m. Ato ou efeito de suicidar-se; desgraça ou ruína proporcionada ao próprio indivíduo por falta de bom senso.
SUÍÇO, adj. Da Suíça (Europa); s.m. o natural ou habitante da Suíça.
SUINOCULTOR, s.m. Criador de porcos.
SUÍNO, adj. Relativo ao porco; s.m. o porco.
SUINOCULTURA, s.f. Criação de porcos.
SUÍTE, s.f. Série de composições musicais que se sucedem em ordem lógica de movimentos diversos, ligados entre si por estreito parentesco tonal.
SUJAR, v.t. Emporcalhar; manchar; perverter; desmoralizar; conspurcar; comprometer-se; p. praticar atos infamantes; tornar-se desprezível.
SUJEIÇÃO, s.f. Dependência; submissão.
SUJEIRA, s.f. Imundície; procedimento incorreto.
SUJEITA, s.f. Mulher indeterminada ou de quem não se quer dizer o nome.
SUJEITADOR, adj. e s.m. Que, ou o que sujeita; dominador.
SUJEITAR, v.t. Dominar; subjugar; constranger; t.-rel. submeter; obrigar; p. submeter-se; render-se; conformar-se.
SUJEITO, adj. Escravizado; sem vontade própria; exposto; s.m. indivíduo indeterminado ou de quem se omite o nome; homem; assunto; (Gram.) é o termo da oração do qual se declara alguma coisa.
SUJIDADE, s.f. Excremento; cisco; monturo; sujeira.
SUJO, adj. Emporcalhado, sórdido; falto de limpeza; indecoroso; indecente; que perdeu o crédito junto a alguém.
SUL, s.m. Ponto cardeal oposto ao norte; pólo austral; parte do mundo oposta ao norte; vento que sopra do sul.
SUL-AFRICANO, adj. e s.m. Da República Sul-Africana.
SULCAR, v.t. Fazer sulcos; singrar; navegar; enrugar.
SULCO, s.m. Rego aberto pelo arado ou charrua; depressão que um navio faz nas águas; ruga; corte.
SULFA, s.f. Forma abreviada de sulfamida.
SULFAMIDA, s.f. O mesmo que sulfonamida.
SULFATAGEM, s.f. Ato de sulfatar.
SULFATAR, v.t. Embeber de sulfato de cobre ou de ferro; aspergir as plantas com solução de sulfato contra certas doenças.
SULFATIZAR, v.t. Converter em sulfato.
SULFATO, s.m. Designação genérica dos sais e ésteres do ácido sulfúrico.
SULFETO, s.m. Designação genérica dos sais e ésteres do ácido sulfídrico e das combinações do enxofre com outros elementos.
SULFITO, s.m. Designação genérica dos sais e ésteres do ácido sulfuroso.
SULFONA, s.f. Medicamento que se usa na cura da lepra.
SULFONAMIDA, s.f. Droga de poderosa ação antibacteriana, usada no combate às infecções.
SULFUR, s.m. Enxofre.
SULFURAÇÃO, s.f. Ato de sulfurar.
SULFURADO, adj. Que foi tratado por enxofre ou combinado com enxofre.

SULFURAR, v.t. Misturar ou combinar com enxofre; enxofrar.
SULFÚREO, adj. Que tem a natureza do enxofre; em cuja composição entra o enxofre.
SULFURETAR, v.int. Aplicar ou juntar sulfureto.
SULFURETO, s.m. Sulfeto.
SULFÚRICO, adj. Relativo ao enxofre; radical ácido derivado do enxofre em combinação com o oxigênio, estando este representado por quatro átomos; anidrido do enxofre em que o oxigênio entra com três átomos; ácido —: vitríolo; éter —: o éter comum.
SULFURINO, adj. Da cor do enxofre; amarelo-esverdeado.
SULFUROSO, adj. Que contém enxofre; radical ácido derivado do enxofre em combinação com três átomos de oxigênio; anidrido de enxofre em que o oxigênio entra com dois átomos.
SULINO, adj. Natural do Sul; meridional.
SULISTA, adj. Do Sul do país; s. o natural ou habitante do Sul do país.
SUL-RIO-GRANDENSE, adj. e s. Gaúcho; rio-grandense-do-sul.
SULTANA, s.f. Mulher do sultão.
SULTANADO ou SULTANATO, s.m. Dignidade de sultão; país governado por um sultão.
SULTÃO, s.m. Título que se dava ao imperador da Turquia; título de alguns príncipes maometanos e tártaros. (Fem.: sultana.)
SUMA, s.f. Epítome; resumo.
SUMAGRAR, v.t. Tingir ou curtir com sumagre.
SUMAGRE, s.m. Planta da família das Anacardiáceas; pó mais ou menos grosseiro, resultante da trituração dessas plantas e usado em medicina, na tinturaria e em curtumes.
SUMAGREIRO, s.m. Aquele que prepara o sumagre para tinturaria.
SUMARENTO, adj. Suculento; que tem muito sumo.
SUMARIANTE, adj. e s.m. Diz-se de, ou juiz que preside ao sumário de culpa.
SUMARIAR, v.t. Sintetizar; resumir; abreviar.
SUMÁRIO, adj. Resumido; breve; s.m. recapitulação; suma; síntese; índice.
SUMÉ, s.m. Personagem lendária ou homem branco misterioso que apareceu aos primitivos indígenas brasileiros e lhes ensinou a agricultura e impôs regras morais.
SUMIÇO, s.m. Desaparecimento; fuga.
SUMIDADE, s.f. Qualidade do que é alto ou eminente; o ponto mais alto; cumeeira; cimo; pessoa muito importante ou muito distinta; pessoa que é grande conhecedora de determinada ciência.
SUMIDIÇO, adj. Que some ou desaparece com facilidade.
SUMIDO, adj. Desaparecido; distante; magro.
SUMIDOURO, s.m. Abertura por onde se escoa e desaparece um líquido; lugar onde desaparecem muitas coisas; sarjeta; coisa em que se desperdiça muito dinheiro.
SUMIR, v.t. Ocultar; esconder; submergir; p. afundar-se; perder-se; fugir. (Conjuga-se como o v. bulir.)
SUMO, s.m. Suco; adj. que está no lugar mais alto; muito elevado; supremo; máximo.
SUMOSO, adj. Sumarento; suculento.
SUMPÇÃO, s.f. Ato ou efeito de engolir.
SÚMULA, s.f. Pequena suma; epítome; resumo.
SUNGA, s.f. Espécie de calção para crianças; calção justo que se usa sob outro.
SUNGAR, v.t. Suspender o cós de calças ou saias.
SUNTUÁRIO ou SUMPTUÁRIO, adj. Relativo a despesas ou a luxo.
SUNTUOSIDADE ou SUMPTUOSIDADE, s.f. Magnificência; grande luxo.
SUNTUOSO ou SUMPTUOSO, adj. Magnificente; aparatoso.
SUOR, s.m. Humor aquoso que vem à superfície da pele, por efeito do calor, e que se condensa em gotas; grande trabalho; resultado de grandes fadigas.
SUPEDÂNEO, s.m. Banco em que se descansam os pés; peanha; estrado de madeira em que o sacerdote põe os pés, enquanto diz missa.
SUPEDITAR, v.t.-rel. Fornecer; ministrar.
SUPER, pref. Que denota excesso, o máximo. (Regra ortográfica: é seguido de hífen quando a palavra a que se liga começa por h ou r: super-homem, super-realismo.)

SUPERABUNDÂNCIA, s.f. Grande abundância.

SUPERABUNDANTE, adj. Que superabunda; demasiado.

SUPERABUNDAR, v.int. Existir em abundância ou em excesso; sobejar; abundar excessivamente.

SUPERAGUDO, adj. O mesmo que sobreagudo.

SUPERALIMENTAÇÃO, s.f. Ato ou efeito de alimentar em excesso.

SUPERALIMENTAR, v.t. Alimentar com excesso.

SUPERANTE, adj. Que supera; que excede.

SUPERAQUECER, v.t. Submeter uma substância a temperaturas elevadas.

SUPERAR, v.t. Ultrapassar; vencer; exceder; t.-rel. sobrepujar; levar vantagem.

SUPERÁVEL, adj. Que pode superar.

SUPERAVIT, s.m. (lat., acento na sílaba rá) O excedente em favor da receita de um orçamento; lucro. (Antôn.: deficit.)

SUPERCILIAR, adj. Do supercílio.

SUPERCÍLIO, s.m. Sobrancelha.

SUPERCILIOSO, adj. Carrancudo; severo.

SUPEREGO, s.m. (Psicanál.) Mecanismo inibitório inconsciente e que por outro lado atua como constituinte principal da consciência.

SUPEREMINÊNCIA, s.f. Elevação extraordinária.

SUPERESTIMAR, v.t. Dar excessivo apreço ou valor; ter em grande conta. (Antôn.: subestimar.)

SUPERESTRUTURA, s.f. Conjunto das ideologias religiosas, filosóficas, jurídicas e políticas de determinada classe social, segundo as idéias marxistas.

SUPEREXALTADO (z), adj. Muito exaltado.

SUPEREXCITAR, v.t. Sobreexcitar.

SUPERFICIAL, adj. Relativo à superfície; pouco profundo; leviano; pela rama.

SUPERFICIALIDADE ou **SUPERFICIALISMO,** s.m. Qualidade do que é superficial.

SUPERFÍCIE, s.f. (Geom.) O que é gerado por uma linha que se desloca no espaço; parte exterior dos corpos; extensão considerada com as duas dimensões: comprimento e largura; aparência.

SUPERFINO, adj. Muito fino; da melhor qualidade.

SUPÉRFLUO, adj. Inútil; redundante; desnecessário; s.m. aquilo que é supérfluo.

SUPER-HOMEM, s.m. Indivíduo que se considera acima da possibilidade humana; homem de faculdades extraordinárias.

SUPERINTENDÊNCIA, s.f. Ato de chefiar; cargo de superintendente; casa onde o superintendente exerce suas funções.

SUPERINTENDENTE, adj. e s. Que, ou pessoa que superintende.

SUPERINTENDER, v.t. Dirigir como chefe; inspecionar.

SUPERIOR, adj. Que está mais acima; mais elevado; de excelente qualidade; s.m. aquele que exerce autoridade sobre outro; o que dirige um convento.

SUPERIORA, s.f. Freira que dirige um convento.

SUPERIORIDADE, s.f. Qualidade do que está acima; vantagem; vitória.

SUPERLATIVO, adj. Que exprime uma qualidade em grau muito elevado ou no mais alto grau; s.m. adjetivo no superlativo.

SUPERLOTAÇÃO, s.f. Excesso de lotação.

SUPERLOTAR, v.t. Exceder a lotação prevista; sobrelotar.

SUPERNO, adj. Superior; muito alto.

SUPERPOPULAÇÃO, s.f. Excesso de população, em relação ao território.

SUPERPOR, v.t.-rel. Pôr em cima; sobrepor. (Conjuga-se como o verbo pôr.)

SUPERPOSIÇÃO, s.f. Ato ou efeito de superpor; sobreposição.

SUPERPRODUÇÃO, s.f. Excesso de produção.

SUPERPURGAÇÃO, s.f. Purgação excessiva.

SUPER-REALISMO, s.m. Movimento artístico, iniciado na França, que rejeita as concepções lógicas do espírito e se louva somente no inconsciente.

SUPER-REALISTA, adj. Relativo ao super-realismo; s. artista que segue o super-realismo.

SUPERSATURAÇÃO, s.f. Sobre-saturação; saturação acima dos limites normais, numa solução.

SUPERSATURAR, v.t. e p. Sobre-saturar; saturar acima do limite de uma solução.

SUPERSECREÇÃO, s.f. Secreção abundante.

SUPERSENSÍVEL, adj. Superior à ação dos sentidos.

SUPERSÔNICO, adj. (Aeron.) Diz-se da velocidade superior à da propagação do som.

SUPERSTIÇÃO, s.f. Crendice; fanatismo; preconceito.

SUPERSTICIOSIDADE, s.f. Crendice.

SUPERSTICIOSO, adj. Que tem ou em que há superstição; s.m. indivíduo supersticioso.

SUPÉRSTITE, adj. Sobrevivente.

SUPERSTRATO, s.m. Contribuição lingüística que se junta ao idioma já formado na região.

SUPERURBANISMO, s.m. (Gram.) Vício de linguagem que consiste em supor errôneas as formas corretas; ex.: palhol (paiol), tramolha (tramóia).

SUPERVENIÊNCIA, s.f. Qualidade do que é superveniente; ato de sobrevir.

SUPERVENIENTE, adj. Que sobrevém.

SUPERVIVÊNCIA, s.f. Sobrevivência.

SUPETÃO, el. da loc. adv. de —: subitamente; repentinamente.

SUPIMPA, adj. Ótimo; excelente.

SUPINAÇÃO, s.f. Movimento dos músculos supinadores do antebraço e da mão, de maneira que a palma esteja voltada para diante; posição de costas para cima.

SUPINADOR, adj. e s.m. Designativo do, ou o músculo que no antebraço e na mão exerce uma ação oposta à dos pronadores.

SUPINO, adj. Deitado de costas.

SUPLANTAÇÃO, s.f. Ato ou efeito de suplantar; vitória; vantagem.

SUPLANTADOR, adj. e s.m. Que, ou o que suplanta.

SUPLANTAR, v.t. Meter debaixo dos pés; calcar; pisar; derribar; vencer; levar vantagem.

SUPLEMENTAÇÃO, s.f. Fornecimento de auxílio; adição de numerário para perfazer certa quantia.

SUPLEMENTAR, adj. Relativo a suplemento; que serve de suplemento; que amplia; adicional; diz-se do ângulo que somado a outro perfaz 180 graus, ou uma semicircunferência.

SUPLEMENTÁRIO, adj. Suplementar.

SUPLEMENTO, s.m. Aquilo que serve para suprir; o que se dá a mais; parte que se junta a um todo para ampliar, esclarecer e aperfeiçoar; páginas com matéria especial que se acrescentam à matéria ordinária de certos jornais e revistas; aditamento; ângulo que adicionado a outro perfaz uma semicircunferência, isto é, 180º.

SUPLÊNCIA, s.f. Ato de suprir; cargo de suplente.

SUPLENTE, adj. Que supre; s. pessoa que supre; substituto; quem é ou pode ser chamado a desempenhar certas funções, na falta daquele a quem elas competiam.

SUPLETIVISMO, s.m. (Gram.) Fenômeno morfológico pelo qual as flexões dos nomes, pronomes e verbos, deficientes, se completam recorrendo a outros temas diferentes. Assim, por exemplo, enquanto o feminino da maioria dos substantivos se forma pela mudança do **o** em **a** (filho, filha; aluno, aluna), certos nomes recorrem a formas completamente diversas: pai, mãe; genro, nora; boi, vaca, etc.: é o supletivismo de gênero. O supletivismo pronominal é observado na temática das formas oblíquas que não são originárias das formas retas correspondentes: eu (me, mim, comigo), etc. O supletivismo de grau se verifica na formação do comparativo e superlativo de certos adjetivos: bom (melhor, ótimo); mau (pior, péssimo), etc. O supletivismo verbal é observado em quase todos os verbos chamados defectivos, e alguns outros que devem ser supridos com formas alheias ao seu tema primitivo: ia, ias, ia (imperfeito do verbo ir, do latim ire); mas vou, vais, vai, etc., presente do mesmo verbo ir origina-se do latim vado, vadis, vadit (verbo vadere).

SUPLETIVO ou **SUPLETÓRIO,** adj. Que supre.

SÚPLICA, s.f. Rogo; pedido ou oração instante e humilde.

SUPLICAÇÃO, s.f. Súplica; pedido; rogo.

SUPLICADO, s.m. Indivíduo contra quem um suplicante requer em juízo.

SUPLICANTE, adj. Que suplica; s. pessoa que suplica; requerente; impetrante.

SUPLICAR, v.t.-rel. Pedir com instância e humildade; rogar; implorar.

SUPLICATÓRIO, adj. Que contém súplica.

SÚPLICE, adj. Suplicante; que pede prostrado.

SUPLICIADO, adj. Justiçado; s.m. aquele que sofreu suplício ou foi justiçado.

SUPLICIAR, v.t. Infligir suplício; fazer sofrer a

pena de morte; torturar; afligir.

SUPLÍCIO, s.m. Grande punição corporal, imposta por sentença; pena de morte; execução capital; tortura; pl.: disciplinas ou correias, para açoitar por penitência ou castigo.

SUPOR, v.t. Conjeturar; presumir; imaginar; p. considerar-se; ter-se na conta de. (Conjuga-se como o v. pôr.)

SUPORTAR, v.t. Tolerar; permitir; agüentar.

SUPORTÁVEL, adj. Que se pode suportar.

SUPORTE, s.m. Aquilo que suporta ou sustenta alguma coisa; aquilo em que alguma coisa se firma ou assenta.

SUPOSIÇÃO, s.f. Hipótese; conjetura.

SUPOSITÓRIO, s.m. Substância medicamentosa sólida de forma cônica ou cilíndrica, que se introduz no ânus, para fins de administração do medicamento.

SUPOSTO, adj. Hipotético; fictício; s.m. coisa suposta.

SUPRA, pref. que significa acima, superior, excedente. (Regra ortográfica; é seguido de hífen quando a palavra a que se liga começa por vogal, r ou s: supra-axilar, supra-renal, supra-sensível.)

SUPRA-AXILAR, adj. Que está acima da axila.

SUPRACITADO, adj. Citado ou mencionado acima ou anteriormente.

SUPRADITO, adj. Sobredito; dito antes.

SUPRAJACENTE, adj. O mesmo que sobrejacente.

SUPRANATURAL, adj. Sobrenatural.

SUPRANATURALISMO, s.m. Doutrina que crê no sobrenatural.

SUPRANATURALISTA, adj. e s. Diz-se da, ou pessoa que é partidária do supranaturalismo.

SUPRANUMERADO, adj. Numerado acima, antes ou atrás.

SUPRANUMERÁRIO, adj. Que ultrapassa o número estabelecido; extranumerário; s.m. o que está a mais; o que é supranumerário.

SUPRA-REALISMO, s.m. Super-realismo.

SUPRA-REALISTA, adj. e s. Super-realista.

SUPRA-RENAL, adj. Situado acima dos rins; s.f. glândula ad-renal.

SUPRA-SENSÍVEL, adj. Supersensível.

SUPRA-SUMO, s.m. O ponto mais alto; o requinte.

SUPREMACIA, s.f. Superioridade; preeminência; hegemonia; poder supremo.

SUPREMO, adj. Que está acima de tudo; relativo a Deus; derradeiro; superior; sumo.

SUPRESSÃO, s.f. Ato ou efeito de suprimir.

SUPRESSIVO ou **SUPRESSÓRIO**, adj. Que suprime ou extingue.

SUPRESSOR, adj. Que elimina ou suprime.

SUPRIDOR, adj. e s.m. Que, ou aquele que supre; o suplente; fornecedor.

SUPRIMENTO, s.m. Auxílio; empréstimo; fornecimento.

SUPRIMIR, v.t. Omitir; cortar; eliminar. (Part. suprimido, supresso.)

SUPRIR, v.t. Completar; inteirar; substituir; prover; rel. dar o necessário para a subsistência.

SUPRÍVEL, adj. Que se pode suprir.

SUPURAÇÃO, s.f. Ato ou efeito de supurar.

SUPURADO, adj. Que está em supuração.

SUPURANTE, adj. Que supura.

SUPURAR, v.int. Lançar pus; transformar-se em pus; expelir pus.

SUPURATIVO, adj. Que produz ou facilita a supuração.

SUPURATÓRIO, adj. Supurativo.

SURDEZ, s.f. Perda ou diminuição do sentido da audição.

SURDIMUTISMO, s.m. Qualidade de surdo-mudo.

SURDINA, s.f. Peça com que se enfraquecem os sons nos instrumentos de corda; à — ou em —: pela calada; à socapa.

SURDIR, v.int. Sair da terra; brotar; aparecer; surgir; rel. emergir; sair; resultar; provir.

SURDO, adj. Que não ouve ou que ouve pouco; mouco; pouco sonoro; feito em silêncio ou sem ruído; diz-se do fonema produzido com a glote aberta, de sorte que, passando o ar sem dificuldade, não vibram as cordas vocais; designativo das vogais e e o quando soam escassamente; s.m. aquele que não ouve ou que ouve muito mal.

SURDO-MUDEZ, s.f. O mesmo que surdimutismo.

SURDO-MUDO, adj. e s.m. Que, ou indivíduo que é ao mesmo tempo surdo e mudo.

SURGIDOURO, s.m. Lugar onde surgem e ancoram embarcações.

SURGIR, v.int. Aparecer; erguer-se; despontar; aparecer de repente; manifestar-se; ocorrer. (Part. surgido e surto.)

SURMENAGE, s.f. Estafa, esgotamento.

SURO, adj. Sem rabo.

SURPREENDENTE, adj. Que surpreende; magnífico; maravilhoso; admirável.

SURPREENDER, v.t. Apanhar de improviso; saltear; maravilhar; causar surpresa; p. espantar-se; admirar-se.

SURPRESA, s.f. Ato ou efeito de surpreender; aquilo que surpreende; sobressalto; prazer inesperado; sucesso imprevisto.

SURPRESAR, v.t. Surpreender.

SURPRESO, adj. Surpreendido; perplexo; admirado.

SURRA, s.f. Ação de surrar ou de espancar; pancadaria; sova.

SURRADO, adj. Batido; sovado; espancado; gasto pelo uso.

SURRADOR, adj. e s.m. Que, ou o que surra.

SURRÃO, s.m. Bolsa ou saco de couro destinado especialmente a farnel de pastores.

SURRAR, v.t. Curtir ou pisar peles; bater; fustigar; dar surra; espancar; sovar.

SURREALISMO, s.m. Super-realismo. (Surrealismo é galicismo condenável.)

SURREALISTA, adj. e s. (gal.) (V. Super-realista.)

SURRIADA, s.f. Descarga de artilharia; troça; escárnio.

SURRIPIAR, v.t.-rel. Furtar; roubar.

SURRO, s.m. Sujidade no rosto, nas mãos e nos pés, especialmente a que provém do suor.

SURRUPIAR, v.t.-rel. Var. de surripiar.

SURSIS, s.m. (jur.) Suspensão condicional de pena leve ou adiamento de sua execução que o magistrado pode conceder a criminoso primário.

SURTIDA, s.f. Investida.

SURTIR, v.t. Ter como resultado; originar; produzir efeito; rel. ter consequência. (Conjuga-se regularmente. Pres. ind.: surto, surtes, surte, surtimos, surtis, surtem.)

SURTO, adj. Ancorado; s.m. arrancada; impulso; irrupção; tendência.

SURU, adj. Diz-se de animal sem cauda ou que só tem o coto da cauda. O mesmo que suro.

SURUBA, s.f. Bengalão.

SURUBADA, s.f. Pancada com suruba.

SURUCUCU, s.f. Cobra venenosíssima, da família dos Viperídeos.

SURURU, s.m. Conflito; briga; rolo.

SURURUCA, s.f. Espécie de peneira grossa.

SURURUCAR, v.t. Peneirar; fazer movimentos peneirados com o corpo.

SUS, interj. Eia! coragem! ânimo!

SUSCETIBILIDADE, s.f. Qualidade do que é suscetível; disposição para receber influências ou sofrer enfermidades; melindre; tendência.

SUSCEPTIBILIZAR, v.t. Melindrar ou ofender ligeiramente; p. melindrar-se; considerar-se ofendido; ressentir-se.

SUSCEPTÍVEL, adj. Capaz; melindroso; que facilmente se ofende.

SUSCITAÇÃO, s.f. Ato ou efeito de suscitar; sugestão.

SUSCITADO, adj. Sugerido; lembrado.

SUSCITADOR, adj. e s.m. Que, ou aquele que suscita.

SUSCITANTE, adj. e s.m. Suscitador.

SUSCITAR, v.t. Promover; lembrar; sugerir; levantar ou apresentar como impedimento; pôr dificuldade.

SUSCITÁVEL, adj. Que pode ser suscitado.

SUSERANIA, s.f. Qualidade ou poder de suserano, no regime feudal; território em que o suserano domina; o senhor dos vassalos de um território.

SUSERANO, adj. Que tem um feudo, de que outros dependem; relativo aos soberanos que têm vassalagem de Estados aparentemente autônomos; s.m. senhor feudal.

SUSPEIÇÃO, s.f. Suspeita; desconfiança.

SUSPEITA, s.f. Desconfiança; suposição; conjetura.

SUSPEITADOR, adj. e s.m. Que, ou o que suspeita

SUSPEITAR, v.t. Ter suspeita; conjeturar; supor; desconfiar; recear; levantar suspeita contra;

t.- pred. considerar ou tachar por suspeitas; supor ou considerar mal.

SUSPEITO, adj. Que infunde suspeitas; duvidoso; que inspira desconfiança.

SUSPEITOSO, adj. Que tem suspeitas ou receios; suspeito.

SUSPENDER, v.t. Pendurar; deixar pendente; interromper temporariamente; privar de um cargo ou dos respectivos vencimentos provisoriamente; impedir por algum tempo a publicação; reter; privar de assistir às aulas; t.-rel. privar; p. pendurar-se; ficar suspenso; parar; interromper-se. (Part.: suspendido e suspenso.)

SUSPENSÃO, s.f. Ato ou efeito de suspender; líquido que contém pequenas partículas sólidas finamente divididas; prolongamento de uma nota ou pausa, em música; gancho ou objeto próprio para suspender; privação de freqüência às aulas; reticência; conjunto de dispositivos de amortecimento de trepidações, nos automóveis.

SUSPENSIVO, adj. Que pode suspender.

SUSPENSO, adj. Pendurado; pendente; interrompido; sustado.

SUSPENSÓRIO, s.m.pl. Alças que passando por cima dos ombros, seguram as calças pelo cós.

SUSPICAZ, adj. Suspeito; desconfiado. (Superl. absol. sint.: suspicacíssimo.)

SUSPIRADO, adj. Acompanhado de suspiros; muito apetecido; esperado com ansiedade; almejado.

SUSPIRADOR, adj. e s.m. Que, ou o que suspira.

SUSPIRAR, v.t. Significar por meio de suspiros, ter saudades; desejar veementemente; almejar; exprimir com tristeza; int. dar suspiros; soprar ligeiramente.

SUSPIRO, s.m. Respiração entrecortada e prolongada, produzida por desgosto ou incômodo físico; ânsia; som melancólico; gemido amoroso; som triste e suave; murmúrio; pequeno orifício para a extração de um líquido em pequena quantidade; doce feito de clara de ôvo e açúcar.

SUSPIROSO, adj. Lamentoso; triste.

SUSSURRANTE, adj. Que sussurra; rumorejante.

SUSSURRAR, v.int. Causar sussurro; produzir ruído; zumbir; t. e t.-rel. dizer em voz baixa; segredar, murmurar.

SUSSURRO, s.m. Som confuso; murmúrio; ato de falar em voz baixa; zumbido de alguns insetos.

SUSTAR, v.t. Fazer parar; sopear; interromper; int. e p. parar; suspender-se; interromper-se.

SUSTATÓRIO, adj. Que serve para sustar; que faz sobrestar.

SUSTENIDO, s.m. Figura musical que indica elevação de um semitom da nota que está à sua direita.

SUSTENTAÇÃO, s.f. Ato ou efeito de sustentar; base; alicerce; escora; alimento.

SUSTENTÁCULO, s.m. Aquilo que sustenta ou sustém; base; suporte; amparo.

SUSTENTADOR, adj. e s.m. Que, ou o que sustenta, nutre ou ampara.

SUSTENTANTE, adj. Que sustenta ou resiste.

SUSTENTAR, v.t. Segurar por baixo; suportar; servir de escora; impedir que caia; afirmar categoricamente; manter; alimentar; prover de víveres ou munições; defender com argumentos; confirmar; p. conservar a mesma posição; suster-se; equilibrar-se; conservar-se sempre à mesma altura; alimentar-se; nutrir-se; subsistir; viver; manter-se; conservar-se; agüentar-se.

SUSTENTÁVEL, adj. Que se pode sustentar.

SUSTENTO, s.m. Ato ou efeito de sustentar; alimento; aquilo que serve de alimentação.

SUSTER, v.t. Deter; fazer parar; firmar-se; conter-se. (Pres. ind.: sustenho, sustens, sustém, sustemos, sustendes, sustêm; conjuga-se como o v. ter.)

SUSTIMENTO, s.m. Ato ou efeito de suster.

SUSTO, s.m. Medo repentino; sobressalto.

SU-SUESTE, s.m. Ponto do horizonte a igual distância do sul e do sueste (abrev. S.S.E.); vento que sopra dêsse lado.

SUTACHE, s.f. Trancinha de sêda, lã ou algodão usada como enfeite de peças do vestuário.

SUTIL, adj. Tênue; fino; grácil. (Superl. abs. sint.: sutilíssimo e sutílimo.)

SUTILEZA, s.f. Delicadeza; finura; penetração de espírito.

SUTILIDADE, s.f. Sutileza.

SUTILIZAR, v.t. Tornar sutil; apurar; int. discorrer com sutileza; p. tornar-se sutil.

SUTURA, s.f. Operação que consiste em coser os lábios de uma ferida para os juntar; costura.

SUTURAL, adj. Da sutura ou relativo a ela.

SUTURAR, v.t. Fazer sutura; costurar.

T

T, s.m. Consoante linguodental oclusiva surda; décima nona letra do abecedário.

TÁ, interj. Alto lá!; basta!; popularmente está sendo usado no sentido de "estar de acordo".

TABA, s.f. Aldeia de índios.

TABACADA, s.f. Bofetada; tapa.

TABACAL, s.m. Campo plantado de tabaco.

TABACARIA, s.f. Estabelecimento onde se vendem cigarros, charutos ou tabaco.

TABACO, s.m. Gênero de plantas solanáceas, cujas folhas, depois de preparadas, servem para fumar, cheirar ou mascar. O mesmo que fumo.

TABAGISMO, s.m. Abuso do tabaco; intoxicação produzida por esse abuso.

TABAQUE, s.m. Tambor feito de um pau oco.

TABAQUEAR, v.t. e int. Tomar pitadas de tabaco ou rapé; fumar.

TABAQUEIRA, s.f. Bolsa ou caixa para tabaco.

TABAQUEIRO, adj. Relativo a tabaco; diz-se daquele que usa tabaco; s.m. aquele que usa tabaco.

TABAQUISMO, s.m. Vício do tabaco.

TABAQUISTA, s. Pessoa que toma ou fuma tabaco.

TABARÉU, s.m. Caipira; matuto; roceiro. (Fem.: tabaroa.)

TABAROA, s.f. Feminino de tabaréu.

TABATINGA, s.f. Argila sedimentar, mole, untuosa e com certo teor de matéria orgânica.

TABE, s.f. (Patol.) Doença da medula espinhal, de origem sifilítica. O mesmo que tabes.

TABEFE, s.m. Sôco; bófetada; tapa; sopapo.

TABELA, s.f. Quadro ou papel, onde se indicam nomes de pessoas ou coisas; quadro demonstrativo; escala de serviço; lista; índice; borda interna da mesa de bilhar; por —: indiretamente.

TABELAR, v.t. Fazer tabela dos preços; sujeitar a uma tabela os preços.

TABELIÃO, s.m. Notário público, que reconhece assinatura, faz escritura e outros documentos. (Fem.: tabelioa; pl.: tabeliães.)

TABELIOA, s.f. Mulher de tabelião.

TABELIONADO ou TABELIONATO; s.m. Ofício de tabelião; escritório de tabelião.

TABERNA, s.f. Casa onde se vende vinho por miúdo; bodega; tasca; casa de pasto ordinária.

TABERNÁCULO, s.m. Templo portátil, onde os hebreus praticavam as imolações ou faziam os sacrifícios; parte do templo onde estava a arca da aliança; mesa de ourives.

TABERNAL, adj. Próprio de taberna; sujo; imundo; tavernal.

TABERNÁRIO, adj. Próprio de taberna.

TABERNEIRO, s.m. Dono da taberna; vendedor de vinho em taberna.

TABES, s.f. 2 núm. Tabe.

TABESCENTE, adj. Que está padecendo de tabe.

TABÉTICO, adj. Forma usual, mas errônea, de tábido.

TÁBIDO, adj. Podre; corrupto; (Med.) que sofre de tabe.

TABÍFICO, adj. Que corrompe; que faz apodrecer.

TABIQUE, s.m. Espécie de parede delgada, que serve para dividir os quartos das casas de habitação ou escritórios.

TABLADO, s.m. Estrado; palanque; palco apropriado para exibição de lutas.

TABOCA, s.f. Bambu; taquara.

TABOCAL, s.m. Lugar onde há muita taboca.

TABU, s.m. Instituição que atribui a uma pessoa ou objeto caráter sagrado, interdizendo qualquer contato com eles; adj. que tem caráter sagrado, sendo interdito a qualquer contato.

TÁBUA, s.f. Peça lisa de madeira; quadro; mapa; tabela.

TABUADA, s.f. Tabela que contém combinações de algarismos; livrinho em que se ensina a numeração e as primeiras noções de aritmética.

TABUADO, s.m. Sobrado; tapume de tábuas.

TABUAL, s.m. Chão coberto de tábuas.

TABUÃO, s.m. Tábua grande; prancha; ponte de madeira bruta para atravessar pequenos cursos de água.

TABUINHA, s.f. Tábua pequena e delgada.

TABUÍSMO, s.m. Ato ou qualidade de ser tabu; intangibilidade.

TABUIZAR, v.t. Tornar tabu.

TABULADO, s.m. Soalho; palco improvisado.

TABULADOR, s.m. Dispositivo das máquinas de escrever que permite trazer o carro automaticamente até aos pontos prefixados, mediante pressão de uma tecla.

TABULAR, adj. Relativo a tábua; que apresenta forma de tábua ou de tabela.

TABULEIRO, s.m. Peça de madeira ou outra substância com rebordos; bandeja; quadro de madeira ou de outra matéria, onde se joga xadrez, damas, etc.; canteiro; talhão; leira.

TABULETA, s.f. Tábua de madeira ou de outro material com letreiro; aviso; letreiro; sinal; anúncio.

TAÇA, s.f. Vaso largo e pouco fundo, para beber; (p. ext.) troféu; copo; cálice; xícara.

TACACÁ, s.m. Iguaria de tapioca temperada com tucupi, camarão, pimenta e alho.

TACADA, s.f. Pancada com taco; ganho de soma avultada; golpe imprevisto; grande quantidade.

TACANHARIA, s.f. Tacanhice; velhacaria; manha.

TACANHEAR, v.int. Proceder tacanhamente ou manhosamente.

TACANHEZ ou **TACANHEZA,** s.f. Tacanhice; manha; velhacaria.

TACANHICE, s.f. Qualidade ou ato do que é tacanho. O mesmo que tacanharia, tacanhez ou tacanheza.

TACANHO, adj. De pequena estatura; pequeno; sovina; velhaco; manhoso; estúpido.

TACANIÇA, s.f. Parte do telhado que resguarda os lados do edifício.

TACÃO, s.m. O salto do calçado.

TACAPE, s.m. Espécie de clava indígena que servia aos sacrifícios humanos.

TACAR, v.t. Brandir; bater; jogar; atirar.

TACHA, s.f. Pequeno prego, de cabeça chata ou piramidal; brocha; nódoa; mancha; defeito.

TACHADA, s.f. Quantidade que pode conter um tacho; tacho cheio.

TACHADOR, adj. e s.m. Que, ou o que tacha.

TACHÃO, s.m. Tacha grande; mancha; tacho grande.

TACHAR, v.t. Notar defeito; censurar; pôr tacha em; notar; qualificar.

TACHEAR, v.t. Pregar tachas ou brochas; adornar com tachas.

TACHEIRO, s.m. Ajudante nos engenhos de açúcar; o que cuida dos tachos.

TACHO, s.m. Utensílio que é uma espécie de vaso de metal ou de barro, largo e pouco fundo, geralmente com asas.

TÁCITO, adj. Silencioso; que não se exprime por palavras; implícito; secreto.

TACITURNIDADE, s.f. Qualidade do que é taciturno; misantropia; solidão.

TACITURNO, adj. Tristonho; que fala pouco; silencioso.

TACO, s.m. Pau roliço e comprido com que se impelem as bolas nos esportes; pedaço de madeira que se introduz na parede para receber parafusos de fixação; pedaço curto de tábua, placa, para revestimento de pisos apoiados em lajes de cimento; indivíduo capaz, hábil, jeitoso ou corajoso; bocado; pedaço.

TACÔMETRO, s.m. Aparelho que serve para medir o número de rotações e, portanto, a velocidade de máquinas ou veículos.

TACTO, s.m. O mesmo que tato.

TAFETÁ, s.m. Tecido lustroso de seda.

TAFIÁ, s.m. Aguardente de cana-de-açúcar; caninha.

TAFOFOBIA, s.f. Medo mórbido de ser sepultado vivo.

TAFUL, adj. e s.m. Janota; peralta; garrido; casquilho.

TAFULAR, v.int. Ter vida de taful; janotar.

TAFULARIA, s.f. Ação de taful; grupo de tafuis. O mesmo que tafulice.

TAFULEIRA, s.f. Diz-se da moça taful, garrida.

TAFULHO, s.m. Bucha ou peça que serve para tapar um orifício; rolha.

TAFULICE, s.f. Tafularia.

TAFULONA, adj. Tafuleira.

TAGANTAÇO, s.m. Tagantada.

TAGANTADA, s.f. Golpe com tagante.

TAGANTAR, v.t. Açoitar; bater com tagante.

TAGANTE, s.m. Azorrague antigo; espécie de chicote.

TAGANTEADOR, adj. e s.m. Que, ou aquele que taganteia.

TAGANTEAR, v.t. Tagantar; chicotear.

TAGARELA, adj. e s. Diz-se de, ou pessoa que fala muito e à toa; diz-se de, ou pessoa muito faladora.

TAGARELAR, v.int. Falar muito; parolar.

TAGARELICE, s.f. Costume de tagarelar; indiscrição.

TAIFA, s.f. Conjunto dos serviçais de bordo.

TAIFEIRO, s.m. Criado dos navios mercantes ou de guerra.

TAILANDÊS, adj. e s.m. Do Reino da Tailândia (Ásia).

TAINHA, s.f. Nome comum a quase todos os peixes da família dos Mugilídeos.

TAINHEIRA, s.f. Rede de pescar tainha; canoa destinada ao mesmo fim, provida de uma rede.

TAIOBA, s.f Planta herbácea da família das Aráceas.

TAIOBAL, s.m. Terreno cheio de taiobas.

TAIPA, s.f. Parede de barro com enxaimés e fasquias de madeira.

TAIPAL, s.m. Taipa; parede de madeira e barro.

TAIPAR, v.t. Construir com taipas; calcar (o barro) na taipa.

TAIPEIRO, adj. Que faz taipas; s.m. aquele que faz taipas.

TAIROCAR, v.i. Fazer barulho com tamancos; tamanquear.

TAITIANO, adj. De Taiti (Oceania); s.m. o natural ou habitante de Taiti; a língua falada em Taiti.

TAL, adj. Este; aquele; algum; um certo; semelhante; tão bom; tão grande; pron. isso; aquilo; s. pessoa de grande mérito em qualquer coisa; o notável; o batuta.

TALA, s.f. Lâmina de madeira que se coloca ao longo de um osso fraturado, para imobilizá-lo; chicote feito de uma só tira de couro.

TALABARTARIA, s.f. Oficina; loja ou ofício de talabarteiro.

TALABARTE, s.m. Boldrié; talim.

TALABARTEIRO, s.m. Seleiro; correeiro.

TALADO, adj. Devastado.

TALADOR, adj. e s.m. Que, ou aquele que tala ou devasta.

TALAGADA, s.f. Gole; quantidade de bebida que se toma de uma só vez; trago.

TALAGARÇA, s.f. Pano de fios ralos, onde se borda.

TALAMENTO, s.m. Ato ou efeito de talar.

TÁLAMO, s.m. Leito conjugal.

TALANTE, s.m. Arbítrio; vontade; alvedrio.

TALÃO, s.m. Parte posterior do pé; a traseira do calçado; parte de um recibo ou outro documento que serve de contraprova.

TALAR, adj. Relativo ao talão; diz-se do vestuário que desce até o calcanhar; v.t. abrir sulcos; fazer valas, para escoar os campos; destruir; assolar; devastar.

TALASSIA, s.f. Enjôo de mar.

TALÁSSICO, adj. Relativo ao mar ou ao seu fundo.

TALASSOFOBIA, s.f. Medo mórbido do mar.

TALASSÓFOBO, s.m. Aquele que tem talassofobia.

TALASSOGRAFIA, s.f. Descrição dos mares.

TALASSOGRÁFICO, adj. Relativo à talassografia.

TALASSÔMETRO, s.m. Sonda marítima.

TALCO, s.m. Mineral, silicato ácido de magnésio, que se apresenta em lamelas, as quais, depois de pulverizadas, têm largo uso, em razão do seu poder adsorvente.

TALCOSO, adj. Diz-se do terreno em que há talco.

TALENTAÇO, s.m. Talento elevado; homem de grande talento.

TALENTÃO, s.m. O mesmo que talentaço; capacidade; inteligência; engenho; finura; homem muito talentoso ou muito culto.

TALENTO, s.m. Aptidão natural ou habilidade; inteligência; engenho; força física; pulso; vigor; alento.

TALENTOSO, adj. Que tem talento; inteligente; hábil.

TALHA, s.f. Ato ou efeito de talhar; corte; entalhe; vaso de barro com grande bojo; vaso de lata ou de zinco, para conter azeite; pote.

TALHADA, s.f. Porção que se corta de certos corpos; fatia; naco; lasca.

TALHADEIRA, s.f. Instrumento de ferro para talhar; cunha de ferro para fender.

TALHADIÇO, adj. Que se pode cortar ou roçar (falando-se de mato).

TALHADO, adj. Cortado; golpeado; gravado; preparado; predestinado; coagulado.

TALHADOR, adj. Que talha; s.m. aquele que talha; aquele que corta a carne nos açougues; cortador; cutelo de cortar carne; prato em que se trincha carne.

TALHADURA, s.f. Talhamento; ato de talhar.

TALHA-FRIO, s.m. Instrumento de marceneiro próprio para lavrar madeira.

TALHA-MAR, s.m. Construção de alvenaria, de forma angular, para deter a força das correntes de água.

TALHAMENTO, s.m. Ato ou efeito de talhar.

TALHANTE, adj. Que talha; s.m. talha-mar.

TALHÃO, s.m. Terreno para cultura; tabuleiro.

TALHAR, v.t. Fazer talho; golpear; cortar; gravar; esculpir; ajustar; sulcar; fender; preparar; t.-rel. adaptar; fazer à imitação; predispor; int. decompor-se; coagular-se (o leite) quando é fervido; cortar o pano (o alfaiate, a modista) para o fato; p. abrir-se; rachar-se; estragar-se.

TALHARIA, s.f. Grande quantidade de talhos ou talhas.

TALHARIM, s.m. Massa alimentícia em forma de tiras.

TALHE, s.m. Feitio, feição ou conformação do corpo ou de qualquer objeto.

TALHER, s.m. A reunião de garfo, faca e colher.

TALHO, s.m. Talhamento; desbaste dos ramos das árvores; corte de carne; cepo sobre o qual se corta a carne; açougue.

TALIÃO, s.m. Castigo igual à culpa; desforra igual à ofensa.

TALIM, s.m. Boldrié.

TALINGA, s.f. Cabo; amarra.

TALINGAR, v.t. Ligar ou atar com talinga.

TÁLIO, s.m. Elemento químico, metal, símbolo Tl, de peso atômico 204,4; n.º atômico 81.

TALISCA, s.f. Fenda na rocha; estilha; pequena lasca.

TALISMÃ, s.m. Figura ou caracteres gravados em pedra ou metal, e a que se atribui virtudes sobrenaturais; amuleto; encanto; popularmente se conhece também pelo nome de mascote.

TALISMÂNICO, adj. Que se refere a talismã; que tem as suas supostas virtudes.

TALMUDE, s.m. Livro que contém a lei e tradições judaicas, compiladas pelos doutores hebreus.

TALMÚDICO, adj. Relativo ao Talmude.

TALMUDISTA, s. Pessoa aferrada às opiniões do Talmude.

TALO, s.m. Caule; pecíolo; fibra grossa que está ao meio das folhas da planta.

TALUDÃO, s.m. Indivíduo muito taludo, desenvolvido fisicamente.

TALUDAR, v.t. Fazer talude.

TALUDE, s.m. Inclinação na superfície de um terreno, muro ou qualquer outra obra; rampa; escarpa.

TALUDO, adj. Corpulento; desenvolvido; robusto.

TALVEZ, adv. Exprime possibilidade ou dúvida. O mesmo que quiçá, porventura e quem sabe.

TAMANCA, s.f. Soco; tamanco baixo e de boca larga; parte do freio dos veículos que adere às rodas.

TAMANCADA, s.f. Pancada com tamanco.

TAMANCAR, v.t. Trabalhar mal; alinhavar. O mesmo que atamancar.

TAMANCARIA, s.f. Lugar onde se fabricam ou vendem tamancos.

TAMANCO, s.m. Soco; calçado grosseiro, com a base de madeira.

TAMANCUDO, adj. Baixo; rústico; grosseiro.

TAMANDUÁ, s.m. Nome de vários mamíferos pertencentes à ordem dos Xenartros e que se alimentam de formigas.

TAMANDUÁ-AÇU, s.m. Tamanduá-bandeira.

TAMANDUÁ-BANDEIRA, s.m. Mamífero da ordem dos Xenartros. O mesmo que tamanduá-açu.

TAMANHÃO, adj. Muito grande; s.m. pessoa alta, robusta e encorpada.

TAMANHINHO, adj. Pequenino; muito pequeno.

TAMANHO, s.m. Grandeza; corpo; volume.

TAMANQUEAR, v.int. Andar de tamancos; fazer buíha, andando com tamancos.

TAMANQUEIRO, s.m. Fabricante ou vendedor de tamancos.

TÂMARA, s.f. Fruto da tamareira e de outras palmeiras.

TAMAREIRA, s.f. Planta da família das Palmáceas cujos frutos se chamam tâmaras.

TAMARINDAL, s.m. Lugar onde crescem tamarindos.

TAMARINDEIRO, s.m. Tamarindo.

TAMARINDO, s.m. Árvore da família das Leguminosas; o mesmo que tamarindeiro; o fruto dessa árvore.

TAMBÉM, adv. Da mesma forma; com efeito.

TAMBETÁ, s.m. Vaso de cerâmica indígena.

TAMBOR, s.m. Caixa cilíndrica, com bases de pele tensa, numa das quais se toca com baquetas; o cilindro em que, nos guindastes, se enrola o cabo; o cilindro das fechaduras, de revólveres, etc.; barril; nome de vários objetos de forma cilíndrica (recipientes).

TAMBORETE, s.m. Cadeira de braços sem costas; cadeira com assento de pau; pequeno tambor que se usa para impelir a bola de jogo de praia.

TAMBORIL, s.m. Tambor pequeno; tamborim.

TAMBORILADA, s.f. Toque de tambor ou de tamboril.

TAMBORILAR, v.int. Tocar tambor ou tamboril; percutir com os dedos ou com outro objeto em qualquer superfície, imitando o rufar do tambor.

TAMBORILEIRO, adj. e s.m. Diz-se do, ou o que toca tambor ou tamboril.

TAMBORILETE, s.m. Pequeno tamboril.

TAMBORIM, s.m. Tamboril; pequeno tambor.

TAMETARA, s.f. Metara; enfeite de lábio inferior usado pelos selvagens. O mesmo que botoque.

TÂMIL, s.m. A mais culta das línguas dravídicas, que são falares do Sul da Índia. O mesmo que tâmul.

TAMIS, s.m. Peneira de seda; tecido de lã.

TAMISAÇÃO, s.f. Ato ou efeito de tamisar.

TAMISAR, v.t. Passar pelo tamis; peneirar; depurar.

TAMOIO, s.m. Indígena da tribo dos Tamoios; índios tupis que habitavam o Estado do Rio de Janeiro; adj. relativo a essa tribo.

TAMPA, s.f. Peça movediça e apropriada com que se tapa vaso, panela ou caixa.

TAMPADO, adj. Coberto com tampa; tapado.

TAMPÃO, s.m. Tampa grande; tampo; peça que serve para tampar a saída do esgoto; grande rolha; bucha; peça de gaze que se introduz em cavidades, com o objetivo de tamponar.

TAMPAR, v.t. Pôr tampa ou tampo.

TAMPINHA, s.f. Jogo popular; s. pessoa de estatura muito baixa.

TAMPO, s.m. Peça circular onde se entalham as aduelas das cubas, tinas, cascos, etc.; peça que cobre a bacia dos aparelhos sanitários; as partes anterior e posterior dos instrumentos de corda.

TAMPONAMENTO, s.m. Ato ou efeito de tamponar.

TAMPONAR, v.t. Obstruir com tampão; tapar.

TAMPOUCO, adv. Também não.

TÂMUL, s.m. Tâmil.

TANADO, adj. Trigueiro; que tem cor de castanha.

TANAJURA, s.f. Saúva; formiga de asas.

TANATOFOBIA, s.f. Exagerado temor da morte, o qual é sintoma de hipocondria.

TANATOLOGIA, s.f. Tratado acerca da morte; teoria da morte.

TANATOSCOPIA, s.f. Ato de verificar a realidade da morte; necroscopia.

TANCHÃO, s.m. Estaca.

TANCHAR, v.t. Plantar; cravar estacas.

TANDEM (ân), s.m. Bicicleta de dois assentos, um atrás do outro.

TANGA, s.f. Espécie de avental com que os selvagens cobrem o corpo desde o ventre até as coxas.

TANGAPEMA, s.m. Arma indígena, também conhecida por tacape.

TANGEDOR, adj. e s.m. Que, ou aquele que tange ou toca.

TANGÊNCIA, s.f. Qualidade do que é tangente; ponto onde tocam duas linhas ou duas superfícies.

TANGENCIAL, adj. Relativo à tangência ou à tangente.

TANGENCIAR, v.t. Seguir a tangente de; tocar, roçar por; relacionar-se com. (Pres. ind.: tangencio, etc.)

TANGENTE, adj. Que tange; s.f. linha que toca outra linha ou superfície num só ponto; — trigonométrica: (Geom.) relação entre o seno e o co-seno de um ângulo.

TANGER, v.t. Tocar (instrumentos); tocar (alimárias) para as estimular na marcha; tocar (fole de ferreiro); int. soar; tocar qualquer instrumento; rel. pertencer; referir-se; tocar; dizer respeito.

TANGERINA, s.f. Fruto da tangerineira. O mesmo que laranja-cravo, mexerica ou mandarina.

TANGERINEIRA, s.f. Árvore cítrica que produz a tangerina.

TANGÍVEL, adj. Que se pode tanger, tocar ou palpar; palpável; sensível.

TANGLOMANGLO, s.m. Malefício; doença atribuída a feitiçaria; caiporismo.

TANGO, s.m. Dança argentina.

TANGOLOMANGO, s.m. Tanglomango.

TANGUISTA, s. Dançador ou compositor de tango.

TANINO, s.m. Substância adstringente e amarga, que se encontra na casca de numerosas árvores e arbustos.

TANINOSO, adj. Que tem tanino.

TANOARIA, s.f. Oficina, arruamento ou obra de tanoeiro; o ofício de tanoeiro.

TANOEIRO, s.m. O que faz ou conserta pipas, cubas, barris, e outros utensílios análogos.

TANQUE, s.m. Reservatório de pedra ou de metal, para conter água, azeite, etc.; reservatório de alvenaria de pouco fundo, usado para lavar roupa; açude; chafariz; viveiro de peixes; carro de guerra blindado, de feitio apropriado a percorrer terrenos acidentados.

TANTÃ, s.m. Instrumento de percussão, coberto de uma pele em que se bate; adj. tonto; desequilibrado.

TANTÁLICO, adj. Diz-se dos diversos compostos, que encerram o tântalo, e mais especialmente do tântalo pentavalente.

TANTALIZAR, v.t. Causar o suplício de Tântalo a; produzir desejos irrealizáveis em.

TÂNTALO, s.m. Elemento químico, metal, símbolo Ta, de peso atômico 181,36 e número atômico 73.

TANTO, adj. Tão numeroso; tão grande; s.m. porção indeterminada; quantidade; extensão; volume; igual quantidade; adv. em tão alto grau; em tal quantidade; de tal modo; com tal força.

TÃO, adv. Tanto; em tal grau; de tal maneira; em tal quantidade. (Geralmente usado em orações correlativas, nos comparativos de igualdade, e só modifica adjetivos e advérbios.)

TÃO-SÓ, adv. O mesmo que tão-somente, unicamente, simplesmente.

TÃO-SOMENTE, adv. O mesmo que tão-só.

TAPA, s.f. Espécie de rolha de madeira, com que se tapa a boca das peças de artilharia; pano com que se vedam os olhos do burro pouco manso, para arrear; s.m. bofetão; bofetada; tapona.

TAPA-BOCA, s.m. Bofetada na boca, para fazer calar.

TAPADA, s.f. Terreno murado; cerca; parque.

TAPADO, adj. Tampado; encoberto; estúpido; tolo; bronco; ignorante; fechado.

TAPADOR, s.m. O que tapa; tampa.

TAPADOURO, s.m. Tampa.

TAPADURA, s.f. Tapamento; tampa; tapume.

TAPAGEM, s.f. Tapamento; sebe; tapume de varas, no rio, para apanhar peixe; barragem de terra com que se represam rios.

TAPAMENTO, s.m. Ato de tapar; tapume.

TAPA-OLHO, s.m. Bofetão; tapa-olhos.

TAPA-OLHOS, s.m. 2 núm. Bofetada nos olhos; bandagem ocular; tapa-olho.

TAPAR, v.t. Cobrir qualquer abertura; tampar; fechar; arrolhar; entupir; encher de qualquer coisa para fazer desaparecer; encobrir; esconder; abrigar; abafar; fazer tapagem; pôr tapume; vendar; p. cobrir-se; abafar-se.

TAPEAÇÃO, s.f. Logro; embuste; engano.

TAPEADOR, adj. e s.m. Que, ou aquele que tapeia, que logra, que ilude; embusteiro.

TAPEAR, v.t. Dar tapa, sopapo; enganar; lograr; iludir.

TAPEÇAR, v.t. Tapetar; atapetar.

TAPEÇARIA, s.f. Estofo tecido, lavrado ou bordado, para paredes, móveis ou soalhos; loja ou fábrica de tapetes.

TAPECEIRO, s.m. O que fabrica ou vende tapetes.

TAPERA, s.f. Habitação ou aldeia abandonada; lugar ruim e feio.

TAPETAR, v.t. Atapetar; revestir de tapete.

TAPETE, s.m. Peça de estofo para cobrir soalhos, escadas, mesas; alcatifa; pequena peça de ornamento, para colocar junto das camas e sofás. (Pl.: tapetes.)

TAPIOCA, s.f. Fécula alimentícia extraída da mandioca; papa ou bolo de mandioca.

TAPIR, s.m. Anta.

TAPONA, s.f. Pancada; tapa; bofetada.

TAPUIA, s. Tapuio.

TAPUIO, s.m. Designação antigamente dada pelos tupis aos gentios inimigos; nome dado em geral ao índio bravio.

TAPULHAR, v.t. Entupir; tapar.

TAPULHO, s.m. Aquilo que serve para tapar.

TAPUME, s.m. Vedação de um terreno ou de um edifício em construção, com tábuas; sebe; valado; tabique; tapagem.

TAQUARA, s.f. Taboca; bambu.

TAQUARAL, s.m. Bosque de taquaras.

TAQUICARDIA, s.f. O pulsar do coração mais rápido que o normal.

TAQUIFAGIA, s.f. O comer apressadamente, sem mastigar suficientemente.

TAQUIFÁGICO, adj. Relativo à taquifagia.

TAQUIGRAFAR, v.t. Estenografar.

TAQUIGRAFIA, s.f. Estenografia.

TAQUIGRÁFICO, adj. Relativo à taquigrafia. O mesmo que estenográfico.

TAQUÍGRAFO, s.m. Estenógrafo; o que escreve rapidamente, fazendo uso de sinais gráficos convencionais.

TAQUIMETRIA, s.f. Método que permite demonstrar os teoremas da geometria materializando as figuras; uso do taquímetro.

TAQUÍMETRO, s.m. Instrumento para medir velocidades. O mesmo que tacômetro.

TAQUIPNÉIA, s.f. Respiração curta e acelerada.

TARA, s.f. Desconto no peso de mercadorias, atendendo-se ao vaso ou envoltório em que vão metidas; defeito físico ou mácula moral; substância em pequenos fragmentos usada em duplas pesagens.

TARADO, adj. Que tem marcado o peso da tara; desequilibrado; pervertido; imoral.

TARALHÃO, s.m. Homem metediço; rapaz já crescido.

TARAMELA, s.f. Espécie de tranqueta; peça de madeira ou de ferro que gira em torno de um prego, para fechar porta ou postigo; pessoa linguaruda; tagarela.

TARAMELAGEM, s.f. Tagarelice; falatório.

TARAMELAR ou **TARAMELEAR,** v.int. Dar à taramela; falar demais; palrar.

TARAMPANTÃO, s.m. Onomatopéia do som do tambor.

TARANTELA, s.f. Música e dança napolitana, de movimento muito vivo.

TARÂNTULA, s.f. Espécie de aranha venenosa; medicamento preparado com veneno deste animal.

TARAR, v.t. Pesar, para abater a tara.

TARARÁ, s.m. Onomatopéia do som da trombeta.

TARASCA, s.f. Mulher feia e doidivanas; monstro; subideira.

TARDADA, s.f. Demora; delonga.

TARDADOR, adj. e s.m. Que, ou o que tarda; que é vagaroso; moleirão; palerma.

TARDAMENTO, s.m. Delonga; demora.

TARDANÇA, s.f. Demora. O mesmo que tardamento.

TARDAR, v.t. Demorar; int. não ter pressa; vir tarde; rel. proceder com tardança; não se apressar.

TARDE, adj. Depois de passar o tempo próprio, conveniente ou ajustado; perto da noite; s.f. tempo, entre o meio-dia e a noite.

TARDEZA, s.f. Qualidade do que é tardo.

TARDÍGRADO, adj. Que anda vagarosamente.(Antôn.: citígrado.)

TARDINHA, s.f. O fim da tarde.

TARDINHEIRO, adj. e s.m. Que, ou o que é preguiçoso ou vagaroso.

TARDIO, adj. Tardo; serôdio; que vem fora de tempo.

TARDO, adj. Que anda lentamente; preguiçoso.

TARDONHO, adj. Tardo; tardinheiro.

TARECO, s.m. Homem de pouco siso; traquinas; utensílio de pouco valor; objeto velho.

TAREFA, s.f. Trabalho que se há de concluir em determinado tempo e, às vezes, por castigo; empreitada.

TAREFEIRO, s.m. Aquele que se encarrega de tarefas; empreiteiro; trabalhador que deve fazer uma coisa em determinado tempo.

TARIFA, s.f. Pauta de direitos alfandegários; registro do valor; tabela de taxas; preço.

TARIFAR, v.t. Submeter a tarifa; aplicar tarifa.

TARIFÁRIO, adj. Relativo a tarifas.

TARIMBA, s.f. Estrado de madeira, onde dormem os soldados nos quartéis e postos de guarda; experiência; longa prática; tirocínio.

TARIMBADO, adj. Que tem tarimba; experiente.

TARIMBAR, v.int. Ser soldado; servir no exército; praticar.

TARIMBEIRO, adj. e s.m. Que, ou aquele que dorme na tarimba.

TARJA, s.f. Ornato de pintura, desenho ou escultura na orla ou contorno de algum objeto; guarnição; traço preto, nas margens do papel, indicando luto.

TARJADO, adj. Guarnecido com tarja; orlado.

TARJAR, v.t. Orlar, cercar de tarja; guarnecer.

TARJETA, s.f. Pequena tarja; pequeno ferrolho de ferro.

TARLATANA, s.f. Tecido transparente e encorpado, para forros de vestuário.

TAROUCO, adj. Idiota; apatetado.

TAROUQUICE, s.f. Estupidez; caduquice.

TARRAÇADA, s.f. Grande porção de bebida; tigelada.

TARRACO, adj. e s.m. Designativo do, ou o homem baixo e gordo; atarracado.

TARRAÇO, s.m. Tarro grande.

TARRADA, s.f. Porção de líqüido que um tarro pode conter.

TARRAFA, s.f. Rede de pesca.

TARRAFAR, v.int. Tarrafear; pegar na cauda do boi para o derribar.

TARRAFEAR, v.int. Tarrafar; pescar com tarrafa.

TARRAXA, s.f. Parafuso; cunha; cavilha.

TARRAXAR, v.t. Atarraxar; girar a rosca.

TARRAXO, s.m. Parafuso; prego; cavilha; cunha.

TARRO, s.m. Vaso para onde se ordenha o leite; jarro; vasilha; boião.

TARSO, s.m. (Anat.) Conjunto dos sete ossos curtos que formam o esqueleto da metade proximal do pé.

TARTAMELAR ou TARTAMELEAR, v.int. e t. e t.-rel. Tartamudear; dizer gaguejando.

TARTAMELO, adj. e s.m. Tartamudo.

TARTAMUDEAR, v.int. Gaguejar, entaramelar-se; falar com tremura na voz, por susto ou medo.

TARTAMUDEZ, s.f. Gaguez; dificuldade de falar; gagueira.

TARTAMUDO, adj. e s.m. Quê, ou o que tartamudeia, gago; que, ou que tem dificuldade em pronunciar as palavras.

TARTARATO, s.m. Designação genérica dos sais e ésteres dos ácidos tartáricos.

TARTAREAR, v.int. Tartamudear; parolar; balbuciar.

TARTÁRICO, adj. (Quím.) Diz-se de um ácido que possui quatro átomos de carbono e apresenta duas vezes a função álcool e duas vezes a função ácida, e tecnicamente se chama butana-diol-dióico.

TARTARIZAR, v.t. Misturar com tártaro.

TÁRTARO, s.m. Depósito salino, rico em tartarato ácido de potássio, que o vinho deixa nas paredes dos tonéis; incrustação que se forma nos dentes.

TARTAROSO, adj. Que tem tártaro.

TARTARUGA, s.f. Designação genérica de todos os répteis quelônios anfíbios; s. pessoa velha e feia.

TARTUFICE, s.f. ou TARTUFISMO, s.m. Ato ou dito de tartufo.

TARTUFO, s.m. Homem hipócrita; devoto falso. (Por alusão a Tartufo, personagem da comédia do mesmo nome de Molière, famoso escritor e ator teatral francês do século XVII.)

TARUGO, s.m. Espécie de torno com que se ligam duas peças de madeira ou de outra substância; prego de madeira; homem baixo e grosso.

TASCA, s.f. Ato ou efeito de tascar; surra; taberna; casa de pasto; baiúca.

TASCAR, v.t. Tirar o tasco (o linho); espadelar; rasgar (os balões); surrar.

TASCO, s.m. Tasca; taberna; botequim; casca de linho.

TASMANIANO, adj. Da Tasmânia (Oceania); s.m. o natural ou habitante da Tasmânia.

TASQUEIRO, s.m. Dono da tasca ou tasco; taberneiro.

TASQUINHA, s.f. Tasca pequena; espadela.

TASQUINHAR, v.t. Espadelar; comer; tascar; int. e rel. separar o tasco do linho.

TASSALHO, s.m. Grande fatia; grande naco.

TATALAR, v.int. Produzir som seco como o de ossos que se entrechocam; crepitar; s.m. ruído como o do ar vibrado por asas.

TATAPORAS, s.f.pl. Cataporas.

TATARANETO, s.m. O mesmo que tetraneto.

TATARAVÔ, s.m. O mesmo que tetravô. (Fem.: tataravó; pl.: tataravós.)

TATEANTE, adj. Que tateia.

TATEAR, v.t. Aplicar o tato; apalpar; sondar; int. tocar nas coisas, para se guiar.

TATEÁVEL, adj. Que se pode tatear.

TATIBITATE, adj. Imbecil; pateta; idiota.

TÁTICA, s.f. Arte de dispor as tropas no terreno em que elas devem combater; meios empregados para sair-se de qualquer coisa.

TÁTICO, adj. Relativo à tática; s.m. indivíduo perito em tática.

TÁTIL ou TÁCTIL, adj. Relativo ao tato; suscetível de se tatear.

TATILIDADE ou TACTILIDADE, s.f. Qualidade de tátil; faculdade de sentir ou da ser sentido pelo tato.

TATISMO ou TACTISMO, s.m. Influência exercida por certas substâncias ou por certas formas de energia, sobre o desenvolvimento e orientação de células ou de plantas.

TATO ou TACTO, s.m. O sentido pelo qual recebemos as sensações de contato e pressão, as térmicas e as dolorosas; o ato de apalpar; prudência; tino; habilidade.

TATU, s.m. Nome comum a várias espécies de mamíferos da ordem dos Xenartros.

TATUAGEM, s.f. Processo de introduzir sob a epiderme substâncias corantes, para apresentar na pele desenhos e pinturas; o desenho ou pintura feita por êsse processo.

TATUAPARA, s.m. O mesmo que tatu-bola.

TATUAR, v.t. Fazer tatuagens em.

TATU-BOLA, s.m. Mamífero da família dos Dasipodídeos.

TATUÍ, s.m. Crustáceo decápode anuro.

TATURANA, s.f. Lagarta-de-fogo; larva de borboleta, que precede a crisálida.

TATUZINHO, s.m. Diminutivo de tatu; verme de jardim.

TAUMATURGIA, s.f. Obra de taumaturgo.

TAUMATÚRGICO, adj. Relativo a taumaturgia.

TAUMATURGO, adj. e s.m. Que, ou o que faz milagres.

TÁUREO, adj. Taurino; de touro.

TAURICÉFALO, adj. Que tem cabeça de touro.

TAURICÓRNEO, adj. Que tem cornos de touro.

TAURIFORME, adj. De forma de touro; semelhante ao touro.

TAURINO, ajd. Relativo a touro; próprio de touro.

TÁURO, s.m. Segundo signo do Zodíaco, que se apresenta sob a forma de um touro.

TAUROCÉFALO, adj. Que tem cabeça de touro.

TAUROMAQUIA, s.f. Arte de tourear.

TAUROMÁQUICO, adj. Relativo à tauromaquia.

TAUTOCRONISMO, s.m. Qualidade ou estado do que é sincrônico.

TAUTÓCRONO, adj. Sincrônico.

TAUTOFONIA, s.f. Repetição excessiva do mesmo som.

TAUTOFÔNICO, adj. Relativo a tautofonia.

TAUTOLOGIA, s.f. Vício de linguagem que consiste em dizer a mesma coisa, por formas diferentes, repetidas vezes.

TAUTOLÓGICO, adj. Relativo à tautologia; que tem o caráter de tautologia.

TAUTOMERIA, s.f. (Quím.) Caso de isomeria em que uma mesma substância orgânica pode reagir segundo duas fórmulas diferentes, uma das quais apresenta maior estabilidade.

TAUTOSSILABISMO, s.m. Repetição de sílabas idênticas, formando termos ou vocábulos familiares, de apelido: Lulu, Babá, Naná, Zizi etc.

TAUXIADOR, s.m. Ensartador; incrustador.

TAUXIAR, v.t. Ornamentar ou lavrar com tauxia; embutir.

TAVÃO, s.m. Moscardo.

TAVERNA, s.f. O mesmo que taberna.

TAVERNEIRO, s.m. O mesmo que taberneiro.

TÁVOLA, s.f. Tábula; mesa.

TAVOLAGEM, s.f. Casa de jogo; vício de jogo.

TAXA, s.f. Remuneração paga por serviços que o Estado presta; regulamento para o preço dos gêneros ou mercadorias; preço, conforme os regulamentos; razão do juro; multa; tributo; imposto.

TAXAÇÃO, s.f. Ato ou efeito de taxar; tributação.

TAXADOR, adj. e s.m. Que, ou o que taxa; tributador.

TAXAR, v.t. Estabelecer ou regular a taxa ou preço; lançar imposto; t.-rel. dar, fazer, conceder regularmente; fixar a quantidade.

TAXATIVO, adj. Que taxa; limitativo; restrito.

TÁXI (cs), s.m. Automóvel de aluguel ou qualquer veículo a frete; registro de preço a pagar, em função do tempo em que é alugado o veículo.

TAXIDERMIA (cs), s.f. Arte de empalhar animais.

TAXIDÉRMICO (cs), adj. Relativo à taxidermia ou taxidermista.

TAXIDERMISTA (cs), s. Profissional que pratica a taxidermia.

TAXÍMETRO (cs), s.m. Aparelho que mede a distância percorrida por um carro ou o tempo durante o qual é ele ocupado, assinalando o preço a ser pago pelo serviço.

TAXINOMIA (cs), s.f. Classificação científica; parte da Botânica ou Zoologia que se ocupa da classificação; o mesmo que sistemática; parte da Gramática que classifica os vocábulos em grupos ou categorias.

TAXINÔMICO (cs), adj. Relativo a taxinomia; s.m. aquele que trata de taxinomia.

TAXIONOMIA (cs), s.f. Taxinomia.

TAXO, s.m. Teixo.

TAXOLOGIA (cs), s.f. Ciência das classificações; sistemática.

TAXOLÓGICO (cs), adj. Relativo à taxologia; sistemático.

TAXÓLOGO (cs), s.m. Autor de uma classificação ou de um tratado de classificações.

TAXONOMIA (cs), s.f. O mesmo que taxinomia.

TCHECO, adj. Da Boêmia, Morávia e Silésia (Europa); s.m. o natural desses países; idioma falado nesses países.

TCHECO-ESLOVACO, adj. Da Tcheco-Eslováquia; s.m. o natural ou habitante deste país.

TE, pron. A ti.

TÊ, s.m. Nome da letra t; régua-tê.

TÉ, prep. Até, por aférese.

TEAR, s.m. Aparelho para tecer; instrumento para coser livros; o conjunto das rodas de um relógio.

TEATINO, s.m. Membro da ordem religiosa fundada por Caetano de Tiene e Pedro Caraffa, bispo de Teato, hoje Chieti.

TEATRADA, s.f. Função de teatro.

TEATRAL, adj. Relativo a teatro; espetaculoso.

TEATRALIDADE, s.f. Qualidade do que é teatral.

TEATRO, s.m. Edifício onde se representam obras dramáticas; a arte de representar; lugar onde se realiza algum acontecimento; o campo de luta.

TEATRÓLOGO, s.m. Indivíduo que compõe ou escreve peças teatrais.

TEBAIDA, s.f. Retiro; solidão; ermo.

TEBANO, adj. De Tebas, cidade da Grécia antiga; s.m. o natural ou habitante dessa cidade.

TEBAS, adj. e s.m. 2 núm. Graúdo; importante; valente.

TECA, s.f. Célula-mãe; urnário dos musgos; dinheiro.

TECAR, v.int. Acertar uma bolinha de vidro na outra (jogo do gude).

TECEDEIRA, s.f. adj. e s. Flexão feminina de tecedor.

TECEDOR, adj. Que tece pano; intrigante; s.m. aquele que tece pano; tecelão; indivíduo intrigante. (Fem.: tecedeira.)

TECEDURA, s.f. Ato de tecer, conjunto de fios que se cruzam com a urdideira; intriga; enredo.

TECELAGEM, s.f. Trabalho ou indústria de tecelão; tecedura.

TECELÃO, s.m. Aquele que tece pano ou trabalha em teares. (Fem.: teceloa.)

TECER, v.t. Entrelaçar os fios; fiar; fazer (teias); urdir; tramar; int. exercer o ofício de tecelão.

TECIDO, adj. Que se teceu; feito no tear; urdido; preparado; apropriado; s.m. trama de fios; pano.

TECLA, s.f. Peça de marfim ou de outra substância que, com a pressão dos dedos, faz soar o piano ou outro instrumento; botão de máquina de escrever.

TECLADO, s.m. Conjunto de teclas de um instrumento ou aparelho.

TÉCNICA, s.f. O lado material de uma arte ou ciência; conjunto de processos de uma arte; prática; norma; especialização.

TÉCNICO, adj. Próprio de uma arte ou ciência; s.m. o que é perito numa arte ou ciência; pessoa especializada.

TECNOCRACIA, s.f. Sistema de organização política e social fundado no predomínio dos técnicos.

TECNOGRAFIA, s.f. Descrição das artes e dos seus processos.

TECNOLOGIA, s.f. Tratado das artes e ofícios em geral; explicação dos termos que dizem respeito às artes e ofícios; terminologia ou vocabulário privativo de uma ciência, arte, indústria, etc.

TECNOLÓGICO, adj. Relativo a tecnologia.

TECNÓLOGO, s.m. Aquele que escreve acerca de artes e ofícios, ou que é perito em tecnologia.

TECTÔNICA ou **TETÔNICA**, s.f. Arte de construir edifícios; parte da Geologia que estuda as estruturas rochosas, especialmente as dobras e falhas.

TECTÔNICO ou **TETÔNICO**, adj. Relativo à tectônica.

TEDEUM, s.m. Cântico católico de ação de graças. (Pl.: tedeuns.)

TÉDIO, s.m. Fastio; aborrecimento.

TEDIOSO, adj. Que tem tédio; que revela tédio; fastiento.

TEGUMENTAR, adj. Relativo a tegumento.

TEGUMENTO, s.m. O que cobre o corpo do homem e dos animais (pêlo, pêlos, penas, escamas); tudo o que serve para cobrir ou revestir; invólucro de uma semente; o cálice e a corola das plantas.

TEIA, s.f. Tecido de linho, lã, seda, etc.; trama; intriga; facho.

TEIMA, s.f. Teimosia; pertinácia; obstinação.

TEIMAR, v.rel. Insistir; obstinar-se; t. pretender com insistência; int. ser teimoso; insistir em alguma coisa.

TEIMOSA, s.f. Cachaça.

TEIMOSIA ou **TEIMOSICE**, s.f. Qualidade do que é teimoso; teima exagerada; birra; insistência; contumácia.

TEIMOSO, adj. Que teima; obstinado; insistente; birrento; contumaz; s.m. aquele que teima; boneco lastreado, que fica sempre em pé, qualquer que seja a posição em que é deixado.

TEIRÓ, s. Teima; implicância; birra; discussão; rixa; dúvida; desconfiança.

TEÍSMO, s.m. Doutrina religiosa que admite a existência de Deus.(Antôn.: ateísmo.)

TEIÚ, s.m. Grande lagarto da família dos Teídeos.

TEJADILHO, s.m. Teto de veículos; capota.

TELA, s.f. Teia; tecido; pano sobre o qual se pintam os quadros; quadro; objeto de discussão; painel sobre o qual são projetados os filmes cinematográficos; tecido de arame para cercados.

TELEDINÂMICO, adj. Que transmite ao longe a força.

TELEFONADA, s.f. Comunicação telefônica.

TELEFONAR, v.t. e t.-rel. Comunicar pelo telefone; fazer comunicações pelo telefone; int. usar o telefone.

TELEFONE, s.m. Aparelho para transmitir a palavra a grandes distâncias.

TELEFONEMA, s.m. Telefonada.

TELEFONIA, s.f. Processo de fazer chegar os sons a grande distância.

TELEFÔNICO, adj. Relativo a telefone.

TELEFONISTA, s. Pessoa empregada em serviço de chamadas telefônicas.

TELEFOTOGRAFIA, s.f. Arte de fotografar a grandes distâncias.

TELEFOTOGRÁFICO, adj. Relativo à telefotografia.

TELEGONIA, s.f. Influência longínqua de um genitor sobre a descendência.

TELEGRAFAR, v.t. e t.-rel. Comunicar pelo telégrafo; enviar notícias pelo telégrafo; int. mandar telegrama.

TELEGRAFIA, s.f. Arte de construir telégrafo e de os usar.

TELEGRÁFICO, adj. Relativo a telégrafo; expedido pelo telégrafo; muito resumido.

TELEGRAFISTA, s. Empregado que, nas estações telegráficas, transmite ou recebe telegramas.

TELÉGRAFO, s.m. Aparelho com que se transmitem quaisquer comunicações a distância; casa ou lugar onde funciona esse aparelho.

TELEGRAMA, s.m. Comunicação telegráfica.

TELEGUIADO, adj. e s.m. (neol.) Diz-se do engenho guiado à distância, sob a ação de aparelho capaz de orientá-lo para determinado objetivo.

TELEGUIAR, v.t. (neol.) Dirigir à distância.

TELEMETRIA, s.f. Arte de medir distâncias com o telêmetro.

TELEMÉTRICO, adj. Relativo à telemetria.

TELEMETRISTA, s.m. Aquele que trabalha com o telêmetro.

TELÊMETRO, s.m. Dispositivo de máquina fotográfica ou qualquer outro instrumento que permite medir a distância que separa um observador e um ponto dado sem arredar e de imediato.

TELEPATIA, s.f. Estado da pessoa que, sem fazer uso da vista, vê e conhece o que se passa longe.

TELEPÁTICO, adj. Relativo à telepatia.

TELESCOPIA, s.f. Aplicação do telescópio.

TELESCÓPICO, adj. Relativo a telescópio.

TELESCÓPIO, s.m. Instrumento de astronomia com que se observam os astros.

TELESTAR, s.m. (Astron.) Engenho espacial destinado a servir de estação intermediária às transmissões intercontinentais de imagens pela televisão e indicar a previsão do tempo.

TELÉTIPO, s.m. Sistema de comunicações a distância em que o aparelho transmissor é dotado de teclado e o receptor imprime os sinais transmitidos, de leitura imediata.

TELEVISÃO, s.f. Transmissão a distância da imagem de um objeto; aparelho que recebe essa imagem; o estúdio transmissor.

TELEVISAR, v.t. O mesmo que televisionar, sendo esta última forma preferível.

TELEVISIONAR, v.t. Transmitir pela televisão.

TELEVISOR, s.m. Aparelho que recebe a imagem e o som transmitidos pela estação de televisão.

TELEX, s.m. Sistema de comunicação a distância em que se conjuga o telétipo, uma central telefônica e um aparelho receptor que imprime automaticamente a mensagem transmitida, sem necessidade de operador no receptor.

TELHA, s.f. Peça que serve para a cobertura de edifícios; mania; cabeça; mente.

TELHADO, s.m. Parte externa da cobertura de um edifício, constituída geralmente por telhas ou placas que a eles se assemelham; conjunto das telhas que cobrem uma construção; cobertura de um edifício.

TELHAR, v.t. Cobrir com telhas.

TELHA-VÃ, s.f. Telhado sem forro; telha que dispensa argamassa.

TELHEIRA, s.f. Fábrica de telhas; olaria.

TELHEIRO, s.m. Fabricante de telhas; alpendre com simples cobertura de telha-vã.

TELHUDO, adj. Que tem telha ou mania; maníaco.

TELÚRICO, adj. Relativo ao telúrio; relativo a terra; diz-se da telegrafia pelo solo.

TELURÍDRICO, adj. Diz-se do ácido composto de dois átomos de hidrogênio e um de telúrio.

TELÚRIO, s.m. Elemento químico, metalóide, símbolo Te, de peso atômico 127,5 e n.º atômico 52.

TELURISMO, s.m. Influência do solo de uma região sobre os usos e costumes dos habitantes.

TEMA, s.m. Assunto; proposição que vai ser tratada ou demonstrada; exercício escolar para retroversão ou análise; texto que serve de base a um sermão; raiz, radical ou elemento primitivo de uma palavra; motivo musical sobre o qual se desenvolve a composição.

TEMÁRIO, s.m. Conjunto de assuntos que devem ser tratados num congresso, ou reunião.

TEMÁTICO, adj. Relativo ao tema das palavras.

TEMATOLOGIA, s.f. Parte da Morfologia que estuda a constituição das formas específicas ou temas das diferentes classes gramaticais que entram no discurso e que foram classificadas na lexicologia.

TEMATOLÓGICO, adj. Relativo à tematologia.

TEMBETÁ, s.m. Designação tupi de todo objeto duro e não flexível que os índios introduzem no furo artificial do lábio inferior.

TEMENTE, adj. Que teme; que respeita.

TEMER, v.t. Ter medo; recear; tributar grande reverência ou respeito; int. e rel. sentir susto ou temor; p. ter receio.

TEMERÁRIO, adj. Precipitado; imprudente; ousado; audaz.

TEMERIDADE, s.f. Imprudência; audácia.

TEMEROSO, adj. Que infunde temor; terrível; que tem medo; medroso.

TEMIBILIDADE, s.f. Qualidade do que é temível.

TEMIDO, adj. Que causa medo; assustador; valente.

TEMÍVEL, adj. Que causa temor; que se pode ou deve temer. (Superl. abs. sint.: temibilíssimo.)

TEMOR, s.m. Medo; susto, sentimento de reverência ou respeito.

TEMPÃO, s.m. Grande espaço de tempo.

TÊMPERA, s.f. Ato ou efeito de temperar; banho em que os metais são introduzidos candentes em água fria; temperatura; pintura feita com a mistura de cal e cola, de modo que essa união se torne firme; índole; feitio; austeridade.

TEMPERADO, adj. Adubado, moderado; suave; agradável; delicado; designativo das zonas terrestres que ficam entre o trópico e o círculo polar, isto é, a faixa situada entre a zona tórrida e cada uma das zonas polares, e em que o clima é mais ou menos moderado.

TEMPERADOR, adj. e s.m. Que, ou o que tempera; moderador.

TEMPERAMENTO, s.m. Têmpera; estado fisiológico, constituição particular do corpo; qualidade predominante no organismo.

TEMPERANÇA, s.f. Qualidade ou virtude de quem é moderado, ou de quem modera apetites e paixões; parcimônia; sobriedade.

TEMPERAR, v.t. Misturar em proporção; moderar; adubar; deitar tempero; tornar mais fraco ou brando; dar tempera.

TEMPERATURA, s.f. Estado de frio ou calor, de umidade ou secura de ar, que impressiona os nossos órgãos; grau de calor ou frio num lugar ou num corpo.

TEMPERO, s.m. Substância com que se aduba a comida; estado da comida adubada.

TEMPESTADE, s.f. Agitação violenta da atmosfera, acompanhada de chuvas, granizo ou trovões.

TEMPESTIVO, adj. Oportuno; em tempo; a tempo.

TEMPESTUOSO, adj. Proceloso; sujeito a tempestade; muito agitado; violento.

TEMPLÁRIO, s.m. Cavaleiro do Templo, ordem militar e religiosa fundada em 1118 e suprimida em 1312.

TEMPLO, s.m. Edifício público para culto religioso; igreja; lugar misterioso e respeitável.

TEMPO, s.m. Duração calculável dos seres e das coisas; sucessão de dias, horas, momentos; período; época; estado atmosférico; os séculos; ensejo; estação ou ocasião própria; cada uma das partes completas de uma peça musical, em que o andamento muda; duração de cada parte do compasso; (Gram.) flexão indicativa do momento a que se refere o estado ou ação dos verbos.

TEMPO-QUENTE, s.m. Desordem, barulho.

TEMPORADA, s.f. Certo espaço de tempo; estação artística.

TEMPORAL, s.m. Tempestade; (Anat.) osso par, situado na parte lateral e inferior do crânio, adiante do occipital, atrás do esfenóide e abaixo do parietal (entra na constituição da base e da parede lateral do crânio e contém o órgão do ouvido); região craniana circunscrita pelo osso temporal.

TEMPORALIDADE, s.f. Qualidade de temporal ou provisório; interinidade.

TEMPORÂNEO, adj. Temporário.

TEMPORÃO, adj. Que vem ou sucede antes do tempo próprio; que amadurece muito cedo. (Fem.: temporã; pl.: temporãos.)

TEMPORÁRIO, adj. Que dura certo tempo; provisório; transitório.

TÊMPORAS, s.f.pl. Partes laterais da cabeça, compreendidas entre o olho, a fronte, a orelha e a face; os três dias de jejum que há numa semana, em cada estação do ano, segundo o rito católico.

TEMPORIZAÇÃO, s.f. Ato ou efeito de temporizar.

TEMPORIZADOR, adj. e s.m. Que, ou o que temporiza.

TEMPORIZAMENTO, s.m. Temporização.

TEMPORIZAR, v.t. Adiar; retardar; demorar.

TEMPO-SERÁ, s.m. Folguedo de crianças, que consiste em se esconderem todas de uma delas; esconde-esconde.

TEMULÊNCIA, s.f. Estado ou qualidade de temulento; estado mórbido, semelhante à embriaguêz.

TEMULENTO, adj. Beberrão; em que há orgias ou cenas de embriaguez.

TENACIDADE, s.f. Qualidade de tenaz; teimosia; assiduidade; contumácia; apego; avareza.

TÊNAR, s.m. Eminência da parte anterior externa da mão, formada por certos músculos do polegar.

TENAZ, s.f. Instrumento semelhante a uma tesoura, com cabos longos, que serve para tirar ou pôr peças nas forjas ou para segurar ferro em brasa e malhar na bigorna; adj. muito aderente; que tem grande coesão; pertinaz; aferrado; constante; firme; obstinado. (Superl. abs. sint.: tenacíssimo.)

TENÇA, s.f. Pensão remunerativa de serviços.

TENÇÃO, s.f. Resolução; plano; intento.

TENCEIRO, s.m. Cobrador de tenças.

TENCIONAR, v.t. Fazer tenção; projetar; planear.

TENCIONÁRIO, s.m. Aquele que recebe tença.

TENDA, s.f. Barraca de campanha; barraca de feira.

TENDAL, s.m. Lugar onde se estende a carne do gado para consumo; entreposto de carne; varal de roupa.

TENDÃO, s.m. Feixe mais ou menos longo de fibras em que terminam os músculos e que se inserem nos ossos; — de Aquiles: o situado na parte posterior e inferior da perna.

TENDEDEIRA, s.f. Tábua em que se tende o pão que se há de cozer.

TENDEIRO, s.m. Homem que vende em tenda; dono de tenda.

TENDÊNCIA, s.f. Inclinação; propensão; vocação; força que determina o movimento de um corpo; intenção; disposição.

TENDENCIOSO, adj. Em que há alguma intenção secreta; de má interpretação.

TENDENTE, adj. Que tende; que se inclina; que tem vocação.

TENDER, v.t. Estender; bater e arredondar, na masseira (o pão que se vai cozer); rel. ter vocação; inclinar-se; propender; dirigir-se; encaminhar-se; visar; dispor-se; destinar-se; aspirar; p. estender; alargar-se.

TÉNDER, s.m. Carro de carvão e da água, ligado à locomotiva.

TENDILHA, s.f. Pequena tenda.

TENDILHÃO, s.m. Tenda de campanha.

TENDINOSO, adj. Relativo aos tendões.

TENEBRÁRIO, s.m. Candeeiro que está aceso durante o ofício de Trevas, na Semana Santa.

TENEBROSIDADE, s.f. Qualidade do que é tenebroso.

TENEBROSO, adj. Cheio ou coberto de trevas; caliginoso; escuro; terrível; indigno; criminoso; medonho; aflitivo; pungente.

TENÊNCIA, s.f. Cargo de tenente.

TENENTE, s.m. Posto militar de oficial subalterno, imediatamente inferior ao de capitão.

TENENTE-CORONEL, s.m. Oficial superior, de patente imediatamente inferior à de coronel e superior à de major.

TENESMO, s.m. Sensação dolorosa na bexiga ou na região anal, com desejo constante de urinar ou de evacuar. O mesmo que puxo.

TÊNIA, s.f. Designação genérica pela qual são conhecidos os Cestóides; solitária.

TENÍASE, s.f. Doença produzida pela tênia; verminose.

TENÍFUGO, adj. Designativo do medicamento destinado a expulsar a tênia.

TÊNIS, s.m. 2 núm. Jogo de origem inglesa, que consiste em impelir a bola com raquetas em campo dividido em duas metades por uma rêde.

TENISTA, s. Jogador de tênis.

TENOR, s.m. Voz do homem, mais aguda que a de barítono; homem que tem essa voz.

TENORINO, s.m. Tenor ligeiro, que canta em falsete, ou em tom mais agudo.

TENRO, adj. Mole; brando; delicado; pouco crescido; que tem pouco tempo.

TENRURA, s.f. Qualidade ou estado do que é tenro.

TENSÃO, s.f. Estado ou qualidade do que é tenso; força elástica ou de expansão dos gases; estado de ânimo; agitação iminente; tono; (Eletr.) termo usado geralmente em lugar de voltagem, força eletromotriz ou diferença de potencial; — superficial: (Fís.) propriedade que possuem as superfícies líquidas, devida às forças de coesão molecular, pela qual parece existir uma delgada membrana elástica em estado de tensão.

TENSIVO, adj. Que produz tensão.

TENSO, adj. Estendido com força; esticado; retesado.

TENSOR, adj. Que estende; s.m. músculo que serve para fazer a extensão de qualquer órgão ou membro.

TENTAÇÃO, s.f. Ato ou efeito de tentar; disposição de ânimo para a prática de coisas sedutoras ou censuráveis; desejo veemente.

TENTACULADO, adj. (Zool.) Que tem tentáculos.

TENTACULAR, adj. Que diz respeito a tentáculo; que envolve.

TENTÁCULO, s.m. Apêndice móvel, não articulado, que, na cabeça ou na parte anterior dos animais, serve de órgão do tato ou de preensão.

TENTADO, adj. Seduzido; atraído.

TENTADOR, adj. Que tenta; s.m. aquele que tenta.

TENTAME ou **TENTÂMEN,** s.m. Ato de tentar; tentativa.

TENTAMENTO, s.m. Tentação; tentativa.

TENTANTE, adj. Tentativo.

TENTAR, v.t. Empregar meios para alcançar (o que deseja ou empreende); diligenciar-se; tratar de conseguir; intentar.

TENTATIVA, s.f. Tentação; experiência; ensaio.

TENTATIVO, adj. Que tenta; que se pode tentar ou experimentar.

TENTEADOR, adj. e s.m. Que, ou o que tenteia.

TENTEAR, v.t. Sondar ou investigar, com tento; sondar; tatear; calcular com atenção.

TENTEIO, s.m. Ato ou efeito de tentar.

TENTILHÃO, s.m. Pássaro fringílideo.

TENTO, s.m. Atenção; tino; cuidado; cálculo; ponto obtido em jogo.

TENTÓRIO, s.m. Barraca de campanha.

TÊNUE, adj. Delgado; frágil; débil.

TENUIDADE, s.f. Qualidade do que é tênue.

TEOCRACIA, s.f. Governo em que o poder reside na classe sacerdotal.

TEOCRATA, s. Pessoa que exerce poder teocrático; membro da teocracia.

TEOCRÁTICO, adj. Que diz respeito à teocracia.

TEOCRATIZAR, v.t. Sujeitar a um poder teocrático.

TEODICÉIA, s.f. Parte da Teologia natural que trata da justiça de Deus; parte da Filosofia que trata da existência e dos atributos de Deus.

TEODOLITO, s.m. Instrumento geodésico que serve para fazer levantamento de plantas e medir diretamente ângulos horizontais e verticais.

TEOFANIA, s.f. Aparição ou revelação da divindade.

TEOFOBIA, s.f. Horror à divindade.

TEOGONIA, s.f. Genealogia dos deuses; conjunto de divindades cujo culto forma o sistema religioso de um povo politeísta.

TEOLOGAL, adj. Teológico.

TEOLOGIA, s.f. Doutrina acerca das coisas divinas; doutrina da religião cristã; doutrina; coleção de obras teológicas de um autor.

TEOLÓGICO, adj. Que diz respeito à Teologia. O mesmo que teologal.

TEOLOGISMO, s.m. Uso dos princípios teológicos.

TEOLOGIZAR, v.int. Discorrer sobre Teologia.

TEÓLOGO, s.m. Aquele que é versado em Teologia; aquele que estuda Teologia ou escreve sobre ela.

TEOMANCIA, s.f. Sistema de pretensa adivinhação por suposta inspiração divina.

TEOMANIA, s.f. Espécie de loucura, em que o doente se julga Deus ou por ele inspirado.

TEOMANÍACO, adj. e s.m. Que, ou o que sofre de teomania.

TEOMANTE, s. Pessoa que pratica a teomancia.

TEOMÂNTICO, adj. Relativo à teomancia.

TEONÍMIA, s.f. Nomenclatura dos deuses.

TEOR, s.m. Texto ou conteúdo de uma escrita; maneira; sistema; norma; proporção, em um todo, de uma substância determinada.

TEOREMA, s.m. Proposição que, para se admitir ou tornar evidente, precisa de demonstração.

TEORÉTICO, adj. Teórico.

TEORIA, s.f. Conjunto de princípios fundamentais de uma arte ou ciência; doutrina ou sistema acerca desses princípios; hipótese.

TEÓRICO, adj. Relativo a teoria; s.m. aquele que reconhece cientificamente os princípios, a teoria de uma arte.

TEORISTA, s. Pessoa que conhece os princípios de uma ciência, mas que não a pratica ou não sabe praticar.

TEORIZAR, v.t. Expor teorias; reduzir a teorias; metodizar; int. tratar um assunto teoricamente.

TEOSOFIA, s.f. Ciência de Deus; qualquer de várias filosofias antigas e modernas que professam alcançar o conhecimento de Deus pelo êxtase espiritual.

TEOSÓFICO, adj. Que diz respeito à Teosofia.

TEOSOFISMO, s.m. Cáráter das especulações teosóficas.

TEOSOFISTA, s. Teósofo.

TEÓSOFO, s.m. Aquele que segue ou ensina as teorias teosóficas.

TEPIDEZ, s.f. Estado de tépido; tibieza; frouxidão.

TÉPIDO, adj. Que tem pouco calor; morno; tíbio; frouxo.

TER, v.t. Possuir; haver; reter; sustentar; gozar; obter; alcançar; conquistar; sentir; sofrer; conter; encerrar; dar à luz; ser dotado; trajar; importar; compreender; abranger; ocupar; dar provas; p. considerar-se; reputar-se; reprimir-se; ater-se. (Pres. do ind.: tenho, tens, tem, temos, tendes, têm; imperf.: tinha, tinhas, tinha, tínhamos, tínheis, tinham; perf.: tive, tiveste, teve, tivemos, tivestes, tiveram; mais-que-perf.: tivera, etc.; fut do pret.: teria, terias, teria, teríamos, teríeis, teriam; pres. subj.: tenha, tenhas, tenha, tenhamos, tenhais, tenham; fut.: tiver, tiveres, tiver, tivermos, etc.; imperat.: tem, tende; infin. pes.: ter, teres, ter, termos, terdes, terem; ger.: tendo; part.: tido.)

TERAPEUTA, s. Pessoa que exerce a terapêutica; pessoa que conhece bem as indicações terapêuticas.

TERAPÊUTICA, s.f. Parte da Medicina que trata da escolha e administração dos meios de curar doenças, de acordo com sua natureza; tratamento das doenças.

TERAPÊUTICO, adj. Relativo à terapêutica.

TERAPIA, s.f. Terapêutica.

TERATOGENIA, s.f. (Patol.) Formação ou desenvolvimento de monstruosidade.

TERATOGÊNICO, adj. Relativo à teratogenia.

TERATOLOGIA, s.f. Estudo das monstruosidades, em Patologia e Botânica.

TERATOLÓGICO, adj. Respeitante à teratologia.

TERATOLOGISTA, s. Pessoa que trata de teratologia.

TERATÓLOGO, s.m. Aquele que é perito em teratologia.

TERATOMA, s.m. Tumor misto formado de tecidos embrionários e resíduos fetais.

TERATOSE, s.f. (Patol.) Anomalia, deformidade congênita.

TÉRBIO, s.m. Elemento químico metal, símbolo Tb, de peso atômico 159,2 e número atômico 65.

TERÇA, num. Terceira; s.f. a terça parte de um todo; hora canônica depois da prima e antes da sexta nos ofícios divinos (corresponde às 9 da manhã); intervalo musical entre duas notas separadas por outra; forma reduzida de terça-feira.

TERÇÃ, adj. e s.f. Designativo da, ou a febre cujos acessos se repetem de três em três dias; maleita; paludismo; malária.

TERÇADO, s.m. Espada de folha curta; facão grande.

TERÇADOR, adj. e s.m. Que, ou aquele que terça, que pugna, que intercede.

TERÇA-FEIRA, s.f. O terceiro dia da semana começada no domingo.

TERÇAR v. rel. Combater a favor; pugnar; brigar.

TERCEIRA, s.f. Terça; mulher que intercede; (mús.) intervalo de três graus; conjunto da escala.

TERCEIRANISTA, s. Estudante que freqüenta o terceiro ano de um curso ou de qualquer escola superior.

TERCEIRO, num. Ordinal e fracionário correspondente a três; s.m. intercessor; medianeiro.

TERCETO, s.m. Estrofe de três versos; concerto musical de três vozes ou de três instrumentos.

TÉRCIA, s.f. Terça (hora canônica).

TERCIÁRIO, adj. Que está ou vem em terceiro lugar ou ordem; designativo dos efeitos posteriores aos que seguem imediatamente certas afecções orgânicas; (Geol.) diz-se da era que se segue à mesozóica ou secundária e em que surge a predominância dos mamíferos.

TERÇO, num. Ordinal equivalente a terceiro; fracionário correspondente a três; s.m. a terça parte de qualquer coisa; terça parte do rosário.

TERÇOL, s.m. Pequeno tumor na borda das pálpebras.

TEREBINTINA, s.f. Designação comum das resinas que se extraem das árvores coníferas e terebintáceas.

TEREBRANTE, adj. Que terebra; designativo das dores cuja sensação é comparável à que produziria uma verruma que penetrasse no corpo.

TEREBRAR, v.t. Furar com verruma.

TERES, s.m.pl. Posse; bens; haveres.

TERESOPOLITANO, adj. De Teresópolis (cidade do R. de Janeiro); s.m. o natural ou habitante de Teresópolis.

TERGAL, adj. Relativo ao dorso dos insetos; dorsal; s.m. variedade de tecido.

TERGIVERSAÇÃO, s.f. Ato ou efeito de tergiversar; rodeios; evasiva; subterfúgio.

TERGIVERSADOR, adj. Que tergiversa; s.m. aquele que tergiversa.

TERGIVERSANTE, adj. Tergiversador.

TERGIVERSAR, v.int. Procurar rodeios; buscar evasivas; despistar.

TERGO, s.m. O dorso, as costas.

TERIAGA, s.f. Remédio caseiro; coisa de sabor amargo. O mesmo que triaga.

TERMAL, adj. Térmico; quente.

TERMAS, s.f.pl. Estabelecimento onde se tomam banhos medicinais quentes; águas termais.

TERMELETRICIDADE, s.f. Eletricidade produzida pelo calor.

TERMELÉTRICO, adj. Relativo à termeletricidade.

TERMIA, s.f. Unidade calorimétrica, que corresponde à quantidade de calor necessária para elevar de um grau centesimal uma tonelada de água.

TERMIATRIA, s.f. Parte da terapêutica que se ocupa das águas termais.

TÉRMICO, adj. Relativo às termas ou ao calor.

451

TERMINAÇÃO, s.f. Ato ou efeito de terminar; conclusão; extremidade; remate; parte final de uma palavra.

TERMINAL, adj. Relativo ao termo ou remate; da extremidade; relativo à demarcação dos campos; final.

TERMINANTE, adj. Que termina; categórico; decisivo; irrevogável.

TERMINAR, v.t. Pôr termo; acabar; findar; concluir; int. chegar ao seu termo.

TERMINATIVO, adj. Que faz terminar; terminante.

TÉRMINO, s.m. Termo; fim; limite.

TERMINOLOGIA, s.f. Tratado dos termos técnicos de uma arte ou ciência; conjunto desses termos; emprego de palavras peculiares a um escritor; nomenclatura.

TERMINOLÓGICO, adj. Relativo à terminologia.

TÉRMITA, s.f. Térmite.

TÉRMITE, s.f. Gênero de neurópteros ou insetos roedores, também conhecidos por cupim e formiga-branca.

TERMO, s.m. Limite, em relação ao tempo e ao espaço; baliza; fim; prazo; palavra; espaço; declaração exarada em processo; (Lóg.) palavra considerada quanto à extensão da sua significação, e também cada um dos termos considerados dois a dois nas três proposições de um silogismo; (Gram.) elemento de proposição; (Mat.) cada um dos elementos de uma proporção, de uma fração, de uma progressão, etc.; expressão algébrica onde não há interposição do sinal + ou −; pl.: modos; procedimentos; ações; relações.

TERMOBARÔMETRO, s.m. Instrumento em que se reúnem as aplicações do termômetro e do barômetro.

TERMOCAUTÉRIO, s.m. Cautério de platina mantido incandescente por uma corrente de ar carburado ou eletricidade.

TERMODINÂMICA, s.f. Parte da Física que trata das relações entre os fenômenos caloríficos e as outras formas de energia mecânica.

TERMODINÂMICO, adj. Relativo à termodinâmica.

TERMOELETRICIDADE, s.f. Termeletricidade.

TERMOELÉTRICO, adj. Termelétrico.

TERMOGENIA, s.f. Produção do calor.

TERMÓGRAFO, s.m. Instrumento que registra as temperaturas.

TERMOIÔNICA, adj. (Fís.) Ramo da Física que trata da emissão dos eléctrons pelos corpos aquecidos; (p. ext.) o termo também se aplica ao comportamento dos eléctrons que nessas condições são produzidos, especialmente no vácuo.

TERMOIÔNICO, adj. (Fis.) Que diz respeito à Termoiônica.

TERMOLOGIA, s.f. Parte da Física, relativa ao calor.

TERMOLÓGICO, adj. Relativo à Termologia.

TERMOMAGNETISMO, s.m. Magnetismo desenvolvido pelo calor.

TERMOMANÔMETRO, s.m. Espécie de termômetro para medir temperaturas elevadas, por variações de pressão.

TERMOMETRIA, s.f. Medição do calor; calorimetria.

TERMOMÉTRICO, adj. Relativo à termometria ou ao termômetro.

TERMÔMETRO, s.m. Instrumento destinado a medir a temperatura dos corpos.

TERMOMULTIPLICADOR, s.m. Aparelho empregado em Física para estudar o calor radiante.

TERMOQUÍMICA, s.f. Parte da Química que estuda os fenômenos térmicos que ocorrem no desenvolvimento das reações químicas.

TERMOQUÍMICO, adj. Relativo à Termoquímica.

TERMOSCOPIA, s.f. Medida do calor atmosférico.

TERMOSCÓPIO, s.m. Espécie de termômetro de ar que serve para estudar as diferenças de temperatura entre dois meios.

TERMOSSIFÃO, s.m. Aparelho de aquecimento por circulação de água quente.

TERNÁRIO, adj. Formado de três; designativo do compasso musical que se divide em três tempos iguais.

TERNEIRADA ou **TERNEIRAGEM,** s.f. Conjunto de terneiros.

TERNEIRO, s.m. O vitelo; bezerro; gado novo.

TERNO, s.m. Grupo de três coisas ou pessoas; vestuário masculino composto de paletó, colete e calças; grupo de móveis composto de um sofá e duas poltronas; adj. meigo; sensível; afetuoso.

TERNURA, s.f. Meiguice; carinho.

TERRA, s.f. O planeta que habitamos; solo sobre que se anda; parte sólida da superfície do globo; poeira; pátria; local; região; território; argila própria para escultura.

TERRAÇO, s.m. Cobertura plana de um edifício feita de pedra ou argamassa; eirado; alpendre.

TERRACOTA, s.f. Argila modelada e cozida em forno; objeto assim obtido.

TERRADO, s.m. Terraço.

TERRAL, adj. Relativo a terra; terreal.

TERRÃO, s.m. Torrão. (de terra.)

TERRAPLANAGEM, s.f. Ato ou efeito de terraplanar.

TERRAPLANAR, v.t. Tornar plano um terreno; desaterrar.

TERRAPLENAGEM, s.f. Ato ou efeito de encher de terra.

TERRAPLENO, s.m. Terreno em que se enche uma depressão ou cavidade, ficando plano; terreno plano; terraço. O mesmo que aterro.

TERRÁQUEO, adj. Relativo ao globo terrestre; terrestre.

TERREAL, adj. Relativo à Terra; terrestre, terrenal.

TERREIRO, s.m. Espaço de terra plano e largo; praça; largo ao ar livre; nome dado aos locais em que se celebra o culto da macumba afro-brasileira.

TERREMOTO, s.m. Tremor de terra; abalo sísmico.

TERRENAL, adj. Terreal.

TERRENHO, adj. Terrestre; mundano.

TERRENO, adj. Terrestre; terreal; mundano; s.m. espaço de terra; porção de terra cultivável; ramo de atividade; setor.

TÉRREO, adj. Relativo a terra; próprio da terra; que fica ao rés do chão; s.m. andar térreo.

TERRESTRE, adj. Que diz respeito à Terra; que provém da terra ou nasce nela.

TERRIBILIDADE, s.f. Qualidade do que é terrível.

TERRÍCOLA, adj. e s. Que, ou pessoa ou animal que habita na terra.

TERRIFICANTE, adj. Que terrifica; estarrecedor.

TERRIFICAR, v.t. Causar terror; assustar; apavorar; estarrecer.

TERRÍFICO, adj. Terrificante.

TERRÍGENO, adj. Produzido na terra.

TERRINA, s.f. Vaso de louça ou de metal, no qual se leva a sopa ou caldo à mesa.

TERRIOLA, s.f. Pequena povoação; lugarejo.

TERRITORIAL, adj. Relativo a território.

TERRITORIALIDADE, s.f. Condição do que faz parte do território de um Estado.

TERRITÓRIO, s.m. Extensão considerável de terra; área de um país, província, cidade, etc.; jurisdição; área de uma jurisdição.

TERRÍVEL, adj. Que infunde ou causa terror; que produz resultados funestos; pavoroso; amedrontador; extraordinário; enorme. (Superl. abst. sint.: terribilíssimo.)

TERRÍVOMO, adj. Que expele ou lança terra.

TERROADA, s.f. Torroada.

TERROR, s.m. Grande medo; pavor.

TERRORISMO, s.m. Sistema de governar pelo terror ou por meio de revoluções violentas ou prática de atentados.

TERRORISTA, adj. e s. Que, ou pessoa que é partidária do terrorismo.

TERRORIZAR, v.t. Aterrorizar; estarrecer; terrificar.

TERROSO, adj. Que tem cor, aparência, natureza ou mistura de terra; baço.

TERSO (é), adj. Puro; limpo; vernáculo.

TERTÚLIA, s.f. Reunião familiar; agrupamento de amigos; assembléia literária.

TESAR, v.t. Entesar; esticar; estender.

TESE, s.f. Proposição que se apresenta para ser defendida, no caso de impugnação; proposição formulada nas escolas superiores para ser defendida em público; conclusão de um teorema.

TESO, s.m. Monte alcantilado ou íngreme; cimo do monte; adj. tenso; esticado; inteiriçado.

TESOURA, s.f. Instrumento cortante, formado de duas lâminas reunidas por um eixo, sobre que se movem; pessoa maldizente; conjunto de peças de madeira ou ferro, que sustenta a cobertura de um edifício.

TESOURADA, s.f. Golpe com tesoura.

TESOURAR, v.t. Cortar com tesoura; cortar; falar mal; caluniar.

452

TESOURARIA, s.f. Cargo ou repartição do tesoureiro; casa ou lugar onde se guarda e administra o tesouro público; escritório de companhia ou banco, em que se realizam transações monetárias.

TESOUREIRO, s.m. Guarda de tesouro; empregado superior da administração do tesouro público; encarregado da tesouraria de um banco ou repartição arrecadadora.

TESOURO, s.m. Grande porção de dinheiro ou de objetos preciosos; erário; objeto de grande estimação; coisa ou pessoa de grande valia; riqueza.

TESSITURA, s.f. Conjunto dos sons que melhor convêm a uma voz; conjunto das notas mais freqüentes numa peça musical; organização; contextura.

TESTA, s.f. Parte do rosto entre os olhos e a raiz dos cabelos anteriores da cabeça; fronte (aum.: testaça); frente.

TESTAÇA, s.f. Testa grande.

TESTÁCEO, adj. Que tem concha.

TESTAÇUDO, adj. e s.m. Testudo; cabeçudo.

TESTADA, s.f. Parte da rua ou estrada que fica à frente de um prédio; pancada com a testa.

TESTA-DE-FERRO, s.m. Aquele que se apresenta como responsável pela prática de atos por inspiração de outrem que permanece oculto.

TESTADOR, adj. e s.m. Que, ou aquele que testa ou faz testamento.

TESTAMENTAL, adj. Relativo a testamento.

TESTAMENTÁRIO, adj. Testamental; s.m. herdeiro por testamento.

TESTAMENTEIRO, s.m. Aquele que cumpre ou faz cumprir um testamento; aquele a quem o testador incumbe expressamente de cumprir as disposições da sua última vontade; adj. que anda sempre a fazer testamentos.

TESTAMENTO, s.m. Disposição autêntica da última vontade que alguém expressa para ser cumprida depois de ocorrer sua morte.

TESTANTE, s.m. O mesmo que testador.

TESTAR, v.t.-rel. Deixar em testamento; legar; t. testificar; atestar. (No sentido de experimentar ou aferir, o verbo testar constitui anglicismo, corrente em linguagem técnica.)

TESTE, s.m. Conjunto de provas que se aplicam a indivíduos para apreciar o seu desenvolvimento mental, aptidão,etc.; provas que se executam para aferir a eficiência ou os efeitos de determinadas substâncias.

TESTEIRA, s.f. Frente; lenço ou tira de pano, que se põe na testa dos recém-nascidos; parte da cabeçada que circunda a cabeça da cavalgadura.

TESTEMUNHA, s.f. Pessoa chamada a assistir a certos atos autênticos ou solenes; pessoa que viu ou ouviu alguma coisa ou que é chamada a depor sobre o que viu ou ouviu.

TESTEMUNHADOR, adj. e s.m. Que, ou o que testemunha.

TESTEMUNHAL, adj. Relativo a testemunha.

TESTEMUNHAR, v.t. Dar testemunho acerca de; confirmar; declarar; ter visto, ouvido ou conhecido; ver; verificar; presenciar; manifestar; demonstrar; rel. servir de testemunha.

TESTEMUNHÁVEL, adj. Que testemunha; que confirma; que merece crédito.

TESTEMUNHO, s.m. Declaração ou alegação de uma testemunha em juízo; depoimento; prova; vestígio.

TESTICULAR, adj. Relativo aos testículos.

TESTÍCULO, s.m. A glândula sexual masculina.

TESTIFICAÇÃO, s.f. Ato ou efeito de testificar.

TESTIFICADOR, adj. e s.m. Que, ou aquele que testifica.

TESTIFICANTE, adj. e s. Testificador.

TESTIFICAR, v.t. Assegurar; declarar; comprovar; testemunhar; afirmar.

TESTO, s.m. Tampa de barro ou de ferro para vasilhas.

TESTUDO, adj. Que tem grande testa ou cabeça; obstinado; cabeçudo.

TESURA, s.f. Vaidade; orgulho.

TETA, s.f. Glândula mamária; ubre.

TETÂNICO, adj. Que é da natureza do tétano.

TETANIFORME, adj. Semelhante ao tétano.

TETANIZAR, v.t. Tornar tetânico.

TÉTANO, s.m. Doença infecciosa caracterizada pela rigidez dos músculos, em particular dos da mastigação, em virtude da toxina elaborada pelo bacilo chamado Clostridium tetani.

TETÉIA, s.f. Berloque; pessoa ou coisa muito graciosa.

TETÉRRIMO, adj. Muito tetro.

TÉTIS, s.f. Nome de um pequeno planeta entre Marte e Júpiter.

TETO, s.m. A face superior interna de uma casa ou aposento; abrigo; habitação

TETACRÓRDIO, s.m. Lira dos antigos, com quatro cordas.

TETRADÁCTILO ou **TETRADÁTILO,** adj. Que tem quatro dedos.

TETRAÉDRICO, adj. Que tem quatro faces; relativo a tetraedro.

TETRAEDRO, s.m. Sólido limitado por quatro faces planas.

TETRAGONAL, adj. Que tem forma de tetrágono. O mesmo que tetrágono.

TETRAGÔNICO, adj. Que tem quatro ângulos.

TETRÁGONO, s.m. Quadrângulo; quadrilátero; adj. tetragonal.

TETRAGRAMA, adj. Que tem quatro letras; s.m. pauta musical de quatro linhas, usada no cantochão.

TETRALOGIA, s.f. Conjunto de quatro peças teatrais; conjunto de quatro óperas.

TETRÂMERO, adj. Dividido em quatro partes.

TETRÂMETRO, s.m. Verso grego ou latino de quatro pés.

TETRANETO, s.m. Filho do trineto ou da trineta. Var.: tataraneto.

TETRAPÉTALO, adj. Que tem quatro pétalas.

TETRÁPODE, adj. Que tem quatro pés. O mesmo que quadrúpede.

TETRARCA, s.m. Membro do governo de tetrarquia.

TETRARCADO, s.m. Cargo ou dignidade de tetrarca.

TETRARQUIA, s.f. Cada uma das quatro partes, províncias ou governos em que se dividiam alguns Estados.

TETRASSÍLABO, adj. (Gram.) Que tem quatro sílabas; s.m. palavra de quatro sílabas.

TETRAVÔ, s.m. Pai do trisavô ou da trisavó. Var.: tataravô. (Fem.: tetravó; pl.: tetravós.)

TÉTRICO, adj. Fúnebre; medonho; soturno; lúgubre.

TETRO, adj. Negro; escuro; horrível. (Superl. abs. sint.: tetérrimo.)

TETUDO, adj. Que tem tetas grandes.

TEU, pron. poss. De ti; próprio de ti; que te pertence. (Fem.: tua.)

TEURGIA, s.f. Espécie de magia fundada em relações com os espíritos celestes; arte de fazer milagres.

TEÚRGICO, adj. Relativo à teurgia.

TEURGISTA, s. Pessoa que trata ou se ocupa de teurgia; mágico.

TEURGO, s.m. Aquele que pratica a teurgia; mago.

TEUTÃO, s.m. Indivíduo dos Teutões, antigo povo da Germânia que habitava as margens do Báltico.

TEUTO, adj. Teutônico.

TEUTÔNICO, adj. Relativo aos teutões ou aos germanos.

TÊXTIL, adj. Que se pode tecer; próprio para ser tecido; relativo a tecelões. (Pl.: têxteis.) (É mais comum a pronúncia com o e aberto: téxtil, téxteis.)

TEXTO, s.m. As próprias palavras de um autor, livro ou escrito; palavras citadas para comprovar alguma coisa; palavras bíblicas, que o orador sacro cita, tornando-as base do sermão.

TEXTUAL, adj. Relativo ao texto; que está num texto; fielmente reproduzido, transcrito ou citado.

TEXTURA, s.f. Ato ou efeito de tecer; trama; contextura.

TEZ, s.f. Epiderme do rosto; cútis; epiderme.

TI, pron. Forma oblíqua do pronome tu, quando precedido de preposição.

TIA, s.f. Irmã dos pais em relação aos filhos destes; mulher do tio em relação ao sobrinho; solteirona.

TIA-AVÓ, s.f. Irmã dos avós, em relação aos netos destes.

TIAMINA, s.f. Vitamina B1, antineurítica.

TIARA, s.f. Mitra do pontífice.

TIBETANO, adj. Do Tibete (Ásia); s.m. o natural ou habitante do Tibete; a língua falada no Tibete.

TÍBIA, s.f. O mais volumoso dos ossos da perna; canela da perna.

TIBIAL, adj. Relativo à tíbia.

TIBIEZ, s.f. Tibieza; indolência.

TIBIEZA, s.f. Qualidade do que é tíbio; frouxidão; indolência.

TÍBIO, adj. Tépido; frouxo; indolente.

TIÇÃO, s.m. Pedaço de lenha acesa ou meio queimada; negro.

TICO, s.m. Pedacinho de qualquer coisa; taco; pequena quantidade; cacoete; trejeito.

TIÇOADA, s.f. Pancada com tição.

TIÇOEIRO, s.m. Utensílio de ferro com que se atiça o lume ou se revolve o brasido para o avivar.

TICO-TICO, s.m. Passarinho da família dos Fringilídeos. (Pl.: tico-ticos.)

TIDO, adj. Possuído; julgado; considerado; suposto.

TIÉ, s.m. Pássaro da família dos Tanagrídeos, de que há numerosas espécies.

TÍFICO, adj. Relativo ao tifo.

TIFO, s.m. Doença infecciosa produzida pelo bacilo Eberthella typhosa; — exantemático: doença infecciosa aguda causada pela Rickettsia prowazeki.

TIFÓIDE, adj. Semelhante ao tifo; que tem os caracteres de tifo.

TIFOSO, s.m. Indivíduo atacado de tifo.

TIGELA, s.f. Vaso de barro, de pequeno tamanho, mais ou menos tosco, sem gargalo e sem asas ou com asas pequenas; discos de barro, em que se levam ao forno certas qualidades de doce; malga; vasilha.

TIGELADA, s.f. Conteúdo de uma tigela.

TIGRE, s.m. Mamífero feroz da família dos Felídeos.

TIGRINO, adj. Relativo ao tigre; sanguinário como o tigre; feroz.

TIGÜERA, s.f. Milharal já colhido e extinto; roça depois de efetuada a colheita.

TIJOLADA, s.f. Pancada com tijolo.

TIJOLADO, adj. Revestido de tijolos.

TIJOLAR, v.t. Revestir de tijolos; atijolar.

TIJOLEIRO, s.m. Fabricante de tijolos.

TIJOLO (ô), s.m. Peça de barro cozido, geralmente em forma de paralelepípedo, destinada a construções. (Pl.: tijolos (jó).)

TIJUCADA, s.f. Tijucal.

TIJUCAL, s.m. Lameiro; grande atoleiro.

TIJUCO, s.m. Charco; atoleiro; lama; lodo.

TIJUPÁ, s.m. Cabana de índios, menor que a oca; palhoça das roças.

TIJUQUEIRA, s.f. Tijucal.

TIL, s.m. Sinal gráfico (˜) que serve para nasalar a vogal a que se sobrepõe.

TILBUREIRO, s.m. Cocheiro ou proprietário de tílburi.

TÍLBURI, s.m. Carro de dois assentos, sem boléia, com capota, de duas rodas e puxado por um só animal.

TILINTAR, v.t. e int. Soar campainha, sino ou dinheiro.

TIMÃO, s.m. Peça comprida do arado ou do carro, e a que se atrelam os animais que o puxam; lança de carruagem; barra do leme; leme; governo; direção.

TIMBALE, s.m. Espécie de tambor metálico em forma de hemisfério e coberto de uma pele tensa, sobre a qual se toca; tambor de cavalaria.

TIMBALEIRO, s.m. Tocador de timbale.

TIMBÓ, s.m. Arbusto brasileiro, cuja seiva é empregada como veneno contra os peixes, permitindo pescá-los com facilidade não tornando tóxica a carne.

TIMBRAR, v.t. Abrir ou pôr timbre; marcar com timbre; t.-pred. qualificar; rel. caprichar.

TIMBRE, s.m. Marca; sinal; carimbo; qualidade sonora que depende dos harmônicos coexistentes com o som fundamental (é a qualidade pela qual identificamos uma pessoa pela voz ou o instrumento que emitiu o som).

TIMBROSO, adj. Caprichoso; meticuloso.

TIMIDEZ, s.f. Qualidade de tímido; fraqueza; acanhamento.

TÍMIDO, adj. Que tem temor; receoso; acanhado; s.m. indivíduo acanhado ou covarde.

TIMONEIRO, s.m. Aquele que governa o timão das embarcações; guia; chefe.

TIMORATO, adj. Tímido; escrupuloso.

TIMORENSE, adj. De Timor (Oceania); s. o natural ou habitante de Timor.

TIMPANAL ou **TIMPÂNICO**, adj. Relativo ao tímpano.

TIMPANISMO, s.m. ou **TIMPANITE**, s.f. Abaulamento do abdome, devido a excessiva acumulação de gases nos intestinos.

TIMPANÍTICO, adj. Relativo ao timpanismo ou à timpanite.

TÍMPANO, s.m. Espécie de tambor, com repartimentos em espiral, por intermédio dos quais se eleva a água de um depósito ou de uma corrente; pequeno sino em cujo ápice há um botão que, apertado com o dedo faz percutir um martelo sobre a placa metálica, que passa a vibrar; timbale; cavidade óssea irregular, em que está contido o ouvido médio.

TINA, s.f. Vasilha de aduelas; espécie de cuba ou dorna; vaso de pedra ou metal, em que se tomam banhos; banheira.

TINADA, s.m. Conteúdo de uma tina.

TINALHA, s.f. Tina pequena para vinho; dorna.

TINGIDOR, adj. e s.m. Que, ou o que tinge.

TINGIDURA, s.f. Tintura.

TINGIR, v.t. Meter em tinta ou molhar em tinta, alterando a cor original; dar certa cor a; colorir; tornar preto; p. tomar certa cor. (Pres. ind.: tinjo, tinges, tinge, etc.; pres. subj.: tinja, tinjas, tinja, tinjamos (â), tinjais, tinjam; part. tingido e tinto.)

TINGUI, s.m. Arbusto da família das Leguminosas, que lançado à água doce tem a propriedade de matar o peixe.

TINGUIJADA, s.f. Pescaria feita com o emprego do tingui.

TINGUIJAR, v.t. Envenenar (as águas de um rio ou lagoa) com tingui ou com timbó.

TINHA, s.f. Afecção cutânea causada por vários gêneros de cogumelos.

TINHORÃO, s.m. Planta herbácea da família das Aráceas.

TINHOSO, adj. Que tem tinha; que mete nojo; repugnante; s.m. diabo.

TINIDO, s.m. Som vibrante de vidro ou metal.

TINIDOR, adj. e s.m. Que, ou aquilo que tine.

TININTE, adj. Que, ou aquilo que tine.

TINIR, v.int. Soar aguda ou vibrantemente (vidro ou metal); zunir (os ouvidos); tiritar de frio ou de medo; ficar muito zangado. (Defectivo: não se conjuga nas formas em que ao n da raiz se seguiria o ou a.)

TINO, s.m. Juízo; discrição; prudência; tato.

TINTA, s.f. Líquido de qualquer cor para escrever, tingir, pintar ou imprimir.

TINTEIRO, s.m. Pequeno vaso, para conter tinta de escrever.

TINTIM, el.s.m. Usado na loc. adv. — por —: minuciosamente; ponto por ponto.

TINTINABULAR, v.int. Soar; ressoar; t. fazer soar (campainha).

TINTINÁBULO, s.m. Campainha; sineta.

TINTINAR, v.int. Tilintar.

TINTO, adj. Tingido; enodoado; manchado; diz-se do vinho feito de uva preta.

TINTORIAL, adj. Que serve para tingir; relativo a tinturaria.

TINTÓRIO, adj. Que produz substância usada em tinturaria; tintorial.

TINTURA, s.f. Ato ou operação de tingir; tinta; solução de substâncias mais ou menos coloridas; solução alcoólica dos princípios ativos de uma ou de várias substâncias.

TINTURARIA, s.f. Ofício ou arte de tintureiro; estabelecimento onde se tingem panos.

TINTUREIRA, s.f. Mulher que tinge panos; dona de tinturaria.

TINTUREIRO, adj. Que tinge; s.m. aquele que tinge panos; dono de tinturaria.

TIO, s.m. Irmão dos pais em relação aos filhos destes; marido da tia em relação aos sobrinhos desta; designação dada a negro velho.

TIO-AVÔ, s.m. Irmão dos avós em relação aos netos destes.

TIPA, s.f. Qualquer mulher.

TÍPICO, adj. Que serve de tipo; característico.

TIPITI, s.m. Cesto cilíndrico de palha, em que se põe a mandioca que se quer espremer.

TIPLE, s. Soprano.

TIPO, s.m. Cunho ou caráter tipográfico; coisa que reúne em si os caracteres que distinguem uma classe; símbolo; qualquer indivíduo.

TIPOCROMIA, s.f. Impressão tipográfica a cores.

TIPOGRAFAR, v.t. Reproduzir pela tipografia; imprimir.

TIPOGRAFIA, s.f. Arte de imprimir; estabelecimento impressor.

TIPOGRÁFICO, adj. Que diz respeito à tipografia.

TIPÓGRAFO, s.m. Aquele que sabe ou exerce a arte tipográfica.

TIPÓIA, s.f. Carruagem reles ou velha; faixa de pano presa ao pescoço para descanso do braço ou mão doente.

TIQUE, s.m. Hábito ridículo; sestro; cacoete.

TIQUE-TAQUE, s.m. Voz imitativa de som regular e cadenciado; o bater do coração e do relógio; palpitação.

TIQUINHO, s.m. Pouquinho; pedacinho.

TIQUIRA, s.f. Aguardente de mandioca.

TIRA, s.f. Pedaço de pano, papel, etc., mais comprido que largo; fita; lista; filete; s.m. investigador de polícia.

TIRACOLO, s.m. Correia que cinge o corpo passando por cima de um ombro e por baixo do braço oposto.

TIRADA, s.f. Ato de tirar; caminhada; frase longa que é o desenvolvimento ininterrupto de uma mesma idéia.

TIRADEIRA, s.f. Aquela que tira; correia ou corrente que, nas carretas puxadas por quatro bois, prende a canga dos da frente à dos do coice.

TIRADELA, s.f. Ato de tirar; tiradura.

TIRADOR, adj. Que tira; s.m. aquele que tira.

TIRADURA, s.f. Ato ou efeito de tirar.

TIRA-DÚVIDAS, s.m. 2 núm. Aquele ou aquilo que tira dúvidas ou resolve questão.

TIRAGEM, s.f. Tiradura; impressão tipográfica; número de exemplares impressos.

TIRA-LINHAS, s.m. 2 núm. Instrumento de metal que faz parte dos estojos de desenho, e serve para traçar à tinta linhas de igual espessura em toda a extensão.

TIRAMENTO, s.m. Tiradura.

TIRANA, s.f. Mulher má.

TIRANETE, s.m. Pessoa que vexa ou oprime aqueles que dela dependem.

TIRANIA, s.f. Domínio ou poder de tirano; governo opressor e cruel.

TIRANICIDA, s. Pessoa que assassina um tirano.

TIRANICÍDIO, s.m. Assassínio de um tirano.

TIRÂNICO, adj. Relativo a tirano; próprio de tirano; que tiraniza, injusto; opressivo.

TIRANIZADOR, adj. e s.m. Que, ou aquele que tiraniza.

TIRANIZAR, v.t. Tratar com tirania; oprimir; vexar.

TIRANO, s.m. Soberano injusto, cruel ou opressor; aquele que abusa de sua autoridade; indivíduo cruel; adj. cruel; impiedoso.

TIRA-NÓDOAS, s.m. 2 núm. Substância com que se tiram nódoas.

TIRANTE, adj. Que tira; excetuado; s.m. cada uma das correias que prendem o veículo às cavalgaduras que o puxam; viga que sustenta o madeiramento de um teto ou vai de uma parede do edifício à parede oposta; corda com que se puxam os reparos em artilharia; prep. exceto; salvo.

TIRÃO, s.m. Puxão com força; estirão; grande caminhada.

TIRA-PROSA, s.m. Valentão.

TIRAR, v.t. Extrair; sacar; puxar; fazer sair; despir; descalçar; arrancar; auferir; receber; alcançar; usurpar; arrecadar; atirar; arremessar; despedir; copiar; excluir; excetuar; abolir; imprimir; atrair; fazer desaparecer; t.-rel. libertar; livrar; arrebatar; arrancar; roubar; furtar; deduzir; dissuadir; demover; diminuir; subtrair; fazer perder; desviar; afastar; rel. arrancar; chamar; reclamar; p. sair; libertar-se; afastar-se.

TIRA-TEIMAS, s.m. 2 núm. Argumento decisivo; dicionário.

TIREÓIDE, s.f. Glândula de secreção interna, situada na frente da laringe; cartilagem que se acha na parte anterior e superior da laringe.

TIREÓIDEO, adj. Relativo à tireóide.

TIREOIDITE, s.f. Inflamação da tireóide.

TIRIRICA, s.f. Irritado; furioso.

TIRITANTE, adj. Que tirita.

TIRITAR, v.t.int. Tremer com frio.

TIRO, s.m. Ato ou efeito de atirar; o disparar de uma arma de fogo; carga disparada por arma de fogo; explosão.

TIROCÍNIO, s.m. Aprendizado; prática ou exercício militar; experiência; tarimba.

TIRO-DE-GUERRA, s.m. Escola paramilitar que prepara reservistas de segunda categoria de exército. (Pl.: tiros-de-guerra.)

TIROLÉS, adj. Do Tirol (região alpina); s.m. o natural ou habitante do Tirol.

TIROLESA, adj. Feminino de tirolês; s.f. dança do Tirol.

TIROTEAR, v.t. Dirigir tiroteio contra; int. fazer tiroteio.

TIROTEIO, s.m. Fogo de fuzilaria, em que os tiros são muitos e sucessivos; fogo de guerrilhas ou de atiradores dispersos.

TIRSO, s.m. Bastão, enfeitado com hera e pâmpanos e terminado em forma de pinho, com o qual se representam Baco e as Bacantes.

TISANA, s.f. Medicamento líquido que constitui a bebida ordinária de um doente.

TÍSICA, s.f. Tuberculose pulmonar.

TÍSICO, adj. e s.m. Que, ou aquele que sofre tísica; tuberculoso.

TISIOLOGIA, s.f. Parte da Medicina que estuda a tísica pulmonar.

TISIOLÓGICO, adj. Relativo à Tisiologia.

TISIOLOGISTA, s. Médico especialista em tuberculose pulmonar.

TISIÓLOGO, s.m. Tisiologista.

TISNAR, v.t. Tornar negro como carvão; p. enegrecer-se.

TISNE, s.m. Cor que o fogo ou o fumo produzem na pele; fuligem.

TITÃ, s.m. Cada um dos gigantes que, segundo a Mitologia, quiseram escalar o céu e destronar Júpiter; pessoa de grandeza gigantesca, física, intelectual ou moral.

TITÂNICO, adj. Relativo aos titãs; que revela grande força.

TITÂNIO, s.m. Elemento químico, metal, símbolo Ti, de peso atômico 47,90, número atômico 22.

TITELA, s.f. A parte carnuda do peito da ave.

TÍTERE, s.m. Boneco que se faz mover e gesticular por meio de cordéis ou engonços; fantoche; marionete; palhaço; testa-de-ferro.

TITIA, s.f. Designação afetiva de tia.

TITICA, s.f. Excremento de ave.

TITILAÇÃO, s.f. ou **TITILAMENTO**, s.m. Ato ou efeito de titilar.

TITILANTE, adj. Que titila.

TITILAR, v.t. Fazer cócegas; causar prurido; int. palpitar; ter estremecimentos.

TITIO, s.m. Forma afetiva de designação de tio.

TITUBEAÇÃO, s.f. Ato ou efeito de titubear.

TITUBEANTE, adj. Que titubeia.

TITUBEAR, v.int. Não poder estar firme; cambalear; vacilar; hesitar; falar, hesitando; exprimir-se com dificuldade; rel. ter dúvidas; vacilar.

TITULAÇÃO, s.f. (Quím.) Determinação do grau de normalidade ou moralidade de uma solução.

TITULADO, adj. Fundado em títulos; avaliado; dosado.

TITULAGEM, s.f. (Quím.) (V. Titulação.)

TITULAR, adj. Que tem título honorífico; honorário; s.m. cada um dos membros de um ministério, secretariado ou alto posto de governo; o ocupante efetivo de qualquer cargo de magistério ou burocrático; v.t. intitular; dar título; (Quím.) determinar o grau de normalidade ou molaridade de uma solução química.

TÍTULO, s.m. Inscrição que se põe no princípio de um livro, capítulo, etc., indicando o assunto; rótulo; letreiro; denominação honorífica; denominação; subdivisão de código, estatuto, etc.; reputação; pretexto; intuito; fundamento; documento ou fundamento que torna autêntico um direito; (Quím.) grau de uma solução química.

TIZIU, s.m. Alfaiate (pássaro fringilídeo).

TLIM, s.m. Voz imitativa do sino, da campainha ou do choque de moedas.

TLINTAR, v.int. Fazer tlim. O mesmo que tilintar.

TMESE, s.f. (Gram.) Separação que se faz em uma palavra, para nela se intercalar outra ou outras; o exemplo típico é mesóclise, isto é, a intercalação do pronome átono em formas verbais: dir-se-ia, amar-te-ei.

TOA, s.f. Corda com que uma embarcação reboca outra; sirga; à —: loc. adv. ao acaso, a esmo; irrefletidamente; inutilmente; sem razão.

TOADA, s.f. Ruído; rumor; boato; melopéia; entoação.

TOADILHA, s.f. Pequena toada; cantiguinha.

TOALETE (é), s.f. Toucador; reservado sanitário.

TOALHA, s.f. Peça de linho ou de algodão para enxugar qualquer parte do corpo que se lave ou para estender sobre a mesa às refeições; peça análoga com rendas para cobrir o altar.

TOALHEIRO, s.m. Utensílio próprio para nele se pendurar a toalha de rosto ou de mãos.

TOANTE, adj. Que toa.

TOAR, v.int. Emitir som; soar; fazer estrondo; trovejar; estrondear.

TOBIANO, adj. Diz-se do cavalo cujo pêlo apresenta manchas brancas grandes, em fundo escuro.

TOCA, s.f. Buraco onde se abrigam coelhos ou outros animais; covil; furna; refúgio.

TOCADA, s.f. Corrida de experiência que serve para apurar a velocidade do cavalo.

TOCADELA, s.f. Ato ou efeito de tocar de cada vez; tocata.

TOCADO, adj. Alegre; amalucado; levemente embriagado.

TOCADOR, adj. Que toca; s.m. aquele que toca; tangedor.

TOCAIA, s.f. Emboscada; traição.

TOCAIAR, v.t. Emboscar-se para agredir ou matar (o inimigo ou a caça); espreitar a chegada de.

TOCAMENTO, s.m. Toque.

TOCANTE, adj. Que toca; comovente; patético; no — a: quanto a, com relação a.

TOCAR, v.t. Pôr a mão em; apalpar; ter contato com; atingir com um golpe; fazer soar, tirar sons de; executar; anunciar; fazer ouvir (um som); comover; sensibilizar, inspirar; impressionar; agitar; atingir; chegar a; experimentar; provar; tanger; conduzir (gado); açular (cães); int. extrair sons de instrumentos musicais; rel. orçar; caber em partilha; mencionar; dizer respeito; interessar; fazer escala; fundear, fazendo escala; ir de encontro; chocar; entender-se; relacionar-se; p. ter um ponto comum de contato; pôr-se em contato; impressionar-se; melindrar-se; ofender-se; começar a apodrecer (a fruta); embriagar-se um pouco.

TOCATA, s.f. Toque de instrumentos; serenata; musicata.

TOCHA, s.f. Brandão; archote; facho.

TOCO, s.m. Parte do tronco que fica ligada à terra depois de cortada a árvore; pedaço de vela; resto de um mastro desarvorado.

TOCOLOGIA, s.f. Obstétrica; obstetrícia.

TOCOLÓGICO, adj. Obstétrico.

TOCÓLOGO, s.m. Parteiro; obstetra.

TODA, s.f. Todeiro (pássaro).

TODA, pron. Flexão feminina de todo.

TODAVIA, conj. Contudo; porém; entretanto; ainda assim.

TODEIRO, s.m. Nome de um pássaro fissirrostro. O mesmo que toda.

TODO, adj. Completo; íntegro; que não deixa nada de fora; a que não falta parte alguma; qualquer; cada; s.m. conjunto; massa; generalidade; pl. toda a gente; a humanidade.

TODO-PODEROSO, adj. Que pode tudo; onipotente; s.m. aquele que pode tudo; Deus.

TOEIRA, s.f. Cada uma das duas cordas imediatas aos dois bordões da guitarra.

TOGA, s.f. Manto de lã amplo e longo dos antigos romanos; vestuário de magistrado; beca; a magistratura.

TOGADO, adj. Que usa toga; que exerce a magistratura judicial; s.m. magistrado judicial.

TOGOLÊS, adj. e s.m. Da República do Togo (África).

TOICINHO, s.m. Gordura dos porcos subjacente à pele, com o respectivo couro. O mesmo que toucinho.

TOLA, adj. e s.f. Feminino de tolo. (Pl.: tolas.)

TOLAZ, adj. e s. Muito tolo; pacóvio.

TOLDA, s.f. Toldo; primeira coberta da embarcação.

TOLDADOR, adj. Que tolda; entristecedor.

TOLDAR, v.t. Cobrir com toldo; anuviar; obscurecer.

TOLDO, s.m. Coberta ou peça de lona ou de outro tecido destinada sobretudo a abrigar, do sol e da

chuva, porta, eirado, coberta de embarcação, etc. (Pl.: toldos (ô).)

TOLEIMA, s.f. Qualidade de atoleimado; tolice.

TOLEIRÃO, adj. e s.m. Que, ou aquele que é muito tolo; pateta.

TOLEJAR, v.int. Dizer ou fazer tolices.

TOLERABILIDADE, s.f. Qualidade do que é tolerável.

TOLERÂNCIA, s.f. Qualidade de tolerante; ato ou efeito de tolerar.

TOLERANTE, adj. Que tolera; que desculpa; indulgente; que admite e respeita opiniões contrárias à sua.

TOLERANTISMO, s.m. Opinião dos que defendem a tolerância religiosa.

TOLERAR, v.t. Ser indulgente; condescendente; suportar.

TOLERÁVEL, adj. Que se pode tolerar.

TOLETE, s.m. Cavilha dos remos; pau aguçado com que os índios americanos apanham os crocodilos.

TOLHER, v.t. Embaraçar; impedir; estorvar; paralisar; t.-rel. proibir; privar; p. ficar imóvel.

TOLHIDO, adj. Entrevado; impedido.

TOLHIMENTO, s.m. Ato ou efeito de tolher ou de tolher-se; estorvo; embaraço.

TOLICE, s.f. Parvoíce; asneira.

TOLO, adj. Sem inteligência ou sem juízo; bobo; que diz ou faz tolices; idiota; simplório; ingênuo; s.m. aquele que diz tolices; indivíduo tolo. (Aum.: toleirão e tolaz; fem.: tola; pl.: tolos (ô), tolas.)

TOLUENO, s.m. Substância orgânica líquida e incolor, derivada do benzeno (metilbenzeno).

TOM, s.m. Grau de abaixamento ou elevação da voz; caráter de voz, quanto à natureza do discurso; som, quanto à sua gravidade ou acuidade; intervalo musical de dois semitons, um diatônico e outro cromático; cor predominante; colorido; tonalidade; escala musical; tonalidade musical.

TOMA, s.f. Ato de tomar; tomada; interj. que designa congratulação e, também, satisfação por ser alguém castigado, justamente.

TOMADA, s.f. Ato ou efeito de tomar; conquista; instalação elétrica para o uso de qualquer aparelho elétrico.

TOMADIÇO, adj. Melindroso; agastadiço.

TOMADO, adj. Agarrado; apreendido; conquistado; dominado.

TOMAR, v.t. Pegar em; agarrar; segurar; apoderar-se de; capturar; tirar; arrebatar; roubar; invadir; conquistar; assaltar; ocupar; preencher; abranger; consumir (falando do tempo); assalariar; contratar; seguir (uma direção ou caminho); receber; aceitar; assumir; mostrar; aspirar; sorver; comer; beber; usurpar; sobrevir; apanhar; alcançar; imitar; puxar para si; apoiar; defender; escolher; preferir; recolher; adotar; mostrar que tem; desejar; interpretar; avaliar; t.-rel. pedir; exigir; t.-pred. encontrar; surpreender; considerar como; rel. dirigir-se; encaminhar-se; p. deixar-se possuir ou dominar; impregnar-se; coagular-se; embebedar-se.

TOMARA, interj. Equivalente a prouvera a Deus!; oxalá!

TOMATE, s.m. Fruto do tomateiro.

TOMATEIRA, s.f. Tomateiro.

TOMATEIRO, s.m. Planta hortense da família das Solanáceas.

TOMBA, s.f. Remendo no calçado; retângulo que se cola na lombada de um livro encadernado, e sobre o qual se imprime o título.

TOMBADA, s.f. Vertente de montanha.

TOMBADILHO, s.m. A parte mais alta de um navio, entre a popa e o mastro de mezena.

TOMBADOR, adj. Que tomba ou faz tombar; s.m. aquele que tomba ou faz tombar.

TOMBAMENTO, s.m. Ato ou efeito de tombar.

TOMBAR, v.t. Deitar ao chão; derribar; fazer cair; int. cair no chão; cair; declinar; descair; p. cair para o lado; virar-se; voltar-se; arrolar; registrar; inventariar.

TOMBO, s.m. Queda; caída; falência; inventário.

TÔMBOLA, s.f. Espécie de loto, em que é necessário encher-se um cartão para ganhar; vispora; espécie de loteria de sociedade para fins beneficentes, com prêmios não em dinheiro, mas em objetos.

TOMENTO, s.m. A fibra mais áspera do linho; estopa grossa.

TOMENTOSO, adj. Coberto de lanugem ou tomento.

TOMISMO, s.m. Sistema filosófico e teológico de S. Tomás de Aquino (1225-1274).

TOMISTA, adj. Relativo ao tomismo; que é adepto do tomismo; s. adepto do tomismo.

TOMÍSTICO, adj. Relativo a S. Tomás de Aquino ou à sua doutrina.

TOMO, s.m. Volume de obra impressa ou manuscrita; cada uma das partes de uma obra.

TONA, s.f. Casca tênue; película; superfície.

TONAL, adj. Que diz respeito ao tom.

TONALIDADE, s.f. Timbre musical; matiz de uma cor.

TONALIZAR, v.t. Dar tom ou tonalidade.

TONANTE, adj. Trovejante.

TONEL, s.m. Grande vasilha para líqüidos, formada de aduelas, tampos e arcos. (Pl.: tonéis.)

TONELADA, s.f. Tonel cheio; no sistema métrico, medida de peso equivalente a mil quilogramas.

TONELAGEM, s.f. Capacidade de um navio; medida dessa capacidade.

TONELARIA, s.f. Tanoaria.

TONELEIRO, s.m. Tanoeiro.

TÔNICA, s.f. A primeira nota de uma escala musical; (Gram.) vogal ou sílaba em que recai o acento de uma palavra.

TÔNICO, adj. Relativo a tom; que tonifica ou dá energia a certos tecidos; s.m. remédio que tonifica.

TONIFICAR, v.t. Fortalecer; avigorar; p. fortificar-se; robustecer-se.

TONINHA, s.f. Atum de pouca idade.

TONITROAR, v.i. Estrondear; atroar; troar.

TONITRUANTE, adj. Que troveja; atroador.

TONSAR, v.t. Tosquiar.

TONSILA, s.f. Amígdala.

TONSILITE, s.f. Inflamação da tonsila.

TONSURA, s.f. Coroa de clérigo, cercilho.

TONSURADO, adj. Tosquiado; s.m. clérigo.

TONSURAR, v.t. Praticar a cerimônia da tonsura em. O mesmo que cercilhar; tosquiar.

TONTEAR, v.int. Dizer ou fazer tolices; proceder como tonto; disparatar; estar tonto; cabecear; perturbar-se; ter tonturas.

TONTEIRA, s.f. Tontice; tontura; vertigem.

TONTICE, s.f. Tolice; demência.

TONTO, adj. Atônito; que tem tonturas; perturbado; tolo; idiota; s.m. indivíduo tonto; pateta.

TONTURA, s.f. Perturbação cerebral; vertigem.

TOPADA, s.f. Ato ou efeito de bater involuntariamente com a ponta do pé; choque.

TOPADOR, adj. Diz-se do indivíduo que topa ou aceita qualquer parada.

TOPAR, v.t. Encontrar; achar; aceitar (a parada); jogar contra (todo dinheiro que estiver na banca do jogo); aceitar (um convite, uma proposta); rel. dar com o pé; ir de encontro; encontrar-se; chocar; chegar; tocar; bater; concordar; p. encontrar-se.

TOPÁZIO, s.m. Pedra preciosa de cor amarelada.

TOPE, s.m. Encontro ou choque de objetos; cume; topo; cimo.

TOPETADA, s.f. Pancada com a cabeça; marrada.

TOPETE, s.m. Cabelo levantado à frente da cabeça. (Embora a pronúncia seja topete, com e fechado, é muito mais corrente a prosódia topéte.)

TOPETUDO, adj. Que tem topete; atrevido; destemido.

TÓPICO, adj. Relativo a lugar; relativo exatamente àquilo de que se trata; diz-se do medicamento de uso local; designativo dos lugares-comuns em Retórica; s.m. ponto principal; tema; pequeno comentário do jornal, sobre assunto do dia.

TOPO, s.m. Tope; cume; extremidade.

TOPOFOBIA, s.f. Medo mórbido a lugares.

TOPÓFOBO, s.m. Aquele que tem topofobia.

TOPOGRAFIA, s.f. Descrição minuciosa de uma localidade; arte de representar no papel configuração de uma porção de terreno com todos os acidentes e objetos que se encontrem à sua superfície.

TOPOGRÁFICO, adj. Relativo à topografia.

TOPÓGRAFO, s.m. Aquele que se ocupa de topografia.

TOPOLOGIA, s.f. Topografia; tratado da colocação ou disposição de certas espécies de palavras.

TOPOLÓGICO, adj. Relativo à topologia.

TOPONÍMIA, s.f. Estudo lingüístico ou histórico dos nomes dos lugares.

TOPONÍMICO, adj. Relativo à toponímia.

TOPÔNIMO, s.m. Nome próprio de lugar.

TOQUE, s.m. Ato ou efeito de tocar; contato; som; pancada; ato de tocar instrumentos; som que determina a execução de operações ou manobras militares, etc., aperto de mão, como cumprimento; retoque em pintura; sabor ou cheiro especial de certos vinhos; esmero artístico; meio de conhecer ou de experimentar; título (de liga de metais).

TOQUE-TOQUE, s.m. Onomatopéia do som repetido de percussão ou pancada.

TORA, s.f. Nome que os judeus dão ao livro que contém a sua lei; tronco de madeira.

TORÁCICO, adj. Relativo ao tórax.

TORACOCENTESE, s.f. (Cir.) Operação que tem por fim esvaziar, por meio de punção, derrame pleural.

TORACOPLASTIA, s.f. Método cirúrgico de tratamento da tuberculose pulmonar, para comprimir eficazmente o pulmão escavado.

TERACOSCOPIA, s.f. Observação direta da cavidade pleural por meio de endoscopia.

TORACOTOMIA, s.f. Operação cirúrgica que consiste em abrir o tórax, para acesso aos órgãos nele contidos.

TORAR, v.t. Partir em toros; partir; cortar.

TÓRAX, s.m. 2 núm. Peito; cavidade do peito; segmento do corpo dos animais, entre o pescoço e o abdome.

TORÇAL, s.m. Cordão de fios de retrós; cordão de seda com fios de ouro.

TORÇÃO, s.f. Ato ou efeito de torcer; torcedura; cólica de certos animais, especialmente do cavalo.

TORCEDELA, s.f. Torcedura.

TORCEDOR, adj. Que torce; s.m. instrumento para torcer; fuso; arrocho; aquele que nas competições anima com gritos e estardalhaço os jogadores do seu grupo esportivo preferido; fã.

TORCEDURA, s.f. Ato ou efeito de torcer; sinuosidade; sofisma; evasiva. O mesmo que torcedela e torcimento.

TORCER, v.t. Entortar; fazer volver sobre si mesmo; vergar; dobrar; inclinar; deslocar; alterar; desvirtuar; encurvar; encaracolar; t.-rel. induzir; rel. inclinar-se; pender; desviar-se; int. dar voltas; mudar de direção; sujeitar-se; int. e t.-rel. gritar e gesticular (o espectador de uma partida esportiva) para animar os jogadores de sua simpatia; acompanhar a ação de outrem por simpatia e desejo de que ele se saia bem; p. dobrar-se; vergar; render-se; ceder; anuir; deixar-se seduzir ou peitar; contorcer-se; contrair-se pela dor. (Pres. ind.: torço (ô), torces (ó), torce (ó), etc.; pres. sub.: torça, torças, torça, etc.; part.: torcido e torso, este de emprego raríssimo.)

TORCICOLO, s.m. Volta tortuosa; rodeio; sinuosidade; inclinação involuntária da cabeça, devida a dores nos músculos do pescoço.

TORCIDA, s.f. Mecha de candeeiro ou de vela; pavio; ato ou efeito de torcer; coletividade de adeptos; grupo de torcedores.

TORCIDO, adj. Tortuoso; torto; encurvado.

TORCILHÃO, s.m. Torção.

TORCIMENTO, s.m. Torcedura.

TÓRCULO, s.m. Pequena prensa; prelo.

TORDILHO, adj. Que tem cor de tordo; designativo do cavalo de pêlo cor de tordo.

TORDO, s.m. Gênero de pássaros dentirrostros, de plumagem branca, salpicada de manchas escuras.

TÓRIO, s.m. Elemento químico, metal radioativo, símbolo Th, de peso atômico 232,1 e número atômico 90.

TORMENTA, s.f. Temporal violento; tempestade.

TORMENTO, s.m. Tortura; aflição; desgraça; suplício.

TORMENTOSO, adj. Que causa tormenta.

TORNADA, s.f. Retorno; volta; regresso.

TORNADIÇO, adj. Renegado; desertor; apóstata.

TORNADO, s.m. Aguaceiro forte, com grandes ondas, vento e trovoada; furacão.

TORNAR, v. rel. Voltar; regressar; int. voltar ao lugar de onde saíra; volver ao ponto de partida; reviver; manifestar-se de novo; t. responder; replicar; t. rel. restituir; traduzir; mudar; transformar; t.-pred. fazer; p. regressar; recorrer; fazer-se; vir a ser; transformar-se.

TORNASSOL, s.m. Matéria usada como indicador, em Química, para reconhecimento da reação de um meio.

457

TORNA-VIAGEM, s.f. Regresso.

TORNEADO, adj. Feito ao torno; roliço; burilado; bem contornado.

TORNEADOR, adj. Que torneia; s.m. aquele que torneia.

TORNEAMENTO, s.m. Ato ou efeito de tornear.

TORNEAR, v.t. Fabricar ao torno; desbastar ou lavrar ao torno; arredondar; circundar; dar volta a si; cingir; polir; aprimorar; v.int. andar em torneio ou justa.

TORNEIO, s.f. Ato ou efeito de tornear; circunlóquio; elegância de frase; conjunto de competições esportivas.

TORNEIRA, s.f. Espécie de chave, que serve para reter ou deixar sair um fluido contido em reservatório, recipiente, etc.

TORNEIRO, s.m. Artífice que trabalha ao torno.

TORNIQUETE, s.m. Espécie de cruz móvel colocada horizontalmente à entrada de caminho, rua ou estrada, para só deixar passar peões; aparelho de Física para demonstrar a reação dos fluidos; instrumento cirúrgico para comprimir as artérias ou veias suspendendo hemorragias; antigo instrumento de tortura inquisitorial.

TORNO, s.m. Engenho em que se faz girar uma peça de madeira, ferro, etc., que se quer lavrar ou arredondar.

TORNOZELO, s.m. Saliência óssea na articulação do pé com a perna.

TORO, s.m. Tronco de árvore abatida, ainda com a casca, serrado nas extremidades.

TORÓ, s.m. Aguaceiro grosso; chuva forte.

TORPE, adj. Disforme; desonesto; repugnante; infame; nojento; ignóbil.

TORPECER, v.int. e t. Entorpecer.

TORPEDAGEM, s.f. Torpedeamento.

TORPEDEAMENTO, s.m. Ato ou efeito de torpedear.

TORPEDEAR, v.t. Lançar torpedos contra; destruir por meio de torpedo; obstruir as pretensões de alguém.

TORPEDEIRO, s.m. Navio de guerra lançador de torpedos; colocador de torpedos.

TORPEDO, s.m. Engenho de guerra submarino, que explode pelo choque contra o navio ou por dispositivo próprio.

TORPEZA, s.f. Procedimento ignóbil ou indigno; desvergonha.

TORPIDADE, s.f. Torpeza.

TÓRPIDO, adj. Entorpecido.

TORPITUDE, s.f. Torpeza.

TORPOR, s.m. Entorpecimento; indiferença ou inércia moral.

TORQUÊS, s.f. Espécie de tenaz ou alicate.

TORRAÇÃO, s.f. Ato de torrar.

TORRADA, s.f. Fatia de pão torrado.

TORRADO, adj. Que se torrou; queimado; tostado.

TORRADOR, s.m. Máquina de torrar.

TORRÃO, s.m. Terra endurecida; solo; pátria; tijolo de açúcar e amendoim.

TORRAR, v.t. Tornar muito seco (ao fogo ou ao sol); ressequir ao calor do fogo; secar muito; assar, tostar; vender por qualquer preço, queimar.

TORRE, s.f. Edifício alto e fortificado, para defesa em caso de guerra; construção redonda ou prismática, geralmente estreita e alta, insulada ou anexa a igreja, etc., e que serve para ter os sinos ou para comunicar sinais à distância; peça do jogo de xadrez.

TORREADO, adj. Guarnecido de torres.

TORREÃO, s.m. Torre larga e ameada sobre um castelo; espécie de torre, pavilhão ou eirado no ângulo ou no alto de um edifício.

TORREAR, v.t. Fortificar, munir com torres.

TORREFAÇÃO, s.f. Ato ou efeito de torrificar; local onde se faz torrefação.

TORRENCIAL, adj. Relativo a torrente; caudaloso; semelhante a torrente.

TORRENTE, s.f. Curso de água muito rápido e impetuoso; grande abundância ou fluência.

TORRENTOSO, adj. Torrencial; impetuoso.

TORRENTUOSO, adj. O mesmo que torrentoso.

TORRESMO, s.m. Toicinho frito em pequenos pedaços.

TÓRRIDO, adj. Muito quente; ardente; designativo da zona compreendida entre os trópicos.

TORRIFICAR, v.t. Tornar tórrido; torrar; tostar.

TORROADA, s.f. Porção de torrões; pancada com torrão.

TORSO, s.m. Busto de pessoa ou de estátua.

TORTA, adj. Feminino de torto; s.f. espécie de pastelão; bagaço resultante da prensagem das sementes oleaginosas do algodão, amendoim, etc. e que é empregado como adubo e forragem.

TORTO, adj. Torcido; retorcido; não direito; oblíquo; vesgo; errado; adv. mal, de modo errado; com falta de respeito.

TORTULHO, s.m. Cogumelo, sobretudo antes de aberto; feixe de tripas secas e atadas, expostas à venda.

TORTUOSIDADE, s.f. Qualidade do que é tortuoso; sinuosidade.

TORTUOSO, adj. Torto; não reto; sinuoso; incorreto.

TORTURA, s.f. Suplício; tormento.

TORTURANTE, adj. Que tortura; aflitivo.

TORTURAR, v.t. Submeter a tortura; atormentar; afligir muito; angustiar; supliciar.

TORVAÇÃO, s.f. Perturbação; torvamento.

TORVADO, adj. Perturbado; agastado.

TORVAMENTO, s.m. Torvação; agastamento.

TORVAR, v.t. Perturbar; int. e p. irritar-se; tornar-se carrancudo ou sombrio.

TORVELINHANTE, adj. Que torvelinha.

TORVELINHAR, v.int. Fazer torvelinho; redemoinhar.

TORVELINHO, s.m. Redemoinho.

TORVO, adj. Que causa terror; iracundo; de aspecto carregado ou carrancudo; pavoroso. (Pl.: torvos (ô); fem.: torva, pl.: torvas.)

TOSA, s.f. Operação de tosar a lã ou aparar-lhe a felpa; tosquia; surra; sova.

TOSADOR, adj. e s.m. Que, ou aquele que tosa.

TOSADURA, s.f. Ato ou efeito de tosar; tosquia; tosa.

TOSÃO, s.m. Velo de carneiro.

TOSAR, v.t. Tosquiar; sovar; bater; surrar.

TOSCANEJAR, v.int. Cabecear com sono, abrindo e fechando os olhos repetidas vezes; dormitar; cochilar.

TOSCO, adj. Tal como veio da natureza; não lapidado nem polido; bronco; informe; malfeito; inculto; rude. (Flexões: tosca, toscos (ô), toscas.)

TOSQUIA, s.f. Tosa; ato ou efeito de tosquiar; época própria para o corte do pêlo ou da lã dos animais.

TOSQUIADELA, s.f. Tosquia ligeira.

TOSQUIADO, adj. Que tem o pêlo cortado rente.

TOSQUIADOR, adj. e s.m. Que, ou aquele que tosquia.

TOSQUIAR, v.t. Cortar rente (pêlo, lã ou cabelo); aparar as extremidades da rama de plantas.

TOSSE, s.f. Expiração súbita voluntária ou involuntária, que provoca a abertura da glote, produzindo ruído característico.

TOSSIDELA, s.f. Ato de tossir.

TOSSIDO, s.m. Ato de tossir voluntariamente, para dar qualquer sinal ou exprimir algum sentimento.

TOSSIR, v.int. Ter tosse; provocar a tosse artificialmente; t. expelir da garganta; lançar fora de si. (Pres. do indic.: tusso, tosses, tosse, tossimos, tossis, tossem; pres. do subj.: tussa, tussas, tussa, tussamos, tussais, tussam.)

TOSTADELA, s.f. Ato ou efeito de tostar de leve.

TOSTADO, adj. Levemente queimado; crestado.

TOSTADURA, s.f. Ato ou efeito de tostar.

TOSTÃO, s.m. Antiga moeda brasileira de níquel do valor de cem réis.

TOSTAR, v.t. Queimar superficialmente; torrar; crestar.

TOTAL, adj. Que forma ou abrange um todo; s.m. o mesmo que soma.

TOTALIDADE, s.f. Soma; conjunto das partes que constituem um todo.

TOTALITÁRIO, adj. Diz-se do governo que centraliza todos os poderes, não permitindo a existência de partidos políticos; ditatorial.

TOTALITARISMO, s.m. Sistema de governo totalitário; ditadura.

TOTALITARISTA, adj. Relativo ao totalitarismo; que é adepto do totalitarismo; s. adepto do totalitarismo.

TOTALIZAÇÃO, s.f. Ato ou efeito de totalizar; soma; totalidade.

TOTALIZADOR, adj. e s.m. Que, ou aquele que totaliza.

TOTALIZAR, v.t. Avaliar na totalidade; apreciar conjuntamente; somar.

TOTEM, s.m. Objeto ou animal a que certos grupos primitivos se julgam filiados e lhe devem dedicar veneração.

TOTÊMICO, adj. Que se refere ao totem.

TOTEMISMO, s.m. Doutrina e rito totêmico; crença no totem.

TOUCA, s.f. Adorno de fazenda que mulheres e crianças usam na cabeça; turbante.

TOUÇA, s.f. Touceira; moita.

TOUCADO, s.m. Conjunto dos ornatos da cabeça das mulheres.

TOUCADOR, adj. Que touca; s.m. aquele que touca; espécie de cômoda, encimada por um espelho e que serve a quem se touca ou penteia.

TOUCAR, v.t. Cingir com touca; pentear ou dispor convenientemente (o cabelo); adornar; enfeitar; compor o vestuário.

TOUCEIRA, s.f. Grande touça; parte da árvore a que se cortou o caule e que fica viva no solo; conjunto de raízes; conjunto de rebentos ou filhos de uma planta.

TOUCINHO, s.m. (V. Toicinho.)

TOUPEIRA, s.f. Mamífero insetívoro, que vive debaixo da terra minando-a; pessoa estúpida, sem inteligência.

TOURADA, s.f. Corrida de touros.

TOUREAÇÃO, s.f. Ato de tourear; toureio.

TOUREAR, v.t. Correr ou lidar (touro) num circo ou praça.

TOUREIO, s.m. Ato ou efeito de tourear.

TOUREIRO, s.m. Aquele que toureia (por hábito ou profissão).

TOURIL, s.m. Curral de gado bovino; lugar anexo à praça de touros, e em que estes ficam antes da corrida.

TOURO, s.m. Mamífero ruminante, do gênero Bos, macho, ainda não castrado (após a castração é chamado boi; fem.: vaca); homem robusto; pessoa forte; signo do Zodíaco.

TOUTIÇO, s.m. Nuca; cachaço; cabeça.

TOXEMIA (cs), s.f. Intoxicação do sangue, geralmente pelas toxinas formadas por microrganismos.

TOXICAR, v.t. Intoxicar; envenenar.

TOXICIDADE (cs), s.f. Caráter daquilo que é tóxico; o mesmo que toxidez; malignidade.

TÓXICO (cs), adj. Que envenena; que tem a propriedade de envenenar; s.m. veneno.

TOXICÓFORO (cs), adj. Que produz veneno.

TOXICOGRAFIA (cs), s.f. Descrição dos tóxicos.

TOXICOLOGIA (cs), s.f. Ciência ou tratado dos tóxicos ou venenos.

TOXICÓLOGO (cs), s.m. Aquele que se ocupa de toxicologia.

TOXICOMANIA (cs), s.f. Vício de intoxicar-se com entorpecentes.

TOXICÔMANO (cs), s.m. Indivíduo dado ao uso de entorpecentes.

TOXIDEZ (cs), s.f. Toxicidade.

TOXINA (cs), s.f. Substância venenosa, segregada por séres vivos e capaz de provocar a formação de antitoxina, quando injetada.

TOXÓIDE (cs), s.m. Toxina atenuada.

TRABALHADEIRA, adj. e s.f. Diz-se da, ou a mulher que gosta de trabalhar, que é diligente e cuidadosa.

TRABALHADO, adj. Posto em obra; lavrado; lapidado.

TRABALHADOR, adj. Que trabalha; laborioso; ativo. (Fem.: trabalhadora (classes trabalhadoras), trabalhadeira (mulher trabalhadeira).)

TRABALHÃO, s.m. Grande trabalho ou grande fadiga; trabalheira.

TRABALHAR, v.t. Aplicar trabalho a; lavrar; pôr em obra; fazer com cuidado; executar cuidadosamente; afligir; preocupar; int. ocupar-se em algum mister; exercer o seu ofício; aplicar a sua atividade; cogitar; matutar; funcionar, mover-se (certos instrumentos) desempenhar as suas funções; rel. esforçar-se; empregar esforços; fazer diligência.

TRABALHEIRA, s.f. Trabalhão; azáfama.

TRABALHISMO, s.m. Doutrina sobre a situação econômica do operariado.

TRABALHISTA, adj. Relativo ao trabalhismo; do trabalho, da classe operária.

TRABALHO, s.m. Aplicação da atividade física ou intelectual; serviço; esforço; fadiga; ação ou resultado da ação de um esforço; (Fís.) produto de uma força pela distância percorrida pelo ponto de aplicação na direção da força; labutação; exercício; obra feita ou em via de execução; pl.: discussões ou deliberações (de uma associação, assembléia legislativa, etc.); empreendimentos; cuidados.

TRABALHOSO, adj. Que dá trabalho ou fadiga; custoso; difícil.

TRABÉCULA, s.f. Trave pequena.

TRABUCAR, v.t. Atacar com o trabuco; fazer ir a pique (navio); int. trabalhar afanosamente.

TRABUCO, s.m. Antiga máquina de guerra com que se arremessavam pedras; espécie de bacamarte.

TRABUQUEIRO, s.m. Salteador, armado de trabuco.

TRABUQUETE, s.m. Pequeno trabuco.

TRAÇA, s.f. Nome de microlepdópteros da família dos Tineídeos e dos Tisanuros; aquilo que destrói pouco a pouco; pessoa maçadora; às — s: ao abandono.

TRAÇADO, adj. Representado por meio de traços; delineado; projetado; s.m. ato ou efeito de traçar; linhas do desenho; plano da trajetória (de rodovias, ferrovias, etc.).

TRAÇADOR, adj. Que traça; s.m. aquele que traça.

TRAÇAMENTO, s.m. Traçado; delineamento.

TRAÇÃO, s.f. Ação de puxar; repuxamento; tracionamento.

TRAÇAR, v.t. Fazer ou representar por meio de traços em; descrever; delinear; riscar; pautar; resolver; projetar; supor; tramar; marcar; assinalar; demarcar; escrever; compor.

TRACEJAR, v.int. Fazer traços ou riscos; t. formar com pequenos traços um adiante dos outros; descrever ligeiramente; planejar; delinear.

TRACIONAMENTO, s.m. Repuxamento; tração.

TRACIONAR, v.t. Fazer tração; repuxar; retesar.

TRAÇO, s.m. Ato ou efeito de traçar; risco feito a lápis, pincel ou pena; feição; lineamento; linha; vestígio; rasto.

TRACOMA, s.m. Doença infecciosa da córnea ocular e pálpebra.

TRACOMATOSO, adj. e s.m. Que, ou aquele que tem tracoma.

TRADIÇÃO, s.f. Ato de transmitir ou entregar; transmissão oral de lendas ou narrativas, de idade em idade; transmissão de valores espirituais de geração em geração; conhecimento ou prática proveniente da transmissão oral ou de hábitos inveterados; recordação; memória.

TRADICIONAL, adj. Relativo à tradição; conservado na tradição.

TRADICIONALISMO, s.m. Aferro às tradições ou usos antigos; saudosismo.

TRADICIONALISTA, adj. e s. Diz-se de, ou pessoa que preza muito as tradições; saudosista.

TRADO, s.m. Grande verruma usada por carpinteiros e tanoeiros; pua.

TRADUÇÃO, s.f. Ato de traduzir; obra passada de uma língua para outra.

TRADUTOR, s.m. Aquele que se ocupa de traduções; intérprete.

TRADUZINHADOR, s.m. Mau tradutor.

TRADUZINHAR, v.t. Traduzir mal.

TRADUZIR, v.t. Transpor de uma para outra língua; interpretar; revelar; explicar; manifestar; explanar; representar; simbolizar; ser o reflexo ou a imagem de; t.-rel. verter, trasladar de uma língua para outra; p. manifestar-se.

TRADUZÍVEL, adj. Que se pode traduzir.

TRAFEGAR, v.int. Andar no tráfego; rel. negociar; mercadejar; transitar.

TRÁFEGO, s.m. Tráfico; afã; trabalho; transporte de mercadorias.

TRAFICÂNCIA, s.f. Ato ou efeito de traficar; negócio fraudulento; contrabando.

TRAFICANTE, adj. e s. Que, ou pessoa que pratica fraudes em negócios; tratante; contrabandista.

TRAFICAR, v.rel. e int. Comerciar; mercadejar; fazer negócios fraudulentos; contrabandear.

TRÁFICO, s.m. Comércio; negociação; negócio indecoroso.

TRAGADA, s.f. Ato de tragar (fumaça de cigarro ou gole de bebida).

TRAGADOR, adj. e s.m. Que, ou o que traga.

TRAGADOURO, s.m. Sorvedouro; voragem; abismo.

TRAGAMENTO, s.m. Ato ou efeito de tragar.

TRAGA-MOUROS, s.m. 2 núm. Homem violento; valentão; fanfarrão.

TRAGAR, v.t. Devorar; beber, engolir de um trago; engolir com avidez e sem mastigar; agüentar; tolerar; absorver; fazer desaparecer; int. engolir a fumaça do tabaco.

TRAGÉDIA, s.f. Peça teatral que termina, em regra, por acontecimento funesto; arte de fazer ou representar tragédias; acontecimento que desperta piedade ou terror.

TRÁGICO, adj. Relativo a tragédia; funesto; sinistro; s.m. aquele que escreve ou representa tragédias.

TRAGICOMÉDIA, s.f. Peça teatral que participa de tragédia pelo assunto e personagens, e da comédia pelos incidentes e desenlace.

TRAGICÔMICO, adj. Relativo a tragicomédia; funesto, mas repassado de incidentes cômicos.

TRAGO, s.m. Gole; sorvo; aflição; adversidade.

TRAIÇÃO, s.f. Ato de trair; falsidade; perfídia; deslealdade.

TRAIÇOEIRO, adj. Que usa de traição; em que há traição; relativo a traição; pérfido; desleal; falso.

TRAIDOR, adj. Que atraiçoa; s.m. aquele que atraiçoa.

TRAINEIRA, s.f. Pequena embarcação de pesca; grande rede em forma de trapézio, usada na pesca da sardinha.

TRAIR, v.t. Atraiçoar; enganar por traição; entregar por traição; ser infiel a; não cumprir; revelar; demonstrar; dar a perceber involuntariamente; delatar; p. descobrir involuntariamente (o que se devia ou desejava ocultar); comprometer-se; manifestar-se; revelar-se. (Pres. ind.: traio, trais, trai, traímos, trais, traem; imperf.: traía, traías, etc.; perf.: traí, traíste, traiu, traímos, traístes, traíram; pres. sub.: traia, traias, traia, traiamos, traiais, traiam.)

TRAÍRA, s.f. Peixe de rio da família dos Caracinídeos.

TRAJAR, v.t. Vestir; rel. vestir-se (de certo modo).

TRAJE, s.m. Vestuário habitual; vestuário próprio de uma profissão; vestes; fato; trajo.

TRAJETO, s.m. Espaço que alguém ou alguma coisa tem de percorrer; itinerário.

TRAJETÓRIA, s.f. Linha descrita ou percorrida por um corpo em movimento; trajeto; via; percurso

TRAJO, s.m. Traje.

TRALHA, s.f. Pequena rede, que pode ser lançada ou armada por um só homem.

TRALHAR, v.t. Lançar tralha.

TRALHO, s.m. Tralha.

TRAMA, s.f. Fio que se conduz com a lançadeira através do urdume da teia; urdidura; intriga; tramóia; trapaça.

TRAMADOR, adj. e s.m. Que, ou aquele que trama.

TRAMAR, v.t. Passar (a trama) por entre os fios da urdidura; tecer; maquinar; intrigar; urdir; rel. conspirar.

TRAMBOLHADA, s.f. Porção de coisas atadas ou enfiadas.

TRAMBOLHÃO, s.m. Ato de cair, rodopiando; queda com estrondo; contratempo inesperado.

TRAMBOLHO, s.m. Obstáculo; embaraço; empecilho.

TRAMELA, s.f. Taramela.

TRAMISTA, s.m. Velhaco; tratante; caloteiro.

TRAMITAÇÃO, s.f. O mesmo que trâmite; caminho; seguimento.

TRAMITAR, v.i. Caminhar com determinada seqüência; dirigir-se (um documento ou projeto de lei) de uma comissão a outra, para apreciação.

TRÂMITE, s.m. Caminho ou atalho determinado; direção, meios apropriados.

TRAMÓIA, s.f. Intriga; enredo; trapaça.

TRAMONTANA, s.f. Estrela polar; rumo; direção; perder a —: perturbar-se, desnortear-se.

TRAMONTAR, v.int. Esconder-se além dos montes (o sol).

TRAMPA, s.f. Excremento; logro; trama; armadilha.

TRAMPEAR, v.int. Trapacear; calotear.

TRAMPOLIM, s.m. Prancha inclinada de onde os acrobatas saltam.

TRAMPOLINA, s.f. Dito ou ato de trampolineiro; embuste; trapaça; velhacaria.

TRAMPOLINAGEM ou TRAMPOLINADA, s.f. Uso de meios fraudulentos.

TRAMPOLINAR, v.int. Fazer trampolinas.

TRAMPOLINEIRO, adj. e s.m. Embusteiro; trapaceador; velhaco.

TRAMPOLINICE, s.f. Trampolina.

TRANCA, s.f. Barra de ferro ou madeira que se coloca transversalmente atrás das portas para segurá-las; obstáculo.

TRANÇA, s.f. Conjunto de fios ou de cabelos entrelaçados; madeixa; galão estreito para guarnições ou bordados; intriga.

TRANCAÇO, s.m. Defluxo; coriza.

TRANCADA, s.f. Pancada com tranca; paulada.

TRANÇADEIRA, s.f. Fita de prender o cabelo.

TRANCADO, adj. Fechado com tranca; fechado completamente.

TRANÇADO, s.m. Trança; trançadeira; obra trançada.

TRANÇADOR, adj. Que trança; s.m. aquele que trança; aquele que por ofício faz tranças (de couro, crina, etc.); indivíduo intrigante; dado a fazer trancinhas.

TRANCAFIAR, v.t. Prender; encarcerar; trincafiar.

TRANCAMENTO, s.m. Ato ou efeito de trancar.

TRANCÃO, s.m. Encontrão; repelão.

TRANCAR, v.t. Segurar ou fechar com tranca; prender; enclausurar; cancelar; interromper; trançar o pé em quem está correndo, para derrubá-lo.

TRANÇAR, v.t. Entrançar; int. andar continuamente e para diversos lados.

TRANCARIA, s.f. Grande porção de toros de lenha.

TRANCA-RUAS, s.m. 2 núm. Valentão; desordeiro.

TRANCELIM, s.m. Trancinha; cordão delgado de ouro.

TRANCINHA, s.f. Pequena trança; galão ou trança estreita de fios para guarnições e bordados; intriga; adj. e s. intrigante.

TRANCO, s.m. Salto que dá o cavalo; solavanco; abalo; esbarro; empurrão; safanão.

TRANGALHADANÇAS, s. 2 núm. Pessoa alta e desajeitada.

TRANQUEIRA, s.f. Trincheira; tapume; ramos de árvore caídos no leito do rio.

TRANQUETA, s.f. Tranca pequena; taramela; peça de ferro ou de madeira que se coloca verticalmente por trás das portas ou janelas para fechá-las.

TRANQUIA, s.f. Tranqueira; pau atravessado para tolher a passagem.

TRANQUIBÉRNIA ou TRANQUIBERNICE, s.f. Tramóia; fraude; trapaça.

TRANQUIBERNIAR, v.int. Fazer tranquibérnias.

TRANQÜILIDADE, s.f. Paz; sossego; quietação; serenidade.

TRANQÜILIZADOR, adj. e s.m. Que, ou aquele que tranqüiliza.

TRANQÜILIZAR, v.t. Tornar tranqüilo; sossegar; pacificar; acalmar; p. acalmar-se; aquietar-se.

TRANQÜILO, adj. Sem agitação; quieto; sereno; sossegado.

TRANSAÇÃO, s.f. Ato ou efeito de transigir; combinação; convênio; acordo; operação comercial.

TRANSACIONAR, za), v.int. Fazer transações ou negócios; contratar; negociar.

TRANSALPINO (za), adj. Situado além dos Alpes. (Antôn.: cisalpino.)

TRANSANDINO (za), adj. Que fica além dos Andes; que atravessa os Andes. (Antôn.: cisandino.)

TRANSATLÂNTICO (za), adj. Que fica além do Atlântico; que atravessa o Atlântico (antôn.: cisatlântico); s.m. navio que cruza o Atlântico.

TRANSATO ou TRANSACTO (za), adj. Que já passou; anterior; pretérito.

TRANSBORDAMENTO, s.m. Trasbordamento; extravasamento.

TRANSBORDANTE, adj. Trasbordante; extravasante.

TRANSBORDAR, v.t. e int. Trasbordar; extravasar.

TRANSBORDO, s.m. Trasbordo; baldeação.

TRANSCAUCÁSIO, adj. Que está além do Cáucaso.

TRANSCENDÊNCIA, s.f. Qualidade do que é transcendente.

TRANSCENDENTAL, adj. Superior; muito elevado.

TRANSCENDENTE, adj. Que transcende; superior; muito elevado.

TRANSCENDER, v.t. Ser superior; exceder; ultrapassar; elevar-se; rel. avantajar-se; distinguir-se.

TRANSCONTINENTAL, adj. Que atravessa um continente.

TRANSCORRER, v.int. Passar além; decorrer.

TRANSCREVER, v.t. Reproduzir, copiando; copiar textualmente; trasladar. (Part. irreg.: transcrito.)

TRANSCRIÇÃO, s.f. Traslado; reprodução gráfica dos sons de uma língua em caracteres diferentes do sistema de escrita dessa língua.

TRANSCRITO, adj. Que se transcreveu; s.m. cópia; traslado.

TRANSCRITOR, adj. e s.m. Que, ou aquele que transcreve; copista; copiador.

TRANSCURAR, v.t. Descurar; desleixar.

TRANSCURSÃO, s.f. Transcurso.

TRANSCURSO, s.m. Ato ou efeito de transcorrer; decurso.

TRANSE (ze), s.m. Momento aflitivo; ocasião perigosa; crise de angústia; lance.

TRANSECULAR, adj. Que se realiza através de séculos.

TRANSEUNTE (ze-ún), adj. Que passa; que vai andando ou passando; transitório; passageiro; s. passante; caminhante; pedestre.

TRANSFERÊNCIA, s.f. Ato ou efeito de transferir; remoção; cessão.

TRANSFERIDOR, adj. Que transfere; s.m. o que transfere; instrumento semicircular, dividido em 180 graus, próprio para a medição de ângulos.

TRANSFERIR, v.t.-rel. Deslocar; fazer passar (de um lugar para outro); adiar; ceder; t. mudar de um lugar para outro; transmitir; p. mudar-se. (Conjuga-se como ferir.)

TRANSFERÍVEL, adj. Que se pode transferir.

TRANSFIGURAÇÃO, s.f. Ato ou efeito de transfigurar; estado glorioso em que Cristo apareceu, sobre o Tabor; festa católica (6 de agosto) evocativa desse evento.

TRANSFIGURADO, adj. Alterado na forma; transformado.

TRANSFIGURADOR, adj. e s.m. Que, ou o que transfigura.

TRANSFIGURAR, v.t. Mudar a feição ou caráter ou a forma.

TRANSFIGURÁVEL, adj. Que se pode transfigurar.

TRANSFIXAÇÃO, s.f. Perfuração; transfixão.

TRANSFIXÃO, s.f. Ato ou efeito de transfixar; perfuração.

TRANSFIXAR, v.t. Atravessar de lado a lado; perfurar.

TRANSFORMAÇÃO, s.f. Ato ou efeito de transformar; metamorfose; modificação.

TRANSFORMADOR, adj. Que transforma; s.m. aparelho que, recebendo a corrente elétrica, lhe modifica a tensão ou a voltagem.

TRANSFORMAR, v.t. Dar nova forma; tornar diferente do que era; metamorfosear; transfigurar; p. converter-se; disfarçar-se; dissimular-se.

TRANSFORMATIVO, adj. Que pode transformar.

TRANSFORMÁVEL, adj. Que pode ser transformado.

TRANSFORMISMO, s.m. Teoria biológica proposta por Darwin, segundo a qual se admite que as espécies derivam umas das outras por uma série de transformações determinadas pelas condições de vida, de ambiente, etc.

TRANSFORMISTA, adj. Relativo ao transformismo; s. pessoa partidária do transformismo.

TRANSFRETAR, v.t. Transportar de uma a outra margem, por meio de embarcação.

TRÂNSFUGA, s. Desertor; apóstata; fugitivo.

TRANSFUNDIR, v.t. Fazer passar (um líqüido) de um recipiente para outro.

TRANSFUSÃO, s.f. Ato ou efeito de transfundir; (Med.) transferência de sangue de um indivíduo para outro.

TRANSGREDIR, v.t. Atravessar; violar (a lei); desobedecer; infringir; deixar de cumprir. (Conjuga-se como o v. agredir.)

TRANSGRESSÃO, s.f. Ato ou efeito de transgredir; infração.

TRANSGRESSIVO, adj. Que transgride; que envolve transgressão.

TRANSGRESSOR, adj. e s.m. Que, ou aquele que transgride; infrator.

TRANSIBERIANO, adj. Que fica além da Sibéria; que atravessa a Sibéria.

TRANSIÇÃO (zi), s.f. Ato ou efeito de transitar;

trajeto; passagem de um lugar, de um assunto, de um som, de um tempo, para outro.

TRANSIDO (zi), adj. Impregnado, repassado, tolhido, esmorecido.

TRANSIGÊNCIA (zi), s.f. Ato ou efeito de transigir; indulgência; tolerância; condescendência.

TRANSIGENTE (zi), adj. Que transige; condescendente; s. pessoa que transige.

TRANSIGIR (zi), v.int. Condescender; chegar a acordo; rel. ceder; contemporizar.

TRANSIR (zi), v.int. e t. Repassar; penetrar; assombrar. (Só se conjuga nas formas em que ao **s** segue a vogal **i**: pres. transimos, transis; imp. transia, transias, etc.)

TRANSÍSTOR (zi), s.m. Dispositivo electrônico que substitui vantajosamente as válvulas termoiônicas dos aparelhos.

TRANSITAR (zi), v.rel. Fazer caminho; passar; andar; mudar de lugar ou estado; t. percorrer; passar por.

TRANSITÁVEL (zi), adj. Que se pode transitar.

TRANSITIVAR (zi), v.t. Tornar transitivo.

TRANSITIVO (zi), adj. Que passa; transitório; (Gram.) que pede complemento.

TRÂNSITO (zi), s.m. Ato ou efeito de caminhar; marcha; passagem; trajeto; afluência de viandantes.

TRANSITORIEDADE (zi), s.f. Duração efêmera.

TRANSITÓRIO (zi), adj. De pouca duração; passageiro, efêmero; mortal.

TRANSLAÇÃO, s.f. Transporte; metáfora; movimento de um corpo; movimento de um astro em redor do centro do seu sistema.

TRANSLADAÇÃO, s.f. Trasladação.

TRASLATO, adj. Trasladado; (Gram.) metafórico; figurado.

TRANSLITERAR, v.t.-rel. Representar uma letra de uma palavra por letra diferente no correspondente vocábulo de outra língua.

TRANSLÚCIDO, adj. Que deixa passar a luz, sem permitir a visão nítida dos objetos; diáfano.

TRANSLUMBRAR, v.t. Deslumbrar.

TRANSLUZIMENTO, s.m. Qualidade do que transluz; transparência.

TRANSLUZIR, v.rel. Luzir (através de algum corpo); transparecer, mostrar-se (através de alguma coisa); deduzir-se; concluir-se; int. transpirar; p. manifestar-se; revelar-se; refletir-se. (Conjuga-se como o verbo luzir.)

TRANSMARINO, adj. Ultramarino; transoceânico.

TRANSMIGRAÇÃO, s.f. Ato ou efeito de transmigrar; mudança.

TRANSMIGRADOR ou **TRANSMIGRANTE,** adj. e s. Que, ou pessoa que transmigra.

TRANSMIGRAR, v.int. e rel. Passar de uma para outra região; t. passar de um corpo para outro (a alma); fazer mudar de domicílio; p. mudar-se de um lugar para outro.

TRANSMISSÃO, s.f. Ato ou efeito de transmitir; comunicação do movimento de um órgão mecânico a outro por meio de engrenagens, polias, correias, etc.; instrumento para transmitir movimento.

TRANSMISSIBILIDADE, s.f. Qualidade do que é transmissível.

TRANSMISSÍVEL, adj. Que se pode transmitir.

TRANSMISSIVO, adj. Que transmite.

TRANSMISSOR, adj. Que transmite; s.m. manipulador; instrumento, aparelho ou dispositivo que transmite.

TRANSMITIR, v.t. Mandar de um lado para outro; fazer passar de um ponto para outro; deixar passar além; transportar; exalar; transferir; comunicar por contágio; propagar; t.-rel. expedir; enviar; deferir; participar; referir; fazer passar por sucessão; p. comunicar-se; propagar-se.

TRANSMONTANO, adj. Situado além dos montes.

TRANSMONTAR, v.t. Passar por cima de (o monte); ultrapassar; exceder muito; ser superior; int. tramontar; p. passar além; pôr-se (o sol); desaparecer.

TRANSMUDAÇÃO, s.f. ou **TRANSMUDAMENTO,** s.m. Ato ou efeito de transmudar.

TRANSMUDAR, v.t. Mudar; alterar; transformar; t.-rel. fazer mudar de lugar; converter; p. converter-se; transformar-se.

TRANSMUTABILIDADE, s.f. Qualidade do que é transmutável.

TRANSMUTAÇÃO, s.f. Transmudação; transmudamento.

TRANSMUTAR, v.t.-rel. e p. Transmudar.

TRANSMUTATIVO, adj. Que transmuta ou pode transmutar.

TRANSMUTÁVEL, adj. Que se pode transmutar.

TRANSOCEÂNICO, adj. Ultramarino.

TRANSPARECER, v.rel. Aparecer ou avistar-se através de alguma coisa; transluzir; mostrar-se em parte; manifestar-se; revelar-se.

TRANSPARÊNCIA, s.f. Qualidade do que é transparente; diafaneidade.

TRANSPARENTE, adj. Que se deixa atravessar pela luz, permitindo a visão dos objetos; que deixa distinguir os objetos através da sua espessura; diáfano; evidente; que deixa perceber um sentido oculto.

TRANSPASSAR, v.t.-rel. e p. Traspassar.

TRANSPIRAÇÃO, s.f. Ato ou efeito de transpirar.

TRANSPIRAR, v.t. Exalar, fazer sair pelos poros; respirar; int. sair do corpo, exalando-se pelos poros; exalar suor; espalhar-se; divulgar-se; rel. transluzir; constar.

TRANSPLANTAÇÃO, s.f. Ato ou efeito de transplantar; o mesmo que transplante; (Cir.) ato de implantar, em outro lugar do organismo, retalho de pele, órgão, etc. para fins plásticos ou melhor funcionamento; enxerto.

TRANSPLANTADOR, adj. Que transplanta; s.m. aquele que transplanta; instrumento para transplantar vegetais.

TRANSPLANTAR, v.t. Retirar de um lugar e replantar noutro (planta, árvore); t.-rel. (Cir.) proceder à transplantação.

TRANSPLANTE, s.m. Transplantação.

TRANSPOR, v.t. Pôr em lugar diferente; inverter a ordem; passar além; galgar; deixar atrás; ultrapassar; exceder; p. desaparecer; ocultar-se; pôr-se. (Conjuga-se como o verbo pôr.)

TRANSPORTAÇÃO, s.f. Ato ou efeito de transportar; transporte.

TRANSPORTAMENTO, s.m. Transporte.

TRANSPORTAR, v.t. Conduzir; levar de um lugar para outro; enlevar; arrebatar; transpor; t.-rel. transmitir, pôr em comunicação; mudar o sentido; traduzir; mudar de um tom para outro (trecho ou peça musical) p. passar de um lugar para outro; ficar entusiasmado, enlevado; remontar mentalmente.

TRANSPORTÁVEL, adj. Que se pode transportar.

TRANSPORTE, s.m. Transportação; condução; veículo de carga; soma que passa da página de um livro (de contas) para outra.

TRANSPOSIÇÃO, s.f. Ato ou efeito de transpor.

TRANSPOSTO, adj. Que sofreu transposição.

TRANSTORNADO, adj. Perturbado; confundido; diz-se daquilo cuja ordem foi perturbada ou alterada.

TRANSTORNAR, v.t. Alterar a ordem de; pôr em desordem; perturbar; desorganizar; alterar o viver de; demudar; p. desfigurar-se.

TRANSTORNO, s.m. Contrariedade; contratempo; alienação.

TRANSUBSTANCIAÇÃO (ss), s.f. Mudança de uma substância em outra; transformação do pão e do vinho no corpo e sangue de Cristo.

TRANSUBSTANCIAL (ss), adj. Que se transubstancia.

TRANSUBSTANCIAR (ss), v.t.-rel. Mudar a substância; mudar, transformar (uma substância em outra); transformar; p. converter-se (uma substância em outra).

TRANSUDAÇÃO (ss), s.f. Transpiração.

TRANSUDAR (ss), v.rel. Transpirar; suar.

TRANSUNTO (ss), s.m. Traslado; cópia.

TRANSURÂNICO (z), adj. Que está além do urânio; diz-se dos elementos químicos em sua maioria metais radioativos de peso atômico superior a 238, obtidos artificialmente nos laboratórios de Física Nuclear.

TRANSVASAR, v.t. Passar de um vaso para outro; trasfegar; trasvasar.

TRANSVAZAR, v.t. Verter; entornar; deixar; pôr fora; t.-rel. esvaziar; despejar; p. entornar-se.

TRANSVERBERAR, v.t. Refletir; rel. transluzir; manifestar-se.

TRANSVERSAL, adj. Que passa ou está de través ou obliquamente; s.f. linha transversal.

TRANSVERSO, adj. Situado de través; atravessado; oblíquo.

TRANSVIAR, v.t. Extraviar; desencaminhar; seduzir.

TRANSVIO, s.m. Ato ou efeito de transviar; extravio.

TRAPA, s.f. Cova própria para apanhar feras.

TRAPAÇA, s.f. Dolo; trapaçaria; tapeação.

TRAPAÇARIA, s.f. Trapaça; logro; fraude.

TRAPACEAR, v.t. Tratar (alguma coisa) fraudulentamente; int. fazer trapaças.

TRAPACEIRO, adj. e s.m. Que, ou aquele que trapaceia; trapalhão; trampolineiro.

TRAPALHADA, s.f. Confusão; enredo.

TRAPALHÃO, adj. Confuso; que se atrapalha.

TRAPALHICE, s.f. Trapaça.

TRAPARIA, s.f. Montão, porção de trapos.

TRAPEIRA, s.f. Armadilha para caça; abertura ou janela sobre o telhado; água-furtada.

TRAPEIRO, s.m. Negociante de trapos ou aquele que os apanha na rua para os vender.

TRAPEJAR, v.int. Trapear; estralejar.

TRAPEZIFORME, adj. Trapezóide.

TRAPÉZIO, s.m. Quadrilátero que só tem dois lados paralelos; aparelho balouçante de ginásio, para acrobacias, formado de uma barra de madeira ou ferro suspensa por duas cordas ou peças verticais.

TRAPEZISTA, s. Artista que trabalha em trapézio.

TRAPEZOEDRO, s.m. Sólido cujas faces são trapézios.

TRAPEZOIDAL, adj. Trapezóide.

TRAPEZÓIDE, adj. Que tem forma de trapézio; s.m. quadrilátero que não tem lados paralelos.

TRAPICHE, s.m. Armazém de mercadorias junto ao cais.

TRAPICHEIRO, adj. e s.m. Que, ou aquele que possui ou administra trapiches.

TRAPO, s.m. Pedaço de pano velho ou usado; farrapo.

TRAQUE, s.m. Estrépito; estouro; pequeno foguete que explode com o atrito.

TRAQUEAL, adj. Relativo à traquéia.

TRAQUEAR, v.t. Estourar traques.

TRAQUÉIA, s.f. (Anat.) Canal de anéis cartilaginosos que estabelece comunicação entre a laringe e os brônquios.

TRAQUEÍTE, s.f. Inflamação da traquéia.

TRAQUEJADO, adj. Exercitado em qualquer atividade; experimentado.

TRAQUEJAR, v.t. Exercitar; tornar apto.

TRAQUEJO, s.m. Prática; experiência.

TRAQUEOTOMIA, s.f. Incisão cirúrgica de urgência com que se estabelece comunicação direta entre a traquéia e o exterior, nos casos de obstrução a montante.

TRAQUETE, s.m. Vela grande do mastro da proa.

TRAQUINA, adj. e s. Traquinas; travesso.

TRAQUINADA, s.f. Travessura de criança.

TRAQUINAGEM, s.f. Traquinice.

TRAQUINAR, v.int. Fazer travessuras; estar inquieto.

TRAQUINAS, adj. 2 núm. Travesso; inquieto; buliçoso; s. 2 núm. criança ou pessoa traquina.

TRAQUINO, adj. e s.m. Traquinas.

TRAQUITANA, s.f. Coche de quatro rodas para duas pessoas; carro velho e desconjuntado.

TRAQUITANDA, s.f. Almanjarra; coche.

TRÁS, prep. e adv. Atrás; após.

TRASANTEONTEM, adj. No dia anterior ao de anteontem.

TRASBORDAMENTO, s.m. Ato ou efeito de transbordar; extravasamento.

TRASBORDANTE, adj. Que transborda. O mesmo que transbordante.

TRASBORDAR, v.t. Deitar fora das bordas; expandir; derramar; verter; entornar; int. sair fora das bordas; deitar fora; extravasar; manifestar-se impetuosamente; derramar-se; espalhar-se; sobejar; rel. sair, extravasando-se; estar possuído (de um sentimento profundo). O mesmo que transbordar.

TRASBORDO, s.m. Transbordamento; passagem (de viajantes, mercadorias) de uma condução para outra, por acidente na linha; baldeação. O mesmo que transbordo.

TRASEIRA, s.f. A parte posterior; retaguarda. (Antôn.: dianteira.)

TRASEIRO, s.m. Membro posterior de rês abatida.

TRASFEGA, s.f. Ato ou efeito de trasfegar.

TRASFEGADOR, adj. e s.m. Que, ou aquele que trasfega.
TRASFEGAR, v.t. Passar (líquido) de uma vasilha para outra, limpando-a do sedimento; transvasar; int. baldear.
TRASFEGO, s.m. Trasfega; baldeação.
TRASFOGUEIRO, s.m. Travessão de ferro ou pedra em que se apóiam as achas na lareira.
TRASGO, s.m. Aparição fantástica; duende.
TRASGUEAR, v.int. Traquinar.
TRASLADAÇÃO, s.f. Ato ou efeito de trasladar; traslado.
TRASLADADO, adj. Mudado de um lugar para outro; traduzido.
TRASLADADOR, adj. e s.m. Que, ou o que traslada.
TRASLADAR, v.t.-rel. Transferir; mudar de um lugar para outro; transportar; traduzir; t. adiar; transferir; copiar; transcrever; debuxar; p. passar-se; mudar-se; retratar-se.
TRASLADO, s.m. Ato ou efeito de trasladar; trasladação; cópia; imagem; retrato; (jur.) cópia fiel de cartório, extraída de instrumento lavrado no livro próprio.
TRASORELHO, s.m. Doença infecciosa aguda, que acomete as parótidas. O mesmo que caxumba.
TRASPASSAÇÃO, s.f. ou **TRASPASSAMENTO**, s.m. Ato ou efeito de traspassar.
TRASPASSAR, v.t. Passar além, através de; penetrar; furar de lado a lado; transfixar; violar; transgredir; ceder ou vender a outrem; exceder; copiar; passar a outrem (contrato); t.-rel. ceder; vender; entregar; transferir; rel. transportar-se; transferir-se; p. desmaiar; esmorecer; finar-se; morrer; trespassar.
TRASPASSE, s.m. Ato ou efeito de traspassar; subarrendamento; morte.
TRASTALHÃO, s.m. Grande traste; grande velhaco. (Fem.: trastalhona.)
TRASTE, s.m. Móvel caseiro; alfaia; móvel ou utensílio velho; velhaco; tratante; indivíduo inútil, sem préstimo. (Aum.: trastalhão.)
TRASTEJAR, v.int. Negociar em trastes ou em coisas de pouco valor; cuidar dos objetos caseiros; fiscalizar os serviços domésticos; andar de um lado para outro; ter ações de velhaco; mobiliar.
TRASTO, s.m. Corda de arame que se atravessa no braço de alguns instrumentos de corda.
TRASVASAR, v.t. O mesmo que transvasar.
TRATADISTA, s. Pessoa que escreve um tratado ou tratados sobre pontos científicos.
TRATADO, s.m. Contrato internacional relativo a comércio, paz, etc.; convênio; estudo ou obra desenvolvida acerca de uma ciência, arte, etc.
TRATADOR, adj. e s.m. Que, ou aquele que cuida ou tem a seu cargo o trato de alguma coisa, especialmente de cavalos e outros animais.
TRATAMENTO, s.m. Trato; processo de curar; título honorífico ou de graduação; passadio.
TRATANTADA, s.f. Ação de tratante; velhacada; burla.
TRATANTE, adj. Que trata ardilosamente de qualquer coisa ou procede com velhacaria.
TRATANTICE, s.f. Tratantada.
TRATAR, v.t. Fazer uso de; manusear; manejar; freqüentar; discorrer verbalmente ou por escrito sobre; discutir; debater; medicar; cuidar de; combinar; ajustar; dedicar-se a; sustentar; alimentar; t.-rel. dar certo título, cognome ou alcunha; acolher; receber; aplicar (medicamento) a; ajustar; rel. discorrer; compor-se; formar plano; fazer preparativos; ter por assunto; conversar; conviver; travar conhecimento; entrar em relações; portar-se; haver-se; negociar; p. cuidar da própria saúde; nutrir-se; alimentar-se; dirigir-se mutuamente (um tratamento); cuidar de si mesmo.
TRATÁVEL, adj. Que se pode tratar; acessível; lhano; afável.
TRATEAR, v.t. Afligir; maltratar; atormentar.
TRATO, s.m. Ato ou efeito de tratar; contrato; ajuste; conversação; alimentação; passadio.
TRATOR, s.m. Mecanismo de tração, especialmente veículo automóvel munido de dispositivos de reboque; máquina munida de uma prancha dianteira levadiça para serviços de terraplenagem.
TRAUMA, s.m. Traumatismo; pancada.
TRAUMÁTICO, adj. Relativo a feridas ou contusões.

TRAUMATISMO, s.m. Conjunto das perturbações causadas por um ferimento; trauma; (fig.) abalo; sofrimento.
TRAUMATOLOGIA, s.f. Parte da Medicina que se ocupa das contusões e ferimentos.
TRAUMATOLÓGICO, adj. Relativo à Traumatologia.
TRAUTEAR, v.t. e int. Cantarolar.
TRAVA, s.f. Ato de travar; peia; travão.
TRAVADO, adj. Ligado estreitamente; íntimo; peado; represado; iniciado; sem desembaraço na língua; gago; tartamudo; renhido; atravancado; moderado (passo de cavalgadura); que anda com travas.
TRAVADOR, adj. Que trava; s.m. aquele que trava.
TRAVAGEM, s.f. Inflamação das gengivas do cavalo; brecada; freada.
TRAVANCA, s.f. Obstáculo; embaraço.
TRAVÃO, s.m. Trava ou cadeia de pear bestas; espécie de alavanca que faz sustar o movimento de um veículo, maquinismo, etc.
TRAVAR, v.t. Prender; encadear; fazer parar com o travão; agarrar; tomar; segurar; impedir os movimentos; começar; entabular; obstruir; causar amargor; refrear metendo a passo (uma cavalgadura); int. ter gosto amargo ou adstringente; rel. causar desgosto ou dissabor; p. unir-se; juntar-se; confundir-se.
TRAVE, s.f. Grande tronco de árvore empregado para sustentar o sobrado ou o teto de uma construção; viga; trava; arame que liga a charneira da fivela ao arco; o conjunto de hastes que delimita o gol, no jogo de futebol, hóquei, pólo aquático, etc.; freio.
TRAVEJAMENTO, s.m. Conjunto das traves; vigamento.
TRAVEJAR, v.t. Pôr traves; vigar.
TRAVÉS, s.m. Esguelha; soslaio; flanco.
TRAVESSA, s.f. Peça de madeira atravessada sobre outras; viga; dormente das linhas férreas; rua transversal entre duas outras mais importantes; prato oblongo em que vão as comidas à mesa; pente estreito e curvo com que as mulheres ou as crianças seguram o cabelo.
TRAVESSÃO, s.m. Traço usado na escrita para separar frases, substituir parênteses e evitar a repetição de um termo; travessa grande; braços da balança.
TRAVESSEIRO, s.m. Almofada que se estende ao longo da testeira superior do leito e que serve para apoio da cabeça de quem se deita.
TRAVESSIA, s.f. Ato ou efeito de atravessar uma região, um continente, um mar, etc.; ação de atravessar mercadorias.
TRAVESSO, adj. Turbulento; irrequieto; traquinas.
TRAVESSURA, s.f. Ação de pessoa travessa; maldade de criança; malícia; desenvoltura.
TRAVESTI, s.m. Disfarce no trajar.
TRAVESTIDO, adj. Disfarçado.
TRAVESTIR, v.int. Disfarçar-se, em especial com roupas do sexo oposto.
TRAVO, s.m. Saibo adstringente de comida ou bebida; amargor.
TRAVOR, s.m. Travo.
TRAVOSO, adj. Adstringente.
TRAZEDOR, adj. e s.m. Que, ou o que traz.
TRAZER, v.t. Conduzir ou transportar para cá; aproximar; conduzir; vestir; guiar; acompanhar; ocasionar; acarretar; ter; apresentar; conter; exibir; citar; alegar; fazer referência a. (Pres. do ind.: trago, trazes, traz, trazemos, trazeis, trazem; imperf.: trazia, trazias, trazia, etc.; perf.: trouxe, trouxeste, etc.; m. q. perf.: trouxera, trouxeras, etc.; fut.: trarei, trarás, etc.; f. pret. traria, etc.; imperat.: traze, trazei; pres. subj.: traga, etc.; imperf.: trouxesse, etc.; fut.: trouxer, etc.)
TRECENTÉSIMO, num. Denominação do ordinal e do fracionário correspondentes a trezentos; s.m. cada uma das trezentas partes iguais em que se divide um todo.
TRECHO, s.m. Espaço ou lugar; intervalo; extrato; excerto de uma obra literária ou musical; fragmento; região; pedaço.
TREDO, adj. Traiçoeiro; falso.
TRÉFEGO, adj. Turbulento; traquinas; manhoso.
TRÉGUA, s.f. Suspensão temporária de hostilidades; armistício.

TREINADO, adj. Adestrado; exercitado.

TREINADOR, s.m. Profissional que dirige ou orienta o treino.

TREINAGEM, s.f. ou **TREINAMENTO,** s.m. Ato ou efeito de treinar; exercício.

TREINAR, t.-rel. Adestrar; p. exercitar-se para corridas ou festas desportivas.

TREINO, s.m. Ato de treinarem ou se adestrarem pessoas ou animais para torneios ou festas; ensaio; exercício.

TREITA, s.f. Vestígio; rastro; pegada.

TREJEITADOR, adj. Que trejeita; s.m. aquele que trejeita.

TREJEITAR ou **TREJEITEAR,** v.int. Fazer trejeitos ou momices.

TREJEITEIRO, adj. e s.m. Que faz muitos trejeitos; careteiro.

TREJEITO, s.m. Gesto; careta; esgares.

TREJURAR, v.t. Afirmar, jurando muitas vezes.

TRELA, s.f. Tira de couro com que se prende o cão de caça; conversa; tagarelice; liberdade.

TRELENTE, s. Tagarela; intrometido; implicante.

TRELER, v.int. e rel. Dar trela; tagarelar; ser intrometido, implicante. (Conjuga-se como o v. ler.)

TREM, s.m. Conjunto de objetos que constituem a bagagem de um viajante; comitiva; mobília de uma casa; carruagem; comboio de via férrea; bateria de cozinha.

TREMA, s.m. Sinal ortográfico (¨) que colocado sobre uma vogal, serve para indicar que ela não forma ditongo com a que lhe está próxima.

TREMEBUNDO, adj. Que treme; que faz tremer.

TREMEDAL, s.m. Pântano; torpeza; lodaçal.

TREMEDEIRA, s.f. Tremor; tremura; pavor.

TREMEDOR, adj. Que treme.

TREMELICAR, v.int. Tremer de susto; tremer freqüentes vezes.

TREMELICOSO, adj. Que tremelica; trêmulo.

TREMELIQUE, s.m. Ato de tremelicar.

TREMELUZENTE, adj. Que tremeluz.

TREMELUZIR, v.int. Brilhar com luz trêmula; cintilar.

TREMEMBÉ, s.m. Tremedal.

TREMENDO, adj. Que causa temor; que faz tremer; terrível; horroroso; respeitável; extraordinário.

TREMENTE, adj. Que treme.

TREMER, v.t. Ter medo de; recear; agitar; tremular; estremecer.

TREMIDO, adj. Duvidoso; arriscado; s.m. tremor; tortuosidade.

TREMOÇADA, s.f. Grande porção de tremoços.

TREMOÇAL, s.m. Terreno onde crescem tremoços.

TREMOCEIRO, s.m. Planta leguminosa, cujas vagens dão grãos comestíveis depois de curados; vendedor ambulante de tremoços.

TREMOÇO, s.m. Grão de tremoceiro; tremoceiro (planta).

TREMOR, s.m. Ato ou efeito de tremer, agitação convulsiva; temor; — de terra: terremoto.

TREMPE, s.f. Arco de ferro sustentado por um tripé, e sobre o qual assentam vasilhas que vão ao fogo.

TREMULAR, v.t. Mover com tremor; agitar; desfraldar; vibrar; int. mover-se com tremor; cintilar; tremeluzir; vacilar, hesitar; ressoar, tremendo.

TREMULINA, s.f. Tremor superficial; reflexo trêmulo da luz na superfície das águas levemente agitadas.

TRÊMULO, adj. Que treme; hesitante; cintilante; indeciso; tímido.

TREMURA, s.f. Tremor; pl.: susto com tremor; transes; angústias.

TRENA, s.f. Fita métrica longa que se emprega em medição de terrenos.

TRENO, s.m. Canto plangente; elegia; lamentação.

TRENÓ, s.m. Espécie de veículo provido de patins em vez de rodas, próprio para deslizar sobre gelo ou neve.

TREPA, s.f. Surra; repreensão.

TREPAÇÃO, s.f. Maledicência; caçoada.

TREPADA, s.f. Subida; ladeira.

TREPADEIRA, adj. f. Que trepa (planta); s.f. planta que trepa; planta da família das Convolvuláceas.

TREPADOR, adj. Que trepa; maldizente; s.m. aquele que trepa; indivíduo maldizente, ralhador.

TREPANAÇÃO, s.f. Ato ou efeito de perfurar.

TREPANAR, v.t. Cortar com o trépano.

TRÉPANO, s.m. Instrumento cirúrgico, com que se perfuram os ossos, especialmente os do crânio; trepanação.

TREPAR, v.t. Subir; rel. elevar-se em categoria; alçar-se, segurando-se com as mãos e com os pés; difamar; dizer mal; int. ascender (plantas trepadeiras).

TREPIDAÇÃO, s.f. Ato ou efeito de trepidar; tremura; abalo; movimento repetido; ligeiro abalo sísmico.

TREPIDANTE, adj. Que trepida; trêmulo; assustado, agitado.

TREPIDAR, v.int. Tremer com medo ou susto; andar ou apoiar-se tremendo; vacilar; hesitar; ter ou causar trepidação; rel. vacilar.

TRÉPIDO, adj. Trêmulo de susto; assustado.

TRÉPLICA, s.f. Resposta a uma réplica.

TREPLICAR, v.int. e rel. Responder (a uma réplica); t. refutar com tréplica.

TREPONEMA, s.m. Treponemo.

TREPONEMO, s.m. Gênero de micróbios da ordem Spirochaetales, a que pertencem os germes da sífilis e da bouba.

TRÊS, num. Dois mais um; terceiro; s.m. algarismo representativo do número três; carta de jogar com três pintas.

TRESANDAR, v.t. Fazer andar para trás; desandar; transtornar.

TRESCALANTE, adj. Que trescala.

TRESCALAR, v.t. Emitir (cheiro forte); exalar; int. cheirar.

TRESDOBRAR, v.t. Triplicar; dobrar três vezes; int. aumentar três vezes.

TRESDOBRO, s.m. O triplo. (Pl.: tresdobros (ô).)

TRESLER, v.int. Ler às avessas; perder o juízo por ler muito; dizer ou fazer tolices. (Conjuga-se como o v. ler.)

TRESLOUCADO, adj. Desvairado; insano; louco.

TRESLOUCAR, v.t. Desvairar; int. enlouquecer.

TRESMALHADO, adj. Desgarrado; extraviado; transviado.

TRESMALHAR, v.t. Dispersar; deixar fugir; espalhar-se; extraviar-se.

TRESNOITAR, v.int. Passar a noite sem dormir; velar.

TRESPASSAR, v.t. Fazer trespasse de; traspassar.

TRESPASSE, s.m. Ato ou efeito de trespassar; falecimento de alguém.

TRESSUAR, v.int. Suar muito.

TRESVARIADO, adj. Que tresvaria; que delira.

TRESVARIAR, v.int. Dizer ou praticar desvarios; delirar; perder o siso.

TRESVARIO, s.m. Ato ou efeito de tresvariar; delírio.

TRETA, s.f. Ardil; estratagema; pl.: palavreado para enganar.

TREVAS, s.f.pl. Escuridão completa; ignorância.

TREVO, s.m. Nome dado a diversas plantas da família das Leguminosas e Oxalidáceas.

TREVOSO, adj. Tenebroso; escuro.

TREZE, num. O número cardinal consecutivo a doze; décimo terceiro.

TREZENA, s.f. Conjunto de treze; espaço de treze dias; reza ou devoção própria dos treze dias que antecedem a festa de um santo.

TREZENTOS, num. Cardinal equivalente a três centenas.

TRÍADE, s.f. Conjunto de três pessoas ou de três coisas; trindade.

TRIAGA, s.f. Teriaga; remédio caseiro amargo.

TRIAGEM, s.f. Peneiramento; seleção.

TRIANGULAÇÃO, s.f. Ato ou efeito de triangular; operação por meio da qual se levanta a planta de um terreno, dividindo-o em triângulos.

TRIANGULADO, adj. Dividido em triângulos.

TRIANGULADOR, s.m. Indivíduo que pratica a operação chamada triangulação.

TRIANGULAR, adj. Que tem forma de triângulo; que tem por base um triângulo; que tem três ângulos; v.t. dividir em triângulos.

TRIÂNGULO, s.m. Polígono de três ângulos e três lados; espécie de esquadro; ferrinhos (instrumento musical).

TRIÁSSICO, adj. (Geol.) Período ou sistema anterior ao Jurássico e posterior ao Permiano.

TRIBAL, adj. Pertencente ou relativo a tribo.

464

TRIBO, s.f. Cada uma das divisões de um povo em algumas nações antigas; conjunto dos descendentes de cada um dos doze patriarcas, entre os judeus; conjunto de famílias ou comunidades, de descendência comum, que falam a mesma língua e possuem costumes, tradições e instituições comuns; denominação vulgar de um grupo mais ou menos numeroso de índios; pequeno povo; sociedade rudimentar; divisão da família nas classificações do reino animal e vegetal.

TRIBOFE, s.m. Conchavo entre jogadores; fraude em qualquer jogo; trapaça.

TRIBOFEIRO, s.m. Indivíduo que faz tribofes.

TRIBOMETRIA, s.f. Parte da ciência que se ocupa da medida das forças de atrito.

TRIBOMÉTRICO, adj. Relativo à tribometria.

TRIBÔMETRO, s.m. Aparelho para medir a força do atrito.

TRIBULAÇÃO, s.f. Adversidade; amargura; trabalho.

TRIBUNA, s.f. Lugar elevado de onde falam os oradores; púlpito; palanque.

TRIBUNADO, s.m. Cargo de tribuno; tempo de exercício de tribuno.

TRIBUNAL, s.m. Cadeira de juiz ou magistrado; conjunto de juízes que decidem os feitos que já foram julgados em instância inferior ou de competência exclusiva; casa onde se debatem e julgam as questões judiciais; entidade moral que pode formar juízo e considerar-se juiz; tudo o que julga; lugar onde se é julgado.

TRIBUNÍCIO, adj. Relativo a tribuno.

TRIBUNO, s.m. Orador revolucionário; orador de assembleias políticas; magistrado que na Roma antiga defendia os direitos do povo.

TRIBUTAL, adj. Relativo a tributo.

TRIBUTAR, v.t. Impor tributos; prestar ou dedicar a alguém alguma coisa como tributo; t.-rel. pagar como tributo; prestar; render; dedicar; p. tornar-se tributário; cotizar-se; contribuir.

TRIBUTÁRIO, adj. e s.m. Que, ou aquele que paga tributo, que é sujeito a pagar tributo; contribuinte.

TRIBUTO, s.m. Aquilo que um Estado paga a outro em sinal de dependência; imposto; contribuição; o que se concede por hábito ou necessidade; aquilo que se é obrigado a sofrer; homenagem.

TRICA, s.f. Chicana; intriga; trapaça.

TRICENAL, adj. Que dura trinta anos.

TRICENTENÁRIO, adj. Que tem trezentos anos; s.m. comemoração de fato notável, sucedido há trezentos anos.

TRICICLO, s.m. Velocípede de três rodas.

TRICÍPITE, adj. Que tem três cabeças; s.m. (Anat.) denominação dada aos músculos que têm três feixes fibrosos em uma de suas extremidades.

TRICÔ, s.m. Tecido de malhas entrelaçadas.

TRICÓIDE, adj. Semelhante a um cabelo.

TRICOLINA ou **TRICOLINE,** s.f. Tecido fino, de algodão.

TRICOLOGIA, s.f. Tratado acerca dos pêlos ou dos cabelos.

TRICOLOR, adj. Que tem três cores.

TRICORNE, adj. Que tem três cornos, pontas ou bicos.

TRICÓRNIO, s.m. Chapéu de três bicos.

TRICOTAR, v.int. Fazer tricô.

TRICROMIA, s.f. Nome dado aos processos gráficos de impressão em três cores.

TRICÚSPIDE, adj. Que tem três pontas; válvula cardíaca pela qual se estabelece a ligação entre a aurícula e o ventrículo direito.

TRIDÁCTILO ou **TRIDÁTILO,** adj. Que tem três dedos.

TRIDENTADO, adj. Que tem três dentes, ou três divisões em forma de dentes.

TRIDENTE, adj. Que tem três dentes; s.m. cetro mitológico de Netuno.

TRIDIMENSIONAL, adj. Relativo às três dimensões clássicas: altura, comprimento e largura.

TRÍDUO, s.m. Espaço de três dias sucessivos; festa eclesiástica, que dura três dias.

TRIEDRO, adj. (Geom.) Que tem três faces ou que é limitado por três planos.

TRIENAL, adj. Que dura três anos; que se realiza de três em três anos.

TRIÊNIO, s.m. Espaço de três anos; exercício de um cargo por três anos.

TRIFÁSICO, adj. Diz-se das correntes elétricas alternativas, que apresentam três fases.

TRÍFIDO, adj. Dividido em três; tríplice; que tem três pontas.

TRIFOLIADO, adj. (Bot.) Que tem três folhas.

TRIFÓLIO, s.m. Trevo; ornato em forma de trevo.

TRIFORME, adj. Que tem três formas.

TRIFURCAÇÃO, s.f. Divisão em três ramos ou partes.

TRIFURCADO, adj. Dividido em três ramos; trifido.

TRIFURCAR, v.t. Dividir em três partes, ramos ou galhadas; p. dividir-se em três ramos ou partes.

TRIGA, s.f. Carro antigo puxado por três cavalos.

TRIGAL, s.m. Campo de trigo; seara.

TRIGAMIA, s.f. Estado de quem se casou pela terceira vez, estando ainda vivas as duas esposas anteriores.

TRÍGAMO, s.m. Aquele que é casado com três mulheres; aquele que se casou três vezes.

TRIGÊMEO, s.m. Cada um dos três indivíduos que nasceram do mesmo parto; adj. designativo de cada um desses indivíduos.

TRIGÉSIMO, num. Ordinal e fracionário correspondentes a trinta; s.m. cada uma das trinta partes alíquotas em que se divide um todo.

TRIGLOTA, adj. Escrito ou composto em três línguas; que conhece ou fala três línguas; s. pessoa que conhece ou fala três línguas.

TRIGO, s.m. Planta da família das Gramíneas; semente dessa planta; (fig.) o pão.

TRIGONAL, adj. Triangular.

TRIGONOMETRIA, s.f. Parte da Matemática que tem por objeto a resolução dos triângulos.

TRIGONOMÉTRICO, adj. Relativo à trigonometria; conforme às regras da trigonometria.

TRIGOSO, adj. Apressado; diligente.

TRIGRAMA, s.m. Palavra de três letras; sinal composto de três caracteres reunidos.

TRIGUEIRO, adj. Que tem a cor do trigo maduro; moreno; s.m. indivíduo trigueiro.

TRIGUILHO, s.m. Resíduo do trigo (farelo).

TRILAR, v.t. e int. Cantar, emitindo trilos; trinar; gorjear.

TRILATERAL, adj. Trilátero.

TRILÁTERO, adj. Que tem três lados.

TRILHA, s.f. Ato ou efeito de trilhar; debulha de cereais na eira; rastro; trilho; vereda.

TRILHADO, adj. Conhecido; trivial; calcado.

TRILHADOR, adj. e s.m. Que, ou o que trilha.

TRILHADURA, s.f. ou **TRILHAMENTO,** s.m. Trilha; caminho seguido; ato ou efeito de trilhar.

TRILHÃO, num. Mil bilhões. (Forma paral.: trilião.)

TRILHAR, v.t. Esbagoar ou debulhar (cereais) com o trilho; moer; pisar; pilar; bater; marcar com pegadas ou um rastos; seguir (o caminho, a norma); percorrer; palmilhar; seguir (certa direção); abrir caminho por; andar por.

TRILHO, s.m. Utensílio de lavoura próprio para debulhar cereais; trilha; caminho; vereda; carril de ferro sobre que andam os trens e outros veículos.

TRILIÃO, num. Trilhão.

TRILÍNGUE, adj. e s. Triglota.

TRILITERAL, adj. Trilítero; de três letras.

TRILÍTERO, adj. O mesmo que triliteral.

TRILO, s.m. Trinado; gorjeio.

TRILOBADO, adj. Que tem três lobos.

TRILOBITE, s.m. Espécie de crustáceos fósseis, nos terrenos primários.

TRILOGIA, s.f. Poema dramático, composto de três tragédias, e destinado aos concursos nos jogos solenes da antiga Grécia; peça científica ou literária em três partes.

TRIMEMBRE, adj. Que tem três membros.

TRIMENSAL, adj. Que se realiza três vezes por mês.

TRÍMERO, adj. Dividido em três partes; s.m. substância cujo peso molecular é triplo do de uma outra constituída dos mesmos elementos químicos.

TRIMESTRAL, adj. Que se realiza de três em três meses.

TRIMESTRALIDADE, s.f. Qualidade de trimestral; prestação trimestral.

TRIMESTRE, s.m. Período de três meses.

TRIMÉTRICO, adj. Que se refere a três medidas diferentes.

TRÍMETRO, s.m. Verso de três pés.

TRIMORFIA, s.f. ou **TRIMORFISMO**, s.m. Qualidade ou estado do que é trimorfo.

TRIMORFO, adj. Diz-se da substância capaz de cristalizar sob três formas diferentes, que não se deduzem da mesma forma fundamental.

TRIMOTOR, adj. Que tem três motores; s.m. aeronave de três motores.

TRIMÚRTI, s.f. A trindade indiana, que representa as três faces da Natureza (o criador, o conservador e o destruidor, respectivamente, Brama, Vixnu e Xiva).

TRINADO, s.m. Ato de trinar; gorjeio.

TRINAR, v.t. Exprimir ou cantar com trinos; int. soltar trinos; ferir tremulamente as cordas de um instrumento.

TRINCA, s.f. Reunião de três coisas análogas; conjunto de três cartas de jogo, do mesmo valor; (deprec. e fam.) reunião de três indivíduos da mesma laia; malta de garotos de rua; arranhão; fresta; rachadura.

TRINCADO, adj. Rachado; partido.

TRINCADURA, s.f. Rachadura.

TRINCA-ESPINHAS, s.m. 2 núm. Homem alto e muito magro.

TRINCAFIAR, v.t. Prender, amarrar ou coser com trincafio; encarcerar. Var.: trancafiar.

TRINCAFIO, s.m. Linha de sapateiro; porção de estopa que se enrola no parafuso, para que fiquem bem apertados às respectivas porcas.

TRINCAR, v.t. Partir com dentes; morder; mastigar; int. fazer ruído (uma coisa), ao ser partida nos dentes; rachar.

TRINCHA, s.m. Enxó de carpinteiro; casca; apara; posta; pincel espalmado; ferramenta de arrancar pregos.

TRINCHADOR, adj. e s.m. Que, ou o que trincha.

TRINCHANTE, s.m. Grande faca própria para trinchar.

TRINCHAR, v.t. Cortar em pedaços (a carne).

TRINCHEIRA, s.f. Escavação no terreno para que a terra escavada sirva de parapeito aos combatentes.

TRINCHO, s.m. Ato ou modo de trinchar.

TRINCO, s.m. Tranca pequena com que se fecham portas e que se levanta com auxílio de chave, cordão ou aldraba; espécie de fechadura por onde entra a chave que levanta essa tranqueta.

TRINDADE, s.f. (Teol.) Um só Deus em três pessoas distintas; domingo imediato ao de Pentecostes; divindade tríplice nas religiões pagãs; grupo de três pessoas ou de três coisas análogas.

TRINETO, s.m. Filho do bisneto ou da bisneta. O mesmo que trisneto.

TRINO, s.m. Trinado; adj. composto de três.

TRINÔMIO, s.m. (Mat.) Expressão de três termos; aquilo que tem três termos ou partes.

TRINTA, num. Denominação do número cardinal equivalente a três dezenas; trigésimo.

TRINTA-E-UM, s.m. 2 núm. Espécie de jogo de cartas em que ganha o parceiro que fizer trinta e um pontos ou que mais se aproximar.

TRINTANÁRIO, s.m. (ant.) Criado que ia ao lado do cocheiro na boléia do carro, e que se incumbia de abrir a portinhola, dar recados, fazer entregas e outros serviços auxiliares.

TRINTÃO, adj. e s.m. Diz-se de, ou indivíduo que já fez trinta anos, que está na casa dos trinta.

TRINTÁRIO, s.m. Exéquias no trigésimo dia do falecimento.

TRINTENA, s.f. Grupo de trinta; conjunto de trinta pessoas ou objetos.

TRINTENÁRIO, adj. e s.m. Trintão; período de trinta anos.

TRINTÍDIO, s.m. Período de trinta dias.

TRIO, s.m. Conjunto vocal ou instrumental composto de três elementos; grupo ou conjunto de três pessoas, trindade; trinca.

TRIOLÉ, s.m. Estrofe de oito versos, na qual o 1.º, o 4.º e o 7.º são iguais.

TRIPA, s.f. Intestino de animal.

TRIPANOSSOMÍASE, s.f. Doença produzida por tripanossomo; doença de Chagas.

TRIPANOSSOMO, s.m. Protozoário munido de flagelo, que vive como parasito no sangue de diversos vertebrados. (V. barbeiro.)

TRIPARTIÇÃO, s.f. Ato ou efeito de tripartir.

TRIPARTIDO, v.t. Partido em três partes.

TRIPARTIR, v.t. Partir em três partes; p. dividir-se em três partes.

TRIPÉ, s.m. Tripeça; aparelho portátil, que se arma com três escoras.

TRIPEÇA, s.f. Banco de três pés.

TRIPEIRO, s.m. Vendedor de tripas.

TRIPÉTALO, adj. (Bot.) Que tem três pétalas.

TRIPLICAÇÃO, s.f. Ato ou efeito de triplicar.

TRIPLICADO, adj. Triplo; tresdobrado.

TRIPLICAR, v.t. Tornar triplo; tresdobrar; multiplicar.

TRIPLICATA, s.f. Terceira cópia.

TRÍPLICE, adj. Triplo.

TRIPLO, num. Que contém três vezes uma quantidade; que é três vezes maior; s.m. quantidade três vezes maior; coisa triplicada.

TRÍPODE, adj. Que tem três pés.

TRIPSINA, s.f. (Bioquím.) Principal enzima proteolítica do pâncreas.

TRÍPTICO, s.m. Quadro sobre três panos que se dobram; painel coberto por duas meias portas, cujas faces internas, e às vezes as externas, são também pintadas como o é o painel.

TRIPUDIANTE, adj. Que tripudia; s. pessoa que tripudia.

TRIPUDIAR, v.int. Saltar ou dançar batendo com os pés; sapatear; folgar desenvoltamente; exultar; viver no vício ou no crime; t. executar, tripudiando (danças); rel. atolar-se; atascar-se. (Pres. ind.: tripudio, tripudias, etc.)

TRIPÚDIO, s.m. Ato ou efeito de tripudiar; libertinagem.

TRIPULAÇÃO, s.f. Conjunto dos marinheiros que trabalham num navio ou avião.

TRIPULANTE, adj. e s. Que, ou quem tripula; que pertence à tripulação.

TRIPULAR, v.t. Prover do pessoal necessário para as manobras e mais serviços de (um navio); dirigir ou governar (uma embarcação ou aeronave).

TRIQUÍASE, s.f. Desvio das pestanas, que se voltam para dentro, atritando a superfície do globo ocular.

TRIQUINA, s.f. Gênero de vermes intestinais que em estado larvar vivem nos músculos dos animais.

TRIQUINOSE, s.f. Doença ocasionada pelas triquinas.

TRIRREME, s.f. Galera antiga de três ordens de remos.

TRISÁGIO, s.m. Hino religioso, que começa pelas palavras latinas Sanctus, Sanctus, Sanctus.

TRISANUAL, adj. Que dura três anos; que se efetua de três em três anos. O mesmo que trienal.

TRISAVÔ, s.m. Pai do bisavô ou da bisavó. (Fem.: trisavó; pl.: trisavós).

TRISCADO, adj. Ébrio; levemente tocado.

TRISCAR, v.int. Brigar; intrigar.

TRISMEGISTO, adj. Três vezes grande.

TRISMO, s.m. Cerração involuntária da boca, devida à contração espasmódica dos músculos elevadores da mandíbula.

TRISNETO, s.m. O mesmo que trineto.

TRISSAR, v.int. Grinfar; s.m. trisso.

TRISSECAR, v.t. Dividir em três partes iguais (especialmente o ângulo).

TRISSECÇÃO ou **TRISSEÇÃO**, s.f. Divisão de uma coisa em três partes.

TRISSECTOR ou **TRISSETOR**, adj. Que corta em três partes; s.m. instrumento para dividir ângulos em três partes iguais.

TRISSILÁBICO, adj. Que tem três sílabas. O mesmo que trissílabo.

TRISSÍLABO, s.m. Vocábulo de três sílabas; adj. trissilábico.

TRISSO, s.m. O canto ou voz da calhandra e da andorinha.

TRISSULCO, adj. Que tem três sulcos.

TRISTE, adj. Que tem mágoa ou aflição; sem alegria; cheio de melancolia ou de cuidados; severo; infeliz; lastimoso; sombrio; deprimido; enfezado; insignificante.

TRISTEZA, s.f. Qualidade ou estado de triste; falta de alegria; consternação; aspecto revelador de mágoa ou aflição; melancolia.

TRISTONHO, adj. Que mostra tristeza; sorumbático; melancólico.

TRISTURA, s.f. Tristeza.

TRITICULTOR, s.m. Cultivador de trigo.

TRITICULTURA, s.f. Cultura do trigo.

TRITONGO, s.m. Grupo de três vogais que se pronunciam com uma só emissão de voz, em uma única articulação. (Exs.: Paraguai; Uruguai, etc.)

TRITURA, s.f. Trituração; trituramento.

TRITURAÇÃO, s.f. ou TRITURAMENTO, s.m. Ato ou efeito de triturar.

TRITURAR, v.t. Reduzir a pequenos fragmentos; reduzir a pó.

TRITURÁVEL, adj. Que se pode triturar.

TRIUNFADOR, adj. e s.m. Que, ou o que triunfa.

TRIUNFAL, adj. Relativo a triunfo; em que há triunfo.

TRIUNFANTE, adj. Triunfador; que triunfa, ostentoso.

TRIUNFAR, v.int. Conseguir triunfo; alcançar vitória; levar vantagem; vencer qualquer resistência.

TRIUNFO, s.m. Grande vitória; êxito brilhante; grande alegria; aclamação ruidosa.

TRIUNVIRADO, s.m. Magistratura dos triúnviros; governo de três chefes.

TRIUNVIRAL, adj. Relativo a triúnviro.

TRIUNVIRATO, s.m. Triunvirado.

TRIÚNVIRO, s.m. Cada um dos três magistrados romanos incumbidos da suprema administração; membro de um triunvirato.

TRIVALÊNCIA, s.f. (Quím.) Propriedade daquilo que é trivalente.

TRIVALENTE, adj. Que possui três valências.

TRIVIAL, adj. Comum; vulgar; ordinário; s.m. os pratos simples e cotidianos das refeições familiares.

TRIVIALIDADE, s.f. Qualidade do que é trivial.

TRÍVIO, s.m. Lugar onde se encontram três ruas ou caminhos; adj. que se reparte em três caminhos.

TRIZ, s.m. Momento; um tudo-nada; usado na loc. por um triz: por um quase nada; por um fio.

TROADA, s.m. Ato ou efeito de troar.

TROANTE, adj. Que troa.

TROAR, v.int. Trovejar; estrondear; ressoar fortemente.

TROCA, s.f. Permuta; barganha.

TROÇA, s.f. Zombaria; pândega; farra.

TROCADILHISTA, s. Pessoa dada a trocadilhos.

TROCADILHO, s.m. Jogo de palavras ambíguas, que dão lugar a equívocos; calembur; equívoco.

TROCADO, adj. Mudado; permutado; s.m. dinheiro miúdo.

TROCADOR, adj. e s.m. Que, ou aquêle que troca; cobrador de coletivo.

TROCAICO, adj. e s.m. Diz do, ou o verso com troqueus.

TROCAR, v.t. Dar uma coisa por outra; permutar; substituir uma coisa por outra; tomar uma coisa por outra; confundir; alterar; t.-rel. permutar, dar troca; mudar; converter; transformar; rel. mudar; permutar entre si; p. transformar-se; reciprocar.

TROÇAR, v.t. Escarnecer; ridicularizar; rel. fazer troça; zombar.

TROCA-TINTAS, s.m. 2 núm. Pintor reles, trapalhão.

TROCÁVEL, adj. Que pode ser trocado.

TROCAZ, adj. Var. de torcaz.

TROCHO, s.m. Pau tosco; bordão; graveto.

TROCISTA, adj. e s. Que, ou pessoa que troça; que gosta de escarnecer; zombador.

TROCO, s.m. Troca; moedas miúdas que constituem valor igual ao de uma só moeda ou nota de banco; dinheiro que recebe de volta quem pagou um objeto com moeda superior ao preço ajustado; revide; resposta oportuna. (Pl.: trocos (ô).)

TROÇO, s.m. Objeto; coisa; traste velho.

TROÇO, s.m. Trocho; pedaço de madeira.

TROFÉU, s.m. Despojos de inimigo vencido; objeto exposto em publico em comemoração de vitória.

TROGLODITA, adj. Que vive em cavernas; s. pessoa que vive debaixo da terra; membro de tribo pré-histórica que vivia em cavernas.

TROGLODÍTICO, adj. Relativo a troglodita.

TROLE, s.m. Pequeno carro descoberto, montado nos trilhos das estradas de ferro e movido pelos operários por meio de varas ou paus ferrados;

carruagem rústica usada nas fazendas e nas cidadezinhas do interior antes da introdnção do automóvel.

TRÓLEBUS, s.m. Ônibus elétrico; elétrobus.

TROLHA, s.f. Utensílio de madeira que consta de uma pequena tábua, com uma das faces bem lisa e a outra provida de alça, de que se serve o pedreiro para distribuir o reboco sobre a parede que vai ser revestida e aplainada, e também serve para manter o reboco que o pedreiro vai retirando com a colher; s.m. pedreiro pouco habilidoso.

TROLOLÓ, s.m. Música de caráter ligeiro e fácil.

TROM, s.m. Som de canhão; som de trovão.

TROMBA, s.f. Expansão ou apêndice do lábio superior do elefante e que lhe serve de órgão de preensão; sugadouro de inseto; focinho; — d'água: meteoro que consiste numa coluna de água, agitada por turbilhões de vento e que gira rapidamente em volta de si mesma.

TROMBETA, s.f. Instrumento de sopro, geralmente de cobre; espécie de corneta sem voltas.

TROMBETEAR, v.int. Tocar trombeta; t. divulgar ruidosamente.

TROMBETEIRO, s.m. Tocador de trombeta.

TROMBICAR, v.int. Estrepar; sair-se mal; estrepar-se.

TROMBO, s.m. Coágulo que se forma dentro dos vasos sanguíneos.

TROMBONE, s.m. Instrumento músico de metal, composto de dois tubos encaixados um no outro, e de timbre mais ou menos semelhante ao da trombeta.

TROMBOSE, s.f. Coagulação do sangue, a qual se processa, durante a vida, dentro do aparelho circulatório.

TROMBUDO, adj. Carrancudo; de aspecto sombrio e torvo.

TROMPA, s.f. Instrumento de sopro, de forma contornada em espiral e som muito suave; instrumento de vidro, usado nos laboratórios químicos e destinado a fazer a aspiração do ar, para auxiliar, por ex., as filtrações; — de Eustáquio: (Anat.) canal que comunica a faringe com a caixa do tímpano; — de Falópio ou uterina: canal que se estende de cada lado do útero até os ovários.

TROMPAÇO, s.m. ou TROMPADA, s.f. Encontro; trompázio; empurrão; pancada.

TROMPAR, v.int. Dar encontrão; tropeçar; esbarrar.

TROMPISTA, s. Tocador de trompas.

TRONAR, v.int. Trovejar; troar; exibir-se do alto, com majestade; dominar.

TRONCHO, adj. Mutilado; torto; curvado para um dos lados; s.m. membro cortado; talo de couve tronchuda.

TRONCHUDO, adj. Que tem talos grossos (especialmente a couve).

TRONCO, s.m. Caule das árvores; parte do corpo animal que sustenta a cabeça e a que estão articulados os membros; origem de família, raça, etc.; parte de sólido geométrico separado por um corte perpendicular ou oblíquo ao respectivo eixo; pau fincado no chão, ao qual se prendiam escravos para os surrar.

TRONCUDO, adj. Forte; robusto; taludo.

TRONEAR, v.int. Tronejar.

TRONEJAR, v.int. Exibir-se majestosamente; alçar-se. O mesmo que tronear.

TRONETO, s.m. Pequeno trono portátil que acompanha o saimento da Eucaristia e se arma ao pé do leito do enfermo.

TRONO, s.m. Sólio que os soberanos ocupam nas ocasiões solenes.

TROPA, s.f. Multidão de pessoas reunidas; conjunto de soldados; caravana de animais de carga.

TROPEADA, s.f. Ato ou efeito de tropear; tropel.

TROPEAR, v.int. Fazer barulho com os pés, andando; fazer tropel.

TROPEÇAMENTO, s.m. Tropeção.

TROPEÇÃO, s.m. Ato ou efeito de tropeçar; tropeçamento; tropição.

TROPEÇAR, v.rel. Dar com o pé involuntariamente; esbarrar; encontrar empecilho ou obstáculo inesperado; cair em erro; int. dar tropeções; cambalear.

TROPEÇO, s.m. Coisa em que se tropeça; obstáculo; passo falso.

TRÔPEGO, adj. Que anda com dificuldade; que

467

não pode mover os membros ou que só os move com extrema dificuldade.

TROPEIRADA, s.f. Os tropeiros em geral.

TROPEIRO, s.m. Recoveiro; condutor de caravana de animais de carga.

TROPEL, s.m. Ruído ou tumulto de grande porção de gente a andar; balbúrdia; estrépito de pés; tropear ruidoso de cavalgaduras.

TROPELIA, s.f. Bulha de multidão em tropel; correria; confusão; tumulto.

TROPICADA, s.f. Ação de tropicar; tropeção; topada.

TROPICAL, adj. Relativo aos trópicos ou às regiões da zona tórrida; que se acha entre os trópicos; relativo ao clima daquelas regiões; abrasador (calor); s.m. tecido leve e brilhante.

TROPICALISMO, s.m. Qualidade do que é tropical.

TROPICÃO, s.m. Ato ou efeito de tropicar; tropeção.

TROPICAR, v.int. Tropeçar muitas vezes.

TRÓPICO, s.m. Paralelo geográfico que dista 23 graus e 27 minutos acima e abaixo do equador, respectivamente, chamando-se o do norte trópico de Câncer e o do sul trópico de Capricórnio; regiões intertropicais.

TROPILHA, s.f. Porção de cavalos com o mesmo pelame, e que acompanham uma égua-madrinha.

TROPO, s.m. Emprego de uma palavra em sentido figurado.

TROPOLOGIA, s.f. Emprego de linguagem figurada.

TROPOLÓGICO, adj. Relativo à tropologia.

TROQUEU, s.m. Pé de verso grego ou latino, composto de uma sílaba longa e outra breve.

TROTADOR, adj. Que trota.

TROTÃO, adj. e s.m. Diz-se de, ou cavalo que trota.

TROTAR, v.int. Andar a trote (o cavalo); andar no cavalo a trote; t. meter de trote; zombar; vaiar.

TROTE, s.m. Andamento natural das cavalgaduras, mais ligeiro que o passo e menos rápido que o galope, caracterizado por batidas regularmente espaçadas, executadas alternadamente pelo par diagonal de patas; vaia; zombaria dos veteranos das escolas para com os calouros; zombaria; indiscrição feita por mascarado, no carnaval ou, em qualquer dia, pelo telefone, por pessoa que finge ser outra.

TROTEADA, s.f. Ato de trotear; caminhada a trote; jornada.

TROTEADOR, adj. e s.m. Que, ou aquele que troteia, que vaia.

TROTEAR, v.t. e int. Trotar.

TROUXA, s.f. Fardo de roupa; grande pacote; adj. e s. diz-se de, ou pessoa tola, sem habilidade, sem expediente, fácil de ser enganada.

TROVA, s.m. Composição lírica, ligeira e de caráter popular; canção; cantiga; quadra popular.

TROVADOR, s.m. Poeta da língua de oc, que cultivava a poesia lírica, nos séculos XI a XIV; poeta.

TROVADORESCO, adj. De trovador.

TROVÃO, s.m. Estrondo produzido por descarga de eletricidade atmosférica; pessoa de voz estrondosa.

TROVAR, v.int. Fazer ou cantar trovas; poetar; t. exprimir em cantigas.

TROVEIRO, s.m. Poeta da língua de oil, que cultivava a poesia lírica medieval, especialmente na França, do século XI ao XIV.

TROVEJAR, v.int. Retumbar; ribombar; clamar; falar com indignação e veemência.

TROVEJO, s.m. Altercação.

TROVISCADA, s.f. Porção de trovisco, com que se envenenam os peixes para os pescar; trovisco; entroviscada.

TROVISCADO, adj. Meio embriagado; tocado; alegre.

TROVISCAL, s.m. Terreno onde crescem troviscos.

TROVISCO, s.m. Arbusto da família das Timeliáceas, cuja seiva mata os peixes, facilitando a pesca.

TROVOADA, s.f. Tempestade com trovões; grande estrondo.

TROVOAR, v.int. Troar; trovejar.

TRUANAZ, s.m. Grande truão.

TRUANESCO, adj. De truão; próprio de truão.

TRUÃO, s.m. Bobo; palhaço.

TRUCADA, s.f. Ato de jogar o truque; ato de trucar.

TRUCAR, v.int. Propor a primeira parada, no truque; enganar.

TRUCIDAÇÃO, s.f. Ato ou efeito de trucidar.

TRUCIDAR, v.t. Matar barbaramente ou com crueldade.

TRUCO, s.m. Certo jogo de cartas. O mesmo que truque.

TRUCULÊNCIA, s.f. Qualidade de quem é truculento; ferocidade; atrocidade.

TRUCULENTO, adj. Atroz; cruel; feroz.

TRUFA, s.f. Túbera (cogumelo comestível).

TRUFEIRA, s.f. Terreno onde há trufas.

TRUFEIRO, s.m. Aquele que se ocupa em apanhar ou vender trufas.

TRUÍSMO, s.m. Verdade que dispensa demonstração; evidência.

TRUNCADO, adj. Incompleto; mutilado.

TRUNCAR, v.t. Separar do tronco; mutilar; omitir parte importante de (uma obra literária); cortar por um plano secante (sólido geométrico).

TRUNFADA, s.f. Grande porção de trunfos.

TRUNFAR, v.int. Jogar trunfo; rel. ser importante, socialmente.

TRUNFO, s.m. Espécie de jogo de cartas, com dois, quatro ou seis parceiros; naipe que, em jogos de cartas, prevalece aos outros; cada uma das cartas desse naipe; (fig.) indivíduo de grande influência ou importância social.

TRUQUE, s.m. Espécie de jogo de cartas; ardil; tramóia; estratagema; mágica.

TRUSTE, s.m. Monopólio; sociedade açambarcadora constituída para suprimir a concorrência e impor os preços.

TRUTA, s.f. Variedade de peixe salmonídeo; velhacaria; falsidade.

TRUTÍFERO, adj. Que produz trutas.

TSÉ-TSÉ, s.m. Mosquito de origem africana (Anopheles gambiae), transmissor da doença do sono.

TU, pron. pess. da segunda pessoa do singular; designa pessoa com quem se fala.

TUA, pron. poss. f. Flexão fem. de teu.

TUBA, s.f. Trombeta, instrumento de sopro, de cobre, de embocadura e pistões, de timbre baixo e solene.

TUBÁCEO, adj. Que tem a forma de tuba.

TUBAGEM, s.f. Conjunto de tubos; sistema de disposição ou de funcionamento de certos tubos.

TUBARÃO, s.m. Grande peixe marinho, muito voraz; produtor ou comerciante que aumenta exageradamente os preços, para obter lucros extraordinários.

TÚBERA, s.f. Cogumelo subterrâneo, aromático e comestível. O mesmo que trufa.

TUBERÁCEO, adj. Relativo ou semelhante à túbera.

TUBERCULADO ou **TUBERCULAR**, adj. Que tem tubérculos.

TUBERCULÍFERO, adj. Que tem ou produz tubérculos.

TUBERCULIFORME, adj. Que tem forma de tubérculo.

TUBERCULINA, s.f. Extrato glicerinado de cultura do bacilo de Koch, empregado na cutirreação de tuberculose.

TUBERCULINIZAR, v.t. Injetar tuberculina.

TUBERCULIZAÇÃO, s.f. Ato ou efeito de tuberculizar.

TUBERCULIZAR, v.t. Causar tuberculose; int. e rel. tornar-se tuberculoso.

TUBÉRCULO, s.m. Massa feculenta e celular na parte subterrânea de algumas plantas; saliência natural, pouco considerável, em qualquer parte do corpo.

TUBERCULOSÁRIO, s.m. Hospital ou sanatório de tuberculosos.

TUBERCULOSE, s.f. Doença infecciosa causada pelo bacilo de Koch, e que ataca mais especialmente os pulmões, o intestino e as articulações; peste branca; tísica (pulmonar).

TUBERCULOSO, adj. Atacado de tuberculose; s.m. pessoa atacada de tuberculose; tísico.

TUBEROSIDADE, s.f. Saliência em forma de tubérculo; excrescência.

TUBEROSO, adj. Que tem tuberosidade.

TUBÍFERO, adj. Que tem tubos.

TUBIFORME, adj. Que tem forma de tubo.

TUBO, s.m. Canal reto ou curvo, cilíndrico por

onde passam ou saem fluidos; vaso cilíndrico de vidro; qualquer canal do organismo animal. (Dimin.: tubozinho, tubinho; túbulo.)

TUBULAÇÃO, s.f. Colocação de tubos; tubagem.

TUBULADO, adj. Que tem tubo.

TUBULADURA, s.f. Abertura num vaso próprio para adaptação de um tubo; conjunto de tubos.

TUBULAR, adj. Em forma de tubo; tubiforme.

TUBULÁRIA, s.f. Gênero de pólipos antozoários.

TUBULÍFERO, adj. Que apresenta na sua superfície uma multidão de pequenos tubos, como certas esponjas.

TUBULIFORME, adj. Que tem a forma de tubo pequeno.

TÚBULO, s.m. Pequeno tubo.

TUBULOSO, adj. Tubiforme; formado por um tubo.

TUBULURA, s.f. Abertura de certos recipientes empregados pelos químicos, à qual se adapta uma rolha ou tampa, passando por esta um pequeno tubo.

TUCANO, s.m. Nome comum às aves da família dos Ranfastídeos caracterizadas pelo bico enorme.

TUCUM, s.m. Espécie de palmeira, de cujas folhas se extrai excelente fibra.

TUCUNZEIRO, s.m. Tucum.

TUCUPI, s.m. Tempero e molho feito de suco de mandioca com pimenta; sumo de mandioca.

TUCUXI, s.m. Boto do Tocantins, também chamado pirajaguara.

TUDESCO, adj. Relativo aos antigos germanos; s.m. alemão.

TUDO, pron. A totalidade ou universalidade das pessoas e coisas que existem; qualquer coisa, considerada na sua totalidade; aquilo que é essencial; qualquer coisa.

TUDO-NADA, s.m. Insignificância; pequeníssima porção; quase nada.

TUFÃO, s.m. Vento muito forte e tempestuoso; vendaval.

TUFAR, v.t. Aumentar o volume; inchar; int. inchar-se; tornar-se mais grosso; p. inchar-se.

TUFO, s.m. Porção de flores, penas, pêlos, aproximados ou naturalmente agrupados; montículo; proeminência; saliência formada pelo tecido de um vestuário.

TUGIR, v.int. Falar em voz baixa; murmurar; dar sinal de si; t. dizer em voz baixa.

TUGÚRIO, s.m. Habitação rústica; choça; cabana; refúgio; tapera.

TUJUCADA, s.f. ou **TUJUCAL,** s.m. O mesmo que tijucal.

TUJUPAR, s.m. Cabana de índios, também chamada tijupá.

TULE, s.m. Tecido leve e transparente de seda ou algodão; filó.

TULHA, s.f. Local onde se ajunta e aperta o azeitona, antes de ir para o lagar; grande arca para guardar cereais; celeiro; amontoamento de cereais; terreiro cercado onde se põem a secar os frutos colhidos.

TÚLIO, s.m. Elemento químico, metal, símbolo Tm, peso atômico 169,4 e número atômico 69.

TULIPA, s.f. Gênero de plantas Liliáceas, que produz uma flor muito estimada; nome da flor por essa planta produzida.

TULIPÁCEO, adj. Relativo ou semelhante a tulipa.

TUMBA, s.f. Lápide sepulcral; sepultura; túmulo; esquife; caixão mortuário.

TUMBEIRO, s.m. Condutor de esquife ou caixão mortuário.

TUMEFAÇÃO, s.f. Ato ou efeito de tumefazer; inchação; intumescência.

TUMEFACIENTE, adj. Que tumefaz.

TUMEFACTO ou **TUMEFATO,** adj. Intumescido; inchado.

TUMEFAZER ou **TUMEFICAR,** v.t. Tornar túmido; fazer inchar; causar inchação; intumescer. (Conjuga-se como o v. fazer.)

TUMEFICANTE, adj. Que tumefica.

TUMESCÊNCIA, s.f. Intumescência.

TUMESCENTE, adj. Intumescente.

TUMESCER, v.int. p. Intumescer.

TUMIDEZ, s.f. Qualidade de túmido; inchação; proeminência; intumescência.

TÚMIDO, adj. Inchado; arrogante; cheio de si.

TUMOR, s.m. Aumento de volume desenvolvido em um órgão ou parte do corpo; (Patol.) massa formada pela multiplicação anômala e em desor-

dem das células de um tecido.

TUMORAL, adj. (Med.) Que tem o caráter de tumor.

TUMOROSO, adj. Que tem tumor.

TUMULAR, adj. De túmulo; relativo a túmulo.

TUMULÁRIO, adj. Tumular.

TÚMULO, s.m. Monumento funerário em memória de alguém no lugar onde se acha sepultado; sepultura; (fig.) local onde ocorreu derrota esmagadora.

TUMULTO, s.m. Movimento desordenado; barulho; motim; arruaça; tropelia.

TUMULTUAR, v.t. Perturbar a ordem de; incitar à desordem; agitar; amotinar; exaltar.

TUMULTUÁRIO, adj. Desordenado; revolto; conturbado.

TUMULTUOSO, adj. Em que há tumulto; tumultuário; conturbado.

TUNA, s.f. Ociosidade; vadiagem; grupo de estudantes que vagueiam por diversas terras, organizando concertos musicais.

TUNADOR, adj. e s.m. Tunante.

TUNANTE, adj. e s. Que, ou quem anda à tuna; vadio; trampolineiro; diz-se de, ou estudante que faz parte de tuna.

TUNAR, v.int. Andar à tuna; vadiar.

TUNDA, s.f. Surra; crítica severa; derrota.

TUNDAR, v.t. Dar tunda; surrar; derrotar.

TUNDRA, s.f. Nome dado às planícies árticas nas costas baixas da Rússia, da Sibéria e do Canadá.

TÚNEL, s.m. Caminho ou passagem subterrânea.

TUNGADA, s.f. Pancada; choque.

TUNGADOR, adj. e s.m. Teimoso; porfiador.

TUNGAR, v.int. Porfiar; teimar; t. bater; enganar; lograr; iludir.

TUNGSTATO, s.m. Designação genérica dos sais do ácido túngstico.

TUNGSTÊNIO, s.m. Elemento químico, metal, símbolo Tu, de peso atômico 184 e número atômico 74. O mesmo que Wolfrâmio (símbolo W).

TÚNICA, s.f. Vestuário antigo comprido e ajustado ao corpo; jaqueta militar; qualquer membrana que forma as paredes de um órgão; membrana ou invólucro de certos órgãos vegetais.

TUNICADO, s.m. Espécime dos Tunicados; ramo do reino animal que compreende animais marinhos moles, em forma de saco, com um invólucro chamado túnica.

TUNICELA, s.f. Pequena túnica.

TUPÃ, s.m. Denominação tupi do trovão, empregada pelos missionários jesuítas para designar Deus.

TUPI, s. Grande nação de indígenas que constitui uma das quatro principais famílias linguísticas do Brasil; s.m. língua geral falada até o século XIX no litoral e hoje ainda no Amazonas sob o nome de nheengatu; designação genérica das tribos tupis do litoral; nome de uma destas tribos; adj. relativo aos Tupis.

TÚPICO, adj. De origem tupi.

TUPI-GUARANI, s.m. Designação genérica do tupi e do guarani.

TUPINAMBÁ, s.m. Chefe; s. indivíduo dos Tupinambás, designação genérica de várias tribos tupis que ocupavam o litoral brasileiro no século XVI; adj. relativo aos Tupinambás.

TUPINIQUIM, s. Indivíduo dos Tupiniquins, tribo tupi do litoral da Bahia e Sergipe; adj. relativo a essa tribo.

TURBA, s.f. Multidão em desordem; muitas pessoas reunidas; o povo; as multidões; coro de vozes.

TURBAÇÃO, s.f. Ato ou efeito de turbar.

TURBAMENTO, s.m. Turbação; agitação; embaraço.

TURBAMULTA, s.f. Grande multidão desordenada; tropel; agrupamento de pessoas.

TURBANTE, s.m. Cobertura ou ornato para a cabeça, usado pelos povos do Oriente; toucado feminino, parecido com esse ornato.

TURBAR, v.t. Toldar; tornar turvo ou opaco; turvar; escurecer; perturbar; transtornar; inquietar; desassossegar; p. toldar-se; sentir grande emoção; inquietar-se; tornar-se sombrio; conturbar; tumultuar.

TURBATIVO, adj. Que causa turbação.

TURBILHÃO, s.m. Redemoinho de vento; movimento forte e giratório de águas ou de corrente aérea; torvelinho.

469

TURBILHONAR, v.int. Voltear como um turbilhão; remoinhar; rodopiar; formar turbilhão.

TURBINA, s.f. Roda de eixo vertical que gira debaixo da água e que graças a um jogo de pás, permite a captação da energia hidráulica; aparelho em que se efetua por centrifugação a separação dos cristais de açúcar dos elementos não cristalizáveis.

TURBINADO, adj. Semelhante a um cone invertido.

TURBINAGEM, s.f. Operação industrial em que uma substância é submetida à ação da força centrífuga produzida pela turbina.

TURBINIFORME, adj. Que tem forma cônica ou de volta de pião.

TURBINOSO, adj. Que gira em volta de um eixo ou centro; semelhante a um turbilhão.

TURBULÊNCIA, s.f. Qualidade de turbulento; ato turbulento; desordem; motim; arruaça.

TURBULENTO, adj. Que tem disposição para a desordem ou nela se compraz; irrequieto; desordeiro; s.m. indivíduo turbulento; arruaceiro.

TURCO, adj. Da Turquia (Ásia e Europa), ou relativo a ela; s.m. natural ou o habitante da Turquia; a língua falada pelos turcos.

TURFA, s.f. Espécie de carvão fóssil, resultante da fermentação de musgos e plantas aquáticas no seio de águas claras, lentas e de temperatura relativamente baixa.

TURFE, s.m. Prado de corridas de cavalos; o esporte das corridas de cavalos.

TURFEIRA, s.f. Jazida de turfa.

TURFISTA, s. Pessoa que se interessa pelo turfe.

TURGÊNCIA, s.f. Turgidez; turgescência.

TURGESCÊNCIA, s.f. Qualidade de túrgido.

TURGESCENTE, adj. Que turgesce; túrgido.

TURGESCER, v.t. Tornar túrgido; int. e p. tornar-se túrgido.

TURGIDEZ, s.f. Estado de túrgido; intumescimento; inchação.

TÚRGIDO, adj. Dilatado, por conter grande porção de humores; túmido; inchado:

TURGIMÃO, s.m. Intérprete levantino.

TURIBULAR, v.t. Queimar incenso; adular; lisonjear; bajular.

TURIBULÁRIO, adj. e s.m. Que, ou o que agita o turíbulo para incensar; adulador; bajulador.

TURÍBULO, s.m. Vaso em que se queima incenso nos templos. O mesmo que incensório e incensário.

TURIFERADOR, adj. e s.m. Bajulador; adulador; incensador; turiferário.

TURIFERAR, v.t. Incensar; turibular.

TURIFERÁRIO, adj. e s.m. Que, ou aquele que conduz o turíbulo; diz-se do que vive gabando alguém; turiferador.

TURÍFERO, adj. Que produz incenso.

TURIFICAÇÃO, s.f. Ato ou efeito de turificar; incensação.

TURIFICADOR, adj. e s.m. Que, ou aquele que turifica.

TURIFICAR, v.t. Turibular.

TURISMO, s.m. Gosto de viagens; viagens de recreio.

TURISTA, s. Pessoa que viaja só para se recrear.

TURMA, s.f. Cada um dos grupos de pessoas que revezam em certos atos; cada um dos grupos em que se divide uma classe muito numerosa de alunos; gente; pessoal.

TURMALINA, s.f. Pedra preciosa, azul.

TURNO, s.m. Cada um dos grupos de pessoas que se revezavam em certos atos; turma; vez; cada um dos períodos de disputa de campeonatos esportivos; cada uma das divisões do horário diário de trabalhos ou aulas; período.

TURPILÓQUIO, s.m. Expressão torpe; palavrão; dito obsceno.

TURQUESA, s.f. Pedra preciosa, azul.

TURRA, s.f. Teima; altercação; birra; às — s: em desavença.

TURRÃO, adj. e s.m. Teimoso; pertinaz.

TURRAR, v.int. Teimar; embirrar; desavir-se.

TURRIFORME, adj. Que tem forma de torre.

TURRISTA, s. Pessoa dada a turras.

TURTURINAR, v.int. Arrulhar; gemer (a rola).

TURTURINO, adj. Que diz respeito à rola.

TURUMBAMBA, s. Balbúrdia; desordem; conflito; briga.

TURUNA, adj. Forte; valentão.

TURVAÇÃO, s.f. Ato ou efeito de turvar.

TURVAMENTO, s.m. Turvação.

TURVAR, v.t. Tornar turvo ou opaco; embaciar; escurecer; int. e p. tornar-se turvo ou torvo.

TURVEJAR, v.int. e p. Tornar-se turvo.

TURVO, adj. Opaco; toldado; embaciado; confuso.

TUSSOR, s.m. Tecido de seda leve.

TUTA-E-MEIA, s.f. Ninharia; bagatela.

TUTANO, s.m. Substância mole e gordurosa contida no interior dos ossos; medula óssea.

TUTEAR, v.t. e p. Tratar por tu.

TUTELA, s.f. Encargo legal conferido a alguém juridicamente capaz de velar pela pessoa e bens de um menor ou de um interdito; proteção.

TUTELADO, adj. Sujeito a tutela; protegido.

TUTELAR, adj. Relativo a tutela; protetor; v.t. exercer tutela; cuidar; proteger.

TUTOR, s.m. Aquele que é incumbido de tutelar alguém: protetor. (Fem.: tutriz (p. us.), tutora; pl.: tutores, tutoras.)

TUTORIA, s.f. Cargo ou autoridade do tutor; exercício de tutela; proteção; defesa.

TUTRIZ, s.f. (p. us.) Tutora; defensora.

TUTU, s.m. Feijão que depois de cozido é engrossado com farinha de mandioca ou de milho; iguaria feita de carne de porco, toicinho, feijão e farinha de mandioca.

TUXAUA ou **TAXAÚA**, s.m. Chefe; cacique; morubixaba.

TZAR, s.m. O mesmo que czar.

TZARINA, s.f. O mesmo que czarina.

TZARISMO, s.m. O mesmo que czarismo.

TZIGANO, adj. e s.m. Diz-se de, ou músico cigano ou vestido com trajes ciganos e que toca músicas ciganas.

U

U, s.m. Vogal posterior, a quinta da série de vogais, a vigésima do alfabeto português.

UAI, interj. Exprime surpresa ou espanto.

UBÁ, s.f. Canoa usada pelos índios que habitam as margens do Amazonas.

UBERDADE, s.f. Abundância; fertilidade; fecundidade.

ÚBERE, adj. Fértil; abundante (superl. abs. sint.: ubérrimo); s.m. teta da vaca ou de outra fêmea de animal.

UBEROSIDADE, s.f. Fertilidade; fecundidade.

UBERTOSO, adj. Úbere.

UBIQUAÇÃO, s.f. Ubiqüidade.

UBIQÜIDADE, s.f. Propriedade ou estado de ubíquo.

UBÍQUO, adj. Que está ao mesmo tempo em toda parte.

UBIRAJARA, s.m. Senhor do tacape.

UBRE, s.m. O mesmo que úbere; teta.

UCASSE, s.m. Nome que tinham os decretos do czar.

UCHA, s.f. Despensa.

UCHARIA, s.f. Despensa de casa real.

UCHEIRO, s.m. Despenseiro, copeiro.

UCRANIANO, adj. Da Ucrânia (Rússia); s.m. o natural ou habitante da Ucrânia.

UDÔMETRO, s.m. Pluviômetro.

UÉ ou **UÊ**, interj. Exprime espanto, admiração.

UFA, interj. Designativa de ironia, cansaço, estafa.

UFANAR, v.t. Tornar ufano; regozijar; causar vaidade em; p. vangloriar-se; jactar-se; orgulhar-se de.

UFANIA, s.f. Vanglória; ostentação.

UFANISMO, s.m. Otimismo quanto às possibilidades do país.

UFANO, adj. Que se orgulha de alguma coisa.

UFANOSO, adj. Que tem ufania; envaidecido.

UI, interj. Designativa de dor, surpresa.

UIRAPURU, s.m. Passarinho de canto magnífico, que, segundo a crença, dá sorte a quem o possui empalhado ou seco. Var.: irapuru.

UÍSQUE, s.m. Nome dado à aguardente de cevada e de outros cereais.

UIVADA, s.f. Uivo agudo e prolongado.

UIVADOR, adj. e s.m. Que, ou o que uiva.

UIVAR, v.int. Dar uivos; t. vociferar; bravejar; berrar; gritar. (Defectivo: normalmente só se emprega nas terceiras pessoas.)

UIVO, s.m. Voz lamentosa do cão e do lobo.

ULANO, s.m. Cavaleiro armado de lança em alguns exércitos europeus.

ÚLCERA, s.f. (Med.) Ulceração crônica.

ULCERAÇÃO, s.f. Perda de substância da pele ou da mucosa, em conseqüência de processo destrutivo; esse processo.

ULCERAR, v.t. Produzir úlcera ou ulceração em; int. e p. cobrir-se de úlceras; converter-se em úlcera.

ULCERATIVO, adj. Que ulcera.

ULCEROSO, adj. Que tem úlceras.

ULEMÁ, s.m. Doutor da lei; teólogo, entre os muçulmanos.

ULISSIPONENSE, adj. e s. Lisboeta.

ULMO, s.m. Olmo; olmeira.

ULO, s.m. Gemido; grito de agonia.

ULTERIOR, adj. Situado além; que está após.

ULTIMAÇÃO, s.f. Ato de ultimar; aperfeiçoamento; acabamento.

ULTIMADO, adj. Concluído; acabado.

ULTIMAR, v.t. Terminar; pôr fim; fechar.

ÚLTIMAS, s.f.pl. O ponto extremo; a extrema miséria; hora final da vida.

ULTIMATO, s.m. Últimas condições que um Estado apresenta a outro e de cuja decisão depende ou não a luta ou rendição; decisão final e irrevogável.

ÚLTIMO, adj. Que está ou vem depois de todos os outros; que é o mais moderno ou recente; derradeiro; s.m. aquele ou aquilo que está ou vem depois de todos; o que ocupa a posição mais humilde; o pior de todos.

ULTRACORREÇÃO, s.f. (Gram.) Engano que se comete na suposição de se estar corrigindo um falso erro; ex.: copo com água não é mais certo do que **copo de água**.

ULTRA-HUMANO, adj. Sobre-humano.

ULTRA-INFERNAL, adj. Mais que infernal.

ULTRAJADOR, adj. Ultrajante; s.m. aquele que ultraja.

ULTRAJANTE, adj. Que ultraja.

ULTRAJAR, v.t. Insultar; ofender a dignidade de; difamar; injuriar.

ULTRAJE, s.m. Afronta; ofensa; difamação; insulto.

ULTRAJOSO, adj. Ultrajante.

ULTRAMAR, s.m. Região ou regiões além do mar.

ULTRAMARINO, adj. Situado no ultramar.

ULTRAMICROSCÓPICO, adj. Excessivamente pequeno.

ULTRAMICROSCÓPIO, s.m. Microscópio munido de um condensador especial, permitindo a visão de objetos de ordem de grandeza de décimo de micro.

ULTRAMONTANO, adj. e s.m. O mesmo que transmontano; que, ou aquele que defende o poder absoluto do Papa, na ordem espiritual e temporal.

ULTRAPASSAR, v.t. Passar além; exceder o limite.

ULTRA-REALISMO, s.m. Sistema ou opinião dos ultra-realistas.

ULTRA-REALISTA, adj. Relativo ao ultra-realismo; diz-se de partidário extremado das doutrinas monárquicas; s. pessoa partidária dessas doutrinas.

ULTRA-ROMÂNTICO, adj. Romântico em extremo.

ULTRA-SOM, s.m. Som de alta freqüência, além da escala de audibilidade.

ULTRAVIOLETA, adj. (Fís. e Med.) Relativo à parte do espectro que fica situada imediatamente abaixo do violeta.

ULTRIZ, adj. Que vinga; s.f. mulher vingadora; mulher que se vinga.

ULULAÇÃO, s.f. Ato ou efeito de ulular.

ULULADOR, adj. e s.m. Que, ou aquele que ulula.

ULULANTE, adj. Que ulula.

ULULAR, v.int. Soltar voz triste e lamentosa (o cão); ganir; uivar.

ULULO, s.m. Ululação.

UM, num. O primeiro de todos os números inteiros e do qual todos os outros são formados pela repetição dele com parcela; art. qualquer; algum; certo; s.m. algarismo representativo do número um.

UMA, art. e num. Flexão feminina de um.

UMBANDA, s.m. Quimbanda.

UMBELA, s.f. Guarda-chuva; pequeno pálio redondo; inflorescência assemelhando-se a um guarda-chuva.

UMBELÍFERA, s.f. Espécime das Umbelíferas, família de plantas dicotiledôneas, cuja inflorescência é uma umbela.

UMBELÍFERO, adj. Que tem umbela.

UMBIGADA, s.f. Pancada com o umbigo ou com a barriga usada nas antigas danças de roda e batuques para significar que o dançarino solista deverá ser substituído.

UMBIGO, s.m. Cicatriz no meio do ventre, resultante do corte do cordão umbilical.

UMBIGUEIRA, s.f. Bicheira que se forma no umbigo dos bezerros recém-nascidos.

UMBILICADO, adj. Semelhante ao umbigo.

UMBILICAL, adj. Relativo ao umbigo.

UMBRÁCULO, s.m. Espécie de disco que coroa o pedúnculo de algumas plantas criptogâmicas; a parte mais alargada dos cogumelos.

UMBRAL, s.m. Ombreira (de porta); entrada; limiar.

UMBRÁTICO, adj. Relativo a sombra; que se deleita com a sombra ou a procura.

UMBRIA, s.f. Lugar sombrio; vertente ocidental de um monte, com mais vegetação.

UMBRÍCOLA, adj. Que vive nas sombras.

UMBRÍFERO, adj. Umbroso, sombrio.

UMBROSO, adj. Que tem ou produz sombra.

UMBU, s.m. Fruto do umbuzeiro.

UMBUZADA, s.f. Doce de umbu.

UMBUZEIRO, s.m. Árvore silvestre de fruto sumarento.

UMECTAR, v.t. Umedecer; diluir; molhar.

UMECTATIVO, adj. Que umedece.

UMEDECER, v.t. Tornar úmido; molhar ligeiramente.

UMEDECIMENTO, s.m. Ato ou efeito de umedecer.

UMERAL, adj. Relativo ao úmero.

UMERÁRIO, adj. Umeral.

ÚMERO, s.m. Osso do braço, que vai do ombro ao cotovelo.

UMIDADE, s.f. Qualidade ou estado de úmido; estado de molhado ou um pouco molhado.

ÚMIDO, adj. Levemente molhado; aquoso; orvalhado.

UNÂNIME, adj. Que tem o mesmo sentimento ou a mesma opinião que outrem; relativo a todos em geral; proveniente de acordo comum.

UNANIMIDADE, s.f. Qualidade de unânime; conformidade de voto ou de opinião.

UNÇÃO, s.f. Ato ou efeito de ungir ou untar; sentimento de piedade; doçura comovente de expressão; modo insinuante de dizer.

UNCIFORME, adj. Que tem forma de gancho ou unha.

UNCINADO, adj. Que tem unha; que tem forma de unha ou garra.

UNDÉCIMO, num. Ordinal ou fracionário correspondente a onze; o mesmo que décimo primeiro; s.m. cada uma das onze partes alíquotas em que se divide um todo.

UNDÉCUPLO, num. Que é onze vezes maior; s.m. quantidade onze vezes maior que outra.

UNDÍCOLA, adj. e s. Que, ou animal que vive nas águas.

UNDÍFERO, adj. Que tem ondas.

UNDIFLAVO, adj. Que tem ondas da cor do ouro.

471

UNDÍSSONO, adj. Que soa como as ondas agitadas.

UNDÍVAGO, adj. Que anda ou vaga sobre as ondas.

UNDOSO, adj. Cheio de ondas.

UNGIDO, adj. Que se ungiu; que recebeu a extrema-unção.

UNGIR, v.t. Untar com óleo; aplicar óleos consagrados a; dar extrema-unção; untar com substâncias aromáticas; p. untar-se. (Conjuga-se como o v. mungir.)

UNGÜENTÁCEO ou **UNGÜENTÁRIO**, adj. Relativo ou semelhante a ungüento.

UNGÜENTO, s.m. Medicamento pouco consistente para uso externo e que tem por base uma substância gordurosa.

UNGÜÍFERO, adj. Que tem unha.

UNGÜIFORME, adj. Que tem forma de unha.

UNGULADO, adj. Diz-se dos mamíferos cujos dedos são providos de cascos; s.m. espécime dos Ungulados, ordem dos mamíferos ungulados; p. ex.: os bovinos, eqüinos, suínos, etc.

UNHA, s.f. Lâmina córnea, translúcida, que reveste a extremidade dorsal dos dedos; garra; casco de ungulados e garra de feras.

UNHAÇO, s.m. Unhada.

UNHADA, s.f. Arranhadura ou ferimento feito com a unha.

UNHA-DE-FOME, s. Sovina; avarento. (Pl.: unhas-de-fome.)

UNHAMENTO, s.m. Ato ou efeito de unhar.

UNHAR, v.t. Ferir ou riscar com as unhas; arranhar; agatanhar; aferrar (âncoras).

UNHEIRO, s.m. Panarício, particularmente o superficial.

UNIÃO, s.f. Ato ou efeito de unir; junção de duas coisas ou pessoas; junção; adesão; aliança; casamento; confederação.

UNICELULAR, adj. Que tem uma só célula, ou que é formado de uma só célula.

UNICIDADE, s.f. Estado ou qualidade do que é único.

ÚNICO, adj. Que é só um; que no gênero não há outro; exclusivo; excepcional.

UNICOLOR, adj. Que só tem uma cor.

UNICORNE, adj. Que só tem um corno ou ponta.

UNICÓRNIO, s.m. Espécie de rinoceronte.

UNIDADE, s.f. Quantidade convencional que se toma para termo de comparação entre grandezas da mesma espécie; o número um; princípio da numeração; qualidade do que é um ou único; união; coordenação das partes de um trabalho literário ou artístico; ação coletiva, tendente a um fim único; uniformidade; corpo de soldados destinados a manobrar juntos; cada navio, na marinha de guerra.

UNIDO, adj. Que se uniu; junto; ligado; soldado.

UNIFICAÇÃO, s.f. Ato ou efeito de unificar.

UNIFICADOR, adj. e s.m. Que, ou aquele que unifica.

UNIFICAR, v.t. Reunir em um todo ou em um só corpo; tornar uno; p. reunir-se em um todo; unir-se; englobar-se.

UNIFORME, adj. Que só tem uma forma; que não varia; idêntico; s.m. farda ou vestuário, feito segundo modelo oficial e comum, para uma corporação ou classe.

UNIFORMIDADE, s.f. Qualidade do que é uniforme; monotonia; coerência.

UNIFORMIZAÇÃO, s.f. Ato ou efeito de uniformizar.

UNIFORMIZADOR, adj. e s.m. Que, ou aquele que uniformiza.

UNIFORMIZAR, v.t. Tornar uniforme; fazer vestir de uniforme; p. trajar uniforme.

UNIGÊNITO, adj. Único gerado por seus pais; s.m. filho único.

UNILATERAL, adj. Situado de um único lado; que vem de um lado só; designativo do contrato em que só uma das partes se obriga para com a outra.

UNILÍNGÜE, adj. Que está escrito em uma só língua.

UNIONISMO, s.m. Sistema político da união de confederação; unitarismo.

UNIONISTA, adj. Relativo ao unionismo; s. aque-le que é adepto da manutenção da união num Estado confederado.

UNÍPARA, s.f. Mulher que só deu à luz um filho.

UNIPESSOAL, adj. Relativo a uma só pessoa; que consta de uma só pessoa.

UNIPÉTALO, adj. Que tem uma só pétala.

UNIPOLAR, adj. Que tem um só pólo.

UNIPOLARIDADE, s.f. Estado de um corpo unipolar.

UNIR, v.t. Juntar; aproximar; ligar; estabelecer comunicação entre; associar, tornar unido (pessoas); ligar afetivamente; conciliar; harmonizar; reunir; ligar pelo matrimônio; fazer aderir; t.-rel. ligar; associar; aconchegar; aproximar; aliar; reunir; combinar; ajuntar; misturar; int. ligar-se; ajuntar-se; aderir; p. ligar-se (por afeto, casamento ou interesse); combinar-se.

UNISSEXUADO, adj. Unissexual.

UNISSEXUAL, adj. Que tem só um sexo; que tem só estames ou só carpelos (flor). O mesmo que unissexuado.

UNISSONÂNCIA, s.f. Qualidade do que é uníssono; conjunto de sons uníssonos.

UNISSONANTE, adj. Uníssono.

UNÍSSONO, adj. Que tem o mesmo som ou o mesmo número de vibrações; s.m. concomitância de sons de igual altura.

UNITÁRIO, adj. Da unidade, ou a ela respeitante; relativo à unidade política de um país.

UNITARISMO, s.m. Sistema unitário.

UNITIVO, adj. Próprio para unir ou para se unir.

UNIVALVE, adj. Formado de uma só peça (concha de molusco), ou que se abre de um lado só (fruto).

UNIVALVULAR, adj. Que tem uma só válvula.

UNIVERSAL, adj. Que abrange tudo, ou que se estende a tudo ou por toda parte; que provém de todos; que tem o caráter de absoluta generalidade; geral.

UNIVERSALIDADE, s.f. Qualidade do que é universal; totalidade.

UNIVERSALIZAÇÃO, s.f. Ato ou efeito de universalizar.

UNIVERSALIZAR, v.t. Tornar universal; generalizar.

UNIVERSIDADE, s.f. Instituição educacional que abrange um conjunto de escolas superiores, destinadas à especialização profissional e científica; centro de cultura superior; o edifício em que está situado o centro de cultura superior.

UNIVERSITÁRIO, adj. Relativo a universidade; s.m. lente ou aluno de uma universidade.

UNIVERSO, s.m. Conjunto de todos os astros com tudo o que neles exista; o sistema solar; o mundo; a Terra; os habitantes da Terra.

UNÍVOCO, adj. Que se aplica a muitas coisas do mesmo gênero e da mesma ou diferente espécie; uma forma de interpretação.

UNO, adj. Um; único; singular.

UNTADELA, s.f. Ato de untar de leve; untura.

UNTADOR, adj. e s.m. Que, ou aquele que unta.

UNTADURA, s.f. Untura; ungüento.

UNTAR, v.t. Aplicar unto; cobrir de unto; besuntar; engordurar.

UNTO, s.m. Gordura ou banha.

UNTUOSIDADE, s.f. Estado ou qualidade de untuoso; qualidade de gorduroso ou escorregadio.

UNTUOSO, adj. Em que há unto ou gordura; lubrificado; escorregadio; suave; melífluo.

UNTURA, s.f. Ato ou efeito de untar.

UPA, s.f. Salto; corcovo do cavalo; interj. próprio para incitar um animal ou uma pessoa a levantar-se ou a subir; também designa espanto.

URÂNIO, s.m. Elemento químico, metal radioativo, símbolo U, de peso atômico 238,14 e número atômico 92.

URANISMO, s.m. Inversão sexual; homossexualidade.

URANISTA, adj. e s. Que, ou pessoa que tem a perversão do uranismo.

URANO, s.m. Designação de um planeta do sistema solar.

URANOGRAFIA, s.f. Descrição do céu.

URANOGRÁFICO, adj. Relativo à uranografia.

URANÓGRAFO, s.m. Aquele que é versado em uranografia; astrônomo.

URANOLOGIA, s.f. Estudo do firmamento.

472

URANÔMETRO, s.m. Instrumento com que se medem as distâncias celestes.

URANOPLASTIA, s.f. Restauração do véu palatino.

URANORAMA, s.m. Vista do céu, ou exposição do sistema planetário por meio de globo móvel; planetário.

URANOSCOPIA, s.f. O mesmo que astrologia.

URATO, s.m. Designação genérica dos sais e ésteres do ácido úrico.

URBANIDADE, s.f. Qualidade do que é urbano; civilidade; cortesia; afabilidade.

URBANISMO, s.m. Teoria e ciência da construção, melhoramento e embelezamento das cidades.

URBANISTA, adj. e s. Diz-se de, ou pessoa que é técnica em urbanismo.

URBANÍSTICO, adj. Referente ao urbanismo.

URBANIZAÇÃO, s.f. Ato ou efeito de urbanizar.

URBANIZAR, v.t. Tornar urbano; civilizar; embelezar uma cidade.

URBANO, adj. Relativo a cidade; cortês; afável; civilizado.

URDIDEIRA, adj. Diz-se da mulher que urde ou tece; s.f. mulher que urde ou tece; conjunto de duas peças paralelas e verticais, guarnecidas de pregos de madeira ou ganchos de ferro, em que se urdem os ramos da teia.

URDIDOR, adj. Que urde; s.m. aquele que urde.

URDIDURA, s.f. Ato ou efeito de urdir; trama.

URDIMENTO, s.m. Urdidura.

URDIR, v.t. Pôr em ordem ou dispor (os fios da teia) para se fazer o tecido; t. e t.-rel. enredar; tramar; maquinar; intrigar.

URDUME, s.m. Urdidura; trama.

URÉIA, s.f. Substância azotada que representa o último termo do metabolismo das proteínas e é eliminada principalmente pela urina.

UREMIA, s.f. Intoxicação que resulta de insuficiência renal.

URÊNCIA, s.f. Ardência.

URENTE, adj. Que queima; ardente.

URETER, s.m. Cada um dos dois canais que conduzem a urina dos rins para a bexiga.

URETERALGIA, s.f. Dor nos ureteres.

URETERÁLGICO, adj. Relativo à ureteralgia.

URETÉRICO, adj. Relativo ao ureter.

URETERITE, s.f. Inflamação nos ureteres.

URETEROLITÍASE, s.f. Presença de cálculo no ureter.

URETEROLÍTICO, adj. Relativo à ureterolitíase.

URÉTICO, adj. Relativo à urina; diurético.

URETRA, s.f. Canal terminal excretor que dá passagem à urina da bexiga para o exterior.

URETRAL, adj. Relativo à uretra.

URETRALGIA, s.f. Dor na uretra.

URETRÁLGICO, adj. Relativo à uretralgia.

URETRITE, s.f. Inflamação da uretra.

URETRORRAGIA, s.f. Derramamento de sangue pela uretra.

URETRORRÉIA, s.f. Fluxo ou corrimento pela uretra.

URETROSCOPIA, s.f. (Med.) Exame da uretra feito com uretroscópio.

URETROSCÓPIO, s.m. Instrumento que permite observar o interior da uretra.

URETROTOMONIA, s.f. Incisão na uretra.

URGÊNCIA, s.f. Qualidade do que é urgente; pressa; necessidade imediata.

URGENTE, adj. Que urge; que é preciso fazer-se com rapidez.

URGIR, v.int. Ser preciso sem demora; não permitir demora; estar iminente; instar; fazer exigência; apertar; t. perseguir de perto; comprimir, impelindo; estreitar; exigir; reclamar; tornar imediatamente necessário. (No sentido de ser preciso sem demora, etc., só se conjuga nas terceiras pessoas; nos outros casos não se conjuga na 1.ª pess. do sing. do pres. do indic. e em todo o pres. do subjuntivo.)

URICEMIA, s.f. Presença do ácido úrico no sangue.

URINA, s.f. Líqüido segregado pelos rins.

URINAÇÃO, s.f. Micção; ato ou efeito de urinar.

URINAR, v.int. Expelir urina pela via natural.

URINÁRIO, adj. Relativo à urina.

URINOL, s.m. Vaso próprio para nele se urinar e defecar.

URINOSO, adj. Da natureza da urina.

URNA, s.f. Vaso para água entre os antigos; vaso em que se guardavam as cinzas dos mortos; vaso ou objeto análogo em que se recolhem os votos nas eleições ou os números numa loteria.

UROCELE, s.f. Infiltração de urina.

URODELO, adj. Que tem cauda muito visível; s.m. espécime dos Urodelos, ordem de anfíbios de corpo alongado, quatro membros curtos e cauda persistente.

URODINIA, s.f. Dor sentida no ato de urinar.

UROGENITAL, adj. (Med.) O mesmo que geniturinário.

URÓLITO, s.m. Cálculo urinário.

UROLOGIA, s.f. Parte da Medicina que se ocupa das doenças do rim e das vias urinárias.

UROLÓGICO, adj. Relativo à Urologia.

UROLOGISTA, s. Especialista em Urologia.

UROPÍGIO, s.m. Dilatação triangular sobre as últimas vértebras das aves e da qual saem as penas da cauda.

UROSCOPIA, s.f. Exame das urinas.

UROSCÓPICO, adj. Relativo à uroscopia.

URRAR, v.int. Dar urros; rugir; bramir.

URRO, s.m. Rugido ou bramido de algumas feras; berro.

URSA, s.f. Fêmea do urso.

URSADA, s.f. Traição; mau procedimento.

URSÍDEO, adj. Ursino; semelhante ao urso; s.m. espécime dos Ursídeos, família de mamíferos providos de garras não retráteis à qual pertence o urso.

URSINO, adj. Relativo ao urso. O mesmo que ursídeo.

URSO, s.m. Gênero de mamíferos carnívoros, tipo dos Ursídeos; homem pouco sociável; homem feio; adj. e s.m. diz-se de, ou mau amigo; amigo falso.

URSULINA, s.f. Religiosa da ordem de Santa Úrsula, fundada na França em 1506.

URTICAÇÃO, s.f. Ato de flagelar a pele para excitá-la.

URTICANTE, adj. Que produz urticação ou sensação análoga à das urtigas sobre a pele.

URTICAR, v.t. Produzir sensação análoga à de urtigas sobre a pele.

URTICÁRIA, s.f. Erupção pruriginosa, de placas salientes, análoga às alterações produzidas sobre a pele pela urtiga.

URTIGA, s.f. Planta cuja haste e folhas produzem sobre a pele um plurido ou ardor.

URTIGAR, v.t. Picar ou flagelar com urtigas.

URUBU, s.m. Abutre da família dos Catartídeos, que se alimenta de carniça.

URUCA, s.f. O mesmo que urucubaca; azar; caiporismo.

URUCU, s.m. O fruto do urucuzeiro; substância tintorial extraída da polpa desse fruto, e conhecida também por arnoto e açafrão.

URUCUBACA, s.f. Má sorte; azar; caiporismo.

URUCUNGO, s.m. Instrumento musical, de procedência africana, que consiste em um arco de madeira, tendo um arame retesado ao qual está adaptada uma cabaça que funciona como caixa de ressonância do som obtido pela percussão da corda.

URUCUZEIRO, s.m. Arbusto da família das Bixáceas.

URUGUAIO, adj. Do Uruguai; s.m. o natural ou habitante desse país; oriental.

URUPÊ, s.m. Espécie de cogumelo, também chamado orelha-de-pau.

URUPEMA, s.f. Espécie de peneira de fibra vegetal para uso culinário.

URUPEMBA, s.f. Urupema.

URUTU, s.m. Nome de várias espécies de cobras da família dos Crotalídeos.

URZAL, s.m. Terreno onde crescem urzes em abundância.

URZE, s.f. Nome comum a várias plantas da família das Ericáceas, também conhecidas pelos nomes de torga.

USADO, adj. Gasto; deteriorado.

USANÇA, s.f. Uso; hábito antigo; rotina.

USAR, v.t. Empregar habitualmente; fazer uso de; servir-se de; trazer habitualmente; gastar com uso; deteriorar; trajar; vestir; rel. servir-se; fazer uso; p. gastar-se; deteriorar-se pelo uso.

USEIRO, adj. Que costuma fazer alguma coisa repetidas vezes; reincidente

USINA, s.f. Grande estabelecimento de fabricação industrial.

USINEIRO, s.m. Dono de usina; adj. de usina; relativo a usina.

USO, s.m. Ato ou efeito de usar; aplicação; emprego de qualquer coisa; prática; moda.

USTÃO, s.f. Combustão; cauterização.

USTÓRIO, adj. Que queima; que facilita a combustão; comburente.

USTULAÇÃO, s.f. Ato ou efeito de ustular.

USTULAR, v.t. Queimar ligeiramente; secar ao fogo; expelir uma substância de outra por aquecimento.

USUAL, adj. Que se usa geralmente; rotineiro; costumeiro.

USUÁRIO, adj. e s. Que, ou aquele que possui ou frui alguma coisa por direito proveniente de uso.

USUCAPIÃO, s.m. (jur.) Meio de aquisição da coisa pela sua posse pacífica durante certo tempo; espécie de prescrição.

USUCAPIENTE, adj. e s. Que, ou aquele que adquiriu por usucapião.

USUCAPIR, v.t. Adquirir por usucapião; int. prevalecer; ter vigor; adquirir-se por uso. (Defectivo: não se conjuga na 1.ª pess. do pres. do indic. e, conseqüentemente, em todo o presente do subjuntivo: usucapes, usucape, usucapimos, usucapis, usucapem.)

USUFRUIR, v.t. Ter a posse e o gozo de (alguma coisa que não se pode alienar ou destruir). (Pres. ind.: usufruo, usufruis, usufrui, usufruímos, usufruís, usufruem.)

USUFRUTO, s.m. Ato ou efeito de usufruir; aquilo que se usufrui; direito de usar de coisa alheia durante certo tempo.

USUFRUTUÁRIO, adj. Relativo a usufruto; que usufrui.

USURA, s.f. Juro de capital; contrato de empréstimo, com a cláusula do pagamento de juros pelo devedor; juro excessivo; lucro exagerado.

USURAR, v.int. Emprestar dinheiro ou outras coisas com usura.

USURÁRIO, adj. e s.m. Que, ou aquele que empresta com usura; agiota; avaro.

USUREIRO, adj. e s.m. Usurário.

USURPAÇÃO, s.f. Ato ou efeito de usurpar.

USURPADOR, adj. e s.m. Que, ou aquele que usurpa; intruso.

USURPAR, v.t. Apoderar-se violentamente de; adquirir com fraude; alcançar sem direito; exercer indevidamente; assumir o exercício de, por fraude ou artifício; t.-rel. tomar à força; obter por fraude.

UTENSÍLIO, s.m. Qualquer instrumento de trabalho, de que se sirva artista ou industrial; ferramenta; objeto que serve de meio ou instrumento para alguma coisa.

UTERINO, adj. Relativo ao útero.

ÚTERO, s.m. Órgão em que se gera o feto dos mamíferos; madre.

UTERORRAGIA, s.f. Hemorragia uterina.

UTERORRÁGICO, adj. Metrorrágico.

UTEROSCOPIA, s.f. Exame do útero por meio do histeroscópio.

UTEROTOMIA, s.f. Incisão do útero.

UTEROTÔMICO, adj. Relativo à uterotomia.

UTERÓTOMO, s.m. Instrumento com que se pratica a uterotomia; metrótomo.

ÚTIL, adj. Que pode ter algum uso ou serventia; vantajoso; de trabalho (dia); determinado por lei.

UTILIDADE, s.f. Qualidade de útil; serventia; vantagem.

UTILITÁRIO, adj. Relativo à utilidade; que tem a utilidade ou o interesse particular ou geral, como fim principal de seus atos; s.m. pessoa utilitária, interesseira.

UTILITARISMO, s.m. Sistema dos utilitários, i. é, o proveito acima de tudo.

UTILITARISTA, adj. Relativo ao utilitarismo; que é partidário do utilitarismo; s. partidário do utilitarismo.

UTILIZAÇÃO, s.f. Ato ou efeito de utilizar.

UTILIZAR, v.t. Aproveitar; empregar com vantagem; fazer uso de; t.-rel. empregar utilmente; rel. aproveitar; p. lançar mão de; tirar proveito de; servir-se.

UTILIZÁVEL, adj. Que se pode utilizar.

UTOPIA, s.f. País imaginário, criação poética do escritor inglês Thomas Morus (1480-1535), em que tudo está organizado da melhor maneira; plano teórico que não pode ser realizado; projeto irrealizável; fantasia; quimera.

UTÓPICO, adj. Relativo a utopia; que encerra utopia.

UTOPISTA, adj. Utópico; s. pessoa que concebe ou defende utopias.

UTRICULAR ou **UTRICULARIFORME,** adj. Semelhante a utrículo; composto de utrículos.

UTRÍCULO, s.m. Pequeno saco; cada uma das células do tecido celular das plantas; cavidade dos órgãos polínicos; a maior porção do labirinto membranoso do ouvido.

UTRIFORME, adj. Que tem forma de odre.

UVA, s.f. Designação da baga que é o fruto da videira; cacho de uvas; designação genérica dos frutos das vinhas; (gír.) mulher muito bonita, tentadora.

UVADA, s.f. Conserva de uvas.

UVAL, adj. Respeitante a uva.

UVÍFERO, adj. Que dá frutos semelhantes ao cacho de uvas.

UVIFORME, adj. Semelhante a bago de uva.

ÚVULA, s.f. Saliência cônica na parte posterior do véu palatino, também chamada campainha.

UVULAR, adj. Relativo à úvula.

UVULIFORME, adj. Semelhante à úvula.

UVULITE, s.f. Inflamação da úvula.

UXORICIDA (cs), s.m. Aquele que assassinou a própria esposa.

UXORICÍDIO (cs), s.m. Assassínio da mulher pelo próprio marido.

V

V, s.m. Consoante labiodental fricativa sonora, vigésima primeira letra do alfabeto.

VÃ, adj.: Flexão feminina de vão.

VACA, s.f. Fêmea do touro.

VACADA, s.f. Multidão ou corrida de vacas.

VACÂNCIA, s.f. Estado daquilo que se apresenta vago; tempo durante o qual um cargo ou emprego não está preenchido.

VACANTE, adj. Que está vago; desocupado.

VACAR, v.int. Estar vago, desocupado; estar em férias; cessar por algum tempo as suas funções.

VACARIA, s.f. Vacada; curral de vacas; estabelecimento onde se tratam e recolhem vacas, para lhes tirar o leite e o vender.

VACARIL, adj. Relativo a vaca ou a gado vacum.

VACATURA, s.f. Vacância.

VACILAÇÃO, s.f. Oscilação; perplexidade; hesitação.

VACILANTE, adj. Que vacila; pouco firme; perplexo; instável; mudável; hesitante.

VACILAR, v.int. Não estar firme; cambalear; oscilar; tremer; hesitar.

VACILATÓRIO, adj. Vacilante; que produz vacilação ou hesitação; instável.

VACINA, s.f. Doença infecciosa, contagiosa, que existe no gado vacum e cavalar sob forma de pústulas e cuja transmissão ao homem o protege contra a varíola; vacinação; qualquer micróbio morto ou de virulência atenuada que se introduz no organismo para obrigá-lo a formar anticorpos que o protejam contra determinada doença.

VACINAÇÃO, s.f. Ato ou efeito de vacinar. O mesmo que vacina.

VACINADOR, s.m. Aquele que vacina.

VACINAR, v.t. Inocular vacinas.

VACINOTERAPIA, s.f. Método terapêutico baseado no emprego das vacinas.

VACUIDADE, s.f. Estado do que é vazio.

VACUM, adj. Diz-se do gado que compreende os bovinos (vacas, bois e novilhos); s.m. o gado vacum.

VÁCUO, adj. Que não contém nada; vazio; s.m. espaço vazio; espaço imaginário não ocupado.

VACÚOLO, s.m. Espaço ou cavidade com ar ou líqüido, que se forma na massa do protoplasma, ou qualquer outra textura.

VADEAÇÃO, s.f. Ato ou efeito de vadear.

VADEAR, v.t. Passar ou travessar a vau.

VADEÁVEL, adj. Que se pode vadear.

VADE-MÉCUM, s.m. Manual de consultas.

VADIAÇÃO, s.f. Ato ou efeito de vadiar.

VADIAGEM, s.f. Vadiação; vida de vadio.

VADIAR, v.int. Andar ociosamente de uma para outra banda; passar vida ociosa; não estudar; não trabalhar. (Pres. ind.: vadio, vadias, vadia, vadiamos, vadiais, vadiam.)

VADIO, adj. Que não tem ocupação ou que não faz nada; que vagueia; vagabundo; diz-se de quem é pouco aplicado; s.m. indivíduo vadio.

VAGA, s.f. Grande onda; multidão que se espalha ou invade tumultuosamente, como onda.

VAGABUNDAGEM, s.f. Vida de vagabundo; os vagabundos.

VAGABUNDEAR, v.int. Levar vida de vagabundo; vadiar.

VAGABUNDO, adj. Que vagabundeia; errante; nômade; de qualidade inferior; ordinário; s.m. indivíduo vadio.

VAGADO, s.m. Vertigem; desmaio.

VAGALHÃO, s.m. Grande vaga.

VAGA-LUME, s.m. Pirilampo; empregado que, na sala de teatros ou cinemas, acompanha o espectador, utilizando-se de uma lanterna, para indicar o lugar.

VAGAMUNDO, adj. Vagabundo; errante.

VAGANTE, adj. Que vagueia; errante; que está vago.

VAGÃO, s.m. Carro de estrada de ferro, que conduz passageiros ou carga.

VAGAR, v.int. Andar sem destino; errar; vaguear; boiar sem direção, ao sabor das vagas; andar passeando; ficar vago; estar vazio, desocupado; deixar vago; s.m. lentidão; ócio; falta de ocupação.

VAGAREZA, s.f. Lentidão.

VAGAROSO, adj. Lento; demorado; sereno; que não tem pressa; moleirão.

VAGEM, s.f. Fruto das leguminosas; invólucro do feijão verde.

VAGIDO, s.m. Choro de criança recém-nascida; lamento; gemido.

VAGINA, s.f. (Anat.) Canal entre a vulva e o útero.

VAGINAL, adj. Relativo a vagina.

VAGINISMO, s.m. (Med.) Contração espasmódica do músculo constritor da vagina.

VAGINITE, s.f. (Med.) Inflamação da vagina.

VAGIR, v.int. Dar vagidos (a criancinha); gemer; lamentar-se.

VAGO, adj. Perplexo; indeciso; indeterminado; não preenchido; desabitado.

VAGONETA ou **VAGONETE**, s.f. Vagão pequeno.

VAGUEAÇÃO, s.f. Vadiagem; peregrinação; devaneio.

VAGUEAR, v.int. Andar ao acaso; vagar; vagabundear; errar; andar sobre as vagas; boiar; flutuar.

VAGUEJAR, v.int. Vaguear.

VAIA, s.f. Apupo; motejo; pateada.

VAIAR, v.t. Dar vaias; apupar.

VAIDADE, s.f. Desejo exagerado de atrair a admiração ou as homenagens dos outros; ostentação; presunção; futilidade.

VAIDOSO, adj. Que tem vaidade; presunçoso, presumido; jactancioso.

VAIVÉM, s.m. Movimento de pessoa ou objeto que vai e vem; movimento oscilatório; alternativa.

VALA, s.f. Escavação longa e mais ou menos larga

para receber as águas que escorrem do terreno adjacente ou para as conduzir a algum ponto, ou, ainda, para a instalação de encanamentos de água, gás ou esgoto; sepultura em que se reúnem os cadáveres de indivíduos mortos em conjunto ou que não deixaram meios para cova em separado.

VALA-COMUM, s.f. Sepultura de indigentes.

VALADA, s.f. Grande vala.

VALAR, v.t. Fazer valas em; rodear de valas.

VALDEVINOS, s.m. 2 núm. Vagabundo; estróina.

VALE, s.m. Planície ou depressão entre montes; várzea ou planície à beira de um rio; espécie de cheque; documento representativo de dinheiro ou de mercadorias nele especificadas e passado a favor de alguém.

VALEDIO, adj. Que tem valor; que pode ter curso (moeda).

VALEDOR, adj. e s.m. Que, ou aquele que vale, dá auxílio ou proteção a alguém.

VALEDOURO, adj. Valioso; valedor; protetor.

VALEIRA, s.f. Vala pequena; valeta.

VALEIRO, s.m. Aquele que por profissão abre valos.

VALÊNCIA, s.f. Capacidade de combinação que um átomo de substância simples ou grupamento funcional tem em relação ao número de átomos de hidrogênio.

VALENTÃO, adj. e s.m. Que, ou aquele que é muito valente; briguento; desordeiro; fanfarrão; gabarola.

VALENTE, adj. Que tem valor, força; intrépido; enérgico; rijo; s.m. homem esforçado ou corajoso.

VALENTIA, s.f. Qualidade de valente; força; façanha; vigor.

VALENTONA, adj. e s.f. Fem. de valentão; à —: loc. adv. brutalmente.

VALER, v.t. Ter valor; ser igual em valor; custar; ser de certo preço; merecer; ser digno; ser equivalente; ter o mesmo valor; int. ter merecimento. (Pres. ind.: valho, vales, vale, etc.; pres. subj.: valha, valhas, valha, etc.)

VALERIANA, s.f. Planta medicinal da família das Valerianáceas, de que se faz chá hipnógeno.

VALETA, s.f. Pequena vala para escoamento de águas, à beira de ruas ou estradas.

VALETE, s.m. Uma das figuras das cartas de jogar também chamada conde.

VALETUDINÁRIO, adj. Enfermiço; de compleição fraca.

VALHACOUTO, s.m. Abrigo; asilo; proteção.

VALIA, s.f. Valor inerente a um objeto; valor intrínseco; valor estimativo.

VALIDAÇÃC, s.f. Ato ou efeito de validar.

VALIDADE, s.f. Qualidade de válido.

VALIDAR, v.t. Dar validade; tornar válido.

VALIDEZ, s.f. Estado ou qualidade de válido.

VALIDISMO, s.m. Regime de favoritismo; nepotismo.

VALIDO, s.m. Indivíduo especialmente protegido; favorito.

VÁLIDO, adj. Que tem valor; que tem saúde; são; vigoroso; legal.

VALIMENTO, s.m. Valor; préstimo; influência.

VALIOSO, adj. Que tem valia; que vale muito; que tem importância ou muitos merecimentos e préstimos.

VALISE, s.f. Mala de mão; maleta.

VALO, s.m. Parapeito para defesa de um campo; fosso.

VALOR, s.m. Valentia; coragem; mérito; preço; papel representativo de dinheiro; significação rigorosa de um termo; duração de uma nota musical; pl.: objetos caros.

VALORIZAÇÃO, s.f. Ato ou efeito de valorizar; alta fictícia no valor comercial de uma mercadoria.

VALORIZADOR, adj. Que valoriza; que faz valer.

VALORIZAR, v.t. Dar valor ou valores; aumentar o valor ou o préstimo de; p. aumentar de valor.

VALOROSIDADE, s.f. Qualidade do que é valoroso; destemor.

VALOROSO, adj. Forte; enérgico; destemido.

VALSA, s.f. Nome de uma dança rodada, em compasso de 3 por 4; música que serve para acompanhar essa dança.

VALSAR, v.int. Dançar valsa.

VALSISTA, adj. e s. Que, ou pessoa que valsa, ou que valsa bem.

VÁLVULA, s.f. Qualquer dobra membranosa que, nos vasos e condutos do corpo, obsta ao refluxo dos líquidos ou que tem por função deter ou retardar o curso dos líquidos em seu trajeto; espécie de tampa que fecha por si e hermeticamente um tubo; placa metálica, que, num orifício das máquinas de vapor, evita a explosão, cedendo ao impulso do vapor superabundante.

VALVULADO, adj. Que tem uma válvula.

VALVULAR, adj. Que tem válvulas.

VAMPÍRICO, adj. Relativo a vampiro; semelhante a vampiro.

VAMPIRISMO, s.m. Crença nos vampiros; cupidez excessiva.

VAMPIRO, s.m. Entidade imaginária que, segundo a crença do vulgo, sai das sepulturas para sugar o sangue dos vivos; espécie de morcego grande; no geral, todos os morcegos sugadores de sangue; personagem feminina de enredo de filme de cinema, a qual representa a mulher fatal, que vira a cabeça dos homens com os seus atrativos; qualquer mulher desse gênero.

VANÁDIO, s.m. Elemento químico, metal, símbolo V, de peso atômico 50,95 e número atômico 23.

VANDÁLICO, adj. Relativo aos vândalos.

VANDALISMO, s.m. Ato próprio de vândalo; destruição do que é respeitável pelas suas tradições, antiguidade ou beleza.

VÂNDALO, s.m. Aquele que destrói monumentos ou objetos preciosos.

VANECER ou **VANESCER**, v.t. e p. Desvanecer; esmorecer.

VANGLÓRIA, s.f. Presunção infundada, jactância.

VANGLORIAR, v.t. Inspirar vanglória ou desvanecimento a; tornar vaidoso; p. orgulhar-se; tornar-se vaidoso; ufanar-se desmedidamente ou sem razão. (Pres. ind.: vanglorio, vanglorias, vangloria, etc.)

VANGLORIOSO, adj. Que tem vanglória; vaidoso; jactancioso.

VANGUARDA, s.f. Dianteira do exército; dianteira. (Antôn.: retaguarda.)

VANGUARDEIRO, adj. Que marcha na vanguarda; que vem na frente.

VANILINA, s.f. Substância orgânica de cheiro característico, encontrada nas favas de baunilha e também preparada sinteticamente; baunilha.

VANILOQÜÊNCIA, s.f. Qualidade do que é vaníloquo.

VANILÓQUIO, s.m. Palavras ocas; arrazoado sem valor.

VANÍLOQUO, adj. Que fala à toa, ou diz palavras sem sentido ou inúteis.

VANTAGEM, s.f. Qualidade do que está adiante ou superiormente; primazia; lucro; proveito.

VANTAJOSO, adj. Em que há vantagem; lucrativo.

VÃO, adj. Vazio; sem valor; fútil; ineficaz (fem.: vã; pl.: vãos; superl. abs. sint.: vaníssimo); s.m. espaço desocupado; vácuo; intervalo; abertura numa parede, por janela ou porta; distância entre os apoios de uma ponte.

VAPOR, s.m. Estado gasoso de uma substância que na temperatura e pressão ordinárias é sólida ou líquida; navio movido por máquina de vapor.

VAPORAÇÃO, s.f. Ato ou efeito de vapor.

VAPORAR, v.t. Exalar ou lançar (vapores); int. e p. evaporar-se; lançar vapores; vaporizar-se.

VAPORÁVEL, adj. Que se pode vaporar.

VAPORÍFERO, adj. Que exala vapores.

VAPORIZAÇÃO, s.f. Ato ou efeito de vaporizar; passagem ao estado de vapor.

VAPORIZADOR, s.m. Vaso com que se vaporiza um líquido.

VAPORIZAR, v.t. Converter em vapor; p. converter-se em vapor; impregnar-se de vapores; evaporar-se

VAPOROSO, adj. Vaporífero; leve; aeriforme; transparente; muito tênue.

VAQUEANO, s.m. Aquele que conhece bem ou está prático nos caminhos de uma região.

VAQUEIRADA, s.f. Grupo de vaqueiros.

VAQUEIRAMA, s.f. Vaqueirada; reunião de vaqueiros, no inverno, para procederem à vaquejada ou rodeio.

VAQUEIRO, s.m. Guarda ou condutor de vacas, ou de qualquer gado vacum.

VAQUEJADA, s.f. Rodeio e reunião do gado nos últimos meses de inverno; ato de procurar o gado que se acha espalhado pelos matos, levando-o aos currais da fazenda para apartação, ferra, capa-

ção, etc.; apartação (partilha).

VAQUETA, s.f. Couro delgado para forros; baqueta; vareta.

VAQUINHA, s.f. Sociedade de várias pessoas para compra de alguma coisa.

VARA, s.f. Ramo delgado de árvore ou arbusto; cargo de juiz; jurisdição; designação coletiva de porcos; punição; castigo.

VARAÇÃO, s.f. Varadouro; transporte de embarcação por terra, para evitar trechos encachoeirados dos rios.

VARADA, s.f. Pancada com vara; chibatada.

VARADOURO, s.m. Lugar raso onde se podem recolher as embarcações dos diversos tipos, para consertá-las ou guardá-las, enquanto não podem navegar; vereda rapidamente aberta, que permite a passagem de um rio para outro, a fim de se fugir a acidentes do curso.

VARAL, s.m. Cada uma das varas que saem dos lados de um veículo e entre as quais se atrela o animal que a puxa; arame sustido por postes, onde são postas a varas as roupas lavadas; estendal.

VARANCADA, s.f. Varada.

VARANDA, s.f. Balcão; sacada; terraço; grade de sacadas ou de janelas rasgadas ao nível do pavimento; balcão corrido ao longo de um edifício ou de parte dele.

VARANDIM, s.m. Varanda estreita; plataforma.

VARÃO, s.m. Indivíduo do sexo masculino; adj. que é do sexo masculino.

VARAPAU, s.m. Cajado; bordão.

VARAR, v.t. Bater com vara; meter no varadouro; atravessar; traspassar; passar além de; transpor com ímpeto; passar (um rio); rel. passar impetuosamente; embrenhar-se; meter-se.

VAREJA, s.f. Ato de varejar; designação dada às várias moscas que depositam ovos ou larvas nas feridas, na carne, etc. O mesmo que varejeira ou mosca varejeira.

VAREJADOR, adj. e s.m. Que, ou aquele que vareja, que dá ou faz varejo.

VAREJÃO, s.m. Vara grande.

VAREJAR, v.t. Agitar ou sacudir com vara; castigar com vara; rel. disparar tiros; int. soprar rijo, com violência; dar pancadas; invadir.

VAREJEIRA, adj. e s.f. Designativo da, ou a mosca também chamada vareja.

VAREJISTA, s. Negociante que vende a retalho, a varejo; adj. relativo ao comércio a varejo.

VAREJO, s.m. Venda a retalho; venda por miúdo.

VARELA, s.f. Vareta.

VARETA, s.f. Pequena vara; vara delgada de pau ou de ferro, anexa ao cano da espingarda; perna de compasso.

VARGE ou **VÁRGEA**, s.f. Várzea; vargem.

VARGEDO, s.m. Conjunto ou seqüência de vargens.

VARGEM, s.f. Várzea; terreno pantanoso.

VARGINHA, s.f. Pequena vargem.

VÁRIA, s.f. Comentário de jornal. O mesmo que tópico e suelto.

VARIABILIDADE, s.f. Qualidade do que é variável; volubilidade; inconstância.

VARIAÇÃO, s.f. Ato ou efeito de variar; mudança; parte declinável de uma palavra.

VARIADO, adj. Vário; diverso; variegado.

VARIANTE, adj. Que varia; diferente; s.f. diferença; variação; modificação na direção de uma estrada; cada uma das diversas formas do mesmo vocábulo.

VARIAR, v.t. Tornar vário ou diverso; alterar; mudar; revezar; matizar; int. fazer ou sofrer mudança; apresentar-se sob diversas formas ou aspectos; ser inconstante; não ser conforme; p. alterar-se; transformar-se; sofrer mudança. (Pres. ind.: vario, varias, varia, etc.)

VARIÁVEL, adj. Que pode variar; mudável; inconstante.

VARICELA, s.f. Doença infecciosa e contagiosa, ordinariamente benigna, e caracterizada por febre acompanhada de uma erupção de pequenas bolhas, que secam no fim de poucos dias (na linguagem vulgar: catapora ou cataporas).

VARICOCELE, s.f. Dilatação varicosa das veias do cordão espermático.

VARICOSO, adj. Que tem varizes.

VARIEDADE, s.f. Qualidade do que é vário; variação; diversidade; multiplicidade; subdivisão das espécies fundada nas ligeiras diferenças entre individuos da mesma espécie; pl.: miscelânea de assuntos vários e de exibições em teatros.

VARIEGAÇÃO, s.f. Ato ou efeito de variegar; matiz, matização.

VARIEGADO, adj. De cores várias; matizado; diversificado; alternado; variado.

VARIEGAR, v.t. Dar cores diversas a; matizar; diversificar; alternar; variar.

VÁRIO, adj. De diversas cores ou feitios; matizado; diferente; inconstante; muito numeroso.

VARÍOLA, s.f. (Patol.) Doença infecciosa, contagiosa e epidêmica, vulgarmente conhecida por bexiga, e caracterizada por febre alta, com erupção de pústulas na pele, que deixam cicatrizes indeléveis.

VARIÓLICO, adj. Relativo à varíola.

VARIOLÓIDE, s.f. Forma atenuada da varíola.

VARIOLOSO, adj. Variólico; atacado de variola; s.m. indivíduo atacado de varíola.

VARIZ, s.f. Dilatação permanente de uma veia. (Mais comumente se usa no plural: varizes das pernas.)

VARJA, s.f. Várzea.

VARJOTA, s.f. Várzea ou varja pequena.

VARONIA, s.f. Qualidade de varão; descendência em linha masculina.

VARONIL, adj. Relativo a varão ou próprio dele; enérgico; forte; heróico.

VARONILIDADE, s.f. Qualidade de quem é varonil; virilidade.

VARRÃO, s.m. Barrão; porco não castrado.

VARREDEIRA, s.f. O mesmo que varredouro e varredor.

VARREDELA, s.f. Ato ou efeito de varrer de leve.

VARREDOR, adj. Que varre; s.m. aquele que varre; varredeira; faxineiro.

VARREDOURO, s.m. Espécie de vassoura com que se varre o forno do pão; vassoura que se prende às aivecas do arado e vai varrendo as raízes levantadas ao lavrar.

VARREDURA, s.f. Ato ou efeito de varrer; lixo que se junta varrendo; restos; alimpaduras.

VARRER, v.t. Limpar com vassoura (especialmente o solo); limpar; expulsar; esgotar; destruir; arrasar; roçar; fazer esquecer; int. limpar o lixo com a vassoura; p. dissipar-se; desvanecer-se.

VARRIÇÃO, s.f. Ato de varrer.

VARRIDO, adj. Limpo com vassoura; que perdeu o juízo; completo, rematado (doido).

VÁRZEA, s.f. Campina cultivada; terra chã; terreno baixo e plano que margeia os rios e ribeirões.

VASA, s.f. Depósito do fundo de um rio ou do mar, etc.; lodo; lodaçal.

VASCA, s.f. Grande convulsão; ânsia excessiva.

VASCOLEJADOR, adj. Que vascoleja.

VASCOLEJAMENTO, s.m. Ato ou efeito de vascolejar.

VASCOLEJAR, v.t. Agitar (o líquido contido num vaso ou um vaso que contenha o líqüido).

VASCULAR, adj. Relativo aos vasos, especialmente aos sangüíneos.

VASCULARIDADE, s.f. Existência de maior ou menor quantidade de vasos dos organismos animais ou vegetais.

VASCULARIZAÇÃO, s.f. Formação de vasos orgânicos em um tecido que não os tinha.

VASCULHAR, v.t. Varrer com vasculho; pesquisar; investigar; esquadrinhar.

VASCULHO, s.m. Basculho; vassouro; pesquisa.

VASELINA, s.f. Espécie de parafina de ponto de fusão mais baixo (resíduo de destilação do petróleo, aplicado na farmácia e nas indústrias).

VASILHA, s.f. Vaso para líqüidos; pipa; tonel; barril.

VASILHAME, s.m. Porção de vasilhas; (p. ext.) conjunto de latões ou garrafas vazias.

VASO, s.m. Qualquer objeto côncavo, próprio para conter substâncias líqüidas ou sólidas; peça análoga, que se enche de terra para o cultivo de plantas; navio; urinol; tubo orgânico, como veia, artéria, etc.

VASQUEAR, v.int. Tornar-se raro, vasqueiro.

VASQUEIRO, adj. Escasso; raro; difícil de encontrar.

VASQUEJAR, v.int. Ter convulsões; contorcer-se; agonizar.

VASSALAGEM, s.f. Estado ou condição de vassalo; tributo de vassalos ao senhor feudal; submissão;

conjunto de vassalos.

VASSALAR, v.t.-rel. Tributar ou prestar como vassalagem.

VASSALO, s.m. Aquele que dependia de um senhor feudal, ao qual estava ligado por juramento de fé e homenagem; súdito; adj. que paga tributo a alguém; subordinado.

VASSOURA, s.f. Utensílio feito de ramos, giesta, piaçaba, etc. e especialmente destinado a varrer o lixo dos pavimentos, etc.

VASSOURADA, s.f. Pancada com vassoura; varredela; limpeza rápida.

VASSOURAR, v.t. Varrer com vassoura; varrer; int. limpar lixo com vassoura.

VASSOUREIRO, s.m. Fabricante ou vendedor de vassouras.

VASTIDÃO, s.f. Qualidade do que é vasto; grande extensão; amplidão; grandes dimensões ou desenvolvimento.

VASTO, adj. Muito extenso; amplo; muito dilatado; grande.

VATAPÁ, s.m. Iguaria de tradição afro-baiana e que consta de peixe ou crustáceo em papa de farinha de mandioca, adubada com azeite de dendê e muita pimenta.

VATE, s.m. Profeta; poeta.

VATICANO, s.m. Palácio do pontífice, na colina chamada Vaticano, em Roma; governo pontifício; cúria romana; adj. do Vaticano (Estado independente).

VATICINAÇÃO, s.f. Vaticínio; previsão.

VATICINADOR, adj. e s.m. Que, ou aquele que vaticina; profeta.

VATICINAR, v.t. Profetizar; predizer.

VATICÍNIO, s.m. Predição; profecia.

VAU, s.m. Lugar pouco fundo do rio ou do mar e onde se pode transitar a pé ou a cavalo.

VAUDEVILLE, s.f. Espécie de revista teatral.

VAVASSALO, s.m. Vassalo de vassalo.

VAZA, s.f. Conjunto de cartas que os parceiros jogam de cada vez ou lance e que são recolhidas pelo ganhador; escoamento.

VAZADOR, s.m. Instrumento de correeiro e de outros artífices próprio para abrir ilhós.

VAZADOURO, s.m. Lugar onde se despejam imundícies ou onde se vaza qualquer líqüido.

VAZADURA, s.f. ou **VAZAMENTO,** s.m. Ato ou efeito de vazar.

VAZANTE, adj. Que vaza; s.f. refluxo; vazão; terreno baixo e úmido.

VAZÃO, s.f. Vazamento; escoamento; quantidade de líqüido ou gás fornecida por uma corrente fluída, na unidade de tempo.

VAZAR, v.t. Tornar vazio; entornar; despejar; enterrar; furar; t.-rel. entornar; fazer correr; lançar, verter (o metal fundido); desaguar; int. esgotar-se a pouco e pouco; deixar sair o líqüido; entornar-se; p. despejar-se; ficar vazio; entornar-se; esvaziar-se.

VAZIAMENTO, s.m. Esvaziamento.

VAZIAR, v.t. Esvaziar.

VAZIO, adj. Que não contém nada ou só contém ar; despejado; desocupado; despovoado; fútil; destituído; s.m. o mesmo que vácuo.

VEAÇÃO, s.f. Caça de animais bravios.

VEADEIRO, s.m. Cachorro adestrado na caça dos veados.

VEADO, s.m. Mamífero ruminante da família dos Cervídeos, muito veloz e tímido.

VECTOR, s.m. Segmento de reta definido em grandeza, direção e sentido; adj. diz-se do raio que se tira, a partir de um ponto fixo, numa direção variável, para obter a posição variável de um ponto que segue uma curva definida.

VEDAÇÃO, s.f. Ato ou efeito de vedar; aquilo que veda; tapume; proibição.

VEDADO, adj. Proibido; que tem tapume; murado; defeso.

VEDAR, v.t. Impedir; proibir; embaraçar; estancar; tapar; fechar (portos); não permitir; estorvar; tolher; t.-rel. proibir; int. e p. estancar-se; deixar de correr.

VEDÁVEL, adj. Que se pode vedar.

VEDETA, s.f. Guarita de sentinela em sítio alto; guarda avançada; cavaleiro posto de sentinela, e que rapidamente vem dar aviso do que descobriu; embarcação bélica empregada na observação dos movimentos do inimigo; artista colocada em relevo no elenco de uma companhia teatral.

VEEMÊNCIA, s.f. Impetuosidade; grande energia; intensidade; vigor; vivacidade; eloqüência como-vente.

VEEMENTE, adj. Impetuoso; animado; enérgico; entusiástico; fervoroso.

VEGETABILIDADE, s.f. Qualidade do que é vege-tável.

VEGETAÇÃO, s.f. Ato ou efeito de vegetar; força vegetativa; os vegetais; produto químico que na sua cristalização dá o aspecto de planta; excrescên-cia mórbida de tecido.

VEGETAL, adj. Relativo às plantas; proveniente de plantas; s.m. planta; corpo orgânico que ve-geta.

VEGETALIZAR, v.t. Dar forma de vegetal a; p. tomar forma de planta.

VEGETANTE, adj. Que vegeta.

VEGETAR, v.int. Viver e desenvolver-se (planta); viver na inércia e na inatividade; t. nutrir; desen-volver.

VEGETARIANO, adj. e s.m. Que, ou aquele que faz uso de alimentação exclusivamente vegetal.

VEGETATIVO, adj. Que faz vegetar; relativo a ve-getais e animais que têm relação com o crescimen-to e a nutrição; que funciona involuntariamente ou inconscientemente (diz-se do sist. simpático).

VEGETÁVEL, adj. Que pode vegetar.

VÉGETO, adj. Vegetativo; robusto.

VEGETOMINERAL, adj. Que participa da natureza dos minerais e dos vegetais.

VEIA, s.f. Canal que conduz ao coração o sangue distribuído pelas artérias em todas as partes do corpo. (Diminutivo: veiazinha, vênula.)

VEICULADOR, adj. Vector; portador.

VEICULAR, v.t. Transportar em veículo; transpor-tar; adj. relativo a veículo.

VEÍCULO, s.m. Qualquer meio de transporte; car-ro; tudo o que transmite ou conduz; aquilo que auxilia ou promove; excipiente líquido.

VEIGA, s.f. Várzea; planície cultivada e fértil.

VEIO, s.m. Faixa de terra ou de rocha, que se dis-tingue da que a ladeia pela natureza ou pela cor; filão.

VELA, s.f. Pano forte para impelir, sob a ação do vento, navios, barcos ou moinhos; peça cilíndrica de substância gordurosa e combustível, com uma torcida no centro a todo o comprimento; cilin. pe-ça que produz a ignição nos motores de explosão.

VELACHO, s.m. Vela dos mastros da proa.

VELADO, adj. Coberto com véu; oculto; disfar-çado.

VELADOR, adj. e s.m. Que, ou aquele que vela ou vigia.

VELAME, s.m. Porção de velas náuticas ou o con-junto das velas de um navio.

VELAMENTO, s.m. Ato de velar ou de encobrir.

VELAR, v.t. Encobrir; esconder; cobrir com véu; tornar escuro; expor chapa fotográfica virgem à ação da luz, inutilizando-a; v.int. passar a noite sem dormir; vigiar; estar alerta; estar de vigia, de guarda ou de sentinela; passar a noite junto à ca-beceira de (um doente), para tratar ou cuidar dele, ou ao pé de um morto.

VELEIDADE, s.f. Vontade imperfeita; intenção fu-gaz; capricho.

VELEIRO, s.m. Navio de vela.

VELEJAR, v.int. Navegar à vela.

VELHA, s.f. Mulher de idade avançada.

VELHACADA, s.f. Ato de velhaco; reunião de ve-lhacos.

VELHACAGEM, s.m. Velhacaria.

VELHACAR, v.int. Praticar velhacaria; t. enganar em negócio.

VELHACARIA, s.f. Velhacada; manha de velha-co; qualidade do que é velhaco.

VELHACO, adj. Que engana de propósito; maldo-so; matreiro; traiçoeiro; fraudulento; patife. (Au-mentativo: velhacão, velhacaz, velhacório, velha-caço; diminutivo: velhaquinho, velhaquete.)

VELHADA, s.f. Reunião de velhos; velharia.

VELHAQUEADOR, adj. Diz-se do cavalo que dá pi-notes; que corcoveia.

VELHAQUEAR, v.int. Proceder como velhaco; t. burlar; enganar; lograr; iludir.

VELHAQUESCO, adj. Relativo a velhaco; próprio de velhaco.

VELHARIA, s.f. Ato, dito ou tudo aquilo que é próprio de velhos; traste ou objeto antigo; costu-me ultrapassado; conjunto de antiguidades; ar-caísmo.

VELHICE, s.f. Estado ou condição de velho; idade avançada.

VELHO, adj. Antigo; com muito tempo de existên-cia; gasto pelo uso; muito usado; que há muito possui certa qualidade ou exerce certa profissão; desusado; antiquado; s.m. homem idoso. (Aum.: velhaças; dimin.: velhinho, velhito, velhote, ve-lhusco, velhustro.)

VELHOTE, s.m. Homem já meio velho; velho fol-gazão. (Fem.: velhota.)

VELHUSCO, adj. e s.m. Velho; velhote.

VELINO, adj. e s.m. Designativo de, ou uma qua-lidade de papel branco e consistente, semelhante ao pergaminho fino.

VELO, s.m. Lã de carneiro, ovelha ou cordeiro.

VELOCIDADE, s.f. Qualidade de veloz; rapidez; (Mec.) relação entre um espaço percorrido e o tempo de percurso.

VELOCÍMETRO, s.m. Aparelho para medir velo-cidade.

VELOCINO, s.m. Pele de carneiro, ovelha ou cor-deiro, com lã.

VELOCÍPEDE, s.m. Aparelho com três rodas, e em que monta uma criança que o impele com pe-dais.

VELÓDROMO, s.m. Pista em que se realizam cor-ridas de velocípedes.

VELÓRIO, s.m. Ato de velar a agonia e depois o cadáver de alguém; ato de passar a noite, na sala ou local em que está exposto um defunto.

VELOSO, adj. Felpudo; cabeludo.

VELOZ, adj. Que anda com rapidez; rápido; ligei-ro. (Superl. abs. sint.: velocíssimo.)

VELUDILHO, s.m. Veludo de algodão.

VELUDO, s.m. Tecido de seda, de algodão ou de lã, o qual de um lado é mais ou menos veloso e macio.

VELUDOSO ou **VELUTÍNEO**, adj. Semelhante ao veludo; macio como veludo.

VENÁBULO, s.m. Espécie de lança para caça de feras.

VENAL, adj. Que se pode vender; exposto à ven-da; relativo à venda; que se deixa peitar.

VENALIDADE, s.f. Qualidade do que é venal; ven-dível.

VENATÓRIO, adj. Que diz respeito à caça.

VENCEDOR, adj. Que vence; s.m. aquele que ven-ce ou venceu; homem vitorioso.

VENCER, v.t. Conseguir vitória sobre; triunfar de; obter vantagem sobre; ter bom êxito em; per-ceber; auferir; receber como ordenado; ganhar; ter direito a (juro); prostrar; subjugar; refrear; domi-nar; destruir; percorrer; andar; int. alcançar vitó-ria; sair vencedor; conseguir o seu fim; p. chegar ao fim do tempo em que se deve fazer um paga-mento.

VENCIDO, adj. Que sofreu derrota; que se venceu; s.m. aquele que ficou vencido.

VENCILHO, s.m. Atilho de vime, junça, verga, palha; etc. para molhos, empa de videiras; etc.

VENCIMENTO, s.m. Ato ou efeito de vencer; triun-fo; ato de expirar o prazo para o pagamento de uma letra ou para o cumprimento de qualquer encargo; dia em que expira esse prazo.

VENCÍVEL, adj. Que se pode vencer.

VENDA, s.f. Ato ou efeito de vender; loja de se-cos e molhados; taberna; faixa com que se cobrem os olhos.

VENDAR, v.t. Cobrir com venda; tapar os olhos.

VENDAVAL, s.m. Vento tempestuoso; temporal; ciclone; tufão; furacão.

VENDÁVEL, adj. Que tem boa venda; que se ven-de facilmente.

VENDEDEIRA, s.f. Mulher que vende em público, nas ruas ou nas praças.

VENDEDOR, adj. e s.m. Que, ou aquele que vende.

VENDEIRO, s.m. Dono de venda; taberneiro.

VENDER, v.t. Alienar ou ceder por certo preço; trocar por dinheiro; negociar em; não conceder gratuitamente; sacrificar por dinheiro ou por inte-resse; trair; denunciar por interesse; t.-rel. en-tregar mediante remuneração; int. dispor do que possui a troco de dinheiro; p. ceder a sua pró-pria liberdade por certo preço; deixar-se peitar para ceder ou fazer; praticar por interesse atos indignos.

VENDIÇÃO, s.f. Venda; ato de vender.

VENDIDO, adj. Adquirido por vendição; subornado; peitado; s.m. aquele que se vendeu; traidor.

VENDILHÃO, s.m. Vendedor ambulante.

VENDÍVEL, adj. Que se pode vender.

VENDOLA, s.f. Taberna reles; venda ordinária.

VENÉFICO, adj. Maléfico; venenoso.

VENENÍFERO, adj. Que produz veneno; venenoso.

VENENO, s.m. Substância que perturba ou destrói as funções vitais; peçonha; tóxico.

VENENOSIDADE, s.f. Qualidade do que é venenoso.

VENENOSO, adj. Que contém veneno; tóxico; deletério; nocivo.

VENERAÇÃO, s.f. Ato ou efeito de venerar; reverência; culto; preito.

VENERADO, adj. Que é objeto de veneração; muito respeitado.

VENERADOR, adj. e s.m. Que, ou aquele que venera.

VENERANDO, adj. Venerável.

VENERAR, v.t. Tributar grande respeito; tratar com respeito e afeição; reverenciar.

VENERÁVEL, adj. Que é digno de veneração respeitável.

VENÉREO, adj. Relativo à aproximação sexual; sensual; erótico.

VENETA, s.f. Impulso repentino; capricho.

VENEZIANA, s.f. Janela de fasquias de madeira, que, fechada, deixa penetrar o ar fazendo relativa obscuridade. O mesmo que persiana.

VENEZIANO, adj. De Veneza (Itália); s.m. o natural ou habitante de Veneza.

VENEZUELANO, adj. Da Venezuela; s.m. o natural ou habitante desse país.

VÊNIA, s.f. Licença; permissão.

VENIAL, adj. Perdoável (falta ou pecado leve).

VENOSO, adj. Que tem veias; relativo a veia.

VENTA, s.f. Cada uma das fossas nasais.

VENTANIA, s.f. Vento impetuoso e contínuo; tufão; furacão.

VENTANISTA, s.m. (gíria de gatunos) Ladrão que entra numa casa pulando a janela.

VENTAR, v.int. Haver vento; soprar o vento com força; ventanejar.

VENTAROLA, s.f. Espécie de leque, com sopé e sem varetas.

VENTILAÇÃO, s.f. Ato ou efeito de ventilar.

VENTILADOR, adj. Que ventila; s.m. aparelho para ventilar; ventoinha.

VENTILANTE, adj. Ventilador; que ventila.

VENTILAR, v.t. Introduzir vento; arejar.

VENTILATIVO, adj. Próprio para ventilar.

VENTO, s.m. Corrente de ar atmosférico; deslocamento de ar; ir de — em popa: ser favorecido pelas circunstâncias; progredir aceleradamente.

VENTOINHA, s.f. Cata-vento; (fig.) pessoa inconstante; ventilador.

VENTOSA, s.f. Vaso que, aplicado sobre a pele, depois de nele se ter rarefeito o ar, produz efeito revulsivo e local; sugadouro de certos animais aquáticos e de alguns vermes.

VENTOSIDADE, s.f. Acumulação de gases no estômago ou nos intestinos; saída ruidosa desses gases.

VENTOSO, adj. Cheio de vento; em que faz muito vento.

VENTRAL, adj. Relativo ao ventre; situado sobre o abdome de certos animais.

VENTRE, s.m. Cavidade abdominal; barriga; proeminência exterior do abdome; prisão de —: constipação intestinal.

VENTRICULAR, adj. Que diz respeito a ventrículo.

VENTRÍCULO, s.m. Cada uma das duas cavidades inferiores do coração; designação de certas cavidades de alguns órgãos.

VENTRILOQUIA, s.f. Qualidade do que é ventríloquo; arte de ventriloquo.

VENTRÍLOQUO, adj. e s.m. Que, ou indivíduo que sabe falar sem mover a boca e modificando de tal maneira a voz, que esta parece provir do ventre.

VENTRUDO, adj. Barrigudo; obeso.

VENTURA, s.f. Fortuna boa ou má; sorte; destino.

VENTURO, adj. Vindouro.

VENTUROSO, adj. Ditoso; em que há ventura.

VÊNUS, s.f. 2 núm. Mulher muito formosa; planeta situado entre Mercúrio e a Terra; estrela vespertina; estrela do pastor.

VENUSTO, adj. Muito formoso ou gracioso.

VER, v.t. Enxergar; divisar; distinguir; avistar; assistir a; visitar; encontrar-se; observar; notar; imaginar; examinar; investigar; calcular; prever; ler; t.-pred. reputar, considerar; julgar; reconhecer; saber; rel. concluir, deduzir; int. perceber pelo sentido da vista; p. reconhecer-se; avistar-se; contemplar-se; mirar-se; encontrar-se; achar-se. (V. irregular; pres. indic. vejo, vês, vê, vemos, vedes, vêem; imp.: via, vias, via, víamos, víeis, viam; perf.: vi, viste, viu, vimos, vistes, viram; m.q. perf.: vira, viras, vira, víramos, víreis, viram; fut.: verei, verás, verá, veremos, vereis, verão; fut. do pret.: veria, verias, veria, veríamos, veríeis, veriam; imperat.: vê, vede; pres. sub.: veja, vejas, veja, vejamos, vejais, vejam; imp. sub.: visse, visses, visse, víssemos, vísseis, vissem; fut. sub.: vir, vires, vir, virmos, virdes, virem; gerúndio: vendo; part.: visto.)

VERACIDADE, s.f. Qualidade do que é veraz; verdade; amor à verdade.

VERA-EFÍGIE, s.f. Retrato fiel; cópia exatíssima.

VERANEAR, v.rel. Passar o verão; fazer temporada fora da cidade.

VERANEIO, s.m. Ato de veranear.

VERANICO, s.m. Verãozinho; verão fraco.

VERANISTA, s. Pessoa que veraneia.

VERÃO, s.m. Estação do ano que no hemisfério Norte vai de 21 de julho a 22 de setembro e no hemisfério Sul de 21 de dezembro a 21 de março; estio; tempo quente.

VERAS, s.f.pl. Coisas verdadeiras; realidade.

VERAZ, adj. Que diz a verdade; em que há verdade; verídico. (Superl. abs. sint.: veracíssimo.)

VERBA, s.f. Cada uma das cláusulas ou artigos de uma escritura ou outro documento; quantia; dinheiro.

VERBAL, adj. Relativo ao verbo; oral; expresso de viva voz.

VERBALISMO, s.m. Abundância de palavras; transmissão de conhecimentos pelo uso da palavra; falatório.

VERBERAÇÃO, s.f. Ato ou efeito de verberar; censurar.

VERBERADOR, adj. ou **VERBERANTE,** adj. Que verbera; que censura.

VERBERAR, v.t. Açoitar; flagelar; fustigar; censurar.

VERBERATIVO, adj. Próprio para verberar ou flagelar; fustigante.

VERBETE, s.m. Nota; apontamento; pequeno papel em que se toma uma nota ou apontamento; conjunto dos vários significados e exemplos referentes a um vocábulo.

VERBIAGEM, s.f. Palavrório; verborragia.

VERBO, s.m. Palavra; expressão; (gram.) palavra com que declaramos ação, estado ou qualidade, em geral, de um sujeito.

VERBORRAGIA, s.f. Qualidade daquele que fala ou discute com grande abundância de palavras, mas com poucas idéias; palavras excessivas.

VERBORRÁGICO, adj. Afetado de verborragia.

VERBORRÉIA, s.f. Verborragia.

VERBORRÉICO, adj. Em que há verborréia. O mesmo que verborrágico.

VERBOSIDADE, s.f. Qualidade de verboso; grande fluência oral.

VERBOSO, adj. Que fala muito, palavroso; loquaz.

VERDACHO, adj. Esverdeado; s.m. tinta de cor tirante a verde; cor verde-escura.

VERDADE, s.f. Realidade; exatidão; sinceridade; princípio certo; representação fiel de alguma coisa existente na natureza; caráter. (Antôn.: falsidade; mentira.)

VERDADEIRO, adj. Em que há verdade; que fala verdade; real; exato; autêntico; genuíno; sincero. (Antôn.: falso.)

VERDASCA, s.f. Pequena vara flexível, para chibatar.

VERDASCADA, s.f. Pancada com verdasca.

VERDASCAR, v.t. Chibatar com verdasca.

VERDASCO, adj. Ácido (vinho).

VERDE, adj. De uma cor que resulta da mistura do azul e do amarelo, e é a cor que a clorofila dá às folhas das árvores; que ainda tem seiva (planta); que não está ainda madura (fruta); que não está seca; fresca (carne); tenro; fraco; delicado; relativo aos primeiros anos de existência jovem; s.m. a cor verde.

VERDEAR, v.int. Verdejar; reverdecer (diz-se dos campos quando lhes reponta a verdura depois das secas).

VERDECER, v.int. Tomar cor verde; tornar-se verde; verdejar; verdear.

VERDEJANTE, adj. Que verdeja.

VERDEJAR, v.int. Apresentar a cor verde; verdecer.

VERDETE, s.m. Tinta de azebre.

VERDOENGO ou **VERDOLENGO**, adj. Esverdeado; que não está bem maduro.

VERDOR, s.m. Propriedade do que é verde; cor verde dos vegetais; viço; vigor.

VERDUGO, s.m. Carrasco; algoz.

VERDURA, s.f. Verdor; os vegetais; hortaliça.

VERDUREIRO, s.m. Vendedor de verduras; quitandeiro.

VEREADOR, s.m. Membro da Câmara Municipal; edil.

VEREAMENTO, s.m. Ação de verear; jurisdição de vereadores.

VEREANÇA, s.f. Cargo, mandato de vereador.

VEREAR, v.t. Administrar como vereador; int. exercer funções de vereador.

VEREDA, s.f. Caminho estreito; senda; rumo.

VEREDICTO, s.m. Sentença; resolução; decisão de um júri.

VERGA, s.f. Vara flexível e delgada; barra fina de metal, pau atravessado no mastro, a que se prende a vela do navio.

VERGAL, s.m. Correia que prende ao carro as cavalgaduras.

VERGALHADA, s.f. Pancada com vergalho; chibatada.

VERGALHÃO, s.m. Barra de ferro, quadrada.

VERGALHAR, v.t. Azorragar; chibatar.

VERGALHO, s.m. Azorrague; chibata.

VERGAME, s.m. Conjunto das vergas de um navio.

VERGÃO, s.m. Vinco na pele, produzido por pancada ou por outra causa.

VERGAR, v.t. Dobrar; abater; humilhar; t.-rel. submeter; int. torcer-se; dobrar-se; inclinar-se; ceder ao peso de alguma coisa; ceder à influência de alguém; rel. submeter-se.

VERGASTA, s.f. Chibata; flagelo; açoite.

VERGASTADA, s.f. Pancada com vergasta.

VERGASTAR, v.t. Bater com vergasta em; fustigar; açoitar.

VERGEL, s.m. Jardim; pomar.

VERGILIANO, adj. Relativo ao célebre poeta latino Vergílio ou ao gênero de suas composições.

VERGOADA, s.f. Vergão; equimose.

VERGONHA, s.f. Pudor; pejo; timidez; acanhamento.

VERGONHEIRA, s.f. Série de vergonhas; grande vergonha.

VERGONHOSO, adj. Que tem vergonha; tímido; desonroso; indigno.

VERGÔNTEA, s.f. Ramo de árvore; rebento.

VERIDICIDADE, s.f. Qualidade de verídico; veracidade.

VERÍDICO, adj. Que diz a verdade; em que há verdade; exato.

VERIFICAÇÃO, s.f. Ato ou efeito de verificar, prova; averiguação; realização.

VERIFICADOR, adj. e s.m. Que, ou aquele que verifica.

VERIFICAR, v.t. Provar a verdade; investigar a verdade; achar que é exato; averiguar; p. realizar-se; efetuar-se; cumprir-se.

VERIFICATIVO, adj. Próprio para verificar.

VERIFICÁVEL, adj. Suscetível de verificação.

VERME, s.m. Minhoca ou lombriga terrestre; qualquer animal semelhante à minhoca; animálculo intestinal; larva (dimin.: vermezinho, vermículo); (fig.) pessoa vil.

VERMELHAÇO, adj. Muito vermelho.

VERMELHÃO, s.m. Cinábrio; sulfato vermelho de mercúrio pulverizado, usado, como pigmento, em fabricação de tinta; rubor da face.

VERMELHIDÃO, s.f. Qualidade do que é vermelho; rubor; afogueamento.

VERMELHO, adj. Muito encarnado; rubro; escarlate; s.m. a cor vermelha; (fig.) comunista.

VERMICIDA, adj. e s.m. Que, ou aquilo que serve para matar ou destruir vermes.

VERMICULADO, adj. Que tem ornatos em forma de vermes.

VERMICULAR, adj. Relativo ou semelhante a vermes.

VERMÍCULO, s.m. Pequeno verme.

VERMICULOSO, adj. Vermiculado.

VERMIFORME, adj. Que tem forma de verme.

VERMÍFUGO, adj. e s.m. Que, ou aquilo que afugenta os vermes ou os destrói; vermicida.

VERMINA, s.f. Verminose.

VERMINAÇÃO, s.f. Proliferação de vermes nos intestinos.

VERMINADO, adj. Em que há vermes.

VERMINAR, v.int. Corromper-se; criar vermes.

VERMINEIRA, s.f. Lugar onde, por meio da fermentação de matérias orgânicas, se produzem vermes destinados à alimentação de galinhas e de outras aves.

VERMINOSE, s.f. Doença devida à infestação por vermes.

VERMÍVORU, adj. Que come vermes.

VERMUTE, s.m. Vinho composto (branco ou tinto) a que se acrescentam extratos de plantas aromáticas ou amargas.

VERNACULIDADE, s.f. ou **VERNACULISMO**, s.m. Qualidade do que é vernáculo.

VERNACULISTA, s. Pessoa que escreve ou fala vernaculamente.

VERNÁCULO, adj. Nacional; próprio da região em que está; genuíno, correto e puro, sem mescla de estrangeirismo (linguagem); s.m. idioma do país, nacional.

VERNIER (niê), s.m. (V. Nônio.)

VERNIZ, s.m. Solução de goma, resina natural ou sintética em álcool, essência ou óleo secativo empregada para recobrir metais, madeiras, etc.

VERÔNICA, s.f. Toalha com que, diz a tradição, uma mulher de Jerusalém, chamada Verônica, enxugou o rosto de Jesus, cuja fisionomia ficou ali estampada; imagem do rosto de Cristo pintada ou estampada com traços vermelhos num pano ou a mesma imagem gravada em metal.

VEROSSÍMIL, adj. Semelhante à verdade; que tem aparência de verdadeiro. (Superl. abs. sint. verossimílimo; pl.: verossímeis.)

VEROSSIMILHANÇA, s.f. Qualidade do que é verossímil ou verossimilhante.

VEROSSIMILHANTE, adj. Verossímil.

VERRUCAL, adj. Que diz respeito a verruga.

VERRUCOSO, adj. Que tem verrugas.

VERRUGA, s.f. Pequena saliência consistente, na pele.

VERRUGOSO ou **VERRUGUENTO**, adj. Que tem verrugas; verrucoso.

VERRUMA, s.f. Espécie de broca manual, cuja extremidade inferior é lavrada em hélice e termina em ponta e que serve para abrir furos na madeira.

VERRUMAR, v.t. Furar com verruma; torturar.

VERSADO, adj. Perito; prático; experimentado.

VERSAL, s.m. Nome dado a letras ou caracteres maiúsculos; adj. designativo dessas letras ou caracteres.

VERSALETE, s.m. Letra versal de tamanho menor que a versal comum a cada corpo de tipos.

VERSALHADA, s.f. Versos malfeitos ou insípidos.

VERSÃO, s.f. Tradução literal de um texto; tradução; explicação; cada uma das diferentes interpretações do mesmo ponto; variante.

VERSAR, v.t. Compulsar; estudar; tratar; deitar de um vaso para o outro; transvasar; adestrar; rel. incidir, consistir; constar; ter por objeto.

VERSARIA, s.f. Versalhada.

VERSÁTIL, adj. Inconstante; ágil; flexível; volúvel.

VERSATILIDADE, s.f. Qualidade ou estado de versátil.

VERSEJADOR, adj. Que verseja; s.m. indivíduo sem inspiração como poeta, mas que conhece a técnica de fazer versos.

VERSEJAR, v.int. Fazer versos.

VERSETO, s.m. Trecho bíblico de duas ou três linhas, que forma sentido completo; versículo.

VERSICOLOR, adj. De várias cores; furta-cor.

VERSÍCULO, s.m. Divisão de artigos ou parágrafos. O mesmo que verseto.

VERSIFICAÇÃO, s.f. Ato ou efeito de versificar; técnica de fazer versos.

VERSIFICADOR, adj. e s.m. Que, ou aquele que versifica.

VERSIFICAR, v.t. e int. Versejar.

VERSO, s.m. Cada uma das linhas que formam um poema; poesia; qualquer quadra ou estrofe; face oposta à da frente; reverso; lado posterior; face inferior.

VÉRTEBRA, s.f. Cada um dos ossos que formam a espinha dorsal dos vertebrados.

VERTEBRADO, adj. Que tem vértebras; s.m. espécime dos Vertebrados, grande divisão do reino animal que compreende todos os animais de cuja estrutura faz parte um esqueleto ósseo ou cartilagíneo.

VERTEBRAL, adj. Relativo às vértebras; composto de vértebras.

VERTEDOR, adj. Que verte; s.m. vaso para deitar ou despejar água.

VERTEDOURO, s.m. Espécie de escudela com que se despeja a água para fora das embarcações.

VERTEDURA, s.f. Ato ou efeito de verter.

VERTENTE, adj. Que verte; que se discute; de que se trata; s.f. declive de montanha, por onde derivam as águas pluviais.

VERTER, v.t. Fazer transbordar, entornar, derramar; jorrar; t.-rel. traduzir; rel. desaguar; int. transbordar. (Pres. ind.: verto (ê), vertes (é), verte (é), etc.; pres. subj.: verta (ê), vertas (ê), verta (ê), etc.)

VERTICAL, adj. Perpendicular ao plano horizontal; que segue a direção do fio de prumo; s.f. linha vertical.

VÉRTICE, s.m. O ponto mais elevado; cimo; cume; ápice; ponto onde se reúnem os dois lados de um ângulo; ponto onde se reúnem as faces de uma pirâmide.

VERTIGEM, s.f. Estado mórbido em que ao indivíduo parece que todos os objetos giram em volta dele e que ele mesmo gira; tontura; tonteira; desmaio.

VERTIGINOSO, adj. Que tem ou produz vertigens; que gira com rapidez; que perturba a razão ou a serenidade do espírito.

VESÂNIA, s.f. Designação genérica de diversos tipos de alienação mental; (p. ext.) mania; loucura.

VESÂNICO, adj. Maníaco; louco.

VESGO, adj. Estrábico; zarolho; s.m. indivíduo vesgo.

VESGUEAR, v.int. Ser vesgo; olhar de esguelha.

VESGUICE, s.f. Defeito de quem é vesgo.

VESICAL, adj. Que diz respeito à bexiga.

VESÍCULA, s.f. Pequena bexiga ou cavidade; bolha.

VESICULAR, adj. Semelhante a uma vesícula; relativo a vesícula.

VESPA, s.f. Inseto himenóptero, semelhante à abelha, e munido de ferrão como elas; pessoa intratável e mordaz.

VESPEIRO, s.m. Reunião de vespas; toca de vespas; lugar onde elas se ajuntam.

VÉSPER, s.m. O planeta Vênus quando se avista de tarde.

VÉSPERA, s.f. A tarde; o dia que precede imediatamente aquele de que se trata.

VESPERAL, adj. Relativo à tarde; s.m. divertimento ou espetáculo realizado durante a tarde.

VESPERTINO, adj. Da tarde; relativo à tarde; jornal que se publica à tarde.

VESSADA, s.f. Terra fértil e regadia.

VESSAR, v.t. Lavrar para sementeiras.

VESTAL, s.f. Sacerdotisa de Vesta, deusa do fogo dos romanos; mulher muito honesta; mulher casta ou virgem.

VESTE, s.f. Vestuário; roupa; vestido.

VESTIARIA, s.f. Guarda-roupa de uma corporação; indumentária.

VESTIÁRIO, s.m. Aquele que está incumbido do guarda-roupa de uma corporação; inspetor das vestiarias; compartimento onde se deixa, momentaneamente, complemento do vestuário ou onde se troca de roupa.

VESTIBULAR, adj. Exame de admissão às escolas de nível superior.

VESTÍBULO, s.m. Entrada de um edifício; porta principal; uma das cavidades do ouvido interno.

VESTIDO, s.m. Vestuário completo de senhora ou menina.

VESTIDURA, s.f. Tudo o que se pode vestir; fato; cerimônia monástica em que se toma o hábito religioso.

VESTÍGIO, s.m. Sinal que o homem ou o animal faz com os pés no sítio por onde passa; rasto; pegada; indício.

VESTIMENTA, s.f. Vestidura; vestes sacerdotais em atos solenes.

VESTIR, v.t. Cobrir com roupa ou veste; usar roupas; calçar (luvas); cobrir; revestir; forrar; adornar; enfeitar; pôr sobre si (qualquer peça de vestuário); t.-rel. embelezar; resguardar; rel. trajar; p. cobrir-se com roupa. (Pres. ind.: visto, vestes, veste, vestimos, vestis, vestem; pres. subj.: vista, vistas, etc.)

VESTUÁRIO, s.m. Conjunto das peças de roupa que se vestem; traje.

VETAR, v.t. Opor o veto a (uma lei); proibir; impedir.

VETERANO, adj. Envelhecido no serviço militar; envelhecido em qualquer serviço; antigo e traquejado em qualquer ramo de atividade; s.m. soldado antigo ou reformado; estudante que freqüenta algum dos últimos anos de uma faculdade ou escola superior; pessoa que envelheceu em certo serviço ou profissão; tarimbeiro. (Antôn.: calouro.)

VETERINÁRIA, s.f. Medicina dos animais irracionais.

VETERINÁRIO, s.m. Aquele que professa a veterinária; médico veterinário.

VETO, s.m. Proibição; direito concedido ao chefe de Estado de recusar a sua sanção a uma lei votada pelas câmaras legislativas.

VETOR, s.m. O mesmo que vector.

VETUSTEZ, s.f. Qualidade de muito antigo ou vetústo.

VETUSTO, adj. Muito velho; antigo.

VÉU, s.m. Tecido com que se cobre qualquer coisa; tecido transparente com que as senhoras cobrem o rosto; o que serve para encobrir alguma coisa.

VEXAÇÃO, s.f. Ato ou efeito de vexar.

VEXADO, adj. Envergonhado; acanhado.

VEXADOR, adj. Vexatório; s.m. aquele que vexa.

VEXAME, s.m. Vexação; aquilo que produz vexação; vergonha; afronta.

VEXANTE, adj. Vexatório.

VEXAR, v.t. Maltratar; humilhar; envergonhar.

VEXATIVO, adj. Vexatório.

VEXATÓRIO, adj. Que vexa.

VEZ, s.f. Ensejo; ocasião; aquilo que indica um fato na sua unidade ou na sua repetição; turno. (Pl.: vezes.)

VEZEIRO, adj. Acostumado; reincidente.

VEZO, s.m. Costume vicioso ou censurável.

VIA, s.f. Lugar por onde se vai ou é levado; caminho (dimin.: viela); espaço entre os carris no caminho de ferro; rumo; meio; exemplar de uma letra ou documento comercial, etc.; causa; por — de regra: (loc. adv.) geralmente; — Láctea: nebulosa em que está contida a constelação do Cruzeiro do Sul e é também conhecida pelos nomes de Estrada de São Tiago ou Caminho de São Tiago; — fluvial, aéreo, marítima: pelo rio, por avião, por navio, respectivamente; primeira —: o original de qualquer documento; — s de fato: violência.

VIABILIDADE, s.f. Qualidade do que é viável; exeqüibilidade.

VIAÇÃO, s.f. Modo ou meio de andar ou transportar de um lugar para outro, por caminhos ou ruas; conjunto de estradas ou caminhos.

VIADUTO, s.m. Ponte que liga as duas vertentes que formam um vale ou depressão intermédia.

VIAGEIRO, adj. Relativo a viagem; s.m. o que viaja.

VIAGEM, s.f. Ato de ir de um a outro lugar distante; caminhada longa.

VIAJANTE, adj. e s. Que, ou pessoa que viaja; s.m. representante ou vendedor de casas comerciais e fábricas, que viaja para oferecer os produtos pelo interior do país; caixeiro-viajante.

VIAJAR, v.t. Percorrer; int. fazer viagem; deslocar-se de um para outro lugar distante.

VIAJOR, s.m. Viageiro; peregrino.

VIANDA, s.f. Qualquer espécie de alimento; qualquer carne alimentar; carne de animais terrestres.

VIANDANTE, adj. e s. Viajante.

VIA-SACRA, s.f. Série de quatorze quadros que representam as cenas principais da paixão de Cristo.

VIÁTICO, s.m. Provisão de dinheiro ou mantimentos para viagem; farnel; sacramento da comunhão ministrado aos enfermos impossibilitados de sair de casa.

VIATURA, s.f. Designação genérica de qualquer veículo; meio de transporte.

VIÁVEL, adj. Que pode ser percorrido, que não oferece obstáculos.

VÍBORA, s.f. Gênero de répteis ofídios venenosos;

pessoa de má índole ou de mau gênio.

VIBRAÇÃO, s.f. Oscilação; balanço; movimento periódico e muito rápido das moléculas de um corpo elástico; tremor do ar ou de uma voz.

VIBRANTE, adj. Que vibra.

VIBRAR, v.t. Brandir; fazer tremular ou oscilar; fazer soar; tanger; int. entrar em vibrações; produzir sons.

VIBRÁTIL, adj. Vibrante; que é suscetível de vibrar: ondulante.

VIBRATILIDADE, s.f. Qualidade de vibrátil.

VIBRATÓRIO, adj. Vibrante; que produz vibração ou é acompanhado dela.

VIÇAR, v. int. Vicejar; desenvolver-se.

VICÁRIO, adj. Que faz as vezes de outrem ou de outra coisa.

VICE-ALMIRANTADO, s.m. Cargo ou dignidade de vice-almirante.

VICE-ALMIRANTE, s.m. Oficial de marinha, imediatamente inferior ao almirante.

VICE-CHANCELER, s.m. Substituto do chanceler.

VICE-CÔNSUL, s.m. Aquele que substitui o cônsul na sua falta ou impedimento.

VICE-DIRETOR, s.m. O mesmo que subdiretor.

VICE-GOVERNADOR, s.m. Aquele que faz as vezes do governador, em caso de impedimento deste.

VICEJANTE, adj. Cheio de viço.

VICEJAR, v.int. Ter viço.

VICENTINO, adj. De Gil Vicente, poeta português (1470-1540), ou a ele relativo; s.m. membro da Sociedade de S. Vicente de Paulo.

VICE-PRESIDÊNCIA, s.f. Cargo ou dignidade de vice-presidente.

VICE-PRESIDENTE, s. Pessoa que faz as vezes do presidente nos impedimentos dêste.

VICE-REI, s.m. Governador de uma colônia ou de um Estado subordinado a um reino.

VICE-REINADO, s.m. Cargo ou tempo de duração do cargo de vice-rei; território governado por um vice-rei.

VICE-REITOR, s.m. Aquele que faz as vezes do reitor.

VICE-VERSA, adv. Às avessas; reciprocamente; em sentido contrário.

VICIAÇÃO, s.f. Ato ou efeito de viciar. O mesmo que viciamento.

VICIADO, adj. Que tem vício ou defeito; corrupto.

VICIADOR, adj. e s.m. Que, ou aquele que vicia ou falsifica; adulterador.

VICIAMENTO, s.m. Viciação; falsificação.

VICIAR, v.t. Corromper; depravar (física ou moralmente); falsificar. (Pres. ind.: vicio, vicias,etc.)

VÍCIO, s.m. Mau hábito; defeito que torna uma pessoa ou objeto impróprios para aquilo a que se destinavam; tendência habitual para certo mal; hábito de proceder mal; costume condenável ou censurável; libertinagem.

VICIOSIDADE, s.f. Qualidade do que é vicioso.

VICIOSO, adj. Que tem vício; em que há vícios; corrompido; desmoralizado; defeituoso.

VICISSITUDE, s.f. Mudança ou diversidade de coisas que se sucedem; instabilidade das coisas.

VIÇO, s.m. Exuberância; vigor; verdor.

VIÇOSO, adj. Que tem viço; vicejante; exuberante.

VICUNHA, s.f. Qudrúpede ruminante, que produz lã finíssima; a lã da vicunha; tecido feito dessa lã.

VIDA, s.f. Estado de atividade funcional, peculiar aos animais e vegetais; existência; tempo decorrido entre o nascimento e a morte; modo de viver; animação em composições literárias ou artísticas; animação; vitalidade; subsistência.

VIDÃO, s.m. Vida regalada, de prazeres.

VIDE, s.f. Braço ou vara de videira.

VIDEIRA, s.f. Arbusto sarmentoso da família das Vitáceas, que produz uvas.

VIDÊNCIA, s.f. Qualidade de vidente.

VIDENTE, adj. Diz-se de pessoa que tem a faculdade de visão sobrenatural de cenas futuras ou de cenas que se estão passando em lugares onde ela não está presente; s. pessoa dotada dessa faculdade.

VIDRAÇA, s.f. Lâmina de vidro; caixilhos com vidros para janela ou porta.

VIDRAÇARIA, s.f. Conjunto de vidraças; estabelecimento de venda de vidros.

VIDRACEIRO, s.m. Fabricante ou vendedor de vidros; aquele que os coloca em caixilhos.

VIDRADO, adj. Revestido de substância vitrificável; embaciado; sem brilho; s.m. a substância vitrificável aplicada na louça.

VIDRALHADA, s.f. Porção de vidros.

VIDRAR, v.t. Cobrir ou revestir de substância vitrificável; fazer perder o brilho; embaciar; p. embaciar-se; perder o brilho, a transparência (especialmente falando-se de olhos).

VIDRARIA, s.f. Fábrica de vidros; estabelecimento de venda de vidros; comércio de vidros; arte de fabricar vidros; porção de vidros; conjunto dos objetos de vidro; o depósito desses objetos.

VIDRENTO, adj. Semelhante ao vidro; vidrado; quebradiço; agastadiço. O mesmo que vidroso.

VIDRILHO, s.m. Cada um dos pequenos tubos de vidro ou de massa análoga que, enfiados à maneira de contas, servem para ornatos e bordados.

VIDRO, s.m. Substância sólida transparente, dura e quebradiça, obtida pela fusão e conseqüente solidificação de uma mistura de quartzo e carbonatos de cálcio e de sódio; qualquer artefato dessa substância; frasco; garrafa pequena.

VIDROSO, adj. Vidrento.

VIELA, s.f. Rua estreita.

VIENENSE, adj. De Viena, capital da Áustria (Europa); s. o natural ou habitante de Viena.

VIENÊS, adj. e s.m. Vienense.

VIÉS, s.m. Direção oblíqua; tira estreita de pano, cortada obliquamente ou no sentido diagonal da peça; ao — ou de —: obliquamente.

VIETNAMITA, adj. e s. Da República do Vietnã ou Vietname (Ásia).

VIGA, s.f. Madeira grossa para construções; trave.

VIGAMENTO, s.m. Conjunto das vigas de uma construção; travejamento.

VIGÁRIO, s.m. Aquele que faz as vezes de outro; padre que faz as vezes do prelado; título do pároco de algumas freguesias.

VIGARISTA, s.m. Ladrão que passa o conto-do-vigário; trapaceiro; embusteiro.

VIGÊNCIA, s.f. Qualidade daquilo que é vigente; tempo durante o qual uma coisa vigora.

VIGENTE, adj. Que vige ou está em vigor.

VIGÉSIMO (zi), num. Ordinal e fracionário correspondente a vinte; s.m. cada uma das vinte partes iguais em que se divide um todo.

VIGIA, s.f. Ato ou efeito de vigiar; estado de quem vigia; sentinela; orifício por onde se espreita; espécie de janela ou fresta por onde entra a luz nos camarotes das grandes embarcações; s.m. aquele que vigia; guarda; sentinela.

VIGIAR, v.t. Observar atentamente; espreitar; velar; int. estar de sentinela.

VIGILÂNCIA, s.f. Ato ou efeito de vigiar; preocupação; diligência.

VIGILANTE, adj. Que está atento; s.m. guarda.

VIGILAR, v.t. Vigiar.

VIGÍLIA, s.f. Insônia; desvelo, cuidado; véspera de festa.

VIGOR, s.m. Força, robustez.

VIGORANTE, adj. Que vigora.

VIGORAR, v.t. Dar vigor; fortalecer; tornar mais enérgico.

VIGORIZAR, v.t. Avigorar; dar vigor; fortalecer; p. tornar-se forte; robustecer-se.

VIGOROSO, adj. Que tem vigor; forte; robusto; enérgico.

VIGOTA, s.f. ou **VIGOTE**, s.m. Pequena viga. O mesmo que sarrafo.

VIL, adj. Reles; ordinário; mesquinho; miserável; desprezível; infame; s. pessoa desprezível; (Superl. abs. sint.: vilíssimo.)

VILA, s.f. Povoação de categoria entre a aldeia e a cidade; casa de campo, de construção elegante e caprichosa; casa de habitação com jardim, dentro da cidade; conjunto de habitações em rua particular. (Dimin.: vilazinha, vilela, vileta, vilota.)

VILANAÇO, adj. e s.m. Vilanaz.

VILANAGEM, s.f. Vilania; ajuntamento de vilãos.

VILANAZ, adj. e s.m. Que, ou aquele em que prepondera a qualidade de vilão.

VILANCETE, s.m. Composição poética formada de um mote e uma glosa.

VILANESCO, adj. Relativo a vilão; próprio de vilão; rude; mau.

VILANIA, s.f. Qualidade de vilão; vileza.

VILÃO, adj. Rústico; baixo; grosseiro; desprezível; sórdido; s.m. homem desprezível e miserável. (Fem.: vilã, viloa; pl.: vilões, vilões e vilães; aum.: vilanaço e vilanaz.)

VILEGIATURA, s.f. Temporada que pessoas da cidade passam no campo ou em estações balneárias.

VILETA, s.f. Pequena vila.

482

VILEZA, s.f. Qualidade de quem ou daquilo que é vil; ato vil.

VILIPENDIADOR, adj. e s.m. Que ou aquele que vilipendia.

VILIPENDIAR, v.t. Tratar com vilipêndio; desprezar. (Pres. ind.: vilipendio, vilipendias, etc.)

VILIPÊNDIO, s.m. Desprezo; menoscabo.

VILÓRIO, s.m. Vila pequena, sem importância.

VILOTA, s.f. Vileta.

VIME, s.m. Vara tenra e flexível de vimeiro.

VIMEIRO, s.m. Salgueiro.

VINÁCEO, adj. Feito de vinho; misturado com vinho; que tem a natureza ou a cor do vinho (tinto).

VINAGRE, s.m. Líqüido resultante da fermentação do vinho, transformando o álcool aí contido em ácido acético.

VINAGREIRA, s.f. Vasilha em que se prepara ou guarda o vinagre.

VINAGREIRO, s.m. Fabricante ou vendedor de vinagre.

VINCADA, s.f. Vinco.

VINCAR, v.t. Fazer vincos ou dobras; enrugar.

VINCILHO, s.m. Vencilho; atilho.

VINCO, s.m. Aresta ou sinal deixado por uma dobra; sulco ou vestígio deixado por pancada; dobra, friso.

VINCULADO, adj. Instituído por vínculo; que tem natureza de vínculo; fortemente enlaçado ou ligado.

VINCULADOR, adj. e s.m. Que, ou aquele que vincula.

VINCULAR, v.t. Ligar, prender com vínculos; apertar; ligar moralmente; firmar a posse de; impor obrigação a; penhorar; converter em prazo inalienável ou em morgado; t.-rel. anexar; sujeitar a vínculo; obrigar; p. prender-se, ligar-se moralmente; ligar-se; unir-se; eternizar-se; perpetuar-se.

VÍNCULO, s.m. Tudo o que ata, liga ou aperta; nó; liame; ligação moral; conjunto de certos bens inalienáveis, que se transmitem indivisivelmente.

VINDA, s.f. Ato ou efeito de vir; chegada; regresso; volta. (Antôn.: ida.)

VINDICAÇÃO, s.f. Ato ou efeito de vindicar; reclamação; ato de exigir judicialmente que a alguém se reconheça o estado civil que se lhe atribui.

VINDICADOR, adj. e s.m. Que, ou aquele que vindica.

VINDICAR, v.t. Exigir em nome da lei; reclamar; exigir.

VINDICATIVO, adj. Próprio para vindicar; que defende; que vinga.

VINDÍCIA, s.f. Ato ou efeito de reivindicar.

VINDIMA, s.f. Colheita ou apanha de uvas; tempo em que se vindima.

VINDIMADOR, adj. e s.m. Que, ou aquele que vindima.

VINDIMADURA, s.f. Vindima; colheita.

VINDIMAR, v.t. Fazer a vindima; colher as uvas.

VINDITA, s.f. Vingança; represália.

VINDO, adj. Que veio; chegado; procedente; proveniente.

VINDOURO, adj. Que há de vir ou acontecer; futuro.

VINGADOR, adj. Que vinga; s.m. aquele que vinga.

VINGANÇA, s.f. Ato ou efeito de vingar; desforço; desforra; represália.

VINGAR, v.t. Tirar desforço; infligir punição; desforrar; promover a reparação; lograr; int. crescer; sobreviver; p. desforçar-se; tirar vingança de ofensa recebida.

VINGATIVO, adj. Em que há vingança; que se vinga; que se compraz com a vingança.

VINHA, s.f. Terreno onde crescem videiras.

VINHAÇA, s.f. Grande porção de vinho. vinho reles.

VINHÁCEO, adj. Semelhante ao vinho.

VINHAL, s.m. Terreno onde há vinha. O mesmo que vinhedo.

VINHATARIA, s.f. Cultura de vinhas; fabricação de vinho.

VINHATEIRO, adj. Relativo a cultura das vinhas; s.m. cultivador de vinhas; fabricante de vinho.

VINHEDO, s.m. Grande extensão de vinhas.

VINHETA, s.f. Pequena estampa de um livro, para ornato tipográfico, que se presta a numerosas combinações.

VINHETE, s.m. Vinho fraco.

VINHETISTA, s. Pessoa que desenha ou grava vinhetas.

VINHO, s.m. Bebida alcoólica, proveniente da fermentação do sumo das uvas ou ainda de outros frutos: — de maçã: cidra.

VINHOCA, s.f. Vinho reles; vinhaça.

VINHOTE, s.m. Vinhete.

VINÍCOLA, adj. Relativo a vinicultura.

VINICULTOR, s.m. Aquele que se ocupa da vinicultura.

VINICULTURA, s.f. Fabrico de vinho; viticultura para fins industriais; vinificação.

VINÍFERO, adj. Que produz vinho.

VINIFICAÇÃO, s.f. Fabrico de vinhos; processo de tratar os vinhos; enologia.

VINIFICADOR, s.m. Aparelho para se fabricar vinho.

VINIFICAR, v.t. Reduzir a vinho (uvas ou outras frutas).

VINOLÊNCIA, s.f. Embriaguez.

VINOLENTO, adj. Que bebe muito vinho; ébrio; bêbedo.

VINTE, num. Cardinal equivalente a duas dezenas.

VINTE-E-UM, s.m. 2 núm. Jogo de cartas em que ganha quem pedindo cartas obtém vinte e um pontos exatos, ou mais se aproxima sem ultrapassar esse número.

VINTÉM, s.m. Moeda que valia vinte réis; pl.: dinheiro.

VINTENA, s.f. Grupo de vinte.

VIOLA, s.f. Instrumento musical de cordas, semelhante ao violão e à guitarra.

VIOLAÇÃO, s.f. Transgressão; penetração indevida.

VIOLÁCEO, adj. Da cor da violeta; arroxeado.

VIOLADOR, adj. e s.m. Que, ou aquele que viola ou violou.

VIOLÃO, s.m. Instrumento musical em forma de 8, com seis cordas que se ferem com os dedos.

VIOLAR, v.t. Ofender com violência; infringir; transgredir; profanar; revelar; estuprar.

VIOLÁVEL, adj. Que se pode violar.

VIOLEIRO, s.m. Fabricante ou vendedor de violas; tocador de viola.

VIOLÊNCIA, s.f. Qualidade de violento; ato violento; ato de violentar.

VIOLENTADO, adj. Constrangido; forçado.

VIOLENTADOR, adj. e s.m. Que, ou aquele que violenta.

VIOLENTAR, v.t. Exercer violência; forçar; coagir; violar; estruprar.

VIOLENTO, adj. Que procede com ímpeto; que se exerce com força; tumultuoso; em que há emprego de força bruta.

VIOLETA, s.f. Planta da família das Violáceas; a flor dessa planta; a cor dessa flor.

VIOLINISTA, s. Pessoa que toca violino.

VIOLINO, s.m. Instrumento musical de quatro cordas afinadas por quintas (sol, ré, lá, mi), e que se ferem com um arco.

VIOLONCELISTA, s. Pessoa que toca violoncelo.

VIOLONCELO, s.m. Instrumento musical com a forma do violino, de grandes dimensões, que quatro cordas afinadas por quintas como viola (dó, sol, ré, lá), mas uma oitava abaixo e que se ferem com um arco.

VIOLONISTA, s. Tocador de violão.

VIPERINO, adj. Relativo ou semelhante à víbora; que tem a natureza da víbora; venenoso; mordaz; perverso.

VIR, v.int. Transportar-se de um lugar para aquele em que estamos; regressar; voltar; chegar; proceder; descender; ocorrer; int. ser trazido; surgir; aparecer; caminhar; andar; acudir; intervir; chegar (falando do tempo ou da ocasião); t. apresentar-se; pred. aparecer; surgir (em certo estado ou condição); p. transportar-se para cá; achegar-se; aproximar-se; dirigir-se (para perto da pessoa que fala). (Pres. do indic.: venho, vens, vem, vimos, vindes, vêm; imperf.: vinha, vinhas, etc.; perf.: vim, vieste, veio, viemos, viestes, vieram; m. q. perf.: viera, vieras, etc.; fut.: virei, virás, etc.; fut. do pret.: viria, virias, etc.; imperat.: vem, vinde; pres. do subj.: venha, venhas, etc.; imperf.: viesse, viesses, etc.; fut.: vier, vieres, vier, viermos, vierdes, vierem; ger. e particípio: vindo).

VIRABREQUIM, s.m. Peça do motor de explosão, que permite o movimento alternado dos pistões.

VIRAÇÃO, s.f. Vento brando e fresco; aragem; brisa.

VIRA-CASACA, s. Indivíduo que muda de partido ou idéias, conforme a conveniência própria.

VIRADA, s.f. Viradela; reação de um competidor que começa perdendo e no final passa a vencedor.

VIRADELA, s.f. Ato de virar; virada.

VIRADINHO, s.m. Iguaria feita de feijão, torresmo, farinha e ovos.

VIRADO, adj. Volvido; posto às avessas; s.m. viradinho.

VIRADOURO, s.m. Ponto do curso de um rio de onde voltam os canoeiros.

VIRAGEM, s.f. Mudança na direção dos automóveis; primeiro banho das provas fotográficas; mudança de cor na dosagem.

VIRAGO, s.f. Mulher robusta de maneiras varonis.

VIRA-LATA, s.m. Cão de rua, que se alimenta nas latas de lixo; indivíduo desclassificado; marginal.

VIRAMENTO, s.m. Ato ou efeito de virar.

VIRAR, v.t. Mudar de um lado para outro a direção ou a posição; pôr do avesso; voltar para a frente (o lado posterior); despejar, bebendo; dobrar; volver; voltar; fazer mudar de opinião, intenção ou partido; t.-rel. voltar (a um lado); rel. mudar de direção; transformar; rebelar-se; passar-se para outro partido; dar voltas; reagir (em competição); p. (pop.) esforçar-se.

VIRAVOLTA, s.f. Volta completa; cambalhota; vicissitude.

VIRENTE, adj. Verdejante; verde.

VIRGEM, s.f. Mulher ou menina isenta de relações carnais com homem; donzela; a Mãe de Cristo; retrato da Mãe de Cristo; adj. puro; casto; intato; diz-se de mata que ainda não foi explorada ou da terra que nunca foi cultivada.

VIRGILIANO, adj. (V. Vergiliano.)

VIRGINAL, adj. Relativo a virgem; virgem.

VIRGINDADE, s.f. Estado ou qualidade de pessoa virgem.

VIRGÍNEO, adj. Virginal.

VIRGO, s.m. Um dos signos do Zodíaco; virgem.

VÍRGULA, s.f. Sinal de pontuação (,) que indica a menor de todas as pausas.

VIRGULAÇÃO, s.f. Ato de virgular.

VIRGULAR, v.t. Pôr vírgulas em; int. pôr vírgulas no lugar próprio.

VIRGULTA, s.f. Varinha flexível.

VIRIDENTE, adj. Virente; próspero.

VIRIL, adj. Relativo a, ou próprio de homem; varonil; enérgico.

VIRILHA, s.f. Ponto de junção da coxa com o ventre.

VIRILIDADE, s.f. Qualidade de viril; idade de homem entre a adolescência e a velhice; vigor; energia.

VIRILISMO, s.m. Presença de caracteres físicos e mentais masculinos na mulher.

VIRILIZAR, v.t. Tornar viril; fortalecer; robustecer.

VIROLOGIA, s.f. (Biol.) Ramo da Biologia que trata dos vírus.

VIROLOGISTA, s. Pessoa que se dedica à virologia.

VIROSE, s.f. (Med.) Moléstia causada por vírus.

VIROSO, adj. Que tem vírus ou veneno.

VIROTÃO, s.m. Grande virote.

VIROTE, s.m. Seta curta.

VIRTUAL, adj. Existente como faculdade, mas sem exercício ou efeito atual; possível; suscetível de se realizar; potencial; (óptica) designativo do foco de um espelho ou lente, determinado pelo encontro dos prolongamentos dos raios luminosos.

VIRTUDE, s.f. Força moral; disposição firme e habitual para a prática do bem; boa qualidade moral; eficácia.

VIRTUOSE, s. Artista hábil.

VIRTUOSIDADE, s.f. Qualidade de virtuoso.

VIRTUOSISMO, s.m. Virtuosidade; qualidade de virtuoso.

VIRTUOSO, s.m. Músico de grande talento; amador de música; adj. que tem virtudes; eficaz.

VIRULÊNCIA, s.f. Qualidade ou estado de virulento.

VIRULENTO, adj. Que tem vírus ou veneno; que é da natureza do vírus; causado por um vírus; rancoroso; irônico; maligno.

VÍRUS, s.m. 2 núm. Veneno bacteriano ou animal; agente transmissor de doença.

VISAGEM, s.f. Careta; assombração; aparição sobrenatural.

VISÃO, s.f. Ato ou efeito de ver; sentido da vista; aspecto; imagem vã, que se julga ver em sonhos, por medo, loucura, superstição, etc.; aparição fantástica; fantasma; fantasia; quimera.

VISAR, v.t. Dirigir o olhar para apontar arma de fogo contra; pôr o sinal de visto em; rel. mirar; propender; tender; dispor-se; propor-se; ter em mira.

VÍSCERA, s.f. Designação genérica de qualquer órgão alojado em uma das três cavidades: craniana, torácica ou abdominal; pl.: entranhas; intestinos; a parte mais íntima de qualquer coisa.

VISCERAL ou **VISCEROSO,** adj. Relativo às vísceras; (fig.) íntimo.

VISCIDEZ, s.f. Viscosidade.

VISCO, s.m. Suco vegetal glutinoso com que se envolvem varinhas, para apanhar pássaros; isca; engodo; chamariz. O mesmo que visgo.

VISCONDADO, s.m. Título ou dignidade de visconde ou viscondessa.

VISCONDE, s.m. Título nobiliárquico superior ao de barão e inferior ao de conde. (Fem.: viscondessa.)

VISCONDESSA, s.f. Mulher de visconde; mulher que tem o título de viscondado.

VISCOSIDADE, s.f. Qualidade do que é viscoso; propriedade pela qual as partículas de uma substância aderem reciprocamente.

VISCOSÍMETRO, s.m. Instrumento utilizado para medir a viscosidade dos fluidos.

VISCOSO, adj. Que tem visco; pegajoso como o visco, cujas moléculas aderem reciprocamente.

VISEIRA, s.f. Parte anterior do capacete, que resguarda e defende o rosto; pala de boné.

VISGO, s.m. Visco.

VISGUENTO, adj. Viscoso; pegajoso.

VISIBILIDADE, s.f. Qualidade do que é visível.

VISIBILIZAR, v.t. Tornar visível; visualizar.

VISIÔMETRO, s.m. Instrumento que indica o grau da força visual num indivíduo e, conseqüentemente, o grau das lentes adaptáveis ao caso.

VISIONAR, v.t. Entrever como em visão; int. ter visões; fantasiar.

VISIONÁRIO, s.m. Aquele que tem visões ou julga ver fantasmas; fantasista.

VISITA, s.f. Ato ou efeito de visitar; ato de ir ver alguém por dever ou afeição; pessoa que visita; inspeção.

VISITAÇÃO, s.f. Ato ou efeito de visitar; visita.

VISITADOR, adj. e s.m. Que, ou aquele que visita; inspetor.

VISITANTE, adj. e s. Que, ou pessoa que visita, que vem de outro lugar.

VISITAR, v.t. Ir ver (alguém) em casa, por cortesia, dever ou caridade; ir ver por interesse ou curiosidade (regiões, monumentos, etc.); inspecionar; fiscalizar.

VISÍVEL, adj. Que se pode ver; claro; aparente; manifesto. (Superl. abs. sint.: visibilíssimo.)

VISLUMBRAR, v.t. Entrever; lobrigar; conjeturar; lembrar; int. entremostrar-se; começar a surgir ou a aparecer.

VISLUMBRE, s.m. Luz frouxa; pequeno clarão; reflexo; vestígio.

VISO, s.m. Aspecto; fisionomia; vislumbre; indício.

VISOR, s.m. (fot.) Dispositivo anexo à máquina fotográfica que serve para determinar o campo de visão a ser enquadrado.

VÍSPORA, s.f. e m. Loto. O mesmo que tômbola.

VISTA, s.f. Ato ou efeito de ver; sentido da visão; órgão visual; os olhos; aquilo que se vê; panorama; pagamento à —: aquele que se faz no ato da compra; fazer — grossa: fingir que não vê; à — de: na presença de; em conseqüência; ponto de —: modo de ver.

VISTO, adj. Aceito; reputado; sabido; sabedor; visado; s.m. declaração de uma autoridade ou funcionário num documento, para lhe dar validade.

VISTORIA, s.f. Inspeção judicial a um prédio ou lugar, acerca do qual há litígio; revista; inspeção.

VISTORIAR, v.t. Fazer vistoria; inspecionar.

VISTOSO, adj. Ostentoso; espetaculoso; aparatoso.

VISUAL, adj. Relativo à vista ou à visão.

VISUALIDADE, s.f. Visão; miragem.

VISUALIZAR, v.t. Tornar visual; tornar visível.

VITAL, adj. Relativo à vida; essencial; de capital importância.

484

VITALICIEDADE, s.f. Qualidade do que é vitalício; vitaliciedade de cátedra.

VITALÍCIO, adj. Que dura toda a vida.

VITALIDADE, s.f. Qualidade do que é vital; conjunto das funções orgânicas; força vital.

VITALISMO, s.m. Doutrina segundo a qual as funções orgânicas são atribuídas a uma força particular (força vital) irredutível à físico-química, e que dá origem aos fenômenos vitais; vitalidade.

VITALISTA, adj. Relativo ao vitalismo; s. adepto do vitalismo.

VITALIZAR, v.t. Restituir à vida; dar vida nova.

VITAMINA, s.f. Nome de várias substâncias encontradas em muitos alimentos e que, embora em pequenas quantidades, são indispensáveis ao funcionamento normal do organismo. (Modernamente têm sido obtidas por síntese e são designadas pelas letras do alfabeto: vitamina A, complexo B, vitamina C, D, E, K,etc.)

VITANDO, adj. Que se deve evitar; abominável.

VITELA, s.f. Novilha com menos de um ano; carne de novilha ou novilho; pele destes animais preparada para calçado e outros usos.

VITELINA, s.f. Substância azotada, contida na gema do ovo; membrana envolvente da gema de ovo das aves.

VITELO, s.m. Novilho de menos de um ano.

VITÍCOLA, adj. Relativo à viticultura.

VITICULTOR, s.m. Cultivador de vinhas.

VITICULTURA, s.f. Cultura de vinhas.

VITÍFERO, adj. Que produz videiras; coberto de videiras; próprio para a viticultura.

VITILIGO, s.m. Impigem.

VÍTIMA, s.f. Criatura imolada em holocausto a uma divindade; pessoa sacrificada aos interesses ou paixões de outrem; pessoa assassinada ou ferida; pessoa que sucumbe a uma desgraça ou que sofre algum infortúnio.

VITIMAR, v.t. Tornar vítima; sacrificar; matar; prejudicar.

VITIVINÍCOLA, adj. Que se refere a vitivinicultura.

VITIVINICULTOR, s.m. Cultivador de vinhas e fabricante de vinho.

VITIVINICULTURA, s.m. Atividade que diz respeito à cultura da vinha e fabricação de vinho.

VITÓRIA, s.f. Ato ou efeito de vencer o inimigo numa batalha; triunfo; vantagem; bom êxito.

VITORIAR, v.t. Aplaudir estrepitosamente; aclamar; p. triunfar. (Pres. ind.: vitorio, vitorias, vitoria, etc.)

VITÓRIA-RÉGIA, s.f. Planta aquática da família das Ninfeáceas cuja flor é de enorme diâmetro.

VITORIOSO, adj. e s.m. Que conseguiu vitória; triunfante; triunfador; vencedor.

VITRAL, s.m. Vidraça de côres ou com pinturas sobre o vidro.

VÍTREO, adj. Relativo a vidro; feito de vidro; que tem a natureza ou aspecto do vidro.

VITRIFICAR, v.t. Converter em vidro; dar o aspecto de vidro a; int. e p. converter-se em vidro; tomar o aspecto de vidro.

VITRINA, s.f. Vidraça atrás da qual se expõem objetos destinados à venda; espécie de caixa com tampa envidraçada ou armário com vidraça móvel em que se resguardam objetos expostos à venda.

VITRÍOLO, s.m. Designação vulgar de diversos sulfatos e do ácido sulfúrico.

VITROLA, s.f. Fonógrafo.

VITUALHAS, s.f.pl. Víveres; mantimentos.

VITUPERAÇÃO, s.f. Ato ou efeito de vituperar; injúria; afronta.

VITUPERADOR, adj. e s.m. Que, ou aquele que vitupera; difamador; censor.

VITUPERAR, v.t. Injuriar; afrontar, difamar; censurar.

VITUPÉRIO, s.m. Vituperação; vergonha; infâmia.

VIÚVA, s.f. Mulher a quem morreu o marido e que não contraiu novas núpcias.

VIÚVA-ALEGRE, s.f. Denominação popular dos ônibus da polícia, em que são conduzidos os soldados de serviço e os presos.

VIUVAR, v.int. Enviuvar.

VIUVEZ, s.m. Estado de quem é viúvo; solidão; privação; desconsolo por desamparo.

VIÚVO, s.m. Homem a quem morreu a esposa, e que não tornou a casar.

VIVA, s.m. Exclamação de aplauso ou felicitação; interj. designa aclamação ou aplauso.

VIVACIDADE, s.f. Qualidade do que é vivaz; atividade; brilho; brilhantismo; finura.

VIVANDEIRA, s.f. Mulher que vende ou leva mantimentos acompanhando tropas em marcha.

VIVAZ, adj. Ativo; vigoroso. (Superl. abst. sint.: vivacíssimo.)

VIVEDOR, adj. Vivedouro; solícito; agenciador.

VIVEDOURO, adj. Que pode viver; que vive ou pode viver muito; duradouro.

VIVEIRO, s.m. Lugar em que se conservam e se reproduzem animais vivos; escavação natural ou artificial onde se criam peixes; canteiro ou recinto apropriado, onde se semeiam vegetais que depois se hão de transplantar.

VIVENDA, s.f. Lugar onde se vive; residência; morada; habitação.

VIVENTE, adj. Que vive; s. aquele que vive; criatura viva; o homem.

VIVER, v.int. Ter vida; estar com vida; existir; durar; gozar a vida, sabendo aproveitá-la; rel. habitar; alimentar-se; tirar a subsistência ou os meios para passar a vida; conviver; entreter relações; pred. passar a vida (de certa maneira); t. gozar; apreciar (a vida); p. existir, passar a vida; ir vivendo; s.m. a vida.

VÍVERES, s.m.pl. Gêneros alimentícios; mantimentos.

VIVEZA, s.f. Vivacidade; brilho, esperteza.

VIVIDO, adj. Que viveu muito; que tem grande experiência da vida.

VÍVIDO, adj. Que tem vivacidade; ardente; luminoso.

VIVIFICAÇÃO, s.f. Ato ou efeito de vivificar.

VIVIFICADOR, adj. e s.m. Que, ou o que vivifica.

VIVIFICANTE, adj. Que vivifica.

VIVIFICAR, v.t. Dar vida ou existência; reanimar; fecundar.

VIVIFICATIVO, adj. Vivificante; que vivifica.

VIVÍFICO, adj. Vivificante; vivificativo; que dá vida.

VIVIPARIDADE, s.f. Modo de reprodução dos animais vivíparos.

VIVÍPARO, adj. Diz-se do animal que dá origem a produtos vivos, já formados, por oposição a ovíparo, que põe ovo que se desenvolve por incubação; s.m. mamífero vivíparo.

VIVISSECÇÃO ou **VIVISSEÇÃO**, s.f. Operação praticada em animais vivos para estudo de fenômenos fisiológicos.

VIVISSECCIONISTA ou **VIVISSECIONISTA**, s. Pessoa que pratica a vivissecção.

VIVO, adj. Que vive; que tem vida; animado; ativo; intenso; penetrante; s.m. ser vivo; criatura com vida.

VIVÓRIO, s.m. Muitos vivas; entusiasmo ruidoso; aclamação encomendada.

VIZINHADA, s.f. O conjunto de vizinhos.

VIZINHANÇA, s.f. Qualidade do que é vizinho; pessoas ou famílias vizinhas; arrabaldes; cercania; (Mat.) ao redor de um ponto, excluído este; analogia; semelhança.

VIZINHAR, v.t. Ser vizinho de; ser limítrofe ou contíguo a; aproximar-se de; rel. confinar.

VIZINHO, adj. Que está perto; que está ou mora próximo; limítrofe; s.m. aquêle que mora perto de nós.

VIZIR, s.m. Ministro de príncipe muçulmano; antigo ministro árabe.

VIZIRADO ou **VIZIRATO**, s.m. Cargo de vizir; tempo de duração desse cargo.

VOADOR, adj. Que voa; veloz; s.m. acrobata que salta de um trapézio para outro, mais ou menos distante.

VOAR, v.int. Sustentar-se ou mover-se no ar por meio de asas ou de aparelho aeronáutico; ir com grande rapidez; correr velozmente; decorrer rapidamente (tempo); propalar-se rapidamente; rel. dirigir-se com grande rapidez; acudir com presteza; t. deitar a voar; t.-rel. fazer saltar. (Pres. ind.: vôo, voas, voa,etc.; pres. subj.: voe, voes, voe, voemos, voeis, voem.)

VOCABULAR, adj. Relativo a vocábulo.

VOCABULÁRIO, s.m. Lista de vocábulos, acompanhados ou não da respectiva definição e em regra dispostos por ordem alfabética; dicionário; léxico; termos ou vocábulos próprios de uma ciência ou arte; conjunto de termos empregados por um escritor, em geral para inteligência do texto; o conjunto dos vocábulos que um escritor ou uma pessoa costuma usar.

VOCABULARISTA ou **VOCABULISTA**, s. Autor de vocabulários; dicionarista; lexicógrafo.

VOCÁBULO, s.m. Palavra que faz parte de uma língua; termo; dicção.

VOCAÇÃO, s.f. Tendência ou inclinação; talento.

VOCACIONAL, adj. Relativo a vocação.

VOCAL, adj. Relativo à voz.

VOCÁLICO, adj. Relativo às letras vogais.

VOCALISMO, s.m. Estudo das vogais.

VOCALIZAÇÃO, s.f. Ato ou efeito de vocalizar; (Gram.) passagem de consoante a vogal; ex.: nocte, noite; octo, oito; flegma, fleuma, etc.

VOCALIZADOR, adj. e s.m. Que, ou aquele que vocaliza.

VOCALIZAR, v.t. e int. Cantar, sem articular palavras nem nomear notas, modulando a voz sobre uma vogal; int. transformar (consoantes) em vogais.

VOCALIZO, s.m. Exercício vocal, em aprendizado musical, que consiste em cantar sobre uma vogal uma série de notas.

VOCATIVO, s.m. Nas línguas em que há declinações, o caso empregado para chamar alguém; expressão da pessoa ou coisa a que nos dirigimos no discurso direto.

VOCÊ, pron. Contração de Vossa Mercê, geralmente empregada ou como tratamento íntimo entre iguais ou como tratamento de superior para inferior; vossemecê.

VOCIFERAÇÃO, s.f. Ato ou efeito de vociferar.

VOCIFERADOR, adj. Que vocifera; s.m. aquele que vocifera, que fala colericamente.

VOCIFERANTE, adj. Vociferador.

VOCIFERAR, v.t. Pronunciar em voz alta ou clamorosa; int. falar colericamente; berrar.

VOÇOROCA, s.f. Desmoronamento resultante de erosão produzida por águas.

VODCA, s.f. Nome dado na Rússia à aguardente de cereais.

VOEJAR, v.int. Esvoaçar; adejar. (Só é usado nas terceiras pessoas.)

VOEJO, s.m. Ato de voejar; adejo.

VOGA, s.f. Ato de vogar; movimento de remos; divulgação; moda; s.m. remador de um bote, o que vai junto à pôpa e é o que marca o ritmo da remada; patrão.

VOGAL, adj. Designativo gramatical do fonema produzido por expiração do ar dos pulmões e mediante disposição dos órgãos da fala, sem contato deles ou fricção do ar na sua passagem; s.f. som vogal; s. pessoa que tem voto numa assembléia; membro de uma corporação, junta, júri, etc.

VOGANTE, adj. Que voga.

VOGAR, v.int. Remar; navegar; flutuar.

VOLANTE, adj. Que voa ou pode voar; flutuante; fàcilmente mudável; móvel; errante; transitório; volúvel; s.m. direção do automóvel; (p. ext.) o motorista.

VOLAPUQUE, s.m. Língua universal, artificial, inventada em 1879 por J. M. Schleyer.

VOLATARIA, s.f. Arte de caçar por meio de falcões ou outras aves.

VOLATEANTE, adj. Que volateia; esvoaçante.

VOLATEAR, v.int. Esvoaçar; volitar.

VOLÁTIL, adj. Que tem a faculdade de voar; voador; relativo a aves; que se pode reduzir ou passar ao estado de gás ou vapor; s.m. animal que voa. (Pl.: voláteis).

VOLATILIDADE, s.f. Qualidade do que é volátil.

VOLATILIZAÇÃO, s.f. Ato ou efeito de volatilizar.

VOLATILIZANTE, adj. Que volatiliza.

VOLATILIZAR, v.t. Reduzir a gás ou a vapor; vaporizar; int. e p. reduzir-se a gás ou a vapor.

VOLFRÂMIO, s.m. Tungstênio.

VOLIBOL, s.m. Jogo em que duas turmas, separadas por uma rede, impelem a bola, perdendo a partida a equipe que deixar a bola tocar quinze vêzes o solo.

VOLIÇÃO, s.f. Ato pelo qual se determina a vontade.

VOLITANTE, adj. Que volita.

VOLITAR, v.int. Esvoaçar; volatear.

VOLITIVO, adj. Relativo à volição ou à vontade.

VOLT, s.m. Unidade prática de diferença de potencial equivalente à que, aplicada a um condutor cuja resistência seja de um ohm, produz uma corrente de um ampère. (Pl. volts.)

VOLTA, s.f. Ato ou efeito de voltar; regresso; mudança; giro; circuito; curva de rua ou estrada; curva; sinuosidade; meandro dos cursos fluviais.

VOLTA-FACE, s.f. Retratação; ato de se desdizer.

VOLTAGEM, s.f. (Fís.) Diferença de potencial entre as extremidades de um condutor elétrico; número dos volts que funcionam num aparelho elétrico.

VOLTAICO, adj. Designativo do arco de luz elétrica produzido entre os dois carvões que constituem os pólos de uma pilha; designativo da pilha elétrica (de Volta) e dos seus efeitos.

VOLTÂMETRO, s.m. Aparelho de Física, em que se realiza a decomposição da água por meio da passagem de uma corrente elétrica.

VOLTAR, v.rel. Regressar; ir ou vir pela segunda vez; tornar; recomeçar; mudar de direção; int. reproduzir-se; tornar ao ponto de onde partiu; t. virar; volver; pôr do avesso; t.-rel. devolver; restituir; dar em troca, em saldo de contas; p. virar-se.

VOLTEADOR, adj. Que volteia; s.m. aquele que volteia.

VOLTEADURA, s.f. Ato ou efeito de voltear.

VOLTEAR, v.t. Andar à volta; fazer girar; fazer dar muitas voltas; remexer; contornar; dar voltas a; int. dar voltas; rodopiar.

VOLTEIO, s.m. Volteadura.

VOLTEIRO, adj. Que dá voltas; instável; desordeiro.

VOLTEJAR, v.t. e int. Voltear.

VOLTENSE, adj. e s. Da República do Alto Volta (África).

VOLTÍMETRO, s.m. O mesmo que voltômetro.

VOLTÔMETRO, s.m. Aparelho de Física destinado a medir a força eletromotriz de uma corrente elétrica.

VOLUBILIDADE, s.f. Qualidade de volúvel; inconstância.

VOLUMÃO, s.m. Grande volume.

VOLUMAR, adj. Relativo a volumes; v.t. avolumar; engrossar.

VOLUME, s.m. Espaço ocupado por um corpo; tomo; pacote; corpulência; tamanho; desenvolvimento; intensidade (de som ou voz).

VOLUMETRIA, s.f. Método de análise química quantitativa que permite conhecer o título de uma solução em relação a um volume conhecido de uma solução titulada.

VOLUMÉTRICO, adj. Relativo à determinação dos volumes ou à volumetria.

VOLÚMETRO, s.m. Espécie de areômetro que dá o volume de um líquido cujo peso é igual ao de 100 volumes de água.

VOLUMOSO, adj. Que tem grande volume; grande; desenvolvido; intenso; forte (som ou voz); que compreende muitos volumes.

VOLUNTARIADO, s.m. Qualidade de voluntário no exército; a classe dos voluntários.

VOLUNTARIEDADE, s.f. Qualidade do que é voluntário; espontaneidade; capricho; teima; arbítrio.

VOLUNTÁRIO, adj. Que procede espontaneamente; derivado da vontade própria; em que não há coação; espontâneo; s.m. aquele que se alista espontaneamente no exército.

VOLUNTARIOSO, adj. Que se determina só pela sua vontade; caprichoso; teimoso.

VOLÚPIA, s.f. Grande prazer dos sentidos; grande prazer em geral; sensualidade.

VOLUPTUOSIDADE ou **VOLUTUOSIDADE**, s.f. Volúpia.

VOLUPTUOSO ou **VOLUTUOSO**, adj. Em que há prazer ou volúpia; sensual; delicioso.

VOLUTA, s.f. (Arquit. e Des.) Ornato de um capitel de coluna, em forma de espiral; concha univalve; parte superior da cabeça dos instrumentos de arco, enrolada em forma de espiral.

VOLUTABRO, s.m. Lodaçal; esterqueira.

VOLUTEAR, v.int. Voltear; girar.

VOLÚVEL, adj. Inconstante; instável. (Superl. abs. sint.: volubilíssimo.)

VOLVER, v.t. Voltar; revolver; agitar; retrucar; replicar; t.-rel. devolver; restituir; rel. regressar; voltar-se; int. decorrer; passar; p. voltar-se; dar voltas; agitar-se; revirar-se; s.m. ato ou efeito de volver.

VOLVO (ô), s.m. Obstrução intestinal, também chamada vólvulo e, popularmente, nó-nas-tripas.

VÓLVULO, s.m. Volvo; volta ou rosca de serpente.

VÔMER, s.m. Pequeno osso, que constitui a parte

posterior da parede divisória das fossas nasais.

VOMERIANO, adj. Relativo ao vômer.

VOMITADO, s.m. As matérias expelidas pelo vômito.

VOMITADOR, adj. e s.m. Que, ou o que vomita.

VOMITAR, v.t. Expelir pela boca (alimentos contidos no estômago); lançar pela bôca; proferir com intenção injuriosa; pronunciar (coisas vergonhosas ou irreverentes); expelir impetuosamente; jorrar; verter; despejar; contar (segredo); desembuchar.

VOMITIVO, adj. Que produz vômito; s.m. vomitório.

VÔMITO, s.m. Ato ou efeito de vomitar; o vomitado.

VOMITÓRIO, adj. Que faz vomitar; s.m. medicamento próprio para provocar o vômito; interrogatório longo e minucioso; interrogatório disfarçado.

VONTADE, s.f. Faculdade de querer; desejo; resolução; desígnio; talante; capricho; espontaneidade; prazer; apetite; desvelo; necessidade física ou moral; tendência ou disposição de espírito; pl.: apetites; caprichos.

VÔO, s.m. Modo e meio de locomoção no ar e sem contato com o solo; distância que uma ave ou aeronave percorre, voando; movimento rápido de qualquer objeto pelo ar; marcha rápida; elevação do pensamento ou do talento; arroubamento; êxtase (Pl.: vôos.)

VORACIDADE, s.f. Qualidade de voraz. O mesmo que edacidade.

VORAGEM, s.f. Aquilo que sorve e devora; sorvedouro; redemoinho no mar; qualquer abismo; tudo o que subverte ou consome.

VORAGINOSO, adj. Em que há voragem; que tem a forma ou natureza de voragem; que subverte ou consome, como a voragem.

VORAZ, adj. Que devora; que come com avidez; que não se farta; que subverte ou consome com violência; destruidor; muito ávido; ambicioso (Superl. abs. sint.: voracíssimo.)

VÓRMIO, s.m. Diz-se dos pequenos ossos variáveis quanto ao número e à forma que se encontram nos ângulos das suturas cranianas.

VÓRTICE, s.m. Turbilhão; redemoinho; furacão; voragem.

VOS, pron. Forma átona de vós, empregado como objeto direto ou indireto.

VÓS, pron. Indicativo de várias pessoas às quais se fala; tratamento de grande cerimônia e acatamento, empregado em relação a uma só pessoa, e também comumente em correspondência oficial.

VOSEAR, v.t. Tratar por vós.

VOSMECÊ, pron. Contração de vossemecê.

VOSSA, fl.fem. de vosso; como primeiro elemento de expressão de tratamento (Vossa Senhoria, Vossa Majestade, etc.) correspondente à 3.ª pes.sing.

VOSSEMECÊ, pron. Forma alterada de Vossa Mercê; tratamento ordinariamente dirigido a pessoas de mediana condição; tratamento, já em desuso, dos filhos para com os pais e avós; a forma usual é você.

VOSSO, adj. e pron.poss. Que vos pertence; relativo a vós.

VOTAÇÃO, s.f. Ato ou efeito de votar; conjunto de votos de uma assembléia eleitoral.

VOTADO, adj. Aprovado pela maioria ou unanimidade de votos; em que recaíram votos.

VOTANTE, adj. e s Que, ou pessoa que vota; eleitor.

VOTAR, v.t. Aprovar por meio de votos; fazer voto de; prometer solenemente; eleger por meio de votos; int. dar ou emitir voto; rel. manifestar por voto o que se sente ou pensa; dar o seu voto.

VOTIVO, adj. Ofertado em cumprimento de voto.

VOTO, s.m. Promessa solene com que nos obrigamos para com a Divindade; promessa solene; juramento; oferenda em cumprimento de promessa; desejo íntimo, ardente; modo de manifestar a vontade ou opinião num ato eleitoral ou numa assembléia; sufrágio.

VOVÔ, s.f. Avô (na linguagem afetiva).

VOVÓ, s.f. Avó (na linguagem afetiva).

VOZ, s.f. Som produzido na laringe, especialmente na laringe humana; grito; rumor; (dim.: vozinha; aum.: vozeirão); aspecto ou forma com que um verbo indica a ação que o sujeito pratica (voz ativa), recebe (voz passiva) ou simultaneamente pratica e recebe (voz reflexa, reflexiva, média ou pronominal).

VOZEADOR, adj. e s.m. Que, ou aquele que vozeia

VOZEAMENTO, s.m. Vozearia.

VOZEAR, v.int. Falar em voz alta; chamar; gritar; t. proferir em voz alta: dizer aos gritos; dar, soltar (gritos). (Pres.ind.: vozeio, vozeias, vozeia, vozeamos, vozeais, vozeiam.)

VOZEARIA, s.f. Clamor de muitas vozes juntas.

VOZEIO, s.m. Ato ou efeito de vozear.

VOZEIRÃO, s.m. Voz muito forte.

VOZERIO, s.m. Vozearia.

VULCÂNICO, adj. Relativo a vulcão.

VULCANISMO, s.m. Ação dos vulcões.

VULCANITE, s.f. Ebonite; borracha endurecida por vulcanização.

VULCANIZAÇÃO, s.f. Ato ou efeito de vulcanizar; combinação da borracha com o enxofre a fim de torná-la insensível ao calor, ao frio, à ação dos ácidos e dissolventes.

VULCANIZAR, v.t. Calcinar; sujeitar à vulcanização (a borracha).

VULCANOLOGIA, s.f. Parte da Geologia que trata dos vulcões.

VULCÃO, s.m. Conduto que põe em comunicação a superfície da Terra com um foco donde saem lavas, cinzas ou gases; imaginação ardente; pessoa ou coisa de natureza impetuosa; perigo iminente contra a ordem social.

VULGACHO, s.m. Ralé, plebe, populacho.

VULGAR, adj. Relativo ao vulgo; comum; notório; trivial; usado; reles; s.m. aquilo que é vulgar; língua vernácula; v.t. tornar conhecido do vulgo; divulgar; tornar público.

VULGARIDADE, s.f. Qualidade do que é vulgar; coisa ou pessoa vulgar; futilidade.

VULGARISMO, s.m. O falar ou o pensar próprio do vulgo; vulgaridade; plebeísmo.

VULGARIZAÇÃO, s.f. Ato ou efeito de vulgarizar; divulgação.

VULGARIZADOR, adj. e s.m. Que, ou aquele que vulgariza

VULGARIZAR, v.t. Tornar vulgar ou notório; vulgar; divulgar; propagar; fazer comum; devassar; p. tornar-se muito conhecido; popularizar-se.

VULGO, s.m. O povo; plebe; adv. vulgarmente; na língua vulgar.

VULNERAÇÃO, s.f. Ato ou efeito de vulnerar.

VULNERAL, adj. Vulnerário.

VULNERANTE, adj. Que vulnera; penetrante.

VULNERAR v.t. Ferir; melindrar; ofender.

VULNERATIVO, adj. Vulnerante.

VULNERÁVEL, adj. Que se pode vulnerar ou penetrar; designativo do lado fraco de um assunto ou questão e do ponto por onde alguém pode ser atacado ou ferido.

VULPINO, adj. Que diz respeito à raposa, ou que é próprio dela; astuto; manhoso.

VULTO, s.m. Rosto; aspecto; corpo; figura; sombra; figura indistinta; tamanho; volume; importância; pessoa importante; ponderação.

VULTOSO, adj. De grande vulto; volumoso.

VULTUOSIDADE, s.f. Congestão da face; inchação do pescoço ou da face.

VULTUOSO, adj. Atacado de vultuosidade.

VULTURINO, adj. Próprio de abutre.

VULVA, s.f. (Anat.) Parte exterior do aparelho genital feminino.

VULVITE, s.f. (Patol.) Inflamação da vulva.

VURMO, s.m. O pus das úlceras e chagas.

VURMOSO, adj. Que tem vurmo; purulento.

W

W, s.m. Letra que foi excluída do alfabeto português e substituída geralmente por u, nas palavras de origem inglesa, ou por v, nas de origem alemã; é ainda empregada em palavras estrangeiras que não estejam devidamente aportuguesadas. (Lê-se dabliu ou u dobrado.)

WAGNERIANO, adj. Relativo a Ricardo Wagner, compositor alemão ou à sua música.

WATT, s.m. Unidade de potência elétrica e de potência mecânica.

WATTÍMETRO ou **WATTÔMETRO,** s.m. Aparelho que serve para determinar a potência de uma corrente elétrica.

WICLEFISMO, s.m. Doutrina religiosa do heresiarca inglês John Wiclef, um dos precursores das reformas (século XIV).

X

X, s.m. Consoante palatal fricativa surda, vigésima segunda letra do alfabeto; designação de 10 em numeração romana; incógnita; aquilo que se desconhece; adj. 2 núm. designativo dos raios em que se funda o processo da fotografia através dos corpos opacos.

XÁ, s.m. Título do soberano da Pérsia (atual Irã).

XÁCARA, s.f. Narrativa popular, em verso.

XACOCO, adj. Desenxabido; sem graça.

XADREZ, s.m. Jogo sobre um tabuleiro de 64 casas, em que se fazem mover 32 peças ou figuras de valor diverso; tabuleiro desse jogo; gênero de tecidos, com as cores dispostas em quadrinhos alternados; prisão; cadeia.

XADREZAR, v.t. Dispor em forma de xadrez; enxadrezar.

XADREZISTA, s. Enxadrista.

XAIREL, s.m. Cobertura da cavalgadura, sobre a qual se põe o selim.

XALE, s.m. Cobertura que as mulheres usam como adorno e agasalho dos ombros e do tronco.

XAMANISMO, s.m. Sistema de magia e exorcismo usado por muitos povos naturais.

XAMANISTA, ad. Relativo ao xamanismo; s. selvagem que pratica o xamanismo.

XAMPU, s.m. Sabão especial para lavar os cabelos.

XANGÔ, s.m. Nome de um poderoso orixá; macumbeiro.

XANTINA, s.f. Substância orgânica, azotada, existente no músculo, na urina, em vários órgãos e em algumas plantas.

XANTOFILA, s.f. Substância corante amarela das folhas dos vegetais.

XANTOGÊNICO, adj. Designativo do micróbio da febre amarela.

XANTOPSIA, s.f. Doença ocular em que os objetos aparentam cor amarela.

XANTÓPTERO, ad. Que tem asas amarelas.

XANTORRIZO, adj. Que tem raízes amarelas.

XANTOSPERMO, adj. Que tem sementes amarelas.

XANTÓXILO (csi), adj. Cuja madeira é amarela.

XANTUNGUE, s.m. Tecido de seda próprio para vestidos e blusas, antes importado da China e fabricado hoje em nosso país.

XARÁ, s. Pessoa que tem o mesmo prenome que outra.

XARÉU, s.m. Peixe da família dos Carangídeos; capa de couro com que os vaqueiros cobrem as ancas do cavalo.

XAROPADA, s.f. Porção de xarope que se pode tomar de uma vez; qualquer medicamento contra a tosse; coisa enfadonha.

XAROPAR, v.t. Tratar com xarope; dar tisanas.

XAROPE, s.m. Medicamento líquido e viscoso, que se obtém misturando certos líquidos com a porção de açúcar necessária para os saturar; tisana; remédio caseiro.

XAROPOSO, adj. Que tem a consistência de xarope; pegajoso; enfadonho.

XARRASCA, s.f. Aparelho especial, de linha e anzol, para a pesca de peixes de beiços carnudos.

XAVANTE, s. Indígenas do Brasil central.

XAVECO, s.m. Barco pequeno e mal contruído; pessoa ou coisa sem importância, sem valor.

XAVIER, s. Encalistrado; desenxabido.

XAXIM, s.m. Planta ciateácea, espécie de grande samambaia, cujo tronco, serrado em pequenos segmentos e escavado, serve de vaso a outras plantas.

XELIM, s.m. Moeda inglesa, de prata, cujo valor é a vigésima parte da libra esterlina.

XENOFILIA, s.f. Amor ou estima às pessoas e coisas estrangeiras. (Anôn.: xenofobia.)

XENÓFILO, adj. e s.m. Diz-se de, ou aquele que tem xenofilia. (Antôn.: xenófobo.)

XENOFOBIA, s.f. Aversão às pessoas e coisas estrangeiras.

XENÓFOBO, adj. e s.m. Que, ou aquele que tem xenofobia. (Antôn.: xenófilo.)

XENOFONIA, s.f. Perturbação da voz; sotaque estrangeiro na pronúncia.

XENOMANIA, s.f. Mania de estimar tudo que é estrangeiro.

XENÔNIO, s.m. Elemento químico gasoso, símbolo X ou Xe, de peso atômico 130 e número atômico 54.

XEPA, s.f. Comida de quartel; jornal já lido e que o vendedor repõe em sua banca.

XEPEIRO, s.m. Soldado arranchado, que come no quartel; o que vende jornais já lidos.

XEQUE, s.m. Incidente no jogo de xadrez, que consiste em ficar o rei ou a rainha numa casa atacada por peça adversária; sucesso parlamentar que envolve perigo para o governo; perigo; contratempo; chefe de tribo árabe.

XEQUE-MATE, s.m. No jogo de xadrez, xeque em que o rei não pode ser coberto por nenhuma outra peça nem mover-se para nenhuma outra casa sem ser coberto por uma peça do adversário.

XERASIA, s.f. Doença que impede o desenvolvimento dos cabelos e das sobrancelhas.

XERELETE, s.m. Peixe marinho.

XERÉM, s.m. Milho pilado grosso, que não passa na peneira.

XERENGUE, s.m. Faca velha.

XERETA, s. Bisbilhoteiro; importuno; novidadeiro.

XERETAR ou **XERETEAR,** v.t. e int. Adular; engrossar; bajular; bisbilhotar.

XEREZ, s.m. Espécie de uva tinta; vinho fino e saboroso da Andaluzia. (Castelhano: jerez.)

XERIFE, s.m. Funcionário policial que, nos Estados Unidos da América do Norte, tem a incumbência de executar as disposições policiais; título de príncipes mouros; (pop.) mandão.

XEROFTALMIA, s.f. Doença ocular em que a conjuntiva se mostra seca e atrófica, em decorrência de avitaminose A. O mesmo que cegueira noturna, xerose.

XEROGRAFIA, s.f. Capítulo da Geografia que trata da parte seca do globo.

XEROGRÁFICO, adj. Relativo à xerografia.

XEROSE, s.f. Xeroftalmia.

XETA, s.f. Provocação amorosa; gesto de beijo feito de longe.

XEXÉU, s.m. Ave da família dos Icterídeos, também chamada japi ou japim.

XIBA, s.f. Dança cantada; samba.

XÍCARA, s.f. Chávena pequena para servir especialmente bebidas quentes, como café, chá, leite, etc.

XICARADA, s.f. Líqüido contido numa xícara.

XIFÓIDE ou XIFÓIDEO, adj. Diz-se do apêndice alongado e cartilagíneo que constitui o terço inferior do esterno.

XIFOIDIANO, adj. Relativo ao apêndice xifóide.

XIFOPAGIA, s.f. Qualidade dos que são xifópagos.

XIFÓPAGOS, adj. e s.m.pl. Diz-se de, ou dois gêmeos que nascem ligados desde a parte inferior do esterno até o umbigo.

XILARMÔNICO, s.m. Instrumento musical, espécie de marimba com lâminas de madeira. O mesmo que xilofone ou xilofono.

XILINDRÓ, s.m. Cadeia; xadrez.

XILOFAGIA, s.f. Ato de roer a madeira.

XILÓFAGO, s.m. Inseto que rói madeira.

XILÓFILO, adj. Que vive na madeira.

XILOFONE ou XILOFONO, s.m. Xilarmônico.

XILOGLIFIA, s.f. Arte de esculpir ou de gravar caracteres em madeira.

XILOGLÍFICO, adj. Relativo à xiloglifia.

XILÓGLIFO, s.m. Aquele que exerce a xiloglifia.

XILOGRAFIA, s.f. Arte de gravar em madeira.

XILOGRÁFICO, adj. Relativo à xilografia.

XILÓGRAFO, s.m. Aquele que grava em madeira.

XILOGRAVURA, s.f. Gravura em madeira.

XILOLOGIA, s.f. Tratado ou história das madeiras.

XILOLÓGICO, adj. Relativo à xilologia.

XILÓLOGO, s.m. Aquele que é perito em xilologia.

XILOMANCIA, s.f. Suposta arte de advinhar, observando a disposição dos pauzinhos secos que se acham no caminho.

XILOMANTE, s. Pessoa que pratica a xilomancia.

XILOMICETE, adj. Diz-se dos cogumelos que crescem sobre a madeira ou nas árvores.

XIMANGO, s.m. Caracaraí, espécie de gavião.

XIMBÉ, adj. Diz-se do animal que tem o focinho chato.

XIMBEVA, adj. Diz-se da pessoa que tem o nariz pequeno e achatado.

XIMBICA, s.f. Jogo de cartas, muito popular; casa de apostas.

XINGAÇÃO ou XINGADELA, s.f. ou XINGAMENTO, s.m. Ato de insultar.

XINGAR, v.t. Dizer insultos.

XINTOÍSMO, s.m. Religião nacional do Japão, anterior ao budismo.

XINTOÍSTA, adj. e s. Adepto do xintoísmo.

XINXIM, s.m. Guisado de galinha e camarões, com pevides de abóbora e adubado com sal, cebola, alho e azeite de dendê.

XIQUEXIQUE, s.m. Planta cactácea das regiões áridas do Nordeste brasileiro; instrumento musical rústico, espécie de chocalho, usado nas congadas.

XIRIRICA, s.f. Corredeira, água rápida e murmurante de um rio.

XIS, s.m. 2 núm. Nome da letra x; (pop.) o enigma, o que se desconhece.

XISTO, s.m. Designação genérica das rochas metamórficas, de textura folheada, como a ardósia.

XISTÓIDE, adj. Diz-se das rochas em que apenas há vestígios ou aparência de textura xistosa.

XISTOSO, adj. Em que há xisto.

XIXI, s.m. Micção, em linguagem infantil.

XIXICA, s.f. Propina; gorjeta.

XÔ, interj. Própria para enxotar galinhas, outras aves.

XODÓ, s.m. Queridinho (em linguagem afetiva); o predileto; namorado ou namorada.

XOFRANGO, s.m. A águia pesqueira, quando nova.

XUCRICE, s.f. ou XUCRISMO, s.m. Qualidade de indivíduo xucro; grosseria; falta de educação.

XUCRO, adj. Diz-se do animal de sela ainda não domesticado; diz-se do indivíduo ainda não adestrado em qualquer tarefa, ou de coisa ainda muito imperfeita.

XURI, s.m. Espécie de avestruz; ema.

Y

Y, s.m. Letra suprimida do alfabeto, substituída pelo i, atualmente; usa-se ainda como indicativa de incógnita em problemas de Matemática e é empregada em palavras estrangeiras que não estejam aportuguesadas. (Lê-se ípsilon.)

Z

Z, s.m. Vigésima terceira letra e também a última do alfabeto; usada para simbolizar a terceira incógnita em Matemática.

ZABANEIRA, s.f. Mulher escandalosa.

ZABUMBA, s.m. Bombo; tambor grande.

ZABUMBAR, v.t. Tocar zabumba.

ZAGA, s.f. No futebol, nome dado à posição dos dois jogadores da defesa, que ficam entre a linha média e o arco.

ZAGAIA, s.f. Var. de azagaia.

ZAGAIADA, s.f. Var. de azagaiada.

ZAGAIEIRO, s.m. Indivíduo armado de zagaia.

ZAGAL, s.m. Pastor; pegureiro. (Fem.: zagala; dimin.: zagalzinho, zagalejo, zagaleto.)

ZAGALEJO ou ZAGALETO, s.m. Pequeno zagal.

ZAGUEIRO, s.m. Jogador de futebol que ocupa posição na zaga; beque.

ZAGUNCHADA, s.f. Golpe de zaguncho.

ZAGUNCHAR, v.t. Ferir com zaguncho.

ZAGUNCHO, s.m. Dardo.

ZÃIBO, adj. Torto; zambro.

ZAINO, adj. Castanho-escuro sem mescla (cavalo).

ZAMBAIO, adj. e s.m. Estrábico.

ZAMBÊ, s.m. Tambor grande.

ZAMBETA, adj. Zambro; cambaio.

ZAMBIENSE, adj. e s. Da República de Zâmbia (África).

ZAMBO, adj. e s.m. Diz-se do, ou filho de preto e de mulher indígena.

ZANAGA ou ZANAGRA, s. Estrábico.

ZANGA, s.f. Aborrecimento; importunação.

ZANGADO, adj. Que se zangou; irritado.

ZANGÃO, s.m. O macho da abelha. (Pl.: zangãos, zangões.)

ZANGAR, v.t. Molestar; afligir; causar mau humor; p. irritar-se; encolerizar-se.

ZANGARALHÃO, s.m. Homem muito alto.

ZANGARREAR, v.int. e t. Tocar viola, ou tocar na viola desafinadamente, marcando sempre o mesmo ritmo e com os mesmos acordes em rasgado.

ZANGARREIO, s.m. Ato de zangarrear.

ZANGUIZARRA, s.f. Algazarra; tumulto; toque desafinado de viola.

ZANGUIZARREAR, v.int. Produzir zanguizarra; soar estridentemente.

ZANOLHO, adj. e s.m. Zarolho; estrábico.

ZANZAR, v.int. Vaguear; andar de cá para lá; andar sem destino, ao acaso.

ZAPE, s.m. Pancada; interj. voz imitativa dessa pancada.

ZAPOTECA, s. Indivíduo dos Zapotecas, povo índio do Estado mexicano de Oaxaca, cujo idioma é isolado; s.m. o idioma dessa tribo; adj. relativo aos Zapotecas.

ZARABATANA, s.f. Tubo comprido, pelo qual se impelem com o sopro setas e bolinhas.

ZARAGALHADA, s.f. Alvoroto; turbamulta.

ZARAGATA, s.f. Desordem; algazarra; confusão; banzé.

ZARAGATEIRO, adj. e s.m. Que, ou aquele que é muito dado a zaragatas.

ZARANZA, s. Pessoa atabalhoada; adj. doidivanas; bêbedo; atônito; perturbado.

ZARANZAR, v.int. Vaguear; atrapalhar-se no andar ou nos movimentos; zanzar.

ZARAPELHO, s.m. Diabo.

ZARCÃO, s.m. Designação vulgar do mínio; cor alaranjada ou de tijolo muito viva.

ZARCO, adj. Que tem olhos azuis-claros.

ZARELHA, s.t. Mulher abelhuda; bisbilhoteira.

ZARELHAR, v.int. Intrometer-se em tudo; intrigar; meter o bedelho.

ZARELHO, s.m. Homem metediço; rapaz travesso; cheireta.

ZARGO, adj. Diz-se do cavalo que tem olho branco.

ZARGUNCHADA, s.f. Var. de zagunchada.

ZARGUNCHAR, v.t. Var. de zagunchar.

ZARGUNCHO, s.m. Var. de zaguncho.

ZAROLHO, adj. Cego de um olho; caolho; estrábico.

ZARPAR, v.t. e int. Partir; levantar ferros (navio); (gir.) pirar.

ZARZUELA, s.f. Peça teatral espanhola, parte da qual é cantada; espécie de ópera-cômica.

ZÁS ou **ZÁS-TRÁS,** interj. Imitativa de pancada ou designativa de procedimento rápido e com decisão.

ZEBRA, s.f. Variedade de eqüídeo africano; pessoa estúpida. (Pl.:zebras.)

ZEBRADO, adj. Listrado, como as zebras.

ZEBRAL, adj. Relativo à zebra.

ZEBRÓIDE, adj. Semelhante à zebra; s.m. indivíduo estúpido; tolo.

ZEBRUNO, adj. Designativo do cavalo meio escuro.

ZEBU, s.m. Espécie de boi da Índia, com giba e chifres pequenos.

ZEBUEIRO ou **ZEBUZEIRO,** s.m. O que cria gado zebu, ou com ele comercia.

ZEFIR, s.m. Nome de um tecido leve e transparente de algodão.

ZÉFIRO, s.m. Vento suave e fresco; aragem; vento do ocidente.

ZELADOR, adj. Que zela; s.m. empregado fiscal de um município; homem encarregado pelo proprietário de tomar conta de um prédio.

ZELAR, v.t. Ter zelo ou zelos; tratar com zelo; administrar diligentemente; vigiar com grande cuidado e interesse; rel. cuidar; velar; interessar-se.

ZELO, s.m. Dedicação ardente; afeição íntima; desvelo; cuidado.

ZELOSO, adj. Que tem zelo ou zelos; cuidadoso.

ZENDAVESTA, s.m. Conjunto dos livros sagrados dos persas.

ZÊNITE, s.m. Ponto da esfera celeste cortado pela vertical de um lugar; auge; o ponto mais elevado; clímax.

ZEPELIM, s.m. Grande aeronave dirigível, do tipo construído pelo Conde Zeppelin.

ZÉ-PEREIRA, s.m. Certo ritmo carnavalesco executado no bombo; grupo carnavalesco que executa esse ritmo.

ZÉ-POVINHO, s.m. ou **ZÉ-POVO,** s.m. Ralé; o povo; classe mais baixa.

ZERO, s.m. Cifra; algarismo em forma de O, sem valor absoluto, mas que à direita dos outros lhes dá valor décuplo; nada; ponto em que se começam a contar os graus, e que no termômetro centígrado corresponde à temperatura do gelo fundente.

ZETACISMO, s.m. Vício na pronúncia do z ou do s; valor de z dado ao s.

ZEUGMA, s.f. Figura de retórica que consiste na supressão de uma palavra facilmente subentendida, empregada anteriormente em qualquer parte do período.

ZIGOMA, s.m. Osso da maçã do rosto ou malar.

ZIGOMÁTICO, adj. Relativo ao zigoma ou malar.

ZIGOTO, s.m. Célula resultante da união dos gametas.

ZIGUEZAGUE, s.m. Linha quebrada, que forma alternadamente ângulos salientes reentrantes; modo de andar descrevendo esse tipo de linha.

ZIGUEZAGUEANTE, adj. Que ziguezagueia.

ZIGUEZAGUEAR, v.int. Fazer ziguezague, andar aos ziguezagues; cambalear.

ZIMBÓRIO, s.m. Parte mais alta e exterior da cúpula de um edifício.

ZIMBRADA, s.f. Ato de zimbrar.

ZIMBRAR, v.t. Açoitar; vergastar; zurzir.

ZINABRE, s.m. Azinhavre.

ZINCAGEM, s.f. Operação de zincar.

ZINCAR, v.t. Revestir de zinco.

ZINCO, s.m. Elemento químico, de símbolo Zn, metal bivalente, de peso atômico 65,38 e número atômico 30; folha de metal, geralmente ondulada, que se usa para cobrir casas, barracões, etc.

ZINCOGRAFAR, v.t. Gravar ou imprimir em lâminas de zinco.

ZINCOGRAFIA, s.f. Arte ou processo de zincografar.

ZINCOGRÁFICO, adj. Relativo à zincografia.

ZINCÓGRAFO, s.m. Aquele que se ocupa na zincografia.

ZINCOGRAVURA, s.f. Processo de gravura em zinco.

ZÍNGARO, s.m. Cigano músico.

ZINIR, v.int. Zunir.

ZÍPER, s.m. Fecho corrediço dentado; zipe.

ZIRCÔNIO, s.m. Elemento químico, metal, símbolo Zr, de peso atômico 91,22; número atômico 40.

ZOADA, s.f. Ato ou efeito de zoar; zunido; zumbido.

ZOANTÁRIO, s.m. Espécime dos Zoantários, classe de celenterados, cujos pólipos apresentam a cavidade gastro-vascular dividida por septos múltiplos. Compreende os corais e as madréporas.

ZOANTE, adj. Que zoa, que zune.

ZOANTROPIA, s.f. Doença mental, em que o enfermo se julga convertido num animal.

ZOANTROPO, s.m. Indivíduo atacado de zoantropia.

ZOAR, v.int. Emitir som forte e confuso; zunir.

ZODIACAL, adj. Relativo a Zodíaco.

ZODÍACO, s.m. Zona da esfera celeste, cortada ao meio pela eclíptica, e que contém as doze constelações que o sol parece percorrer durante um ano.

ZOEIRA, s.f. Zoada; zumbido; barulho.

ZÓICO, adj. Que diz respeito à vida animal.

ZOILO, s.m. Mau crítico; crítico invejoso.

ZOINA, adj. Azoinado; estonteado; s.f. mulher mal comportada.

ZOMBADOR, adj. e s.m. Que, ou aquele que zomba.

ZOMBAR, v.rel. Escarnecer; fazer zombaria; não fazer caso; t. fazer zombaria de; int. gracejar.

ZOMBARIA, s.f. Ato ou efeito de zombar; caçoada; troça.

ZOMBEIRÃO, adj. e s.m. Zombador. (Fem.: zombeirona).

ZOMBETEAR, v.rel. t. e int. Zombar; mofar.

ZOMBETEIRO, adj. e s.m. Zombador.

ZONA, s.f. Cinta; faixa; cada uma das cinco grandes divisões da esfera terrestre ou celeste, determinadas pelos círculos paralelos ao equador; região, quanto à temperatura; região; superfície esférica, compreendida entre circunferências paralelas; porção de círculo compreendida entre cordas paralelas.

ZONAR, adj. Dividir em zonas.

ZONZAR ou **ZONZEAR,** v.int. Ficar zonzo.

ZONZEIRA, s.f. Tonteira; atordoamento.

ZONZO, adj. Tonto; atordoado; tolo.

ZÔO, s.m. Forma red. de zoológico.

ZOOBIA, s.f. Ciência da vida; funcionamento dos órgãos de que resulta a conservação do ser animado.

ZOOBIOLOGIA, s.m. Ciência da vida animal.

ZOOCOROGRAFIA, s.f. Descrição dos animais de determinada região.

ZOOCOROGRÁFICO, adj. Relativo à zoocorografia.

ZOOFILIA, s.f. Qualidade de quem é zoófilo. (Antôn.: zoofobia.)

ZOÓFILO, adj. Que gosta de animais; s.m. aque-

490

le que gosta de animais. (Antôn.: zoófobo.)

ZOÓFITO, s.m. Designação antiga dos animais cujas formas lembram as das plantas como o coral, a esponja, pólipos etc.

ZOOFOBIA, s.f. Medo mórbido ou ojeriza a qualquer animal. (Antôn.: zoofilia.

ZOÓFOBO, s.m. O que tem zoofobia.

ZOOGENIA, s.f. Geração ou formação dos animais.

ZOOGÊNICO, adj. Relativo à zoogenia.

ZOOGEOGRAFIA, s.f. Ciência que estuda a distribuição geográfica dos animais.

ZOOGEOGRÁFICO, adj. Relativo à Zoogeografia.

ZOOGRAFAR, v.t. Descrever ou desenhar animais.

ZOOGRAFIA, s.f. Descrição, desenho ou pintura de animais; arte de zoografar.

ZOOGRÁFICO, adj. Relativo à zoografia.

ZOÓGRAFO, s.m. Aquele que descreve, desenha ou pinta animais.

ZOÓIDE, adj. Que tem aspecto de animal ou de uma parte de um animal.

ZOÓLATRA, adj. e s. Que, ou pessoa que pratica a zoolatria.

ZOOLATRIA, s.f. Adoração dos animais.

ZOOLÁTRICO, adj. Relativo à zoolatria.

ZOOLOGIA, s.f. Parte da História Natural que se ocupa dos animais.

ZOOLÓGICO, adj. Que diz respeito à Zoologia; s.m. jardim zoológico.

ZOOLOGISTA, s. Zoólogo.

ZOÓLOGO, s.m. Pessoa versada em Zoologia; tratadista de Zoologia.

ZOOMAGNETISMO, s.m. Magnetismo animal.

ZOOMANCIA, s.f. Suposta adivinhação por meio dos animais.

ZOOMANIA, s.f. Amor excessivo aos animais.

ZOOMANTE, s. Pessoa que pratica a zoomancia.

ZOOMÂNTICO, adj. Relativo à zoomancia.

ZOOMORFISMO, s.m. Culto religioso, que dá às divindades a forma de animais.

ZOONOMANIA, s.f. Conjunto das leis orgânicas que regem a vida animal.

ZOONÔMICO, adj. Relativo à zoonomia.

ZOONOSE, s.f. Designação genérica das doenças dos animais.

ZOONOSOLOGIA, s.f. Estudo das doenças dos animais.

ZOONOSOLÓGICO, adj. Relativo à zoonosologia.

ZOOPARASITO, s.m. Parasito dos animais.

ZOOPATOLOGIA, s.f. Zoonosologia; veterinária.

ZOOPEDIA, s.f. Conjunto de regras e preceitos que ensinam a domar e domesticar animais.

ZOÓSPORIO, s.m. Espório munido de cílios vibráteis em certas algas.

ZOOSSEMIA, s.f. Capítulo da Semântica que tem como fonte de palavras e expressões a observação do aspecto e da postura de animais; p.ex.: de burro temos emburrar, sinônimo de amuar que por sua vez procede de mu, mulo; emburrar é ficar zangado, mas sem externar a zanga por palavras e somente pela atitude; de vaca se fez avacalhar, etc.

ZOOTAXIA, s.f. Classificação ou sistemática dos animais.

ZOOTÁXICO, adj. Que diz respeito à zootaxia.

ZOOTECNIA, s.f. Conjunto de métodos de aperfeiçoamento das criações de animais.

ZOOTÉCNICO, adj. Relativo à zootecnia.

ZOOTOMIA, s.f. Dissecção ou anatomia dos animais.

ZOOTÔMICO, adj. Relativo à zootomia.

ZOOTOMISTA, s. Pessoa que se ocupa de zootomia.

ZOPO, adj. Trôpego; indolente.

ZORATE ou ZORATO, adj. e s.m. Doido; maluco.

ZORNAR, v.int. Zurrar.

ZOROÁSTRICO, adj. Pertencente ou relativo a Zoroastro ou à sua doutrina, o masdeísmo.

ZOROASTRISMO, s.m. Masdeísmo.

ZORRA, s.f. Carro muito baixo, de quatro rodas, para transporte de grandes pesos; pequena rede de arrasto para a pesca de caranguejo; raposa velha.

ZORRAGUE, s.m. Azorrague.

ZORRO, s.m. Raposo, filho bastardo; enjeitado.

ZUARTE, s.m. Pano azul ou preto, de algodão; ganga azul.

ZUAVO, s.m. Soldado argelino, ao serviço da França.

ZUÍDO, s.m. Sussurro nos ouvidos; zumbido; zoeira.

ZUIDOURO, s.m. Zuído prolongado.

ZUINGLIANISMO, s.m. (V.Zwinglianismo.)

ZUIR, v.int. Fazer zuído; zunir; zumbir.

ZULO, adj. Relativo à Zululândia (África); s.m. o natural ou habitante da Zululândia; o idioma da Zululândia.

ZULU, adj. e s. Zulo.

ZUMBA, interj. Voz imitativa de pancada ou queda.

ZUMBAIA, s.f. Cortesia exagerada; grande mesura; salamaleque.

ZUMBAIAR, v.t. Fazer zumbaias; lisonjear; bajular; cortejar.

ZUMBAIEIRO, s.m. Aquele que gosta de fazer zumbaias.

ZUMBAR, v.int. Zumbir; fazer grande ruído; zunir; surrar.

ZUMBI, s.m. Nome do chefe dos negros rebelados que se refugiaram no quilombo dos Palmares, em Alagoas, no século XVIII; o mesmo que Zâmbi; espectro; duende; fantasma; noctívago.

ZUMBIDO, s.m. Ato ou efeito de zumbir; ruído especial que se sente nos ouvidos, em virtude de qualquer indisposição patológica ou por efeito de estampido, explosão ou qualquer estrondo exterior.

ZUMBIR, v.int. Fazer ruído ao esvoaçar (insetos); sussurrar; sentirem (os ouvidos) ruído especial. (Defectivo. Normalmente só se conjuga nas 3.ªs pessoas: zumbe, zumbem; zumbia, zumbiam,etc.)

ZUNIDO, s.m. Zumbido; sibilo.

ZUNIDOR, adj. Que zune.

ZUNIMENTO, s.m. Zunido.

ZUNIR, v.int. Produzir som agudo e sibilante (o vento, escoando-se por frestas, por entre ramarias de árvores,etc.); sibilar.

ZUNZUM, s.m. Zumbido; rumor; boato; mexerico.

ZURETA, s. Adoidado; imbecil.

ZURRADA, s.f. Zurro.

ZURRADOR, adj. e s.m. Que, ou o que zurra.

ZURRAPA, s.f. Vinho mau ou estragado.

ZURRAR, v.int. Emitir zurros; ornejar. (Só se conjuga nas terceiras pessoas.)

ZURRARIA, s.f. Muitos zurros simultâneos.

ZURRO, s.m. Voz do burro. O mesmo que zurrada e ornejo.

ZURZIDELA, s.f. Ato ou efeito de zurzir de cada vez ou de leve; surra; tunda.

ZURZIR, v.t. Açoitar, espancar; surrar.

ZWINGLIANISMO, s.m. Seita religiosa reformista, fundada pelo padre suíço Ulrico Zwinglio (1484-1531), que nega a presença corporal de Cristo na Eucaristia. F. paral.: zuinglianismo.

ABREVIATURAS USUAIS

A = autor.
a = are
a = **arr.** = arroba (s).
(a) = assinado.
AA. = autores.
aá ou **aná.** = Abreviatura empregada em receitas médicas, com sentido de "quantidade igual de cada substância"
Ab. ou **Ab.ᵉ** = abade.
abs. = absoluto.
a.C. ou **A.C.** = antes de Cristo.
A/C = ao cuidado.
Acúst. = Acústica.
A.D. = Anno Domini (no Ano do Senhor).
adapt. = adaptação.
adj. = adjetivo.
adm.ᵒʳ = admirador.
adv. = advérbio.
adv.⁰ = advogado.
aér. = aéreo, aérea.
aeron. = aeronáutica.
af.⁰ = afeiçoado ou afetuoso.
agl. = aglutinante, aglutinação.
agn. = agnome.
Agr. = Agricultura.
aj. = ajudante.
al. = alemão, alameda.
AL = Estado de Alagoas.
alf. = alfabeto, alferes.
Álg. = Álgebra.
alm. = almirante.
alq. = alqueire.
alv. = alvará.
a.m. = ante meridiem (antes do meio-dia).
AM = Estado do Amazonas.
am.⁰ = amigo.
a.m.a. = ad multos annos (para muitos anos).
A.M.D.G. = ad majorem Dei gloriam (para maior glória de Deus).
Anat. = Anatomia.
angl. = anglicismo.
ant. = antigo, antiquado.
antôn. = antônimo.
Antrop. = Antropologia.
ap. = apud (= em). aprovado.
ap. ou **apart.** = apartamento.
aportg. = aportuguesamento.
arc. = arcaico.
arc.⁰ = arcebispo.
Arit. = Aritmética.
Arquit. = Arquitetura.
arquit.⁰ = arquiteto.
Artilh. = Artilharia.
asp. ou **asp.ᵗᵉ** = aspirante.
Astr. = Astronomia.
Astrol. = Astrologia.
Astronáut. = Astronáutica.
atm. = atmosfera.
at.⁰ = atento ou atencioso.
at.ᵗᵉ = atentamente.
Aug.⁰ = Augusto.
aux. = auxiliar.
Av. = aviação, aviador; avenida.
B. = Beato, beco.
BA = Estado da Bahia.
Bacter. = Bacteriologia.
B.B. = bombordo.
B.C.G. = bacilo Calmette-Guérin.
B.ᵉˡ = bacharel.
bibl. = bibliografia, bibliográfico ou biblioteca.
Biol. = Biologia.
bm. = baixa-mar.
B.M.V. = Beata Maria Virgem.
Bot. = Botânica.
bras. = brasileiro ou brasileirismo.
btl. = batalhão.
burl. = burlesco.

B.V. = barlavento.
B.V.M. = Beata Virgem Maria.
c = centímetro.
c. = canto (de poema); cúbico.
c/ = com; conta.
⁰c = grau centígrado.
ca = centiare.
cal = caloria.
c.-alm. = contra-almirante.
cap. = capitão, capítulo.
card. = cardeal, cardinal.
cast. = castelhano, castelhanismo.
cart. = cartonado.
cat. = catálogo.
cav. = cavalaria.
cav.⁰ = cavaleiro, cavalheiro.
c/c = conta corrente.
cd = candela (unidade de intensidade luminosa).
CE = Estado do Ceará.
c.ᵉˡ = coronel.
cent. = centavo (s); centésimo (s).
cf. ou **cfr.** = confere, confira ou confronte.
cg = centigrama.
C.G.S. = centímetro, grama e segundo.
chancel. = chancelaria.
Cia. ou **C.ⁱᵃ** = companhia.
C.I.F. ou **cif.** = cost insurance freight (custo, seguro e frete).
Cir. = Cirurgia.
cit = citação; citado (s); citada (s).
Cl. = clérigo.
cl = centilitro.
cm = centímetro.
cm² = centímetro quadrado.
cm³ = centímetro cúbico.
cód. = códice.
Cód. = Código.
cogn. = cognato; cognome.
Col.⁰ = Colégio.
com. = comandante, comendador.
compar. = comparativo.
côn. = cônego.
cond. = condicional, condutor.
conj. = conjunção.
cons.⁰ ou **cons.** = conselheiro.
const. = construção.
cos. = co-seno.
cp. = compare.
Cr$ = símbolo que precede qualquer importância no sistema monetário brasileiro.
cr.⁰ = criado.
c.v. = cavalo-vapor.
cx. = caixa.
d = dina.
D. = dom, dona; diretor; diretoria; digno.
dag = decagrama.
dal = decalitro.
dam = decâmetro.
d.C. ou **D.C.** = depois de Cristo.
DD. = Digníssimo.
D.D.T. = dicloro-difenil-trícloretana (inseticida sintético).
dec. = decreto.
ded.⁰ = dedicado.
Del. = Delegado, Delegação.
Demogr. = Demografia.
dep. = deputado.
desc. = desconto
desp. = despesa.
desus. = desusado.
DF = Distrito Federal.
D.G. = Deus guarde.
dg = decigrama.
diác. = diácono.
dic. = dicionário.
dimin. ou **diminut.** = diminutivo.
dit. = ditongo.
div. = divisão.

dm = decímetro.
dm² = decímetro quadrado.
dm³ = decímetro cubico.
doc., docs. = documento, documentos.
2 gên. = 2 gêneros.
2 núm. = 2 números.
Dr. = Doutor.
Dra. = Doutora.
dz. = dúzia.
e = erg.
E. = editor; este (leste).
E.C. = era cristã.
ecles. = eclesiástico.
ed. = edição.
E.D. = espera deferimento.
e.g. = exempli gratia (= por exemplo).
el. = elemento.
Eletr. = eletricidade.
E.M. = estado-maior ou em mão.
Em.ª = Eminência.
Embr. = Embriologia.
Em.mo = Eminentíssimo.
E.M.P. = em mão própria.
E.N.E. = És-nordeste.
enc. = encadernado.
enf. = enfermeiro.
eng. = engenharia.
eng.⁰ = engenheiro.
Enol. = Enologia.
Entom. = Entomologia.
epíst. = epístola.
equiv. = equivalente.
E.R. = espera resposta.
E.R.M. = espera receber mercê.
ES = Estado do Espírito Santo.
Esc. = Escola; escudo.
E.S.E. = És-sueste.
E.S.O. = És-sudoeste (também E.S.W., do inglês west = oeste).
esp. = espanhol.
Est. = Estrada; Estado.
Estat. = Estatística.
etc. = et cetera (e outros, e assim por diante).
E.U.A. = Estados Unidos da América (do Norte).
ex = exemplo; exemplar.
Ex ª = Excelência.
Ex.mo = Excelentíssimo.
f. ou **fem.** = feminino.
F. = Fulano, farad (fárade).
F.A.B. = Força Aérea Brasileira.
Fac. = Faculdade.
f. adv. = forma adverbial.
fam. = família; familiar.
farm. = farmacêutico; farmácia.
fasc. = fascículo.
F.E.B. = Força Expedicionária Brasileira.
fev. ou **fev.⁰** = fevereiro.
fig. = figura, figurado.
Fil. ou **Filol.** = Filologia.
Fil. ou **Filos.** = Filosofia.
Fís. = Física.
Fisiol. = Fisiologia.
F.⁰ = Filho.
flex. = flexão.
fl. = folha.
fls. = folhas.
F.O.B. = free on board (posto a bordo).
folc. = folclore.
Fon. = Fonética.
form. port. = formação portuguesa.
f. paral. = forma paralela.
fot. = fotografia; fotógrafo.
Fr. = Frei.
fr. = francês, francesismo; franco (moeda).
fut. = futuro.
g = grama.
gal. = galicismo.
GB = Estado da Guanabara.
g.de = grande.
gen. = general.

gên. = gênero.
Geneal. = Genealogia.
Geogr. = Geografia.
Geol. = Geologia.
Geom. = Geometria.
ger. = gerúndio.
gír. = gíria.
Glót. = Glótica.
GO = Estado de Goiás.
G.M.T. = Greenwich Meridian Time (hora do Meridiano de Greenwich).
gr. = grau, grado; grão (peso); grego; grosa.
Gram. = Gramática.
h = hora.
ha = hectare.
hab. = habitantes.
Hb. = hemoglobina.
h.c. = honoris causa (por honra, honorariamente).
hebr. = hebraico.
Heráld. = Heráldica.
Hg = mercúrio.
hg = hectograma.
Hidrogr. = Hidrografia.
hipoc. = hipocorístico.
hisp. = hispanismo.
Hist. = História.
Hist. Nat. = História Natural.
Histol. = Histologia.
hl = hectolitro.
hm = hectômetro.
hol. = holandês.
hon. = honorário.
Hortic. = Horticultura.
H.P. = cavalo-vapor (horse-power).
hw = hectowatt.
ib. ou **ibid.** = ibidem (no mesmo lugar).
id. = idem, o mesmo.
i.e. = isto é (do latim id est).
IHS. = Jesus Cristo (Jesus, Hominum Salvator).
II.mo = ilustríssimo.
imper. = imperativo.
ind. ou **indic.** = indicativo.
inf. = infantaria; infantil; infinitivo ou infinito; infixo.
ingl. = inglês.
I.N.R.I. = Jesus Nazareno, Rei dos Judeus.
interj. = interjeição.
Ital. = Itália, italianismo.
j = joule.
jan. ou **jan.⁰** = janeiro.
jap. = japonês.
J.C. = Jesus Cristo.
Jr. = júnior.
jul. = julho.
jun. = junho.
Jur. = Jurídico; Jurisprudência.
K = Kalium (potássio).
kA = quiloampère.
kc = quilociclo.
kC = quilocoulomb.
kg = quilograma.
kj = quilojoule.
kl = quilolitro.
km = quilômetro.
K.O. = nocaute (Knock out = fora de combate).
Kr = criptônio.
kV = quilovolt.
kVA = quilovolt-ampère.
kw = quilowatt.
l = litro.
l. = linha, livro.
L. = largo.
lat. = latim, latinismo; latitude.
lb. = libra.
lég. = légua.
Lic.do = licenciado.
ling. = linguagem.
Lit. = Literatura.

Liturg. = Liturgia.
loc. = locução; locativo.
loc. adj. = locução adjetiva.
loc. adv. = locução adverbial.
loc. cit. = loco citato (no lugar citado).
log. = logaritmo.
Lóg. = Lógica.
long. = longitude.
Lt.da = limitada.
lus. = lusitano, lusitanismo.
Lxª. = Lisboa.
m = metro.
m. = mês; masculino.
m² = metro quadrado.
m³ = metro cúbico.
m/a = meu aceite.
MA = Estado do Maranhão.
M.A. = Ministério da Agricultura.
M.Aer. = Ministério da Aeronáutica.
maj. = major.
mam = miriâmetro.
Matem. = Matemática.
M.D. = muito digno.
M.E.C. = Ministério da Educação e Cultura.
Mec. ou **Mecân.** = Mecânica.
Med. = Medicina.
méd. = médico.
Met. = Meteorologia.
Metal. = Metalurgia.
M.F. = Ministério da Fazenda.
mg = miligrama.
MG = Estado de Minas Gerais.
M.G. = Ministério da Guerra.
Miner. = Mineralogia.
mi = milha marítima internacional.
min = minuto.
Mit. = mitologia.
Mj = megajoule.
M.J. = Ministério da Justiça.
ml = mililitro.
mm = milímetro.
MM. = meritíssimo.
M.M. = Ministério da Marinha.
M.ma = Madama.
Mons. = Monsenhor.
Mr.al = marechal.
ms. = manuscrito.
M.S. = Ministério da Saúde.
MT = Estado de Mato Grosso.
M.T.P.S. = Ministério do Trabalho e Previdência Social.
Mús. = música.
n. = Nome.
N. = norte.
Náut. = Náutica.
N. do A. = Nota do autor.
N.B. = nota bene (note bem).
n/c. = nossa casa, nossa conta.
n.c. = nome comum.
N.E. = nordeste.
N.G.B. = Nomenclatura Gramatical Brasileira.
N.N. = Abreviatura com que se oculta o nome de ator secundário (linguagem teatral); o mesmo que anônimo.
N.N.E. = nor-nordeste.
N.N.W. ou **N.N.O.** = nor-noroeste.
n.º = número.
neol. = neologismo.
N.O. = noroeste (ou N.W.).
N.Obst. = nihil obstat (nada obsta).
nor. = norueguês.
nov. ou **nov.º** = novembro.
n.p. = nome próprio.
N. da R. = nota da redação.
N. do T. = nota do tradutor.
N.S. = Nosso Senhor, Nossa Senhora (ou N.S.ª).
N.T. = Novo Testamento.
num. = numeral.
Numism. = Numismática.
O. = oeste.

ob. cit. = obra citada.
obr.º = obrigado.
obs. = observação.
O.D.C. = oferece, dedica, consagra.
O.K. = (Angl.) certo, em ordem, de acordo (all correct).
op. cit. = opus citatum (obra citada).
Ópt. = Óptica ou ótica.
or. gr. = origem grega.
or. lat. = origem latina.
Ornit. = Ornitologia.
out. ou **out.º** = outubro.
p. = por, próximo (linguagem comercial) pouco; pronominal.
P. = praça.
P. ou **P.**e = padre.
p.a = para.
PA = Estado do Pará.
pág. = página.
pal. = palavra.
Paleogr. = Paleografia.
Paleont. = Paleontologia.
Par.º = pároco.
part. = particípio; partícula.
pass. = passim (em várias passagens, seguidamente); passado.
Patol. ou **Pat.** = Patologia.
PB = Estado da Paraíba.
p/c = por conta.
P.D. = pede deferimento.
PE = Estado de Pernambuco.
P.E.F. = por especial favor.
P.E.M. = por especial mercê.
P.E.O. = por especial obséquio.
pess. = pessoa, pessoal.
Pet. = Petrografia.
p. ex. = por exemplo.
p. ext. = por extenso; por extensão.
p. f. = próximo futuro.
P.F. = por favor.
pg. = pago; pagou (linguagem comercial).
PI = Estado do Piauí.
P.J. = pede justiça.
pl. = plural.
p.m. = post meridiem (depois do meio-dia, à tarde).
P.N. = Padre-Nosso.
Poét. = Poética.
pol. = polegada; polonês, polaco.
Port. = Portugal.
port. = português.
p.p. = próximo passado; por procuração.
PR = Estado do Paraná.
P.R. = Presidência da República.
pref. = prefixo; prefeito.
prep. = preposição.
pres. = presidente; presente.
presb.º = presbítero.
P.R.J. = pede recebimento e justiça.
prof. = professor.
prof.a = professora.
pron. = pronome; pronominal.
pros. = prosódia.
prov. = provincianismo; provisão; provisório.
P.S. = post scriptum (pós-escrito).
Psicol. = psicologia.
q. = quintal; que.
q.b. = quantidade bastante (em receitas médicas).
Q.G. = quartel-general.
ql. = quilate.
q.s. = quantum satis (quanto baste); o mesmo que "quantidade suficiente".
Quím. = Química.
q.v. = queira ver; o mesmo que o latim quod vid (veja isso); também significa quantum vis (quanto se queira).
R. = rei; reprovado; réu, rua.
r = reto (ângulo).
R.a = rainha.
rad. = rádio; radical; radiograma.
rd = radiano.

494

R.ᵉ = récipe (receita médica).
rec. = receita.
rec.º = recibo.
reg. = regimento; regular.
reg.º = regulamento; registrado.
rel. = relativo.
Relig. = religião.
Rem.ᵗᵉ = remetente.
Resp. = resposta.
Rep. = repartição
Ret. = retórica.
Rev. = Reverendo; revista.
Rev.ᵈᵒ = Reverendo.
Rev.ᵐᵒ = Reverendíssimo.
R.I.P. = Requiescat in pace (descanse em paz).
RJ = Estado do Rio de Janeiro.
R.M. = Região Militar.
RN = Estado do Rio Grande do Norte.
Roiz = Rodriguez (hoje Rodrigues).
r.p.m. = rotação por minuto.
RS = Estado do Rio Grande do Sul.
s. = substantivo; segundo.
S. = Santo, São; Santa; sul.
s/a = seu aceite.
S.A. = sociedade anônima.
S.A. = Sua Alteza.
S.A.I. = Sua Alteza Imperial.
S.A.R. = Sua Alteza Real.
S.A.S. = Sua Alteza Sereníssima.
sarg. = sargento.
sát. = sátira.
SC = Estado de Santa Catarina.
Sc. = scilicet (a saber, quer dizer).
s/c = sua carta, sua conta, sua casa.
scr. = sânscrito.
s.d. = sem data.
SE = Estado de Sergipe.
S.E. = salvo erro; sueste.
sec. = secante.
séc. = século.
secr. = secretário.
secr.ª = secretária, secretaria.
seg. = segundo; a unidade de tempo é s (segundo, no sistema C.G.S.).
seg. = seguinte.
segs. = seguintes.
S.Em.ª = Sua Eminência.
sem. = semana; semestre; semelhante.
Sen. = Senado; Senador.
sen. = seno.
sent. = sentido.
S.E.O. = salvo erro ou omissão.
S.Ex.ª = Sua Excelência.
S.Ex.ª Revd.ᵐᵃ = Sua Excelência Reverendíssima.
s/f = seu favor.
s.f. = substantivo feminino.
sh. = shilling (xelim).
sin. = sinônimo.
sing. = singular.
sint. = sintético.
S.J. = Societatis Jesu (da Cia. de Jesus).
s/l = seu lançamento.
s.l.n.d. = sem lugar nem data.
s.m. = substantivo masculino.
S.M. = Sua Majestade.
S.M.I. = Sua Majestade Imperial.
S.M.J. = salvo melhor juízo.
s/o = sua ordem.
S.O. = sudoeste.
Soc. = sociedade.
Sociol. = Sociologia.
Sor. = soror.
S.O.S. = perigo iminente (save our souls = salvai nossas almas).
SP = Estado de São Paulo.
s.p. = substantivo próprio.
S.P. = Santo Padre.
S.P. = Sua Paternidade.
S.P. = sentidos pêsames.
S.P.Q.R. = Senatus Populusque Romanus (O Senado e o povo romano).

Sr. = Senhor.
Sr.ª = senhora.
S.R. = Sua residência.
S.R.E. = Sistema rettículo-endotelial.
S.Rev.ª = Sua Reverência.
S.Rev.ᵐᵃ = Sua Reverendíssima.
S.Rev.ᵐᵃˢ = Suas Reverendíssimas.
Sr.ⁿʰᵃ = Senhorinha.
Sr.ᵗᵃ = Senhorita.
S.S. = Santíssimo ou Santíssima.
S.S. = Sua Santidade.
S.S.ª = Sua Senhoria.
S.S.ᵃˢ = Suas Senhorias.
S.S.E. = su-sueste.
S.S.W. ou S.S.O. = su-sudoeste.
st = estéreo.
S.T.F. = Supremo Tribunal Federal.
sth = esteno.
subdel. = subdelegado.
Subd. = Subdiácono.
subj. = subjuntivo.
subord. = subordinado.
subst. = substantivado.
suf. = sufixo.
sup. = superlativo.
Sup.ᵉ = suplicante.
super. = superioridade; superlativo.
supl. = suplemento.
s.v. = sub voce (no verbete).
S.V. = sotavento.
S.W. ou S.O. = sudoeste.
t = tonelada.
t. = termo, tomo, transitivo.
T. = tara.
tang. = tangente; também se usa tg.
teat. = teatro.
Tec. = Tecnologia.
T.C. = Tribunal de Contas.
tel. = telefone; telegrama.
ten. ou t.ᵗᵉ = tenente.
ten. c.ᵉˡ = tenente-coronel.
Teol. = Teologia.
Ter. = Teratologia.
term. = terminação.
tes. = tesoureiro.
test. = testemunha.
test.º = testamento.
th = termia.
ton. = tonel.
tôn. = tônico.
top. = topônimo.
t.-pred. = transitivo-predicativo.
Topogr. = Topografia.
trad. = tradução.
trat. = tratamento.
Trav. = travessa.
t.-rel. = transitivo-relativo.
Trig. = trigonometria.
trim. = trimestre.
T.S.F. = telefonia sem fio, telegrafia sem fio.
TV = televisão, televisor.
u.e. = uso externo.
u.i. = uso interno.
Univ. = Universal, Universidade.
us. = usado.
U.R.S.S. = União das Repúblicas Socialistas Soviéticas.
U.S.A. = United States of America (Estados Unidos da América).
v = volt.
v. = vapor; veja; você; verbo.
v. = verso; vv. = versos.
V. = você; vosso; vossa; veja; visto.
V.ª = viúva; vila.
V.A. = Vossa Alteza.
v.-alm. = vice-almirante.
var. = variável, variedade, variação, variante.
vb. = verbo (no vocábulo).
vb. = vocábulo.
v/c = vossa conta, vossa casa.
V.Em.ª = Vossa Eminência; pl.: V. Em.
Ven.ᵒʳ = venerador.
ver. = vereador.

Veter. = Veterinária.
V.Ex.ª = Vossa Excelência; pl.: V. Ex.ªˢ
V. Ex.ª Rev.ᵐª = Vossa Excelência Reveren-
díssima.
v.g. = verbi gratia (por exemplo).
Vid. ou **vid.** = vide (veja).
Vig. = Vigário.
V. Ilm.ª = Vossa Ilustríssima.
Vin. = Vinicultura.
Vit. = Viticultura.
V.M. = Virgem Mártir.
V.M. = Vossa Majestade; pl. VV.MM.
V.M.ᶜᵉ = Vossa Mercê.
V.º = viúvo, verso (lado posterior).
vog. = vogal.
vol. = volume; pl.: vols.
V.P. = Vossa Paternidade.
V.Rev.ª = Vossa Reverência.
V.Rev.ᵐª = Vossa Reverendíssima.
V.S.ª = Vossa Senhoria; pl.: V.S.ªˢ
V.T. = Velho Testamento.

W. = watt (uóte); oeste; tungstênio (Wol-
fram).
W.C. = water-closet (privada).
W.N.W. ou **O.N.O.** = oés-noroeste.
ws = watt-segundo.
W.S.W. ou **O.S.O.** = oés-sudoeste.
x = primeira incógnita (em Matemática).
X. = letra pela qual se designa pessoa, cujo
nome não se quer revelar.
Xpo. = Cristo.
X.P.T.O. = Cristo (o tetragrama sagrado do
tempo das catacumbas quando era proibido escrever o nome de Cristo). Hoje equivale ao adjetivo excelente, ótimo.
y = segunda incógnita (em Matemática).
Y = yttrium (ítrio).
yd = yard; jarda; medida de comprimento.
z = terceira incógnita (em Matemática).
Zool. = Zoologia.
Zoot. = Zootecnia.

NOMES SUSCETÍVEIS DE FORMA COLETIVA ESPECIAL

Abelhas: **colmeia; enxame.**
Abutres: **bando.**
Acompanhantes: **comitiva; cortejo; séquito.**
Alhos (entrançados): **réstia.**
Alunos: **classe.**
Amigos: **tertúlia.**
Animais (de uma região): **fauna.**
Animais (de corte): **gado.**
Animais de carga: **tropa;** se o número for
inferior a dez: **lote.**
Animais ferozes: **alcatéia.**
Anjos: **chusma; coro; falange; legião.**
Apetrechos profissionais: **ferramenta;** ins-
trumental.
Arcabuzeiros: **batalhão; manga; regimento.**
Arroz: **batelada; partida.**
Artistas (cênicos): **elenco; grupo.**
Árvores: **aléia; alameda; arvoredo; fileira;
renque.**
Asneiras: **chorrilho; enfiada.**
Asnos: **manada; récova; récua.**
Aves: **bando; revoada.**
Aviões: **esquadrilha; flotilha.**
Bananas: **cacho; penca.**
Bandeiras (de marinha): **mariato.**
Bandoleiros: **caterva; corja; horda; malta;
súcia; turba.**
Bois: **abesana; armento; cingel; jugada;
jugo; junta; manada; ponta de gado; re-
banho.**
Bombas: **bateria.**
Borboletas: **boana; cardume.**
Burros: **grupo; lote; manada; récova; récua;
tropa.**
Cabelos: **chumaço; madeixa.**
Cabos (de navio ou de cordas): **cordame;
cordoalha; enxárcia.**
Cabras: **fato; malhada; rebanho.**
Cães: **adua; cainçalha; canzoada; matilha.**
Câmaras: **congresso; conselho.**
Cameleiros: **caravana.**
Camelos: **cáfila; récua.**
Caminhões: **frota.**
Camundongos: **ninhada.**
Cantores: **coro.**
Cardeais (sob a presidência do Papa): **con-
sistório; sacro colégio.**
Cardeais (reunidos para elegerem o Papa):
conclave.
Carneiros: **malhada; rebanho.**
Casas de índios: **taba.**
Castanhas assadas: **magusto.**
Cavalarianos: **piquete; troço.**
Cavaleiros: **cavalgada; cavalhada.**
Cavalgaduras: **cáfila; manada; récova; ré-
cua; tropa; tropilha.**
Cavalos: **manada; tropa.**

Cavalos (do mesmo pelame): **tropilha.**
Cebolas (entrançadas): **réstia.**
Células (diferenciadas igualmente): (Biol.)
tecido.
Cereais: **batelada; partida.**
Cereais (dispostos em feixes): **meda; moréia.**
Chaves: **molho; penca.**
Ciganos: **bando; pandilha.**
Cônegos (de uma Igreja): **cabido; conezia.**
Contas miúdas: **miçanga.**
Correligionários (em assembléia): **conven-
ção.**
Cousas: **acervo.**
Crenças populares: **folclore.**
Crentes: (fig.) **grei; rebanho.**
Depredadores: **horda.**
Desordeiros: **caterva; corja; malta; pan-
dilha; súcia; troça; turba.**
Diabos: **legião.**
Ébrios: **grupo; troça.**
Équas: **manada; tropilha.**
Empregados (de firma ou repartição): **pes-
soal.**
Escritores: **plêiade.**
Escritos de homenagem: **poliantéia.**
Escritos literários: **analecto; antologia; cole-
tânea; crestomatia; espicilégio; florilégio;
seleta.**
Espectadores: **assistência; auditório; con-
corrência.**
Espectadores (contratados para aplaudir):
claque.
Espigas (amarradas): **atilho; fascal; feixe;
gavela; paveia.**
Estátuas (em exposição): **galeria.**
Estrelas: **asterismo; constelação; plêiade.**
Estróinas: **farândola; manalha; súcia.**
Estudantes: **classe; turma;** (em excursão)
tuna.
Facínoras: **caterva; horda; leva; súcia.**
Feijão: **batelada; partida.**
Fios têxteis: **meada; mecha.**
Flores: **braçada; ramalhete.**
Foguetes (dispostos em círculo): **girândola;
roda.**
Folhagens comestíveis (couves, espinafres,
etc.): **molho.**
Foliões carnavalescos: **cordão; pandilha;
rancho.**
Forças aéreas: **aeronáutica.**
Forças marítimas: **armada.**
Forças terrestres: **exército.**
Formigas: **cordão; correição; formigueiro.**
Frades: **comunidade; confraria; congrega-
ção; irmandade; ordem.**
Frutas: **penca.**
Gafanhotos: **nuvem; miríada; praga.**

Gentes: **chusma; grupo; magote; multidão; pinha.**
Gentes reles do povo: **magote; patuléia; poviléu; raia-miúda.**
Gravetos (amarrados): **feixe.**
Habitantes (de uma região): **gente; nação; povo.**
Heróis: **falange; legião.**
Hienas: **alcatéia.**
Hinos: **hinário.**
Ilhas: **arquipélago.**
Imigrantes (em trânsito): **leva.**
Imigrantes (radicados): **colônia.**
Insetos: **bando; miríada; nuvem.**
Javalis: **alcatéia; malhada; vara; encame.**
Jumentos: **récova; récua.**
Jurados (em sessão): **conselho.**
Ladrões: **caterva; horda; malta; pandilha; quadrilha.**
Leitões (nascidos de um só parto): **leitegada.**
Leões: **alcatéia.**
Livros (amontoados): **pilha; ruma.**
Livros (dispostos em ordem): **biblioteca; livraria.**
Lobos: **alcatéia.**
Macacos: **bando.**
Malandros: **bando; corja; farândola; matula; súcia; turba.**
Malfeitores: **bando; quadrilha; turbamulta.**
Maltrapilhos: **farândola.**
Marinheiros: **equipagem; marinhagem; maruja.**
Mercadorias: **partida.**
Mercenários: **mesnada.**
Montanhas: **cadeia; serra.**
Moscas: **moscaria; mosquedo.**
Navios de guerra: **esquadra.**
Navios mercantes: **frota.**
Navios de transporte: **comboio.**
Nomes: **lista; rol.**
Notas de dinheiro: **bolada; maço; pacote.**
Objetos (agrupados para o mesmo fim): **bateria; trem.**
Ondas grandes: **marouço.**
Ovelhas: **chafardel; malhada; oviário; rebanho.**
Ovelhas leiteiras: **alabão.**
Padres (em geral): **clerezia; clero.**
Palavras (dispostas ordenadamente e explicadas): **dicionário; elucidário; léxico; vocabulário.**
Panelas: **bateria.**
Panteras: **alcatéia.**
Papéis: **maço; rima; resma; ruma.**
Parentes: **parentela; tertúlia.**

Paus (amarrados): **feixe.**
Paus (amontoados): **pilha.**
Peixes: **cardume; corso; manta.**
Peixes miúdos: **boana.**
Peregrinos: **caravana; rancho; romaria.**
Pessoas: **chusma; massa; mole; multidão; pinha; patuléia; poviléu; povo.**
Pessoas (designadas para certa missão): **comissão.**
Pessoas (da mesma casa): **família.**
Pessoas reles: **magote; massa; patuléia; poviléu; raia-miúda; ralé.**
Pessoas de serviço (em avião ou navio): **equipagem; tripulação.**
Pintos: **ninhada; rodada.**
Plantas (de uma região): **flora.**
Porcos: **manada; persigal; piara; vara.**
Porcos (no pasto): **vezeira.**
Preguiçosos: **mamparra.**
Prelados de uma diocese (em reunião): **sínodo.**
Presos (em trânsito): **leva.**
Quadros (em exposição): **coleção; galeria; pinacoteca.**
Querubins: **coro; falange; legião.**
Recipientes: **vasilhame.**
Religiosos: **clero; clerezia.**
Roupas (de cama, mesa e de uso pessoal): **enxoval.**
Roupas sujas (envoltas): **trouxa.**
Salteadores: **caterva; corja; horda; quadrilha.**
Selos: **coleção.**
Serras (acidente geográfico): **cordilheira.**
Serviçais: **queira.**
Soldados: **tropa; legião.**
Soldados (em vigilância): **patrulha; ronda.**
Trabalhadores: **rancho.**
Trabalhadores (em trânsito): **leva.**
Tripulantes: **equipagem; guarnição; tripulação.**
Utensílios de cozinha: **bateria; trem.**
Utensílios de mesa: **aparelho; baixela.**
Vadios: **cambada; caterva; corja; mamparra; matula; súcia.**
Varas (amarradas): **feixe; ruma.**
Velhacos: **súcia; velhacada.**

Observação — Na maioria dos casos, a forma coletiva se constrói mediante a adaptação do sufixo conveniente: **arvoredo** (de árvores), **cabeleira** (de cabelos), **freguesia** (de fregueses), **palavrório** (de palavras) **professorado** (de professores), **tapeçaria** (de tapetes), etc.

VOZES DE ANIMAIS

ABELHA
Azoinar, sussurrar, zoar, zumbar, zumbir, zunir, zunzunar.
ABUTRE, AÇOR
Crocitar, grasnar.
ÁGUIA
Crocitar, grasnar, gritar, piar.
ANDORINHA
Chilrar, chilrear, gazear, gorjear, grinfar, trinfar, trissar, zinzilular.
ANDORINHÃO
Crocitar, piar.
ANHO
Balar, mugir.
ANUM
Piar
ARAPONGA
Bigornear, gritar, martelar, retinir, soar, tinir.
ARAPUÁ ou ARAPUÁ
O mesmo que abelha.

ARARA
Chalrar, grasnar, gritar, taramelar.
ARGANAZ
Chiar, guinchar.
ARIRANHA
Regougar.
ASNO
V. Burro.
AVESTRUZ
Grasnar, roncar, rugir.
AZULÃO
Cantar, gorjear, trinar.
BAITACA
Chalrar, chalrear, palrar.
BALEIA
Bufar.
BEIJA-FLOR
Afar, arrular, ciciar, ruflar, sussurrar.
BEM-TE-VI
Cantar, estridular, assobiar.
BESOURO
Zoar, zumbir, zunir.

BEZERRO
Berrar, mugir.
BIRIBA
V. Égua.
BODE
Balar, balir, berrar, bodejar, gaguejar.
BOI
Arruar, berrar, bufar, mugir.
BORREGO, BORRO
Balar, balir.
BÚFALO
Berrar, mugir.
BURRO
Azurrar, ornear, ornejar, rebusnar, relinchar, rinchar, zornar, zurrar.
CABRA, CABRITO
Balar, balir, barregar, berrar, bezoar.
CABURÉ
Piar, silvar.
CAITITU
Grunhir, roncar.
CALHANDRA
Cantar, gorjear, grinfar, trilar, trinar.
CAMBAXIRRA, CORRUÍRA ou GARRINCHA
Chilrear, galrear.
CAMELO
Blaterar.
CAMUNDONGO
Chiar, guinchar.
CANÁRIO
Cantar, dobrar, modular, trilar, trinar.
CÃO
Cuincar, ganir, ladrar, latir, rosnar, uivar, ulular.
CARACARÁ
Crocitar, grasnar.
CARNEIRO
Balar, balir.
CASCAVEL
O mesmo que cobra.
CAVALO
Bufar, fungar, nitrir, ornear, ornejar, relinchar, rifar, rinchar, zurrar.
CEGONHA
Gloterar, grasnar.
CHACAL
Ladrar, uivar.
CIGARRA
Cantar, chiar, ciciar, cigarrear, estridular, estrilar, fretenir, rechiar, retinir, zangarrear, zinir, ziziar, zunir.
CISNE
Arensar, grasnar.
COBRA
Assobiar, chocalhar, guizalhar, roncar, sibiliar, silvar.
CODORNA
Piar, trilar.
COELHO
Chiar, guinchar.
COLIBRI
V. Beija-flor.
CONDOR
Crocitar, grasnar.
CORDEIRO
Balar, balir.
CORRUPIÃO
Cantar, gorjear, trinar.
CORUJA
Chirriar, crocitar, piar, sussurrar, ulular.
CORVO
Crocitar, grasnar.
COTOVIA
Cantar, gorjear.
CROCODILO
Bramir.
CUCO
Cantar, cucular.
CURIANGO
Piar.
DONINHA
Chiar, guinchar.

ÉGUA
Bufar, fungar, nitrir, ornejar, relinchar rinchar, zurrar.
ELEFANTE
Barrir, bramir.
EMA
Grasnar, roncar.
ESTORNINHO
Palrar, pissitar.
FALCÃO
Crocitar, piar, pipiar.
FERREIRO
V. Araponga.
GAFANHOTO
Chichiar, ziziar.
GAIVOTA
Grasnar.
GALINHA
Cacarejar, carcarear, gaguear.
GALO
Amiudar, cacarejar, cantar, clarinar, cocoricar, cucuritar.
GAMBÁ
Chiar, guinchar, regougar.
GANSO
Grasnar.
GARÇA
Gazear, grasnar, gazinar.
GATO
Bufar, miar, resbunar, ronronar, rosnar.
GATURAMO
Cantar, gorjear.
GAVIÃO
Crocitar, grasnar.
GRALHA
Crocitar, gralhar, grasnar.
GRAÚNA
Cantar, trinar.
GRILO
Chirriar, cricrilar, estridular, estrilar, guizalhar, trilar, tritilar, tritrinar.
GROU
Grasnar, grugrulhar, gruir, grulhar.
GUARÁ (ave pernalta, espécie de garça)
Gazear, grasnar.
GUARÁ (espécie de lobo)
Uivar, ulular.
GUARIBA
V. Macaco.
HIENA
Uivar, urrar.
HIPOPÓTAMO
Grunhir.
INAMBU ou NAMBU
Piar.
JABURU
Gritar.
JACU
Grasnar.
JAGUAR
O mesmo que onça.
JANDAIA
O mesmo que arara.
JARARACA
V Cobra.
JAVALI
Grunhir.
JIBÓIA
V. Cobra.
JUMENTO
V. Burro.
JURITI
Arrular, arrulhar, soluçar, turturinar.
LAGARTO
Gecar.
LEÃO
Bramar, bramir, rugir, urrar.
LEBRE
Chiar, guinchar.
LEITÃO
Bacorejar, coinchar, grunhir.

LEOPARDO
  Bramar, bramir, rugir.
LOBO
  Uivar, ulular.
LONTRA
  Assobiar, chiar, guinchar.
MACACO
  Assobiar, guinchar.
MACUCO
  V. Inambu.
MAITÁ ou MAITACA
  V. Baitaca.
MARRECO
  Grasnar, grasnir, grassitar.
MELRO
  Assobiar, cantar.
MILHAFRE
  Crocitar, grasnar.
MOCHO
  V. Coruja.
MORCEGO
  Farfalhar, trissar.
MOSCA, MOSQUITO
  Zinir, zoar, zumbir, zunir.
MU, MULA
  V. Burro.
MUTUM
  Cantar, gemer, piar.
NOITIBÓ
  V. Curiango.
ONÇA
  Bramar, bramir, miar, uivar, urrar.
OVELHA
  Balar, balir, berrar, berregar.
PANTERA
  Miar, rosnar, rugir.
PAPAGAIO
  Chalrar, chalrear, falar, grazinar, palrar,
  palrear, taramelar.
PARDAL
  Chiar, chilrear, piar, pipilar.
PATATIVA
  Cantar, soluçar.
PATO
  Grasnar, grasnir, grassitar.
PAVÃO
  Gritar, pipilar, pupilar.
PELICANO
  Grasnar, grassitar.
PERDIGÃO, PERDIZ
  Cacarejar, pipiar.
PERIQUITO
  Chalrar, chalrear, palrar.
PERU
  Garrir, gorgolejar, grugrulejar, grugru-
  lhar, grugulejar.
PICA-PAU
  Piar.
PINTARROXO
  Cantar, gorjear, trinar.

PINTASSILGO
  Cantar, dobrar, modular, trilar.
PINTO
  Piar.
POMBO
  Arrolar, arrular, arrulhar, gemer, rular, ru-
  lhar, turturinar.
PORCO
  Grunhir, guinchar, roncar.
POUPA
  Arrulhar, gemer, rulhar, turturinar.
RÃ
  V. Sapo.
RAPOSA
  Regougar, roncar, uivar.
RATO
  Chiar, guinchar.
RINOCERONTE
  Bramir, grunhir.
ROLA
  V. Pombo.
ROUXINOL
  Cantar, gorjear, trilar, trinar.
SABIÁ
  Cantar, gorjear, modular, trinar.
SAGÜI
  Assobiar, guinchar.
SAPO
  Coaxar, gargarejar, grasnar, grasnir, ron-
  car, rouquejar.
SERIEMA
  Cacarejar, gargalhar.
SERPENTE
  V. Cobra.
TICO-TICO
  Cantar, gorjear, piar, trinar.
TIGRE
  Bramar, bramir, miar, rugir, urrar.
TORDO
  Trucilar.
TOUPEIRA
  Chiar.
TOURO
  Berrar, bufar, mugir, urrar.
TUCANO
  Chalrar.
URSO
  Bramar, bramir, rugir.
URUBU
  V. Corvo.
URUTU
  V. Cobra.
VACA
  Berrar, mugir.
VEADO
  Berrar, bramar, rebramar.
VESPA
  V. Abelha.
ZEBRA
  Relinchar, zurrar.

• • •

Dicionários

Os dicionários Ediouro reúnem os vocábulos de uso mais corrente e moderno. Todos trazem a pronúncia figurada, o que facilita o aprendizado. Com glossários de termos geográficos e gentílicos. Cada dicionário contém um vocabulário superior a 16.000 palavras.

Dicionário
Ediouro
Alemão-Português

- ☐ FÁCIL INTERPRETAÇÃO DA PRONÚNCIA FIGURADA
- ☐ DEZENAS DE EXPRESSÕES IDIOMÁTICAS E FRASES TÍPICAS
- ☐ MAIS DE 16.000 VOCÁBULOS MODERNOS E CORRENTES
- ☐ QUADRO DE PREPOSIÇÕES E PARTÍCULAS E SUAS REGÊNCIAS
- ☐ LISTA DOS PRINCIPAIS VERBOS FORTES
- ☐ TABELA DE NUMERAÇÃO
- ☐ QUADRO DE PESOS E MEDIDAS

Nº 60039

Dicionário
de Ouro
Italiano-Português
Português-Italiano

- ☐ SELEÇÃO RIGOROSA DE TERMOS MAIS USADOS, ERUDITOS E COLOQUIAIS, DE TODAS AS REGIÕES DA ITÁLIA
- ☐ EXPRESSÕES COMUNS ENCONTRADAS EM LIVROS, JORNAIS, REVISTAS, CINEMA E RÁDIO
- ☐ 140.000 VOCÁBULOS, DENTRE OS QUAIS 16.000 MODERNOS E DE USO CORRENTE

Nº 80038

Dicionário
Ediouro
Espanhol-Português
Português-Espanhol

SELEÇÃO RIGOROSA DOS VOCÁBULOS MAIS USADOS NAS LÍNGUAS ESPANHOLA E PORTUGUESA, COM SUAS MAIS IMPORTANTES EQUIVALÊNCIAS, NUM TOTAL DE MILHARES DE REGISTROS. ESPANHOLISMOS, BRASILEIRISMOS E LUSITANISMOS TÍPICOS, BEM COMO AMERICANISMOS MAIS GENERALIZADOS. EXPRESSÕES MAIS CORRENTES EM COMUNICAÇÃO EM GERAL E DE USO DIÁRIO NO RÁDIO, IMPRENSA, TELEVISÃO E CINEMA. GLOSSÁRIO GEOGRÁFICO E OUTRAS EXPRESSÕES DE ALTA FREQÜÊNCIA DE CONSULTA.

Nº 90037

Os dicionários Ediouro são em formato bolso pois ele facilita o manuseio e o transporte e torna o preço dos livros acessíveis. Eles podem ser levados para qualquer lugar, o que possibilita a consulta sempre que necessário.

Dicionário

Os dicionários Ediouro são atualizados e incluem os vocábulos mais utilizados tanto na língua portuguesa como nas estrangeiras, rigorosamente selecionados. Em formato *bolso*, são fáceis de manusear e podem ser levados para qualquer lugar, o que possibilita a consulta sempre que necessário.

Novíssimo Dicionário Escolar

Um Maxidicionário com 35 Mil Verbetes

Antenor Nascentes

Autor do

DICIONÁRIO DA LÍNGUA PORTUGUESA

da ACADEMIA BRASILEIRA DE LETRAS

Atualizado pelo

Prof. Osmar Barbosa

da

Academia Brasileira de Língua Portuguesa

Apêndice

Os Verbetes da Informática

COM UM APÊNDICE DE TERMOS DE INFORMÁTICA

Nº 51443

UM MAXIDICIONÁRIO COM 35 MIL VERBETES!

ANTENOR NASCENTES

Filólogo, lexicógrafo e professor brasileiro

- Bacharel em ciências e letras e em direito
- Professor emérito do Colégio Pedro II
- Professor *honoris causa* do Liceu de Goiás
- Professor catedrático da Faculdade de Filosofia da Universidade do Estado do Rio de Janeiro
- Diretor de estudos da Liga Greco-Brasileira
- Delegado do Governo junto ao Instituto Brasileiro de Educação, Ciências e Cultura
- Membro do *Comitê International des Linguistes*
- Membro da Sociedade Brasileira de Folclore

Dicionário de cunho prático e moderno para estudantes e para o uso diário. Simplificado para o uso de brasileiros.

Dicionário
Escolar
Inglês-Português
Português-Inglês

☐ *Baseado no* OXFORD ENGLISH DICTIONARY

☐ Mais de 16 mil verbetes, com a pronúncia mais clara e fácil para brasileiros

Nº 15410

Seleção Rigorosa dos Vocábulos mais Usados das Línguas Inglesa e Portuguesa com Suas mais Importantes Equivalências.

- *moderno & atualizado*
- *fácil interpretação da pronúncia figurada*
- *expressões usuais e mais correntes*
- *regência de verbos e expressões idiomáticas*
- *vocabulário útil & dinâmico*

Dicionários

Dicionário Ediouro da Língua Portuguesa

☐ DEFINIÇÕES CLARAS E ATUALIZADAS COTEJADAS COM AS DOS MELHORES DICIONARISTAS

☐ MAIS COMPLETO QUE QUALQUER OUTRO MINIDICIONÁRIO BÁSICO

Nº 10019

Edição ampliada por Osmar Barbosa

O mais difundido nas escolas do Brasil

- *Seleção rigorosa dos vocábulos mais usados da língua portuguesa.*
- *Dezenas de milhares de palavras em suas mais variadas acepções.*
- *Grande riqueza de verbetes.*
- *Definições claras, exatas e concisas.*
- *Nomenclatura gramatical atualizada.*

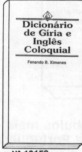

Dicionário de Gíria e Inglês Coloquial

Fenando B. Ximenes

Nº 18153

Gírias e expressões do inglês moderno, de uso bastante difundido. Indispensáveis ao bom entendimento de filmes, vídeos, revistas, quadrinhos e mesmo conversas cotidianas em inglês. Por serem termos relativamente novos ou muito informais, são difíceis de serem encontrados em outros dicionários da língua.

Dicionário Lusitano Brasileiro

O que os portugueses falam que nós brasileiros não entendemos.

Eno Teodoro Wanke e Roldão Simas Filho

Nº 92144

Você sabia que em Portugal os doentes não são transportados na maca e sim na mesa rolante. O automóvel não tem pára-brisa e sim óculo. Que jurar pela pele é ameaçar. E que lá não se acende, mas se abre a luz. Este é um dicionário de diferenças. Uma reunião de palavras e expressões utilizadas pelos portugueses que nós brasileiros desconhecemos.

Dicionários

Grande Dicionário de Sinônimos e Antônimos

O MAIS COMPLETO DICIONÁRIO DO GÊNERO

- CERCA DE 27.000 VOCÁBULOS COM GRANDE RIQUEZA DE SEUS SINÔNIMOS E ANTÔNIMOS.
- PRECISÃO RIGOROSA DE CONCEITOS.
- MÉTODO PRÁTICO DE CONSULTA.

Nº 40009

Dicionário de Gramática

"GRAMÁTICA EM ORDEM ALFABÉTICA" DE VALOR INESTIMÁVEL PARA TODAS AS PESSOAS QUE DESEJAM CONHECER A SUA LÍNGUA

LIVRO DE GRANDE VALOR, TANTO PARA ESTUDANTES, COMO PARA TODAS AS PESSOAS QUE LUTAM, TRABALHAM E DEPARAM, A CADA INSTANTE, COM AS DIFICULDADES DO IDIOMA PÁTRIO E NÃO SABEM COMO SE SAIR, POIS RECORRER A UMA GRAMÁTICA SERIA COISA TRABALHOSA E DEMORADA

Nº 88091

Dicionário de Flexão das Palavras

EDIÇÃO REVISTA E AUMENTADA OSMAR BARBOSA

Nº 81075

Luiz A. P. Victoria

Grande Vocabulário Ortográfico Oficial

Revisado em 1987 pelo Prof. Osmar Barbosa de acordo com todas as modificações introduzidas até 1984.

Nº 11020

Dicionário de Expressões em Latim Usadas no Brasil

DAVID JARDIM JÚNIOR

AD NAUSEAM

ALEA JACTA EST

COGITO, ERGO SUM

ECCE HOMO

HONORIS CAUSA

NIHIL OBSTAT

Nº 51930

Uma seleção das locuções e expressões latinas empregadas freqüentemente em livros, jornais e revistas, acompanhadas de explicações e comentários. Conhecer o real significado dessas expressões auxilia na melhor compreensão da leitura e enriquece o vocabulário pessoal. As expressões selecionadas aqui provam que o latim é capaz de sintetizar, de maneira clara, uma idéia ou uma situação em poucas palavras.

Dicionário Escolar Silveira Bueno

CATEDRÁTICO DE LÍNGUA E FILOLOGIA PORTUGUESA DA FACULDADE DE FILOSOFIA, CIÊNCIAS E LETRAS DA UNIVERSIDADE DE SÃO PAULO

AUTOR DO DICIONÁRIO ESCOLAR DA LÍNGUA PORTUGUESA DO MINISTÉRIO DE EDUCAÇÃO E CULTURA

Nº 31069

Dicionário de Idéias Semelhantes

UM TESOURO DE SINÔNIMOS E ANTÔNIMOS

- 1ª PARTE — CLASSIFICAÇÃO POR GRUPO DE IDÉIAS
- 2ª PARTE — CLASSIFICAÇÃO POR ORDEM ALFABÉTICA

Nº 25003

Dicionário de Verbos da Língua Portuguesa

- TUDO SOBRE VERBOS REGULARES E IRREGULARES, AUXILIARES E DEFECTIVOS
- CONJUGAÇÃO E REGÊNCIA DE VERBOS
- EMPREGO DOS MODOS E TEMPOS DOS VERBOS
- EXERCÍCIOS SOBRE CONJUGAÇÃO DE VERBOS
- RELAÇÃO E CLASSIFICAÇÃO DA MAIORIA DOS VERBOS DA LÍNGUA PORTUGUESA

Nº 80220

Língua Portuguesa

Raul Marques é professor do Colégio Pedro II. Ele sabe que a pontuação é o fantasma que assombra muitos estudantes. Por isso seu livro é objetivo, prático e portanto, muito útil. Ele traz pequenas regras de pontuação que ninguém pode esquecer. Os exercícios ajudam na fixação das regras pois repetem dentro da medida certa os ensinamentos dados.

N.º 80024

N.º 18565

N.º 20187

Esses livros são verdadeiros cursos de redação. Neles você aprende as regras básicas para redigir de uma simples carta até uma ata, edital ou relatório. Redação Prática traz ainda um apêndice com abreviaturas, siglas e expressões usadas em papéis oficiais.

N.º 58604

Um verdadeiro pronto-socorro gramatical para você evitar os erros mais comuns.

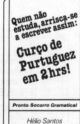

N.º 58523

N.º 10764

O exercício é a melhor forma de aprendizagem e fixação de conhecimentos. Por isso esse livro foi todo organizado em forma de exercícios. Classificação das orações, figuras de linguagem, termos essenciais da oração, vícios de linguagem, todos esses itens são explicados através de exercícios.

Língua Portuguesa

Helena Montezuma

Noções de Estilo

O estilo define o homem, a personalidade. Ter bom estilo é valorizar tudo o que se escreve. A Arte de Escrever é a mais fascinante das Artes.

N.º 98082

Luiz A. P. Victoria

Tira-Dúvidas de Português
em ordem alfabética

Barbarismo, Solecismo, Neologismo, Acentuação, Crase, Abreviaturas, Pontuação, Prosódia, Definições Gramaticais

N.º 18587

Walmírio Macedo

Método Moderno e Simples de Análise Sintática

Um guia completo que esclarece todas as dúvidas e torna o aprendizado mais rápido e agradável.

N.º 28161

Luiz A. P. Victoria

Dos Fatos Para a Gramática

300 frases e períodos errados, coligidos dos principais periódicos do país e confrontados com suas redações corretas. Uma revisão completa da gramática, realizada de maneira intuitiva e atraente.

N.º 18100

Analisar textos errados para corrigi-los, confrontando-os com textos certos é uma das formas de aprender a redigir bem. Esse método tem a vantagem de ser mais intuitivo e fixar-se melhor na memória, por força do contraste. Este livro utiliza esse método, coligindo textos errados e indicando-lhes a redação correta.

A redação de documentos oficiais tem suas leis e formas próprias. Não basta, portanto, saber redigir bem para compor esses documentos. É preciso conhecer a técnica da redação oficial. Esse livro traz normas e modelos para a redação de qualquer documento.

Edgard de Brito Chaves Júnior

Modelos de Redação Oficial

Para Funcionários Públicos, Advogados, Despachantes, etc.

Princípios ● Normas ● Prática

N.º 18069

Luiz A. P. Victoria

500 Testes de Português e Suas Correções

Testes coligidos de vários concursos, além de 100 exercícios de textos a corrigir. As mais variadas regras gramaticais assimiladas de maneira agradável e sem nenhum esforço de memória.

N.º 80010

Mais de 300 testes de português passados em concursos do DASP. Trinta e cinco testes propostos em concursos vários. E mais 100 exercícios selecionados entre os mais importantes para você fazer. Todos os testes trazem a resposta no final do livro.

Língua Portuguesa

Luiz A. P. Victoria

Pequenos Segredos da Arte de Escrever

Curso Prático de Composição Literária

Nº 48563

Osmar Barbosa

Como Escrever Bem (Guia de Redação)

140 Modelos de Composições

Nº 18162

Esses livros são uma contribuição valiosa para todos os que desejam aprimorar a sua linguagem escrita. Com vários textos de escritores famosos e inúmeros modelos de composições. Exercícios de condensação, redação e interpretação de textos.

Totalmente organizado em forma de testes. Muito útil e importante para quem vai fazer o Vestibular ou prestar concurso para órgãos públicos. Exercícios sobre divisão silábica, crase, verbos, plural dos compostos e outras questões fundamentais da língua portuguesa.

Sheila M.ª Coelho da Costa

Testes de Gramática da Língua Portuguesa

Acentuação
Trema
Hífen
Grafia
Crase
Adjetivos
Preposições etc.

Nº 98591

José Perea Martins

As 27 Funções da Palavra "Que"

Edição Revista e Atualizada

Nº 98132

Osmar Barbosa

Português Fundamental

Para uso nas séries intermediárias do primeiro grau

Gramática
Leitura
Interpretação dos Textos
Exercícios
Redação

Nº 91035

Osmar Barbosa
Membro da Academia Brasileira de Língua Portuguesa

Guia Ortográfico Moderno

Adaptado à Nomenclatura Gramatical Brasileira (Portaria 36, de 28/01/1959) De acordo com a modificação (Lei 5.765, de 18/12/1971)

Nº 60848

Em total acordo com a Nomenclatura Gramatical Brasileira. Com capítulos sobre acentuação gráfica, estrangeirismos, abreviaturas, siglas e símbolos. Uma relação de homônimos e parônimos, com seus significados, para você evitar erros.

Língua Francesa

OS VERBOS FRANCESES
- Classificação
- Formas ativa e passiva
- Formas negativa e interrogativa
- Emprego dos tempos e modos
- Emprego e colocação dos pronomes pessoais
- Variações gráficas dos verbos
- Uso do gerúndio
- Sintaxe do particípio

Osmar Barbosa

N.º 38152

Dividido em duas partes. Na primeira é explicado tudo sobre os verbos tais como: emprego dos tempos indicativo, subjuntivo, condicional, imperativo; conjugação dos verbos auxiliares; verbos do 1.º grupo; verbos do 2.º grupo; verbos do 3.º grupo; conjugação da voz passiva; verbos pronominais; a forma negativa; a forma interrogativa; conjugação dos verbos irregulares; uso do gerúndio e particípio; verbos defectivos. A segunda parte traz inúmeros exercícios utilizando diversas formas verbais.

Francês Para Viagens

Os diálogos mais usados, com a pronúncia e a correspondência em português

Cecilia Tavares Araújo

N.º 40088

O vocabulário indispensável para quem vai viajar. Os diálogos mais comuns no aeroporto, no hotel, nos transportes, nas compras, no restaurante, no cinema e teatro, na rua, nas conversas ao telefone, no correio, etc. Todos os diálogos trazem a pronúncia figurada e a correspondência em português. Ideal também para os estudantes dos níveis básico e médio.

O Dicionário de Ouro Francês-Português é uma obra que traz o básico da língua francesa para os estudantes que estão iniciando. Ele contém um vocabulário superior a 16 000 vocábulos franceses com suas mais importantes equivalências portuguesas. O Classique-Grande Dicionário Francês-Português é uma obra mais avançada, que traz além de exemplos de flexão nominal as formas irregulares dos verbos, sinônimos e antônimos e expressões idiomáticas. Ele contém todos os verbetes do Grand Dictionnaire Classique de la Langue Française.

Classique Grande Dicionário Francês-Português

CONTÉM TODOS OS VERBETES DO

GRAND DICTIONNAIRE CLASSIQUE DE LA LANGUE FRANÇAISE

N.º 11364

Dicionário Ediouro Francês-Português Português-Francês

SELEÇÃO RIGOROSA DOS VOCÁBULOS MAIS USADOS DAS LÍNGUAS PORTUGUESA E FRANCESA, COM SUAS MAIS IMPORTANTES EQUIVALÊNCIAS.

MODERNO E ATUALIZADO
FÁCIL INTERPRETAÇÃO DA PRONÚNCIA FIGURADA
EXPRESSÕES USUAIS E MAIS CORRENTES
REGÊNCIA DE VERBOS E EXPRESSÕES IDIOMÁTICAS

N.º 90015

Língua Inglesa

Livros básicos para quem está começando a estudar a língua. Obras mais avançadas para quem busca o aprofundamento da língua inglesa. Os diálogos mais comuns para quem vai viajar. E livros que aprofundam a gramática e a conversação para os estudantes.

N.º 48515

N.º 50244

N.º 58019

Situações de conversação em restaurantes, na agência de viagens, no consulado, na alfândega, na rua, nos transportes, no hotel, em lojas, no cinema e teatro, no correio, etc. E ainda relações de adjetivos e verbos mais empregados na conversação diária.

N.º 48174

N.º 20044

Livros mais avançados com diálogos mais completos para quem já conhece o básico da língua inglesa. Duzentas lições com diálogos abrangendo situações atuais. Totalmente em inglês sem tradução para o português.

A Ediouro tem em seu catálogo
mais de 3.000 títulos sobre
inúmeros assuntos:

- Agricultura
- Agropecuária
- Animais de estimação
- Antropologia
- Arte
- Artes plásticas
- Artesanato
- Biografia
- Casa e jardim
- Ciências
- Ciências ocultas/Parapsicologia
- Cinema
- Comunicação
- Construções e instalações
- Corte e costura
- Culinária
- Dança
- Desenho e pintura
- Dicionário
- Didático
- Direito
- Ecologia
- Economia e negócios
- Educação
- Educação física
- Esoterismo
- Esporte
- Ficção científica
- Filosofia
- Folclore e mitologia

- História
- História em quadrinhos
- Humor
- Informática
- Inspiração
- Jogos e recreações
- Línguas estrangeiras
- Literatura brasileira
- Literatura estrangeira
- Literatura infantil
- Literatura infanto-juvenil
- Literatura juvenil
- Literatura portuguesa
- Livro de referência
- Livro-jogo
- Medicina
- Medicina popular
- Música
- Pais e filhos
- Policial
- Psicologia e psicanálise
- Psicologia popular
- Religião
- RPG
- Saúde e beleza
- Sexo
- Sociologia e política
- Teatro
- Veículos
- Viagem

À venda nas boas livrarias ou
pelo telefone (021) 260-6542.